Teasáras Gaeilge–Béarla

Irish-English Thesaurus

do mo bhean chéile, Bassia

Teasáras Gaeilge–Béarla

Irish-English Thesaurus

GARRY BANNISTER

NEW ISLAND

TEASÁRAS GAEILGE-BÉARLA | IRISH-ENGLISH THESAURUS
First published in 2023 by
New Island Books
Glenshesk House
10 Richview Office Park
Clonskeagh
Dublin D14 V8C4
Republic of Ireland

www.newisland.ie

Copyright © Garry Bannister, 2023

The right of Garry Bannister to be identified as the author of this work has been asserted in accordance with the provisions of the Copyright and Related Rights Act, 2000.

Print ISBN (hardback): 978-1-84840-809-8

All rights reserved. The material in this publication is protected by copyright law. Except as may be permitted by law, no part of the material may be reproduced (including by storage in a retrieval system) or transmitted in any form or by any means; adapted; rented or lent without the written permission of the copyright owners.

British Library Cataloguing in Publication Data.
A CIP catalogue record for this book is available from the British Library.

Typeset in 9pt/10.5pt MinionPro by Carrigboy Typesetting Services, carrigboy.co.uk
Edited by Jenifer Ní Ghrádaigh with Pól Ó Grádaigh
Proofread by Caoimhe ní Bhraonáin
Additional editorial support by Johan Robson
Cover design by Niall McCormack, hitone.ie
Printed by FINIDR, s.r.o., Czech Republic, finidr.com

New Island Books is a member of Publishing Ireland.

10 9 8 7 6 5 4 3 2 1

Clár
Contents

Noda | Abbreviations	vi
Siombailí Grafacha | Graphic Symbols	viii
Buíochas agus Foinsí | Acknowledgements and Sources	ix
An Scéal faoin Teasáras | The Origins of the Thesaurus	xiii
Réamhrá | Preface	xv
Teasáras Gaeilge–Béarla | Irish–English Thesaurus	xxv
Treoir Ghramadaí | Grammar Guide	969
Faoin Údar | About the Author	1038

Noda
Abbreviations

adj	**aidiacht**/adjective	*compar*	**comparáideach**/comparative
adm	**riarachán**/administration	*conj*	**cónasc**/conjunction
adv	**dobhriathar**/adverb	*Conn*	**Connachta**/Connaught
aero	**aerloingseoireacht**/aeronautics	*constr*	**tógáil**/construction
aff	**ceanúil**/affectionate	*Cork*	**Corcaigh**/Cork
agr	**talmhaíocht**/*agriculture*	*crim*	**coiriúil**/criminal
anat	**corp**/anatomy	*cu*	**cócaireacht**/culinary
Ant	**Aontroim**/Antrim	*dat*	**tabharthach**/dative
arch	**ailtireacht**/architecture	*dent*	**fiaclóireacht**/dentistry
archeol	**seandálaíocht**/archaeology	*dep v*	*br* **diúscartach**/deponent *v*
art	**na healaíona**/the arts	*dial*	**canúnach**/dialect
astr	**réalteolaíocht**/astronomy	*Dir*	**díreach**/direct
astrl	**astralaíocht**/astrology	*Don*	**Dún na nGall**/Donegal
av	**eitlíocht**/aviation	*Down*	**an Dún**/(county) Down
BÁC	**Gaeilge cathrach**/city Irish[1]	*Dub*	**Baile Átha Cliath**/Dublin
bard	**na mbard, bard-**/bardic	*ecc*	**eaglais**/ecclesiastical
BCE	**Roimh Chomh-Ré**/Before Common Era	*econ*	**eacnamaíocht**/economics
Bibl	**Bíobla**/Biblical	*ed*	**oideachas**/education
biol	**bitheolaíocht**/biology	*eg*	**mar shampla**/for example
book-k	**leabharchoimeád**/book-keeping	*el*	**leictreach**/electrical
bot	**luibheolaíocht**/botany	*emot*	**mothúchán**/emotions
br	**craoltóireacht**/broadcasting	*euph*	**sofhriotal**/euphemism
Bud	**Búdaíoch**/Buddhist	*f*	**baininscneach**/feminine
busn	**gnó**/business	*fch*	**féach**/see
c.	**timpeall**/circa	*Ferm*	**Fear Manach**/Fermanagh
Carl	**Ceatharlach**/Carlow	*fig*	**fáthchiallach**/figurative
carp	**siúinéireacht**/carpentry	*fin*	**airgeadas**/finance
Cav	**Cabhán**/Cavan	*fish*	**iascach**/fishing
cf	**tagairt**/reference	*folk*	**béaloideas**/folklore
chem	**ceimic**/chemistry	*fpl*	**ainmfhocal** *f pl*/noun *f pl*
Chr	**Críostaíocht**/Christianity	*Galw*	**Gaillimh**/Galway
cin	**scannánaíocht**/cinema	*gen*	**ginideach**/genitive
Clare	**Clár**/Clare	*geog*	**tíreolaíocht**/geography
cnd	**an Caighdeán**/Standard Irish	*geol*	**geolaíocht**/geology
coll	**leagan canúnach**/colloquialism	*geom*	**céimseata**/geometry
com	**tráchtáil**/commerce	*gov*	**rialtas**/government
comp	**ríomhaire**/computer	*gram*	**gramadach**/grammatical

[1] Gaeilge a úsáidtear i nGaelscoileanna, i gcathracha móra agus a bhíonn á labhairt ag Gaeilgeoirí sa Ghalltacht.

Abbreviations

herl	**araltas**/heraldry	*photo*	**fótagrafaíocht**/photography
high reg	**ardréim cainte**/high register speech	*physiol*	**fiseolaíocht**/physiological
hist	**stair**/history	*pl*	**iolra**/plural
hort	**garraíodóireacht**/horticultural	*pl only*	**iolra amháin**/only plural form
hum	**greann, aoibh**/humour, mood	*pnt*	**bainteach le**/pertaining to
in	**idirlíon**/internet	*poet*	**filíocht, fileata**/poetry, poetic
indecl	**dodhíochlaonta**/indeclinable	*pol*	**polaitíocht**/politics
in	**idirlíon**/internet	*pot*	**criadóireacht**/pottery
int	**intriacht**/interjection	*pp*	**rangabháil chaite**/past participle
intim	**dlúth, dlúth-**/intimate	*pr*	**láithreach**/present
iron	**íoróin**/irony	*pred*	**(go) faisnéiseach**/predicative(ly)
joc	**greannmhar**/jocular	*pref*	**réimír**/prefix
journ	**iriseoireacht**/journalism	*prep*	**réamhfhocal**/preposition
jur	**dlí (-eolaíocht)**/jurisprudence	*prof*	**gairm (bheatha)**/profession
Ker	**Ciarraí**/Kerry	*psy*	**síceolaíocht**/psychology
lang	**teanga**/language	*publ*	**foilseoireacht**/publishing
Laois	**Laois**/Laois	*rel*	**reiligiún**/religion
Lim	**Luimneach**/Limerick	*rh*	**reitriciúil**/rhetorical
ling	**teangeolaíocht**/linguistics	*s*	**ainmhfhocal** *indecl*/*indecl* noun
lit	**liteartha**/literary	*sch*	**scoil, scolártha**/school, scholastic
Lou	**Lú**/Louth	*sci*	**eolaíocht**/science
low reg	**íosréim cainte**/low register speech	*seism*	**seismeolaíocht**/seismology
m	**firinscneach**/masculine	*sg*	**uatha**/singular
maths	**matamataic**/mathematics	*sl*	**béarlagair**/slang
Mayo	**Maigh Eo**/Mayo	*Sligo*	**Sligeach**/Sligo
meas	**tomhas**/measurement	*sp*	**spórt**/sport
mec	**meicniúil**/mechanical	*spl*	**ainmfhocal** *pl*/noun in *pl*
mec en	**innealtóireacht mheicniúil**/ *mec* engineering	*surg*	**máinliacht(a)**/surgery, surgical
		swim	**snámh**/swimming
med	**leigheas**/medical	*tail*	**táilliúireacht** tailoring
met	**meitéareolaíocht**/meteorology	*tech*	**teicneolaíocht**/technology
metalw	**miotalóireacht**/metalwork	*tex*	**teicstílí**/textiles
metph	**meafar**/metaphor	*thr*	**amharclann**/theatre
mil	**míleata**/military	*Tip*	**Tiobraid Árann**/Tipperary
min	**mianadóireacht**/mining	*tls*	**uirlisí**/tools
mpl	**ainmfhocal** *m pl*/noun *m pl*	*top*	**topagrafaíocht**/topography
ms	**lámhscríbhinn**/manuscript	*typ*	**clóghrafaíocht**/typography
Mumhan	**Mumhan, Muimhneach**/Munster	*Tyr*	**Tír Eoghain**/Tyrone
mus	**ceol**/music	*ufo*	**eachtrán, úfó**/extra-terrestriel, alien
naut	**farraige, mara**/nautical, marine	*UK*	**An Ríocht Aontaithe**/United Kingdom
Off	**Uíbh Fhailí**/Offaly	*v*	**briathar**/verb
pay	**íocaíocht**/payment	*veh*	**feithicil**/vehicle
per	**duine**/person	*vn*	**ainm briathartha** /verbal noun
pej	**díspeagúil**/pejorative	*vulg*	**graosta, gáirsiúil**/vulgar
ph	**fisic**/physics	*web*	**ar líne, an gréasán**/online, the web
phil	**fealsúnacht**/philosophy	*Wex*	**Loch Garman**/Wexford
phon	**foghraíocht**/phonetics	*Wic*	**Cill Mhantáin**/Wicklow

Siombailí Grafacha
Graphic Symbols

(c →) **gluaiseacht ón gcainteoir**
movement from the speaker

(c ←) **gluaiseacht chuig an chainteoir**
movement to the speaker

≈ **is ionann le**
equivalent to

> **ó fhréamhfhoirm an fhocail**
from root form of the word

▲ **comhcheangail d'fhocail choitianta le ceannfhocail**
common word combinations with headword

■ **téarmaí nó grúpa léacsacha a bhaineann le ceannfhocail**
associated terms or lexical groups with headword

◆ **foghrúpáil léacsach laistigh de bhosca eolais**
lexical subgrouping within an information box

◊ **úsáid an cheannfhocail i nathanna coitianta**
use of the headword in common expressions

○ **eolas cultúrtha/staire**
cultural/historical information

(mot) **gluaiseacht**
motion/movement

(~~mot~~) **easpa gluaiseachta**
no motion/movement

Buíochas agus Foinsí
Acknowledgements and Sources

Firstly, I would like to say thank you to my father, Ted Bannister (1918–1983), who loved the Irish language and encouraged me as a child to speak it and indeed to promote it. He always maintained that while politics often divided people, language and culture had the potential to bring people closer together. Providing a means for people to learn to speak or to improve their Irish was, in his opinion, one of the more important cultural contributions that any Irish citizen could make. My parents made many sacrifices to provide their children with the very best opportunities in life. My thanks to both of them. If I may slightly misquote Peig Sayers: 'Is seoid luachmhar láidir í an tuismitheoireacht chríonna!' ('Wise parenting is a most valuable jewel!').

As I have mentioned in the preface (see **Réamhrá**, pages xv–xxiii), this thesaurus would not have been at all possible were it not for the of three great lexicographers: Pádraig Ua Duinnín, Tomás de Bhaldraithe and Niall Ó Dónaill. I recall as a teenager laying my eyes for the first time on de Bhaldraithe's seminal work, his *English–Irish Dictionary*, proudly sitting on the school library bookshelf. I clearly remember feeling, as I took it down and opened it, as if I had discovered Aladdin's magic lamp and its Genie had suddenly revealed all the treasures of the Irish language. Years later, in 1977, the long-awaited *Foclóir Gaeilge–Béarla*, edited by Niall Ó Dónaill and Tomás de Bhaldraithe, arrived on the scene. This dictionary finally established a precisely defined standard for most of the Irish language of the time and immediately became a vital formal benchmark for all future Irish journalism, literature and scholarship.

Other lexicographical sources that have informed this fourth edition include both digital and hardcopy reference sources: focloir.ie, tearma.ie, gaois.ie, logainm.ie; *The New Concise English–Irish Dictionary*, edited by Pádraig Ó Mianáin; *A Reverse Dictionary of Modern Irish* by Aidan Doyle and Edmund Gussmann; *Irish Verbs*, edited by A.J. Hughes; *Foclóir Gaedhilge agus Béarla*, compiled and edited by Rev. Patrick S. Dinneen (1927 edition); *O'Reilly's Irish–English Dictionary; Focail i bhFócas* by Seán Mac Cionnaith; *Our Fada* compiled and edited by Rossa Ó Snodaigh & Mícheál Ó Domhnaill; An Gúm reference dictionaries, namely: *Ainmneacha Plandaí agus Ainmhithe, An Foclóir Beag, Fiseolaíocht agus Sláinteachas, Foclóir Bitheolaíochta, Foclóir Ceirdeanna agus Teicneolaíochta, Foclóir Ceoil, Foclóir Talmhaíochta, Foclóir Déiríochta, Foclóir Eolaíochta, Foclóir Réalteolaíochta, Foclóir Fealsaimh, Téarmaí Leabharlainne, Foclóir Staidéir Ghnó, Téarmaí Ríomhaireachta, Tíreolaíocht agus Pleanáil, Eacnamaíocht Bhaile* and *500 Beannacht* by Breandán 'ac Gearailt.

Grammatical sources that were regularly consulted include: *Graiméar na mBráithre Críostaí* (BÁC, 1960); *Gramadach na Gaeilge agus Litriú na Gaeilge, An Caighdeán Oifigiúil*, Foilseacháin an Rialtais (BÁC); *Cruinnscríobh na Gaeilge* by Ciarán Mac Murchaidh; *A Grammar of Modern Irish* by Pól Ó Murchú and *Report on New 6-declension of Irish Nouns and Adjectives* (Institiúid an Léinn Éireannaigh, 1984).

Particular works from well-loved prose authors have been a constant source of reference throughout the compilation. Writers and autobiographers such as: Peadar Ua Laoghaire (1839–1920), Tomás Ó Criomhthain (1856–1937), Mící Mac Gabhann (1865–1948), Peig Sayers (1873–1958), Pádraic Ó Conaire (1882–1928), Séamus Ó Grianna (1889–1969), Liam Ó Flaithearta (1896–1984),

Seosamh Mac Grianna (1900–1990), Muiris Ó Súilleabháin (1904–1950), Máirtín Ó Cadhain (1906–1970), Donncha Ó Céileachair (1918–1960), Eoghan Ó Tuairisc (1919–1982), Cathal Ó Sándair (1922–1926), Síle Ní Chéileachair (1924–1985), Lorcán Ó Treasaigh (1927–2006), Breandán Ó hEithir (1930–1990), Breandán Ó Doibhlin (1931), Diarmaid Ó Súilleabháin (1932–1985), Seán Mac Mathúna (1936), Tomás Mac Síomóin (1938–2022), Joe Steve Ó Neachtain (1942–2020), Maidhc Dainín Ó Sé (1942–2013), Pádraig Breathnach (1942), Dara Ó Conaola (1945), Alan Titley (1947), Pádraig Ó Cíobháin (1951), Ré Ó Laighléis (1953), Éilis Ní Dhuibhne (1954), Dáibhí Ó Cróinín (1954), Séamus Mac Annaidh (1961), Micheál Ó Conghaile (1962), Pól Ó Muirí (1965), Daithí Ó Muirí (1977) who have collectively infused the modern language with a wealth of colourful expressions and vibrant vocabulary. Also, undoubtedly, the poetic traditions of Irish language and folklore have extensively informed the content of this edition. Irish is a very rhythmic medium of communication which frequently, in everyday conversation, will lend itself to alliteration, onomatopoeia and naturally occurring metrical patterns of speech. As an example, we need look no further than at the richness of texture to be found in the poetry of Cathal Ó Searcaigh which celebrates not only the beauty of the words themselves but also the innate rhythmic framework of the Irish language into which they are woven. As a fabric determines the nature of a garment, so too does the spirit of the Irish language lead its speakers and writers intuitively towards the medium of verse and poetry.[1] For this reason, considerable sourcing of vocabulary has also been focused on the works of major poets such as: Máirtín Ó Direáin (1910–1988), Seán Ó Ríordáin (1916–1977), Máire Mhac an tSaoi (1922–2021), Seán Ó Leocháin (1943), Gabriel Rosenstock (1949), Biddy Jenkinson (1949), Michael Davitt (1950–2005), Nuala Ní Dhomhnaill (1952), Cathal Ó Searcaigh (1956), Caitríona Ní Chléirchín (1978), Doireann Ní Ghríofa (1981) and indeed other modern poets such as Séamus Barra Ó Súilleabháin and Ciara Ní É who compose and recite slam poetry both on the internet and, like the bards of old, in public performances. Slam is particularly powerful, bursting at the seams with passion and wit and has, in recent years, certainly reenergised the language in a most profound way. Through their imaginative use of vocabulary and constant search for refinement, all of these writers have nourished the living language this thesaurus seeks to reflect.

Since multiple works by the same author have been used while sourcing vocabulary, only the authors themselves and not their works have been listed in alphabetical order below. I wish to express my sincere gratitude to all the many novelists, poets, journalists, critics and commentators from whose books and articles I have unashamedly pilfered words and idioms. Amongst many others, my thanks go to both the living and the dead:

Peadar Bairéad, Séamas Barra Ó Súilleabháin, Colm Breathnach, Pádraic Breathnach, Pól Breathnach, Deirdre Brennan, Paddy Bushe, Seathrún Céitinn, Úna-Minh Chaomhánach, Sarah Clancy, Déaglán Collinge, Philip Cummings, Clíodhna Cussen, Bríd Dáibhís, Michael Davitt, Míceál de Barra, Pádraic de Bhál, Tomás de Bhaldraithe, Ceaití de Bheildiúin, Earnáin de Blácam, Pádraig de Brún, Celia de Fréine, Dubhghlas de hÍde, Annraoi de Paor, Louis de Paor, Tomás de Paor, Gearóid Denvir, Áine Durkin, Conleth Ellis, Piaras Feiritéar, Liam S. Gógan, Pádraigín Haicéad, Anna Heussaff, Alex Hijmans, Pearse Hutchinson, Biddy Jenkinson, Diarmuid Johnson, Pádraigín Haicéad, Rita Kelly, Howard Lawn, Cóil Learaí Ó Finneadha, Aodh Mac Aingil, Dónall Mac Amhlaigh, Liam Mac Amhlaigh, Proinsias Mac an Bhaird, Flann Mac an tSaoir, Proinsias Mac Anna, Séamas Mac Annaidh, Aifric Mac Aodha, Iarla Mac Aodha Bhuí, Criostóir Mac Aonghusa, Proinsias Mac Aonghusa, Proinsias Mac Cana, Pádraig Mac Caomhánaigh (*pseudonym* 'Pádraig Uiséir'), Seán Mac Cionnaith, Liam Mac Cóil, Rónán Mac Con Iomaire, Marcus Mac Conghail, Aindrias Mac Craith, Míceál Mac Craith, Séamas Dall Mac Cuarta, Art Mac Cumhaidh, Seán Clárach Mac Domhnaill, Tadhg Mac Dhonnagáin, Murcha Mac Diarmada, Jackie Mac Donncha, Pádraig Mac Éamainn, Pádraig Mac Fhearghusa, Seán Mac Fheorais,

---

[1] Many celebrated Irish texts, such as *Cúirt An Mheán Oíche* by Brian Merryman, have been written in verse. More recently, Alan Titley's seminal work on the witch trials of seventeenth-century Salem, *An Bhean Feasa* (CIC, 2014), was also composed in verse form.

Acknowledgements and Sources

Micí Mac Gabhann, Paschal Mac Gabhann, Séamas Mac Gearailt, Brian Mac Giolla Meidhre, Brian Mac Giolla Phádraig, Seosamh Mac Grianna (Máire), Micheál Mac Liammóir, Gearóid Mac Lochlainn, Seán Mac Maoláin, Liam Mac Mathúna, Seán Mac Mathúna, Ciarán Mac Murchaidh, Pádraig Mac Piarais, Seán Mac Réamoinn, Tomás Mac Síomóin, Seoirse Mac Tomáis, Liam Mac Uistín, Caitlín Maude, Máire Mhac an tSaoi, Deirbhile Ní Bhriain, Máire Ní Cheallacháin, Máire Ní Chéileachair, Síle Ní Chéileachair, Dairene Ní Chinnéide, Caitríona Ní Chléirchín, Eibhlín Dhubh Ní Chonaill, Aisling Ní Chonaola, Ríonach Ní Chonchubhair, Máire Ní Chonchúir, Nuala Ní Dhomhnaill, Éilís Ní Dhuibhne, Ciara Ní É, Áine Ní Fhoghlú, Éadaoin Ní Fhoghlú, Eithne Ní Ghallchobhair, Colette Ní Ghallchóir, Ailbhe Ní Ghearbhuigh, Áine Ní Ghlinn, Máire Ní Ghráda, Máiréad Ní Ghráda, Doireann Ní Ghríofa, Réaltán Ní Leannáin, Bríd Ní Mhóráin, Lesa Ní Mhunghaile, Bláithín Ní Mhurchú, Caitríona Ní Mhurchú, Ríona Ní Fhrighil, Siobhán Ní Shúilleabháin, Collette Nic Aodh, Máirín Nic Eoin, Máire Áine Nic Gearailt, Caitlín Nic Íomhair, Caoilfhionn Nic Pháidín, Mícheál Ó hAirtnéide, Séamas Ó hAodha, Ruaidhrí Ó Báille, Brian Ó Baoill, Dónall P. Ó Baoill, Láns Ó Baoill, Breandán Ó Beacháin, Feargal Ó Béarra, Léon Ó Broin, Dáibhí Ó Bruadair, Máirtín Ó Cadhain, Stiofán Ó Cadhla, Tomás Ó Caiside, Aodh Ó Canainn, Séamas Ó Canainn, Tomás Ó Canainn, Eoghan Ó Caoimh, Seán Ó Caomhánaigh (Seán a' Chóta), Liam Ó Catháin, Colm Ó Ceallaigh, Seán Ó Ceallaigh (Sceilg), Seán Ó Cearnaigh, Donncha Ó Céileachair, Tadhg Ó Cianáin, Pádraig Ó Cíobháin, Gearóid Ó Cléirigh, Ciarán Ó Coigligh, Aodh Ó Coileáin, Seán Ó Coileáin, Seán Ó Coinn, Seán Ó Coisdealbha, Dónall Ó Colchúin, Caoimhín Ó Conghaile, Pádraic Ó Conaire, Beairtle Ó Conaire, Pádhraic Óg Ó Conaire, Pádraic Ó Conaire, Dara Ó Conaola, Brian Ó Conchubhair, Mícheál Feargus Ó Conchúir, Seán Ó Conghaile, Caoimhín Ó Conghaile, Micheál Ó Conghaile, Brian Ó Corcráin, Seán Ó Criomhthain, Tomás Ó Criomhthain, Pádraig Ó Croiligh, Dáibhí Ó Cróinín, Mícheál Ó Cuaig, Seán Ó Curraoin, Máirtín Ó Direáin, Brian Ó Dochartaí, Breandán Ó Doibhlin, Diarmaid Ó Doibhlin, Peadar Ó Doirnín, Niall Ó Dónaill, Tadhg Ó Donnchadha (Torna), Gréagóir Ó Dúill, Tadhg Ó Dúshláine, Seán Ó Faoláin, Simon Ó Faoláin, Tomás Ó Fiaich, Pádraig Ó Fiannachta, Liam Ó Flaithearta, Críostóir Ó Floinn, Tomás Ó Floinn, Mícheál Ó Gaoithín, Muiris Ó Gormáin, Diarmaid Ó Gráinne, Séamus Ó Grianna, Seosamh Ó Guairim, Liam Ó hÁinle, Mícheál Ó hAirtnéide, Eoghan Ó hAnluain, Peadar Ó hAnnracháin, Mícheál Ó hAodha, Séamas Ó hAodha, Liam Dall Ó hIfearnáin, Micheál Ó hOdhráin, Seán Ó hÉigeartaigh, Breandán Ó hEithir, Seán Ó hEochaidh, Dáithí Ó hÓgáin, Peadar Ó hUallaigh, Mícheál Ó hUanacháin, Tarlach Ó hUid, Ré Ó Laighléis, An tAth. Pádraig Ó Laoghaire, Seán Ó Leocháin, Mícheál Ó Longáin, Labhrás Ó Maoilchiaráin, Pádraig Ó Maoileoin, Seán Ó Maolbhríde, Séamus Ó Maolchathaigh, Art Ó Maolfabhail, Aogán Ó Muircheartaigh, Réamonn Ó Muireadhaigh, Daithí Ó Muirí, Pól Ó Muirí, Liam Ó Muirthile, Aodh Ó Murchú, Máirtín Ó Murchú, Joe Steve Ó Neachtain, Séamus Ó Néill, Seosamh Ó Néill, Brian Ó Nualláin (*pseudonyms* Myles na gCopaleen, Flann O'Brien), Ciarán Ó Nualláin, Tadhg Ó Rabhartaigh, Micheál Ó Ráighne, Antoine Ó Reachtabhra (Raiftearaí), Seán Ó Ríordáin, Muiris, Ó Ríordáin, Seán Ó Ríordáin, Conchubhar Ó Ruairc, Mícheál Ó Ruairc, Tadhg Ó Scanaill, Darach Ó Scolaí, Maidhc Dainín Ó Sé, Aogán Ó Rathaille, Cathal Ó Searcaigh, Micheál Ó Siadhail, Pádraig Ó Siadhail, Pádraig Ó Siochfhradha (An Seabhac), Pádraig Ó Snodaigh, Amhlaoibh Ó Súilleabháin, Diarmaid Ó Súilleabháin, Eoghan Rua Ó Súilleabháin, Muiris Ó Súilleabháin, Séamus Ó Súilleabháin, Seán Ó Súilleabháin, Tadhg Gaelach Ó Súilleabháin, Lorcán Ó Treasaigh, Eoghan Ó Tuairisc, Pádraig Ó Tuama, Seán Ó Tuama, Eoghan Ó Tuathail, Ruaidhrí Ó Tuathail, Derry O'Sullivan, Liam Prút, Gabriel Rosenstock, Tristan Rosenstock, Peig Sayers, Robert Schumann, Dermot Somers, Pádraig Standún, Eithne Strong, Alan Titley, Tomás Tóibín, Pádraig Ua Maoileoin, Bríd Uí Dhonnchú, Áine Uí Fhoghlú, Máire Dinny Wrenn, et al.

It would be remiss of me not to mention the huge and ever-growing number of enthusiastic language bloggers such as Úna-Minh Kavanagh (Chaomhánach) whose podcasts inspire and promote the very best of everyday spoken Irish. Bloggers such as Múinteoir Meg, Éadaoin Fitzmaurice, Caoimhe Ní Chathail, Clisare (i.e the very humorous Clare Cullen from Mayo) and so many other Gaeilgeoirí on platforms like Instagram who shape the spoken language in new contemporary speech situations. The work of these bloggers along with the incredible achievements of such language activists as Peadar Ó Caomhánaigh and Osgur Ó Ciardha, the creators of *Pop-up Gaeltacht*, have undoubtedly contributed to many important aspects of this work over recent years.

This thesaurus would never have materialised into a publication of such daring and impressive proportions were it not for the vision, the good faith and generosity of Edwin Higel who personally invested in the project and whose company New Island Books published it.

I would like to express my most profound thanks not only to Edwin but to his amazing team at New Island Books: Mariel Deegan, Aoife K. Walsh, Des Doyle, Mary Deegan and Djinn von Noorden. I am particularly indebted to the New Island's commissioning editor, Aoife K. Walsh, who headed the project with all her impeccably expeditious editorial skills. There are no words, even in this thesaurus, sufficient to express my gratitude for her clear-eyed competence as editor-in-charge, her patience throughout the project, and her magnanimity towards all those involved in the work. Many thanks to Djinn von Noorden whose experience and professional expertise were vital and incalculably valuable in bringing this project to a successful conclusion. I also extend my gratitude to Des Doyle whose expertise, support and genuine enthusiasm for this project have been immediate and palpable since the first day of his participation.

My profound appreciation goes to Jenifer Ní Ghrádaigh and her brother, Pól Ó Grádaigh, who not only carefully copyedited the whole work but also frequently contributed many helpful suggestions and improvements to the original manuscript. Many thanks go to two of my expatriate friends, Láns Ó Baoill and Eoin Cairil Mhic Éalsain who have both helped not just with this publication but also during the production of earlier editions. In particular, however, I need to thank Láns who on this occasion played a very significant role in the final critical stages of the proofing.

I extend my thanks and appreciation to Caoimhe ní Bhraonáin who once again did simply magnificent work on the detailed proofing that this book has required. I have had the privilege of working with Caoimhe before and her thorough professionalism, her insights and impeccable accuracy are formidable.

Typesetting any reference book, especially a thesaurus of this size, demands considerable expertise. We were extremely fortunate to have the services of Josette Prichard of Carrigboy Typesetting who has provided both optimum clarity and a most impressive presentation. The speed and accuracy of her typesetting was nothing short of miraculous.

I express my gratitude to the artist, Niall McCormack, who designed the dust cover for the Thesaurus and to my mind, has created a most attractive and inviting design.

On a very personal note, I would like to say a huge thank you to my wonderful wife, Bassia, who helped with tweaking the design, resolving errors and providing a general overview. Her constant support and endless encouragement have kept me on course in all my work throughout the forty-five years of our married life. You have to be a particularly patient soul to spend a lifetime married to a lexicographer.

Finally, all errors, infelicities and omissions are mine and mine alone. My hope is that, in spite of its imperfections, this thesaurus will provide an informative, helpful and entertaining reference for all those who wish to investigate the Irish language or simply to enrich their vocabulary.

An Scéal faoin Teasáras
The Origins of the Thesaurus

The library in my secondary school[1] was a paltry affair indeed. It had a scattering of random books, mainly donated by teachers. The English shelves featured the literary classics. The French section offered a handful of the usual playwrights and philosophers, with the odd Maigret thrown in for those wishing to investigate further. There was pitifully little to see in the Irish section: some shabby editions of autobiographies and two, perhaps three, Réics Carló detective novels. However, standing on the top shelf, where all the reference works were displayed, was a beautiful, fresh edition of Tomás de Bhaldraithe's *English–Irish Dictionary*.

I had never seen a dictionary like this before. English-Irish dictionaries of the time were simply lists of Irish words with their English equivalents; the use of the words in phrases and expressions was totally missing. Here, though, were pages upon pages of helpful examples of how simple words could be used in so many interesting combinations, enough to provide all the necessary components of a school essay or a 'spontaneous' dialogue in an oral exam. Day after day, I was drawn to the pages of this book and slowly but surely built up enough language to communicate in effective, if simple, Irish. De Bhaldraithe was essential on any summer trips to the Gaeltacht and the dictionary never failed to provide me with an almost Google-like overview of all the possible linguistic needs of any 1960s Gaeilgeoir.

It was Brian Grimson, my English teacher, who first introduced me and my classmates to a thesaurus of the English language, compiled by Peter Mark Roget. We were suitably struck by the brilliance of the idea. While I didn't find Roget's work to be the most user-friendly, I was thoroughly fascinated by the concept.

The strange thing about thesauruses is that you don't seem to find them in other European languages. France has probably one of the finest lexicographical traditions in the world but does not produce thesauruses for the French language. You'll not find the compilation of thesauruses in, for example, German, Spanish, Russian or Polish as any part of their lexicographical tradition. This is because the thesaurus is a uniquely English phenomenon dating back to its first appearance in the mid-nineteenth century.

At the age of thirty, I decided that the Irish language, given the wealth of its vocabulary and literature, was more than worthy of its own thesaurus reference dictionary. It was clear to me that such a work would have to provide English translations, as the vast majority of those using Irish would be approaching the language from an English-language perspective.[2] The task would therefore be considerable and, given the depth of material, could, without a fair degree of restraint, result in a daunting, oversized and unwieldy behemoth.

Some words would require a phrase or two to explain their full meaning when there is no exact equivalent for them in English. Other words might vary in their use depending on which dialect was being spoken. For example, the world **mall** can express the meanings 'late' or 'slow'. Speakers in

---
[1] Mountjoy School in Clontarf. It has since become Mount Temple Comprehensive School.
[2] Although there is a substantial population of speakers in the Gaeltacht areas of the country, a vast number of those speaking and writing Irish are living in the Galltacht (English-speaking areas) and are therefore using English to acquire and understand new Irish vocabulary.

xiii

northern counties would be inclined to say: **Tá sé ag éirí mall.** *It's getting late.* Whereas speakers with other dialects might interpret this phrase as *He is getting slow* and may prefer to say: **Tá sé ag éirí déanach.** The words **breoite** and **tinn** in standard Irish can both be translated as *sick*. A speaker from Kerry, however, might be more inclined to use the adjective **breoite** for *sick* and **tinn** to mean *sore*.

In the thesaurus, these dialectic nuances could not be reflected fully due to issues of space, design and the book's intended purpose. Generally, however, the most common range of semantic valency has been identified in the headwords and possible alternatives have been provided.

Nearly all the headwords in the thesaurus comply strictly with their forms in the *Foclóir Gaeilge–Béarla* (Ó Dónaill, 1977). There are, however, a few additions, necessitated by frequent usage in commonly found literary sources and everyday conversational language.

For example, Ó Dónaill only offers the adjective form: **adhmadach** *wooden*, but there is also the **-úil** ending of the adjective: **adhmadúil** *wooden*, which applies to a more metaphorical usage, e.g. **aisteoir adhmadúil** *wooden actor*. Another example is the commonly used **surfáil** *surfing* instead of the more official standard terms such as **scimeáil** and **tonnmharcaíocht**.

The words in the nests of the headwords have been collected over many years from various sources, including native speakers (many of whom are now dead), books, journals (many of which are now no longer in print), newspapers (including *Inniu* and *Anois*), TV, films, radio programmes and casual conversations.

There have been so many changes in the language over the past few decades that not everything from the most recent history of the language has been represented in this edition. With the vast growth of jargon in Gaelscoileanna, slam poetry and the modern *teichnochaint* of iPhone and social media abbreviations that is now in full overdrive, it would be impossible to provide any proper or adequate representation of all these growing areas of the modern Irish language.[3] The vigilant reader will immediately notice that this kind of 'newspeak' is absent from the thesaurus. The reason for this is not only that 'newspeak terminology' is often difficult to record accurately but also that it is an innately volatile aspect of language that can disappear as quickly as it appears. Many current popular terms and phrases are linked to present-day technologies which are, by their very nature, temporary. Others simply mushroom into existence because of some fleeting fashion. I felt it better, therefore, to leave this kind of vocabulary for future lexicographers to assess and record as they see fit.

I have also excluded any slang that is clearly rooted in English vocabulary and not originating from the Irish language itself, words and expressions like **raidht, bhí an-taidhm againn, frigin damnú, táim feicin préachta**, etc. However, slang that operates within the vocabulary scope of the Irish language itself is represented, even in situations where Anglicisms have now clearly become more widely accepted in modern usage.

The idea for this work came to me when I was thirty years old. I am grateful to have had the opportunity to discuss it with my father shortly before his death. It was he who persuaded me to make that idea a reality. The journey from that conversation to the publication of this fourth (and, for me, final) edition has, after some forty years, reached its end.

Am I completely happy with the result? Of course not! It is far from perfect but it's the best that I can do, and as my father would always remind me, 'Ní féidir riamh ach do dhícheall a dhéanamh!' (*All you can ever do is your best!*).

I hope you enjoy using this thesaurus as much as I have enjoyed compiling it.

---

[3] For those interested in this aspect of the Irish language, Darach Ó Séaghdha provides witty insights in his book *Craic Baby: Dispatches from a Rising Language* (Apollo, 2018)

Réamhrá
Preface

Is mithid moladh agus buíochas cuí a thabhairt don fhoclóirí is tábhachtaí i stair foclóireachta na Gaeilge nua-aoisí; scoláire a thug bunús seasmhach daingean don Chaighdeán Oifigiúil agus don Ghaeilge úd a labhraítear go forleathan anois ar fud na tíre – an tOllamh Tomás de Bhaldraithe.

Is cinnte gur tháinig bailitheoirí foclóra agus tiomsaitheoirí teanga ó chainteoirí dúchais na nGaeltachtaí roimhe agus ina dhiaidh agus gan amhras teangeolaithe cumasacha ea ba iad a rinne forbairt fhiúntach ar bhunobair an Ollaimh ag soláthar foinsí tagartha saibhre do chainteoirí ach in ainneoin sin agus uile níl dabht ar bith gur le foilsiú an *English–Irish Dictionary* i 1959 a cruthaíodh ré nua i dteanga bheo agus liteartha na Gaeilge – Ré na Nua-Ghaeilge Caighdeánaí as ar tháinig i láthair féidearthachtaí agus forbairtí sa teanga nach bhféadfaí choíche a shamhlú roimh theacht ar an saol Ollshaothar an Ollaimh. Saothar ceannródaíoch ba ea foclóir de Bhaldraithe a chuir ar chumas iriseoirí, scríbhneoirí, filí agus scoláirí dá aimsir féin agus ina dhiaidh cumarsáid rábach chaighdeánaithe a chruthú ó thús na seascaidí amach. Moladh mór breise atá tuillte ag an Ollamh fosta gur éirigh leis cainteoirí dúchais ó na Gaeltachtaí éagsúla nach raibh i gcónaí ar aon tuairim faoi chaighdeánú na teanga mar aon leis na scoláirí ba chumasaí a lae agus iad uile a thabhairt le chéile chun an obair mhór fhiúntach a bhí idir lámha aige a chur i gcrích.[1]

Fiú le foireann láidir taobh thiar de, ba ghnó ábhalmhór dúshlánach é a bhí faoi chúram de Bhaldraithe ag an am; am ina raibh géarghá le teanga chaighdeánach a fhreastalódh ar riachtanais an tsaoil nua-aimseartha i gcathracha móra na tíre. Ba rí-shoiléir faoi lár na fichiú haoise nach bhfreastalódh foinsí foclóra amhail Duinnín[2] ar éilimh nua chumarsáid chainteoirí na Gaeilge a raibh litriú caighdeánaithe mar aon le dúshraith ghramadaí aontaithe ag teastáil go géar uathu. Ba shoiléir freisin go raibh géarghá le srian a chur ar éagsúlacht na deilbhíochta sna canúintí uile agus ar an tonn tuile de leaganacha malartacha d'aonaid fhoclóra i gcaint laethúil Ghaeilgeoirí na tíre. I mbrollach a fhoclóra tugann de Bhaldraithe sampla d'fhocal amháin a bhí réasúnta nua don teanga faoin am sin: 'teileascóp' a raibh 18 de leaganacha difriúla[3] faighte aige i bhfoilseacháin Ghaeilge an lae.

Is deacair dúinn anois tuiscint a bhreith linn ar mhéid dhoshamhlaithe an taisc a bhí os comhair an Ollaimh agus a fhoirne, go háirithe inniu nuair a bhíonn gach eolas ar bharr na méar le fáil againn in innill chuardaigh an idirlín, amhail: focloir.ie, tearma.ie, teanglann.ie, gaois.ie, logainm.ie, agus i bhfoilseacháin fearacht foclóra nua Béarla-Gaeilge Uí Mhianáin a tháinig amach in 2020. Agus ní mór dúinn cuimhneamh i gcónaí go raibh freasúra measartha láidir freisin san aimsir ina ndeachthas i mbun obair an fhoclóra nua a bhí in aghaidh aon iarrachtaí den sórt seo, rud eile gan amhras a chuir go mór le deacrachtaí thogra scóipiúil an ollaimh.[4]

---

[1] Scríbhneoirí amhail: Máirtín Ó Cadhain, Séamus Ó Grianna, Máire Mhac an tSaoi, Seán Ó Caomhánaigh ('Seán an Chóta') agus scoláirí amhail: Oisín Ó Ceallaigh, an tOllamh R.A. Breatnach, an tOllamh Daithí Ó hUaithne, et al. (cf *Foclóir de Bhaldraithe* lch ix–x)

[2] 'Foclóir Gaedhilge agus Béarla', compiled and edited by Rev Patrick S. Dinneen, Irish Texts Society, 1927

[3] I réamhrá fhoclóir de Bhaldraithe (lch v) tugtar na heiseamláirí seo a leanas: *cianarcán, cianamharcán, ciannarcán, ciandarcán, ciandearcán, cianradharcán, ciandracán, fadradharcán, fadamhrcán, faideaircán, radharcghloine, súilghloine, súil-fhiodá, gloine fadradhairc, gloine fhéachaint, telescóp, tealoscóp, teileascóp.*

[4] Cé gur thug Éamon De Valera tacaíocht mhór ag an am don obair ar an fhoclóir nua bhí neart traidisiúnaithe sa Roinn Oideachais agus in eagraíochtaí eile na tíre a bhí ag cur go mór ina aghaidh an tionscadail cheannródaíoch.

Le tionchar an idirlín ag dul i méid de réir a chéile agus ag éirí ina 'staighre beo' a éascaíonn cumas an úsáideora preabadh ó fhocal go focal le cliceáil cnaipe amháin, fanann in ainneoin sin a lán buntáistí le leabhair thagartha mar seo nach bhfuil ar fáil ar na hardáin dhigiteacha ná sna córais bhunachar sonraí éagsúla. Ar an gcéad dul síos, tugann leabhar tagartha léargas amháin reoite den urlabhra ag tréimhse áirithe i bhforbairt shíoraí na teanga. Is féidir saghas 'grianghraf' a fháil ar chiall, cruth, comhréir agus úsáid na teanga i gcaint an duine san am inar tiomsaíodh an leabhar. Mar shampla, má chuardaímid an focal 'gentleman' i bhfoclóir de Bhaldraithe faighimid an iontráil seo a leanas:

> **gentleman**, *s* 1. *A:* duine *m* uasal. **Gentleman in waiting,** duine uasal *m* coimhdeachta (ag rí), **Gentleman-at-arms,** ball de gharda an rí. 2. Duine uasal, duine galánta. **A fine old Irish gentleman,** duine uasal Gaelach den seandéanamh. **He is no gentleman.** níl múineadh ná tabhairt suas air. 3. (a) *Jur:* **Gentleman (of independent means)** duine a bhfuil a theacht isteach féin aige. **He is a gentleman of leisure,** tá sé ag maireachtáil ar a chuid airgid. (b) *Sp:* Amaitéarach *m*, 4. *(To audiences)* **Ladies and Gentlemen!** A dhaoine uaisle! **Young gentleman,** ógánach *m.* **The old gentleman (in black)** an seanbhuachaill, an fear dubh, **Gentlemen's hairdresser,** bearbóir *m* fear. 5. *Danc:* Fear *m.* *(Of a lady)* **She danced, took, gentleman,** dhamhsaigh sí páirt an fhir.

agus má chuirimid an t-eolas faoin fhocal in de Bhaldraithe i gcomparáid lena bhfuil san iontráil chéanna i bhfoclóir Uí Mhianáin:

> **gentleman** n 1 *(man)* fear *m1;* **ladies and gentlemen!** a dhaoine uaisle!; **an older** ~ seanfhear *m1,* seanduine *m4* 2 *(polite, considerate man)* fear uasal.

feicimid go bhfuil athruithe móra tagtha ar réimsí céille agus úsáide an fhocail '**gentleman**' idir an dá aimsir inar tiomsaíodh an dá fhoclóir.

I bhfoclóir de Bhaldraithe is é an chéad chiall atá ag 'gentleman' ná fear nó duine uasal ach de réir Uí Mhianáin is é an dara ciall a bheadh ina chiall phríomha aige. Feicimid freisin go bhfuil a lán nathanna ag de Bhaldraithe nach dtuigfí nó nach n-úsáidfí a thuilleadh inniu, i. **gentleman in waiting** nó **gentleman-at-arms** agus is soiléir nach mbaintear aon úsáid a thuilleadh as **The old gentleman (in black)** fiú i mBéarla ná i nGaeilge choitianta an lae inniu le ciall an diabhail a chur in iúl. Ach toisc gur leabhar é seachas bunachar digiteach, níor cuireadh aon athrú ar fhoclóir de Bhaldraithe agus dá bhrí sin fágadh fuinneog álainn ar oscailt dúinn ar dhealramh na teanga mar a d'úsáidtí í i lár na fichiú haoise.

Tá neart buntáistí eile ag baint le leabhar freisin, go háirithe más seanleabhar é ar a bhfuil a lán nótaí tráchta agus noda scríofa ar imeall leathanaigh an leabhair ó léitheoirí eile ag a raibh an leabhar ina seilbh acu. Mar is eol do scoláirí na Gaeilge is féidir ar uairibh leis na nótaí randamacha imeallacha bheith gach pioc chomh tábhachtach le hábhar an leabhair thagartha féin.[5]

Ar uairibh fosta is féidir go n-éireoidh cairdeas aisteach faoi leith idir leabhar agus an duine a úsáideann é. Ní annamh a choimeádann daoine Bíobla nó na leabhair is ansa leo in aice lena leaba. Tugann leabhair áirithe mothú faoisimh agus suaimhnis dúinn faoi mar a bheadh duine i gcuideachta

---

[5] Mar shampla, a bhuí de na gluaiseanna a scríobhtaí ar imeall Bhíoblaí na manach Éireannach a d'éirigh le saineolaithe an tSean-Ghaeilge a athchruthú.

seancharad éigin. Thuig an file Seán Ó Ríordáin an faoiseamh inaitheanta seo nuair a scríobh sé na línte iomráiteacha agus é ag cuimhneamh ar lámh chneasta a mháthar: 'Lámh a thál riamh cneastacht seana-Bhíobla …'.[6] Rinne an foclóirí Rúiseach cáiliúil, an tOllamh Valeri Morcovcin, comparáid shuimiúil idir beatha an fhocail agus beatha an duine féin:

> Tá focail cosúil le daoine. Saolaítear iad, oiriúnaíonn siad iad féin don saol. Téann siad i gcuideachta le focail eile; uaireanta maireann an caidreamh sin, uaireanta eile ní mhaireann. Athraíonn focail, agus uaireanta athraíonn siad chomh mór sin nach féidir a ndealramh bunaidh a aithint a thuilleadh. Taistealaíonn focail agus téann siad isteach i dtíortha eile, meascann siad le cultúir agus le teangacha eile. Pósann focail focail eile agus cruthaíonn siad focail nua. Téann focail in aois. Éiríonn siad sean. Imíonn siad as foclóir laethúil na teanga agus faoi dheireadh, amhail daoine, faigheann siad bás.[7]

Aidhmeanna agus Acmhainní | Aims and Resources

Tá sé d'aidhm ag an teasáras seo cuid de stór saibhir foclaíochta sna focail chomhchiallacha is coitianta sa Nua-Ghaeilge a chur ar fáil do chainteoirí agus do léitheoirí na teanga. Cé gur bailíodh stór focal an teasárais ó fhoinsí éagsúla iriseoireachta, liteartha, eolaíochta agus ón ghnáthchaint na teanga mar a labhraítear í go laethúil ar fud na tíre, mar sin féin, maidir le gramadach agus litriú tá na focail sa teasáras seo, a bheag nó a mhór, ailínithe leis an teanga chaighdeánaithe mar atá sí curtha ar fáil i bhfoclóir mór Uí Dhónaill.

I measc na bhfoinsí eile a úsáideadh, breathnaíodh fosta ar shuímh idirlín amhail: focloir.ie, tearma.ie, gaois.ie, logainm.ie, agus ar irisí amhail: *Comhar, an tUltach, Feasta, Nós*, mar aon le réimse fairsing de scríbhinní ón 20ú agus ón 21ú haoiseanna.

In irisí, i gcláir raidió nó teilifíse, i mblaganna, agus i gcaint laethúil, ní féidir ach amharc sciobtha a fháil ar shaibhreas dochuimsithe na Gaeilge nua-aoisí. Ar uaire samhlaítear dom taistealaí aonair ag breathnú amach trí fhuinneog thraenach ar mhachaire leitheadach na tíre máguaird agus é ag scinneadh go tapa as radharc, nó b'fhéidir páiste a bheadh ag féachaint suas trí dhorchadas na hoíche ar réaltbhraislí dochomhairthe na cruinne. Tá foclóir na Gaeilge chomh hacmhainneach fairsing dochomhairthe sin nach féidir le saothar ar bith cothrom na Féinne a dhéanamh dá saibhreas ná fiú bheith gairid dá saibhreas dá mba chóir a ceart a dhéanamh di, ach táthar ag súil áfach go soláthróidh an ceathrú eagrán seo den teasáras seo spléachadh beag éigin níos fairsinge isteach ar chuid de na taiscí foclóra is suntasaí atá i saothair mhóra ealaíne amhail: *Cré na Cille* le Máirtín Ó Cadhain, *An Fear Dána* le Alan Titley agus ar na gaiscí móra liteartha i bhfilíocht de chuid Seán Uí Ríordáin, Mháire Mhac an tSaoi, Mháirtín Uí Dhireáin, Chathal Uí Shearcaigh, Gabriel Rosenstock, Nuala Uí Dhomhnaill, Biddy Jenkinson, agus eile mar aon le cumadóirí agus taibheoirí na slamfhilíochta nua-aoisí amhail Séamus Barra Ó Súilleabháin nó Ciara Ní É a aithrisíonn a gcuid dánta go poiblí mar a dhéanadh na baird ghairmiúla fadó; dánta atá ag cur thar maoil le brí, blastacht agus beocht bhéalchliste.[8]

---

[6] Adhlacadh mo Mháthar *le Seán Ó Ríordáin, líne 11*
[7] Is athleagan é seo ar chomhrá a bhí agam leis an Ollamh В В Морковкин sna hochtóidí i Moscó.
[8] Tá liosta níos cuimsithí le fáil de na húdair uile ar ar breathnaíodh sa saothar seo in **Buíochas agus Foinsí** *(fch ix–xi)*.

ÚSÁID AN TEASÁRAIS
USING THE THESAURUS

Ní annamh go bhfeictear an focal céanna aistrithe ar bhealaí difriúla i neadacha éagsúla na gceannfhocal. Tarlaíonn seo de bharr réimsí séimeantacha ilghnéitheacha na n-aonad foclóra sa dá theanga. Mar shampla, ciallaíonn an focal *privileged* i mBéarla 'duine ag a mbeadh buntáiste nó suíomh buntáisteach nach mbeadh ag duine nó daoine eile' ach tá ciall níos fairsinge ag an bhfocal: *pribhléideach* sa Ghaeilge gur féidir a úsáid leis na cialla breise a leanas: (a) buntáisteach, (b) dána, cróga, (c) tréitheach, tallanach nó (d) féinmhuiníneach, ceannasach.

Le dul i ngleic leis an difríocht choitinn i réimsí séimeantacha focal sa dá theanga nach bhfeictear go hiondúil ach ina gcomhshuíomh le míreanna cainte eile, tugtar eiseamláirí a léiríonn leithne a bhfiúsachta séimeantaí faoi chlib ▲, mar shampla:

Doiléir

▲ **amharc** ~ hazy view, **ceo** ~ impenetrable fog, **cruth** ~ blurry, obscure shape, **cuimhne dhoiléir** vague memory, **focal** ~ obscure word, **gnó** ~ mysterious affair; shady business, **íomhá** ~ fuzzy image, **lorg láimhe** ~ indistinct handwriting, **moladh** ~ vague proposal/suggestion, **monabhar** ~ faint murmur, **meabhair dhoiléir** confused mind, **radharc** ~ blurred vision, **réimse** ~ grey area, **solas** ~ dim light

Cuideoidh réimse fhairsing na n-aidiachtaí sa Bhéarla eolas níos iomláine a sholáthar don léitheoir ar an raon foclóra sa Bhéarla atá cuimsithe ag an gceannfhocal Gaeilge.

Maidir leis na briathra, más gá, tugtar liosta d'abairtíní gearra a léiríonn fairsinge agus éagsúlacht feidhme séimeantaí na mbriathra céanna nuair a bhíonn siad i gcomhcheangail le focail áirithe eile, mar shampla:

Deonaigh

~ **cabhrú leo!** Volunteer to help them!
~ **cúiteamh!** Award compensation!
~ **do bhaill coirp!** Donate your organs!
~ **fuil!** Give blood!
~ **glacadh leis!** Be pleased to accept it!
~ **síocháin dúinn!** Grant us peace!

I gcoitinne ní thugtar inscne ná eolas faoi infhilleadh an ainmfhocail sna neadacha más féidir teacht ar an eolas sin ó dheilbhíocht an ainmfhocail féin *(fch Treoir Ghramadaí)* ach i gcásanna eile nuair nach féidir é, déantar iarracht ar uairibh an t-eolas cuí a chur ar fáil *(mar shampla, ainmfhocail a chríochnaíonn ar -(e)ach*: **cnuasach** *m*, **gealach** *f*, **earrach** *m*, **soitheach** *f*, etc.*)*

I gcás ainmfhocal sna neadacha a mbeadh foirmeacha neamhrialta as an ngnáth acu, ní annamh go soláthraítear an t-eolas gramadaí iomlán dóibh, mar shampla: **dabhach** *f (daibhche; dabhcha)*

Faoi cheannfhocail áirithe, taispeántar úsáid an fhocail i nathanna coitianta. Arís déantar é seo mar uaireanta is léire an tuiscint ar chiall agus úsáid an cheannfhocail óna ghaol séimeantach agus comhréireach le focail eile i nathanna cainte ná mar a bhíonn le fáil ón lom-aistriúchán as Béarla.

Fáilte *f (~; -tí)* welcome, joy

◊ ~ **an Aingil** *(rel)* the Angelus, **Céad míle ~!** Hundred thousand welcomes!, **Chuir siad ~ Uí Cheallaigh romhainn.** They gave us a generous and hearty welcome., **Go raibh maith agat! – Tá ~ romhat!** Thank you! – You're welcome!, ~ **is fiche!** (You're) extremely welcome!, **Níl mé fad na ~ amuigh.** I haven't been away long enough to merit a welcome back.

Preface

San fhocal **Fáilte** thuas, mar shampla, feicimid go leathnaítear fairsinge shéimeantach an fhocail sa Ghaeilge i gcodarsnacht lena mhacasamhail sa Bhéarla go deasghnátha creidimh (**Fáilte an Aingil**), coinbhinsiúin ama (**fad na fáilte**) agus do thagairtí cultúrtha (**fáilte Uí Cheallaigh**).

Áilleacht teanga ar bith is ea an t-idirghníomhú idir ciall agus modhanna chur in iúl céille sa teanga sin. I bhfoclóir na Gaeilge, mar shampla, is féidir nasc daingean a fheiceáil idir creidimh dhúchais na gcainteoirí agus a modhanna léirithe sa chumarsáid. Mar a shampla, is minic go bhfeictear abairtí comónta mar: *Dia duit!, Dia's Muire duit!, Bail ó Dhia ort!, le cúnamh Dé, buíochas le Dia, Dia idir sinn agus an t-olc, Nár lagaí Dia do lámh!, dairteanna sí, etc.* – abairtí ina ndéantar tagairtí do chumhachtaí osnádúrtha gurb annamh mura riamh ar fad lena mbuailtear i gcaint an Bhéarlóra ach a bhíonn coitianta go leor le cloisteáil fós i gcaint lucht labhartha na Gaeilge. Tógaimis teilgean cainte mar: **Is giorra cúnamh Dé ná an doras!** go bhféadfaí a aistriú go Béarla mar: *'Something will surely turn up!'* nó **Dia leat!** *Well done!,* nó **Cén cat mara a sheol anseo thú?** *What on earth brought you here?* Bíonn caint agus scríbhinní na Gaeilge ag cur thar maoil le tagairtí don phiseog, don 'saol eile', do shaíocht ár sinsear i bhfoirm seanfhocal agus íomhánna traidisiúnta. Ar uairibh bíonn an nath chomh coitianta sin nach dtugtar faoi deara cé chomh hiombháite le híomháineachas agus le claontagairtí béaloidis is atá an teanga fós inniu.

'Cá raibh tusa **aimsir na gcluas**? Bhí bealach sách borb ag Lombard.' — *Anna Heussaff*

'Tá **capall bán** fút, a chroí, **capall bán** na síoraíochta, **capall bán** an tsuaimhnis, **capall bán** na séimhe.' — *Caitríona Ní Chléircín*

'D'imigh an **bradán feasa** agus tháinig an bradán deataithe ina áit.' — *Gabriel Rosenstock*

'Cad eile atá sa bhearna bhaoil sin ach foireann ag dul **faoi uisce an cheatha**?' — *Alan Titley*

Le tuiscint ar leithne feidhme na bhfocal agus lena scaoileadh chun saoirse, ní leor amháin réimsí séimeantacha le rialacha a gcomhréire agus ndeilbhíochta a nochtadh ach caithfidh ó am go chéile an comhthéacs cuí ina n-úsáidtear iad a thaispeáint freisin. Mar chuid den taisce folaithe sna focail a úsáidimid, faighimid scáthanna d'imeachtaí staire, d'eolas cultúrtha, de chleachtadh nósanna agus deasghnátha agus iad go léir ina n-anam agus ina laíon den teanga bheo.

Leis an tuiscint seo chun tosaigh, cuireadh boscaí eolais chultúrtha agus staire ar fáil faoin chlib chiorclach **O**:

> **O Bean Sí** *Banshee* – an unearthly being who comes at night to howl and wail outside the home of one who is about to die. Usually described as **seanchailleach** *an old hag* with **folt fada liath** *long grey hair* which she combs slowly as she cries. The **bean sí** is believed to be associated with particular Irish families. So, if a family relative dies in some foreign land, the **bean sí** will visit both **na deoraithe** *the exiled* and their relatives back home in Ireland. Her wailing is said to be so loud that it can wake up a whole neighbourhood. Only the one who is about to die cannot hear the cries of the **bean sí**.

LEAGAN AMACH AN TEASÁRAIS
LAYOUT OF THE THEASURUS

Ceannfhocal is ea an chéad fhocal ag barr gach iontrála. Cuirtear clib ghairid ghramadaí in aice le gach ceannfhocal:

Goilliúnach *adj³* sensitive
Anois *adv* now
Agus *conj* and

Ainmfhocail | Nouns

Cuirtear eolas gramadaí an ainmfhocail díreach tar éis an cheannfhocail: inscne le *m (firinscneach)* nó *f (baininscneach)*, agus i ndiaidh na clibe tugtar eolas deilbhíochta an ainmfhocail idir lúibíní, mar shampla:

Bád *m (-áid; -áid, ~)* boat
Bróg *m (-óige; ~a, ~)* shoe
Carr *m (cairr; ~anna)* car

Tugtar foirm ghinideach uatha an ainmfhocail roimh an leathstad (;):

Bád *m (-áid;)* = **báid** of a boat
Bróg *f (-óige;)* = **bróige** of a shoe
Carr *m (cairr;)* = **cairr** of a car

Más **lagiolra** atá ann, tugtar foirm an tuisil dhírigh iolra tar éis an leathstad agus is tar éis na camóige ina dhiaidh a thugtar foirm an ghinidigh iolra:

Bád *m (;-áid, ~)* = **báid** boats, **bád** of boats
Bróg *f (; ~a, ~)* = **bróga** shoes, **bróg** of shoes

Más **tréaniolra** atá ann nach bhfuil ach an t-aon fhoirm amháin san iolra aige, tugtar an fhoirm sin tar éis an leathstad (;):

Carr *m (; ~anna)* = **carranna** cars/of cars
Teach *m (; tithe)* = **tithe** houses/of houses

Mura n-infhilltear an t-ainmfhocal, cuirtear an chlib *indecl* in aice leis. Más *calque* nó focal iasachta é a tógadh as teanga eile, cuirtear an dá fhocal i *gcló iodálach* agus mura léirítear a mhalairt tuigtear nach féidir athrú foirme ar bith a chur air, mar shampla:

karate karate
euro euro

Ní sholáthraítear eolas gramadaí ar na hainmfhocail a thugtar sna neadacha faoi na ceannfhocail ach amháin má cheaptar go bhfuil a leithéid riachtanach. Dá bhrí sin tugtar rialacha agus leideanna (*fch* Treoir Ghramadaí 3.0.0.–5.0.0.) faoi conas ar féidir inscne agus infhilleadh a aithint sna hainmfhocail rialta.

Aidiachtaí | Adjectives

Idirdhealaítear idir dhá ghrúpa aidiachtaí sa Teasáras seo – **aidiachtaí cáilíochta**. agus **aidiachtaí coibhneasta**. I gcás aidiachtaí cáilíochta, rinneadh iarracht ar na haidiachtaí Béarla ba ghiorra a gciall don aidiacht i nGaeilge a aimsiú. Uaireanta áfach, is gá níos mó ná aidiacht Bhéarla amháin a sholáthar le fairsinge céille na haidiachta i nGaeilge a chur in iúl.

> **aduain** weird, strange, alien, **amhantrach** risky, venturesome, **bagrach** menacing, threatening, **caincíneach** nosy, intrusively inquisitive, **sceirdiúil** windswept, bleak, etc.

Maidir le haidiachtaí coibhneasta, is grúpa measartha teoranta é sa Ghaeilge murab ionann agus sa Bhéarla. Baineann an chuid is mó de na haidiachtaí coibhneasta le cúrsaí ama (eg laethúil, seachtainiúil, míosúil, etc.) ach faightear an corrcheann eile scaipthe anseo is ansiúd sa teanga freisin. Bíonn sé de nós ag an Ghaeilge ainmfhocal sa ghinideach a úsáid nuair a bheadh ciall choibhneasta ag an aidiacht i mBéarla agus aidiacht a úsáid nuair a bhíonn brí cáilíochta ag baint léi, mar shampla:

cnaipe suain snooze button	ach	**bolcán suanach** dormant volcano
uirlis cheoil musical instrument	ach	**páiste ceolmhar** musical child
seaicéad leathair leather jacket	ach	**feoil righin** leathery meat

I gcás aidiachtaí coibhneasta sa teasáras seo tugtar foirm an ainmfhocail sa ghinideach a sheasann isteach de ghnáth d'aidiacht choibhneasta an Bhéarla, ach tugtar freisin a bhunfhoirm sa tuiseal díreach as a dtagann a ghinideach idir lúibíní in aice leis, mar a thaispeáintear thíos:

béil *(> béal) oral*
crainn *(> crann) wooden*
pobail *(> pobal) communal*

Tá sé ghrúpa d'aidiachtaí rialta ann *(fch. Treoir Ghramadaí 7.2.2.)*. Tugtar an chlib aidiachta *i gcló iodálach (adj)* agus uimhir an ghrúpa lena mbaineann sí i bhforscript i ndiaidh an cheannfhocail, mar shampla:

Bog 1 *adj¹* soft
Bródúil *adj⁴* proud; arrogant

Más aidiacht rialta é seachas a fhoirm chomparáideach, tugtar grúpa na haidiachta lena fhoirm chomparáideach neamhrialta idir lúibíní ina dhiaidh, mar shampla:

Beag *adj¹ (compar **lú**)* small
Mór *adj¹ (compar **mó**)* big

Tugtar liostaí de na haidiachtaí neamhrialta sa teasáras *(fch Treoir Ghramadaí 9.0.0.–9.4.0.)* agus marcáiltear iad leis an gclib *irr* sa teasáras féin, mar shampla:

Daingean *adj irr* secure, steadfast
Láidir *adj irr* strong

Briathra | Verbs

Tugtar samplaí de na **briathra rialta** sa chéad réimniú agus sa dara réimniú sa **Treoir Ghramadaí** i gcúl an leabhair (*fch* Treoir Ghramadaí 10.1.0.–10.2.1). Cuirtear clibeanna mar a leanas leis na briathra rialta sa chéad réimniú: *(v_{1a}, v_{1b}, v_{1c}, etc)* agus más sa dara réimniú atá siad: *(v_{2a}, v_{2b}, v_{2c}, etc.)*, mar shampla:

> **Ceartaigh** v_{2a} correct
> **Clóigh 1** v_{1f} print

I gcás **briathra neamhrialta**, soláthraítear táblaí na mbriathra uile sin i ndiaidh an dá réimniú rialta (*fch* Treoir Ghramadaí 10.3.0). Cuirtear an chlib *irr* in aice leis na briathra neamhrialta, mar shampla:

> **Déan** *v irr* do, make
> **Faigh** *v irr* get, find

SIOMBAILÍ
SYMBOLS

Úsáidtear an tilde (~) chun an focal iomlán a chur in iúl. Bíonn an tilde i **gcló trom** má thagraíonn an tilde don cheannfhocal. Más focal ar bith eile a bhíonn i gceist scríobhtar an tilde i ngnáth-chló, mar a thaispeántar thíos:

> **Eagla** *f (~)* fear; awe
> **aláram** *m* alarm, **alltacht** wild fear, **anbhá** *m (~)* consternation, **anbhuain** dismay …

Ní úsáidtear níos mó ná tilde amháin mar thagairt do cheannfhocal ar bith. I gcásanna áirithe ina dtugtar dhá fhocal ceangailte le fleiscín, nó níos mó ná focal amháin mar cheannfhocail ansin ní thugtar ach an t-aon tilde amháin agus na focail eile i dteannta leis nó, uaireanta eile, an t-iontráil iomlán gan tilde ar bith.

Cuirtear fleiscín (-) i dtosach míre d'fhocal, ag seasamh don pháirt den cheannfhocal a bhfuil an chlaonfhoirm ar aon dul leis chomh fada le túslitir na míre, mar shampla:

> **Cúram** *m (-aim; -aimí)*
> **Litir** *f (-treach; -treacha)*

Úsáidtear an triantán dubh ▲ roimh liosta ina dtaispeántar úsáid choitianta an cheannfhocail le focail eile, mar shampla:

> **Slándáil** *f (-ála)* security
> ▲ ~ **bhaile** homeland security, ~ **chomhchoiteann** collective security, ~ **inmheánach** internal security, ~ **náisiúnta** national security, ~ **ríomhaireachta** computer security, etc.

nó nuair a úsáidtear foirm infhillte den cheannfhocal le focail eile:

> **Slándáil** *f (-ála)* security
> ▲ **aláram slándála** security alarm, **baol slándála** security scare, **beart slándála** security measure, **córas slándála tí** home security system, etc.

Preface

Marcálann an chearnóg dhubh ■ liosta de chairn léacsacha a bhfuil baint chleamhnaithe acu leis an gceannfhocal. Mar shampla, léirítear 'baill coirp' in aice leis an gceannfhocal '**Corp**' agus liosta de na hoileáin ar chósta na hÉireann' faoin cheannfhocal '**Oileán**'.

Corp *m (coirp; coirp, ~)* body, corpse
■ **abdóman** abdomen, **alt** joint; knuckle, **aghaidh** face, **bacán brád** collar bone, **básta** waist, **bléin** groin, etc…

Oileán *m (-áin;-áin, ~)* island, isle
■ **Acaill** Achill Island *(Mayo)*, **Acaill Bheag** Achillbeg *(Mayo)*, **An Bheartrach** Bartragh Island *(Mayo)*, **An Blascaod Mór** The Great Blasket *(Ker)*, etc…

Cuirtear muileata ◊ roimh liosta de nathanna cainte coitianta lena mbaineann an ceannfhocal, mar shampla:

Bealach *m(-laigh; -laí)* way; route
◊ **ar aon bhealach** at any rate, way, **Tá bealaí ann.** He's deceitful., **Tá tú sa bhealach.** You are in the way., etc…

Léiríonn na boscaí scáthaithe le ciorcal **O** go bhfuil brí chultúrtha nó staire taobh thiar den cheannfhocal gur fiú a lua. Tugtar an t-eolas cuí faoin fhocal i mBéarla le heochairfhocail áirithe i **gcló trom** as Gaeilge.

Cuireann an **P** in iúl gur seanfhocal atá ann, mar shampla:

P Is maith an scéalaí an aimsir. Time will tell.

Ciallaíonn an tsiombail neasluach (≈) go bhfuil bealach níos traidisiúnta agus níos coitianta le brí an cheannfhocail a chur in iúl. Is minic a chuirtear réimír éigin ar fhocal chun brí nua a chruthú, mar shampla: *do-, in-, so-, droch-, mí-, neamh-* etc. ach ní annamh go n-úsáidtear focail mar iad in ócáidí cainte ardréime amháin *(i. téacsanna eolaíochta, liteartha, dlí, etc.)*. Sa ghnáthchaint, is minic gurbh fhearrde go mór frása nó slí eile níos traidisiúnta a úsáid leis an rud ceannann céanna a rá, mar shampla:

Neamhbhalbh *adj* unequivocal, forthright, *(communication)* blunt
≈ **Dúirt sé é gan fiacail a chur ann.** He was quite unequivocal about it., **Ní dheachaigh sé ar chúl scéithe leis.** He was rather blunt about it.

Siombailí i gcomhair gluaiseachta agus suímh | Symbols to indicate motion and position

Maidir le dobhriathra spáis is minic go n-idirdhealaítear idir gluaiseacht agus easpa gluaiseachta. I ndobhriathra áirithe amhail:. **suas/anuas, siar/aniar, sall/anall,** *etc)* léiríonn rogha fhoirm an dobhriathair treo na gluaiseachta maidir le suíomh an chainteora. Dá bhrí sin úsáidtear saigheada leis na treonna difriúla a chur in iúl: (→ c) gluaiseacht i dtreo an chainteora (mar shampla: **anuas, aniar,** etc.) agus (c →) a chiallaíonn gluaiseacht ó shuíomh an chainteora (mar shampla: **suas, síos, siar,** etc.). Nuair nach bhfuil ach gluaiseacht nó easpa gluaiseachta i gceist, úsáidtear an chlib *(mot)* le gluaiseacht a chur in iúl *(mar shampla:* **amach, isteach,** *etc.)* agus (m̶o̶t̶) le heaspa gluaiseachta a léiriú *(mar shampla:* **amuigh, istigh,** *etc.).* Tá liosta iomlán de na siombailí uile ar fáil faoi **Noda** (lch vi).

Teasáras Gaeilge–Béarla

Irish-English Thesaurus

A a

Ab *m (~a; ~aí)* abbot
ban-ab abbess, **bean** *f* **rialta** nun, **manach** *m* monk, **nuasachán** postulant

Abair *v irr*

1. say, tell, state, proclaim
aithris recite, **áitigh** argue, persuade, **alt** articulate, **ar** *(dep v)* says, **arsa** *(dep v)* says, **ardaigh** raise, **béic** yell, **ceistigh** question, **cuir** put, **cuir amach** put out, **cuir i bhfocail** put in words, **cuir i bhfriotal** articulate, say, **dearbhaigh** assert, **fiafraigh** enquire, ask, **fiosraigh** enquire, **fógair** announce, **freagair** answer, **fuighill** utter, pronounce, **glaoigh** call, **iarr (ar)** request, ask, **impigh** implore, beg, **inis** tell, **iomluaigh** mention, discuss, **labhair** speak, **léirigh** explain, **líomhain** allege, **liúigh** yell, **luaigh** mention, **maígh** claim, boast, **mínigh** explain, **mol (do)** advise, **ordaigh** order, **sainigh** specify, **samhlaigh** imagine, **sonraigh** stipulate, **scréach** shriek, **scread** scream, **tabhair caint ar** give a talk on *(see also: **inis**)*

◊ ~ **amach é!** Spit it out! Say it (out loud)!, **Abraimis go bhfuil an ceart agat.** Let's say you're right., **Cad a déarfá le deoch?** What would you say to a drink?, **Déarfainn é.** I would say so., **Is tusa a dúirt é!** You said it!, **mar a déarfá** as you might say, **Ná h~ bréag liom!** Don't lie to me!, **Ná habair é!** Don't mention it! **Ní beag a bhfuil ráite!** Enough said!

2. mean, intend
bíodh ar intinn agat have in mind, **bíodh de rún agat** intend, **bíodh i gceist agat** mean, have in mind, **bí meáite ar rud éigin a dhéanamh** be resolved to do something, **ciallaigh** signify, mean, **tabhair le tuiscint** imply, give to understand

◊ **Ní tú atá mé a rá.** I don't mean you, **Ní deirim nach fíor é.** I'm not saying it isn't true

3. report, inform
braith betray, **cuir ar an eolas** inform, **cuir in iúl do** communicate to, inform; express, **déan scéala ar** snitch on, tell on, **inis ar** tell on, **sceith ar** grass on, spill the beans on, **tuairiscigh** report

◊ **Déarfaidh mé thú le do mháthair!** I'll tell your mother on you!

4. sing, intone
bí ag amhránaíocht be singing, **can** sing, **cas** sing, raise (cf **olagón a chasadh** to raise a lament), **ceiliúir** warble, sing, **déan saranáid** serenade, **fuaimnigh** sound, **gabh** sing (cf **Gabh amhrán dúinn!** Give us a song!), **geoidligh** yodel, **glóraigh** vocalise, **guthaigh** vocalise, **iontonaigh** intone, **túschan** intone *(see also: **can**)*

◊ ~ **amhrán!** Sing a song!

Abairt *f (~e, ~í)* sentence
abairtín phrase, **aonad comhréire** syntactical unit, **clásal** clause, **foraithne** *f* decree, **forógra** declaration, **frása** phrase, **nath** idiom, **nathán** aphorism, **ráiteas** statement, **seanfhocal** proverb, **seanrá** old-saying, **tuairim** opinion

Ábalta *adj^6* able
a bhfuil taithí aige/aici ar experienced, **aibí** mature, **beartach** resourceful, **buannúil** masterful; bold, presumptuous, **cáilithe** qualified, **cleachta** practised, **cliste** clever; adroit, **cumasach** capable, **cumhachtach** powerful, **deas** adept, **deaslámhach** dexterous, **éifeachtach** effective, **éifeachtúil** efficient, **éirimiúil** talented; intelligent, **folláin** fit, healthy, **i gcumas** capable, **in ann** able, capable, **infheidhme** (> *unused substantive*) fit for service, **in inmhe** capable, potent, **inniúil** competent, **intleachtach** ingenious, **láidir** strong, **máistriúil** masterly, **maith** good, **oilte** accomplished, skilled; proficient, **pribhléideach** gifted, articulate, **saoithiúil** accomplished, skilled, **scafánta** robust, strapping, **scolbánta** wiry, strapping, **seiftiúil** resourceful, **tréitheach** talented, gifted, **údarásach** authoritative, **urrúnta** able-bodied, stalwart

Ábaltacht *f (~a)* ability
acmhainn capacity, resources, **acmhainneacht** resourcefulness, **aibíocht** maturity, **beartaíocht** ingenuity, resourcefulness, **brí** vigour, strength, **bua** gift, talent, **buannaíocht** natural gift, **cáilíocht** qualification, **cleachtadh** practice, **clisteacht** cleverness; adroitness, **cumas** capability, ability, **cumhacht** power, **deise** adeptness, **deaslámhaí** dexterity, **éifeacht** efficacy, **éifeachtacht** efficiency, competence, **éirim** talent; intelligence, **éitir** strength, vigour, **feidhmiúlacht** efficacy, strength, forcefulness, **foirtile** fortitude, **folláine** fitness, wholesomeness, **infheidhmeacht** serviceableness, functionality, fitness, **inmhe** capability, potency, **inniúlacht** competence; capacity, **intleachtacht** ingenuity, **láidreacht** strength, **láthar** vigour, **máistreacht** mastery, **neart** strength, **oilteacht** skilfulness; proficiency, **riocht** condition, shape, **sea** verve, gusto, **scafántacht** robustness, **seiftiúlacht** resourcefulness,

stóinseacht solidity, robustness, **tréitheachas** talent, accomplishment, **údarás** authority, **urrúntacht** robustness

Abar *m (-air; -air, ~)*
1. boggy ground
bogach *m* soft boggy ground, **bogán** soft ground, **caorán** moor, **ceachair** *f* mud, mire, **corcach** *f* marshland, **criathrach** *m* morass, pitted bog, **gaothlach** *m* swamp, marsh, **greallach** *f* puddly ground, **guta** mire, filthy place, **imleach** *m* marshy ground near lake, **moing** overgrown swamp, **móinteán** bog, moor, **muireasc** *f* marshy land near seashore, **murlach** *m* lagoon, **portach** *m* bog, **riasc** *m (réisc; -a, ~)* bogland, **scraith bhogáin/ghlugair/loinge** surface of a quagmire, quaking sod, **seascann** *m* marsh, swamp, **súmaire** swallow hole, quagmire
2. difficult, tricky situation
anacair distress, difficulty, **cathair ghríobháin** tangled web, **cíor thuathail** *m* bedlam, shambles, **ciseach** *f* fiasco, mess, **cruachás** plight, distress, **deacracht** difficulty, **duainéis** difficulty, distress, **fadhb** problem, **géibheann** captivity, distress, **habal** awkward situation, **ing** *m (lit)* plight, difficulty, **iomard** *m* hardship, difficulty, **liútar éatar** confusion, pandemonium, **ponc** spot (cf **i bponc** in a tight spot), **prácás** screw-up, botch-up, **praiseach** *f* mess, **sáinn** predicament, fix, **snaidhm** knot, bind, problem, **teann** *m* stress, strain, **teannta** *m* strait, difficulty, **tónáiste** imposition, hardship, difficulty, **treampán** trouble, difficulty

Abhac *m (-aic; -aic, ~)* dwarf
aircín diminutive person, **beagadán** shorty, **bruilíneach** *m* short stout person, **cnádaí** dwarf, **crandán** stunted person, **Diarmaidín** little creature/person, **draoidín** Tom Thumb, dwarf, **droimíneach** *m* tiny humpbacked person, **duine beag** small person, **duinín** small person, **fíothal** stunted person, dwarf, **firín** little man, homunculus, **leipreachán** leprechaun, **lucharachán** elf, **lúircín** dwarfish/weak/stunted person, **pigmí** pygmy, **runta** runt, **síogaí** fairy, **stainníneach** *m* squat dumpy person, **stumpa** squat stunted person, **teanntóg** undersized individual, **tóin le talamh** person with very short legs

Abhaile *adv* homewards, home
anall back (home) from yonder, **go dtí an áit a bhfuil cónaí ort** to the place where you live, **go dtí an áit chuí** to the appropriate place, **go dtí d'áit dhúchais** to your native place, **go dtí do mhuintir féin** to your own folks, **go dtí do theach féin** to your own house, **go hÉirinn** to Ireland

◊ **Cuireadh ~ orm cé chomh tábhachtach is a bhí sé.** It was brought home to me just how important it was., **tairne a chur ~** to drive a nail home, **teacht ~** to come home

Abhainn *f (abhann; aibhneacha)* river
caise *f* current; stream, **caise** *f* **reatha** spurt, **canáil** canal, **craobh-abhainn** *f* tributary, **eisilteach** *m* effluent, **fras** *(usually tears)* heavy flow, **glaise** *f* rivulet, **leathabhainn** *f* confluent stream, **muinceann** *f* narrow expanse of water; strait, **oighearshruth** glacier, **scairbh** shallow river with shingly bottom, **srúill** flow, **sruth** stream, **sruthán** brook, **sruthlán** streamlet

▲ **~ Átha Féan** the Fane, **~ Chaisleán Dhún Dealgan** Castletown River, **~ Fheartraí** the River Vartry, **~ na Bandan** the River Bandon, **~ na bhFiodh** Six Mile Water, **~ na Bóinne** the River Boyne, **~ na Féile** the

---

■ **Ar aibhneacha eile na hÉireann atá:** Other Irish rivers include:

Abha an tSúláin the Sullane River,
An Abha Mhór the Blackwater,
An Abhóca the Avoca,
An Aighlinn the Ilen,
An Bhanna the Bann,
An Bhearú the Barrow,
An Bhrosnach the Brosna,
An Bhúill the Boyle River,
An Caol the Quoile,
An Chamóg the Camac,
An Clár the Clare,
An Daoil the Deel,
An Deargail the Dargle,
An Dothra the Dodder,
An Éirne the Erne,
An Eithne the Inny,
An Feabhal the Foyle,
An Fhearta the Ferta,
An Fheoir the Nore,
An Forghas the Fergus,

An Ghaothach the Nenagh River,
An Lagán the Lagan,
An Laoi the Lee,
An Leamhain the Laune,
An Life the Liffey,
An Mháigh the Maigue,
An Mhaoilchearn the Mulkear,
An Mhuaidh the Moy,
An Mughdhorn the Mourne River,
An Poitéal the Poddle,
An Rí Newry River,
An tOircín the Erkina,
An tSionainn the Shannon,
An tSuca the Suck,
An tSúileach the Swilly,
An Tulcha the Tolka.

■ **Ar aibhneacha an Domhain atá:** Rivers of the world include:

An Amasóin Amazon
An Congó Congo river
An Danóib Danube
An Dnípir Dnieper

An Dnístir Dniester
An Éabró Ebro
An Eilbe Elbe
An Eofrait Euphrates
An Ghainséis Ganges
An Iang-tsí Yangtze
An Iordáin Jordan River
An Níl Nile
An Oranócó Orinoco
An Phó Po
An Réin Rhine
An Róin Rhone
An Sceilt Scheldt
An Tamais Thames
An Tibir Tiber
An Tígris Tigris
An tSabhrainn Severn
An tSambéis Zambezi
An tSéin Seine
An Viostúile Vistula
An Volga Volga
An Volta Volta

Ábhal

River Feale, ~ **na Gaillimhe** the River Corrib, ~ **na Mainistreach** the Abbey River, ~ **na Rí** the Ryewater, ~ **na Siúire** the River Suir (also: **an tSiúr**), ~ **na Sláine** the River Slaney, **an** ~ **Dea** Avonmore

◊ **rud a chaitheamh le habhainn** to give something up, to throw in the towel, **síos/thíos an abhainn** downstream, **suas/thuas an abhainn** upstream

■ **Focail a bhaineann le haibhneacha** Words associated with rivers: **abhantrach** *f* river basin, river floor, **báirse** barge, **béal abhann** mouth of a river, **bruach** *m* bank, **damba** dam, **deilt** delta, **dreideáil** dredging, **foinse** *f* spring, **inbhear** estuary, **loc canála** canal lock, **scornach** *f* gorge, **sruth** flow, current, **tuile** *f* flood, shower

Ábhal *adj irr* immense
ábhalmhór enormous, vast, **áibhéalta** exaggerated, **aibhseach** immense, **anásta** awkwardly big, **an-mhór** very big, **arrachtach** gargantuan, **an-** very, **as cuimse** immense, **as miosúr** immeasurable, **céadach** hundredfold, **dochuimsithe** boundless, **domheasta** immeasurable, **doscaí** extravagant, **fathachúil** giant, **iomadúil** numerous, abundant, **millteanach (mór)** enormous, **ollmhar** vast, great, **ollmhór** huge, **rí-mhór** really big, **uafásach mór** terribly big

Ábhar *m (-air; -air, ~)*
  1. subject
  aonad foghlama learning unit, **beart** matter, undertaking, **brainse eolaíochta** branch of science, **ceist** issue, **cúrsa** course, **cuspa** objective, **damhna** *m* matter, **dóigh** means, opportunity, **fadhb** *f* problem, **jab** job, **obair** work, **pointe** point, **roinn léinn** academic department/discipline, **saothar** work, opus, **scéal** story; matter, **staidéar** study; prep, **téama** theme, **topaic** topic

■ **Araibis** Arabic, **Béarla** English, **Bitheolaíocht** Biology, **Ceimic** Chemistry, **Ceol** Music, **Corpoideachas** Physical education, **Cuntasaíocht** Accounting, **Damhsa** Dance, **Drámaíocht** Dramatic art, **Eabhrais** Hebrew, **Eacnamaíocht** Economics, **Ealaín** Art, **Eolaíocht** Science, **Eolaíocht Talmhaíochta** Agricultural science, **Fisic** Physics, **Fraincis** French, **Gaeilge** Irish, **Gearmáinis** German, **Geolaíocht** Geology, **Gleacaíocht** Gymnastics, **Gnó** Business, **Grafaic dheartha agus chumarsáide** Design and communication graphics, **Innealtóireacht** Engineering, **Iodáilis** Italian, **Laidin** Latin, **Léann Clasaiceach** Classical studies, **Liotuáinis** Lithuanian, **Matamaitic (fheidhmeach)** (Applied) Mathematics, **Miotalóireacht** Metalwork, **Oideachas Reiligiúnach** Religious education, **Polainnis** Polish, **Polaitíocht agus Pobal** Politics and Society, **Portaingéilis** Portuguese, **SeanGhréigis** Ancient Greek, **Seapáinis** Japanese, **Sínis** Chinese, **Spáinnis** Spanish, **Spórt** sport, **Staidéar ríomhaireachta** Computer science,

Abhcóide

Staidéir foirgníochta Construction studies, **Stair** History, **Teicneolaíocht** Technology, **Tíos** Home Economics, **Tíreolaíocht** Geography

  2. matter, substance
  abhras substance, matter, yarn, **adhmad** material, substance; wood, **aicme** class, **brí** significance, **damhna** matter, substance, **earnáil acadúil** academic sector, **mianach** substance, quality, **stuif** stuff, **substaint** substance, **tathag** solidity, substance, **téagar** stoutness, bulk, **téagarthacht** solidity, sturdiness; warmth

▲ **amh~** raw material, **~ dochtúra** trainee doctor, **~ file** the makings of a poet, **~ fulaingthe** cause of suffering, **~ gearáin** cause for complaint, **~ sagairt** trainee priest

  3. matter, pus
  angadh pus, festering, **bainne ailse** pus from malignant sore, **brach** *m* pus; discharge from eyes during sleep, **déanamh braoin** gathering pus, **gor** inflammation; pus, **othar** festering wound

◊ **Bhí an chneá ag déanamh ábhair.** The wound was festering.

  4. small amount, slight tendency
  ábhairín tiny little bit, **beagáinín** tiny bit, **beagán** little, **blaiseadh** hint, taste, **blúirín** bit, **buille beag** touch, **claonadh beag** slight tendency, **giota beag** small bit, **oiread na fríde** minuscule amount, **pas beag** tad, **píosa** bit, **píosa beag** small/little bit, **rian** trace

◊ **Tá sé ~ fuar inniu.** It's a tad cold today. **Bíonn sí ~ teasaí.** She has a tendency to be hotheaded.

Ábhartha *adj*[6] material, substantial, relevant
ábharaíoch materialistic, **bainteach** relevant, **coibhneasach** relative, **coirp** of the body, bodily, **corpartha** corporal, **cuí** appropriate, fitting, **dáiríre** actual, **den saol seo** of this world, **domhanda** earthly, **fisiciúil** physical, **fódúil** well grounded; substantive, **follasach** patent/clearly, **fonascúil** substantial, **fuaimintiúil** solid, fundamental, **inbhraite** perceptible, **inláimhsithe** manageable, doable, **intadhaill** tangible, visible, **iomchuí** *(high reg)* appropriate; *(maths)* congruent, **láithreach** immediate, **mór** big, great, **réadaithe** realised, **réadúil** realistic, pragmatic, **réalaíoch** real, lifelike, **réalta** manifest, **reatha** current, **riachtanach** necessary, **rí-thábhachtach** vital, of paramount importance, **saolta** worldly, **substaintiúil** substantial, **tábhachtach** important, **tadhlach** tactile, **tairbheach** beneficial, **tráthúil** timely, **úimléideach** substantial, valuable, important

Abhcóide *m (~; -dí)* advocate, barrister, counsel
agróir pleader, **aighne** *m* advocate, **Ard-Aighne** Attorney-General, **aturnae** attorney, **comhairleoir dlí**

Ábhraigh

legal adviser, **cosaint** defence, **consantóir** defendant, **cunsailéir** *(jur)* counsellor, **dlíodóir** lawyer, solicitor, **feidhmeannach** *m* **paraidhlíthiúil** paralegal, **ionchúisitheoir** prosecutor, **lucht dlí** litigators

▲ ~ **an ionchúisimh** counsel for the prosecution, ~ **cosanta** counsel for the defence, ~ **sinsir** senior counsel, ~ **sóisir** junior counsel

Ábhraigh *v₂ₐ* fester

bí ag morgadh be going gangrenous, **caith amach** throw out, **déan ábhar/angadh/othras** fester, **díchuir** expel, vacate, **eisteilg** eject, **fínigh** become maggoty, **lobh** rot, **meath** decay, decline, fail, **othrasaigh** ulcerate, **téigh in olcas** get worse, deteriorate, **úsc** ooze

Ábhraithe *pp* festered

dulta chun angaidh festered, **dulta in olcas** having become worse, **fínithe** gone maggoty, **lofa** rotten, **meata** decayed, declined, failed, **morgthach** gangrenous, **othrasaithe** ulcerated

Ábhrú *vn* festering

déanamh ábhair/angaidh festering, **dul in olcas** getting worse, **fíniú** becoming maggoty, **lobhadh** rotting, **meath** decay, decline, failing, **morgadh** gangrene, **othrasú** ulcerating

Absalóideach *adj³* absolute

amach is amach utter, total, **ar fad** entire, **ardcheannasach** sovereign, **cinnte** certain, **críochnúil** conclusive, **cuimsitheach** comprehensive, **dearfa** positive, **deifnídeach** definitive, **fíor-** genuine, **flaitheasach** sovereign, **foirfe** perfect, **gan cháim** flawless, **gan choinníoll** unconditional, **gan roinnt** undivided, **gan truailliú** unadulterated, **glan soiléir** unambiguous, **go léir** entire, all, **iomlán** complete, full, **lán** full, **lánlíonta** fully filled, **ollsmachtach** totalitarian, **siúráilte** sure, **uathlathach** autocratic, **uile** entire, **uilechumhachtach** omnipotent, almighty

Acadamh *m (-daimh; -daimh, ~)* academy

ardscoil cheoil music conservatory, **ardscoil damhsa** dance conservatory, **cumann** society, association, **dámh** faculty, **foras** foundation, institution, **institiúid** institute, **ollscoil** university, **scoil** school, **coláiste** college

Acadúil *adj⁴* academic

barúlach conjectural, **intleachtúil** intellectual, **léannta** learned, erudite, **liteartha** literary, **measta** notional, **neamhphraiticiúl** impractical, **sabóideach** sabbatical, **saoithíneach** pedantic, **scolártha** scholarly, **staidéarach** bookish; studious, **teibí** abstract, **teoiriciúil** theoretical, **tuairimeach** speculative

Ach *conj* but; *adv*

~ **amháin** except **áfach** however, **ámh** however, **ag fágáil ar lár** leaving out, **ar a shon sin** even so, **cé**

Achainithe

is moite de with the exception of, **fós** still, however, **gan** without, excluding, **gan cur san áireamh** not taking into account, **iaramh** so, accordingly, but, however, **ina dhiaidh sin féin** in spite of that however, **lasmuigh de** excepting, **murab ionann is** as opposed to, **seachas** apart from, **diomaite de** excluding, **sin ráite** that said, **taobh amuigh de** outside of

Achainí *f (~; ~ocha)* entreating, entreaty, petition

achairt beseeching, **achomharc** appeal, making an appeal, **agairt** pleading, entreaty, **agra** plea, **aisce** request, favour, **caingean** *f* plea (cf **ábhar i gcaingean** matter in dispute), **cur ceiste** asking a question, **éamh** entreaty, cry, **éileamh** demand, requiring, **fiafraí** request, asking, **glao** call, **glaoch ar** calling on/upon, **guí** wish, prayer, **iarraidh ar** requesting from, asking of; begging, **iarratas** petition; application, **iarrthóireacht** petitioning, **impí** petition, **impí ar** imploring, supplicating; begging, **pléadáil** *(jur)* pleading, **tagra** pleading, plea; argument; lawsuit

Achainigh *v₂ᵦ* plead, entreat

achair beseech, **achomharc** appeal, **agair** plead, beseech; beg, **cuir achainí faoi bhráid duine** entreat a person, **ceistigh** question, **cuir ceist** ask a question, **éigh ar** entreat, **éiligh** demand, **fiafraigh (de)** ask, enquire, **glaoigh ar** call on/upon, **guigh** pray, wish, **iarr ar** request from, ask of; beg, **impigh ar** implore, supplicate; beg, **pléadáil** *(jur)* plead, **sir** seek, ask for

Achainíoch 1 *m (-ígh; -ígh, ~)* petitioner

agróir suitor, pleader, **bacach** *m* beggar, lame person, **déirceach** *m* alms seeker, mendicant, **éilitheoir** claimant, **éimheoir** beseecher, crier; bawler, **fiafraitheoir** enquirer, **guíodóir** *(person)* prayer; petitioner, **iarrthóir** applicant, examinee, candidate; petitioner, **impíoch** *m* supplicant; intercessor, **paidreachán** one who is given to praying, **paidreoir** *(person)* prayer, **pléadálaí** pleader, **sirtheoir** seeker, beseecher; beggar

Achainíoch 2 *adj⁵* petitioning

agrach pleading, begging, **déirceach** mendicant, **éilitheach** demanding, **éimheach** beseeching, **fiafraitheach** inquiring, **glaoch ar** calling upon, **iarraidh** asking, **iarrthóireachta** (> *iarrthóireacht*) pertaining to a petition, **impíoch** imploring, **pléadála** (> *pléadáil*) pleading, **sirtheach** begging, beseeching

Achainithe *pp* pleaded, entreated

achartha beseeched, **achomharctha** *(jur)* appealed, **agartha** pleaded, beseeched; begged, **ceistithe** questioned, **éilithe** demand, require, **éite** entreated, **fiafraithe (de)** asked, enquired, **glaoite ar** call on/upon, **guite** prayed, wished, **iarrtha ar** requested from, asked of; begged, **impithe ar** implored, supplicated; begged, **pléadáilte** *(jur)* pleaded, **sirthe** sought, asked for

Achar *m (-air)*
  1. *(space)* distance, area
  airde height, **áit** place, room, area, **bealach** track, **doimhneacht** depth, **fad** length, **fairsinge** width, **feadh** length (cf **ar feadh an chladaigh** along the shore), **leithead** amplitude, breadth, **limistéar** terrain, area, **raon** range, **scóip** ambit, sweep, **síneadh** extension, **sínteacht** lengthiness, **slí** way, distance
  2. period of time
  aga lag, interval, **aimsir** time period, **am** time, **fad** length **feadh** length (cf **ar feadh an ama** all the while), **idir an dá linn** meanwhile, **idir threallanna** between times, **scaitheamh** while, **seal** turn, spell, **tamall** while, **téarma** term, **tráth** once, occasion, **treall** short period of time, **tréimhse** *f* period, **uair** hour, time

Achasán *m (-áin;-áin, ~)* insult, rebuke
  aithis slur, reproach, **béim síos** put-down, **cáineadh** admonishment, censure, flak, **glaoch** *m* **ainmneacha** name-calling, **íde béil** verbal abuse, a talking-to, **ionsaí ó bhéal** verbal attack, **masla** insult, **leabhal** libel, **oilbhéim** offence, **sciolladh** dressing-down, scolding, **soibealtacht** insolence, **spíd** aspersion *(see also: **masla**)*

Achoimre *f (~; -rí)* summary, précis
  achomaireacht summary, précis, **athbhreithniú** revision, **bunábhar** substance (cf **Is é sin bunábhar an ghearáin**. That's what the complaint boils down to.), **buncheisteanna** fundamental/key issues, **cnámha an scéil** the core of the matter, **coimhlint** struggle, **coimre** compendium, **coimriú** summation, summing-up, **coimriúchán** digest, **creatlach** *f* framework, skeleton, **cuntas gairid** short account, **eochairfhíorais** key facts, **eochairghnéithe** *fpl* key elements, **eochairphointí** key points, **eochairsmaointe** key ideas, **gearrchuntas** sketch, short account, **gearrinsint** epitome, **giorrú** shortening; abridgement, **imlíne** *f* outline, **léirmheas** *m* review, **pointí tábhachtacha** important points, **príomhargóintí** main arguments, **príomhphointí** main points, **príomhsmaointe** main ideas, **súil siar** review of past events, glance-back, **tréithe eochracha** key attributes

Achoimrigh *v₂ᵦ* summarise, précis
  athbhreithnigh review, revise, **ciorraigh** abridge, **coimrigh** sum up, summarise, **déan achoimre ar** make a synopsis/summary of, **déan léirmheas ar** review, **luaigh eochairphointí** cite the key points, **gairidigh** shorten, **giorraigh** shorten, **inis (dúinn) éirim (na hargóinte)** tell (us) the tenor (of the argument), **tabhair cuntas gairid** give a short account, **tabhair príomhsmaointe** give principal motifs, give main ideas

Achoimrithe *pp* summarised, précised
  athbhreithnithe reviewed, revised, **ciorraithe** abridged, **coimrithe** summed up, summarised, **gairidithe** shortened, **giorraithe** shortened

Achoimriú *vn* summarising, précising
  achoimre *f* summary, **athbhreithniú** reviewing, revising, **ciorrú** abridging, **coimriú** summing up, summarising, **cuntas gairid** short account, **eochairphointí** *fpl* key points, **gairidiú** shortening, **giorrú** shortening, **léirmheas** review, **tabhairt príomhsmaointe** providing principal motifs, giving main ideas *(see also: **achoimre**)*

Achomharc *m (-airc; -airc, ~) (legal)* appeal
  achainí *f* appeal, **áitiú**; *(legal)* submission, **éileamh** demand, claim, **iarraidh** request (eg **ag déanamh na hiarrata** making the request), **iarratas** application, **taisceadh** *(of a document)* submission

Achrann *m (-ainn; -ainn, ~)* quarrelling; difficulty
  aighneas dispute, **argóint** argument, **bruíon** *f* quarrel, **cambús** shindig, commotion, **castacht** complication, **cath** battle, **clampar** wrangling, quarrelling, **cogadh** war, **coimhlint** struggle, **conspóid** controversy, **difear** difference, **díospóid** dispute, **díospóireacht** debate, **easaontas** disagreement, **easaontú** disagreeing, **giorac** commotion, fighting, quarrelling, **gráscar** scuffle, **imreas** strife, **iomrascáil** wrestling, **iaróg** quarrel, row, **iarógacht** quarrelsomeness, **imreas** jousting, strife (eg **imreas sa bhaile** domestic strife), **in adharca lena chéile** at loggerheads, **iomarbhá** contending, disputing (cf **iomarbhá focal** war of words), **iomrascáil** wrestling, **míshuaimhneas** disquiet, unrest, **muláid** trouble, harm, **racán** rumpus, racket, **raic** uproar, ructions, **sáraíocht** bickering, tussle, **smiolgaireacht** bickering, **tachar** contention, strife (eg **lán den tachar** full of contention/strife), **treampán** trouble, difficulty, **treasaíocht** quarrelsomeness, pugnacity, **trodaireacht** brawling, **troid** fighting, fight

Achrannach *adj³*
  1. quarrelsome, troublesome, difficult
  agóideach cantankerous, stroppy; protesting, **anglánta** ill-tempered, quarrelsome, **argóinteach** argumentative, **bruíonach** quarrelsome, **casta** complicated, **cathach** battling, bellicose, **cogaíoch** belligerent, warlike, **coimhlinteach** contesting, fond of contest, **cointinneach** contentious, quarrelsome, **deacair** difficult, **díospóideach** disputative; contentious, **díospóireachta** (> *díospóireacht*) debating, **easaontach** dissentient, **fadhbach** knotty, problematic, **gioracach** quarrelsome, **iarógach** quarrelsome, **imreasach** contentious, **in adharca lena chéile** at loggerheads, **léaspach** inclined to flare up, pugnacious, **míshuaimhneach** disquieted, uneasy, **sáraíochta** (> *sáraíocht*) held in disputation, **scansála** squabbling; squabble, **siosmach** schismatic; dissenting, quarrelling, **treampánach** troublesome, difficult, **trodach** pugnacious, combative

2. rocky, *(terrain)* difficult, full of obstacles
aimhréidh entangled, **boireannach** karstic, rocky, **carrach** rock-incrusted, **carraigeach** rocky, **casta** tangled, twisted, **clochach** stony, **clocharach** ridged with stone, **cnapánach** bumpy, **corraiceach** uneven, rough, **creagach** craggy, barren, **creagánta** full of stones and ridges, **draighneach** thorny, **driseogach** briary, **lúbach** winding, **mantach** ragged, with gaps, **sceireach** full of rocky inlets and reefs, **starrach** with projecting jagged rocks, ragged

Acht *m (~a; ~anna)* act, law
achtachán enactment, **beart** measure, move, **bille** bill, **céim** step, **cinneadh** decision, **concordáid** concordat, **conradh** contract, treaty, **cúnant** covenant, **cur i bhfeidhm** enforcement, **cur i gcrích** execution, **dáil** decree, judgment, **dlí** law, **fiontar** venture, undertaking, **foraithne** decree, **forógra** declaration, **margadh** agreement, deal, **ordú** order, command, **reacht** *m* statute, **rún** resolution, **seasamh** stand, **socrú** settlement, arrangement, **togra** initiative

Achtaigh v_{2a} enact, decree
athachtaigh re-enact, **cinn** decide, **cuir i bhfeidhm** bring into force, **daingnigh** ratify, **déan** make, **fógair** announce, **forógair** decree; proclaim, **glac le** accept, **mol** endorse, **ordaigh** order, decree, **reachtaigh** legislate, enact, **rith** pass (cf **bille a rith** to pass a bill), **tacaigh le** support, endorse

Achtaithe *pp* enacted, decreed
athachtaithe re-enacted, **cinnte** decided, **curtha i bhfeidhm** bring into force, **daingnithe** ratified, **déanta** made, **fógartha** announced, **forógartha** decreed; proclaimed, **glactha** accepted, **molta** endorsed, **ordaithe** ordered, decreed, **reachtaithe** legislated, enacted, **rite** *(law, bill, etc)* passed, **tacaithe le** supported, endorsed

Achtú *vn* enacting, decreeing
athachtú re-enacting, **cinneadh** deciding, **cur i bhfeidhm** bringing into force, **daingniú** ratifying ratification, **déanamh** making, **fógairt** announcing, **forógairt** decreeing; proclaiming, **glacadh** accepting, **moladh** endorsing, **ordú** ordering, decreeing, **reachtú** legislating, enacting, **rith** *(law, bill, etc)* passing, **tacú le** supporting, endorsing

Aclaí *adj*[6] supple, fit
corpacmhainneach *(physical)* fit, **géagláidir** strong-limbed, **géagleabhair** slender-limbed, **géagscoilte** loose-limbed, **inlúbtha** bendable, **leabhair** lithe, supple, **leaisteach** elastic, **léimneach** leaping, jumping, **ligthe** loose, relaxed, **luaineach** nimble, agile, **lúbarnach** wriggling, **lúfar** limber, **oscartha** nimble, agile, **scodalach** long-legged, nimble; lanky, **scolbánta** wiry, lithe, strapping, **solúbtha** pliable; flexible, **steafógach** supple and strong, **udmhall** nimble, quick

Aclaigh v_{2a} limber up, flex
bain searradh asat féin stretch your limbs, **déan cleachtadh coirp** do physical exercise, **lúb** bend, flex, **réamhaclaigh** limber up, **searr** stretch (cf **tú féin a shearradh** to stretch your limbs), **déan síneadh roimh chluiche** limber up before a match, **déan spórt** do sport, **téigh suas** warm up

Aclaithe *pp* limbered up, flexed
cleachta exercised, **lúbtha** flexed, **réamhaclaithe** limbered up, **searrtha** stretched, having stretched your limbs, **sínte roimh chluiche** limbered up before a match, **téite suas** warmed up

Aclaíocht *f (~a)* exercise, keep-fit exercise; agility
éascaíocht ease of movement, nimbleness, **gleacaíocht** gymnastics; acrobatics, **ligtheacht** looseness of limbs, **luadar** nimbleness, vigour, **luaineacht** nimbleness, agility, **lúfaireacht** nimbleness, **lúth** suppleness, **lúthaíocht** keeping fit, **oscar** agility; *(swim)* stroke, **solúbthacht** pliability; flexibility

Aclú *vn* limbering up, flexing
cleachtadh coirp physical exercise, **lúbadh** bending, flexing, **réamhaclú** limbering up, **searradh** stretching, **síneadh** stretching, limbering up, **spórt** sport, **téamh suas** warming up *(see also: aclaíocht)*

Acmhainn *f (~e; ~í)* capacity, resource
ábaltacht ability, **airgead** money, **bracht** *m* substance, wealth, **brí** mojo, vigour, **bua** talent, merit, **cumas** capacity, **cumhacht** power, **éifeacht** effect, **fairsinge** amplitude, **fuinneamh** energy, **gnó** business, **gus** resource, **gustal** means, enterprise, **inmhe** maturity, condition, **inniúlacht** competence, ability, **líon** total/full number, amount, **maoin** wealth, **méid** *m* total amount, **neart** strength, **oiread** amount, **rachmas** wealth, **rafaireacht** prosperity, **saibhreas** riches, **sás** apparatus, means, **sócmhainn** asset (cf **sócmhainní dlí** legal assets), **stór** repertoire, trove, store, **tácla** trappings, tackle, **taisclann** repository, **toice** wealth, **toice an tsaoil** worldly wealth, **toilleadh** capacity, **seasamh** standing, **suíomh** position

▲ **~ cheannaíochta** spending power, **~ grinn** sense of humour, **~ nádúrtha** natural resource,

Acmhainneach *adj*[3] affluent, wealthy; resourceful
an airgid moneyed (cf **lucht an airgid** the wealthy), **ar maos le hairgead** rolling in money, **brabachúil** well-to-do, **compordach** comfortable, **deisiúil** well-circumstanced, **éadálach** prosperous, **éiritheach** prosperous; on the up and up, **fairsing** ample, **flúirseach** abounding, plentiful, **gustalach** well off, well-to-do, **iarmhaiseach** affluent, **ina s(h)uí go te** sitting pretty, **iomadúil** copious, **leacanta** comfortable, well-to-do, **lofa le hairgead** rotten with money, **maoineach** propertied, wealthy, **neamhghátarach** not in need, comfortable,

neamhuireasach wanting for nothing, well off, **rachmasach** wealthy, **raidhsiúil** abundant, profuse, **ramhar** fat, **róúil** prosperous, plentiful, **saibhir** rich, **séanmhar** prosperous, **seascair** comfortable, cosy, **seiftiúil** resourceful, **sócmhainneach** *(com)* solvent, **sorthanach** prosperous, **teaspúil** comfortably well off, **toiciúil** wealthy, prosperous, **torthúil** fruitful, fertile *(see also: saibhir)*

Acmhainneacht *f (~a)* affluence, wealth; resourcefulness
airgeadúlacht financial profitability, **brabachúlacht** well-to-do-ness, **compordaí** comfortableness, **cumas** capacity, potency, **deisiúlacht** affluence, **fairsinge** amplitude, spaciousness, **flúirsí** aboundingness, plentifulness, **gustalaí** wealthiness, resourcefulness, **iarmhaisí** prosperousness, **inniúlacht** competence, ability, **iomadúlacht** copiousness, abundance, **neamhghátaraí** sufficiency, **neamhuireasaí** (financial) adequacy, **rachmasaí** wealthiness, **raidhsiúlacht** abundance, profuseness, **raimhre** fatness, **riocht** condition, shape, **ríúlacht** prosperousness, plentifulness, **saibhreas** richness, wealth, **séanmhaire** prosperousness, prosperity, **seiftiúlacht** resourcefulness, **sócmhainneacht** *(com)* solvency, **toiciúlacht** wealthiness, prosperity, **tortach** *m* amount, abundance, **torthúlacht** fruitfulness, fertility, **urrúntacht** robustness

Ádh *m (áidh)* luck
amhantar windfall, stroke of luck, **ámharaí** good luck, **briotais** luck; uncanny skill, **buille amhantrach** windfall, **cabhair Dé** God's help, **cinniúint** destiny, **conách** *m* prosperity, wealth, **éadáil** serendipity, unexpected gain, **fortún** fortune, **rath** success, **séan** prosperity, **séanmhaireacht** luckiness, **seans** chance, **sonas** happiness, good luck, **tabhartas ó Dhia** Godsend, **tarlú ámharach** lucky occurrence, **toice** fortune, chance, **torchaire** fortunate acquisition

◊ **Bhí an t-~ orainn.** We were lucky., **Bíonn an t-~ dearg ortsa.** You're extremely lucky., **sciorta den ~** stroke of luck, **Go raibh an t-~ ort sna scrúduithe!** Good luck with the exams!, **titim an áidh** karma

P **An té a mbíonn an t-~ ar maidin air, bíonn sé air maidin is tráthnóna.** A person who is lucky early on will always be lucky.

Adhain *v₁ⱼ* ignite, kindle
athadhain rekindle, **cuir ar siúl** *(engine)* start, turn on, put in motion, **cuir trí thine** set alight, set fire to, **dearg** *(pipe, cigarette, etc)* light, turn red, **dúisigh** wake up, kindle, **fadaigh** kindle, **gríosaigh** instigate, spur, cheer on, **las** light, ignite, **múscail** rouse, awaken, **séid faoi** bait, wind up, escalate, **sop** light with a straw, **spréach** spark, **spreag** inspire, **stócáil** stoke (cf **foirnéis a stócáil** to stoke a furnace) *(see also: las)*

Adhaint *vn* ignition, igniting
athadhaint rekindling, **cur ar siúl** *(engine)* starting, turning on, putting in motion, **cur trí thine** setting alight, setting fire to, **deargadh** *(pipe, cigarette, etc)* lighting, **dúiseacht** waking up, kindling, **fadaigh** kindling, **gríosú** instigating, spurring on, cheering on, **lasadh** lighting, igniting, **múscailt** rousing, awakening, **séideadh faoi** baiting, winding up, escalating, **sopadh** lighting with a straw, **splaideog** spark, **spréachadh** sparking, **spreagadh** inspiring *(see also: lasadh)*

Adhainte *pp* ignited, kindled
athadhainte rekindled, **curtha ar siúl** *(engine)* started, turned on, put in motion, **curtha trí thine** set alight, set on fire, **deargtha** *(pipe, cigarette, etc)* lighted, lit; turned red, **dúisithe** woken up, kindled, **fadaithe** kindled, **gríosaithe** instigated, spurred on, cheered on, **lasta** lit up, ignited, **múscailte** roused, awakened, **séidte faoi** baited, wound up, escalated, **soptha** lit/lighted with a straw, **spréachta** sparked, **spreagtha** inspired, **stócáilte** stoked *(see also: lasta)*

Adhair *v₁ⱼ* worship, adore
abair paidreacha say prayers, **adhmhol** eulogise, **ardaigh** exalt, extol, **bíodh ardmheas agat do dhuine** hold a person in high esteeem, **can iomainn mholta** sing hymns of praise, **diagaigh** deify, **íoladhair** idolise; idol-worship, **laochadhair** hero worship, **mol** praise, **tabhair meas do** show respect to, **tabhair ómós** give homage, **tabhair urraim do** show reverence to, **urramaigh** revere, respect highly *(see also: mol)*

Adhairt *f (~e; ~eanna)* pillow, cushion
aerchúisín air cushion, **babhstar** bolster, **bolastar** bolster; bulky person, **ceannadhairt** pillow *(for one's head)*, **cearchaill** pillow; shaft, girder, **cúisín** cushion, **cúisíniú** cushioning, **mála pónairí** beanbag, **pillín** small cushion; pad (cf **pillíní cosanta** protection pads), **piliúr** pillow, **pioncás** pincushion, **pónaireán** beanbag, **taca cinn** headrest

▲ **comhrá ~e** pillow talk, **clúdach** *m* **~e** pillowcase

◊ **Fuair sé bás le h~.** He died a natural death.

Adhall *m (-aill) (sexual)* heat
adharcaí horniness, **áilíos** desire, craving, **catachas** *(in cats)* heat, **clíth** *m (in swine)* heat, **dáir** *f (dárach)* heat, **eachmairt** *(in horses)* heat, **éastras** *(in animals)* oestrus, heat, **gimide** heat; coccyx, **láth** *m* heat (cf **faoi láth** in heat), **imreas** *(in goats)* heat, **macnas** libido, **miangas** libido, concupiscence, **miangasaí** randiness, **rachmall** desire, lust, heat, **ratamas** *(in deer)* rut, heat, **reith/reithíocht** *(goats and sheep)* heat, **snafach** *m (horses, donkeys)* heat, **soidhir** *f (-dhre)* heat, sexual readiness, **teas** heat, raciness, **teasaíocht** ardour, passion, **teaspúlacht** amorousness

▲ **faoi ~** in heat

Adhaltranas *m (-ais)* adultery
briseadh mhóideanna an phósta breaking of marriage vows, **caidreamh lasmuigh den phósadh** extramarital relationship, **caidreamh seachphósta** extramarital affair, **diabhal a imirt ar do bhean/ar d'fhear le duine eile** to do the dirty on your wife/your husband, **eachtra mídhílseachta** act of infidelity, **fealltacht** treachery, **mídhílseacht** unfaithfulness, **séitéireacht** *(col)* cheating

Adharc *f (-airce; ~a, ~)*
1. horn; antenna
aláram alarm, **aintéine** *f* antenna, **beann** *f* antler, **bonnán** siren, **stoc (comhraic)** (battle) horn; goblet
2. **bheith in ~a a chéile** to be at loggerheads; fighting **bheith ag bruíon** to be bickering, **bheith ag teacht salach ar a chéile** not to be getting on together, not hitting it off, **bheith ag troid** to be fighting, **bheith in achrann** to be quarrelling, **dul chun sleanntrachta** to cross swords
3. erect penis
bod ina sheasamh hard-on, **breac (rua)** erect penis; brown trout, **doirnín** erection; forehandle on a scythe shaft, **éirí** erection, **gléas** erect penis (cf **Chuirfeadh sí gléas ar fhear ar bith.** She'd give any man an erection.), **meacan** *(archaic)* erection, **spiacán** rod, erection

Adhartha *pp* worshipped, adored
adhmholta eulogised, **ar ar tugadh meas** respected, **ardaithe** exalted, extolled, **ardmheasta** highly respected, **ardmheasúil** highly esteemed, **dá dtugtar ómós** to whom homage is paid, **diagaithe** deified, **íoladhartha** idolised, **laochadhartha** hero-worshipped, **measúil** respected **molta** praised, **urramaithe** revered *(see also: mol)*

Adhlacadh *vn* burial
Aifreann na marbh Mass for the dead, **caibeáil** dibbling; burying, **cur** committal, **cur san uaigh** interment, **deasghnátha adhlactha** funeral rites, **tionlacan an choirp** funeral procession

■ **an ola dhéanach** the last oils/Rites, **cill** churchyard, **cónra** coffin, **faire** wake, **leac** *f (leice)* **uaighe** tombstone, **mná caointe** keening women, **muintir an mhairbh** family of the deceased, **óráid adhlactha** funeral oration, **reilig** cemetery, **sochraid** funeral, **teach tórraimh** wake house, **uaigh** grave

Adhlactha *pp* buried
caibeáilte dibbled; buried, **créamtha** cremated, **curtha** buried, **curtha i dtalamh** buried, **curtha i dtuama** entombed, **curtha i ndearmad** forgotten, **curtha san uaigh** interred, laid to rest, **tugtha chun na reilige** brought to one's final resting place, **trinseáilte** buried in a trench

Adhlaic *v₁d* bury, inter
abair slán deiridh le say one's final goodbyes to, **athadhlaic** reinter, **caibeáil** dibble, plant with dibble; bury (cf **Caibeáladh é inné.** He was buried yesterday.), **créam** cremate, **cuir** put; bury, **cuir i dtuama** entomb, **tabhair duine chun na reilige** bring a person to their final resting place, **téigh san úir** be buried, be laid to rest, **trinseáil** to bury in a trench

Adhmad *m (-aid)*
1. wood, timber, lumber
adhmadóireacht woodwork, **bataí** sticks, **brosna** firewood, **cipín** match, **coill** wood, **connadh (le haghaidh tine)** kindling, **crann** tree, **craobhóga** twigs, **crua-adhmad** hardwood, **fásach** *m* wilderness, **fiodh** *m* wood, timber, **foraois** forest, **garr (adhmaid)** pith (of wood), **maide** wooden stick (cf **maide portaigh** bog timber, **cos mhaide** wooden leg, **ceann maide** blockhead, etc), **roschoill** undergrowth, scrub, **siúinéireacht** carpentry, **slaitín** wand, **slat** stick, **sú-adhmad** sapwood, **úrach** *m* green timber

▲ **~ balsa** balsa wood, **~ castáin** chestnut wood, **~ coil** hazel wood, **~ coille** standing timber, **~ cranrach** knotty wood, **~ darach** oak wood, **~ eoclaip** eucalyptus wood, **~ gallchnó** walnut wood, **~ giúise** pine wood, **~ raice** driftwood, **~ silín** cherry wood, **~ tine** firewood

▲ **bloc adhmaid** block of wood, **bothán adhmaid** log cabin, **bróg adhmaid** clog, **cábán adhmaid** wood cabin, **clár adhmaid** plank of wood, **cóireáil adhmaid** wood treatment, **deileadh adhmaid** wood turning, **obair adhmaid** woodwork, **painéil adhmaid** wooden panelling, **rafta adhmaid** wooden raft, **scamhacháin adhmaid** wood shaving, **scealpóg adhmaid** wooden splinter, **sliseanna adhmaid** wood chippings, **smután adhmaid** chunk of wood, **snáithe adhmaid** wood grain, **sorn dóite adhmaid** wood-burning stove, **urlár adhmaid** wooden floor

2. substance, sense
ábhar matter, substance, **abhras** benefit, gain, **bia** substance, sense; food, **brí** significance, meaning, **bunábhar** substance, raw material, **bunús** substance, basis, **ciall** *f* meaning, sense, **éifeacht** effect, **éirim** intelligence, aptitude, **foladh** substance, meaning, **meabhair** mind, reason, **siosmaid** sense, common sense, **tábhacht** importance

Adhmadach *adj³* woody, with woodlike texture
adhmadaithe timbered, **adhmaid** (> *adhmad*) wooden, **cipíneach** woody, fibrous, **coillteach** sylvan, wooded, **crainn** (> *crann*) wooden, **déanta den adhmad** made of wood, **maide** wooden, **foraoiseach** forested, woody, **foraoisithe** planted with forests

Adhmadúil *adj⁴* wooden-like, unnatural, lifeless
amscaí graceless, **ciotach** awkward, **gan anam** soulless,

gan mhothú expressionless, **maide** (> *maide*) wooden (cf **aisteoir maide** wooden actor), **mínádúrtha** stilted, unnatural

Adhradh *vn* worship, adoration
adhmholadh eulogising, **aililiú** alleluia, **ardú** exaltation, **bladar** blether; *(flirting)* chatting up, **diagú** deification, **íoladhradh** idolatry, **laochadhradh** hero worship, **meas** *m* regard, **moladh** praise, **ómós** homage, **paidreacha á rá** saying prayers, **tabhairt meas do** paying respect to, **tabhairt ómóis** giving homage, **tabhairt urraim do** showing reverence, **urraim** reverence, **urramú** revering, highly respecting *(see also: moladh)*

Admhaigh *v₂ₐ* admit
aithin recognise, **aontaigh** agree, **coibhseanaigh** confess, **déan faoistin** *(rel)* make a confession, **dearbhaigh** affirm, **fógair** declare, **géill** yield, concede, **glac le** accept, **lig** allow **lig le d'ais** admit, **nocht** reveal, **tabhair aitheantas do** give recognition to

Admháil *vn* admitting; confessing, confession; receipt
aitheantas recognition, acknowledgement, **aithint** recognising, **coibhseanú** confessing, **déanamh faoistine** *(rel)* making a confession, confessing, **duillín** chit, docket, **faoistin** *(rel)* confession, **géilleadh** concession, yielding, **glacadh** acceptance, **ligean** allowing, **ligean le d'ais** admitting, **nochtadh** revealing, **tabhairt aitheantas do** giving recognition to

Admhaithe *pp* admitted
aitheanta recognised, **aontaithe** agreed, **coibhseanaithe** confessed, **dearbhaithe** affirmed, **fógartha** declared, **géillte** yielded, **glactha le** accepted, **ligthe** allowed, **ligthe le d'ais** admitted, **nochta** revealed

Aduaidh *adv (c ←)* from the North
lastuaidh on the north side, **ón Tuaisceart** from the north, **ó thuaidh** *(c →)* to the north, **ón taobh atá thuaidh** from the north side, **ón taobh tuaisceartach** from the northern side, **thuaidh** *(mot)* north, **tuaisceartach** northern, northerly; surly, rude

◊ **Tháinig siad aniar ~ orm.** They took me by surprise.; They blindsided me.; They snuck up on me., **an ghaoth** ~ the North Wind

Aduain *adj²* weird, creepy, peculiar; unfamiliar
aisteach strange, **ait** bizarre, peculiar, **coimhthíoch** foreign, weird, **corr** peculiar, eccentric, **corrmhéineach** odd, eccentric, **deoranta** alien, outlandish, **diamhair** mysterious, **dúdach** odd-looking, weird, **greannmhar** funny, **iarmhaireach** eerie, **iasachta** foreign, **le Dia** touched, **mínormálta** abnormal, **neamhchoitianta** unusual, **neamhghnách** unusual, **saoithiúil** peculiar, **strainséartha** unfamiliar, **suaithní** odd, distinctive, weird, **suntasach** remarkable, **taibhsiúil** ghostly, **uaigneach** eerie, creepy *(see also: corr)*

Aduaine *f (~)* weirdness, creepiness
aduantas weirdness, creepiness, **aistíl** strangeness, acting weirdly, **aiteas** bizarreness, apprehension, **coimhthíos** weirdness; aloofness; alienation, **deorantacht** unfamiliar weirdness, **diamhracht** eeriness, weirdness, **iarmhaireacht** eeriness, **mínormáltacht** abnormality, **neamhaithne** unfamiliarity, **neamhghnáiche** unusualness, **saoithiúlacht** peculiarity, **siúlacht** elfishness, weirdness, **strainséarthacht** unfamiliarity, **suaithníocht** oddness, weirdness, **taibhsiúlacht** ghostliness, **uaigneas** eeriness, creepiness

Aer *m (aeir; aeir, ~)*
1. air; sky, climate
aeráid climate, **aimsir** weather, **anáil** breath, **clíoma** climate, **firmimint** firmament, **gaoth** *f* wind, **na flaithis** *mpl* the heavens, **neamh** *f* heaven, **ocsaigin** oxygen, **scóipiúlacht** openness, **síonra** atmospheric agencies, **spéir** sky

◊ **amuigh faoin ~** out in the open air, **Níl aon ~ sa seomra seo.** There is no air in this room. **Tá athrach aeir de dhíth orm.** I need a change of climate/scene.

P **Ní leithne an t-aer ná an timpiste.** Accidents can easily happen.

2. fun, pleasure, enjoyment
aeraíocht amusement, entertainment, **meidhir** mirth, fun, **scléip** hilarity, wild fun, **pléisiúr** pleasure, **siamsa** entertainment, **spórt** fun, **spraoi** spree, fun, **suairceas** pleasure, fun

◊ **Bhíomar ag déanamh aeir i mBaile Átha Cliath.** We were enjoying ourselves/having fun in Dublin.

Aerach *m (-aigh; -aigh, ~)* gay person, homosexual
blióg effeminate man, **homaighnéasach** *m* homosexual, **leispiach** *m* lesbian, **piteog** sissy, poof

Aerach *adj³*
1. gay, homosexual
aiteach queer, **baineann** *(of a man)* effeminate, **bambairneach** *(of a woman)* butch, **cam** queer, **gliaireach** dykey **homaighnéasach** homosexual, **leispiach** lesbian, **lúbtha** bent, **piteogach** camp, effeminate

2. gay, cheerful
aigeanta animated, spirited, **áthasach** happy, **breá sásta** delighted, **geal** bright, **gealgháireach** bright and smiling, cheerful, **gliondrach** joyous, **lúcháireach** elated, gleeful, **ríméadach** jubilant, ecstatic, **sona** happy, **sona sásta** chuffed, delighted, **spéiriúil** sky-like, airy, bright

3. *sl* dismal, pathetic
ainnis miserable, **agus a thóin leis** crap, **gan dealramh**

pathetic, **lofa** rotten, **millteanach** appalling, **uafásach** awful, horrible

Aeraigh v_{2a} aerate, ventilate
aeráil air, ventilate, **aerchóirigh** air-condition, **aeroiriúnaigh** air-condition, **cuir ar análaitheoir** *(med)* ventilate, **lig don aer úr teacht isteach** to let the fresh air in, **ocsaiginigh** oxygenate, **úraigh** freshen

Aeraíocht *f (~a)* open-air entertainment, having fun outside
ardú meanman raising spirits, **déanamh aeir** having an enjoyable time, having fun, **déanamh spóirt** having fun, **déanamh spraoi** having fun, enjoying oneself, **piollardaíocht** amusing oneself, sowing one's wild oats, **pléaráca** horseplay, **pleidhcíocht** fooling around, tomfoolery, **ráigíocht** gadding about, **ráistéireacht** roistering, **ramhaltaíocht** horseplay, **rampaireacht** romping, sporting, **rancás** high jinks, **siamsa** entertainment, **siamsaíocht** diversion, amusement (cf **stuara siamsaíochta** amusement arcade), **scléip** hilarity, having fun, **somheanma** *f (~n)* cheerfulness, good spirits, **spórt** fun, sport, **súgradh** playing *(see also: spraoi)*

Aeraithe *pp* aerated
aeráilte aired, ventilated, **aerchóirithe** air-conditioned, **aeroiriúnaithe** air-conditioned, **athúraithe** refreshened, **curtha ar análaitheoir** *(med)* placed on ventilation, **ocsaiginithe** oxygenated, **úraithe** freshened

Aerú *vn* airing, aerating
aeráil airing, ventilating, **aerchóiriú** air-conditioning, **athúrú** refreshening, **othar á chur ar análaitheoir** putting a patient on ventilation, **ligean don aer úr teacht isteach** letting the fresh air in, **ocsaiginiú** oxygenating, **úrú** freshening

Áfach *adv* however
ach but, **ámh** however, **ar aon nós** at any rate, **ar a shon sin agus uile** nevertheless, **ar scor ar bith** anyway, regardless, **cibé scéal é** whatever the story is, **dá ainneoin** notwithstanding, **iaramh** *(lit)* then, accordingly, but, however, **in ainneoin sin** in spite of that, **ina dhiaidh sin agus uile** nonetheless, **mar sin féin** all the same, **pé scéal é** whatever, regardless, **sin ráite** that said

Agair v_{2c}
1. entreat, beseech
achainigh plead, entreat, **achair** beseech, **achomharc** appeal, **éigh ar** call upon, beseech, **éiligh** demand, require, **ceistigh** question, **cuir ceist** ask a question, **fiafraigh de** ask, enquire, **glaoigh ar** call on/upon, **guigh** pray, beseech (cf **Guím thú!** I beseech you!), **iarr ar** request from, ask of; beg **impigh ar** implore, supplicate; beg, **pléadáil** plead, **sir** seek, ask for

2. ~ **ar** avenge, punish
bain díoltas as get revenge on, **bain éiric amach** to get compensation, **bain sásamh as mí-ádh duine eile** gloat on (the misfortune of another person), **díoghail** avenge, punish, **faigh cúiteamh** exact retribution, **faigh díoltas** get revenge, **imir díoltas ar** avenge, **pionósaigh** punish

Agairt *vn*
1. entreating, beseeching
achaíní pleading, entreating, **achairt** beseeching, **achomharc** appealing, making an appeal, **cur ceiste** asking a question, **éamh ar** calling upon, beseeching, **éileamh** demand, demanding, requiring, **fiafraí de** asking, inquiring, **glaoch ar** calling on/upon, **guí** praying, beseeching, **iarraidh ar** requesting from, asking of; begging, **impí** petitioning, **impí ar** imploring, supplicating; begging, **pléadáil** pleading

2. avenging, punishing; vengeance
baint cúiteamh as exacting retribution, **baint díoltas as** getting revenge on, **baint éiric amach** getting compensation, **baint sásamh as mí-ádh duine eile** gloating on (the misfortune of another person), **díoghail** avenging, punishing, **fáil díoltais** getting revenge, **imirt díoltas ar** avenging, **pionósú** punishing

Agartha *pp*
1. entreated, beseeched
achainithe pleaded, entreated, **achartha** beseeched, **achomharctha** appealed, **éilithe** demanded, required, **fiafraithe** requested, **glaoite** calling on/upon, **guite** prayed, beseeched, **iarrtha** requested, **impithe** implored, **pléadáilte** pleaded

2. avenged, punished
ar a bhfuarthas díoltas avenged, **ar ar imríodh díoltas** on whom vengeance was meted out, **ar baineadh cúiteamh as** atoned, restituted, **díoghailte** avenged, punished, **pionósaithe** punished

Agallamh *m (-aimh; -aimh, ~)* interview, discourse
agall talk, argument, **aighneas** dispute, **allagar** loud disputation, crosstalk, **argóint** argument, **caint** talking, talk, **ceastóireacht** interrogation, **ceistiú** questioning, **comhrá** conversation, chat, **conbharsáid** conversation, **croscheistiú** cross-questioning, **díospóireacht** debate, **fiafraí** enquiring, asking, **fiosrú** enquiring, **fiosrúchán** enquiry, **geab** natter, chit-chat, **idirphlé** interface, **plé** discussion, **zúmáil** zooming

Aghaidh *f (~e; ~eanna)*
1. face, façade, front
béal front, face (cf **Dúirt sí sa bhéal orm é.** She said it to my face.), **ceoltair** *f (-trach)* visage, face, **ceannaghaidh** *(facial)* feature (cf *pl* **ceannaithe** facial features), **comhéadan** *(geog)* interface, **craiceann** skin, surface area, **cuntanós** countenance, visage,

dreach *m* aspect, facial appearance, **dealramh** appearance, **éadan** front, face, **eineach** *m* (*lit*) face, **fóir** *f* (*~each*) facing, **gnúis** countenance, **taobh** *m* **amuigh** exterior, **tosach** *m* front, **tul** protuberance (cf **tul éadain** forehead, **tul i dtul** face to face), **ucht** *m* upper front, breast

2. (*as in expression*) **in ~** against, opposing; in front of

freasúrach opposing, **i gcodarsnacht le** in contrast to; in opposition to, **i gcoinne** against, countering (cf **i gcoinne na gaoithe** against the wind), **i ngleic le** in confrontation with, confronting, **in éadan** opposing, confronting, against (cf **in éadan a chéile** opposing one another), **in iomaíocht le** in competition with, **os comhair** facing (cf **os comhair na bhfíricí** facing the facts)

3. (*as in expression*) **le h~** for; in store for

ar son for the sake of (cf **ar son na síochána** for the sake of peace), **chun** for (cf **chun glóire Dé** for the glory of God), **do** for (cf **dom** for me, **duit** for you, etc), **faoi choinne** appointed for (cf **áit faoi choinne leabhar** a place for books), **faoi chomhair** facing, intended for (cf **faoi chomhair na Nollag** for Christmas), **i gcomhair** intended for, **in áirithe do** in store for, set aside for

Agóid 1 *v₁ᵦ* protest, object

ardaigh raic in aghaidh (+ *gen*) protest/remonstrate against, **argóin** argue, **casaoid** complain; grumble, **cuir i gcoinne** (+ *gen*), object, **cuir in aghaidh** (+ *gen*), oppose, **déan agóid i gcoinne** (+ *gen*) protest against, **déan caingean** make a plea, dispute, **déan gearán** complain, make a complaint, **glac col le** take a dislike to, **léirsigh** demonstrate, **lochtaigh** fault, blame, **tabhair dúshlán do** challenge

Agóid 2 *vn* protesting, protest, objecting, objection

ardú raic in aghaidh (+ *gen*) protest/remonstrate against, **argóint** argument, **caingean** *f* (*caingne*) (*jur*) dispute, **casaoid** complaining; grumbling, **cur i gcoinne** objection, **cur in aghaidh** opposing, opposition, **déanamh caingne** making a plea, disputing, **déanamh gearáin** complaining, making a complaint, **dúshlán** challenge, **freasúra** opposition, **gearán** complaint, **glacadh col le** taking a dislike to, **léirsiú** demonstration, demo, **lochtú** finding fault, blaming, **scrupall** scruple, **stailc** strike, **suaiteachán** agitation, disturbance, **tabhairt dúshlán do** challenging

Agóideoir *m* (*-eora; ~í*) protester, objector, agitator

agóidí objector, crusader, **casaoideoir** complainer, **clamhsánaí** moaner, whinger, **crosáidí** crusader, **feachtasóir** campaigner, **gearánaí** complainer, plaintiff, **leasaitheoir** reformer; tweaker, **léirsitheoir** demonstrator, **picéad** picket, **stailceoir** striker, **suaiteoir** agitator, **suathaire** agitator; stirrer, mixer (*see also: spreagthóir*)

Agóidte *pp* protested

argóinte argued, **casaoidte** complained; grumbled, **curtha i gcoinne** objected to, **curtha in aghaidh** opposed, **gearánta** complained (cf *Ní gearánta dom.* I can't complain.), **léirsithe** demonstrated, **lenar glacadh col** that was disliked, **lochtaithe** faulted, blamed

Agus *conj* and

chomh maith leis sin as well as that, furthermore, **freisin** also, **ina theannta sin** in addition to that, **lena chois sin** moreover, along with that, **maille leis sin** along with that, **mar aon leis sin** along with that

Áibhéalta *adj⁶* exaggerated

ábhalmhór enormous, colossal, **aibhseach** immense, **áiféiseach** ridiculous, **ainspianta** grotesque, **anmhór** bumper, really big, **as compás** beyond measure, exorbitant, **as cuimse** disproportionate, **dulta thar fóir** excessive, **gáifeach** gaudy, sensationalist, histrionic, **gairéadach** gaudy, loud, **galamaisíoch** affected, full of empty showiness, **gan craiceann na fírinne air** implausible, **iomarcach** excessive, superfluous, **mórthaibhseach** spectacular, looming large; gaudy, **mustrach** ostentatious, vain, pompous, **ollmhór** immense; almighty, **rófhoclach** effusive, verbose, **rómhaisiúil** over-decorated, **scailéathanach** wildly exaggerated, **scanrúil** formidable, **séideogach** puffed up, **stróúil** conceited, proud, ostentatious; elated, **taibhseach** flamboyant, **thar cailc ar fad** way over the top, **thar cuimse ar fad** out of all proportion, **thar fóir** over the top, **toirtéiseach** ostentatious

Áibhéil *f* (*~e*) exaggeration

áiféis exaggeration, nonsense, **dul thar fóir/cailc** overdoing it, **forbhrí** exaggeration; excess, **gáifeachas** showiness, sensationalism, gaudiness, **gáifeacht** exaggeration, **gairéad** ostentation, **galamaisíocht** histrionics, affectation, **iomarca** superfluity, **iomarcaíocht** excessiveness, **ollmhóire** immenseness, **rófhoclachas** verbosity, **ró-mhaisiúlacht** excessive ornateness, **scailéathan** wild exaggeration, **seápáil** posturing, **séideadh adhairce** horn blowing, **séideogacht** blustering, disdainful empty talk, **toirtéis** ostentation

Aibhsigh *v₂ᵦ* highlight, emphasise

aiceannaigh accentuate; accent, **cuir aiceann ar** accent, **cuir béim ar** emphasise, **cuir i dtábhacht** make important, prioritise, **marcáil le haibhsitheoir** to mark with a highlighter, **scríobh le litreacha móra** write in capital letters, **tabhair tábhacht do** give importance to

Aibhsithe *adj⁶* highlighted, emphasised

aiceannaithe accented; accentuated, **ar a bhfuil aiceann curtha** that is accentuated/accented, **ar a bhfuil béim curtha** that is emphasised, **i gcló trom** in bold print, **marcáilte le haibhsitheoir** marked by

Aibhsiú a highlighter, **scríofa le litreacha móra** written in capital letters

Aibhsiú *vn* highlighting, emphasising
cló trom bold print, **cur aiceann ar** accentuating; placing an accent on, **cur béime ar** emphasising, **cur i dtábhacht** making important, prioritising, **scríobh le litreacha móra** writing in capital letters, **tabhairt tábhacht do** giving importance to

Aibí *adj*[6]
1. ripe, mature
cineálta aged (cf **fíon cineálta** aged wine), **fásta go hiomlán** fully grown, **forbartha** developed, **in inmhe** potent, mature, **lánfhásta** mature, fully grown (**mac léinn lánfhásta** mature student), **lánfhorbartha** fully developed, **réidh le baint** ready to harvest, **réidh le hithe** ready-to-eat, **seanchleachta** well-practised, **stálaithe** seasoned (eg **adhmad stálaithe** seasoned wood), **tagtha in aois** come of age, **tuartha** seasoned, **ullamh** ready
2. *(physically and mentally)* fresh, vital, quick
airdeallach alert, on the ball, **aireach** attentive, awake, **beo** alive, **briosc** brisk, lively, **cliste** clever, **friochanta** lively, active, observant, **friseáilte** fresh, **gasta** quick, fast, **géar** sharp, observant, **glic** astute, **piocúil** quick, tidy, smart, **praitinniúil** astute, quick

◊ **chomh h~ le spideog** as fresh as a daisy

Aibigh *v₂ᵦ* ripen, mature
buígh *(corn)* ripen; tan, **eagnaigh** grow in wisdom, mature, **éirigh fásta go hiomlán** become fully grown, **éirigh fásta suas** become grown up, **fás suas** grow up, **foirfigh** age, mature; perfect, **forbair** develop, **maothlaigh** mellow, **stéagaigh** *(wood)* season, **tar in aois** come of age, **tar in inmhe** become postpubescent, mature into an adult, **ullmhaigh** prepare, get ready

Aibithe *pp* ripened, matured
buíte *(corn)* ripened; tanned, **eagnaithe** grown in wisdom, matured, **éirithe fásta go hiomlán** become fully grown, **éirithe fásta suas** gotten grown up, **fásta suas** grown up, **foirfithe** aged, matured; perfected, **forbartha** developed, **maothlaithe** mellowed, **réidh** ready, **réidh le hithe** ready to eat, **stéagaithe** *(wood)* seasoned, **tagtha in aois** matured, gotten to be an adult, **tagtha in inmhe** postpubescent, matured into an adult, **ullamh** ready, **ullmhaithe** prepared

Aibiú *vn* ripening, maturing
buíochan *(corn)* ripening; tanning, **eagnú** growing in wisdom, maturing, **éirí fásta go hiomlán** becoming fully grown, **éirí fásta suas** becoming grown up, **fás suas** growing up, **foirfiú** aging, maturing; perfecting, **forbairt** developing, **stéagú** *(wood)* seasoning, **teacht in aois** coming of age, **teacht in inmhe** becoming postpubescent, maturing into an adult, **ullmhú** getting ready, preparing

Aice 1 *f (~; -cí)*
1. nearness, proximity
áisiúlacht handiness, **araicis** approach, **cóineas** proximity, **comhtheagmhálacht** contiguity, **cóngar** vicinity, **cóngaracht** nearness, **cóngas** closeness, **deiseacht** nearness, closeness, **dlús** propinquity; density, **dlúthaíocht** intimacy, **dlúthchaidreamh** intimacy, **fochair** proximity, **fogas** nearness, **foisceacht** proximity, **gaireacht** closeness, **gaobhar** nearness, proximity, **giorracht** nearness, **neasacht** nearness, **inrochtaineacht** accessibility, **insroichteacht** accessibility, **neasacht** immediacy, **teagmháil** adjacency, contact, **teoranntacht** contiguity, bordering

◊ **Tóg as ~ an linbh é!** Take it out of reach of the child!

2. **in ~ le** beside, next to
cois (+ *gen*) beside, **i bhfochair le** in proximity to, **i bhfogas le** close to, **i bhfoisceacht** (+ *gen*) in proximity to, **i gcóngar le** in proximity to, **i ngar/ngaobhar do** close to, **i ngáinníocht** (+ *gen*) close to, **láimh le** next to, **le hais** (+ *gen*) beside, next to, **taobh le** beside, **taobh le taobh le** side by side with

◊ **in ~ na farraige** beside the sea, **in ~ liom** beside me, **in ~ láimhe** near at hand, **in ~ láithreach** nearby, **Fan i m'~!** Stay close by me!, **Tá lámh in ~ leis.** He has a disabled arm., **ina ~ sin** besides

Aice 2 *f (usually animal)* habitat
bráca hovel, **brocach** burrow, **brocais** den, **coinicéar** rabbit warren, **cró** enclosure, outhouse, **cró madra** kennel, **cró na gcearc** hen house, **cró na muc** pigsty, **gnáthóg** habitat, **leaba** *f* bed, **nead** *f* nest, **pluais** cave, **poll** hole, burrow, **prochóg** hovel, **rapach** *f* rabbit hole, **staidéar** lodging, station, habitat, **talmhóg** burrow; cache, **uachais** lair, burrow

---

■ **Ar na haicí atá:**
  Habitats include:
ábhach gliomach/portán
  lobsterhole/crabhole
bóitheach *m (-thí)* cow shed
bothán na gcearc chicken coop
brocais an bhroic the badger's hole
coinicéar coinín rabbit's warren
coirceog bheach beehive
conchró *(boarding for dog)* kennel

cró eallaigh cattle shed
cró muc/madra pigsty/kennel
fáir rón seal rookery
garrán préachán rookery
leaba dhearg fox's den/lair
líontán an damháin alla
  the spider's web
loca caorach sheep pen
nead éin/goraille bird's/gorilla's nest
nead seangán anthill

pluais an tsionnaigh fox's lair/den
pluais nathracha
  burrow/den of snakes
poll luiche/róin
  mouse's hole/seal's cave
rapach *f* rabbit-hole; burrow
stábla capaill horse's stable
tollán an chaocháin
  the mole's tunnel/burrow
uachais ainmhí allta wild animal's den

Aicearra

Aicearra *m (~; ~í)* shortcut
bealach *m* **díreach** direct path, **bealach** *m* **gearr** short way, **bóthar aicearrach** fastest road there, **cóngar** short cut (cf **dul an cóngar** take a shortcut), **i líne dhíreach trasna na tíre** as the crow flies, **modh coigilte ama** timesaver

Aicíd *f (~e; ~í)* disease
adhascaid morning sickness, nausea, **aiseag** puking, vomiting, **breoiteacht** sickliness, sickness, **claimhe** *f* plague, pest, **easláinte** ill health, **galar** illness, **galar tógálach** contagious disease, **galar meathlúcháin** degenerative disease, **searg** *m (med)* wasting disease, **tinneas** sickness, **tinneas boilg** stomach upset, **tinneas cinn** headache, **pairilis** paralysis (cf **faoi phairilis** paralysed), **plá** plague *(see also: galar)*

▲ ~ **an chronaithe** wasting disease, ~ **an tochais** itch, ~ **dhubh** blight, ~ **ghasta** flux, ~ **na gcnámh** rheumatism, ~ **na scamhóg** pneumonia

◊ M'~ **orthu!** A plague on them!

Aicme *f (~; -mí)* class
catagóir category, **ceithearn** *(hist, lit)* band of foot soldiers, **cineál** kind, **ciorcal** circle, **cipe** *m* phalanx, body of troops in close formation, **conlán** group, band, family, **díorma** posse; troop, **dream** group, **drong** body of people, gang, posse, **faicsean** faction, **feadhain** *f (-dhna)* troop, band, **feadhnach** *m* band, troop, **foireann** team, crew; set, **grúpa** group, **rang** class, rank, **rangú** classifying, ranking, **rangúchán** classification, **roinn** division, department, **saghas** type, sort, **sórt** sort, **speiceas** species, **sraith** set, stratum, **tuireann** *f (lit)* faithful band of followers *(see also: grúpa)*

Aicmeach *adj³* class
aicmithe classified, classifying, **cáilíochtúil** qualitative, **catagóirithe** categorised, **céimithe** stepped, graded, **cineálach** generic, qualitative, **géineasach** generic, **grádach** graded, **grádaithe** graded, **grúpáilte** grouped, **rangaithe** classified, classifying, **sórtáilte i gcatagóirí** sorted into categories

▲ **cogadh** ~ class war

Aidhm *f (~e, ~eanna)* aim, objective
aisling dream, vision, **ardmhian** *f (-mhéine)* aspiration, **brí** significance, **ceann scríbe** destination, **ceann sprice** end goal, final objective, **comhsprioc** *f (-sprice)* common goal, **críoch** *f* end, **cúl** *(sports)* goal, **cuspa** objective, theme, **cuspóir** object, objective, **diongbháilteacht** resolve, **dóchas** hope, **dréim** aspiration; expectation, **dúil** desire, **guí** wish, **iarracht** endeavour, **intinn** intention, **pointe** point, **rún** intention, **smaoineamh** idea, thought (cf **Cad é an smaoineamh atá taobh thiar de?** What is the idea/thinking behind it?), **spreagthacht** motive, **sprioc** *f (sprice; spriocanna)* target, goal, **sprioc-am** deadline, **sprioc dheiridh** ultimate goal, **treo** direction,

uaillmhian *f (-mhéine; -mhianta)* ambition, **urmhaise** well-aimed shot that hit its target

Aiféala *f (~a)* regret
aiféaltas embarrassment, **aithis** disgrace, **aithreachas** regret, **aithrí** penance, **aithrí mhall** late repentance, **aithrí thoirní** sudden repentance, **brón faoinar tharla** sorrow over all that happened, **buaireamh coinsiasa** troubled conscience, **caoineadh** mourning, **ceann faoi** hanging head (in shame), **ciontacht** guilt, **danaid** grief, regret, **díomá** disappointment, **doilíos** remorse, **dólás** ruefulness, **droch-choinsias** bad conscience, **gruaim** despondency, gloom, **mairg** woe, sorrow, **míshástacht** dissatisfaction, **náire** shame, **scrupaill choinsiasa** pricks of conscience, **spalpas** abashment, shame, **uascántacht** sheepishness *(see also: náire)*

Aiféalach *adj³* regretful
aithríoch penitent, **ar a bhfuil buaireamh coinsiasa** conscience-stricken, **brónach** sorry, **brónach faoinar tharla** sorrowful over all that happened, **buartha** troubled, **cathaitheach** regretful, **caointeach** mournful, **ciontach** guilty, **croíbhrúite** contrite, **diachrach** distressing, sorrowful, **díomách** disappointed, **doilíosach** remorseful, **dólásach** rueful, **dubhach** despondent, gloomy, **gruama** despondent, **mairgiúil** woeful, sorrowful, **míshásta** dissatisfied, **náireach** shameful, **náirithe** shamed, embarrassed *(see also: náireach)*

Áiféis *f (~e)* nonsense, ridiculousness; exaggeration
ábhacht drollery, jest, **áibhéil** exaggeration, **amaidí** silliness, **baois** foolishness, **brilléis** silly talk, nonsense, **craiceáilteacht** craziness, **cúis gháire** laughing matter, **gáifeacht** ostentation, loud-mouthedness, **easpa céille** lack of sense, **faoiste fáiste** nonsense, **fastaím** nonsense, rubbish, **míréasúntacht** unreasonableness, **mustar** display of pomposity, swagger, **raiméis** baloney, nonsense, **saorgacht** artificiality, **seafóid** nonsense, ludicrous talk, **stró** conceit, ostentation; elation, **stróúlacht** ostentatiousness, pride, **treillis breillis** nonsensical talk

Áiféiseach *adj³* ridiculous, absurd
ábhachtach droll, jocose, **áibhéalach** exaggerative, **áibhéalta** exaggerated, **aisteach** strange, **amaideach** foolish, **baoth** foolish, idiotic, **barrúil** funny, **craiceáilte** crazy, **díchéillí** irrational, nonsensical, **fastaímeach** nonsensical, **gáifeach** ostentatious, gaudy, **gan chiall** nonsensical, **gan dealramh** fanciful, **míréasúnta** unreasonable, **mustrach** ostentatious, vain, pompous, **raiméiseach** nonsensical, **saorga** contrived, **seafóideach** ludicrous, laughable, **stróúil** conceited, proud, ostentatious; elated

Aifreann *m (-frinn; -frinn, ~)* Mass
eaglais church, **searmanas eaglasta** church ceremony, **seirbhís eaglasta** church service, **Eocaraist** Eucharist,

seirbhís íobairt chorp Chríost Eucharist, **séipéal** chapel, **teampall** temple; church, **teach pobail** church *(see also: eaglais, reiligiún)*

▲ ~ **Mór** High Mass, ~ **an Domhnaigh** Sunday Mass, ~ **na Gine** Midnight Mass on Christmas Eve, ~ **na Marbh** Requiem Mass, ~ **an Phósta** Nuptial Mass, **léamh an Aifrinn** to say Mass, **cárta Aifrinn** Mass card

■ Ar théarmaí a bhaineann le hAifreann atá: Terms related to Mass include: **An Abhlann Choisricthe** the Consecrated Host, **Aifreannach maith** good Mass-goer, **altóir** altar, **ard-altóir** high altar, **bosca faoistine** confessional box, **buachaill/cailín altóra** altar boy/girl, **éadach/ráillí altóra** altar cloth, rails, **faoistin** confession, **faoistin a chloisteáil** to hear confession, **glúinfheacadh** genuflection, **peaca marfach/solathach** mortal/venial sin, **sagart** priest, **uisce coisricthe** holy water

Aigéadach *adj³* acidic
beartha (> *bearradh*) cutting, **binbeach** acrid, venomous, **géar** sharp, bitter, **goimhiúil** venomous, **feanntach** vitriolic, caustic, **neantúil** nettle-like, stinging, **nimhneach** stinging, **searbh** sour

Aigéan *m (-géin; -géin, ~)* ocean
bóchna ocean, **farraige mhór** open sea, **muir** *f (see also: farraige)*

■ ~ **Antartach** Antarctic Ocean, ~ **Artach** Arctic Ocean, ~ **Atlantach** Atlantic Ocean, ~ **Indiach** Indian Ocean, ~ **Ciúin** Pacific Ocean

Aigeanta *adj⁶* spirited, sprightly, intellectual
anamúil animated, **beo** lively, **beoga** sprightly, **buacach** high-spirited, **ceolmhar** animated, vigorous, **cliste** clever, **éirimiúil** intelligent, **fuinniúil** energetic, **gasta** quick (on the uptake), **gníomhach** active, **gusmhar** full of get-up-and-go, enterprising, **intleachtach** mettlesome, **meanmnach** lively, spirited, **misniúil** high-spirited, plucky, **sceidealach** animated, **spioradúil** spirited, courageous, spirited, **spleodrach** exuberant, **sponcúil** spunky, **spreacúil** energetic, spirited, **spridiúil** spirited, **teaspúil** full of animal spirits

Aighneas *m (-nis; -nis, ~)* dispute
achrann quarrelling, **allagar** loud disputation, **argóint** argument, **bruíon** wrangle, **cadráil** chatter, **caibidil** disputation, **caingean** *f* dispute; plea, **caint ghonta** hurtful talk, **cambús** commotion, **cath** battle, **clampar** uproar, **cogadh** war, **coimhlint** struggle, **comhrá** dialogue, **comhrac** struggle, **conspóid** controversy, **contrárthacht tuairime** difference of opinion, **dioscúrsa** discourse, **díospóid** dispute, disputation, **díospóireacht** debate, **easaontú** disagreement, **eascairdeas** antagonism, **feannadh** flaying, **iaróg** quarrel, row, **imreas** discord, quarrelling, **giorac** quarrelling, **gleo** combat, **íde béil** verbal abuse, **intinneach** spirited; willing, **iomarbhá** dispute, controversy, contention, **naimhdeas** hostility, enmity, **racán** rumpus, **raic** uproar, **rí-rá agus ruaille buaille** ructions, **sáraíocht** disputing, contention, **scalladh** scolding, **sciolladóireacht** scolding, **troid** fight, **tuairimí ag teacht salach ar a chéile** conflicting views *(see also: troid)*

Aighneasóir *m (-óra; ~í)* argumentative person
áititheoir arguer, **anglán** ill-tempered quarrelsome person, **céile sáraíochta** sparring partner, partner for disputation, **clampróir** troublemaker, **coimhlinteoir** rival, **conspóidí** controversialist; argumentative person, **contrálaí** contrary person, **duine bruíonach** quarrelsome person, **easaontóir** dissenter, **imreasaí** quarrelsome person, **racánaí** brawler, rowdy, **scalladóir** abusive person, scold, **scansálaí** squabbler, **sceach** *f (-eiche)* prickly person; thornbush, **trodaí** fighter

Aigne *f (~; ~í)*
1. mind
acmhainn mhachnaimh capacity to think, **aitheantas** recognition, **aithne** recognition, awareness, **anam** soul, **beocht** vivacity, **coinlíocht** 'candlelight' (the reaching of awareness, becoming an adult, eg **Níl aon choinlíocht ann fós**. He's still only an innocent abroad), **comhfhios** consciousness, **cuimhne** *f* mind, **cumhacht inchinne** brainpower, **cumas smaointe** ability to think, **éirim** intelligence, **feasacht** awareness, **féinaithne** self-awareness, **inchinn** brain, **intinn** mind, **intleacht** intellect, **meabhair** *f* mind, **meanma** spirit, state of mind, **méin** disposition, mind, **meon** attitude, **sícé** psyche, brain, **stuaim** prudence, **tuiscint** understanding

2. spirit, spiritedness, cheerfulness
aibíocht freshness, quickness of body and mind, **anam** soul, spirit, **anamúlacht** spiritedness, liveliness, **beocht** life, liveliness, **beogacht** liveliness, vivacity, **bíogúlacht** sprightliness, **éirimiúlacht** lively intelligence/aptitude, **fuinneamh** energy, **meanmnacht** liveliness, spiritedness, **preabaireacht** jumping, bouncing, **spionnadh** vitality, animation, **spriolladh** manliness, spirit

Áiléar *m (-éir; -éir, ~)* attic, gallery
balcóin balcony, **gailearaí** gallery, **gairéad** garret, **léibheann** terrace, **lochta** *m* loft, **táláid** loft, **vearanda** veranda

Aill *f (~e; -llte)* cliff
ailt steep-sided ravine, **binn** *f* cliff; peak (of mountain), **creig** *f* crag, **éadan** face, **scairp** escarpment, scarp, **scéimh** overhang, **speanc** *f* crag, cliff, **starrán** projecting rock

◊ **Ná caith le h~ go fóill é!** Don't give up on it yet!, Don't throw in the towel yet!, **titim le h~** to fall down a cliff

Áilleacht f (~a; ~aí) beauty

áille beauty, **ball seirce** beauty spot (on skin), **bláth** bloom, blossoming, **breáthacht** beauty spot, excellence, fineness, **caoimhe** loveliness, mildness, gentleness, **dathúlacht** good looks, handsomeness, **córaí** f shapeliness, **cuannacht** elegance, **dóighiúlacht** handsomeness, **draíocht** f charm, **galántacht** stylishness, **gnaíúlacht** decency, generosity, beauty, **gnaoi** f comeliness, beauty, **grástúlacht** gracefulness, **greantacht** shapeliness (chiselled features), beauty, **loise** radiance, **luisne** sheen, healthy glow, **maise** f adornment, **maisiúlacht** comeliness; decorativeness, **mealltacht** allure, **scéimh** beauty, **sciamhacht** beauteousness, gorgeousness, **slacht** m comeliness, **spéiriúlacht** extraordinary beauty; airiness, **taitneamh** appeal, **tarraingt** attraction

Áilteoir m (-óra; ~í) clown

anstrólaí droll person, **bobaide** clown, **bean ghrinn** comedienne, **ceaifléir** joker, **cleasaí** trickster, **fear grinn** comedian, **fuirseoir** comic, comedian, **leithéisí** joker, jester, droll person, **nathaí** aphorist, wiseacre, **spaisteoir** person who plays childish pranks; stroller, **spásaire** spacer, **tréitheadóir** trickster, **truiceadóir** trickster

Aimhleas m (~a) harm, disservice

caill loss, **damain** harm, damage, **damáiste** damage, **díobháil** damage, harm, **dochar** harm, damage; loss, **lot** injury, damage, **mí-ádh** ill luck, **míghar** disservice, **millteanas** destruction, **olc** evil, **urchóid** harm, malignancy (see also: **dochar**)

Aimhleasach adj³ deleterious, harmful

aimhleasta misguided, wild, **damáisteach** damaging, **díobhálach** detrimental, harmful, **éigiallta** irrational, senseless, **gan chiall** senseless, **loiteach** pernicious, **marfach** lethal, **millteach** baneful, **naimhdeach** malevolent, hostile, **neamhfhabhrach** unfavourable, **nimhneach** poisonous, **scriosach** destructive, **sladach** pillaging; destructive, **urchóideach** malignant (see also: **dochrach**)

Aimhréidh f (~e) disorder, entanglement

anord chaos, **círéib** riot, uproar, **ciseach** f mess, **droimníneacht** waviness, undulation, **éadlús** tenuity, **fuililiú** hullabaloo, **gach uile rud bunoscionn** everything upside down, **gleo** fracas, **manglam** jumble, **meascán** mix-up, **meascán mearaí** muddle, confusion, **mí-eagar** disarray, **mí-ord** disorder, **mírialtacht** disorderliness; irregularity, **práisceáil** messing, **praiseach** f mess, **seamlas** shambles, **siobarnach** f confused state, neglect, **tamhach** m **táisc** uproar, commotion, **tonnaíl** undulation, rippling, **trachlais** jumble, mess

Aimsigh v₂ᵦ

1. aim

deasaigh settle in position, adjust, **dírigh** direct, focus, **pointeáil** point (cf **cúrsóir a phointeáil ar dheilbhín** to point a cursor at an icon), **raonáil** (mil) range, **socraigh** settle, adjust, **treoraigh** guide

◊ **~ do ghunna!** Aim your gun!

2. discover; find, locate

athaimsigh rediscover, **buail le** encounter, **cas le** come across, **faigh** get, find, **ionannaigh** identify, **leag do mhéar ar** pinpoint, **nocht** reveal, unearth, **pioc amach** pick out, **spotáil** spot, locate, **tabhair faoi deara** spot, notice, **tar ar** track down, find

◊ **Ar ~ tú na siopaí?** Did you locate the shops?, **cúpla botún a aimsiú** to discover a couple of mistakes, **D'~ sí Dia.** She found God., **D'aimsigh siad suim mhór airgid.** They acquired a large sum of money.

3. (target) reach, hit, score

bain amach achieve, reach, **buail** strike, hit, **comhlíon** fulfil, **cuir i gcrích** accomplish, **críochnaigh** (turas, etc.) finish (trip, etc.), **fíoraigh** realise, make come true, **gnóthaigh** earn, gain, win, **réadaigh** (fin) realise, **scóráil** score, **soláthair** procure, **sroich** reach, **tar ar** arrive at, **tuill** earn, gain, deserve, **urmhais** (lit) aim at; hit

◊ **D'~ an t-eitleán Corcaigh ag meán lae.** The plane reached Cork at midday., **D'~ sí cúl.** She scored a goal. **D'~ an piléar a sprioc.** The bullet hit its target.

Aimsir f (~e; ~í)

1. weather

aeráid climate, **boglach** m wet weather, **doineann** f inclement weather, **dúluachair** depth of winter, **fliuchras** rainfall, **gailfean** blustery weather,

■ Is féidir le haimsir bheith: Weather can be:		
bog soft, damp	**feanntach** bitter, biting	**marbhánta** muggy
brádánach drizzly	**foirfe** perfect	**meirbh** close
breá fine	**fuar** cold, chilly	**múraíolach** showery
brothallach sultry	**fuar feannta** freezing cold	**préachta** freezing, icy
ceathach showery	**fliuch** wet	**ró-the** excessively hot
ceobhránach misty/drizzly	**gaofar** windy	**scamallach** cloudy
ceomhar foggy	**geal** bright/clear	**siocúil** frosty
clósáilte close	**glas** raw	**smúitiúil** hazy
colgach bitterly cold	**go maith** good	**sneachtúil** snowy
dorcha overcast/dark	**go dona** bad	**stoirmeach** stormy
	goimhiúil nippy	**te** hot
	grianmhar sunny	**tirim** dry

Aimsithe

gealán bright spell of weather, **meitéareolaíocht** meteorology, **síon** *f* weather (cf **lá na seacht síon** very stormy day), **síonfhaisnéis** weather *(met)* forecast, **soineann** *f* clement weather, **soineann agus doineann** in all weathers, **sracaimsir** unsettled weather, **teocht** temperature, **triomach** *m* dry weather; drought, **uair** weather (cf **uair chiúin** calm weather)

▲ ~ **mhaith** good weather, **droch**~ bad weather, **dea-**~ good weather

◊ **faisnéis na h~e** weather forecast, **má thógann an** ~ if the weather improves, **Tá bun ar an ~.** The weather is settled.

■ **Ar théarmaí aimsire atá** Weather terms include: **athrú aeráide** climate change, **báisteach** *f* rain, **braonta báistí** raindrops, **brothall** sultriness, **brothallach** sultry, **díle báistí** downpour of rain, **faoin ghrian** in the sunshine, **fearthainn** rain, **fuacht** cold, **lá bog** soft day, **lá ceomhar** foggy day, **lá fliuch** wet day, **lá grianmhar** sunny day, **lá idir dhá shíon** pet day, **lá na seacht síon** very stormy day, **lá tirim** dry day, **lá scamallach** cloudy day, **lorg carbóin** carbon footprint, **préachta leis an bhfuacht** frozen with the cold, **scamall báistí** rain cloud, **sioc geal** hoar frost, **sioc** *m (seaca)* frost, **sioc talún** ground frost, **síonbhuailte** weather-beaten, **sneachta síobtha** driven snow, **sneachta** snow, **sneachtúlacht** snowiness, **téamh domhanda** global warming, **teas** heat, **teas marfach** oppressive heat, **uaineadh** dry spell between showers *(see also: báisteach)*

2. period of time; *(gram)* tense
achar length of time, **aga** interval, **aois** age, **bliain** year, **céad** century, **dáta** date, **deich mbliana** decade, **feidhil** while, time, **lá** day; once, **linn** space of time, period, **mí** *f* month, **nóiméad** minute, moment, **ráithe** *f* season, **ré** *f* era, **réimeas** reign; span of life, era, **scaitheamh** period, **scaití** at times, **seachtain** week, **seal** spell, **séasúr** season, **seimeastar** semester, **spás** space, **tamall** while, **téarma** term, **tráth** time, season, once, **treall** short period, spell, **tréimhse** *f* period, **uain** opportune time, **uair** once, occasion; hour, **uídhe** *m* fixed period of time

▲ ~ **an earraigh** Springtime, ~ **an fhómhair** harvest time, ~ **an Ghorta Mhóir** the time of the Great Famine, ~ **chaite** *(gram)* past tense, ~ **fháistineach** *(gram)* future tense, ~ **ghnáthchaite** imperfect tense, ~ **láithreach** *(gram)* present tense, ~ **na Cásca** Easter time, ~ **na Cincíse** Whitsuntide, ~ **na ndineasár** age of the dinosaurs, ~ **na Nollag** Christmas time

◊ **le himeacht ~e** with the passing of time, in due course

P **Is maith an scéalaí an aimsir.** Time will tell.

Aimsithe *pp*
1. aimed
deasaithe settled in position, adjusted, **dírithe** directed, focused, **pointeáilte** *(comp)* pointed, **raonáilte** *(mil)* ranged, **socraithe** settled, adjusted, **treoraithe** guided

2. discovered; found, located
athaimsithe rediscovered, **buailte le** encountered, **casta le** come across, **faighte** gotten, found, **ionannaithe** identified, **nochta** revealed, unearthed, **pioctha amach** picked out, **spotáilte** spotted, located, **tagtha ar** tracked down, found, **tugtha faoi deara** spotted, noticed

3. *(target)* reached, hit, scored
bainte amach achieved, reached, **buailte** struck, hit, **comhlíonta** fulfilled, **críochnaithe** finished, **curtha i gcrích** accomplished, **fíoraithe** realised, made come true, **gnóthaithe** earned, gained, won, **réadaithe** *(fin)* realised, **scóráilte** scored, **soláthartha** procured, **sroichte** reached, **tagtha ar** arrived at, **tuillte** earned, gained, deserved

Aimsiú *vn*
1. aiming
deasú settling in position, adjusting, **díriú** directing, focusing, **pointeáil** *(comp)* pointing, **raonáil** *(mil)* ranging, **socrú** settling, adjusting, **treorú** guiding

2. discovering; finding, locating
athaimsiú rediscovering, **bualadh le** encountering, **casadh le** coming across, **fáil** getting, finding, **ionannú** identifying, **leagan do mhéar ar** pinpointing, **nochtadh** revealing, unearthing, **piocadh amach** picking out, **spotáil** spotting, locating, **tabhairt faoi deara** spotting, noticing, **teacht ar** tracking down, finding

3. *(target)* reaching, hitting, scoring
baint amach achieving, reaching, **bualadh** striking, hitting, **comhlíonadh** fulfilling, **cur i gcrích** accomplishing, **críochnú (turais, etc)** finishing (a trip, etc), **fíorú** realising, making come true, **gnóthú** earning, gaining, winning, **réadú** *(fin)* realising, **scóráil** scoring, **soláthar** procuring, **sroicheadh** reaching, **teacht ar** arriving at, **tuilleamh** earning, gaining, deserving

Ain- *pref* bad, unnatural, bad; excessive
ainbhéasach vicious, **ainbhreitheach** *(jur)* perverse, **aincheist** quandary, **ainciseach** malignant, peevish, **aindiaga** impious, **ainiarmhartach** having evil consequences, **ainiochtach** cruel, **ainmhianach** lustful, **ainneonach** involuntary, **ainriail** anarchy, **ainrialta** undisciplined, unruly, **ainrianta** licentious, **ainriochtach** in a sorry plight, delapidated, **ainsealach** chronic, **ainspianta** grotesque, **aintiarnúil** tyrannical, **aintréan** oppressive *(see also: an- 1)*

Ainbhios *m (-bhiosa)* ignorance
aineolas ignorance, **bastúnacht** loutish ignorance, **bómántacht** stupidity, **daille** blindness, **daíocht** ignorance, dumbness (cf **ag moladh daíochta** pandering to fools), **dallaigeantacht** dull-wittness,

Ainbhiosach   17   **Ainmhí**

dallbhach *m* ignorance, confusion, **dallintinneacht** dimness, dim-wittedness, **díchuimhne** oblivion, **dúire** crassness, denseness, **easpa taithí ar bith** lack of any experience, **fíoraineolas** crassness, crass ignorance, **glaise** greenness, rawness, **lagintinneacht** feeble-mindedness, **neamhaithne** *f* unfamiliarity; unconsciousness, **neamhbhraití** unawareness, **neamhchleachtadh** want/absence of practice, inexperience, **neamheolas** *(high reg)* ignorance, unfamiliarity, **neamhliteathacht** illiteracy, **neamhurchóid** harmlessness, innocence, **soineantacht** naivety

Ainbhiosach *adj³* ignorant
aineolach ignorant, **bómánta** stupid, dull, **breallánta** blundering, **dall** blind, **dallaigeanta** dull-witted, **dallintinneach** dim, dim-witted, **díchuimhneach** oblivious, **dobhránta** thick, mentally slow, **dúr** crass, dense; dour, **dúramánta** dull-witted, **fíoraineolach** crass, crassly ignorant, **gan eolas ar** uninformed about, **gan taithí ar bith** without any experience, **glas** green, raw, **lagintinneach** feeble-minded, **neamhaitheanta** unfamiliar; unconscious, **neamhbhraiteach** unaware, **neamhchleachta** inexperienced, **neamheolach** *(high reg)* ignorant, uninformed, **neamhliteartha** illiterate, **neamhurchóideach** innocent, **soineanta** naïve, **tútach** crude, senseless, stupid

Ainbhiosán *m (-áin; -áin, ~)* ignoramus
aineolaí inexperienced/untrained person, **amadán** fool, **bómán** dullard, **cloigneach** *m* dunce, **dallamlán** dolt, **dallarán** dunce, **dalldramán** dimwit, **gamal** ninny, **graoisín** galoot, ignoramus, **maolagán** numbskull, **óinseach** *f* foolish woman, **(an) piarda** *(iron)* His Lordship *(see also: amadán)*

Aindiachaí *m (~; -aithe)* atheist
ainchreidmheach *m* infidel, unbeliever, **amhrasán** doubter, cynic, sceptic, **díchreidmheach** disbeliever, **neamhchreidmheach** *m* unbeliever, **neamhdhiachaí** non theist, **saolta** secular, **sceipteach** *m* sceptic, **Tomás an Amhrais** Doubting Thomas, **tuata** secular

Aindiachas *m (-ais; -ais, ~)* atheism
ainchreideamh unbelief, infidelity, **amhras** cynicism, skepticism, **díchreideamh** disbelief, lack of faith, **dí-eaglaiseachas** secularism, **neamhchreideamh** unbelieving, **neamhdhiachas** nontheism, **peaca an amhrais** *(rel, pej)* the sin of doubting, scepticism, **saoltachas** secularism, **sceipteachas** scepticism

Aingeal *m (-gil; -gil, ~)* angel; wonderful person
duine álainn beautiful person, **duine galánta** fine human being, **neach ó neamh** heavenly being, **peata** pet, **réalt** star (cf **Is réalt thú!** You're a star!), **seoid** *f* gem, **stór** darling, **taisce** treasure, **teachtaire Dé** messenger from God, divine messenger

▲ **~ an Uabhair** Satan, **~ a thit** fallen angel, **~ coimhdeachta** guardian angel; knight in shining armour, **~ gnó** business angel, **~ mallaithe** satanic imp, **~ ó neamh** angel from heaven *(see also: fáilte)*

■ **Ord na nAingeal** Order of the Angels: (1) **saraifín** seraph (cf **saraifíní** seraphim), (2) **ceiribín** cherub (cf **ceiribíní** cherubim), (3) **aingil na ríchathaoireach** throne angels, thrones, (4) **tiarnais** dominions, (5) **suáilcí** virtues, (6) **cumhachtaí** *fpl* powers, (7) **prionsachtaí** *fpl* principalities, (8) **ardaingil** archangels, (9) **aingil** angels

Aineolach *adj³* ignorant
ainbhiosach ignorant, **bómánta** dull-witted, stupid, **dall** blind, oblivious, **dallaigeanta** dull-witted, **dallintinneach** dim-witted, **dallintleachtach** dull, **fíoraineolach** crass, **gan a bheith cleachta (ar)** unfamiliar (with), **gan taithí** without experience, inexperienced, **glas** green, raw (cf **Tá sé glas fós.** He's still wet behind the ears.), **mí-aithneach** undiscerning, **neamhbhraiteach** unaware, **neamhchleachta** inexperienced, **neamhchultúrtha** uncultured, **neamheolach** ignorant, uninformed, **neamhliteartha** illiterate, **neamhoilte** unskilled, **neamhurchóideach** innocent, **soineanta** naive

Aineolas *m(-ais)* ignorance
ainbhios ignorance, **bómántacht** dull-wittedness, stupidity, **daille** blindness, obliviousness, **daíocht** ignorance, dumbness, **dallaigeantacht** dull-wittedness, **dallbhach** *m* ignorance, confusion, **dallintinní** dim-wittedness, **dallintleachtacht** dullness, **easpa eolais** lack of knowledge, **fíoraineolas** crassness, **glaise** greenness, **neamhbhraití** unawareness, **neamhchleachtadh** inexperience, **neamheolas** lack of information, **neamhliteathacht** illiteracy, **neamhurchóid** innocence, **soineantacht** naivety

Ainm *m(~; ~neacha)* name; *(gram)* noun
ainmfhocal *(gram)* noun, **ainmniú** appellation, **clú** fame, **cáil** reputation, **gradam** distinction, **meas** respect, **ómós** homage, **onóir** honour, **teastas** report, reputation, **sloinne** *m* surname, **teideal** title, **teist** witness, reputation

▲ **~ áite** place name, **~ baiste** baptismal name, **~ beo** *(gram)* animate noun, **~ branda** brand name, **~ bréige** alias, **~ cleite** pen name, **~ dílis** proper noun **gan ~** anonymous, **~ mór (sa cheol)** big name (in music), **~ muirne** pet name, **leas~** nickname, **log~** place name

◊ **Cad is ~ duit?** What is your name?, **Ná baintear an t-~ den bhairín!** Call a spade a spade!, **In ~ Dé!** For God's sake! **In ~ Chroim!** For crying out loud!, **in ~ is a bheith ag obair** pretending to be working, **níl ann ach ~ cairr** it's only a car in name

Ainmhí *m (~; -mhithe)* animal
ainbheithíoch *m* monster, **anduine** inhuman savage, **barbarach** *m* barbarian, **beithíoch** beast, **brúid**

Ainmnigh

brute, **cat** cat, **créatúr** creature; critter, poor thing, **cú** hound, **éan** bird, **madra** dog, cur, **mamach** *m* mammal, **miolgaire** young animal, **onchú** *f (onchon) (lit)* savage beast, fierce warrior, **peata** pet, **péist** beast, reptile, monster, **reiptíl (fhuarfhuilteach)** (cold-blooded) reptile, **sceadóg** animal with blaze in fur, **sméirín** little black animal, **speadóg** small light animal *(see also: capall, madra, éanlaith, iasc)*

■ **Ar na mamaigh allta atá:** Wild mammals include: **alpaire seangán** anteater, **antalóp** antelope, **arcán talún** aardvark, **árchú** savage dog, **armadailín** armadillo, **babún** baboon, **béar** bear, **broc** badger, **cadhóit** coyote, **camall** camel, **caochán** mole, **cóala** koala bear, **coinín** rabbit, **eilifint** elephant, **faolchú** wolf, **fia** deer, **fiamhíol** wild animal; deer, **fíréad** ferret, **francach** rat, **geac** *m (~a)* yak, **giorria** hare, **goraille** gorilla, **gráinneog** hedgehog, **iora rua/glas** red/grey squirrel, **leon** lion, **leon baineann** lioness, **liopard** leopard, **luch** *f* mouse, **mac tíre** wolf, **moncaí** monkey, **panda** panda, **racún** raccoon, **rosualt** walrus, **séabra** zebra, **sioráf** giraffe, **simpeansaí** chimpanzee, **síota** cheetah, **tíogar** tiger

■ **Ar na reiptílí atá:** Reptiles include: **ailigéadar** alligator, **caimileon** chameleon, **crogall** crocodile, **dineasár** dinosaur, **earc** lizard, **earc luachra** newt, **ioguána** iguana, **toirtís** tortoise

■ **Ar na hainmhithe clóis/feirme atá:** Domestic/farm animals include: **arcán** piglet, **asal** donkey, **banbh** piglet, **bó** *f* cow, **caora** *f* sheep, **capall** horse, **cearc** *f (circe, ~a, ~)* hen, **coileach** *m* cock, rooster, **cú** hound, **damh** ox, **féaránach** grazing animal, **gadhar faire/loirg/fiaigh** watch/tracking/hunting dog, **gabhar** goat, **goraí** hatching hen, **méiligín** little sheep, little bleater, **muc** *f* pig, **pocán** billy goat, **reithe** *m* ram, **tarbh** bull

■ **Ar na peataí coitianta atá:** Popular pets include: **budragár** budgerigar, **cat** cat, **coileán** puppy, **coinín** rabbit, **gráinneog** hedgehog, **hamstar** hamster, **iasc órga** goldfish, **madra** dog, **muc** *f* **ghuine** guinea pig, **pearóid** parrot, **piscín** kitten, **pónaí** pony, **toirtís** tortoise

Ainmnigh *v₂ᵦ* name, nominate

athainmnigh rename, **baist** baptise, **ceap** appoint, **cuir ainm ar** name, **glaoigh (ar)** call, **ionadaigh** appoint as representative; represent, **ionannaigh** identify, **lipéadaigh** label, **luaigh** mention, cite, **muinnigh (as a athair)** call, name (after his father), **pioc** pick, **roghnaigh** choose, select, **sainigh** designate, **sloinn** state name (cf **Sloinneadh óna gceird iad.** They took their surname from their profession.), **tabhair ar** name, **togh** elect, select

Ainmnithe *pp* named, nominated

athainmnithe renamed, **baiste** baptised, **ceaptha** appointed, **glaoite (ar)** called, **ionadaithe** appointed as representative; represented, **ionannaithe** identified, **lipéadaithe** labelled, **luaite** mentioned, cited, **muinnithe (as a athair)** called, named (after his father), **pioctha** picked, **roghnaithe** chosen, selected, **sainithe** designated, **sloinnte** surnamed, told, **tugtha ar** named, **tofa** elected, selected

Ainmniú *vn* naming, nominating

athainmniú renaming, **baisteadh** baptising, **ceapadh** appointing, **cur ainm ar** naming, **glaoch (ar)** calling, **ionadú** appointing as representative; representing, **ionannú** identifying, **lipéadú** labelling, **lua** mentioning, citing, **muinniú (as a athair)** calling, naming (after his father), **piocadh** picking, **roghnú** choosing, selecting, **sainiú** designating, **toghadh** electing; selecting

Ainnis *adj²* miserable, wretched

aimlithe wretched, enfeebled, sodden, **anróiteach** distressing, wretched, **bacach** lame, **bocht** poor, **brocach** squalid, **brónach** sorry, **clamhach** mangy, **cloíte** abject, dejected, base, **cruimheach** maggoty, **dearóil** wretched, puny, **déircínteach** beggarly, importunate, **déistineach** disgusting, **díblí** decrepit, **diolba** bleak, wretched, **dreancaideach** flea-infested (also: **ite ag dreancaidí** flea-bitten), **duairc** dismal, **gránna** ugly, shabby, **gruama** joyless, **íseal** low, base, **leamh** apathetic, insipid, **lofa** rotten, **maol** flat, uninspiring, **mairgiúil** woeful, **míofar** ill-favoured, ugly, **míolach** lousy, **salach** sordid, **scallta** paltry, **scanrúil** frightening, appalling, **sraoilleach** bedraggled, ragged, **splíonach** thin and miserable, **suarach** contemptible, **táir** vile, **táiríseal** abject, **trochailte** run down, enfeebled, **truacánta** piteous, plaintive, **truaillithe** defiled, **truamhéalach** pitiful, pathetic, **uafásach** horrible

Ainniseoir *m (-eora; ~í)* wretch, miserable person

aimléis wretch, **bligeárd** blackguard, **bochtán** poor person, **bréantachán** lowlife; stinker, **caifeachán** profligate, **caillteachán** loser, lost cause, **cincíseach** *m* unfortunate individual, ill-starred person, **cladhaire** rotter, cowardly wretch, **clamhrán** scabby wretch, **clamhaire** mangy person, **cloíteachán** mean-spirited person, **cnaiste** bum, idler, **cneámhaire** thieving rogue, **cráiteachán** tormented soul; miser, **créatúr bocht** *(compassionately)* poor wretch, **cruimheachán** maggot (ie maggoty person), **cuimleachán** arse wipe, toe rag, **cúl le rath** good-for-nothing, **dailtín** cad, **díol trua** sorry soul, person to be pitied, **diomailteoir** waster, **díomhaoineach** *m* waster, slacker, **dobrónach** afflicted, grieving person, **donán** unfortunate person, wretch, **dreancaid** flea-bitten creature, **eiseamláir** wretch, **fánach** *m* drifter, **fuad** vagrant, wretch, **fuaice** wretch, clown, **fualán** piss artist, **íseal** lowly person, **liairne** spiritless person; lazy person, **lófálaí** loafer, **míolachán** verminous person, **raga** worthless person, **sampla** wretched, afflicted person, **scalltán** puny creature, **scanróir** miser, **seachránach** *m* vagabond, **slúiste** bum, **strólaire** ne'er-do-well, **suarachán** miscreant, vile person, **táiríneach** small grotesquely potbellied individual, **tráill** slavish wretch, **truaillitheoir** defiler, **trú** doomed person, **trua** *f* miserable person, wretch, **truán** emaciated, miserable person, poor wretch, **tubaisteoir** unfortunate person, bungler

Ainrialachas *m* (-ais; -ais, ~) (pol) anarchism

aindlí *m* lawlessness, **ainriail** anarchy, disorder, **anlathas** tyranny, **anord** chaos, **caismirt** commotion, disorder, **ceannairceacht** resistance, rebellion, **dílárú cumhachta** decentralisation of power, **easumhlaíocht shibhialta** civil disobedience, **frithúdarásaíochas** iconoclasm, anti-authoritarianism, **liobraíochas** libertarianism, **mí-iompar** misconduct, **mírialtacht** unruliness, disorderliness, **nihileachas** nihilism, **polaitíocht neamhrialtasach** non-governmental politics (*cf* **anlathas**)

Aintéine *f* (~) antenna

adharcán tentacle, antenna, **aeróg** aerial, **astaíre** *(br)* emitter, **braiteog** tentacle, feeler, **galaban** tentacle, **géag** limb, **géagán** appendage, **glacadóir** receiver (*see also:* **géag**)

Aird *f* (~e)

1. direction; point of compass
aidhm aim, **bealach** *m* way, **ceann scríbe** terminus, destination, end point, **claonadh** orientation, bias, tendency, **conair** path, **críoch** *f* end, destination, **cur chuige** tack, approach, **cúrsa** course, route, **cuspóir** objective, **éirim** tenor, **leath** *f* (leithe; ~a, ~; ds leith) side, direction (cf **i leith an tséipéil** in the direction of the chapel), **luí** proclivity, **pointe** point, **seol** drift, trend, direction, **seoladh** address, **slí** *f* way, **taobh** side, **treo** direction, **treocht** trend, **treochtáil** trending, **treoíocht** direction, aspect, **treoshuíomh** orientation
2. attention
airdeall vigilance, **aire** attention, **aireachas** alertness, **beann** heed, attention, **cúram** care, **faichill** caution, **faireachas** watchfulness, **feighil** vigilance, watchfulness, **fócas** focus, **forcamás** watchfulness, attention, **forchoimhéadas** *(lit)* observance, watchfulness, **príomhchúram** primary concern, **suim** interest, **suntas** notice, attention, **tapaíocht** alertness, **uídh** *f* heed, attention (eg **Níor thugamar uídh ar bith orthu.** We paid no attention to them.) (*see also:* **aire 1**)

Airdeallach *adj*[3] alert, aware, cautious

ag coimeád súil in airde keeping an eye out, **aireach** alert, careful, attentive, **amhrasach** suspicious, wary, **ar do mhine géire** on the alert, vigilant, **ar do phionsa** on your guard, **beo** alert, **cáiréiseach** circumspect, **coimhéadach** vigilant, observant, **cruinn** precise, accurate, **cúramach** careful, **dícheallach** diligent, earnest, **faichilleach** cautious, attentive, **faireach** watchful, **feasach** conscious, with awareness, **feifeach** attentive, expectant, **feighlíoch** vigilant, **forairdeallach** vigilant, **freastalach** prompt at helping, ministrative, **fuireachair** watchful, alert, **géar** sharp, **géarchúiseach** observant, **géarshúileach** sharp-eyed, **i láthair** present, **imchisneach** wary, watchful, **imchoimeádach** watchful, protective, **le súil ar an imirt** with (one's) eye on the ball, **meabhrach** mindful, **smaointeach** thoughtful, **staidéarach** having one's wits about one, **stuama** sensible, mindful, **tapaíoch** quick, alert, **tuisceanach** considerate

Aire 1 *f* (~) care, attention

aird attention, **airdeall** vigilance, **aireachas** heedfulness, **aithne** awareness, **cáiréis** carefulness, care, **cóir** proper provision, accommodation, **cóireáil** treatment, **cúram** care, **cruinneas** accuracy, **dea-aithint** judiciousness, **faichill** caution, **feighil** vigilance, care, charge (cf **i bhfeighil an chomhlachta** in charge of the company), **feighlíocht** watchfulness, **forcamás** attention, watchfulness, **freastal** (ar) serving, service, attending (to), **friotháil** attention; *(rel)* ministry, ministration, **fuireachas** watchfulness, **giollacht** attendance, service, **guaim** presence of mind, **imníthí** carefulness, diligence, **iúl** attention (cf **Ná cuir aon iúl orthu!** Don't pay any attention to them!), **leigheas** *(med)* healing, treatment, remedy, **meabhair** mindfulness, **pointeáilteacht** punctiliousness, **sea** *m* attention, heed (eg **Ná cuir aon sea ann!** Pay no attention to it!) **smaointeacht** thoughtfulness, **suim i rud** interest in a thing, **tindeáil (ar)** tending, looking after, **tuiscint** consideration, **uídh** *f* heed, attention

Aire 2 *m* (~; -í) minister (*of government*)

ball an chaibinéid member of the cabinet, **ball den rialtas** member of the government, **feidhmeannach** *m* executive, **feisire pairliminte** member of parliament, **lánchumhachtach** *m* plenipotentiary, **ministir** minister (of church), **oifigeach** *m* official, **oifigeach** *m* **feidhmiúcháin** executive officer, **teachta Dála** member of the Dáil (*parliament of the Republic of Ireland*)

▲ ~ **airgeadais** minister of finance, ~ **ardoideachais, taighde** minister for higher education, research, ~ **breisoideachais** minister for further education, ~ **caiteachais phoiblí, athchóirithe** minister for public expenditure, reform, ~ **comhionannais, comhtháthaithe** minister for equality, integration, ~ **comhshaoil** minister for the environment, ~ **cosanta** minister for defence, ~ **cosanta sóisialta** minister for social protection, ~ **cultúir** minister for culture, ~ **cumarsáide** minister for communication, ~ **dlí agus cirt** minister for justice, ~ **ealaíon, oidhreachta** minister for the arts, heritage, ~ **fiontraíochta, fostaíochta** minister for enterprise, employment, ~ **forbartha tuaithe** minister for rural development, ~

Aireach

gníomhaithe ar son na haeráide minister for climate action, ~ gnóthaí eachtracha minister for foreign affairs, ~ gnóthaí réigiúnacha minister for regional affairs, ~ iompair minister for transport, ~ leanaí, míchumais minister for children, disability, ~ na Gaeltachta minister for the Gaeltacht, ~ nuálaíochta, eolaíochta minister for innovation, science, ~ oideachais, scileanna minister for education, skills, ~ pobail, rialtais áitiúil minister for community, local government, ~ post minister for postal services, ~ sláinte minister for health, ~ spóirt minister for sport, ~ talmhaíochta, bia, mara minister for agriculture, the marine, ~ tithíochta, pleanála minister for housing, planning, ~ trádála minister for trade, ~ turasóireachta minister for tourism

Aireach *adj³* alert, aware, attentive
airdeallach alert, aware, cautious, amhrasach suspicious, wary, beo alert, coimhéadach vigilant, observant, cúramach careful, faichilleach cautious, attentive, fainiciúil wary, cautious, faireach watchful, feighlíoch vigilant, forairdeallach vigilant, friothálach ministering, attentive, fuireachair watchful, alert, géar sharp, géarchúiseach observant, géarshúileach sharp-eyed, meabhrach mindful, smaointeach thoughtful, staidéarach having one's wits about one, stuama sensible, mindful, tapaíoch quick, alert (see also: **airdeallach**)

Aireachtáil *vn* perceiving; sensing, feeling
aithint discerning, blaiseadh tasting, braistint perception, brath perceiving, feeling, céadfú sensing, cloisteáil hearing, cronú (ó) noticing absence of, missing, eispéiriú experiencing, feiceáil seeing, fulaingt suffering, experience, meabhair mind, awareness, mothú feeling, rathú perceiving, sonrú perceiving, tabhairt faoi deara noticing, remarking, tuiscint understanding, awareness

▲ ~ eischéadfach extra-sensory perception

Aireagal *m(-ail; -ail, ~)* oratory, small prayer-room; chamber
barda (hospital) ward, cuibhreann common table, mess, reigléas oratory; anchorite's cell, rúm room, séipéilín small chapel, oratory, seomra room, seomra urnaí prayer room, teaghais tabernacle, room; apartment

Aireagán *m (-áin; -áin, ~)* invention
acra contraption; implement, cleas trick, deis ingenuity, fearas appliance, feiste device, fionnachtain discovery, invention, gaireas gadget, gléas appliance, contraption, inspioráid inspiration, nuáil innovation, seiftiú contrivance, samhlaíocht imagination, smaoineamh idea

Áireamh *vn* counting, reckoning
airde height, comhaireamh calculation, cuntas account; counting, cur le chéile tot up, putting together, déanamh áireamh (ar) counting, reckoning, fritháireamh (book-k) setting off, iomlán total, líon capacity, number, meáchan weight, meastachán estimation, measúnú assessment, méid amount, size, ríomh computation, ríomhaireacht computing, scór score, suimiú adding, adding up, enumeration, suimiúchán summation; addition, táille fare, fee, teailí tally, toise measurement, uimhir number, uimhríocht arithmetic, uimhriú numbering; pagination

▲ ~ alcóil (san fhuil) (blood) alcohol count, ~ béil mental arithmetic, ~ fuilcheall bán/dearg white/red blood cell count, ~ speirmeacha sperm count, daon~ náisiúnta national census

◊ as an ~ not included, gan ~ countless, Tá ~ cinn ionatsa. You're a smart cookie., míle agus ~ one thousand and a bit, Níl ~ ar an airgead atá aici. She is incalculably rich., san ~ included

Airgead *m (-gid)* money; silver
aisairgead cashback, banc bank, bannaí bonds, bannaí bisigh premium bonds, bannaí coigiltis innéacsnasctha index-linked savings bonds, bannaí rialtais government bonds, bille malairte bill of exchange, bitcoin bitcoin, bonn coin, briseadh beag small change, caipiteal capital, caipiteal oibre working capital, caipiteal seasta fixed capital, cairde credit, cárta bainc bank card, cárta creidmheasa credit card, ceint (USA) cent (pl ~eanna) (euro) cent, cianóg mite, coigilt saving, coigilteas savings, Dlitear Duit Uaim (DDU) I owe you (IOU), dollar dollar, dollarthaidhleoireacht dollar diplomacy, dréacht baincéara banker's draft, duaisbhannaí prize bonds, euro (indecl) euro, íocaíocht payment, leachtacht liquidity, maoin property, maoin phearsanta personal property, maoin réadach real estate, maoiniú financing, nóta bainc banknote, ór gold, peitreadollar petrodollar, pingin penny, pinginí pitseála chickenfeed, little money, pota óir pot of gold, jackpot, punt pound, punt steirling pound sterling, saibhreas wealth, sciúrtóg valueless coin, seic *m* cheque, sóinseáil change, stór store, taisce treasure, deposit, tíos thrift

▲ ~ beo quicksilver, ~ bog easy money, ~ bréige counterfeit money, ~ cinn bounty, ~ coinsiasa conscience money, ~ corraíola disturbance money, ~ dlíthairgthe legal tender, ~ fola blood money, ~ i gcúrsaíocht money in circulation, ~ láimhe money into your hand, ~ láithreach upfront money, ~ leictreonach electronic money, ~ lóin lunch money, ~ mion small change, ~ mór big bucks, ~ imeartha gambling stakes, money in play, ~ na coise tinne money for emergencies, ~ póca pocket money, ~ reatha currency, ~ réidh ready money, ~ síos cash down, ~ suarach chickenfeed, ~ táir tainted money, ~ tirim cash, ordú airgid money order

Airgeadas

◊ **ag carnadh airgid** making heaps of money, making a mint, **thug mé ~ mór air** I paid a lot for it

Airgeadas m (-ais) finance

airgead money, **airgeadaíocht** money management, **airgeadra** currency, **baincéireacht** banking, **cistiú** funding, **cúrsaí** *mpl* **airgid** money matters, **dollarthaidhleoireacht** dollar diplomacy, **eacnamaíocht** economy, **maoin** property, **maoin phearsanta** personal property, **maoin réadach** real estate, **maoiniú** financing, **tráchtáil** commerce *(see also: airgead)*

Airgeadúil adj⁴ silvery; profitable

airgid (> *airgead*) silver (cf **earraí airgid** silverware), **ar dhath an airgid** coloured silver, silver, **brabúsach** profitable, **éadálach** lucrative, rich, **fáltasach** gainful, profitable, **proifideach** profitable, **sochrach** salutary, remunerative, **somhaoineach** valuable, profitable, **tairbheach** beneficial

Airí 1 m (~; -onna) symptom

aitreabúid attribute, **bua** virtue, merit, winning trait, **cáilíocht** quality, **comhartha** sign, manifestation, **dealramh** appearance, **diagnóisic** diagnostic, **faisnéis** evidence, **gné** *f* aspect, **lorg** trace, **rian** mark, **saintréith** property, characteristic, **siomtóm** symptom, **teachtaireacht** message, **tréith** feature *(see also: comhartha)*

Airí 2 f (~) just reward, desert

cúiteamh retribution, **díoltas** payback, **éiric** forfeit, compensation, **gradam** award, **luach saothair** payment for endeavours, reward, **onóir** honour, **reicneáil** reckoning *(see also: duais)*

Airigh v₂ᵦ perceive, sense, feel

aithin discern, **blais** taste, **braith** perceive, feel, **céadfaigh** sense, **clois** hear, **cronaigh** (ó) notice absence of, miss (cf **Chronaigh mé mo chairde uaim.** I missed my friends.), **eispéirigh** experience, **feic** see, **fulaing** suffer, experience, **mothaigh** feel, **rathaigh** perceive, **sonraigh** perceive, **tabhair faoi deara** notice, remark

◊ **An airíonn tú leat mé?** Are you receiving me? Do you hear me?, **Cén chaoi a n-airíonn tú?** How do you feel?, **D'~ mé uaim thú.** I missed you.

Áirigh v₂ᵦ count, calculate

comhair reckon, calculate, **cuntais** count, **déan áireamh (ar)** count, **déan meastachán** make an estimation, **déan amach** make out, **fritháirigh** *(book-k)* set off, **luacháil** value, **meáigh** weigh, **meas** estimate, **oibrigh amach** work out, **ríomh** calculate, **tomhais** gauge, **uimhrigh** number; paginate

◊ **Áirím í mar chara.** I count her as a friend. **Ar ~ tú iad go léir?** Did you count them all?

Airithe pp sensed, felt

aitheanta discerned; cognised, **blasta** tasted, experienced, **braite** perceived, felt, **céadfaithe** sensed, **cloiste** heard, **cronaithe** noticed absence of, missed, **eispéirithe** experienced, **feicthe** seen, **fulaingthe** suffered, experienced, **mothaithe** felt, **rathaithe** perceived, **sonraithe** perceived, **tugtha faoi deara** noticed, remarked

Áirithe 1 f (~)

1. certainty, surety

cinnteacht certainty, **dearfacht** positiveness, certainty, **deimhne** sureness, **deimhneacht** sureness, certainty, **dóigh** confidence, trust, probability, **gealltanas** assurance, promise, **maoin** wealth, **oiread faoi léith** certain amount, **sciar** allotment, **siúráil** assurance(s), **siúráilteacht** sureness, certainty, **spré** *m* dowry, **urrús** surety

◊ **in ~ dá chéile** fated for one another, **suíocháin a chur in ~** to reserve seats, **Bíonn an bás d'~ ag cách.** We all have to die.

2. allotted portion, amount

baisc heap, cluster; **cainníocht** quantity, **cladach** *m* bank, heap, quantity, **cion** portion, allotted amount, **ciondáil** ration, rationing, **cuid** *f* (*coda*) share, part, **cuóta** quota, **dalcán** chunk, small hunk, lump, **dromhlach** *m* quantity; half-barrel, tub, **liúntas** allowance, **maoiseog** heap, quantity, **oiread** *(indecl)* amount, **páirt** part, **slám** handful; certain amount, **tomhas** measure

Áirithe 2 adj⁶ particular

aon … amháin only, **aonair** lone, **ar leith** apart, distinct, **as an ghnáth** unusual, **corr** odd, **eisceachtúil** exceptional, **faoi leith** unique, **indibhidiúil** individual, **lasmuigh de ghnáthrith den saol** out of the ordinary run of things, **naofa** holy, **neamhchoitianta** unusual, **sainiúil** specific, **speisialta,** special, **uathúil** singular

◊ **(ach) go h~** especially

Áirithe 3 pp counted, reckoned

comhairthe counted, **cuntaiste** counted, **fómhasta** calculated, **fritháirithe** *(book-k)* set off, **iomlánaithe** integrated, **liostáilte** listed, **reicneáilte** reckoned, **ríofa** calculated, **suimithe (suas)** added (up), **uimhrithe** numbered; paginated *(see also: comhairthe)*

Airitheach adj³ perceptive

braiteach perceptive, sensitive, **céadfach** sensory; perceptive, **feasach** aware, **géar** sharp, **géarchúiseach** astute, observant, **géarintinneach** quick-witted, clear-headed, sharp-minded, **glinnsúileach** sharp-eyed, **grinn** acute, **léirsteanach** insightful, **mothaitheach** sensitive, **tuisceanach** discerning

Airneán m (-áin; -áin, ~)

1. night visiting

bothántaíocht *(hist)* night visiting, **bualadh isteach don oíche** dropping in for the evening, **céilí** night of Irish dancing, singing and traditional storytelling,

Áirse

cuairt oíche night visit, **cuartaíocht oíche** night visiting, **glaoch isteach go déanach** calling in late, **oíche i dteach na gcomharsan** evening (of socializing) at a neighbour's house, **ránaíocht** loafing about, **scoraíocht** social evening

▲ **lucht airneáin** night visitors, **oíche airneáin** social evening, soirée, **teach airneáin** house for late-night visiting

2. working late, staying up late
oíche fhada oibre long night's work, **faire** keeping watch (cf **faire na hoíche** the night watch), **seal na hoíche** late shift, **suí go maidin** working till dawn

◊ ~ **an bhroic a dhéanamh** to keep late hours, to stay up late, **coinneal airneáin a chaitheamh** to burn the midnight oil

Áirse *f (~; -sí)* arch

casadh bend, **cor** turn, **cruinneachán** dome, **cuaire** curvature, **cuar** curve, **cuasacht** concavity, **cúpóla** cupola, **droichead** bridge, **leathchiorcal** semicircle, **stua** arch, **stuabhealach** archway, **stuara** arcade (cf **stuara siamsaíochta** amusement arcade)

Ais 1 *s (indecl)* back *(used in adv phrases)*

1. **ar ~** back
abhaile homeward, home, **anall** hither, from over there, **go dtí an áit ina raibh tú/sé/siad, etc** to where you/it/they, etc were, **siar** back

◊ **ar ~ arís** back again, **Cas ar ~ !** Turn back ! **Cuir na pinn ar ~ san áit ina bhfuair tú iad!** Put the pens back where you found them!, **droim ar ~** reversed, upside down

2. **le h~** *(+ gen)* beside
an-ghar do very close to, **cois** *(+ gin)* beside, **láimh le** next to, **faoi urchar cloiche ó** *(+ séimhiú)* a stone's throw from, **i bhfochair le** in proximity to, **i bhfogas le** close to, **i bhfoisceacht** *(+ gen)* in proximity to, **i gcóngar le** near to, **i ngar/ngaobhar do** close to, **i ngáinníocht** *(+ gen)* close to, **in aice le** beside, next to, **nach bhfuil fada ó** *(+ séimhiú)* not far (away) from, **taobh le taobh le** side by side with

◊ **Gabhaim le m'~ an bunreacht a chaomhnú.** I undertake to uphold the constitution., **Ligim le m'ais nach raibh mé dícheallach go leor.** I admit that I wasn't diligent enough.

Ais 2 *f (~e; ~eanna)* axis

acastóir axle, **feac** shaft, **fearsaid** spindle, **inse** *m* hinge, **líne lárnach** centre line, **lúdrach** *f* hinge, **maighdeog** pivot, **mol** hub, **udalán** pivot (cf **udalán bró** millstone pivot)

Áis *f (~e; ~eanna)* facility, convenience, aid

acmhainn resource, **acra** convenience, implement, **áirge** useful article, convenience, **aosáid** ease, convenience, **araicis** help, assistance, **cabhair** help, assistance, **cleas liteartha** literary device, **ciúta** knack, trick, **cumas** capability, **cuidiú** helping, help, **cúnamh** help, **deis** opportunity, **fearas** appliance, **feiste** installation, fitting, **feisteas** trappings, **feisteas stáitse** stage scenery, **fóir** aid, succour, **fóirithint** succour, relief, assistance, **fortacht** relief, comfort, **gaireas** apparatus, **gar** favour, **gléas** means, instrument, **gléasra** gear, **gréithe** utensils, crockery, **inleog** device, contrivance, **lámh chuidithe/chúnta** helping hand, **leas** benefit, **mangarae** bits and pieces, **riar** allocation, supply, **saoráid** facility, **seans** chance, **seift** contrivance, **seirbhís** service, **soilíos** good turn, favour, **soirbheas** ease, convenience, **soláthar** provision, **tairbhe** benefit, **trealamh** equipment, **uirlisí** instruments, **ullmhú** preparation

Aisce *f (~; -cí)*

1. request, favour
achainí request, **fiafraí** request, **gar** favour, **iarraidh** request *(see also: achainí, gar)*

2. gift, treat, present
bronntanas present, **cineál** treat, **dearlacadh** bounty, gift, **duais** prize, **féirín** present, **maitheas** kindness, gift, **séisín** gratuity, **síneadh láimhe** tip, **tabhartas** gift, **toirbheartas** presentation, gift *(see also: bronntanas)*

3. **in ~** in vain
amú wasted, lost (cf **Ba shaothar amú é.** It was wasted effort.), **fuar** cold, unsuccessful (eg **Beidh d'iarrachtaí fuar agat.** Your efforts will be in vain.), **cur amú ama** waste of time, **diomailt aimsire** waste of time; time-wasting, **gan chiall** pointless, **gan mhaith** useless, **gan tairbhe** without benefit, **gan toradh** without result, fruitless *(see also: saor 2)*

Aiseag *vn*

1. restoring, restituting, restitution
aischur restoring, **aisíoc** reimbursing, **athbhunú** re-establishing, **athchóiriú** restoring; returning to original condition, **athneartú** *(health, strength)* restoring, reinforcing, **athnuachan** renewing, **atógáil** rebuilding, **cur ar ais** putting back, **cur i réim arís** reinstating, **tabhairt ar ais** giving/bringing back

2. vomiting
bréitseáil vomiting; breaching, **caitheamh amach/aníos** getting sick, vomiting, **díchur** ejecting, vacating, **eisfhearadh** excreting, **fásbhrúchtaíl** retching; belching, **tarraingt orla** retching, vomiting, **sceathrú** vomiting, spewing one's guts, **sceitheadh** vomiting, **urlacan** vomiting

Aiseagtha *pp*

1. restored, restituted
aischurtha restored, **aisíoctha** reimbursed, **athbhunaithe** re-established, **athchóirithe** restored; returned to original condition, **athneartaithe** *(health, strength)* restored, reinforced, **athnuaite** renewed, **atógtha** rebuilt, **curtha ar ais** put back, replaced, **curtha i réim arís** reinstated, **tugtha ar ais** brought back

2. vomited
bréitseáilte vomited; breached, **caite amach/aníos** gotten sick, vomited, **díchurtha** ejected, vacated, **eisfheartha** excreted, **sceathraithe** vomited, retched, **sceite** vomited, spewed, **urlactha** vomited

Aisig v_{1d}
1. restore, restitute
aischuir restore, **aisíoc** reimburse, **athbhunaigh** re-establish, **athchóirigh** restore; return to original condition, **athneartaigh** (health, strength) restore, reinforce, **athnuaigh** renew, **atóg** rebuild, **cuir ar ais** put back, **cuir i réim arís** reinstate, **tabhair ar ais** give/bring back
2. vomit
bréitseáil vomit; breach, **caith amach/aníos** get sick, vomit, **déan fásbhrúcht** retch, **déan fásbhrúchtaíl** vomit, **díchuir** eject, vacate, **eisfhear** excrete, **sceathraigh** vomit, spew one's guts, **sceith** vomit, **tarraing orla** wretch, vomit, **urlaic** vomit

Áisiúil adj^4 convenient, handy
acrach handy, useful, **ar saorchóngar** without the slightest inconvenience, **cabhrach** supportive, **caoithiúil** convenient, **cóngarach** nearby, **cuí** appropriate, **cuidiúil** helpful, **faoi láimh** at hand, **faoi urchar cloiche ó** (+ séimhiú) a stone's throw from, **fearastúil** convenient, efficient, **in aice láimhe** close at hand, **in aice leat** beside you, **i ngar/ngaobhar duit** close to you, **luachmhar** valuable, **nach bhfuil fada ó** (+ séimhiú) not far from, **sa chóngar** in the vicinity, **tairbheach** beneficial, **teachtmhar** suitable, convenient, **úimléideach** valuable, useful, **úsáideach** useful

Aisling f (~e; ~í) vision
aislingeacht daydreaming, **aisnéal** swoon, **brionglóid** dream, **brionglóideach** dreaming, **ciméara** mirage, **fís** vision, **mearú súl** trick of the eyes, hallucination, **mearbhall** confusion of mind, **mearaí** bewilderment, **mearaíocht (chloisteála**, etc) (auditory, etc) hallucination, **rámhaille** delirium, **seachmall** illusion, aberration, **siabhrán** delusion, **speabhraíd** hallucination **speabhraídí** (pl) delirium, daze, **taibhreamh** dream, revelation, **taibhreamh na súl oscailte** daydreaming, waking dream, **tromluí** nightmare

▲ ~ **bhréige** apparition; empty dream, ~**í na hóige** the dreams of youth

○ **An ~ Pholaitiúil** The Political Aisling – 18th century poetic form where Ireland is portrayed as a beautiful maiden who visits a poet and bemoans her ill-treatment at the hands of the foreigner and the loss of the Gaelic chieftains.

Aislingeach adj^3 dreamlike, visionary
áiféiseach fanciful, ridiculous, **amaideach** foolish, **aoibhinn** sublime, blissful, **brionnach** visionary, false, **dochurtha i bhfeidhm** unworkable, **draíochtúil** magical, enthralling; dreamlike, **fantaiseach** fantasy, fantastic, **fíorúil** virtual, **gan dealramh** unlikely, improbable, **gan fáil** unattainable, unrealistic (cf **dúil gan fáil** unrealistic expectation), **neamhréalaíoch** unreal, **neamhshaolta** otherworldly, **osnádúrtha** otherworldly, **rómánsach** romantic, **samhailteach** imaginary; fictitious, **samhalta** visionary, virtual, **taibhriúil** imaginary, **tarraingteach** enthralling

Aislingeacht f (~a) dreaminess, daydreaming
aislingí fpl visions, dreams, **aisnéalaí** swooning, **brionglóideach** dreaming, **bruadar** dream, reverie, **codladh na súl oscailte** daydreaming, **fís** vision, **mearú súl** tricking of the eyes, **siabhrán** delusion, **speabhraídí** hallucinations, **taibhreamh na súl oscailte** daydreaming, waking dream, **tógaíocht** fantasising, having notions/fantasies (see also: **Aisling**)

Aistarraing v_{2e} withdraw, pull back
bain remove, pluck, **bain ó fhréamh** uproot, **cealaigh** rescind, **druid siar** pull back, **neamhnigh** nullify, **stoith** extract, **tarraing isteach** pull in, **tarraing siar** pull back, **tóg amach** take out, withdraw

Aistarraingt vn withdrawing, pulling back
baint removal, removing, **baint ó fhréamh** uprooting, **cealú** rescinding, **druidim siar** pulling back, **neamhniú** nullifying, **stoitheadh** extracting, **tarraingt isteach** pulling in, **tarraingt siar** pulling back, **tógáil amach** taking out, withdrawing

Aistarraingthe pp withdrawn, pulled back
bainte removed, **bainte ó fhréamh** uprooted, **cealaithe** rescinded, **druidte siar** pulled back, **neamhnithe** nullified, **stoite** extracted, **tarraingthe isteach** pulled in, **tarraingthe siar** pulled back, **tógtha amach** taken out, withdrawn

Aiste 1 f (~; -tí) essay
alt article, **ceapadóireacht** composition, **critic** critique, **cur síos** description, **dréacht** tract; draft, **dioscúrsa** discourse, **giota leanúnach** continuous passage, **léirmheas** review, **páipéar** paper, **píosa** piece, **píosa ceapadóireachta** composition, **píosa léirmheastóireachta/scríbhneoireachta** criticism/piece of writing, **scríbhneoireacht** writing, **tasc scríofa** written assignment, **téama** theme, **téis** thesis, **tionscnamh** project, **tráchtaireacht** commentary, **tráchtas** dissertation

Aiste 2 f (~; ~í) diet
aoine fast, fasting, **beathú** nourishing, feeding, **bia** food, **bia-ábhair** foodstuffs, **biachlár** menu, **biatachas**

Aisteach

victualling, **breiseán** additive, **céalacan** morning fasting, **ciondáil** rationing, **ciondálacha** rations, **cothú** aliment, nutrition, **forbhia cothaitheach** nutritional supplement, **forlíonadh cothaitheach** nutrient supplement, **lá troscaidh** day of abstinence, **lón bia** provisions, **réim bhia** dietary regimen, sustenance, **tomhaltas** edibles, **staonadh ó bhianna áirithe** abstaining from certain foods, **troscadh** fasting, abstinence **troscadh ar fheoil** abstaining from meat *(see also: bia)*

▲ ~ **bia chothromaithe** balanced diet, ~ **de bhia bainniúil** milk diet, ~ **bia (atá) saor ó shiúcra** sugar-free diet, ~ **bia (atá) saor ó chruithneacht** wheat-free diet, ~ **de bhia beag-mhéathrais** low-fat diet, ~ **bia ilchineálach** varied diet

◊ **Táim ar ~ bia.** I'm on a diet.

Aisteach *adj³* strange, weird; unfamiliar
aduain eerie, **aerachtúil** creepy, **ait** bizarre, **allúrach** foreign, **amhrasach** dubious, **anaithnid** unknown, **andúchasach** exotic, **as an choitiantacht** out of the ordinary, **as an ghnáth ar fad** extraordinary, **coimhthíoch** foreign, **corr** odd, strange, **corrmhéineach** odd, **craiceáilte** crazy, **cuideáin** extraneous, strange, **deoranta** alien, **diamhair** weird, **difriúil** different, **domhínithe** inexplicable, **dothuigthe** incomprehensible, **eachtrannach** alien, **éagoiteann** uncommon, unusual, **éagsúlach** different, **iargúlta** out-of-the-way, **iasachta** (> *iasacht*) foreign, **iontach** astonishing, borrowed, **le Dia** touched, **mearaitheach** perplexing, **mínormálta** abnormal, **nár chualathas a leithéid riamh** unheard of, **neamhaithnidiúil** unfamiliar, **neamhchoitianta** uncommon, **neamhghnách** unusual, **neamhshaolta** unworldly, eerie, **saoithiúil** peculiar, **síúil** phantom-like, **strainséartha** unfamiliar, **suntasach** remarkable

Aistear *m (-tir; -tir; ~)* journey
achar journey, **aicearra** shortcut, **bealach** route, **bóthar** road, **camchuairt** tour, **ciorcad** circuit, **conair (shiúil)** path (of travel), **cosán** path, **cóstáil** coasting, **cuairt** visit, **cúrsa** course, **cúrsáil** cruising, **fálróid** wandering, **fánaíocht** roving, **geábh** quick excursion, spin, trip, go (cf **geábh a thabhairt** to go for a spin, **den chéad gheábh** on the first go), **idirthuras** transit, **juncaed** junket, **ráigíocht** vagrancy, wandering about, **ród** road, **saorthuras** excursion, **siúl** walk, walking, **siúlóid** walk, **slí** way, **spaisteoireacht** rambling, **taisteal** travel, **taisteal aeir** air travel, **tinreamh** voyage, adventure, **turas** trip, **turas aeraíochta** pleasure trip, **turas farraige** voyage, **turas tionlactha** guided tour, **treo** direction, **truip** trip *(see also: turas)*

Aisteoir *m (-eora; ~í)* actor
aithriseoir reciter; mimic, **ceoltóir** musician, **gníomhaí** doer, **mímeálaí** mime artist, **oirfideach** player; minstrel, **taibheoir** performer

Aisteoireacht *f (~a)* acting
áilteoireacht *(prof)* clowning, **aithris** reciting; mimicking, **aithriseoireacht** recitation; mimicry, **amaidí** acting the fool, fooling about, **ceoldrámaíocht** opera, **cleasaíocht** clowning, doing tricks, **déanamh páirte** playing a role, **dráma balbh** mime, **drámaíocht** dramatic art, **ealaín taibhiúcháin** performance art, **geáitseáil** posing, gesticulating, **geáitsíocht** miming, **geamaíl** capering, posing, **geamaireacht** pantomime, doing pantomime, **gníomhaíocht** action, **mím** mime, **mímeáil** miming, **na taibh-ealaíona** the performing arts, **oirfide** minstrelsy, entertainment, **pantaimím** pantomime, **pearsanaíocht** impersonation, personation, **pleidhcíocht** acting the eejit, **státsíocht** play-acting

Aistreach *adj³* moving; *(gram)* transitive
beo moving, alive (cf **staighre beo** escalator), **dinimiciúil** dynamic, **deorach** wandering, tearful, **camchuairteach** touring; vagrant, **fánach** straying, **fiarlaoideach** wandering, straying, **gluaiste** moving, **gluaisteach** mobile, moving, **imirceach** migratory, **inaistrithe** portable, **in-traschurtha** transferable, **iompair** (> *iompar*) carrying, transporting, **reatha** running, **ródach** roving, **seachránach** straying, wandering, **siúil** mobile (cf **fón siúil** mobile phone), **siúlach** ambulant, travelling, **soghluaiste** movable, **so-iompair** easy to carry; portable, **taistil** (> *taisteal*) travelling (cf **seó taistil** travelling show), **tiomána** (> *tiomáint*) driving

Aistrigh *v₂ᵦ*

1. move
ascain proceed, journey, **athraigh** change, **bain na boinn as áit** take to one's heels, **bog** shift, budge, **brúigh ar aghaidh** push ahead, **buail an bóthar** hit the road, **cas** turn, **corraigh** budge, stir, agitate, **cuir chun bealaigh** set off, send off, **eachtraigh** *(lit)* fare forth, journey, **fág** leave, **gluais** move, **gníomhaigh** act, **imaistrigh** transmigrate, **imigh** depart, **imigh gan treo** drift, **iompair** carry, **scuch** *(lit)* proceed, go, **siúil** walk, **tabhair an bóthar ort féin** take to the road, **tabhair na cnoic ort féin** head for the hills, **taistil** travel, **tarraing** pull, **téigh go**, **téigh chun cinn** advance, **téigh síos an ród** go down the road, **timpeallaigh** surround, **tiomáin** drive, **trácht** proceed, travel

◊ **~ liom síos an ród!** Come along down the road with me! **cónaí a aistriú** to move house

2. translate
déan ateangaireacht/teangaireacht do interpreting, **gléasaistrigh** *(music)* transpose, **inbhéartaigh** invert, **mínigh** interpret; explain, **tiontaigh** translate, **trasuigh** *(mus)* transpose

◊ **~ ó Ghaeilge go Béarla!** Translate from Irish to English!

Aistrithe *pp* moved; translated
an bóthar a bheith tugtha ort féin to have taken to the road, **ascnaithe** proceeded, journeyed, **athraithe** changed, **bogtha** shifted/budged, **brúite ar aghaidh** pushed ahead, **casta** turned, **corraithe** stirred, budged, **curtha chun bealaigh** set off, sent off, **dulta** gone, **dulta chun cinn** advanced, **eachtraithe** *(lit)* fared forth, journeyed, **fágtha** left, **gléasaistrithe** *(mus)* transposed, **gluaiste** moved, **gníomhaithe** acted, **imaistrithe** transmigrated, **imithe** departed, left, **imithe gan treo** drifted off, adrift, **inbhéartaithe** inverted, **iompartha** carried, **mínithe** interpreted; explained, **na boinn a bheith bainte as an áit agat** to have taken to your heels, **na cnoic a bheith tugtha ort féin** to have taken the hills, **scuchta** *(lit)* proceeded, gone, **siúlta** walked, **taistealta** travelled, **tarraingthe** pulled, **timpeallaithe** surrounded, **tiomáinte** driven, **tiontaithe** translated, **tráchta** proceeded, travelled, **trasuite** *(mus)* transposed

Aistritheoir *m (-eora; ~í)* translator
ateangaire interpreter, **mínitheoir** interpreter; elucidator, **oideoir** educator, **teangaire** interpreter, **teangeolaí** linguist, **tiontaire** *(el)* converter, **tiontaitheoir** translator, **tráchtaire** commentator

Aistriú *vn* translating, changing; moving
ascnamh proceeding, journeying, **athrú** alteration, changing, **athscríobh** transcription, **baint na boinn as áit** taking to one's heels, **bogadh** moving, **brú ar aghaidh** pushing ahead, **bualadh an bhóthair** hitting the road, **casadh** turn, **corraí** budging, stirring, agitating, **cur chun bealaigh** setting off, sending off, **dul** going, **dul chun cinn** advancing, **dul síos an ród** going down the road, **eachtraí** *(lit)* faring forth, journeying, **fágáil** leaving, **gluaiseacht** moving, **gníomhú** acting, **imaistriú** transmigration, **imeacht** departing, **imeacht gan treo** drifting, **inbhéartú** inverting, **iompar** carrying, transporting, **iompú** conversion, turning around, **malartú** exchange, **míniú** explaining; interpreting, **scuchadh** *(lit)* proceeding, going, **siúl** walking, **tabhairt an bóthar ort féin** taking to the road, **tabhairt na cnoic ort féin** heading for the hills, **taisteal** travelling, **tarraingt** pulling, **teangaireacht** interpreting, interpretation, **timpeallú** surrounding, **tiomáint** driving, **tiontú** translating, **trácht** proceeding, travelling **trasuí** *(mus)* transposing, **trasuíomh** *(mus)* transposition *(see also: aistriúchán)*

Aistriúchán *m (-áin; -áin, ~)* translation
aistriú translating, **athrú** alteration, change, **athscríobh** transcription, **claochlú** metamorphosis, **iompar** conveyance, **iompú** conversion, **leagan** version, **malartú** exchange, **míniú** explaining; interpreting, **simpliú** simplification, simplifying, **tiontú** translation, translating, **trasfhoirmiú** transformation, **traslitriú** transliteration, **trasuíomh** *(mus)* transposition

Ait *adj²* bizarre, peculiar
aduain eerie, **aisteach** strange, **as an choitiantacht** out of the ordinary, **coimhthíoch** weird, foreign, **corr** odd, strange, eccentric, **corrmhéineach** odd, peculiar, **craiceáilte** crazy, cracked, **cuideáin** extraneous, strange, **deoranta** alien, outlandish, **diamhair** weird, **domhínithe** inexplicable, curious, **greannmhar** funny, **mearaitheach** perplexing, **neamhaithnidiúil** unfamiliar, unknown, **neamhghnách** unusual, odd, **neamhchoitianta** uncommon, **neamhshaolta** unworldly, **saoithiúil** peculiar, **strainséartha** unfamiliar *(see also: aisteach & corr)*

Áit *f (~e; ~eanna)* place
aice habitat, **áitiúlachas** localism, **árasán** apartment, **baile** home, town, **blár** open space, **brocais** filthy place, dump, **bunáit** base, **cathair** city, **ceantar** district, **coigríoch** *f* foreign land, **comharsanacht** neighbourhood, **contae** county, **críoch** land, **cúige** province, **dúiche** locality, **fód** sod (cf **an fód dúchais** one's native place), **gabháltas** *(land)* holding, place, **gnáthóg** haunt, resort, **ionad** place, placing, **ionad coinne** venue, **lantán** grazing place, shieling, **láithreán** site, place, **láthair** location, site, **limistéar** area, district, **log** place (cf **log margaidh** market place), hollow (cf **log súile** eye socket), **loglach** *m* hollow place, hollow ground, **lóistín** accommodation, **maighean** *f (-ghne)* place; steading, **mór-roinn** continent, **paidhc** poky place, **planc** place, spot, **plás** level patch of ground, *(street names)* place, **plobán** squelchy, slushy place, **post** position, **réigiún** region, **ruta** place, district (eg **ruta beag tuaithe** small insignificant place in the country), **sosadh** abode, seat; resting station, **spás** space, **suíochán** seat, **suíomh** site, position; situation, **teach** house, **timpeallacht** surroundings, **tír** country (cf **an tír máguaird** the surrounding countryside), **tuiní** fixed position, **urlann** *f* open space in front of a fort

▲ ~ **bhreithe** birthplace, ~ **chónaithe** residence, abode; billet, ~ **iargúlta** backwater, ~ **leathbheo** dead-and-alive place, ~ **phóraithe** breeding ground, ~ **rite** high, airy place, ~ **shuarach** dive, ~ **stoptha** stop, stopping place, resting station, ~ **súgartha** playground

◊ **in ~ íocaíochta** instead of payment, **Ní féidir liom bheith i gcaoga ~ ag an am céanna.** I can't be in fifty places at once., **ó ~ go háit** from place to place

Aitheanta *adj⁶* recognized, acknowledged
admhaithe acknowledged, **ar a bhfuil meas an phobail** respected by the community, **creidiúnaithe** accredited, **cruthaithe** proven, **déanta amach** made out, **faofa** agreed, accepted, approved, **feicthe** seen, **glactha** accepted, **inaitheanta** recognizable, **rathaithe** *(lit)* perceived, apprehended, **so-aitheanta** easily recognisable, **tuigthe** understood

Aitheantas *m* (*-ais; -ais, ~*) recognition, acknowledgement
admháil acknowledgement, **aithint** recognising, recognition, **aithne** recognition, **aithnid** acquaintance, **buíochas** gratitude, **faomhadh** acceptance; approval, **fionnachtain** discovery, **géilleadh** surrender, acquiescence **ionbhá** *f* empathy, **ionannú** identifying, identification, **meas an phobail** public respect, **sainaithint** identification, **tuiscint** understanding

Aitheasc 1 v_{1a} address, accost, *(rh)* apostrophise
agaill address, **beannaigh** greet, **buail bleid ar dhuine** accost a person, **caintigh le** speak with, **cuir araoid ar dhuine** address a person, **cuir caint ar shlua** address a crowd, **cuir ceiliúr ar dhuine** address a person, **cuir forrán ar dhuine** accost a person, **cuir siúite ar dhuine** accost a person, address a person, **cuir spéic ar shlua** address a crowd, **déan caint ar** give a talk on, **déan óráid** make a speech, **labhair le** speak with, address, **tabhair léacht** give a lecture, **tabhair óráid** give a speech, **tabhair seanmóir** give a sermon

Aitheasc 2 *vn* address, accosting, exhorting, *(rh)* apostrophising
agallamh addressing, **beannú** greeting, **bualadh bleid ar dhuine** accosting a person, **caintiú le** speaking with, **cur araoid ar dhuine** addressing a person, **cur caint ar shlua** addressing a crowd, **cur ceiliúr ar dhuine** addressing a person, **cur forrán ar dhuine** accosting a person, **cur siúite ar dhuine** accosting a person, addressing a person, **cur spéic ar shlua** addressing a crowd, **déanamh caint ar** giving a talk on, **déanamh óráide** making a speech, **labhairt le** speaking with, addressing, **seanmóir** sermon, **seanmóireacht** sermonising, **tabhairt léachta** giving a lecture, **tabhairt óráide** giving a speech

Aitheasctha *pp* addressed, accosted, exhorted, *(rh)* apostrophised
agallta addressed, **beannaithe** greeted, **caintithe le** spoken with, **labhartha le** spoken with, addressed

Aithin 1 v_{2d} recognise, acknowledge
admhaigh admit, **ainmnigh** designate, **airigh** perceive, **bíodh aithne agat ar** recognise, **ceadaigh** allow, **creidiúnaigh** accredit, **cuir aithne ar** *(person)* get to know, **déan amach** make out (cf **déanamh amach cad é** to make out what it is), **deonaigh** grant, **droimscríobh** *(cheque)* endorse, **faomh** approve, **formheas** approve, **géill** concede, **glac le** accept, **idirdhealaigh** (idir) distinguish (between), **is léir** (do) it is clear (to), **lig do** allow, **mothaigh** feel, **rathaigh** *(lit)* perceive, apprehend, **sainaithin** establish identity, **tabhair aitheantas do** give recognition to, **tabhair faoi deara** notice, **tuig** understand, realise

Aithin 2 v_{2d} command
éiligh demand, **forógair** decree, proclaim, **múin** teach, **ordaigh** order, command, **teagasc** instruct, **treoraigh** guide, direct

Aithint 1 *vn* perceiving; recognition
admháil admission, **ainmniú** designation, **aireachtáil** feeling, perceiving, **aithne** recognition; awareness, **ceadú** allowing, **creidiúnú** accrediting, **cur aithne ar** *(person)* getting to know, **déanamh amach** making out, **deonú** granting, **droimscríobh** *(cheque)* endorsing, **faomhadh** approving, approval; concession, **formheas** approving, **géilleadh** conceding, **glacadh** accepting, acceptance, **idirdhealú** (idir) distinguishing (between), **mothú** feeling **rathú** *(lit)* perceiving, apprehending, **sainaithint** identification, **tabhair aitheantas do** giving recognition to, **tabhairt faoi deara** noticing, **tuiscint** understanding, realising

▲ ~ **gutha** voice recognition

Aithint 2 *vn* commanding
éileamh demanding, **forógairt** decreeing, proclaiming, **múineadh** teaching, **ordú** ordering, commanding, **teagasc** instructing, **treorú** guiding, directing

Aithne 1 *f* (~)
1. acquaintance; recognition
aitheantas acquaintance, **bua** talent, **cáil** fame, **ceird** trade, **cleachtadh** practice, **clú** reputation, **coinlíocht** street wisdom (**nuair a bhí an choinlíocht ann** when he could fend for himself), **cur amach** knowledge, **eispéireas** *(high reg)* experience, **eolas** information, knowledge, **faisnéis** evidence, **fios** knowing, **fios feasa an scéil** all the facts of the case, **fíricí** facts, **gus** gumption, **oiliúint** training, **saineolas** expertise, **scil** skill, **smearaithne** slight acquaintance, **taithí** know-how, **tuiscint** understanding

◊ **Chuir siad ~ na mbó maol ar a chéile.** They took an immediate dislike to one another., **Bhí ~ an phobail air mar scéalaí.** He was known to the community as a storyteller., **Tá ~ shúl agam uirthi.** I know her to see., **Tá mé ag cailleadh na h~.** I'm losing my memory., **Tá sean~ agam orthu.** I know them of old., I've known them a long time., **Lig dom tú a chur in aithne do m'athair.** Allow me to introduce you to my father.

2. appearance
araíocht appearance, semblance, **cosúlacht** semblance, **craiceann** skin, outward appearance, **cruth** shape, **cuma** *f* appearance, **dealramh** appearance, **dreach** *m* facial look, expression, **foirm** form, **gné** *f* aspect *(see also: dealramh)*

◊ **Tá ~ údair mhóir ag teacht uirthi leis an leabhar is déanaí uaithi.** She is starting to look like a major author with her latest book.

Aithne 2 *f (~; -theanta)* commandment
cosc prohibition, **éileamh** demand, **foirceadal** injunction, doctrine, **foráil** *f (lit)* command, injunction, **foláireamh** warning, **forógra** decree, proclamation, **geis** *f (~e; geasa, geas)* taboo, **ordú** command, **teagasc** precept; instruction, **treoir** *f (treorach; treoracha)* directive, **treorú** guidance, **múineadh** teaching, **údarás** authority, jurisdiction, **údarásacht** presumption of authority, dictation

▲ **aitheanta Dé** commandments of God

Aithreachas *m (-ais; -ais, ~)* regret, repentance
aiféala regret, remorse, **aiféaltas** shame, embarrassment, **aithrí** penitence; penance, **brón** sorrow, **ciontacht** guilt, **croíbhrú** contrition, **cumha** grief; nostalgia, **danaid** grief, regret, **doilíos** remorse, penitence, **dólás** dolour, contrition, **féin-lochtú** self-blame, **gruaim** dejection, **iarghnó** grief, regret; vexation, **léan** affliction from sorrow, **lionn dubh** melancholy, **mairg** woe, sorrow, **peannaid** penance, **scrupall** scruple (cf **scrupaill choinsiasa** pricks of conscience)

◊ **dá mbeadh breith ar m'~ agam** if I could only undo what I did, **~ a dhéanamh** to repent

Aithris *v₂ₑ*
1. imitate
atáirg reproduce, **athluaigh** reiterate, **brionnaigh** *(crim)* forge, **cóipeáil** copy, **clónáil** clone, **déan amhlaidh** do the same, **déan athrá ar** repeat, **déan macalla ar** echo, **déan macasamhail de** replicate, **dúbail** double, **dúbláil** duplicate, **falsaigh** falsify, **ionannaigh le** identify with, **ionsamhlaigh** simulate, **iontamhlaigh le** identify with, **macasamhlaigh** copy, reproduce, duplicate, **mím** mime, **pearsanaigh** impersonate, **scátánaigh** mirror, **scigaithris** parody, **téigh i riocht duine** impersonate, **ionsamhlaigh** simulate

2. narrate, recite, declaim
abair (le) say (to), tell; bid; sing, **abair dán os ard** say a poem aloud, **craobhscaoil** broadcast; disseminate, propagate, **cuir síos** describe, **déan aithriseoireacht** do/make a narration/recitation, **déan reacaireacht** narrate/declaim in public, **déan roscaireacht** make a rhetorical speech or declamation, **déan tráchtaireacht** give a commentary, **eachtraigh** narrate an adventure, **faisnéis** relate, recount, **gabh** recite, sing, chant, **inis** tell, relate, **labhair** speak, **laoidh** narrate as a lay, **reic** recite, narrate, **scéalaigh** relate story/news, **tarraing** depict, **trácht** comment on, mention, **tuairiscigh** report

Aithris *vn*
1. imitating
atáirgeadh reproducing, **athlua** reiterating, **brionnú** *(crim)* forging, **cóipeáil** copying, **clónáil** cloning, **déanamh amhlaidh** doing the same, **déanamh athrá** ar repeating, **déanamh macalla ar** echoing, **déanamh macasamhail de** replicating, **dúbailt** doubling, **dúbláil** duplicating, **dul i riocht duine** impersonating, **falsú** falsifying, **ionannú le** identifying with, **ionsamhlú** simulating, **iontamhlú le** identifying with, **macasamhlú** copying, reproducing, duplicating, **mímeadh** miming, **pearsanú** impersonating, **scáthánú** mirroring, **scéalú** relating story/news, **scigaithris** parodying, **ionsamhlú** simulating

2. narrating, reciting, declaiming
aithriseoireacht narrating, reciting, **craobhscaoileadh** broadcasting; disseminating, propagating, **eachtrú** narrating an adventure, **faisnéis** relating, recounting, **gabháil** reciting, singing, chanting, **insint** telling, relating, **labhairt** speaking, **laoidheadh** narrating as a lay, **rá (le)** saying (to), telling; bidding; singing, **reacaireacht** narrating, declaiming, **reic** declaiming, narrating publicly, **roscaireacht** declaiming, **scéalú** relating story/news, **tarraingt** depicting, **trácht** commenting on, mentioning **tráchtaireacht** making a commentary, commentary, **tuairisciú** reporting

Aithriste *pp*
1. imitated
ar a ndearnadh athrá repeated, said again, **ar a ndearnadh macalla** echoed, **atáirgthe** reproduced, **athluaite** reiterated, **brionnaithe** forged, **cóipeáilte** copied, **clónáilte** cloned, **dá ndearnadh macasamhail** replicated, **déanta amhlaidh** done the same, **dúbailte** doubled, **dúbláilte** duplicated, **dulta i riocht duine** impersonated, **falsaithe** falsified, **ionannaithe le** identified with, **ionsamhlaithe** simulated, **iontamhlaithe le** identified with, **macasamhlaithe** copied, reproduced, duplicated, **mímthe** mimed, **pearsanaithe** impersonated, **scáthánaithe** mirrored, **scéalaithe** *(story/news)* related, **scigaithriste** parodied, **ionsamhlaithe** simulated

2. narrate, recite, declaim
craobhscaoilte broadcast; disseminated, propagated, **eachtraithe** narrated, **faisnéiste** recounted, related, **gafa** recited, sung, chanted, **inste** told, related, **labhartha** spoken, **laoidhte** narrated as a lay, **ráite (le)** said (to), told; bid; sung, **ráite os ard** said out aloud, **reicthe** declaimed, narrated publicly, **tarraingthe** depicted, **trácha** commented on, mentioned, **tuairiscithe** reported

Áitigh *v₂ᵦ* persuade
aighnigh *(jur)* submit, **argóin** argue, **bain ar** induce, **brúigh ar** lean on, **bunaigh** establish, **comhairligh** advise, counsel, **cuir abhaile ar dhuine** bring home to a person, **cuir ina luí ar** convince, **imir tionchar ar** influence, **iompaigh** convert, **meall** allure, entice, win over, **spreag** prompt, urge, **stiúir** steer, direct, guide, **suigh ar** persuade (cf **Shuigh sí go daingean orm é.** She tried hard to persuade me of it.), **tabhair ar** impel, **tabhair duine leat** bring someone around, **tathantaigh ar** coax, cajole, **téigh go bog is go crua ar**

Áitithe *pp* persuaded, argued
aighnithe *(jur)* submitted, **argóinte** argued, **bainte ar** induced, bent on (cf **Tá a haigne bainte go hiomlán ar imeacht**. She is hell bent on leaving.), **bunaithe** established, **cinnte** certain, **creidte** believed, **curtha abhaile ar dhuine** brought home to a person, **curtha ina luí ar** convinced, **deimhnithe** assured, **dulta i bhfeidhm ar** impressed, **meallta** enticed, **spreagtha** inspired, urged on, **stiúrtha** steered, directed, guided, **suite ar** persuaded, **treoraithe** guided

dhuine to prevail upon a person, **téigh i bhfeidhm ar** impress, have an effect on, **treoraigh** guide

Áititheach *adj³* persuasive
bailí valid, **diongbháilte** sound, solid, **cumasach** potent, **cumhachtach** powerful, **éifeachtach** effective, **láidir** strong, forceful, compelling, **mealltach** appealing, **sochreidte** plausible, **tromchúiseach** weighty, **tuineanta** pressing, persistent, **údarásach** authorised; authoritative

Áitiú *vn* persuading, persuasion
aighniú *(jur)* submitting, **áititheacht** cogency, **argóint** arguing, **baint ar** inducing, **bunú** establishing, **cinnteacht** certainty, **creideamh** belief, **cumhacht** power, **cur abhaile ar dhuine** bringing home to a person, **cur ina luí ar** convincing, **deimhneacht** conviction, **dreasacht** inducement, **dreasachtaí airgeadais** financial inducements, **dul i bhfeidhm ar** impressing, having an effect on, **fógraíocht** advertising, **éifeacht** potency, **mealladh** enticement, **spreagadh** inducement, urging on, **spreagadh breise** added inducement, **stiúradh** steering, directing, guiding, **suí ar** persuading, **treorú** guiding, **tuineadh le duine** prevailing upon/persuading a person

Áitiúil *adj⁴* local
cúigeach provincial, **faoi urchar cloiche as seo** a stone's throw from here, **in aice láimhe** near at hand, **logánta** local, **réigiúnach** regional, **sa cheantar** in the region, **sa chomharsanacht** in the neighbourhood, **sa dúiche** in the district, **sa pharóiste** in the parish, **sa phobal** in the community

Ál *m (áil; ~ta)* brood
báire *m* bevy, **bruithneog** clutch of hen's eggs in a nest, **clann** children, family, **cuain** litter, **éillín** *m* brood, clutch, **lachtar** clutch of eggs, **muirear** charge, family of children, **muirín** family of children, **óga** *mpl* youths; *(animal's)* young, **scata** flock, **sliocht** *m (sleachta; sleachta)* progeny, **toircheas** fruit of the womb, offspring, **tréad** flock, herd, *(see also: grúpa)*

Álainn *adj irr*
  1. *(shiningly)* beautiful, delightful
  dealraitheach resplendent, **gealgháireach** radiant, **gléigeal** brilliant, fairest, snow-white, **glémhaiseach** brightly beautiful, **lonrach** lustrous, radiant, **luisiúil** glowing, glamorous, **luisneach** radiant, fair, **niamhrach** splendid, **réaltach** starlike, beautiful, **spéiriúil** bright and beautiful like the sky, **taitneamhach** shining, appealing
  2. *(comeliness, fine complexion)* beautiful, shapely
  canta neat, pretty, **córach** shapely, comely, **cruthúil** shapely, **cuanna** comely, **cuidsúlach** eye-catching, **dathúil** handsome, **dea-chumtha** well-shaped, **dóighiúil** attractive; *(híg reg)* comely, **dreachúil** good-looking, **fáinneach** ringleted, beautiful, **gnaíúil** comely, beautiful, **greanta** shapely, beautiful, **lachanta** *(woman)* comely, **leacanta** smooth-cheeked, comely, beautiful, fair, **mínroscach** with beautiful gentle eyes, **slachtmhar** tidy, sleek, *(dress)* tasteful, **úrchneasach** fresh-complexioned
  3. *(aesthetically)* beautiful, delightful, pure
  aiteasach delightful, joyful, **amharcach** pleasing to behold, sightly, **aoibhinn** delightful, **bláfar** blooming, beautiful, **bláith** *(lit)* delicate, beautiful, **breá** lovely, **caomh** fair, mild, pleasant, **fáinneach** ringleted, beautiful, **faoi mhaise** adorned, beautiful, **fíorálainn** exquisite, stunning, **galánta** elegant, beautiful, **gleoite** pretty, gorgeous, **grástúil** gracious, **maisiúil** decorative; elegant, becoming, **mínmhaiseach** tenderly beautiful, **naíonda** childlike, **sárálainn** exceedingly beautiful, **sciamhach** beauteous, gorgeous, **scothúil** choice, beautiful, **suaithinseach** outstandingly fine
  4. *(bewitchingly)* beautiful
  brionnach visionary, *(deceptively)* beautiful, **caithiseach** charming, **cluanach** beguiling, **iontach** amazing, wonderful, **meallacach** alluring, **mealltach** enticing, **spéiriúil** divinely fair, **taibhseach** strikingly gorgeous, flamboyant

◊ **an dán is áille** the most beautiful poem, **Is ~ an rud é.** It is a beautiful thing., **cailín álainn** beautiful girl

Aláram *m (-aim; -aim, ~)* alarm
aire attention, **airdeall** alert (cf **ar airdeall** on the alert), **anbhá** panic stations, consternation, **clog rabhaidh** alarm bell, **creill** knell (cf **creill bháis** death knell), **fógairt** declaration, proclamation; fanfare, **fuireachas** watchfulness, vigilance (cf **ar fuireachas** in a full state of readiness, standing at arms), **líonrith** *m (-reatha)* terror, panic, **rabhadh** *m* warning, alarm, **rabhchán** alarm signal, beacon, **scaoll** panic, unreasoned fear; alarm, **táinrith** *m* stampede, mad rush

Albanach *m (-aigh; -aigh, ~)* Scot, person from Scotland
Gael de chuid na hAlban, Scottish Gael, **Garbhchríochach** *m* kiltie, Highlander, **Híleantóir** *(Scottish)* Highlander, **Scot** *(hist)* Scot, **Scotach** Scot; Irish person of Scottish descent, **sléibhteánach** *m* mountain dweller, highlander

Alcól

Alcól *m (-óil)* alcohol
an braon crua the hard drop, **an stuif** *m* **ceart** the right stuff, **beoir** *f (beorach)* beer, **biotáille** liquor, spirits, booze, **bolcán** fiery spirits, rotgut, **braon den chréatúr** drop of the hard stuff, **ceirtlis** cider, **deoch meisciúil** alcoholic beverage, **grúdarlach** inferior ale, swill, slops, **fíon** *m* wine, **fíon boird** table wine, **fíon geal** white wine, **fíon dearg** red wine, **fíon mormónta** vermouth, **fíon súilíneach** sparkling wine, **leann** ale, **fuisce na hAlban** whisky, scotch, **leann dubh** black porter, **leann úll** cider, **licéar** liqueur, **loinnir na gealaí** moonshine, **ól** drink, **ólachán** drinking, drink, **póit** excessive drinking, **poitín** poteen, **seaimpéin** *m* champagne, **sú na heorna** juice of the barley, **uisce beatha** whiskey, **úrleann** *m* fresh beer

■ Focail eile a thugann alcól le fios: Other words that suggest alcohol: **ceann beag** *(spirits)* short, **buidéal beorach** bottle of beer, **deoch** *f* **an dorais** drink for the road, **deochanna boga/crua** soft/hard drinks, **driogadh** distilling, **drioglann** distillery, **fiúigil(ín)** chaser, **grúdaire** brewer, **grúdaireacht** brewing, **grúdlann** brewery, **grúdú** brewing, **leathphionta** half-pint, **le hoighear** on the rocks, with ice, **ón mbairille** on draught, **pionta** pint, **stil** still, **teach tábhairne/leanna/óil** pub

Alcólach 1 *m(-aigh; -aigh, ~)* alcoholic
diopsamáineach *m* dipsomaniac, **diúgaire** tippler, **druncaeir** drunkard, **fear mór an óil** big man for the drink, **meisceoir** drunk, **óltóir** drinker, **pótaire** boozer, **taomaire** heavy drinker, **taoscaire** heavy drinker

Alcólach 2 *adj³* alcoholic
gabhálta fermented, **láidir** strong, **meisciúil** intoxicating, **óil** (> **ól**) alcoholic, **ólacháin** (> **ólachán**) appertaining to alcoholic beverages, **póiteach** addicted to heavy drinking

Alcólachas *m (-ais)* alcoholism
andúil san ól addiction to drink, **diopsamáineachas** dipsomania, **fadhb** *f* **an óil** drinking problem, **meisceoireacht** drunkenness, **mí-úsáid an alcóil** alcohol abuse, **pótaireacht** hard drinking, **spleáchas ar alcól** alcohol dependence

Allta *adj⁶* savage, wild
aindreanta fierce, **aineolach** ignorant, **aingiallta** unreasoning, **ainléannta** uneducated, **ainmhíoch** bestial, **ainrialta** undisciplined, **ainrianta** unbridled, **ainriata** unruly, **ainscianta** wildly furious, **amhlánta** boorish, **anordúil** chaotic, **barbarach** barbaric, **barbartha** barbarous, **brúidiúil** brutal, **cábógach** coarse, **cruálach** cruel, **dásachtach** furious, **fásúil** wild, uncultivated, **fiáin** wild, **fiánta** ferocious, savage, **fiata** fierce, vicious, **fíochmhar** fierce, **fraochmhar** ferocious, **fuilchíocrach** bloodthirsty, **gan cheansú** unsubdued, **míghéilliúil** uncompliant, **mí-iomprach** disorderly, **míréireach** disobedient, **mírialta** unruly, **míshibhialta** uncivilised, **míshuaimhneach** restless, uneasy, **neamh-araíonach** unrestrained, **neamhcheansaithe** untamed, **neamhuamhal** non-compliant, **onchonta** savage, fierce, **págánach** pagan, **tútach** primitive/uncouth

Alltacht *f (~a)* wildness, craziness
buile craziness, **clampar** uproar, **fiáine** wildness, **fiántas** wildness, craziness, **histéire** *f* hysteria, **ionadh** amazement, **iontas** surprise, wonder, **máine** *f* mania, **mire** madness, **raic** outcry, flare-up, **uafás** horror

◊ Tháinig ~ uirthi nuair a chuala sí. She went crazy when she heard.; She was gobsmacked when she heard.

Alt 1 *m (-ailt; -ailt, ~)* joint
ceangal connection, join, **ceangaltas** bond, tie, **comhaltúchán** *(med)* articulation, **comhtheagmhas** conjuncture, **cónasc** conjunction, **crosaire** crossroads, **nasc** joining, **inse** hinge, **lúdrach** *f* hinge, pivot (cf **lúdracha an dorais** the hinges of the door), **maighdeog** pivot, **mítéaralt** mitre joint, **nasc** link, clasp, **nascóir** connector, **pointe teagmhála** juncture, point of contact, **scarbhalt** scarf joint, **siúnta** joint; seam (cf **siúnta ingearach** upright joint), **teacht le chéile** union, **trasnú** intersection, **uaim** *f (uama; uamanna)* seam, **uaithne** *m* junction, union

▲ ~ **na láimhe** wrist joint, ~ **na huillinne** elbow joint

◊ **as** ~ out of joint

Alt 2 *m (ailt; ailt, ~)* article
aiste essay, **colún** column, **critic** critique, **cumadóireacht** composition, **cur síos** description, account, **dréacht** tract, draft, **eagarfhocal** editorial, **giota leanúnach** continuous passage, **gné-alt** feature article, **léirmheas** review, **nóta** note, **páipéar** paper, **paragraf** paragraph, **pasáiste** passage, **píosa** piece, bit, **píosa scríbhneoireachta** piece/bit of writing, **poibliú** publication, **príomhalt** leading article, editorial, **seach-chló** offprint, **tuairisc** report, **tuarascáil** report, **sliocht** passage, **scríbhinn** writing. *(see also: aiste 1)*

Altaigh *v₂ₐ* say grace; give thanks
bí buíoch de be appreciative of, **gabh buíochas le** express thanks to, **tabhair a cheart do dhuine** give credit to a person, **tabhair aithint/aitheantas do** recognise, give recognition to

Altóir *m (-óra; ~í)* altar
an tIonad Ró-Naofa the Holy of Holies, **ardán** platform, **bord comaoine** communion table, **ionad naofa** holy place, **sanctóir** sanctuary, **scrín** shrine, **seastán** stand, **tuama** tomb

Altramaigh v_{2a} foster
  bí i do bhuime do be a foster mother, **cuir ar altramas** foster out, **máithrigh** mother; foster, **oil** rear, foster; train, **tabhair aire do mhac altrama/d'iníon altrama** take care of foster son/foster daughter, **tabhair suas** bring up, **tóg** rear, **tóg ar altramas** foster, **uchtaigh** adopt

Altramaithe *pp* fostered
  curtha ar altramas fostered out, **máithrithe** mothered; fostered, **oilte** reared, fostered; trained, **tógtha** reared, **tógtha ar altramas** fostered, **tugtha suas** brought up, **uchtaithe** adopted

Altramú *v* fostering
  bheith i do bhuime do being a foster mother **cur ar altramas** fostering out, **máithriú** mothering; fostering, **oiliúint** rearing, fostering; training, **tabhairt suas** upbringing, **tógáil** rearing, **tógáil ar altramas** fostering, **uchtú** adopting

Altú *vn* grace, thanksgiving
  buíochas thanks, gratitude, **comaoin** indebtedness, **focal buíoch** expression of gratitude, **focal buíochais** word of thanks, **lúireach** *f* prayer for protection, **nóta buíochais** written acknowledgement, **paidir** prayer

Am *m* (*~a*; *~anna*) time, moment in time
  achar duration of time, **aga** lag, interval, **aimsir** span of time, period, era, **aois** age, **babhta** bout, turn, time, **bliain** year, **cian** *f* age, length of time, **coicís** fortnight, **cróineolaíocht** chronology, **dáta** date, **deireadh seachtaine** weekend, **deis** opportunity, opening, **fad saoil** lifetime, lifespan, **faill** opportunity, **feidhil** *f* while, time (cf **i gcaitheamh na feighle** during the whole while), **glúin** generation, **lá** day, **maidin** morning, **mí** *f* month, **míle** millennium, **mitheas** due time (cf **Tá sé de mhitheas duit ciall bheith agat.** It's about time you had sense.), **nóiméad** minute, moment, **nóin** noon, **ócáid** occasion, **oíche** night, **peiriad** period, **ponc** point, **ráithe** *f* quarter, season, **ré** *f* era, **réimeas** reign, **saol** life, **scaitheamh** spell, while, **scaití** at times, **séasúr** season, **seachtain** week, **seimeastar** semester, **seal** interval, spell, shift, **sealobair** shift work, **siocair** occasion, pretext, **síoraíocht** eternity, **sos** rest period, break, **taca** point of time (cf **um an dtaca seo** around this point of time), **tamall** while, certain period of time, **téarma** term, **tráth** period of time, **tráthnóna** afternoon, **treall** short period of work, **tréimhse** *f* period, term, **trúig** occasion, cause, **turas** round, trip, time, **uídhe** *m* (*lit*) fixed period of time, **uain** opportune time, **uair** hour, time

  ▲ **aip fíor-~a** real-time app, **athrú ~a** (*winter/summer*) hour change, **breis ~a** extra time, **brú ~a** time pressure, **buama ~a** time bomb, **cheal ~a** for lack of time, **clár ~a** timetable, **cur amú ~a** a waste of time, **dóthain ~a** enough time, **d'uireasa ama** for lack of time, **fuílleach ~a** bags of time, **greadadh ~a** lashings of time, **iar-~a** after-hours, **imeacht ~a** passing of time, **lán ~a** full time, **leath ~a** halftime, **líne ~a** timeline, **neart ~a** plenty of time, **pointe ~a** point in time, **riarthóir ~a** dispatcher, **roinnt ~a** a bit of time, **síneadh ~a** time extension, additional time, **spás ~a** space of time, **sos leath ~a** interval, **sprioc ~a** time limit, deadline, **tréimhse ~a** period of time, **tuilleadh ~a** more time, **uaireanta fleisc-ama** flexitime

  ◊ **faoin ~ seo** by this time, **i rith an ~a** during the time, **an t-~ seo anuraidh** this time last year, **~ lóin** lunchtime, **~ luí** time for bed, **~ scoir** knocking-off time, **bheith in ~** to be in time, **ó ~ go h~** from time to time, **le h~** in the course of time, **~ ar bith** at any time, **ag an ~ céanna** at the same time, **~ éigin** some time, **~ éigin eile** some other time, **~ agus spás** time and space

Amach *adv* (*mot*) out, outwards
  as baile away from home, **as láthair** absent, **go dtí an taobh amuigh** to the outside, **go dtí suíomh seachtrach** to an external position, **thar lear** abroad

  ▲ **an bealach ~** the way out, **an Taoiseach ~** the outgoing Taoiseach, **an turas ~** the outbound trip, **litreacha ~** outgoing mail, **~ ón gcósta** out from the coast

  ◊ **~ anseo** later on; from now on, **~ is ~** out and out, extreme, **~ is isteach le míle euro** in and around a thousand euro, **~ leat!** Out you go! (cf **~aigí go léir!** Out you all go!), **~ a labhairt léi uair amháin** apart from speaking to her once, **~ sa lá** late in the day, **~ uaidh sin** apart from that, **An bhfuil aon chur ~ agat ar an scéal is déanaí?** Have you any information on the latest situation?, **as sin ~** from that on, from then on, **Cuir taobh tuathail ~ é!** Turn it inside out! Ná

■ **Laethanta na seachtaine:**
  Days of the week:
  Dé Luain on Monday
  Dé Máirt on Tuesday
  Dé Céadaoin on Wednesday
  Déardaoin on Thursday
  Dé hAoine on Friday
  Dé Sathairn on Saturday
  Dé Domhnaigh on Sunday

■ **Míonna na bliana:**
  Months of the year:
  Eanáir January
  Feabhra February
  Márta March
  Aibreán April
  Bealtaine May
  Meitheamh June
  Iúil July
  Lúnasa August

  Meán Fómhair September
  Deireadh Fómhair October
  Samhain November
  Nollaig December

■ **Na Séasúir:** The Seasons:
  san earrach in the spring
  sa samhradh in the summer
  san fhómhar in the autumn
  sa gheimhreadh in the winter

Amadán

maraigh an scéal grinn ~ ar fad! Don't kill the joke entirely!, **uaidh seo** ~ from now on

Amadán m (-áin; -áin, ~)
1. *(ignorant, stupid)* fool, brainless person
ainbhiosán ignoramus, **amaid** idiot, dimwit, **anastán** clumsy oaf, **baothóg** foolish girl, **breallaire** silly talker, **breallán** blunderer, **cábóg** redneck, duffer, **ceann maide/cipíní** blockhead, **clogadán** dunce, **cloigneach** dunce, **dallamlán** dullard, **dallarán** dolt, **dalldramán** dimwit, **dobhrán** dumb cluck, **dorc** dork, ass, **drúth** m *(drúith)* imbecile, **dúdaire** dolt, **dúdálaí** gormless person, **dúiripí** dense person, **dundarlán** dunderhead, **dúramán** bonehead, **gamal** ninny, simpleton, lout, **gaimse** simpleton, **graoisín** galoot, thicko, **leathamadán** halfwit, **lúmaire** blockhead, **maolagán** numbskull, **múta máta** brainless good-for-nothing, **pleota** stupid person, **simpleoir** simpleton
2. *(crazy, silly)* fool, eejit
brealsún pillock, **cluasánach** listless inattentive person, **craiceálaí** loon, **crosán** scurrilous person; mimic, satirist, **drúth** buffoon, irresponsible person, **duine le Dia** touched person, **éadromán** empty-headed chump, **éagann** scatterbrain, crackpot, **fuirseoir** comedian, **geáitseálaí** poser, **ladhrálaí** fumbler; groper, **leadhbaire** buffoon, **leamhsaire** silly billy, **leathamadán** halfwit, **leathdhuine** not-the-whole-shilling, **leithéisí** silly person, joker, **liúdaí** berk, (a right) Charlie, **magadóir** scoffer, jester, **múta máta** brainless good-for-nothing, **néiléir** malingerer, dozy duffer, **niúdar neádar** wishy-washy person, **óinmhid** clot, clown, **óinseach** foolish woman, **pleidhce** eejit, **práisceálaí** messer; slovenly worker, **seafóid** twit, **Síle** useless dope, **sceilfid** half-wit, **scigire** giggler, mocker, **sciodramán** worthless fool, **slaimice** m messy fool, messer, **slapaire** slovenly waster, **sliomach** spineless idiot, **stail asail** jackass, **spreas** waste of space, **spreasán** loser, **suanachán** dozy twat, **suarachán** worthless person, wretch, **útamálaí** fumbler
3. *(prattler)* fool, gabbler
béalastán motormouth, **breallaire** silly talker, **breallóg** foolish gabbling woman, **cabaire** big mouth, excessive talker, **dorc** dork, ass, **gandal** prattler, **gaotaire** windbag, **geabaire** chatterbox, **glóracán** loudmouth, **gogaire** cackling airhead, **gogaille gó** dupe, sap, **grabaire** prattler, **ladúsaí** person who speaks rubbish; wheedler, **lapaire** babbler

Amaideach adj³
1. *(slow-witted)* foolish, dumb
amadánta fatuous, **baosrach** foolish, **baothánta** fatuous, **bómánta** stupid, **dallintinneach** slow-witted, **dobhránta** dim, **dúr** dense, **gamalach** gormless, silly, **gámúil** doltish, **lagintinneach** moronic, **lagmheabhrach** feeble-minded, **leathmheabhrach** imbecilic, lame-brained, **leibideach** soft-in-the head, foolish, slack, **maol** dull, **maolaigeanta** undiscerning, dim-witted, **maolcheannach** dim, slow, **neamhéirimiúil** unintelligent, inane, **neamhintleachtach** unintelligent; non-intellectual, **óinsiúil** *(female)* foolish
2. *(skittish, mentally awry)* silly, daft, giddy
ar mire mad, **baoth** giddy, foolish, unwise, **baothdhána** foolhardy, **baothmhianach** whimsical, **breallach** foolish-talking, silly, **craiceáilte** crazed, loopy, **gealtach** crazy, insane, **guanach** fanciful, silly, **ladúsach** foolish-tongued, silly, **le broim** crackers, crazy, **mireogach** given to moments of madness, daft, **néaltraithe** demented, **óinmhideach** foolish, **pleidhciúil** silly, **ráscánta** waggish, facetious, **saobhnósach** infatuated, foolish, **saonta** naive, gullible, simple-minded, **seachmallach** deluded, **seafóideach** silly, nonsensical, **sifleáilte** witless, silly, **uallach** skittish, giddy
3. *(unwise, unreasonable)* absurd, senseless, rash
áiféiseach absurd, **aingiallta** unreasoning, **amadánta** fatuous, **baosrach** foolish, **dícheíllí** irrational, senseless, **éidreorach** misguided, erroneous, **éigiallta** irrational, **éigríonna** imprudent, **fánach** futile, vain, aimless, **fastaímeach** nonsensical, **guanach** fanciful, silly, **mearchiallach** rash, **meargánta** reckless, **mícheíllí** senseless, **míloighciúil** illogical, **mímheabhrach** unthinking, unmindful, **míreásúnta** unreasonable, **neamhchríonna** imprudent, **óinmhideach** foolish, simple, **saonta** naive, gullible, simple-minded, **seafóideach** silly, nonsensical

Amaidí f (~)
1. *(stupidity, dumbness)* folly, foolishness
amadántacht foolishness, **athbhaois** foolishness, **baois** folly, foolishness, **baothántacht** fatuity, **bómántacht** stupidity, **bundúnacht** silliness; arsing about, **cur i gcéill** affectation, **dobhrántacht** dull-wittedness, **gamalacht** gormlessness, silliness, **maoile** baldness, dullness, **maolaigeantacht** dull-wittedness, dimness, **neamh-éirimiúlacht** unintelligence, inanity, **óinsiúlacht** *(woman)* foolishness, **saontacht** naivety, gullibility, simple-mindedness, **simpleachas** oversimplification; simplism, **simpleoireacht** simple-mindedness
2. *(craziness, senselessness)* nonsense, giddiness
áiféis absurd, **baoithe** f giddiness, foolishness, **baosra** folly, idle boasting, **baothántacht** fatuity, **baothdhánacht** foolhardiness, **baoth-mhian** whim, **díchiall** senselessness, **díth céille** senselessness, **éidreoir** cluelessness, **éigiall** f irrationality, **éigríonnacht** imprudence, **fadar** (cf **dul chun fadair le rud éigin** to bring something to an absurdity), **fánaíocht** aimless behaviour, **guanach** fancifulness, **leamhas** inanity, silliness, **leibideacht** foolishness, softness in the head, **leimhe** drabness, blandness, **meargántacht** recklessness, **míchiall** f (-*chéille*) senselessness, **míreásúntacht** unreasonableness, **neamhchríonnacht** imprudence, **óinmhideacht** folly,

Amaitéarach

pleidhcíocht acting the eejit, **saobhnós** infatuation, **seachmall** delusion, **seafóid** silliness, **sifil** wandering in speech and mind (cf **Bhí sifil ag teacht air.** He was going gaga.), **simpleachas** oversimplification; simplism, **simpleoireacht** simple-mindedness, **uallachas** skittishness, giddiness

3. *(foolish talk)* foolishness, folly

baothchaint foolish talk, **béalastánacht** rant, ranting, blethering, **blaoiscéireacht** spoofing, waffling, **bleadar** waffle, **breallaireacht** silly talk, talking through one's hat, **breallántacht** talking nonsense, **buinneachántacht chainte** verbal diarrhoea, talking daft, **bundún** arse (cf **Tá bundún ort.** You're talking arse.), **caint san aer** idle talk, hot air, shooting the breeze, **clabaireacht** empty chatter, waffling, **clismirt** confused talk, **dramhaíl chainte** rubbish talk, **faoiste fáiste** nonsense, nonsense talk, **frois frais cainte** nonsensical talk, **gaotaireacht** shooting the breeze, waffling, **glagaireacht** flannel, guff, **máloideacht** silliness, nonsense (cf **máloideacht chainte** nonsense talk), **mugadh magadh** humbug, farce, **raiméis** baloney, bilge, **treillis breillis** nonsensical talk, **truflais chainte** rubbish talk

Amaitéarach 1 *m (-aigh; -aigh, ~)* amateur

buachaillí bó *mpl* cowboys, **liopastán** awkward, ham-fisted person, **scuaideálaí** dabbler, **slibreálaí** slovenly worker, **sliopachán** clumsy worker, **smeadrálaí** dauber, messer, **sraimle** slapdash worker, **srúmálaí** dabbler; splasher, **stríocálaí** hard but unskilled worker, **tuata** *m* layperson

Amaitéarach 2 *adj³* amateurish

deonach voluntary, **D.F.É.** (Déan féin é) D.I.Y. (Do it yourself), **liopasta** awkward, clumsy-looking, **mar chaitheamh aimsire** as a pastime/hobby, **neamhghairmiúil** unprofessional, **neamhphroifisiúnta**, unprofessional, **práisciúil** messy, **scuaideála** (> *scuaideáil*) dabbling, **slapach** sloppy, **slibreála** (> *slibreáil*) slovenly work; pottering, **sliopánta** working clumsily, **smeadrála** (> *smeadráil*) daubing, messy, **sraimlí** slapdash, **tútach** badly finished, unskilled

Amárach *adv* tomorrow

an lá arna mhárach the following day, **an lá ina dhiaidh sin** the day after that, **an lá dár gcionn** the day ahead, the next day, **an lá tar éis sin** the day after that, **arú amárach** the day after tomorrow

Ambaiste *int* Well I never! Upon my word! Indeed!

A mhac go deo! My goodness!, **A mhuiricín!** My goodness!, **A Thiarcais!** My goodness!, **A Thiarna!** Good Lord!, **Ababú!** Heavens!, **Ara(e)!** Whatever! That's life!, **Cé a chreidfeadh a leithéid!** Who would believe such a thing!, **Dar fia!** By all that's holy!, **Dar m'anam!** Upon my soul!, **Dar m'fhocal!** Upon my word!, **Dar muine!** By gosh!, **Dar prící!** By jove! **Dar príost!** By golly! **Dar prísce!** By golly!, **Dáiríre píre!** Really and truly!, **Dia le m'anam!** God bless my soul!, **Leoga!** Indeed!, **Míorc!** Upon my word!, **Muige!** Really!, By Jove!, **Muise!** Well!, **Nach ait an mac an saol!** Well I never!, **Ó bhó!** Oh dear!, **Och!** O! Alas!, **Ochón!** Woe is me!, **Oró!** Oho! (cf **Chuir siad an t-oró romham.** They made a great fuss of me. **Tá gach rud go horó.** Everything is going swimmingly.), **Slán mar a n-insítear é!** Gracious me! Saints preserve us!

Amh *adj⁵* raw; crude

amhlánta boorish, **buntúsúil** rudimentary, **bunúsach** basic, **brománta** uncouth, rude, **fuar** cold, **fuilteach** bloody, **gáirsiúil** coarse, rude, **gan bheith ullmhaithe** unprepared, **gan bhruith** uncooked, **gan scagadh** unrefined, **gan snas** unpolished, **garbh** rough, **garg** gruff, **graosta** crude, vulgar, **lom** bare, unadorned, **nádúrtha** natural, **neamhchóireáilte** untreated, **neamhphróiseáilte** unprocessed, **neamhullamh** unready, **neamhullmhaithe** unprepared, **tútach** clumsy, crude, **úr** fresh

Ámh *adv* however, indeed, truly, anyhow

ach but, **ach amháin** except, **ach sin ráite** but that said, **áfach** however, **ar a shon sin** on that account; nonetheless, **ar aon chaoi** anyhow, **ar aon nós** anyway, **ar scor ar bith** regardless, anyhow, **cibé ar bith** whatever, **dáiríre** truly, **gan dabht** undoubtedly, **fiú ansin** even then, **go deimhin** indeed, **ina dhiaidh sin féin** even so, however, **ina ainneoin sin** in spite of that, **ina dhiaidh sin** nonetheless, **mar sin féin** all the same, **pé scéal é** whatever the case may be, anyhow

Amháin *adj indecl, adv, conj* only, even, sole

ach amháin except, **aon** one, **aonair** (> *aonar*) sole, **aonarach** lone, **aonaránach** solitary, single, **aonchéileach** monogamous, **aonchineálach** homogeneous, **aonghnéitheach** uniform, **aonraic** solitary (cf **cadhan aonraic** loner), **aonta** one, single, **eisiach** exclusive, sole, **féin** self, only, even (cf **ag Dia féin a fhios** only God knows, **mar sin féin** even so), **seachas sin** apart from that, **singil** single, **uaigneach** alone, solitary

◊ **ach ~ an duine seo** except this person, **fiú ~ dá mbeadh a fhios agam** even if I had known, **ní hé ~ sin** not only that

Ámharach *adj³* lucky

ádhúil lucky, **aiteasach** joyful, **aitill** (> *aiteall*) pertaining to a fine spell, **ar an dea-uair** at the right time, **áthasach** happy, **beannaithe** blessed, **buntáisteach** advantageous, **dea-thuarúil** auspicious, **dea-uaire** at a fortunate time, **éiritheach** in the ascent, lucky, prosperous, **fabhrach** favourable, **fortúnach** fortunate, **ionúch** serendipitous, **ionúil** well-timed, **méanar** happy, fortunate (cf **Is méanar duit.** It's fortunate for you.), **rafar** thriving, **rathúil** successful, **séanmhar** prosperous, **seansúil** lucky, fortunate,

Amharc

séanta charmed, blessed, **sona** fortunate, **sonasach** happy, lucky, **sorthanach** prosperous, **teagmhasach** fortuitous, **tráthúil** opportune, well-timed

◊ **Nach ~ an mac thú!** Aren't you the lucky chap!, **ar ámharaí an tsaoil** as good luck would have it

Amharc *m (-airc; -airc, ~)* sight, view; scene
amharcléiriú visualisation, **breathnú** observation, **coimhéad** watch, observation, **dearcadh** view, outlook, **dreach** *m (~a; ~a,~)* aspect, appearance, **faire** watch, **fairgsin** *f (-seana) (lit)* viewing, watching, **féachaint** *f* look; *(cin)* viewing, **feiceáil** seeing, **forcamás** watchfulness, **iontais** sights, wonders, **lánléargas** panorama, **léargas** discernment, insight, **léiriú** representation, portrayal, **radharc** sight, view; scene, **raon** range, **raon radhairc** range of vision, **raon súl** eyeshot, **saoramharc** free view, **seat** *m (cin)* shot, view, **silleadh** look, glance, **spléachadh** glimpse, **sracfhéachaint** *f* glimpse, **súil** *f (~e; ~e, súl)* eye, **sraithradharc** vista, **stánadh** staring, **tírdhreach** *m (~a; ~a,~)* landscape *(see also: radharc)*

Amharclann *f (-lainne; ~a, ~)* theatre, playhouse
amfaitéatar amphitheatre, **ardán** stage, **halla** hall, **halla éisteachta** auditorium, **scoil drámaíochta** stage school, **stáitse** stage, **Taibhdhearc na Gaillimhe** The Galway Theatre, **teach** *m (-tí; -tithe)* **ceoldráma** opera house, **téatar** theatre

Amhastrach *vn* barking
drannadh growling, snarling, **gadhraíl** snarling, **geonaíl** whimpering, **glafaireacht** barking/snapping, **glamaíl** barking, **glamaireacht** barking, howling, **gloimneach** baying, barking, **peithreadh** barking, howling, **sceamhaíl** yelping, howling, **srannadh** snorting; snoring, **tafann** barking

Amhastraigh *v₂ₐ* bark
bí ag geonaíl be whimpering, **bí ag peithreadh** be barking/howling, **bí ag sceamhaíl** be yelping/howling, **bí ag tafann** be barking, **déan glamaireacht** bark, howl, **déan drantán** make a growling sound, **déan gadhraíl** snarl, **déan glafaireacht** bark, snap, **déan gloimneach** bay, bark, **drann** growl, snarl, **glam** bark, **lig glam** bark, give a howl, **lig sceamh** yelp, squeal, **glam a ligean** bark, give a howl, **sceamh** yelp, squeal, **srann** snort; snore, **tabhair glafadh ar** snap, bark at, **tafainn** bark, bay

Amhastraithe *pp* barked
drannta growled, snarled, **glamtha** barked, **sceafa** yelped, squealed, **srannta** snorted; snored, **tafannta** barked, bayed

Amhlaidh *adv* thus, the same
a dhála sin as in that case, similarly, **an rud céanna** the same thing, **ceannann céanna** very same, **ar an gcaoi sin** in that way, **ar an gcuma chéanna** likewise, **ar an nós céanna** in the same manner/way, **ar an mbealach céanna** in the same way, **céanna** same, **de réir dealraimh** apparently, **iaramh** *(lit)* thereafter, **ionann** same, **mar an gcéanna** likewise, **mar seo** like this, **mar sin** like that, **sa chaoi chéanna** in the same way, **sa tslí chéanna** in the same way

Amhrán *m (-áin; -áin, ~)* song
áiria aria, **amhránaíocht** singing, **aonréad** solo, **bailéad** ballad, **caintic** canticle, **canadh** singing, **canóin** canon, **cantáid** cantata, **cantaireacht** chanting, **caoineadh** lament, **carúl** carol, **ceol na n-éan** birdsong, **coigeadal** chant, **córáil** chorale, **dísréad** duo, **fonn** air, tune, **forshéis** descant, **goltraí** lament, **iomann** hymn, **laoi** lay, **liricí** *fpl* lyrics, **loinneog** refrain, **nóntraí** serenade, **port** lilt, **portaireacht** lilting, **rann páistí** nursery rhyme, **reacaireacht** recitative, **rothlam** round, **salm** psalm, **salmaireacht** psalmody, **séis** melody, **seisiún ceoil** musical session, **streancán** strain of music, **suantraí** lullaby, **tiúin** tune *(see also: ceol)*

▲ **~ atá i mbéal an phobail** popular song, **~ grá** love song, **~ máirseála** marching song, **~ na bhFiann** The Soldiers' Song (Irish National Anthem), **~ náisiúnta** national anthem, **~ ráchairte** hit song, **~ sean-nóis** unaccompanied traditional song, **~ tíre** folk song, **~ tírghrá** patriotic song, **~ traidisiúnta** traditional song, **páirt~** part song, **pop~** pop song

■ **dordghuth** bass voice, **guth an ailt** alto voice, air, **guth an teanóir** tenor voice, **guth an tsopráin** soprano voice

◊ **~ an bhéil dúnta** sweet silence, **~ a chanadh** to sing a song, **Fuair mé ar ~ é.** I got it for a song.

Amhránaí *m (~; -aithe)* singer, vocalist
alt alto, **aonréadaí** soloist, **baratón** baritone, **bard** bard, songster, **cantaire** chanter, chorister, **cantóir** cantor, **caointeoir** singer of laments, **cliaraí** minstrel, **contralt** contralto, **córchantaire** chorister, **crónánaí** hummer, crooner, **cuachaí** falsettist, **dord** bass, **dúdaire** crooner, hummer, **fonnadóir** songster, **gabhálaí foinn** singer, **oirfideach** minstrel, **portaire** lilter, **rabhcánaí** songster; ditty singer, **seamsánaí** monotonous singer, **seamsúr** chanter, **soprán** soprano, **teanór** tenor *(see also: ceol)*

Amhránaíocht *f (~a)* singing
canadh singing (**canadh carúl** carol singing, **canadh bailéid** ballad singing, etc) **canóin** canon, **caoineadh** keening, **cantain** chanting, singing (cf **cantain na n-éan** birdsong), **cantaireacht** chanting, **claisceadal** choral singing, **cór** chorus, choir, **cór ban** ladies' choir, **cór gutha fear** male voice choir, **duanaireacht** crooning, singing, **dúdaireacht** humming, crooning, **fonnadóireacht** singing airs/tunes, **geoidliú** yodelling, **portaireacht** lilting, **salmaireacht** psalmody, **seamsánacht** monotonous chanting *(see also: canadh)*

Amhras *m (-ais; -ais, ~)* suspicion, doubt
agó *m* stipulation, reservation, **agús** reservation (cf **ach an t-agús seo** but with this reservation), **aincheas** perplexity, doubt, **athbhrí** *f* ambiguity, **buile faoi thuairim** guess, **ciniceas** cynicism, **cuntar** reservation (cf **ar chuntair áirithe** with reservations), **dabht** doubt, **díchreideamh** disbelief, **díchreidmheacht** incredulity, **drochamhras** misgiving, distrust, **drochiontaoibh** distrust, qualm, **drochmhuinín** *f* distrust, **éadaingne** irresolution, **éidearbhú** uncertainty, doubt, **éideimhne** indecision, **éiginnteacht** vagueness, uncertainty, **fadhb** problem, **idir dhá chomhairle** undecided, **leisce** hesitation, **mearbhall** bewilderment, **mearú** perplexity, **meath-thuairim** conjecture, **mímhuinín** mistrust, **míshuaimhneas** disquiet, **neamhchinnteacht** uncertainty, **scepteachas** scepticism, **tomhas** guess, **udmhaille** *f* uncertainty, instability

◊ **Ar ~ a chuaigh mé ann.** I went there on the off chance., **Bhí siad ag ~ uirthi.** They were suspecting her., **Níl lá amhrais orm faoi sin** I'm in no doubt about that., **peaca an amhrais** the sin of scepticism, **sochar an amhrais a thabhairt do dhuine** to give a person the benefit of the doubt, **Tá ~ orm faoi.** I doubt it., **Tá ~ agam air.** I'm suspicious of him., **gan ~** undoubtedly, **Tarraingíodh ~ air.** Suspicion was cast upon him.

Amhrasach *adj³* suspicious, doubtful, fishy, questionable, iffy
aisteach bizarre, **ait** weird, odd, **ar chuntair áirithe** with reservations, **ar mearbhall** bewildered, confused, **athbhríoch** ambiguous, **díchreidmheach** incredulous, **drochiontaobhach** distrustful, having qualms, **éadaingean** irresolute, **éideimhin** indecisive, **éiginnte** vague, uncertain, **idir an dá thrá** between two conflicting interests, **idir dhá chomhairle** vacillating, **ilchiallach** ambiguous, **in amhras** in doubt, suspicious, **inargóinte** arguable, **inchonspóide** controversial, **is leasc liom** I am hesitant, debatable, **léirsteanach** apprehensive; mistrusting, **mearaithe** distracted, perplexed, **míchuibhiúil** compromising, indecent, **mí-mhuiníneach** distrustful, mistrustful, **míshuaimhneach** disquieted, **neamhchinnte** uncertain, **neamhiontaobhach** distrustful, dubious, **sceptiúil** sceptical, **soiniciúil** cynical, **udmhall** restless, uncertain

Amhrasán *m (-áin; -áin, ~)* sceptic, doubter
agnóisí *m* agnostic, **aindiachaí** atheist, **díchreidmheach** *m* disbeliever, **duine soiniciúil** cynical person, **fonóideach** *m* scoffer, **scepteach** *m* skeptic, **Soinicí** *m (phil)* Cynic, **Tomás an Amhrais** Doubting Thomas

Amplach *adj³* greedy, gluttonous
aimirneach ravenous, **airceach** needy, voracious, **cíocrach** avaricious, **craosach** voracious, **doshásaithe** insatiable, **longach** gluttonous; avidly consuming, **ocrach** hungry, **santach** greedy, grasping, **suthach** esurient, gluttonous

Amplóir *m (-óra; ~í)* greedy person; glutton
airceachán voracious eater, **alpaire** voracious eater, guzzler, **amplachán** gluttonous person, **béiceadán** glutton; person who yells, screecher, **bleadrachán** paunchy person, glutton, **calcaire** glutton, **cíocrachán** greedy, avaricious person, **cráin chraosach** gluttonous pig, **craosaire** glutton, **gaileadán** greedy eater, **gorb** glutton, **graoisín** glutton; galoot, **ocrachán** hungry needy individual, **santachán** greedy person, **scloitéir** gluttonous, greedy person, **slamaire** voracious eater, **slogaire** glutton; gulper, swallower, **smalcaire** greedy eater; pipe smoker, **suthaire** guzzler

Amú *adv* astray, lost
ar chúl éaga in the back of beyond, **ar fiar** awry, **ar seachrán** astray, **ar strae** astray, **as alt na himeartha** *(sp)* offside, **as cóir** *(sp)* off side, **caillte** lost, **cam** crooked, **gan aird** aimlessly, **gan éifeacht** without effect, **gan tairbhe** without benefit, **gan toradh** without result, fruitlessly, **imithe dá fheistiú** off moorings, **imithe den bhealach ceart** gone off course, **imithe ó bhealach (do) leasa** (you've) gone off the straight and narrow, **in aisce** in vain, **iomrallach** off the mark, **scoite amach** off the beaten track

◊ **Chuir sé ~ é!** He missed!, **D'fhág tú focal ~.** You left a word out., **Is lá ~ é.,** It's a wasted day. **Tá dul ~ ort.** You are mistaken.

Amuigh *adv (mot)* outside
allamuigh outdoors, field- (cf **turas allamuigh** field trip), **as baile** away, out of town, **coimhthíoch** alien, extraneous, **faoin spéir** in the open, **ar an taobh ~** on the outside, **~ faoin aer** outdoor, **forimeallach** extreme, peripheral, **iasachta** foreign, **is faide amach** outermost, **lasmuigh** outside, **seachtrach** external

▲ **an fear ~** the outsider; the neighbour, **balla ~** external wall, **cártaí ~** dealt cards, **fiacha ~** outstanding debts

◊ **~ faoin spéir** out in the open, **~ faoin tuath** out in the country, **an rud is measa ~** the worst thing of all, **Bhí sin ~ aige.** He had that coming to him.

An- 1 *pref* bad, unnatural, excessive
anabaí premature; unripe, **anaimsir** unseasonable weather, **anaiteas** unpleasantness, **anaithnid** unknown, **an-am** wrong time, **anaoibhiúil** gloomy, glum, **anaoibhinn** joyless, **anaoibhneas** unhappiness, **anaosta** youthful (cf **an-aosta** very old), **anbharúil** conceit, **anbheithíoch** *m* monster, **anchaoi** plight, **anchruthach** deformed, **anchuid** excessive amount (cf **an-chuid** great amount), **andána** rash, **anduine** inhuman, wicked person (cf **an-duine** great person), **anfoirfe** imperfect, **anghlór** unnatural sound (cf **an-ghlór** great voice), **anghrách** erotic, **anscoilt** chasm,

An-   35   **Anailís**

ansmacht tyranny, **ansmachtaí** tyrant; bully, **antoil** *f (-tola)* evil inclination; dislike *(see also: ain-)*

An- 2 *pref* very
amach is amach out and out, **ar fad** entirely, **go mór** greatly, **iontach** amazingly, **suntasach** remarkably, **thar (a) bheith** extraordinarily, **thar an gcoitiantacht** exceptionally, **thar cuimse** exceedingly, **thar míde** exceedingly, **thar na bearta** outstandingly, **uafásach** terribly

Anabaí *adj⁶* premature; immature
anaosta youthful, **gan cleiteacha** unfledged, inexperienced, **glas** green, **leanbaí** infant-like, **leathdhéanta** half-made, half-formed, **luath** early, soon, **luathbheartach** hasty, precipitous, **meargánta** rash, **míthráthúil** untimely, unseasonable, **moch** early, **neamhaibí** unripe, immature, **neamhiomlán** incomplete, **neamhfhoirfe** imperfect, incomplete, **neamhfhorbartha** undeveloped, **neamhionúch** untimely, **núíosach** wet behind the ears, raw, new, **óg** young, **óigeanta** adolescent, **páistiúil** childish, **roimh a am** before its time, **roimh ré** premature, beforehand, **scallta** callow, **sóisearach** junior, **tearcfhorbartha** underdeveloped, **úr** fresh

Anachain *f (-chana)* calamity
aimhleas detriment, harm, **anacair** distress, **anás** desperate condition, **angar** adversity, **creachadh** destruction, **damain** harm, damage, **damáiste** damage, **dochar** harm, **donas** affliction, **dul chun raice** ruination, **eirleach** *m* catastrophe, **longbhriseadh** ruin, disaster, **lot** spoliation, damage, injury, **matalang** *m* cataclysm; calamity, **mí-ádh** misfortune, **millteanas** destruction, havoc, **Murchadh na ndóiteán** Murrough of the Burnings, great calamity, **oidhe** *f* tragedy, tragic tale, **olc** evil, **scrios** ruin, **tragóid** tragedy, extreme destitution, **tubaiste** *f* disaster, catastrophe, **turraing** grief, calamity (cf **Ba mhór an turraing í.** It was a great calamity.)

◊ **Tá an ~ ann.** He's a trouble-maker.

P **Níl maith sa seanchas nuair a bhíos an ~ déanta.** There is no good in crying after the milk is spilt.

O **Murchadh na ndóiteán** *Murrough of the Burnings* refers to the sacking of Cashel in County Tipperary in 1647. Cashel was a Catholic stronghold that supported King Charles I. An English Protestant army under Baron Inchiquin, Murrough O'Brien, attacked the stronghold and brutally murdered men, women and children. The bodies after the slaughter were described by a witness as being five or six deep. Cashel itself was then plundered and burnt to the ground. Because of this infamous deed, Baron Inchiquin became known as **Murchadh na ndóiteán** Murchadh of the Fires (cf **fear a chonaic Murchadh** a man who has been to hell and back, **Chonaic mé Murchadh.** I got the fright of my life.)

Anacrach *adj³* distressing, distressful
aimpléiseach troublesome, complicated, **anóiteach** distressful, **anróiteach** wretched, **brónach** sad, **buartha** upset, **callóideach** turbulent, severe, **callshaothach** contentious, laborious, **cianach** wistful, **cráite** agonizing, tormenting, **croíbhriste** broken-hearted, **croí-chráite** of a tormented heart, **dearóil** wretched, **duairc** morose, melancholy, **duaisiúil** distressing, difficult, **duamhar** toilsome, trying, **gruama** gloomy, despondent, **iarógach** quarrelsome, **imníoch** worried, **iomardúil** difficult, troublesome, **piolóideach** querulous, fretting, **rudta** morose, surly, **síreachtach** plaintive, wistfully longing, **tinneasach** painful, distressing, **treampánach** troublesome, difficult, **tubaisteach** catastrophic, **uamhnach** dreadful *(see also: brónach)*

Anáil *f (-ála)*
1. breath

aer air, **análú** respiration, **asanálú** exhalation, **beatha** *f* life, **cnead** pant, **cneadach** panting, **falrach** *m* gasp, pant, **gal** *f* vapour, **ionanálú** inhalation, **ligean uspóige** giving a gasp, **miam** *f (méime)* puff (cf **miam ghaoithe** puff of wind), **puth** *f* puff, **riospráid** respiration, **saothanáil** laboured breathing, **saothar** shortness of breath (cf **Bhí saothar air.** He was out of breath., He was breathing hard.), **saothar anála** shortness of beath; panting, **sclogaíl** gasping for breath, **snag** gasp, **snagaireacht** gasping, **tinfeadh** breath, breathing (cf **tinfeadh Dé** the breath of God; divine inspiration)

◊ **Chuaigh an bia le m'~.** The food went down the wrong way., **D'fhág an ~ í.** She expired., **giorra anála** shortness of breath, **rite as ~** out of breath

2. influence

brú pressure, **ceannas** clout, domination, **comhairle** (good) offices, advice, **cumas luamháin** leverage, **cumhacht** power, **éifeacht** effect, **fabhar** favour, influence, **forlámhas** domination, **greim** *m (greama; greamanna)* hold, **lámh sa chúirt** friend in court, **inspioráid** inspiration, **inspreagadh** inspiration, **iomartas** strange supernatural influence, **lapa** (cf **Tá lapa gruagach aige siúd.** His opinion carries a lot of weight.), **luamhánacht** leverage, **meas** respect, **smacht** control, **svae** sway, **tábhacht** importance, weight, **tarraingt** drag, pull, **tiarnas** dominion, **tinfeadh (Dé)** (divine) inspiration, **tionchar** influence, **treoir** guidance, **údarás** authority

◊ **Chuir sí a h~ fút.** She influenced you., **faoi ~ an óil** under the influence of drink

Anailís *f (~e; ~í)* analysis
fiosrúchán inquiry, **grinnbhreathnú** close scrutiny/observation, **grinnstaidéar** detailed study, **imscrúdú** investigation, **iniúchadh** inspection, scrutiny,

measúnú assessing, **measúnacht** assessment, **mionbhreathnú** detailed observation, **miondealú** *(gram)* analysis, **mionfhéachaint** detailed/ minute look, focusing on detail, **mionléirmheas** detailed criticism, **mionscrúdú** close examination, **miontástáil** minute testing, **miontriail** *f (-alach; -alacha)* minute/detailed test, **staidéar** study, **suirbhé** survey, **taifeach** *m* analysis, **taighde** research, **teist** test, **tóireadóireacht** probing, **uatóipse** autopsy

Anailísigh v_{2b} analyse
cíor comb, **criathraigh** screen, sieve, sift, **cuardaigh** search, **cuir faoi chaibidil** explore, **déan anailís ar** analyse, **déan iniúchadh ar** inspect, **déan staidéar ar** study, **déan taighde ar** do research on, **féach ar** look at, **fiosraigh** enquire, **glinnigh** examine closely, scrutinise, **iniúch** scrutinise, **miondealaigh** *(gram)* analyse, **mionscrúdaigh** minutely examine, **ransaigh** rake through, rummage, **scrúdaigh** examine, **spíon** exhaust, tease out, **taifigh** analyse; *(maths)* resolve (cf *(maths)* **slonn a thaifeach ina fhachtóirí** to resolve an expression into factors), **taiscéal** explore

Anailísithe *pp* analysed
cíortha combed, **criathraithe** screened, sieved, sifted, **cuardaithe** searched, **curtha faoi chaibidil** explored, **féachta air/uirthi** looked at, **fiosraithe** enquired, **glinnithe** examined closely, scrutinised, **iniúchta** scrutinised, **miondealaithe** *(gram)* analysed, **mionscrúdaithe** minutely examined, **ransaithe** raked through, rummaged, **scrúdaithe** examined, **spíonta** exhausted, teased out, **taifithe** analysed; *(maths)* resolved, **taiscéalta** explored

Anailísiú *vn* analysing
cíoradh combing, **cuardach** searching, **criathrú** screening, sieving, sifting, **cur faoi chaibidil** exploring, **déanamh anailíse ar** analysing, **déanamh iniúchadh ar** inspecting, **déanamh staidéar ar** studying, **déanamh taighde ar** doing research on, **féachaint ar** looking at, **fiosrú** inquiring, **glinniú** examining closely, scrutinising, **iniúchadh** scrutinising, **miondealú** *(gram)* analysing, **mionscrúdú** minutely examining, **ransú** raking through, rummaging, **scrúdú** examining, **spíonadh** exhausting, teasing out, **taifiú** analysing; *(maths)* resolving, **taiscéaladh** exploring

Anaithnid *adj²* unknown
aduain weird, strange, peculiar, **aineoil** unknown, strange, **ait** bizarre, odd, **aisteach** strange, **coimhthíoch** alien, **diamhair** obscure, mysterious, **do-aithnid** unrecognised, unknown, **do-eolais** unknown, **dorcha** dark, **eachtrannach** alien, foreign, **gan ainm** anonymous, **gan aithne** unrecognised (cf **laochra gan aithne chuí ná chóir tugtha dóibh** unsung heroes), **gan fhios** incognito, **iasachta** foreign, **mistéireach** mysterious, **nach bhfuil ar an léarscáil fós** uncharted, **neamhainmnithe** undisclosed (cf **foinse neamhainmnithe** undisclosed source), **neamhiomráiteach** little-known, of small repute, **neamhluaite** unmentioned, **ní fios cé chum** anonymous author, **nua** new, **rúnda** secret, **strainséartha** alien, unfamiliar

Análaigh v_{2a} breathe
easanálaigh exhale, **ionalálaigh** inhale, **lig anáil** take a breath, **lig osna** sigh, **lig uspóg** gasp, **osnaigh** sigh, **riospráidigh** respire, **sclog** gasp, **súigh aer úr isteach (i do scamhóga)** breathe in fresh air (into your lungs), **tarraing anáil** take breath

◊ **Bhí saothar anála air.** He was out of breath.

Análaithe *pp* breathed
aer a súdh isteach (i do scamhóga) breathed in fresh air (into your lungs), **easanálaithe** exhaled, **ionalálaithe** inhaled, **osnaithe** sighed, **riospráidithe** respired, **sclogtha** gasped

Anallód *adv* in ancient times
fada ó shin long time ago, **fadó fadó** *(in fairy tales)* long long ago, **sa tseanaimsir** in olden times, **sa tseanré** in former times, **sa seansaol** in the ancient world, in olden times, **sna seanlaethanta** in the old days

Análú *vn* breathing
easanálú exhaling, **ionanálú** inhaling, **ligean anála** taking a breath, **ligean osna** sighing, **ligean uspóige** gasping, **osnú** sighing, **riospráid** respiration, **riospráidiú** respiring, **saothar anála** panting (cf **bheith ar saothar** being out of breath/ panting), **sclogadh** gasping, **tarraingt anáil** taking a breath

Anam *m* (~a; ~acha) soul, spirit
anáil breath, **anamúlacht** spiritedness, liveliness, **beatha** life, **beo** life, being alive, **beocht** life, liveliness, **bradán beatha** soul, life force, **brí** ardour, brio, **croí** heart, earnestness, **díograis** enthusiasm, **fuinneamh** energy, **meanma** spirit, morale, disposition, **meon** attitude, **miotal** mettle, **misneach** courage, **mothú** feeling, **sícé** *f* psyche, **spiorad** spirit, **spleodar** exuberance, **sponc** spunk, guts, **sprid** morale, spirit, **toil** will, **úd** *m* id *(see also: anamúlacht)*

◊ **~acha na marbh** the souls of the departed, **Dar m'~!** Upon my soul!, **idir ~ agus chorp** both body and soul, **duine gan ~** an unfeeling person, **Go raibh a ~ ar dheis Dé!** *(death blessing)* May his soul be at the right-hand side of God!, **Is beag nár bhain tú an t-~ asam!** You nearly frightened the life out of me!, **Mo sheacht mh'~ thú!** Bravo! Well done!

Anamúil *adj⁴* spirited, lively
aigeanta cheerful, spirited, **aigeantach** vivacious, **ard-mheanmnach** high-spirited, **beo** animated, **beoga** lively, **beoite** animated, **bíogúil** chirpy, **breabhsánta** sprightly, **bríomhar** full of ardour, lively, **brufanta** lively, **ceolmhar** spirited, vigorous, **croíúil**

hearty, earnest, **cróga** brave, **dána**, bold, **díograiseach** enthusiastic, **fonnmhar** keen, **friochanta** active, quick, **fuinniúil** energetic, **gealgháireach** cheerful, **gleoiréiseach** boisterous, **gusmhar** full of get-up-and-go, **meanmnach** gutsy, audacious, **miotalach** mettlesome, **misniúil** plucky, **preabanta** full of bounce, lively, **scailleagánta** breezy, lively, **sceidealach** frisky, excited; excitable, **spleodrach** exuberant, **sponcúil** spunky, feisty, **spreacúil** vigorous, forceful, **spridiúil** spirited

Anamúlacht *f (~a)* spiritedness, liveliness
aigeantacht vivaciousness, **ard-mheanma** *f (~n)* high spirits, **beocht** vivacity, **beoga** liveliness, **bíogúlacht** chirpiness, **bríomhaireacht** ardour, vigorousness, **croíúlacht** heartiness, earnestness, **crógacht** braveness, **dánacht**, boldness, **díograis** enthusiasm, **fonnmhaireacht** keenness, **fuinniúlacht** forcefulness, **gealgháirí** cheerfulness, **gleoiréis** boisterousness, **gus** get-up-and-go, liveliness, **meanma** *f (~n)* audaciousness, **miotal** mettle, **misneach** pluckiness, spirit, courage, **scailleagántacht** breeziness, liveliness, **sceidealaí** friskiness; excitability, **spleodar** exuberance, **sponcúlacht** spunkiness, feistiness, **spreacúlacht** vigorousness, forcefulness, **spridiúlacht** spiritedness, **sprioladh** manliness, spirit; liveliness (eg **Chuir an jagáil sprioladh ionainn.** The jogging livened us up.)

Anásta *adj⁶* awkward, clumsy
ainnis shoddy; wretched, **amscaí** slipshod, unkempt, **ciotach** awkward, clumsy, **ciotógach** gauche, awkward, **ciotrúnta** maladroit, clumsy, **crúbach** awkward with feet or hands, **liobarnach** lubberly, clumsy, **liopasta** cumbersome, **míofar** ungainly, **místuama** clumsy, **sliopach** butter-fingered, fumbling, **tuaiplisiúil** blundering, **tuathalach** blundering, **tútach** crude, awkward *(see also: ciotach)*

Anbhá *m (~a)* dismay, panic
aláram alarm, **anbhuain** unease, **anfais** commotion, dismay, **ballchrith** *m* trembling of limbs, **coiscriú** alarm, disturbance, **corrabhuais** uneasiness, consternation, **driopás** precipitance, excitement, **eagla** fear, **faitíos** fear, apprehension, **imeagla** dread, terror, **imní** worry, **líonrith** *m (-reatha)* panic, consternation, **míshocracht** unease, unrest, **míshuaimhneas** disquiet, **scanradh** fright, **scanrúlacht** frightfulness, alarm, **scaoll** panic, **scard** fright, terror, **sceimhle** terror, **scéin** intense fear, **uafás** horror, **uamhan** dread, awe

Andúil *f (~e)* addiction
áilíos overwhelming desire, craving, **cíocras** craving, **daoirse** enslavement, **díograis** enthusiasm, **drochchleachtadh** bad habit, **fanaiceacht** fanaticism, **míbhéas** bad habit, **oibseisiún** obsession, **scailéathan** excessive enthusiasm, **spleáchas** dependence

Andúileach 1 *m (-igh; -igh, ~)* addict
alcólach *m* alcoholic, **bean mhór** woman who shows very keen interest (eg **Bean mhór camógaíochta í.** She is big into camogie.), **ceann cóc** cokehead, **díograiseoir** enthusiast, **drugaí** junkie, **fanaiceach** fanatic, **fear mór** one who shows very keen interest (eg **Fear mór iomanaíochta é.** He is big into hurling.), **móidín** *m* devotee, **póiteach** addicted to drink, **taobhaí** adherent, **scailéathan** eager beaver, **spásaire** spacer, **tacaí** supporter, fan, **taobhaí** adherent, **úsáideoir** user

Andúileach 2 *adj³* addictive
alcólach alcoholic, **díograiseach** enthusiast, **dúghafa** obsessed, **fanaiceach** fanatic, **gafa (ag)** hooked (on), **imithe ó smacht** out of control, **i ndaoirse** enslaved, **óltach** addicted to drink, **scailéathanach** overly enthusiastic, **sáite go hiomlán** totally absorbed, **spásaithe** spaced out, **tugtha (do)** addicted (to)

Aneas *adv (c ←)* from the south
deisceartach southern, southerly, **laisteas** on the south side, **ó dheas** *(c→)* to the south, **ón deisceart** from the south, **ón taobh atá theas** from the south side, **ón taobh deisceartach** from the southern side, **theas** *(mot)* south

◊ **an ghaoth ~** the south (southerly) wind

Anghrách *adj⁵* erotic
adharcach horny, **afraidíseach** aphrodisiac, **ar dáir** in heat, **collaí** carnal, **cluanach** alluring, **craicinn** *(> craiceann)* carnal, **drúisiúil** lustful, **earóigineach** erogenous, (cf **ball íogair** erogenous zone), **earótach** erotic, **gnéasach** sexy, **graosta** raunchy, **libidiniúil** libidinous, **macnasach** randy, racy, frisky, **meallacach** alluring, seductive, **mealltach** beguiling, seductive, **miangasach** concupiscent, **na colainne** of the body, carnal, **pornagrafach** pornographic, **teasaí** hot, passionate, **teaspúil** hot for it, horny, **téisiúil** sensual; horny

Aniar *adv*
1. *(c ←)* from the west
iartharach western, westerly, **laistiar** on the west side; behind, **ón iarthar** from the west, **ón taobh atá thiar** from the west side, **ón taobh iartharach** from the western side, **siar** *(← c)* westwards, **thiar** *(mot)* west

◊ **an fear ~** the man approaching, **Chugam aniar thú!** Bravo!, **go dtaga thiar ~** never ever, **teacht ~ aduaidh ar dhuine** to take a person by surprise, **tháinig siad ~ go maith i mbliana** they have come a long way this year, **gaoth ~** westerly wind

2. **teacht ~** courage
ceanndánacht bulldog spirit, wilfulness, **crógacht** bravery, **diongbháilteacht** steadfastness, staunchness, **fulangacht** endurance, **misneach** *m* courage, spirit, **righneas** toughness, **seasmhacht** steadfastness,

Anóis spiorad spirit, **sponc** bottle, guts, **spreacadh** character (see also: **misneach**)

◊ **Tá an teacht ~ ann.** He has what it takes., He takes nothing lying down.

Anios *adv (c ←)* from below, upwards, up
ag ardú rising, **go dtí an barr** to the top, **go dtí an taobh atá thuas** to the top/upper side, **in airde** upwards, **lastuas** above, overhead, **ón íochtar** from the bottom, from beneath, **ó thuaidh** to the north, **suas** *(c →)* **ón talamh** up from the ground, **suas staighre** upstairs, **thuas** *(mot)* up (see also: **suas**)

Anlann *m (-lainn; -lainn, ~)* sauce
bia blasta tasty food, **blastán** seasoning, **dip (cháise)** (cheese) dip, **leasú** seasoning, flavouring, **olar** fat, grease, **sabhsa** sauce, **sólaistí** food delicacies, **súlach** *m* **feola** gravy, **tarsann** seasoning, condiment; anything that goes well with bread or potatoes

▲ **~ aráin** bread sauce, **~mustaird** mustard sauce, **~ cáise** cheese sauce, **~ fíona** wine sauce, **~ uibheacha** egg sauce, **~ miontais** mint sauce, **~ úll** apple sauce, **~ bán** white sauce; **eascra** *f* **anlainn** sauceboat

P **Is maith an t-anlann an t-ocras.** Hunger is the best sauce.

Anlathas *m (-ais; -ais, ~)* anarchy, oppression
aindlí lawlessness, **ainrialachas** anarchism, **ainriantacht** unruliness, **ainriail** misrule, mayhem, **anfhorlann** *m* violent oppression, **anord** chaos, **ansmacht** despotism, excessive control, **anstró** tyranny, **círéibeacht** riotousness, **forlámhas** despotism, domination, **míle murdar** bedlam, **míriail** *f (-alach)* misrule; transgression; bad regulation; **rírá agus ruaille buaille** uproar, pandemonium, **tíorántacht** tyranny (see also **ainrialachas**)

Annamh *adj¹* seldom
anois is arís now and again, **as an ngnáth** out of the ordinary, **beag** little, **beagán** small, **corr** odd, **éagoiteann** uncommon, unusual, **fánach** rare, rarely, **gann** scarce, **i bhfad óna chéile** infrequent, **neamhchoitianta** uncommon, **neamhghnách** unusual, **neamhthipiciúil** atypical, **núiosach** novel, strange, **ó am go chéile** occasional, **strainséartha** unusual, strange, **suaithinseach** unusual, distinctive, **tanaí** thin, few, **tearc** meagre, sparse

Anocht *adv* tonight
agus an lá ag diúltú dá sholas in the evening twilight, **an oíche seo** this night, **clapsholas** twilight, **in earr an lae seo** at the end of this day, **istoíche** in the night, **le luí na gréine** as the sun sets, **oíche anocht** tonight, **san oíche** in the night

Anoir *adv (c ←)* from the east
lastoir on the east side, **oirthearach** eastern, easterly, **ón oirthear** from the east/Orient, **ón taobh atá thoir** from the east side, **ón taobh oirthearach** from the eastern side, **thoir** *(mot)* east

◊ **ag cruinniú ~ is aniar** gathering from all directions, **~ an bóthar** from across the road, **gaoth ~** easterly wind

Anois *adv* now
an lá seo today, these days, **an t-am atá i láthair** the present time, **ag an nóiméad seo** at this moment, **ag an bpointe seo** at this point, **ag an uair seo** at this hour/time, **ar ball beag** just now, **ar na mallaibh** recently, **ar na saolta seo** nowadays, **faoi láthair** at present, **faoi seo** by now, **faoin am seo** by this time, **freacnairc** *(lit)* presently, **gan mhoill** without delay, **gan a thuilleadh moille** without further delay, **go dtí seo** up to now, **go fóill féin** even now, **i láthair na huaire** at the present time, **inniu** today, **láithreach** immediately, **lom láithreach** right now, **na laethanta seo** these days, **sa lá atá inniu ann** in today's world, **san aimsir ina bhfuilimid** in the times we're (living) in, **san am seo** at this time, **tur te** immediately, right now, **um an dtaca seo** by this time

◊ **~ beag** just now, **~ is arís** now and again, **~ láithreach** right now, **~ le bliain** for a year now, for the past year, **~ nó choíche** now or never, **Seo ~!** Come on now!

Anord *m (-oird)* chaos; disorder, lack of order
aimhréidh disorder, entanglement, **ainrialtacht** anarchy, **cambús** commotion, **cíor thuathail** complete muddle, **ciseach** *f* mess, **círéib** riot, uproar, **fuililiú** hullabaloo, **gleo** fracas, **manglam** jumble, **meascán mearaí** muddle, **mí-eagar** disarray, **mí-ord** disorder, **mírialtacht** disorderliness, irregularity, **neamhord** disorder, confusion, **praiseach** *f* mess, **racán** rumpus, brawl, **rachlas** commotion, turmoil, **randamacht** randomness, **ruaille buaille** bedlam, **seamlas** shambles, **srúsram** confusion, **trachlais** jumble, mess, **tranglam** clutter, bustle, mayhem (cf **~ tráchta** traffic mayhem), **tranglam agus tarraingt tríd** bustle and confusion

Anordúil *adj⁴* chaotic, in disorder
aimhréidh entangled, **ainrialta** anarchic, disorderly, **bunoscionn** muddled; upside down, **i mí-eagar** in disarray, **measctha suas** mixed up, **míneata** sloppy, **mí-ordaithe** disordered, **mírialta** disorderly; irregular, **míshlachtmhar** messy, untidy, **neamhordaithe** disordered, confused, **neamhordúil** not in any order, disordered, **randamach** random, **slibrí** slipshod, slovenly, **trí chéile** messed up, in a mess

Anuas *adv (c ←)* from above, downwards
ag sleamhnú sliding, **ag titim** falling, **chun talaimh** towards the ground, **go dtí an taobh atá thíos** to the lower side, **go talamh** to the ground, **laistíos** below, beneath, **le fána** downhill, **ó dheas** to the south, southwards (cf *(sl)* **Chuaigh gach rud ó dheas.**

Anró *m (~)* hardship

ainnise misery, **anachain** calamity, **anás** austerity, destitution, **anfhorlann** oppression, **angar** adversity, dire need, bitter distress (cf **go bun an angair** to the bitter end), **anó** distress, **ansmacht** tyranny, **bochtaineacht** poverty, **bráca** distress (cf **ag dul faoin mbráca** going through a harrowing time), **cacht** *m (lit)* duress, **ciapadh** torture, **crá** torment, **crá croí** anguish, **crácamas** drudgery, hardship, **cruáil** adversity; cruelty, **cruatan** misery of destitution, hardship, **dochma** privation, hardship, **deacrachtaí** difficulties, **dealús** impoverishment, **dearóile** destitution, **dólás** tribulation, **dua** hassle, graft, **fulaingt** suffering, **ganntanas** want, need, **géarleanúint** persecution, **inghreim** persecution, **léan** woe, deep sorrow, **mí-ádh** misfortune, ill luck, **mífhortún** misfortune, **splíontaíocht** hardship; maltreatment, **tiortáil** knocking about, rough treatment, **tónáiste** burden, imposition, hardship, **tromas** distress; oppression

◊ **Bhí gach uile shórt imithe chun ~ agus chun ainreachta.** Everything had gone to rack and ruin., **D'fhulaing sé fuacht is ~ lena dhéanamh.** He went through hell and high water to do it.

Anróiteach *adj³* distress, severe

ainnis miserable, **anachana** (> *anachain*) calamitous, **anfhorlannach** violent, oppressive, **anóiteach** distressing, **ansmachtúil** tyrannical, **angarach** distressed, afflicted, **bocht** poor, **brácúil** laborious, distressing, **callshaothach** laborious, **ciaptha** tortured, **cráite** tormented, **crua** hard, **deacair** difficult, **dealúsach** impoverished, **dearóil** destitute, **dólásach** dolorous, disconsolate, **duaisiúil** distressing, tedious, **fulangach** suffering; enduring **gann** sparse, meagre, mean, **léanmhar** woeful, deeply sorrowful, **maslach** abusive, soul-destroying, **mí-ámharach** misfortunate, unlucky, **mífhortúnach** unfortunate, **sclábhúil** slavish, toilsome, **tiarálach** onerous, laborious, **trom** heavy, burdensome, **tromais** (> *tromas*) distressful; oppressive

Anseo *adv* here

abhus here, **anall** (c ←) hither (from yonder), **ar bhall áitribh** on the premises, **ar an láthair** on the spot, **i láthair** present, **lasbhus** on the near side, **san áit seo** in this place, **san ionad ina bhfuilimid** in the place where we are, **sa suíomh seo** in this position

Ansin *adv* there; then

ann there, **anonn** (c →) thither, **ansiúd** there, **iar sin** following that, **iaramh** *(lit)* afterwards; thereafter, **lastall** *(mot)* on the far side, **thall** *(mot)* over there, **sall** (c →) thither, **thiar** *(mot)* back there, **siar** (c →) back there, **aniar** (c ←) back from there

Ansmacht *m (~a)* tyranny; excessive discipline

ainneart oppressive power, **ainteas** intolerable heat, **aintiarnas** tyranny, **aintreise** severe repression, **anfhorlann** violent oppression, **anlathas** anarchy, tyranny, **anstró** tyranny, despotism, **antrom** oppression, oppressive weighing down, **brúidiúlacht** brutality, **bulaíocht** bullying, **crapthacht** astringency, constriction, **cruacht** hardness, **cruálacht** cruelty, **dochraide** oppressiveness, **éilitheacht** importunity, **faisisteachas** fascism, **forbhrí** tyranny, excessive force, **forlámhas** domination, usurpation, despotism, **forlathas** overlordship, **forrachtadh** oppression, oppressing, **géarleanúnachas** persecution, **géarsmacht** severe restraint, **iompar drochídeach** abusive behaviour, **maistíneacht** bullying, **mursantacht** domineeringness, **ollsmachtachas** totalitarianism, **smachtúlacht** repressiveness, despotism, **stróinéis** pushiness, overbearingness; **tiarnúlacht** lording it over others, presumption, **tíorántacht** tyranny, **tromaíocht** heavy-handedness, bullying, **údaráscht** presumption of authority

Ansmachtaí *m (~; -taithe)* oppressor, despot

aintiarna despot, tyrant, **anduine** inhumanly wicked person, **barbarach** *m* barbarian, **brúid** brute, **bulaí** bully, **deachtóir** dictator, **faisistí** fascist (eg ~ **faoi choim** closet fascist), **maistín** bully, **smachtaí** martinet, disciplinarian, **tíoránach** *m* tyrant

Ansmachtúil *adj⁴* tyrannical, oppressive, despotic

aintiarnúil despotic, **aintréan** violently repressive, **anfhorlannach** violently oppressive, **anlathach** tyrannical, **antrom** oppressive, weighed down, **brúidiúil** brutal, **crapthach** astringent, **crua** hard, **cruálach** cruel, **dochraideach** oppressive, **éilitheach** demanding, **faisisteach** fascist (cf **cúirtéis fhaisisteach** fascist salute), **forbhríoch** overbearingly excessive, **géarleanúnach** persecuting, **inghreimtheach** preying, persecuting, **máistriúil** authoritarian, **meirsiúil** grinding, oppressive, **ollsmachtach** totalitarian (cf **réimeas ollsmachtach** totalitarian regime) **tiarnúil** imperious, overbearing, **tíoránta** tyrannical, **údarásach** presumptuous; authoritative

Antráthach *adj³* untimely

ag an am mícheart at the wrong time, **anabaí** premature, **ciotach** awkward, **déanach** late, **mall** belated, overdue, **mí-aimseartha** anachronistic, **mí-áisiúil** inconvenient, that is not handy, **mí-amhantrach** unfortunate, **mí-ámharach** unfortunate, unlucky, **míchaoithiúil** inconvenient, **mí-ionúch** inopportune, **mí-oiriúnach** unsuitable, **mírathúil** inauspicious, **míthráthúil** ill-timed, **neamhionúch** untimely, **neamhshéasúrach** unseasonable, **roimh am** before time, premature

Anuraidh *adv* last year

an bhliain seo caite last year, **bliain ó shin** a year ago, **an bhliain roimhe seo** the year before this

Aoibh f (~e)
1. *(good)* mood
blas flavour, **cuma** f tone, ambience, **éirim** tenor, **giúmar** mood, **lionn** m *(leanna; ~ta)* humour (cf **lionnta dubha a dhéanamh** to become depressed), **meon** disposition, attitude, **meon aigne** frame of mind, **míghiúmar** ill humour, **mothú** feeling, **ton** tone
2. ~ **gháire** smile
gean gáire (loving) smile, **gramhas** grin, **leamhgháire** faint smile; wry smile, **meangadh** grin, **meangadh gáire** smile, **miongháire** smile, **straois** smug grin, grimace *(see also: gáire)*

Aoibhinn adj irr pleasant, blissful
álainn beautiful, **áthasach** happy, **báúil** sympathetic, **breá** fine, **cairdiúil** friendly, **caithiseach** charming, delightful, **caoin** gentle, tender, **caoithiúil** amicable, pleasant, **caomh** gentle, lovely, **cineálta** kind, **cneasta** mild-mannered, decent, **compordach** comfortable, **córach** comely, pleasant, **cuanna** graceful, **dea-araíonach** good-humoured, **dea-bhriathrach** kindly-spoken, **dea-chroíoch** good-hearted, **dea-mhéineach** well-meaning, **dea-thréitheach** having good qualities, **deas** nice, **draíochtach** entrancing, **eofóiriach** euphoric, **galánta** elegant, delightful, beautiful, **geal** bright, **geanúil** congenial, **gléigeal** brilliantly bright, **gleoite** gorgeous, darling, **gliondrach** glad, delighted, **iontach** wonderful, delightful, **lách** affable, kind, **lúcháireach** joyful, **méanar** happy, fortunate, **meallacach** alluring, **mealltach** captivating, **niamhrach** splendid, **pléisiúrtha** pleasurable, **ríméadach** thrilled, chuffed, **séanmhar** prosperous, blessed, **soghrách** lovable, **soilbhir** jovial, **soirbh** optimistic, **sólásach** consoling, **sóúil** luxurious, **suáilceach** joyful, pleasant, **suairc** jolly, **subhach** happy, **súgach** merry; enjoyable, **taitneamhach** pleasing, **tarraingteach** attractive, **tláith** mild, gentle *(see also: breá)*

◊ **is** ~ **duit** it's fine for you, **aimsir** ~ delightful weather, **seal** ~ **dár saol** a delightful time in our lives

Aoibhneas m (-nis) bliss, pleasantness
áilleacht beauty, **áineas** pleasure, delight, **áthas** happiness, **bá** sympathy, **breáthacht** fineness, **cairdiúlacht** friendliness, **caoimhe** gentleness, mildness, **caoine** gentleness, tenderness, **caoithiúlacht** convenience, pleasantness, **cineáltas** kindness, **cneastacht** honesty, decency, **dea-aoibh** good humour, **dea-bhriathar** kindly word, **dea-chroí** kindly heart, **dea-mhéin** goodwill, **dea-thréith** good trait, **deise** niceness, **eofóiria** euphoria, **fáilíocht** pleasantness, affability, **gean** geniality, **gile** brightness, **gliondar** gladness, delight, **grá** love, **grianaíocht** sunniness, cheerfulness, **láiche** affability, kindness, **láíocht** pleasantness, friendliness, **lúcháir** glee, delight, **pléisiúr** pleasure, **sáimhín só** lap of luxury, **seaghais** pleasure, joy, **só** comfort, luxury, **soilbhreas** joviality, **soirbheas** ease, convenience, **soirbhíochas** optimism, **sonas** joy, bliss, good fortune, **sóúlacht** luxuriousness, **spéisiúlacht** comeliness, attractiveness; interestingness, **suáilce** pleasure, joy; virtue, **suáilceas** contentment, pleasantness; virtuousness, **subhachas** happiness, joy, **suairceas** pleasantness, cheer, **súgachas** merriness, gaiety, **sultmhaireacht** pleasantness; enjoyableness, **taitneamhacht** brightness, agreeableness, **tarraingteacht** attractiveness, charm, **tíriúlacht** pleasantness, **tláithe** mildness

Aoir f (~e; aortha) satire
buirlisc burlesque, **caracatúr** caricature, **cleas** m trick, spoof, **cur i gcéill** charade, dissimulation, **fonóid** ridicule, **fuirseoireacht** buffoonery, **glámh** f lampoon, **searbhas** sarcasm, **scigaithris** parody, skit, spoof, travesty, **scigcharachtar** caricature

Aois f (~e; ~eanna) age
aeón aeon, **aimsir** age, period of time, **an dara leanbaíocht** second childhood, **ársaíocht** archaism, antiquity, **céad** century, **críonnacht** old age, prudence, **fad saoil** length of life, lifespan, **fadsaolaí** lifespan, **foirfeacht** maturity, age; perfection, **glúin** generation, **lá** m *(lae)* day (eg **le linn laethanta na ríthe móra** in the days of the great monarchs), **leanbaíocht na seanaoise** dotage, **meath** decay, **meánaois** middle age, **óige** youth, **ré** f era, epoch, **réimeas** reign, **scothaois** fairly advanced age, **seandacht** antiquity, **seanaois** old age, **seanórthacht** elderliness, **sifil** dotage, senility, **tonnaois** fairly advanced age, **tráth** time, period, **tréimhse** f period, time

◊ **Cén** ~ **thú?** What age are you? **in** ~ **na céille** at the age of reason, **in** ~ **a maitheasa** in her prime, **idir an dá** ~ of uncertain age, **ó** ~ **go bás** all through life, **roimh aois** prematurely, **táim ag titim san** ~ I'm getting old, **ó** ~ **go h**~ from age to age

Aol v_{1c} whitewash, whiten; grow white
aoldathaigh whitewash, **bánaigh** whiten, **cuir aol ar** lime, paint with lime, **cuir aoldath ar** whitewash, **cuir dath bán ar** paint white, **éirigh bán** become white, **fionn** make blond; make white, **geal** whiten, brighten up, **tuar** blanch, bleach; whiten

Aoladh vn whitewashing, whitening; growing white
aoldathú whitewashing, **bánú** whitening, **cur aoil ar** liming, painting with lime, **cur aoldatha ar** whitewashing, **cur dath bán ar** painting white, **éirí bán** becoming white, **fionnadh** making blond; making white, **gealadh** whitening, brightening up, **tuaradh** blanching, bleaching; whitening

Aolta pp whitewashed, limed, whitened; gotten white
aoldaite whitewashed, **ar a bhfuil aol curtha** limed, painted with lime, **ar a bhfuil aoldath curtha** whitewashed, **ar ar cuireadh dath bán** that was painted white, **bánaithe** whitened, **éirithe bán** gotten

white, **fionnta** made blond; made white, **gealta** whitened, brightened up (cf **fiacla gealta** whitened teeth), **tuartha** blanched, bleached; whitened

Aon- *pref* one-, uni- solo- mono-
~**bhealach** *m* one-way, ~**bheannach** *m* unicorn, ~**chineálach** homogeneous, ~**dathach** unicoloured, ~**diachaí** monotheist, ~**drongach** *(political)* single-party, ~**raonach** single-track, ~**réadaí** soloist, ~**seilbh** collectivism, ~**siollach** monosyllabic, ~**stádas** homeostasis, ~**súilach** one-eyed, ~**taobhach** unilateral, ~**treoch** unidirectional

Aon *m (aoin; ~ta)* one, one unit, one singular thing/person; uniqueness
aonad unit, **aonán** individual, **aonar** loner, **aonaracht** singularity; solitude, **aonarán** solitary person, **aonaránacht** solitariness, **aonchineáltacht** homogeneity, **aonmhac** only son, **aonréad** solo, **aontacht** oneness, unity, **aontas** union, **ball** (one) member, article (eg **ball éadaigh** article of clothing), **ceann amháin** one (of them), **duine** (one) person

Aonach *m (-aigh; -ntaí)* fair
áit an mhargaidh marketplace, **basár** bazaar, **carnabhal** carnival, **cóisir** party, **comóradh féile** fête, festival, **díolachán cófra bagáiste** car boot sale, **díolachán cuir is ceannaigh** bring and buy sale, **faiche mhargaidh** marketplace, **féile** festival, fête, **feis** fête, **margadh** market, **mustar** muster, gathering, **oireacht** *m (hist)* deliberative assembly of freemen, **oireachtas** festival, **seisiún** session, gig, **tionól** assembly, **tóstal** pageant

Aonad *m (-aid; -aid, ~)* unit
aon one, **aonán** entity, **ball** (one) member, article, **buntomhas** basic (unit) of measurement, **comhábhar** constituent, **comhpháirt** component, **córas** system, **cuid amháin** one part, **deighleán** segment, **eilimint** element, *Gestalt* Gestalt, **iomlán** whole, **mír** item, **miosúr** measure, **modúl** module, **píosa** piece, **roinn** section, **scar** portion, share

Aonar *m (-air; -air, ~)* loner, lone person
aonaracht singularity, **aonarán** one who goes it alone, loner, **cadhan aonair** lone wolf, loner, **díseartach** *m* recluse, **díthreabhach** hermit, **duine aonair** one lone person, **éan corr** solitary soul, **éan cuideáin** lone wolf, **uathadh** few; oneself for company (cf **in uathadh** alone)
◊ **i m' ~ arís** on my own again

Aonarach *adj³* alone, solitary, lonely
aonadach unitary, **aonaíoch** *(rel)* uniate, **aonánach** individual, **aonaránach** solitary, **aonair** (> *aonar*) single, alone, **aonraic** solitary, alone (cf **cadhan aonraic** loner), **cúlriascach** mountainous remote, **deoranta** aloof, **díomhaoin** unmarried, idle, **dúnárasach** reserved, aloof, **éanasctha** unconnected, **fágtha** left, forsaken, **gan chabhair ó aon duine** single-handed, **gan tionlacan** unaccompanied, **iargúlta** remote, **leithliseach** isolated, **leithlisithe** isolated, **neamhionúin** unloved; unbeloved, **neamhpháirteach** aloof, **neamhspleách** independent, **scoite** isolated, solitary, **singil** single, **stoite** separated, detached, uprooted, **tréigthe** abandoned, **uaigneach** lonely, **uathúil** unique

Aonarán *m (-áin; -áin, ~)* loner, solitary person; recluse
aonar one person; loner, **cadhan aonair/aonraic** loner, lone wolf, **ceallach** *m* recluse, **clochrán** recluse, **coimhthíoch** *m* outsider, alien, **deoraí** exile, **díbeartach** *m* outcast, **díomhaoineach** *m* unmarried person, idler, **díseartach** *m* hermit, **díthreabhach** *m* recluse; hermit, **éad cuideáin** lone bird, **reigléasach** *m* recluse; anchorite *(see also: aonar)*

Aontaigh *v₂ₐ* unite; agree, concur
admhaigh admit, **athaontaigh** reunite, **bí ar aon aigne/intinn le duine** see eye to eye with a person, **bí ar aontuairim le duine** be of one opinion with a person, **ceadaigh** consent, **cloígh (le)** conform (with), adhere (to), **comhaontaigh** assent, agree, **comhfhreagair (le)** correspond (to), **cónaisc** amalgamate, conjoin, **deonaigh** grant, **faomh** agree to, approve, **feil (do)** fit, suit, **géill (do)** concede (to), acquiesce (to), **glac le** accept, **lig** allow, **oir (do)** suit, **réitigh (le)** to square (with), **sintéisigh** synthesise, **tar le** agree with (eg **Tagaim leat sa mhéid sin.** To that extent I agree with you.), **toiligh** will, consent, agree

Aontacht *f (~a)* unity
aontas union, **aontoil** accord, **aontú** agreement, **aontuairim** unanimity, **comhphobal** community, **cur le chéile** concord, **comhchumaracht** concurrence, **comhdhearcadh** consensus, **d'aonghuth** with unanimity, **dlúthpháirtíocht** solidarity, **iomláine** wholeness, **teacht le chéile** harmony

Aontaithe *pp* united
ag teacht le rud éigin in accordance/in accord with something, **ar aon ghuth** of one voice, unanimous, **athaontaithe** reunited, reunified, **comhaontaithe** assented, agreed, **comhcheangailte** affiliated, **comhpháirteach** concerted, joint, **cónasctha** amalgamated, conjoined, **d'aonghuth** unanimous, **deonaithe** granted, **faofa** agreed to, approved, **feilte (do)** suited (to), **forluiteach** overlapping, **gaolmhar le** related to, allied to, **géillte (do)** conceded (to), acquiesced (to), **glactha** accepted, **le chéile** together, **ligthe** allowed, **neamhroinnte** undivided, **oirthe (do)** suited (to), **réitithe (le)** to squared (with), **sintéisithe** synthesised, **tagtha le** concordant with, **toilithe** willed, consented, agreed

Aontas *m (-ais; -ais, ~)* union
aontacht unity, **aontú** agreement, **ceardchumann**

trade union, **club** club, **comhaontas** alliance, concord, **comhaontú** agreement, **comhphobal** community, **comhthuiscint** meeting of minds, **conradh** *m* treaty, **cumann** society, association, **cur le chéile** concord, **dlúthpháirtíocht** solidarity, **teacht le chéile** (a) coming together

Aontú *vn* agreeing, agreement
aonghuth, unanimity, **aontacht** unity, **aontoil** accord, **athaontú** reuniting, reunifying, **comhaontú** assenting, agreeing, **comhcheangal** affiliating, **comhchumaracht** concurrence, **comhdhearcadh** consensus, **comhthuiscint** meeting of minds, **cónascadh** amalgamating, conjoining, **deonú** granting, **faomhadh** agreeing to, approving, approval; concession, **feiliúint** (**do**) suiting (to), **géilleadh** (**do**) conceding (to), acquiescing (to), **glacadh** accepting, **ligean** allowing, **oiriúint** (**do**) suiting (to), **réiteach** (**le**) squaring (with), **sintéisiú** synthesising, **teacht le** agreeing with, **toilíocht** willingness, consenting, **toiliú** willing, consenting, agreeing volition, **toilteanas** willingness

Aor 1 v_{1c} satirise
bí ag magadh faoi be mocking, **bí ag spochadh as** poke fun at; slag, **cáin** criticise, **déan buirlisc** burlesque (eg **Rinne ceabairé buirlisc ar na Naitsithe.** Cabaret burlesqued the Nazis.), **déan fonóid** make fun of, mock, **déan greann de** make fun of, **déan magadh faoi** mock, **déan scigaithris ar** parody, **déan scigléiriú ar** caricature, **déan scigmhagadh faoi** lampoon, **déan spior spear de** ridicule, **glámh** satirise, revile, **rionn** (*lit*) satirise, lampoon

Aor 2 *vn* satirising
buirlisc burlesque, **cáineadh** criticising, **déanamh buirlisc ar** burlesquing, **déanamh fonóide** ridiculing, **fonóid** mockery, ridiculing, **glámhadh** satirising, reviling, **magadh** mocking, **rionnadh** (*lit*) satirising, lampooning, **scigaithris** parody, parodying, **scigléiriú** caricaturing, **scigmhagadh** lampooning, **spochadh as** poking fun at; slagging

P **An pota ag ~ ar an gciteal.** The pot calling the kettle black.

Aortha *pp* satirised
cáinte criticised, **gláfa** satirised, reviled, **rionnta** (*lit*) satirised, lampooned, **scigléirithe** caricatured, **faoina ndearnadh magadh** ridiculed, mocked, **faoina ndearnadh scigmhagadh** lampooned

Aos *m* (**~a**) folk; people identified by one particular trait or ability
aicme class, **ceast** *m* caste, **cine** race, **coitiantacht** common folk, **cosmhuintir** hangers-on, underclass, grassroots, **cuideachta** *f* company/gathering of people, **daoine** *mpl* (> ***duine***) people, **dream** group of people, **drong** faction, body of people, **faicsean** faction, **géag** *f* branch, **lucht** group of people, **muintir** people; family, **pobal** people, community, **slua** crowd, **treibh** tribe, **tuath** *f* (*hist*) people, tribe

▲ ~ **dána** poets, ~ **ceoil** musicians, ~ **eagna** intellectuals; intelligentsia, ~ **liteartha** literati, ~ **óg** young people, ~ **treafa** husbandmen

Aosaigh v_{2a} age; grow to adulthood
ársaigh grow old, **críon** age, decay, **éirigh aosta** become old, **fás** grow, **fás suas** grow up, **foirfigh** age, mature; perfect, **tar i lánaois** come to full maturity, become an adult, **tar i gcoinlíocht** get to the age of awareness, **tar in inmhe** come of age, **téigh in aois** get older

Aosaithe *pp* grown up into adulthood
ársaithe grown old, **críonta** aged, decayed, **dulta in aois** gotten old, **éirithe aosta** gotten/ become old, **fásta** grown, **fásta suas** grown up, **foirfithe** aged, matured, **tagtha i gcoinlíocht** gotten to the age of awareness, **tagtha i lán-aois** gotten to full maturity/ adulthood, **tagtha in inmhe** become of age

Aosta *adj*[6] aged, old
caite worn out, **chomh sean leis na cnoic** as old as the hills, **cianaosta** extremely old, **críon** old, withered, decayed, **críonna** old, prudent, **dulta in aois** gotten older, **scothaosta** rather old, getting on in years, **seanaimseartha** old-fashioned, **seanaosta** profoundly old, senile, **seanchaite** threadbare, worn out, **seanda** ancient, **tonnaosta** getting on in years

◊ **chomh h~ leis an gceo** as old as the mists of time

Aosú *vn* growing up into adulthood
ársú growing old, **críonadh** aging, decaying, **dul in aois** getting older, **éirí aosta** getting/becoming old, **fás** growing, **fás suas** growing up, **foirfiú** aging, maturing; perfecting, **tagtha i gcoinlíocht** gotten to the age of awareness, **teacht i lán-aois** getting to full maturity/adulthood, **teacht in inmhe** coming of age

Aothú *m* crisis, dismay; panic
anachain *f* (-**chana**) disaster; distress, **anbhá** *m* consternation; dismay, **cor cinniúnach** defining moment, **cruachás** plight, **drochuair** evil hour, **éigeandáil** emergency, **gábh** peril, danger, **géarchéim** emergency, crisis, **líonrith** *m* (-**reatha**) panic, **matalang** *m* catastrophe, **práinn** urgency, **scaoll** panic, **tubaiste** calamity

Ár *m* (**áir**) slaughter
bású execution, **coscairt** butchery, **creachadh** plundering, **creachadóireacht** marauding, **díothú** extermination, liquidation, **doirteadh fola** bloodshed, **eirleach** *m* carnage, **forneart** violence, **gríosach** *f* hot embers; destruction, **ídiú** slaying, **marú** killing, **millteanas** havoc, destruction, **scrios** destruction, **slad** pillage, devastation, **sléacht** massacre, **sleachtadh** destruction, havoc, **uileloscadh** holocaust

Árachas

◊ **ár a dhéanamh ar** to wreak havoc upon, **páirc an áir** battlefield, **rinneadh ~ ar na daoine sin** those people were slaughtered

Árachas *m (-ais; -ais, ~)* insurance; assurance, surety **baránta** warranty, **barántas** guarantee, **clúdach** *m* cover, **coimitmint** commitment, undertaking, **cosaint** safeguard, **dearbhú** attestation, affirmation, **deimhniú** certification, assurance, **gealltanas** pledge, promise, **muinín** *f* trust, **ráthaíocht** guarantee, **slánaíocht** indemnity, **teanntás** assurance, **tiomantas** undertaking, **urrús** guaranty, security

▲ **~ sláinte** health insurance, **~ saoil** life assurance

Arán *m (-áin; -áin)* bread
abhlann altar bread, **aiste** diet, **bairín** loaf (cf **bairín breac** barmbrack), **beathú** feeding, **béigeal** bagel, **béile** meal, **bia** food, **bollóg** loaf, **borróg** bun; cupcake, **bríce (aráin)** brick-shaped loaf, **builín** loaf, **builín fada Francach** baguette, **císte** cake, **cothaitheach** *m* nutrient, **cothú** sustenance, **craicear** cracker, **laibhín** leavened bread, **lón** provisions, **riachtanais na beatha** the necessities of life, **rollóg** roll, **sambó** hard stale bread, **scamhard** nourishment, **taos** dough, **tósta** toast *(see also: **císte**)*

▲ **~ briosc** crispbread, **~ brioscánach** crisp bread, **~ brioscóige** crackerbread, **~ buí** corn bread, **~ caiscín** wholemeal bread, **~ cuiríní** currant bread, **~ cróch** saffron bread, **~ cruithneachta** wheat bread, **~ crústúil** crusty bread, **~ donn** brown bread, **~ Francach** French bread, **~ gairleoige** garlic bread, **~ gan laibhín** unleavened bread, **~ geal** white bread, **~ géar** stale bread, **~ gráin** granary bread, **~ gridille** griddle cake, **~ ilghránach** multigrain bread, **~ lámhdhéanta** craft bread, **~ lánchruithneachta** wholewheat bread, **~ naan** naan bread, **~ piota** pitta bread, **~ prátaí** potato cake, **~ rísíní** raisin bread, **~ seagail** rye bread, **~ sinséir** ginger bread, **~ slim** unleavened bread, **~ slisnithe** sliced bread, **~ sóide** soda bread, **~ taos géar** sourdough bread, **~ tur** dry bread, **~ úr** fresh bread

▲ **bácáil aráin** baking bread, **bollóg/builín aráin** loaf of bread, **bosca aráin** bread bin, **bruscar/grabhróga aráin** breadcrumbs, **cáca aráin** brown cake, round loaf of soda bread, **canta aráin** chunk of bread, **cipín aráin** bread stick, **ciseán aráin** breadbasket, **clár aráin** breadboard, **maróg aráin** bread pudding, **múscán aráin** bread mould, **rolla aráin** bread roll, **stiallóg aráin** slice of bread

◊ **Tá do chuid aráin fuinte!** You landed on your feet!

Araon *adv, adj* both, together
an bheirt agaibh the two of you, **as láimh a chéile** hand in glove, **gualainn ar ghualainn** shoulder to shoulder, **i dteannta a chéile** together, **in éineacht le chéile**, together, **lámh ar láimh** hand in hand, **le chéile** together

Áras *m (-ais; -ais, ~)* residence
aice *f* animal habitat, **áit chónaithe** abode, **áitreabh** premises, **árasán** apartment, **bord is bia** bed and breakfast, **both** hut, **bothán** shanty, cabin, **brocais** den, **brú** hostel, **cábán** cabin, **carbhán** caravan, **caisleán** castle, **coinicéar** rabbit warren, **dún** fort, **foirgneamh** building, **fosadh** *(lit)* resting place, abode, **iosta** *m* depot, store, **lann** *f (lit)* building, house, **lios** fairy fort, **lóistín** lodgings, **óstlann** hotel, **pálás** palace, **puball** tent, **pluais** cave, **seid** shed, **stór** storehouse, warehouse (cf **teach stóir** storehouse), **suanlios** dormitory, **teach** *m (tí; tithe)* house (cf **teach cónaithe** residence), **teachín** cottage, dwelling, **teaghais** tabernacle, **tionóntacht** tenancy, **uachais** burrow, **villa** villa

Árasán *m (-áin; -áin, ~)* apartment, flat
aireagal apartment; *(hospital)* ward, **áit** place, **áit chónaithe** abode, **áras** residence, **áraslann** condominium, **áitreabh** premises, **díonteach** *m* penthouse, **lóistín** accommodation, **prochóg** hovel, hole, **seomraí** rooms, **seomraí cónaithe** living quarters, **stiúideo** studio, **tionóntán** tenement

Ard- *pref* arch-, chief, centre-, advanced, high-, head-
~fhear excellent fellow, **~athair** *m* patriarch, **~bhaile** chief town, **~bhrú fola** high blood pressure, **~chéim** high rank, **~chéimíocht** eminence, **~chúirt** high court, **~easpag** archbishop, **~léann** advanced studies, **~mhian** *f* aspiration, **~oifig an phoist** central post office, **~mhéara** lord mayor, **~mháistir** headmaster, **~réim** supremacy, **~rí** high king, **~tréas** high treason

◊ **chomh h~ leis an spéir** as high as the sky

Ard 1 *m (aird; ~a, ~)* height, elevation, top part, hillock
airde height, altitude, **airdeacht** high ground (eg **an airdeacht mhorálta** the moral high ground), **ardán** platform, elevation, **barr** top, **binn** peak, **buaic** highest point, ridge, crest, **caipín** cap; *(wave)* crest, **ceann** head, chief, **círín** crest, **cnoc** hill, **cnocán** hillock, **coróin** crown, **dronn** *f* hump, **éirí** rise, rising, **fíorbharr** absolute tip, highest reach, **mala** brow, **mullach** *m* summit, crest, **rinn** apex; promontory, **uasphointe** highest point, peak

Ard 2 *adj*[1]
1. high, tall
ardaithe lifted-up, elevated, **bairr** (> *barr*) at the top, **éirithe** upraised, **in airde** up, at a height, **uachtarach** top, **uachtair** (> *uachtar*) upper
2. ambitious
aidhmeannach designing, ambitious, **chomh díbhirceach le beach** as keen as mustard, **cíocrach** eager, **daingean** determined, steadfast, **dána** daring, brave, bold, **díbhirceach** zealous, **díocasach** keen, **díograiseach** enthusiastic, **diongbháilte** purposeful, **dóchasach** hopeful, **dúilmhear** desirous, **dúshlánach**

Ardaigh

challenging, **eadarbhuasach** *(lit)* soaring, lofty, **fonnmhar** desirous, **glóirmhianach** glory-seeking, ambitious, **mianúil** intent, aspiring, **teanntásach** pushy, assuming, **treallúsach** enterprising, **uaillmhianach** ambitious

3. loud
callánach clamorous, **clagarnaí** (>*clagarnach*) clangorous, rackety, **clisiamach** chattering, **fothramach** discordant, **fuaimiúil** acoustic, **fuaimneach** resonant, **gleoch** clamorous, **gliogarnaí** (>*gliogarnach*) rattling, **glórach** boisterous, **inchloiste** audible, **míbhinn** cacophonous, **rachmallach** lusty, eager, excited, **torannach** noisy

◊ **labhairt go h~** speaking loudly, **Moladh iad go h~.** They were highly praised., **os ~** aloud, **Tá a súil ~.** She is ambitious.

Ardaigh *v₂ₐ* raise, lift up, increase
aiséirigh rise up again, resurrect, **athbheoigh** revive, **atóg** reconstruct, **borr** swell, prosper, **croch (suas)** hang (up), **cuir ina sheasamh** put standing up; erect, stand, **cuir suas** put up, **cuir in airde** hoist, **éirigh** arise, rise up, **fás** grow, **iomadaigh** increase, grow more numerous, **léim suas** jump up, **méadaigh** increase, **mol** praise, **sáraigh** surpass, **scaoil suas** let up, **seas suas** stand up, **tar aníos** come up, **tarraing suas** draw up, **téigh in airde** go up, **téigh i mbreis** grow, increase, **téigh i méid** get bigger, increase in size, **téigh suas** ascend, **tóg suas** take up, **tabhair suas** bring up, **uaisligh** dignify

◊ **~ leat é!** Take it with you!, **~ do ghuth!** Speak louder!, **~ an mála droma orm!** Lift the backpack up on my back., **Fuair mé ar '~ orm' é.** I got it for nothing.

Ardaithe *pp* raised, lifted up
aiséirithe resurrected, risen up again, **athbheochanta** revived, **atógtha** reconstructed, **borrtha** swollen, prospered, **crochta (suas)** hung/hanged (up), **curtha ina sheasamh** put standing (up), stood up, **curtha suas** put up, **curtha in airde** hoisted, **éirithe** arisen, risen up, **dulta in airde** gone up, **dulta i mbreis** grown, increased, **dulta i méid** gotten bigger, increased in size, **dulta suas** ascended, **fásta** grown, **iomadaithe** increased, grown more numerous, **léimthe suas** jumped up, **méadaithe** increased, **molta** praised, **sáraithe** surpassed, **scaoilte suas** let up, **seasta suas** stood up, **tagtha aníos** come up, **tarraingthe suas** drawn up, **tógtha suas** taken up, **tugtha suas** brought up, **uaislithe** dignified

Ardán *m (-áin; -áin, ~)* platform, stage; raised area, elevation
airde height, altitude, **ard** height, top part, **ard** elevation, **ardú** lift, elevation, **barr** summit **dumha adhlactha** burial mound, **carn** heap, pile, **cnoc** hill, **cnocán** hillock, pile, **éirí** rising, **foradh** *(lit)* elevated seat, ledge, **forstáitse** apron of stage, **léibheann** landing, platform, (cf **léibheann cheann staighre** landing at top of stairs), **maoil** hillock, **maolán** low rounded hill, **mullóg** mound, **scafall** scaffolding, **seastán** stand, **stáitse** stage, **tairseach** platform, threshold, portal, **tulach** *f* hillock, **tulán** knoll, top, **tortóg** hummock, **uachtar** upper part, top, **urlár** floor

Ardú *vn* raising, lifting up
aiséirí resurrection, resurrecting, **athbheochan** reviving, **atógáil** reconstructing, **borradh** swelling, prospering, **crochadh (suas)** hanging (up), rising up, **cur ina sheasamh** putting (it) standing (up), standing (it) up, **cur suas** putting up, **cur in airde** hoisting, **dul in airde** going up, **dul i mbreis** growing, increasing, **dul i méid** getting bigger, increasing in size, **dul suas** ascending, going up, **éirí** arising, **fás** growing, **iomadú** increasing, growing more numerous, **léim suas** jumping up, **méadú** increasing, **moladh** praising, **sárú** surpassing, **scaoileadh suas** letting up, **seasamh suas** standing up, **tabhairt suas** bringing up, **tarraingt suas** drawing up, **teacht aníos** coming up, **tógáil suas** taking up; bringing up, **turgbháil** lifting, raising, **uaisliú** dignifying

▲ **~ cíosa** rise in rent, **~ do ghutha** the raising of your voice, **~ i gcéim** promotion, **~ ó bhinse** *(sp)* bench press, **~ meanman** brightening of spirits/mood, **~ praghsanna** rise in prices, **~ seoil** hoisting a sail, **~ tuarastail** raise in salary

Argóin *v₁d* argue
achainigh entreat, petition, **agaill** address, interview, **agóid** protest, object, **áitigh** persuade, **ceistigh** question, **cruthaigh** prove, **déan achrann** bicker, **déan aighneas** dispute, argue acrimoniously, **déan caibidil** discuss, debate, **déan casaoid** remonstrate, **déan díospóireacht** debate, **déan margáil** haggle, **déan sáraíocht** squabble, **déan stangaireacht** haggle, **díospóid** dispute, discuss, **impigh** implore, plead, **pléigh** discuss, **taispeáin** demonstrate, show

Argóint *vn* arguing, argument
achainí entreaty, request, **achrann** quarrelling, **agairt** plea, entreaty, **agall** *f (agaille; ~a, ~)* argument, **agallamh** argument, disputation, **agó** objection, stipulation, **agóid** protesting; protest, **agús** reservation, **aighneas** dispute, argument, **áitiú** persuading, **caibidil** discussion, **caingean** *f (caingne; caingne)* plea, dispute, **ceist** question, issue, **ceistiú** questioning, **cnámh na spairne** the bone of contention, **coimhlint** struggle, **comhrac** sparring, struggle, **cruthú** proving (eg **faoi mar a bheadh rud le h~ aici** as though she had a point to prove), **cur agus cúiteamh** deliberation, arguing, **dearcadh** point of view, **díospóid** disputing, dispute, **díospóireacht** debate, **faltanas** grudge, **fíoch** feud, **iaróg** quarrel, row, **imreas** quarrel, **impigh** implore, plead, **iomarbhá focal** war of words, **plé** discussion,

pléadáil pleading, **poileimic** polemic, **scéal atá idir camáin** a matter at issue, **siollóg** syllogism, **stangaireacht** haggling, **suaitheadh ceiste** discussion of an issue, **tagra** pleading, plea; argument; lawsuit, **téis** thesis, **troid** fight, **údar an achrainn** the cause of the controversy *(see also: troid)*

Argóinte *pp* argued

achainithe entreated, petitioned, **agaillte** addressed, interviewed, **agóidte** objected, protested, **áitithe** persuaded, **ceistithe** questioned, **cruthaithe** proved, proven, **díospóidte** disputed, **faoina ndearnadh aighneas** disputed, **impithe** implored, **pléite** discussed, **taispeánta** demonstrated, shown

Ardghlórach *adj³* vociferous, loud voiced

ard loud, **béalastánach** loudmouthed, **cabach** mouthy, **cainteach** talkative, **callánach** boisterous, raucous, **clamprach** tumultuous, turbulent, **domhainghlórach** full-throated, **fógrach** outspoken, opinionated, **gáróideach** clamorous, noisy, **géar** strident, **gleomhar** clamorous, contentious, noisy, **glórach** loud, sonorous; vocal, **guthach** vocal, **racánach** rackety, **scairteach** screaming, **scolard** loud voiced, **teannfhoclach** outspoken *(see also: gleomhar)*

Arm *m (airm; airm, ~)*

1. army
baicle horde, rabble, **cóiriú catha** battle array, **daoscar** throng, rabble, **daoscarshlua** hangers-on, horde, **fórsaí armtha** armed forces, **gramaisc** rabble, mob, **gráscar** mob, **mathshlua** horde, **mathshluaite barbaracha** barbaric hordes, **slua** host
2. armament, weapon
acra *m* tool, implement, **áirge** useful gadget, **arm tine** firearm, **arm ollscriosta** weapon of mass destruction, **armlann** arsenal; magazine *(of a gun)*, **armlón** ammunition, **armúr** armour, **fáiscín armlóin** ammunition clip, **fo-mheaisínghunna** submachine gun, **giuirléid** implement, **gléasra troda** weaponry, **gunnaí** guns, **lón cogaidh** ammo, ammunition, **lón lámhaigh** ammunition, **máille** *(armour)* mail, **meaisínghunna** machine gun, **muinisin** *mpl* munitions, **ordanás** artillery, ordnance, **trealamh** equipment, **uirlisí troda** weapons

Armáil 1 *v₁ₑ* arm

atharmáil rearm, **bí faoi iomlán airm** be armed to the teeth, **cuir lón cogaidh ar fáil** provide ammunition/firepower, **feistigh** fit out, **gléas** equip, prepare, **tabhair airm chatha do** give armaments to, **téigh faoi airm** get armed; take up arms, **trealmhaigh** equip, fit out, **ullmhaigh i gcomhair cogaidh** prepare for war

Armáil 2 *vn* arming

atharmáil rearming, **cur lón cogaidh ar fáil** providing ammunition/firepower, **feistiú** fitting out, **gléasadh** equipping, preparing, **tabhairt airm chatha do** giving armaments to, **dul faoi airm** getting armed; taking up arms, **trealmhú** equipping, fitting out, **ullmhú i gcomhair cogaidh** preparing for war

Armtha *pp* armed

armáilte armed, **atharmáilte** rearmed, **dulta faoi airm** taken to arms, **faoi iomlán airm** armed to the teeth, **feistithe** fitted out, **gléasta** equipped, prepared, **le lón cogaidh faoi láimh** with provisions of ammunition/firepower to hand, **trealmhaithe** equipped, fitted out, **ullmhaithe i gcomhair cogaidh** prepared for war

Arís *adv* again

as an nua anew, **as úire** afresh, **athuair** another time, **babhta eile** another go, **fós** still, again (cf **tuilleadh fós** more again), **tamall eile** another time, **uair amháin eile** one more time, **uair éigin eile** some other time, **uair eile** another time

◊ **~ agus ~ eile** again and again, **go deo ~** never again, **ar ais ~** back again, **choíche ~** never again, **Déan ~ é!** Do it again! **Go mairimid beo ag an am seo ~!** May we all be alive at this time next year!

Árthach *m (-aigh; -thaí)*

1. craft, ship
aerlong *f* airship, **bád** boat, **bárc** barque, **blimpe** *f* blimp, **captar** *(helicopter)* chopper, **drón** drone, **eathar** vessel, boat, **eitleán** aeroplane, plane, **faoileoir** glider, **héileacaptar** helicopter, **ingearán** helicopter, **lictéar** *(naut)* lighter, **long** *f* ship, **scairdeitleán** jet, **tointeálaí** shuttle *(see also: bád, long)*

▲ **~ amfaibiach** amphibious vessel, **~ atá acmhainneach ar muir** seaworthy vessel, **~ cúnta** auxiliary vessel, **~ foluaineach** hovercraft, **~ iascaireachta** fishing vessel, **~ pléisiúir** pleasure craft, **~ rith cladaigh** landing craft, **~ tráchtála** commercial vessel

■ **cúrsóir** cruiser, **fomhuireán** submarine, **frigéad** frigate, **iompróir aerárthaí** aircraft carrier, **réad eitilte gan aithint (UFO)** unidentified flying object (UFO), **scriostóir** destroyer, **sciorr~** hovercraft, **spás~** spaceship

2. vessel, container
~ lusanna triomaithe herbarium, **calán** vessel, gallon, **coimeádán** container, **cuinneog** churn, **dabhach** *f (daibhche; dabhcha)* vat, tub, **folmhán** empty container, **gabhdán** container, skip, **leastar** container for liquids, **rannóir** *(mec)* dispenser, **scipe** skip, **soitheach** *m* vessel, container, **taisceadán** locker, safe, **umar** trough, tank

Ársa *adj⁶* ancient, antique

anallód of yore, in ancient times, **as dáta** out of date, **caite** worn out, **chomh sean leis na cnoic** as old as the hills, **cianaosta** extremely old, **críonna** old, **den seandéanamh** of the old make, as used to be made, **fadó fadó** long long ago, **imchian** immemorial,

iontaisithe fossilised, **le fada (an lá)** for a long time, **leis na cianta** for aeons, **ó aimsir na díleann** from the time of the flood, **roimh an díle** antediluvian, **(ón) seanré** veteran, **ó thús an domhain** from the beginning of the world, **réamhstairiúil** prehistoric, **riamh anall** from time immemorial, **san am fadó** in bygone times, **san am is sia siar** in furthest back times, **sean-** old, **seanaimseartha** old-fashioned, **seanchaite** threadbare, **seanda** ancient, **tamall fada ó shin** long time ago *(see also: sean-)*

Asal *m (-ail; -ail, ~)*
1. donkey
asailín little donkey, **miúil** mule, **pónaí** pony, **pónaí na mbocht** Jerusalem pony, **ráineach** *m* hinny, **stail** *f* **asail** jackass
2. ass, dunderhead
amadán fool, **ceann maide** blockhead, **cloigneachán** nitwit, **cnapán amadáin** silly fool, **creitin** cretin, **dallarán** dummy, **dobhrán** duffer, **dundarlán** dunderhead, **gamal** nincompoop, **leib** ninny, **óinseach** foolish woman, **pleidhce** eejit, **simpleoir** simpleton

◊ **mar scata ~ i bpáirc** like a crowd of donkeys in a park (referring to any group of incompetent individuals); **eireaball an asail** the tail of the donkey (children's game)

Aspal *m (-ail; -ail, ~)* disciple, apostle
acalaí acolyte, **cúl taca** supporter, **creidmheach** *m* believer, **dalta** pupil, **fear na páirte** partisan, **fíorchreidmheach** *m* true believer, **foghlaimeoir** learner, **iompaitheach** *m* convert, **leanúnaí** follower, **lucht leanúna** followers, **lucht na páirte** partisans, **lucht tacaíochta** supporters, **mac léinn** student, **móidín** devotee, **taobhaí** adherent, **taobhaitheoir** sympathiser

■ **an Dáréag** the Twelve *(ie disciples of Jesus)*

◊ **Cré na n~** the Apostles Creed

At 1 *v₁c* swell, bloat, balloon
athlas inflame, **blaosc** puff, inflate, **boilscigh** *(fin)* inflate, **bolg** distend, bulge, **borr** puff up, inflate, **líon le** fill up with, inflate with, **pluc** puff out, bulge, **séid suas** flare up

At 2 *vn* swelling, bloating, ballooning
athlasadh inflaming, **blaoscadh** puffing, inflating, **boilsciú** *(fin)* inflating, inflation, **bolgadh** distending, bulging, **borradh** puffing up, inflating, inflation, **gor** inflammation (cf **gor i gcneá** inflammation in a wound), **líonadh le** filling up with, **plucadh** puffing out, bulging, **suaill** sea swell, **súinte** *m* groundswell

Ata *pp* swollen, bloated, ballooned
athlasta inflamed, **blaosctha** puffed, inflated, **boilscithe** *(fin)* inflated; ballooned, **bolgtha** distended, bulged, **borrtha** puffed up, **líonta le** filled up with, inflated with, **pluctha** puffed out, bulged, **rófhairsingithe** bloated, **séidte suas** flared up, inflated with

Athair *m (athar; aithreacha)* father
ab abbot, **anamchara** father confessor, **aoire** shepherd, **ardathair** patriarch, **ardrí** high king, **bunaitheoir** founder, **ceannaire** leader, **ceann na clainne** *(hist)* head of the family, **ceap sinsir** progenitor, **cruthaitheoir** creator, **daid** dad, **daideo** grandpa, **daidí** daddy, **déantóir** maker, **fear an tí** the man of the house, **gineadóir** begetter, **máistir** master, **ministir** minister, **paitríoch** patrician, **patrarc** patriarch, **pátrún** patron, **rí** king, **sagart** priest, **saoiste** boss, ganger, **sár** *(hist)* czar, **seanadóir** senator, **seanbhuachaill** old boy, devil; dad, **seanfhear** old man, **(an) seanleaid** *(referring to father)* the old lad, **seanóir** elder, **sinsear** senior, elder, **sinsearach** *m* ancestor, **tiarna** lord, **tosaitheoir** originator, prime mover, **tuismitheoir** parent, **tréadaí** pastor, **údar** author

▲ **~ altrama** foster father, **~ céile** father-in-law, **~ críonna** grandfather, **~ faoistine** father confessor, **~ mór** grandfather, **~ síoraí** eternal father, **~ talmhaí** earthly father

◊ **A ~ de Búrca!** *(addressing priest)* Father de Búrca!, **An t~-Mhac** the Son of God, **An t~ Naofa** the Holy Father, the Pope

Áthas *m (-ais)*
1. *(gentle joy)* happiness
aeraíocht enjoyment, **aiteas** pleasantness, fun, **aoibh** good mood, smiling disposition, **ardú meanman** raised spirits, **bíogúlacht** chirpiness, **croíúlacht** cheerfulness, **forbhfáilte** *f* joyful welcome, **gliondar** gladness, **giúmar maith** good humour, **iontlas** mirth, spree, **meanma** *f* **mhaith (ag)** good cheer, **meidhir** gaiety, mirth, **misneach** cheeriness, good courage, **pléisiúr** pleasure, **sástacht** contentment, **séan** joy, prosperity, **siamsa** amusement, **soilbhreas** joviality, cheeriness, **sólás** solace, comfort, **somheanma** *f (~n)* cheerfulness, good spirits, **sonas** happiness, good fortune, **sult** merriment
2. *(ecstatic joy)* glee, bliss
aoibhneas bliss, rapture, **ardmheanma** *f* high spirits, **craic** fun, craic, **eacstais** *(rel)* ecstasy, **eofóiria** euphoria, **éirí croí** palpitations of joy, **gairdeas** extreme joy, rejoicing, **gairdiú** rejoicing, **girréis** high spirits, **iolach** *m* cry of exultation, paean, **lúcháir** elation, **meidhréis** rapture, euphoria, **ollás** exultation, exhilaration, **ollghairdeas** great rejoicing, jubilation, **rímead** jubilance, **sceitimíní** ecstasy, jubilation, **scléip** hilarity, having fun, **scóip** elation, exuberance, **scóipiúlacht** *f* high spirits, **siamsaíocht** having a great time, letting your hair down, **spraoi** fun, spree, blast (cf **Bhí an spraoi ar fheabhas.** We had a blast.), **subhachas** rejoicing, joyfulness, buzz, **urghairdeas** joy, rejoicing, delight

Áthasach

◊ **Bhí ~ an domhain orm**. I was extremely happy., **ag preabadh le teann áthais** jumping for joy, **Ní raibh mórán áthais air faoi sin**. He wasn't too chuffed about that., **Tá ~ orm bualadh leat**. I'm pleased to meet you.

Áthasach *adj³*

1. *(satisfied)* happy
aerach gay; merry, **aiteasach** pleasant, joyful, **ar do sháimhín só** on easy street, in the lap of luxury, **bíogúil** chirpy, **breá** fine, **croíúil** cheerful, **éadromaigeanta** optimistic, cheerful in outlook, **éadromchroíoch** light-hearted, **gan cúram ar bith sa saol** carefree, **méanar** pleasant, fine, **misniúil** cheery, never say die, **neamhbhuartha** untroubled, **pléisiúrtha** pleasurable, **sásta** content, **séanmhar** lucky, prosperous, **séanta** charmed, blessed, **sóch** happy, comfortable, **soilbhir** jovial, cheery, **sona sásta** fully satisfied, **sonasach** happy, lucky, **suáilceach** happy, pleasant

2. *(in high spirits)* happy, joyful
aoibhinn blissful, **ardmheanmnach** high-spirited, **beoga** lively, sprightly, **eofóiriach** euphoric, **féiltiúil** festive, **forbhfáilteach** joyfully welcoming, **gairdeach** joyous, **gáireachtach** merrily laughing, **geal** bright, **gealgháireach** smiling, bright, cheerful, **girréiseach** highspirited, **glé** bright, **gléigeal** bright and cheery, **gliadrach** gleeful, **gliondrach** joyous, euphoric, **lán de chraic** full of fun, craic, **loinneogach** joyful as a merry refrain, **lúcháireach** elated, **meanmnach** spirited, **meidhreach** merry, **meidhréiseach** rapturous, euphoric, **mireogach** frolicsome, flighty, **ollásach** exulting, rejoicing, **ríméadach** jubilant, **scléipeach** hilarious, festive, **seamhrach** hale and hearty, full of life, **soilbhir** jovial, cheery, **sonasach** happy, lucky, **spraíúil** ebullient, full of frivolity, **subhach** merry, joyful, **súgach** merry, tipsy, **sultmhar** full of merriment, entertaining, **urghairdeach** joyful, delighted

Athbheoigh *v₁f* revive, resuscitate, bring back to life

aiséirigh resurrect, **athbhunaigh** re-establish, **athdhúisigh** reawaken, **athghin** regenerate, **athmhúscail** reawaken, **athspreag** reinvigorate, **athnuaigh** renew, regenerate, **beoigh** animate, enliven, **cuir beocht i** revive, animate, enliven, **cuir biseach ar** *(med)* make better, improve, **fill** return, **fill chun beatha** return to life, **múscail** awaken, bring round, **tabhair ar ais** bring back, **tabhair ar ais chun beatha** bring back to life, revive, **tar ar ais chugat féin** get back to your (old) self, recover, **téarnaigh** *(sickness)* recover, **tóg** lift

Athbheochan *f (~a)* revival, reviving

aiséirí *m* resurrection, **ataispeáint** reappearance, **atarlú** recurrence, **ateacht** *m* second coming, **ateagmhas** recurrence, **athabláil** rehash, **athadhaint** rekindling, **athbhreith** rebirth, **athbhrí** *f* revival, recovery, **athbhunú** re-establishment, re-establishing, **athchóiriú** renovating, renovation, **athdhúiseacht** reawakening, **athfháil** retrieving, **athghabháil** recovery, retrieving, **athghiniúint** regeneration, **athionchollú** reincarnation, **athiontráil** reentry, **athmhúscailt** reawakening, **athnuachan** *f* renewal, renovation; rejuvenation, **athshlánú** rehabilitation, **atógáil** rebuilding, **atosú** restarting, restart, **borradh** boom(ing), **cur beocht i** revive, animate, enliven, **cur biseach ar** *(med)* make better, improve, **filleadh** return **tógáil** lifting

> **O Athbheochan na Gaeilge** *The Irish Language Revival*. At the end 19th century there was a surge of interest in all aspects of the Irish language. **Béaloideas** *folklore* or *oral tradition* was being collected from rural areas. **Conradh na Gaeilge** *The Gaelic League*, established in 1893, published an Irish language magazine: **An Claidheamh Soluis** *The Sword of Light* which promoted Irish language writers. **Pádraig Mac Piarais** *Patrick Pearse*, editor of the magazine between 1903–1909, set up **Scoil Éanna** *St Enda's School* for boys, where both English and Irish were taught. Amongst its many other cultural activities, **Conradh na Gaeilge** organised Irish language classes for adults, both in Ireland and abroad.

Athbheoite *pp* revived, resuscitated

aiséirithe *m* resurrected, **ataispeánta** reappeared, **atarlaithe** recurred, **athabláilte** rehashed, **athadhainte** rekindled, **athbhunaithe** re-established, **athchóirithe** renovated, **athdhúisithe** reawakened, **athfhaighte** retrieved, **athghafa** recovered, retrieved; rearrested, **athghinte** regenerated, **athionchollaithe** reincarnated, **athiontráilte** re-entered, **athmhúscailte** reawakened, **athnuaite** renewed, renovated; rejuvenated, **athshlánaithe** rehabilitated, **athspreagtha** reinvigorated, **atógtha** rebuilt, **atosaithe** restarted, **fillte** returned, **fillte chun beatha** returned to life, **téarnaithe** *(sickness)* recovered, **tógtha** lifted, **tugtha ar ais** brought back, **tugtha ar ais chun beatha** brought back to life, revived

Athbhreithnigh *v₂b* revise

athléigh re-read, **athscrúdaigh** re-examine, **ceartaigh** correct, **cuir de ghlanmheabhair** learn off by heart, **déan dianstaidéar roimh scrúdú** cram before an exam, **déan obair bhaile** do homework, **déan pulcadh cinn do scrúdú** cram/swot up for an exam, **dearbhaigh** verify, confirm, **deimhnigh** ensure, firm up, **féach siar** look back, **fiosraigh** investigate, probe, **foghlaim** learn, **iniúch** audit, scrutinise, inspect, **meabhraigh** memorise, **profáil** proof, **promh** vet, **seiceáil** check, **téigh siar ar an obair** go back over the work, do revision

Athbhreithnithe *pp* revised

athléite reread, **athscrúdaithe** re-examined, **ceartaithe** corrected, **curtha de ghlanmheabhair** learnt off by heart, **ar a ndearnadh dianstaidéar** crammed before an exam, **dearbhaithe** verified, confirmed, **deimhnithe** ensured, firmed up, **dulta siar ar an obair** gone back over the work, revised, **féachta**

siar looked back, **fiosraithe** investigated, probed, **foghlamtha** learnt, **iniúchta** audited, scrutinised, inspected, **meabhraithe** memorised, **profáilte** proofed, **profa** vetted, **pulctha le heolas don scrúdú** swotted/crammed for the exam, **seiceáilte** checked

Athbhreithniú *v* revising, revision

athléamh rereading, **athscrúdú** re-examining, **ceartú** correcting, **cur de ghlanmheabhair** learning by heart, **dianstaidéar** intensive work, cramming, **dearbhú** verifying, confirming, **deimhniú** ensuring, firming up, **dul siar ar an obair** going back over the work, doing revision, **féachaint siar (ar a bhfuil foghlamtha)** looking back (on what has been learnt), **fiosrú** investigating, probing, **foghlaim** learning, **iniúchadh** auditing, scrutinising, inspecting, **meabhrú** memorising, **profáil** proofing, **promhadh** vetting, **obair bhaile** homework, **pulcadh cinn** cramming, swotting, **seiceáil** checking, **scrúdú** examining

Athbhrí *f* (~)

1. ambiguity

amhras doubt, **bheith siar agus aniar faoi** being ambivalent about, **débhrí** *f* ambivalence, **débhríocht** equivocation, **éiginnteacht** uncertainty, vagueness, **ilchiallachas** ambiguity, heterogeneity, **neamhchinnteacht** indefiniteness; dubiousness, **neamhchonclúideacht** inconclusiveness

2. revival

aiséirí *m* resurrection, **ateacht** *m* second coming, **atosú** restart, **ateilgean** recast, **athadhaint** rekindling, **athbheochan** *f* revival, **athbhreith** rebirth, **athbhunú** re-establishment, **athdhúiseacht** reawakening, **athneartú** restrengthening; reinforcement, **athnuachan** *f* renovation; rejuvenation, **athshlánú** rehabilitation (see also: **athbheochan**)

Athbhríoch *adj*⁵

1. ambiguous

amhrasach doubtful, being ambivalent about, **débhríoch** ambivalent, **éiginnte** uncertain, vague, **ilchiallach** ambiguous, heterogeneous, **neamhchinnte** indefinite; **neamhchonclúideach** inconclusive, **udmhall** restless, uncertain

2. invigorating

a chuireann beocht i nduine that puts life into a person, **aoibhinn** pleasurable, uplifting, **athchóiritheach** restorative, **folláin** healthy, **íocshláinteach** reviving, **stamhlaí** *(weather, wind)* bracing, **spreagúil** exhilarating, **úr** fresh

Athchóirigh *v*₂ᵦ restore, convert, refurbish

aischuir restore, **athdhéan** redo, remake, **athdhear** remodel, redesign, **athdheisigh** *(bone)* reset, fix again, **atheagraigh** rearrange; re-engineer, **athmhaisigh** redecorate, **athnuaigh** renew, renovate, **athraigh** change, **athriochtaigh** recondition, overhaul, **athshlánaigh** rehabilitate, **athshocraigh** readjust, **comhoiriúnaigh** *(comp)* make compatible, harmonise, **cuir cóir nua ar** recondition, **deisigh** mend, fix, repair, readjust, **leasaigh** reform; amend, **leasaigh ó bhonn** overhaul, **mionathraigh** change slightly, modify, **modhnaigh** modulate, modify, **oiriúnaigh** adapt, suit, **riochtaigh** adapt, condition

Athchóirithe *pp* restored, converted, refurbished

aischurtha restored, **ar ar cuireadh cóir nua** reconditioned, **athdhéanta** redone, remade, **athdheartha** remodelled, redesigned, **athdheisithe** *(bone)* reset, fixed again, **atheagraithe** rearranged; re-engineered **athmhaisithe** redecorated, **athnuaite** renewed, renovated, **athraithe** changed, **athriochtaithe** reconditioned, **athshlánaithe** rehabilitated, **athshocraithe** readjusted, **comhoiriúnach** *(comp)* compatible, **comhoiriúnaithe** *(comp)* made compatible, harmonised, **deisithe** mended, fixed, repaired, readjusted, **leasaithe** reformed; amended, **leasaithe ó bhonn** overhauled, **mionathraithe** changed slightly, modified, **modhnaithe** modulated, modified, **oiriúnaithe** adapted, suited, **riochtaithe** adapted, conditioned

Athchóiriú *v* restoring, converting, refurbishing

aischur restoring, **athdhéanamh** redoing, remaking, **athdhearadh** remodelling, **athdheisiú** *(bone)* resetting, fixing again, **atheagrú** rearranging; re-engineering, **athmhaisiú** redecorating, doing a makeover, **athnuachan** renewing, renewal, renovating, renovation, **athriochtú** reconditioning, **athrú** changing, change, **athshlánú** rehabilitating, **athshocrú** readjusting; re-engineering, **comhoiriúnú** *(comp)* making compatible, harmonising, **deisiú** mending, fixing, repairing, readjusting, **leasú** reforming; amending, **leasú ó bhonn** overhauling, **mionathrú** changing slightly, modifying, **modhnú** modulating, modifying, **oiriúnú** adapting, suiting, **riochtú** adapting, conditioning

Athchúrsáil 1 *v*₁ₑ recycle

aisghabh retrieve; retake, recover, **athchóirigh** restore, **athchruthaigh** reconstitute, **athphróiseáil** reprocess, **athshlánaigh** rehabilitate, **athúsáid** reuse, **faigh ar ais** reclaim, **sábháil** save, **tarrtháil** rescue; salvage

Athchúrsáil 2 *vn* recycling

aisghabháil retrieval; retaking, recovering, **athchóiriú** restoration, **athchruthú** reconstitution, **athphróiseáil** reprocessing, **athúsáid** reuse, **fáil ar ais** reclamation, **sábháil** saving, **tarrtháil** rescuing, salvaging

Athchúrsáilte *pp* recycled

aisghafa retrieved; retaken, recovered, **athchóirithe** restored, **athchruthaithe** reconstituted, **athphróiseáilte** reprocessed, **athúsáidte** reused, **fáighte ar ais** reclaimed, gotten back, **sábháilte** saved, **tarrtháilte** rescued, salvaged

Athnuaigh v_{1f} renew, renovate; rejuvenate **athbheoigh** revive; rejuvenate, **athbhunaigh** reconstitute; re-establish, **athcheartaigh** revise, **athchlóigh** change appearance; reprint, **athchóirigh** renovate; rearrange, **athchruthaigh** reshape, **athchum** reconstruct, **athdhéan** redo, remake, **atheagraigh** reorganise, rearrange; edit, **athfhaghair** retemper, **athghléas** refit, **atosaigh** restart, **deisigh** mend, fix, repair, readjust, **nuáil** innovate, **tabhair ar ais** bring back

Athnuachan *vn* renewing, renovating; rejuvenating **athbheochan** *f (~a)* reviving, revival; rejuvenating, **athbhunú** reintroducing, reconstituting; re-establishing, **athcheartú** revising, **athchló** changing appearance; reprinting, **athchóiriú** renovating; rearranging, **athchruthú** reshaping, **athchumadh** reconstructing, **athdhéanamh** redoing, remaking, **atheagrú** reorganising, rearranging; editing, **athfhaghairt** retempering, **athghléasadh** refitting, **atosú** restarting, **deisiú** mending, fixing, repairing, readjusting, **nuáil** innovating, **tabhairt ar ais** bringing back

Athnuaite *pp* renewed, renovated; rejuvenated **athbheoite** revived; rejuvenated, **athbhunaithe** reintroduced, reconstituted; re-established, **athcheartaithe** revised, **athchlóite** changed in appearance; reprinted, **athchóirithe** renovated; rearranged, **athchruthaithe** reshaped, **athchumtha** reconstructed, **athdhéanta** redone, remade, **atheagraithe** reorganised, rearranged; edited, **athfhaghartha** retempered, **athghléasta** refitted, **atosaithe** restarted, **deisithe** mended, fixed, repaired, readjusted, **nuáilte** innovated, **tugtha ar ais** brought back

Athrá *vn* reiterating, reiteration, repeating, repetition **aithris** recapitulating, **atarlú** recurring, recurrence, **athdhéanamh** redoing, repetition, **athinsint** retelling, **athlua** reiteration, further mention, **athnuachan** *f* renewal; renewing, **athrith** rerunning, **dúbláil** *(tech)* duplicating, duplication

Athrach *m (-raigh)* change, alternative **athrú** change, **claochlú** metamorphosis, **difear** variance, **difríocht** difference, **eile** other, **iomlaoid** shift, change, **leasú** amendment, **malairt** alternative, **malartú** change, reversal; exchange, **mionathrú** modification, **rogha** choice

Athraigh v_{2b} change
aistrigh transfer; translate, **athcheartaigh** revise, **athchóirigh** rearrange; renovate, restore, **atheagraigh** reorganise, reedit, **athmhúnlaigh** reshape, remould, **atóg** reconstruct, **cas** turn, twist **ceartaigh** correct, **claochlaigh** metamorphose, transform, **coigeartaigh** rectify, adjust, **cóirigh** arrange, **comhathraigh** vary, **corraigh** move, **cuir athrú ar** make a change to, **cuir in ord** place in order, order, **déan** make, become, change (cf **Rinneadh aingeal di.** She changed into an angel.), **déan athrú i/ar** make a change in/to, **gabh cruth (eala)** acquire the shape (of a swan), **gléas** dress; equip, **iomalartaigh** commute, **iompaigh** turn, **leasaigh** amend, **maisigh** decorate, **marcáil** mark, **meiteamorfaigh** metamorphose, **mionathraigh** make slight change, modify, **mionchoigeartaigh** fine-tune, make minute adjustments, **malartaigh** change, exchange, **modhnaigh** modulate, modify, **oiriúnaigh** suit, adapt, **réitigh** set right, bring order, **rindreáil** *(cu)* render, **sóinseáil** change (cf **airgead a shóinseáil** to change money), **téigh i riocht** assume the form; masquerade, **tiontaigh** translate; revolve, turn in opposite direction, **trasfhoirmigh** transform, **trasuigh** transpose

Athráite *pp* reiterated, repeated
aithriste recapitulated, **atarlaithe** reoccurred, **athdhéanta** redone, repeated, **athnuaite** renewed, **athrite** rerun, **dúbláilte** *(tech)* duplicated, **ráite arís** said again

Athraithe *pp* changed
aistrithe transferred; translated, **ar a bhfuil athrú curtha** changed, **ar a bhfuil athrú déanta** which has been changed, **athcheartaithe** revised, **athchóirithe** rearranged; renovated, restored, **atheagraithe** reorganised, reedited, **athmhúnlaithe** reshaped, remoulded, **atógtha** reconstructed, **casta** turned, twisted **ceartaithe** corrected, **claochlaithe** metamorphosed, **cóirithe** arranged (cf **leaba chóirithe** made/tidied bed), **comhathraithe** varied, **corraithe** moved, **curtha in ord** placed in order, ordered, **déanta** made, changed, **dulta i riocht** transformed; masqueraded, **éagsúlaithe** diversified, **gléasta** dressed, **iomalartaithe** commuted, **iompaithe** turned round, **leasaithe** amended, **maisithe** decorated, **marcáilte** marked, **meiteamorfaithe** metamorphosed, **mionathraithe** modified, **oiriúnaithe** suited, adapted, **réitithe** set right, brought to order, **rindreáilte** *(cu)* rendered, **sóinseáilte** change (cf **airgead sóinseáilte** changed money), **tiontaithe** translated; revolved, turned in opposite direction, **trasfhoirmithe** transformed, **trasuite** transposed

Athraitheach *adj³* changeable, variable
aistreach shifting; transitive, **claochlaitheach** transformative; fickle, **corrach** fidgeting; fitful **éiginnte** uncertain, **guagach** whimsical, capricious, **idirthréimhseach** transitional, **inaistrithe** moveable; portable, **inathraithe** changeable, mutable, **luaineach** capricious, vacillating, **malartach** alternating; alternative, **meiteamorfach** metamorphic, **mísheasmhach** inconstant; unsteadfast, **neamhbhuan** inconstant, **ruaiseach** fickle, giddy, flighty, **sóinseálach** changeable, variable

Athraitheacht *f (~a)* changeableness, variability
aistritheacht transferability, transportability, **claochlú** metamorphosis, transformation, **corraíl** fidgeting; fitfulness, **éiginnteacht** uncertainty, **guagacht** vacillation, fickleness, capriciousness, **idirthréimhse** *f* transitional period, **inaistritheacht** translatability; portability, **inathraitheacht** changeability, mutability, **luaineacht** capriciousness, vacillating, **malartacht** changeableness, variability, **neamhbhuaine** inconstance, **ruaiseacht** fickleness, giddiness, flightiness, **tónacán** fidgeting, moving around on one's posterior

Athrú *vn* change
aistriú transferring; translation, **bogadh** movement, shift, **briseadh** break, **ceartú** correcting, **ceartúchán** correction, **claochlú** metamorphosis, **comhathrú** varying, **cur in ord** placing in order, ordering, **déanamh** making, becoming, changing (eg **ag déanamh gloine de ghaineamh** changing sand into glass), **dul i riocht** assuming the form; masquerading, **gabháil cruth (eala)** acquiring the shape (of a swan), **iompú** conversion, **leasú** amendment, alteration, **malairt** alternative, **malartú** exchange, **meiteamorfóis** metamorphosis, **mionathrú** modification, **oiriúnú** suiting, adapting, **rindreáil** *(cu)* rendering, **sóinseáil** changing; *(money)* change, small change, **tiontú** translating; revolving, turning in opposite directions, **trasfhoirmiú** transformation, **trasuí** transposing

Athshlánaigh *v₂ₐ* rehabilitate
bí ar do sheanléim arís get back to your old self, **bisigh** rally, recuperate, **cneasaigh** *(med)* heal, **leigheas** cure, heal, remedy, **tar aniar** rebound, **tar ar ais chugat fein** get back to yourself, **téarnaigh** recover, convalesce

Athshlánaithe *pp* rehabilitated
ar do sheanléim arís back to your old self again, **bisithe** rallied, recuperated, recovered, **cneasaithe** *(med)* healed, **leigheasta** healed, mended, **tagtha aniar** rebounded, **tagtha ar ais chugat fein** gotten back to yourself, **téarnaithe** recovered, convalesced

Athshlánú *vn* rehabilitating; rehabilitation
ar fainnéirí convalescing, **bheith ar do sheanléim arís** being back to your old self again, **biseach** recovery, recuperation, **bisiú** rallying, recuperating, recovering, **cneasú** *(med)* healing, **fainnéirí** convalescence, **leigheas** redress, healing, mending (cf **Tá leigheas ag teacht air.** He's on the mend.), **teacht aniar** rebound, **teacht ar ais chugat fein** getting back to yourself, **téarnamh** recovery, convalescence

Atlas *m (-ais; -ais, ~)* atlas
an domhan the world, **cruinne** *f* globe; universe, **leabhar tagartha** reference book, **leagan amach** layout, **léarscáil** map, **mapa** map, **plean** plan, **scéimléaráid** schematic, **sféar** sphere

Atmaisféar *m (-féir; -féir, ~)*
1. atmosphere
aer air, **aeráid** climate, **aeraspás** aerospace, **aerbhrat** atmosphere, **an chaor aduaidh** aurora borealis, **éicisféar** ecosphere, **eisisféar** exosphere, **éitear** ether, **fáinne solais** aureole, **fallaing an domhain** the world's mantle, **luan** halo, **spás** space, **spéir** sky, **strataisféar** stratosphere

2. ambience
aoibh pleasant humour, **aeráid** ambience, mood, **blas** flavour, **claonadh ginearálta** general feeling, **cuma** *f* tone, **drochspéir** bad atmosphere, **éirim** tenor, **giúmar** mood, **imshaol** environment, **meon** temper, attitude, **mothú** feeling, **spéir** atmosphere, **timpeallacht** environment, **ton** tone

bb

Bá 1 *f (~; ~nna)* bay
  almóir niche, **ascaill** recess, **cailleach** *f* alcove, **caladh** pier, jetty, **camas** cove, **clúid** nook, **cuainín** cove, small harbour, **cuan** harbour, **cuas** recess, cove, **cuasán** cavity, **cúil** *f (cúlach)* quiet corner, nook, **cumar** ravine, channel, **dídean** sheltered place, harbour, **fothain** *f (-thana)* shelter, **loch** *m (~a; ~anna)* lagoon; lake, **port** port, **tearmann** place of refuge, sanctuary

Bá 2 *m (~)* sympathy, liking
  báíocht sympathy, fellow feeling, **báúlacht** friendly disposition, **bráithreachas** brotherhood, **cairdiúlacht** friendliness, **cáiréis** caring, **caithis** fondness, affection, **carthanacht** charity, friendliness, **cásamh** condolence, **caoimhe** pleasantness, **caoine** gentleness, **cion** *m (ceana)* affection, caring, **cineáltas** kindness, **cneastacht** gentleness, honesty, **comhar** mutual assistance, **comhbhá** sympathy, **comhbhraiteacht** sympathy, fellow feeling, **comhthanas** companionship, **compánachas** companionship, **comrádaíocht** comradeship, **croíúlacht** cordiality, **cúirtéis** courteousness, **dáimh** natural affection, **daonnacht** humanity, **daonchairdeas** philanthropy, **dea-chomharsanacht** neighbourliness, **dea-chaidreamh** good relationship, good relations, **dea-chroí** good-heartedness, **dea-mhéin** benevolence, goodwill, **dúil** liking, desire, **fabhar** favour, goodwill, **féile** generosity, bounty, **flaithiúlacht** generosity, **gean** affection, caring, **gnaoi** liking, affection, **grá** love, **ionbhá** *f* empathy **láiche** kindness, gentleness, **miochaire** tenderness, kindness, **muintearthacht** affability, **muirn** tenderness, endearment (cf **bheith faoi mhuirn ag duine** to be cherished by a person), **nóisean** fancy, liking, **páirt** fellowship, **práinn** fondness, affection, **seathras** sorority, **suáilce** *f* virtue, **tairbhe** benefit, **taitneamh** liking, **taitneamhacht** pleasantness, **teochroí** warm-heartedness, **tíriúlacht** pleasantness, **toighis** taste, fancy (cf **Thug mé toighis dó.** I took a fancy to it.), **trócaire** *f* compassion, mercy, **tuiscint** consideration, understanding

Bá 3 *vn* drowning
  deochadh immersing, **díliú** deluging, **dul faoi** going under, sinking, **folcadh** steeping, immersion, **fuarú** cooling down, **múchadh** extinguishing, **imeacht go tóin** sinking to the bottom, **iombhá** *m* swamping, drowning; drenching, **plúchadh** suffocating, **slogadh** engulfing, **tulcaíl** flooding, flushing, **tumadh** diving; submergence

Babaí *m (~; -aithe)* baby
  báb baby, **bunóc** *f (-óice; ~a, ~)* infant, **diúlachán** nursling, **dríodar an chrúiscín** last of the brood, **gearrcach**, fledgling, **leanbh** *m (linbh; leanaí)* **ar bhrollach** breastfeeding child, **leanbh diúil** suckling, **naí** infant, babe, **naíonán** infant, **páiste cíche** weanling, **scalltán** nestling

Babhla *m (~; ~í)* bowl
  báisín basin, **ballán** *(lit)* cup-shaped vessel, **cíléar** shallow tub, keeler, **cuach** *f* bowl, **dabhach** *f (daibhche; dabhcha)*, vat, **doirteal** sink, **eascra** *m* beaker, **gabhdán** receptacle, **mias** *f* plate, **soitheach** *m* vessel, **tobán** tub, **umar** trough, tank

Babhta *m (~; ~í)* bout, round, time, occasion
  am *m (~a)* time, **cuairt** lap, round, visitation, **cúrsa** course, cycle, **dreas** *m (~a; ~a, ~)* round, spell, routine, **dul go**, **geábh** go, run, trip, **iarracht** effort, try, **iarraidh** attempt, try, **ócáid** occasion, **sea** turn, spell, time, **seal** period, shift, **seisiún** session, **spailp** bout, turn, spell, **tamall** while, **tan** time, occasion, **triail** *f (trialach; trialacha)* trial, test, **turas** round, trip, **uain** opportunity, occasion, **uair** time, hour, **uair amháin** once

Bábóg *f (-óige; ~a, ~)*
  1. doll, dolly
  áilleagán toy, doll, **bréagán** toy, **deilbhín** figurine, **máireoigín** marionette, **puipéad** puppet
  2. young woman
  áilleagán mná superficial pretty woman (≈ dumb blond), **ainnir** young maiden, **báb óg** young chick, **bogchailín** *m* prepubescent girl, **bruinneall** *f (-nnille, ~a, ~)* maiden, **cailín** *m* girl, **céirseach** *f (lit)* fair maiden; female blackbird, **gustóg** pert girl, **maighdean** *f* virgin, **ógbhean** *f* young woman *(see also: bean)*

Bac 1 *m (baic; baic, ~)* hindrance, obstacle; barrier
  bacadh hindering, obstructing, **bacainn** *f* barrier, **baracáid** barricade, **ceangal (ar)** hold (on), **constaic** obstacle, **cosc** prohibition, restraint, **dris chosáin** annoying obstruction, **fadhb** *f* problem, **gobán** gag, **guaire** sand barrier at river mouth, **lánchosc** embargo, **longbhac** naval blockade, **mullard** bollard, **oilbhéim** stumbling block, impediment, **parúl** injunction, prohibition; parole, **puslach** *m* muzzle, **sceach i mbéal bearna** obstruction to the normal flow of things, **socán** small muzzle, **sriantacht** constraint, **srian** constrainer, bridle, **starragán** obstacle, obstruction,

toirmeasc proscription, **urbhac** estoppel, **urchosc** *(jur)* barring, **urghaire** injunction

Bac 2 v_{la} hinder, prevent, balk, ban
barr hinder, **blocáil** block, **coisc** prohibit, **críochnaigh** finish, **cuir as** put out, inconvenience, **cuir bac (le)** ban, obstruct, **cuir cosc (le)** prohibit, **cuir deireadh (le)** put an end (to), **cuir isteach (ar)** interrupt, hinder, **cuir ladar isteach** interfere, stick one's spoke in, **cuir treampán ar** hamper, **déan ciotaí do** make awkward for, **druid** close, shut, **dún** close, **eisreachtaigh** proscribe; outlaw, **gabh** arrest, **idirbhris** *(comp)* interrupt, **idirghabh** intervene, **múch** extinguish, quench; switch off, **oclúidigh** occlude, **picéadaigh** picket, **stop** stop, halt, **toirmisc** prohibit, prevent, **trasnaigh** interrupt, heckle, **urbhac** estop

Bacach 1 *m (-aigh; -aigh, ~)*
1. tramp, vagrant
bean déirce beggarwoman, **beigéir** beggar, **bocht** poor person, **bochtán** pauper, **bochtóg** poor beggar, **bodach** *m* **bóthair** vagabond, drifter, **bumaire** bum, **cnaiste** bum, idler, **déirceach** mendicant, beggar, **déircín** persistent and annoying beggarly person, **diúgaire** scrounger, **fánaí** vagrant, **fear déirce** beggarman, **fear siúil** hobo, **geocach** *m* vagrant, cadger, **gioblachán** down-and-out, **ráigí** vagrant, vagabond, **ridire an bhóthair** knight of the road, **scraiste** loafer, layabout, **seachránaí** vagrant, wanderer, **sirtheoir** seeker; beggar, **slúiste** layabout, idler, **srathaire** dosser, **sruthaire** unbidden guest, **súdaire** sponger
2. cripple
bacachán lame person, **breoiteachán** sickly person, **cláiríneach** *m* deformed person, **craplachán** cripple, **cruipidín** crippled person, **cruiteachán** hunchback, **easlán** invalid, **leisíneach** *m* person with a limp, **mamailíneach** *m* disabled person; person walking with waddling gait, **mairtíneach** *m* cripple, **míchumasach** disabled person, **othar** patient, **duine faoi bhac** disabled person, **duine faoi mhíchumas** disabled person

Bacach 2 *adj³* lame
as cor out of order, **as gléas** out of order, **basctha** severely injured, **bocht** poor, **breoite** ill, **briste** broken, **easláinteach** sickly, **easlán** unwell, infirm, **corrach** shaky, **crap-** crippled, **craplaithe** crippled, **craplámhach** cripple-handed, **craptha** shrivelled, **crúbach** clubfooted, lame, **curtha ó chrích** ruined, spoilt, **curtha ó mhaith** put out of use, **díblí** dilapidated, decrepit, **éagumasach** impotent, incapable, **easnamhach** deficient, **easpach** lacking, disabled, **fann** frail, feeble, **faoi bhac** disabled, **faoi mhíchumas coirp** physically disabled, **feoite** withered, **forbhásach** unstable, top-heavy, **gambach** gammy (cf **cos ghambach** gammy leg), **gan mhaith** useless, **gan téagar** flimsy, **gonta** wounded, injured, **gortaithe** injured, hurt, **ina údar díomá** disappointing, **lag** weak, **lagintinneach** mentally impaired, **lagéisteachta** hearing-impaired, **leibideach** half-baked, **leochaileach** frail, vulnerable, **leonta** sprained, injured, **lochtach** defective, faulty, **leamh** pathetic, **martraithe** crippled, **míchumasach** disabled, **mífheidhmiúil** malfunctioning, **mífholláin** unhealthy, **millte** ruined, **míshásúil** unsatisfactory, **ó mhaith** of no use, useless, **seargtha** withered, **stabhach** hobbling, limping, **tanaí** thin, **tinn** sick, **treallach** wobbly, unstable, **uireasach** inadequate

Bacadh *vn* hindering, preventing, balking, banning
barradh hindering, **blocáil** blocking, **cosc** prohibiting, **críochnú** finishing, **curtha as** put out, inconvenienced, **cur isteach (ar)** interrupting, **cur deireadh (le)** putting an end (to), **cur ladar isteach** interfering, sticking one's spoke in, **cur treampán ar** hampering, **déanamh ciotaí do** making awkward for, **druidim** closing, shutting, **dúnadh** closing, **eisreachtú** proscribing; outlawing, **gabháil** arresting, **idirbhriseadh** *(comp)* interrupting, **idirghabháil** intervening, **múchadh** extinguishing, quenching; switching off, **oclúidiú** occluding, **picéadú** picketing, **stopadh** stopping, halting, **toirmeasc** prohibiting, preventing, **trasnú** interrupting, heckling, **urbhac** estopping

Bacán *m (-áin; -áin, ~)* hinge; hook, crook, peg
bachall *(stick)* crook, **caimín** (shepherd's) hook, **camóg** crooked stick; *(sp)* camogie stick; *(punct)* comma, **clíce** hook, hanger, **cnoga** peg; tholepin, pivot pin on boat, **corrán** crescent; *(geog)* hook, **croch** *f* hook, **crochadán** hanger, **crúca** hook (eg **Croch do chóta ar an gcrúca!** Hang your coat on the hook!), **cromóg** hook; hooked nose, **dola** wooden peg, **duán** *(fish)* hook, **feadán** peg, pin; tube, **greamán** grip, **inse** *m* hinge, **lúb** loop; hasp (cf **lúb ar gheata** hasp on a gate), **lúdrach** *f* pivot, hinge (cf **Baineadh an doras dá lúdracha.** The door was taken off its hinges.), **peig** peg, **pionna** pin; peg (cf **pionna éadaigh** clothes peg), **scorán** pin, toggle, **scriú** screw, **seam** rivet, **seamsán** rivet, peg, **stang** peg, pin; dowel, **tairne** nail, **tairne maide** wooden peg, **udalán** pivot

◊ **ar na bacáin** in the offing, **Fágadh mise i mbun an bhacáin.** I was left holding the can., **Tá a bhacán sáite.** *(married)* He's taken.

Bactha *pp* hindered, prevented, balked, banned
barrtha hindered, **blocáilte** blocked, **coiscthe** prohibited, **críochnaithe** finished, **curtha as** put out, inconvenienced, **curtha isteach (ar)** interrupted, hindered, **druidte** closed, shut, **dúnta** closed, **eisreachtaithe** proscribed; outlawed, **gafa** arrested, **idirbhriste** *(comp)* interrupted, **idirghafa** intervened, **múchta** extinguished, quenched; switched off, **oclúidithe** occluded, **picéadaithe** picketed, **stoptha**

> **■ Ar na rudaí a bhaineann le naomhóg thraidisiúnta:**
> Items associated with a traditional currach may include:
> **bloc** grip on oar/paddle, **bos** *f* blade (cf **bos an chéasla** blade of the oar)
> **brat tarra** tar coating/covering
> **céasla** paddle, oar
> **céaslóir** *(person)* rower
> **clár** board, seat
> **clár tosaigh** front seat
> **cnoga** *(Mayo)* tholepin, pivot grip on gunwale for oar
> **craiceann na curaí** skin/canvas covering of the currach
> **eangach** *f (-gaí; ~a, ~)* net
> **gob na curaí** front/bow of the currach
> **gunail** gunwale
> **leaba** *f (leapa; leapacha)* **iomartha** rowlock
> **maide rámha** oar
> **rámhaigh** *(v)* row
> **ronncás** taffrail of gunwale on which boards/seats rest
> **tochta** thwart, seat in boat
> *(see also: **seoltóireacht**)*

stopped, halted, **toirmiscthe** prohibited, prevented, **trasnaithe** interrupted, heckled, **urbhactha** estopped

Bád *m (báid; báid, ~)* boat
árthach *m* vessel, craft, **báirse** barge, **bárc** barque, **canú** canoe, **carachán** wreck of a boat, **cathlong** *f* battleship, **cléibhín** small wicker boat, currach, **cuitéar** cutter, **curach** *f* currach, **cúrsóir** cruiser, **dingí** dinghy, **duillárthach** hydrofoil, **fomhuireán** submarine, **galbhád** steamboat, **gondala** gondola, **eathar** riverboat, ferryboat, **húicéir** hooker, **iompróir aerárthaí** aircraft carrier, **lastlong** *f* freighter, **leathbhád** medium-sized boat, **línéar** liner, **long** *f (loinge; ~a, ~)* ship, **luamh** yacht, **mótarbhád** motorboat, **nae** *f (~; ~tha)* boat, **naomhóg** currach, **peireadh** ferry, **pontún** pontoon, **púcán** hooker, **punta** punt, **rafta** raft, **saighneoir** seiner, **seanphota** rust bucket, **seantobán** old tub, **soitheach** *m* vessel, **soitheach** *m* **seoil** sailing vessel, **scriostóir** destroyer, **trálaer** trawler, **tuga** tug-boat

▲ ~ **farantóireachta** ferryboat, ~ **iascaigh/iascaireachta** fishing boat, ~ **iomartha/rámhaíochta** rowing boat, **luasbhád** speedboat, **mótarbhád** motorboat, ~ **poist** mail boat, ~ **rásaíochta** racing boat, ~ **seoil** sailing boat, ~ **saighne** seine boat, **tarrthála** lifeboat, ~ **tobair** well boat

Bádóir *m (-óra; ~í)* boater
captaen *m* captain, **farantóir** ferryman, **fear rámhaíochta** rowing man, **foghlaí mara** pirate, **gondalóir** gondolier, **iascaire** *m* fisherman, **iomróir** oarsman, **loingseach** *m* seaman; pirate, **loingseoir** mariner, **luamhaire** yachtsman, **mairnéalach** *m* sailor, **maraí** seaman, **meánloingseach** *m* midshipman, **píolóta (poirt)** (harbour) pilot, **píoráid** *m (~; ~í)* pirate, **seanmhairnéalach** *m* old mariner, **seoltóir** sailor, **taistealaí farraige** voyager, **rámhaí** rower

Bádóireacht *m (~a)* boating
ainleoireacht kedging a boat, keeping a boat steady against the current, **cúrsáil** cruising, **cúrsóireacht** cruising, **farantóireacht** ferrying, **farraigeoireacht** seafaring, **gondalóireacht** gondoliering, **iascaireacht** fishing, **iomramh** rowing, **loingseoireacht** shipping, sailing, **luamhaireacht** yachting, **mairnéalacht** seamanship, sailing, **píolótaíocht** pilotage, **rámhaíocht** rowing, **seoltóireacht** sailing, **taisteal na farraige** voyaging

Bagair v_{2c} threaten
agair (ar) avenge, **ansmachtaigh** oppress, bully, **brúigh** pressuring, pressing, **brúigh chun géilleadh le síorchiapadh** browbeat into submission, **brúigh faoi chois** oppress, **cuir brú ar** pressure, press, **cuir eagla Dé ar** put the fear of God into, **cuir faitíos ar** frighten, **cuir i gcontúirt** imperil, **cuir i mbaol** endanger, **cuir i nguais** jeopardise, **cuir imeagla ar** intimidate, **cuir scanradh ar** scare, **déan bulaíocht/maistíneacht ar** bully, **imeaglaigh** intimidate, **réamhchomharthaigh** foreshadow, **scanraigh** scare, **tabhair foláireamh do** give notice/warning to, **tabhair rabhadh (do)** give a warning (to), **téigh i mbun sracaireachta ar** extort, **tuar** impend; forbode

Bagairt *vn* threatening, threat, menacing, menace
agairt avenging, **ansmachtú** oppressing, bullying, **brú** pressuring, pressing, **brú chun géilleadh le síorchiapadh** browbeating into submission, **brú faoi chois** oppressing, **buaileam sciath** sabre-rattling, **bulaíocht** bullying, **cur brú ar** pressuring, pressing, **cur eagla Dé i** putting the fear of God in, **cur faitíos ar** frightening, **cur i gcontúirt** imperilling, **cur i mbaol** endangering, **cur i nguais** jeopardising, **cur imeagla ar** intimidating, **cur scanradh ar** scaring, **déanamh bulaíocht/maistíneacht ar** bullying, intimidating, **drochthuar** foreboding, **dul i mbun sracaireachta ar** extort, **focal i do chluas** word in your ear, **focal rabhaidh** word of warning, **fógairt** declaration, **foláireamh** caution, notice, cautioning, **imeaglú** intimidating, **maistíneacht** bullying, intimidating, **rabhadh** warning, **réamhchomharthú** foreshadowing, **scanrú** frightening, **siarchiapadh** browbeating **tabhairt foláireamh do** giving notice/a warning to, **tabhairt rabhaidh** giving a warning, **tuar** impending; foreboding

Bagáiste *m (~; -tí)* baggage, luggage
cásanna cases, **feisteas** accoutrements, **giuirléidí** belongings, **málaí** *mpl* bags, **mangarae** *m (indecl)* bits and pieces, **tranglam** paraphernalia, **trealamh** equipment, **úim** *f (úma; úmacha)* tackle, gear

▲ **cairín** ~ baggage cart/truck, **ionad seiceáil** ~ baggage checkpoint, **liúntas** ~ baggage allowance, **láimhseálaí** ~ baggage handler, **locar** ~ baggage locker, **raca** ~ baggage rack, **ró-ualach bagáiste** excess baggage, **píosa** ~ baggage item, **scanadh** ~

luggage scanning, **timpeallán** ~ baggage carousel, **tralaí** ~ baggage trolley

▲ ~ **as miosúr** oversized baggage, ~ **cábáin** cabin baggage, ~ **mothúcháin** emotional baggage, ~ **nár éilíodh** unclaimed luggage, ~ **neamhthionlactha** unaccompanied baggage

Bagartha *pp* threatened
agartha avenged, **ansmachtaithe** oppressed, bullied, **brúite** pressured, pressed, **brúite chun géilleadh le síorchiapadh** browbeaten into submission, **brúite faoi chois** violently oppressed, **curtha i gcontúirt** imperilled, **curtha i mbaol** endangered, **curtha i nguais** jeopardised, **dá bhfuil rabhadh tugtha** warned, **dar tugadh rabhadh** warned, **imeaglaithe** intimidated, **scanraithe** scared, frightened, **síorchiapta** browbeaten, **tuartha** impended; foreboded

Bagrach *adj³* threatening, menacing
achrannach quarrelsome, argumentative, difficult, **amasach** aggressive, pugnacious, **bruíonach** quarrelsome, **bulaíochta** (> *bulaíocht*) bullying, **cogaíoch** belligerent, bellicose, **doicheallach** churlish, forbidding, hostile, **drochthuarach** ominous, **dúranta** forbidding, dour, **foghach** attacking, aggressive, **glámhach** abusive; satirical, **imeaglaithe** intimidating, **ionsaitheach** aggressive, threatening, **scáfar** alarming, **scanrúil** frightening, **scéiniúil** terrifying, **tiomantach** threatening, abusive, **trodach** truculent, menacing, **tuarúil** ominous, **urchóideach** malignant, murderous

Báigh *v₁f* drown; soak
cuir ar maos (in uisce) steep in, saturate with (water), **cuir as** put out (cf **Cuir as an tine!** Put out the fire!), **cuir díle** deluge, **cuir i leacht** immerse, **deoch** immerse, **dílígh** deluge, **fliuch** drench, **folc** bathe, **insil** instil, infuse, **iombháigh** swamp, drown, **maothaigh** soak, **múch** extinguish, **plúch** stifle; inundate, **portaigh** *(flax)* steep, **sáithigh** *(chem)* saturate, **scaoil tuile** set off a flood, **sceith** overflow, **séid amach** blow out, **slog** engulf, **suncáil** sink, **téigh faoi** go under, **téigh go tóin/grinneall** sink to the bottom, **téigh síos** go down, **tit** fall, drop down, descend, **tum** submerge, dive, **uiscigh** water, irrigate

Bail *f (~e)*
1. proper condition, good shape, prosperity
ana *m (lit)* wealth, prosperity, **bláth** blossom, bloom, **caoi** *f* good shape/condition; condition, state, **conách** wealth, prosperity, **dea-chosúlacht** good appearance, **dea-chruth** good shape, good form, **dea-chuma** *f* good appearance, good shape, **dea-eagar** good order, **dea-mhaise** beauty grace, **rafaireacht** prosperousness, **rath** success, **rathúlacht** prosperity, **séan** prosperity, **sonas** happiness, good fortune, **stá** good condition (cf **culaith i stá** suit in good condition)

◊ ~ **ó Dia ort!** *(greeting)* May God bestow prosperity upon you!

2. shape, state, condition
caoi *f* condition, shape, **cló** appearance, form, **creat** *m (~a; ~aí)* frame, shape, **cruth** shape, form, **cuma** *f* look, appearance, shape, **dóigh** bearing, condition, manner, **déanamh** making, shape (eg **déanamh an ghúna** making/shape of the dress) **dealramh** appearance, **déanamh** build, make, **dreach** aspect, expression, look, **eagar** arrangement, order, **inneall** order, arrangement, **ord** order, **riocht** guise, condition, form, **seasamh** bearing, **staid** state, **toisc** state, circumstance (cf **tosca an cháis** the circumstances of the case) *(see also: cruth)*

Baile *m (~; -lte)*
1. home
áit chónaithe abode, **áras** residence, **árasán** apartment, **an fód dúchais** the native sod, **bothán** cabin, **bráca** disorderly place, **carbhán** caravan, **coinicéar** warren, **cró** mean dwelling place, **dídean** asylum, **díon os mo chionn** the roof over my head, **fothain** shelter, **leaba** *f (leapa; leapacha)* bed, **lóistín** lodgings, **m'áit dhúchais** my native place, **m'áit féin** my own place, **mo thinteán féin** my own hearth, **múr** dwelling, pile (cf **i maigh nó i múr** afield or at home; within or without), **pluais** cave, **pluais ghadaithe** den of thieves, **pluaisín beag** small pad, **prochóg** hovel, **teach** house, **teach altranais** nursing home, **teach cónaithe** residential house, **teaghlach** *m* household, **teallach** *m* hearth; home, **tearmann** sanctuary, **tinteán** hearth, home

2. (children's literature, animal's) home
aice den, habitat, **brocach** burrow, **coinicéar** warren, **cró** enclosure, fold, pen, **cró na muc** pigsty, **cró madra** kennel, **cró na gcearc** hen house, **dallóg róin** seal's lair, **gnáthóg** habitat, **leaba** *f* **dhearg** animal's lair, **nead** nest, **pluais** cave, **poll** hole; burrow, **uachais** lair *(see also: aice²)*

3. town
cathair *f (-thrach; -thracha)* city, **ceannchathair** *f* metropolis, **fíoch** *m (~a; ~a ~) (lit)* village; land, **gráig** hamlet, **príomhchathair** *f* capital city, **sráidbhaile** village, **trábhaile** seaside resort; seaside town

Bailigh *v₂b* collect, gather
atóg reconstruct, **carn** amass, pile, **cluich** *(fish)* shoal, **comhbhailigh** *(ph)* aggregate, **comhchruinnigh** congregate; concentrate, **conlaigh** glean, scrape together, gather, **cnuasaigh** compile, **cóirigh** arrange, **cruach** stack, pile, **cruinnigh** gather, collect, **cuach** bundle, **déan cruach** stack, **deasc** glean, **diasraigh** garner, **díolaim** compile, collect, glean, **dlúthaigh** draw close, compress, **ealtaigh** flock, **faigh seilbh ar** acquire, **loc** enclose, pen; park, **mabáil** mob, assemble together in a mob (cf **ag mabáil thart** milling about), **mámáil** gather in large handfuls, **sábháil** save,

Bailithe

slámáil gather in large handfuls, **tabhair le chéile** bring together, **tacair** glean, gather, **taisc** hoard; store, **tar i dteannta a chéile** congregate, **tarraing le chéile** pull together, **teaglamaigh** collect, compile, combine, **teanntaigh** round up; hem in, **téigh faoi choinne duine** go to collect a person, **tiomairg** *(lit)* bring together, amass; come together, assemble *(eg* **Tiomargann slua mór.** A large crowd assembles.*)*, **tiomsaigh** glean, collect; gather together, **tionóil** assemble, **tóg isteach** take in, **tóg suas** take up, **toibhigh** *(taxes)* levy, collect

Bailithe *pp* collected, gathered
atógtha reconstructed, **carntha** amassed, piled, **cluichte** *(fish)* shoaled, **comhbhailithe** *(ph)* aggregated, **comhchruinnithe** congregated; concentrated, **conlaithe** gleaned; scraped together, gathered, **cnuasaithe** compiled, **cóirithe** arranged, **cruinnithe** gathered, collected, **cuachta** bundled, **deasctha** gleaned, **diasraithe** garnered, **díolaimthe** compiled, collected, gleaned, **dlúthaithe** drawn close, compressed, **ealtaithe** flocked, **dulta faoi choinne duine** gone to collect a person, **grúpáilte** grouped, **loctha** enclosed, penned; parked, **mabáilte** mobbed out, assembled together in a mob, **mámáilte** gathered in large handfuls, **plódaithe** crowded, **sábháilte** saved, **slámáilte** gathered in large handfuls, **tacartha** gleaned, gathered, **tagtha i dteannta a chéile** congregated, **taiscthe** hoarded; stored, **tugtha le chéile** brought together, **tarraingthe le chéile** pulled together, **teaglamaithe** compiled, collected, combined, **teanntaithe** rounded up; hemmed in, **tiomargtha** gathered, collected, assembled, **tiomsaithe** gleaned, collected; gathered together, **tionólta** assembled, **tógtha isteach** taken in, **tógtha suas** taken up, **toibhithe** *(taxes)* levied, collected, **triopallach** neatly gathered/clustered

Bailitheoir *m (-eora; ~í)* collector
cnuasaitheoir hoarder; accumulator, **cruinnitheoir** gatherer, **slámálaí** gatherer *(in large quantities)*, **soláthraí** gatherer, provider; industrious person, **taisceoir** depositor, **teaglamaí** collector; compiler, **tiomsaitheoir** compiler, collector, gatherer, **toibhgheoir** *(hist)* tax-collector

▲ ~ **bruscair** refuse collector, ~ **cánach** tax collector, ~ **cíosa** rent collector, ~ **ealaíne** art collector, ~ **fiach** debt collector, ~ **príobháideach** private collector, ~ **seandachtaí** antiques collector, ~ **stampaí** stamp collector, philatelist

■ **ar bhailitheoirí-díograiseoirí atá** collector-enthusiasts include: **cluichire** *(comp)* gamer, **éaneolaí** ornithologist, **feithideolaí** entomologist, **fíoneolaí** oenophile; oenologist, **leabharbhách** *m* bibliophile, **moneolaí** numismatist, **stampshanasaí** *(tech)* philatelist

Bailiú *vn* collecting, gathering
bailiúchán collection, **carnadh** accumulating, **cluicheadh** *(fish)* shoaling, **cnuasach** compiling, **comhbhailiú** *(ph)* aggregating, **comhchruinniú** congregating; concentrating, **conlú** gleaning; scraping together, gathering, **cóiriú** arranging, **cruinniú** gathering, **cuachadh** bundling, **cumasc** blending, combining, **cur le chéile** assembling, putting together, **deascadh** gleaning, **diasrú** garnering, **díolaim** compiling, gleaning; anthology, **dlúthú** drawing close, compressing, **dul faoi choinne duine** going to collect a person, **ealtú** flocking, **fómhar** harvesting, **grúpáil** grouping, **locadh** enclosing; parking, **mabáil** mobbing out, assembling together in a mob, **mámáil** gathering in large handfuls, **meascadh** mixing, **peallacáil** hoarding; bagging, gathering, **plódú** overcrowding, **slámáil** gathering in large handfuls *(eg* **ag slámáil airgid** making money hand over fist), **soipínteacht** *f* gathering of bits of straw, twigs, etc. for nest, **sopaireacht** gathering straw for a bed, **tabhairt le chéile** bringing together, **tacar** gleaning, gathering, **teacht le chéile** coming together; congestion, **teaglamú** compiling, collecting, combining, **teanntú** rounding up; hemming in, **tiomargadh** gathering, collection, **tiomsú** gleaning, collecting; gathering together, **tionól** gathering into an assembly, **tobhach** *(taxes)* levying, collecting

Bailiúchán *m (-áin; -áin, ~)* collection
bailiú collection, **braisle** *(réaltraí)* cluster (of galaxies), **carn** heap, **carnadh** accumulation, **clais** moist heap, **cluichreán** assemblage, **cnuasach** *m* pile, heap; assemblage, **cnuastar** heap *(of shellfish, etc)*, **comhdháil** convention, **comhghairm** convocation, **comhthionól** congregation (cf **pobal** church congregation), **conlán** collection, **cruinniú** meeting, gathering, **cuach** *f (cuaiche; ~a, ~)* bundle, **cuachadh** bundling, **cumasc** conglomeration, **díolaim** *f (-ama; -amaí)* anthology, **fómhar** harvesting, **(an) gleann is a bhfuil ann** (the) whole caboodle, **grúpáil** grouping, **ilchumasc** assortment, **manglam** hotchpotch, **meall** mass, **meascán** mixture, **mothar** large (dark) mass (cf **mothar dlúth ceo** dark mass of thick fog), **plódú** overcrowding, **rangú** classification, **slua** crowd, **stór** store, **tabhairt le chéile** bringing together, **tacar** collection, gleaning; *(maths)* set, **taisce** hoard, treasure, store, **teacht le chéile** coming together, congestion, **teaglaim** collection, gathering (eg **teaglaim slua** gathering of a crowd), **tiomsachán** collection, gleaning, **tionól** assembly

Bain v_{1b}
1. cut, reap
bearr shave, prune, **bí ag spealadóireacht** be mowing with a scythe, **buain** reap, **ciorraigh** curtail, **clamhair** tear off skin/hair, **coill** castrate, **conlaigh** glean, gather, **creim** gnaw, corrode, **déan an fómhar**

Bain amach

harvest, **deasc** glean, thin out, **diasraigh** glean, **dínasc** disconnect, **díogáil** prune, **díolaim** collect, compile, **diosc** dissect, **gairidigh** shorten, **gearr** cut, **gearr anuas** cut down, **giorraigh** shorten, **laghdaigh** lessen, **lom** mow, **maolaigh** reduce, **meang** prune; lop, **scor** slash, **scrabh** scratch, **scríob** scrape, **smiot** hack, **smut** shorten, truncate, **stiall** cut in strips, slice, **stróic** rip up, **teasc** hew, **tuaigh** hack, decrease

~ **an féar!** Cut the grass!
~ **na bláthanna!** Pick the flowers!

2. remove, extract, release
asbhain *(maths)* deduct, extract, **bris** break, cut off, **dealaigh** subtract, **eastósc** *(chem, tech)* extract, **leag** knock down, **scaoil** release, **scrios** delete, **scoir** disengage, **scuch** remove, pick off, **sroich** reach, **stoith** extract; pluck, **tarraing** pull, draw, pull up

~ **an bolta!** Open the bolt!
~ **na cnapanna óir!** Mine nuggets of gold!
~ **an glas!** Release the lock!
~ **an laiste!** Raise the latch!
~ **ceol as!** Make him sing!
~ **claiseanna!** Dig trenches!
~ **na fréamhacha!** Remove the roots!

3. strike, make a sound
buail strike, **cling** chime, **cnag** knock, **croith** shake, **déan cleatráil** make a clatter, clattering noise, **déan cling** make a tinkle, **déan fuaim** make a sound, **rúisc** pelt, beat, **suaith** agitate, disturb

◊ **Bhain clog an tséipéil trí huaire.** The chapel bell rang three times., **boschrann ar an doras a bhaint** to knock with the knocker on the door

4. annoy
badráil bother, **bodhraigh** bother, annoy, **cuir cantal ar** peeve, gall, **cuir goimh ar dhuine** get on a person's wick, **déan magadh faoi** make fun of, mock, **sac faoi** tease, rib, **séid faoi dhuine** pull a person's leg

◊ ~ **chugat!** Be off with you!, ~**eadh siar asam.** I was taken aback., **Bhain amhras dó.** He became suspicious., **Bhain siad chun reatha.** They started running., **Rinne mé iarracht ~t fúithi.** I tried to calm her down.

Bain amach v_{1b} take out; achieve, reach
aimsigh attain, **beir ar** seize, grasp, **buaigh** win, gain, **buail** touch, reach, **caith** spend, **ceap** ensnare, catch, **cuir isteach** put in, spend, **faigh** get, **gabh** capture, arrest, **glan** clean, **gnóthaigh** earn, **ráinigh** reach, arrive, **saothraigh** earn, develop, cultivate, **sealbhaigh** possess, take possession of, **sroich** reach, **stoith** extract, **tabhaigh** earn deserve, **tairbhigh** profit, benefit, **tar ar** come across, find, **tóg** take, **tuill** earn

~ **an barr amach!** Reach the top!
~ **an chéad áit amach!** Win first place!
~ **an smál amach!** Clean the stain!
~ **aois mhór amach!** Live long!
~ **beatha amach!** Earn a living!
~ **clú amach!** Become famous!
~ **cúiteamh amach!** Exact retribution!
~ **dídean amach!** Find a shelter!
~ **greim amach!** Take out a stitch!

Bain anuas v_{1b} take down
~ **anuas de** *(clothing)* remove, take off (cf ~ **anuas do chóta!** Take off your coat!), ~ **as a chéile** take apart, **cuir ó chéile** take apart, sunder, **díchóimeáil** *(mec)* dismantle, **ísligh** lower, **leag anuas** knock down, **lig anuas/síos** let down, **tarraing anuas** pull down, **tabhair anuas** bring down, **tóg anuas** take down

Bain ar v_{1b} induce; deprive of
áitigh ar persuade, **aslaigh** induce, **bí leagtha amach ar** be bent on, **bí meáite ar** be hell-bent on, **cuir ar** bring to, cause, **cuir ina luí ar** persuade, **meall** entice, seduce, **spreag** induce, inspire, **stiúir** steer, **suigh ar** impose, **tabhair ar** make, persuade, **tarraing** attract, **téigh i bhfeidhm ar** impress, affect, **treoraigh** guide

Bhí sé ~**te air imeacht.** He was induced to leave.
Bhí sé ~**te ar mo stopadh.** He was bent on stopping me.

Bain as v_{1b}
1. remove, extract; take
~ **amach** take out, achieve, reach, ~ **de** take off, deprive, **asbhain** *(comp)* extract, **caill** lose, **faigh** get, **fáisc as** extract, squeeze out, **gearr** cut, deduct, **roghnaigh** choose, **scaoil** release, **spoch as** wind up, tease, **stoith** extract, **tóg** take, **tóg as** take out, **tuill** earn, **úsáid** use, exploit

Ná ~ **an mhaith as!** Don't take the good out of it!
Ná ~ **an tsúil asat féin leis!** Don't poke your eye with it!
Ná ~ **as an seanfhear!** Don't wind the old man up!
Ná ~ **asam é!** Don't make me say it!
Ná ~ **casadh as!** Don't twist it!
Ná ~ **do rogha astu fós!** Don't choose between them yet!
Ná ~ **fad as an scéal!** Don't drag the story out!
Ná ~ **gail as an uisce!** Don't bring the water to the boil!
Ná ~ **gáire asam!** Don't make me laugh!
Ná ~ **greim asam!** Don't bite me!
Ná ~ **úsáid as!** Don't use it!

2. depart, leave
bailigh leat abscond, clear off, **éalaigh** escape, **fág** leave, **imigh go tapa** leave quickly, **rith as** run out, **teith** flee

◊ **Bainimis na bonnaí as an áit!** Let's get moving!

3. castrate
aimridigh sterilise, **coill** castrate, emasculate, **cuir cipíní i** geld, **gearr** cut; castrate, **neodraigh** neuter, **spoch** geld

Bain de v_{1b}
1. take off, undress
caith de throw off, **feann** flay, skin, **gearr** cut, **gearr siar** cut back, **glan** clean, **lom** make bare, strip, mow, **nocht** reveal, lay bare, **rúisc** shell, strip, **scamh** peel,

scraith *(sward)* strip surface, **speal** scythe, mow, **spor** strip, **struipeáil** strip, **tóg de** take off

◊ ~ **díot do chóta!** Take off your coat!

2. subtract, take away, deprive
dealaigh subtract, **déan iomaíocht le** compete with, **dícheangail** untie, **díchúpláil** decouple, **dínasc** unclasp; *(circuit)* break, **díscoir** disconnect, **eastósc** *(chem, tech)* extract, **faigh réidh le** be done with, **fáisc as** extract, squeeze out, **fuascail ó** deliver from, liberate, **gearr** cut, **giorraigh** shorten, **laghdaigh** reduce, **leag** knock down, **scaoil** release, **scar** take away, **scoir** disconnect, break off, **teasc** amputate, **tit** fall, abate, **tóg** take, **tóg de** take off

~t an bhóthair dá chéile racing each other along the road
~t an clár de taking the lid off it
~t barr dá chéile vying with one another
~t codladh na hoíche di depriving her of sleep at night
~t de atá. *(wind)* It's abating.
~t de mo chosa mé knocking me off my feet
~t díobh *(cards)* cutting the cards
~t lúb den slabhra shortening the chain
~t mo chroí díom disheartening me

◊ **Ná ~tear an t-ainm den bhairín!** Let's call a spade a spade!

Bain do v_{1b} interfere with, touch, happen
bac heed, interfere with, **~ le** concern, relate to, **bí ag méiseáil le** be messing with, **buail** touch, **corraigh** stir, twitch, **cuir isteach ar** interfere with, **cuir do ladar isteach** meddle, interfere, **cuir do lámh ar** touch, **drann le** draw near to, touch, **leag do mhéar ar** put your finger on, **éirigh do** befall, happen, **imeacht ar** to become of, **tadhaill** touch, contact, **tarlaigh do** happen to (cf **Cad a tharla duit?** What happened to you?), **teagmhaigh** touch, **trasnaigh** cross, bridge, intersect

Ní bhaineann mé dó. I don't touch it.
Ní bhaineann sin dom. That doesn't concern me.
Ní bhaineann taismí dó. Accidents don't happen to him.

Bain faoi v_{1b}
1. settle, calm; stay
ciúnaigh quieten, calm, **fan** stay (cf **Cá bhfuil sibh ag fanacht?** Where are you (guys) staying?, **leag do cheann** lay your head, crash out, **lonnaigh** install, settle, locate, **mínigh** smoothen, **socraigh (síos)** settle (down), **stop** stay, stop, **suaimhnigh** calm, pacify,

~ fút anseo anocht! Stay here tonight!
~ fút ar an stól sin! Sit yourself on that stool!

2. undermine
~ ó undermine, **bonn a bhaint ó** subvert, **cuir de dhroim seoil** torpedo, **cuir ó chrích** scuttle, confound, **cuir ó rath** banjax, **déan sabaitéireacht** sabotage, **tochail faoi** undermine; dig down under (ie being antisocial), **toll faoi** undermine

Bain le v_{1b} relate to, concern, touch
~ do concern, relate to, **bí bainteach le** be relevant to, **bí ceangailte le** be connected with, **ceangail le** connect with, **comhcheangail** combine, coalesce, **comthaigh (le)** associate (with), **cónaisc** conjoin, amalgamate, **corraigh** disturb, **cuir do lámh ar** touch, **déan ceangal le** make a connection with, **drann le** draw near to, touch, **leag do mhéar ar** put your finger on, **tabhair le chéile** bring together, **tadhaill** touch, contact, **tagair do** refer to, allude to, **teagmhaigh** touch

Ní bhaineann costas leis. It doesn't involve expense.
Ní bhaineann sé le hábhar. It is irrelevant.
Ní bhaineann sé liom. It doesn't concern/relate to me.
Ní bhaineann siadsan lenár ngrúpa. They are not part of our group.

Bain ó v_{1b}
1. take from, lessen
dealaigh subtract, **cuir ag imeacht le sruth** cause to drift, **lagaigh** weaken, **laghdaigh** lessen, **leag** knock down, **smachtaigh** control, discipline

~eadh cúig ón deich. Five was subtracted from the ten.
~eadh mo chosa uaim. I was knocked off my feet.
~eadh ó na capaill. The horses were pacified.
~eadh óna chlú. His reputation was diminished.

2. calm, mollify
brúigh faoi suppress, tame, **ceansaigh** tame, mollify, **cuir faoi smacht** quell, **cuir smacht ar** bring under control, discipline, **forlámhaigh** assume control, dominate, **mínigh** smoothen, **socraigh** settle, **stuamaigh** calm down, make see sense, **suaimhnigh** pacify

◊ **~ uait féin!** Calm down!, **Tá an t-athrú rialtais ag ~t ón chorraíl.** The change of government is calming the unrest.

Baininscneach adj^3 feminine
baineann female, **baineannach** being or having female offspring, **baineanda** *(offensive)* effeminate, **banfemale**, **banda** womanly, female, **banúil** womanly, **caileanta** girlish, **mná** *(> bean)* woman-, female, **piteogach** *(offensive)* effeminate, **trasfheisteach** drag, transvestite, **trasinscneach** transgender

Bainis f (~e; ~eacha) wedding
an Lá Mór the Big Day, **ceangal na snaidhme** tying the knot, **ceiliúradh an phósta** marriage celebration, **cleamhnas** match, matchmaking, **cóisir** party, **cónascadh** amalgamation, **féasta an phósta** wedding feast, **fleá** banquet, **pósadh** marriage, matrimony, **nasc** link, **nascadh** coupling, **teacht le chéile** coming together, merger (see also: *pósadh*)

▲ **aoi ~e** wedding guest, **ar ~** at a wedding, **bronntanas ~e** wedding present, **cáca ~e** wedding cake, **cárta ~e** wedding card, **lá ~e** wedding day, **máirseáil bhainise** wedding march

> ■ **Ar fhocail a bhaineann le bainis atá:** Words relating to a wedding include:
> **an bhrídeog** the bride
> **an lánúin nuaphósta** the newlyweds
> **athair na brídeoige** father of the bride
> **cailíní coimhdeachta** bridesmaids
> **clárú an phósta** signing the registry
> **cóisir na mbáb** hen party
> **cuirí** *mpl* invitations
> **deasghnáth an phósta** the wedding ceremony
> **dul ar pósadh/ar bainis** to go to a wedding
> **eaglais** church
> **fáinne gealltanais** engagement ring
> **fáinne pósta** wedding ring
> **fear an fháinne** the best man
> **grianghrafadóir** photographer
> **grúm** groom
> **gúna pósta** wedding dress
> **lá pósta** wedding day
> **mí na meala** the honeymoon
> **muintir an ghrúim** the groom's family
> **muintir na brídeoige** the bride's family
> **na haíonna** the guests
> **oíche na stumpaí** stag night
> **oifig na gcartlann** registry office
> **óráid a thabhairt** to give a speech
> **óráidí** speeches
> **orgánaí** organist
> **sagart** priest
> **Sheas sí le Nóra.** She was a bridesmaid to Nóra.
> **tósta** toast

Bainisteoir *m (-eora; ~í)* manager
 an duine i gceannas the person in charge, **bainistreás** *f (~a; ~aí)* manageress, **bas** *m (~; ~anna)* boss, **ceann** leader, **ceannaire** head, person in charge, **ceannasaí** boss, leader, **feidhmeannach** *m* executive; functionary, **ionramhálaí** handler; manipulator, **ionramhálóir** *(mec)* handling machine, handler, **láimhsitheoir** handler; manipulator, **maoirseoir** supervisor, **maor** overseer, prefect, marshal, **ollamh** professor, **riarthóir** administrator, **saoiste** overseer, foreman, **stiúrthóir** director, **traenálaí** trainer, **treoraí** guide

Bainistíocht *f (~a)* management
 bainisteoireacht managing, management, **bainistiú** managing, **basaíocht** bossing, **stiúrthóireacht** directing, directorship, **ceannaireacht** leading, guiding, **ceannasaíocht** leadership, command, **fearachas** management, husbandry, **fearas** husbandry, **feidhmiú cumhachta** exercise of authority, **ionghabháil** careful handling, tending, **ionramh** management, care, **ionramháil** managing, manoeuvring; manipulation, **láimhdeachas** handling, manipulation, **láimhseáil** handling, management, **maoirseacht** supervising, **riar** administering, **riarachán** administration, **riarthóireacht** administering; dispensing, **saoistíocht** overseeing; bossing, **stíobhardacht** stewardship

Bainne *m (~)* milk
 bleacht *m* milk, **bleán** yield of milk; milking, **crú** milking, **lacht** *m* milk; yield of milk, **lachtmhaire** lactiferousness, **lachtacht** milkiness, **lachtáit** *f (~e)* *(chem)* lactate, **lachtas** milk yield, **leamhnacht** fresh milk, **leann bó** milk, **sceidín** thin, inferior milk, **sciodar** sour milk, **sicbhainne** boiled milk, **sú bainniúil** milky sap, **treamhanta** *m* curdled milk, curds

▲ ~ **aonchineálaithe** homogenised milk, ~ **ar bheagán saille** low-fat milk, ~ **athdhéanta** reconstituted milk, ~ **beagmhéathrais** low-fat milk, ~ **beartha** skimmed milk, ~ **bó** cow's milk, ~ **briste** milk that is on the turn, ~ **buí** beestings, colostrum, ~ **buidéalaithe** bottled milk, ~ **caol** light milk, ~ **caorach** sheep's milk, ~ **capaill** horse's milk, ~ **cartánaithe** cartoned milk, ~ **cíche** breast milk, ~ **cnó cócó** coconut milk, ~ **comhdhlúite** condensed milk, ~ **foirmle do naíonáin** infant formula, ~ **gabhair** goat's milk, ~ **galaithe** evaporated milk, ~ **géar** sour milk, ~ **gruthach** curdled milk, ~ **homaiginithe** homogenised milk, ~ **iompaithe** milk that has gone off, ~ **lánmhéathrais** full-fat milk, **lánuachtair** full-cream milk, ~ **leantach** follow-on milk, ~ **lom** skimmed milk, ~ **milis** sweet milk, ~ **naíonáin** baby milk, ~ **púdair** powdered milk, ~ **saor ó lachtós** lactose-free milk, ~ **soighe** soya milk, ~ **tanaithe** adulterated milk, ~ **téachta** congealed milk, ~ **teaschóireáilte** heat-treated milk, ~ **téite** heated milk, ~ **treisithe** fortified milk, ~ **triomaithe** dried milk, ~ **uachtair** creamy milk, ~ **úr** fresh milk,

▲ **babhla** ~ bowl of milk, **braon beag** ~ small drop of milk, **buidéal** ~ bottle of milk, **cartán** ~ carton of milk, **crúiscín** ~ jug of milk, **fochupán** ~ saucer of milk, **lítear** ~ litre of milk, **tál** ~ yield of milk

■ **Ar fhocail a bhaineann le bainne atá** Words related to milk include: **crú bó** milking cows, **bó** *f (~; ba, ~)* cow, **bó ar a lacht** cow in milk, **bó bhainne/bhleacht** milch cow, **bláthach** *f* buttermilk, **bleán** milking, **bleánlann** milking parlour, **cáis** cheese, **déirí** *m* dairy, **fear** ~ milkman, **flóta** ~ milk float, **grutha** *mpl* curds, **im** *m (~e; ~eanna)* butter, **iógart** yoghurt, **lachtadh** lactation, **rannóir** ~ milk dispenser, **reoiteog** ice cream, **táirgí** *mpl* **déiríochta** dairy products, **uachtar** cream, **uachtar reoite** ice cream, **seachadadh** ~ milk round, **seacláid bhainne** milk chocolate, **uachtar téachta** clotted cream, **uachtarlann** dairy

Bainniúil *adj[4]* milky
 albastair (> albastar) whiteness of alabaster, **bán** white, **ceomhar** misty, foggy, **glébhán** bright white, **lachtach** lactic, **lachtmhar** milky, **scamallach** cloudy, **teimhneach** opaque, **uachtarúil** creamy

Baint *vn*
 1. cutting, harvesting
 bearradh shaving, **blaoscrúscadh** scalping, **buain** reaping, **ciorrú** curtailing, **clamhairt** tearing off skin/hair, **coilleadh** castrating, **conlú** gleaning, gathering, **creimeadh** gnawing, corroding, **déanamh an**

Bainte fhómhair harvesting, **deascadh** gleaning, thinning out, **diasrú** gleaning, **dínascadh** disconnecting, disconnection, **diogáil** pruning, **díolaim** collecting, compiling, **dioscadh** dissecting, **gairidiú** shortening, **gearradh** cutting, **gearradh anuas** cutting down, **giorrú** shortening, **laghd**ú lessening, **leagan** felling, demolition, **lomadh** mowing, shearing, **maolú** reducing, **meangadh** pruning, lopping, **páirtíocht** association, partnership, **piocadh** picking, **scoitheadh** severing, **scor** disconnecting, **scrabhadh** scratching, **scríobadh** scraping, **scuchadh** removing, picking off, **smiotadh** hacking, **smutadh** shortening, truncating, **spealadóireacht** mowing with a scythe, **tabhairt isteach** (**an fhómhair**) bringing in (of the harvest), **stialladh** cutting in strips, slicing, **stróiceadh** ripping up, **teasc** hew, **tibheadh** touch; breaking against, **tua** hacking (see also: **bain de**)
2. relating, relation
anáil bearing, influence, **brí** f import, significance, **caidreamh** relationship, **ceangal** connection, **ciall** f (**céille**) significance, **coibhneas** relation, affinity, **comhcheangal** (**smaointe**) association (of ideas), **comthú** (**le**) associating (with), **gaol** relation, **gaolmhaireacht** relationship, **nasc** connection, tie, **tagairt do** referring to, alluding to, (see also: **ceangal**)

◊ **Ní raibh aon bhaint agam leis.** I had nothing to do with it., **Tá sé thar a bhaint.** He's out of his depth.

Bainte pp cut, harvested, mown
asbhainte deducted, extracted, **bearrtha** shaved, **blaoscrúiscthe** scalped, **bodhraithe** bothered, annoyed, **briste** broken, **buainte** reaped, **caite** worn out, **ciorraithe** curtailed, **clamhartha** torn off (of skin/hair), **coillte** castrated, **comthaithe** (**le**) associated (with), **conlaithe** gleaned, gathered, **creimthe** corroded, **dealaithe** subtracted, **diasraithe** gleaned, **dínasctha** disconnected, **diogáilte** pruned, **díolaimthe** compiled, **diosctha** dissected, **gairidithe** shortened, **gearrtha** cut, **gearrtha anuas** cut down, **giorraithe** shortened, **laghdaithe** lessened, **leagtha** felled, demolished, **lomtha** mown/mowed, sheared, **maolaithe** reduced, **meangtha** pruned, lopped, **pioctha** picked, **sactha faoi** teased, ribbed, **scaoilte** released, **scoite** severed, **scortha** detached, disconnected, **scrafa** scratched, **scríobtha** scraped, **scriosta** deleted, **scuchta** removed, picked off, **séidte faoi** mocked, **smiota** hacked, **smuta** shortened, truncated, **stiallta** cut in strips, slicing, **stróicthe** ripped up, **tagartha do** referred to, alluded to, **teasctha** hewn, **tugtha isteach** (ie harvested) brought in, **tife** touched; broken against, **tuaite** hacked

Bainteach adj³ (**le**) relating (to); relevant
ábhartha relevant, material, **ceangailte le** connected with, **coibhneasta** relative, **comhcheangailte** coalesced, combined, **comhionann le** equivalent to, **cuí** appropriate, germane, **gaolmhar le** related to, **i dtreis** at issue, **i gcomhghuaillíocht le** allied to, **in oiriúint do** suited to, **iomchuí** congruent, **mar a bhaineann sé le** as applies to, **mar a chéile é agus** akin to

Bainteoir m (-eora; ~í) reaper, cutter
buainteoir (person) harvester, **buanaí** (person) reaper, **corránaí** (sickle) reaper, **deimheastóir** shearer, **fómharaí** (person) harvester, **gearrthóir** cutter, **inneall bainte** (machine) harvester, **lomaire** mower, **sceanadóir** cutter; stabber, **snoíodóir** carver, sculptor, **spealadóir** person who cuts with a scythe, **spólaire** meat-carver (see also: **gearrthóir**)

Báire m (~; -rí)
1. contest, match; goal
ágh m battle, contest, **coimhlint** conflict, **coinghleic** struggling, wrestling, **comhlann** m contest, fight, **comhrac aonair** duel, **comórtas** competition, **conspóid** controversy, battle, **cluiche** match, **craobh** f championship, **gleic** struggle, contest, **ilchomórtas** event (cf **ilchomórtas capall** equestrian event), **iomaíocht** competition, **iomarbhá** f contending, disputing, **Oilimpiad** Olympiad, **rás** race, **trí-atlan** triathlon, **troid** f (**troda**; ~eanna) fight

▲ ~ **na fola** the acid test, **an ~ a bhreith** to win the game, **i dtosach ~** at the outset, **i lár ~** in the middle of everything, **Is ~ buailte é.** It's a lost cause., **Is agatsa atá an ~!** You really take the cake!, **Is buachaill ~ é!** He's a bit of a lad!, **Ná bí ar do bháire baoise!** Don't be acting the fool!

2. goal
aidhm aim, target, **cúilín** (sp) point, try, **cúl** goal, **cuspóir** objective, **góraí** m (sp) goal, **rath** success, **sprioc** f (**sprice**; ~**anna**) target, bull's eye, **toradh** result, **úd** (sp) try (cf **úd a shlánú** to convert a try)

◊ ~ **a chur** to score a goal, **cúl ~** goalkeeper, **Chaill sé a chúl ~.** He lost the one person he could depend on.

Bairille m (~; -**llí**) barrel
buta butt (cf **buta fíona** butt of wine), **casca** cask, **ceaig** m (~; ~**eanna**) keg, **dabhach** f (**daibhche**; **dabhcha**) vat, tub, **oigiséad** hogshead, **puinsiún** puncheon, **soitheach** vessel, **umar** vat, tank

Báisín m (~; ~í) basin
árthach m vessel, **babhla** bowl, **calán** pail, can, vessel, **dabhach** f (**daibhche**; **dabhcha**) vat, **doirteal** sink, **gabhdán** receptacle, **ionnaltán** wash basin, **leastar** container for liquids, **peic** shallow tub, **puinsiún** large cask, **scála** basin, bowl, **soitheach** m container, vessel, **stanna** barrel, **umar** trough, vat

▲ ~ **níocháin** washing basin, ~ **uisce** basin of water

Báisteach f (-**tí**; ~**a**, ~)
1. (light) rain
béaltaise damp, drizzle, **bláithchith** m fresh shower, **brádán** drizzle, (**an**) **braon anuas** leaking,

> ■ *(vn contructions similar to)* **cur baistí** raining:
> **batharnach báistí** raining in torrents
> **briodarnach báistí** raining unpleasantly
> **caidhleach báistí** driving rain
> **cáitheadh báistí** pouring rain
> **clagairt báistí** pelting rain
> **clagarnach báistí** pounding rain
> **cur bailc báistí** raining solidly
> **cur ceatha báistí** showering rain
> **cur dobhar** raining torrents
> **dallcairt báistí** raining so you cannot see in front of you
> **draonán** raining lightly
> **gleidearnach báistí** coming down in torrents
> **léidearnach báistí** wildly driving rain
> **liagarnach báistí** beating down as in a rainstorm
> **péatar báistí** raining heavily
> **ragáille báistí** raining noisily
> **rilleadh báistí** streaming rain *(like water through a sieve)*
> **seadbháisteach** spitting rain
> **stealladh báistí** pouring rain

breacbháisteach occasional rain, **briodarnach** unpleasant dirty rain, **cafarnach** *f* drizzle, **ceathán** light shower, **ceobhrán** mizzle, **cith** *m (ceatha; ceathanna)* shower, **cith** *m* **fearthainne** shower of rain, **cith** *m* **gealáin** sunny shower, **comhdhlúthú** condensation, **craobhmhúr** scattered rain, **cur fearthainne** raining, **draonán** light rain, **fearthainn** rain; rainfall, **fliuchras** wetness, **frasaíocht** precipitation, **frasú** showering, **gailbh** windy shower, **múirín** brief shower (cf **múirín gréine** sun shower), **múirling** sudden shower, **múráil** showery weather, **seadbháisteach** *f* spitting rain, **taise** dampness, **taisleach** *f* moisture, **taisriú** moistening
2. *(heavy)* rain
bailc heavy downpour, **batharnach** *f* downpour, **cith** *m* **toirní** thunder shower, **clagairt** pelting rain, **clagarnach** *f* pounding rain, **caitheamh sceana gréasaí** raining cats and dogs, **cur fearthainne** raining, **cur forc agus sceana** *(raining)* as if the heavens opened, **cur ó dhíon is ó dheora** coming down in torrents, **dallcairt** blinding rain, **dobhar** torrent (cf **Chuir sé dobhar.** It rained torrents.), **duartan** downpour, **forlacht** *(high reg)* heavy precipitation, **fras** shower, **fraschith** *m* heavy shower, **gleidearnach** *f* torrents of rain, **léidearnach** *f* pelting, driving rain, **liagarnach** *f* **báistí** beating rain, **múr** heavy shower (cf **múrtha** showers), **múrtha péatar** heavy rain, **ragáille** noisy rain, **sprais fearthainne** sudden heavy shower, **spútrach** *m* downpour of rain; rain-soaked ground, **stealladh** pouring down, **stealltarnach** *f* downpouring of rain, **teacht anuas i mbuicéid** coming down in buckets, **tuile** *f* deluge, **tuile shléibhe** cloudburst

▲ **batar báistí** torrent of rain, **bogha báistí** rainbow, **braon báistí** drop of rain, **bús báistí** heavy fall of rain, **cóta báistí** raincoat, **deoir bháistí** drop of rain, **díle báistí** coming down in floods, **doirteadh báistí** pouring rain, **foraois bháistí** rainforest, **forlacht báistí** inundation, **lá báistí** rainy day, **maidhm bháistí** cloudburst, **múr báistí** rain cloud, cloudburst, **péatar báistí** heavy downpour of rain, **rilleadh báistí** torrents of rain, **scamall báistí** rain cloud, **scáth báistí** umbrella, **scrabha báistí** shower of rain, **scráib báistí** fall of rain, **sní báistí** pouring rain, **spút báistí** downpour of rain, **taoisc bháistí** downpour, **tuar báistí** rainbow **tuile báistí** in floods, deluge of rain

▲ ~ **aigéadach** acid rain, ~ **leatromach** unfair rain *(ie rain/troubles meant for someone else but falls on you)*

Báistiúil *adj⁴* rainy
béaltais drizzly, **bog** soft, light drizzling, damp, **brádánach** drizzly, **breacbháistiúil** occasionally rainy, **breac-cheathach** somewhat showery, **breacfhliuch** fairly wet, **briodarnach** rainy-murky, **ceathach** showery, **ceobhránach** misty, misty drizzling, **craobhcheathach** with scattered showers, **dallcairte** of blinding rain, **draonánach** drizzly, **fearthainneach** rainy, **fliuch** wet, **forlachta** (> *forlacht*) *(high reg)* of heavy precipitation, **frasach** showery, raining, **gailbheach** blustery-showery, **gleidearnaí** (> *gleidearnach*) torrential, **liagarnaí** (> *liagarnach*) pelting, **múraíolach** showery, **scrabhaiteach** showery, **seadbháistiúil** spitting rain, **spairneach** severe showery weather, **stollta** blustery, **tais** damp, **tuilteach** flooding

Báite *pp*
1. drowned; soaked
ar maos soaked, saturated, drenched, **caillte i lár na farraige móire** lost at sea, **curtha i leacht** immersed in a liquid, **dílithe** deluged, **dulta faoi** gone under, **faoi thonn tuile** under a tidal wave, **faoi uisce** under water, **fliuch báite** drenched, **fliuchta** wet, splashed, **i do líbín** soaking wet, **i do líob** drenched, **i mbolg na farraige** in the belly of the brine, **imithe faoi thoinn** lost at sea, **imithe go tóin** gone to the bottom, **líbíneach** dripping wet, drenched, **múchta** extinguished, **plúchta** stifled, **sabhsáilte** soused, drenched, **slogtha** engulfed, **tumtha** submerged
2. heavily intoxicated, plastered
ar deargmheisce roaring drunk, **ar meisce** inebriated, drunk, **ar na cannaí dubha** sloshed, sozzled, **ar steallaí meisce** very drunk, **bealaithe go maith** well oiled, **caochta** blotto, **dallta ag an ól** blind drunk, **gan cos fút** legless

Balbh *adj¹* mute, dumb, inarticulate
ciúin quiet, silent, **doráite** inarticulate, **éaglórach** noiseless, **gan bheith ráite** unspoken, **gan chaint** speechless, unspeaking, **gan focal** without a word (cf **Fágadh gan focal mé.** I was left speechless.), **gan fothram** soundless, **gan ghlór** voiceless, **gan ghuth** voiceless, **gan torann** without a noise, **maolaithe** dampened, **maothaithe** muted, **meann** *(lit)*

Balcóin

inarticulate, stammering, **neamhghlórach** unvoiced, **tostach** silent

◊ **bodhar** ~ deaf and dumb, **chomh** ~ **le cloch** as dumb as a stone, **pianó** ~ dumb piano

Balcóin *f (~e; ~í)* balcony
áiléar gallery (cf **an dara háiléar** the upper circle in a theatre), **céimeanna** *fpl (sp)* terrace, **gailearaí** gallery, **grianán** sunny balcony or terrace, **léibheann** landing, terrace, **vearanda** veranda

Ball *m (baill; baill, ~)*
1. member, limb
comhalta fellow *(of a college, etc.)*, member, **comhpháirtí** associate, **comhthiomsán** *(sci)* associate, **feisire (parlaiminte)** member (of parliament), **foirceann** extremity, **géag** *f* limb, branch, **géagán** appendage, **ionadaí** *m* representative, **orgán** organ, **sceidín** small appendage, **teachta (Dála)** deputy (of the Dáil)

▲ **baill bheatha** vital organs, **baill fhorimeallacha** extremities, **baill ghiniúna** genital (cf **ciorrú baill ghiniúna** genital mutilation), **baill ghorma** bruises

2. item, article, component part
ábhar matter, subject, **comhpháirt** component, **cuid** *f (coda; codanna)* share, part, **earra** item, **eilimint** element, **mír** particle, piece, **modúl** module, **páirt** part, **píosa** piece, **ní** thing, **roinn** *f (roinne also ranna; ranna)* portion, share, **rud** thing

3. place, spot
áit place, **baile** home, **fód** sod, spot, **ionad** place/placing, **lantán** place, particular area, **láthair** location, **paiste** patch, **planc** place, **port** port, haven, **ruta** place, district, **spota** spot, **sprioc** appointed place, spot, point, **talamh** *f/m* ground, land

▲ ~ **broinne** birthmark, ~ **dobhráin** *(on skin)* mole, ~ **dubh** black spot, ~ **gréine** sun spot, ~ **seirce** love spot, beauty spot

◊ **ar bhall na háite seo** on this very place, **ar fud an bhaill** all over the gaff, everywhere, **i lár baill** in the centre, **in aon bhall eile** in any other place

4. *(in certain time expressions)* point, moment
aga moille short period of delay, **nóiméad** moment, **pointe ama** point of time, **taca** point in time, **tamall** while

◊ **ar** ~ **(beag)** in a (short) while, **ar an m~** immediately

Balla *m (~; ~í)* wall
bábhún bulwark, **bac** barrier, obstacle, **bacainn** obstacle, **baracáid** barricade, **bloc** block, **claí** dike; fence, **cliath** *f (cléithe; ~a, ~)* latticed fence, fencing wall, **constaic** impediment, obstacle, **críochdheighilt** partition of territory, **deighilt** partition, **daingniú** fortification, **fál** hedge, fence, **fochra** partition, **fraigh** *f (~e; -itheacha)* inside wall, **laitís** lattice, **múr** *m (pl múrtha)* wall, rampart, **painéal** panel, **rampar**

■ **Ar na baill bheatha atá:**
  Vital organs include:

• **An Córas Díleá**
  The Digestive System
  ae *m* liver
  caolán small intestine
  drólann colon
  éasafagas oesophagus
  goile *m* stomach
  inne *m* bowel
  ionathar intestine
  máilín an domlais gall bladder
  paincréas pancreas
  reicteam rectum
  stéig mhór/bheag large/small intestine

• **An Córas Inchríneach**
  The Endocrine System
  faireoga aidréineacha adrenal glands
  faireoga paraitíoróideacha parathyroid glands
  hipeatalamas hypothalamus
  piotútach *m* pituitary
  tímeas thymus
  tíoróideach *m* thyroid

• **An Córas Imdhíonachta Limfeach** The Lymphatic Immune System
  adanóidí adenoids
  aipindic appendix
  ceislíní *mpl* tonsils
  liathán spleen
  limfe *f* lymph
  nóid limfe lymph nodes

• **An Néarchóras**
  The Nervous System
  corda an dromlaigh spinal cord
  inchinn brain
  néaróga forimeallacha peripheral nerves

• **An Córas Atáirgthe**
  The Reproductive System
  brillín clitoris
  broinn womb
  cadairne *m* scrotum
  ceirbheacs cervix
  faighin *f (-ghne)* vagina
  feadáin fhallópacha fallopian tubes
  péineas penis
  pit vulva
  próstatach *m* prostate
  saicíní seamhain seminal vesicles

  sead-ducht *m* ejaculatory duct
  ubhadhucht oviduct
  ubhagáin ovaries
  uirí *f* testicle *(pl **uiríocha** testes)*
  útaras uterus

• **An Córas Riospráide**
  The Respiratory System
  broncas bronchus
  diafram diaphragm
  píobán garbh windpipe
  scamhóga lungs
  scornach *f* throat
  srón *f* nose
  traicé *f* trachea

• **An Córas Céadfach**
  The Sensory System
  blaslóga taste buds
  cluas *f* ear
  craiceann skin
  srón *f* nose
  súil eye

• **An Córas Úiríneach**
  The Urinary System
  duáin kidneys
  lamhnán bladder
  úiréadar ureter
  úiréadra urethra

rampart, **rannadóir** divider, **scannán** membrane, **scáthlán** screen, **sceimheal** *f (-mhle)* rampart; outer encircling wall (cf **sceimheal dúin** encircling wall of a fort), **seipteam** septum, **slatbhalla** parapet, **sonnach** *m* stockade, **sraodbhalla** retaining wall, revetment, **uchtbhalla** *m* parapet, **uchtbharr** parapet

▲ ~ **an ghoile** stomach wall, ~ **Bheirlin** Berlin Wall, ~ **binne** gable wall, ~ **brící** brick wall, ~ **clár** wood-panelled wall, ~ **cloiche** stone wall, ~ **cosanta** rampart, ~ **cuar** curving, ~ **cuasach** cavity wall, ~ **deighilte** partition wall, ~ **dóiteáin** firewall, ~ **dreapadóireachta** climbing wall, ~ **fód** earthen walls, ~ **fuar** unmortared wall, dry stone wall, ~ **Haidrian** Hadrian's Wall, ~ **inmheánach** internal wall, ~ **istigh** inside wall, ~ **na putóige** gut wall, ~ **pléisce** blast wall, ~ **seachtrach** external wall, ~ **taca** supporting wall, ~ **taobh amuigh** exterior wall

◊ ~**í a thógáil** to build walls, ~ **a thógáil anuas** to take down a wall, **Níl fágtha de ach na ~í loma.** There is nothing left of it but the bare walls., **páipéar** ~ **a chrochadh** to hang wallpaper

P ~í bána roimh thuras fada! White walls before a long journey! (Do not depart without making peace with all those you leave behind.)

Balún *m (-úin; -úin, ~)* balloon
  aerlong *f (-loinge; ~a, ~)* airship, **balún instiúrtha** dirigible, **blimpe** *f (~; blimpí)* blimp, **éadromán** *(toy)* balloon, **seipilín** *m* zeppelin

Bán *adj¹*
  1. white, pure
  aolgheal lime-white, **ar dhath an tsneachta** snow-coloured, **bánghnéitheach** pale-featured, **chomh geal leis an sneachta** snow-white, **Cugasach** Caucasian, **dath an bháis** deathly pale, **éadrom** light (cf **uaine éadrom** pale green), **fionn** blond, **gan dath ar bith** colourless, **gan smál** spotless, stainless, **geal** bright, white, **gléigeal** brilliantly white, **gléineach** shining bright, **liath** ashen, grey, **neamhurchóideach** innocent, **mílítheach** pale, **sneachtúil** snowy

  ◊ **chomh ~ leis an sneachta** as white as snow

  2. blank, empty, idle
  díomhaoin idle, **folamh** empty, **gan substaint** without substance **glan** pure, **lom** bare, **maol** bald, **sceirdiúil** bleak, **seasc** barren, **tréigthe** deserted; faded

Banc *m (bainc; bainc, ~)* bank
  acmhainní resources, **carn** pile, **ciste** fund, kitty, **coigilt** savings, **cúlchiste** reserves, **cúlchnap mionairgid** petty cash float, **cúlsócmhainní** reserve assets, **cúltaca** reserve, **státchiste** treasury, **stoc** stock, **stór** store, **taisce** hoard, treasure, **taisceadán** safe, **taiscumar** reservoir, **stóras** storehouse

▲ ~ **allmhairíochta onnmhairíochta** import-export bank, ~ **buidéal** bottle bank, ~ **cairte** chartered bank, ~ **Ceannais na hÉireann** Central Bank of Ireland, ~ **creidmheasa** credit bank, ~ **fola** blood bank, ~ **forbartha** development bank, ~ **gluaisteach** mobile bank, ~ **imréitigh** clearing bank, ~ **infheistíochta** investment bank, ~ **na hÉireann** Bank of Ireland, ~ **sonraí** databank, ~ **taisce** savings bank, ~ **thar lear** overseas bank, ~ **tráchtála** commercial bank, **An ~ Ceannais Eorpach** Central European Bank, **An ~ Domhanda** The World Bank, **Bainc-Aontas Éireann** Allied Irish Banks

■ **Téarmaí áirithe baincéireachta:** Some banking terms: **áiritheoir** teller, **baincéir** banker, **buanordú** standing order, **cárta bainc** bank card, **cárta bhancnaisc** banklink card, **cárta creidmheasa** credit card, **cuntas bainc** bank account, **cuntas reatha** current account, **cuntas taisce** savings account, **dochar díreach** direct debit, **dréacht baincéara** banker's draft, **féimheacht** bankruptcy, **fiach** *m (féich; ~a, ~)* debt, **iasacht idirlinne** bridging loan, **iasacht neamhurraithe** unsecured loan, **iasacht théarmach** term loan, **morgáiste** mortgage, **poll-sa-bhalla** hole-in-the-wall, ATM, **seic** cheque, **seicleabhar** chequebook, **seirbhís Bhancnaisc** Banklink service, **UMB (uathmheaisín bainc)** ATM (automatic teller machine)

Banda *m (~; ~í)* band *(strip or loop of material)*
  beilt belt, **bindealán** bandage, **bogha** *m* bow, **búcla** buckle, **ceangal** bond, tie, **corna** coil, **crios** *m (creasa; ~eanna)* belt, **cuimhreach** *m* binding, fetter; trammel, **fáinne** ring (cf **fáinní Shatairn** the rings of Saturn), **fonasc** hoop, band, **fonsa** rim, hoop, **geimheal** *f (-mhle; -mhle)* shackle, **húlahúp** hula hoop, **iall** *f (éille; ~acha)* leash, strap, **iodh** *f (idhe; ~a, ~)* hoop (cf **iodh de bhuinne darach** hoop made from an oak sapling), **iris** strap, sling for carrying, **laincis** fetter, **lúb** loop, buckle, **lúbán** coil, **ribín** ribbon, **srian** rein, bridle, **stiall** *f (stéille; ~acha)* strip, **stráice** swathe, **strapa** strap, **téip** tape *(see also: crios)*

Banna *m (~; ~í)* band *(group, musical ensemble, etc.)*
  baicle clique, gang, **banda** *(eg ribbon, frequency)* band, **buíon** band, company, **ceolbhuíon** *f* music group, band of musicians, **comhar** partnership, **compántas** company, **cuideachta** *(jur)* company, **díoma** troop, band; posse, **dream** group, lot, **drong** multitude, **ensemble** ensemble, **faicsean** faction, **feadhain** *f (-dhna)* troop, band, **feadhnach** *m* troop, band, **foireann** team, crew; set, **gasra** group of young lads, **grúpa** group, **meitheal** working party, **paca** pack, **scuad** squad, **tascar** band, company; expeditionary force, **trúpa** troop

Banúil *adj⁴* womanly
  ar nós cailín óig girlish, **baineann** female; effeminate, **baineannach** female, having female offspring, **baininscneach** *(grammar)* feminine, **banda** womanly, **caileanta** girlish, **geanúil** seemly, modest, **lách** kind,

Banúlacht

máithriúil motherly, **mná** (> *bean*) woman-, female (cf **mná uaisle** lady-like), **modhúil** modest, **piteánta** *(offensive)* effeminate, **piteogach** *(offensive)* effeminate

Banúlacht *f (~a)* womanhood, womanliness
bandacht femininity, **bantracht** womankind, womenfolk, **cuallacht ban** sorority, **geanúlacht** seemliness, modesty, **mná** *fpl* women, **modhúlacht** modesty

Baois *f (~e)* folly
amadántaíocht stupidity, **amaidí** foolishness, **baoithe** *f* giddiness, foolishness, **baothántacht** fatuity, **baothchaint** foolish talk, **bómántacht** stupidity, **díchiall** *f* want of sense, folly, **díth céille** senselessness, **leibideacht** idiocy, **míchiall** *f (-chéille)* senselessness, **mídhiscréid** indiscretion, **místuaim** imprudence, **óinsiúlacht** *(woman)* foolishness, **seafóid** foolishness, folly *(see also: amaidí)*

Baol *m (-oil)* danger, peril
amhantar risk, unsafe venture, **contúirt** jeopardy, danger, **dainséar** danger, **éidearfacht** precariousness, **fiontar** venture. **guais** hazard, danger, **leochaileacht** fragility, vulnerability, **mímhuinín** distrust, **neamhdhaingne** insecurity; unsteadiness, **priacal** risk, peril, **soghontacht** vulnerability *(see also: dainséar)*

◊ **i m~** in danger, **~ orm!** No fear of that as far as I'm concerned! **Níl sé críochnaithe ná ~ air!** It's not even close to being finished., **Táimid ó bhaol anois.** We're out of danger now., **Ní ~ duit titim.** There's no danger of you falling.

Baolach *adj³* dangerous, perilous
amhantrach risky, unsafe, **contúirteach** dangerous, **dainséarach** danger, **éidearfa** precarious, uncertain, **fiontrach** venturesome, risky, **guaiseach** hazardous, dangerous, **guaisbheartach** inclined to do dangerous things, **leochaileach** fragile, vulnerable, **neamhdhaingean** insecure, **priaclach** risky, perilous, **seansúil** chancy, dicey, **soghonta** vulnerable *(see also: dainséarach)*

Baoth *adj¹* silly, vain
áiféiseach ridiculous, **amaideach** foolish, **díchéillí** unwise, **díomasach** vain, **díomhaoin** idle, **éaganta** harebrained, woolly-headed, **éigiallta** senseless, mindless, **éigríonna** unwise, imprudent, **gan chiall** senseless, **gan chríonnacht** imprudent, **guanach** fanciful, silly, **leitheadach** conceited, **maíteach** boastful, **místuama** unwise, **mórtasach** haughty, **naircisíoch** narcissistic, **uallach** vainly proud *(see also: amaideach)*

◊ **chomh ~ le lao na bó** as foolish as a cow's calf

Barántas *m (-ais; -ais, ~)* guarantee, warrant
árachas insurance, **banna** bond, binding, **baránta** warranty, **dearbhú** attestation, affirmation, **deimhniú** certification, assurance, **gealltanas** pledge, promise, **ráthaíocht** guarantee, **slánaíocht** indemnity, guarantee (eg **slánaíocht ar chaill** indemnity against loss), **tiomantas** undertaking, **urra** *m* surety, warranty, **urrús** guarantee, security *(see also: árachas)*

Barántúil *adj⁴* authentic, genuine
bailí valid, **dáiríre** sincere, **dílis** faithful, **éifeachtach** effective, valid, **féin** self, authentic (cf **It's the real thing. Is é an rud féin é.**), **fíor-** real, pure, **fíor** true, real, genuine, **fírinneach** truthful, true, **inchreidte** credible, **ionraic** honest, **iontaofa** trustworthy, **macánta** childlike, honest, **muiníneach** reliable, dependable, **údarach** authentic *(see also: údarach)*

Barbartha *adj⁶* barbaric
ainchríostúil unchristian, **ainiochtach** cruel, **allta** wild, **amhlánta** boorish, **borb** violent, fierce, **brúidiúil** brutal, **coirpe** corrupt, vicious, **cruálach** cruel, **danartha** savage, heartless, **duáilceach** vicious, wicked, **fearchonta** fierce, warlike, **fiánta** tempestuous, frantic, **fiata** savage, fierce, **fiáin** wild, **fíochasnach** fierce; vengeful, **fíochmhar** fierce, **fraochmhar** ferocious, **garbh** rough, **mídhaonna** inhuman, **míshibhialta** uncivilised, **onchonta** savage, fierce, **turcánta** cruel, **tútach** *(behaviour)* primitive

Barbarthacht *f (~a)* barbarism
alltacht wildness, **amhlántacht** uncouthness, **boirbe** coarseness, rudeness, rankness, **brúidiúlacht** brutality, **cruálacht** cruelty, **danarthacht** savagery, heartlessness, **fiáine** wildness, **fiántas** tempestuousness, **fiatacht** fierceness, **fíochmhaire** ferocity, fury, **fraoch** ferocity, wrath, **gáirsiúlacht** lewdness, obscenity, **madrúlacht** behaviour of a dog, coarseness, obscenity, **lodarthacht** baseness, vulgarity, **mídhaonnacht** inhumanity, cruelty, **mímhúineadh** ill-breeding, rudeness, **míshibhialtacht** uncivilised behaviour, **suarachas** vileness, baseness, **tintríocht** fieriness, hot temper, **tútachas** *(behaviour)* primitiveness

Bard *m (baird; baird, ~)* bard, poet & songster;
amhránaí singer, **ceardaí ríme** rhymester, versesmith, **ceoltóir** musician, **cliaraí** bard, minstrel, **éigeas** *(pl. éigse)* Meistersinger, metrician, **fear dána** man of verse, entertainer, **file** poet, **geocach** strolling musician, **liriceoir** lyricist, **oirfideach** *m* minstrel, **rannaire** versifier *(see also: file)*

Barr *m (bairr; ~a, ~)* top; surface
airde height, **apaigí** apogee, **ar bharraicíní** on tiptoes, **binn** summit, peak, **buaic** culmination, **buaic-phointe** high point, **caidhp** cap, **ceann** head, end, **círín** crest, **claibín** lid, **clár** lid cover, **clúdach** *m* cover, **coróin** crown, **deireadh** end, **díon** roof, **droim** *m (droma; dromanna)* ridge, **fadlíne** meridian, **féige** top; acme, **feirc** *(on a cap)* peak, **forar** *(lit)* climax, limit, **formna**

m top, upper back, **gob** tip, point, **gobán** small tip, **los** *m* (*~a*) tip (cf **los bachaille** tip of crozier), **luid** hinged lid, **maoil** rounded top (cf **ar mhaoil a chinn** on the top of his head), **muinice** *m* top of head, **rinn** *f* apex, tip, **síleáil** ceiling, **siorra** pinnacle, **speic** pointed end part, peak, **splinc** pinnacle (eg **splinc charraige** pinnacle of a rock), **staca** stack, pinnacle of rock, **starraic** peak, prominence, **starraiceacht** prominence, **starraicín** pinnacle, **stuaic** vertex, **tul** protuberance, crest (cf **tul toinne** crest of a wave), **uachtar** upper part, top, **uasphointe** zenith (*see also: barraíocht, feabhas*)

▲ **~bhalla** top wall, **~chaite** threadbare, **~chéim** climax, apogee, **~chith** light shower, **~chrann** topmast, **~dhóigh** singe, **~éadrom** giddy, **~lá** tip-top day, **~liobar** numbness in fingers, **~luas** maximum speed, **~scoite** truncated

◊ **ar bharr mo theanga** on the tip of my tongue, **dá bharr sin** as a result of that, **de bharr na haimsire** as a consequence of the weather, **gléasta go ~ na méar** dressed to the nines, **mar bharr ar an donas** to make matters worse, **ó bhun go ~** from top to bottom

Barra *m* (*~; ~í*) (metal, wood, music, etc) bar
bacainn *f* barrier, **bata** stick, **cuaille** pole, **fearsaid** shaft, axle, **liúr** long rod, staff, **post** timber stake/post, **ringear** crowbar, **slat** *f* cane, rod, **sparra** batten, bar (eg **sparr a chur le doras** to put a bar on a door), **trasnán** (*sp*) bar

Barraíocht *f* (*~a*) excess
ainmheasarthacht immoderation, **babhta baoise** piece of extravagance, **barrachas** surplus, **brabach** *m* surplus; gain, profit, **breis** extra, addition, **calcadh** glut, **ceas** *m* (*~a*) surfeit, **craos** *m* overindulgence, **díth smachta** unrestraint, **drabhlás** dissipation, **farasbarr** surplus, **foráil** (*lit*) too much, superabundance, **forlann** *m* superiority in numbers, **fuílleach** *m* remainder, surplus, **fuíoll** leftover, residue; surplus, aftereffects, point, **iarmhairt** consequence; issue, progeny, **iarmhar** residue, **iliomad** great amount, great variety, **iomad** abundance, excess, **iomadúlacht** numerousness, **iomarca** excess, **iomarcaíocht** intemperance, superfluity; redundancy, **míchuibheasacht** immoderation, **rófhlúirse** *f* overabundance, **rabairne** *f* extravagance, **rómhéid** *m* (*~*) excessiveness, **uiríoll** surplus; superabundance

Barróg *f* (*-óige; ~a, ~*) hug, embrace
brásáil embracing, **cochlú** cuddling, **croí isteach** embrace (cf **croí isteach a dhéanamh le duine** to embrace a person), **cuach** *f* hug, embrace, **diurnú** embracing, embrace, **fáscadh** squeezing, **forghabháil** grip, grasp; seizing, **gráin** cuddle, **gráinteacht** cuddling; fondling, caressing, **greim** *m* (*-eama; -eamanna*) grasp, grip, hold

Barrúil *adj⁴* strange, weirdly amusing
ábhachtach droll, amusing, **aduain** eerie, **aisteach** strange, **ait** bizarre, **amhrasach** dubious, **coimhthíoch** foreign, strange, unfamiliar, **corr** odd, strange, **corrmhéineach** eccentric, odd, **craiceáilte** crazy, mad, **cuideáin** extraneous, strange (cf **Nach í an t-éan cuideáin í!** What an odd bod she is!), **greannmhar** humorous, funny, **iarmhaireach** eerie; lonely, **neamhchoitianta** unusual, **saoithiúil** peculiar, **suaithní** odd, extraordinary, **taibhsiúil** ghostly (*see also: aisteach*)

Barúil *f* (*-úla; -úlacha*) opinion
aigne mind, disposition, **buille faoi thuairim** conjecture, **creideamh** belief, **dearcadh** view, **imprisean** impression, **intinn** mind, intention, **léargas** discernment, **léirstean** *f* (*-stine*) perception, **oipineon** *m* opinion, **meas** consideration (cf **Cad é do mheas air sin?** What's your opinion about that?), **meon** attitude, **míbharúil** bad opinion, **mothú** feeling, **seintimint** sentiment, **tuairim** opinion, **tuairimíocht** speculation, **tuiscint** understanding (*see also: tuairim*)

Bas *m* (*~; ~anna*) boss
an duine i gceannas the person in charge, **bainisteoir** manager, **ceann** head, head person, **ceann feadhna** taskmaster, **ceann foirne** team leader, **ceannaire** leader, guide, **ceannasaí** boss, **geafar** gaffer, **maor** steward, overseer, **saoiste** foreman/forewoman, overseer, **máistir** master, boss, **stiúrthóir** director

◊ **Tusa an ~!** You're the boss!, **Is é ~ é!** It couldn't be better!

Bás *m* (*báis; ~anna*) death
an bóthar fada the long road, **an codladh mór** the big sleep, **an ceann scríbe** the final destination, **an saol thall** life on the other side, **an taobh thall** the other side, **ár** slaughter, **caill** demise, **céim síos** demotion, **cinedhíothú** genocide, **críoch** end, **cur ar lár** elimination, **deireadh an róid** the end of the road, **díothú** extermination, **dul i léig** extinction, **dúnmharú** murder, **dúnorgain** manslaughter, **éag** death, **eotanáis** euthanasia, **feallmharú** assassination, **féinmharú** suicide, **flaithis** paradise, **forléasadh** demise, **ginmhilleadh** abortion, **ídiú** destruction, **imeacht ón saol seo** departure from this life, **suaimhneas síoraí** eternal peace/rest, **lánscor** dissolution, **léirscrios** devastation, **marbh-bhreith** stillbirth, **mairbhe** lifelessness, **mairbhití** numbness, **mairfeacht** stillborn animal/child (cf **Rugadh mairfeacht don bhó.** The cow gave birth to a still born calf.), **marú** killing, **marú duine** homicide, **mort** death, **múchadh na coinnle/an tsolais** quenching of the candle/of the light, **neamh** *f* (*neimhe*) heaven (cf **ar neamh** in heaven), **neamhbheocht** lifelessness, **neamhbhrí** nullity, **oidhe** violent death, **parthas**

Básadóir | **Bascaed**

> ■ **Slite le bás duine a chur in iúl:**
>   Ways of expressing a person's death:
> **Bádh í.** She drowned.
> **Básaíodh é.** He was executed.
> **Bhásaigh sí.** She died.
> **Cailleadh é (ar pháirc an áir).**
>   He was lost, he fell (on the battlefield).
> **Chroith sí na cosa.** She kicked the bucket.
> **Chuaigh an t-éan sin i léig.** That bird became extinct.
> **Chuaigh sé in éag mar chách.**
>   He went the way of all flesh., He died.
> **Chuimil siad sop is uisce dó.** They finished him off.
> **Chuir siad cos i bpoll leis.** They bumped him off.
> **D'éag sí.** She died.
> **D'imigh sé ar shlí na fírinne.** He went the way of truth., He went the way of all flesh., He passed away.
> **D'imigh sé in éag.** He passed away.
> **Tá deireadh lena buaireamh (ar fad).**
>   (All) her troubles are over.
> **Tá sí ag treabhadh an iomaire fhada anois.**
>   She is ploughing the long ridge now., She has joined the great majority.
> **Dúnmharaíodh í.** She was murdered.
> **Feallmharaíodh é.** He was assassinated.
> **Fuair sí ~.** She died.
> **Fuair sí ~ le hadhairt.** She died of natural causes.
> **Tá sí ar an sop.** She is dying.
> **Tá sé ag iompar na bhfód.** He's pushing up the daisies.
> **Tá siad go léir i gcré na cille faoi seo.**
>   They're all in their graves by now.
> **Tá sé imithe ar an mbóthar fada.**
>   He has taken the long road.
> **Maraíodh iad.** They were killed.
> **Shíothlaigh sí go suaimhneach aréir.**
>   She passed away quietly last night.
> **Stiúg sé.** He expired.
> **Tá suaimhneas síoraí acu anois.**
>   They have eternal peace now.

paradise, **pálás Dé** palace(s) of God, **reilig** graveyard, **ríocht** *f* **Dé** the kingdom of God, **scrios** destruction, **slí na fírinne** the way of truth, **tabhairt an fhéir** pushing up the daisies, **timpiste mharfach** fatal accident, fatality, **trocha** *f* untimely death, **turnamh** fall, **uaigh** *f* grave, **Uileloscadh** Holocaust *(see also:* **bean**, **cóiste**, **faire**)

▲ ~ **amhrasach** suspicious death, ~ **anabaí** premature death, ~ **a raibh coinne leis** expected demise/death, ~ **cliabháin** cot death, ~ **cliniciúil** clinical death, ~ **cráite** agonizing death, ~ **de bhar míthapa** death by misadventure, ~ **den ghorta** death by starvation, ~ **gan chiall** senseless death, ~ **gan mhíniú** unexplained death, ~ **in aisce** pointless death, ~ **inchinne** brain death, ~ **inseachanta** avoidable death, ~ **le hadhairt** natural death, ~ **le foréigean** violent death, ~ **pianmhar** painful death, ~ **tionóisceach** accidental death, ~ **tobann** sudden death, ~ **tragóideach** tragic death, ~ **uafásach** dreadful death, ~ **uasal** honourable death

Básadóir *m* (-óra; ~í) executioner
céastúnach *m* executioner, **coscróir** slaughterer, **crochadóir** hangman, **díothóir** exterminator, **éachtach** *m* *(lit)* slayer, **fear gunna** hit man, **feallmharfóir** assassin, **leachtaitheoir** liquidator, **marfóir** killer, **riaghaire** executioner; torturer, **sealánach** hangman; gallows-bird

Básaigh *v₂ₐ*
  1. execute, kill; slay
cloígh defeat, **croch** hang, **cuir an chaidhp bháis ar** put the kibosh on, kibosh, **cuir chun báis** put to death, execute, **cuir ó éifeacht** neutralise, **díobh** eliminate, **díothaigh** exterminate, **feallmharaigh** assassinate, **forléas** demise, **macht** *(lit)* slaughter, **maraigh** kill, **múch** extinguish, **neamhnigh** annihilate, quash, **neodraigh** neutralise; neuter, **riagh** *(lit)* execute, torture, **socraigh** lay low, kill, **scrios** destroy, erase, **tabhair chun críche** bring to an end, **tacht** strangle, choke *(see also:* **maraigh***)*
  2. die
croith na cosa kick the bucket, **faigh bás** die, **fuaraigh** grow cold, die *(eg* **D'fhuaraigh a ngrá.** The love grew cold/died.*)*, **síothlaigh** expire, die, **smiog** expire, die, **spéiceáil** croak, die, **stiúg** expire, **téarnaigh** depart, die, **teastaigh ó** *(lit)* die, be lost to *(eg* **na Fianna a theastaigh uainn** the Fianna lost to us*)*, **téigh ar shlí na fírinne** go the way of all flesh, pass away

Básaithe *pp*
  1. executed, killed; slain
cloíte defeated, **crochta** hanged; hung, **curtha chun báis** put to death, executed, **curtha ó éifeacht** neutralised, **díofa** eliminated, **díothaithe** exterminated, wiped out, annihilated **feallmharaithe** assassinated, **forléasta** demised, **machta** *(lit)* slaughtered, **maraithe** killed, **múchta** extinguished, **neamhnithe** annihilated, quashed, **neodraithe** neutralised; neutered, **riaghtha** *(lit)* executed, tortured, **socraithe** laid low, killed, **scriosta** destroyed, erased, **tugtha chun críche** brought to an end, **tachta** strangled, choked *(see also:* **maraithe***)*
  2. died
dulta ar shlí na fírinne gone the way of all flesh, passed away, **fuaraithe** grown cold, died, **síothlaithe** expired, died, **smiogtha** expired, died, **spéiceáilte** croaked, died, **stiúgtha** expired, **téarnaithe** departed, died, **teastaithe ó** *(lit)* died, having been lost to

Bascaed *m* (-eid; -eid, ~) basket
cis wicker container, hamper, **ciseán** basket; skep, **ciseán mór** crate, **ciseán picnice** picnic hamper, **ciseog** punnet; small shallow wicker basket, **cléibhín** small creel/basket, **cliabh** *m* *(cléibh)* creel; pannier basket, **cliabhán** bassinet, cot, **cliathbhosca** crate, **coimeádán** container, **coimeádán bréifneach**

perforated container, **feadhnach** *m* pannier, **giúróg** fish basket, **mála** bag, **muirleog** round fish basket with a narrow opening, **pardóg** pannier, **sciathóg** shield-shaped basket, **scib** *(basketry)* skip; basketful, **sciobóg** storage basket

Básmhar *adj¹* mortal

críochta finite, **fánach** transient, **finideach** finite, **foirceanta** terminal, **gearrshaolach** ephemeral, **marfach** fatal, lethal, **na feola** of the flesh, **neamhbhuan** impermanent, **saolta** temporal, **sealadach** temporary, **solofa** perishable, **so-mharaithe** easy to kill; mortal, **talmhaí** earthly, **teamparálta** temporal, **teoranta** limited

Básmhaireacht *f (~a)* mortality

fánaí transience, disappearing, **gearrshaolaí** ephemerality, **marfacht** deadliness, **feoil** *f (feola)* flesh, **mortlaidh** *f (~e)* mortality; epidemic, plague, **mortlaíocht** death rate, mortality (cf **mortlaíocht naíonán** infant mortality), **neamhbhuaine** impermanence, **saoltacht** temporality; worldliness, **solofacht** perishability, susceptibility, **so-mharfacht** fragility of life, mortality, **teamparáltacht** temporality

Bastard *m (-aird; -aird, ~)*

1. *(vulg)* bastard, miserable individual
ainniseoir miserable wretch, **bastún** *(vulg)* bastard, **cunús** *(vulg)* toerag, cunt, **sotaire** brat, upstart, **suarachán** foul wretch

2. *(hist)* illegitimate offspring
faigín waif, child found on the wayside, **leanbh a rugadh taobh amuigh den phósadh** child born out of wedlock, **páiste ceo** child of unknown origin, **páiste díomhaointis** love child, **páiste gréine** natural child, **páiste raithní** romp-in-the-hay child, love child, **páiste seoigh** come-by-chance, love child, **páiste suirí** love child, **páiste tabhartha** illegitimate child, **páiste toir** illegitimate child, **tuilí** *m* illegitimate child

Bású *vn*

1. killing, execution
cloí defeating, **crochadh** hanging, **cur chun báis** putting to death, execution, executing, **cur ó éifeacht** neutralising, **díobhadh** eliminating, **díothú** exterminating, **feallmharú** assassinating, **forghníomhú** *(jur)* executing, **forléasadh** demising; demise, **machtadh** *(lit)* slaughtering, **marú** killing, **múchadh** extinguishing, **neamhniú** annihilation, quashing, **neodrú** neutralising; neutering, **riaghadh** *(lit)* execution, racking, **scriosadh** destroying, erasing, **tabhairt chun críche** bringing to an end, **tachtadh** strangling, choking *(see also: marú)*

2. dying
croitheadh na gcos kicking the bucket, **fáil bháis** dying, **fuarú** growing cold, dying, **síothlú** expiring, dying, **smiogadh** expiring, dying, **spéiceáil** croaking, dying, **stiúgadh** expiring, **téarnamh** departing, dying, **teastáil ó** *(lit)* dying, being lost to

Bata *m (~; ~í)* stick; staff

bachall *f (-aille; ~a, ~)* staff, crozier, **barra** bar, **barra iarainn** iron bar, **brainse** branch, **buailtín** bludgeon, **cána** cane, **cipín** matchstick; small twig, **crann bagair** truncheon, **crann fuinte** rolling pin, **craobhóg** twig, **cuaille** pole, post, **fleasc** *(fleisce; ~a, ~)* rod; wand, **fuip** whip, **gas** stalk, **géag** *(-éige; ~a, ~)* branch, **giolcóg** small cane, **liúr** long rod, staff, **lorgfhearsaid** cudgel, club, **maide** *(wooden)* stick, **pasúr** pounding stick *(for washing clothes)*, **post** timber stake/post, **ríshlat** sceptre, **sáiteán** stake, **slacán** *(sp)* bat, **slaitín** small stick/rod, **slat** *f (-aite; ~a, ~)* rod, slender stick, **slat** *f* **bhuailte** birch, rod for administering a beating, **slat** *f* **draíochta** magic wand, **slat iascaigh** fishing rod, **smachtín** truncheon, **smíste** cudgel, **spaic** crooked stick, **sparra** bar, batten, **spéice** stick, pole, post, **steafóg cheathrún** quarterstaff, **trostán** (pilgrim's) staff, **tuairgnín** pestle

▲ ~ **buachailleachta** staff for herding animals, ~ **croise** crutch, ~ **draighin** blackthorn stick, ~ **druma** drumstick, ~ **rámha** oar, ~ **siúil** walking stick, ~ **gaoithe** gust of wind

◊ **Chuir sé a bhata isteach i ngnó nár bhain leis.** He interfered in a matter that didn't concern him., **scéal i mbarr ~** cock-and-bull story, **Tugadh ~ agus bóthar dó.** He was sacked., **Tá sí ag titim ar a ~.** She is getting stooped.

Bataire 1 *m (~; -tí)* beater, batterer

batrálaí beater, basher, abuser (cf **batrálaí mná** wife-beater), **bulaí** bully, **buailteoir** striker, beater (cf **buailteoir painéil** panel beater); thresher, **dornálaí** *(sp)* boxer, **lascaire** whipper, **mí-úsáideoir** abuser, **mugálaí** mugger, **súisteálaí** thresher, thrasher, **súisteoir** *(agr)* thresher with flail *(see also: buailteoir)*

Bataire 2 *m(~; -tí)* battery

cadhnra battery, **ceallra** battery, **cill** *f (~e; cealla, ceall)* cell, **cill stórais** storage cell, **luchtaire** charger, **luchtaire iniompartha** portable charger, **taiscbhataire** accumulator

Batráil 1 *v₁ₑ* batter, beat up

basc bash, **buail** hit, strike, **clabhtáil** clout, **cnag** knock, **criathraigh** buffet, riddle, **crústáil** give a drubbing, drub, **daorbhasc** maul severely, **gleadhair** beat noisily, pummel, **gread** beat hard, trounce, **lasc** lash, **leadair** smite, beat; hew, **leadhb** thrash, beat, **leadhbair** beat, thrash, **léas** flog, thrash, **liúdráil** beat violently, trounce; castigate, **liúr** beat with a stick, trounce, **péirseáil** flog, **planc** beat, pummel, **puinseáil** punch, **ramhraigh** batter; stupefy, **rúisc** pelt, bash, **smiot (go talamh)** hit, strike, smash (to the ground), **smíst** cudgel, trounce, **stánáil** trounce, beat soundly; stuff, **tabhair smisteáil (do)** go give a trouncing (to), **tabhair smitín (do)** give sharp blow to, **tiompáil** *(head/horns)* butt, thump, **tolg** attack,

Batráil

buffet, **tosáil** toss about, knock around, **traiseáil** thrash, **treascair** knock down, vanquish, **tuairteáil** pound, buffet; crash, **tuargain** batter, pound; thump, **tumpáil** thump *(see also: buail)*

Batráil 2 *vn* battering

bascadh bashing, **bualadh** hitting, striking, **clabhtáil** clouting, **cnagadh** knocking, **crústáil** drubbing, **daorbhascadh** mauling severely, **gleadhradh** beating noisily, pummelling, **greadadh** beating hard, trouncing, **lascadh** lashing, **leadradh** smiting, beating; hewing, **leadhbadh** thrashing, beating, **leadhbairt** beating thrashing, **léasadh** flogging, thrashing, **liúdráil** beating violently, trouncing; castigating, **liúradh** beating with a stick, trouncing, **péirseáil** flogging, **plancadh** beating, pummelling, **puinseáil** punching, **ramhrú** battering; stupefying, **rúscadh** pelting, bashing, **smiotadh (go talamh)** smashing (to the ground), **smiotaíl** striking; chipping; paring away, whittling, **smísteáil** cudgelling, pounding, **smúcháil** thumping in the face, smashing in the gob, **spóiléireacht** beating, drubbing, **stácadh** beating with sticks, **stéibheáil** beating with a stave, bashing, **tiompáil** *(head/horns)* butting, thumping, **tóileáil** drubbing, **tolgadh** attacking, buffeting, **tosáil** tossing about, knocking around, **traiseáil** thrashing, beating, **treascairt** knocking down, vanquishing, **tuairteáil** pounding, buffeting; crashing, **tuargaint** battering, pounding; thumping, **tuirneáil** trouncing, **tumpáil** thumping

Batráilte *pp* battered

basctha bashed, pelted, **buailte** hit, struck, stricken, **clabhtáilte** clouted, **cnagtha** knocked, **criathraithe** buffeted, riddled (eg **criathraithe le stoirm** buffeted by a storm, **criathraithe le piléir** riddled with bullets), **crústáilte** drubbed, beaten, **daorbhasctha** mauled severely, **gleadhartha** beaten noisily, pummelled, **greadta** beaten hard, trounced, **lasctha** lashed, **leadartha** smitten, beaten; hewn, **leadhtha** thrashed, beaten, **leadhbartha** beaten thrashed, **léasta** flogged, thrashed, **liúdráilte** beaten violently, trounced; castigated, **liúrtha** beaten with a stick, trounced, **péirseáilte** flogged, **planctha** beaten, pummelled, **puinseáilte** punched, **ramhraithe** battered; stupefied, **rúsctha** pelted, bashed, **smiota** smashed, **smísteáilte** trounced with a cudgel, **tiompáilte** *(head/horns)* butted, thumped, **tolgtha** attacked, buffeted, **tosáilte** tossed about, knocked around (eg **tosáilte i ndiaidh na hoibre** wearied and worn out after the work), **traiseáilte** thrashed, beaten, **treascartha** knocked down, vanquished, **tuairteáilte** pounded, buffeted; crashed, **tuargainte** battered, pounded; thumped, **tumpáilte** thumped

Batrálaí *m(~; -aithe)* beater, basher, abuser

bataire batterer, **bulaí** bully, **maistín fir** bully; ruffian, **maistín mná** virago, shrew, **mí-úsáideoir** abuser, **mugálaí** mugger, **súisteálaí** flailer, thrasher, **súisteoir** *(agr)* thresher *(see also: bataire 1)*

Báuil *adj⁴* sympathetic; affectionate

bách affectionate, **bog** soft, **búch** gentle, tender, **cásmhar** caring, **bog-chroíúil** soft-hearted, **claonta i dtreo** *(+ gen)* biased in favour of, **comhbhách** sympathetic, **connalbhach** loving, affectionate, **caoin** gentle, tender, **caoithiúil** amiable, **carthanach** charitable, caring, **ceanúil** loving, affectionate, **cneasta** mild-mannered, decent, **dáimhiúil** showing natural affection, sympathetic, **daonnachtúil** humane, **deachroíoch** kind-hearted, **fabhrach** partial, **geallmhar ar** fond of, desirous of, **geanúil** affectionately loving; **grámhar** loving, **ionúineach** loving, **lách** kind, affable, **luiteach le** inclined towards, attached to, **mánla** gentle, **maoth** tender, **miochair** tender, kind; affable, **muirneach** loving, tender, caressing, **páirteach** sympathetic (cf **Táim páirteach leat i do thrioblóid.** I share your sorrow/grief.), **séimh** clement, gentle, **tais** tender, **teochroíoch** warm-hearted, cordial, **tuisceanach** considerate

Beacht *adj⁵* precise

baileach exact; *(mostly as adv)* exactly, **cáiréiseach** fastidious, meticulous, **críochnúil** well-finished, polished, **cruinn** exact, precise, **dílis** faithful (eg **aistriúchán dílis** faithful translation), **díreach** straight, unerring, **fíor** true, **fírinneach** truthful, faithful (eg **cuntas fírinneach** faithful/truthful account), **foirfe** perfect, **gan bhotún** without mistake, **gan iomrall** unerring, **géar** sharp, strict, **glan** clean, **gonta** succinct, sharp, **mionchúiseach** scrupulous, **pointeáilte** meticulous, **toimhsí** exact, measured

Beachtaigh *v₂ₐ*

1. make more precise, fine-tune; correct
athraigh change, readjust, **bain casadh beag as** make a minor adjustment, tweak, **ceartaigh** correct, **coigeartaigh** adjust, **deisigh** fix, mend, **mionathraigh** tweak, **mionchoigeartaigh** minutely/delicately tune, **socraigh** adapt, **tiúnáil** tune

2. criticise, *(captiously)* correct
cáin criticise, castigate, **ceartaigh** correct, **damnaigh** damn, **déan beag de** make little of, belittle, **déan leibhéal ar dhuine** cut a person down to size, criticise a person, **faigh locht ar** find fault with, **ionsaigh faoi** attack, **lochtaigh** criticise, **stiall le teanga** make cutting remarks, **tabhair achasán do** chastise

Beachtaithe *pp*

1. made more precise, fine-tuned; corrected
athraithe changed, readjusted, **ceartaithe** corrected, **coigeartaithe** adjusted, **deisithe** fixed, mended, repaired, **mionathraithe** tweaked, **mionchoigeartaithe** minutely/delicately tuned, **socraithe** adapted, **tiúnáilte** tuned

2. criticised *(captiously)* corrected
cáinte criticised, castigated, **ceartaithe** corrected,

Beachtú

damnaithe damned, **ionsaithe** attacked, **lochtaithe** criticised, **stiallta le teanga** verbally cut to pieces

Beachtú *vn*

1. making more precise, fine-tuning; correcting
athrú changing, readjusting, **baint casadh beag as** making a minor adjustment, tweaking, **ceartú** correcting, **coigeartú** adjusting, **deisiú** fixing, mending, repairing **mionathrú** fine-tuning, tweaking, **mionchoigeartú** minutely/delicately tuning, **socrú** adapting, **tiúnáil** tuning

2. criticising, *(captiously)* correcting
cáineadh criticising, castigating, **ceartú** correcting, **damnú** damning, **déanamh beag de** making little of, belittling, **déanamh leibhéal ar dhuine** cutting a person down to size, criticising a person, **fáil locht ar** finding fault with, **ionsaí faoi** attacking, **lochtú** criticising, **stialladh le teanga** making cutting remarks, **tabhairt achasán do** chastising

Béadán *m (-áin; -áin, ~)* gossip, tittle-tattle

aithis slur, defamation, **athiomrá** backbiting, hearsay, slander, **béadchaint** gossip, **béalchníopaireacht** mean-mouthed talking, **bréaga** *fpl* lies, **burdún** gossip, **cabaireacht** chinwagging, babbling, **caint** talk, **clabaireacht** prattling, **clúmhilleadh** defamation, slander, **cóisireacht** attending parties, gossiping, **cúlchaint** backbiting, gossiping, **cúlghearradh** calumny, disparagement, **dúrtam dártam** I-said-you-said, idle gossip, **dúrtsé dáirtsé** *m* tittle-tattle, **geab** empty chatter, **giob geab** chit-chat, **gobaireacht** chattering, gossiping, **iomrá** *m* rumour, report, **ithiomrá** backbiting, **leabhal** libel, **luadráil** spreading rumours, gossiping, **luaidreán** gossip, **míghreann** ill-natured gossip, mischievous talk, **mionchaint** small talk; chit-chat, **ráfla** rumour, **ráfláil** rumour-mongering, **scéal scéil** hearsay, **scéalaíocht** talebearing, gossip, **smúitiú** smearing, besmirching, **spíd** aspersion, slander, **spídiú** slandering, reviling, **spruschaint** small talk, **staraíocht** tattle, gossiping, **suainseán** libellous gossip, **tuaileas** slander, false report

Beadaí *m (~; -aithe)* gourmet, foodie

bia-eolaí food specialist; dietician, **blastóir** taster, **eipiciúrach** *m* epicure, **saineolaí** expert, **údar** authority

Beag *adj¹ (compar lú)* small, little

abhcach dwarfish, **anabaí** immature, **beagmhaitheasach** trifling, **bídeach** tiny, **bíoganach** tiny, **caol** narrow, **caolaithe** thinned, **comair** brief, concise, **cúng** narrow, **éadrom** light, **easpach** lacking, **gairid** short, **gann** scanty, **giortach** *(of dress)* scanty, skimpy; low-sized, **gortach** miserable, mean, **íosta** minimal, **-ín** *(diminutive suffix: eg* **tamall** while → **tamaillín** small while), **íseal** low, lag weak, **lagaithe** weakened, **lom** bare, minimalist, **maolaithe** diluted, **micrea-** micro-, **micreacosmach** microcosmic, **micreascópach** microscopic, **mínmhion** small and delicate, **mion-** mini-; petty, **mion** minute, minuscule, **mionaideach** minute, **mionchruinn** minute; detailed, **mionchúiseach** trivial, **mionda** diminutive, petite, **miondealbhach** miniature, **mionsach** stunted, meagre, **nach fiú trácht air** negligible, **neafaiseach** trivial, **neamhfhiúntach** worthless, measly, **neamhimleor** insufficient, inadequate, **neamhshubstaintiúil** insubstantial, **neamhthábhachtach** unimportant, trivial, **póca** (> *póca*) pocket-sized, **scáinte** scanty, **scallta** measly, derisory, **sceadach** sparse, **sciotach** scanty, skimpy, **slim** slight, weak, inadequate, **suaill** small, little *(used with copula:* **Is suaill an tairbhe é.** It's of little benefit.), **suarach** paltry, mean, **tanaí** meagre; thin, **teoranta** limited, **uireasach** deficient

▲ **~ bídeach** extremely small

◊ **Is ~ liom é.** I despise it., **Ní ~ an rud é.** It's quite a big/important thing., **biseach ~** slight improvement, **siúl ~** slow speed, **Cá ~ sin?** Isn't that enough?, **chomh ~ le luch fhéir** as small as a field mouse, **Ní ~ liom de.** I've had enough of it., **Ní ~ liom duit.** I don't envy you., **nach ~** almost, **Is ~ a cheap mé go mbeifeása ag gearán.** Little did I think that you'd be complaining., **an Satharn ~ seo (chugainn)** next Saturday

Beagán *m (-áin; -áin, ~)*

1. small amount
blogh *f (~a; ~anna)* fragment, **blúire** bit, scrap, **braon** drop, **buille beag** touch, **cúpla** couple, **gearróg** scrap, small bit, **giota beag** little bit, **goin** bit, scrap, **iarracht** small trace, touch (cf **iarracht den ghreann** touch of humour), **leadhbán** tatter, small strip, **luid** shred, scrap, **máille** *f* bit, piece, component part, **mír** fragment, segment, **mothú** hint, touch, **pas** tad, **pas beag** tad, little bit, **pioc** little bit, **píosa** piece, bit, some, **réadán** little thing, **rian** trace, **roinnt** some, **rud beag** little bit, **sceall** *m (~a; ~aí)* slice, **sceallóg** chip, **scealp** *f (-eilpe)* splinter, **sceitheadh** slight touch (cf **sceitheadh den fhiabhras** slight touch of fever), **scioltar** scrap, shred, strip, **sciorta** dash, small amount, **screaball** tiny bit, shred, **slisne** slice, **sliseog** small slice, **smearadh** smearing, smudge, **smid** puff, breath; bit, **smután** piece, chunk, **spalla** chip thin slice, **spleantar** splinter, **stiall** *f (stéille, ~acha)*, slice; strip, **stioc** *f* drop, small amount, **suarachas** paltriness (cf **ar shuarachas** for a trifle), **teascán** segment

2. extremely small amount
ábhairín (beag) (tiny) little bit, **beag is fiú** trifle, **beagáinín** tiny little bit, **beagní** *m* trifle, **blúirín** snippet, **braoinín** wee drop, **braonán** droplet, **dada** nothing, **dúradán** speck, **faic** nothing, **fíge fí** trifling thing, **fíorbheagán** really very little amount, **foithnín** bit, scrap, blade, **frídín** tiniest bit, **gearróg** scrap, small bit, **gráinnín** tiny granule, **ionga** *f (~n;*

ingne) bit picked by nail, **oiread na fríde** insignificant amount, **suarachas** paltriness (cf **ar shuarachas** for a trifle), **traidhfil** *f* trifle

3. *(smallish volume)* small amount
boiseog palmful, **boslach** *m* handful, **deoir** dash, drop, **dhá lámh de** armful of, **dorn** fistful, **dornán** small fistful, **glac** handful, **glacán** small handful, **glaclach** *m* handful, **goblach** *m* mouthful, **ladhar** handful, **ordóg** thumbful, small amount, **pinse** pinch, **slám** clutch, handful, **taespúnóg** teaspoonful, **teadhall** small amount, handful

4. *(liquid, food)* small amount
blas taste, **braon** drop, **braonán** droplet, **cineál** (small) treat, **deoir** drop; tear, **giobóg** morsel, pick, **grabhróg** crumb, **gráinne** grain, pinch, **gráinnín** tiny granule, **miota** nibble, morsel, **mír** fragment, **slisne** slice, **sliseog** small slice, **sniog** *f (snige)* drop

5. small (broken) pieces, small amounts
blúirí fragments, **brínleach** *f* fragments, **brioscbhruar** fragments, small pieces, **bruscar** crumbs, **conamar** broken bits, fragments, **crothán** light sprinkling, **cúpla** couple, **dustáil** dusting, **salacharaíl** smattering (cf **salacharaíl den Fhraincis** smattering of French), **slathairt** smattering, **smeadar** smattering, **smidiríní** little bits, smithereens, **smionagar** debris, rubble, **smután** piece, chunk, **sniog** *f (snige)* drop, **spallaí** chippings

◊ ~ **beag** a tiny bit **beagáinín beag** a tiny weenie little bit, ~ **ar bheagán** little by little, **i m~ focal** in a few words

P **Bíonn blas ar an m~.** A little of something is tasty.

Beagmhaitheasach *adj*³ of little use, useless
as feidhm out of use, no longer in use, **curtha ó mhaith** neutralised, banjaxed, **éadairbheach** fruitless, futile, useless, **éadóchasach** hopeless, **fritorthúil** counterproductive, **gan bheith cabhrach** unhelpful, **gan chiall** senseless, **gan dóchas** hopeless, **gan feidhm** without functional application, **gan mhaith** useless, **gan tairbhe** without benefit, useless, **magarlach** *(vulg)* bolloxed, frigging worthless, **mí-éifeachtach** ineffective, **mífhóinteach** useless; impractical, **mímhaitheasach** useless; harmful, detrimental, **mí-oibleagáideach** disobliging, **neamaitheach** disobliging; useless, **neamhfhiúntach** worthless, **ó mhaith** banjaxed

Beagnach *adv* almost
a bheag nó a mhór more or less, **ach suaill** almost, **ar éigean** barely, hardly, **(de) chóir (a) bheith** nearly (eg **Tá sé de chóir bheith déanta agam.** I've nearly got it done.), **dóbair (do)** nearly (eg **Dóbair dom titim.** I nearly fell.), **geall le** almost, **i dtreo** *(+ gen)* in the region (of), **i gcónaí beagnach** almost always, **ionann is** to all intents and purposes (eg **Tá sé ionann is críochnaithe.** To all intents and purposes, it is finished.), **(is) beag (nach)** (it is) all but, just about, **nach beag** nearly, almost, **nach mór** almost, **(go) neamhéifeachtach** ineffectually, inefficaciously, **suas le (míle)** up and around (a thousand) *(see also: éigean)*

◊ **Is ~ bliain anois é.** It's almost a year now. **Táim ~ críochnaithe.** I'm nearly finished.

Béal *m (-éil; -éil, ~)*
1. mouth, lips
cab mouth; toothless mouth, **clab** open mouth, **craos** maw, **failc** harelip, **gibhis** gullet, **gion** *m (geana)* mouth (cf **i ngion na bhfilí** in the mouths of the poets), **gob** beak, gob, **liopaí** *mpl* lips, **méan** *(lit)* mouth, **meill** unshapely mouth, **poll claib** gaping hole of mouth, hole, **pus** mouth with sulky expression, **sprochaille** *f* **de phus** protruding/pouting mouth, **uaibhéal** wide-open mouth, **úrbhéal** passionate lips; mouth with full/thick lips

◊ ~ **faoi** upside down, capsized, **lán go béal** full to the brim, **scrúdú béil** oral examination, **i mbéal an phobail** famous, on everybody's lips

P **Is binn ~ ina thost!** How sweet the sound of a silent mouth!

2. opening entrance, gap, gulf, estuary
áth ford, opening (cf **áth uaimhe** opening to a cave), **bealach** *m* **isteach** way in, **bearna** *f* gap, **failc** opening, gap, **bearnán** small gap, **failc** opening, gap, **comhla** *f* **tógála isteach** intake valve, **cró** aperture *(of camera)*, **doras** door, **fánas** gap, **gág** *f* crevice, **gáibéal** chasm, **gaoth** *m (gaoith)* inlet of sea, estuary, **geata** gate, **geata isteach** gateway, **gibhis** gullet, **góilín** creek, small inlet, **inbhear** estuary, **ionadacht** entrance, entry, **ionchur** input, **ionraon** *(mec)* inlet, **mant** gap between teeth, **oscailt** opening, orifice, **poll** hole, **ribhéar** estuary, river mouth, **scáineadh** crack, **scoilt** split, vent, **slí isteach** entrance, **sunda** *(geog)* sound, **tolg** breach, tear, rents

▲ ~ **tolláin** opening to a tunnel, ~ **cuain** harbour entrance, ~ **tuile** hydrant, ~ **dorais** doorway, ~ **scine** knife edge

◊ **comharsana béal dorais** next-door neighbours

Bealach *m(-laigh; -laí)* way; route
achar distance, **ascaill** avenue, **bearnas** gap, pass, **bóthar** road, **cainéal** channel, **canáil** canal, **céim** *(geog)* pass, ravine, **cleachtadh** practice, habit, **conair** path, passage, **cosán** footpath, **cur chuige** approach, **cúrsa** course, **dóigh** way, manner, **dorchla** corridor, **dul** going, **gluaiseacht** movement, **idirbhealach** *m* line of communication, **lána** lane, **lorg** track, trail, **máirseáil** march, **mám** mountain pass, **modh** manner, **nós** custom, **pas** pass, passage, **pasáiste** passage, **rian** course, path, **rochtain** *f (-tana)* access, **ród** road, **rúidbhealach** *m (av)* runway, **séad** *m (~a; ~a, ~)* path, way, **slí** *f (~; slite)* way, **sráid** street,

toichim *f (lit)* bearing, manner (cf **fan toichim sin** in that manner), **trádán** manner (cf **ar an trádán céanna** in the same manner), **trasnú** crossing, **treo** direction, **turas** trip *(see also: cosán)*

▲ ~ **amach** way out, ~ **bus** bus route, ~ **coise** walkway, ~ **cúil** byway, ~ **dúnta/druidte** road closed, ~ **éalaithe** escape route, ~ **iarainn** railway, ~ **isteach** way in, ~ **maith maireachtála** good way to earn one's living, ~ **mór** highway, ~ **oibre** manner of working, ~ **na Bó Finne** the Milky Way, ~ **trádála** trade route

◊ **ar aon bhealach** at any rate, **ar bhealach** in a way, **ar bhealach éigin** in some way, **ar bhealach ar bith** any way at all, **ar gach bealach** in every way, **Tá bealaí ann.** He's deceitful., **Tá tú sa bhealach.** You are in the way.

Bealaigh *v₂ₐ* grease, lubricate; *(cu)* baste

ciar wax, **cuir bealadh faoi** grease, **cuir ciar ar** put wax on, wax, **cuir im ar** butter, **cuir ola ar** put oil on, oil, **gréisc** grease, **íligh** oil, **mínigh** smoothen, **olaigh** oil, **oláil** *(rel)* oil, anoint, **snasaigh** polish, **smear (le hola)** smear (with oil)

Bealaithe

1. *pp* greased, lubricated; *(cu)* basted
ciartha waxed, **gréiscthe** greased, **ílithe** oiled, **mínithe** smoothened, **oláilte** *(rel)* oiled, anointed, **olaithe** oiled, **smeartha** smeared **smeartha le hola** oiled, **snasta** polished, smoothed

2. *adj⁶* lubricated, greased
gréisceach greasy, **leachtach** fluid-like (cf **go leachtach** fluidly), **réidh socair** smooth-running

Bealaitheacht *f (~a)* greasiness; lubrication

gréisceacht greasiness, **leachtacht** fluidity, **réidhe** smoothness, evenness, **sleamhnachán** smooth flat area, **smearthacht** greasiness, **snastacht** smoothness, polishedness

Béalscaoilte *adj⁶* loose-tongued

béalastánach ranting, **béalsceiteach** blabbing, indiscreet, **bladhmaireachta** (> *bladhmaireacht*) talking big, mouthing off, **bladrach** blathering; cajoling, **bleadrachta** (> *bleadracht*) blathering, **cabach** chatty; glib, **cabaireachta** (> *cabaireacht*) chinwagging, **cabanta** verbose, **cágach** garrulous, **cainteach** talkative, **clabach** loquacious, **geabanta** loquacious, **gliogach** cackling, nattering, **le teanga gan srian** loose-tongued, **mídhiscréideach** indiscreet

Bealú *vn* greasing, lubricating; *(cu)* basting

ciaradh waxing, **cur céarach ar** putting wax on, waxing, **cur ime ar** buttering, **cur ola ar** putting oil on, oil, **gréisceadh** greasing, **íliú** oiling, **míniú** smoothening, **oláil** *(rel)* anointing with oil, **olú** oiling, **snasú** polishing, **smearadh (le hola)** smearing (with oil)

Bean *f(mná; mná, ban)* woman

1. young (attractive) woman
ainnir young maiden, **banógh** *f* virgin, **bé** *f* maiden, muse, **bogchailín** *m* prepubescent girl, **breabhsóg** sprightly young woman, **bruinneall** *f (-nnille, ~a, ~)* maiden, **cailín** *m* girl, **céirseach** *f* fair maiden; female blackbird, **gastóg** fast young woman, **gearrchaile** *f* lass, girl, **girseach** *f* girl, **gramhsóg** pert grinning young woman, **guamóg** tidy, demure young woman, **gustóg** chirpy young girl; flasher, **maighdean** *f* virgin, **meabhróg** thoughtful intelligent young woman, **meidhreog** frisky bubbly young woman/girl, **muirneog** affectionate and tactile young woman, **ógbhean** *f* young woman, **pramsóg** precocious young woman/girl, **raiteog** young coquettish woman, flirt

2. woman identified by physical appearance or dress
bliteog well-dressed young woman, **bodóg** hefty young lass, **bornóg** lump of a woman, **ceailiseog** podgy young lass, **clárog** small well-built woman, **glaisneog** sallow-complexioned woman, **gleoiteog** neatly dressed and delightful young woman, **leathnóg** plump short woman, **loirgneach** *f* long-legged woman, **lubhóigín mná** lightly-built woman, **lúrapóg** small plump woman, **pardóg** small thickset woman, **peallóg** woman dressed in rough clothing, **plobóg** chubby-faced young woman or girl, **puisbhean** *f (-mhná)* aging spinster, **ribeog (mná)** tiny woman, **ringiléad** plump little woman, **samhdóg** plump little woman, **saoisteog** dumpy little woman, **scafaire mná** strapping young woman, **sciamhaí** beautiful woman, **síodóg** suave smooth-tongued woman, **siollaire mná** comely woman, **slíomóg** well-groomed young woman, **spéirbhean** *f* stunningly beautiful woman, **spéirbhruinneall** *f* fair maiden, **strapaire mná** strapping woman, **stuaire** *f* handsome woman, **teannóg** compactly-built woman, **tonóg** dumpy little woman

3. woman identified by her activities or status
badhbh *(baidhbhe, ~a, ~)* war goddess, **baineannach** *f* female, **bainistreás** *f* manageress, **baintreach** *f* widow, **ban-ab** *m* abbess, **banadhaltrach** *m* adulteress, **banaltra** *f* nurse, **banbharún** baroness, **bandia** *m* goddess, **banfháidh** *m* prophetess, **banghaiscíoch** *m* Amazon, **banóglach** *m* girl guide, **banphrionsa** *m* princess, **banríon** *f* queen, **bantiarna** *f* lady, **buime** *f* nanny, nurse, **druineach** *f* seamstress, **giofóg** gipsy woman, **meirdreach** *f* harlot, **striapach** *f* prostitute, **scadhrach** *f* chattering woman

4. strong, able woman
alaisceach *f* big strong woman **banghaiscíoch** *m* Amazon, **cadhnaí mná** woman who knows her own mind, **cliobóg** big strong girl, **dea-bhean** *f* strong decent woman, **fairceallach** *m* **mná** strongly-built woman, **grátachán (mná)** big strong hunk of a woman, **mangarsach** *f* buxom woman, **pantalóg** *f* **mná** plump healthy wench, **saighdiúir** *m* **mná**

courageous/bold woman, **scafaire mná** strapping lass, **sodóg** buxom lass, **strapaire mná** strapping woman, **stuaire** handsome woman, **torpóg** plump strong woman

▲ ~ **an leanna** *(female)* bartender; alehouse proprietress, ~ **an tí** mistress of the house; hostess, ~ **chabhartha** midwife, ~ **chaointe** *(hist)* keening woman, ~ **chathrach** city woman, ~ **chéile** wife, ~ **choimhdeachta** chaperone; lady in waiting, ~ **chomórtha** *(paid)* female escort, ~ **Domhnaigh** woman who only cares about her appearance, ~ **feasa** soothsayer, fortune teller, ~ **fuála** seamstress, ~ **ghaoil** female relative, ~ **ghlúine** midwife, ~ **ghnó** business woman, ~ **leapa** call girl, ~ **lóistín** landlady, ~ **luí** concubine, ~ **mháistriúil** domineering woman, ~ **níocháin** washerwoman, ~ **phósta** married woman, ~ **rialta** nun, ~ **shingil** single woman, ~ **sí** banshee, ~ **siúil** travelling woman, ~ **snáthaide** needlewoman, ~ **sráide** streetwalker, ~ **tionlacain** chaperone, ~ **tíre** countrywoman, ~ **tís** housekeeper; matron, ~ **tuaithe** countrywoman, ~ **uasal** lady (cf **A bhean uasal!** Ma'am!)

■ **sláinte ban** women's health: **ailse chíche** breast cancer, **an t-athrú saoil** the change in life, menopause, **beathú/cothú cíche** breast-feeding, **breith anabaí** miscarriage, **breithrialú (saorga)** (artificial) birth control, **dochtúir ban** gynaecologist, **dochtúir mná** female doctor, **ginmhilleadh** abortion, **histireachtóime** hysterectomy, **mamagram** mammogram, **meanapás** menopause, **míostrú** menstruation, **tréimhse** *f* **ubhsceite** period of ovulation, **maisteachtóime** *f* mastectomy, **neamhthorthúlacht** infertility, **piolla frithghiniúnach** birth control pill, **saoire mháithreachais** maternity leave, **scagthástáil ceirbheacs** cervical screening, **sos** *m* **míostraithe** pause in menstruation, **tástáil smearaidh** smear test, **toircheas** pregnancy, **torthúlacht** fertility, **ubhagán** ovary, **ubhsceitheadh** ovulation

○ **Bean Sí** *Banshee* – an unearthly being who comes at night to howl and wail outside the home of one who is about to die. Usually described as **seanchailleach** *an old hag* with **folt fada liath** *long grey hair* which she combs slowly as she cries. The **bean sí** is believed to be associated with particular Irish families. So, if a family relative dies in some foreign land, the **bean sí** will visit both **na deoraithe** *the exiled* and their relatives back home in Ireland. Her wailing is said to be so loud that it can wake up a whole neighbourhood. Only the one who is about to die cannot hear the cries of the **bean sí**.

Beann 1 *f (binne)* regard, attention
aird heed, **aire** attention, **ceann agus comhartha** heed and significance (eg **Níor thóg mé aon cheann ná chomhartha choíche dó.** I never ever took a blind bit of notice of him), **iúl** attention, **meas** respect, **nath** notice, note (eg **gan aon nath a chur ann** not to pay any notice to it), **sea** *m* regard, attention, **sonrú** notice, **suim** interest, **suntas** notice, attention, **urraim** regard, respect, **uídh** *f* heed, attention

◊ **Bhí mé beag de bheann air sin.** I paid little attention to that. **Níl a ~ ar dhuine ar bith.** She answers to no one., She is a free agent.

Beann 2 *f (binne; ~a, ~)* horn, antler; peak
adharc horn, **beangán** prong, antler, **binn** peak, **dúid** stumpy protuberance, horn, **fiafhás** outgrowth, **géag** *f* branch, limb, **ladhar** prong, **starr** prominence, projection, **starragán** small projection, **starraic** peak, prominence, **starraicín** small pinnacle, small peak, **starróg** projecting rock

Beannacht *f (~a)* blessing; greeting
altú *(at meals)* grace, **amhantar** windfall, **aontú (le)** sanction, **báúlacht** sympathetic disposition, **beannú** blessing; greeting, **biáid** beatitude, blessing, **cead** leave, permission, **ceadú** consent, approval, **cineáltas** kindness, **coisreacan** consecration, **cúirtéis** salute, **cúnamh Dé** help of God, **dea-ghuí** good wish, **dea-mheas** esteem, **fabhar** favour, **fáilte** *f* welcome, **fáiltiú** welcoming, **grásta** grace, **tacaíocht mhorálta** moral support, **taobhú** support, siding, **toiliú** approbation, **údarás** authority

■ **Bás** (death): **Déanaim comhbhrón ó chroí leat!** May I offer my sincere condolences to you!, **Cuirimid ár gcomhbhrón ó chroí chuig do mhuintir!** We extend our sincere condolences to your family!, **Go raibh a hanam ar dheis Dé!** May her soul be on the right hand of God!

■ **Breithlá** (birthday): **Breithlá sona duit!** Happy Birthday!, **Go maire tú an céad!** May you live to be a hundred!, **Go maire tú an lá!** Many happy returns of the day!

■ **Breith linbh** (birth of a child): *(addressing infant)* **Go raibh sonas agus rath muintire ort!** May you be happy and may your family prosper!, **Go raibh grá, saibhreas, am agus ionú agat!** May you have love, wealth, time and opportunity!

■ **Buíochas** (gratitude): **Ná raibh tú riamh in easnamh!** May you never be in want!, **Nár lagaí Dia do lámh!** May God not weaken your arm!, **Maise agus fónamh ort!** Luck and success to you!, **Go méadaí Dia thú!** *(on receipt of a gift)* May God bring you increase!, **Buíochas le Dia!** Thanks be to God!, **Ná habair é!** *(after receiving thanks)* Don't mention it!, **Tá fáilte romhat!** You're welcome!

■ **Codladh** (sleep): **Go dtuga Dia codladh slán duit!** May you sleep well!, **Go raibh slán-chodladh agat!** May you sleep safely!, **Codladh sámh agus suaimhneas na hoíche agat!** Sleep tight and don't let the fleas bite!, **Néalta áthais tríd' néalta suain!** Sweet dreams!

Beannaigh

■ **Cruatan** (hardship): **Go dtuga Dia faoiseamh duit!** May God grant you respite!, **Go bhfóire Dia orainne!** May God help us!, **Tiocfaimid uile slán le cúnamh Dé!** We shall all come through (it) safely with the help of God!

■ **Cumarsáid scríofa** (written communication): **Beatha agus sláinte (chugat)!** *(at start of correspondence)* Life and health (to you)!, **Go n-éirí leat!** *(at end of correspondence)* All the best!, **le hardmheas** yours very respectfully, **le beannachtaí** with (warm) wishes, **le gach dea-ghuí** with every good wish, **Mise le meas** *(formal)* Yours sincerely

■ **Cuairteoirí** (visitors): **Fáilte romhat/romhaibh!** Welcome!, **Céad míle fáilte!** You are extremely welcome!, **Is é bhur mbeatha go deo chugainne!** How wonderful your coming (to see) us!

■ **Féile** (celebration): **Beannachtaí na féile chugat!** Blessing of the celebration/festival upon you!, **Athbhliain faoi mhaise (duit)!** Happy New year (to you)!

■ **Nollaig** (Christmas): **Nollaig Shona duit/daoibh go léir!** Merry Christmas to you/to all of you!, **Gurab amhlaidh duit/daoibh go léir!** The same to you/to all of you!

■ **Imeacht** (departure): **Slán!** Goodbye!, **Slán abhaile!** Safe home!, **Go dté tú slán!** Safe journey!

■ **Pósadh** (marriage): **Sliocht sleachta ar shliocht bhur sleachta!** May the children of your children's children have children!, **Go bhfága Dia ag a chéile sibh!** May God leave you together!

■ **Sláinte** (health): **Nár sháraí Dia do shláinte!** May God grant you good health!, **Tuilleadh bisigh ort!** May your health keep improving!, **Fónamh ort!** Good health to you!

■ **Sraothartach** (sneezing) **Beannacht Dé ort!** God's blessing on you!, **Capall bán fút!** A white horse beneath you! *(clear reference to the magical horse that brought Oisín to Tír na nÓg)*, **Dia linn!** God be with us! God save us!, **Dia linn is Muire** God and Mary be with us!, **Go mbeannaí Dia thú!** May God bless you!

■ **Taisteal** (travel): **Go n-éirí an bóthar leat!** Bon voyage! Have a nice trip!, **Slán agat!** *(to the person remaining)* Good bye!, **Slán leat** *(to the person departing)* Good bye!, **Go dtuga Dia go ceann cúrsa thú!** May god bring you safely to your journey's end!

■ **Teacht** (arrival): **Go mbeannaí Dia gach a bhfuil faoi iath an tí seo!** May god bless all in this house!

■ **Tinneas** (illness): **Go raibh biseach ort gan mhoill!** May you be better soon! **Go dtuga Dia an tsláinte duit!** May God give you good health!

Beannaigh v_{2a} bless, greet, welcome

altaigh say grace, **buail bleid ar dhuine** address a person in a wheedling manner, **canónaigh** canonise, **ceadaigh** consent, approval, **coisric** consecrate, **cuir aighneas ar** address in an argumentative manner, importune, **cuir araoid ar** address, **cuir caidéis ar** accost, **cuir caint ar** address, **cuir siúite ar** buttonhole, nobble, **cuir fáilte roimh** welcome, **cuir forrán ar** accost, attack, **cuir scairt ar** call, give a call to, **déan cúirtéis** salute (cf **freagair cúirtéis** return a salute), **deonaigh** bestow, grant, **guigh** pray, wish, **fabhraigh** favour, **fáiltigh** welcome, **labhair le** speak with, talk to, **mol** praise, **naomhainmnigh** canonise, **naomhaigh** sanctify, **oirnigh** ordain, **sácráil a dhéanamh** to consecrate, **taobhaigh** support, **tacaigh** back, **toiligh** consent, will, **údaraigh** authorise, **ung** anoint

Beannaithe adj^6 blessed

canónaithe canonised, **coisricthe** consecrated, **diaga** divine, **diagach** godlike, **labhartha le** spoken with, talked to, **naofa** holy, **naomhainmnithe** beatified, **naomhaithe** hallowed, **oirnithe** ordained, **sácráilte** sacred, **ungtha** anointed

Beannú vn blessing, greeting

altú saying grace, **aontú (le)** sanctioning, **bualadh bleid ar dhuine** addressing a person in a wheedling manner, **canónú** canonising, **ceadú** consenting, approving, **coisreacan** consecrating, **cur aighneas ar** addressing in an argumentative manner, importuning, **cur araoid ar** addressing, **cur caidéis ar** accosting, **cur caint ar** addressing, **cur siúite ar** buttonholing, nobbling, **cur fáilte roimh** welcoming, **cur forrán ar** accosting, attacking, **cur scairt ar** calling, giving a call to, **déanamh cúirtéise** saluting (cf **freagairt cúirtéise** returning a salute), **deonú** bestowing, granting, **guí** praying, wishing, **fabhrú** favouring, **fáiltiú** welcoming, **labhairt le** speaking with, talking to, **moladh** praising, **naomhainmniú** canonising, **naomhú** sanctifying, **oirniú** ordaining, **sácráil** consecrating, **taobhú** supporting, **tacú** backing, **toiliú** consenting, willing, **údarú** authorising, **ungadh** anointing

Bearna f ($\sim$; $\sim í$) gap

ascaill recess, **bearnas** gap in mountains, **briseadh** breach, break, **cuas** cavity, **cuasán** small cavity, **deighilt** divide, **failc** opening, gap; harelip, **fánas** gap, **folús** vacuity, lacuna, **gág** f crack, crevice, **glota** f recess, cavity, **gnás** fissure, cleft; harelip, **hiatas** hiatus, **idirchéim** *(mus)* interval, **idirlinn** interlude, intermission, **idirspás** interspace, pause, **mám** mountain pass, **mant** gap between front teeth; indentation, **méirscre** fissure, crack, **oscailt** opening, **poll** hole, **scabhat** narrow windy passage/gap, **scáineadh** splitting; rift, crack, **scoilt** chink, crack, **sliotán** slot, **seal** interval, **sos** pause

Bearnach adj^3 with gaps, patchy

aimhréidh uneven, **breac-** sketchy, occasional, **briste** broken, **claochlaitheach** variable, **easnamhach** lacking, **gágach** with cracks, with gaps, fissured, **gan**

Bearnaigh

chríochnú unfinished, **le bearnaí/le poill** with gaps/holes, **mantach** gap-toothed; toothless, **míchothrom** uneven, **neamhfhoirfe** imperfect, **neamhiomlán** incomplete, **neamhleanúnach** discontinuous; inconsequent, **scagfhiaclach** gap-toothed, **scailpeach** fissured; cleft, **scáinte** skimpy, **taghdach** erratic, **urbhearnach** breached; impaired, gapped

Bearnaigh v_{2a} breach, make a gap; diminish, impair
bréitseáil breach, **bris** break, **cuir eang i** put a notch in, **eangaigh** notch, indent, **gág** crack; chap, **oscail** open, **poll** pierce, perforate, **réab** rupture, **scáin** sever, crack, **scoilt** crack, split, **scor** gash score, notch, **tolg** thrust, attack, **toll** bore, perforate, **urbhearnaigh** breach, impair

Bearnaithe *pp* breached, gapped; diminished, impaired
bréitseáilte breached, **briste** broken, **eangaithe** notched, indented, **gágtha** cracked; chapped, **oscailte** opened, **pollta** pierced, perforated, **réabtha** ruptured, **scáinte** severed, cracked, **scoilte** cracked, split, **scortha** gashed, scored, notched, **tolgtha** thrust, attacked, **tollta** bored, perforated, **urbhearnaithe** breached, impaired

Bearnú *vn* breaching, making a gap; diminishing, impairing
bréitseáil breaching, **briseadh** breaking, **eangú** notching, indenting, **gágadh** cracking; chapping, **oscailt** opening, **polladh** piercing, perforating, **réabadh** rupturing, **scáineadh** severing, cracking, **scoilteadh** cracking, splitting, **scoradh** gash, gashing **tolgtha** thrusting, attacking, **tolladh** boring, perforating, **urbhearnú** breaching, impairing

Bearr v_{1a}
1. shave, crop, trim
bain mow, cut, remove, **diogáil** trim, dock, **feann** fleece, flay, skin, **gearr** cut, **gearr siar** cut back **lom** shear, mow, **scáin** split, sever, **scead** cut a patch, **sciot** snip, clip, prune, **scraith** surface strip, sward, **scríob** scrape, scratch, **siosc** trim, clip, **stróic** strip, tear, **teasc** cut off, lop
2. make cutting remarks
cáin criticise, **cáinsigh** scold, **feann** fleece, flay, skin, **gearr chuig duine** make a cutting remark to a person, **scioll** scold, **sclamh** snap at, abuse

◊ **Bhearrfadh sé gan sópa thú.** He would cut you to the quick with his tongue., He is very sarcastic.

Bearradh *vn*
1. shave, shaving, cropping
baint mowing, cutting, **bearrthóireacht** trimming, **diogáil** trimming, **gearradh** cutting, **gearradh siar** cutting back, **lomadh** shearing, **scáineadh** splitting, severing, **sceadadh** patch cutting, **sciotadh** snipping, clipping, pruning, **scrathadh** surface stripping, **scríobadh** scraping, scratching, **sioscadh** trimming,

clipping, **stróiceadh** stripping, tearing, **teascadh** cutting off, lopping
2. making cutting remarks
bearrthóireacht ar making cutting remarks to, **cáineadh** criticise, **cáinsiú** scolding, **feannadh** fleecing, flaying, skin, **gearradh chuig duine** making a cutting remark to a person, **sciolladh** scold, **sclamhadh** snap at, abuse

▲ ~ **bainne** skimming milk, ~ **cártaí** cutting cards, ~ **crann** pruning trees, ~ **féasóige** cutting a beard, ~ **inge** cutting nails, ~ **sciathán** clipping wings

◊ **Bíonn siad de shíor ag ~ ar a chéile.** They are constantly making jibes at each other.

Bearrtha *pp* shaven, cropped; sharp-tongued
bainte mown, cut, **cáinte** criticised, **cáinsithe** scolded, **diogáilte** trimmed, **feannta** fleeced, **feanntach** scathing, sharp-tongued, **géar** sharp, **gearrtha** cut, **gearrtha siar** cut back, **lomtha** sheared, **scáinte** split, severed, **sceadta** cut into a patch; blazed, **sciollta** scolded, scratching, **sciota** snipped, clipped, pruned, **sclafa** snapped at, abused, **scraite** surface stripped, **scríobtha** scraped, scratched, **siosctha** trimmed, clipped, **stróicthe** stripped, torn

Beart *m (birt; ~a, ~)*
1. plan, matter, action
aicsean action, **beartú** planning, **caimiléireacht** scam, **cás** case, **cleas** trick, **cor** twist, turn, trick, **cur i gcrích** achievement, **cúis** cause, **éacht** *m* feat, **feachtas** campaign, **fiontar** venture, **gníomh** act, action, **gníomhaíocht** action, **gnó** matter, business, **gúm** plan, scheme, **iarracht** effort, **idirbheart** transaction, **imeacht** *m* proceeding, transaction, **imirt** play, **jab** job, **leagan amach** scenario, **moladh** proposal, suggestion, **oirbheart** exploit, deed, **plean** plan, **rud** thing, **sceideal** schedule, **scéim** scheme, **seift** ploy, ruse, trick, plan, **straitéis** strategy, **tairiscint** proposal, **taithí** experience, **tionscadal** project **tionscnamh** initiation, institution, **tionscadal** project, **togra** initiative, undertaking

▲ ~ **airgid** cash transaction, ~ **baothdhána** act of desperation, ~ **cáinchiorraithe** tax-cutting measure, ~ **dána** bold stroke, ~ **déine** austerity measure, ~ **éigríonna** ill-advised move, ~ **éalaithe** evasive action, ~ **flaithiúil** magnanimous gesture, ~ **gan leigheas** matter that can't be helped/cured, ~ **i gcrích** successful matter, fait accompli, ~ **moilleadóireachta** delaying tactic, ~ **pá** pay deal, ~ **ó chríoch** failure, ~ **síceolaíoch** mind game, ~ **siombalach** token gesture, ~ **straitéise** stratagem, ~ **suarach** vile act, ~ **tobann** impetuous act

◊ **Chuir mé air ~ a dhéanamh de réir a bhriathair.** I called his bluff., **beart a dhéanamh de réir briathair** to walk the talk, to be as good as your word, **Déanfaidh sé sin an ~.** That'll do the job., **Is ar éigean** a rinne tú an ~! You cut it fine!, Tá an ~ imeartha. The die is cast.

2. bundle, package
allait shapeless bundle, **allatán** small shapeless bundle, **bailiúchán** collection, **beartán** parcel, **baisc** batch, **braisle** *f* cluster, **bulc** bulky parcel, **burla** bundle, **carn** pile, heap, **carnán** small heap, heap, bale, **ceangaltán** bunch; *(email)* attachment, **cliathbhosca** crate, **corróg** thick bundle, **cuairsce** *f* roll, bundle, **cuach** *f* bundle, **cual** bundle, heap, **foiscealach** *m* swag, **mála** bag, **pacáiste** package, **paicéad** packet, **paiclín** little parcel, **pailéad** pallet, **puntán tuí** bundle of thatch, **scuab** *f* sheaf, armful, bundle, **stáca** stack, **tortán** little pile of small items, **trioplóg** small cluster

▲ ~ **brosna** bundle of firewood, ~ **bogearraí** software bundle, ~ **codlata** place to sleep, ~ **leabhar** parcel of books

P Bailíonn brobh ~. Every little counts.

Beartaigh *v₂ₐ* plan, plot, orchestrate
ceap devise, **ceap scéim** think up a scheme, **cuir le chéile** formulate, **cúlcheadaigh** connive at, **déan plean** make a plan, **déan scéiméireacht** scheme, **déan uisce faoi thalamh i gcoinne** *(+ gen)* intrigue against, **eagraigh** arrange, **fionn** invent, contrive, **imlínigh** outline, **innill** plot, plan (cf **cealg a inleadh** to plot treachery), **leag amach** lay out, formulate, **mapáil (amach)** map out, **oibrigh amach** work out, **pleanáil** plan, **seiftigh** contrive, procure, **socraigh** decide, resolve, **ullmhaigh** prepare

Beartaithe *pp* planned, plotted, contrived; orchestrated
ceaptha devised, **cúlcheadaithe** connived, **curtha le chéile** formulated, **eagraithe** arranged, **fionnta** invented, contrived, **imlínithe** outlined, **innealta** plotted, planned, **leagtha amach** laid out, formulated, **mapáilte (amach)** mapped (out), **oibrithe amach** worked out, **pleanáilte** planned, **seiftithe** contrived, procured, **socraithe** decided, resolved, **ullmhaithe** prepared

Beartaíocht *f (~a)* tactics
beart plan, tactic, **cleas** trick, **cleasaíocht** craftiness, artifice, **clisteacht** cleverness, **déileáil** dealings, **ealaíona** *fpl* wiles, **gliceas** cunning, **intleacht** ingenuity, **oirbheart** *(mil)* tactic, **oirbheartaíocht** *(mil)* tactics, **plean** plan, **pleanáil** planning, **scéiméireacht** machination(s), **seift** manoeuvre, gambit, **seiftiúlacht** ingenuity, **straitéis** strategy, **teaicticí** *fpl* tactics, **trugálacha** *spl* dealings

Beartán *m (-áin; -áin, ~)* parcel
beart parcel, bundle, **burla** bundle, **paca** pack, **pacáiste** package, **paicéad** packet *(see also: beart)*

Beartú *vn* planning, plotting; contriving; orchestrating
ceapadh devising, **ceapadh scéime** thinking up a scheme, **cúlcheadú** conniving, **cur le chéile** formulating, **déanamh plean** making a plan, **déanamh scéiméireacht** scheming, **déanamh uisce faoi thalamh i gcoinne** *(+ gen)* intriguing against, **eagrú** arranging, **fionnadh** inventing, contriving, **inleadh** plotting, planning, **leagan amach** laying out, formulating, **mapáil (amach)** mapping (out), **oibriú amach** working out, **pleanáil** planning, **seiftiú** contriving, procuring, **socrú** deciding, resolving, **ullmhú** preparing

Béas *m (~a; ~a, ~)*
1. custom
bealach *m (-aigh; -aí)* way, **béasaíocht** etiquette, **cleachtadh** practice, habit, **coinbhinsiún** convention, **deasghnáth** ritual, rite, ceremony, **dóigh** way, manner, **dul** way, **faisean** fashion, **gnás** habituation, usage, **gnáthaíocht** wont, usage, **gnáthamh** routine, **míbhéas** bad habit, **modh** mode, procedure, **nós** custom, **nósmhaireacht** customariness, **riailbhéas** regular habit, discipline, **slí** *f (~; slite)* way, **stíl** style, **taithí** *f* habit, **traidisiún** tradition, **úsáid** use *(see also: nós)*

2. *pl* ~a manners
dea-bhéas politeness, **dea-mhúineadh** well-mannered behaviour, **foghlaim** education, **galántacht** elegance, **múineadh** mannerly behaviour, well-taught, **modhúlacht** genteelness, mannerliness, **oilteanas** politeness, manners, **sibhialtacht** civilised behaviour, civility *(see also: dea-bhéas)*

Béasach *adj³* polite
béalmhúinte politely spoken, mannerly in speech, **caoinbhéasach** refined, **cúirtéiseach** courteous, **cultúrtha** cultured, **dea-bhéasach** gallant, **dea-iomprach** well-behaved, **dea-mhúinte** well-mannered, well-bred, **dóighiúil** decent, respectable, **giúlánta** well-behaved, mannerly, **macánta** decent, **miochair** affable, courteous, **modhúil** genteel, mannerly, **mómhar** dignified, **múinte** mannerly, **riailbhéasach** of regular habits, disciplined, **séimh** refined, **sibhialta** civil, **síodúil** suave, urbane, **sobhéasach** well-bred, **sofaisticiúil** sophisticated, **urramach** deferential

Beatha *f (~)*
1. life
adhaint ignition, **aithinne** *f* spark, **aithne** *f* recognition, awareness, **anáil** breath, **anam** soul, life, **anamúlacht** spiritedness, animation, **ard-mheanma** high spirits, **beathaisnéis** biography, **beo** life force, livingness, vitality, **beogacht** vitality, liveliness, **beocht** *f* life, liveliness, **bith** *m (beatha)* life, world, all there is, **breith** birth, **brí** *f* vitality, drive, strength, **coinneal** *f* candle (cf **coinneal na beatha** candle of life), **comhfhios** consciousness, **croí** heart, **croíúlacht** heartiness, **cuimhneacháin** memories, **cuimhní cinn** memoirs, **cuisle** *f* pulse, lifeblood, **dírbheathaisnéis**

Beathaigh

autobiography, **drithle** *f* sparkle, **éifeacht** vigour, potency, **eiseadh** existence, **eisint** essence, **fannléas** glimmer, **feasacht** awareness, **fios** *m* (*feasa*) knowing, (**an**) **Fórsa** (the) Force, **fuinneamh** energy, sparkle, **gealán** gleam, **léas** glimmer, **líne tharrthála** lifeline, **maireachtáil** living, **marthain** *f* (*-thana*) existence, life, **meanma** *f* (*~n*) spirit, **ré** *f* lifetime, era, **rince an tsaoil** the dance of life, **saol** life, lifetime, world, **scailleagántacht** breeziness, liveliness, **scriotharnach** *m* flicker of life (cf **Is ar éigean go raibh scriotharnach ann.** He was barely alive., **fad is a bhíonn an scriotharnach ionam** as long as there is a flicker of life left in me), **sícé** psyche, **solas** light, **solas an pheaca** the impure light (of sin), **spiorad** spirit, **splanc** *f* flash, spark, **spreacadh** zeal, vehemence (see also: **saol**)
2. sustenance, food
bia food, **beathú** feeding, **cothú** nourishment, nourishing sustaining, **lón** food, victuals, provision, **marthanacht** sustenance, food, **scamhard** nutriment, nourishment, **tomhaltas** eatables (see also: **bia**)

Beathaigh *v₂ₐ* feed, fatten up; rear

beoigh vitalise, **biathaigh** feed, **cothaigh** nourish, feed; sustain, **cuir le** add to; enforce, **daingnigh** consolidate, **láidrigh** strengthen, **neartaigh** fortify, **ramhraigh** fatten, **tabhair bia do** give food to, feed, **tacaigh** support, **tóg** raise, rear, **treisigh** bolster up, strengthen

Beathaithe *pp* fed, fattened up; reared

beoite vitalised, **biathaithe** fed, **cothaithe** nourished, fed; sustained, **curtha le** added to; enforced, **daingnithe** consolidated, **láidrithe** strengthened, **neartaithe** fortified, **ramhraithe** fattened, **tacaithe** supported, **tógtha** raised, reared, **treisithe** bolstered up, strengthened

Beathú *vn* feeding, fattening up, rearing

beathú feeding, fattening up; rearing, **beochan** vitalising, **biathú** feeding, sustaining, **coimeád** keeping, sustaining, **cothú** feeding, sustaining, **cur le** adding to; enforcing, **daingniú** consolidating, **fóis** overfeeding; pampering, **follúnú** sustaining, nourishing, **láidriú** strengthening, **méataireacht** pampering, **neartú** fortifying, **potbhiathú** (information) spoon-feeding; pampering, **ramhrú** fattening, **tacú** supporting, **treisiú** bolstering up, strengthening

Béic 1 *f* (*~e; ~eacha*) yell, shout

búir bellow, roar, **éamh** cry, scream, **fógairt** proclamation, **gáir** cry, cheer, **géim** bellow, low, **géis** scream; roar, **glam** roar, **glao** call, **gol** crying, **goldar** cry, roar, **grág** hoarse cry, cackle, **iolach** *m* cry of victory; howling sound, **liach** *m* cry of lamentation; sorrow, **liú** *m* yell, **lóg** wail, cry, **ruabhéic** wild roar, **scairt** shout, **scréach** *f* (*scréiche*) screech, **scread** *f* (*~a*) scream, **sian** *f* (*séine*) plaintive sound, whine, **uallfairt** howl; grunt, **uaill** howl, **uaillghol** wailing sound (see also: **béicíl**)

Béic 2 *v₁ᵦ* yell, shout

bí ag béicíl be yelling, **bí ag scréachach** be screeching, **bí ag screadach** be screaming, **búir** bellow, **caoin** weep, **cuir glaoch ar** call, **déan liúireach** yell, **déan grágaíl** cackle, croak; bray, **déan uaillghol** make a wailing/howling sound, **gáir** cry out, shout; laugh, **glaoigh** (**ar**) call, **goil** weep, cry softly, **lig béic** let out a yell, yell, **lig glam** holler, howl, **lig glao** let out a call, **lig liú** let out a yell, **lig scread** let out a scream, **lig uaill** let out a howl, **liúigh** yell shout, **scairt** shout, call, **sceamh** yelp, squeal, **scréach** screech, shriek, **scread** scream

Béiceadh *vn* yelling, shouting

béicíl yelling, **búireach** bellowing, braying, lowing, **caoineadh** weeping, **cur glaoch ar** calling, **damháire** bellowing, lowing; (stag) belling, **géimneach** *f* bellowing, lowing, **glaoch** calling, **gol** crying, **grágaíl** croaking, cawing, cackling, **ligean béice** letting out a yell, **ligean glaime** baying, howling, **ligean glao ar** calling to/upon, **ligean liú** letting out a yell, **ligean scread** letting out a scream, **ligean uaill chaointe** making a wailing cry, howling, **liú** yelling, yell, **liúireach** yelling, **scairteadh** shouting, calling, **sceamhadh** yelping, squealing, **scréachach** screeching, shrieking, **screadach** screaming, **uaillghol** wailing, **uallach** howling

Béicíl *f* (*-íola*) yelling, shouting

béiceadh yelling, shouting, **búireach** *f* bellowing, **caoineadh** weeping, **faíreach** *f* booing; shouting, **fógairt** proclaiming, **géiseacht** screaming; roaring, **geonaíl** whining, **glamach** *f* roaring, barking, howling, **glaoch** *m* calling, **gol** crying, **goldaracht** wailing, **golfairt** lamenting, **gutháire** yelling, **liú** *m* yelling, **liúireach** *f* yelling, **lógadh** wailing, crying, **olagón** wailing, **scairteach** shouting, **scolaíocht** shouting, calling, **scolfairt** guffawing, shouting, **scréachach** *f* screaming, **screadach** *f* screaming, **uallfartach** *f* howling; grunting, **uaill** *f* wailing, **uaillghol** wailing

Béicthe *pp* yelled, shouted

búirthe bellowed, **caointe** lamented, **gártha** cried out, shouted, **glaoite** called, **goilte** cried, wept, **liúite** yelled, shouted, **scairte** shouted, called, **sceafa** yelped, squealed, **scréachta** screeched, shrieked, **screadta** screamed

Béile *m* (*~; -lí*) meal, repast

béile amach takeaway, **bia** food, **biachuntar** food counter, **bricfeasta** breakfast, **buifé** *m* buffet, **dinnéar** dinner, **féasta** feast, banquet, **lón** lunch, **mearbhia** fast food, **mias** *f* dish, **proinn** meal, **scroid** special light repast, snack (cf **scroid airneáin** bite to eat late in the evening), **séire** *m* meal, repast, **sneaic** snack, **suipéar**

Beilt

supper, **tabhairt leat** takeaway (cf **bia le tabhairt leat** takeaway food), **tae** tea, **tráth (bia)** meal

Beilt *f (~e; ~eanna)* belt
banda band, **crios** *m (creasa; ~anna)* belt; band zone, **corda** cord, **sreang** *f (sreinge, ~a, ~)* string; wire, **strapa** strap, **ulóg** pulley *(see also: crios)*

▲ ~ **mheáite** weighing belt, ~ **tiomána** driving belt, **~eanna suíochán mótairfheithiclí** motor vehicle seat belts

Béim *f (~e; ~eanna)* emphasis
aiceann accent, **aiceannú** accentuation, **aire** attention, **áitiú** insistence, **folíneáil** underlining, **fostríocadh** underscoring, **práinn** urgency, **sioncóipiú** syncopation, **stór** store, **strus** stress, emphasis, **tábhacht** importance, **tús áite** priority

Beir *v irr* give birth, bear
athionchollaigh reincarnate, **iompair** bear, carry, **ionchollaigh** incarnate, be born, **máithrigh** mother, bear, **póraigh** *(agr)* breed, **saolaigh** bring forth *(into this world)*, **síolraigh** seed, **tabhair ar an saol seo** bring into this world, **tuismigh** parent

~**eann bean leanbh.** A woman gives birth to a child.
~**eann bó.** A cow calves.
~**eann cearc ubh.** A hen lays an egg.
~**eann suáilce sonas.** Virtue gives birth to joy.

◊ **Cár rugadh thú?** Where were you born?, **Rug sí cúpla.** She gave birth to twins., **Rugadh mé i mBaile Átha Cliath.** I was born in Dublin.

Beir ar *v irr* take hold of
alp grab; devour, **cantáil ar** grab at, **ceap** ensnare, catch, **coinnigh greim ar** keep hold of, hold, **cuir do lámh(a) ar** lay your hand(s) on **faigh greim ar** take/get hold of, **gabh** seize, capture, **gabh seilbh ar** take possession of, seize, **glám** grab, clutch, **grabáil** grab, **greamaigh** grip, **sciob** snatch, **sealbhaigh** take possession of, **snap** snatch, catch, **snap suas** snap up, **tapaigh** grasp quickly, **tóg** take, **tóg barróg ar dhuine** give a hug to a person, hug a person, **tóg greim ar** take hold of

◊ **Béarfaidh tú ar an obair sin níos déanaí.** You'll catch up on that work later. **Rug Deirdre barr áille ar bhantracht na hÉireann.** Deirdre in her beauty excelled all the women of Ireland., **Tá sé ag breith ar a naoi.** It's getting close to nine.

~ **amuigh ar an namhaid!** Catch the enemy (off guard!)
~ **ar an liathróid!** Take hold of the ball!
~ **ar do chiall!** Get a grip of yourself!
~ **gan fhios orthu!** Take them by surprise!
~ **greim láimhe orm!** Take a hold of me!
~ **maol ar an ghadaí!** Catch the thief red-handed!

Beir chuig *v irr* bring to
aistrigh convey, **bronn ar** bestow upon, **dáil** distribute,

Beo

serve, **dánaigh** *(lit)* bestow, **deonaigh** grant, **iompair chuig** carry/transport to, **riar** administer, distribute, **sín chuig** proffer, pass to, **soláthair** procure, provide, **stiúir** lead, shepherd, **tabhair chuig** bring to, **tionlaic** accompany, **toirbhir** hand over, deliver, present, **treoraigh** guide

~ **a tuairisc chugam!** Bring me news of her!
~ **chugat féin leis seo!** Be cautious about this!
~ **do bhreith chugam!** Bring your verdict to me!
~ **mo bheannacht chuici!** Give her my regards!

Beir le *v irr* proceed, carry off
aistrigh move, transfer, **bog** move, **corraigh** move, **gabh ar aghaidh** proceed, **gluais chun tosaigh** move forward, **imigh** leave, **iompair** carry, convey, **lean ar aghaidh** carry on, continue, **tabhair leat** take with you, **téigh chun cinn** advance, **tóg** take

◊ ~ **leat abhaile!** Go off home with you!, ~ **leat mo bheannacht!** Go with my blessing!, **Rug mé na sála liom.** I took to my heels., **Rugamar an chraobh linn.** We won the championship., **Tá sí ag breith leis an mata le déanaí.** She is doing well at the Maths lately.

Beirt *f (~e; ~eanna)* two people
córaid couple, pair, yoke, **cuingir** *(animals)* pair, couple; harness, **cúpla** twins, **diad** dyad, **dís** duo, two people, **díséad** duet, **lánúin** twosome, **leathchúpla** twin, **péire** pair

Beirthe *pp*
1. given birth, borne
athionchollaithe reincarnated, **iompartha** borne, carried, **ionchollaithe** incarnated, **máithrithe** mothered, bore, **póraithe** *(agr)* bred, **saolaithe** brought forth *(into this world)*, **síolraithe** seeded, **tugtha ar an saol seo** brought into this world, **tuismithe** parented
2. ~ **ar** taken hold of
alptha grabbed; devoured, **cantáilte** grabbed, **ceaptha** ensnared, caught, **gafa** seized, captured, **glámtha** grabbed, clutched, **grabáilte** grabbed, **greamaithe** gripped, **tógtha** taken, **sealbhaithe** taken possession of, **sciobtha** snatched, **snaptha** snatched, caught, **snaptha suas** snapped up, **tapaigh** grasped quickly, seized

Beo 1 *m (~; ~)* life, having life
beatha life, **beogacht** sprightliness, liveliness, **beochan** animation, **beocht** *f* liveliness, life, life-force, **bradán beatha** living spirit, the soul within, **brí** vigour, **fuinneamh** energy, **fuireachas** alertness, watchfulness, **gastacht** briskness, **preabúlacht** liveliness, bounce, **spleodar** vivacity, **spreacúlacht** vigour, spirit *(see also: beatha, saol)*

Beo 2 *adj[6]* alive
aigeanta spirited, **aireach** alert, **anamúil** spirited, lively, **bagánta** hale, full of vim; spruce, **beoga**

sprightly, full of life, **beoite** animated, **bríomhar** vigorous, **briosc** brisk, crisp, lively, **brufanta** lively, **brufar** ardent, fiery, **friochanta** active, lively; quick-tempered, **fuinniúil** energetic, **fuireachair** alert, watchful, **gasta** brisk, snappy, **lán le spleodar** full of explosive energy, **meanmnach** lively, perky, **preabanta** lively, full of bounce, **preabúil** lively, dashing, **saolach** long-lived (cf **Ní raibh sé saolach.** He didn't live long.), **scailleagánta** breezy, lively, **sceidealach** frisky, excited; excitable, **spleodrach** vivacious, **spreacúil** spirited

◊ **chomh ~ le cat** as lively as a cat

Beochan *f (~a) vn* animating; animation
breith giving birth, **bunú** establishing, **cur beocht i** putting life into, livening up, **cur spionnadh i** infusing with vitality, invigorating, **cur spleodar i** making exuberant, vivacious, **dúiseacht** awakening, **earrachú** vernalising, **fuascailt** releasing, delivering, **gairm** invoking, summoning up, **gníomhachtú** activating, **gríosú** igniting, cheering on, fanning, **meidhriú** elating, exhilarating, **múscailt** arousing, awakening, **séideadh faoi** rousing, inciting, **spionnadh** enlivening, animating, **spreagadh** stimulating, **tabhairt chun beatha** bringing to life, **tionscnamh** initiating, **tosú** beginning

▲ ~ **ceallanna** cell animation, ~ **dhéthoiseach** 2D animation, ~ **ghrafaic ghluaisne** motion graphic(s) animation, ~ **íomhá ar íomhá** stop-motion animation, ~ **thríthoiseach** 3D animation

Beocht *f (~a)* liveliness, life, life force
aibíocht liveliness, ripeness, **aigne** spirit, cheerfulness, **aeracht** gaiety; gayness, **anam** spirit, soul, life, **anamúlacht** vitality, **beatha** *f* life, **beo** life, being alive, **beogacht** liveliness, **beochan** *f (~a)* animation, **bíogúlacht** sprightliness, **breabhsántacht** sprightliness, **brí** vigour, **ceol** vigour, animation; music, **dinimiceas** dynamism, **fuinneamh** energy, **gastacht** briskness, **meanmnacht** liveliness, perkiness, **preab** *f* bounce, kick (cf **an preab san ól** the kick that the drink gives), **scóipiúlacht** openness to adventure/to life, **spionnadh** vigour, vitality, zip, **spleodar** vivacity, *joie de vivre*, **spreacúlacht** vigour, spirit, **preabaireacht** bouncing around, liveliness, **preabúlacht** liveliness, bounce, **spleodar** exuberance, **spriolladh** liveliness, spirit, **tapaíocht** activeness, alertness, **tapúlacht** quickness, **teaspach** ardour, fire, passion

Beoga *adj*[6] lively
aerach gay; homosexual, **anamúil** vital, spirited, **beo** alive, being alive, **bíogach** chirpy, perky, **bíogúil** sprightly, **breabhsánta** sprightly; spruce, spry, **bríomhar** vigorous, **dinimiciúil** dynamic, **friochanta** active, lively, **fuinniúil** energetic, **gasta** brisk, **preabúil** lively, quick to act, **scafánta** strapping, energetic, vigorous, **scóipiúil** open to adventure/to life, **spleodrach** vivacious, bursting with life, **spreacúil** vigorous, spirit, **sprusach** lively, eager to engage, enthusiastic, **tapa** quick

Beogacht *f (~a)* liveliness
aeracht gaiety; homosexuality, **anamúlacht** vitality, spiritedness, **beocht** aliveness, life, **beochan** animation, **bíogacht** chirpiness, perkiness, **bíogúlacht** sprightliness, **breabhsántacht** sprightliness, spruceness, **brí** vigour, force, significance, **bríomhaireacht** vigorousness, **dinimiceas** dynamism, **friochantacht** activeness, liveliness, **fuinneamh** energy, **fuinniúlacht** vigorousness, forcefulness, **gastacht** briskness, **preabúlacht** bounce, quickness/promptness to act, **scafántacht** strappingness, speediness, **scóipiúlacht** openness to adventure/to life, **spleodar** vivaciousness, exuberance, **spreacúlacht** vigorousness, spiritedness, **tapaíocht** activeness, alertness, **tapúlacht** quickness

Beoigh *v*[1f] animate, vivify, bring to life
beir give birth, **bunaigh** establish, **cuir beocht i** put life into, liven up, **cuir spionnadh i** infuse with vitality, invigorate, **cuir spleodar i** make exuberant, vivacious, **dúisigh** awaken, **earrachaigh** vernalise, **fuascail** release, deliver, **gair** invoke, summon up, **gníomhachtaigh** activate, **gríosaigh** ignite, cheer on, fan, **meidhrigh** elate, exhilarate, **múscail** arouse, awaken, **séid faoi** rouse, incite, **spionn** enliven, animate, **spreag** stimulate, **tabhair chun beatha** bring to life, **tionscain** initiate, **tosaigh** begin

Beoite *pp* animated, vivified, brought to life
beirthe given birth, **bunaithe** established, **dúisithe** awakened, **earrachaithe** vernalised, **fuascailte** liberated, delivered, **gairthe** invoked, summoned up, **gníomhachtaithe** activated, **gríosaithe** ignited, cheered on, fanned, **meidhrithe** elated, exhilarated, **múscailte** aroused, awakened, **séidte** rouse, excited, **spionnta** enlivened, animated, **spreagtha** stimulated, **tugtha chun beatha** brought to life, **tionscanta** initiated, **tosaithe** begun, initiated

B'fhéidir *adv* perhaps
ar feadh a bhfuil a fhios agam as far as I know, **ceaptar (go)** it is thought (that), **chomh dócha lena athrach** as likely as not, **chreidfeá (go)** you'd imagine (that), **creidtear (go)** it is believed (that), **de réir cosúlachta** in all likelihood, **déarfá (go)** you would say (that), **déarfainn (go)** I would say (that), **deirtear (go)** it is said (that), **de réir dealraimh** apparently, **d'fhéadfá a rá (go)** you could say (that), **feictear dom (go)** it seems to me (that), **gach uile sheans** more than likely, **glactar leis (go)** it is accepted (that), **go bhfios dom** as far as I am aware, **go teicniúil** technically, **go teoiriciúil** theoretically **níl féidir é a shéanadh (go)** It cannot be denied (that), **níl sé cinnte ach** it's

not certain but, **seans** possibly, **tá gach dealramh/ cosúlacht ar an scéal (go)** it is really beginning to look like (that), **tá mé in amhras faoi** I'm dubious/ doubtful; suspicious about it, **tá sé inargóinte (go)** it's arguable (that), **tá sé ina iomrá (go)** there's a rumour (that), **tá scéal ag dul thart (go)** there's a story going round (that), **Táim i gcás idir dhá chomhairle.** I can't make up my mind., **táthar ag maíomh (go)** it is being claimed (that), **síltear (go)** it is thought (that), **tar éis an tsaoil** when all is said and done, **tuigtear (go)** it is understood (that)

Bia *m (~; ~nna)* food
aiste *f* (**bia**) diet, **ambróise** ambrosia, **arán** bread, **bia-ábhar** foodstuffs, **beatha** *f* food, **beathú** nutrition, **béile** meal, **béile amach** takeaway food, **bord** table, board, **bricfeasta** breakfast, **ciondáil** ration, **ciondálacha** rations, **cócaireacht** cooking, **coinneáil** keep, **cothú** nourishment, sustenance, **dinnéar** dinner, **farae** *m (~)* fodder, **féasta** feast, **greim le hithe** bite to eat, **ionmhar** rich food; condiment **ithe** act of eating, **itheachán** eating, **lóistín** board, **lón** lunch; provisions, **marthain** sustenance, food, **marthanacht** sustenance, **méaróga** *fpl* (**bia**) finger food, **méaróga éisc** fish fingers, **placamas** something to gobble down, **plaic** large bite of food, **sáith** fill, *(archaic)* repast, full meal, **sneaic** snack, **suipéar** supper, **scamhard** nourishment, **soblam** unappetising soup; soapy liquid, dishwater, **solamar** appetising, rich food; nutrition, **stolpán** stodgy food, **tomhaltas** eatables, **turach** *m* food without condiment, **turaíocht** meals without condiments, **uiríoll** extra food *(see also: aiste 2)*

▲ ~ **a bhfuil neart snáithín ann** high fibre food, ~ **ar bheagán saille** low-fat food, ~ **ardchaighdeáin** top quality food, ~ **eallaigh** animal food, ~ **beárbaiciú** barbecue food, ~ **blasta** tasty food, ~ **bog** slops, ~ **cat** cat food, ~ **corpfhorbartha** bodybuilding food, ~ **cothaitheach** nutritious food, ~ **do-ite** inedible food, ~ **folláin** healthy/wholesome food, ~ **gasta** fast food, ~ **gunna mhóir** cannon fodder, ~ **ina smailcíní** bite-sized food, ~ **lán geire** fatty food, ~ **leamh** tasteless/ insipid food, ~ **leanaí/naíonán** baby food, ~ **le breith leat** takeaway food, ~ **madraí** dog food, ~ **na háite** local cuisine, ~ **nár itheadh** uneaten food, ~ **saibhir** rich food, ~ **saoráideach** convenience food, ~ **saor ó ghlútan** gluten-free food, ~ **stáin** tinned food, ~ **stáirsiúil** starchy food, ~ **trá** shellfish or edible seaweed, ~ **tur** dry unappetising food, ~ **veigeánach** vegan food, ~ **veigeatórach** vegetarian food

Bialann *f (-lainne; ~a, ~)* restaurant
beár bar, **béile amach** takeaway, **biostró** bistro, *brasserie* brasserie, **buifé** *m* buffet, **caifeitéire** *m* cafeteria, **caife** *m* café, **ceaintín** canteen, **gríosclann** grill room, grill bar, **ionad mearbhia** fast food joint, **mearbhialann** fast food restaurant, **seomraí bia** *mpl* dining rooms, **spólann** carvery, **teach itheacháin** eating house, **óstlann** hotel, **proinnseomra** *(high reg)* dining room, **proinnteach** *m* dining hall, refectory, **spólann** carvery, **tábhairne** inn, pub, **teach ósta** inn

▲ ~ **a bhfuil ceadúnas alcóil aici** licenced restaurant, ~ **a bhfuil cúig réalta faighte aici** five-star restaurant, ~ **bia mara** seafood restaurant, ~ **tabhair/ tóg leat** takeaway, ~ **charrsheirbhíse** drive-thru restaurant, ~ **d'fheoilséantóirí** vegetarian restaurant, ~ **ghalánta** fancy restaurant, ~ **ghasta** fast food restaurant, ~ **Indiach** Indian restaurant, ~ **mhearbhia** fast food restaurant, ~ **na n-oifigeach** officers' mess, ~ **Shíneach** Chinese restaurant, ~ **stéige** steakhouse, ~ **Théalannach** Thai restaurant, ~ **tiomáin isteach** drive-in, ~ **Vitneamach** Vietnamese restaurant

Bileog *f (-oige; ~a, ~)* leaflet; leaf
bileoigín little leaflet, **bróisiúr** brochure, **ciorclán** circular, coupon, **dáileán** flyer, handout, **duille** leaf, **duilleog** leaf, **duillín** small slip of paper (cf **duillín vótála** voting slip), **fógrán** flyer, **imlitir** *f* circular, **leabhrán** brochure; booklet, **leathán** sheet, **leathanach** *m* page, **liaróg** strip, sheet (cf **liaróg pháipéir** strip of paper), **preaseisiúint** press release, **stiall** *f* strip (eg **stiall leathair, pháipéir etc,** strip of leather, of paper, etc)

Bille *m (~; -llí)*
1. bill *(to be paid)*, demand for payment
airgead le híoc money to be paid, **airgead síos** cash down, **costas** cost, **cuntas** account, **dochar** bill, damage (cf **Cad é an dochar?** What's the damage?), **fiach** *m (féich, ~a, ~)*, debt, **íoc** payment, **íoc is iompair** cash and carry, **reicneáil** reckoning, payback, **scláta** slate (cf **an scláta a ghlanadh** to wipe the slate clean), **scot** reckoning (cf **an scot a íoc** to pay the reckoning, **sonrasc** invoice, **suim dlite ach gan íoc** amount due but unpaid, **táille** charge, fee, **thíos** down, out of pocket (cf **Mise atá thíos leis.** I'm the one who is out of pocket by it.)

▲ ~ **cánach** tax demand, ~ **fóin** phone bill, ~ **fóntais** utility bill, ~ **gáis** gas bill, ~ **gan íoc** unpaid bill, ~ **íoctha** paid bill, ~ **le híoc** due bill, ~ **leictreachais** electricity bill, ~ **miondealaithe** itemised bill

◊ ~ **a íoc** to settle a bill

2. *(notice, listing, parliament)* bill
acht act, **achtú** enactment, **bileog** leaflet, sheet, **cárta** card, **clár** programme, program, **duilleog** leaf, leaflet, **feasachán** bulletin, **fógra** notice; placard; advert, **tairiscint** proposal, **nóta** note, **liosta** list, **mórbhileog** broadsheet, **póstaer** poster, **ráiteas** statement, **reachtú** legislation, **siollabas** syllabus

▲ ~ **díola** bill of sale, ~ **comhalta príobháideach** *(gov)* private bill, ~ **gan freasúra** unopposed bill, ~ **iompair** waybill, ~ **luchta** bill of lading, ~ **malairte** bill of exchange, ~ **Oireachtais** Oireachtas bill, ~

Binbeach párolla wage bill, **~ poiblí** *(gov)* public bill, **~ rialtais** government bill, **~ státchiste** treasury bill

◊ **~ a rith** to pass a bill, **~ a thíolacadh** to present a bill, **Brúdh an ~ tríd.** The bill was pushed/steamrollered through., **Léadh an ~ an dara huair.** The bill got its second reading.

○ **An Bille Rialtas Dúchais** *The Home Rule Bill* – introduced by British prime minister, H.H. Asquith, to allow a certain degree of political autonomy for the Irish people. The Bill went through three readings (1912–1914) before being delivered for Royal assent.

Binbeach *adj³* venomous, sharp
aiciseach venomous, spiteful, **aigéadach** acidic, **bearrtha** sharp-tongued, **biorach** sharp, spiky, **borb** fierce, violent, **colgach** bristling; waspish, tetchy, **crua** severe, harsh; *(bread)* stale, **deilgneach** barbed, thorny, **díoltasach** vindictive, **domlasta** acerbic, vitriolic; peevish, **drisíneach** prickly; waspish, **feanntach** cutting, **fiamhach** spiteful, bitter, **finéagrach** vinegary, **fuasaoideach** rancorous, spiteful, **gangaideach** nasty, **géar** sharp, **goibéalta** pointed sarcastic, **goilliúnach** hurtful, **goimhiúil** stinging, venomous, **gonta** laconic, pithy, **íorpaiseach** venomous, distempered, **leadarthach** lacerating, **loiscneach** caustic, **mailíseach** malicious, **mioscaiseach** spiteful, **nimheanta** venomous, spiteful, **nimhiúil** toxic, **nimhneach** venomous, poisonous, **niogóideach** testy, sarcastic, **polltach** piercing, penetrating, **ribeanta** sharp, severe, **rodta** *(beer)* stale, flat, **ruibheanta** sharp-tongued, **searbh** bitter, sour, **searbhasach** sarcastic *(see also: géar)*

Bindealán *m (-áin; -áin, ~)* bandage
banda band, **bréid** bandage, strip of cloth, **cafarr** bandage on head, kerchief, **ceirt** cloth, **cléithín** splint, **clúdach** covering, **cóiriú máinliachta** surgical dressing, **fáisceán** binding, bandage, **guailleán** shoulder strap, sling, **maipín uige** gauze swab, **plástar** plaster, **plástar Pháras** plaster of Paris

▲ **~ cáimrice** cambric bandage, **~ feadánach** tubular bandage, **~ flainín** flannel bandage, **~ imleacáin** umbilical bandage, **~ síprise** crepe bandage, **~ triantánach** triangular bandage

Binn 1 *f (~e; beanna, beann)*
1. peak, gable
barr top, **buaic** climax, peak, **círín** *(wave)* crest, **féige** *f* top, summit; acme, **feirc** *(of hat, cap)* peak, **mullach** *m* summit, **péac** *f (péice; ~a, ~)* peak, **siorra** pinnacle, **stuaic** tip, spire, **splinc** apex, pinnacle, **spuaic** spire, pinnacle, **starraic** peak, prominence, **stolla** pinnacle, **stuaic** peak, tip; spire, **stuaicle** little peak; point, **uasphointe** *m* highest point

▲ **~ an tí** the gable end of the house, **~ an tsléibhe** the peak of the mountain

2. edge, corner
bruach bank, brink, edge, **ciumhais** edge, **eochair** border, edge, **imeall** margin, edge, **imeallbhord** verge, **imlíne** *f* outline, border, coastline, **peiriméadar** perimeter, **taobh** side, **teorainn** border, limit

▲ **~ de chathaoir** edge of a seat, **~ de ghort** corner of a field, **hata trí bheann** three-cornered hat

Binn 2 *adj²* harmonious, sweet
aoibheallach pleasant, **aoibhinn** delightful, blissful, **atá ag teacht lena chéile** harmonious, **breá** fine, **cairdiúil** friendly, **ceolmhar** musical, **comhaontach** agreed, **comhbhách** sympathetic, **comhchuí** meet, harmonious, **comhfhreagrach** corresponding, **comhionann** congruous, **comhoibritheach** cooperative, **comhoiriúnach** compatible, **comhréireach** accordant; proportional, **cothrom** balanced, **deas** nice, **fonnmhar** melodious, tuneful, **i dtiúin** in tune, **iomchuí** appropriate, **milis** sweet, **milisbhriathrach** mellifluous, **pléisiúrtha** pleasant, **séimh** gentle, smooth, **séiseach** tuneful, **siméadrach** symmetrical, **siollánach** sonant, tuneful, **sonda** sonant, sonorous, **taitneamhach** pleasing, **téadbhinn** *(of stringed instrument)* melodious

◊ **chomh ~ leis an smólach** as sweet sounding as the thrush

Binneas *m (-nnis)* harmony, sweetness
aoibhneas delight, bliss, **aoncheol** unison, **teacht lena chéile** coming together, **breáthacht** fineness, **cairdeas** friendship, **cairdiúlacht** friendliness, **ceolmhaireacht** musicality, **comhaontú** concord, agreement, **comhbhá** sympathy, **comhfhreagracht** correspondence, **comhionannas** congruity, **comhoibriú** cooperation, **comhoiriúnacht** compatibility, **comhréireacht** accordance, **cothroime** balance, **dea-fhoghras** euphony, **deise** niceness, **iomchuibheas** congruence, **milse** sweetness, **milisbhriathraí** mellifluousness, **muintearas** conciliation, fellowship, **pléisiúr** pleasantness, **séimhe** gentleness, smoothness, **séiseacht** tunefulness; companionship, **siméadracht** symmetry, **síocháin** peace, **sondas** sonorousness, sonority, **taitneamh** pleasing; pleasure, **tuiscint** understanding

Binse *m (~; -sí)* bench
deasc *f (deisce; ~a, ~)* desk, **cathaoir** *f (~each; ~eacha)* chair, **fargán** ledge, **foradh** *(lit)* elevated seat, ledge, **forma** form, bench, **laftán** grassy terrace, rocky ledge, **léibheann** platform, terrace, **raca** bench, settle, **seas** seat in a small boat, **suíochán** seat, **stól** stool, **suí** seat, **tochta** *m (boat)* thwart

Bíobla *m (~; -í)* Bible
An Córán Beannaithe The Holy Qur'an, **An Leabhar** The Book, **an leabhar mór** (cf He wrote the Bible on DIY. Scríobh seisean an leabhar mór ar DFÉ.), **An Leabhar Beannaithe** The Holy Book, **eicsigéis**

Biogóid

exegesis, **scrioptúr** scripture, **Sean-Tiomna** Old Testament, **soiscéal** gospel, **téacsleabhar** textbook, **Tiomna Nua** New Testament, **tráchtadh** exegesis, **Vulgáid** Vulgate

◊ **An ~ a thabhairt** to swear on the Bible., **bualachán- ~** Bible-thumping

Biogóid *m (~; ~í)* bigot

ciníochaí *m* racist, **díograiseoir (creidimh)** (religious) zealot, **dogmachaí** *m* dogmatist, **fanaiceach** *m* fanatic, **gnéasaíoch** *m* sexist, **seicteach** *m* sectarian, **seobhaineach** *m* chauvinist, **seobhaineach** *m* fir male chauvinist

Biogóideach *adj³* bigoted

a bhfuil súileoga ar blinkered, **aontaobhach** one-sided, **beag** small, **beagaigeanta** mean-spirited, **beagintinneach** small-minded, **caol** narrow, **caolaigeanta** narrow-minded, **ciníoch** racist, **claonta** biased, **éadulangach** intolerant, **éagórach** unjust, **gnéasaíoch** sexist, **ládasach** opinionated, **leataobhach** partial, biased, **leatromach** *(unfair)* discriminatory, **mí-chothrom** unbalanced, unfair, **pairtíneach** partisan, **réamhchlaonta** prejudiced, **seicteach** sectarian, **seobhaineach** chauvinist, **suarach** mean, cheap, **taobhach** partial, **teanntásach** opinionated

Biogóideacht *f (~a)* bigotry

beagaigeantacht mean-spiritedness, niggardly, **beagintinneacht** small-mindedness, **caoile** narrowness, **caolaigeantacht** narrow-mindedness, **ciníochas** racism, **claontacht** bias, biasedness, **éadulangacht** intolerance, **éagóir** injustice, **gnéasachas** sexism, **ládasaí** opinionated attitude, **laobhadh** bias; perversion, **leataobhaí** partiality, bias, **leatromaí** discriminatory practice, partiality, **mí-chothrom** unbalanced attitude, unfairness, **paróisteachas** parochialism, **réamhchlaonadh** prejudice, **seicteachas** sectarianism, **seobhaineachas** chauvinism, **suarachas** meanness, **taobhacht** partiality (cf **taobhaíocht** support), **teanntásaí** being forward and self-opinionated

Bíoma *m (~; ~í)* beam

balc balk, beam, **clár** board, plank, **cearchaill** girder (cf **cearchaill laitíse** lattice girder), **crann** boom, pole, mast, **fraigh** *f (~; -itheacha)* rafter, **garma** beam (cf **garma fíodóra** weaver's beam), **giarsa** joist, girder, **giarsa frámála** *(constr)* trimmer, **maide** bar, beam, stick, **planc** plank, **rachta** rafter, **sail** beam, **taca** support, **taobhán** longitudinal beam (in roof), purlin

Bior *m (beara; ~anna)* pointed rod or stick, spike, *(cooking)* spit

bairb barb, **beann** horn, **beangán** prong, **biorán** pin, needle, **biorán cniotála** knitting needle, **cealg** *(ceilge; ~a, ~)* sting, **claíomh** *m (claímh; claimhte)* sword, **dealg** *f (deilge; ~a, ~)* thorn, **ionga** *f (~n; ingne) (on body)* nail, **píce** pike, **rinn** sharp pointed instrument, **scian** *f (scine; sceana)* knife, **scibhéar** skewer; sharp pointed object, **sleá** *f (~; ~nna)* spear, lance, **snáthaid** needle, **sparrán** small spike, **spearbal** long, pointed object, **spiacán** spiky object, **spíce** spike, **spíon** *f (spíne)* spine, **stíleas** stylus, **tairne** nail

Biorach *adj³* pointed, pointy

beannach horned, pronged; *(mountains)* peaked, **binbeach** biting, cutting, **cocach** pointy, **deilgneach** spiky, thorny **feanntach** acerbic, cutting, **géar** sharp; bitter, **gobach** sticking out, pointy; beaked, **goibéalta** pointed, sarcastic, **goimhiúil** acidic, **gonta** incisive, pointed, **neamhbhalbh** *(remark)* pointed, candid, **nimhneach** acidic, biting, **polltach** piercing, **rinneach** pointed, sharp, **sceanúil** biting, sharp, **scolbach** jagged, **speiceach** *(cap)* peaked, **spiacánach** with pointy edges, jagged, **spíceach** *(hair)* spiky, **starraiceach** sticking out, prominent

Biorán *m (-áin; -áin, ~)* pin, needle

beangán prong, **bior** pin, needle, **briogún** skewer, **dealg** *f* spike, pin; brooch, **dola** tholepin, **pionna** pin, **scorán** pin, toggle, **slaidín** *(pannier)* pin, **snáthaid** needle, **spiacán** spiky object, **spíce** spike, **spíon** *f (spíne)* thorn, spine, **stang** *f* peg, pin, **tacóid** tack (cf **tacóid ordóige** thumbtack, drawing-pin), **tairne** nail

▲ **~ brollaigh** brooch, **~ cniotála** knitting needle, **~ dúnta** safety pin, **~ eangaí** net maker's needle, **~ gruaige** hair pin

◊ **chomh sciúrtha le biorán nua** as immaculate/clean as a new pin, **Ní fiú ~ é!** It's worthless!, **Tá an iomarca ar na bioráin agam.** I have too much on my plate., **Priocadh an banphrionsa le ~ suain.** The princess was pricked with a (charmed) sleeping needle.

Biotáille *m(~; -llí)* liquor, spirits

alcól alcohol, **an braon crua** the hard drop, **an t-ól** drink, **an t-ólachán** drinking (alcohol), **bolcán** fiery spirits; rotgut, **deochanna** *fpl* **meisciúla** alcoholic beverages, **licéar** liquor, **poitín** poteen *(see also: alcól)*

▲ **~ airní** sloe gin, **~ mháinliachta** surgical spirit, **~ mheitileach** methylated spirits

Biseach *m (-sigh)* improvement, gain

aiseag restoration, **aisfháil** retrieval, **athbhunú** restitution, **athchóiriú** renovation, **athchúrsáil** recycling, **feabhas** improvement, **dul chun cinn** progress, **dul i bhfeabhas** getting better, **fainnéirí** *m* convalescence, **feabhas** improvement, **feabhsú** improving, **feabhsúchán** improvement, **iompú** turn around, **lánrith** fully recovered (cf **Tá sí ina lánrith arís.** She has fully recovered.), **leas** benefit, good, **leasú** reform, redress, amendment, **leigheas** cure, healing, **mainís bheag** *(med)* slight improvement, **míntíriú**

Bisigh *(land)* reclamation, **sábháil** deliverance, saving, **seanléim** *lit* best jump (cf **Tá sí ar a seanléim arís.** She has fully recovered.), **slánú** salvation, **tarrtháil** rescue, **teacht chugat féin** getting back to yourself

Bisigh v_{2b} recuperate, improve
aisig restore, restitute, **aisghabh** retrieve, **athbhunaigh** re-establish, **athchóirigh** renovate, **athchúrsáil** recycle, **éirigh níos fearr** become better, **faigh níos fearr** get better, **feabhsaigh** improve, **láidrigh** strengthen, **leigheas** remedy cure, **míntírigh** *(land)* reclaim, **sábháil** save, deliver, **slánaigh** redeem, make whole, **tar as** recover, escape, **tar chugat féin** to get back to yourself, **tar thart** recover, **tarrtháil** rescue, save, **téigh chun cinn** progress, **téigh i bhfeabhas** get better, improve

Bisithe *pp* recuperated, improved
aiseagtha restored, restituted, **aisghafa** retrieved, **athbhunaithe** re-established, **athchóirithe** renovated, **athchúrsáilte** recycled, **feabhsaithe** improved, **dulta chun cinn** progressed, **dulta i bhfeabhas** gotten better, improved, **éirithe níos fearr** gotten better, **faighte níos fearr** gotten better, **láidrithe** strengthened, **leigheasta** remedied, cured, **míntírithe** *(land)* reclaimed, **sábháilte** saved, delivered, **slánaithe** redeemed, made whole, **tarrtháilte** rescued, saved, **tagtha chugat féin** gotten back to yourself

Bisiú *vn* recuperating, improving
aiseag restoring, restitution, **aisghabháil** retrieving, getting back, **athbhunú** re-establishing, **athchóiriú** renovating, **athchúrsáil** recycling, **feabhsú** improving, **dul chun cinn** progressing; progress, **éirí níos fearr** getting better, improving, **fáil níos fearr** getting better, **láidriú** strengthening, **leigheas** remedying, curing, **míntíriú** *(land)* reclaiming, **sábháil** saving, delivering, **slánú** redeeming, making whole, **tarrtháil** rescuing, saving, **teacht as** recovering, escaping, **teacht chugat féin** getting back to yourself, **teacht thart** recovering

Bithiúnach *m (-aigh; -aigh,~)* scoundrel
aisiléir twister, trickster, **amhas** hooligan, **bligeard** blackguard, **bréantachán** stinker, **caimiléir** twister, con man, fraudster, **cladhaire** *(díomhaoin)* cowardly shirker, waster, **clampróir** troublemaker, **cleasaí** trickster, **cluanaire** deceiver, **cneámhaire** crook, **dailtín** brat, **feillbhithiúnach** *m* thorough scoundrel, **gadaí** thief, **leiciméir** idler, **leidhcéir** trickster, **liúdaí** idler, lout, **liúdramán** lazy loafer, **ne'er-do-well**, **loiceadóir** slacker, **ragairneálaí** rascal, **rógaire** rogue, **réice** rake, **ropaire** scoundrel, **ruifíneach** *m* ruffian, **sárachán** bounder, **scabhaitéir** reprobate, **séitéir** cheat, **slíbhín** sleeveen, **smuilcín** scamp, **spadal** *m* worthless creature, **strólaire** ne'er-do-well, **suarachán** rotter, **truaill** obnoxious, disgusting person, douchebag

Bithiúnta adj^6 roguish, scoundrelly; thuggish
anchúinseach monstrous, **bréan** rotten, foul smelling, **bradach** thieving, **calaoiseach** underhand, fraudulent, **cam** crooked, fraudulent, **calaoiseach** deceitful, fraudulent, **cladhartha** villainous, roguish, **cneámhaireachta** *(> cneámhaireacht)* knavery, dishonest dealing, **fealltach** treacherous, **gránna** ugly, nasty, **íogánta** roguish, **lofa** rotten, **ogmartha** impudent, **oilc** *(> olc)* evil, wicked, **olc** evil, bad (cf **Is olc an mac é.** He's a bad one.), **ragairneach** roistering, rakish, **reibhléiseach** fond of roistering, revelling, **rógaireachta** *(> rógaireacht)* roguery, rascality, **rógánta** roguish, **réicíochta** *(> réicíocht)* rakishness, **salach** dirty, **sciathshúileach** roguish-looking, **smuilcíneach** brattish; snooty, **suarach** mean, vile

Bithiúntas *m (-ais)* roguery; thuggery, blackguardism
amhasóireacht hooliganism, **bligeárdacht** blackguardism, **bréantas** rottenness, foul-smelling (deed), **caimiléireacht** crookedness, fraudulence, **calaois** deceit, con, fraud, scam, **ciolmamúta** foul play, trickery, **claidhreacht** villainy, roguery, **cneámhaireacht** knavery, dishonest dealing, **drochghníomh** evil deed, **feillbheart** treacherous deed, **foirneáil** idling; gadding about, **gadaíocht** thievery, **gráiniúlacht** ugliness, nastiness, **lacstráil** gadding about; idling, **leiciméireacht** idling, shirking work, **liúdaíocht** idling, shirking, **liúdramántacht** loafing around, wasting one's time, **loiceadóireacht** dawdling, pottering about, **meirleachas** villainy, banditry, **míbheart** villainy, evil deed, **mínáire** shamelessness, **olc** evil, evil action/deed, **rascalacht** rascality, **ragairneacht** roistering, rakishness, **rógaireacht** roguery, rascality, **réicíocht** rakishness, **ropaireacht** thieving, villainy, **ruifíneacht** *m* ruffianism, **scaibhtéireacht** reprobate behaviour/deeds, **smuilciní** bratishness, **suarachas** mean rotten trick, vile deed; meanness

Bitseach *f (-sí; ~a, ~) (abusive)* bitch
báiléir mná shrew, **báirseach** *f* shrew, battleaxe, **bó** *f* cow, **cailleach** *f* hag, witch, **claitseach** *f* slut, **madra baineann** *(animal)* bitch, **meirdreach** *f* harlot, **óinsín chruthanta** right little madam, **raicleach** *f* bitch, **raiteog** hussy, **scubaid** floozy, **soith** bitch, **sraoill** scrubber, untidy woman, **stiúsaí** madam, virago, **streabhóg** worthless hussy, wretched floozy, **striapach** *f* whore, harlot, **toice** *f* hussy *(see also: bean)*

◊ **~ amháin a déarfadh a leithéid!** That was a very bitchy thing to say!, **Is ~ cheart í!** She's a right bitch! **Bhí ~ de scrúdú agam inniu!** I had a bitch of an exam today!

Bladar *m (-dair)* cajolery, flattery
béal bán lip service, sweet talk, **bladaireacht** blathering; sycophancy, **blairnis** blarney, **blandar** blarney, **caint gan cur leis** empty talk, **cuimilt**

rubdown, charming (cf **cuimilt na meala le duine a dhéanamh** to conduct a charm offensive on a person), **gallúnach** *f* soap, **láinteacht** blandishment, **lútáil** fawning, **lústar** obsequiousness, **mealladh** beguiling, alluring, **mealltacht** beguilement, **mealltóireacht** beguiling, coaxing; deceiving, **milsíneacht chainte** sweet talking, **pláistéireacht** blandishment, **plámás** flattery, **plásaíocht** smooth (wheedling) talk, **sclábhántacht** servility, **tláithínteacht le** cosying up to

Bladhm *f (~a; ~anna)* flash
bladhaire flare, flash, **ga** dart, ray, **gealán** gleam, flash, **laom** blaze, flash, **lasán** flame, flash, **lasair** flame, **léaró (dóchais)** flash (of hope/light), **léas** *m (léis; ~acha)* beam, **léaspach** *m* blaze, **léaspairt** flash of wit, **saighneán** flash of lightning/ light (cf **Na Saighneáin** The Northern lights), **solas** light, **scal** *f* flash, **splanc** *f* **(ghléineach)** (blinding) flash, **tine** *f* fire

▲ ~ **éigeandála** emergency flare

Bláfar *adj¹* blooming, flowery
bláthach floral, flowering, **círíneach** florid, flushed, **craobhach** branching out, spreading; *(design)* arabesque, **faoi bhláth** in blossom, in bloom, **folláin** hale and hearty, **lán le bláthanna** full of flowers, **lasta** on fire (with life), **luisniúil** ruddy, **ornáideach** ornate, **rósach** rosy, **sláintiúil** healthy

Blaincéad *m (-éid; -éid, ~)* blanket
braillín *f (~; ~í)* sheet, **brat** mantle, covering, **ceirt** rag, cloth, **clóca** cloak, **clúdach** covering, **cuilt** quilt, **cúlbhrat** backdrop, **éadaí** *mpl* **leapa** bed clothes, **peall** pelt, **pluid** blanket, **pluideog** small blanket, **sacannán** sackcloth, **súisín** coverlet, **súsa** covering rug, blanket, **tuáille** towel

Blais *v₁ᵦ* taste, savour
airigh perceive, sense, **aithin** discern, **bain bolgam (as)** have a sup (of it), **bain súimín as** have a sip, **bain triail as** have a go, **caith** consume, **faigh blaiseadh (ar)** get a taster of, **faigh blas ruda** get a taste for something, **faigh taithí ar** get experience of, experience, **fulaing** suffer, experience, **ith** eat **ligh** lick, **meil** munch, grind, **mothaigh** feel, **ól** drink, **sonraigh** perceive, **tabhair faoi deara** notice, remark, **tástáil** sample, try; degust, **tomhail** eat, consume

Blaiseadh *vn* tasting, savouring
bolgam mouthful, sup, **blas** taste, **braon** drop, **caitheamh** consuming, **deoch** *f (dí; ~anna)* drink, **fáil blaiseadh (ar)** getting a taster of, **fáil blas ruda** getting a taste for something, **fáil taithí ar** getting experience of, experiencing, **fulaingt** suffering, experiencing, **gáilleog** mouthful, **glotáil** swallowing; gurgling, **ithe** eating, **lí** licking, **líreac** licking, **ól** drinking, **póitreáil** gormandising, **slogadh** swallowing, **súimín** sip, **súimíneacht** sipping, **tástáil** sampling, trying; degustation, **tomhailt** eating consuming, **triail** trial, test *(see also: blas)*

Blaiste *pp* tasted
airithe perceived, sensed, **aitheanta** discerned, **ar a bhfuarthas taithí** experienced, **as ar baineadh bolgam/súimín** supped, **as ar baineadh triail** tried, **caite** consumed, **fulaingthe** suffered; experienced, **ite** eaten **lite** licked, **mothaithe** felt, **sonraithe** perceived, **tugtha faoi deara** noticed, remarked, **tástáilte** sampled, tried, **tomhailte** eaten, consumed

Blas *m (-ais; ~anna)*
1. taste; flavour

anlann *m* relish, *(foodstuff)* kitchen, **araíocht** semblance, **blaiseadh** tasting, taste, taster, **blaisín** smack, hint, **blaistiú** *(process)* flavouring, **blasóir** *(additive)* flavouring, **blastacht** tastiness, savouriness, **blastán** seasoning, **blastóg** savoury, **boladh** odour, **cumhracht** aroma, **dea-bhlas** appetising flavour, **eisint** *(phil)* essence, **fiacháil** *(small portion)* taste, **gáilleog** mouthful, **goinbhlastacht** piquancy, **iontonú** intonation, **lorg** trace, tang, **mothú** feeling, **réamhbhlas** foretaste, **rian** trace, suggestion, **smeachán** taste, small amount, **so-bhlastacht** tastiness, succulence, **toighis** *f (-ghse)* taste, fancy, **tréith** trait, **tástail** testing, feeling out, tasting, **tuin** tone, cadence, **úscra** extract, essence

▲ ~ **deataigh** smoky taste, ~ **dóite** burnt taste, ~ **géar** sharp taste, ~ **milis** sweet taste, ~ **searbh** sour taste

◊ **bia gan bhlas** flavourless food

2. accent

aiceann accent, accentuation, **airde** pitch, **airí** property, **athrú tuine** inflection, **béarlagair** jargon, **béim** stress, **cor cainte** idiomatic expression, **canúint** dialect, **foghraíocht** phonetics, **glafaireacht** incomprehensible pronunciation or accent **fuaimneacht** resonance, **fuaimniú** enunciation, **gné** *f* aspect, **guthú** pronunciation, **lorg** trace, tang, inflection, **rian** trace, suggestion, **snas** accent, mannerism, **teilgean cainte** idiom, **titim chainte** diction, **tréith** trait, **tuin** accent, **urlabhra** speech

▲ ~ **na hÉireann** Irish accent, ~ **Ciarraí** Kerry accent

◊ **Tá ~ Átha Cliath ar a cuid cainte.** She has a Dublin accent when she speaks.

Blasta *pp* tasted; *adj⁶* tasty, delicious
aoibhinn pleasant, **bagánta** scrumptious, **beadaí** dainty, exquisite, **dea-bhlasta** good-to-taste, palatable, **dúiliúil** delectable, **gleoite** gorgeous, **goinbhlasta** piquant, **méith** tender, succulent, **milis** sweet, **neamúil** appetising, **sámhasach** giving gratification to the senses, **scamhardach** nutritious, nourishing, **smúsach** succulent, marrowy, **so-bhlasta** delicious, **so-chaite** palatable, **sóil** palatable, tasty, **so-ite** *(food)*

Blastacht

palatable, easy to eat, **solamarach** nutritious, rich, **solóta** *(drink)* palatable, easy to drink, **sóúil** delicious, **suánach** *(meat)* juicy, succulent, **súiteánach** succulent, **súmhar** luscious, succulent, **taitneamhach** enjoyable

Blastacht *f (~a)* tastiness

aoibhneas pleasantness, bliss, **bagántacht** scrumptiousness, **beadaíocht** daintiness, fastidiousness, **dúiliúlacht** delectability, **gleoiteacht** gorgeousness, **goinbhlastacht** piquancy, **initeacht** edibleness, edibility, **méithe** tenderness, succulence, **milse** sweetness, **neamúlacht** enticing sweetness, **sámhas** physical pleasure/sensual gratification, **scamhard** nourishment, **smúsaí** succulence, **sobhlastacht** deliciousness, **so-iteacht** easiness to eat, deliciousness, **sóile** palatability, **so-óltacht** *(drink)* tastiness on palate, **sóúlacht** deliciousness, **súiteán** succulence, **súmhaireacht** lusciousness, succulence, **suánaí** *(meat)* juiciness, **taitneamhacht** enjoyabilty; pleasantness

Bláth *m(~a; ~anna)*

1. flower, blossom

bláthú blossoming, **flór** *(heraldry)* fleur, **flós** *(poet)* flower, **gas** stem, **lus** herb, plant, **lusán** tiny herb, **mill** pendant bud or flower, **pabhsaer** *(Aran islands)* flower, **planda** plant, **plúr** *(poetic)* flower, **pósae** posy, flower, **scoth** flower, blossom, **scothóg** small flower; tassel

▲ **~ an chrainn silíní** cherry blossom, **~ na n-airní** blackthorn blossom, **~ bán na Bealtaine** hawthorn blossom, mayflower, **~ fiáin** wildflower, **~ na fiúise** fuchsia flower, **~ oráiste** orange blossom, **~ péitseoige** peach blossom

◊ **faoi bhláth** blooming, flourishing, **Más fíor é sin tá ~ bán ar an gcoirce.** If that's true, I'm the bishop of Cork., **Tháinig ~ ar an ghnó.** The business blossomed. **Tá an gairdín in m~.** The garden is in blossom.

2. the finest, the best

an eiseamláir is fearr the best example, **barr** top, **críochnúlacht** thoroughness, finish, **foirfeacht** perfection, flawlessness, **loinnir** flush, **plúr** *(poetic)* flower (cf **plúr na mban** the flower of womanhood), **scoth** choicest, **sméar mullaigh** the berry at the top, the best, **togha** the choicest, **tosach** the one at the front, foremost, **uachtar** cream

▲ **~ na bhfilí in Éirinn** the finest of the poets in Ireland, **~ na sláinte** the best of health, **i m~ a saoil** in the prime of her life

Bláthaigh *v₂ₐ* flower, blossom

aibigh ripen, mature, **bachlaigh** bud, **blásaigh** bloom, **cuir bachlóga amach** bud, **fás** grow, **forbair** develop, **geamhraigh** sprout, **gin** generate; beget, procreate, **péac** sprout, **plúraigh** effloresce, **sceith** burst forth into bud, **tabhair barr** yield a crop, **tar chun barra** become ready for harvesting, **tar in aois** come of age, **tar in inmhe** mature, be grown up and ready for life, **tar i mbláth** come into blossom

Bláthaithe *pp* blossomed, flowered

aibithe ripened, **bachlaithe** budded, **blásaithe** bloomed, **fásta** grown, **forbartha** developed, **geamhraithe** sprouted, **ginte** generated; begotten, procreated, **i mbláth** in bloom, in blossom, **péactha** sprouted, **plúraithe** effloresced, **sceite** burst into bloom, **tagtha in aois** come of age, **tagtha in inmhe** matured, **tagtha i mbláth** blossomed, bloomed

---

■ **Ar na bláthanna coitianta atá:**
Common flowers include:

anamóine *f* anemone
asáilia *f* azalea
astar aster
bainne bó bleachtáin cowslip
balsaimín buí touch-me-not
balsaimín busy lizzie
beagóinia *f* begonia
bú hyacinth
caisearbhán dandelion
cam *m* **an ime** buttercup
cloigíní gorma bluebells
craobh *f* **liathchorcra** lilac
criosantamam chrysanthemum
crobh *m* **fola** geranium
crobh *m* **préacháin** crowfoot
cróch *m* (~; *no pl*), crocus
dáilia *f* dahlia
fearbán buttercup
feileastram iris
féithleog honeysuckle
fiúise *f* fuchsia
fríse freesia
geiréiniam geranium
glaidiólais *mpl* gladioli
goirmín pansy
hiasaint *f* hyacinth
hiodrainsia *f* hydrangea
ilbhláthach *m* polyanthus
leamhach *m* **beannaithe** hollyhock
lile *f* lily
lile *f* **na ngleanntán** lily of the valley
líológ lilac
lus *m* **an bhainne** milkwort
lus *m* **an bhalla** wallflower
lus *m* **an chodlata** opium poppy
lus *m* **an chromchinn** daffodil, narcissus
lus *m* **buí Francach** marigold
lus *m* **gormáin** cornflower
lus *m* **liath** lavender
lus *m* **magairlín** orchid
lus *m* **míonla** forget-me-not
lus *m* **na gile** carnation, sweet william
lus *m* **na gréine** sunflower
lus *m* **na mban sí** foxglove
magairlín orchid
méirín púca foxglove
nóinín daisy
peatúinia *f* petunia
pis chumhra sweet pea
plúirín sneachta snowdrop
poinséitia poinsettia
poipín poppy
príomúla primula
rós *m* (**róis**; *~anna*) rose
sabhaircín primrose
sailchuach *f* (*-uaiche*; *~a*; *~*) violet
sáiste *f* salvia
sála *fpl* **fuiseog léana** delphinium
seamróg shamrock
seasmain jasmine
srubh *f* **lao** snapdragon
tiúilip tulip
tonóg chladaigh stock
(see also: planda)

Bláthú *vn* blossoming, blooming, flowering
aibiú ripening, **bachlú** budding, **blású** blooming, **faoi bhláth** blooming, blossoming, **fás** growing, **forbairt** developing, **geamhrú** sprouting, **giniúint** generating; begetting, procreating, **péacadh** sprouting, **plúrú** efflorescing, efflorescence, **sceitheadh** bursting into bloom, **teacht in aois** coming of age, **teacht in inmhe** matured, **teacht i mbláth** blossoming, blooming

Bleachtaire *m (~; -rí)* detective
bleachtaire príobháideach private detective, **constábla iniúchta** investigating constable, **Garda iniúchta** investigating Garda, **imscrúdaitheoir** investigator, **lorgaire** sleuth, **oifigeach** *m* **fiosraithe** investigating officer, **oifigeach** *m* **i ngnáthéadaí** plainclothes officer, **póilín** police, police officer, **súil phríobháideach** *(sl)* private eye

Bleaist *f (~e; ~eanna)* blast, burst
leoithne *f* draught, light breeze, **ráig** burst, **rúisc** volley, fusillade, **pléasc** *f* crack, blast, **plimp** clap (cf **plimp toirní** clap of thunder), **rois** volley, burst, blast, **saighneán (gaoithe)** sudden blast of wind, **scabhait** *f* rush, gust; dash, **scal** *f (-aile)* blast, burst; flash, **scalach** *m* strong sudden gusting; splashing, **scalóid** sudden gust, **scartha** *spl* raging gusts, **scológ** burst (cf **scológ gháire** burst of laughter, **scológ cheoil** burst of song), **seadán** draught (of cold air), **séideán** squall, gust, **síob** *f* gust, blast (eg **síob ghaoithe** gust of wind), **soinneán** blast (cf **soinneán gaoithe** blast of wind), **siorradh** gust; draught, **siota** gust, **stalacáil** violent gusts, gusting, **treifid** puff, blast

Bleitheach *m (-thigh; -thigh, ~)* fat person
ancaire stout strong person, **balpóg** chubby person/child, **biatach** *m* well-fed person, foodie, **bleadrachán** paunchy glutton, **bolaistrín** big lump of a lad, **bolgadán** corpulent person, **bundallán** tubby person; bung, stopper, **caidhte fir** hunk of a man, **ceailis** big belly, pot-bellied person, **ceirtlín** rotund well-built person, **cráisiléad** corpulent person, **feolamán** fatso, **gillín fir** stout man, **gillín linbh** plump child, **giomadán** short stout person, **giústa** lazy fat ass, **glugaí** flabby person, **glutaire** potbellied person, **guntán** stocky person, **luán** plump person, **móta** podgy person, **plíoma** large, stout, strong person, **plobaire** fatty, roly-poly, **prochán** podgy person, **prúntach** *f* grossly fat person, **púdarlach** *m* morose, fat, lubberly person, **railliúnach** *m* fat person; strong clumsy fellow, **rollamán** rotund person, **sceartachán** pot-bellied person, **seibineach** *m* large plump person, **siotalach** *m* pudgy person, **tiarpa** fat ass, fatso, **torpán** lumpish, paunchy person, **steotar** pudgy person, **táiríneach** *m* small pot-bellied man, **tobadán** tubby person, **toimidín** dumpy person, **tóithín** plump person, **torclach** *m* portly person

Bliantúil *adj⁴* yearly
uair sa bhliain once a year, **bliain-** annual, **gach bliain** every year, **in aghaidh na bliana** for the year, annually

Bligeard *m (-aird; -aird, ~)* blackguard
amhas hooligan, **bithiúnach** *m* scoundrel, **rógaire** rogue, **ropaire** scoundrel, **ruifíneach** *m* ruffian, **sárachán** bounder, **scabhaitéir** reprobate, **suarachán** vile person; rotter, **truaill** obnoxious disgusting person, douchebag *(see also: bithiúnach)*

Bloc *m (-oic; -oic, ~)* block
ailp chunk (cf **ailp feola** chunk of meat), **árasáin** *mpl* flats, apartments, **barra** bar, **bloicíní tógála** *(toy)* building blocks, **blocán** block, **bríce** brick, **bricín** briquette, **cáca** cake, **canta** chunk, hunk; slice, **carracán** large rock, **ceap** block (cf **ceap búistéara** butcher's block, **ceap adhmaid** block of wood, etc), **cnap** lump, **cnapán** pat, lump (cf **cnapán ime** pat of butter), **crompán** stump; block of wood, **foirgneamh** building, **glac** block (cf **glac scaireanna** block of shares), **leac** *f* slab, flagstone, **meall** *m (mill; ~ta)* lump, mass; tumour, **mothar** large (dark) mass (cf **mothar dlúth ceo** dark mass of thick fog), **smut** *m* stump, short piece/portion, **smután** chunk, **táibléad** tablet, **téachtán (fola)** clot (of blood)

Blocáil 1 *v₁ₑ* block
bac hinder, bar, **coisc** prevent; ban, **calc** cake, choke, caulk, **coisc** prohibit, proscribe, **cuir bac ar** hinder, impede, **cuir cosc ar** put a ban on, check, **cuir baracáid ar** barricade, **cuir constaic le** hinder, **cuir cosc le** prohibit, **cuir de dhroim seoil** thwart, **cuir srian ar** restrain, bridle, **cuir stop le** put a stop to, **druid** shut, close up, **dún** close (down), **dún suas** close up, **seas sa bhealach ar** to stand in the way of, **srian** curb, bridle, restrain, **stad** stop, **stop** stop

Blocáil 2 *vn* blocking
bacadh hindering, **calcadh** caking up, choking, caulking, **cosc** prohibiting, proscribing, banning, **cur bac ar** hindering, impeding, **cur baracáid ar** barricading, **cur constaic le** hindering, **cur cosc ar** putting a ban on, checking, **cur cosc le** prohibiting, **cur de dhroim seoil** thwarting, **cur srian ar** restraining, bridling, **cur stop le** putting a stop to **druidim** shutting, closing up, **dúnadh** closing (down), **dúnadh suas** closing up, shutting up, **seasamh sa bhealach ar** standing in the way of, **srianadh** curbing, bridling, restraining, **stad** stopping, **stopadh** stopping

Blocáilte *adj⁶* blocked
bactha hindered, **calctha** caked up, choked, caulked, **coiscthe** forbidden, banned, **curtha de dhroim seoil** thwarted, **srianta** restrained, bridled, **druidte** shut, closed up, **dúnta** closed (down), **dúnta suas** closed up, **sa bhealach ar** in the way of, **stadtha** stopped, **stoptha** stopped

Blúire *m* (~; -rí) bit, fragment
blaiseadh hint, taste, **blas** taste, **blogh** *f* (~a; ~anna) fragment, scrap, **blúirín** snippet, **braon** drop, **braonán** droplet, **brínleach** *f* fragments, **brioscbhruar** fragments, small pieces, **bruscar** crumbs, **buille beag** touch, **deoir** dash, drop, **fíorbheagán** really very little amount, **gineán** small insignificant thing, **fraisín** small bit (cf **fraisín den ádh** little bit of luck), **giobóg** morsel, pick, **giota beag** little bit, **goin** bit, scrap, **grabhar** crumbled matter, fragments, **grabhróg** crumb, **gráinne** grain, pinch, **iongóg** fragment, bit, **luid** shred, scrap, **leadhbán** tatter, small strip, **maiste (tobac)** twist (of tobacco), **mionóg** fragment, **miota** bit, morsel, **mír** fragment, **mothú** hint, touch, **oiread na fríde** insignificant amount, **orlach** *m* (*meas*) inch; fragment, **pas beag** tad, **rian** trace, **sáilín** small remnant, small trace, **scioltar** scrap, shred, strip, **sciorta** dash, small amount, **screaball** tiny bit, shred, **smearadh** smearing, smudge, **smid** puff, breath, **smiodar** broken piece, fragment, **sniog** *f* (*snige*) drop (*see also*: **beagán**)

Bó *f* (~; ba, ~) cow
agh *f* (*aighe*) (*lit*) cow, **bearach** *m* heifer, **beithíoch** *m* beast, bovine animal, heifer, cow, **bodóg** heifer, **bólacht** cattle, **eallach** *m* cattle, **droimeann donn dílis** (*poetic*) faithful brown cow; Ireland, **gamhnach** *f* stripper cow, **fearb** *f* cow (*legendary cornucopian cow*), **loilíoch** *f* cow after calving, **odhar** *f* (*uidhre*) dun cow, **mairteoil** beef, **mart** slaughtered cow, **mothasán** springer, **samhaisc** three to four-year-old heifer, **seanfach** *f* old heifer, **spangaire** barren cow, **struipear** stripper, **stuaicín** cow with upturned horns, **tarbh** bull

Bobailín *m* (~; ~í) tassle
mabóg tassel, **plispín** tassel, thread, **pompom** *m* (~; ~anna) pompom, **scothóg** tassel, **siogairlín** tassel, pendant, **tacailín** tassel

◊ **Scaoil amach an ~!** Let it all hang out!, Let's rave!

Bocht 1 *m* (*boicht; boicht, ~*) poor person; poorness
bochtán poor person, **bochtaineacht** poverty, poorness, **daibhir** *m* pauper, **déirceach** *m* beggar (*see also*: **bochtán, bochtaineacht**)

P **Is buí le ~ beagán!** Let's be thankful for small mercies!, Beggars can't be choosers!

Bocht 2 *adj¹* poor
aimrid barren, **ainnis** miserable, shabby, **anásta** deprived, needy, **ar an anás** destitute, deprived, **ar an ngannchuid** in reduced circumstances, **ar an trá fholamh** destitute, **ar phócaí folmha** skint, **beo bocht** destitute, **bochtaithe** impoverished, **ceachartha** niggardly, **daibhir** poor, **dealbh** impoverished, **dealúsach** impecunious, penurious, **dearóil** impoverished, wretched, **den dramhaíl** low-grade, **den tríú scoth** third-rate, **easnamhach** lacking, needy, **easpach** wanting, lacking, **éigeantach** needy, distressed, **fann** feeble, **féimhithe** bankrupted, **feidheartha** penniless; desolate, bare, **gan acmhainn** without means, **gan aird** insignificant, **gan earra gan éadach** destitute, **gan mhaith** worthless, **gan pingin rua** without a red cent, **ganntarach** needy, **gátarach** needy, necessitous, **gortach** mean, **i mbearta crua** in straitened circumstances, **lag** weak, **lag leis an ocras** weak with hunger, **leamh** pathetic, **leochaileach** frail, **lochtach** defective, inferior, **lom** bare, **neamhacmhainneach** insolvent, with insufficient resources, **mí-amhantrach** unfortunate, **mí-ámharach** luckless, unlucky, **míchinniúnach** ill-fated, hapless, **mífhortúnach** unfortunate, **neamhnitheach** void; worthless, **ocrach** hungry, **ídithe** depleted, **íslithe** brought down in the world, **íseal** ignoble, lowly, **seasc** dry, sterile, **stéigiúil** barren; exposed, **suarach** grotty, **tanaí** meagre, thin, **truamhéalach** pitiable, **truánta** wretched, emaciated, **uiríseal** lowly, **suarach** inferior

◊ **An créatúr ~!** The poor soul!, **bheith beo ~** to be in dire poverty, **chomh ~ le bairneach** as poor as a church mouse

Bochtaigh *v₂ₐ* make poor, impoverish
dealbhaigh impoverish, **cuir ar an anás** make destitute, **cuir ar an ngannchuid** put on the bread line, **déan beo bocht** make destitute, drive to extreme poverty, **déan bocht** make poor

Bochtaineacht *f* (~a) poorness, poverty
aimride barrenness, **ainnise** misery, shabbiness, **anás** deprivation, poverty need, **an tríú scoth** third-ratedness, **angar** affliction, want, need, (cf **i lúb an angair** in dire need), **ceacharthacht** niggardliness, meanness, **daibhreas** poverty, **deilbhe** impoverishment, **dealús** penury, **deilbhíocht** bareness, poverty, **dramhaíl** low-grade material, **easnamh** lack, need, **easpa** want, lack, **fágálacht** feebleness, **fainne** feebleness, **féimheacht** bankruptcy, **gannchuid** scarcity, penury, **gannchúis** shortness of supply, scantiness, **gátar** need want, distress, **gortaíl** meanness, stinginess, **laige** weakness, **leimhe** apathy, insipidness **leochaileacht** frailness, fragility **lochtaíl** faultiness, **loime** bareness, **neamhacmhainn** insolvency, **mí-ádh** lucklessness, ill luck, **míchinniúint** ill-fatedness, **mí-fhortún** misfortune, **mírathúnas** lack of prosperity, poverty, **neamhchonách** *m* unprosperousness, **ocras** hunger, **ídiú** depletion, **ísliú** lowering, humbling, **ísle** lowliness, **ísleacht** lowliness, **ocras** hunger, **sclotar** emaciation, **seisce** aridity, sterility, **smolchaiteacht** shabbiness; threadbareness, **suarachas** grottiness, shabbiness **tanaí** meagreness, sparsity, **truamhéala** piteousness, pity, **truántacht** wretchedness, emaciation, **uirísle** lowliness

Bochtaithe *pp* made poor
dealbhaithe impoverished, **curtha ar an anás** made

Bochtán

destitute, **curtha ar an ngannchuid** made to live an impecunious existence, **déanta beo bocht** made destitute, driven to extreme poverty, **déanta bocht** made poor

Bochtán *m (-áin; -áin, ~)* pauper
bacach *m* tramp; lame person, **béal bocht** poor mouth, **beigéir** beggar, **bocht** poor person, **bochtóg** beggar woman, **daibhir** *m* pauper, **déirceach** *m* beggar, **déircín** beggarly wretch, **díothachtach** *m* destitute person, **duine ar an ngannchuid** person in straitened circumstances, **duine gan dídean** homeless person, **fear déirce** mendicant, **féimheach** *m* bankrupt, **íochtarán** lowly person; subordinate (cf **na híochtaráin** the lower orders), **lománach** *m* poor person, person with only the shirt on their back, **lomrachán** penniless bum, **sirtheoir** seeker; beggar, forager, **slúiste** down and out, bum

Bochtú *vn* making poor, making destitute
dealbhú impoverishing, **cur ar an anás** making destitute, **cur ar an ngannchuid** putting on the bread line, **déanamh beo bocht** making destitute, **déanamh bocht** making poor

Bod *m (boid; boid, ~)* penis; cock, prick
adharc *f* hard-on, stiffy, **bachall** staff, **ball fearga** male organ, **bata** stick, **bata feola** meat stick, joint, **beaignit** bayonet, **bliúcán** wild carrot, **boidín** willy, small penis, **bonsach** *m* javelin, **brainse** branch, penis, **breall** *f* penis; clitoris, **breáthacht fir** man's ornament, **capall bán** white horse, **claíomh** weapon, **cleith** pole, long penis, **coinneal** *f* erect penis, **crann clis** penis, **cuideal** large penis, **cuiteog** snake-like penis, **eascann (choncair)** penis like a (conger) eel, **eireaball** tail; penis **fadaíoch** *m* long fellow, langer, **feac** handle, penis, **feadán** tube, penis, **feam** tail, rod, **fear beag** little man, **feirc** cock, prick, **fichillín** *(small)* penis, **fliúit** rod, **ga** spear, **gallán** standing erect penis, stiffy, **gasán** stalk, penis, **géag** limb, rod, **gléas** tool, **leaid** lad, **maide milis** sweet rod, **meana** awl, ramrod, **péineas** penis, **pilibín** small penis; pendant, **pionna** peg, penis, **priocaire** prick, poker, **rógaire** rogue, dick, penis, **sabhán** small penis, **sáfach** *f* long handle, large penis, **sáiteán** ramrod, stake, **Seán Tomás** John Thomas, Percy, **siogairlín** hanging ornament, **slat** rod, shaft, **sleá** *f* lance, **smachtín** persuader, **staic** thickset penis, **tairne** dick, **toilfhéith** *(lit)* penis, **uirlis** tool, instrument

Bodhar *adj irr*
1. deaf
allaíre of partial deafness (**Tá allaíre air.** He is hard of hearing.), **spadchluasach** dull of hearing; lop-eared

◊ **~ balbh** deaf and mute, **chomh ~ le slis** as deaf as a doorpost, **Bhí siad ~ ar m'achainí.** They ignored my request., **Thabharfaidís ba bodhra as na coillte lena raic!** They'd waken the dead with their racket.

2. addled, bothered, confused
ar mearú addled, **buartha** pained, **caite** worn out, **céasta** crucified, tormented, **ciaptha** frazzled, **cnaíte** wasted, frayed at the edges, **cráite** exasperated, **mearaithe** confused, **spíonta** drained, **trína chéile** bewildered, **tuirseach** tired, wearied

◊ **Ní bheinn ~ leis sin.** I wouldn't be bothered about that., **Táim ~ ag éisteacht leo.** I am addled listening to them

3. numb, dull, senseless
balbh mute; dull, muffled, **dallraithe** benumbed, **fuaránta** unsympathetic, unconcerned, **fuarchúiseach** indifferent, unmoved, **gan aird** heedless, indifferent, **gan aithne gan urlabhra** unconscious, **gan mhothú** senseless, dull, **mairbhleach** numb, **mairbhiteach** languid, numb, torpid, **maol** dull, **marbh** numb, insensible, **neamhairdiúil** oblivious, **préachta** perished, **sliopach** having numb fingers, **toll** dull, hollow

◊ **Tá mo chos ~.** I have lost the feeling in my leg.

Bodhraigh *v₂ₐ*
1. deafen
cuir allaíre ar dhuine make a person hard of hearing, **cuir laige éisteachta ar dhuine** impair a person's hearing, **déan bodhar** make deaf, **plúch** choke, muffle (cf **fuaimeanna plúchta** muffled sounds)

◊ **Bhodhraigh cleaingeáil shíoraí na gclog a chumas éisteachta.** The incessant clanging of the bells deafened him.

2. bother, weary, annoy
badráil bother, **briog** provoke, **buair** cause anguish to, perturb, upset, **ciap** harass; torture, **clip** menace, torment, **corraigh** agitate, move to anger, **cráigh** torment, **cuir anacair ar dhuine** cause distress to, **cuir as do** bother, disconcert, **cuir cantal ar** peeve, gall, **cuir fearg ar** annoy, **cuir isteach ar** interfere with, interrupt, **cuir olc ar dhuine** annoy a person, **cuir trí chéile** upset, **feargaigh** anger, **mearaigh** confuse, distract, **séid faoi dhuine** needle/provoke a person, **tuirsigh** tire

◊ **Bodhraíonn an tsíorchaint na hothair.** The constant talking bothers the patients., **Ná ~ anois mé le do chuid ceisteanna amaideacha!** Don't bother me now with your stupid questions!

Bodhraithe *pp*
1. deafened
bodhar deaf, **éirithe bodhar** gone deaf, **gan cumas na héisteachta** with the sense of hearing, **plúchta** muffled

◊ **~ ag fuaim an innealra** deafened by the sound of the machinery

2. bothered, wearied, annoyed
badráilte bothered, **briogtha** provoked, **buartha**

Bodhrú

perturbed, vexed, **ciaptha** harassed; tortured, **clipthe** menaced, tormented, **corraithe** agitated, moved to anger, **cráite** tormented, **curtha trína chéile** upset, **éirithe bodhar** gotten deaf, **feargaithe** irritated, angered, **mearaithe** confused, distracted, **tuirsithe** tired

◊ **An bhfuil dealramh ~ ormsa?** Do I look bothered?

Bodhrú *vn*

1. deafening
cur allaíre ar dhuine slightly deafening a person, **cur laige éisteachta ar dhuine** impairing a person's hearing, **déanamh bodhar** making deaf, **éirí bodhar** going deaf, **cailleadh na héisteachta** losing one's sense of hearing, **plúchadh** choking, muffling

◊ **Bhí torann an cheoil do mo bhodhrú.** The noise of the music was deafening me.

2. bothering, wearying, annoying
badráil bother, **briogadh** provoking, **buaireamh** causing anguish to, perturbing, upsetting, **ciapadh** harassing; torturing, **clipeadh** menacing, tormenting, **corraí** agitating, moving to anger, **crá** tormenting, **cur anacair ar dhuine** causing distress to, **cur as do** bothering, disconcerting, **cur cantal ar** peeving, galling, **cur fearg ar** annoying, **cur isteach ar** interfering with, interrupting, **cur olc ar dhuine** annoying a person, **cur trí chéile** upsetting, **feargú** angering, **mearú** confusing, distracting, **séideadh faoi dhuine** needling/provoking a person, **tuirsiú** tiring

◊ **Bhí an éiginnteacht do mo bhodhrú.** The uncertainty was bothering me.

Bog 1 *adj¹*

1. soft, smooth (to touch)
balsamach balmy, **bruthach** fluffy, **cadásúil** cottony, **clúmhach** feathery, **clúmhúil** downy, **compordach** comfortable, **fionnaitheach** furry, **glóthach** jelly-like, **inlúbtha** bendable, flexible, **intuargainte** malleable, **lodartha** flabby, **lomrach** fleecy, **maoth-** tender, **maoth** tender; flaccid, soft, **maothlach** mushy, **mín** smooth, **mothallach** bushy-like, fleecy, **neamhmheisciúil** non-alcoholic, **neamhtheann** flaccid, **scaoilte** loose, slack, **seascair** cushy, snug, **séimh** bland; mild, **siléigeach** lax, dilatory, **síodúil** silky, velvety, **sleabhctha** limp, **snítheach** flowing, **socair** steady, calm, **somhúnlaithe** easy to mould, **teolaí** cushy, comfy

◊ **chomh ~ le him** as soft as butter

2. damp, moist
ar bogadh swampy, **ar maos** soggy, **báite** sopping; drowned, **bogánta** soft, squelchy, **brádánach** drizzly, **díoscúil** squelchy, **fliuch** wet, **maoth** moist; tender, soft, **maothlach** mushy, **móintiúil** boggy, **múscánta** dank, spongy, **plobánta** squelchy, slushy, **práibeach** soft, mushy, **slámach** easy to pull apart, soft, **spúinsiúil** spongy, **tais** damp

◊ **Lá ~ a bhí ann.** It was a soft (damp) day.

3. easy, easy-going
éadrom light, **éasca** easy, **gan deacracht** without difficulty, **gan dua** effortless, **gan stró ar bith** without any hassle, **gan strus** without stress, relaxed, **moiglí** mild, soft, easy, **neamhbhuartha** trouble-free, **neamhchrua** soft; simple, **neamhéilitheach** undemanding, **réchúiseach** easy-going, laid-back, **réidh** soft, easy-going, **saoráideach** without constraint; facile, easy, **seascair** cushy, snug, **simplí** simple, **snítheach** flowing, **socair** steady, calm, **sochma** easy-going, placid, **sócúlach** easy, comfortable, **sodhéanta** easily done, **sómasach** easy, easy-going, **somhúnlaithe** ductile, easy to mould, **sonaídeach** effortless, easy, untroubled, **suaimhneach** tranquil

4. kindly, soft; gentle, pleasant to the senses
balsamach balmy, **béalbhinn** mellifluous, sweet-tongued, **binn** melodious, **boigéiseach** soft-hearted, easy-going, **caoin** tender, gentle, **caomh** mild, **ceansaithe** subdued, **cineálta** kind, **ciúin** quiet, **cneasta** gentle, mild, **goilliúnach** sensitive, **mánla** gentle, **milisbhriathrach** mellifluous, **mínráiteach** gently-spoken, **mothálach** responsive, **séimh** bland; mild, **sochorraithe** easily moved, **soghonta** vulnerable, **soranna** easy to get on with, sociable, **tais** compassionate, mild, **tim** tender, soft, **tláith** mild, gentle, **trócaireach** lenient

5. weak, loose
balbh muted, **éasca** easy, fluid, **fann** feeble, **faon** languid, limp, **lag** weak, **lagspreosach** spineless, **leamh** namby-pamby, **leochaileach** delicate, fragile, **lodartha** flabby, flaccid, **neamhdhaingean** unsolid, unfirm, **saonta** impressionable, **scaoilte** loose, slack, **siléigeach** lax, **sleabhctha** limp, **soghluaiste** impressible, easily moved, **tláith** weak, wan, **tréith** weak, feeble

6. lukewarm
alabhog tepid, **bogthe** neither hot nor cold, **fionnuar** cool, **patuar** lukewarm

7. non-alcoholic
gan alcól non-alcoholic, **neamh-mheisciúil** non-intoxicating, **saor ón alcól** free of alcohol, alcohol-free

Bog 2 *v₁ₐ*

1. move, budge
aiséirigh resurrect, **aistrigh** move, shift, **ardaigh** raise, **bain amach** reach, **buail isteach** pop in, **cas** turn, **corraigh** move, stir, **crith** tremble, **croith** shake, **déan lámhacán** crawl, **déan longadán** sway, **déan lúbarnaíl** wriggle; squirm, **déan moilleadóireacht** dawdle, **déan rince/damhsa** dance, **déan snámhnaíl** slither, creep, **díláithrigh** displace, **dreap** climb, **druid (le)** approach, **ealaigh** escape, **easáitigh** displace, **éirigh**

arise, **eitil** fly, **fág** leave, **fás** grow, **geit** jump from being startled, **gluais** move, stir, **imigh** leave, go away, **iomlaoidigh** fluctuate, **iomluaigh** move, stir, agitate; propose, advance, **iompair** carry, transport, **ísligh** lower, **lean** follow, **leathnaigh** spread, **léim** jump, **luasc** swing, **lúb** bend, **luigh** (**síos**) lie (down), **preab** jump up, **rith** run, **roll** roll, **rothlaigh** rotate, whirl, **scaip** scatter, **sciorr** slip, **seachródaigh** (*train*) shunt, **seas** (**suas**) stand (up), **seol** sail, **sín** stretch, **siúil** walk, **sleamhnaigh** slide, slip, **snámh** swim, **sroich** reach, **tabhair truslóg** hop, **taistil** travel, **tar** come, **tarraing** (**isteach/amach**) draw (in/out), **téaltaigh** creep, **teann** (**ar/le**) tighten, move closer, **téigh** go, **téigh ar turas** go on a trip, **teith** flee, **tiontaigh** translate, turn, **tit** fall, **tuisligh** trip, **tuirling** alight, come down, land, **tum** dive
2. soften, diffuse
aibigh ripen, **ceansaigh** quell, mollify, **corraigh** (*emotionally*) move, stir, **déan bog** make soft, soften, **éascaigh** ease, **laghdaigh** lessen, defuse, **maolaigh** alleviate, soften; appease, subdue, **maothaigh** soften, moisturise, **maothlaigh** mellow, **scaoil** ease, **séimhigh** make mild, become mellow; (*gram*) palatalise, **suaimhnigh** soothe, **tabhair chun suaimhnis** calm, **taisrigh** moisten, dampen

Bogadh *vn*
 1. moving, shifting, looseness
aiséirí resurrection, **aistriú** moving; translating, **ardú** rising, **casadh** turning, **corraí** movement, stir, **corraíl** movement, stir, excitement, **crith** *m* (*creatha; creathanna*) tremble, shiver, **croitheadh** shaking, trembling, **damhsa** dancing, **díláithriú** displacing, **dreapadóireacht** climbing, **druidim** (**le**) approaching, **dul** going, **dul ar thuras** going on a trip, **éalú** escaping, **easáitiú** displacing, **éirí** getting up, **eitilt** flying, **fágáil** leaving, **fás** growing, **foilsceadh** flurry, flutter, **gibreacht** (**liathróide**) dribbling (a ball), **gluaiseacht** movement, **guagadán** unstable thing, wobbly thing, **imeacht** departure, leaving, **iomlaoid**, fluctuation, **iomlat** movement to and fro, **iomlua** activity, movement, **iomluail** moving about, **iompar** carrying, transport, **ísliú** lowering, **lámhacán** crawling, **leanúint** following, **leathnú** spreading, **léim** jumping, **líonrith** palpitation, **longadán** swaying, **luail** motion, movement, **luaineacht** fluctuation, **luascadh** swinging; oscillation, **lúbadh** bending, **lúbarnaíl** wriggling, **luí** (**síos**) lying (down) **moilleadóireacht** dawdling, **preabadh** jumping up, **rince** dancing, **rith** running, **rolladh** rolling, **rothlú** rotating, whirling, **scaipeadh** scattering, **sciorradh** slipping, **seasamh** (**suas**) standing (up), **seoladh** sailing; launching, **síneadh** stretching, **siúl** walking, **sleamhnú** sliding, slipping, **snámh** swimming, **snámhnaíl** slithering, creeping, **sroicheadh** reaching, **stad** stopping, **tabhairt truslóg** hopping, **taisteal** traveling, **tarraingt** (**isteach/amach**) drawing (in/out), **teacht** coming, **téaltú** creeping, **teannadh** tightening, moving in closer, **teitheadh** fleeing, **tiontú** translating, turning, **titim** fall, falling **tuisliú** tripping, **tuirlingt** alighting, coming down, landing, **tumadh** diving

◊ **ar** ~ loose

2. softening, diffusing
aibiú ripening, **ceansú** quelling, mollifying, **corraí** (*emotionally*) moving, stirring, **déanamh bog** making soft, softening, **éascú** easing, **laghdú** lessening, defusing, **maolú** alleviating, softening; appeasing, subduing, **maothú** softening, moisturising, **maothlú** mellowing, **scaoileadh** easing, **séimhiú** making mild, becoming mellow; (*gram*) lenition, palatalisation, **suaimhniú** soothing, **tabhairt chun suaimhnis** calming, **taisriú** moistening, dampening

Bogásach *adj³* complacent, smug
bródúil arrogant; proud, **féinsásta** self-satisfied, **mórtasach** conceited, boastful, **postúil** smug, pleased with oneself, **réchúiseach** laid-back, **ró-chinnte** (**dearfa**) too (damn) sure (cf **Ná bí ró-chinnte dearfa faoi sin.** Don't be too damn sure about that!), **ró-chompordach** too comfortable, **ró-dhearfa** too positive, too sure, **ró-lán díot féin** too full of oneself, **ró-shásta** too satisfied, **ró-shiúráilte** too sure, **ró-shóch** too contented, **ró-shuaimhnithe** too mollified, too calm, **ró-thoilteanach na maidí a ligean le sruth** too willing to rest on one's laurels, **sotalach** arrogant, **tuairimiúil** opinionated, conceited, **undrach** conceited

Bogtha *pp*
 1. moved, shifted, loosened
aibithe ripened, **aistrithe** moved; translated, **ardaithe** risen, **casta** turned, **corraithe** (*emotionally*) moved, stirred, **croite** shaken, trembled, **damhsaithe** danced, **díláithrithe** displaced, **druidte le** approached, **dulta** gone, **dulta ar thuras** gone on a trip, **éalaithe** escaped, **easáitithe** displaced, **éirithe** gotten up; arisen, **eitilte** flown, **fágtha** left, **fásta** grown, **foilscidh** (>**foilsceadh**) flurrying, fluttering, **imithe** departed, left, gone away, **iompartha** carried, transported, **íslithe** lowered, **leathnaithe** spread, **léimthe** jumped, **luasctha** swung; oscillated, **lúbtha** bent, **luite** (**síos**) laid (down) **preabtha** bounced; jumped (up), **rite** run, **rollta** rolled, **rothlaithe** rotated, whirled, **scaipthe** scattered, **sciorrtha** slipped, **seasta** (**suas**) stood (up), **seolta** sailed; launched **sínte** stretched, prostrated, **siúlta** walked; travelled, **snáfa** swum, **sroichte** reached, **stadta** stopped, **sleamhnaithe** slid, slipped, **tagtha** arrived, come, **taistealta** travelled, **tarraingthe** (**isteach/amach**) drawn (in/out), **téaltaithe** crept, **teannta** tightened, moved in closer, **teite** fled, flown, **tiontaithe** translated; turned, **tite** fallen, **tuislithe** tripped, **tuirlingthe** alighted, come down, landed, **tumtha** dived

2. softened, diffused
ceansaithe quelled, mollified, **corraithe** *(emotionally)* moved, stirred, **déanta bog** made soft, softened, **éascaithe** eased, **laghdaithe** lessened, defused, **maolaithe** alleviated, softened; appeased, subdued, **maothaithe** softened, moisturised, **maothlaithe** mellowed, **scaoilte** eased, **séimhithe** made mild, gotten mellow; *(gram)* lenited, palatalised, **suaimhnithe** soothed, **tugtha chun suaimhnis** calmed, **taisrithe** moistened, dampened

Boige *f (~)* softness
boigéis softheartedness, **caoine** tenderness, **caoimhe** mildness, **caoinfhulaingt** tolerance, toleration, **cineáltas** kindness, **ciúine** quietude, **cneastacht** decency, mildness, **éascacht** easiness, **compord** comfort, **clúmhaí** fluffiness, **clúmhúlacht** downiness, **cneastacht** mildness, decency, **díoscúlacht** squelchiness, **éadroime** lightness, **fainne** frailty, **faoine** supineness, **goilliúnacht** sensitivity, responsiveness, **guagadán** unstable thing, wobbly thing, **inlúbthacht** flexibility, **intuargainteacht** malleability, **laige** weakness, **lagspreosaí** spinelessness, **leimhe** apathy, **leochaileacht** fragility, **ligtheacht** looseness, give, **liobairne** flabbiness; lubberliness, **liobarnacht** limpness; clumsiness, **lodarthacht** flabbiness, **lomracht** fleeciness, **lúfaire** suppleness, agility, **mánlacht** gentleness, **maoithe** tenderness, **méithe** mellowness, **míne** smoothness, **miochaire** tenderness, kindness, **patuaire** tepidity, **prabhait** pulp, **práibeacht** mushiness; sloppiness, **réchúisí** placidity, **réidhe** smoothness, **saontacht** naivety, **scaoilteacht** looseness, slack, **séimhe** mildness, **siléigí** laxness, **simplíocht** simplicity, **síodúlacht** silkiness, **sleabhchtacht** limpness, **sleaic** slack, slackness, **sócúlacht** ease, comfortable state, **soghontacht** vulnerability, **spúinsiúlacht** sponginess, **suaimhní** serenity, **taise** dampness, **teolaíocht** cosiness, comfort; cushiness, **tláithe** mildness, gentleness, **tréithe** weakness, feebleness, **trócaire** pity, compassion

Boigéiseach *adj³*
1. gullible
glas green, **lán muiníne** fully trusting, **mothaolach** gullible, unsophisticated, **saonta** naive, **soineanta** innocent, unsuspecting, **somheallta** credulous
2. soft-hearted
bog soft, **bogchroíoch** soft-hearted, **caoin** gentle, kind, **cineálta** kind, **fial** generous, **gnaíúil** affable, approachable, **lách** kind, **mánla** tender-hearted, **mórchroíoch** bighearted, magnanimous, **muirneach** loving, tender, **séimh** gentle, genial

Boladh *m (-aidh; -aithe)* smell; scent fragrance; whiff
boltanas scent, smell, **bréantas** stench, pong, **cumhracht** fragrance, **cumhrán** fragrance, perfume, scent, **dea-bholadh** aroma, pleasant smell, **domoladh** musty, fusty smell, **drochbholadh** stench, pong, evil smell, **fuarbholadh** stale smell, **mos** *m (mois)* musk, scent, smell, **tuth** odour, stench

▲ ~ **ait** peculiar smell, ~ **aoibhinn** lovely smell, ~ **breá** pleasant aroma, delicious smell, ~ **blasta** appetising aroma, ~ **bláthanna** floral fragrance, ~ **bréan** foul, evil smell; obnoxious odour, ~ **coimhthíoch** strange, unfamiliar smell, ~ **coirp** body odour, ~ **cumhra** fragrant smell; fragrance, ~ **damanta** horrible smell, ~ **déisteanach** disgusting smell, ~ **dóite** burnt smell, ~ **dreoite** musty, mouldy smell, ~ **éisc** fishy smell, ~ **féir nuabhainte** smell of freshly mown grass, ~ **galánta** richly aromatic smell, ~ **gránna** nasty smell; vile smell, ~ **láidir** strong smell, ~ **lofa** reeking smell, putrid smell of decay, ~ **míthaitneamhach** unpleasant, disagreeable smell, ~ **muisc** musky smell, ~ **na buaraí** cattle smell, ~ **na cré** earthy smell, ~ **torthaí** fruity fragrance, ~ **úr** fresh smell

◊ **Tá ~ air.** It is scented., **Tá ~ as.** It smells. **Tá ~ dóite air.** He's already married., He's taken., **Níorbh é ~ na gaoithe a bhí uaidh.** He had been drinking.

Bolaigh *v₂ₐ* smell
airigh sense, feel, **aithin** recognise, **boltanaigh** smell, scent, **braith** detect, **faigh boladh** get a smell, **ionanálaigh** inhale, **mothaigh** sense, **srónáil thart** to nose around, **smúr** sniff

Bolaithe *pp* smelt, scented
airithe sensed, felt, **aitheanta** recognised, **boltanaithe** smelt, scented, **braite** detected, **ionanálaithe** inhaled, **mothaithe** sensed

Bolg *m (boilg; boilg, ~)* belly
abdóman abdomen, **cuadal** stomach, paunch, **glota** *f* belly, maw, **goile** *m* stomach, **méadail** *f (-dla; -dlacha)* paunch, **peasán** paunch; purse, **urbholg** big belly, **stomán** potbelly, **tarr** belly (cf **ar tharr in airde** belly-up)

Bolgam *m (-aim; -aim, ~)* mouthful; sup, sip
bolgam sup, **blaiseadh** tasting, taste; savouring, **blas** taste, **braon** drop, **deoch** *f (dí; ~anna)* drink, **gáilleog** mouthful, **galmóg** mouthful; large draught of drink, **glincín** sip of spirits, **goblach** *m* beakful, mouthful, **loim** sip, **meigeadán** small measure, drop, **ól** drinking, **plaic** large bite, **pluc** *f* mouthful, **scáilléad** mouthful (cf **scáilléad tae** mouthful of tea), **scíobas** sup, sip, **slaimice** chunk; mouthful, **slog** gulp, swig (cf **Bain slog as!** Have a swig!), **slogadh** swallowing, **smailc** mouthful, **smiolgadán** sup, mouthful, **sruthdheoch** *f (-dhí)* draught, swig, gulp, **steancán** swig, jorum, **súimín** sip, **súmóg** sip, sup, draught, **taoscán** draught, **tástáil** sampling, trying; degustation, **triail** trial, test

Bolú *vn* smelling
aithint bolaidh recognising a smell, **bolaíocht** sniffing, smelling, **boltanú** smelling, scenting, **brath**

bolaidh detecting a smell, **fáil bolaidh** getting a smell, **ionanálú** inhaling, **mothú** sensing, **srónaíl thart** nosing around, **smúradh** sniffing, **smúrthacht** nosing, sniffing; groping, prowling, **sróinínteacht thart** nosing about

Bómánta *adj⁶* stupid, dull
áiféiseach ridiculous, **amaideach** foolish, **baoth** foolish, daft, **dall** blind, ignorant, **díchéillí** injudicious, imprudent, **dobhránta** slow-on-the-uptake, **dúr** dense, stupid, **dúramánta** boneheaded, **éigríonna** unwise, **gan chiall** senseless, **gamalach** simpleminded, silly, **lagintinneach** feeble-minded, **le sainuimhir éirime íseal** with a low intelligence quotient (IQ), **leamh** pathetic, **leibideach** soft in the head, pea-brained, **mallintinneach** slow-witted, **maolintinneach** dull-witted, obtuse, **míchiallmhar** nonsensical, **místuama** ill-considered, unwise, **míthuisceanach** impercipient, lacking in understanding, **múisiúnta** dull, dozy; drowsy, **neamhéirimiúil** unintelligent, **neamhréasúnta** irrational, **seafóideach** silly, stupid, **spadintinneach** muddle-headed *(see also: amaideach)*

Bómántacht *f (~a)* stupidity, dullness
áiféis nonsense, **ainbhios** ignorance, **amaidí** foolishness, folly, **baois** foolishness, daftness, **daille (intinne)** (intellectual) blindness, ignorance, **dallintinn** dullness, stupidity, **díchiall** *f (-chéille)* injudiciousness, imprudence, **dúire** denseness, stupidity, **easpa céille** lack of sense, **éigríonnacht** imprudence, **gamalacht** foolishness, goofiness, **leamhas** ineffectualness, silliness, **leibideacht** ineptitude, foolishness, **maoile** baldness, obtuseness, **míchiall** *f (-chéille)* senselessness, folly, **místuamacht** thoughtlessness, **mugadh magadh** humbug, farce, **múisiúntacht** dullness, doziness, drowsiness, **neamhéirimiúlacht** unintelligence, **neamhréasúntacht** irrationality, **sainuimhir éirime íseal** low intelligence quotient (IQ), **seafóid** silliness, stupidity *(see also: amaidí)*

Bóna *m (~; ~í)* collar; lapel; cuff
banda muiníl neckband, **cába** collar; lapel, **coiléar madra** collar for a dog, **cufa** cuff, **liopa** lapel, **muince** *f* necklace, **urnasc** neckchain, collar

Borb *adj¹*
1. violent, cruel, fierce
ainiochtach cruel, **barbartha** barbaric, **binbeach** biting, **brúidiúil** brutal, **cadránta** hard, unfeeling, **crua** hard, **cruachroíoch** hard-hearted, **cruálach** cruel, **danartha** heartless, cruel, **duáilceach** wicked, vicious, **fíochmhar** fierce, **foréigneach** violent, **fuarchroíoch** unfeeling, **gangaideach** virulent, **garbh** rough, **ionsaitheach** aggressive, **searbh** bitter, **turcánta** cruel

2. abrupt, abrasive, pungent, coarse
cancrach grumpy, cranky, **cantalach** peevish, grouchy, **colgach** bad-tempered, tetchy, **confach** rabid, stroppy, **crosta** bad-tempered, **deilgneach** prickly, thorny, **dorránach** gruff, **drisíneach** bristly, prickly, **gairgeach** crabby, grouchy, **garbh** rough, **garg** austere, harsh, **géar** sharp, **giorraisc** abrupt, curt, **gonta** pungent, **láidir** strong, pungent

Bord *m (boird; boird, ~)*
1. table, board
binse bench, **beár** bar, **clár** table, board, **cuntar** counter, **deasc** *f (deisce; ~a, ~)* desk, **tábla** table

▲ **~ bricfeasta** breakfast bar, **~ cártaí** card table, **~ cistine** kitchen table, **~ cois leapa** beside table, **~ corrach** wobbly table, **~ dronuilleogach** oblong table, **~ éan** bird table, **~ infhillte** folding table, **~ íseal** coffee table, **~ leathchiorclach** half-moon table, **~ maisiúcháin** dressing table, **~ oibre** work table, worktop, **~ rialúcháin** *(comp)* console, **~ seomra bia** dining room table

◊ **~ agus leaba** bed and board, **an ~ a ghlanadh** to clear the table, **an ~ a leagan** to lay the table, **ar ~ loinge** on board ship, **ar bhord adhmaid** on a wooden table

2. *(body)* board, panel
comhairle *f* council, **coiste** committee, **painéal** panel, **stiúrthóirí** *mpl* directors

▲ **~ agallaimh** interview panel, **~ bainistíochta** management board, **~ gobharnóirí** board of governors, **~ idir-réitigh** conciliation board, **~ oideachais** board of education, **~ rialaithe** governing board

3. border, edge
bruach *m (-aigh; ~a, ~)* bank, brink, **ciumhais** edge, **imeall** margin, outskirts, **sciorta** marginal strip, bordering outside edge, **taobh** side, **teorainn** *f (teorann; ~eacha)* border

▲ **~ na farraige** seaboard

Bosca *m (~; ~í)* box
árthach *m* vessel, container, **bairille** barrel, **cartán** carton, **cás** case, **cisteog** casket, **cliabh** *m (cléibh)* creel; pannier, **cliathbhosca** crate, **cófra** chest, **cóifrín** coffer, **coimeádán** container, **cónra** coffin, **cúb** coop, **gabhdán** receptacle, **leastar** vessel; cask, firkin; washtub, **paca** pack, **pacáiste** package, **snaoisbhosca** snuffbox, **soitheach** vessel, **stalla** stall (cf **stalla i stábla** stall/box in a stable)

▲ **~ airgid** money box, **~ ceoil** melodeon, **~ faoistine** confessional, **~ litreacha** letterbox, **~ seod** jewel box

Both *m (~a; ~anna)* booth, lodge
cábán cabin, **cillín** cell; *(dorm)* cubicle, **cubhachail** *m* cubicle, **bothán** hut, shanty, **bráca** lean-to, **foscadán** shelter, **iomdha** *f (lit)* (~dh; ~dha) compartment with

couch or bed; cubicle, **lóiste** lodge, **scáthlán** open-ended hut or shed; tabernacle, **seid** shed, **seoltán** refuge, shelter, **seomra gléasta** dressing room, **prochóg** hovel, **seantán** shack, shanty, **stainnín** booth, kiosk, **teálta** shelter, hut, den

Bothán *m (-áin; -áin, ~)* hut; shanty

bathlach *m* dilapidated building, **cábán** cabin, **cró** outhouse, **ballóg** dump *(often a ruin or roofless house)*, **botaí** small hut or cottage, **both** booth, lodge, **bothóg** shanty, cabin, **failín** hovel; coop, sty, **iosta** *m* depot; store, **prochóg** hovel, **púirín** hovel, **riclín** ramshackle house, **scailp** earthen hut, **seantán** shanty, **seastán** stand, **teach** house, **teachín** small house, cottage *(see also: teach)*

Bóthar *m (-air; bóithre)* road

aibhinne (large) avenue, **ascaill** (small) avenue **bealach** *m* route, way, **bealach caoch** cul-de-sac, **bealach mór** highway, **bóithrín** *m* small road, lane, **búlbhard** boulevard, **conair** path, passage, **cosán** path, **crosaire** crossroad(s), **cúlbhóthar** back road, **cúrsa** course, **débhealach** *m* dual carriageway, **fobhealach** *m* underpass, **glanbhealach** clearway, **lána** lane, **lorg** track, **mótarbhealach** *m* motorway, **príomhbhealach** *m* main road, **raon** way, path, route, **rian** track, **ród** road, **rúidbhealach** *m* runway, **saorbhealach** *m* freeway, **seachbhealach** *m* byway, *(road)* bypass, **seachbhóthar** *(road)* bypass, **seachchonair** *(heart operation)* bypass, **seachród** byroad, **séad** path, course, **slí** *f* way, **sliosbhóthar** slip road, **sráid** street, **trasrian coisithe** pedestrian crossing, **tuathród** country road; byroad, *(see also: bealach, slí, sráid)*

▲ ~ **an chósta** the coast road, ~ **cam** crooked, bendy road, ~ **casta** winding road, ~ **deannachúil** dusty road, ~ **díreach** straight road, ~ **druidte** closed road, ~ **friothálach** feeder road, ~ **iarainn** railway, ~ **ó dheas** road to the south, ~ **ó thuaidh** road to the north, ~ **oscailte do thrácht** road open to traffic, ~ **réidh** flat road, ~ **rochtana** access road, ~ **sclagach** cratered/ potholed road, ~ **siar** road to the west, ~ **soir** eastbound road, ~ **tuaithe** country road

◊ **bata agus ~ a fháil** to get the sack, **Buailimis an ~!** Let's hit the road!, **Tá ~ achrannach romhainne.** We have a rocky road ahead of us., **Go n-éirí an bóthar leat!** Bon voyage! Have a good trip!

P **Gioraíonn beirt ~.** Two shorten the road., **Is fada an ~ nach bhfuil casadh ann.** It's a long road that doesn't have a turn in it., Things are bound to change.

Botún *m (-úin; -úin, ~)* mistake

ainm contráilte misnomer, **baois** folly, **earráid** error, **dearmad** oversight, mistake, **dearmad cló** misprint, **dulamú** slip up, mistake, **faillí** *f* lapse, **freagra mícheart** incorrect answer, **iomrall (ceartais)** miscarriage (of justice), **léamh contráilte** misreading, **meancóg** blunder, **mearbhall** confusion, error, **mearbhall cuntais** misreckoning, **mí-ádh** mischance, **mí-áireamh** miscalculation, **mí-aistriú** mistranslation, **míchiall** *f* misconstruing, **míbhreithiúnas** misjudgement, **míchruinneas** inaccuracy, **mífheilteachas** malapropism, **mífhuaimniú** mispronunciation, **mílitriú** misspelling, **míthapa** mishap, **míthuairim** misconception, **míthuairisc** misstatement, **míthuiscint** misunderstanding, **míréiteach** *m* wrong solution; wrong settlement, **míthuiscint** *f (-ceana)* misunderstanding, **neamart** remissness, slip up, **neamh-aistear** thoughtlessness, irresponsibility, **neamhchruinneas** inaccuracy, **réasúnú lochtach** faulty reasoning, **réiteach mícheart** incorrect solution, **sciorradh focail** slip of the tongue, **sciorrfhocal** slip of the tongue, **seachrán** aberration, **smachladh** clanger, bloomer, **treorú contráilte** misdirection, **tuaiplis** blunder, **tuathal** gaffe, **tuisle** stumble, trip

Brabús *m (-úis)* profit

airgead buaite winnings, **airgead tapa** fast buck, **aisíoc** repayment, **an bhunlíne** the bottom line, **balachtáil** gain, profit, **barrachas** surplus, **brabach** *m* gain, profit, yield, **brabúsacht** profitability, **brabúsaíocht** profiteering, **buntáiste** advantage, **céatadán** percentage, **éadáil** acquisition, find, **fáltas** profit, income, **fáltais** *mpl* proceeds, receipts, **gnóiteán** gain, benefit, **ioncam** income, revenue, **luach** *m* value, **proifid** profit, **luach saothair** emolument, **proifid** profit, **sochar** gain, credits, **sochracht** profitableness; beneficiality, **tairbhe** *f* benefit, **toradh** fruit, **tuilleamh** earnings, **ús** interest

Brabúsach *adj³* profitable

a íocann airgead mór that pays good money, well-paying, **airgeadúil** moneyed, profitable, **ar bhfuil luach saothair le fáil** remunerative, **bisiúil** gainful, **cost-éifeachtúil** cost-effective, **cúititheach** remunerative, **buntáisteach** advantageous, **éadálach** lucrative, **fabhrach** favourable, **fáltasach** profitable, gainful, **gnóiteach** gainful, **inmharthana ó thaobh na tráchtála de** commercially viable, **luachmhar** valuable, **proifideach** profitable, **tairbheach** beneficial, **torthúil** fruitful, **sochrach** salutary, remunerative, **somhaoineach** profitable, valuable, **úsach** usurious

Bradach *adj³*

1. scoundrelly, villainous
anchúinseach scoundrelly, monstrous, **bithiúnta** villainous, **bitsiúil** bitchy, **bréagach** lying, deceitful, **cealgach** perfidious, **fealltach** backstabbing, **mailíseach** malicious, **rógánta** roguish, **urchóideach** villainous

2. thieving, dishonest
calaoiseach underhand, deceitful, **cam** crooked, **easonórach** dishonourable, duplicitous, **mí-ionraic** dishonest, disingenuous, **mímhacánta** dishonest

Braighdeanas *m (-ais)* bondage, captivity
broid captivity, bondage, **carcair** *f* incarceration, **cimíocht** captivity, bondage, **coimeád** custody, **coinneáil** *(general)* detention, **coinneáil istigh** *(school)* detention, **cuibhriú** binding in fetters, **daoirse** servitude, **daoradh** enslavement; conviction, **daorbhroid** dire bondage, **daorsmacht** oppression, slavery, **géibheann** captivity, bondage, **giallacht** hostageship, bondage, **imtheorannú** internment, **ionad coinneála** detention centre, **laincis** fetter, shackle, **príosún** prison, **príosúnacht** imprisonment, **príosúnú** imprisoning, **sclábhaíocht** slavery, **tráilleacht** thralldom, slavery

Brainse *m (~; -sí)* branch
beangán young branch, shoot, **buinneog** slender shoot, sprout, **craobh** *f* bough, branch, **craobhabhainn** tributary, **earnáil** sector, **fáisín** offshoot, **fo-líne** *f* branch line, **fothaire** *(mec)* feeder, **fo-roinn** *f (-roinne; -ranna)* subdivision, **gabhal** fork, **gas** stalk, stem, **gasóg** little shoot, **géag** *f* limb, branch, **géagán** appendage, **rannóg** section, **roinn** *f (~e, ranna)* department, division

Bráislead *m (-éid; -éid, ~)* bracelet, bangle
banda band, **banda rosta** wristband, **bráislead rúitín** anklet, **briochtbhráislead** charm bracelet, **buinne** bracelet, band, hoop, **cufa** cuff, **fail** bracelet; ring, **fáinne** ring, **slabhra rosta** wrist chain, **strapa uaireadóra** watchstrap

Braite *adj⁶*
1. perceived, sensed
airithe perceived, sensed, **aitheanta** recognised, **breathnaithe** observed, **ceaptha** thought, **cloiste** heard, **faighte** found, **feicthe** seen, **idirdhealaithe** (idir) distinguished (between), **mothaithe** felt, **rathaithe** perceived, **tugtha faoi deara** noticed, **tuigthe** understood, realised
2. betrayed
ar a ndearna feall betrayed, deceived, **ar ar cuireadh cluain** deceived, **ar ar cuireadh dallamullóg** hoodwinked, deceived, **ar ar loiceadh** failed, let down, **ar ar sceitheadh** informed upon, **cloiste ar** failed, let down, **ligthe síos** let down; sold out, **meallta** deluded; seduced, **meirdrithe** prostituted, sold out, **tréigthe** abandoned, forsaken
3. ~ **ar** depended on
as ar muiníodh relied upon, **as ar tairisníodh** trusted, **dulta in iontaoibh ar** relied upon, **dulta i muinín ruda/duine** confident in a thing/a person, **inar cuireadh muinín** trusted, **lenar taobhaíodh** relied upon

Braith *v₁ᵦ*
1. sense, perceive
airigh perceive, **aithin** recognise, **breathnaigh** observe, **céadfaigh** sense, **ceap** think, **clois** hear, **faigh** find, **feic** see, **idirdhealaigh** (idir) distinguish (between), **is léir** (do) it is clear (to), **meabhraigh** apprehend, perceive, sense, **mothaigh** feel, **rathaigh** perceive, **sonraigh** notice, perceive, **tabhair faoi deara** notice, **tuig** understand, realise
2. betray
bí mídhílis do be unfaithful to, **clis ar** fail, let down, **cuir cluain ar** deceive, **cuir feall ar iontaoibh ar dhuine** to double-cross a person, **feall ar** prove false to, betray, **imigh i mbradaíl ar do chéile** cheat on your spouse, **imigh thar claí** *(marriage)* cheat, be unfaithful, **inis ar** tell on, grass on, **lig síos** let down, **loic ar** fail, let down, **meirdrigh** prostitute, sell out, **sáraigh muinín** betray a trust, **sceith ar** inform on, **tabhair buille fill do dhuine** to hit a person below the belt, **tréig** abandon

◊ **cara a bhrath** to betray a friend

3. ~ **ar** depend upon, lean on
bí ag dréim le be counting on, **bí ag súil le** be expecting, **cuir sa mheá** weigh up, reckon on, **cuir muinín i** trust in, rely on, **muinigh as** *(lit)* trust in, rely on, **taobhaigh le** rely on, trust **téigh in iontaoibh** (+ *gen*) to place one's trust in, **téigh in iontaoibh ar/as** place one's trust in, **téigh i muinín ruda/duine** place one's confidence/trust in a thing/a person

◊ ~**eann sé.** It depends.

Bráithreachas *m (-ais)* brotherhood, fraternity
cairdeas friendship, amity, **cairdeasaíocht** fraternisation, **cairdiúlacht** friendliness, amity, **comhaltas** body of persons, brotherhood, *(university)* Fellows (cf **ball den chomhaltas** member of the Fellows), **comhbhráithreachas** confraternity, **comrádaíocht** camaraderie, **cuallacht** fraternity, fellowship, **cumann** togetherness, companionship, **fialas** kinship

Braon *m (-oin; ~ta)* drop
boilgeog bead on liquid; bubble, **bolgam** sip, mouthful, **bolgán** bubble, **braoinín** droplet, **braonán** droplet, **coirnín** bead (eg **coirnín allais** bead of sweat), **deoir** *f (~e; deora, deor)* drop, dash; tear, **diúg** *f (-úige)* drop, **driog** *f (drige; ~anna)* droplet, **drúchtín** dewdrop, **fídeog** small sip of spirits, **flip** drop (cf **gan fiú flip fágtha** not even a drop left), **glincín** sip of spirits, **greagán** drop of spirits, **mónóg** drop, bead, **sil** drip, trickle, drop, **sáilín** wee drop, nip, **sileadh** drip, dripping; discharge, pus, **silín** small trickle, **smeachán** taste, nip, **smiolgadán** mouthful, sup, **snáthadh** sip, drop (cf **Bhí snáthadh maith ólta aige.** He had taken a good drop.), **snáthán** small drop, small amount, **sniog** *f (snige; ~a; ~)* drop, **sreabh** *f* trickle, drip, **stioc** *f (stice)* small drop, **súilín** globule, **súimín** sup, **suóg** tear, small drop, **tomhaisín** small measure

Brat *m (-ait; -ait, ~)* mantle, cloak; flag
balcais rag, garment, **balcaisí** *fpl* **Domhnaigh** Sunday

clothes, **blaincéad** blanket, **bratóg** rag, clout, **cadó** cover, wrap, **cairpéad** carpet, **caille** *f* veil, **ceamach** *f* rag, **ceamacha** *fpl* tattered clothes, **cóta** coat, **clóca** cloak, **clúdach** *m* cover, **cuirtín** curtain, **cumhdach** *m* covering, protection, **éadach** *m* cloth, **fallaing** mantle, **fial** *m (féil; ~a, ~)* veil, **gúna** gown, **pluid** blanket, **púic** covering, **púicín** covering for the eyes, blindfold, **róba** robe, **scing** *f* cloak, covering; canopy, **súsa** rug, blanket; bed, **téastar** canopy over bed, **tuáille** towel

Bratach *f (-taí; ~a, ~)* flag, standard
 brat ensign, **bratainn** pennon, **comhartha** sign, **fleaige** flag, banner; flagstone, **lipéad** label, tag, **meirge** *m* banner, standard, **onchú** *f (lit)* banner, **samhaltán** emblem, **suaitheantas** emblem, badge

Brath *vn*
 1. sensing, perceiving
 aireachtáil perceiving, **aithint** recognising, **breathnú** observing, **céadfú** sensing, **ceapadh** thinking, **cloisteáil** hearing, **fáil** finding, **feiceáil** seeing, **idirdhealú (idir)** distinguishing (between), **meabhrú** apprehending, perceiving, sensing, **mothú** feeling, **rathú** perceiving, **sonrú** noticing, perceiving, **tabhairt faoi deara** noticing, **tuiscint** understanding, realising
 2. betraying, betrayal
 cliseadh ar failing, letting down, **cur cluain ar** deceiving, **cur feall ar iontaoibh ar dhuine** double-crossing a person, **fealladh ar** cheating on, betraying, **feallaireacht** betraying, **ligean síos** letting down, **loiceadh ar** failing, let down, **imeacht i mbradaíl ar do chéile** cheating on your spouse, **imeacht thar claí** *(marriage)* cheating, being unfaithful, **insint ar** telling on, grass on **meirdriú** prostituting, selling out, **sárú muiníne** betrayal of trust, betraying a trust, **sceitheadh ar** informing, grassing on, **tabhairt buille fill do dhuine** to hit a person below the belt, **tréigean** abandoning, abandonment, forsaking
 3. ~ **ar** depending upon, leaning on
 dréim le counting on, **súil le** expecting, **cur sa mheá** reckoning on, weighing up, **cur muinín** trusting in, relying on, **dul in iontaoibh ar rud/as rud/ruda** placing one's trust in a thing, **dul i muinín ruda/duine** placing one's confidence in a thing/in a person, **taobhú le** relying on, trusting, **i dtortaobh le** depending solely upon

Brathadóir *m (-óra; ~í)*
 1. betrayer, traitor
 béal gan scáth babbler, **bean nochta scéil** *(female)* whistle-blower, **cealgaire** deceiver, **faisnéiseoir** informant, **feallaire** betrayer, deceiver, **fear nochta scéil** *(male)* whistle-blower, **gníomhaire rúnda** secret agent, **lucht séidte feadóige** whistle-blowers; whistle players, **oifigeach fáisnéise** intelligence officer, **oifigeach faoi cheilt** undercover officer, **oifigeach frithfháisnéise** counter-intelligence officer, **ollbhrathadóir** supergrass, **sceithire** informer, **spiaire** spy **staig** *f* informer,

2. index finger
 colgóg index finger, **corrmhéar** *f* forefinger, **méar** *f* **cholbha** index finger, **méar** *f* **thosaigh** first finger, index finger

Bráthair *m (-thar; bráithre) (rel)* brother, friar, close companion
 Agaistíneach *m* Augustinian, **anamchara** *m (~d)* spiritual advisor; confessor, **Cairmilíteach** *m* Carmelite, **cara** *m (~d; cairde, ~d)* friend, **coirneach** *m* tonsured person, monk, friar, **comhbhráthair** kinsman, confrère, **comhghleacaí** colleague, **comrádaí** comrade, **deartháir** *m (dearthár; ~eacha)* brother, **Doiminiceach** *m* Dominican, **siblín** sibling, **fear muinteartha** kinsman, **gaol bráthartha** fraternal relation, **leathbhádóir** colleague; shipmate, **Proinsiasach** *m* Franciscan, **manach** *m* monk

Breá *adj irr*
 1. fine
 álainn beautiful, pretty, **ar fheabhas** excellent, **ard-** excellent, **ardnósach** grand, ostentatious, **bagánta** spruce, **bláfar** blooming, beautiful, **bláith** *(lit)* delicate, beautiful, **ceart go leor** okay, all right, **cothrom** fair, balanced, **cuí** appropriate, **dathúil** handsome, **dealraitheach** resplendent; plausible, **deas** nice, **deaslámhach** skilful, **dóighiúil** bonny, **fáinneach** adorned, ringleted, beautiful, **feiliúnach** apposite, **fíormhaith** exquisite, **galánta** elegant, splendid, **gan scamall** cloudless, **geal** bright, **gléigeal** brilliant, **gleoite** gorgeous, **glic** smart, **gnaíúil** affable, amiable, **gréagach** splendid, **greanta** shapely, beautiful, **grianmhar** sunny, **iontach** wonderful, **láidir** strong, **macánta** honest, **maisiúil** decorative; becoming, **maith** good, **milis** sweet, **niamhrach** magnificent, splendid, **oilte** skilled, **oirirc** sublime, **oiriúnach** suitable, **ornáideach** ornate, **plásánta** fair, **pléisiúrtha** pleasurable, **réasúnta** reasonable, **sár-** ultra-, surpassing, **sármhaith** superb, excellent, **sásúil** satisfactory, **sciamhach** lovely, **seoigh** grand, great, **snasta** cool, **soiléir** clear, **sonraíoch** notable, remarkable, **spéiriúil** bright and heavenly-looking, **suaithinseach** remarkable, distinctive, **suntasach** outstanding, noticeable, **taibhseach** flamboyant, **taitneamhach** pleasant, **thar barr** tip-top, **togha** choice, **uachtarach** superior
 2. is ~ **liom** I love
 is aoibhinn liom I adore, **is áthas liom** I am happy, **is cúis áthais mhóir dom** it a cause of great happiness for me, **is lainn liom** I am excited, **is maith liom** I like, **is méanar dom** it is fortunate for me, **is pléisiúr mór dom** it is a great pleasure for me

Breab *f (-eibe; ~anna)* bribe
 airgead curtha i gcúl doirn greased palm, **airgead cúl láimhe** backhander, **airgead fill** money attained by corrupt means, **airgead fola** blood money, **airgead lofa** rotten money, **an tríocha bonn d'airgead** thirty

pieces of silver, **breabaireacht** bribing, bribery, **crúibín cam** backhander, **fuist-airgead** *(sl)* hush money, **málaí** *mpl* **páipéir dhoinn** brown paper bags, **teacht ar thuiscint le duine** reaching an understanding with a person (cf **An dtuigimid a chéile?** Do we understand one another?)

Breac- *pref* occasional; middling, rather; unsettled, broken
an breaclá the occasional day, **breacaimsir** unsettled weather, **breacaosta** rather old, **breacbháisteach** occasional rain, **breaceolas** sketchy knowledge, **breac-Ghaeilge** broken Irish, **breacshláinte** middling health

Breac 1 *adj¹* speckled, dappled, mottled
alabhreac piebald, **ballach** spotted, **bearnach** with gaps, **breacbhallach** speckled, **breactha** dotted, **breicneach** freckled, **bricíneach** freckled, **correrratic**, **failceach** gapped; harelipped, **fánach** occasional, **goiríneach** spotty, **guagach** unpredictable, changeable, **le bricíní** with freckles, **luaineach** variable, **marcáilte** marked, **neamhbhuan** inconstant, **poncaithe** dotted, **scaipthe** scattered, interspersed, **sceadach** patchy, blotchy, **spotach** spotted, speckled, **uaineach** intermittent

Breac 2 *v₁ₐ*
1. speckle, mottle, dot
breachnaigh mottle, variegate, **cuir spotaí ar** put spots on, **clúdaigh le bricíní** freckle, **mionbhreac** stipple, **poncaigh** dot; punctuate
2. brighten (up), dawn
geal dawn; brighten, light up, **ruithnigh** make radiant, brighten, **soilsigh** illuminate, light up, **sorchaigh** enlighten, illuminate
3. ~ **síos** jot down
déan nóta make a note, **grean** engrave, **grábháil** etch, engrave, **nótáil** note, **rionn** carve, engrave, **scríobh síos** write down, **snoigh** carve, **taifead** record

Breacadh *vn*
1. mottling, dappling, speckling; writing down
breachnú mottling, variegating, **cur spotaí ar** putting spots on, **clúdach le bricíní** freckling, covering with freckles, **mionbhreacadh** stippling, **poncú** dotting; punctuating
2. ~ **an lae** dawn (of a new) day, dawning
amhscarthanach daybreak; twilight, **bánú** dawning, **briseadh an lae** the break of day, **caomhaoir** dawn, **dónaing** dawning, dawn, **éirí an ghealbhain** rising of the sparrow, crack of dawn, **éirí na gréine** sunrise, **fáinne an lae** first light, **fochra an lae** the approach of dawn, **gealadh** dawning; brightening up; *(weather)* clearing up, **lá** *m* (**lae**) day, **láchan** *f* (**~a**) dawning, **maidneachan** daybreak, **scarthanach** *f* break of day
3. ~ **síos** jotting down
déanamh nótaí making notes, **greanadh** engraving, **grábháil** etching, engraving, **nótáil** noting, **rionnadh** carving, engraving, **scríobh síos** writing down, **snoí** carving, **taifeadadh** recording

Breactha *pp*
1. speckled, mottled, dotted
breachnaithe mottled, variegated, **clúdaithe le bricíní** freckled, **mionbhreactha** stippled, **poncaithe** dotted; punctuated
2. brightened (up), dawned
gealta dawned; brightened, lit up, **ruithnithe** made radiant, brightened, **soilsithe** illuminated, lit up, **sorchaithe** enlightened, illuminated
3. ~ **síos** jotted down
curtha ar phár *(high reg)* put on parchment, **greanta** engraved, **grábháilte** etched, engraved, **nótáilte** noted, **rionnta** carved, engraved, **scríofa** síos written down, **snoite** carved, **taifeadta** recorded

Bréag 1
1. *f* (*-éige*; *~a*, *~*) lie, falsehood
bréagaí mendacity, lying, **brionnú** forgery, **caimseog** fib, **cluain** beguilement, **dalbhadh** delusion, falsehood, **éitheach** falsehood, **fadhbóg** whopping big lie, **falsú** falsification, **gáilleog** whopping lie, **gó** *f* falsehood (cf **gan ghó** without a word of a lie), **guilmne** *f* calumny, **mífhaisnéis** misinformation, **mionn éithigh** perjury, **pait** whopper, enormous lie, **píosa cumadóireachta** fabrication, **scaits** *f* whopping lie, **scéal an ghamhna bhuí** cock-and-bull story, **scéal gan chraiceann** unlikely tale, **scéal i mbarr bata** tall tale, cock-and-bull story, **sceireog** porky pie; trivial lie, **seachaint** prevarication, fudging, **staróg** lie, story that has no truth in it, **tlus** falsehood, lie
2. ~ **a rá/a insint/a dhéanamh** to tell a lie, to lie
bheith ag bréagadóireacht to be telling falsehoods, **brionnaigh** falsify; forge, **duine a chur amú** to deceive a person, **éitheach a thabhairt** to tell a lie, **eolas mícheart a thabhairt** to misinform, **falsaigh** falsify, **neamhfhírinne a rá** to tell an untruth, **scaitseáil** to tell whoppers

P **Bíonn cosa fada ar bhréag (ach bíonn an fhírinne bacach).** A lie has long legs (but the truth is lame).

Bréag 2 *v₁ₐ* cajole, coax
bladair soft-soap, cajole, **cealg** beguile, allure; sting, **clasaigh** coax, entice, **cuir cluain ar dhuine** beguile, **cuir dalbhadh ar** delude, deceive, **cuir draíocht ar** enchant, put a spell on, **cuir faoi dhraíocht** bewitch, **déan íogán ar** cheat, deceive, **déan plámás** flatter, **meabhlaigh** deceive; shame, **meall** beguile, entice, **siabhair** bewitch, delude, enchant; derange, **tathantaigh** urge, coax; incite *(see also:* **meall 2***)*

Bréagadh *vn* cajoling, coaxing
bladar soft-soaping, cajoling, **cealgadh** beguiling, alluring; stinging, **clasú** coaxing, enticing, **cur cluain ar dhuine** beguiling, **cur dalbhadh ar** deluding,

Bréagach

deceiving, **cur draíocht ar** enchanting, putting a spell on, **cur faoi dhraíocht** bewitching, **déanamh íogán ar** cheating, deceive, **déanamh plámás** flattering, **meabhl**ú deceiving; shaming, **mealladh** seducing, enticing, **siabhradh** bewitching, deluding, enchanting; deranging, **tathant** coaxing; inciting *(see also: **mealladh**)*

Bréagach *adj³* false, mendacious
cearr wrong, **cluanach** deceptive, **éigneasta** insincere, **éithigh** *(> **éitheach**)* lying, **falsa** false; lazy, **feallach** false, treacherous, **guilmneach** calumnious, **lochtach** faulty, flawed, **meallta** mistaken, **mealltach** beguiling, **mícheart** incorrect, **mídhílis** unfaithful, **mí-ionraic** disingenuous, insincere, **mímhacánta** dishonest, **neambhailí** invalid, **neamhbheacht** inexact, **neamhchruinn** inaccurate, **neamhfhírinneach** untruthful, **neamhréadúil** unreal, **samhalta** imagined **saorga** artificial, **tacair** *(> **tacar**)* synthetic, contrived

◊ **chomh ~ le moladh meisceora** as false as a drunkard's praise

Bréagadóir *m (-óra; ~í)* liar
aisiléir twister, trickster, **béal na bréige** lying mouth, liar, **caimiléir** fraudster, conman, **cluanaire** deceiver, charmer, **cneámhaire** knave, **éitheoir** perjurer, liar, **falsaitheoir** falsifier; forger, **feallaire** deceiver, **leidhcéir** trickster, **lucht na gcaimseog** fibbers, **mealltóir** fake, imposter; seducer, **rógaire** rogue, **scaitseálaí** liar, dissembler, **séitéir** cheat, cheater, **slíbhín** sleeveen, slimy untrustworthy individual, **slíomadóir** smarmy person, snake in the grass, **slusaí** dissembler

Bréagán *m (-áin; -áin, ~)* toy
áilleagán plaything, **áilleagán intreach** merry-go-round, **áit súgartha** play area, **bábóg** doll, **cluiche** game, **deideighe** *m (~; ~anna)* trinket, toy, **gréibhlí** *spl* knick-knacks, **gunna bréige** toy gun, **mangaisíní** *spl* baubles, **míreanna** *fpl* **mearaí** jigsaw, **roithleagán ró** whirligig, merry-go-round, **teach bábóige** doll's house, **tomhas** puzzle, **trealamh imeartha** playing equipment

Bréagnaigh *v₂ₐ* contradict, refute
caith amach throw out, **ceistigh** dispute; question, **cros** forbid, prohibit, **cuir in aghaidh /i gcoinne** *(+ gen)* oppose, counter, **cuir in éadan** *(+gen)* oppose, contradict, **díchruthaigh** disprove, **diúltaigh** decline, refuse; negate, **falsaigh** falsify, **gníomhaigh in aghaidh** *(+gen)* counteract, **sáraigh** thwart, frustrate, **séan** refute, **triosc** contradict, interrupt

Bréagnaithe *pp* contradicted, refuted
caite amach thrown out, **ceistithe** disputed; questioned, **crosta** forbidden, prohibited, **curtha in aghaidh /i gcoinne** opposed, countered, **curtha in éadan** opposed, contradicted, **díchruthaithe** disproven, **diúltaithe** declined, refused; negated,

falsaithe falsified, **gníomhaithe in aghaidh** counteracted, **sáraithe** thwarted, frustrated, **séanta** refuted, rebutted, **triosctha** contradicted, interrupted

Bréagnaitheach *adj³* contradictory
coimhlinteach conflicting, **coinbhleachta** *(> **coinbhleacht**)* conflicting, **contráilte** conflicting, **contrártha** contrasting; contrary, **easaontach** dissident, **eascairdiúil** antagonistic, **gan bheith oiriúnach dá chéile** incompatible, **neamh-chomhoiriúnach** *(tech)* incompatible, **neamhchuidiúil** unaccommodating, unhelpful, **neamhréireach** discrepant, **nimhneach** hostile, **triosctha** contradicted, interrupted

Bréagnú *vn* contradicting, contradiction; refuting refutation
aighneas dispute, conflict, **ceistiú** disputing; questioning, **coimhlint** conflict, **coinbhleacht** conflict, **crosadh** forbidding, prohibiting, **cur in aghaidh /i gcoinne** opposing, countering, **cur in éadan** opposing, contradicting, **díchruthú** disproving, **diúltú** declining, refusal; negation, **falsú** falsification, **gníomhú in aghaidh** counteracting, **sárú** thwarting, frustrating, **séanadh** refuting, refutation, **stopadh** stopping, **triosc** contradicting, interrupting

Bréagriocht *m (~a)* disguise, masquerade
aghaidh fidil mask, **cur i gcéill** pretence, affectation, **duaithníocht** camouflage, **ceilt** concealment, **feisteas** costume, **folach** *m* hiding, concealment, **folach na fírinne** cover-up, **gairéad** ostentation, gaudery, **masc** mask, **riocht** *m (reachta; ~taí)* guise, **scáth** cover, shadow (cf **faoi scáth na hoíche** under the cover of darkness), **seó** show, front, **veinír** *f (~e; ~í)* veneer

Bréagtha *pp* cajoled, coaxed
bladartha soft-soaped, cajoled, **cealgtha** beguiled, allured; stung, **clasaithe** coaxed, enticed, **meabhlaithe** deceived; shamed, **meallta** seduced, enticed, **siabhartha** bewitched, deluded, enchanted; deranged, **tathantaithe** coaxed; incited *(see also: **meallta**)*

Bréan *adj¹*
1. foul, putrid
brocach filthy, **déistineach** disgusting, **dreoite** decayed, **droch-** bad, evil, **feo!** ugh! yuck!, **gránna** nasty, **lofa** rotten, **masmasach** nauseous, **morgtha** putrified, **morgthach** gangrenous, **mótúil** rank; sickening, queasy, **múisciúil** nauseating, sickening, **neamhghlan** unclean, **neamhfholláin** unwholesome, **oiltiúil** nauseating; cloying, **salach** dirty, **samhnasach** nauseating, **tufar** evil-smelling, malodorous, **tuthógach** smelling of farts

◊ **chomh ~ le pluais an mhadra rua** as foul-smelling as a fox's den

2. **~ de** sick of
dóthanach sufficient, enough, **dubh dóite de** completely browned off with, **dubhthuirseach de**

extremely tired of, **gráinithe ar** having acquired an abhorrence for, **tinn tuirseach de** sick and tired of

Bréantas *m (-ais; -ais, ~)* stench, foulness
boladh bréan stink, **bréine** stench, rottenness, **brocamas** filth, **camras** sewage, filth, **ciobar** dirt, grime, **cunús** dirt, rubbish, **dreo** decay, **drochbholadh** evil smell, **fochall** corrupt matter, filth, **gairge** *f* pungency, **géarbholadh** acrid smell, **gránnacht** nastiness, **lofacht** rottenness, **morgthacht** putrefaction, **mosar** stench; filth, **mótúlacht** rankness, queasiness, **otras** filth, **roide bhuí** slime, **sail** dirt, dross, **sail chnis** dandruff, **sailíocht** dirtiness, **salachar** dirt, **samhnas** nausea, **séarachas** sewage, **truflais** waste matter, trash, **tuth** *f (tuithe)* stench

Breáthacht *f (~a)* beauty, excellence
áille beauty, **feabhas** excellence, **barr feabhais** best of the best, *crème de la crème*, **barraíocht** superiority, **bagántacht** spruceness, **cothromaíocht** fairness, niceness, **dathúlacht** handsomeness, **deise** niceness, **deaslámhaí** skilfulness, **dóighiúlacht** beauty, **feiliúnacht** suitability, **fíormhaithe** exquisiteness, **galántacht** elegance, splendour, **gile** brightness, **gléigile** brilliance, **gleoiteacht** gorgeousness, **glice** smartness, cunning, **gréagaí** splendour, **grianmhaire** sunniness, **iontas** wonder, **láidreacht** strength, **laomthacht** splendour, brilliance, **macántacht** honesty, **maisiúlacht** decorativeness; comeliness, **maitheas** good, **milse** sweetness, **niamhracht** magnificence, splendour, **oilteacht** skillfulness, **oirirceas** sublimeness, **oiriúnacht** suitability, **ornáideacht** ornateness, **plásántacht** smoothness; blandishing, **pléisiúr** pleasure, **réasúntacht** reasonableness, **sármhaithe** superbness, excellence; distinction, **sásúlacht** satisfactoriness, **sciamhacht** beauteousness, beauty, **seoighe** wonderfulness, greatness, **snastacht** *(style)* coolness, **soiléire** clearness, **sonraíocht** impressiveness, **suaithinseacht** distinctiveness, remarkableness, **suntasacht** prominence, **taibhseacht** flamboyance, **taitneamhacht** pleasantness, **thar barr** tip-top, **tiriúlacht** pleasantness, **tofacht** choiceness

Breáthaigh *v₂ₐ* beautify
áilligh beautify, **bláthnaigh** beautify, smooth, **breabhsaigh** spruce up; brighten up, **cuir maise ar** glamorise; deck out, **cuir slacht ar** tidy up, spruce up, **cuir smideadh ar** put make-up on, **déan suas** do up, **deasaigh** adorn, make nice; drape, **eagraigh** organise, **feistigh** festoon, **gréasaigh** decorate with pattern, **maisigh** decorate, **oirnéal** decorate, **ornáidigh** ornament, **ornaigh** adorn, **pointeáil** doll up, **réitigh** get ready, prepare, **sciamhaigh** embellish, beautify

Breáthaithe *pp* beautified
áillithe beautified, **ar ar cuireadh slacht** tidied up, spruced up, **ar ar cuireadh smideadh** with make-up on, **bláthnaithe** beautified, smoothed, **breabhsaithe** spruced up; brightened up, **déanta suas** done up, **deasaithe** adorned, made nice; draped, **eagraithe** organised, **feistithe** festooned, **gréasaithe** decorated with a pattern, **maisithe** decorated, **oirnéalta** decorated, **ornáidithe** ornamented, **ornaithe** adorned, **pointeáilte** dolled up, **réitithe** made ready, prepared, **sciamhaithe** embellished, beautified

Breathnaigh *v₂ₐ* observe, look
aisbhreathnaigh look back, **amharc** view, look, **bain radharc do dhá shúil as** get a load of/a good look at, **bí ag pípeáil** be peeping, **caith súil ar** to cast an eye on, **coimhéad** guard, watch; observe, **déan gliúcaíocht (ar)** peer (at), **déan smaoineamh ar** consider, **déan staidéar ar** study, **dearc ar** look at, **fair** watch, **féach (ar)** look (at), **feic** see, **forchoimhéad** watch, guard, **iniúch** scrutinise, **scrúdaigh** examine, **sill** glance, look, **smaoinigh (ar)** think (about), **speiceáil** look furtively sidelong, **spléach (ar)** glance (at), **stán (ar)** stare (at), **tabhair faoi deara** notice, **tabhair gliúc** peep, **tabhair sracfhéachaint (ar)** take a glance (at)

Breathnaithe *pp* observed, looked at
aisbhreathnaithe relooked at, reobserved, **amharctha** viewed, looked at, **coimhéadta** guarded, watched; observed, **dearctha ar** looked at, **fairthe** watched, **féachta (ar)** looked (at), **feicthe** seen, **forchoimhéadta** watched, guarded, **iniúchta** scrutinised, **scrúdaithe** examined, **sillte** glanced, looked, **speiceáilte** looked furtively sidelong, **spléachta (ar)** glanced (at), **stánta (ar)** stared (at), **tugtha faoi deara** noticed

Breathnóir *m (-óra; ~í)* observer
coimhéadaí observer, watcher, **cigire** inspector, **duine ar an láthair** bystander, **duine den lucht féachana** spectator, **fairgseoir** watcher, viewer, **fairtheoir** spotter; sentinel, **féachadóir** onlooker, **fear faire** watchman, **feitheoir** invigilator, **garda slándála** security guard, **iniúchóir** scrutineer, auditor, **lucht féachana** spectators, viewers, **seallach** *m* onlooker, spectator, **speicéir** furtive watcher; voyeur, **tráchtaire** commentator

Breathnú *vn* observing
aisbhreathnú looking back, **amharc** looking, view; sight, **caitheamh súile ar** casting an eye on, **coimhéad** guarding, watching; observing, **déanamh gliúcaíocht (ar)** peering (at), **déanamh smaoineamh ar** considering, **déanamh staidéar ar** study, **dearcadh (ar)** looking at; outlook, regard, **faire** keeping watch, **faireachán** watching, keeping watch, **fairís** watching, observing **féachaint (ar)** looking (at), **feiceáil** seeing, **forchoimhéad** watching, guarding, **gácáil** gawking, **gliúcaíocht** peeping, peering, **iniúchadh** inspecting, inspection, **pípeáil** peeping, **radharc** viewing, **smaoineamh (ar)** thinking (about), **scrúdú** examining, **silleadh** glancing, looking, **speiceáil**

Breáthú *vn* beautifying

áilliú beautifying, **bláthnú** beautifying, smoothing, **breabhsú** sprucing up; brightening up, **cur maise ar** glamorising; decking out, **cur slacht ar** tidying up, sprucing up, **déanamh suas** doing up, **deasú** adorning, making nice; draping, **eagrú** organising, **feistiú** festooning, **gréasú** decorating with patterns, **maisiú** decorating, **oirnéaladh** decorating, **ornáidiú** ornamenting, **ornú** adorning, **pointeáil** dolling up (cf **tú féin a phointeáil** to doll yourself up), **réiteach** getting ready, preparing, **sciamhú** embellishing, beautifying

Breis *f (~e; ~eanna)* increase, addition, extra

aibhsiú heightening, highlighting, **ardú** raising, **barr** addition, excess, **barrachas** surplus, **barraíocht** surplus, **biseach** increase, **breisiú** increasing, growth, **breisiúlacht** increase, **ceas** surfeit, **cur (le)** adding (to), **farasbarr** overflow, **feabhas** improvement, **forlíonadh** supplement; overfilling, **fuíoll** residue, **iomad** great number, excess, abundance, **iomarca** excess, **méadú** increase, increasing, **níos mó ná** more than, **os cionn** *(+ gen)* above, **thar** over, beyond, **tuilleadh** more, **uiríoll** surplus

▲ ~ **aire** extra attention, ~ **airgid** more money, ~ **díolaíochta** increase in sales, ~ **eolais** additional information, ~ **siúil** quickened pace

◊ ~ **ar fheabhas chuige!** More luck to him!, **Beidh costas ~e air.** It will cost more., **Tháinig ~ orainn.** We have a new addition to our family., **sa bhreis ar an airgead sin** in addition to that money

Breith 1

1. *f (~e; ~eanna)* birth

athionchollú reincarnation, **ionchollú** incarnation, **iompar** bearing, carrying, **máithriú** mothering, bearing, **nochtadh** appearance, **pórú** *(agr)* breeding, **saolú** bringing forth (into this world), **síolrú** seeding, **seol** giving birth (cf **bean seoil** woman in childbirth, **bean seolta** woman who is giving birth), **tabhairt ar an saol seo** bringing into this world, **teacht ar an saol** coming into the world, **tuismiú** parenting

◊ **~lá sona duit!** Happy Birthday!, **Lá ~e sona duit!** Happy birthday!

2. ~ **ar** seizing, taking hold of

alpadh grabbing; devouring, **barróg** hug, **cantáil ar** grabbing at, **ceapadh** ensnaring, catching, **fáil greim ar** taking/getting hold of, **gabháil** seizing, capturing, **glám** grab, clutch, **glámadh** grabbing, clutching, **grabáil** grabbing, **greamú** gripping, **greim** *m (greama; greamanna)* grip, hold, **greim docht** firm grasp, **sealbhú** taking possession of, **seilbh** possession, **sciobadh** snatching, **snapadh** snatching, catching, **snapadh suas** snapping up, **tapú** grasping quickly, seizing, **tógáil** taking, **tógáil barróg ar dhuine** giving a hug to a person, hugging a person

3. ~ **le** proceeding, carrying off

aistriú moving, transferring, **bogadh** moving, **corraí** moving, **dul chun cinn** advancing, **gabháil ar aghaidh** proceeding, **gluaiseacht chun tosaigh** moving forward, **imeacht** leaving, departure, **iompar** carrying, conveying, **leanúint ar aghaidh** carrying on, continuing, **tabhairt leat** taking with you, **tógáil** taking

Breith 2 *f (~e; ~eanna)* judgement

barúil *f* opinion, **breithiúnas** judgement, **cinneadh** finding, decision, **cinntiú** determination, **dearcadh** view, point of view, **fáil** finding, **fionnachtain** finding, discovery, **fíorasc** *(jur)* verdict, **foirceannadh** *(jur)* determination, **Lá an Bhrátha** Doomsday, **Lá an Bhreithiúnais** The Day of Judgement, **pianbhreith** sentence, **rialú** ruling, **socrú** decision, settlement, **toradh** result, **tuairim** opinion, **tuiscint** understanding *(see also: **breithiúnas**)*

Breitheamh *m (-thimh; -thiúna)* judge

eadránaí arbiter, **ceann réitigh** arbitrator, **giúistís** justice, **moltóir** adjudicator, referee, **réiteoir** umpire, decision-maker, **saineolaí** expert

Breithiúnas *m (-ais; -ais, ~)* judgement

breith judgement, **cinneadh** finding, decision, **conclúid** conclusion, **críoch** *f (-íche; ~a, ~; also: i gcrích)* end, **deireadh thiar thall** final analysis, **fíorasc** verdict, **pianbhreith** sentence, **pionós** penalty, punishment, **réiteach** *m* settlement, agreement, solution, **rialú** ruling, **rogha** *f* choice, **rún** resolution, **socrú** decision, **toradh** result, **tuairim** opinion, **tuiscint** understanding

Breoite *adj6* ailing, sick

aicídeach diseased, **breoitiúil** sickly, **donasach** ailing, miserable, **easlán** unwell, sick, **easláinteach** invalid, sickly, **forbhásach** frail, tottering, sickly, **galrach** diseased, **lag** weak, poorly, **leathbhreoite** *(health)* poorly, less than a hundred percent, **meathbheo** infirm, **meathbhreoite** in poor health, **meathlach** declining, sickly, failing, **meath-thinn** out of sorts, sickly, **mífholláin** out of sorts, **mísláintiúil** unhealthy, **nimhneach** sore, **pianmhar** painful, **samhnasach** queasy; nauseous, **slaghdánach** having a cold, **támhbhreoite** depressed; suffering from a hangover, **tinn** sick, **tinnlag** weak from sickness *(see also: **tinn**)*

Breoiteachán *m (-áin; -áin, ~)* sickly person; invalid

donasaí ailing person, **duine tinn** sick person, **easlán** invalid, **fágálach** *m* helpless, creature; changeling, wimp, **fulangaí** sufferer, **galrachán** sickly creature/

person, **glaisneach** *m* sickly-looking person, **iarlais** *(folk)* changeling, **iarmhar** weak ailing person; *(folk)* changeling, **lagrachán** weakling, **meatachán** sickly person, weakling, **meathlóir** sickly person; malingerer, **milltéan** sickly miserable-looking person, **othar** patient, **spreasán** failure, deadbeat, loser, **tláthach** *m* weakling, wimp

Breoiteacht *f (~a; ~aí)* ailment, illness

aicíd disease, **aimlíocht** enfeeblement, **buaireamh** anxiety, **buile** insanity, madness, **donacht** tinnis acuteness of illness, **drochshláinte** ill health, **easláinte** ill health, sickness, **fadhb** *f (faidhbe; ~anna)* problem, **galar** infection, disease, **gearán** complaint, **imní** worry, **ionfhabhtú** infection, **leiceacht** sickliness; delicacy, **luí** laid up in bed (cf **Bhí luí bliana air.** He was laid up/bedridden for a year), **laige** weakness, enervation, **liostachas** listlessness, lingering illness, **meabhairghalar** mental illness, **meathántacht** sickliness, **meathbheocht** infirmity, **meathbhreoiteacht** sickliness, **meath-thinneas** indisposition, sickliness, **mífholláine** unhealthiness, **mire** madness, insanity, **míshláinte** ill health, unwholesomeness, **othras** sickness; ulcer, **plá** *f (~; ~anna)* plague, **poc tinnis** bout of illness, **poc aosán** sudden mysterious illness, **poc mearaidh** touch of insanity, **samhnas** queasiness; nausea, **taom** *m (~a; ~anna)* fit, paroxysm, **teog** *m (~; ~anna)* heavy bout of illness, **tinneas** sickness, **tnáitheadh** weariness, exhaustion, **urlacan** vomiting, **víreas** virus *(see also: tinneas)*

Brí *f (~; ~onna)*

1. vigour, vitality

aigeantacht spiritedness, **aigne** spirit, zest, **áititheacht** cogency, **anamúlacht** spiritedness, liveliness, **beocht** vitality, **beogacht** liveliness, **bíogúlacht** sprightliness, **buanseasmhacht** fortitude, **calmacht** stoutness, pluck, **cumhacht** power, **cnámh** *f droma* backbone, **cumas** capability, **crann seasta** mainstay, **cruas** toughness, **dinimiceas** dynamism, **daingne** firmness, **éitir** strength, vigour, **feargacht** virility, **féitheogaí** brawniness, **flosc** gusto, **folláine** robustness, **fórsa** force, **fuinneamh** energy, **géibhís** vigour, **géim** game/adventure (cf **duine a bhfuil géim ann** person who is full of life), **gus** vigour, force, **inneach** *m* stamina, **neart** potency, power, **fuinneamh** energy, **fuinniúlacht** forcefulness, capacity to be vigorous, **láidreacht** strength, **lán de cheol** full of vigour, **láthar** vigour, strength (cf **lúth agus láthar** agility and strength), **luadar** vigour, activity, **lúth** agility, vigour, **miotal** mettle, **scafántacht** vigorousness, **sea** *m* strength, vigour (eg **Bhí mé gan sú gan sea.** I was completely zapped.), **sitheag** dash, vim, vigour, **sláinte** *f* good health, **éifeacht** effect, significance, **spleodar** exuberance, **spiorad** spirit, **spiodal** force, vigour, **spionnadh** vim, zest, **spionntacht** vigorousness, **sponc** spunk, spirit, **spreacadh** vigour, energy, forcefulness, **spreacúlacht** vigour, **stóinseacht** staunchness, **sú** *m* juice, sap, vigour, **teacht aniar** recuperative power, never-say-die, **tualaing** potential, potency, **tualangacht** potentiality

2. meaning

ábhar matter, substance, **abhras** substance, matter, yarn, **adhmad** substance, sense; timber, **aidhm** aim, **bun agus barr an scéil** upshot, **ceacht** lesson; *(tale)* moral, **ceacht le foghlaim** lesson to be learnt, **ciall** *f (céille; ~a, ~)* sense, meaning, **ciallú** elucidation, construal, **críoch** *f (-íche, ~a, ~; also: i gcrích)* end, purpose, **cuspóir** objective, goal, **éifeacht** significance, **éirim** gist, **eisint** essence, **feidhm** function, purpose, **forchiall** *f (-chéille; ~a; ~)* connotation, **impleacht** implication, **intinn** intention, **meabhair** mind, reason, **míniú** explanation, interpretation, **rún** purpose, **sainchiall** denotation, **séimeantaic** semantics, *(an)* **smaoineamh taobh thiar de** *(the)* idea behind it, **tuiscint** understanding, **tábhacht** importance, **teachtaireacht** message, **teagasc** teaching; *(tale)* moral

Briathar *m (-air; -thra)* verb; *(high reg)* word

aithne *f* commandment, **dearbhú** affirmation, **focal** word, **fógairt** pronouncement, **foraithne** *f* precept, **forógra** decree, **mionn** *m* oath, **ordú** order, command, **parúl** parole, **ráiteas** statement, **seanfhocal** proverb, **urlabhra** utterance *(see also: focal)*

◊ **Tugaim mo bhriathar móide duit!** I give you my solemn word., *(rel)* **Bhí an Briathar ann i dtús báire agus bhí an Briathar in éineacht le Dia agus ba Dhia an Briathar.** In the beginning was the Word and the Word was with God and the Word was God.

▲ **~ Dé** The Word of God

P **Ní briathra a dhearbhaíonn ach gníomh.** Actions speak louder than words., **Ní bheathaíonn na briathra na bráithre.** Fair words butter no parsnips.

Briocht *m (breachta; ~aí)* amulet, charm

áilleagán trinket, **amhra** *m* charm; marvel, wonder, **buachloch** *f* talisman, **daighsín** trinket, **deismireacht** incantation, spell, **draíocht** magic, **feitis** fetish, object with magical powers, **geis** *f (~e; geasa, geas)* taboo, spell, **íol** idol, **ornáid** ornament, **ortha** *f* spell, incantation, **piseog** superstition, **sonóg** mascot, **upa** *f* love charm, philtre *(see also: geis)*

Bríomhar *adj¹* vigorous, energetic, powerful

áititheach cogent, **beo** vital, alive, **beoga** full of vitality, **bras** *(lit)* strong, great, **bríoch** efficacious, strong, **buanseasmhach** steadfast, **calma** brave, plucky, **cumhachtach** powerful, **cumasach** capable, **crua** tough, **dinimiciúil** dynamic, **daingean** firm, **fearga** virile, **feilmeanta** vigorous, forceful, **féitheogach** brawny, **foirtil** strong, **folláin** robust, **groí** hearty, vigorous, **gusmhar** forceful, spirited, **neartmhar** potent, powerful, **fuinniúil** energetic, **láidir** strong, **lán de cheol** full of vigour, **látharach** vigorous, strong, **léidmheach** *(lit)* bold, daring, **le teacht aniar** with recuperative powers, **mascalach** macho, virile, strong, **miotalach** mettlesome, **oscartha** heroic, powerful, **scafánta** vigorous, **seamhrach** vigorous, hale and hearty; sappy, **sláintiúil** healthy, fit, **sonnda** *(lit)* powerful, strong, **spionnúil** full of vim, full of zest, zestful, **spleodrach** exuberant, **sponcúil** spunky, spirited, **spreacúil** forceful, **spridiúil** spirited, **stóinseach** staunch, **storrúil** strong, vigorous; stirring, **stuifiúil** mettlesome, **talcánta** stout, strong, solid, **tréamanta** powerful, intense, mighty, **trean** strong, brawny, **treisiúil** forceful, vigorous, **tualangach** potent, **urrúnta** robust, strong

Brionglóid *f (~e; ~í)* dream
aisling vision, **aisnéal** swoon, **brionglóideach** *f* dreaming, **brionn** *(lit)* dream, **ciméara** mirage, **fís** vision, **mearú súl** trick of the eyes, **mearbhall** confusion of mind, **mearaí** *f* bewilderment, **mearaíocht** (**chloisteála**, etc) (auditory, etc) hallucination, **rámhaille** *f* delirium, **seachmall** illusion, aberration, **siabhrán** delusion, **speabhraídí** hallucinations, **taibhreamh** dream; revelation, **taibhreamh na súl oscailte** daydreaming, waking dream, **tromluí** nightmare

Brionglóideach *f (-dí)* dream, *vn* dreaming, reverie
aislingeacht daydreaming, **aisnéalaí** swooning, **bruadar** dream, reverie, **rámhaille** raving, **seachmall** illusion, aberration (cf **faoi sheachmall** straying of mind, losing it), **siabhránacht** wandering of the mind, mentally straying, **speabhraídí** having hallucinations, **taibhreamh** dreaming; hallucinating, **taibhreamh na súl oscailte** daydreaming, waking dream, **tromluí** having a nightmare

Brionnaigh *v₂ₐ* falsify, forge
cúbláil manipulate to deceive (eg **cuntais a chúbláil** to manipulate the accounts, to cook the books), **cúigleáil** cheat, embezzle, **cuir i gcéill** affect, fake, **falsaigh** falsify, **gabh do** tamper with, **góchum** counterfeit, **lig ort** fake, **míléirigh** misrepresent, **tabhair cuntas bréagach** give a false account, **truailligh** adulterate

Brionnaithe *pp* falsified; forged
cúbláilte wrangled, manipulated, **cúigleáilte** cheated, embezzled, **curtha i gcéill** affected, faked, **falsaithe** falsified, **gafa do** tampered with, **góchumtha** counterfeited, **ligthe ort** pretended (eg **Bhí ligthe orthu go raibh siad aiféalach faoi.** They pretended that they regretted it.), **míléirithe** misrepresented, **truaillithe** adulterated

Brionnú *vn* falsifying, forging, forgery
cúbláil wrangling, manipulating, **cúigleáil** cheating, embezzling, **cuntasaíocht sheiftithe** creative accounting, **cur i gcéill** affecting, faking, **falsú** falsifying, **gabháil do** tampering with, **góchumadh** counterfeiting, **ligean ort** pretending (eg **Bhí sé ag ligean air go raibh sé ag obair.** He was pretending he was working.), **míléiriú** misrepresenting, **truailliú** adulterating

Briosc *adj¹*
1. crunchy, brittle
brioscánach crunchy, **gráinneach** grain-like, crumbly, **grabhrógach** crumbly, **leochaileach** fragile, **roisteach** crunchy; inclined to unravel/tear, **sceiteach** crumbling, brittle, **sobhriste** brittle, **sprusach** brittle; *(land)* easily worked
2. brisk, lively
bagánta hale, full of vim; spruce, **beoga** full of life, **brufanta** lively, **brufar** ardent, fiery, **friochanta** active, lively, **gasta** brisk, snappy, **lán le spleodar** full of explosive energy, **meanmnach** lively, perky, **preabanta** lively, full of bounce, **scailleagánta** breezy, lively, **sceidealach** frisky, excited; excitable, **spleodrach** vivacious, **spreacúil** spirited

Bris *v₁ᵦ*
1. break, stop
athbhris break again, **bain** cut, **bearr** shave, **blogh** shatter, **blosc** crack, **dealaigh** separate, **éirigh as** discontinue, **gearr** cut, **giotaigh** break into bits, **idirbhris** interrupt, **lánscoir** *(Dáil)* dissolve, **mionaigh** crumble, break into small pieces, **pioc** pick, **pléasc** burst, **roinn** divide, **scáin** sever, **scar** separate, **scealp** splinter, flake, **scoilt** split, **scoir** detach, disconnect, **scoith** sever, break apart, **smiot** whittle, chip, **spleantráil** splinter; chip, **sprúill** crumble, **srac** tear, **stad** stop, **stoith** pluck, extract, **stop** stop, **stróic** rend, tear, **teinn** break open, **tréig** abandon
2. defeat, neutralize
beir bua ar defeat, **buaigh ar** defeat, **buail** beat, **cloígh** defeat, **cnag** strike down, lay low, **coscair** vanquish, **cuir ar neamhní** annul, **cuir faoi smacht** get control of, bring under control, **cuir ó chumas** incapacitate, **cuir ó fheidhm** put out of action, **cuir ó mhaith** banjax, neutralize, **cuir as gléas** render non-functional, **cuir ruaig ar** rout, drive away, **díbir** banish, drive away, **faigh bua ar** get victory over, **maidhm** root, break, **mill** ruin, **oirnigh** cut into bits, fragment; crush, **sáraigh** overwhelm; violate, **scaip** scatter, **scrios** destroy, **téigh i bhféimheacht** go bankrupt, **téigh lastuas de** get on top of, **teinn** break open, **traoch** subdue, overcome, **treascair** crash, vanquish, **trochlaigh** break down, deteriorate; decay
3. wreck, smash, violate, weaken
bain bonn ó undermine, **coill** violate (cf **an dlí a choilleadh** to violate the law), **coscair** vanquish, **déan smidiríní (de)** smash into smithereens, **déan smionagar (de)** shatter, **díothaigh** annihilate, **éignigh** rape, violate, **fannaigh** make frail, **ísligh** humiliate, **lagaigh** weaken, **leag** knock down, **loit** impair, **mill**

Bris amach

ruin, **raiceáil** wreck, **réab** breach, **sáraigh** violate, **scrios** destroy, **srac** extort; tear apart, **treascair** crash, vanquish, **trochlaigh** break down, deteriorate; decay

Bris amach v_{1b}
1. break out, erupt

brúcht erupt, **éalaigh** escape, **éirigh** arise, **éirigh amach** rise up, **imigh chun scaoil** bolt, **nocht** appear, **pléasc** flare up, explode, **scaip** scatter, flee, **téigh saor** go free, **teith** flee, **tar amach** come out, **tar chun cinn** emerge, **tarlaigh** happen, **tosaigh** start

> ~eann bruth amach. A rash breaks out.
> ~eann na príosúnaigh amach. Prisoners break out.
> ~eann tine amach. A fire breaks out.
> ~eann foréigean amach. Violence erupts.

2. fall out

cuir aithne na mbó maol ar dhuine take an immediate dislike to a person, **déan achrann le** have a row with, **déan aighneas/argóint le** argue with, **éirigh idir** fall out, quarrel, **tit amach** fall out, **tosaigh ag bruíon le** begin bickering with, **troid** fight

> Bhris mé amach le cara. I fell out with a friend.
> Bhris mé amach as an leaba. I fell out of the bed.

Bris anuas v_{1b} break down
bris síos break down, **clis** break down, **téigh as feidhm** become obsolete; go out of use, **téigh as gléas** go out of (working) order, **teip ar** fail, break down, **tit as a chéile** fall apart

Bris ar v_{1b}
1. take from, open up

bain de take from, **glac ó** take from, **oscail** open, **scaoil** release, **tóg** take, **tóg amach** take out, **tarraing amach** drag out, withdraw,

> ~eadh ar an gcoca féir. The haycock was opened.
> ~eadh ar chúltaiscí. Money was taken from reserves.

2. defeat, break, fail

beir bua ar defeat, **clis** give out, fail, **cloígh** defeat, **coscair** vanquish, **faigh bua ar** get victory over, **maidhm** rout, defeat, break, **sáraigh** overwhelm, **teip ar** fail

> ~eadh ar a foighne. Her patience broke.
> ~eadh ar an namhaid. The enemy was defeated.
> ~eadh ar a shláinte. His health failed him.

Bris as post v_{1b} dismiss from a position/job
dífhostaigh (*from employment*) dismiss, **sacáil** sack, **tabhair (bata is) bóthar do** give the sack to, **cuir duine ar iomarcaíocht** make a person redundant, **cuir duine chun bóthair** send a person on their way, **cuir duine chun siúil** give a person their marching orders, **iarr ar dhuine a dheasc a ghlanadh** (*US*) ask a person to clear their desk, **scaoil duine chun siúil** let a person go, send a person packing

Bris isteach v_{1b} break in, interrupt
cuir ladar/spóc isteach (i gcomhrá) chip in, interrupt (a conversation), **déan buirgléireacht** burgle, **déan foghail** trespass, **déan treaspás** trespass, **foghlaigh** trespass, **tar roimh** intercept, interrupt, **trasnaigh** interrupt, heckle; contradict

Bris suas v_{1b} break up
dealaigh detach, disassociate, **déan píosaí de** make into pieces, **déan scealpóga de** make splinters of, splinter, **déan smidiríní de** to make smithereens of, **faigh colscaradh** get a divorce, **imigh ó** split from, leave, **scaip** disperse, **scar óna chéile** separate from one another, **scoilt** slit, split up, **scoith** detach, **tit as a chéile** fall apart, disintegrate

> ~ suas na brioscaí! Break up the biscuits!
> ~ suas an troid! Break up the fight!
> ~ suas an cheist! Break up the question!

Briseadh
1. *vn* breaking (through); wrecking

athbhriseadh breaking again, **baint** cutting; mowing, **baint bonn ó** undermining, **bearnú** breaching, **bearradh** shaving, **bloghadh** shattering, **bloscadh** cracking, **bualadh** beating, **caitheamh** wearing out, **cloí** defeating, **cnagadh** crunching, **coilleadh** violating (cf **an dlí a choilleadh** to violate the law), **cur ar neamhní** annulling, annulment, **cur ó chumas** incapacitating, **cur ó fheidhm** putting out of action, **cur as gléas** rendering nonfunctional, **dealú** separating, **déanamh smidiríní (de)** smashing into pieces (of), **déanamh smionagair (de)** shattering, **díothú** annihilating, **éigniú** raping, violating, **éirí as** discontinuing, **fannú** weakening, **féimheacht** bankruptcy, **fuascailt** delivering, **gearradh** cutting, **giotú** breaking into bits, **ísliú** humiliating, **lagú** weakening, **lánscor** (*Dáil*) dissolution, dissolving, **leagadh** knocking down, **lot** impairing, **milleadh** ruining, **mionú** crumbling, breaking into small pieces, **oirniú** cutting into bits, fragmenting; crushing, **piocadh** picking, **pléascadh** bursting, **réabadh** breaching, breach, **roinnt** dividing, **sárú** violating, **scáineadh** severing, **scaipeadh** scattering, **scaradh** separating, **scealpadh** splintering, flaking, **scoilteadh** splitting, **scoite** severing, breaking apart, **scor** detaching, disconnecting (cf **dul ar scor** retiring), **scriosadh** destroying, **smiotadh** whittling away, chipping at, **spleantráil** splintering; chipping, **sprúilleadh** crumbling, **sracadh** tearing, **stoitheadh** plucking, extracting, **stróiceadh** tearing, rending, **teinm** breaking open, **treascairt** crashing, vanquishing, **tréigean** abandoning, **trochlú** breaking down, deteriorating; decaying

2. *m* (*-ste; -steacha*) break, breach, breakage

bearna *f* breach, gap, **bearnú** breaching, **cliseadh** lapse, **faonoscailt** slight gap/opening, **gág** crack, **idirlinn** intermission, interval, **mant** gap between teeth, **meath** decay, **moill** delay, **poll** hole, **oscailt** opening, **raic** wreck, wreckage, **réabadh** rupture, **scáineadh** fissure, interstice, **scíth** rest, **scíth bheag**

breather, **scíth nóna** siesta, **scoilt** split, **sos** *m* (*~a; ~anna*) pause, recess, **stad** halt; pause, **staonadh** cessation, **stop** stop, **stróiceadh** tear

   3. *m* (*-ste; -steacha*) defeat; *vn* defeating **bualadh** beating, **caill** forfeit, loss, **cloí** defeating, **concas** conquest, **cur as cumhacht** overthrow, overthrowing, **cur chun bóthair** firing, sacking, **díbirt** banishing, driving away, **díscor** dissolution, **fágáil sínte** laying low, **gabháil** seizure, conquest, **ísliú** humiliation, **lámh in uachtar** upper hand, **leagan** toppling, takedown, **maidhm** defeat, rout, **rabhait** rout, **réabadh** wrecking, **ruaig** rout, **sacáil** sacking, **sárú** overwhelming, **sprúilleadh** crumbling, **titim** fall, **treascairt** overthrow, vanquishing, **turnamh** collapse, fall

   4. *m* (*-ste*) *(money)* small change **airgead láimhe** cash (in hand), **airgead mion** small change, **airgead póca** pocket money, **airgead tirim** ready cash, **boinn** *mpl* coins, **mionairgead** small money, **pingini** *fpl* pennies, **sóinseáil** change

Briste *pp*

   1. broken, splintered

as gléas out of order, **as seirbhís** out of service, **athbhriste** broken again, **bearnach** with gaps, **bloghta** shattered, **caillte** broken (cf **croí caillte** broken spirit), **cloíte** overwhelmed, defeated, **créachtach** wounded, gashed, **gágach** cracked, **i smidiríní** in bits, **ilroinnte** divided into many parts; composite, **ina smionagar** smashed up, **mantach** chipped, indented **pollta** punctured, **réabtha** ruptured, **riata** broken, tamed, **scoilte** split, **scolbach** splintered, **scríobtha** scraped, **sos** pause, recess, **spleantráilte** splintered; chipped, **spruánach** fragmented, **sprúillte** crumbled, broken into crumbs, **stadach** halting; stuttering, **stoptha** stopped; blocked, **stróicthe** torn, **teinnte** broken open, **tite as a chéile** collapsed, fallen apart, **trochailte** broken down, in a wretched decayed condition

   2. defeated

bearnaithe breached, **buailte** beaten, **caillte** forfeit, lost, **cloíte** defeated, **curtha as cumhacht** overthrown, **curtha chun bóthair** fired, sacked, **díomuach** defeated, **díscortha** disconnected, **fágtha sínte** laid low, **gafa** seized, conquered, **íslithe** humiliated, **leagtha** toppled, taken down, **madhmtha** defeated, routed, **réabtha** wrecked, **ruaigthe** routed, **sacáilte** sacked, **sáraithe** overwhelmed, **sprúillte** crumbled, **tite** fallen, **treascartha** overthrown, vanquished, **turnamh** collapse, fall

   3. (*financially*) broke, skint

ar phócaí folmha strapped for cash (eg **Táim ar phócaí folmha.** I haven't a bean.), **feannta** fleeced; skint, **feidheartha** skint, **féimheach** bankrupt, **gan phingin** without a cent, penniless, **sportha spíonta** stony-broke

◊ **~ as post** dismissed from work, fired, **buailte ~ brúite** beaten black an blue, **Táim croíbhriste.** I am brokenhearted., **codladh ~** broken sleep, **pósadh ~** broken marriage

Briste *m* (*~; -tí*) trousers, pants, breeches **briste gearr** shorts, **briste sciota** shorts, **brístín** panties, knickers, **éadaí deinime** denims, **flainíní** *mpl* flannels, **fo-bhriste** underpants, **jíons** *spl* jeans, **riteoga** *spl* tights, **treabhsar** trousers, **triús** trousers

Brocach *adj³* filthy
cáidheach manky, **draoibeach** miry, muddy, **grabasta** grubby, filthy, **gutach** muddy, filthy, **lábach** muddy, **lofa** rotten, **salach** dirty, **smeartha** smudged, **smúrach** grimy, **suarach** poxy, vile (*see also: lábach, salach*)

Bród *m* (*-óid*) pride; arrogance
ardmheanma high spirits, elation, **baothghalántacht** snobbery, **bogás** smugness, self-complacency, **borrachas** pride, arrogance, **breáthacht** fineness, excellence, **bródúlacht** arrogance, pride, **cur i gcéill** affectation, **díomas** conceit, **díomhaointeas** vanity, idleness, **féinmheas** self-esteem, **gairéad** ostentation, **galántacht** grandeur, **goic** swagger, **húbras** hubris, **lán proud**, full (cf **Tá sé lán de féin.** He's full of himself.), **laochas** bravado, pride, **leithead** conceit, **leitheadas** self-importance, vanity, **lúcháir** euphoria, **maingléis** showiness, posing, **maíteacht** boastfulness, **meas-ort-féin** self-respect, **meidhir** mirth, elation, **méirnéis** pride, **móiréis** pretentiousness, frill, (**an**) **mór is fiú** bigheadedness, pomposity, **mórchúis** haughtiness, arrogance, **móráil** vanity, bragging, **mórtas** pride, swagger, **mos** arrogance; surliness, **niamhracht** splendour, **onóir** honour, **postúlacht** self-importance, **práinn** pride; fondness, delight, **sonas** happiness, joy, **sotal** arrogance, **taibhse** flamboyance, **togha** pick, **toirtéis** haughtiness, **uabhar** arrogance, loftiness; (*wounded*) pride (*see also: mórtas*)

Bródúil *adj⁴* proud; arrogant
ardmheanmnach high-spirited, elated, **ardnósach** pompous, **arduallach** vain, haughty, **atá i mborr le mórtas** puffed up with pride, **baothghalánta** snobby, **bogásach** smug, complacent, **breá** fine, excellent, **curtha i gcéill** affected, **díomasach** conceited, **díomhaoin** vain, **gairéadach** ostentatious, **galánta** grand, elegant, **goiciúil** swaggering, **leitheadach** conceited, **lúcháireach** euphoric, **maingléiseach** showy, ostentatious, **maíteach** boastful, **measúil** esteemed, respectful, **meidhreach** mirthful, elated, **méirnéiseach** proud, **móiréiseach** haughty; pretentious, **mór is fiú** bigheaded, pompous, **mórálach** boastful, vain, **mórchúiseach** haughty, arrogant, **mórtasach** proud, boastful, **niamhrach** splendid, **onórach** honoured, **postúil** self-important,

conceited, **sona** happy, joyful, **sotalach** arrogant, **taibhseach** flamboyant, **teaspúil** uppish, arrogant, **togha** choice, **toirtéiseach** haughty, **uaibhreach** arrogant, lofty; indignant

Bróg *f (-óige; ~a, ~)* shoe, boot

buimpéisí pumps, **buataisí** boot, **buataisí ceathrún** thigh boots, **buataisí glúine** knee boots, **buataisí marcaíochta** riding boots, **buataisí rubair** rubber boots, Wellingtons, **buataisí rúitín** ankle boots, **buataisíní** booties, little boots, **coisbheart** footwear, **cuaráin** sandals, **flip fleapanna** flip-flops, **gearrbhuatais** half boot, **lóipín** ankle-high rubber boot with lacings, **miúileanna** *fpl* mules, **paitíní** *mpl* clogs, **pampútaí** pampooties, **pumpaí** *mpl* pumps, (na) **sála arda** high-heeled shoes, **slipéar** slipper, **stílíní** *mpl* stilettos, **sútar** wood-soled shoe

▲ **~a baile** house slippers, **~a bailé** ballet shoes, **~ bonnarda** platform shoes, **~a canbháis** plimsolls, **~a diallaite** saddle shoes, **~a dreapadóireachta** climbing boots, **~a gan iall** slip-ons, **~a leadóige** tennis shoes, **~a maide** clogs, **~a peile** football boots, **~a reatha** trainers, running shoes, **~a spóirt** pumps

■ **barraicín** toe (of shoe), **bonn** sole, **bonn istigh** insole, **iall** *f (éille; ~acha; also: ar éill)* lace, **ladar bróige** shoehorn, **sáil** *f (sála)* heel, **snasán ~** shoe polish

Bróiste *m (~; -tí)* brooch

biorán pin, **biorán brollaigh** traditional pin brooch, **briocht** *m* amulet, **claspa** clasp, **fáisceán** clip, **siogarla** pendant, **suaitheantas** badge

Brón *m (-óin)* sadness, sorrow

aiféala *m* regret, remorse, **aimléis** despondency, **ainnise** misery, **anachain** calamity, loss, **anó** *m* distress, **anró** wretched condition, **atuirse** weariness, dejection, **briseadh croí** heartbreak, **buairt** sorrow, grief, **caoineadh** mourning, weeping, **céasadh** agony; crucifixion, **ciach** *m (ciaigh)* sorrow, woe, **cian** longing, wistfulness, **crá** distress, **crá croí** torment, anguish, **cruatan** hardship, **cumha** nostalgia, **dearóile** wretchedness, **diachair** distress, sorrow, **dobrón** deep sorrow, grief, **dochraide** distress, **doilíos** sorrow, affliction, **dóilse** dolefulness, **doirbheas** sullenness, **dólás** tribulation, **domheanma** dejection, **duáilce** joylessness, unhappiness; wickedness, **duairceas** moroseness, melancholy, **duais** gloom, dejection, **dubhachas** black despair, **dúlagar** *(medical)* depression, **éagaoin** lament, bemoaning, **éagaoineadh** lamentation, moaning, **gruaim** gloom, despondency, **iarghnó** grief, regret, **imní** worry, **ísle brí** dispirited, **lachtacht** tearfulness, **lagar spride** low spirits, **léan** anguish, sorrow, **liach** *m (liaich; ~a, ~)* sorrow, calamity, **méala** grief, sorrow, **mí-ádh** affliction; ill-luck, **mífhortún** misfortune, **mímheanma** *f* dejection, **míshásamh** displeasure, **míshástacht** dissatisfaction, **míshéan** ill luck, evil omen/sign, **míshonas** unhappiness, **míshuairceas** cheerlessness; moroseness, **múisiam** upset, irritation **ochlán** wailing, groaning, **púic** glumness, moroseness, **scalladh croí** heartache, **seolán** fit of sorrow, **smúit** gloominess, **sprocht** *m* dejection, sadness, **suaitheadh** agitation, **triamhna** *f* wearied sadness, weariness of life, **tuirse** tiredness, **uamhan** dread

Brónach *adj³* sad, sorrowful

aiféalach regretful, **aimléiseach** despondent, **ainnis** miserable, **anaoibhiúil** unsmiling, despondent, glum, **anóiteach** distressful, miserable, **anróiteach** wretched, distressing, **atuirseach** weary, dejected, **buartha** sorrowful, grief-stricken, upset, **caointeach** mourning, weeping, **cathaitheach** regretful, sorrowful; tempting, **céasta** in agony; crucified, **ciamhair** gloomy, sad, **cianach** longing, wistful, **cráite** distressed, **croíbhriste** broken-hearted, **croí-chráite** tormented and disheartened, **croí-scallta** heart-aching, **crua** hard, **cumhach** nostalgic, **dearóil** wretched, **deorach** tearful, **diachrach** distressing, sorrowful, **díomách** disappointed, **diomúch** displeased, dissatisfied, **dobrónach** very sorrowful, deeply unhappy, **dochma** morose, gloomy, **dochraideach** distressing, **dodach** sullen, **dóilseach** doleful, **doirbh** sullen, **doirfeach** disgruntled, **dólásach** in tribulation, **domheanmnach** dejected, disconsolate, **duáilceach** joyless, unhappy; wicked, **duairc** morose, melancholic, **duaisiúil** gloomy, dejected, **dubhach** in black despair, **éagaointeach** mournful, lamenting, **faoi chiach** in great sorrow, gloomy, **faoi chian** melancholic, **gruama** gloomy, despondent, **imníoch** worried, **i lagar spride** in the doldrums, **in ísle brí** at a low ebb, **ionmhall** sluggish, sad and weary, **léanmhar** full of anguish, sorrowful, **leithscéalach** apologetic, **mairgiúil** dismal, dull, depressed; woeful, **méalach** lamenting, sorrowful, **mí-aigeanta** dispirited, **mí-ámharach** afflicted; unlucky, **mianchumhach** wistful, yearning nostalgically, **mífhortúnach** misfortunate, **mímheanmach** dejected, **míshásta** dissatisfied, displeased, **míshona** unhappy, **múisiamach** upset, irritated, **neamhaigeanta** cheerless, dispirited, **ochlánach** wailing, groaning, **púiciúil** glum, gloomy, **rudta** sorry, concerned; morose, surly, **smúitiúil** gloomy, **sprochtúil** dejected, sad, **suaite** agitated, **tinnchroíoch** sick of heart, **tochtmhar** deeply emotional, on the edge of tears, **triamhnach** sorrowfully weary, pitiful, **trom** oppressed, sad, **trombhuartha** in deep sorrow, **tromchroíoch** heavyhearted, **tuirseach** tired, **tuirseach caite** tired and worn out, **uamhnach** dreadful *(see also: anacrach, íseal)*

Bronn *v₁ₐ* bestow, present, award; confer

beir chuig bring to, **crean** bestow, grant, **cuir ar fáil** make available, provide, **dáil** distribute, **dánaigh**

Bronnadh bestow, give, **dearlaic** grant, bestow, **seachaid** deliver, **soláthair** provide, procure, **tabhair** give, **tabhair amach** give out, **tíolaic** bestow; dedicate, **tiomnaigh** (eg book) dedicate, **toirbhir** bestow; deliver; dedicate

Bronnadh vn bestowing, presentation; conferring **breith chuig** bringing to, **creanadh** bestowing, granting, **cur ar fáil** presentation, provision, **dáileadh** distribution, **dánú** bestowing, giving, **dearlacadh** granting, bestowing, **searmanas bronnta** awards ceremony, **seachadadh** delivering, handing over; rendition; transmission, **soláthar** providing, provision, procurement, **tabhairt** giving, **tabhairt amach** giving out, distribution, **tíolacadh** bestowing; dedicating, **tiomnú** (eg book) dedicating, **toirbhirt** bestowing; delivering; dedicating

Bronnta pp bestowed, presented, awarded; conferred **beirthe chuig** brought to, **creanta** bestowed, granted, **curtha ar fáil** presented, provided, **dáilte** distributed, **dánaithe** bestowed, given, **dearlaicthe** granted, bestowed, **seachadta** delivered, handed over; renditioned; transmitted, **soláthartha** delivered, procured, **tíolactha** bestowed; dedicated, **tiomnaithe** (eg book) dedicated, **toirbheartha** bestowed, handed over; delivered; dedicated, **tugtha** given, **tugtha amach** given out, distributed

Bronntanas m (-ais; -ais, ~) present, gift
aisce favour, gift, **aoibhneas** treat, pleasantness, **bónas** bonus, **bronnadh** bestowal, **cineál** (usually food) treat, **comaoin** favour, recompense; obligation, **comhartha (beag)** (small) token, **dearbhán** voucher (**dearbhán siopadóireachta/lóin** shopping/luncheon voucher), **dearlaic** endowment, **deontas** grant, **duais** prize, **éarlais leabhar** book token, **féirín** present, valuable acquisition, voucher, **gar** favour, **íobairt loiscthe** (food, usually humorously) burnt offering, **liúntas** allowance, **maitheas** kindness, gift, **ofráil** (rel) offering, **oidhreacht** inheritance, **rud (atá) saor in aisce** freebie, **scoláireacht** bursary, scholarship, **síntiús** donation; subscription, **síntiús láimhe** tip, handout, **tabhartas** gift, **tairiscint** offer, offering, **toirbheartas** gift; open-handedness, **toirbhirt** offering, gift; dedication

Bronntóir m (-óra; ~í) giver; benefactor; donor
cuiditheoir helper; contributor, **daonchara** philanthropist, **déirceach** m almsgiver, **deontóir** contributor, donor, **síntiúsóir** subscriber, **tabharthóir** giver, benefactor, **tíolacthóir** bestower, bounteous person

Brosna m (~; ~í) firewood, kindling; decayed twigs
ábhar tine fuel for a fire, combustible material, **adhantaí** (fuel) firelighter, **adhmad lofa** dead wood, **adhmad tine** firewood, **breosla** fuel, **cipíneach** m broken sticks, matchwood, **cipíní** mpl small sticks, **connadh** firewood, **craobhóga** fpl **beaga** small twigs, **cual connaidh** bundle of firewood, **grinneán** small bundle of sticks, **loiscneach** f kindling, firewood, **spríos** dry twigs

Brostaigh v_{2a} hurry
ardaigh an luas bump up the pace, **beoigh** liven up, **bog do** shake a leg, **corraigh ort** get a move on, **cuir bealadh faoi d'ioscaidí** step on it, get your finger out, **cuir bíogadh ionat féin** stir yourself, **cuir dithneas le** expedite with urgency, **cuir dlús le** quicken, festinate, **cuir spionnadh ann** put a spurt on, **déan deabhadh** get a move on, hurry up, **déan deifir** make haste, **déan faoi dhriopás** do in a rush, **déan gan mhoill** do without delay, **déan go gasta** do quickly, **deifrigh** hasten, **dithneasaigh** hasten with urgency, **dúisigh** wake up; become alert, **éirigh as díomhaointeas** stop your idling, **gan ligean don fhear fás faoi do chosa** not to let the grass grow under your feet, **géaraigh** accelerate, **géaraigh do luas** pick up your speed, quicken your pace, **grod** quicken, **luasghéaraigh** accelerate, **luathaigh** quicken, speed up, **luigh isteach ar** get stuck into, step on it, **réab chun cinn** dash ahead, **scaoil leat** fire ahead, **scinn** dart, rush, **sciurd** rush, dash, **seamhraigh** hurry in a bustling manner, **seáp** dash, rush, **tabhair rábóg** put a spurt on

Brostaithe pp hurried, rushed
bealaithe lubricated, **beoite** livened up; animated, **bíogtha** stirred, **déanta go gasta** done quickly, **déanta gan mhoill** done without delay, **déanta le dithneas** done with haste and urgency, **déanta le driopás** expedited with precipitance, **deifrithe** hurried, **dithneasaithe** expedited with urgency, **dúisithe** awakened, **géaraithe** accelerated, **luathaithe** quickened, speeded up, **luite isteach air** having got stuck into it, **rábóg** spurt, **réabtha leat** torn, ripped along, **scinnte** darted, rushed, **sciurdta** rushed, dashed, **seamhraithe** hurried in a bustling manner

Brostú vn hurrying, rushing
ardú luais bumping up the pace, **bealú** lubricating, lubrication, **beochan** livening up; animating, **bíogadh** stirring, **bogadh coise** shaking a leg, **corraí ort** getting a move on, **cur bealadh faoi d'ioscaidí** stepping up the pace, getting your finger out, **cur bíogadh ionat féin** stirring yourself, **cur dithneas le** expediting with urgency, **cur dlús le** quickening, festinating, **cur spionnadh ann** putting a spurt on, **deabhadh** hurrying, making haste, **déanamh go gasta** doing/getting on quickly, **déanamh gan mhoill** doing/getting on without delay, **déanamh le dithneas** doing with haste and urgency, **déanamh le driopás** expediting with precipitance, **deifriú** hurrying, making haste, **dithneas** haste, urgency, **dithneasú** hastening with urgency, **driopás** precipitance, **dúiseacht** waking up, becoming alert, **éirí as díomhaointeas** giving up/quitting being idle, **géarú** accelerating, **géarú luais** picking up speed, **grodadh** quickening, **luasghéarú**

accelerating, **imeacht le spionnadh ionat** to head off in a spirited lively manner, **luathú** quickening, speeding up, **luí isteach air** getting stuck into it, stepping it up, **tabhairt rábóige** putting on a spurt on, **réabadh leat** tearing, ripping along, **scaoileadh leat** firing ahead, **scinneadh** darting, rushing, **sciurdadh** rushing, dashing, **seamhrú** hurrying in a bustling manner, **tabhairt seáp** making a dash/a rush

Brothall *m (-aill)* sultriness; exuberance
an-teas extreme heat, **beirfean teasa** sweltering heat, **beocht** liveliness, **bogtheas** gentle heat, **bruithean** *f (-thne)* torrid heat, **bruith-theas** boiling heat, **bruth** heat, **goradh** warming, warmth, **grian** *f (gréine)* sun, **grianaíocht** sunniness, **grianghoradh** weather for basking in the sun; basking in the sun, **grianmhaireacht** brightness; sunniness, **marbhántacht** oppressiveness, **marbhtheas** stifling heat, **meirfean** sultriness, oppressive heat, **samhradh** summer, **spalpadh na gréine** the sun beating down, **spleodar** exuberance, **teas** heat, warmth, **teasaíocht** ardour, passion, **teaspach** *m* lively spirit, passion, **teaspúlacht** exuberance, animal spirits, **teocht** heat; temperature, **tonn** *f* **teasa** heat wave

Brothallach *adj³* sultry; exuberant
anamúil spirited, **an-te** very hot, **beo** lively, **bruite** boiling hot, **bruithneach** torrid, **faoi spalpadh na gréine** with the sun beating down, **grianmhar** sunny, **marbhánta** oppressive, **marbhthe** stifling hot, **meirbh** sultry, close, **paiseanta** passionate, **plúchtach** stifling, suffocating, **samhrata** summery, **spleodrach** exuberant, **te** hot; warm, **teasaí** hot, ardent, fiery, **teaspaigh** (> **teaspach**) hot blooded, passionate, **teaspúil** exuberant, **trom** heavy

Brú
1. *vn* pressing, pushing
brúchóiriú *(tech)* pressurising, **brúscadh** crushing, **cochlú** cuddling; wrapping in a hood, **comhbhrú** compressing, **comhdhlúthú** condensing, **comhfháscadh** squeezing together, **déanamh leircín de rud/de dhuine** squashing flat a thing/a person, **dingeadh** packing tightly, wedging, **diurnú** embracing, **éigniú** force, compel; violating, **fáscadh** squeezing, **fordhingeadh** thrusting, pressing, **iarnáil** ironing, **ísliú** depressing; lowering, **leacú** flattening out, levelling, **mionbhrú** crumbling; crushing, **miongrú** crumbling, powdering, **múnlú** moulding, **pasáil** pressing down, trampling, **pinciú** thrusting, pushing, **pinseáil** pinching, **plódú** crowding, **preasáil** *(tail)* pressing, **pulcadh** cramming, **sá** stabbing, pushing pressing, **sacadh** shoving, thrusting, **seachródú** shunting, **siúntadh** *(rail)* shunting, **siúntadh** *(rail)* shunting, **smúdáil** ironing, pressing, **straidhneáil** straining, **tachtadh** choking, **teannadh (ar)** pressing upon; closing in on, **truilleán** push

2. **~ ar** *vn* compelling, forcing, pressing on, pressuring **comhéigniú** coercing, **cur ar** compelling, **cur iallach ar** forcing, **cur truilleán le duine** giving a person a push, **éigniú** forcing, compelling; violating, **foréigniú** forcing, compelling, **fórsáil** forcing, **guailleáil (do shlí trí shlua)** shouldering (your way through a crowd), **luí ar dhuine** pressuring a person, **luí isteach (ar an obair)** leaning in (on the work), **sáirsingiú** pressing upon, forcing, **soinniú** pressing upon, forcing, **stócántacht** importuning (cf **ag stócántacht orm dul ann** pressuring me to go there), **tabhairt (ar)** forcing, **tathant** inciting, exhorting, **teannadh** tightening, tautening, **tiomáint** driving, **tromú ar** pressing upon, exerting pressure on, **uilleannacht** elbowing (eg **ag uilleannacht do shlí tríd an scuaine** elbowing your way through the queue)

3. *m (~; ~nna)* pressure, strain
anáil influence, **ardbhrú** high pressure, **brúdán** crush, **brúisc** crush, crunch, **brútam** crush, scrimmage, **comhbhrú** compression, **comhéigean** coercion, **cruóg** urgency, pressure (cf **faoi chruóg na hoibre** under the pressure of work), **éigeantas** duress, **fáscadh** squeeze, **fórsa** force, **griothal** hassle, **meáchan** weight, squeezing, **práinn** urgency, **sá** stab, push, **sonc** nudge, poke, **srian** constraint, **strus** stress, **straidhn** strain, **teannas** tension, **teanntú** pressure, strain stress, **truilleán** push, shove

Bruach *m (-aigh; ~a, ~)* bank, embankment, brink, edge
béal rim; mouth, **bord** brink, **braine** *(lit)* rim, edge, **ciumhais** edge, **claí** dike; fence, **claífort** embankment, **colbha** edge, ledge, brink, **corr** *f* edge; projecting point, **cúinne** corner, **droim** *m (droma)* ridge, **eochair** border, edge, margin, **faobhar** edge (cf **faobhar scine** blade's edge), **fonsa** rim (cf **fonsa rotha** rim of wheel), **grua** *f* brow, edge, **gruaimhín** grassy verge, **imeall** margin, periphery; outskirts, **imeallbhord** verge, margin; coastline, **mala** brow, **méile** coastal sandbank, **oitir** bank, **oitir ghainimh** *(often submerged)* sandbank, **oitir láibe** mudbank, **scéimh** projecting edge, **sciorta** marginal strip, **sciortán** edge, **taobh** side, **teorainn** *f (-rann)* border, limit, **ur** *(lit)* border, edge

▲ **~ aille** edge of a cliff, cliff edge, **~ abhann** riverbank, **~bhaile** suburb, **~ cathrach** fringe of a city, **~ coille** margin of a wood, **~ móna** turf bank, **~ poill** edge of a hole

Brúcht *v₁ₐ* belch, erupt
aisig spew, **caith amach** throw out/up, **bris amach** break out, erupt, **gais** gush, **maidhm** burst, erupt, **pléasc** explode, **réab** blast, rip, **rois** rend, tear, **rop** thrust, dash, **scaird** gush, pour forth rapidly, **sceathraigh** spew, spawn, **sceith** gush, **scinn** spring, dart, rush, **sead** ejaculate, **séid** blow out, emit, **spalp** burst forth, spout, **steall** spout, pour forth, **steanc**

Brúchta squirt, spurt, **taosc** gush; bail out, drain, **tomhaidhm** *(water)* erupt, burst forth, **tonn** surge, gush; billow, **urlaic** vomit

Brúchta *pp* belched, erupted
aiseagtha spewed, **caite amach** thrown out/up, **briste amach** broken out, erupted, **gaiste** gushed, **madhmtha** burst, erupted, **pléasctha** exploded, **réabtha** blasted, ripped, **roiste** rent, torn, **roptha** thrusted, dashed, **scairdte** gushed, poured forth rapidly, **sceathraithe** spewed, spawned, **sceite** gushed, **scinnte** sprung, darted, rushed, **seadta** ejaculated, **séidte** blown out, emitted, **spalptha** burst forth, poured out profusely, **steallta** spouted, poured forth, **taosctha** gushed; downpoured, **tomhadhmtha** erupted, **tonnta** surged, gushed; billowed, **urlactha** vomited

Brúchtadh *vn* belching, erupting
aiseag spewing, **caitheamh amach** throwing out/up, **briseadh amach** breaking out, erupting, **gaiseadh** gushing, **madhmadh** bursting, erupting, **pléascadh** exploding, **réabadh** blasting, ripping, **roiseadh** rending, tearing, **ropadh** thrusting, dashing, **scairdeadh** gushing, pouring forth rapidly, **sceathrú** spewing, spawning, **sceitheadh** gushing, **scinneadh** springing, darting, rushing, **seadadh** ejaculating, **séideadh** blowing out, emitting, **spalpadh** bursting forth, spouting, pouring out profusely, **stealladh** spouting, pouring forth, **steancadh** squirting, spurting, **taoscadh** gushing; downpouring, **tomhaidhm** *(water)* erupting, bursting forth, **tonnadh** surging, gushing; billowing, **urlacan** vomiting

Brúigh *v₁f*
 1. press, pressure
brúisc crush, **cochlaigh** cuddle; wrap in a hood, **comhbhrúigh** compress, **comhdhlúthaigh** condense, **comhfháisc** squeeze together, **déan leircín de rud/de dhuine** squash flat a thing/a person, **ding** pack tightly, wedge, **diurnaigh** embrace, **dlúthaigh** compact, **éignigh** force, compel, **fáisc** squeeze, **fordhing** thrust, press, **iarnáil** iron, **ísligh** depress, **leacaigh** flatten out, level, **mionbhrúigh** crumple, crush, **miongraigh** crumble, powder, **múnlaigh** mould, **oirnigh** crush; fragment, **pasáil** press down, trample, **pincigh** thrust, push, **pinseáil** pinch, **prásáil** foist, **preasáil** *(tail)* press, **sáigh** push, press, **seachródaigh** shunt, **siúnt** *(rail)* shunt, **smúdáil** iron, press, **tacht** choke, **teann** tighten, tauten, **tuargain** crush, pound
 2. ~ ar *vn* compel, force, pressure
comhéignigh coerce, **cuir ar** compel, **cuir iallach ar** force, oblige, **cuir truilleán le duine** give a person a push, **dreasaigh** incite, drive on, **éignigh** force, compel; violate, **foréignigh** force, compel, **fórsáil** force, **guailleáil (do shlí trí shlua)** shoulder (your way through a crowd), **luigh ar dhuine** pressure a person, **luigh isteach (ar an obair)** lean in (on the work), **sáirsingigh** press upon, force, **soinnigh** press upon, force, **tabhair (ar)** force, compel, **tathantaigh** incite, urge exhort, **teann** tighten, tauten, **tiomáin** drive, **tromaigh ar** press upon, exert pressure on

Bruíon 1 *f (-íne; ~ta)* brawl, quarrel; strife
achrann quarrelling, **aighneas** dispute, **callán** clamour, disturbance, **cambús** commotion, **clampar** uproar, **cointinn** contention, **comhrac** struggle, **comhrac aonair** duel, **easaontas** disagreement, **eisíth** strife, quarrel, **geamhthroid** brawling, **gleo** combat, **gráscar** scuffle, **griolladh** grilling, severe treatment; quarrel, **griolsa** brawl, **iaróg** quarrel, row, **imnise** strife, contention, **imreas** strife, **iomarbhá** contention, dispute, **maicín** noisy quarrel; brawl, **muirn** tumult of battle; confused noise, **racán** rumpus, **rangaireacht** brawling; wrangling, **raic** uproar, **rírá** hubbub, uproar, **ruaille buaille** commotion, tumult, **sáraíocht** disputation, **scirmis** skirmish, **scléip** riotous behaviour, **siosma** division, dissention, schism, **siúite** *m* bickering, squabbling, **scliúchas** brawl, rumpus, **toirléaspadh** violent commotion, **troid** *f (troda)* fight *(see also: troid)*

Bruíon 2 *f (-íne; ~ta)* fairy dwelling
áit draíochta enchanted place, **áras na sí** fairy residence, **brú** hostel, **lios** fairy fort, **cnoc sí** fairy hill, **mullach sí** fairy mound, **síbhruíon** fairy palace

Bruite *pp* cooked, boiled
bácáilte baked, **beirithe** *(food)* boiled, **casarólaithe** casseroled, **cnagbheirithe** parboiled, **cócaráilte** cooked, **cócaráilte ar an ngrideall** griddled, **cócaráilte ar bheárbaiciú** barbecued, **cócaráilte sa mhicreathonnán** microwaved, **deataithe** smoked, **friochta** fried, **fiuchta** *(liquids)* boiled, **forbheirithe** boiled over, **fuinte** *(lit)* baked, cooked; kneaded, **galaithe** steamed, **galstofa** braised, **gríoscta** grilled; broiled, **réitithe** gotten ready, **rósta** roasted, **sótáilte** sautéed, **stofa** stewed, **suanbhruite** simmered, **tóstáilte** toasted, **ullmhaithe** prepared, **urbhruite** decocted

Brúite *pp* pressed, squeezed
brúiscthe crushed, **cochlaithe** cuddled; wrapped in a hood, **comhbhrúite** compressed, **comhdhlúthaithe** condensed, **comhfháiscthe** squeezed together, **curtha ar** compelled, **dingthe** packed tightly, wedged, **diurnaithe** embraced, **dreasaithe** incited, driven on, **éignithe** forced, compelled, **fágtha ina leircín** left squashed/flattened, **fáiscthe** squeezed, **fordhingthe** thrust, pressed, **iarnáilte** ironed, **íslithe** depressed, **leacaithe** flattened out, levelled, **mionbhrúite** crumpled, crushed, **miongraithe** crumbled, powdered, **múnlaithe** moulded, **pincithe** thrust, pushed, **pinseáilte** pinched, **prásáilte** foisted, **sáite** pushed, **seachródaithe** shunted, **siúnta** *(rail)* shunted, **smúdáilte** ironed, pressed, **soinnithe** pressed upon, forced, **tachta** choked, **tathantaithe** urged, incited,

teannta tightened, tautened, **tromaithe ar** pressed upon

Bruith 1 v_{1b} boil, cook

bácáil bake, **beirigh** *(food)* boil, **casarólaigh** casserole, **cnagbheirigh** parboil, **cócaráil** cook, **cócaráil ar an ngrideall** griddle, **cócaráil ar bheárbaiciú** barbecue, **cócaráil sa mhicreathonnán** microwave, **déan cócaireacht do** cooking, cook, **deataigh** smoke, **frioch** fry, **fiuch** *(liquids)* boil, **forbheirigh** boil over, **fuin** *(lit)* bake, cook; knead, **galaigh** steam, **galstobh** braise, **gríosc** grill; broil, **réitigh** get ready, **róst** roast, **sótáil** sauté, **stobh** stew, **suanbhruith** simmer, **tóstáil** toast, **ullmhaigh** prepare, **urbhruith** extract flavour by boiling, decoct

Bruith 2 *vn* boiling, cooking

bácáil baking, **beiriú** *(foods)* boiling, **casarólú** casseroling, **cnagbheiriú** parboiling, **cócaráil** cooking, **cócaráil ar an ngrideall** griddling, **cócaráil ar bheárbaiciú** barbecuing, **cócaráil sa mhicreathonnán** microwaving, **déanamh cócaireachta** cooking, **deatú** smoking, **forbheiriú** boiling over, **friochadh** frying, **fiuchadh** *(liquids)* boiling, **fuineadh** *(lit)* baking, cooking; kneading, **galú** steaming, **galstobhadh** braising, **gríoscadh** grilling; broiling, **réiteach** readying, **róstadh** roasting, **sótáil** sautéing, **stobhadh** stewing, **suanbhruith** simmering, **tóstáil** toasting, **ullmhú** preparing, **urbhruith** extracting flavour by boiling, decocting

Bruscar *m (-air)*

1. fragments, crumbs

blúirí bits, scraps, **bloghanna** splinters, **blúiríní** snippets, **braonta** drops, **braonáin** droplets, **brínleach** *f (-lí)* fragments, **brioscbhruar** fragments, small pieces, **conamar** fragments, **cúpla** couple, **deora** dashes, droplets, **giobóga** morsels, pick, **giotaí beaga** little bits, **grabhróga** crumbs, **gráinní** grains, pinches, **ilroinnt** fragmentation, **leadhbáin** *mpl* tatters, small strips, **lóipín** flake (cf **lóipín sneachta** snowflake), **loirg** traces, signs, **meatháin** splinters; *(basketry)* splints, **mionóga** *fpl* fragments, **mionrabh** *f (-aibhe)* tiny bits, shreds; filings, **míreanna** fragments, **píosaí beaga** small pieces, **rianta** traces, **ruainní** shreds, single fibres, **sceallaí** slices, flakes, **sceallóga** chips, **scealpa** *fpl* splinters, **scine** flake, thin piece; scale, **slisne** slice, **sliseog** small slice, **smidiríní** little bits, smithereens, **smionagar** shattered pieces, shards, **smuit** portions, **smutáin** pieces, chunks, **snoíogar** chippings, gratings, **sprúilleach** *m* crumbs, fragments, **steigears** *spl* bits, fragments, **stiallacha** slices; strips, **teascáin** *mpl* segments

2. litter, garbage

barraíl *(trees, hedges)* waste, cuttings, **cáith** chaff, waste, rubbish, **cosamar** rubbish, **deasca** dregs; sediment, **dramhaíl** refuse, **dríodar** dregs, residue, **dúradáin** specks, **fuíoll** *m* residue, **grúnlach** *m* refuse,

dregs, **iarsmaí** *mpl* remnants, remains, **mionrach** *f* refuse, scrap, **scríoblach** *m* scrapings, scraps, **spruadar** crumbled matter, remnants, **trachlais** trash, rubbish, **traipisí** *spl* discarded articles, scrap, **trais** trash, **treascarnach** *f* scrap, refuse; debris, **truflais** junk

Bua *m (~; ~nna)*

1. victory; advantage

an barr (a fháil ar) (to get) the better (of), **an bonn óir** the gold medal, **an chéad áit** the first place, **an chéad duais** the first prize, **an lá** the day (cf **Bhí an lá linn.** The day was ours., We won.), **an lámh in uachtar** the upper hand, **barr** superiority, **barr áigh** victory, **caithréim** triumph, **ceansú** subjugation, **concas** conquest, **corn** *(sp)* cup, trophy; goblet, **craobh** *f (-oibhe; ~a, ~acha* alternative gpl *~)* laurels, palm, **duais** prize, **fleasc** *f (fleisce; ~a, ~)* garland, wreath, **gabháil** catch, seizure, **gabháltas** capture, occupancy, **lámh in uachtar** the upper hand, **luaíocht** merit, merited award, **máistreacht** mastery, **rath** success, **sochar** gain, **svae** *m (~)* victory, sway (cf **Thugamar an svae linn!** Victory was ours!), **tairbhe** *f* benefit, **tuillteanas** merit, desert *(see also: buntáiste)*

2. talent

ábaltacht ability, **ábhar maíte** merit, something to be proud of, **acmhainn** resource, capacity, **ardéirim** high aptitude, **ardintleacht** high intellect, **buntáiste** *m* advantage, **cumas** ability, capability, **deis** knack, **éirim** aptitude, smartness, **féith** natural bent, talent, **gifte** *m* natural talent, **intleacht** ingenuity, **láidreacht** strength, **mianach** *m* aptitude, **pribhléid** special endowment, talent, **seift** ruse, wile, **suáilce** virtue, gift, blessing, **tallann** talent, **tíolacadh** *m (-ctha; -cthaí)* divine gift, **tréith** accomplishment, trait, **tréitheachas** cleverness, talent, **tuiscint** feel, understanding *(see also: buntáiste, tallann)*

Buach *adj⁵* victorious

ar barr on top, **an chéad** the first, **bairr** (> **barr**) at the top (cf **imreoirí bairr** top players), **barr-** champion, top- **bua** (> **bua**) winning, possessing some favourable quality (cf **cloch bhua** precious stone), **buaiteach** winning, victorious, **caithréimeach** triumphant, **cloíteach** conquering, **coscrach** victorious, triumphant, **éiritheach** emergent, **gnóiteach** winning, gaining, **laochta** valorous, heroic, **rathúil** successful, **uachtarach** uppermost

Buachan *f (~a), vn* win, winning

bheith buach being victorious, **breith caithréimeach** being triumphant, **breith bua ar** winning against, **caithréimiú** triumphing, **cloí** conquering, **cur faoi chois** conquering, subduing, **déanamh go maith** doing well, **dearscnú** prevailing over, transcending, **fáil bua ar** winning against, **fáil lámh in uachtar ar** getting the upper hand on, **forrach** *m* subduing, overcoming, **gnóthachan** winning, earning, gaining,

Buachaill

goint *(cards)* winning outright, **imthreascairt** overthrowing, **leagan anuas** knocking down, bringing down, **sárú** overcoming, surmounting, **scóráil** scoring, **treascairt** overthrowing, demolishing

Buachaill *m (-challa; ~í)* boy

balcaire hunk of a lad, **bearránach** roguish young fellow, **coileán** pup, **corránach** gaunt youth, **dailtín** whippersnapper, brat, **dalta** pupil, **déagóir** teenager, **diúlach** *m* chap, fellow, **garlach** *m* urchin, brat, **gartaire** sturdy boy, **garsún** boy, **gas** sprig, scion, **gasóg** boy scout, **gasra** band of young lads, **gasúr** boy, **gearrbhodach** *m* youngster, **gearrbhuachaill** *m* growing youth, **gearrcach** *m* fledgling, **giolla** page, **giollán** little lad, **gutachán** guttersnipe, **leaid** *m* lad, **leanbh fir** man-child, **mac** son, sonny, **malrach** *m* little lad, **óganach** *m* youth, **óg** *m* youth, **scoláire**, pupil, scholar, **scuabaire** dashing young fellow, **slataire** young lad, **slis den seanmhaide** chip off the old block, **somachán** fat overfed boy, fatso, **stócach** youth; boyfriend, **strapaire** strapping young lad, **teallaire** laddish boy *(see also: **fear, stócach**)*

Buaic *f (~e; ~eanna)* highest point, pinnacle; culmination,

apaigí apogee, **binn** summit, peak, **barr** top, **buaicphointe** high point, climax, **ceann** head; top, **forchéim** climax, **rinn** *f* apex, tip, **stuaic** vertex, **uasphointe** zenith *(see also: **barr**)*

Buaigh *v₁f* win

bain amach achieve, **bain an barr amach** reach the top, **bain an chéad áit/duais amach** win first place/ prize, **beir an bua/an lá** win the day (cf **Rug siad ár mbua.** They got the better of us.), **bí caithréimeach** be victorious, **caithréimigh** triumph, **ceansaigh** subjugate, **croch an bua (leat)** steal the victory, carry the day, **déan go maith** do well, **dearscnaigh** prevail over, transcend, **éirigh (le)** succeed (eg **D'éirigh liom** I succeeded.), **faigh an bonn óir** win the gold medal, **faigh an chéad duais** win the first prize, **faigh an lámh in uachtar** get the upper hand, **faigh concas** gain a conquest, **gnóthaigh** gain, **goin** (cards) win outright, **leag anuas** knock down, **sáraigh** overcome, surmount, **scóráil** score, **tabhair an chraobh (leat)** walk away with the championship, **treascair** overthrow; demolish, **tuill** earn

Buail *v₁b*

1. *(frequently an object)* hit, strike

athbhuail beat again, **athfhuaimnigh** reverberate, **burdáil** beat, **cnag** knock, **frithbhuail** recoil, **gread** beat hard, trounce, **leag** knock down, **leang** strike; slap, **pitseáil** *(golf)* pitch, **pocáil** puck, strike, **rúisc** pelt, bash, **slac** bat, **slat** beat with a rod, **slatáil** beat with a stick, **slis** hit side on, *(ball)* slice, **smailc** slap, **smeach** flick, **smíocht** smite, beat, wallop, **smiot** smash, **sondáil** sound, **tabhair buille do** strike, hit,

Buail

tabhair cuaifeach do swipe at, **tabhair smísteáil do** give a trouncing to, **tabhair smitín do** give a sharp whack to, **traiseáil** thrash, **trampáil** trample, **treascair** knock down, vanquish

~ **an bainne!** Churn the milk!
~ **an bóthar!** Hit the road!
~ **an clog!** Ring the bell!
~ **an liathróid!** Hit the ball!
~ **an t-arbhar!** Thresh the corn!
~ **an t-iarann agus é te!** Strike the iron while it's hot!
~ **an t-uachtar!** Whip the cream!
~ **an ubh i mbabhla!** Beat the egg in a bowl!
~ **ar an doras!** Knock on the door!
~ **port dúinn!** Strike up a tune for us!
~ **aníos chugainn lá éigin!** Drop by to see us some day!
~ **anuas ar an urlár é!** Throw it down on the floor!
~ **ar an bpíb é!** Play it on the bagpipes!
~ **chun an chósta!** Proceed to the coast!
~ **faoin bhalla é!** Hit it against the wall!
~ **faoin saol!** Take life on! Start living your life!
~ **fút ar an gcathaoir!** Set yourself down on the chair!
~ **liom amárach!** Meet me tomorrow!
~ **orm an locht!** Blame me!
~ **orthu an chúirt!** Bring them to court!
~ **romhat isteach sa bheár!** Go ahead into the bar!
~ **síos do bhád nua!** Launch your new boat!
~ **suas le muintir na háite!** Get pally with the locals!
~ **suas port dúinn!** Strike up a tune for us!
~ **umat an seál!** Wrap the shawl around you!

2. *(usually person/ animal)* hit, strike

basc bash, **batráil** batter, **cánáil** cane, **clabhtáil** clout, **crústáil** drub, **daorbhasc** maul severely, **dornáil** box, **fliceáil** flick, **gleadhair** beat noisily, pummel, **lasc** lash whip, **leadair** smite, beat; hew, **leadhb** thrash, beat, **leadhbair** beat, thrash, **léas** flog, thrash, **léirigh** best, beat down; subdue, **liúdráil** beat violently, trounce; castigate, **liúr** beat with a stick, trounce, **pasáil** trample, tread, **péirseáil** flog, **planc** beat, pummel, **slat** beat with a rod, **slatáil** beat with a stick, **tabhair boiseog sa bhéal do** give a slap in the face to, **smíocht** smite, beat, wallop, **tabhair cuaifeach do** swipe at, **tabhair smísteáil do** give a trouncing to, **tabhair smitín do** give a sharp whack to

~ **an namhaid!** Strike the enemy!
~ **an t-iasc!** Hook the fish!

3. defeat, smite, strike down

bris break, defeat, **ceansaigh** subdue, **cloígh** defeat, **cuir faoi chois** conquer, **cuir faoi smacht** quell, subdue, **faigh bua ar** defeat, overcome, **faigh lámh in uachtar ar** get the upper hand on, get the better of, **gabh thar** surpass, overtake, **greasáil** trounce, **leag** knock/strike down, **léirigh** best, beat down; subdue, **sáraigh** overwhelm, **smachtaigh** discipline, subjugate, **traiseáil** thrash, **trampáil** trample, **treascair** knock down, vanquish

Bhuail an bás iad. They met their death.
Bhuail an ghrian í. She got sunstroke.
Bhuail náire mé. I was stricken with shame.

Bhuail ocras mór mé. I was hit by a great hunger.
Bhuail slaghdán é. He was struck down with a cold.
Bhuail speirling iad. A hurricane hit them.

4. touch, reach
aimsigh reach, **bain amach** reach, achieve, **faigh** find, get, **ráinigh** reach, arrive, **sroich** reach, **stríoc** strike, reach, **tar** come, arrive, **tar ar** arrive at, find, **taobhaigh le** draw near, approach, **teagmhaigh** touch
  Bhuaileamar tír. We reached land.
  Bhuaileamar port. We struck port.
  Bhuaileamar bun an angair. We reached rock bottom.

5. make a sound
cling chime, **cnag** knock, **déan cniogaide cnagaide** make a tapping sound, **déan macalla** echo, **fuaimnigh** make a sound, **sondáil** sound

Buail le v_{1b} meet with
cas ar bump into, **feic** see, **tar ar** come across, bump into, **teagmhaigh** touch, **teagmhaigh ar** chance upon

Buailte pp
1. beaten, struck
athbhuailte beaten again, **athfhuaimnithe** reverberated, **basctha** bashed, **batráilte** battered, **burdáilte** beaten, trounced, **cánáilte** caned, **clabhtáilte** having been clouted, **cnagtha** knocked, **comhdhingthe** *(teeth or fracture)* impacted, **daorbhasctha** mauled severely, **dornáilte** *(sp)* boxed, **fliceáilte** flicked, **frithbhuailte** recoiled, **gleadhartha** beaten noisily, pummelled, **greadta** trounced, **lasctha** lashed, **leadartha** smitten, beaten; lacerated, **leadhbartha** thrashed, beaten, **leangtha** stricken; slapped, **léasta** flogged, thrashed, **liúdráilte** beaten violently, trounced; castigated, **liúrtha** beaten with a stick, trounced, **pasáilte** trampled, **péirseáilte** flogged, **pitseáilte** *(golf)* pitched, **pocáilte** pucked, struck, **rúiscthe** pelted, **slactha** batted, **slata** beaten with a rod, **slatáilte** beaten with a stick, **sliste** hit side on, *(ball)* sliced, **smailcthe** slapped, **smeachta** flicked, **smíochta** smitten, beaten, walloped, **smiota** smashed, **sondáilte** sounded, **traiseáilte** thrashed, **trampáilter** trampled, **treascartha** knocked down, vanquished

◊ **Má bhí bó agat bhí tú ~.** If you had a cow, you were made., **Ní rabhamar chomh ~ riamh go dtí seo.** We have never had it so bad. **Tá an lá inniu ~.** The day's work is finished.

2. defeated, smitten
briste broken, defeated, **ceansaithe** subdued, **cloíte** defeated, **curtha faoi chois** conquered, **curtha faoi díbeartha** banished, driven away, **ruaigthe** routed, driven away, **smacht** quelled, subdued, **greasáilte** trounced, **leagtha** knocked/struck down, **léirithe** bested, beaten down; subdued, **orlaithe** hammered, **sáraithe** overwhelmed, **smachtaithe** disciplined, subjugated, **traiseáilte** thrashed, **trampáilte** trampled, **treascartha** felled, vanquished; decimated

3. ~ **le** met with
casta ar bumped into, **coinbhéirsithe** converged, **dulta i dteagmháil le** gotten in contact with, **feicthe** seen, **i dteagmhasacht le** in contingency with, **inréimnithe** *(phys)* converged, **tagtha ar** having come across, **tagtha le chéile** having come together, **teagmhasach le** contingent on

◊ **Tá deireadh an tsamhraidh ~ linn.** The end of the summer has hit us.

Buailteoir m (-eora; ~í) striker, beater; hitter; thresher
bata bat, **buailtín** pounder, **cnagaire** knocker, striker, **greadtóir** beater, **maide** stick, **measctóir** mixer, **sciúrsálaí** flogger, scourge, **slacán** *(sp)* bat, **smalcaire** smiter, pounder, **smíste** pestle, **smíste maide** stout stick, **smísteoir** cudgeller, pounder; slogger, **suathaire** kneader, agitator; masseur, **súisteoir** *(agr)* thresher, **tailmeálaí** banger, thumper; slogger, **tuairgní** pummeller, smiter, **tuairgnín** pestle, **tuairteálaí** pounder, thumper

Buaine f (~) permanence
bithbheocht immortality, **bithbhuaine** everlastingness, **buanfas** durability; resilience, **buanseasmhacht** steadfastness, **cobhsaíocht** stability, **daingne** resoluteness, fixedness, **diongbháilteacht** endurance, fortitude, **domheatacht** imperishability, **domhillteacht** indestructibility, **doscriostacht** indestructibility, **feidhle** constancy, **leanúnachas** continuance, **marthanacht** lastingness, enduringness, **marthanaí** permanence; endurance, lastingness, **neamhathraitheacht** unchangingness, **neamhbhásmhaireacht** deathlessness, immortality, **seasmhacht** constancy, **síoraíocht** eternity, **suiteacht** fixity, stability, **suthaine** perpetuity, **taoisleann** lasting quality, lastingness

Buair v_{1b} vex, perturb; grieve
badráil bother, **bodhraigh** bother, annoy, **briog** provoke, **caith ar** afflict, **clip** torment, tease, **corraigh** perturb, **cráigh** torment, **cuir as do** annoy, bother, **cuir cantal ar** peeve, **cuir imní ar** worry, concern, **cuir isteach ar** disturb, bug, **cuir isteach go mór ar** weigh heavily on, greatly disturb, **cuir olc ar** vex, **cuir trína chéile** upset, confuse, **domheanmnaigh** dispirit, **donaigh** aggravate, **goill ar** grieve, **feidhmigh ar néaróga duine** play on a person's nerves, **gortaigh** wound, **greannaigh** irritate, ruffle, **griog** rankle, **suaith** disturb, unsettle

Buaireamh vn vexing, perturbing; grieving
badráil bothering, **bodhrú** bothering, annoying, **briogadh** provoking, **caitheamh ar** afflicting, **clipeadh** tormenting, teasing, **corraí** perturbing, **cur as do** annoying, bothering, **cur cantal ar** peeving, **cur imní ar** worrying, concerning, **cur isteach ar** disturbing, bugging, **cur isteach go mór ar** weighing

heavily on, greatly disturbing, **cur oilc ar** vexing, **cur trína chéile** upsetting, confusing, **domheanmnú** dispiriting, **donú** aggravating, **feidhmiú ar néaróga duine** playing on a person's nerves, **goilliúint ar** grieving, **gortú** wounding, **greannú** irritating, ruffling, **griogadh** causing petty annoyance, rankling, **suaitheadh** disturbing, unsettling

Buairt *f (-artha; -arthaí)* anxiety, upset, mental anguish
aláram alarm, **anbhá** consternation, **anbhuain** dismay, unease, **beagmhisneach** *m* despondency, **beaguchtach** *m* loss of heart, **bráca** hassle, distress, **buaireamh** mental anguish, **callóid** disquiet, **cásmhaireacht** concern, **corraíl** agitation, **crá croí** anguish, torment, **danaid** grief, regret, **dócúl** discomfort, **doghrainn** distress, **dólás** sorrow, contrition, **eagla** fear, **eolchaire** sadness, grief, lamentation, **faitíos** apprehension, **greannú** irritation, upset, **imní** worry, anxiety, **imníthí** general unease, anxiety, **loscadh croí** heartache, **méala** grief, sorrow, **mearaí** *f* distraction, bewilderment, **míshocracht** unease, restlessness, **míshuaimhneas** unease, disquiet, **múisiam** upset, mental distress/anguish, **nuar** *(lit)* wail, lament, grief, **pianpháis** agony, anguish, **sníomh croí** heart-wrenching, **suaitheadh** agitation, disturbance, **tógaíocht** agitation, excitement, **tromas** distress; oppression, **trombhuairt** deep sorrow, *(see also: imní)*

Buaite *pp* won
bainte amach achieved, **caithréimithe** triumphed, **comhlíonta** fulfilled, **curtha i bhfeidhm** brought into effect, **curtha i gcrích** brought to a (successful) conclusion, carried out, **dearscnaithe** prevailed over, transcended, **éirithe** (**le**) succeeded, managed (cf **Tá éirithe leis.** He has succeeded.), **faighte** gotten, **gnóthaithe** gained, **scóráilte** scored, **tuillte** earned

Buaiteach *adj³* winning
buach winning, **caithréimeach** triumphant, victorious, **coscrach** victorious, triumphant, **curaidh** (> *curadh*) champion, record-breaking, **éiritheach** in the ascent, up-and-coming, **gnóiteach** winning, **raonach** routing, victorious, **rathúil** successful, **tarraingteach** attractive, fetching

Buaiteoir *m (-eora; ~í)* winner; conqueror
concaire conqueror, **cloíteoir** subduer, victor, **duaiseoir** prizewinner, **fearchú** fierce warrior, **gabhálaí** occupier, invader, **gaiscíoch** man of prowess, warrior, **laoch** hero, **laoch na huaire** hero of the hour, **marthanóir** survivor, **treascróir** vanquisher

Bualadh *vn*
  1. beating, hitting
athbhualadh beating again, **athfhuaimniú** reverberating, **bascadh** bashing; smiting, **batráil** battering, **burdáil** beating, **cánáil** caning, **clabhtáil** clouting, **cnagadh** knocking, **cniogaide cnagaide** tapping sound, **comhdhingeadh** *(teeth or fracture)* impacting, **cuaifeach** *m* swipe, swirl, **daorbhascadh** mauling severely, **dornáil** boxing, **faidhp** swipe, **forbhualadh** percussion, **fliceáil** flicking, **frithbhualadh** recoiling, **gleadhradh** pummelling, **greadadh** beating hard, trouncing, **lasc** *f (laisce)* lash, **lascadh** lashing, **leadhb** *f (leidhbe)* thrash, blow, **leadhbadh** tearing asunder, **leadhbairt** beating thrashing, **leadradh** beating; laceration, **leagarnach** *f* felling, knocking down, **leangadh** striking; slapping, **léasadh** flogging, thrashing, **liúdráil** beating violently, trouncing; castigating, **liúradh** beating with a stick, **liúspáil** trouncing, **péirseáil** flogging, **pitseáil** *(golf)* pitching, **plancadh** beating, trouncing, **pocáil** pucking, striking, **púráil** trouncing, beating, **rabhait** rout, **rúscadh** pelting, bashing, **slacadh** batting, **slatadh** beating with a rod, **slatáil** beating with a stick, **sliseadh** hitting *(on a side)*, *(ball)* slicing, **smailceadh** slapping, **smeachadh** flicking, **smiotadh** smashing, **smiotaíl** smashing; chopping, whittling down, **smísteáil** trouncing, **smísteoireacht** cudgelling, slogging, **traiseáil** thrashing, **trampáil** trampling, **treascairt** knocking down, vanquishing
  2. defeating, smiting, striking down
briseadh breaking, defeating, **ceansú** subduing, **cloí** defeating, **cur faoi chois** conquering, **cur faoi smacht** quelling, subduing, **greasáil** trouncing, **leagan** knocking/striking down, **léiriú** besting, beating down; subduing, **orlú** hammering, **sárú** overwhelming, **síneadh** prostrating, **smachtú** disciplining, subjugating, **traiseáil** thrashing, **trampáil** trampling, **treascairt** felling, vanquishing; decimating
  3 ~ **le** meeting with
airneán nightime gathering in neighbour's house, **casadh ar** bumping into, **coinbhéirsiú** converging, **coinne** *f* meeting, **comhthionól** assembly, **cruinniú** meeting, **cuideachta** gathering, company, **dul i dteagmháil le** getting in contact with, **éirí teagmhasach le** becoming contingent with, **feiceáil** seeing, **inréimniú** *(ph)* converging, **teacht ar** coming across, **teacht le chéile** coming together, **tionól** assembly, **tóstal** pageant

Buama *m (~; ~í)* bomb
bobghaiste *m* booby trap, **diúracán** missile, **cnuasbhuama** cluster bomb, **gránáid** grenade, **gránáid láimhe** hand grenade, **mianach** *m* **talún** landmine, **moirtéar** mortar, **pléascán** explosive, **pléascán deataigh/toite** smoke bomb, **pléascán bréantais** stink bomb, **pléascóg** cracker, **roicéad** rocket, **scaipbhuama** scatter bomb, **séidbhuama** blast bomb, **sliogán** shell, **toirpéad** torpedo

▲ ~ **adamhach** atomic bomb, ~ **ama** time bomb, ~ **bréantais** stink bomb, ~ **cairr** car bomb, ~ **cliste** smart bomb, **~ coinfití** confetti bomb, **~ dordáin** *(hist)* buzz bomb, **~ eamhnach** fission bomb, **~ faoi threorú léasair** laser-guided bomb, **~ gealra** glitter bomb, **~ hidrigine** hydrogen bomb, **~ litreach** letter bomb, **~ loiscneach** firebomb, **~ neodrón** neutron bomb, **~ núicléach** nuclear bomb, **~ ríomhphoist** e-bomb, mail bomb, **~ salach** dirty bomb, **~ toite** smoke bomb

Buamáil 1 v_{1e} bomb
basc smash, thrash, pummel, **bombardaigh** bombard, **bratbhuamáil** carpet-bomb, **buail le toirpéad** torpedo, **ionsaigh** attack, **ionsaigh le sliogáin** shell, **pléasc** blow up; explode, **séid** blow up, **tuargain** pound, pummel, **scrios** destroy

Buamáil 2 *vn* bombing
bascadh smashing, thrashing, pummelling, **bombardú** bombarding, **bratbhuamáil** carpet-bombing, **bualadh le toirpéad** torpedo, **ionsaí faoi** attacking, **ionsaí le sliogáin** shelling, **pléascadh** blowing up; exploding, **séideadh** blowing up, **tuargaint** pounding, pummelling, **scriosadh** destroying

▲ **eitleán buamála** *(av)* bomber, **foscadán buamála** bomb shelter, **feachtas buamála** bombing campaign, **ruathar buamála** bombing raid

Buamáilte *pp* bombed
basctha smashed, thrashed, pummelled, **bombardaithe** bombarded, **bratbhuamáilte** carpet-bombed, **buailte le toirpéad** torpedoed, **ionsaithe** attacked, **ionsaithe le sliogáin** shelled, **pléasctha** blown up; exploded, **séidte** blown up, **tuargainte** pounded, pummelled, **scriosta** destroyed

Buan *adj¹* permanent, lasting
a bhfuil caitheamh maith ann durable, **bithbheo** immortal, everlasting, **bithbhuan** everlasting, **buanfasach** durable; resilient, **buanseasmhach** enduring, steadfast, **cobhsaí** stable, **cónaitheach** resident, **daingean** fixed, fast, **de shíor** relentless, **diongbháilte** constant, steadfast, imperishable, **domhillte** indestructible, **doscriosta** ineradicable; indelible, **feidhil** constant, **gan stad** without stopping, **gan staonadh** perpetual, unceasing, **ilbhliantúil** perennial, **leanúnach** continuous, **marthanach** lasting, **neamhathraitheach** unchanging, **neamhbhásmhar** deathless, **neamhstaonach** unremitting, immortal, **rialta** regular, **seasmhach** constant, **seasta** steady, constant, standing, **síor-** constant, **síoraí** eternal, **socraithe** established, **suthain** perpetual, **tairiseach** reliable; faithful, loyal

Buanaigh v_{2a} perpetuate, maintain, sustain; immortalise
caomhnaigh conserve, protect, **cloígh le** stick with, adhere to, **cobhsaigh** stabilize, make stable/firm, **coimeád** keep, sustain, **coimeád ar siúl** to keep going, **coimeád suas** keep up, **coinnigh** keep, maintain, uphold, **coinnigh beo** keep alive, **cuir buanchruth ar** fix permanently, **cumhdaigh** safeguard, protect, **daingnigh** secure, **lean ar aghaidh le** continue with, **síoraigh** perpetuate

Buanaithe *pp* perpetuated, maintained, sustained; immortalised
caomhnaithe conserved, protected, **cloíte le** adhered to, **cobhsaithe** stabilised, made stable/firm, **coimeádta** kept, sustained, **coimeádta ar siúl** kept going, **coinnithe beo** kept alive, **cumhdaithe** safeguarded, protected, **daingnithe** secured, **leanta ar aghaidh le** continued with, **síoraithe** perpetuated

Buanú *vn* perpetuating, maintaining, sustaining; immortalising
caomhnú conserving, protecting, **cloí le** sticking to, adhering to, **cobhsú** stabilising, making stable/firm, **coimeád** keeping, sustaining, **coimeád ar siúl** keeping going, **coimeád suas** keeping up, **coinneáil** keeping, maintaining, upholding, **coinneáil beo** keeping alive, **cumhdach** safeguarding, protecting, **cur buanchruth ar** fixing permanently, **daingniú** securing, **leanúint ar aghaidh le** continuing with, **síorú** perpetuating

Buartha *pp* upset, troubled
anbhách fearful, uneasy, **anbhuaineach** dismayed, disturbed, **badráilte** bothered, **beagmhisniúil** despondent, **beaguchtúil** *m* in low spirits, **bodhraithe** bothered, annoyed, **briogtha** provoked, **brónach** sad; sorry, **caite ar** afflicted, **clipthe** tormented, teased, **corraithe** disquieted, perturbed, **cráite** distressed, **curtha amach** put out, upset, **curtha isteach ar** disturbed, bugged, disrupted, **curtha trína chéile** upset, confused, **domheanmnaithe** dispirited, **donaithe** aggravated, **eaglach** fearful, **faiteach** apprehensive, **feidhmithe ar néaróga duine** played on a person's nerves, **goillte ar** grieved, **gortaithe** wounded, **greannaithe** irritated, ruffled, **griogtha** mildly irritated, rankled, **griogtha suaite** disturbed, unsettled, **imníoch** worried, anxious, **mearaithe** distracted, bewildered, **míshuaimhneach** uneasy, disquieted, **scimeach** anxious, solicitous, **suaite** agitated, disturbed, **tógtha** flustered, **trombhuartha** grief-stricken *(see also: imní, imníoch)*

Buí *adj⁶* yellow, sallow; tanned, gold, golden
crón tan, tanned, **daite ag an ngrian** suntanned, **donnbhuí** yellowish brown, **flannbhuí** orange, **griandaite** suntanned, **liathbhuí** sallow, **ómra** amber, **oráiste** *(pol)* orange, **órga** golden, **óir (> ór)** gold colour, **téathbhuí** sallow

◊ **chomh ~ le hór** as yellow as gold

Buicéad *m (-éid; -éid, ~)* bucket
árthach *m* container, vessel, **bairille** barrel, **báisín** basin, **canna** can, **casca** cask, **crocán** pitcher, **crúiscín** small jug, **crúsca** jar, **dabhach** *f (daibhche; dabhcha)* vat, tub, **feadhnach** *m* vessel, pail, **gogán** wooden vessel, pail, **meadar** wooden vessel, pail; wooden

Buidéal goblet, **mornán** piggin, pail (cf **mornán bainne** pail of milk), **paol** pail, **pigín** piggin, pail, **próca** crock, urn, **searróg** jar, **síothal** *f (-thla)* vessel for drawing water; pail, **soitheach** *m* vessel, **stópa** flagon, wooden vessel, **tobán** tub, **taoscán** bail, **umar** trough

Buidéal *m (-éil; -éil, ~)* bottle
árthach *m* container, **buidéilín** small bottle, phial, **cartán** carton, **cartús** cartridge, **crúsca** jar, **deacantar** decanter, **fial** *m (féil; féil, ~)* vial, phial, **flaigín** flacon, small flask, **flagún** flagon, **fleasc** *m (~a; ~anna)* flask, **soitheach** *m* vessel, **triaileadán** test tube

Buile *f (~)* madness, fury
áiféis absurdity, **ainscian** wild fury, **amaidí** folly, **aonachas** furious state, fury, **báiní** frenzy, **cearr** mental derangement, **cuthach** rage, fury, **deargbhuile** stark madness, **dúlagar** depression, **éigiall** irrationality, senselessness, **fanaiceacht** fanaticism, **fearg** *f* anger, **fiáine** wildness, **fíoch** *m (fích, ~a, ~)* rage, ire, **fíochmhaire** ferocity, fury, **fiúir** fury, wrath, **fiúnach** *m* fit of rage, tantrum, **forrach** *m* fury, violence, **fraoch** *m (-oich)* fury, rage, **gealtachas** lunacy, madness, **gealtacht** insanity, **ginideacht** demoniacal tendency, madness, **iompar gan chiall** lunacy, senseless behaviour, **íorthacht** derangement, madness, **máindúlagar** manic depression, **meabhairghalar** mental illness, **mearchiall** *f (-chéille)* craziness, frenzy, **mearaí** craziness, bewilderment, **mire** *f* madness, insanity (cf **ar mire** insane), **míréasún** unreason, **mireog** flight of fancy, moment of madness, **neamhord pearsantachta** personality disorder, **néaróis** neurosis, **néaróis dhúghabhálach** obsessional neurosis, **paranóia** *m* paranoia, **raic** furore, **raiméis** drivel, **rámhaille** delirium, **rámhaillí** ravings, **saochan céille** mental aberration, **seachrán céille** derangement, **seafóid** nonsense, **síocóis** psychosis, **síocóis pharanóideach ainsealach** chronic paranoid psychosis, **scitsifréine** *f* schizophrenia, **scitsifréine pharanóideach** paranoid schizophrenia, **spadhar mearaí** fit of madness, **speabhraídí** *fpl* hallucinations; ravings, **speabhraídí óil** drunken hallucinations, pink elephants, **steillmhire** total madness (cf **ar steillmhire** stark raving mad) *(see also: gealt)*

▲ **daoine** ~ mad people, **gáire** ~ mad laugh, **ocras** ~ ravenous hunger, **smaoineamh** ~ insane idea, **focal** ~ word spoken in anger

▲ ~ **bóthair** road rage, ~ **feirge** insane rage

◊ **ar** ~ mad, insane; furious, **Is fear** ~ **é**. He's a madman., **Ná bí ar** ~ **liom!** Don't be mad with me!

Buille *m (~; -llí)* blow, stroke; beat, slap
batráil battering, **bleaist** blast, **boiseog** slap, **bualadh** beating, **cic** *m* kick, **ciceáil** kicking, **cíonán** blow, clout, **clabhta** clout, **cluaisín** box on the ear, **cnag** knock, **cnagadh** knocking, **cnagaide** rap with knuckles, **cniogaide cnagaide** tap-tap, **cnagaireacht** *f* striking, crunching, **cnagán** knock, **cnagarnach** *f* knocking sound, **cnagóg** blow, knock, **cnapóg** blow, knock, **cuaifeach** *m* swing, swipe, **deamhas** slap, blow, **dearna** slap, **dearna sa droim** slap on the back, **dorn** *m (doirn; doirne)* fist punch, **failm** resounding blow, thump, **failp** stroke of whip or cane, **fáiméatar** smack, blow, **flípear** blow, **giolcadh** caning, **giordóg** swipe, **greadóg** slap, smack, **grugam** heavy blow, **hainse** slap, **laingín** slap, light blow, **langaire** clout, blow, **lasc** flick (cf **Thug sí lasc dá tuáille faoi**. She gave him a flick with her towel), **leadhb** *f (leidhbe; ~anna)* blow, hard smack, **leadhbóg** clout, **leadóg** slap, thump, **leadradh** beating, **leang** *m* blow, slap, **léasadh** thrashing, **leiceadar** slap on the cheek, **leidhce** *m* light slap, weak blow, **leobhéim** lacerating blow, **liúdar** blow; stroke, **liúradh** beating with a stick, **liúróg** small smack of stick, **liúspa** wallop, **oscar** *(swim)* stroke, **paltóg** wallop, **plab** bang, **ruchall** stroke, blow, **rúspa** poke, blow, **sciorrbhuille** glancing blow, **slacairt** battering, **slisbhuille** glancing blow, slice, **smailleac** smack, **smeach** *m (~a)* flick, **smíocht** wallop, smite, **smíochtadh** smiting, walloping, **smíste** heavy blow, smash, **smitín** sharp blow, **sonc** poke, nudge, dig (cf **sonc sna heasnacha** dig in the ribs), **stiall** *f (stéille; ~acha)* lash, stroke, **stróic** stroke (cf **stróic oibre** stroke of work), **tailm** resounding thump, **tiomp** thump, butt, **tuairt** wallop, **trost** whack, **truip** kick, **tump** thump, butt

Buinneach *f (-nní)* diarrhoea
buar *(vet)* scour, **dinnireacht** dysentery, **scaoing** *(animals)* diarrhoea, **scaoilteacht** looseness, **sciodar** the runs; scour, **sciodarnach** *f* the trots; diarrhoea, **scuaid** *(animals)* diarrhoea

Buíoch *adj*[5] grateful, thankful
altaitheach *(to God)* grateful, **faoi chomaoin** under obligation, obliged, **faoi oibleagáid** obligated, obliged, **feasach** aware, **i dtuilleamaí** *(+ gen)* beholden to, **léirthuisceanach** appreciative, **meabhraíoch** mindful, heedful, **smaointeach** thoughtful, **tuisceanach** considerate

Buíochas *m (-ais)* gratitude
buí gratitude, thanks (cf **A bhuí bocht liom suí síos**. I was more than grateful to sit down), **admháil** acknowledgement, **altú** thanksgiving; *(at meal)* grace, **comaoin** obligation, favour, **feasacht** awareness, **léirthuiscint** appreciation, **meabhraíocht** mindfulness, consciousness, **smaointeacht** thoughtfulness, **tuiscint** understanding

Buíon *f (-íne; ~ta)* band, gang, troop, company
baicle clique, gang, **banna** band, **ciorcal** circle, **cipe** mafia, gang, **díorma** troop, band; posse, **dream** group, lot, **drong** mob, gang, **feadhain** *f (-dhna; -dhna)* troop, band, **feadhnach** *m* troop, band, **foireann** *f*

Buiséad *m (-éid; -éid, ~)* budget
acmhainní *fpl* resources, **airgeadais** *mpl* finances, **cáinaisnéis** state budget, **costas** cost, **costais** *mpl* expenses, **cionroinnt** *f (cionranna)* allotment, **leithdháileadh** allocation, **cistí** *mpl* funds, **liúntas** allowance, **lamháltas** concession, **maoin** means, wealth, **meastachán** estimate, **riar airgid** allocation of finances

Bulaí *m (~; ~í)* bully
aintiarna despot, tyrant, **amhas** hooligan; thug, **ansmachtaí** tyrant, bully, **bithiúnach** *m* hoodlum, blackguard, **ciapaire** intimidator, harasser, **coirpeach** *m* criminal, **comhéigneoir** coercionist, **cráiteoir** tormentor, **diabhal** devil, **drochearra suarach** nasty piece of work, **faisisteach** *m* fascist, **géarleantóir** persecutor, **léaspach** *m* pugnacious/aggressive person, **mac doscúch** *(person)* hard nut, tough customer, **maistín** ruffian, bully boy, **mí-úsáideoir** abuser, **Naitsí** *m* Nazi, **pianadóir** tormentor; punisher, **racánaí** rowdy, brawler, **ruifíneach** *m* ruffian, **rúscaire** bruiser, bully, **rúisc** large rough individual, **sciúrsálaí** tormentor, scourger; flogger, **sclamhaire** abusive person, **smachtaitheoir** chastiser; subjugator, **smachtadán** control freak, **spochadóir** teaser, tease; annoying provocative person, **tíoránach** *m* tyrant

Bulaíocht *f (~a)* bullying
aintiarnas despotism, tyranny, **amhasóireacht** hooliganism; thuggery, **ansmacht** tyranny, bullying, **ansmachtú** oppressing, bullying, **bithiúntas** *m* scoundrelism, **bobaireacht** teasing, playing pranks, **ciapadh** intimidation, **coirpeacht** vicious criminality, **coirpiúlacht** criminality, **comhéigniú** coercion, **crá** torment, tormenting, **faisisteachas** fascism, **géarleanúint** persecution, **imeaglú** harassment, intimidation, **maistíneacht** acting the bully, **mí-úsáid** abuse, **Naitseachas** *m* Nazism, **sclaimhínteacht** biting, abusing, **smachtú** chastising, subjugating; disciplining, controlling, **spochadóireacht** slagging, teasing; mock fighting, sparring, **tíorántacht** tyranny, **tromaíocht** denigration; censure

Bun *m (buin; ~anna)* base, bottom; basis
abhantrach *f* river basin, **buta(í)** butt, stock, **béal** outlet, orifice, **bonn** foundation, base; *(shoe)* sole, **brí** substance, meaning, **bunadh** origin; original stock, **bunaitheoir** founder, **bunán** bottom, basin, **bunchloch** *f* bedrock, **bundún** tail end, **bunreacht** *m (pol)* constitution, **bunsraith** bottom layer; *(geol)* substratum, **buntús** rudiment(s), **bunús** basis, origin; essence, **ceann** farthest point, **ceann scríbe** destination, **ceap** base, block, pad, **cois** *(+ gen)* at the foot (of), **críoch** *f (críche; ~a, ~)* end, extremity, **deireadh** end, **dúshraith** foundation, **foinse** source, **foirceann** extremity, *(gram)* ending, **foras** body, grounds (eg **foras cistithe** funding body, **foras le haghaidh colscartha** grounds for divorce), **fréamh** *f (fréimhe, ~acha)* root, **fuaimint** soundness, solidity, **grinneall** *(river, sea)* bed (cf **grinneall abhann** riverbed, **grinneall farraige** seafloor), **íochtar** lower end, bottom, **miasóg** movable bottom of pannier, **punt** butt end (cf **punt gunna** butt of gun), **sáil** heel, **smut** (**coinnle**, etc) stub (of a candle, etc), **staic** stock; butt, **tathag** fullness, body, import, **téagar** substance, **tóin** bottom; backside, **údar** author, progenitor

▲ ~ **abhann** river mouth, ~ **agus biseach** *(fin)* principal plus interest, ~ **airgid** principal sum of money, ~ **aitinn** stump of furze, ~ **an liosta** bottom of the list, ~ **an ranga** the bottom of the class, ~ **cabáiste** stalk of cabbage, ~ **cnoic** bottom of a hill, ~ **coinnle** stub of a candle, ~ **gunna** stock of a gun, ~ **na cluaise** ear lobe, ~ **na gaoithe** source of the wind, ~ **na leapa** foot of the bed, ~ **na spéire** the horizon, ~ **scine** butt of a knife, ~ **slaite** thin end of a rod, ~ **sráide** bottom of a street, ~ **staighre** foot of stairs, ~ **toinne** low-water mark

◊ **Cad tá ar ~?** What's going on?, **curtha ar ~ sa bhliain 1893** established in the year 1893, **Fan i m~ na fírinne!** Stick with the truth!, **Is bean i m~ a focail í.** She's a woman who keeps her word., **Níl sé ina bhun sin amháin.** It is not only confined to that., **Rachaidh mé i m~ an ghnó sin amárach.** I'll get on to that matter tomorrow., I shall deal with that matter tomorrow., **Sin ~ agus barr an scéil.** That's everything there is to know., That the top and bottom of it., **Suíonn sé i mbun a charad.** He takes advantage of his friend(s).

Bunadh *m (-aidh)* native kindred dwellers; stock, kind, origin
baicle *f* gang of people, band, **buíon** *f* band, crew, **clann** family, clan, **craobh shleachta** genealogical branch, **dream** clan, clique, brigade, **muintir** people, folk (cf **muintir na háite** local people), **pobal** people, community, society, **sliocht** *m (sleachta)* breed, progeny, **stoc** stock, **teaghlach** *m* household, **treibh** tribe, **tuath** *f (-aithe) (hist)* people, tribe

▲ ~ **an tí** the family of the house, ~ **na háite** local people, ~ **na gcladach** shore dwellers, ~ **na gcnoc** hill dwellers

◊ **An de bhunadh Luimnigh é?** Is he originally from Limerick?

Bunaigh *v₂ₐ* found, establish
athbhunaigh re-establish, **cruthaigh** create, **cuir ar bun** set up, establish, **cuir le chéile** construct, **cuir suas** erect, **cuir tús le** start, initiate, **fadaigh** kindle, **fódaigh** ground, establish, **fothaigh** found,

Bunaithe

establish; lay foundation, **insealbhaigh** inaugurate, install, **lainseáil** launch, **oscail** open, **prímeáil** prime, **réitigh** make ready, prep, **seol** launch, **suigh** seat, locate, **tionscain** initiate, establish, **tóg** build, **tosaigh** initiate, **údaraigh** authorise

Bunaithe *pp* founded, established
athbhunaithe re-established, **cruthaithe** created, **curtha ar bun** set up, establish, **curtha le chéile** constructed, **curtha suas** erected, **fadaithe** kindled, **fódaithe** founded, grounded, **fothaithe** established, **insealbhaithe** installed, inaugurated, **lainseáilte** launched, **lena bhfuil tús curtha** that has been initiated, **oscailte** opened, **prímeáilte** primed (eg **buama prímeáilte** primed bomb), **réitithe** made ready, readied, prepped, **seolta** launched, **suite** seated, located, **tionscanta** initiated, established, **tógtha** built, **tosaithe** initiated, started, **tuiní** fixed, firmly established

Bunaitheoir *m (-eora; ~í)* founder; founding father
ailtire architect, **athair** *m (-thar)* father, **cruthaitheoir** creator, **cumhdaitheoir** founder, **déantóir** maker, **dearthóir** designer, **eagraí** organiser, **fondúir** founder, **máthair** *f (-thar)* mother, **seanfhondúir** veteran, old stager, **tabharthóir** benefactor, **tionscnóir** initiator; originator, **tosaitheoir** beginner, initiator, **tuismitheoir** parent, **údar** author

Bunoscionn *adv* upside down
ar fud a chéile all over the gaff, jumbled up, **ar mhuin mhairc** on top of one another, higgledy-piggledy, **droim ar ais** back to front, **i mullach a chéile** on top of one another, thrown together, **in aimhréidh** entangled, **measctha suas** mixed up, **mícheart** incorrect, **neamhordúil** unordered, **scrofa** scrambled, **taobh tuathal amach** wrong side out, **trína chéile** confused; upset, **tromach tramach** pell-mell, topsy-turvy

Buntáiste *m (~; -stí)* advantage
áis convenience, facility, **áisiúlacht** handiness, **árach** *m* advantage, opening, **barrachas** superiority, **beannacht** blessing, **brabach** *m* profit, **brabús** profit, **brabúsacht** profitability, **bua** winning aspect, **cabhair** *f (-rach)* assistance, **caoi** *f (~; caíonna)* means to avail of an opportunity, **ceangal** hold, **ceannas** lead, **cleas caoithiúlachta** expediency, **cuidiú** aid, **cúnamh** help, **deis** opportunity, **earraíocht** dealing, trading; advantage, **fáltas** plus, profit (cf **ar thaobh an fháltais** on the plus side), **feidhm** function, **fiúntas** worth, **fóint** usefulness, utility, **fónamh** benefit, service, **fóntas (poiblí)** (public) utility, **forlann** *m* superiority in numbers, **gnóiteán** gain, profit, **gradam** esteem, **lámh in uachtar** upper hand, **leas** welfare, beneficial use **luamhán** leverage, **maith** good, **mámh** trump, **rath** bounty, **róchéimíocht** pre-eminence, **rud** *m* thing, **saoráid** facility, **sochar** gain, plus, plus-point, **sochracht** profitableness; beneficiality, **sócmhainn** asset, **solamar** rich pickings, profit, **sonraíocht** remarkableness, **tairbhe** benefit, **toradh** fruit, **tosach** *m* start, **tosaíocht** precedence, **úsáid** use *(see also: bua, brabús)*

Buntáisteach *adj³* advantageous
áisiúil convenient, **buach** winning, **brabúsach** profitable, **fáltasach** gainful, profitable, **fiúntach** worthwhile, **gnóiteach** gainful, **sochrach** advantageous, profitable, beneficial, **sócmhainneach** solvent, **tairbheach** beneficial, **úsáideach** useful *(see also: buach)*

Buntús *m (-úis; -úis, ~)* rudiments, basics
aibítir alphabet; *(basics)* the ABC, **bun** base, basic provision, **bunadh** origin, **bunphrionsabail** *mpl* first principles, **bunsraith** foundation, **bunús** basis, origin, **dúshraith** basis, foundation, **fothú** foundation, establishment, **fréamh** *f (fréimhe, ~acha)* root, **na chéad chéimeanna** the first steps, **tosach** *m* beginning, **tús** start, **uraiceacht** *m* first instruction, rudiments; primer (cf **uraiceacht léinn** rudiments of learning) *(see also: bun)*

Bunú *vn* founding, establishing
athbhunú re-establishing, **cruthú** creating, **cur ar bun** setting up, establishing, **cur le chéile** constructing, compiling, **cur suas** erecting, putting up, **cur tús le** starting, initiating, **fadú** kindling, **fódú** grounding, founding, **fothú** foundation, founding, establishing, **insealbhú** inaugurating, installing, **lainseáil** launching, **oscailt (oifigiúil)** (official) opening, **prímeáil** priming, **réiteach** making ready, prepping, **seoladh** launching, **suí** seating, locating, **tionscnamh** initiating, establishing, **tógáil** building, **tosú** initiating, **údarú** authorising

Bunús *m (-úis)*
1. origin, primary source
bonn base, foundation, **bun** bottom, base, **bunachar** foundation, **bunadh** origin, **bunaíocht** establishment, **bunáit** base, **bunatacht** *(chem)* basicity, **buncharraig** bedrock, **bunchloch** *f (-chloiche)* foundation stone, **bunchóip** original draft, **bundamhna** *m (~)* primary matter, **bunearra** primary commodity, **bunphointe** starting point, **bunphrionsabail** *mpl* first principles, **bunriachtanais** *mpl* basic necessities, **bunsraith** foundation, **buntús** rudiments, basics, **cúis** cause, **foinse** *f* font, source, **fotha** source, cause, **fothú** foundation, establishment, **fréamh** *f (fréimhe, ~acha)* root, **máthair** *f (-thar)* mother, **tobar** source, well, **tosach** *m* beginning, **tuismíocht** parentage, origin, **tús** start, **údar** author, founding father *(see also: bun, bunús)*

2. greater part, majority
an chuid is mó the largest part, **an líon is mó** the

largest number, **an mórchóir** the bulk, **bunáite** main part, **formhór** majority, **mórchuid** predominance, largest share, **tromlach** *m* main body, greater part

Bunúsach *adj*[3] basic, foundational
bun- basic, primary, **bunaidh** (> *bunadh*) original, underlying, **bunata** basic, primary, **bunriachtanach** essential, **bunúil** original, well-founded, **cairdinéalta** cardinal, **canónta** canonical, **criticiúil** critical, **eisintiúil** essential, **fréamhach** established; root-, relating to roots, **fréamhaí** radical, **fréamhaithe** rooted, **fréimhe** (> *fréamh*) of the root, radical, **fuaimintiúil** substantial, sound, **mór** major, big, **príomha** primary, prime, **ríthábhachtach** vital, of paramount importance, **tionscantach** original, initial

Cc

Cabhair *f (-bhrach; -bhracha)* help, assistance, aid
araicis help, rescue, assistance, **cabhrú (le)** helping (with), **comhoibriú** cooperation, **cuidiú (le)** helping (with), assisting (with); help, **cúnamh** help, **déirc** almsgiving, **fóir** help, relief, **fóirithint** succour, help, **fortacht** comfort, succour, **garaíocht** doing a favour, **lámh chúnta/chuidithe** helping hand, **moladh** advice; advising, **oibleagáideacht** obligingness, **taca** prop, support, **tacaíocht** support, **tarrtháil** rescuing, rescue, **treoir** *f (-orach)* guidance, **úsáid** use *(see also: cúnamh)*

▲ ~ **airgeadais** financial assistance, ~ **Dé** God's help, ~ **dhaonnúil** humanitarian aid, ~ **leighis** medical assistance, ~ **neamhcheangailte** untied aid, ~ **saineolaí** expert help

◊ Tá na Gardaí ar lorg cabhrach ón phobal. The Gardaí are seeking the assistance of the public.

P Is gaire ~ Dé ná an doras. God's help is closer than the door., Something will turn up.

Cabhrach *adj³* helpful

áisiúil handy, **báúil** sympathetic, **bisiúil** productive, **brabúsach** profitable, **buntáisteach** advantageous, **cairdiúil** friendly, **carthanach** charitable, **cásmhar** caring, considerate, **cóiriúil** *(weather)* favourable, **comharsanúil** neighbourly, **comhoibritheach** cooperative, **cuidiúil** constructive, helpful, **cúntach** helpful; auxiliary, **daonchairdiúil** philanthropic, **daonnachtúil** humanitarian, kind, **dea-ghníomhach** beneficent, **dea-mhéiniúil** benevolent, **fabhrach** favourable, **fóinteach** helpful, practical, **freastalach** attentive, quick to help, **garach** accommodating, willing to help, **garúil** obliging, inclined to help out, **lách** kind, **oibleagáideach** obliging, **praiticiúil** practical, **preabúil** generous, helpful, quick to act, **sochrach** profitable, beneficent, **soilíosach** willing to do a kindness, obliging, **somhaoineach** valuable, lucrative, **tairbheach** beneficial, **tacúil** supportive, **táirgiúil** productive, **tarrthálach** saving, rescuing, helpful, **torthúil** fruitful, **tráthúil** timely, opportune, **tuisceanach** considerate, **úsáideach** useful

Cabhraigh le *v₂ₐ* help

aisig restore, **ardaigh** promote, elevate, **bain goimh as** take (the) harm out, **caradaigh** befriend, **cothaigh** foster, **cuidigh le** assist, help, **cuir ar aghaidh** advance, **cuir chun cinn** promote, **cuir feabhas ar** improve, **cuir le** support, **cuir leigheas ar** remedy, **cuir post le** prop up, **cúnaigh le** help, **éascaigh** facilitate, **feabhsaigh** ameliorate, **fóir** aid, succour, **fortaigh ar** relieve, comfort, **freastail ar** serve, **laghdaigh** lessen, mitigate, **leigheas** cure, heal, **maolaigh** ease, relieve, **neartaigh** strengthen, fortify, reinforce, **neartaigh le** abet, **sábháil** save, **seas le** stand by, **smachtaigh** control, **sólásaigh** comfort, console, **tabhair cabhair/cúnamh** give help, provide assistance, **tabhair lámh chúnta do** give a helping hand to, **tabhair tacaíocht do** give support to, **tabhair teannta do** give support to, **tacaigh le** support, **taobhaigh le** side with, **treisigh le** give strong support to

Cabhraithe *pp* helped

aiseagtha restored, **ardaithe** promoted, elevated, **caradaithe** befriended, **cothaithe** fostered, **cuidithe** assisted, helped, **curtha ar aghaidh** advanced, **curtha chun cinn** promoted, **dar tugadh tacaíocht** given support, supported, **éascaithe** facilitated, **feabhsaithe** improved, ameliorated, **fóirthe** aided, succoured, **fortaithe ar** relieved, comforted, **freastailte** served, **laghdaithe** lessened, mitigated, **leigheasta** cured, healed, **maolaithe** eased, relieved, **neartaithe** strengthened, reinforced, **sábháilte** saved; safe, **seasta le** stood by, **smachtaithe** controlled, **sólásaithe** comforted, consoled, **tacaithe le** supported by, **treisithe** strongly supported

Cabhrú le *vn* helping with

aiseag restoring, **ardú** promoting, elevating, **baint goimh as** taking (the) harm out, **caradú** befriending, **cothú** fostering, **cuidiú le** assisting with, helping with, **cur ar aghaidh** advancing, **cur chun cinn** promoting, **cur feabhas ar** improving, **cur le** supporting, **cur leigheas ar** remedying, **cur post le** propping up, **cúnamh le** helping with, **éascú** facilitating, **feabhsú** ameliorating, **fóirithint** aiding, succouring, **fortacht ar** relieving, comforting, **freastal ar** serving, **laghdú** lessening, mitigating, **leigheas** curing, healing, **maolú** easing, relieving, **neartú** strengthening, fortifying, reinforcing, **neartú le** abetting, **sábháil** saving, **seasamh le** standing by, **smachtú** controlling, **sólású** consoling, **tabhairt cabhair/cúnamh** giving help, providing assistance, **tabhairt lámh chúnta do** giving a helping hand to, **tabhairt tacaíocht do** giving support to, **tabhairt teannta do** giving support to, **tacú le** supporting, **taobhú le** siding with, **treisiú le** giving strong support to

Cac 1 m (~a; ~anna)
1. excrement; droppings
aoileach m dung, farmyard manure, muck, **buachar** cow dung, **bualtrach** f cow dung, **cacamas** excrement; *(vulg)* shit, **cainniúr** excrement, dung; **garr** ordure, filth, ~ **trá** remains of seaweed strewn on beach, **fuíollábhar** waste, **eisilteach** m effluent, **maith** dung, manure, **otrach** m dung, **tuar** excrement

2. *(vulg)* rubbish, shite
amaidí folly, stupidity, **brachán** mess, hash; porridge (eg **Rinne sí brachán de.** She made a hash of it.), **bróis** mess, **cacamas** *(vulg)* shite, **ciseach** f shambles, mess, **frois frais** mess, **fudar** cock-up, mess, **fudar fadar** mess, confusion, **prácás** shambles, mess, **raiméis** rubbish, **seafóid** nonsense, **trachlais** trash, rubbish; rabble, **truflais** rubbish, garbage

Cac 2 v_{1a} excrete, defecate; *(vulg)* shit
cuir tríot *(med)* pass, **déan cac** defecate, shit, **déan cúram an rí/na banríona** do what the king/queen must do alone, **déan do ghnó** do your business, **dífhaecaigh** *(tech)* defecate, **eisfhear** excrete, **eislig** egest, **folmhaigh** evacuate

Cac 3 vn excreting, defecating; *(vulg)* shitting
cur tríot *(med)* passing, **déanamh cac** defecating, shitting, **déanamh cúram an rí/na banríona** doing what the king/queen must do alone, **déanamh do ghnó** doing your business, **dífhaecú** *(tech)* defecating, **eisfhearadh** excreting, **eisligean** egesting, **folmhú** evacuating

Cáca m (~; ~í) cake
bloc block, cake, **bollóg** loaf, **borróg** bun, **builín** loaf, **cáicín** little cake, **císte** m cake, **cnap** lump, **éadromóg** eclair, **leac** slab, **scóna** scone, **táibléad** tablet, **taoschnó** doughnut, **taosrán** *(dough)* pastry, **toirtín** tart *(see also: císte)*

▲ ~ **bacstaí** boxty, ~ **bainise** wedding cake, ~ **breithlae** birthday cake, ~ **cairéid** carrot cake, ~ **cearbhais** seed cake, ~ **ceithre shraith** four-tier cake, ~ **cuiríní** currant cake, ~ **milis** gateau, ~ **Nollag** Christmas cake, ~ **prátaí** potato cake, ~ **rísíní** raisin cake, ~ **sinséir** ginger cake, ~ **srathach** layer cake, ~ **uachtar reoáin** cake with icing, frosted cake

Cách m (~) everyone
achan duine every person, **an t-iomlán dearg acu** the whole damn lot of them, **an uile dhuine** each person, **gach aon** each (and every) one, **gach mac máthar** the world and his granny, **gach duine, gach uile dhuine** every (single) person, **uile** all

Cactha pp excreted, defecated
curtha tríot *(med)* passed, **dífhaecaithe** *(tech)* defecated, **eisfheartha** excreted, **eisligthe** egested, **folmhaithe** evacuated

Caibidil f (-dle; -dlí)
1. chapter
alt article, paragraph, **céim** stage, **clásal** clause, **cuid** f *(coda)* part, **eagrán** *(media)* episode, **eipeasóid** episode, **dabhaid** piece, section, **foroinn** subdivision, subsection, **rannóg** division, section, **mír** segment, piece, **roinn** section, **teach caibidle** chapter house, **téacs** text, **teascán** segment, **topaic** topic

2. debate
aighneas arguing, argument, **áiteoireacht** arguing, debating **áititheoireacht** argumentation, **argóint** argument, **argóinteacht** argumentativeness; argumentation, **briatharchath** battle of words, **ceist** issue, **cíoradh** combing, examining (cf **cíoradh ceiste crua** examining a difficult issue) **conspóid** controversy, **cur trí chéile** discussing, **díospóireacht** debate, debating, **foclaíocht** bantering words, arguing (cf **Bhí foclaíocht eatarthu.** They had words.), **iomlua** discussion, mention, **plé** discussion *(see also: díospóireacht)*

Caidéis f (~e) inquisitiveness
cúléisteacht eavesdropping, snooping, **cunóraí** f prying, meddling, **cunórtas** inquisitiveness, **fiafraitheacht** questioning, inquisitiveness, **fiosracht** curiosity, **gliúcaíocht** peering, furtiveness, **gliúmáil** groping around, prying, **péadóireacht** meddling, being mischievous, **saibhseáil** pestering inquisitiveness, poking about, **srónaíl thart** sniffing around, **treallús** forwardness

Caidéiseach adj³ inquisitive
caincíneach nosy, intrusively inquisitive, **cunórach** prying, meddlesome, **fiafraitheach** questioning, inquisitive, **fiosrach** curious, **gliúcach** prying, curious, peering, **gliúmála** (> **gliúmáil**) meddlesome, **gobach** intrusive, **srónach** nosy *(see also: fiosrach)*

Caidreamh m (-rimh) companionship, relationship
aifinideacht *(tech)* affinity, **baint** connection, **cairdeas** friendship, **cleamhnacht** affiliation, **coibhneas** relationship, affinity, **comhcheangal** association *(eg of ideas, etc.)*, **comhchoibhneas** correlation, **comhluadar** company, companionship, **compánachas** companionship, **comrádaíocht** comradeship, **cuideachta** social amusement, companionship, **cumann** friendship, love; association, **dlúithe** intimacy, **dlúthchaidreamh** intimacy, **dlúthbhaint** close association, **gaol** relation, relative **idirspleáchas** interdependence, **muintearas** togetherness; *(person)* fellowship, sense of community, **nasc** link, **páirtíocht** association, partnership, **príobháideacht** privacy, **tarrtháil** rescue, rescuing, **teagmháil** contact, **teannta** support, prop, **teanntás** forwardness, familiarity

Caifeach adj³ given to spending; wasteful, profligate
baothchaifeach profligate, **caiteach** wasteful, **doscaí** extravagant, **díobhlásach** profligate, prodigal,

Caifeachas diomailteach dissipative, profligate, **drabhlásach** prodigal, squandering, loose, **míbharainneach** thriftless, **neamhbharainneach** improvident, **neamhchoigilteach** spendthrift, improvident, **neamheacnamaíoch** uneconomical, **rabairneach** extravagant, profligate, **ragairneach** ruinously wasteful, **raidhseach** lavish, **róchaifeach** profligate, extremely wasteful, **scaipeach** thriftless

Caifeachas *m (-ais; -ais, ~)* wastefulness, profligacy, prodigality
baothchaitheamh profligacy, **caitheamh thar fóir** overspending, excessive consumption, **cur amú** wasting, **diomailt** profligacy, wasting (cf **diomailt aimsire** waste of time), **doscaí** extravagance, **drabhlás** prodigality, **míbhainistí** thriftlessness, bad management, **rabairne** extravagance, profligacy, **scaipeacht** wastefulness, squandering, **scaipeadh** dissipation, squandering, **scalán** sudden scattering (cf **Chuir mé scalán i mo chuid airgid.** I frittered my money away.)

Caighdeán *m (-áin; -áin, ~)* standard, norm
aicme class, **balbhshamhail** *f (-mhla)* mock-up, **buntomhas** basic standard measurement; dimension, **cáilíocht** qualification, quality, **canóin** canon, **céim** degree, **cineál** type, **coitiantacht** general run of things, commonality, **critéar** criterion, **cuspa** model, **dlí** law; accepted way of doing things, **dearbhchloch** *f* touchstone, **eiseamláir** example, **gnás** convention, **gnáthrud** usual thing, **grád** grade, **leibhéal** level, **miosúr** measure, **norm** norm, **prionsabal** principle, **riachtanas** requirement, **riail** *f (-alach)* rule, **saghas** sort, kind, **samhail** *f (-mhla)* representation, model, **sampla** sample, **scála** scale, **slat tomhais** yardstick, **sórt** sort, **tagarmharc** benchmark, **tomhas** gauge, measure **treoir** *f (treorach)* guide, **treoracha** guidelines, **sonraíocht** spec, **sonrú** specification

> ○ **An Caighdeán Oifigiúil** *The Official Standard* – this is the accepted standard of written and spoken Irish that is taught in schools and used in official documents and publications. Due to differences in the **stór focal** *vocabulary*, **litriú** *spelling*, **gramadach** *grammar* that exist between the major dialects (see: **canúint**), concerted and often thwarted efforts were made following the first edition of **Litriú na Gaeilge** – lámhleabhar an Chaighdeáin Oifigiúil in 1945 to establish a universally accepted standard usage. It wasn't, however, until the publication of the English Irish Dictionary edited by **Tomás De Bhaldraithe** in 1959 and following this, in 1978, the Foclóir Gaeilge-Béarla edited by **Niall Ó Dónaill**, that **An Caighdeán Oifigiúil** was finally set in place.

Caighdeánach *adj³* standard
aicmeach class, **aitheanta** recognised, **canónach** canon, **ceadaithe** allowed, **cineálach** generic, **clasaiceach** classic, classical, **coitianta** common, generally accepted, **dlite** legally allowed (cf **sráid-dlite** street legal), **dleathach** legal, **eiseamláireach** exemplary, **faofa** approved, **glactha** accepted, **gnách** usual, **gnásúil** conventional, **gnáth-** usual, **grádach** gradual (cf **ulóg ghrádach** step pulley), **grádaithe** graded (cf **scrúdú grádaithe** graded exam), **meánach** average, **móréilimh** (> *móréileamh*) popular, **nádúrtha** natural, **normálta** normal, **normatach** normative, **oifigiúil** official, **óraice** natural, normal, proper, **ortadocsach** orthodox, **príomh-** main, staple, **rátáilte** rated, **rátaithe** rated, **rialaithe** regulated, **rialta** regular, **samplach** sample, **sonraithe** particularised, defined, **tagarmharcáilte** benchmarked, **tomhaiste** measured, gauged, **treoraithe** guided, **údarásach** authoritative

Caighdeánaigh *v₂ₐ* standardise
calabraigh calibrate, **comhshamhlaigh** assimilate, **córasaigh** systematise, **cothromaigh** equalise, **déan steiréitíopa** stereotype, **homaiginigh** homogenise, **measraigh** regulate, temper, **normalaigh** normalise, **olltáirg** mass-produce, **rialaigh** regulate, **steiréitíopáil** stereotype, **stiúir** direct, **tabhair chun eagair** systematise, **treoraigh** guide

Caighdeánaithe *pp* standardised
calabraithe calibrated, **comhshamhlaithe** assimilated, **córasaithe** systematised, **cothromaithe** equalised, **homaiginithe** standardised, **measraithe** regulated, tempered, **normalaithe** normalised, **olltáirgthe** mass-produced, **rialaithe** regulated, **steiréitíopáilte** stereotyped, **tugtha chun eagair** systematised, **treoraigh** guide

Caighdeánú *vn* standardising; standardisation
calabrú calibrating, **calabrúchán** calibration, **comhshamhlú** assimilating, **córasú** systemitasing, **cothromú** equalising, **déanamh steiréitíopa** stereotype, **homaiginiú** homogenising, **measrú** regulating, tempering, **normalú** normalising, **olltáirgeadh** mass-producing, **rialú** regulating, **steiréitíopáil** stereotyping, **stiúradh** directing, **tabhairt chun eagair** systematising, **treorú** guiding

Cáil *f (~e; ~eanna)* reputation, celebrity; repute
ainm *m* name, **aithne** recognition, **áit is díol spéise do thurasóirí** tourist attraction, **ardmheas** high esteem, **bladh** fame, renown, **clú** fame, renown, **clú agus cáil** fame and reputation, **creidiúint** credit, **cuid** *f* **suntais** something worthy of notice, **dea-ainm** good name, **dea-cháil** good repute, **dea-chlú** good repute, **dea-mheas** deference, high regard, **dearscnaitheacht** prominence, **dea-theist** good report, high repute, **drochainm** bad reputation, **droch-cháil** bad repute, **droch-chlú** infamy, ill repute, **drochmheas** contempt, **drochmhianach** baseness of character, **easonóir** dishonour, infamy, **gáir** acclaim (cf **Chuaigh a ngáir amach.** They were widely acclaimed.) **glóir** glory,

gnaoi an phobail popularity, **gradam** esteem, **iomrá** report, repute, **meas** regard, respect, **mianach** *m* character, **mícháil** evil reputation, **míchlú** infamy, ill repute, **mí-ómós** disregard, **oirirceas** eminence, **ómós** homage, **onóir** honour, **suntasacht** distinctiveness, **teist** tribute, **tuairim** opinion, **urraim** esteem, deferential regard *(see also: clú)*

P **Is minic nach ionann cathair agus a cáil.** Places/people don't always live up to our expectations.

Cailín *m* (~; ~*í*) girl

ainnir damsel, **báb** *f(báibe; ~a, ~)* babe, **bábóg** doll, **banógh** *f(-óighe; ~a, ~)* virgin, **banóglach** *f* girl guide, **banphrionsa** *m* princess, **bé** maiden, muse, **bliteog** well-dressed young woman, **bogchailín** prepubescent girl, **bruinneall** *f (-nnille; ~a, ~)* maiden, **caile** *m* girl; wench, **céirseach** *f* fair maiden; blackbird, **eireog** young girl; tiny woman, **fairceallach (mná)** strapping muscular young woman, **faoileann** *f* fair maiden, **gearrchaile** lass, **giodróg** saucy girl, **girseach** *f* lass, **gustóg** pert young woman, **iníon** *f (iníne; ~acha)* daughter, **ionailt** handmaiden, **maighdean** *f* virgin, **maighre** handsome girl, **Muireann i mbríste** tomboy, **ógbhean** young woman, **pantalóg** *(colloq)* plump shapely lass, **píosa den sciorta** *(vulg)* piece of skirt, **plobóg** chubby-faced girl/child, **pramsóg** frolicsome girl, **puirtleog girsí** chubby little girl, **ruaiseog** giddy, flighty girl, **saoisteog** dumpy little girl, **samhdóg** plump little girl, **sceidhreog** flighty girl, **sceimhleog** timid, easily frightened young girl, **sciotóg** chit (of a girl), **scódaí** flighty little girl, **scubaid** hussy, **smúrlóg** grimy-faced girl, **struipear** fast-and-easy girl, **stunaire** stunner, **suaróg** chit of a girl, **toice** *f* wench, **tóinteog** dumpy firm-bottomed girl *(see also: bean, óinseach)*

▲ ~ **aimsire** servant girl, ~ **breithlae** birthday girl, ~ **cathrach** city girl, ~ **coimhdeachta** bridesmaid, ~ **déanta** fully grown up girl, ~ **freastail** waitress, ~ **láimhe** handmaiden, ~ **seomraí** chambermaid, ~ **siopa** female shop assistant, ~ **sna déaga** teenage girl, ~ **tí** housemaid, ~ **tuaithe** country girl

Cáilíocht *f(~a; ~í)*

1. quality
aicme class, **aigne** mind, intention, **airí** *m* characteristic, property, **aitreabúid** attribute, **ardchaighdeán** high standard, **bua** winning trait, **caighdeán** standard, **catagóir** category, **cáil** brand, reputation, **cineál** kind, **cuntar** reservation, condition, **déata** characteristic, quality, **diminsean** dimension, **díleas** special attribute, **gné** *f* aspect, **grád** grade, **meon** temperament, **mianach** *m* disposition, temperament, **rang** rank, ranking, **ríd** *m* inherent quality, **scoth** best quality, choice, **tréith** trait

2. qualification
ábaltacht ability, **acmhainn** recourse, **cáilitheacht** eligibility, **céim** degree, **cumas** capability, **deimhniú** confirmation, **dioplóma** diploma, **foráil** provision, **gairmiúlacht** professionalism, **inniúlacht** proficiency, **oiliúint** training, **oilteacht** skill, **saineolas** expertise, **teastas** certificate, **teastasú** certification, **traenáil** training

Cáilitheach *adj³* qualifying

cáilithe qualifying (cf **babhta cáilithe** qualifying round), qualified, **cáilíochta** (> *cáilíocht*) qualificatory, **cumasaithe** empowering, **dearbhaithe** validating, validated, **deimhnithe** certificated, certified, **teistithe** certified, **údaraithe** authorising, authorised

Cáiliúil *adj⁴* famous, celebrated

ainmniúil noted, well known, **ardchéimiúil** preeminent, **ardmholta** highly acclaimed, **céimiúil** eminent, distinguished, **clúiteach** renowned, **dearscnaitheach** outstanding, prominent, **dírithe ar thurasóirí** touristy, **dea-mheasta** esteemed, of good esteem, **i mbéal an phobail** on everybody's lips, celebrated, esteemed, **iomráiteach** celebrated, famous, **measúil** estimable, **míchlúiteach** infamous, **mór** big, important, **mór le rá** highly spoken of, **nótáilte** notable, noteworthy, **oirirc** eminent, **ollbhladhach** greatly renowned, **os comhair an tsaoil mhóir** publicly, for everyone to see, **sármhaith** excellent, **sofheicthe** conspicuous, **suntasach** remarkable, **táscmhar** famous, renowned, **teastúil** noted, famous *(see also: clúiteach)*

Caill 1 *f(~e; ~eanna)* loss, death, misfortune

aimhleas detriment, harm, **anachain** loss, calamity, **bás** death, **bris** loss, **briseadh** break, break up; breach; defeat; dismissal, **caillteanas** loss, **cailleadh** losing, loss, **cailliúint** loss, **coinneáil** retention, withholding (cf **coinneáil na fírinne ón phobal** withholding the truth from the community), **creach** loss, ruin, **cur amú** waste, **damain** damage, loss, harm, **damáiste** damage, **danaid** loss, grief, **deachmaíocht nádúrtha** natural wastage, **díobháil** detriment, injury, **diomailt** squandering, wastage, **díomua** defeat, **díothú** eradication, annihilation, **díscríobh** write-off, **díth** lack, absence, **dochar** loss; damage; debit, **dola** toll, **éag** death, **forghéilleadh** forfeiture, **giorrú** curtailment, **giortú** shortening, **gortú** hurt, injury, **ídiú** erosion, depletion, **imeacht** *m* departure, disappearance, **lomadh an Luain** venture that brings loss and failure, **lot** damage, defacement, **mí-ádh** misfortune, ill luck, **mífhortún** misfortune, **míghar** disservice, **olc** evil, harm, **púir** loss, tragedy, **teip** failure, **tópar** dismissal from work (cf **Fuair sé a thópar.** He was fired.), **turnamh** downfall, decline, **uisce an cheatha** misfortune, loss *(see also: caillteanas)*

◊ **Is trua liom do chaill!** I'm sorry for your loss!

Caill 2 *v₁ᵦ* lose

Baineadh leagan as. He came a cropper., **bánaigh** lay waste, **bris** break; dismiss; wreck, **bris ar** fail;

Cailleach break up, wreck, **buaigh air** beat, gain victory over, **caith** expend; consume, **clis** flinch, fail, **cloígh** defeat, **cronaigh** notice absence, miss (cf **Cronaím uaim thú.** I miss you.), **cuir ar neamhní** annul, negate, **cuir amú** waste, **cuir in áit chontráilte** misplace, **cuir ruaig ar** rout, **déan creach** plunder, **déan dearmad** forget, **díscríobh** write off, **éalaigh** escape, **faigh bás** die, **fásaigh** lay waste; leave uncultivated, uninhabited, empty, **folmhaigh** drain, exhaust, **forghéill** forfeit, **gan casadh le duine** to miss (meeting with) a person, **géill do** capitulate to, yield to, **giorraigh** curtail, **giortaigh** shorten, **ídigh** deplete, erode, **laghdaigh** diminish, **lig titim** let fall, **lig tharat** let pass, take no notice, **loic** shirk, fail, stall, misfire, **maidhm** defeat, rout, **maolaigh** lessen, fall, **ruaig** put to flight, **sáraigh** overtake, surpass, **scaip** dissipate, **scar le rud/duine** shake a thing/a person off, **scoith** outrun, **slaghdán a chur díot** to shake off a cold, **sleamhnaigh ó** slip from, **seachain** avoid, dodge, **sniog** drain dry, **tabhair buille iomrallach** miss while striking a blow, **tabhair gaoth do (mhaoin)**, squander (wealth), **téigh amú/ar seachrán/ar strae**, go astray, off track, **téigh ar iarraidh** to go missing, **téigh chun raice** to go to rack and ruin, **téigh ó chrích** ruin one's prospects, **téigh thar fhocal** to omit a word, **teip ar** fail, **tit** fall, **tit chun ainnise** come to grief, **tit i ngaiste** fall into a trap, **treascair** vanquish, lay low

Cailleach *f(-llí; ~a, ~)* witch, old hag
ban-asarlaí sorceress, **bandraoi** druidess, sorceress, **bandraíodóir** *m* enchantress, **bean** *f* **feasa** soothsayer, **fuachaid** witch, hag, **marbhdhraoi mná** necromancer, **seanbhean** *f* old woman, **seanmhaighdean** *f* old maid, **seanraicleach** *f* harridan, **upthóg** woman who casts spells and charms, witch *(see also: **bitseach**)*

▲ **~ an airgid** miserable bitch, **~ an uafáis** *(woman)* scaremonger, alarmist. **~ feasa** sorceress, witch, **~ ghránna** hideous hag

◊ **scéal chailleach an uafáis** an old wives' tale; scaremongering

Cailleadh *vn* losing, loss
bás death, **briseadh** breaking; break up; defeat, **caill** loss, **caitheamh** expending; consuming, **cliseadh** flinching, failing, **cur amú** wasting, **cur in áit chontráilte** misplacing, **díscríobh** writing off, **dul amú/ar seachrán/ar strae,** going astray, off track, **dul ar iarraidh** going missing, **dul chun raice** going to rack and ruin, **dul ó chrích** ruining one's prospects, **dul thar fhocal** omitting a word, **folmhú** draining, exhaust, **forghéill** forfeit, **géilleadh do** capitulating to, yielding to, **giorrú** curtailing, **giortú** shortening, **ídiú** depleting, eroding, **laghdú** diminishing, **ligean tharat** letting pass, taking no notice, **ligean titim** letting fall, **loiceadh** shirking, failing, **maidhm** defeat, rout, **maolú** lessening, falling, **ruaigeadh** putting to flight, **scaipeadh** dissipating, **scaradh le rud/duine** shaking a thing/person off, **scoitheadh** outrunning, **sleamhnú ó**, slipping from, **seachaint** avoiding, dodging, **sniogadh** draining dry, **teip ar** failing, **titim** falling

Cailliúnaí *m (~; -aithe)* loser
amadán fool, nitwit, **baothchaiteoir** squanderer, spendthrift, **bochtán** bum, **bobarún** no-hoper, **caifeachán** spendthrift, waster, **ceap magaidh** laughingstock, **cúl le rath** failure, **diomailteoir** waster, profligate, **glasóg** dupe, **leathamadán** halfwit, **leibide** sucker, sap, **pleota** eejit, **scraiste** dosser, no-good, **spreas/spreasán** worthless person, **toirt gan tairbhe** waste of space

Caillte *pp* lost; perished
a cuireadh amú misspent, **aislingeach** dreamy, distracted, **ar ar cuireadh drochbhail** misused, **ar iarraidh** missing, **ar shiúl** gone missing, **ar mearbhall** bewildered, confused, **ar seachrán** astray, off course, **ar strae** astray, **as áit** misplaced, **as láthair** absent, **básaithe** killed, **cliste** flinched, failed, **curtha amú** baffled; dissipated; misled, **curtha ar ceal** abolished, **díothaithe** extinct, annihilated, **do-aimsithe** untraceable, **doleigheasta** incurable; unrecoverable, **éagtha** died out; expired, **gan fáil ar ais (air)** irretrievable, **gan teacht air** mislaid (cf **eochracha gan teacht orthu** mislaid keys), **ídithe** consumed, used up, **imithe** gone, disappeared, **imithe le sruth** adrift, **leagtha ar lár** obliterated, **ligthe tharat** let pass, having taken no notice, **ligthe titim** having let fall, **marbh** dead, **millte** ruined, **préachta** perished, **scriosta** destroyed, annihilated, **sna scamaill** in the clouds, lost in thought, **súgánach** confused, **tite** fallen, **tréigthe** abandoned, **trína chéile** confused, disoriented, **truaillithe** corrupt, corrupted

Caillteanas *m (-ais; -ais, ~)* loss
ainimh drawback, blemish, **anachain** loss, calamity, **angar** deprivation, **anás** privation, **bás** death, **bris** loss, **briseadh** break, breakup; breach; defeat; dismissal, **caill** loss; death **cailleadh** losing, loss, **cailliúint** loss, **coinneáil** deprival, **costas** cost, **crapadh** shrinkage, **creach** *f (creiche)* loss, ruin, **cur amú** waste, **damain** damage, loss, harm, **damáiste** damage, **danaid** loss, grief, **deachmaíocht nádúrtha** natural wastage, **díobháil** detriment, injury, **diomailt** squandering, wastage, **díomua** defeat, **díothú** eradication, annihilation, **díscríobh** write-off, **díth** lack, absence, **dochar** loss; damage; debit, **drochbhail** ruination, **easnamh** deficit, insufficiency, **easpa** lack, shortage, **fiach** *m (féich; ~a, ~)* debt, **folmhú** depletion, **forghéilleadh** forfeiture, **giorrú** curtailment, **giortú** shortening, **gortú** hurt, injury, **ídiú** erosion, depletion, **imeacht** *m* departure, disappearance, **laghdú** lessening, diminishment, **lot** impairment, **maidhm** defeat, rout, **mí-ádh** misfortune, **míbhuntáiste** disadvantage, **púir** loss, tragedy, **scrios** destruction,

ruin, **teip** failure, **turnamh** downfall, decline, **uireasa** deficiency, shortfall

▲ ~ **airgid** financial loss, ~ **carntha** accumulated loss, ~ **gnáthóige** habitat loss, ~ **iarmhartach** consequential loss, ~ **inghlactha** acceptable, ~ **inlamhála** allowable, ~ **ioncaim** loss of income, ~ **tubaisteach** catastrophic loss

◊ **Ba mhór an ~ í.** She was a great loss., **Caithfimid na caillteanais a thabhairt isteach.** We shall have to make up for the losses.

Caimiléir *m (-éara; ~í)* crook, con artist
alfraits rascal, scoundrel, **bithiúnach** villain, malefactor, **buachaill** *m (-alla)* **bó** cowboy, **calaoiseoir** fraudster, **ceithearn** *f (-thirne; ~a, ~)* coille/ **ceithearnach** *m* **coille** *(hist)* outlaw, **cladhaire** villain, rogue, **cneámhaire** knave, con artist, **coirpeach** *m* criminal, **crochadóir** swindling tradesman, cowboy, **cúblálaí** wangler, twister, **cúigleálaí** embezzler, **eisreachtaí** outlaw, **fear calaoise** fraudster, **feileon** felon, **gadaí** thief, **gleacaí** con artist; fixer, **ionnarbthach** *m* outlaw; exiled person, exile, **meirleach** bandit, villain, **robálaí** robber, **rógaire** rogue, **ropaire bóthair** highwayman, **scéiméir** schemer, **séitéir** cheat *(see also: coirpeach)*

Caimiléireacht *f(~a)* chicanery, dishonesty
bréige falsity, **caime** *f* crookedness, dishonesty, **calaois** fraud, **camastaíl** swindling, **cealg** *f* deceit, **claidhreacht** villainy, roguery, **cluanaireacht** deception, deceitfulness, **cneámhaireacht** knavery, roguery, **corbadh** corruption, **cúbláil** trickery, wangling, **cúigleáil** embezzling; embezzlement, **drochiompar** bad behaviour, **feall** treachery, deceit, **feall ar iontaoibh** breach of trust, Judas kiss, **míchneastacht** dishonesty, **míchreidiúnacht** untrustworthiness, **mímhacántacht** dishonesty, **mímhoráltacht** immorality, **meabhal** deceitfulness, treachery, **mídháiríre** insincerity, **mídhílseacht** disloyalty, cheating, **neamhscrupallaí** unscrupulousness, **mí-ionracas** dishonesty, **séitéireacht** cheating, **slópáil** cheating, absconding, **uisce faoi thalamh** conspiracy, cloak-and-dagger antics

Cáin 1 *f(cánach; cánacha)* tax, taxation
ardchíos high rent, **cíos** *m* rent; tribute, **coimisiún** *(fee)* commission, **deachú** tithe, **dola** toll (eg **droichead dola** toll bridge), **dleacht** *f* royalties, duty (cf **saor ó dhleacht** duty free, **dleachtanna báis** death duties, **dleachtanna custaim agus máil** customs and excise duties, etc), **dleachtanna** royalties (eg for published work, etc), **dola** toll, **dúchíos** black rent, **forcháin** *f* surtax, **fómhas** *(jur)* taxation, **gearradh** cut, **íoc** paying, **íocaíocht** payment, **mál** excise (cf **dleacht mháil** excise duty), **rátaí** *mpl* rates, **stampdhleacht** stamp duty, **táille** *f* fee, charge, **taraif** tariff, **tobhach** *m* levy (cf **tobhach cánach** tax levy)

Cáin 2 *v₁ᵦ* criticise, find fault with
aifir rebuke, **beachtaigh** criticise, correct captiously, **cásaigh** deplore, **ceis** grumble, **cuir milleán ar dhuine** blame a person, **daor** condemn, **déan leibhéal ar** cut down to size, heavily criticise, **dímhignigh** condemn, **easmail** reproach, abuse, **faigh locht ar** find fault with, **feann** slate, **inchreach** reprove, rebuke, **iomardaigh** reproach, **liobair** slam, scold, tear in tatters (eg **alt a liobairt** to slam/to make mincemeat of an article), **lochtaigh** fault, censure, **milleánaigh** blame, censure, **spaill** check, rebuke, **stiall** slash, severely criticise, **táinsigh** reproach, censure

Cáineadh *vn (negatively)* criticising
aifirt rebuking, **beachtú** criticising; correcting in a captious manner, making more precise, **cású** deploring, **ceasacht** grumbling, **daoradh** condemning, **déanamh leibhéal ar** cutting down to size, heavily criticising, **dímhigniú** condemning, **easmailt** reproaching, abusing, **fáil locht ar** finding fault with; blaming, **feannadh** slating, flaying, **inchreachadh** rebuking, criticising, **iomardú** reproaching, **lochtú** fault-finding, blaming; censuring, **liobairt** slamming, tearing to tatters, **milleánú** censuring, blaming, **scamhailéireacht** scolding, **spailleadh** rebuking, **stialladh** cutting to shreds, severely criticising, **táinseamh** reproaching, censuring

Caint *f(~e; ~eanna)* talk, talking, speech
1. *speechifying, talk-forum, dialogue, chatting*
agallamh interview, colloquy, **aitheasc** address, exhortation, **aithris** narration, telling, reciting, **aithriseoireacht** recitation; **béalaithris** oral account, **béaltriail** oral test, **cabaireacht** chattering, babbling, **cadráil** chat, **caibidil** discussion, **caibidlíocht** negotiation, **comhagallamh** symposium, **comhairliú** counselling; consultation, **comhairliúchán** consultation, **comhdháil** conference, convention, **comhrá** conversation, **comhrá beirte** dialogue, **díospóireacht** debate, **dreas cabaireachta** chinwag, **dreas comhrá** chat, **idirbheartaíocht** negotiation, negotiating, **insint** telling; narrative, **labhairt** speaking, speech, **léacht** *f* lecture, **óráid** speech, **plé** discussion, **ráiteas** statement, comment, **reacaireacht** reciting, narrating, **siosarnach** *f* buzz of talking, **scrúdú béil** oral examination, **seanmóir** sermon, **seimineár** seminar, **soiscéal** *(rel)* gospel; big story to talk about (cf **Beidh sé ina shoiscéal ag cách.** Everybody will be talking about it.), **spéic** speech

◊ **Baineadh an chaint díom.** I was speechless., **Cad é an chaint atá uirthi?** What's she on about?, **Ná bí ag caint liom!** You don't have to tell me! Don't I know!, **Níl gar i gcaint.** There is no use talking., **Tá an chaint aici.** She knows how to talk., **Tabhair cead ~e dom!** Let me speak!

Caint

2. *foolish, pointless or unpleasant talk, gossip*
béadán gossip, **béadchaint** slander, **béal bán** soft talk, flattery, **béalastánacht** ranting, **béalchnáimhseáil** querulous talking, plaintive talking, **béalchníopaireacht** mean talking, **béalchrábhadh** lip service to religion, **béalghrá** lip service, **bladaireacht** blathering, **bladar** blather, **clabaireacht** prattling, **clostrácht** hearsay, **cogar mogar** secretive whispering, **comhrá cailleach**, old wives' tale, **comhráiteachas** slang, colloquialism, **cúlchaint** backbiting, gossiping, **dúirtsé dáirtsé** *m* tittle-tattle, **geab** *m* (~) gab, chatter, **geocaíl** silly talk; talking in a shrill voice, **geamhaireacht** prattling, **gibideacht** prattling, **gibiris** gibberish, **giostaireacht** gabbling, loquacity, **glaigíneacht** empty silly chattering, **gláimínteacht** loud-mouthed talk, **gleoiréis** noisy happy sound of chattering, **gleois** babble, **gleoisíneacht** babbling, **gliogaireacht** prattling, **gliogairnéis** gab, gabble, **gráiscínteacht** speaking obscenities, using foul language, **leabhal** libel, **luaidreán** rumour, report, **míghreann** ill-natured gossip, **mionchaint** tittle-tattle; small talk, **mionnaí móra** swear words, **niúdar neádar** indecisive foolish talk leading nowhere, **núscar náscar** bland uninteresting chatter, **placadh siollaí** profuse idle talk, **plob plab** incoherent speech, blubbering, **priollaireacht (chainte)** foolish talk, blabbering on, **ráfla** rumour, **ráfláil** rumour mongering, **rith** *m* **seamanna** meaningless talk; rigmarole, **scaothaireacht** bombast, extravagant talk, **scloitéireacht** *(often when drunk)* gabbling, silly talk, **scolgarnach** *f* loud empty talk; cackling, **sifil seaifil** fiddle-faddle, silly talk, **sifleáil** talking nonsense, **siod sead** chit-chat, **smachladh** coarse, crude remark, **sméirlis** coarse vulgar speech, **spruschaint** small talk; lively chit-chat, **strambán** drawn-out tedious talk/address, **suainseán** libellous gossip, **tabhairt na mionn mór** swearing, cursing

3. *manner, attitude of talking*
béalscaoilteacht loose talking, **béarlagair** *m* (~) jargon; slang, **béal bocht** self-pitying talk, moaning talk, **béal saibhir** upbeat talk; talk pretending things are better than they are, **briathrachas** verbosity, **briathraíocht** diction, **briotaireacht** lisping, **cabantacht** loquacity, talkativeness, **canúint** dialect; lingo, **carúl** witty remark, clever jibe, **cogarnaíl** whispering, **comhráiteachas** slang, colloquialism, **craic** jovial banter (cf **Cad é an chraic?** What's the word on the street? What's happening these days?), **dosaireacht** smart talk, **droch-chaint** bad language, **foclachas** wordiness, verbiage, **foclaíocht** wordiness; argumentation, **fonóid (faoi)** mocking talk, **friotal** (manner of) expression, utterance, **glafaireacht** *(usually loud)* inarticulate confused speech, **gleorán** discordant talk, din, **léirfhriotal** clear enunciation, **nathaíocht** banter, **ortha** incantation, spell, **seoraí** *spl* **(cainte)** rhetorical expressions; stock phrases,

siollaireacht talking verbosely, **údramáil** whispered talk, **urlabhra** speech, **urlabhraíocht** articulation

4. *categories, types, uses of speech, talking*
béaloideas folklore, **béarla** speech, song *(of birds)*, **béarlachas** Anglicism, **béarlagair** *m* (~) jargon; slang, **briathra** words, **canúint** dialect; lingo, **canúnachas** dialectal traits; fondness for dialect, **cogar** whisper, **focal** remark; word, **friotal** use of language, utterance, **fuigheall** *m* (*-ghill*; *-ghle*) utterance, speech (cf **feighle fáis** empty words), **geis** *f* (*~e*; *geasa*; *geas*) binding oral injunction, **labhairt** speaking, **luaidreán** rumour, report, **mionnaí móra** swear words, **ortha** incantation, spell, **placadh siollaí** speaking gobbledegook, **pairlí** parley, *parole (ling)* parole, *patois* patois, **plucsáil** indistinct talking, **rabhlóg** tongue twister, **ráiteachas** expression, utterance, **scéal scéil** hearsay, **sofaistíocht** sophistry, **spallaí deasa focal** spiel (of fine words), **teanga** *f* (*~*; *~cha*) language, **teicí-chaint** techie-talk

5. *arguing, complaining or pleading*
achainí plea, imploring, **agóid** protest, **aighneas** argument, arguing, **argóint** argument, arguing, **gearán** complaint, **gluaireán** grumbling, complaining, **íde béil** verbal abuse, scolding, **sciolladóireacht** scolding, reviling

Cainte (> *caint*) spoken

béil oral, **briathartha** verbal, **curtha i bhfocail** put into words, **foclach** wordy, **labhartha** spoken, **luaite** mentioned, **ráite** said *(see also:* **cainteach***)*

▲ **ábhar** ~ subject of conversation, **ardán cainte** podium, **beagán** ~ few words, **bua na** ~ good with words, **cead** ~ permission to speak, **cogaint** ~ mumbling/slurring words, **cor cainte** turn of phrase, **cumas** ~ diction, **fóram** ~ discussion forum, **leagan** ~ expression idiom, **monabhar** ~ murmur, **mórán** ~ a lot of talk, **nath** ~ adage, **nótaí** ~ speech notes, **prácás** ~ muddled speech, **teilgean** ~ turn of phrase, expression, **ranna** ~ parts of speech, **rilleadh** ~ flood of talk, **salachar** ~ dirty talk, **saoirse** ~ freedom of speech, **seó** ~ talk show, **scrúdú** ~ oral examination, **stad** ~ stutter, **titim** ~ manner of expression, idiom

Cáinte *pp (negatively)* criticised

beachtaithe criticised captiously, **cásaithe** deplored, **ceiste** grumbled, **daortha** condemned, **dímhignithe** condemned, **easmailte** reproached, abused, **feannta** slated, **iomardaithe** reproached, **lochtaithe** faulted, censured, **liobartha** slammed, scolded, torn to tatters, **milleánaithe** censured, blamed, **spaillte** checked, rebuked, **stiallta** slashed, severely criticised

Cainteach *adj*[3] talkative

1. *in a particular manner*
aighneasach confrontational, quarrelsome, **argóinteach** argumentative, **béaloidis** (> *béaloideas*) folkloric, **canúnach** dialectal, **deisbhéalach** having the knack of saying the right thing; witty, **foclach**

wordy, **comhráiteach** conversational, colloquial, **fuigleach** wordy; vociferous, **gliogach** cackling, nattering, **glórach** vocal, **guthach** voiced, **labhartha** spoken, **labhartha i gcogar** spoken in a whisper, **mínráiteach** gently-spoken, **nathánach** witty, **óráideach** oratorical, declamatory, **ráite ó bhéal** orally expressed, **urlabhartha** articulated

2. *for a particular purpose*
achainíoch pleading, **agóideach** protesting, **aithriseach** rendering in narration, **comhairleach** advisory, consultative, **díospóireachta** debating, **praeitseála** (> *praeitseáil*) moralising, preaching, **seanmóireachta** (> *seanmóir*) sermonising, **starógach** fond of telling jokes

3. *empty babbling, shooting the breeze*
béalastánach ranting, **bladrach** blathering, **briathrach** verbose, **cabach** talkative, **cabaireachta** chinwagging, **cabanta** loquacious, talkative, glib, **cadrála** chatty, **cágach** loquacious, **clabach** garrulous, **geabanta** loquacious, **gliogach** cackling, nattering, **gliogairnéiseach** gabbling, **labharthach** talkative, **scilteach** inclined to babble, **síodrálach** prattling, jabbering, **teangach** loquacious

4. *in a harmful or pernicious manner; gossiping*
béadchainteach slanderous, **cúlchainteach** backbiting, gossiping, **droch-chainteach** using bad language, **leabhlach** libellous, **ráflach** rumour-mongering, **scagbhéalach** tattling, indiscrete, **suainseánach** libellously gossiping

5. *in an insincere or foolish manner*
béalghrách from the teeth out, insincere, **béalchrábhaidh** (> *béalchrábhadh*) giving lip service to religion, sanctimonious, **fadchainteach** longwinded, **béalscaoilte** indiscreet, **fonóideach** scoffing

Cáinteach *adj³* fault-finding, disparaging, censorious **beachtaíoch** captious, critical, **breithiúnach** judging, judgmental, **lochtaitheach** blaming, censuring, **milleánach** censorious, blaming, **nimhneach** venomous, scathing

Cainteoir *m (-eora; ~í)* speaker, talker

1. *skilled speaker, talker*
aithriseoir reciter, **comhráiteach** *m* conversationalist, **craoltóir** broadcaster, **léachtóir** lecturer, **lucht díospóireachta** debaters, **lucht inste scéil** storytellers, **lucht labhartha** speakers, **nathaí** aphorist, wiseacre, **óráidí** orator, **praeitseálaí** moraliser, preacher, **ramásaí** reciter of doggerel verse, **reacaire** narrator, **reathálaí** fast talker with the gift of the gab, **tráchtaire** commentator, **scéalaí** storyteller, **seanchaí** traditional storyteller, **seanmóirí** sermoniser, preacher, **sofaist** *m (~; ~í)* sophist, **urlabhraí** spokesperson

2. *gossiper or silly/confused talker*
agusóir faltering inarticulate speaker, hummer and hawer, **béadchainteoir** slanderer, **béalastán** ranter, **béiceadán** yeller, bawler, **bladaire** cajoler, **bladhmaire** boaster, **buimbiléir** foolish talker, **cabaire** babbler, **cadrálaí** chatterbox, **cogarnach** *m* whisperer, **cúlchainteoir** backbiter, **fonóideach** *m* scoffer, **geabaire** chatterbox, **geamhaire** prattler, **gliogaire** prattler, **gliosaire** tattler, **iomlatálaí** confused speaker, **luadrálaí** gossiper, **mungarlach** *m* mumbler, **ráflálaí** rumour monger, **rífeálaí** voluble silly talker, **scaothaire** bombastic windbag, **scréachaire** screecher, **screadachán** squaller, screaming child, **seadchabaire** chatterer, **síodrálaí** jabberer, **síofróir** silly talker, gossiper, **spriúchálaí** splutterer, **stealladóir** tattler, spouter (cf **stealladóir bréag** spouter of lies), **strambánaí** long-winded speaker, **suainseánaí** gossiper

Cáinteoir *m (-eora; ~í)* faultfinder, scolder
báirseach *f* scold, battleaxe, **beachtaí** pedant, hair splitter, **cailleach** *f* harridan; witch, **cáinseach** *f* faultfinder, scold, **ceolán** nitpicker; whiner, **cinicí** cynic, **clamhsánaí** whinger; complainer, **cnáimhseálaí** whining complainer; 'martyr', groaner, **coileán ceolánach** moaning minnie, **cráiteachán** curmudgeon, **criongánaí** whinger, whiner, **gearánaí** complainer, **lochtóir** faultfinder, **máloid wagon**, nagging woman, **priocaire** teasing person, faultfinder, **raicleach** *f* shrew, vixen, **scamhailéir** scold, **scioladóir** scold, nagger, nag, **scólachán** scold, **sianaí** whinger, **spídeoir** detractor, disparager, **sporaí** faultfinder; nagger, **stiallaire** severe critic; render, **trasnálaí** heckler

Cáipéis *f(~e; ~í)* document
cairt charter, parchment, deed, **doiciméad** document, **foirm** form, **gníomhas** *(legal)* deed, **lámhscríbhinn** manuscript, **pár** parchment, **páipéar** paper, **scrolla** scroll, **taifead** record, **teastas** certificate, **teist** report; recommendation, **teistiméireacht** certificate; testimonial, **tuarascáil** report

Cáipéiseach *adj³* documentary
doiciméadach documentary, **faisnéise** documentary (cf **scannán faisnéise** documentary film), **faisnéiseach** informative, documentary; predictive, **tuairisciúil** descriptive

Cairde *m (~)* respite, delay, credit
airleacan advance, loan, **aiteall** fine spell between showers, **am breise** extra time, **bearna** *f* gap, **briseadh** break, **creidmheas** credit, **eatramh** lull, interval between showers, **faoiseamh** respite, **lagú** let-up, **lascaine** *f* discount, abatement, **moill** delay, **maolú** *(illness)* remission, **moratóir** moratorium, **sámhnas** ease, respite, **sos** *m (~a)* recess, pause, **spásas** period of grace, **tamall le hanáil a tharraingt** breather

◊ **Bhí ~ bliana aige sular cailleadh é.** He had a year's remission (from illness) before he died., **earraí a fháil ar ~** to get goods on credit, **Tá an ~ caite.** There's no more credit., It's time to pay up.

P Tagann gach maith le ~. Everything that is good comes to the person who waits.

Cairdeas *m (-dis)* friendship

altrúchas altruism, **bá** *f* sympathy, **báúlacht** friendly disposition, **bráithreachas** brotherhood, **bráithriúlacht** brotherliness, **caidreamh** companionship, relationship, **cairdiúlacht** friendliness, **cáiréis** caring, **caithis** fondness, affection, **caoithiúlacht** kindliness, **carthanacht** charity, friendliness, **cásamh** condolence, **caoimhe** pleasantness, **caoine** gentleness, **cion** *m (ceana)* affection, **cineáltas** kindness, **cneastacht** gentleness, mild-mannered sincerity, honesty, **coimirce** patronage, **comharsanúlacht** neighbourliness, **comhar** mutual assistance, **comhbhá** *f* sympathy **comhthanas** companionship, **compánachas** companionship, **comrádaíocht** comradeship, **Críostaíocht** Christianity, benevolence, **croíúlacht** heartiness, cordiality, **cuideachtúlacht** companionableness, sociability, **cuidiúlacht** helpfulness, **cúirtéis** courteousness, **cumann** fellowship, company, companionship, **cúnamh** help, **dáimh** natural affection, **daonnacht** humanity, kindness, **daonchairdiúlacht** philanthropy, **deabhéas** good manners, **dea-bhéasaíocht** mannerliness, **dea-chaidreamh** good relationship, good relations, **dea-chomharsanacht** neighbourliness, **dea-chroí** good-heartedness, **dea-ghlór** kind word, **dea-ghníomhaíocht** beneficence, **dea-ghuí** good wishes, **dea-mhéin** benevolence, goodwill, **dea-mhúineadh** good manners, **déirceachas** charitableness, **fabhar** favour, **féile** generosity, bounty, **fialas** kinship, affinity, **fialchaire** kindred feeling, love of kind, **fialmhaireacht** open-handedness, **fialmhaitheas** *f* generosity, **flaithiúlacht** generosity, big-heartedness, munificence, bounty, **garaíocht** accommodating service, bestowing favours, **gean** affection, caring, **grá** love, **ionbhá** *f* empathy, **láiche** kindness, gentleness, **maith** good, **maitheas** good, **modhúlacht** modesty, graciousness, **muintearas** friendliness, kinship, **muintearthacht** friendliness, affability, **neamhurchóideacht** *(med)* benign nature, **oibleagáideacht** obligingness, **páirt** partnership, alliance, **pátrúnacht** patronage, support, **seiseacht** companionship, **síodúlacht** urbanity, gentleness, **soilíos** favour, **seathras** sorority, **suáilce** *f* virtue, **tairbhe** benefit, **taitneamhacht** pleasantness, **taca/tacaíocht** support, **teochroí** warm-heartedness, **tíriúlacht** pleasantness, **trócaire** *f* compassion, **tuiscint** consideration, understanding, **urraíocht** sponsorship

Cairdiúil *adj⁴* friendly

altrúíoch altruistic, **amhail deirfiúr/deartháir** sisterly/brotherly, **báúil** sympathetic, **bráithriúil** brotherly, **caithiseach** warm, loving, **caoithiúil** amicable, **carthanach** charitable, **cásmhar** caring, considerate, **caoin** benign, pleasant, **ceanúil** affectionate, **cineálta** kind, pleasant, **cneasta** gentle, mild-mannered, **coimirceach** *(in positive sense only)* patronising, protective, **comharsanúil** neighbourly, **comhbhách** sympathetic, **comrádúil** comradely, **córtasach** agreeable, **Críostúil** Christian, benevolent, **croíúil** cordial, **cuideachtúil** companionable, sociable, **cuidiúil** constructive, helpful, **cúirtéiseach** courteous, **cúntach** helpful, **daonnachtúil** humanitarian, humane, kind, **daonchairdiúil** philanthropic, **dea-ghníomhach** beneficent, **dáimhiúil** naturally affectionate, **dea-mhéiniúil** benevolent, **dea-mhúinte** well-mannered, **déirceach** open-handed, charitable, **eisdíritheach** extravert, **fabhrach** favourable, partial, **fáilí** pleasant, affable, disarmingly friendly, **fial** generous, giving, **flaithiúil** bounteous, generous, **forbhfáilteach** friendly, joyous, welcoming, **garach** accommodating, **geanúil** loving, caring, **isteach is amach le chéile** going everywhere together, **lách** kind, gentle, **maith** good, **méiniúil** kindly, well-disposed, **modhúil** gracious, **mór le chéile** *(deep ties)* very close, **muinteartha** treating others like family, sociable, avuncular, **neamhphostúil** unofficious, **oibleagáideach** obliging, **neamhurchóideach** *(med)* benign, non-malignant, **síodúil** urbane, gentle, **sochaideartha** approachable, sociable, **sochrach** profitable, beneficial, **soilíosach** easygoing, accommodating, **so-ranna** companionable, **so-úsáidte** user-friendly, **suáilceach** good-natured, pleasant, virtuous, **tairbheach** beneficial, **taitneamhach** likeable, congenial, **tacúil** supportive, **teochroíoch** warm-hearted, **trócaireach** compassionate, **tuisceanach** considerate

Cairdiúlacht *f(~a)* friendliness

altrúíche altruism, **báúlacht** sympathy, friendly disposition, **bráithriúlacht** brotherliness, fraternity, **caithisí** warmth, lovingness, **caoithiúlacht** amiability, **carthanacht** charitableness, **cásmhaireacht** caring, concern, **caoine** gentleness; **caoineas** gentleness, smoothness, **ceanúlacht** affection, kindness, **cineáltacht** kindness, **cneastacht** decency, mild-mannered nature, **coimirce** *f(in positive sense only)* patronage, **comharsanúlacht** neighbourliness, **comrádúlacht** comradery, **córtas** agreeableness, **Críostúlacht** Christian charity, Christian benevolence, **croíúlacht** cordiality, **cuideachtúlacht** sociableness, **cuidiúlacht** helpfulness; cockiness, **cúirtéis** courtesy, **cúntaí** *f* helpfulness, **daonnachtúlacht** humaneness, philanthropy, **daonchairdiúlacht** philanthropy, **deamhéin** benevolence, **dea-mhúineadh** good manners, **déirc** alms giving, charity, **dul i móireacht** becoming very friendly, **eisdírithí** extraversion, **fabhar** favour, partiality, **fáilíocht** affability, disarming friendliness, **féile** generosity, giving, **flaithiúlacht** magnanimity, generousness, **forbhfáilte** friendliness, **garaíocht**

favours, doing favours, **geanúlacht** lovingness, caring, **láiche** kindness, gentleness, **láíocht** friendliness, affability, **maithe(as)** goodness, **méiniúlacht** kindliness, friendliness, **modhúlacht** graciousness; modesty, **mórtachas** friendliness, **muintearas** fellowship; kinship, **muintearthacht** treatment of others like family, sociableness, **oibleagáideacht** obligingness, **síodúlacht** urbaneness, gentleness, **sochaidearthacht** approachability, sociableness, **soilíos** contentment, ease, comfort, **so-rannacht** companionability, **suáilce** *f* virtue, **suáilceas** virtuousness, **tairbhe** *f* benefit, **taitneamhacht** brightness; likeability, congeniality, **tacúlacht** supportiveness, **teochroí** warm-heartedness, **trócaire** mercy, **tuiscint** understanding; consideration

Cáiréis *f(~e)* tact, carefulness
airdeall watchfulness, alertness, **aire** care, **bláithe** delicacy, **cúram** care, **daingne** firmness, steadiness, **discréid** discretion, **dúthrachtacht** assiduity, **éirim** intelligence, **fadcheannaí** far-sightedness, **faichill** caution, wariness, **feighil** vigilance, attention, **fíneáltacht** fineness, subtlety, **forcamás** attentiveness, **freagracht** responsibility, **gaois** wisdom, **míne** softness, smoothness, **pointeáilteacht** punctiliousness, **saoithiúlacht** learning, wisdom, **stuaim** prudence, thoughtfulness, **tuisceanaí** thoughtfulness, consideration *(see also: stuaim)*

Cáiréiseach *adj³*
1. tactful, careful
airdeallach watchful, alert, **aireach** vigilant, careful, **airdeallach** wary, **bláith** delicate, **breithiúnach** judicious, **ciallmhar** sensible, **cúramach** careful, **daingean** steady, **dáiríre** earnest, serious, **discréideach** discreet, **dúthrachtach** assiduous, **fadbhreathnaitheach** circumspect, **fadcheannach** far-sighted, politic, shrewd, **faichilleach** cautious, **feighlíoch** vigilant, attentive, **fíneálta** fine, subtle, **freagrach** responsible, **gaoiseach** sagacious, wise, **mín** soft, smooth, **pointeáilte** punctilious, **stuama** prudent, thoughtful, **tráthúil** timely, **tuisceanach** thoughtful, considerate
2. touchy, ticklish, fastidious
beadaí fastidious; sweet-toothed, **cigilteach** touchy, ticklish, **consaeitiúil** fastidious, **cúirialta** finical, fastidious, **doshásta** hard to please, **éisealach** fussy, finicky, **íogair** ticklish, sensitive, **meonúil** whimsical; fastidious, **nósúil** fussy, **spaspasach** squeamish, **triollata** careful, particular *(see also: cigilteach)*

Cairpéad *m (-éid; -éid, ~)* carpet
brat urláir carpet, **mata** mat, **ruga** rug, **taipéis** tapestry, **urlárlach** *m* flooring *(see also: mata)*

▲ ~ **dearg** red carpet, ~ **draíochta** magic carpet, ~ **eitilte** flying carpet, ~ **fadchaitíneach** deep pile carpet, ~ **feistithe** fitted carpet, ~ **smolchaite** worn out carpet

Cairt 1 *f(~e; ~eacha)* chart
gormchló blueprint, **gníomhas** *(jur)* deed (eg **gníomhas teidil** title deed), **graf** graph, **léaráid** diagram, illustration, **léarscáil** map, **mapa** map, **tábla** table, **táblú** tabulation, **tíolacas** *(jur)* deed of conveyance, **treoirphlean** blueprint

Cairt 2 *f(~e; ~eacha)* cart
barra (rotha) (wheel-)barrow, **cairrín láimhe** pushcart, **cairtín** go-cart, **carbad** chariot, **carr** car; cart, **pram** pram, **tralaí** trolley, **trucail** trolley, cart, **vaigín** wagon.

Cáis *f(~e; ~eanna)* cheese
anlann *m* **cáise** cheese sauce, **cáis tí** cottage cheese, cream cheese, **cáis bheagmhéathrais** low-fat cheese, **cáis ghabhair** goat cheese, **cáis ghorm** blue cheese, **cáis ghrátáilte** grated cheese, **céadar** cheddar, **gormán** blue cheese, **gruth** curd

▲ ~ **bhaile/tí** cottage cheese, ~ **uachtair** cream cheese

◊ *(photo)* **Abair ~!** Say cheese!, **Is maith liom ~ ar bheagán saille.** I like low-fat cheese.

Caisleán *m (-áin; -áin, ~)* castle
acrapoil acropolis, **barda** garrison, bastion, **brugh** *(lit)* mansion, dwelling, **caiseal** (ancient) stone fort, **campa** camp, **cúirt** court, **daingean** stronghold, **daingniú** fortification, **dídean** shelter, **dún** fort, fortress, **dúnfort** citadel, stronghold, **garastún** garrison, **hallaí bána** marble halls, **lios** ringfort; fairy fort, **liosachán** fairy fort, **mainteach** *m* mansion, **pálás** palace, **post** post, **ráth** fort, earthen rampart, **stáisiún** station, **teach** *m* **(tí) maorga** stately home, **teach mór** mansion, villa, **teach mór tuaithe** country seat, **tearmann** sanctuary, **túr** tower, **urdhún** bastion

◊ **Caisleáin óir!** Building castles in the air!

P **Is i ndiaidh a chéile a thógtar na caisleáin.** Rome wasn't built in a day.

Caite *pp*
1. consumed, spent
bainte shed, cut, **clasánaithe** worn away by running water, gullied, **cnaíte** gnawed; wasted away, **creimthe** corroded, **creimseáilte** nibbled away, **cuimilte** rubbed, **curtha amú** wasted, **curtha isteach** put in; *(time)* spent, **díblí** decrepit; delapidated, **díscithe** consumed, spent; dried up, **diomailte** squandered, **iompartha** carried; worn, **ídithe** consumed, worn out, **ite** eaten, **liataise** worn out (> *liatais* worn out article; cf *liataisí bróg* worn out shoes), **locartha** wasted, emaciated, **millte** spoilt, **ólta** drunk, **reicthe** wasted, **scafa** peeled, stripped, laid bare, **sclotrach** emaciated, **síleáilte** toilworn, spent, **slogtha** swallowed, **smolchaite** threadbare, **sniogtha** drained dry, **spealta** dissipated; mowed, **spíonta** exhausted, spent, **tugtha** given; exhausted, **tugtha don ghaoth**

dissipated, frittered away, **taosctha** drained, **tógtha** taken, **tomhailte** consumed, eaten, **úsáidte** used

2. thrown, cast

astaithe *(tech)* emitted, **bocáilte** tossed, **cuir amach** emit, eject, **labáilte** lobbed, **lainseáilte** launched, **leata** spread widely, **léimthe** leaped, jumped, **radta** tossed, **roptha** thrust, **scaipthe** scattered, frittered away, let go, **scaoilte** fired, shot, let go, **seolta** sent, **silte** shed, **teilgthe** cast, hurled, flung, **tiomanta** driven, propelled

Caiteach *adj³* wasteful

baothchaifeach profligate, foolishly wasteful, **caifeach** given to spending, spendthrift, **doscaí** extravagant, **diomailteach** dissipative, wasteful, profligate, **drabhlásach** prodigal, **neamheacnamaíoch** uneconomical, **ragairneach** ruinously wasteful, **raidhseach** lavish, **scaipeach** thriftless

Caiteacht *f(~a)* emaciation; worn-out condition

cifleogacht shabbiness, **cnaíteacht** emaciation, **dóiteacht** burnout, **díblíocht** debility, **giobacht** bedraggled tattered condition, **locarthacht** wasted condition, emaciation, **smolchaiteacht** shabbiness; threadbareness, **snoiteacht** leanness, gauntness, **traochadh** exhaustion, burnout, **truacht** leanness, **truántacht** scrawniness

Caiteoir *m (-eora; ~í)* spender, consumer

ceannaitheoir buyer, purchaser, **cliant** client, **custaiméir** customer, client, **íditheoir** consumer, user, **tomhaltóir** consumer, **úsáideoir** user, **úsáideoir deiridh** end user

Caith *v₁ᵦ*

1. spend, consume; waste

alp devour, swallow whole, **buiséadaigh** budget, **clasánaigh** wear away by running water, gully, **cnaígh** gnaw, **cogain** chew, gnaw, grind, **creim** corrode; gnaw, **creimseáil** nibble, **cuimil** rub, **cuir amú** waste, **díleáigh** digest, **diomail** waste, squander, **ídigh** consume, use up, expend, **ionghabh** ingest, **ith** eat, **meath** fritter away, waste, **meil** chew, consume, **mill** spoil, **ól** drink, **plac** gobble, wolf down, **reic** waste, **scaip** disperse, scatter, **sclamh** devour, **slog** swallow, **smailc** *(smoke)* pull, puff (cf **píopa a smailceadh** to puff/smoke a pipe), **sniog** drain dry, **speal** dissipate, **spíon** exhaust, spend, **stoll** spend lavishly, **tabhair gaoth do** fritter away **tabhair le gaoth** dissipate, squander, **taosc** drain, **tóg** take, **tomhail** consume, eat, **úsáid** use, **vástáil** waste

2. wear, attire

cuir ort féin dress yourself, **deasaigh** dress, attire, **gléas** dress, **iompair** wearing, carrying, **léirigh** exhibit, **tabhair leat** bring with you, **taispeáin** show, display, **ullmhaigh** prepare

3. throw, shoot

aisig vomit, spew, **ateilg** recast, **bocáil** toss, **cuir amach** expel, put out, **cuir i leataobh** discard, **cuir isteach** i put in, **díshealbhaigh** evict, **diúraic** cast, throw; launch, **eitil** fly, **labáil** lob, **pitsceáil** pitch, **rad** pelt, fling, **radaigh** radiate, **rop** chuck, **scaip** scatter, fritter, **scaoil** fire, shoot, let go, **sceith** pour forth, discharge, **teilg** cast, hurl, project, **tit** drop, fall, **urlaic** vomit

4. *(obligation, used in future and conditional)*

Caithfidh mé é a dhéanamh. I have to do it, **b'éigean dom** I'm obliged, I would be obliged, **ní mór dom** I must, **níl an dara rogha agam ach** I have no choice but, **níl aon dul uaidh agam ach** I've no way of getting out of it but, **tá iallach orm** I am compelled, **tá orm** I have to

Caith amach *v₁ᵦ* throw out; spit

cuir amach put out, **cuir de láimh** dispose, get rid of, **díbh** *(jur)* dismiss, **díbir** banish, **díshealbhaigh** dispossess, evict, **diúltaigh** reject, **diúscair** dispose of, **eisteilg** eject, **faigh réidh le** dispose of, **gob amach os cionn** (+ *gen*) overhang, **seiligh** spit, **tabhair droim láimhe do** turn one's back on *(see also: caith aníos)*

~**eadh amach as a jab é.** He was thrown out of his job.
~**eadh amach as scoil é.** He was expelled from school.
~**eadh amach as pub é.** He was thrown out of a pub.
~**eadh amach as a n-árasán iad.** They were evicted from their flat.

◊ **Cad tá do do chrá? ~ amach é!** What's eating you? Spit it out!

Caith aníos *v₁ᵦ* throw up

aisig retch, **caith amach** puke, **cuir amach** get sick, vomit, **urlaic** vomit; *(also literal use)* **clocha a chaitheamh aníos as poll** to chuck stones up out of a hole

Caith anuas *v₁ᵦ* throw down; berate, badmouth

diúraic síos launch down, **labáil síos** lob down, **scaoil síos (le)** shoot down (at), **rad síos** pelt down, fling down, **rop síos** chuck down, **scaip** scatter, fritter, **scaoil síos** fire down, shoot, release down, **teilg síos** cast down, hurl down; **cáin** criticise, **liobair** berate, **tabhair amach do** give out to

◊ **~ anuas na heochracha chugam!** Throw me down the keys! **Ná ~ anuas air an t-am ar fad!** Stop talking down to him all the time!, Get off his case!

Caith ar *v₁ᵦ* throw on; afflict

cuir as do bother, **cuir isteach ar** interfere with, upset, **cuir ort** put on, **feidhmigh (ar)** act (upon), affect, effectuate, **gléas** dress, **imir tionchar ar** have an influence on, **téigh i bhfeidhm ar** impress, take effect on, **téigh i gcion ar** affect

Ná ~ éadaí ar an urlár! Don't throw clothes on the floor!
Ná ~ amhras air sin! Don't cast doubt on that!
Ná ~ tú féin air! Don't throw yourself at him!
Ná ~ ar do chairde! Don't speak ill of your friends!

◊ **Cad tá ag ~eamh uirthi anois?** What's bothering her now?, **Caitheann an t-alcól ar mo shláinte.**

Alcohol negatively impacts my health., **Chaith an víreas go dona air.** The virus affected him badly.

Caith as v_{1b} throw out; knock, shoot from
abair say (eg **Caith asat é!** Say it! Out with it!), **bain** remove, **buail** knock, **cuir as** put out, **scaoil as** shoot out, **tóg** take, remove

Caith chuig v_{1b} throw towards; nag at
bí ag cnáimhseáil be grumbling, **bí ag dó na geirbe ag duine** be nagging at a person, **bí ag scioladh/ sciolladóireacht** be scolding, **bí ag sneagaireacht** be nagging, **bí sa droim ar dhuine** be (always) on a person's back, be constantly going on at a person, **bí sáite as duine** be forever nagging at a person, be constantly on a person's case, **cráigh** torment, **cuir chuig** send to, relay (cf **teachtaireacht a chur chuig** to relay a message to), **déan paidir chapaill de rud éigin** harp on about something, **seol ar aghaidh** forward, **seol chuig** send towards/to, address

◊ **~ chuige é!** Let him have it!, **Bhí sí de shíor ag ~eamh chuige.** She was persistently nagging him.

Caith de v_{1b} throw off, discard
bain de disrobe, undress; knock off, **díscríobh** write off, **eisteilg** eject, **gearr de** cut from, **lom** lay bare, strip, **rad** cast, **scamh** peel; skin, shave off, **scillig** shell; husk, hull (cf **coirce a scilligeadh** to shell oats), **scraith** strip surface, **snamh** peel, decorticate, **struipeáil** strip, **teilg de** project off, **tóg de** take from

Caith i v_{1b} throw in, cast in
cuir i put in, **cuir isteach** put inside, in, **ith** eat, **rad isteach** chuck in, **teilg isteach** hurl into, **faigh réidh le** discard, be done with, **tabhair droim láimhe do** turn away from, reject, **tabhair suas** give up, quit, **tarraing siar** pull back, drop out

◊ **Caith ionat é!** Eat up!, **~ lámh i bpaca** (cards) throw in (a hand)

Caith le v_{1b}
1. spend with
bí i gcuideachta le be in the company of, **cuir am isteach le** spend time with/at, **tabhair (suas) am do** allocate/give/devote time to
2. throw to, at; fire at
lámhach shoot, **lainseáil** launch, **seol chuig** towards, **seol i dtreo** send in the direction, **scaoil le** fire at; cast to, **teilg** catapult; project

◊ **Ná ~ liom an liathróid!** Don't throw me the ball!, **Ná ~ liom!** Don't shoot me!

3. treat
bí ag déileáil le be dealing with, **bí (ceanúil, drochbhéasach, drochmheasúil, etc) le** be (caring, impolite, disrespectful, etc) with, **déan spaid bhanraí de dhuine** treat a person like dirt, **déileáil le** deal with, **láimhseáil** handle, **siortáil** treat badly, abuse, **tabhair faoi** approach, face, **téigh i ngleic le** address, engage with

◊ **Ná ~ go míchineálta leo!** Don't treat them unkindly!, **Ná ~ focail ghránna liom!** Don't use bad language with me!

Caith ó v_{1b} throw from
cuir ó put from, let go (cf **Cuir uait é!** Let it go!, Get rid of it!), **déan neamhshuim de** diregard, ignore, **diúltaigh** reject, **fág** leave, **faigh réidh le** discard, **lig ó** relinquish

Caith siar v_{1b} throw back; swallow, drink up
cuir siar put back, **fórsáil siar** force back, **ól suas** drink up, **seol siar** send back, **slog siar** gulp down, **sniog** drain dry, **taosc** drain, **teilg siar le fórsa** cast back with force

◊ **~ siar an leigheas!** Swallow/drink up the medicine!, **~ siar do chuid gruaige!** Throw back your hair!

Caith suas v_{1b}
1. throw upwards
ardaigh go tapa raise quickly, **cuir san aer** send into the air, **scaoil suas** discharge upwards, **seol suas san aer** send skywards, **teilg suas** catapult up, pitch
2. throw up, vomit
aisig vomit, puke, **caith amach** get sick, vomit, **caith aníos** throw up, puke, **tarraing orla** retch, vomit, puke, **urlaic** vomit

Caith thar v_{1b} throw over, get over (put in the past)
clúdaigh cover, **cuir taobh thiar dínn** put behind us, **éirigh as bheith ag caint faoi** stop talking about

Caitheamh vn
1. consuming, spending; wearing out
buiséadú budgeting, **caiteachas** expenditure, **clasánú** wearing away by running water, gullying, **cnaí** gnawing, **cogaint** chewing, grinding, **creimeadh** corroding, **cur amú** waste, **diomailt** squandering, **ídiú** consumption, using up, expending, **ithe** eating, **meath** frittering away, wasting, **meilt** chewing, consuming **mionchaitheamh** minor wear and tear, **miongaireacht** gnawing, **ól** drinking, **scaipeadh** dispersal, scattering, **scríobchaitheamh** abrasion, **stolladh (airgid)** spending (money) lavishly, **tabhairt le gaoth** dissipating, squandering, **tógáil** taking, **tomhailt** consuming, eating, **úsáid** using, use, **vástáil** wasting

▲ **~ abhann** river corrosion, **~ aimsire** recreation, leisure activity, **~ airgid** spending of money, **~ ama/ bliana** spending time/ a year, **~ an chruain** wearing (away) of the enamel, **~ an lae** spending the day, **~ bia** consumption of food, **~ coinnle** burning of a candle, **~ Corp Chríost** (rel) partaking in communion, **~ feola** consumption of meat, **~ na hoíche** spending the

Caitheamh

night, **~ óil** consuming alcohol, **~ siúcra** taking sugar, **~ tobac** smoking

2. wearing, attiring
buanfas durability, **cur ort féin** dressing yourself, **deasú** dressing, attiring, **gléasadh** dressing, **iompar** wearing, carrying, **léiriú** exhibiting, **tabhairt leat** bringing with you, **taispeáint** showing, displaying, **ullmhaigh** prepare

▲ **~ crios sábhála** wearing a seatbelt, **~ éadaí/bróg** wearing clothes/shoes, **~ féasóige** wearing a beard, **~ lionsaí/spéaclaí** wearing lenses/glasses, **~ suaitheantais** wearing a badge

◊ **Níl aon chaitheamh san éadach sin.** That fabric doesn't wear well/lacks durability.

3. throwing, shooting
aiseag spewing, **ateilgean** recasting, **bocáil** tossing, **cur amach** expelling, **cur i leataobh** discarding, **dísealbhú** evicting; eviction, **eisteilgean** ejection, **eitilt** flying, **giolc** *m* underarm throw, **labáil** lobbing, **scaoileadh** shooting; letting go, **raideog** fling, throw; kick, **radadh** pelting, flinging, **radú** radiating, **sceitheadh** spewing, **tachar** casting, throwing, **teilgean** casting, projecting, **titim** dropping, **urlacan** vomiting

▲ **~ achasán** casting aspersions, **~ an oird/na sleá** *(sp)* hammer/javelin throwing, **~ céime** taking a step, **~ cloch** throwing stones, **~ dairteanna** throwing darts, **~ dílsí** throwing dice, **~ duilliúir** shedding foliage, **~ fleá** throwing a banquet, **~ liathróide** throwing a ball, **~ na mionn** swearing, firing curses, **~ piléir** shooting

■ **Ar na caithimh aimsire choitianta atá:** Common pastimes include:
aclaíocht keeping fit, gymnastics
acrabataic acrobatics
adhmadóireacht woodwork
aerobaic aerobics
amhránaíocht singing
babhláil bowling
bácáil baking
bádóireacht boating
bailiú bonn coin collecting
bailiú stampaí stamp collecting
beachaireacht beekeeping
beiriste bridge
beochan animation
billéardaí billiards
boghdóireacht archery
bolg le ngréin sunbathing
bollaí *(on grass)* bowls
bróidnéireacht embroidery
cadhcáil bhánuisce
  white-water kayaking
camógaíocht camogie
campáil camping
canadh i gcór singing in a choir
canúáil canoeing
cearrbhachas gambling
ceol music
cispheil basketball
clárscátáil skateboarding
cluichí boird board games
cluichí *mpl* games
cluichí ríomhaireachta
  computer games
cluichíocht *(comp)* gaming
cniotáil knitting
cócaireacht cooking
cóiriú bláthanna flower arranging
criadóireacht pottery
crosfhocail *mpl* crosswords
dairteanna *fpl* darts
damhsa (traidisiúnta)
  (traditional) dancing
dealbhóireacht sculpting
drámaíocht amaitéarach
  amateur dramatics
dreapadóireacht climbing
ealaín art
ealaíona *fpl* **comhraic** martial arts
éanbhreathnú birdwatching
eitleogaíocht kite-flying
eitpheil volleyball
faire ar eitleáin plane spotting
faire ar thraenacha trainspotting
fálróid ar chapaillíní pony trekking
féachaint ar an teilifís watching TV
ficheall *f* chess
fíodóireacht weaving
galf golf
garraíodóireacht gardening
gleacaíocht gymnastics
grianghrafadóireacht photography
iascaireacht fishing
imirt cártaí playing cards
iománaíocht hurling
ionad aclaíochta gym
jagáil jogging
leadóg bhoird table tennis
leadóg tennis
léamh reading
luí faoin ngrian sunbathing
lúthchleasaíocht athletics
marcaíocht (ar chapall) (horse) riding
meáin shóisialta social media
míreanna mearaí jigsaw puzzles
peil football
péinteáil painting
pócar poker
potaireacht pottery
púl pool
puzail *mpl* puzzles
rásaíocht chairtíní go-kart racing
rásaíocht chapall horse racing
rásaíocht racing
ríomhbheochan computer animation
rith *m (reatha)* running
rothaíocht cycling
rothaíocht sléibhe mountain biking
rugbaí rugby
sacar soccer
scátáil ar lanna rollerblading
scátáil ar rothaí roller-skating
scátáil oighir ice skating
scátáil skating
sciáil skiing
scuais squash
scúbadóireacht scuba diving
seoltóireacht sailing
síobshiúl hitchhiking
siúlóireacht trekking
sléibhteoireacht mountaineering
smideadh make-up
snámh swimming
snúcar snooker
spaisteoireacht walking
surfáil surfing
taisteal travel
trastíre cross-country
treodóireacht orienteering
trí-atlan triathlon
tumadóireacht diving
  (see also: **cluiche**)

♦ **Cluiche fichille:** Chess game:
bán white
banríon queen
caiseal rook
caisliú castling
ceithearnach *m* pawn
clár fichille chessboard
clog fichille chess clock
dubh black
easpag bishop
ficheall a imirt to play chess
imreoir fichille chess player
Marbhsháinn! Checkmate!
rí king
ridire knight
Tá an rí i sáinn. The king is in check.

a bullet, ~ **scine** throwing a knife, ~ **urchair** firing a shot

4. *(good or bad)* treatment, use
drochíde abuse, **cúram** care, **déileáil le** dealing with, **iompar** conduct, behaviour, **ionramháil** manipulation, **íospairt** ill-treatment, **láimhseáil** handling, **léiriú** portrayal, **mí-úsáid** mistreatment, ill-treatment; incorrect use, **scioladh** scolding, **spídiúlacht** harsh treatment, cruelty, **tréatúlacht** ill-treatment, persecution, **úsáid** use

◊ ~ **go dona/go maith le duine** treating a person badly/well

5. compulsion
call need, call, **ceangal** tie, **comaoin** obligation, **cúram** responsibility, **dualgas** duty, **éigeantas** compulsion, **fonn doshrianta** *(psych)* compulsion, **gá** need, **geis** traditional binding injunction, taboo, **nasc** binding, **oibleagáid** obligation, **riachtanas** necessity, **snaidhm** knot, constriction

◊ **Níl ~ ort é a dhéanamh.** You don't have to do it.

6. ~ **i ndiaidh** *(+ gen)* hankering after
brónach sad, **caointeach** pining, **cumhach** nostalgic, **dúilmhear** yearning, **éagmaiseach** lonesomely longing, **fonnmhar** desiring, yearning, **tnúthánach** longing for, **uaigneach** lonesome, lonely

◊ **ag ~ i ndiaidh na seanlaethanta** hankering after the old days

Caitheamh *m (-thimh; -thimh, ~)* aimsire pastime, hobby
áineas recreation, **am duit féin** time for yourself, **am saor** free time, **briseadh** break, **ciúnas** quiet, **craic** having fun, craic/crack, **faoiseamh** respite, **fastaím** pastime, amusement, **fóillíocht** leisure, recreation, **macnas** frolicking, playing, sportiveness, **meidhir** merriment, **pléisiúr** pleasure, **saoire** holiday, vacation, **saoirse** freedom, **scléip** revelry, merriment, **scoraíocht** evening pastime; social evening, **siamsaíocht** entertainment, diversion, **sos** *m (~a; ~anna)* break, **spórt** sport, **spraoi** fun, having fun, **súgradh** playing, **suaimhneas** tranquillity, relaxation

Caladh *m (-aidh; -aí)* harbour, pier, quay
calafort port, harbour, **calafort abhann** river port, **calafort cabhlaigh** naval port, **calafort fartha** ferry port, **casla** *f* small harbour, **cuan** haven, harbour, **cé** *f* quay, wharf, **ceann cé** jetty head, **duga** dock, **lamairne** jetty, **piara** pier, **port** harbour, port, **reannán** rocky ridge extending into the sea

Calaois *f(~e; ~í)*
1. fraud
caime *f* crookedness, dishonesty, **caimiléireacht** chicanery, crookedness, **camastaíl** swindling, **cealg** *f* deceit, **corbadh** corruption, **cúbláil** trickery, wrangling, **feall** betrayal, **lochtaíl** falseness, wickedness; faultiness, defectiveness, **meabhal** deceitfulness, **meilm** deceit, guile, **neamhscrupallaí** unscrupulousness, **mí-ionracas** dishonesty, **pionsaíocht** guile; wiliness, **séitéireacht** cheating, cogging *(see also: caimiléireacht)*

2. *(sp)* foul
briseadh na rialacha the breaking of the rules, **cárta buí** yellow card, **cic pionóis** penalty kick, **feall** foul, **rabhadh** warning, **saorchic** free kick, **sárú** contravention, ~ **na rialacha** breach of the rules

Calaoiseach *adj³* fraudulent
bréagach false, **cam** *f* crooked, **cambheartach** dishonest in dealings/actions (with others), **caimiléireachta** *(> caimiléireacht)* duplicitous, swindling, **camastaíola** *(> camastaíl)* swindling, **cealgach** deceitful, **claon** bent, crooked, perverse, **claonbheartach** scheming, deceitful, **corbach** corrupt, defiled, **cúblála** *(> cúbláil)* pertaining to trickery, cheating, **feallteach** treacherous; deceitful, **meabhlach** deceitful, duplicitous, **meilmeach** deceitful, guileful, **neamhscrupallach** unscrupulous, **mí-ionraic** dishonest, **mímhacánta** dishonest, **séiteartha** cheating, fraudulent, **séitéireachta** *(> séitéireacht)* cheating, cogging, **truaillí** corrupt; contaminated *(see also: cam)*

Calc *v₁ₐ* caulk, cake hard, clog up
anluchtaigh overload, glut, **bac** obstruct, block, **cuir bac ar** impede, **dambáil** dam up, **druid** close, shut off, **dún** close, **líon** fill, **oclúidigh** occlude, **plúch** choke, **plugáil** *(coll)* plug, **reoigh** freeze, **seas sa bhearna** *(person)* obstruct, be in the way, **soladaigh** solidify, **stop** block, stop, **tacht** choke; clog up, **táthaigh** set, solidify, **téacht** congeal

Calcadh *vn* caulking, caking hard, clogging up
anluchtú overloading, glutting, **bacadh** obstructing, obstruction; blocking, blockage, **dambáil** damming up, **druidim** closing, shutting off, **dúnadh** closing, **líonadh** filling, **oclúidiú** occluding, **plúchadh** choking, **plugáil** *(coll)* plugging, **reo** freezing, **seasamh sa bhearna** *(person)* obstructing, standing in the way, **soladú** solidifying, **stopadh** blocking, stopping, **tachtadh** choking; clogging up, **táthú** setting, solidifying, **téachtadh** congealing

Calctha *pp* caulked, caked hard, clogged up
anluchtaithe overloaded, glutted, **bactha** obstructed, blocked, **dambáilte** dammed up, **druidte** closed, shut off, **dúnta** closed, **líonta** filled, **oclúidithe** occluded, **plúchta** choked, **plugáilte** *(coll)* plugged, **reoite** frozen, **seasta sa bhearna** *(person)* obstructed, stood in the way, **soladaithe** solidified, **stoptha** blocked, stopped, **tachta** choked; clogged up, **táthaithe** settled, solidified, **téachta** congealed

Callán *m (-áin; -áin, ~)* noise, clamour
bús buzz, noise, **canrán** murmuring, **ceolán** tinkling,

clagarnach *f* clattering, **clingireacht** tinkling, ringing sound, **cliotar-cleatar** clitter-clatter, **clisiam** *m (~)* din, **crónán** purring, **díshondas** dissonance, **feadaíl** whistling, **foilsceadh** stir, flurry, **fothram** noise, **fuaim** sound, **furú** hubbub, **gleo** clamour, tumult, noise, **gleoiréis** boisterous hilarity, **glór** voice; sound, **glóraíl** chirruping; sound of many voices, **gliogarnach** *f* rattling noise, **gol** crying, **raic** uproar, **rírá** *m* hubbub, **ruaille** *m* **buaille** commotion, **scread** scream, **seamsán** droning on, **smeach** *m (~a; ~anna)* sob; gasp; click, **srann** *f (srainne; ~a, ~)* snore, **srannán** wheeze, **sraoth** *m (~a; ~anna)* sneeze, **tafann** barking, **toirnéis** commotion, noise, **torann** noise, **tormán** rattle, noise, **turlabhait** commotion; crash, thud, **uaill** howl *(see also: **torann**)*

Callánach *adj³* noisy, clamorous

callóideach noisy, turbulent, **canránach** murmuring, **clagach** clattering, **clamprach** tumultuous, turbulent, **clisiamach** babbling, **crónánach** purring, murmuring, **díshondach** dissonant, **fothramach** discordant, noisy, **gáireachtach** noisy, vociferous, **gáirtheach** shouting, braying, **gáróideach** clamorous, noisy, **gleoch** noisy, clamorous, **gleadhrach** noisy, tumultuous, **gleoiréiseach** boisterous, **gleoránach** discordant, noisy, **gleothálach** noisy, fussy, **glórach** loud, sonorous; vocal, **greadánach** noisy; stinging, smarting, **seamsánach** droning, **srannach** stertorous, snoring, **toirniúil** thundery, **torannach** noisy, **tormánach** rattling, noisy, **uallach** wailing; howling *(see also: **torannach**)*

Calma *adj⁶* intrepid, brave

cróga brave, **dána** bold, **diongbháilte** resolute, **misniúil** courageous, **móruchtúil** audacious, **neamheaglach** fearless, **stóinseach** staunch, **stóinsithe** unyielding, **teanntásach** audacious, **uchtúil** courageous *(see also: **cróga**)*

Calmacht *f(~a)* intrepidness, bravery

crógacht bravery, **dánacht** boldness, **diongbháilteacht** resoluteness, firmness, **misneach** *m* courage, **neamheaglaí** fearlessness, **stóinseacht** staunchness, **stóinsitheacht** toughness, **uchtach** *m* audacity *(see also: **crógacht**)*

Calóg *f(-óige; ~a, ~)* flake

bratóg flake; small covering, **cáithne** *m* particle, flake, **cáithnín (sneachta)** flake (of snow), **caladh** husk, flake, **lóipín** flake, **lubhóg** flake, **pleidhce** flake; fleecy tuft, **sceall** *m (~a)* thin slice; chip, flake, **sciar** *m (~; ~tha)* share, portion, **slios** marginal strip, **slis** shaving, chip, **sliseog** small shaving, chip, **slisne** cut, section, **spitheog** flake; snowflake, **stiall** *f (stéille; ~acha)* strip, slice

Cam *adj¹* crooked

bacánach crooked, hinged, **bachallach** crooked, hooked, **bréagach** false, lying, **calaoiseach** fraudulent, **camastaíola** *(> **camastaíl**)* swindling, **casta** twisted, **cealgach** *f* deceitful, **corbach** corrupt, defiled, **crom** bent, **cromtha** bent over, **cúblála** *(> **cúbláil**)* by deceitful manipulation, **fiar** tilted, diagonal, **indíreach** indirect (cf **caint indíreach** indirect speech), **lúbach** winding, **lúbtha** bent, **míchreidiúnach** untrustworthy, **mímhorálta** immoral, **meabhlach** deceitful, treacherous, deceptive, **neamhdhíreach** indirect, **neamhscrupallach** unscrupulous, **mí-ionraic** dishonest, **saobh** twisted, perverse, **séiteártha** fraudulent, by means of cheating

◊ **chomh ~ le hadharc reithe** as crooked as a ram's horn, **cosa ~a** bandy legs, **leithscéal ~** lame excuse

Camastaíl *f(-íola)* duplicity, swindle, fraud

bobaireacht trickery, **bréagadóireacht** mendacity, **caime** crookedness, **caimiléireacht** fraud, swindling, **calaois** fraud, **cealg** *f* guile, **cluain** *f (-ana)* deception, **cluanaireacht** deception, deceitfulness, **cneámhaireacht** knavery, roguery, **cúbláil** trickery, wrangling, **cúigleáil** embezzling; embezzlement, **cur i gcéill** dissimulation, affectation, **dallamullóg** hoodwinking, **feall** deceit, letdown, **feillbhéasach** tricky, unscrupulous, **loctaíl** falseness, wickedness; faultiness, defectiveness, **meabhal** deceitfulness, treachery, **meabhlú** deception, betrayal, **mealladh** allurement, **meang** *f (meinge; ~a, ~)* scam, **mearbhall** confusion, **mí-ionracas** disingenuousness, **mímhacántacht** dishonesty, **pionsaíocht** guile; wiliness, **séitéireacht** cheating, **slusaíocht** dissembling, flattery, **uisce faoi thalamh** conspiracy, treachery

Campa *m (~; ~í)*

1. *(site)* camp

bunchampa base camp, **dianchampa** *(mil)* boot camp, **ionad/láthair campála** camping site, **glampáil** glamping (cf **faighneog ghlampála** glamping pod), **longfort** camp, **ollphuball** marquee, **puball** tent, **sluachampa géibhinn** concentration camp

▲ **~ aclaíochta** boot camp, **~ báis** deathcamp (cf **~í an bháis** the death camps), **~ dídeanaithe** refugee camp, **~ gníomhachtaí** activity camp, **~ géibhinn** internment camp, **~ peile** football camp, **~ samhraidh** summer camp, **~ traenála** training camp

◊ **~ a bhaint** to break camp

2. *(faction)* camp

clann clan, family, **cleamhnú** affiliation, **drong** faction, group, **faicsean** faction, **grúpa** group, **lucht leanúna** followers, **slua** crowd, **páirtí** party, partner, **sainaicme** *f* special class; *(rel)* denomination, **seict** sect, **taobh** side, **tuireann** *f (lit)* faithful following, band

Campáil 1 *v₁ₑ* camp

campa a thógáil to set up camp, **codail amuigh faoin spéir** sleep outdoors, **cuir fút** encamp, install yourself,

Campáil

déan campa strike camp, déan longfort set up camp, encamp, glampáil glamp, suiteoireacht a dhéanamh to squat

Campáil 2 *vn* camping

codladh amuigh faoin spéir sleeping outdoors, cur fút encamping, installing yourself, déanamh campa striking camp, déanamh longfoirt making camp, encamping, glampáil glamping, suiteoireacht squatting (cf **faighneog ghlampála** glamping pod)

▲ **fearas campála** camping gear, **láithreán/ionad campála** camping site, **sorn campála** camping stove, **veain champála** camper van

■ **Fearas campála** Camping equipment: **ámóg** hammock, **balsam béil** lip balm, **braillín** *f* **talún** groundsheet, **cathaoir** *f* **(~each) champa** camping chair, **cipíní solais** matches, **eangach** *f* **mhuiscítí** mosquito net, **éartach** *m* **feithidí** insect repellent, **fearas garchabhrach** first aid kit, **gallúnach** *f* **in-bhithmhillte** biodegradable soap, **gréithe** *fpl* **itheacháin** eating utensils, **hata gréine** sun hat, **laindéar** lantern, **leaba** *f* **(leapa) champa** camp bed, **lóchrann** torch, **máilléad** mallet, **mála codlata** sleeping bag, **osclóir buidéal** bottle opener, **pionnaí** *mpl* pegs, tent pins, **puball** tent, **sábh** *m* saw, **scian** *f* **(scine) phóca** penknife, **scuab** *f* **fiacla** toothbrush, **sorn dóite adhmaid** wood-burning stove, **spéaclaí gréine** sunglasses, **tóirse** *m* torch, **tua** *f* axe, **tuáille** *m* towel, **uachtar gréine** sun cream, **uirlisí** *fpl* **cócaireachta** cooking utensils

◊ **ag dul ag ~** going camping

Campáilte *pp* camped

codlata amuigh faoin spéir slept outdoors, curtha fút encamped, installed yourself, glampáilte glamped, lonnaithe settled in, suite situated, installed, suiteoireachta (> *suiteoireacht*) squatted; squatting

Can v_{1a} sing

abair say, sing (cf **Abair amhrán!** Sing a song!), bí ag amhránaíocht be singing, bí ag nóntraí be serenading, bí ag suantraí lullaby, be lullabying, déan cantaireacht chant, cas turn, sing (eg **cas amhrán dúinn!** Sing us a song!), ceiliúir warble, sing, déan crónán/dordán, hum, déan dúdaireacht croon, déan feadaíl whistle, déan portaireacht lilt, déan saranáid seranade, geoidligh yodel, guthaigh vocalise, iontonaigh intone, túschan intone

Canadh *vn* singing

amhránaíocht singing, cantaireacht chanting, casadh saranáide serenading, ceiliúradh warbling, singing, crónán purring, humming, dordán humming, dúdaireacht crooning, feadaíl whistling, nóntraí *f* serenading, portaireacht lilting, geoidléireacht yodelling, guthaíocht vocalising, iontonú intoning, túschanadh intoning

Canáil *f* (-*ála*; -*álacha*) canal

bealach *m* uisce waterway, cainéal channel, ducht *m* duct, slí *f* uisce watercourse, waterway, caol (*geog*) channel, pasáiste passage, píobán duct, tube, pipe

Cancrach *adj*³ cranky

aingí peevish, fretful, anglánta irksome, ill-tempered, aranta irritable, crabby, bearránach annoying, cantalach cranky, grumpy, colgach bristling with rage, confach rabid, ill-tempered, cliptheach prickly, ceasnúil complaining, peevish, crosta cranky, cross, driseogach thorny, drisíneach prickly, touchy, drochmhianaigh (> *drochmhianach*) bad-tempered, fosaoideach fussy, frisnéiseach irritable, testy, gairgeach gruff, surly, giorraisc snappish, abrupt, gluaireánach whinging, grumbling, goimhiúil virulent, griothalánach (*anxiously*) fussy, grusach gruff, terse, lonn irascible, irritable (cf **lonn gach scíth** tired people are easily irritated), meirgeach crusty, irritable; rusty, míshásta dissatisfied, mosach surly, mosánach carping, grumpy, múisiamach irritated, upset, neantúil nettle-like, testy, niogóideach testy, touchy; carping on, rothánach bad-tempered, spiteful, sulky, rudta morose, surly, smutach sulky, splíonach splenetic, stainceach huffy, petulant, spuaiceach pettish, huffed, stalcach sulky, teidheach crotchety; whimsical, tormasach grumbling, carping, tuaifisceach cranky, bad-tempered (*see also*: *feargach*)

Canna *m* (~; ~í) can

árthach *m* container, calán can, pail (eg **calán crúite** milking pail), cartán carton, cartús cartridge, ceaineastar canister, ceaintín small can; canteen, crúsca jar, deacantar decanter, feadhnach *m* vessel, pail, flaigín flacon, small flask, flagún flagon, fleasc *m* (~*a*; ~*anna*) flask, giústa large can, gogán noggin, pail, paol pail, soitheach *m* vessel, stán tin can

Canta 1 *m* (~; ~í) slice, chunk

ailp lump, cion *m* (~) share, cloichín small stone; chipping (cf **Aire cloichíní scaoilte!** Beware loose chippings!), gamba chunk, dollop, píosa piece, roinnt some, scar share, portion, sceall *m* (~*a*) thin slice; chip, flake, sceallóg chip; potato chip, sciar *m* (~; ~*tha*) share, portion, slaimice *m* hunk, chunk, slios marginal strip, slis shaving, chip, sliseog small shaving, chip, slisne *m* slice (cf **slisne de cháca** slice of cake), smut chunk, spalla chip, chipping, stiall *f* (*stéille*; ~*acha*) strip, slice, stiallóg strip, slice, stráice strip; chunk (cf **stráice aráin** chunk of bread) (*see also*: *cuid*, *píosa*)

Canta 2 *pp* sung

ceiliúrtha warbled, sung, casta turned, sung geoidlithe yodelled, guthaithe vocalised, iontonaithe intoned, ráite sung; said, túschanta intoned

Cantal *m* (-*ail*) moodiness, grumpiness

cancar spleen, cantankerousness, corraí *f* agitation,

Cantalach

vexation, **cliptheacht** prickliness, **crostacht** crankiness, crossness, **dod** sullenness, **doicheall** churlishness, **domlas** gall, bile, **drisíneacht** prickliness, touchiness, **driuch** fretfulness, peevishness, **droch-araí** *f* ill humour; ill appearance, **fiamh** grudge, spite, bitterness, **gairge** gruffness, irritability, **gangaid** virulence, venom, **griothal** anxiety, fuss, **mos** surliness, grumpiness, **mosán** grouchiness, **múisiam** pique, peevishness, **nimheadas** venomousness, spitefulness, **searbhas** sourness, acrimony, **seirfean** bitterness, indignation, **spadhrúlacht** moodiness; waywardness; mental unbalance, **spuaic** huff (cf **Bhuail spuaic é.** He got into a huff.), **stalcacht** sulkiness, **stodam** huffiness huff, bad mood, **taghdáil** moodiness, **teidheacht** crotchetiness, **truacántacht** plaintiveness *(see also: fearg)*

Cantalach *adj³* cranky, grumpy

acaointeach doleful, **ainciseach** peevish; malignant, **cancrach** cantankerous, **caointeach** whining, moaning, **casaoideach** complaining, **clamhsánach** whingeing, **cliptheach** prickly, **corraithe** worked up, **crosta** cranky, cross, **doicheallach** churlish, **drisíneach** prickly, touchy, **droch-araíonach** ill-humoured, **éagaointeach** moaning, **gearánach** complaining, **mosach** surly, grumpy, **mosánach** surly, carping, **neantúil** nettle-like, **nimhneach** venomous, **sianach** whining, **spuaiceach** huffed, pettish, **stalcach** sulky, **stodamach** huffy, in a bad mood, **teidheach** crotchety, **tormasach** grumbling, carping, **truacánta** plaintive *(see also: cancrach)*

◊ **Canúintí na Gaeilge** *Irish language dialects* fall into three main regions: **Canúint an Tuaiscirt** *the Northern Dialect*, **Canúint an Iarthair** *the Western Dialect* and **Canúint an Deiscirt** *the Southern Dialect*. These main dialects have regional subdivisions. In the North: **canúint Chontae Lú** *County Louth dialect*, **canúint Aontroma** *Antrim dialect* and **canúint Dhún na nGall** *the Donegal dialect*. The West includes: **canúint Lár-Chonnacht** *central Connaught dialect*, **canúint Ros Comáin** *Roscommon dialect* and **canúint Chonamara** *Connemara dialect*. The South has four subdivisions: **canúint chontae an Chláir** *County Clare dialect*, **canúint Chiarraí** *Kerry dialect*, **canúint Iarthar Chorcaí** *West Cork dialect* and **canúint Phort Láirge** *Waterford dialect*. **Éagsúlacht réigiúnach** *regional variation* can be considerable in regard to pronunciation, syntax and vocabulary. **Gaeilge Chaighdeánach** *Standard Irish* has been based on a combination of all three main dialects *(see also: caighdeán)*.

Canúint *f(-úna; ~í)* dialect, accent

aiceann accent, **allagar** cross talk, **béarlagair** *m* (~) jargon; slang, **blas** accent, **caint** speech, **caint reatha** colloquial speech, **canúnachas** dialectal traits, **comhráiteachas** colloquialism, **cor** *m* *(coir; ~a; ~)* **cainte** idiom, **leagan na cainte** phraseology, **lingua franca** *lingua franca,* **meadhar** *(lit)* speech, discourse, **modh cainte** way of talking, **nath cainte** idiom, **parole** *parole,* **ráiteachas áitiúil** local expression, **snas** accent; polish, **spéic** speech, **teanga áitiúil** local language, **téarmaíocht** terminology, **tuin chainte** speech intonation, **urlabhra** speech *(see also: caint, teanga)*

Canúnach *adj³* dialectal

áitiúil local, **na háite** *(> áit)* locality (eg **foclóir phobal na háite** vocabulary of the local community), **nathach** idiomatic, **pobail** *(> pobal)* community (cf **i dteanga an phobail** in the vernacular), **réigiúnach** regional, **sa teanga choiteann** in the vernacular, **sainstíle** *(> sainstíl)* particular style, **tuaithe** *(> tuath)* provincial, country

Caoch *adj⁵* blind; closed up, leading nowhere

dall blind, **druidte** closed up, **dúnta** closed, **folamh** empty, **fás** vacant, empty, **gan radharc na súl** blind, **gan slí amach** without a way out, **geamhchaoch** purblind, **gearr-radharcach** short-sighted, **radharcéislinneach** visually handicapped *(see also: dall)*

▲ **cartús** ~ blank cartridge, **bua** ~ runaway victory, **ceann** ~ dead end, **~shráid** cul de sac, **fuinneog chaoch** walled-up window, **glas** ~ deadlock, **ráiteas** ~ dummy statement, **taobh** ~ blind side

◊ **Bhí sé ~ ólta.** He was blind drunk. **Buaileadh ár bhfoireann ~.** Our team got whipped/totally hammered (ie was decisively defeated).

Caoi *f(~; caíonna)*

1. condition, way, path

bail condition, **bealach** *m (-laigh; -laí)* way; route, **conair** path, passage, **cosán** footpath, **cur chuige** approach, **cúrsa** course, **dóigh** state, condition, **dul** going, **gné** *f* aspect, **iúl** way, direction (cf **Tá tú ar aon chaoi leo.** You're the same way as they are.), **lorg** track, trail, **modh** method, manner, **nós** custom, **pasáiste** passage, **raon** track, **ród** road, **slí** *f* way, **staid** state, **stíl** style *(see also: bealach, slí)*

◊ **ar chaoi éigin d'éirigh léi.** Somehow, she managed., **ar an g~ chéanna** in the same way., **Cén chaoi a bhfuil tú ?** How are you? **Deisíodh an fhuinneog i g~ nach féidir í a oscailt.** The window was fixed in a way that it can't be opened., **Tá ~ cheart agus mhícheart le rud a dhéanamh.** There's a right and a wrong way of doing things.

2. proper order, condition

bail proper condition, **cóir** proper provision/condition, **dea-riar** good management, good provision, **deis** proper condition, good order, **eagar** arrangement, order, **fearas** order, arrangement (cf **i bhfearas go maith** in good working order), **gléas** (working) order, **inneall** order, array, **ord** order, **ordúlacht** orderliness

◊ **Cuir ~ ort féin!** Get yourself in shape!, **Chuir siad ~ ar an inneall.** They put the engine in working order.

Caoile *f(~)* narrowness, slenderness
cúinge narrowness, **deilbhíocht** bareness, scantiness, **éadroime** shallowness, lightness, **easpa dealraimh** unlikelihood, **easpa téagair** flimsiness, **easpa substainte** unsubstantiality, **fainne** faintness, fragility, **gainne** paucity, **ganntanas** scarcity, insufficiency, meagreness, **gannchothú** undernourishment, **gannchúis** scarcity, **géire** sharpness, **giortacht** scantiness, skimpiness; stumpiness, **gortaíl** measliness, meanness, **laghad** fewness, smallness, **lagú** weakening, diluting, **laige** weakness, flimsiness, **leabhairchruth** long slender shape, **leabhaireacht** streamlined shape; slenderness, **leimhe** blandness, wishy-washiness, **leochaileacht** fragility, **loime** bareness, **míthéagar** fragility, lacking in substance, **scáinteacht** sparseness, **seinge** slimness, **tanaíocht** thinness, **teirce** sparseness, **trédhearcacht** transparency, **tréithe** feebleness, **tréithlaige** enervated state, exhaustion, **tréshoilseacht** translucency, **truacht** *f* leanness, **uireasaí** inadequacy, **uisciúlacht** wateriness

Caoin 1 *adj²* gentle, smooth, delicate
bláith *(lit)* smooth, delicate, **bog** tender, soft, **bogchroíúil** soft-hearted, **búch** tender, affectionate, **caoinbhéasach** gentle-mannered, **caomh** mild, gentle, **cásmhar** sympathetic, **ceansa** meek, **ceanúil** fondly loving, **cneasta** mild-mannered, decent, with heart, **dáimhiúil** sympathetic, **fíneálta** delicate, **geanúil** affectionate, **grámhar** loving, **ionúineach** loving, **lách** affable, **mánla** gentle, gracious, mild, **maránta** mild, unperturbed, **mínráiteach** gently-spoken, **miochair** tender, kind; affable, **maoth** tender, **mín** smooth, gentle, **míonla** gentle, mild, **modhúil** seemly, modest, **réidh** smooth, easy, level, **séimh** clement, gentle, **sibhialta** polite. courteous, **tais** tender, **tuisceanach** considerate

Caoin 2 *v₁ᵦ* weep, mourn
bí ag diúgaireacht be whingeing, **bí ag gol** be crying, **bí ag geonaíl** *(dog)* be whining, **bí ag plobarnach** be blubbering, **bí ag pusaíl** be whimpering, **bí ag sileadh na ndeor** be shedding tears, **bí ag smaoisíl** be snivelling, **bí ag snagaireacht** be sobbing, **caígh** mourn, **déan caoineadh** lament, **déan gol** cry, **déan olagón** wail, keen, **déan snagaíl** sob, **goil** cry, **goil deoir** weep a tear, **iacht** *(lit)* cry, lament, **tóg olagón** raise a lamentation *(see also: goil)*

Caoineadh *vn* weeping, mourning
déanamh caoineadh lamenting, **déanamh gol** crying, **déanamh olagón** wailing, keening, **déanamh snagaíl** sobbing, **deora** *fpl* tears, **diúgaireacht** whingeing, **fiachas** wailing, **gáir mhairgní** cry of lamentation, **geonaíl** *(dog)* whining, **gluaireán** whingeing, grumbling, weeping, **gol** crying, **golán** fit of crying, weeping, **golchás** act of weeping/lamentation, **golfairt** wailing, lamentation, **gubha** weeping, lamenting, **iacht** *f* lament, **iachtadh** lamenting, lamentation, **liobarnacht** blubbering, **lámhchomhairt** beating of hands in grief, **lógóireacht** wailing, wail; lamentation, **mairgiúlacht** woefulness; dismalness, **méalacht** lamentation, grieving, **olagón** wailing, keening, **plobarnacht** *f* blubbering, **pusaíl** whimpering, **sileadh na ndeor** to be shedding tears, **smaoisíl** snivelling, **smutaireacht chaointe** peevish crying, **snagaireacht** *(also: snagaíl)* sobbing, **tochtaíl** suppressed sobbing, **triamhain** *f(-mhna)* lament, **truaínteacht** whining, playing the victim, **tuireamh** dirge, lament

Caointe *pp* wept, mourned
goilte cried, wept, **goillte** grieved, **iachta** lamented, **méalachta** *pnt* lamentation, grieving, **tochta le deora** choked with tears *(see also: caointeach)*

Caointeach *adj³* lamenting; whining
acaointeach doleful, **brónach** sad, **cantalach** peevish, **cásmhar** commiserative, plaintive, **cianach** longing, wistful, **dubhach** mournful, **éagaointeach** mournful, lamenting, **faíoch** plaintive, **fuachasach** plaintive, **geonaíola** *(> geonaíl)* whining, **goil** *(> gol)* crying, **golbhéarach** plaintive, tearful, **golfartach** wailing, tearful, **gubhach** weeping, mourning, **iachtach** lamenting, crying, **léanmhar** full of anguish, anguished, **mairgneach** wailing, lamenting, **ochlánach** groaning, mournful, **olagónach** lamenting; whining, **sianach** wailing, **truacánta** mournful, piteous, **truamhéalach** plaintive

Caoithiúil *adj⁴* convenient
áisiúil handy, convenient, **beacht** exact, **cabhrach** helpful, **ciallmhar** sensible, **cothrom** balanced, **cuí** appropriate, **cuibhiúil** seemly, **díreach in am** just in time, **díreach an rud a bhí uaim** just what I needed, **fabhrach** favourable, propitious, **faoi láimh** at hand, **feiliúnach** apt, suitable, **galánta** splendid, **idéalach** ideal, **in aice láimhe** near at hand, **inmholta** advisable, **ionúch** timely, opportune, **moltach** laudatory, **ócáideach** befitting the moment, **oiriúnach** suitable, expedient, **réasúnta** reasonable, **tacúil** supportive, **tairbheach** beneficial, **tráthúil** timely, opportune, **úsáideach** useful

Caoithiúlacht *f(~a)* convenience
áisiúlacht handiness, convenience, **cabhair** help, assistance, **ciallmhaireacht**, sensibleness, **cuibheas** fitness, propriety, **cuibhiúlacht** decorum, **fabhar** favour, **feiliúnacht** suitability, **feiliúnaí** aptness, suitability, **galántacht** stylishness, **ionúiche** timeliness, opportuneness, **oiriúnacht** aptness, **oiriúnaí** *f* suitability, expedience, **soirbheas** ease, convenience, **tacaíocht** support, **tairbhe** *f* benefit,

Caol *adj¹* slim, narrow; dilute
ainnis miserable, **barr-** superficial, **caolaithe** diluted, **cílíonta** bland, **cúng** narrow, **deilbhithe** thin, shrunken, **dromchlach** superficial, **éadrom** shallow, light, **easnamhach** deficient, wanting, **easpach** lacking, **eisbheartach** skimpy, scant, **fánach** negligible, trivial, **fann** faint, **gan mórán dealraimh** unconvincing, unlikely, **gan tathag** without substance, scanty, **gan téagar** flimsy, **gan substaint** insubstantial, **gann** scarce, meagre, **gannchothaithe** undernourished, **gannchúiseach** scarce, scanty, **géar** sharp, **giortach** scant, skimpy, **gortach** measly, mean, **lag** weak, flimsy, **lagaithe** diluted, **leabhair** long and slender; supple, pliant, **leabhairchruthach** long and slenderly shaped, streamlined, **leamh** bland, wishy-washy, **leochaileach** fragile, **lom** bare, **mion** minor, **míthéagartha** flimsy, **neamhfhuaimintiúil** unsubstantial, unsound, **scáinte** sparse, **sciotach** scanty, skimpy, **seang** slim, **smear-** superficial, **tanaí** thin, **tearc** sparse, rare, **trédhearcach** transparent, **tréith** feeble, **tréithlag** enervated, exhausted, **tréshoilseach** translucent, **uireasach** inadequate, **uisciúil** watery

Caolaigeanta *adj⁶* narrow-minded
a bhfuil súileoga ar blinkered, **beag** small, **beagintinneach** small-minded, **biogóideach** bigoted, **caol** narrow, slim, **cúng** narrow, tunnel- (cf **radharc cúng** tunnel vision), **éadulangach** intolerant, **éagórach** unjust, **gnéasaíoch** sexist, **ládasach** opinionated, **paróisteach** parochial, **réamhchlaonta** prejudiced, **seicteach** sectarian, **taobhach** partial *(see also: biogóideach)*

Caolaigeantacht *f(~a)* narrow-mindedness
beagaigeantacht mean-spiritedness, **beagintinneacht** small-mindedness, **biogóideacht** bigotry, **caolaigeantacht** narrow-mindedness, **claontacht** bias, biasedness, **éadulangacht** intolerance, **éagóir** injustice, **gnéasachas** sexism, **ládasaí** opinionated attitude, **laobhadh** bias; perversion, **leataobhaí** partiality, bias, **leatromaí** discriminatory practice, partiality, **míchothrom** unbalanced attitude, unfairness, **paróisteachas** parochialism, **réamhchlaonadh** prejudice, **seicteachas** sectarianism, **seobhaineachas** chauvinism, **suarachas** meanness, **taobhacht** partiality, **teanntásaí** being forward and self-opinionated

Caolaigh *v₂ₐ*
1. narrow, become slender; dilute
barrchaolaigh taper, **bog** soften, **déan níos caoile** make narrower, **fannaigh** enfeeble, **lagaigh** weaken, **laghdaigh** lessen, reduce, **maolaigh** decrease, soften, **moilligh** calm; delay, **seangaigh** become more slender, slim, **tanaigh** thin, become sparse *(see also: tanaigh)*
2. dilute
báigh drown; overdilute (eg **Ná báigh an fuisce!** Don't put too much water in the whiskey!), **cuir uisce trí** water down, **déan níos caoile** make more diluted, **lagaigh** weaken, **laghdaigh** lessen, reduce, **maolaigh** decrease, moderate, **tanaigh** dilute *(see also: tanaigh)*

Caolaithe *pp* narrowed, slendered; diluted
báite drowned, overdiluted, **barrchaolaithe** tapered, **bogtha** softened, **déanta níos boige** made softer, **déanta níos caoile** made narrower/more slender, **fannaithe** enfeebled, **lagaithe** weakened, **laghdaithe** lessened, reduced, **maolaithe** decreased, mitigated, **measctha le huisce** mixed with water; watered down, **moillithe** delayed, slowed, **seangaithe** gotten more slender, slimmed down, **tanaithe** thinned, gotten sparse, diluted *(see also: tanaithe)*

Caolchúiseach *adj³* subtle
an-chliste go deo ingenious, **cigilteach** ticklish, sensitive, **cleasach** crafty, **cliste** adroit, deft, **cruthaitheach** creative, **fíneálta** fine, delicate, **géarchúiseach** observant, sharp, **glic** cunning, astute, **goilliúnach** sensitive, **grinn** discerning, clear, perceptive, **idirdhealaitheach** discriminating, **intuigthe** implied, **íogair** delicate, **leochaileach** fragile, **samhlaíoch** imaginative, inventive, **seiftiúil** resourceful, crafty, **tionscantach** inventive

Caolseans *m (~; ~anna)* unlikelihood, slim chance
amhras doubt, **dabht** doubt, **éadóigh** unlikelihood (cf **is éadóigh go** it is unlikely that), **éadaingne** irresolution, **éideimhne** indecision, **éiginnteacht** vagueness, uncertainty, **fadhb** problem, **neamhchinnteacht** uncertainty, **sceipteachas** scepticism *(see also: amhras)*

Caolú *vn* narrowing, making slender, thinning; diluting
barrchaolú tapering, **bogadh** softening, **caolúchán** thinning, reducing, **cúlú** retreat, **déanamh níos boige** making softer, **déanamh níos caoile** making narrower/slenderer; diluting, **fannú** enfeebling, **lagú** weakening, **laghdú** lessening, reducing, **maolú** decreasing, mitigating, **meascadh le huisce** mixing with water; watering down, **moilliú** delaying, slowing down, **séimhiú** mellowing, becoming mild; *(gram)* lenition, **seangú** becoming more slender, slimming, **singleáil** thinning, **tanaíochan** thinning, **tanú** thinning, getting sparse; diluting, **trá** ebbing, **tréigean** *(colour)* fading *(see also: tanú)*

Caomhnaigh *v₂ₐ* conserve, protect
ainic protect, save, **aireachasaigh** watch over, **buanaigh** perpetuate, make permanent, **coigil** save, spare, **coimeád** keep, sustain, **coinnigh** keep, maintain, uphold, **coinnigh slán** keep safe, **cosain**

Caomhnaithe protect, **cuir ar láimh shábháilte** safeguard, keep safe, **cuir post le** prop up, support with a post, **cumhdaigh** safeguard, protect, **daingnigh** secure, **dearbhaigh** affirm, assert, **díon** protect, shelter, **gardáil** guard, **sábháil** save, **scáthaigh** screen, protect, **sciath** shield, **seas le** stand by, **slánaigh** indemnify; redeem, **tabhair dídean do** give shelter to, **tacaigh** support, **taobhaigh le** espouse, **tearmannaigh** harbour, shelter, provide sanctuary, **treisigh** reinforce, fortify

Caomhnaithe *pp* conserved, protected
ainicthe protected saved, **aireachasaithe** watched over, **buanaithe** perpetuated, made permanent, **coigilte** saved, spared, **coimeádta** kept, sustained, **coinnithe** kept, maintained, upheld, **coinnithe slán** kept safe, **cosanta** protected, **curtha ar láimh shábháilte** safeguarded, kept safe, **cumhdaithe** safeguarded, protected, **daingnithe** secured, **dar tugadh dídean** given shelter, sheltered, **dearbhaithe** affirmed, asserted, **díonta** protected, sheltered, **gardáilte** guarded, **sábháilte** saved, **scáthaithe** screened, protected, **sciata** shielded, **seasta (le)** stood (by), **slánaithe** indemnified, **tacaithe** supported, **taobhaithe le** espoused, **tearmannaithe** harboured, sheltered, **treisithe** reinforced, fortified

Caomhnú *vn* conservation, conserving
aireachasú watching over, **anacal** saving, protecting, protection, **buanú** perpetuating, making permanent, **coigilt** saving, sparing, **coimeád** keeping *(safe)*, protection, **coinneáil** maintenance, upholding, **coinneáil slán** keeping safe, **cosaint** defence, protection, **daingniú** securing, **dearbhú** affirmation, **díonadh** protecting, sheltering, **dídean** shelter, **gardáil** guarding, **sábháil** saving, **sanctóir** sanctuary, **scáthú** screening, protecting, **sciathadh** shielding, **slánú** indemnifying, **tabhairt dídean do** giving shelter to, **tacaíocht** support, **tacú** supporting, **taisce** reserve, **tearmann** sanctuary, **tearmannú** harbouring, sheltering, providing sanctuary, **taobhú** espousal, **treisiú** reinforcing, fortifying

Caonach *m (-aigh)* moss; mould
carraigín Irish moss, **coincleach** *f* mildew, **fionnmhóin** peat moss, **fuarlobhadh** rot caused due to damp, **fuarlofacht** mustiness, **fungas** fungus, **giúnachán** thin growth of grass; scanty beard, **lofacht** rot, **meath** *m* decay, **múscán** mould, **smol** blight, **súsán** bog/peat moss

▲ ~ **liath** mildew, ~ **móna** bog moss

Capall *m (-aill; -aill, ~)* horse
beithíoch beast, **bromach** *m* colt, **capaillín** pony; little horse, **each** *m (eich, ~a, ~)* steed, **gearrán** gelding, **gearrán bán** mythical horse, **gearrán ard** hobbyhorse, **gearrchapall** pony, **graí** herd/stud of horses, **gráire** stud horse, **láir** *f (lárach; láracha)* mare, **láireog** little mare; filly, **marc** *(lit)* horse, **peall** *(lit)* horse, **pónaí** pony, **séabra** zebra, **searrach** *m* foal (cf **searrach na dea-lárach** true-bred offspring), **stail** *f* stallion, **stalán** small stallion, **treafaí** *m* plough horse *(see also: ainmhí)*

▲ ~ **cogaidh** warhorse, ~ **corrach** rocking horse, ~ **céachta** plough horse, ~ **cóiste** coach horse, ~ **folaíochta** thoroughbred horse, ~ **luascáin** rocking horse, ~ **mara** seahorse, ~ **marcshlua** cavalry horse, ~ **rása** racehorse, ~ **seilge** hunting horse, ~ **stalcaireachta** stalking horse, ~ **ualaigh** pack horse

◊ **Déanann sé obair na g~.** He works like a horse!, **Ná déan paidir chapaill de!** Don't drag the story out! Come to the point!

P **Nach minic a rinne bromach gioblach ~ cumasach!** People take time to develop! He's only young yet! **Ní dhéanfadh an saol ~ rása d'asal!** You can't make a silk purse out of a sow's ear!, **Capall na hoibre an bia (capall na beatha an grá.)** The horse of work is food (the horse of life is love.), **Ar lorg capaill agus gan fios a dhatha agat!** Looking for a horse and not knowing its colour *(referring to cluelessness)*

> ○ **Capall Bán** White (mystical) Horse – According to legend, **Niamh Chinn Óir** *Niamh of the Golden Locks* arrived across the waves on a white horse to take **Oisín**, son of **Fionn Mac Cumhaill**, with her back to **Tír na nÓg** *The Land of Youth*. **Capaill bhána** White horses has the meaning *crested waves*, but it can also be used either to signify pie in the sky delusional thinking or some out of the ordinary advantageous situation, for example: **Beidh tú ag fanacht i bhfad ar theacht an chapaill bháin sin!** You'll be wasting your time waiting for that to happen., **Ar lorg an chapaill bháin agus an capall bán fút.** Looking for green pastures while you're already standing in them.

Cara *m (~d; cairde, carad/cairde)* friend
áilleagán suirí toy boy, **anamchara** confessor; guru, **bean taca** *(female)* supporter, **(a) buachaill** (her) boyfriend, **(a) cailín** (her) girlfriend, **caoifeach** *m* companion, **caomhnóir** protector, **caomhnóir na mbocht** friend of the poor, **coigéile** mate, companion, **comhghleacaí** ally, **comhghuaillí** ally, **comhpháirtí** associate, **compánach** *m* companion, **comrádaí** comrade, **cosmhuintir**, cronies, hangers-on, **crann taca** mainstay, **cúntóir** helper, **fear taca** *(male)* supporter, **lámh chúnta** helping hand, **lucht aitheantais** acquaintances, **lucht tréachtais** hangers-on, **lucht urraíochta** sponsors, **maidrín lathaí** yes-man, menial, **máta** mate, **pátrún** patron, **páirtí** partner, **rúnchara** confidant, **sáilghiolla** hanger-on, **seise** comrade, companion, **stócach** boyfriend, **tacaí** backer; *(sp)* second, **taobhaí** adherent, supporter, **taobhaitheoir** sympathiser, **tíolacthóir** benefactor, **urraitheoir** sponsor

▲ ~ **chléibh** bosom pal; soulmate, ~ **cleite/pinn** pen friend, **cara Críost** *(rel)* godparent, ~ **mná** girlfriend,

■ **Ar na codanna cairr atá:**
Parts of a car include:
acastóir axle
adhaint ignition
aerchóiriú air conditioning
aerscagaire air filter
boinn *mpl* tyres
brúthomhsaire tyre pressure gauge
búit *m* boot
bumpar bumper
cadhnraí *mpl* batteries
carbradóir carburettor
ceamfhearsaid camshaft
ceann sorcóra cylinder head
ceannsoilse *mpl* headlights
ceannsoilse maolaithe dipped headlights
comhlaí *fpl* valves
córas aerchóirithe air conditioning system
coscán brake
coscán láimhe handbrake
crág *f* clutch
criosanna *mpl* **sábhála** seat belts
crochadh suspension
cromfhearsaid crankshaft
cuimilteoirí wipers
cuimilteoirí gaothscátha windscreen wipers
cúlsoilse *mpl* tail lights
cumhachtstiúradh power steering
deais dashboard
díon infhillte fold-back roof
fráma chassis
fuinneog dín skylight
fuinneoga leictreacha electric windows
gaiscéad (cinn) (head) gasket
gaothscáth windscreen
giar cúlaithe reverse gear
giaranna *mpl* gears
inneall ceithre bhuille four stroke engine
inneall leictreach electric engine
inneall loiní piston engine
inneall turbó turbo engine
luasaire accelerator
luasmhéadar speedometer
mála aeir airbag
míleáiste íseal low mileage
niteoir gaothscátha windscreen washer
pláta clárúcháin registration plate
póca lámhainní glove compartment
radaitheoir radiator
roth breise spare tyre
roth stiúrtha steering wheel
scagaire ola oil filter
scáthán cliatháin wing mirror
scáthán siar rearview mirror
sceithphíopa exhaust pipe
soilse ceo fog lights
soilse guaise hazard lights
solas cúlaithe reversing light
solas táscaire indicator light
sorcóir cylinder
spréachphlocóid spark plug
suíochán cúil/tosaigh back seat/front seat
suíochán linbh child seat
taca cinn headrest
táscaire indicator
téitheoir heater
tomhsaire aerbhrú sna boinn tyre pressure gauge
tomhsaire luchtaithe charge gauge
trácht boinn tyre tread
troitheán cráige clutch pedal
uathghiaráil automatic transmission
uimhirphláta number plate
umar breosla fuel tank

~ **rúin** confidant, ~ **sa chúirt** friend in court, ~ **scoile** schoolmate

Carachtar *m (-air; -air, ~)* character
airí *m* feature, **aisteoir** actor, **cáilíocht** quality, characteristic, **diongbháilteacht** strong character, **duine** *m* (~; *daoine*) person, **drochdhuine** *m* bad character, **fear mór** big man (eg **fear mór i gcúrsaí spóirt** big man in sporting circles), **gné** *f* aspect, **leaid** *m* lad, person who is a bit of a character, **mac** *m* guy, character (eg **Is ait an mac é!** He's an old character, **Nach greannmhar an mac é!** Isn't he a card!), **páirt** part, **pearsa** *f* (~*n*; ~*na*, ~*n*) *(lit, gram)* person, **pearsantacht** personality, **sórt** sort (eg **Ní olc an sórt é.** He's not a bad sort.), **tréith** trait, characteristic

Carbad *m (-aid; -aid, ~)* chariot
cairt cart, **cairtín** go-cart, **carráiste oscailte dhá roth** open two-wheeled carriage, **carr** car; cart, **cóiste** coach, **feithicil dhá roth** two-wheeled vehicle, **trucail** cart.

Carn 1 *m (cairn; cairn, ~)*
  1. heap
báiliúchán collection, **bréanóg** refuse heap, **braisle (réaltraí)** cluster (of galaxies), **burla** bundle, **cadhla** pile, cluster, **carnadh** accumulation, **carnán** small heap, pile, **clais** moist heap of objects, **cloigín** bunch, cluster, **cnuas** hoard, **cnuastar** heap *(of shellfish, etc)*, **cnuchaire** heap of footed turf, **conlach** *m* collection, heap, **cruach** *f* stack, pile, **cuach** *f* (*cuaiche*; ~*a*, ~) bundle, **ilchumasc** assortment, **manglam** hotchpotch; cocktail, **maoiseog** heap *(of fish, potatoes, etc)*, **meall** mass, lump, **meascán** mixture, **meascra** miscellany, **mogall** mass, cluster, **moll** heap, **mothar** large mass of (tangled) objects, **práib** soft lump, soft mass; mush, **prásach** *f* soft mass, **ricil** rickle, small stack (cf **ricil mhóna** small turf stack), **soipíneach** *m* small heap *(of hay, straw, seaweed, etc)* **stór** store, **stuacán** stook, pile, **taisce** hoard, treasure, store, **triopall** cluster, bunch; festoon

  2. prehistoric burial mound, cairn
ciorcal liag stone circle, **cloch chinn** headstone, **cuimhneachán** memorial, **leac uaighe** gravestone, **leac thuama** tombstone, **leacht cuimhneacháin** memorial stone, **liag** capstone, **séadchomhartha** commemorative monument, **tuama** tomb

◊ **Cuirfidh mé cloch ar do charn!** It's your funeral!

Carn 2 *v₁ₐ* heap
baig heap; bag, **bailigh** collect, gather, **cladáil** heap, **cnap** heap, **cnuasaigh** hoard, **coc** cock *(hay)*, **cruinnigh le chéile** gather together, **cruach** amass, stack, pile, **cuir i dtaisce** store, **déan can** make a heap/pile, **díolaim** glean, gather, **fóirigh** build up into a stack; face, clamp, **lódáil** load, **luchtaigh** load, **méadaigh** add to, build up, **sluaistrigh** mould, *(potatoes)* earth, **taisc** store; hoard, **tiomsaigh** accumulate, gather up, **ualaigh** load, burden

Carnadh *vn* heaping
baigeadh heaping; bagging, **bailiú** collecting, gathering, **cladáil** heaping, **cnapadh** heaping,

> ■ **Imirt cártaí:** Playing cards:
> **cártaí a roinnt ar na himreoirí**
>   to deal out cards to players
> **cártaí a shuaitheadh**
>   to shuffle the cards
> **cártaí imeartha** playing cards
> **an ceathair spéireata**
>   the four of spades
> **an dó muileata**
>   the two of diamonds
> **an t-aon hart** the ace of hearts
> **an trí triuf** the three of clubs
> **banríon** queen
>   (**an bhanríon** the queen)
> **beiriste** bridge
> **blás** flush
> **blás ríoga** royal flush
> **Cé leis déanamh?**
>   Whose turn is it to deal?
> **cíoná** five of trumps
> **cluiche aonair** solitaire
> **cuireata** jack (**an cuireata** the jack)
> **fear na gcrúb** the joker
> **fuist** whist
> **hart** hearts
> **mámh a chur ar chuireata**
>   to trump a jack
> **mámh** trump
> **muileata** diamonds
> **pócar** poker
> **rí** king (**an rí** the king)
> **rumaí** rummy
> **snap** snap
> **spéireata an mámh** spades are trump
> **spéireata** spades
> **triuf** clubs

cnuasach hoarding, **cocadh** cocking *(hay)*, **cruinniú le chéile** gathering together, **cruachadh** amassing, accumulating, **cur i dtaisce** storing, **déanamh cairn** making a heap/pile, **díolaim** gleaning gathering, **fóiriú** building up into a stack; facing, clamping, **lódáil** loading, **luchtú** loading, **méadú** adding to, building up, **sluaistriú** moulding, *(potatoes)* earthing, **taisceadh** store; hoard, **tiomsú** accumulating, gathering up, **ualú** loading with a burden; burdening

◊ **Tá siad ag ~ airgid.** They are making stacks of money., They are making a mint.

Carntha *pp* heaped
baigthe heaped; bagged, **bailithe** collected, gathered, **cladáilte** heaped, **cnaptha** heaped, **cnuasaithe** hoarded, **coctha** *(hay)* cocked, **cruinnithe le chéile** gathered together, **cruachta** amassed, accumulated, **curtha i dtaisce** stored, **déanta i gcarn** made into a heap/pile, **díolamtha** gleaned, gathered, **fóirithe** built up into a stack; faced, clamped, **lódáilte** loaded, **luchtaithe** loaded, **méadú** added to, built up, **sluaistrithe** moulded, *(potatoes)* earthed, **taiscthe** stored; hoarded, **tiomsaithe** accumulated, gathered up, **ualaithe** loaded, burdened

Carr *m (cairr; ~anna)* car; cart
cairt-gan-chapall horseless carriage, **cairtín** go-kart (cf **rásaíocht chairtíní** go-kart racing), **draigstéar** dragster, **feithicil** vehicle, **feithicil mhórtarghluaiste** motor-driven vehicle, **gliogramán** banger, **gluaisteán** motor car, **jíp** *m* jeep, **limisín** limousine, **limisín sínte** stretch limousine, **mótar** motor, motor car, **stoc-charr** stock car

▲ **~ amfaibiach** amphibious car, **~ armúrtha** armoured car, **~ cábla** cable car, **~ clasaiceach** classic car, **~ comhlachta** company car, **~ eitilte** flying car, **~ hibrideach** hybrid car, **~ le díon bog/infhillte** convertible, **~ leictreach** electric car, **~ rásaíochta** racing car, **~ seanda** antique car, **~ seanré** vintage car, **~ spóirt** sports car, **~ uathghiarála** automatic

Carraig *f (~e; ~eacha)* rock
aill cliff, **art** stone, **boireann** *f* rock; rocky country, **bollán** boulder, **carbal** boulder, **cloch** *f* stone, **creig** *f (~e; creaga)* crag, **eibhear** granite, **gual** coal, **leac** *f* slab, flagstone, **lia** *m* pillar stone, **lia binne** cornerstone, **liag** *f (léige; ~a, ~)* stone; headstone, **liagán** monolith, **mionnán** pointed rock; pinnacle of rock, **moghlaeir** boulder, **scafach** *f* bare patch of rocks, **scairp** escarpment, scarp, **sceilg** steep rock, crag, **scileach** *m* rock that is inclined to flake or crumble, **slinn** thin slab, slate, **speanc** *f (-eince; ~a, ~)* crag, **staca** stack, pinnacle of rock, **stacán** large sharp stone, **starragán** small projection, **starraic** peak, prominence, **starraiceacht** prominence, **starraicín** pinnacle, **starrán** jutting-out rock, **starróg** projecting rock, **tor** tall rock; steep rocky height *(see also: cloch)*

Carráiste *m (~; -tí)* carriage
carr capaill horse-drawn carriage, **cóiste** coach, **feithicil** vehicle, **hansam** hansom cab, **iompar** transport, **vaigín** wagon

Cársán *m (-áin; -áin, ~)* wheeze
asma asthma, **díth anála** breathlessness, **feadán** bronchial wheeze, **giorra anála** shortness of breath, **píobarnach** *f* wheezing, **plúchadh** choking; asthma, **múchadh** suffocation; asthma, **seadán** wheeze, **seordán** wheeze, **srannán** wheeze, rattle, **tachtadh** choking

Cársánach *adj³* wheezy, wheezing
asmach asthmatic, **garbhghlórach** raucous, **gearranálach** short of breath, asthmatic, **geocáilte** wheezy, **grágach** croaking, **píobarnaí** (> *píobarnach*) wheezing, **plúchtach** choking; asthmatic, **múchtach** suffocating; asthmatic, **piachánach** hoarse, **seadánach** wheezy, puffing, **seordánach** wheezing; rustling, **tachtach** choking

Cárta *m (~; ~í)* card
cairt chart, **cairtchlár** cardboard, **mámh** *m (máimh; máite)*, trump card, **páipéar** paper, **scórchárta** scorecard

▲ **~ admhála** acknowledgement card, **~ Aifrinn** Mass card, **~ airgead tirim** cash card, **~ aitheantais (bréige)** (fake) identity card, **~ ATM** ATM card, **~ bainc** bank card, **~ bainise** wedding card, **~ ballraíochta** membership card, **~ beannachta** greeting card, **~ bordála** boarding card/pass, **~ breisithe** top-up card, **~ breithlae** birthday card, **~ buí** *(sp)* yellow card, **~ ciorcad** circuit card, **~ cliste**

Carthanach

smart card, **~ comhéadain** *(comp)* interface card, **~ conláistí** amenity card, **~ creidmheasa** credit card, **~ cúil** card up one's sleeve, **~ cuibheora** *(comp)* adapter card, **~ cuimhne** *(comp)* memory card, **~ cuiridh** invitation card, **~ cuntais** account/ledger card, **~ dea-mhéine** with compliments card, **~ dílseachta** loyalty card, **~ dochair** debit card, **~ fialais** affinity card, **~ gnó** business card, **~ imeartha** playing card, **~ muirir** charge card, **~ Nollag** Christmas card, **~ poist** postcard, **~ scóir** score card, **~ seirbhísí poiblí** public service card

◊ **Tá ~ cúil agam.** I've a card up my sleeve., **Tá an togra iomlán caite i g~í.** The whole initiative has been discarded.

Carthanach *adj³* charitable
altrúíoch altruistic, **atruach** compassionate, **bráithriúil** brotherly, **cairdiúil** friendly, **caoin** gentle, delicate, **cásmhar** (**le**) considerate (to), **ceansa** meek, **ceanúil** fondly loving, **cneasta** mild-mannered, decent, **comhbhách** sympathetic, compassionate, **córtasach** generous; agreeable, **Críostúil** Christian, charitable, **croíúil** with heart, **dáimhiúil** sympathetic, **daonchairdiúil** philanthropic, **daonnachtúil** humane, **dea-chroíúil** good-hearted, **dea-mhéineach** benevolent, **déirceach** charitable, **fial** bountiful, **flaithiúil** generous, hospitable, **grách** loving, beloved, **grámhar** loving, **ionúineach** loving, **lách** affable, kind, **maith** good, **mánla** gentle, gracious, mild, **maránta** benign, gentle, **méiniúil** well disposed, **muinteartha** friendly, **searcúil** loving; lovable, **soghrách** easy to love; loving, **teochroíoch** cordial, **trócaireach** merciful, **truachroíoch** compassionate

Carthanacht *f(~a)* charity
altrúchas altruism, **atrua** compassion (cf **ar bhonn ~** on compassionate grounds), **bráithriúlacht** brotherliness, **cairdiúlacht** friendliness, **caoine** gentleness, **carthain** charity, **cásmhaireacht** consideration, **ceansacht** meekness, **ceanúlacht** affection, **ceartchabhair Dé** charity in distress, **cneastacht** mild-manneredness, decency, **comhbhá** sympathy, compassion, **córtas** generosity; agreeableness, **Críostúlacht** Christian charity, **croíúlacht** cordiality, **dáimhiúlacht** sympathetic, affectionate attitude towards others, **daonchairdiúlacht** philanthropy, **daonnachtúlacht** humaneness, **dea-chroíúlacht** good-heartedness, **dea-mhianach** *m* good intent, mettle, **féile** bountifulness, **déirc** charity, almsgiving, **flaithiúlacht** generosity, hospitality, **grá** love, **grámhaire** lovingness, **láiche** kindness, **láíocht** affability, kindliness, **maitheas** goodness, **mánlacht** gentleness, graciousness, **miochaire** *f* tenderness, kindness, **móireacht** friendliness, **mór** friendliness, **muintearas** friendliness, **páirt** fellowship, affection, **taise** compassion, **teochroí** warm-heartedness, **trua** pity, **trócaire** mercy, **truachroíche** compassion, pity

Cas v_{1a}
1. turn, revolve
athchas turn again, **athraigh treo** change direction, **barriompaigh** turn about, **cuir ag roithleagadh** set revolving, twirling, **cuir ar casadh** set spinning/turning, **cuir thart** send round, **faoileáil** revolve, spin, **faoileáil thart** circle round, **fill** return, **gíoráil** gyrate, **imchas** rotate, **imrothlaigh** revolve; rev, **iompaigh** turn round, **lúb** loop, **roll** roll, **rothlaigh** rotate, gyrate, **sníomh** spin, twirl, **téigh ar ais** go back, **tiontaigh** turn, revolve (eg **fód a thiontú** to turn a sod over), **tiontaigh thart** turn around, **tornáil** zigzag, tack

 ~ (siar) abhaile! Turn (back) home!
 ~ (siar) an leathanach! Turn (back) the page!
 ~ ar dheis ag an acomhal! Turn right at the junction!
 ~ deiseal! Turn clockwise!
 ~ go géar ar chlé! Take a hard left!
 ~ timpeall/thart! Turn round!

2. bend, twist
bain stangadh as wrench, strain, **cadhail** coil, twist, swirl, **caisnigh** curl; frizz, **cam** bend, **claon** slant, slope, **coinbhéartaigh** *(maths)* convert, **crap** draw in, contract, **crom** bow, bend, **cuir casadh i** put a turn in, twist, **cuir cor i rud** put a twist in, twist, **corn** coil, roll, **dual** twine, interlace, **fiar** slant, tilt, **fill** fold, **freang** twist, contort, strain, **gortaigh** hurt, **gruthaigh** curdle, **leon** sprain (eg **murnán a leonadh** to sprain an ankle), **lúb** loop bend, **malartaigh** convert, **piastáil** twist and turn; squirm, **réchas** twist/turn slowly, **tochrais** wind

 ~ an claibín ar oscailt! Unscrew the cap!
 ~ an clog! Wind up the clock!
 ~ an hanla/murlán! Turn the handle/doorknob
 ~ do theanga air sin! Get your tongue round that!
 ~ tharat an seál! Wrap the shawl around you!

3. *(music)* play, sing, sound
abair say, sing, **can** sing, **déan ceol** make music, **gabh (amhráin)** sing (songs), **geoidligh** yodel, **guthaigh** vocalise, **iontonaigh** intone, **seinn** play, **túschan** intone *(see also: **can**)*

 ~ amhrán! Sing a song!
 ~ an t-aláram! Sound the alarm!
 ~ port dúinn! Play us a tune!

4. *(passive)* **~tar ort í/é/iad.** You meet her/him/them.
buail isteach chuig duine drop in (to see) a person, **buail le** meet with, **buail um** meet with, **tabhair cuairt ar** pay a visit to, **tar ar** come across, **teagmhaigh** touch, contact, **téigh ar cuairt chuig** go to visit, **tionóil** assemble

◊ **Chas baile beag sa cheo liom.** I happened upon a small village in the fog., **~adh i bPáras mé uair.** I happened to be once in Paris.

P **~tar na daoine ar a chéile ach ní chastar na cnoic ná na sléibhte!** It's a small world! Well, imagine bumping into you!

Cas ar v_{1a} turn on, start
adhain ignite, kindle, **athbhútáil** *(comp)* reboot, **bútáil** *(comp)* boot, **cuir ag obair** start working **cuir ar siúl** turn on, set in motion, **cuir tús le** start, initiate, **tionscain** initiate, **tosaigh** start

~ **air an ríomhaire!** Start up the computer!
~ **air an solas!** Switch on the light!

Cas as v_{1a} turn off, switch off
báigh quench, drown out, **cuir as** put out, **cuir stop le** put a stop to, stop, **fuaraigh** become cold, cool; fade/die away, **maolaigh** dampen, turn down, **múch** turn off, extinguish, **plúch** shut down, choke, **séid amach** blow out, **stop** stop, **tacht** choke

~ **as an teas!** Switch off the heat!
~ **as an t-inneall!** Turn off the engine!

Cas le v_{1a} blame
beachtaigh *(captiously)* correct, criticise, **cáin** criticise, reproach, **ciontaigh** blame, accuse, **cuir locht ar** fault, find fault with, **cuir milleán ar** blame, **lochtaigh,** find fault, blame

~ **an locht le duine eile!** Blame someone else!
~ **liomsa é mura n-oibríonn sé!** Blame me if it doesn't work!

Cás *m (-áis; ~anna)*
1. *(bag, encasement)* case, cage
bagáiste baggage, **beart** *m (birt; ~a, ~)* parcel, **blaosc** *f* shell, **bosca** box, **boiscín maisiúcháin** compact, **caibinéad** cabinet, **ceanastar** canister, **capsúl** capsule, **cartán** carton, **cartús** cartridge, **cásáil** casing, **cisteog** casket, **cliabhán** cradle, cot; wicker cage, **cliathbhosca** crate, **clúdach** *m* covering; envelope, **cófra** chest, **coimeádán** holder, **faighin** sheath, shell, case, **filteán** folder, **forchlúdach** *m* jacket, covering (eg **forchlúdach leabhair** book jacket), **fráma** frame, **gabhdán** container, **gnó** business, **inteach** *m* sheath, scabbard, **mála** bag; suitcase, **truaill** sheath, **trunc** trunk

▲ ~ **adhmaid** wooden case, ~ **beorach** case of beer, ~**fíona** case of wine, ~ **giotáir** guitar case, ~ **leon** lion's cage, ~ **miotail** metal case, ~ **spéaclaí** spectacle case

2. *(legal or otherwise)* case, situation, instance
beart *m (birt; ~a, ~)* deed, transaction, **cúis** cause, **cúis dlí** lawsuit, **cúis imní** cause of anxiety, **cúram** charge, duty, **eachtra** event, occurrence, **eipeasóid** episode, **scéal** matter, story, **suíomh** situation, **teagmhas** incident, **tarlú** happening

▲ ~ **achrannach** tricky situation, ~ **áititheach** convincing case, ~ **an ionchúisimh/an chosanta** case for the prosecution/the defence, ~ **aonair** isolated case, ~ **ar feitheamh** pending case, ~ **ar leith** special case, ~ **bás nó beatha** life or death situation, ~ **bréagaitheanta** case of mistaken identity, ~ **coiriúil** criminal case, ~ **cúirte** court case, ~ **dlí** legal case, ~ **dúnmharfa** murder case, ~ **éignithe** rape case, ~ **gan** **réiteach** unsolved case, ~ **idir eatarthu** borderline case, ~ **íogair** taut/tense situation, ~ **le dealramh** arguable case, ~ **láidir** strong/convincing case, ~ **míchlúiteach** notorious case, ~ **sibhialta** civil case

◊ **Bhí an ~ caite amach.** The case was dismissed., ~ **ar chás** on a case-by-case basis, **Cuirimis i g~ gurb amhlaidh seo.** Let's suppose that this is so., **i g~anna eile** in other cases, **i ngach ~** in every case, in all cases, **Is trua an ~ é!** Pity!, Tough!, **Is trua liom do chás!** I'm sorry about the situation you are in., *(funeral)* I'm sorry for your trouble!, **más é sin an ~** if this is the case, **Ní hionann an ~ é.** It's not the same., **Níl ~ ná cúram orthu.** They haven't a care in the world., **sa chás seo** in this situation, **sa chás is fearr** in the best-case scenario, **sa chás is measa** in the worst-case scenario, **sa chéad chás** in the first instance

Casadh *vn* turn, bend; turning bending, revolving; *(music) playing*
athrú change, **athchasadh** turning again, **barriompú** turning about, **bóthar ar clé/deis** road to the left/right, **bualadh** meeting, **caidhleadh** swirling, turning, driving (eg **caidhleadh sneachta** driving snow), **cáineadh** reproaching, **coinbhéartú** *(maths)* converting, **cor** twist, turn, **deileadh** turning on a lathe, **gíoráil** gyration, **caisirnín** *(in wire)* twist, kink, **caisniú** curling; frizzing, **caismirneach** *f* torsion, twists, **camadh** bending, **canadh** singing, **ciorclú** circling, **claonadh** incline; bias, tendency, **coirnéal** corner, **cor** twist, turn, **cromadh** bending over, **cuar** curve, **éirí** arising, **fiaradh** tilting, slanting, **fiarlán** zigzag (cf **fiarlán a dhéanamh** to zigzag), **filleadh** folding, wrapping; returning, **freangadh** contortion, strain, **gruthú** curdling, **guairne** *f* spin, **imchasadh** *(mec)* rotating, rotation, **imrothlú** revolving, revving, **iompú** turning around, **leanúint timpeall** following round, **luascadh** swinging, **lúb** *f (lúibe; -a, ~)* loop, bend, **lúbadh** twisting, bending, **malartú** converting, **réchasadh** twisting/turning slowly, **rothlam** spinning, **sclóin** swivel (cf **cathaoir sclóine** swivel chair), **seinm** playing, **saobhadh** perversion, distortion, **sódh** *m (sóidh)* turning, *(of events)* changing, **spinéireacht** *(fishing)* spinning, **tiontú** translating; turning, revolving, **tochras** winding, **tornáil** zigzagging, tacking, **treocht** *f* tendency, **uillinn** angle

Casacht *f(~a)* cough
casachtach *f (-taí)* coughing, **déanamh casachta** coughing, **dinglis sa scornach** tickle in the throat, **plobarnach** *f* spluttering, **putha patha** incessant coughing, **triuchaíl** coughing convulsively

Casta
1. *adj[6]* complex, complicated
achrannach intricate, involved, **aimpléiseach** complicated, **caisnithe** curled; frizzed, **cnapánach** lumpy, gnarled, **coimpléascach** complex, **contráilte** perverse, **crua** hard, **deacair** difficult, **doiligh**

Castacht

difficult, **doréitithe** insoluble, **doscaoilte** unyielding, irresolvable, **dothuigthe** abstruse, **duaisiúil** distressingly laborious, **duamhar** trying, demanding, **dúrúnda** enigmatic, **fadharcánach** knotted, gnarled, **fadhbach** problematic, **forránach** formidable, **ilchasta** elaborate, **maslach** gruelling, punishing, **mearaithe** (> **mearú**) perplexing, **mearbhlach** bewildering, **réchasta** twisted/turned slowly, **saothrach** laborious, **snaidhmeach** knotty

2. *pp* turned, bent

athchasta turned again, **barriompaithe** turned about, **buailte le** met with, **cáinte** reproached, **camtha** bent, **ciorclaithe** circled, **claonta** inclined; biased, **coinbhéartaithe** *(maths)* converted, **cortha** twisted, turned, **cromtha** bent over, **cuartha** curved, **deilte** turned on a lathe, **fiartha** tilted, slanted, **fillte** folded, wrapped; returned, **griothaithe** curdled, **imchasta** *(mec)* rotated, **imrothlaithe** revolved, **iompaithe** turned around, **leanta timpeall** followed round, **luasctha** swung, **lúbtha** twisted, bent, **malartaithe** converted, **tiontaithe** turned, revolved; translated, **tochrasta** wound, **tornáilte** zigzagged, tacked

3. *pp* played, sung

canta sung, **ráite** said; sung, **geoidlithe** yodelled, **guthaithe** vocalised, **iontonaithe** intoned, **seinnte** *(mus)* played

Castacht *f (~a)* complexity, difficulty

achrann strife, **achrannaí** intricateness, **aimhréidh** entanglement, **aimpléis** trouble, **aimpléiseacht** troublesomeness, **aincheist** dilemma, **bac** block, **bráca** hassle, distress, **cniotáil** intricacy, complexity; knitting, **coimpléascacht** complexity, **contráilteacht** perversity, **cosc** hindrance, **crá** torment, tribulation, **cruachás** plight, **cruacht** hardness, **cruas** hardness, **doilíos** difficulty, **doréititheacht** insolubility, **doscaoilteacht** indissolubility, **dothuigtheacht** incomprehensibility, **dua** difficulty, **dris chosáin** stumbling block, **fadhb** problem, **faileog** hiccup, **fudairnéis** mix-up, confusion, **gabhlánacht** complexity, convolutedness, **mearú** confusion, **mearbhall** bewilderment, **pioláid** torment, **ponc** difficult spot **riteacht** tautness, tightness, **scrupall** scruple, **snag** hiccup, **snaidhm** knot, **sofaisticiúlacht** sophistication, **spota** spot, **tranglam agus tarraingt tríd** bustle and confusion, **trioblóid** trouble

Casúr *m (-úir; -úir, ~)* hammer

ord sledgehammer, **dingire** light hammer; wedging implement, **máilléad** mallet, **plancord** drop hammer, **tuairgnín** pestle, mallet

Cat *m (cait; cait, ~)* cat

caitín small cat, **féilíneach** *m* feline, **fia-chat** wildcat, **mothchat** tomcat, **piscín** kitten, **polchat** polecat, **puis-puis** puss-puss, **puisín** pussycat, **toghán** polecat, **tíogar** tiger *(see also: ainmhí)*

▲ ~ **breac** turncoat, traitor, ~ **coille** polecat, ~ **fiáin** wild cat, ~ **mara** catfish; catastrophe

◊ **Cén ~ mara a thug anseo thú?** What calamity brought you here?, **Is ~ breac é.** He's a turncoat., **Ná habair ~ bán ná ~ dubh leis!** Don't say anything to him; he's just looking for any excuse.

○ **Cat Mara** *Sea Cat* – legendary sea monster that brings catastrophe in its wake. There are numerous expressions that evoke the image of this mythical beast, such as: **Cén cat mara a thug anseo thú?** What the devil brought you here?, **Cad é an cat mara atá ar an gcistin nua anois?** What's the latest catastrophe with the new kitchen?, **Is cat mara ceart í dar leis na páistí.** She's a real ogre according to the children., **Tá an cat mara ar an tionscadal sin ar fad.** That project is totally jinxed.

Cath *m (~a; ~anna)* battle

achrann strife; quarrelling, **caismirt** din, commotion, conflict, **cogadh** war, **cogaíocht** hostilities, **coimheascar** struggle, confused scuffle, **coimhlint** struggle, conflict, **comhlann** *m (-lainn, -lainn, ~)* contest, fight, **comhrac** encounter, contest, sparring, **conspóid** dispute, **crosáid** crusade, **fogha (faoi)** attack (on), **gleic** engagement, **gleo** fray, combat, **imreas** strife, discord, **ionsaí** *m* attack, **sáraíocht** disputing, contending, **scainnear** *f (-nnre; -nnreacha)*, battle, rout, **scirmis** skirmish, **sníomh le** striving with, struggling with, **spairn** contention, fight, **streachailt** struggle, **treas** combat, battle, **troid** *f (troda; ~eanna)* fight, **tulchath** full frontal assault; fierce battle *(see also: troid)*

▲ **culaith chatha** battledress, armour, **gáir chatha** battle cry, **gairm chatha** call to arms, **líne chatha** battle line, **páirc an chatha** battle field, **tua ~a** battle axe, tomahawk

Cathaigh *v₂ₐ* tempt

bladair cajole, **bréag** lure, entice, **broid** goad, prod, **brúigh** hustle, **canbhasáil** canvass, **caoch** bedazzle, overwhelm, **cealg** deceive, **dall** dazzle, mesmerise, **hiopnóisigh** hypnotise, **meall** entice, allure, seduce, **mearaigh** derail from reality, **meidhrigh** confuse, **saighid** incite, **siabhair** delude, derange; enchant, bewitch, **tarraing** attract, **tathantaigh ar** coax, **tiomáin** drive *(see also: meall)*

Cathair *f (-thrach; -thracha)* city

ardchathair metropolis, **baile** *m* hometown; home, **baile mór** town, **ceannchathair** *f* large city, metropolis, **ollchathair** *f* megalopolis, **príomhchathair** *f* capital city

Cathaithe *pp* tempted

bladartha cajoled, **bréagtha** lured, enticed, **broidte** goaded, prodded, **brúite** hustled, **canbhásáilte** canvassed, **caochta** bedazzled, overwhelmed, **cealgtha** deceived, **dallta** dazzled, mesmerised; blinded, **hiopnóisithe** hypnotised, **meallta** enticed, allured, seduced, **mearaithe** derailed from reality, **meidhrithe**

Cathaoir *f (~each; ~eacha)* chair
binse bench, **mála pónairí** beanbag, **pónaireán** beanbag, **ríchathaoir** throne, **saoisteog** low soft seat, poof, **stól** stool, **suí** seat, **suíochán** seat, **suíocháin** *mpl* seating, **tolg** sofa

▲ ~ **an Spéicéara** Speaker's Chair, ~ **bhog** easy chair, ~ **bhreithiúnais** seat of judgment, ~ **chábla chairlift**, ~ **champála** camping chair, ~ **chaolaigh** wicker chair, ~ **chúl-ard** high-backed chair, ~ **dheice** deckchair, ~ **easpaig** bishop's throne, ~ **ghuagach** wobbly chair, ~ **leathair** leather chair, ~ **leictreach** electric chair, ~ **leithris** commode, ~ **luascáin** rocking chair, ~ **oifige** office chair, ~ **ríoga** royal seat, ~ **rothaí (fhéinghluaiste)** (self-motorised) wheelchair, ~ **sclóine** swivel chair, ~ **shócúil** comfy chair; easy chair, ~ **shuaimhnis ghréine** sun lounger, ~ **shúgáin** sturdy hemp rope or straw woven seat, ~ **staighre** stairlift, ~ **uilleach/uileann** armchair

◊ **Ní ~ mar a tuairisc í an mháistreás nua.** The new (school) mistress doesn't live up to her reputation.

Cathartha *adj⁶* civil, civic
áitiúil local, **an bhaile mhóir** *(> an baile mór)* town, **baile** home, **bardais** *(> bardas)* corporation, **bardasach** municipal, **cathrach** *(> cathair)* city, **pobail** *(> pobal)* communal, **poiblí** public, **sibhialta** civil, **stáit** *(> stát)* state, **uirbeach** urban

Cathú *vn*
  1. tempting, temptation
an rud atá crosta the thing that is forbidden, **baoite** bait, **bladaireacht** coaxing, **bladar** cajoling, **breab** *f* bribe, **bréagadh** luring, enticing, **broideadh** goading, prodding, **brú** hustling, pressurising, **canbhasáil** canvassing, **caochadh** bedazzling, overwhelming, **cealgadh** deceiving, **cluain** *f* allurement, lure, **dalladh** dazzling, mesmerising; blinding, **draíocht** enchanting, bewitching; fascination (cf **bheith faoi dhraíocht ag rud éigin** to be deeply fascinated by something), **gaiste** snare, **hiopnóisiú** hypnotising, **meallacacht** beguilement, **mealladh** enticing, alluring, seducing, **mearú** derailing from reality, **meidhriú** confusing, **pláibistéireacht** blandishments, **saighdeadh** inciting, **siabhradh** deluding, deranging; enchanting, bewitching, **tarraingt** attracting, **tathantú ar** coaxing, **teimtéisean** *(ecc)* temptation, **tiomáint** driving, **úll na haithne** forbidden fruit

◊ **Ba mhór an ~ é.** It was a great temptation. **cathuithe na colainne** the temptations of the flesh, **Ná lig sinn i g~!** Do not lead us into temptation!

  2. regret, sorrow
aiféala regret, **brón** sorrow, **buaireamh coinsiasa** troubled conscience, **doilíos** remorse, **dólás** ruefulness, **gruaim** despondency, gloom, **mairg** woe, **náire** shame, **scrupaill choinsiasa** pricks of conscience *(see also: aiféala)*

◊ **Tá ~ mo chroí orm faoinar tharla.** I profoundly regret what happened., **Is beag dá chathú atá uirthi faoi.** She is not sorry in the least about it.

Ceacht *m (~a; ~anna)* lesson; *(sch)* exercise
aclaíocht exercising, limbering up, **aifirt** admonishment, rebuke, **cáineadh** censure, **casaoid** reprimand, **ceartú** correction, amendment, **cleachtadh** practice, **comhairle** advice, **cuspa** model, **druil** drill, **eiseamláir** example, **iomardú** reproach, **iombhagairt** *(mil)* deterrent, **laisín** lesson; school banter, **léacht** lecture, **léamh** reading, **leasú** amendment, **lochtú** fault finding, **múineadh** teaching; moral, **múinteoireacht** teaching, **obair bhaile** homework, **oiliúint** training, **praitic** praxis, **rabhadh** warning, admonition, **rang** class, **rang praiticiúil** practical, **rangú** classifying, **samhail** *f (-mhla)* model, **sampla** sample, **scolaíocht** schooling, **seimineár** seminar, **staidéar** study; *(sch)* prep, **tasc** task, **tascmhodh** assignment, **teachtaireacht** message, **teagasc** tutorial, tutorage, **tionscadal** assignment, **traenáil** training, coaching

Cead *m (~a; ~anna)*
  1. permission; permit
an solas glas the green light, **aontú** consent, **boigiméis** indulgence, **beannacht** blessing; approval (cf **Fuair sé beannacht a mháthar.** He got his mother's approval.), **caolchead** sufferance, **ceadú** allowing, approval, **ceadúnas** licence, permit, **deoin** free choice, **deonú** granting, grant, consent, **díolúine** exemption, **dispeansáid** dispensation, **fulaingt** sufferance, **géilleadh (do)** yielding, giving in (to), **ligean** letting, freedom to act, **saoirse** *f* freedom, liberty, **saorchead** full permission, **sástacht** satisfaction, approval, **séala formheasa** seal of approval, **toil** will, consent, **toiliú** assent, assenting, **údarú** authorisation

  2. **gan chead** not permitted, prohibited
gan údarás without authorisation, **ar neamhchead** without permission, **cosctha** barred, **neamhcheadaithe** not permitted, prohibited, **neamhúdaraithe** unauthorised

▲ ~ **mo chinn** permission to do as I will, ~ **imeartha** permission to play, ~ **oibre** permit/permission to work, ~ **pósta** permission to get married, ~ **raide** permission to run wild, ~ **scoir** permission to leave, ~ **staidéir** permission to study, ~ **taistil** travel permit

◊ **ar ~** on leave, **Bíodh a g~ acu!** Let them do as they want!, ~ **an diabhail aige!** Let him go to blazes!, **i g~ duit** with due respect, **Tá ~ mo chos agus mo chroí agam.** I'm footloose and fancy-free., **Tugadh ~ mo chinn dom.** I was allowed to do as I wanted., **Tugann sé cead raide do na leanaí.** He lets the children run riot.

Ceadaigh

Ceadaigh v_{2a} permit
aontaigh le agree to, **broic le** tolerate, **bronn dispeansáid ar** award a dispensation to, **ceadúnaigh** licence, **cúlcheadaigh** connive, **déan dleathach** make legal, **deonaigh** grant, **dlisteanaigh** legalise, **eadóirsigh** naturalise, **faomh** approve, **foighnigh** bear with, be patient with, **formheas** approve, **fulaing** suffer, tolerate, **géill do** yield, give in to, **glac le** accept, **lamháil** allow, permit, **leomh do** allow, **lig do** let, allow, **lig le** allow, **reachtaigh** decree; sanction (eg **Reachtaíodh cead trádála an channabais**. Trading permission for cannabis was sanctioned.), **scaoil** release, let free, **seas** endure, **seas le** stand by, **tabhair an solas glas do** give the green light to, approve, **tabhair cead do** give permission to, **tabhair díolúine** give an exemption, **tabhair do bheannacht ar** give your blessing (to), sanction, approve, **tabhair údarás do** give authorisation to, **tacaigh le** support, **toiligh le** consent to, **údaraigh** authorise

Ceadaithe *pp* permitted, allowed
ceadúnaithe licenced, **cúlcheadaithe** connived, **deonaithe** granted, **eadóirsithe** naturalised (cf **saoránach eadóirsithe** naturalised citizen), **faofa** approved, **foighnithe** having shown patience with, **formheasta** approved, **fulaingthe** suffered, tolerated, **géillte (do)** yielded, given in (to), **glactha** accepted, **lamháilte** allowed, permitted, **leofa** allowed, **ligthe (do)** let, allowed, **reachtaithe** decreed; sanctioned, **scaoilte** released, set free, **seasta** withstood, endured, **seasta le** having stood by, **tacaithe le** supported, **toilithe (le)** consented (to), **údaraithe** authorised

Ceadú *vn* permitting, allowing
ceadúnú licensing, **cúlcheadú** conniving, **deonú** granting, **faomhú** approving, **foighneamh** being patient, **formheas** approving, **fulaingt** suffering, tolerating, **géilleadh (do)** yielding (to), giving in (to), **glacadh le** accepting, **lamháil** allowing, permitting, **leomhadh do** allowing, **ligean (do)** letting, allowing, **ligean le** allowing, **reachtú** decreeing; sanctioning, **scaoileadh** releasing, letting free, **seasamh** withstanding, enduring, **seasamh le** standing by, **tabhairt cead do** giving permission to, **tabhairt díolúine do** giving an exemption, **tabhairt do bheannacht ar** giving your blessing to, **tabhairt údarás do** giving authorisation to, **tacú le** supporting, **toiliú (le)** consenting (to), **údarú** authorising

Ceadúnas *m (-ais; -ais, ~)* licence, permit
barántas warrant, **cairt** *f (~e; ~eacha)* charter, **carte blanche** carte blanche, **cárta slándála** security card, **cead** permission, **ceadú** allowing, **ceart** right, **dispeansáid** dispensation, **teastas** certificate, **díolúine (ón ionchúiseamh)** immunity (from prosecution), **logha** *m (hist, rel)* indulgence, **neamhspleáchas** independence, **pas** pass, passport, **pribhléid** privilege, **saoirse** *f* freedom, **teideal** entitlement, **údarás** authorisation

Ceal *m (~)* lack, want
éagmais absence, longing, lack, **easnamh** deficiency, deficit, **easpa** lack, **díth** want, lacking, need, **gá** need, **ganntanas** shortage, insufficiency, **ganntar** need, **gátar** need, **íonais** lack, want *(see also: easpa)*

▲ *(pol)* **~chultúr** cancel culture

Cealaigh v_{2a} cancel; remove, get rid of
aimridigh sterilise, **bain (amach)** remove, **cuir ar athlá** postpone, **cuir ar ceal** cancel; abolish, **cuir ar neamhní** annul, **cuir deireadh le** put an end to, **cuir stad/stop le** put a stop to, **díbir** banish, **díchoimisiúnaigh** decommission, **díchóimeáil** dismantle, **díchorónaigh** dethrone, **díscaoil** dissolve, **dóigh** burn, **dún** close, **fág** leave, **gearr** cut, **giorraigh** curtail, **glan** clean, cleanse, **leachtaigh** liquify, **leag (síos)** knock (down), **leáigh** melt, **maraigh** kill, **neamhnigh** annul, **rois** unravel, **síog** cancel, stroke out, **stad/stop** stop, **stoith** extract, **taithmhigh** annul, dissolve, **tarraing** pull, **tarraing as** pull out, **tóg** take, **tóg as** remove, take out, **tuaslaig** dissolve

Cealaithe *pp* cancelled; removed, gotten rid of
aimridithe sterilised, **bainte (amach)** removed, **curtha ar athlá** postponed, **curtha ar ceal** cancelled; abolished, **curtha ar neamhní** annulled, **curtha deireadh le** put an end to, **curtha stad/stop le** put a stop to, **díbeartha** banished, **díchoimisiúnaithe** decommissioned, **díchóimeáilte** dismantled, **díchorónaithe** dethroned, **díscaoilte** dissolved, **dóite** burnt, **dúnta** closed, **fágtha** left, **gearrtha** cut, **giorraithe** curtailed, **glanta** cleaned, cleansed, **leachtaithe** liquified, **leagtha (síos)** knocked (down), **leáite** melted, **maraithe** killed, **neamhnithe** annulled, **roiste** unravelled, **síogtha** cancelled, stroked out, **stadta/stoptha** stopped, **stoite** extracted, **taithmhithe** annulled, dissolved, **tarraingthe as** pulled out, **tógtha** taken, **tógtha as** removed, taken out, **tuaslagtha** dissolved

Cealg 1 *f (ceilge; ~a, ~)*
1. deceit, treachery
caimiléireacht duplicity, crookedness, deception, **claonbheart** underhand trick, deceitful act, **cleasaíocht** trickery, **cluain** deception, dissimulation, **cluanaireacht** deceitfulness, **comhcheilg** conspiracy, **drochobair** mischief, **feall** treachery, **gliceas** cunning, **imreas** mischief, troublemaking, **oilbheart** evil deed, **plota** plot, **plotaireacht** plotting, **uisce faoi thalamh** conspiracy, treacherous scheming

2. sting
cealgadh stinging, **daigh** *f (~e; daitheacha)* jabbing pain, (eg **daigh éada** sting of jealousy), **dó (neantóige)** sting (of a nettle), **greadfach** *f* stinging, smarting (eg **greadfach sna súile** stinging of the eyes), **greim** bite (eg **greim dreancaide** flea bite), **goineog (neantóige)** sting (of a nettle), **ga (nathrach)** sting (of a snakebite), **goimh** sting (eg **goimh a cuid cainte** the sting of her

Cealg

words), **loscadh** sting (eg **loscadh na fuipe** the sting of the whip), **ruibh** venom, sting, **snáthaid** *f* needle, sting (eg **snáthaid na haithrí** sting of remorse)

Cealg 2 *v₁ₐ*
  1. beguile, allure
beophian tantalise, **bréag** lure, entice, **cuir cluain ar** entice, deceive, **meabhlaigh** deceive; shame, **meall** seduce, entice, **siabhair** bewitch, delude, enchant; derange, **tarraing** attract
  2. sting
bain greim as bite, **beoghoin** hurt to the quick, **broid** goad, prod, **cailg** sting; bite, **gathaigh** sting, **giob** peck, **pian** pain, **prioc** prick, bite, **sáigh** stab

Cealgach *adj³* stinging; guileful, treacherous
béalchráifeach sanctimonious, **binbeach** vitriolic, sharp, venomous, **braiteach** treacherous, **calaoiseach** fraudulent, underhand, **claonbheartach** underhand, treacherous, **cluanach** deceitful, flattering, **cúinseach** wily, tricky, **daigheartha** jabbingly painful, **fealltach** perfidious, treacherous, **gathach** having a sting, **goimhiúil** biting, **greadánach** stinging, smarting, **grodach** sharp, biting, **fealltach** treacherous, **feillbheartach** treacherous, **loiscneach** stinging, **meabhlach** deceitful, deceptive, **mealltach** beguiling, deceptive, **nathartha** snakelike, serpentine, **neantúil** nettle-like, stinging, **nimhneach** venomous, **sionnachúil** foxy, foxlike, **slíocach** cunning, sleek, **tréatúrtha** traitorous

Cealgadh *vn*
  1. beguiling, alluring
beophianadh tantalising, **bréagadh** luring, enticing, **cur cluain ar** enticing, deceiving, **meabhú** deceiving; shaming, **mealladh** seducing, enticing, **siabhradh** bewitching, deluding, enchanting; deranging, **tarraingt** attracting
  2. stinging
baint greim as biting, **beoghoin** hurting to the quick, **broideadh** goading, prodding, **cailgeadh** stinging; biting, **gathú** stinging, **giobadh** pecking, **pianadh** paining, **priocadh** pricking, biting, **sá** stabbing

Cealgtha *pp*
  1. beguiled, allured
ar ar cuireadh cluain enticed, deceived, **beoghonta** tantalised, **bréagtha** lured, enticed, **meabhlaithe** deceived; shamed, **meallta** seduced, enticed, **siabhartha** bewitched, deluded, enchanted; deranged, **tarraingthe** attracted
  2. stung
as ar baineadh greim bitten, **broidte** goaded, prodded, **cailgthe** stung; bitten, **gathaithe** stung, **giobtha** pecked, **pianta** pained, **prioctha** pricked, bitten, **sáite** stabbed

Cealú *vn* cancelling, cancellation; removal
aimridiú sterilising, **baint (amach)** removing, **cur ar athlá** postponing, **cur ar ceal** cancelling; abolishing, **cur ar neamhní** annulling, **cur deireadh le** putting an end to, **cur stad/stop le** putting a stop to, **díbirt** banishing, **díchoimisiúnú** decommissioning, **díchóimeáil** dismantling, **díchorónú** dethroning, **díscaoileadh** dissolving, **dó** burning, **dúnadh** closing, **fágáil** leaving, **gearradh** cutting, **giorrú** curtailing, **glanadh** cleaning, cleansing, **leachtú** liquefying, **leagan (síos)** knocking (down), **leá** melting, **marú** killing, **neamhniú** annulling, **roiseadh** unravelling, **síogadh** cancelling, striking out, **stad/stopadh** stopping, **stoitheadh** extracting, **taithmheach** annulling, dissolving, **tarraingt as** pulling out, **tógáil** taking, **tógáil as** removing, taking out, **tuaslagadh** dissolving

Ceangail *v₂c* tie, fasten, connect, join
aontaigh unite, **athcheangail** refasten, reconnect, **beangaigh** graft, **boltáil** bolt, **búcláil** buckle, **calaigh** berth (cf **long a chalú** to berth a ship), **clampáil** clamp, **comáil** tie together, **comhcheangail** coalesce, bind together, join, **craplaigh** fetter, **cuibhrigh** fetter, bind, **cuingigh** yoke, pair, **cuingrigh** yoke, pair, **cuir faoi ghlas** lock, **cuir laincis ar** shackle, **cuir i ngeimhle** put in chains, **cuir le chéile** put together, **cúpláil** *(mec)* coupling; copulating, **déan ceangal le** tie (up) with, **dísigh** pair, **docht** bind securely, tighten, **dún** fasten, close, **druid** shut, **éirigh i do bhall de chlub** join a club, **fáisc** bind closely, **feistigh** moor; secure, **foriaigh** fasten in front, **fuaigh** sew, **gaibhnigh** tie tightly, **giortáil** gird, **glaeigh** glue, **geimhligh** shackle, chain, **glean** *(lit)* stick, adhere, **iarnaigh** put in irons/in fetters, **liostáil** enlist, **múráil** *(boat)* moor, **nasc** link, join, **pionnáil** pin, **scarshiúntaigh** splice, **séalaigh** seal, **seamaigh** rivet, **smachtaigh** restrain, **snaidhm** knot, **spladhsáil** splice, **sreangaigh** wire, **stápláil** staple, **strapáil** strap, **tairneáil** nail, **táthaigh** weld, solder; coalesce, **triantánaigh** triangulate, **trusáil** truss (cf **sicín a thrusáil** to truss a chicken)

Ceangailte *pp* tied
aontaithe united, **ar múráil** *(boat)* moored, **athcheangailte** refastened, reconnected, **beangaithe** grafted, **boltáilte** bolted, **búcláilte** buckled, **calaithe** berthed, **clampáilte** clamped, **comáilte** tied together, **comhcheangailte** coalesced, bound together, joined, **craplaithe** fettered, **cuibhrithe** fettered, bound, **cuingithe** yoked, paired, **cuingrithe** yoked, paired, **cúpláilte** *(mec)* couple; copulated, **curtha faoi ghlas** locked, **curtha i ngeimhle** chained, put in chains, **curtha le chéile** put together, **dísithe** paired, **druidte** shut, **dochta** bound securely, tightened, **dúnta** fastened, closed, **fáiscthe** bound closely, **faoi laincisí** shackled, **feistithe** moored; secured, **foriata** fastened in front, **forluite** overlapped, **fuaite** sewn, **gadráilte** strung together with withes, **glaeite** glued, **geimhlithe** shackled, chained, **nasctha** linked, joined, **scarshiúntaithe** spliced, **séalaithe** sealed, **seamaithe**

Ceangal 143 **Ceann**

riveted, **smachtaithe** restrained, **snaidhmithe** knotted, **spladhsáilte** spliced, **sreangaithe** wired, **stápláilte** stapled, **tairneáilte** nailed, **táthaithe** welded, soldered; coalesced, **triantánaithe** triangulated, **trusáilte** trussed

Ceangal *vn* tying, tie, connecting, connection
aontas union, **aontú** unifying, unification, **athcheangal** refastening; reconnecting, **baint** relating, connection, **beangú** grafting, **boltáil** bolting, **braighdeanas** bondage, **búcláil** buckling, **caidreamh** friendship, relationship, **calú** berthing (cf **calú loinge** berthing a ship), **clampa** clamp, **clampáil** clamping, **comáil** tying together, **comhcheangal** (**smaointe**) association (of ideas), **comtháthú** integrating, cohesion, coalescence, **comhcheangal** coalescing, binding together, joining, **craplú** fettering, **cuibhriú** binding, **cuingiú** yoking, pairing, **cuingriú** yoking, pairing, **cumann** association, **cúpláil** *(mec)* coupling; copulating, **déanamh ceangal le** tying (up) with, **dísiú** pairing, **dochtadh** binding securely, tightening, **dornaisc** *mpl* handcuffs, **feistiú** securing, **forluí** overlapping, overlap, **foriamh** fastening in front; *(jur)* foreclosure, **gaol** relation, **glae** glue, **geimheal** *f* *(-mhle)* fetter, shackle, **geimhliú** shackling, chaining, **glais lámh** handcuffs, **greamachán** adhesive, **greamán** adhesion, **laincis** fetter, **nasc** clasp; tie, **páirtíocht** association, partnership, **scarshiúntú** splicing, **séala** seal, **séalú** sealing, **seamsacht** riveting, nailing, clinching, **smacht** control, **spladhas** splice, **spladhsáil** splicing, **sreangú** wiring, **stápláil** stapling, **táthcheangal** close binding, **táthú** welding; soldering, **triantánú** triangulating, **trusáil** trussing, **uaim** *f* *(uama)* seam, **uaithne** *m* junction, union

Ceann *m (cinn; cinn, ~)*
1. *(human, animal)* head
aghaidh face, **blagaid** bald head, **blaosc** *f* skull, **cloigeann** head, **coróin** *f (-ónach; ónacha)* crown, **cráiniam** cranium, **plaicide** skull, head, **plait** pate, scalp, noggin

▲ ~ **cipín** airhead, birdbrain, ~ **faoi** head lowered, downcast; ashamed, ~ **gruaige** head of hair, ~ **san aer** head high

◊ **Baineadh an ~ den rí.** The king was beheaded, ~ **nó cruit?** Heads or tails?, **Chrom mé mo cheann.** I bowed my head., **Is beag nár léim an dá shúil as mo cheann.** The eyes nearly popped out of my head.

2. *(mind, brain)* head
aigne mind, **aithne** conscious awareness, **ciall** *f* sense, **cumas intinne/meabhrach** mental abilty, **éirim aigne** intelligence, **inchinn** brain, **intinn** mind, **meabhair** mind, intellect, awareness, **meanma** mind, thought, **meon** mentality, **siosmaid** common sense, **sícé** psyche, **intleacht** intellect, **réasún** reason, **tuiscint** understanding

▲ ~ **fada** ability to see ahead (cf **Tá ~ fada uirthi.** She is far-seeing), ~ **stuama** level head

◊ **cuimhní cinn** memoirs, **Glanadh gach rud as mo cheann ar fad.** My mind went completely blank., **Fuair sí an ~ is fearr air.** She outwitted him., **Níor chaill sé a cheann.** He didn't lose his head., **Tá ~ críonna uirthi.** She has a good head on her shoulders., **Tá smaoineamh tar éis teacht i mo cheann.** A thought has just occurred to me., **Thug tú i mo cheann é.** You reminded me of it.

P **Is fearr dhá chloigeann ná ~.** Two heads are better than one. **Ní féidir ceann críonna a chur ar ghuaillí óga.** You can't put an old wise head on young shoulders.

3. *(leader, chief)* head
aire *m (pol)* minister, **an duine i gceannas** the person in charge, **an Taoiseach** *m* the prime minister of the Republic of Ireland, **ardghinearál** generalissimo, **ardmháistreás** *f (~a)* headmistress, **ardmháistir** *m* headmaster, **ardmhaor** chief steward, **ardmháta** chief mate, **ardmhéara** lord mayor, **ardrí** high king, **ardtiarna** overlord, **bainisteoir** manager, **ceannaire** head, leader, **ceannasaí** commander, controller, **ceannfort** commander, **cinnire** prefect, guide; team leader, **cioná** chief, champion; *(cards)* five of trumps, **feitheoir** superintendent, **flaith** *m (-atha; -atha)* prince, **mál** *(lit)* prince, noble, **maor** supervisor, *(school)* prefect, **méara** mayor, **príomh-aire** prime minister, **príomhoide** principal, **saoiste** boss, foreman, **seansailéir** chancellor, **stíobhard** steward, **stiúrthóir** director, **taoiseach** *m* chieftain, **treoraí** guide, **triath** *(lit)* lord, chief, **uachtarán** president, **urgharda** vanguard, **urlámhaí** controller *(see also: uachtarán)*

▲ ~ **Comhairle** Speaker of the House/ Dáil, ~ **feadhna** leader, pack leader, ringleader, ~ **foirne** team leader, ~ **roinne** head of department, ~ **teaghlaigh** head of household

◊ **Ise an ~ feadhna ar gach uile rud.** She's the brains behind it all.

4. *(forward motion)* heading, frontal direction
aghaidh face, **dul ar aghaidh** advancing, **éadan** forehead, **éadanas** frontage, *façade* façade, **líne thosaigh** front line, **tosach** *m* front

▲ **barrsheol cinn** *(naut)* fore-topsail, **beangán cinn** *(agr)* header, **bialann chinn** *(naut)* forward mess, **cábán cinn** forward cabin, **gaoth chinn** headwind, **ionad cinn** *(sp)* pole position, **seol cinn** *(naut)* jib

◊ ~ **ar aghaidh** headlong, ~ **a chur ar an obair** to start the work, **chun an ~ a bhaint den scéal** to get the ball rolling, to get started, **céimeanna móra chun cinn** big steps forward, **dul chun cinn** progress, progressing, **gluaiseacht chun cinn** moving forward, **uair a chloig chun cinn** an hour ahead

5. head of object, top/roof
adharc *(of an anvil, anchor, etc.)* peak, **airde** height, **airdeacht** high ground, **ard** top part; top, **ardán** raised area, platform, stage, **bailchríoch** *f (-chríche; ~ a, ~)* culmination, **barr** top, **buaic** zenith, crest, **buaicphointe** climactic point, acme, **cíor** *f (círe; ~a, ~)* crest, **díon** roof, **mullach** *m* summit, **tosach** *m* front, fore; start, **tús** beginning start, **uachtar** upper part; cream

▲ **~ an bhoird** top of the table, **~ an ranga** head/top of the class, **~ an staighre** top of the stairs, **~ bioráin** head of a pin, **~ casúir** head of a hammer, **~ tairne** head of an nail, **~ tíre** headland, **~ tuí** thatched roof

6. end, extremity, ending point
binn gable end, peak, **bior** point, **bun** bottom, **bun agus barr an scéil** the upshot, **bundún** fundament, tail end, **ceann scríbe** destination, finishing point; terminus, **códa** *(mus)* coda, **conclúid** conclusion, **críoch** *f* end, finish, **críoch-cheol** *(mus)* finale, **cuspóir** objective, **deireadh** end, **feirc** fringe; hilt; paunch, **focal scoir** parting word, **foirceann** extremity; *(grammar)* ending, **píce** *(sail)* peak, **puintín** head (of pin); knob (cf **puintín tlú** handle/knob on a tongs), **speic** *(cap)* peak, **stoc** butt end, **teirminéal** terminal, **tóin** *f (tóna)* bottom, backside

▲ **~ coise** *(from ankle)* foot, **~ cúrsa** journey's end, **~ géige** extremity of a branch/limb, **~ láimhe** *(from wrist)* hand, **~ na páirce** the bottom of the field, **~ na sráide** the end of the street, **~ scríbe** final destination, terminus, **~ téide** end of a rope

◊ **ó cheann ~ na tíre** from one end of the country to the other

P **Bíonn dhá cheann ar an scéal i gcónaí.** There are always two sides to a story.

7. *(of a set of items/animals)* **one**
aon one, **aonad amháin** one unit, **ball** article, item, **eilimint** element, **píosa** piece, **rud** thing

◊ **~ ar bith** any/not one of them, **~ ar cheann** one by one, in turn, **~ de na scéalta** one of the stories, **~ eile** another one, **~ ina dhiaidh a chéile** one after the other, **~ nó dhó** one or two, **an ~ seo** this one, **an ceann sin** that one, **Cé acu an ~ agamsa?** Which one is mine? **Cén ~ atá uait?** Which one do you want?, **cúpla ~ acu** a couple of them, **euro an ~** one euro each, **gach ~** every one, **mo cheann féin** my own one, **Sin ~ dár gcuidne!** That's one of ours!, **Sin ~ maith!** That's a good one!, **Sin ~ nua domsa.** That's a new one on me.

8. de cheann *(+ gen)* for the sake of; instead of
ar mhaithe le for the good of; for the sake of, **ar son** *(+ gen)* for the sake of, **de ghrá** *(+ gen)* for the love of, **in áit** *(+ gen)* in place of, **in ionad** *(+ gen)* instead of, **seachas** instead of; apart from, **thar ~** *(+ gen)* on behalf of

9. faoi cheann *(+ gen)* at the end of
ag deireadh *(+ gen)* at the end of, **faoi chríoch** *(+ gen)* by the end of, **i ndiaidh** *(+ gen)* after, **i gceann** at the end of (cf **i g~ míosa/ seachtaine** in a month's/week's time), **tar éis** *(+ gen)* after

10. go ~ *(+ gen)* till the end of
go bun an angair until the bitter end, **go clabhsúr** *(+ gen)* to the closure of, **go díscaoileadh** *(+ gen)* to the disbandment of, **go dtí críoch/deireadh** *(+ gen)* till the end of, **go dtí scor** *(+ gen)* to the cessation of, **go foirceann** to the endpoint *(+ gen)*

Céanna *adj⁶* same
a fhearacht sin just like that, **amhail sin** like that, **coitinn** common, **comh-** corresponding (eg **ar comhaois liomsa** the same age as myself), **déanta ar an gcuma chéanna** done in a similar fashion, **cosúil leis sin** like that, **d'aon chineál amháin** of the one (ie same) kind, **díreach mar** just like, **gan athrú** without change, changeless (cf **Tá tú gan athrú ar bith!** You're just the same!), **ionann** same (cf **Is ionann cás don iomlán againn.** We are all in the same boat.), **mar a bhíonn riamh** as is always the case, **mar a chéile** like one another, **mar an gcéanna** in like manner

◊ **ar an gcuma/nós ~** in the same manner, **an ceann ceannann ~** the exact same one, **mar an gcéanna** in the same way, likewise, **san am ~** at the same time

Ceannach *vn* buying, purchasing
athcheannach repurchasing, **baint amach** obtaining, **bille díolacháin/díola** bill of sale, **breabaireacht** bribery, **ceannaíocht** purchasing, **coibhche** *f (lit)* bride-price; purchase price, **déanamh margadh le** bargaining with, **déanamh margáil** bargaining, huckstering, **déanamh stangaireacht** haggling, **fáil** getting, **fáil ar cíos** renting, **fáil ar saoráil** get at a bargain price, **formáil** hire; wages, **fostú** employing, **fruiliú** hiring, **fruilcheannach** *f* hire purchase, **glascheannach** *f* hire purchase, hire purchasing, **léasú** leasing, **saor-reic** bargain selling, **sladmhargadh** sale, bargain selling, **tabhairt breab do** bribing, **tabhairt crúibín cam do** giving a backhander/brown paper bag to

Ceannaí *m (~; -aithe)* merchant
allmhaireoir importer, **bróicéir** broker, **ceannaitheoir** purchaser, **déileálaí** dealer, **díoltóir** seller, **easpórtálaí** exporter, **gáinneálaí** trafficker, **iompórtálaí** importer, **mangaire** dealer, **onnmhaireoir** importer, **reacaire** vendor, peddler, **siopadóir** shopkeeper, **tairgeoir** bidder, **soláthraí** supplier, **tráchtálaí** trader, **trádálaí** trader

Ceannaigh *v₂ₐ* buy, purchase
athcheannaigh repurchase, **bain amach** obtain, **breab** bribe, **déan fruilcheannach** hire purchase, **faigh** get, **faigh ar cíos** rent, **faigh seilbh ar** acquire, take possession of, **fostaigh** employ, **fruiligh** hire,

léasaigh lease, **tabhair breab do** bribe, **tabhair crúibín cam do** give a backhander/brown paper bag to, **truailligh** corrupt

Ceannaire *m (~; -rí)* leader

an Taoiseach *m* the prime minister of the Republic of Ireland, **ardmháistreás** *f (~a)*, headmistress, **ardmháistir** *m* headmaster, **braine** *m (archaic, hist)* head, leader (cf **ár mbraine saor** our noble lord), **ceann** head, **ceann feadhna** ringleader, **ceann foirne** team leader, **ceann urra** person who calls the shots, head honcho, **ceannasaí** boss, chief, **ceannfort** commander, **cloigeann** head, skull, **cinnire** head, guide; leader, **feidhmeannach** *m* executive, **maor** supervisor, *(school)* prefect, **príomh-aire** prime minister, **príomhoide** principal, **rí** king, **saoiste** boss, foreman, **stiúrthóir** director, **taoiseach** *m* chieftain, **treoraí** guide, **údarás** authority *(see also: ceann)*

Ceannaithe *pp* bought

athcheannaithe repurchased, **bainte amach** obtained, **dar tugadh breab** bribed, **faighte** gotten, received, **faighte ar cíos** rented, **fostaithe** employed, **fruilithe** hired, **fruilcheannaithe** hire purchased, **léasaithe** leased, **i seilbh (ag)** in the possession of, **truaillithe** corrupted

Ceannaitheoir *m (-eora; ~í)* buyer, purchaser

caiteoir user, punter; spender, **ceannaí** merchant, **cliant** client, **custaiméir** customer, **íditheoir** consumer, **pátrún** patron, **siopaeir** *m (tech)* shopper, **siopadóir** *m* shopper; shopkeeper, **tomhaltóir** consumer, **úsáideoir** user, **úsáideoir deiridh** end user

Ceannas *m (-ais; -ais, ~)* command, authority

aireacht ministry, **ardcheannas** high command, supremacy, **bainistíocht** management, **barántas** warrant (eg **barántas cuardaigh** search warrant), **ceannaireacht** leadership, stewardship, **ceannasaíocht** command, control, **ceannsmacht** mastery, the upper hand, **cinnireacht** *(by example)* guiding, team leadership, **cumhacht** power, **dlínse** *f* jurisdiction, **feidhm** prowess; function, **feidhmchumhacht** effective powers, **feitheoireacht** invigilation, **flaithiúnas** sovereignty, **fórsa** force, **maoracht** prefecture, wardenship; *(school)* prefectship, **méaracht** mayoralty, **oifig** office, **oirbheartas** predominance, control, power, **próis** prowess, **réim** reign, **réimeas** regime (eg **réimeas forlámhach** despotic regime), **riail** *f (-alach)* rule, **saoistíocht** overseeing, bossing, **seansailéireacht** chancellorship, **smacht** control, **stíobhardacht** stewardship, **stiúradh** supervision, steering (cf **coiste stiúrtha** steering committee), **stiúrthóireacht** directorship, **svae** sway, **taoiseacht** chieftainship, leadership, **tiarnas** dominion; domination, **treoir** guidance, **uachtaránacht** presidency, **údarás** authority, **urgharda** vanguard, **urlámh** custody, charge, **urra** *m* authority (cf **ceann urra tí** head of household)

Ceanndána *adj[6]* headstrong, stubborn

aindiúideach obdurate, **cadránta** obstinate, unfeeling, **calctha** fixed in one's ways, **ceanntréan** headstrong, **ciotrúnta** contrary, obstinate, **dáigh** adamant; obstinate, **deacair** difficult, **dígeanta** wilful, **diongbháilte** decisive, firm; cocky, **dobhogtha** unyielding, unmoveable, **docheansaithe** unappeasable, unmanageable, untameable, **dochomhairleach** intractable, **doghluaiste** wilful, stubborn, immovable, **dolúbtha** inflexible, **dúr** dour, **easumhal** contumacious, **ládasach** headstrong, self-opinionated, **mícheansa** recalcitrant, **míchomhairleach** unamenable to persuasion, **muiniceach** headstrong, self-willed, obstinate, **righin** rigid, dogged, **stálaithe** obstinate, unbending, **stalcach** stubborn, sulky, stiff, **stalcánta** stiff, stubborn, **stóinsithe** obstinate, **stolptha** stiff, stodgy, stubborn, **stuacach** obdurate, **stuacánach** sulky, stubborn, **talchair** wilful, obstinate; determined

Ceanndánacht *f (~a)* stubbornness

aindiúid obduracy; impenitence, **cadrántacht** obstinacy, unfeeling, **calcthacht** recalcitrance, **ciotrúntacht** contrariness, obstinacy, **dígeantacht** pertinacity, **diúnas** obstinacy, self-will, **diongbháilteacht** decisiveness, firmness; cockiness, **dobhogthacht** unyieldingness, **docheansaitheacht** unmanageableness, **doghluaisteacht** wilfulness, immovability, **dochomhairlí** intractability, **dolúbthacht** inflexibility, **dúire** dourness, gruffness, **easumhlaíocht** insubordination, rebelliousness, **ládasach** headstrongness, **mícheansacht,** recalcitrance, **neamhghéilleadh** insubordination, **righne** rigidity, doggedness, **stálaíocht** staleness, obstinacy, **stalcacht** stubbornness, sulkiness, stiffness, **stalcánacht** stubbornness; stiffness, **stóinsitheacht** obstinacy, **stolpacht** stiffness, stubbornness; stodginess, **stuacacht** obduracy, stubbornness, **stuacánacht** sulkiness, stubbornness, **toiliúlacht** wilfulness

Ceannródaí *m (~; -aithe)* pioneer, trailblazer

amhantraí speculator, **athair** *m (athar)* father, **bunaitheoir** founder, **ceannaire** leader, **coilíní** *m (~; -nithe)* coloniser, **fiontraí** entrepreneur, **forbróir** developer, **gríosóir** guiding force, **máthair** *f (máthar)* mother, **nuálaí** innovator, **taiscéalaí** explorer, **tionscnóir** instigator, **tosaitheoir** beginner; initiator, **treoraí** guide, **urgharda** vanguard

Ceannródaíocht *f (~a)* pioneering, ground breaking

airgtheacht inventiveness, **amhantraíocht** innovating; speculating, **ar thús cadhnaíochta** in the vanguard, **athrú ó bhun** revolutionising, **bunú** establishing, founding, **cadhnaíocht** vanguard, **ceannaireacht** leading, **cor cinniúnach** fateful turning point, landmark, **cruthaitheacht** inventiveness, **fiontar** venture, **fiontraíocht** enterprise, venturing, **ionnús** *(attr)* enterprise, **nuálaíocht** innovation,

Ceansa 146 **Ceanúil**

samhlaíocht imagination, **taiscéalaíocht** exploring, exploration, **tosaíocht** precedence, **treoraíocht** guidance, **tús áite** first place, precedence

Ceansa *adj6* tame, gentle, meek
aoibhinn pleasant, mild, **bog** soft, **búch** tender, affectionate, **caidreamhach** sociable, companionable, **cásmhar** caring, **caoin** gentle, **caoithiúil** amiable, **caomh** dear, gentle, **carthanach** charitable, caring, **ceansaithe** tamed, *(animals)* domesticated, **ceanúil** loving, affectionate, **cineálta** kind, **cneasta** mild-mannered, decent, **deas** nice, **dea-chroíoch** kind-hearted, **daonnachtúil** humane, **éasca** easygoing, easy, **geanúil** affectionately loving, **grámhar** loving, **ionúineach** loving, **lách** kind, affable, **macánta** decent, honest, **mánla** gentle, **maránta** *(eyes)* mild, gentle; bland, **mín** smooth, delicate, **míonla** mild, gentle, **modhúil** demure, modest, unassuming, **mómhar** mannerly, graceful, gentle, **múinte** polite, **neamhfhiáin** domesticated, tame, **séimh** mild, gentle, **socair** docile, **tais** compassionate, lenient, **teochroíoch** warm-hearted, cordial, **tláith** soft, tender, mild; wan *(see also séimh)*

Ceansaigh *v2a* tame, domesticate
bain faoi calm, pacify, **bain ó** control, pacify, **bris** *(animal)* break in, **báigh** overwhelm; drown, **ciúnaigh** quieten, **clóigh** domesticate, tame, **cloígh** overpower, defeat, **cuir faoi chois** subjugate, oppress, **cuir faoi smacht** bring under control, **cuir smacht ar** discipline, **cuir srian le** restrain, **damhain** tame, subdue, **daonnaigh** humanise, **déan concas** conquer, **léirigh** beat, beat down, subdue, **máistrigh** gain mastery over, master, **maolaigh** subdue, quell, make mellow, **mínigh** soothe, make gentle, **sámhaigh** tranquillise; calm, **sáraigh** overwhelm, get the better of, **síothaigh** pacify, **smachtaigh** discipline, control, **socraigh** settle, **srian** bridle, curb, **stuamaigh** steady, calm, make see sense, **suaimhnigh** calm, pacify, **tabhair chun suaimhnis** pacify, quieten, **treascair** vanquish

Ceansaithe *pp* tamed, domesticated; subjugated
bainte faoi calmed, pacified, **bainte ó** controlled, pacified, **briste** *(animal)* broken in, **báite** overwhelmed; drowned, **brúite faoi chois** oppressed, **ciúnaithe** quietened, **clóite** domesticated, tamed, **cloíte** defeated, overpowered, **curtha faoi chois** subjugated, **curtha faoi smacht** brought under control, **damhainte** tamed, subdued, **daonnaithe** humanised, **faoi mhámas** in subjugation, **léirithe** beaten, beaten down, subdued, **máistrithe** gained mastery over, mastered, **maolaithe** subdued, quelled, made mellow, **riata** broken, tamed, **mínithe** smoothed, made gentle, **sámhaithe** tranquillised; calmed, **sáraithe** overwhelmed, violated, **srianta** curbed, restrained, **stuamaithe** steadied, calmed, made see sense, **suaimhnithe** calmed, pacified,

treascartha vanquished, **tugtha chun suaimhnis** pacified, quietened

Ceansú *vn* taming, domesticating
baint faoi calming, pacifying, **baint ó** controlling, pacifying, **briseadh** *(animal)* breaking in, **bá** overwhelming; drowning, **ciúnú** quietening, **cló** domestication, taming, **cloí** defeating, overpowering, **cur faoi chois** subjugation, oppressing, **cur faoi smacht** bringing under control, **cur smacht ar** disciplining, **cur srian le** restraining, **damhnadh** taming, subduing, **daonnú** humanising, **léiriú** beating, beating down, subduing, **máistreacht** gaining mastery over, mastering, **maolú** subduing, quelling, making mellow, **míniú** smoothing, making gentle, **sámhú** tranquillising; calming, **sárú** overwhelming, getting the better of, **srianadh** curbing, restraining, **stuamú** steadying, calming, making see sense, **suaimhniú** calming, pacifying, **tabhairt chun suaimhnis** pacifying, quietening, **treascairt** vanquishing

Ceantar *m (-air; -air, ~)* district
achar area, **áit** place, **baile fearainn** townland, **bólaí** *pl* these parts (cf **sna bólaí seo** in these parts), **comharsanacht** neighbourhood, **contae** *m (~; ~tha)* county, **críoch** *f* region, territory, **Cúige** Province, **deoise** *f* diocese, **dúiche** *f* locality; native place, **fairche** *f* diocese; *(ecc, hist)* monastic territory, **fearann** land, **fia** land, territory, **fóir** *f (~each)* area, site, boundary, **ionad** place, **lantán** level grazing area, **learg** *f* sloping expanse, slope, **limistéar** territory, **líomatáiste** tract of land, area, district, **maighean** *f (-ghne; -ghne, ~) (police)* precinct, **paróiste** parish, **prionsacht** principality, **proibhinse** *f* province, **réigiún** region, **réimse** *m* stretch (cf **réimse talún** stretch of land), **ruta** place, district (cf **sa ruta seo den tír** in this neck of the country), **talamh** land; piece of land (cf **An Talamh Naofa** The Holy Land), **taobh** side, quarter, **tír** *f* country, **tuath** *f* rural districts *(see also: áit, tír)*

> ○ The name **Cúige** *Province* is taken from the Old Irish word **cóiced** *fifth*. Originally, Ireland was divided into five **cóiceda** *fifths*; Leinster being split into **Tara** to the north and **Dinn Riogh** to the south. Today there are four **Cúigí** *Provinces*: **Cúige Laighean** *Leinster*, **Cúige Mumhan** *Munster*, **Cúige Chonnacht** *Connaught*, and **Cúige Uladh** *Ulster*.

Ceanúil *adj4* loving, affectionate
bách affectionate, **báuil** sympathetic, **cairdiúil** friendly, **caithiseach** affectionate; *(food)* delicious, **caoin** gentle, tender, **caoithiúil** amiable, **carthanach** charitable, caring, **cásmhar** caring, sympathetic, **cineálta** kind, **cneasta** mild-mannered, **comhbhách** sympathetic, **connalbhach** loving, affectionate, **dáimhiúil** affectionate, friendly, **geanúil** affectionate, **gnaíúil** likeable, **grámhar** loving, **lách** kind, affable,

> ■ **Ar na ceardaithe is coitianta atá:** The most common tradespeople include:
> **báicéir** baker
> **bearbóir** barber
> **bríceadóir** bricklayer
> **caibinéadaire** cabinetmaker
> **cáiseoir** cheesemaker
> **cócaire** cook
> **cúramóir** carer
> **feisteoir** fitter
> **foirgneoir** builder,
> **gabha** m (~; gaibhne) blacksmith
> **garraíodóir** gardener
> **gréasaí** cobbler
> **gruagaire** hairstylist
> **leictreoir** electrician
> **meaisíneoir** machinist
> **meicneoir** mechanic
> **oibrí** m **miotail** metalworker
> **péintéir** painter
> **plástrálaí** plasterer
> **pluiméir** plumber
> **saor báid** boatwright
> **saor crainn** (arch) carpenter
> **saor iarainn** ironworker
> **sciamheolaí** beautician
> **siúinéir** carpenter, joiner
> **táilliúir** tailor
> **táthaire** welder
> **tuíodóir** thatcher
> (see also: **ceird, gairm bheatha**)

luiteach (fondly) attached, **mánla** gentle, **máithriúil** motherly, maternal, **muirneach** affectionate, tenderly loving, **searcúil** loving, **soghrách** loving; lovable, **soirbh** pleasant (see also: **cairdiúil, cineálta**)

Ceaintín m (~; ~í) canteen
bialann restaurant, **caife** café, **halla bia** food hall, **seomra bia** dining room, **tithe súip** (hist) soup kitchens (see also: **bialann**)

Ceap 1 m (cip; ~a, ~) stock, block; pad; hub; (agr) bed
bloc block, **blocán** block, **bonn** base, support for an object, **bun** base, **bunsraith** physical foundation, **carracán** rocky eminence, large rock, **ceapach** f bed, plot (cf **ceapach cabáiste** cabbage bed), **cos** base, leg, foot (eg **cos crainn** foot of tree), **crompán** stump, block of wood, **lomán** log (cf **tine chip** log fire), **mol** hub, (geog) pole, **plásán** smooth level patch of ground; plot, lawn, **smután** stump, chunk of wood, **sprioc** landmark; butt, target, **stoc** stock, **ula** stone monument (cf **ula mhagaidh** object of ridicule), **ulán** block of stone; boulder

▲ ~ **adhmaid** block of wood, ~ **airm** close formation of troops, ~ **árasán/oifigí** block of flats/offices, ~ **búistéara** chopping block, ~ **colúin** base of a column, ~ **dúigh** ink pad, ~ **gréasaí** shoemaker's last, ~ **grinn** butt of a joke, ~ **magaidh** laughing stock, ~ **milleáin** scapegoat, ~ **rotha** hub of a wheel, ~ **sorcóra** cylinder block, ~ **tuisle** cause to trip up, 'banana skin'

◊ **ar** ~ on the stocks, **Dhéanfaí ~ magaidh díom.** I would be a laughing stock.

Ceap 2 v₁ₐ
1. think
airigh sense, **áirigh** reckon, **bí den tuairim** be of the opinion, **Bhuail smaoineamh mé.** A thought struck me., **chonacthas domsa (go)** it seemed to me (that), **creid** believe, **cuimhnigh** consider, think; remember, **cum** compose, think up, **dealraíodh domsa (go)** I was under the impression (that), **dealraíonn sé dom (go)** It appears to me (that), **déan smaoineamh ar** do some thinking about/over, **feictear domsa (go)** it seems to me (that), **oibrigh amach** work out, **machnaigh** reflect, ponder, ruminate, **meabhraigh** reflect, consider; recall, **meas** consider, **samhlaigh** imagine, **síl** think, **smaoinigh** think (over), **tháinig smaoineamh chugam (go)** an idea came to me (that), **toimhdigh** suppose, presume, think

2. appoint
ainmnigh nominate, name, **bunaigh** establish, **cinn** determine; decide, **coimisiúnaigh** commission, **cruthaigh** create, **cuir in oifig** put in office, **déan** make, **déan rogha** make a selection/choice, choose, **fostaigh** employ, engage, **glac (le)** accept, **líon an folúntas** fill the vacancy, **oirnigh** ordain, **postaigh** appoint to a post, **roghnaigh** choose, **socraigh (ar)** decide (upon), **sann** (jur) assign, **soláthair** provide, **suiteáil** (tech) install, **tabhair post do** to give a position/job to, **tarmlig** delegate, **togh** elect

Ceapachán m (-áin; -áin, ~) (to a post) appointment
ainmniú nominating, **ainmniúchán** nomination, **ceapadh** appointing, appointment, **coimisiúnú** commissioning, **rogha** f choice, **roghnú** choosing, **roghnúchán** selection, **toghchán** election

Ceapadh vn
1. thinking
aireachtáil sensing, **áireamh** reckoning, **creidiúint** believing, **cuimhneamh** considering, thinking; remembering, **cumadh** composing, thinking up, **dealramh** appearance, **machnamh** reflecting, pondering, ruminating, **meabhrú** considering; recalling **meas** consideration, **samhlú** imagining, **síleadh** thinking, **smaoineamh** thinking, **toimhdiú** supposing, presuming, thinking

2. appointing
ainmniú nominating; naming, **bunú** establishing, **cinneadh** determining, deciding, **coimisiúnú** commissioning, **cruthú** creating, **cur in oifig** putting in office, **déanamh** making, **líonadh folúntais** filling a vacancy, **fostú** employing, engaging, **glacadh (le)** accepting, **oirniú** ordaining, **postú** appointing to a post, **roghnú** choosing, **socraigh (ar)** decide (upon), **sannadh** assigning, **soláthar** provision, **suiteáil** installing, **tarmligean** delegating, **toghadh** electing, **toghchán** election

Ceaptha pp appointed
ainmnithe nominated, named, **bunaithe** established, **cinntithe** confirmed, **coimisiúnaithe** commissioned, **cruthaithe** created, **cumtha** composed, thought up, **déanamh** making, **fostaithe** employed, engaged,

glactha accepted, **in oifig** in office, **líonta** filled, **oirnithe** ordained, **roghnaithe** selected, chosen, **samhlaithe** imagined, **socraithe** decided, **sannta** assigned, **soláthartha** provided, **suiteáilte** installed, **tarmligthe** delegated, **tofa** elected, **toimhdithe** supposed, presumed, thought

Ceardaí *m (~; -aithe)* tradesperson, artisan, craftsperson, wright
bean *f* **cheirde** craftswoman, **ceard** artisan, **déantóir** maker, **ealaíontóir** artist, **fear ceirde** craftsman, **lámh** *f* **oilte** skilled hand, **máistir** *m* master, **saineolaí** specialist, expert, **saor** mason; wright

Ceardaíocht *f(~a)* craft, craftwork; craftsmanship
ceardúlacht artistry, skilled workmanship, **ceird** trade, **ceird oilte** skilled trade, **déantóireacht** manufacturing, **déantúis** *mpl* manufactured articles/goods, **ealaín** art, **ealaíontacht** artistry, skilfulness, **ealaín** art; skill, **gairm** vocation, profession, **gairm bheatha** career, profession, profession, **oiliúint** training, **oilteacht** expertise, skill, **máistreacht** *f* mastery, **saineolaíocht** specialist knowledge, expertise, **saoirseacht** craftmanship

Cearnóg *f(-óige; ~a, ~)* square
ceathairuilleog quadrangle, **dronuilleog** rectangle, **fíor** *f* **chearnach** four-sided figure, **ciúb** cube, craftsman, **faiche** *f* **an bhaile** village green, **hipirchiúb** **ceathair-thoiseach** tesseract, **teitreagán** tetragon, **plás** *(street-name)* place, plaza

Cearr *adj (only used predicatively)* wrong
aimhréireach incongruous; *(jur)* repugnant, **aindleathach** illicit, **ar fiar/fiarsceabha** askew, awry, **ar strae** astray, off track, **as bealach** off track, **as cosán** erring, **bréagach** false, untrue, **bun os cionn** topsy-turvy, upside down, **cam** crooked, **coiriúil** criminal, **contráilte** amiss, contrary, **do-ghlactha** unacceptable, **éagórach** unjust, **earráideach** erroneous, **faiche fallásach** fallacious, **fealltach** unsound, **feileonach** felonious, **i bhfad ón sprioc** wide of the mark, **incháinte** reprehensible, **lochtach** defective, **meallta** misled, mistaken, **mearbhlach** erratic, random, mistaken, **mícheart** incorrect, **míchruinn** inaccurate, **míchuí** improper, **mídhlisteanach** unlawful, **mí-eiticiúil** unethical, **mífheiliúnach** unsuitable, **mífhóirsteanach** inappropriate, **mífhreagrach** incongruous, **mímhorálta** immoral, **neamhcheart** incorrect, **neamhdhleathach** illegal, **peacúil** sinful *(see also: **buile**)*

Cearrbhachas *m (-ais)* gambling
an Lató the Lotto (cf **tarraingt lató** lotto draw), **baol** danger, risk, **cluiche** game, **cluichíocht** gaming, **crannchur** lottery, **cúpla euro ar chrainn** a little flutter (cf **Chuir mé cúpla euro ar chrainn.** I had a little flutter.), **dul i bhfiontar** risk-taking; taking a risk, **dul sa seans** taking a chance, chancing one's arm, **fiontar** venture, risk, **geall** bet, wager, **guais** hazard, **imirt** playing, gambling (cf **teach imeartha** gambling house), **pócar** poker, **priacal** peril, hazard, **raifil** *m (~; ~í)* raffle, **raifleáil** raffling, **riosca** risk, **roth na cinniúna** wheel of fortune, **rúiléid** roulette, **scuaibín** sweepstake, **seans** chance, **seansáil** chancing (cf **é a sheansáil** to chance it)

Ceart 1
  1. *adj[1]* right, correct
amach is amach utter, **ar a c(h)iall** in (his) her right senses, **barántúil** authentic, **bailí** valid, **beacht** exact, **ceadmhach** permissible, **ceartchreidmheach** *(rel)* orthodox, **céillí** sane, **cóir** just, rightful, **cothrom** balanced, fair, **cothromasach** equitable, **críochnúil** thorough, **cruthanta** thoroughgoing, absolute, **cruinn** precise, **cuí** appropriate, **cuibhiúil** seemly, **dáiríre** sincere, **dílis** genuine, **diongbháilte** worthy, fitting, **díreach** straight, **dleathach** lawful, **dlíthiúil** legal, **eiticiúil** ethical, **fabhrach** propitious, **feiliúnach** suitable, **fíor** true, **fíoránta** competent, **fíorasach** factual, **fíorga** righteous, **fírinneach** truthful, veracious, **fíriúil** diligent, faithful, **fiúntach** worthy, **foirfe** perfect, **fóirsteanach** becoming, **folláin** healthy, **forásach** developing, progressive, **gan bhréag** veritable, **gan earráid** flawless, **idéalach** ideal, **ina c(h)eartmheabhair** compos mentis, **inrásta** fit, proper; possible, **iomlán** complete, **ionraic** upright, **macánta** honest, **morálta** moral, **neamhiomrallach** unerring, **oircheas** *(+ copula)* meet and proper, **oiriúnach** apt, **réadach** objective, real, **réadúil** real, **réalta** manifest, real, **réalaíoch** realistic, **réasúnach** rational, **réasúnta** reasonable, **sainiúil** characteristic, **suáilceach** virtuous, **tráthúil** opportune, **tréitheach** typical, **slán** sound, **uasal** honourable, honest
  2. *adv* **~ go leor** all right, O.K.
Ar dóigh Wonderful! **Ar fheabhas!** Excellent! **Go breá** Fine!, **Go diail!** Brill!, **Go hiontach!** Amazing!, Wonderful!, **Go seoigh!** Grand!, **Fadhb ar bith!** No problem!, Not a bother!, **Maith go leor!** Good enough!, **measartha maith** middling, so-so, **Níl smadal orm!** There's not a bother on me!, **réasúnta** reasonable, **sásúil** satisfactory, **Togha!** Cool!

Ceart 2 *m (cirt; ~a, ~)* correctness, rightness
barántúlacht authenticity, **bailíocht** validity, **beaichte** exactitude, **ceartas** justice, just claims, **ceartchreideamh** *(rel)* orthodoxy, **ceartmheabhair** compos mentis, **ceartseasamh** correct stance, **cóir** *f (córa)* justice, equity, **cothroime** balance, **cothromaíocht** evenness, fairness, **cothromas** equity, **críochnúlacht** thoroughness, **cruinne** preciseness, **cruinneas** precision, **cuibhiúlacht** seemliness, **dáiríre** sincerity, **dílse** genuineness, faithfulness, **diongbháilteacht** worthiness, merit, **dírí** straightness, **díríocht** directness, **dleacht** due, **dleachtanas** propriety, due, **dleathaíocht** legality, justice, **dlisteanacht** legitimacy, lawfulness, **dliteanas**

rightful claim, **dlíthiúlacht** legality, lawfulness, **eiticiúlacht** ethicality, **fabhar** favour, auspiciousness, **feiliúint** suitability, **fíoras** factuality, **fíorgacht** righteousness, **fíorúlacht** virtuality, **fíre** truthfulness, **fíriúlacht** diligence, faithfulness, **fírinneacht** truthfulness, veracity, **fiúntas** worth, **foirfeacht** perfection, **fóirsteanacht** becomingness, **folláine** healthiness, **idéal** ideal, **iomláine** completeness, fullness, **ionracas** uprightness, **macántacht** honesty, **moráltacht** morality, **neamhiomrallaí** unerringness, **oiriúint** aptness, **réalachas** realism, **réaltacht** reality, **réalaíocht** realistic quality, **réasún** rationality, **réasúntacht** reasonableness, **sainiúlacht** specific distinctive nature, **suáilce** virtue, **tráthúlacht** opportune moment, **sláine** soundness, **uaisle/ uaisleacht**) honour, nobility; integrity

Ceartaigh *v₂ₐ* correct
athcheartaigh revise, reamend, **athchóirigh** renovate, reform, **athleasaigh** reform; reamend, **beachtaigh** qualify, refine, make more precise, **cáin** chide, criticise, **coigeartaigh** rectify, adjust, amend, **comhairligh** advise, **cóirigh** adjust, regulate, **cothromaigh** counterbalance, **cuir ar bhealach a leasa** put on the right road, **cuir bail/caoi ar** put into proper order, shape up, **cuir i gceart** rectify (cf **rud éigin a chur ina cheart** to rectify something), **deasaigh** fit, manoeuvre; make nice, **deisigh** repair, fix, **dífhabhtaigh** debug, **dírigh** straighten, **feabhsaigh** improve, **innill** arrange, adjust, **leasaigh** amend, **leigheas** cure, **lochtaigh** reprove, admonish, **marcáil** mark, **mionchoigeartaigh** fine-tune, refine, **pionósaigh** punish, **profaigh** *(typ)* proof, **sábháil** rescue, **smachtaigh** discipline, **tabhair casaoid do** reprimand, admonish, **treoraigh** direct, guide

Ceartaithe *pp* corrected
athcheartaithe revised, reamended, **athchóirithe** renovated, reformed, **athleasaithe** reformed; reamended, **beachtaithe** qualified, refined, made more precise, **cáinte** chided, criticised, **coigeartaithe** rectified, adjusted, amended, **comhairlithe** advised, **cóirithe** adjusted, regulated, **cothromaithe** counterbalanced, **curtha ar bhealach a leasa** put on the right road, **curtha i gceart** rectified, **deasaithe** fitted, manoeuvred; made nice, **deisithe** repaired, **dífhabhtaithe** debugged, **dírithe** straightened, **feabhsaithe** improved, **innealta** arranged, adjusted, **leasaithe** amend, **leigheasta** cured, **lochtaithe** reproved, admonished, **marcáilte** marked, **mionchoigeartaithe** fine-tuned, refined, **pionósaithe** punished, **profaithe** *(typ)* proofed, **sábháilte** saved, rescued, **smachtaithe** disciplined, **treoraithe** directed, guided

Ceartú *vn* correcting
athcheartú revising, reamending, **athchóiriú** renovating, reforming, **athleasú** reforming; reamending, **beachtú** qualifying, refining, making more precise, **cáineadh** chiding, criticising, **coigeartú** rectifying, adjusting, amending, **comhairliú** advising, **cóiriú** adjusting, regulating, **cothromú** counterbalancing, **cur ar bhealach a leasa** putting on the right road, **cur bail/caoi ar** putting into proper order, shaping up, **cur i gceart** rectifying, **deasú** fitting, manoeuvring; making nice, **deisigh deisiú** repairing, **dífhabhtú** debugging, **díriú** straightening, **feabhsú** improving, **inleadh** arranging, adjusting, **leasú** amending, **leigheas** curing, **lochtú** reproving, admonishing, **marcáil** marking, **mionchoigeartú** fine-tuning, refining, **pionósú** punishing, **profú** *(typ)* proofing, **sábháil** saving, rescuing, **smachtú** disciplining, **treorú** directing, guiding

Ceartúchán *m (-áin; -áin, ~)* correction
athchóiriú reforming; renovating, **ceartú** correcting, **coigeartú** rectification, adjustment, **cur i gceart** putting right, righting, **deisiú** fixing, mending, **feabhsú** improving, **leasú** amending, amendment, **marcáil** marking, **profú** proofing

Céas *v₁ₐ* torture, torment; crucify
ciap torment; harass, **clip** tease, torment, **coip** ferment, provoke, **cráigh** torment, distress, **croí duine a dhó** to sear a person's heart, **déan géarleanúint ar** persecute, **inghreim** persecute, **pioc ar** pick on, **pláigh** plague, pester, **racáil** rack, place on track, **riagh** *(lit)* rack, torture, **sáraigh** pester, **scioll** abuse, scold, **scól** torment, torture, **scrúd** try severely, torment, **tabhair pioláid do** torture *(see also: cráigh)*

Céasadh *vn* torturing, torture; crucifying, crucifixion, agony
bearrthóireacht nagging, **buaireamh** vexing; worrying, **cancrú** vexing, annoying, **ciapadh** tormenting, harassment, **clipeadh** teasing, tormenting, **crá** distress, distressing, **crá croí** heartbreak, **cruatan** hardship, **doilíos** affliction, **fulaingt** suffering, **géarleanúint** persecuting, persecution, **ifreann** hell, **inghreamadh** persecuting, **léan** anguish, **mairtíreacht** martyrdom, **pian** *f (péine)* pain, **piocadh ar** picking on, **plá** *f* plague, pestering, **racáil** racking, torturing, **riaghadh** torturing; executing, **sárú** pestering, **scóladh** tormenting, torture; abusing, abuse, scolding, **scrúdadh** testing, tormenting, **sneagaireacht** nagging; scolding, **tabhairt pioláid do** torturing, **tromas** distress; oppression

Céasta *pp* tortured, agony; crucified
ainnis miserable, **ar an raca céasta** *(hist.)* on the rack, **bodhraithe** annoyed, bothered, **buartha** vexed, perturbed, **ciaptha** tormented, harassed, **clipthe** teased, tormented, **cráite** distressed, **croíbhriste** heartbroken, **faoi léan** in anguish, **faoi sháil an bhráca** hassled, **i bpéin** in pain, **i lúb an angair** in dire distress and need, **i ndeireadh na preibe** at one's wits' end, **in ifreann** in hell, **in umar na haimléise** in the trough of despondency, **martraithe** martyred,

pianpháiseach anguished, agonizing, **racáilte** racked, placed on track, **riaghtha** *(lit)* racked, tortured, **sáraithe** pestered, **scrúdta** tormented

Ceil v_{1b} conceal
adhlaic bury, **clúdaigh** cover, **cuir bréagriocht ar** disguise, **cuir caille ar** place a veil over, **cuir faoi cheilt** conceal, **cuir i bhfolach** hide, **cuir i dtaisce** stash, **cuir rud éigin faoi bhrat na mistéire** shroud something in mystery, make something mysterious, **dathaigh** paint; disguise, **dícheil** conceal, secrete, **díshamhlaigh** dissimulate, **dorchaigh** obscure, **duaithnigh** camouflage, **dubhaigh** blacken, darken, **dul i bhfolach** to go underground, **fan ar an gcúlráid** lie low, **fialaigh** veil; screen, cover, **folaigh** hide, conceal, **masc** mask, **scáthaigh** cloak, shadow, **sciath** screen, **taisc** cache, **teimhligh** shroud, obscure, **traost** lay low, stretch out on the ground

Céile *m (~; -lí)* spouse, companion
an leath is fearr the better half, **bean *f* an tí** the woman of the house, **bean *f* chéile** wife, **cara** *m (carad)* friend, **caoifeach** *m* companion, **coigéile** mate, companion, **comhchoirí** accomplice, **comhghuaillí** ally, **compánach** *m* companion, **comrádaí** comrade, **cuallaí** buddy, **fear an tí** the man of the house, **fear céile** husband, **guaillí** person who stands by you, **é féin** himself, **í féin** herself, **mo chéile cóir** my better half, **nuachar** spouse, **páirtí (grá)** partner, **sonuachar** spouse

Céilí *m (~; -lithe)* céilí dance, traditional Irish dance
damhsa traidisiúnta traditional dance, **cor** *m (coir; ~a, ~)* reel, (cf **cor beirte/ceathrair/ochtair** twohand/fourhand/eighthand reel), **cumáile** knees-up, **rince Gaelach** Gaelic dance, **seitrince** set dance

Céillí *adj⁶* sensible, rational
aithneach descerning, quick, **breithiúnach** judicious, **ciallmhar** sensible, **críonna** *(on account of age)* wise, shrewd, hard-headed, **discréideach** discreet, **eagnaí** wise, mindful, enlightened, **fadbhreathnaitheach** circumspect, **gaoiseach** sagacious, wise, **géarchúiseach** discerning, astute, **machnamhach** thoughtful, thinking, **meabhrach** reflective, aware, **praiticiúil** practical, **praitinniúil** astute, sensible, **réasúnach** reasoning, rational, **réasúnta** reasonable, **siosmaideach** sensible, **staidéarach** studious, level-headed, **stuama** prudent, sensible, **tuisceanach** thoughtful, considerate

Ceiliúir v_{1d}
1. celebrate
adhmhol eulogise, **beannaigh** bless, **fógair** proclaim, **glóirigh** glorify, **coimeád** keep, observe, **comóir** commemorate, **léigh** read (cf **Aifreann a léamh** to read Mass), **miadhaigh** honour, **mol** praise, **mol go hard** extol, **mór** exalt, **onóraigh** honour, **sollúnaigh** solemnise, celebrate, **tóstáil** toast

2. warble, sing
abair say; sing, **can** sing, **cas** *(mus)* play, sing, **gabh** *(mus)* play, sing (cf **gabh amhrán!** Sing a song!), **guthaigh** voice *(see also: can)*

3. disappear off, flinch, reject
caith an tuáille isteach throw in the towel, **caith in airde** toss, **caith suas** give up, **fág** leave, **fág uait** jettison, **imigh** leave, disappear, **seangaigh as** slip away, **tabhair do chúl do** turn your back on, **tabhair droim láimhe do** turn away from, desert, **téigh as amharc/radharc** disappear, **tréig** abandon

4. bid farewell, die
abair slán le say goodbye to, bid farewell to, **críon** wither from age, decay, **éag** die, **imigh ar shlí na fírinne** go the way of all flesh, **imigh uainn** depart from us, **searg** wither away

Ceiliúradh *vn* celebrating; celebration
cóisir party, **comóradh** commemorating, commemoration; fete, **éigse** festival of poets and writers, **féasta** feast, **féile** *f* festival, celebration, fete, **feis** fete, celebration, **líth** *m (líotha)* celebration, **miadhú** honouring, **peártaí** *(office, drinks, etc)* party, **sácráil (Aifrinn)** consecration/celebrating (of Mass), **siamsa** pleasant diversion, **sollúnú** solemnising, celebrating, **teacht le chéile** getting together, **tóstáil** toasting

▲ **~ Aifrinn** celebration of Mass, **~ an fhómhair** harvest festival, **~ breithlae** birthday celebration, **~ caoga bliain pósta** celebration of fifty years of marriage, **~ Lá Fhéile Pádraig** celebration of Saint Patrick's Day

Ceiliúrtha *pp* celebrated; celebratory, festive
adhmholta eulogised, **beannaithe** blessed, **fógartha** proclaimed, **glóirithe** glorified, **coimeádta** kept, observed, **comórtha** commemorated, **miadhaithe** honoured, **molta** praised, **molta go hard** extolled, **mórtha** exalted, **onóraithe** honoured, **sollúnaithe** solemnised, celebrated, **tóstáilte** toasted

▲ **atmaisféar ~** festive atmosphere, **comhartha ~** salute, **dinnéar ceiliúrtha** gala dinner, **imeachtaí ~** festivities, **ócáidí ~** celebratory activities

Ceilt *vn* concealing, hiding
adhlacadh burying, **clúdach** covering, **cur bréagriocht ar** disguising, **cur caille ar** placing a veil over, **cur faoi bhrat na mistéire** shrouding in mystery, **cur faoi cheilt** concealing, **cur i bhfolach** hiding, **cur i dtaisce** stashing, **dathú** painting; disguising, **dícheilt** concealing; secreting, **díshamhlú** dissimulating; dissimulation, **dorchú** obscuring, **duaithniú** camouflaging, **dubhú** darkening, blackening, **dul i bhfolach** going underground, **fanacht ar an gcúlráid** lying low, **fialú** veiling; screening, **folú** hiding, concealing, **mascadh** masking, **scáthú** cloaking, shadowing, **sciathadh** screening, **taisceadh** storing, laying up, **teimhliú** shrouding, obscuring, **traostadh** laying low, stretching out on the ground

Ceilte

1. *pp* concealed, hidden
adhlactha buried, **clúdaithe** covered, **ar a bhfuil caille curtha** veiled, **curtha faoi cheilt** concealed, hidden, **curtha i bhfolach** hidden, **curtha i dtaisce** stashed away; stored, **dathaithe** painted; disguised, **dícheilte** concealed; secreted, **díshamhlaithe** dissimulated, **dorchaithe** obscured, **duaithnithe** camouflaged, **dubhaithe** darkened, blackened, **dulta i bhfolach** gone into hiding; gone underground, **fanta ar an gcúlráid** remained in the background, **fialaithe** veiled; screened, **folaithe** hidden, concealed, **masctha** masked, **curtha faoi bhrat na mistéire** shrouded in mystery, **scáthaithe** cloaked, shadowed, **sciata** screened, **taiscthe** stored, stashed away, **teimhlithe** shrouded, obscured, **traosta** stretched out on the ground

2. *adj⁶* covert
fáilí stealthy, furtive, **faoi rún** in secret, **folaithe** latent, hidden, **folaitheach** clandestine, **fothainiúil** discreet, secretive, **i bhfolach** in hiding, hidden, **neamhfhollas** latent, hidden, not obvious, **rúnda** secret *(see also: folaithe)*

Céim *f(~e; ~eanna)* stage, step; degree, rank

abhóg stride, **aicme** class, **ardú** augment, heightening, **caighdeán** standard, **cáilíocht (acadúil)** (academic) qualification, **céimíocht** rank, distinction, **coiscéim** footstep, **dioplóma** diploma, **dul chun cinn** progress, **dul chun tosaigh** advance, **dul in airde** going up, **dul suas/síos** going up/down, **eang** *f (~a; ~aí)* notch, **fáirbre** notch; wrinkle, **fochéim** substage, **forbairt** development, **grád** grade, **imeacht** procedure; proceeding, **leibhéal** level, **léim** leap, jump, **marc** mark, **pointe** point, **runga** rung, **scór** score, **seasamh** standing, **siúl** gait, **staighre** stair, **steip** step (cf **steipeanna a dhéanamh** dance a step), **teastas** certificate *(see also: céimíocht)*

Céimí *m (~; -mithe)* graduate

comhalta fellow, **ceadúnach** *m* licentiate, **Baitsiléir** *m* **Ealaíon** Bachelor of Arts, **dochtúir** *m* doctor, **fochéimí** undergraduate, **iarchéimí** postgraduate, **Máistir** *m* **Ealaíon** Master of Arts, **scoláire** scholar, alumnus

Céimíocht *f(~a)* rank, prestige, distinction

ardchéim grandeur, **ardmholadh** accolade, high praise, **céim** degree, rank, **dearscnaitheacht** excellence, pre-eminence, **dínit** dignity, **duais** award, **glóir** glory, **gradam** distinction, commendation, dignity, **miadh** *(lit)* honour, dignity, **neimheadh** privilege of rank, dignity, **oireachas** *(high reg)* eminence, status, **onóir** honour, **príomhaíocht** primacy, pre-eminence, **rang** rank, **seasamh** standing, **stádas** status

Céimiúil *adj⁴* eminent

aitheanta recognised, **an-ard** towering, **ar a bhfuil meas an phobail** publicly admired, **ardchéimiúil** pre-eminent, **buacach** winning, triumphant, **cáiliúil** famous, **caithréimeach** triumphant, **clúiteach** illustrious, renowned, **dearscnaitheach** prominent, pre-eminent, **díniteach** dignified, **gradamach** worthy of accolade, **iomráiteach** celebrated, renowned, **maorga** exalted, majestic, **measúil** respected, **mór** great, **mór le rá** high-profile, famous, **mórmheasúil** highly esteemed, **oirirc** eminent, illustrious, **rathúil** successful, **ríúil** imperial, kingly, **suaitheanta** notable, distinguished, **suntasach** salient, **tábhachtach** important, **urramach** esteemed, **uasal** noble

Céimiúlacht *f(~a)* eminence, high status

aitheantas recognition, **ardchéimíocht** pre-eminence, **ardmheas** deep respect; reverence, **buaic** consummation, apex, **cáil** fame, **caithréim** triumph, **clú** reputation, renown, **clú agus cáil** celebrity; renown, **dearscnaitheacht** prominence, **dínit** dignity, **gradam** accolade, commendation, **maorgacht** majesty, exaltation, **rath** success, **meas** respect, esteem, **rathúlacht** successfulness, **suntasacht** salience, **tábhacht** importance, **urraim** esteem, respect, **uaisleacht** nobility, noblesse *(see also: céimíocht)*

Céimnigh *v₂ᵦ*

1. graduate; step
bain cáilíocht amach acquire a qualification, **bain céim amach** get a degree, **cáiligh** qualify, **calabraigh** calibrate, **críochnaigh go rathúil** finish successfully, **grádaigh** grade, **íoschéimnigh** step down, **rangaigh** rank, **rátáil** rate, **réimnigh** advance; arrange in order, grade; *(gram)* conjugate, **struchtúraigh** structure, **téigh ar aghaidh** advance, **uaschéimnigh** step up, **uasghrádaigh** upgrade

2. *(br)* ~ **amach/isteach** fade out/in
ceiliúir fade, vanish, **imigh as radharc** disappear out

■ **Ar na ceirdeanna atá:**
  Trades include:
báicéireacht craft of baking
bearbóireacht hairdressing
bríceadóireacht bricklaying
caibinéadaireacht cabinetmaking
cáiseoireacht cheesemaking
cócaireacht cooking
cúramóireacht care skills
feisteoireacht fitter's trade
foirgneoireacht building trade
garraíodóirreacht gardening
gréasaíocht shoemaking
gruagaireacht hairstyling
leictreoireacht electrician's trade
meicneoireacht mechanic's trade
oibriú miotail metalworking
péintéireacht painting trade
plástrálaíocht plastering trade
pluiméireacht plumbing
saoirseacht bháid boatbuilding
saoirseacht chrainn
  (arch) carpentry
saoirseacht iarainn ironwork trade
sciamheolaíocht beautician's trade
siúinéireacht carpentry, joinery
táilliúireacht tailor's trade
táthaireacht welding
tuíodóireacht thatching
  (see also: ceardaí)

of sight, **íoschéimnigh** fade down, **maolaigh** lessen, fade, **sleamhnaigh as** slip away, **téigh i léig** dwindle, **tit i ndorchadas** fall into darkness, **uaschéimnigh** fade up

Céimnithe *pp*
1. graduated; stepped
cáilithe qualified, **calabraithe** calibrated, **críochnaithe go rathúil** finished successfully, **dulta ar aghaidh** gone ahead, advanced, **grádaithe** graded, **íoschéimnithe** stepped down, **rangaithe** ranked, **rátáilte** rated, **réimnithe** advanced; arranged in order, graded; *(gram)* conjugated, **struchtúraithe** structured, **uaschéimnithe** stepped up, **uasghrádaithe** upgraded
2. *(br)* ~ **amach/isteach** faded out/in
ceiliúrtha faded, vanished, **imithe as radharc** disappeared out of sight, **íoschéimnithe** faded down, **maolaithe** lessened, faded, **sleamhnaithe as** slipped away, **dulta i léig** dwindled away, **tite i ndorchadas** fallen into darkness, **uaschéimnithe** faded up

Céimniú *vn*
1. graduating, stepping
baint cáilíochtaí amach acquiring qualifications, **baint céime amach** getting a degree, **cáiliú** qualifying, **calabrú** calibrating, **críochnú go rathúil** finishing successfully, **dul ar aghaidh** advance, **grádú** grading, **íoschéimniú** stepping down, **rangú** ranking, **rátáil** rating, **réimniú** advancing; arranging in order, grading; *(gram)* conjugating, conjugation, **struchtúrú** structuring, **uaschéimniú** stepping up, **uasghrádú** upgrading, upgrade
2. *(br)* ~ **amach/isteach** fade out/in
dul i léig dwindling, **imeacht as radharc** disappearing out of sight, **íoschéimniú** fading down, **maolú** lessening, **sleamhnú as** slipping away, **titim i ndorchadas** falling into darkness, **uaschéimniú** fading up

Céimseach
1. *adj³* gradual
céim ar chéim step by step, **céimneach** graduated, stepped, **céimnithe** graduated, **céimnitheach** progressive, gradually by stages, continuously, **dréimreach** ladderlike, gradual, **forchéimnitheach** progressive, **grádach** graded, **leanúnach** continuous, **rialta** regular
2. **go ~** *adv* gradually
as a chéile consecutively, back-to-back, **céim ar chéim** step by step, **de réir a chéile** gradually, **diaidh ar ndiaidh** gradually, **diaidh i ndiaidh** bit by bit, **go céimnitheach** gradually, progressively, **go forchéimnitheach** progressively, **go rialta** regularly, habitually, **go leanúnach** continuously

Ceird *f(~e; ~eanna)* trade, craft
ábaltacht ability, **ceardaíocht** craft; craftsmanship, **cleachtadh** practice, **ealaín** art, **eolas** knowledge, **foghlaim** *f (-lama)* learning, **gairm** profession, **oideachas** education, **oilteacht** skill, **máistreacht** mastery, **proifisiún** profession, **saineolas** speciality, expertise, **saoirseacht** craftsmanship, **scil** skill, **slí** *f* **bheatha** occupation, **traenáil** training *(see also: ceardaíocht)*

Ceirt *f(~e; ~eacha)* cloth, rag
ábhar material (cf **ábhar gan phatrún** plain material), **balcais** rag, item of clothing (cf **balcaisí Domhnaigh** Sunday clothes), **brangóid** rag, **bratóg éadaigh** piece of cloth, **breall** *f* rag, cloth, **breallaigh** *mpl* rags, tatters, **bréid** strip of cloth, bandage, **ceamach** *f* rag, clout, **cifleog** rag, piece of tattered material, **crothóg** tatter, **éadach** *m* cloth, **giobal** rag, clout, **giolcais** rag (cf **giolcaisí** old tattered clothes), **glantóir** duster, **fabraic** fabric, **faicín** *(baby's)* napkin; clout, **fíochán** tissue, **flainín** facecloth; flannel, **fuaiceas** rag, **láinnéar** lanyard; tatter, **leadhb** *f* tattered rag, clout, **leadhbán** small rag/ shred; tattered person, **líob** *f (líbe; ~a, ~)* wet rag, **luid** stitch of clothing, tatter, **pana** piece of cloth, rag, **píosa éadaigh** piece of cloth, **plispín** shred, tatter; worthless person, **scríd** screed, strip of cloth, **slaimice** ragged piece of cloth, tatter, **stiallóg** strip, tatter, **strabóid** rag; ragged person, **stróic** tear, rent; tatter, **strupais** tatter, strip; untidy woman, **traipisí** *spl* rags; personal belongings (cf **caite i dtraipisí** discarded, scrapped), **tuáille** towel, **uige** tissue, gauze; woven fabric

Ceist *f(~e; ~eanna)*
1. question
ceastóireacht interrogation, **ceistiú** questioning, **ceistiúchán** interrogation, **cnámh spairne** bone of contention, **coimhlint** struggle, **conspóid** controversy, **croscheistiú** cross-examination, **fadhb** *f (faidhbe, ~anna)* problem, **fiosrú** inquiring, **fiosrúchán** inquiry, **scrúdú** examination, **tástáil** test, **tomhas** puzzle
2. issue
ábhar subject, **ábhar cainte** subject of discussion, **ábhar na cúise** point at issue, **achrann** quarrel, **aighneas** dispute, **argóint** argument, **beart** matter, action, thing, **buncheist** fundamental issue, **cnámh spairne** bone of contention, **coimhlint** struggle, **conspóid** controversy, **cuspóir** objective, **dabht** doubt, **deacracht** difficulty, **éiginnteacht** uncertainty, **fadhb** *f (faidhbe, ~anna)* problem, **gnó** business, matter, **mionchruinneas** minuteness; detail, **mionphointe** minor point, **mórcheist** major issue, **pointe** point, **rún** motion, intention, **saincheist** specific issue, issue, **scéal** matter; story, **sonra** detail, particular, **topaic** topic, **údar achrainn** cause of strife
3. **i g~** at issue
á phlé being discussed, **amhrasach** dubious, **faoi chaibidil** under discussion, **idir chamáin** under discussion, **idir lámha** in hand, at play, **i dtreis** at issue, at stake (cf **Tá a clú i dtreis.** Her reputation is at stake.), **i mbaol** at stake, in danger, **mímhuiníneach** doubtful, suspicious, **neamhiontaobhach** unreliable

Ceisteach *adj³* questioning; interrogative
amhrasach (faoi) distrustful, sceptical (about), **ceistiúcháin** (> *ceistiúchán*) interrogative, **fadhbach** problematic, **fiosrach** inquisitive, **i bponc** in a bind, **lán de cheisteanna** full of questions, **mearaithe** confused *(see also: fadhbach)*

Ceistigh *v₂ᵦ* question, inquire
agaill interview, **athcheistigh** requestion, re-examine, **bí amhrasach faoi** be sceptical about, **bí in amhras (faoi)** be in doubt (about), **caith amhras (ar)** throw into question, **croscheistigh** cross-examine, **cuir ceastóireacht (ar)** interrogate, **cuir amhras (i)** suspect, cast doubt (upon), **cuir ceist (ar)** pose a question (to), **díchreid** disbelieve, **éiligh cruthú** demand proof, **faisnéisigh** debrief, **fiafraigh (de)** ask (of), **iarr (ar)** ask, **mioncheistigh** debrief, **pléigh** dispute, discuss, **scrúdaigh** examine, **tástáil** test, **tugaim do dhúshlán** I challenge you

Ceistithe *pp* questioned
agallta interviewed, **ar ar cuireadh ceisteanna** questioned, **athcheistithe** requestioned, re-examined, **croscheistithe** cross-questioned, cross-examined, **ar ar cuireadh amhras** suspected, **dulta faoi scrúdú** been examined, **díchreidte** disbelieved, **faisnéiste** debriefed, **fiafraithe** asked, **iarrtha (ar)** requested, **mioncheistithe** debriefed, **pléite** disputed, discussed, **scrúdaithe** examined, **tástáilte** tested

Ceistiú *vn* questioning; interrogation
agallamh interviewing, **athcheistiú** requestioning, re-examining, **caitheamh amhrais (ar)** throwing suspicion (on), **ceastóireacht** interrogation; third degree, **croscheistiú** cross-questioning, cross-examining, **cur amhrais (i)** casting doubt/suspicion (upon), **cur ceiste** posing a question (to), **díchreidiúint** disbelieving, **faisnéisiú** debriefing, **fiafraí** *m* requesting, asking, enquiring, **fiosrú** inquiring, probing, **fiosrúchán** inquiry, investigation, **iarraidh (ar)** asking, **ionchoisne** *m* inquest; inquisition, **mioncheistiú** debriefing, **plé** disputing, discussing, **scrúdú** examining, **tástáil** test, **tochailt** digging

Ceistiúchán *m (-áin; -áin, ~)* questionnaire
freagarleabhar answer book, **caiticeasma** catechism, **ceistiú** questioning, **ceastóireacht** interrogation; third degree, **ceistneoir** questionnaire, **cúistiúnacht** inquisition, **diancheistiú** hot seating, **fiosrú** inquiry,

---

■ **Ar uirlisí ceoil i gceolfhoireann atá:** Instruments in an orchestra include:

♦ **Téaduirlísí** Stringed Instruments
bainseó banjo
balaláice balalaika
céadveidhlín first violin
cláirseach *f* harp
cruit harp
dordghiotár bass guitar
dordveidhil cello
dordveidhlín bass violin
dordvíol bass viol
fidil *f (-dle; -dleacha)* fiddle
giotár guitar
hurdaí-gurdaí hurdy-gurdy
lir lyre
liúit lute
maindilín mandolin
olldord double bass
siotár sitar
ucailéile *m* ukulele
veidhlín violin
víol viol
vióla viola

♦ **Gaothuirlisí adhmaid/práis** Woodwind/brass instruments
altchláirnéid alto clarinet
altfhliúit alto flute
basún bassoon
blocfhliúit blockflute
buabhall bugle
cláirnéid clarinet
coirnéad cornet
corn Francach French horn
corn horn
corn Sasanach English horn
cornphíopa hornpipe
didiridiú didgeridoo
dordchláirnéid bass clarinet
dordfhliúit bass flute
dordtiúba bass tuba
feadóg (stáin) (tin) whistle
feagphíb *f* reed pipe
fíf fife
fliúit flute
fliúit Shasanach recorder
fliúiteog piccolo
flúgalchorn flugelhorn
galltrumpa clarion
lámhchorn hand horn
liúit lute
óbó *m* oboe,
ollbhasún contrabassoon,
ollchláirnéid pedal clarinet
orgán béil harmonica, mouth-organ
píb mhála bagpipes
píb uilleann uillean pipe
píp *f (~e; píoba, píob)* pipe
sacsafón saxophone
stoc bugle, trumpet
tiúba tuba
trombón trombone
trumpa trumpet

♦ **Uirlisí méarchláir** Keyboard instruments
armóin harmonium
bosca ceoil melodeon
cairdín accordion
clabhchorda clavichord
consairtín concertina
cruitchlár harpsichord
mórorgán great organ
mórphianó grand piano
orgán organ
pianó piano
pianóchairdín piano accordion
sintéiseoir synthesiser

♦ **Cnaguirlisí** Percussion instruments
bata báistí rain stick
bodhrán bodhrán
castainéid castanets
ceoláin bells, glockenspiel
ciombal cymbal
citealdruma kettledrum
clingíní chimes
clogfheadáin *mpl* tubular bells
dord-druma bass drum
druma bongó bongo
druma drum
druma teanóir tenor drum
glocainspíl glockenspiel
sreangdhruma snare drum
tambóirín tambourine
tamtam tom tom
timbréil timbrel
tiompáin *mpl* timpani
triantán triangle
xileafón xylophone

Ceo | Ceol

- **Ar na seánraí ceoil atá:**
  Musical genres include:
  aonréadaí soloist
  búgaí boogie woogie
  canóin canon
  coinséartó concerto
  dísréad duet
  éagnairc requiem
  jeighbh jive
  luasc-cheol swing music
  miotal trom heavy metal
  mórchoinséartó concerto grosso
  na gormacha the blues
  nóntraí serenade
  nuathonn f Nouvelle Vague
  oratóir oratorio
  popcheol pop music
  rac rock
  racanról rock and roll
  rac-cheol rock music
  rapáil rapping, rap
  rapsóid rhapsody
  réabh m (~) rave
  reagcheol ragtime
  réamhcheol ouverture
  rondó rondo
  rosc ceoil rhapsody
  rothlam round
  saranáid serenade
  siansa symphony
  snagcheol jazz
  sonáid sonata
  suantraí lullaby

- **Ar théarmaí ceoil comónta atá:**
  Common musical terms include:
  airpéitse arpeggio
  amchomhartha time signature
  an eochair altach the alto clef
  baitín baton
  barra ceoil bar of music
  beag minor (cf **Aifreann in B Beag** B Minor Mass)
  bogha bow
  camán quaver
  cnaguirlisí percussion instruments
  corda laghdaithe diminished chord
  croisín crotchet
  dordeochair bass clef
  dúnadh cadence
  eochair an teanóir tenor clef
  eochair na tribile treble clef
  feag f (~a; ~acha) reed
  fiúga fugue
  gabhailín ceoil little tuning fork
  gabhlóg thiúnta tuning fork
  gaothuirlis wind instrument
  géar sharp
  gléas key
  gléaschomhartha key signature
  lándúnadh perfect cadence
  leathchamán semiquaver
  leathlán semibreve
  maothadóir mute
  méarchlár keyboard
  minim minim
  mion- minor
  mionghléas minor key
  mionscála minor scale
  mór major
    (cf **fiúga in G mór** fugue in G major)
  mórghléas major key
  mórscála major scale
  octach m octave
  scála crómatach chromatic scale
  scála diatonach diatonic scale
  sioncóipiú syncopation
  sos rest
  téada fpl strings
  téadaire string player
  téaduirlis stringed instrument
  teangaigh v tongue
  trí bhuille in aghaidh an bharra three beats to the bar

probing, **foirm** form, **ionchoisne** m (jur) inquest, **liosta de cheisteanna** list of questions, **suirbhé** survey, **suirbhé tuairimí** poll, **tástáil** test, **teistíocht** deposition, **tóirínteacht** inquiring, inquiry, **tráth na gceist** quiz

Ceo m (~; ~nna) fog, low cloud, gloom
brádán drizzle, **brat ceo** blanket of mist, **ceobhrán** mist, **ceocht** mistiness, **ciach** gloom, sadness, **dlúimh** dense cloud, pall, **dochma** moroseness, gloom, **doiléire** obscurity, **dorchacht** darkness, **duais** gloom, dejection, **dusma** blur, haze, **gal** f vapour, **mearbhall** perplexity, confusion, **meascán mearaí** muddle, **néal** cloud; state of gloom, **scamall** cloud, **scamall íseal** low-lying cloud, **smúit** gloom; murky mist, **smúitcheo** dense mist, **smúitiúlacht** murkiness, **sriabhán** heavy mist, **toit** smoke, **toitcheo** smog

▲ ~ **brothaill** heat haze, ~ **dlúth** thick fog, ~ **deannaigh** cloud of dust, ~ **draíochta** magic mist, ~ **maidine** morning mist, ~ **talún** ground fog, ~ **tiubh** dense fog

▲ **bonnán** ~ foghorn, **brat** ~ curtain/wall of fog, **paistí ceo** patches of fog

◊ **Dhruid an ~ isteach.** It became foggy., **Scaip an ~.** The fog lifted., **Tá ~ ar m'intinn le tuirse.** I'm not thinking straight from tiredness.

P. **Níl sa saol seo ach ~.** The life is only vanity.

Ceobhrán m (-ráin; -ráin, ~) mist
brádán drizzly mist, **ceo éadrom** light fog, **ceochán** mist, **ceoiche** mistiness, **gal** f vapour, **sprae (cumhráin)** mist (of perfume), **salachar (báistí)** light misty rain, **scamall éadrom** light cloud, **smúit** murkiness, mist, **smúiteán** haze (see also: ceo)

Ceomhar adj¹ foggy, misty
brádánach drizzly, **braonach** dripping; misty, wet, **ceobhránach** misty, **ceoch** misty, foggy **doiléir** obscure, **dorcha** dark, **mearbhlach** perplexed, confused, **meascán mearaí** muddle, **néaltach** cloudy, **rósamhach** hazy, **scamallach** cloudy, **smúitiúil** murky, **smúránta** (weather) dull, hazy

Ceol m (-óil; ~ta) music
aintiún anthem, **áiria** aria, **alt** alto, **amhrán** song, **amhrán spioradálta** spiritual, **amhránaíocht** singing, **aoncheol** unison, **aonréad** solo, **armóin** harmony, **armónú** harmonisation, **bailé** ballet, **bailéad** ballad, **baratón** baritone, **barc-amhrán** barcarole, **blosc** blare, **caintic** canticle, **canadh** singing, **canóin** canon, **cantáid** cantata, **cantaireacht** chanting, **caoineadh** lament, **carúl** carol, **ceathairéad** quartet, **ceiliúr** warble, song (cf **ceiliúr éan** birdsong), **ceoldráma** opera, **coinséartó** concerto, **cóiriú** arrangement, **contralt** contralto, **cór** choir, **corda** chord, **creathán** tremolo, **crónán** humming, **cúigréad** quintet, **cumadóir** composer, **cumadóireacht** composition,

cuntraphointe counterpoint, **curfá** chorus, **damhsa** dance, **deontraí (trumpa)** (trumpet) voluntary, **díchorda** discord, **díshondas** dissonance, **dísréad** duet, **dord** bass, **dúdaireacht** crooning, **éagnairc** requiem, **fantaise** fantasia, **feadaíl** whistling, **feadánacht** whistle playing, **feis cheoil** musical festival, **fidléireacht** fiddle playing, **fífeadóireacht** fifing, **fiúga** fugue, **fleá ceoil** musical festival, **fliúiteadóireacht** flute playing, **foilsiú** exposition, **fonn** tune, air, **fuaim** sound, **fuaimíocht** acoustics, **gabhóid** gavotte, **geantraí** light music, **geoidléireacht** yodelling, **gleadhradh** fanfare, **gléas ceoil** musical instrument, **goltraí** lament, **gormacha (na ~)** blues (the blues), **guth** voice, **guthaíocht** vocalisation, **iomann** hymn, **ionstraimíocht** instrumentation, **iontonú** intonation, **laoi** lay, **liodán** litany, **loinneog** refrain, **madragal** madrigal, **méadranóm** metronome, **meánsoprán** mezzo-soprano, **míbhinneas** cacophony, **minit** minuet, **mion-cheoldráma** operetta, **nochtraí** nocturne, **nodaireacht** notation, **nóta** note, **oirfide** *m (high reg)* minstrelsy, music, **oratóir** oratorio, **páirtcheol** part music, **píobaireacht** piping, **píosa** piece, **plancadh** strumming, **polca** polka, **popcheol** pop music, **potaireacht** lilting, **prasamhrán** patter song, **rabhcán** shanty, **rapsóid** rhapsody, **reacaireacht** recitative, **réamhdhréacht** prelude, **rómáns** romance, **rondó** rondo, **salmaireacht** psalmody, **sarabann** sarabande, **sársaothar** masterpiece, **scála** scale, **scolfairt** loud birdsong, **scór** score, **sean-nós** traditional singing, **seinm** *f (seanma)* playing, performance, **séis** melody, **siansa** symphony, **sonáid** sonata, **soprán** soprano, **streancán** strain of music; strum, twang, **suantraí** lullaby, **téadaireacht** playing music on stringed instrument(s), **téamamhrán** theme song, **teanór** tenor, **tionlacan** accompaniment, **tiúin** tune (cf **pianó a thiúnadh** to tune a piano), **tiúnta** tuned, **tobchumadh** extemporisation, **tobsheisiún** jam session, **ton** tone, **tondath** timbre, **tribil** treble, **tríbhuilleach** *m* triple, **tríleach** *m* trill (cf **tríleach a chur le nóta** to trill a note), **tríréad** *(mus)* trio, **uaithne** *m* consonance, concord

▲ ~ **aireagail** chamber music, ~ **aitheantais** signature music, ~ **bailé** ballet music, ~ **bálseomra** ballroom music, ~ **barócach** baroque music, ~ **clasaiceach** classical music, **ceol córúil** choral music, ~ **cúlra** background music, ~ **dioscó** disco music, ~ **éadrom** light music, ~ **éan** birdsong, ~ **gaspal** gospel music, ~ **gutha** vocal music, ~ **leictreo** electro, ~ **rince** dance music, ~ **rince leictreonach** electronic dance music, ~ **sí** fairy music, ~ **siansach** symphonic music, ~ **sioncóipithe** syncopated music, **teicnicheol** techno, ~ **teagmhasach** incidental music, ~ **tíre** folk music, ~ **tuaithe** country and western music, ~ **rithim agus gormacha** rhythm and blues, R&B, ~ **uirbeach** urban music, ~ **uirlise** instrumental music

▲ ~**áras** concert hall, ~**bhuíon** *f (-íne; ~ta)* band of musicians, ~**chluiche** operetta, ~**choiméide** musical comedy, ~**choirm** *f (~e; ~eacha)* concert, ~**dráma** opera, ~**dráma grinn** comic opera, **ceolfhoireann** *f* orchestra, ~**scoil** school of music

◊ **Mo cheol thú!** Well done!, **Ná déan ~ is damhsa de!** Don't make a song and dance about it!, ~ **is gáire a bhain sise as.** It was all a big joke to her., **Cuirfidh an bia ~ ionat.** The food will cheer you up., **Bhain mé ~ as an airgead.** I enjoyed the money.

Ceolchoirm *f (~e; ~eacha) (mus)* concert
ceadal ceoil musical recital, **ceolchluiche** operetta, **ceolchoiméide** musical comedy, **ceoldráma** opera, **ceoldráma grinn** comic opera, **coirm cheoil** concert, **cur i láthair** presentation, **gig** *f* gig, **léiriúchán** production, **gabháil cheoil** musical rendition, **léiriú** *(drama)* performance, **léiriú ceoil** musical performance, **oíche cheoil** musical soirée, **seinm** *f (seanma) (mus)* performance, **seisiún** session, **seisiún jeamála** jam, **seó** show, **siamsaíocht cheoil** musical entertainment, **soirée** soirée, **taibhiú** performance

▲ ~ **amuigh faoin spéir** open-air concert, ~ **bheo** live concert, ~ **charthanachta** charity concert, ~ **cheoil chlasaicigh** classical music concert, ~ **rac** rock concert

Ceolmhar *adj¹* musical
anamúil lively, spirited, **armónaithe** harmonised, **beoite** animated, **binn** harmonious, sweet to the ear, **ceoil** (> *ceol*) musical, **dea-fhoghrach** euphonious, **gleoiréiseach** loudly cheerful, **liriciúil** lyrical, **meanmnach** spirited, cheerful, **meidhreach** lilting, **milis** sweet, **oirfideach** minstrel, **seanmnach** melodious, music-making, **séiseach** melodic, tuneful, **siansach** symphonic, **siollánach** sonant, tuneful, **tláithbhinn** dulcet, **ton** tone, **tondath** timbre, **tonúil** tonal

Ceoltóir *m (-óra; ~í)* musician
amhránaí singer; vocalist, **aonréadaí** soloist, **baratón** baritone, **bard** bard, **cairdíneoir** accordion player, **cantaire** chanter; chorister, **caointeoir** keener, **cláirseoir** harpist, **cnagcheoltóir** percussionist, **cór** choir, **cumadóir** composer, **dord** bass, **dordveidhleadóir** cellist, **drumadóir** drummer, **duanaire** crooner, songster, **dúdaire** crooner, **fidléir** fiddle player, **fífeadóir** fifer, **fliúiteadóir** flute player, **fonnadóir** singer, lilter, **gaothionstraimí** wind instrumentalist, **geocach** *m* strolling musician, **geoidléir** yodeller, **giotáraí** guitarist, **ionstraimí** instrumentalist, **méarchláraí** keyboardist, **oirfideach** *m* minstrel (cf **oirfideach fáin** wandering minstrel), **pianódóir** pianist, **píobaire** piper, **portaire** lilter, **popcheoltóir** pop musician, **rac-cheoltóir** rock musician, **rapsóideoir** rhapsode, **reacaire** reciter, **sacsafónaí** saxophonist, **seinnteoir** player, performer,

seinnteoir coirn horn player, soprán soprano, stiúrthóir conductor, téadionstraimí string instrumentalist, taibheoir performer, teanór tenor, tionlacaí accompanist, trombónaí trombonist, trumpadóir trumpet player, veidhleadóir violinist, vióladóir violist

Choíche *adv* ever, forever; never
am ar bith as seo amach any time henceforth, ar chúinse ar bith (+ *neg*) (*never*) under any circumstances, ar chuntar ar bith (+ *neg*) on no account, ar fad entirely, de shíor constantly, feasta (+*neg*) nevermore, feasta choíche for all future time, gan chríoch without end, unendingly, gan deireadh endlessly, gan staonadh ceaselessly, incessantly, go brách in perpetuity, go brách na breithe until the day of judgment, go buan permanently, go deo for ever, go deo arís ever again, go deo na ndeor for ever and ever, go dtaga thiar aniar till the end of time, go síor forever, go síoraí eternally, everlastingly, i gcónaí always, ever, riamh ever, trí shaol na saol (*rel*) for ever and ever

Ciall *f(céille; ~a, ~)* sense, meaning
adhmad wood; solid sense, aithne recognition, realisation, abhras gainful employ (cf **Níl mórán abhrais ann.** There is not much to be gained from it.), adhmad sense, worth, brí *f* meaning, vigour, buntáiste advantage, bunús basis, ciall cheannaithe common sense; hard-earned wisdom, clisteacht cleverness, cothrom na Féinne fairness, cúis cause, éifeacht efficacy, éirim gist, feasacht awareness, fios do ghnó savvy, feoil *f* (*feola; feolta*) meat (substance of argument), fiúntas worth, foirmnis sense, firmness; stability, forléiriú construing, gaois sagacity, géarchúis perspicacity, géire sharpness, astuteness, grinneas discernment, guaim self-restraint, gus nous, intinn mind, intleacht intellect, iomas intuition, léamh reading, léirléamh interpretation, léirmhíniú full explanation, interpretation, maith good, maitheas goodness, meabhair reason, meaning, sense, míniú explaining, míniúchán explanation, nóisean notion, pointe point, réasún reason, réasúntacht reasonableness, séis sense, meaning, siosmaid common sense; cop on, spút ounce of sense (cf **Níl spút aige.** He hasn't an ounce of sense.), stuaim good sense, prudence, substaint substance, substaintiúlacht substantiality, tábhacht importance, tairbhe benefit, téagar substance, import, tuiscint understanding

▲ ~ cheannaithe common sense, ~ don treo spatial orientation, ~ eile another meaning, ~ litriúil literal meaning, ~ mheafarach metaphorical meaning

◊ **Baineann sé le ~** It makes sense., **Bhí do mháthair bhocht as a ~ le himní.** Your poor mother was demented with worry., **Bíodh ~ agat!** Have some sense!, **Cad is ~ leis?** What does it mean?, **iompar gan chiall** irrational behaviour, **Ní féidir liom ~ a bhaint as.** I can't make sense of it., **Polasaí gan chiall é.** It's a senseless policy., **Tá ~ aisteach leis ar bhealach.** It makes twisted sense in a way.

P **Ní thagann ~ roimh aois.** Sense doesn't come before age., **Ní ciallmhar i gcónaí an rud a mbíonn ~ leis.** What is sensible isn't always the sensible thing.

Ciallaigh v_{2a} signify, mean
an bhrí atá leis the meaning that it has, bain ciall as construe, explain, caith solas ar shed light on, comharthaigh signify, cuir in iúl convey, express, déan cumarsáid communicate, déan soiléir make clear, éirnigh (*lit*) expound, explain, fochiallaigh connote, fógair announce, proclaim, forléirigh (*jur*) construe, impleachtaigh imply, inis tell, lean as follow on from, léigh read, construe, léirigh illustrate, indicate, léirléigh interpret, léirmhínigh interpret, maígh claim, declare, mínigh explaining; interpret, mol do suggest, sainchiallaigh denote, seas (do) represent, stand (for), siombalaigh symbolise, soiléirigh clarify, tabhair brí do give meaning to, tabhair i dtreis bring into play, tabhair le tuiscint imply, tairngir augur, taispeáin show

Ciallaithe *pp* signified, meant
comharthaithe signified, curtha in iúl conveyed, expressed, déanta soiléir made clear, éirnithe (*lit*) expounded, explained, fochiallaithe connoted, fógartha announced, proclaimed, forléirithe (*jur*) construed, impleachtaithe implied, inste told, leanta as followed on from, léite read, construed, léirithe illustrated, indicated, léirléite interpreted, léirmhínithe interpreted, maíte claimed, declared, mínithe explained; interpreted, molta do suggested, sainchiallaithe denoted, seasta (do) represented, stood (for), siombalaithe symbolised, soiléirithe clarified, tugtha i dtreis brought into play, tugtha le tuiscint implied, tairngeartha augured, taispeánta shown

Ciallmhar adj^1 sensible
ábhartha to-the-point, salient, a luíonn le ciall commonsense, sensible, breithiúnach judicious, céillí sensible, grounded, cliste clever, cosa-ar-an-talamh feet-on-the-ground, down-to-earth, críonna wise (on account of age), shrewd, hard-headed, cúramach careful, dáiríre no-nonsense, serious, discréideach discreet, éirimiúil intelligent, fad-bhreathnaitheach circumspect, fadcheannach farsighted, shrewd, faichilleach cautious, feidhme (> *feidhm*) proactive, fódúil grounded, down-to-earth; solidly reasoned, foirmniseach firm, sensible, fóirsteanach apt, forasta well-based, gaoiseach sagacious, wise, géarchúiseach discerning, astute, glic shrewd, cunning, grinn perceptive, discriminating, indéanta practicable, doable, neamh-mhaoithneach unsentimental, nithiúil concrete, nuts-and-bolts, praiticiúil practical,

praitinniúil sensible, astute; wise, **réasúnach** rational, **réasúnta** reasonable, **saoithiúil** wise, accomplished, **siosmaideach** sensible, wise, **snoite** expedient, hard-nosed, **stuama** prudent, sensible, **tuisceanach** thoughtful, considerate, **úsáideach** useful

Ciallú *vn* signifying, meaning
baint ciall as construing, explaining, **comharthú** signifying, **cur in iúl** conveying, expressing, **déanamh cumarsáide** communicating, **déanamh soiléir** making clear, **éirniú** *(lit)* expounding, explaining, **fochiallú** connoting, **fógairt** announcing, proclaiming, **forléiriú** *(jur)* construing, construction, **impleachtú** implying, **insint** telling, **leanúint as** following on from, **léamh** reading, construing, **léiriú** indicating, **léirléamh** interpreting, **léirmhíniú** interpreting, **maíomh** claiming, declaring, **míniú** explaining; interpreting, **moladh do** suggesting, **sainchiallú** denoting, **seasamh (do)** representing, standing (for), **siombalú** symbolising, **soiléiriú** clarifying, **tabhairt brí do** giving meaning to, **tabhairt i dtreis** bringing into play, **tabhairt le tuiscint** implying, **tabhairt solas ar** shedding light on, **tairngreacht** auguring, **taispeáint** showing

Cian 1 *m (~)* melancholy, longingness
brón sadness, **buaireamh** care, concern; vexing, **coimhthíos** alienation, **crá croí** torment of the heart, grief, **croíbhriseadh** devastation, **cumha** *f* nostalgia, **dochma** moroseness, gloom, **dólás** sorrow, **duairceas** desolation, **dúlagar** *(clinical)* depression, **galar dubhach** *(med)* depression, **gruaim** gloom, gloominess, **ísliú meanman** lowering of spirits, **lagar spride** state of being down in the dumps, **lean** woe, **liach** deep sorrow, grief; cry of lamentation, **lionn dubh** melancholy, **mianchumha** longing, yearning, **néal** (dark) cloud, **smúit** dejection, **suaitheadh** perturbation, **uaigneas** loneliness, isolation *(see also: brón)*

Cian 2 *f (dat sg: céin; pl cianta, dat pl ~aibh)* distance in time or space
achar distance, **aga** interval, period of time, **aois** age, **ciandacht** remoteness, **bealach** *m* way, **fad** length, **fadaíocht** lengthiness, **feadh** duration, space, **imchian** *f* immense distance, **leithead** length, **spás** space, **ré** *f* era, span of time, **réise** *f* span, **rith-aga** run length, **slí** *f* way, **tamall** while, **tomhas de réir faid** lengthwise measurement

◊ **i mbaile is i gcéin** home and abroad, **i gcéin is i gcóngar** far and wide, **le ~ d'aimsir** for this long time past, for a long while, **na ~ta ó shin** ages ago, **ó chianaibh** a while back, **sna ~ta cairbreacha** in the distant past, **sna ~ta coimhthíocha** in remote foreign lands

Ciap *v₁ₐ* torment; harass
beophian tantalise, **bí ag cnáimhseáil/ag sciolladh** be nagging, **bí anuas ar dhuine** be on a person's case, badger a person, **bí sa droim ar dhuine** be nagging someone, **briog** provoke, prick, **buair** bother, perturb, **cancraigh** vex, annoy, make grumpy, **céas** torture, torment; crucify, **coip** ferment, provoke, **cráigh** distress, torment, **cuir as do** bother, distress, **cuir imní ar** worry, **cuir isteach ar** annoy, hassle, **cuir olc ar** vex, **déan géarleanúint ar** persecute, **feargaigh** annoy, irritate, make angry, **greannaigh** irritate, ruffle, **griog** tease, annoy, **inghreim** persecute, **íospair** ill-treat, ill-use, **liobair** tear into tatters; severely berate, **mearaigh** drive to distraction, **páisigh** torment, **pioc ar** pick on, **pláigh** plague, pester, **saighid** provoke, incite, **sáraigh** pester, **scioll** scold, **sclamh** abuse, snap at, **scól** torment, torture, **scrúd** try, torment, **séid faoi** bait, wind up, **spoch as** slag off, tease, **spréach** infuriate, **suaith** agitate, disturb, **tarcaisnigh** scorn, disparage

Ciapach *adj³* torturing, tormenting, harassing
ainteagmhála (> **ainteagmháil**) molesting, **cáinteach** castigating, criticising, **cráiteachta** (> **cráiteacht**) distressful, **géarleanúnach** persecuting **inghreimtheach** persecuting, preying, **pioloideach** tormenting; querulous, **pláuil** pestilential; pestering, **sáraitheach** thwarting, frustrating

Ciapadh *vn* tormenting; harassing, harassment
beophianadh tantalising, **briogadh** provoking, pricking, **cnáimhseáil** nagging, **buaireamh** bothering, perturbing, **cancrú** vexing, annoying, making grumpy, **céasadh** torture, tormenting; crucifixion, **coipeadh** fermenting, provocation, **crá** distressing, tormenting, **crácamas** pure torture, **cur as do** bothering, badgering, **cur isteach ar** annoying, hassling, **cur olc ar** vexing, **feargú** annoying, irritating, making angry, **géarleanúint** persecution, **greannú** irritating, ruffling, **griogadh** teasing, annoying, **imní** worry, **inghreim** persecution, **íospairt** ill-treating, ill-using, **páis** torment, passion (cf **Páis Chríost** Passion of Christ), **mearú** driving to distraction, **páisiú** tormenting, **pioloid** torture, torment; pillory (cf **duine a chur i bpioloid** to pillory a person), **plá** *f* plague, pestering, **saighdeadh** provoking, inciting, **sárú** pestering, violating, **sciolladh** scolding, abusing, **scóladh** tormenting, torturing, **scrúdadh** trying, tormenting, **séideadh faoi** baiting, winding up, **spochadh as** slagging off, teasing, **suaitheadh** agitating, disturbing, **tarcaisniú** scorning, disparaging, **sneagaireacht** nagging, scolding

Ciapaire *m (~; -rí)* tormentor; torturer
bulaí bully, **céasadóir** torturer, **céastúnach** *m* crucifier, executioner, **clipire** tease, teaser, **comhéigneoir** coercionist, **cráiteoir** tormentor, **diabhal** devil, **drochearra suarach** nasty piece of work, **géarleantóir** persecutor, **griogaire** teaser, tantaliser, **maistín** bully boy, **mí-úsáideoir** abuser,

Ciaptha *pp* tormented; harassed
neascóid tormentor, **pianadóir** tormentor; punisher, **sceanadóir** flayer, stabber; sharp-tongued person; scold, **sciúrsálaí** tormentor, scourger; flogger, **smachtaitheoir** chastiser; subjugator, **smachtadán** control freak, **tíoránach** *m* tyrant

Ciaptha *pp* tormented; harassed
beophianta tantalised, **briogtha** provoked, pricked, **buartha** bothered, perturbed, **cancraithe** vexed, annoyed, made grumpy, **céasta** tortured, crucified, **coipthe** provoked, **corraithe** annoyed; agitated, **cráite** badgered, tormented, **feargaithe** annoyed, irritated, made angry, **greannaithe** irritated, ruffle, **griogtha** teased, annoyed, **imníoch** worried, **inghreimthe** persecuted, **íospartha** ill-treated, ill-used, **mearaithe** driven to distraction, **páisithe** tormented, **pláite** plagued, **saighdte** provoked, incited, **sáraithe** pestered; overwhelmed **sciollta** nagged, scolded, **scólta** tormented, tortured, **scrúdta** tried, tormented, **séidte faoi** baited, wound up, **spochtha** slagged, teased, **spréachta** irate, vexed, **suaite** distressed, cut up (about something), **tarcaisnithe** scorned, disparaged, **trí chéile** upset

Ciarsúr *m (-úir; -úir, ~)* kerchief, handkerchief
caifirín headscarf, **ceirt** *f (~e; ~eacha)* cloth, **éadach** cloth, **fíochán** tissue, **naipcín** serviette, **naipcín póca** handkerchief, **brat cinn** kerchief; headscarf, **muiflead** muffler scarf, **scaif** scarf *(see also: éadach)*

Cic *m (~; ~eanna)* kick
buille blow, **buille coise** kick, **buille de thruip** kick, **buille tosaigh** kick-off, **ciceáil** kicking, **cúinneach** *m* corner kick, **frithbhuille** kickback (cf **cic tobann sreangáin bheo** sudden jolt from a live wire), **preab** *f* kick, jolt, **radadh** *(horse)* kick, fling, **raideog** kick, fling, throw, **saorchic** free kick, **speach** *f (speice; ~a, ~)* *(of animal)* kick; *(of gun)* recoil, **speachadh** *(of animal)* kicking, **truip** kick; trip

Ciceáil 1 *v₁ₑ* kick
buail hit, **buail cic ar** kick, **buail le cos** strike with foot, **buail le glúin** knee, **buail liathróid le barr do bhróige** toe a ball, **frithbhuail** recoil, **léim siar** recoil, **speach** *(gun)* kick, recoil, **tabhair cic do** give a kick to, **truipeáil** kick (cf **Thruipeáil sé an doras.** He kicked the door.)

Ciceáil 2 *vn* kick
bualadh hitting, **bualadh cic(eanna) ar** kicking, **bualadh le do chos** striking with your foot, **bualadh le do ghlúin** kneeing, **frithbhualadh** recoiling, **léim siar** recoiling; jumping back, **bualadh liathróide le barr do bhróige** toeing a ball, **speachadh** *(gun)* kicking, recoiling, **tabhairt cic do** giving a kick to, **truipeáil** kicking

Ciceáilte *pp* kicked
buailte hit, struck, **buailte le do chos** struck with your foot, **buailte le barr do bhróige** kicked by the toe, toed **buailte le do ghlúin** kneed, **dar tugadh cic** kicked, **frithbhuailte** recoiled, **léimthe siar** recoiled; jumped back, **speachta** *(gun)* kicked, recoiled, **truipeáilte** kicked

Cigil *v₂f* tickle; play
cuimil stroke, massage, **cuir ag gáire** amuse; make laugh, **cuir dinglis i nduine** to tickle a person (eg Chuir daideo dinglis sa bhabaí. Grandad tickled the baby.), **cuir sceitimíní ar** thrill, excite, **gríosaigh** excite, **sásaigh** satisfy, **teagmhaigh** touch

Cigilt *vn* tickling; playing
cuimilt stroking, **cur ag gáire** amusing; making laugh, **cur sceitimíní ar** thrilling, **gríosú** exciting, delighting, **sásamh** satisfying, **teagmháil** touching

Cigilte *pp* tickled; played
ar ar cuireadh sceitimíní thrilled, **cuimilte** stroked, **curtha ag gáire** amused; made to laugh, **gríosaithe** excited, **inar cuireadh dinglis** tickled, **sásta** satisfied

Cigilteach *adj³* ticklish
achrannach thorny, **cáiréiseach** ticklish; tactful, **cliptheach** prickly, **coilgneach** irritable, irascible, **crosta** cranky, cross, **cúirialta** fastidious, finical, **drisíneach** prickly, touchy, **faichilleach** careful, cautious, **goilliúnach** sensitive, **íogair** touchy, sensitive, ticklish, **leochaileach** fragile, **niogóideach** touchy, testy, **pointeáilte** particular, punctilious, **soghonta** thin-skinned, **spadhrúil** volatile, **taghdach** given to fits, erratic, **taomach** capricious, **teasaí** hot-headed, **tinneallach** tense, nervous, ready to explode, **tobann** mercurial

Cigire *m (~; -rí)* inspector
athbhreithnitheoir *(ed)* reviewer, **bleachtaire** detective, **breathnóir** observer, viewer, **ceartaitheoir** corrector, **cinsire** censor, **cuardaitheoir** searcher, **deimhnitheoir** certifier, **feighlí** watcher, overseer, **feitheoir** invigilator, supervisor, superintendent, **garda** guard, garda, **imscrúdaitheoir** investigator, **iniúchóir** auditor, scrutineer, **léirmheastóir** *(lit)* reviewer, **mairseoir** superintendent, **rialtóir** controller, **saoiste** foreman; boss, **seiceálaí** checker, **scrúdaitheoir** examiner, **scrúdanóir** scrutineer, **suirbhéir** *m* surveyor, **tástálaí** tester *(see also: éadach)*

Cill 1 *f (~e; cealla, ceall)* cell, chamber, closed-off area
aireagal chamber; oratory, **aonad** unit, **buíon troda** military cell, **carcair** place of confinement, prison, **both** *m* cubicle (eg for changing clothes), **ceallóg** cell, **ceallra** *(battery)* cells, **cillín** small cell, **cuas** *m (cuais; ~a, ~)* cavity, **cubhachail** *m (~; ~í)* cubicle, **cró** pen, **cuibhreann** enclosure, **doinsiún** dungeon, **grúpa** group, **imfhálú** fenced-off area, **loca** enclosed space, **mainnear** *f (-nnre; -nnreacha)* enclosure, **núicléas** *m (-éis)* nucleus, **póicín** poky, confined place, **príosún** prison, **seomra** chamber, room, **stalla** stall, **urrann** *f* compartment

Cill 2 *f(~e; cealla, ceall)* church, graveyard
ceallúir graveyard for the unbaptised; ancient burial ground, **cillín** small *(hist)* chapel/church, **cnámhlann na marbh** boneyard, **eaglais** church, **lantán Dé** God's acre, **reilig** graveyard, **séipéal** chapel, church, **tamhlacht** burial land for the poor and unbaptised, **teampall** church, temple, **úirleachas** burial ground *(see also: eaglais)*

Cine *m (~; -níocha)* race *(cf* **cine daonna** human race) **cineál** type, kind, species, **clann** clan, family, **fine** family/racial group, **fuil** *f (fola)* blood, **iarmhar** progeny, **iaró** *m* later descendant, **líne** *f* line, lineage, **muintir**, folk, (one's) people, **pór** *m (póir; ~tha)* breed, **rás** *(biol)* race, **sinsear** ancestry, **síol** *m (síl; ~ta)* seed, **sliocht** *m (sleachta)* progeny, **teach** *m (tí; tithe)* house, **teaghlach** *m* household, **treibh** tribe, **tréithchineál** strain *(see also: cineál)*

Cineál *m (-áil; ~acha)*
1. type, kind, species, genus, gender
aicme class, **cáilíocht** quality, **catagóir** *f (~e)* category, **cine** *m (~; cin**í**ocha)* race, **collaíocht** sexuality, **déanamh** make, **déantús** manufacture, make, **eiseamláir** example, *genre* genre, **gné** *f* aspect, **gnéasacht** sexuality, **grúpa** group, **inscne** gender, **mianach** *m* substance, material, stuff (cf **déanta den mhianach ceart** made of the right stuff), **pór** breed, **saghas** sort, kind, type, **saincreideamh** *(religion)* denomination, **samhail** *f (samhla; samhlacha)* semblance, representation, **sampla** sample, example, **sórt** sort, **speiceas** species, **tíopa** type, **tréith** trait, *(see also: cine, sórt)*
2. *(food)* treat; kindness, favour
aisce favour, gift; request, **cineáltas** kindness, **comaoin** favour, obligation, **gar** favour, kindness, **fabhar** favour, **garaíocht** doing a favour/favours, **grásta** favour, mercy, **ionracas** compliment, favour, **oineach** *m* hospitality, bounty, favour, **soilíos** good turn, **sólaistí** dainty delicacies, small treats

Cineálta *adj⁶* kindly, kind
altrúíoch altruistic, **aithriúil** fatherly, **atruach** compassionate, **báúil** sympathetic, **bog** lenient, soft, **bog-chroíúil** soft-hearted, **bráithriúil** brotherly, **cairdiúil** friendly, **caoin** gentle, delicate, **caoithiúil** amiable, **carthanach** charitable, **cásmhar** (i) considerate (to), **ceansa** meek, **ceanúil** lovingly fond, **cneasta** mild-mannered, decent, **comharsanúil** neighbourly, **croíúil** with heart, **dáimhiúil** sympathetic, **daonna** humane, kindly; human, **daonchairdiúil** philanthropic, **daonnachtúil** humane, **dea-chroíoch** good-hearted, **dea-mhéiniúil** benevolent, **dea-mhúinte** well-mannered, **deáthach** good-natured, cordial, **duineata** human, kindly, **duiniúil** human, natural, **fáilteach** hospitable, welcoming, **fial** bountiful, **flaithiúil** generous, hospitable, **garach** accommodating, **geanúil** affectionate, **grámhar** loving, **grástúil** gracious, **lách** affable, kind, **maith** good, **máithriúil** motherly, **mánla** gentle, gracious, mild, **maoth** tender, **mín** courteous, gentle, **modhúil** seemly, soft, **séimh** clement, gentle, **soghníomhach** beneficent, **soilíosach** obliging, **soranna** easygoing, **stuama** tactful, **taitneamhach** congenial, **teochroíoch** cordial, **tláith** soft, tender; wan, **trócaireach** merciful, **truachroíoch** compassionate, **tuisceanach** sympathetic

Cineáltas *m (-ais; -ais, ~)* kindness, kindliness
altrúchas altruism, **aithriúlacht** fatherliness, **bá** *f* sympathy, liking, **báúlacht** sympathy, sympathetic attitude, **boige** leniency, softness, **bog-chroíúlacht** soft-heartedness, **bráithriúlacht** brotherliness, **cairdiúlacht** friendliness, **caoideanas** kindliness, considerateness, **caoine** gentleness, delicateness, **caoithiúlacht** convenience; pleasantness, **carthanacht** charitableness, **cásmhaire** consideration, **ceansacht** meekness, **ceanúlacht** affection, kindness, fondly, **cineáltacht** kindness, kindliness **cneastacht** mildness, decency, **comharsanúlacht** neighbourliness, **croíúlacht** heartiness, **cúram** care, caring, **dáimhiúlacht** affectionateness, affability, **daonchairdiúlacht** philanthropy, **daonnacht** humanity; humaneness, **daonnachtúlacht** humaneness, **dea-chroíúlacht** good-heartedness, **dea-mhéin** benevolence, **dea-mhúineadh** good manners, **fáilteachas** welcoming manner, **féile** generosity, **flaithiúlacht** munificence, hospitality, **garaí** accommodating manner, **garaíocht** facilitating favours, good turns, **garúlacht** obligingness, **geanúlacht** affection, lovingness, **grámhaireacht** lovingness, tenderness, **grástúlacht** graciouness, **íocht** kindness; clemency, **láiche** affability, kindness, **láíocht** kindliness, affability, **maith** good, **maithe/maitheas** goodness, **máithriúlacht** motherliness, **mánlacht** gentleness, graciousness, mildness, **maoithe** tenderness, **míne** fineness, delicacy, **miochaire** tenderness, kindness, **modhúlacht** seemliness, **nádúrthacht** good-naturedness, kindliness, **séimhe** gentleness, placidity, **soghníomh** good deed, benefaction, **taise** compassion, mildness, **taitneamhacht** pleasantness, **teochroí** warm-heartedness, **trócaire** *f* mercy, clemency, **time** tenderness, softness, **truachroíche** compassion, **tuisceanaí** understanding, sympathy

Ciniciúil *adj⁴* cynical
amhrasach doubtful; fishy, suspicious, **díchreidmheach** incredulous, **drochiontaobhach** distrustful, having qualms, **éiginnte** uncertain, questionable, **in amhras** in doubt, **íorónta** ironic, **magúil** mocking, **maslach** derisive, **mímhuiníneach** mistrustful, **neamhchinnte** uncertain, **sceiptiúil** sceptical, **searbhasach** sarcastic, **soiniciúil** cynical

Cinn v_{1b} decide

ainmnigh nominate, name, **beartaigh** plan, decide, **breithnigh** adjudge, **breithnigh** adjudge, adjudicate, **bunaigh** establish, **ceap** appoint, **coimisiúnaigh** commission, **comhairligh** decide resolve; advise, counsel, **comhréitigh** accommodate, compromise, **conclúidigh** conclude, **déan cinneadh** make a decision, **déan socrú** make a decision, **eagraigh** arrange, **glac (le)** accept, **réitigh** settle, resolve, **roghnaigh** choose, **socraigh** settle, decide, arrange, **sórtáil amach** sort out, **sprioc** mark out, fix, **suigh** seat, position, **tabhair breith ar** pass judgment on, make a judgment call on, **tabhair breithiúnas ar** judge, pass/make a judgment on, **tar ar an tuairim** come to the opinion, **tar ar an gconclúid** come to the conclusion, **tar ar shocrú** reach a decision, **togh** elect

Cinneadh *vn* deciding, decision

ainmniú nominating, naming, **ainmniúchán** nomination, **beart** deal, action, **beartú** planning, **breith** judging, judgment; verdict, **breithiúnas** judgment, **breithniú** adjudging, adjudicating, **bunú** establishing, establishment, **ceapadh** appointing; formulation, **ceapachán** appointment, **coimisiúnú** commissioning, **comhairliú** deciding, resolving; advising, counselling, **comhaontú** (mutual) agreement, **comhréiteach** accommodation, **conclúid** conclusion, **conclúidiú** concluding, **déanamh cinneadh** making a decision, **déanamh socrú** making a decision, **eagrú** arranging, **freagra** answer, **glacadh** accepting, acceptance, **leigheas** fixing, curing, cure, **margadh** bargaining, bargain, dealing, **réiteach** *m* solving, solution; concord, **roghnú** choosing, **rún** resolution, **socrú** settling, deciding, decision, arrangement, **sórtáil amach** sorting out, **spriocadh** marking out, fixing, **suí** seating, position, **tabhairt breith ar** passing judgment on, making a judgment call on, **teacht ar thuairim** coming to an opinion, **teacht ar chonclúid** coming to a conclusion, **teacht ar shocrú** reaching a decision, **toghchán** election

Cinniúint *f (-úna; ~í)* fate, destiny

ádh luck, **an rud atá i ndán dúinn** the thing that is fated for us, **ámharaí an tsaoil** the good fortune of life (cf **ar ámharaí an tsaoil** by a stroke of good luck), **an rud atá le teacht** that which is to come, **bás** death, **céim síos** comedown, downfall, **cor cinniúnach** twist of fate, **críoch** *f (-íche; ~a, ~)* end, finish, **dán** portion, destiny, **forordú** predestination; preordaining, **fortún** fortune, **karma** karma, **Lá an Bhreithiúnais** The Day of Judgment; payback time, **mí-ádh** bad luck, **míchinniúint** ill fate, **oidhe** *f* doom, **rath** success, **roth (mór) an tsaoil** the (big) wheel of life, vicissitudes of fate, **seans** chance, opportunity, **taisme** accident, mishap, **toil Dé** the will of God, **toradh** outcome, result, **turnamh** downfall, **uisce an cheatha** ≈ the arrows of outrageous fortune (cf **mo chuid féin d'uisce an cheatha** my own share of misfortune)

P **Ní choisctear ~.** You can't escape your fate.

Cinniúnach *adj³* fateful, fatal; momentous

an-tábhachtach all-important, **barrthábhachtach** crucial, **cinntitheach** decisive, definitive, **eochair-key-**, **deimhnitheach** decisive, **díobhálach** ruinous, **fiú le rá** noteworthy, **fódúil** substantial, **forleathan** far-reaching, **géibheannach** crucial, **lán de bhrí** full of significance, **luachmhar** precious, valuable, **maighdeogach** pivotal, **marfach** fatal, deadly, **mór** large, great, important, **mórluachach** valuable, important, **rí-thábhachtach** vital, pivotal, **seamhnach** seminal, **sonrach** notable, **speisialta** special, **suaithinseach** distinctive, **substaintiúil** substantial, **suntasach** remarkable, **tosaigh** foremost, leading, **trom** weighty, substantial, **trombhríoch** meaningful, weighty, noteworthy, **tromchiallach** significant, **tubaisteach** fateful, fatal

▲ **am ~** defining moment, **cinneadh ~** crunch decision, **cluiche ~** momentous match, showdown, **cor ~** turning point; twist of fate, **cúl ~** deciding goal, **fabht ~** fatal flaw, **lá ~** fateful day, **tionchar ~** 'final straw', the thing that tipped the scales, **vóta ~** crucial vote

Cinnte

1. *pp* decided

beartaithe planned, **breithnithe** adjudged, adjudicated, **bunaithe** established, **ceaptha** appointed; formulated, **comhairlithe** decided, resolved; advised, counselled, **comhaontaithe** mutually agreed, **comhréitithe** compromised, accommodated, **conclúidithe** concluded, **eagraithe** arranged, **glactha** accepted, **leigheasta** fixed, cured, **réitithe** solved, resolved, **roghnaithe** chosen, **socraithe** settled, decided, **sórtáilte amach** sorted out, **sprioctha** marked out, fixed, **suite** seated, positioned, persuaded (cf **Táim suite gur fíor é.** I am persuaded that it is true.), **tagtha ar thuairim** arrived at an opinion, **tagtha ar chonclúid** arrived at a conclusion, **tagtha ar shocrú** reached a decision

2. *adj⁶* certain, definite

áititheach convincing, persuasive, **an-soiléir** explicit, categorical, **dobhréagnaithe** unequivocal, irrefutable, incontrovertible, **dochloíte** conclusive, **doshéanta** indisputable, undeniable, **follasach** evident, obvious, **muiníneach** confident, assured, **nach féidir a shéanadh** it is undeniable, undeniably, **neamhbhalbh** unambiguous, categorical, **neamh-mhiolamach** *(lit)* faultless; unfailing, **nach bhfuil aon cheist faoi** about which there is no question, **siúráilte** convinced, assured, **soiléir** clear

3. *adv* certainly (cf **~ dearfa!** Absolutely!)

gan amhras without doubt, undoubtedly, **gan aon éideimhne** unequivocally, **gan cheist** without question, unquestionably, **gan aon dabht** without any doubt, undoubtedly, **gan dearmad** unmistakably, **gan teip** without fail, unfailingly, **go dearfa** definitely, positively (so), **go deimhin** certainly, **go díreach**

Cinnteacht precisely, exactly (so), **go follasach** obviously, **go siúráilte** surely

Cinnteacht *f(~a; ~aí)* certainty
áirithe *f* certainty, surety, **áitiús** conviction, **cré** *f* creed, **creideamh** belief, faith, **daille** blindness, **dearbhú** assurance, **dearfacht** positiveness, certainty, **deimhin** proof, certainty, **deimhne** *f* sureness, certainty, **deimhneacht** certitude, sureness, surety, **diongbháilteacht** decisiveness, firmness, **dosheachantacht** inevitability, **doshéantacht** indubitableness, **féinmhuinín** self-confidence, self-belief, **fíric** *f* fact, **muinín** *f* confidence, trust, **pribhléid** self-assurance; privilege, **réaltacht** reality, **seasmhacht** firmness of position, **siúráil** assurance, certainty, **siúráilteacht** sureness, **teann** confidence, assurance, **teanntás** boldness, assurance, **údarásacht** authoritativeness, **urrús** confidence, forwardness

Cinntigh *v₂b* make certain, ensure
áirithigh ensure, **cosain ar** insure/protect against, **daingnigh** secure, **déan cinnte de** make certain of, **dearbhaigh** certify, ascertain, **deimhnigh** confirm, guarantee, **fíoraigh** verify, **fódaigh** establish, ground, **maígh** assert, **neartaigh** reinforce, strengthen, **seiceáil** check, **socraigh** settle, **tabhair deimhniú** certify, affirm, **teistigh** *(jur)* depose

Cinntithe *pp* made certain, confirmed; ascertained
áirithithe ensured, **cosanta ar** insured/protected against, **daingnithe** secured, **déanta cinnte de** made certain of, **dearbhaithe** certified, ascertained, **deimhnithe** confirmed, guaranteed, **fíoraithe** verified, **fódaithe** established, grounded, **maíte** asserted, **neartaithe** reinforced, strengthened, **seiceáilte** checked, **socraithe** settled, decided, **teistithe** *(jur)* deposed

Cinntitheach *adj³* decisive
an-tábhachtach all-important, **barrthábhachtach** crucial, **cinnte** certain, **cinnteach** fixed, definitive, **conclúideach** conclusive; concluding, **críochnaitheach** finishing, closing, **eochair-** *pref* key, **deimhneach** decisive, certain, **fódúil** substantial, **forleathan** far-reaching, **géibheannach** crucial, **maighdeogach** pivotal, **marfach** fatal, **mórluachach** valuable, important, **rí-thábhachtach** vital, pivotal, **seamhnach** seminal, **sonrach** notable, **speisialta** special, **suaithinseach** distinctive, **substaintiúil** substantial, **suntasach** remarkable, **tosaigh** (> *tosach*) foremost, leading, **trom** weighty, substantial, **trombhríoch** meaningful, weighty, noteworthy, **tromchiallach** significant

Cinntiú *vn* making certain, confirming
áirithiú ensuring, **cosaint ar** insuring/protecting against, **daingniú** securing; ratifying, **déanamh cinnte de** making certain of, **dearbhú** certifying, ascertaining, **deimhniú** confirming, guaranteeing,

fíorú verifying, **fódú** establishing, grounding, **maíomh** asserting; claiming **neartú** reinforcing, strengthening, **seiceáil** checking, **socrú** settling, deciding, **tabhairt deimhniú** certifying, affirming, **teistiú** *(jur)* deposing

Cíocrach *adj³* greedy, gluttonous, ravenously eager
aimirneach ravenous, craving, **airceach** voracious, **amplach** gluttonous, **antlásach** covetous, **craosach** rapacious, **díbhirceach** ardent, eager, **díocasach** avid, **díograiseach** enthusiastic, enthused, zealous, **doshásaithe** insatiable, **dúthrachtach** fervent, zealous, **géar** keen, intent, **géarghoileach** keenly hungry, **gionach** ravenous, voracious, **gortach** profoundly hungry; mean, niggardly, **mífhoighneach** impatient, **ocrach** hungry, **sáil** self-indulgent, **santach** greedy, **scafa** eager, avid, **stiúgtha** famished, starving, **suthach** greedy, gluttonous, **tnúthánach le** yearning, longing for

Cíocrachán *m(-áin; -áin, ~)* greedy guts; ravenous person
airceachán voracious eater, **amplachán** gluttonous, greedy person, **antlachán** grabbing, greedy person, **craosaire** glutton, **díograiseoir** fervent, zealous person, **fursaeir** glutton; big eater, **gaileadán** greedy eater, **gionachán** person with a voracious appetite, **gionchraos** gaping open mouth looking for food, **glacóir** greedy grasping person, **gorb** glutton, **ocrachán** hungry needy individual, **santachán** covetous, greedy person, **suthaire** glutton, guzzler, **slamaire** gobbler, voracious eater

Cíocras *m(-ais)* greed, gluttony, extreme eagerness
áilíos craving; lasciviousness, **airc** voracity, **ampla** gluttony, cupidity, **andúil** addiction, **anrachán** craving, hunger, **antlás** covetousness, **confadh** mad eagerness, rabidness, **craos** rapacity, voracity, **deárcas** eagerness, importunity, **díbhirce** ardour, eagerness, **díocasaí** avidity, **díograise** fervour, zeal, **doshásaitheacht** insatiability, **dúil** desire, liking, **dúrúch** frenzy, eagerness, **faobach** *m* eagerness, haste, **flosc** eagerness, zest, **gábhair** craving; craze, **gabhálacht** graspingness, avarice, **gionach** *f* ravenous hunger, **gorta** famine, **íota** *f* ardent desire, avidity, **miangas** craving; concupiscence, **ocras** hunger, **raobhaíocht** gluttony; intemperance, **ruibh** eagerness; venom, sting, **sáile** self-indulgence, **saint** greed, **santacht** greediness; eagerness, **scloitéireacht** swilling down, drinking greedily, **slogaireacht** gluttony; gulping down, **suthaireacht** gluttony, **tothlaíocht** appetency; craving, **tothlú** craving

Cion 1 *m (~a; ~ta)* offence
ainfhíréantacht unrighteousness, **bithiúntas** villainy, **briseadh dlí** lawbreaking, **caill** loss, **ciontóireacht** delinquency, **coir** crime, **col** incest, wicked deed,

Cion

corbadh corruption, **dochar** damage, **duáilce** *f* vice, **eagóir** wrongdoing, **gníomh neamhdhleathach** unlawful act, **iomarbhas** transgression, **locht** fault, failing, **míbheart** villainy, evil deed, **mícheart** wrong, **mídhlisteanacht** illegality, **míghníomh** misdeed, **mí-iompar** misconduct, **oilghníomh** misdemeanour, **olc** wickedness, **neamhdhlíthiúlacht** illegality, **peaca** sin, **sárú** violation (eg **sárú tráchta** traffic violation), **urchóid** iniquity

Cion 2 *m (ceana)* affection

armacas love, caring, **bá** affection, sympathy, **boige** softness, **búidhe** tenderness, affection, **cairdeas** friendship, **caithis** fondness, affection, **carthanacht** charity, **ceanúlacht** fondness, kindness, **cineáltas** kindness, **connailbhe** *f* love of kind, emotional attachment, **cumann** *(fellowship)* love, companionship, **dáimh** loving admiration; soft spot, **gean** affection, attachment, warmth, **gealadh** fondness, gladness (cf ~ **croí** gladness of heart), **geanúlacht** lovingness, affection, **gnaoi** affection, liking, **grá** love, **grámhaireacht** tenderness, **greann** *(poet)* love, **ionúine** dearness, affection, **láiche** kindness, **miochaire** tenderness, **muirn** endearment, affection, **rún** love, affection, **páirt** *(warm)* alliance, partnership, **práinn** liking, fondness, delight (cf **Práinn atá agam as.** It is a delight to me.), **rud** affection (cf **Tá an-rud aici air.** She is very fond of him.), **taitneamh** liking, **teochroí** warmth, **time** tenderness, softness, **tláithe** affection, mildness, **truaillíocht** depravity, defilement *(see also: grá)*

Ciontach *adj³* guilty, culpable

aiféalach regretful, **aithríoch** penitent, **bithiúnta** delinquent, **brónach** sad, sorrowful, **ciontóireachta** (> *ciontóireacht*) delinquent, **coireach** wicked, sinful, **coiriúil** criminal, **croíbhrúite** contrite, **daortha** condemned, **doilíosach** remorseful, contrite, **earráideach** erring, **freagrach** responsible, accountable **incháinte** blameable, culpable, **inlochtaithe** blameworthy, **inmhilleáin** reprehensible, **lochtach** at fault, **náirithe** shamed, **peacúil** sinful, **urchóideach** iniquitous, nefarious

Ciontacht *f (~a)* guilt, culpability

aiféala regret, contrition, **brón** sorrow, **cion** offence, **coinsias** conscience, **coir** crime, **coireacht** wickedness, guiltiness, **coiriúlacht** criminality, **coirpeacht** viciousness, criminality, **doilíos** remorse, **dólás** contrition, **freagracht** responsibility, **imeacht** *m* **ó chosán na suáilce** erring from the straight and narrow, **locht** *m* fault, **lochtú** blaming, **mairg** compunction, **milleán** blame, **náire** shame, **peaca** sin, **scrupall** scruple, **urchóid** iniquity

Ciontaigh *v₂ₐ*

1. accuse

aifir rebuke, reproach, **cáin** censure, denounce, **coirigh** incriminate, **coirigh ar dhuine** make allegations against a person, **cuir coir a chur i leith duine** criminate a person, **cuir i leith** *(+ gen)* accuse, **cuir locht/milleán ar** blame, **cuir síos do** attribute to, **cúisigh** charge, accuse, **díotáil** indict, **éiligh ar** blame, complain about, **gearán** complain, **ionchoirigh** incriminate, **ionchúisigh** prosecute, **líomhain** allege, impute, **lochtaigh** fault, blame, **sann do** assign to, **táinsigh** impeach, **taisealbh** ascribe, attribute *(see also: lochtaigh)*

2. convict

daor convict, condemn, **cuir i bpríosún** imprison, send to jail, **cuir i gcarcair** put behind bars, in jail, **cuir pianbhreith ar dhuine** pass sentence on a person, **gearr téarma príosúnachta ar dhuine** sentence a person to a term of imprisonment, **imtheorannaigh** *(hist)* intern, **tabhair breith ar dhuine** pass judgment on a person, **teilg** *(jur)* convict, condemn

Ciontaithe *pp*

1. accused

aifeartha rebuked, reproached, **ar ar cuireadh locht/milleán** blamed, **cáinte** censured, denounced, **coirithe** incriminated, **curtha ina leith** accused, **cúisithe** charged, accused, **dar cuireadh síos** to whom was attributed, **díotáilte** indicted, **éilithe ar** blamed, complained about, **gearánta** complained (cf **Ní gearánta dom.** I can't complain.), **ionchoirithe** incriminated, **líomhainte** alleged, imputed, **lochtaithe** faulted, blamed, **sannta** assigned, **táinsithe** impeached, **taisealfa** ascribed, attributed

2. convicted

ar ar cuireadh pianbhreith sentenced, **ar ar gearradh téarma príosúnachta** sentenced to a term of imprisonment, **ar ar tugadh breith** on whom judgment has been passed, judged, **daortha** convicted, condemned, **curtha i bpríosún** imprisoned, sent to jail, **curtha i gcarcair** put in person/behind bars/in jail, **imtheorannaithe** *(hist.)* interned

Ciontóir *m (-óra; ~í)* offender, delinquent

aimhleastóir wrongdoer, **bithiúnach** *m* malefactor, **ciontach** *m* culprit, **coireach** *m* transgressor, **coirpeach** *m* criminal, **cúisí** accused, **foghlaí** trespasser, **lucht briste an dlí** lawbreakers, **ógchiontóir** juvenile delinquent, **peacaí** sinner, **réabóir dlí** lawbreaker, **suarachán** miscreant

Ciontú *vn*

1. accusing

aifirt rebuking, reproaching, **cáineadh** censuring, denouncing, **coiriú** incriminating, **coiriú ar** making allegations against, **cúisiú** charging, accusing, **cur ina leith** accusing, **cur locht/milleán (ar)** blame, **cur síos do** attribute to, **díotáil** indicting, **éileamh ar** blaming, complaining about, **gearán** complaining, **ionchoiriú** incriminating, **líomhain** alleging, imputing, **lochtú** faulting, **sannadh** assigning, **táinsiú** impeaching, **taisealbhadh** ascribing, attributing

2. conviction **daoradh** convicting, condemning, **cur i bpríosún** imprisoning, sending to jail, **cur i gcarcair** putting behind bars/in jail, **cur pianbhreith ar** sentencing, **imtheorannú** interning, **gearradh téarma príosúnachta ar** sentencing to a term of imprisonment, **tabhairt breithiúnas ar** passing judgment on a person

Cíor v_{1a} comb
cardáil discuss, wrangle, **cíorláil** comb; search, **cuardaigh** search, **cuir faoi chaibidil** explore, put under consideration, **cuir trína chéile** discuss thoroughly, **déan trácht ar** hold a discourse about, **iniúch** scrutinise, **iomluaigh** discuss, mention, **lorg** seek, search, **pléigh** discuss, **póirseáil a dhéanamh** to have a grope around, to have a rummage, **rácáil** rake, **ransaigh** rummage, **réitigh** put in order, disentangle, comb, **scrúdaigh** examine, **scuab** brush, **seilg** hunt, **siortaigh** forage; ransack, **suaith** discuss, debate, **tiomsaigh** rummage; ransack, **tóraigh** seek, pursue, **trácht** discuss, comment on

Cíorach adj³ serrated
droimneach ridged, **eangach** notched, **fiaclach** toothed, cogged, **garbh** rough, **garbhchiumhaiseach** rough-edged, **mantach** *(mountain)* jagged, **sábhach** sawlike, **scolbach** splintered, jagged, **spiacánach** jagged

Cíoradh vn combing
cardáil discussing, wrangling, **cíorláil** combing; searching, **cuardach** searching, **cur faoi chaibidil** exploring, putting under consideration, **cur trína chéile** discussing thoroughly, **déanamh trácht ar** holding a discourse about, **iniúchadh** scrutinising, **iomlua** discussing, mentioning, **lorg** seeking, searching, **plé** discussing, **póirseáil** groping around, rummaging, **rácáil** raking, **ransú** rummaging, **réiteach** putting in order, disentangling, combing, **scrúdú** examining, **scuabadh** brushing, **seilg** hunting, **siortú** foraging; ransacking, **suaitheadh** discussing, debating, **tiomsú** rummaging; ransacking, **tóraíocht** seeking, pursuing, **trácht** discussing, commenting on

Ciorcal m (-ail; -ail, ~) circle
áirse *f* arch, **bogha** bow; ring, circle, **boghaisín** small ring/circle, **ciorcad** circuit, **ciorclú** encirclement, **clós** enclosure, **cordún** cordon, **cruinne** *f* globe, **cruinneog** orb, **cuaird** *f (cuarda)* lap, **cuar** curve, **diosca** disc, **éilips** ellipse, **fáinne** *m* ring, **fáinniú** encirclement, **imlíne** *f* circumference, **lúb** *f* loop, **roithleagán** circle, hoop; whirling motion, **roth** wheel, **sféar** sphere, **sraith** set, **stua** arch, **timpeall** round, roundabout, **timpeallaíocht** circuitousness, **timpeallán** *(traffic)* roundabout, **timpeallú** encirclement, **ubhchruth** oval

Ciorclach adj³ circular
ciorclóideach cycloidal, **ciorclaithe** encircled, **comhchruinn** global, spherical, **corr** round, curved; tapering, **cruinn** round, spherical, **cruinneogach** globular, globe-shaped, **dioscach** disc-shaped, **domhanda** global, **fáinneach** annular, ring-shaped, **imlíneach** circumferential, **lúbtha** looped, **rothach** cyclical; wheeled, with wheels, **sféarach** spherical, **sféiríníteach** spherulitic, **timpeallach** circuitous, surrounding, **timpeallaithe** encircled

Cíortha pp combed
cardáilte discussed, wrangled, **cíorláilte** combed; searched, **cuardaithe** hunted, **curtha faoi chaibidil** explored, put under consideration, **curtha trína chéile** discussed thoroughly, **iniúchta** scrutinised, **lorgtha** sought, searched for, **iomluaite** discussed, mentioned, **pléite** discussed, **póirseáilte** groped, rummaged, **rácáilte** raked, **ransaithe** rummaged, **réitithe** put in order, disentangled, combed, **scrúdaithe** examined, **scuabtha** brushed, **seilgthe** hunted, **siortaithe** foraged; ransacked, **suaite** discussed, debated, **tiomsaithe** rummaged; ransacked, **tóraithe** sought, pursued, **tráchta** discussed, commented on

Cíos m (~a; ~anna) rent
ardchíos high rent, **cáin** *f (cánach; cánacha)* tax, **caiteachas** expenditure, **deachú** *(hist)* tithe, **dochar** deficit, **dola** toll, expense; deprivation, **dúchíos** black rent, **eisíocaíocht** outlay, **fruiliú** hiring, **gearradh** cut, **íocaíocht** payment, **íocaíocht amach** disbursement, **rátaí** *mpl* rates, **sraith** tax, rate (cf **sraith bhuirge** borough rate), **táille** *f* charge, **taraif** tariff *(see also: cáin)*

Ciotach adj³ awkward, clumsy; left-handed
anásta awkward, unwieldy, **ciotógach** left-handed, awkward, gauche, **ciotrainneach** clumsy, **ciotrúnta** clumsy; obstinate, **gan aon chomhordú** uncoordinated, **gúngach** ungainly, narrow-rumped; unsteady, **lámhbhaosach** clumsy, unhandy, **liobarnach** ham-fisted, lumbering, **liopasta** awkward, ungainly, cumbersome, **méara sliopacha bheith ort** to be all fingers and thumbs, **míghrástúil**, graceless, **míofar** ungainly, **místuama** clumsy, **muirearach** heavy, awkward, **neamhchruinn** imprecise, inaccurate, **neamhéasca** cumbersome, awkward, **sciathach** left-handed; bearing a shield, **spágach** clumsy-footed, **starrach** uncouth clumsy, **starragánach** clumsy; stumbling, **starrógach** gawky, **tuaiplisiúil** blundering, **tuathalach** blundering, **tútach** crude, awkward, **úspánta** clumsy

Cipín m (~; ~í) little stick, matchstick
craobhóg twig, **géagán** small branch, **giolcóg** small cane, **maidín** small (wooden) stick, **maiste** *(for lighting fire)* spill, **scealp** *f (sceilpe; ~a, ~)* splinter, **slaitín** small stick/rod, **sleá** *f (~)* large splinter (eg **sleá sa mhéar** splinter in the finger), **smeatairín** *(pipe)* splinter light *(see also: bata)*

▲ **bosca** ~**í** box of matches, **ceann** ~ airhead, knucklehead

▲ ~ **ailse** cancer stick, fag, ~ **aráin** bread stick, ~ **cuimhne** memory stick, ~ **manglaim** cocktail stick, ~ **solais** match, ~ **túise** incense stick

◊ **Bhíomar uile ar ~í.** We were all on tenterhooks., **Dá gcuirfeá do shúile ar ~í ní fheicfeá choíche iad.** No matter how hard you tried you'd never see them., **Ní bheidh aon chipín agam leo.** I'll have nothing whatsoever to do with them.

Círéib *f (~e; ~eacha)* riot

achrann strife, quarrelling, **aindlí** lawlessness, **ainrialtacht** anarchy, **ár** slaughter, **borrán** tumult, uproar, **cíor** *f* **thuathail** mayhem, **ciaramáboc** hurly-burly, **clampar** turmoil, noisy quarrelling, **coinscleo** tumult, onslaught, **corraí** stir, **éirí amach** insurrection, uprising, **furú** commotion, **holam halam** uproar, commotion, **hulach halach** uproar, **hurlamaboc** hubbub, **gleo** tumult, **léirsithe** *mpl* demonstrations, **míshuaimhneas** unrest, **pléaráca** revelry, **racán** rumpus, **rachlas** turmoil, **ragáille** tumult; loud noise, **ragairne** *m* merrymaking in public view, **raic** *f (~e)* racket, **réabhlóid** revolution, **rírá** uproar, **ruaille buaille** commotion, **tamhach táisc** commotion, **torann** noise, **troid** *f (troda; ~eanna)* fight, fighting, **turlabhait** commotion; crash, thud

Ciseán *m (-áin; -áin, ~)* (wicker) basket, bin

amparán hamper, **araid** *f* bin (eg **araid choirce** corn bin), **bascaed** basket, **bosca athchúrsála** recycling bin, **bosca bruscair** bin (for waste), **cis** wicker container, hamper, **ciseog** punnet; small shallow wicker basket, **cléibhín** small wicker basket; wicker boat, **cliabh** *m (cléibh)* creel; pannier basket, **feadhnach** *m* pannier, **mála** bag, **muirleog** round narrow-mouthed fish-basket, **sciobóg** storage basket, **síolán** seed basket *(see also: bascaed)*

▲ ~ **aráin** bread basket, ~ **cniotála** knitting basket, ~ **éadaigh** clothes basket, ~ **éin** basket for catching birds, bird trap, ~ **fuála** sewing basket, ~ **níocháin** laundry basket, ~ **páipéir** waste paper basket, ~ **picnice** picnic hamper, ~ **siopadóireachta** shopping basket, ~ **torthaí** fruit basket

Ciste *m (~; -tí)* kitty, fund

acmhainní *fpl* resources, **an acmhainn chuí** the wherewithal, **airgead** money, **airgead tirim** cash, **caipiteal** capital, **carnán** *(money)* small pile, **coigilteas** savings, **comhchiste** *(money)* pool, **conách** *m* wealth, **cúlchiste** reserve fund, **dearlaic** *f* endowment, **gustal** wealth, **maoin** finance, funds; wealth, **mionairgead** petty cash, **pota óir** pot of gold, **saibhreas** wealth, **sliseoga** *fpl* wafers, **soláthar** supply, **sparán** purse, **stór** store, fund, **strus** means, wealth, **taisce** reserve

Císte *m (~; -tí)* cake

Alasca bácáilte baked Alaska, **arán** bread, **arán sinséir** gingerbread, **bairín breac** barmbrack, **bás le seacláid** death by chocolate, **bocaire** small cake, muffin, **bollóg** loaf, **borróg** bun, **borróga carraigeacha** rock cakes, **borróga sí** fairy cakes, **briosca** biscuit, **brioscarán** shortbread, **builín** loaf, **cáca** (**milis**) (sweet) cake, **crompóg** crumpet, **gátaire** small griddle cake, **maróg** pudding, **maróg aráin** bread pudding, **maróg mharmaláide** marmalade pudding, **maróg Nollag** Christmas pudding, **milseog** dessert, **milseogra** confectionery, **pióg úll** apple pie, **scóna** scone, **scoth na maróg** queen of puddings, **sólaistí** delicacies, **spúinse** sponge, **sruán** griddle cake, **sruán coirce** oatcake, **taoschnó** doughnut, **toirtín** tart, **toirtín úll** apple tart, **úllagán** (apple-) dumpling, **vaiféal** waffle *(see also: arán)*

▲ ~ **boise** hand-kneaded cake, ~ **cáise** cheesecake, ~ **milis** pastry, ~ **seacláide** chocolate, ~ **torthaí** fruit cake

Cith *m (ceatha; ceathanna)* shower

bailc heavy shower, **báisteach** *f* rain, **bláithchith** *m* fresh shower, **barrchith** light shower, **brádán** drizzle, **ceobhrán** drizzle, **cithfholcadh** shower bath, **draonán** light gentle rain, **fearthainn** rain, **fras** *f (fraise; ~a, ~)* shower (cf **frasa deor**, **urchar** showers of tears, of bullets), **múr** shower of rain, **múraíl** showery conditions, **ráig bháistí** sudden shower, **ráig de mhúr** sudden downpour, **rois** volley, hail, shower (cf **rois urchar** hail of bullets; **rois cháinte** shower of abuse/criticism), **scrabha** shower, **scráib** (**bháistí**) shower, **seadbháisteach** *f* spitting rain, **sprais fearthainne** heavy swift shower *(see also: báisteach)*

▲ ~ **cloch** shower of stones, ~ **clocha sneachta** shower of hail stones, ~ **buillí** shower/rain of blows, ~ **gealáin** summer/sunny shower, ~ **piléar** shower/hail of bullets

◊ **Téimis faoi uisce an cheatha.** Let's do like everyone else!, Let's follow the foolish majority!

Cithréim *f (~e; ~í)* deformity

ainriocht wretched condition, **ainspiantacht** grotesqueness, **anchruth** deformity, defect, malformation, **anchúinseacht** abnormality, monstrousness, **anchuma** grotesque unnatural appearance, **cam reilige** clubfoot, **éagruth** shapelessness, disfigurement; deformity, **gráice** disfigurement, ugliness, **gráiciúlacht** ugliness, **gráiniúlacht** loathsomeness, ugliness, **lear** defect; failing, **míchuibhiúlacht** unseemliness, **míchuma** shapelessness; deformity, **mídhéanamh** malformation, defect **mídheise** unloveliness, **míghnaoi** ugliness; disfigurement, **míghné** *f* unpleasant aspect, **mímhaise** unsightliness, **míofaireacht** hideousness, **míscéimh** unloveliness, unattractiveness, **míshnua** *m* sickly appearance, mítharraingteacht unattractiveness, **urghránnacht** repulsiveness, ugliness

Ciúin *adj²* quiet

balbh dumb, mute; dull, **beagchainteach** reticent, reserved, **béalstóinsithe** taciturn, **bodhar** *(sound)* dull, **bog** soft, **ceansa** meek, **ceansaithe** subdued, **cogarnach** whispered, **cúlráideach** secluded, **dúnárasach** taciturn, reserved, **faoi chiúnas** muted, **faoi choim** *(conversation)* hushed, **féithchiúin** calm, unruffled, **fuaraigeanta** imperturbable, cool-headed, **i gcogar** in a whisper, **ina clár** *(sea)* calm, **ina léinseach** *(sea)* calm, **íseal** low, **lách** gentle, **neamhghlórach** unvoiced, voiceless, **neamhshuaite** unruffled, unagitated, **réchúiseach** laid-back, phlegmatic, **reithineach** serene, tranquil, **rúnda** hush-hush, **sámh** serene, **síochánta** peaceful, **socair** calm, **sochma**, phlegmatic, composed, placid, **socránta** placid, **somhúinte** docile, **staidéartha** sedate, **suaimhneach** tranquil, **suaimhneasach** soothing, **taoitheanach** silent, **téiglí** calm, still, languid, **tostach** silent

▲ **aimsir chiúin** calm weather, **cogar** ~ quiet whisper; quiet word, **coiscéim chiúin** soft step, **farraige chiúin** peaceful sea, **oíche chiúin** silent night

◊ **Bígí** ~! Keep quiet (all of you)!, **chomh** ~ **leis an uaigh** as silent as the grave

P **Is** ~ **iad na linnte lána.** Still waters run deep., **Is minic a bhí** ~ **ciontach.** The silent one is often the guilty one.

Ciumhais *f(~e; ~eanna)* edge, edging

binn skirt, side, **bruach** *m (bruaigh, ~a, ~)* brink, **claí** embankment; fence, **clár sciorta** skirting board, **colbha** edge, brink, **corr** *f (coirre; ~a, ~)* edge; projecting point, **droim** *m (-oma;-omanna)* ridge, back; edge, **eochair** border, edge, **faobhar** *(sharp)* edge, **fíor** *f (~ach)* configuration, outline (cf ~ **na spéire** horizon), **forimeall** outer edge, periphery, **grua** *f* brow, edge (cf **grua an iomaire** edge of the ridge), **imeall** periphery, margin, **imeallbhord** verge, margin, **imeallchríoch** *f* frontier, border, **imlíne** *f* outline, **peiriméadar** perimeter, **scéimh** projecting rim, **sciorta** marginal strip, bordering outside edge, **sciortán** edge (eg **sciortán aille** edge of cliff, **sciortán pluide** edge of blanket), **srath** low-lying ground along river (cf **ar shrath na habhann** along the margin of the river), **stuaicín** projecting edge, **taobh** side, **teorainn** *f (-rann)* border, **ur** *(lit)* border, edge (cf **ar ur na mara** at the edge of the sea)

Ciúnaigh *v₂ₐ* quieten, quell

bain an faobhar de take the edge off, **bain goimh as** defuse, **balbhaigh** silence, **bí i do thost** be quiet/silent, shut up, **bodhraigh** deaden, dull, muffle, **bog** soften, **ceansaigh** pacify, subdue; appease, **cloígh** quell, **cuir eanglach i** numb, **cuir (círéib, slua,** etc) **faoi chois** quell, silence *(riot, crowd,* etc), **cuir fuairnimh i** numb, **cuir i dtost** silence, mute, **fannaigh** enfeeble, **fortaigh** relieve, comfort, **fuaraigh** relieve, **ísligh** lower, reduce, lessen, **lagaigh** weaken; *(lights)* dim, dip, **laghdaigh** abate, reduce, **maolaigh** dampen, tone down, mitigate, diminish, **múch** quench, extinguish, **plúch** muffle, dampen, **sáimhrigh** tranquillise; soothe, **sásaigh** satisfy, **síothaigh** pacify, **síothlaigh** subside, **stuamaigh** *(person)* calm down, **suaimhnigh** soothe, calm; pacify, **tabhair faoiseamh do** bring relief to, **tláthaigh** appease, allay; calm, quieten, **tost** become silent, **traoith** abate, subside

Ciúnaithe *pp* quietened, quelled

balbhaithe silenced, **bodhraithe** deadened, muffled, **bogtha** softened, **ceansaithe** pacified, subdued; appeased, **cloíte** quelled, **curtha faoi chois** *(of rioters, dissenters, etc)* quelled, silenced, **fannaithe** enfeebled, **fortaithe** relieved, comforted, **fuaraithe** relieved, **íslithe** lowered, reduced, lessened, **lagaithe** weakened, **laghdaithe** abated, reduced, **maolaithe** mitigated, diminished, **múchta** quenched, extinguished, **plúchta** muffled, dampened, **sáimhrithe** tranquillised; soothed, **síothaithe** pacified, **síothlaithe** subsided, **stuamaithe** *(person)* calmed down, **suaimhnithe** soothed, calmed; pacified, **tláthaithe** appeased, allayed; calmed, quietened, **tostaithe** silenced, made quiet, **traoite** abated, subsided

Ciúnas *m (-ais)* silence

bailbhe dumbness, muteness, **bodhaire** dullness, **boige** softness, mildness, **calm** serenity, calm (cf **faoi chalm** serene), **ceansacht** gentleness, meekness, **ceansú** pacification; appeasement, **ciúine** silence, **cogar** whisper, **fuist** hush, **ísle** lowness, **ísliú** lowering, **láiche** gentleness, **rúndacht** secrecy; hush, **sáimhe** serenity, **scíth** rest, **síocháin** peace, **socracht** stillness, calmness, **sochmaíocht** equanimity, placidity, **somhúineacht** docility, **sos** rest, pause, **staidéaracht** levelheadedness, **suaimhneas** tranquillity, **suaimhniú** pacification, **téigle** *f* calmness, stillness, **tost** silence, being quiet, **tostaíl** taciturnity *(see also: síocháin)*

Ciúnú *vn* quietening, quelling

baint an fhaobhair de taking the edge off, **baint goimh as** defusing, **balbhú** silencing, **bodhrú** deadening, muffling, **bogadh** softened, **ceansú** pacifying, subduing; appeasing, **cur faoi chois** quelling, silencing *(rioters, dissenters, etc)* **cur fuairnimh i** numbing, **cur i dtost** silencing, mute, **fannú** enfeebling, **fortacht** relieving, comforting, **fuarú** relieving, **ísliú** lowering, reduced, lessened, **lagú** weakening; *(lights)* dim, dip, **laghdú** abating, reducing, **maolú** mitigating, diminishing, **múchadh** quenching, extinguishing, **plúchadh** muffling, dampening, **sáimhriú** tranquillising; soothing, **síothú** pacifying, **síothlú** subsiding, **stuamú** *(person)* calming down, **suaimhniú** soothing, calming; pacifying, **tabhairt faoiseamh do** bringing relief to, **tláthú** appeasing, allaying; calming, quietening, **tostú** silencing, making quiet, **traoitheadh** abating, subsiding

Ciúta *m (~; ~í)* motto, epigram; witticism, quip
abarthacht wittiness in repartee, **ábhacht** jest, jesting, **athfhriotal** quote, **barrúlacht** drollery, **eipeagram** epigram, **focal** word, phrase, remark, **focal grinn** humorous comment, **frása** phrase, **gáir** cry, exclamation, **greann** humour, **jóc** joke, **leagan cainte** expression, colloquialism, idiom, **leagan canúnach/logánta** colloquialism, **léaspairt** witticism, **léaspartaíocht** telling droll tales, being witty, **mana** motto, slogan, **nath cainte** turn of phrase, idiom, **ráiteachas** utterance, saying, report, **rosc** cheer, **spalla** cheville; word, remark, **teilgean cainte** turn of phrase, catchphrase

◊ **~ a chaitheamh le duine** to make a quip at a person, **Is deas an ~ é!** It's a nice trick!

Cladach *m (-daigh; -daí, ~)* shore, seashore
ciumhais na farraige the edge of the sea, **cois farraige** by the sea, at the seaside, **cois mara** by the sea, **cois trá** at the seaside, **cósta** coast, **duirling** stony beach, **imeall na farraige** edge of the sea, **in aice na farraige** by the sea, **promanád** promenade, **tír** *f (~e; tíortha)* land, dry land, **trá** *f* beach, strand

◊ **siúl cois cladaigh** walking by the shore, **teacht chun cladaigh** to come to shore

Cladhaire *m (~; -rí)* spineless person, villain
ainniseoir wretch, misery guts, **alfraits** rascal, scoundrel, **bastún** lout, **bithiúnach** scoundrel, **bligeard** blackguard, **caimiléir** crook, **cambheartaí** racketeer, **cluanaire** dissembler, **cneámhaire** con artist, knave, **cúl le rath** good-for-nothing, **dailtín** brat, **drabhlásaí** profligate, rake, **fuarthé** dead-and-alive individual, **leiciméir** waster, **liúdramán** lazy person, shirker, **meatachán** craven individual, coward, **meathán** coward, weakling, **ragairneálaí** wastrel, **réice** rake, **rógaire** rogue, **sárachán** bounder, **scabhaitéir** blackguard, **scamhánach** spineless, cowardly person, **seansálaí** chancer, **séitéir** cheat, **síománaí** dawdler, **sleaingear** lurcher, waster, **slíbhín** sly person, **sliomach** spineless person, **slíomadóir** slimeball, hypocritically friendly person, **slúiste** slacker, **sneáchán** contemptible person, **sorachán** louse, **spreasán** worthless person, **sramaide** slimy, sneaky person, **srathaire** loafer, **staincín** petulant person, **stangaire** shirker, idler, **strólaire** ne'er-do-well, **suarachán** vile person *(see also: fear)*

▲ **~ croiche** villain destined for the noose, **~ díomhaoin** lazy good-for-nothing, **~ gaid** gallows bird

Cladhartha *adj6*
1. cowardly, spineless
beagmhisniúil spiritless, despondent, **beaguchtúil** lacking in courage, deflated; deflating, **cloíte** dispirited, emasculated, **cré bhuí** of a cowardly streak, (cf **fear cré bhuí** yellowbelly), **gan mhisneach** weak-kneed, **gan spriolladh** spineless, **lag** lacking in vigour/effectiveness, **lagspridiúil** pusillanimous, **meata** cowardly, **meatach** craven, decadent, **mífhearúil** unmanly, **mílaochta** unheroic, cowardly
2. idle, profligate
cotúil 'shy' about offering to help, **díomhaoin** idle, **drabhlásach** profligate, **drogallach** reluctant, work-shy, **falsa** indolent, prodigal, **leisciúil** lazy, **lorgánta** work-shy, **sácráilte** self-indulgent, lazy, **scraisteach** dragging your heels, indolent, **sliastach** lazy, loutish, **támáilte** sluggish, slothful
3. villainous, wretched
ainnis wretched, miserable, **bastúnach** loutish, **bithiúnta** scoundrelly, **bligeardach** blackguardly, **cluanach** dissembling, deceitful, **dailtíneach** impudent, **neamhnitheach** worthless, **ragairneach** rakish, revelling, **réiciúil** dissolute, rakish, **rógánta** roguish, **slíbhíneachta** (> **slíbhíneacht**) slyness, **sneách** contemptible; having nits in one's hair, **spreasánta** worthless, good for nothing, **sramach** slimy, sneaky; contemptible, **stainceach** petulant, peevish, **suarach** vile, mean

Claí *m (~; ~ocha)* fence; dike, ditch
bábhún bulwark, stockade, **bac** barrier, **balla** wall, **baracáid** barricade, **clós** enclosure, yard, **díog** *f (díge, ~a, ~)* ditch, trench, **fail** enclosure, ring; lair, sty, **fál** hedge, **fraigh** interior of a wall, **garda** guard, **móta** moat, **móta** moat, ditch, **múr** rampart, wall, **páil** pale, **ráille** railing, **ráth** *m* rampart, **scáth** *m* **gaoithe** windbreak, **sceimheal** *f* outer, encircling wall/rampart, **sconsa** trench, drain; fence, **sonnach** *m* paling, **trinse** *m* trench *(see also: balla, fál)*

Claíomh *m (-ímh; -aimhte)* sword
beaignit bayonet, **bléid** blade, **bonsach** *f* javelin, **faobhar** bladed weapon, **lann** *f (lainne; ~a, ~)* blade, **maiseite** machete, **marc-chlaíomh** sabre, **miodóg** dagger, **muirchlaíomh** cutlass, **pionsa maol** foil, **ráipéar** rapier, **simeatár** scimitar

Cláiríneach *m (-nigh; -nigh, ~)* *(hist)* cripple; disabled person
bacach *m* lame person, **bacachán** lame person/animal, **craplachán** cripple, **cruipidín** crippled person, **cruiteachán** hunchback, **duine ar éagumas** disabled person, **duine faoi dhianbhac** profoundly disabled person, **duine faoi éalang** disabled person, **duine faoi ilbhac** multi-disabled person, **duine faoi mhíchumas** disabled person, **easlán** invalid, **mairtíneach** *m* cripple, **mamailíneach** cripple; person with waddling gait

> ■ **Clann agus daoine muinteartha:**
> Family and relatives:
> **aintín** f (~) aunt
> **athair** m (-thar) father
> **athair do chéile** your father-in-law
> **banchliamhain** m (~; ~eacha) daughter-in-law
> **bean** f (**chéile**) wife
> **cliamhain** m (~; ~eacha) son-in-law
> **col ceathrair** cousin
> **col cúigir** first cousin once removed
> **col ochtair** third cousin
> **col seachtair** second cousin once removed
> **col seisir** second cousin
> **daid** dad
> **daideo** grandpa
> **deartháir** m (-thár; ~eacha) brother
> **deirfiúr** f (-féar; ~eacha) sister
> **fear** m (**céile**) husband
> **fionnó** m great-grandchild
> **gariníon** f (-íne; ~acha) granddaughter
> **garmhac** m (-mhic; -mhic, ~) grandson
> **iarmhó** m (pl -mhuí) great-grandson, great-grandchild
> **iaró** m (~; ~í) descendant
> **iníon** f (-íne) daughter
> **iníon garpháiste** great-granddaughter
> **mac** m (**mic; mic,** ~) son
> **mac garpháiste** great-grandson
> **mam** mom, mum
> **mamó** granny
> **máthair** f (-thar) mother
> **máthair do chéile** your mother-in-law
> **neacht** f niece
> **nia** m nephew
> **seanathair** m (-thar) grandfather
> **seanmháthair** f (-thar) grandmother
> **sin-seanathair** f (-thar) great-grandfather
> **sin-seanmháthair** f (-thar) great-grandmother
> **sliocht** m (**sleachta**) progeny
> **uncail** m (~) uncle

Clamhsán m (-áin; -áin, ~) complaint, grumble, complaining, grumbling
   banrán discontented murmur, **cáineadh** censure, **cáinteoireacht** faultfinding, **caoineadh** lament, **canrán** murmuring, grumbling, **caointeoireacht** act of lamentation, mourning, **cásamh** lamenting; condolence, **casaoid** grievance, **ceasna** affliction, complaint, **ceasnaí** f grumble, **ceisneamh** grumbling, complaining, **ciarsán** grumbling, **cnáimhseáil** grousing, whinging, **cúiseamh** accusation, charge, **éagaoin** moan, lament, wail, **éagnach** m moan, groan, **éamh** complaint, cry, entreaty, **eighdeán** murmur, moan, **gearán** complaint, **gniúdán** act of complaining, whimpering, **locht** m fault, **lochtú** faultfinding, **milleán** blame, censure, **mínineacht** nitpicking, splitting hairs, **míshásamh** dissatisfaction, **mosán** annoyance, complaint, **niogóid** niggling feeling; testiness, carp, **ochlán** moan, **sceidínteacht** trifling, niggling, **seamsán** mutter, complaint, **seamsánacht** muttering, complaining, **tormas** act of carping, grumbling

Clamhsánach adj³ grumbling, complaining
   banránach grumbling, **beachtaíoch** captiously critical, **breithghreamannach** captious, **cáinteach** critical, censorious, **cámasach** fault-finding, pretentious, **cantalach** plaintive, querulous, **caointeach** moaning, whinging, **casaoideach** complaining, **ceasachtach** cavilling, grumbling, **ceasnúil** complaining, querulous, **cianach** peevish, querulous, melancholic, **éagaointeach** moaning, lamenting, **fuasaoideach** complaining, querulous, **gearánach** accusing, complaining, **gluaireánach** whinging, grumbling, **lochtach** faulty, **lochtaitheach** fault-finding, **milleánach** accusing, reproachful, **mínineachta** (> **mínineacht**) nitpicking, **míshásta** dissatisfied, **mosánach** complaining, carping, **niogóideach** niggling; touchy, carping, **ochlánach** moaning, groaning, **piolóideach** fretting, querulous, **tormasach** carping, grumbling

Clamhsánaí m (~; -aithe) complainer
   agóideoir protestor, objector, **cáinseach** f fault-finding woman, scold, **cáinseach** f (woman) fault-finder, nag, **cáinseoir** fault-finder, **cáinteoir** fault-finder, **canránaí** grumbler, **cantalóir** grumbler, crank, **caointeachán** whinger, whiner, **caointeoir** mourner, **casaoideoir** complainer, **cinicí** cynic, **cnáimhseálaí** grumbler, grouse, **cúisitheoir** accuser, **gearánach** m complainant, **gearánaí** (jur) plaintiff, **glámhánach** m complainer; scold, **gluaireánaí** complainer, grumbler, **golspaire** bawler, **golspaire linbh** cry-baby, **ionchúisitheoir** prosecutor, **lochtóir** fault-finder, **lucht** m **cáinte** critics, faultfinders, **padhsán** delicate complaining person, **priocaire** fault-finder, **pusachán** whimperer, whiner, sulky person, **seamsánaí** moaner, moaning mini

Clampa m (~; ~í) clamp
   brac bracket, **claspa** clasp, **fáisceán** clasp, binding, **greamán** grip, **snaidhmeán** brace, grip, **teanntán** brace

Clampáil 1 v_{le} clamp
   athchlampáil reclamp, **beir greim ar** take hold of, grip, **brúigh** press, **ceangail** fasten, tie, **daingnigh** secure, **fáisc** clench, squeeze, **greamaigh** grip, **sioc** freeze, immobilise, **teann** brace, clench

Clampáil 2 vn clamping
   athchlampáil reclamping, **breith greim ar** taking hold of, gripping, **brú** pressing, **ceangal** fastening, tying, **daingniú** securing, **fáscadh** clenching; squeezing, **greamú** gripping, **siocadh** freezing, immobilising, **teannadh** bracing, clenching

Clampáilte pp clamped
   athchlampáilte reclamped, **brúite** pressed, **ceangailte** fastened, tied, **daingnithe** secured, **fáiscthe** clenched, squeezed tight, **greamaithe** gripped, **sioctha** frozen, immobilised, **teannta** braced, clenched

Clampar m (-air) wrangle, quarrelling, commotion
   achrann quarrelling, row, **argóint** argument, **béicíl**

Clamprach

yelling, **callán** noise, disturbance, **callóid** noise, wrangle, **cambús** row, dispute, **ciréib** riot, **clampracht** quarrelsomeness, noise, **clismirt** noisy wrangling, **easaontas** disagreement, clash, **fothram** noise, **furtla fartla** fuss, confusion, **furú** commotion, **gleo** din, row, **griolladh** quarrelling, fighting, **iaróg** disturbance, **iarógacht** quarrelsomeness; troublemaking, **iomarbhá** *f* altercation, **imreas** bickering, tiff, **muirn** tumult, **racán** racket, row, **ragáille** tumult; loud noise, **raic** outcry, uproar, **raiple húta** bustle and confusion, **rírá (agus ruaille buaille)** uproar (and commotion), pandemonium, **ruaille buaille** hullabaloo, **sceilmis** fearful commotion, **scioladóireacht** slanging, scolding **seastán** clamour, buzz, **siúite** *m* squabbling, bickering, **srúsram** confusion, **suaiteacht** disturbance, agitation, **tarraingt tríd** confusion (cf **tranglam agus tarraingt tríd** commotion and confusion), **teile buac** commotion, tumult, **toirléaspadh** violent commotion, **torann** noise, **trangláil** thronging of people, bustle, confusion, **treasaíocht** quarrelsomeness, pugnacity, **turlabhait** commotion; crash, thud, **uallfairt** howling *(see also:* **hurlamaboc, torann***)*

Clamprach *adj³* noisy, quarrelsome, clamorous
achrannach quarrelling, rowing, **anglánta** ill-tempered, quarrelsome, **argóinteach** argumentative, **béiceach** yelling, clamorous, **caismirteach** quarrelsome, disorderly, **callánach** noisy, causing disturbance, **callóideach** noisy, turbulent, **ciréibeach** riotous, **easaontach** dissident, clashing, **fothramach** noisy, **gáireachtach** laughing (loudly), merry, **gleoch** contentious, clamorous, **gleadhrach** tumultuous, rowdy, **gleothálach** noisy, fussy, **glórach** vociferous, sonorous, **greadánach** noisy, banging about, **iarógach** quarrelsome; troublemaking, **iomarbhách** *f* contentious, quarrelsome, **imreasach** bickering, quarrelsome, **muirne** (> **muirn**) tumult, confused noise, **racánach** brawling, rowdy, **ragáille** (> **ragáille**) tumult, loud noise, **raiceála** (> **raiceáil**) outcry, uproar, **scioladóireachta** (> **scolladóireacht**) slanging, scolding, **seastánach** buzzing, noisy, clamorous, **siúite** (> **siúite**) squabbling, bickering, **torannach** noisy, **trodach** pugnacious, aggressive; combative, **uallfartach** howling *(see also:* **torannach***)*

Clann *f(clainne; ~a, ~)* one's children, family
aicme class, family, **ár n-aithreacha romhainn** our forefathers, **bunadh** stock, kind (cf **bean de bhunadh Chorcaí** woman whose people come from Cork), **campa** camp, **cine** *m* (*~; -níocha*) race, **cineál** genus, type, **córas** system, **(do) c(h)úram** (your) dependants, **fine** *f* family group, tribe, **folaíocht** bloodline, **foroinnt** subdivision, **fuil** *f (fola)* blood, lineage, **gaolta** *mpl* relations, **gasra** kids, **géineas** genus, **gin** offspring; foetus, **ginealas** family tree, **gréasán** network, **grúpa** group, **iarmhairt** issue, progeny, **iarmhar** progeny, posterity, **leanaí** *mpl* children, **líne** *f* line, lineage, **líon tí** members of a household, **muintir** kin, (extended) family, **muirín** children of family, *(fam)* dependents, **páistí** children, **pór** seed, breed, **ríora** dynasty, **ríshliocht** royal line, **sinsear** ancestry, ancestor, **síol** seed, **síolrach** *m* breed, progeny, **sliocht** *m (sleachta)* progeny, descendants, **speiceas** species, **stoc** stock, **suth** *m* progeny; foetus, **teach** house, **teaghlach** *(those under one roof)* family, household, **treibh** tribe, family, **tréithchineál** strain *(see also:* **muintir***)*

Claochlaigh *v₂ᵦ* metamorphose, mutate; transfigure, transform
athchóirigh rearrange; reform, **athmhúnlaigh** reshape, remould, **athraigh** change, **athraigh ó bhonn** change completely, transform, **atóg** reconstruct, **dreoigh** wither, **iompaigh** turn, transform (eg **d'iompaigh sé ina aingeal.** He transformed into an angel.), **luainigh** quickly alternate, vary, **malartaigh** change switch; exchange, **meiteamorfaigh** metamorphose, **meath** deteriorate, decay, **mionathraigh** modify, **rindreáil** *(cu)* render, **sóigh** mutate, **trasfhoirmigh** transform, **trochlaigh** become enfeebled/wretched

Claochlaithe *pp* metamorphosed, mutated; transfigured, transformed
athchóirithe rearranging; reformed, **athmhúnlaithe** reshaped, remoulded, **athraithe** changed, **athraithe ó bhonn** changed completely, transformed, **atógtha** reconstructed, **dreoite** withered, **iompaithe** turned, transformed, **luainithe** quickly alternated, varied, **malartaithe** changed switched; exchanged, **meata** deteriorated, decayed, **meiteamorfaithe** metamorphosed, **rindreáilte** *(cu)* rendered, **sóite** mutated, **trasfhoirmithe** transformed, **trochlaithe** gotten enfeebled/wretched

Claochlú *vn* metamorphosing, mutating; transfiguring, transforming
athchóiriú rearranging; reforming, **athmhúnlú** reshaping, remoulding, **athrú** change, **athrú ó bhonn** changing completely, transforming, **atógáil** reconstructing, **dreo** withering, **iompú** turning, transforming, **luainiú** quickly alternating, varying, **malartú** changing, switching (cf ~ **dathanna** switching colours); exchanging, **meath** deteriorating, decaying, **meiteamorfú** metamorphosing, **rindreáil** *(cu)* rendering, **só** mutating, **trasfhoirmiú** transforming, **trochlú** becoming enfeebled/wretched

Claon *v₁ₐ*
1. incline, bow
crom bend, stoop, bow, **cuar** curve, **fiar** tilt; veer, **lúb** bend, **luigh** *(boat, ship)* list, **luigh le** lean towards, **sleabhac** slouch, droop, **tabhair do** yield to, concede to (cf **Bhí sé á thabhairt don drabhlás.** He was letting himself go altogether.), **téigh le fána** fall away, slope, **togair** desire, choose, **umhlaigh** bow

2. distort, twist, pervert
bréagléirigh misrepresent, **cam** distort, make crooked, **cathaigh** tempt, **cuir as riocht** deform, **cuir ar sceabha** skew, **cuir ar seachrán** lead astray, **cuir casadh/cor i** put a turn/twist in, **cuir leathbhreall ar** garble, **déan an pilibín a thionlacan óna nead** distract attention from what needs to be addressed, **fabhraigh** favour, **falsaigh** falsify, **freang** warp, **imigh ó** deviate from, **laobh** bias, **lúb** bend, **míléirigh** misrepresent, **saobh** pervert, **stang** warp

Claonadh

1. *vn* inclining, bowing
cromadh bending, stooping, bowing, **cuaradh** curving, **dul le fána** falling away, sloping, **fiaradh** tilting; veering, **lúbadh** bending, **luí** *(boat, ship)* listing, **luí ar leataobh** lying to the side, **luí le** leaning towards, **sleabhcadh** slouching, drooping, **tabhairt do** yielding to, conceding to, **umhlú** bowing

2. *vn* distorting, twisting, perverting
bréagléiriú misrepresenting, **camadh** distorting, making crooked, **cathú** tempting, **cur as riocht** deforming, **cur ar sceabha** skewing, **cur ar seachrán** leading astray, **cur casadh/cor i** putting a turn/twist in, **cur leathbhreall ar** garbling, **fabhrú** favouring, **falsú** falsifying, **freangadh** warping, **imeacht ó** deviating from, **laobhadh** biasing, **lúbadh** bend, **míléiriú** misrepresenting, **saobhadh** perverting, **stangadh** warping

3. *m(-nta)* inclination, bias, proclivity
cathú temptation, **fabhraíocht** favouritism, **fonn** desire, **intinn** intention, **laofacht** *(br)* bias (cf **laofacht greille** grid bias), **lé** *f* leaning, partiality, **leatrom** one-sidedness, **leithcheal** discrimination, **meon** attitude (**meon aigne** mindset), **réamhchlaonadh** prejudice, bias, **stuaic** inclination of the head, **tionlacan an philibín óna nead** intentional distraction, **togracht** predisposition, proneness (cf **tograchт do ghalar** proneness to an illness), **tugthacht** inclination, tendency

Claonta

1. *pp* slanted, bowed
cromtha bent, stooped, bowed, **cuartha** curved, **dulta le fána** fallen away, sloped, **fiartha** tilted; veered, **lúbtha** bent, **luite** *(boat, ship)* listed, **luite le** leaned towards, **sleabhcta** slouched, drooped, **tugtha do** yielded to, conceded to, **umhlaithe** bowed

2. *pp* biased prejudiced, twisted
bréagléirithe misrepresented, **camtha** distorted, made crooked, **cathaithe** tempted, **curtha as riocht** deformed, **curtha ar sceabha** skewed, **curtha ar seachrán** led astray, **fabhraithe** favoured, **falsaithe** falsified, **freangtha** warped, **imithe ó** deviated from, **laofa** biased, **lúbtha** bent, **míléirithe** misrepresented, **saofa** perverted, **stangtha** warped

3. *adj⁶* partial, discriminatory
aontaobhach one-sided, **ciníoch** racist, **éagórach** unjust, **gnéasaíoch** sexist, **leataobhach** partial, biased, **leatromach** unfair, discriminatory, **mí-chothrom** unbalanced, unfair, **páirtíneach** partisan, **seicteach** sectarian, **seobhaineach** chauvinist, **taobhach** partial, **tograch** predisposed; sensitive to (cf **tograch don bhfuacht** sensitive to the cold) *(see also: biogóideach)*

Clapsholas *m(-ais)* twilight

agus an lá ag diúltú dá sholas and the light of the day in decline, **amhdhorchacht** gloaming, **ardtráthnóna** *m* late afternoon, **breacdhorchadas** dusk, **breacdhuibhe** *f* crepuscle, **breacdhuifean** gloaming, **breacsholas** half-light, **coineascar** dusk, **comhrac lae agus oíche** struggle between day and night, **contráth** dusk, **crónú** darkening, **dul faoi na gréine,** the going down of the sun, **dul ó sholas** getting dark, **fuineadh gréine** sunset, **iarsholas** afterglow, **luí na gréine** setting of the sun, **marbhsholas** last glimmering of light, **teacht an dorchadais** the coming of darkness, **titim na hoíche** nightfall, **trá** *m* **an lae/an tsolais** the ebb of the day

◊ ~ **na ndéithe** the twilight of the gods, **faoi chlapsholas a shaoil** in the twilight years of his life, **le** ~ at twilight, in the gloaming, **ó chamhaoir go** ~ from dawn to dusk

Clár *m(-áir; -áir, ~) (alternative pl: ~acha)*

1. program (me); table, list, menu
ainmliosta catalogue, **amchlár** timetable, **biachlár** menu, **catalóg** catalogue, **craoladh** broadcast, **curaclam** curriculum, **dearadh** design, **leagan amach** line-up, layout, **liosta** list, **liostú** listing, **modh** *f* **oibre** procedure, **ord gnó** order of business, **ordú an lae** *(Dáil)* order of the day, **pleanálaí** planner, **plean gníomhaíochta** plan of action, **plean oibre** work plan, **ríomhchlár** computer program, **roghchlár anuas** drop-down menu, **róta (dualgas)** rota (of duties), **sceideal** schedule, line-up, **scéim** scheme, **scéim oibre** scheme of work, **seó** *m* show, **siollabas** syllabus, **taispeántas** display, show, **tionscnamh** project, **traschur** *m* transmission, **uainchlár (oibre)** (work) rota, roster *(see also: rogh-)*

▲ ~ **acadúil** academic programme, ~ **ama** timetable, ~ **bia** menu, ~ **breitheanna, póstaí, básanna** register of births, marriages and deaths, ~ **faisnéise ar an láthair** fly-on-the-wall documentary programme, ~ **faisnéise magaidh** mockumentary, mock documentary programme, ~ **for-rochtana** outreach programme, ~ **gnó** agenda, ~ **imeachtaí** programme of events, ~ **ionduchtúcháin** induction programme, ~ **malartaithe** exchange programme, ~ **na scannán** cinema listings, ~ **oibre** rota, ~ **polasaí** *(pol)* platform, ~ **printíseachta** apprenticeship programme, ~ **tithíochta poiblí** public housing programme, ~ **traenála** training programme

2. board, plank, lid
adhmad wood, **bíoma** beam, **caipín** cap, lid, **claibín**

lid, **clúdach** m cover, **fraigh** f (*~e; fraitheacha*) rafter, **leac** f flat covering, lid, **luid** hinged lid, **maide** timber, **painéal** panel, **píosa adhmaid** piece of wood, **painéal** panel, **planc** plank, **rachta** m rafter, **~ teachtaireachtaí ar líne** online message board, **tile** m plank of a boat

▲ **~ aráin** breadboard, **~ dubh** blackboard, **~ fichille** chessboard, **~ fógraí** noticeboard, **~ líníochta** drawing board, **~ na n-eitiltí isteach/amach** *(av)* arrivals/departures board, **~ scóir** scoreboard, **~ sciorta** skirting board, **~ siopa** shop signboard, **~ smúdála** ironing board, **~ teann** tight-fitting lid, **~ toinne** surfboard, **~urláir** floorboard

◊ **an ~ a shiúl thar taobh** to walk the plank

3. table, worktop
barr deisce desktop, **binse** m bench, **bord** table, **cuntar** counter, **cuntar oibre** worktop, **deasc** desk, **painéal** panel, **seastán** stand, **tábla** table

Cláraigh v_{2a} register
catalógaigh catalogue, **croinicigh** chronicle, **cuir ar liosta** place on a list, **cuir d'ainm síos** put your name down, sign up (for), **earcaigh** recruit, **liostaigh** list, **liostáil** enlist, **logáil isteach** log in, **rollaigh** enrol, **seiceáil isteach** check in, **sínigh** sign on, **sínigh isteach** sign in, **taifead** record, **téigh isteach** enter

Cláraithe *pp* registered
catalógaithe catalogued, **croinicithe** chronicled, **curtha ar liosta** placed on a list, **dulta isteach** entered, gone in, **earcaithe** recruited, **liostaithe** listed, **liostáilte** enlisted, **logáilte isteach** logged in, **rollaithe** enrolled, **seiceáilte isteach** checked in, **sínithe** signed on, **sínithe isteach** signed in, **taifeadta** recorded

Cláraitheoir m (*-eora; ~í*) registrar
annálaí annalist, **cartlannaí** archivist, **catalógaí** cataloguer, **cléireach** m clerk, **croiniceoir** chronicler, **feidhmeannach** m functionary, official, **riarthóir** administrator, **rúnaí** secretary, **taifeadóir** recorder

Clárú *vn* registration
catalógú cataloguing, **croiniciú** chronicling, **cur ar liosta** placing on a list, **earcú** recruiting, **dul isteach** entering, going in, **liostáil** enlisting, **liostú** listing, enumeration, **logáil isteach** logging in, **rollú** enrolling, **seiceáil isteach** checking in, **síniú** signing on, **síniú isteach** signing in, **taifeadadh** recording

Clasaiceach *adj³* classical
Águstach Augustan, **aircitíopúil** archetypal, **buan** lasting, abiding, **buanchlúiteach** time-honoured, **buanseasmhach** enduring, **bunaithe** established, **caighdeánach** standard, **céimiúil** distinguished, **cruthanta** consummate, **deifnídeach** definitive, **do-mharaithe** deathless, **máistriúil** masterly, **marthanach** undying, enduring, **neamhbhásmhar** immortal, **paraidímeach** paradigmatic, **saineithneach** quintessential, **séimh** refined, **sinsearach** age-old, **síoraí** eternal, **suthain** perpetual, **traidisiúnta** traditional

Clásal m (*-ail; -ail, ~*) clause
abairtín phrase, **aguisín** addendum, **agús** qualification, addition, **airteagal** article, **alt** article, **clás** clause, **coinníoll** f condition, proviso, **cuntar** provision, stipulation, **éileamh** demand, **fochlásal** subordinate clause, **fo-mhír** subsection, **frása** phrase, **leasú** amendment, **mír** segment, section; particle, **príomhchlásal** main clause, **roinn** section

▲ **~ aidiachtach** adjectival clause, **~ ainmfhoclach** noun clause, **~ aisghlámtha** clawback clause, **~ cealúcháin** cancellation clause, **~ coibhneasta** relative clause, **~ comhlachais** association clause, **~ cosanta** safeguarding clause, **~ dobhriathartha** adverbial clause, **~ eisiaimh** exclusion clause, **~ neamhnaithe éilimh** no claims clause, **~ pionóis** penalty clause

Claspa m (*~; ~í*) clasp
ceangal tie, **ceanglóir** binder, fastener, **clampa** clamp, **cúplóir lúibe agus crúca** loop and hook connector/fastener, **dúntóir** fastener, **fáiscín** fastener, **feiste** fastening, **greamachán** holdfast; adhesive, **greamán** grip, **nasc** clasp, tether; *(chem)* bond, **nascaire** binder, fastener, **snaidhm** stay, connector, **snaidhmeán** brace, grip, **teanntán** brace, **zip** m zip fastener

Cleacht v_{1a} practise, frequent
achtaigh enact, **bí i mbun** (*+gen*) engage in, **coimeád** keep, observe, **cuir i bhfeidhm** apply, implement, **cuir i ngníomh** carry out, put into practice, **déan** do, pursue, **déan rud éigin arís agus arís eile** do something over and over again, **druileáil** drill, **glac páirt i** participate in, **faigh taithí** get experience, **gnáthaigh** haunt, frequent, **lean** follow, **tabhair chun foirfeachta** perfect, **taithigh** frequent; become accustomed to, **traenáil** train, **ullmhaigh** prepare

Cleachta *pp* practised, frequented
achtaithe enacted, **coimeádta** kept, observed, **curtha i bhfeidhm** applied, implemented, **curtha i ngníomh** carried out, put into practice, **déanta** done, **déanta arís agus arís eile** done over and over again, **druileáilte** drilled, **gnáthaithe** haunted frequented, **leanta** followed, pursued, **réitithe** made ready, readied, **taithithe** frequented; gotten accustomed to, **traenáilte** trained, **tugtha chun foirfeachta** perfected, **ullmhaithe** prepared

▲ **cúrsa ~ is eolais** familiarisation course, **lámh chleachta** practised hand, expertise, **leabhar ~** exercise book

Cleachtadh
1. *vn* practising, frequenting
achtú enacting, **coimeád** keeping, observing, **cur i bhfeidhm** applying, implementing, **cur i ngníomh** carrying out, putting into practice, **déanamh** doing,

pursuing, **déanamh arís agus arís eile** doing over and over again, **druileáil** drilling, **fáil taithí** getting experience, **glacadh páirte i** participating in, **gnáthú** haunting, frequenting, **leanúint** following, **tabhairt chun foirfeachta** perfecting, bringing to perfection, **taithiú** frequenting; getting accustomed to, **traenáil** training, **ullmhú** preparing

2. *m (-aidh; -taí)* practice, rehearsal, exercise **babhta trialach** dummy run, **béas** habit, practice, conduct, **cleachtas** practice, procedure, **cliantacht** clientele, **dreas** *m* **traenála** workout, **druil** drill, **freachnamh** *(mil)* exercise, **gairm** profession, **gnás** custom, institution, usage, **gnáth** custom, customary thing, **gnáthamh** routine, **gnó** business, **modh** method, **nós** habit, **oiliúint** training, **praitic** *(lit)* practic, practice, **rith** *m* **trialach** dry run, **staidéar** study, **taithí** experience, **traenáil** training, **traidisiún** tradition, **úsáid** use

▲ **~ oibre** *(ed)* work experience, **~ ceoil/leadóige** music/tennis practice, **~ feistis** *(thr)* dress rehearsal

P **Tagann an mháistreacht le ~.** Practice makes perfect.

Cleamhnas *m (-ais; -ais, ~)* marriage, matchmaking **aontas** union, **aontíos** living together, **bainis** wedding, nuptials, **céile faoin dlí coiteann** common-law spouse, **comhaontú** union, **comhar** alliance, **comhcheangal** coalition, confederation, association, **comhpháirtíocht** partnership, **cumasc** amalgamation, merger, **cúpláil** coupling, **dáil** bethrothal, **gaol pósta** relationship by marriage, **meaitseáil** matching, pairing, **páirtnéireacht aonghnéis** same-sex partnership, **páirtnéireacht shibhialta** civil partnership, **pósadh** matrimony, marriage, **socrú pósta** marriage arrangement, **tíos** living together

▲ **clár cleamhnais** *(br)* dating programme, **deartháir cleamhnais** brother-in-law (also: **deartháir céile**), **fear cleamhnais** matchmaker (also: **spéicéir**), **fíbín cleamhnais** speed dating (also: **scóráil sciobtha**), **forrán cleamhnais** proposal of marriage, **gaol cleamhnais** affinity

○ The traditional **fear cleamhnais** *matchmaker* or **spéicéir** conducted his business – **spéicéireacht** at community festivals and gatherings such as **aonaigh eallaigh nó chapall** *cattle* or *horse fairs*, at **póstaí** *marriages* or even at **sochraidí** *funerals*. The **cleamhnas**, arranged on the grounds of mutual benefit to both match households, would usually include an appropriate **spré** *dowry*. When **Tomás Mac an tSaoir** asked his daughter, **Peig**, if she would marry **Pádraig Ó Guithín** from **An Blascaod Mór**, Peig replied: 'Níl aithne ná eolas agam ar mhuintir an Oileáin… ach an rud is mian leatsa is é is maith liomsa. Raghad pé áit a déarfaidh tú liom.' 'I don't know anything about the Island people… but whatever you want will be fine with me. I will go wherever you tell me.' **Peig Sayers**

Cleas *m (clis; ~a, ~)* trick; knack **abhógacht** playing tricks, pranks, **aicsean** action, **áilteoireacht** prank-playing, **áis** facility, **aistíl** idiosyncrasy, **beart** stratagem, **bob** hoax, **ciúta** knack, ingenious trick, **cleachtadh** practice, **cleasaíocht** antics, capers, **cluain** deception, **cor** dodge, **cúinse** *m* wile, trick, **dalladh púicín** blinkers, hoodwink (cf **Cuireadh dalladh púicín orm.** I was hoodwinked.), **doilfeacht** illusionism, **éacht** feat, **ealaín** *f (~e; -aíona, -aíon)* art, **eolas** knack, **feiste** *f* device, **fios** *m (feasa)* **gnó** know-how, **geáitsíocht** play-acting, **geamaí** *(pl only)* games, tricks, capers, **gníomh** act, action, **greann** joke, **mealladh** beguilement, deception, **oiliúint** training, **oirbheart** expedient, plan; exploit, **plean** plan, **rún** secret, **scéim** scheme, **scil** skill, **seift** ruse, expedient plan, **straitéis** strategy

▲ **~a cogaidh** stratagems, **~a draíochta** magic tricks, **~a gaile** feats of valour, **~ liteartha** literary devices, **~a magaidh** practical jokes, **~a margaíochta** marketing tricks, **~a na ceirde** tricks of the trade

◊ **Tá ~ air.** There's a knack to it., **Rinne mise an ~ céanna.** I did the same thing., **mar bharr ar an g~** to cap it all

Cleasach *adj³* tricky, artful, crafty **abhógach** full of tricks and banter, **áilteoireachta** *(> áilteoireacht)* prank-playing, **beartach** calculating, cunning, **bobaireachta** *(> bobaireacht)* teasing, hoodwinking, trickery, **bréagadóireachta** *(> breagadóireacht)* mendacious, **bréige** false, **caimiléireachta** *(> caimiléireacht)* fraudulent, **cam** crooked, **camastaíola** *(> camastaíl)* duplicitous, **cealgach** guileful, treacherous, **cliste** clever, smart, ingenious, **cluanach** deceitful; flattering, **cneámhaireachta** *(> cnéamhaireacht)* knavery, **cúblála** *(> cúbláil)* wangling, **feillbhéasach** tricky; unscrupulous, **geáitsíochta** *(> geáitsíocht)* play-acting, **glic** cunning, **ilchleasach** full of tricks, **lúbach** crafty, tricky, **meabhlach** deceitful, deceptive, **meallacach** alluring, beguiling, **meangach** wily, scamming, **mearbhlach** confusing, bewildering, **mí-ionraic** disingenuous, **rógánta** mischievous, roguish, **séitéireachta** *(> séitéireacht)* cheating, **siabhradh** bewitching, **sleamhain** slippery, **sliomach** sleek, snazzy, cool, **slítheánta** sneaky, **slusaíochta** *(> slusaíocht)* dissembling, **straitéiseach** strategic, **súgrach** playful, **teaicticiúil** tactical

Cleasaí *m (~; -aithe)*

1. trickster, clown, one who performs **abhlóir** buffoon, **áilteoir** clown, **anstrólaí** droll person, trickster, **bean** *f* **ghrinn** comedienne, (female) joker, **bobaide** clown, **ceaifléir** joker, **draíodóir** magician, **fear grinn** joker, clown; comedian, **fuirseoir** comedian, **geáitseálaí** poser, play-actor, **leithéisí** joker, jester, droll person, **tréitheadóir** joker, trickster, **truiceadóir** trickster

2. deceiver, trickster

abhógaí bounder, **áibhirseoir** mischief-maker, **áilteoir** clown, hoaxer; joker, **aisiléir** trickster, twister, **camiléir** fraud, crook, **cealgaire** guileful person, deceiver, **draíodóir** crafty, rogue; magician, **draoi** trickster; *(rel)* druid, **ealaíontóir** artful, crafty person, **faladhúdaí** stealthy thief, deceiver, **falcaire** cheat, deceiver, **feallaire** impostor, deceiver, **gleacaí** twister, dissembler, **gliceadóir** crafty person, **leidhcéir** trickster, **lúbaire** twister, **mealltóir** deceiver, impostor; beguiler, **meangaire** grinning deceitful person, **rógaire** rogue, **séitéir** *m* cheat, **slíodóir tumálaí** sly person, trickster

Cleasaíocht *f(~a)*

1. trickery, acrobatics

ábhaillí playfulness, **aclaíocht** exercising, acrobatics (cf **aclaíocht intinne** mental acrobatics), **acrabataic** acrobatics, **cleasghleacaíocht** acrobatics, **gleacaíocht** gymnastics, **imirt** playing, **iomlasc** rolling, tumbling, **macnas** act of playing, frolicking, **onfais** tossing, tumbling, diving, **súgradh** *(children)* play, playing

2. trickery, playing pranks, mischief

abhógacht playing tricks, pranks, **áibhirseoireacht** michief-making, **áilteoireacht** prank-playing, **aisiléireacht** trickery, **bobaireacht** hoodwinking, trickery, **bréagadóireacht** mendacity, **bréige** falsity, deception, **caime** *f* crookedness, **caimiléireacht** fraud, swindling, **camastaíl** duplicity, **cealg** guile, **cluain** deception, **cneámhaireacht** knavery, roguery, **cúbláil** trickery, **cur i gcéill** dissimulation, **dalladh** delusion, deception, **dallamullóg** hoodwinking, deception, **diabhlaíocht** devilment, **donas** badness, **drochfhuadar** evil activity, **drochobair** mischief, devilment, **galamaisíocht** playfulness, **geáitsíocht** play-acting, **gleacaíocht** trickery; gymnastics, **gliceas** cunning, **leorthóireacht** playing pranks, tricking; unruliness, **lúbaireacht** practising deceit, trickery, **meabhal** deceitfulness, treachery, **mealladh** allurement, **meang** *f (meinge; ~a, ~)* wile, scam, deceit, **mearbhall** confusion, **mí-ionracas** disingenuousness, **mísc** mischief, **pionsaíocht** guile; wiliness, **séitéireacht** cheating, **siabhradh** bewitching, **siabhrán** delusion, **siabhránacht** mental confusion, **slusaíocht** dissembling, flattery, **súgradh** play, **truiceadóireacht** playing tricks, **tubaisteoireacht** mischief-making; dangerous bungling, **uisce faoi thalamh** conspiracy, **urchóid** wickedness

Cléir *f(~e)* clergy

an eaglais the church, **diagaire** theologian, **eaglaisigh** *mpl* churchmen; ecclesiastics, **fir éadach na heaglaise** men of the cloth, **friothálaí** ministrant, **friothálaí Aifrinn** server at Mass, **lucht an bhóna** men who wear the collar, **lucht na heaglaise** people of the church, **ministreacht** ministry, **ministrí** *mpl* ministers of the church, **oibrthe eaglaise** church workers, **oirmhinnigh** *mpl* reverends, **sagairt** priests, **sagartacht** priesthood

Cléireach *m (-righ; -righ, ~)* clerk

cóipeálaí copyist, **cúntóir** assistant, helper, **feidhmeannach** *m* functionary, **oibrí oifige** office worker, **oifigeach** *m* official, **rúnaí** secretary, **scríobhaí** scribe, writer

Cleite *m (~; -tí)* feather; quill

barr *m* **eiteoige** pinion, **cleitín** small feather, **cluimhreach** *f* feathers, plumage, **clúmh** down, plumage, **clúmhnachán** downy growth, **cuircín** crest, plume, **curca** *(bird)* comb, crest, **éigrit** aigrette, **eite** wing, **peann cleite** quill pen, **sciathán** wing

◊ **chomh héadrom le ~** as light as a feather, **Leagfadh ~ circe mé.** You could have knocked me down with a feather., **Muise, sin ~ i do chaipín!** Well, that's feather in your cap!, **Ná fág barr ~ isteach ná bun ~ amach.** Remember to dot all the i's and cross all the t's., **Úsáideann sí ainm ~.** She uses a pseudonym.

Cleithiúnaí *m (~; -aithe)* dependant, person in reliant on other(s)

cliant client, **cosmhuintir** hangers-on, **cúlaistín** crony, henchman, **gallóglach** *m* gallowglass, **gaol** relative, **géillsineach** *m* subject, **giolla** subordinate, attendant, **giolla gualainne** henchman, **íochtarán** minion, **lacáiste** burden (cf **Ní theastaíonn uaim bheith i mo lacáiste ar mo chlann i mo sheanaois.** I don't want to be a burden on my family in my old age.), **líodrálaí** hanger-on, **lucht tréachtais** hangers-on, **páiste** child, **spleáchóg** dependant, **táthaire** yes-man, **vasáilleach** vassal

Cliabh *m (cléibh; cléibh, ~)*

1. *(anat)* chest

bráid neck and breast, bust, **broinne** *m* breast, bosom, **brollach** *m* bosom, breast; *(book)* foreword, **cíoch** *f (cíche; ~a, ~)* breast, boob, **compar** *(cléibh)* chest, **cliabhrach** *m* chest, **crioslach** *m* bosom, **scibirlíní** *mpl (woman)* loose hanging breasts, **tóracs** thorax, **tosach** *m* front, **traslár** breast, bosom, **ucht** *m* chest, breast

2. creel, pannier

bascaed basket, **ciseán** basket, bin, **cléibhín** small wicker basket; wicker boat, **feadhnach** *m* pannier, **mála** bag, **muirleog** round narrow-mouthed fish-basket, **sciobóg** storage basket, **síolán** seed basket *(see also:* **bascaed)**

Cliabhán *m (-áin; -áin, ~)*

1. cradle

beithilín *(rel)* crib, **breith** birth, **cruib** crib, **leaba** *f (leapa; leapacha)* bed, **leaba** *f* **linbh** child's bed; cot, **mainséar** *(rel)* manger, **tús na hóige** early childhood

2. cage

cás cage, **caighean** *m* cage, **clós** enclosure (cf **clós cearc** hen coop), **cró** pen, **cúb** *f (cúibe; ~a, ~)* coop,

Cliantacht

éanadán bird cage, **éanlann** aviary, **failín** small coop/pen, **gabhann** *(cattle)* pound, **géibheann** captivity, **póna** pound for animals

Cliantacht *f(~a)* clientele
caiteoirí *mpl* users, punters, **ceannaitheoirí** *mpl* purchasers, **custaiméirí** *mpl* customers, **pátrúin** *mpl* patrons, **siopadóirí** shoppers, **siopaeirí** *mpl* shoppers, **tomhaltóirí** *mpl* consumers, **úsáideoirí** *mpl* users

Clis *v₁ᵦ* fail
básaigh die, **bí fágtha bancbhriste** be left bankrupt, **bris** break, **bris síos** break down, **caill** lose, **cuir díomá ar** disappoint, **déan faillí (ar)** neglect, **déan neamart i** be remiss about, neglect, **éirigh i d'fhéimheach** become bankrupt, **fág ar lár** omit, **feall** prove false to, betray, **laghdaigh** decline, **leáigh de réir a chéile** dwindle away, **loic (ar)** fail, let down; misfire, **meath** dwindle, decay, **meathlaigh** deteriorate, **míshásaigh** dissatisfy, **scar le clann** miscarry, **stad** conk out, stop, **stop** stop, cease, **téigh amú** go astray, **téigh faoi** sink, go down, **téigh i laige** fade, peter out, **téigh i léig de réir a chéile** fade away gradually, **téigh i ndearmad** fade from memory, **téigh ó chrích** to come to grief, **teip (ar)** fail, **tit** fall, **tit as a chéile** collapse, **tobthit** *(econ)* crash, **tréig** abandon, **tuairteáil** *(comp)* crash

Cliseadh *vn* failing
bású dying, **bheith bancbhriste** to be bust, **briseadh** breaking, **briseadh síos** breaking down, **cailleadh** losing, **cur díomá ar** disappointing, **déanamh faillí (ar)** neglecting, **déanamh neamart i** being remiss about, neglecting, **dul amú** going astray, **dul faoi** sinking, going down, **dul i laige** fading, petering out, **dul i léig de réir a chéile** fading away gradually, **dul i ndearmad** being forgotten, **dul ó chrích** coming to grief, **éirí i d'fhéimheach** becoming bankrupt, **fágáil ar lár** omitting, **fealladh** proving false to, betraying, **gan bheith chomh maith is a bheadh súil leis** underachieving, underperforming, **laghdú** declining, **leá de réir a chéile** dwindling away, **loiceadh (ar)** failing, letting down; misfiring, **meath** dwindling, decaying, **meathlú** deteriorating, **míshásamh** dissatisfying; dissatisfaction, **scaradh le clann** miscarrying, **stad** conking out, stopping, **stop** stopping, ceasing, **teip (ar)** failing, **titim** falling, **titim as a chéile** collapsing, **tobthitim** *(econ)* crashing, **tréigean** abandoning, **tuairteáil** *(comp)* crash, crashing

Cliste 1 *pp* failed
básaithe executed; gone to death, **briste** broken, **briste síos** broken down, **caillte** lost, **déanta faillí (ar)** neglected, **dulta amú** gone astray, **dulta faoi** sunk, gone down, **dulta i laige** faded, petered out, **dulta i léig de réir a chéile** faded away gradually, **dulta i ndearmad** forgotten, **dulta ó chrích** come to grief, **éirithe i d'fhéimheach** gone bankrupt, **fágtha ar lár** omitted, **fágtha bancbhriste** left bankrupt, **feallta** betrayed, **laghdaithe** declined; lessened, **leáite de réir a chéile** dwindled away; melted away, **loicthe (ar)** failed, let down; misfired, **meata** dwindled, decayed, **meathlaithe** deteriorated, **míshásta** dissatisfied, **scartha le clann** miscarried, **stadta** conked out, stopped, **stoptha** stopped, ceased, **teipthe (ar)** failed, **tite** fallen, **tite as a chéile** collapsed, **tobthite** *(econ)* crashed, **tréigthe** abandoned, **tuairteáilte** *(comp)* crashed

Cliste 2 *adj⁶*
1. clever, smart
ábalta able, capable **acmhainneach** resourceful, **aibí** alert, quick, **airgtheach** inventive, **beo** alive, quick, **beo-intinneach** quick-witted, **ciallmhar** sensible, **críonna** wise *(due to age)*, shrewd, **cumasach** capable, **deisbhéalach** witty, **domhain** deep, **éirimiúil** intelligent, **eolach** knowledgeable, knowing, **fadcheannach** far-sighted, far-seeing, shrewd, **fóirsteanach** apt, **fuireachair** bright, vigilant, **galánta** elegant, **gaoiseach** sagacious, wise, **gasta** quick, **géar** sharp, keen, **géarchúiseach** discerning, astute, **glic** shrewd, cunning, **grinn** perceptive, discriminating, **intleachtach** intellectual, **intliúil** ingenious, **meabhrach** mindful, intelligent, **na hinchinne móire** brainy, **oilte** skilled, **oirbheartach** accomplished, dexterous, **praitinniúil** astute, clever, quick, **saineolach (ar)** expert (at), **saoithiúil** wise, accomplished, **sofaisteach** sophistic, **stuama** prudent, sensible, **tallannach** talented, **tapa** fast, **tréitheach** gifted *(see also: **ciallmhar, stuama**)*

2. dexterous
ábalta able, **aclaí** agile, dexterous, **deaslámhach** dexterous; right-handed, **deisealach** right-handed, dexterous; neat, tidy, **innealta** deft, skilled, **láimhíneach** nimble with hands, **lannach** dexterous with a sword, **sásta** deft, handy, **oirbheartach** skilful, dexterous; valiant, **solámhach** deft, dexterous, **reabhrach** dexterous; sportive

▲ **duine** ~ clever person, **cleas** ~ clever trick, **fón/teilifíseán** ~ smart phone/TV, **gaireas** ~ clever device, **greann** ~ clever humour, **lámha** ~ dexterous hands

Clisteacht *f(~a)* cleverness, dexterity
ábaltacht capability, **aclaíocht** agility, dexterity, **acmhainn** resource, **aibíocht** alertness, quickness, **aireag** inventiveness, **beocht** liveliness, quickness, **beogacht** sprightliness, **ciall** *f(céille; ~a, ~)* sense, **críonnacht** wisdom *(due to age)*, shrewdness, **cumas** ability, **deaslámhaí** adroitness, dexterity, **deisbhéalaí** wittiness, **doimhne** depth, **éirimiúlacht** intelligence, **eolas** knowledge; knowing; knack, **fadcheannaí** far-sightedness, shrewdness, **fios** *m(feasa)* gnó know-how, **fóirsteanaí** aptness, **fuireachaire** brightness, vigilance, **galántacht** elegance, **gaois** sagacity, wisdom, **gastacht** quickness, **géaraíocht**

sharpness, acumen, **géarchúisí** discernment, astutenesss, **géire** sharpness, keenness, **ginias** genius, **gliceas** shrewdness, cunning, **grinne** perceptiveness, discrimination, **inchinn mhaith** good brain, **intinn bheo** quick wit, **intleacht** intellect, **intliúlacht** ingenuity, **liathábhar** (biol) grey matter, **meabhair** mind, intelligence, **oilteacht** skill, **pionsaíocht** wiliness, guile, **saineolas** expertise, **saoithiúlacht** wisdom, insight; singularity, **sofaisteachas** sophism, **stuamacht** prudence, sensible attitude, **tallann** talent, **tapúlacht** quickness, **tréitheachas** giftedness

Cliúsaí m (~; -aithe) flirt
banaí womaniser, **buailteoir** (on women) hitter, skirt chaser, **clipire** tease, **cluanaire ban** skirt chaser, **dradaire** playboy, philanderer, **filéardaí** philanderer, **radaire** trifler, flirt, **raiteog** (female) flirt, **réice** rake, **reithe** (sl) ram, stud, **stail** stud, stallion (cf **stail asail** jackass)

Cliúsaíocht f (~a) flirting
áilleagánacht (with affections) toying, teasing, **caitheamh catsúl (le)** making eyes (at), ogling, **cluanaireacht ban** skirt chasing, **cúirtéireacht** courting, **giolamas** petting; flirting, **manaois (le)** dallying, toying (with), **méaraíocht (le)** playing, toying (with), **méirínteacht** fondling; fingering, **peataireacht** fondling, **radaireacht** flirting, courting, **spallaíocht** flirting, **spochadóireacht** teasing, **súgradh** playing, **tochmharc** wooing; story of courtship

Cló 1

1. *vn* printing, making a printout
athchló reprinting, reprint, **brú anuas (ar)** impressing, **callagrafaíocht** calligraphy, **cló-eagrú** (typ) composing, composition, **clóbhualadh** printing, typing, **clóchuradóireacht** typesetting, **clóscríobh** typing, **cur amach** putting out, issuing, **cur i gcló** putting into print, **cur in oiriúint** customising, **déanamh asphrionta** making a printout, **déanamh rith cló** making a print run, **eisiú** issuing, **foilsiú** publishing, **forchló** overprinting, **greanadh** engraving, **leictreachló** electrotyping, **priontáil** (comp) printing

2. m (~; ~nna) print, font, type, printout
cóip copy, **eisiúint** issue, **forscript** superscript, **foscript** subscript, **greanadóireacht** engraving, **inphrionta** (publ) imprint, **iris** magazine, **irisleabhar** journal, magazine, **lámhscríbhinn** manuscript, **leabhar** book, **litreoireacht** lettering, **lorg** imprint, print, track, **nuachtán** newspaper, **prionta** print, **rian** trace, path, **scríbhinn** writing, **script** script, **séala** m seal, **stampa** stamp

▲ ~ **beag** small/fine print, ~ **callagrafaíochta** calligraphic print, ~ **Coireallach** Cyrillic font, ~ **dubh** black print, ~ **éadrom** light print, ~ **Gaelach** Gaelic font, ~ **Gotach** Gothic font, ~ **iodálach** italic print, ~ **Rómhánach** Roman font, ~ **trom** bold print

◊ **as** ~ out of print, **botún** ~ misprint, **dearmad** ~ typo, **i g**~ in print, **leabhar a chur i g**~ to print a book

3. m (~; ~nna) appearance, shape
amhlachas semblance, **cosúlacht** likeness, resemblance, **creat** frame, shape, **cruth** m (~a) shape, **cruthaíocht** (promising) appearance, **cuma** f shape, form, appearance, **cumraíocht** shape, form, **dealramh** appearance, **déanmhas** formation, structure, **deilbh** figure, shape, **dreach** m (~a) look, aspect, **feiceáil** view, appearance, **fíor** f (-ach) appearance, sign, **fíoraíocht** configuration, shape, **foirm** form, **gné** f aspect, **greanadh** shapeliness, figure, **imlíne** f outline, **imprisean** impression, **leagan** setting, arrangement, **múnla** form, shape, mould, **riocht** m guise, form, **samhail** f (-mhla; -mhlacha) likeness

Cló 2

vn adapting, adjusting to; taming, domesticating
athchóiriú remodelling, **athdhearadh** refashioning, **athrú** changing, **ceansú** taming, **ciúnú** quietening (down), **claochlú** metamorphosing, **clíomaigh** acclimatising, **cloí le** conforming with, complying with, **coigeartú** adjusting, **comhoiriúnú** harmonising, **cur cruth ar** shaping, **cur in oiriúint** tailoring, **deisiú** fixing, **dul i dtaithí ar** becoming accustomed to, **dul in oiriúint do** adapting to, **maolú** toning down, **meaitseáil** matching, **mionathrú** modifying, **moilliú** calming; delaying, **múnlú** shaping, moulding, **réiteach** fitting, preparing, **saincheapadh** customising, **socrú** adjusting, **teacht isteach ar** accommodating to, domesticating, **tuar** accustoming; becoming seasoned by exposure, acclimatising (see also: **ceansaigh**)

Clóbhuail v₁ₚ print

brúigh anuas (ar) impress, **clóchuir** typeset, **clóigh** print, **cuir amach** to put out, issue, **cuir i gcló** put into print, **eisigh** issue, **foilsigh** publish, **grean** engrave, **priontáil** print, **scríobh** write (see also: **clóigh**)

Clóbhuailte pp printed

brúite anuas (ar) impressed, **clóite** printed, **clóchur** typesetting, **curtha amach** put out, issued, **curtha i gcló** put into print, **eisithe** issued, **foilsithe** published, **greanta** engraved, **priontáilte** printed, **scríofa** written

Clóbhualadh vn printing

brú anuas (ar) impressing, **cló** printing, **cur amach** putting out, issuing, **cur i gcló** putting into print, **eisiú** issuing, **foilsiú** publishing, **greanadh** engraving, **priontáil** printing, **scríobh** writing

Clóca m (~; ~í) cloak

brádóg small cape; roguish woman, **brat** cape, wrap, **bréagriocht** m disguise, **cába** cape, **cadó** cover, wrap, **casal** mantle, chasuble, **ceeltair** f covering, cloak, **cochall** cowl, mantle, **coim** cloak, cover, **cóirséad** wrap, muffler; corset, **cóta** coat, **clúdach** m covering, **dallóg** blind, **duaithníocht** camouflage, **fallaing** mantle, **gúna** gown, **ionarbhréid** mantle, **maintlín** (biol) mantle, **masc** mask, **rascal** cloak of coarse cloth, sciath *f (scéithe; ~a, ~)* shield, **scing** *f* cloak, covering, canopy, **speilp** covering, cloak, garment; worldly goods, **tiomthach** *m* covering garment, cloak *(see also: clúdach)*

Cloch *f (cloiche; ~a, ~)* stone

agáit agate, **aimitis** amethyst, **astaróideach** *m* asteroid, **basalt** basalt, **bollán** boulder, **bríce** brick, **cailc** chalk, **carbón** carbon, **carbónáit** carbonate, **carraig** rock, **criostal** crystal, **deascadh** sediment, **diamant** diamond, **doirneog** cobble, **dríodar** sediment, **duirling** pebble(s); stony/pebbly beach, **eibhear** granite, **fíoghual** charcoal, **foirneach** *f* rolling stone, **gaineamh** sand, **graifít** graphite, **grean** *m (grin)* gravel; coarse sand, **gual** coal, **gualach** *f m* charcoal, **iontaise** *f* fossil, **laibhe** *f* lava, **leac** *f* slab, flagstone, **leac** *f* **uaighe** gravestone, **lia** *m* stone; pillar-stone (cf **lia binne** cornerstone), **liagán** monolith, **mionchloch** *f (-chloiche)* pebble, **mionduirling** small pebbles, shingle on beach; pebbly beach, **ómra** amber, **puint** small stone used as a sinker, **puntún** large stone used in casting; plummet stone, **púróg** pebble; small round stone, **rabún** whetstone, **raspa (cloiche)** rough-surfaced stone, **ruibhchloch** *f* brimstone, **rúibín** ruby, **saifír** sapphire, **scaineagán** coarse gravel, shingle, **séad** jade, **seoid** *f* gem, **slinn** slate, **slinnteach** *m* shingles; slates, **smaragaid** emerald, **stacán** large sharp stone, **starrán** projecting rock, **stroighin** cement, **stualaire** standing stone, **suimint** cement, **tópás** topaz, **ulán** block of stone; boulder

▲ ~ **adhmainte** lodestone, ~ **altóra** altar stone, ~ **aoil** limestone, ~ **bhoinn** foundation stone, ~ **bhró** millstone, ~ **choirnéil/chúinne** cornerstone, ~ **chora** stepping stone, ~ **chothrom** flat stone, ~ **chríche** boundary stone, ~ **dhomlais** gallstone, ~ **dhuáin** kidney stone, ~ **eibhir** granite, ~ **ghabhála** fulcrum, ~ **ghainimh** sandstone, ~ **ghuail** lump of coal, ~ **gréine** quartz, ~ **leathlómhar** semiprecious stone, ~ **mheáchain** stone in weight, ~ **mhíle** milestone, ~ **na mBlarnan** The Blarney Stone, ~ **phábhála** paving stone, ~ **phaidrín** rosary bead, ~ **phluma** plum stone, ~ **reatha** rolling stone, ~ **shalainn** rock salt, ~ **shilín** cherry stone, ~ **shneachta** hailstone, ~ **theorann** boundary stone, ~ **thine** flint

▲ **carn** ~ heap of stones, **cith** ~ shower of stones, **rois** ~ hail of stones

▲ **balla cloiche** stone wall, **croí cloiche** heart of stone, **táibléad cloiche** stone tablet, **urlár cloiche** stone floor

◊ **Bhainfeadh an scannán sin deoir as ~.** That film is a real tearjerker., **Ceapaim go bhfuil ~ sa mhuinchille aige dom.** I think he has it in for me., **chomh crua le ~** as hard as a rock, **Is é mo chloch nirt é.** It is as much as I can do., **Tá sé chomh bodhar le ~.** He's as deaf as a post., **Sin an chloch is lú ar mo phaidrín.** That's the least of my worries.

P *(Bible)* **An té atá saor ó pheaca caitheadh seisean an chéad chloch!** Let him who is without sin cast the first stone!, **Ní thagann caonach ar chloch reatha.** A rolling stone gathers no moss.

Clochach *adj³* stony

anacair rugged, **carraigeach** rocky, **creagach** craggy, **duirlinge** (> *duirling*) pebbled beach, **scaineagánach** shingly, **sceilgeach** craggy, **sceirdiúil** bleak, rugged, **spallaíoch** covered with scree, **speancach** craggy

Clódóir *m (-óra; ~í)* printer

athscríobhaí copyist, **clóchuradóir** typesetter, **cóipeálaí** copyist, **foilsitheoir** publisher, **greanadóir** engraver, **printéir** *(mec)* printer, **rionnaí** engraver; carver, **scríobhaí** scribe

Clódóireacht *f (~a)* printing

callagrafaíocht calligraphy, **cló** printing, **clóbhualadh** typing, **clóchuradóireacht** typesetting, **cóipeáil** copying, **cur i gcló** putting into print, **dathú** colouring, **dathúchán** dyeing, printing on cloth, **foilsitheoireacht** publishing (enterprise), **foilsiú** publishing, **greanadóireacht** engraving, **inphriontáil** *(publ)* imprinting, **printéireacht** printing, **priontáil** printing, **rionnaíocht** engraving, **ruaimniú** dyeing

Clochar *m (-air; -air, ~)* convent; stony place, stone structure

cill *(hist)* church, **clabhstra** cloister, **clochán** stony ground; stone structure, **clochdhíseart** stony wilderness, **clochra** *m* stony place, stony beach, **coinbhint** convent, **creagán** patch of stony ground, **creig** *f (~e; creaga)* stony barren ground, **creig-ghairdín** rockery, **díseart** retreat, hermitage, **lárionad do chúrsaí spioradálta** religious retreat centre, **mainistir** *f (-treach; -treacha)* monastery, **scoil shainchreidmheach** denominational school, **stéigeach** *m* stony barren patch of land

Clog 1 *m (-oig; -oig, ~)*

1. clock

aláram alarm, **amadóir** timer, **cloigín** small clock, **grianchlog** *m* sundial, **uaireadóir** watch, **orláiste** timepiece

▲ ~ **adamhach** atomic clock, ~ **aláraim** alarm clock, ~ **an choirp** body clock, ~ **balla** wall clock, ~ **bitheolaíoch** biological clock, ~ **buailte** striking clock, ~ **clinge** chiming clock, ~ **cuaiche** cuckoo clock, ~ **gréine** sundial, ~ **réalteolaíoch** astronomical clock, ~ **urláir** grandfather clock

2. bell

aláram alarm, **bonnán** siren, **ceolán** little bell, **cling** ring, **clingireacht** ringing sound, **cloigín** small bell (cf **cloigín dorais** doorbell), **dordánaí** buzzer, **glao** call, **glaoire** bleeper, **glasán** iron bell

▲ **~ an Aingil** the Angelus, **~ an dinnéir** dinner bell, **~ na marbh** death knell, **~ eaglaise** church bell

Clog 2 *m (cloig; cloig, ~)* blister
ballbhrú bruise, **ball gorm** bruise, **clogán** small blister, **fearb** *f (feirbe)* welt, blister, **fearbán** small weal/welt, **léas** weal, welt, **othras** ulcer, **pusca** blister, **spliúchán** blister, bulge, **spuacán** small blister, **spuaic** blister

Clogad *m (-aid; -aid, ~)* helmet
cafarr helmet, **ceannbheart** headdress, **ceannbheart crua** hard hat, **clúdach** *m* **cinn** head covering, **cochall** hood, **cosaint cinn** head protection, **húda** hood *(see also: hata)*

Cloí 1
1. *vn* defeating, subduing, overthrowing
briseadh ar beating, defeating, **brú faoi chois** subjugating, **buachan (ar)** defeating, **bualadh (ar)** beating, striking down, **ceansú** taming, **coilleadh** eviscerating; castrating, **cosc** inhibiting, **cur ar neamhní** bringing to nought, **cur de dhroim seoil** hobbling, sabotaging, **cur faoi smacht** bringing under control, **cur faoi umhlaíocht** bringing to submission, **cur ó rath** banjaxing, **déanamh spior spear de** blowing apart, knocking down, **díothú** annihilating, **ísliú** lowering, reducing, **leagadh** knocking down, **lot** crushing, **maolú** subduing, dulling, dampening, **milleadh** decimating, ruining, **sárú** overpowering, overwhelming, **scoitheadh** overtaking, **sciosadh** destroying, **smachtú** disciplining, **tabhairt chun umhlaíochta** bringing to submission, **teacht trasna ar** frustrating, **umhlú** humbling, making humble
2. *m (~)* subjection, defeat, overthrow
briseadh defeat, **bua** victory, **concas** conquest, **coscairt** defeat, overthrow, **díomua** defeat, **gabháil** occupation, capture, **géilleadh** submission, surrender, **géillsine** subjection, **maidhm** defeat, rout, **mámas** subjection, **smachtú** subjugation, control, **treascairt** knockdown, defeat, felling, demolition

Cloí 2 *vn* **~ le** adhering to, complying with
aontú le agreeing to, **breith greim daingean ar** taking a firm grip of, **ceangal le** attaching to, **comhtháthú** coalescing, **déanamh de réir** *(+ gen)* acting in accordance (with), **dílseacht** faithfulness, **éisteacht le** heeding, **fanacht le** staying with, **gan rud éigin a thréigean** not abandoning something, holding fast to something, **géilleadh do** acceding to, **gleanúint (de)** sticking (to), adhering (to), **greamú** sticking, **leanúint** following, **seasamh le** standing by, **taobhú le** siding with, **teacht le** complying with

Cloígh 1 *v₁ₕ* defeat, subdue, overthrow
bris break, defeat (cf **cath a bhriseadh ar arm** to defeat an army in battle), **buaigh (ar)** defeat, **buail (ar)** beat, strike down, **brúigh faoi chois** to subjugate, **ceansaigh** tame, **coill** eviscerate, **coisc** inhibit, **cuir ar neamhní** bring to naught, **cuir bac le** prevent, hinder, **cuir de dhroim seoil** hobble, sabotage, **cuir faoi smacht** bring under control, **cuir namhaid faoi umhlaíocht** bring an enemy to submission, **cuir ó rath** banjax, **déan spior spear de** blow apart, knock down, **díothaigh** annihilate, **faigh an ceann is fearr (ar)** get the better (of), **faigh an lámh in uachtar (ar)** get the upper hand (over), **imir cos ar bolg (ar)** oppress, repress, **ísligh** lower, reduce, **leag** knock down, **loit** crush, **maolaigh** subdue, dull, dampen, **mill** decimate, ruin, **sáraigh** overpower, overcome, overwhelm, **scoith** overtake, **scrios** destroy, **smachtaigh** discipline, **tabhair chun umhlaíochta** bring to submission, **tar trasna ar** frustrate, **umhlaigh** humble, make humble

Cloígh 2 *v₁ₕ* **~ le** adhere to, comply with
aontaigh le to agree to, **beir greim daingean ar** take a firm grip of, **bí dílis do** remain loyal to, **ceangail** attach, **comhtháthaigh** coalesce, **déan de réir** *(+ gen)* act in accordance (with), **éist le** heed, **fan le** stay with, **géill do** accede to, **glean (de)** stick (to), adhere (to), **greamaigh** stick, **lean** follow, **seas le** stand by, **tabhair aird ar** mind, pay attention to, **taobhaigh le** side with, **teacht le** to comply with

Clóigh 1 *v₁f* print
athchlóigh reprint, **brúigh anuas (ar)** impress, **cló-eagraigh** *(typ)* compose (cf **cló-eagraí** compositor), **clóbhuail** print, type, **clóchuir** typeset, **clóscríobh** type, **cuir amach** to put out, issue, **cuir i gcló** put into print, **cuir in oiriúint** customise, **déan asphrionta** make a printout, **déan rith cló** make a print run, **eisigh** issue, **foilsigh** publish, **forchlóigh** overprint, **grean** engrave, **leictreachlóigh** electrotype, **priontáil** *(comp)* print *(see also: clóbhuail)*

Clóigh 2 *v₁f* adapt, adjust to; tame, domesticate
athchóirigh remodel, **athdhear** refashion, **athraigh** change, **ceansaigh** tame, domesticate, **ciúnaigh** quieten (down), **claochlaigh** metamorphose, **clíomaigh** acclimatise, **cloígh** conform, comply, **coigeartaigh** adjust, **comhoiriúnaigh** harmonise, **cuir cruth ar** shape, **cuir in oiriúint** tailor, **deisigh** fix, **forchlóigh** overprint, **maolaigh** tone down, **meaitseáil** match, **mionathraigh** modify, **moilligh** calm; delay, **múnlaigh** shape, mould, **réitigh** fit, prepare, **riochtaigh** adapt, condition, **saincheap** customise, **socraigh** adjust, **tar isteach ar** to accommodate to, **téigh i dtaithí ar** to become accustomed to, **téigh in oiriúint do** to adapt to, **tuar** accustom; become seasoned by exposure, acclimatise *(see also: ceansaigh)*

Clois *v irr* hear
admhaigh acknowledge, **airigh** perceive, sense, **aithin** discern, **cluin** hear, **cúléist** eavesdrop, bug, **éist (le)** listen (to), **faigh amach** find out, **foghlaim**

Cloisteáil

learn, **glac** receive, **mothaigh** feel, **pioc suas** pick up, **sonraigh** perceive, **tabhair cluas (do)** hearken (to), **tabhair faoi deara** notice, heed, **tapáil** *(phone)* tap, **tuig** understand

◊ ~**im thú!** I hear you!, **Agallamh nár chualathas cheana.** An interview that has not been previously heard., **Ar chuala tú a leithéid?!** Did you ever hear the like?!, **Chuala mé ag dul tharam é.** I heard it in passing., **Cloisfimid tuilleadh fúithise!** We haven't heard the last of her!

Cloisteáil *vn* hearing

admháil acknowledging, **aireachtáil** perceiving, sensing, **aithint** discerning, recognising, **cluinstean** hearing, **cúléisteacht** eavesdropping, **éisteach** *(le)* listening *(to)*, **fáil amach** finding out, **foghlaim** learning, **glacadh** receiving, **mothú** feeling, **piocadh suas** picking up, **sonrú** perceiving, **tabhairt faoi deara** noticing, heeding, **tabhairt na cluaise (do)** hearkening (to), **tapáil** *(phone)* tapping, **tuiscint** understanding

Cloiste *pp* heard

admhaithe acknowledged, **airithe** perceived, sensed, **aitheanta** discerned, recognised, **cluinte** heard, **cúléiste** eavesdropped, **dar tugadh cluas** hearkened (to), **éiste** (**le**) listened (to), **faighte amach** found out, **foghlamtha** learnt, **glactha** received, **mothaithe** felt, **pioctha suas** picked up, **sonraithe** perceived, **tapáilte** *(phone)* tapped, **tugtha faoi deara** noticed, heeded, **tuigthe** understood

◊ **ón méid atá ~ agam** from what I've heard, **Sin atá ~ agam.** That's what I heard., So I gather., **Tá mo dhóthain ~ agam.** I have heard enough., **Tá sé uile go léir ~ agam cheana.** I've heard it all before.

Cloíte 1 *pp* defeated, subdued, overthrown; exhausted

ar ar tagadh trasna frustrated, **briste** broken, defeated, **brúite faoi chois** subjugated, **buailte** beaten, struck down, **buaite** defeated, **ceansaithe** tamed, **coillte** eviscerated; castrated, **coiscthe** inhibited, **cortha** weary, **curtha ar neamhní** brought to nought, **curtha de dhroim seoil** hobbled, sabotaged, **curtha faoi smacht** brought under control, **curtha faoi umhlaíocht** brought to submission, **curtha ó rath** banjaxed, **díothaithe** annihilated, **íslithe** lowered, reduced, **lagaithe** weakened, enfeebled, **leagtha** knocked down, **loite** crushed, **maolaithe** subdued, dulled, dampened, **marbhchodlatach** dog-tired, **millte** decimated, ruined, **sáraithe** overpowered, overwhelmed, **scoite** overtaken, **scriosta** destroyed, **seanchaite** hackneyed, clichéd, **seangaithe** exhausted, warn out, **smachtaithe** disciplined, **spíonta** completely exhausted, jacked, bushed, **suaite** shattered, exhausted, **támhach** comatose, torpid, sluggish, **tnáite** knackered, wearied, **traochta** exhausted, whacked, **tugtha chun umhlaíochta** brought to submission, **tugtha tnáite** dead tired, **tugtha traochta** completely exhausted, **umhlaithe** humbled, made humble *(see also: smachtaithe)*

Cloíte 2 *pp* ~ **le** adhered to, complied with

aontaithe le agreed to, **ceangailte le** attached to, **comhtháthaithe** coalesced, **déanta de réir** *(+ gen)* done in accordance (with), **éiste le** heeded, **fanta le** stayed with, **géillte do** acceded to, **gleanta de** stuck to, adhere to, **greamaithe le** stuck to, **leanta** followed, **seasta le** stood by, **tagtha le** complied with, **taobhaithe le** sided with

Clóite 1 *pp* printed

asphriontáilte printed out, **athchlóite** reprinted, **brúite anuas** *(ar)* impressed *(on)*, **cló-eagraithe** *(typ)* composed, **clóbhuailte** printed, typed, **clóchurtha** typeset, **clóscríofa** typed, **curtha amach** put out, issued, **curtha i gcló** put into print, **curtha in oiriúint** customised, **eisithe** issued, **foilsithe** published, **forchlóite** overprinted, **greanta** engraved, **lámhscríofa** handwritten, **leictreachlóite** electrotyped, **priontáilte** *(comp)* printed, **priontáilte amach** *(comp)* printed out, **scríofa** written

Clóite 2 *pp* adapted, adjusted to; tamed, domesticated

athchóirithe remodelled, **athdheartha** refashioned, **athraithe** changed, **ceansaithe** tamed, domesticated, **ciúnaithe** silenced, quietened, **claochlaithe** metamorphosed, **clíomaithe** acclimatised, **cloíte** conformed, complied, **coigeartaithe** adjusted, **comhoiriúnaithe** harmonised, **curtha in oiriúint** tailored, **deisithe** fixed, **dulta i dtaithí ar** gotten accustomed to, **dulta in oiriúint do** adapted to, **forchlóite** overprinted, **maolaithe** toned down, **meaitseáilte** matched, **mionathraithe** modified, **moillithe** calmed; delayed, **múnlaithe** shaped, moulded, **réitithe** fitted, prepared, **riochtaithe** adapted, conditioned, **saincheaptha** customised, **socraithe** adjusted, **tagtha isteach ar** accommodated to, **tuartha** accustomed; gotten seasoned by exposure, acclimatised (eg **Nílimid tuartha leis an teas go fóill.** We haven't acclimatised to the heat yet.)

Clós *m (-óis; -óis, ~)* enclosure, yard

airéana *f* arena, **bábhún** bawn; enclosure, **banrach** *f* paddock, **buaile** fold, enclosure; milking place, **buailtín** dung yard, **carrchlós** carpark, **clabhstra** *m* cloister, **cró** pen, **cuibhreann** enclosure, **cúirt** court, **cúirtealáiste** *(jur)* curtilage, **fáiméad** yard, pen, enclosure, **gabhann** pound, enclosure, **imfhálú** fenced-off area, **loca carranna** carpark, **mainnear** enclosed field, enclosure, **póna** pound, **sonnach** *m* stockade, **urlios** *m (-leasa)* forecourt, front enclosure

▲ ~ **adhmaid** lumber yard, ~ **an chniogaire** knacker's yard, ~ **caisleáin** courtyard, ~ **cearc** chicken run, ~ **conamair** scrapyard, ~ **feirme** farmyard, ~ **príosúin** prison yard, ~ **sciobóil** barnyard, ~ **scoile** school yard, ~ **seanearraí/mangarae** junk yard, ~ **súgartha** playground

▲ **ainmhithe clóis** farmyard/domestic animals, **éanlaith chlóis** poultry/fowl, **uamhan clóis** claustrophobia

Clú *m (~)* reputation, fame

ábhar suntais *(thing)* attraction, **ainm** *m* name, **airde** height, high position, eminence, **aithne** recognition, **ardchéim** eminence, **ardmheas** high esteem, **bladh** *m (~a)* fame, renown, **cáil** fame, renown, **céim** status, prominence, **céimíocht** distinction, **creidiúint** credit, **cuid suntais** something worthy of notice, **cultúr an iomráiteachais** celebrity culture, **dea-ainm** good name, **dea-cháil** good repute, **dea-chlú** good reputation, **dea-mheas** deference, **dearscnaitheacht** prominence, **drochainm** bad name, **droch-cháil** notoriety, ill repute, **droch-chlú** bad reputation, **drochmheas** contempt, **gáir** notoriety, **gnaoi an phobail** popularity, **gradam** esteem, **iomrá** *m* renown, **iomráiteachas** celebrity, **meas** regard, respect, **mícháil** evil reputation, **míchlú** infamy, ill repute, **mí-ómós** disregard, **oirirceas** eminence, **ómós** homage, **onóir** honour, **seasamh** standing, **stádas an iomráiteachais** celebrity status, **suaithinseacht** remarkableness, distinctiveness, **suntasacht** distinctiveness, **teist** reputation *(eg **Ba mhór a teist.** Her reputation was great.)*, **tuairim** opinion, **urraim** esteem, deferential regard *(see also: **cáil**)*

◊ ~ **a tharraingt ort féin** to distinguish yourself, ~ **duine a mhilleadh** to defame a person, **Tá an ~ sin air.** He is known for that.

P Is fearr ~ ná conách. A good name is better than wealth.

Cluain *f(-ana)* deception

baoite bait, **bob** fast one, con job; hoax, **bobaireacht** trickery, **bobghaiste** booby trap, **bladar** smooth talk, **bréag** *f (bréige; ~a, ~)* lie, **bréagadóireacht** mendacity, **bréagán** decoy, **bréagchéadfa** hallucination, **bréagriocht** disguise, **caimiléireacht** fraud, swindle, **cam** fraud, **camastaíl** duplicity, **cealg** guile, **ceo draíochta** fairy mist *(i.e. that leads people astray)*, **ceol sí** bewitching music, **ciméara** delusion, **cleas** trick, **cleas éalaithe** subterfuge, **coimeadar** 'come hither' *(eg **Chuir sí an coimeadar air.** She gave him the 'come on' look.)*, **cur i gcéill** dissimulation, **dalladh** delusion, deception, **dallamullóg** hoodwinking, deception, **dallcheo** stupefaction, confusion, **dallrú** bedazzling, **dol** snare, loop, **draíocht** *f* magic, enchantment, **dul amú** straying, misdirection, **éitheach** *m* falsehood, **gaiste** snare, trap, **lochtaíl** falseness, wickedness, faultiness, defectiveness, **maghar** allurement; bait, **meabhalscáil** mirage, **meallacacht** beguilement, allure, **mealladh** allurement, seduction, **mealltacht** enticement, allure, **meang** *f (meinge; ~a, ~)* wile, deceit, **mearbhall** confusion, **mídhílseacht** insincerity, **mí-ionracas** disingenuousness, **místheoladh** misdirection, **míthreoir** *(magician)* misdirection, **plámás** flattery, **sás** trap, **seachrán** aberration, distraction, **seachránacht** aberrancy; delusiveness, **séitéireacht** cheating, **siabhradh** bewitching, **siabhrán** delusion, **siabhránacht** mental confusion, **slusaíocht** dissembling, flattery, **uisce faoi thalamh** conspiracy

◊ **Chuir sí an chluain Mhuimhneach air.** She seduced him.

Cluanach *adj³* deceitful, beguiling, flattering

áilteortha tricky, roguish, **béalchráifeach** sanctimonious, **beartach** scheming, **beophianta** tantalising, **cathaitheach** tempting, **cealgach** alluring, **cleasach** full of tricks, **cúblála** *(> cúbláil)* pertaining to trickery, cheating, **cúinseach** wily, tricky, **dúbailte** duplicitous, deceitful, **ealaíonta** artful, crafty, **fealltach** perfidious; deceitful, **liom leat** two-faced, duplicitous, **lúbach** tricky, full of twists and turns, **meabhlach** deceitful, duplicitous, **meallacach** beguiling, **mealltach** seductive, enticing, **meangach** wiley, scamming, **meabhlach** seductive, beguiling, **mearblach** confusing, bewildering, **meilmeach** deceitful, guileful, **nathartha** snakelike, **plámásach** flattering, **sí** *(> sí)* bewitching, enchanting, **slim** sleek, slippery, **slíocach** cunning, sleek, **sionnachúil** foxy, foxlike, **slítheánta** sneaking, sly, **tréitheach** playful, tricky *(eg **ceol sí** enchanting music)*

Cluanaire *m (~; -rí)* deceiver; flatterer

aisiléir trickster, twister, **bréagadóir** liar, **caimiléir** con artist, fraudster, **ceardaí** crafty person; **cladhaire** villain, trickster, craftsperson, **cleasaí** trickster, **cneámhaire** swindler, **dúblálaí** double-dealer, **draíodóir** crafty, rogue; magician, **faladhúdaí** stealthy thief, deceiver, **falcaire** cheat, deceiver, **feallaire** betrayer, deceiver **geáitseálaí** poser, play-actor, **gleacaí** twister, dissembler, **gliceadóir** crafty person, **mealltóir** beguiler, seducer, **meangaire** grinning deceitful person, **plámásaí** flatterer, **plucálaí** swindler, **rógaire** rogue, **séitéir** *m* cheat, **slíbhín** sly, deceitful person/twister

Cluas *f(-aise; ~a, ~)*

1. ear, listening

aird heed, **aire** attention, **cloisteáil** hearing, **dúdóg** lughole, ear, **poll cluaise** earhole, **spadchluas** lop ear, drooping ear

▲ ~ **bhodhar** deaf ear *(cf* **Thug sí an chluas bhodhar dom.** She ignored me.*)*, ~ **ghéar** keen/sharp ear, ~ **le héisteacht** attentive ear, ~ **na clibirte** cauliflower ear

◊ **Cá raibh tusa aimsir na gcluas?** Are you deaf or what?, **Lig thar do chluasa é!** Pay no attention to it!, **Mo dhá chluas a chuala é!** I heard it with my own two ears!, **Mura fíor é, bain an chluas díom!** Strike me dead if it's not true!, **Ná codail ar an g~ sin!** Don't bank on that!, Don't take that as a given!

P **Bíonn ~a ar na claíocha.** Walls have ears.

2. ear-shaped handle

béalóg (tongs) grip, **cléata** cleat, **cléit** cleat, **clib** (**bróige**) tag (on a shoe), **cluaisín** lobe; tag, flap, **coinneálaí** holder, **doirnín** grip, handle, **fostán** gripping-place, grip, **greamán** grip, **hanla** handle, **láimhín** little handle, **lámh** handle, **liopa** (**caipín**) lug (on a cap), **lorgán** little handle, **plapa** flap (cf **plapa bríste** flap of trousers)

▲ ~ **bróige** tag on a shoe, ~ **caipín** grip/lug on a lid, ~ **cupáin** handle on a cup, ~ **maide rámha** oar cleat, ~ **pota** pot handle, ~ **spáide** tread of a spade, ~ **tuirne** spindle-holder

Club m (~; ~anna) club

aontacht unity, **aontas** union, **bráithreachas** fraternity, **caidreamh** association, company, **ceardchumann** trade union, **comhaltas** fraternity; body of persons, **comhaontas** alliance, **comhar** partnership, mutual cooperative association, **comharchumann** cooperative, **comhbhráithreachas** confraternity, **comhcheilg** conspiracy, **comhlachas** (body) association, **comhlacht** m (business) company, firm, **comhleapachas** bedfellowship, **comhluadar** company, gathering, **comhphobal** community, **comhtháthú** coalescence, **comhthionól** assembly, **común** commune, **cónaidhm** federation, **craobh** f branch, **cuallacht** fellowship, **cuideachta** f company, **cumann** society, **gild** m guild, **grúpa** group, **lóiste** lodge, **pobal** community, **seathras** sorority, **teacht le chéile** coming together, get-together

Clúdach

1. vn covering

athchlúdach re-covering, **balsamú** embalming, **bratú** coating, **cásáil** casing, **cochlú** wrapping in a hood; cuddling, **coinneáil** containing, **coirtiú** tanning; encrusting, **cosaint** defending, **cótáil** coating, **cuimsiú** comprehending, embracing, **cur brat ar** putting a cover/mantle on, **cur cóta ar** putting a coat on, **cur craiceann ar** surfacing, putting a surface coating on, **cur díon (ar)** roofing, **cur faoi árachas** insuring, **cuir faoi bhrat** shrouding, **cumhdach** enshrining, protecting, cladding, **deochta** immersed, covered with liquid, **fialú** veiling, **forleagan** overlaying, **forluí** overlapping, overlap, **forshuí** superimposing, **gléasadh** dressing, dress, **ionchorprú** incorporating, **macadamú** macadamising, **maisiú** decorating, **mascadh** masking, **oclúidiú** occluding, **pábháil** paving, **painéaladh** panelling, **roisíniú** resining, **scáthú** shading, **stánú** coating with tin, **stánphlátáil** tin-plating, **scáthcheilt** screening, **sciathadh** shielding, **talmhú** covering with earth

---

■ **Ar théarmaí badmantain/ leadóige atá:** Badminton/tennis terms include:

ás ace
buille réitigh tiebreak, tiebreaker
buntáiste advantage
cluiche dúbailte na bhfear men's doubles
cluiche dúbailte measctha mixed doubles

Cluiche, seit agus comórtas! Game, set and match!
cluiche singil na mban women's singles
cúirt court
cúlrothlú backspin
dias f (**déise**) deuce
eangach f net
eiteán shuttlecock
eiteog volley
feall fault

feall dúbailte double fault
liathróid a sheirbheáil to serve a ball
liathróid leadóige tennis ball
líne chúil baseline
liathróid san eangach net ball
líontán (tennis/badminton) net
pointe na cinniúna match point
raicéad badmantain/leadóige badminton/tennis racket
seirbheáil service
smísteáil smash

■ **Ar théarmaí gailf atá:** Golf terms include:

adhmad wood
Aire! Fore!
albatras albatross
amas putt
amasaigh v putt
amasán putter
ás ace
bánóg fairway
bógaí bogey
buille folamh air shot, whiff
buncar bunker
caithréim mhór grand slam
cis (sp) handicap
clubtheach m clubhouse
cluiche ceathrair foursomes
condar condor
cos mhadra dogleg

damhsa croite a dhéanamh to waggle
dhá bhuille faoi bhun an phar two under par
ding wedge
do-imeartha unplayable
géarchasadh dogleg
éinín birdie
fóidín divot
gaiste gainimh sand trap
galfchúrsa par a trí par-3 golf course
garbhlach m rough
guais hazard
iarann iron
iolar eagle
labáil lob
luascadh siar backswing
maide club
maide gailf golf club

maide iarainn iron
marcóir liathróide ball marker
naprún apron
par par
plásóg green
plásóg amasaithe putting green
plásóg thiála teeing ground
poll hole
Poll i mbuille amháin! Hole in one!!
scríob scratch
slat bhrataí flag stick
slis v slice
tí m tee
tiáil teeing; tee up
tiománaí driver
trí bhuille os cionn an phar three over par
urchar amú duff
urchar deas nice shot

■ **Ar théarma rugbaí agus peile atá:** Rugby and football terms include:

am breise extra time
an líne lánchúil the fullback line
as alt na himeartha offside
bacadh obstruction
bainisteoir manager
báire goal
béal an chúil goal mouth
binse bench
bosca pionóis penalty area
bratach *f* **chúinne** corner flag
bróga *fpl* **rugbaí/peile**
  rugby/football boots
buille réitigh tiebreaker
captaen *m* captain
cárta buí yellow card, caution
cárta dearg red card
cic pionóis/éirice penalty kick
cic saor free kick
cic slánaithe a scóráil
  to score a conversion
cliathánaí winger
clibirt scrum
clibirt gan choimhlint
  uncontested scrum
cluiche a bhuachan le cúl
  to win a game by a goal
coiscéim an ghandail goose step
corn a bhuachan to win the cup
cosaint ar ionsaí fending off
cosaint fiacla gum guard
cosantóir defender
crágáil maul
cuaille goalpost
cúl a scóráil to score a goal
cúl báire goalkeeper
cúl goal
cúl i d'éadan féin own goal
cúlaí back
cúl-líne goal line
cúltosaí cliatháin flanker
dhá chic pionóis two penalties
druibleáil dribbling, dribble
druibleáil neamhbhailí
  illegal dribbling
feall foul play
frapa ceann scaoilte loosehead prop
frapa ceann teannta tighthead prop
gibir *v* dribble
gibreacht na liathróide
  dribbling the ball
greamú ard high tackle
húcálaí hooker
imreoir a thaicleáil to tackle a player
imreoir lár páirce midfielder
ionadaí *m* substitute
lánchúlaí fullback
leath-am half-time
leathchúlaí clibirte scrum half
leathchúlaí halfback
liathróid a chiceáil thar an taobhlíne to kick a ball into touch
léine rugbaí/peile
  rugby/football jersey
liathróid a chur ar aghaidh
  to pass on the ball
liathróid a sciobadh
  to intercept a ball
liathróid atá as an imirt dead ball
ligean chun tosaigh knock-on
líne an úid try line
loca pionóis sin bin
loirgneáin *mpl* shin pads
maor líne touch judge
nascaire lock
pas bréige dummy pass
pas chun tosaigh forward pass
pasáil na liathróide chuig imreoir
  passing the ball to a player
pionós a ghearradh ar imreoir
  to impose a penalty on
pionós penalty
pointí breise a chur le húd
  to add the conversion to a try
preabchic *m* dropkick; drop goal
réiteoir referee
rucáil ruck
sacar cúigear an taobh
  five-a-side football
saorchic a thabhairt as bacadh to
  award a free kick for obstruction
saorchic *m* free kick
sciobadh interception
síneadh amach line-out
slánú conversion
taicil *m* (~) tackle
taicil beirte two-man tackle
taicil glan clean tackle
teacht roimh liathróid
  to intercept a ball
tollán tunnel
tosaí attacker, forward
tosaí istigh inside forward
tréchleas *m* hat trick
túschic *m* kick-off
úd a shlánú to convert a try
úd *m* try

■ **Ar théarmaí CLG atá:**
  GAA terms include:

áras sports centre/club building
báire goal
bas curved head of hurley
buille stroke
buille ar fóraoil wide
buille comhscóir equaliser
buille cosanta defensive shot
buille cúlchamáin backhand shot
buille éirice penalty stroke
buille fada long shot
camán hurling stick, hurley
camóg small hurling stick or hurley
cárta dearg/dubh red/black card
Cic *m* **Fada** Long Kick competition
cic pionóis penalty kick
cluiche ceannais (peile)
  (football) final
comhscór draw, tie
craobh *f* final, championship
cúl goal
cúl báire goalkeeper
dathanna an Chontae
  County colours
feadóg whistle
feall foul
foireann iomána/pheile
  hurling/football team
gabháil fetching
grád sinsearach/sóisearach
  senior/junior grade
greamán camáin hurley grip
idirchontae intercounty
imreoir player
imreoir iomána/peile
  hurling/football player
imreoir lár páirce midfielder
imreoir peile is iomána dual player
ionadaí substitute
lánchúlaí ar dheis/ar chlé
  right/left cornerback
lánchúlaí full back
lánchúlaí sa chúinne corner back
lántosaí ar dheis/ar chlé
  right/left corner forward
leathchúlaí láir centre half back
leathchúlaí ar dheis/ar chlé
  right/left half back
leath-thosaí láir
  centre half forward
leath-thosaí ar dheis/ar chlé
  right/left half forward
Páirc an Chrócaigh Croke Park
pas láimhe hand pass
pionós penalty
Poc Fada
  hurling pucking competition
pocáil pucking (striking sliotar)
pointe point
réiteoir referee
saorchic free kick
scór score
sliotar hurling ball
taobh-bhuille (íseal)
  (low) sidearm stroke
tosaí láir centre forward
tús start; kick-off

Clúdaigh

2. *m (-aigh; -aigh, ~)* cover, coverage; envelope **árachas** insurance, **blaosc** *f (-oisce; ~a, ~)* shell, **brat** cape, wrap; covering, **bréagriocht** disguise, **caille** *f* veil, **cás** case, **ceann slinne** slate roof, **ceannbhrat** canopy, **claibín** lid (of bottle), **clár** lid, **clóca** cloak, **clúid** sheet covering (eg **clúid oighir** sheet of ice), **coim** cloak, cover, **coimirce** *f* patronage, **coiscín** condom, **cosaint** defence, **craiceann** skin, **cuirtín** curtain, **cuilt** quilt, bedcover, **cúiteamh** compensation, **cumhdach** *m* cover, shroud, **dallóga** *fpl* blinds, **dídean** *f (-dine)* cover, protection, **díon** roof, **duaithníocht** camouflage, **fachail** film, scale over eye, **fial** veil, **folachán** hiding, concealment, **forchlúdach** *m* (book-)jacket, **forscáth** canopy, **forscreamh** mantle (cf **forscreamh na cruinne** the earth's mantle), **foscadán** shelter, *hijab* hijab, **imchlúdach** *(biol)* envelope, **ionchorprú** incorporation, **leathán** sheet (eg **leathán plaisteach** plastic sheet), **maisiú** decoration, **masc** mask, **oclúidiú** occluding, **plástar** plaster, **póca** pocket, **púic** cover, cosy (cf **púic tae** tea cosy), **púitsín** small pouch, cosy (cf **púitsín uibhe** egg cosy), **rádal** overlap, **scabaird** scabbard, **scaif** scarf, **scáil** shade, **scaraoid leapa** bedspread, **scáth** shade, shadow, **scáth fearthainne** umbrella, **scáth gaoithe** wind-break, **scáth gréine** parasol, **scáth** shade, shadow, **scáthlán** shelter (eg **scáthlán bus** bus shelter), **sceall** *f (~a; ~a, ~)* shell, shale, **sciath** *f (scéithe; ~a, ~)* shield, **scing** *f* cloak, covering; canopy, **scragall (stáin)** (tin) foil, **scrathán** light covering of sod, **seaicéad** jacket, **síte** *(not paper)* sheet (cf **síte gloine** sheet of glass, **síte miotail** sheet of metal, etc), **slinn** covering, **taiséadach** *m* shroud, **tarramhacadam** tarmacadam, **téastar** canopy over bed, **tlacht** *(lit)* covering, protection, **toit** smoke, **truaill** sheath; scabbard (cf **do chlaíomh a chur ina thruaill** to put your sword in its scabbard; to calm down)

▲ ~ **adhairte** pillow cover, ~ **albaim** album cover, ~ **árachais** insurance cover, ~ **bog** paperback, soft cover, ~ **boird** table cover, ~ **crua** hard cover, ~ **duivé** duvet, ~ **leabhair** book cover, ~ **leapa** bed cover, ~ **leathanbhanda** broadband coverage, ~ **litreach (postíoctha)** (postpaid) envelope, ~ **piliúir** pillowcase, ~ **plaisteach** plastic cover, ~ **suíocháin** seat cover, ~ **urláir** floor covering

Clúdaigh *v₂ₐ* cover, encase

árachaigh insure, **athchlúdaigh** re-cover, **balsamaigh** embalm, **brataigh** coat, **caomhnaigh** preserve, **cásáil** casing, encasing, **ciorclaigh** encompass, **cochlaigh** wrap in a hood; cuddle, **coinnigh** contain, **coirtigh** tan; encrust, **cosain** protect, **cótáil** coat, **cuimsigh** comprehend, embrace, **cuir brat ar** put a cover/mantle on, **cuir cóta ar** put a coat on, **cuir craiceann ar** surface, put a surface coating on, **cuir díon (ar)** roof, **cuir faoi árachas** insure, **cuir faoi bhrat** shroud, **cumhdaigh** enshrine, protect, clad, **deoch** immerse, cover with liquid, **fálaigh** enclose, **fialaigh** veil, screen, cover up, **fill** wrap (eg **filleadh i bpáipéar** to wrap up in paper), **folaigh** hide, conceal, **forleag** *(typ)* overlay, **forluigh** overlap, **forshuigh** superimpose, **frithchothromaigh** counterbalance, **gléas** dress, **imchlúdaigh** envelop, **ionchorpraigh** incorporate, **lannaigh** laminate, **leag** lay, **macadamaigh** macadamise, **maisigh** decorate, **masc** mask, **oclúidigh** occlude, **pábháil** pave, **painéal** panel, **plátáil** plate (cf **spúnóg a phlátáil le hór** to gold-plate a spoon), **roisínigh** resin, **talmhaigh** cover with earth, **tar mórthimpeall ar** surround, encircle, **treisigh** reinforce, **scáiligh** shade, **scáthaigh** screen, shade, protect, **scáthcheil** *(mil)* screen, **sciath** shield, screen, **stánaigh** coat with tin, **stánphlátáil** tin-plate, **súpáráil** superimpose, **talmhaigh** cover with earth, **tarramhacadamaigh** tarmac, **timpeallaigh** surround, encircle

Clúdaithe *pp* covered, coated; sheltered, protected

athchlúdaithe re-covered, **balsamaithe** embalmed, **brataithe** coated, **cásáilte** cased, encased, **caomhnaithe** preserved, **ciorclaithe** circled, encompassed, **clutharaithe** sheltered, **cochlaithe** wrapped in a hood; cuddled, **coirtithe** tanned; encrusted, **cosanta** protected, **cótáilte** coated, **cuimsithe** comprehended, embraced, **cumhdaithe** enshrined, protected, clad, **coinnithe** contained, **deochta** immersed, covered with liquid, **fálaithe** enclosed by fence/hedge, **faoi árachas** insured, **faoi bhrat** shrouded; under a film, **fialaithe** veiled, screened, covered up, **fillte** wrapped (eg **fillte i bpáipéar** wrapped in paper), **folaithe** hidden, concealed, **forleagtha** overlaid, **forluite** overlapped, **forshuite** superimposed, **frithchothromaithe** counterbalanced, **gléasta** dressed, **imchlúdaithe** enveloped, **ionchorpraithe** incorporated, **lannaithe** laminated, **leagtha** laid, **macadamaithe** tarmacked, **maisithe** decorated, **masctha** masked, **oclúidithe** occluded, **pábháilte** paved, **painéalta** panelled, **plátáilte** plated, encircled, **roisínithe** resined, **scáilithe** shaded, **scáthaithe** screened, protected, **scáthcheilte** screened, **sciata** shielded, screened, **screabach** coated, crusted, **stánaithe** coated with tin, **stánphlátáilte** tin-plated, **súpáráilte** *(br)* superimposed, **tagtha mórthimpeall ar** surrounded, **talmhaithe** covered with earth; dug in, **timpeallaithe** surrounded, encircled, **treisithe** reinforced, **truailleach** sheathed; having a sheath

Cluiche *m (~; -chí)* game, match, fixture; play-acting

ábhacht diversion, merrymaking, **áilteoireacht** play-acting, **an-taidhm** great time, **babhta** round, **báire** match, **breisimirt** playoff, **caitheamh aimsire** pastime, **comhlann** *m (-lainn)* match, contest, **comhrac** contest, fight, **comórtas** competition, **craic** craic, **eachtraíocht** adventure, **imirt** play, playing, **iomáint** *f (-mána)* hurling, **rancás** high jinks, **sáraíocht** contending, **siamsa** amusement, **spórt** sport, hobby, **spraoi** fun, spree, **spórtúlacht**

sportiveness, **súgradh** playing, frolicking, **turnaimint** tournament

▲ ~ **ag baile** home match, ~ **aicsin** action game, ~ **as baile** away match, ~ **cairdiúil** friendly game, ~ **ceannais coirn** cup final, ~ **ceannais na hÉireann** All-Ireland championship, ~ **cláir** board game, ~ **comórtais** competitive match, ~ **cothrom** drawn match, tied game, ~ **dícháilithe** relegation playoff, ~ **eachtraíochta** adventure game, ~ **foirne** team game, ~ **géillte gan choimhlint** forfeited match, ~ **ríomhaire** computer game, ~ **singil na mban/na bhfear** women's/men's singles

▲~ **badmantain** badminton match, ~ **beiriste** game of bridge, ~ **beirte** two-a-side, ~ **billéardaí** billiards, ~ **camógaíochta** camogie, ~ **cártaí** card game, ~ **ceathrair/cúigir** four/five-a-side, ~ **cispheile** basketball match, ~ **cruicéid** cricket match, ~ **dairteanna** darts, ~ **daorchluiche** baseball match, ~ **eitpheile** volleyball, ~ **fichille** game of chess, ~ **haca** hockey match, ~ **iomána** hurling game, ~ **leadóige** tennis, ~ **liathróid láimhe** handball game, ~ **peile** football match, ~ **peil Ghaelach** Gaelic football match, ~ **rugbaí** rugby match, ~ **sacair** soccer, ~ **scidilí** skittles, ~ **scuaise** squash, ~ **táiplise** draughts, checkers *(see also: caitheamh aimsire)*

◊ **Bhí an ~ i mo dhorn agam!** I was this close!, I had victory within reach!, **Tá an ~ thart.** The game is up., **Sin ainm an chluiche.** That's the name of the game.

○ **An Cumann Lúthchleas Gael (CLG)** *The Gaelic Athletic Association (GAA)* is an Irish international amateur sporting organisation established in 1884 to promote traditional Irish sports. It continues to be an integral part of Irish society, encouraging all Irish cultural activities, including: **ceol** *music*, **damhsa** *dance*, and **An Ghaeilge** *The Irish Language*. The main sports are: **iománaíocht/iomáint** *hurling*, **camógaíocht** *camogie, women's hurling*, **peil Ghaelach** *Gaelic football*, **cluiche corr** *rounders* and **liathróid láimhe** *handball*.

Clúiteach *adj³* renowned
ainmniúil noted, well-known; nominal, **ardmholta** highly acclaimed, **cáiliúil** famous, **céimiúil** eminent, distinguished, **dearscnaitheach** outstanding, prominent, **fiú le rá** worthy of mention, **i mbéal an phobail** on everybody's lips, celebrated, **iomráiteach** celebrated, well-known, **molta ag cách** acclaimed by everyone, **mór** big, major, **mór le rá** highly spoken of, **nótáilte** noted, **oirirc** illustrious, eminent, **suntasach** noteworthy, **táscmhar** famous, renowned, **teastúil** noted, famous *(see also: cáiliúil)*

Clúmhach *adj³* feathery, downy, fluffy
ar nós veilvite velvety, **bog** soft, **bog mín** velvety soft, **clúimhíneach** fluffy, **le cluimhreach** with feathers, **fionnaidh** *(> fionnadh)* fur, **fionnaitheach** furry,

le clúmh mín downy, **lomrach** fleecy, woolly, **mín** smooth, soft to the touch, **mionchatach** *(hair)* frizzy, **olla** *(> olann)* woolly (cf **hata olla** woolly hat), **síodúil** silky

Clúmhill v_{1b} defame
aithisigh slur, defame, **bí ag caitheamh spíde ar** be casting aspersions at, **caith dímheas ar** denigrate, **cuir droch-chlú/míchlú (ar)** asperse, cast aspersions (on), **cuir i léith** *(+ gen)* accuse, **cuir ó chion** *(reputation)* destroy, **cuir smúit ar chlú duine** smear/besmirch a person's good name, **cúlghearr** calumniate, **déan béadán** gossip, **déan béadchaint ar** slander, malign, **díbligh** vilify, abuse, **dubhaigh** blacken, **leabhlaigh** libel, **tabhair mionn éithigh** perjure oneself, **náirigh** disgrace, **salaigh** besmirch, **smúitigh** smear, besmirch, **spídigh** slander, revile, **tabhair aithis do** cast a slur on, defame, **tabhair fianaise bréige** bear false witness, **tabhair tarcaisne do** insult, **tarcaisnigh** insult, affront

Clúmhilleadh *vn* defaming, defamation
aithis slur, defamation, **béadán** malicious gossip, **béadchaint** slandering, **bréaga** *fpl* lies, **caitheamh dímheas ar** denigrating, **cúlchaint** gossiping, **cúlghearradh** calumny, disparaging, **cur droch-chlú/míchlú (ar)** aspersing, casting aspersions (on), **cur i léith** *(+ gen)* accusing, accusation, **cur ó chion** *(reputation)* destroying, **cur smúit ar chlú duine** smearing/besmirching a person's good name, **díbliú** vilifying, abusing, **dímheas** denigrating, **dubhú ainm duine** blackening of a person's name, **éitheach** calumny, **leabhal** libel, **leabhlú** libelling, **míchlú** aspersion, disrepute, **mionn éithigh** perjury, **náiriú** disgracing, shaming, **sáiteán** jibe, innuendo, **salú** besmirching, **smúitiú** smearing, besmirching, **spíd** aspersion, slander, **spídiú** slandering, reviling, **suainseán** libelous gossip, **tabhairt aithis do** casting a slur on, defame, **tabhairt fianaise bhréige** bearing false witness, **tarcaisne** insult, **truthaí** *spl* innuendos, **tuaileas** slander, false report

Clúmhillte *pp* defamed
aithisithe slurred, defamed, **cúlghearrtha** calumniated, **curtha i léith** accused, stood accused, **curtha ó chion** *(reputation)* destroyed, **díblithe** vilified, abused, **dubhaithe** blackened, **leabhlaithe** libelled, **maslaithe** insulted, **náirithe** disgraced, shamed **salaithe** besmirched, **smúitithe** smeared, besmirched, **spídithe** slandered, reviled, **tarcaisnithe** insulted, affronted

Cnag 1 *m (-aig; ~a, ~)* knock
bleaist blast, **boiseog** slap, **buille** blow, **cic** *m* kick, **cíonán** blow, clout, **clabhta** clout, **cling** chime, **cluaisín** box on the ear, **cnagadh** knocking, **cnagaide** rap with knuckles, **cnagán** knock, **cnagarnach** *f* knocking sound, **cnagóg** blow, knock, **cnap** knock,

cniog tap, rap, **cniogaide cnagaide** tap-tap, **dearna slap**, **leadhb** slap, smack, **leadhbóg** clout, **leadóg** slap, **paltóg** wallop, **plab** bang, **smíste** heavy blow, smash, **smitín** sharp blow, **tailm** thump, **trost** *f (troiste, ~anna)* whack, **tuairt** wallop *(see also: cnagadh, buille)*

Cnag 2 v_{1a} knock
athbhuail strike/sound again, **basc** bash, **batráil** batter, **bí ag cnagarnach** be knocking, banging, **bí ag cnagaireacht** be striking; be crunching, **buail** hit, strike, **burdáil** beat, **clabhtáil** clout, **cling** chime, **cnap** knock, raise lumps on, **cniog** rap, tap, **déan cniogaide cnagaide ar** make a tapping sound on, **gread** beat hard, trounce, **leadair** smite, beat; hew, **leadhb** beat, **leag** knock down, **liúdráil** beat violently, trounce; castigate, **plab** bang, slam, plop, **planc** beat, pummel, **preab** throb, **scoilt** split, **smíocht** smite, beat, wallop, **smiot** smash, smite, **smíst** pound; trounce, cudgel, **sondáil** sound, **tabhair buille do** give a blow to *(see also: buail)*

Cnagadh *vn* knocking
athbhualadh striking/sounding again, **bascadh** bashing, **batráil** battering, **bualadh** banging, beating, knocking, **burdáil** beating, trouncing, **clascairt** clashing, **cnagaireacht** striking, crunching, **cnagarnach** *f* knocking sound, **cniogadh** rapping, tapping, **greadadh** beating, bashing, **greasáil** drubbing, bashing, **lascadh** flogging, lashing, **leadhbairt** thrashing, beating, **leagadh** knocking down, **leidhceáil** smacking, **liúdráil** beating, **plabadh** banging, slamming, **plancadh** pummelling, **preabadh** throbbing, **scoilteadh** splitting, **smailceadh** smacking, **smíochtadh** smiting, beating, walloping, **smiotadh** smashing, smiting, **smísteáil** trouncing, **sondáil** sounding, **trostúlacht** whacking, clattering, **tuairteáil** walloping, pounding; buffeting, **tuinseamh** trampling, crushing; buffeting *(see also: bualadh)*

Cnagaire *m (~, -rí)* knocker
boschrann doorknocker, **buailteoir** striker, hitter, beater, **fairchín** doorknocker; castor on horse's leg

Cnagtha *pp* knocked
athbhuailte struck/sounded again, **basctha** bashed, **batráilte** battered, **buailte** banged, hit, knocked, **burdáilte** beaten, trounced, **clascartha** clattered; clattering, **cnagaireachta** *(> cnagaireacht)* striking; crunching, **cnaptha** knocked, **cniogtha** rapped, tapped, **greadta** beaten, bashed, **greasáilte** drubbed, bashed, **lasctha** flogged, lashed, **leadhbartha** thrashed, beaten, **leagtha** knocked down, **liúdráilte** beaten; castigated, **plabtha** banged, slammed, plopped, **planctha** pummelled, **preabtha** throbbed, **scoilte** split, **smailcthe** smacked, **smíochta** smitten, beaten, walloped, **smiota** smashed, hit, **smíste** trounced, **sondáilte** sounded, **tuairteáilte** walloped, pounded; buffeted *(see also: buailte)*

Cnaí *vn* gnawing
caitheamh consuming, consumption, **ciondíothú** culling, **cogaint** chewing, **creimeadh** eroding, **díleá** digesting, **díothú** annihilating, **diurnú** swallowing, draining, **donnú** rusting, **glotáil** swallowing; gurgling, **gráinseáil** nibbling, **feo** withering, **ídiú** consuming, using up, **innilt** grazing, **ionghabháil** ingesting, **ithe** eating, **leá** melting, **líomhadh** grinding, polishing, **lobhadh** rotting, decaying, **meath** decaying, declining, **meirgiú** rusting, **miongaireacht** nibbling, **miotú** whittling away, **muirliú** mastication, **mungailt** munching, **placadh** scoffing, pigging out, **sclamhadh** wolf down, devour, **scráibchaitheamh** corrasion, **scríobadh** scraping, **scriosadh** demolishing, destroying, **síothlú** drain, flush, **slogadh** swallowing, **spealadh** scything, mowing, **teacht na meirge ar** rusting, **traoitheadh** wasting, consuming, **trua** emaciating, making lean, **úsáid** using

Cnaígh v_{1h} gnaw, corrode
caith spend, use, **ciondíothaigh** cull, **cogain** chew, **díleáigh** digest, **creim** erode, **díothaigh** annihilate, **diurnaigh** swallow, drain, **donnaigh** rust, **feoigh** wither, **ídigh** consume, wear away, **ionghabh** ingest, **ith** eat (away), **leáigh** melt, **líomh** grind, polish, **lobh** rot, decay, **meath** decay, decline, **meirgigh** rust, **miotaigh** whittle away, **muirligh** masticate, **mungail** munch, **plac** gobble, guzzle, **scaip** dissipate, **sclamh** wolf down, devour, **scríob** scrape, **scrios** demolish, destroy, **síothlaigh** drain, **slog** swallow, **speal** scythe, mow, **tar meirg ar** rust, **traoith** waste, consume, **truaigh** emaciate, make lean, **úsáid** use

Cnaipe *m (~; -pí)* button
claspa clasp, **coirnín** bead, **lasc** *f (laisce; ~a, ~)* switch, **nasc** fastening link, **stoda** stud

◊ **Tá mo chnaipe déanta.** I'm screwed., I'm done for.

Cnaíte *pp* gnawed, corroded
caite spent, used, **ciondíothaithe** culled, **creimthe** eroded, **díleáite** digested, **díothaithe** annihilated, **diurnaithe** swallowed, drained, **donnaithe** rusted, **feoite** withered, **ídithe** consumed, worn away, **ionghafa** ingested, **ite** eaten (away), **líofa** ground, grinded, polished, **lofa** rotted, decayed, **meata** decayed, declined, **meirgithe** rusted, **miotaithe** whittled away, **muirlithe** masticated, **mungailte** munched, **scaipthe** dissipated, **sclafa** wolfed down, devoured, **scriosta** demolished, destroyed, **síothlaithe** drained, **slogtha** swallowed, **spealta** scythed, mowed, **traoite** wasted, consumed, **truaite** emaciated, made lean, **úsáidte** used up

◊ **Tá sí ~ le himní.** She is worn away with worry.

Cnámh *f (-áimhe; ~a, ~)* bone
adharc horn, **ábhar** issue; subject matter, **achoimre** *f* summary, **alt** joint, **bacán/branra brád** collarbone, **blaosc** *f (-oisce; ~anna)* skull, **clabhacal** clavicle,

Cnámhach

cnáimhín small bone, ossicle, **cnámharlach** *m* skeleton, **cnámhóg** ossicle, **compar cinn** cranium, **corrá géill** lower mandible, **cráiniam** cranium, **creatlach** *f* framework, skeleton, **dealrachán** clavicle, **easna** rib, **falang** phalanx; phalange, **fiacail** tooth, **giall** jaw, **gimide** *m* coccyx, **logall** socket, **rosta** wrist, **rúitín** ankle, **slinneán** shoulder blade, scapula, **slocán** socket, **starrfhiacail** fang, **veirteabra** vertebra

▲ ~ **ailt** knucklebone, ~ **an scadáin** *(pattern)* herringbone, ~ **cromáin** hipbone, ~ **bháidíneach** navicular bone, ~ **charpasach** carpal bone, ~ **chiúbóideach** cuboid bone, ~ **chloigneach** capitate bone, ~ **chorránach** semilunar bone, ~ **cluaise** ear bone, ~ **corróige** hipbone, ~ **dhlúth** compact bone, ~ **droma** backbone, ~ **géill** jawbone, ~ **grua** cheekbone, ~ **iliach** iliac bone, ~ **inneonach** anvil bone, ~ **leicinn** cheekbone, ~ **leise** femur, thighbone, ~ **líontánach** cancellous bone, ~ **lorga** shinbone, tibia, ~ **méire** digital bone, ~ **mheiteatarsach** metatarsal bone, ~ **murnáin** anklebone, **radúil** radius, ~ **smeara** marrowbone, ~ **smiolgadáin** clavicle, collarbone, ~ **spairne** bone of contention, ~ **uchta** breastbone, ~ **uillinne** ulna, elbow bone, ~ **uisinne** temporal bone *(see also: corp)*

◊ **chomh tirim le ~** as dry as a bone, **~a an scéil a thabhairt** to give the bones/summary of the story, **Fuair sí a bhfuil aici trí allas na g~**. Everything she has achieved is by the sweat of her brow., **Is duine gan ~ droma é**. He is spineless., **Ná lig do chnámh leis an madra!** Don't let other people walk all over you!, **Níl ann ach na ~a agus an craiceann**. He's only skin and bones., **Níor chuir sí ~ ann**. She made no bones about it., **nuair a rachaidh sé go ~ na huillinne** when it comes to the crunch, **Tá aicíd na gcnámh air**. He suffers from rheumatism., **Tá an fuacht sna ~a agam**. I can feel the cold in my bones., **tinte ~ Oíche Shamhna** Hallowe'en bonfires

P **Téann focal le gaoth ach téann buille go ~**. Sticks and stones may break my bones but names will never hurt me.

Cnámhach *adj³* bony

caite spent, worn away/down, **caol** lean, **cnaíte** emaciated, **corrchnámhach** angular, **creatach** gaunt, skeletal, **geospalach** underdeveloped, puny, **greanta** *(features)* chiselled, **locartha** worn out, emaciated, **lom** bare, **reangach** gangly; scraggy, **scáinte** scanty, **scodalach** lanky, **séaclach** gaunt, **seargtha** withered, scrawny, **snoite** *(features)* chiselled; skeletal, **spíonta** exhausted, **tanaí** thin, **tarraingthe** drawn, weary, **tnáite** drawn; wearied, **traoite** *(med)* wasted, consumed

Cnapán *m (-áin; -áin, ~)* lump

at swelling, **cist** *f* cyst, **cnap** lump, **fadharcán** knot in tree, protuberance, lump, **fadharcán** *(wood)* knot; *(body)* lump; *(foot)* corn, **fadhb** *f* lump, **fadhbairne** lumpy object, **fadhbóg** small lump, **glúinín** node; small bundle, **gruán** lump, clot, **lumpa** lump, **meall** bump, fleshy lump, **meallán** small fleshy lump, bump, **nód** node, **nóidín** small node, nodule, **raspa** lump, **rúbóg** lump, mass, **sceith ailt** hard tumour on joint, node, **siad** *m* tumour, **téachtán (fola)** clot (of blood)

Cnapánach *adj³* lumpy, rugged, knobbly

achrannach rocky, difficult, **altach** knotty, jointed, undulating, **cnapach** lumpy, gnarled, **creagach** craggy, rocky, **creagánta** hard, callous, stony, **fadharcánach** knotted, gnarled, **fadhbach** knotty, lumpy; problematical, **garbh** rough, **glúineach** nodulous, **glúiníneach** nodular, **gráinneach** grainy; granular, **gráinníneach** granular, **gruánach** coagulated, clotted, lumpy, **méirscreach** craggy, rough, **nóidíneach** nodular, **riastach** welted, wealed, **rosach** overgrown, full of thicket and brushwood, **starrach** rugged, uneven, **téachta** clotted, **torpach** lumpish; potbellied, **torpánta** potbellied

Cneá *f (~; ~cha)* wound, sore

adhaint inflammation, **áladh** wound; *(weapon)* thrust, **anacair** *f* **leapa** bed sore, **brúchneá** pressure sore, **carrmhogal** carbuncle, **clais** gash, deep cut, **colm** scar, **créacht** *f* gash, wound, **damáiste** damage, **deargadh** red inflamed area; chafing, **dochar** harm, **forba** gash, excision, **gearradh** cut, incision, **goilleadh** hurt, hurting, **goin** wound (cf **goin feola** flesh wound); sting, **gortú** injury, harm, harming, **lot** lesion, damage, **mairc** sore, gall, **neascóid** boil, **path** *(child's talk)* sore, hurt, **pian** *f (péine; ~ta)* pain, **sá (scine)** stab, stab wound (from knife), **scláradh** laceration, **scríobadh craicinn** chafing of skin, **spuaic shlaghdáin** cold sore, **tráma** trauma

Cnead *f (~a; ~anna)* groan, grunt

caoineadh lament; weeping, **cneadach** *f* groaning, grunting, **éagaoin** *f* lament, **ga seá** panting, **gearán** complaint, **gnúsacht** grunt, **griotháil** grunting, **grúscán** growl, grunt, **ochlán** *m* moan, **olagón** wail, **osna** sigh, **saothar anála** panting, **srann** *f (srainne, ~a, ~)* snore, wheeze, **srannadh** snoring, **srannán** wheeze, rattle

Cneámhaire *m (~; -rí)* swindler, fraudster, crook; knave

abhógaí bounder, **bithiúnach** *m* scoundrel, rascal, **bligeard** blackguard, **caimiléir** con man, twister, **cambheartaí** racketeer, **ceithearnach** bandit, **cluanaí** deceiver, **cúblálaí** fraudster, **cúigleálaí** embezzler, **cuilceach** *m* rascal; playboy, **gadaí** thief, **mionghadaí** pilferer, **meirleach** *m* villain, bandit, **plucálaí** swindler, **rógaire** rogue, **ropaire** scoundrel, **sárachán** bounder, **scabhaitéir** blackguard, **séitéir** cheat, **slíbhín** sly cunning person, **spúnálaí** sneak, **suarachán** lowlife *(see also: cleasaí)*

Cneas *f(cnis; ~a, ~)* skin; surface
blaosc *f* shell, **bratú** coating, **cásáil** casing, **clúdach** *f* covering, **coirt** bark, **cóta** coating (eg ~ **roisíneach** resin coating), **craiceann** skin, pelt; peel, **crotal** husk, **eipideirm** epidermis, **eiseachnámharlach** *m* exoskeleton, **forchraiceann** foreskin, **maintlín** *(biol)* mantle, **scaid** chaff, husks, **scaimh** peeled skin, **scamhadh** peeling, **scannán** film, membrane (cf **scannán cumhdaithe** clingfilm), **sceo** film, light covering, **screamh** *f (screimhe) (geol)* crust, **seicin** *f* membrane, **snas** *m (~a)* gloss, polish, **stratam** stratum, **tonn** *f* surface, skin, **vearnais** varnish, **veinír** veneer

▲ **cara cnis** bosom pal, **cúram cnis** skincare, **éadach cnis** underwear, **éadaí cnis** lingerie, **goin chnis** skin wound, **léine chnis** undershirt, **nódú cnis** skin graft, **teannadh cnis** *(med)* facelift

Cneasta *adj⁶* gentle, honest
adhnáireach excessively modest, diffident **báúil** sympathetic, **bog** soft, **cairdiúil** friendly, **caoin** gentle, caring, **caoindúthrachtach** earnest, **caoithiúil** decent, **caomh** gentle, mild, pleasant, **carthanach** charitable, **cásmhar** (le) sympathetic (towards), **ceanúil** fondly loving, **cineálta** kind, **cuibhiúil** proper, decent, decorous, **cúlánta** retiring, unassuming, **dáiríre** sincere, **dea-aigeanta** good-willed, **dea-bheathach** good-living, virtuous, **dea-chroíoch** good-hearted, **dea-mhéineach** good-natured, **deas** nice, **dílis** genuine, **díreach** frank, straight, **dóighiúil** decent, respectable, **fíor-** genuine, real, **fírinneach** truthful, **fiúntach** worthy, **geanasach** pure, chaste, **geanúil** affectionate, **gnaíúil** affable, approachable, **ionraic** upright, honest, **iontaofa** trustworthy, **lách** pleasant, affable, **macánta** honest, **maith** good, **mánla** gentle, **mín** gentle, soft, quiet, **mínráiteach** gently-spoken, **míonla** gentle, mild, **maoth** tender, **modhúil** seemly, modest, mild, **nádúrtha** natural, good-natured, **neamhchlaonta** impartial, **séimh** clement, gentle, **sochma** calm, placid, **stuama** tactful, considerate, thoughtful, **taisiúil** compassionate, **uasal** honourable

◊ **chomh ~ le seansagart** as decent/sincere as an old priest

Cneastacht *f(~a)* decency; gentility, gentleness
adhnáire excessive modesty, shyness, **báúlacht** sympathy, friendly disposition, **boige** softness, mildness, **cairdiúlacht** friendliness, **caoindúthrachtaí** earnestness, **caoine** gentleness, caring, **caoimhe** gentleness, mildness, pleasantness, **caoithiúlacht** decency, **carthanacht** charitableness, **cásmhaireacht** concern, sympathy, **cineáltacht** kindness, **cuibheas** propriety, decency, fitness, **cuibhiúlacht** seemliness, decorum, **cúlántacht** shyness, unassuming behaviour, **dáiríre** sincerity, earnestness, **dea-aigne** goodwill, good intention, **dea-bheathaí** virtuous living, **dea-chroí** good heart, **dea-mhéin** goodwill, **deise** niceness, **dílseacht** genuineness, loyalty, **díríocht** frankness, straightness, **dóighiúlacht** decency, respectability, **fíre** truthfulness, fidelity, **fírinneacht** truthfulness, **fiúntas** worthiness, worth, **geanasaí** pureness, chastity, **geanúlacht** affection, **gnaoi** beauty, comeliness, affection, **ionracas** uprightness, honesty, **iontaofacht** trustworthiness, **láiche** pleasantness, affability, **macántacht** honesty; decency, **maitheas** goodness, **mánlacht** gentleness, **míne** gentleness, softness, **míonlacht** gentleness, mildness, **modhúlacht** seemliness, mildness, **nádúrthacht** naturalness, good-naturedness, **neamhchlaontacht** impartiality, **séimhe** clemency, gentleness, **sochmaíocht** placidity, equanimity, **stuamacht** tact, consideration, thoughtfulness, **taise** compassion **tíriúlacht** pleasantness, **uaisleacht** nobility, nobleness

Cnó *m (~; ~nna)* nut
almóinn *f(~; ~í)* almond, **collchnó** *m (~; ~nna)* hazelnut, **eithne** *f* kernel, **eithneachán** nut, stone fruit, **pis talún** peanut, **síol** seed, **toradh** fruit

▲ ~ **airéice** areca nut, ~ **arcáin** pig nut, ~ **beitil** betel nut, ~ **Brasaíleach** Brazil nut, ~ **caisiú** cashew nut, ~ **capaill** conker, ~ **cócó** coconut, ~ **coill** hazelnut, ~ **feá** beechnut, ~ **francach** walnut, ~ **gallda** walnut, ~ **péacáin** pecan nut, ~ **péine** pine nut, ~ **piostáise** pistachio nut

◊ **chomh donn le ~** as brown as a berry

Cnoc *m (-oic; -oic, ~)* hill
airde height, prominence, **alt** hillock, **ard** acclivity, hillock, **ardán** small raised area; platform, **ardú** elevation, climb, **banc** *(cré) (earthen)* bank, **barr** summit, **binn** *f(~e; beanna, beann)* peak, **bolcán** volcano, **brí** *f* brae, hill, **carn** heap, **carnán** small heap, mound, **clais** moist pile, **cnocán** hillock, **cnocánacht** hilliness, **cnuchaire** heap of footed turf, **dionn** *(lit)*

■ **Samplaí de chodáin:**
  Examples of fractions:
leath half
trian third
dhá thrian two thirds
ceathrú quarter
trí cheathrú three quarters
dhá chúigiú two fifths
cúig shéú five sixths

ceithre sheachtú four sevenths
cúig ochtú five eighths
seacht naoú seven ninths
naoi ndeichiú nine tenths
fichiú twentieth
trí fichiú three twentieths
tríochadú thirtieth
daicheadú fortieth
caogadú fiftieth
seascadú sixtieth

seachtódú seventieth
ochtódú eightieth
nóchadú ninetieth
céadú one hundredth
míliú one thousandth
milliúnú one millionth
a haon ar a dó dhéag one twelfth, one over twelve
seacht gcéad ar thrí mhíle seven hundred over three thousand

Cnocach

hill, high place, **dreapa** climb, **dumha** *m* mound, tumulus, **dumhach** *f (duimhche; -mhcha)* sandhill, dune, **feart** tumulus; grave, **foradh** mound; shelf, ledge, **maolach** *m* mound, **maoileann** rounded summit, **maolán** rounded hill, hillock, **maolchnoc** knoll, **méile** sandhill, dune, **millín** small eminence, knoll, **mullach** *m (-aigh; -aí)* elevated ground, **mullóg** small height, rising, mound, hillock, **sléibhtiúlacht** mountainous nature, hilliness, **sliabh** *m (sléibhe; sléibhte)* mountain, **starr** *f* prominence, **starraiceacht** prominence, **tortóg** hummock; tussock, **tulach** *f* hillock, **tulán** mound, low hill, **tulchán** hillock; heap, mound, **uaschéim** incline, **úchnoc** verdant hill *(see also: sliabh, talamh)*

▲ ~ **ailse** *(informal)* large malignant tumour, ~ **brád** swollen gland, ~ **farraige** huge wave, ~ **na nOlóg** Mount of Olives, ~ **na Teamhrach** Hill of Tara, ~ **oighir** iceberg

◊ **Dá gcuirfeá an ~ thall ar an g~ abhus, ní bheadh sí sásta.** Nothing would satisfy her., You cannot please her., **Ná bí ag baint na g~!** Don't be trying to do the impossible!, **Tá ~ mór oibre le déanamh agam.** I have a mountain of work to do., **Treabhaimis an ~ romhainne!** Let's deal with the matters in hand!, Let's cross that bridge when we come to it!

◊ **Is glas iad na cnoic is bhfad uainn.** The grass is always greener on the other side.

Cnocach *adj³* hilly

achrannach rugged, **aimhréidh** uneven, difficult, **anacair** uneven, jagged, **cabhánach** full of hills and hollows, **carraigeach** rocky, **cnapánach** rugged, **cnocánach** hilly, **corraiceach** uneven, rugged, **creagach** craggy, cragged, **droimneach** undulating, **eangach** indented, **garbh** rough, **garbhchumtha** rugged-featured, **grabach** interspersed with roots and large boulders, **mantach** ragged, jagged, **méirscreach** craggy, rough, **sceirdiúil** windswept, bleak, rugged, **sléibhtiúil** mountainous, **speancach** craggy **spiacánach** jagged, **treampánach** rough, difficult (cf **talamh treampánach** rough, terrain difficult to traverse), **tulchach** having many hillocks

Cnocán *m (-áin; -áin, ~)*

1. hillock

altán hillock, **cnoc beag** small hill, **dumha** mound, tumulus, **feart** mound, grave, **maoil** hillock, knoll, top, **maolach** *m* mound, **maolchnoc** knoll, **mullach** *m (-aigh; -aí)* elevated ground, **mullán** knoll, **mullóg** small height, rising, mound, hillock, **sián** fairy mound, **teamhair** eminence, hill, **tuaim** *(lit)* tumulus, **tulach** *f* hillock, **tulán** mound, low hill, **tulchán** hillock, mound, **tulóg** little mound, hummock, **uaschéim** incline *(see also: cnoc)*

2. heap, pile

carn heap, **carnán** small heap, mound, **clais** moist pile, **cnuchaire** heap of footed turf, **cruinneagán** pile of collected items, **cual** *(firewood, sticks)* heap, bundle, **maois** *(potatoes)* heap, **mullachán** built-up heap

Cnuasach

1. *vn* collecting, storing

bailiú collecting, **carnadh** heaping, amassing, **comhthiomsú** *(com)* assembly, **cruachadh** stacking together, **cruinniú** gathering, **cuachadh** bundling, **cumhdach** keeping, preserving, **cur i stór** storing, **cur le chéile** putting together, **díolaim** compiling, gleaning, **sábháil** saving, **stóráil** storing, **taisceadh** hoarding, storing, **tabhairt le chéile** bringing together, **tarraingt le chéile** pulling together, **tiomargadh** gathering, collection, **tiomsú** compilation, gathering, **tionól** assembling, **tobhach** *(tax)* collecting, collection (cf ~ **cánach** collection of tax), **tógáil isteach** taking in *(see also bailiú)*

2. *m (-aigh; -aigh, ~)* collection, ensemble; gleanings

bailiú le chéile collecting together, **báiliúchán** collection, **beart** pack, parcel, **bonnachán** small hoard, **braisle** cluster, bunch, **buíon** *f* band, troop, **burla** bundle, **cadhla** pile, cluster, **carn** heap, **ceangaltán** truss of objects; attachment, **clais** damp pile, **cloigín** bunch, cluster, **conlach** *m* collection, heap, **crobhaing** *f (~e; ~í)* cluster, **cruinniú** gathering; meeting, **cual** bundle, heap, **díolaim** anthology, **dornán** handful, **duanaire** anthology (of verse), **grúpa** group, **ilchumasc** assortment, **meascra** miscellany, **mogall** mass, cluster, **mothar** large mass of (tangled) objects, **pobal** congregation, **rangú** classification, **slua** crowd, **sraith** swath, **stocliosta** stock list, **stór** store, **tacar** *(maths)* set, **taisce** hoard; stash, **teaglaim** collection, gathering (cf **teaglaim dánta** collection of poems), **tiomsú** compilation, accumulation, **tionól** assembly, **tortán** clump *(see also: grúpa)*

▲ ~ **ailtireachta** architectural ensemble, ~ **aistí** collection of essays, ~ **bia** hoarding food, ~ **coille** garnered food of the woodlands, ~ **dánta** compendium of poems, ~ **filíochta** collection of poetry, ~ **trá** gleanings of the seashore

◊ ~ **trá a bhreith go hInse** bringing coals to Newcastle

Cnuasaigh *v₂ₐ* collect, store

bailigh collect, **carn** heap, amass, **coinnigh** keep, hold, **cruach** stack, together, **cruinnigh** gather, **cuach** bundle, **cuir i stór** store, **cuir le chéile** put together, **cumhdaigh** keep, preserve, **díolaim** compile, glean, **sábháil** save, **stóráil** store, **stuáil** stow away, **tabhair le chéile** bring together, **taisc** hoard, store, **tarraing le chéile** pull together, **tiomsaigh** compile, assemble, glean, **tionóil** assemble, **tóg isteach** take in *(see also: bailigh)*

Cnuasaithe *pp* collected, stored

bailithe collected, **carntha** heaped, amassed, **coinnithe** kept, held, **cruachta** stacked together,

Cód

cruinnithe gathered, **cuachta** bundled, **cumhdaithe** kept, preserved, **curtha i stór** stored, **curtha le chéile** put together, compiled, **díolaimthe** compiled, gleaned, **sábháilte** saved, **stóráilte** stored, **stuáilte** stowed away, **taiscthe** hoarded, stored, **tarraingthe le chéile** pulled together, **tiomsaithe** compiled, assembled, gleaned, **tionólta** assembled, **tógtha isteach** taken in, **tugtha le chéile** brought together (see also *bailithe*)

Cód *m (cóid; cóid, ~)* code

códú *(comp)* coding, **códúchán** *(comp)* code, coding, **córas** system, **córas rúnda** secret system, **riail** rule, **rúnscríbhinn** secret writing/code, **rúnscríbhinn** secret writing, cypher, **rúnscríobh** cypher, **teanga ríomhaireachta** computer language, **teanga rúnda** secret language, **sifear** *(comp)* cypher

▲ **~ ceantair** area code, **~ diailithe** dialling code, **~ dian morálta** strict moral code, **~ géiniteach** genetic code, **~ gníomhachtaithe** activation code, **~ iompair** code of conduct, **~ Morse** Morse code, **~ onóra** code of honour, **~ rúnda** secret code, **~ teaglama** combination code

Cócaire *m (~; -rí)* cook

báicéir *m* baker, **cailín cócaireachta** *(archaic)* girl employed to prepare meals, **déantóir milseogra** maker of confectionery, **príomhchócaire** chef, **sólaisteoir** confectioner

Cócaireacht *f(~a)* cooking

báicéireacht baking, **bríbhéireacht** brewing, **bruith** *f* boiling up, cooking by boiling, **bruitheachán** boiling, cooking, **comhbhruith** concoction, **fuinteoireacht** baking; kneading, **fulacht** *m* cooking; barbecuing, **gallstobhadh** braising, **grilleadh** grilling, **gríoscadh** broiling, **grúdaireacht** brewing, **micreathonnadh** microwaving, **stobhadh** stewing (cf **ar stobhadh** stewing), **tóstáil** toasting, **ullmhú** preparation, **urghnamh** *(lit)* preparation of food

Codail *v₂c* sleep

bí ag néalfartach be drowsy, half falling asleep, **bí ag suanaíocht** be dozing, **bí gan aithne gan urlabhra** be unconscious, **bí i do chodladh (sámh)** be (sound) asleep, **bí i dtámhnéal** be in a trance, **bí i dtámhshuan** be in a state of narcosis, **déan codladh** sleep, **déan codladh geimhridh** hibernate, **déan codladh míogarnach** doze, **déan sámhán** nap, doze, **déan snap codlata** snooze, **déan spuaic chodlata** have a nap, **geimhrigh** hibernate, **srann** snore, **tionnabhair** *v (lit)* fall asleep, **tit chun suain** fall into a slumber, **tuil** *v (lit)* fall asleep

◊ **~ go sámh!** Sleep tight!, **Chodail mé spuaic mhaith.** I had a good nap., **Gaeilge a chodail amuigh atá agam.** My Irish has gotten rusty.

Codán *m (-áin; -áin, ~)* fraction

ceartchodán proper fraction, **céatadán** percentage, **cion** *m* proportion, quota, **cuid** part, **deachúil** *f* decimal, **deighleog** segment, **fo-thacar** subset, **leaschodán** improper fraction, **méid** *m* amount, **páirt** part, **píosa** piece, **sceall** slice, **sciar** portion, allocation, **slis** sliver, **sliseog** small sliver, **slisne** slice, **stráice** *(land)* band, slice

Codarsnach *adj³* contrary, contrasting

bunoscionn upside down, **contráilte** incorrect, contrary, **contrártha** contrary, constrasting, opposite, **difriúil** different, **diúltach (do)** adverse (to), **éagsúil** different, various, **eascairdiúil** antagonistic, **eile** other, **freasúrach** opposing, **frithchiallach** antonymous, **frithshuite** contrasted, **in aghaidh (ruda)** opposing (a thing), **mífhreagrach** non-corresponding, **naimhdeach** hostile, **neamhchosúil** unalike, divergent, **neamhionann** disparate, **os comhair (ruda)** opposite (to a thing), **séantach** refuting, **trasnach** contradictory, contrary

Codarsnacht *f(~a)* contrast

comparáid comparison, **contráilteacht** contrariness, **cur in aghaidh** opposition, **difear** difference, **difríocht** difference, **eachtarthacht** otherness, **éagsúlacht** variety, difference, **eascairdeas** antagonism, **eileacht** otherness, **freasúra** opposition, **frithchiall** *f* antonym, **frithshuí** contrast, **malairt** alternative, **mífhreagracht** non-correspondence, **míréir** dissonance, **naimhdeas** hostility, **neamhchosúlacht** dissimilarity, divergence, **neamhionainne** disparateness

Codladh *m (-ata)* sleep

ainéistéise anaesthesia, **déanamh codladh** sleeping, **déanamh codladh geimhridh** hibernating, **déanamh codladh míogarnach** dozing, **déanamh dreas codlata** having forty winks, **déanamh sámhán** napping, dozing, **déanamh snap codlata** snoozing, **déanamh spuaic chodlata** having a nap, **geimhriú** hibernating, **geimhriúchán** hibernation, **i gcodladh geimhridh** in hibernation, **míogarnach** *f* dozing, **múch-chodladh** slumber, **múisiúntacht** drowsiness, **néal** nap, snooze, **sámh** *f* gentle sleep, **sámhán** nap, **sáimhríocht** sleepiness, **snap codlata** catnap, power sleep, **srannadh** snoring, **suan** slumber (cf **i sorm suain** fast asleep), **suanaíocht** *(comp)* hibernation, **támhchodladh** heavy slumber, **támhnéal** coma, **támhshuan** narcosis, **tionnabhradh** *(lit)* falling asleep, **titim chun suain** falling into a slumber, **toirchim** heavy sleep, deep slumber, **tuileadh** *(lit)* falling asleep

▲ **~ beag** short nap, **~ corrach** disturbed sleep, **~ driúraic** pins and needles, **~ gé** light sleep, **~ go headra** sleeping in, **~ grifín** pins and needles, **~ na Caillí Béara** long sleep, **~ na súl oscailte** daydreaming

◊ **Bhí mé i mo chodladh.** I was asleep., **Rinne mé ~ an róin.** I slept like a log., **Tá mé ó chodladh na hoíche ag an imní.** I can't sleep at night because of worrying., **Tá mo chos ina ~.** My leg has fallen asleep.

> O **Cailleach Bhéara** Old Hag of Beara – according to **An Leabhar Mór Leacáin** The Great Book of Lecan (c.1400 CE), was the chief **bandia** goddess of **muintir Chiarraí** the people of Kerry. She was also known as **Banríon an Gheimhridh** The Queen of Winter as she ruled Ireland from **Oíche Shamhna** Hallowe'en until the beginning of Spring on **Lá Fhéile Bríde** Bridget's Day, when Bridget, the goddess of spring and fertility, awoke from her winter slumber. The **Cailleach Bhéara** was said to spend the spring and summer months in **codladh fada mór** a long protracted sleep.

Codlata *pp* slept

ainéistéisithe anaesthetised, **geimhrithe** hibernated, hibernating, **múch-chodlata** slumbered, slumbering, **sioctha** frozen, anaesthetised, **tionnabhartha** *(lit)* fallen asleep, **tuilte** *(lit)* fallen asleep, **tite chun suain** fallen into a slumber

▲ **am ~** bedtime, **beart ~** sleeping berth, **carráiste ~** sleeping compartment, **díth ~** lack of sleep, **mála ~** sleeping bag, **néal ~** sleep; forty winks, **seomra ~** bedroom

Codlatach *adj³* sleepy

i dtámhshuan in a state of coma, **i dtámhnéal** in a trance, **i gcodladh** in a sleep (cf. **Tá sí ina ~.** She is asleep.), **idir codladh agus dúiseacht** half asleep, not fully awake, **leathchaillte** half dead, **maraithe amach** *(from boredom, heat, etc.)* comatose, **marbhánta** lethargic, **meathchodlatach** drowsy, **míogarnach** *(predicatively)* dozing, **néalfartach** drowsy, **néalmhar** sleepy, drowsy; cloudy **neamhghníomhach** inactive, out of action, **sámhánta** drowsy; placid, easygoing, **sramach** bleary, **sramshúileach** bleary-eyed, **srannach** snoring, **suanach** sluggish; dormant (cf **bolcán suanach** dormant volcano), **suanlaíoch** soporific, sleep-inducing, **suanmhar** drowsy, somnolent, **támhach** comatose, **támhbhreoite** dull and sickly, sleepy due to depression, **támhshuanach** narcotic, **támhleisciúil** lethargic, **torpánta** sluggish, heavy, **traochta** exhausted, **tromcheannach** drowsy, **tromshúileach** heavy-eyed, sleepy, **tugtha traochta** shattered, completely bushed, **tuirseach** tired, **tuirsiúil** tiring *(see also: tuirseach)*

Codlatóir *m (-óra; ~í)* sleeper

codlatán sleepyhead, **sormán** lazy, sleepy person, **srannaire** snorer, **suanaí** sleeper; sluggish person (cf **Nach tusa an suanaí spreasánta!** Aren't you the dozy dummy!), **suansiúlaí** sleepwalker, **támhán** sleepy person, **táimhín** sleepyhead (cf **an tUasal Táimhín Teolaí** Mr Stay-in-bed-all-day)

Cófra *m (~; ~í)* press; chest, coffer

Áirc an Chonartha *(Bibl)* the Ark of the Covenant, **almóir** wall cupboard, **araid** bin, chest, **árthach** *m* vessel, **bosca** box, **caibhéad** press, recess, **caibinéad** cabinet, **cás** case, **ciseán** basket, **ciseog** shallow basket, **ciste** chest, casket, **cisteog** little casket, **cliabh** creel, **cliathbhosca** crate, **clóiséad** closet, **cóifrín** small press; small coffer, **coimeádán** container, receptacle, **comhadchaibinéad** filing cabinet, **cupard** cupboard, **leabhragán** bookcase, **leastar** cask, container, vessel, **locar** locker, **locar scoile** school locker, **mála** bag, **prios** press, **taisceadán** safe, strong box, **tarraiceán** drawer, **trunc** trunk, **vardrús** wardrobe *(see also: bascaed)*

▲ **~ bagáiste** luggage storage press, **~ brídeoige** bottom drawer, **~ cistine** kitchen cabinet, **~ cógas** medicine cabinet, **~ fuar** chiller cabinet, **~ Phandóra** Pandora's box, **~ tarraiceán** chest of drawers; dresser, **~ te** hot press

P **Ní ionann i gcónaí ~ agus a lucht.** Don't judge a book by its cover.

Cogadh *m (-aidh; -aí)* war, warfare

achrann trouble, **ágh** *m* battle, contest, **aicsean** action, **aighneas** clash, friction, **ár** slaughter, **brisleach** *f* battle, rout, **bruíon** *f (-íne, ~ta)* conflict, discord, **buaileam sciath** phoney war, **caismirt** contention, **cath** *m (~a; ~anna)* battle, **cliathach** *f (archaic)* engagement in battle, **cogaíocht** warfare, **cogúlacht** bellicosity, **coimheascar** struggle, melee, **coimhlint** conflict, struggle, **coinbhleacht** conflict, clash, **comhrac** combat, contest, **doirteadh fola** bloodshed, **gleic** contest, fighting, **gleo** combat, **eascairdeas** hostility, **imreas** *m (-ris)* strife, **ionsaí** aggression, **iorghal** *f* line of battle, battling, **míleatachas** militarism, **míleatacht** militancy, **naimhdeas** *m sg* hostilities, **na Trioblóidí** *fpl (hist.)* the Troubles, **spairn** contention, struggle, fight, **treas** *m* combat, battle, **troid** *f (troda; ~eanna)* fight, fighting

▲ **~ aicmeach** class struggle, **~ cathartha** civil war, **~ ceart** full-scale war, **~ creidimh** holy war, **~ dearg** full-blown war, **~ domhanda** world war, **~ fuar** cold war, **~ na cailce** blackboard jungle, **~ na gcarad** friendly sparring, **~ na mBórach** The Boer War, **~ na nDúchrónach** the Black and Tan War, **~ na réaltraí** galactic war, **~ na Saoirse** *(Ire)* The War of Independence, **~ na sifíní** storm in a teacup, **~ núicléach** nuclear war, **~ san aer** aerial war, **~ tnáite** war of attrition, **~ tintrí** Blitzkrieg

▲ **aimsir chogaidh** time of war, **baol cogaidh** threat of war, **capall cogaidh** warhorse, **gríosóir cogaidh** warmonger, **coir chogaidh** war crime, **comh-aireacht chogaidh** war cabinet, **compánach** *m* **cogaidh** brother-in-arms, **iarshaighdiúir cogaidh** war veteran, **láthair chogaidh** theatre of war, **long**

Cogain

chogaidh battleship, **péint chogaidh** warpaint, **príosúnach cogaidh** prisoner of war, **reithe cogaidh** battering ram, **sos cogaidh** ceasefire, truce, armistice

◊ **~ a fhógairt** to declare war, **An Chéad Chogadh Domhanda** The First World War, **An Dara ~ Domhanda** The Second World War, **An Tríú ~ Domhanda** The Third World War

P. **D'fhear cogaidh comhalltar síocháin.** Prepare for war to keep the peace., **Ní buan ~ na gcarad.** A quarrel between friend is soon over., **~ carad caoi namhad** Friends quarrelling provides an opportunity for the devil.

○ **Cogadh na nDúchrónach** The Black and Tan War (1920-1922). The **Dúchrónaigh** Black and Tans were British recruits sent to Ireland to reinforce **Constáblacht Ríoga na hÉireann** The Royal Irish Constabulary during an upsurge in the struggle for Irish independence. The name given them was a reference to their dark green and khaki uniform. The period of Black and Tan intervention is remembered as a distinct war due to the sheer brutality and arbitrary nature of the numerous atrocities perpetrated by them against civilians.

Cogain v_{2c} chew, masticate; mutter, slur; (coll) ponder over
athchogain ruminate, **cnaígh** gnaw, **creim** eat/nibble away; corrode, **ith** eat, **meil** grind away, **mungail** munch; (speech) slur

◊ **~ air sin!** Chew on that! Think about that!

Cogaint vn chewing, mastication; muttering, slurring
athchogaint ruminating, **cnaí** gnawing away, **crapadh** slurring (cf **ag crapadh do chuid cainte** slurring your speech), **creimeadh** eating/nibbling away; corroding, **ithe** eating, **meilt** grinding away, **mungailt** munching, (speech) slurring

◊ **Bhí na ba ag ~ na círe.** The cows were chewing the cud., **Bhí sé ag ~ na bhfocal.** He was mumbling/muttering his words., **Is é sin an rud atá ag ~ mo chroí fós.** That's the thing that still claws at my heart.

Cogaíoch adj^5 warlike, belligerent
achrannach truculent, fractious, **aighneasach** confrontational, contentious, **amasach** aggressive, charging, **argánta** quarrelsome, **ármhar** slaughterous, **bagrach** threatening, **bruíonach** troublemaking, **caismirteach** seeking contention, **cathach** battling, keen to do battle, **ceannairceach** seditious, **cogúil** warlike, bellicose **coimhlinteach** contesting, keen to contest, **colgach** truculent, **comhraiceach** combatant, **draganta** draconian, **eascairdiúil** hostile, antagonistic, **fearchonta** warlike, fierce, **foghach** lunging at, attacking, **fuilchíocrach** bloodthirsty, **gaisciúil** valiant, **gaotaireachta** (> *gaotaireacht*) sabre-rattling, **imreasach** causing strife, contentious, **ionsaíoch** aggressive, **iorghalach** combative, bellicose,

Cogarnach

léaspach inclined to flare up, pugnacious, **míleata** martial, military, **míleatach** militant, **míleataíoch** militaristic, **naimhdeach** hostile, **neamhchairdiúil** unfriendly, **treasach** embattled, warlike, fierce, **trodach** pugnacious

Cogaíocht f(~a) belligerence; warfare
achrann trouble, **aighneas** clash, friction, **ár** slaughter, **bruíon** f (-íne, ~ta) conflict, discord, **caismirt** contention, **cath** battle, **cogadh** war, warfare **cogúlacht** bellicosity, **coimheascar** struggle, melee, **coimhlint** conflict, struggle, **coinbhleacht** conflict, clash, **comhrac** combat, contest, **doirteadh fola** bloodshed, **eascairdeas** hostility, **imreas** m (-ris) strife, **ionsaí** aggression, **míleatacht** militancy, **míleatachas** militarism, **naimhdeas** m sg hostilities, **troid** f (troda; ~eanna) fight, fighting

Coganta pp chewed; chewing
athchoganta ruminated; ruminating, **cnaíte** gnawed away, **craptha** slurred, **creimthe** eaten/nibbled away; corroded, **ite** eaten, **meilte** ground away, **mungailte** munched (speech) slurred, mumbled

▲ **guma ~** chewing gum

Cogar m (-air; -air, ~) whisper; something confided in secret
caint os íseal quiet talk, **cealg** f treachery, **cluasaíocht** talking in a furtive manner, **cogaint cainte** muttered, garbled, inarticulate speech, **cogarnach** f whispering, **comhairle** f advice, **comhcheilg** conspiracy, **dord** drone, buzz, hum, **durdam** murmur, chatter, **Éist (anois)!** Listen (now)!, **focal** word, **Focal!** A word!, **focal ciúin** quiet word, **focal i do chluas** a word in your ear, **focal príobháideach** private word, **geonaíl** murmuring, **leid** hint, **moladh** tip, advice, **monabhar** mutter, whisper, muttering, **mungailt** mumble, indistinct utterance, **ráfla** rumour, **rún** secret, **sanas** whisper (eg **sanas cogair** whispered remark), **seoithín** whispering sound, **scéal rúin** story kept under wraps, secret, **sicréid** secret, **siosóg** hiss; whisper (see also: *cogarnach*)

▲ **~ ceilge** secret plotting, **~ mogar** conspiratorial murmuring, **~ scéil** hint, whisper (about what's happening or about to happen), **~ stáitse** whisper everyone can hear, **~ tréasa** treasonable whisperings

◊ **~!/~ i gcluas agat!** Could I have a word? **~ mé seo leat!** Tell me this and tell me no more!, **~ scéil a fháil** to get wind of something

Cogarnach f (-naí) whispering, conspiring
béadán gossip, **caint íseal** quiet talk, **cnáfairt chainte** muttering, **crónán** murmuring, **cúlchaint** gossip, talking behind a person's back, **feachtas cogarnaí** whispering campaign, **focal faoi d'anáil** a word under your breath, **i mbun comhcheilge** conspiring, **luadráil** spreading rumours, gossiping, **mantaíl**

mumbling, **míghreann** mischievous gossiping, **ráfláil** rumour mongering, **sifearnaíl** whispering, **siosadh** hissing, **siosarnach** rustling, whispering, hissing, **sioscadh** whispering, **smutraíl** muttering, **uisce faoi thalamh** conspiracy *(see also: cogar)*

Cogúil *adj⁴* warlike, bellicose
achrannach truculent, fractious, **aighneasach** confrontational, contentious, **argánta** quarrelsome, **ármhar** slaughterous, **bruíonach** troublemaking, **caismirteach** seeking contention, **cathach** battling, keen to do battle, **ceannairceach** seditious, **cogaíoch** belligerent, **coimhlinteach** contesting, **colgach** truculent, keen to contest, **comhraiceach** combative, **eascairdiúil** hostile, antagonistic, **fearchonta** combative, fierce, **fuilchíocrach** bloodthirsty, **gaotaireachta** (> *gaotaireacht*) sabre-rattling, **greadánach** fighting, noisy, intense, **imreasach** causing strife, contentious, **in adharca a chéile** at loggerheads, locked in battle, **ionsaíoch** aggressive, **iorghalach** combative, bellicose, **léaspach** inclined to flare up, pugnacious, **míleata** martial, military, **míleatach** militant, **míleataíoch** militaristic, **naimhdeach** hostile, **neamhchairdiúil** unfriendly, **oscartha** martial, heroic in battle, **straidhpeach** *(person)* bellicose, **tachrach** warlike, contentious, **trodach** pugnacious *(see also: cogaíoch, trodach)*

Coibhneasta *adj⁶* relative
bainteach (le) involved (with), related (to), **bainteach le hábhar** pertinent, relevant, **cómhalartach** reciprocal, **comhcheangailte (do)** allied (with), **comhfhreagrach** corresponding, **comhghaolach** correlative, **comhghaolmhar** interrelated, **comhréireach** proportionate, **comórtasach** competing, competitive, **comparáideach** comparative, **dlúite** drawn together closely, **dlúthbhainte** (> *dlúthbhaint*) held in very close association, **dlúthchaidrimh** (> *dlúthchaidreamh*) intimate, **gaolmhar** related, **siméadrach** symmetrical, **spleách** dependent, **teagmhasach** contingent

Coigeartaigh *v₂ₐ* adjust
athcheartaigh revise, reamend, **athdhear** refashion, **athraigh** change, **athchóirigh** remodel, **calabraigh** calibrate, **ceartaigh** correct, rectify, **clóigh** adapt, adjust, **cóirigh** fix up, fit, **comhardaigh** balance, **cuir i dtiúin** tune, **cuir in ord** put/place in order, **cuir ina cheart** make (it) right, **cuir in oiriúint** tailor, tune, **deasaigh** make nice, dress (up), **deisigh** fix, **faghair** temper, **fócasaigh** focus, **géaraigh** sharpen; intensify, **innill** adjust, arrange, **leasaigh** amend, **meaitseáil** match, **mionathraigh** modify, fine-tune, **modhnaigh** modify; modulate, **mionchoigeartaigh** fine-tune, **príméail** prime (cf **buama a phríméail** to prime a bomb), **réitigh** fit, prepare, **rialaigh** regulate, **saincheap** customise, **socraigh** adjust, **tiúnáil** tune, **tonaigh** *(photo)* tone *(see also: clóigh 2)*

Coigeartaithe *pp* adjusted
athcheartaithe reamended, revised, **athchóirithe** remodelled, **athdheartha** refashioned, **athraithe** change, **calabraithe** calibrated, **clóite** adapted, adjusted, **comhordaithe** balanced, **curtha i dtiúin** tuned, **curtha in ord** placed in order, **curtha in oiriúint** tailored, tuned, **deasaithe** made nice, dressed (up), **deisithe** fixed, **faghartha** tempered, **fócasaithe** focused, **géaraithe** sharpened, intensified, **innealta** adjusted, arranged, **leasaithe** amended, **meaitseáilte** matched, **modhnaithe** modified; modulated, **mionathraithe** modified, fine-tuned, **mionchoigeartaithe** fine-tuned, **príméailte** primed, **réitithe** made fit, prepared, **rialaithe** regulated, **saincheaptha** customised, **socraithe** adjusted, **tiúnáilte** tuned, **tonaithe** *(photo)* toned *(see also: clóite 2)*

Coigeartú *vn* adjusting, adjustment
athcheartú reamending, **athchóiriú** remodelling, **athdhearadh** refashioning, **athrú** change, altering, **calabrú** calibrating, **cló** adapting; domestication, **comhardú** balancing, **cur in ord** placing in order, **cur in oiriúint** tailoring, tuning, **deasú** making nice, dressing (up), **deisiú** fixing, **faghairt** tempering, **fócasú** focusing, **géarú** sharpening, intensifying, **inleadh** adjusting, arranging, **leasú** amending, **meaitseáil** matching, **mionathrú** modifying, **mionchoigeartú** fine-tuning, **modhnú** modifying; modulating, **réiteach** rectifying, **rialú** regulating, **saincheapadh** customising, **socrú** adjusting, **tiúnáil** tuning, **tonú** *(photo)* toning

Coigil *v₂d*
1. save, economise, skimp
coinnigh (duine) ar an ngannchuid stint (a person), **coinnigh ó** keep from, **coinnigh siar** reserve, hold back, **cuir barainn ar** put away carefully, **cuir i dtaisce** store away, save, **cuir i leataobh** put aside, **déan tíos**

■ **Ar théarmaí d'ainmhithe óga atá:** Terms for the young of animals include:

babaí baby (eg **ápa** ape)
banbh piglet (cf **cráin** sow)
bromach colt (eg **asal** donkey)
cangarú óg joey
  (cf **cangarú** kangaroo)
coileán cub, pup
  (eg **leon** lion, **madra** dog, etc)
éan lachan duckling
éan óg young bird
gamhain calf (eg **bó** cow, etc)
gearrcach *m* fledgling
góislín gosling (cf **gé** *f* goose)
lao calf (eg **bó** cow, **camall** camel, **eilifint** elephant, etc)
oisín fawn (eg **fia** deer)
piscín (also: **puisín**) kitten
scalltán hatchling, fledgling
searrach *m* foal (eg **capall** horse)
sicín chick
torbán tadpole (cf **frog**)
uan lamb (cf **caora** *f* sheep)
ulchabhán óg owlet

Coigilt

practise thrift, economise, **gearr siar** cut back, **lig le** lean on for support, **sábháil** save, **scimpeáil** skimp, **spáráil** spare, **taisc** store up; hoard
2. safeguard, spare
caomhnaigh preserve, protect, **clúdaigh** cover, **coinnigh slán** keep safe, **cosain** protect, safeguard, **cuir cumhdach ar** put a protective covering on, **cumhdaigh** protect, keep safe, preserve, **dílsigh** secure, appropriate, hide, conceal, **díon** shelter, harbour, **folaigh** cover, conceal, **imfhálaigh** ring-fence, **scáthaigh** shade, **sciath** screen, shield, **spáráil** spare, **stuáil** stow away, **tabhair aire do** take care of, **tabhair tearmann do** give haven/shelter to, **tearmannaigh** harbour, give sanctuary to

Coigilt vn
1. economising, being thrifty; thrift
barainn thrift, economy; parsimony, **cnuaisciún** f (-úna) frugality, thrift, **coinneáil ó** keeping from, **coinneáil (thú féin) ar an ghannchuid** stinting yourself, **coinneáil siar** reserving, holding back, **déanamh tís** practising thrift, being economical, **cur barainn ar** putting away carefully, **cur i dtaisce** storing away, saving, **cur i leataobh** putting aside, **gearradh siar** cutting back, **laghdú ar chaiteachas** reduction of outgoings, **lascaine** f discount, **lacáiste** rebate, discount; allowance, **ligean le** leaning on for support, **margadh** bargain, **sábháil** saving, **sábháil airgid** money saving, **scimpeáil** skimping, **sladmhargadh** sale, **spáráil** sparing, **taisceadh** storing, hoarding, **tíos** thrift
2. safeguarding, sparing
caomhnú preserving, protecting, **clúdach** covering, **coinneáil slán** keeping safe, **cosaint** protecting safeguarding, **cur cumhdach ar** putting a protective, covering on, **cumhdach** protecting, keeping safe, preserving, **dílsiú** securing, appropriating, hiding, concealing, **díonadh** sheltering, harbouring, **folú** covering, concealing, **imfhálú** ring-fencing, **sábháil** saving, **scáthú** shading, **sciathadh** screening, shielding, **spáráil** sparing, **stuáil** stowing away, **tabhairt aire do** taking care of, **tabhairt tearmainn do** harbouring, giving haven/shelter to, **tearmannú** harbouring, giving sanctuary to

Coigilte pp
1. economised, skimped, stinted
coinnithe ó kept from, **coinnithe ar an ghannchuid** stinted, **coinnithe siar** reserved, held back, **curtha i dtaisce** stored away, saved, **curtha i leataobh** put aside, **gearrtha siar** cut back, **laghdaithe** reduced, **ligthe le** leaned on for support, **sábháilte** saved, **scimpeáilte** skimped, **spáráilte** spared, **taiscthe** stored, hoarded
2. safeguarded spared
caomhnaithe preserved, protected, **clúdaithe** covered, **coinnithe slán** kept safe, **cosanta** protected, safeguarded, **cumhdaithe** protected, kept safe, preserved, **dílsithe** secured, appropriated, hidden, concealed, **díonta** sheltered, harboured, **folaithe** covered, **imfhálaithe** ring-fenced, **sábháilte** saved, **scáthaithe** shaded, **sciata** screened, shielded, **spáráilte** spared, **stuáilte** stowed away, **dar tugadh aire** taken care of, **dar tugadh tearmainn** harboured/sheltered, **tearmannaithe** harboured, having given sanctuary to

Coigilteach adj³ thrifty
ar lascaine at a reduced price, **baileach** exact, frugal, thrifty, **bainistíoch** provident, **barainneach** skimping; parsimonious, **caomhnaitheach** preserving, **ceachartha** penny-pinching, mean, **cnuaisciúnach** provident, frugal; tidy at work, **críonna** prudent, **cruinn** frugal, exact, **cruinneálach** frugal, sparing, **cúramach** careful, **eacnamaíoch** economic, **féachtanach** thrifty, **gann** mean, sparing, miserly, **gannchúiseach** penurious, stingy, sparing, **greamastúil** tight-fisted, **laghdaithe** reduced, **lompasach** sparing, niggardly, **neamhchaifeach** careful, frugal, **sábhálach** saving, thrifty, **slíúil** provident, thrifty, **spárálach** sparing, **sprionlaithe** parsimonious, **tíosach** thrifty, **toimhseach** niggardly, sparing

Coigistigh v₂ᵦ confiscate
dílsigh appropriate, secure, **díshealbhaigh** expropriate, evict, **gabh** commandeer, seize, **gaibhnigh** impound, **glac seilbh ar** take possession of, appropriate, **tóg** take, **urgabh** (jur) seize

Coigistithe pp confiscated
ar ar glacadh seilbh taken possession of, appropriated, **dílsithe** appropriated, secured, **díshealbhaithe** expropriated, evicted, **gafa** commandeered, seized, **gaibhnithe** impounded, **tógtha** taken, **urgafa** (jur) seized

Coigistiú vn confiscating
dílsiú appropriating, securing, **díshealbhú** expropriating, evicting, **gabháil** commandeering, seizing, **gaibhniú** impounding, **glacadh seilbhe ar** taking possession of, appropriating, **tógáil** taking, **urgabháil** (jur) seizing

Coigríoch f(-íche; ~a, ~) foreign territory
an Mhór-Roinn the Continent, **críocha i gcéin** distant lands, **in imigéin** far away, **tailte comharsan** neighbouring land, **thar lear** abroad, **thar sáile** across the sea, abroad, **tíortha iasachta** foreign countries

◊ **ar an g~** abroad

Coileán m (-áin; -áin, ~) pup
cana (lit) whelp, cub, **coileáinín** puppy, **coilí** m (affectionate term) puppy dog, **dailtín** whippersnapper, **dalta cíche** nurseling, **gearrcach** m fledgling, **scallamán** fledgling, **scalltán** nestling

Coill 1 *f(~e; ~te)* wood, small forest
casarnach *f* brushwood, scrub, **coillearnach** *f* woodland, **coilleog** little wood, **crainn** (> *crann*) trees, **doire** oak grove, **fásach** *m* wilderness, **fáschoill** bosket, undergrowth, **fásra** vegetation, **fásra thuas** overgrowth, **fíobha** forest, **foraois** (large) forest, **fothair** *f (foithre; foithreacha)* woodland, wooded hollow, **garrán** grove, **mothar** thicket; densely overgrown wood, **muine** *f* thicket; brushwood, scrub, **muineach** *m* scrubland, scrub, **ros** wood, wooded headland, **roschoill** copse

Coill 2 v_{1b} castrate, geld; violate; expurgate; *(fig)* eviscerate
aimridigh sterilise, **bain** remove, **bris** break, violate, **cuir cipíní i** castrate, **díothaigh** expunge, **éignigh** violate; rape, **gearr** cut; castrate, **glan amach,** clean out, **neodraigh** neuter, **sáraigh** violate, geld, **sciúr** expurgate, **scrios** destroy, **spoch** geld

Coilleadh *vn* castrating, gelding; expurgating; *(fig)* eviscerating
aimridiú sterilising, **baint** removing, **briseadh** breaking, violating, **cur cipíní i** castrating, **díothú** expunging, **éigniú** violating; raping, **gearradh** cutting; castrating, **glanadh amach,** cleaning out, **neodrú** neutering, **sárú** violating, **sciúradh** expurgating, **scriosadh** destroying, **spochadh** gelding

Coillte *pp* castrated, gelded; expurgated; *(fig)* eviscerated
aimridithe sterilised, **bainte** removed, **briste** broken, violated, **díothaithe** expunged, **éignithe** violated; raped, **gearrtha** cut; castrated, **glanta amach,** cleaned out, **neodraithe** neutered, **sáraithe** violated, **sciúrtha** expurgated, **scriosta** destroyed, **spochta** gelded

Coillteach *adj³* wooded
adhmadaithe timbered, **coille** (> *coill*) sylvan, **crannmhar** abounding in trees, arboreous, **crannach** arboreal, **crannmhar** full of trees; wooded, **foraoiseach** forested, **foraoisithe** taken over by forests, **foithre** (> *fothair*) woodland/wooded hollow, **rosach** thickly wooded

Coimeád 1 v_{1a} keep, maintain, guard
aoirigh shepherd, **ceil** conceal, withhold, **ceiliúir** celebrate, **coinnigh** detain, keep; maintain, **coinnigh greim ar** keep hold of, **coinnigh súil ar** watch over, **comhlíon** fulfil, observe, **comóir** commemorate, **cosain** defend, **cothaigh** foster, **cuir ar láimh shábháilte** safeguard, **cuir i dtaisce** store, **cumhdaigh** protect, preserve, uphold, **díon** shelter, **fan** remain, **forchoimeád** reserve, **forgabh** forcibly seize, **goirtigh** salt, pickle, **lean** follow, **moill a chur ar** delay, **sciath** shield, **seas** maintain (cf **an fód a sheasamh** to maintain one's position), **seas le** stand by, uphold, **tabhair aire** (**do**) take care (of), **tabhair dídean** (**do**) give shelter (to), **téigh i bhfeighil ruda** take charge of a thing, **tóg** rear *(see also: coinnigh)*

Coimeád 2 *vn* keeping, custody; observance
aoireacht shepherding, **braighdeanas** captivity, bondage, **ceiliúradh** celebrating, **ceilt** concealment, withholding, **coinneáil** maintaining, keeping, observing, **coinneáil greim ar** keeping a hold of, **coinneáil istigh** *(school)* detention, **coinneáil súil ar** watching over, **comhlíonadh** fulfilment, observance, **comóradh** commemoration, **cosaint** defence, **cothabháil** maintenance, **cothú** fostering, **cur i dtaisce** storing, **cumhdach** *m* protection, upholding, **cur** (**ruda**) **ar láimh shábháilte** safeguarding (a thing), **díon** shelter, **dul i bhfeighil ruda** taking charge of a thing, **faire** *f* looking after, watching, **fanacht** remaining, **folach** *m* hiding, **forghabháil** forcible seizure, **goirtiú** salting, pickling, **leanúint** following, **moilliú** delaying, **righnigh** *(food)* preserve (cf **bia solofa a righniú le salann** to preserve perishable food with salt), **sciath** *f (scéithe)* shield, **seasamh** (**le**) standing (by), upholding, **tógáil** rearing (cf **tógáil ainmhithe, páistí, etc** rearing of animals, children, etc), **urlámh** *f* custody; control, authority

Coimeádach 1 *m (-aigh; -aigh, ~)* conservative
bunúsaí fundamentalist, **cam** *m* **teallaigh** home bird, **cos** *f* **ina chónaí** stay-at-home, **duine den seandream** one of the old school, **eite dheas ailtéarnach** alt-right, **frithghníomhaí** reactionary, **goróir** sit-by-the-fire, **lucht lár báire** middle-of-the-road people, moderates, **lucht champa an choinbhinsiúnchais** conventionalists, **lucht na comhfhoirmeachta** *(hist)* conformists, **lucht na heite deise** right-wingers, **súm sám** stick-in-the-mud, **Tóraí** *(political)* Tory, **traidisiúnaí** traditionalist

Coimeádach 2 *adj³* conservative
airdeallach cautious, wary, **aireach** guarded, **céillí** sober, sensible, **bunúsaíoch** fundamentalist, **caomhnach** protective, attendant, **coinbhinsiúnnach** conventional, **comhfhoirmeachta** *(hist)* (> *comhfhoirmeacht*) conformist, **den eite dheis** right-wing, **den seandream** old-school, **dígeanta** diehard, **faichilleach** wary, cautious, **faireach** vigilant, watchful, **frithghníomhach** reactionary, **gan fonn eachtraíochta** unadventurous, **lár báire** middle-of-the-road, **neamhfhorásach** unprogressive, **neamhscléipiúil** unostentatious, sober, **seanfhaiseanta** old-fashioned, **stuama** sober, level-headed; staid, **Tóraíoch** *(political)* Tory, **traidisiúnta** traditional

Coimeádán *m (-áin; -áin, ~)* container
árthach *m* vessel, **bosca** box, **ciseán** basket, **cliathbhosca** storage box, crate, **cófra** cupboard, **coinneálaí** holder, **cráta** crate, **gabhdán** holder; skip, **glac** *f* holder, receptacle, **scipe** skip, **soitheach** *m* vessel, **taisceadán** safe *(see also: bosca, cófra)*

Coimeádta *pp* kept, guarded,
aoirithe shepherded, **ceiliúrtha** celebrated, **ceilte** concealed, withheld, **coinnithe** maintained, kept, observed, **coinnithe istigh** *(school)* kept in, **comhlíonta** fulfilled, **comórtha** commemorated, **cosanta** defended, **cothaithe** fostered; nourished, fed, **curtha ar láimh shábháilte** safeguarded, **curtha i dtaisce** stored, **cumhdaithe** protected, upheld, **díonta** sheltered, roofed, **fanta** remained, **folaithe** hidden, **forchoimeádta** reserved, **forghafa** forcibly seized, **goirtithe** salted, pickled, **leanta** followed, **moillithe** delayed, **righnithe** *(food)* preserved, **sciata** shielded, **seasta (le)** stood (with), **tógtha** reared

Coimhlint *f (~e; ~tí)* struggle, contest, conflict
achrann quarrelling; fray; trouble, **agall** *(high reg)* argument talk, **agóid** protest, **aighneas** dispute, **áiteoireacht** arguing; argumentation, **allagar** loud disputation, **argóint** argument, **báire** match, contest, **bruíon** wrangle, **cailicéireacht** quibbling, **caismirt** conflict, disorder, argument, **callshaoth** contention, trouble, **cath** *m (~a)* battle, **cibeal** wrangling, contention, **clampar** uproar, **clibirt** *(sp)* scrum, **cogadh** war, hostilities, **cointinn** violent quarrel, **comhrac** struggle, **conspóid** controversy; dispute, **cúis** *(jur)* case, **deabhaidh** strife, contention, **díospóireacht** debate, **dréim** striving, contention, **easaontas** disagreement, **fuirseadh** tussle, struggle, **gleic** struggle, contest, **i dtreis le** in conflict with, **iaróg** quarrel, row, **imreas** strife, **iomaíocht** competition, **iomarbhá** *f* contending, disputing, **iompairc** vying; jealous rivalry, **ionnlach** *m* dissension, division, **míshuaimhneas** unrest, disquiet, **míthuiscint** misunderstanding, **racán** rumpus, **raic** uproar, **rás** race, **sáraíocht** disputation, **siosma** schism; division, dissension, **spairn** contention, struggle, **streachailt** struggling against difficulties, **tachar** contention, strife, battle (eg **i dtachar arm** in armed conflict), **tagra** disputation; lawsuit, **troid** fight *(see also: troid)*

Coimhthíoch *adj5* peculiar, weird; unfamiliar, foreign
aisteach strange, **aduain** eerie, weird, **aerachtúil** creepy, **ait** bizarre, **allúrach** foreign, **amhrasach** dubious, **anaithnid** unknown, **andúchasach** exotic, **as an choitiantacht** out of the ordinary, **as an ngnáth ar fad** extraordinary, **cian** remote, **cianda** distant, remote, **corr** odd, strange, **craiceáilte** crazy, **deoranta** aloof, **diamhair** weird, mysterious, **difriúil** different, **domhínithe** inexplicable, **dorcha** dark, **dúnárasach** reticent, taciturn, **eachtráin** (> **eachtrán**) *(sci-fi)* alien, **eachtrannach** alien, **éagsúlach** different, **eascairdiúil** unfriendly, **fuaránta** distant, icy, **iargúlta** out-of-the-way, remote, **iasachta** foreign, from abroad, **iasachtach** strange, foreign, **imeachtrach** external; remote, **leithleach** peculiar, standoffish; isolated, **mearaitheach** perplexing, **mínormálta** abnormal, **nár chualathas a leithéid riamh** unheard-of, **neamhaithnidiúil** unfamiliar, **neamhchoitianta** uncommon, **neamhghnách** unusual, **neamhshaolta** unworldly, eerie, **saoithiúil** peculiar, **scoite** detached, disengaged, **scoite amach** alienated, **seachantach** evasive, avoiding, **strainséartha** unfamiliar, **taibhsiúil** phantomlike, **uaigneach** solitary, eerie

Coimisiún *m (-úin; -úin, ~)* commission
bardas municipality, city council, corporation (cf **Bardas Bhaile Átha Cliath** Dublin Corporation), **binse** tribunal, bench, **bord** board, **buanchoiste** standing committee, **coimisinéirí** *mpl* commissioners, **coiste** committee, **comhairle** *f* council, **comhlachas** chamber, **comhthionól** conclave, **fochoiste** subcommittee, **foireann** *f (foirne; foirne)* team, **grúpa** group, **roghchoiste** select committee, **painéal** panel, **údarás** authority

Coincheap *m (~a; ~a, ~)* concept
aireachtáil perception, **amharcléiriú** visualisation, **braistint** perception (cf **braistint don cheol** musical perception), **ceapadh** thinking, **comhstruchtúr** construct, **coincheapadh** (also: **coincheapú**) conceptualisation, **cuimhneamh** thought, **cur chuige** approach, **cur i gcás** speculation, **dearcadh** view, **hipitéis** hypothesis, **idé** *f (~; ~anna)* idea, **imprisean** impression, **íomhá** *f* image, **léargas** perception, **machnamh** thinking, thought, **meanmarc** conjecture, **nóisean** notion, **plean** plan, **smaoineamh** thought, idea, **teibiú** abstraction, **teoiric** theory, **tógán** construct (cf **tógán coincheapúil** conceptual construct), **tuaileas** presentiment, idea, **tuairim** opinion, inference, **tuiscint** understanding

Coinne *f (~; -nní)*
1. appointment, rendezvous, date
bualadh *(combat)* engagement (cf **láthair an bhuailte** scene of engagement), **comhairliú** consultation, **comhdháil** convention, conference, **comhthionól** congress, **cruinniú** meeting, **dáil** *f (dála)* tryst, **oiris** *f (lit)* arrangement to meet; tryst, **seisiún** session, **teacht le chéile** get-together, getting together

▲ ~ **chaoch** blind date, ~ **chealaithe** cancelled appointment, ~ **dochtúra** doctor's appointment, ~ **fiaclóra** dental appointment, ~ **dinnéir** dinner engagement, ~ **iarchúraim** follow-up appointment, ~ **ortódóntóra** orthodontist's appointment

◊ ~ **a athrú** to rearrange appointment, **Déanfaidh mé ~ duit don Luan.** I'll book you in for Monday. **Ní gá ~ a dhéanamh!** No appointment necessary!

2. expectation
brath expectation; dependence, **cuntar** expectation, chance, **dóchas** hope, **dóigh** hope, expectation, **dréim** aspiration, **dúil** desire, anticipation, **fanacht** waiting, **feitheamh** expectancy, **friotháileamh** *(lit)* expectation, **fuireachas** anticipation, **ionchas**

Coinneáil

expectation, prospect, **meanmarc** desire, aspiration, **oirchill** preparation, expectation, **síleadh** expectation; consideration, **súil** hope, expectation, **súilíocht** expecting, expectation, **tnúth** yearning, **tuairimíocht** conjecture

3. *(as in expression)* **i g~** against, up against **freasúrach** opposing, **i gcodarsnacht le** in contrast to; in opposition to, **in aghaidh** against, in the face of, facing (**in aghaidh easa** up a waterfall), **in éadan** opposing, confronting, against (cf **in éadan an smaoinimh** against the idea), **in iomaíocht le** in competition with, **os comhair** facing (cf **os comhair an namhad** facing the enemy)

◊ **i g~ an tsrutha** against the current, **i g~ cnoic** uphill

Coinneáil *vn*

1. keeping, upkeep, maintaining **maireachtáil** living, keeping, **caomhnú** conserving, conservation, **coimeád** keeping, **comhlíonadh** fulfilling, fulfilment, **cosaint** defending; defence, **costadh** support, provision, **cothabháil** maintenance (cf **cothabháil tí** house maintenance), **cothú** fostering, sustaining, **cúram** care, **greim** *m (greama)* grip, **sealúchas** possession (of property), **seasamh le** standing by, **stóráil** storing, **stuáil** stowing away, stowage, **tógáil** rearing

◊ **~ clainne agus tí** upkeep of family and home, **~ suas leis an teicneolaíocht is déanaí** keeping up with the latest technology, **~ te sa gheimhreadh** keeping warm in the winter, **Is leatsa é le ~.** It's yours to keep., **Ní féidir liom ~ suas.** I can't keep up., **Tá teaghlach le ~ aici.** She has a family to maintain.

2. keeping, observing **buanú** perpetuating, **caoineadh** lamenting, **cloí (le)** adhering (to), **comhlíonadh** fulfilling, observing, **ceiliúradh** celebrating, **coimeád** keeping, observance, **comhall** observing, performing, **comóradh** commemorating, **cumhdach** protecting, upholding, **déan** doing, keeping, **déanamh** **comóradh** commemorating; celebrating, **déanamh** **cuimhneacháin** commemorating **onórú** honouring

◊ **Cé tá ag ~ súil ar na leanaí?** Who is supervising the children?, **Níl tú ag ~ leis an gceol.** You're not keeping time with the music., **Tá súil ghéar á ~ air.** A close watch is being kept on him., **Táimid ag iarraidh ~ leis an traidisiún sin.** We're trying to maintain that tradition.

3. detaining, detention; retaining **braighdeanas** captivity, bondage, **buanú** retention (cf **buanú nóis** retention of custom), **coimeád** keeping, custody, **coraintín** quarantine, **gabháil** arrest, seizure, **géibheann** confinement, captivity, **iallach** *m* constraint, **moilliú** delay, **príosúnacht** imprisonment, **siarchoinneáil** withholding, **srian** restraint, **teir** constraint (cf **teir chultúrtha** cultural constraint), **urlámh** *f* custody; control, authority

◊ **~ duine gan aon chúis ina leith** detaining a person without charge, **~ istigh tar éis scoile** detention after school, **Bhí an príosúnach á choinneáil faoi ghaibhniú aonair.** The prisoner was being kept in solitary confinement.

Coinneal *f (-nnle; -nnle, ~)* candle

buaiceas geire tallow wick, **breo tine** lighted sod; firebrand, **coicheán** torch; wisp of straw, **fáideog** taper, **gealán** gleam of light, **laindéar** lantern, **lampa** lamp, **léas** ray of light, **lóchrann** torch, **sopóg** bundle of straw; torch, **sprinlín** scintilla, spark, **sutrall** candle, **sútróg** dip candle, **tóirse** torch, **trilseán** plaited rushlight

▲ **~ bhaiste** *(rel)* christening candle, **~ chéarach** wax candle, **~ choisricthe** *(rel)* blessed candle, **~ na Cásca** Paschal candle, **~ na Nollag** *(rel)* Christmas candle, **~ reo** icicle

◊ **~ a lasadh ar son duine** *(rel)* to light a candle for a person, **Bím ag caitheamh ~ airneáin na laethanta seo.** I'm burning the midnight oil these days., **Ní choinneodh siad ~ duitse!** They don't hold a candle to you. **Ó loisc tú an choinneal, loisc an t-orlach!** Since you've gone this far, you might as well finish it. **Tháinig ~ ina shúile (le háthas/fearg).** His eyes lit up (with joy/anger).

Coinneálach *adj³* retentive

aireach attentive, vigilant, **buan** permanent, **céarach** *(of brain)* retentive, **coimeádach** conservative, retentive, **cuimhneach** memorable, **daingean** firm, **dionghbháilte** tenacious, convinced, diehard, **éadálach** acquisitive, **gabhálach** receptive, **meabhrach** mindful, recollective, **spúinsiúil** spongy

Coinneálaí *m (~; -aithe)* holder, retainer

aingeal coimhdeachta guardian angel, **brughaidh** *(lit)* landowner; hosteler, **caomhnóir** guardian, **coimeádaí** keeper, custodian, **cosantóir** defender, **gabhdán** holder (cf **gabhdán plandaí** plant holder), **greamán** grip, holder, **léasaí** leasee, **sealbhóir** holder, occupant, **úinéir** owner

Coinnigh v_{2b}

1. maintain, keep **caomhnaigh** conserve, **carn** amass, heap, **cnuasaigh** accumulate, **coimeád** keep, guard, **coimeád greim (docht) ar** keep (firm) grip on, **cosain** defend, **cothaigh** foster, **cruach** pile up, stack, **cruinnigh** gather, collect, **cuir i dtaisce** deposit, store, **cumhdaigh** protect, preserve, uphold, **déileáil (ar/i)** deal (in), **díon** shelter, **fearastaigh** furnish, equip, **forchoimeád** reserve, **goirtigh** salt, pickle, **iompair** carry, **lean** follow, **sciath** shield, **seas** maintain (cf **seas an fód!** Maintain your position!), **seas le** stand

by, uphold, **smachtaigh** control, **stocáil** stock, **stóráil** store, **stuáil** stow away, put in stowage, **taisc** store, hoard, **tarlaigh** garner, **tabhair dídean/lóistín (do)** give shelter/lodging (to), **tabhair aire (do)** take care (of), **téigh i bhfeighil ruda** take charge of a thing, **tóg** rear, **toill** contain, have room for

~ **an bóthar seo go dtí an Nás!** Keep on this road to Naas!
~ **an comhrá ar siúl!** Keep the conversation going!
~ **an dinnéar te!** Keep the dinner warm!
~ **an léine ar do dhroim!** Keep the shirt on your back!
~ **food/drink sa teach!** Keep food/drink in the house!
~ **cearca!** Keep hens!
~ **do chiall!** Keep a grip of yourself! Don't lose it!
~ **greim docht ar an ráille!** Keep a tight grip of the rail!
~ **lóistéirí sa samhradh!** Keep lodgers in the summer!
~ **sláintiúil/slán!** Keep healthy/safe!
~ **smacht ar na páistí!** Keep control of the children!
~ **teaghlach!** Keep/Maintain a family!

2. observe, commemorate
buanaigh perpetuate, **caoin** lament, keen, **comhlíon** fulfil, observe, **ceiliúir** celebrate, **coimeád** keep, **coimeád súil ar** keep an eye on, **comhaill** observe, perform, **comhlíon** fulfil, observe, **comóir** commemorate, **cumhdaigh** protect, preserve, uphold (eg **an dlí a chumhdach** to uphold the law), **déan** do, make (eg **an Carghas a dhéanamh** to keep Lent), **déan comóradh** commemorate; celebrate, **déan cuimhneachán** commemorate, **onóraigh** honour

~ **an t-am!** Keep (good) time! Keep to the time!
~ **an tSabóid!** Keep the Sabbath!
~ **cuimhne ar na mairbh!** Remember the dead!
~ **uaireanta ciallmhara!** Keep sensible hours!

3. detain, delay
coimeád keep, guard, **coimeád greim (docht) ar** keep a (firm) grip on, **coimeád súil ar** keep watch over, **comhlíon** fulfil, observe, **cuir moill ar** hold up, delay, **fan** remain, **forghabh** forcibly seize, **moilligh** delay

Ná ~ **mé ó mo chuid oibre!** Don't keep me from my work!
Ná ~ **í - tá deifir uirthi.** Don't delay her - she's in a hurry!
Ná ~ **an t-agóideoir!** Don't detain the protestor!

Coinníoll *m (-íll; ~acha)* condition, stipulation
acht condition, article, **agó** stipulation, **aguisín** addendum, **agús** qualification, clause, **airteagal** article, **alt** article, clause, **cairt** charter, **cás** case, **clás** clause, **comha** *f* conditions, terms (of peace) (cf **gan chomha** unconditionally), **cúinse** circumstance, condition; pretext, **cúinsí** *mpl* conditions, circumstances, **cuntar** stipulation, **cúrsaí** circumstances, **éileamh** demand, **foráil** provision; injunction, **foraithne** *(jur)* decree, **forchoimeádas** *(jur)* reservation, **forógra** decree, **gealltanas** promise, **imthosca** circumstances, **ordú** order, **réamhchoinníoll** precondition, **réamhriachtanas** prerequisite, **socrú** arrangement, **stádas** status, **suíomh** situation, **téarma(í)** term(s), **teorainn** *f (-rann; ~eacha)* limitation, **tosca** *fpl* circumstances, state, **tuiscint** *f (tuisceana; ~í)* understanding

◊ **ar choinníoll go gcanfaidh tú** on condition that you sing, **gan choinníoll** unconditionally, **Thug sí an t-airgead dom gan choinníoll ar bith.** She gave me the money without any strings attached.

Coinníollach *adj³* conditional, qualified
ar choinníoll on (a) condition, **ceangailte** tied, **coibhneasta** relative, **cuntarach** qualificatory, **éiginnte** uncertain, **imscríofa** circumscribed, **imthoisceach** circumstantial, **sealadach** provisional, **spleách** dependent, **srianta** restricted, qualified, **srianta** restricted, qualified, **sriantach** restrictive, **teagmhasach** contingent, **teoranta** limited

Coinnithe *pp* maintained, kept; observed; detained
buanaithe perpetuated, **bunaithe** made permanent, **caomhnaithe** conserved, **ceiliúrtha** celebrated, **coimeádta** kept, guarded, **comhalta** observed, performed, **comhlíonta** fulfilled, observed, **comórtha** commemorated, **cosanta** defended, **cothaithe** fostered, **cruachta** piled up, stacked, **cumhdaithe** protected, preserved, upheld, **curtha i dtaisce** deposited, stored, **déanta** done, **díonta** sheltered, **fearastaithe** furnished, equipped, **goirtigh** salt, pickle, **iompartha** carried, **leanta** followed, **moillithe** delayed, **picilte** pickled, **seasta** maintained, **seasta le** stood by, upheld, **sciata** screened, shielded, **smachtaithe** controlled, **stocáilte** stocked, **stóráilte** stored, **stuáilte** placed in stowage, stowed away, **tógtha** reared

Coinsias *m (~a; ~aí)* conscience
aithint idir ceart agus mícheart awareness of (what is) right and wrong, **an glór beag i do chroí** the little voice within, **cogús** conscience, **cúis** conscience, **eitic** ethics, **moráltacht** morals, **náire** shame, **prionsabail** *mpl* principles, **scrupaill** *mpl* scruples, qualms (cf **scrupaill coinsiasa** qualms of conscience)

Coinsiasach *adj³* conscientious
ardaigeantach high-minded, **cogúsach** conscientious, **cothrom** just, fair, **críochnúil** thorough, **cruinn** exact, **cúramach** careful, **dáiríre** sincere, earnest, **deismíneach** meticulous, **dícheallach** diligent, **dílis** faithful, **dlúsúil** industrious, **dothruaillithe** incorruptible, **dúthrachtach** assiduous, **éisealach** fastidious, particular, **eiticiúil** ethical, **fíriúil** diligent, **fiúntach** honourable, **le prionsabail** with principles, principled, **macánta** honest, **mionchúiseach** meticulous, very particular about detail, **morálta** moral, **nósúil** particular, fastidious, **prionsabálta** principled, **saothrach** painstaking, **saothraíoch** hardworking, **scrupallach** scrupulous

Coip *v₁ᵦ* ferment
ábhraigh fester, **beirigh** boil, **bogfhiuch** simmer, **buail** beat, whisk, **cor** *(food, etc)* turn, **corraigh** stir, agitate, **croith suas** shake up, **déan cúr** foam, **déan uachtar** make cream, **giosáil** fizz, fizzle; ferment,

Cóip

grúdaigh brew, **oibrigh** work up, stir, agitate, **siosc** fizz, sizzle, **suaith** agitate, **suanbhruith** simmer

Cóip 1 *f(~e; ~eanna)* copy
aircitíp archetype, **aistriú** translating, translation, *(school)* cribbing, **aithris** imitation, **atáirgeadh** reproduction, **athscríobh** rewrite, transcription, **bradaíl** plagiarism, **brionnú** forgery, **coibhéis** equivalence, **comhchosúlacht** analogy, carbon copy, **cosúlacht** likeness, **dealramh** appearance, **dealbh** *f (deilbhe; ~a, ~)* statue, image, **dúblach** *m* duplicate, **dúbláil** duplication, **eiseamláir** example, **falsaíocht** falsification, forgery, **fótachóip** photocopy, **fótachóipeáil** photocopying, **góchumadh** counterfeit, **grianghraf** photograph, **íomhá** *f (~; ~nna)* image, **léiriú** portrayal, representation, **líníocht** drawing, **macasamhail** *f (-mhla; -mhlacha)* duplicate, replica, likeness, **múnla** moulded model, **múnlóireacht** shaping, modelling, **munlú** moulding, shaping, **pictiúr** picture, **prionta** print, **rianú** tracing, **samhail** *f (-mhla; -mhlacha)* model, **sampla** sample, **tarraingt** drawing, **tras-scríbhinn** transcript *(see also: dream)*

Cóip 2 *f(~e; ~eanna)* gang, band, rabble
buíon *f* gang, **daoscar** rabble, **daoscarshlua** plebs, proles, **díorma** band, posse, **dream** group, lot, **drong** mob, gang, **comhluadar** company, crowd, **feadhnach** *m* troop, band, **geaing** gang, **gramaisc** mob, **gráscar** riff-raff, rabble, **meitheal** working party, **paca** pack

Coipeadh *vn* fermenting; froth, foam
ábhrú festering, **bogfhiuchadh** simmering, **bualadh** beating, whisking, **cor** *(food, etc)* turn, **corraí** stirring, agitating, **cúr** foam, **déanamh cúir** foaming, **déanamh uachtair** making cream, **giosáil** fizzling, fermenting, **gorán** froth, foam, **grúdú** brewing, **oibriú** working up, stirring, agitating, **sioscadh** fizzing, sizzling, **suaitheadh** agitating, **suanbhruith** simmering, **uanán** froth *(see also: cúr)*

Cóipeáil 1 *v_{le}* copy
aistrigh translate; *(school)* crib, **aithris** imitate, **atáirg** reproduce, **athchóipeáil** recopy, **athscríobh** transcribe, **bradaigh** plagiarise, **brionnaigh** forge, **déan cóip (de)** copy, **déan pictiúr** picture, **dúbláil** duplicate, **eiseamláirigh** exemplify, **falsaigh** falsify, forge, **fótachóipeáil** photocopy, **góchum** counterfeit, **ilchóipeáil** multiply, **íomháigh** image, **macasamhlaigh** duplicate, replicate, copy, **múnlaigh** mould, model, **priontáil** print, **rianaigh** trace, **samhlaigh (le)** liken (to), **sampláil** sample, **scan** scan, **tarraing** draw, **tóg grianghraf de** photograph, **trascríobh** transcribe

Cóipeáil 2 *vn* copying
aistriú *(school)* cribbing, **aithris** imitating, **atáirgeadh** reproducing, **athchóipeáil** recopying, **athscríobh** transcribing, **bradaíl** plagiarising, **brionnú** forging, **déanamh cóipeanna (de)** making copies (of), **déan pictiúr** picture, **dúbail** double; duplicate, **dúbláil** duplicate, **eiseamláirigh** exemplify, **falsú** falsifying, forging, **fótachóipeáil** photocopying, **góchumadh** counterfeiting, **ilchóipeáil** manifolding, **íomháú** imaging, **léirigh** portraying, representing, **macasamhlú** duplicating, replicating, copying, **múnlú** moulding, modelling, **priontáil** printing, **rianú** tracing, **samhlú (le)** likening (to), **sampláil** sampling, **scanadh** scanning, **tarraingt** drawing, **tógáil grianghraif de** photographing, **tras-scríobh** transcribing

Cóipeáilte *pp* copied
aistrithe translated; *(school)* cribbed, **aithriste** imitated; narrated, **atáirgthe** reproduced, **athchóipeáilte** recopied, **athscríofa** transcribed, **bradaithe** plagiarised, **brionnaithe** forged, **dúbláilte** duplicated, **eiseamláirithe** exemplified, **falsaithe** falsified, forged, **fótachóipeáilte** photocopied, **góchumtha** counterfeited, **ilchóipeáilte** manifolded, **íomháithe** imaged, **macasamhlaithe** duplicated, replicated, copied, **múnlaithe** moulded, modelled, **priontáilte** printed, **rianaithe** traced, **samhlaithe (le)** likened (to), **sampláilte** sampled, **scanta** scanned, **tarraingthe** drawn, **tras-scríofa** transcribed

Coipthe *pp* fermented
ábhraithe festered, **bogfhiuchta** simmered, **buailte** beaten, whisked, **cortha** *(food, etc)* turned, **corraithe** stirred, agitated, **beirithe** boiled, **bhí cúr le** it foamed (cf **Bhí cúr leis an uisce.** The water foamed), **croite suas** shaken up, **giosáilte** fizzed, fizzled; fermented, **grúdaithe** brewed, **oibrithe** worked up, stirred, agitated, **sioscadh** fizzed, sizzled, **suaite** agitated, **suanbhruite** simmered

Coir *f(~e; ~eanna)* crime
ainghníomh atrocity, **bithiúntas** villainy, **briseadh dlí** lawbreaking, **calaois** fraud, **cion** *m (~a; ~ta)* offence, **cionfhaillí** *f* culpable negligence, **ciontacht** guilt, guiltiness, **ciontóireacht** delinquency, **coiriúlacht** criminality, **col** breaking of prohibition, **duáilce** vice, **éagóir** *f (-óra)* injustice, **earráid** error, **éigneach** outrage, **feillbheart** *m (-bhirt, ~a, ~)* foul deed, **foghail** *f (-ghla)* trespass, **iomarbhas** *(lit)* transgression, **locht** fault, **míbheart** villainy, evil deed, **míghníomh** bad deed, wrongdoing, **mí-iompar** misconduct, **neamhdhlíthiúlacht** illegality, **oilghníomh** misdemeanour, **peaca** sin, **sárú** violation, **sárú dlí** violation of the law, infringement, **truailliú** corruption, sleaze, **scannal** scandal, **urchóid** iniquity

▲ ~ **atá bainteach le halcól** alcohol-related crime, ~ **chogaidh** war crime, ~ **chrochta** hanging offence, ~ **dhanartha** atrocious crime, ~ **gan íospartach** victimless crime, ~ **ghnéis** sex crime, ~ **náireach** despicable crime, ~ **rachta** crime of passion

Cóir *adj irr* just
beacht exact, **ceart** right, correct, **cneasta** decent, honest, mild, **comhchuí** meet, proper, **cothrom** fair, balanced, **cothromasach** equitable, **cruinn** precise, **cuí** appropriate, **cuibhiúil** seemly, **dílis** faithful, **dír** *(lit)* proper, due, **dleathach** lawful, **dlíthiúil** legal, **eiticiúil** ethical, **fabhrach** propitious, **feachtnach** just; blessed, **feiliúnach** suitable, **fíor** true, **fíorga** righteous, **fiúntach** worthy, **fóirsteanach** becoming, **folláin** healthy, sound, **idéalach** ideal, **inrásta** fit, proper, **iomlán** complete, **ionraic** upright, **láncheart** fully justified, **macánta** honest, decent, **maith** good, **morálta** moral, **neamhchiontach** irreproachable, **neamhchlaonta** impartial, unbiased, **neamhpheacúil** impeccable, **oircheas** (+ *copula*) proper, fitting, meet (eg **Is oircheas dúinn ómós a thabhairt dóibh.** It is fitting that we should pay homage to them.), **oiriúnach** apt, **óraice** natural, normal, right, **réasúnta** reasonable, **rialta** regular, **slán** sound, **suáilceach** virtuous, **tuillte** merited, **uasal** honourable, honest *(see also: ceart 1)*

Cóirigh v_{2b}
1. arrange, dress, improve
athchóirigh rearrange, **atóg** reconstruct, right, **cuir in ord** put in order, **déan suas** do up, **deasaigh** make nice, attire, dress, **éidigh** dress, clothe; accoutre, **fearastaigh** equip, furnish, **feistigh** arrange, adjust, fasten, **glan suas** clean up, **gléas** fit out, equip, dress, **innill** adjust, arrange; equip, array, **iompaigh thart** turn round, **leasaigh** amend, **maisigh** decorate, **mionathraigh** modify, **oirnigh** *(high reg)* bedeck, adorn; *(ecc)* ordain, **réitigh** set right, bring order, **socraigh** settle, **ullmhaigh** prepare

◊ **~ do leaba!** Make your bed!, **~ tú féin don chóisir!** Doll yourself up for the party!, **D'fhéadfaí an scéal sin a chóiriú!** That story could be improved upon., **Cóireoidh an t-altra an chneá.** The nurse will dress the wound., **Arbh fhéidir leat an ceol seo a chóiriú do chór?** Could you arrange this music for a choir?

2. mend, make right, repair
beachtaigh make precise, fine-tune, **ceartaigh** correct, make right, **coirtigh** decorticate; tan (eg **seithe a choirtiú** to tan hide), **comhardaigh** equalise, balance, **cothromaigh** balance, make even, **cuir bail ar** fix, shape up, **cuir caoi ar** to put into shape, **cuir dóigh éigin ar** to knock some shape into, **cuir i gceart** put right, **cuir le chéile arís** put together again, **deisigh** fix, mend, **leigheas** heal, cure, mend, **maisigh** decorate, **mionathraigh** modify, **paisteáil** patch up, **socraigh** settle

◊ **~ an rothar seo, le do thoil!** Mend this bicycle, please!, **Chóirigh siad seanteach feirme.** They restored an old farmhouse.

Cóirithe *pp* mended, made as ought to be, arranged, dressed

athchóirithe rearranged, **atógtha** reconstructed, **beachtaithe** corrected, made precise, **ceartaithe** corrected, made right, **coirtithe** decorticated; tanned (eg **seithe atá coirtithe** hide that has been tanned), **comhardaithe** equalised, balanced, **cothromaithe** balanced, made even, **déanta suas** done/made up, **deisithe** fixed, mended, **fearastaithe** equipped, furnished, **glanta suas** cleaned up, **gléasta** fitted out, equipped, dressed, **innealta** adjusted, arranged; equipped, arrayed, **iompaithe thart** turned round, **leasaithe** amended, **leigheasta** healed, cured, mended, **maisithe** decorated, **mionathraithe** modified, **paisteáilte** patched up, **réitithe** set right, **socraithe** settled, **trealmhach** accoutred, equipped, **ullmhaithe** prepared

◊ **Tá mé ~ go maith acu anois!** They have me rightly stitched up!, You wouldn't believe the stories they've made up about me!

Cóiriú *vn* mending, restoring; fixing (up), dressing
athchóiriú rearranging, **atógáil** reconstructing, **beachtú** making precise, fine-tuning, **ceartú** correcting, making right, **coirtiú** decorticating; tanning (eg **coirtiú seithe** tanning hide), **comhardú** equalising, balancing, **cothromú** balancing, making even, **déanamh suas** doing/making up, **deasú** making nice, **deisiú** fixing, mending, **éidiú** dressing, clothing, **fearastú** equipping, furnishing, **glanadh suas** cleaning up, **gléasadh** dressing, fitting out, equipping, **inleadh** adjusting, arranging; equipping, arraying, **iompú thart** turning round, **leasú** amending, **leigheas** healing, curing, mending, **maisiú** decorating, **mionathrú** modifying, **oirniú** *(high reg)* bedecking, adorning; *(ecc)* ordaining, **paisteáil** patching up, **réiteach** setting right, **socrú** settling, **ullmhú** preparing

▲ **~ an tí** fixing up the house, **~ bróg** mending shoes, **~ caisleáin** restoring a castle, **~ créachta** dressing a wound, **~ foinn** arranging a melody, **~ fuinneoige** dressing a window, **~ leapa** making a bed, **~ na brídeoige** getting the bride ready/dressed

Coiriúil *adj⁴* criminal
aindlíthiúil lawless, **ainghníomh** (> *ainghníomh*) maleficent, **ainrialta** anarchic, lawless, **bithiúnta** villainous, **calaoiseach** fraudulent, **cam** crooked, **ciontach** guilty, **ciontóireachta** (> *ciontóireacht*) delinquent, **coireach** guilty, wicked, **duáilceach** iniquitous, full of wickedness, **éagórach** unjust, **eisreachtaithe** proscribed, outlawed, **feileonach** felonious, **feillbheartach** foul-acting, **in éadan an dlí** against the law, **indíotáilte** indictable, **ionchoiritheach** incriminating, **míghníomhach** evildoing, **míiomprach** disorderly, **neamhdhleathach** unlawful, **neamhdhlíthiúil** illegal, **peacúil** sinful, **scannalach** scandalous, **truaillithe** corrupted, **tuathbheartach** evil-doing, **urchóideach** nefarious

Coirm *f(~e; ~eacha)* feast; ~ **cheoil** concert
athris oral recitation, narration, **ceadal** recital, **ceolchoirm** concert, **cóisir** party, **cóisireacht** partygoing, partying, **cur i láthair** presentation, **féasta** feast, **féastaíocht** being festive, holding festivities, **fleá** *(drinking)* feast, festival, **gabháil cheoil** musical rendition, **gig** *f* gig, **léiriú** *(drama)* performance, **reacaireacht** reciting, **seisiún ceoil** musical session, **seó** show, **seinm** *f (seanma) (mus)* performance, **urghnamh** *(lit)* ministration; feast *(see also: féasta; ceolchoirm)*

Coirnéal *m (-éil, -éil, ~)* corner
binn corner, edge, **binneog** corner (eg **binneog éadaigh** corner of a piece of cloth), **casadh** turn, **cearn** corner; *(geog.)* quarter, **cluas** *f* corner, margin; ear-shaped handle, **cor** *m (coir; ~a, ~)* twist, turn, **corr** *f (coirre; ~a, ~)* projecting point, edge, angle, **crosaire** crossing, crossroads, **cúinne** *(often inside)* corner, **lúb** *f* bend, turn, **sciorta** marginal strip, bordering outside edge, **uillinn** *f (~e; ~eacha)* angle

Coirnín *m (~; ~í)* curl
cadhla coil, **caisirnín** kink, twist, **casnóg** *(thread)* twist, **castainn** twist, kink, **cataíl** curling, **cor** curve, twist, **coradh** curving, **corna** coil, **cornán** small coil/roll, **cuach** curl, **cuaile** coil, **dlaoi** lock (cf **dlaoi ghruaige** lock of hair), **dual** tress, lock, **fáinne** ring, **fáinneog** ringlet, curl, **fuairnín** *(paper, hair)* roll, **lúibín** little loop, ringlet, **lúb** *f* ringlet; loop (cf **an lúb a lúbadh** to loop the loop), **lúbán** small coil, coiled up shape, **roc** wrinkle, pucker, **rolla** roll, **ruaircín** *(rope)* kink, **urla** *m* lock of hair

Coirníneach *adj³* curly
bachallach curled, ringleted, **caisníneach** frizzy, having many small curls, **camarsach** wavy, curled, **cas** winding, curly; intricate, **casta** twisted, turned, **catach** curly, **cataíola** *(> cataíl)* curling (cf **iarann cataíola** curling iron), **corntha** coiled, **cuachach** curly, **curláilte** curled, **droimníneach** wavy, **lúbtha** looped, **mionchatach** *(hair)* frizzy, **tonnach** wavy, billowy

Coirpeach *m (-pigh; -pigh, ~)* criminal
ainbheartach *m* evildoer, **ainghníomhaí** malefactor, evildoer, **alfraits** *f (~e; ~í)*, **anchúinse** *m* scoundrel, **bithiúnach** villain, malefactor, **buirgléir** burglar, **caimiléir** crook, fraudster, **ceithearn** *f (-thirne; ~a, ~)* **coille** *(hist)* woodkern, outlaw, **ceithearnach** *m* **(coille)** *(hist)* outlaw, **ciontóir** *m* offender, **cladhaire** villain, **cleithire** rogue, **cneámhaire** rogue, crook, knave, **coireach** *m* transgressor, **cúblálaí** wangler, twister, **daoránach** *m* convict, **eisreachtaí** outlaw, **faladhúdaí** swindler, thief; deceiver, **feileon** felon, **foghlaí** trespasser, **gadaí** thief, **gadaí bóthair** highwayman, **ionnarbthach** expelled person, outlaw, **loitiméir** vandal, **lucht calaoise** fraudsters, **lucht míghnímh** evildoers, **meirleach** *m* bandit, **ógchiontóir** young offender, juvenile delinquent, **oilghníomhaí** misdemeanant, **peacaí** sinner, **pianseirbhí** convict, **réabóir** violator, **rógaire** rogue, **robálaí** robber, **ropaire** robber, violent person; highwayman, **ropaire bóthair** highwayman, **scabhaitéir** blackguard, **smuigléir** smuggler, **tóraí** bandit, robber; *(pol)* member of the British Conservative party *(see also: duine)*

Coisc *v₂ᵦ* prevent, prohibit, ban
bac balk, hinder, ban, **balbhaigh** mute, silence, **blocáil** block, **bris suas** break up, **brúigh faoi** suppress, **coinnigh cúl** hold back, **coinnigh siar** hold back, **ríochnaigh** finish, **cros** forbid; cross, **cuimsigh**, contain, limit, **cuir bac ar** place a ban on, **cuir bac le** ban, prohibit, **cuir constaic le** obstruct, **cuir cosc ar** check, restrain; preclude, disbar, **cuir cosc le** prohibit, **cuir coscán ar** put a brake on, **cuir cúl ar** hold back, put off, **cuir deireadh le** put an end to, **cuir faoi chois** repress; quell, **cuir i dtost** silence, **cuir isteach (ar)** interrupt, **cuir srian le** restrict, **déan cinsireacht ar** censor, **dún** close, **eisreachtaigh** proscribe; outlaw, **gabh** arrest, **idirbhris** *(comp)* interrupt, **múch** extinguish, quench; switch off, **plúch** smother, **smachtaigh** control, **srian** restrain, **spaill** check, rebuke, **stop** stop, halt, **toirmisc** prohibit, prevent, **urchoill** *(psy)* inhibit, **urchoisc** *(jur)* bar, **urghair** prohibit, prevent, check; *(ecc)* indict

Coiscéim *f (~e; ~eanna)* footstep
céim step, **crágáil** tramp, ungainly walk, **gúngáil** staggering, awkward gait, **siúl** walk, tread, **siúl maslach** plodding along, **spágáil** shambling gait, **spás** space, **strácáil** trudge, **torann coise** footfall, **troigh** *(meas)* foot

▲ ~ **an ghandail** goose step, ~ **bhacaí** limp, ~ **chun cúil** step backwards, ~ **chun tosaigh** step forward, ~ **éadrom** light step, ~ **thomhaiste** measured step, ~ **throm** heavy step

Coiscthe *pp* prevented, prohibited, banned
bactha hindered, prevented, balked, **balbhaithe** muted, silenced, banned, **blocáilte** blocked, **briste suas** broken up, **brúite faoi** suppressed **coinnithe cúl** held back, **coinnithe siar** held back, **críochnaithe** finished, **crosta** forbidden; crossed, **curtha faoi chois** repressed; quelled, **curtha i dtost** silenced, **druidte** closed, shut, **dúnta** closed, **eisreachtaithe** proscribed; outlawed, **gafa** arrested, **idirbhriste** *(comp)* interrupted, **múchta** extinguished, quenched; switched off, **plúchta** smothered, **smachtaithe** controlled, **srianta** restrained, **spaillte** checked, rebuked, **stoptha** stopped, halted, **toirmiscthe** prohibited, prevented, **urbhactha** estopped, **urchoillte** *(psy)* inhibited, **urchoiscthe** *(jur)* barred, **urghairthe** prohibited, prevented, checked; *(ecc)* indicted

Coisctheach *adj³* preventative
coiscín *(> coiscín)* prevention; contraceptive, **cosanta** protective, **cosantach** protective, defensive,

forálach cautionary, **próifiolacsach** prophylactic, **réamhchoisctheach** preemptive, **sábháilteachta** (> *sábháilteacht*) safety, **sriantach** restraining

Coisí *m (~; -sithe)* pedestrian
aistreánach *m* wanderer, **bonnaire** foot messenger, gofer; trotter, **ceithearnach** *m (hist)* foot soldier; *(chess, fig)* pawn, **cnocadóir** hillwalker, **cóstóir** rambler; jaywalker, **fálródaí** trekker, **fámaire** sightseer, tourist, **fánaí** wayfarer, **fiaire** *m* wild rover, rambler, **lucht seachráin** wanderers, **raimleálaí** rambler, **rampaire** stroller; sportive person, **ridire an bhóthair** tramp, knight of the road, **seachránaí** wanderer, **siúlóir** walker; trekker, **siúlóir neamhaireach** jaywalker, **taistealaí** traveller, **tramp** *m (~)* tramp, **troitheach** *m* pedestrian; foot soldier, **turasóir** tourist, **válcaeir** walker, stroller

▲ ~ **neamh-aireach** jaywalker

Cóisir *f(~e; -rí)* party, communal celebration
aonach *m* fair, **céilí** evening of Gaelic dancing, **ceiliúradh** celebration, ceremony, **coirm** party, **comóradh** commemoration; fete, **craic** *f* diversion, craic, **comhluadar** being together, company, **cuideachta** company, social amusement, **damhsa** dance, **dioscó** disco, **éigse** festival of poets and writers, **féasta** feast, **féile** *f* festival, celebration, fete, **feis** fete, celebration, **fleá** feast, drinking together, celebration, **líth** *m (líotha) (lit)* celebration, **mustar daoine** gathering of people, assembly, **ócáid** occasion, **oireachtas** festival, *(official)* gathering of people for fun or business or both, **peártaí** *(BÁC, house-party, having fun)* party (time), **pléaráca** revelry, **ragairne** wild partying, **rince** dance, **scot** picnic party with food that has been stolen or scrounged, **seisiún (ceoil, comhrá, etc)** (musical, chatting, etc) session, gig, **siamsa** pleasant diversion, **siamsaíocht** entertainment, diversion, **siompóisiam** symposium, **teacht le chéile** get-together, **tóstal** pageant, tattoo

▲ ~ **bhainise** wedding party, ~ **bhréagéide** fancy-dress party, ~ **bhreithlae** birthday party, ~ **dhinnéir** dinner party, ~ **fágála** farewell party, ~ **ghairdín** picnic party, ~ **gharraí** garden party, ~ **mhanglam** cocktail party, ~ **na gcearc** hen night, ~ **na bpoc** stag night, ~ **Nollag** Christmas party, ~ **oifige** office party, ~ **réamhbhreithe** baby shower, ~ **réamhphósta** wedding shower, ~ **shochraide** funeral party, ~ **thar oíche** sleepover (party)

◊ *(Hallowe'en)* **Cleas nó ~?** Trick or treat?

P ~ **i ndiaidh na hóinsí!** Every fool has his followers!

Coiste *m (~; -tí)* committee
bord board, **caibinéad** cabinet, **coimisiún** commission, **comh-aireacht** *(pol)* cabinet, **comhairle** council, **comhlacht comhairleach** advisory body, **fochoiste** subcommittee, **giúiré** *m (~; ~ithe)* jury, **grúpa comhairleach** advisory group, **ionchoisne** *m (jur)* inquest; inquisition, **meitheal oibre** work party, **meitheal smaointe** think tank, **stiúrthóireacht** directorate, **painéal** panel, **tascfhórsa** taskforce

▲ ~ **ainmniúcháin** nomination committee, ~ **bronnta** awarding committee, ~ **comh-aireachta** cabinet committee, ~ **comhairleach** consultative committee, ~ **cróinéara** coroner's inquest, ~ **dháréag** jury, ~ **eagraithe** organising committee, ~ **faire** watchdog committee, ~ **fáiltithe** welcoming committee, ~ **feidhmiúcháin** executive committee, ~ **forbartha** development committee, ~ **gnímh** action committee, ~ **uile-pháirtí** all-party committee, ~ **lárnach** central committee, ~ **roghnaithe** selection committee, ~ **seanaid** senate committee, ~ **seasta** standing committee, ~ **stiúrtha** steering committee

Cóiste *m (~; -tí)* coach
bus *m (~; ~anna)* bus, **bugaí** buggy, **bus scoile** school bus, **carr cliathánach** sidecar, **carráiste** carriage, **carráiste gan chapall** horseless carriage, **eileatram** *(vehicle)* litter, **feithicil** vehicle, **gléas iompair** means of transport, **landó** landau, **limisín fada** stretched limousine, **ricseá** rickshaw, **searabanc** charabanc, **trucail** truck, **vaigín** wagon

▲ ~ **balbh** death coach, ~ **capaill** horse-drawn carriage, ~ **cathaoireacha** chair car, ~ **codlata** *(coach)* sleeper ~ **na marbh** hearse, ~ **scítheanna** stagecoach

> O **Cóiste Balbh** *coach driven by a headless coachman* – believed to be the coach that arrived to carry away the souls of the dead. *'Cóiste balbh is ea é,' arsa mise leis, 'Dhera, nár lige Dia don gcóiste balbh thú,' ar seisean, 'Ní hea ná cóiste balbh!'* 'Would it be the death coach?' says I to him. 'Yera, may God keep you from the death coach,' says himself, 'No, it's not the death coach!'
> Peig Sayers

Coiteann *adj¹* common, general
aithnidiúil familiar, **caighdeánach** standard, **coitianta** commonplace, ordinary, **comónta** common, everyday; vulgar, **comhchoiteann** general, collective, **fairsing** extensive, **forleathan** widespread, **forleitheadach** widespread, general; expansive, **ginearálta** general, **gnách** commonplace, average, **gnáth-** *pref* ordinary, usual, **gnáthúil** customary, common, **iomadúil** frequent, excessive, **iomlán** overall, **iondúil** usual, **leathan** broad, **laethúil** daily, **poiblí** public, **rialta** regular, **scóipiúil** broad, far-reaching, **traidisiúnta** traditional, **tréitheach** characteristic, common, **uilechoiteann** general, universal, **uilíoch** universal *(see also: coitianta)*

Coitianta *adj⁶* commonplace, ordinary
aithnidiúil familiar, **beag le rá** undistinguished, run-of-the-mill, **caighdeánach** standard, **coiteann** common, general, **comónta** common; vulgar, **forleata** widely spread, **forleathan** widespread, **gan aird**

unexceptional, **ginearálta** general, **gaelach** homely, common, ordinary; Gaelic, **gnách** commonplace, average, **gnásúil** conventional, **gnáth-** *pref* ordinary, usual, **gnáthúil** common, customary, **iomadúil** frequent, **iondúil** customary, usual, **laethúil** daily, **leitheadach** prevalent, of great extent, **liosta** pedestrian, **óraice** normal, proper, widespread, **pleibeach** plebian, **pléineáilte** plain, **poiblí** public, **rialta** regular, **seanchaite** clichéd, **simplí** simple, **smolchaite** stock (cf **freagra smolchaite** stock answer), **súchaite** trite, **traidisiúnta** traditional, **uilíoch** universal

Coitinne *f (~)*

1. generality
cosúlacht likeness, commonality, similarity, **cuimsitheacht** comprehensiveness, **cúrsaí ginearálta** generalities, **éacúiméiní** ecumenicity, **fairsinge** extensiveness, generality, **forleithne** pervasiveness, extensiveness, **ginearáltacht** generalisation, **ginearálú** generalising, **gnás** ritual, **gnáthúlacht** customariness, **iomláine** wholeness, **leitheadúlacht** prevalence, extensiveness, **nós imeachta** procedure, **nósmhaireacht** customariness, **scóip** scope, **uileghabhálacht** universality, inclusiveness, **uilíocht** universality

2. **i g~** in general, generally
a bheag nó a mhór more or less, **ar an iomlán** on the whole, **ar an mórchóir** by and large, **de ghnáth** usually, **den chuid is mó** for the most part, **go coitianta** commonly, **go ginearálta** generally, **go príomha** mainly, **tríd is tríd** broadly speaking

Col *m (coil; ~anna)* aversion; incest; violation

antoil evil inclination, **briseadh** breaking, **coir** crime, **colúlacht** repugnance, **consaeit** *m* squeamishness, **cosc** prohibition, **cur i gcoinne** opposition, **déistin** disgust, **diúltú** rejection, **dochma** aversion, reluctance, **drochbhlas** distaste, **drogall** reluctance, hesitance, **dúnáras** reticence, **fíorghráin** detestation (cf **ní lú orm an sioc ná é.** I detest it), **fuath** hate, antipathy, **fuathú** abhorrence, **gráin** hatred, **iomarbhas** *(lit)* transgression, **leisce** hesitancy, **mídhúil** aversion; dislike, **mífhonn** disinclination, **míghnaoi** disfavour, dislike, **míshuaimhneas** unease, disquiet, **míthaitneamh** dislike, **neamhthoil** reluctance, unwillingness, **peaca** sin, **samhnas** nausea, disgust, **sárú** violation, **seachaint** avoidance, **snamh** dislike, distaste, **truaillíocht** defilement, **urchoilleadh** inhibition, **urghráin** abhorrence

▲ **~ ceathrair/ceathar** first cousin, **~ ceathracha** first cousins, **~ cúigir** first cousin once removed, **~ seisir** second cousin, **~ seachtair** second cousin once removed, **~ ochtair** third cousin

▲ **~ fola** consanguinity, **~ gaoil** forbidden relationship, **~ geise** breaking of a prohibition/taboo **~ móide** violation of a vow, **~ uisce** spiritual impediment

Colach *adj³* incestuous

adhaltrach adulterous, **aicmiúil** cliquish, **aindiaga** ungodly, **as lámh a chéile** hand in glove, **claon** perverse, **colúil** distasteful, repugnant, **corbach** corrupt, depraved, **cradhscalach** repugnant obnoxious, **damanta** abominable, diabolical, **déistineach** disgusting, **duaiseach** grim, repulsive, **gránna** ugly, disagreeable, **gráiniúil** hateful, abhorrent, **ionphóraithe** inbred, **míchuí** inappropriate, **míchuibhiúil** unseemly, **mífheiliúnach** unsuitable, **mínádúrtha** unnatural, **mínaofa** unholy, **múisciúil** nauseating, **peacúil** sinful, **samhnasach** nauseating, disgusting, **saobh** perverted,

Coláiste *m (~; -tí)* college

acadamh academy, **cliarscoil** seminary, **clochar** convent, **institiúid léinn** institute of learning, **ollscoil** university, **scoil** school *(see also: scoil)*

▲ **~ cairdinéal** college of cardinals, **~ ealaíne** art college, **~ eolaíochta** college of science, **~ Gaeilge** Irish (language) college, **~ na nGael** Irish college, **~ na Tríonóide** Trinity College, **~ pobail** community college, **coláiste polaiteicnice** polytechnic, **~ máinlianna** college of surgeons, **~ samhraidh** summer (Irish language) college, **~ talmhaíochta** agricultural college, **~ teicneolaíochta** college of technology, **~ teicniúil** technical college, **~ toghcháin** electoral college

Colg *m (coilg)* rage

alltacht, wildness, uncontrollable rage, **báiní** frenzy, **buile** fury, **cantal** bile, **confadh** rabies; rabid temper, **crostacht** fractiousness, crossness, **cuthach** *m* rage, vehemence, **diardain** *f (lit)* anger, roughness, **díbheirg** wrath, vengeance, **dod** anger, sullenness, **dorr** *f* fit of bad temper, **dorrán** fit of anger, **faghairt** glint of anger, **fearg** *f* anger, **fiántas** wildness, **fiarán** anger, petulance, **fiatacht** fierceness, anger, **fíoch** fury; feud, **fiúir** fury, **fiúrantacht** furiousness, **fraoch** *m* wrath, fury, **fraochtacht** rage, fury, **goimh** virulence, gall, **mioscais** spleen, **mire** frenzy, craziness, **nimh** venom, animosity, **olc** anger, ill will, **paisean** passion, **reitheach** *f* fit of rage/passion, **spadhar feirge** fit of rage/temper, **taghd** fit of anger *(see also: fearg)*

Colgach *adj³* raging, furious, bristling with anger

allta, wild, uncontrollably enraged, **ar buile** livid, **ar craobhacha** hopping mad, **ar daoraí (le)** furious (with), **ar deargbhuile** raging mad, **ar mire** frenzied, crazed, **aranta** ill-humoured, **cochallach** hot-tempered, angry, **cochallach** angry, hot-tempered, **confach** bad-tempered; *(dog)* rabid, **cuthaigh** (> **cuthach)** enraged, angry, **dodach** angry, sullen, **feanntach** piercingly angry, lashing out, **fiáin** wild, **fiata** fierce, angry, **fiúranta** furious, **fraochmhar** wrathful, furious, raging, **fraochta** enraged, fierce, **goimhiúil** virulent, **íortha** deranged, mad, very angry, irascible, **le báiní** frenzied, **lonn** irascible, angry, fierce, **mallaithe** demonic, bloody-minded, vicious, **mioscaiseach** malicious, full of spleen, **nimhneach** venomous, **ribeanta** sharp, severe, **sceanúil** bristlingly angry; *(sea)* choppy, **spadhrúil** given to fits of rage, **splanctha** inflamed, flared up, **straidhniúil** subject to fits of anger, **suaite** upset, troubled, **taghdach** given to fits of temper *(see also: feargach)*

Collaí *adj⁶* carnal, sexual
colanda physical (cf **caidreamh colanda** physical relationship), **dlúth-** intimate, **dlúth** close, **dlúthchairdiúil** intimately friendly; bosom-, **drúisiúil** lusting, lustful, **gnéasach** sexual; sexy, **gnéis** (> **gnéas**) sexual, **mealltach** alluring, seductive, **suirí** (> **suirí**) making love; courtship, **suiríoch** *(sexual)* soliciting, courting

▲ **caidreamh** ~ sexual intimacy/relations, **dlúthchaidreamh** ~ sexual intercourse, **fios** ~ **(neamhdhleathach)** (unlawful) carnal knowledge, **mianta** ~ carnal desires

Collaíocht *f(~a)* sexuality, carnality
áilíos sexual craving, desire, **ainmhian** passion, lust (cf **ainmhianta na colainne** lusts of the flesh), **andúil** craving, addition, **anghrá** eroticism, **anmhacnas** lasciviousness, lust, **drúis** lust, **drúisiúlacht** lustfulness, **gnéas** sex, lovemaking, **gnéasacht** sexuality, **gnéaschlaonadh** sexual orientation, **gnéasúlacht** sexiness, **inscne** gender, **iompraíocht ghnéis** sexual behaviour, **macnas** voluptuousness, wantonness, frolicking, **meallacacht** (sexual) allure, **mealltacht** seductiveness, **mian chollaí** sexual desire, **peaca** sin, **rachmall** sexual urge, desire, **téisiúlacht** sensuality, **úll na haithne** forbidden fruit, **toradh toirmiscthe** forbidden pleasure/fruit

Colscaradh *m (-rtha; -rthaí)* divorce
briseadh break, **briseadh síos** breakdown, **briseadh suas** breakup, **(ar) chrosaire na beatha** (at the) parting of the ways, **cur ar ceal** cancellation, abolition, **cur ar neamhní** annulment, **deireadh an phósta** the end of the marriage, **foraithne** *f* **nisi** decree nisi, **idirscaradh** separation, divorce, **neamhniú** annulment, **réabadh** rupture, **scaradh** separation, **scaoileadh** dissolution, **scoilt** split, **siosma** *m (hist)* schism, **titim as a chéile** falling apart

Colscartha *adj⁶* divorced
briste broken, **briste síos** broken down, **briste suas** broken up, **curtha ar neamhní** annulled, **neamhnithe** annulled, **réabtha** ruptured, **scartha** separated, **scaoilte** dissolved, **scoilte** split up, **tite as a chéile** fallen apart

Colún *m (-úin; -úin, ~)*
1. *(pillar/convoy)* column
branra supporting bar, **cos** leg, **crann seasta** upright, support, **cuaille** post, **fearsaid** *(science)* shaft, **fosú** stay, support, **gallán** pillar, **gas** stem, shaft, **líne** *f* line, **marcra** cavalcade, **mórshiúl** procession, **oibilisc** obelisk, **piléar** pillar, **piléar balla** pilaster, **polla** pole, pillar, **sail** beam; prop, support, **scuaine** *f* queue, **seafta** *(mec)* shaft, **sonn** upright post, stake, **sraith** row, **sraoillín** file, train, **sreang** *f (sreinge)* string, **stáinse** stanchion, upright support, **standal** post, stake, **stóinse** pillar, support, **taca** support, prop, **treas** *m (~a; ~a, ~)* file, line (cf **i dtreas singil** in single file), **uaithne** *m* prop, post, pillar, **ursain** doorpost; support

2. *(writing)* column
alt article, **eagarfhocal** editorial, **gné-alt** feature (article), **píosa sa nuachtán** piece in the newspaper, **príomhalt** leader (article), **rúibric** rubric, **scéal** story

Comaoin *f(~e; ~eacha)* compliment, favour, obligation
aisíoc *m (~a)* payback, **ceangal** bond, binding, **cineáltas** kindness (**Na cineáltais a rinne siad orm!** The kindnesses they showed me!), **coimirce** *f* patronage, **cuing** yoke, bond, obligation (eg **bheith faoi chuing rúin** to be obliged to keep secret), **cúiteamh** compensation, recompense, **dualgas** duty, customary due, **focal deas** kind word, **gar** favour, good turn, **geis** (traditional) binding, obligation, **moladh** praise, **nascadh** binding, **oibleagáid** obligation, **pátrúnacht** patronage, **plámás** flattery, **rud** thing (**Rinne sé rud dom.** He did something for me.), **snaidhm** knot, bond, **urraíocht** sponsorship

◊ **Táim faoi chomaoin mhór agat!** I am greatly obliged to you.

Comhair 1 *(used to express 'position')*
1. **i g~** *(+gen)* intended for
ar towards, to, (cf **dul ar scoil** to go to school), **chun** *(+gen)* for, **do** for, **faoi choinne** *(+ gen)* for, **le haghaidh** *(+gen)* for

◊ **ag ullmhú i g~ na Nollag** preparing for Christmas, **suíocháin i g~ na moltóirí** seats intended for the adjudicators

2. **faoi chomhair** for, towards
ar lorg *(+ gen)* in search of, **chuig** towards, **chun** *(+ gen)* towards, **do** to, for, **faoi dhéin** in search of, for, **go** to, towards, **go dtí** to, towards, **i dtreo** *(+gen)* in the direction of

◊ **Cuireadh fáilte faoinár g~.** We were welcomed., **Téigh faoi chomhair na sólaistí!** Go and get the refreshments!

3. **os ~** *(+gen)* before
ar aghaidh *(+ gen)* in front of, **in urchómhair** in front of, opposite, **os coinne** *(+ gen)* before, in front, **roimh** before, **thall** opposite, **trasna uait** across from you, **urchomhaireach** opposite

◊ **díreach os ~ mo shúl** right before my eyes, **os mo chomhair amach** right in front of me, **os ~ na cuideachta go léir** in front of everybody

Comhair 2 *v₁ᵦ* count
áirigh calculate, enumerate, **athchomhair** recount, **bain as** subtract, **cuir sa mheá** put on the scales, size up, **cuntais** count, **déan áireamh ar** count, reckon, **déan comhaireamh** do a calculation/reckoning, **déan cuntas ar rudaí** make a count of things, **déan ríomhaireacht** make a computation, calculate, do computing, **fómhais** calculate, *(jur)* tax (cf **ag fómhas costas** estimating/taxing costs), **grádaigh** grade, rating, **imeasc** *(tech)* integrate, **iolraigh** multiply, **iomlánaigh** integrate, **liostáil** list, **meáigh** *m* weigh, **meas** assess, reckon, **measúnaigh** assess, **oibrigh amach** work out, **rátáil** rate, **reicneáil** reckon, **ríomh** compute, calculate, **scóráil** score, tally, **seiceáil** check, **suimeáil** *(maths)* integrate, **suimigh (suas)** add (up), **uimhrigh** number

Comhaireamh *vn* counting, count
áireamh calculating, calculation; enumeration, **athchomhaireamh** recounting, **cuntas** counting, **cur sa mheá** putting on the scales, sizing up, **déanamh áireamh ar** counting, reckoning, **déanamh comhaireamh** doing a calculation/reckoning, **déanamh cuntas ar rudaí** making a count of things, **fómhas** calculation, estimate, **grádú** grading, rating, **iomlánú** integration, **liostáil** listing, **meá** *m* weighing, **meabhairuimhríocht** mental arithmetic, **meas** reckoning, deeming, **measúnú** assessing, appraising, **rátáil** rating, **reicneáil** reckoning, **ríomh** calculating, **ríomhaireacht** computing, **scóráil** scoring, tallying, **seiceáil** checking, **suimeanna** *mpl* sums, **suimiú (suas)** adding (up), addition, summing (up), **uimhir** *f (-mhreach; -mhreacha)* number, **uimhríocht** arithmetic, **uimhriú** numbering

Comhairle 1 *f(~; -lí)* advice, counsel
cabhair *f (-bhrach)* help, **ceadú** consulting, **cogar** quiet word, **comhairleoireacht** counselling, **comhairliú** advising, counselling, **comhairliúchán** consultation, **cumarsáid** communication, **dearcadh** view, **éachtaint** suggestion, inkling, **eolas** information, **faisnéis** intelligence, **focal i do chluas** a word in your ear, **focal rabhaidh** word of warning, **fógra** notification, **foláireamh** warning, injunction, **gaoth an fhocail** encouragement, **liosta dá bhfuil ceadaithe agus nach bhfuil** list of dos and don'ts, **meamram** memorandum, **moladh** advice, recommendation, suggestion, **rabhadh** warning, **sanas** hint, suggestion, **stiúradh** steering, directing, guidance, **stiúrthóireacht** directing; directorship, **treoir** *f (treorach)* guidance, instruction, **treoracha** *fpl* instructions, admonition, **tuairim** opinion

◊ **ar chomhairle an dochtúra** on the doctor's advice, **bheith idir dhá chomhairle** to be in two minds, **Éist le mo chomhairle!** Take my advice!, **Ní féidir ~ a chur air.** He won't take advice/ listen to reason.

Comhairle 2 *f(~; -lí)* council
bardas municipality, corporation (cf **Bardas Bhaile Átha Cliath** Dublin Corporation), **bord** board, **dáil** assembly, tryst, **foras** body, **foras riaracháin** administrative body, **foras Stáit** State body, **rialtas áitiúil** local government, **Sóivéid** soviet, **údarás** authority

▲ **~ baile** town council, **~ buirge** borough council, **~ chomhairleach** advisory council, **~ contae** county council, **~ paróiste** parish council, **~ Stáit** State Council

Comhairleach *adj³* advisory, consultative
comhghleacúil collegial, **eolach** informed, **faisnéiseach** informative, **moltach** advisable, **treorach** guiding, directive

Comhairleoir 1 *m (-eora; ~í)* counsellor, adviser
abhcóide counsel, **anamchara** *m (~d; cairde, ~d)* spiritual adviser, **aturnae** *m* solicitor, **bean** *f* **feasa** *(woman)* fortune teller, **dochtúir comhairleach** *(medical)* consultant, **cuiditheoir** helper, **eagnaí** sage, wise person, **éigeas** enlightened person, poet, **eolaí** well-informed person expert, (eg **bia-~** dietician), **fáidh** *m* prophet, **fáidheadóir** soothsayer, **faireach** *m* monitor, **fear feasa** *(man)* fortune teller, **giolla gualainne** right-hand man, **lia comhairleach** medical consultant, **meantóir** mentor, **oide** teacher, **rúnchara** *m (~d)* confidant, **sainchabhróir** *m (pol, busn, etc.)* aide, **sainchomhairleoir** *(business)* consultant, **saoi** wise person, sage, **tairngire** prophet, **teagascóir** instructor, coach, **traenálaí** trainer, **údar** reliable source, authority, **údarás** authority

▲ **~ cánach** tax adviser, **~ croí chráite** agony aunt, **~ dlí** legal adviser, **~ gairmthreorach** careers counsellor, **~ treorach pósta** marriage guidance counsellor

Comhairleoir 2 *m (-eora; ~í)* councillor
ball comhairle council member, **cuiditheoir** helper, **ionadaí rialtais áitiúil** local government representative, **oifigeach** *m* officer

▲ **~ baile** town councillor, **cathrach** city councillor, **~ ceantair** district councillor

Comhairligh *v₂ᵦ* counsel, advise
áitigh persuade, argue, **athchomhairligh** dissuade, **cuir comhairle ar** advise, **cuir in iúl** inform, notify, **dírigh** direct, **fógair** announce, bring to general notice, **foráil ar** press upon, urge, **gríosaigh** urge, **inis (do)** tell (to), **iomluaigh** propose, advance, **maígh** urge, **mol (do)** advise, recommend, **spreag** encourage, motivate, **tabhair comhairle do** give advice to, **tabhair do thuairim** give your opinion, **tabhair foláireamh do dhuine** to caution a person, **tabhair moladh do** give advice to, **tabhair rabhadh** warn, caution, **treoraigh** guide, direct

Comhairlithe *pp* counselled, advised
áitithe persuaded, argued, **athchomhairlithe** dissuaded, **curtha in iúl** informed, notified, **dírithe** directed, **fógartha** announced, brought to general notice, **foráilte ar** pressed upon, urged, **gríosaithe** urged, **inste (do)** told (to), **iomluaite** proposed, advanced, **maíte** urged, **molta (do)** advised, recommended, **spreagtha** encouraged, motivated, **treoraithe** guided, directed

Comhairliú *vn* counselling, advising
áitiú persuading, arguing, **athchomhairliú** dissuading, **cur in iúl** informing, notifying, **díriú** directing, **cur comhairle ar** advising, **fógairt** announcing, bringing to general notice, **foráil ar** pressing upon, urging, **gríosú** urging, **insint (do)** telling (to), **iomlua** proposing, advancing, **maíomh** urging, **moladh (do)** advising, recommending, **spreagadh** encouraging, motivating, **tabhairt foláirimh/rabhaidh** cautioning/warning, **tabhairt molta** recommending, **tabhairt tuairime** giving an opinion, **treorú** guiding, directing

Comhairthe *pp* counted
áirithe calculated, counted, **athchomhairthe** recounted, **cuntaiste** counted, **curtha sa mheá** put on the scales, sized up, **fómhasta** calculated, **grádaithe** graded, rated, **iomlánaithe** integrated, **liostáilte** listed, **meáite** *m* weighed, **measta** reckoned, deemed, **measúnaithe** assessed, appraised, **rátáilte** rated, **ríofa** calculated, **scóráilte** scored, tallied, **seiceáilte** checked, **suimithe (suas)** added (up), **uimhrithe** numbered

Comhar *m (-air)* team effort, partnership, collaboration
comharaíocht team working, cooperating in collective effort, **comharchumann** cooperative, **comhfheirm** *(hist)* collective farm, **comhfhiontar** joint venture, coordinated initiative, **comh-idirspleáchas** mutual interdependence, **cómhargadh** common market, **comhoibriú** working together, cooperation, **comhpháirtíocht** partnership, **comhshaothar** collaboration, **cur le chéile** pulling together, **dialóg** dialogue, **meitheal** *f (-thle; -thleacha)* working party, **obair foirne** teamwork, **sineirge** synergy

Comharba *m (~; ~í)* successor
duine nua replacement, **ionadaí** *m* substitute; replacement, **leanúnaí** follower, **oidhre** *m* heir, **sliocht** *m* progeny, **tánaiste** second in command; *(pol)* deputy to the prime minister

Comharsa *f(~n; ~na, ~n)* neighbour
cara *m (~a; cairde, ~d)* friend, **comharsanach** *m* neighbouring person, neighbour, **comhleapach** *m* bedfellow, **comhshaoránach** fellow citizen, **dúchasach** *m* native, **dúichíoch** person from the area, **duine** person, **duine/lucht aitheantais** acquaintance/acquaintances, **duine dár gcomhluadar** one of ours, **fear béil dorais** the man next door, **lucht an bhaile seo againn** our people, our town's folk, **muintir na háite** the locals, **na daoine istigh** *(island talk)* people living on the island, **náisiúnach** national, **neach** being, creature, **obair foirne** teamwork, **(an) teaghlach béil dorais** (the) household next door, **saoránach na tíre** citizen of the country

◊ *(Bible)* **Gráigh do chomharsa mar tú féin!** Love thy neighbour as thyself!, *(Bible)* **Ná santaigh bean do chomharsan!** Thou shalt not covet thy neighbour's wife! **Táim chomh sona le cuach i nead a comharsan.** I'm as happy as Larry., I couldn't be happier.

Comharsanacht *f(~a)* neighbourhood
baile home, **ceantar** district, **cóngar** vicinity, **cóngaracht** nearness, **dúiche** *f* locality, locale, **fochair** *(non-declinable)* nearness, proximity, **gaireacht** nearness, proximity, **gaobhar** proximity, **pobal** community, **purláin** *spl* precincts, **réigiún** region, **sna bólaí seo** in these parts, **timpeallacht** surroundings, **timpeall na háite** around the locale, **urthimpeall** surroundings (cf **in urthimpeall na háite** around locally)

◊ **Rinne siad ~ mhaith dúinn.** They were good neighbours to us., **sa chomharsanacht de mhilliún euro** *(BÁC)* in the neighbourhood of a million euro

Comharsanúil *adj⁴* neighbourly
báuil sympathetic, **bráithriúil** brotherly, **cabhrach** helpful, **caoithiúil** amicable, **cairdiúil** friendly, **caoin** benign, **cásmhar** caring, considerate, **comhbhách** sympathetic, **comrádúil** comradely, accommodating, **córtasach** courteous, generous, friendly, **cuideachtúil** companionable, sociable, **cuidiúil** constructive, helpful, **cúirtéiseach** courteous, **dáimhiúil** friendly to everyone, showing natural affection, **fáilí** pleasant to be with, affable, **flaithiúil** bounteous, generous, **forbhfáilteach** joyfully welcoming, **garach** obliging, **lách** kind, gentle, **mar a dhéanfadh comharsa** as a neighbour would do, **méiniúil** well-disposed, friendly, **mór le chéile** close in friendship, **muineartha** treating others like family, sociable, avuncular, **oibleagáideach** obliging, **sochaideartha** approachable, sociable, **so-ranna** companionable, **taitneamhach** likeable, congenial, **tuisceanach** considerate *(see also: cairdiúil)*

Comharsanúlacht *f(~a)* neighbourliness
bráithriúlacht brotherliness, **cairdiúlacht** friendliness, **comrádúlacht** comradeliness, **cuideachtúlacht** sociableness, **cuidiúlacht** helpfulness, **cúirtéis** courtesy, **muintearas** sociability, kinsmanship, **oibleagáideacht** obligingness, **sochaidearthacht** approachability, sociability, **so-rannacht** companionableness, sociability

Comhartha *m (~; ~í)* sign, mark, gesture; signal **airí** *m* symptom, **aláram** alarm, **an solas glas** the green light, the go-ahead, **blaidhm** flare, **bratach** *f* flag, **ciú** *m* cue, signal, **comharthú** signification, **cruthú** proof, **cruthú cinnte** proof positive, **cuaille** *m* **eolais** signpost, **deilbhín** *(comp)* icon, **drochthuar** foreboding, portent, **éagasc** distinguishing mark, feature, **faisnéis** evidence, **fíor** *f (~ach)* sign (cf ~ **na Croise** sign of the Cross), **fógra** notice, **geáitse** gesture, **geistear** gesture, **gotha** *m* gesture, **iarsma** *m* mark, trace, **íocón** icon, **leid** clue, **léiriú** manifestation, **lorg** trace, vestige, **mana** sign; slogan, attitude, **meabhrúchán** reminder, **meirge** *m* banner, ensign, **míorúilt** miracle, **nod** hint, **nóta** note, **plaiceard** placard, **póstaer** poster, **rabhadh** warning, **rian** trace, **rianaire** marker, **sainchomhartha** characteristic, hallmark, **samhaltán** *(herl)* emblem, **samhlú** representation, **sanas** suggestion, **séan** *(good or evil)* sign, omen (cf ~ **maidhme** omen of defeat), **siombail** symbol, **siomtóm** symptom, **sméideadh** nod, beckoning sign, **suaitheantas** badge, **tásc** indication, **táscaire** indicator, **teimheal** trace, sign, **teir** evil omen/sign, **trádmharc** trademark, **treoire** indicator, **tuar** sign, omen, **tuar an oilc** evil sign, ominous premonition

▲ ~ **aitheantais** identifying feature, ~ **ár n-ómóis** token of our esteem, ~ **bípeála** beeping signal, ~ **bóthair** road sign, ~ **cairdis** sign/gesture of friendship, ~ **céatadáin** percentage sign, ~ **ceiste** question mark, ~ **cille** birth-mark, ~ **dá ngrá** sign of their love, ~ **dea-mhéine** gesture of goodwill, ~ **dearfach** positive sign, ~ **digiteach** digital signal, ~ **dóchais** sign of hope, ~ **fearthainne** sign of rain, ~ **fiabhrais** sign of fever, ~ **gáirsiúil** rude gesture, ~ **laige** sign of weakness, ~ **maith** good sign, ~ **na croise** sign of the cross, ~ **na sláinte maithe** sign of good health, ~ **poncaíochta** punctuation mark, ~ **rabhaidh** warning signal, ~ **raidió** radio signal, ~ **síochána** sign of peace, ~ **sráide** street sign, ~ **an Stoidiaca** signs of the Zodiac, ~ **treo** signpost

◊ **Ba chomhartha é go raibh deireadh tagtha leis an ré sin.** It signaled the end of that era., **Is ~ é den dul chun cinn atá déanta.** It is a sign of the progress that has been made., **Tá an ~ an-lag anseo.** The signal is very weak here.

Comharthaigh *v₂ₐ* signal, indicate; designate **ainmnigh** designate, nominate, **ceap** appoint, **déan comhartha** make a signal/sign, **déan comharthaíocht** *(lang)* sign, to use sign language, **dírigh** direct, **léirigh** portray, indicate, **marcáil** mark, **pointeáil (amach)** point (out), **sainigh** specify, define; state expressly, **sínigh (chuig)** point (to) **stiúir** steer, direct, **tabhair comhartha (do)** give a sign (to), **tabhair le tuiscint** let be known, give to understand, **taispeáin** show, indicate, **treoraigh** guide

Comharthaithe *pp* signalled, indicated; designated **ainmnithe** designated, named, **ceaptha** appointed, **comhartha** signalled to, **dírithe** directed, **léirithe** portrayed, indicated, **marcáilte** marked, **pointeáilte (amach)** pointed (out), **sainithe** specified, defined; stated expressly, **sínithe (chuig)** pointed (to), **stiúrtha** steered, directed, **taispeánta** shown, indicated, **treoraithe** guided, **tugtha le tuiscint** given to understand

Comharthú *vn* signalling, indicating; designating **ainmniú** designating, naming, **ceapadh** appointing, **déanamh comhartha** making a signal/sign **déanamh comharthaíocht** *(lang)* signing, using sign language, **díriú** directing, **léiriú** portraying, indicating, **marcáil** marking, **pointeáil (amach)** pointing (out), **sainiú** specifying, defining; stating expressly, **síniú (chuig)** pointing (towards) **stiúradh** steering, directing, **tabhairt comhartha (do)** giving a sign (to), **tabhairt le tuiscint** letting be known, giving to understand, **taispeáint** showing, indicating, **treorú** guiding

Comhbhá *f (~)* sympathy **bá** affinity, **báíocht** fellow feeling, sympathy, **báúlacht** sympathy, friendly disposition, **boige** softness, **cairdiúlacht** friendliness, **cáiréis** caring, **caoine** gentleness, caring, **carthanacht** charity, friendliness, **cásamh** condolence, sympathy, **cineáltacht** kindness, **cion** *m (ceana)* affection, caring, **comhbhrón** condolence, sympathy, **comhthanas** companionship, **compánachas** companionship, **comrádaíocht** comradeship, **cumann** fellowship, **cúram** care, **dáimh** natural affection, fellow feeling, **daonnacht** humanity, **gean** affection, caring, **grá** love, **íocht** *f* kindness, mercy, **ionbhá** *f* empathy, **láiche** pleasantness, affability, **mánlacht** gentleness, **míne** softness, **taise** compassion, **trua** *f* pity, **truamhéala** *f* compassion, pity, **trócaire** *f* compassion, mercy, **tuiscint** understanding *(see also: bá 2)*

Comhbhrón *m (-óin)* condolence, sympathy **briseadh croí** heartbreak, **brón ar son duine eile** sorrow on behalf of another, **buairt** grief, **cás** concern, trouble (cf **Is trua liom do chás.** I'm sorry for your trouble.), **cásamh** condolence, **cásmhaireacht** concern, **comhbhá** *f* sympathy, **cumha** nostalgia, sorrow of parting, **dáimh** natural affection, fellow feeling, **dobrón** mourning, **íocht** *f (lit)* pity, mercy, **ionbhá** *f* empathy, **trua** *f* pity, **trócaire** compassion, mercy, **tuiscint** understanding *(see also: brón)*

◊ **Déanaim mo chomhbhrón leat faoi do chaill.** Allow me to express my condolences for your loss.

Comhchiallach 1 *m (-aigh; -aigh, ~)* synonym **coibhéis** *(maths, chem)* equivalent, **cómhaith** equal goodness, **comhbhrí** equivalent, **comhchoibhneas** correlation, **comhréireacht** proportionality, **cosúlacht** likeness, similarity, **focal ionaid** replacement word, inmhalartacht interchangeability, **ionadach** *m* substitute, **ionannas** sameness, **leithéid** like, likeness, **macasamhail** *f (-mhla)* counterpart, equal, **malairt** exchange, **malartú** exchanging, change

Comhchiallach 2 *adj³* synonymous

coibhéiseach *(maths, chem)* equivalent, **cómhaith** equally good, **comhbhríoch** of equal significance/strength, **comhchoibhneasach** correlative, **chomhionann** identical, **comhréireach** proportional, **cosúil** like, similar, **den chineál céanna** of the same kind, **geall le** tantamount to, **inchomórtais** competitive with, comparable, **inchomparáide** comparable, **inmhalartaithe** interchangeable, **ionadach** substitute, **ionann** same, **mar an gcéanna** similar *(see also: **cosúil**)*

Comhdháil *f(-ála; -álacha)* convention, congress

bailiú assembly, gathering, **comhthionól** assembly, gathering, **cruinniú** meeting, **cuideachta** *f* company, **dáil** *f (dála)* meeting, encounter (cf **Dáil Éireann** lower house of the Parliament of Ireland), **éigse** *f* gathering of poets and musicians, **fleá** *f* celebration, party, **grúpáil** grouping, **plód** throng, crowd, **siamsa** pleasant diversion, **siompóisiam** symposium, **slua** crowd, **teacht le chéile** get-together, **tionól** assembly

Comhfhios *m (-fheasa)* consciousness

aird attention, **airdeall** alertness, **aithne** recognition, cognisance, **coinlíocht** adult awareness, savvy, cop on, **eolas** knowledge, **feasacht** awareness, **féinaithne** self-recognition, **féinfhios** self-knowledge, **féiniúlacht** selfhood, **fios** prescience, **fios feasa** knowingness; knowing what's what, **grinneas** discernment, **gus** nous, **intinn** mind, **meabhair** *f* mind, **meabhraíocht** intelligent awareness; understanding of what's going on, **mothú** sensation, consciousness, perception, **tuiscint** understanding, cognisance *(see also: **aithne**)*

Comhfhiosach *adj³* conscious

airdeallach alert, **aithneach** discerning; knowing, **feasach** aware, **féinaithneach** self-recognising, **féinfhiosach** having knowledge of oneself, **féiniúil** relating to the self, **meabhrach** *(> meabhair)* thinking, mindful, **tuisceanach** understanding, cognisant

Comhghairdeas *m (-dis)* congratulation

ardmholadh high praise, acclamation, (eg **léirmheasanna ardmholta** rave reviews), **beannachtaí** *fpl* greetings, **graidhin** *(restricted usage)* felicitations, (cf **Mo ghraidhin (go deo) thú!** Well done! Good for you!), **ionracas** compliment, **moladh** praise, **Treaslaím do bhua leat!** I congratulate you on your win!, **treisiú** admiration while also supporting (cf **treisiú le duine** congratulating and supporting a person)

◊ **~!** Congratulations!, **~ ó chroí!** Hearty congratulations!, **Déanaim ~ leat!** I congratulate you!, **litir chomhghairdis a fháil** to receive a congratulatory letter

Comhghéilleadh *m (-llte)* compromise

comhaontú agreeing, agreement, accord, **comhar** combined effort, mutual assistance, **comhoibriú** cooperation, **comhréiteach** *m* compromising, compromise, **comhthoil** *f (-thola)* consensus, **cur le chéile** pulling together, **géilleadh** conceding, concession, **idir-réiteach** conciliation, **réiteach a socraíodh trí idirbheartaíocht** negotiated settlement, **socrú dhá thaobh** solving/settling bilaterally, **socrú le chéile** mutual settlement

Comhionann *adj¹* equivalent, identical; equal

a leithéid such, **aonfhoirmeach** of one form, uniform, **aonghnéitheach** homogeneous, **ar cóimhéid** commensurate, **céanna** same, **coibhéiseach** equivalent, **cómhaith** equal, parallel, **comhbhríoch** (**le**) equivalent (to), **comhchoibhneasach** correlative, **comhréireach** commensurate, **congruach** *(maths)* congruent, **cosúil** like, **cothrom** balanced, even, equal, **den chineál céanna** of the same kind, **fíorchosúil** very alike, extremely similar, **geall le** tantamount to, **inchomórtais** competitive with, comparable, **inchomparáide** comparable, **inchurtha le** comparable to, **inmhalartaithe** interchangeable, **insamhlaithe le** comparable with, possible to imagine with, **iomchuí** *(maths)* congruent, **ionadach** substitute, **mar an gcéanna** similar *(see also: **cosúil**)*

Comhlacht *m (~a; ~aí)* company, firm, body

bardas municipal corporation, **bunaíocht** establishment, **cairtéal** cartel, **comhairle** *f* council, **comhlachas** association, **comhpháirtíocht** partnership, **conradh** *m (-nartha; -narthaí)* league, **corparáid** corporation, **cuibhreannas** consortium, **cuideachta** *f* company, **cumann** association, **gnó** business, **gnólacht** *m* firm, **gnóthas** concern, **grúpa** group, **monaplacht** monopoly, **páirtíocht** association, partnership, **sindeacáit** syndicate, **teach** *m (tí; tithe)* house

Comhlíon *v₁ₐ* fulfil; discharge, execute

bain amach accomplish, achieve, **coimeád** keep, **éist (le)** listen (to), obey, **coinnigh** keep, observe (cf **an dlí a choinneáil** to observe the law), **comhaill** fulfil; perform, **críochnaigh** complete, finish, **cuir faoi deara** bring about, **cuir i bhfeidhm** implement, **cuir i gcrích** carry out, effect; consummate, **críochnaigh** finish, complete, **déan** do, perform (**do dhualgas a dhéanamh** to perform your duty), **déan de réir** (+*gen*) conform to, **fear** perform, execute, **feidhmigh** function, **fíoraigh** realise, make a reality, **fóin** serve, be of use, **foirfigh** perfect, **freagair** answer, **géill (do)** comply (with), **líon** fill, **réadaigh** realise, **sásaigh** satisfy, **tabhair chun críche** bring to a conclusion/to completion

Comhlíonadh *vn* fulfilment; discharging, execution

baint amach accomplishment, achievement, **coimeád** keeping, **coinneáil** keeping, observance,

comhall fulfilling; performing, **críochnú** finishing, completion, **cur faoi deara** bringing about, **cur i bhfeidhm** implementation, **cur i gcrích** carrying out, effecting; consummation, **déanamh** doing, performing, **déanamh de réir** (*+gen*) conforming to, **éisteacht** listening, obeying, **fearadh** performing, executing, **feidhmiú** functioning, **fíorú** realisation, **freagairt** answering, **foirfiú** perfecting, **fónamh** serving, being of use, **géilleadh (do)** complying (with), **líonadh** filling, **réadú** realisation, **sásamh** satisfaction, **tabhairt chun críche** bringing to a conclusion/ to completion

Comhlíonta *pp* fulfilled; discharged, executed
bainte amach accomplished, achieved, **coimeádta** kept, **éiste (le)** listened (to), obeyed, **coinnithe** kept, **comhalta** fulfilled; performed, **críochnaithe** finished, completed, **curtha faoi deara** brought about, **curtha i bhfeidhm** implemented, **curtha i gcrích** carried out, effected; consummated, **déanta** done, performed, **déanta de réir** conformed to, **feartha** performed, executed, **feidhmithe** functioned, **fíoraithe** realised, made a reality, **foirfithe** perfected, **fónta** served, been of use, **freagartha** answered, **géillte (do)** complied (with), **líonta** filled, **réadaithe** realised, **sásaithe** satisfied, **tugtha chun críche** brought to a conclusion/ to completion

Comhluadar *m (-dair) (social)* company
aíonna *mpl* guests, **buíon** *f (buíne; ~ta)* band, company, **brúdán** mob, throng, **caoifeacht** companionship, company, **céileachas** togetherness, **cóisir** party, **comhbhráithreachas** fellowship, **comhdháil** convention, **comhphobal** *(pol)* community, **comhthionól** assembly, gathering, **compánachas** companionship, **compántas** troupe, company, **comrádaíocht** comradeship, **cuairteoirí** visitors, **cuallacht** fellowship, **cuibhreannas** commensality, companionship, **cuideachta** *f* company, fun, **cumann** association, society, **éigse** *f* gathering of poets and musicians, **fleá** *f* celebration, party, **guaillíocht** standing shoulder to shoulder, **grúpáil** grouping, **guaillíocht** companionship, **plód** throng, crowd, **pobal** people, community, **rannpháirtíocht** partnership, **seiseacht** companionship, **siamsa** pleasant diversion, **sochaí** *f* society, **slua** crowd, **teacht le chéile** get-together, **tionól** assembly, **tréad** flock

▲ ~ **na bhfear** male company, ~ **na mban** female company, ~ **suáilceach** convivial company

◊ ~ **a sheachaint** to be antisocial, **Is breá léi ~.** She is very extrovert/gregarious., She enjoys company., **Ní áirím an ~ seo.** Present company excepted.

Comhrá *m (~; ~ite)* conversation, talk
agallamh interview; colloquy, **aighneas** dispute, **argóint** argument, **béadán** gossip, **béalastánacht** blathering, **béalghrá** lip service, **béalscaoilteacht** loose talk, **bladar** bladder, cajolery, soft talk, **bladhmaireacht** boasting, big talk, **cabaireacht** chatting, **cadráil** chat, **caibidil** powwow, discussion, **caint** talk, **clabaireacht** chattering, **cogar mogar** mumbling, conspiratorial talk, **comhchaint** interlocution, **comhchomhairle** *f* conference, **comhdháil** convention, conference, **conbharsáid** conversing, intercourse, **craic** conversation, chat; craic, **dioscúrsa** discourse, **díospóireacht** debate, **dúirse-dáirse** gossip, tittle-tattle, **gasrán cainte** conversation; discussion, **giob geab** chit-chat, **giobscéal** tattle, **giofaireacht** silly idle chatter, **idirphlé** interface, **malartú tuairimí** exchange of opinions, **plé** discussion, **plobaireacht** blabbing, **seanchas** confabulation, **sian** *f (séine)* hum of voices, **sifil seaifil** chit-chat, **suaitheadh** discussion, **urlabhra** *f* speech *(see also: caint)*

▲ ~ **ban** women's talk, ~ **beag** little chat, ~ **béil** gossip, ~ **beirte** dialogue, ~ **cailleach** old wives' tale, ~ **ciotach** stilted conversation, ~ **comhstádais** roundtable talks, ~ **croíúil** hearty chat, ~ **dáiríre** meaningful conversation, ~ **fada** long chat, ~ **i gcogar** hushed conversation, ~ **na colpaí** talking that wastes time, ~ **naoi lá** nine-day wonder (cf **Comhrá naoi lá a bhí air.** It was a nine-day wonder.), ~ **spreagúil** scintillating conversation

◊ **bealach le ~ a oscailt** conversation opener, **bheith ag ~ leis an mbás** to be at death's door

Comhráiteach *adj³* conversational, colloquial
an phobail popular (eg **in úsáid teanga an phobail** in popular language usage), **canúnach** dialectal, **nathach** idiomatic, **neamhfhoirmeálta** informal, **sa ghnáthchaint** in ordinary speech, **sa teanga choitinn** in the vernacular

Comhréir *f (~e)* proportion, syntax
aontú agreement, **armóin** harmony, **diminsean** dimension, **comhaontú** harmony, agreement, **comhionannas** congruence, uniformity, **comhréireacht** proportionality; *(geol)* concordance; accordance, **comhsheasmhacht** consistence, consistency, **comhtheacht** agreement, harmony, **congruacht** congruency, **cothrom** balance; fairness, **cothromaíocht** balance, equality, **réiteach** agreement, adjustment, **siméadracht** symmetry, **cóimheá** equilibrium, **iomcuibheas** appropriateness, **struchtúr** structure, **teacht le chéile** coming together, **toise** size, dimension, **úsáid** usage

Comhréireach *adj³* proportional, syntactical
ar cóimheá commensurate, **cionmhar** *(pol)* proportional (cf **ionadaíocht chionmhar** proportional representation), **comhaontach** allied, united, **comhfhreagrach** corresponding, **comhsheasmhach** *(phil)* consistent, **cothrom** balanced, equitable; even, **den chineál céanna**

analogous, **freagrach** suitable, corresponding, **ga-shiméadrach** radially symmetrical, **i gcomhréir le** proportionate to, **oiriúnach** suitable, **siméadrach** symmetrical, **toise** (> *toise*) dimensional

Comhréiteach *vn* compromising, compromise

aontú agreement, **comhaontú** agreeing, agreement, accord, **comhghéilleadh** compromising, compromise, **comhthoil** *f (-thola)* consensus, **déanamh comhghéilleadh/comhréiteach** making a compromise, compromise, **géilleadh** concession, conceding, **comhfhreagracht** correspondence, **comhshocraíocht** mutual arrangement, **comhtheacht** agreement, harmony, **comhthoiliú** consenting, **comhthuiscint** mutual understanding, **conradh** treaty, **idir-réiteach** conciliation, **margadh** deal, bargain, **réiteach** agreement, settlement, **socrú** settlement (cf **socrú le chéile** mutual settlement)

Comhréitigh *v₂ᵦ* compromise

comhaontaigh agree together, assent, unify, **comhthoiligh** come to a consensus, **déan comhghéilleadh/comhréiteach** make a compromise, compromise, **géill** yield, submit, **réitigh le chéile** solve together, **socraigh le chéile** decide together, settle together, **tar chun comhghéillte** compromise

Comhréitithe *pp* mutually agreed

comhaontaithe agreed together, assented; unified, **comhthoilithe** arrived at a consensus, **géillte** yielded, submitted, **réitithe le chéile** solved together, **socraithe le chéile** settled/solved together, **tagtha chun comhghéillte** arrived at a compromise

Comhriachtain *f(-ana)* coition, copulation

aontíos cohabitation, **bodaíocht** boning, bonking, **bualadh** banging, bonking, **bualadh craicinn** *(coll)* having sex, **caidreamh collaí** sexual relationship, **céileachas** copulation; cohabitation, **ciorrú coil** incest, **clítheadh** *(animals)* mating, **codladh** (**le duine**) to sleep (with a person), **collaíocht** carnality, sex, **comhluí** sleeping together, **craiceann** *(coll)* sex (cf **craiceann a fháil** to have sex), **cúpláil** coupling, mating, **dlúthchaidreamh** intimate relationship, **feannadh** banging, boning, **feis** fuck, **feisiú** fucking, **fios collaí** carnal knowledge, **focáil** *(vulg)* fucking, **gnás** intercourse, cohabitation, **gnéas** sex, **inseamhnú** inseminate, **lánúnas** mating, **leannántacht/lánúnas** love-making; concubinage, **leathar** *(slang)* sex (cf **déanamh leathair** having sex), **marcaíocht** *(BÁC)* riding, **scóráil** scoring, **slataíocht** shagging, **steabáil** screwing, **suirí** making love, **táth** fornication

Comhtharlaigh *v₂ₐ* coincide

coinbhéirsigh converge, **comhaontaigh** concur, **comhfhreagair** (**le**) correspond (to), **comhchlaon** converge, bend together, **comhthit** coincide, fall together, **sioncrónaigh** synchronise, **tar le chéile** arrive together, **tarlaigh ag an am céanna** happen at the same time, **tar salach ar a chéile** clash

Comhtharlaithe *pp* coincided

comhaontaithe concurred, **comhfhreagartha** (**le**) corresponded (to), **coinbhéirsithe** converged, **comhchlaonta** converged, bent together, **comhthite** coincided, fallen together, **sioncrónaithe** synchronised, **tagtha le chéile** arrived together, converged, **tagtha salach ar a chéile** clashed, **tarlaithe ag an am céanna** happened at the same time

Comhtharlú *m (-laithe; -luithe)* coincidence

ádh luck, **comhaontú** concurrence, **coinbhéirsiú** converging, **comhfhreagairt** corresponding, **comhtharlúint** *(informal)* fluke, coincidence, **comhtheagmhas** conjuncture, coincidence, **comhthitim** coinciding, falling together, **comhthráthúlacht** synchronicity; synchroneity, good timing, **comhuaineacht** synchronicity; synchroneity, **cor dea-chinniúna** serendipity, **seans** chance happening, **sioncrónú** synchronising, **taisme** accident, **teacht salach ar a chéile** clashing

Comhthéacs *m (~; ~anna)* context

áit place, **cás** case, **ceisteanna** *fpl* considerations, issues, **coinníollacha** *mpl* conditions, **cúinse** show, set of affairs, circumstance, **cúinsí** *mpl* circumstances, **forléargas** overview, **fráma** framework, frame, **fráma tagartha** frame of reference, **frámaíocht** framing, **leagan amach** layout, **paraiméadair** *mpl* parameters, **peirspictíocht** perspective, **raon** range, **scéal** story, state of affairs (c **Is dona an scéal é!** It's a sorry state of affairs.), **scóip** scope, ambit, **suíomh** setting, situation, position, **toisc** state, circumstance, **tosca** *fpl* factors, circumstances

Comhthéacsúil *adj⁴* contextual

coinníollach conditional, qualified (cf **aontú coinníollach** qualified agreement), **de réir tosca** according to circumstances, **imthoisceach** circumstantial, **suímh** (> *suíomh*) situational

Comónta *adj⁶* common, vulgar

coiteann common, general, **coitianta** usual, common, **deargna** *(lit)* undistinguished, ordinary, **gaelach** familiar, homely, **gnách** commonplace, average, **gnáth-** ordinary, usual, **gnáthúil** customary, common, **iondúil** frequent, usual, **laethúil** daily, **liosta** pedestrian, **neamhghalánta** inelegant, unrefined, **neamhiontach** mundane, **neamhshuntasach** unremarkable, **pleibeach** plebeian, **poiblí** public, **rialta** regular, **suaillmheasta** plain, ordinary, **tréitheach** characteristic, common *(see also: **coiteann**, **coitianta**)*

Comóradh *m (-aidh)* commemoration; *(as vn)* commemorating

ceiliúradh celebration (cf ~ **beatha an duine a cailleadh** celebration of the life of the person who died), **ceiliúradh cuimhne** celebrating the memory, remembering, **cuimhne** recollection, memory, remembrance, **cuimhneachán** memorial (cf **leacht cuimhneacháin** commemorative stone/plaque, commemoration), **cuimhneamh** remembering, **deasghnáth** ceremony, **gnás** observance, **nós** tradition, observance, **nóiméad ciúnais** minute's silence, **searmanas comórtha** commemoration ceremony

Comórtas *m (-ais; -ais, ~)*

1. competition, contest, tournament, event
babhta *(sp)* round, bout, **báire** contest, match, **cath** battle, **céile comhraic** rival, **cluiche** game, match, **cogadh** war, **coimhlint** conflict; contest, **comhrac aonair** duel, **coraíocht** wrestling, struggling, **craobh** *f* championship, **craobhchluiche** *(sp)* final, **cur in aghaidh** opposition, **dúshlán** challenge, **freasúra** opposition, **ilchomórtas** multisport event *(cf* **ilchomórtas capall** equestrian event), **iomaíocht** contesting, contest, **iomaitheoir** competitor, contender, **lucht ár ndúshláin** those who challenge us, our competitors, **maratón** marathon, **namhaid** *m (-mhad)* enemy, **oilimpiad** Olympiad, **rás** race, **streachailt** struggle, **trí-atlan** triathlon, **troid** *f (troda; troideanna)* fight *(see also: iomaíocht)*

▲ ~ **áilleachta** beauty contest, ~ **amhránaíochta** singing contest, ~ **dea-ghnaoi** popularity contest, ~ **éagórach** *(sp)* unfair competition *(cf busn* **iomaíocht éagórach**) ~ **faiche** field event, ~ **filíochta** poetry competition, ~ **foirne** team event, ~ **giústála** jousting competition, ~ **pócair** poker tournament, ~ **réigiúnach** regional competition, ~ **saorstíle** freestyle event, ~ **snámha** swimming gala

◊ **Is scrúdú comórtais é.** It's a competitive examination.

2. comparison
analach *f* analogy, **codarsnacht** contrast, **cóimheas** collation, comparison, **comhchoibhneas** correlation, **comhchosúlacht** analogy, **comparáid** comparison, **contrárthacht** contrast, **cosúlacht** resemblance, likeness *(see also: comparáid)*

◊ **i g~ le** in comparison with, **Ní ~ ar bith duit iad.** They can't be compared to you.

Comparáid *f (~e; -dí)* comparison

analach *f* analogy, **codarsnacht** contrast, **cóimheas** comparison, **comhchoibhneas** correlation, **comhghaol** near relative, **comhghaolú** correlating, **comhthiomsú** collation, **comhthreo** parallel direction, **comhthreomhaireacht** parallelism, **comórtas** comparison; competition, **contrárthacht** contrariety, contrast, **cosúlacht** similarity, resemblance, **idirdhealú** distinction, **neas-suíomh** juxtaposition, **pairéalachas** parallelism

◊ **rud amháin a chur i g~ le rud eile** to compare one thing with another, **céimeanna ~e aidiachtaí** comparative forms of adjectives

Comparáideach *adj³* comparative

coibhneasta relative, **comhchoibhneasach** correlated, **comhghaolaithe** correlated, **comthiomsaithe** collated, **comhthreomhar** parallel, **comórtasach** emulous; predisposed to making comparisons, **cónasctha** interlinked, **contrárthachta** (> *contrárthacht*) contrasting, **cosúil** similar, alike, **den chineál céanna** analogous, **gaolmhar** kindred; related, **idirdhealaithe** distinguished, **differentiated**, **idirdhealaitheach** distinguishing, differentiating, **pairéalach** parallel

Compord *m (-oird; -oird, ~)* comfort

áis convenience, **áisiúlacht** handiness, **boige** softness, **cabhair** succour, **cluthaireacht** snugness, **comhfhortacht** consolation, **cúiteamh** compensation, **cúnamh** help, **faoiseamh** relief, **focal misnigh** an encouraging word, **fortacht** comfort, relief, **meanma** *f (~n)* cheer, good spirits, **meanmanra** spirit, courage, **misniú** encouragement, **saol an mhadra bháin** the life of Reilly, **saol na bhfuíoll** opulence, **sásamh** satisfaction, **sástacht** contentment, **seascaireacht** cosiness, **só** luxury, **sóchas** comfort, pleasure, **socracht** ease, **sócúl** ease, comfort, **soilíos** contentment, ease, **soirbheas** ease, convenience, **sólás** solace, comfort, **sómas** ease, comfort, **spreagadh** incentive, **suaimhneas** ease, tranquillity, **taitneamh** enjoyment, **teolaíocht** cosiness

Compordach *adj³* comfortable

áisiúil convenient, **ar (do) sháimhín só** at (your) ease, comfortable and content, **bog** soft, **cabhrach** helpful, **caomh** mild, pleasant, **cluthar** snug, cosy **comhfhortúil** consoling, **córach** pleasant, **cúiteach** compensating, **cúntach** assisting, **foisteanach** restful, composed, **gan strus** stress free, **ligthe** relaxed, **meanman** (> *meanma*) of good spirits, **misnigh** (> *misneach*) encouraging, **misniúil** encouraging, **sáil** restful, comfortable, **sámh** peaceful, restful, **saor ó phian** free from pain, **sásúil** satisfactory, **scaoilte** loose-fitting, **seaghsach** pleasant, joyful, **seascair** cosy, snug, **socair** easy, composed, **sóch** comfortable; luxurious, **sóch** comfortable, luxurious, **sócúlach** easy, comfortable, **sóisealta** comfortable, **sólásach** consoling, comforting, **sómasach** easygoing, comfortable, **sómhar** luxurious, **so-ranna** *(person)* homely, easy-to-get-on-with, **sóúil** luxurious, **soraidh** *(lit)* easy, smooth, pleasant, **spreagúil** encouraging, **suaimhneach** tranquil, restful, **taitneamhach** enjoyable, pleasing, **teolaí** cosy, warm

Comrádaí *m (~; -aithe)* comrade, mate, buddy

caoifeach *m* companion, **cara** *m (~d; cairde, ~d)* friend, **céile** partner; spouse, **coigéile** *m* mate, companion, **comhghleacaí** ally, **comhghuaillí** ally, **comhpháirtí** associate, co-partner, **compánach** *m* companion, **cuallaí** buddy, **guaillí** companion, **páirtí** partner, **rúnchara** confidant, **seise** *m* comrade, companion, **taobhaí** adherent, supporter *(see also: cara)*

Comrádaíocht *f(~a)* companionship; comradeship **bráithreachas** brotherhood, **caidreamh** intimacy, social interaction (cf **seomra caidrimh** common room), **cairdeas** friendship, **cairdiúlacht** friendliness, **caoifeacht** company, companionship, **céileachas** cohabitation; copulation, **coimhdeacht** accompaniment, companionship (cf **bean coimhdeachta** lady-in-waiting, chaperon, **aingeal coimhdeachta** guardian angel), **comhghuaillíocht** entente, alliance, coalition (cf ~ **ilpháirtí** rainbow coalition, **comhluadar** company; family, **comhthanas** *(lit)* fellowship, companionship, **compánachas** companionship, camaraderie, **cuallacht** fellowship, **cuibhreannas** commensality, **cuideachta** company, **cuideachtúlacht** companionableness, sociability, **cumann** companionship, society, **daonnacht** humanity, kindness, **guaillíocht** comradeship, **muintearas** friendliness, kindredness, kinship, **muintearthacht** friendliness, affability, **seiseacht** companionship *(see also:* ***cairdeas, comhluadar****)*

Cónaí

1. *f(~; -aithe); vn* domicile, dwelling; residence **aice** *f* habitat, **áit chónaithe** place of residence, **áit dhúchais** native place, **áitreabh** habitation, abode, **áitriú** inhabiting, **aontíos** cohabitation, **baile** home, **ceathrúna** *fpl* quarters, **beannad** dwelling, abode, **campa** camp, **campáil** camping, **céileachas** cohabitation, **cois teallaigh** at the hearth, at home, **cur fút (in áit)** settling down (in a place), **fanacht** staying, **fosadh** *(lit)* stopping place, abode, **gabháltas** *(property)* holding, **gnás** habitation, haunt; resort, **lóistín** lodgings, **lonnú** settling in, **lonnaitheoireacht** squatting, **seoladh** addresss, **socrú síos** settling down, **staidéar** dwelling, habitat (cf **Tá staidéar ar na gainéid ar an oileán sin.** The gannets have their habitat on that island)., **stop** stop, stop off, **stopadh** stopping, **suí** seat, **teach** *m* **cónaithe** residence, **tionóntacht** tenancy, **suí** *(high reg)* seat, **suiteoireacht** squatting, **teallach** *m* hearth, home

◊ **Cá bhfuil ~ ort?** Where do you live?, **cos ina ~** stick-in-the-mud, **Táim i mo chónaí inniu.** I'm doing nothing today., **Rinne sí ~ anseo.** She settled down here.

2. *adv phrase* **i g~** always
ar fad entirely, altogether, **choíche** for ever, **de ghréas** habitually, perpetually, **de shíor** constantly, **feasta** evermore, **feasta choíche** for all future time, **gan deireadh** endlessly, **gan sos** without a break, **gan stad** without stop, **gan staonadh** ceaselessly, incessantly, **go brách** in perpetuity, **go brách na breithe** until the day of judgement, **go buan** permanently, **go deo** forevermore, **go héag** till death, **go neamhstaonach** unremittingly, **go sea** still, yet, **go síoraí** eternally, everlastingly, **i dtólamh** all the time, **riamh** ever, **trí shaol na saol** *(rel)* for ever and ever

Cónaigh v_{2a} dwell; rest
áitrigh inhabit, **bheith i do chónaí** to be (in your) living **i mBré**, **buail síos** lie low; crash out, **codail** sleep, **croch** hang, **croch amach** hang out, **cuir faoi** lodge, live, stay (cf **Cá bhfuil tú ag cur fút?** Where are you staying? Where are you hanging out?), **fan** stay, wait, **fan socair** remain still, **glac sos** rest, **lig do scíth** take a rest, **lóistín a bheith agat** to have lodgings (cf **Tá lóistín agam i mbrú.** I'm staying in a hostel.), **lonnaigh** settle, **luigh** lie, **luigh síos** lie down, **mair** live, **moilligh** pause, delay, **réchas** *(engine)* idle, **scoir** desist, cease, **socraigh síos (in áit)** settle down (in a place), **stad** cease, stop, **stop** stop, stop off, **suigh** sit

Cónaithe *pp* dwelt in, inhabited; *(as adj)* residential **áitrithe** inhabited, **buailte síos** laid low; crashed out, **codlata** (> **codladh**) slept, **curtha fút** lodged, settled, **fanta** stayed, waited, **fanta socair** remained still, **lonnaithe** settled, **luite** laid, **luite síos** laid down, **martha** lived, **moillithe** paused, delayed, **réchasta** *(engine)* idled, **scortha** desisted, ceased; retired, **socraithe síos (in áit)** settled down (in a place), **stadta** ceased, stopped, **stoptha** stopped, stopped off, **suite** seated, located, situated

▲ **áras ~** hall of residence, **bád ~** houseboat, **bloc ~** accommodation black, **ceantar ~** residential area, residential district, **scoil chónaithe** boarding school, **teach** *m* **(tí) cónaithe** residence, abode

Cónaitheoir *m (-eora; ~í)* dweller, resident; boarder **áitreabhach** *m* inhabitant, **áititheoir** occupier, **áitritheoir** inhabitant; resident, **dúchasach** *m* native, **aoi** *m* guest, **coilíneach** *m* colonist, **lóistéir** lodger, **lonnaitheoir** settler, **sealbhóir** occupant, holder, **suiteoir** squatter, **tionónta** tenant

Conclúid *f(~e; ~í)* conclusion
aigne mind, way of thinking, **barúil** opinion, assumption, **breithmheas** appraisal, **cur i gcás** supposition, **déaduchtú** deduction, **deireadh** ending, **meabhair** *f (-bhrach)* sense, meaning, **meas** estimation, judgement, **sintéis** synthesis, **tátal** inference, **toimhde** *f* presumption, **toradh** result, outcome, **tuairimíocht** supposition, supposing, **tuiscint** understanding

Cóngarach *adj³* close, adjacent; convenient
áisiúil convenient, handy, **an-luiteach (le)** *(clothes)* close-fitting (on), **beacht** precise, **buailte suas (le)** right up against, **ceangailte** attached, **cois (+** *gen)* beside, **cruinn** accurate, **dlúth** compact, close, **dlúth-** *pref* intimate, **druidte le** drawn close to, **fad rapa (ó)** stone's throw (from), **gairid** near close (eg **gaol ~** close relative), **gar (do)** close (to), **gar-** approximate, **gearr** near, close, **gonta** concise, **i bhfogas do** near to, in proximity to, **i gcóngar (le)** in proximity (to),

Conradh

i ngaobhar (dlúth) do in (extreme) proximity to, i ngiorracht do close to, in aice láimhe at hand, in aice láithreach close by, in aice (le) beside, i ngáinníocht (ruda) approximating to, close to, i ngar/ngaobhar duit close to you, le hais (+gen) beside, nach bhfuil fada ó (+ séimhiú) not far from, sa chóngar in the vicinity, taobh le taobh (le) side by side (with)

Conradh *m (-nartha; -narthaí)* contract, treaty; league
banna bond, **cairt** charter, **comhaontú** agreement, pact, **comhréiteach** *m* concordance, agreement, **comhshocrú** common arrangement, **comhthuiscint** mutual understanding, **concordáid** concordat, **coimisiún** commission, **coinbhinsiún** convention, **coinníoll** stipulation, condition, **cor** agreement, contract, **croitheadh láimhe** handshake, **cúnant** covenant, **gealltanas** commitment, **idirbheart** transaction, **lamháltas** accommodation, concession, **margadh** bargain, deal, **réiteach** *m* settlement, **socrú** arrangement, settlement, **tuiscint** understanding

> ○ **Conradh na Gaeilge** *The Gaelic League* was founded in 1893 to maintain and promote the Irish Language, primarily in the **Gaeltacht** (Irish speaking area) but more significantly in the **Galltacht** (English speaking area). Irish classes were organised in Ireland and in areas of Britain with a large Irish immigrant population. **Dubhghlas de hÍde** (1860–1949), the son of a Protestant minister from **Contae Ros Comáin** *County Roscommon*, became the first **uachtarán** president of the League. In 1899, the league published its own newspaper, **An Claidheamh Soluis** *The Sword of Light*. From 1903 the paper was edited by the writer and political activist, **Pádraig Mac Piarais**.

Conspóid *f(~e; ~í)* controversy
achrann quarrelling, wrangling, squabbling, **agall** *f (agaille; ~a, ~)* argument, **agallamh** argument, disputation, **agóid** protest, **aighneas** dispute, argument, **áiteoireacht** arguing, argumentation, **allagar** loud disputation (cf **Allagar na hInse** *Island Cross-Talk*), **argóint** argument, **bruíon** *f (-íne; ~ta)* clash, **caibidil** discussion, **cailicéireacht** quibbling, captiousness, **caingean** *f (-gne) (jur)* plea, dispute, **callshaoth** stress, contention, **ceist** question, issue, **cibeal** wrangling, contention, **coimhlint** contention, struggle, **cointinn** contention, contentiousness, **deabhaidh** *f (deafa)* strife, contention, **difear** difference, disagreement, **díospóid** dispute, **díospóireacht** debate, **easaontas** disagreement, dissension, **fíoch** feud, **gleo** shindy, row, uproar, **griolsa** brawl, **imreas** quarrel, friction, **iomarbhá** *f* altercation, **plé** discussion, **poileimic** polemic, **sáraíocht** contending, disputing, **scéal atá idir camáin** a matter at issue, **spairn** struggle, contention (cf **cnámh spairne** bone of contention), **suaitheadh ceiste** discussion of an issue, **tagra** pleading, disputation, **troid** fight, **údar an achrainn** the cause of the controversy *(see also: argóint)*

Conspóideach *adj³* controversial, contentious
achrannach entangled, difficult, **agóideach** protesting, **aighneasach** quarrelsome, **argóinteach** argumentative, **bruíonach** causing or seeking trouble, **caibidleach** deliberating, debating, **coimhlinteach** contesting, **corrach** unsettled, **díospóideach** disputative, contentious, **easaontach** dissentient, **faoi chaibidil** under discussion, **gleoch** contentious, clamorous, **idir camáin** at issue, **i gceist** in question, at issue, **imreasach** contentious, **iomarbhách** quarrelsome, **iomardúil** troublesome, difficult,

---

■ **Ar na baill coirp atá:**
Parts of the body include:

abdóman abdomen
aghaidh face
alt joint; knuckle
bacán brád collar bone
básta waist
bléin groin
bod penis
bolg belly; paunch
bonn coise sole of foot
brollach *m* breast, bosom
caipín glúine kneecap
caol láimhe wrist
ceann head
ceathrú thigh
cíoch *f (cíche; ~a, ~)* female breast
cliabh *m (cléibh)* chest
cloigeann head
cluas ear
coim waist
corróg hip
cos *f* foot
cromán hip
éadan forehead, face
fabhra eyelash
faighin vagina
fiacail tooth
formna upper back, shoulder
géag *f* limb
glúin knee
goile *m* stomach
gruaig hair
gualainn *f (gualainne; guaillí)* shoulder
ionga *f (~n; ingne)* nail
ioscaid back of the knee
ladhar space between fingers or toes
lámh *f* hand, arm
leis thigh
lorga shin
mac imrisc pupil of eye
mala eyebrow
maothán cluaise earlobe
másá *mpl* buttocks
méar *f (méire; ~a, ~)* finger
méar *f* **choise** toe *(pl* **méara coise** toes*)*
méidhe *m* neck of headless body
muineál neck
pit vulva
preiceall *f (-cille; -cillí)* double chin
putóga *fpl* guts
rí *f* forearm
rosta wrist
rúitín ankle
sáil *f* heel
scrogall long thin neck
smig chin
srón *f* nose
súil eye
teanga *f* tongue
tóin posterior, bottom
(see also: cnámh, méar)

naimhdeach antagonistic, **poileimiciúil** polemical, **suaiteach** disturbing, confusing, **trodach** aggressive

Constaic *f(~e; ~í)* obstacle
bac hindrance, obstacle, **bacainn** *f* barrier, **ceangal (ar)** hold (on), **ceap tuisle** stumbling block, **cosc** prohibition, restraint, **deacracht** difficulty, **dris chosáin** annoying obstruction, **fadhb** *f* problem, **fál go haer** insurmountable barrier, **lánchosc** embargo, **srian** constrainer, bridle, **sriantacht** constraint, **toirmeasc** proscription, **sceach i mbearna** *(literally: thornbush in a gap)* obstacle, **starragán** obstruction, **urchosc** *m* *(jur)* bar; *(med)* prophylactic

Contráilte *adj⁶*
1. difficult, contrary
agóideach stroppy, hard-to-please, **cadránta** intractable, obdurate, **ceanndána** stubborn, **ciotrúnta** obstinate, adverse, **claon** perverse, **colgach** irascible, bristling with anger, **conróideach** difficult to deal with, **crosta** fractious, troublesome, **dáigh** unyielding, obdurate, **deacair** difficult, **dochomhairleach** wayward, **doicheallach** churlish, **do-ranna** difficult to deal with, perverse, **galamaisíoch** histrionic, whimsical, **gan chosc** unrestrained, **guagach** capricious, **míchóiriúil** adverse, **neamhfhabhrach** adverse, **neamhréireach** discordant, inconsistent, **neamhsheasmhach** inconsistent, unreliable, **spadhrúil** given to unprovoked fits of anger, **talchair** obstinate; determined, **toiliúil** wilful
2. wrong, incorrect
ar iomrall astray, in error, **as cosán** off the path, erring, **as marc** off the mark, missing the mark, **bunoscionn** muddled, wrong, **cearr** wrong, **earráideach** erroneous **i bhfad as marc** wildly out, **i vaighid ar fhírinne** devoid of truth (cf **Tá tú i vaighid ar fad.** You are completely wrong.), **iomrallach** straying, wide of mark, **mearbhlach** mistaken, confused, **mícheart** wrong, incorrect, **neamhcheart** incorrect, **neamhchruinn** imprecise, inaccurate

Contrártha *adj⁶* contrary, conflicting, opposite, reverse
áibhirseach *(phil)* adverse, **bunoscionn** upside down, topsy-turvy, **cinn** (> *ceann*) adverse (cf **gaoth chinn** adverse wind), **codarsnach** contrasting, **eascairdiúil** inimical, **diúltach** refuting, **in achrann le chéile** in conflict with one another, **in aghaidh a chéile** opposite, opposing one another, **in imeartas le chéile** contrasting, **inbhéartach** inverse, **nach dtagann le chéile** clashing, discordant, **naimhdeach** antagonistic, **neamhfhreagrach** incompatible noncorresponding; not responsible, **neamhréireach** discordant, inconsistent, **paradacsúil** paradoxical, **séantach** denying, disclaiming, **trasnach** transverse, crosswise, contrary

◊ **in ord ~** in reverse order, **go ~** conversely, **sa chiall chontrártha** in the opposite sense, **sa treo ~** in the opposite direction, **Tá oideachas i gcomhréir chontrártha le bochtaineacht.** Education is inversely related to poverty.

Contúirt *f(~e; ~eacha)* danger
ágh danger, peril, **aire** *f* attention, **amhantar** venture, risk, **bagairt** threat, **baol** peril, **dainséar** danger, **éadaingne** insecurity, weakness, **éidearfacht** precariousness, **fiontar** risk, venture, **gábh** peril, **guais** hazard, danger, **guaisbheart** *m* *(-bhirt; ~a, ~)* perilous deed, **ing** *(lit)* danger, plight, **neamhdhaingne** insecurity, **priacal** peril, jeopardy; risk, **riosca** risk, **seans** chance, risk, **soghontacht** vulnerability *(see also: dainséar)*

▲ **~ dhúbailte** double jeopardy, **contúirt i moill** *(jur)* danger in delay, **~ oighir** ice hazard, **~ mar atá** present danger, **~ slándála** security risk

▲ **airgead ~e** danger money, **comhartha ~e** danger sign, **dála ~e** hazardous situation, **limistéar ~e** danger area, **rabhadh ~e** warning of danger

◊ **as ~** out of danger, out of the woods, **i gcontúirt mhór** in great danger, **Níl ~ ar bith ag baint leis.** It presents no danger whatsoever., **Tá a lán contúirte ag baint leis.** The stakes are high.

Contúirteach *adj³* dangerous
amhantrach risky, **bagrach** threatening, **baolach** perilous, **corrach** rickety, unstable, **dainséarach** dangerous, **éadaingean** insecure, weak, **éidearfa** precarious, **éislinneach** unsafe, unsound, **fiontrach** risky, **gáifeach** dangerous, terrible, **géibheannach** critical, **guaisbheartach** inclined to take risks, **guaiseach** hazardous, **i mbaol** in peril, **i gcontúirt** in danger, **neamhdhaingean** insecure, **priaclach** perilous, **rioscúil** hazardous, risky, **seans** chance, risk, **seansúil** risky, chancy, **soghonta** vulnerable, **teipeanach** liable to fail *(see also: dainséarach)*

Cor *m (coir; ~a, ~)* twist, turn
athrú change (cf **Chuir sin athrú ina saol.** That changed her life.), **babhta** bout, turn, **caime** crookedness, **casadh** turn, revolving, **claonadh** incline; bias, tendency, **coradh** bend, turn, **dreas** turn, spell, go, **dual** lock, tress, **luascadh** swinging, **lúb** *f (lúibe; ~a, ~)* twist, bend, **píosa caimiléireachta** bit of a con, a bit of trickery, **spailp** bout, turn, spell *(see also: casadh)*

▲ **~ bealaigh** detour; deviation, **~ beirte** *(dance)* two-hand reel, **~ cainte** turn of phrase, adage, **~ ceathrair** *(dance)* four-hand reel, **~ ~ coise** tripping up, trip; setback, **~ i leataobh** cop-out, **~ muiníl** crick in the neck, **~ ochtair** *(dance)* eight-hand reel, **~ sa phlota** twist in the plot, **~ seachanta** fudge, dodge

◊ **~ in aghaidh an chaim** tit for tat, **Tá ~ sa bhainne.** The milk has gone off., **Tá rud éigin as ~.** There's something not right., There's something up.

Cór *m (cóir; cóir, ~)* choir, chorus
amhránaithe *mpl* singers, **banna** band, **cantairí** *mpl* choristers, **claisceadal** choir; singing, **feadhain oirfideach** *(hist)* band of minstrels, **guthanna** *mpl* voices, **salmairí** *mpl* psalmists

Córas *m (-ais; -ais, ~)* system, regime
bealach *m* way, **cleachtadh** practice, **cleachtas** usage, practice, **cód** code, **comhordú** coordination, **cur chuige** approach, **cur le chéile** construct, **eagar** order, **eagraíocht** organisation, **eagrú** arrangement, **gnáthamh** routine, **leagan amach** layout, **modh** method, **néarchóras** nervous system, **próiseas** process, **rangú** classification, **réimeas** *(pol)* regime, **réisím** *(method)* regime, **riail** rule, **sistéam** system, **struchtúr** structure, **scéim** scheme, **teicníc** technique

▲ ~ **airgid** currency system, ~ **an bhia alimentary** system, **an ~ reatha** the current system, ~ **baincéireachta** banking system, ~ **caipitlíoch** capitalist system, ~ **cánach** tax system, ~ **códaithe** coding system, ~ **comhdúcháin** filing system, ~ **craolacháin** broadcasting system, ~ **creidimh** belief system, ~ **deachúlach** decimal system, ~ **dénártha** binary system, ~ **digiteach** digital system, ~ **díleáite** digestive system, ~ **draenála** drainage system, ~ **imshruthaithe** circulatory system, ~ **Iompair Éireann** Córas Iompair Éireann, the Irish public transport holding company, ~ **limfeach** lymphatic system, ~ **na gréine** solar system, ~ **na néaróg** the nervous system, ~ **oideachais** educational system, ~ **pionósach** penal system, ~ **rabhaidh** warning system, ~ **réaltrach** galactic system, ~ **rianaithe** tracking system, ~ **ríomhaireachta** computer system, ~ **sláinte** health system, ~ **soithíoch** vascular system, ~ **sreangaithe** wiring system, ~ **teasa** heating system, ~ **uisciúcháin** irrigation system

Córasach *adj³* systematic, methodical
céimnithe tiered, stepped, graduated, **comhordaithe** coordinated, **curtha le chéile** constructed, **eagraithe** organised, arranged, **faoi rialú** controlled, under control, **grádaithe** graded, **maitimaiticiúil** mathematical, **neamh-randamach** nonrandom, **rangaithe** classified, **rialaithe** controlled, **rianúil** methodical, **sistéamach** systematic, **srathach** layered, tiered; ranked, **structúrtha** structured

Corbadh *m (-btha)* corruption
ainriantacht debauchery, **breabaireacht** bribery, **coireacht** crime (cf **coireacht fuatha** hate crime), **coiriúlacht** criminality, **díblíocht** wretchedness, vileness, **drabhlás** dissolution, depravity, **drochmhianach** *m* baseness of character, viciousness, **drochnós** vice, **gangaid** malevolence, rancour, **gránnacht** nastiness, ugliness, **lochtaíl** imperfection, **éilliú** corruption; contamination, **fochall** corrupt matter, corruption, filth, **lofacht** rottenness, **mailís** malice, **mallaitheacht** cursedness, wickedness,
mígheanmnaíocht impurity, **mímhoráltacht** immorality, **mínáire** wantonness, **morgadh** putrefying, **morgthacht** putrefaction, **neamhghlaine** uncleanness, impurity, **olc** wickedness, evil, **olcas** badness, evil; anger, **saobhnós** perversion, **suarachas** sordidness, **táire** foulness, **truaillíocht** corruption, defilement, vileness, **truailliú** depravity; contamination, pollution, **urchóid** malignancy, iniquity

Corda *m (~; ~í)*
1. cord, string
bréid *m (~)* strip of cloth, long bandage, **cábla** cable, **coirdín** twine, string, **dorú** cord, line, **fleisc** flex, **iall** *f (éille; ~acha)* strap, lace; lead, **ribín** ribbon, **rópa** rope, **ruainne** *m* fibre, thread; single hair, **ruóg** waxed cord; cord for sewing sacks, **slabhra** chain, **snáithe** thread; strand, train, **sreang** *f (sreinge; ~a, ~)* string; wire, **sreangán** string, **téad** *f (téide; ~a, ~)* rope, **téadán** small rope, **teaghrán** tether, lead, **trilseán** braid, plait
2. *(music)* chord
airpéitse *f* arpeggio, **octach** *m* octave, **scála** scale, **scála crómatach** chromatic scale, **scála diatonach** diatonic scale, **scála peinteatonach** pentatonic scale, **streancán** strum, **strumáil** strumming

Corn *m (coirn; coirn, ~)* trophy
an chéad duais the first prize, **an lá** the day (cf **an lá a bhuachan** to win the day), **bonn óir** gold medal, **bua** victory, **cailís** chalice, **caithréim** triumph, **comhramh** trophy, triumph, **coróin** crown, **craobh** *f (-aoibhe; ~a, ~)* palm; championship, **duais** *f* prize, award, **fleasc** *f (fleisce; ~a, ~)* **labhrais** laurel wreath, **labhras** laurel, **plaic** plaque, **teideal** title, **trófaí** trophy

Coróin *f (-ónach; -ónacha)* crown
armas ríoga royal crest, **cumhacht na monarcachta** the power of the monarchy, **mionn** *m* **ríoga** diadem, **monarcacht** monarchy, **sainphribhléid an rí (na banríona)**, royal prerogative, **suaitheantas ríoga** badge of royalty, **tiara** *m* tiara

◊ **An Choróin Mhuire a rá** *(rel)* to say the rosary, ~ **spíne** crown of thorns; an honour that carries considerable personal disadvantages, **teacht i g~** accede to the throne

Corónaigh v_{2a} coronate, crown
canónaigh canonise, **cuir i gcoróin** put/place on the throne, **dílsigh** vest, **duine a fhógairt ina rí/banríon** to proclaim a person king/queen, **insealbhaigh** install, invest, **rígh** enthrone as king, **seaimpín a thabhairt ar** to crown champion (cf **Cé dó ar tugadh an chraobh?** Who was crowned the winner?), **tabhair i gcoróin** enthrone, **ung mar rí** anoint as king

Corónaithe *pp* coronated, crowned
ar ar tugadh seaimpín crowned champion, **canónaithe** canonised, **curtha i gcoróin** placed on the throne, **dílsithe** vested, **fógartha ina rí/ina banríon** proclaimed king/queen, **insealbhaithe** installed,

Corónú

invested, **ríthe** enthroned as king, **tabhartha i gcoróin** enthroned, **ungtha mar rí** anoint as king

Corónú *vn* coronating, crowning
canónú canonising, **cur i gcoróin** placing on the throne, **dílsiú** vesting, **fógairt ina rí** proclaiming as king, **insealbhú** installing, investing, **rí** enthroning as king, **tabhairt i gcoróin** enthroning, **tabhairt seaimpín ar dhuine** crowning a person champion, **ungadh mar rí** anointing as king

Corp *m (coirp; -coirp, ~)* body, corpse
ablach *m* carcass; carrion, **cabhail** *f (cabhlach; cabhlacha)* body, torso, trunk, **cabhalra** bodywork, **cnámha** *fpl* bones, **cnámharlach** *m* shell, skeleton, **colainn** living body, **conablach** *m* carcass, **corpán (spéire)** (heavenly) body, **cnámharlach** *m* skeleton, **creat (duine)** (human) frame, **creatlach** *f* skeleton, **croí** heart, **déanamh** physique, **deilbh** shape appearance, **eisint** essence, **foirm** form, **fráma** frame, **iomlán** total, totality, **marbhán** corpse, **siocán** *(sl)* stiff, **spéiceadán** corpse; unconscious person, **stalcán** dead stiff thing, **stiúgaí** stiff, corpse, **storlamán** stretched out corpse (cf **Bhí sé ina storlamán.** He was stretched out dead.), **tamhan** truncated/beheaded body; trunk, **tathag** full body, **téagar** bulk

Corpartha *adj⁶* bodily, physical
ábhartha material, materialistic, **coirp** (> *corp*) of the body, corporeal, **colanda** physical, **corprach** *(jur)* corporeal, **fisiceach** physical, **fisiciúil** physical, **i gcolainn dhaonna** in a human body, in human form, **ionchollaithe** incarnated, incarnate, **nithiúil** real, concrete; corporeal, **saoil** (> *saol*) of the world, **saolta** worldly

Corr- *pref adj* odd, uneven, casual
aimhréidh uneven, **corrach** uneven, shaky, **corraiceach** rough, odd (cf **bheith corraiceach** to be the odd one out), **éagsúil** various, **éalárnach** eccentric, off-centre, **fánach** occasional, **fo-** *pref* occasional, odd, **ilchineálach** sundry, **le cois** spare, **ócáideach** casual; occasional, **randamach** random, **starrach** sticking out, obtrusive, **teagmhasach** incidental

▲ **an chorruair** the odd/occasional time, **an ~dhuine** the odd person, **an ~fhocal** the odd word, **an ~lá** the odd day, **~fhostaíocht** casual employment

Corr *adj⁵* odd, peculiar, eccentric
aduain eerie, creepy, **aisteach** strange, **ait** bizarre, peculiar **barrúil** funny, **coimhthíoch** weird, foreign, **corraiceach** odd, uneven, **corrmhéineach** eccentric, odd, **craiceáilte** crazy, cracked, **cuideáin** extraneous, odd, **deoranta** alien, outlandish, **difriúil** different, **éagsúlach** strange, uncommon, **fánach** stray, random, **iarmhaireach** eerie, **le Dia** touched (cf **Is duine le Dia é.** He's slightly touched.), **mearbhlach** muddled, confused, **mínormálta** abnormal, **neamhchoitianta** uncommon, unusual, **neamhghnách** unusual, **randamach** random, **saoithiúil** peculiar, **strainséartha** unfamiliar *(see also: aisteach, cruinn)*

Corrach *adj³* unsteady, unsettled, uneven, bumpy
aimhréidh uneven, **coipthe** *(sea)* choppy, **corraithe** agitated, **corrthónach** fidgety, **creathánach** shaky, **éadaingean** insecure, unsteady, **forbhásach** liable to topple, **fuadrach** bustling, fussing, **garbh** rough, **giodamach** restless, **giongach** hyperactive, **guagach** unstable, capricious, **longadánach,** wobbly, **luaineach** flighty, inconstant, **malartach** changeable, **mearaithe** confused, spaced out, **mireogach** given to moments of madness, **míshocair** restless; uneasy, **míshuaimhneach** uneasy, **neamhdhaingean** unsteadfast, unsolid, **neamhshocair** restless, **plobach** *(sea)* choppy; bubbling, gurgling, **scaobach** *(sea)* choppy, **searrachúil** flighty, foal-like, **stoirmeach** stormy, **suaite** agitated, excited, **súgánach** confused, **tógtha** flustered, hyper, *(sl)* wired, **treallach** fitful, given to fits of anger, **tuairteálach** bumpy; buffeting, **tuisleach** faltering

Corraigh *v₂ₐ* move, excite, stir, agitate
adhain kindle, ignite, **athraigh** move; change, **bí ag únfairt** be wallowing, wallow, **bog** move, **clip** tease, torment, **coscair** shock, distress, **crith** tremble, **croith** shake, **cuir tine faoi dhuine** agitate a person, get a person moving, **cumhscaigh** move, stir, **éirigh buartha** become upset, **éirigh teasaí** become impassioned, **éirigh tógtha** become excited, **faghair** fire, stimulate, incite, **geit** jump from being startled, **gluais** move, stir, **greannaigh** irritate, ruffle, **gríosaigh** incite, goad, **imigh** leave, **iomlaisc** roll about, tumble, wallow, **léim** jump, **luasc** swing, **preab** jump (up), **rith** run, **roll** roll, **rothlaigh** rotate, whirl, **séid faoi** rouse, incite, **spreag** excite, motivate, **suaith** agitate, **súisteáil** flail, thresh, **taistil** travel, **téigh** heat, warm up *(see also: bog)*

Corraí *vn* moving exciting, stirring, agitating
adhaint kindling, igniting, **athrú** moving; changing, **bogadh** moving, **clipeadh** teasing, tormenting, **coscairt** shocking, distressing, **crith** trembling, **croitheadh** shaking, **cur tine faoi dhuine** agitating a person, getting a person moving, **cumhscú** moving, stirring, **éirí buartha** becoming upset, **éirí teasaí** becoming impassioned, **éirí tógtha** becoming excited, **faghairt** firing, stimulating, inciting, **geiteadh** startling, **gluaiseacht** moving, stirring, **greannú** irritating, ruffling, **gríosú** inciting, goading on, **imeacht** leaving, **iomlascadh** rolling about, tumbling, wallowing, **léim** jumping, **luascadh** swinging, **preabadh** jumping (up), bouncing, jolting, **rith** running, **rolladh** rolling, **rothlú** rotating, whirling, **séideadh faoi** rousing, inciting, **spreagadh** excited, motivated, **suaitheadh** agitating, **súisteáil** flailing, threshing, **taisteal** travelling, **téamh** heating, warming up

Corraíl *f (-íola)* excitement, hype, agitation
anbhuain restlessness, unease, disturbance, **buairt** worry, upset, **callóid** disquiet, commotion, **comhghríosú** incitement, agitation, **corraitheacht** restlessness, excitement, **fuaiscneamh** disquiet, agitation, **fosaoid** fuss, excitement, **fuadar** fuss, hustle and bustle, **fuilibiliú** hullabaloo, **furú** hubbub, bustling, **fústar** kerfuffle, commotion, **greadán** stir, commotion, **greatharnach** *f* shouting, uproar, **griothal** fuss, flap, **hurlamaboc** pandemonium, hubbub, **liútar éatar** hullabaloo, **rí-rá agus ruaille buaille** loud excitement, pandemonium, **racán** racket; punch-up, free-for-all, **raic** outcry, uproar, **sceideal** flurry, excitement, **sceitimíní** thrills and spills, excitement, **scleondar** exhilaration, **teacht agus imeacht** coming and going, **taparsach** *f* bustling, **tógaíocht** agitation, excitement, **turlabhait** commotion; crash, thud

Corraithe *pp* moved, excited, stirred, agitated, emotional
athraithe moved; changed, **bogtha** moved, **clipthe** teased, tormented, **coscartha** shocked, distressed, **crite** trembled, **croite** shaken, **cumhscaithe** moved, stirred, **éirithe buartha** gotten upset, **éirithe teasaí** impassioned, **éirithe tógtha** gotten excited, **faghartha** fired up, stimulated, incited, **geite** jumped from being startled, **gluaiste** moved, stirred, **greannaithe** irritated, ruffled, **gríosaithe** incited, goaded on, **imithe** left, **iomlasctha** rolled about, tumbled, wallowed, **léimthe** jumped, **luasctha** swung, **preabtha** jumped (up), bounced. jolted, **rite** run, **rollta** rolled, **rothlaithe** rotated, whirled, **séidte faoi** roused, incited, **spreagtha** excited, motivated, **suaite** agitated, **súisteáilte** flailed, threshed, **taistealta** travelled, **téite** heated, warmed up *(see also: bogtha)*

Corraitheach *adj³* emotional, touching
adhainte ignited, **ar dáir** *(animals)* in heat, **ardaithe** heightened, **bríomhar** expressive, **corraithe** upset; excited; choppy, **coscrach** shattering, **draíochtach** enchanting, magical, **dúspéisiúil** fascinating, gripping, **fadaithe** stirred, stirred up, **faoi adhall** *(animals)* in heat, **faoi reith/reithíocht** *(goats and sheep)* in heat, **fosaoideach** excitable; fussy, **gonta** poignant, **gorthach** ardent, **gríosaithe** inflamed, agitated, **gríosaitheach** stirring, provocative, **mothúchánach** emotional, **paiseanta** passionate, **rachtúil** emotional, passionate, hearty, **so-chorraithe** excitable; easily moved, **spéisiúil** interesting, **spreagtha** excited, inspired, **spreagúil** inspiring, **storrúil** stirring (cf **fáilte storrúil** stirring welcome), **teasaí** fiery, **tochtmhar** moving *(see also: teasaí)*

Corrthónach *adj³* fidgety, restless
anbhách anxious, **anbhuaineach** uneasy, **ar bior** on edge, **ar tinneall** nervy, **bíogach** twitchy, **corrach** unsteady, unsettled, **corrabhuaiseach** uneasy, **corraithe** agitated, **creathánach** shaky, **éadaingean** insecure, unsteady, **falsaertha** trembling, nervous, **geiteach** easily startled, **geitiúil** jumpy; skittish, **giodamach** hyper, giddy, **giongach** fidgety, **guagach** unstable, capricious, **guaigínteach** fidgety, restless, **guairdeallach** hovering around, restless, **luaineach** flighty, inconstant, **malartach** changeable, **míshocair** restless, unsteady, **míchompordach** uncomfortable, **míshocair** restless, **míshuaimhneach** uneasy, **neamhshocair** restless, **neirbhíseach** nervous, **preabach** jumpy, jerky, **ruatharach** milling around, **scimeach** anxious, solicitous, **tapógach** jumpy, nervy, **teannasach** edgy, tense, **tinneallach** edgy, volatile, **treallach** fitful, given to fits of anger, **trintealach** jumpy, nervous

◊ **bheith chomh ~ le cearc ar ghrideall te** to be as fidgety/restless as a hen on a hot griddle

Cos *f (coise; ~a, ~)* foot, leg; base; handle *(old dual form: cois)*
ball coirp bodily part, **bonn** base, foundation, **bun** base, bottom, stump, **ceathrú** leg (cf **ceathrú chaoireola** leg of mutton), **céim** stage, leg (cf **céim dheiridh rása** last leg of a race), **crann seasta** prop, upright, **cuaille** upright, **géag** *f (-éige; ~a, ~)* limb, **gudaí** stump (**gudaí píopa** stump of pipe), **hanla** leg (cf **hanla mairteola** leg of beef), **leathchos** one foot (cf **ar leathchois** one-legged; on one foot), **leifteán** flat foot, **lorga** *f* shin; shank, **maide croise** crutch, **nuta** stump, butt, end (cf **nuta de choinneal** candle stump, **nuta de thoitín** cigarette butt), **nutaí** *mpl* stumpy legs, **rí** *f (~, ~eacha)* leg *(of meat)* (cf **rí uaineola** leg of lamb), **rúta** stump, **seastán** stand, **sliútar** big clumsy foot, **smut** stump, stub (cf **smut coinnle** stub of candle), **spadchos** *f (-coise; ~a, ~)* flat foot, **spág** *f (-áige; ~a, ~)* wide flat foot, **spanlaí** *mpl* cos spindly legs, **spealóg** long thin leg, **stumpa** stump, **taca** support, **troigh** *(meas)* foot

▲ **~ boird** table leg, **~ crainn** the foot of a tree (cf **cos chrainn** wooden foot), **~ duine** person's foot, **~ i dtaca/i dteannta** firm foothold, **~ na leapa** foot of the bed, **~ píopa** pipe stem, **~ rámha** shaft of an oar, **~ scine** knife handle, **~ scuaibe** brush handle

▲ **cois bóthair** at the roadside, **cois calaidh** near the harbour; at the harbourside, **cois cladaigh** by the shore, **cois farraige** by the sea, **cois leapa** at the bedside, **cois mara** by the sea, **cois teallaigh** at the fireside, **cois trá** at the beach

◊ **Amadán ar a chosa é!** He's an utter fool., **An mbeadh cathaoir le cois agat?** Would you have a spare chair?, **le haghaidh na coise tinne** for a rainy day, for when times are hard, **Ní rachainn fad na coise leis.** I wouldn't give him the time of day., **Tá a ~a nite.** She's done for. It's all over for her., **Tá a lán eile le cois.** There's a lot more besides, **tine na g~ fuar** poor fire

P Bíonn ~a crua faoi chapall na comharsan. Treat borrowed property as carefully as if it were your own., Ní fhaigheann ~ ina cónaí dada. If you never try, you'll never succeed, Bíonn ~a láidre faoi bhréag. Lies travel fast.

Cosain v_{2c} defend, protect

ainic protect, **árachaigh** insure, **bí ag faire ar dhuine** be keeping watch over a person, **bí in airdeall in aghaidh** be on guard against, **caomhnaigh** conserve, cherish, **clúdaigh** cover, **coimeád** keep, sustain, **coimhéad** watch over, guard, **coinnigh** keep, maintain, uphold, **coinnigh ó** keep from, **coinnigh slán** keep safe, **conspóid** contest, **cuir ar láimh shábháilte** safeguard, **cuir i gcoinne** oppose, **cumhdaigh** safeguard, protect, **daingnigh** secure, **dearbhaigh** affirm, assert, **díon** *(against weather)* protect, proof; immunise, **fíoraigh** vindicate, **forchoimhéad** preserve, observe; guard, **fothainigh** shelter, **fuascail** redeem, deliver, liberate, **gardáil** guard, **imchosain** defend comprehensively, **imdheaghail** defend, parry, **imdhíon** immunise, **ionaclaigh** inoculate, **labhair amach ar son** speak up for, **neartaigh** fortify, **pléadáil** plead, **póilínigh** police, **sábháil** save, **scag** filter, **scáthaigh** screen; shade, **sciathaigh** shield, **seas (le)** to stand (by), **seas ceart do** champion, **tabhair coimirce do** give patronage to, **tabhair dídean (do)** give shelter (to), **tabhair fothain do** give shelter to, **tabhair údar (le)** justify, **tacaigh** support, **taobhaigh (le)** espouse, **vacsaínigh** vaccinate

Cosaint *vn* defending, defence, protecting, protection

anacal protection; protecting, **caomhnú** conserving, cherishing, **clúdach** *m* cover, covering, **coimeád** keeping, sustaining, **coimirce** *(hist)* patronage, protection, **coinneáil** maintaining, retention, **comha** *f* indemnity, safeguard, **conspóid** contention, **cumhdach** *m* protecting, **cur i gcoinne** opposing, **daingniú** securing, fortification, **dearbhú** affirming, assertion, **dídean** *f (-dine)* refuge, protection, **foscadh** sheltering, shelter, **fíorú** vindicating, vindication, **fothain** *f (-thana)* shelter, **fuascailt** deliverance, liberating, **gardáil** guarding, **imchosaint** defending comprehensively, **imdheaghail** defending, parrying, **imdhíonadh** immunising, immunisation, **ionaclú** inoculating, **labhairt amach ar son** speaking up for, **lúireach** *f* breastplate, protective coat, **neartú** fortifying, strengthening, **pléadáil** pleading, **ráthaíocht** *(fin)* safeguard, guarantee, **póiliniú** policing, **sábháil** saving, **scagadh** filtering, **scáthú** screening, shading, **sciath** shield, **sciathlúireach** *f* breastplate, protective armour, **seasamh** standing, stand **tabhairt coimirce do** giving patronage to, **tabhairt fothana do** giving shelter to, **tabhairt údar (le)** justify, **tacaíocht** supporting, **tairiseacht** security, protecting, **taobhú (le)** siding (with), reliance, resort, **tearmann** sanctuary, **údar** authority, justification, **vacsaíniú** vaccinating

Cosán *m (-áin; -áin, ~)* path, sidewalk

ascaill avenue, **asplanád** esplanade, **bealach** *m (-laigh; -laí)* way, **bóthar** road, **cabhsa** *m* lane, path, **clárchosán** boardwalk (cf **clárchosán na Life** Liffey boardwalk), **conair** *f (~e; ~í)* pathway, path, **conair eitilte** flight path, **cúrsa** course, **dearbhchosán** *(comp)* absolute path, **eanach** *m* passage through swamp, **fithis** passage, path, **forbhealach** *m* pathway, **geata** gate, **inteach** *m* path, way, **lána** lane, **pasáiste** passage, **promanád** promenade, **raon** route, way, path, **rian** track, **rianán** path; trace, sign, **ród** road, **séad** *m (~a; ~a, ~)* path, way, **siúlbhealach** *m* walkway (cf **siúlbhealach coisithe** pedestrian walkway), **slí** *f (~; slite)* way, **sráid** street, **teoróid** narrow rough path, **tóchar** causeway, **treo** direction

Cosanta *pp* defended, defensive, protective

airdeallach alert, protective, **aireach** attentive, protective, **caomhnaithe** conserved, cherished, **caomhnaitheach** preserving, guardian, **cásmhar** caring, **clúdaithe** covered, **coimeádta** kept, sustained, **coimhdeach** ancillary, accompanying as attendant (cf **aingeal coimhdeachta** guardian angel), **coinneála** (> **coinneáil**) custodial, protective, **coinnithe** maintained, retention, **coisctheach** preventive, **cosantach** defensive, **cumhdaithe** protected, **cúramach** careful, **daingnithe** secured, **dearbhaithe** affirmed, asserted, **díonach** protective, **faoi sciath** under a shield, shielded, **foscetha** sheltered, shelter, **fuascailte** liberated, **gardáilte** guarded, **imchosanta** comprehensively defended, **imdheaghailte** defended, parried, **imdhíonta** immunised, **ionaclaithe** inoculated, **neartaithe** fortified, strengthened, **póilínithe** policed, **próifiolacsach** prophylactic, **róchosantach** overprotective, **scéithe** (> *sciath*) of a shield, **sciata** shielded, **sciathach** shielding; bearing shields, **vacsaínithe** vaccinated *(see also: díonach)*

▲ **(an) Aireacht** ~ (the) Ministry of Defence, **aturnae** ~ defence attorney, **bac** ~ defensive barricade, **balla** ~ wall of defence; rampart, **barra** ~ crash bar, **beart** ~ protective measure, **beartas** ~ **ciallmhar** sensible precaution, **bolla** ~ *(sp)* blocker, **cambhrú** ~ *(crim)* protection racket, **coisbheart** ~ protective footwear, **clúdach** ~ protective covering, **éadaí** ~ protective clothing, **fál** ~ protective barrier; dyke, **finné** ~ defence witness, **foirgneamh** ~ protected/listed building, **fórsaí** ~ defence forces, **garda** ~ bodyguard, **ráille** ~ guard rail, **spéaclaí** ~ protective goggles

Cosantóir *m (-óra;~í)* defender, vindicator

abhcóide *m* counsel, **agróir** pleader; avenger, **aighne** *m* advocate, **caomhnóir** guardian, protector, **coimeádaí** keeper, **coimirceoir** guardian, protector, **comhairleoir dlí** legal advisor, **crann seasta** champion, **cumhdaitheoir** keeper, preserver, **díonadóir** protector, **dlíodóir** lawyer, **éarlamh** patron

Cosc *vn* ban, banning; restraint restraining, prohibition

agóid objection, **bac** hindrance, obstacle, **bac fadchainte** filibustering, **bacadh** hindering, preventing, balking, banning, **bacainn** *f* barrier, **balbhú** muting, silencing, **blocáil** blocking, **briseadh suas** breaking up, **brú faoi** suppression, **ceangal (ar)** hold (on), **coinneáil cúl** holding back, **coinneáil siar** holding back, **col** impediment (cf **col ceathrair** first cousin, **ciorrú coil** incest, etc), **constaic** obstacle, **cros** prohibition, **crosadh** forbidding, **cuimsiú** containing, limiting, **cur bac ar** placing a ban on, **cur constaic le** obstructing, **cur cosc ar** checking, restraining; precluding, disbarring, **cur coscán ar** putting a brake on, **cur cúl ar** holding back, putting off, **cur deireadh le** putting an end to, **cur faoi chois** repressing; quelling, **cur i dtost** silencing, **cur i gcoinne** opposition, **cur in aghaidh** resistance, opposing, **cur isteach (ar)** interrupting, **cur deireadh (le)** putting an end (to), **cur srian le** restricting, **déanamh cinsireacht ar** censoring, **eisreachtú** proscribing; outlawing, **gabháil** arresting, **gobán** gag (cf **gobán súraic** baby's soother), **lánchosc** (*br*) embargo, **mantóg** muzzle, gag, **meilceadán** muzzle, gag, **múchadh** extinguishing, quenching; switching off, **parúl** injunction, prohibition; parole, **plúchadh** smothering, **puslach** *m* muzzle, **smachtbhanna** (*pol, jur*) sanction, **smachtú** controlling, **srian** check, restraint, **srianadh** restraining, **sriantacht** constraint, **spailleadh** checking, rebuking, **stop** stop, **stopadh** stopping, halting, **toirmeasc** proscription, **toirmiscthe** prohibiting, preventing, **urchoilleadh** (*psy*) inhibiting, **urchosc** (*jur*) barring, **urghaire** (*ecc*) indicting; (*jur*) injunction

▲ ~ **ar alcól** alcohol prohibited, ~ **ar ardú pá** wage freeze, ~ **ar easpórtálacha** ban on exports, ~ **iomlán ar aon tuairisciú** blanket restriction on any reporting, ~ **ar iontráil** no entry, ~ **ar chaitheamh tobac** smoking prohibited, ~ **ar pháirceáil** no parking, ~ **ar scoitheadh** (*veh*) no overtaking, ~ **ar sheilg** hunting prohibited, ~ **ar shnámh** bathing prohibited, ~ **ar thionól poiblí** ban on public gatherings, ~ **ar thrácht** closed to traffic

Cósta *m* (~; ~*í*) coast

ciumhais na mara the edge of the sea, **cladach** *m* shore, **cladach na farraige** the seashore, **imeall an uisce** waterfront, **imeallbhord** coastline, **imeall na mara** the edge of the sea, **líne** *f* **chladaigh** shoreline, **muirbheach** *m* level stretch of sandy land along seashore, **trá** *f* beach

▲ **baile (cois)** ~ coastal town, **ceantar** ~ coastal region, **daingean** ~ coastal fortification, **feacht** ~ coastal current, **loingeas** ~ costal shipping, **uiscí** ~ coastal waters

◊ **cois** ~ by the coast, coastal, **le** ~ along the coast, **ó chósta go** ~ from coast to coast, **Tá an** ~ **glan.** The coast is clear.

Costas *m* (-*ais*; -*ais*, ~) cost, expense

an t-airgead amach outgoings, **caill** loss, **caillteanas** loss, **cáin** *f* (*cánach; cánacha*) tax, **caiteachas** expenditure, **cíos** *m* (~*a*; ~*anna*) rent tribute, **damáiste** damage, **daoire** dearness, costliness, **díobháil** detriment, damage, **dochar** deficit, **dola** toll, expense; deprivation, **eisíocaíocht** outlay, **eissreabhadh (caipitil)** (capital) outflow, **gortú** injury, **íobairt** sacrifice, **íoc** *m* payment, **íocaíocht** payment, **íocaíocht amach** disbursement, **luach** value, **méid** *m* (~) amount, **muirear** charge, **pionós** penalty, **praghas** price, **ráta** rate, **speansais** *mpl* expenses, **suim** sum, amount, **táille** fee

Costasach *adj³* expensive, costly

adhmhillteach cataclysmic, **ard i bpraghas** highly priced, **as compás le méid** exorbitant, **cailliúnach** extravagant, **caillteach** ruinous, **damáisteach** damaging, **daor** dear, costly, **díobhálach** detrimental, injurious, **dochrach** deleterious, baneful, **gan luach air** priceless, **goilliúnach** injurious, distressing, **iomarcach** excessive, **lómhar** precious (cf **cloch lómhar** precious stone), **luachmhar** valuable, **millteach** pernicious, ruinous, **millteanach** terrible, **mórluachach** extremely valuable, **turraingeach** catastrophic, **tubaisteach** disastrous

Cosúil *adj⁴* like, similar, resembling

aircitíopúil archetypal, **amhail** similar, like, **analach** analogous, **aonchineálach** homogenous, akin, **aonghnéitheach** uniform, homogeneous, **ar comhbhrí (le)** of equal significance (with), **chomh-** (*pref + séimhiú*) co-, equal, mutual, common, **coibhneasach** related, **comhainmneach** homonymous, **comhbhách** sympathetic, compassionate, **comhchosúil** matching, identical, **comhchuimsitheach (le)** proportionate, commensurate (with), **comhchumarach** (*geom*) concurrent, **comhfhreagrach (le)** matching, corresponding (to), **comhghaolmhar (le)** related (to), **comhionann** identical, **comhoiriúnach** compatible, **comhréireach** proportional, concordant, syntactic, **comhrianach** on corresponding trajectory, **comhsheasmhach (le)** consistent (with), **comhshuite** compound, **comhtheagmhasach** coinciding, coincidental, **comhthiomsaitheach** associative, **comhthreomhar** parallel, **comhuaineach** simultaneous, **comparáideach** comparative, **cóngarach** close, **cothrom** balanced, equal, **dealraitheach** apparent, **dóchúil** probable, likely, fearacht in like manner to, **freagrach** corresponding, **gaolmhar** related, **gar (do)** close (to), **homalógach** homologous, **inchomórtais (le)** comparable (with), **inchomparáide (le)** comparable (with), **i gcomhfhogas (le)** close (to), **ionann (agus)** same, identical (as), **ionua** similar (in phrase: **Is ionua agamsa é.** It's the same with me.), **mar** *(+ séimhiú)* as, **meafarach** metaphorical, **samhlachúil** emblematic, **tipiciúil** typical

◊ **Is ~ nach bhfuil sí ag teacht.** It looks like she's not coming., **Tá tú ~ liom féin.** You're like myself., **Ta sé níos cosúla leatsa.** He's more like you., He resembles you more.

Cosúlacht *f (~a; ~aí)* likeness
aifinideacht *f* affinity, **amhlachas** semblance, **aonchineálacht** homogeneity, **aontú** agreement, **analach** *f (-laí, ~a, ~)* analogy, **araicis** close approach, meeting, **coibhneas** kinship, affinity, **cóip** copy, **comard** equivalence, **comhaontas** concord, agreement, **comhardadh** *(bard)* rhyme, **comhbhá** sympathy, **comhchoibhneas** correlation, **comhchuid** *f (-choda)* equal part, **comhchumaracht** *(geom)* concurrence, **comhfhogas** nearness, **comhfhreagracht** correspondence, **comhghaol** near relative; correlation, **comhionannas** equality, **comhoiriúnacht** compatibility, **comhréir** accord; syntax, **comhsheasmhacht** consistency, **comhtharlú** concurrence, coincidence, **comhtheacht** harmony, synchronicity, **comhtheagmhas** coincidence, conjuncture, **comhthiomsaitheacht** associativity, **comhthreomhaireacht** parallelism, **comparáid** comparison, likeness, **cóngaracht** closeness, **consaeit** *m (~)* conceit, **cothroime** balance, fairness, **craiceann** skin, appearance (cf **scéal gan chraiceann** an unlikely story), **cúpla** twin, **dealramh** appearance, **dealraitheacht** resemblance, **dóchúlacht** probability, likelihood, **dreach** look, aspect, **facsamhail** *f* facsimile, **foisceacht** proximity, **frithchaitheamh** reflection, **gaireacht i ngaol** propinquity, closeness, **gaol** relation, **inchomparáide** comparability, **íomhá** *f (~; ~nna)* image, **ionannas** uniformity, being identical, **ionannú (le)** identification (with), **ionbhá** *f* empathy, **iontamhail** *f (-mhla)* likeness, semblance, **iontamhlacht** likeness, similarity, **macalla** echo, **meafar** metaphor, **pictiúr** picture, **rím** rhyme, **samhail** *f (-mhla; -mhlacha)* similitude, simile, semblance, **samhlachas** likeness; pattern, type, **slis den seanmhaide** chip off the old block

◊ **De réir ~a** apparently, **Sin é an chosúlacht atá air.** That's what it looks like., **Tá gach ~ ar an scéal gur fíor é.** Everything would seem to suggest that it is true.

Cóta *m (~; ~í)* overcoat, coat
bléasar blazer, **brat** cloak; coating, **brat nascála** bonding coat, **bratú** *(process)* coating, **casóg** *(short)* coat, **casóg chois tine** smoking jacket, **casóg eireabaill** tailcoat, **clóca** cloak, **clúdach** *m* covering, **coirt** bark of tree; coating, fur *(on kettle)*, scum, **cóitín** little coat; petticoat, **cóitín linbh** matinee jacket, **cotún** *(hist)* jacket, tunic, **culaith** *f (~e; cultacha)* **mháilleach** coat of mail, **cumhdach** *m (cookery)* coating, **dufal** duffel coat *(also: cóta dufail)*, **fallaing** cloak, **fallaing sheomra** dressing gown, **fionnadh** fur, **froc** frock coat, **gabairdín** gabardine, **gnáthchulaith** *f (~e; cultacha)* lounge suit, **gúna** gown; dress, **imchasal** *m* mantle, outer covering, **ionarbhréid** mantle, **lomra** fleece, **peireacót** petticoat, **rapar** wrapper, **scaoilteog** loose-fitting garment, wrap, **scing** *f* cloak, covering; canopy, **seaicéad** jacket, **seaicéad dinnéir** dinner jacket

▲ **~ asail** donkey jacket, **~ beag** petticoat, **~ báistí** mackintosh, raincoat, **~ dufail** duffel coat, **~ eireabaill** tailcoat, **~ fada** long coat; long robe for a baby, **~ fionnaidh** fur coat, **~ geimhridh** winter coat, **~ marcaigh** riding coat, **~ mince** mink coat, **~ mór** overcoat, **~ péinte** coat of paint, **~ saotharlainne** lab coat, **~ scaoilte** loose-fitting coat, **~ seomra** dressing gown, **~ tarra** coat of tar, **~ tí** house coat, **~ trinse** trench coat

◊ **Cuirfidh mé an dara ~ péinte ar an mballa sin.** I'll put a second coat of paint on that wall., **Thabharfaí go feirm na gcótaí bána thú!** You'd be taken to the lunatic asylum.

P **Ní thabharfaidh tú do chóta chun na huaighe.** You can't take it with you when you die.

Cothaigh *v₂ₐ* feed, nourish, sustain
beathaigh feed, fatten; rear, **beoigh** vitalise, **biathaigh** feed, sustain, **breoslaigh** fuel, **coimeád** keep, sustain, **cuidigh** help, assist, **cuir ar aghaidh** advance, **cuir chun cinn** promote, **cuir chun tosaigh** put forward, bring to the fore, **cuir le** add to; enforce, **daingnigh** consolidate, **follúnaigh** sustain, nourish, **forbair** develop, **fothaigh** support, sustain, **láidrigh** strengthen, **mianraigh** mineralise, **neartaigh** fortify, **ramhraigh** fatten, **saothraigh** cultivate, **substain** subsist, **tabhair aird ar** bring attention to, highlight, **tabhair bia do** give food to, **tacaigh** support, **tóg** raise, rear, **treisigh** bolster, strengthen

Cothaithe *pp* fed, nourished, sustained
beathaithe fed, fattened; reared, **beoite** vitalised, **biathaithe** fed, sustained, **breoslaithe** fuelled, **coimeádta** kept, sustained, **cuidithe** helped, assisted, **curtha ar aghaidh** advanced, **curtha chun cinn** promoted, **curtha chun tosaigh** put forward, brought to the fore, **curtha le** added to; enforced, **daingnithe** consolidated, **follúnaithe** sustain, nourish, **forbartha** developed, **fothaithe** supported, sustained, **láidrithe** strengthened, **neartaithe** fortified, **ramhraithe** fattened, **saothraithe** cultivated, **substainte** subsisted, **tacaithe** supported, **tógtha** raised, reared, **treisithe** bolstered up, strengthened

Cothaitheach *adj³* nourishing, sustaining; fattening **beathaitheach** feeding, nourishing, **beathúil** nourishing, **biatach** food-providing, **cothúil** nourishing, **daingnitheach** consolidating, strengthening, **follúnach** sustaining, supporting, **neartaitheach** strengthening, fortifying, **oiliúnach** nutritive; nurturing, fostering, **scamhardach** nourishing, **substaineach** subsistent, **tacaíochta** (> *tacaíocht*) supporting, **taoisleannach** nourishing, substantial

Cothrom 1

1. *m (-oim)* balance, fairness
ceart right, **céillí** sensibleness, **cóimheá** equilibrium, balance, **coibhéis** equivalence, **cóir** equity, **comhardú** balance, **comhbhrí** *(maths)* equivalence, **comhscór** *(sp)* draw, level score; level, square, **cothroime** fairness, balance, **cothromaíocht** equilibrium, evenness, **cothromas** fairness, equity, **féar plé** fair play (cf **Féar plé duit!** Fair play to you!), **féaráilteacht** fairness, **inchomparáideacht** comparability, **lánoiread** equal amount (cf **Bhí a lánoiread ann.** There were just as many there.), **loighiciúlacht** logicality, **neamhchlaontacht** impartiality, **neamhfhéinchúisí** disinterestedness, selflessness, **socracht** composure, calmness, **stuamacht** level-headedness, **tomhaisteacht** measuredness, evenness

▲ ~ **na Féinne** the epitome of fairness

2. ar ~ equal, fair, equally, in balance
ar cóimhéid commensurate, **ar comh-ard** of equal height, **ar comhbhonn** on a common basis, **ar comhbhrí** of equal force, **ar comhchéim** in matching step, **ar comhchiall le** comparable with; synonymous with, **ar comhdhéanamh** of similar build, **ar comhfhad** of equal length, **ar comhlasadh** equally lit, **ar comhleithead** of equal breadth, **ar comhscór** *(sp)* drawn; level, even stevens, **cothromasach** fair, equitable, **féaráilte** fair, **gob ar ghob** neck and neck

Cothrom 2 *adj¹* even, balanced; fair, just

analachúil (**le**) analogical (to), **céillí** sensible, **coibhéiseach** equivalent, **cóir** just, fair, **comhbhríoch** *(maths)* equivalent, **córach** well-rounded, **cothromasach** equitable, even-handed, **féaráilte** fair, **inchomparáide** comparable, **loighiciúil** logical, **macánta** honest, **meáite** weighed, considered (in the balance), **neamhchlaonta** impartial, unbiased, **neamhfhéinchúiseach** disinterested, selfless, **socair** composed, **stuama** sensible, wise

Cothromaigh v_{2a} equalise, even up, make level

cláraigh make smooth and level, **coinnigh ar mheá cothrom** keep/maintain balance, **comhardaigh** equalise; adjust, balance, **déan cothrom** make equal; make fair, **ionannaigh** equalise, equate, **leacaigh** flatten, **leibhéal** level, **meáigh** weigh, **mínigh** smooth, **plánáil** plane (cf **píosa adhmaid a phlánáil** to plane a piece of wood), **réitigh** level, make right, **socraigh ar aon leibhéal amháin** flush, make level, **tarraing cothrom** *(sp)* equalise

Cothromaithe *pp* equalised, evened up, made level

cláraithe made smooth and level, **coinnithe ar mheá cothrom** kept evenly balanced, **comhardaithe** equalised; adjusted, balanced, **déanta cothrom** made equal; made fair, **ionannaithe** equalised, equated, **leacaithe** flattened, **leibhéalta** levelled, **meáite** weighed, **mínithe** smoothed, **plánáilte** planed, **réitithe** levelled, made right, **socraithe ar aon leibhéal amháin** flushed, made level, **tarraingthe cothrom** *(sp)* equalised

Cothromú *vn* equalising, evening up, making level

clárú making smooth and level, **coinneáil ar mheá cothrom** keeping/ maintaining balance, **comhardú** equalising; adjusting, balancing, **déanamh cothrom** making equal; making fair, **ionannú** equalising, equating, **leacú** flattening, **leibhéaladh** levelling, **meá** weighing, **míniú** smoothing, **plánáil** planning, **réiteach** levelling, making right, **socrú ar aon leibhéal amháin** flushing, making level, **tarraingt cothrom** *(sp)* equalising

Cothú *vn* feeding, nourishing, sustaining

beathú feeding, fattening; rearing, **beochan** vitalising, **biatachas** provision of food, **biathú** feeding, sustaining, **breoslú** fuelling, **coimeád** keeping, sustaining, **cuidiú** helping, assisting, **cur ar aghaidh** advancing, **cur chun cinn** promoting, **cur chun tosaigh** putting forward, bringing to the fore, **cur le** adding to; enforcing, **daingniú** consolidating, **fóis** overfeeding; pampering, **follúnú** sustaining, nourishing, **forbairt** developing, **forrach** *m* fodder, **fothú** supporting, sustaining, **láidriú** strengthening, **neartú** fortifying, **potbhiathú** spoon-feeding; pampering, **ramhrú** fattening, **sadhlas** silage, ensiled fodder for animals, **saothrú** cultivating, **scamhard** nutriment, nourishment, **solamar** appetising, rich food; nutrition, **substaineadh** subsisting, subsistence, **tabhairt aird ar** bringing attention to, highlighting, **tacú** supporting, **tógáil** raising, rearing, **treisiú** bolstering up, strengthening

Crá *vn* tormenting, torment; distressing distress

ainnise misery, **anacair** *f* (*-cra; -craí*) distress, **anó** distress, **badráil** bothering, **bearrán** hassle, **bodhrú** bothering, annoying, **bráca** harrowing distress, **briseadh croí** heartbreak, **broid** distress, **broideadh** goading, prodding, **brón** sorrow, **buaireamh** annoying, **buairt** angst, **cancrú** annoying, vexing, **céasadh** torturing, agony, **ciach** *m* (**ciaigh**) sorrow, woe, **ciapadh** harassing, harassment, **clipeadh** teasing, taunting, **coipeadh** fermenting, provoking, **cros** *f* cross, **cruatan** hardship, **cur isteach ar** aggravating, bothering, **cur as do dhuine** putting a person out, inconveniencing, **cur cantal ar dhuine** peeving a person, **cur duine le buile** driving a person insane, **diachair** affliction, distress, **dobrón** grief, **dochraide** distress, **dóiteacht** heart-scalding annoyance, **dólás** tribulation, distress, **feargú** angering, annoying, **fulaingt** suffering, **géarleanúint** persecuting, **goilleadh ar** distressing, vexing, hurting, **goin** wounding, **griogadh** teasing, inflicting petty annoyances, **íde na muc is na madraí** treating like a dog, extreme abuse, **inghreim** persecuting, **léan** deep affliction, **méala** grief, sorrow, **mosán** annoyance, irritation, **múisiam** upset, irritation, **núis** nuisance (cf **núis phoiblí** public nuisance), **piocadh ar** picking on, **pian** f pain, **plá** plaguing, pestering, **saighdeadh** provoking, inciting, **sárú** pestering, **scalladh croí** heartache, **sciolladh** scolding, abusing, **siortáil** mistreating; knocking about, **splíontaíocht** suffering, maltreatment, hardship, **spochadh** slagging, **spochadóireacht** teasing, taunting, **tochrá** deep distress, **tormas** grumbling, carping on, **triail** trial, testing

Craic f (~e; ~eanna) fun, chat, chatting, craic/crack
ábhacht diversion, fun, jesting, **abhlóireacht** clowning, acting the fool, **áilteoireacht** skylarking, **amaidí** tomfoolery, **an-taidhm** great time, **breallántacht** buffoonery, **brealsúnacht** silliness, diversion, **cóisireacht** partying, **gáire** laughter, **caint** talking, **comhrá** conversation, chat, **conbharsáid** conversation, **focal** word, **geamaí** tricks, capers, **greann** jest, joke; fun, **imirt** playing, play, **luadráil** gossip, chat, **magadh** joking; mocking, **meanma** f (~n) cheer, **meidhir** f (-dhre) mirth, gaiety, **meidhréis** jollity, friskiness, **pléaráca** horseplay, **pleidhcíocht** messing, tomfoolery, **ragairne** m revelling; painting the town red, **ráigíocht** gadding about, **raillíocht** rakishness, **ráistéireacht** roistering, **ramhaltaíocht** horseplaying, horseplay, **rancás** high jinks, **ruathaireacht** flightiness; gadding about, **scotbhach** m guffaws, **séis chomhrá** chatting, **seisiún chomhrá** bit of a natter/chat, **seisiún ólacháin** drinking session, booze-up, **siamsa** entertainment, fun, **soilbhreas** joviality, merriment, **somheanma** f (~n) cheerfulness, good spirits, **spochadh** teasing, **spochadóireacht** teasing; mock fighting, **spórt** sport, fun, **spórtúlacht** supportiveness, **spraoi** fun, spree, sport, **suairceas** joy, cheerfulness, **súgradh** playing, frolicking

◊ **Ba mhór an chraic é!** It was great craic!, **Bhí an chraic nócha!** (sl) The craic was ninety!, **Bhí an chraic thar barr!** The craic was mighty!, **Cad é an chraic?** What's the craic? What's up?

Craiceáilte adj6 crazy, mad
áiféiseach absurd, **amaideach** foolish, **ar buile** mad, **ar mire** f mad, insane, **as do mheabhair** out of your mind, **bán** (cf **ag imeacht bán** going crazy), **chomh mear le míol Márta** as mad as a march hare, **dulta le báiní** frenzied, **éigiallta** irrational, **fanaiceach** fanatical, **fiáin** wild, **gan chiall** senseless, **gealtach** insane, **imithe le broim** (vulg) gone crazy, **imithe leis na craobhacha** gone mad, **míréasúnta** unreasonable, **rámhailleach** delirious, **rancásach** frolicsome, full of high jinks, **seachmallach** deluded, crazy, **seafóideach** nonsensical, ridiculous, **siabhránach** delirious; hallucinatory, **síocóiseach** psychotic, **spadhrúil** given to fits of insanity, **splanctha** enraged, crazy (eg **Tá sé splanctha ina diaidh.** He's crazy about her.) (see also: **gealtach**)

Craiceann m (-cinn; -cne)
 1. skin, pelt; peel
blaosc f (blaoisce; ~anna) husk (cf **blaosc an chinn** skull, cranium), **brat** coating, **clúdach** m covering, **cneas** skin, flesh (cf **goin chnis** flesh wound), **cochall** cowl, capsule, pod, **coirt** bark, **crotal** husk, shell, **crústa** crust, **eipideirm** epidermis, **faighneog** pod, **forchraiceann** foreskin, **leathar** leather, **lomra** fleece, **meill** flabby loose skin, **mogall** mesh ; lid, **peall** pelt, **rúsc** bark, **scaimh** peeled skin or bark, **scannán** membrane; film, **scannán cumhdaithe** clingfilm, **sceo** film, **screamh** f (screimhe; ~a, ~) crust, **seithe** f (~; -thí) hide, **slapar** loose fold of skin, **snamh** bark; skin, complexion, **sreabhann** m membrane
 2. likelihood, plausible appearance
cosúlacht likeness; likelihood, **cuma** look, **dealramh** appearance, **dóchúlacht** likelihood, **seans** probability (see also: **dóchúlacht**)

◊ **Níl ~ na fírinne air sin.** That doesn't ring true., **scéal gan chraiceann** improbable story, (iron) a likely tale

 3. sex, sexual intercourse
caidreamh collaí sexual relationship, **comhriachtain** f (-tana) coition, copulation, **cúpláil** coupling, **dlúthchaidreamh** intimate relationship, **gnéas** sex, **fios collaí** carnal knowledge (cf **Bhí fios (collaí) aige di.** He had sexual relations with her.), **leathar** (sl) sex, **suirí** making love (see also: **comhriachtain**)

◊ **ag bualadh craicinn** bonking, having sex, **An bhfuair tú an craiceann aréir?** Did you get laid last night? ~ **gan choinníoll** promiscuity, casual sex

Cráifeach adj[3] pious
beannaithe blessed, **beannaitheach** beatific, **caoindúthrachtach** devout, **crábhaidh** (> **crábhadh**) devotional, religious, **creidimh** (> **creideamh**) relating to faith, belief, **creidmheach** faithful, believing, **deabhóideach** devout, **diaga** divine, **diaganta** godly, pious, **gor** (lit) pious, filial, **grástúil** gracious, **naofa** saintly; holy, **ómósach** reverential, **reiligiúnach** religious, **suáilceach** virtuous, **umhal** dutiful, **urnaitheach** prayerful, devout, **urramach** reverential

Cráifeacht f (~a) piety
beannaíocht piety; sanctimony, **beannaitheacht**

blessedness; sanctity; beatitude, **caondúthracht** devoutness, **crábhadh** religious practice, **cráifeachas** religiosity, **creideamh** faith, **deabhóid** devotion, **diagacht** divinity, **diagantacht** godliness, piety, **dualgas** duty, **grásta** grace, **naofacht** saintliness, holiness, **ómós** veneration, **reiligiún** religion, **reiligiúnachas** religionism, **suáilce** *f* virtue, **urraim** reverence

Cráigh *v₁ᶠ* torment, distress
badráil bother, **bí ag tromaíocht ar** be using bullyboy tactics on, **bí de shíor sa droim ar dhuine** be always on a person's case, to keep going on at a person, **bodhraigh** bother, annoy, **bris croí duine** break a person's heart, **broid** goad, prod, **buair** vex, perturb; cause to grieve, **cancraigh** annoy, vex, **céas** torture, torment; crucify, **ciap** torment; harass, **clip** tease, taunt, **coip** ferment, provoke, **cuir as do** annoy, **cuir as do dhuine** put a person out, inconvenience, **cuir buairt ar dhuine** cause a person mental anguish; vex a person, **cuir cantal ar dhuine** peeve a person, **cuir imní ar dhuine** make a person concerned, worry a person, **cuir isteach ar** aggravate, bother, disturb, **cuir le buile** drive insane, **déan bulaíocht ar** bully, **déan géarleanúint ar** persecute, **déan maistíneacht ar** bully, **dóigh croí duine** sear a person's heart, **feargaigh** anger, annoy, **goill ar** distress, vex, hurt, **goin** wound, **greannaigh** irritate, ruffle, **inghreim** persecute, **pioc ar** pick on, **pláigh** plague, pester, **saighid** provoke, incite, **sáraigh** pester, **scall croí** cause heartache, **scioll** scold, abuse, **siortáil** mistreat; knock about, **spoch** slag, taunt, tease, **tabhair íde na muc is na madraí do dhuine** treat a person like dog, badly abuse/mistreat, **tabhair pioloíd do** torture, pillory

Cráite *pp* tormented, distressed
anóiteach distressed, **badráilte** bothered, **bearrtha** hassled, **bodhraithe** annoyed, bothered, **broidte** goaded, prodded, **brónach** sad, **buartha** annoyed, upset, **cancraithe** annoyed, vexed, **cásmhar** *(faoi)* anxious (about), **céasta** tortured, crucified, **ciapta** harassed, **clipthe** teased, taunted, **coipthe** fermented, provoked, **corraithe** troubled, distraught, **curtha as** put out, inconvenienced, **curtha isteach ar** aggravated, bothered, **dóite** fed up, **faoi chiach** down in the dumps, gloomy, **feargaithe** angered, annoyed, **géarleanúna** *(> géarleanúint)* persecuting, **goillte ar** distressed, vexed, hurt, **gonta** wounded, **greannaithe** irritated, ruffled, **imníoch** worried, **inghreimthe** persecuted, **míshuaimhneach** uneasy, **piocha ar** picked on, **pláite** plagued, pestered, **saighdte** provoked, incited, **sáraithe** pestered, **sciollta** scolded, abused, **siortáilte** mistreated; knocked about, **spochtha** slagged off, taunted, teased, **suaite** upset, **thar bharr (do) chéille** distraught

▲ **anam** ~ distressed/tormented soul, **colscaradh** ~ torturous divorce, **croí** ~ aching heart, **intinn chráite** tormented mind, **máthair chráite** fretful mother,

mionlach ~ beleaguered minority, **múinteoir** ~ exasperated teacher, **násiún** ~ afflicted nation, **saol** ~ miserable life, **scread chráite** agonised scream, **taithí chráite** excruciating experience

◊ Bhí do mháthair ~ le himní. Your mother was worried sick., Bhí an t-aire ~ ag ráflaí sa phreas. The minister was scourged by rumours in the press. Táim ciapta ~. I'm emotionally shattered., I'm worn to a frazzle.

Crampa *m (~; ~í)* cramp
arraing sharp pain, stitch, **daigh** *f (~e; daitheacha)* darting pain; **freanga** twitch, spasm, **géaróg** twinge, sharp pain, **greadfach** *f* darting pain, stinging pain, **pian** *f* pain, **rabhán** prolonged fit of coughing, **ríog** *f (ríge; ~a, ~)* jerk, spasm, **saighead reatha** stitch from running, **scoilteach** *f* acute pain, **spaspas** spasm, convulsion, **tálach** *m* cramp; swelling in wrist, **taom** paroxysm, attack

Crann 1 *m (crainn; crainn, ~)*
1. tree
buaircíneach conifer, **buinneán** sapling, **cónaiféar** conifer, **croch** *f (croiche)* gallows; cross, **duillsilteach** *m* deciduous, **fás** plant, rod, sapling, **fiodh** *m (feá; feánna)* tree, timber, **géagchóras** *(diagram)* tree, **omhna** *m (~; ~í)* trunk of tree, **síolphlanda** seedling, **síorghlas** evergreen, **tom** shrub, **tor** bush

▲ ~ **ailme** pine tree, ~ **almóinní** almond tree, ~ **bambú** bamboo, ~ **bán** sycamore tree, ~ **bananaí** banana tree, ~ **barrscoite** pollard tree, ~ **beithe** birch tree, ~ **Bodhi** Bodhi tree, ~ **bosca** boxwood tree, ~ **cainche** quince tree, ~ **cainéil** cinnamon tree, ~ **caisia** cassia tree, ~ **caisiú** cashew tree, ~ **caorthainn** rowan tree, ~ **castán** chestnut tree, ~ **céadrais** cedar tree, ~ **ciotrón** citron tree, ~ **cnó capaill** horse chestnut, ~ **cnó cócó** coconut palm, ~ **coill** hazel tree, ~ **darach** oak tree, ~ **dénártha** binary tree, ~ **duillsilteach** deciduous tree, ~ **fuinseoige** ash tree, ~ **gallchnó** walnut tree, ~ **ginealaigh** family tree, ~ **giúise** fir tree; pine tree, ~ **guma** gum tree, ~ **iúir** yew tree, ~ **leagtha** fallen tree, ~ **líomaí** lime tree, ~ **líomóidí** lemon tree, ~ **mailpe** maple tree, ~ **mangó** mango tree, ~ **maoildeirge** mulberry tree, ~ **na Beatha** *(rel)* Tree of Life, ~ **na hAithne** *(rel)* Tree of Knowledge, ~ **na Páise** *(rel)* Tree of Passion, ~ **Nollag** Christmas tree, ~ **oráistí** orange tree, ~ **pailme** palm tree, ~ **papá** papaya tree, ~ **péitseog** peach tree, ~ **piorraí** pear tree, ~ **plumaí** plum tree, ~ **rubair** rubber tree, ~ **sceach** hawthorn, ~ **silíní** cherry tree, ~ **síorghlas** evergreen tree, ~ **teile** lime tree, ~ **toraidh** fruit tree, ~ **úll** apple tree

2. shaft, mast
barra bar, **bíoma** beam, **bum** *m (naut)* boom, **búm** *m (~; ~anna) (br)* boom (eg **maidhc búm** boom mike), **buamaile** *(naut)* boom, **cabar** pole, rafter, **cleith** upright rod, stake, **coinnleoir craobhach** chandelier,

Crann | 221 | Craoladh

■ **I measc crann coitianta atá:**
  Common trees include:

abhaill *f (abhla)* apple tree
aiteal *m (aitil)* juniper
beith birch
beith bheag dwarf birch
bonsai bonsaí
buaircíneach *m* conifer
caorthann rowan tree
coll hazel

crónghiúis redwood
cufróg cypress
dair *f (darach; daracha, darach)* oak
eoclaip eucalyptus
fáibhile rua copper beech
feá beech
fuinseog ash
gíoca yucca
leamhán elm
mahagaine *m* mahogany

mailp maple
mailp Sheapánach Japanese maple
mórghiúis dhúdach giant redwood
pailm palm
poibleog poplar
poibleog bhán silver poplar
sailchearnach *f* pussy willow
saileach *f* willow
saileach shilte weeping willow
téac teak

■ **Focail a bhaineann le crainn:**
  Words to do with trees:

bearradh ~ tree cutting
coirt crainn tree bark
cos crainn foot of tree
  (cf **cos chrainn** wooden foot)

craobh *f (-oibhe; ~a, ~)* branch
craobhóg twig
cur crann tree planting
dátú fáinní ~ tree-ring dating
duilleoga *fpl* leaves
duilliúr foliage

fréamh *f (fréimhe; ~acha)* root
géaga *fpl* branches
leagan ~ tree felling
stoc crainn tree trunk

---

cos handle, shaft, **craein** *f (craenach)* crane, **crannóg** wooden pole, rostrum, **cuaille** *m* pole; mast, **feac** grip, **fearn** pole, mast, **gas** stalk, stem, **laí** post, shaft, **omhna** *m (~; ~í)* wooden mast, **polla** pole, **sáfach** haft, stock, **sail** beam, **seac** jack, **seafta** *(vehicle)* shaft, **seastán** stand, **sonn** shaft, pole, **spéice** pole, post, **spól** reel, spool, **staf** staff, pole, **stoc** trunk, shaft, **taca** support, **tamhan** stock, trunk, **tríchosach** tripod

  ▲ ~ **ardaithe** jack, ~ **bagair** leading warrior; truncheon, ~ **Bealtaine** maypole, ~ **brataí** flagpole, ~ **ceoil** woodwind instrument, ~ **clis** penis, ~ **cosanta** pillar, champion, ~ **fuinte** rolling pin, ~ **fuipe** crop of a whip, ~ **gléasta** tuning fork, ~ **loinge** ship mast, ~ **na croiche** gallows, ~ **práta** stalk of a potato, ~ **seasta** mainstay, upright, ~ **sleá** shaft of a spear, ~ **spáide** handle of a spade, ~ **tabhaill** catapult, ~ **taca** champion, ~ **tarchurtha raidió** broadband/radio/TV mast, ~ **teanntáin** fulcrum bar, ~ **teorann** boundary marker, ~ **tiomána** driving shaft, ~ **tochrais** reel, winch, ~ **tógála** crane, ~ **tomhais** guess, ~ **tríchosach** tripod mast, ~ **snámha** canoe

Crann 2 *m (crainn; crainn, ~)* **tógála** *(constr)* crane
ardaitheoir hoist; lift, **craein** *f (craenach)* crane, ~ **tochrais** winch, **roithleán** wheel; roller, pulley, **ulóg** pulley, **unlas** windlass, winch

Crannchur *m (-chuir; -chuir, ~)* lottery, sweepstake
crann lot (cf **crainn a chaitheamh** to cast lots), **lató** lotto, **raifil** raffle, **scuabgheall** sweepstake

Craobh *f (-aoibhe; ~acha)*
  1. *(bough, offshoot)* branch
beangán prong, **buinneán** shoot, **buinneog** offshoot, **clann** clan, family, **craobhóg** sprig, **fáisín** offshoot, **fás** sapling, rod, **gas** stem, **géag** *f* limb, branch, **ladhar** *f (laidhre)* prong, **péacán** shoot, **sciathán** wing
  2. *(organisation)* branch
biúró bureau, **brainse** branch, **cleamhnaí** affiliate, **club** club, **cuallacht** fellowship, **cumann** society, **disciplín** discipline, **eagraíocht** organisation, **fochomhlacht** *m* subsidiary, **fo-chuideachta** *(high reg)* subsidiary company, **fo-roinn** subsection, subdivision, **oifig** office (cf **oifig áitiúil** local office, **oifig réigiúnach** regional office), **páirt** part, **rannán** *(army)* division, **rannóg** division, **roinn** section, **sciathán** wing, **lóiste** lodge (cf **Lóiste Oráisteach** Orange Lodge)
  3. laurels, championship
an chéad áit/duais the first place/prize, **bonn (óir)** (gold) medal, **bua** victory **buaicphointe** pinnacle, **céim** position, rank, degree, **céimíocht** distinction, **corn** trophy, **coróin** crown, **duais** prize, **gradam** accolade, commendation, **meadáille** medallion, **mórbhonn** medallion, **onóir** *f* honour, **sméar mhullaigh** crowning glory, **suaitheantas** badge, emblem

Craol v_{1a} broadcast
athchraol retransmit, rebroadcast, **craobhscaoil** broadcast, propagate, **cuir amach** put out, **cuir ar an aer** put on the air, **cuir i bhfad** send far, **cuir in iúl os ard** openly air/inform, **cuir teachtaireacht ar an raidió** radio a message, **fógair** announce; advertise, **foilsigh** publish, **forleath** spread widely, broadcast, **inis (do)** tell (to), **leaschraol** relay, **leath** spread, **leathnaigh** widen, extend, **poibligh** publicise, **reic** proclaim, broadcast, **scaip** spread, **síolaigh** disseminate, **síolraigh** propagate, **tabhair do phlé oscailte** bring to open discussion, **taispeáin** show, **tarchuir** transmit, **téacsáil** text, **teilifísigh** televise

Craoladh *vn* broadcast
athchraoladh retransmitting, rebroadcasting, **bolscaireacht** spreading/promoting propaganda; evangelising, **craobhscaoileadh** broadcasting, propagation, **craolachán** broadcasting, **cur amach** emission, dispatching, **cur ar an aer** putting on the air, **cur i bhfad** sending far, **cur in iúl os ard** openly airing/informing, **cur teachtaireacht ar an raidió** radioing a message, **fógairt** announcing; advertising, **fógra** announcement; advertisement,

Craolta   Craosach

> ■ **Ar na téarmaí coitianta craoltóireachta atá:** Common broadcasting terms include:
> **agallaí** *m* interviewee
> **agallamh** interview
> **agallóir** interviewer
> **ancaire** anchor
> **ar an aer** on air
> **as seat** out of shot
> **bainisteoir urláir** floor manager
> **bealach** *m* **a haon** channel one
> **ceamara (craenach)** (crane) camera
> **ceamaradóir** camera operator
> **céimniú (amach/isteach)** fade (out/in), fading
> **ceol aitheantais** signature tune
> **clár (beo, píolótach, taifeadta)** (live, pilot, recorded) programme
> **clé ón gceamara** camera left
> **cluasáin** *mpl* headphones
> **comhfhreagraí polaitiúil** political correspondent
> **craoltóir** broadcaster
> **dalaí** dolly
> **deasc** *f* **nuachta** news desk
> **deis ón gceamara** camera right
> **den aer** off air
>
> **dubáil** dubbing
> **éacht** *m* stunt
> **éachtóir** stunt person
> **feisteas** wardrobe
> **foireann** *f* **léirithe** production team
> **formhaisiú datha** chroma key
> **fotheidil** *mpl* subtitles
> **giolla** grip, best boy
> **giotán cainte** sound bite
> **grafaicí ríomhaire** computer graphics
> **iarléiriú** postproduction
> **innealtóir fuaime** sound engineer
> **láithreoir leanúnachais** continuity announcer
> **láithreoir** presenter
> **maidhc** mike
> ~ **búm** boom mike
> ~ **gunna** gun mike
> ~ **láimhe** hand-held mike
> ~ **méise** dish mike
> ~ **pearsanta** personal mike
> **maisíocht** special effects
> **mír** *f* **ionsáite** insert
> **monatóir** monitor
> **nuacht (théagartha)** (hard) news
> **oibreoir búm** boom operator
> **ribe sa gheata** hair in gate
> **rige** rig
>
> **ródaí** OB van
> **scannán bíse** cliff-hanger
> **scéal práinneach** newsflash
> **seat** shot
> ~ **fada** long shot
> ~ **gluaiste** moving short
> ~ **meánfhada** medium-long shot
> ~ **peanála** panning shot
> ~ **teann** close-up shot
> ~ **thar ghualainn** over-the-shoulder shot
> **seomra rialaithe** control room
> **smideadh** makeup
> **smideoir** makeup artist
> **sobail** *mpl* soaps
> **soilsiú** lighting
> **sos** *m* **fógraíochta** commercial break
> **stiúideo** studio
> **stiúrthóir** director
> **tairseach** *f* **a naoi** nine o'clock watershed
> **teilileideoir** teleprompter
> **tuairisciú beo** live coverage
> **zúmáil (isteach/amach)** zoom, zooming (in/out)

foilsiú publishing, **forleathadh** spreading widely, broadcasting, **insint** telling, narrating, **leaschraoladh** relaying, rediffusion, **leathadh** spreading, **leathnú** widening, extending, **poibliú** publicising, **reic** proclaiming, broadcasting, **scaipeadh** dispersal, **síolrú** propagation, **síolú** dissemination, **tabhairt do phlé oscailte** opening up for discussion, **taispeáint** showing, **taispeántas** show, **tarchur** transmission, **téacsáil** texting, **teilifísiú** televising, **tráchtaireacht** commentating, **trumpadóireacht** trumpeting

Craolta *pp* transmitted, broadcast
athchraolta retransmitted, rebroadcast, **craobhscaoilte** broadcast, propagated, **curtha amach** put out, **curtha ar an aer** put on the air, **curtha i bhfad** sent far, **curtha in iúl os ard** openly aired, **fógartha** announced; advertised, **foilsithe** published, **forleata** spread widely, broadcast, **inste (do)** told (to), **leaschraolta** relayed, **leata** spread, **leathnaithe** widened, extended, **poiblithe** publicised, **reicthe** proclaimed, broadcast, **scaipthe** spread, **síolaithe** disseminated, **síolraithe** propagated, **taispeánta** shown, **tarchurtha** transmitted, **téacsáilte** texted, **teilifísithe** televised, **tugtha do phlé oscailte** opened up for discussion

Craoltóir *m* (*-óra*; *~í*) broadcaster
ancaire nuachta news anchor, **bolscaire** propagandist, **bolscaire baile** town crier, **bolscaire láithreachais** continuity announcer, **clár-reachtaire** programme announcer, **craobhscaoilteoir** purveyor, broadcaster, **diosc-jacaí** disk jockey, **fógróir** advertiser, announcer, **iriseoir** journalist, **láithreoir** presenter, **nuachtóir** newsman, newswoman, **óstach** *m* host, **tráchtaire polaitíochta/spóirt** political/sports commentator, **trumpadóir** loudmouthed person; trumpeter

Craoltóireacht *f* (*~a*) broadcasting
an gréasán dorcha the dark web, **an t-idirlíon** the internet, **beoshruthú** live streaming, **craobhscaoileadh** broadcasting, propagation, **craolachán** broadcasting, **leathadh** spreading, **na meáin phríomhshrutha** the mainstream media, **na meáin shóisialta** social media, **scaipeadh** dissemination, diffusion

▲ ~ **seirbhíse poiblí** public service broadcasting

Craos *m* (*-ois*; *-ois*, *~*)
1. gullet, maw; large mouth/opening
béal mór big mouth, **clab** open mouth, **clabaí** open-mouthedness, **cró** *(photo)* aperture, **oscailt mhór** big opening, **uaibhéal** wide-open mouth *(see also: béal)*
2. gluttony, voracity
ampla gluttony, cupidity, **cíocras** greed, gluttony, eager, **gionach** *f* voracity, ravenous greed, **raobhaíocht** gluttony; intemperance, **saint** greed, **santacht** greediness; eagerness, **suthaireacht** gluttony *(see also: cíocras)*

Craosach *adj*[3] voracious, gluttonous
aimirneach ravenous, **airceach** voracious, needy, **alpartha** greedy, guzzling, **amplach** gluttonous, **béaloscailte** open-mouthed, **cíocrach** greedy, gluttonous, extreme eagerness, **clabach** open-

Craosaire

mouthed, **doshásaithe** insatiable, **gionach** open-mouthed, voracious, **mucúil** piglike, piggish, **peasánach** greedy for food, gluttonous, **santach** greedy, grasping, **suthach** esurient, gluttonous

Craosaire *m (~; -rí)* glutton
airceachán voracious eater, **alpaire** guzzler, **amplachán** gluttonous, greedy person, **amplóir** glutton, **antlachán** grabbing, greedy person, **béiceadán** glutton; puffball, **bleadrachán** paunchy person, glutton, **calcaire** glutton, **cráin chraosach** greedy pig, **gaileadán** greedy eater, **glutaire** potbellied glutton, **gorb** glutton, **graoisín** galoot, glutton, **ocrachán** hungry needy individual, **santachán** greedy person, **scloitéir** gluttonous, greedy galoot, **slamaire** gobbler, **slogaire** guzzler, **smalcaire** greedy eater, **suthaire** guzzler

Crap v_{1a} shrink, crumple, contract
cadhail coil, twist, **cam** bend, distort, **caolaigh** become narrow, slim, **claon** incline, **cnaígh** waste away, **corn** bunch up, **crion** become wizened, **crandaigh** stunt, become stunted, **crom** stoop, bend, **cruinnigh (isteach)** gather (in), **cuach** huddle, **cuach suas** roll up, **cúb** cringe, draw in, shrink, **cuir fillríní i** crease, crinkle, **cuir pluca in éadach** pucker cloth, **cuir roic i** put creases/wrinkles in, **éirigh níos lú** become smaller, shrink, **faigh ceann (teach, carr, etc) níos lú** downsize (house, car, etc), **fáisc** squeeze, **feoigh** wither, **fill** fold, **fill suas** fold up, **laghdaigh** reduce, shrink, **loic** draw back, flinch, **lúb** buckle, **meathlaigh** dwindle, **roc** crease, wrinkle; corrugate, **searg** shrivel, **tarraing isteach** draw in, **tarraing siar** recoil, **teann** tauten, **téigh i laghad** shrink, **trusáil** tuck, roll up, **tit** fall, **úc** *(tex)* full, tuck

~ **do chorp!** Contract your body!
~ **do chosa!** Draw in your legs!
~ **do mhuinchillí!** Roll up your sleeves!
~ **an píosa páipéir!** Crumple up the piece of paper!
~ **an fómhar!** Gather in the harvest!
~ **leat!** Clear off!

Crapadh *vn* shrinking, crumpling
caidhleadh coiling, twisting, **camadh** bending, distorting, **caolú** becoming narrow, slimming, **claonadh** inclining, **cnaí** wasting away, **crandú** stunting, becoming stunted, **críonadh** becoming wizened, **cromadh** stooping, bending, **cruinniú (isteach)**, gathering (in), **cuachadh** huddling, **cuachadh suas** rolling up, **cúbadh** cringing, drawing in, shrinking, **cur fillríní i** creasing, crinkling, **cur pluca in éadach** puckering cloth, **cur roic i** putting creases/wrinkles in, **dul i laghad** shrinking, **éirí níos lú** becoming smaller, shrink, **fáil ceann (teach, carr, etc) níos lú** downsizing (house, car, etc), **fáscadh** squeezing, **feo** withering, **filleadh** folding, **filleadh suas** folding up, **fithín** crease, fold, **laghdú méide** reducing, downsizing, shrinking, **loiceadh** drawing back, flinching, **meathlú** dwindling, **seargadh** shrivelling, **rocadh** creasing, wrinkling, corrugating, **tarraingt isteach** drawing in, **tarraingt siar** recoiling, **teannadh** tightening, firming up, **trusáil** tucking, rolling up, **titim** falling, **úcadh** *(tex)* fulling, tucking

Craptha *pp* shrunk, crumpled
caidhilte coiled, twisted, **camtha** bent, distorted, **caolaithe** having become narrow, **claonta** inclined, **cnaíte** wasted away, **crandaithe** stunted, becoming stunted, **críonna** old, wizened, **cromtha** stooped, bent, **cruinnithe (isteach)**, gathered (in), **cuachta** huddled, **cuachta suas** rolled up, **cúbtha** shrunk, drawn in, **dulta i laghad** shrunk, **éirithe níos lú** gotten smaller, shrunk, **fáiscthe** squeezed, **feoite** withered, **fillte** folded, **fillte suas** folded up, **fithíneach** creased; crimped, **laghdaithe** reduced; downsized, shrunk, **loicthe** failed, flunked, **meathlaithe** dwindled, **roctha** creased, wrinkled; corrugated, **seargtha** shrivelled up, **tarraingthe isteach** drawn in, **tarraingthe siar** recoiled; withdrawn, pulled back, **teannta** tightened, tautened, **trusáilte** tucked, rolled up, **tite** fallen, **úctha** *(tex)* tucked

▲ **drandal** ~ receding gums, **duilleoga** ~ crinkly leaves, **lámh chraptha** shrivelled hand, **súile** ~ squinting eyes

Cré 1 *f(~; ~anna)* creed
airteagail *mpl* tenets, articles, **bunailt** *mpl* creidimh articles of faith, **caiticeasma** *m* catechism, **canónaigh** *mpl (religious)* canons, **creideamh** belief, faith, **dogma** *m* dogma, **foirceadal** precept, doctrine, **prionsabail** *mpl* principles, **teagasc** teaching, doctrine, **teagasc Críostaí** Christian catechism

Cré 2 *f(~; ~anna)* clay
créafóg clay, **dóib** clay plaster; sticky mud, **fód** sod, **gaíon** *m (gaín)* subsoil, **gairbhéal** gravel, **grabhar** crumbled matter, **ithir** *f (ithreach; ithreacha)* soil, **marla** marl (cf **marla buí** yellow subsoil), **luaith** *f* ash, **luaithreach** *m* ash, **luaithreamhán bolcánach** volcanic ash, **múr** fine powdered clay, **púdar** powder, **scraith** strip of sod, **screablach** *m* light stony soil, **smúdar** dust, grit, **smúit** dust, **talamh** *(m talaimh; f talún; tailte)* land, **úir** earth, soil

Creach 1 *f(creiche; ~a, ~)*
1. plundering, pillage
ár slaughter, **argain** plunder, destruction, **bradaíl** thieving, **creachadh** plundering, **creachadóireacht** marauding, vandalising, **foghail** *f (-ghla)* plundering, pillaging; trespass, **forghabháil** usurpation, **fuadach** forcible seizure, abduction, **gabháil** seizure, **loitiméireacht** vandalism, **píoráideacht** piracy, **slad** pillage, plunder, **sladaíocht** plundering, pillaging, looting, **toghail** *(lit)* sacking, pillaging, **urghabháil** seizure

2. plunder, booty, spoils
amhantar find, **brabach** *m* profit, **éadáil** acquisition, spoils, **faladhúda** swag; stolen bundle, **faobach** *m* plunder, loot, **fuadán** loot, prey, **muirchur** jetsam, **prae** *f* prey; valued acquisition, **raic** wreckage, **saill gan saothrú** ill-gotten gains, **seilg** spoils of the chase, **slad** plunder, spoil, loot, looting, **snámhraic** flotsam, **sochar** gain, good, **solamar** pickings, **taisce** *f* treasure, **torchaire** *m* flotsam and jetsam; lucky find, godsend
3. ruin, loss
briseadh break up, **caill** loss, **cliseadh** failure, **díomua** defeat, **díothú** annihilation, destruction, **léirchreach** *f (-eiche)* total ruin, **longbhriseadh** shipwreck; ruin, disaster, **scrios** *m* destruction, ruin, **teip** failure, **titim** collapse, **treascairt** crash, **turnamh** downfall

Creach 2 v_{1a} pillage; loot, destroy
arg plunder, destroy, **bris** break, defeat, **déan creachadóireacht** maraud, plunder, **déan éadáil** despoil, **déan foghail ar** plunder; trespass, **déan ruathar** raid, **déan slad** pillage, plunder, **díothaigh** annihilate, exterminate, **fadhbh** *(lit)* strip, spoil, **foghlaigh** plunder, do wanton damage; trespass, **forghabh** usurp, forcibly seize, **fuadaigh** forcibly remove, abduct, **goid** steal, **ionsaigh faoi** attack, **lom** lay bare, strip, mow, **mudh** *(lit)* ruin, destroy, **robáil** rob, **scrios** destroy, ruin, **slad** pillage, plunder; looting, loot

Creachadh *vn* pillaging; looting
argain plundering, destroying, **briseadh** breaking, defeating, **creach** *f* plunder, **creachadóireacht** marauding, plundering **déanamh foghail ar** plundering; trespassing, **déanamh ruathar** raiding, **déanamh slad** pillaging, plundering, **díothaigh** annihilating, exterminating, **éadáil** booty, **fadhbhadh** *(lit)* stripping, spoiling, **foghail** trespass; plunder, **foghlú** plundering, doing wanton damage; trespassing, **gadaíocht** stealing, **ionsaí** attacking, **lomadh** laying bare, stripping, mowing, **mudhadh** *(lit)* ruining, destroying, **robáil** robbing, **ruathar** raid, **scrios** destroy, ruin, **slad** pillaging, plundering; looting

Creachta *pp* pillaged; looted
argtha plundered, destroyed, **briste** broken, defeated, **foghla** *(> foghail)* involving trespassing; plundering, **foghlaithe** plundered, damaged wantonly; trespassed, **forghafa** usurped, forcibly seized, **fuadach** forcibly removing, abducting, **goidte** stolen, **ionsaithe** attacked, **lomtha** laid bare, stripped, mown, **mudhta** *(lit)* ruined, destroyed, **robáilte** robbed, **scriosta** destroyed, wrecked, **sladta** pillaged, plundered; looted

Creachadóir *m (-óra; ~í)* plunderer, marauder, looter
argthóir destroyer, plunderer, **foghlaí** pillager (cf **foghlaí mara** pirate), **grabálaí** grabber, **ionróir** invader, **ionsaitheoir** attacker, **loitiméir** vandal, **lucht foghla** marauders, **millteoir** spoiler, destroyer, **píoráid** pirate, **robálaí** robber, bandit, **ruathaire** raider, **sceimhealtóir** skirmisher, raider, **sladaí** looter

Créacht *f (~; ~aí)* wound, gash
áladh wound, **achasán** slight, **cneá** *f* wound, sore, **crá** torment, **damáiste** damage, **forba** excision, gash, cut, **gearb** scab, **géarghoin** grievous wound, **gearradh** cut, **gortú** injury; hurt, **bradaigh** pilfer, steal, **leonadh** sprain; injury, wound, **lot** wound; breach, **masla** insult, **pian** *f (péine; ~ta)* pain, **scláradh** laceration, **scoradh** slash, gash, **scráib** abrasion, **slais** slash, lash, **spuaic shlaghdáin** cold sore, **tarcaisne** *f* affront, **tráma** trauma

Creagach *adj³* rocky, cragged
achrannach rugged, **boireannach** rocky; karsty, **bollánach** bouldered, **carrach** rock-incrusted, **carraigeach** rocky, **clochach** stony, **clocharach** ridged with stone, stony, **cnapánach** rugged, lumpy, **corraiceach** rugged uneven, **creagánta** barren, stony, **garbh** rough, **garbhchumtha** rugged-featured, **mantach** ragged, jagged, **sceilgeach** craggy, **sceirdiúil** windswept, bleak, rugged, **sceireach** rocky, **speancach** craggy, angular, **spiacánach** jagged, **starrach** with jagged/projecting rocks, **treampánach** *(ground)* difficult, woeful

Creat *m (~a; ~aí)* frame, shape, chassis
corp body, **cosúlacht** likeness, **creatlach** *f* skeleton, framework, **cruth** shape, **cuma** *f* look, appearance, shape, **dealraitheacht** resemblance, **dealramh** appearance, **deilbh** frame, figure, **fíor** *f* outward form, configuration, **foirm** form, **fonnadh** *(mech)* chassis, **formáid** format, **fráma** frame, framework, **imlíne** *f* outline, **leagan** build, **múnla** mould, **scafall** scaffolding, **struchtúr** structure

Creatach *adj³* gaunt
caite worn out, **cloíte** drained, defeated, **cnaíte** emaciated, **cnámhach** bony, **cnámharlaigh** *(> cnámharlach)* skeletal, **corrchnámhach** sharp-boned, bony, **crólí** decrepit, **deilbhithe** thin, chiselled, **greanta** *(features)* chiselled, **locartha** worn out, wasted, **lom** bare, **sclotrach** emaciated, **séaclach** pinched, wasted, **seanchaite** clapped out, **seargtha** withered, wizened, **siséalta** chiselled away, **snoite** *(features)* chiselled, **spíonta** drained, **tanaí** thin, **tarraingthe** drawn, **tnáite** haggard

Creathach *adj³* trembling, quaking, shaky
aimhréidh uneven, **ar aon bharr amháin creatha** all of a shake, shaking, **ar ballchrith** with trembling limbs, **ar crith** trembling, shivering, **ascalach** oscillating, **ballchreathach** trembling in limbs, **corraiceach** unsteady, uneven, **creathánach** quivering, **éadaingean** unsteady, shaky, **guagach** wavering; unstable, **longadánach** wobbly, shaky,

luaineach fickle, inconstant, **míshuaimhneach** uneasy, **treallánach** vacillating, **tuisleach** faltering

Creatlach *f (-aí; ~a, ~)* framework; skeleton
cnámha *fpl* bones, **cnámharlach** *m* skeleton, **creat** *m (~a; ~aí)* frame, framework, **créice** creaky old thing, skeleton, **dréacht** *m* draft, **eiseachnámharlach** *m* exoskeleton, **fonnadh** *(mech)* chassis, **fráma** frame, **frámaíocht** framework, **frámú** framing, **imlíne** *f* outline, **ionchámharlach** *m* endoskeleton, **leagan amach** layout, **sceitse** sketch, **struchtúr** structure

Creatúr *m (-úir; -úir, ~)* creature
ainmhí animal, **ainniseoir** *(miserable person to be pitied)* miserable creature, **béist** beast, **beithíoch** beast, **bochtán** *(to be pitied)* poor person, **brúid** brute, **brúta** brute, **duine bocht** poor soul, **madra** dog, cur, **mamach** *m* mammal, **míol** animal, creature, **ollphéist** serpentine monster, **peata** pet, **péist** beast, reptile, monster *(see also: ainmhí, alcól)*

◊ **An ~ bocht!** The poor soul!, **~ gan chosaint** poor defenceless creature

Creid *v₁ᵦ* believe
bí ag súil le be hoping for, **bí den tuairim** be of the opinion, **bíodh do mhuinín agat as Dia.** put your trust in God, **caith meath-thuairim** conjecture, **caith tuairim** reckon, guess, **ceap** think, **cuir i gcás** postulate, **déan amach** make out, **déan talamh slán de** take as a given, take for granted, **déan tuairimíocht** guess **dearbhaigh** maintain, **géill** accede, **glac (le)** accept; assume, **is dóigh liom** I suppose *(cf* **ba dhóigh leat** you would suppose)*, **leomh** presume, dare, **machnaigh** mull over, **meas** consider, **meáigh** weigh up, **postaláidigh** postulate, **samhlaigh** imagine, **slog** swallow, **tar ar an mbreith (go)** come to the judgement (that), presume, **toimhdigh** presume, think, suppose, **tuairimigh** speculate

◊ **~ é nó ná ~!** Believe it or not!, **~im thú.** I believe you., **~ uaim gur fíor é.** Believe me it's true., **~im i nDia.** I believe in God., **Ní chreidfeá choíche é!** You'd never believe it!, **Ní chreidfeá an t-áthas a bhí orm.** You can't imagine how happy I was.

Creideamh *m (-dimh; -dimh, ~)* belief, faith
ábhar creidimh conviction, **airteagail** *mpl* tenets, articles, **áitiús** conviction, **barúil** opinion, conviction, **barúil mheáite** considered opinion, **breith** judgement, **caiticeasma** *m* catechism, **canónaigh** *mpl (rel)* canons, **cinnteacht** certainty, **cré** *f* creed, **creidiúint** credence, **dearcadh** view, **deimhne** *f* sureness, **dogma** *m* dogma, **foirceadal** precept, doctrine, **idé-eolaíocht** ideology, **imprisean** impression, **iris** belief, faith, **nóisean** notion, **prionsabail** *mpl* principles, **reiligiún** religion, **teagasc** teaching, doctrine, **teagasc Críostaí** Christian catechism, **teoiric** theory, **toimhde** *f (~an; -mhdí)* presumption (cf **toimhde infhrisnéise** rebuttable presumption), **tuairim** understanding, **tuairim dhaingean** firm understanding, conviction *(see also: reiligiún)*

▲ **an ~ Críostaí/Giúdach/Ioslamach** the Christian/Jewish/Muslim faith/belief, **~ caoch** blind faith, **~ diongbháilte** unshakeable belief, **~ ó chroí** implicit belief, **~ neamhcheisteach** unquestioning faith

Creidiúint *vn* believing
caitheamh tuairime reckoning, guessing, **ceapadh** thinking, **cur i gcás** postulating, **déanamh amach** making out, **déanamh talamh slán (de)** taking as a given, to take for granted, **dearbhú** maintaining, **géilleadh** acceding, **glacadh (le)** accepting; assuming, **leomhadh** presuming, daring, **machnamh** mulling over, **meas** considering, **meá** weighing up, **postaláidiú** postulating, **samhlú** imagining, **slogadh** swallowing, **teacht ar an mbreith (go)** coming to the judgement (that), presume, guess, **toimhdiú** presuming, thinking, supposing, **tuairimiú** speculating, **tuairimíocht** guessing

Creidmheach *m (-mhigh; -mhigh, ~)* believer
adhraitheoir worshiper, **bean/fear taca** supporter, **cráifeachán** pious person, **dalta** pupil, **deisceabal** *(Christian)* disciple, **deoraí Dé** pilgrim, **diachaí** theist, **dílseánach** *m* one of the faithful, votary, **díograiseoir creidimh** zealot, **iompaitheach** *m* convert, **iriseach** *m* believer, **leantóir** follower; disciple, **lucht leanúna** followers, **misteach** *m* mystic, **móideach** *m* votary, **móidín** devotee, **oilithreach** *m* pilgrim, **tacaí** adherent, **taobhaí** supporter, **taobhaitheoir** sympathiser

Creidmheas *m (~a; ~anna) (business)* credit
airleacan advance, loan, **cairde** credit (cf **rud éigin a fháil ar cairde** to get something on credit), **DDU (Dlitear duit uaim)** IOU (I owe you), **iasacht** loan, **morgáiste** mortgage, **sochar** *(accounting)* credit, profit (cf **sochar agus dochar** credit and deficit)

▲ **anailísí ~a** credit analyst, **banc ~a** credit bank, **cárta ~a** credit card, **géarchor ~a** credit crunch, **taifead ~a** credit history, **uimhir chárta ~a** credit card number

◊ **Caithfidh mé breis ~a a chur an an bhfón.** I've got to top up my phone.

Creidte *pp* believed
ceaptha thought, **curtha i gcás** postulated, **déanta amach** made out, **dearbhaithe** maintained, **géillte** acceded, **glactha** accepted; assumed, **leofa** presumed; dared, **machnaithe ar** mulled over, **measta** considered, **meáite** weighed up, **postaláidithe** postulated, **samhlaithe** imagined, **slogtha** swallowed, **tagtha ar an mbreith (go)** to come to the judgement, presumed (that), **toimhdithe** presumed, thought, supposed, **tuairimithe** speculated

Creim v_{1b} erode, corrode; gnaw
caith spend, use, wear, **ciondíothaigh** cull, **cnaígh** gnaw, **cogain** chew, **creimseáil** nibble, **cuir meirg ar** rust, **déan damáiste/dochar do** do damage to, **déan piocaireacht ar** pick away at, **díleáigh** digest, **díothaigh** annihilate, **diurnaigh** swallow, drain, **feoigh** wither, **gráinseáil** nibble, **ídigh** consume, wear away, **ionghabh** ingest, **ith** eat (away), **leáigh** melt, **líomh** grind, sharpen, **lobh** rot, decay, **loit** blemish, blight, **long** consume, **meath** decay; decline, **meirgigh** rust, **miotaigh** whittle away, **muirligh** masticate, **mungail** munch, **plac** gobble, guzzle, **scaip** dissipate, **sclamh** wolf down, devour, **scríob** scrape, **scrios** demolish, destroy, **síothlaigh** drain, **slog** swallow, **tomhail** consume, **úsáid** use

Creimeadh *vn* corrosion, erosion
caitheamh consuming, consumption; wearing out (cf **caitheamh agus cuimilt** wear and tear), **ciondíothú** culling, **cnaí** gnawing, **cogaint** chewing, **creimeachán** erosion, **creimseáil** nibbling, **déanamh damáiste/ dochar do** doing damage to, **cur meirg ar** rusting, **déanamh piocaireacht ar** picking away at, **díleá** digesting, **díothú** annihilating, **diurnú** swallowing, draining, **feo** withering, **glotaíl** swallowing; gurgling, **gráinseáil** nibbling, **ídiú** consuming, using up, **innilt** grazing, **ionghabháil** ingesting, **ithe** eating, **leá** melting, **líomhadh** grinding, sharpening, **lot** blemishing, blighting, **longadh** consuming, **meath** decaying; declining, **meirgiú** rusting, **miongaireacht** nibbling, **miotú** whittling away, **muirliú** mastication, **mungailt** munching, **placadh** scoffing, pigging out, **sclamhadh** wolf down, devour, **scráibchaitheamh** corrasion, **scriosadh** demolishing, destroying, **scríobadh** scraping, **síothlú** drain, flush, **slogadh** swallowing, **tomhailt** consuming, **úsáid** using

Creimthe *pp* eroded, corroded; gnawed
caite spent, used; worn out, **ciondíothaithe** culled, **cnaíte** gnawed, **coganta** chewed, **creimseáilte** nibbled, **díleáite** digested, **díothaithe** annihilated, **diurnaithe** swallowed, drained, **feoite** withered, **gráinseáilte** nibbled, **ídithe** consumed, worn away, **ionghafa** ingested, **ite** eaten (away), **líofa** ground, sharpened, **lofa** rotted, decayed, **loite** blemished, blighted, **longtha** consumed, **meata** decayed; declined, **meirgithe** rusted, **miotaithe** whittled away, **muirlithe** masticated, **mungailte** munched, **scaipthe** dissipated, **scriosta** demolished, destroyed, **sclafa** wolfed down, devoured, **síothlaithe** drained, **slogtha** swallow, **tomhailte** consumed, **úsáidte** used up

Criathar *m (-air; -air, ~)* sieve
gráta grate, **greille** grid, grille, **líontán** small net, **mogalra** mesh, **rill** riddle, sieve, **rilleán** riddle, coarse sieve, **sairse** *f (archaic)* sieve, **scagaire** filter; strainer (cf **scagaire tae** tea strainer), **síothlán** strainer, filter, colander, **stráinín** strainer, colander

Críoch *f (críche; ~a, ~) (dat sg: crích)*
1. end, boundary, limit
bailchríoch culmination, **barr** profit, yield, **bás** death, **buille scoir** finishing stroke, final blow, **bun agus barr an scéil** the upshot of it all, **bun an bhóthair** the end of the road, **bun na spéire** horizon, **ceann** end, endpoint, **ceann scríbe** journey's end, terminus, **clabhsúr** closure, **cleamhnas** *(marriage)* match, **conclúid** conclusion, **críochantacht** bordering, **críochfort** terminal, **críochnú** completion, finishing, **deireadh** end, **dul i léig** extinction, **dúnadh** closing (Is **dúnadh cuirtíní dó é!** It's curtains for him!), **druidim** closure, **éag** death, **earr** *f (eirre)* end, extremity, **eireaball** tail, tail end, **focal scoir** final word, **fóir** *f (~each)* boundary, limit, **foirceann** extremity, end, extreme, **foirceannadh** termination, **iardraí** *m* ending, fate, **léaslíne** *f* horizon, **limistéar** limit of sphere of action, **líomatáiste** limit, extent **líne dhearg** red line, **líne theorann** borderline, **rath** success, abundance, **réiteach** settlement, solution, **scor** termination, **scríob** *f* marked-off limit, **socrú** arrangement, **sprioc** *f* target, boundary mark, **stad** cessation, **teorainn** *f (-rann; ~eacha)* boundary, **turnamh** demise, downfall, **urchar scoir** parting shot

▲ ~ **dhian bhríomhar** grandstand finish

◊ ~ **a chur le** to bring a halt to, **aidhm a chur i gcrích** to achieve an aim, **Bhí ár bpleananna curtha ó chrích.** Our plans were ruined., **cailín a chur ó chrích** to make a girl pregnant and abandon her, **duine gan chrích** person who will achieve nothing in life

2. territory, land
ceantar area, **coigríoch** *f (-gríche; ~a, ~)* continent, **contae** *m (~; ~the)* county, **crios** *m (creasa, ~anna)* belt, zone, **cúige** province, **earnáil** *f (-ála; -álacha)* sector, **dúiche** *f* home country, native land, **fearann** domain, **gabháltas** holding, **limistéar** territory, area, district, **limistéar údaráis** jurisdiction, **machaire** plain, open country, **réigiún** region, **rian** tract, **stát** state, **talamh** *(m: talaimh; f: talún; tailte)* ground, land, **tír** *f (~e; tíortha)* country, land, **tír-raon** terrain, **mór-roinn** continent, **réimse** domain, **ruta** *(pej)* small insignificant place (eg **i ruta beag éigin** in some two-bit town), **tiarnas** dominion, **triúcha** *spl* territories, districts, **tuath** *f* countryside, **tulchríoch** *f* foreland *(see also: talamh)*

Críochnaigh v_{2a} finish, terminate
alp devour, **beachtaigh** refine, **bí réidh le** be finished with, **caith** consume, **caith siar** *(drink)* finish, **comhaill** fulfil, perform, **comhlíon** fulfil, **cuir bailchríoch ar** put the finishing touches to, **cuir clabhsúr le** bring closure to, **cuir críoch ar/le** conclude, **cuir deireadh le** put an end to, **cuir i gcrích** complete, accomplish, achieve, **diúg** drink to the dregs, drain, **druid** close, **dún** shut, **éirigh (as)** discontinue, cease, **foirceann** *(jur)* terminate, bring to an end, **foirfigh**

complete, perfect; mature, age, **folmhaigh** empty, **forlíon** complete, overfill, **glinneáil suas** wind up, **iomlánaigh** integrate, complete, **ith** eat (away), **locair** smooth, polish; plane, **ól siar** drink up, **scoir** cease, retire, **slog siar** gulp down, **snas a chur (ar)** to polish, to put the finishing touches (to), **sniog** drain dry, **stad** stop, **staon** desist, **stop** stop, halt, **tabhair buille scoir do** finish off, give the final blow to, **tabhair chun críche** bring to a close; finalise, **tabhair chun foirfeachta** perfect, **taosc** drain, **tar chun deiridh** come to an end, **tar isteach (sa tríú háit, etc) i rás** come in (third, etc) in a race, **téarnaigh** come to an end; depart, die, **téigh ar scor** retire

Críochnaithe *pp* finished, terminated
alptha devoured, **ar scor** retired, in retirement, **beachtaithe** refined, **caite** consumed, spent, **caite siar** *(drink)* finished, **comhalta** fulfilled, performed, **comhlíonta** fulfilled, **críochnaitheach** final, **críochnúil** thorough, complete, **curtha i gcrích** completed, accomplished, achieved; married, **déanta** done, **diúgtha** drained, **druidte** closed, **dulta ar scor** retired, **dúnta** shut, **fiachta** finished, done and dusted (cf **Tá an coinín sin fiachta!** That's all done and dusted., That's all over and done with.), **foirceanta** *(jur)* terminated, **folmhaithe** emptied, **glinneáilte suas** wound up, **ite** eaten (away), **locraithe** planed, smoothed, **ólta** drunk, **rianta** completed, accomplished, **scortha** terminated; retired, dismissed, **slogtha** swallowed, gulped down, **snasta** polished, **sniogtha** drained dry, **stadta** stopped, **staonta** desisted, **stoptha** stopped; blocked, **taosctha** drained, **tagtha chun deiridh** come to an end, **téarnaithe** come to an end; departed, died, **tugtha chun críche** finalised, **tugtha chun foirfeachta** perfected, **ullamh** finished, done with (cf **An bhfuil tú ullamh leis sin?** Are you done with that?)

Críochnaitheach *adj³* finishing, final
caiteach wearing away, wasting, **cinntitheach** decisive; determinative, **conclúideach** concluding, **creimneach** eroding, erosive, **deireanach** last, **deiridh** *(> deireadh)* final, concluding, **doleigheasta** incurable, **foirceanta** terminating, terminal, **marfach** deadly, fatal, **scoir** final, departing

Críochnú *vn* finishing, terminating
alpadh devouring, **beachtú** refining, **caitheamh** consuming, **caitheamh siar** *(drink)* finishing, **comhall** fulfilling, performing, **comhlíonadh** fulfilling, **cur bailchríoch ar** putting the finishing touches to, **cur clabhsúr le** bringing closure to, **cur críoch ar/le** concluding, **cur deireadh le** putting an end to, **cur i gcrích** completing, accomplishing, bringing to a (successful) outcome, **diúgadh** drinking to the dregs, draining, **druidim** closing, **dul ar scor** retiring, **dúnadh** shutting, **éirí as** discontinuing, ceasing, **foirceannadh** *(jur)* terminating, **foirfiú** perfecting

completing; maturing, aging, **folmhú** emptying, **forlíonadh** completing, overfilling, **glinneáil suas** winding up, **iomlánú** integrating, completing, **locrú** smoothing, polishing; planing, **ól siar** drinking up, **scor** separating; retiring, **slogadh siar** gulping down, **snasú** polishing, putting finishing touches (to), **sniogadh** draining dry, **stad** stopping, **staonadh** desisting, **stopadh** stopping, halting, **tabhairt buille scoir do** finishing off, giving the final blow to, **tabhairt chun críche** bringing to a close; finalising, **tabhairt chun foirfeachta** bringing to perfection, **taoscadh** draining, bailing out, **teacht chun deiridh** coming to an end, **teacht isteach (sa tríú háit, etc) i rás** coming in (third place, etc) in a race, **téarnamh** coming to an end; departing, dying

Críochnúil *adj⁴* thorough, neat and complete
amach is amach thorough, out and out, **comair** toned, per, dainty, **córach** comely, **cruinn** precise, accurate, **cuimseartha** neat, **cuimsitheach** comprehensive, **cúirialta** tasteful, **dea-dhéanta** well-made, **deas** nice, **dúthrachtach** thorough, committed, **foirfe** perfect, **glan** clean, clear, **gleoite** gorgeous, **idéalach** ideal, **innealta** smart, snazzy; well-groomed, **iomlán** complete, **néata** neat, **ordúil** orderly, **paiteanta** consummate, exquisite, **pioctha bearrtha** spick-and-span, **piocúil** neat and tidy, **pointeáilte** clean-cut, meticulous, **rianúil** methodical, **slachtmhar** neat, tidy, **slán** safe, assured, sound, **sprúisiúil** dapper, **triopallach** dainty

Críonna *adj⁶*
 1. old
an tseansaoil of the old world, of old, **aosta** aged, ancient, **as dáta** out of date, **bundúchasach** aboriginal, **caite** spent, worn out, **críon** withered, decayed, **den seandéanamh** old-world, of yore, of the old school, **feoite** withered, **roimh an díle** antediluvian, *sean-pref* old, **seanaimseartha** passé; retro, **seanbhlastúil** stale, mouldy, **seanbhunaithe** old-established, long-established, **seanchaite** antiquated, worn out, obsolete, trite, **seandéanta** démodé, old hat, **seanfhaiseanta** old-fashioned, **seanórtha** aged, elderly, senior, **sruith** *(lit)* old, venerable

 ▲ **an buachaill ~** the devil, **athair ~** grandfather, **máthair chríonna** grandmother

 P **Ní féidir ceann ~ a chur ar ghualainn óg.** You can't put a wise head on young shoulders. **Ní bhíonn ~ ach an té a mhealltar.** Wisdom only comes from experience.

 2. wise *(from a lifetime of learning)*
aithneach decerning, **céillí** sensible, level-headed, **cleachta ar an saol** savvy, having life experience, **ciallmhar** sensible, **dea-eolach** enlightened, **eagnaí** mindful, enlightened, **éigseach** learned, wise, **fadcheannach** far-seeing, shrewd, **feasach** aware, **foirfithe** aged, mature **gaoiseach** wise, **glic** shrewd,

sagacious, **praitinniúil** wise, astute, sensible, **saoithiúil** accomplished, wise, **seanchríonna** old and experienced; *(child)* precocious, **seanlámhach** well-practised, skilled by dint of practice, **sionnachúil** foxy, **siosmaideach** sensible, wise, **slíocach** cunning, **sruith** *(lit)* venerable, wise from age, **tuisceanach** heedful, having understanding

◊ **Tá sé chomh ~ le Solamh féin.** He's as wise as Solomon himself., **Tá sí ~ i mbun cúrsaí gnó.** She's a shrewd businesswoman.

3. thrifty
baileach exact, frugal, **bainistíoch** thrifty, **barainneach** thrifty, careful, **coigilteach** saving, frugal, **neamhchaifeach** not wasteful, careful, **sábhálach** sparing, saving, **tíosach** economical, thrifty

◊ **bheith ~ gan bheith ceachartha** to be frugal without being miserly

Críonnacht *f(~a)*

1. old age
aois age, **aostacht** oldness, old age, **críonadh** withering, decay, **feo** withering, **feoiteacht** decay, withering, **seanaimsearthacht** state of being passé, old-fashionedness, **seanbhlastúlacht** staleness, mouldiness, **seanbholadh** musty smell, **seandéanamh** old world, old school, **seanfhaiseantacht** old-fashionedness, dowdiness, **seanórthacht** old age, seniority, **sruithe** *f (lit)* elderliness

2. wisdom *(from a lifetime of learning)*
cleachtadh experience, **dea-eolas** enlightenedness, **eagnaíocht** mindfulness, enlightenment, **fadcheannaí** far-sightedness, shrewdness, **feasacht** awareness, **foirfeacht** maturity in old age, **gaois** wisdom, **gliceas** shrewdness, sagacity, **praitinniúlacht** wisdom; astuteness, **seanchleachtadh** long experience, **seanchríonnacht** experience gleaned over many years, **sionnachúlacht** foxiness, **siosmaid** common sense, wisdom, **slíocaíocht** cunning; sleekness, **sruithe** *f (lit)* sageness, venerableness, **tuisceanaí** heedfulness, **tuiscint** understanding

3. thriftiness
baileachas frugality, **bainistíocht** thriftiness; management, **barainn** thrift, **coigilt** saving, sparing, **coigilteas** sparingness, **cruinneas** frugality, exactness, **neamhchaifí** carefulness, frugality **sábháil** saving, **tíos** economy, thrift; housekeeping

Crios *m (creasa; ~anna)* belt; zone

banda band, **beilt** belt, **ceantar** district, region, **córséad** corset, **corda** cord, **iall** *f (éille)* strap; leash, **sais** sash, **saincheantar** zone (cf **saincheantar fiontraíochta** enterprise zone), **sreang** *f (sreinge, ~a, ~)* string; wire, **stráice** strip, **strapa** strap, **sursaing** surcingle, girdle, **zón** zone

▲ **~ an chadáis** the Cotton Belt, **~ astaróideach** asteroid belt, **~ boilg** belly band; abdominal belt, **~ brothallach** torrid zone, **~ chraobh an domhain** world championship belt, **~ crochóg** suspender belt, **~ measartha** temperate zone, **~ dubh sa júdó** black belt in judo, **~eanna ama** time zones, **~eanna Iúpatair** the belts of Jupiter, **~ fuar** frigid zone, **~ gualainne** shoulder belt, **~ iompair** conveyor belt, **~ meáin na cruinne** equator, belt, girdle, **~ sábhála** seat belt, **~ tarrthála** lifebelt

Crite *pp* quaked, shaken, vibrated

ascalaithe oscillated, **bogtha** moved, **creathnaithe** trembled, **dulta ar aon bharr amháin creatha** gone into a state of complete trembling, **éirithe creathadach** gotten trembly, **suaite** agitated, shaken up, **tonnchrite** vibrated, quivered, **tuislithe** staggered, faltered

Crith 1 v_{1b} quake, shake, vibrate

ascalaigh oscillate, **bí ar aon bharr amháin creatha** be all of a tremble, to be trembling, **bog** move, **creath** tremble, **creathnaigh** *(from fear)* tremble, **déan crith uafáis** shudder, **déan longadánacht** wobble, **déan sleaingleáil** stagger, lurch, **déan stadaireacht** stutter, stammer, **éirigh creathadach** become trembly, **suaith** agitate, shake up, **téigh ar crith** start trembling, shuddering, **tonnchrith** vibrate, quiver, **tuisligh** stagger, falter

Crith 2

1. *vn* quaking, shaking; vibrating
ascalú oscillating, **bogadh** moving, **creathadh** vibrating, **croitheadh** shaking, **creathnú** trembling, **éirí creathadach** getting trembly, **guagacht** wavering, **longadán** swaying motion, rocking, **longadánacht** wobbling, **sleaingleáil** staggering **suaitheadh** shaking; agitating, **tonnchrith** vibrating, quivering, **tuisliú** staggering, faltering

2. *m (creatha; creathanna)* tremor
aimhréidhe unevenness, **ascalúchán** oscillation, **creathadh** vibration, **creathán** shudder, **creathánaí** quivering, **croitheadh** shake, **éadaingne** unsteadiness, shakiness, **guagacht** instability, wavering, **longadánacht** wobbliness, **luaineacht** inconstancy, fluctuation, **míshocracht** unease, instability, **míshuaimhneas** uneasiness, disquiet, **sonnchrith** *m (-reatha)* violent tremor, **suaitheadh** disturbance, agitation, **talamhchrith** *m (-reatha; -reathanna)* earthquake, **tonnchrith** *m (-reatha) (seism)* vibration, **tuislí** *f* unsteadiness, faltering

Criticiúil *adj⁴* critical

barrthábhachtach crucial, of paramount importance, **beachtaíoch** captious, critical, **breithghreamannach** captious, judgmental, **breithiúnach** discerning, critical, **cáinteach** fault-finding, **cinntitheach** definitive, **contúirteach** dangerous, **deimhniteach** decisive, **éigeantach** indispensable, **eochair-** *pref* key, **géibheannach** crucial, **go himirt anama** life-and-death, **i gcontúirt bháis** *(of illness)* critical,

léirmheastach critical, inclined to criticise, **riachtanach** necessary, required, **rí-thábhachtach** vital

Criú *m (~; ~nna)* crew
buíon *f (buíne; buíonta)* gang, **dream** bunch, **feadhain** *f (feadhna; feadhna)* troop, **foireann** *f (foirne; foirne)* team, **grúpa** group, **meitheal** *f (meithle; meithleacha)* work gang, party; bunch, **scuad** *m* squad *(see also: grúpa)*

Cró *m (~; ~ite)*
1. outhouse
aice *f* habitat, **ballóg** dump, roofless house, **bóitheach** *m* cowhouse, **both** hut; booth, **bothán** cabin, cottage, simple dwelling, **bothóg** shanty, **bráca** dump of a place, **brocach** *f* burrow, **brocais** den, **fail** lair, pigsty, **failín** coop, pen; hovel, **fáiméad** paddock, pen; enclosure, **gabhann** cattle pound, **loca** pen, fold, **loca caorach** sheepfold, **pionna** pen, **poll** hole; burrow, **pluais** cave, **prochóg** hovel, **púirín** hovel, hut, **seid** shed, **spéalán tí** ramshackle house, **uachais** lair, den

▲ ~ **caorach** sheepfold, ~ **cearc** henhouse, ~ **madra** kennel, ~ **muice** pigsty, ~ **na mbó** cowshed

2. compartment, area for specific activity
both booth, **bothán** cabin, **cábán** cabin, **clós** enclosure, **cuile** *f* storehouse, cellar, **iosta** depot, **rinc** rink, **seomra** room, **stáisiún** station, **stiúideo** studio, **stóras** store

▲ ~ **an bhuaiteora** winner's enclosure, ~ **an phíolóta** pilot's cockpit, ~ **dornálaíochta** boxing ring, ~ **folaigh** dugout; *(espionage)* drop, dead letterbox, ~ **sorcais** circus ring

2. aperture, socket
béal mouth, opening, **bearna** gap, **logall** *(anat)* socket (cf **logall súile** eye socket), **oscailt** opening, aperture, **poll** hole, **soicéad** *(el)* socket, **scoilt** crack, narrow opening, **súilín** eyelet, **toll** hollow, hole

▲ ~ **bolgáin** bulb socket, ~ **bolta** bolt shoe, ~ **snáthaide** eye of a needle

Croch *v₁ₐ* hang, suspend
ardaigh suas lift/raise up, **bí ar liobarna** be dangling, **bog in airde le luamhán** lever up, **ceangail** fasten, **clúdaigh** drape, cover, **coinnigh suas** hold up, **coinnigh ar bogarnach** dangle, **crom** bow, hang, **cuir ar taispeáint** put on display, **cuir in airde** raise up, **cuir ina sheasamh** put (in its) standing, **cuir suas** put up, **daingnigh** secure, **ding** wedge, **fallaingigh** drape, hang, **feistigh** fit, fasten, **greamaigh** attach, fasten, **lig titim** allow to fall, **sleabhac** droop, **stang** sag, bend; warp, **tabhair suas** bring/take up, **tóg (aníos)** take (up)

◊ ~ **an t-ancaire!** Weigh anchor! **Chroch an ceo.** The fog lifted., **Chroch sé leis é.** He lifted/nicked it., ~ **suas é!** Hang it up!; Sing up!

Crochadh *vn* hanging
ardú suas lifting/raising up, **bogadh in airde le luamhán** levering up, **bogarnach** *f* dangling, **ceangal** fastening, **céasadh** crucifying, **clúdach** draping, covering, **coinneáil suas** holding up, **cromadh** bowing, bending over, **cur ar taispeáint** putting on display, **cur in airde** raising up, **cur ina sheasamh** putting (in its) standing, **cur suas** putting up, **daingniú** securing, **dingeadh** wedging, **feistiú** fitting, fastening, **greamú** attaching, fastening, **liobarna** hanging loose, dangling, **luascadh** swinging, **sleabhcadh** drooping, **stangadh** sagging, bending; warping, **tabhairt suas** bringing/taking up, **tógáil (aníos)** taking (up)

Crochta *pp* hung, hanged, suspended; steep
ar crochadh hanging, pendent, **ardaithe suas** hoisted up, **bogtha in airde le luamhán** levered up, **ceangailte** fastened, **céasta** crucified, **coinnithe suas** held up, **curtha ar taispeáint** put on display, **curtha chun báis** executed, **curtha in airde** raised up, **curtha ina sheasamh** put (in its) standing, **curtha suas** put up, **daingnithe** secured, **dingthe** wedged, **feistithe** fitted, fastened, **géar** steep, sheer, **greamaithe** attached, fastened, **rite** precipitous, **stangtha** sagged, bent; warped, **tacaithe** supported, **tarchrochta** overhanging (cf **díon tarchrochta** overhanging roof), **tógtha (aníos)** taken (up), **tugtha suas** brought/taken up

Cróga *adj⁶* brave
aigeanta spirited, upbeat, **anamúil** spirited, **brufanta** fired up, geared up to go, **brufar** ardent, fiery, **calma** intrepid, brave, **ceolmhar** spirited, vigorous; musical, **coráistiúil** courageous, **curata** heroic, valiant, **dalba** hardy, plucky, **dána** bold, **dásachtach** daring, audacious, **diongbháilte** resolute, **díscir** bold, impetuous; fierce, **dochloíte** indomitable, **gaisciúil** heroic, valorous, **galach** ardent, valiant, **galánta** gallant, **gan loiceadh** unflinching, **gan scáth** unafraid, undaunted, **gusmhar** forceful, spirited, **léidmheach** daring, bold, **laochta** valorous, **meanmnach** courageous, lively, **mear** fiery, spirited, **meargánta** foolhardy, reckless, **miotalach** mettlesome, **misniúil** *(facing hardships)* courageous, spirited, **móruchtúil** audacious, **neamheaglach** fearless, unafraid, **neamhfhaiteach** unapprehensive, unfearful, **niamhrach** splendid, **oirbheartach** full of prowess, valiant, **ridiriúil** chivalrous, knightly, **saighdiúrtha** soldierly, brave, **spioradúil** spirited, courageous, **sponcúil** spunky, **spreacúil** spirited, **spridiúil** courageous, high-spirited, **stóchúil** stoic, **stóinseach** staunch, **stóinsithe** unyielding, **storrúil** bold, determined, **teann** steadfast, solid, **teanntásach** audacious, **uaibhreach** spirited, proud, **uasal** gallant, noble-spirited, **uchtúil** courageous

Crógacht *f (~a)* bravery
ágh *m* valour, prowess, **aigeantacht** spiritedness, upbeat attitude, **calmacht** intrepidness, bravery,

coráiste courage, **curatacht** heroism, **dalbacht** hardiness, pluck, **dánacht** boldness, **dásacht** bravery, **diongbháilteacht** resoluteness, firmness, **dochloíteacht** invincibility, **gaiscíocht** feats of prowess, **gaisciúlacht** heroism, valour, **gal** *f* (*gaile*) ardour, valour, **galántacht** gallantry, **laochas** valour, **meanma** courage, morale, **meanmnacht** spiritedness, courage, **meanmanra** (*lit*) courage, spirit, **mearchalmacht** impetuous courage, foolhardiness, **meargántacht** recklessness, foolhardiness, **misneach** *m* courageous spirit facing the vicissitudes of life, **mórmheanma** *f* (*~n*) high courage, **neamheagla** fearlessness, **niachas** prowess, valour; chivalry, **niamhracht** resplendence, **niatacht** pugnacity, valorousness, **oirbheartas** prowess, power, **próis** prowess, **ridireacht** chivalry, **saighdiúireacht** soldiering, fighting spirit (cf **Táimid ag ~ ar aghaidh.** We're soldiering on.), **spionnadh** vigour, vitality, **sponc** spunk, spirit, courage, **stóchas** stoicism, **stóinseacht** staunchness, **stóinsitheacht** toughness, **ugach** *m* confidence, courage, **uaisleacht** gallantry, **uchtach** *m* courage, audacity, **uchtúlacht** courageousness (see also: **misneach**)

Croí *m* (~; ~the)

1. (*compassion*) heart, courage
anam *m* (*~a; ~nacha*) soul, **armacas** tenderness, **atrua** *f* compassion, **cáiréis** sensitivity, **comhbhá** sympathy, **crógacht** bravery, **cúram** concern, **dánacht** boldness, **dea-mhianach** right stuff, good character, **díocas** mettle, **féile** generosity, **gean** affection, **grá** love, **ionbhá** empathy, **mianach** *m* substance, stuff, **meanma** *f* (*~n*) morale, heart, courage, **meon** attitude, **miotal** mettle, **misneach** *m* courage, fortitude, **spiorad** spirit, **spriolladh** liveliness spirit, **taise** compassion, **trócaire** mercy, **trua** pity, **tuiscint** understanding

▲ ~ **bog** soft heart, ~ **ceanúil** tender heart, ~ **cloiche** heart of stone, ~ **crua** hard heart, ~ **éadrom** light heart, ~ **lag** weak heart, ~ **trom** heavy heart

◊ **Nach bhfuil aon chroí agat?!** Have you no heart?!, **Ní raibh a ~ leis an obair.** Her heart wasn't in the work., **Ba í ~ na cuideachta í.** She was the life and soul of the party., **Bhí taom ~ aige.** He had a heart attack.

2. (*centre*) heart, core
beo (**na ceiste**) crux (of the matter), **ceartlár** dead centre, hub, **ceirtlín** heart (of cabbage), **corplár** core, centre, **croílár** dead centre, **croíleacán** core, **cuilithe** *f* vortex, **eipealár** epicentre, **eisint** essence, **garr** pith, pulp, **imleacán** navel, bellybutton, **laíon** pith, pulp, **lár** centre, **lárphointe** central point, **mol** (**rotha**) hub (of a wheel), **néarlár** nerve centre, **núicléas** nucleus, **saineisint** quintessence, **saineithne** quintessence, **smior** marrow

▲ ~ **an Domhain** the earth's core, ~ **an úill** the core of the apple, ~ **na ceiste** the crux of the matter,

Cróilí *adj*[6] bedridden, extremely infirm
ar éagumas debilitated, incapacitated, **cloíte** (*by illness*) prostrated, **cranda** decrepit, withered, **craplaithe** crippled, **críon** old, withered, decayed, **éagumasaithe** incapacitated, **éalangach** debilitated, weak, **easlán** unwell, invalid, infirm, **eisbheartach** puny, feeble, **díblí** debilitated, dilapidated, **fann** faint, weak, **fannlag** debilitated, extremely weak, **faonlag** prostrate with weakness, **lag** weak, **lagáiseach** feeble, faint, **lagbhríoch** enervate, languid, **leochaileach** fragile, **meirtneach** enfeebled, dispirited, **ó fheidhm** unable to function, incapacitated, **seargtha** withered, wasted, **seirglí** (> **seirglí**) in a bedridden state of perpetual decline, **téiglí** faint, languid, **tláith** weak, wan, **tréith** feeble, frail, **triamhain** (*lit*) weary, weak

Croite *pp* shaken, shuddered; sprinkled
ascalaithe oscillated, **bogadach** *f* put into a rocking motion, **bogtha** moved, budged, **corraithe** agitated, **creata** (> **crith**) made to shiver, shaken, **curtha ag creathnú** caused to tremble, **curtha trí chéile** messed/muddled up, **easraithe** strewn, scattered, sprinkled, **forleata** spread about, scattered widely, **imchroite** sprinkled around, **imscaoilte** scattered/spread about, **leata** spread, **luaithrithe** sprinkled with ash, **luasctha** swung, wagged, **scaipthe** scattered, **sceathraithe** spewed; scattered, strewn about, **siorctha** jerked, **speal** disperse, scatter; squander, **spréach** splutter, spray, spread, **spreachallaithe** spattered, sprinkled, **spréite** sprinkled, **suaite** agitated, shaken up, **tonnchreatha** (> **tonnchrith**) a vibration/quivering

Croith *v*[1b] shake; sprinkle
ascalaigh oscillate, **bain biongadh/croitheadh as** shake, give a shake, **bí ag creathadh** be shivering, **bog** move, **corraigh** agitate, **creathnaigh** tremble, **crith** quake, vibrate; shudder, **cuir trí chéile** mess/muddle up, **easraigh** strew, scatter, sprinkle, **forleath** spread about, scatter widely, **imchroith** sprinkle around/about, **imscaoil** scatter/spread about, **leath** spread, **luaithrigh** sprinkle with ash, **luasc** swing, wag, **scaip** scatter, **sceathraigh** spew; scatter, strew about, **siorc** jerk, **speal** disperse, scatter; squander, **spréach** splutter, spray, spread, **spreachallaigh** spatter, sprinkle, **spréigh** sprinkle, splatter, **suaith** agitate, shake up, **tonnchrith** vibrate, quiver (see also: **crith 2**)

Croitheadh *vn* shaking, shuddering; sprinkling
ascalú oscillating, **baint biongadh/croitheadh as** shaking, giving a shake, **bogadach** rocking motion (cf **crandaí bogadaí** seesaw), **bogadh** moving, **corraí** agitating, **creathadh** shivering, **creathán** tremble, **creathnú** trembling, **crith** *m* (*creatha*) quaking, vibrating; shuddering, **cur trí chéile** messing/muddling up, **easrú** strewing, scattering, sprinkling, **forleathadh** spreading about, scattering widely, **imchroitheadh** sprinkling around/about, **imscaoileadh** scattering/spreading about, **leathadh**

Croíúil spreading, **luaithriú** sprinkling with ash, **luascadh** swinging, wagging, shaking up, **spealadh** dispersing, scattering; squandering, **spréachadh** spluttering, spraying, spreading, **spreachallú** spattering, sprinkling, **spré** sprinkling, splattering, **searradh** m (-rrtha) stretching of limbs; (horse) shudder, **siorcadh** jerking, **suaitheadh** agitating, **tonnchrith** m vibration, quivering

Croíúil adj[4] hearty; cheerful
aigeanta spirited, **aoibhiúil** beaming, smiling, **ardmheanmnach** high-spirited, **áthasach** happy, **beoga** lively, **bíogach** chirpy, **bíogúil** sprightly, **buacach** buoyant, **gairdeach** joyous, **gáireachtach** merrily laughing, **geal** bright, **gealgháireach** cheerful, **girréiseach** high-spirited, **glanruithneach** radiant, beaming, **glé** clear, bright, **gléigeal** bright and cheery, **gliadrach** gleeful, **gliondrach** glad, joyous, **grámhar** loving, **greadhnach** exulting, joyous, **grianmhar** sunny, **fáilí** affable, agreeable, **lán de chraic** full of fun, **lúcháireach** elated, **meanmnach** spirited, **meidhreach** merry, **mireogach** frolicsome, flighty, **misniúil** cheery, never-say-die, **neamhbhuartha** untroubled, **rachtúil** passionate, hearty (cf **gáire rachtúil** hearty laugh), **ríméadach** jubilant, **scléipeach** hilarious, festive, **scóipiúil** joyous, cheerful, **seaghsach** joyful, **seamhrach** hale and hearty, full of life, **séanmhar** lucky, prosperous, **soilbhir** jovial, cheery, **somheanmnach** in good spirits, cheerful, **sona** happy, fortunate, **spéiriúil** bright, cheerful, **spleodrach** exuberant, **spraíúil** amusing, full of fun, **spréacharnach** scintillating, **suairc** cheerful, **subhach** merry, joyful (cf **subhach sách** happy and replete), **súgach** (with drink) merry, **sultmhar** full of merriment, entertaining, **taitneamhach** shining

Crom v_{1a} bow, bend
cadhail coil, twist, **cam** bend, crook, **cas** turn, **claon** bend down, incline, **corn** coil, roll, **crap** contract, turn in/up, **cuar** curve, **cúb** bend, shrink, **cuir cor i dtéad** put a twist in a rope, **dual** twine, coil, interlace, **feac** bend, **feac glúin** genuflect, **fiar** slant, tilt, veer, **fill** wrap; return, **freang** warp, **lúb** bend, **saobh** warp, pervert, **sleabhac** droop, incline; fade, **stang** bend, strain, warp, **suigh ar do ghogaide** sit on your hunkers, squat, **umhlaigh** bow, curtsey

Cromadh vn bowing, bending
caidhleadh coiling, twisting, **camadh** bending, **casadh** turning, **claonadh** inclining, deflexion, **coradh** turning, twisting, **cornadh** coiling, rolling, **crapadh** contracting, shrinkage, **cuaradh** curving, **cúbadh** bending, shrinking, **cur cor i dtéad** putting a twist in a rope, **dualadh** twining, coiling, interlacing, **feacadh** bending, **fiaradh** slanting, tilting, veering, **filleadh** wrapping; returning, **freangadh** warping, **glúinfheacadh** genuflection, **lúbadh** bending, **saobhadh** warping, perverting **sleabhcadh** drooping, inclining; fading, **sléim** slant; inclination of head, **stangadh** bending, straining, warping, **suí ar do ghogaide** sitting on your hunkers, squatting, **umhlú** bowing, curtseying

Cromtha pp bowed, bent
caidhilte coiled, twisted, **camtha** bent, crooked, **casta** turned, **claonta** bent down, inclined, **corntha** coiled, rolled, **craptha** contracted, turned in/up, **cuartha** curved, **cúbtha** bent, shrunk, **dualta** twined, coiled, interlaced, **feactha** bent, **fiartha** slanted, tilted, veered, **fillte** warped; returned, **glúinfheactha** genuflected, **lúbtha** bent, **sleabhctha** drooped, inclined; faded, **stangtha** bent, strained, warped, **suite ar do ghogaide** seated on your hunkers, squatted, **umhlaithe** bowed; curtseyed

Cronaigh v_{2a} miss
Airím uaim iad. I miss them., **Braithim uaim iad.** I miss them., **dúlaigh** desire, **is áil liom** I like, **Is crua gan iad.** It's tough without them., **Is mian/teannach liom bheith leo.** I desire to be with them., **Is uaigneach mé gan iad.** I am lonely without them., **Mothaím uaim iad.** I miss them. **santaigh** crave, desire, **tothlaigh** crave

◊ **Cronaím uaim iad.** I miss them.

Crónán m (-áin) purring; buzz
aonton monotone, **cársán** wheeze, **ciarsán** grumbling, humming, **dántaireacht** humming, **dord** drone, deep sound, **dordán** hum, humming, **drandam** murmur, **drantán** growling, **dúdaireacht** crooning, humming, **durdam** murmur, chatter, **fuamán** humming, **geoin** drone, hum, **geonaíl** whining, whimpering, **leoró** buzzing sound, **mianán** hum, buzz, **monabhar** murmur, buzz; hum of people speaking, **seabhrán** buzz, buzzing, whizz, **seamsán** drone, **seamsánacht** murmuring; muttering, complaining, **siansán** humming; whining sound; whistling, **siosarnach** f hiss, hissing sound, **siúrsán** buzz, whizz, **srann** f (-ainne) ~a, ~) snore, **srannán** whine, whining; drone, **srannfach** f snoring; snorting

Cros f (croise; ~a, ~)
1. cross, adversity
aimpléis trouble, **angar** affliction, **bráca** distress, **buairt** grief, sorrow, **céasadh** torture, crucifixion, **ciapadh** torment, martyrdom, **crá** anguish, distress, torment, **cruatan** hardship, **dólás** tribulation, **trioblóidí** fpl troubles
2. prohibition
bac barrier, balk, stay (of proceedings), **bang** f ban, interdict, taboo, **cinsireacht** censoring, **col** impediment, **crosadh** forbidding, **eisreachtú** proscribing, **fógairt** proscription, **spailleadh** checking, rebuking, **srian** check, restraint, **stop** stop, **toirmeasc** proscription, **stopadh** stopping, halting, **urchosc** (jur) barring

Crosaire *m (~; -rí)* crossroads, junction
acomhal *(roads)* junction (cf **T-acomhal** T-junction), **alt** joint, **canáil cheangail** junction canal, **ceangal** join, **cónasc** connection; conjunction, **crosbhealach** *m (roads)* intersection, **crosbhóthar** crossroad, **cumar** *(geol)* junction, confluence, **nasc** link, bond, **pointe teagmhála** point of contact, **trasnú** intersection

Crosta *adj⁶* cross, fractious, difficult
anglánta ill-tempered, grouchy, quarrelsome, **bodhraithe** annoyed, **cancrach** cantankerous, **cantalach** cranky, cross, **colgach** bristlingly angry, **confach** bad-tempered, rabid, **crabanta** crabbed, irascible, **drisíneach** prickly, irritable, **droch-araíonach** ill-humoured, **feargach** angry, **fraochmhar** wrathful, furious, **giorraisc** snappish, abrupt, **íortha** irascible, **lasánta** fiery; irritable, **meirgeach** irritable, prickly, **mosach** surly, grumpy, **múisiamach** peevish, **rocúil** irritable, vexatious, **rudta** morose, surly, **searbhghnúiseach** sour-faced, **splíonach** peevish, **stalcach** sulky, **teasaí** hot-tempered *(see also: feargach)*

Crostacht *f(~a)* fractiousness; irritability
anglántacht ill-temper, grouchiness, quarrelsomeness, **cancracht** cantankerousness, **cantalaí** crankiness, **colgacht** bristling anger, **confaí** rabidness, **droch-araíonacht** ill-humouredness, **fearg** anger, **feargaí** angriness, **fraochtacht** wrath, fury, **giorraisce** snappishness, abruptness, **íorthacht** irascibility; derangement, madness, **lasántacht** fieriness; irritability, **meirgí** crustiness, prickliness, **mos** *m (mois)* grumpiness, surliness, **múisiam** peevishness, **stalcacht** sulkiness, **teasaíocht** hot temper; fiery passion *(see also: fearg)*

Crú 1 *vn* milking
baint as extracting, **bleán** milking, **climirt** drawing last milk from cow, stripping, **diúgadh** draining, **diúgaireacht** draining, **diúl** sucking, **draenáil** draining, **fáscadh** squeezing, **folmhú** emptying, evacuation, **scaoileadh** releasing, discharging, **siofónadh** siphoning, **siolpadh** milking dry, draining, **sniogadh** milking dry, **sú** sucking, **taoscadh** draining, **úscadh** extracting, extraction *(of liquid)*

◊ **ag crú na gréine** sunbathing

Crú 2 *m (~; ~ite) (animal)* shoe
bonn sole, **croibhín** small hoof, paw, **crúb** hoof, **pláta** plate, **síte** *m* **miotail** metal sheet

▲ **~ capaill** horseshoe, **~ coscáin** brake shoe

◊ **nuair a thagann an crú anuas ar an tairne** when it comes to the crunch

Crua *adj⁶* hard, tough
achrannach intricate, involved, **aiciseach** rancorous, **aimhréidh** difficult, entangled, **alcólach** alcoholic, **anacair** uncomfortable, difficult, **anróiteach** severe, **balctha** compact, compacted, **bocht** poor, **briosc** brittle, **cadránta** hard, unfeeling, **carrach** rocky, rock-incrusted, **carraigeach** rocky, **casta** complicated, twisted, **ceachartha** mean, niggardly, hard, **ceanndána** obdurate, **clochach** stony, **cloch-chrua** stone-hard, **coimpléascach** complex, **creagánta** hard, calloused, **cruachroíoch** hard-hearted, **cruálach** cruel, **cruánach** solid, rock-hard, **daingean** firm, hard, **daor** hard, severe; costly, **daordhálach** cruel, oppressive, **dána** bold, **deacair** hard, **dealúsach** destitute, **dearóil** impoverished, **deilgneach** thorny, **dian** arduous, rigorous, **dianiarrthach** exacting, **dlúth-** *pref* dense; tight, close, **dobhréagnaithe** incontrovertible, **dofhulaingthe** intolerable, **doicheallach** churlish, **doiciúil** difficult, hard to manage, **doiligh** hard, difficult, **do-iongabhála** formidable, **doirbh** hard, unpleasant, **dolúbtha** inflexible, **dorrga** surly, gruff, **doshásta** implacable, **dosheánta** indisputable, **dothreáite** impenetrable, **droibhéalach** rugged, difficult, **duaisiúil** backbreaking, **dúr** hard, rigid; dour, **faoi chrústa** crusty, **fothúil** solidly based, solid, **freasúil** antagonistic, **fuar** cold, **gan trua gan taise** ruthless, **géar** harsh, severe, **grusach** gruff, **léanmhar** distressing, **lom** bare, **maslach** toilsome, **mearaitheach** baffling, **mearbhlach** puzzling, **míthrócaireach** merciless, pitiless, **naimhdeach** hostile, **neamhthrócaireach** merciless, **reoite** frozen, **righin** rigid, stiff, rigorous, **searbh** bitter, **searbhasach** sarcastic, **sioctha** frozen solid, **snaidhmeach** knotty, **sonairt** firm, solid, strong, **stolpánta** hard, caked, stiff, **stolptha** hardened, stiffened (cf **talamh stolptha** baked-hard ground), **stuacánach** stubborn, **tathagach** solid; weighty; *(wine)* full-bodied, **tónáisteach** burdensome, **treampánach** troublesome, difficult

Cruachás *m (-áis)* plight, difficulty
aimhréidh entanglement, **aimpléis** trouble, **aincheist** dilemma, **ainnise** wretchedness, **ainriocht** evil condition, **anacair** *f (-cra)* distress, unease, **anchaoi** *f* plight, **angar** affliction, anguish, **bac** block, **bochtaineacht** poverty, **bráca** hassle, distress, **callóid** drudgery; disquiet, **callshaoth** *m (~a)* contention, **castacht** complication, **coimpléascacht** complexity, **crá** torment, tribulation, **cruatan** hardship, **deacracht** difficulty, **doghrainn** distress, difficulty, **doilíos** affliction, difficulty, **drochrath** *m* misfortune, **drochshaol** hard times, **drochuair** evil hour, **duainéis** difficulty, distress, **duais** trouble, distress, **fadhb** *f (faidhbe)* problem, **faopach** *m* predicament, jam (cf **bheith san fhaopach** to be in a predicament), **géibheann** dire straits, distress; captivity, **idimeáil** plight, **idir dhá chomhairle** in a quandary, **idir dhá thine Bheltaine** on the horns of a dilemma, **in arán crua** in dire straits, **iomard** affliction, evil consequence, **mí-ádh** ill luck, **oidimil** plight, state, **ponc** difficult spot (cf **bheith i bponc** to be in a spot), **sáinn** fix (cf **bheith i sáinn** to be in a fix), **snaidhm**

knot, **spota** spot (**Chuir tú ar an spota mé.** You put me on the spot.), **teannta** predicament, **trioblóid** trouble (see also: **deacracht**)

Cruacht m (~a)
1. hardness
cruachroíocht hardheartedness, **cruálacht** cruelty, **cruas** hardness (of heart), **éadrócaire** mercilessness, **fuarchúis** indifference, **gairbhe** roughness, **gairge** gruffness, **géire** sourness, **déine** toughness, severity, **doicheall** churlishness, coldness, **doichte** rigidity, hardness, tightness, **dúire** dourness, hardness
2. hardiness
acmhainn resilience, endurance to withstand, **acmhainneacht** resourcefulness, **croí** heart, **croíúlacht** heartiness, **cruas** hardiness, toughness, **diongbháilteacht** robustness, determination, **mianach** calibre, mettle, **miotal** mettle, **miotalaí** mettlesomeness, **misneach** mojo, courage **teacht aniar** fightback, mojo, **seasmhacht** steadfastness, **stóinseacht** staunchness, solidity, **spreacadh** character, **tathag** solidity, substance, **urrúntacht** robustness

Cruaigh v_lf harden, become hard, tough
athchruaigh reharden, **calc** cake, **clochraigh** petrify, **cnámhaigh** ossify, **cranraigh** become knotty/hardened, **criostalaigh** crystallise, **daingnigh** brace; secure, **déan crua** make hard, **éirigh crua** become hard, **garbhaigh** become coarse, become rough, **gargaigh** make harsh, **iontaisigh** fossilise, **láidrigh** strengthen, **neartaigh** firm up, strengthen, **reoigh** freeze, **righnigh** stiffen; toughen, **scarbháil** crust, harden, **screamhaigh** encrust, **screamhchruaigh** case-harden, **sioc** freeze; immobilise, **socraigh** set; settle, **soladaigh** solidify, **stálaigh** toughen, season, **stalc** set, harden, **stolp** become stodgy; harden, stiffen, **stromp** stiffen, harden, **téacht** congeal, **teann** firm up, **traenáil** train

Cruachan vn hardening; toughening up
athchruachan rehardening, **calcadh** caking, **clochrú** petrifying, **cnámhú** ossifying, **cranrú** becoming knotty/hardened, **criostalú** crystallising, **daingniú** bracing; securing, **déanamh crua** making hard, **éirí crua** becoming hard, **garbhú** becoming coarse, becoming rough, **gargú** making harsh, **iontaisiú** fossilising, **láidriú** strengthening, **neartú** firming up, strengthening, **reo** freezing, **righniú** stiffening; toughening, **scarbháil** crusting, hardening, **screamhú** encrusting, **screamhchruachan** case-hardening, **socrú** setting; settling, **soladú** solidifying, **siocadh** freezing; immobilising, **stálú** toughening, seasoning, **stalcadh** setting, hardening **stolpadh** becoming stodgy; hardening, stiffening, **strompadh** stiffening, hardening, **téachtadh** congealing, **teannadh** firming up, **traenáil** training

Cruaite pp hardened; toughened up
athchruaite rehardened, **calctha** caked, **clochraithe** petrified, **cnámhaithe** ossified, **cranraithe** gotten knotty/hardened, **criostalaithe** crystallised, **daingnithe** braced; secured, **déanta crua** made hard, **éirithe crua** gotten hard, **garbhaithe** gotten coarse, gotten rough, **iontaisithe** fossilised, **láidrithe** strengthened, **neartaithe** firmed up, strengthened, **reoite** frozen, **righnithe** stiffened; toughened, **scarbháilte** crusted, hardened, **screamhaithe** encrusted, **screamhchruaite** case-hardened, **socraithe** set; settled, **soladaithe** solidified, **sioctha** frozen; immobilised, **stálaithe** toughened, seasoned, **stalctha** set, hardened, **stolptha** gotten stodgy; hardened, stiffened, **stromptha** stiffened, hardened, **téachta** congealed, **teannta** firmed up, **traenáilte** trained

Cruálach adj³ cruel
aiciseach spiteful, **ainiochtach** cruel, **barbartha** barbaric, **borb** violent, fierce, **brúidiúil** brutal, **céasta** agonising, **coirpe** vicious, corrupt, **cráite** excruciating, **crua** hard, **cruachroíoch** hard-hearted, **danartha** cruel, **dian** severe, **díoltasach** vengeful, **doshuaimhnithe** implacable, **duáilceach** vicious, wicked, **éadruach** pitiless, **fiata** savage, **fíochmhar** fierce, **fraochmhar** savage, **fuar** cold, unfeeling, **fuarchroíoch** callous, **fuarchúiseach** cold-blooded, **fuilchíocrach** bloodthirsty, **gairgeach** harsh, gruff, **gan chroí** heartless, **gangaideach** vicious, virulent, spiteful, **gan staonadh** unrelenting, **gan taise** compassionless, **gan trócaire** merciless, **gan trua** pitiless, **garg** harsh, violent, **gránna** nasty, ugly, **ifreanda** hellish, **mallaithe** accursed, vicious, **mícharthanach** uncharitable, **míchineálta** unkind, **mídhaonna** inhuman, **míghnaíúil** mean, ill-favoured, **mígrástúil** graceless, merciless, **mínádúrtha** unnatural, **mioscaiseach** malicious, spiteful, **míthrócaireach** merciless, pitiless, **neamhdhéirceach** uncharitable, **neamhdhuineata** inhuman, unkind; cruel, **neamhthrócaireach** inexorable, **nimhneach** venomous, **ruibheanta** sharp-tongued, venomous, **sádach** sadistic, **turcánta** cruel, **uafásach** atrocious

Cruálacht f (~a) cruelty
aicis spite, spleen, **ainíocht** cruelty, **barbarthacht** barbarity, **brúidiúileacht** brutality, **céasadh** torture, **crá** torment, **cruacht** hardness, **cruáil** cruelty; hardship, adversity, **cruas** callousness, **danarthacht** cruelty, barbarity, **déine** severity, **fíochmhaire** fierceness, **fuaire** coldness, unfeeling, **fuarchroíche** cold-heartedness, **gangaid** viciousness, virulence, **mailís** malice, **míchineáltacht** unkindness, **mídhaonnacht** inhumanity, **mioscais** malice, spite, **neamhdhuineatacht** inhumanity, cruelty, **neamhthrócaire** mercilessness, **nimhní** rancour, animosity, **olc** evil, **sádachas** sadism, **turcántacht** cruelty, **suarachas** meanness

Cruatan *m (-ain)* hardship
achrann strife, **ainnise** misery, wretchedness, **anachain** calamity, **anfhorlann** violent oppression, **angar** adversity, **anó** *m* (~) misery, **anró** distress, **ansmacht** oppression, **ar an ngannchuid** in straitened circumstances, **bochtaineacht** poverty, **bráca** trial, distress, **bun an angair** pits of despair, **cacht** *(lit)* duress, privation, hardship, **castacht** complication, **céasadh** torture, **ciapadh** torment, **crá** anguish, torment, **crácamas** hardship, drudgery, **creagaireacht** callousness, **cruálacht** cruelty, **cruáil** hardship, adversity; cruelty, **cruas** hardness, **daorbhroid** dire bondage, **daordháil** ill fate, **daorsmacht** slavery, repression, **deacrachtaí an tsaoil** the difficulties of life, **dealús** destitution, **dearóile** impoverishment, **déine** severity, **dianas** severity, **dianriachtanas** dire necessity, **dobrón** grief, affliction, **dochar** distress, harm, **dochma** privation, hardship, **dochracht** distress, discomposure, **dochraide** hardship, oppression, **dóchúlacht** painfulness, uncomfortableness, **doghrainn** distress, anguish, **doicheall** churlishness, **doilbhreas** dark unpleasantness, **doilíos** affliction, sorrow, **doineantacht** wintriness, cheerlessness, **doinmhí** adversity, misfortune, **dólás** tribulation, **dolúbthacht** inflexibility, **donacht** misfortune, wretchedness, **donas** misfortune, misery, **doshástacht** implacability, **dua** toil, hardship, **duais** travail, distress, **duibhe** dark oppression, **duibheaca** *f* (~) bitter wintry cold, **dúire** hardness, dourness, **easonóir** hardship, drudgery; indignity, humiliation, **fuacht** *m* cold, **fuaire** coldness, **fulaingt** suffering, **gairge** harshness, **gannchúis** penury, **ganntanas** scarcity, shortage, **gátar** want, need, **géire** austerity, severity, **iomard** affliction, misfortune, **léan** tribulation, **loime** bareness, **maslacht** overtaxing of strength, **mí-ádh** ill luck, **mífhortún** misfortune, **míthrócaire** pitilessness, **naimhdeas** hostility, **neamhthrócaire** mercilessness, **righne** rigidity, stiff, **sclábhaíocht** slavery, **searbhas** sarcasm, **seirbhe** bitterness, **síleáil** severe trial; hardship, toil, **splíontaíocht** hardship, suffering, **teann** difficulty, hardship, (cf **Is iomaí ~ a fuair siad ar imirce.** It was many the hardship they endured in emigration.), **tiaráil** toil, **tiortáil** knocking about, hardship, **tónáiste** encumbrance, hardship, **trioblóid(í)** trouble(s), **ualach** *m* burden

Crúigh v_{1f} milk
bain as extract, **bligh** milk, **climir** draw last of milk from cow, strip, **diúg** drain, **diúl** suck, **draenáil** drain, **fáisc** squeeze, **folmhaigh** empty, evacuate, **scaoil** release, discharge, **siofón** siphon, **siolp** milk dry, drain, **sniog** milk dry, **súigh** suck, **taosc** drain, **úsc** *(liquid)* extract

Cruinn *adj²*
  1. round, rounded
annalach annular, **ciorclach** circular, **comhchruinn** round, **corr** round, rounded (cf **tulacha corra** rounded hills, **cathair chorr** round fort), **cruinncheannach** domelike; roundheaded, **dioscach** disc-shaped, **domhanda** global, **fáinneach** ringlike, **rabhnáilte** round, **rollach** roll-shaped, **sorcóireach** cylindrical, **ubhach** oval, **ubhchruthach** egg-shaped; oval
  2. accurate
achomair concise, short, **baileach** exact, **beacht** precise, **ceart** correct, **cóir** proper, just, **cothrom** balanced, just, **críochnúil** well-finished, thorough, **dea-dhéanta** well-made, **deismíneach** meticulous, **dian** rigorous, **dílis** faithful, **díreach glan** spot on, **fíneálta** fine, subtle, **fíor** true, **fírinneach** truthful, **foirfe** perfect, **gan bhotún** without mistake, **gan iomrall** unerring, **gan locht** faultless, **géar** sharp, strict, **gonta** succinct, sharp, **grinn** discerning, precise, **léirsteanach** meticulous; over-exact, **mionchruinn** finely detailed, **mionchúiseach** scrupulous, **paiteanta** precise, **pointeáilte** punctilious, particular, **urmhaiseach** well-aimed, accurate
  3. frugal
baileach frugal, thrifty, exact, **barainneach** thrifty, **coigilteach** thrifty, **críonna** prudent, **cruinneálach** frugal, sparing, **cúramach** careful, **eacnamaíoch** economic, **neamhchaifeach** careful, frugal, **sábhálach** saving, thrifty, **spárálach** sparing, **tíosach** thrifty

Cruinneas *m (-nnis)*
  1. roundness, round shape
annalas annulus, **comhchruinne** roundness, **cothroime** evenness, balance, **cruinne** roundness, **cruinneachán** dome
  2. accuracy
beachtas accuracy, **beaichte** precision, accuracy, **ceart** right, correctness, **cirte** correctness, rightness, **cóir** proper condition, **críochnúlacht** thoroughness, finish, **dea-dhéanamh** finesse, good construction, **déine** rigour, **deismíneacht** refinement, **dílse(acht)** faithfulness, **fíre** genuineness, **fíor** *f (fíre, ~a, ~)* truth, **fírinne** truth, **foirfeacht** perfection, **géire** sharpness, strictness, **gontacht** succinctness, sharpness, **léiritheacht** neatness, orderliness, exactness, **mionchúis** scrupulousness, **paiteantacht** preciseness, **prionsabáltacht** scrupulousness, punctiliousness, **slacht** neatness, tidiness
  3. thriftiness
baileachas frugality, **bainistíocht** thriftiness; management, **barainn** thrift, **coigilt** saving, sparing, **coigilteas** sparingness, **críonnacht** prudence, **neamhchaifí** carefulness, frugality **sábháil** saving, **spáráil** sparing, **tíos** economy, thrift; housekeeping

Cruinnigh v_{2b} gather, collect
athchruinnigh rally; reassemble, **bailigh** collect, gather, **carn** amass, pile, **comhbhailigh** *(ph)* aggregate, **comhchruinnigh** concentrate, gather together, **comhdhlúthaigh** consolidate, **conlaigh** glean; scrape together, gather, **cnuasaigh** compile, heap, **cóirigh** arrange, **cuach** bundle, **cuimsigh** incorporate,

Cruinnithe *pp* gathered, collected

athchruinnithe rallied; reassembled, **atógtha** reconstructed, **bailithe** *adj* collected, gathered, **comhbhailithe** *(ph)* aggregated, **comhchruinnithe** concentrated, **comhdhlúthaithe** consolidated, **conlaithe** gleaned; scraped together, gathered, **cnuasaithe** compiled, heaped **cóirithe** arranged, **cuachta** bundled, **cuimsithe** incorporated, embraced, **damhnaigh** materialised, taken shape, **fáiscthe le chéile** squeezed together, **foirmithe** formed, **mabáilte** mobbed out, assembled together in a mob, **mámáilte** gathered in large handfuls, **mogallaithe** enmeshed, **sábháilte** saved, **tagtha i dteannta a chéile** congregated, **tagtha le chéile** come together, **taisethe** hoarded; stored, **tarraingthe le chéile** pulled together, **teanntaithe** rounded up, **tionólta** assembled, **tiubhaithe** thickened, **tógtha isteach** taken in, **tógtha suas** taken up, **tugtha le chéile** brought together

Cruinniú

1. *vn* gathering, collecting

athchruinniú rallying; reassembling, **comhbhailiú** *(ph)* aggregating, **comhchruinniú** concentrating, gathering together, **comhdhlúthú** consolidating, **cnuasach** compiling, **cóiriú** arranging, **cuachadh** bundling, **conlú** gleaning; scraping together, **cuimsiú** incorporating, embracing, **damhnú** materialising, taking shape, **dul faoi choinne duine** going to collect a person, **fáil seilbh ar** acquiring, possesing, **fáscadh le chéile** squeezing together, **foirmiú** forming, **mabáil** mobbing, forming a mob, **mogallú** enmeshing, **sábháil** saving, **tabhairt le chéile** bringing together, **taisceadh** hoarding, storing, **tarraingt le chéile** pulling together, **teacht i dteannta a chéile** congregating, **teacht le chéile** coming together, **teanntú** rounding up, **tionól** assembling, **tiubhú** thickening, **tógáil isteach** taking in, **tógáil suas** taking up

2. *m (-nnithe; -nnithe)* meeting, gathering

airneán gathering at night in neighbour's house, **ceardlann** workshop, **coinne** *f* appointment, meeting, **cóisir** party, **comhbhailiú** *(ph)* aggregation, **comhdháil** convention, **comhthionól** assembly, **cuideachta** gathering, company, **rang** class, **seisiún** session, **siompóisiam** symposium, **slógadh** rally, **slua** crowd, **teacht le chéile** get-together, **tionól** assembly, gathering, **tóstal** pageant

▲ ~ **boird** board meeting, ~ **cinn bhliana** annual general meeting, ~ **club leabhar** book club meeting, ~ **coiste** committee meeting, ~ **comhairle** council meeting, ~ **duine le duine** one-to-one meeting, ~ **éigeandála** emergency meeting, ~ **faisnéise** briefing, ~ **físchomhdhála** video conference meeting, ~ **foirne** staff meeting, ~ **iomlánach** plenary, ~ **tionscnaimh** inaugural meeting, ~ **urnaí** prayer meeting

Crúite *pp* milked

bainte as extracted, **blite** milked, **climeartha** *(milking)* stripped, **diúgtha** drained, **diúlta** sucked, **draenáilte** drained, **fáisethe** squeezed, **folmhaithe** emptied, evacuated, **scaoilte** released, discharged, **siofónta** siphoned, **siolptha** milked dry, drained, **sniogtha** milked dry, **súite** sucked, **taosetha** drained, **úsctha** *(liquid)* extracted

Cruóg *f(-óige)* urgent need, urgency

ardbhrú high pressure, **brú** pressure, **deabhadh** haste, **deifir** hurry, **dithneas** haste, urgency, **driopás** hurry, precipitance, **éigeandáil** emergency, **éigeantas** duress, **fáscadh** squeeze, **locadh** pressure, persuasion, **práinn** urgency, **straidhn** strain, **straighneáil** straining, **strus** stress, **teannadh** (**ar**) pressuring, **teannas** tension, **téirim** urgency, haste

◊ **An bhfuil ~ leis?** Is it urgent?, **in aimsir na cruóige** at times of emergency, **Tá ~ orm.** I'm pressed for time.

Cruógach *adj³* pressing, urgent

deabhaidh (> *deabhadh*) requiring haste, **den chéad riachtanas** of top priority, **dithneasach** urgent, hurried, **éigeandála** (> *éigeandáil*) emergency, **faoi ardbhrú** under great pressure, **faoi bhrú** under pressure, **faoi straidhn** under strain, **géarchéimneach** critical, **géibheannach** extremely urgent, critical, **práinneach** urgent, **ríthábhachtach** crucial, **tinneasnach** hurried, hasty; urgent, sudden, **tuineanta** pressing, persistent, **tur te** immediately, right now *(see also: práinneach)*

Crúsca *m (~; ~í)* jug

árthach *m* vessel, **bláthchuach** *m* flower vase, **calán crúite** milking pail, **ciolarn** *(lit)* pitcher, **croca** crock, **crocán** jar, pitcher, **crúiscín** jug, **cuach** *m (~; ~a, ~)* goblet, deep bowl, **eascra** *m* vessel for dispensing drink, beaker, **feadhnach** *m* pail, vessel (eg **feadhnach uisce** pail of water), **flaigín** flagon, flask, **fleasc** *m (~a; ~anna)* flask, **galún taosctha** bailing vessel, **gabhdán** receptacle, **leastar** vessel, container for liquids, **pota** pot, **próca** jar, **searróg** vessel, jar, **soitheach** *m* vessel, **vása** vase

Crústa *m (~; ~í)* crust

blaosc *f* shell, hard outer coating, **brat** coat; carpet, **bratú** coating, **clúdach** *m* covering; coating, **coirt** bark, **cóta** coat, **craiceann** skin, **faoisce** shell, **forscreamh** *f* mantle (cf **forscreamh na cruinne** the earth's mantle), **poigheachán** *(of snail)* shell, scine flake, thin piece; scale, **screab** *f* hard coating, encrustation; crust, **screabóg** small crust or coating, **screamh** *f (eg of earth)* crust, **screamhán** crust; scum, **screamhóg** flake, crusty surface (cf **screamhóg mheirge** flake of rust), **screamhú**, encrustation

▲ ~ **aráin** crust of bread, ~ **seaca** covering of frost

Crústach *adj³* crusty
bácáilte go maith baked well, **briosc** crispy, **brusach** crumbly, **clúdaithe le screamh** covered by a crust, **crua** hard, **faoi chrústa** under a crust, **forscreimhe** (> **forscreamh**) of the earth's crust, **grabhrógach** crumbly, **lánbhruite** well done, **screabach** crusted, **screamhach** coated, crusted; gummy, filmy, **sobhriste** easy to break, brittle

Cruth *m (~a; ~anna)*
1. shape, form

allait shapeless. amorphous mass, **amhlachas** semblance, **aicme** *f* class, classification, **bréagríocht** *m (-reachta; ~aí)* disguise, **cineál** kind, **cló** appearance, form, **coinbhinsiún** convention, **coinníoll** condition, **cosúlacht** semblance, **creat** *m (~a; ~aí)* frame, shape; appearance, **creatúlacht** good appearance, **cuma** *f* look, appearance, shape, **cumraíocht** configuration; shape, form, **dealramh** appearance, **déanamh** build, make, **dearadh** design, **deilbh** shape, appearance, **dreach** aspect, expression, look, **eagar** arrangement, **fíor** *f* outward form, figure, **foirm** form, **foirmíocht** formation, **formáid** format, **fráma** frame, **frámaíocht** framework, **gearradh** cut, **greanadh** shapeliness; shape figure, **imlíne** *f* outline, **leagan amach** layout, **modh** mode, method, **nádúr** nature, **ord** order, **patrún** pattern, **riocht** *m (reachta; ~aí)* guise, form, **saghas** variety, type, **samhail** *f (-mhla; -mhlacha)* model, **seánra** genre, **sórt** sort, **speiceas** species, **stá** good appearance, **stampa** stamp, **tíopa** type, **tógáil** construction

◊ **i g~ crú capaill** in the shape of a horse shoe, **Bhí an seanteach i g~ titim.** The old house was in a state of collapse., **Cuir ~ éigin ort féin!** Tidy yourself up!, **Ná feictear thú i g~ mar seo!** Don't let yourself be seen looking like this! **Níl ~ maith air na laethanta seo.** He's not in good shape these days., **Scéal gan chruth é.** It's an unlikely story.

2. apparition

aisling vision, **amhailt** phantom; monster, **fantaise** phantasm, **fuath** *m (lit)* phantom, **gósta** ghost, **scáil** spectre, **scáth** shadow, **taibhse** ghost, **taise** phantom

◊ **Bhí ~ doiléir le feiceáil san fhuinneog.** There was dim figure visible in the window., **Nocht ~ ard sa cheo.** A tall figure appeared in the fog.

Cruthaigh *v₂ₐ*
1. create, form

athchruthaigh recreate, **bróidnigh** embroider, **ceap** formulate; appoint, **comhbhruith** concoct, **comhdhéan** constitute, **cothaigh** foster; hatch, **cuir ar bun** found, **cuir ar fáil** provide, make available, **cuir faoi deara** cause, **cuir isteach** install, put in, **cum** compose, **dealbhaigh** sculpture, **déan** make, do, **dear** design, **deilbhigh** shape, fashion, **foirmigh** form, **forbair** develop, **fuin** cook; mould, shape, **gaibhnigh** forge, **gearr amach** cut out, **gin** generate; beget, **locair** plane, smooth, **líomh** grind sharpen; polish, **múnlaigh** mould, shape, **réadtiomnaigh** *(jur)* devise, **sceith** spawn, **seiftigh** devise, **snoigh** hew, carve, sculpt, **spreag** engender, **suigh** set up, **suiteáil** install, **tairg** produce, **teilg** cast, **tionscain** initiate

◊ **Chruthaigh Dia talamh agus neamh.** God created the Earth and the heavens., **Chruthaigh deora ar a súile.** Tears formed in her eyes.

2. prove, establish, turn out

bunaigh establish, **cinntigh** confirm, assure, **comhthacaigh** corroborate, **cuir bunús le** provide a basis for, **daingnigh** affirm, secure, **dearbhaigh** prove, assure, attest, **deimhnigh** certify, affirm, **tabhair bunús le** substantiate, give a basis for, **tabhair deimhniú** give certainty, certify, **taispeáin** demonstrate, show, **tiomáin** drive

◊ **Chruthaigh sí go raibh bua sa cheol aici.** She proved she had musical talent., **Chruthódh sin gan amhras ar bith gurbh fhíor é.** That would prove beyond all possible doubt that it was true.

Cruthaithe *pp*
1. created, formed

athchruthaithe recreated, **bróidnithe** embroidered, **ceaptha** formulated; appointed, **comhdhéanta** constituted, **cothaithe** fostered; hatched, **cumtha** composed, **curtha ar bun** founded, **curtha ar fáil** provided, made available, **curtha faoi deara** caused, **curtha isteach** installed, put in, **dealbhaithe** sculptured, **déanta** made, done, **deartha** designed, **deilbhithe** shaped, fashioned, **foirmithe** formed, **forbartha** developed, **fuinte** cooked; moulded, shaped, **gaibhnithe** forged, **gearrtha amach** cut out, **ginte** generated; begotten, **locraithe** planed, smoothed, **líofa** ground sharpened; polished, **múnlaithe** moulded, shaped, **réadtiomnaithe** *(jur)* devised, **sceite** spawned, **seiftithe** devised, **snoite** hewn, carved, sculpted, **spreagtha** engendered, **suite** set up, **suiteáilte** installed, **tairgthe** produced, **teilgthe** cast (in mould), **tionscanta** initiated

2. proven, established, turned out

bunaithe established, **cinntithe** confirmed, assured, **comhthacaithe** corroborated, **daingnithe** affirmed, secured, **dearbhaithe** proven, assured, attested, **deimhnithe** certified, affirmed, **taispeánta** demonstrated, shown, **tiomáinte** driven

Cruthaíocht *f (~a)* creativity
airgtheacht inventiveness, **ceardúlacht** artistry, **clisteacht** cleverness, smartness, **deaslámhaí**

dexterity, **ealaín** *f (-íne; -íona, -íon)* art, **fís** vision, dream (cf **fís a fhíorú** to realise a dream), **inspioráid** inspiration, **samhlaíocht** imagination, **spreagthacht** stimulation, **táirgiúlacht** productivity, **tinfeadh Dé** divine inspiration, **torthúlacht** fertility, **tréitheachas** talent, **treifideacht an Spioraid Naoimh** inspiration of the Holy Spirit

Cruthaitheach *adj³* creative
airgtheach inventive, **cliste** clever, **deaslámhach** dexterous, **ealaíonta** artistic, **fileata** poetic, **físeach** visionary, **inspioráideach** inspiring, **samhlaíoch** imaginative, **seiftiúil** resourceful, **spreagtha** inspired, **táirgiúil** productive, **torthúil** fertile, **tréitheach** gifted, talented

Cruthú *vn*
1. creating, creation
athchruthú recreating, recreation, **bróidniú** embroidering, **bunú** founding, establishing, **ceapadóireacht** composition, **coincheapadh** conceptualising, **comhthacaíocht** corroboration, **cumadh** composing, **cur ar bun** founding, **cur ar fáil** providing, provision, **cur le chéile** putting together, compiling, **dealbhú** sculpturing, **déanamh** making, manufacture, **dearadh** design, **deilbhiú** shaping, fashioning, **fabhrú** formation, development, **foirmíocht** formation, **foirmiú** forming, **forbairt** development, **fuineadh** cooking; moulding, shaping, **gaibhniú** forging, **gearradh amach** cutting out, **giniúint** generation, conception, **locrú** plaining, smoothing, **líomhadh** grinding, sharpening; polishing, **múnlú** shaping, moulding, **réadtiomnú** *(jur)* devising, **seiftiú** devising; procuring, **snoí** hewing, carving, sculpting, **tairgeadh** producing, **teilgean** casting (in mould), **tógáil** building, construction, **tuismeadh** procreation

▲ ~ **an Domhain** the Creation of the World, ~ **íomhá** creating an image, ~ **fostaíochta** job creation, ~ **rachmais** wealth creation, ~ **réaltaí** star formation, ~ **rialacha** creating rules

2. proof, proving, establishing, turning out
bunú na bhfíricí establishing the facts, **cinntiú** confirming, **comhthacaíocht** corroboration, **comhthacú** corroborating, **cruthúnas** proof, **cur bunús le** providing a basis for, **daingniú** affirming, securing, **dearbhú** confirming, confirmation, **deimhniú** certifying, affirming, **fianaise** *f* evidence, testimony, **fianú** attesting, attestation, **fódú** substantiating, substantiation, **soléiritheacht** demonstrability, **tabhairt bunús le** substantiating, giving a basis for, **tabhairt deimhniú** giving certainty, certifying, **taispeáint** demonstrating, showing, **tiomáint** driving

▲ ~ **dearfa** proof positive, ~ **pointe** proving a point, ~ **go maith/go dona** turning out well/badly

Cuaille *m (~; -llí)* pole, post; goalpost
bachall *f (-aille; ~a, ~)* staff, crozier, **barra** bar, **bata** stick, **bíoma** beam, **cleith** wattle, stave; pole, **cléithín** splint, **colún** column, **cos** *f* leg, **crann** mast, **crann seasta** linchpin, **fearsaid** shaft, axle, **fleasc** *f (fleisce; ~a, ~)* rod, **gallán** pillar stone, **laí** post, pole, shaft, **maide** stick, **mol** *(geog)* pole (cf **Mol Thuaidh/Theas** North/South Pole), **molcheann** pole; round head, **pol** *(el)* pole (cf **pol deimhneach/diúltach** positive/negative pole), **polla** pole; pillar, **posta** post; goalpost, **sabh** *m* stake, pole, rod; shaft, **sail** heavy stick, beam (cf **sail bharra** boom at harbour mouth), **sáiteán** stake, **seafta** shaft, **seastán** stand, **slaitín** small stick/rod, **slat** *f* rod, slender stick, **sonn** upright post, stake, **spéice** pole, post, stick, **stáca** stake, **stacán** stake, stump, **staic** post, stake, **standal** post, stake, **stoda** pale, stake, **stóinse** pillar, stanchion, **taca** support, prop, **uaithne** *m* post, pillar; prop

Cuairt *f (~e; ~eanna)* visit; tour
airneán night visiting, **bothántaíocht** going from house to house, visiting, **bualadh isteach** drop in, **cuartaíocht** visiting, **fámaireacht** sightseeing, touring, **fanacht** stay, staying, **féachaint isteach** look in, **glaoch isteach** calling in, **iniúchadh** inspection, **sciuird** flying visit, **stopadh** stopping off, **stráisiún** excessively long visit, **turasóireacht** touring; tourism

▲ ~ **an lao ar an athbhuaile** nostalgic visit, ~ **bhliantúil** annual visit, ~ **chigire** a visit from an inspector, ~ **mhíosa** monthly visit, ~ **na cruinne** tour of the world, ~ **na seanchathrach** visit/tour of the old city

P ~ **ghearr agus é a dhéanamh go hannamh!** Make your visits short and rare!

Cuairteoir *m (-eora; ~í)* visitor, caller, guest
aoi *m (~; aíonna)* guest, **duine isteach** outsider, **eachtrán** *(extraterrestrial)* alien, **eachtrannach** *m* foreigner, alien, **eachtardhomhandach** *m* extraterrestrial, **fámaire** visiting sightseer, touring outsider, **geasta** guest, **leoithne** *f* **isteach** blow-in, **strainséir** stranger, **taithitheoir** frequenter, person who frequents, **turasóir** tourist, **teachtaí** *m* frequenter, visitor

▲ ~ **gan iarraidh** unwanted guest, ~ **a bhfuil fáilte roimhe** welcome guest, ~ **gan choinne** unexpected visitor, ~ **príosúin** prison visitor, ~ **rialta** regular visitor; frequent caller

Cuardach *vn* searching, search
breathnú observing, examining, **cíoradh** combing, **cíorláil** searching, combing, **dul sa tóir ar** going in pursuit of, **féachaint** looking, **feagánú** hunting, chasing, **fiach** *m (-aigh)* hunt, hunting, chase, chasing, **fiosrú** inquiring, inquiry, **fochmharc** seeking, asking, **iniúchadh** investigating, **lorg** searching, search (cf **ar lorg oibre** in search of work),

Cuardaigh

lorgaireacht tracking, tracing, detection, **piardáil** rummaging, **póirseáil** rummaging, **prócáil** probing, poking, **púitseáil** grope; poking around with the aim of finding something, **ransaíocht** ransacking, rummaging, **ransú** ransacking, **rúscadh** rummaging, **rútáil** rooting about, rummaging, searching, **seilg** foraging; hunting, **séirseáil** foraging, rummaging, **siortú** rummaging, ransacking, **sireadh** seeking out; travelling through, **sirtheoireacht** prowling, foraging; prospecting, **sróinínteacht thart** nosing about, **taighdeach** probing, digging; researching, fond of researching, **taiscéaladh** exploring, **taiscéalaíocht** exploration, **tiaradh** act of seeking (+ *negative*, cf **Ní chuirimse aon tiaradh orthu.** I don't go out of my way looking for them.), **tóir** pursuit, search; **tóraíocht** pursuing, pursuit

▲ ~ **eochairfhocail** keyword search, ~ **focal** wordsearch, ~ **mion** exhaustive search, ~ **pearsanta** frisking, frisk, ~ **tí** house hunting; house-searching

◊ **má tá ~ agat air** if you are looking for it, ~ **agus tarrtháil** search and rescue, **Tá sí ag ~ fir.** She is on the pull.

Cuardaigh v_{2a} search, seek
aisc seek, **bí ag prócáil (thart)** be probing, poking (around), **breathnaigh** observe, examine, **cíor** comb, **cíorláil** search, comb, **déan iniúchadh** carry out an investigation, investigate, **déan taiscéalaíocht** undertake (an) exploration, explore, **féach** look, **feagánaigh** hunt, chase, **fiach** hunt, chase, **fiafraigh** ask, **fiosraigh** inquire, **iarr** enquire, request, **iniúch** scrutinise, investigate, **lorg** search, **piardáil** ransack, rummage, **póirseáil a dhéanamh** to rummage, **púitseáil** grope; poking around with the aim of finding something, **ransaigh** rummage; ransack, **rúisc** poke around, rummage, **rútáil** root about, rummage, search, **saibhseáil** rummage about; poke water with rod, **scrúdaigh** examine, **seilg** forage; hunt, **siortaigh** rummage; ransack, **sir** seek out; travel through (eg **Sir an Tiarna!** Seek out the Lord!), **taiscéal** explore, reconnoitre, **tástáil** test, **téigh sa tóir ar** go in pursuit of, **tiomsaigh** rummage; ransack, **tóraigh** pursue, seek, search for

◊ **Chuardaigh mé an teach ó bhun go barr.** I've searched the house from top to bottom., **Cuardaígí agus gheobhaidh sibh!** Seek and ye shall find!, **fostaíocht a chuardach** to seek employment

Cuardaithe *pp* searched, sought
aiscthe sought, **breathnaithe** observed, watched, **cíorláilte** combed, searched; tousled, **cíortha** combed, **dulta sa tóir ar** gone in pursuit of, **féachta** looked, **feagánaithe** hunted, chased, **fiachta** hunted, chased, **fiafraithe** asked, **fiosraithe** inquired, investigated, **iarrtha** enquired, requested, **iniúchta** scrutinised, investigated, **lorgtha** searched, sought after, **piardáilte** ransacked, rummaged, **prócáilte (thart)** probed, poked (around), **púitseáilte** groped; poked around with aim of finding something, **ransaithe** rummaged; ransacked, **rúiscthe** poked around, rummaged, **rútáilte** rooted about, rummaged, searched, **saibhseáilte** rummaged about; poked, **scrúdaithe** examined, **seilgthe** foraged; hunted, **siortaithe** rummaged; ransacked, **sirthe** sought out; travelled through **taiscéalta** explored, reconnoitred, **tiaraidh** (> *tiaradh*) sought, pursued, **tástáilte** tested

Cuardaitheoir *m* (*-eora; ~í*) searcher
fiagaí hunter, **imscrúdaitheoir** investigator, **lorgaire** tracker, **paidhceálaí** groper, prober, **piardálaí** rummager; ransacker, **póirseálaí** rummager, **ransaitheoir** rummager; ransacker, **ruagaire** hunter, chaser, **saibhseálaí** *m* sounder, rummager, **sealgaire** hunter, **siortaitheoir** rummager, forager, **sipiléir** skulker, sneak, **sirtheoir** petitioner, seeker, **stalcaire** stalker, **taighdeoir** researcher, **taiscéalaí** explorer, **tóraí** chaser, pursuer; hunter, **tóraitheoir** seeker, pursuer

Cuas *m* (*-ais; ~a, ~*) cavity, recess, hollow; cove
ascaill armpit; recess; avenue, **bléin** groin; cavity, **camas** cove, small bay, **cró** socket, bore, **cuainín** small haven/harbour, **cuaisín** inlet, small cavity, **cuan** haven, harbour, **cuasán** small cavity, **ding** dent (cf **dingeacha ar an gcabhalra** dents in the bodywork), **eang** *f* (*~a; ~aí*) nick, groove, **gearradh** cut, **góilín** creek, **log** hollow (cf **log i sliabh/ndroim** hollow in a mountain, back), **mant** *m* (*~a; ~anna*) indentation, **mantóg** small indentation, **mantú** indenting; indentation, **oscailt** opening, **póca** pocket, **póicéad** pocket, **poll** hole, **slocán** socket, **toll** hollow

Cuí *adj*[6] appropriate
beacht exact, **ceart** right, **cóir** proper, **comhchuí** *(high reg)* meet, harmonious, **cruinn** accurate, **cuibhiúil** seemly, proper, **deas** nice, **dlisteanach** lawful, legitimate, **feiliúnach** fitting, **fóirsteanach** apt, **go díreach mar atá ag teastáil** exactly what is needed, **inrásta** fit, proper; possible, **infheidhme** functioning, functional, **iomaircí** *(lit)* fitting, appropriate, **iomchuí** *(high reg)* appropriate, fitting, **maith** good, **oircheas** (+ *copula*) meet and fitting, proper (eg **Is oircheas duit labhairt.** It's meet and fitting that you should speak.), **oiriúnach** suitable, becoming, **óraice** right, proper, normal, **téachta** fitting, proper, lawfully prescribed, **teachtmhar** suitable, convenient, **tráthúil** timely, **tuillte** deserved

Cuibheasach *adj*[3]/*adv* fair, middling
ábhairín somewhat, **a bheag nó a mhór** more or less, **ann as** so-so, middling (cf **Is scéal ann as é.** It could go either way), **beagán** little bit, **beagáinín** tiny bit, **breac** *(health, weather, etc)* middling, indifferent, poorish, **coitianta** commonplace, **comónta** standard-issue, common, **den mheánscoth** mediocre, middle-of-the-road, **gnách** usual, as per usual,

Cuibhiúil

gnáth- standard, usual, **imleor** adequate, **inglactha** acceptable, **lagmheasartha** mediocre, indifferent, **leordhóthanach** sufficient, plenty, **leormhaith** good enough, adequate, **maith go leor** good enough, **meánach** average, **leor** enough, **leordhóthanach** sufficient, **meán-** *pref* middle, average, **meánach** average, **meánúil** moderate, temperate, **measartha** middling, **pas beag** a tad, a little, **réasúnta** reasonable/reasonably, **roinnt** somewhat

Cuibhiúil *adj⁴* seemly, decent

cneasta decent, seemly, **creidiúnach** respectable, upright, **cuí** appropriate, **deas** nice, **dea-shamplach** exemplary, **dóighiúil** decent, respectable, **fíréanta** righteous, **fiúntach** worthwhile, worthy, **fóirsteanach** suitable, fitting, **galánta** elegant, **gan salú** unsoiled, **gan smál** immaculate, **geanasach** *(of a woman)* decent, chaste, pure, **geanmnaí** chaste, pure, **glanchroíoch** pure of heart, **ionraic** honest; upright, **lonrach** sparkling, **macánta** honest, decent, **maighdeanúil** virginal, **modhúil** modest, **neamhpheacúil** sinless, **ógh** chaste, pure, **oiriúnach** suitable, **saor ó locht** free of fault, **stuama** chaste; clearheaded, **suáilceach** virtuous, **toighseach** tasteful, particular in choosing

Cuid *f(coda; codanna)*

1. part, share

ailp lump, **beagáinín** tiny amount, **beagán** little amount, **braon** drop, **braonán** droplet, **cáiliúlacht** moderate amount, **canta** slice, **cion** *m* (*~*) share, amount, **fiacháil** *f* small portion, small taste, **giota** bit, **leithroinnt** allotment; allocation, **méid** *m* (*~*) amount, **oiread áirithe** certain amount, **páirt** part, **píosa** piece, **roinn** *f (ranna; ranna, rann)* part, portion, **roinnt** some, **scair** share, portion, **sceall** *m* (*~a*) thin slice; chip, flake, **sciar** *m* (*~*; *~tha*) share, portion, **scilteán** flake (of rock), chip (of stone), **sciorta** marginal portion, slice, **slaimice** *m* hunk, chunk, **slios** marginal strip, **slis** shaving, chip, **sliseog** small shaving, chip, **slisne** cut, section, **smut** chunk, **stiall** *f (stéille; ~acha)* strip, slice, **stioc** *f (stice; ~anna)* small drop, **tearc-chuid** *(-choda)* slight portion, penury, **teascán** segment, **urrann** *f* part, portion, division *(see also: blúire, píosa)*

▲ ~ **mhaith** good part/share, ~ **mhór** large part, **an chuid eile** the other lot, the rest, **an chuid is mó/is lú** the biggest/smallest amount

◊ **an chuid is measa** the worst part, **Chaitheamar ~ den lá ann.** We spent part of the day there., **don chuid is mó** for the most part, **Tá ~ acu ag obair.** Some of them are working., **Sin an chuid is fearr den scéal.** That's the best thing about it.

2. food, sustenance

beatha *f* food, **beathú** nutrition, **béile** meal, **bia** food, **ciondáil** ration, **cothú** nourishment, sustenance, **greim le hithe** bite to eat, **lón** lunch; provisions,

Cuidigh le

marthain sustenance, food, **sneaic** snack, **scamhard** nourishment, **tomhaltas** eatables *(see also: bia)*

◊ **Caithfidh mé mo chuid a shaothrú, ní féidir liom a lá a chailleadh le bladar.** I have to earn a crust I can't waste time shooting the breeze., **Ní fiú a chuid é!** He's a waste of space! **Níl mo chuid caite agam fós.** I haven't finished eating yet., **In aimsir do choda a rugadh tusa!** *(joc)* You always arrive when it's time to eat!

P **Ná tréig do chara ar do chuid!** Don't forsake a friend for gain!

Cuideachta *f(~)* company; fun together

aíonna *mpl* guests, **buíon** *f (buíne; ~ta)* band, company, **brúdán** mob, throng, **céileachas** togetherness, **cóisir** party, **comhbhráithreachas** fellowship, **comhdháil** convention, **comhluadar** company, **comhthionól** assembly, gathering, **compánachas** companionship, **compántas** troupe, company, **comrádaíocht** comradeship, **cuairteoirí** visitors, **cuallaíocht** fellowship, **cuibhreannas** consortium, **cumann** association, society; loving companionship, **éigse** gathering of poets and musicians, **fleá** celebration, party, **grúpáil** grouping, **guaillíocht** companionship and support, **muinteáras** friendliness, familylike attitude, **plód** throng, crowd, **seiseacht** camaraderie, **siamsa** pleasant diversion, **sindeacáit** syndicate, **slua** crowd, **spórt** sport, fun, **spraoi** spree, fun, **sult** enjoyment, pleasure, **teacht le chéile** get-together, **tionól** assembly, **tuireann** *f (-rinne; ~a, ~)* faithful following, loyal company

◊ **Seachnaím ~.** I keep myself to myself., **Bean mhór ~ í.** She is very outgoing., She likes meeting people., **Ní maith liom bheith ag brú ~ orthu.** I don't like to be intruding on their privacy.

Cuideachtúil *adj⁴* sociable, outgoing, gregarious

bráithriúil brotherly, **caidreamhach** sociable, **cairdiúil** friendly, **caoin** benign, **caoithiúil** amicable, **cásmhar** caring, considerate, **comhdhaonnach** companionable, **comrádúil** comradely, **cuidiúil** constructive, helpful, **eisdíritheach** extrovert, **flaithiúil** bounteous, generous, **garach** obliging, accommodating, **mór le** friendly with, **muinteartha** treating others like family, sociable, avuncular, **sochaideartha** approachable, sociable, **so-ranna** sociable, outgoing, **tréadúil** gregarious, **trúpach** abounding in troops

Cuidigh le *v₂ᵦ* help

bisigh improve, get better, **cabhraigh le** help, assist, **cuir chun cinn** promote, advance, **déan freastal ar** wait upon, **éascaigh** facilitate, ease, **feabhsaigh** improve, **fóir** help, **fortaigh** aid succour, **freastail ar** attend, serve, **neartaigh** strengthen, reinforce, **seas le** stand with, **tabhair cabhair do** give help to, **tabhair lámh chúnta do** give a helping hand to, **tabhair**

Cuidithe

tacaíocht do give support to, **taobhaigh le** side with *(see also: cabhraigh)*

Cuidithe *pp* helped
ar a ndearnadh freastal waited upon, **bisithe** improved, gotten better, **cabhraithe** helped, assisted, **curtha chun cinn** promoted, advanced, **dar tugadh cabhair** given help, **dar tugadh lámh chúnta** given a helping hand, **éascaithe** facilitated, eased, **feabhsaithe** improved, **fóirthe** helped, **fortaithe** aided, given succour, **freastalta ar** attended to, served, **neartaithe** strengthened, reinforced, **seasta le** stood with, **taobhaithe le** sided with *(see also: cabhraithe)*

Cuidiú *vn* helping, help, assisting, assistance
biseach *m* improvement in health, **bisiú** improving, getting better, **cabhair** *f (-bhrach)* help, **cabhrú le** helping, assisting, **cur chun cinn** promoting, advancing, **déanamh freastal air** waiting upon, **éascú** facilitating, easing, **feabhsú** improving, **fóirithint** helping, **fortacht** aiding, giving succour, **freastal ar** attending, serving, **lámh chúnta** helping hand, **neartú** strengthening, reinforcing, **seasamh le** standing with, **tabhairt cúnaimh do** giving help to, **tabhairt lámh chúnta do** giving a helping hand to, **tabhairt tacaíochta do** giving support to, **taobhú le** siding with *(see also: cabhrú, cúnamh)*

Cuiditheoir *m (-eora; ~í)* helper
bean *f* **choimhdeachta** lady-in-waiting, **bronntóir** donor, **cabhair** *f (-bhrach)* help, **cabhróir** helper, **cinnire** *(Irish summer schools)* prefect, leader of a group of students, **coimhdire** escort, chaperon; attendant, **compánach** *m* companion, escort, **cúlpháirtí** *(jur)* accessory, **cúltaca** backup, reserve, **cúltacaí** *(mil)* reservist, **cúnamh** help, **cúntóir** helper, assistant, **cúramóir** carer, caregiver, **deonach** *m* volunteer, **éascaitheoir** facilitator, **fortaitheoir** helper, **freastalaí** attendant, **lámh** *f* **chúnta** helping hand, **leasaitheoir** amender, reformer, **lucht coimhdeachta** retinue, attendants, **lucht tacaíochta** supporters, **sainchabhróir** aide, **sainchomhairleoir** special advisor, **searbhónta** servant, **seirbhíseach** *m* servant, **tabharthóir** benefactor, **tacadóir** backer; cheerleader, **tacaí** supporter, **taobhaí** adherent, supporter, **teagascóir** tutor

Cuimhin *(see: cuimhnigh ar, meabhraigh)*

Cuimhne *f(~; -ní)* memory
athbhille *m (invoice)* reminder, **athchuimhne** *f* reminiscence, **cuimhin** *(used only with copula:* **is cuimhin liom é.** I remember), **cuimhneachán** commemoration; reminder (cf **leacht** *m* **cuimhneacháin** gravestone, memorial), **cuimhneamh** remembering, recollection; thought, **leid** hint, **machnamh** reflection, thought, **meabhair** memory, mind, **meabhrachán** memorial (cf **meabhrachán gníomhais** memorial of a deed),

meabhrán memorandum, memo, **meabhrú** reflection, **meabhrúchán** remembering, recollection; *(note)* reminder, **mearchuimhne** *f* dim memory, **seanchuimhní** *fpl* old memories, **smaoineamh** thought, idea, **sruthmheabhair** fair understanding/ memory **taifead** record

Cuimhnigh ar *v₂ᵦ* remember, think about
coinnigh i gcuimhne keep in mind, **déan machnamh ar** think about, **Is cuimhin liom.** I remember., **machnaigh** contemplate, reflect, wonder, **meabhraigh** remind; reflect, **samhlaigh** imagine, **smaoinigh** think *(see also: meabhraigh)*

Cuimhnithe *pp* remembered, thought about
ar a ndearnadh machnamh thought about, pondered upon, **gur chuimhin liom** that I remembered, **coinnithe i gcuimhne** kept in mind, **machnaithe** contemplated, reflected, wondered about, **meabhraithe (ar)** reminded; reflected (upon), **samhlaithe** imagined, **smaoinithe** thought (about), considered *(see also: meabhraithe)*

Cuimhniú ar *vn* remembering, thinking about
coinneáil i gcuimhne keeping in mind, **déanamh machnamh ar** thinking about, pondering upon, **machnamh (ar)** contemplating/ reflecting (upon), wondering (upon), **meabhrú (ar)** recalling, reminding, reflecting (about), **samhlú** imagining, **smaoineamh (ar)** thinking (about), considering *(see also: meabhrú)*

Cuimil *v₂d* rub; caress, fondle
bí ag slíomachán be smoothing, **bláthnaigh** smooth, stroke gently, **cuach** hug, **dearg** chafe, **diurnaigh** embrace, hug; caress, **forchuimil** rub together, **glan** clean, **muirnigh** fondle, **raspáil** rasp, scrape (cf **ag raspáil ar fhidil** scraping on a fiddle), **sciomair** scour; *(auto)* valet, **sciúr** scour, scrub, **scríob** scrape, **sliacht** stroke, sleek, **slíob** buff, polish, **slíoc** smooth, stroke gently, **slíom** smooth, polish, **snasaigh** polish, gloss, **teagmhaigh** touch, **tochais** scratch, itch

◊ ~ **mo mhuineál!** Massage my neck!, ~ **ceirt den bhord!** Wipe the table with a cloth!, ~ **do bhróga ar an mata!** Wipe your shoes on the mat!, **Chuimil mé leis sa chathair.** I bumped into him in town., **Chuimil sé leis na Gardaí uair.** He once had a brush with the Gardaí., **Ná ~ salann sa chneá sin!** Don't rub salt into that wound!

Cuimilt *vn* caressing, caress; rubbing, rub
barróg embrace (cf **Rug sí barróg orm.** She embraced me.), **bláthnú** smoothing, stroking gently, **croí isteach** hug, cuddle, **cuachadh** hugging, **deargadh** chafing, **diurnú** caressing, **forchuimilt** rubbing together, **giolamas** fondling, caressing, **glanadh** cleaning, **mán** *f (máine)* fondle, caress; hand (cf **mán a dhéanamh le madra** to pet/stroke a dog), **muirnéiseach** fondling; caressing affectionately, **muirniú** cuddling, caressing,

Cuimilte   241   **Cúinne**

peataireacht fondling, petting, **sciomradh** scouring; *(auto)* valeting, **sciúradh** scouring, scrubbing, **scríobadh** scraping, **sliachtadh** stroking, sleeking, **slíobadh** buffing polishing, **slíocadh** patting, **slíocadh boise** stroking with palm of hand, **slíocadh gruaige** smoothing out of hair, **slíomadh** smoothing, polishing, **suathaireacht** massaging, massage, **teagmháil** touching, **tochas** scratch, itch

◊ B'fhurasta ~ mhéire in aghaidh cloiche. It's like talking to the wall., **Níl sa mhéid sin ach bheith ag ~ saille ar thóin na muice méithe.** You might as well be bringing snow to Lapland., That's just like carrying coal to Newcastle., **Thug sí ~ chaoin don mhadra.** She gently petted the dog.

Cuimilte *pp* rubbed; caressed, fondled
bláthnaithe smoothed, stroked gently, **cuachta** hugged, **deargtha** chafed, **diurnaithe** embraced, hugged; caressed, **forchuimilte** rubbed together, **glanta** cleaned, **scríobtha** scraped, **muirnithe** fondled, **raspáilte** rasped, scraped, **sciomartha** scoured; *(auto)* valeted, **sciúrtha** scoured, scrubbed, **sliachta** stroked, sleeked, **slíobtha** buffed polished, **slíocta** smoothed, stroked gently, **slíomtha** smoothed, polished, **snasaithe** polished, glossed, **teagmhaithe** touched, **tochasta** scratched, itched

Cuimilteoir *m (-eora; ~í)* wiper, rubber
cuimleoir wiper, **glantóir** cleaner, **rubar** rubber, **scriosán** eraser, **smálghlantóir** stain remover

▲ ~í gaothscátha windscreen wipers

Cuimse *m (~)* limit, reach, boundary
coibhneas proportion *(in relation to)*, **comhréir** proportion *(correct relative dimension)*, **compás** limit, circumference (cf **as compás** out of proportion); compass, **cuibheasacht** fair amount, **díle** limit, **féinsmacht** self-control, **fóir** *f (~each)* boundary, limit, (cf **thar ~** beyond measure), **measarthacht** moderation, **ríochan** restraint limit (cf **Níl ríochan leat!** You're the limit!), **smacht** control, **staonadh** temperance, restraint, **sprioc** *f* boundary mark, landmark, **teorainn** *f (-ann)* limit, boundary, **tréanas** abstinence *(usually from meat)*

◊ **as ~** exceeding, exceedingly, **Bhí an teas as ~.** It was exceedingly hot., **maoin gan chuimse** limitless wealth, **Tá sin ag dul thar ~.** That's going too far.

Cuimsigh *v₂ᵦ* comprise, include, cover
áirigh reckon, count, **athchorpraigh** reincorporate, **bí déanta de** be composed of/made of, **bunaigh** establish, **clúdaigh** cover, **corpraigh** *(busn)* incorporate, embody, **cuir san áireamh** take into account, include, **déan suas** make up, **déileáil le** deal with, **folaigh** cover; hide, **iaigh** enclose, **imdhruid** encompass, **imshuigh** besiege; encompass, **lonnaigh** occupy, **pléigh le** deal with, explore, consider, **tabhair isteach** incorporate, **tar lena chéile** correspond with one another, **timpeallaigh** encompass, encircle, **trácht** mention, **tóg san áireamh** take into account

Cuimsithe *pp* comprised, included
áirithe reckoned, counted, **athchorpraithe** reincorporated, **bunaithe** constituted, **clúdaithe** covered, **corpraithe** *(busn)* incorporated, embodied, **curtha san áireamh** taken into account, included, **déanta de** made/composed of, **déanta suas** made up, **déileáilte le** dealt with, **folaithe** covered; hidden, **iata** enclosed, **imdhruidte** encompassed, **imshuite** besieged; encompassed, **lonnaithe** occupied, settled, **tagtha lena chéile** corresponded/conformed with one another, **pléite le** dealt with, explored, considered, **timpeallaithe** encompassed, encircled, **tógtha san áireamh** taken into account, **tráchta** mentioned, **tugtha isteach** incorporated

Cuimsitheach *adj³* comprehensive, all-inclusive
ar bhonn uilechoiteann across-the-board, **ciclipéideach** encyclopaedic, **críochnúil** thorough, **dólámhach** all out (cf **go ~** with everything you've got), **fadréimseach** wide-ranging, **fairsing** broad, expansive, **forleathan** widespread, **ginearálta** general, **iniatach** inclusive, **iomlán** complete, total, **ionchuimsitheach** inclusive, **lán** full, **leathan** broad, **uile** all, **uilechuimsitheach** all-encompassing, **uileghabhálach** exhaustive

Cuimsiú *vn* comprising, including, covering
áireamh reckoning, counting, **athchorprú** reincorporating, **bunú** constituting, **clúdach** covering, **corprú** *(busn)* incorporating, embodying, **cur san áireamh** taking into account, including, **déanamh suas** making up, **déileáil le** dealing with, **folú** covering; hiding, **iamh** enclosing, **imdhruidim** encompassing, **imshuí** besieging; encompassing, **lonnú** occupying, settling, **plé le** dealing with, exploring, considering, **tabhairt isteach** incorporating, **teacht lena chéile** corresponding/conforming with/to one another, **timpeallú** encompassing, encircling, **tógáil san áireamh** taking into account, **trácht** mentioning

Cúinne *m (~; -nní)* corner
aird point of compass, corner, (cf **as ceithre hairde na cruinne** from the four corners of the globe), **binn** *f (~e; beanna, beann)* edge, peak; corner (cf **i mbinn an tí** in the corner of the house; **binn de bhord** the corner of a table; **hata trí bheann** three-cornered hat), **casadh** turn, turning, **ceantar** area, **cearn** *f* nook, corner, (cf **gach cearn den domhan** every corner of the world), **clúid** nook (cf **i ngach clúid agus prochóg** in every nook and cranny), **coirnéal** *(usually outside)* corner, **cóngar** corner (cf **cóngar an bhéil** corner of the mouth), **cor** twist, **coradh** turn, bend, **deireadh** corner (cf **deireadh na súile** corner of the eye), **fiar** bend, twist, **lúb** *f* twist, bend, loop, **pointe** point, **uillinn** *f* angle *(see also: coirnéal)*

Cúinse *m* (~; -*sí*)

1. circumstance

acht condition, **agó** *m* stipulation, **agús** clause, reservation, **bail** condition, **cás** case, **coinníoll** condition, **comha** condition (cf **géilleadh gan chomha** unconditional surrender), **cuntar** proviso, condition, **cur i gcéill** masquerade, façade, **dealramh** appearance, **foráil** *(jur)* provision, **imthosca** *fpl* (> *imthoisc*) circumstances, **ionad** position, place, **leithscéal** excuse, pretext, **luí na talún** the lie of the land, **riocht** *m* *(reachta; ~riochtaí)* state, condition, **scéal** matter, story, **staid** state, **stádas** status, **suíomh** situation, **timpeallacht** surroundings, **toisc** circumstance *(see also: coinníoll)*

◊ **Bhí cúinsí suntasacha eile i gceist.** There were other significant factors in play., **gan chúinse** unconditionally, **Níl ach ~ á lorg acu lena dhéanamh.** They are just looking for a pretext to do it.

2. ar chúinse go on condition that

ag cur i gcéill masquerading, **ag glacadh leis go/nach** assuming that, **agus é bheith intuigthe go** and it being understood that, **ar an gcoinníoll go** providing/provided that, **ar an mbonn go** on the basis that, **ar an tuiscint go** on the understanding that, **ar choinníoll go** on condition that, **ar chuntar go** provided that, **chomh fada agus go** as long as/providing that, **má tharlaíonn go** if it happens that, **sa chás go** in the event that

Cuir *v*₁ᵦ

1. plant, sow, bury

adhlaic bury, **athchuir** replant; reinter; remand, **caibeáil** dibble, plant, **ionsáigh** insert, **leabaigh** bed in, embed, **leag** lay, **lonnaigh** plant, locate, **neadaigh** nest, embed, **plandaigh** *(hort)* plant, **plandáil** *(pol)* plant, **sáigh** thrust, stick in, **scaip** scatter, **síolaigh** sow, seed, **síolchuir** sow, **socraigh** settle, arrange, **suigh** sit, seat

Chuir mé cábla. I laid a cable.
Chuir mé crann. I planted a tree.
Chuir mé mo dhaideo. I buried my grandpa.
Chuir mé taisce. I buried a treasure.

2. place, set

ceap devise, think up, **ceangail** tie, **coigeartaigh** adjust, **cóirigh** set, arrange, **daingnigh** secure, **déan** make, do, **feistigh** fasten, secure fit, **fostaigh** engage, employ, **gléas** set, dress, **leag** place, lay, **neadaigh** embed, **réitigh** get ready, **socraigh** arrange, **suigh** sit, place, **ullmhaigh** prepare

~ **an bord don lón!** Lay the table for lunch!
~ **do cheist!** Ask your question!
~ **gaiste!** Set a trap!
~ **geall!** Place a bet!
~ **snaidhm sa téad!** Tie a knot in the rope!

3. send, cast

caith cast, throw, **leag** knock down, **léirigh** convey, **postáil** post, **seachaid** deliver, pass, **seol** send, **tarchuir** transmit, **teilg** cast, project

Ná ~ do shaol ag ól. Don't spend your life drinking!
Ná ~ na líonta fós! Don't cast the nets yet!
Ná ~ abhaile iad! Don't send them home!
Ná ~ téacsanna! Don't send texts!

4. cast off, slough, shed

caill lose, **caith uait** discard, **dídhuilligh** defoliate, **faigh réidh le** get rid of, **fol** moult, **scoith** shed; case to shed, **scoir** disconnect, **scaoil** release

Cuireann laghairt a craiceann. A lizard sheds its skin.
Cuireann crainn a nduilleoga. Trees shed their leaves.
Cuireann éin cluimhreach. Birds moult feathers.

5. pour, send down

bailc pour down, **doirt** pour, **folc** shower, **gleadhair** pelt (cf **ag gleadhradh báistí** pelting rain), **scaird** gush, pour rapidly, **sceith** spew, spill out, **snigh** pour down, flow, **steall** spout, pour

Cuirfidh sé báisteach amárach. It will rain tomorrow.
Cuirfidh tú allas go fras. You will pour sweat profusely.

6. score, win, earn

bain amach achieve, **buaigh** win, **déan** make, **faigh** get, **gabh** get, **gnóthaigh** achieve, win, **saothraigh** earn, **scóráil** score, **tuill** earn

~ an cluiche inniu! Win the match today!
~ báire eile! Score another goal!

7. seek out, trace, source

aimsigh locate, trace, **bain amach** achieve, **buaigh** win, **cuardaigh** search for, **déan** make, **faigh** get, find, **fiafraigh** ask, **foinsigh** source, **gabh** get, **fiosraigh** inquire, **lorg** search, **rianaigh** trace, track

Chuir sí a cás gan stad. She endlessly pursued her case.
Chuir sí boladh an bhia. She smelt the food.
Chuir sí do thuairisc. She enquired about you.

Cuir amach *v*₁ᵦ

1. put out, send out

díshealbhaigh dispossess, evict, **eisiacht** eject, **eisigh** issue, **eisteilg** eject, **forleath** spread widely, **geamhraigh** spring forth, sprout, **leath** spread, **péac** bud, sprout, **scaip** distribute, scatter, **seol** launch; send, **síolaigh** disseminate, **síolraigh** propagate, **tabhair amach** give out, distribute, **tál** exude, yield, **tarchuir** transmit

2. report, publish

craobhscaoil broadcast, **foilsigh** publish, **forleath** broadcast, spread widely, **nocht** reveal, **poibligh** publicise, **síolaigh** disseminate, **síolraigh** propagate, **tál** exude, yield, **tarchuir** transmit

3. spew, vomit

aisig vomit, **bheith ag urlacan** to be vomiting, **caith amach** throw out, **caith aníos** throw up, **sceith** spew, **sead** ejaculate, **urlaic** vomit *(see also: cuir aníos)*

Cuir aníos *v*₁ᵦ throw up vomit

aisig vomit, **bréitseáil** breach; vomit, **caith amach**

Cuir anuas throw out vomit, **caith aníos** throw up, **díchuir** eject; *(med)* vacate, **sceathraigh** vomit, spew, **sceith** discharge, overflow; vomit

Cuir anuas v_{1b} send down
oscail anuas *(comp)* drop-down (eg **Oscail anuas an roghchlár!** Drop-down the menu!), **seol síos** send down, **tabhair anuas** bring down **tóg anuas** take down

◊ ~ **anuas na dallóga!** Put down the blinds!

Cuir ar v_{1b}
1. place, put, dress
ceangail attach, affix, **clúdaigh** cover, **cóirigh** dress, outfit, **éadaigh** clothe, **fág ar** leave on, **feistigh** dress, equip, fix up, **gearr** impose, **gléas** dress (cf **Gléas tú féin!** Dress yourself!), **gléas suas** dress up, **leag ar** lay upon, **pointeáil** furbish, spruce up, **suigh** position, set, **Teann ort!** Get dressed!

~ **ort do chóta!** Put on your coat!
~ **glas ar an doras!** Put a lock on the door!
~ **ionadh uirthi!** Surprise her!
~ **stop leis!** Put a stop to it!

2. impose, compel
brúigh ar foist, **brúigh isteach** intrude, **déan** make, **gearr trasna ar** butt in, **luigh ar** encroach on, **tabhair ar** compel, make

Ná ~ **cáin nua orainne!** Don't impose a new tax on us!
Ná ~ **iallach orainn teacht.** Don't force us to come
Ná ~ **fearg orm!** Don't make me angry!

Cuir ar aghaidh v_{1b} advance, forward
~ **chun cinn** progress, ~ **chun tosaigh** advance, move forward, ~ **suas i gcéim** raise up in rank, **ardaigh** heighten, **éabhlóidigh** evolve, **fás** grow, **feabhsaigh** improve, **forbair** develop, **méadaigh** increase, **seol ar aghaidh** forward

Cuir as v_{1b}
1. extinguish; put out
báigh quench, **bain de threoir** disconcert, **brúcht** discharge, emit, **caill** lose; *(vet)* cast, **díobh** extinguish; eliminate, **lig as** let out, **múch** extinguish, **séid** blow, emit, **séid amach** blow out, **spréigh uisce ar** douse, **tacht** choke, **tóg** take

◊ ~ **an tine as sula n-imíonn tú!** Put out the fire before you leave!, **Bhí a droim curtha as alt.** Her back was dislocated.

2. ~ **as do** bother, disturb, aggravate, upset
~ **buairt ar** cause concern/ bother to, ~ **fearg ar** annoy, anger, ~ **isteach air** disturb, annoy, ~ **olc ar** anger, aggravate, ~ **ó rath** sabotage, ~ **trí chéile** upset, **buair** bother, upset, **corraigh** perturb, disturb, **cráigh** bother, badger, **déan scime do** distress, make anxious, **mearaigh** perplex, confuse, **suaith** ruffle, agitate, **tar trasna ar** frustrate

◊ **Ná bí ag cur as don obair!** Don't be disturbing the work!

Cuir bunoscionn v_{1b} turn upside down, make a mess
~ **in aimhréidh** make untidy, ~ **trína chéile** mess up, **aisiompaigh** invert, **déan cíor thuathail** create chaos, **déan praiseach de** make a mess of, **inbhéartaigh** invert, **iompaigh** flip, capsize, **malartaigh** interchange, reverse, **malartaigh thart** flip around, **míchóirigh** disarrange, **tiontaigh** overturn

Cuir chuig v_{1b} send to, dispatch to
freastail (ar) serve, set before, **gabh chugat** take for yourself, **iompair chuig** carry to, **pasáil** pass, **postáil chuig** post to, mail to, **seachaid** deliver, **seol chuig** send to, **sín** reach, **tabhair do** give to, **tarchuir chuig** transmit to

Cuir de v_{1b}
1. remove; *(difficulty, illness, etc)* get over
bain de take off, **brúcht** discharge, emit, **caith amach** throw out, **caith ar leataobh** cast aside, **i dtraipisí** scrap, ditch, **caith i gcártaí** discard, scrap, **cart** clear away, **críochnaigh** finish, **cuileáil** discard, reject, **dumpáil** dump, **faigh biseach** *(med)* recover, **faigh réidh le** get rid of, axe, **glan amach** clean out, **ruaig** rid, chase away, **scaoil** release, **tabhair amach** give out, **tar chugat féin as breoiteacht** recover from an illness, from being sick

2. deflect
diúltaigh reject, resist, **eitigh** rebuff, **ob** refuse, **scinn de** be deflected (eg **Scinn an liathróid den chuaille.** The goal was deflected by the goalpost.), **sraon** deflect (cf **solas a shraonadh** to deflect light), **tabhair an chluas bhodhar do** give the deaf ear to, ignore, **tabhair droim láimhe do** reject, snub, **tarraing de** avert from (cf **aird a tharraingt den bhotún** to deflect attention from the mistake)

◊ **cáineadh a chur díot** to deflect criticism

3. give out, hold forth, declaim
bí ag casacht pá *(coll)* be giving out the pay, **bí ag cur tharat** be holding forth, **bí ag sciolladh/ag sciolladóireacht** be scolding, **bí ag tabhairt amach** be giving out

4. ~ **dá chothrom** unbalance, knock off balance
~ **ag guagadh** make wobble, set wobbling, ~ **trína chéile** upset, disturb; destabilise, **díchobhsaigh** destabilise, **éagothromaigh** unbalance, **neamhchothromaigh** unbalance

Cuir faoi v_{1b} put under/around; settle down
áitrigh inhabit, **árachaigh** insure, assure, **athshocraigh** resettle, **Bí i do chónaí i mBré** reside in Bray, **cónaigh** dwell, **imshuigh** blockade, **lonnaigh** settle, sojourn, **plandáil** *(hist)* settle as colony, plant, **socraigh (síos)** settle down (cf **Shocraigh siad síos i gCorcaigh.** They settled in Cork.)

▲ ~ **faoi chlúdach** put in a cover, ~ **faoi chois** oppress, ~ **faoi deara** cause, ~ **faoi dhraíocht** bewitch,

~ faoi ghlas lock up, lock, **~ faoi imshuí** blockade, **~ faoi léigear** besiege, **~ faoi scian** to submit for surgery, **~ faoi smacht** discipline; control, **~ faoi uisce** submerge, **~ faoi vóta** put to a vote, **~ faoin choiste** put before the committee

Cuir fuil v_{1b} bleed
bí ag stealladh fola be spurting blood, **dearg** bleed, **doirt fuil** shed blood, **fuiligh** *(med)* bleed, **míostraigh** menstruate

◊ **ag cur fola** bleeding

Cuir i v_{1b} put in, insert; install, implant
insealbhaigh install (cf **an Taoiseach a insealbhú** to install the Taoiseach), **insil** instil, infuse, **insteall** inject, **insuigh** *(also: ionsuigh)* plug in, **ionphlandaigh** *(med)* implant, **ionsáigh** insert (eg **colún nua a ionsá** to insert a new column), **suiteáil** install (cf **aip a shuiteáil** to install an app) *(see also: cuir isteach)*

▲ **~ i bhfeidhm** enforce, activate, **~ i bhfiontar** risk, adventure, **~ i bhfolach** hide, **~ i bponc** put in a predicament, **~ i dtaisce** store, put in safe keeping, **~ i gceannas ar** put in charge of, **~ i gceart** put right, correct, **~ i gcéill** bluff, dissimulate, **~ i gcontúirt** put in danger, endanger, **~ i gcrích** accomplish, complete, **~ i gcumhacht** put in power, **~ i láthair** present, **~ i scríbhinn** put in writing, **~ in ord** put in order, order

Cuir i gcomparáid (le) v_{1b} compare (with)
comhardaigh equate, **comhghaolaigh** correlate, **cosúlachtaí a léiriú** to draw parallels, **déan comparáid (idir)** make a comparison (between), **ionannaigh** equate; identify, **meaitseáil** match

Cuir i leith v_{1b} (+ gen) ascribe, assign; charge, accuse, blame
~ síos do put down to, **déan líomhain in aghaidh duine** make an allegation against a person, **fág ar** attribute responsibility for, **leag ar** attribute, **líomhain** impute, allege, **lochtaigh** blame, **maígh** claim, allege (eg **an té a mhaítear a rinne an ghadaíocht** the alleged thief), **taisealbh (do)** assign, ascribe, attribute (to)

Cuir in aghaidh v_{1b} oppose, contradict
áitigh in éadan argue against, **coisc** hinder, prevent, **~ bac ar** prevent, **~ de dhroim seoil** thwart, **~ i gcoinne** oppose, contradict, **~ in éadan** oppose, counter, **frithráigh** contradict, **frithshuigh** set against, **tabhair aghaidh ar** confront, face, **tabhair freagra ar** to counter, **téigh in aghaidh** defy; go against, **seas in aghaidh** stand against, **tar trasna ar** frustrate, contradict, **triosc** contradict, **troid i gcoinne** combat

Cuir isteach (ar) v_{1b} put in (for); interfere (with)
~ d'ainm síos (le aghaidh +*genitive*) put your name down (for), **aighnigh** submit, **bris síos** break down, **caith** spend, **crampáil** cramp, **déan** do (cf **do phrintíseacht a dhéanamh** to do/serve your apprenticeship), **idirghabh** intervene; interfere, **idirláimhsigh** intermeddle, **insealbhaigh** install (cf **an tUachtarán a insealbhú** to install the President), **insil** infuse; instil, **ionchuir** input, **ionsáigh** insert, **iontráil** enter (cf **iontráil ar scrúdú** to enter an examination), **líon** fill, **líon isteach** fill in, **maraigh** kill (eg **am a mharú** to kill time), **meil** consume (eg **ag meilt aimsire** killing time), **nódaigh** graft, **plugáil isteach** plug in, **sáigh** plunge, bury, **seol iarratas isteach ar** submit an application for, **tabhair isteach** bring in (cf **an fómhar a thabhairt isteach** to bring in the harvest), **triosc** interrupt

Cuir le v_{1b} add (to)
áirigh count, reckon, encompass, **bisigh** increase, prosper, **ceangail** attach, **comhair** count, calculate (cf **ag comhaireamh** counting), **cuingigh ar** adjoin to, enjoin upon, **forlíon** supplement; pad out, **fuill** add to, **iarcheangail** append, **iniaigh** include (**ag iniamh** including), **iomadaigh** multiply; proliferate, **ionsáigh** insert, **líon** fill, **méadaigh** increase, **nasc (le)** bind (to), **suimigh** sum, **táthaigh (do)** solder; weld (to)

Cuir le chéile v_{1b} put together, assemble, compile, formulate
~ i dtoll a chéile *(furniture)* assemble, **bailigh** assemble, gather, **ceap (suas)** think up, formulate, **cóimeáil** *(manufacture)* assemble, **cruinnigh le chéile** gather together, assemble, **cruthaigh** create, **cuailligh** *(constr)* stud, **cumaisc** merge, **déan** make, **forbair** develop, build up, **grúpáil** group, **píosáil le chéile** piece together, **réitigh** get ready; concoct, **suimigh** add up, **tabhair i gceann a chéile** bring together, **tar le chéile** come together, unite (eg **Tagaigí le chéile! Unite together!**), **tarraing le chéile** pull together, **tiomsaigh** accumulate, compile (cf **foclóir a thiomsú** to compile a dictionary), **tóg** build

Cuir ó chéile v_{1b} to take apart
bain anuas dismantle, **bain as a chéile** take to pieces, **bris suas** break up, **deighil** *(chemistry)* separate; dismember, **díchóimeáil** dismantle, **diosc** dissect, **gearr suas** cut up, **idirscar** *(jurisprudence)* separate, **liobair** tear into tatters, **scar** separate, **stróic as a chéile** tear apart

Cuir ó chóta v_{1b} (rel) defrock
~ amach eject, **bris as post** dismiss, dismiss from position/job, **díbharraigh** disbar, **glan amach** expunge, **scaoil as** discharge (cf **oifigeach a scaoileadh as an arm** to discharge an officer from the army), **tuathaigh** laicise

◊ **sagart a cuireadh ó chóta** defrocked priest

Cuir siar v_{1b} postpone, put back
~ ar an méar fhada put on the long finger, shelve, **~ ar athlá** put off for another day, **~ ar atráth** postpone, **~ ar fionraí** suspend, **athsceidealaigh** reschedule, **cúlaigh** reverse, retreat, **déan níos déanaí** do later,

Cuir síos v_{1b}
1. describe

~ **i leith** (+ *gen*) ascribe; accuse, charge, **aithris** narrate, **breac síos** jot down, **déan tuairisc** make a report, **eachtraigh** relate, narrate, **faisnéis** relate, recount, **inis** tell, **líomhain** impute, allege, **reic** recite, proclaim, **scríobh ar** write about, **tabhair cuntas (ar)** give an account (about), **taisealbh (do)** assign, ascribe, attribute (to), **trácht** make commentary on; mention, discuss,

2. put/place down

~ **ina luí** put to bed, **ísligh** lower, **leag síos** knock down, **lig titim** let fall, **lig síos/anuas** let down, **neadaigh** nest, **scaoil anuas** let down; set down, tip, **suigh** seat, place

Cuir suas v_{1b}
1. put up, set up

~ **in airde** erect, ~ **ina sheasamh** put standing up, ~ **isteach** put in, install; hang, **ardaigh** raise, elevate, **atóg** rebuild, **croch (suas)** hang (up), **déan** make, **feistigh** fix firmly, fit, equip, **foirgnigh** construct, **ofráil suas** offer up, **seas** stand, **soláthair** provide (eg **an t-airgead a sholáthar** to provide the money), **suiteáil** install, set up, **tionscain** instigate, **tóg** build

2. endure

broic tolerate, abide (eg **Ní féidir liom broic leis sin.** I cannot abide that.), **foighnigh le** bear with, **fulaing** endure, bear, **glac le** accept, **seas** stand

3. provide lodgings, shelter

clutharaigh make warm and comfortable, shelter, **díon** provide cover, shelter, **fothaingh** shelter, **lóistéirí a choinneáil** to keep lodgers, **tabhair dídean/lóistín do** give shelter/lodgings to, **tabhair leaba do** give a bed to

Cuir thart v_{1b} pass around

~ **timpeall** put around, **craobhscaoil** broadcast, **leath** spread, **poibligh** publicise, **scaip** distribute, **seol** launch; send, **síolaigh** disseminate, **síolraigh** propagate, **tarchuir** transmit

Cuir trína chéile v_{1b} mess up, confuse, disarrange; upset

~ **amú** confuse, mislead, ~ **ar strae** misdirect, confuse, ~ **as eagar** disorganise, ~ **as do** upset, ~ **bunoscionn** make a mess, turn upside down, ~ **in aimhréidh** make untidy; (*hair*) tousle, ~ **isteach ar** bother, aggravate, displease, ~ **mearbhall ar** confuse, **buair** bother, upset, **déan stangaire de** shock, stagger, **díchobhsaigh** destabilise, **maistrigh** churn (up), **mearaigh** derange, perplex, **measc suas** mix up, **míchóirigh** disarrange, **mothallaigh** tousle (cf **le gruaig mhothallaithe** with tousled hair), **stoithin** (*hair*) tousle, **suaith** disturb, confuse

Cuireadh m (-ridh; -rí) invitation

achainí f petition; appeal, **cathú** temptation, **dreasacht** inducement, **dúshlán** challenge, **fiafraí** asking, **griogadh** provocation, **gríosú** inciting, incitement (eg **gríosú chun foréigin** incitement to violence), **iarratas** request, **litir** f letter, **mealladh** enticement (cf **mealltaí airgid** financial enticements), **saighdeadh** baiting, provoking, **spreagadh** incentive, encouragement, **tairiscint** proposal, offer, bidding, **tiaradh** (*only after negative*) invitation, seeking (eg **Níor chuir aon duine tiaradh ort!** Nobody invited you.)

▲ ~ **chun bainise** wedding invitation, ~ **chun cóisire** party invitation, ~ **chun cúirte** summons to court, ~ **chun troda** challenge to a fight, ~ **cosáin** casual invitation, ~ **go dtí dinnéar** invitation to a dinner, ~ **oifigiúil** official invitation

Cúirt f (~e; ~eanna)
1. (*jur, royal*) court

áras residence, **ardchúirt** f high court, **barra** bar, **binse** bench; tribunal, **brugh** (*lit*) dwelling, **caisleán** castle, **cearnóg** square, quad, **clabhstra** cloister, ambulatory, **clós** yard, **dáil** consultative gathering, **faiche** green area, lawn, **halla** hall, **mainteach** m mansion house, **teach** m (**tí; tithe**) **cúirte** courthouse, **teach mór** mansion, stately home; madhouse

▲ ~ **achomhairc** court of appeal, ~ **airm** court martial, ~ **bhradach** kangaroo court, ~ **bhréige** mock court; show trial, ~ **chuarda** circuit court, ~ **dlí** court of law, ~ **dúiche** district court, ~ **eaglasta** ecclesiastical court, ~ **easpaig** episcopal court, ~ **éigse** bardic court, ~ **íochtarach** court of first instance, ~ **ríoga** royal court, ~ **taifid** court of record, ~ **uachtarach** supreme court

◊ **duine a thabhairt os comhair na cúirte** to bring a person to court, **i g~ iata** in camera, **i g~ phoiblí** in open court, **Tá an chúirt ina suí.** The court is in session., **Tá cara sa chúirt aige.** He knows someone with influence.

2. courtyard; (*sp*) court

airéana f arena, **áit súgartha** playing area, **bábhún** bawn; enclosure, **buaile** f milking yard, **buailtín** dung yard, **clós** yard, **cró** pen, **cuibhreann** enclosure, **faiche** f green, lawn, **páirc (astroturf)** (astroturf) field/park, **páirc imeartha** playing field, *patio* patio, **plásóg** lawn, **réileán** sports green; level ground for an activity, **urlios** m (**-leasa**) forecourt, front enclosure

▲ ~ **bhadmantain** badminton court, ~ **chispheile** basketball court, ~ **eitpheile** volleyball court, ~ **imeartha** playing court, ~ **leadóige** tennis court

Cúirtéis f (~e; ~í) courtesy

béas m (~a; ~, ~) moral habit, manners, **béasaíocht** etiquette, **córtas** courtesy, **dea-bhéas** good manners, **dea-mhúineadh** good manners, **múineadh** manners,

Cúirtéiseach *adj³* courteous
béasach mannered, polite, **béasaíochta** *(> béasaíocht)* etiquette, **dea-bhéasach** well-mannered, **dea-mhúinte** well-mannered, polite, **galánta** gracious, gallant, **mánla** gracious, gentle, **múinte** well-taught, polite, mannerly, **sibhialta** civil, **uaisleachta** *(> uaisleacht)* gentility, nobility, **uasal** noble
galántacht good society, **síodúlacht** suavity, urbanity; silkiness, **uaisle** nobility, **uaisleacht** gentility, nobility

Cuirtín *m (~; ~í)* curtain, drape
brat cover, cloak, **caille** *f* veil, **clúdach** *m* cover, **comhla** *f* shutter, **dallóg** blind, **fallaing** cloak, **fial** *m (féil; ~a, ~)* veil, **scaraoid** drape, covering cloth, **scáth** shade, **sciath** *f (sceithe; ~a, ~)* shield, screen

Cúis *f (~e; ~eanna)*
1. cause, reason
ábhar reason, cause, **áitiús** conviction, **aslach** *m* inducement, **bonn** basis, **breithniú** adjudication, **brí** energy, significance, **bun** root cause, **bunphointe** origin, **bunús** basis, origin, **ceannfháth** motive, **ciall** *f* meaning, reason, **cruthaitheoir** creator, **cúisíocht** causation, **cur faoi deara** cause, origin, bringing about, **cuspóir** objective, **dreasacht** incentive, **fachain** *f (faichne)* cause, occasion, **fachtóir** factor, **fáth** reason, **fianaise** evidence, **foinse** *f* source, **foras** ground, **fotha** *(lit)* foundation, source, **gníomhaire** agent, **gníomhaireacht** agency, **mealladh** enticement, **paraiméadar** parameter, **réasún** reason, rationality, **siocair** *f (-crach; -cracha)* cause, occasion; pretext (cf **Cad ba shiocair leis?** What caused it?), **spreagadh** motivation, **spreagthacht** motive, **tionscnóir** originator, **toisc** factor (cf **toisc riosca** risk factor), **truicear** trigger, **trúig** cause, occasion, **tucaid** cause, reason, **údar** author, cause

▲ **~ áthais** cause of joy, **~ bhróid** reason to be proud, **~ chointinne** cause of discord, **~ dhóchúil** probable cause, **~ imní** cause of concern, **~ ghearáin** cause for complaint, **~ gháire** cause of laughter, **~ mhaith** good reason, **~ náire** reason to be ashamed; cause of embarrassment

◊ **Cad ba chúis leis?** What caused it? **Cén fáth a fhiafraíonn tú?** – **~ ar bith!** Why do you ask? – No reason!, **Strus is ~ leis.** It is stress related., **rud a dhéanamh gan chúis** to do something for no reason

2. case, charge
agra *m (jur)* suit (cf **agra dlí** law suit), **aighneas** altercation, dispute, **caingean** *f* dispute, action, plea, **cás** case, **cibeal** wrangling, contention, **coimhlint** conflict, **cointinn** contention, **conspóid** dispute, **crosáid** crusade, **feachtas** campaign, **imeacht** proceeding, **sáraíocht** bickering, contestation *(see also: cúiseamh)*

▲ **~ choiriúil** criminal case, **~ dlí** lawsuit, **~ shamplach** test case, **~ shibhialta** civil case

Cúiseamh *m (-simh; -simh, ~)* accusation
cáineadh criticism, **cás** case, **casaoid** complaint, **clamhsán** grievance, **cúis** case, charge, **cur i leith** accusation, imputing, **díotáil** indictment, **éagnach** *m* complaint, accusation, slander, **éileamh** claim, demand, **gearán** complaint, **iomardú** reproach, accusation, challenge, **ionchoiriú** incrimination, **ionchúiseamh** prosecution, **líomhain** *f (-mhna; ~tí)* charge, allegation, **táinseamh** censure, accusation

Cúisigh *v₂b*
1. cause
comhéignigh compel, **cruthaigh** create, **cuir dlús le** precipitate, **cuir faoi deara** cause, **cuir i gcrích** effect, **cuir tús le** initiate, **dírigh méar i dtreo** *(+ gen)* point the finger at, **gin** engender, generate; beget, procreate, **gríosaigh** incite, **saighid** provoke, **séid faoi** goad, inflame, **spreag** encourage, urge, **táirg** produce, **tarraing** cause, occasion (cf **achrann a tharraingt** to cause strife), **tionscain** instigate, **tosaigh** begin

◊ **Cúisíonn easnamh féinmhuiníne drochiompar.** A lack of self-confidence causes bad behaviour.

2. prosecute, charge
aithisigh vilify, defame, **cáin** criticise, **coirigh** accuse, criminate, **cuir dlí ar** take legal proceedings against, sue, **cuir i léith** accuse, impute, **déan cás in aghaidh** to make a case against, **déan casaoid** make a complaint, **déan éileamh in aghaidh** make a claim against, **díotáil** indict, **fág ar** leave a charge/responsibility on, **gearán** complain, **iomardaigh** reproach, accuse, **ionchúisigh** prosecute, **líomhain** allege, **lochtaigh** blame, **tabhair chun na cúirte/os comhair na cúirte** bring to court, sue, **táinsigh** reproach, censure

◊ **Cúisíodh é as tiomáint chontúirteach.** He was prosecuted for dangerous driving.

Cúisithe *pp*
1. caused
comhéignithe compelled, **cruthaithe** created, **curtha faoi deara** caused, **curtha i gcrích** effected, **faoinar séideadh** goaded, inflamed, **ginte** engendered, generated; begotten, procreated, **gríosaithe** incited, **lenar cuireadh dlús** precipitated, **lenar cuireadh tús** initiated, **saighdte** provoked, **spreagtha** encouraged, urged, **táirgthe** produced, **tarraingthe** caused, occasioned, **tionscanta** instigated, **tosaithe** begun

2. prosecuted, charged
aithisithe vilified, **ar ar cuireadh dlí** sued, **cáinte** criticised, **casaoidte** complained, **coirithe** accused, criminated, **curtha i léith** accused, imputed, **díotáilte** indicted, **fágtha ar** *(with obligation)* charged (eg **Bhí cúram an eastáit fágtha orm** I was charged with care of the estate.), **gearánta** complained, **iomardaithe** reproached, accused, **ionchúisithe** prosecuted, **líomhainte** alleged, **lochtaithe** blamed, **táinsithe** reproached, censured **tugtha chun na cúirte/os comhair na cúirte** brought to court

Cúisiú vn
1. causing

comhéigniú compelling, **cruthú** creating, **cur dlús le** precipitating, **cur faoi deara** causing, **cur i gcrích** effecting, **cur tús le** initiating, **giniúint** engendering, generating; begetting, procreating, **gríosú** inciting, **saighdeadh** provoking, **séideadh faoi** goading, inflaming, **spreagadh** encouraging, urging, **táirgeadh** producing, **tarraingt** causing, occasioning (cf **tarraingt achrainn** causing strife), **tionscnamh** instigating, **tosú** beginning

2. prosecuting, charging

aithisiú vilifying, **cáineadh** criticising, **casaoid** complaining, **coiriú** accusing, criminating, **déanamh cáis in aghaidh** making a case against, **déanamh casaoide** making a complaint, **cur an dlí ar** taking legal proceedings against, suing, **cur i léith** pursuing, imputing, **díotáil** indicting, **éileamh a dhéanamh in aghaidh** to make a claim against, **fágáil ar** charging with responsibility, **gearán** complaining, **iomardú** reproaching, accusing, **ionchúisiú** prosecuting, **líomhain** allege, **lochtú** blaming, **tabhairt chun na cúirte/os comhair na cúirte** bringing to court, suing, **táinseamh** reproaching, censuring

Cúisiúil adj⁴ prim, demure; conceited

caolaigeanta narrow-minded, **ceartaiseach** prudish, priggish, **cuí agus ceart** prim and proper, **cuidiúil** conceited, cocky; helpful, **déanfasach** officious, **deismíneach** prissy, uptight; **díomasach** arrogant, vain, **diongbháilte** dogged, entrenched, **féinspéiseach** egotistical, **giodalach** self-conceited, **lánmhar** full of oneself, **leitheadach** vain, pompous, **móralach** vain, proud, **mórchúiseach** condescending, **mórluachach** snooty, **mustrach** cocky, **péacach** preening, **péacógach** ostentatious, gaudy, vain, **péiceallach** marked by flashy vulgarity, brash, **piúratánach** puritanical, **postúil** conceited, **rócheartaiseach** extremely priggish, uptight, **saoithíneach** pedantic; priggish, **sotalach** arrogant, **stráiciúil** flamboyant, **stróúil** ostentatious, conceited, proud, **teanntásach** presumptuous, **toirtéiseach** haughty, bigheaded, full of self-importance, **tóstalach** arrogant, **treallúsach** conceited; enterprising, **uaibhreach** arrogant, haughty, **uallach** vain

Cuisle f (~; -lí) pulse

broidearnach f throbbing, pulsation, **bualadh** beating, **buille** beat, stroke, **caineál** channel, **cnag** blow, **cnagadh** pounding, knocking, **cnagaige** rap, **cnagaireacht** knocking, **cniogaide-cnagaide** tap-tap, **crith** m (**creatha**) tremor, **croí** heart, centre, **féith** sign of life, vein, **féitheog** small vein; sinew, muscle, **frithbhualadh** pulsation, **pamparnach** f throbbing, palpitating, **preab** f (**preibe**; ~a, ~) throb, **preabadh** pulsating, pulsation, **preabarnach** f pulsating, **rí** f forearm, **rithim** rhythm, **seolbhealach** m channel, fairway, **tuairt** thump

◊ **A chuisle mo chroí!** Oh love of my heart!, **Bhí ~ ar mo chroí le teann bíse.** My heart was throbbing in expectation.

Cúiteamh vn compensating, compensation

airgead money, **airgead ar ais** money back, **aisíoc** repayment, **áirithíocht** (jur) retainer, **aisíocaíocht** reimbursement, **bó ar ionad bó** measure for measure, tit for tat, **cor in aghaidh an chaim** tit for tat, **comaoin** debt of honour, obligation, **costais** costs, expenses, **damáiste** (sl) damage, **damáistí** mpl damages, **deolchaire** bounty, **díbheirg** vengeance, **díolaíocht** emolument, **díoltas** revenge, payback, **dochar** debit, **duais** prize, reward, **éarlais** deposit, pledge (cf ~ **leabhair** book token), **éiric** reparation, retribution, **fáltas** (fin) return, **forchúiteamh** recouping, **íoc** m (~a) pay, payment, **íocaíocht** payment, **leorchúiteamh** indemnification, **leorghníomh** atonement, **luach saothair** remuneration, **luaíocht** (pay) reward, **peannaid** penance, **saoradh** freeing, **sásamh** satisfaction, **scot** reckoning (cf **airgead scoit** money paid in compensation), **speansais** mpl (fin) expenses, **súil i ndíol súile** eye for an eye, **tabhairt cúiteamh** giving compensation, **tomhas do láimhe féin** dose of your own medicine

◊ ~ **a bhaint as duine** to get even with a person, ~ **ar chaillteanas a éileamh** to demand compensation for loss, ~ **ar shaothar** reward for work, **bheith ag cur is ag** ~ haggling, **cúram gan chúiteamh** thankless task

Cúitigh v₂ᵦ compensate

aisíoc repay, **athchistigh** refund, **clúdaigh costais** cover expenses, **déan leorghníomh** make amends, **fill** return, **forchúitigh** recoup, **fuascail** ransom, liberate, **íoc** pay, **luach íoc a luach saothair** remunerate, **saor** free, **sásaigh** satisfy, **sásamh a éileamh** to demand redress/satisfaction, **slánaigh** indemnify, redeem, **tabhair ar ais** give back, **tabhair cúiteamh** give compensation, **tabhair éiric as coir** provide reparation/retribution for a crime

Cúitithe pp compensated

aisíoctha repay, **athchistithe** refunded, **fillte** returned, **forchúitithe** recouped, **fuascailte** ransomed, liberated, **íoctha** paid, **saortha** freed, **sásta** satisfied, **slánaithe** indemnified, redeemed, **tugtha ar ais** given back

Cúl m (cúil; cúil, ~) back; reserve; goal

bonn base; (shoe) sole, **bundún** backside, **cúlaí** back (eg football, etc.), **cúlaíocht** (jur) backing, **cúlú** retreat, **deireadh** stern, **droim** m (**droma; dromanna**) back, **eireaball** tail, **formna** upper back, **geadán** buttocks, behind, **muin** back, **tacaíocht** backing, **taca** back support, prop, **tacaí** backer, supporter, **thiar ag**

Cúlaigh baile back at home, **tóin** f *(tóna)* bottom, **tuathal** anticlockwise direction *(see also : siar)*

▲ ~ **airgid** reserve of money, ~ **an tí** back of the house, ~ **cosanta** mainstay, something to fall back on, ~ **dídine** refuge, sanctuary, ~ **gruaige** head of hair (cf ~ **catach** curly locks), ~ **le rath** ne'er-do-well, ~ **na gaoithe** spot sheltered from the wind, ~ **na gréine** place that gets no sunlight, ~ **na tíre** remote part of the country, ~ **taca** support, backing; backer

Cúlaigh v_{2a} retreat, reverse, back (away)
aischéimnigh regress, **aisiompaigh** reverse, **baiceáil** back, **bain na boinn as áit** beat it, skedaddle, **cúb** cower, shrink, **creathnaigh** flinch, cower, **cuir ar athlá** postpone, **cuir ar atráth** put off to another time, **cuir siar** hold off, postpone; push back, **cúliompaigh** turn back, **cúlsleamhnaigh** backslide, **éirigh as** bow out, give up, **fill** return, **freaschuir** *(jur)* reverse, **frithsheol** *(el)* reverse, **loic** flake out, fail (cf **Ná ~ orm!** Don't fail me!), **rith (as)** run (away), **staon** refrain, abstain, desist, **tabhair siar** carry back, take back, **tarraing siar** withdraw, **téigh ar gcúl** go backwards, recede, **téigh siar** go back

◊ **carr a chúlú isteach sa chabhsa** to reverse the car into the drive, **Chúlaigh an namhaid.** The enemy retreated., **Chúlaigh na polaiteoirí ón suíomh sin le blianta anuas.** Politicians have retreated/backed away from that position in recent years., **Chúlaigh an madra uaidh isteach sa chúinne.** The dog backed away from him into the corner., **Tar éis bás a fir, chúlaigh sí isteach inti féin.** After the death of her husband, she retreated into herself.

Culaith f *(~e; -ltacha)* suit, costume, uniform
brangóidí fpl rags, duds, **callaí** mpl fine clothes, finery, **céaltair** cloak (cf **cealtair dhraíochta** magic cloak), **eadaí** mpl clothes, **éadaí iarnóna** afternoon wear, **éide** uniform, **feisteas** costume, outfit, rig-out, **gnáthéide** f ordinary dress, plain dress, **gúna** dress, gown, **libhré** livery, **seaicéad dinnéir** tuxedo, **tlacht** m covering, clothing *(see also: éadach)*

▲ ~ **altra** nurse's uniform, ~ **aonphíosa** one-piece suit, ~ **bithghuaise** biohazard suit, ~ **bhréidín** tweed suit, ~ **bhréige** fancy dress, ~ **chabhlach** combinations, ~ **chaite gach aon lae** everyday suit, ~ **chearáite/karate** karate outfit, ~ **chodlata** sleepwear, sleeping dress, ~ **choire** boiler suit, ~ **cholainne/chnis** body suit, ~ **dheinime** denims, ~ **Dhomhnaigh** Sunday suit, ~ **éadaigh** suit of clothes, ~ **fhliuch/uisce** wetsuit, ~ **fir** menswear, men's clothing, ~ **ghnó** business suit, ~ **ghoraille** gorilla costume, ~ **léime** jump suit, ~ **mháinlíochta** *(med)* scrubs, ~ **mhairnéalaigh** sailor's uniform, ~ **mhionstríocach** pinstriped suit, ~ **mná** womenswear, women's clothing, ~ **oibre** working clothes, ~ **Oíche Shamhna** Hallowe'en costume, ~ **reatha** running gear, ~ **sciála** ski suit, ~ **shaighdiúra** soldier's uniform, ~ **shíoda** silk dress, ~ **shnámha (aon phíosa)** (one-piece) swimsuit, ~ **spáis** spacesuit, ~ **spóirt** tracksuit, ~ **thirim** dry suit, ~ **thraenála** tracksuit (cf **bun ~ thraenála** tracksuit bottoms), ~ **tine** fire suit, ~ **tháilliúra** tailored suit, ~ **threabhsair** trouser suit, ~ **trí phíosa** three-piece suit *(see also: éadaí)*

Cúlaithe pp retreated, reversed
aischéimnithe regressed, **aisiompaithe** turned back, reversed, **baiceáilte** backed, **creathnaithe** flinched, cowered, **cúbtha** cowered, shrunk, **cúliompaithe** turned back, **cúlsleamhnaithe** backslid, **curtha ar athlá** postponed, **curtha ar atráth** put off to another time, **curtha siar** postponed; pushed back, **dulta ar gcúl** gone backwards, receded, **dulta siar** gone back, **éirithe as** bowed out, given up, **fillte** returned, **freaschurtha** *(jur)* reversed, **frithsheolta** *(el)* reversed, **loicthe** flaked out, failed, **rite** *(as)* run *(away)*, **staonta** refrained, abstained, desisted, **tarraingthe siar** withdrawn, **tugtha siar** carried back, taken back

Cúlchaint f *(~e)* backbiting
aithis slur, defamation, **athiomrá** m backbiting, slander, **béadán** gossip, **béadchaint** slander, **béalrú** spreading gossip, **bréaga** fpl lies, **bréagadóireacht** spinning lies, **caint gan údar** idle talk, **clúmhilleadh** slandering, character assassination, **cogarnach** f whispering, **dubhú ainm duine** blackening of a person's name, **dúrtam dártam** he-said-she-said, gossip, **éitheach** calumny, **fianaise bhréige** false witness, **giob geab** chitchat, **gobaireacht** pecking away, gossiping, **ithiomrá** m backbiting; slander, **leabhal** libel, **luaidreán** gossip, **míghreann** mischievous gossiping, **mionchaint** tittle-tattle, **ráfla** rumour, **ráfláil** gossiping, rumour-mongering, **scéal scéil** rumour, **scéalaíocht** telling tales, **spíd** slander, **spruschaint** lively chatter, nattering, **suainseán** tittle tattle, libellous gossip *(see also: clúmhilleadh, ráfla)*

Cúlchainteach adj³ backbiting, gossiping
aithiseach defamatory, **béadánach** gossipy, slanderous, **béadchainteach** slanderous, **cogarnaí** (> **cogarnach**) whispers and gossip, **drochchainteach** using bad language, **leabhlach** libellous, **luadrála** (> **luadráil**) gossiping, **ráflach** rumour-mongering, **scéalach** full of stories, gossiping; news-bearing, **staraíochta** (> **staraíocht**) tattle, gossiping, **suainseánach** libellously gossiping

Cúlchainteoir m *(-eora; ~í)* gossiper
aithiseoir defamer, **béadánaí** gossiper, **béadchainteoir** slanderer, **bréagadóir** liar, **cogarnach** m whisperer; conspirator, **creimire** backbiter, **cúlghearrthóir** backbiter, **éitheoir** perjurer, liar, **feannadóir** one who severely criticises, **finné** m **bréagach** false/lying witness, **gobachán** nosy gossip, **leagaire** tattler, gossip, **luadrálaí** gossiper, **lucht an bhéadáin**

Cúlra

gossipers, **ráflálaí** rumour-monger, **reacaire** bearer of tales, gossip, **síofróir** silly talker, gossip, know-it-all, **spídeoir** detractor, slanderer, **suainseánaí** gossiper, **tarcaisneoir** contemptuous scorner, insulter

Cúlra m (~; ~í) background
coinníollacha mpl conditions, **comhshaol** environment, **cúlionad** (art) background, **cúlráid** f secluded place, **dúchas** ancestral estate, heritage, **fearas stáitse** props, **ionad** locale, **lánléargas** parorama, **léargas** view, **milieu** milieu, **oidhreacht** heritage, **radharc** scene, **seit** set, **sraithradharc** vista, **suíomh** setting, set, **taobh thiar** behind the scenes, **timpeallacht** surroundings

◊ **An bhfuil ~ tuaithe nó ~ cathrach agat?** Do you have a rural or city background? **Rinne sé taighde ar chúlra staire an chogaidh.** He did research on the historical background of the war., **Tá ~ ceoil aici.** She has a background in music.

Cúlráid f (~e) secluded place
áit iargúlta remote place, **aonarachas** solitude, **coimhthíos** alienation, **cúlráideacht** seclusion, **diamhair** obscure solitary place, **iargúltacht** remoteness, isolated/remote place, **leithlis** seclusion, **príobháid** private place, **príobháideacht** privacy, **scoiteacht** detachment, isolation, **uaigneas** solitude, lonely place

◊ **An bhféadfaimis dul ar an g~?** Can we go somewhere less public?, **Tá an t-aisteoir sin ar an g~ le fada anois.** For a long time now that actor has been out of the public eye.

Cúlráideach adj³ secluded, background
aonair (> **aonar**) sole, lone, **aonarach** lone, **ar an g~** in the background, behind the scenes, **as radharc** out of sight, **diamhair** mysterious, occult; weird, eerie, **dofheicthe** unseen, **folaithe** hidden, **iargúlta** remote, isolated, **in imigéin** far off, far way, **imigéiniúil** distant, remote, **príobháideach** private, **sa chúlra** in the background, **sa chúlráid** in the background

Cúltaca m (~; ~í) backing, backup, support
cabhair f (-**bhrach**) assistance, aid, **caomhnú** preservation, conservation, **coimirce** f patronage, **comhthaobhacht** collateral, **cosaint** protection, **crann seasta** stay, prop, **cuiditheoir** helper, **cúnamh** help, aid, **formhuiniú** endorsement, **frapa** prop, **ráthaíocht** guarantee, **ráthóir** guarantor, guarantee, **pátrúnacht** patronage, **spreagadh** encouragement, **taca** support, **tacadóir** backer; cheerleader, **tacaí** supporter, backer, **tacaíocht** surety, backup, support, **taobhaí** companion at your side, **taobhaitheoir** sympathiser, **teann** backing, resource, **teannta** prop, support; foothold, grip, **teanntóg** strut, **teanntóir** backer, supporter, **tionlacan** convoy, escort, **urraíocht** sponsorship, **ugach** m encouragement; confidence, courage

Cultúr m (-úir; -úir, ~) culture
aeistéitic aesthetics, **bailchríoch** f finishing touch, 'the icing on the cake', **béaloideas** folklore, **béasa** mpl customs, **béascna** f culture; custom, usage, **craiceann** (smooth) skin, surface, polish, **críochnúlacht** fine/smooth accurate finish, **daonnúlacht** humaneness, **dea-thógáil** breeding, **ealaíontacht** artistry, **fochultúr** subculture, **forbairt** development, **nósanna** mpl customs, habits, **oideachas** education, **oiliúint** nurture, **saoithiúlacht** acquired wisdom, pleasantness, **sibhialtacht** civilisation, civility, **snas** polish, **sochaí** f society, **traidisiúin** mpl traditions

Cúltúrtha adj⁶ cultural
aeistéitiúil aesthetic, **béaloideasach** folkloric, **béasach** civil, polite, **caoinbhéasach** gentle-mannered, decent, **daonnúil** humane, **dea-mhúinte** well-mannered, **ealaíonta** artistic, **forbarthach** developmental, **galánta** elegant, **múinte** polite, **oideachasúil** educative, educational, **oilte** skilful (cf Buddhism: **modhanna oilte** skilful means), **sibhialta** civilised, **sibhialtachta** (> **sibhialtacht**) civilising, **traidisiúnta** traditional

Cúlú vn retreating, retreat, reversing, going backwards
aischéimniú regressing, **baiceáil** backing, **baint na boinn/bonnaí áit** skedaddling, **casadh siar** turning back, **creathnú** flinching, cowering, **cúbadh** cowering, shrinking, **cur ar athlá** postponing, **cur ar atráth** putting off to another time, **cur siar** holding off, postponing; pushing back, **cúlchéim** retrograde step; step backwards, **cúliompú** turning back, **cúlsleamhnú** backsliding, **dul ar ais** going back, **dul ar gcúl** going backwards, **dul siar** going back, **éalú** escaping, **éirí as** stopping, retiring, **filleadh** returning, **freaschur** (jur) reversing, **frithsheoladh** (el) reversing, **loiceadh** flaking out, failing, **raitréata** retreat, **scor** retiring, retirement, **tabhairt siar** carrying back, taking back, **tarraingt siar** withdrawing, receding, **teitheadh** fleeing, flight

Cum v₁ₐ compose, invent, think up
athchum reconstruct, **beartaigh** plan, **ceap** think up, devise, **ceartaigh** compose, arrange, **cóirigh** arrange, **cruthaigh** create, **cuir le chéile** compile, put together, **déan** make, **déan aireagán** make an invention, **déan suas** make up, **déantúsaigh** manufacture, **figh** weave, **fionn** invent; discover, **fuin** knit together, shape, mould, **monaraigh** manufacture, **pleanáil** plan, **réadtiomnaigh** (jur) devise, **scríobh** write, **seiftigh** improvise; manoeuvre, **tóg** construct

◊ **bréag a chumadh** to invent a lie, **cealg a chumadh** to hatch a plot, **ceol/ dánta a chumadh** to compose music/poems, **éadach a chumadh** to make up cloth, **plean a chumadh** to devise a plan, **leithscéil a chumadh** to concoct an excuse, **Tá an seaicéad sin cumtha leat!** That jacket is tailor-made for you (ie fits you perfectly)!

Cuma 1 *f(~; ~í)* appearance
amhlachas semblance, resemblance, **cóip** copy, **cosúlacht** likeness, **craiceann** skin, surface covering, **cruth** *(~a; ~anna)* shape, **cuntanós** countenance, **dealramh** appearance, **dearcadh** outlook, regard, **deilbh** figure, shape, **dóigh** manner, **dreach** *m* facial look, expression, **feic** *(ungodly)* sight, **foirm** form, **gné** *f* aspect, **radharc** view, sight, look, **riocht** *m (reachta; ~aí)* guise, **samhail** *(-mhla; -mhlacha)* likeness, **snua** complexion *(see also: cruth)*

◊ **Sin an chuma atá ar an scéal.** That's how it looks.

Cuma 2 *(+ copula)*
  1. **is ~ liom** I don't mind
Ní chuireann sé as domsa. It doesn't put me out., **Ní chuireann sé isteach ormsa.** It doesn't bother me., **Ní chuireann sé lá imní ormsa.** It doesn't worry me in the slightest., **Ní cúis imní domsa é.** It's of no concern to me., **Ní mise a bheadh thíos leis.** It's no skin off my nose., **Ní miste liomsa.** I don't mind., **Tá mise sásta leis.** I'm O.K. with it.
  2. **ní ~ liom** I do mind
Cuireann sé as dom. It makes me feel uncomfortable., **Cuireann sé isteach orm.** It troubles me., **Cuireann sé imní orm.** It concerns me., It causes me to worry., **Is cúis imní domsa é.** It's a cause of concern to me., It causes me anxiety., **Is miste liom.** I do mind., **Nílim sásta leis.** I'm not satisfied with it.

Cumadh *vn* composing, constructing
athchumadh reconstructing, **beartú** planning, **ceapadh** thinking up, devising, **ceartú** composing, arranging, **cóiriú** arranging, **cruthú** creating, **cur le chéile** compiling, putting together, **déanamh** making, **déanamh aireagán** making inventions, **déanamh suas** making up, **déantúsaíocht** manufacturing, **figh** weaving, **fionnachtain** *f (-tana)* discovering, inventing, **fuineadh** knitting together, shaping, moulding, **monarú** manufacturing, **pleanáil** planing, **réadtiomnú** devising, **scríobh** writing, **seiftiú** improvising; manoeuvring, **tógáil** constructing

Cumadóireacht *f(~a)* composition, composing
aireagán invention, **aiste** *f* essay, **bréagadóireacht** obfuscation, telling lies, **cumadh** composing, **cruthú** creating, **cur síos** description, **ficsean** fiction, **finscéalaíocht** legendary-tales fiction, **fionnachtain** *f (-tana; -tana)* invention; inventing; discovery, discovering, **gearrscéalaíocht** short story writing, **giota leanúnach** continuous passage, **píosa** piece, **prós** prose, **saothar** work, **sárshaothar** masterpiece, **scéal i mbarr bata** fabrication, tall tale, **scéalaíocht** storytelling, **scríbhinní** *fpl* writings, **scríbhneoireacht** writing, **tasc** task, assignment, **téacs** text, **tionscnamh** *(mus)* invention; project, **úrscéalaíocht** novel writing

Cumann *m (-ainn; -ainn, ~)*
  1. society; loving companionship
aontíos cohabitation, **caidreamh** relationship, relations, **cairdeas** friendship, **céileachas** cohabitation; companionship, **comhluadar** (social) company, family, household, **comrádaíocht** camaraderie, **compánachas** companionship, **craobh** *f* branch, lodge, **cuallacht** fellowship, **cuallaíocht** society, companionship, **cuibhreannas** commensality, companionship, **cuideachta** *f* company, **cultúr** culture, **daonnacht** humanity, **méadaíocht** friendship, **muintearas** familylike togetherness, friendliness, **páirt** partnership, alliance, **páirtíocht** partnership, association, **pobal** community, **seiseacht** companionship, **sibhialtacht** civilisation, **sochaí** *f* society, **teacht le chéile** togetherness, being together
  2. society, club
brainse branch, **buíon** band, **club** club, **comhaontas** alliance, **comhghuaillíocht** alliance, **comhlachas** association, **comhlacht** *m* company, **cónaidhm** federation, **conradh** league, **corparáid** corporation, **dream** group, **eagraíocht** organisation, **feidearálacht** federation, **grúpa** group, **lóiste** lodge

Cumarsáid *f(~e; ~í)* communication
aithris relating, narration, **caint** talking, **ciallú** signifying, **comharthú** signalling; indicating, **comhfhreagras** *(letter)* correspondence, **craobhscaoileadh** broadcasting, **cur i bhfios** informing, appraisal, **cur i gcuimhne** reminder, **cur i gcroinic** chronicling, **cur i láthair** presentation, **cur in iúl** informing, **cur síos** description, **cur teachtaireachtaí** messaging, **dearbhú** declaration, **eachtrú** narration of an adventure, **faoistin** confession, **fógairt** heralding, announcing, declaring, **fógra** announcement, proclamation, **fógraíocht** advertising, **fón** phone, **gearrinsint** short account, **gnáthmheáin** mainstream media, **idirghabháil** intermediation, **íoslódáil** downloading, **labhairt** speaking, **leathadh** spreading, **léiriú** portraying; illustrating, **lua** mentioning, **meabhrú** reminding, **míniú** explanation; explaining, **moladh** advice, advising, **na meáin (phríomhshrutha/shóisialta)** the (mainstream/social) media, **nochtadh** revealing, revelation, **ordú** commanding, ordering, **rá** saying, **ríomhphost** email, **scaoileadh** releasing, **sceitheadh** divulging, **scileadh** divulging, prattling, **scríobh** writing, **soláthar eolais** provision of information, **tabhairt scéala** bringing of news, **taispeáint** showing, **tarraingt** depicting, **téacsáil** texting, **teachtaireachtaí meandracha** instant messaging, **teagmháil** contact, **teileapaite** *f* telepathy, **tuairisciú** reporting, **tuarascáil** account, report, **uaslódáil** uploading

▲ **bealach rúnda ~e** backchannel, **crann cumarsáide fón póca** mobile phone mast, **meáin chumarsáide** *(journ)* media, **modhanna ~e** means of communication, **ré nua ~e** new era of communication

Cumas *m (-ais; -ais, ~)* ability, capacity, strength
ábaltacht ability, **acmhainn** capacity, **arrachtas** brawn, strength, **brí** fight, energy, **bua** talent,

Cumasach

aptitude, **cáil** quality, position, **calabra** calibre, **ciúta** knack, **cleas** *m (clis; ~a, ~)* trick, knack, **clisteacht** cleverness, **cruacht** hardness, **cumhacht** power, **deaslámhacht** dexterity, **éascaíocht** facility, **éitir** strength, vigour, **feidhmiúlacht** forcefulness, effectiveness, **fios gnó** know-how, **foirtile** *f* fortitude, **fuinneamh** energy, **ginias** genius, **infheidhmeacht** aptitude, **inniúlacht** competence, **inmhe** maturity, strength, **láidreacht** strength, **láthar** vigour, strength, **matán** muscle, **miotal** mettle, **neart** strength, might, **saineolas** expertise, **sea** strength, vigour, **scil** skill, **sócmhainn** asset, **spleodar** exuberance, **sponc** spunk, spirit, **spréach** spark, fire, spirit, **stóinseacht** staunchness, robustness, **storrúil** strong, vigorous, **talcántacht** stoutness, solidity, **tallann** flair, talent, **tarbhántacht** bullishness, **téagarthacht** solidity, robustness, stoutness, **treise** might, **tuailnge** ability, capacity, **tualang** potency, **urra** *m* strength (cf **urra coirp** physical strength, **le tréan urra** by brute force), **urrúntacht** robustness, **urrús** strength, prowess

Cumasach *adj³* powerful

ábalta able, **acmhainneach** capable, **bríoch** efficacious, strong, **bríomhar** with fighting spirit, energetically, **buaiteach** talented; winning, **crua** hard, **cumhachtach** powerful, **éifeachtach** effective, **féitheogach** sinewy, brawny, **fuinniúil** energetic, **groí** vigorous, hearty, **láidir** strong, **matánach** muscular, **miotalach** mettlesome, **muscalach** muscular, **neartmhar** vigorous, strong, **saineolach** expert, **soinnimh** *(lit)* forceful, vigorous, **spleodrach** exuberant, **sponcúil** spunky, spirited, **spreacúil** forceful, spirited, energetic, **stóinseach** staunch, robust, **storrúil** strong, vigorous, **stuifiúil** mettlesome, made of the right stuff, **tallannach** talented, **talcánta** strong, stout, **téagartha** solid, robust, stout, **teann** firm solid, strong, **tréamanta** powerful, intense; violent, **tréan** strong, mighty, **treisiúil** strong, forceful, **treorach** vigorous, strong, **tualangach** potent *(see also: cumhachtach, láidir)*

Cumasaigh *v₂ₐ* enable, empower

coimisiúnaigh commission, **creidiúnaigh** accredit, **cuir ar chumas** enable, **cumhachtaigh** empower, **dearlaic** endow, **fuinnmhigh** energise, **ineirgigh** energise, **inniúlaigh** capacitate, **leictrealaigh** electrolyse, **leictrigh** electrify, **roinn** share, delegate, **saincheadaigh** franchise, **tabhair cumhacht do** give power to, empower, **tabhair údarás do** give authority to, mandate, **údaraigh** authorise

Cumasaithe *pp* enabled, empowered

coimisiúnaithe commissioned, **creidiúnaithe** accredited, **cumhachtaithe** empowered, **curtha ar chumas** enabled, **dar tugadh cumhacht** empowered, **dar tugadh údarás** authorised, **dearlaicthe** endowed, **fuinnmhithe** energised, **ineirgithe** energised, **inniúlaithe** capacitated, **leictrealaithe** electrolysed, **leictrithe** electrified, **roinnte** shared, delegated, **saincheadaithe** franchised, **údaraithe** authorised

Cumasú *vn* enabling, empowering, empowerment

coimisiúnú commissioning, **creidiúnú** accrediting, **cumhachtú** empowering, **cur ar chumas** enabling, **dearlacadh** endowing, **fuinnmhiú** energising, **ineirgiú** energising, **inniúlú** capacitating, **leictrealú** electrolysing, **leictriú** electrifying, **roinnt** sharing, delegating, **saincheadú** franchising, **sainordú** mandate, **tabhairt cumhachta** providing power, **tabhairt údaráis** giving authority, mandating, **údarú** authorising

Cumha *f(~)* nostalgia, sorrow of loneliness

anró wretchedness of condition, **atuirse** weariness, dejection, **briseadh croí** heartbreak, **brón** sorrow, **buairt** sorrow, grief, **ciach** *m (ciaigh)* sorrow, woe, **dearóile** wretchedness, **dobrón** deep sorrow, grief, **dólás** tribulation, **domheanma** dejection, **duairceas** moroseness, melancholy, **duais** gloom, dejection, **dubhachas** black despair, **dúlagar** *(med)* depression, **éagaoin** lament, bemoaning, **éagaoineadh** lamentation, moaning, **éagmais** sense of absence, lonesomeness, **eolchaire** *f (lit)* yearning, homesickness, **gruaim** gloom, **imní** worry, **ísle brí** dispirited, **lagar spride** low spirits, despondency, **lachtacht** tearfulness, **léan** anguish, sorrow, **liach** *m (liaich; ~a, ~)* sorrow, calamity, **méala** grief, **mian** *f* desire, longing, **ochlán** wailing, groaning, **scalladh croí** heartache, **síreacht** wistfulness, **smúit** gloominess, **suaitheadh** agitation, **tnúthán** yearning, **triamhna** *f* wearied sadness, weariness, sorrow, **uaigneas** loneliness

Cumhacht *f(~a; ~aí)* power

ábaltacht ability, **brí** strength, **cumas** capability, **dinimiceas** dynamism, impetus, **diongbháilteacht** stalwartness, steadfastness, **éifeacht** effect, significance, **fabhar** favour, **feargacht** virility, **féitheogaí** brawniness, **flosc** gusto, **focal sa chúirt** acquaintance with people in the know, **folláine** robustness, **fórsa** force, **fortúlacht** strength, power, **fuinneamh** energy, **gustal** resourcefulness, **ineirge** energy, **inneach** *m* stamina, **láidreacht** strength, **lán de cheol** fullness of vigour, **miotal** mettle, **neart** potency, power, **scafántacht** vigorousness, **seasamh** resoluteness, **smacht** control, **spleodar** exuberance, **spionnadh** vim, zest, **spionntacht** vigorousness, **spiorad** spirit, **sponc** spunk, spirit, **spreacúlacht** vigour, **stóinseacht** staunchness, **teacht aniar** recuperative power, never say die, **téagarthacht** stoutness, sturdiness, **teann** authority, power (eg **teacht i dteann** to come to power), **tréan** power, intensity; strong man, **tionchar** influence, **treise** strength, might, **tualaing** potential, potency, **údarás** authority, **uilechumhacht** omnipotency, **urrúntacht** robustness

Cumhachtach

▲ ~ **adamhach** atomic power, ~ **an cheannaitheora** buyer power, ~ **aturnae** power of attorney, ~ **chaithimh** spending power, ~ **cheannaigh** purchasing power, ~ **chineachta** devolved power, ~ **choimhdeachta** ancillary power, ~ **chrosta** power of veto, ~ **éigeandála** emergency power, ~ **feidhmiúcháin** executive power, ~ **fhairsing** wide-ranging power, ~ **ghaoithe** wind power, ~ **iomlánach** plenary power, ~ **lámhaigh** fire power, ~ **lánroghnach** discretionary power, ~ **leictreach** electric power, ~ **mhargála** bargaining power, ~ **mhíleata** military power, ~ **na gréine** solar power, ~ **na mban** girl power, ~ **núicléach** nuclear power, ~ **osnádúrtha** supernatural power, ~ **pholaitiúil** political power, ~ **reachtach** legislative power, ~ **reachtúil** statutory power, ~ **tonnta** wave power

▲ (na) ~**aí móra** (the) great powers

Cumhachtach *adj³* powerful

ábalta able, **bríomhar** vigorous, forceful, **cloíteach** overwhelming, overpowering, **crua** hard, hardy, **cumasach** capable, potent, powerful, **daingean** secure, steadfast, **dian-** *pref* intense, intensive, **dígeanta** obdurate, deep-seated, **dobhriste** unbreakable, **dochaite** durable, **dochloíte** invincible, **doscúch** tough, hardy, **éifeachtach** effective, **fadsaolach** long-lasting, **fíor-** *pref* intense, ultra-, **fordhaonna** superhuman, **láidir** strong, **neartmhar** mighty, strong, **righin** rigid, tough, **spleodrach** exuberant, **spreacúil** vital, spirited, **stóinseach** staunch, strong, robust, **storrúil** strong, vigorous, **tacúil** sustaining, sturdy, **téagartha** burly, stout, **tréamanta** powerful, intense; violent, **tréan-** *pref* strong, **tréan** strong (cf **níos treise** stronger), **treisithe** reinforced, **tualangach** potent *(see also: láidir)*

Cumhdach *vn* covering, protecting, protection; upholstering, cladding

brat mantle, covering, **bratú** coating, **caomhnú** conservation, preservation, protection, **cloí le** adhering to, upholding, **clúdach** covering, coverage; envelope, **clúid** sheet-covering, **coigilt** conserving, saving, **coimeád slán sábháilte** keeping safe and sound, **coinneáil** keeping, maintaining, **coinneáil bail ar** keeping in good condition, **coinneáil slán** keeping safe, **cosaint** defending, protecting, **cuimsiú** encompassing, embracing, **cumhdra** cladding, **cur brat/clúdach ar** put a covering on, **cúram** care, custody, **dídean** refuge, **forleagan** overlaying, **forscáth** canopy, **foscadh** shelter, **leathadh éadaigh ar** spreading of a cloth over, **sábháil** saving, **scáth** shade, screen, **sciath** *f* shield, guard, **seasamh le** standing with, supporting, upholding, **súsa** *m* rug, covering, **tabhairt aire do** taking care of, **tabhairt dídine do** sheltering, **tabhairt tearmainn do** providing asylum/sanctuary for, **tacú le** upholding supporting *(see also: cosaint, clúdach)*

▲ ~ **adhmaid** timber cladding, ~ **aghaidhe** face covering, ~ **árachais** insurance cover, ~ **bolgóideach** bubble wrap, ~ **cábla** sheathing of cable, ~ **ceallafáin** cellophane wrapping, ~ **cinn** protective covering for head, ~ **cloiche** stone cladding, ~ **coire** boiler jacket, ~ **cosanta** protective shield, ~ **Dé** God's protection, ~ **fóin** phone cover, ~ **an toghcháin sna nuachtáin** coverage of the election in the newspapers, ~ **plaistigh** plastic cover

◊ **Soláthraíonn an polasaí nua ~ cuimsitheach don charr.** The new policy provides comprehensive cover for the car. **Tá ~ ar an bhféile in san iris Comhar.** There is coverage of the festival in the magazine Comhar., ~ **Dé orainne!** God preserve us!.

Cumhdaigh *v₂ₐ* cover, upholster, protect, uphold

brataigh coat; plaster, **caomhnaigh** preserve, protect, **cloígh le** adhere to; uphold, **coimeád sábháilte** keep safe, **coigil** conserve, save, **coinnigh** keep, maintain, uphold, **coinnigh bail ar** keep in good condition, **coinnigh slán** keep safe, **clúdaigh** cover; envelope, **cosain** defend, protect, **cuimsigh** encompass, embrace, **cuir brat/clúdach ar** place a covering over, **cuir faoi chlúid** put under a covering, **cuir forscáth ar** place a canopy on, **forleag** overlay, **leath éadach ar** spread a cloth over, **sábháil** save, **seas le** stand with, support, uphold, **tabhair aire do** take care of, **tabhair dídean do** shelter, **tabhair tacaíocht do** give support to, **tabhair tearmann do** provide asylum/sanctuary for, **tacaigh le** support, uphold *(see also: cosain, clúdaigh)*

◊ **an dlí a chumhdach** to uphold the law, **costais a chumhdach** to cover costs, **Dia dár gcumhdach!** God protect us!, **do chlann a chumhdach** to protect your children, **Go gcumhdaí Dia sibh go léir!** May God keep you all safe!, **maoin a chumhdach** to store up wealth, **teach a chumhdach le díon tuí** to cover a house with a thatch roof, **troscán a chumhdach** upholster furniture

Cumhdaithe *pp* covered, protected; upheld; upholstered

ar ar cuireadh brat/clúdach ar covered, **ar ar cuireadh forscáth** covered by a canopy, **ar ar leathadh éadach** spread over with a cloth, **brataithe** coated; plastered, **caomhnaithe** preserved, protected, **cloíte le** adhered to; upheld, **coigilte** conserved, saved, **coimeádta slán sábháilte** kept safe and sound, **coinnithe** kept, maintained, upheld, **coinnithe slán** kept safe, **clúdaithe** covered; enveloped, **cosanta** defended, protected, **cuimsithe** encompassed, embraced, **curtha faoi chlúid** put under a covering, **dar tugadh aire** taken care of, **dar tugadh dídean** sheltered, **dar tugadh tearmann** provided with asylum/sanctuary, **forleagtha** overlaid, **sábháilte** saved, **scáthaithe** shaded, **seasta le** stood with, supported, upheld, **tacaithe** supported, upheld *(see also: cosanta, clúdaithe)*

Cumhra *adj⁶* fragrant
aramatach aromatic, **balsamach** balmy, **cumhraithe** perfumed, **dea-bholaitheach** sweet-scented, **friseáilte** fresh, **le dea-bholadh** sweet-smelling, **milis** sweet, **spíosrach** spicy

Cumhracht *f(~a)* fragrance
aramataí aromaticness, **balsam** balm, balsam, **balsamaí** balminess, **boladh breá** aroma, **boladh deas** nice/sweet smell, **boltanas** smell, scent, **cumhrán** perfume, **dea-bholadh** pleasant scent, **íonacht** purity, **mos** musk, scent, smell, **úire** freshness

Cumhraigh *v₂ₐ* perfume, make sweet-smelling
balsamaigh embalm, **dí-bholaigh** deodorise, **glan** clean, clear, **íonaigh** purify, **íonghlan** cleanse, **milsigh** sweeten, **saorghlan** purge, **spraeáil dea-bholadh ar** spray a pleasant smell on, **úraigh** freshen

Cumhraithe *pp* perfumed, made sweet-smelling
balsamaithe embalm, **glanta** cleaned, cleared, **íonaithe** purified, **íonghlanta** cleansed, **dí-bholaithe** deodorised, **milsithe** sweetened, **saorghlanta** purged, **spraeáilte le dea-bholadh** sprayed with a pleasant scent, **úraithe** freshened

Cumhrán *m (-áin; -áin, ~)* perfume, scent
balsam balm (cf **balsam béil** lip balm), **boladh cumhra** fragrance, **boladh deas** pleasant scent, **dea-bholadh** aroma, **rósuisce** rosewater, **túis** incense

Cumhrú *vn* perfuming, making sweet-smelling
balsamú embalming, **dí-bholú** deodorising, **glanadh** cleaning, clearing, **íonú** purifying, **íonghlanadh** cleansing, **milsiú** sweetening, **saorghlanadh** purging, **spraeáil le dea-bholadh** spraying with a pleasant scent, **úrú** freshening

Cumhsanaigh *v₂ₐ* rest, repose
codail néal have a nap, **déan codladh** have a doze, **déan do shuaimhneas** take it easy, relax, **glac go réidh (é)** take (it) easy, relax, **glac suaimhneas** relax, **glac tamall amach** take time out, **lig do scíth** take a rest/a breather, **seas siar ó do chuid oibre** step/stand back from your work, **tóg briseadh** take a break, **tóg cúig nóiméad sosa** take a five minute breather, **tóg go bog (é)** take (it) easy (cf **an saol a thógáil go bog** to take life easy), **tóg sos** take a break

Cumhsanaithe *pp* rested, reposed
ar ais chugat féin arís back to yourself again, **ar mo sheanléim** back in my old stride, **ar sheol na braiche** in top form, **athfhuinnmhithe** re-energised, **lán le fuinneamh** full of energy, **réidh don saol arís** ready for life again

Cumtha *pp* composed, constructed
athchumtha reconstructed, **beartaithe** planned, **ceaptha** thought up, devised, **ceartaithe** composed, arranged, **cóirithe** arranged, **cruthaithe** created, **curtha le chéile** compiled, put together, **déanta** made, done, **déanta suas** made up, **déantúsaithe** manufactured, **fite** woven, **monaraithe** manufactured, **pleanáilte** planned, **fionnta** discovered; invented, **fuinte** knitted together, shaped, **réadtiomnaithe** *(jur)* devised, **scríofa** written, **seiftithe** improvised; manoeuvred, **tógtha** constructed

Cúnaigh *v₂ₐ* ~ **le** help; ~ **do** abet
cabhraigh le help, **cuidigh le** assist, help, **éascaigh** facilitate, **fóir** *(vn fóirithint)* aid, succour, **tabhair tacaíocht do** give support to, **tacaigh le** support *(see also: cabhraigh)*

◊ ~ **liom!** Help me!, **Fuarthas ciontach é as coir a chúnamh dóibh.** He was found guilty of abetting them in a crime.

Cúnamh *vn* help, helping, assistance, assisting
áis convenience; facility, **áiseanna (oibre, amhairc, etc)** (work, visual, etc) aids, **araicis** help, **cabhair** *f (-bhrach)* help, assistance, **cabhrú (le)** helping (with), **comhairle** *f* advice, **comhairliú** advising, counselling; consultation, **comhoibriú** cooperation, **cos i dtaca/mbois** leg up, **cuidiú (le)** helping, (with) assisting (with); help, **déirc** alms giving, **fuascailt** release, deliverance, **feidhm** function, use, **fóir** succour, relief, **fóirithint** succour, help, **fortacht** succour, relief, **friotháil** attending, ministering to, **gairmthreoir** *f* career guidance, **lámh chúnta** helping hand, **moladh** advice; advising, **oibleagáideacht** obligingness, **sólás** solace, **taca** prop, support, **tacaíocht** support, **tairbhe** *f* benefit, **treoir** *f (-orach)* guidance, **úsáid** use *(see also: cabhrú, úsáid)*

Cúng *adj⁵* narrow, tight, straitened
baileach exact, frugal, **beag** small, **beagintinneach** small-minded, **biogóideach** bigoted, **bocht** poor, **caol** slim, **caolaigeantach** narrow-minded, **ceachartha** mean, tight-fisted, **cnatach** mean niggardly, **gann** meagre, **gannchúiseach** penurious; scanty, **ganntarach** needy, **géar** petty, mean, **gortach** miserly, mean, **lompasach** sparing, mean, **scáinte** thin, sparse, **sciotach** skimpy, **sprionlaithe** miserly, **suarach** trivial, miserable, mean, **tanaí** thin

▲ **bóthar** ~ narrow road, **coirnéal** ~ tight corner, **dearcadh** ~ myopic view, blinkered outlook, **léamh** ~ narrow interpretation, **pasáiste** ~ narrow passageway, **spás** ~ constricted space, **teacht i dtír** ~ surviving under straitened circumstances

Cúngaigh *v₂ₐ* restrict, narrow
cuimsigh encompass, span, limit, **cuir srian le** restrict, **cuir teorainn le** limit, **dambáil dam**, **déan cúng** make narrow, **déan níos tanaí/cúinge** make smaller/narrower, **gearr siar** cut back, **giorraigh** curtail, **íoslaghdaigh** minimise, **laghdaigh** lessen, reduce, **smachtaigh** control, **srian** restrain, restrict, **teorannaigh** limit, **tóg isteach** take in

Cúngaithe *pp* restricted, narrowed
cuimsithe encompassed, spanned limited, **dambáilte** dammed, **déanta cúng** made narrow, **déanta níos tanaí/cúinge** made thinner/narrower, **gearrtha siar** cut back, **giorraithe** curtailed, **íoslaghdaithe** minimised, **laghdaithe** lessened, reduced, **teorannaithe** limited **smachtaithe** controlled, **srianta** restricted, **tógtha isteach** taken in

Cúngú *vn* restricting, narrowing
cuimsiú encompassing, spanning, limiting, **cur srian le** restricting, **cur teorainn le** limiting, **dambáil** damming, **déanamh cúng** making narrow, **déanamh níos tanaí/cúinge** making thinner/narrower, **gearradh siar** cutting back, **giorrú** curtailing, **íoslaghdú** minimising, **laghdú** lessening, reducing, **smachtú** controlling, **srianadh** restraining, restricting, **teorannú** limiting, **tógáil isteach** taking in

Cúnta *adj⁶* assisting, assistant, helping, auxiliary, ancillary
coimhdeach ancillary, **cuidithe** helping, **leas-** *pref* vice-, deputy-, assistant-, **cúltaca** (> *cúltaca*) supporting (cf **fórsaí cúltaca** auxiliary forces, 'the cavalry')

▲ **altra** ~ assistant nurse, **briathar** ~ auxiliary verb, **lámh chúnta** helping hand, **múinteoir** ~ ancillary teacher, **ollamh** ~ assistant professor, **réiteoir** ~ assistant referee

Cúntach *adj³* helpful
áisiúil handy, **buntáisteach** advantageous, **cabhrach** helpful, **cairdiúil** friendly, user-friendly, **cásmhar (le)** caring (for), considerate (of), **coimhdeach** accompanying, attendant, **cóiriúil** *(weather)* favourable, suitable, fitting, **comharsanúil** neighbourly, **comhoibritheach** cooperative, **cuidiúil** constructive, helpful, **dea-ghníomhach** beneficent, **fabhrach** favourable, **feidhmiúil** functional, **feiliúnach** suitable, fitting, **fóinteach** beneficial, helpful, **freastalach** attentive, prompt to serve, **garach** accommodating, willing to help, **garúil** obliging, **oibleagáideach** obliging, **praiticiúil** practical, **preabúil** prompt, quick to help, **sochrach** profitable, beneficent, **soilíosach** willing to do a kindness, obliging, **so-úsáidte** user-friendly, **tairbheach** beneficial, **tacúil** supportive, **tráthúil** timely, opportune, **tuisceanach** considerate, **úsáideach** useful *(see also: cabhrach)*

Cuntas *m (-ais; -ais, ~)*
1. *(description)* account
cur síos description, **eolas** information, **insint** narrative, **leagan** version, **léiriú** portrayal, depiction, **míniú** explanation, **scéal** story, **tuairisc** report, **tuarascáil** account, description, report, **tuirtheacht** *(lit)* account, story

2. *(payment)* account
áireamh calculation, **bille** bill, tab, **comhaireamh** reckoning, count, **creidmheas** credit, **móráireamh** census, **ráiteas** statement, **ríomh** calculation, **scór** score, tally, **sonrasc** invoice, **teailí** tally, **táillí** *fpl* bainc bank charges, **uimhriú** numbering, numeration

Cúntóir *m (-óra;~í)* assistant, adjunct
aidiúnach *m* adjutant, aid, **buachaill** *m (-alla)* **aimsire** *(hist)* servant boy, **cabhróir** helper, **cailín** *m* **aimsire** *(hist)* servant girl, **comhghleacaí** associate, colleague, partner, **comhoibrí** *m* collaborator, **comrádaí** helpmate, **comhairleoir** adviser, **comhpháirtí** *m* associate, **crann taca** right-hand man; right-hand woman, **cuiditheoir** aide, helper, **deonach** *m* volunteer, **fortaitheoir** comforter, helper, **freastalaí** assistant, **giolla** attendant; gilly, **íochtarán** subordinate, **lámh chúnta** helping hand, **leascheannasaí** second-in-command, **oibrí coimhdeach** ancillary, **oibrí** *m* **deonach** volunteer, **sainchabhróir** aide, **searbhónta** servant; daily help, **seirbhíseach** servant, **sóisearach** junior

▲ ~ **pearsanta** personal assistant, PA

Cupán *m (-áin; -áin, ~)* cup
árthach vessel, **ballán** *(lit)* cup-shaped drinking vessel, **bíocar** beaker, **bleidhe** *(archaic)* drinking cup, goblet, **cadhain** *f (caidhne; caidhnte)* small cup, pannikin, **cailís** chalice, **ciota** wooden mug, **coimeádán** container, receptacle, **corn** *(sp)* cup, **corn óil** drinking horn, **cuach** *m (~a)* goblet, **cuachán** small bowl, goblet, **cupa** cup, **dáileoir** dispenser, **deoch** *f (dí; ~anna)* drink, **gabháltóir** receptacle, **gabhdán** container, **gloine** glass, **gloine fhíona** wine glass, **leastar** container for liquids, **muga** mug, **rannóir** dispenser, **stábh** *m (~a; ~a, ~)* drinking vessel, stoup, **taechupán** teacup, **tancard** tankard

Cúpla *m (~; ~í)* couple; twins
an dá cheann the two of them, **beagán** few, **beirt** two people, **córaid** *(animals)* yoke, pair, **corrdhuine** the odd person, **cuingir** yoke; *(animals yoked)* pair (cf **cuingir dhamh** pair of oxen), **dhá** two, **dís** *(people)* pair, couple, **díséad** duo, **dornán** fistful, **leathrann** couplet, **líon beag** small number, **péire** pair, **roinnt bheag** a small amount

▲ ~ **ceann eile** a few more, ~ **duine** couple of people, ~ **lá** couple of days, ~ **uair** couple of times

▲ ~ **comhionann** identical twins, ~ **cónasctha** conjoined twins, **leathchúpla** one twin (of two)

Cur *vn* sowing; placing; burying
adhlacadh burying, **athchur** replanting; reintering; remanding, **caibeáil** dibbling, planting, **caitheamh** throwing, **ceapadh** devising, thinking up, **coigeartú** adjusting, **curadóireacht** sowing, **daingniú** securing, **déanamh** doing, **doirteadh** spilling, **dreas** turn, bout, **fás** growing, **fearadh** *(war)* waging, **fiafraí** asking,

forleathadh disseminating, **gabháil** conceiving, **giniúint** conception, **ionchlannú** *(living tissue)* implanting, **ionphlandú** *(device)* implanting, **ionsá** inserting, **iontál** internal secreting, **leabú** bedding in, embedding, **leagan** laying down, **lonnú** planting, locating, **meas** estimating, **neadú** nesting, embedding, **plandáil** planting, **porú** breeding, **rianú** marking out, **sá** thrusting, sticking in, **scaipeadh** scattering, **scóráil** scoring, **seoladh** sending, **síolrú** propagation, **socrú** arranging, settling, **suíomh** positioning, **tachar** placing, putting (cf **ar a dtachar in aon charcair** on their being placed in one cell), **tál** secretion, secreting, **teilgean** propelling, projecting

▲ ~ **dí** round of drinks, ~ **gaistí** setting of traps, ~ **litreach** dispatching of a letter, ~ **píopaí** laying of pipes, ~ **síl** sowing of a seed, ~ **tuí** thatching

Cur amach *vn*

1. expulsion, dislodgment, emission, dispatch
~ **as alt** dislocation, ~ **as coróin** dethronement, ~ **as scoil** expulsion from school, ~ **as seilbh** dispossession, ~ **de láimh** disposal, ~ **i bhfocail** expressing, ~ **timpeall** putting around, **astaíocht** emission, **astú** discharging, emission, **astúchán** emission, **baint** removal, **caitheamh amach** throwing out, **craobhscaoileadh** broadcasting, **díbirt** *f (-beartha)* banishment, expulsion, **díláithriú** displacement, **dísealbhú** eviction, **eisiachtain** *f (-tana)* ejection, **eisteilgean** ejecting, **foilsiú** publishing, **forleathadh** broadcasting, scattering widely, **geamhrú** springing forth, sprouting, **leathadh** spreading, **nochtadh** revealing, **péacadh** budding, sprouting, **poibliú** publicising, **ruaigeadh** routing, chasing, **scaipeadh** distributing, **seadadh** ejaculating, **seoladh** sending; launching, **síolú** disseminating, **síolrú** propagating, **tál** secreting, exuding, yielding, **tarchur** transmitting, **teilgean** projecting, projection, **tomhas** guessing, **urlacan** vomiting

▲ ~ **amach duilliúir** growing of leaves, ~ **amach earraí** production of goods, ~ **amach gáis** emission of gas, ~ **amach solais** emitting of light

2. informing, information
eolas information, **feasacht** awareness, **fianaise** *f* evidence, **fios** *m (feasa)* knowledge, **fiosaíocht** clairvoyance, occult knowledge, **léargas** enlightenment, **léann** erudition, learning, **oideachas** education, **saineolas** expertise, **scoláireacht** scholarship, **taithí** experience, **tuairisc** report; tidings, **tuiscint** understanding *(see also: eolas)*

◊ **Níl aon chur amach agam air sin.** I have no information about that.

3. vomiting, vomit
aiseag puke; emetic, **caitheamh aníos** throwing up, **sceathrú** vomiting, spewing one's guts, **sceitheadh** spewing, vomiting, **tonn taoscach** spewing up (cf **Tháinig tonn taoscach air.** He spewed his guts up.), **urlacan** vomit

Cur amú *vn* wasting, squandering, waste
caifeachas extravagance, **craos** overindulgence, **drabhlásaí** profligacy, **míthíosaí** thriftlessness, squandering, **neamhbharainní** extravagance, **ragairne** dissipation, **róchaifeachas** licentiousness, **scabáiste** wastefulness, waste

Cur aníos *vn* throwing up, vomiting
aiseag vomiting, **bréitseáil** breaching; vomiting, **brúcht** belch, **caitheamh amach** vomiting, **caitheamh aníos** throwing up, **díchur** ejecting; *(med)* vacating, **fásbhrúcht** belch, **fásbhrúchtaíl** retching, **sceathrú** vomiting, spewing, **sceitheadh** discharging, overflowing; vomiting, **tarraingt orla** retching

Cur anuas *vn* sending down
seoladh síos sending down, **tabhairt anuas** bringing down **tógáil anuas** taking down

Cur ar *vn* placing, covering
ceangal attaching, affixing, **clúdach** covering, **cóiriú** dressing, outfitting, **éadú** putting clothes on, **fágáil ar** leaving on, **feistiú** fitting, equipping, fixing up, **gearradh** imposing, **gléasadh** dressing, **gléasadh suas** dressing up, **leagan ar** laying upon, **pointeáil** furbishing, sprucing up, **suí** positioning, seating

◊ **ag ~ éadaí ar** putting clothes on

Cur ar aghaidh *vn* advancing, advancement; forwarding
~ **chun cinn** progressing, ~ **chun tosaigh** advancing, moving forward, ~ **(suas) i gcéim** raising in rank, **ardú** heightening, **éabhlóid** evolution, **éabhlóidiú** evolving, **fás** growing, **feabhas** improvement, **feabhsú** improving, **forbairt** developing, **méadú** increase, **seoladh ar aghaidh** forwarding

Cur ar athlá *vn* deferring, deferral, postponing,
athshocrú rearrangement, ~ **ar atráth** deferment, ~ **ar cairde** putting on credit, ~ **ar ceal** cancellation, ~ **ar fionraí** suspension, ~ **ar gcúl** adjournment, ~ **i sceideal eile** reschedule, ~ **siar** deferral, **moill** delay, **tarraingt siar** suspension, withdrawing

Cur as alt *vn* dislocating, dislocation
briseadh disruption (eg **briseadh i soláthar an uisce** disruption in the supply of water), ~ **amach** dislodgment, ~ **as áit** dislodgment, ~ **as eagar** disarrangement, ~ **as gléas** putting out of order, ~ **trí chéile** upset, **díláithriú** displacement, **gearrchiorcad** short-circuit

Cur chuig *vn* approaching, approach
Aidbhint *(rel)* Advent, **bealach** *m* way, **bealach** *m* **isteach** way in, **beart** *m* **straitéise** stratagem, **conas dul i mbun na hoibre** how to go about the work, **dul** *m* **isteach** entry, **ionsaí** attack, **modh** *m (~a; ~anna)*

method, means, **polasaí** policy, **plean** plan, **plean ionsaithe** plan of attack, **plean oibre** operation plan, **scéim** scheme, **scéim oibre** work scheme, **slí** *f* **isteach** access, entrance, **straitéis** strategy, **teacht** *m* arrival, advent, **teicníc** technique, **uillinn ionsaithe** angle of attack

Cur chun báis *vn* executing, execution

bású executing, **daoradh chun báis** condemning to death, **dúnmharú** murdering, **feallmharú** assassinating, **marú** killing, **pionós an bháis** capital punishment, death penalty

Cur chun cinn *vn* progressing, progress

bogadh ar aghaidh moving ahead, **céimeanna chun cinn** steps forward, **~ ar aghaidh** advancement, **éabhlóid** evolution, **fás** growth, **feabhas** improvement, **feabhsú** improving, **forbairt** development, **méadú** increase, increasing

Cur de láimh *vn* disposing of, disposal

aistriú as áit removal from a place, **baint** removal, **caitheamh amach** throwing away, **críochnú** finishing off, **~ i bpoll** burying, getting rid of, **díobhadh** discarding; eliminating, **diúscairt** *f (-cartha) (jur)* disposal, **dumpáil** dumping, **réiteach** *m* solution, solving (cf **réiteach ceiste** disposal of an issue)

Cur faoi *vn* settling down; to settle down

áitriú inhabiting, **árachú** insuring, **athshocrú** resettling, **bunú** settlement; establishing; to establish, **cónaí** dwelling, residing, **fréamhacha a chur síos** to put down roots, **fréamhú** setting down roots, becoming established, **imshuí** blockading, siege, **lonnú** settling, **lonnú isteach** settling in, **plandáil** *(hist)* settling as colony, plant, **socrú síos** settling down

Cur faoi cois *vn* suppressing, suppression

aintiarnas tyranny, **anchumhacht** tyrannical power, **anbhroid** bondage, distress, misery, **anfhorlann** *m (-lainn)* oppression, **anlathas** tyranny, usurpation, **anoircheas** unbecoming treatment, **anró** *m* hardship, **ansclábhaíocht** servitude, **ansmacht** tyranny, bullying, **bulaíocht** *(general)* bullying, **cruálacht** cruelty, **cruatan** hardship, **daoirse** slavery, bondage, servitude, **deachtóireacht bhrúidiúil** brutal dictatorship, **faisisteachas** fascism, **forbhrí** tyranny; overbearingness, **forlámhas** despotism, domination, **maistíneacht** *(school)* bullying, **mursantacht** domineeringness, **ollsmachtachas** totalitarianism, **sclábhaíocht** slavery, **tíorántacht** tyranny, **tromaíocht** bullying (cf **tromaíocht sa láthair oibre** bullying in the workplace), **uathlathas** autocracy

Cur i *vn* putting in

insealbhú installation (cf **an Taoiseach a insealbhú** to install the Taoiseach), **insileadh** instilling, infusion, **instealladh** injection, **insuí** *(also: ionsuí)* plugging in, **ionchlannú** *(med)* implantation (of living tissue), **ionphlandú** *(med)* implantation (of device), **ionsá** insertion (eg **colún nua a ionsá** to insert a new column), **suiteáil** installation (cf **aip a shuiteáil** to install an app) *(see also: cuir isteach)*

▲ **~ i bhfeidhm** enforcing, activation, **~ i bhfiontar** risking, risk-taking, adventure, **~ i bhfolach** hiding, **~ i bponc** putting in a predicament, **~ i dtaisce** storing, putting in safe keeping, **~ i dtoll a chéile** *(eg furniture)* assembling, **~ i gcás** supposing, supposition, **~ i gceannas ar** putting in charge of, **~ i gceart** putting right, correcting, **~ i gcéill** bluffing, dissimulating, **~ i gcontúirt** putting in danger, endangering, **~ i gcrích** accomplishing, completing, **~ i gcumhacht** putting in power, **~ i láthair** presenting, presentation, **~ i leith** accusing, accusation, **~ i scríbhinn** putting in writing, **~ in aghaidh** opposing, opposition, **~ in ord** putting in order, ordering

Cur i gcomparáid (le) *vn* comparing (with)

comhardú equating, **comhghaolú** correlating, **déanamh comparáide (idir)** making a comparison (between), **ionannú** equating; identifying, **meaitseáil** matching

Cur i leith *vn* ascribing, assigning; accusing, blaming

~ síos do putting down to, **déanamh líomhna in aghaidh duine** make an allegation against a person, **fágáil ar** leaving responsible for, **leagan ar** attributing to, **líomhain** imputing, alleging, **lochtú** blaming, **maíomh** claiming, alleging, **taisealbhadh (do)** assigning (to), ascribing (to), attributing (to)

Cur in aghaidh

1. *m (cuir)* opposition, resistance

achrann confrontation, **bac** obstacle, obstruction, **coimhlint** conflict, **~ i gcoinne** resistance, **diúltú** refusal, **easaontas** disagreement, **freasaitheacht** antagonism, **freasúra** opposition, **friotaíocht** *(sci)* resistance, **frithsheasmhacht** *(med, bio)* resistance, **frithshuí** setting against, **naimhdeas** hostility, **namhaid** *m (-ad; naimhde)* enemy, foe, **troid** *f (-oda; ~eanna)* fight

2. *vn* opposing, contradicting

áitiú in éadan arguing against, **cosc** hindering, preventing, **~ bac ar** preventing, **~ de dhroim seoil** thwarting, **~ i gcoinne** opposing, contradicting, **~ in éadan** opposing, countering, **dul in aghaidh** defying; going against, **frithrá** contradicting, **seasamh (suas) in aghaidh** standing (up) against, **tabhairt aghaidh ar** confronting, facing, **tabhairt freagra ar** countering, giving a reply to, **teacht trasna ar** frustrating, contradicting, **triosc** contradicting, **troid i gcoinne** combating, fighting against

Cur i gcás *vn* supposing, supposition

creideamh belief, **féidearthacht** possibility,

foshuíomh postulate, **glacadh** assumption, **glacan** m *(~a; ~a)* supposition, **hipitéis** hypothesis, **seans** chance, **smaoineamh** idea, **téis** thesis, **teoiric** theory, **toimhde** *f (~an)* supposition, **tomhas** guess, **tuairim** conjecture

Cur isteach *vn*
1. fitting in, putting in; installing, installation
~ **in áit** putting in place, **bunú** establishing, **deisiú** fixing, **fearastú** furnishing, **feistiú** fitting, **idirghabháil** intervention; mediation, **idirláimhsiú** intermeddling, **inselbhú** installing, inaugurating, **insileadh** infusing; instilling, **ionsá** inserting, **plugáil isteach** plugging in, **seoladh isteach** sending, **soláthar** provision, **suíomh** putting into position, **tabhairt isteach** bringing in, **triosc** interrupting, **trealmhú** equipping, **ullmhú** preparation, preparing
2. interfering, interference
briseadh síos breaking down, **crampáil** cramping, **cúnamh gan iarraidh** unasked for help, **fiosracht** nosiness, **gnó gan iarraidh** meddling in another's affairs, **idirghabháil** intervention, **nodú** grafting, **trasnáil ar** contradicting, interrupting, **trasnaíocht** contradiction, interference
3. applying, application
achainí *f* appeal, **aighniú** *(jur)* submit, **áitiú** *(legal)* submission, **éileamh** demand, claim, **foirm iarratais** application form, **iarraidh** request (eg **ag déanamh na hiarrata** making a request), **iarratas** application, **iontráil** entering, **taisceadh** *(of a document)* submission

Cur le *vn* adding to
áireamh counting, reckoning, encompassing, **bisiú** increasing, prospering, **ceangal** attaching, **comhaireamh** counting, calculating, **cuingiú ar** adjoining to, enjoining upon, **forlíonadh** supplementing; padding out, **fuilleamh** adding to, **iarcheangal** appending, **iniamh** including, inclusion, **iomadú** multiplying; proliferating, **ionsá** inserting, insertion, **líonadh** filling, **méadú** increasing, **nascadh** (**le**) binding (to), **suimiú** sum, **táthú** (**do**) soldering; welding (to)

Cur le chéile *vn* putting/pulling together, compiling
~ **i dtoll a chéile** *(furniture)* assembling, **bailiú** assembling, gathering, **ceapadh** (**suas**) thinking up, formulating, **cóimeáil** *(manufacture)* assembling, **cruinniú le chéile** gathering together, assembling, **cruthú** creating, **cumascadh** merging, **déanamh** making, **forbairt** developing, building up, **grúpáil** grouping, **píosáil** piecing together, **tabhairt i gceann a chéile** bringing together, convening, **réiteach** getting ready; concocting, **suimiú** adding up, **tarraingt le chéile** pulling together, **teacht le chéile** coming together, uniting, **tiomsú** compiling, **tógáil** building

Cur ó chéile *vn* taking apart
baint anuas dismantling, **baint as a chéile** taking to pieces, **briseadh suas** breaking up, **deighilt** separating; dismembering, **díchóimeáil** dismantling, **dioscadh** dissecting, **gearradh suas** cutting up, **idirscaradh** *(jur)* separation, **liobairt** tearing into tatters, **scaradh** separating, **stróiceadh as a chéile** tearing apart

Cur ó chóta *vn (rel)* defrocking
~ **amach** ejecting, **briseadh as post** dismissing, dismissing from position/job, **díbharrú** disbarring, **glanadh amach** expunging, **scaoileadh as** *(mil)* discharging from, **tuathú** laicising

Cur siar *vn* postponing, postponement, deferral
~ **ar an méar fhada** putting on the long finger, shelving, ~ **ar athlá** putting off for another day, deferral, ~ **ar atráth** deferment, postponing, ~ **ar fionraí** suspending, ~ **ar gcúl** adjournment, ~ **i sceideal eile** reschedule, **moilliú** delaying, **tarraingt siar** suspension, withdrawing

Cur síos *vn*
1. describing
aithris narrating, **breacadh síos** jotting down, **déanamh tuairisc** making a report, ~ **i leith** ascribing; accusing, **eachtraíocht** relating, narrating tales of adventure, **faisnéis** relating, recounting, **insint** telling; narration, **líomhain** alleging; allegation, **reic** reciting, proclaiming, **scríobh ar** writing about, **tabhairt cuntais** (**ar**) giving an account (about), **taisealbhadh** (**do**) assigning (to), ascribing (to), attributing (to), **trácht** making commentary on; mentioning, discussing
2. putting/placing/setting down
~ **ina luí** putting to bed, **ísliú** lowering, **leagan síos** knocking down, **ligint titim** letting fall, **ligint síos/anuas** letting down, **neadú** nesting, **scaoileadh anuas** letting down; setting down; *(dumping)* tipping, **suí** seating, placing

Cur suas *vn*
1. putting up, setting up
~ **in airde** erecting, ~ **ina sheasamh** putting standing up, ~ **isteach** putting in, installing; hanging, **ardú** raising, elevating, **atógáil** rebuilding, **crochadh** (**suas**) hanging (up), **déanamh** making, **feistiú** fixing firmly, fitting, equipping, **foirgniú** constructing, **ofráil suas** offering up, **seasamh** standing, **soláthar** providing, provision, **suiteáil** installing, setting up, **tionscnamh** instigating, **tógáil** building
2. enduring
broic tolerating, abiding, **foighniú le** bearing with, **fulaingt** enduring, tolerating; suffering, **glacadh le** accepting, **seasamh** standing, withstanding
3. providing lodgings, shelter
clutharú making warm and comfortable, sheltering, **díonadh** providing cover/shelter, **fothainiú** sheltering,

Cur thart/timpeall *vn* passing around
caitheamh spending, **casadh** turning, **clúdach** covering, **craobhscaoileadh** broadcasting, **craoladh** broadcasting, **~ i dtaisce** saving, putting by, **~ isteach** putting in, **~ timpeall** putting round, **~ trasna** putting across, **gléasadh** dressing, **leathadh** spreading, **scaipeadh** scattering, spreading, **seoladh** launching; sending, **síolú** disseminating, **síolrú** propagating, **tarchur** transmitting

Cur trína chéile *vn* confusing, disarranging; upsetting
~ amú confusing, misleading, **~ ar strae** misdirecting, confusing, **~ as eagar** disorganising, **~ as do** upsetting, **~ bunoscionn** making a mess, turning upside down, **~ in aimhréidh** making untidy; *(hair)* tousling, **~ isteach ar** bothering, aggravating, displeasing, **~ mearbhall ar** confusing, **buaireamh** bothering, upsetting, **díchobhsú** destabilising, **maistriú** churning (up), **mearú** deranging, perplexing, **meascadh suas** mixing up, **míchóiriú** disarranging, **mothallú** tousling, **stoithneadh** *(hair)* tousling, **suaitheadh** disturbing, confusing

Cúr *m (cúir)* foam; froth
boilgeoga *fpl* bubbles *(on a liquid)*, **bolgóidí** fizzy bubbles, **coipeadh** foaming, frothing; simmering, **cúrán** foam, froth (cf **Bhí cúrán lena bhéal.** He was foaming at the mouth.), **gorán** foam, froth, **sobal** lather, suds, **súilíní** little bubbles, fizz, **uan** froth, foam (cf **uan toinne** foam of a wave), **uanán** froth (cf **~ leamhnachta** froth of fresh milk), **uanfadh** foaming at mouth

P **Is buaine an t-uanán ná an t-anraith!** A cow is more valuable for her milk than her broth!, Don't kill the golden goose!

Curach *f(-aí; ~a, ~)* currach, coracle
bád curachóireachta canoeing boat, **báidín iascaireachta** little fishing boat, **cadhc** kayak, **canú** canoe, **cléibhín** wicker boat, **coite** wherry, canal boat, **curachán** currach, **naomhóg** coracle, currach *(see also: bád)*

Cúrach *adj³* foaming; frothy
boilgeogach bubbly, **bolgóideach** effervescent, fizzy, **coipeach** foamy, frothy, **cuilitheach** rippling, bubbling; *(milk)* boiling up, **cúránach** foamy, **plobach** bubbling; gurgling, **sobalach** covered in suds; frothy, **súilíneach** sparkling, fizzy, **uachtarúil** creamy, **uanach** foaming, frothy

Cúram *m (-aim; -aimí)*
1. care, caring, responsibility
aird attention, notice, **airdeall** alertness, **aire** *f* heed, care, **aireachas** caution, **aithne** *f* recognition, **aoireacht** shepherding, **armacas** tender loving care, **búidhe** *f* tenderness, gentleness, **cáiréis** caution, carefulness, **cás** concern, thoughtfulness, **cineáltas** kindness, **cóir** proper provision, accommodation, **diúité** duty, **dliteanas** liability, **dualgas** duty, **faichill** caution wariness, **faire** *f* watch, **faireachán** watching, **faireachas** watchfulness, **feasacht** awareness, **feidhil** watchfulness, care, **feidhm** service, function, duty, **feidhmeannas** office, capacity, position, sevice, **forairdeall** *(tech)* vigilance, **forcamás** watchfulness, attention, **freagracht** responsibility, **freastal** attending, serving, **friotháil ar** catering to, pandering to; ministering to, **goire** *(lit)* dutifulness, care, **giollacht** valeting, **grámhaireacht** lovingness, tenderness, **imní** concern, **iongabháil** careful handling, care, **ionramháil** handling with care, **iontaofacht** trustworthiness, **leanaí** children, **maoirseacht** care *(ie of animals)*, **meabhair** *f (-bhrach)* mindfulness, **meas** respect, **miochaire** *f* tenderness, kindness, **muinín** trust, **muirn** affection, endearment, **oibleagáid** obligation, **oifig** office, **post** position, post, **réamhchúram** precaution, **ról** role, **smaoineamh** thought, **stuaim** consideration, mindfulness, **tuiscint** understanding, thoughtfulness, **tindeáil** tending, caring for, **uídh** *f* heed, attention (cf **Tabhair do d'uídh é sin!** Bear that in mind!)

▲ **~ altrama** foster care, **~ altranais** nursing care, **~ aonair** individualised care, **~ athshlánúcháin** rehabilitative care, **~ baile** home care, **~ cnáimhseachais** obstetric care, **~ cnis** skin care, **~ coinneála** custodial care, **~ custaiméirí** customer care, **~ fadchónaithe** long stay care, **~ fiacla** dental care, **~ gréine** sun care, **~ iarbhreithe** postnatal care, **~ iarphríosúin** aftercare for released prisoners, **~ ingne** nail care, **~ lá agus oíche** round-the-clock care, **~ lae** day care, **~ leanaí** childcare, care, **~ maolaitheach** palliative care, **~ ospíse** hospice care, **~ othar** patient care, **~ pobail** community care, **~ príomha** primary care, **~ réamhbhreithe** antenatal/prenatal care, **~ síciatrach** psychiatric care, **~ sláinte** healthcare, **~ sláinte meabhraí** mental healthcare, **~ teaghlaigh** looking after the home/the family, **~ tí** looking after the house, **~ tréadach** pastoral care

◊ **~ gan chion** thankless job, **Ní de mo chúram é.** It's not my concern/responsibility., **Ní hé is ~ dom.** That's not what is worrying me., **Tá seacht gcúraimí an tsléibhe orm.** I am up to my eyes in work., I have the whole world on my shoulders.

2. family
clann offspring, family, **do chéile agus do pháistí** your spouse and children, **do mhuintir** your *(extended)* family, your people, **gach duine sa bhaile** everyone at home, **leanaí** *mpl* children, **muirear** charge, family, **muirín** family, **páistí** children, **teaghlach** *m* family household

◊ **Conas atá do chúram?** How is your family?, **lánúin gan chúram** childless couple

Cúramach *adj³*
1. careful
ag coimeád súil in airde keeping an eye out, **airdeallach** alert, watchful, wary, **aireach** careful, attentive, **amhrasach** suspicious, **cáiréiseach** discreet, cautious, tactful, **cásmhar** considerate, thoughtful, **cruinn** precise, **dícheallach** earnest, diligent, **faichilleach** wary, circumspect, **faireach** watchful, **feasach** with awareness, **feifeach** watchful, careful, **forairdeallach** *(tech)* vigilant, **freagrach** responsible, **fuireachair** alert, watchful, **imníoch** concerned, **iontaofa** reliable, trustworthy, **meabhrach** mindful, **mionchúiseach** meticulous, scrupulous, **muiníneach** dependable, **neamhfhaillíoch** careful, not remiss, **prámhaí** careful, **saothrach** industrious, **scimeach** anxious, solicitous, **smaointeach** thoughtful, **stuama** sensibly, mindful, **treabhar** *(lit)* careful, prudent, **tréadach** pastoral, **triollata** careful, particular, **tuisceanach** with understanding, considerate *(see also: airdeallach)*

▲ **cur chuige** ~ careful approach, **freagra** ~ circumspect

2. busy, full on
an-ghafa (le hobair) preoccupied with work, **báite** up to (my) ears/eyes (cf **Táim báite le hobair.** I'm up to my ears with work.), **broidiúil** busy, **cruógach** busy, pressed for time, **deabhach** rushed, **deifreach** hurried, **díbhirceach** eager, full on (cf **ag obair go díbhirceach** working feverishly), **faoi dheifir** hurried, **fuadrach** bustling hurried, hectic, **gnóthach** busy, **práinneach** pressed, pressing, **tógtha go hiomlán** completely engrossed

Curiarracht *f(~a; ~aí)* record
baint amach achievement, **éacht** *m* **gan sárú** unequalled feat, **craobh** *f* championship, **fasach** *m* precedent (cf **fasach a bhunú** to set a precedent), **feabhas** best, **gaisce nach beag** no mean feat, **gaisce thar na bearta** an extraordinary feat/achievement, **gnóthú** attainment, **spleadh** *f (-eidhe; ~a, ~)* feat; boast, **taispeántas/léiriú gan réamhshampla** unprecedented performance

▲ ~ **dhomhanda** world record, ~ **luais ar talamh** land speed record, ~ **náisiúnta** national record, ~ **Oilimpeach** Olympic record

◊ **i g~ ama** in record time, **tabhairt faoi churiarracht dhomhanda nua** to attempt a new world record

Cúrsa *m (~; ~í)*
1. *(learning)* course
ardchúrsa higher course, **bonnchúrsa** foundation course, **bunchúrsa** basic course, **ceachtanna** *mpl* lessons, **céim** degree, **clár** programme; line-up, **ceardlann** workshop, **cúlú** retreat, **léachtaí** *fpl* lectures, **líne ama** time line, **meánchúrsa** intermediate course, **ranganna** *mpl* classes, **rogha** option, choice, **sceideal** schedule, **seimineáir** *mpl* seminars, **siollabas** syllabus, **staidéir** *mpl* studies

▲ ~ **acadúil** academic course, ~ **altranais** nursing course, ~ **ardleibhéil** higher-level course, ~ **ardléinn** advanced studies, ~ **athbhreithnithe** revision course, ~ **athnuachana** refresher course, ~ **athshlánúcháin** rehabilitative course, ~ **bunleibhéil** entry-level course, ~ **céime** degree course, ~ **dearaidh** design course, ~ **dioplóma** diploma course, ~ **dlí** course on law, ~ **dualgais** required course, ~ **chun teacht slán** survival course, ~ **comhfhreagrais** correspondence course, ~ **creidimh** course on faith; religious study course, ~ **creidiúnaithe** accredited course, ~ **do thosaitheoirí** beginners' course, ~ **dualgais** set course, required course, ~ **ealaíne** art course, ~ **féinteagaisc** teach-yourself course, ~ **fochéime** undergraduate course, ~ **forlíonach** supplementary course, ~ **iarchéime** postgraduate course, ~ **idirdhisciplíneach** interdisciplinary course, ~ **ildisciplíneach** multidisciplinary course, ~ **inseirbhíse** in-service course, ~ **léinn** study course, ~ **oiliúna** training course, ~ **ríomhaireachta** computer course, ~ **roghnach** optional/elective course, ~ **samhraidh** summer course, ~ **spioradálta** spiritual course/retreat, ~ **staidéir sa bhaile** home-study course, ~ **staire** history course, ~ **ullmhúcháin** preparatory course

2. *(path, passage, med)* course, cycle, trajectory
bealach *m* way, route, **bóthar** road, **camchuairt** tour; roadshow, **ciorcad** *(el)* circuit, **cóireáil** *(med)* treatment, **cóir leighis** *(med)* treatment, medical care, **conair** path, passage, **cor bealaigh** detour, **cosán** path, **fithis** orbit, **imchuairt** circuit, **imlíne** *f* outline, **líne** *f* line, **lorg** trail, trace, **modh** method, **mórthimpeall** great circuit (cf ~ **na hÉireann** the (great) circuit of Ireland), **pasáiste** passage, passageway, **raon** range, span, sweep, **rian** track, pathway, **slí** *f* way, **timpeall** round, **treocht** trajectory, **triall** journey, **turas** trip, journey

▲ ~ **abhann** river course, ~ **an cheartais** the course of justice, ~ **antaibheathach** course of antibiotics, ~ **bacainní** obstacle course, ~ **bánuisce** white water course, ~ **fiar** bias, ~ **gailf** golf course, ~ **lingthe** assault course, ~ **maratóin** marathon course, ~ **na córa** the course/the path of justice, ~ **na gealaí** the moon's path, ~ **na staire** the course of history, ~ **ocht bpoll déag** *(golf)* eighteen-hole course, ~ **srutháin** the course of a stream, ~ **taisdíonach** damp course, ~ **taistil** itinerary

3. ~**í** matters, affairs, considerations
ceisteanna *fpl* issues; questions, **gnóthaí** affairs, concerns, **nithe atá tagtha chun cinn** matters arising, **rudaí** *mpl* things

▲ ~**í acadúla** academic matters, ~**í dlí** legal matters, ~**í airgeadais** financial matters, ~**í airgid** money matters, ~**í eacnamaíochta** economic affairs,

Curtha

~**í faisin** the world of fashion, ~**í grá** matters of the heart, ~**í leighis** medical matters, ~**í oideachais** educational matters, ~**í polaitíochta** political matters, ~**í praiticiúla** practical matters, ~**í sa bhaile** domestic matters, ~**í sábháilteachta** safety considerations, ~ **sláinte** health matters, ~ **spóirt** sport, sporting matters/events

◊ **Bíonn ~í ag dul i bhfeabhas.** Things are looking up., **Cén chaoi a bhfuil ~í?** How are things?, **de réir mar a théann ~í ar aghaidh** as events unfold, **faoi mar a sheasann ~í** as matters stand, **Ná measc ~í gnó le cairdeas!** Don't mix business with pleasure!, **nuair a shocraigh ~í faoi dheireadh** when the dust settled, **Tá ~í ag éirí teasaí.** Things are hotting up., **Tá ~í go hainnis.** Things are desperate., **Tá sí ar a ~í.** It's that time of the month for her.

Curtha *pp* put, placed; buried, planted
adhlactha buried, **athchurtha** replanted; replaced, **caillte** shed, **caite** thrown, spent, **ceaptha** devised, thought up; appointed, **coigeartaithe** adjusted, **cóirithe** set, arranged, **daingnithe** secured, **déanta** made, done, **doirte** spilt, **fásta (suas)** grown (up), **fiafraithe** asked, **feartha** waged *(eg war)*, **leagtha** placed; knocked down, **lonnaithe** set, settled, **measta** estimated, **plandáilte** planted, **rianaithe** marked out, **sáite** thrust, stuck in, **scóráilte** scored, **seolta** sent, **socraithe** arranged, **suite** sat, placed, **teilgthe** propelled

Cuspóir *m (-óra; ~í)* objective, purpose, target; *(gram)* object
aidhm aim, purpose, **aigne** mind, **aisling** dream, vision, **ardmhian** *f (-mhéine)* aspiration, **bob** stump, target in games, **bunchúis** basic reason/cause, motive, **ceann scríbe** destination, **ceann sprice** destination, finishing post, **ceannfháth** motive, **comhsprioc** *f (-sprice)* common goal, **críoch** *f* end, **diongbháilteacht** resolve, **dóchas** hope, **dúil** desire, **guí** wish, **iarracht** endeavour, **intinn** intention, **marc** mark, **meabhair** *f* mind, reason, **meanmarc** aspiration; object of desire, **plean** plan, **pointe** point, **réasún** reason, **rún** intention, **scéim** scheme, **spreagthacht** motivation, **sprioc** *f (sprice)* target, goal, **sprioc** *f* mark, target, appointed place, **sprioc-am** deadline, **sprioc dheiridh** ultimate goal, **targaid** target, **treo** direction, **tucaid** *(jur)* motive, **uaillmhian** *f (-mhéine; -mhianta)* ambition

▲ ~ **ceann cúrsa** terminal objective, ~ **cinnte** specific objective, ~ **deiridh** ultimate objective, ~ **eolaíoch** scientific purpose, ~ **fadtéarmach** long-term objective, ~ **foghlama** learning objective, ~ **idirmheánach** intermediate objective, ~ **iompraíochta** behavioural objective, ~ **oideachasúil** educational objective, ~ **polaitiúil** political objective, ~ **sa saol** purpose in life, ~ **sonraithe** stated objective, ~ **tosach** initial objective, ~ **tréadach** pastoral purpose, ~ **uileghabhálach** overarching purpose

▲ ~ **díreach** *(gram)* direct object, ~ **indíreach** *(gram)* indirect object

Custaiméir *m (-éara; ~í)* customer, client
caiteoir user, spender; punter, **ceannaitheoir** purchaser, buyer, **cliant** client, **íditheoir** consumer, **faighteoir** recipient, **glacadóir** receiver; *(sl)* fence (cf **glacadóir earraí goidte** receiver of stolen goods), **gnáthóir** *(client)* one of the regulars, **pátrún** patron, **síntiúsóir** subscriber, **siopadóir** shopper, **siopaeir** *m* shopper, **taithitheoir** frequenter, **tomhaltóir** consumer, **úsáideoir** user

▲ ~ **deiridh** last customer, ~ **géarchúiseach** discerning customer, ~ **dílis** loyal customer, ~ **réamhíoctha** prepay customer, ~ **rialta** regular customer

◊ **Bíonn an ceart ag an g~ i gcónaí.** The customer is always right., **deasc fiosruithe ~í** customer enquiries desk, **líon na gcustaiméirí** footfall, **seirbhís do chustaiméirí** customer service

Cúthail *adj²* shy, timid
aiféalach shamefaced, shy, **anbhách** anxious, **anbhuaineach** uneasy, **adhnáireach** excessively modest, diffident, **caomh** mild, gentle, **coimhthíoch** distant, aloof, shy, **coiscthe** inhibited, **cotaidh** (> *cotadh*) diffident, **cotúil** bashful, **cúlánta** retiring, **cúlráideach** retiring, **deighilteach** shy of company, odd, **éadána** timid, reticent, **eaglach** fearful, **éideimhin** hesitant, uncertain, **faiteach** apprehensive, timorous, timid, **geiteach** easily, **leamhnáireach** coy, **leasc** reluctant, diffident, **meata** cowardly, **modhúil** modest, **náireach** diffident, **moiglí** mild-mannered, placid, **neamh-mhuiníneach** lacking in confidence, **neirbhíseach** nervous, **neoid** shy, shamefaced, **scáfar** fearful; easily frightened, **scanraithe** terrified, **scanrúil** frightening, **scáthach** apprehensive, fearful, **scinnideach** easily frightened, **seachantach** evasive, distant, elusive, **strainséartha** making strange, keeping aloof, distant, **tim** timid, tender

◊ **Ná bí ~!** Don't be shy!

Dd

Dabhach *f (daibhche; dabhcha)* vat, tub, tank
casca cask, **ceaig** *m (~; ~eanna)* keg, **cíléar** shallow tub, **soitheach** vessel, **taiscumar** storage tank, **tanc** tank, **tobán** tub (eg **tobán reoiteoige** tub of ice cream), **uisceadán** tank of water; aquarium, **umar** vat, tank

Dabht *m (~a; ~anna)* doubt
agó stipulation, **amhras** doubt, suspicion, **díchreideamh** disbelief, **díchreidmheacht** incredulity, **dóbartaíl** indecision, hesitation, **drochamhras** misgiving; distrust, **drochiontaoibh** qualm, **drochmhuinín** distrust, lack of confidence, **éadaingne** irresolution, **éidearfacht** incertitude, **leisce** hesitation, **mearú** perplexity, **mímhuinín** mistrust, **míshuaimhneas** disquiet, **neamhchinnteacht** uncertainty, **sceipteachas** scepticism *(see also: amhras)*

Dada *m (~)* zilch, nothing
a dhath (+ negative) nothing (cf **Níl a dhath fágtha.** There's nothing left.), **cuideog nialais** zero factor, **dearbhnialas** absolute zero, **faic** nothing, nil, **faic na fríde** nothing at all, **foilmhe** emptiness, **mionrudaí díomhaoine** sweet nothings, **náid** nought, zero, **neamhní** nothingness, **nialas** zero, **oiread na fríde** practically nothing, **pioc** bit, whit, **ruainne** (+ negative) jot (eg **Níl ruainne den fhírinne ann.** There isn't a jot of truth in it.), **rud gan tábhacht** an unimportant thing

Dáil 1 *f (dála; dálaí)* assembly
Ard-Fheis National Convention, **bailiú** gathering, **bailiúchán** collection, **céilí** evening gathering for traditional Irish dance, **comhairle** *f* convocation, council, **comhar** partnership, **comhdháil** convention, conference, **comhlacht** *m* company, **comhthionól** conclave, **compántas** troupe; body, **cruinniú** meeting (cf **cruinniú mullaigh** summit meeting), **cuallacht** guild, **cumann** association, society, **damhsa** dance, **diat** *f* diet, **dream** group, **drong** body of people, mass, **eagraíocht** organisation, **eagras** organisation, **éigse** gathering of poets, musicians and people of learning, **feis** festival, **fleá** *f* banquet, **fóram** forum, **gasra** group of young men, **gramaisc** mob, **grúpa** group, **oireacht** deliberative assembly, **oireachtas** legislative assembly; annual Gaelic culture festival, **ollslua** *m* multitude, **paca** pack, **parlaimint** parliament, **plód** throng, **pobal** *(rel)* congregation, **scata** pack, drove, **scroblach** rabble, **seanadh** synod, **slógadh** rally, **slua** crowd, **teacht le chéile** get-together, **tionól** assembly, **tóstal** muster, assembly *(see also: grúpa)*

> ○ **Dáil Éireann** *Parliament of Ireland* is the principal governing assembly of Ireland and is part of **An tOireachtas** *The Legislature* which also includes: **Uachtarán na hÉireann** *The President of Ireland* and **Seanad Éireann** *Irish Senate*. **Baill** *members* of **An Dáil** are called **Teachtaí Dála** *Dáil Deputies* (TDs) and are elected by a system of **ionadaíocht chionmhar** *proportional representation* held at **stáisiúin vótála** *voting stations* in 39 **Dáilcheantair** *Constituencies*.

Dáil 2 v_{1b} distribute
athdháil redistribute, **bronn** present, bestow, donate, **ciondáil** ration, **cionroinn** allocate, **comhroinn** share, portion out, **cuir ar fáil** provide, furnish, **cuir le** contribute, **dealagáidigh** delegate, **déan** deal (cf **Déan na cártaí! Deal the cards!)**, **deonaigh** grant, accord, **éirnigh** bestow, grant; dispense, **fodháil** apportion, dispense, **imdháil** distribute, **íoc** pay, **ofráil** *(rel)* offer, **rad** give, bestow, **riar** administer, **roinn** share, **roinn amach** share out, **scaoil** release, discharge, **seachaid** deliver, **soláthair** supply, provide, **srathnaigh** *(lit)* distribute, disperse, **tabhair** give, **tabhair amach** give out, **tairg** proffer, **tiomnaigh** bequeath; dedicate, **toirbhir** hand over; dedicate

Dáileadh *vn* distributing, distribution
athdháileadh redistribution, **bronnadh** bestowing, **ciondáil** rationing, **cionroinnt** allocating, **comhroinnt** sharing, portioning out, **cur ar fáil** provision, furnishing, **cur le** contributing to, **dealagáidiú** delegating, **déanamh** *(cards)* dealing, **deonú** granting, **éirniú** bestowing, granting; dispensing, **fodháil** apportioning, dispensing, **imdháileadh** distributing, **íocaíocht** paying, payment, **ofráil** *(rel)* offering, **radadh** showering, pelting, **riar** administering, **riarachán** administration, **roinnt** sharing, **roinnt amach** sharing out, **scaoileadh** releasing, discharging, **seachadadh** delivering, **soláthar** supplying, providing, **srathnú** *(lit)* distributing, dispersing, **tabhairt** giving, **tabhairt amach** giving out, **tairgeadh** proffering; producing, **tiomnú** bequeathing; dedicating, **toirbhirt** handing over; delivering

Dáileoir *m (-eora; ~í)* distributor
athdháileoir redistributor, **bealach dáileacháin** distribution channel, **bronntóir** giver, bestower,

Dáilte

déantóir *(cards)* dealer (also: **fear díolta na gcártaí**), **deontóir** donor, **fáiteallaí** provider *(ie food gatherer)*, **íoclannóir** *(med)* dispenser, **íocóir** payer, **lucht cúraim** caregivers, **lucht dáilte leabhar** book distributors, **ocróir** provider, **ofrálaí** *(rel)* offeror, one bringing an offering, **radaitheoir** radiator, **riarthóir** administrator; dispenser, **roinnteoir** dispenser, **scaoilteoir** releaser, discharger, **seachadóir** delivery person, **seoltóir** sender, remitter, **soláthraí** supplier, provider, **spréiteoir** spreader (eg **spréiteoir gairbhéil** gravel spreader), **tabharthóir** giver, donor, **tairgeoir** offeror, bidder, **tiomnóir** testator

Dáilte *pp* distributed
athdháilte redistributed, **bronnta** presented, bestowed, donated, **ciondáilte** rationed, **cionroinnte** allocated, **comhroinnte** shared, portioned out, **curtha ar fáil** provided, furnished, **cur le** contributed to, **dealagáidithe** delegated, **déanta** *(cards)* dealt, **deonaithe** granted, accorded, **éirnithe** bestowed, granted; dispensed, **fodháilte** apportioned, dispensed, **imdháilte** distributed, **íoctha** paid, **ofráilte** *(rel)* offered, **radta** given, bestowed, **riartha** administered, **roinnte** shared, **roinnte amach** shared out, **scaoilte** released, discharged, **seachadta** delivered, **soláthartha** supplied, provided, **srathnaithe** *(lit)* distributed, dispersed, **tairgthe** proffered, **tiomnaithe** bequeathed; dedicated, **toirbhearta** handed over; dedicated, **tugtha** given, **tugtha amach** given out

Dailtín *m (~; ~í)* brat, *(pej)* little pup
airleacán linbh impish child, **bodalán** *(vulg)* prick, **diabhailín** little devil, **gamal** jackass, **garlach** *m* whippersnapper, **liúdramán** dummy, nitwit, **pastaire** cheeky brat, **piollaire** bad penny, brat, **pocaide** scamp, rake; billy-goat, **raigín** brat, **raispín** wretch, **scabhaitéir** reprobate, bounder, **siota** brat; child, **smugachán** pup, contemptible person, **smuilcín** little horror, brat, **sotaire** upstart, **sutach** *m* brat; youngster, **teallaire** impudent pup

Daingean *adj irr* secure, steadfast
buan permanent, **buanseasmhach** enduring, unwavering, **cinnte** certain, **crua** hard, **dearfa** definite, **dian** severe, **dílis** loyal, steadfast, **díoghainn** *(lit)* firm, solid, **diongbháilte** unfaltering, steadfast, **do-bhogtha** immovable, **do-lúbtha** inflexible, **feistithe** fixed, fastened, **fódach** firmly fixed, established, **fódúil** well grounded, stable, **forasta** well established, stable, **fosaidh** persevering, firm, steady, **fosaitheach** stationary, fixed; steadfast, **fuaimintiúil** sound, solid, **gan stad gan staonadh** persistent, **neadaithe** embedded, **neamhthuirseach** tireless, **righin** rigid, **sábháilte** safe, **seasmhach** resolute, firm, **seasta** steady, **slán sábháilte** safe and sound, **stóinseach** staunch, robust, **tacúil** supportive, sturdy, **tailc** *(lit)* solidly built, stout, **talcánta** strong, stout, solid, **talmhaí** stocky, solid; grounded, **tathagach** substantial, solid, **tiomanta** committed, **tiomnaithe** dedicated, **teann** taut, tight, firm, **tréan** robust, mighty, **tuiní** fixed, immovable, firmly established

Daingne *f (~)* robustness, firmness
buaine permanence, durability, **buanseasmhacht** endurance, steadfastness, **cinnteacht** certainty, **cruacht** hardness, **dearfacht** positiveness, **déine** severity, **dílseacht** loyalty, steadfastness, **diongbháilteacht** resoluteness, **do-bhogthacht** immovability, fixedness, **do-lúbthacht** inflexibility, **fódúlacht** groundedness, **forastacht** stability, **fosaíocht** fixedness; restraint, control, **fuaimintiúlacht** soundness, solidity, **righne** rigidity, **sábháilteacht** safety, **seasmhacht** resoluteness, stability, **stóinseacht** staunchness, robustness, **suiteacht** fixity, stability, **tacúlacht** supportiveness, sturdiness, **talcántacht** strength, stoutness, solidity, **talmhaíocht** stockiness, solidity; groundedness, **tathagaí** solidity, substantiality, **tiomantacht** commitment, **tiomantas** dedication, **teannas** tautness, tightness, firmness, **treise** force, strength

Daingnigh v_{2b} secure, strengthen
atreisigh reinforce, **buanaigh** perpetuate, cement, **cinntigh** make certain, ensure, **cobhsaigh** stabilise, **cóineartaigh** confirm, strengthen, **cruaigh** harden, **cuir taca do** lend support to, **déan sábháilte** make safe, **déan seasmhach** make resolute, firm, **dearbhaigh** make definite, assert, **dianaigh** intensify, **éirigh seasta** become permanent, **feistigh** fasten, fix, hitch up, **fódaigh** entrench, **fosaigh** stabilise, **glinnigh** fix, secure, **láidrigh** strengthen, **leabaigh** embed, set (cf **seoid a leabú** to set a gem), **neadaigh** embed, nest, **neartaigh** strengthen, reinforce, **righnigh** toughen, **sábháil** save, **stóinsigh** make staunch/robust, **tiomnaigh** dedicate, **teann** brace, tighten, **treisigh** reinforce

Daingnithe *pp* secured, strengthened, reinforced
atreisithe reinforce, **buanaithe** perpetuated, cemented, **cinntithe** made certain, ensured, **cobhsaithe** stabilised, **cóineartaithe** confirmed, strengthened, **cruaite** hardened, **déanta sábháilte** made safe, **déanta seasmhach** made resolute, firm, **dearbhaithe** made definite, asserted, **dianaithe** intensified, **éirithe seasta** gotten permanent, **feistithe** fastened, fixed, hitched up, **fódaithe** entrenched, **fosaithe** stabilised, **glinnithe** fixed secured, **láidrithe** strengthened, **leabaithe** embedded, set, **neadaithe** embedded, nested, nestled, **neartaithe** strengthened, reinforced, **righnithe** toughened, **sábháilte** saved, **stóinsithe** made staunch/robust, **tiomnaithe** dedicated, **teannta** braced, tightened, **treisithe** reinforced

Daingniú *vn* securing, strengthening
atreisú reinforcing, **buanú** perpetuating, cementing, **cinntiú** making certain, ensuring, **cobhsú** stabilising,

Dainséar

cóineartú confirming, strengthening, **cruachan** hardening, **déanamh sábháilte** making safe, **déanamh seasmhach** making resolute, firm, **dearbhú** making definite, asserting, **dianú** intensifying, **éirí seasta** becoming permanent, **feistiú** fastening, fixing, hitching up, **fódú** entrenching, **fosú** stabilising, **glinniú** fixing, securing, **láidriú** strengthening, **leabú** embedding, *(gem)* setting, **neadú** embedding, nesting, nestling, **neartú** strengthening, reinforcing, **righniú** toughening, **sábháil** saving, **stóinsiú** making staunch, **teannadh** bracing, tightening, **tiomnú** dedicating, **treisiú** reinforcing

> aimsir a dhaingniú to stabilise weather
> cairdeas a dhaingniú to cement a friendship
> conradh a dhaingniú to ratify a treaty
> dáta a dhaingniú to fix a date
> doras a dhaingniú to secure a door
> galar a dhaingniú to make an illness chronic
> gort a dhaingniú le fál to fence off a field
> scéala a dhaingniú to confirm news
> tuairimí a dhaingniú to consolidate opinion

Dainséar *m (-éir; -éir, ~)* danger
achrann entanglement, strife, trouble, **amhantar** chance venture, risk, **bagairt** menace, **baol** peril, jeopardy, **contúirt** danger, **éidearfacht** precariousness, **fiachas** *(fin)* liability, **fiontar** risk, venture, **gábh** peril, danger, **guais** hazard, danger, **guaisbheart** dangerous venture, **guaiseacht** danger, peril, **ing** *m (lit)* danger; difficulty, plight, **iomghábh** *(lit)* immense danger, **leochaileacht** fragility, frailty, vulnerability, **neamhdhiongbháilteacht** insecurity, **neamhfhreagracht** irresponsibility, **priacal** risk, peril, **riosca** risk, **seansúlacht** chanciness, chance, **so-ghabháltacht** susceptibility, **soghontacht** vulnerability, **trioblóid** trouble (see also: *contúirt*)

▲ ~ **atá ina údar imní** worrying danger, ~ **bagrach** imminent, ~ **folaithe** hidden danger

◊ **as** ~ out of danger, **i n**~ in danger, **Sin an áit a bhfuil an ~.** That's where the danger lies.

Dainséarach *adj³* dangerous
achrannach entangled, troublesome, **amhantrach** risky, venturesome, **bagrach** menacing, threatening, **baolach** perilous, **contúirteach** dangerous, **criticiúil** critical, **dána** daring, bold, **díobhálach** deleterious, detrimental, **dochrach** harmful, **éidearfa** precarious, **fabhtach** dangerously faulty, **fealltach** treacherous, **fiontrach** risky, venturesome, **gáifeach** perilous, dangerous, **géibheannach** precariously critical, **guaiseach** hazardous, **guaisbheartach** inclined to dangerous ventures, **in-** *pref* liable to (eg **inphionósaithe** liable to penalty, **inathraithe** liable to change, etc.), **íogair** ticklish, sensitive, **leochaileach** fragile, frail, vulnerable, **meargánta** reckless, **neamhchosanta** unprotected, exposed, **neamhdhiongbháilte** insecure, **neamhfhreagrach** irresponsible, **nochta** exposed, **priaclach** risky, perilous, **ráscánta** irresponsible in speech, **rioscúil** risky, **soghonta** vulnerable, **trioblóideach** troublesome, **tromchúiseach** grave

Dáiríre 1 *m (~)* seriousness, earnestness, sincerity
dáiríreacht sobriety, **déine** intensity, **fírinneacht** truthfulness, **sollúntacht** solemnity, **stuamacht** level-headedness, steadiness, **tábhacht** importance

Dáiríre 2
1. *adj⁶* serious, earnest, sincere
céillí sober, sensible, **crua** stern, hard, **dian** intense, severe, **domhain** deep, profound, **forasta** grave, sedate, sensible, **lomdháiríre** in deadly earnest, **mór** big, **neamhscléipiúil** unostentatious, sober, **sollúnta** solemn, **stuama** level-headed, steady, **tábhachtach** important, **trom** heavy, **trombhríoch** weighty, **tromchúiseach** grave, serious, consequential

2. *adv* seriously, in earnest, sincerely
déanta na fírinne to tell the truth, **gan aon bhréag a rá** to be perfectly honest, **gan aon mhagadh** all joking aside, **go macánta** honestly, **leis an cheart a dhéanamh** to be fair, **leis an fhírinne a rá** to tell the truth, **leis an magadh a fhágáil inár ndiaidh** all joking behind us, seriously, **lomdháiríre** in deadly earnest, **thar chuid grinn de** joking aside/apart

◊ ~ **píre** really and truly, **lán~** in full earnestness, **lom** ~ in real earnest

Daite *pp* coloured, dyed; painted
aibhsithe highlighted, **aoldaite** whitewashed, **aolta** whitewashed, **ar a bhfuil imir** tinted, **ar ar cuireadh dath** coloured, **ar ar cuireadh imir** tinted, **athdhathaithe** repainted, recoloured, redyed, **breac** variegated, **breactha** speckled, chequered, **cótáilte** coated, **dathach** tinted, **dathannach** colourful; multicoloured, **dathúil** colourful; handsome, **deannta** coloured, painted, **donnaithe** bronzed, **ildaite** multicoloured; colourful, **imire** *(> imir)* tinted (cf **spéaclaí imire** tinted glasses), **imrithe** tinted, **péinteáilte** painted, **prímeáilte** primed, **ruaimnithe** dyed, **scáthlínithe** shaded, **uiscedhathaithe** water-painted

▲ **bróisiúr** ~ colour brochure, **craiceann atá ~ ag an ngrian** suntanned skin, **duine de dhath** person of colour, **forlíonadh** ~ colour supplement, **fuinneoga** ~ **stained glass windows**, **grianghraf** ~ colour photograph, **printéir** ~ colour printer

Dall 1 *m (daill; daill, ~)* blind person
caoch *m (caoich; ~a, ~)* blind person; purblind person, **caochadóir** partially sighted person, **caochán** purblind person, mole, **dallacán** purblind person, **dalldramán** blind fool, **gliúmálaí** peering, purblind person, **duine ar a bhfuil lagú radhairc** visually impaired person, **duine gan radharc** sightless person, **splincéir** purblind person, squinter

◊ **~ ag giollacht an daill** the blind leading the blind

P **I ríocht na n~ is rí fear aonroisc.** In the kingdom of the blind, the one-eyed man is king.

Dall 2 *adj¹* blind; oblivious
aineolach ignorant, **amaideach** foolish, silly, **as raon súl** out of eyesight, **bómánta** stupid, **caoch** blind, **dallintinneach** simpleminded, dim-witted, **dallradharcach** short-sighted, **dearmadach** not-with-it, absent-minded, **dí-aithneach** indiscriminate, **dímheabhrach** oblivious, **doiléir** dim, unclear, indistinct, **dorcha** dark, **dúr** dense, **fadradharcach** long-sighted, **faillitheach** neglectful, **faoi phúicín** blinkered, **gan aird gan aire** heedless, **gan chuimhneamh** unthinking, **gan ghéarchúis** unobservant, **gan léargas** without insight, **gan radharc** sightless, **gan tuiscint** lacking understanding, **geamhchaoch** purblind; bleary-eyed, **geamhshúileach** blear-eyed, **gearr-radharcach** short-sighted, **gliúcach** purblind; peering, **goll** blind in one eye; purblind, **maol** dim, dull, **neamhairdiúil** heedless, neglectful, **neamhghrinn** unobservant, inattentive, **neamhthreallúsach** unenterprising, blind to new initiatives, **neamhthuisceanach** inconsiderate, **sleamchúiseach** mindless, any-old-how, **sramshúileach** bleary-eyed

▲ **duine ~** blind person, **iontaobhas ~** blind trust

◊ **bheith ~ ar a bhfuil ag tarlú timpeall ort** to be blind to what's happening around you

Dall 3 v_{1a} blind, darken, obscure
bain an t-amharc/an radharc de take the sight from, **caoch** blind, make blind, **ceil** hide, **cuir cluain ar** deceive, **cuir púicín/daillicín ar** blindfold, **dallraigh** dazzle, blind, **déan doiléir** make obscure, **doiléirigh** obscure, **dorchaigh** darken, **dubhaigh** blacken, darken, **folaigh** cloak, hide, **fordhubhaigh** darken obscure, **gruamaigh** darken, become overcast/gloomy, **meall** deceive, **scamallaigh** cloud, cloud over, **scáthaigh** shade, darken, **siabhair** delude, derange; enchant, bewitch, **teimhligh** grow dark, obscure; tarnish

◊ **Ná ~ mo dhoras go brách arís!** Never darken my door again!

Dalladh *vn* blinding, darken, obscure
baint an amhairc/radhairc de taking the sight from, **caochadh** blinding, making blind, **ceilt** hiding, **cur cluain ar** deceiving, **cur púicín/daillicín ar** blindfolding, **dallrú** dazzling, blinding, **déanamh doiléir** making obscure, **doiléiriú** obscuring, **dorchú** darkening, **dúchan** blackening, darken, **folú** cloaking, hiding, **fordhúchan** darkening obscuring, **gruamú** darkening, becoming overcast/ gloomy, **mealladh** deceiving; seducing, **scamallú** clouding (over), **scáthú** shading, darkening, **siabhradh** deluding, deranging, enchanting, bewitching, **teimhliú** growing dark, obscuring; tarnishing

Dallamullóg *m (~)* bluff, confusion, deception; blindfold
abhógacht playing tricks, **áilteoireacht** prank playing, **bob** deception, **bréag** *f* lie, **caime** *f* crookedness, **caimiléireacht** fraud, swindle, **camastaíl** duplicity, **cealg** guile, **cleas** *m (clis; ~a, ~)* trick, **cleasaíocht** trickery, **cluain** deception, **cneámhaireacht** knavery, roguery, **cúbláil** trickery, **dalbhadh** delusion, confusion, **dalladh** delusion, deception, **dalladh púicín** blindfold, **dallóg** *f* blind, **geáitsíocht** play-acting, **meabhal** deceitfulness, treachery, **meadhrán** perplexity, giddiness, **meang** *f (meinge; ~a, ~)* wile, scam, deceit, **mearaí** distraction, bewilderment, **mearbhall** confusion; dizziness **mearú** distracting, distraction, **mí-ionracas** disingenuousness, deceit, **míthreoir** misdireaction, confusion, **séitéireacht** cheating, **siabhrán** delusion, **siabhránacht** mental confusion, **slusaíocht** dissembling, **suathas** confusion (cf **Tá suathas meisce air.** He's befuddled with drink.)

◊ **~ a chur ar dhuine** to hoodwink a person, **Níl tú ach ag cur ~ ort féin.** You're only deluding yourself.

Dallóg *f (-óige; ~a, ~) (screen)* blind
brat covering, mantle; curtain, veil, **caille** *f* veil, **ceannbhrat** canopy, **clúdach** *m* covering, **comhla** *f* shutter, **cuirtín** curtain, **dorchacht** dark, **fial** *m (féil; ~a, ~)* veil, **scáil** shadow, shade, **scáileán** screen, **scáth** shade, **sciath** *f (scéithe)* screen, **scing** *f* cloak, covering; canopy, **taiséadach** *m* shroud, **téastar** canopy over bed

▲ **~ fuinneoige** window blind, **~ ghréine** sun blind, **~ lataí** Venetian blind, **~ rolláin** roller blind

Dallraigh v_{2a} dazzle
bain stangadh as stun, **caoch** dazzle, blind, **cuir faoi dhraíocht** mesmerise, **cuir iontas ar** amaze, **dall** blind, **déan míorúilteoireacht** perform miracles/wonders, **doilbh** create illusion, **doiléirigh** obscure, **meall** seduce, deceive, **ruithnigh** illuminate brightly, **scal** flash brightly *(see also: **dall 3**)*

Dallraithe *pp* dazzled
as ar baineadh stangadh stunned; shocked, **caochta** dazzled, blinded, **curtha faoi dhraíocht** mesmerised, **dallraitheach** dazzling, **dallta** blinded, **doiléirithe** obscured, **iontach tógtha (leis)** really taken (with it), **meallta** deceived, **ruithnithe** illuminated brightly, **scalta** flashed brightly *(see also: **dallta**)*

Dallrú *vn* dazzling
baint stangadh as stunning; shocking, **caochadh** dazzling, blinding, **cur faoi dhraíocht** mesmerised, **cur iontas ar** amazing, **dalladh** blinding, **dallraithí** *f* bedazzlement, **doiléiriú** obscuring, **mealladh** seducing, deceiving, **míorúilteoireacht** performing miracles/wonders, **ruithniú** illuminating brightly, **scaladh** shining/flashing brightly *(see also: **dalladh**)*

Dallta *pp* blinded, darkened, obscured
ar ar cuireadh púicín/daillicín blindfolded, **caochta** blinded, made blind, **ceilte** hidden, **dallraithe** dazzled, blinded, **dalltach** blinding, **déanta doiléir** made obscure, **doiléirithe** obscured, **dorchaithe** darkened, **dubhaithe** blackened, darkened, **folaithe** cloaked, hidden, **fordhubhaithe** darkened obscured, **gruamaithe** darkened, gotten overcast/ gloomy, **meallta** seduced, deceived, **scamallaithe** clouded (over), **scáthaithe** shaded, darkened, **siabhartha** deluded, deranged; enchant, bewitched, **teimhlithe** grown dark, obscured; tarnished

Dalta *m* (~; ~í) pupil
ábhar oifigigh cadet, **aineolaí** absolute beginner, novice, **buachaill scoile** schoolboy, **cailín scoile** schoolgirl, **cara** *m* (~ad) **scoile** school friend, **comrádaí scoile** school mate, **fealmhac** pupil, **foghlaimeoir** learner, **deisceabal** disciple, **gadsaide** *m* youngster, child, **mac léinn** student, **neach léinn** student, **nóibhíseach** (religion) novice, **núíosach** novice, **printíseach** apprentice, **scoláire** scholar, pupil, **scológ** pupil; servant of a holy man

▲ **~ airm** cadet, **~ bunscoile** primary school pupil, **~ cíche** nurseling, **~ meánscoile** secondary school pupil

Dálta *adj⁶* (marriage) engaged
geallta promised, engaged, **idir dáil is pósadh** engaged to be married, **luaite** engaged, **le lámh is focal tugtha dá chéile** engaged to be married

◊ **Tá siad ~.** They are engaged.

Damáiste *m* (~; -tí) damage
aimhleas detriment, **anachain** calamity, disaster, loss, **caill** loss, **cailliúint** loss, **damain** damage, injury, **díobháil** harm, damage, **dochar** harm; injury, loss, **dola** harm, loss; toll, charge, **fiach** *m* (féich, ~, ~) debt, **fulaingt** suffering, **gortú** injury, **íorpais** dropsy, swollen condition, **lagú** impairment, **léirscrios** devastation, **loitiméireacht** vandalism, **lot** spoiling, damage, **milleadh** mutilation, destruction, **millteanas** havoc, **mínós** mischief, **scrios** destruction, **slad** vandalism, **truailliú** pollution, **truailliú bruscair** littering, **urchóid** harm; malignancy

▲ **~ ábhartha** material damage, **~ a rinneadh d'aon turas** wilful damage, **~ coiriúil** criminal damage, **~ comhthaobhach** collateral damage, **~ inchinne** brain damage, **~ néareolaíoch** neurological damage, **~ ó bhuama(í)** bomb damage, **~ ó phléasc** blast damage, **~ seaca** frost damage, **~ ó thuile** flood damage

◊ **Cad é an ~?** (sl) What's the damage? How much do I owe you? **Srianadh ~ atá i gceist ag an bpointe seo.** It's a matter of damage limitation at this point.

Damanta *adj⁶* damned, blasted, abominable; *adv* abominably
caillte lost, **damnaithe** damned, **diabhalta** devilish, damnable, **diabhlaí** confounded, devilish, **ifreanda** hellish, **mallaithe** cursed, **millteach** dreadful, **millteanach** abominable, **tragóideach** tragic, **tubaisteach** calamitous, disastrous, **uafásach** awful, dreadful

▲ **~ anam** damned soul, **an fliú ~** the dreaded flu, **bithiúnach ~** fiendish villain, **gleo ~** infernal noise, **lá ~** abominable day

▲ **~ dathúil** flipping gorgeous, **~ deacair** damned difficult, **~ fada** ludicrously long, **~ fuar** damned cold, **~ leadránach** insufferably boring, **~ te** damned hot; (tea) piping hot

Damhsa *m* (~; ~í) dance; *vn* dancing
bailé ballet, **bál** ball, **bíogadh** pulsating, fluttering, jerking, **bolgrince** belly dance, **ceáfráil** frisking, gambolling, **céilí** evening of Irish traditional dancing, **cniogdhamhsa** tap dance, **damhsa boilg** belly dance, **diosco** disco, **foléim** skip, skipping, **gabhóid** gavotte, **hip-hop** hip-hop, **imeacht ar leathchois** hopping away on one foot, **jeighbh** jive, **jeighbheáil** jiving, **léim** jumping, hopping, **mór-rince cinn scoile** debs' ball, **pocdamhas** prancing, **pocléim** buck jump, hopping, **port** jig, **pramsáil** caper, **pramsáil thart** prancing about, **preabadh** bouncing, jumping, **princeam** prance, **rapáil** rapping, **rince** dance, **salsa** salsa, **seit** *m* (~; ~eana) set dance, **scipeáil** skipping, **steip** step dance, **súgradh** frolic, play, **tangó** tango, **téadléimneach** *f* (-ní) (rope) skipping, **trintealach** *f* prancing; jumping nervously, **válsa** *m* waltz, **válsáil** waltzing

Damhsaigh *v₂ₐ* dance
bíog pulsate, flutter, jerk, **ceáfráil** frisk, prance, **gambol**, **cniogdhamhsaigh** tap dance, **déan bolgrince** do a belly dance, **déan foléim** skip, **déan princeam** prance, **imigh ar leathchois** hop away on one foot, **jeighbheáil** jive, **léim** hop, jump, **pocléim** buck jump,

---

■ **Ar na damhsaí traidisiúnta atá:** Traditional dances include:

Baint an Fhéir The Haymakers' Jig	**cor casta** cross reel	**Droichead Átha Luain** The Bridge of Athlone
Ballaí Luimní The Walls of Limerick	**cor ceathrair** four hand reel	**Ionsaí na hInse** The Siege of Ennis
Briseadh na Carraige The Breaking of the Rock	**cor Muirghéis** Morris reel	**Rogha an Fhile** The Poet's Choice
cor beirte winding reel	**cor na sióg** fairy reel	**Siamsa Beirte** The Two-Hand Hornpipe
	cor ochtair eight hand reel	**Tonnaí Toraí** The Waves of Tory
	cor seisir déag sixteen hand reel	
	cor seisir six hand reel	
	Cuir Crúb ar an Asal Shoe the Donkey	

hop, **pramsáil (thart)** caper (about), **preab** bounce, jump, **rapáil** rap, **rinc** dance (cf **Rincfidh sé ar ghad.** He'll dance at the end of a rope., He will hang.), **scipeáil** skip, **válsáil** waltz

Damhsaithe *pp* danced

bíogtha pulsated, fluttered, jerked, **ceáfráilte** frisked, pranced, gambolled, **cniogdhamhsaithe** tap-danced, **foléimthe** skipped, **imithe ar leathchois** hopped away on one foot, **jeighbheáilte** jived, **léimthe** hopped, jumped, **pocléimthe** buck jumped, hopped, **pramsáilte (thart)** capered (about), **preabtha** bounced, jumped, **rapáilte** rapped, **rincthe** danced, **scipeáilte** skipped, **válsáilte** waltzed

Damhsóir *m (-óra;~í)* dancer

cailín *m* **baile** ballerina, **bolgrinceoir** belly dancer, **ceáfrálaí** frisker, caperer, **cniogdhamhsóir** tap dancer, **damhsóir boilg** belly dancers, **damhsóir cuaille** pole dancer, **damhsóir téisiúil** lap dancer, **jeighbheálaí** jiver, **pramsálaí** prancer, **rinceoir téisiúil** lap dancer, **válsálaí** waltzer

Damhsú *vn* dancing *(see: damhsa)*

Damnaigh *v₂ₐ* damn

bréagnaigh debunk, falsify, **cáin** denounce, censure, **caith anuas** berate, slap down, **cáithigh** belittle, revile, **coinnealbháigh** excommunicate, **coisc** prohibit, outlaw, **cuir mallacht ar** curse, **cuir taobh amuigh den dlí** outlaw, **daor** condemn, convict, **déan beag is fiú de** belittle, **déan eascaine** to utter profanities, **díspeag** belittle, **diúltaigh do** reject, **eascainigh** curse, swear at, **eisreachtaigh** outlaw, proscribe, **lochtaigh** blame, fault, **mallaigh** curse, damn, **scrios** doom, destroy, **séan** disavow, disown, **seol duine chun ifrinn** tell a person to go to blazes, **tiomain** curse, swear

Damnaithe *pp* damned, darned

ainnis miserable, **beannaithe** blessed, **cáithithe** belittled, reviled, **coiscthe** prohibited, **damanta** damned, **diabhalta** goddamn, **diabhlaí** devilish, **eisreachtaithe** outlawed, proscribed, **fuafar** hateful, **gránna** ugly, loathsome, **gráiniúil** abhorrent, **ifreanda** hellish, infernal, **mallaithe** cursed, **millteanach** horrible, **scriosta** doomed, **seolta chun ifrinn** sent to blazes, **tiomanta** cursed, **uafásach** awful, **urchóideach** iniquitous *(see also: damanta)*

Damnú

1. *vn* damning

aifirt rebuking, **aithisiú** vilifying, **cáineadh** criticising, **cáithiú** belittling, reviling, **coinnealbhá** excommunicating, **cosc** banning, **cur in aghaidh go láidir** strongly opposing, **díspeagadh** belittling, **eisreachtú** proscribing, outlawing, **seoladh chun ifrinn** sending to blazes, **smachtú** disciplining, **srianadh** bridling, curbing, restraining, **tiomaint** cursing, swearing, **toirmeasc** prohibiting, preventing

2. *m (-naithe; -nuithe)* damnation; opprobrium

aifirt objurgation, rebuke **aithisiú** vilification, defamation, **cáineadh** condemnation, criticism, (cf **cáineadh poiblí** denunciation), **cáithiú** belittling, reviling, **coinnealbhá** excommunication, **cosc** ban, **droch-chríoch** evil end, **drochrath** doom, **cúiteamh** recompense, compensation, **díoltas** revenge, **díspeagadh** belittlement, **éiric** retribution, **eisreachtú** proscription, **ifreann** hell, perdition, **leorghníomh** atonement, **míchinniúint** ill-fated end, **pionós** punishment, penalty, **príosúnacht** imprisonment, **sásamh** redress, **sluamhallacht** public opprobrium, **smachtú** chastisement, **toirmeasc** prohibition

3. *expression of irritation:* **Damnú air!** Damn it! **A Dhiabhail!** The Devil (take it)!, **As ucht Dé!** For God's sake!, **Drochrath air!** May it come to no good! Bad cess to it!, **In ainm Dé!** In God's name! God!, **Mallacht air!** Curse it!, **Pleoid air!** Blast it!, **Scrios Dé air!** God damn it!, **Scrios fia!** Darn!

Dán *m (dáin; ~ta)*

1. poem

acrastaic acrostic, **amhrán** song, **amhrán tíre** folk song, **aor** satire, **bailéad** ballad, **caoineadh** lament, **comhardadh** bardic rhyme, **duan** song, poem, **duanaireacht** verse making, **duanmholadh** panegyric, **duanoirfideacht** singing of verse or song, **duantiomna** testament in verse, **eaclóg** eclogue, **fearsaid** piece of poetry, ditty, **formholadh** eulogy, panegyric, **laoi** narrative poem, lay, **liric** lyric, **lúibín** jingle, ditty, **luimneach** *m* limerick, **madragal** madrigal, **marbhna** elegy, **óid** ode, **oirfide** minstrelsy, **rabhán** doggerel verse; vulgar rhyme, **rabhcán** jingle, ditty, **rainn pháistí** nursery rhymes, **ramás** little rhyme; doggerel, **rann** quatrain, **rím** rhyme, **salm** psalm, **saormheadaracht** free verse, **saorvéarsaíocht** free verse, **véarsa** verse, **véarsaíocht** versification *(see also: file)*

> **Dán Díreach** – complex verse form practised by **na filí gairmiúla** *the professional poets*. The **dán díreach** required the following strict rules: (a) four lines in each verse, (b) a specified number of syllables in each line and a specific number of syllables in the last word of each line depending on the type. Examples include: **Rannaíocht Mhór** ($7^1 + 7^1$) (seven syllables in each line with the last word consisting of one syllable), **Rannaíocht Bheag** ($7^2 + 7^2$), **Deilbhí** ($7^n + 7^{n+1}$) and **Séadna** ($8^2 + 7^1$). Other requirements were: **aicill** where the first or a middle word of a line had to rhyme with the final word of the preceding line, **comhardadh seachtach** *external rhyme*, **comhardadh inmheánach** *internal rhyme*, **uaim** *alliteration* in each line. *(see also: file)*

2. fate

ádh luck, **amach anseo** down the line, **an saol atá romhainn** the life ahead of us, **cinniúint** fate, **fortún** fortune, **imthosca** *spl* circumstances, *karma* karma

Dána

(cf **droch-karma** bad karma), **mí-ádh** misfortune, **na réaltaí** the stars, **oirchill Dé** divine providence, **seans** chance, **toil Dé** the will of God, **tuismeá** horoscope

◊ **Cad tá i n~ dúinn?** What is fated for us?

Dána adj⁶

1. bold, naughty
ábhailleach mischievous, **aibéiseach** exasperating, **aimhriarach** disobedient, **aimhleasta** unruly, wild, **bearránach** annoying, **cancrach** fractious, **ceanndána** refractory, **contráilte** perverse, **dalba** naughty, **dochomhairleach** wayward, **droch-** pref bad, wicked, (eg **drochbhuachaill** bad boy, etc.), **drochbhéasach** bad-mannered, **easumhal** disobedient, **fiáin** wild, **gáirsiúil** lewd, gross, **garbh** course, uncouth, rude, **gearr-aighnis** (> *gearr-aighneas*) argumentative, given to talking back, **graosta** bawdy, **iomlatach** mischievous, **ladúsach** pert, cheeky, **lonn** ardent, bold, **mí-ásach** naughty, mischievous, **míghéilliúil** non-compliant, disobedient, **mímhúinte** rude, **mínáireach** shameless, ribald, **miréireach** disobedient, insubordinate, **misciúil** mischievous, **neamartach** remiss, **neamhumhal** disobedient, **ogmartha** impudent, **rógánta** roguish, impish, **soibealta** impudent, brassy, **sonnta** impertinent, **sotalach** cheeky, **spraíúil** playful, **toghail** bold; presumptuous, **urchóideach** wicked

◊ **Nach ~ an mhaise duit!** You have some nerve! **Tá sé chomh ~ le muc.** He's as bold as brass.

2. bold, daring
aigeanta feisty, spirited, **amhantrach** venturesome, **anamúil** spirited, lively, **beoga** lively, **bladhmannach** bombastic, loud, **brasach** brazen, **buannúil** presumptuous, **callánach** blatant, loud, **calma** plucky, **coráistiúil** courageous, **craobhlasrach** flashy, flamboyant, **cróga** brave, **curata** heroic, **dásachtach** daring, dauntless, **dínáireach** shameless, **dúshlánach** challenging, **eachtrúil** adventurous, **fiontrach** enterprising, willing to take risks, **gáifeach** brash, gaudy, **gairéadach** ostentatious, **gaisciúil** valiant, with bravado, **gan scáth gan chathú** unabashed, **gléineach** vivid, **láidir** strong, **láimhtheach** daring, **laochta** heroic, valorous, **léidmheach** daring, sturdy, **meanmnach** spirited, **meargánta** reckless, **miotalach** mettlesome, **misniúil** courageous, **móruchtúil** audacious, intrepid, **mórthaibhseach** spectacular, looming large, **neamhchotúil** forthright, **neamhchúthail** unbashful, **neamheaglach** fearless, unafraid, **rábach** bold, dashing, **soibealta** saucy, impudent, **storrúil** bold, determined, vigorous, **taibhseach** flamboyant, **teann** steadfast, bold, assured, **toghail** daring, presumptuous, **treallúsach** enterprising, **uasal** gallant, **urrúnta** dauntless, robust, **urrúsach** confident, assertive

Dánacht f (~a) boldness, daring; cheek, impertinence
aigeantacht feistiness, spirited demeanour, **amhantraí** venturesomeness, **anamúlacht** spiritedness, joie de vivre, **beogacht** liveliness, **bladhmannaí** bombast, loudness, **brasaí** brazenness, **buannúlacht** presumptuousness, **callánaí** blatancy, loudness, **calmacht** pluckiness, **coráistiúlacht** courageousness, **craobhlasraí** flashiness, flamboyance, **crógacht** bravery, **curatacht** heroism, **dásacht** daring, audacity, **dásachtaí** fury, daring, **dínáirí** shamelessness, brazenness, **dúshlánacht** defiance, **eachtrúlacht** adventurousness, **fiontraí** enterprise, willingness to take risks, **gáifeacht** ostentation, **gaisciúlacht** valiance, bravado, **gearr-aighneas** argumentativeness, backchat, **iomlat** playfulness; mischievous, **meanma** f (~n) spirit, courage, good cheer, **meargántacht** recklessness, **miotal** mettle, **misneach** m courage, **neamheagla** fearlessness, **ródhóchas** presumption, **soibealtacht** cheek, impudence, **taibhseacht** flamboyance, **teanntás** boldness, assurance, audacity, **toghailíocht** daring, presumption, **treallús** forwardness, push, **uaisleacht** gallantry, **urrúntacht** dauntlessness, robustness, **urrús** confidence, assertiveness

◊ **ná tóg orm an ~ ach** I mean no offence but, **Níl sé de dhánacht orm é a rá leis.** I haven't the brazenness to say it to him.

Daoire f (~) costliness
airgead mór amach heavy outgoings, **ardchaiteachas** high expenditure, **ardchostas** high cost, **costasacht** costliness, **costas mór** great expense, cost, **damáiste** damage (cf **Cad é an damáiste?** What's the damage?), **dochar** debit, expense, **luachmhaireacht** preciousness, **praghas ard** high price

Daoirse f (~) enslavement, hardship, difficulty
ainnise misery, wretchedness, **anbhroid an tsaoil** the trials of life, **anfhorlann** violent oppression, **angar** adversity, **anó** m (~) misery, **anró** distress, **ansmacht** oppression, **bochtaineacht** poverty, **bráca** trial, distress, **braighdeanas** captivity, confinement (cf **braighdeanas baile** house arrest, **braighdeanas aonair** solitary confinement), **broid** distress, captivity, **bun an angair** pits of despair, **cacht** m duress, privation, **céasadh** torture, **ciapadh** torment, **cimíocht** captivity, **cos ar bolg** oppression, **crá** anguish, torment, **cruálacht** cruelty, **cruas** hardness, **cruatan** hardship, **cuibhriú** fettered bondage, **daorbhroid** dire bondage, **daordháil** ill fate, **daorsmacht** slavery, repression, **deacrachtaí an tsaoil** the difficulties of life, **déine** severity, **dianas** severity, **dianriachtanas** dire necessity, **dobrón** grief, affliction, **dochar** distress, harm, **dochracht** distress, discomposure, **dochraide** hardship, oppression, **doilíos** affliction, sorrow, **doinmhí** adversity, misfortune, **dólás** tribulation, **donacht** misfortune, wretchedness,

Daonnaigh

donas misfortune, misery, **duais** travail, distress, **duibhe** dark oppression, **dúire** hardness, dourness, **neamhthrócaire** mercilessness, **gairge** harshness, **gannchuid** straitened circumstances, **gátar** want, need, **géibheann** captivity, distress, **géire** austerity, severity, **léan** tribulation, **meirse** servitude, drudgery, **mí-ádh** ill luck, **mífhortún** misfortune, **naimhdeas** hostility, **sclábhaíocht** slavery, **tiaráil** toil, **tráilleacht** thraldom, slavery, **trioblóid(í)** trouble(s), **tromas** distress; oppression

◊ Tá mé faoi dhaoirse na gcorr. I have my nose to the grindstone.

P Ní ~ go huaigneas. There is no hardship like loneliness.

Daonnaigh v_{2a} humanise
antrapamorfaigh anthropomorphise, **ceansaigh** tame, subdue, **cuir dealramh an duine ar** give a human appearance to, **déan cosúil le duine** make like a human being, **pearsanaigh** personate, impersonate, **pearsantaigh** personify

Daonnaithe *pp* humanised
antrapamorfaithe anthropomorphised, **ar ar cuireadh dealramh an duine** given human appearance, **ceansaithe** tamed, subdued, **déanta cosúil le duine** made like a human being, **pearsanaithe** personated, impersonated, **pearsantaithe** personified

Daonnú *vn* humanising
antrapamorfú anthropomorphising, **ceansú** taming, subduing, **cur dealramh an duine ar** giving a human appearance to, **déanamh cosúil le duine** making like a human being, **pearsanú** personating, impersonating, **pearsantú** personifying, personification

Daonlathach *adj³* democratic
cothromaíoch egalitarian, **daonna** human, **ionadaíoch** representative, **parlaiminteach** parliamentary, **pobail** (> *pobal*) popular, **poblachtach** republican, **poblachtánach** republican

Daonna *adj⁶* human, humane
cásmhar caring, **cineálta** kind, **Críostúil** Christian, **daonnachtúil** humane, **daonnúil** humanitarian, **indibhidiúil** individual, **trócaireach** merciful (*see also: daonnachtúil*)

Daonnacht *f (~a)* humanity, human nature
an cine daonna the human race, **cineáltacht** kindness, **Críostúlacht** Christianity, Christian charity, **daoine** people, **daonnachtúlacht** humaneness, humanity, **daonnúlachas** humanitarianism, **trócaire** *f* mercy, **trócaireacht** mercifulness, **tuiscint** understanding (*see also: daonnachtúlacht*)

Daonnachtúil *adj⁴* humane
atruach compassionate, **caoithiúil** pleasant, kindly, **cásmhar** caring, **cineálta** kind, **comhbhách** compassionate, **Críostúil** Christian, **daonna** human, **daonnúil** humanitarian, **dea-chroíoch** good-hearted, **duineata** human, kindly, **duiniúil** natural, with humanity, **grástúil** gracious, **lách** kind, **muinteartha** treating like one's own family, friendly, **séimh** gently, mild, **sibhialta** civilised, **tais** indulgent, soft, **taisiúil** mild, compassionate, **trócaireach** merciful

Daonnachtúlacht *f (~a)* humaneness
atrua compassion, **caoithiúlacht** pleasantness; convenience, **cásmhaireacht** concern, sympathy, **cineáltacht** kindness, **comhbhá** compassion, **comhbhrón** condolence, **Críostúlacht** Christian charity, **cúram** care, **dáimh** affinity, **daonnacht** humanity, **daonnúlachas** humanitarianism, **miochaire** tenderness, kindness, **muintearas** kinship, friendliness, **scrupall** compunction, pity, **sibhialtacht** civilisation, **taise** compassion; indulgence, softness, **trócaire** *f* mercy, **trócaireacht** mercifulness, **trua** pity, **truamhéala** piteousness; pity

Daor 1 *m (-oir; -oir, ~)* condemned person; unfree person, bondsman
cime captive, **daoirseach** *m* serf, slave, **daorán** servile creature, **mogh** bondsman, slave, **pianseirbhí** convict, **príosúnach** prisoner, **sclábhaí** slave, **seirfeach** *m* serf, **tráill** thrall, slave

Daor 2 *adj¹*
1. dear, expensive
ard i bpraghas high-priced, **ar phraghas iomarcach** overpriced, **cailliúnach** costly, **costasach** expensive, **luachmhar** valued, precious, **mórluachach** high-priced
2. unfree
cleithiúnach dependent, **faoi dhaoirse** oppressed, **gafa** arrested, captured, **geimhleach** fettered, **i ndaoirse** in servitude/ bondage, **i ngéibheann** in captivity; in sore distress, **snaidhmthe** bound, tied up

Daor 3 v_{1a}
1. (*jur*) convict
breithnigh judge, pass judgement, **ciontaigh** convict, **cúisigh** charge, **díotáil** indict, **gearr pionós ar** pass sentence on, **ionchúisigh** prosecute, **maígh** declare, claim, **tabhair breith ar** pass judgement on, **teilg** (*jur*) convict
2. harshly criticise, damn
bain stiallacha de dhuine tear a person to shreds, **cáin** criticise, **caith anuas ar** berate, **damnaigh** damn, **dímhignigh** (*lit*) condemn, **lochtaigh** fault, blame, **feann** slate, **milleánaigh** blame; censure, **stiall** slash; severely criticise

Daoradh *vn*
1. (*jur*) convicting, condemning
breithniú judging, passing judgement, **ciontú** convicting, **cúisiú** charging, **dímhigniú** (*lit*) condemning, **díotáil** indicting, **gearradh pionóis**

ar passing sentence on, **ionchúisiú** prosecuting, **maíomh** declaring, claiming, **tabhairt breith ar** passing judgement on, **teilgean** *(jur)* convicting, condemning
2. harshly criticising, damning
cáineadh criticising, **caitheamh anuas ar** berating, **damnú** damning, **dímhigniú** condemning, **lochtú** faulting, blaming, **feannadh** slating, **milleánú** blaming; censuring, **stialladh** slashing; severely criticising

Daortha *pp*
1. *(jur)* convicted, condemned
ar ar tugadh breith judged, **breithnithe** judged, **ciontaithe** convicted, **cúisithe** charged, **dímhignithe** condemned, **díotáilte** indicted, **ionchúisithe** prosecuted, **maíte** declared, claimed, **teilgthe** *(jur)* convicted
2. harshly criticised, damned
cáinte criticised, **caite anuas ar** berated, **damnaithe** damned, **lochtaithe** faulted; blamed, **feannta** slated, **milleánaithe** blamed; censured, **stiallta** slashed; severely criticised

◊ **~ ag a focail féin** condemned by her own words, **~ chun báis** condemned to death, **~ chun bochtaineachta** condemned to poverty

Dáta *m (~; ~í)* date
am *m (~a; ~anna)* time, **bliain** *f (bliana; blianta)* year, **coinne** appointment, date, rendezvous, **coinne caoch** blind date, **lá** *m (lae; laethanta)* day, **páirtíocht** engagement *(eg sport)*, **peiriad** *(tech)* period, **téarma** term, **tráth** period, time, **treall** short period, **uain** occasion, moment, **uair** hour, time, **uídhe** *m (~; ~adha, ~adh)* fixed period, term (cf **uídhe íochta fiach** fixed term for payment of debts)

Dátaigh *v₂ₐ* date
cuir dáta ar put a date on, **meas aois/dáta (iontaise)** estimate age/date (of fossil), **réamhdhátaigh** pre-date, antedate, **tabhair dáta d'eachtra stairiúil** give a date for a historical event

Dath *m (~a; ~anna)*
1. colour
bláth bloom, **bréagriocht** *m (-reachta; -riochtaí)* disguise, **cine** *m (~; ciníocha)* race, **craiceann** *m* skin, **dathán** colouring for hair, **dathú** colouring, **dathúchán** colorant, **dreach** hue, **gile** brilliance, **imir** *f (~e; imreacha)* tint, **lí** *f* complexion, colour, **líochadh** *m (líochta)* pigmentation, **loinnir** *f (loinnreach)* flush, **luisne** blush, glow, **péint** paint, **ruaim** *f (~e; ruamanna)* dye, **snua** complexion, **tondath** timbre
2. **a dhath** *(used negatively)* least bit
blaiseadh hint, taste, **blúirín** snippet, **dada** nothing, **faic** nothing, **frídín** tiniest bit, **goin** bit, scrap, **grabhróg** crumb, **gráinnín** tiny granule, **oiread na fríde** insignificant amount, **ruainne** shred, single fibre, **screatall** least bit (cf **Níl screatall den chiall agat!** You haven't an ounce of sense!), **smidín** tiniest puff, tiniest bit

◊ **Níl a dhath ann!** There's not the least bit left. (cf **Níl screatall fágtha.** There's not a trace left.)

Dathadóir *m (-óra;~í)* painter; dyer
ealaíontóir artist, **péinteálaí** painter, **péintéir** painter, **ruaimneoir** dyer, **uiscedhathadóir** watercolourist

Dathadóireacht *f (~a)* painting, dyeing
amharc-ealaín visual art, **bratú** plastering, **cótáil** coating, **dathú** colouring, **dathúchán** colouring, **imriú** tinting, **péinteáil** painting, **péintéireacht** painting, **péintéireacht ola** oil painting, **prímeáil** priming, **ruaimneoireacht** dyeing, **ruaimniú** dyeing, **scáthlíniú** shading *(eg drawing)*, **uiscedhathadóireacht** watercolouring

Dathaigh *v₂ₐ* colour, dye; paint
aibhsigh highlight, **aol** whitewash, **aoldathaigh** whitewash, **athdhathaigh** repaint, recolour, redye,

---

■ **Ar na dathanna atá:**
  Colours include:

airgead silver	**dearg** red	**maigeanta** magenta
bán white	**donn** brown	**marún** maroon
bándearg pink	**dubh** black	**muirghorm** aquamarine
béas beige	**dúbhuí** dark yellow	**ómra** amber
buí yellow; tan	**dúdhonn** dark brown	**ór** gold
buídhearg coral pink	**dúghlas** dark green; dark grey	**oráiste** orange
burgúnach burgundy	**dúghorm** navy blue	**órbhuí** topaz
cian cyan	**foruaine** verdant green	**órdhonn** auburn
ciardhubh jet black	**glas** *(natural)* green; grey	**plúirín** indigo
cobalt cobalt	**glébhán** brilliant white	**rua** ginger, russet, copper
copar copper	**glébhuí** bright yellow	**ruachorcra** puce
corcairdhearg crimson	**glédhearg** bright red	**ruaimneach** russet, red
corcra purple	**gléghlas** bright green	**ruamheirgeach** rusty red
craorag crimson	**gléghorm** bright blue	**séadghlas** jade green
cróch saffron	**gorm** blue	**spadliath** dull grey
crón tawny	**gormghlas** azure	**spéirghorm** sky blue
	indeagó indigo	**téal** teal
	liath grey	**turcaid** turquoise
	liathchorcra mauve	**uaine** *(artificial)* green

cótáil coat, **cuir dath ar** colour, **cuir fochóta ar** put an undercoat on, **cuir imir ar** tint, **deann** colour, paint, tan, **imrigh** tint, **péinteáil** paint, **prímeáil** prime, **ruaimnigh** dye; dye red, **scáthlínigh** shade, **uiscedhathaigh** watercolour

■ **bánaigh** whiten, **buígh** make/become yellow, tan, **dearg** redden, **donnaigh** make/become brown; bronze, **dubhaigh** blacken, **glasaigh** make/become green, **gormaigh** make/become blue, **liath** become grey, grey, **odhraigh** make/become dun *(greyish brown)*, **óraigh** golden, gild, **purparaigh** make/become purple, **ruaigh** make/become rust-coloured

Dathú *vn* colouring, painting
aibhsiú highlighting, **aoladh** whitewashing, **aoldathú** whitewashing, **cótáil** coating, **deannadh** colouring, painting, **donnú** bronzing, **péinteáil** painting, **prímeáil** priming, **ruaimniú** dyeing, **scáthlíniú** shading, **uiscedhathú** watercolouring

Dathúil *adj⁴* handsome; colourful
álainn beautiful, **amharcach** pleasing to behold, easy on the eye, **aoibhinn** delightful, **breá** fine-looking, **brionnach** visionary; beautiful, **cluanach** beguiling, **córach** comely, in good shape, **cruthúil** shapely, of good physique, **cuanna** comely, charming, **cuidsúlach** eye-catching, **cumtha** shapely, well-proportioned, **dathannach** colourful; multicoloured, **dea-chumtha** well-formed, shapely, **deas** nice, **dóighiúil** good-looking, **dreachúil** comely, **fíorálainn** exquisite, **galánta** distinguished, gallant, **gleoite** gorgeous, **gnúiseach** good-looking, **líoga** lustrous; colourful, **maisiúil** handsome; decorative, **mas** handsome, becoming, **meallacach** charming, captivating, **mealltach** seductive, alluring, **sárálainn** exceedingly pretty, stunning, **sciamhach** beauteous, **slachtmhar** tidy, neat, of good appearance, **taitneamhach** pleasing, **tarraingteach** attractive, **úrchneasach** fresh-complexioned

Dathúlacht *f (~a)* handsomeness, good looks
áille beauty, **bláth** blossoming, **breáthacht** fineness, **córaí** *f* shapeliness, **cuannacht** elegance, **draíocht** *f* charm, charisma, **galántacht** stylishness, **gnaoi** *f* comeliness, beauty, **grástúlacht** gracefulness, **greantacht** shapeliness *(chiselled features)*, beauty, **loise** radiance, **luisne** sheen, healthy glow, **maise** *f* adornment, **maisiúlacht** elegance, comeliness, **mealltacht** beguilement, allure, **scéimh** beauty, **slacht** *m* comeliness, **taitneamh** appeal, **tarraingt** attraction, **tarraingteacht** attractiveness

Dea- *pref* good
breá fine, **buntáisteach** advantageous, **cineálta** kind, **deas** nice, **deisbhéalach** witty, **lách** gentle, **maith** good, **suáilceach** virtuous, **tairbheach** beneficial *(see also: maith)*

▲ ~-**aigne** goodwill, ~-**aimsir** good weather, ~-**ainm** good name, ~-**airí** good sign; deserving person, ~-**bhail** good condition, ~-**bhás** good death, ~-**bhean** good wife, good woman, ~-**bheart** good deed, ~-**bhéas** good manners, ~-**bheatha** virtuous life, ~-**bhia** good food, ~-**bhlasta** palatable, delicious, ~-**bhriathrach** well-spoken, ~-**chaidrimh** good relations, ~-**cháiliúil** acclaimed, ~-**chleachtas** best practice, ~-**chomhartha** good sign, ~-**chroíoch** good-natured, ~-**chlú** good reputation, ~-**chuimhní** good memories, ~-**chuma** pleasant appearance, ~-**chumtha** shapely, curvaceous, ~-**dhéanta** well-made, ~-**dhuine** good human being, good person, ~-**fhocal** kindly word, ~-**ghléasta** well-dressed, ~-**ghiúmar** good mood, ~-**ghníomh** good deed, ~-**ghnúis** pleasant facial expression, ~-**ghuí** good wish (**le ~ghuí** le good wishes), ~-**iomprach** well-behaved, ~-**iomrá** good things being said, ~-**mhaise** grace; adornment, ~-**mhargadh** good deal, bargain, ~-**mheasta** esteemed, ~-**mhéineach** well-wishing, ~-**mhianach** mettlesome, ~-**mhoch** good and early, ~-**mhúinte** well-mannered, ~-**mhuinteartha** friendly, ~-**nós** good habit, ~-**obair** good work, ~-**oibreacha** good works, ~-**ordaithe** neatly ordered, ~-**phoiblíocht** favourable publicity, ~-**rud** good thing, ~-**rún** good intentions, (**an**) ~-**shaol** (the) good life, ~-**scéal** good news, ~-**shampla** good example, ~-**sheasamh** *(standing one's ground)* good stand; good posture, ~-**staid** good state, ~-**theist** good repute/report, ~-**thionchar** beneficial influence, ~-**thógáil** good upbringing, ~-**thuairisc** good report, ~-**thuairim** good opinion, ~-**thuismitheoireacht** good parenting, ~-**uair** opportune time

Deabhadh *m (-aidh)* haste
brostú hurrying, **cruóg** exigency, **deifir** *f (deifre)* hurry, **dithneas** haste, **driopás** precipitation, **luas** speed, **luascán** impetuous haste, **meargántacht** reckless haste, **práinn** emergency, **rith** run, **ruaill** rush, dash; hurried visit, **ruathar** rush, **rúid** dash, **scinneadh** darting, flight, **sciuird** flying visit, **seáp** dash, rush, **tinneasnaí** haste, urgency, **tiomáint** drive, brisk demand, **tobainne** hastiness, suddenness *(see also: deifir)*

Dea-bhéas *m (~a; ~a, ~)* politeness
béas *m* manners, conduct, **cúirtéis** courtesy, **cultúr** culture, **dea-mhúineadh** well-mannered behaviour, good breeding; **deismíneacht** refinement, **foghlaim** education, **galántacht** elegance, **múineadh** mannerly behaviour, well-taught, **modhúlacht** genteelness, mannerliness, **nósmhaireacht** politeness; formality, customariness, **oilteacht** training, skilfulness, **oilteanas** politeness, manners, **sibhialtacht** civilised behaviour, civility, **sofaisticiúlacht** sophistication, **urramacht** deference *(see also: béas)*

Dea-bhéasach adj³ polite
béasach polite, cúirtéiseach courteous, cultúrtha cultured, den dea-bhéas of politeness (cf Is den dea-bhéas é. It's the polite thing to do.), dea-mhúinte well-mannered, well-bred; well-behaved, deismíneach refined, eolach informed, foghlamtha educated, galánta elegant, múinte mannerly, modhúil genteel, mannerly, oilte educated, sibhialtachta (> sibhialtacht) civilised, sofaisticiúil sophisticated, urramach deferential (see also: béasach, múinte)

Deabhóid f (~e) devotion
adhradh worship, worshipping, coinsiasacht conscientiousness, crábhadh religious practice, cráifeacht piety, devotion, diagantacht godliness, dícheall diligence, best effort, dílseacht loyalty, fidelity, díocas assiduity, industriousness, díograis ardour, enthusiasm, diongbháilteacht determination, steadfastness, dúthracht earnestness, determination, naofacht holiness, onórú honouring, paisean passion, tiomantas commitment

Deabhóideach adj³ devout
caoindúthrachtach earnest, devout, coinsiasach conscientious, cráifeach pious, devout, diaganta godly, dícheallach diligent, dílis loyal, faithful, díocasach assiduous, industrious, díograiseach enthusiastic, diongbháilte determined, steadfast, dúthrachtach fervent, committed, naofa holy, paiseanta impassioned, tiomanta driven, committed

Deacair adj irr difficult
achrannach intricate, involved, sticky, aimhréidh entangled; obscure, aimpléiseach complicated, ainnis wretched, awkward, amhrasach dubious, anacair uneasy, difficult, anróiteach severe, callóideach obstreperous, callshaothach contentious, casta complicated, ceanndána obstinate, ciapach torturous, ciotach awkward, coimpléascach complex, contráilte perverse, crua hard, damanta damnable, diamhair mysterious, dian severe, arduous, docht tight, dócúil (> dócúl) uncomfortable, hard, dócúlach uncomfortable, painful (eg suíomh dócúlach uncomfortable/difficult situation), doiciúil hard to manage, difficult, doiligh difficult, doirbh hard, unpleasant, dodhéanta undoable, dolúbtha unbending, dorcha dark, doréitithe insoluble, doscaoilte unyielding, irresolvable, dothuigthe abstruse, droibhéalach rugged, difficult, duaisiúil uphill, distressingly laborious, duamhar trying, dúrúnda enigmatic, éilitheach demanding, fadhbach problematic, forránach formidable, géar steep, precipitous, íogair delicate, maslach gruelling, punishing, mearaithe perplexing, mearbhlach bewildering, piolóideach querulous, righin rigid, rite taut, tight, saothrach laborious, snaidhmeach knotty, starrach rugged, rough, stuacánach recalcitrant, talchair wilful, obstinate; determined, tónáisteach onerous, trom oppressive, severe, laborious, weighty, tuirsiúil tiresome, úspánta clumsy, awkward, unmanageable

◊ Beidh an churiarracht sin ~ le sárú! That record will take some beating!, Déanann sé seo an scéal dhá uair níos deacra. This makes things doubly difficult., Is ~ é a thuar. It's a difficult call to make!, Níl sé chomh ~ sin. It's not that hard., Fadhb í gur ~ ciall ar bith a bhaint aisti. It's an unfathomable problem.

P Is ~ cleas nua a mhúineadh do sheanchapall. It's hard to teach an old horse new tricks. Is ~ don fhírinne leaba a fháil. The truth can never find a home., Is ~ giorria a chur as tor nuair nach bhfuil sé ann. It's difficult to find something that isn't there., Is ~ sean-nós a bhriseadh. Old habits die hard.

Dea-chlú m (~) good repute
ardmheas high regard, cáil fame, clú acclaim, reputation, clú agus cáil celebrity, fame and reputation, dea-ainm m good name, dea-cháil good reputation, dínit dignity, fíorgacht righteousness, fíréantacht justness, faithfulness, gnaoi f approbation, gradam accolade, commendation, distinction, meas respect, miadh (lit) distinction, dignity, moladh praise, oineach m good name, honour, ómós homage, onóir f honour, seasamh maith good standing, stádas status, urraim deference

Dea-chumtha adj⁶ shapely, curvaceous
álainn beautiful, córach shapely, comely, cruinn rounded, cruthúil beautiful in appearance, cuanna graceful, comely, dathúil handsome, dea-chomhréirithe (tech) well-proportioned, dea-snoite beautifully hewn, dóighiúil comely, cuartha curvy, fíortha shapely; diagrammatical, galánta elegant, classy, gnaíúil dreamy, comely, greanta beautifully graven/polished, rialta regular, sámhasach voluptuous, curvaceous, slachtmhar neat, elegant, tarraingteach attractive, úisiúil fulsome

Deachtaigh v₂ᵦ dictate
abair say, cuir i gcion ar impose, dearbhaigh assert, pronounce, fógair announce, forógair decree, labhair speak, múin teach, oideasaigh (med) prescribe, ordaigh order, command, rialaigh rule, stiúir steer, direct, tabhair le fios let it be known, tabhair treoir do guide, instruct, treoraigh guide

Deachtaithe pp dictated
curtha i gcion (ar) imposed (upon), dar tugadh treoir guided, instructed, dearbhaithe asserted, pronounced, fógartha announced, forógartha decreed, labhartha spoken, múinte taught, oideasaithe (med) prescribed, ordaithe ordered, commanded, ráite said, stated, rialaithe ruled, stiúrtha steered, directed, treoraithe guided, tugtha le fios let be known

Deachtóir m (-óra; ~í) dictator
ainbheithíoch monster, **ainchríost** antichrist, **aintiarna** despot, tyrant, **anduine** inhuman wicked person, **ansmachtaí** tyrant, oppressor, **Deartháir Mór** Big Brother, **ollsmachtaí** totalitarian ruler, **rialtóir** ruler, **smachtaí** disciplinarian, **tíoránach** m tyrant, **uathlathaí** autocrat

Deachtóireacht m (~a) dictatorship
aintiarnas despotism, tyranny, **ansmacht** tyranny, bullying, **faisisteachas** fascism, **monarcacht** monarchy, **Naitseachas** Nazism, **ollsmachtachas** totalitarianism, **tíorántacht** tyranny **uathlathas** autocracy

Deachtú vn dictating, dictation
cur i gcion (ar) imposing (upon), **dearbhú** asserting, pronouncing, **fógairt** announcing, **forógairt** decreeing, **labhairt** speaking, **múineadh** teaching, **oideasú** (med) prescribing, **ordú** ordering, commanding, **rá** saying, stating, **rialú** ruling, **stiúradh** steering, directing, **tabhairt le fios** letting be known, **tabhairt treoir do** guiding, instructing, **treorú** guiding

Deacracht f (~a; ~aí) difficulty, problem
achrann strife, **aimhréidh** entanglement, **aimpléis** trouble, **aincheist** dilemma, **ainnise** wretchedness, **angar** affliction, anguish, **bac** block, **bráca** hassle, distress, **callóid** drudgery, disquiet, **callshaoth** m (~a) contention, **castacht** complication, **ceanndánacht** obstinacy, **ceap tuisle** pitfall, **ceist achrannach** vexed question, **ciapadh** torture, **ciotaí** awkwardness, **coimpléascacht** complexity, **contráilteacht** perversity, **cosc** hindrance, **crá** torment, tribulation, **cruachás** plight, **cruacht** hardness, **damantacht** damnation, **diamhracht** mystery, **déine** severity, arduousness, **dócúl** pain, distress, discomfort, **dócúlacht** uncomfortableness, hardness, **doilíos** difficulty; sorrow, contrition, **doirbheas** hardness, unpleasantness; sullenness, **doichte** tightness, **doilíos** difficulty, **dólás** tribulation, **dolúbthacht** inflexibility, **dorchacht** darkness, **doréititheacht** insolubility, **doscaoilteacht** indissolubility, **dothuigtheacht** abstruseness, **dris chosáin** stumbling block, **droibhéal** rugged, difficult place, **dua** difficulty, **dúrún** enigma, mystery, **fadhb** problem, **faopach** m predicament, jam (cf **bheith san fhaopach** to be in a predicament), **géire** steepness, **idir dhá chomhairle** in a quandary, **idir dhá thine Bheltaine** on the horns of a dilemma, **in arán crua** in dire straits, **mearbhall** bewilderment, **mearú** confusion, **pioloíd** torment, **ponc** difficult spot (cf **bheith i bponc** to be in a spot), **righneas** rigidity, **riteacht** tautness, tightness, **sáinn** fix (cf **bheith i sáinn** to be in a fix), **saothar** labour, **scrupall** scruple, **snag** hiccup, **snaidhm** knot, **sofaisticiúlacht** sophistication, **spota** spot, (cf **Chuir tú ar an spota mé.** You put me on the spot.), **starragán** stumble, **stró** exertion, stress, **stuacánacht** recalcitrance, **tónáiste** imposition, **treampán** trouble, difficulty, **trioblóid** trouble, **troime** weight, **urchoilleadh** hang-up, inhibition, **úspántacht** clumsiness, awkwardness, unmanageability

▲ ~ **airgeadais** financial difficulty, ~ **as cuimse** extreme difficulty, ~ **foghlama** learning difficulty, ~ **gan réiteach** insurmountable problem, ~ **mhothúchánach** emotional difficulty, ~ **óil** drinking problem, ~ **theicniúil** technical hitch

◊ ~ **a réiteach/ a shárú** to solve/ overcome a problem, **an ~ is mó** the biggest difficulty, **Gan aon ~!** No problem!, **Ní bheidh aon ~ leis.** It will pose no difficulty., It will be a piece of cake., **Níl aon ~ ag baint leis.** It's no trouble.

Déadail v_{2c} dare
bain triail as attempt, **briog** provoke, prick, **ceistigh** question, **cuir d'ainm sa rith** throw your hat into the ring, **greannaigh** taunt, defy, **griog** goad, **leomh** dare, **tabhair aghaidh ar** confront, **tabhair dúshlán** challenge, **tabhair neamhaird ar** disregard, **téigh in aghaidh** go (up) against

Déadladh vn daring
bain triail as attempting, **briogadh** provoking, pricking, **ceistiú** questioning, **cur d'ainm sa rith** throwing your hat into the ring, **dul in aghaidh** going (up) against, **greannú** taunting, defying, **griogadh** goading, **leomhadh** daring, **tabhairt aghaidh ar** confronting, **tabhairt do dhúshláin** challenging, throwing down the gauntlet, **tabhairt neamhaird ar** disregarding

Déadlaithe pp dared
ar ar tugadh aghaidh confronted, **ar ar tugadh neamhaird** disregarded, **as ar baineadh triail** attempted, **dar tugadh dúshlán** challenged, **briogtha** provoked, pricked, **ceistithe** questioned, **dulta in aghaidh** gone (up) against, **griogtha** goaded, **greannaithe** taunted, defied, **leofa** dared

Déagóir m (-óra;~í) teenager; adolescent
bean f (**mná**) **óg** young woman, **buachaill** m (-**challa**) boy, **cailín** girl, **duine óg** young person, **fear óg** young man, **garlach** m snapper, youngster, **gas** (sl) sprig, kid, **gasúr** young boy, kid, youngster, **leaid** m **óg** young lad, **leanbh** child, **óg** m youth, **óganach** m youngster, **páiste** child, **scorach** stripling, youth, **stócach** young man; boyfriend, **tachrán** kid

Dealaigh v_{2a} separate, hive off; subtract
aithin recognise, **aonraigh** isolate, **bain** remove; delete, **déan deighil** segregate, separate; dismember, **dícheangail** dissociate, disconnect, **dluigh** split, part, divide, **gearr** cut, **gearr amach** box off, **idirdhealaigh** differentiate, **idirdhealaigh idir** make a distinction between, **imdhealaigh** separate, **leithlisigh** isolate,

Dealaithe rangaigh compartmentalise, class, **roinn** divide, **scar** separate, divorce, **scar amach** isolate, **scoilt** split, **scoith** detach, disconnect, **srac** rip (off), tear (off), **stróic** tear

Dealaithe *pp* separated, hived off; subtracted
aitheanta recognised, **aonraithe** isolated, **bainte** removed; deleted, **deighilte** segregated, separated; dismembered, **dícheangailte** dissociated, disconnected, **dluite** split, parted divided, **gearrtha** cut, severed, **gearrtha amach** boxed off, **idirdhealaithe** differentiated, **imdhealaithe** separated, **leithlisithe** isolated, **rangaithe** compartmentalised, classed, **roinnte** divided, **scartha** separated, divorced, **scartha amach** isolated, **scoilte** split, **scoite** detached, disconnected, **sractha** ripped (off), torn (off), **stróicthe** torn

Dealbh 1 *f (deilbhe; ~a, ~)* statue, sculpture
busta bust, **cruthú** creation, **deilbhín** figurine, statuette, **fíor** *f (~ach; ~acha)* figure, **íocón** icon, **íomhá** image, **leacht** *m (~a; ~anna)* monument, memorial, **samhail** *f (samhla; samhlacha)* effigy, **scáil** form, image; shade, **séadchomhartha** commemorative object; monument, **sfioncs** sphinx, **snoiteán** carving, sculpture

Dealbh 2 *adj⁵* destitute
anásta in needy circumstances, **ar an anás** impoverished, **ar an ngannchuid** impecunious, **ar an trá fholamh** destitute, **beo bocht** destitute, extremely poor, **bocht** poor, **dealúsach** poverty-stricken, **dearóil** dingy, dreary, bleak, poor, **diolba** austere, **díothach** destitute, **doim** *(lit)* poor, indigent, **duairc** dismal, **ganntarach** needy, **sceirdiúil** desolate, bleak, **scriosta** ruined *(see also: **bocht**)*

Dealbhaigh 1 *v₂ₐ* impoverish
bánaigh lay waste, **bochtaigh** impoverish, **coinnigh ó** deprive, **cuir ar an anás** make destitute, **cuir ar an ngannchuid** put on the bread line, **déan beo bocht** make destitute, drive to extreme poverty, **déan bocht** make poor, **dearóiligh** make bleak; debase, **scrios** ruin

Dealbhaigh 2 *v₂ₐ* sculpt
cruthaigh create, **déan** make, **gearr** cut, **múnlaigh** mould, sculpt, **rionn** carve, engrave, **siséal** chisel, **smiot** whittle, chip, **snoigh** sculpt, carve *(see also: **snoigh**)*

Dealbhaithe 1 *pp* impoverished
bánaithe cleared out, emptied, wasted, **bochtaithe** impoverished, **coinnithe ó** deprived, **curtha ar an anás** made destitute, **curtha ar an ngannchuid** made to live an impecunious existence, **déanta beo bocht** made destitute, driven to extreme poverty, **déanta bocht** made poor, **dearóilithe** made bleak; debased, **scriosta** ruined

Dealbhaithe 2 *pp* sculptured
cruthaithe created, **déanta** made, **gearrtha** cut, **múnlaithe** moulded, sculpted, **rionnta** carved, engraved, **siséalta** chiselled, **smiota** whittled, **snoite** sculpted, carved *(see also: **snoite**)*

Dealbhú *vn* impoverishing
bánú clearing out, emptying, wasting, **bochtú** impoverishing, **coinneáil ó** depriving, **cur ar an anás** making destitute, **cur ar an ngannchuid** putting on the bread line, **déanamh beo bocht** making destitute, driving to extreme poverty, **déanamh bocht** making poor, **dearóiliú** making bleak; debasing, **scriosadh** ruining

Dealbhú 2 *vn* sculpturing
cruthú creating, **déanamh** making, **gearradh** cutting, **múnlú** moulding, sculpting, **rionnadh** carving, engraving, **siséaladh** chiselling, **smiotadh** whittling, **snoí** sculpting, carving *(see also: **snoí**)*

Dealbhóir *m (-óra;~í)* sculptor
bean a dhéanta the woman who made it, **ealaíontóir** artist, **fear a dhéanta** the man who made it, **múnlóir** moulder, modeller, **saor cloiche** stone mason, **snoíodóir** carver, sculptor

Dealbhóireacht *f (~a)* sculpting, sculpting
criostalú crystallising, **cruthú** creating, crafting, **dealbhú** sculpting, **déanamh** making, **greanadóireacht** engraving, **múnlóireacht** modelling, moulding, **múnlú** moulding, shaping, **rionnaíocht** carving, **snoí** carving, sculpting, **snoíodóireacht** sculpturing, carving, **tógáil** constructing, construction

Dealg *f (deilge; ~a, ~)* thorn, spike; *(hist)* brooch
bior *m (beara; ~anna)* point, spike, **biorán** pin, needle, **briogadán** prickle; icicle, **brod** spiked stick, goad, **bróiste** brooch, **colg** prickle, blade, **colgán** bristle, prickle, **dias** *f (déise; ~a, ~)* point, spike (eg **dias claímh** point of a sword), **friofac** barb, **snáthaid** needle, **spíce** spike, **spíon** *f (spíne; ~ta)* spine

▲ ~ **brait** mantle brooch, **cachtais** cactus spine, ~ **draighin** spine of blackthorn, ~ **feochadáin** thistle thorn, ~ **gráinneoige** hedgehog quill, ~ **na Teamhrach** Tara brooch, ~ **róis** rose thorn

◊ **an ~ a tharraingt** to face the music, **Chuir sin ~ ina sháil.** That put a stop to his gallop.

P **Cá bhfuil rós gan ~?** Where is there a rose without a thorn? **Is beag an ~ a dhéanfadh braon.** There is no such thing as a detail., Even the smallest detail can cause problems.

Dealraigh *v₂ₐ* shine; appear, seem
bí ag glioscarnach be glistening, **breoigh** glow, **caith solas ar** throw light on, **drithligh** gleam; glint, sparkle, **feictear dom** it seems to me, **lonraigh** sparkle, glisten, **radaigh** *(tech)* radiate, **ruithnigh** make radiant; glitter, **samhlaítear dom** it appears to me, **scal** beam; blaze,

soilsigh light up, illuminate, **sorchaigh** illuminate, enlighten, **spalp** *(light)* burst forth, **taitin** shine (cf **Taitníonn sé liom.** I like it.)

◊ **Dealraím ort maitheas na saoire.** I see the holiday has done you good., **Dealraíonn le hamadán mé.** I look like a fool., **Dealraítear dom gur fíor é.** It appears to me to be true.

Dealraithe *pp* shined; appeared, seemed
drithlithe gleamed; glinted, sparkled, **chonacthas dom** it seemed to me, **lonraithe** sparkled, glistened, **radaithe** *(tech)* radiated, **ruithnithe** made radiant; glittered, **samhlaíodh dom** it appeared to me, **scalta** flashed; blazed, **soilsithe** lit up, illuminated, **sorchaithe** illuminated, enlightened, **spalptha** *(light)* burst forth, **taitnithe** shone (cf **Thaitin sé liom.** I liked it.)

Dealraitheach *adj³* apparent; plausible
áititheach persuasive, **cluanach** alluring, **éifeachtach** convincing, **faisnéiseach** informative, **fianaiseach** evidential, bearing evidence, **follasach** obvious, evident, patent, **inbhraite** palpable, **inchreidte** believable, plausible, **infheicthe** visible, **láidir** strong, **léir** clear, lucid, **meallfach** appealing, **ró-léir** glaringly obvious, **slíoctha** slick, plausible, **so-aitheanta** easily recognisable, **so-chreidte** easy to believe, **so-fheicthe** conspicuous, in plain sight, manifest, **soiléir** clear, obvious, **sonrach** notable, **suaithinseach** distinctive, **suntasach** remarkable, **tarraingteach** attractive

Dealramh *vn* appearing, appearance
araíocht appearance, semblance, **craiceann** skin, surface covering, **cruth** shape, **cuma** *f* appearance, **dearcadh** outlook, regard, **deilbh** figure, shape, **dóigh** manner, **dreach** *m* facial look, expression, **foirm** form, **gné** *f* aspect, **radharc** view, sight, **riocht** *m (reachta; ~aí)* guise, **samhail** *(-mhla; -mhlacha)* likeness, **soilsiú** lighting up, illuminating, **snua** *m* complexion; appearance, **sorchú** illuminating, enlightening, **spalpadh** *(light)* bursting forth, **stá** good appearance *(see also: cuma)*

◊ **de réir dealraimh** apparently, **scéal gan ~ an** unlikely story, **Tá ~ na fírinne ar an scéal.** The story seems true.

Dealú *vn* subtracting, subtraction; separating, separation
baint removal; deletion, **deighilt** segregation, separation; *(fig)* dismemberment, **dícheangal** dissociation, **dluí** splitting, parting, dividing, **gearradh** cutting, **gearradh amach** boxing off, **idirdhealú** differentiation, **imdhealú** separating, **leithlisiú** isolating, **rangú** compartmentalisation, classification, **roinnt** division, **scaradh** separation, divorce, **scaradh amach** isolation, **scoilt** split, **scoitheadh** severing; overtaking, **sracadh** ripping (off), tearing (off), **stróiceadh** tearing

Deamhan *m (-ain; -ain, ~)* demon
ainspiorad evil spirit; devil, **ainsprid** fiend, **amhailt** phantom, **amhailt tromluí** alp (demonic creature that sits on a sleeper's chest causing paralysis and nightmares), **bithiúnach** knave, bad guy, **diabhal** devil, **diaibhlín** imp, little devil, **ginid** sprite (cf **ginid an lampa** the genie of the lamp), **gúl** ghoul, **ifreannach** *m* demon, fiend, **púca** pooka, ogre, **rógaire** rogue *(see also: diabhal)*

◊ **Dheamhan a bhfaca mé.** I saw nothing., **Dheamhan a fhios agam!** I haven't a clue!, **Ó thigh an deamhain go tigh an diabhail!** Out of the frying pan into the fire!

Dea-mhéin *f (~e)* goodwill, kind regards, kindly disposition
báúlacht friendly disposition, **beannachtaí** greetings, **beannú** greeting, **cairdiúlacht** friendliness, **caoine** gentleness, mildness, **cion** *m (ceana)* affection, caring, **croíúlacht** cordiality, **cúirtéis** courteousness, **dea-chroí** benevolence, **dea-ghuí** good wish(es), **dea-thoil** *f (-thola)* goodwill, **fabhar** favour, goodwill, **gean** *m (-na)* affection, **láiche** kindness, gentleness, **mánlacht** graciousness, gentleness, **séimhe** mildness, softness, gentleness, **teochroí** warm-heartedness

◊ **Beir mo dhea-mhéin chuig do mhuintir!** Convey my kind regards to your family!

Déan *v irr* do, make
athdhéan redo, remake, **bunaigh** establish, **ceap** conceive; appoint, **cóirigh** arrange, **comhaill** fulfil, perform (cf **Comhallann sé a ghealltanais.** He fulfils/keeps his promises., **ag comhall do dhualgais** performing your duty), **comhdhéan** make up, **comhlíon** fulfil, **críochnaigh** finish, **cruthaigh** create, **cuir ar bun** set up, establish, **cuir ar fáil** provide, **cuir ar siúl** set in motion, get going, **cuir i bhfeidhm** effect, bring into effect, **cuir i gcrích** accomplish, **cuir le chéile** construct, put together, **cum** compose, **déileáil** deal, **eagraigh** organise, **faigh** get, **fionn** discover, invent, **foirmigh** form, **fuin** cook, **gin** beget; generate, **gníomhaigh** act, **gnóthaigh** earn, **grúdaigh** brew, **léirigh** produce; *(comp)* render, **réitigh** arrange, put right, **rith** run, **saothraigh** earn, **socraigh** settle, adjust, resolve, **tabhair** give, yield, **táirg** produce, **tionscain** initiate, **tóg** build, **tosaigh** initiate, **tuill** earn, **ullmhaigh** prepare; cook

~ **amhlaidh!** Do the same!
~ **an fhírinne!** Tell the truth!
~ **an Nollaig!** Celebrate Christmas!
~ **an turas!** Make the trip!
~ **comhrá léi!** Have a chat with her!
~ **damhsa liom!** Dance with me!
~ **do dhícheall!** Do your best!
~ **é a phlé linn!** Discuss it with us!
~ **gáire faoi!** Laugh it off!
~ **machnamh air!** Think about it!
~ **misneach!** Keep your spirits up!

Ná ~ **botún!** Don't make a mistake!
Ná ~ **bréag!** Don't tell a lie!
Ná ~ **cealg!** Don't resort to deceit!
Ná ~ **cogadh!** Don't wage war!
Ná ~ **coir!** Don't commit a crime!
Ná ~ **comhrá!** Don't be talking!
Ná ~ **dearmad!** Don't forget!
Ná ~ **dochar!** Don't do harm!
Ná ~ **éad!** Don't give in to jealousy!
Ná ~ **éilimh!** Don't make demands!
Ná ~ **é sin!** Don't do that!
Ná ~ **feadaíl!** Don't whistle!
Ná ~ **gearán!** Don't complain!
Ná ~ **gleo!** Don't make noise!
Ná ~ **léim!** Don't jump!
Ná ~ **lón!** Don't make lunch!
Ná ~ **olc!** Don't do evil!
Ná ~ **pleananna!** Don't make plans!
Ná ~ **scread!** Don't scream!
Ná ~ **snámh!** Don't swim!

Déan amach *v irr*
1. do out, make out/towards
buail amach go dtí head out to, **cuir le chéile** compile, put together, **déan do bhealach/do shlí go dtí** make your way to, **roinn** deal (cf **cártaí a roinnt** to deal cards), **scríobh amach** write out, **sonraigh** specify, **téigh amach** go out

~ **amach an bille dúinn!** Make out the bill for us!
~ **amach na cártaí!** Deal the cards!

◊ **Déanaimis amach ar an oileán!** Let's head out to the island!, **Rinne sí amach gur ghoid mé é.** She made out/claimed that I stole it.

2. work out, decide
aithin distinguish, recognise, **asbheir** deduce, **beartaigh** plan, decide, **breithnigh** adjudge, **cinn** decide, **ceap** appoint, **conclúidigh** conclude, **déaduchtaigh** deduce, **dealaigh** distinguish, **déan cinneadh** make a decision, **faigh amach** find out, **idirdhealaigh** differentiate, **oibrigh amach** work out, **réitigh** settle, resolve, **roghnaigh** choose, **scag** derive **socraigh** settle, decide, arrange, **tar ar an tuairim** come to the opinion, **togh** elect

~ **amach cad é atá uait!** Decide what it is you want!
~ **amach duit féin é!** Work it out for yourself!

◊ **Caithfidh tú ~amh amach cad tá ag teastáil uait sa saol seo.** You've got to work out/decide what you want in this life. **Níorbh fhéidir liom na litreacha a dhéanamh amach.** I couldn't make the letters out., **Rinne mé amach an rothar a dhíol.** I decided to sell the bike.

Déan ar *v irr* make towards, approach
ascain proceed towards, **bí ag teannadh le** be drawing near to, to be getting close, **druid le** approach, draw closer to, **tabhair aghaidh ar** head for, set off towards, **tar ar an gcinneadh** come to the conclusion, **tarraing ar** approach, draw close to, **téigh i dtreo** (+*gen*) go in the direction (of)

◊ **Rinne mé ar an doras.** I made for the door.

Déan as *v irr* make from, provide; leave
cruthaigh as create from, **fág** leave, **imigh** leave, go away, **múnlaigh as** shape/mould from, **soláthair** provide, **tar i dtír gan** survive without, make do without

Ná ~ **bród as do shaibhreas!** Don't flaunt your wealth!
Ná ~ **mórtas as!** Don't boast about it!
Ná ~ **rud pearsanta as!** Don't make it a personal matter!

◊ **bheith ag déanamh as ioncam beag** to be making do with a small income, **Rinneamar as dúinn féin.** We provided for ourselves.

Déan de *v irr* make of
athraigh change, **athraigh ó bhonn** transform completely, **ceap** appoint, **claochlaigh** metamorphose, **cruthaigh as** create from, **cuir le chéile as** to put together from, **cum** make up, compose; concoct, **déantúsaigh** fabricate, manufacture from, **foirmigh as** form from, **iompaigh** convert, **monaraigh as** manufacture from, **táirg as** produce from, **tiontaigh (go)** change, turn (into)

Ná ~ **beag de!** Don't belittle it!
Ná ~ **bó díot féin!** Don't make a beast of yourself!
Ná ~ **cara di!** Don't befriend her!
Ná ~ **cleachtadh de!** Don't make a habit of it!
Ná ~ **dearmad de!** Don't forget it!
Ná ~ **iontas de!** Don't let it amaze you!
Ná ~ **míol mór de mhíoltóg!** Don't exaggerate!
Ná ~ **scéal fada de!** Don't drag it out! Get to the point!

◊ ~ **deimhin de sin!** Make certain of that!, **amhrán a dhéanamh de dhán** to turn a poem into a song, **Déanaimis oíche de!** Let's make a night of it!, **Rinneadh ealaí díobh.** They were turned into swans., **Rinne Íosa fíon den uisce.** Jesus turned the water into wine., **Rinne sí rath mór de.** She made a great success of it.

Déan do *v irr* make for, fashion for, achieve for
bain achieve (eg **Bhain sí a cuspóir dí féin.** She achieved her objective.), **buaigh** win, **cruthaigh do** create for, **cniotáil** knit, **cuir ar fáil do** provide, make available for, **cuir in oiriúint do** make suitable for, tailor for, **cum do** compose for, **fuaigh do** sew for (cf **cóta a fhuáil do** to sew a coat for), **gnóthaigh** gain, achieve, **is leor** it is sufficient (cf **Ba leor seomra beag dó.** A small room was sufficient for him.), **monaraigh do** manufacture for, **táirg do** produce for, **tóg do** build for, **tuill do** earn for

~ **ainm duit féin!** Make a name for yourself!
~ **áit dúinn!** Make room for us!
~ **cleas dúinn!** Do a trick for us!
~ **eolas na slí dúinn!** Show us the way!
~ **gar dom!** Do me a favour!
~ **ómós dóibh!** Show them respect!
~ **trua do lucht déirce!** Show pity to beggars!

◊ **Ní dhearna sin dochar ar bith dom.** That didn't harm me in the slightest., **Tá na scrúduithe ag ~amh imní mhór dó.** The exams are causing him great anxiety., **Táimid ag ~amh dúinn féin.** We are providing for ourselves.

Déan suas *v irr* make up, do up

bailigh le chéile gather together, get together, **céadcheap** invent, **ceap suas** think up, concoct, **cinn** decide, **cruthaigh** create, **cuimsigh** comprise, **cum** compose; invent, make up, **deasaigh** dress nicely; array beautifully, **maisigh** decorate, **pointeáil** spruce up, furbish, **réitigh** make up, settle, **samhlaigh** imagine, **socraigh** decide, settle, **téigh suas** go up

~ **suas an teach!** Do up the house!
~ **suas le do chara!** Make up with your friend!

◊ **Ná bí ag déanamh suas scéalta amaideacha!** Don't be making up stupid stories!, **Rinneamar suas.** We made up., **Rinne sí suas an staighre.** She headed upstairs.

Déanach *adj³* late

anonn advanced, late, **deireanach** last, late, **deiridh** (> *deireadh*) last, **mall** tardy, late; slow, **maol** late in the day; bald, **míphoncúil** unpunctual, **moillithe** delayed, **righin** lingering, tardy

◊ **Ná bí ~!** Don't be late!, **Tá sé pas beag ~ sa lá anois d'intinn a athrú!** It's a bit late in the day now to change your mind.

Déanaí

1. *f* (*~*) lateness, recentness

an tamall is deireanaí most recent period, **an lá atá inniu ann** in today's world, **deireanaí** lateness, **deireanas** lateness, **gairid aimsire** short period of time, **gairide** shortness, **míphoncúlacht** unpunctuality, **na laethanta seo** these days, **scaitheamh** while, **tamall anuas** past while

2. le ~ lately

ar na mallaibh in recent days/times, **is gearr ó** it isn't long since, **le deireanaí** lately, **le deireanas** lately, **le gairid** recently, **le scaitheamh anuas** for the past period, **le tamall anuas** for the past while, **ní fada ó** it's not long since, **sa lá atá inniu ann** in today's world, **san am atá i láthair** in the present time, **sna haimsirí seo** in these times, **sa tamall is deireanaí** in the most recent period

Déanamh *vn* doing, making, make

amhlachas semblance, **athdhéanamh** redoing, remaking, **bunú** establishing, **ceapadh** conceiving; appointing, **cóiriú** arranging, making, **comhdhéanamh** composition, make-up, **críochnú** finishing, **cruth** shape, **cruthú** creating, creation, **cur ar bun** setting up, establishing, **cur ar fáil** providing, **cur ar siúl** setting in motion, getting going, **cur i gcrích** accomplishment; accomplishing, **cur le chéile** construction, compiling, assembling, **cumadh** composing, **cumadóireacht** composition, **déanmhas** (*lit*) formation, structure, **déantús** make, manufacture, **déantúsaíocht** manufacturing, **dearadh** designing, design, **déileáil** dealing, **eagraíocht** organisation, **eagrú** organising, **fionnachtain** discovery; invention, **fionnadh** discovering, discovery, **foirm** form, **foirmiú** formation, **fórmáid** format, **giniúint** begetting; generating, **gnóthú** earning, **léiriú** production, portrayal; (*comp*) rendering, **réiteach** arranging; solving, solution, putting right, **riocht** *m* form, shape, **rith** running, run, **saothrú** earning, **socrú** settling, adjusting, resolving, **tabhairt** giving, yielding, **táilliúireacht** tailoring, **táirgeadh** producing, yielding; production, **tionscnamh** initiating, initiation, **tógáil** building, **tosú** beginning, initiating, **ullmhú** preparing; cooking, **ullmhúchán** preparation

~ **áibhéile** exaggerating
~ **airgid** making money
~ **aithrise** copying, mimicking
~ **angaidh** going septic
~ **beag de** disparaging
~ **beag is fiú** trivialising
~ **béile** preparing a meal
~ **bolg le gréin** sunbathing
~ **brabúis** making a profit
~ **ceoil** making music
~ **droichid** constructing a bridge
~ **dul chun cinn** making progress
~ **éadaí** making clothes
~ **ealaíne** doing art
~ **earraí** producing goods
~ **féir** making hay
~ **gaisce** showing off
~ **gnó** doing business
~ **grinn** joking, having a laugh
~ **imní** causing concern
~ **leithscéalta** making excuses
~ **maoirseoireachta** supervising
~ **mo shlí** making my way
~ **mórtais** being boastful
~ **obair mhaith** doing good work
~ **peaca** sinning
~ **réidh** getting ready
~ **scrúdú** doing an exam
~ **spáis** making space
~ **spraoi** having fun
~ **staidéir** studying
~ **taighde** doing research
~ **tinnis do** vexing, annoying
~ **trioblóide** causing trouble
~ **uisce** leaking

Deannach *m* (*-aigh*) dust

astitim (*atom*) fallout (cf **astitim radaighníomhach** radioactive fallout), **brus** dust, crumbled fragments, **canach** *m* dust, debris, **cré** *f* dust, clay, **dusta** dust, **luaithreach** *m* ash, **púdar** powder, **radachur** (*atom*) fallout, **salachar** dirt, **smúdar** powdered matter; dust, grit, **smúit** grime, dust, **smúr** ash, dust, dross,

Déanta *pp* done, made
athdhéanta redone, remade, **bunaithe** established, **cáilithe** qualified, **ceaptha** conceived; appointed, **cóirithe** arranged, made, **comhdhéanta** composed, made up, **críochnaithe** finished, completed, **cruthanta** incorrigible, complete and utter (eg **Is óinseach chruthanta í.** She is a complete and utter fool.), **cruthaithe** created, **cumtha** composed, **curtha ar bun** set up, established, **curtha ar fáil** provided, **curtha ar siúl** set in motion, got going, **curtha i gcrích** accomplished, completed, **curtha le chéile** constructed, compiling, assembling, **deartha** designed, **déileáilte** dealt, **eagraithe** organised, **foirmithe** formed, **formáidithe** formatted, **fionnta** discovered, invented, **ginte** generated; begotten, **gnóthaithe** earned, **léirithe** produced, production; *(comp)* rendered, **réitithe** arranged; solved, put right, **rite** run, **saothraithe** earned; laboured, **socraithe** settled, adjusted, resolved, **táirgthe** produced, **tionscanta** initiated, **tógtha** built; taken, **tosaithe** started, initiated, **tugtha** given, **ullmhaithe** prepared; cooked

▲ **amadán** ~ total fool, **dochtúir** ~ fully qualified doctor

▲ **lucht** ~ **dlíthe** law makers, legislators, **lucht** ~ **gearán** complainers, **lucht** ~ **maoine** those who create wealth, **lucht** ~ **síochána** peace makers, **lucht** ~ **trioblóide** troublemakers

◊ **Is fear** ~ **anois é.** He's a fully grown man now., **Jab** ~! Mission accomplished!, **Níl aon dochar** ~. No harm done!, **Tá tú déanta leis.** It has made you wealthy.

Déantóir *m (-óra;~í)* maker, manufacturer; doer
bunaitheoir establisher, founder, **ceapadóir** composer; shaper; one who appoints, **cóiritheoir** *(flowers, etc)* arranger, **críochnaitheoir** finisher, **cruthaitheoir** creator, **cumadóir** composer, **déileálaí** dealer, **driogaire** distiller, **dúileamh** *(divine)* creator, **eagraitheoir** organiser, **fear ranna** *(cards)* dealer, **fionnachtaí** discoverer; inventor, **gineadóir** generator; begetter, **gnóthadóir** busy worker; person of action, doer; businessperson, **léiritheoir** producer, **olltáirgeoir** mass producer, **réiteoir** arbitrator; *(sp)* referee, **reathaí** runner, **saothraí** earner, breadwinner; toiler, labourer, **socraitheoir** one who resolves issues; settlor, **tabharthóir** giver, donor, **táirgeoir** producer, **tionscnóir** initiator; promoter, **tógálaí** builder, **tosaitheoir** starter, initiator, **údar** author, originator, **ullmhaitheoir** preparer; cook

~ **beorach** = *bríbhéir/grúdaire* brewer
~ **biotáille** = *stiléir* distiller
~ **bróg** = *gréasaí* cobbler
~ **caibinéad** = *siúinéir* cabinetmaker
~ **cáise** = *cáiseoir* cheesemaker
~ **ceoil** = *cumadóir* composer
~ **ciseán** = *ciseadóir* wicker-basket weaver
~ **cultacha** = *táilliúir* tailor, costumer
~ **cumhráin** = *cumhradóir* perfumer
~ **diallaití** = *saidléir* saddlemaker
~ **earraí** = *monaróir* manufacturer
~ **gloine** = *gloineadóir* glazier
~ **hataí** = *haitéir* hatter, milliner
~ **scannán** = *scannánóir* filmmaker
~ **sólaistí** = *sólaisteoir* confectioner

Déantús *m (-úis; -úis, ~)* manufacture, make
cruthú creation, **cur le chéile** construct, **déanamh** make, making, **monarú** manufacturing, **táirge** *m* product, **táirgeadh** production, output, **tógáil** construction, building

Dear *v₁ₐ* design
breac plot, jot, **cruthaigh** create, **déan** make, **forbair plean** develop a plan, **imscríobh** circumscribe, **inscríobh** inscribe, **leag amach** lay out, **línigh** draw, **rialaigh** rule, determine, regulate, **rianaigh** trace, **samhlaigh** imagine, conceive, **tóg** build, construct, **tarraing** draw

Dearadh *vn* designing, design
breacadh plotting, jotting, **bunsmaoineamh** conception, **cruthú** creation, creating, **cur in oiriúint** tailoring, **déanamh** making, **giniúint** generation, conception, **gormchló** blueprint, **imscríobh** circumscribing, **inscríobh** inscribing, **leagan amach** lay out, **plean** plan, **rialú** ruling, determining, regulating, **rianaigh** tracing, **samhlú** conceiving, imagining, **scéimre** schema, **smaoineamh** conception, **tarraingt** (act of) drawing, **treoirphlean** blueprint

◊ ~ **ríomhchuidithe** computer-aided design

Dearbhaigh *v₂ᵦ* assert, declare, assure, confirm, attest; prove
áirithigh ensure, **áitigh** submit, argue, **athdhearbhaigh** reaffirm, **cinntigh** affirm, assure, make certain, **cóineartaigh** confirm, **comhdhearbhaigh** corroborate, **cruthaigh** prove, **dearbhasc** affirm, **deimhnigh** affirm; certify, **éiligh** demand, **fianaigh** testify, attest, **fógair** declare, announce, **maígh** claim, **mionnaigh** swear, attest, **ráthaigh** guarantee, **sloinn** express (cf **sloinn i bhfoirmle** formulate), **tabhair deimhniú** give assurance, **téigh i mbannaí ar** guarantee, **teistigh** *(jur)* testify under oath, depose, **urraigh** go surety for

Dearbhaithe *pp* asserted, declared, assured, confirmed; proven
áirithithe ensured, **áitithe** submitted, argued, **athdhearbhaithe** reaffirmed, **cinntithe** affirmed, assured, made certain, **cóineartaithe** confirmed, **comhdhearbhaithe** corroborated, **cruthaithe** proven, **dearbhasctha** affirmed, **deimhnithe** affirmed;

Dearbhú

certified, **dulta i mbannaí ar** guaranteed, **éilithe** demanded, **fianaithe** testified, attested, **fógartha** declared, announced, **maíte** claimed, **mionnaithe** sworn, attested, **ráthaithe** guaranteed, **sloinnte** expressed (cf **sloinnte i bhfoirmle** formulated), **teistithe** *(jur)* testified under oath, deposed

Dearbhú *vn* confirming, confirmation

áirithiú ensuring, **áitiú** submitting, arguing, **athdhearbhú** reaffirming, **cinntiú** affirmation, assurance, making certain, **cóineartú** confirming, **cointinn** contention, **comhdhearbhú** corroborating, **cruthú** proof, **dearbhascadh** affirming, **deimhniú** affirming; certifying, **dul i mbannaí ar** guaranteeing, **fianú** attestation, testifying, **fógairt** declaration, announcement, **éileamh** demand; claim **maíomh** assertion, claim, **mionn** oath, **ráthú** guaranteeing, **sloinneadh** expressing, **teistiú** *(jur)* testifying under oath, deposing

Dearcadh *m (-caidh; -cthaí)* outlook, attitude, view, vision

amharc view, vision, **barúil** opinion, assumption, **breathnú** observing, viewing, **claon** angle, bias, **creideamh** belief, **creideamh láidir** strong belief, conviction, **féachaint** looking, look, **giúmar** humour, mood, **intinn** mind, intent, **léamh** reading, take, slant, **léargas** view, **machnamh** thinking, **mana** attitude, outlook; motto, **meon** attitude, **meon aigne** frame of mind, **nóisean** notion, hunch, **oipineon** opinion, **peirspictíocht** perspective, **radharc** view, **seasamh** stance, stand, **silleadh (súl)** glance, **smaoineamh** idea, **spion** mood, temper, **suíomh** position, **toimhde** supposition, **tuiscint** understanding, discernment

▲ ~ **an-chúng** blinkered view, tunnel vision, ~ **an phobail** public opinion, **an ~ coiteann** mainstream opinion, ~ **coilíneach** colonial attitude, ~ **coimeádach** conservative view, ~ **dearfach** positive/ optimistic outlook, ~ **dleathach** legitimate point of view, ~ **fónta** healthy attitude, **forléargas** overview, ~ **éilíteach** elitist attitude, ~ **liobrálach** liberal view, ~ **lucht na meánaicme** bourgeois attitudes, ~ **neamhchlaonta** unbiased view, ~ **oifigiúil** official view/position, ~ **paróisteach** parochial outlook, ~ **polaitiúil** political outlook, ~ **proifisiúnta** professional attitude, ~ **réadúil** realistic view

◊ **Tá ~ dubh agus bán aici ar gach rud.** She sees everything in black and white terms., **Seasaim leis an dearcadh sin.** I uphold that view.

Dearfa *pp* certain

cinnte certain, **cinnte ~** positively certain, **dearfach** positive, **deimhin** convinced, sure, **deimhneach** affirmative, **diongbháilte** firm, emphatic, decisive, **gan dabht** without doubt, **gan amhras ar bith** beyond all shadow of a doubt, **siúráilte** sure, certain, **suite** set *(see also: cinnte)*

▲ **cruthú ~** positive proof, **dáta ~** definite date, **fianaise dhearfa** positive proof, **glór ~** confident voice/tone

◊ **Cinnte ~!** Absolutely! No question about it!

Dearfach *adj³* affirmative, positive, favourable

aigeantach buoyant, **cabhrach** helpful, **cinnteach** definitive, **cinntitheach** decisive; determinative, **cuiditheach** constructive, **déantasach** providing what is required, **deimhneach** certain, positive, **deimhniúil** affirmative, **dóchasach** hopeful, sanguine, **éifeachtach** effective, **fabhrach** favourable, **follasach** evident, clear, **inchiallaithe** rationally explicable; *(jur)* constructive, **maith** good, **moltach** laudable, **sásúil** satisfactory, **soirbh** optimistic, **spreagúil** encouraging, **tairbheach** beneficial, sustaining, **suairc** upbeat

▲ **aiseolas ~** positive feedback, **ceistiú ~** constructive criticism, **críoch dhearfach** optimistic ending, **dearcadh ~** optimistic positive outlook, **freagra ~** favourable answer, **leithcheal ~** positive discrimination, **meon ~** positive, upbeat disposition, **tionchar ~** positive influence

◊ **Bí ~!** Think positive!

Dearg 1 *m (deirg; ~a, ~)* red, sore red area; red glow

cneá sore, wound, **créacht** wound, **deargadh** rouge; blushing, **deirge** redness, sore area on skin, **lasadh** flush, flushing, **luisne** *f* blush, glow, **luisniú** blushing, glowing, **meirg** rust, **ruacht** red-ginger colour, **ruaim** russet, red, **ruaimneacht** redness; discolouration, **ruamann** red dye, **ruamantacht** redness, flushed appearance, **ruamheirg** rust red, **solas** light

Dearg 2 *adj¹* red, glowing, lit; raw; bloody

amh raw, **ar lasadh** alight, lit, **beodhearg** glowing warm with life, **caordhearg** cherry-coloured, **caordhearg** glowing red, **círíneach** flushed, florid, **craorag** blood red, crimson, **folúil** of rosy complexion, ruddy, **fuilteach** bloody, **lasta** lit; blushed, **luisniúil** blushing, ruddy, flushed, **rósach** rosy, **rósdearg** rose red, **rua** *(hair)* red, ginger, **ruaimneach** russet red, **ruamanta** tinged with red; reddened, flushed, **ruamheirgeach** rusty red, **ruánach** reddish, ruddy, **rúibíneach** ruby, **scarlóideach** scarlet, **scothdhearg** reddish, **solasmhar** luminous; bright

~ **aniar: soineann is grian,**
Red in the West: fine weather and sun,
~ **anoir: sneachta 'na luí,**
Red in the East: snow to come,
~ **aneas: doineann is teas,**
Red in the South: bad weather and heat,
~ **aduaidh: flic, fearthasinn is gaoth.**
Red in the North: rain, wind and sleet.
Traditional

Dearg 3 *v₁ₐ* redden, blush; light up; wound

adhain kindle, ignite, **breoigh** glow, **cneáigh** wound, inflict a wound, **cuir ar lasadh** set on fire, inflame, **cuir**

Deargadh

trí thine set on fire, **fadaigh** kindle, **fordhearg** redden; stain with blood, bloody, **fuiligh** cause to bleed, **goin** wound; sting, **gortaigh** injure, hurt, **imdhearg** cause to blush, **las** light; blush, **luisnigh** blush, **meirgigh** rust, **ruaigh** redden, **ruithnigh** illuminate, brighten, **séid** *(wound)* inflame, **soilsigh** illuminate, **stiall** cut, slash, **treaghd** pierce, wound *(see also: las)*

◊ **Dhearg an gaiscíoch a chlaíomh san ollphéist.** The warrior bloodied the monster with his sword., **Ní dheargfadh arm orthu.** They are invulnerable.

Deargadh *vn* reddening, blushing; lighting up, wounding
adhaint ignition; kindling, **breo** glowing, **cneá** wounding, inflicting a wound, **cur ar lasadh/trí thine** setting on fire, **fordheargadh** reddening; staining with blood, bloodying, **goin** wounding; stinging, **gortú** injuring, hurting, **imdheargadh** causing to blush, **lasadh** burning; lighting up; glowing, **luisniú** blushing, **meirgiú** rusting, **ruachan** reddening; rusting, **séideadh** becoming inflamed, **soilsiú** illuminating, **stialladh** cutting, slashing, **treaghdadh** piercing, wounding

Deargtha *pp* reddened, lit; wounded
cneáite wounded, **curtha ar lasadh/trí thine** set on fire, **fuilsmeartha** bloodied, smeared with blood, **fordheargtha** reddened; stained with blood, bloodied, **gonta** wounded, **gortaithe** injured, hurt, **lasta** lit up, **imdheargtha** caused to blush, **luisnithe** blushed, **meirgithe** rusted, **ruaite** reddened, **séidte** *(wound)* inflamed, **soilsithe** illuminated, **stiallta** cut, slashed, **treaghdta** pierced, wounded

Dearmad 1 v_{1a} forget, neglect
déan leithcheal ar exclude, pass over, **díchuimhnigh** disremember, **fág ar lár** leave out, omit, **fág as** leave out, **déan faillí i rud** neglect a thing, **failligh** neglect, **gabh thar** omit, miss, **fág rud éigin gan déanamh** neglect to do something, **lig rud éigin i ndearmad** forget something, **lig rud éigin chun dearmaid** consign something to oblivion, **lig rud éigin tharat** overlook something, **scaoil tharat** discount, **tabhair cluas bodhar** do give the deaf ear to, ignore, **téigh thar** pass over, omit

Dearmad 2
1. *vn* forgetting, neglecting
déanamh faillí i neglecting, **déanamh leithcheal ar** excluding, passing over, **díchuimhne** unremembering, **dul thar** passing over, omitting, **fágáil ar lár** leaving out, omitting, **fágáil as** leaving out, **fágáil gan déanamh** leaving without doing, **failliú** neglecting, **gabháil thar** omitting, missing, **gan cuimhneamh ar rud éigin** not remembering something, **gan smaoineamh a thuilleadh air sin** not thinking any more about that, **ligean chun dearmaid** consigning to oblivion, **ligean tharat** overlooking, **scaoileadh**

Dearmadta

tharat discounting, **tabhairt cluas bhodhar do** giving the deaf ear to, to ignoring

2. *m (-aid; -aid, ~)* forgetfulness, error
aimnéise amnesia, **bóiléagar** absent-mindedness, **botún** mistake, **díchuimhne** forgetfulness; oblivion, **díth meabhrach** lack of concentration, **dul amú** mistakenness, straying, **earráid** error, **easnamh** omission, **éislis** negligence, remissness, **faillí** *f* oversight, negligence, **iomrall céille** mental aberration, **mainneachtain** remissness, **meancóg** blunder, **mí-áireamh** miscount; miscalculation, **mícheart** incorrectness, **mísheans** mischance, **neamhaird** neglect, inattention, **neamhairdeall** inattention, **neamhaire** *f* heedlessness, **neamhghníomh** inaction, **neamhshuim** disregard, lack of interest, **seachrán intinne** abstraction of mind

◊ **Déan é gan ~!** Do it and don't forget!, **Mo dhearmad!** I (almost) forgot!, **Ní dhéanfaidh mé ~ ar an lá sin choíche.** I shall never forget that day.

Dearmadach *adj³* forgetful
bóiléagrach absent-minded; negligent, **dearmadta** forgotten, **díchuimhneach** forgetful, **dímheabhrach** forgetful; oblivious, **éaganta** flighty, empty-headed, **faillíoch** negligent, **lagmheabhrach** forgetful, feeble-minded, **mearbhlach** gaga; confused, **néaltraithe** senile, **neamartach** remiss, **neamh-airdiúil** inattentive, **neamh-aireach** inattentive, careless, **scaipthe** unfocussed, scatterbrained, **siabhránach** distracted, prone to forgetfulness because of severe shock or old age, **sleamchúiseach** negligent, **uallach** scatterbrained

◊ **mura bhfuil mo chluasa ~** if my ears don't deceive me, **Táim ag éirí ~ i mo sheanaois.** I'm getting forgetful in my old age.

Dearmadaí *f (~)* forgetfulness
bóiléagraí absent-mindedness; negligence, **díchuimhne** forgetting, **dímheabhair** loss of memory, **éagantacht** flightiness, empty-headedness, **faillí** *f* negligence, **mearbhlaí** confused state, confusion, **néaltrú** senility, (cf **néaltrú seanaoise** senile dementia), **neamartaí** remissness, **neamh-aird** inattention, **neamh-aire** *f* want of attention, heedlessness, **neamh-mheabhair** unawareness; distraction, madness, **scaiptheacht** unfocusing; scattiness, **siabhránaí** distractedness, proneness to forgetting due to shock or old age, **sleamchúisí** negligence, **uallachas** giddiness, skittishness

Dearmadta *pp* forgotten
dulta thar passed over, omitted, **fágtha ar lár** left out, omitted, **fágtha as** left out, **fágtha gan déanamh** left without doing, **faillithe** neglected **ina ndearnadh faillí** neglected, **ligthe chun dearmaid** consigned to oblivion, **ligthe i ndíchuimhne** committed to oblivion, forgotten, unremembered, **ligthe thart** overlooked, **scaoilte tharat** discounted

Deartha *pp* designed
breactha plotted, jotted, **cruthaithe** created, **curtha in oiriúint** tailored, made suitable, **déanta** made, **forbartha** developed, **ginte** generated, conceived, **imscríofa** circumscribed, **inscríofa** inscribed, **leagtha amach** laid out, **pleanáilte** planned, **samhlaithe** imagined, conceived, **tógtha** built, constructed, **tarraingthe** drawn

Deas
1. *adj⁵* nice
álainn beautiful, **aoibhinn** pleasant, **ar dóigh** marvellous, **ar fheabhas** excellent, **bagánta** spruce, **blasta** tasty, **breá** fine, **cairdiúil** friendly, **caithiseach** delightful, **caoithiúil** amicable, **caomh** gentle, **carthanach** charitable, kind, **cineálta** kind, **cuanna** charming, graceful, **cuidiúil** helpful, **cúirtéiseach** courteous, **dathúil** handsome, **dóighiúil** good-looking, **fial** generous, **flaithiúil** munificent, **galánta** genteel; elegant, **geanúil** amiable, **gleoite** delightful, **gnaíúil** comely, **grástúil** gracious, **inmholta** commendable, **iontach** wonderful, **lách** affable, **maith** good, **milis** sweet, **múinte** polite, **néata** neat, **pléisiúrtha** pleasant, **pointeáilte** well-groomed, dapper, **sásúil** satisfactory, **sciamhach** beauteous, **séimh** mild, **seoigh** grand, **slachtmhar** tidy, **snasta** cool, **so-ranna** agreeable, **sprúisiúil** spruce, dapper, **suáilceach** virtuous, **suairc** cheerful, jolly, **sultmhar** enjoyable, **súmhar** succulent, **taitneamhach** pleasing, **thar barr** tiptop (*see also:* **álainn, blasta, dathúil, milis**)

◊ **Is ~ an obair í sin ort!** (*iron*) That's a nice way to carry on!, **Is ~ uait é sin.** That is nice of you., **Nach ~ an scéal é seo!** (*iron*) Isn't this a nice state of affairs!

2. *adj¹* (*position*) right
deasach right-handed; suitable for use with the right hand, **deaslámhach** right-handed; dexterous, **deiseal** to the right, clockwise; in the direction of the sun

◊ **ar thaobh na láimhe deise** on the right-hand side, **in aghaidh an taoibh dheis** facing the right side

Deasghnáth *m* (*~a; ~a, ~*) ceremony, ritual, rite
béas wont, custom, **bigil** vigil, **ceiliúradh** celebration, **cleachtadh** practice, **comóradh** commemoration, **foirmeáltacht** formality, **gnás** formality, convention, rite, **insealbhú** investiture, **liotúirge** liturgy, **nós** ritual, custom, **prótacal** protocol, **sacraimint** sacrament, Christian ritual imparting divine grace, **searmanas** ceremony, service, **seirbhís** service

Deaslabhartha *adj⁶* articulate
dea-chainteach well spoken, **deisbhéalach** smooth-talking, witty, **eicléictiúil** eclectic, **glinn** graphic, lucid, **lán de bhrí** expressive, **líofa** fluent, **mórfhoclach** magniloquent, high-sounding; bombastic, **soiléir** clear, lucid, **solabhartha** eloquent; affable, **sothuigthe** articulate, accessible

Deatach *m* (*-aigh*) smoke
ceo fog, **doiléire** obscurity, **gal** vapour, **gás** gas, **múch** *f* (*múiche*) fumes, **smúit** gloom; murky mist, **smúitcheo** dense mist, **smúiteán** smoke, dust; misty haze, **smúitiúlacht** murkiness, **toit** smoke, **toitcheo** smog, **tútán** smoke

Deataigh v_{2a} smoke
déan deatach/toit make smoke, **déan múch** create fumes, **leasaigh** (*food*) cure, **líon le deatach** fill with smoke, **múchghlan** fumigate, **toitrigh** smoke out, fumigate

Deataithe *pp* smoked; smoky
broghach murky, **ceomhar** foggy, misty, **deataigh** (> *deatach*) smoke (cf **aláram deataigh** smoke alarm, **brat deataigh** smokescreen, **seomra deataigh** smoky room), **gaile** (> *gal*) vapour (cf **bád gaile** steamboat), **lán le súiche** sooty, **leasaithe** (*food*) cured, **líonta le deatach** filled with smoke, **modartha** cloudy, turbid, **múchghlánta** fumigated, **múchta le deatach** choked with smoke, **smúitiúil** murky, **toitcheomhar** smoggy, **toite** (> *toit*) smoke (cf **comhartha toite** smoke signal), **toitrithe** smoked out, fumigated

Deatú *vn* smoking
déanamh smúitiúil making murky, **éirí modartha** becoming cloudy, turbid, **éirí toitcheomhar** becoming smoggy, **leasú** (*food*) curing, **líonadh le deatach** filling with smoke, **múchadh le deatach** choking with smoke, **múchghlánadh** fumigating, **toitriú** smoking out, fumigating

Débhríoch *adj⁵* ambiguous
athbhríoch ambiguous, **déchiallach** equivocal, ambiguous, **défhiúsach** bivalent, **diamhair** enigmatic, **doiléir** unclear, vague; blurred, **dothuigthe** unintelligible, **éalaitheach** elusive, evasive, **éiginnte** ambivalent, **frithráiteach** contradictory, **ilchiallach** polysemous, **ilfhiúsach** multivalent, **mearbhlach** confusing, **neamhchinnte** uncertain, equivocal, **seachantach** evasive

Deifir *f* (*-fre*) hurry, rush
ar luas lasrach at lightning speed, **brostú** hurrying, **buaicthráth** *m* rush hour, **buaicuaireanta** *fpl* peak hours, **cosa in airde** at a gallop, **cruóg** exigency, **deabhadh** hurry, **deifriú** hurrying, **dithneas** haste, **driopás** precipitance, flurry, **eadarluas** flurry, excitement, **faobach** *m* bustle, haste, **faoi luas** at speed, **feirbínteacht** hurry, bustle, **foilsceadh** hurry, flurry of speed, **fothal** rush, hurry, **furú** hubbub, commotion, **fuadar** bustle, rush, (cf **Bhí fuadar an diabhail faoi é a dhéanamh.** He was hell-bent on doing it.), **luaithe** quickness, swiftness, **luascán** impetuous haste, **meargántacht** reckless haste, **práinn** urgency, hurry, emergency, **rampaireacht** physical get-up-and-go; sportive activity (cf **rampaireacht a bhaint as duine** to make a person get a move on, to hurry a person up),

Deifreach

ribeadh dash (cf **traein a ribeadh** to make a dash to catch a train), **rith** run, **roisiúlacht** rashness, **ropadh** dash, dart, **ruaill** rush, dash; hurried visit, **ruathar** rush, **rúid** dash, **scinneadh** dart, flight, **sciuird** scurry; hurried visit, **seáp** dash, rush, **smoirt** burst of energy (cf **Cuir smoirt ionat féin!** Get a move on!), **struip** great haste; huge hurry (cf **Bhí struip uirthi chun na scoile.** She was in a mad hurry to get to the school.), **taghd** rash impulse, **taghdáil** impulsiveness, **téirim** urgency, haste (cf **faoi théirim** in a great hurry), **tiomáint** rush, haste; drive, **tinneasnaí** haste, urgency, **tobainne** hastiness, suddenness

▲ ~ **an diabhail** mad hurry/rush, ~ **bheag** slight hurry, ~ **bhocht** tearing hurry, ~ **mhallaithe** damn hurry, ~ **mhór** great hurry, ~ **uafásach** terrible hurry

◊ **Cad é an ~?** What's the hurry?, **Déan ~!** Hurry up!, **Ná cuir ~ orm!** Don't be rushing me!, **Níl aon ~ leis.** There is no rush with it., **Tá ~ orm.** I'm in a hurry.

P. **Dhá thrian moille le ~.** More haste less speed.

Deifreach *adj³* hasty; rushed

brostaithe hurried, **deabhach** hasty, **de ruathar** in a rush, **de rúid** with a rush, in a sprint, **dithneasach** urgent, hurried, **driopásach** bustling, **faoi luas** at speed, **foilscí** hurrying, speedy, **fothalach** rushed, hurried, **fuadrach** rushing, hurried; fussed, **gasta** fast, **luath** speedy, fast, **meargánta** in a mad hurry, recklessly fast, **piodarach** bustling, flurried, hurrying, **práinneach** urgent, **roisiúil** rash, **róthobann** rash, **sconnach** hasty, rash, **tapa** fast, quick, **téirimeach** urgent, hurried, **tinneasnach** hasty, hurried, **tobann** sudden

Deifrigh *v₂ᵦ* hurry, make haste

beoigh liven up, **brostaigh** hurry (cf **Brostaigh ort!** Hurry up!), **déan deabhadh/deifir** get a move on, hurry up, **dithneasaigh** hasten with urgency, **lasc** dash, speed off, **luainigh** move quickly, **luathaigh** quicken, **rith** run, **scinn** dash, rush, **sciurd** rush, dash, hurry, **seamhraigh** hurry, bustle, **tinneasnaigh** hurry, hasten *(see also: brostaigh)*

Deifrithe *pp* hurried

beoite livened up, **brostaithe** hurried, **dithneasaithe** hastened with urgency, **lasctha** sped off, rushed away, **luainithe** moved quickly, **luathaithe** quickened, **rite** run, **scinneadh** dashing, rushing, **tinneasnú** hurrying, hastening *(see also: brostaithe)*

Deifriú *vn* hurrying, making haste

beochan livening up, **brostú** hurrying, **déanamh deabhaidh** making haste, **dithneasú** hastening with urgency, **lascadh** speeding off, rushing away, **luainiú** moving quickly, **luathú** quickening, **rith** running, **sciurd** rush, dash, hurry, **séirseáil** hurrying, bustling, **scinnte** dashing, rushing, **tinneasnaithe** hurrying, hastening *(see also: brostú)*

Déileáil

Deighil *v₂d* partition, segregate; separate

bris break, **bris suas** break up, partition, **críochdheighil** partition, **dealaigh** separate; subtract, **dícheangail** disconnect, **gearr** cut, **gearr amach** box off, **polaraigh** polarise, **roinn** divide, **scar** separate, divorce, **scar amach** isolate, **scoilt** split, **scoir** detach, give something up; *(school)* break up, **scoith** detach, disconnect, **spiara** partition (wall) *(see also: dealaigh)*

Deighilt *vn* partitioning, partition; separating, separation

bábhún bulwark, **bac** barrier, obstacle, **balla** wall, **baracáid** barricade, **bloc** block, **briseadh** break, **briseadh suas** break up, abolition, **cinedheighilt** apartheid, **claí** dike, ditch, **cliath** *f (cléithe; ~a, ~)* latticed fence, fencing wall, **colscaradh** divorce, **críoch** *f (-íche; ~a, ~)* boundary, **críochdheighilt** partition *(of territory)*, **deireadh** end, **fál** hedge, fence, **imeacht** departure, **laitís** lattice, **múr** *m (pl. múrtha)* wall, **painéal** panel, **pá téarfa** severance pay, **polarú** polarising, **rampar** rampart, **rannadóir** divider, **scannán** membrane, **scaoileadh** dissolution, **scaradh** parting, separation, separating, **scáthlán** screen, **scoilt** split, **seipteam** septum, **scoilt** split, **siosma** *m (hist)* schism

Deighilte *pp* partitioned, segregated; separated

briste broken, **briste suas** broken up, partitioned, **críochdheighilte** partitioned, **dealaithe** separated; subtracted **dícheangailte** disconnected, **gearrtha** cut, **gearrtha amach** boxed off, **polaraithe** polarised, **roinnte** divided, **scartha** separated, divorced, **scartha amach** isolated, **scoilte** split, **scoite** detached, disconnected, **scortha** detached, retired; *(school)* broken up *(see also: dealaithe)*

Deilgneach *adj³* thorny, barbed

biorach pointy; tricky, **cealgach** stinging, **colgach** bristling; waspish, **crua** severe, harsh, **diasach** spiky, pointed, **drisíneach** prickly; waspish, **feanntach** cutting, **géar** sharp, **goilliúnach** hurtful, **polltach** piercing, penetrating, **searbh** bitter, sour, **spíceach** spiky

Déileáil 1 *v₁ₑ* deal

bainistigh manage, **bí ábalta** be able, **bíodh baint agat le** have dealings with, **ceannaigh** buy, **coimeád súil ar** keep an eye on, **cóipeáil** cope, **cuir amach** *(cards)* deal, **déan bróicéireacht** broker, **déan cúram de** take care of, **déan gáinneáil** traffic, **déan mangaireacht** peddle, **díol** sell, **féach i ndiaidh** look after, **láimhseáil** handle, **oibrigh** work, **rith** run, **roinn** *(cards)* deal, **smachtaigh** control, **soláthair** supply, **stiúir** direct, **tar i dtír** to survive *(see also: láimhseáil 1)*

Déileáil 2 *vₙ* dealing

bainistiú managing, **baint le** dealing with, **bheith ábalta** being able, **bróicéireacht** brokering, **ceannach**

Déileáilte *pp* dealt

bainistithe managed, **bainte le** dealt with, **ceannaithe** buying, **cóipeáilte** coped, **curtha amach** *(cards)* dealt, **díolta** sold, **féachta i ndiaidh** looked after, **gáinneáilte** trafficked, **láimhseáilte** handled, **oibrithe** worked, **reicthe** peddled, **rite** run, **roinnte** *(cards)* dealt, **smachtú** controlling, **socraithe** brokered (eg **an conradh síochána atá ~ eatarthu** the peace treaty brokered between them), **soláthartha** supplied, **stiúrtha** directed, **tagtha i dtír** to survived *(see also: láimhseáilte)*

Previous entry (**Déileáilte**): buying, **coimeád súil ar** keeping an eye on, **cóipeáil** coping, **cur amach** *(cards)* dealing, **déanamh cúram de** looking after, taking care of, **díol** selling, **féachaint i ndiaidh** looking after, **gáinneáil** trafficking, **láimhseáil** handling, **mangaireacht** peddling, **oibriú** working, functioning, **rith** running, **roinnt** *(cards)* dealing, **smachtú** controlling, **soláthar** supplying, **stiúradh** directing, **teacht i dtír** surviving *(see also: láimhseáil 2)*

Déileálaí *m (~; -aithe)* dealer

bean *f* **ranna** *(cards)* dealer, **bróicéir** broker, **ceannaí** merchant, **ceannaitheoir** buyer, **cúntóir díolacháin** sales assistant, **díoltóir** seller, dealer, **fear** *m* **ranna** *(cards)* dealer, **gáinneálaí** trafficker, **idirghabhálaí** go-between, **mangaire** peddler; haggler, **margálaí** bargainer, huckster, **smuigleáil** smuggling, **smuigléir** smuggler, **smuigléireacht** smuggling, **soláthraí** supplier, **trádálaí** trader

Deimhin *adj irr* sure, certain

cinnte certain, **daingean** steadfast, firm, **dearfa** attested, proved, **gan amhras** without doubt, undoubtedly, **gan cheist** without question, unquestionably, **gan aon éideimhne** unequivocally, **gan dabht** without doubt, undoubtedly, **siúráilte** surely *(see also: cinnte)*

◊ **Go deimhin!** Certainly!, Indeed!

Deimhnigh *v₂ᵦ* attest, confirm, certify, guarantee

áirithigh ensure, **athdheimhnigh** recertify, reaffirm, **cinntigh** making certain, ensure; confirmation, **comhdhearbhaigh** mutually assure, **comhthacaigh** corroborate, **daingnigh** secure, **déan cinnte de** make certain of, **dearbhaigh** affirm, assure, **faomh** approve, **fíoraigh** verify, confirm, **fíordheimhnigh** authenticate, **fiosraigh** inquire, **fódaigh** ground, establish, **frithgheall** underwrite, **iniúch** scrutinise, **maígh** assert, **promh** prove, test, **seiceáil** check, **socraigh** settle, **tabhair deimhniú** give assurance, certify

Deimhnithe *pp* assured, confirmed, certificated, guaranteed

áirithithe ensured, **athdhearbhaithe** reassured, reaffirmed, **athdheimhnithe** reconfirmed, reconfirmed, **ceadaithe** permitted, **cinntithe** made certain, ensured, **comhdhearbhaithe** mutually assured, **comhthacaithe** mutually supported, corroborated **daingnithe** secured, fixed, **déanta cinnte de** made certain of, **dearbhaithe** declared; attested, **faofa** approved, **fíoraithe** verified, confirmed, **fíordheimhnithe** authenticated, **fiosraithe** inquired, **fódaithe** grounded, established, **frithgheallta** underwritten, **iniúchta** scrutinised, **maíte** asserted; claimed, **profa** proven, tested, **seiceáilte** checked, **socraithe** settled

Deimhniú *vn* confirming, assuring, certifying, guarantee

áirithiú ensuring, **athdhearbhú** reassuring, recertifying, **athdheimhniú** reconfirming, **ceadú** permitting, **cinntiú** making certain, ensuring, **comhdhearbhú** mutually assuring, **comhthacú** mutually supporting, corroborating, **daingniú** securing, fixing, **déanamh cinnte de** making certain of, **dearbhú** declaring, declaration; assurance, **deimhniúchán** certification, **faomhadh** approving, approval, **fíorú** verifying, confirming, **fíordheimhniú** authenticating, **fiosrú** inquiring, **fódú** grounding, establishing, **frithghealladh** underwriting, **maíomh** claiming; boast, **promhadh** proving, testing, **seiceáil** checking, **socrú** settling, settlement, **tabhairt deimhniú** giving assurance, certifying, **teastas** certificate

Déine *f (~)* severity stringency; intensity, strength

boirbe asperity, **cruas** harshness, **cruinneas** rigour, accuracy, **dearóile** starkness; penury, **dianas** intensity, vehemence, **diongbháilteacht** toughness, **doichte** rigidity, tightness, **dolúbthacht** inflexibility, **dua** *m* hardship, toil, **éadlás** severity, harshness, **faobhar** sharpness, **féinsmacht** self-discipline, restraint, **feochracht** fieriness, fierceness, **fiatacht** sternness; fierceness, **fíochmhaire** fierceness, **gairbhe** harshness, roughness, **géire** keenness, **gúire** sharpness (cf **gúire péine** sharpness of a pain), **loinne** fierceness, vehemence, **masla** overstrain, abuse, **neart** intensity, **righne** rigidity, sternness, **righneas** stiffness, obduracy, **riteacht** tenseness, tension; abruptness, **seasmhacht** relentlessness, **seirbhe** bitterness, acidity, **strus** stress, strain, **teacht aniar** grit, resilience, fightback, **teinne** firmness, tightness, **tintríocht** fieriness, **tréine** intensity, strength, **troime** weightiness

Déirc *f (~e)* alms

airgead do na daoine bochta money for the poor, **almsa** *f* alms, **cabhair** *f (-bhrach)* aid, (cf **cabhair** *f* **dhaonnúil** humanitarian aid), **carthain** *f (-thana)* charity, **carthanacht** charity, **cúnamh** help, assistance, **daonnachtúlacht** humaneness, **daonnúlachas** humanitarianism, **dea-chroí** good-heartedness, **dea-mhéin** benevolence, **déirceachas** charitableness, **deolchaire** gratuity, **deonú** concession, granting,

Déirceach

fabhar favour, **fadfhulaingt** long suffering, forbearance, **faoiseamh** relief, reprieve, **faoiseamh daonnúil** humanitarian relief, **foighe** *f* donation, alms; supplicating, begging, **grásta** grace, **láiche** kindness, **ofráil** *(rel)* offering, **síneadh láimhe** gratuity, tip, **tabhartas Dé** godsend, **taise** compassion, mercy, **trua** pity, **truachroíche** kind-heartedness, **truamhéala** piteousness, pity

Déirceach 1 *m (-cigh; -cigh, ~)*
1. alms receiver

bacach *m* beggar, **bean** *f* **déirce** woman seeking charity, **beigéir** beggar, **bocht** poor person, **bochtán** beggar, poor person, **bochtóg** poor beggar woman, **daibhir** poor person, **déircín** pathetic beggar, importunate soul, **díothachtach** *m* destitute person, **fear déirce** man seeking charity, **foigheach** *m* supplicant, **impíoch** supplicant, **sirtheoir** petitioner; mendicant, **táthaire** cheeky scrounger

2. *(less common usage)* alms giver

bronntóir bestower, **daonchara** *m* *(-rad)* philanthropist, **deontóir** donor, **tabharthóir déirce** giver of alms, **tíolacthóir** bestower

Déirceach 2 *adj³* looking for alms; charitable

agrach pleading, **beigéireachta** (> *beigéireacht*) begging, **carthanach** charitable, **carthanachta** (> *carthanacht*) charity, **carthanais** *f* (> *carthanais*) charity, **daonnachtúil** humane, philanthropic, **deachroíoch** good-hearted, **dea-mhéineach** benevolent, **éimheach** beseeching, **fabhrach** favourable (cf **Bí fabhrach ar an im!** Go easy on the butter!), **fadfhulangach** long-suffering, forbearing, **geocúil** vagrant, begging, **grádiaúil** charitable, **impíoch** entreating, suppliant

Deireadh *m (-ridh; -rí)* end, ending

bailchríoch culmination, **barr** top, **bás** death, **buille scoir** finishing stroke, final blow, **bun** bottom, base, **bun agus barr an scéil** the upshot of it all, **bun an bhóthair** the end of the road, **bundún** tail end, **bun na spéire** horizon, **ceann** top end, end, **ceann scríbe** journey's end, terminus, **clabhsúr** closure, **cleamhnas** *(marriage)* match, **conclúid** conclusion, **críoch** *f (críche; ~a,~)* end, **críochnú** completion, **dul i léig** extinction, **dúnadh** closing, **druidim** closure, **éag** death, *finale* finale, **focal scoir** final word, **geadán** rump, bottom, **limistéar** limit of sphere of action, **réiteach** *m* settlement, solution, **socrú** arrangement, **scor** termination, **stad** cessation, **stop** stop (cf **Cuir ~ leis!** Put a halt to it!), **taoide** final period; tide (eg **Níl ach taoide mo shaoil fágtha agam.** I'm in the ebbing years of my life.) **teorainn** *f (-rann; -~eacha)* boundary, **tóin** *f (tóna; ~eanna)* posterior, **turnamh** demise, downfall, **urchar scoir** parting shot

▲ **~ an áil** the youngest child in the family, **~ an chruinnithe** the end of the meeting, **~ an dóchais** the end of hope, **~ an lae** the end of the day, **~ an phósta**

Deisbhéalach

the end of the marriage, **~ seachtaine** weekend, **~ tobann** abrupt end

▲ **an duine deiridh** the last person, **caibidil dheiridh** last chapter, **cosa deiridh** hind legs, **pointe chun deiridh** point behind, **seanrothar (atá) ar an dé deiridh** old clapped-out bicycle, **suíochán deiridh** back seat

◊ **ag an ~ seachtaine** at the weekend, **Cuireadh ~ leis.** It was brought to an end., **i n~ na dála** in the final analysis, **nuair atá an ~ ráite** when all is said and done

Deireanach *adj³* last, final

antoisceach extreme, **ar an aonú huair déag** at the eleventh hour, **ceann-** final, **ceannais** (> *ceannas*) *(sp)* final, **cinntitheach** definitive, determinative, **conclúideach** conclusive, **críochnaitheach** closing, **déanach** last, final, **deifnídeach** definitive, **deiridh** ultimate, last, **do-bhréagnaithe** incontrovertible, **do-chúlghairthe** irrevocable, **doshéanta** irrefutable, **foirceanta** terminating, **foircneach** extreme, terminal, **is déanaí** latest, **is faide** furthest, **is iargúlta** most remote, **is sia** furthest, **is sia siar** furthermost, **scoir** final, parting, **scríbe** *pnt* destination, end-, **teirminéalach** *(tech)* terminal

Deireanaí

1. *f (~)* lateness, recentness

an lá atá inniu ann today's world, **déanaí** lateness, **deireanas** lateness, **gairide** shortness, **gairid aimsire** short period of time, **na laethanta seo** these days, **scaitheamh** while, **tamall anuas** past while, **tamall deireanaí** recent period

2. **le ~** of late

ar na mallaibh in recent days/times, **is gearr ó** it isn't long since, **le déanaí** lately, **le deireanas** lately, **le gairid** recently, **le scaitheamh anuas** for the past period, **le tamall anuas** for the past while, **ní fada ó** it's not long since, **sa lá atá inniu ann** in today's world, **san am atá i láthair** in the present time, **sna haimsirí seo** in these times

Deis *f (~e; ~eanna)* opportunity

ádh luck, **am** *m* time, **cabhair Dé** God's help, **caoi** *f (~; caíonna)* window of opportunity, **cinniúint** destiny, **dea-fhortún** good fortune, **éadáil** serendipity, unexpected gain, **faill** chance, opportunity, **foiche** *f* **Dé** act of God, **ionchas** prospect, **ocáid (shona)** (happy) occasion, **oscailt** opening, **sciorta den ádh** stroke of good luck, **séan** prosperity, **seans** chance, **sonas** good luck, **tabhartas ó Dhia** godsend, **tarlú ámharach** lucky occurrence, **toice** fortune, chance, **trúig** occasion, cause, **uain** opportune time *(see also: seans)*

Deisbhéalach *adj³* witty, clever-tongued

abartha given to witty repartee, witty, **aibí** quick-witted, **barrúil** comical; droll, **cliste** clever, **gasta** quick, **géar** sharp, keen, **géarchúiseach** discerning, astute, **glinn** articulate, lucid, **léaspartach** witty, **nathánach** full of clever remarks, **pléisiúrtha** entertaining, **saoithiúil** cleverly humorous, **siamsúil** diverting, entertaining, **spraíúil** amusing, fun-filled

Deisbhéalaí *f (~)* wittiness
abarthacht witty repartee, **aibíocht** quick-wittedness, **barrúlacht** drollery, **clisteacht** cleverness, **eagnaíocht** making clever remarks, **gastacht** quickness, **géarchúisí** discernment, astuteness, **gearraíocht** repartee, **géire** sharpness, keenness, **léaspairt** wittiness, **léaspartaíocht** being witty, making witticisms, **nathánaí** wittiness, **ráisteachas** banter, witty remarks, **saoithiúlacht** humorousness, **siamsúlacht** entertaining diversion, **spraíúlacht** having fun, playfulness, **tráthúlacht** readiness of speech, wittiness

Deisceart *m (-cirt)* south; back; remote area
aneas from the south, **an taobh theas** the south side, **ó dheas** to the south, **theas** south, **uachtar na tíre** the south of the country

Deisigh *v₂ᵦ* repair, fix, mend
athcheartaigh revise, **athchóirigh** rearrange; renovate, restore, **athdheisigh** (bone) reset; remand, **atheagraigh** reorganise, **athmhúnlaigh** reshape, remould, **atóg** reconstruct, **bréid** patch, **ceartaigh** correct, **cóirigh** *(mus)* arrange; (wound) dress, **cuir bail ar** fix, shape up, **cuir caoi ar** to put into shape, **cuir dóigh éigin ar** to knock some shape into, **cuir i gceart** put right, **cuir le chéile arís** put together again, **glan suas** clean up, **gléas** fit out, equip, **gnéithigh** regain appearance, mend, **iompaigh thart** turn round, **leasaigh** amend, **leigheas** heal, cure, mend, **maisigh** decorate, **mionathraigh** modify, **paisteáil** patch up, **réitigh** set right, bring order, **socraigh** settle, **ullmhaigh** prepare

~ **an bhróg!** Mend the shoe!
~ **an cnámh!** Set the bone!
~ **an díon!** Repair the roof!
~ **an rothar!** Fix the bike!
~ **an t-inneall!** Overhaul the engine!
~ **an troscán!** Restore the furniture!

Deisithe *pp* repaired, fixed, mended
ag obair arís working again, **athcheartaithe** revised, **athchóirithe** rearranged; renovated, restored, **athdheisithe** *(med)* reset; remended, **atheagraithe** reorganised, reedited, **athmhúnlaithe** reshaped, remoulded, **atógtha** reconstructed, **bréidte** patched, **ceartaithe** corrected, **cóirithe** arranged, **curtha i gceart** put right, **curtha le chéile arís** put together again, **glanta suas** cleaned up, **gléasta** fitted out, equipped, **iompaithe thart** turned round, **leasaithe** amended, **leigheasta** healed, cured, mended, **maisithe** decorated, **mionathraithe** modified, **paisteáilte** patched up, **réitithe** set right, brought into order, **socraithe** settled, **ullmhaithe** prepared

Deisitheoir *m (--eora; ~í)* repairer, mender, fixer
athchóiritheoir restorer, **bean** *f (mná)* **fuála** seamstress, **ceardaí** tradesman; artisan, craftsman, **cearpantóir** carpenter, **cumhdaitheoir** upholsterer, **dianadóir** roofer, **dochtúir** doctor, **draoi** fixer, **duine deaslámhach** a handy person, someone good at doing DIY, **fear cothabhála** maintenance man, **feighlí** handyman, **fiaclóir** dentist, **jabaire** jobber, **leictreoir** electrician, **máistir** master, **meicneoir** mechanic, **pluiméir** plumber, **saineolaí** expert, **saor** craftsman, **saor cloiche** stone mason, **siúinéir** carpenter, **suiteálaí** installer, **táilliúir** tailor, **teicneoir** technician, **tréadlia** vet

Deisiú *vn* repairing, fixing, mending
athcheartú revising, **athchóiriú** rearranging; renovating, restoring, **athchur (na codanna) le chéile** putting (the parts) together again, reassembly, **athdheisiú** *(bone)* resetting; remending, **atheagrú** reorganising, **athmhúnlú** reshaping, remoulding, **atógáil** reconstructing, **bréideadh** patching, **ceartú** correcting, **cóiriú** *(mus)* arranging; *(wound)* dressing, **cur i gceart** putting right, **glanadh suas** cleaning up, **gléasadh** fitting out, equipping, **gnéithiú** regaining appearance, mending, **iompú thart** turn round, turning around, **leasú** amending, **leigheas** healing, curing, **maisigh** decorating, **mionathrú** modifying, **paisteáil** patching up, **réiteach** setting right, bringing order, **socrú** settling, **ullmhú** preparing

Deismíneach *adj³* proper, polite, gallant; prissy, uptight
béasach polite, **caoin** gentle, refined, **cathartha** civil, civic, **ceartaiseach** prim, self-righteous, **cuí agus ceart** prim and proper, **cúirtéiseach** courteous, **cúiseach** prim, demure, **cúisiúil** uptight, prudish, **cultúrtha** cultured, **dea-bhéasach** gallant, polite, **dea-mhúinte** well mannered, well bred, **deismir** neat and tidy, refined, **galánta** elegant, **mínineach** dainty, overrefined, **modhúil** genteel, mannerly, **múinte** mannerly, **piúratánach** strait-laced, puritanical, **róchúisiúil** prissy, **saoithíneach** priggish; nerdy, pedantic, **sofaisticiúil** sophisticated, **urramach** deferential

Deismíneachtaí *fpl* niceties
grinnis *mpl* niceties, **mionchúiseanna** subtleties, **mionsonraí** details, *na nuances* the nuances, **na rudaí beaga** the small things

Déistin *f (~e)* disgust
adhfhuafaireacht horror; abomination, **adhfhuath** horror, deep hatred, **col** aversion, **colúlacht** revulsion, **cradhscal** repugnance, **dearg-ghráin** abhorrence, **fuath** hatred, **fuathú** abhorrence, **glonn** *(lit)* disgust, loathing, **gráin** loathing, **grainc** disgust, loathing, **masmas** nausea, **míghnaoi** antipathy, **míthaitneamh** repugnance, **múisiam** upset, sick feeling, **samhnas**

disgust, nausea, **snamh** dislike, distaste, **uafaireacht** repulsion, **urghráin** loathing, abhorrence

◊ **Cuireann sé ~ orm**. It disgusts me.

Déistineach *adj³* disgusting
adhfhuafar horrific, **colach** repugnant, loathsome, **cradhscalach** repugnant, **dearg-ghránna** abhorrent, **fuafar** hateful, **glonnmhar** odious, disgusting, **gránna** loathsome; ugly, **masmasach** nauseating, **míghnaíúil** ugly, unprepossessing, **míthaitneamhach** disagreeable; repugnant, **múisiamach** upsetting, sick feeling, **samhnasach** disgusting, nauseating, **oiltiúil** *(food)* nauseating, cloying, **uafar** dreadful, **uafásach** awful, **urghráiniúil** loathsome, abhorrent

Deo *(as in adverbial expression: go deo 'for ever')*
choíche for ever; never, **de shíor** constantly, **feasta** evermore, **feasta choíche** for all future time, **gan deireadh** endlessly, **gan sos** without a break, **gan stad** without stop, **gan staonadh** ceaselessly, incessantly, **go brách** in perpetuity, **go brách na breithe** until the day of judgement, **go buan** permanently, **go síor** forever, **go síoraí** eternally, everlastingly, **i dtólamh** all the time, **i gcónaí** always, ever, **neamhstaonach** unremittingly, **riamh** ever, **trí shaol na saol** *(rel)* for ever and ever *(see also: choíche)*

Deoch *f (dí; ~anna)* drink, beverage; potion
alcól alcohol, **ambróise** ambrosia, **biotáille** liquor, spirits, **blaiseadh** taste, **bolgam** sip, snifter, **braoinín** little drop, **braon** drop, **diúg** *f (-úige; ~a, ~)* drain, **diúgaireacht** tippling, **diurnán** drop of drink, **dram** dram, **fiúigil(ín)** chaser, **fliúit** *s (indecl)* swig, **gáilleog** mouthful, **gloine** drink, glass, **ibhe** *(lit)* drink, draught, **leacht** *m* liquid, **leathcheann** short, **licéar** liqueur, **manglam** cocktail, **naigín** noggin, **ól** drink, **ólachán** drinking, **pionta** pint, **póit** excessive drinking, **poitín** hooch, poteen, **posóid** potion, **pótaireacht** heavy drinking, **slog** gulp, **slogadh** draught, swallow, **slogóg** swig, **smúdaí** smoothie, **steancán** splash, squirt, **súimín** sip, sup, **súmóg** draught, sup, **sú** juice, **taoscadh** copious drinking, **taoscán** draught, **tuaslagán** *(chem)* solution

▲ **~ bhainne** drink of milk, **~ bhog** soft drink, **~ cheiliúrtha** celebratory drink, **~ cheirtlise** drink of cider, **~ dhearmaid** *(myth)* potion of forgetfulness, **~ fhionnuar** cool drink, **~ láidir** stiff drink, **leighis** healing potion, **~ leanna** drink of ale, **~ luibhe** herbal drink, **~ mheisciúil** alcoholic beverage, **~ shláinte** pick-me-up, **~ shuain** sleeping draught, **~ the** hot drink, **~ uisce** drink of water

◊ **~ a ól ar a láidreacht** to take a drink straight, **Ba shearbh an ~ é!** It was a bitter pill to swallow!, **Cad a déarfá le ~?** What would you say to a drink?, **fillte ar an ~** back on the booze

Deoir *f (~e; -ora, -or)* tear(drop); drop
beagáinín bit, **beagán** bit, **beagán beag** small quantity, **blaiseadh** taste, taster, **braoinín** little drop, **braon** drop, **braonán** droplet; **caoineadh** lamenting, weeping, **coirnín** bead (cf **coirnín allais** bead of sweat), **drithlín** gleaming drop, **drúchtín** dewdrop, **gol** crying, **lógóireacht** wailing; lamentation, **mónóg** drop, bead; cranberry, **olagón** wailing, **súilín** bead, bubble, globule, **suóg** tear, tearstain, **uisce do chinn** sobbing, waterworks

▲ **~ allais** bead of sweat, **~ bhainne** drop of milk, **~ fola** drop of blood, **~ uisce** drop of water, **~ uisce beatha** drop of whiskey

◊ **Chaoin sí cúpla ~.** She wept a few tears., **Bhí an deoir i gcónaí ar an tsúil aige.** He was always sentimental.

Deonach 1 *m (-aigh; -aigh, ~)* volunteer
oibrí deonach voluntary worker, **oibrí gan phá** unpaid worker, **saorálaí** volunteer

Deonach 2 *adj³* voluntary
aontaitheach assenting, voluntary, **déirceach** charitable, **fonnmhar** keen, willing **gan chomhéigniú** uncoerced, **gan íoc** without being paid for, **gan íocaíocht** without payment, **gan phá** unpaid, **gan tuarastal** unsalaried, without a salary, **garúil** obliging, **neamhbhrabúis** nonprofit (eg **eagraíocht neamhbhrabúis** nonprofit organisation), **neamhoibleagáideach** nonobligatory; unobliging, **saor** free, **saorálach** *(jur)* voluntary; free, without compulsion, **saor in aisce** free of charge, **saorthoilteanach** discretionary, **sásta** willing, satisfied, **toilteanach** willing, **tolach** wilful, intentional, **trí dheonú Dé** providential, **ullamh** ready, **umhal** pliant, submissive

Deonaigh *v₂ₐ* grant, consent
aontaigh consent, agree, **bronn** award, bestow, **ceadaigh** permit, **dáil** distribute, serve out, **dámh** concede, allow, **dílsigh** vest (eg **údarás a dhílsiú do bhreitheamh** to vest a judge with authority), **faomh** approve, **freastail ar** accommodate, **géill** concede, **glac le** accept, **lamháil do** grant to, allow, permit, **lig** allow, **riar** administer, allot, **sann** allot, assign, **tabhair** give, **tabhair suas** cede, **tíolaic** grant, bestow, **toiligh** consent, will

~ cabhrú leo! Volunteer to help them!
~ cúiteamh! Award compensation!
~ do bhaill coirp! Donate your organs!
~ fuil! Give blood!
~ glacadh leis! Be pleased to accept it!
~ síocháin dúinn! Grant us peace!

Deonaithe *pp* granted, consented
aontaithe consented, agreed, **bronnta** awarded, bestowed, **ceadaithe** permitted, **dáfa** conceded, allowed, **dáilte** distributed, served out, **dílsithe** vested, **faofa** approved, **freastalta ar** accommodated, **géillte** conceded, **glactha le** accepted, **lamháilte do**

granted to, allowed, permitted, **ligthe** allowed, **riartha** administered, allotted, **sannta** allotted, assigned, **tugtha** given, **tugtha suas** ceded, **tíolactha** granted, bestowed, **toilithe** consented, willed

Deontas *m (-ais; -ais, ~)* grant
cistiú funding, **dearlaic** *f* endowment, **deonachán** contribution, donation, (cf **deonacháin pholaitiúla** political contributions), **fóirdheontas** subsidy, **lamháltas** concession, allowance, **liúntas** allowance, **maoiniú** financing, funding, **ranníocaíocht** contribution, **scoláireacht** scholarship, **tabhartas** donation, gift, **teanntaíocht** subvention, grant-in-aid

▲ ~ **cothabhála** maintenance grant, ~ **cruatain** hardship grant, ~ **feabhsúcháin** improvement grant, ~ **forbartha** development grant, ~ **neach léinn** student grant, ~ **rialtais** government grant, ~ **taighde** research grant

Deontóir *m (-óra;~í)* donor
bronntóir *m* giver; benefactor; donor, **cabhróir** helper, **cuiditheoir** helper; contributor, **daonchara** *m* philantropist, **daoncharadéirceach** *m* almsgiver, **pátrún** patron, **ranníocóir** *(ins)* contributor, **suibscríobhaí** subscriber, **tabharthóir** giver, benefactor, **tíolacthóir** bestower

Deonú *vn* granting, consenting
aontú consenting, agreeing, **bronnadh** awarding, bestowing, **ceadú** permitting, **dáileadh** distributing, serving out, **dámhachtain** conceding, **daonchairdeas** philanthropy, **dílsiú** vesting, **faomhadh** approving, **freastal ar** accommodating, **géilleadh** conceding, yielding, **glacadh le** accepting, **lamháil do** granting to, allowing, **ligean** allowing, **riar** administering, allotting, **sannadh** allotting, assigning, **tabhairt** giving, **tabhairt suas** ceding, giving up, **tíolacadh** bestowing, **toiliú** consenting, willing

Deorach *adj³* tearful
atá ag pusaireacht ghoil blubbering, **atá ag smeacharnach caointe** sobbing, **brónach** sad, **buartha** sorrowful, grief-stricken, **caointeach** weeping, gloomy, **croíbhriste** broken-hearted, **éagaointeach** mournful, lamenting, **faoi chiach** in great sorrow, **fliuchshúileach** watery-eyed, **fuarchaointeach** whimpering, **golbhéarach** plaintive, **golfartach** weeping; crying, **gruama** gloomy, **léanmhar** sorrowful, **maoithneach** weepy, emotional, **méalach** lamenting, sorrowful, **ochlánach** wailing, despondent, **sochorraithe** emotional, **suaite** agitated *(see also: **brónach**)*

Deoraí *m (~; -aithe)* exile
bóithreoir road walker, traveller, **cadhan aonair** loner, **coimhthíoch** *m* outsider, alien, **diaspóra** diaspora, **díbeartach** *m* outcast, **díthreabhach** recluse; hermit; homeless person, **duine ar bith** anybody, **duine gan dídean** homeless person, **eisimirceach** emigrant, **fánaí** wanderer, **fiaire** rambler, pleasure-seeker, **iarrthóir tearmainn** asylum seeker, **imirceach** migrant, **inimirceach** immigrant, **ránaí** rover; loafer, **rantaeir** rambler, rover, **ródaí** roadster; *(BÁC)* biker who prefers roads to off-track cycling, **rothlam** roamer, **ruathaire** gadabout, **seachránaí** straying person; erring person, **spailpín fánach** migratory farm labourer, person of no fixed abode, wanderer, **séadaí** rambler, **straeire** stray, wanderer, **teifeach** refugee

Deoraíocht *f (~a)* exile, banishment
bóithreoireacht road walking, travelling where the road leads to, **coimhthíos** alienation, **díbirt** banishment, deportation, **díshealbhú** eviction, dispossession, **fánaí** vagrancy, **fánaíocht** wandering, **imirce** emigration, **ionnarbadh** *m (-btha)* expulsion, banishment, **ránaíocht** roving; loafing, **rantaeireacht** rambling, roving around, **ruaigeadh** *m (-gthe)* expulsion, **ruathaireacht** gadding about, **seachrán** straying, **séadaíocht** rambling, **spailpínteacht** working as a migratory farm labourer, **stoiteachas** uprootedness, **straeireacht** straying, wandering

Dia *m (Dé; déithe)* God
Allah Allah, **An t-Athair Síoraí** the Eternal Father, **An Coimdhe** *(lit)* Lord God, **An Fear Thuas** The Man Upstairs, **Ard-Bheith** Higher Being, **An Tiarna Uilechumhachtach** the Lord God Almighty, **abhatár** avatar, **bandia** *m* goddess, **Bráma** Brahma, **bunúdar an uile ní** Prime Mover, **coimirceach** *m* tutelary, **cruthaitheoir** creator, **cumhachtaí osnádúrtha** supernatural powers, **diacht** deity, **diagacht** divinity, **Fórsa (an Fórsa)** Force (the Force), **Iáivé** Jehovah, Adonai, **íol** *m (íl; íola, íol)* idol, **monad** monad, **oirchill** providence, **Tiarna** Lord (cf **An Tiarna** The Lord), **Tríonóid** Trinity (cf **An Tríonóid Ró-Naofa** The Most Holy Trinity)

Diabhal *m (ail; -ail, ~)* devil
áibhirseoir devil, adversary, **Aingeal an Uabhair** The Prince of Darkness, **an buachaill báire** Old Harry, **An Buachaill Críonna** Mephistopheles, **an donas** badness, **An Fear Dubh** the evil one, **An Fear Thíos** the man below, **An Leideoir** The Prompter, **An Seanbhoc** Old Nick, **An tOlc** Evil, **cathaitheoir** tempter, **deamhan** demon, **fear na gcrúb** the cloven-footed one, **fear na n-adharc** the man with the horns, **Lúcifir** Lucifer, **riach** *(euph)* devil (cf **Go mbeire an riach air!** The deuce take him!), **Sátan** Satan

Diabhalta *adj⁶* devilish; mischievous, goddamn
ábhailleach mischievous, playful, **áilteortha** tricky, roguish, **ainnis** miserable, **beannaithe** blessed, **cleasach** tricky, **damanta** damned, **damnaithe** damned, **deamhanta** fiendish, **deamhnaí** demoniacal, **diabhlaí** devilish, **ifreanda** hellish, infernal, **iomlatach** mischievous, **mallaithe** accursed, **maslach** heavy going, **millteach** baneful, pernicious,

millteanach horrible, **rógánta** roguish, **uafásach** awful

Diabhlaíocht *f (~a)* mischief, monkey business; witchcraft

áibhirseoireacht devilry, mischief-making, **amaidí** fooling around, shenanigans, **bligeardacht** blackguardism, **dánacht** boldness, **donas** badness, wickedness, **drochghníomhartha** *mpl* malfeasance, **drochobair** mischief, devilment, **míghreann** mischievous talk/gossip, **mísc** mischief, **neamh-aistear** up to no good, idleness, **oilbhéas** mischievousness, **rascalacht** rascality, **ráscántacht** waggishness, **rógaireacht** roguishness, mischief, **síofrógacht** practising witchcraft, **tubaisteoireacht** mischief-making; dangerous bungling

Diaga *adj^6* divine, godly

beannaithe sacred, **coisricthe** consecrated, **crábhaidh** (> *crábhadh*) religious practice, **cráifeach** God-fearing, pious, **Dé** (> *Dia*) of God, divine, **deabhóideach** devout, **dianganta** godly, **dílis** faithful, **fíréanta** righteous, **gan smál** immaculate, **geanmnaí** pure, chaste, **glan** pure, **maighdeanúil** virginal, **maith** good, **naofa** holy, **neamhpheacúil** sinless, **reiligiúnach** religious, **sácráilte** sacred, **spioradálta** spiritual *(see also: naofa)*

Diaidh *s (indecl)*

1. *(as in phrase: i n~ sin after that)*
ag leanúint ar aghaidh as sin following on from that, **agus sin taobh thiar dínn** and that behind us, **an chéad rud eile** the next thing, **an lá dár gcionn** the following day, **sna sála air sin** further to that, **tar éis sin** after that

2. *(as in phrase: ~ i n~ bit by bit, gradually)*
céim ar chéim step-by-step, **de réir a chéile** gradually, **giota ar ghiota** bit by bit, **go céimnitheach** progressively, gradually by stages, **go hincriminteach** incrementally, **go leanúnach** continuously, **go mall** slowly, **go seasta** steadily, **i gcur chuige céimithe** in a phased approach, **i n~ a chéile** successively, one after the other, **píosa ar phíosa** piecemeal

Dialann *f (-lainne; ~a, ~)* diary

blag blog, **cín** *f* **lae** *(lit)* diary, **croinic** chronicle, **cuimhní** *fpl* **cinn** memoirs, **cuntas** account, **dírbheathaisnéis** autobiography, **leabhar** book, **log** log, **logleabhar** logbook, **nótaí** notes, **oireas** record *(of events);* **taifead** record, **táscleabhar** diary *(of job activities; prep/homework, diary),* **tuairisc** report

Diamhair *adj irr* mysterious, mystical; eerie, occult

aduain weird, unfamiliar, **aerachtúil** eerie, **ceilteach** secretive, reticent, **doiléir** obscure, unclear, **dorcha** dark, mysterious, **dothuigthe** incomprehensible, enigmatic, **dubh-** evil; unknown, **dubhealaíne** (> *dubhealaín*) black-art, magical, **dubhfhoclach** *(riddle)* enigmatic, **duibheacúil** dark, overcast, **duibheagánach** abstruse, hard to fathom **faoi cheilt** secret, **fáthrúnda** mystical, **folaigh** (> *folach*) occult, hidden, **iarmhaireach** eerie, lonely, **mistéireach** mysterious, **rúnda** secret, **rúndiamhair** *(rel)* mysterious, **rúnmhar** close, secret, **uaigneach** lonely, eerie

Diamhasla *m (~; ~í)* blasphemy

blaisféim blasphemy, **frithúdarásaíocht** dissidence; *(fig)* iconoclasm, **íolbhriseadh** iconoclasm, **neamhchráifeacht** irreligiousness, **neamhdheabhóidí** undevoutness, **peacúlacht** sinfulness, **sacrailéid** sacrilege

Diamhaslach *adj^3* blasphemous

blaisféimeach blasphemous, **frithúdarásaíoch** anti-establishment, **íolbhristeach** iconoclastic, **neamhchráifeach** irreligious, **neamhdheabhóideach** undevout, **peacúil** sinful, **sacrailéideach** sacrilegious

Diamhracht *f (~a)* mysteriousness; mystique

aduaine weirdness, unfamiliarity, **aerachtúlacht** eeriness, **ceilteanas** concealment, **diamhair** *f (~e; diamhra)* occult, **doiléire** obscurity, vagueness, **dorchacht** darkness, mystery, **dothuigtheacht** incomprehensibility, **dubh** darkness, unknown, **dubhealaín** black arts, black magic, **dubhfhocal** *(riddle)* enigma, **fáthrún** mystical meaning, **iarmhaireacht** eeriness, lonelines, **mistéir** mystery, **mistíc** mystique, **rún** secret, **rúndacht** secrecy, mystery, **rúndiamhracht** *(rel)* mysteriousness, mysticality, **rúnmhaireacht** closeness, secretiveness, **uaigneas** loneliness, eeriness

Dian- *pref* intensive, strenuous, strict

~achaíní *f* earnest entreaty, **~bheart** drastic measure, **~bhreith** severe sentence, **~chleachtadh** intensive practice, **~chosc** strict prohibition, **~chúram** intensive care, **~chúrsa** intensive course, **~ghá** urgent need, **~ghrá** intense love, **~iarracht** *f* earnest effort, **~mhachnamh** deep thought, deep contemplation, **~riail** strict rule, **~saothar** strenuous work, **~scaoileadh** decomposition, **~seasmhacht** persistency, **~smacht** *m* rigid discipline, **~tréanas** asceticism

Dian *adj irr* severe, stern, intense, hard

aiséitiúil ascetic, **anróiteach** distressing, **ansmachtúil** tyrannical, oppressive, **antoisceach** extreme, **aorach** satirical, **borb** harsh, **brúidiúil** brutal, **cadránta** harsh, **caolaigeanta** bigoted, **cealgach** stinging, **ceartaiseach** strait-laced, **crapthach** astringent, **criticiúil** critical, **crosta** fractious, difficult, **crua** hard, **cruálach** cruel, **cruinn** rigorous, accurate, **cúng** narrow, stringent, **daingean** tough, hard and fast, **dearóil** stark; penurious, **dícheallach** diligent, **dímheasúil** disapproving, **diongbháilte** tough, firm, **dlúsúil** assiduous, **dochraideach** oppressive, **docht** rigid, tight, **doicheallach** forbidding, **dolúbtha**

Díbeartach

inflexible, **dorrga** gruff, surly, **draganta** draconian, **dúr** dour, **éilitheach** demanding, **faobhrach** sharp-edged, **feannta** cutting, **feanntach** scathing, **fiata** stern; fierce, **fíochmhar** fierce, **foréigneach** violent, **fuar** cold, **gan staonadh** unrelenting, **gan taise** unsparing, **gan trua** pitiless, **garbh** harsh, rough, **garg** austere, **géar** acute, **goimhiúil** venomous, sharp, **gruama** grim, **loiscneach** caustic, **maslach** arduous, abusive, punishing, **neamhthrócaireach** inexorable, **neamhthuirseach** tireless, **nimhneach** venomous, **piúratánach** puritanical, **polltach** biting, **ribeanta** severe; sharp, **righin** rigid, **rite** tense; abrupt, **searbh** bitter, **searbhasach** sarcastic, **seasmhach** relentless, steadfast, **smachtúil** repressive, despotic, **Spartach** Spartan, **strusmhar** stressful, straining, **teann** emphatic, strenuous; firm, **tréamanta** powerful, intense; violent, **tréan** intense, powerful, **trom** heavy, weighty

▲ **aeráid dhian** severe climate, **athair ~** stern father, **buille ~** hard blow, **cúram ~** demanding responsibility, **geimhreadh ~** harsh winter, **máistir ~** hard taskmaster, **obair dhian** gruelling work, **rás ~** strenuous race, **riail dhian** strict rule, **scrúdú ~** tough exam, **staidéar ~** intensive study, **tasc ~** arduous task, **tástáil dhian** rigorous testing, **teas ~** torrid heat, **tine dhian** intense fire, **tuile dhian** heavy flood

◊ **Bhí an dreapadh an-dian.** It was an arduous climb., **Chuaigh sé go dian orm.** I found it hard going.

Díbeartach *m (-aigh; -aigh, ~)* outcast
aonarán loner, solitary person, **cadhan aonair** loner, **coimhthíoch** *m* outsider, alien, **deoraí** exile, **díthreabhach** recluse; hermit, **duine gan dídean** homeless person, **éaglann** outcaste, pariah, **éan aonair/corr/dearg/scoite** outsider, remote individual, **eiriceach** heretic, **iarrthóir tearmainn** asylum seeker, **imirceach** migrant, **inimirceach** immigrant, **ionnarbthach** *m* expelled/exiled person, **spailpín fánach** migratory farm labourer, person of no fixed abode, wanderer, **teifeach** refugee

Díbeartha *pp* banished exiled
bánaithe cleared out; laid waste, **ar deoraíocht** in exile, **caite anach** thrown out, expulsed, **curtha amach (ar an tsráid)** put out (on the street), **curtha ar ionnarbadh** exiled, **deoraíoch** exiled, **deoraíochta** (> *deoraíocht*) exiled, **díchurtha** ejected, expelled, **díshealbhaithe** evicted, dispossessed, **easbhrúite** squeezed out, pushed out, **eiseachadta** extradited, **ionnarbtha** banished, **ionnarbthach** exiled, banished, **ruaigthe** expelled, chased off, **scabhartha** purged, scoured, **scoite** separate; solitary, isolated

Díbir *v₂d* banish, expel; deport
bánaigh clear out, empty; lay, waste, **aslonnaigh** *(hist)* evacuate, **caith amach** throw out, **coinnealbháigh** excommunicate, **cuir amach** dispatch; *(cards)* deal, **cuir as** put out, **cuir ruaig ar** chase away/off, banish, **déan glanadh eitneach** commit ethnic cleansing, **díchuir** eject, expel, **díscigh** drain out; dry up, **díshealbhaigh** evict, dispossess, **easbhrúigh** squeeze out, push out, **eiseachaid** extradite, **glan (amach)** cleanse, clear/clean (out), **ionnarb** drive out, banish, **loingsigh** banish, exile; to go into exile, **purgaigh** purge, **ruaig** chase away, put to flight, **stoith** uproot, extract, **tafainn** *(pr: taifneann, vn -ann)* chase away, expel

Díbirt *vn* banishing, banishment, deporting, deportation
bánaigh clear out, empty; depopulate; lay waste, **aslonnú** evacuating, evacuation, **caitheamh amach** throwing out, **coinnealbhá** *m (rel)* excommunicating, excommunication, **cur amach** dispatching, **cur as** putting out, **díchur** ejecting, expelling, **díshealbhú** evicting, eviction, dispossession, **easbhrú** squeezing out, pushing out, **eiseachadadh** extraditing, extradition, **glanadh (amach)** cleansing, clearing/cleaning (out), **glanadh eitneach** ethnic cleansing, **ionnarbadh** *m (-btha)* expulsion, banishing, banishment, **purgú** purging; purgation, **ruaigeadh** *m (-gthe)* expulsion, chasing off, **stoitheadh** uprooting *(see also: díshealbhú)*

Dícháiligh *v₂b* disqualify
cealaigh cancel, revoke, **coisc** preclude; prohibit, **cuir ar ceal** abrogate, rescind, **cuir ar neamhní** annul, **cuir cosc ar** prohibit, **déan neamhbhailí** invalidate, make invalid, **díchruthaigh** disprove, **fág as** exclude, **ná ceadaigh** disallow (cf **Níor ceadaíodh an cúl.** The goal was disallowed.), **neamhbhailigh** invalidate, **neamhnigh** annul, nullify, **seachain** baulk, avoid, **tarraing siar** revoke, withdraw

Dícháilithe *pp* disqualified
ar ar cuireadh cosc prohibited, **cealaithe** cancelled, revoked, **coiscthe** precluded; prohibited, **curtha ar ceall** abrogated, rescinded, **curtha ar neamhní** annulled, **déanta neamhbhailí** invalidated, made invalid, **díchruthaithe** disproved, **fágtha as** excluded, **gan bheith ceadaithe** disallowed, **neamhbhailithe** invalidated, **neamhnithe** annulled, nullified, **seachanta** baulked, avoided, **tarraingthe siar** revoked, withdrawn

Dícháiliú *vn* disqualifying
cealú cancelling, revoking, **cosc** precluding; prohibiting, **cur ar ceal** abrogating, nullifying, **cur ar neamhní** annulling, **cur cosc ar** prohibiting, **déanamh neamhbhailí** invalidating, making null and void, **díchruthú** disproving, **fágáil as** excluding, **gan bheith ag ceadú** not to be allowing, **neamhbhailiú** invalidating, **neamhniú** annulling, nullifying, **seachaint** baulking, avoiding, **tarraingt siar** revoking, withdrawing

Dícheall *m (-chill)* best endeavour
breáthacht fineness, **caoindúthracht** earnestness, devotion, **do chroí iomlán** your whole heart, **dlús** close application, speed, **dul chun cinn** progress, **feabhas** excellence, **fiontar** venture, enterprise, **gach a bhfuil ionat** everything you've got in you, **iarracht** effort; attempt, **ionnús** resourcefulness, enterprise, **mo sheacht ndícheall** my level best, **sáriarracht** excellent effort, **seandícheall** best effort, **treallús** get-up-and-go, initiative

◊ **Chuir sé chun mo dhícheall mé.** It took me to the pin of my collar., **Ní dhá leath de do dhícheall a dhéanann tusa!** You sure don't do things by halves!, **Ní dhéanfaidh do dhícheall é.** You'll never manage it., **Rinne mé mo sheacht n~.** I did my level best.

Dícheallach *adj³* diligent, assiduous, hardworking
breá fine, **caoindúthrachtach** earnest, devout, **cíocrach** avid, keen, **coinsiasach** conscientious, **croíúil** wholehearted, **dáiríre** earnest, sincere, **díbhirceach** zealous, eager, **dílis** genuine, reliable, **díograiseach** enthusiastic, **díocasach** eager, keen, **dlúsúil** industrious, **dúilmhear** desirous, longing for, **dúlaí** fervent, earnest, **dúthrachtach** diligent, **fonnmhar** keen, desirous, **neamhfhalsa** diligent, **paiseanta** passionate, **rachmallach** lusty, eager, excited, **saothraíoch** hardworking, industrious, **scafa** eager, keen, avid, **soinnimh** eager; forceful, **soláthrach** provident, industrious, **tartmhar** thirsty, thirsting, **tinneasnach** earnest, urgent, **tnúthánach** yearning, **tugtha** committed

Díchéillí *adj⁶* senseless, foolish
áiféiseach ridiculous, **amaideach** foolish, **ar buile** mad, **ar mire** mad, **baoth** silly, foolish, **craiceáilte** crazed, silly, **gan chiall** senseless, **éaganta** silly, senseless, **éigiallta** senseless, irrational, **éigríonna** imprudent, **guanach** fanciful, **imithe le craobhacha** off the wall, **ladúsach** foolish-tongued, silly, **mearaithe** deranged, **mearbhlach** arising from a confused mind, **meargánta** madcap, **mícheíllí** senseless, **míloighciúil** illogical, **míréasúnta** unreasonable, irrational, **místuama** thoughtless, **néaltraithe** demented, daft, **neamhchríonna** unwise, **óinmhideach** foolish, simple, **óinsiúil** *(of female only)* foolish, **pleidhciúil** silly, stupid, daft, **rámhailleach** delirious, **seachmallach** deluded, **seafóideach** silly, nonsensical *(see also: amaideach)*

Dídean *f (-dine)* shelter, refuge
brat covering, protective cover, **caomhnú** conservation, **clúdach** *m* cover, **clúid** nook, corner; warm cosy place, **clutharú** sheltering, **cosaint** protection, **cuan** haven, **cúl dídine** refuge, **dún** fort, fortresss; place of refuge, haven, **fáfall** shelter, **forbhrat** outer covering, **foscadán** *(place)* shelter, **foscadh** shelter, sheltering, **fothain** *f* shelter (cf **ar lorg fothana** seeking shelter), **leaba dhearg** animal's lair, **póirse** porch, **sanctóir** sanctuary, **scáth** screen, protection, **sciath** *f (scéithe; ~a, ~)* shield, **seoltán** *(structure)* shelter, **teach** *m (tí; tithe)* **tearmainn/dídine**, house of refuge, **tearmann** sanctuary, asylum; haven (cf **tearmann cánach** tax haven)

◊ **bheith gan dídean** to be homeless

Dídeanaí *m (~; -aithe)* refugee
deoraí exile, **duine easáitithe** displaced person, **duine gan dídean** homeless person, **éalaitheach** *m* escapee; absconder, **iarrthóir tearmainn** asylum seeker, **lucht iarrtha tearmainn** asylum seekers, **teifeach** *m* fugitive, runaway; refugee, **tórán** hunted creature, fugitive

Difrigh v_{2b} differ
aithin difríocht idir discern a difference between, **easaontaigh** disagree, **deachair** differentiate, **difreáil** *(biol, math)* differentiate, **idirdhealaigh idir** distinguish between, discriminate

Difríocht *f (~a; ~aí)* difference
aighneas dispute, **airí** *m* peculiarity, **athrú** change, **athrúchán** alteration, **claochlú** metamorphosis, **difear** difference, **éagothroime** disparity, **éagsúlacht** dissimilarity, unlikeness, **easaontú** disagreement, **eisceacht** exception, **eisréimneacht** divergence, **fordhealú** distinction, **idirdhealú** distinction, differentiation, **ilchineálacht** diversity, **ilghnéitheacht** variety, **malairt** alternative, swap, **malartú** variation, exchange, **miondifríocht** nuance, **neamhréireacht** discordance, **neamhréiteach** *m* discrepancy, **saine** *f (hist)* diversity, difference, **saintréithiúlacht** idiosyncrasy, **singilteacht** singularity, **tréith ar leith** particularity

Difrithe *pp* differed
easaontaithe disagreed, **deachraithe** differentiated, **difreáilte** *(biol, math)* differentiated, **idirdhealaithe idir** distinguished between, discriminated

Difriú *vn* differing
aithint difríochta idir discerning a difference between, **easaontú** disagreeing, **deachrú** differentiating, **difreáil** *(biol, math)* differentiating, **idirdhealú idir** distinguishing between, discriminating

Difriúil *adj⁴* different
aimhrialta anomalous, **aisteach** strange, **ait** peculiar, **aonair** unique, **athraithe** changed, **contrártha** contrasting. **éagsúil** different, various, **eile** other, **freasúrach** opposing, **il-** *pref* assorted, many, diverse, multi-, poly-, varied, **ilathraitheach** kaleidoscopic, **ilchineálach** multifarious, heterogeneous, **ilchruthach** polymorphic, **ildánach** versatile, **ilfheidhmeach** multifunctional, **ilghnéitheach** miscellaneous, **ilriochtach** having many different appearances, **iltaobhach** multilateral, **iltréitheach** with many different abilities, **in aghaidh coinbhinsiúin**

unconventional, **líonmhar** numerous, **míchuí** clashing, **mífheiliúnach** incompatible, **mífhreagrach** non-corresponding, incongruous, **neamhchoitianta** uncommon, **neamhchosúil** unalike, divergent, **neamhghnách** unusual, **neamhionann** disparate, **uathúil** unique, singular

Dílis *adj irr* loyal; genuine
bithdhílis ever faithful, **buan** constant, **cruinn** precise, **daingean** staunch, firm, **diongbháilte** firm, committed, **fíor** true, **gan chlaonadh** unswerving, **inmhuiníne** trusty, **iontaofa** trustworthy, dependable, **ionúin** darling, beloved, dear, **leata** *(ar)* devoted *(to)*, **muiníneach** reliable, **seasmhach** steadfast, **stóinseach** staunch, solid, **tairiseach** loyal, faithful; trusty, reliable, **tiomanta** dedicated, devoted

◊ **cara ~ an duine** man's best friend, **Is cuid dílis den obair é.** It's an integral part of the work., **Ní raibh sé ~ dá bhean.** He cheated on his wife.

Dílseacht *f (~a)* loyalty; genuineness
buaine constancy, **bithdhílse** constancy, **cruinne** precision, **daingne** staunchness, firmness, **dílse** *f* loyalty; pledge, allegiance, **diongbháilteacht** firmness, steadfastness, **fíre** sincerity, truthfulness, **iontaofacht** trustworthiness, dependability, **seasmhacht** steadfastness, **stóinseacht** staunchness, solidity, **tairiseacht** loyalty, faithfulness

Dímheas *m (~a)* contempt, disrespect
anurraim disrespect, **beagmheas** little or no respect, **diamhasla** blasphemy, **díspeagadh** belittlement (cf **díspeagadh cúirte** contempt of court), **domheas** low esteem, disparagement, **drochbharúil** disapprobation, bad opinion, **drochmheas** contempt, **easonóir** dishonour, **easpa ómóis/urraime** lack of respect, **fonóid** derision, **lagmheas** contempt, **míchás** irreverence; disrespect, **mícháta** ill esteem, **mímheas** disrespect; contempt, **mímhodh** disrespect; incivility, **mímhodhúlacht** gracelessness, **míshástacht** disapproval, **mí-urraim** disrespect, **mórchúis** pomposity, conceit, **postúlacht** condescension, **tarcaisne** *f* scorn

Dímheasúil *adj⁴* contemptuous, disrespectful
anurramach disrespectful, **diamhaslach** blasphemous, **drochbharúla** (> *drochbharúil*) holding an unfavourable opinion, **easonórach** dishonourable, **fonóideach** derisive, mocking, **maslach** insulting, **míchúirtéiseach** discourteous, **mímhodhúil** disrespectful, uncivil; graceless, **mímhúinte** rude, **míshásta** disapproving, **mí-urramach** disrespectful, **mórchúiseach** pompous, haughty, **neamhómósach** disrespectful, **neamhurramach** disrespectful, **postúil** condescending, **scoirn** (> *scorn*) scorn, disdain, **sotalach** impertinent, cheeky, **spídiúil** abusive, vituperative, **tarcaisneach** scornful, contemptuous

Dinimiciúil *adj⁴* dynamic
aigeanta spirited, feisty, **beo** alive, **beoga** lively, **bríomhar** energised, **feidhmiúil** forceful, efficient, **fuinniúil** energetic, **gníomhach** active, **láidir** strong, **lán le fuinneamh** full of energy, **leictreach** electric, **spreacúil** spirited, **spreagúil** inspiring, **tiomanta** driven

Dínit *f (~e)* dignity
aitheantas recognition, appreciation, **ardchéimíocht** pre-eminence, **ardmheas** deep respect; reverence, **cáil** fame, **clú** reputation, **clú agus cáil** reputation and renown, **cuibhiúlacht** decorum, propriety, **dea-mheas** esteem, **dearscnaitheacht** prominence, **féinmheas** self-respect, **gradam** accolade, commendation, **ionracas** probity, **macántacht** integrity, **maorgacht** majesty, exaltation, **meas** respect, esteem, **urraim** esteem, respect, **uaisleacht** nobility, noblesse

Díobháil *f (-ála)* harm, damage
anachain calamity, disaster, **caill** loss, **costas** cost, **damáiste** damage, **dochar** harm, loss, injury, **goin** *f (gona; gonta)* wound, hurt, injury, **gortú** harming, hurting, **loitiméireacht** destruction; vandalism, **loitmhilleadh** severe damage, **lomadh** fleecing, misfortune, **lot** injury, damage, **mí-ádh** ill luck, **mífhortún** misfortune, **míghar** disservice, **millteanas** destruction, havoc, **olc** evil, **óspairt** injury; mishap, **path** *(child's talk)* hurt, sore, **scrios** destruction, **tráma** trauma, **urchóid** harm; *(med)* malignancy *(see also: dochar)*

◊ **Cad é an ~?** What's the harm?, **~ nach bhfaca mé thú.** It's a pity I didn't see you.

Díobhálach *adj³* injurious
anachana (> *anachain*) calamitous, disastrous, **damáisteach** damaging, **dochrach** deleterious, harmful, **droch-** *pref* evil, bad, **loiteach** pernicious, harmful, **nimhneach** poisonous, **oilc** evil, **olcach** causing evil, harmful, **scriosach** destructive, **sladach** pillaging; destructive, **trámach** traumatic, **urchóideadh** harmful; *(med)* malignancy *(see also: dochrach)*

▲ **aimsir dhíobhálach** ruinous weather, **focal ~** spiteful comment, **fuath ~** venomous hatred, abhorrence, **galar ~** pernicious disease, **iompar ~** obnoxious behaviour, **tionchar ~** adverse influence, detrimental effect

Díogha *m (~)* worst
an donas is mó the greatest misfortune, the worst thing, **an mhioscais is mó** the greatest spitefulness/spite, **an rud is déistiní** the most disgusting, **an rud is gránna** the ugliest, the most horrible, **an rud is measa** the worst thing, **an rud is suaraí** the most base/vile thing, **an suarachas is mó** the greatest vileness, **an t-olc is mó** the greatest evil, **an togha agus an rotús**

the best and the worst, **an urchóid is measa** the worst iniquity

◊ **Is é an ~ é!** Things couldn't be worse., **~ na hoibre** the worst of the work, **rogha an dá dhíogha** a choice between two evils

Díograis *f (~e)* enthusiasm, fervour
aibíocht liveliness, readiness to act, **cíocras** avidity, keenness, **confadh** mad eagerness, **díbhirce** zeal, **díocas** zeal, **díochracht** vehemence, intensity, **dúil** desire, **dúthracht** assiduity, **fách** (cf **bheith i bhfách le** to be eager for/in favour of), **faghairt** fervour, fire (in the belly), **faobach** *m* eagerness (cf **faobach oibre, cainte bheith ort** to be eager to work, to talk), **flosc** eagerness, **fonn** desire, **friochnamh** diligence; exertion, **fuinneamh** energy, **guilm** eagerness (cf **guilm chun oibre** eagerness for work), **lainne** *f* keenness; rapture, **paisean** passion, **pléascántacht** exuberance, **rachmall** eagerness, urge, desire, **saint** greed, eagerness (e.g **saint chun dul i mbun oibre** very keen to start working), **spionnadh** vigour, animation, **tart** thirst, thirsting, **teasaíocht** ardour, **teaspach** passion, zeal, **teaspúlacht** impassioned spiritedness, **tnúth** yearning

Díograiseach *adj³* enthusiastic, fervent
aibí lively, ready to act, **anamúil** spirited, **ar bís** excited, **bíogúil** sprightly, **cíocrach** avid, keen, **coinsiasach** conscientious, **confach** madly eager, **croíúil** wholehearted, **díbhirceach** zealous, eager, **dícheallach** diligent, **díocasach** eager, keen, **díochra** passionate, fervent, **dlúsúil** industrious, **dúilmhear** desirous, longing for, **dúthrachtach** assiduous; fervent, **fonnmhar** keen, desirous, **fuinniúil** energetic, **guilmeach** eager, keen, **iodhlannach** passionate; turbulent, **lainneach** rapturous, **mianúil** desirous, **paiseanta** passionate, **pléascánta** exuberant, **rachmallach** lusty, eager, excited, **santach** greedy, rapacious, **saothraíoch** hardworking, industrious, **scafa** eager, keen, avid, **sceitimíneach** rapturously excited, **soláthrach** provident, industrious, **spionnúil** vigorous, animated, **spreagtha** inspired, **tartmhar** thirsty, thirsting, **teasaí** ardent, passionate, **teaspaigh** (> **teaspach**) impassioned, full of zeal, **teaspúil** full of spirit and passion, **tnúthánach** yearning, **tugtha** committed (cf **Bhí sí tugtha go hiomlán don obair.** She was committed totally to the work.)

▲ **beachaire ~** keen beekeeper, **ceoltóir ~** dedicated musician, **creidmheach ~** zealous believer, **galfaire ~** enthusiastic golfer, **leantóir ~** avid fan, **tacaí ~** ardent supporter, **tacadóir ~** fervent proponent, **taighdeoir ~** assiduous researcher

Díograiseoir *m (-eora; ~í)* enthusiast; zealot
antoisceach *m* extremist, **duine atá tugtha don chúis** a person committed to the cause, **duine den lucht leanúna** one of the admirers/followers, **fadhbálaí** slogger, hard worker, **fanaiceach** fanatic, **leantóir** follower, fan, **móidín** devotee, **óglach** *(mil)* young warrior; *(mil hist)* volunteer, **páirtiseán** partisan, **saineolaí** expert, **tacaí** supporter, **taobhaitheoir** sympathiser

Díol 1 *m (~a)* selling; sale
áitiú persuasion, **allmhairiú** importing, **cur abhaile** bringing home, getting to realise, **cur ar an margadh** placing on the market, **cur ar ceant** auction, auctioning, **cur chun cinn** promotion, **cur i bhfeidhm** persuasion, **cur ina luí** convincing, **déanamh** *(financial)* transaction, **díolachán** sale, **fógraíocht** advertising, **gáinneáil** trafficking, **malartú** bartering; exchanging, **margadh** deal, **margaíocht** marketing, **miondíol** retail, **mórdhíol** wholesale, **onnmhairiú** exportation, **reic** vending, peddling, **stocaireacht** touting; canvassing, **trádáil** trade, trading

Díol 2 *v₁ₐ* sell
áitigh persuade, **allmhairigh** import, **ceantáil** auction, **cuir abhaile (ar)** make realise, **cuir ar ceant** auction, **cuir chun cinn** promote, **cuir earraí ar an margadh** put goods on the market, **cuir i bhfeidhm (ar)** persuade, **cuir ina luí (ar)** to convince, **déan** *(fin)* transact, **déan díol (maith)** make a *(good)* sale on, **déan fógraíocht** advertise, **déan stocaireacht** tout; canvass, **gáinneáil** *(illegal goods)* traffic, **malartaigh** barter, **margaigh** market, **miondíol** retail, **mórdhíol** wholesale, **onnmhairigh** export, **reic** vend, peddle, **trádáil** trade

Díol 3 *vn* selling
áitiú persuading, **allmhairiú** importing, **ceantáil** auctioning, **cur abhaile (ar)** making realise, **cur ar ceant** auctioning, **cur chun cinn** promoting, **cur earraí ar an margadh** putting goods on the market, **cur i bhfeidhm (ar)** persuading, **cur ina luí (ar)** convincing, **déanamh** *(financial)* transacting, **díolachán** selling, sale, **fógraíocht** advertising, **gáinneáil** trafficking, **malartú** bartering, **margaíocht** marketing, **margú** marketing, **miondíol** retailing, **mórdhíol** wholesaling, **onnmhairiú** exporting, **reic** vending, peddling, **stocaireacht** touting; canvassing, **trádáil** trading

▲ **~ ar an bhfón** telesales, **~ ar ceant** auction sale, **~ earraí** sale of goods, **~ nó aischur** sale or return, **~ go fuíoll** clearance sale, **~ go mídhleathach** bootleg sale, **~ roimh ré** prepay sale, **~ sráide** street vending

◊ **ar ~** (up) for sale, **Tá fógra 'Le ~' curtha suas agam.** I've put up a 'For Sale' notice., **meaisín ~a deochanna boga** soft drinks vending machine

Díolachán *m (-ain; -áin, ~)* sale; selling
áitiú (smaoinimh) persuading, selling (an idea, etc.), **allmhairiú** importing, **cur abhaile (ar)** making realise, **cur ar an margadh** putting on the market, **cur ar ceant** auctioning, **cur chun cinn** promoting, **cur i bhfeidhm (ar)** persuading, **cur ina luí (ar)**

Díolta

convincing, **déanamh** *(fin)* transacting, **díol** *m (~a)* selling, **díoltóireacht** selling, **gáinneáil** trafficking, **joltaeireacht** selling goods from a cart, hawking, **malairt** barter, **mangaireacht** peddling, petty dealing in goods, **margáil** bargaining, haggling, **margaíocht** bargaining, **miondíol** retailing, **mórdhíol** wholesaling, **onnmhairiú** exporting, **reacaireacht** selling, offering for sale, **reic** vending, peddling, **saoráil** bargain (cf **rud a cheannach ar saoráil** to buy a thing as a bargain), **saor-reic** *f* bargain sale, **stangaireacht** haggling, **stocaireacht** touting; canvassing, **trádáil** trading

▲ ~ **as búit cairr** car boot sale

Díolta *pp* sold
áitithe persuaded, **allmhairithe** imported, **ar a ndearnadh fógraíocht** advertised, **ceantáilte** auctioned, **curtha abhaile** *(ar)* made to realise, **curtha ar ceant** auctioned, **curtha chun cinn** promoted, **curtha i bhfeidhm** *(ar)* persuaded, **curtha ina luí** *(ar)* to convinced, **déanta** *(fin)* transacted, **gáinneáilte** *(illegal goods)* trafficked, **malartaithe** bartered, **margaithe** marketed, **miondíolta** retailed, **mórdhíolta** wholesaled, **onnmhairithe** exported, **reicthe** sold, peddled, **ar a ndearnadh stocaireacht** touted; canvassed, **trádáilte** traded

Díoltas *m (-ais)* revenge
agairt vengeance, **bó ar ionad bó** fair exchange is no robbery, **cion sa chion** tit for tat, **cúiteamh** compensation, recompense, **díbheirg** vengeance, wrath, **díoghail** *f (-ghla)* vengeance, **do phunt feola a fháil** to get one's pound of flesh, **éiric** reparation (cf **Fuair sí suim airgid nár nochtadh in éiric na timpiste.** She got an undisclosed sum of money in reparation for the accident.), **faltanas** vindictiveness, **sásamh** satisfaction, **súil i ndíol súile** an eye for an eye, **tomhas a láimhe féin** a dose of his/her/their own medicine

Díoltasach *adj³* vengeful
agrach revengeful, vengeful, **agartha** *(> agairt)* vengeful, **aifearach** vindictive, **caolagrach** casuistic, **cúiteach** compensatory, **díbheirgeach** vengeful, **do-mhaite** unforgivable, **faltanasach** vindictive, spiteful, **fíochasnach** vengeful; fierce, **neamaiteach** unforgiving, **sásaimh** *(> sásamh)* bringing satisfaction, **tomhaiste** measured

Díoltóir *m (-óra;~í)* seller
ceannaí merchant, **easpórtálaí** exporter, **gáinneálaí** huckster; trafficker, **joltaeir** person selling goods from cart; hawker, **mangaire** tout, small dealer, **mangaire sráide** street vendor, **margálaí** haggler, **miondíoltóir** retailer, **mórdhíoltóir** wholesaler, **ocastóir** huckster, **onnmhaireoir** exporter, **pacaire** packman, **peidléir** pedlar, **reacaire** pedlar, vendor, **stocaire** tout, **tráchtálaí** trader, **trádálaí** trader

Díolúine *f (~; -ntí)*
1. exemption; immunity
acmhainn *(ar)* capacity to endure (against); endurance, **cosaint** protection, **díolúnas** immunity, **dispeansáid** dispensation, **do-ghabhálacht** insusceptibility, **eisiamh** exclusion, **imdhíonadh** immunisation, **lándíolúine** blanket exemption, **pribhléid** privilege, **saoirse** freedom, exoneration, **saoirse ó** freedom from (cf **saoirse ó phionós** impunity), **scaoileadh** release, **seasamh (ar)** capacity to withstand (cf **bíonn an-seasamh aige ar an sioc.** It can withstand the frost well.), **slánaíocht** indemnity (cf **slánaíocht ó chúiseamh** indemnity from prosecution), **tarscaoileadh** waiver, **tearmann** asylum, **turbhaidh** *f* exemption, respite, cessation
2. franchise, licence
cead permission, **cead díoltóireachta** dealership, **ceadúnas** licence, **léas** lease, **saincheadúnas** *(busn)* franchise

Díomá *f (~)* disappointment
aiféala regret, **anacair** *f* distress, **anbhroid** anguish, distress, **beaguchtach** *m* lack of courage, **atuirse** weariness, dejection, **brón** sorrow, sadness, **ciall** *f (céille)* **ceannaithe** one of life's hard-earned lessons; disenchantment, **cic sa tóin** *(sl)* bummer, kick in the backside, **diomachroí** dejection, **domheanma** *f* low in spirits, **drochmhisneach** *m* despondency, **duais** gloom, dejection, **frustrachas** frustration, **gearán** complaint, **meirtne** dejection, enfeeblement, **míshásamh** dissatisfaction, discontent, **múisiam** displeasure, **oscailt súl** disillusionment, **teip** failure

◊ **Is fearr deimhin ná ~.** Better to be safe than sorry., **Tá ~ orm.** I'm disappointed.

Díomách *adj⁵* disappointed, sorry; disappointing
ainnis pathetic, miserable, **atuirseach** weary, dejected, **beagmhisniúil** discouraging, **beaguchtúil** spiritless, **brónach** sad, **dearóil** bleak, **diomachroíoch** dejected, **domheanmnach** despondent, **duairc** cheerless; foreboding, **duaiseach** grim, dejected, **dubhach** depressing; melancholic, **easnamhach** inadequate, **easpach** lacking, **gruama** dismal, **lagmhisniúil** despondent, dispiriting, **lagspridiúil** low-spirited, **mearbhlach** disconcerting, **meirtneach** dispirited, enfeebled, **míchuibhiúil** unworthy; unseemly, **míshásúil** unsatisfactory, unsatisfying, **splíonach** melancholic, **suarach** inferior, **uireasach** insufficient

Diomailt *f (~e)* waste, profligacy
anchaitheamh extravagance, **baothchaitheamh** foolish spending, **caifeachas** extravagance, **craos** overindulgence, **cailleadh** losing, loss, **cur amú** wasting, squandering, **deachmaíocht** wastage, **díobhlás** prodigality, profligacy, **doscaí** reckless spending, **doscaíocht** spending recklessly, **drabhlás** dissipation, **drabhlásaí** profligacy, **frasaíl** extravagant spending, **míthíosaí** thriftlessness, **neamhbharainní**

Diomailteach

extravagance, **rabairne** *f* prodigality, extravagance, **ragairne** dissipation, **róchaifeachas** licentiousness, **scabáiste** wastefulness, waste, **spealadh** squandering

Diomailteach *adj³* wasteful, profligate

baothchaifeach foolishly extravagant, **caifeach** extravagant, spendthrift, **díobhlásach** prodigal, profligate, **doscaí** reckless in spending, **drabhlásach** prodigal, carousing, **míthíosach** uneconomical, **neamhbharainneach** thriftless, **neamhéifeachtúil** inefficient; inept, **rabairneach** *f* prodigal, extravagant, **ragairneach** dissipated; debauched, **róchaifeach** profligate, **scabáistiúil** wasteful, profligate

Diomaíoch *adj⁵* ungrateful

ag baint greamanna as lámh do chaomhnóra biting the hand that feeds you, **amscaí** graceless, **doicheallach** churlish, **gan aitheantas** heedless, **gan bhuíochas** thankless, **míbhuíoch** unappreciative, **neamhbhuíoch** unthankful, ungrateful

Díomhaoin *adj²*

1. idle, cowardly

as úsáid out of use, **beagmhaitheasach** worthless; disobliging, **cladhartha** craven, **dífhostaithe** unemployed, **éadairbheach** fruitless, useless, futile, **fastaímeach** fond of idle pastimes, **gan feidhm** without use/function, **gan gnó le déanamh** unoccupied, **gan misneach** gutless, **gan tairbhe** dud, futile, fruitless, **iomarcach** redundant (cf **Rinneadh iomarcach é.** He was made redundant.), **lagspreosach** spineless, **leisciúil** lazy, **meata** cowardly, **neamhghníomhach** inactive, **neamhoibritheach** inoperative, **ó mhaith** useless

▲ **cladhaire** ~ lazy scoundrel

2. unmarried, single

gan bhean without a wife, **gan cíos, cás ná cathú bheith ort** to be footloose and fancy-free, **gan fear** without a husband, **neamhphósta** unmarried, **singil** single

Díomhaointeas *m (-tis)*

1. unmarried condition

baitsiléireacht bachelorhood, **cailín/bean gan phósadh** spinster, **seanmhaighdeanas** spinsterhood

2. idleness, shirking work

crochadóireacht hanging about/around, loitering, **dífhostaíocht** unemployment, **falsacht** indolence, **feadóireacht** swinging the lead, idling, **foirneáil** gadding about, **iomarcaíocht** redundancy, **lagspreosaí** indifference, **leadaíocht** idling, **leiciméireacht** shirking work, being workshy, **leisciúlacht** laziness, **leoistíocht** whiling away the time slothfully, **liúdaíocht** idling, shirking, **liúdramántacht** loafing, hanging about, **meatacht** cowardliness, **neamhghníomhaíocht** inactivity, **rístíocht** lounging, idling, **scraisteacht** loafing,

slúisteoireacht lounging about, idling, **srathaireacht** behaving like a layabout, **stangaireacht** idling; quibbling *(see also: meatacht)*

Díomua *m (~; ~nna)* defeat

beart ó chrích failure of project, **briseadh** defeat; wrecking, **brisleach** *f* battle-rout, **brúscadh** crashing, crunching, **caill** loss, **caillteanas** loss, **cliseadh** collapse; breakdown, **cloí** subduing, **coscairt** overthrow, defeat, **dul ar gcúl** reversing, **dúléim** plunge, **dul faoi** going under, **dul go tóin poill** sinking, **dul i gcúl** regression, **dul síos** descent, **géilleadh** yielding, surrendering, **iomlasc** tumble, **ísliú** lowering, **ligean** giving way, **maidhm** defeat (cf **an lucht maidhme** the vanquished), **maolú** reduction, decrease, **socthumadh** nosedive, **suncáil** sinking, **teacht anuas** descent, **teip** failure, **teitheadh** fleeing, flight, **titim** fall, **titim as a chéile** falling apart, **trá** *f* receding, ebbing, **treascairt** downfall, defeat, **tuairteáil síos** plummeting, crashing down, **turnamh** defeat

Díomuach *adj⁵* defeated

briste defeated; wrecked, **brúiscthe** crashed, crunched up, **caillte** lost, **cliste** collapsed; broken-down, **cloíte** subdued, defeated, **coscartha** overthrown, defeated, **dúléimthe** plunged, **dulta ar gcúl** reversed, **dulta faoi** gone under, **dulta go tóin poill** sunk, **dulta i gcúl** regressed, **dulta síos** gone down, descended, **géillte** yielded, **iomlasctha** tumbled, surrendered, **íslithe** lowered, humiliated, **ligthe** given way, **maidhme** (> **maidhm**) defeated, **maolaithe** reduced, decreased, **socthumtha** nosedived, **suncáilte** sunk, **tagtha anuas** descended, **teite** fled, flown, **tite** fallen, **tite as a chéile** fallen apart, **tráite** *f* receded, ebbed away, **treascartha** conquered, felled, **tuairteáilte** plummeted, crashed; **turnaimh** (> **turnamh**) defeated

Díon *m (dín; ~ta)* roof

barr top, lid, **brat** covering, protective cover, **clúdach** *m* cover, **cosaint** protection, **cuan** haven, **dídean** *f* shelter, **díonlach** *m* roofing, **forbhrat** outer covering, **foscadh** cover, shelter, **fothain** shelter, **scáth** screen, protection, **sciath** *f (scéithe; ~a, ~)* shield, **síleáil** ceiling, **táilleog** small loft, **táláid** loft, **teach** *m (tí; tithe)* house *(see also: dídean)*

▲ ~ **boghtach** vaulted roof, ~ **claonta** pitched roof, ~ **coirbéalta** corbelled roof, ~ **cruinn** barrelled roof, ~ **cruinneachánach** dome roof, ~ **féir** grass roof, ~ **gréine** sun roof, ~ **laitíse** lattice roof, ~ **maol** flat roof, ~ **roctha** corrugated roof, ~ **slinne** slate roof, ~ **tarchrochta** overhanging roof, ~ **tílithe** tiled roof, ~ **trusáilte** trussed roof, ~ **tuí** thatched roof

Díonach *adj³* impermeable, protective

caomhnaitheach protective, preservative, **cosanta** protective, defensive, **cosantach** defending, protective, **díonmhar** waterproof,

Diongbháilte

iarnaithe armoured, **leasaitheach** preservative, **neamhphóiriúil** nonporous, **neamhscagach ar** impermeable to (cf **neamhscagach ar uisce** waterproof), **neamh-thréscaoilteach** impervious, resistant, **piléardhíonach** bulletproof (eg **gloine philéardhíonach** bulletproof glass), **próifiolacsach** prophylactic, **taisdíonach** damp-proof (see also: cosanta)

Diongbháilte adj⁶ steadfast, firm, staunch; purist

buan enduring, permanent, **buanseasmhach** steadfast, **cinnte** certain, **cinntitheach** decisive, **cróga** brave; gutsy, **dáigh** unyielding; obdurate, **daingean** adamant, determined; firm, **dearfa** positive, **dianseasmhach** persistent, **dígeanta** pertinacious, **díocasach** dogged, **dílis** loyal, faithful, **docht** immovable, fast; entrenched, **dogmatach** dogmatic, **dolúbtha** unbending, **foirmniseach** firm, stable, **láidir** strong, **meáite** decided, **righin** rigorous, tough, **rúndaingean** strong-minded, resolute, **sábháilte** safe, secure, **seasmhach** constant, **seasta** unwavering, **stóinseach** staunch, robust, **stóinsithe** unyielding, tough, **storrúil** determined; vigorous, strong, **tacúil** supportive, **tairiseach** trustworthy, reliable; faithful, loyal, **talcántacht** stout, solid, strong, **teann** firm, tight

▲ **aindiachaí** ~ convinced atheist, **cara** ~ staunch friend, **creideamh** ~ steadfast belief, **cumannaí** ~ diehard communist, **cur i gcoinne** ~ determined opposition, **dearcadh** ~ rigid/trenchant view, **diúltú** ~ emphatic denial, **duine** ~ person of resolute character, **lucht leanúna** ~ hard-core fans, **rún** ~ firm resolution, **spiorad** ~ stout/sturdy spirit, **tuairimí** ~ entrenched opinions

Diongbháilteacht f (~a) steadfastness, firmness, staunchness

buaine enduringness, **buanseasmh** steadfastness, **cinnteacht** certainty, **daingne** determinedness; firmness, **dearfacht** positivity, **dianseasamh** persistence, **dígeantacht** pertinacity, **dílseacht** loyalty, **doichte** immovability, faithfulness, **dolúbthacht** inflexibility, **foirmnis** firmness, stability, **láidreacht** strength, **meáiteacht** decisiveness, **righneas** toughness, rigour, **rúndaingne** strong-mindedness, firm/staunch resolution, **sábháilteacht** safety, security, **seasmhacht** constance, **stóinseacht** staunchness, **stóinsitheacht** unyielding toughness, **teanntacht** tightness, tensility

Díospóireacht f (~a) debate

achrann quarrelling, **agall** f (agaille; ~a, ~) argument, **agallamh** interview; argument, disputation, **aighneas** dispute, argument, **argóint** argument, **caibidil** discussion, **caint** talk, **cibeal** wrangling, **coimhlint** conflict, **cointinn** contention, **conspóid** controversy, **cur trí chéile** discussing, **díospóid** dispute, **dréim** contention, **easaontas** disagreement, **imreas** quarrel, **iomarbhá** disputing, wrangling, **plé** discussion, **pléadáil** pleading, **poileimic** polemic, **sáraíocht** contestation, **suaitheadh (ceiste)** discussion (of a question), **tagra** pleading, plea; argument; lawsuit, **troid** fight (see also: argóint)

■ **cathaoirleach** m chairperson, **ceisteanna ón urlár** questions from the floor, **comórtas ~a** debating competition, **coimriú** summing up, **foireann** f (foirne) **díospóireachta** debating team, **frisnéis** rebuttal, **Glacadh leis an rún.** The motion was carried., **labhairt ar son an rúin** to speak for the motion, **labhairt in aghaidh an rúin** to speak against the motion, **(an) lucht freasúra** (the) opposition, **moltóirí** mpl adjudicators, **Níor glacadh leis an rún.** The motion was not carried., **pointí** mpl **oird** points of order, **rún** motion (**an rún a chur chun an vóta** to vote on the motion), **Theip ar an rún.** The motion was rejected.

Díreach

1. adj³ straight

barántúil authentic, **beacht** exact, **cinnte** certain, **cinnte dearfa** (i.e. **go cinnte dearfa**) positively certain (absolutely certain), **comhlíneach** aligned, **comhthreomhar** parallel, **cothromaithe** balanced, **cruinn** accurate, **dír-** pref direct, **fíor** true, **fíréanta** trustworthy, upright, **gan aon chaimiléireacht** absolutely honest, straight, **gan chaolú** undiluted, **gan cor gan casadh** unswerving, undeviating, **gan dul amú** undeviating, **gan fiacail a chur ann** blunt, **gan mhaisiú** plain, **glan** pure, clean, **gnáth-** pref normal, **heitrighnéasach** heterosexual, **ingearach** perpendicular, **iontaofa** reliable, **ionraic** honest, **macánta** decent, **neamhbhalbh** forthright, **neamhchlé** straight, unerring; sound, **neamhchúthail** unbashful, **néata** neat, **oscailte** open, frank, **réimdhíreach** straight and direct (cf **Téigh réimdhíreach ann!** Go there directly!), **riail-** pref straight (cf **riailchiumhais** straight edge), **simplí** straightforward, **urmhaiseach** well-aimed

2. adv exactly

Cinnte! Certainly!, **Cinnte dearfa!** Absolutely!, **Gan amhras!** Undoubtedly!, **Gan dabht!** Without doubt!, **Go deimhin!** Certainly!, Indeed!, **Leag tú do mhéar air!** You put your finger on it!

◊ **Go ~ é!** Exactly so!, That's it!

Díréireach adj³ disproportionate

ainmheasartha inordinate, **ansmachtach** heavy-handed, **ar fiar** skewed, **ar leathmhaig** lopsided, **ar sceabha** askew, **as compás** out of proportion, **éaguimseach** unbounded, limitless, **gan bheith ar cóimhéid/i gcomhréir** incommensurate, out of proportion, **iomarcach** excessive, **míchothrom** uneven, **míchuibheasach** extreme, **neamhchuimseach** limitless, boundless; disproportionate, immoderate, **ró-** prefix excessive

Dírigh (eg **ró-úsáid** excessive use), **teach a bhfuil slios air** lopsided house, **thar cuimse** immoderate, **thar cuimse ar fad** beyond the beyond

Dírigh v_{2b} direct, focus; straighten
aimsigh aim, **bainistigh** manage, **deachtaigh** dictate, **déan maoirseoireacht** superintend, **follúnaigh** regulate, direct, **léirigh** indicate, portray, **maoirsigh** supervise, **ordaigh** order, **rialaigh** rule, govern, **rialáil** regulate, **rith** run, **seol** send, **slacht a chur ar** to neaten, **socraigh** settle, arrange, **stiúir** conduct, **teaspeáin** show, **traenáil** train, **treoraigh** guide

~ **an bád soir!** Direct the boat eastwards!
~ **an gunna air!** Aim the gun at it!
~ **an tóirse air!** Point the torch at it!
~ **d'aire air!** Focus your attention on it!
~ **do charbhat!** Straighten your tie!
~ **do cheist ar an oide!** Ask the teacher!
~ **tú féin aniar sa leaba!** Sit up straight in the bed!

Dírithe *pp* directed, focused; straightened
aimsithe aimed, **ar a ndearnadh maoirseoireacht** superintended, **ar ar cuireadh slacht** neatened, **bainistithe** managed, **deachtaithe** dictated, **follúnaithe** regulated, directed, **léirithe** indicated, portrayed, **maoirsithe** supervised, **ordaithe** ordered, **rialáilte** regulated, **rialaithe** ruled, governed, **rite** run, **seolta** sent, **socraithe** settled, arranged, **stiúrtha** conducted, **teaspeánta** shown, **traenáilte** trained, **treoraithe** guided

Díriú *vn* directing, focusing, straightening
aimsiú aiming, **bainistiú** managing, **cur cuma shlachtmhar ar** neatening up, making look tidy, **deachtú** dictating, **follúnú** regulating, directing, **léiriú** indicating, portraying, **maoirseoireacht** superintending, **maoirsiú** supervising, **ordú** ordering, **rialáil** regulating, **rialú** ruling, governing, **rith** running, **seoladh** sending, **socrú** settling, arranging, **stiúradh** conducting, **taispeáint** showing, **traenáil** training, **treorú** guiding

Discréid *f (~e)* discretion
airdeall watchfulness, alertness, wariness, **aire** attention, **cáiréis** circumspection, **ciall** sense, **críonnacht** prudence, **cúram** care, tact, **faichill** caution, **fothain** discretion, **gaois** wisdom, **géarchúis** discernment, **greamús** taciturn reticence, closeness, **rúndacht** secrecy, **siosmaid** judiciousness, common sense, **stuamacht** tactfulness, **tomhaisteacht** evenness, **tuiscint** consideration

Discréideach *adj*³
1. discreet
airdeallach watchful, alert, wary, **aireach** guarded, **cáiréiseach** circumspect, **ciallmhar** sensible, **críonna** prudent, **cúramach** careful, tactful, **faichilleach** cautious, **fothainiúil** discreet, **gaoiseach** wise, **géarchúiseach** discerning, **greamúsach** taciturn,

unforthcoming, **inrúin** capable of keeping a secret, **rúnda** secret, **rúnmhar** secretive, secretive, **sicréideach** secret, **siosmaideach** judicious, **stuama** diplomatic, tactful, **tomhaiste** measured, **tuisceanach** considerate

2. reserved
beagchainteach of few words, **ceilteach** cagey, secretive, **ciúin** silent, **coimhthíoch** standoffish, **dúnárasach** reticent, reserved, **modhúil** modest, **neamhchainteach** reticent, uncommunicative, **rúnmhar** secretive, **sámh** serene, **séimh** demure, **srianta** restrained, **tostach** taciturn

Díshealbhaigh v_{2a} eviction, evicting
aistrigh transfer, remove, **aslonnaigh** evacuate, **athlonnaigh** resettle, **athshuigh** relocate, **caith amach** throw out, **cart amach** chuck out, uproot, **cuir amach** put out, **cuir as seilbh** dispossess, evict, **díbir** eject, expulse, deport, exil, **ionnarb** banish, drive out, **ruaig** chase away, expulse *(see also: díbir)*

Díshealbhaithe *pp* evicted
aistrithe transferred, removed, **aslonnaithe** evacuated, **athlonnaithe** resettled, **athshuite** relocated, **caite amach** thrown out, **carta amach** chucked out, uprooted, **curtha amach** put out, **curtha as seilbh** dispossessed, evicted, **díbeartha** ejected, expelled, deported, exiled, **ionnarbtha** banished, driven out, **ruaigthe** chased away, expulsed *(see also: díbeartha)*

Díshealbhú *vn* evicting, eviction
aistriú transferring, removal, **aslonnú** evacuating, evacuation, **athlonnú** resettling, resettlement, **athshuí** relocating, relocation, **caitheamh amach** throwing out, **cartadh amach** chucking out, uprooting, **cur amach** putting out, **cur as seilbh** dispossessing, evicting, **díbirt** ejecting, expulsion, deportation, exiling, **ionnarbadh** banishment, expulsion, **ruaig** rout, chase, **ruaigeadh** chasing away, expulsion *(see also: díbirt)*

Díspeag v_{1a} belittle; patronise
cuir drochcháil amach do discredit, **caith drochmheas ar** disparage, denigrate, **déan beag de** disparage, **déan beag is fiú de** make little of, belittle, **déan spior spear de smaoineamh** pooh-pooh an idea, **diúltaigh do** dismiss, **léirigh dímheas ar** denigrate, **mímhol** dispraise, disparage

Díspeagadh *vn* belittling; patronising
ardnós hauteur, **caitheamh anuas** ridiculing, **dímheas** denigration, **díomas** arrogance, **diúltú** dismissal, **éirí in airde** pomposity, **féachaint anuas ar** looking down at, **mímholadh** dispraising, disparaging, **mórchúis** conceit, **mórluachacht** disdain, condescension, **sotal** smugness, cheek, **tarcaisniú** disparaging, disparagement, **uasal le híseal** condescension

Díspeagtha *pp* belittled; patronised
aithisithe defamed, **ar ar caitheadh anuas** ridiculed, **ar ar cuireadh drochtheist** discredited, **cáinte** criticised, **clúmhillte** slandered; discredited, **diúltaithe** rejected, dismissed, **íoslaghdaithe** minimised, **lenar caitheadh go díspeagúil** treated disparagingly, **tarcaisnithe** maligned

Díth *f (~e; díotha, díoth)* need, requirement, lack; deprivation
anás dire need, poverty, **bochtaineacht** poverty, **díothacht** deprivation, **easnamh** deficiency, deficit, **easpa** *f* lack, want, **gá** need, **ganntanas** shortage, insufficiency, **ganntar** need, **gátar** need, distress, **gorta** famine, **riachtanas** requirement, **scáinteacht** scantiness, **uireasa** lack, want, deficiency

▲ ~ **céille** lack of sense, ~ **codlata** lack of sleep, ~ **meabhrach** forgetfulness, ~ **náire** shamelessness, ~ **trua** lack of pity, pitilessness

◊ **An bhfuil aon rud de dhíth ort?** Do you require anything?, **ar ~ airgid agus carad** without money or friends, **de dhíth a mhalairte** for want of anything else, **Mo dhíth!** Alas!

Díreiligiúnach *adj³* irreligious, nonreligious
aindiachais (> *aindiachas*) atheism, **aindiaga** impious, **diamhaslach** blasphemous, **neamhchráifeach** irreligious, **neamhchreidmheach** unbelieving, **neamhdheabhóideach** undevout, **neamhspioradálta** unspiritual, **sacrailéideach** sacrilegious, **saolta** secular; worldly

Díthochrais *v₁d* unwind
bain as lúb uncoil, **bog** loosen, **dícheangail** untie, **díchorn** unwind, **díghreamaigh** unstick, **díphacáil** unpack, **díscriúáil** unscrew, **fuascail** resolve, unravel, **réitigh** resolve, **rois** unravel, **scaoil** loosen, release

Díthochras *vn* unwinding
baint as lúb uncoiling, **bogadh** loosening, **dícheangal** untying, **díchornadh** unwinding, **díghreamú** unsticking, **díphacáil** unpacking, **díscriúáil** unscrewing, **fuascailt** resolving, unravelling, **réiteach** resolving, **roiseadh** unravelling, **scaoileadh** loosening, releasing

Díthochraiste *pp* unwound
bainte as lúb uncoiled, **bogtha** loosened, **dícheangailte** untied, **díchorntha** unwound, **díghreamaithe** unstuck, **díphacáilte** unpacked, **díscriúáilte** unscrewed, **fuascailte** resolved, unravelled, **réitithe** resolved, **roiste** unravelled, **scaoilte** loosened, released

Diúl 1 *v₁ₐ* suck
asbhain extract, **bí ag siolpaireacht** be sucking; sponging, **bí ag súpláil** be sucking at breasts, **diúg** drain, drink, **ionsaigh** absorb, **siolp** suck; milk dry, **slog** swallow, **sniog** drain dry, **súraic** suck, suction, **tarraing (isteach)** draw (in), **tóg isteach** take in *(see also: súigh)*

Diúl 2 *vn* sucking, suck
asbhaint extracting, **diúgadh** draining, drinking, **ionsú** absorbing, **siolpadh** sucking; draining dry, **siolpaireacht** sucking; sponging, **slogadh** swallowing, **sniogadh** draining dry, **súpláil** sucking at breasts, **súrac** sucking, suctioning, **tarraingt isteach** drawing in, **tógáil isteach** taking in

▲ **leanbh diúil** suckling

Diúlta *pp* sucked
asbhainte extracted, **diúgtha** drained, **ionsaithe** absorbed, **siolptha** sucked; drained dry, **slogtha** swallowed, **sniogtha** drained dry, **súraicthe** sucked, suctioned, **tarraingthe (isteach)** drawn (in), **tógtha isteach** taken in

Diúltach *adj³* negative, adverse
díobhálach harmful, pernicious, **dochrach** harmful, **doirbh** pessimistic, **dubhach** depressing, **éadóchasach** defeatist, **éagmaiseach** unreciprocated, unrequited, **easnamhach** deficient, wanting, **easpach** lacking, **gruama** gloomy, **mígharach** disobliging, unaccommodating, **milleánach** faultfinding, blaming, **neamhchuiditheach** unhelpful, **neamhchúntach** unhelpful; unobliging, **scriosach** destructive, **séantach** denying, negative, **uireasach** lacking, deficient

▲ **airí ~** *(mata)* negative characteristic, **aiseolas ~** negative feedback, **atreisiú ~** *(psy)* negative reinforcement, **cothromas ~** *(fin)* negative equity, **lucht ~** *(el)* negative charge, **meon ~** defeatist attitude, negative frame of mind

Diúltaigh *v₂ₐ* refuse, repudiate, deny; shun, resist
aithisigh snub; defame, **bréagnaigh** contradict, refute, **cuir suas de** refuse to accept, **cuir suas do** resist, **dícheadaigh** disallow, **déan neamhshuim de** ignore, **déan spior spear ar** dispel, **diongaibh** *(lit)* repel; ward off, **éar** refuse, **éimigh** refuse; deny, reject, **eitigh** decline, refuse, **friotaigh** resist, **gan aontú le** not to agree to, **frisnéis** refute, **loic ar** *(íocaíocht)* default on (payment), **ob** refuse, decline; shun, shirk, **seachain** avoid; repudiate **séan** deny, declare untrue, **tabhair droim láimhe do** turn one's back on, to reject, **tabhair gonc do** rebuff, **tréig** abandon

~ **cíos a íoc!** Refuse to pay rent!
~ **don bhia!** Refuse sustenance!
~ **don chathú!** Resist temptation!
~ **don chuideachta!** Shun company!
~ **don diabhal!** Renounce the devil!
~ **don troid!** Refuse to fight!
~ **é a dhéanamh!** Refuse to do it!
~ **gach rud!** Deny everything!

Diúltaithe *pp* refused, turned down, denied, repudiated; resisted
aithisithe snubbed; defamed, **bréagnaithe** contradicted, refuted, **dar cuireadh suas** resisted, **dar tugadh droim láimhe** rejected, **dícheadaithe** disallowed, **diongbháilte** repelled; warded off, **éartha** refused, **éimithe** refused; denied, rejected, **eitithe** declined, refused, **friotaithe** resisted, **frisnéiste** refuted, **loicthe ar** defaulted on, **obtha** refused, declined; shunned, shirked, **seachanta** avoided; repudiated **séanta** denied, declared untrue, **tréigthe** abandoned

Diúltú *vn* refusal, rejecting, repudiating; resisting
aithisiú defaming, **bréagnú** contradiction, refuting, **cur suas do** resisting, **dícheadú** disallowing, **diongbháil** repelling; warding off, **doicheall** unwillingness, resentment, **drogall** reluctance, **droim láimhe** rejection, **éaradh** refusing, **eiteach** *m* declination, refusal, **eiteach dearg** flat refusal, **friotú** resisting, **frisnéis** refuting; rebuttal, **gonc** rebuff, snub, **leisce** unwillingness, hesitation, **loiceadh ar** defaulting on, **obadh** refusing, rejecting, **seachaint** avoiding; repudiating, **séanadh** refusing, denying; repudiating, **tréigean** abandoning

Diurnaigh v_{2a}
1. drain, swallow
caith take, partake, **diúg** drain, **diúg siar** knock back, drink up, **diúl** suck, **ól** drink, **slog (siar)** swallow (down), **sniog** drain completely, **súigh** absorb, imbibe, **taosc** drain, drink (cf **ag taoscadh na gcárt** drinking like there's no tomorrow)
2. hug
beir barróg ar hug, **brásáil** embrace, **cuach** hug, **cuir dhá lámh thart ar dhuine** embrace a person, **déan croí isteach le duine** give a person a warm embrace, **déan peataireacht ar** pamper, **déan úillín óir de** treasure as your pride and joy, **fáisc** squeeze, hug, **muirnigh** cherish, cuddle, **neadaigh** nestle, snuggle, **tabhair barróg do** give a hug to

Diurnaithe *pp*
1. drained, swallowed
caite taken, partaken, **diúgtha** drained, **diúgtha siar** knocked back, drunk up, **diúlta** sucked, **ólta** drunk, **slogtha (siar)** swallowed (down), **sniogtha** drained completely, **súite** absorbed, imbibed, **taosctha** drained, drunk
2. hugged
cuachta hugged, **dar tugadh barróg** given a hug **fáiscthe** squeezed, hugged, **muirnithe** cherished, cuddled, **neadaithe** nestled, snuggled

Diurnú *vn*
1. draining, swallowing
caitheamh taking, partaking, **diúgadh** draining, **diúgadh siar** knocking back, drinking up, **diúl** sucking, **ól** drinking, **slogadh (siar)** swallowing (down), **sniogadh** draining completely, **sú** absorbing, imbibing, **taoscadh** draining, drinking
2. hugging
cuachadh hugging, **cur dhá lámh thart ar dhuine** embracing a person, **déanamh croí isteach le duine** giving a person a warm embrace, **fáscadh** squeezing, hugging, **muirniú** cherishing, cuddling, **neadú** nestling, snuggling, **tabhairt barróige do** giving a hug to

Dleathach *adj*[3] lawful, legal
aitheanta go hoifigiúil ag officially recognised by, **ceadaithe** allowed, permitted, **ceadmhach** permitted, **ceart** right, **comhchuí** harmonious, **deimhnithe** certified, **de réir an dlí** according to the law, **dlisteanach** legitimate, legal, **dlisteanaithe** legalised, **dlíthiúil** legal, lawful; judicial, **fíréanta** righteous, **gach rud a dhéanamh gan dul ar chúl scéithe** to do everything above board, **macánta** honest, **maith** good, **oifigiúil** official, **reachtach** law-making; legislative, **taobh istigh den dlí** within the law, **téachta** lawfully prescribed, fitting, proper, **údaraithe** authorised

Dlí *m* (~; ~**the**) law
acht *m* act, **achtú (dlí)** enactment (of law), **aithne** *f* (~; -**theanta**) commandment, **dleacht** lawful right; duty, tax, **dlíthíocht** litigation, **dlíthiúlacht** legal accordance, legality, **fodhlí** by-law, **fógra** edict, **foraithne** *f* decree, **forógra** decree, proclamation, **mionsonra dlí** minor legality, **ordú** order, command, **reacht** *m* statute, **reachtaíocht** legislating, legislation, **reachtú** legislating, **riail** *f* (-**alach**; -**alacha**) rule, **rialáil** regulating, **rialachán** regulation (cf **rialachán tógála** building regulation), **rialú** ruling

▲ ~ **an nádúir** a natural law, law of nature, ~ **bunreachtúil** constitutional law, ~ **canónta** canon law, ~ **coiriúil** criminal law, ~ **coiteann** common law, ~ **Dé** divine law, ~ **idirnáisiúnta** international law, ~ **míleata** martial law, ~ **na tíre** the law of the land, ~ **sibhialta** civil law

◊ **an ~ a chur ar dhuine** to sue a person, **bheith ag gabháil don dlí** to be going for law; to be studying law

○ **Dlíthe na mBreithiúna** *The Brehon Laws* – the legal system that prevailed in Ireland until the 17th century, when it was finally swept away, along with the social order it upheld, by English conquest. The oldest surviving texts, which date back to the 7th century, were greatly expanded and modified over time with commentaries and glosses. The Brehons were the arbitrators of the system which concerned itself principally with matters of civil law, such as inheritance, marriage and social hierarchy. While the influence of Christian canon law increased over time, some distinctions between it and the older tradition were maintained, notably in the area of crime and punishment; illegal killing, for example, continued to be punishable by a system of fines. Another difference concerned divorce, permissible under Brehon Law.

Dlíodóir *m (-óra; ~í)* lawyer, solicitor
abhcóide *m* barrister, **abhcóide cosanta** counsel for the defence, **agróir** pleader, **aigne** *(jur)* pleader, advocate, **aturnae** *m* attorney; solicitor, **bean dlí** lawyer, **comhairleoir dlí** legal adviser, **consantóir** defendant, **cunsailéir** counsellor, **dlí-eolaí** jurist, **fear dlí** lawyer, **ionchúisitheoir (poiblí)** (public) prosecutor, **reachtóir** law maker, legislator

Dlíthiúil *adj⁴* juridical, legal, lawful
ceadaithe ag an dlí permitted by law, **de réir an dlí** according to the law, **dleathach** lawful, legal, **dlisteanach** legitimate, legal, **dlisteanaithe** legalised, **macánta** honest, **oifigiúil** official, **reachtach** law-making; legislative, **taobh istigh den dlí** within the law, **údaraithe go dleathach** legally authorised *(see also: dleathach)*

Do- *pref* impossible, un-, im- in-
do-aimsithe unattainable, **do-airithe** imperceptible, **do-áirithe** incalculable, **do-airm** unarmed, **do-aisnéise** inexpressible, **do-aistrithe** immovable, fixed; inalienable, **do-aitheanta** unrecognisable, **do-amhrais** unmistakable, **do-athraitheach** invariable, **do-bhásaithe** immortal, **do-bhlasta** unappetising, **do-bhraite** intangible; imperceptible, **dobhréagnaithe** undeniable, indisputable, irrefutable, **dobhriste** unbreakable, **dobhuíochas** ingratitude, **dochaite** durable, hard-wearing, **docheansaithe** untameable, **docheartaithe** incorrigible, **dochiallach** abstruse, puzzling, **dochinntithe** indeterminable, **dochlaochlaithe** immutable, unchanging, **dochlóite** invincible, **dochorraithe** imperturbable, **dochosanta** indefensible, **dochreidte** unbelievable, **dochuimsithe** boundless, **dochúlaithe** irreversible, **dodhéanta** undoable; impossible, **dodhearmadta** unforgettable, **do-earráide** infallible, **dofhaighte** unobtainable, **dofheicthe** invisible, **dofhulaingthe** unbearable; intolerable, **do-ghafa** impregnable; unarrestable, **do-ghlactha** unacceptable, **doghortaithe** invulnerable, **do-ídithe** inexhaustible, **do-inste** untellable; indescribable, **dolabhartha** unspeakable, **dolúbtha** inflexible; unbending, rigid, **do-oibrithe** unworkable, **doshamhlaithe** unimaginable, **dosháraithe** unbeatable; inviolable, **dosheachanta** inescapable, inevitable, **doshéanta** irrefutable; undisputed, **doshrianta** unbridled, **dosmachtaithe** uncontrollable; uncontrolled, **dothuigthe** incomprehensible; unintelligible; inscrutable

Dó *vn* burning; burn
ar lasadh ablaze, **barrdhó** singeing, singe, **barrloscadh** singeing, **bruith** burning, scorching; *(cu)* boiling, **dóiteacht** burning, **faoi bharr lasrach** blazing, **forloscadh** enkindling, scorching, searing, **lasadh** flaming; inflammation, **loscadh** burning, scorching, **ruadhó** scorching, **siocdhó** frostbite, **trí thine** on fire

Dobhriste *adj⁶* unbreakable
armúrtha armoured, **buamadhíonach** bombproof, **buan** permanent, **buanseasmhach** long-lasting, **daingean** fortified, solid, **dílis** loyal, **domhillte** indestructible, **dophléasctha** shatterproof, **doscriosta** undestroyable, **dosháraithe** inviolable, unbeatable, **marthanach** durable, lasting, **righin** tough, **téagartha** solid, well-built

Dócha *adv* probably, likely *(as in phrase; is dócha... probably...)*
an dealramh atá air ná the way it looks, **b'fhéidir** perhaps, **de réir dealraimh** apparently, **de réir gach cosúlachta** in all probability, **feictear domsa** it seems to me, **gan aon amhras** undoubtedly, **gach uile sheans** more than likely, **is amhlaidh** it appears, **is cosúil** it's likely, **is dóigh liom** I suppose, **is féidir** it is possible, **Tá gach cosúlacht air.** Everything points to it.

Dochar *m (-air)* harm, damage, loss; *(fin)* debit
anachain disaster, loss, **anró** wretched condition, **ár** slaughter, **bascadh** severe injury, **briseadh** defeat, **caill** loss, failure, **caillteanas** loss, **cneá** wound, **costas** cost, **creach** despoiling, **creachadóireacht** vandalism, **créacht** *f* gash, wound, **cruatan** hardship, **damáiste** damage, **díobháil** harm, loss, injury, **díothú** annihilation, **goin** *f (gona; gonta)* wound, hurt, **gortú** hurt, **léirscrios** devastation, **loitiméireacht** destruction; vandalism, **loitmhilleadh** severe damage, **lomadh** fleecing, misfortune, **longbhriseadh** disaster; shipwreck, **lot** injury, damage, **mí-ádh** ill luck, **mí-fhortún** misfortune, **millteanas** destruction, havoc, **millteoireacht** spoiling; mischief-making; pernicious illness, **olc** evil, **óspairt** injury; mishap, **scrios** destruction, **teir** evil omen; harm, **tráma** trauma (cf **Níor chuir mé aon teir ann.** I saw no harm in it.) *(see also: díobháil)*

▲ ~ **buan** permanent harm/damage, ~ **fadtéarmach** long-term harm/damage, ~ **géiniteach** genetic damage, ~ **intinne** brain damage

◊ ~ **agus sochar** *(fin)* debit and credit, **Cad é an ~?** What's the harm? **Ní ~ a rá (go)** There is no harm, saying (that), **Níl aon ~ déanta!** No harm done!

Dóchas *m (-ais)* hope
áitiús conviction, **árachas** *(insurance)* assurance, **ardaidhm** *(rel)* aspiration, **ardmhian** *f (-mhéine; ~ta)* aspiration, **barrmhian** *(ed)* aspiration, **bonn tuisceana** *(business)* assumption, expectancy, **brath** expectation; intention, **creideamh** belief, faith, **cruthú maith** good promise, **dearbhú** assurance, **dóchúlacht** prospect, likelihood, **dréim** aspiration, expectation, **dúil** expectation, desire, **fonn** desire, inclination, **fo-shuíomh** *(rel, comp)* assumption, **freiscise** *f* expectation, hope, **gealladh** promise, **guí** *f* wish, **ionchas** *(gairme, fostaíochta* etc) (career, employment, etc) prospect, expectation, **ionchas**

(**saoil**) (life-) expectancy, **iontaoibh** trust, reliance, **mianaidhm** *(motivation)* aspiration, **paidir** *f (-dre; -dreacha)* prayer, **muinín** trust, confidence, **réamhghabháil** anticipation, **réamh-mheas** *(busn)* anticipation, **réamhtheachtas** *(mus)* anticipation, **soirbheas** auspiciousness, **soirbhíochas** optimism, **súil** hope; eye (cf Tá súil agam. I hope.), **súilíocht** expectation, expecting, **tír tairngire** promised land, **toimhde** *f (~an; -dí)* assumption, **tnúth** longing desire, **tnúthán** longing, expectancy, **tuairim dhaingean** conviction, strong opinion, **uaillmhian** *f (-mhéine; ~ta)* ambition, **uchtach** *m* hope, courage, spirit, **údar misnigh** reason for optimism, cause for reassurance, **ugach** *m* confidence, encouragement, **urrús** *(busn)* security *(see also: súil)*

Dóchasach *adj³* hopeful
aigeantach buoyant, **ag a bhfuil an saol ar rothaí** flying ahead, sanguine, **ar a bhfuil cuma na maitheasa** that is looking good, rosy, **atá ag cruthú go maith** promising, **bríomhar** buoyant, **bullúil** *(busn)* bullish, **cinnte** certain, **dearfa** assured, **dúilmhear** expectant, desirous, **fabhrach** favourable, propitious, **feifeach** expectant; watchful, **fonnmhar** eager, wishful, **geal** bright, **lán de chroí agus d'aigne** cheery, light-hearted, **muiníneach** confident, **rathúil** auspicious, **soirbhíoch** optimistic, **suaimhnitheach** reassuring, **tnúthánach** expectant

Docheansaithe *adj⁶* untameable, uncontrollable
ábhailleach unruly, **aimhleasta** intractable, unruly, **ainrialta** unmanageable, **dochoiscthe** irresistible, **dorialaithe** ungovernable, **doriartha** uncontrollable, **dosháraithe** indomitable; tamper-proof, **doshrianta** unrestrainable; unrestrained, **dosmachtaithe** uncontrollable, **fiáin** wild, **míréireach** unruly, **oilbhéasach** mischievous, unruly, **ó smacht** out of control

Dochloíte *adj⁶* invincible
dobhuailte unassailable, **doghafa** impregnable; unstoppable, **doghortaithe** invulnerable, **do-ionsaithe** unassailable, **dophollta** impenetrable, **doscriosta** indestructible, **dosháraithe** indomitable; insurmountable; tamper-proof, unbeatable, **dosmachtaithe** uncontrollable, **stóinsithe** unyielding

Dochorraithe *adj⁶* imperturbable, unflappable
béalstóinsithe taciturn, **bodhar** dull, **ceansaithe** subdued, **ciúin** quiet, **dúnárasach** taciturn, **íseal** low, **lách** gentle, **réchúiseach** laid-back, **sámh** serene, **síochánta** peaceful, **socair** calm, **sochma**, phlegmatic, composed, **socránta** placid, **somhúinte** docile, **staidéartha** sedate, **suaimhneach** tranquil, calm, **suaimhneasach** soothing, **tostach** silent

Dochrach *adj³* harmful, deleterious
aicídeach diseased, **aiciseach** venomous, **aimhleasach** deleterious, harmful, **ain-/an-** evil, wicked, **báis** *(> bás)* deadly, lethal, **binbeach** virulent, **damáisteach** damaging, **díobhálach** detrimental, harmful, **dona** bad, **droch-** *pref* evil, **galrach** infected, morbid, **loiteach** pernicious, **mailíseach** malicious, **marfach** lethal, **millte** ruined, spoilt, **millteach** baneful, **naimhdeach** malevolent, hostile, **nimhneach** poisonous, **oilc** *(> olc)* evil, **pláúil** pestilential, **scriosach** destructive, **smoltach** blighting, **míbhuntáisteach** disadvantageous, **urchóideach** malignant *(see also: droch-)*

▲ **coinníollacha** ~a adverse conditions, **nósanna** ~ **a** harmful habits, **tionchar** ~ deleterious influence

▲ ~ **don tsláinte** injurious to health, ~ **don timpeallacht** detrimental to the environment, ~ **don staidiúir** harmful/bad for posture

Dochraigh *v₂ₐ* harm *(jur)* prejudice
déan damáiste do do damage to, **déan díobháil do** do harm to, **déan dochar do** do damage to, **goill** hurt, grieve, **gortaigh** harm, **téigh i gcion ar** *(jur)* prejudice (cf dul i gcion ar an gcás to prejudice the case) *(see also: gortaigh)*

Dochraithe *pp* harmed; *(jur)* prejudiced
dá ndearnadh damáiste damaged, **dá ndearnadh díobháil** harmed, **dá ndearnadh dochar** damaged, **dulta i gcion ar** *(jur)* prejudiced, **goillte** hurt, **gortaithe** harmed

Dochreidte *adj⁶* unbelievable
aisteach strange, **ait** bizarre, **amhrasach** dubious, **as an choitiantacht** out of the ordinary, **as an ghnáth ar fad** extraordinary, **coimhthíoch** weird, **domhínithe** inexplicable, **dothuigthe** incomprehensible, **iontach** astonishing, **mearaitheach** perplexing, **nár chualathas/nach bhfacthas a leithéid riamh** unheard of/unseen ever before, **neamhchoitianta** uncommon, **neamhghnách** unusual, **neamhshaolta** unworldly, eerie, **Ní chreidfeá (go deo) é!** You wouldn't (ever) believe it!, **saoithiúil** peculiar, **strainséartha** unfamiliar, **suntasach** remarkable

Dochrú *vn* harming; *(jur)* prejudicing
déanamh damáiste do doing damage to, **déanamh díobhála do** harming, **déanamh dochair do** damaging, **dul i gcion ar** *(jur)* prejudicing, **goilleadh** hurting, grieving, **gortú** harming

Docht *adj⁵* tight, firm; stiff
balctha compact, **brúite le chéile** crushed together, **buan** permanent, **buanseasmhach** enduring, **calctha** plugged, choked, **ceanndána** stubborn, **cinnte** certain, **cranraithe** hardened; grown callous, **craptha** cramped, **crua** hard, **cruachroíoch** hard-hearted, **cúng** narrow, **daingean** secure, steadfast, firm, **dearfa** definite, **dian** severe, intense, **dianiarrthach** exacting, **dlúth-** *pref* compact, **dlúthluiteach** close-fitting, **dobhogtha** immovable, **dolúbtha** inflexible, **doscaoilte** impossible to loosen/release, **druidte**

closed tight, clenched, **dúnta** closed, shut, **feistithe** fixed, fastened, **fódúil** well-grounded, stable, **fuaimintiúil** sound, solid, substantial, **gairid** close, **iata** enclosed, secured; constipated, **neadaithe** embedded, **obach** tight *(excluding air, water, etc.)*, **righin** tenacious, tough, **rite** taut, **seasmhach** steadfast, firm, **seasta** steady, **siocánta** chilled; stiff, **sioctha** frozen stiff, stiff, **stoptha** bunged-up, **teann** taut, tight, firm

Dochtúir *m (-úra; ~í)* doctor
altra nurse, **asarlaí** witchdoctor, **banaltra** *(female)* nurse, **cláraitheoir** registrar, **cliniceoir** clinician, **cneasaí** healer, **comhairleach** consultant, **fear leighis** medicine man, **fiaclóir** dentist, **fisigeach** *m* physician, **gnáthdhochtúir** general practitioner, **intéirneach** *(med)* intern, **lia** physician, **liachleachtóir** medical practitioner, **lucht cleachta leighis** medical practitioners, **lucht leighis** medical people, **máinlia** surgeon, **mátrún** *m* matron, **miodhach** *m (lit)* physician, **obráidí** *m* operator, surgeon, **potrálaí** quack, **soidéalach** *m* quack, **táithlia** *m* surgeon, **tréidlia** veterinarian

■ **saineolaithe leighis** medical specialists: **ainéistéisí** anaesthetist, **baictéareolaí** bacteriologist, **cairdeolaí** cardiologist, **cluaslia** otologist, **cnáimhseoir** obstetrician, **cógaseolaí** pharmacologist, **coslia** chiropodist/podiatrist, **déidlia** dental surgeon, **deirmeolaí** dermatologist, **~ ban** gynaecologist, **~ súl** eye specialist, ophthalmologist, **eipidéimeolaí** epidemiologist, **géineolaí** geneticist, **geiriatraí** geriatrician, **ginéiceolaí** gynaecologist, **haemiteolaí** haematologist, **imdhíoneolaí** immunologist, **inchríneolaí** endocrinologist, **máinlia plaisteach** plastic surgeon, **néareolaí** neurologist, **neifreolaí** nephrologist, **obstatraí** obstetrician, **oftailmeolaí** ophthalmologist, **oincealaí** oncologist, **oistéapat** osteopath, **lia ban** gynaecologist, **paiteolaí** pathologist, **péidiatraí** paediatrician, **poitigéir** pharmacist, **raideolaí** radiologist, **réamaiteolaí** rheumatologist, **síceolaí** psychologist, **síciatraí** psychiatrist, **síocanailísí** psychoanalyst, **úireolaí** urologist

Dóchúil *adj⁴* probable, likely, promising
a bhfuil an chosúlacht sin air likely, that looks like that, **ar na bacáin** on the cards, **creidiúnach** reputable; credible, **cruthúil** of promising appearance, **dealraitheach** apparent, seeming, **fabhrach** favourable, **féideartha** feasible, possible, **fónta** soundness, **inchreidte** credible, **iontaofa** dependable, **is dóichí** most likely (cf **an rud is dóichí** the most likely thing), **sochreidte** plausible, **tréitheach** promising

Dochuimsithe *adj⁶* limitless, boundless
as miosúr beyond measure, **dothomhaiste** immeasurable, **éaguimseach** unbounded, limitless,

éigríochta endless, infinite, **gan cheangal** unbound, unfettered, **gan chríoch** without end, **gan srian** boundless; unrestrained, **gan teorainn** without limit, **infinideach** infinite, **neamhchuimseach** exceeding; unlimited, **neamhtheoranta** unlimited

Dóchúlacht *f (~a)* likelihood
an-ghealladh great promise, **cosúlacht** likelihood (cf **de réir gach cosúlacht** in all likelihood), **cruthúlacht** promising appearance, **dealraitheacht** likelihood, likeliness, **fabhar** favour, **féidearthacht** possibility, feasibility, **fónta** sound, **inchreidteacht** credibility, **iontaofacht** dependability, reliability, **sochreidteacht** plausibility, **seans** chance, chances (cf **Seans go mbeimid déanach.** Chances are we'll be late.), **tréitheachas** promise, talent

Dodhéanta *adj⁶* unfeasible, impossible *(to do)*
áiféiseach absurd, **craiceáilte** crazy, **domharthana** not viable, **dochloíte** invincible, indefatigable, **do-oibrithe** unworkable, **dosháraithe** unbeatable, insuperable, **doshroichte** unattainable, **guanach** fanciful, silly, **míréadúil** unrealistic, **míréasúnta** unreasonable, **místuama** impractical; thoughtless, **nach féidir a dhéanamh** that cannot be done, **neamhfhéideartha** *(phil)* impossible, **neamhphraiticiúil** impracticable, **neamhréadúil** unrealistic, **seafóideach** silly

≈ **Ní féidir é agus sin sin.** It's simply impossible., **Níorbh fhéidir a leithéid a dhéanamh.** That would be impossible to do.

Dodhéantacht *f (~a)* unfeasibility, impracticability
áiféis absurdity, **craiceáilteacht** craziness, **do-oibrú** unworkability, **doshroichteacht** unattainability, **guanacht** fancifulness, **míréasún** unreason, **míréasúntacht** unreasonableness, **neamhfhéidearthacht** *(phil)* impossibility, **neamhinmharthanacht** non-viability, unsustainability, **neamhphraiticiúlacht** impracticability, **seafóid** silliness

Dodhearmadta *adj⁶* unforgettable
as an ghnáth out of the ordinary, **creathnach** earth-shattering, **doghlanta** indelible, **meallacach** haunting, enchanting, **mórthaibhseach** spectacular, **nach féidir a ligeann i ndearmad choíche** memorable, unforgettable, **neamhghnách** unusual, **sonraíoch** noteworthy, **speisialta** special, **suaithinseach** extraordinary, **suntasach** remarkable, striking

≈ **lá nach ndéanfar dearmad go deo air** an unforgettable day

Dofheicthe *adj⁶* invisible
as radharc out of sight, **ceilte** hidden; camouflaged, **do-aitheanta** unrecognisable, indistinguishable, **dobhraite** imperceptible, undetectable, **faoi cheilt** hidden, undercover, **folaithe** hidden, latent, **formhothaithe** stealthy, imperceptible, **i bhfolach**

Doicheall concealed; in hiding, hidden, **neamhfheiceálach** inconspicuous, unobtrusive, **neamhfheicseanach** invisible, **neamhshuntasach** unnoticeable

≈ **Ní féidir na greamanna a fheiceáil.** The stitches are invisible.

Doicheall *m (-chill)* churlishness; reluctance
ainfhéile *f* inhospitality, **ainnise** misery, **creagaireacht** callousness, **cruálacht** cruelty, **cruas** hardness, **danarthacht** unsociability; cruelty, **déine** severity, **dod** sullenness, **doilbhreas** dark unpleasantness, **doineantacht** wintriness, cheerlessness, **doshástacht** implacability, **dothíos** churlishness, inhospitality, **drogall** reluctance, **dúire** hardness, dourness, **dúrantacht** dourness, sullenness, **eascairdeas** unfriendliness, **easpa trua** lack of pity, **fiamh** sharpness, bitterness; begrudgery, **fuaire** coldness, **fuarchúis** indifference, **fuasaoid** rancour, spite, **gairge** harshness, **gangaid** virulence, venom, **geimhriúlacht** wintriness, **géire** austerity, sharpness, **goimhiúlacht** chilliness, **leisce** hesitation, reluctance, **míbhá** unfriendliness, **mífhonn** disinclination, reluctance, **míthrócaire** mercilessness, **naimhdeas** hostility, **neamhfhonn** disinclination, **neamhpháirteachas** standoffishness, aloofness, **neamhthrócaire** mercilessness, **nimhe** nastiness, severity, **oifigiúlachas** officialism, **oighreatacht** iciness, **seachantacht** standoffishness, **searbhas** sarcasm, **seirbhe** bitterness, **seirfean** bitterness, **suarachas** miserableness, mean-spiritedness

Doicheallach *adj³* churlish, inhospitable
ainnis miserable, **creagánta** callous, unfeeling, **crua** hard, **cruálach** cruel, **danarthach** unsociable; cruel, **dian** severe, **dodach** sullen, **doilbh** dark, gloomy, unpleasant, **doineanta** wintry, cheerless, **dolúbtha** inflexible, **doshásta** implacable, **dúr** dour, **dúranta** morose, dour, grim, **eascairdiúil** unfriendly, **fiamhach** sharp, bittern; begrudging, **fuar** cold, **fuarchúiseach** indifferent, **fuasaoideach** rancourous, spiteful, **gairgeach** harsh, **gangaideach** virulent, venomous, **géar** austere, severe, **geimhriúil** wintry, **goimhiúil** chilly, biting, **grodach** sharp, biting, **naimhdeach** hostile, **neamhchairdiúil** unfriendly, churlish, **neamhfháilí** unpleasant, disagreeable, **neamhpháirteach** standoffish, **neamhthrócaireach** lacking in mercy, merciless, **nimhneach** nasty, venomous, **oighreata** icy, **seachantach** diffident, evasive, **searbh** bitter; embittered, **searbhánta** bitter, acrid, **searbhasach** bitter, acrimonious, **siocúil** frosty, **suarach** miserable, mean-spirited

Doiciméad *m (-éid; -éid, ~)* document
cáipéis document, **foirm** form, **gníomhas** *(legal)* deed, **láimhscríbhinn** manuscript, **leathanach gréasáin** web page, **páipéar** paper, **pár** parchment, *(fig)* paper, **scríbhinn** written document (cf **conradh i scríbhinn a fháil** to get a written contract), **taifead** record, **téacschomhad** text file, **teastas** certificate, **tuarascáil** report

Do-ídithe *adj⁶* inexhaustible
as cuimse infinite, **as miosúr** immeasurable, **buanfasach** durable, **dochaite** durable, inexhaustible, **dochloíte** unbeatable, relentless, **dochríochnaithe** interminable, unending, **dochuimsithe** boundless, **dodhíothaithe** ineradicable, **dofholmhaithe** unemptiable, bottomless, inexhaustible, **domheirgthe** rustproof, **domhillte** indestructible, **doscriosta** indestructible, **dotheoranta** illimitable, limitless, **dothomhaiste** immeasurable, **dothuirsithe** indefatigable, **fairsing** bountiful, **flúirseach** abundant, **gan deireadh** endless, **gan mheasair** immeasurable, **gan teorainn** limitless, **síoraí** eternal, infinite

≈ **Ní bhíonn deireadh ar bith lena foighne.** Her patience is inexhaustible.

Dóigh 1 *f (~e)* likelihood; manner
bail state, proper condition, **bealach** *m* way, **caoi** *f (~; caíonna)* manner, way, **cosán** path, **cosúlacht** resemblance, **cruth** shape, form, **cuma** *f* form, appearance **dóchúlacht** likelihood, **dealramh** look, appearance, **dreach** *m* expression, aspect, **meán** medium, **modh** method, means, **oibriú** *m* agency, **slí** *f* way, **stíl** style

Dóigh 2 *v₁f* burn
adhain kindle, ignite, **athlas** *(med)* inflame, **barrdhóigh** singe, **bladhm** flame, flare up, **breoigh** sear, heat; glow, **cnádaigh** burn away slowly, smoulder, **cráindóigh** smoulder, **créam** cremate, **fordhóigh** scorch; singe, **las** light, **las suas ina chaor** blaze up, **loisc** scorch, **ruadhóigh** scorch, **scall** scald, **séid** *(med)* inflame, **téigh trí thine** go on fire, catch fire

Dóighiúil *adj⁴* handsome
álainn beautiful, **breá** fine-looking, **córach** comely, **cumtha** shapely, well-proportioned, **dathúil** handsome, **deas** nice, **galánta** distinguished, gallant, **taitneamhach** pleasing, **tarraingteach** attractive *(see also: dathúil)*

Doiléir *adj²* obscure, unclear
amhrasach doubtful, **athbhríoch** ambiguous, **breacdhorcha** dusky, dimly lit, half-lit, **ceoch** misty, clouded, **ceomhar** misty, foggy, **deacair le tuiscint** difficult to understand, **dorcha** obscure, **duibheacúil** dark, overcast, **éideimhin** uncertain, vague, **faoi dhuifean** clouded over, under a cloud, **faon** languid, limp, **geamhach** blurred, blear, **míshoiléir** indistinct, unclear, **modartha** murky, **moirtiúil** muddy, turbid, **néalmhar** cloudy, **neamhchruinn** unclear; inexact, imprecise, **scamallach** cloudy, clouded, **scimeach** hazy, filmy, **smúitiúil** murky, dark, **udmhall** uncertain, unclear as to what will happen

▲ **amharc** ~ hazy view, **ceo** ~ impenetrable fog, **cruth** ~ blurry, obscure shape, **cuimhne dhoiléir** vague memory, **focal** ~ obscure word, **gnó** ~ mysterious affair; shady business, **íomhá** ~ fuzzy image, **lorg láimhe** ~ indistinct handwriting, **moladh** ~ vague proposal/suggestion, **monabhar** ~ faint murmur, **meabhair dhoiléir** confused mind, **radharc** ~ blurred vision, **réimse** ~ grey area, **solas** ~ dim light

Doiléire *f (~e)* obscurity, unclearness
amhras doubt, **athbhrí** *f* ambiguity, **breacdhorchadas** half-light, **ceo** mist, fog, **ceomhaireacht** mistiness, fogginess, **dorchacht** darkness; obscurity, **éideimhne** uncertainty, vagueness, **geamhaí** blurredness, bleariness, **míshoiléireacht** indistinctness, **modarthacht** murkiness, **moirtiúlacht** muddiness, turbidity, **neamhchruinne** inexactness, fuzziness, imprecision, **scamallacht** cloudiness

Doiléirigh *v_{2b}* obscure; darken
caith scáil ar overshadow, **caoch** dazzle, blind, **cuir caille ar** veil, **cuir faoi bhrat** veil, cover **dall** blind, **déan doiléir** make unclear, make obscure, **déan modartha** make dark/murky, muddy, **diamhraigh** make mysterious; obscure, **dorchaigh** darken, **duaithnigh** obscure, **dubhaigh** blacken, **folaigh** hide, obscure, **fordhubhaigh** darken, obscure, **maolaigh** dim; lessen, reduce, **scáiligh** shade, **scamallaigh** cloud over, **scáthaigh** shadow; shade

Doiléirithe *pp* obscured; darkened
ar ar caitheadh scáil overshadowed, **ar ar cuireadh caille** veiled, **caochta** dazzled, blind, **curtha faoi bhrat** veiled, covered, **dallta** blinded, **déanta doiléir** made unclear, **diamhraithe** made mysterious; obscured, **dorchaithe** darkened, **duaithnithe** obscured, **dubhaithe** blackened, **folaithe** hidden, obscured; latent, **fordhubhaithe** darkened, obscured, **maolaithe** dimmed; lessened, reduced, **modartha** darkened, muddied, **scáilithe** shaded, **scamallaithe** clouded over, **scáthaithe** shadowed; shaded

Doiléiriú *vn* obscuring; darkening
caitheamh scáile ar overshadowing, **caochadh** dazzling, blinding, **cur caille ar** veiling, **cur faoi bhrat** veiling, covering, **dalladh** blinding, **déanamh doiléir** making unclear, making obscure, **déanamh modartha** making dark/murky, muddy, **diamhrú** making mysterious; obscuring, **dorchú** darkening, **duaithniú** obscuring, **dubhú** blackening, **folú** hiding, obscuring, **fordhubhú** darkening, obscuring, **maolú** dimming; lessening, reducing, **scáiliú** shading, **scamallú** clouding over, **scáthú** shadowing; shading

Doimhneacht *f (~a)* depth; profundity
achar *m* **síos** distance down, **bealach** *m* **síos** way down (cf **leath bealaigh síos** halfway down), **doimhne eolais** depth of knowledge, **duibheagán** abyss, **éadoimhne** shallowness, **fad síos** distance down, **fana ghéar** sheer drop, **grúnta** *(mar)* bottom, depth, **stór mór eolais/gaoise** great store of knowledge/ wisdom, **tanaí** *f* shallows, shallow water, **toille** *(sound)* deepness

Doineann *f (-ininne)* inclement weather
anfacht storminess, **drochaimsir** bad weather, **frasaíocht** precipitation, **fuacht** cold, **fuaire** coldness, **gairgeadh dubh na bliana** the dead of winter, **garbhadas** rough weather, **garbhshíon** rough weather (cf **garbhshíon na gcuach** harsh spell of weather in May), **geimhriúlacht** wintriness, **sioc** *m (seaca)* frost, **spéirlingí** *fpl* thunderstorms, **stoirm** storm, **stoirmeacha** *fpl* storms, **stoirmiúlacht** storminess

Doirt *v_{1b}* pour
aistrigh transfer, **bailc** pour down, **cuir** put, **dáil** dispense, **fear** grant, provide; shed (cf **ag fearadh na ndeor** shedding tears), **folmhaigh** empty, **frasaigh** shower, **riar** distribute, **roinn amach** share out, **scaoil** discharge, let out, **scaoil amach** let loose, release, **scinceáil** decant; pour off liquid, **sil** drip, trickle, **snigh** flow; percolate, filter through, **tabhair amach** give out, **tál** yield, pour, secrete

Doirteadh *vn* pouring
aistriú transferring, **balcadh** pouring down, **cur** putting, **dáileadh** dispensing, **fearadh** granting; shedding, **folmhú** emptying, **frasú** showering, **riar** distributing, **roinnt amach** sharing out, **scairdeach** *f* gushing, pouring, **scaoil** discharge, let out, **scaoileadh amach** letting loose, releasing, **scinceáil** decanting, **sileadh** dripping, trickling, **tabhairt amach** giving out, **tál** yielding, pouring, secreting, **taoscadh** gushing; downpouring

~ **a grá** outpouring of her love
~ **dathanna** *(in fabric)* running of colours
~ **deor** shedding of tears
~ **fearthainne** pouring of rain
~ **fíona** pouring of wine
~ **fola** spilling of blood
~ **na gréine** beating down of the sun
~ **ola** spillage of oil

Doirte *pp* poured
aistrithe transferred, **balctha** pour down, **curtha** put, placed **dáilte** dispensed, **feartha** granted; shed, **folmhaithe** emptied, **frasaithe** showered, **riartha** distributed, **roinnte amach** shared out, **scaoilte amach** let loose, released, **scaoilte** discharged, let out, **scinceáilte** decanted; poured-off liquid, **silte** dripped, trickled, **snite** flowed; percolated, filtered through, **tálta** yielded, poured, secreted, **taoisc** gush; downpour **tugtha amach** given out

◊ **Tá an tae ~.** The tea has been poured., **Tá an tae ~ ar an éadach boird.** The tea has spilled on the tablecloth., **Tá siad ~ don leanbh.** They dote on the child.

Dóite *pp* burnt
barrdhóite singed, **barrloiscthe** singed, **caite** consumed, **cráindóite** smouldered, **créamtha**

Dóiteach cremated, **forloiscthe** enkindled; scorched, seared, **loiscthe** scorched, **poncloiscthe** cauterised, **ruadhóite** scorched, **siocdhóite** frostbitten, **tóstáilte** toasted

◊ ~ **ag an sioc** frostbitten, ~ **go talamh** burnt to the ground, **Nach ~ an scéal é sin!** How sad is that!

Dóiteach *adj³* burning
brothallach sultry, **bruthach** hot, fiery, **forloiscneach** searing; caustic, **lasta** aflame, on fire, **loisceanta** flaming, fiery, **loiscneach** burning, scorching, **scallta** scalded, **scalltach** scalding, **te** hot, **teasaí** ardent, hot *(see also: lasrach)*

Dóiteán *m (-áin; -áin, ~)* conflagration, fire
bladhmanna *fpl* flames, **coirloscadh** arson, **dó** combustion; burning, **ifreann** inferno, hell, **lasadh** flaming, **lasracha** blazing flames, **loscadh** burning, scorching, **tine** fire *(see also: tine)*

Doleigheasta *adj⁶* incurable
ainsealach chronic, **buan** permanent, **docheansaithe** unmanageable; untameable, **doréitithe** not fixable, untreatable, **doshrianta** unrestrainable, uncontrollable, **foirceanta** terminal, **gan dóchas** without hope, hopeless, **gan leigheas** without a cure, **marfach** fatal, **urchóideach** malignant

≈ **Níl aon leigheas ar do bhéal saibhir!** You're an incurable optimist!

Domhain *adj irr* deep, profound
aibhéiseach abyssal, **beacht** observant, **bunaidh** (> *bunadh*) innermost, **caillte** preoccupied, **diamhair** mysterious, abstruse, **doiléir** obscure, **dorcha** dark, **dord-** *pref* bass, **dothomhaiste** enigmatic, **dothuigthe** unfathomable, **dú-** *pref* profound, **duibheagánach** bottomless, abyssal, **fadcheannach** shrewd, **gan tóin** bottomless, **gaoiseach** sagacious, wise, **géarchúiseach** discerning, shrewd, **grinnslítheach** penetrating, **íseal** low, **ísealchlaonta** *(arch)* low-pitched, **léannta** learned, **mór** great, **rúnda** secret, **rúnmhar** secretive, **saibhir** rich, **toll** deep, hollow, **trom** heavy, **tumtha** immersed

▲ **ciúnas** ~ deep silence, **codladh** ~ deep sleep, **dath** ~ deep colour, **eolas** ~ deep knowledge, **faltanas** ~ deep resentment, **friochadh** ~ deep frying, **glór** ~ deep voice, **grá** ~ deep love, **ionadh** ~ deep astonishment, **maothóir** ~ deep moisturiser, **poll** ~ deep hole, **smaoineamh** ~ profound thought

◊ **Téann seo níos doimhne ná mar a cheapfá.** This goes deeper than you might think.

Domhan *m (-ain; -ain, ~)* world, earth
an chruinne the globe, the universe, **bith** life, (the) world, **cosmas** cosmos, **fithneamh** universe, **glób** globe, **macracosma** macrocosm, **pláinéad** planet, **pláinéad baile** home planet, **saol** life, world, **talamh na cruinne** earthly domain, **uilebhith** universe

◊ **ar fud an domhain** all around the world, **Bhí áthas/brón/díomá/éad/ocras/tart,** etc **an domhain orm.** I was extremely happy/sad/disappointed/jealous/hungry/thirsty, etc, **gan cúis ar** ~ without any earthly reason

Domhanda *adj⁶* worldwide, world, global
cuimsitheach comprehensive, **éacúiméineach** ecumenical, **ginearálta** general, **idirnáisiúnta** international, **ilchiníoch** multiracial, **ilchultúrtha** multicultural, **iltíreach** cosmopolitan, **saolta** worldly, **talmhaí** terrestrial, earthly, **teamparálta** temporal, **tuata** secular; lay

Domlasta *adj⁶ (food, person)* unsavoury
achrannach rancorous, **bréan** foul, putrid, **déistineach** disgusting, **do-ite** inedible, **dóiteach** bitter, **drochbhlasta** foul-tasting, **garg** acrid, bitter, **géar** sharp, **goirt** bitter, **gráiniúil** obnoxious, **gránna** gross, **leadránach** unexciting, boring, **leamh** insipid, **maslach** heavy going, distasteful, **masmasach** nauseating, **míbhlasta** unsavoury, **míphléisiúrtha** unpleasant; **míthaitneamhach** distasteful, displeasing, **neamhbhlasta** unpalatable, bland, **neamhfháilí** unpleasant, disagreeable, **oiltiúil** nauseating; cloying, **samhnasach** nauseous, **searbh** bitter, **tur** arid

≈ **Tá droch-cháil air.** He has an unsavoury reputation.

Dona
1. *adv* **go** ~ badly *(behaviour)*
go bocht poorly, **go cealgach** treacherously, guilefully, **go clamprach** in a noisy and troublesome way, **go coiriúil** criminally, **go contráilte** perversely, **go contúirteach** dangerously, perilously, **go corbach** corruptly, **go crua** harshly, in a tough manner, **go cruálach** cruelly, **go dainséarach** dangerously, **go dalba** naughtily, **go damáisteach** damagingly, **go diabhalta** devilishly, mischievously, **go díobhálach** harmfully, injuriously, **go dochrach** detrimentally, **go dochraideach** oppressively, distressingly, **go dólásach** ruefully, **go gortach** meanly, **go hábhailleach** mischievously, **go hachrannach** in a troublesome way, **go hadhfhuafar** terribly, hideously, **go haibéiseach** exasperatingly, uncouthly, **go háibhirseach** perversely, **go haiféalach** regretfully, **go haimhleasach** misguidedly, **go haimléiseach** wretchedly, **go hainnis** miserably, **go hamhrasach** ropily, dubiously, **go hanfholláin** unwholesomely, obnoxiously, **go hanróiteach** distressingly, **go hansmachtúil** oppressively, **go híseal** ignobly, **go holc** evilly, wickedly, **go holcach** perniciously, **go huafásach** horribly, atrociously, **go hurchóideach** banefully, **go millteach** perniciously, **go millteanach** terribly, **go naimhdeach** hostilely, **go peacúil** sinfully, **go priaclach** riskily, **go scáfar** fearfully **go scanrúil**

terrifyingly, **go searbh** sourly, bitterly, **go suaitheach** upsettingly, **go suarach** basely, meanly, **go táir** vilely, shabbily, **go tromchúiseach** gravely, with serious consequences, **go tubaisteach** disastrously

◊ **Bhí an aimsir go ~.** The weather was bad., **Bhí sé go ~.** He was bad., **Bhí sé go ~ tinn.** He was seriously ill., **Chaith sé é féin go ~.** He behaved himself badly.

2. *adj (used predicatively)* bad *(compar **measa**)* **aicídeach** diseased, **aimléiseach** wretched, **aimseach** unfortunate, **ain-/an-** bad, **ainnis** miserable, **amhrasach** ropy, dubious, **anacrach** calamitous, **anfholláin** unwholesome, **angarach** distressful, **anróiteach** distressing, **ansmachtúil** oppressive, **beagmhaitheasach** shoddy, **bocht** poor, **bréan** rancid, **brónach** sad, sorry, **cearr** wrong, **corbach** corrupt, **crua** hard, tough, **dainséarach** dangerous, **dian** intense, rigorous, **díobhálach** deleterious, **dochrach** detrimental, **dochraideach** oppressive, distressing, **doilíosach** sorrowful, **dólásach** rueful, **dreoite** withered, decayed, **droch-** *pref* bad, **dubhach** sombre, **éagórach** unjust, **easnamhach** defective, deficient, **fabhtach** flawed, faulty, **faoi chaonach liath** mouldy, **feoite** withered, **fuafar** hateful, **gan a bheith ar fónamh** unwell, **géar** severe; stale, **gortach** scanty, **gránna** nasty; ugly, **gruama** gloomy, grim, **guaiseach** hazardous, **íseal** low, ignoble, **lagmheasartha** inferior, **leamh** insipid; **lofa** rotten, **lochtach** faulty, **máchaileach** blemished, **meathlaithe** decayed, **mí-amhantrach** unfortunate, **nimhneach** poisonous, venomous, **táir** vile, **truaillithe** corrupt, **tubaisteach** disastrous, **uafásach** horrible, atrocious, **urchóideach** malignant

◊ **Is ~ a rachaidh sé duit.** The outcome will be bad for you., **Is ~ a ghlacann sé le cailleadh.** He is a bad loser., **Is dona an gnó é.** It's a bad business.

Donacht *f (~a)* badness
aimléis wretchedness, **aincis** malignancy, **ainríocht** sorry plight, **ainseal** chronic state, **anacair** anguish, **anachain** *f (-chana)* calamity, **angar** dire need, want, **anó** *m* misery, **anró** *m* distress, **cruatan** hardship, **diabhal** devil, **diabhaltacht** devilry, **díobháil** harm, injury, **dochar** affliction, **doilíos** sorrow, melancholia, **dólás** ruefulness, **donas** badness, **dubhachas** gloom, **éagóir** injustice, **mairg** woe, **mí-ádh** ill luck, **olc** evil, badness, **suarachas** baseness, meanness, **trioblóid** trouble, **tubaiste** disaster, **uafás** horror *(see also: donas & olc)*

▲ **~ an ghalair** the acuteness of the disease, **~ an ghorta** the misfortune of the famine, **~ na dtorthaí** the poorness of the results, **~ na haimsire** the wretchedness of the weather

◊ **Is é an ~ é nach bhfuil sí anseo.** It's unfortunate that she is not here., **Dá ~ í tá seisean níos measa.** However bad she is, he's worse.

Donas *m (-ais)* misery; affliction
achrann trouble, **aicíd** disease, **aiféala** regret, **aimhleas** detriment, **aimléis** wretchedness, **aincis** malignancy, **ainiarmhairt** evil consequence, **ainíocht** cruelty, **ainnise** misery, **ainriail** anarchy, **ainríocht** sorry plight, **ainseal** chronic state, **aintiarnas** tyranny, **aintreise** violent oppression, **anacair** anguish, **anachain** *f (-chana)* calamity, **anfholláine** unwholesomeness, **anfhorlann** violence, oppression, **angar** dire need, want, **anó** misery, **anró** distress, **ansmacht** oppression, **bás beo** living death, **bochtaineacht** poverty, **bochtanas** poverty, **breoiteacht** illness, **briseadh croí** heartbreak, **brón** sadness, **buaireamh agus léan an tsaoil** the trials and tribulations of life, **ciapadh** torture, **cora crua an tsaoil** the vicissitudes of life, **cos ar bolg** oppression, **crá** torment, **crá croí** heartache, **creach** ruin, plunder, devastation, **cros le hiompar** cross to carry, **cruálacht** cruelty, **cruatan** hardship, **dealús** destitution, **dearóile** wretchedness, **déine** severity, **diabhaltacht** devilry, **díobháil** harm, injury, **díogha** worst (cf **rogha an dá dhíogha** the choice of two evils), **dochar** harm, damage, **doilíos** sorrow, melancholia, **dólás** ruefulness, **donacht** badness, **dreo** withering, decay, **drochíde** abuse, **dubhachas** gloom, **dúlagar** depression, **éadóchas** despair, **éagóir** injustice, **easnamh** defect, deficiency, **éigniú** rape, **eirleach** *m (-ligh)* catastrophe, **feo** withering, decay, **fóréigean** violence, **fulaingt** suffering, **galar** disease, **gátar** want, **géire** severity, **gorta** famine, meanness, **gruamacht** despondency, **ísle brí** low spirits, **lagar spride** low spirits, **leimhe** apathy, **léirscrios** desolation, **lionn dubh** 'the black dog', depression, **lofacht** rottenness, **mairg** woe, **mallacht** curse, **meathlú** decay, **mí-ádh** ill luck, **mícheart** wrongness, injustice, **míchompord** discomfort, **mífholláine** unhealthiness, **mífhortún** misfortune, **milleadh** ruination, **millteachas** perniciousness, **millteanas** havoc, **mírath** misfortune, failure, **mísláinte** ill health, unwholesomeness, **plá** pestilence, plague, **suaiteacht** upset, unease, **suaitheadh** agitation, **suarachas** baseness, meanness, **trioblóid** trouble, **tubaiste** disaster, **uafás** horror, **umar na haimléise** trough of despondency, **urchóid** malignancy, bane

◊ **Bíodh an ~ acu!** Let them go to hell!, **Cad sa ~ a thug anseo thú?** What the hell brought you here?, **is é ~ an scéil ná go…** the worst thing about it is that…, **mar bharr ar an ~** to make matters worse, **Tá an ~ air le fuacht.** It is dreadfully cold., **Tá siad dulta chun donais ar fad!** They've gone to the dogs altogether!

Doras *m (-ais; doirse)* door, doorway
áit place, **béal** mouth, opening, **bealach** *m (-laigh; -laí)* **amach** exit, **bealach** *m* **éalaithe** emergency exit, **bealach** *m* **isteach** entrance, **bearna** *f* gap, **comhla** valve, door (cf **comhla thógála** trap door), **cró** *(photo)* aperture, **dul isteach/amach** access/egress,

Dorcha éalú escape, **fáil isteach** getting in, **folúntas** vacancy, **geata** gate, **idirdhoras** communicating door, **iontráil** entrance, **oirifís** *(tech)* orifice, **oscailt** opening; aperture, **scalpán** wattle door; makeshift door, **slí** *f* *(~; slite)* **amach** exit, **slí** *f* *(~; slite)* **isteach** entrance, **tairseach** *f (-sí; ~a, ~)* threshold; portal, **teacht isteach** *(drama)* entrance; access *(see also: haiste)*

▲ ~ **amach** exit door, ~ **cúil** back door, ~ **dóiteáin** fire door, ~ **dúnta** closed door, ~ **éalaithe** emergency exit, ~ **isteach** entrance door, ~ **lasmuigh/laistigh** exterior/interior door, ~ **luascach** swing door, ~ **mór** main door, ~ **oscailte** open door, ~ **pléisce** blast door, ~ **rothlach** revolving door, ~ **sciobóil** barn door, ~ **sleamhnáin** sliding door, ~ **taoibh** side door, ~ **tosaigh** front door, ~ **uathoibritheach** automatic door

P **Gaire cabhair Dé ná an doras!** God's help is closer than the door!, The Lord will provide!

Dorcha *adj⁶* dark; mysterious, secretive
anaithnid unknown, **ceilteach** secretive, withholding, **ceobhránach** misty, **ceoch** hazy, foggy, **ceomhar** foggy, **ciar** dark, **ciar-** *pref* dark, **ciardhubh** jet black, sable, **collaí** carnal, **dall** blind, **diamhair** mysterious, dark, **dofheicthe** invisible, unseen, **doicheallach** forbidding, **doilbh** melancholic, gloomy, **doiléir** dim, obscure, **dothuigthe** enigmatic, **dú-** black, dark, unknown, **duairc** morose, gloomy, **dubh** black, **dubhach** dismal, pitch-dark, **chomh dubh le pic** pitch-black, **dubhfhoclach** enigmatic, **dúchneasach** dark-skinned, **duibheagánach** profound, hard to fathom, **dúshúileach** dark-eyed, **fann** bleak, feeble, **folaithe** hidden, **gan solas** unilluminated, **gan tuiscint** lacking in understanding, **geamh-** dim, **gnéasach** sexual, **gorm** black (of person, skin), **gruama** gloomy, **idirdhorcha** dingy, gloomy, **lag** dim, **marbh-** *pref* dim, deathly, **modartha** murky, **múscaí** *(weather)* dark, murky, **neamheolach** unenlightened, uniformed, **odhar** dun, **riabhach** dull, gloomy, **rudta** morose, surly, **rúnda** secretive, **scamallach** cloudy, **sceirdiúil** bleak, **teimhleach** tarnished, **teimhneach** dark, opaque

▲ **dán** ~ inexplicable poem, **dath** ~ dark colour, **geimhreadh** ~ bleak winter, **greann** ~ dark humour, **rún** ~ dark secret, **seomra** ~ dark room

Dorchacht *f (~a)* darkness
ainbhios *m (-bheasa)* ignorance, **anaithne** lack of recognition, **asarlaíocht** sorcery, **ceo** haze, fog, **ceobhrán** mist, **ceomhaireacht** fogginess, **ceilteanas** concealment, hugger-mugger, **céire** darkness, **ciardhuibhe** jet-blackness, sable, **cogar mogar** hugger-mugger, clandestine chatter, **collaíocht** carnality, **daille** blindness, ignorance, **diamhracht** mysteriousness, darkness, **dofheictheacht** invisibility, (the) unseen universe, **doicheall** forbiddingness, **doiléire** dimness, obscurity, **dorchadas** dark, darkness, **dothuigtheacht** incomprehensibility, **draíocht** druidic art, **draíodóireacht** hocus-pocus, trickery, **duairceas** moroseness, gloominess, abstruseness, **dubhachas** gloom, black sorrow, **dubh-ainbhios** deep ignorance, **dubhaois** dark age (**sna dubhaoiseanna** in the dark ages), **dubhfhocal** riddle, enigma, **dúcheist** enigma, **dúchríoch** *f* *(-chríche; ~a, ~)* unexplored mysterious land, **duibhe** blackness, **duibheagán** profundity, **easpa solais** lack of light, lack of illumination, **easpa tuisceana** lack of understanding, **fainne** bleakness, faintness, **gruamacht** gloominess, **laige** dimness, **neamheolas** unenlightenment, **mairbhe** dullness, **mairbhití** languor, torpor, **modarthacht** murkiness, gloominess, **poll duibheagáin** deep chasm, **riabhaiche** dullness, greyness **rúndacht** secrecy, **scamallacht** cloudiness, **sceirdiúlacht** bleakness, **teimheal** *m* *(-mhill)* darkness; stain, **teimhneacht** darkness, opacity

Dorchaigh *v₂ₐ* darken
caoch dazzle; blind, **crónaigh** get dark; tan, **dall** blind, **diamhraigh** darken; obscure, **doiléirigh** obscure, **dubhaigh** blacken, **éirigh dorcha** become dark, **faigh dorcha** get dark, **fordhubhaigh** darken; obscure, **geimhrigh** winter; hibernate, **gruamaigh** become gloomy, darken, **imigh gan tuairisc** go dark, disappear without a trace, **ísligh** dim; lower, **maolaigh** dim; lessen, reduce, **modraigh** darken, muddy, **múch** extinguish, **plúch** choke, choke off, **scáiligh** shade, **smálaigh** darken, cloud; stain, **teimhligh** darken, stain

Dorchaithe *pp* darkened
caochta dazzled, winked; blinded, **crónaithe** darkened; tanned, **dallta** blinded, **diamhraithe** darkened; obscured, **doiléirithe** obscured, **dubhaithe** blackened, **éirithe dorcha** gotten dark, **faighte dorcha** gotten dark, **fordhubhaithe** darkened; obscured, **geimhrithe** wintered; hibernated, **gruamaithe** gotten gloomy, darken, **imithe gan tuairisc** gone dark, disappeared without a trace, **íslithe** dimmed; lowered, **maolaithe** dimmed; lessened, reduced, **modraithe** darkened, muddied, **múchta** extinguished, **plúchta** choked, choked off, **scáilithe** shaded, **smálaithe** darkened, clouded; stained, **teimhlithe** darkened, stained

Dorchú *vn* darkening
caochadh dazzling, winking; blinding, **crónú** getting dark; getting tanned, **dalladh** blinding, **diamhrú** darkening; obscuring, **doiléiriú** obscuring, **dubhú** blackening, **éirí dorcha** becoming dark, **fáil dorcha** getting dark, **fordhubhú** darkening; obscuring, **geimhriú** wintering; hibernating, **gruamú** becoming gloomy, darkening, **imeacht gan tuairisc** *(hiding from surveillance)* going dark, disappearing without a trace, **ísliú** dimming; lowering, **maolú** dimming; lessening, reducing, **modrú** darkening, muddying, **múchadh** extinguishing, **plúchadh** choking, choking off,

scáiliú shading, smálú darkening, clouding; staining, teimhliú darkening, staining

Doréitithe *adj⁶* insoluble, unsolvable, irresolvable
dobhriste *(code)* unbreakable, **docheartaithe** incapable of being corrected, incorrigible, **dochloíte** invincible, **dochomhairleach** unamenable to advice, **dochorraithe** immovable, **dodhéanta** impossible, **dodheisithe** irreparable, **dofhreagartha** unanswerable, **dofhuascailte** insoluble, inextricable, **doghluaiste** immovable, **dolaghdaithe** irreducible, **doláimhsithe** unmanageable, **doleasaithe** irreformable, irreparable, **dolúbtha** unyielding, **dosháraithe** insurmountable, **doshlánaithe** irredeemable, **doshocraithe** impossible to settle, irresolvable, **doshonraithe** indefinable, **dosmachtaithe** unconquerable, **dostiúrtha** impossible to steer/direct, **éadóchasach** hopeless, **gan dóchas ar bith** without any help at all

≈ **Níl aon réiteach ar an scéal.** The matter is irresolvable.

Dorn *m (doirn; doirne, ~)*
1. fist, fistful; punch
boiseog palmful, **crág** handful, **dóid** handful, **dornán** fistful, **gabháil** armful, **glac** handful, **ladhar** handful, **lán boise** palmful, **lán doirn** fistful, **lán laidhre** fistful, **slám** handful, **lán mo dhá lámh** two armfuls
2. punch of fist, blow
boiseog slap, **buille** blow, **cíonán** blow, clout, **clabhta** clout, **cnag** knock, **cniog** rap (cf **cniog ar na hailt** rap on the knuckles), **deamhas** slap, blow, **dúdóg** punch, **failm** resounding blow, thump, **flípear** blow, **greadóg** slap, smack, **hainse** slap, blow, **hap** wallop, **lámh dhúnta** clenched hand, **leadhb** *f (leidhbe; ~anna)* slap, smack, **leadóg** thump, **leang** *m* blow, **liúspa** punch, stroke, **paltóg** wallop, **plab** bang, **slacairt** battering, **smailleac** smack, **smíste** heavy blow, smash, **smitín** sharp blow, **tailm** thump, **tuairt** wallop, **trost** thump
3. handle, grip
cluas *f* earshaped grip, **feac** handle, **greamán** grip, **hanla** *m* handle, **lámh** *f* **(buicéid)** handle (of bucket), **lámhchrann** *m* handle, **maide** handle, **mírleán** little knob, **murlán (dorais)** (door) handle, **sáfach (tua)** (axe-) long handle *(see also: hanla)*

▲ ~ **spáide** cross handle of spade, ~ **speile** grip of a scythe, ~ **claímh** handle of a sword

Dornán *m (-áin; -áin, ~)* fistful, small amount
beagán little, **carn beag** small heap, **cúpla** couple, few, **glac** clutch, handful, **glaclach** *m* handful, **ladhar** handful, **lán doirn** fistful, **líon beag** small amount, **mámlach** *m* handful, fistful, **roinnt bheag** small share/amount, **slám** handful, **teadhall** small amount, handful *(see also: dorn)*

Dos *m (dois; ~anna)* tuft, clump
cuircín tuft (cf **cuircín cleití** tuft of feathers), **dlaoi** wisp, tuft, **doire** thicket, **dosóg** tussock, **mothar** thicket; tangled growth of brushwood, **muine** *f* scrub, scrubland, **ribeog** wisp, tuft, **scoth** tuft, **scothán** tuft (cf **scothán fraoigh** tuft of heather), **scothóg** little tuft, **scraith** scraw, clod (eg **scraith mhóna** clod of turf), **slám** clutch; tuft, **slámán** small tuft, **sop** wisp, **stoth** mop, tuft, **táithín** tuft, wisp, **táth** bunch (cf **táth bláthanna** bunch of flowers), **tom** tussock, clump (eg **tom driseacha** clump of briars), **torpa** clod, clump, **torpán** small clod, small clump, **tortán** clump, tussock, **tortóg** tussock; hummock, **trioplóg** lump of earth, clod, **tulóg** hummock, tuft

Doshamhlaithe *adj⁶* unimaginable, unthinkable
áiféiseach ridiculous, **creathnach** shocking, **dochreidte** unbelievable, beyond belief, **éagsamhalta** unimaginable, inconceivable, **gan dealramh** unlikely; improbable, **millteanach** horrifying, **neamhchoinsiasach** unconscionable, **seafóideach** absurd

≈ **Ní shamhlófá choíche gurbh fhéidir a leithéid a rá!** It's unthinkable that such a thing could be said., **smaoineamh a dhéanamh ar an gcás is measa** to think the unthinkable

Dosmachtaithe *adj⁶* uncontrollable
ainrialta anarchic, undisciplined, **ainrianta** unbridled, **ainriata** unruly, **allta** wild, **as smacht** out of control, **docheansaithe** untameable, unmanageable, **docheartaithe** incorrigible, **dochloíte** indomitable, invincible, **dolúbtha** inflexible, unbending, rigid, **doshrianta** unbridled, uncontrollable, **doriartha** intractable, **fiáin** savage, wild, **imithe ó smacht** gone out of control, **míréireach** insubordinate, disobedient, **mírialta** unruly, **místiúrtha** unmanageable; misguided, **neamhshrianta** unbridled

≈ **Ní féidir smacht ar bith a chur orthu.** They are uncontrollable.

Dóthain *f (~)* enough
bleaist one's fill (cf **bleaist feola a ithe** to eat one's fill of meat), **leor** enough (cf **Tá go leor airgid agam.** I have enough money.), **leordhóthain** quite enough, enough, **mórdhóthain** more than enough, **riar** *m* adequate provision (cf **Tá riar ár gcás againn.** We have enough to meet our needs.), **sáith** sufficiency (cf **An bhfuil do sháith den bhainne agat?** Have you enough milk?), **sástacht** satisfaction

Dóthanach *adj³* satiated, full up; ~ **de** fed up with
bréan (de) sick (of), **ciaptha (ag)** tormented (by), **dubh dóite** sick and tired, **dubhthuirseach** fed up, **go leor** enough, **gráinithe ar** fed up to the back teeth with, **lán** full, **lán go béal** full to the brim, **sách** sufficient, **sásta** satisfied, **sásúil** satisfactory, **tinn** sick, **tuirseach (de)** tired (of)

Dothuigthe *adj⁶* incomprehensible
an-ait go deo extremely mystifying, **diamhair** weird,

Drabhlás

mysterious, **dochreidte** incredible, **doiléir** obscure, unclear, **domhínithe** inexplicable, **doléite** unreadable; indecipherable, **fáthrúnda** for some unknown reason, **iontach** amazing, **mearbhlach** puzzling, **mistéireach** mysterious, **rúnda** secret, **rúndiamhair** mystical

≈ Ní thuigfeá ó thalamh an domhain cén fáth go bhfuil sé mar sin. It's quite incomprehensible why it should be so.

Drabhlás *m* (*-áis*) profligacy, debauchery, dissipation **ainriantacht** debauchery, licentiousness, **baothchaitheamh** profligacy, **carbhas** carousal, **craos** indulgence, greed, **deachmaíocht** squandering, wastage, **díobhlás** profligacy, **diomailt** waste, wasting, **drúisiúlacht** lasciviousness, lust, **dul amú** going astray, **macnas** wantonness, **rabairne** prodigality, **ragairne** revelling, roistering, **réicíocht** rakishness, **scabáiste** wastefulness, **scloitéireacht** swilling down drink greedily, **truailííocht** depravity (*see also: ragairne*)

Drabhlásach *adj³* debauched, dissipated **áilíosach** desirous, lascivious, **ainrianta** debauched, licentious, **baothchaifeach** prodigal, **carbhasach** carousing, **craosach** overindulgent, gluttonous, **díobhlásach** profligate, **diomailteach** wasteful, **drúisiúil** lascivious, lustful, **macnasach** wanton, **meathlaithe** degenerate (cf **meon/iompar meathlaithe** degenerate attitude/behaviour), **ragairneach** revelling, roistering, **reibhléiseach** fond of roistering, revelling, **réiciúil** rakish, **róchaifeach** extravagant, **truaillithe** depraved

Drabhlásaí *m* (*~; -aithe*) reprobate **ainrianaí** reprobate, **bithiúnach** *m* scoundrel, rascal, **bligeard** blackguard, **caifeachán** spendthrift, **cúl le rath** waste-of-space, loser, **diabhal** devil, **diomailteoir** waster, **díomhaoin** ne'er-do-well, slacker, **leiciméir** idler, **liúdaí** idler, lout, **liúdramán** lazy bum, ne'er-do-well, **loiceadóir** slacker, **meisceoir** drunk, **ragairneálaí** wastrel, reveller, **rógaire** rogue, **ropaire** scoundrel, **sárachán** bounder, **scabhaitéir** blackguard, **smuilcín** scamp, **spadal** *m* worthless creature, **spreasán** waster, **suarachán** lowlife (*see also: rógaire*)

Draein *f* (*-aenach; -aenacha*) drain **bailiú dramhaíola** collecting/collection of refuse, **camra** sewer, **camras** sewage, **comhla sceite** safety/bleed valve, **diltálaire** (*medical*) drip, **diúscairt séarachais/camrais** sewage disposal, **draenáil** drainage, **dumpáil** dumping, **éalú** escape; leakage, **eisileadh** efflux, **gáitéar** gutter; drainpipe, **píobán forsceite** overflow pipe, **píobán fuíollábhair** waste pipe, **lintéar** drain, sink; gully, drainpipe, **sceitheadh** discharge; exhaust, **sceithphíopa** exhaust pipe, **seoch** *m* (*~*) drain; dyke, **séarach** sewer, **séarachas** sewerage, **silteoir** drainer, **síorimeacht** (*céimithe*) (brain) drain, **sruthlú** (*toilet*) flushing, **uisciú** irrigation

Draíocht

Draenáil 1 *v₁ₑ* drain
bailigh dramhaíl collect refuse, **bánaigh** clear out, empty, **bearnaigh** breach, slash open, tap, **bligh** milk, **caith** consume, **caith amach** throw out, **déan silteoireacht** drain, **díluchtaigh** discharge, **díscigh** drain dry, **diúg** drain; suck, **diurnaigh** drain; swallow, **dumpáil** dump, **folmhaigh** empty, evacuate, **ídigh** deplete, **lig** let, **scaoil** release, discharge, **sceith** discharge, leak, **síothlaigh** dissipate, drain away; subside, **sniog** drain dry, **sram** (*mucous*) discharge, **sreabh** stream, flow, **súigh** sap; suck, **taosc** drain; bail out, **taosc** pump out, bail, **traoch** exhaust, wear out, **triomaigh** dry, **tuirsigh** tire, exhaust, **uiscigh** irrigate

Draenáil 2 *vn* draining
bailiú dramhaíola collecting refuse, **bánú** clearing out, emptying, **bearnú** breaching, slashing open, tapping, **bleán** milking, **caitheamh** consuming, **caitheamh amach** throwing out, **díluchtú** discharging, **dísciú** draining dry, **diurnú** draining; swallowing, **dumpáil** dumping, **folmhú** emptying, evacuating, **ídiú** depleting, **scaoileadh** releasing, discharging, **sceitheadh** discharging, leaking, **silteoireacht** draining, **síothlú** dissipating, draining away; subsiding, **sniogadh** draining dry, **sramadh** (*mucous*) discharging, **sreabhadh** streaming, flowing, **sú** sapping; sucking, **taoscadh** draining; bailing out, **taoscadh** pumping out, bailing, **traochadh** exhausting, wearing out, **triomú** drying, **tuirsiú** tiring, exhausting, **uisciú** irrigating

Draenáilte *pp* drained
bearnaithe breached, slashed open, tapped, **bánaithe** cleared out, emptied, **blite** milked, **caite** consumed, **caite amach** thrown out, **díluchtaithe** discharged, **díscithe** drained dry, **diúgtha** drained; sucked, **diurnaithe** drained; swallowed, **dumpáilte** dumped, **folmhaithe** emptied, evacuated, **ídithe** depleted, **scaoilte** released, discharged, **sceite** discharged, leaked, **síothlaithe** dissipated, drained away; subsided, **sniogtha** drained dry, **sramtha** (*mucous*) discharged (cf **le súile sramtha** bleary-eyed), **sreafa** streamed, flowing, **súite** sapped; sucked, **taosctha** drained; bailed out, **traochta** exhausted, worn out, **triomaithe** dried, **tuirsithe** tired, exhausted, **uiscithe** irrigated

Draíocht *f* (*~a; ~a*) magic; druidic art
asarlaíocht sorcery, **ceilteanas** concealment, **ceo** (**draíochta**) (magical) fog, haze, **ceomhaireacht** fogginess, **cleas** *m* (*clis; ~a, ~*) trick, **cleasaíocht** juggling; playing tricks, **cleasaíocht láimhe** sleight of hand, **cumais pharanormálta** paranormal abilities, **diamhracht** mystique, mysteriousness, **doiléire** obscurity, **draíodóireacht** hocus-pocus, practice of trickery; conjuring, **fiothnaise** *f* (*lit*) malignant spell, sorcery, **geasadóireacht** sorcery, enchantment, **geasróg** spell, **geasrógacht** occult practice of charms,

Draíochtach

geis *f (~e; geasa, geas)* taboo; spell, **gintlíocht** sorcery, heathen/pagan craft, **meabhalscáil** mirage, **meallacacht** beguilement, **mealladh** allurement, **mearú súl** hallucination, **múscailt na marbh** waking the dead, **na healaíona dubha** the black arts, **ortha** *f* charm, spell, **spioradachas** spiritualism, **toghairm** *f (~e; -eacha) (often occult)* summoning, calling up

▲ **aistear diamhair ~a** magical mystery tour, **beacán ~a** magic mushroom, **briocht ~a** magic spell, **ceo ~a** magic mist, **ceol ~a** haunting music, **cleas ~a** magic trick, **cochall ~a** magic cloak, **foirmle ~a** magic formula, **lóchrann ~a** magic lantern, **oileán ~a** enchanted isle, **peann ~a** magic pen, **réalachas ~a** magic realism, **réiteach** *m* **~a** magic solution; magic bullet, **slaitín ~a** magic wand

Draíochtach *adj³* magical; entrancing

asarlaíochta *(> asarlaíocht)* pertaining to sorcery, **ceilteach** secretive, hidden, **ceomhar** foggy, mysterious, **cleasach** full of tricks, **cleasaíochta** *(> cleasaíocht)* pertaining to trickery,, **deaslámhach** dexterous, **diamhair** mysterious, dark, obscure, **doiléire** *(> doiléir)* obscure, **draíochta** *(> draíocht)* magic, **draíodóireachta** *(> draíodóireacht)* trickery, magic, **dúspéisiúil** fascinating, **geasadóireachta** *(> geasadóireacht)* pertaining to sorcery, **gintlíochta** *(> gintlíocht)* pertaining to sorcery, **meabhlach** deceptive, illusory, **meallacach** alluring, enchanting, **meallach** beguilingly delightful, **meallach mín** softly enticing, **mealltach** beguiling, **paranormálta** paranormal, **spioradálta** spiritual, **toghairme** *(> toghairm)* pertaining to summoning, **upthach** relating to charms and spells, magical

Draíodóir *m (-óra; ~í)* magician; conjuror

asarlaí sorcerer, **bean draíochta** *(female)* magician, **cailleach** *f* witch, **cluanaire súl** illusionist, **doilfeoir** conjurer, **draoi** druid, **fear draíochta** *(male)* magician, **geasadóir** weaver of spells, enchanter, **lucht draíochta** magicians *(see also: Draoi)*

Dráma *f (~; ~í)* play; drama

aisteoireacht acting, **amharc** spectacle, **amharclann** theatre, **ceoldráma** opera, **ceoldráma grinn** comic opera, **ceoldrámaíocht** operatic art, **coiméide** comedy, **cur i láthair** presentation, **drámaíocht** dramatics, dramatic art, **drámú** dramatising, **fronsa** farce, **geamaireacht** pantomime, **geandráma** comedy play, **gluaiseacht** act, **léiriú** production, **méaldráma** melodrama, **radharc** scene, **sceitse** sketch, **seó** show, **taispeántas** display, show, **tragóid** *(general)* tragedy, **traigéide** *f (~; -dí) (thr)* tragedy *(see also: taispeántas)*

Drámaíocht *f (~a)* drama, dramatic art

aisteoireacht *(artform)* acting, **amharclann** theatre, **amharclannaíocht** *(as artform)* theatre (cf **amharclannaíocht ar an imeall** fringe theatre), **ceoldrámaíocht** operatic art, **coiméide** comedy, **cur i** **gcéill** affectation, **déanamh gaisce** showing off, **drámú** dramatisation, **galamaisíocht** *(exaggerated behaviour)* dramatics, **geamaireacht** pantomime, **geandrámaíocht** comedy, **méaldrámaíocht** melodramatics, **seápáil** posturing, putting on an act, **seó** show, **traigéide** *f (~; -dí) (thr)* tragedy *(see also: dráma)*

Drámata *adj⁶* dramatic

a bhainfeadh an anáil díot breathtaking, **amharclannach** theatrical, **aoibheallach** thrilling, pleasant, **beoga** alive, **bíogach** startling, **bíogúil** bursting with life, **bladhmannach** glitzy, flashy, **bríoch** meaningful, **bríomhar** vigorous, **corraitheach** moving, **cumasach** capable, powerful, **cumhachtach** powerful, **dílis don saol mar atá** true to life, **éachtach** sensational, **éifeachtach** effective, **feiceálach** conspicuous, **gáifeach** gaudy, brash, loud, **gléineach** vivid, **grafach** graphic, **méaldrámata** melodramatic, **millteanach** wicked, deadly, **mórthaibhseach** spectacular, looming large; impressive, **péacach** showy, **seoigh** wonderful, **snasta** cool, **sonnta** forceful, **sonrach** striking, **sonraíoch** extraordinary, **spiagaí** spectacular, brassy, **suaitheanta** notable, **suaithinseach** remarkable, outstanding, **suntasach** remarkable, **taibhseach** flamboyant, **teann** tense

Dramhaíl *f (-íola)* refuse, garbage, waste

brocamas filth, dirt, **bruscar** litter, **cac** excrement, **cosamar** sweepings, trash, **deasca** *m* dregs, sediment, **dramhphost** junk mail, **dras** *(industrial)* dross, **dríodar** dregs, residue, **eisilteach** *m* effluent, **fuílleach** *m* leftovers, residue, **fuíoll** *m* residue, **grabhróga** crumbs, **graidiléis** refuse; grit, **graiseamal** remains of food, refuse, **grúnlach** *m* refuse, dregs, **iarsmaí** *mpl* remnants, remains, **leadhbáin** *mpl* tatters, small strips, **líonadh talún** landfill, **miodamas** garbage; offal, **mionrabh** *f (-aibhe)* tiny bits, shreds; filings, **scealpa** *fpl* splinters, **screamh** scum, **smidiríní** little bits, smithereens, **smionagar** shattered pieces, shards, **smúit** grime, dust, **trais** trash, **treascarnach** *f* scrap, refuse; debris, **truflais** dross, **turscar** scourings, scrap; cast-up seaweed, wrack *(see also: bruscar)*

Drantaigh *v₂ₐ* growl

bí ag drannadh be snarling, **bí ag gnúsacht** be grunting, **bí ag grágaíl** be braying, **bí ag siosadh** be hissing, **búir** bellow, roar, **déan drantán** growl, **drann** snarl; grin, **géim** bellow, low, **nocht fiacla** show teeth (eg **Nochtaigh an gadhar a fhiacla romhainn.** The dog bared its teeth at us.), **sclamh** snap at, abuse, **snap ar** snap at

Drantaithe *pp* growled

búirthe bellowed, roared, **drannta** snarled; grinned, **géimthe** bellowed, lowed, **sclafa** snapped at, abused, **snaptha ar** snapped at

Drantú *vn* growling

búireach bellowing, roaring, **drannadh** snarling;

grinning, **drantán** growling, **géimneach** bellowing, lowing, **gnúsacht** grunting, **grágaíl** braying, **siosadh** hissing, **sclamhadh** snapping at, abusing, **snapadh ar** snapping at

Draoi *m (~; ~the)* druid; magician
asarlaí *m* sorcerer, **bean feasa** fortune teller; wise woman, **cailleach** witch, **cleasaí** trickster, **draíodóir** magician, wizard; conjuror, **fáthlia** witch doctor, **fear feasa** witch doctor, **geasadóir** enchanter, spellcaster, **gliartán** bewitcher, **láma** lama, **lucht feasa** soothsayers, **potrálaí** quack, charlatan, **sagart** priest, **soidéalach** con artist, **spioradaí** spiritualist, **togharmach** *m* conjurer, spiritist

◊ **draíochta na ndraoithe** the druidic arts *(also: draíochta druadh* druidic arts)

O **Draoithe** *Druids* – wisdom keepers of ancient Celtic Ireland, Britain and France. Men or women, they were legal, medical and political advisors of high social rank. The druids did not preserve their learning in written form. The oldest description of the **draoithe** comes from c. 50 BCE in Julius Caesar's *Commentarii de Bello Gallico*. **Draoithe** appear in medieval tales such as **Táin Bó Cuailnge** *The Cattle Raid of Cooley* where they are described as having magical powers such as divination and the casting of spells.

Dreach *m (~a;~a, ~)* facial look, expression
aghaidh face, **cruth** shape, form, **cuma** *f* shape, look, **dealramh** appearance, **gnúis** countenance, mien, **lí** *f (~; ~ocha)* lustre, sheen, complexion, **snua** *m* complexion *(see also:* **dealramh***)*

Dréacht *m (~a; ~aí)* draft
aiste essay, **cóip** copy, **cóip gharbh** rough copy, **cnámha an scéil** the bones of the story, **creatlach** *m* outline, framework, **dán** poem, **dearadh** design, **garbhchóip** rough copy, **gormchló** blueprint, **leagan** version, **leagan amach** layout, **meamram** memorandum, **mír** section, segment, **paimfléad** pamphlet, **páipéar** paper, **píosa** piece, **plean** plan, **rédhréacht** *m* rough copy, **saothar** work, **sceitse** sketch, **tairiscint** proposition, **tionscnamh** project, **tráchtas** treatise, dissertation, **treoirphlean** blueprint, **tuairisc** report

Dream *m (~a; ~anna)* group of people
aicme class, grouping, **ál** brood, clutch, **baicle** clique, gang, **cohórt** cohort, **comhar** partnership, **comhluadar** *(people)* company, **cuideachta** company, **drong** multitude, **faicsean** faction, **foireann** *f (foirne; foirne)* team, crew, **gramaisc** mob, **gráscar** rabble, affray, **grúpa** copy, **grúpáil** grouping, **rablach** *m* rabble, **scuad** squad, **slua** crowd, host, **tionól** assembly, **treibh** tribe, **trachlais** rabble *(see also:* **grúpa***)*

Dreancaid *f (~e; ~í)* flea
corrmhíol *m* gnat, mosquito, **corrmhíoltóg** midge, **cuil** fly, **cuileog** fly, **daol** insect; beetle, **feithid** insect, **fíneog** mite, **fríd** mite, **míol** *m (míl; ~ta)* insect, **míol cnis** louse, **míol corr** midge, **míoltóg** midge, **sceartán** tick, **sniodh** *f (sneá; sneá)* nit, **sor** louse

Dreap *v₁ₐ* climb, clamber
ardaigh ascend, rise, **Ardaigh tú féin!** Lift yourself up!, **bog suas** move up, **dréim** ascend, climb, **éirigh suas** rise up, **gabh suas** go up, **méadaigh** increase, **siúil suas** walk up, **téigh ag dreapadóireacht** go climbing, **téigh ar eite** take flight/wing, **téigh go barr** go to the top, **téigh go barr balla** scale a wall, **téigh in airde** go up, climb, **téigh suas** go up, **tiomáin suas** drive up

Dreapadh *vn* climbing, clambering
ardú ascending, rising, elevating, **bogadh suas** moving up, **dreapadóireacht** climbing, **dréim** ascending, climbing, **dul ar eite** taking flight/wing, **dul go barr balla** scaling a wall, **dul in airde** going up, **dul suas** going up, **éirí suas** rising up, **gabháil suas** going up, **gluaiseacht in airde** moving up, **méadú** increasing, **siúl suas** walking up, **tiomáint suas** driving up

Dreapadóir *m (-óra; ~í)* climber
ailleadóir cliff climber; rock climber, **cnocadóir** hillwalker, trekker, **dreapaire** *(plant)* climber, **sléibhteoir** mountaineer, **speancaire** rock climber

Dreapadóireacht *f (~a)* climbing, clamber
ailpíneacht alpinism, **ardú** rising; raising, **cnocadóireacht** hillwalking, **dreapadh** climbing, ascending, **dul ar eite** taking off, **dul go barr balla** scaling a wall, **dul in airde** going up; mounting, **dul suas** going up, **éirí suas** rising up, **gabháil suas** going up, **siúl suas** walking up, **sléibhteoireacht** mountaineering, **speancaireacht** rock climbing

Dreaptha *pp* climbed; *(plants)* climbing
ardaithe ascended, risen; elevated, **bogtha suas** moved up, **dréimthe** ascended, climbed, **dulta ar eite** taken flight/wing, **dulta go barr** scaled to the top, **dulta in airde** gone up, **dulta suas** gone up, **éirithe suas** risen up, **gafa suas** gone up, **méadaithe** increased, **siúlta suas** walked up, **tiomáinte suas** driven up

▲ **staighre** ~ climbed stair, **planda** ~ climbing plant

Dreas *m (~a; ~a, ~)* spell, while, turn
babhta round, turn, **eipeasóid** episode, **feidhil** while, time, **geábh** go, ride, **píosa** little while; little bit, **scaithimh** while, time, **sea** *m* turn, spell (cf **gach ré sea** turn and turn about), **seal** period, shift, **sealad** while, period of time, **seans** chance, opportunity, **spailp** bout, turn, spell, **speatar** spell, **spuaic** spell, short while, **sreabh** *f* stretch, spell (cf **sreabh chodlata** nap, forty winks), **stáir** spell, stretch, **tamall** time, while, **tráth** period of time, time, **treall** *m (~a)* short period, **uain** turn, go, **uair** occasion

▲ ~ **ceoil** musical turn, ~ **cliúsaíochta** bit of flirtation, ~ **codlata** quick nap, catnap, ~ **comhrá** chat, shooting the breeze, ~ **craicinn** bit of nookie, ~ **grinn** comedy routine, ~ **rince** some dancing, ~ **surfála** surfing ~ **traenála** *(sp)* workout

Dréimire *m (~; -rí)* ladder
áradh *m (lit)* ladder, **céimeanna** *fpl* steps, **dréimire taca** stepladder, **rangú** ranking, **staighre** stairs

▲ ~ **ceoil** modulator, ~ **réadmhaoine** property ladder, ~ **seasta** standing ladder, ~ **taca** stepladder

Dreo *vn* withering, decay
aife *f* decline, decay, **críonadh** decaying, **dul chun raice** going to rack and ruin, **feo** withering, **lobhadh** rotting, decomposing, **meath** decay, decline, **meathlú** decaying, degeneration, **morgadh** putrefaction, corruption, decomposition, **seargadh** shrivelling, wasting away, withering, **seirge** *f* wasted, withered state

Dreoigh *v₁f* wither, decay
camhraigh become tainted/rancid, **críon** decay, **feoigh** wither, **fínigh** become maggoty, **lobh** rot, **meathlaigh** decay, degeneration, **morg** putrefy, decompose, **sceoigh** wither, wilt, **searg** waste away, shrivel, wither, **smol** blight, wither

Dreoite *pp* withered, decayed
camhraithe gotten tainted/rancid, **críonta** decayed, withered from old age, **feoite** withered, **fínithe** gotten maggoty, **lofa** rotten, **meathlaithe** decayed, degenerated, **morgtha** putrefied, decomposed, **sceoite** wizened; withered, wilted, **searg** wasted shrivelled, withered, **smolta** blighted, withered

Dríodar *m (-ais)* dregs; sediment
briodarnach *f* swill, hogwash, **bruscar** crumbs, scraps refuse, **bruscarnach** *f* debris, rubbish, **cáith** *f (cátha)* chaff, **conamar** broken bits, fragments, smatterings, **cosamar** sweepings, refuse, **cuid na muc** pigswill, **cunús** dirt, rubbish; *(vulg)* useless individual, cunt, **deasca** *m* dregs, sediment, **deascadh** sediment, **dramhaíl** refuse, garbage, waste, **fuílleach** *m* leftovers, residue, **fuíoll** *m* residue, **gráscar** disorderly mob; worthless thing, refuse, **gríodán** slop, slops, **grúdarlach** *m* swill, slops, **mionrach** *f* inferior things, scrap, **moirt** *(wine)* sediment, **ruamáile** *f* scum on liquid surface, **scileadh** *m (-lte)* scraps; pickings, **screamh** scum, **trachlais** trash, rubbish; mess; rabble, **traipisí** discarded articles, scrap; rags, **trais** trash, **treascarnach** *f* scrap; debris, **truflais** dross, **turscar** scourings, scrap *(see also: bruscar)*

▲ ~ **na sráide** dregs of society

Droch- *pref* bad; evil; flawed
achrannach troubled, **adhfhuafar** terrible, **aibéiseach** exasperating, **áibhirseach** perverse, **aicídeach** diseased, **aimléiseach** wretched, **ain-/an-** bad, unnatural, **ainnis** miserable, **anacrach** calamitous, **anfholláin** unwholesome, **angarach** distressful, **anróiteach** distressing, **athúlta** rude, **bocht** poor, **bréan** rancid, **brónach** sad, sorry, **cearr** wrong, **coiriúil** criminal, **contráilte** perverse, **crua** hard, tough, **cruálach** cruel, **dalba** naughty, **damáisteach** damaging, **déistineach** disgusting, **diabhalta** devilish, **díobhálach** deleterious, **dochrach** detrimental, **dochraideach** oppressive, distressing, **dreoite** withered, decayed, **éagórach** unjust, **easnamhach** defective, deficient, **fabhtach** flawed, faulty, **feoite** withered, **fuafar** hateful, **gránna** ugly, **leamh** off, putrid, **lochtach** faulty, **lofa** rotten, **máchaileach** blemished, **meathlaithe** decayed, **míghníomhach** iniquitous, evildoing, **millte** spoilt, **millteach** pernicious, **millteanach** terrible, **naimhdeach** hostile, adverse, **nimhneach** poisonous, venomous, **oilc** evil, wicked, **olcach** causing evil, pernicious, **plapach** foul, despicable, **scáfar** frightful, **scanrúil** terrifying, **searbh** sour, bitter, **suaiteach** upsetting, **suarach** base, mean, **táir** vile, shabby, **truaillithe** corrupt, **tubaisteach** disastrous, **uafásach** horrible, atrocious, **urchóideach** malignant

▲ ~**amhras** distrust; misgivings, ~-**aoibh** bad mood, ~-**araíonach** ill-favoured, ~**bhail** poor condition, ~**bheartach** evildoing, ~**bhéas** rudeness, ~**bhéasa** bad manners, ~**bheathach** loose living, ~**bhlas** bad taste; distaste, evil living, ~-**chlú** bad reputation, ~-**chroíoch** ill-willed, ~**dheoir** bad drop, taint of character, ~**fhéachaint** evil look, glowering, ~**ghnóthach** up to no good, ill-employed, ~**ghnúiseach** sinister-looking, ~**iarraidh** bad attack; indecent assault, ~**íde** abuse, ill treatment, ~**intinneach** ill-intentioned, ~**iompar** bad behaviour, ~**iontaoibh** distrust, ~**labhartha** evil-tongued, ~**mheas** disdain; contempt, ~**mheasúil** contemptuous, ~**mhéin** bad disposition, ~**mhianaigh** (> *drochmhianach*) malicious, ~**mhisneach** discouragement, ~**mhuinín** lack of confidence, distrust, ~**obair** mischief, ~**rud** bad thing, ~**rún** evil intention, ~**scéal** bad news, ~**shaol** hard times (cf **An Drochshaol** The Great Famine 1846–c.1852), ~**sheasamh** bad/poor stand, ~**shúil** evil eye; poor/weak eye, ~**thuar** evil/bad omen, ~**uair** evil hour (cf **ar an ~uair** unfortunately)

Drochbheart *m (bhirt; ~a, ~)* evil deed
ainbheart evil deed, **ainghníomh** evil act, **dobheart** wicked deed, **droch-chor** unfortunate turn, ill plight, **drochghníomh** evil action, **drochghnó** bad business, **drochimeacht** *m* bad way of going about things, **drochiompar** bad behaviour, **drochmhaitheas** incivility, **drochobair** mischief, evil goings-on, **drochrud** bad thing, **dúbheart** dark sinister deed, **oilbheart** shameful deed, **oilghníomh** misdemeanour, **míbheart** misdeed; villainy

Drochbhéas *m (~a; ~a, ~)* vice, bad habit, ~a bad manners
aineolas ignorance, **ainbhéas** vice, bad habit, **amhlántacht** uncouthness, **barbarthacht** vulgarity, barbarity, **bodúlacht** loutishness, **bromántacht** crudeness, **cábógacht** gracelessness; clownishness, **déistiní** disgustingness, **drochmhúineadh** discourtesy, rudeness, **drochnós** bad habit, **dúailce** *f* vice, wickedness, **duáilceas** viciousness; joylessness, **gránnacht** ugliness, wretchedness, **míbhéas** bad habit; bad manners, **míbhéasaíocht** impropriety, **míchúirtéis** discourteousness; discourtesy, **mímhúineadh** unmannerliness, ill-breeding, **mímhúinteacht** ill-breeding, discourtesy, **mínós** bad habit; rudeness, **ruacántacht** boorishness, **tútachas** boorishness, uncouthness, **saobhnós** perversion; *(sex)* kinkiness, **urghránnacht** hideousness; offensiveness *(to any sense of decency) (see also: feic2)*

Drochbhéasach *adj³* rude, ill-mannered
aineolach ignorant, **amhlánta** uncouth, **athúlta** rude, unmannerly, **barbartha** vulgar, barbarous, **bodachúil** loutish, **borb** rude, coarse, **braobanta** rude, insolent, **brománta** crude, boorish, **cábógach** graceless, unrefined, **déistineach** foul, offensive, **dímhúinte** unmannered, rude, **dobhéasach** ill-behaved, **drochmhúinte** ill-mannered, **duáilceach** wicked, vicious, **gan múineadh ar bith** devoid of manners, **garg** rude, sour, **geancach** surly, rude; snub-nosed, **gíománta** rude, impudent, **gránna** ugly, wretched, **grusach** gruff, **lábúrtha** vulgar, base, **madrúil** doglike, obscene; coarse, unmannerly, **míbhéasach** ill-mannered, ill-behaved, **mícheadfach** rude, insensate, **míchúirtéiseach** discourteous, **mímhúinte** impolite, ill-bred, **mínósach** bad-mannered, **míshibhialta** uncivil, rude, **neamhchúirtéiseach** discourteous, **neamhghalánta** inelegant, unrefined, **ogmartha** impudent, **tearcmhúinte** ill-mannered, **tuaisceartach** surly, dour, rude; northern, **tútach** boorish, uncouth, **urghránna** offensive (cf **radharc urghránna** offensive sight)

Drochbhlas *m (-ais; ~anna)* bad taste
blas gránna foul taste, **colúlacht** distaste, repugnance, **dochma** aversion, reluctance, **drogall** reluctance, **géire** sourness, taste of having gone off, **lofacht** foulness, **míbhlastacht** unsavouriness, **mionbhlas** unpleasant taste, **míthaitneamh** dislike, **neamhbhlastacht** unpalatableness, **neamhthoil**, unwillingness, reluctance

Droch-chaoi *f (~; -chaíonna)* bad condition
aimléis wretchedness, **ainnise** misery, **ainriocht** sorry plight, **ainseal** chronic state, **anaiste** bad condition, **anó** *m* misery, **anró** *m* distress, **cruatan** hardship, **dealús** destitution, **dearóile** wretchedness, **drochaiste** *f* bad appearance; bad condition, **droch-bhail** bad shape, bad condition, **drochbhláth** ruination,

droch-chríoch *f* bad end, **drochdheireadh** bad end, **drochdhóigh** bad state, **drocheagar** bad shape, condition, **drochiompú** bad turn, **drochleagan** bad appearance, **míbhail** bad state, bad condition, **místaid** bad state, ill condition

Drochíde *f (~)* abuse
ainíde ill usage, maltreatment, **anaiste** maltreatment, **anchor** ill-treatment, **batráil** battering, **caitheamh gránna** vile treatment, **cruálacht** cruelty, **drochiarraidh** *f* indecent assault, **drochíde** abuse, **dúshaothrú** exploitation, **faillí** negligence, neglect, **foréigean** violence, **greadadh pionóis** punishment beating, **íde** abuse, **íde béil** verbal abuse, **íospairt** ill-treatment, **míchleachtas** malpractice, **míriail** *f (-alach)* misrule; misgovernment, **mí-úsáid** mistreatment, ill-treatment; incorrect use, **mí-úsáid chorpartha** physical abuse, **neamart** neglect, **raiceáil** maltreating, abusing, **scalladh teanga** dressing down, **sciolladh** scolding, **scioladóireacht** scolding, chastising, **sclamhairt** scolding, **spídiúlacht** cruelty, **splíontaíocht** maltreatment *(see also: léasadh)*

Drochmheas *m (~a)* disrespect
beagmheas contempt, little respect, **dánacht** impudence, cheek; boldness, **dímheas** disrespect, **díomas** arrogance, scorn, **díspeagadh** belittlement, **domheas** low esteem, disparagement, **drochbhéas** *m* vice, bad habit, **drochmhúineadh** rudeness, impoliteness **easumhlaíocht** insubordination, **easurraim** irreverence, disrespect, **easurrúsaí** presumptuousness, **lagmheas** low opinion, lack of respect, **míchúirtéis** discourtesy, **mímheas** disrespect, **mímhúineadh** impoliteness, rudeness, **mínáire** brazenness, shamelessness, **mí-ómós** disrespect; lack of homage, **mí-urraim** disrespect, **neamhghéilleadh** insubordination, **neamhómós** lack of homage, disrespect, **soibealtacht** impertinence, **sotal** cheek, impudence, **spíd** aspersion; slander, **spídiúchán** reviling, vituperation, **suaillmheasta** of little esteem, plain, ordinary, **tagracht** being smart, impertinence, **teanntás** pushiness, brashness; assurance, audacity, **tútachas** boorishness, uncouthness, **urghránnacht** hideousness

Drochmheasúil *adj⁴* disrespectful
cámasach disparaging, **dána** impudent; bold, **dímheasúil** disrespectful, **díspeagúil** belittling, despising, **drochbhéasach** rude, **drochmhúinte** ill-mannered, **easumhal** insubordinate, **easurramach** irreverent, disrespectful, **easurrúsach** presumptuous, **gan múineadh ar bith** devoid of any manners, **gan náire** shameless, **gan scáth gan náire** uninhibited, **maslach** insulting, **míchúirtéiseach** discourteous, **mímhúinte** impolite, **mínáireach** brazen, **mí-ómósach** irreverent; disrespectful; lacking in homage, **neamhnáireach** flagrant, shameless, **neamhómósach** lacking of homage, disrespectful, **neamhonórach**

unhonoured; unesteemed, **neamhpharlaiminteach** unparliamentary, unseemly, **neamhurramach** disrespectful, **seanbhlastúil** contemptuous; satirical, **soibealta** impertinent, **sotalach** cheeky, impudent, **spídiúil** disparaging, vituperative, **stróinéiseach** overbearing, pushy, **teanntásach** pushy, brash, **tarcaisneach** contemptuous, **tútach** boorish, uncouth, **urghránna** offensive

Drochnós *m (-nóis; ~anna)* bad habit
ainbhéas vice, bad habit, **drochbhéas** vice, bad habit, **droch-chleachtadh** bad practice, **drochiompar** misbehaviour; bad behaviour, **duáilce** vice, **mínós** bad habit, **laige** weakness, **olc** evil

Drochscéal *m (-éil; ~ta)* bad news, ill tidings
drochscéala bad news, **drochtheist** bad testimony; bad repute, **drochthuairisc** bad report, **míscéal** evil report, ill tidings, **tromscéala** *m* grave news

Drochuair *f (~e)* bad time, time of crisis
aothú *(medical)* crisis, **baol** peril, danger, **contúirt** danger, **cruóg** urgency, pressing, **éigeandáil** emergency, **éigeantas** duress, **gábh** peril, danger, **gátar** distress, need, **géarchéim** crisis, crunch, **géarghá** dire need, **mí-amhantrach** unfortunate, **pointe criticiúil** critical point, **práinn** urgency, **straidhn** strain, **strus** stress, **uair na cinniúna** the crisis point, the moment of truth, **umar na haimléise** deepest despair

◊ **ar an ~** unfortunately

Drogall *m (-gaill)* reluctance
aimleisce averseness, reluctance, **col** aversion, **doicheall** indisposition, reluctance, **faichill** caution, **faitíos** apprehension, **imní** concern, **leisce** hesitancy, reluctance, **leointíocht** reluctance, **mífhonn** disinclination, reluctance, **míshástacht** dissatisfaction, unwillingness, **neamhfhonn** disinclination, **neamhthoil** unwillingness, involuntariness, **staigínteacht** reluctance; meanness

Drogallach *adj³* reluctant, disinclined
airdeallach alert, watchful, **doicheallach** grudgingly unwilling, **faichilleach** wary, **faiteach** apprehensive, **falmharánta** torpid, dead and alive, **fuireachair** vigilant, **i gcoinne** averse, **leasc** sluggish, torpid; loath (cf **Is leasc liom é a dhéanamh.** I am loath to do it.) **mífhonnmhar** disinclination, **míshásta** unwilling, **neamhfhonnmhar** disinclined, reluctant, **neamhthoilteanach** unwilling, involuntary, **neirbhíseach** nervous, **prámhaí** careful

Droichead *m (-chid; -chid, ~)* bridge
áirse arch, **ciseach** *f* footbridge over soft ground or drain, **caol na sróine** bridge of nose, **ceangal** connection, **doladhroichead** tollbridge, **nasc** bond, link, **tarbhealach** *m* viaduct, **uasbhealach** *m* flyover, overpass

▲ **~ ardaithe** lift bridge, **~ canála** canal bridge, **~ cloiche** stone bridge, **~ coise** foot bridge, **~ crochta** suspension bridge, **~ dola** toll bridge, **~ dronnach** humpback bridge, **~ glanréise** clear span bridge, **~ guagach** wobbly bridge, **~ iarnróid** railway bridge, **~ iompair** gantry, **~ iompair os do chionn** overhead gantry, **~ slabhra** chain bridge, **~ soilsithe** gantry, **~ sróine** bridge of nose, **~ starrmhaide** cantilever bridge, **~ tógála** drawbridge, **~ trusáilte** truss bridge

Droim *m (-oma; -omanna)* back, ridge
ard height, high part, **ardán** raised area, platform, **barr** top, **cíor** *f* crest, **círín** crest (cf **círín toinne** crest of a wave), **cnoc** hill, **cúl** back, **dromchla** surface, **dromlach** *m* spine, spinal column, **faonfhleasc** prostrate position (cf **ar fhaonfhleasc a droma** on the flat of her back), **formna** *m* upper back, **grugán** ridge, hump, **mullach** top, crest, **seatach** *m* ridge made by ploughing, **slat** *f* **an droma** flat of the back, **taobh thiar** rear side, behind

▲ **~ bóthair** slightly arch-shaped road, **~ cathaoireach** back of a chair, **~ coise** instep, **~ láimhe** back of the hand, **~ sléibhe** mountain ridge, **~ talún** surface of the earth, **~ toinne** crest of a wave

◊ **~ in airde** upside down, **~ ar ais** back to front, **~ láimhe a thabhairt do** to reject/turn away from, **~ faoi** supine, **~ thar** topsy-turvy, **ar a dhroim sin** on top of that, **ar dhroim a chéile** heaped up on top of one another; one after the other, **Chuir sin de mo dhroim ar fad mé.** That disconcerted me entirely.

Dromchla *m (~; ~í)* surface
aghaidh face, façade, **barr** top, **craiceann** skin, **cuntar oibre** work surface, **droim** *m (droma; dromanna)* back, surface (cf **ar dhroim an domhain** on the surface of the earth), **fachlach** *m* parched surface of bog, **pláinéid** *f* level surface, **plána** flat surface, **scolpach** *f* surface soil removed from bog, **seachtrú** exteriorisation, **taobh amuigh** outside, exterior, **taobh seachtrach** exterior, **tulmhong** *f* surface of ground, **uachtar** surface (eg **ar snámh ar uachtar an uisce** floating on the surface of the water), **urlár** floor; surface *(see also: barr)*

Drugaí 1 *m (~; -aithe)* drug addict; drug dealer
andúileach addict, **caiteoir raithní** pothead, **ceann aigéid** acidhead, **cnáibeach** cannabis user, **dópálaí** junkie, dope user, **gabhálaí cnáibe** weed user; **mangaire drugaí** drug dealer, **reacaire drugaí** drug peddler

Drugaí 2 *mpl* drugs
barbatúráití *fpl* barbiturates, **leigheas** medicine, **piollairí** pills, **táibléid** tablets, **substaintí neamhdhleathacha** illegal substances, **substaintí rialaithe** controlled substances

Druid v_{1b} close; close in, approach
 bailigh gather, **bog** move, **bróitseáil** broach, **caoch** close, become blocked, **dún** close, shut, **gabh i leith** go towards, **gabh suas chuig** go up towards, **iaigh** close, **iniaigh** enclose, **loc** pen, enclose, **stop** stop, **tar** come, **tar i leith** approach, **tarraing ar** to draw towards, **teann** tighten, tauten, **téigh i leith** approach

Druidim *vn* closing; closing in, approaching
 bailiú gathering, **bogadh** moving, **bróitseáil** broaching, **caochadh** closing, becoming blocked, **dul i leith** approaching, **dúnadh** closing, shutting, **gabháil i leith** going towards, **gabháil suas chuig** going up towards, **iamh** closing, **iniamh** enclosing, **locadh** penning, enclosed, **stopadh** stopping, **tarraingt ar** drawing towards, **teacht** coming, **teacht i leith** approaching, **teannadh** tightening, tautening

  ~ **le duine** drawing close to a person
  ~ **isteach ar** closing in on
  ~ **amach ó** moving away from
  ~ **siar ó** backing away from
  ~ **de dhuine** moving away from a person
  ~ **i leataobh** moving to one side
  ~ **thart orm** gathering around me
  ~ **leis an trí scór** getting close to sixty

Druidte *pp* closed (in), approached; closing
 bailithe gathered, **bogtha** moved, **bróitseáilte** broached, **caochta** closed, blocked, **dulta i leith** approached, **dúnta** closed, shut, **gafa i leith** gone towards, **gafa suas chuig** gone up towards, **iata** closed, enclosed, **iniata** enclosed, **loctha** penned, enclosed, **stoptha** stopped, **tagtha** arrived, **tagtha i leith** approached, **tarraingthe ar** drawn towards, **teannta** tightened, tautened

  ▲ **am** ~ *(in pub)* closing time, **béal** ~ closed mouth, **bóthar** ~ closed road, **doirne** ~ clenched fists, **duine** ~ secretive person, person who is not open, **siopa** ~ closed shop; shop closed, **súile** ~ closed eyes

Drúis *f (~e)* lust; randiness
 adhall *(agr)* heat, **adharcaí** horniness, **ainmhian** lust, **anmhacnas** lasciviousness, **áilíos** desire, craving, **áilíosaí** lasciviousness, **ainmhian** *f* lust, **andúil** excessive desire; addiction, **collaíocht** carnality, **dúil** desire, **iompar ainrianta** licentious behaviour, **macnas** libido; horniness, arousal (cf **macnas a chur ar** to sexually arouse), frolicking, wantonness, **miangas** libido, concupiscence, **miangasaí** randiness, horniness, **ragús** sensual urge/desire, **rómhiangasaí** excessive sexual exuberance, **teaspúlacht** amorousness

Drúisiúil *adj⁴* lustful, lecherous; randy
 adharcach horny, **áilíosach** lascivious, **ainmhianach** lustful, **ainrianta** licentious, **anghrách** erotic, **ar/faoi adhall** in heat, gagging for it, **collaí** carnal, sexual, **macnasach** randy, **miangasach** libidinous, **rómhiangasach** oversexed, **te** hot, racy, **scafa chun gnéis** sexually obsessed, **teaspúil** amorous, full of animal spirits

Drúthlann *f (-lainne; ~a, ~)* brothel
 baoisteach bawdy house, **ceantar an tsolais dheirg** red light district, **feisteach** knocking shop, **parlús suathaireachta** massage parlour, **siopa craicinn/leathair** knocking shop, **siopa feola** *(sl)* meat house, **teach an mhíchlú** house of ill repute, **teach aoibhinn** joy house, **teach striapachais** whorehouse, kip

Dua *m (~)* toil, trouble, difficulty
 bráca hassle, distress, **callóid** drudgery, disquiet, **doilíos** difficulty, **dólás** tribulation, **duainéis** labour, distress, trouble, **fadhb** problem, **saothar** labour, effort, **scrupall** scruple, **snag** hiccup, **snaidhm** knot, **spota** spot, **stró** exertion, stress, **trioblóid** trouble *(see also: deacracht)*

 ◊ **gan** ~ **ar bith** without the slightest difficulty

Duáilce *f (~; -cí)* vice
 baothchaitheamh profligacy, **corbadh** corruption, depravity, **drabhlás** debauchery, dissipation, **drochchleachtadh** bad habit, **drochghníomhartha** *mpl* evil deeds, **drochnós** bad habit, vice, **éalang** *f (-lainge; ~a, ~)* flaw, **fabht** hidden defect, flaw, **laige** weakness, failing, **locht** fault, **máchail** defect, **míghníomh** misdeed, **olc** evil, **peaca** sin, **peaca marfach** mortal sin, **smál** stain, blemish, **teimheal** tarnish, stain, **truailliú** defilement, corruption, **urchóid** iniquity *(see also: drabhlás)*

Duairceas *m (-cis)* moroseness, gloom
 anó *m* distress, **atuirse** weariness, dejection, **brón** sorrow, **buairt** sorrow, grief, **ciach** *m (ciaigh)* sorrow, woe, **cian** longing, wistfulness, **crá** distress, **cumha** nostalgia, **dearóile** wretchedness, **dobrón** deep sorrow, grief, **dochraide** distress, **doilíos** sorrow, affliction, **dóilse** dolefulness, **duais** gloom, dejection, **dubhachas** black despair, **duibhe** blackness, **dúlagar** *(medical)* depression, **gruaim** gloom, despondency,

---

■ **Ar na duáilcí daonna atá:** Human vices include:		
ainmhianta na colainne lusts of the flesh	**díomas** vanity	**mídhílseacht** disloyalty
amhras doubt	**éad** jealousy	**mífhoighne** impatience
calaois deceit	**éagóir** injustice	**mórchúis** pride
claidhreacht cowardice	**falsacht** sloth	**mórtas** boastfulness
	fearg *f* anger	**neamhiontaofacht** untrustworthiness
	formad envy	**saint** greed
	leitheadas vanity	**uabhar** arrogance
	meargántacht recklessness	

Duais

ísle brí dispirited, **lagar spride** low spirits, **léan** anguish, sorrow, **liach** *m (liaich; ~a, ~)* sorrow, calamity, **méala** grief, sorrow, **múchna** *f* gloomy appearance, **múisiam** upset, irritation, **néal** cloud, **púic** glumness, moroseness, **smúit** gloominess *(see also: brón & cumha)*

Duais *f (~e; ~eanna)* prize, award
aidhm aim, **airgead buaite** winnings, **airí** just reward, **amhantar** windfall; find, **an chraobh** the palm of victory, **an lá** the day, **báire** goal, **biseach** *m* premium, **bua** victory, **comha** *f* indemnity, reward, **concas** conquest, **corn** *(sp)* cup, **corn na bhfuíoll** horn of plenty, **crannchur** lottery, sweepstake, **craobh** *(sp)* championship laurels, crown, title, **cúiteamh** compensation, **cuspóir** objective, **éiric** reparation, compensatory payment, **flaitheas Dé** the Kingdom of God, **gradam** award, **luach saothair** reward for work, **luaíocht** merited award, **na flaithis** paradise, **neamh** *f (neimhe)* heaven, **onóir** honour, **pá** pay, **príomhdhuais** jackpot, main prize, **síocháin shíoraí** eternal peace, **táille** fee, **trófaí** trophy, **tuarastal** salary, **tuilleamh** earning, **uaillmhian** *f (-mhéine; ~ta)* ambition

▲ ~ **aitheantais** consolation prize, ~ **an chailltora** booby prize, ~ **cion saoil** lifetime award, ~ **filíochta** poetry prize, ~ **Laoch Spóirt** Sports Hero Award, ~ **Nobel na Litríochta/na Síochána** Nobel Prize for Literature/ for Peace, **an chéad** ~ first prize, **an dara/ an tríú** ~ second/third prize, **lá na n~eanna** prize day

Dual *m (indecl)* natural thing, innate nature
acmhainn capacity, facility, potentiality, **carachtar** character, **ceart nádúrtha** natural right, **claonadh** tendency, **dúchas** nature, what is native, **instinn** instinct, **luí** inclination, tending towards, **mianach** make-up, fibre, mettle, **nádúr** nature, **poitéinseal** potential, **tréith** trait, characteristic

◊ **Is ~ do dhuine titim i ngrá.** It's natural for a person to fall in love., **Is ~ dó bheith mar sin.** It's in his nature to be like that.

Dualgas *m (-ais; -ais, ~)* duty
comaoin obligation, **ceangal** binding, **comaoin** favour, obligation, **conradh** contract, **cuing** yoke, **cúram** care; family obligations, children, **dílse(acht)** loyalty, **diúité** duty, **dleacht** due; duty, royalty, **dliteanas** due, liability, **feidhm** function, **feidhmeannas** office, capacity, **fiacha** *mpl* debt, **freagracht** responsibility, **gairm** vocation, calling, **geis** *f (~e; geasa, geas)* binding obligation, **gnó** business, job, **goire** *f* dutifulness, filial piety, **jab** job, **misean** mission, **nascadh** binding, **obair** *f (oibre; oibreacha)* work, **oibleagáid** obligation, **oifig** office, **ómós** respect(s), **páirt** part, role, **post** position, post, **ról** role, **rud le déanamh** a thing to be done, **seirbhís** service, **snaidhm** bond, knot, **stádar** duty patrol, beat (cf **Bhí beirt Ghardaí ar stádar.** Two Gardaí were on the beat.), **tasc** task, assignment

▲ **cúrsa dualgais** required course, **dréacht dualgais** *(mus)* set piece, **oifigeach dualgais** duty officer, **seal dualgais** tour of duty, **téacsanna dualgais** prescribed texts

◊ **ar ~ giúiré** on jury duty, **gan bheith ar ~** to be off duty, **teacht i láthair le haghaidh dualgais** to report for duty, **in inmhe dualgais** fit for duty

Dúbailte *adj⁶* double
an dá oiread twice as much, **an oiread céanna arís** the same amount again, **ath-** *pref* re-, second, **athuair** second time, **dé-** *pref* dual, **déach** dual, **dénártha** binary, **dhá uair** two times, **faoi dhó** twice

Dubh- *pref* great, profound, vast; dark, evil
~-ainbhios gross ignorance, **~aois** extreme old age, **~bhuí** dark yellow, **~éitheach** black lie, **~fhliuch** extremely wet, **~fhocal** conundrum, enigma, **~obair** evil work

Dubh *adj¹* black, evil, dark
an oilc (> **an t-olc**) evil, **ar dhath an fhéich** raven-coloured, **brónach** sad, **cailimhineogach** dingy; covered in scum, **cianúil** melancholic, **ciar-** *pref* dark, **ciardhubh** jet black, **daoldubh** pitch black, jet black, **doilbh** melancholic, gloomy, **dólásach** dolorous, sorrowful, **domheanmnach** depressing, **dorcha** dark, **dú-** *pref* black, **duairc** morose, cheerless, **dubhach** dismal, **dubh le pic** pitch black, **duibheacúil** overcast, dark, **duibheagánach** gloomy, **duibhré** moonless, **dúigh** inky black (>**dúch**), **duirc** (> **duirc**) morose, **dúr** dour, **dúranta** grim, sullen, **éabainn** (> **éabann**) ebony, **gan ghealach** moonless, **gan réalta** starless, **gan solas** without light, unlit, **gruama** gloomy, **modartha** dark, murky, **plódaithe** crowded, **riabhach** dull, gloomy, **smúitiúil** overcast, **súicheach** sooty *(see also: dorcha)*

▲ **aifreann ~** black mass, **ball ~ timpistí** accident black spot, **caife ~** black coffee, **ciste ~** slush fund, **clár ~** black board, **fiach ~** raven, **goirín ~** blackhead, **greann ~** black comedy, **gréasán ~** black web, **leann ~** stout, **lionn ~** *(med)* depression, **liosta ~** blacklist, **lon ~** blackbird, **margadh ~** black market, **ór ~** black gold, **piobar ~** black pepper, **poll ~** black hole, **seac ~** blackjack, **sioc ~** black ice

◊ **Bhí an halla ~ le daoine.** The hall was black with people., **Bhí mé ~ dóite den obair.** I was sick and tired of the work., **chomh ~ le gual** as black as coal, **~ agus bán a chur i gcomparáid le chéile** to compare apples and oranges

Dubhach *adj³* dismal, melancholic
dobrónach intensely sad, **doilbh** melancholic, gloomy, **dorcha** dark (eg **dráma dorcha** dark play, **rún dorcha** dark secret), **duairc** dismal, **duibheagánach**

Dubhachas gloomy, down in the abyss of gloom, **faoi dhúlagar** *(med)* depressed, **gruama** gloomy, **i lagar spride** in the doldrums, **in ísle brí** in low spirits, down in the dumps, **lagmhisniúil** low-spirited, despondent, **tite i lionn** ~ fallen into depression, **tromintinneach** melancholic, depressed

Dubhachas *m (-ais)* sorrow, gloom
dobrón deep sorrow, grief, **doilíos** sorrow, affliction, **dólás** tribulation, **domheanma** dejection, **duairceas** moroseness, melancholy, **duais** gloom, dejection, **dúlagar** *(med)* depression, **gruaim** gloom, despondency, **léan** anguish, sorrow, **méala** grief, sorrow, **púic** glumness, moroseness, **smúit** gloominess, **sprocht** *m* dejection, sadness *(see also: brón)*

Dubhaigh *v₂ₐ* blacken; darken
crónaigh grow dark, darken; tan, **doiléirigh** obscure, **dorchaigh** darken, **éirigh dorcha** become dark, **faigh dorcha** get dark, **fordhubhaigh** darken; obscure, **geimhrigh** winter; hibernate, **gruamaigh** become gloomy, darken, **modraigh** muddy, obscure, darken, **scáiligh** shade, **smálaigh** cloud, darken; stain, **teimhligh** grow dark, obscure; tarnish *(see also: dorchaigh)*

Dubhaithe *pp* blackened; darkened
crónaithe grown dark, darkened; tanned, **doiléirithe** obscured, **dorchaithe** darkened, **éirithe dorcha** gotten dark, **faighte dorcha** gotten dark, **fordhubhaithe** darkened; obscured, **geimhrithe** wintered; hibernated, **gruamaithe** gotten gloomy, darkened, **modraithe** muddied, obscured, darkened, **scáilithe** shaded, **smálaithe** clouded, darkened; stained, **teimhlithe** grown dark, obscured; tarnished *(see also: dorchaithe)*

Dúchan *vn* blackening; darkening
crónú growing dark, darkening; tanning, **doiléiriú** obscuring, **dorchú** darkening, **éirí dorcha** becoming dark, **fáil dorcha** getting dark, **fordhubhú** darkening; obscuring, **geimhriú** wintering; hibernating, **gruamú** becoming gloomy, **modrú** muddying, obscuring, darkening, darkening, **scáiliú** becoming shaded, **smálú** clouding, darkening; staining, **teimhliú** growing dark, obscuring; tarnishing *(see also: dorchú)*

Dúchas *m (-ais)* heritage, nativeness, birthright
áitiúlachas localism, **atharthacht** patrimony, **baile** home, **cúlra** background, **cultúr** culture, **déata** characteristic, quality, **éirim** natural aptitude, innate talent, **fialas** kinship, **foladh** essence, **fréamhacha** *fpl* roots, **instinn** instinct, **mianach** inherent quality, substance, **náisiúntacht** nationhood, **oidhreacht** heritage, **saoránacht** citizenship, **sinsir** *mpl* ancestors, **teaghlach** *m* family, household, **traidisiún** tradition, **tréith** trait

▲ **áit dhúchais** native place, **cainteoir dúchais** native speaker, **galar dúchais** hereditary disease, **madra dúchais** mad dog, **teanga dhúchais** native tongue, **tír dhúchais** native land, homeland

◊ **filleadh ar do dhúchas** to return to your roots, **Is ceoltóir ó dhúchas í.** She comes from a musical family.

P **Is treise ~ ná oiliúint.** Instinct is stronger than upbringing.

Dúchasach *adj³* native, indigenous, innate
áitiúil local, **athartha** paternal, **baile** (> *baile*) domestic, **bundúchasach** aboriginal, **bunúsach** original, basic, **dúchais** (> *dúchas*) native, of one's birthright (cf **teanga dúchais** native language), **inbheirthe** innate, **inmheánach** internal, **instinneach** instinctive, **intíre** domestic, **lonnaithe** resident, **máthartha** maternal (cf **teanga mháthartha** mother tongue), **nádúrtha** natural, **náisiúnta** national, **ó fhréamh** by nature, from the roots up, **oidhreachtúil** hereditary, **saoránaigh** (> *saoránach*) citizen, **sinsearach/sinseartha** ancestral, **teaghlaigh** (> *teaghlach*) home

Dufair *f (~e; ~í)* jungle
domhan cruálach cruel world, **fásach** *m* wilderness, **fíobha** forest, **foraois thrópaiceach báistí** tropical rain forest, **gaineamhlach** *m* desert, **mothar** overgrown wilderness, **saol crua** harsh life, **saol na madraí allta** the rat race (cf **Saol na madraí allta a bhíonn i gcúrsaí gnó inniu!** It's dog-eat-dog in business today.)

Duibheagán *m (-áin)* abyss
aibhéis abyss, **anscoilt** crevasse, **caochpholl** chasm, **clais** pit, **craos** vent, **doimhneacht** deep place, depth, **domhain** depth, **fairthis** pit, **fodhomhain** abyss, deepest inmost part, **gáibéal** chasm, **gleann na bpian** vale of sorrows, **ifreann** hell, **iomdhomhain** *f (-oimhne)* deep, abyss, **leac ifrinn** pits of hell, **pluais** cave, **titim** drop, **tobar** well

Dúil *f (~e)* desire
achainí *f (~; ~ocha)* petition, entreaty, **ampla** *m* cupidity, **andúil** addiction, **anrachán** craving, **blas** taste, **cíocras** craving, **dúlaíocht** appetency, desire, **easnamh** deficit, **easpa** lack, need, **fonn** desire, want, **gá** need, **gabhair** *f (~)* craving (cf **gabhair chun tobac** craving for tobacco), **ganntanas** want, **ganntar** need, **goile** appetite, **guí** wish, **íota** ardent desire; great thirst, **mian** *f (méine; ~ta)* desire, longing, **miangas** craving, desire, **ocras** hunger, **paidir** *f (-dre; -dreacha)* prayer, **práinn** liking, fondness, delight, **ragús** urge, sensual desire, **riachtanas** requirement, **saint** greed, **spéis** interest, **suim** interest, **taitneamh** liking, appeal, fancy, **tnúth** longing expectantly, **tnúthán** yearning, **toighis** *f (-ghse)* taste, fancy, **toil** *f (tola)* will; inclination, desire, **tothlú** ap

◊ **Tá ~ agam ann.** I crave/relish it.

Duilleog *f (-oige; ~a, ~)* leaf
bileog sheet, leaf, **duille** leaf, **duilleachán** leaflet, **duilleoigín** a small leaf, **duillín** docket, **duilliú** foliation, **duilliúr** foliage, leaves, **leathanach** *m* page, **paimfléad** pamphlet

Dúilmhear *adj⁵* desirous; longing, expectant
áilíosach desirous, **ar bís** very eager, enthused (cf **Táim ar bís lena feiceáil.** I can't wait to see her.), **ar tinneall** fired up (eg **Táim ar tinneall agus réidh le tosú.** I'm fired up and ready to go.), **bíogtha** psyched up, hyper, **díocasach** avid, extremely keen, **díograiseach** enthusiastic, **dóchasach** hopeful, **feifeach** expectant, watchful, **fonnmhar** desirous, keen, **mianúil** desirous, **práinneach (i, as)** fond (of), devoted (to), **scafa** eager, keen, avid, **sceitimíneach** rapturously excited, **tnúthánach** yearning, longing; expectant (cf **Táim ag tnúth leis.** I'm longing for it.), **tógtha** excited

Duine *m (~; daoine)*
1. person, human being
aonarán solitary person, **aosach** adult, **aosánach** young person, **bean** *f (mná; mná, ban)* woman, **baineannach** *f* female, **beith** being, **cathróir** urbanite, **fear** man, **fireannach** *m* male, **indibhid** individual, **neach** *m (~; ~a, ~)* being; person (eg. **neach léinn** student, **neach ar bith** any person), **néandartálach** *m* neanderthal, **pearsa** *f (~n;~na, ~n)* person (eg **sa triú pearsa** in the third person); *(lit)* character (cf **pearsa i ndráma** character in a play), **sráideánach** *m* villager; town dweller, **tuathánach** *m* rustic

2. overweight person
allait flabby person, **bleadrachán** paunchy blatherskite, **bleaindí** rotund person, **bleitheach** *m* hugely fat person, **bodalach** *m* big, ungainly youth, **bolaistrín** big lump of a lad, **bolgadán** corpulent person, **bundallán** tubby person, **burlamán** lumpish person, **giomadán** short stout person, **ceailiseog** podgy young lass, **ceaigín** small rotund person, **feolamán** fatso, **foircheasach** obese person, **geolbhachán** double-chinned man, **glugaí** flabby person, **glutaire** potbellied person, **guntán** stocky person, **lúrapóg** small plump woman, **múchánaí** dumpy squat person, **otrachán** dirty obese vulgar person, **pleistíoch** *m (-tígh)* flabby corpulent person, **plobaire** fatty, roly-poly, **práisléad** big fat lifeless person, **preicleachán** double-chinned person, **prócadóir** portly person, **prochán** podgy person, **prúntach** *f* grossly corpulent person, **putrachán** fat clumsy person, **railliúnach** *m* corpulent clumsy person, **ringiléad** plump little woman, **rollamán** plump person, **sacadán** stocky person, **saoisteog** dumpy little woman, **samhdóg** plump little woman, **sceartachán** potbellied person, **scibirlín** flabby, untidy woman, **seibineach** *m* large plump person, **somachán** plump youngster, **steotar** pudgy person, **táiríneach** *m* small potbellied man, **tobadán** tubby person, **toimidín** dumpy person, **tonóg** dumpy little woman, **torclach** *m* portly person, **torpán** lumpish, paunchy person, **torpóg** strong plump woman, **tulóg** dumpy little person

3. thin, tall or lanky person
caoilteamán thin person, **cleithire** tall lean man, **cleitire** lightly built athletic person, **cnuachaire** tall thin person, **creatachán** emaciated person, **dúdaire** thin long-necked person, **fiannachtaí** big gaunt person, **gágaire** tall thin-legged person, **gailléan** tall lanky person, **géagachán** gangly thin person, **geosadán** weedy person, **gleidire** long thin person, **gobachán** sharp-featured person, **langa** lanky person, **léanscach** *m* tall thin person, **liúdramán** lanky, lazy individual, **loimíneach** skinny person, **loimpre** *f* thin person, **lománach** *m* gaunt person, **lubhóigín mná** lightly-built woman, **pícealach** *m* tall thin person, **priochán** puny person, **railse** *m* long thin individual, **ránaí** thin lanky person, **reangartach** *m* lean lanky person, **reanglamán** tall languid person, **rídealach** *m* lanky lifeless person, **scailleagán** tall lean person, **scailliúnach** lanky person, **scáine** thin meagre person, **scáineachán** emaciated person, **scaoinse** tall spindly gawky person; lounger, **scloit** emaciated person, **scodalach** long-legged person, **scolbaire** lean wiry person, **sconnartach** *m* long thin person, **scráidín** scraggy scrawny person, **scroglachán** thin long-necked person, **scruta** scrawny creature, **seangaire** thin mean person, **spealaire** tall thin long-legged person, **spícéad** tall thin person, **spídéalach** tall wiry person, **splangadán** thin person, **spreachlach** *m* lean wiry person, **spreanglachán** spindle-legged person, **spruicearlach** *m* lanky youth, **triuchaide** tiny scrawny person

4. small, puny person
abhac dwarf, **aircín** diminutive person, **cleiteachán** wisp of a person, **crandán** stunted person, **creachán** puny person, **cruachán** person of stunted growth, **drail** stumpy person, **draoidín** midget, **fichillín** diminutive person, **geobas** small insignificant person, **geospal** puny person, **gilidín** diminutive person, **giollán** tiny lad, **giortachán** small stumpy person, **giotachán** whippersnapper, **pilibire** tiny, useless person, **priochán** puny person, **ribeog (mná)** tiny woman, **sadall** squat person, **sciotachán** little scut, **scrobaire** undersized, underfed lad, **slibire** gangly slipshod person, **stuimpíneach** *m* stumpy person, **pardóg** small thickset woman

5. untidy, unclean person; social outcast
bréantachán stinker, smelly person, **brocachán** dirty-faced person, **bruthaire** unkempt, hairy person, **buinneachán** scutterer, **claimhseach** *f* mangy/leper woman, **claimhseog** unkempt dirty woman, **claitseach** *f* slut, woman of unclean habits, **clamhaire** messy eater, **clamhrán** scabby wretch, **cruimheachán** maggoty person, **gearbachán** mangy creature, **glibire** shaggy, unkempt person, **gliobóg** unkempt woman,

leadhbaire slovenly person, **léirmheirdreach** outright whore, **liobarnálaí** slovenly person, **lóipiste** untidy person, **meirdreach** *f* harlot, **míolachán** verminous person, **peallóg** untidy woman in rough clothing, **ráitseach** *f* wanton woman, **rálach** *f* loose woman; harlot, **rata** wanton woman, **rathlach** *m* big unkempt person, **ribleachán** ragged, tattered person, **rúisceachán** slovenly person, **salaitheoir** defiler; polluter, **sceathrachán** vile, worthless person, **scleoid** sloven, slattern, **scrábachán** ragged untidy person, **scrábálaí** untidy worker, **slaba** slob, **slaimice** untidy person; ragged fool, **slámóg** untidy woman, **slapaire** *m* slapper, untidy woman, **slapóg** loose young woman, **slibire** gangly slipshod person, **smearachán** grimy-face person, **smúrlóg** grimy-faced girl, **sneáchán** person with nits in their hair, **sor** louse, **sorachán** verminous person, **sraimle** untidy careless person **sraimleog** untidy woman, **sraoill** bedraggled slut, **sraoilleog** untidy woman, **sríobún** bedraggled person, **stoithneachán** disheveled person, **sruthlach** *m* dirty untidy person, **stothaire** unkempt person, **stothallóg** unkempt woman, **strabóid** tattered person, **striapach** *f* prostitute, **strupais** untidy woman

6. fool, awkward person

aineolaí incompetent person, **amadáinín** little fool, **amadán** fool, **amaid** fool of a woman, **amhlán** boor, dolt, **anastán** clumsy person, **bailbhín** *m* dummy, dolt, **baithiseachán** *m* fathead, **balbhán** *m* dumb person, **báltach** *m* flat-footed clumsy person, **baothán** simpleton, **baothóg** foolish, giddy woman, **bathlach** *m* clumsy lout, **blaoiscéir** empty-headed person, **bobarún** thicko, dimwit, **boigéisí** gullible person, **bómán** dim person, **bolmán** windbag, **botúnaí** blunderer, **braimleog** fat awkward woman, **breallaire** silly talker, babbler, **breallán** empty-headed fool, **breallóg** silly empty-headed woman, **brealsún** blunderer, **breastaire** flippant person, **brilseach** *f* dumb mindless woman; silly person, **buimbiléir** foolish babbler, **bundúnaí** arse, asshole; fidget, **ceolán** incessant silly talker, **ciotachán** clumsy person, **clabaire** open-mouthed gaum, **contrálaí** contrary person, **corrdhiabhal** whacko, **corrthónach** *m* fidget, **dallamlán** stupid person, **dallarán** dunce, **dalldramán** ignorant person, **deargamadán** utter fool, **dúdaire** dolt, **dúdálaí** shy person; dumbo, **dundarlán** dumpy dunderhead, **dúramán** stupid person, **durnánaí** dense, obtuse person, **fídire** flippant person, **fuaidrimín** flighty woman, **fuaice** wretch, clown, **fústaire** fusser, **fútar** bungler, inexpert person, **galldúda** dork, **gámaí** gaum, dolt, **gamal** goofy person, dope, **gamalóg** silly woman, **gaota(ire)** windbag, **geamaire** poser, **geamhaire** prattler, **géibirne** gawky individual, **geidimín** *f* flighty girl; giddy person, **geoiste** bumpkin, **geolamán** gawky fool, **geolbhachán** flabby-jawed double-chinned person, **gladhbóg** person with awkward gait, **glafaire** inarticulate speaker, **glagaire** empty-headed fool, **glaigín** prattling fool, **glaomaire** loudmouth, **gógaí** gawker, **graoisín** galoot, **lapaire** clumsy person, **máloid** silly chattering woman, **miodhlach** *f* imbecile, buffoon, **mothaolaí** gullible person, **napachán** witless person, **óinmhid** simpleton, fool, **óinseach** *f* foolish woman, **óinsín** silly little fool of a woman, **pleidhce** eejit, silly fool, **pléiseam** fool, **pleota** idiot, stupid person, **plispín** worthless person, **práisc** botcher, messer, **púcbhobarún** silent stupid person, **sceidhtéir** capricious person, **scilligeoir** incessant talker, **sliastán** person with shambling gait, **sliopachán** butterfingers, **sliútrachán** ungainly walker, **spágaire** clumsy flat-footed person, **tulthartán** big ungainly person, **uallán** skittish person, **uascán** sheepish person, **útamálaí** fumbler, bungler

7. annoying bully; person of bad character

adhaltrach *m* adulterer, **ainbheartach** evildoer, **ainciseoir** peevish person, **ainfhíréan** unrighteous person, **aithiseoir** defamer, **áititheoir** arguer, **anchúinse** scoundrel, **ansmachtaí** tyrant, bully, **antoisceach** *m* extremist, **badhbaire** *m* curser, scold, **bagróir** *m* threatener, **báiléir** *f* scold, **báiléir mná** scold, shrew, **báirseach** *f* shrew, **banadhaltrach** *m* adulteress, **baorthach** *m* miser, **beachtaí** captious person, **bearránach** *m* nuisance, **bearrthachán** sharp-tongued person **beartaí** schemer, **beithíoch** *m* beast, **béist** *f* beast, **bithiúnach** *m* scoundrel, **bitseach** *f* bitch, **bladaire** cajoler, flatterer, **bladhmaire** braggart, **bligeard** blackguard, **bó (bhradach)** *f* (thieving) cow, **bod** prick, **bóibéisí** silly boaster, **boitseachán** bumptious person, **bollaire** braggart, **bolstaic** *f* sullen morose person, **brabúsaí** opportunist, **bradaí** pilferer, **bradóg** roguish woman, **brathadóir** betrayer, **breabaire** briber, **bréantachán** stinker, **broghchán** sordid person, **bruadaire** impudent person, **brúchtóir** belcher, **brúid** brute, **brúiscéir** rough rude person **bruitíneach** stuffy person, **buaiceálaí** swank, swaggerer, **buailtíneach** *m* lout; farmyard hand, **buinneachán** scutterer **bulaí** bully, **bumaire** bum; braggart, **bumbóg** *(female)* busybody, **bundúnaí** arse, asshole; fidget, **burdúnaí** telltale, gossip, **cadramán** obstinate person, **cailicéir** quibbler, **cailleach** *f* witch; old hag, bitch, **caillteog** stingy worthless hag, **cáinseach** *f* scold, fault-finder, **canránaí** grumbler, **cantalóir** peevish person **caobach** *f* lumpish person, lout, **caointeachán** whiner, whimperer, **casaoideoir** complainer, **ceachaire** niggardly person, **cealgaire** deceiver, beguiler, **ceolán** incessant silly talker, **ciapaire** tormentor, **ciarsánaí** grumbler, **cigilteán** prickly, touchy person, **cladhaire** villain, rogue, scoundrel, **clagaire** noisy talker, **claibhtéir** lout, **claibseach** *f* garrulous woman, **clamhsánaí** complainer, **clampróir** troublemaker, **cleataire** noisy talker, **clipire** teaser, **clisiúnach** *m* loser, flincher, **cluanaire** deceiver, flatterer, **cneámhaire** mean person; knave, **cnuálaí** slacker, **coipinéireach** *m* cruel person, **construálaí** bickerer, **contrálaí** contrary person,

corraitheoir stirrer, **corrthónach** *m* fidget, **crabadán** crabbed person, **cráifeachán** holy Joe, **cráiteachán** miserable wretch, **cráiteog** wretch of a woman, **cráiteoir** tormentor, harasser, **crampaeir** drunk person, **creimire** backbiter, **cruálaí** cruel person, **cúblálaí** fraudster, wangler, **cúlchainteoir** backbiter, **cúlghearrthóir** backbiter, **cunús** *(vulg)* toerag, **dailtín** brat, **damantóir** wicked person, **danarthachán** cruel person, **díbheargach** *m* brigand, marauder, **díolúnach** *m* person who believes that he/she is above the law, **diomailteoir** waster, **díomhaoineach** *m* idle/unwed man, **diúcach** *m* sly person, **diúgaire** heavy drinker, **doineantach** *m* cheerless cold soul, **donaire** wretch, **donaisín** little wretch, **dorrán** surly gruff person, **drabhsóg** miserable insignificant individual, **dradaire** grimacer, grinner, **draideachán** grinner, **drannaire** snarler; grinner, **drantánaí** growler, grumbler, **driseog** prickly, irritable person, **driúcaí** cold and miserable wretch, **duarcán** morose cheerless person, **duasmánaí** gloomy, surly person, **dúmhálaí** blackmailer, **dúrapóg** surly woman, **durdálaí** surly grumpy person, **éaglann** *f* pariah, **éigneoir** violator, **éillitheoir** corrupter, **éimheoir** bawler, crier, **eisreachtaí** outlaw, **éitheoir** liar; perjurer, **fachmaire** cocky person, **fiacantóir** sharp-tongued person, **fiaire** rambler, rover, **floscaí** boaster, braggart, **fústaire** fusser, **gáirseach** *f* lewd woman, **gáirseoir** lewd person, **gaisceoir** poser, swaggerer, **garbhánach** uncouth person, **gargaire** irritable person, **geamaire** poser, **geamhaire** prattler, **gearánach** *m* complainer, **gluaireánaí** whinger, **gnúsaire** grunter, **íorthachán** deranged, mad person, **íslitheoir** humiliator, **leadhbálaí** flatterer, sycophant, **leiciméir** idler, shirker, **leagaire** tattler; gossip, **luadrálaí** gossiper, **lústaire** fawner, flatterer, **meabhlaire** deceitful person, **míolachán** verminous person, **míoladóir** scrounger, **míolcaire** cajoler, wheedler, **mugadán** pretentious youth, **mursaire** domineering person, **nimheadóir** spiteful person, **núis** nuisance, **ocrachán** hungry needy individual, **pastaire** brat, cheeky person, **péadóir** mischievous meddler, **pláibistéir** cajoler, wheedler, **plucálaí** swindler; plucker, **práisléad** big fat lifeless slob, **prioc-chocailín** cheeky interferer, **púdarlach** *m* morose, surly person, **pusachán** sulker, **pusaire** whimperer, **ráflálaí** gossiper, **raga** worthless person, **raiblín** miserable creature, scut; tail, **raicleach** *f* obstreperous vixen, **raigín** brat, **rógaire** rogue, **samhairle** *m* caillí disagreeable hag, **sáiteoir** meddler, intruder, **saoithín** nerd; pedant, prig, **sáraitheoir** violator, **scalladóir** scolder, abusive person, **sceachaire** quarrelsome person, **scealpaire** pilferer, **scealúnaí** scamp, **sceathrachán** vile worthless person, **sceithire** telltale, tattler, **scibhéar** sharp-tongued person, **sciorrachán** slippery individual; pimp, **scramaire** grabber, scrounger, **seamsánaí** moaning minnie, **seanchailleach** *f* old hag, crone, **searbhán de sheanduine** bitter oldie, **searbhóg** bitter woman, **sianaí** whiner, **siopach** *f* meddlesome woman, **sleabhcán** slouching person, **slíbhín** dishonest sly individual, **slíodóir** ingratiating sly person, **sliúcaiméir** sly slinking person, **sliúdrálaí** slippery sly person, **slópaire** absconder, **smaoiseachán** sniveller, **smolaire** disagreeable person, **smuigín** bumptious person **smuilceachán** snooty person, **snagaire** stutterer; sniveller, **sor** louse, **sorachán** verminous person, **sotaire** brat, upstart, **spaice** worthless person, **spaid** sluggish dull person, **spaidín** lifeless person, **splaincín** *f* fiery irascible woman, **spliota** lifeless person, **spreasán** waste-of-space, **spréiteachán** sprawler, **sramaide** slimeball, **srathairt** sprawled out individual, **stadaire** stammerer, **staga** old nag, **staigín** worthless creature, **staincín** petulant person, **stiúireachán** bad-tempered person, **straoiseachán** insolent grinner, **stróinéisí** overbearing pushy person, **strólaire** ne'er-do-well, **súfartach** *m* mean selfish person, **súm sam** listless lifeless person, **taghdaire** impulsive person, **táitheach** *m* fornicator **támhán** sleepyhead; sluggard, **taoscaire** heavy drinker; bailer, **tarcaisneoir** scorner, insulter, **teallaire** impudent person, brat, **tóstalachán** conceited person, **traonaí** sleepy lazy person, **tuaifisc** *f* irritable uncouth person, **truán** miserable person, wretch, **trumpadóir** loudmouthed person, **tútachán** ignorantly rude person, **tuthaire** foul-smelling person, farter, **urchóideach** *m* wicked person

8. attractive, pure person, physically strong person **ainnir** *(beautiful)* young maiden, **airdeallaí** alert person, **aislingeach** daydreamer; visionary, **alaisceach** *f* big strong woman, **athlaoch** old warrior, **badhbh** *(baidhbhe)* war goddess, **bandia** *m* goddess, **banghaiscíoch** *m* Amazon, **banógh** *f* virgin, **banphrionsa** *m* princess, **bé** *f* maiden, muse, **bíogaire** sprightly chirpy person, **breabhsaire** spruce person, sprightly person, **breabhsóg** sprightly young woman, **bruinneall** *f (-nnille, ~a, ~)* maiden, **cadhnaí** *f* audacious woman, **clárog** well-built woman, **cleitire** lightly built athletic person, **cliobóg** big strong girl, **dalbóg** saucy young woman, **dea-bhean** *f* strong decent woman, **dea-fhear** good man, **éaglann** *m (hist)* champion, fighter, **gartaire** sturdy lad, **glaisneog** sallow-complexioned lass, **fairceallach** *m* **mná** strong woman, **fortaitheoir** comforter, **gleoiteog** neatly dressed young lass, **greadhnach** *f* merry cheerful soul, **guamóg** tidy demure young woman, **láchán** smiler, **láidir** *m (~; -dre)* strong man, **mangarsach** *f* buxom woman, **meidhreog** bubbly young woman, **ógh** *f (óighe; ~a, ~)* virgin, **pantalóg** *f* **mná** strong healthy well-built woman, **preabaire** person full of life, **rábaire** dashing fellow, **rúpach** *f* **(mná)** big robust woman, **rúscaire** robust person, **saighdiúir** *m* **mná** brave woman, **scafaire** strapping lad, **scafaire mná** strapping woman, **sciamhaí** beautiful woman, **scuabaire** dashing person, **síodóg** smooth-tongued woman, **siollaire** well-built handsome lad,

Dúiseacht

siollaire mná comely woman, **slataire** supple youth, **slíomóg** well-groomed woman, **smalcaire** strong man, smiter, **spéirbhean** stunningly pretty woman, **spéirbhruinneall** *f* fair-maiden, **sracaire** strong active lad fully engaged in life, **stollaire** big strong person, **strapaire** strapping individual, **strapaire mná** strapping young woman, **struisire** strong sturdy person, **stuaire** handsome woman, **teannóg** neat compactly-built woman, **torachán** stout strongly-built man, **tuairgnín** *(fir)* solid block of a man, **tuisceanóir** discerning person

Dúiseacht *vn* awakening

adhaint ignition, kindling, **allabhair** *f* (*-bhrach*) evocation, **athdhúiseacht** reawakening, **beochan** *f* (*~a*) animating, vivification, **breith** birth, **cur ar siúl** activating, putting on, starting, **cur tús le** putting a start to, **fuascailt** release, deliverance, **gníomhachtú** activation, **múscailt** arousal, awakening, **múscailteacht** wakefulness, **spreagadh** stimulation, **tabhairt chun beatha** bringing to life, **tionscnamh** initiation, **toghairm** *(occult)* summoning up, calling, invoking, **tosach** *m* beginning, **tús** start

▲ ~ **an lae** the beginning of the day, ~ **as codladh** awaking from sleep, ~ **súl** opening one's eyes, awakening to reality, ~ **innill** starting an engine, ~ **taibhse** raising a ghost, ~ **seanchuimhní** evoking old memories

Dúisigh *v₂ₐ* awake, wake, evoke

adhain ignite, kindle, **athdhúisigh** reawaken, **beir** give birth, **beoigh** animate, vivify, **cuir ar siúl** activate, put on, start, **cuir tús le** put a start to, **fuascail** release, deliver; emancipate, liberate, **gair** invoke, summon up, **gníomhachtaigh** activate, **múscail** arouse, awaken, **spreag** stimulate, **tabhair chun beatha** bring to life, **tionscain** initiate, **toghair** *(occult)* summon up, call, invoke, **tosaigh** begin

Dúisithe *pp* awoken, wakened; evoked

adhainte ignited, kindled, **athdhúisithe** reawakened, **beirthe** given birth, **beoite** animated, vivified, **curtha ar siúl** activated, powered up, started, **curtha tús le** put a start to, **fuascailte** released, delivered; emancipated, **gairthe** invoked, summoned up, **gníomhachtaithe** activated, **múscailte** aroused, awakened, **spreagtha** stimulated; inspired, **tionscanta** initiated, **toghairthe** *(occult)* summoned up, called, invoked, **tosaithe** begun, started, **tugtha chun beatha** brought to life

Dul *vn* going

ascnamh proceeding, going to, **aslonnú** evacuating, **bailiú le** going off, leaving (cf **Tá siad ag bailiú leo.** They are moving away/heading off.), **bogadh** shifting, moving, **brostú** hurrying, **brú chun cinn** pressing on, **corraí** stirring, moving, **cur chun bóthair** setting off, **déanamh ar** making towards, **díriú ar** heading towards, **dreapadh** climbing, **druidim** approaching, **éalú** escaping; eloping, **fálróid** strolling, **gabháil going**, **gluaiseacht** moving, **imeacht** leaving, departing, **lámhacán** crawling, **léim** jumping, **meallacadh** sauntering, strolling, **paidhceáil** making one's way with difficulty; probing, groping, **rith** running, **siúl** walking, **snámh** swimming, **snámháil** creeping, crawling, **teitheadh** fleeing, **tiomáint** driving, **tionlacan** accompanying, **treabhadh ar aghaidh** ploughing ahead, **tumadh** diving

~ **agus teacht** coming and going
~ **amach** going out
~ **ar bord** embarkation
~ **ar ceal** dissolution, disappearing
~ **ar gcúl** going backwards, retreat
~ **as** fading, disappearing
~ **chun cinn** progress
~ **faoi** *(sun)* setting
~ **faoi láimh easpaig** *(rel)* confirmation
~ **idir chairde** coming between friends
~ **isteach** entering
~ **ó thuaidh/ ó dheas** going north/south
~ **siar** going west/back; going home
~ **síos** descending, going down
~ **soir** going east
~ **suas** ascending, going up

▲ ~ **i bhfeabhas** becoming better, ~ **i bhfolach** going into hiding; hide and go seek, ~ **i bhfusacht** becoming easier, ~ **i laghad** decreasing, diminishing, ~ **i láidreacht** becoming stronger, ~ **i léig** dying away, becoming extinct, ~ **i mbreáthacht** becoming finer, ~ **i méid** becoming bigger, ~ **i ndearmad** becoming forgotten, ~ **i neart** becoming stronger, ~ **i ngiorracht** becoming shorter, ~ **in óige** becoming younger, ~ **in olcas** becoming worse, ~ **i saíocht** becoming wiser, ~ **in áilleacht** becoming more beautiful, ~ **in aois** becoming older

Dul *m* (*~a*) chun cinn progress

aiséirí resurrection, **biseach** *m* *(health)* recovery, improvement, **déanamh talaimh** making/gaining ground, ~ **ar aghaidh** going forward, advancing, ~ **i bhfeabhas** improving, **éirí níos fearr** getting better, **fás** growth, **feabhsú** improving, **feabhsúchán** improvement, **forbairt** development, **forchéimniú** progressing, progress, **leasú** reform, improvement, **mainís** *(health)* improvement, **teacht chun cinn** coming along, making progress

Dúlagar *m* (*-air*) *(med)* depression

anó *m* distress, **buairt** sorrow, grief, **ciach** *m* (*ciaigh*) sorrow, woe, **cian** melancholy, **crá** distress, **crá croí** torment, anguish, **dochma** moroseness, gloom, **dólás** tribulation, **domheanma** dejection, **droim dubhach** down; funk, **duairceas** moroseness, melancholy, **dubhachas** melancholy, depression, **galar dubhach** depression, **gruaim** gloom, despondency, **ísle brí** low spirits, **lagar spríde** down in the dumps, **liach** *m* depression; cry of despair, **lionn** *m* (*leanna; ~ta*)

Dúlra dubh depression, **néal** *(dark)* cloud, **scís** fatigue, depression, sorrow, **smúit** gloominess, **tromchroí** melancholy, **uamhan** dread

▲ ~ **frithghníomhach** reactive depression, ~ **iarbhreithe** postnatal depression, ~ **iarthuismidh** postpartum depression, ~ **imní** anxiety depression, ~**inghiniúil** endogenous depression

Dúlra *m (~)* nature, the elements
amuigh faoin spéir out in the open, **amuigh faoin tuath** out in the country, **comhshaol** environment, **comhshuíomh** composition, **cosmas** cosmos, **cruinne** *f (~; -nní)* universe, **cruthú** creating, creation, **domhan** earth, world, **dúchas** natural/native state, **dúiche** native place; countryside, **fiabheatha** *f* wildlife, **fiadhúlra** wildlife, **na dúile** *(> dúil)* the elements (cf **na ceithre dúile: aer, uisce, tine, talamh** the four elements: air, water, fire, earth), **nádúr** nature, **timpeallacht** environment, **síonra** atmospheric agencies, **tuath** *f (-aithe; ~a; ~)* countryside

Dulta *pp* gone
ascnaithe proceeded, gone to, **aslonnaithe** evacuated, **bailithe le** gone off (cf **Tá siad bailithe leo.** They've gone.), **bogtha** shifted, moved, **brostaithe** hurried, **brúite chun cinn** pressed on, **corraithe** stirred, moved, **curtha chun bóthair** set off; sent packing, **déanta ar** made towards, **dírithe ar** headed towards, **dreaptha** climbed, **druidte le** approached, **éalaithe** escaped; eloped, **imithe** left, departed, **léimthe** jumped, **meallactha** sauntered, strolled, **rite** run, **siúlta** walked, **snáfa** swum, **teite** flown, fled, **tiomáinte** driven, **tionlactha** accompanied, **treafa ar aghaidh** ploughed ahead, **tumtha** dived

Dúmhál *v₁ₐ* blackmail
cuir ar fuascailt hold to ransom (cf **duine a chur ar fuascailt** to hold a person to ransom), **déan sracaireacht ar** extort, **glasmhál** greenmail (cf **na scairshealbhóirí eile a ghlasmháladh** to greenmail the other shareholders), **imeaglaigh** intimidate

Dúmháladh *vn* blackmailing
cíos dubh black rent, **cur ar fuascailt** holding to ransom, **feannadóireacht** extortion; severe criticism, **glasmháladh** greenmailing, **imeaglú** intimidating, **sracaireacht** extorting; extortion

Dúmhálta *pp* blackmailed
ar a ndearnadh sracaireacht extorted, **curtha ar fuascailt** held to ransom, **glasmhálta** greenmailed, **imeaglaithe** intimidated

Dumpa *m (~; ~í)* dump
carn fuílligh heap of refuse, **cúil spruadair** refuse dump, **ionad athchúrsála** recycling centre, **ionad dumpála (bruscair)** (rubbish) dumping site, **láithreán fuílligh** refuse site

Dumpáil 1 *v₁ₑ* dump
caith amach throw out, **caith i dtraipisí** discard, **caith thar bord** jettison, **cuir de láimh** dispose of, **cuir uait** ditch, **dílódáil** unload, **díluchtaigh** offload, **diúscair** get rid of, tip out, **faigh réidh le** get rid of, **fág taobh thiar díot** leave behind you, **folmhaigh** empty out, **leag (obair sa bhreis) ar** dump additional work on, **lig uait** let go, **scar le (leannán)** to dump (a lover), **sceith** discharge; vomit, **scrapáil** scrap

Dumpáil 2 *vn* dumping
caitheamh amach throwing out, **caitheamh i dtraipisí** discarding, **caitheamh thar bord** jettisoning, **cur de láimh** disposing of, **cur uait** ditching, **dílódáil** unloading, **díluchtú** offloading, **diúscairt** getting rid of, tipping out, **fágáil taobh thiar díot** leaving behind you, **fáil réidh le** getting rid of, **folmhú** emptying out, **leagan (obair sa bhreis) ar** dumping additional work on, **ligean uait** letting go, **scaradh le (leannán)** dumping (a lover), **sceitheadh** discharging; vomiting, **scrapáil** scrapping

▲ **ionad dumpála** garbage dump, **ionad dumpála bruscair** refuse tip, **láithreán dumpála** dumping site, **trucail dumpála** tipper truck

Dumpáilte *pp* dumped
caite amach thrown out, **caite i dtraipisí** discarded, **caite i gcúil spruadair** thrown into a refuse dump, **caite thar bord** jettisoned, **curtha de láimh** disposed of, **curtha uait** ditched, **dílódáilte** unloaded, **díluchtaithe** offloaded; *(battery)* discharged, **diúscartha** gotten rid of, tipped out, **fágtha taobh thiar díot** left behind you, **faighte réidh le** gotten rid of, **folmhaithe** emptied out, **ligthe uait** let go, **scartha le (leannán)** broken up with (a lover), **sceite** discharged; vomited, **scrapáilte** scrapped

Dún 1 *m (dúin; ~ta)* fort
acrapail acropolis, **barda** garrison, **caiseal** ancient stone fort, **caisleán** castle, **campa** camp, **cloigtheach** round tower, **daingean** fortress, stronghold, **daingniú** fortification, **dúnán** blockhouse, **dúnfort** citadel, **garastún** garrison, **lios** ring fort; fairy fort, **liosachán** fairy fort, **lisín** little fort, **ráth** *m (~a; ~anna)* ring fort; earthen rampart, **túr** tower, **urdhún** bastion

Dún 2 *v₁ₐ* close, shut
calc plug, **caoch** close, become blocked, **ceangail** fasten, tie, **ceil** conceal, **clúdaigh** cover, **concluídigh** conclude, **corcáil** cork, **críochnaigh** finish, end, **cuibhrigh** confine, **cuir ar fionraí** suspend, **cuir ar laiste** latch, **cuir deireadh le** terminate, **cuir faoi ghlas** lock, **cuir i bpríosún** imprison, **cuir i ngéibheann** incarcerate, **cuir le chéile** put together, **cuir maiste cocháin/éadaí i bpoll** plug a hole with straw/cloth, **cuir plocóid/stopallán i** plug, **daingnigh** secure, **díghníomhaigh** deactivate, inactivate, **díshlóg** demobilise, **druid** close, shut, **folaigh** hide, **foriaigh**

foreclose; fasten in front, **gliúáil** glue, **greamaigh le chéile** stick together, **iaigh** close, shut, **iarnaigh** put in irons/fetters, **múch** extinguish, put out, **múr** immure, **nasc** bind, connect, **plúch** muffle; choke, **plugáil** plug, **scaoil** dissolve, let go, **scoir (de)** desist, cease, **séalaigh** seal, **sparr** batten down, secure with bar (eg **na haistí a sparradh** to batten down the hatches), **stad** stop, halt, **stop** stop, **tabhair chun críche** terminate, bring to an end, **tabhair chun deiridh** to bring to a close, **tarraing le chéile** pull together

~ **an chneá!** Bind the wound!
~ **an clár go daingean!** Seal the lid tightly!
~ **an cuntas!** Close (down) the account!
~ **an doras!** Shut the door!
~ **an poll!** Stop up the hole!
~ **do bhéal!** *(rude)* Shut your mouth!
~ **do chnaipí!** Button up!
~ **do chroí air!** Harden your heart to it!
~ **do dhorn air!** Grasp it tightly!
~ **iallacha do bhróige!** Tie your shoelaces!
~ **suas an siopa!** Close up the shop!

Dúnadh *vn* closing, shutting
calcadh plugging, **caochadh** closing, blocking, **ceangal** fastening, tying, **ceilt** concealing, **clúdach** covering, **conclúidiú** concluding, **corcáil** corking, **críochnú** finishing, ending, **cuibhriú** confining, **cur ar fionraí** suspending, **cur ar laiste** latching, **cur faoi ghlas** locking, **cur i bpríosún** imprisoning, **cur i ngéibheann** incarcerating, **cur le chéile** putting together, **daingniú** securing, **deireadh á chur le** terminating, **díghníomhú** deactivating, **díshlógadh** demobilising; demobilisation, **druidim** closing, shutting, **fionraí** suspending, **folú** hiding, **foriamh** foreclosing, foreclosure; fastening in front, **gliúáil** gluing, **greamú le chéile** sticking together, **iamh** closing, shutting, **múchadh** extinguishing, putting out, **nascadh** bonding, connecting, **plocóid/stopallán á chur i** plugging, **plúchadh** muffling; choking, **plugáil** plugging, **scaoileadh** dissolving, letting go, **scor (de)** desisting, ceasing (from), **séalú** sealing, **stad** stopping, halting, **stopadh** stopping, **tabhairt chun críche** terminating, bringing to an end, **tabhairt chun deiridh** bringing to a close, **tarraingt le chéile** pulling together

Dúnmharaigh v_{2a} murder
básaigh slay, kill, **cuir cos i bpoll le duine** to do away with a person, **díobh** eliminate, **feallmharaigh** assassinate, obliterate, **maraigh le réamhbheartú** kill with premeditation, **neodraigh** neutralise, **smiot** swat, **tacht** strangle, choke *(see also: maraigh)*

Dúnmharaithe *pp* murdered
básaithe slain, killed, **díofa** eliminated, obliterated, **feallmharaithe** assassinated, **maraithe** killed, **neodraithe** neutralised, **smiota** swatted, **tachta** choked, strangled *(see also: maraithe)*

Dúnmharfóir *m (-óra; ~í)* murderer
búistéir *m (-téara)* butcher, brutal killer, **coscróir** slaughterer, **díothóir** exterminator, **feallmharfóir** assassin, **fear gunna** hit man, **fear sléachta** slayer, **lucht sléachta** slayers, **marfóir** killer, slaughterer, **murdaróir** murderer, **naímharfóir** child murderer, **neamhnitheoir** annihilator

Dúnmharú *vn* murdering, murder
ár slaughter, **bású** slaying, killing, **doirteadh fola** bloodshed, **dúnorgain** manslaughter, **feallmharú** assassination, **ídiú** slaying, wasting, **marú** killing, /**marú réamhbheartaithe** premeditated killing, **murdar** murder; causing havoc/rows, **naímharú** infanticide, **sléacht** *m* massacre *(see also: ár)*

Dúnta *pp* closed, shut
calctha plugged, **caochta** closed, blocked, **ceangailte** fastened, tied, **ceilte** concealed, **clúdaithe** covered, **conclúidithe** concluded, **corcáilte** corked, **críochnaithe** finished, ended, **cuibhrithe** confined, **curtha ar fionraí** suspended, **curtha ar laiste** latched, **curtha faoi ghlas** locked, **curtha i bpríosún** imprisoned, **curtha i ngéibheann** incarcerated, **curtha le chéile** put together, **daingnithe** secured, **díghníomhaithe** deactivated, inactivated, **díshlógtha** demobilised, **druidte** closed, shut, **fionraithe** suspended, **folaithe** hidden, latent, **foriata** foreclosed; fastened in front, **gliúáilte** glued, **greamaithe le chéile** stuck together, **iata** closed, shut, **iarnaithe** put in irons/fetters, **inar cuireadh plocóid/stopallán** plugged, **lenar cuireadh deireadh** terminated, **múchta** extinguished, put out, **múrtha** immured, **nasctha** bound, connected, **plúchta** muffled; choked, **plugáilte** plugged, **scaoilte** dissolved, let go, **scortha (de)** desisted (from), ceased (from), **séalaithe** sealed, **sparrtha** battened down, secured with bar, **stadta** stopped, halted, **stoptha** stopped, **tarraingthe le chéile** pulled together, **tugtha chun críche** terminated, brought to an end, **tugtha chun deiridh** brought to a close

Dúntóir *m (-óra; ~í)* fastener; one who closes
ceanglóir binder, **fáiscín** fastener, **fear/bean druidte an tsiopa** the man/woman who closes the shop, **feiste** fastening, **greamachán** holdfast; adhesive, **iatóir** *(tech)* closer, **smeachdhúntóir** snap fastener, **smeachghlas** snap lock, **zip** zip, **zip-dhúntóir** zip fastener

Dúr *adj¹* dour
cancrach cantankerous, **creagánta** callous, unfeeling, **crua** hard, **dian** severe, **doicheallach** churlish, inhospitable, **dorrga** gruff, surly, **dúranta** dour, sullen, **doscúch** tough, hard, **eascairdiúil** unfriendly, **fuar** cold, **fuarchroíoch** cold-hearted, **géar** austere, **grusach** gruff, **neamhghoilliúnach** insensitive, **oighreata** icy, **siocúil** frosty, **suarach** miserable, mean-spirited, **tromghnúiseach** dour, sullen; heavy-featured

Dúshlán *m (-áin; -áin, ~)* challenge
achrann confrontation, **ceist** question, **cruatan** hardship, **deacracht** difficulty, **foláireamh deiridh** ultimatum, **geall** bet, **iomarbhá** *f* confrontation, **neamhchead** *m* defiance, **tairiscint comhraic** gauntlet (cf **tairiscint comhraic a fhógairt** to throw down the gauntlet), **tástáil** test, **saighdeadh** provocation

◊ **Thug sí mo dhúshlán snámh go hInis Mac Neasáin.** She challenged me to swim to Ireland's Eye., **Chuir sé ~ fúm.** He dared me., **Rinne sí as ~ é.** She did it for a dare.

Dúshlánach *adj³* challenging
achrannach confrontational, **ceisteach** questioning, **ciapach** torturous, **comhraiceach** confrontational, **crua** hard, **deacair** difficult, **éilitheach** demanding, **fadhbach** problematic, **forránach** formidable, **géar** steep, precipitous, **iomarbhách** contentious, **láimhtheach** daring, **maslach** gruelling, taxing

▲ **am ~** testing times, **iompar ~** defiant behaviour, **scrúdú ~** challenging exam, **tírdhreach ~** rugged landscape

Dustáil 1 *v₁ₑ* dust
1. sprinkle with, dust with
clúdaigh le brat éadrom (de phlúr, de shiúcra, etc) dust with a light covering (of flour, sugar, etc), **croith** shake, sprinkle, **doirt** pour, **púdráil** sprinkle with powder, powder, **smear le** coat with, smear with, **spraeáil** spray, **spréach** sprinkle, **spréigh** spatter, sprinkle; spread, **spreachallaigh** spatter, sprinkle, **spriúch** splatter; splutter
2. clear dust away, dust
bain an deannach de remove the dust/dirt, dust, **bain an dusta/smúit de** remove the dust from, **cealaigh** do away with, **cuimil** wipe, **glan** clean, **scaoil** remove, release, **scuab** brush, sweep, **scuch** remove; pick off, **tóg de** take from

Dustáil 2 *vn* dusting
1. sprinkling with, dusting with
clúdach le brat éadrom (de phlúr, de shiúcra, etc) dusting with a light covering (of flour, sugar, etc), **croitheadh** shaking, sprinkling, **doirteadh** pouring, **púdráil** sprinkling with powder, powdering, **smearadh le** coating with, smearing with, **spraeáil** spraying, **spréachadh** sprinkling, **spré** spattering, sprinkling; spreading, **spreachallú** spattering, sprinkling, **spriúchadh** splattering; spluttering
2. clearing dust away, dusting
baint an deannaigh/na smúite de removing the dust/dirt, dusting, **cealú** doing away with, **cuimilt** wiping, **baint an dusta** removing the dust, dusting, **glanadh** cleaning, **scaoileadh** removing, releasing, **scuabadh** brushing, sweeping, **scuchadh** removing; picking off, **tógáil de** taking from

Dustáilte *pp* dusted
1. sprinkled with, dusted with
clúdaithe le brat éadrom (de phlúr, de shiúcra, etc) dusted with a light covering (of flour, of sugar, etc), **croite** shaken, sprinkled, **doirte** poured, **púdráilte** sprinkled with powder, powdered, **smeartha le** coated with, smeared with, **spraeáilte** sprayed, **spréachta** sprinkled, **spréite** spattered, sprinkled; spread, **spreachallaithe** spattered, sprinkled, **spriúchta** splattered; spluttered
2. clear dust away, dust
cealaithe done away with, **cuimilte** wiped, **dar baineadh an deannach/an smúit** dusted, **dar baineadh an dusta** dusted, **glanta** cleaned, **scaoilte** removed, released, **scuabtha** brushed, swept, **scuchta** removed; picked off, **tógtha de** taken from

Dúthracht *f (~a)* earnestness
daingne steadfastness, firmness of purpose, **dáiríre** sincerity, **deabhóid** devotion, **déine** intentness, **dianas** intensity, vehemence, **dícheall** best endeavour, **díocas** fervour, **díogras** enthusiasm, **diongbháilteacht** determination, resolve, **dlús** close application, intensity, **fadcheannaí** purposefulness, **faobhar** keenness, **fiuchadh** passion, fervency, **ionnús** resourcefulness, **rúndaingne** firm resolution, **sollúntacht** solemnity, **stuamacht** gravity, serious and wise attitude, **treallús** enterprise

Dúthrachtach *adj³* earnest
ar fiuchadh boiling over with passion, **daingean** steadfast, firm of purpose, **dáiríre** sincere, **deabhóideach** devout, **dian** intense; intensive, **dícheallach** diligent, assiduous, **díocasach** fervent, **díograiseach** enthusiastic, **diongbháilte** determined, resolved, **dlúth** intense, earnest, **fadcheannach** purposeful, **faobhrach** keen, **ionnúsach** resourceful, **rúndaingean** with firm resolution, **sollúnta** solemn, **stuama** prudent, serious and wise, **treallúsach** enterprising

E e

Éabhlóid *f(~e)* evolution
aibiú ripening, maturing, **athrú** change, **crann** tree, **Darwineachas** Darwinism, **dul ar aghaidh** going ahead, progression, **dul chun cinn** progress, **fás** growth, **forbairt** development, **fréamh** root, **géag** *f* branch, **ginealach** *m* lineage, descent, **leanúint** continuing, **leathadh** expansion, **nochtadh** unfolding; revealing, **oidhreacht** heritage, **pór** breed, **pórlíne** *f* bloodline, **seicheamh** sequence, progression, **síol** seed, **sliocht** descent, lineage

Éacht *m (~a; ~aí)* exploit, feat
aicsean action, **baint amach** attainment, **beart cróga** brave action, **cleas** trick, **cur i gcrích** accomplishment, **cur i ngníomh** achievement, **eachtra** *f* adventure, **gaisce** feat, act of heroism, **gníomh** action, **gníomhartha gaile is gaisce** great deeds of heroism and valour, **míorúilt** miracle, wonder, **niamhracht** brightness, resplendence, **ollás** magnificence, **reabh** *(lit)* feat, **sonraíocht** extraordinary thing, remarkableness, **spleadh** *f (-eidhe; ~a, ~)* feat; boast, **suaithinseacht** something that stands out, remarkable aspect, **suntas** prominent thing, wonder

Éachtach *adj³* extraordinary, wonderful
ar fheabhas excellent, **as an ghnáth ar fad** extraordinary, **dearscnaitheach** brilliant, excellent, **dochreidte** unbelievable, **fantaiseach** fantastic, unreal, **feiniméanach** phenomenal, **finscéalach** fabulous, **gáifeach** sensational, **gaisciúil** valiant, **inmholta** admirable, **iontach** wonderful, amazing, **maisiúil** decorative, **millteanach** astounding, tremendous, **míorúilteach** miraculous, **niamhrach** resplendent, **ollásach** magnificent, **sár-** *pref* super, excellent, **sárchéimeach** superlative, **sármhaith** excellent, **sonraíoch** extraordinary, notable, **suaithinseach** remarkable, distinctive, **suntasach** outstanding, remarkable, **taibhseach** flamboyant, **thar barr** tiptop, super, **thar cionn** terrific

Eachtra *f(~; ~í)* adventure, event
beart *m (birt; ~a, ~)* undertaking, action, **éacht** *m* exploit, feat, **eipeasóid** episode, **fo-eachtra** minor incident, **gníomh** action, **imeacht** *m* happening, **mioneachtra** *f* minor incident, **ócáid** occasion, **ráig** escapade, **slógadh** expedition, mobilisation, **sluaíocht** expedition, **taiscéaladh** exploring, **taiscéalaíocht** exploration, **tarlóg** small incident, **tarlú** incident, happening, **teagmhas** occurrence, incident, **tóir** *f (tóra; ~eacha)* quest, pursuit, **turas** journey

Eachtrach *adj³* external
amuigh outside, **amuigh faoin aer** out in the open air, **amuigh faoin spéir** out under open sky, **forimeallach** peripheral, **imeachtrach** outer, external, **imeallach** peripheral, **lasmuigh** on the outside, **ón taobh amuigh** from the outside, **seachtrach** exterior, outer *(see also: eachtrannach)*

Eachtraíocht *f(~a)* adventuring
craic fun, crack, **juncaed** junket, **ragairne** act of rambling and revelling at night, **siamsa** entertainment, **slógadh** going on a hosting, a military expedition, **spraoi** enjoyment, **spórt** fun, **taiscéaladh** exploring, **taiscéalaíocht** exploration, incident, **taisteal** travel, **tóraíocht** questing, pursuing

Eachtrán *m (-áin; -áin, ~) (ufo)* alien
eachtardhomhandach *m* extraterrestrial, **cuairteoir (ó phláinéad eile)** visitor (from another planet), **neach** *m* **eachtardhomhanda** extraterrestrial being, **teagmháil** contact

Eachtránaí *f(~; -aithe)* adventurer
amhas mercenary, **buachaill** *m* **bó** cowboy, **duine gan eagla** fearless person, **duine gan scáth** audacious person, **eachtraí** *m* venturer, adventurer, **fánaí** wanderer, **fionnachtaí** discoverer, **gallóglach** *m* gallowglass, **iomramhach** voyager; rower, **rógaire** rogue, **seansálaí** opportunist, chancer, **taiscéalaí** explorer, **taistealaí** traveller, **tóraí taisce** fortune hunter (cf **tóraí spré** fortune hunter, person marrying for money)

Eachtrannach 1 *m (-aigh; -aigh, ~)* foreigner, alien
allúrach *m* foreigner, **coigríochach** stranger from abroad, foreigner, **coimhthíoch** *m* foreigner; stranger, **cuairteoir** visitor, **danar** barbarous foreigner, **duine as baile isteach** blow in, **duine iasachta** foreign person, foreigner, **eachtrán** *(ufo)* alien, **fámaire** stroller from outside the community; person visiting, not from the area, **Gall** English person; foreigner, **leoithne isteach** blow in, **spailpín fánach** wandering labourer, **spaisteoir** stroller, **strainséir** stranger, **turasóir** tourist, **turasóir mála droma** backpacker

Eachtrannach 2 *adj³* foreign, alien
aduain bizarre, unfamiliar, **aisteach** strange, **ait** peculiar, **amuigh** outside, beyond our neighbourhood, **anaithnid** unknown, **as tíortha thar lear** from countries abroad, **coimhthíoch** weird; foreign, **eachtráin** alien *(extraterrestrial, > eachtrán)*, **gan**

Eachtrúil

aithne unrecognised, unknown, **imigéiniúil** far-off, distant, **nach bhfuil den saol seo** not of this world, **ón gcoigríoch** from foreign parts, from abroad, **thar tír isteach** from overseas

Eachtrúil *adj⁴* adventurous
amhantrach venturesome, **calma** plucky, **cróga** brave, **curata** heroic, **dána** bold, daring, **dásachtach** daring, **dúshlánach** challenging, **fíbíneachta** (> *fíbíneacht*) capricious; gadding about, **fiontrach** enterprising, willing to take risks, **gáifeach** brash, gaudy, **gaisciúil** valiant, with bravado, **laochta** heroic, **léidmheach** bold, daring, **luathintinneach** impetuous, impulsive **meanmnach** spirited, **meargánta** reckless, rash, foolhardy, **miotalach** mettlesome, **misniúil** courageous, **móruchtúil** audacious, intrepid, **neamhchotúil** forthright, **neamheaglach** fearless, unafraid, **sconnach** hasty, rash, **spadhrúil** whimsical, volatile, **taghdach** capricious, **toghail** daring, presumptuous, **treallúsach** enterprising

Eacnamaíoch *adj⁵* economic
airgeadais financial, **airgeadúil** monetary, **barainneach** thrifty, **brabúsach** profitable, **buiséadach** budgetary, **fioscach** fiscal, **geilleagrach** economic, **maicreacnamaíoch** macroeconomic, **sábhálach** saving, thrifty, **tíosach** economical, thrifty

Eacnamaíocht *f(~a)* economics, economy
acmhainn wealth, **acmhainní** *fpl* resources, **barainn** thrift, **cúrsaí airgeadais** finances, **cúrsaí airgid** money matters, **geilleagar** (**na tíre**) economy (of the country), **Olltáirgeacht Náisiúnta** Gross National Product, **tíos** economy, thrift

Éad *m (~a)* jealousy
amhras suspicion, **ampla** *m* greed, **antlás** covetousness, **ceártas** emulation, **cloch sa mhuinchille** grudge; ill-will, **doicheall** begrudgery, **drochiontaoibh** mistrust, **fala** *f (~; -lta)* spite; feud, **faltanas** spitefulness, **formad** envy, **gangaid** spite, virulence, **iomaíocht** vying, **mímhuinín** distrust, **mioscais** malice, active ill will, **neamúiche** begrudgery, **nimh san fheoil** resentment, **olc** grudge, bad feeling, **ollphéist na súl glas** the green-eyed monster, **saint** avarice, covetousness, **tnúth (le)** yearning (for), **tnúthán (le)** hankering (after)

◊ **~ bheith agat le duine** to be jealous of a person, **Tá siad in ~ leat.** They are jealous of you.

Éadach *m (-aigh; -aí)* cloth, fabric
blaincéad blanket, **braillín** *f (~; ~í)* sheet, **brat** mantle, covering, **bratach** *f (-taí; ~a, ~)* flag, **cailpís** flap, **caimse** *(lit)* chemise, **ceirt** rag, cloth, **ciarsúr** handkerchief, **clóca** cloak, **clúdach** covering, **cuirtín** curtain, **culaith** *f (~e; -ltacha)* dress, apparel, suit, **cúlbhrat** backdrop, **éadaí** *mpl* clothes, **fallaing** mantle, **gúna** gown, **ionar** tunic, **leámhán** flimsy, shoddy cloth, **peallóg** coarse cloth, **pluid** blanket, **pluideog** small blanket, **rabhaisc** coarse cloth, **rascalach** *m* coarse material; any cloth of inferior quality, **róba** robe, **rónéadach** *m* hairc loth, **sacannán** sackcloth, **sacéadach** sackcloth, **scaif** scarf, long strip of cloth, **scaraoid** tablecloth, **seál** *m (-áil; ~ta)* shawl, **taiséadach** *m* shroud, **tlacht** *m* covering, clothing, **tuáille** towel, **uige** woven fabric, web; tissue, gauze

▲ **~ cáise** cheesecloth, **~ tuáillí** towelling

Éadaí *mpl* clothes
balcais garment (cf **balcaisí Domhnaigh** Sunday clothes; glad rags), **ball éadaigh** item of clothing, garment, **baschóta** waistcoat, **brangóidí** *fpl* glad rags, duds, **callaí** *mpl* fine clothes, finery, **carbhat** tie; cravat, **cealtair** *f (-trach; -tracha)* cloak, covering, **ceirteacha**

■ **I measc téarmaí eacnamaíochta atá:**
Economic terms include:

arbatráiste arbitrage
boilsciú inflation
bolgán tithíochta housing bubble
búm boom
buntáiste iomaíoch competitive advantage
cáin tax
~ **bhreisluacha** VAT
~ **chorparáide** corporation tax
~ **chúlchéimnitheach** regressive tax
~ **éigeandála** emergency tax
~ **ioncaim** income tax
~ **mhaoine** property tax
~ **oidhreachta** inheritance tax
caipitleachas capitalism
cairtéal cartel
cliseadh Wall Street Wall Street crash
cluiche suime nialais zero-sum game
comhlacht *m* company
comhlacht zombaí zombie company
corparáid ilnáisiúnta multinational corporation
cosantaíochas protectionism
cúlú recession
cumhacht mhargála bargaining power
cur amach output
díbhoilsciú deflation
dífhostaíocht unemployment
earnáil phoiblí public sector
earnáil phríobháideach private sector
éileamh demand
fás eacnamaíoch economic growth
fiontar enterprise
fógraíocht advertising
forbairt development
fostaíocht employment
gnólachtaí *fpl* businesses
hipearbhoilsciú hyperinflation
infheistíocht investment
iomaíochas competitiveness
iomaíocht competition
loiceadh/teip eacnamaíochta economic collapse
maicreacnamaíocht macroeconomy
marbh-bhoilsciú stagflation
margaíocht marketing
micreacnamaíocht microeconomy
monaplacht monopoly
poiblíocht publicity
roinnt an tsaothair division of labour
slándáil shóisialta social security
soláthar supply
stocmhalartán stock exchange
táirgeacht productivity
táirgeadh production
talmhaíocht agriculture
tionscal industry
tionsclú industrialisation

Éadaí

■ **Ar na cineálacha éadaigh atá ann:** Types of fabric include:

báinín flannel	**eangach** *f* net	**olann** *f (olla; ~a, ~)* wool
bréidín tweed	**feilt** felt	**páislig** paisley
broicéad brocade	**fíorshíoda** pure silk	**poileistear** polyester
cadás cotton	**flainín cadáis** flannelette	**poiplín** poplin
~ **buaicis** candlewick cotton	**flainín** flannel	**réon** rayon
~ **poileistir** polycotton	**geirsí** jersey	**rón** horsehair
cáimric cambric	**guingeán** gingham	**seamaí** chamois
caismír cashmere	**lása** lace	**síoda** silk (cf)
canbhás canvas	**leámhán** gossamer	**sípris** crêpe
ceaileacó calico	**leathar** leather	**sreabhann** *m* chiffon
corda an rí corduroy	**líneadach** *m* linen	**sról** satin
deinim denim	**lomra** fleece	**svaeid** suede
dufal duffel	**móihéar** mohair	**tafata** taffeta
	muislín muslin	**tuáille** towelling
	mustairt worsted	**veilbhit** velvet
	níolón nylon	**veiliúr** velour

rags, **ceirteacha galánta** glad rags, **clabhtín** diaper, **clúidín** napkin; nappy, **cochall** hood, **culaith** *f (~e; -ltacha)* dress, apparel; suit, **culaith Dhomhnaigh** Sunday dress, **éide** *f* uniform, **eang** *f (~a)* gusset, **faicín** baby's napkin; rag, **faisin** *mpl* fashions (cf **na faisin is úire** the latest fashions), **feisteas** attire, costume, outfit, **gléasadh** apparel, **gléasadh suas** dressing up, **giolcaisí** *fpl* old clothes, **lúbóg** buttonhole, **lúibíní cufa** cufflinks, **pluideog** diaper, **scimpíní** skimpy clothes, **slapar** loose garment, **traipisí** *spl* rags, **veist** vest; waistcoat, **veist cheangail** straitjacket *(see also: culaith, éadach, gúna)*

■ **éadaí agus bróga sainfheidhmeacha** special-purpose clothes and shoes: **aibíd** habit, **bróga reatha** sneakers, **buataisí rubair** rubber boots, wellingtons, **búrca** burka, **casóg** cassock, **cochall** cowl, **culaith altra** nurse's uniform, **culaith chearáité** karate outfit, **culaith fhliuch/uisce** wetsuit, **culaith léime** jump suit, **culaith mhairnéalaigh** sailor's uniform, **culaith mháinliachta** *(med)* scrubs, **culaith reatha** running gear, **culaith sciála** ski suit, **culaith shaighdiúra** soldier's uniform, **culaith snámha** swimsuit, **culaith spáis** spacesuit, **culaith spóirt** tracksuit, **dungaraithe** dungarees, **éide** *f* uniform, **fallaing** mantle, cloak, **forbhróg** overshoe; galosh, **forchóta** overalls, **gúna** gown, **léatar** leotard, **naprún** apron, **práiscín** coarse-fabric apron, **sciúlán** apron top; bib, **síonán** *(festival)* straw garment, **suirplís** surplice *(see also: culaith)*

■ **éadaí fir agus mná** men's and women's wear: **barr bicíní** bikini top, **beilt** belt, **bléinbheart** jockstrap, **bicíní** bikini, **blús** blouse, **bríste** trousers, **bríste giortach** hotpants, **brístín éille** thong underwear, **bróga** *fpl* shoes, **buataisí** *fpl* boots, **caifirín** head shawl, **caipín** cap, **cairdeagan** cardigan, **camasól** camisole, **carbhat** tie, **cíochbheart** bra, **córiséad** corset, **cóta báistí** raincoat, **cóta beag** petticoat, **críos** *m (creasa; ~anna)* belt, **crochóg** suspender, **culaith** *f (~e; cultacha)* suit, **drár fada** long johns, **éadaí cnis** lingerie, **fallaing sheomra** dressing gown, **fobhríste (dornálaí)** (boxer) shorts, **fo-éadaí** underclothes, undies, **gairtéar** garter, **geansaí** pullover, **geansaí muineál póló** polo neck, **guailleáin** braces, **gúna (samhraidh)** (summer) dress, **hata** hat, **jíons** jeans, **láimhíní** *fpl* gloves, **léine** *f* shirt, **mionsciorta** miniskirt, **racaid** child's frock, **riteoga** *fpl* pantyhose, **scaif** scarf, **sciorta** skirt, **sciorta fada** long skirt, **seaicéad** jacket, **seál** shawl, **slaimicí éadaigh** tattered clothes, **slipéir** *mpl* slippers, **stoca** sock; stocking, **stocaí síoda** silk stockings, **T-léine** *f* T-shirt, **treabhsar** trousers, **veistbharr** tank top *(see also: cóta, culaith, bróg, hata)*

Éadan *m (-ain; -ain, ~)*

1. front, face; forehead, flat surface

aghaidh face, **béal** mouth, face, **brollach** *m* front; preface, **ceannaghaidh** countenance, **ceannaithe** facial features, **clár** brow, (cf **clár éadain** forehead), **craiceann** skin, surface area, **cuntanós** countenance, visage, **dealramh** appearance, **dreach** *m* aspect, facial appearance, **dreach ceannaithe** physiognomy, **dromchla** surface, **gnúis** countenance, **taobh** *m* **amuigh** exterior, **tosach** *m* front, **ucht** *m* breast, upper front (cf **ucht cnoic** breast of a hill)

▲ ~ **carraige** face of a rock, ~ **criostail** crystal facet, ~ **cnoic** face/front of a hill, ~ **craois** *(firearm)* breech face, ~ **cuartha (tarraiceáin)** curved (drawer) front, ~ **dhírigh** *(golf)* straight face, ~ **draenach** drain face, ~ **le habhainn** riverfront, ~ **le huisce** waterside, ~ **oibrithe** *(geog)* working face, ~ **síge** seam face, ~ **siopa** front façade of shop, ~ **targaide** target face

◊ **clúdach éadain a chaitheamh** to wear a facial covering

2. *(as in expression)* **in** ~ opposing, against

ag dul i ngleic le confronting, **freasúrach** opposing, **in aghaidh** against (cf **in aghaidh an dlí** against the law), **i gcodarsnacht le** in contrast to, **i gcoinne** against, countering (cf **i gcoinne na gaoithe** against the wind), **in iomaíocht le** in competition with, **os comhair** facing (cf **os comhair na bhfíricí** facing the facts)

◊ **in ~ a tola** against her will, **in ~ an bhalla** against the wall

3. effrontery
braobaireacht brazenness, rudeness, **brusaireacht** sauciness, **buannaíocht** presumption, **cocaireacht** cockiness, **dailtíneacht** impudence, **dalbacht** forwardness, audacity, **dánacht** boldness, **deiliús** impertinence; sauciness, **dosaireacht** smart-ass talk, lip, **mínáire** shamelessness, **plucaireacht** cheekiness, **prapaireacht** uppishness, insolence, **soibealtacht** cockiness, insolence, **sotal** cheek, **teallaireacht** impudence

Éadmhar *adj¹* jealous
amhrasach suspicious, **amplach** greedy, **antlásach** covetous, **doicheallach** begrudging, **drochiontaobhach** distrustful, **dúilmhear** desirous, **fala** spiteful, **faltanasach** vindictive, **formadach** envious, **gangaideach** spiteful, virulent, **gortach** mean, begrudging, **iomaíoch** vying, **maíteach** envious, **mímhuiníneach** distrustful, **mioscaiseach** malicious, **neamúch** begrudging, **oilc** (> *olc*) resentful, **ite ag an éad** green with envy, **santach** avaricious, covetous, **tnúthach** envious

Éadóchas *m (-ais)* despair
aimléis wretchedness (cf **in umar na haimléise** extremely despondent), **ainnise** misery, **anaoibh** bad mood, **anó** *m* desolate misery, **anró** *m* wretchedness, **beagmhisneach** *m* despondence, **beaguchtach** *m* hopelessness, despondency, **dobrón** gloom, **dólás** *m* melancholy, inconsolableness, **drochmhisneach** *m* despondency, dejection, **dubhachas** gloom, depression, **dúlagar** *(med)* depression, **easpa dóchais** lack of hope, **gruaim** gloom, **gruamacht** gloominess, **oirdéal** ordeal, **tánaiste an anama** desperation (cf **bheith i dtánaiste an anama** to be in desperation), **tromchroí** tribulation

Éadóchasach *adj³* hopeless, despairing
ainnis miserable, **anaoibhiúil** glum, despondent, **anóiteach** desolate, miserable, **anróiteach** wretched, **beagmhisniúil** despondent, **beaguchtúil** spiritless, despondent, **dobrónach** gloomy, **dólásach** melancholic, inconsolable, **drochmhisniúil** dejected, despondent, **dubhach** gloomy, depressed, **faoi dhúlagar** *(med)* depressed, **feidheartha** desolate; bare, bleak, **gruama** gloomy, **i dtánaiste an anama** desperate, **tromchroíoch** heavy-hearted, **tromintinneach** melancholic, depressed

Éadomhain *adj irr* shallow, skin-deep
baoth vain, giddy, foolish, **caol** slight, **díomhaoin** idle, without substance, **dromchlach** superficial, surface, **éadrom** light, superficial, **éaganta** frivolous, giddy, **fánach** trivial, **folamh** empty, **gan chiall** meaningless, **gan doimhneacht** without depth, **gan tathag** without substance, **gan téagar** slim, unsubstantial, **gan substaint** without substance, **leanbaí** puerile, infantile, **leibideach** soft, foolish, **leochaileach** fragile, **neamhfhuaimintiúil** unsound, flimsy, thin, **neamhléannta** unscholarly, **neamhshubstaintiúil** insubstantial, **scagach** full of holes, flimsy, **suarach** paltry, **tanaí** thin, shallow, flimsy

Eadráin *f(-ána)* arbitration, mediation
binse achomhairc appeals tribunal, **binse fiosrúcháin** tribunal, **breithniú** adjudication, **cainteanna** talks, **comhréiteach** *m* compromise, conciliation, facilitation of mutual agreement, **éascú** facilitation, **idirbheartaíocht** negotiation, **idirghabháil** mediation, **idir-réiteach** *m* conciliation, **réiteach** *m* settlement; mediation, **tarrtháil** intervention, mediation; rescue, **teasargan** intervention, peacemaking

Éadrócaireach *adj³* merciless, unmerciful
cadránta harsh, **cruachroíoch** hard-hearted, **cruálach** cruel, **do-mhaite** unforgiving, **faltasanach** spiteful, vindictive, **gan chroí** heartless, **gan trócaire** without mercy, **gan trua** without pity, **gan trua gan taise** devoid of pity or compassion, **míthrócaireach** merciless, **neamhthrócaireach** merciless, pitiless

≈ **Dá gcuirfeá an cnoc thall ar an gcnoc abhus ní bheadh sé buíoch de tráthnóna.** He is a merciless human being., There is no pleasing him, **Níl aon trócaire inti.** She is merciless.

Éadroime *f(~)* lightness, levity
aeracht gaiety; *(sexual orientation)* gayness, **aigeantacht** blitheness, high spiritedness, **anamúlacht** animation, **baois** flightiness, **beagthábhachtaí** insignificance, **éadoimhneacht** shallowness; insignificance, **éagantacht** giddiness, frivolity, **greann** humour, mirth; fun, **greannmhaireacht** funniness, **guagacht** levity, fickleness, **neamhfhuaimint** lack of soundness, **neamhshubstaintiúil** insubstantial, **neamhthábhacht** unimportance, **ruaiseacht** fickleness, giddiness, flightiness, **ruathaireacht** flightiness; gadding about, **spraíúlacht** playfulness, **spraoi** fun, spree, **uallachas** skittishness, giddiness

Éadrom *adj¹* shallow, light
aerach airy; *(sexual orientation)* gay, **aigeanta** high-spirited, blithe, **amaideach** silly, **anamúil** spirited, lively, **baoth** foolish, flighty, **beagthábhachtach** insignificant, **caol** narrow, **éadomhain** superficial, skin-deep; shallow, **éadromchroíoch** light-hearted, **éaganta** scatty, frivolous, **fánach** trivial, **folamh** empty, **gan dochar** harmless, **gan tathag** unsound, **gan téagar** flimsy, **greannmhar** funny; amusing, **neamhdhochrach** innocuous, harmless, **neamhfhuaimintiúil** unsubstantiated, insubstantial, flimsy, **neamhthábhachtach** unimportant, **neamhthuairimeach** light, casual, **ó bhéal** insincere, superficial, **scáinte** thin, sparse, **spraíúil** playful, light,

Éadromán

amusing, **suarach** trivial, **tanaí** thin, **uallach** skittish, giddy, **uréadrom** very light

▲ **ábhar** ~ trivial matter, **airtléire** ~ light artillery, **anáil** ~ shallow breathing, **blas** ~ delicate taste, **caint** ~ frivolous talk, **ceol** ~ lowbrow music, **cnag** ~ soft tap, **codladh** ~ light sleep, **croí** ~ light heart, **fliú** ~ mild flu, **fómhar** ~ sparse harvest, **gúna** ~ flimsy dress, **léitheoireacht** ~ light reading, **tinneas** ~ slight illness, **tae** ~ weak tea, **ualach** ~ light load, easy burden

◊ **Is úrscéal an-~ é.** It's a very lighthearted read., **Tá sise ábhairín ~ sa cheann.** She's a little soft in the head.; She hasn't much upstairs., **chomh h~ le cleite** as light as a feather, **faoi mhíchumas** ~ mildly disabled

Éadromán 1 *m (-áin; -áin, ~)* flighty, fickle person

amadán fool, **éagann** *m* giddy scatterbrained person, **éifid** witless superficial person, **eitleog** flighty creature, **fuaidrimín** flighty woman, **gamal** dork, **gamalóg** silly capricious woman, **geidimín** *f* flighty girl, **giodamán** flighty person, **giodróg** flighty girl, **giofaire** giddy and silly person, **guagóg** fickle woman, **óinseach** *f* silly capricious woman, **pleidhce** eejit, **ruaiseog** flighty giddy girl, **ruathaire** flighty fickle person; person who is always on the move, **sceidhreog** flighty girl, **sceidhtéir** capricious person

Éadromán 2 *m (-áin; -áin, ~)* balloon; bladder

balún balloon, **bolgán** air bladder, **bolgán snámha** inflatable air bladder for swimming, **lamhnán** bladder (cf **bheith i do lamhnán** to be bloated), **scrathóg** inflated bladder used as a vessel or a ball, **snámhán** *(swim, seaplane)* float

Éag 1 *m (~a; ~a, ~)* death

bás death, **caill** demise, loss, **críoch** end, **deireadh an róid** the end of the road, **dul in** ~ dying, **dul i léig** extinction, **lánscor** dissolution, **mairbhe** lifelessness, **marú** killing, **mort** death, **múchadh na coinnle/an tsolais** quenching of the candle/light, **neamhbheocht** lifelessness, **neamhbhrí** nullity, **oidhe** violent death, **slí na fírinne** the way of truth, **snigeáil** snuffing out, dying, **tabhairt an fhéir** pushing up the daisies, **tásc** news of death, death, **téarnamh** death *(see also: bás)*

P **Níl an t-~ imithe go dtagann an bás.** Death has hardly departed before appearing again in a new guise.

Éag 2 *v₁c* die

básaigh die, **bí ag tabhairt an fhéir** be pushing up the daisies, **bí críochnaithe** be done for, **caill** lose (cf **~eadh iad.** They were lost.), **faigh bás** die, **fuaraigh** die, die off (cf **Tá na seanchaithe fuaraithe anois.** The shanachies have died off now.), **imigh** pass away, die, **imigh ar shlí na fírinne** go the way of all flesh, **leath** flatten, perish (cf **Leath an fuacht é.** He perished from the cold.), **maraigh** kill (cf **Maraíodh é.** He was killed., **múch** quench (cf **Múchadh solas na beatha air.** The light of life left him.), **snigeáil** snuff it, die, **spéiceáil** croak, die, **stiúg** expire, perish, **tar go deireadh an aistir/an róid** come to the end of the road, **tarraing d'anáil dheiridh** draw your last breath, **téarnaigh** pass away (cf **Théarnaigh sé uainn anuraidh.** He passed away last year.), **téigh i léig** go extinct, **téigh in éag** die

Éag 3 *vn* dying

bású dying; killing, **dul i léig** going extinct, **dul in éag** dying, **fáil bháis** dying, **fuarú** dying, dying off, **imeacht** passing away, dying, **imeacht ar shlí na fírinne** going the way of all men, **snigeáil** snuffing it, dying, **spéiceáil** croaking, dying, **stiúgadh** expiring, perishing, **tabhairt an fhéir** pushing up the daisies, **teacht go deireadh an aistir/róid** coming to the end of the road

Éaganta *adj⁶* giddy, flighty, scatterbrained

amaideach foolish, **baoth** silly, foolish, **bóiléagrach** absent-minded, vacant, **craiceáilte** crazy, **díchéillí** ridiculous, senseless, **éidreorach** misguided, **éigiallta** senseless, irrational, **fánach** casual, **giodalach** capricious, **guanach** fanciful, silly, **histéireach** hysterical, **luaineach** changeable, vacillating, unsteady, **meargánta** madcap, **mícheillí** senseless, **mífhreagrach** irresponsible, **míréasúnta** irrational, **místuama** thoughtless, inconsiderate, **néaltraithe** demented, daft, **neamhchásmhar** unconcerned, **neamhthuisceanach** unappreciative, inconsiderate, **óinmhideach** foolish, simple, **óinsiúil** *(of female only)* foolish, **pleidhciúil** silly, stupid, daft, **roisiúil** rash, **ropánta** blustery, **seafóideach** silly, nonsensical

Eagar *m (-air)* arrangement, order

bail proper condition, **caoi** order, proper shape, **cóir** *f* proper order, **cruth** shape, **dea-riar** good order, **eagarthóireacht** editing, **gléas** order, adjustment, **inneall** arrangement, order (cf **ar inneall máirséala** in marching order), **leagan amach** layout, **ord** order, **ordú** ordering, **ordúlacht** orderliness, **riocht** form, shape, **seicheamh** sequence, **slacht** neatness *(see also: ord)*

▲ ~ **catha** battle formation, ~ **na bhfocal**, arrangement of words, ~ **na suíochán** seating arrangement(s)

◊ **curtha in** ~ **ag** edited by, **gan ord gan** ~ in total disarray, in total confusion, **in ord agus in** ~ orderly, in an ordered fashion, **san** ~ **ina raibh siad ó thús** in their original order, as they were initially arranged

Eagla *f(~)* fear; awe

aláram *m* alarm, **alltacht** wild fear, **anbhá** *m* (~) consternation, **anbhuain** dismay, **anfais** consternation, **ballchrith** *m (-reatha)* trembling, **claidhreacht** cravenness, **cotadh** diffidence, **criteagla** shaking fear, **cúthaileacht** shyness, **éadánacht** timidity, **faitíos** trepidation, fear, **fóibe**

phobia, **fuaiscneamh** fearfulness, disquiet, **fuascar** panic; stampede, **galareagla** hypochondria, **geit** fright, jolt, **guais** fear, dismay; danger, **guasacht** dread, existential fear, **histéire** hysteria, **imeagla** terror, great fear, dread, **leisce** hesitation, **líonrith** panic, **meatacht** cowardice, **rathú** apprehension, **scáfaireacht** timidity, fearfulness, **scanradh** fright, fear, **scaoll** panic, **scaollmhaireacht** proneness to panic, **scard** fright, terror, **scáth** apprehension, **sceilmis** fright, terror, **sceimhle** terror, **sceimhlitheoireacht** terrorism, **scéin** wild terror, **scéiniúlacht** frightened state; scariness, **sceiteog** start, fright, **scrupaill** qualms, **uafás** horror, terror, **uamhan** *m (-ain; -mhna, ~)* dread

◊ ~ **Dé a chothú i ndaoine óga** to foster a fear of God in young people, **Bhí ~ an domhain orm.** I was mortally afraid., **Chuir sí ~ orm.** She scared/frightened me., **Laghdaigh m'~.** My fear abated.

P ~ **an Tiarna tús na saíochta.** The beginning of wisdom is fear of the Lord.

■ **Ar na cineálacha den eagla atá:** types of fear include: **acrafóibe** fear of heights, **agrafóibe** fear of open spaces or crowds, **aracnafóibe** fear of spiders, **clástrafóibe** fear of confined spaces, **fóibe roimh an uimhir trí déag** triskaidekaphobia, **fóibe roimh nathracha** ophidiophobia, **fóibe roimh theangacha iasachta** xenoglossophobia, **fóibe scoile** school phobia, **galareagla** fear of illness, **hipeacoindre** hypochondria, **homafóibe** fear of homosexuals, **seineafóibe** xenophobia

Eaglach *adj³* fearful
anbhách fearful, panicky, **anbhuaineach** dismayed, uneasy, **anfaiseach** aghast, **allasúil** sweating, sweaty, **allta** wild, **ar aon bharr amháin creatha** shivering with fear, **cladhartha** craven, cowardly, **cotaidh** (> *cotadh*) diffident, **critheaglach** shaking with fear, **cúthail** shy, bashful, **éadána** timid, diffident, **faiteach** apprehensive, timid, **fuascrach** fearful; panic-stricken, **galareaglach** hypochondriac, **geiteach** easily startled, **fóibeach** phobic, **imuamhach** terrifying; terrified, **leasc** loath, reluctant, diffident, **meata** cowardly, **míchompordach** uncomfortable, **míshuaimhneach** uneasy, **neamhdhaingean** insecure, **scáfar** fearful; easily frightened, **scanraithe** terrified, **scanrúil** frightening, **scaollmhar** panicky, (very) alarmed, **scáthach** apprehensive, fearful, **scéiniúil** terrifying, **scéiniúlachta** (> *scéiniúlacht*) scary, frightening, **sceimhlithe** terrorised, **scrupallach** having qualms, **uafásach** horrible, terrible, **uamhnach** dreadful

Eaglais *f(~e)* church
airgeal oratory, **ardeaglais** cathedral, **ardteampall** cathedral, **baisleac** *f* basilica, **cill** *(hist)* church, **mosc** mosque, **pagóda** pagoda, **séipéal** chapel, **séipéilín** little chapel, **sionagóg** synagogue, **teach Dé** house of God, **teach pobail** church, **teach urnaí** house of prayer, **teaghais** tabernacle, church, **teampall** temple, *(hist)* church *(see also: reiligiún)*

Eaglasta *adj⁶* ecclesiastical
an Phápa (> *an Pápa*) papal, **cléiriúil** clerical, **crábhaidh** (> *crábhadh*) religious, **cráifeach** pious, religious, devout, **creidimh** (> *creideamh*) religious, **eaglaise** (> *eaglais*) church, relating to the church, **eaglaiseach** church, ecclesiastic, **easpagach** episcopal, **easpagóideach** *(church)* Episcopalian, **liotúrgach** liturgical, **pontaifiúil** pontifical, **sagartúil** priestly

Éagmais *f(~e)* absence, lack
ceal want, absence, **díothacht** deprivation, **díth** want, lack, need, **easnamh** deficiency, deficit, **easpa** lack, **gá** need, **ganntanas** shortage, insufficiency, **íonais** absence, lack, **scáinteacht** scantiness, **teirce** fewness, sparseness *(see also: easpa)*

Éagmaiseach *adj³* lacking, deficient; unrequited
ar iarraidh missing, **as láthair** absent, **éalangach** impaired, **easnamhach** lacking, **easpach** lacking, wanting, **fabhtach** flawed, **gan freagairt** unacknowledged, unanswered, **gann** scarce, **leatromach** unrequited (cf *grá leatromach* unrequited love), **lochtach** faulty, defective, **máchaileach** blemished, defective, **neamhláithreach** absent, **neamhleor** insufficient, **oirbhearnach** impaired by having gaps; diminished, **tearc** few, sparse, **uaigneach** lonesome, **uireasach** inadequate

Eagna *f(~)* wisdom
ciall *f (céille; ~a, ~)* (good) sense, **clisteacht** cleverness, smartness, **críonnacht** wisdom that comes with old age, **éargna** discerning understanding, discernment, **éirim** intelligence (cf **éirim aigne** cop on, intelligence), **éirimiúlacht** aptitude; sprightliness, **eolas an tsaoil** knowledge about life, **gaois** wisdom, **géire intinne** acumen, **iarchonn** wisdom after the event, **intleacht** intellect, **léargas** insight, **meabhair** mind, intellect, **meabhraíocht** thoughtful awareness, **réchonn** foresight, **teilgean cinn** intelligence, **tuiscint** understanding

Éagóir *f(-óra; -óracha)* injustice
aincheart injustice, **claonadh** bias, **éagothroime** imbalance, unevenness, **éagothrom** inequality, **éigeart** injustice, wrong, **iomarca** too much, presumption, **iomrall ceartais** miscarriage of justice, **leatrom** inequality, unfairness, **leithcheal** discrimination, **míchothrom** inequality, unfairness; unbalance, unevenness, **míghníomh** wrongdoing, **réamhchlaonadh** prejudice, **rud mícheart** (a) wrong thing

Éagórach *adj³* unjust
cearr wrong, **claonta** biased, **éagothrom** imbalanced, uneven, inequitable, **gan chúis** without cause, **iomrallach** missing the mark, astray, **leatromach**

discriminatory, unfair, **leithcheala** (> *leithcheal*) discriminatory, **mícheart** wrong, **míchothrom** unbalanced; unequal, **míchuí** inappropriate, **míghníomhach** iniquitous, **míréasúnta** unreasonable, **neamhchothrom** inequitable, uneven, unfair; imbalanced, **réamhchlaonta** prejudiced

Éagothroime *f*(*~*) imbalance, inequality, unevenness
achrannaí *(terrain)* roughness, inaccessible rocky terrain, **aimhréidhe** unevenness, unworked land, **claonadh** tendency; bias, **claontacht** partiality, bias, **corraiceacht** bumpiness, ruggedness, **éagóir** injustice, **gairbhe** roughness, **leathmhaig** lopsidedness, **leatrom** *(neg)* unevenness; unfair discrimination, **míchothrom** unbalance, **míchothroime** unevenness, imbalance, **neamhionannas** dissimilarity disparity; inequality, **réamhchlaonadh** prejudice, **spiacánacht** jaggedness

Éagothrom *adj¹* uneven, unbalanced, inequitable
achrannach *(terrain)* rough, rocky, **aimhréidh** uneven, rough, **ar leathmhaig** lopsided, **claonta** biased, **cnocánach** hilly, **corraiceach** rugged, **corrach** bumpy, **éagórach** unjust, **eangach** indented, grooved, **gan bheith cothrom** not even, **garbh** rough, **le linntreoga** potholed, **leathard** uneven; *(arch)* rampant, **leatromach** discriminatory, **mantach** chipped, indented, **míchothrom** uneven, unbalanced, **neamhchothrom** uneven; unfair, **réamhchlaonta** prejudiced, **spiacánach** jagged, **taobhach** partial *(see also: éagórach)*

Eagraigh *v₂ₐ* organise, systematise, arrange
aicmigh classify, **atheagraigh** reorganise, **bí ag reáchtáil (gnó, damhsa, etc)** be running (a business, a dance, etc), **bí ionstraimeach i** be instrumental in, **caighdeánaigh** standardise, **cogairsigh** arrange, marshal, **cóirigh** fix up, arrange properly, **comhshuigh** arrange in position, **cuir de réir catagóirí** categorise, **cuir i gcóras** systemise, **cuir in eagar/ord** arrange, put in order, **cuir ord ar** to put into order, **feistigh** arrange, adjust; moor, **follúnaigh** regulate, **innéacsaigh** index, **innill** arrange, plot, **ionstraimigh** *(mus)* orchestrate, **leag amach** lay out, **rangaigh** class, classify, **réitigh** resolve, disentangle, **rialáil** regulate, **rith** run, **searn** order, array, **socraigh** adjust, arrange, **sórtáil amach** sort out, **stuc** stook, arrange in sheaves, **suigh** seat, arrange, place

~ **agóidí!** Orchestrate protests!
~ **an lóistín!** Arrange accommodation!
~ **ceolchoirm!** Put on a concert!
~ **cóisir/saoire!** Organise a party/holiday!
~ **cruinniú!** Set up a meeting!
~ **feachtas!** Wage a campaign!
~ **lón carthanais!** Hold a charity luncheon!

Eagraíocht *f*(*~; ~aí*) organisation
aontas *(general)* union, **ceardchumann** trade union, **club** club, **comhlacht** company, **comhaltas** brotherhood, body of persons, **comhaontas** alliance, **comhlachas** association, **cónaidhm** federation, **conradh** league, **corparáid** corporation, **cumann** society, **eagras** organisation, **eagrú** organising, organisation, **feadhnacht** *f* consortium, **gnó** business, **gnólacht** firm, **grúpa** group, **grúpáil** grouping, **institiúid** institute, **léig** league, **sindeacáit** syndicate, **struchtúr** structure *(see also: grúpa)*

▲ ~ **áitiúil** local organisation, ~ **charthanachta** charity organisation, ~ **cheannairceach** subversive organisation, ~ **choiscthe** outlawed organisation, ~ **Chonradh an Atlantaigh Thuaidh** North Atlantic Treaty Organization (NATO), ~ **dheonach** voluntary organisation, ~ **éacúiméineach** ecumenical organisation, ~ **Eaglaise** church organisation, ~ **Eorpach** European organisation, ~ **fóirithinte** relief organisation, ~ **idirnáisiúnta** international organisation, ~ **imeallach** fringe organisation, ~ **na Náisiún Aontaithe** The United Nations Organization, ~ **neamhbhrabúis** non-profit organisation, ~ **neamhpholaitiúil** apolitical organisation, ~ **óige** youth organisation, ~ **phobalbhunaithe** community-based organisation, ~ **óige** youth organisation, ~ **pholaitiúil** political organisation, ~ **spóirt** sports organisation, **an ~ Dhomhanda Trádála** World Trade Organization

Eagraithe *pp* organised, arranged; systematised
aicmithe classified, **atheagraithe** reorganised, **caighdeánaithe** standardised, **cogairsithe** arranged, marshalled, **córasach** systematic, **córasaithe** systemised, **curtha de réir catagóirí** categorised, **curtha i gcóras** systemised, **curtha in eagar/ord** arranged, put in order, **faoi eagar** arranged, **faoi ord** in order, ordered, **feistithe** arranged, adjusted; moored, **feistiúil** well arranged, **follúnaithe** regulated, **innéacsaithe** indexed, **innealta** arranged, plotted, **ionstraimithe** *(mus)* orchestrated, **leagtha amach** laid out, **rangaithe** classified, **reigleáilte** regular, **réitithe** resolved, disentangled, **rialaithe** regulated, **rialta** regular, **rianúil** methodical, **searntha** ordered, arrayed, **sistéamach** systematic, **sórtáilte amach** sorted out, **stuctha** stooked, arranged in sheaves, **suite** seated, arranged, placed

Eagrán *m* (*-áin; -áin, ~*) edition
cóip copy, **cló** print, **cruachóip** hard copy, **eisiúint** issue; release, **foilseachán** publication, **iris** magazine, **irisleabhar** journal, magazine, **leagan** version, **prionta** print, **priontáil amach** printout, **tréimhseachán** periodical, **uimhir** number

Eagrú *vn* organising
aicmiú classifying, **atheagrú** reorganising, **caighdeánú** standardising, **cogairsiú** arranging, marshalling, **cur de réir catagóirí** categorising, **cóiriú** fixing up, arranging properly, **comhshuí** arranging

Éagsamhalta

in position, **cur i gcóras** systemising, **cur in eagar/ord** arranging, putting in order, **feistiú** arranging, adjusting; mooring, **follúnú** regulating, **inleadh** arranging, plotting, **innéacsú** indexing, **ionstraimiú** *(mus)* orchestrating, **leagan amach** laying out, **rangú** classifying, **reáchtáil (gnó, damhsa, etc)** running (a business, a dance, etc.), **réiteach** resolving, disentangling, **rialáil** regulating, **searnadh** ordering, arraying, **sórtáil amach** sorting out, **stucadh** stooking, arranging in sheaves, **suí** seating, arranging, placing

Éagsamhalta *adj⁶* extraordinary, inconceivable
annamh rare, **as an ngnáth ar fad** extraordinary, **curata** heroic, **dána** bold, **dearscnaitheach** brilliant, excellent, **doshamhlaithe** unimaginable, **éachtach** amazing, **fantaiseach** fantastic, unreal, **gáifeach** sensational, **gaisciúil** valiant, valorous, **galánta** elegant, stylish, **iontach** wonderful, amazing, **laochta** heroic, valorous, **niamhrach** splendid, **ollásach** magnificent, **sár-** *pref* super, excellent, **sárchéimeach** superlative, **sármhaith** excellent, **suntasach** outstanding, remarkable, **taibhseach** magnificent; ostentatious, **thar barr** tiptop, super, **thar cionn** terrific, **uafásach** awesome, **uasal** gallant, **urghnách** extraordinary *(see also: **iontach**)*

Éagsúil *adj⁴* different, various
corr odd, **difriúil** different, **eile** other, **ilghnéitheach** diverse, **neamhchosúil lena chéile** unlike one another, **neamhghnách** unusual, **neamhionann** disparate *(see also: **difriúil**)*

▲ **ábhair éagsúla** diverse topics, **costais éagsúla** sundry expenses, **dálaí éagsúla** dissimilar circumstances, **foinsí éagsúla** varied sources, **ócáidí éagsúla** various occasions, **uirlisí éagsúla** assorted tools, **tuairimí éagsúla** differing/diverse opinions

Éagsúlacht *f(~a)* difference
breachnú *(music)* variation, **difear** difference, **difríocht** difference, **éagothroime** disparity, **éagsúlú** varying, variation, diversification **eileacht** otherness, **eisréimniú** divergence, **idirdhealú** distinction, **ilchineálacht** diversity, **ilghnéitheacht** diversity, variety, **ilíocht** diversity, **iolarthacht** multiplicity; variety, **miondifríocht** nuance, **neamhionannas** dissimilarity, **neamhchosúlacht** unlikelihood; improbability, **neamhréireacht** discordance, **neamhréiteach** *m* discrepancy *(see also: **difríocht**)*

Éagumas *m (-ais)* incapacity; impotence
anbhainne feebleness, **dícháiliú** disqualification, **easpa cumhachta** powerlessness, **fainne** faintness, **laige** weakness, **míchumas** disability, **mí-oiriúnacht** unsuitability, unfitness, **neamhábaltacht** inability; incapability, **neamhchumas** incapability, **neamhchumhacht** powerlessness, lack of authority, **neamhéifeachtacht** ineffectiveness, inefficacy, **neamhinniúlacht** incompetence

Éagumasach *adj³* incapable; impotent
anbhann feeble, **dícháilithe** disqualified, **fann** faint, feeble, **lag** weak, **míchumasach** disabled, **mí-oiriúnach** unsuitable, unfit, **neamhábalta** unable, incapable, **neamhbhríoch** ineffectual, **neamhchumasach** incapable, **neamhchumhachtach** powerless, **neamhéifeachtach** ineffective, **neamhinniúil** incompetent, **neamhthorthúil** infertile, **seasc** barren

Éagtha *pp* dead, died
caillte lost, dead, **dulta in éag** gone to death, **dulta i léig** become extinct, **fuar** cold, dead, **imithe ar shlí na fírinne** gone the way of all men, **imithe** passed away, gone, **imithe uainn** departed from us, passed away, **marbh** dead, **neamhbheo** inanimate, **snigeáilte** snuffed it, died, dead, **spéiceáilte** croaked, died, **stiúgtha** expired, perished, **tagtha go deireadh an aistir/an róid** come to the end of the road, **tirim** laid out, dead

Éalaigh *v₂ₐ* escape, elope, disappear off
Bailigh leat! Get along with you!, Begone!, **bain na boinn** *(Ulster dialect: **na bonnaí**)* **as áit** scarper, **bí ag múitseáil (ón scoil)** be mitching (from school), **bris amach** break away, **buail an bóthar** hit the road, **dealaigh** split, **draenáil** drain, **eitil amach** fly away, **fág** leave, **imigh** leave, go away, (cf **D'imigh sé leis.** He disappeared off., He went away.), **rith as** run away (cf **Rith sé leis as an tír.** He ran off with himself out of the country.), **sceith** overflow, **scinn** escape, depart suddenly (cf **Scinn uaim an chúis a bhí leis.** The reason for it has escaped me.), **scoir** cease, leave off, **sil** trickle away, drain, **Téana liom chun siúil!** Come

---

■ **Ar na scoileanna ealaíne éagsúla atá:** Various schools of art include:

Aicriligh *mpl* Acrylics, Acrylic art
Barócachas Baroque
Ciúbachas Cubism
Clasaiceachas Classicism
Coincheapachas Conceptualism
Cuilitheachas Vorticism
Dadachas Dada
De Stijl De Stijl
Ealaín chinéiteach Kinetic art

Ealaín Súl Op art
Eispriseanachas teibí Abstract expressionism
Fóbhachas Fauvism
Iar-impriseanachas Postimpressionism
Impriseanachas Impressionism
Íostachas Minimalism
Nua-chlasaiceachas Neoclassicism,
Nua-eispriseanachas Neo-expressionism

Nuaimpriseanachas Neo-Impressionism
Osréalachas Surrealism
Pop-ealaín Pop art
Réalachas Realism
Rocócó Rococo
Rómánsachas Romanticism
Sintéiteachas Synthetism
Todhchaíochas Futurism
Tógachas Constructivism
Uachtarachas Suprematism

Ealaín

away with me!, **téarnaigh** survive, escape, **téigh** go, **Téigh chun bealaigh/bóthair!** Go on your way!, Set off on the road!, **teith** flee, **tréig** abandon

Ealaín *f(~e; -íona, -íon)* art
aeistéitic aesthetics, **bealach** *m* way, **bob** trick, artifice, curved ball, **ceardaíocht** craftsmanship, **ceird** craft, **cleas** trick, **clisteacht** adroitness, **cruthaitheacht** creativity, **cultúr** culture, **dealbhóireacht** sculpture, **gairm** vocation, **gliceas** guile, **líníocht** drawing, **míndána** *mpl (-dán)* fine arts, **mínealaín** fine art, **modh** method, **péinteáil** painting, **péintéireacht** painting, **pionsaíocht** guile; wiliness, **scil** skill, **seift** device, expedient resource, **seiftiúlacht** ingenuity

■ **péinteáil** painting: **canbhás** canvas, **ceirt** rag, **olaphéint** oil paint, **pailéad** palette, **péint (aicrileach)** (acrylic) paint, **scuab** *f (-aibe; ~a, ~)* brush, **spadal** spatula, **tacas** easel, **uiscedhathanna** *mpl* water colours

Ealaíonta *adj⁶* artistic
aeistéitice *(> aeistéitic)* aesthetic, **aeistéitiúil** aesthetic, **téisiúil** sensuous

Ealaíontacht *f(~a)* artistry
bua accomplishment, expertise, **cáiréis** sensitivity, finesse, **ceardaíocht** craftsmanship, **ceird** craft, **cleasaíocht** trickery, dexterous feats, **clisteacht** adroitness, **cruthaitheacht** creativity, **cumas** ability, **dealbhóireacht** sculpture, **deaslámhaí** deftness, dexterity, **deis** touch, skill, flair, **feidhm** prowess; work, **gliceas** guile, **inniúlacht** proficiency, **líníocht** drawing, **máistreacht** mastery, **modh** method, **oilteacht** proficiency, expertise, **péinteáil** painting, **scil** skill, **seiftiúlacht** ingenuity, **tallann** flair, talent, **tapúlacht** deftness, **tréith** talent, **urrús** prowess

Ealaíontóir *m (-óra; ~í)*
1. artist
ceardaí craftsman, **dathadóir** colourist, **dealbhóir** sculptor, **línitheoir** sketch artist, drawer; draughtsman, **máistir** *m* master, **péintéir** painter, **portráidí** portraitist, **seanmháistir** *m* old master, **snoíodóir** carver
2. trickster
áibhirseoir mischief-maker, **bean ghrinn** *(woman)* joker, **biorach** *m* sharp tricky person, **cleasaí** trickster, **cleithire** rogue, **fear grinn** *(man)* joker, **gliceadóir** crafty person, cute bucko, **leithéisí** joker, jester, droll person, **lúbaire** twister *(see also: cleasaí)*

Éalaithe *pp* escaped, eloped, disappeared off
bailithe leo gone off with themselves, **briste amach** broken out, **dealaithe** split, **draenáilte** drained, **dulta** gone, **dulta chun bealaigh/bóthair** gone off, headed off, **eitilte amach** flown away, **fágtha** left, **imithe** left, gone away, **rite as** run off, run away, **sceite** divulged, **scinnte** escaped, departed suddenly, **scortha** left off; retired, **silte** trickled away, drained, **téarnaithe** survived, escaped, **teite** fled, **tréigthe** abandoned

▲ **bealach ~** emergency exit, **bealach ~ dlíthiúil** legal loophole, **bealach ~ dóiteáin** fire exit, **bealach furasta ~** cop-out, **beart ~** evasive action, **carr ~** getaway car, **fonn ~** seven-year itch, **haiste ~** escape hatch, **straitéis ~** escape strategy

Éalaitheach *adj³* elusive, escaping
do-aimsithe elusive, impossible to attain, **gasta** fleeting, hasty, **sciorrach** slippy, **seachantach** evasive, **sleamhain** slippery, **sliodarnaí** *(> sliodarnach f)* slithering, sliding, **teifeach** fleeing, fugitive

Éalú *vn* escaping, escape
aislingeacht daydreaming, **bailiú linn** heading off, organising ourselves for departure, **bealach** *m* **éalaithe éigeandála** emergency escape route, **briseadh** break, breaking, **caitheamh aimsire** pastime, **croíléis** recreation, **draein** *f (draenach; draenacha)*, drain, **draenáil** draining, **éalúchas** escapism, **dul** going, **dul chun bealaigh/bóthair** going/setting off, **fágáil** leaving, **imeacht** departing, departure, **múitseáil** mitching, skiving off, **píobán sceite** overflow pipe, **rith** running, **sceithbhealach** *m* outlet, **sceitheadh** overflowing, spewing forth, **scor** discontinuance, release, **silteán** small drain, channel, **staighre éalaithe** fire escape, **teitheadh** flight, fleeing, **tréigean** abandoning, abandonment

~ **as an bpríosún** escaping from prison
~ **as pionós** evading penalty
~ **le do leannán** eloping with your lover
~ **le hairgead** absconding with funds
~ **ó choinbhleacht** fleeing from a conflict
~ **ó fhreagracht** dodging responsibility
~ **ón mbaile** running away from home
~ **ón mbás** cheating death
~ **ón daibhreas** breaking free of poverty
~ **ón scoil** mitching (off) from school

Éan *m (éin; -éin, ~)* bird
cearc hen bird, **coileach** *m* cock, male bird, **ealta** *f* flock (of birds), **éanán** small bird; chick, **éanlaith** fowl, birds, **eitleachán** fluttering thing, bird, **eitleog** flighty creature, **gailléan** large bird, **gearrcach** *m* fledgling, nestling, **giolcaire** chirper; twitterer, **seascachán** unmated bird *(see also: éanlaith)*

▲ ~ **aille** cliff bird, ~ **beannaithe** wagtail, ~ **ceoil** songbird, ~ **circe** chick, ~ **creiche** bird of prey, ~ **dearg** puffin, ~ **dubh** blackbird, ~ **fara** perching bird, ~ **gé** gosling, ~ **glaoiteach** calling bird, ~ **goir** breeding/brooding bird, ~ **gréine** sunbird, ~ **grianáin** bower bird, ~ **imirceach/aistreánach** migratory bird, ~ **lachan** duckling, ~ **mara** sea bird, ~ **mustair** displaying bird, ~ **na cuaiche duibhe** an only child, ~ **parthais** bird of paradise, ~ **róin** seal pup, ~ **scrobarnaí** scrubbird, **éan sprochailleach** wattlebird, ~ **tí** domestic bird (cf **éin tí** fowl), ~ **turcaí** turkey chick, ~ **uisce géim** wildfowl

◊ ~ **scoite/aonair a bhí inti**. She was a loner., **Bhí Tomás ina ~ deireanach**. Tomás was the last of the brood., **Is ~ corr é**. He is an outsider.

Eangach *f(-aí; ~a, ~)* net, grid; fishing net
criathar sieve, **fál eangaí** netting, **gráta** grating, **gréasán** web, **greille** *f* grid, **laitís** lattice, **líon** *m (lín; ~ta)* net; web (cf **líon damhán alla** spiderweb) **líonra** network, **líontán** small net (cf **líontán gruaige** hairnet), **lúbach** *f* landing net, **mogall** mesh, **pilleoc** *f (-oice)* scooping net, bag net, **rideal** riddle, sieve, **scagaire** filter, **spiléar** spiller, trawl line, **sruthlíon** *m* drift net, **teilglíon** *m* casting net

Eanglach *m (-aigh)* numbness; pins and needles
ainéistéise anaesthesia, **bodhaire** numbness; deafness, **codladh gliúragáin** pins and needles, **codladh grifín** pins and needles, **fuaire** coldness, **fuairnimh** numbness, sting of coldness, **mairbhítí** *f* deadness, dullness, lack of sensation, **maoile mothúchán** emotional insensitivity, **marbhántacht** torpor, deadness, **pairilis** paralysis, **sliopach** *m* numbness in fingers causing inability to grasp (cf **Tháinig sliopach orm**. I became butterfingered.)

Éanlaith *f(~e)* birds, fowl
éineoil poultry, **circeoil** chicken meat, **éin** *mpl* birds

▲ ~ **chlóis** poultry, ~ **mhara** sea-birds, ~ **oíche** night birds, ~ **tí** domestic birds; poultry, ~ **uisce** water fowl; fishing birds *(see also: **éan**)*

Éarlais *f(~e; ~í)* token; deposit, part payment
airgead síos money down, deposit, **áirithíocht** *(jur)* retainer, **cúiteamh** recompense, **dearbhán** token (cf **dearbhán leabhar** book token), **díolaíocht** payment, instalment (cf **an chéad díolaíocht** the first instalment), **dol** instalment (cf **dol den chíos** instalment of the rent), **gála** instalment (cf **rud a íoc ina ghálaí** to pay for a thing in instalments), **glasíoc** part payment, **páirtíocaíocht** part payment, **sos** instalment (cf **ar shosanna** in easy instalments, on easy terms), **tráthchuid** instalment

---

■ **I measc éanlaith na spéire atá:** Birds and fowl include:

albatras albatross
broigheall cormorant
budragár budgerigar
buíóg yellowhammer
bultúr vulture
cadhan barnacle goose
cág jackdaw
cailleach dhubh cormorant
cailleach oíche owl
caislín aitinn whinchat
caislín cloch stonechat
ceann cait longeared owl
cearc *f (circe; ~a, ~)* hen
cearc fhraoigh grouse
cearc uisce water grouse moorhen
céirseach *f* female blackbird; *(poet)* song-thrush
ceolaire warbler
clamhán buzzard
cnagaire woodpecker
colm dove
corr bhán white stork
corr éisc heron
creabhar woodcock
cromán na gcearc hen harrier
cuach *f (-aiche; ~a, ~)* cuckoo
deargán sneachta redwing
deargéadan redpoll
donnóg hedge sparrow, dunnock
dreoilín wren
droimneach black-backed gull
druid starling
eala swan
éamú emu
eireog pullet, chicken
fabhcún falcon
fabhcún gorm peregrine falcon
fáinleog swallow
faoileán ceanndubh black-headed gull
faoileán seagull
feadóg mhara sandpiper
feadóg plover
fearán turtle dove
fiach *m (fiaigh; ~a,~)* raven
filiméala nightingale
foitheach *m* diver
fuiseog lark, skylark
gabha dubh dipper
gabhlán gaoithe swift
gainéad gannet
gé goose
geabhróg tern, sea swallow
gealbhan cátha chaffinch
gealbhan claí hedge sparrow
gealbhan glas green linnet
gealbhan sléibhe mountain finch
gealbhan sparrow
gealóg bunting
gearrchearc *f* bantam hen
gearrchoileach *m* bantam cock
gilphíb whitethroat
glasán darach greenfinch
glasán finch
glasóg shráide pied wagtail
glasóg wagtail
gleoiseach *f (-sí; ~a,~)* linnet
gobadán sandpiper
guine *f* guinea fowl
iolar eagle
lacha *f (~n; ~in, ~n)* duck
lasair choille goldfinch
lasairéan flamingo
liatráisc mistle thrush
lon dubh blackbird
mallard mallard
meaig magpie
meantán léana willow tit
meantán tit
meirleach *m* **mara** skua
meirliún merlin
naoscach *m* snipe
ostrais ostrich
patraisc partridge
péacóg peacock
peileacán pelican
pilibín plover
pocaire gaoithe kestrel
pocaire na mbánta magpie
puifín puffin
puiléad pullet
rearagán young blackbird
riabhóg pipit
roilleach *m* oyster catcher
rúcach *m (-aigh)* rook
rufachán ruff
saidhbhéar kittiwake
scalltán fledgling, nestling
scréachóg choille jay
scréachóg reilige barn owl
seaga shag
sicín chicken
síolta *f* merganser
smólach thrush
snag breac magpie
snag treecreeper
spágaire na dtonn little grebe, dabchick
spideog robin redbreast
tiuf-teaf chiffchaff
turcaí turkey
ulchabhán donn tawny owl
ulchabhán owl
ulchabhán réisc short-eared owl

Earra *m (~; ~í)*
  1. commodity
  abhras product, gainful work; yarn, **acmhainn** asset, resource, **bia-ábhar** foodstuff, **lasta** *m* freight, **lastas** cargo, **riar** *m* provision, **soláthar** supply, **táirge** *m* product, **toradh** fruit, result, **tráchtearra** commodity
  2. *~í* goods, merchandise, wares
  airnéis stock, goods; chattels, **fardal** inventory, **lón** provisions; sustenance (cf **lón cogaidh** munitions), **marsantacht/marsantas** merchandise, **riar** *m* provision, **soláthairtí** *mpl* supplies **táirgí** *mpl* products

Earrach *m (-aigh; -aigh, ~) (season)* spring
  aiseag restoration, restitution, **aiséirí** resurrection, **aisghabháil** recovery, **athbheochan** *f (~a)* revival, **athbhreith** rebirth, renaissance, **athbhunú** re-establishment, **athdhúiseacht** reawakening, **athéirí** rising again, **athfhás** regrowth, **athghiniúint** regeneration, **athmhúscailt** reawakening, **athnuachan** *f (~a)* renewal, **atógáil** rebuilding, **dúiseacht** awakening, **múscailt** awakening, raising of new courage, **óige** youth, **tosach nua** new beginning, **tús** start, **úire** freshness

  ▲ **cónocht an earraigh** spring equinox, **cur an earraigh** spring planting, **glantachán earraigh** spring clean, **maidin earraigh** spring morning, **oinniúin earraigh** spring onions, **séasúr an earraigh** the spring season, **seó an earraigh** the spring show

  ◊ **Anois le teacht an earraigh tá an lá ag dul chun síneadh.** Now with the arrival of spring, the days are getting longer., **Tá an t-earrach linn.** Spring is in the air!

  P **An té a chuireann san earrach, bainfidh sé san fhómhar.** He who sows in the spring shall reap in the autumn.

Earráid *f (~e; ~í)* error
  botún mistake, **dearmad** oversight, mistake, **dul amú** slipup, mistake, **faillí** *f* lapse, **freagra mícheart** incorrect answer, **fudairnéis** mix-up, confusion, **iomrall** mix-up, error, **mearbhall** confusion, error, **mearbhall cuntais** misreckoning, **mí-áireamh** miscalculation, **míchruinneas** inaccuracy, **míthapa** mishap, **míthuiscint** misunderstanding, **peaca** sin, **neamart** oversight, **seachrán** aberration *(see also: botún)*

Earráideach *adj³* erroneous, mistaken
  botúnach blundering, awkward, **bréagach** false, untrue, **cearr** wrong, **cluanach** deceptive, **contráilte** mistaken, wrong, **dearmadach** omissive, faulty, **iomrallach** straying wide of mark, misplaced, aberrant, **lochtach** faulty, flawed, **meallta** mistaken, **mí-cheart** incorrect, **míchneasta** dishonest, **mídhílis** unfaithful, **mí-ionraic** disingenuous, insincere, **mímhacánta** dishonest, **nach dtuigtear i gceart** misunderstood, **neambhailí** invalid, **neambheacht** inexact, imprecise, **neamhchruinn** inaccurate, **neamhfhírinneach** untruthful, **seachránach** misguided

Éarthach *adj³* repellent
  déistineach repugnant, **drochmhisnigh** (> *drochmhisneach*) discouraging, **gráiniúil** obnoxious, **ruaigtheach** repellent, expulsive, **samhnasach** nauseating

Eas *m (~a; ~anna)* waterfall
  caise *m* torrent, gushing, **cora** *f* weir, **easán** cascade, **fána** rapids, **fánán** chute, **fánsruth** *m* rapids, **scairdeán** cascade; spout, **siúit** chute, **srúill** (rapid) flow of water

  ◊ **ag snámh in aghaidh ~a** fighting against all odds; going against the flow., **Snámh in aghaidh ~ a bhí ann!** It was an uphill struggle!

Éasca *adj⁶* easy
  áiseach/áisiúil handy, convenient, **aosáideach** easy, **bog** soft, facile, **furasta** easy, **gan deacracht ar bith** without the slightest difficulty, **gan dua** effortless, **gan dochma** without discomfort, easy, light, **gan phian** without pain, **gan stró ar bith** without any hassle, **gan strus** relaxed, **inréitithe** solvable, **neamhchasta** uncomplicated, **neamhphianmhar** painless, **neamhthuirsiúil** unfatiguing, **rábach** easy, uninhibited (cf **Bhí bua rábach acu.** They had a runaway victory.), **ré-** *pref* easy, gentle (cf **rébhuille** easy stroke, **réfhána** gentle slope), **réidh** soft, easy (**rogha réidh** soft option), **saoráideach** easy, facile; free from constraint, **simplí** simple, **so-aimsithe** easily reached, accessible, **sobhogtha** susceptible, easily moved, **socheansaithe** appeasable, **sochomhairleach** amenable, tractable, **sócúlach** easy, comfortable, **sodhaing** *(lit)* easy, **sodhéanta** easily doable, **sofheictthe** manifest, obvious, **soghluaiste** biddable, **soghonta** vulnerable, **soiléasta** lucid, **soiléir** clear, obvious, **soineanta** naive, simple, **soirbh** easy, pleasant, **soláimhsithe** manageable, clear, **solúbtha** flexible, **sómasach** easy, easygoing, **somheallta** easily seduced, gullible, **suaimhneach** tranquil

  ▲ **airgead ~** easy money, **bealach ~** easy way; shortcut, **bua ~** easy victory, **croí ~** light heart, **obair ~** easy work, **siúlóid ~** gentle stroll, **stíl ~** fluid easy style

  ◊ **~ ar do chosa** quick on your feet, **ar each ~** *(high reg)* on a nimble steed, **an bealach is ~** the easiest way, **An rud ab ~ linn a dhéanamh ná íoc anois.** The easiest thing for us to do would be to pay now.

Éascaigh *v₂ₐ* expedite, facilitate; make easy
  bealaigh lubricate, **brostaigh** hurry, quicken, **cuir ar aghaidh** further, promote, **cuir chun cinn** promote, **cuir chun tosaigh** advance, fast-track, **cuir dlús le** expedite, **cúnaigh** help, assist, **déan níos éasca/níos fusa** make easier, **deifrigh** hasten, expedite, **fóir (ar)** relieve, help, **fortaigh** comfort, aid, **géaraigh luas**

speed up, accelerate, **gríosaigh** encourage, **luathaigh** hasten, accelerate, **réitigh an bealach** smooth/prepare the way

Éascaíocht *f(~a)*

1. ease, easiness, expeditiousness
aosáid ease, convenience **boige** softness, gentleness, **caitheamh dairteanna** child's play, **fusacht** easiness, ease, **neamhchastacht** noncomplexity, **neamhphianmhaire** painlessness, **píosa cáca** piece of cake, **réadas** evenness, ease, **réidhe** levelness, evenness; easiness, **rogha réidh** soft option, **saoráidí** easiness, facileness, **saoráil** easiness, freedom, **simplíocht** simplicity, **siúlóid sa pháirc** a walk in the park, a doddle, **so-** *pref* easy, **so-aimsitheacht** accessibility, **socheansaitheacht** placableness, **sochomhairlí** amenability to advice, **sócúl** ease, comfort, **sodhainge** *(lit)* easiness, **sodhéantacht** feasibility, **sofheictheacht** clear visibility, (the) glaringly obvious, **so-ghabháltacht** susceptibility, **soghontacht** vulnerability, **soiléas** lucidity, clarity, **soiléire** clearness, obviousness, **soiléireacht** clarity, distinctness, **soineantacht** naivety, simpleness, **soirbheas** auspiciousness; pleasantness, ease, **soláimhsitheacht** manageability, **sómas** ease, comfort, **somhealltacht** seducibility; gullibility, **suaimhneas** tranquillity, **tíriúlacht** pleasantness

2. ease of movement, agility, mobility
aclaíocht suppleness, **luadar** nimbleness of movement; activity, **luail** motion, mobility, **luaineacht** nimbleness, mobility, **lúfaireacht** agility, **lúth** vigour, agility, **oscar** agility; leap; *(swim)* stroke, **sobhogthacht** susceptibility, pliability, **soghluaisteacht** tractability, easy movement, **solúbthacht** flexibility

Éascaithe *pp* expedited, facilitated; made easy

ar cuireadh dlús le expedited, **bealaithe** lubricated, **brostaithe** hurried, quickened, **curtha ar aghaidh** furthered, promoted, **curtha chun cinn** promoted, **curtha chun tosaigh** advanced, fast-tracked, **cúnaithe** helped, assisted, **déanta níos éasca/níos fusa** made easier, **deifrithe** hastened, expedited, **fóirthe** relieved, helped, **fortaithe** comforted, aided, **gríosaithe** encouraged, **luathaithe** hastened, accelerated, **luasghéaraithe** speeded up, accelerated

Eascartha *pp* sprung up, sprouted

ardaithe risen; raised, **bachlaithe** budded, **bainte le** concerned with, associated with, **beangaithe** grafted; budded, **bláthaithe** blossomed, **borrtha** inflated, swollen, **clúdaithe le bachlóga** covered with buds, **díorthaithe** *(chem)* derived, **éirithe ó** arisen from, **faoi bhláth** in bloom, **fásta** grown, **forbartha** developed, **méadaithe** increased, **iomadaithe** multiplied, increased, **péactha** sprouted, germinated, **tagtha aníos/as** come up/increased, grown, **tagtha chun cinn** come to the fore, **tagtha ó** come from (cf **tagtha ó Ghréigis** come from the Greek)

Eascair *v₂c* spring up, sprout

ardaigh rise; raise, **bachlaigh** bud, **bain le** concern with, be associated with, **beangaigh** graft; bud, **bláthaigh** blossom, **borr** inflate, swell, **cuir bachlóga amach** produce buds, **díorthaigh** *(chem)* derive, **éirigh ó** rise from, **fás** grow, **forbair** develop, **méadaigh** increase, **iomadaigh** multiply, increase, **péac** sprout, germinate, **tar as** stretch, grow, increase, **tar chun cinn** come to the fore, **tar ó** come from (cf **Tagann sé ón Laidin.** It comes from Latin.)

◊ **D'~ bannaí nua ó gach uile áit.** New bands sprang up from all over the place., **D'~ réitigh chuí as iarrachtaí a rinneadh roimhe sin.** Appropriate solutions stemmed from previous attempts., **D'~ fadhbanna úrnua dúinn as seo.** This generated brand new problems for us., **Eascraíonn a lán ceisteanna as na staitisticí is déanaí.** A lot of questions arise from the latest statistics., **Eascraíonn na Gluaiseanna seo ón naoú haois.** These Glosses date back to the ninth century.

Eascairdeas *m (-dis)* enmity

binb venom, fury, **col** aversion, **cruimh faoin bhfiacail** resentment, **doicheall** churlishness, unfriendliness, **dóiteacht** annoyance, bitterness, **droch-chroí** ill will, **drochfhuil** bad blood, **drochintinn** ill will, **easaontas** disunion, **fala** spite, grudge, **faltanas** spitefulness, vindictiveness, **fiamh** *m (~)* bitterness, grudge, **fuath** *m (-tha)* hatred, **gangaid** spite, venom, **goimh** venom, spleen, **gráin** hatred, **míghnaoi** antipathy, **mioscais** spite, malice, **mírún** malice, ill will, **míthaitneamh** displeasure, disliking, **naimhdeas** hostility, **nimh** virulence, bitterness, **olc** evil, anger, temper, **olcas** spite, badness, **seanfhala** feuding, old grudges, **seirfean** bitterness, indignation, **snamh** dislike, distaste *(see also: doicheall)*

Eascairdiúil *adj⁴* unfriendly and hostile

binbeach venomous, **doicheallach** churlish, unfriendly, **droch-chroíoch** with ill will, **drochfhola** (> *drochfhuil*) with enmity, **dúr** dour, **fala** spiteful, full of grudges, **faltanasach** spiteful, vindictive, **fuafar** hateful, **fuar** cold, **goimhiúil** venomous, **míchairdiúil** unfriendly, distant, **mífhabhrach** unfavourable, **míghnaíúil** unprepossessing, full of meanness, **mímhuinteartha** unfriendly, aloof, **míthaitneamhach** displeasing, **naimhdeach** antagonistic, hostile, **nimhneach** nasty, virulent, **oilc** evil, bad-tempered, **searbh** bitter; embittered, **seanfhala** feuding *(see also: doicheallach)*

Eascairt *vn* springing up, sprouting

ardú rising; raising, **bachlú** budding, **baint le** concerning with, being associated with, **beangú** grafting; budding, **bláthú** blossoming, **borradh** inflating, swelling, **cur bachlóg amach** producing buds, **díorthú** *(chem)* deriving, **éirí ó** rising from,

Éascú ... **fás** growing, **forbairt** developing, **méadú** increasing, **iomadú** multiplying, increasing, **péacadh** sprouting, germinating, **teacht as** stretching, growing, increasing, **teacht chun cinn** coming to the fore, **teacht ó** coming from, deriving from

◊ **ag ~ óna bhfuil socraithe againn** arising from what we have settled/decided upon, **Bhí na barra ag ~ go luath sna goirt.** The crops were sprouting early in the fields.

Éascú *vn* expediting, facilitating; making easy
bealú lubricating, **brostú** hurrying, quickening, **cúnamh** helping, assisting, **cur ar aghaidh** furthering, promoting, **cur chun cinn** promoting, **cur chun tosaigh** advancing, **cur dlús le** expediting, **déanamh níos éasca/níos fusa** making easier, **deifriú** hastening, expediting, **fóirithint (ar)** relieving, helping, **fortacht** comforting, aiding, **géarú luais** speeding up, accelerating, **gríosú** encouraging, **luathú** accelerating, hastening, **réiteach bealaigh** smoothing the way

~ **na srianta** easing of the restrictions
~ **na gcainteanna** facilitation of the talks
~ **rothaí an Stáit** oiling the wheels of State
~ **na foghlama** making learning easier

Easlán *m (-áin; -áin, ~)* invalid
aimleoir deformed person, **bacach** *m* lame person, **breoiteachán** sick person, **caillteachán** person for whom there is no hope, poor wretch, **donán** unfortunate wretch, **duine faoi éagumas** disabled person, **duine faoi mhíchumas** an incapacitated person, disabled person, **cláiríneach** *m* deformed person, **cruiteachán** hunchback, **díol trua** sad sight, poor thing, **fulangaí** sufferer, **leannán sí** drained, emaciated person (cf **leannán**) **mairtíneach** *m* cripple, **othar** patient, **sampla** wretched afflicted person

Easnamh *m (-aimh; -aimh, ~)* deficiency, dearth; deficit
anás dire need, poverty, **cacht** *m (lit)* privation, **ceal** lack, **díláthair** absence, **díth** want, lacking, need, **éagmais** lack, deficiency; longing, **easpa** lack, want, **gainne** paucity, **gannchar** dearth, shortage, **gannchúis** scarcity, **ganntanas** shortage, insufficiency, **ganntar** need, **gátar** need, distress, **gorta** famine, **íonais** absence, lack, **neamhní** void, nothing, **riachtanas** requirement, **scáinteacht** scantiness, **tearcamas** scarcity, **tearc-chuid** penury (cf **i dtearc-chuid** in straitened circumstances), **teirce** sparseness, **uireasa** lack, want, deficiency *(see also: easpa)*

Easnamhach *adj³* deficient, wanting
ar an anás destitute, **ar dhroch-chaighdeán** of an inferior standard, **beo bocht** impoverished, **bocht** poor, **díothach** wanting, needy, **éagmaiseach** lacking, missing; *(love)* unrequited, **easpach** lacking, missing, **faoi bhun caighdeáin** substandard, **gann** meagre, scanty, **ganntarach** needy, deprived, **neamhdhóthanach** inadequate, insufficient, **neamhéifeachtach** ineffective, **scáinte** scanty, sparse, **sciotach** scanty, skimpy, **tearc** few, scarce, **uireasach** lacking, wanting, deficient *(see also: easpach)*

Easonóir *f (-óra; -óracha)* dishonour
aithis slur, reproach, **céim síos** humiliation, **deargnáire** crying shame, **díghrádú** degradation, **drochainm** bad name, **droch-cháil** infamy, **drochmheas** contempt, disdain, **drochtheist** discredit, **fonóid** derision, **iomard** reproach, **ísliú** abasement, **máchail** stigma, blemish, **masla** insult, **méala** humiliation; grief, **míchlú** disrepute, **mí-onóir** dishonour, **náire** shame, disgrace, **náiriú** disgracing, **smál** stain, blot, **tarcaisne** obloquy, affront, **uirísliú** utter humiliation *(see also: náire)*

Easonórach *adj³* dishonourable
aimhleasta unwholesome, **aithiseach** defamatory, shameful, **bithiúnta** blackguardly, **deargnáirithe** deeply shamed, **díchreidiúnach** discreditable, **droch-cháiliúil** infamous, **cealgach** treacherous, **corbach** corrupt, **drochmheasúil** contemptuous, **fealltach** foul, treacherous, **feillbheartach** traitorous, false, **fonóideach** derisive, **gan náire** shameless, **gan phrionsabail** unprincipled, **incháinte** reprehensible, **iomardach** reproachful, **íseal** low, **máchaileach** blemished, defective, **maslach** insulting; abusive, **méalach** humiliating; lamentable, **míchlúiteach** disreputable, **míchuí** improper, **mí-eiticiúil** unethical, **mífhiúntach** unworthy, **mífholláin** unwholesome, **neamhfhiúntach** unworthy, **neamhiontaofa** untrustworthy; unreliable, **neamhphrionsabálta** unprincipled, **neamhscrupallach** unscrupulous, **mígheanmnaí** unchaste, **mí-onórach** dishonourable, **náireach** shameful, disgraceful, **náirithe** shamed, **oilbhéimeach** humiliating, scandalous, **scannalach** scandalous, **smálaithe** stained, blotted, **suarach** despicable, **táir** base, vile, **tarcaisneach** scornful, contemptuous, **tarcaisnithe** scorned, disparaged, **uiríslitheach** humiliating, **uiríslithe** utterly humiliated

Easpa *f (~)* lack, want
anás dire need, poverty, **anró** *m* distress, **bochtaineacht** poverty, **cacht** *m (lit)* privation, **ceal** lack, **cruatan** hardship, **díláthair** absence, **díothacht** deprivation, **díth** want, lacking, need, **éagmais** lack, deficiency; longing, **easnamh** deficiency, deficit, **foilmhe** emptiness, **folúntas** vacancy, **gá** need, **gannchúis** penury; scarcity, **ganntanas** shortage, insufficiency, **ganntar** need, **gátar** need, distress, **gorta** famine, **íonais** lack, absence, **neamhní** void, nothing, **riachtanas** requirement, **scáinteacht** scantiness, **teirce** scarcity, sparseness, **uireasa** lack, want, deficiency

Easpach

▲ ~ **céille** senselessness, ~ **cúraim** carelessness, ~ **eagraíochta** disorganisation, ~ **eolais** lack of information, ~ **faobhair** bluntness, ~ **foirne** short-staffed, ~ **leanúnachais** discontinuity, ~ **iontaoibhe** credibility gap, ~ **misnigh** lack of courage, ~ **muiníne** lack of confidence, ~ **poiblíochta** *(pub, br)* lack of exposure, ~ **príobháideachais** lack of privacy, ~ **samhlaíochta** failure of imagination, ~ **smaointe** poverty of ideas, ~ **snoiteachta** *(style, finish)* awkwardness, ~ **spáis** cramped conditions, lack of space, ~ **spéise** lack of interest, ~ **taithí** inexperience, ~ **téagair** superficiality, shallowness, ~ **vitimíní** vitamin deficiency

◊ **Tá ~ air.** He's not all there., **Is mór an náire an ~ aitheantais a ghnóthaíonn a saothar.** It's disgraceful how underrated her work is., **Tá ~ foirne orainne faoi láthair.** We are presently short-staffed.

Easpach *adj³* lacking, missing
ag teastáil wanting, **ar an anás** destitute, **ar an ngannchuid** needy, **ar iarraidh** missing, **ar shiúl** gone missing, **ar strae** astray, **caolmhaireachtála** at subsistence level (cf **pá caolmhaireachtála** subsistence wage), **de dhíth** lacking, **díothach** wanting, needy, **éagmaiseach** lacking, deficient; *(love)* unrequited, **easnamhach** deficient, wanting, **faoi bhun caighdeáin** substandard, **gan bheith ann** not being there, absent, missing, **gannchúiseach** penurious; scarce, **ganntarach** needy, deprived, **imithe chun bealaigh** gone away, departed, **neamhdhóthanach** inadequate, insufficient, **neamhéifeachtach** ineffective, **scáinte** scanty, sparse, **tearc** few, scarce, **uireasach** lacking, wanting, deficient

Eastát *m (-áit; -áit, ~)* estate
ceantar district, **diméin** demesne, **dúiche** *f* domain, **fearann** terrain, land, **fearannas** landed estate, occupation of land, **fearann dílis** landed estate, **geiteo** *m* ghetto, **oidhreacht** inheritance, **réadmhaoin (phoiblí)** (public) property, **réigiún** region, **saorghabháltas** freehold, **sealúchas** possession of property, **seilbh** occupancy, possession, **talamh** *m/f* land, **tithe** *mpl* houses, **tithíocht** housing

▲ **An Tríú h~** The Third Estate, **~ bardais** corporation estate, **~ comhairle** council estate, **~ dlíthiúil** legal estate, **~ duine éagtha** deceased person's estate, **~ réadach** real estate, **~ tithíochta** housing estate

Easumhal *adj irr* disobedient
ábhailleach naughty, **aimhriarach** disobedient, **ceannairceach** rebellious, **ceanndána** stubborn, **conróideach** difficult to deal with, **dána** bold, **docheansaithe** untameable, unmanageable, **dochomhairleach** unamenable to advice, wayward, **domhúinte** incorrigible, **doriarta** intractable, unruly, **dosmachtaithe** uncontrollable, ungovernable, **dúshlánach** defiant, **easurramach** disrespectful, **gan chosc** wayward, **gan mhúineadh** cheeky, **mígéilliúil** non-compliant, **míréireach** unruly; insubordinate, disobedient, **neamhghéilliúil** non-compliant, **oilbhéasach** mischievous, unruly, **reibiliúnach** rebellious, **sotalach** cheeky, **spadhrúil** wayward; moody, unbalanced *(see also: dána)*

Easumhlaíocht *f (~a)* disobedience
ábhaillí naughtiness, **aimhriar** *f (-réire)* disobedience, **ceannairceacht** rebelliousness, **ceanndánacht** stubbornness, **dánacht** boldness, **docheansaitheacht** intractability, unmanageableness, **dochomhairle** *f* wilfulness, waywardness, **domhúinteacht** incorrigibility, **doriarthacht** unruliness, **dúshlán** defiance, challenge, **easpa smachta** lack of discipline, **easurraim** irreverence, **míréir** disobedience, **neamhchomhlíonadh** insubordination, non-compliance, **reibiliúnacht** rebelliousness, **sotal** cheekiness, **spadhrúlacht** waywardness; propensity to be a loose cannon *(see also: dánacht)*

Easurraim *f (~e)* irreverence, disrespect
beagmheas contempt, **dímheas** disrespect, **drochmheas** *m* disrespect, contempt, **drochmhúineadh** rudeness, impoliteness, **easumhlaíocht** insubordination, **easurraim** irreverence, disrespect, **easurrús** presumption, **easurrúsaí** presumptuousness, **lagmheas** little respect or regard, **míchúirtéis** discourtesy, **mímhúineadh** impoliteness, rudeness, **mínáire** brazenness, shamelessness, **soibealtacht** impertinence, **sotal** cheek, impudence, **stróinéis** overbearingness; pushiness, **teanntás** pushiness, brashness; assurance, audacity, **tútachas** boorishness, uncouthness, **urghránnacht** hideousness

Easurramach *adj³* irreverent, disrespectful
dímheasúil disrespectful, **drochbhéasach** rude, impolite, **drochmheasúil** disrespectful, **drochmhúinte** ill-mannered, rude, **easumhal** insubordinate, **easurrúsach** presumptuous, **gan mhúineadh ar bith** devoid of manners, **gan náire** shameless, **gan scáth gan náire** uninhibited, **míchúirtéiseach** discourteous, **mímhúinte** impolite, **mínáireach** brazen, **neamhchotúil** unabashed, **neamhómósach** showing lack of regard, disrespectful, **neamhurramach** disrespectful, **ogmartha** impudent, **soibealta** impertinent, **sotalach** cheeky, impudent, **stróinéiseach** overbearing, pushy, **teanntásach** pushy, brash, **tútach** boorish, uncouth, **urghránna** offensive

Éide *f (~; -dí)* uniform; dress, wear
aibíd habit, **cathéide** battledress, **cóta bán** white coat, **culaith** *f (~e; -ltacha)* dress, apparel, **fallaing** cloak, mantle, **feisteas** outfit, **gúna** gown, **libhré** *m* livery, regalia, **róbaí** *mpl* robes *(see also: éadaí)*

▲ **~ chomhraic** combat uniform, **~ chosanta** body armour, **~ ghléasta** dress uniform, **~ naíonán**

Éifeacht

baby wear, **~ rásaíochta** racing colours, **~ scoile** school uniform, **~ shagartúil** priestly vestments, **~ thraidisiúnta** traditional dress

■ **i leith éide** concerning uniform/dress: **bríste** trousers, **caipín** cap, **clogad** helmet, **cnaipí** *mpl* buttons, **crios** *m* belt, **éadach** *m* **cinn** headdress, **guailleoga** *fpl* epaulettes, **ionar** tunic, **léine** shirt, **muinchille** *f* sleeve, **paistí** patches, **plapa (bríste)** (trouser) flap, **polláire** buttonhole, **sciorta** skirt, **suaitheantas** emblem, badge

Éifeacht *f(~a)* effect, efficacy; significance, impact
ábaltacht ability, **aibíocht** quickness of mind, liveliness, **aigeantacht** spiritedness, liveliness, **áitiú** persuasion, **áititheacht** persuasiveness, **bailíocht** validity, **bíogúlacht** liveliness, **brí** significance, force, **bríomhaireacht** vigorousness, **corraí** stir, excitement, **críoch** *f* upshot, end, **cumas** capability, **cumhacht** power, **deasca** ill effect (cf **dá dheasca sin** as an ill effect of that), **éifeachtacht** efficacy, competence, **feidhm** function, **feidhmchumhacht** effective power, **feidhmiúlacht** efficiency, forcefulness, **fónamh** service, usefulness, benefit, validity, **fórsa** force, **fuinneamh** energy, force, **fuinniúlacht** forcefulness, **gníomhachtú** activation, **iarmhairt** *f* consequence, **iarsma** *m* aftereffect, **rath** bounty, successful outcome, **spionnadh** vitality, **spreacadh** forcefulness, vigour, **spréach** spark, fire, spirit, **toradh** result, fruit, **táirge** product, **úsáid** use

◊ **~ an domanó** domino effect, **Cad é an ~ shóisialta?** What is the social impact?, **cúis agus ~** cause and effect, **deargbhuile gan ~** impotent rage, **gan ~** ineffectual, ineffective; impotent, **teacht in ~** to come of age

Éifeachtach *adj³* effective
ábalta able, **aibí** quick-witted, lively, **acrach** having many means at one's disposal; convenient, **aigeanta** spirited, lively, **áisiúil** handy, **áititheach** convincing, persuasive, **an-láidir** compelling, **bailí** valid, **bíogúil** lively, **bríoch** efficacious, vigorous, **bríomhar** vigorous, significant, **cinnte dearfa** positively certain, **corraitheach** stirring, moving, **críochnúil** thorough, methodical, **cumasach** capable, **cumhachtach** powerful, **dearscnaitheach** outstanding, prominent, **éifeachtúil** efficacious, efficient, **fearastúil** well-equipped, **feidhmiúil** efficient; functional, **fónta** sound, serviceable, effectual, **fórsúil** forceful, **fuinniúil** energetic, **gníomhach** active, **imleor** adequate, **mórthaibhseach** impressive, **rathúil** successful, **réalaíoch** realistic, **suntasach** striking, **tairbheach** beneficial, **táirgiúil** productive, **tualangach** potent, **úimléideach** valuably useful, **úsáideach** useful

Éigean *m (-gin)*

1. extreme force, force; strait, distress
ainíde ill usage, **anacair** distress, **anbhroid** bondage, distress, **anó** *m* misery, distress, **ansmacht** tyranny, **antrom** oppression, **bulaíocht** bullying, **call** need, call (cf **Níl aon call leis sin!** There is no call for that!), **comhéigean** coercion, **cruachás** strait, plight, **éigeantas** necessity, compulsion, **éigniú** *(jur)* rape; violence, **forbhrí** great force, overbearingness, **foréigean** violence, **forlámhas** despotism, **forlann** *m* violence, **forneart** superior strength, excessive force, violence, **forrach** *m* violent fury, **forrántacht** aggressiveness, **fórsa** force, **gá** necessity, need, **gátar** need, want, **géibheann** strait, **iallach** *m* compulsion, **ionsaí** attack, assault (cf **ionsaí gnéis** sexual assault), **lámh láidir** physical force, **maistíneacht** *(school)* bullying, **oibleagáid** obligation, **riachtanas** necessity, **sárú** violation, **teann** power, authority, **tromaíocht** heavy-handedness, denigration *(see also: foréigean)*

2. **ar ~** barely, just about, hardly
beagnach almost, **fíorannamh** very rarely, **is beag (nár tharla sin)** that nearly (happened), **is ing má** scarcely, hardly, **níl ann ach (go dtuigim)** I only barely (understand), **ní móide (gur botún é)** it can scarcely (be a mistake)

Éigeandáil *f(-ála; -álaí)* urgency

aothú crisis, **contúirt** danger, **cruachás** plight, **cruóg** urgency, **dainséar** danger, **deifir** hurry, **drochuair** evil hour, unfortunate time, **fíorphráinn** imperative, dire emergency, **gábh** peril, **géarchéim** crisis, **géibheannas** sore distress, **pointe criticiúil** critical point, **práinn** emergency, **ríthábhachtacht** crucial importance, **uair na cinniúna** the make or break moment

▲ **bladhaire éigeandála** distress flare, **cabhair éigeandála** emergency aid, **cás éigeandála** emergency situation, **comhartha éigeandála** distress signal, **cruinniú éigeandála** emergency meeting, **láthair éigeandála** disaster area, **soilsiú éigeandála** emergency lighting, **tuirlingt éigeandála** emergency landing

◊ **An tIonad Éigeandála um Éigniú** Rape Crisis Centre, **Rannóg Timpistí agus Éigeandála** *(med)* Accident and Emergency, Casualty Department

Éigeantach *adj³* compulsory

á iarraidh required, **ainneonach** involuntary, **de chúram ar** responsible (eg **Tá an obair sin de chúram orm.** That work is my responsibility.), **de dhualgas ar** incumbent on, **éadoilteanach** involuntary, **éilithe** demanded, **eisintiúil** essential, **fórsáilte** forced, **freagrach** responsible, answerable, **nach bhféadfaí déanamh dá uireasa/gan é** indispensable, **neamhthoiliúil** involuntary, **oibleagáideach** obligatory, **riachtanach** necessary, required, **sainordaitheach** mandatory

Éigiallta *adj⁶* senseless, devoid of reason

áiféiseach ridiculous, **aingiallta** irrational, **ar mire** mad, **baoth** foolish, **díchéillí** senseless, **éadairbheach**

Éigin futile, **gan chiall** without sense, **in aisce** vain, **leamh** pathetic, pointless, **maol** bald, lacking in any inspiration, **míchéillí** senseless, **míréasúnta** unreasonable, **neamhréasúnach** unreasonable, **ramhar** dumb, thick-headed, **seafóideach** silly

Éigin *adj indecl* some
áirithe certain, particular, **anaithnid** unknown, **cinnte** certain, **difriúil** different, **do-aitheanta** unidentifiable, **doiléir** unclear, indistinct, **éiginnte** uncertain, indefinite, **eile** other; next (cf **an chéad duine eile** the next person) **gar-** *pref* approximate, **iomaí** many (+ *copula*) (cf **Is iomaí duine a maraíodh.** It is many the person who was killed.), **iomadúil** numerous; exceptional (cf **Bhí an samhradh go hiomadúil maidir le teas.** As regards heat, the summer was exceptional.), **neamhaicmithe** unclassified, **neamhchinntithe** unspecified, undetermined, **neamhrangaithe** unclassified, **neamh-shonraithe** unspecified, indeterminate, **neas-** approximate

◊ **áit** ~ some place, **ar bhealach** ~ in some way, **duine** ~ **agaibh** some one (or other) of you, **lá** ~ **gan mhoill** someday soon, **rud** ~ **deas** something nice, **Sin rud** ~ **eile!** That's something else!, That's exceptional!

Éiginnte *adj⁶* uncertain
amhrasach doubtful, **doiléir** unclear, vague, **éadaingean** insecure; irresolute, **éidearfa** unconfirmed, **éideimhin** unsure, hesitant, **gan bheith cinnte** not to be certain, **idir dhá chomhairle** in two minds, **in amhras** in doubt, suspect, **mantach** (*speech*) indistinct, **mísoiléir** unclear, **neamhchinnte** uncertain, unsure; undecided, **neamhchinntithe** undetermined, indeterminate, **neamhchruinn** imprecise, **neamhléir** unclear, indistinct, **neamhréitithe** unsettled, discrepant, **trialach** tentative

Éignigh *v₂ᵦ*
1. rape, violate
báigh overwhelm; drown, **bris** break, **cloígh** overpower, defeat, **cuir ar** compel, make, **cuir isteach ar** infringe, **cuir ó chrích** ruin, spoil, **déan ainteagmháil ghnéasach** molest sexually, **déan foréigean ar** do violence to, **ionsaigh** attack, assault, **mill** ruin, spoil, **tabhair mí-úsáid ghnéis do** abuse sexually, **sáraigh** overwhelm; violate, **scrios** ruin, destroy, **treáigh** pierce, penetrate, **treascair** vanquish, **tromaigh** oppress, denigrate
2. force, compel
comhéignigh coerce, **cuir brú ar** pressure, pressurise, **cuir d'fhiacha ar** force, oblige, **cuir iallach ar** compel, **déan oibleagáid do** oblige, **foréignigh** violently force, compel; commit violence against, **fórsáil** force, **sáirsingigh** compel, force upon, (cf **ól a sháirsingiú ar dhuine** to force drink on a person), **spreag** motivate, inspire, **tabhair ar** compel, force, **tiomáin** drive

Éignithe *pp* raped, violated; forced, compelled
báite drowned; overwhelmed, **briste** broken, **cloíte** defeated, overpowered, **comhéignithe** coerced, **curtha ar** compelled, made, **curtha isteach ar** infringed upon, harassed, **curtha ó chrích** spoilt, dishonoured, **dar tugadh mí-úsáid ghnéis** sexually abused, **foréignithe** violently attacked, forced, **fórsáilte** forced, **ionsaithe go gnéasach** sexually assaulted, **millte** ruined, spoilt, **sáirsingithe** compelled, forced upon, **sáraithe** violated; overwhelmed, **scriosta** ruined, destroyed, **treascartha** vanquished, **tromaithe** oppressed, denigrated, **tugtha ar** compelled, forced

Éigniú *vn* raping, rape; forcing, compelling
ainteagmháil ghnéasach sexual molestation, **bá** drowning; overwhelming, **banéigean** (*sexual*) rape (of woman), **briseadh** breaking, **cloí** overpowering, defeating, **cur ar** compelling, making, **cur brú ar** pressuring, pressurising, **cur d'fhiacha ar** forcing, obliging, **cur iallach ar** compelling, **cur isteach ar** infringing, harassing, **cur ó chrích** spoiling, dishonouring, **drochúsáid ghnéasach** sexual abuse, **foréigean** violence, **foréigniú** violently attacking, forcing, **fórsáil** forcing, **ionsaí gnéasach** sexual assault, **mí-iompar gnéis** sexual misconduct, **milleadh** ruining, spoiling, **mí-úsáid ghnéis** sexual abuse, **sáirsingiú** compelling, forcing upon, **sárú** overwhelming; violating, **scriosadh** ruining, destroying, **tabhairt ar** compelling, forcing, **treascairt** vanquishing, **tromú** oppressing, denigrating

Éigríoch *f(-íche)* infinity, endlessness
buaine permanence, **easpa teorann** limitlessness, **infinid** infinite, **infinideach** *m* (*gram*) infinitive, **infinideacht** infinity, **neamhathraitheacht** changelessness, **saol gan deireadh** eternal life, **seasmhacht** constancy, **síoraíocht** eternity, **suthaineacht** perpetuity

Éigríochta *adj⁶* infinite, endless
as cuimse boundless, **as miosúr** immeasurable, **bithbheo** undying, everlasting, eternal, **buan** permanent, **do-áirithe** incalculable, **dochuimsithe** boundless, **gan deireadh** eternal life, **gan teorainn** limitless, **infinideach** infinite, **neamhathraitheach** changeless, **neamhbhásmhar** immortal, **neamhtheoranta** unlimited, **seasmhach** constant, **seasta** steady, permanent, **síoraí** eternal, **síoraíochta** eternal, **suthain** perpetual, eternal, **thar na bearta** incalculable, **trí shaol na saol** (*rel*) for ever and ever

Éigríonna *adj⁶* unwise
amaideach foolish, silly, **baoth** senseless, foolish, **bómánta** stupid, **dícheíllí** injudicious, irrational, **gan bheith ciallmhar** imprudent, **gan mhachnamh** thoughtless, **gan smaoineamh**, **gearrbhreathnaitheach** short-sighted, **guanach** fanciful, silly, **leathbhruite** ill-considered, **meargánta**

foolhardy, rash, **mífhreagrach** irresponsible, **místaidéarach** improvident, **místuama** inadvisable, **sconnach** hasty, rash, **seachmallach** deluded, ill-considered

Eile *adj indecl, adv* other, another; next
anuas air sin on top of that, **breise** additional, **chomh maith** as well, **chomh maith leis sin** as well as that, **difriúil** different, **fós** yet, **fós arís** yet again, **fosta** also, too, **freisin** also, **ina theannta sin** in addition to that, **leis** in addition, **leis sin** in addition to that, **lena chois sin** additionally, **sa bhreis** in addition, additional, **thairis sin** apart from that

▲ **bealach ~** an alternative way, **ceann ~** another one, **fáth ~** another reason, **rud ~** another thing, **scéal ~** different matter, **súil eile** another perspective

◊ **agus an chuid ~ agaibh** and the rest of you, **an chéad duine ~** the next person, **Cad ~?** What else?, What next?, **Conas ~?** How else?, **Níl bean, bó ná ~ aige!** He has nothing at all!, **Sin scéal eile ar fad!** That's a totally different matter!

Éileamh *vn* demanding, demand, claiming, claim
achainí petitioning, entreating, **ceart** right, claim, **coinníoll** stipulation, condition, **comaoin** recompense, **cúiteamh** requital; compensating, **cuntar** proviso, undertaking, **fiafraí** inquiring, inquiry, **fógra deiridh (d'eitilt)** last call (for a flight), **foláireamh deiridh** ultimatum, **foréileamh** requisitioning, **frithéileamh** counter-claim, **iarraidh (ar)** requesting (from), **iarratas** petitioning, asking, **impí** imploring, supplicating, **mór-ráchairt** great demand, **ordú** ordering, order, **ráchairt** demanding, demand, **riachtanas** requirement, **seasamh ar** insisting upon, insistence, **siúl** *(product)* movement, demand (cf **Tá siúl maith ar na leabhair sna siopaí.** The books are walking out of the shops., There is great demand for the books.), **tairiscint** bidding, bid, **teideal** claim, entitlement, **teinne** resolve

Éiligh v_{2b} demand, claim
achainigh entreat, petition, **cuir coinníollacha ar dhuine** impose conditions on a person, **dligh ar dhuine rud éigin a dhéanamh** oblige a person to do something (cf **Tá sé dlite ort teacht.** You are obliged to come.), **déan achainí** make a petition, **déan coinníoll de rud éigin** stipulate something, **déan éileamh** make a demand, **fiafraigh** inquire, ask, **fógair rud éigin ar dhuine** *(high reg)* demand something from a person, **foréiligh** requisition, **frithéiligh** counter-claim, **iarr ar** ask, request, **impigh** implore, supplicate, **ordaigh** order, require; command, **seas ar rud éigin** insist on something, **tairg** challenge; proffer, propose

D'~ siad an ceart. They demanded the right.
D'~ siad cíos. They asked for rent.
D'~ siad cúram. *(plants)* They required care.
D'~ siad damáiste. They claimed damages.
D'~ siad go bhfanfainn. They insisted I stay.
D'~ siad íocaíocht. They exacted payment.
D'~ siad vóta. They called for a vote.

■ **Ar na hEilimintí sa Tábla Peiriadach atá:** Elements in the Periodic Table include:

airgead silver
caeisiam caesium
cailciam calcium
carbón carbon
ceiriam cerium
clóirín chlorine
cóbalt cobalt
copar copper
crioptón krypton
cróimiam chromium
fluairín fluorine
fosfar phosphorus
frainciam francium
gailliam gallium
gearmáiniam germanium
haifniam hafnium
héiliam helium
hidrigin hydrogen
iaidín iodine
iarann iron
indiam indium
iridiam iridium
itéirbiam ytterbium
itriam yttrium
lantanam lanthanum
litiam lithium
luaidhe lead
maignéisiam magnesium
mangainéis manganese
mearcair mercury
meindiléiviam mendelevium
molaibdéineam molybdenum
neiptiúiniam neptunium
neoidimiam neodymium
neon neon
niaibiam niobium
nicil nickel
nítrigin nitrogen
ocsaigin oxygen
oismiam osmium
ór gold
pallaidiam palladium
platanam platinum
plútóiniam plutonium
polóiniam polonium
potaisiam potassium
praiséidimiam praseodymium
próiméitiam promethium
radón radon
raidiam radium
réiniam rhenium
róidiam rhodium
rubaidiam rubidium
ruitéiniam ruthenium
samairiam samarium
scaindiam scandium
seiléiniam selenium
sileacan silicon
sinc zinc
siorcóiniam zirconium
sóidiam sodium
stán tin
strointiam strontium
sulfar sulfur
tailliam thallium
tantalam tantalum
teallúiriam tellurium
teicnéitiam technetium
teirbiam terbium
tíotáiniam titanium
tóiriam thorium
túiliam thulium
tungstan tungsten
úráiniam uranium
vanaidiam vanadium
xeanón xenon

Eilimint *f(~e; ~i)* element
adamh atom, **aonad** unit, **ball** member, **beagáinín** small amount, trace, **comhábhar** ingredient; constituent part, **comhpháirt** component, **cuid** share, part, **cúinse** factor, **damhna** matter, **damhna dorcha** dark matter, **diminsean** dimension, **dúil** element, **gné** *f* aspect, facet, feature, **mír** particle, **páirt** part, **réimse** domain, **rian** trace, **sféar** sphere, **táthchuid** *f (-choda)* ingredient, **toisc** factor, circumstance

Éilithe *pp* demanded, claimed
achainithe petitioned, entreated, **dlite** obliged, **fiafraithe** inquired, **fógartha** *(high reg)* demanded, **foréilithe** requisitioned, **frithéilithe** counter-claimed, **iarrtha** requested, **impithe** implored, supplicated, **ordaithe** ordered, **ráchairte** *(relating to)* demand, **seasta ar** insisted upon, **tairgthe** challenged

Éilitheach *adj³* demanding
anróiteach gruelling, **crua** hard, **deacair** difficult, **deacair a shásamh** hard to please, **dian** tough, **doiligh** difficult, **duaisiúil** grindingly laborious, **dúshlánach** challenging, **fiafraitheach** enquiring, **fíorchrua** severe, excessively hard, **maslach** *(work)* taxing, backbreaking, **peannaideach** punishing, **tuirsiúil** tiring

Éillitheach *adj³* corrupt
bréagach false, deceitful, **calaoiseach** fraudulent, **cam** crooked, **corbach** corrupt, **easonórach** dishonourable, **fealltach** cheating; treacherous, **gan phrionsabail** unprincipled, **lofa** rotten, **mí-ionraic** dishonest, disingenuous, **mímhacánta** dishonest; duplicitous, **truaillithe** contaminated, tainted

Éineacht *(as in phrase)* in ~ together, altogether
ag an am céanna at the same time, **araon** both together, together, **ar aon uain** in sync, **as éadan** in succession, one by one, **éindí** state of being together (**in éindí libh** together with you), **go comhchéimneach** concurrently; concomitantly, walking in step, **d'aon iarraidh** at one go, **go comhuaineach** simultaneously, **le(na) chéile** together, **san am céanna** at the same time

Eipeasóid *f(~e; ~i)* episode
ábhar matter, **caibidil** chapter, **cuid** part, **eachtra** *f* adventure, **gnó** business, **imeacht** *m* event, happening, **mír** instalment (**an dara mír den tsraith** the second instalment of the series), **ócáid** occasion, **píosa** piece, section, **radharc** scene, **sliocht** *m (sleacht; sleachta)* passage, **taithí** *f* experience, **tarlú** happening, occurrence, **teagmhas** incident

Éire *f(Éireann, dat sg Éirinn)* Ireland
1. *(hist, arch)*
Banbha Banbha *(name of ancient goddess)*, **Críoch Fuinidh** Remote Land, **Éiriú** *(< Éire)*, **Fiodh-Inis** Woody Island, **Fódla** *(name of ancient goddess)*, **Gort Féilim** Ireland, **Inis Ealga** Excellent Island, **Inis Fáil** Island of Destiny (cf **Fianna Fáil** Warriors of Ireland)
2. *(modern terms)*
An Saorstát *(historic)* The Free State, **An tOileán Iathghlas** The Emerald Isle, **Oileán na Naomh agus na nOllúna** The Land of Saints and Scholars, **Poblacht na hÉireann** The Republic of Ireland, **Tír an Bhainne agus na Meala** The Land of Milk and Honey

◊ ~ **abú!** Ireland forever!, **cónaí in Éirinn** to live in Ireland, **muintir na hÉireann** the people of Ireland, **taisteal go hÉirinn** travelling to Ireland

Eireaball *m (-aill; -aill, ~)* tail, tail end
bundún bottom, **cúl** rear, back, **deireadh** end, **droim** *m (droma; dromanna)* back, **dúid** protuberant part, cropped tail, **earr** *f (eirre)* extremity, tail end, **feam** tail; stalk, stem, **feimide** *f* little tail, **feimín** *m* small tail, **fiafhás** outgrowth, **geidín** tail end; scut, **leath deiridh** backside, **raiblín** tail, scut, **sceidín** little appendage, scut, **sciot** scut, **scioteireaball** bobtail, **scuaine** queue, **sraoilleán** trailing thing; streamer (cf **sraoilleán téide** trailing rope), **starr** *f (~a)* prominence, projecting part, **tiarpa** posterior, **tóin** *f (tóna; ~eanna)* bottom, backside, **triopall** train, flounce, trail, **triopall treapall** trailing thing

Éirí *vn* rising; excitement
aiséirí resurrection, **ardú** elevating, going up, rising, **ardú meanman** exhilaration, **athéirí** rising again, **dreapadh** climbing, **dul i méid** augmentation, **dul in airde** getting higher; mounting, **dul i ndéine** intensifying, **dul suas** going up, **eadarbhuasú** soaring aloft fluttering, **eitilt in airde** flying high, **eitilt ardaitheach** soaring, **eitilt suas** flying up, **faoileoireacht** soaring; gliding, **fás** growing, **géarú** intensifying, **méadú** increasing, **meidhréis** friskiness, **neartú** strengthening, **seasamh** standing up, **spleodar** exuberance, **spreagthacht** excitement, **teacht aníos** coming up

Éirí *m (~; -ithe, -ithe)* **amach** uprising, revolt
ceannairc mutiny; rebellion, **corraíl** unrest, **easumhlaíocht shibhialta** civil disobedience, **réabhlóid** revolution, **reibiliún** rebellion, **stailc** strike

> **Éirí Amach na Cásca** *The Easter Rising* or **Ceannairc na Cásca** *The Easter Rebellion* was an armed insurrection against British rule in Ireland that took place from Monday 24th to Saturday 29th April 1916. It was organised by high-ranking members of **Bráithreachas Phoblacht na hÉireann** *the Irish Republican Brotherhood (IRB)*, namely: **Pádraig Mac Piarais** *Patrick Pearse* (1897–1916), **Séamas Ó Conghaile** *James Connolly* (1868–1916), **Tomás Ó Cléirigh** *Tom Clarke* (1858–1916), **Seán Mac Diarmada** *Seán MacDermott* (1883–1916), **Seosamh Pluincéid** *Joseph Plunkett* (1887–1916), **Éamonn Ceannt** (1881–1916), and **Tomás Mac Donnchadha** *Thomas MacDonagh* (1878–1916).

Eiriceacht *f(~a)* heresy
athbhreithniúchas revisionism, **claonadh** deviation, **easaontas** dissent, **heitreadocsacht** heterodoxy, **imeacht ó norm** deviation from the norm, **mínaomhú** profanation, **neamhaontachas** nonconformity, **neamhcheartchreidmheacht** *f (~a)* unorthodoxy, **sacrailéid** sacrilege, **teagasc eiriceach** heretical doctrine, **truailliú** contamination

Éirigh *v₂ᵦ*
1. rise, become; ascend; get up
aiséirigh resurrect, **ardaigh** rise up, elevate, **athéirigh** rise again, **dreap** climb, **dreap amach** to climb out, **eadarbhuasaigh** soar aloft fluttering, **eitil go hardaitheach** soar, **fág do leaba** leave your bed, **faigh** get, **fás** grow, **léim amach** jump out, **léim suas** jump up, **méadaigh** increase, amplify, **neartaigh** strengthen, **tar aníos** come up, ascend, **téigh i méid** augment, increase, **téigh in airde** go higher; mount, **téigh i ndéine** intensify, **téigh suas** go up, ascend

◊ ~ **suas, a ghiolla na leisce!** Get up, you lazybones!

2. succeed, manage
bain amach accomplish, achieve, **bí faoi bhláth** be thriving/blossoming, **bí faoi rath** flourish, **bí rathúil** be successful, **buaigh** win, prevail, **déan go maith** do well, make good, **déileáil le** deal with, **láimhseáil** handle, **lámh in uachtar a fháil ar** to get the upper hand over, **pasáil** pass (eg **scrúdú a phasáil** to pass an exam), **soirbhigh** prosper, **tagann liom** I am able, I can manage, **tar faoi bhláth** blossom, to prosper, **tar faoi thoradh** bring results, bear fruit, **Tig liom é a dhéanamh.** I am able to do it., **torthaí (maithe) a fháil** to get (good) results

◊ **Conas a d'~ leat?** How did you get on? **D'~ léi sa tástáil.** She passed the test., **D'~ linn.** We succeeded., **D'~ liom imeacht.** I managed to leave.

Éirimiúil *adj⁴*
1. intelligent
ábalta able, **acmhainneach** resourceful, **beo** alive, quick, **beo-intinneach** quick-witted, **ciallmhar** sensible, **cliste** clever, **deisbhéalach** witty, **domhain** deep, **eolach** knowledgeable, knowing, **fóirsteanach** apt, **gasta** quick, **geal** bright, **géar** sharp, keen, **géarchúiseach** discerning, astute, **grinn** perceptive, discriminating, **intleachtach** intellectual, **intliúil** ingenious, **léirsteanach** perceptive, **meabhrach** mindful, intelligent, **na hinchinne móire** brainy, **stuama** prudent, sensible, **tallannach** talented, **tapa** fast, **tréitheach** accomplished, gifted *(see also: cliste)*

2. sprightly, spirited
aibí quick, lively, **aigeanta** spirited, chirpy, **anamúil** spirited, **beoga** lively, **ceolmhar** animated, full of vim and vigour; musical, **gusmhar** resourceful, vigorous, **miotalach** mettlesome, **spleodrach** exuberant, **sponcúil** spunky, **spreacúil** vigorous, energetic, **spridiúil** high-spirited

Éirithe *pp* risen, ascended; having become, gotten
aiséirithe resurrected, **ardaithe** risen up, elevated, **athéirithe** risen again, **dreaptha** climbed, **dulta i méid** augmented, **dulta in airde** gotten higher; mounted, **dulta i ndéine** intensified, **dulta suas** gone up, **eadarbhuasú** soared aloft fluttering, **eitilte go hardaitheach** soared, **faighte** got, received, **fásta** grown, **léimthe amach** jumped out, **léimthe suas** jumped up, **méadaithe** increased, amplified, **neartaithe** strengthened, **pasáilte** passed, **tagtha aníos** arrived up

Eis *v₁c* exist
bí be, **bí ann** be there, have being, **bí ar marthain** have being, be living, **bí beo** be alive, **bí i do bheatha** be alive, **bí i do bheith fheasach** be a conscious being, **bí sa saol** be in life, **bíodh beatha agat** have (a) life, **mair** live

Eiseadh *vn* being, existing, existence
beatha life, **beithsine** existence, **bheith** being, **bheith ann** being around, **bheith beo** being alive, **dul ar aghaidh** carrying on, continuing, **leanúint** continuance, **maireachtáil** living, **réaltacht** reality; actuality, **(an) saol** life, living

Eiste *pp* existed
a bhí ann that was there, **a bhí ar marthain** that had being, **a bhí beo** that was alive, **a raibh beatha ann** that had life

Eisceacht *f(~a; ~aí)* exception
díolúine exemption; immunity, **easnamh** omission, **eisiamh** exclusion, **neamhrialtacht** irregularity, **rud difriúil** different thing, **scéal eile** different story

Éisealach *adj³* squeamish
ceartaiseach prudish, **consaeitiúil** finicky, fastidious, **cúisiúil** particular, strait-laced, **leochaileach** delicate, fragile, **masmasach** nauseating, sickening, **míshuaimhneach** uneasy, **spaspasach** easily shocked, squeamish

Eiseamláir *f(~e; ~í)* example
ásc instance, **barrshamhail** *f (-mhla; -acha)* epitomisation, **cás** case, **deismireacht** illustration, example, **léaráid** illustration, **léiriú** elucidation, **paraidím** *f (~e)* paradigm, **patrún** pattern, **samhail** *f* model, **sampla** example, **solaoid** illustration, example, **taispeántas** display, indication

Eiseamláireach *adj³* exemplary
aircitíopúil archetypal, **ard-** great, valiant, **breá** fine, **ceart** correct, **cneasta** decent, seemly, **creidiúnach** respectable, upright, **cuí** appropriate, **dearscnaitheach** brilliant, excellent, **dea-shamplach** exemplary, **den chéad scoth** first-rate, admirable, **éachtach** full of prowess, valiant, **fantaiseach** fantastic, unreal, **fiúntach** worthy, **forálach** cautionary, **galánta** elegant, **gan salú** unsoiled, **gan smál** immaculate, **inmholta**

praiseworthy, **laochta** heroic, valorous, **le moladh** meritorious, **maíteach** deserving of admiration, **lonrach** sparkling, **niamhrach** splendid, **oiriúnach** suitable, **ollásach** magnificent, **sár-** *pref* super, excellent, **sárchéimeach** superlative, **sármhaith** excellent, **suntasach** outstanding, remarkable, **thar barr** tiptop, super, **thar cionn** terrific, **uasal** gallant

Eisigh v_{2b} issue
atheisigh reissue, **craobhscaoil** broadcast, **cuir amach** put out, **cuir ar an margadh** put on the market, **cuir ar fáil** make available, **fógair** announce, **foilsigh** publish, **roinn** share, **scaoil** release, **soláthair** deliver, provide, **tabhair amach** bring out

Eisileadh *m (-lte)* effluence
cac excrement, **cacamas** excrement, **cac bó** cow dung, **draenáil** drainage, **eis-sreabhadh** outflow, **fuílleach** *m* residue, **fuíoll** *m* refuse, residue, **séarach** *m* sewer, **séarachas** sewerage, **sceitheadh** discharge, efflux; exhaust

Eisithe *pp* issued
atheisithe reissued, re-released, **craobhscaoilte** broadcast, **curtha amach** put out, **curtha ar an margadh** put on the market, **curtha ar fáil** made available, **fógartha** announced, **foilsithe** published, **scaoilte** released, **roinnte** shared, **soláthartha** delivered, provided, **tugtha amach** brought out

Eisiú *vn* issuing
atheisiú reissuing, **craobhscaoileadh** broadcasting, **cur amach** putting out, **cur ar an margadh** putting on the market, **cur ar fáil** making available, **fógairt** announcing, **foilsiú** publishing, **roinnt** sharing, **scaoileadh** releasing, **soláthar** delivering, providing, **tabhairt amach** bringing out; *(scolding)* giving out

Eisreachtaí *m (~; -aithe)* outlaw
díbeartach *m* outcast, **ceithearnach** *m* coille outlaw, **éalaitheach** *m* fugitive, **feileon** felon, **iarmharán** outsider, **ionnarbthach** *m* banished person, exile, outlaw, **meirleach** *m* villain; outlaw, **ropaire** bandit

Éist v_{1c}
1. listen
airigh perceive, hear, **athéist** relisten, listen again, **braith** perceive, sense, **clois** hear, **coinnigh i gcuimhne** take note, **clois** hear, **cluin** hear, **cruinnigh do mheabhair ar** focus your mind on, **Cuir cluas ort féin!** Listen!, (cf **Cá raibh tú aimsir na gcluas?** Why don't you listen?!, Where were you when God was handing out ears?!), **dírigh d'intinn ar** focus your attention on, **géill** (**do**) obey, yield, **Tabhair aird ar m'fhocail!** Heed my words!, **tabhair aire do** pay attention to, **tabhair éisteacht do** give an audience to; give an audition to, **tabhair faoi deara** notice

◊ **~ leis an amhrán seo!** Listen to this song!, **~ leis seo!** Wait till I tell you!, **~ liom anois!** Listen to me now!

2. desist from
cuir deireadh le put an end to, **éirigh as** give up, **rud éigin a chur uait** to give up something (cf **Cuir uait an amaidí!** Stop being silly!), **scoir** cease, desist (cf **Scoirigí den ghleo!** Desist from making noise!), **stad** stop, halt, **stop** stop

◊ **~!** Be silent!, **~igí le bhur gcabaireacht!** Stop your chattering!, **Dhera ~!** Ara, will you get away out of that!, **~ do bhéal!**, Button up! Stop talking!, **~ liom!** Leave me alone! Get off my case!

Éiste *pp* listened to, heard
athéiste relistened to, listened again, **airithe** perceived, heard, **cloiste** heard, **cluinte** heard, **coinnithe i gcuimhne** noted, remembered, **dírithe ar** focused on, **géillte** yielded, **tugtha faoi deara** noticed

Éisteacht *vn* hearing, audience; audition
athéisteacht second listening/audition, **aireachtáil** perceiving, hearing, **brath** perceiving, sensing, **cloisteáil** hearing, **cluas** *f (-aise; ~a, ~)* ear, audience (cf **cluas a thabhairt do dhuine** to listen to what a person has to say), **cluasbhraistint** aurally perceiving; aural perception, **cluastuiscint** *f* aural comprehension, **cluinstin** hearing, **cruinniú/díriú d'aire ar** gather/focus your attention on, **fiosrú** inquiring, inquiry, **(le) cluasa gocacha** (with) cocked ears, **raon na gcluas** earshot (cf **i raon na gcluas** within earshot), **tabhairt aire do** paying attention to, **tabhairt éisteacht do** giving an audience to; giving an audition to, **triail** *f(-alach; -acha)* audition

◊ **as ~** out of earshot, **faoi ~** within earshot, **Tá ~ mhaith agam.** I have good hearing., **~ cháis sa chúirt** the hearing of a case at court, **Tabharfar ~ dúinn amárach.** We'll be given an audition tomorrow.

Éisteoir *m (-eora; ~í)* listener
bean *f* **éisteachta** woman who listens, **breathnóir** observer, **dúdaire** snoop, snooper, **féachadóir** onlooker, **cúléisteoir** eavesdropper, **fear éisteachta** man who listens, **lucht éisteachta/féachana** audience/viewers, **scrogaire** rubbernecker, eavesdropper

Eite *f(~; -tí)* wing; fin; arm
brainse branch, **cleite** feather, **cliathán** flank; wing; arm, **eiteach** *m* wings; fins, **eiteog** pinion, **eiteog shnámha** swimming fin, swimming aid, **fiontar** fender, **sciathán** wing; arm, **taobh** side, **taobhagán** *(maths)* hypotenuse

▲ **an ~ pholaitiúil** the political wing, **~ chlé** *(pol)* left wing, **~ chobhsaíochta** stabiliser wing/fin, **~ dheas** *(pol)* right wing, **~ dheas ailtéarnach** alt-right, **~ éisc** fin, **~ mheasartha** *(pol)* the moderate wing, **~ thairr** ventral fin

◊ **an ~ chlé mhire** the loony left, **an ~ fhíorchlé** the far left, **ar ~** airborne, **páirtí atá i bhfad amach ar an ~ dheas** far right-wing party

Eitil

Eitil v_{2d} fly
ardaigh rise up, elevate, **bí ar eite** be in flight, **bí san aer** to be in the air, **dreap** climb, **éirigh den talamh** take off, lift off the ground, **éirigh suas san aer** rise up into the air, **téigh ar eite** take flight, **téigh ar eiteog** take wing, **téigh ar eitleán** go on a plane, to fly by plane, **téigh go hardaitheach** soar, **téigh in airde** go up high/higher, climb, **téigh suas** go up, **tóg eitleán** take a plane, **léim (in airde)** jump (high)

Eitilt vn flying, flight
ardú rising up, elevation, **dreapadh (suas)** climbing (up), **dul ar eite** taking flight, **dul ar eiteog** taking wing, **dul ar eitleán** going on a plane, flying by plane, **dul go hardaitheach** soaring, **dul in airde** going up high, going higher, **dul suas** going up, **éirí de thalamh** taking off, lifting up off the ground, **éirí suas san aer** rising up into the air, **eitleán a thógáil** taking a plane, **eitlíocht** aviation, flying, **léim (in airde)** jumping (high), **mioneitilt** fluttering; flitting about

Eitilte pp flown
ardaithe risen up, elevated, **curtha ag faoileáil** set hovering, **curtha ar foluain** set afloat, **dreaptha (suas)** climbed (up), **dulta ar eite** taken flight, **dulta ar eiteog** taken wing, **dulta ar eadarbhuas** gone soaring aloft, **dulta ar eitleán** gone by plane, flown by plane, **dulta ag faoileáil** gone hovering, **dulta ar foluain** gone floating, **dulta go hardaitheach** gone soaring, **dulta in airde** gone up high, gone higher, **dulta suas** gone up, **eadarbhuasaithe** levitated, **éirithe den talamh** taken off, lifted off from the ground, **éirithe suas san aer** risen up into the air, **léimthe (in airde)** jumped (high), **mioneitilte** fluttered; flitted about

Eitleán m (-áin; -áin, ~) plane
ábhalscaird jumbo jet, **aerárthach** m aircraft, **aerárthach trodaíochta** fighter aircraft, **aerlínéar** airliner, **aerlong** f airship, **buamadóir** bomber, **déphlána** biplane, **drón** drone, **faoileoir** glider, **mona-eitleán** monoplane, **monaplána** (archaic) monoplane, **muireitleán** seaplane, **scairdeitleán** jet, **tríphlána** triplane, **trodaire** fighter

▲ ~ **beag** light aircraft, ~ **breicneoireachta** spotter plane, ~ **cairtfhostaithe** chartered plane, ~ **tointeála** air shuttle, ~ **troda** fighter plane

■ **ailearán** aileron, **airóstach** m air steward, **cábán** cabin, **cábán an phíolóta** flight deck, **cabhail** f (-bhlach) fuselage, **cárta/pas bordála** boarding pass, **cobhsaitheoir cothrománach** horizontal stabiliser, **comhartha creasa sábhála** seat belt sign, **cró an phíolóta** cockpit, **fearas tuirlingthe** landing gear (cf **fearas tuirlingthe a tharraingt siar** to retract landing gear), **flapa** flap, **foireann chábáin** cabin crew, **inneall** engine, **lián** propeller, **luamhán stiúrtha** joystick, **raca bagáiste os do chionn** overhead luggage rack, **rialtán airde** elevator, **rúidbhealach** m runway, **scairdinneall** jet engine, **sciathán** wing, **stiúir** rudder, **stiúradh uathoibríoch** automatic pilot, **suíochán fuinneoige/láir/pasáiste** window/middle/aisle seat, **trealamh tuirlingthe** undercarriage, landing gear

Eochair f (-chrach; -chracha) key; (mus) clef; (comp) button
aistriú translation, **barúil** idea about what to do, **ciú** cue, **cód** code, **comhartha** sign, **dordeochair** (mus) bass clef, **eochairfhocal** keyword, **freagra** answer, **gléas** (mus) key, **gluais** glossary, **innéacs** index, **leid** clue, **mórghléas** (mus) major key, **mionghléas** (mus) minor key, **nod** hint, **réiteach** m solution, **rún** secret, **scrioseochair** (comp) delete key, **tábla** table, **táscaire** indicator, **tonúlacht** f tone, **treo-aimsí** m direction finder, **treoir** f (-orach; -oracha) guide, **treoire** pointer, direction indicator, **treoirlíne** f guideline, **treoirshnáthaid** pointer, **treorach** m guide mark

▲ ~ **aicearra** (comp) hot key, ~ **altach** (mus) alto clef, ~ **an eolais** Rosetta Stone, ~ **an teanóir** (mus) tenor clef, ~ **bharatóin** (mus) baritone clef, ~ **chealaithe** (comp) undo button, ~ **dhíchódaithe** decoding key, ~ **dhíchriptithe** decryption key, ~ **éalaithe** (comp) escape Esc, **eochair na tribile** (mus) treble clef, ~ **eolais** (subtitle) legend, ~ **iontrála** (comp) return key, enter, ~ **radaitheora** radiator key, ~ **rialúcháin** (comp) control Ctrl, ~**thiúnála** tuning key

Eolach adj³ knowledgeable
ag a bhfuil seantaithí who is very experienced, **ar an eolas** in the know; informed, **aithnidiúil** familiar, **cleachta** experienced, **críonna** wise with age, prudent, **dea-eolach** enlightened, **deaslámhach** dexterous, **eagnaí** mindful, wise, **faisnéiseach** informative, **feasach** aware, **fianaiseach** evidential, bearing evidence, **fiosúil** knowledgeable, knowing, **foghlamtha** educated, learned; learnt, **gaoismhear** wise, **léannta** learned, well read, **measta** considered, **meáite** weighed up, **múinte** knowing how to behave, well bred, **oideachasúil** educational, **oilte** skilled, **paiteanta** well versed, **saineolach** expert, **sciliúil** skilled, **scolaíoch** scholastic, **saoithiúil** accomplished, learned, **scolártha** scholarly, **taithíoch ar** conversant with, **traenáilte** trained, **tuisceanach** heedful

Eolaí m (~; -aithe)
1. scientist; knowledgeable person
aeistéit aesthete, **daoine a bhfuil an t-eolas acu** people who know, **daoine léannta** learned people, **gairmí** professional, **gúrú** guru, **lucht an léinn** the educated people, **lucht an tsaineolais** the people with the expertise, (sl) **na cótaí bána** the white coats, **na daoine proifisiúnta** the professionals, **ollamh** m (-aimh; ollúna) professor, **proifisiúnach** m professional, **saineolaí** specialist, expert, **saoi** wise man, **sás** person with the necessary know-how; **sástaí** skilful person, **seanlámh** f old hand, **speisialtóir** specialist, **teicneolaí** technologist, **treoraí** (person)

guide, **tuisceanóir** discerning person, **údar** authority *(see also: saineolaí)*
   2. directory
   clár table of contents; agenda, **comhadlann** *(comp)* directory (cf **comhadlann reatha** current directory), **eolaire** directory, **innéacs** index, **leabhrán eolais** information booklet, **tábla** table, **treoir** *(book, leaflet, etc)* guide, **treoirleabhar** guidebook

Eolaíoch *adj⁵* scientific
   bunaithe ar an réasún reasoned, **córasach** systematic, **cruinn** precise, **eolach** knowledgeable, **léannta** scholarly, **matamaiticiúil** mathematical, **réasúnta** reasonable, **rianúil** methodical

Eolaíocht *f (~a; ~aí)* science
   ceird trade, craft, **eagnaíocht** sapience, **ealaín** *f* art, **eolas** knowledge, **fáisnéis** information, intelligence, **feasacht** awareness, **fianaise** *f* evidence, **léargas** enlightenment, **léann** erudition, learning, **oideachas** education, **oiliúint** training, **oilteacht** skilfulness, **scileanna** skills, **teicneolaíocht eolais** information technology, understanding

Eolas *m (-ais)* knowledge, information
   aithne *f* recognition, **aird** attention, **beann** *f (binne)* heed, mindfulness, **Briathar Dé** the Word of God, **briotais** occult knowledge, **ceird** trade, craft, **ceird ghintlí** sorcery, **ciall cheannaithe** common sense, hard-earned sense, **cleachtadh** experience, **críonnacht** wisdom gleaned with age, prudence, **cur amach** information, **dea-eolas** enlightenment, **deaslámhaí** dexterity, **eagna** wisdom, **eagnaíocht** sapience, **éigse** learning, poetry, **eolaíocht** science, **faisnéis** information, intelligence, **feasacht** awareness, **fianaise** *f* evidence, **fios** *m (feasa)* knowledge, **fiosaíocht** clairvoyance, occult knowledge, **fíricí** *fpl* facts, **focal** word, **foghlaim** *f (-ama)* learning, **foghlamthacht** learnedness, **gaois** wisdom, **intleacht shaorga** artificial intelligence, **léargas** enlightenment, **léann** erudition, **léanntacht** erudition, learnedness, **léargas** enlightenment, learning, **meabhraíocht** presence of mind; consciousness, **múineadh** learning, manners, **oideachas** education, **oiliúint** training, **oilteacht** skilfulness, **saineolas** expertise, **scil** skill, **scolaíocht** school education, schooling (**bunscolaíocht** primary schooling, **meánscolaíocht** secondary schooling, **ollscolaíocht** university schooling/education, etc), **saineolas** specialised knowledge, **saíocht** wisdom, **saoithiúlacht** accomplishment, learning, **scoláireacht** scholarship, **smeareolas** superficial knowledge, **solas** light, **sraceolas** cursory knowledge, **taithí** experience, **teagasc** tuition; catechism, magic formula, **teicneolaíocht faisnéise** information technology, **traenáil** training, **tuairisc** report; tidings, **tuiscint** understanding

◊ **ar feadh m'eolais** as far as I know, **~ na slí a lorg** to ask/look for directions, **Tá ~ aige ar stair na háite.** He knows the local history., **Tá ~ air.** There's a knack to it.

▲ **~ aerfoirt** airport information, **~ ar reiligiún** religious knowledge, **~ beacht** accurate/precise information, **~ cruinn** precise knowledge, **~ do chustaiméirí/do thurasóirí** customer/tourist information, **~ faoi eitiltí** flight information, **~ ginearálta** general knowledge, **~ inaimsithe** accessible information, **~ iontaofa** reliable information, **~ mion** detailed information, **~ míchruinn** inexact knowledge; bum steer, **~ roimh ré** foreknowledge, **~ teoranta** restricted information; limited knowledge

▲ **both eolais** information booth, **bunachar eolais** *(comp)* knowledge base, **cárta eolais** label, **clár eolais** information programme, **cuaille eolais** signpost, **deasc eolais** information desk, **lucht an eolais** people in the know, **oifig eolais** information office, **réalta eolais** guiding star

P **Ní h~ go haontíos.** You don't know someone until you live with them.

F f

Fabhar *m (-air; -air, ~)* favour
áis favour (cf **An ndéanfá áis dom?** Would you do me a favour?), **aisce** request; favour, **bá** *f* sympathy, **cabhair** *f (-bhrach)* help, **cineáltas** kindness, **claoine** bias, **coimirce** backing, patronage, **cuntanós** *(bibl)* countenance, favour, **dea-thoil** goodwill, **fabhraíocht** favour, **gar** favour, good turn, **garaíocht** doing favours, **ionracas** favour; compliment, **lámh** *f* **isteach** pull, facilitation/facilitator, **lé** leaning, partiality, **pátrúnacht** patronage, **rud** thing asked for (cf **rud a dhéanamh ar dhuine** to do something for a person), **soilíos** good turn, **tacaíocht** support, **taobhaíocht** siding with, support

◊ **i bh~ le rud/le duine** in favour of a thing/a person, **~ a lorg** to curry favour

Fabhrach *adj³* favourable; partial
a chothódh misneach that would encourage, **áisiúil** handy, **báúil** sympathetic, **buntáisteach** advantageous, **cabhrach** helpful, **cairdiúil** friendly, user-friendly, **claonta** biased, **cóiriúil** *(weather)* favourable, **cuidiúil** helpful, constructive, **cúntach** helpful, **dea-ghníomhach** beneficial, **dearfach** positive, **garach** accommodating, willing to help, **leathbhróg ort le** partial/biased towards (cf. **Tá leathbhróg air leis an mbainistíocht.** He's in bed with the management.), **misnigh (> misneach)** encouraging, **oibleagáideach** obliging, **páirteach** partial, sympathetic, **rathúil** auspicious, **sochrach** profitable, beneficent, **soilíosach** willing to do a kindness, obliging, **spreagúil** inspiring, **tairbheach** beneficial, **tacúil** supportive, **taobhach** partial, **tuisceanach** considerate, **úsáideach** useful

▲ **atmaisféar ~** favourable climate, **breithiúnas ~** lenient judgment, **coinníollacha ~a** conducive conditions, **lá ~** auspicious day, **láimhseáil fhabhrach** preferential treatment

Fabhraigh *v₂ₐ* favour
bíodh claonadh agat (le) have a bias/tendency/leaning (towards), **bíodh fonn (codlata, oibre, etc.) ort** have an inclination (to sleep, to work, etc), **cinn** decide, **diall (le)** incline towards, **is fearr le duine** a person prefers, **roghnaigh** choose, **socraigh ar** decide upon, opt for, **tabhair tosaíocht do** show a preference for, **tabhair tús áite do** to give primacy/first preference to, **teastaigh ó** want/need, **togh** elect

Fabhraithe *pp* favoured
cinnte decided, **claonta i bhfabhar** *(+ gen)* biased in favour of, **diallta** inclined towards, **roghnaithe** chosen, **socraithe** decided, opted for, **tofa** elected

Fabhrú *vn* favouring
cinneadh deciding, **claonadh le duine** siding with a person, **dialladh** inclining towards, **fabhraíocht** favouring, **roghnú rud amháin thar rud eile** choosing one thing in preference to another, **socrú** deciding on, opting for, **tabhairt tosaíocht do** showing a preference for, **tabhairt tús áite do** giving preference to, **teastáil ó** wanting, **toghadh** electing

◊ **Tá an aimsir ag ~ dúinn.** The weather is looking favourable for us.

Fabht *m (~; ~anna)* fault, flaw; defect
ainimh blemish, **botún** mistake, **briseadh** breakage, **cáim** blemish, flaw (cf **gan cháim** flawless), **cion** offence, **ciontacht** culpability, **damáiste** damage, **dearmad** oversight; lapse *(of memory)*, **diomar** defect, flaw, **díth** *f(~e; díotha, díoth)* deprivation, shortage; loss, **dochar** harm, loss; damage, **dul amú** slip-up, **éagmais** lack, want, **éalang** *f (-lainge, ~a, ~)* flaw, **earráid** error, **éasc** *m (éisc)* flaw, **easnamh** deficit, want, **easpa** *f* lack, shortcoming, **éislinn** vulnerable spot, **fadhb** *f* snag, **fail** hiccup, **faillí** *f (~; ~ocha)* neglect, failure, **fiar** perverseness, **gearrchiorcad** short circuit, **laige** weakness, failing, **lear** *m (~; ~anna)* shortcoming, failing, **locht** fault, **lot** damage, injury, **lúb ar lár** missing link, **máchail** flaw, **marach** *m* defect, shortcoming, **míchruinneas** inaccuracy, **milleán** blame, **neamhfhoirfeacht** imperfection, **peaca** sin, **sciorradh** slip, **smál** blemish, stain, **snag** hiccup, snag, **teimheal** smudge, tarnish, **uireasa** *f* lack, deficiency *(see also: **locht**)*

Fabhtach *adj³* faulty, flawed; defective
bacach limping, (cf **leithscéal ~** lame excuse), **briste** broken, **cáimeach** blemished, flawed, **damáistithe** damaged, **dearmadach** omissive, faulty, **dulta amú** gone astray, **éagmaiseach** lacking, wanting, **éalangach** flawed, defective, **earráideach** erroneous, mistaken, **easnamhach** deficient, wanting, **easpach** lacking, having shortcomings, **éislinneach** unsound, defective, **fadhbach** *f* problematical, having snags, **faillitheach** negligent, **fealltach** treacherous, **gearrchiorcadta** short-circuited, **lag** weak, failing, **le learanna** with shortcomings, with failings, **lochtach** faulty, defective, **loite** damaged, **máchailithe** flawed, **mícheart** incorrect, wrong, **míchruinn** inaccurate,

milleánaithe blamed, **neamhfhoirfe** imperfect, **neamhiomlán** incomplete, **peacúil** sinful, **sciorrach** slipping; slippery, **smálaithe** blemished, stained, **teimhleach** smudged, tarnished, **uireasach** lacking, deficient

Fad *m (faid; faid, ~)* length

achar distance, **fadaíocht** lengthiness, **feadh** extent, **leithead** length (cf **leithead éadaigh** length of cloth), **fadaíocht** lengthiness, **réise** *f* span, **rith-aga** *(comp)* run length, **síneadh** stretching extension, **sínteacht** lengthiness, **slí** *f* way, room, **tamall** while, stretch (of time), **tomhas de réir faid** lengthwise measurement, **tréimhse** *f* period

◊ **~ a bhaint as saoire** to prolong a holiday, **an lá ar ~** the whole day, **ar ~ ar ~** entirely and completely, **ar feadh i bh~** for a long time, **Cá fhad?** How long?, **i bh~ ó bhaile** far from home, **~ is atáimid ag caint air** while we are talking about it, **~ saoil** length of life

Fada *adj⁶ (compar faide)* long

amuigh outside, **breisithe** extended, enhanced, **buan** persistent, **cian** long, distant, **cian-** remote, distant, **cianda** distant, remote, **ciantréimhseach** longtime, **déanach** late, **dulta chun fadála** drawn-out, **fadaithe** lengthened, prolonged, **fadálach** dilatory, slow; tardy, **fadó fadó** long long ago, **fadtréimhseach** long-term, **forleathnaithe** extended, developed, **i bhfad ó shin** long ago, **i gcéin** distant, **i gcianaimsir** in the long ago, **imigéiniúil** remote, **in imigéin** far off, far away, **leadránach** lengthy, boring, **leota** ungainly and long (cf **úrscéal leota** long rambling novel), **mall** slow, **marthanach** sustained, **neamhthraochta** unwearied, unexhausted, **seada** long, slender and graceful, **siléigeach** lingering, **sínte** extended; stretched, **sna cianta cairbreacha** in remote times, **saolach** long-lived, **stangánach** dilatory *(see also: fadó)*

▲ **bríste ~** long trousers, **carr ~** estate car, **ciúnas ~** long silence, **dosaen ~** baker's dozen, **profa ~** galley, **saol ~** long life, **tinneas ~** long illness

◊ **An ~ as Sligeach sinne?** Are we far from Sligo?, **Cé chomh ~?** How far?, **chomh ~ agus is féidir** as far as possible, **le blianta ~** for donkey's years, **le tamall ~** for a long time, **~ ó shin** back in the day, **Tá tú tagtha chomh ~ leis seo.** You have come this far.

Fadaigh *v₂ₐ*

1. kindle

adhain kindle, ignite, **cuir ar lasadh** set on fire, inflame, **cuir tine faoi** light a fire under, **cuir trí thine** set alight, put on fire, **dearg** *(pipe, cigarette, etc)* light; turn red, **dóigh** burn, **las** light, **séid** *(wound)* inflame, **soilsigh** illuminate, **spréach** spark; sputter, splutter *(also see: las)*

◊ **~ an tine chnámh!** Light the bonfire! **D'fhadaigh an phóg an paisean inti.** The kiss kindled her passion.

2. lengthen

bain fad as protract, **bain moill as** delay, **comhfhadaigh** *(typ)* justify, **cuir fad le** add length to, extend, **cuir le** add to, **déan níos faide** make longer, **leathnaigh** extend, broaden, **méadaigh** enlarge; increase, **moilligh** slow down, delay, **righnigh** draw out, delay (cf **scéal a righniú** to draw out a story), **seadaigh** prolong, draw out (cf **scéal a sheadú** to draw out a story), **searr** *(limbs)* stretch, extend, **sín** elongate, stretch

◊ **Fadaíonn gais an phanda sin suas go deich méadar.** The stems of that plant elongate up to ten metres. **Fadóidh sin an turas go mór.** That will greatly lengthen the trip.

Fadaithe *pp*

1. kindled

adhainte kindled, ignited, **curtha ar lasadh** set on fire, inflamed, **curtha trí thine** set alight, put on fire, **deargtha** *(pipe, cigarette, etc)* lit; turned red, **dóite** burnt, **lasta** lit (up), lighted, **séidte** *(wound)* inflamed, **soilsithe** illuminated, **spréachta** sparked; sputtered, spluttered *(also see: lasta)*

2. lengthened

comhfhadaithe *(typ)* justified, **curtha le** added to, **déanta níos faide** made longer, **leathnaithe** extended, broadened, **lenar cuireadh fad** lengthened, **méadaithe** enlarged; increased, **moillithe** slowed down, delayed, **righnithe** drawn out, delayed, **seadaithe** prolonged, drawn out, **sínte** elongated, stretched

Fadálach *adj³* boring, tedious, long drawn-out

ainéasca slow, inactive, **bearránach** tiresome, annoying, **bodhraitheach** irritating, tedious, **cloíteach** exhausting, **duaisiúil** wearing, **éilitheach** demanding, taxing, **foclach** wordy, verbose, **leadránach** boring, **leamh** insipid, **mall** slow, **malltriallach** dilatory, sluggish, **maslach** *(work)* taxing, gruelling, **mórfhoclach** verbose, **righin** stiff, inflexible, **saothrach** toilsome, **síoraí** never-ending, **slogánta** sluggishly dull, **spadchosach** slow-footed, **tiarálach** arduous, laborious, **tromcheannach** dull, wearisome, **tuirsiúil** tiring, boring, **tur** dry, arid

Fadhb *f (faidhbe; ~anna)* problem, issue

bac blockage, hindrance, **achrann** trouble, difficulty, **aimhréidh** complication, **aincheist** dilemma, **an chnámh spairne** the bone of contention, **argóint** argument, **castacht** complexity, **ceist** question, issue, **conspóid** dispute, **constaic** obstacle, **cruachás** predicament, **cruacheist** brainteaser, **deacracht** difficulty, **dileama** dilemma, **dubhfhocal** conundrum, **dúshlán** challenge, **easaontas** disagreement, **ilchastacht** multifaceted complexity, **toirmeasc** mishap; hindrance, **tomhas** puzzle, riddle, **trioblóid** trouble, **údar imní** cause of concern

▲ **~ achrannach** sticky problem, tricky issue, **~ ailgéabair** algebra problem, **~ alcóil** alcohol

Fadhbach

problem, **~ bheag** small hitch, **~ chomhchoiteann** universal problem, **~ chomónta** common problem, **~ chráite** annoying problem, **~ chroí** heart problem, **~ dhosheachanta** unavoidable problem, **~ inréitithe** solvable problem, **~ shláinte** health issue, **~ sheasta** a problem that (just) won't go away, **~ thromchúiseach** serious problem

◊ **Gan ~!** No probs!, No problem!

Fadhbach *adj³*

1. problematic, puzzling
achrannach troublesome, difficult, **amhrasach** questionable, suspicious, **casta** complicated, complex, **ceisteach** questioning, **conspóideach** controversial, contentious, **deacair** difficult, **dúshlánach** challenging, **faoi cheist** in question, at issue, **idir dhá bhró an mhuilinn** between a rock and a hard place, **idir dhá chomhairle** in a quandary, **idir dhá thine Bhealtaine** between the devil and the deep blue sea, **ilchasta** extremely complex, entailing many complexities, **íogair** sensitive, **mearbhlach** puzzling, **poileimiciúil** polemical, **trioblóideach** troubling

2. knotty, callous, lumpy
aimhréidh entangled, complicated, **cnapach** gnarled, knobby, **cnapánach** lumpy, knobbly, **cranrach** full of knots, **cranraithe** knotted, **creagánta** *(hands)* hard, calloused, **crua** hard, **dualach** gnarled, knotted, **fadharcánach** *(wood)* knotted, **garbh** rough, **scaobach** *(earth)* lumpy; *(sea)* choppy, **starrach** *(rock)* projecting; *(person)* uncouth, **stolptha** stiff, stodgy

Fadó *adv* long ago

anallód of yore, in olden times, **fadó fadó** long long ago, **fada ó shin** long ago, **i bhfad roimhe seo** a long time before this, **lá dá raibh** on a day that is past, **lá den saol** formerly, **le fada** for a long time, **san aimsir chaite** in the past tense, **san am a chuaigh thart** in times that have past, **sa sean-am** in olden times, **sa seansaol** in the old times, **sa tseanaimsir** in olden times, **sna seanlaethanta** in the old days, **tráth** once, **uair amháin** once *(see also: fada)*

◊ **~, ~** *(storytelling)* long, long ago

Fadtréimhseach *adj³* long-term

a bhfuil caitheamh maith ann durable, that will last the test of time, **ar fadraon** at long range, **buan** lasting, **buanfasach** durable, hard-wearing, **buanseasmhach** long-standing, **fadcheannach** far-seeing, shrewd, **fadchúrsach** long-ranging, **fadraoin** (> *fadraon*) long range, **fadsaolach** long-lived, **fadscríobach** long-distance(d), **fadtéarmach** long-term, **go ceann tamaill fhada** for a long time to come, **marthanach** lasting

Fadú *vn*

1. kindling
adhaint kindling, igniting, **cur ar lasadh** setting on fire, inflaming, **cur tine faoi** lighting a fire under, **cur trí thine** setting alight, putting on fire, **deargadh** *(pipe)* lighting; turning red, **dó** burning, **dóiteoireacht** burning, **lasadh** lighting, **loscadh** burning, scorching, **séideadh** *(wound)* inflaming, **soilsiú** illuminating, **spréachadh** sparking; sputtering, spluttering *(also see: las)*

~ **tine** kindling a fire
~ **faoi dhuine** goading a person
~ **faoi loch** wasting your time
~ **mioscaise** nursing a grudge

2. lengthening
baint fad as protracting, prolonging, **baint moill as** delaying, **comhfhadú** *(typ)* justifying, **cur le** adding to, **déanamh níos faide** making longer, **fad a chur le** lengthening, **fairsingiú** broadening, **leathnú** extending, broadening, **ligean amach** *(rope)* paying out, **méadú** enlarging; increasing, **moilliú** slowing down, delaying, **righniú** drawing out, delaying, **seadú** prolonging, drawing out, **síneadh** elongating, stretching

~ **do thí** extending your house
~ **do choiscéime** lengthening your stride
~ **do víosa** extending your visa

Fág *v₁c* leave

bain na boinn/bonnaí as áit take to one's heels, **bog ar aghaidh** move off/on, **buail an bóthar** hit the road, **cuir chun bóthair** set off, **cuir chun siúil** make tracks, depart, **cuir díot** set aside, give up (cf **Cuir díot do sheanpheacaí!** Give up your old sins!), **éalaigh** elope; escape, **éirigh as** quit, cease, **eisiaigh** exclude, **eitil amach** fly away, **imigh** leave, depart (**Imigh leat!** Go away!), **oidhrigh** bequeath, leave as an inheritance, **sáigh amach** push out *(i.e. to sea)*; **scaoil** leave go, **scoir** cease, leave off, **tabhair aghaidh le muir** head out to sea, **tabhair cúl le** abandon, turn your back on, **tabhair droim láimhe do** turn away from, abandon, **tabhair suas** give up, **tarraing siar** withdraw, **téigh amach** exit, **téigh ar eite** take flight, **téigh ar gcúl** reverse, fade into the background, **téigh ar scor** retire, **téigh as radharc** disappear, **teith** flee, **tiomnaigh** bequeath; dedicate, **tóg ancaire** weigh anchor, **tréig** abandon, **uachtaigh** bequeath (in a will)

Fág ag *v₁c* leave to

abair say, **bronn** bestow, **coinsínigh** consign, **cuir de chúram ar** entrust, **dearlaic** endow, **deonaigh** grant, **earb** entrust, **lig do** allow, **oidhrigh** bequeath, **réitigh** sort out, settle, **tiomnaigh** dedicate, bequeath, **uachtaigh** will, bequeath

~ **acu féin é!** Let them sort it out amongst themselves!
~ **ag Eoin é!** Leave it to Eoin!
~ **an focal deiridh aici!** Let her have the last word!
~ **an t-airgead ag Trócaire!** Leave the money to Trócaire!
~ **oíche mhaith ag Mamó!** Say good night to Granny!

Fág amach *v₁c* leave out

coinnigh amach keep out, exclude, **díolmhaigh** exempt, **eascoiteannaigh** ostracise, **fuascail** liberate, saor free, **scaoil** let go free, discharge, **tabhair diolúine do** give an exemption for/to,

  ~ amach an madra! Leave/put out the dog!
  ~ amach as an áireamh é! Leave it out of the reckoning!
  ~ amach lucht an óil! Exclude the drinkers!
  ~ amach na botúin! Omit the mistakes!

Fág ar v_{1c} leave on; maim; ascribe

craplaigh cripple, maim, **cuir ar** impose, **cuir i leith** (+ *gin*) impute, **cuir síos do** ascribe, **cúisigh** accuse, **earb** assign, **leag ar** attribute, impute to, **smálaigh** stain, besmirch, **táinsigh** impeach, **taisealbh** attribute, ascribe, **teimhligh** tarnish

  ~adh a bhfiacha orainn. We were left with their debts.
  ~adh an dán air. The poem was ascribed to him.
  ~adh cúram mór uirthi. She was left with a big family.
  ~adh éalang air. He was left maimed.
  ~adh a lorg/rian orthu. It left its mark on them.
  ~adh smál ar a chlú. His reputation was tainted.

Fág as v_{1c} leave out

coimeád amach keep out, exclude, **cros** veto, **cuir ar liosta dubh** blacklist, **cuir as an áireamh** except, leave out of the reckoning, **cuir cosc ar** prohibit, **déan eisceacht** make an exception, **dearmad** omit, overlook, **dícheadaigh** disallow, **díolmhaigh** exempt, **díolmhainigh** free, exempt, **eisc** excise, except, **eisiaigh** exclude, **failligh** omit; neglect, **gabh thar** miss, omit, **imigh** leave, **lig ar lár** leave out, **tabhair neamhaird ar** ignore, **téigh thar** pass over, omit, **toirmisc** debar

  ~ ar lár! Leave out! Omit!
  ~ as! Imigh as seo! Leave! Get out of here!
  ~ mise as an ghnó seo! Leave me out of this matter!

Fág de v_{1c} leave off

bain de take off, **caith de** throw from, **cuir ar leataobh** set aside, **déan dearmad ar** forget about, **díscoir** unyoke; discontinue, **éirigh as** cease from, give up, **ná bac le** don't bother about, **scoir de** desist from, **stad** stop

  ~ díot do thrioblóidí uile! Set aside all your troubles!
  ~ díot na málaí troma sin! Put those heavy bags to one side!

Fág faoi v_{1c} leave to, commit to

cuir i gceannas ar put in charge of, **lig do** allow, **tabhair an fhreagracht do** pass the responsibility to

  ~ an bia fúinn! Allow us to eat what we want!
  ~ fúmsa é! Leave it to me!
  ~ Seán faoin teach! Leave Seán in charge of the house!

Fág gan v_{1c} leave without

bain de deprive, **déan faillí ar rud éigin** neglect something, **imigh gan rud a dhéanamh** leave without doing something

  Ná ~ an obair gan aire! Don't neglect the work!
  Ná ~ gan é! Don't leave without it!
  Ná ~ gan dóchas sinn! Don't deprive us of hope!

Fág i v_{1c} leave in

tionlaic accompany, **coimeád** keep, **coinnigh** keep, **cuir i** put in

  Ná ~ i do dhiaidh é! Don't leave it behind you!
  Ná ~ i bhfolach iad! Don't leave them hidden!
  Ná ~ i gceannas é! Don't leave him in charge!
  Ná ~ i gcontúirt sinn! Don't leave us in danger!
  Ná ~ i m'aonar mé! Don't leave me on my own!
  Ná ~ sa bhaile iad! Don't leave them at home!

Fág le v_{1c} leave to, with; die from

básaigh die, **bronn** bestow, **faigh bás** die, **oidhrigh do** bequeath to, **tabhair céim síos do** to be the undoing of, to be the downfall of, **tiomnaigh do** dedicate to, bequeath to, **uachtaigh** will, bequeath

  ~adh le hólachán é. The drink got the better of him.
  ~adh le huacht dó. It was left to him in a will.
  ~adh leis an ocras iad. They died from hunger.

Fágáil *vn* leaving

bogadh amach moving out, **bogadh ar aghaidh** moving on, **bualadh** *m* **chun bóthair** hitting the road, **cur** *m* **chun bóthair** setting off, **cur** *m* **chun siúil** making tracks, departing, **cur díot** putting from you, giving up, **tabhairt cúl le** setting to one side; turning your back on, **tabhairt droim láimhe do** turning away from, abandoning, **dul** *m* **amach** going out, **dul ar eite** taking flight, **dul ar gcúl** reversing, fading into the background, **dul ar scor** retiring, **dul as radharc** disappearing, **éalú** *m* eloping; escaping, **earbadh** entrusting, **éirí as** quitting, ceasing, **eisiamh** excluding, **eitilt amach** flying away, **imeacht** leaving, departure, **imirce** *f* migration, emigration, **oidhriú** bequeathing, leaving as an inheritance, **sá** *m* **amach** pushing out *(i.e. to sea)*, **tabhairt suas** giving up, bringing up, **tarraingt** *f* **siar** withdrawing, **teitheadh** fleeing, **tiomnú** bequeathing; dedicating, **tógáil ancaire** weighing anchor, **tréigean** abandoning, abandonment, **uachtú** bequeathing (in a will)

Fágtha *pp* left, remaining; forsaken

bogtha ar aghaidh moved on, **bogtha amach** moved out, **buailte chun bóthair** departed, on the road, **curtha chun bóthair** on the way, on the road, **curtha chun siúil** making tracks, departing, **dulta amach** gone out, **dulta ar eite** taken flight, **dulta ar gcúl** reversed, faded into the background, **dulta ar scor** retired, **dulta as radharc** out of sight, disappeared, **éalaithe** escaped; eloped, **earbtha** entrusted, **éirithe as** relinquished, **eisiata** excluded, **eitilte amach** flown away, **imithe** left, gone; departed, **oidhrithe** bequeathed, left as an inheritance, **sáite amach** pushed out, **scaoilte** released, **scortha** retired, ceasing, leaving off, **tarraingthe siar** withdrawn, pulled back, **teite** flown, fled, **tiomnaithe** bequeathed; dedicated, **tógtha** taken, **tréigthe** abandoned, forsaken, **tugtha suas** given up, brought up, **uachtaithe** bequeathed (in a will)

Faic *f (~; ~eanna)* nothing
  ceo nothing (cf **Níl ceo ort.** There is nothing wrong with you.), **dada** nothing; whit, tittle, **dheamhan a dhath** not even a hint of it, **fíge fí** trifling thing; nothing, **náid** zero, naught, **neamhní** nil, nothing, **neodar** nothing; neuter, **oiread na fríde** tittle, hardly anything, **pioc** iota, pick, **ruainne** *m* jot, **rud ar bith** *(with negative)* nothing whatsoever, **scaile** nothing (cf **Níl scaile agam.** I have nothing.), **tada** iota, nothing

  ◊ **~ na fríde** absolutely nothing, **Ar lorg eolais faoi, fuaireamar ~ na fríde.** In searching for information on it, we drew a blank.

Faiche *f (~; -chí)* green, lawn
  achadh large field, **airéine** arena, **báinseach** *f* green; lawn, **bán** lea, **blár** open space, field, **buaile** *f* small field for grazing; milking yard, **ceantar** area, **cearnóg** square, **clós** yard, enclosure, **cluain** *f (cluana; ~te)* meadow, aftergrass, **cuibhreann** enclosed field, allotment; tilled field, **cúirt (leadóige)** (tennis) court, **fearann** grounds, lands, **fialann** deer park, **fód glas** greensward, **gabháltas** holding, **gairdín** garden, **garraí** vegetable garden, **gort** field, **laftán** grassy patch on hillside, **láthair** site, **léana** low-lying grassy place, **má** *f* plain, **machaire** plain, **mainnear** enclosure, enclosed field, **míodún** meadow, **móinéar** meadow, **móinín** grassy patch, **páirc** park, **plásóg** lawn, **plásóg amasaithe** *(golf)* putting green, **réileán** sports green; level ground for an activity (cf **réileán damhsa** dance floor, **réileán amais** putting green)

Fáidh *m (~; ~ithe)* prophet
  ágar *(hist)* augur, **aislingeach** *m* dreamer, **aitheascal** oracle, **asarlaí** *m* wizard, **bean** *f* **feasa** *(female)* soothsayer, **cailleach** *f* **cártaí** tarot reader, **dearnadóir** palmist, **draoi** druid, **fáidheadóir** soothsayer; prophet, sage, **fáistineach** *m* prophet, soothsayer, **fáistineoir** futurologist; predictor, **fear feasa** *(male)* soothsayer, **físí** visionary, **oracal** oracle, **prognóisí** prognosticator, **réamhaisnéiseoir** forecaster, predictor, **réamhaithriseoir** *(device)* predictor, **réamhthascaire** *(business)* predictor, **sibil** sibyl, **tairngire** soothsayer, prophet

Fáidhiúil *adj⁴* prophetic
  aislingeach visionary, **críonna** old and wise, **fadcheannach** far-seeing, shrewd, **fáistineach** prophetic, **glic** shrewd, **pleanáilte chun cinn** pre-planned, **prognóiseach** prognostic, **réamhaisnéise** (> **réamhaisnéis**) forecasting, predicting, **réamhaithriseach** predictive, **réamhthagrach** proleptic, **tairngeartach** phopetic, **tairngreachta** (> **tairngreacht**) prophecy

Faigh *v irr* find, get
  airigh perceive, sense, **aimsigh** get, acquire, locate, **bain amach** obtain, acquire, **braith** sense, detect, **buail le** meet with, **cas ar** bump into, **ceap** think; catch, **conclúidigh** conclude, **crean** obtain, **glac** take; accept, **mothaigh** feel, **tabhair chun críche** procure, **tabhair chun solais** bring to light, expose, **sroich** reach, **tar suas le (duine)** track (a person) down, **teagmhaigh (le)** encounter, **tóg** take, **tuig** realise

  ~ amach Ascertain!, Check out!
  ~ an bua! Win!
  ~ an eochair! Find the key!
  ~ an traein ain! Catch that train!
  ~ ar ais é! Retrieve it!
  ~ bás! Die!
  ~ buntáiste! Gain an advantage!
  ~ cead uaidh! Get permission from him!
  ~ ceann saor! Get one free!
  ~ dom é! Fetch it for me!
  ~ éalú air! Manage to escape from him!
  ~ greim air! Grab hold of it!
  ~ le hoidhreacht Dé! Inherit the God's kingdom!
  ~ náire dá bharr! Suffer shame for it!
  ~ neamhchiontach í! Acquit her!
  ~ réidh leis! Be done with it!
  ~ saol duit féin! Get a life!
  ~ slí isteach ann! Access it!
  ~ tuiscint! Acquire an understanding!

Faigh airgead *v irr* get money
  cairtfhostaigh charter, **cuir ar cíos** rent, **gnóthaigh** earn, gain, **léasaigh** lease, **lig** let, **tuill** earn

Faigh amach *v irr* find out
  aimsigh obtain, acquire, uncover, **aithin** recognise, **braith** sense, **breathnaigh** observe, **cinntigh** ascertain, **eispéirigh** *(high reg)* experience, **feic** see, **fionn** discover, ascertain, **foghlaim** learn, **nocht** reveal, **tabhair faoi deara** notice, **tar ar** come across, **tarlú ar** to happen upon

Faigh ar ais *v irr* retrieve, get back
  aisghabh take back, **athghabh** recapture, *(possession)* recover, **buaigh ar ais** win back, **fill** return, **gnóthaigh ar ais** earn back, **tabhair ar ais** bring back, **tóg ar ais** take back

Faigh bás *v irr* die (cf **ag fáil bháis** dying)
  básaigh die, **bí ag tabhairt an fhéir** be pushing up the daisies, **caill** lose to death (cf **Cailleadh iad sa dóiteán.** They died in the fire.), **éag** die, **imeacht ar shlí na fírinne** to go the way of all men, **smiog** die, pass away, **snigeáil** snuff it, die, **spéiceáil** croak, die, become a stiff, **stiúg** expire, perish, **tar go deireadh an aistir/an róid** come to the end of the road, **téigh i léig** go extinct, **téigh in éag** die, *(see also: éag)*

Faigh greim ar *v irr* get a hold of
  beir ar grasp, **beir greim ar** take hold/a grip of, **ceap** capture, catch, **cimigh** make captive, **crúcáil ar** clutch at; hook, **cuir i bpríosún** jail, **gabh** arrest, capture, **gabh seilbh ar** take possession of, **geafáil** hook, catch (cf **duine a gheafáil** to buttonhole a person), **glám** grab, clutch, **greamaigh** grip, catch, **sáinnigh** trap, entrap, **sciob** scoop up, grab; nick, **snap** snatch,

tapaigh seize, grasp, **tóg (i do lámh)** take (in your hand)

Faigh radharc ar *v irr* get a sight of
airigh detect, perceive, **amharc** see, look, **braith** sense, **breathnaigh** observe, **déan amach** make out, discern, **dearc** look, behold, **féach ar** look at, **feic** see, **sill ar** *(high reg)* glance at, behold, **spléach ar** glance at, **tabhair faoi deara** notice, **tabhair sracfhéachaint ar** take a quick look at

Faighin *f(-ghne; -ghneacha)* vagina
aiteann bush, **ascaill** recess, **bálta** vulva, **bosca** box, **brillín** clitoris (cf **spreagthóir brillín** clitoral stimulator), **cailleach ribeach** hairy hag, **canáil** canal, **clais** moist furrow, **clúmh** bush, muff, **coinín** beaver, pussy, **díog** *f* ditch, **gabhal** crotch, **gibhis** crack, cleft, **grabhaid** vulva, **gráta** grate, organ grinder, **íochtar** down below, **pit** vulva, cunt, **pluais** cave, **pluaisín** small cave, **póca** pouch, **póca teolaí** warm pocket, **poll slogaide** swallow hole, **portach** *m* **draíochta** magic bog, **pota** pot, **scoilt** split, crack, **scuab** brush, **scuaibín Brasaíleach** Brazilian wax, **scuabóg** brush, pubic hair, **séanas** gap, **toirtín gruagach** hair pie

Faighneog *f(-oige; ~a, ~)* pod
blaosc skull; shell, **capsúl** capsule, **ceannbhrat** canopy, **clúdach** cover, covering, **cochall** pod, cowl, **cocún** cocoon, **crotal** husk, **crotal cnó** nutshell, **faoisce** *(mollusc)* shell, **mogall** husk, pod; mesh, **nuitín** tiny receptacle; nutshell, **téastar** canopy over bed

Faighte *pp* received, found, gotten; ~ **amach** found out
airithe perceived, sensed, **aimsithe** acquired, achieved, located, **aitheanta** recognised, **bainte amach** reached, obtained, achieved, **braite** sensed, detected, **buailte le** met up with, **casta ar** bumped into; changed to, **ceaptha** thought; appointed, **cinntithe** ascertained, **conclúidithe** concluded, **creanta** obtained, **eispéirithe** *(high reg)* experienced, **faighteach** gaining, acquiring, **fionnta** discovered, ascertained, **foghlamtha** learnt, **nochta** revealed, **mothaithe** felt, **tugtha chun críche** brought to an end; procured, **tugtha chun solais** brought to light, exposed, **tugtha faoi deara** noticed, **sroichte** reached, **tarlaithe ar** happened upon, **tagtha ar** arrived at, **tagtha suas le (duine)** tracked (a person) down, **tadhlach (le)** contiguous (with), **tógtha** taken, contracted, **tuigthe** realised, understood

Faighteoir *m (-eora; ~í)* recipient, receiver
buaiteoir winner, **cleithiúnaí** dependant, **coinsíní** consignee, **dámhachtaí** awardee, **deontaí** grantee, **fionnachtaí** discoverer, **frítheoir** finder, **glacadán** receiver *(equipment)*, **glacadóir** receiver *(person)*, recipient, **iasachtaí** borrower, **íocaí** *m* payee, **oidhre** heir, **sannaí** assignee, **seolaí** *(on an envelope)* addressee, **tairbhí** *m* beneficiary

Fáil *vn*
1. getting, receiving; ~ **amach** finding out
aireachtáil perceiving, feeling, **aimsiú** reaching, acquiring, locating, **aithint** recognising, **baint amach** reaching, obtaining, achieving, **bheith faighteach le rud** to be gaining by a thing, **brath** sensing, detecting, **bualadh le** meeting up with, **breathnú** observing, **casadh ar** bumping into; changing to, **ceapadh** thinking; appointing, **cinntiú** making certain; ascertaining, **conclúidiú** concluding, **creanadh** obtaining, **éadáil** acquisition, find; gain, profit, **eispéiriú** *(high reg)* experiencing, **feiceáil** seeing, **fionnadh** discovering, ascertaining, **foghlaim** learning, **nochtadh** revealing, **mothú** feeling, **tabhairt chun críche** bringing to an end; procuring, **tabhairt chun solais** bringing to light, exposing, **tabhairt faoi deara** noticing, **sroicheadh** reaching, **tarlú ar** happening upon, **teacht ar** arriving at, **teacht suas le (duine)** tracking (a person) down, **teagmháil (le)** touching (with), **tógáil** taking, *(illness)* contracting, **tuiscint** realising, understanding
2. ar ~ available
amuigh out, **ar marthain** alive, extant, **atá le teacht gan mhoill** forthcoming, soon to arrive, **faoi réir** ready, primed, **inaimsithe** achievable, **inairithe** perceptible, palpable, reachable, **inbhraite** perceptible, **incheannaithe** purchasable, **indéanta** practicable, **infhaighte** procurable, acquirable, **infhuascailte** redeemable, **iniarrtha** askable, possible to ask for, **inmhothaitheach** perceptible, tangible, **inrochtana** accessible, **insroichte** reachable, attainable, **réidh** ready, **saor** free, **ullamh** prepared

Faill *f(~; ~eanna)*
1. negligence
ceal aire lack of attention, **leibéis** carelessness, **neamart** remissness, **neamhaird** carelessness, **neamhfhaichill** incaution *(see: faillí)*
2. chance, opportunity
ádh luck, **amas** opening to attack/grasp, **árach** *m* favourable opportunity, **caoi** *f* means, opportunity, **deis** opportunity, **dóigh** means, **éadáil** serendipity, unexpected gain, **eitim** opportunity to jump at (cf **dá bhfaighinn eitim air.** If I got a flying chance at it), **gléas** means, **ócáid shona** happy occasion, **rath** success, **séan** prosperity, **seans** chance, opportunity, **sonas** good luck, **tarlú ámharach** lucky occurrence, **toice** fortune, chance, **uain** opportune time, **trúig** occasion, cause *(see also: deis, seans)*

Faillí *f(~)*
1. *f* neglect, negligence
an chluas bhodhar the deaf ear, **beagbheann** *f* little heed, **ceal cúraim** lack of care, **drochmheas** disrespect, **éislis** negligence, **leibéis** carelessness, slovenliness, **mainneachtain** remissness, negligence, **maoslach** *m* sloppiness, **mí-aird** inattention; heedlessness, **neamart** remissness, negligence, **neamhaird**

Failligh

disregard; carelessness, **neamh-aire** inattention, **neamhchúram** want of care, neglect, **neamhshuim** lack of interest, **scaoilteacht** slackness, **siléig** dilatoriness, slackness, **siléigeacht** neglectfulness, **siobarnach** *f* confused state due to inattention; neglect, **sleamhchúis** remissness, negligence, **tréigean** abandon
  2. ar a ndéantar ~ neglected
  ar bóiléagar neglected; unguarded, **fágtha** forsaken, **gan aitheantas ceart** undervalued, **ligthe i ndearmad** forgotten, **nach dtugtar aird dá laghad ar** blatantly disregarded, **tréigthe** deserted, abandoned

Failligh *v₂ᵦ* neglect, omit
  déan leithcheal ar discriminate against, **déan neamart i** neglect, **déan dearmad ar** forget, **déan faillí i** to be negligent about, **déan neamhaird de** ignore, **déan neamhshuim de** overlook, neglect, **dearmad** forget, **fág** forsake; leave, **fág amach** leave out, **fág ar lár** omit, **fág as** leave out, **gabh thar** omit, **gan deis a thapú** to miss out on an opportunity, **lig ar lár** leave out, omit, **lig tharat** pass up, miss out on, **scipeáil** skip, **tabhair neamhaird ar** ignore, **téigh thar** pass over, omit, **tréig** abandon

Faillithe *pp* neglected, omitted
  ar ar tugadh neamhaird ignored, **dearmadta** forgotten, **fágtha** forsaken, **fágtha amach** left out, **fágtha ar lár** omitted, **ina ndearnadh faillí** neglected, **ligthe tharat** passed up, missed out on, **tréigthe** abandoned

Faillitheach *adj³* neglectful, negligent
  (déanta) ar nós cuma liom (done) any old how, **bóiléagrach** negligent, absent-minded, vacant, **drochmheasúil** disrespectful; impolite, **gan chúram** careless, **lochtach** faulty, **mainneachtnach** negligent, remiss, **maoslaigh** (> *maoslach*) sloppy conditions/sloppiness, **míchúramach** careless, **neamartach** remiss, **neamhairdeallach** incautious, negligent, unwatchful, **neamhairdiúil** heedless, inattentive, **neamh-aireach** unheedful, inattentive, **neamhchúramach** uncareful, negligent, **neamhfhaichilleach** incautious, **neamhphointeáilte** unpunctilious, careless, **scaoilte** slack, loose, **siléigeach** procrastinating, **slapach** sloppy, slovenly, **sleamhchúiseach** remiss, negligent, **sliopánta** fumbling, careless

Failliú *vn* neglecting, omitting
  déanamh dearmaid ar forgetting, **déanamh faillí i** being negligent about, **déanamh neamairt i** neglecting, **déanamh neamhshuime de** overlooking, neglecting, **dearmad** forgetting, **fágáil** forsaking; leaving, **fágáil amach** leaving out, **fágáil ar lár** omitting, **ligean tharat** passing up, missing out, **tabhairt neamhairde ar** ignoring, missing out on, **tréigean** abandoning

Fáilte *f (~; -tí)* welcome, joy
  aíocht hospitality, **aoibhneas** delight, bliss, **áthas** happiness, **beannachtaí** blessings; greetings, **beannú** greeting, **cairpéad dearg** red carpet, **cead** permission, **ceiliúr** greeting, address, **ceiliúradh** celebration, **cuntanós** civility, **fáiltiú** welcoming, **féile** generosity, **flaithiúlacht** munificence, **forbhfáilte** joyous welcome, **friotháileamh** *(lit)* reception, entertainment, **glacadh** reception, **gliondar croí** heartfelt joy, **inghlacthacht** acceptability, **pléisiúr** pleasure, **sásamh** gratification, **sástacht** satisfaction, **suáilceas** agreeableness, **úire oinigh** lavish hospitality
  ◊ ~ **an Aingil** *(rel)* the Angelus, **Céad míle ~!** Hundred thousand welcomes!, **Chuir siad ~ Uí Cheallaigh romhainn.** They gave us a generous and hearty welcome., **Go raibh maith agat! – Tá ~ romhat!** Thank you! – You're welcome!, **~ is fiche!** (You're) extremely welcome!, **Níl mé fad na ~ amuigh.** I haven't been away long enough to merit a welcome back.

Fáilteach *adj³* welcoming
  aíochtach hospitable, **aoibhinn** delightful, blissful, **áthasach** happy, **beannachtach** wishing well to others, **bleacht** copious, abundant, **ceadmhach** permissible, **cuntanósach** civil, gracious, **fáilí** disarmingly friendly, **fial** generous, **flaithiúil** munificent, **forbhfáilteach** joyfully welcoming, **glacach** receptive, **gliondrach** joyful, **inghlactha** acceptable, **iostasach** willing to receive guests, hospitable, **pléisiúrtha** pleasurable, **sásúil** satisfying; satisfactory, **suáilceach** agreeable

Fáiltigh *v₂ᵦ* welcome, rejoice
  beannaigh greet, **caradaigh** befriend, **cuir fáilte roimh** welcome, **ceiliúir** celebrate, **faomh** approve, **gairdigh** rejoice, **glac go háthasach le** joyfully accept, **lúcháirigh** rejoice, **mol go hard** praise highly, acclaim, **subhaigh** rejoice, **treisigh le** give strong support to

Fáiltithe *pp* welcomed, rejoiced
  beannaithe greeted, **caradaithe** befriended, **ceiliúrtha** celebrated, **faofa** approved, **gairdithe** rejoiced, **lenar glacadh go háthasach** joyfully accepted, **lúcháirithe** rejoiced, **molta go hard** praised highly, acclaimed, **subhaithe** rejoiced, **treisithe le** strongly supported

Fáiltiú *vn* welcoming, rejoicing
  beannú greeting, **caradú** befriending, **ceiliúradh** celebrating, **faomhadh** approving, **glacadh go háthasach** joyfully accepting, **gairdiú** rejoicing, **lúcháiriú** rejoicing, **moladh go hard** praising highly, acclaiming, **subhú** rejoicing, **treisiú le** strongly supporting

Fáinne *m (~; -nní)* ring; halo
  ciorcal circle (cf **ciorcal lochtach** vicious circle), **cuar** curve; circle, **bogha** *m* bow; ring, circle **boghaisín** ringlet, small circle, **coirnín** *(hair)* curl, **diosca**

Fair

disk, disc, **fail** ring, bracelet, (cf **i bhfail a chéile** in one another's circle, proximity; i.e. together), **fonsa** rim, hoop, truss (cf **fonsa rotha** rim of wheel), **iodh** *f (idhe; ~a, ~)* hoop; ring, ringlet, **lios** *(around moon)* halo, **lúibín** small loop, **lúb** loop, **naomhluan** halo of a saint, **roithleagán** *(child's)* hoop, **sealán** noose, **sféar** sphere, **sróinín** nose ring; snout ring *(see also: ciorcal)*

▲ **~ an lae** the break of day, **~ cluaise** earring, **~ cuirtíní** curtain ring, **~ eochracha** key ring, **~ fí** vicious circle, **~ geallatanais** engagement ring, **~ gruaige** ringlet of hair, **fáinne óir/sochair** virtuous circle, **~ pósta** wedding ring, **~ solais** halo, aura

Fair *v₁ₑ* watch over, keep watch; *(the dead)* wake
aireachasaigh mind, watch over, **aoirigh** shepherd, herd, **bí airdeallach** be watchful, **bainistigh** manage, **bí san airdeall ar** be on the alert against, **coimeád súil ar** keep an eye on, **coimhéad** watch over, guard, **faichill** be careful of, **fan ar** wait for (cf **ag fanacht ar mo sheans** waiting for my opportunity), **fan i bhfeighil** remain in charge, **gardáil** guard, **ionghair** herd, watch, **seiceáil** check, **tabhair aire do** pay attention to, **tabhair cúram do** take care of, **tórraigh** *(obsequies)* wake

> **O Faire** *Wake* – the traditional **faire** generally took place in the home of the deceased. The **corp** *corpse* was usually laid out near a window and covered with a **taiséadach** *shroud*. **Coróin Mhuire** *rosary beads* would be placed in the hands of the corpse and **coinnle** *candles* lit at the head and feet. Traditionally, the **cloig** *clocks* were stopped and the **scátháin** *mirrors* covered to prevent **sióga** *fairies* sneaking into the room to steal the body. As an extra precaution, the toes of the corpse might be tied together to prevent it being walked away. **Mná Caointe** *keening women*, professional weepers, were paid to wail near the corpse. **Fairí** *wakes* usually lasted three days. Food and drink were provided for those who came to bid farewell to the deceased.

Faire vn keeping watch, watching out; wake (for dead person)
aird attention, **airdeall** alertness, watchfulness (cf **bheith san airdeall** to be watchful, alert), **airneán** vigil, **aire** *f* care, attention, **aoireacht** shepherding, herding, **bheith ar do gharda** to be on your guard, **bigil** vigil, **breathnóireacht** observing, **breathnú** observing, **breicneoireacht** watching closely, **coimhéad** watching over, guarding, **faireachán** watching, **faireachas** surveillance, **fairís** watching, observing, **féachaint (ar)** looking (at), **féachaint timpeall** looking around, **feighil** vigilance, watchfulness, **feitheoireacht** invigilation, **foraire** *(lit)* watching, **forairdeall** vigilance, **forcamás** watchfulness, attention, **friothaire** watch, vigil, **gardáil** guarding, **iniúchadh** scrutiny, **ionghaire** herding, watching, **scrúdú** examining, **súil a choimeád amach** to keep an eye out; **tórramh** wake *(for dead person)*

◊ **ag ~ ar na páistí** minding the children, **Bí ag ~ ort féin!** Look after yourself!, **Bí ag ~ leis!** Some hope of that!, **Tá sí ag ~ na faille chun é a rá leis.** She is waiting for the opportunity to tell him., **Níl ansin ach ag ~ na taoide ar an trá.** That is just wasted effort.

Faireach *adj³* watchful
airdeallach alert, watchful, **aireach** careful, attentive, **aireachtálach** *(tech)* perceptive, **ar do mhine ghéire** for all your worth, giving utmost attention, **beacht** exact, precise, **beo gasta** on the ball, **braiteach** alert, wary; sensitive, **breathnóireachta** (> *breathnóireacht*) observing, **coimhéadach** watchful, vigilant, **cúramach** careful, **faichilleach** cautious, careful, **faire** (> *faire*) lookout, (cf **fear faire** lookout man, watchman), **feifeach** watchful, attentive, **feighlíoch** vigilant, watchful, **feitheoireachta** (> *feitheoireacht*) invigilating, (eg **lucht feitheoireachta** invigilators), **friothaireach** watchful, vigilant, **fuireachair** watchful, vigilant, **gardála** (> *gardáil*) guarding (eg **lucht gardála na seod** the people guarding the gems), **géarchúiseach** observant, astute, **géarshúileach** sharp-eyed, **glinnsúileach** sharp-eyed, **grinn** observant, discerning, **scrúdaitheach** examining

≈ **Ní bhíonn néal ar bith air**. He's very watchful., He's really on the ball.

Fairsing *adj²* spacious, extensive
ábhal vast, immense, **ábhalmhór** colossal, **áirgiúil** spacious, **cuimsitheach** comprehensive, **faíoch** copious, profuse, **fairsingíoch** *(tech)* extensive, **fathachúil** giant, gigantic, **flúirseach** abundant, **forleathan** far-reaching, **glúiníneach** *(eg weeds)* proliferous, **ina sprémhóin** in plenty, **iomadúil** copious, **leathan** wide, **líonmhar** plentiful, **máilíneach** *(trousers)* baggy, **mórmhaise** of great mass, **oll-** *pref* massive, great, **ollmhór** huge, massive, **oscailte** open, **raidhsiúil** plentiful, **raonach** ranging, extensive; having many paths, **rathúnasach** abundant, prosperous, **ríochtmhar** capacious, large, **rúil** plentiful, **scóipiúil** expansive, spacious, **spásmhar** spacious, **uilechuimsitheach** all-encompassing

◊ **go fada ~** far and wide, **Tá siad chomh fada ~ le féar.** They're a dime a dozen.

▲ **cóta ~** drape coat, **fómhar ~** bountiful harvest, **radharc ~** sweeping view, **sciorta ~** full skirt, **seomra ~** spacious room

Fairsinge *f(~)* spaciousness, extensiveness
ábhalmhóire hugeness, **aeracht** airiness, openness, **áibhle** vastness, immenseness, **áirgiúlacht** spaciousness, **cumsitheacht** inclusiveness, **flúirse** abundance, **forleithne** extensiveness, prevalence, **glúiní** proliferation, **iomadúlacht** copiousness, **leithne** broadness, breadth, **máilíní** *(trousers)* bagginess, **neamhshriantacht** openness, **ollmhóire**

massiveness, **oscailteacht** openness, **raidhsiúlacht** plentifulness, **raon** range, extent, **rathúnas** abundance; prosperity; surfeit, **ríochtmhaire** capaciousness, largeness, **róúlacht** plentifulness, **scóip** wiggle room, **scóipiúlacht** expansiveness, spaciousness, **spásmhaire** spaciousness, **uileghabhálacht** all-inclusiveness

Fairsingigh *v₂ᵦ* broaden, extend
brainseáil amach branch out, **breisigh** increase, **craobhaigh** branch out, expand, **cuir le** add to, **déan níos leithne** make wider, **éagsúlaigh** diversify, **fás** grow, **forbair** develop, expand, **forleathnaigh** expand, widen, **gabhlaigh** fork, branch out (cf **áit a ngabhlaíonn an bóthar** the place where the road forks), **géagaigh** branch (out), **glúinigh** branch out, proliferate, **láidrigh** strengthen, **leath** spread, **leathnaigh (amach)** widen (out), **méadaigh** increase, augment, **neartaigh** strengthen, **oscail amach** open out, **scaip** scatter, **sín** extend; expand, **spréigh** spread out

Fairsingithe *pp* broadened, extended
brainseáilte amach branched out, **breisithe** increased, **craobhaithe** branched out, expanded, **curtha le** added to, **déanta níos leithne** made wider, **éagsúlaithe** diversified, **fásta** grown, **forbartha** developed, expanded, **gabhlaithe** forked, branched out, **géagaithe** branched (out), **glúinithe** branched out, proliferated, **láidrithe** strengthened, **leata** spread out, **leathnaithe (amach)** widened (out), **méadaithe** increased, augmented, **neartaithe** strengthened, **oscailte amach** opened out, **scaipthe** scattered, **sínte** extended; expanded, **spréite** spread out

Fairsingiú *vn* broadening, extending
brainseáil amach branching out, **breisiú** increasing, **craobhú** branching out, expanding, **cur le** adding to, **déanamh níos leithne** making wider, **éagsúlú** diversifying, **fás** growing, **forbairt** developing, expanding, **gabhlú** forking, branching out (cf **gabhlú an bhóthair** forking of the roads), **géagú** branching (out), **glúiniú** branching out, proliferating, **láidriú** strengthening, **leathadh** spreading, **leathnú (amach)** widening (out), **méadú** increasing, augmenting, **neartú** strengthening, **oscailt amach** opening out, **scaipeadh** scattering, **síneadh** extension, extending; expanding, **spré** spreading out

▲ ~ **an bhóthair** widening of the road, ~ **an dlí** liberalisation of the law, ~ **intinne** broadening of the mind, ~ **uirbeach** urban expansion

Fairthe *pp* watched over, kept watch; *(the dead)* waked
aireachasaithe minded, watched over, **aoirithe** shepherded, herded, **bainistithe** managed, **coimhéadta** watched over, guarded, **dar tugadh aire** paid attention to, taken care of, **fanta ar** waited for, **fanta i bhfeighil** remained in charge, **gardáilte** guarded, **ionghairthe** watched, herded, **seiceáilte** checked, **tórraithe** *(obsequies)* waked

Fáisc *v₁ᵧ* squeeze, wring
bain as extract, **beir barróg ar** hug, **beir greim docht ar** take a tight grip of, **brúchóirigh** (eitleán) pressurise (an aeroplane), **brúigh** press, **brúigh ina leircín** squash, flatten, **brúisc** crush, **comhbhrúigh** compress, **comhfháisc** compress, squeeze together, **crap** crumple, **ding** wedge, **diurnaigh** embrace, **eastósc** *(chem)* extract, **éignigh** force, compel, **gráinnigh** granulate, **leacaigh** flatten, crush, **pinseáil** pinch, **sáigh** cram, jam, **tacht** choke, **teann** clench, clamp, **tiomairg** compress, press together; restrain, **tuargain** crush, pound, **úsc** *(chem)* extract

◊ ~ **ar an fhadhb ní ar an dhuine!** Attack the problem not the person!, ~ **do chrios!** Tighten your belt!, ~**eadh as cré iad.** They were wrought from clay., ~ **ort abhaile!** Hurry yourself off home!, ~ **tú féin chun léim a dhéanamh!** Brace yourself to jump!

Fáiscthe *adj* squeezed, wrung
bainte as extracted, **brúchóirithe** pressurised (eg eitleán brúchóirithe pressurised plane), **brúiscthe** crushed, **brúite** pressed, **brúite ina leircín** squashed, flattened, **comhbhrúite** compressed, **comhfháiscthe** compressed, squeezed together, **craptha** crumpled, **dingthe** wedged, **diurnaithe** embraced, **eastósctha** *(chem)* extracted, **éignithe** forced, compelled, **gráinnithe** granulated, **leacaithe** flattened, crushed, **pinseáilte** pinched, **sáite** crammed, **sáite isteach** jammed in, **tachta** choked, **teannta** clenched, clamped, **tiomargtha** compressed, pressed together; restrained, **tuargainte** crushed, pounded, **úsctha** *(chem)* extracted

Faisean *m (-sin; -sin, ~)* fashion; chic
an rud is déanaí the latest thing, **caoi** *f* way, manner, **chic** chic, **claonadh** trend, **cur chuige** approach, **dealramh** look, appearance, **dóigh** way, manner, **éadaí** *mpl* clothes, **éadaí** *mpl* **galánta** elegant clothes, **gothaíocht** mannerism, **modh** mode, method, **Níl i mbéal an phobail ach é!** It's all the craze!, **nós** trend, custom, **nósúlacht** mannerism, **slí** *f* way, **snas** polish, **stíl** style, **vóc** vogue (cf **i ~ in vogue**)

◊ **ag teacht (isteach) i bhfaisean** coming into fashion, **Chuaigh sé as ~.** It went out of fashion., **Is den fhaisean é!** It's all the rage!, **Níl ann ach ~ na huaire.** It's just a fad., **Sin an ~ a bhíonn aige.** That's the way he carries on.

Faiseanta *adj⁶* fashionable, in vogue
ar a bhfuil gnaoi an phobail popular, **gáifeach** ostentatious, **galánta** classy, swanky, **gleoite** gorgeous, cute, **innealta** dashing, **maorga** imposing, **nach bhfuil i mbéal an phobail ach é** all the rage, the only thing people are talking about, **neamúil** delectable, **nua-aimseartha** modern, **ornáideach**

Faisnéis

ornate, **péacach** snazzy, **pointeáilte** spruced up, **sciobalta** smart, spruce, **slachtmhar** tidy, clean-cut, showy, **snasta** cool, **sráid-dleathach** *(sl)* street legal, **taibhseach** flamboyant, striking

Faisnéis *f(~e; ~í)* information, intelligence, report
cuntas account, **cur síos** description, **eolas** information, knowledge, **fianaise** *f* evidence, **fios** *m (feasa)* knowledge, **focal** word, **maíomh** statement assertion, **mionsonraí** *mpl* details, **nuacht** *f* news, **ráiteachas** report; saying, **scéala** news, **trácht** mention, comment, **tuarascáil** account, description, **tuairisc** report *(see also: eolas)*

▲ ~ **ioncaim** return of income, ~ **loingis** shipping intelligence, ~ **na haimsire** weather report, ~ **rúnaicmithe** classified information

▲ **aisghabháil** ~**e** information retrieval, **an tsochaí** ~**e** the information society, **Oifig Saorála** ~**e** Freedom of Information Office, **rannóg** ~**e** intelligence section, **teicneolaíocht** ~**e** information technology

Fáistineach *adj³* future
amach anseo in the future, **ar ball** in a while, shortly, **as seo amach** from here on in; in the future, **atá chugainn** *(coming)* to meet us, next, **atá le teacht** upcoming, **atá romhainn** that's ahead of us, **dóchúil** potential, probable, **féideartha** possible, potential, **gan rómhoill** in the not too distant future, **ionchasach** prospective, **lá is faide anonn** at some point in the future, **lena mbeimis ag súil** as we would expect, **poitéinsiúil** potential, **san am atá le teacht** in times to come, **sa todhchaí** in the future

Faiteach *adj³* timid, apprehensive
ar tinneall in a state of nerves, **buartha** intimidated, afraid, **cearthaíoch** jittery, **corrach** uneasy, **cotúil** bashful, retiring, **cúlánta** retiring, **cúthail** shy, **drogallach** hesitant, **eaglach** fearful, frightened, **éiginnte** uncertain, **geitiúil** jumpy, **giongach** excitable, **imníoch** worried, **íogair** delicate, sensitive, brittle, **leamhnáireach** coy, **míshocair** unsettled, **míshuaimhneach** ill at ease, uncomfortable, **modhúil** modest, retiring, **neirbhíseach** nervous, **priaclach** troubled, anxious, **scáfar** timid, easily frightened, **scanraithe** frightened, **scimeach** anxious, **scinnideach** timid, **tapógach** jumpy, nervy, **tim** timid, tender, **tinneallach** tense, nervous

Faitíos *m (-tís; -tís, ~)* apprehension, timidity
braiteoireacht wavering, **cearthaí** jitters, nervousness, **cotúlacht** tendency to be bashful, **cúlántacht** retiring nature, shyness, **cúthaileacht** shyness, diffidence, **eagla** fear, **imní** worry, **leamhnáire** *f* coyness, **míshocracht** unease, **míshuaimhneas** uneasiness, restlessness, **neirbhís** nervousness, **rathú** apprehension, **scáfaireacht** timidity, **scáithínteacht** timidity, **scanradh** fright, **scim** cloud of anxiety,

Falsacht

scinnide *f* nervousness, timidity, **tapóg** tendency to be jumpy, impulsiveness, nervy

◊ **Tá cineál faitís orm.** I'm slightly apprehensive., **Níl fuacht ná ~ ortsa!** You've got balls!

Fál *m (fáil; ~ta)* hedge, fence
bábhún walled enclosure, bawn, **bac** *m* barrier, **balla** wall, **claí** ditch, enclosure, fence, **claíochán** field fencing, **cliath** *f (cléithe; ~a, ~)* hurdle, wattled fence, **clós** enclosure, **líne** *f* **chríche** boundary line, **páil** paling, pale, **rianaire teorann** boundary marker, **sceach** *f (sceiche)* thornbush, **sceimheal** *f(-mhle; -mhleacha)* encircling wall, rampart, **sciath** *f (scéithe; ~a, ~)* screen, **sconsa** fence, **teorainn** *f (teorann; ~eacha)* boundary, **tom** bush, shrub, **tor** bush

◊ **Ní ~ go spéir é.** It's not impossible.

Fala *f(~; -ltaí)* grudge, spite
aicis rancour, **binb** venom, fury, **cais** hatred, spite, **cancar** spleen, **cantal** petulance; plaintiveness, **doicheall** acrimony, coldness, **dóiteacht** bitterness, **domlas** gall, **drochaigne** *f* malevolence, **droch-chroí** ill will, **drochfhuil** enmity, bad blood, **drochintinn** evil intention, **fanrais** ill will, spite, **faltanas** spitefulness, **fiamh** grudge, spite, **fuath** hatred, **gangaid** spite, **goimh** venom, spleen, **gráin** hatred, **mailís** malice, **mioscais** active ill will, wickedness, **naimhdeas** animosity, **nimh** virulence, bitterness, **olc** evil, anger, temper, **olcas** spite, badness, **seanfhala** feuding, old grudges, **searbhas** sourness, **seirbhe** *f* sourness, **stainc** pique

Fallaing *f(~e; ~eacha)* mantle, cloak
brat cape, wrap, **brádóg** small cape, **bratóg** small wrap, throw, **cába** cape, **cadó** wrap, cover, **caipisín** hooded cloak, capuchin, **casal** mantle, **céadach** *f (lit)* mantle, **cealtair** *f(-trach)* cloak, **cimeonó** kimono, **clóca** *m* cloak, **clúdach** *m* covering, **coim** cloak, cover, **forbhall** overgarment, **gúna** gown, **róba** robe, **scing** *f* cloak, covering; canopy, **seál** shawl, **speilp** covering, cloak, garment; worldly goods, **súsa** blanket, rug

Falsa *adj⁶* lazy, indolent; phoney
bréagach phoney, **díomhaoin** idle, **gan mhaith** good-for-nothing, useless, **leamh** apathetic, **leisciúil** lazy, **mall** slow, **scraisteach** lazy, loafing, **spadánta** sluggish, **suanach** lethargic; dormant, **támhach** torpid *(see also: leisciúil)*

Falsacht *f(~a)* laziness, indolence
bréige falsity, **claidhreacht** cravenness, **cur i gcéill** affectation; insincerity, **díomhaointeas** idleness; unmarried status, **lagspreosaí** indifference, **leimhe** *f* apathy, **leisce** *f* laziness; hesitancy, **leisciúlacht** laziness, **moille** *f* delay, **scraisteacht** laziness, loafing, **spadántacht** sluggishness, **suanaíocht** lethargy; dozing, **táimhe** *f* torpidity *(see also: díomhaointeas, leisce 2, leisciúlacht)*

Falsóir *m (-óra; ~i)* idler
codaí indolent person, **cúl gan rath** no-good, waster, **cumadóir** fabricator, **díomhaoineach** *m* idle person; person without a spouse, **duine gan mhaith** useless individual, **leadaí** layabout, bum, **leiciméir** slacker, **leisceoir** lazy person, **liairne** layabout, **liúdaí** shirker, idler, **liúdramán** loafer, **ríste** idler, lounger, **scraiste** good-for-nothing (*see also:* ***leisceoir***)

Falsóireacht *m (~a)* lazing about, doing nothing
foirneáil gadding about, **lacstráil** idling, **leadaíocht** bumming around, **leiciméireacht** slacking, **leisceoireacht** idling, **liúdaíocht** doing next to nothing, **liúdramántacht** loafing about, **rístíocht** idling, lounging around, **scraisteacht** loafing about (*see also:* ***leisceoireacht***)

Faltanas *m (-ais; -ais, ~)* vindictiveness, spitefulness, spite
aicis rancour, **binb** venom, fury, **doicheall** churlish resentment, **domlas** gall, **drochfhuil** enmity, bad blood, **fala** grudge, spite, **fiamh** spite, bitterness; grudge, **fuath** hatred, **gangaid** spite, rancour, **goimh** venom, spleen, **gráin** hatred, **mailís** malice, vindictiveness, **mioscais** active ill will, wickedness, **nimh** virulence, bitterness, **nimh san fheoil** bad blood, enmity, **olc** evil, anger, temper, **olcas** spite, badness, **seanfhala** feuding, old grudges, **seirbhe** *f* sourness, **stainc** pique (*see also:* ***fala***)

Fáltas *m (-ais; -ais, ~)* incomings, proceeds
aiseag *(com)* returns; restitution, **balachtáil** gain, profit, **brabach** *m* gain, profit, **brabús** profit, **cúiteamh** compensation, **deontas** grant, **duais** prize, reward, **éadáil** acquisition, salvage, gain; wealth, **íoc** *m* payment, requital, **íocaíocht** paying, payment, **ioncam** income, **liúntas** allowance, **luach** *m* **saothair** emolument, **pá** pay, **riar** provision, **sochar** profit (cf bookkeeping: **sochar agus dochar** profit and loss), **stipinn** stipend, **táille** fee, **teacht isteach** incomings, income, **toradh** result, **torthaí** *mpl* fruits, **tuarastal** salary, **tuilleamh** earnings, **ús** profit

Fan *v₁c* wait, stay, remain
bí ag feitheamh (le) be waiting for, expecting, **cónaigh** dwell, **cuir ar fionraí** suspend, **cuir fút** settle down, **déan braiteoireacht** hesitate, **déan máinneáil** loiter, **déan moill** make a stop, delay, **déan moilleadóireacht** dally, linger, **déan righneáil** dawdle, **fionraigh** wait, **fuirigh** wait, delay, **glac lóistín** lodge, **lean (ar aghaidh)** continue, **lóisteáil** lodge, **lonnaigh** settle, **mair** endure, **seadaigh** linger, tarry, **seas** pause, **stad** stop, halt, **stop** stop (off), **téigh i bhfostú** become lodged, **téigh i ngreamú** get stuck, **tóg sos** rest, take time out

~ **againn tamall!** Stay with us a while!
~ **as trioblóid!** Keep out of trouble!
~ **fút!** Stay put!
~ **go bhfeicfidh mé!** Wait till I see!
~ **go bhfeicfidh tú!** Wait and you see!
~ **i do sheasamh!** Remain standing!
~ **i do shuí!** Remain seated!
~ **i do thost!** Keep quiet!
~ **leis an samhradh!** Wait for summer!
~ **nóiméad!** Wait a moment!
~ **ort go fóillín!** Hold on a moment!

Fan amach ó *v₁c* stay away from
coinnigh ó keep from, **diúltaigh** spurn, reject, **druid amach ó** move away from, **imghabh** avoid, evade, **iompaigh ó** turn away from, **ob** shun, shirk, **seachain** avoid, **séan** forsake, **tabhair cúl do** turn you back on, walk away from, **tabhair droim láimhe do** abandon, turn away from, **teith roimh** flee from

Fan le *v₁c* await, abide
bí ag faire ar be looking out for, **bí ag feitheamh le** be waiting for, **bí ag súil le** be expecting, **cuir suas le** put up with, abide, **fulaing** endure, **mair le** live with

Fan siar *v₁c* stay back, stay behind
bí ag máinneáil dally, be dallying, **bí ag stangadh siar** lag/be lagging behind, **coinnigh siar** keep back, **lean** follow, **moilligh** delay, **seas ar gcúl** stand back, **slaod** trail, drag, **sraoill** straggle, traipse, **tit chun deiridh** fall behind, fall to the rear

Fán *m (fáin)* aimlessness, straying
deoraíocht exile, **dul amú** going astray, **dul ar seachrán** wandering, straying, **dul ar strae** going astray, **fánaíocht** wandering, **fuaidreamh** vagrancy, wandering, **mearbhall** mental confusion, **ráigíocht** wandering about, gadding, **rámhóireacht** roving for pleasure, trekking, **ránaíocht** loafing around, **seachrán** straying, **seachránacht** aberrancy, **sleamhnú** slipping, **straeáil** straying, **straeireacht** straying (*see also:* ***fánaíocht***)

Fána *f (~; ~í)*
1. downward slope
claon incline, **claonadh** inclining, banking; bias, **cromadh** bending, incline, **cúlú** falling back, recession, **dul síos** going down, **feirc** tilt, **fíorsceabha** *m* slant to one side, **goic** cock, slant, **ísliú** lowering, dipping, **leaca** *f (~n; leicne, ~n)* slope of hill, **learg** *f (leirge; ~a; ~)* sloping expanse, sloping side, **leathcheann** tilt of head, slant, **leathstuaic** slant to one side, **leontóg** slope, **liosta** (*leaning boat*) list, **log** (*in ground*) dip, depression, **maig** slant, tilt, **mala** (*hill*) brow, slope, **réileán** slide, sled, **saoráid** facility, ease (cf **dul ar an tsaoráid** to take the easy way), **sceabha** *m* skew, slant, **scít** slide on ice, **sleabhac** droop, **slios** *m (sleasa)* slope, side, **speic** inclination, slant (eg **Tá speic ar an mballa sin.** That wall isn't plumb.), **taobh leargach** sloping side, **titim** fall

2. **le ~** with the slope; downwards
anuas downwards, **ar a bhfuil slios** lopsided, **ar fiar** angled, askew; slanting, **ar leathcheann** slanted,

Fánach

with tilted head, **ar leathmhaig** tilted, **ar leathstuaic** tilted, canted, **ar sceabha** skewed, askew, **ar sleabhac** drooped, **ar sliú** slanting, slewed, **claonta** incline, banked; biased, **cromtha** bent, inclined; stooped, **sceabhach** skew, oblique (cf **uillinn sceabhach** oblique angle), **síos** downwards, **sleabhcánta** drooping

◊ **Gach rogha le ~!** Always the easy way out!, **rith le ~** to run downwards, **Tá ~ sa bhóthar.** There's a dip in the road.

Fánach *adj³* aimless, occasional, random; flippant **amú** astray, wasted, **annamh** rare, infrequent, **ar bheagán spéise** of little interest, **ar nós cuma liom** any old how; haphazard, **ar seachrán** wandering, straying, **ar strae** astray, **a thagann anois is arís** that comes now and again, **a thagann idir threallanna** intermittent, **beag** small, **beagthábhachtach** of little importance, **caillte** lost, **camchuairteach** rambling, touring, **cinniúnach** chance, **corr** erratic, odd, **corrach** unsettled, restless, **de thaisme** by accident, **fánóideach** haphazard, aimless, **fuaidrimh** (> *fuaidreamh*) vagrant, **gan aidhm** aimless, **gan aird** inconsequential, **gan chiall** pointless, senseless, **gan choinne** unexpected, out of the blue, **gan chríoch** purposeless, **gan chuspóir** goalless, pointless, **in aisce** vain, **luaineach** inconstant, fickle, **maingléiseach** flippant, frivolous, **mearbhlach** erratic, **mion-** *pref* minor, **neafaiseach** trite, trivial, **neamhchoitianta** infrequent, uncommon, **neamhchúiseach** unconcerned, **neamhghnách** unusual, **neamhleanúnach** lacking in continuity, **neamhrialta** irregular, **neamhshubstaintiúil** insubstantial, **neamhthábhachtach** unimportant, slight, **ócáide** (> *ócáid*) occasional, **ócáideach** casual, **peiripitéiteach** peripatetic, **randam-** *(tech)* random, **randamach** random, **ródach** rambling along roads, **seachránach** wandering, misguided, unpredictable, **scaipthe** scattered, **straeúil** straying, **suarach** trivial, **taomach** fitful, spasmodic, **teagmhasach** incidental, casual, **tearc** rare, **treallach** fitful, sporadic, **uaineach** intermittent

▲ **barra ~a** sparse crops, **ceathanna ~a** occasional showers, **comhrá ~** casual conversation, **sampla ~** random example, **saol ~** aimless life, **smaoineamh ~** random thought

Fanacht *vn* waiting, staying **braiteoireacht** hesitating, **cónaí** dwelling, abiding, **cur ar fionraí** suspending, **cur fút** settling down, **dul i bhfostú** becoming lodged, **dul i ngreamú** getting stuck, **feitheamh** waiting, expecting, **fionraí** waiting, suspending, **fionraíocht** suspension, **fuireach** waiting, delaying, **glacadh lóistín** lodging, **leanúint ar aghaidh** following on, continuing, **lóisteáil** lodging, **lonnú** settling, **máinneáil** loitering, **maireachtáil** enduring, **moilleadóireacht** dallying, lingering, **moilliú** delaying, **righneáil** dawdling, **seadú** lingering, tarrying, **seasamh** standing, pausing, **sos** rest, break, pause, **stad** stop, stopping, halting, **stopadh** stopping, **tógáil sosa** taking a break

Fánaí *m (~; -aithe)* wanderer, nomad, vagrant **bacach** tramp, vagrant; lame person, **Beidiúnach** *m* Bedouin, **bóithreoir** road wanderer, **deoraí** exile, **fálródaí** saunterer, **fámaire** stroller; seasonal visitor, sightseer, **fear siúil** vagrant, **fiaire** pleasure-seeking rambler, **loingseach** *m* sea rover; exile, wanderer; pirate, **luaineadóir** restless person, wanderer, **ráigí** vagrant, vagabond, **raimleálaí** rambler, **rampaire** stroller; wild lad, playboy, **ránaí** ranger, rover, **rantaeir** rambler, **ridire an bhóthair** knight of the road, **ródaí** road walker; *(BÁC)* roadie, biker who cycles on roads, **rothlam** roamer, strayer, **ruathaire** gadabout, rover, **seachránaí** vagrant; one who has lost their way, **séadaí** rover, **síobshiúlóir** hitchhiker, **siúlach** *m* one who walks/travels far, **siúlóir** walker, **straeire** strayer; wanderer, **tramp** *m (~)* tramp, **turasóir coise** foot tourist

Fanaiceach 1 *m (-cigh;-cigh, ~)* fanatic **aislingeach** visionary, dreamer, **andúileach** *m* addict, **antoisceach** *m* extremist, **biogóid** bigot, **bunchreidmheach** *m (rel)* fundamentalist, **bunúsaí** fundamentalist, **díograiseoir** enthusiast; zealot, **gealt** *f* lunatic, **gníomhaí** activist, **máineach** maniac, **míleatach** militant, **móidín** *(rel)* devotee, **páirtíneach** *m* partisan, **páirtiseán** partisan, **radacach** *m* radical, **sceimhlitheoir** terrorist

Fanaiceach 2 *adj³* fanatical **aislingeach** visionary, **antoisceach** extremist, **biogóideach** bigoted, **bunúsaíoch** fundamentalist, **cíocrach** eager, **díocasach** keen, eager, **díograiseach** enthusiastic, zealous, **dúghafa** obsessive, **dúthrachtach** fervent, **greamaithe** fixated, **paiseanta** passionate, **radacach** radical, **ródhíograiseach** overenthusiastic, **sceimhlitheoireachta** (>*sceimhlitheoireacht*) terrorist, **tiomanta** committed, **tiomnaithe** dedicated, **tugtha go hiomlán (do)** totally committed (to)

Fánaíocht *f (~a)* wandering, straying **bóithreoireacht** wandering along roads, **coisíocht** legging it around, travelling by foot, **dul amú** going astray, **dul ar seachrán** wandering, straying, **dul ar strae** going astray, **faeiléireacht** wandering about aimlessly, **fálróid** strolling, wandering, **fálróid ar chapaillíní** pony trekking, **fámaireacht** touring by foot, sightseeing by foot, **fán** aimlessness, straying, **fiarlaoideacht** wandering off (course), **fuaidreamh** vagrancy, wandering, **ráigíocht** vagrancy, wandering about, **raimleáil** rambling; pub crawling, **rámhóireacht** moving around idly; roving for pleasure, **ránaíocht** roving, **rantaeireacht** rambling, roving, **ruagaireacht** vagabondage, roving around, **seachrán** straying, **seachránacht** aberrancy, aimlessly wandering, **séadaíocht** roving, wandering,

Fann

siúlóireacht trekking, **speabhraíd** wandering, **sleamhnú** slipping, **spáisteoireacht** strolling, walking, **straeáil** straying, **straeireacht** straying *(see also: fán)*

Fann *adj⁵* faint, weak; languid
báiníneach pasty, **bánghnéitheach** pale-faced, pallid, **bán san aghaidh** pale-faced, **cranda** decrepit, **críon** old, withered, **cróilí** bedridden, **éalangach** defective, flawed, **fannlag** extremely weak, **easláinteach** unwell, sickly, **easlán** sick, infirm, **lag** weak, **lagáiseach** weak, faint, **lagaithe** enfeebled, weakened, **lagbhríoch** languid, enervated, **leochaileach** fragile, **meathbhreoite** sickly, **mílítheach** pale, pallid, **neamhfholach** anaemic, bloodless, **neamhfholláin** unwholesome, unhealthy, **pocach** prone to sudden bouts of illness, **seargtha** withered, **téiglí** faint, languid, **tláith** weak, wan, **tréith** feeble, weak, **triamhain** *(lit)* weary, weak *(see also: lag)*

Fanntais *f(~e; ~í)* faint, swoon, fainting fit
cailleadh aithne loss of consciousness, blackout, **imeacht féinfheasachta** loss of self-awareness, **laige** weakness, faint (cf **titim i laige** to faint), **meirfean** swoon, fainting fit, **néal** swoon, **(ag) siolgaireacht le hocras** weak with hunger, **sioncóipis** *(med)* syncope, **támh** *f (táimhe)* stupor, swoon; trance, **támhnéal** coma (cf **titim i dtámhnéal** to fall into a coma)

Fanta *pp* waited, remained
feite (le) waited (for), expecting, **cónaithe** resident, **curtha ar fionraí** suspended, **curtha fút** settled down, **dulta i bhfostú** gotten lodged, **dulta i ngreamú** gotten stuck, **fionraithe** suspended, **fuirithe** waited for, delayed, **leanta (ar aghaidh)** continued, **lóisteáilte** lodged, **lonnaithe** settled, **martha** endured, **moillithe** delayed, **seadaithe** lingered, tarried, **seasta** paused, **stadta** stop, halt, **stoptha** stopped (off)

Faobhar *m (-air; -air, ~)* sharp edge
béal (lainne) edge (of a blade), **bile** *f* rim (cf **bile soithigh** rim of a vessel), **bléid** blade, **caibín** edge of blade, **ciumhais** edge, border, **corr** rim, edge (eg **corr boinn airgid** rim of a coin, **corr cúinne** corner edge), **droim** *m* ridge, edge, **fonsa** rim, hoop; frame, **gearradh** keenness, cutting power, **géire** sharpness, **gion** *(weapon)* edge; point, **gúire** sharpness (cf **gúire péine** sharpness of a pain), **líofacht** sharpness, polish, **imeall** border, edge, rim, (eg **imeall hata, spéaclaí** rim of a hat, spectacles, etc. **imeall an uisce** the water's edge), **imlíne** *f* perimeter, **lann** *f (lainne; ~a, ~)* blade, **teorainn** *f(-rann, ~eacha)* border *(see also: géire)*

▲ ~ **aille** edge of a cliff, ~ **cupáin** the lip of a cup, ~ **na súl** dagger-look of the eyes, ~ **scine** knife edge

◊ **Cuirfidh sé ~ ar do ghoile.** It will whet your appetite., It will give you an appetite., **greann le ~** biting comedy, **scian gan ~** blunt knife

Faobhraigh *v₂ᵦ* sharpen
beachtaigh refine, **bioraigh** put a point on, taper, **caolaigh** narrow, **cuir faobhar ar** make sharp, **cuir i bhfócas** put into focus, **déan níos déine** intensify, **déan níos géire** make sharper, **dírigh** focus, **géaraigh** sharpen, hone; intensify, **líomh** sharpen, grind, polish, **mionathraigh** tweak, modify, **mionchoigeartaigh** fine-tune; modify, **neartaigh** strengthen, **treisigh** intensify

Faobhraithe *pp* sharpened
ar ar cuireadh faobhar made sharp, **beachtaithe** refined, **bioraithe** sharpened to a point, tapered, **caolaithe** narrowed, **curtha i bhfócas** put into focus, **déanta níos déine** intensified, **déanta níos géire** made sharper, **dírithe** focused, **géaraithe** sharpened, honed; intensified, **líofa** sharpened, ground, polished, **mionathraithe** tweaked, modified, **mionchoigeartaithe** fine-tuned; modified, **neartaithe** strengthened, **treisithe** intensified

Faobhrú *vn* sharpening, putting an edge on
beachtú refining, **biorú** putting a point on, tapering, **caolú** narrowing, **cur faobhar ar** making sharp, **cur i bhfócas** putting into focus, **déanamh níos déine** intensifying, **déanamh níos géire** making sharper, **díriú** focusing, **géarú** sharpening, honing; intensifying, **líomhadh** sharpening, grinding, polishing, **mionathrú** tweaking, modifying, **mionchoigeartú** fine tuning; modifying, **neartú** strengthening, **treisiú** intensifying

Faofa *adj⁶* approved
ag a bhfuil tacaíocht supported, **ceadaithe** permitted, sanctioned, **daingnithe** ratified, **dar tugadh sainordú oifigiúil** mandated, **dearbhaithe** upheld, **glanta** *(banking)* cleared, **inghlactha** acceptable, **ligthe** allowed, **rite** passed, **sásúil** satisfactory, **údaraithe** authorised

Faoiseamh *m (-simh)* relief, respite
aiteall fine spell between showers, **balsam** balm, salve, **briseadh** break, **catairsis** catharsis, **compord** comfort, **cónaí** stay, coming to rest, **éalú** escape, **faill** *f* **anála** breathing space, **fóillíocht** leisure, recreation (cf **ionad fóillíochta** recreation/leisure centre), **fortacht** succour, relief, **fuascailt** liberation, **iomalairt** reprieve, **lascaine** *f* respite, easing, **maolú** alleviation, dampening, **reasta** rest, **rilíf** relief from pain, **sámhnas** lull, **saoirse** *f* freedom, **sásamh** satisfaction, **scaoileadh** release, **scíth** rest, downtime, **scíth bheag** breather, short break, **sólás** solace, **sómas** ease, comfort, **sos** *m (~a; ~anna)* break, pause, **sos cogaidh** truce, **spásas** reprieve, period of grace, **suaimhneas** peace, tranquillity, **turbhaidh** *f* respite, cessation

Faoistin *f(~; ~í)* confession
admháil admission, avowal, **aitheantas** acknowledgement, recognition, **aithreachas** regret, **aithrí**

repentance, penance, **breith aithrí** sacramental penance, **ciontacht** guilt, **dearbhú** declaration, affirmation, **deimhniú** affirmation, **doilíos** remorse, **dólás** ruefulness, **fianaise** testimony, **fógairt** declaration, announcement, **nochtadh** revelation; exposure, **peannaid** penance, expiation; punishment, **sceitheadh** leak, exposure

▲ **bosca ~e** *(rel)* confession box, confessional

◊ **~ a dhéanamh le sagart** to make a confession to a priest, **~ a éisteacht** to hear a confession, **dul chun ~e** to go to confession, **Rinne sé ~ ghlan ina ndearna sé.** He came clean about all he had done.

Faraor *int* alas
ar an drochuair unfortunately, **go mí-ámharach** unluckily, **go tubaisteach** lamentably, **is trua** it's a pity, **mo chreach is mo léir** woe is me, **mo léan** alas, woe is me, **mo léir (dhóite)** woe is me, **ochón** woe is me

Farasbarr *m (-airr)* excess, surplus
barrachas surplus, **barraíocht** surplus, **biseach** increase, **breis** extra, increase, excess, **breisiú** increasing, growth, **breisiúlacht** increase, **buntáiste** advantage, **ceas** surfeit, **cur (le)** adding (to), **feabhas** improvement, **foráil** excess, **fuílleach** *m* surplus, **fuíoll** residue, **iarmharach** *m (fin)* overhang, **iomad** too much, **iomadúlacht** exceptional abundance, **iomarca** excess, glut, **méadú** increase, increasing, **níos mó** more, **tuilleadh** more, **uiríoll** surplus; superabundance

Farraige *f(~; -gí)* sea
aigéan ocean, **an dúghorm domhain** the deep blue sea, **an duibheagán uisciúil** the watery abyss, **an poll dúghorm** the deep blue sea, **bóchna** *f* ocean, **Dónall gorm** Davy Jones's locker, **gairdín an iascaire** the fisherman's garden, **lear** sea, ocean (cf **thar lear** overseas), **mórmhuir** *f* open sea/ocean (**ar mórmhuir** on the open sea), **muir** *f (mara)* sea, **sáile** brine, **tonn** sea (cf **thar toinn** over the sea), **tonnta** seas (cf **amuigh ar na tonnta báite** out on the perilous seas), **treathan** sea, ocean

▲ **~ cháite** foaming sea, **~ chiúin** calm sea, **~ chorrach** rocky sea, **~ mhór** open sea, **~ shuaite** angry sea, **~ stoirmeach** stormy sea

▲ **cois ~** by the sea, **éan ~** sea bird, **fórsaí ~** naval forces, **lucht ~** seafarers, **tinneas ~** sea sickness, **turas ~** sea-voyage

◊ **dul chun ~** to go to sea, **Fear i bh~!** Man overboard!, **Tá sé gafa i bh~.** He's in away over his head!, He's up against impossible odds.

Fás 1 *v₁c* grow
aibhsigh heighten; highlight, **aibigh** mature, ripen, **ardaigh** rise, lift up, **at** swell (up), **atáirg** reproduce, **bisigh** prosper, improve, **bláthaigh** bloom, blossom, **borr** swell, grow, **caithrigh** reach puberty, **cleitigh** to grow feathers; fledge, **críon** age, becoming wiser, **cuir géaga amach** branch out, **cuir le** add to, **cuir thar maoil** overflow, **déan forás** develop, progress, **déan níos mó** make bigger, bulk up, **doimhnigh** deepen, **duilligh** foliate, **éabhlóidigh** evolve, **éagsúlaigh** diversify, **eascair** spring up, sprout, shoot, **éirigh (in airde)** rise (up), arise, **éirigh níos flúirsí** become more abundant, **fabhraigh** develop, form into, **fairsingigh** expand, **feabhsaigh** improve, **forbair** develop, **forleath** propagate, **forleathnaigh** expand, enlarge, **iolraigh** multiply, **iomadaigh** proliferate, **leathnaigh** spread, **méadaigh** increase, **póraigh** grow from seed, propagate, **prólaiféaraigh** proliferate, **saothraigh** cultivate, **sín** extend, **síolraigh** seed, reproduce, **spréigh** spread, **táirg** produce, **tar i méid** become bigger, to grow up, **téigh chun cinn** progress, **téigh chun tosaigh** advance, **téigh i mbreis** grow, prosper, **téigh i méid** get bigger, **tit chun feola** become fat, **tiubhaigh** thicken

Fás 2 *vn* growing; growth
áibhéil exaggeration, **aibhsiú** enlargement, heightening; highlighting, **aibíocht** maturity, ripeness, **ardú** raise, rising, **at** swelling, **atáirgeadh** reproduction, **barr** crop, **biseach** prosperity, mending, **bláth** bloom, blossom, **bláthú** blooming, **borradh** swelling, growing, **brabús** profit, **caithriú** reaching puberty, **cleitiú** growing feathers; fledging, **cothú** nurturing, **críonnacht** sagacity earned from living a long time; old age, **cur géag amach** branching out, **cur le** adding to, **cur thar maoil** overabundance, **déanamh foráis** developing, progressing, **déanamh níos mó** making bigger, making more; bulking up, **doimhniú** deepening, **duilliú** foliating, **dul chun cinn** progressing, **dul chun tosaigh** advancing, **dul i mbreis** growing, prospering, **dul i méid** getting bigger, **éabhlóid** evolution, **éagsúlú** diversifying, **eascairt** springing forth, sprouting, **éirí** rising, arising, **fabhrú** developing, forming into, **fabhraíocht** growth, development (cf **Tá fabhraíocht mhaith orthu.** They look promising.), **fairsingiú** expansion, **feabhsú** improving, **forás** growth, development, **forbairt** development, **forleathadh** spreading widely, propagating, **forleathnú** expanding, enlarging, **geamhrú** sprouting, **iolrú** multiplying, **iomadú** proliferating, **leathnú** spreading, **méadaíocht** increase, grown state, **méadú** increasing, increase, **péacadh** germinating, **prólaiféarú** proliferating, **rathú** thriving, **saothrú** cultivating, cultivation, **síneadh** extending, stretching, **síolrú** seeding, reproducing, **slamás** soft luxuriant growth, **soirbhiú** prospering, **spré** spreading, **suimiú** adding up, **táirgeadh** producing, **teacht i méid** becoming bigger, growing up, **titim chun feola** getting fat, **tiúchan** thickening, **tógáil** raising, building, **tuile** flooding, **uabhar** luxuriant growth (cf **Tá uabhar san eorna.** The barley is flourishing.), **ús** interest

Fásach *m (-aigh; -aigh, ~)* wilderness, desert; wasteland
an fiántas the wilds, **bán** uncultivated land, lea, **coillte** *f* **cúil** backwoods, **díthreabh** *f* wilderness, **foraois** *f* forest, **gaineamhlach** *m* sandy desert, **réigiúin** *mpl* **fhiáine** wilds, **talamh** *m/f (talaimh/talún; tailte)* **gan rath** wasteland, **tír aimrid** barren land

▲ ~ **cultúrtha** cultural wasteland, ~ **moirtéil** concrete jungle, ~ **tionsclaíoch** industrial wasteland

Fáscadh *vn* squeezing, pressing tight
bainte as extracted, **barróg** hug, **brú** pressing, **brúchóiriú** pressuring, **brú ina leircín** squashing, flattening, **brúscadh** crushing, **comhbhrú** compressing, **comhfháscadh** compressing, squeezing together, **crapadh** crumpling, **dingeadh** wedging, **diurnú** embracing, **eastóscadh** *(chem)* extracting, **éigniú** forcing, compelling, **gráinniú** granulating, **leacú** flattening, crushing, **pinseáil** pinching, **sá** cramming, **sá isteach** jamming in, **tachtadh** choking, **teannadh** clenching, clamping, **tiomargadh** compressing, pressing together; restraining, **tromfháscadh** crush, crushing, **tuargaint** crushing, pounding, **úscadh** *(chem)* extraction, **úscadh aníos** *(agr)* ground seepage

Fásta *pp* grown
a chuir géaga amach branched out, **aibhsithe** heightened; highlighted, **aibithe** matured, ripened, **ardaithe** risen, lifted up, **ata** swollen (up), **atáirgthe** reproduced, **bisithe** prospered, improved, **bláthaithe** bloomed, blossomed, **borrtha** swollen, grown, **caithrithe** reached puberty, **cleitithe** with grown feathers; fledged, **críonta** aged, grown wiser, **curtha le** added to, **curtha thar maoil** overflowed, **doimhnithe** deepened, **dulta chun cinn** progressed, **dulta i mbreis** grown, prospered, **dulta i méid** gotten bigger, **éabhlóidithe** evolved, **éagsúlaithe** diversified, **eascartha** sprung up, sprouted, **éirithe (in airde)** risen (up), arisen, **fabhraithe** developed, formed into, **fairsingithe** expanded, **forbartha** developed, **forleathnaithe** expanded, enlarged, **forleata** propagated, **duillithe** foliated, **iolraithe** multiplied, **iomadaithe** proliferated, **leathnaithe** spread out, **méadaithe** increased, **póraithe** grown from seed, propagated, **prólaiféaraithe** proliferated, **sínte** extended, **síolraithe** seeded, reproduced, **spréite** spread, **tagtha i méid** gotten bigger, grown up, **táirgthe** produced, **tite chun feola** gotten fat, **tiubhaithe** thickened

▲ **crann** ~ mature tree, **daoine** ~ adults, **daoine** ~ **toilteanacha** consenting adults, **pá duine** ~ adult wage, **scannán do dhaoine** ~ adult film

Fáth *m (~a; ~annna)* reason, cause
ábhar reason, cause, **bonn** basis, **breithniú** consideration, **ceannfháth** motive, **cruthaitheoir** creator, **cúis** cause, **cúisíocht** causation, **cur faoi deara** bringing about, **réasún** reason, rationality, **spreagadh** motivation, **spreagthacht** motive, **tionscnóir** originator, **trúig** cause, occasion, **údar** author, prime mover, cause *(see also: cúis)*

◊ **Cén ~?** Why?, **fios ~a an scéil a fháil** to get to the bottom of the matter, **gan fáth ar bith** without any reason

Fathach *m (-aigh; -aigh, ~)* giant
ainscian *f (-céine)* hugely oversized person/thing, **amhailt** monster, **anchúinse** monster; freak, **arracht** *m* monster, *(sl)* juggernaut lorry, **béinneach** *m* enormous man or woman, **brúid** brute, **brúta** brute, huge person, **colasas** colossus, **cránaí** any oversized person/thing, **fámaire** fir giant of a man, **gliúdóg** strong thickset person, **gruagach** *m* hairy goblin, **gúl** ghoul, **lúireach** huge hulk, **ollphéist** serpentine monster, **plíoma** huge person/thing, **ráibéad** hulk, **Tíotán** Titan

Fáthchiall *f(-chéille)* allegory
allagóire *m* allegory, **analach** *f* analogy, **comhchosúlacht** carbon copy, analogy, **comparáid** comparison, **eiseamláir** example, **fabhalscéal** fable, **fáthscéal** parable, **finscéal** legend, **meafar** metaphor, **miotas** myth, **parabal** parable, **samhlaoid** figurative illustration, **scéal** story, **scéal le ceacht/teagasc** story with a moral, **siombail** symbol, **siombalachas** symbolism, **tróp** trope, **trópacht** tropism

Fáthchiallach *adj³* allegorical, figurative
allagóireach allegorical, **fantaiseach** fantastical, **fileata** poetic, **finscéalaíochta** *(> finscéalaíocht)* legendary, **fíortha** figurative, **ionadaíoch** representative, **lán le tagairtí** full of allusions, **léiritheach** illustrative, **miotasach** mythic, **miotaseolaíoch** mythological, **samhailteach** emblematic, **samhaltach** symbolic, **samhlaoideach** full of imagery, **samplach** illustrative, **siombalach** symbolic, **tagrach** allusive, **trópach** *(ling)* figurative

Feabhas *m (-ais)*
1. improvement; remedial
athcheartú reformation, **athchóiriú** refurbishment, **athfhorbairt** redevelopment, **athnuachan** renovation, **biseach** *m* recovery; prosperity, **brabach** *m* gain, **breisiú** enhancing, **breisiúchán** enhancement, **ceartú** correction, **cur ar aghaidh** furtherance, **cur i gceart** rectification, **dul chun cinn** progress, **dul chun tosaigh** advancement, advance, **feabhsú** betterment, improving; improvement (cf **feabhsuithe i gcúrsaí cóireála** improvements in treatments), **feabhsúchán** improvement (cf **feabhsúcháin tí** home improvements), **forbairt** development, **glanadh suas** cleaning up, **glantachán** clean up, **leas** benefit, interest, **leasú** amelioration, **luascadh suas** upswing, **mainís (bheag)** (slight) improvement in health, **maisiú**

Feabhsaigh

decoration, **maith** good, **méadú** augmentation, **ollchóiriú** overhaul, **rathúlacht** prosperousness, successfulness, **tairbhe** benefit

▲ **cóireáil feabhais** remedial treatment, **cor chun feabhais** upturn, **múinteoir feabhais** remedial teacher, **rang feabhais** remedial class, **ráta feabhais** rate of improvement

◊ **Dá fheabhas í, tá tusa níos fearr.** However excellent she is, you are better., **dul i bh~** to improve; getting better, **Is leor do dhuine ar bith a fheabhas.** All anyone can do is their best., **Tá ~ mór tagtha ort!** You've greatly improved.

2. **barr feabhais** excellence, superiority
an pointe is airde the highest point, **apaigí** apogee, **ardchaighdeán** high standard, **ardchumas** great ability, brilliance, **ardéirim** intellectual prowess, **ardintleacht** *f* high intellect, academic brilliance, **ardmholadh** commendation, **barr** top, peak, **breáthacht** fineness, **buaic** acme, climax, **buaicphointe** high point, **dearscnaitheacht** pre-eminence, excellence, **foirfeacht** perfection; sublimity, **gile** brightness, **gléghile** brilliance, **gradam** accolade, kudos, **mullach** *m* summit, **rinn** *f* apex, tip, **saine** *f (lit)* excellence, distinction, **sainiúlacht** distinctiveness, excellence, **sárghrád** excellent grade, distinction, **sármharc** distinction, excellent mark, **síleáil** ceiling, **speic** pointed end-part, peak, **starraicín** pinnacle, **uachtar** upper part, top, **uasphointe** zenith

▲ **eiseamláir feabhais** beacon of excellence, **ionad feabhais** centre of excellence, **réimnithe in ord feabhais** *(sp)* seeded

Feabhsaigh v_{2a} improve; enhance
aibigh ripen, mature, **bisigh** pick up, ameliorate, **breabhsaigh** perk up, **cuir feabhas ar** improve, **cuir le** enhance, **cuir snas ar** polish up, **éirigh níos fearr** get better, **faigh biseach (ó thinneas)** recover, get better, convalesce (after an illness), **foirfigh** perfect, **forbair** develop, **glac misneach** perk up, **geal** brighten up, clear up, **glan suas** clean up, **leasaigh** amend, **leigheas** heal, remedy, **maolaigh** ease, **misnigh** cheer up, perk up, **saothraigh** cultivate, develop, **slachtaigh** neaten up, tidy, **tabhair chun cinn** advance, **tabhair chun foirfeachta** bring to perfection, **tar ar fónamh** get into a healthy state, **tar chugat féin** recover, get back to yourself, **tar chun cineáil** *(wine)* age, **téigh chun cinn** make progress, **téigh i bhfeabhas** improve, **uasghrádaigh** upgrade

Feabhsaithe *pp* improved; enhanced
aibithe ripened, matured, **bisithe** picked up, ameliorated, **breabhsaithe** perked up, **curtha le** enhanced, **dulta chun cinn** progressed, **dulta chun tosaigh** advanced, **éirithe níos fearr** gotten better, **foirfithe** perfected, **forbartha** developed, **gealta** brightened up, cleared up, **leasaithe** amended, **leigheasta** healed, remedied, **maolaithe** eased, **misnithe** perked up, **saothraithe** cultivated, developed, **slachtaithe** neatened up, tidied, **tagtha ar fónamh** arrived at a healthy state, **tagtha chugat féin** recovered, gotten back to yourself, **tagtha chun cineáil** *(wine)* aged, **uasghrádaithe** upgraded, **tugtha chun cinn** advanced, **tugtha chun foirfeachta** brought to perfection

Feabhsú *vn* improving; improvement, enhancement
aibiú ripening, maturing, **athcheartú** reforming, recorrecting, **athchóiriú** refurbishing, **bisiú** picking up, ameliorating, **breabhsú** perking up, **breisiú** enhancing, **ceartú** correcting, **cur feabhais ar** improving, **cur ar aghaidh** furthering, **cur i gceart** rectifying, **cur le** enhancing, **cur snas ar** polish up, **dul chun cinn** progressing, **dul chun tosaigh** advancing, **dul i bhfeabhas** getting better, **éirí níos fearr** getting better, **feabhsúchán** improvement, **foirfiú** perfecting, **forbairt** developing, **glanadh suas** cleaning up, **gealadh** brightening up, clearing up, **leasú** amending, **leigheas** healing, remedying, **luascadh suas** upswing, upswinging, **maisiú** decorating, **maolú** easing, **méadú** augmenting, increasing, **misniú** cheering up, perking up, **saothrú** cultivating, developing, **slachtú** neatening up, tidying, **tabhairt chun cinn** advancing, **tabhairt chun foirfeachta** bringing to perfection **teacht ar fónamh** getting into a healthy state, **teacht chugat féin** recovering, getting back to yourself, **teacht chun cineáil** *(wine)* aging, **uasghrádú** upgrading

◊ **~ íomhá** image enhancement, **~ feidhmíochta** performance enhancement, **Tá go leor feabhsuithe arbh fhéidir a dhéanamh.** There is ample scope for improvement., **Tá rudaí ag ~.** Things are improving., **feabhsuithe don churaclam** improvements to the curriculum

Feac v_{1c} bend
claon (do cheann) bow (your head), **crom** bend, bow, **déan glúinfheacadh** bow the knee, genuflect, **géill** yield, **sléacht** kneel, bow down, genuflect, **sín tú féin** prostrate yourself, **tabhair ómós do** show respect to, **umhlaigh** bow down

◊ **an ghlúin a fheacadh** to bend the knee

Feacadh *vn* bending
claonadh do chinn bowing your head, **cromadh** bending, bowing, **géilleadh** yielding, **glúinfheacadh** bowing the knee, genuflection, **tabhairt ómóis** showing respect, **sléachtadh** kneeling, bowing down, genuflecting, **síneadh** prostrating, **umhlú** bowing down

Feactha *pp* bent, bowed
cromtha bent over, bowed, **géillte** yielded, surrendered, **glúinfheactha** (> *glúinfheacadh*) genuflection, **sléachta** kneeled, bowed down, genuflected, **sínte** prostrated, **umhlaithe** bowed down

◊ **le glúin feactha** on bended knee

Féach v_{1c}

1. look, watch

amharc view, look, **bain radharc do dhá shuil** as get a load/a good look at, **blais** taste, **breathnaigh (ar)** observe, look (at), **breithnigh** adjudge; inspect, **caith súil ar** to cast an eye on, **coimhéad** watch over, **déan gliúcaíocht** peer, **déan smaoineamh ar** consider, **déan staidéar ar** study, **dearc** look, behold, **faigh spléachadh** catch a glimpse, **fair** watch, **feic** see, **feighil** watch, tend, **feith** look at, observe, **glinnigh** peer, look sharply, **iniúch** scrutinise, **píceáil** peek, **promh** test, prove, **scrúdaigh** examine, **sill (ar)** look, glance; behold, **smaoinigh** think, **spléach (ar)** glance (at), **stán** stare, **tabhair faoi deara** notice, **tabhair sracfhéachaint (ar)** take a glance (at)

2. ~ **le** try, attempt

bain triail as have a try at, try, **bí ag iarraidh é a dhéanamh** be trying to do it, **blais** taste, **cas** attempt, try (cf. **Bhí mé ag casadh leis.** I was trying to do it.), **déan iarracht** make an attempt, have a try, **dírigh ar** aim at, **dréim le** aspire to, **fóbair** (lit) attempt, set about, **gabh ort féin** take upon yourself, **iarr** try (cf **Bhí mé ag iarraidh ceist a chur.** I was trying to ask a question.), **seansáil** chance, risk, **tabhair faoi** attempt, try, **tabhair fogha faoi** have a go at, **tabhair iarracht** give a try, **tabhair iarraidh** attempt, have a go, **tairg** attempt; offer, **tástáil** test, examine, **téigh sa seans** take the risk, chance, **togair** attempt; desire, **triail** try, test

Féachaint vn

1. looking, watching; look

amharc look, view; sight, **aoibh** pleasant expression, look, **blas** taste, **bréagriocht** disguise, **breathnú** observation, **ceannaithe** fpl facial features, **coimhéad** watching over, **craiceann** skin, surface covering, **cuntanós** countenance, **dealramh** appearance, **déanamh smaoineamh ar** considering, **déanamh staidéar ar** studying, **dearcadh** outlook, regard, **dóigh** manner, **dreach** m facial look, expression, **duaithníocht** camouflage, **faire** watch, watching, **faireachán** watching, keeping watch, **feic** (ungodly) sight, **feiceáil** seeing, **feighil** watchfulness, care, **feitheamh** watching over, guarding, **glinniúint** peering, looking sharply, **gliúcaíocht** peering furtively, **gliúmáil** peering, prying, **gné** f aspect, **imeacht** bearing, **iniúchadh** inspection, **iompar** deportment, demeanour, **léargas** insight, **místá** disapproving look, **píceáil** peeking, **promhadh** testing, proving, **radharc** view, sight, look, **riocht** m (reachtra; ~aí) guise, **scrúdú** examination, **silleadh** look, glance, **snua** complexion, **spléachadh** glimpse, glimpsing, **spéiceáil** looking sidelong furtively, glancing furtively, **sracfhéachaint** glance, glancing, **stá** approving look, **stánadh** staring, **tástáil** test, testing

▲ ~ **bhinbeach** bitter/acid look, ~ **faoi dhó** double take, ~ **fholamh** vacant look, ~ **gheanúil** affectionate glance, ~ **ghrámhar** loving look, ~ **lách** kindly look, ~ **siar** looking back, retrospection, ~ **thart** looking around

◊ **ag** ~ **siar** in retrospect, ~ **chun cinn** looking forward, **Bhí sí ag** ~ **go grinn orainn.** She was looking at us intently., **Tá tú ag** ~ **go breá!** You are looking fine/well!, **Le** ~ **air**, cheapfá go raibh sé leath ina chodladh. To look at him, you'd think he was half asleep., **Thug sí** ~ **i leith a cúil.** She looked behind her.

2. trial; ~ **le** attempting, trying

baint triail as having a try at, **blaiseadh** tasting, **casadh le** attempting, trying, **díriú ar** aiming at, **dréim le** aspiring to, **dul ar thóir** setting off on a quest, **dul sa seans** taking a risk/ a chance, **feiceáil** seeing, **fiontar** gambit, venture, risk, **fóbairt** (lit) setting about, attempting, **gabháil ort féin** taking upon yourself, **iarracht** attempt, endeavour, **iarraidh** f (iarrata; iarrataí) attempting, trying, **priacal** peril, risk, **riosca** risk, **seansáil** chancing, risking, **tabhairt faoi** having a go at, attempting, **tabhairt fogha faoi** having a go at, **tabhairt iarracht** giving a try, **tabhairt iarraidh** attempting, having a go, **tairiscint** attempting; offering, **tasc** task, undertaking, **tástáil** testing, examining, **togra** initiative, **togradh** attempting; desiring, **triail** trial; attempt, **urchar** shot (eg **Beidh urchar mór agat an post a fháil.** You'll have a good chance of getting the position.)

Féachta pp

1. looked at, seen, watched

blaiste tasted, **breathnaithe (ar)** observed, looked (at), **breithnithe** adjudged; inspected, **dearctha ar** looked at, **dírithe ar** aimed at, focused on, **fairthe** watched, **feicthe** seen, **feighilte** watched, tended, **iniúchta** scrutinised, **píceáilte** peeked, **profa** tested, proved, **scrúdaithe** examined, **sillte (ar)** looked at, glanced at; **smaoinithe** thought, **spléachta (ar)** glanced (at), **stánta** stared, **tugtha faoi deara** noticed

2. ~ **le** attempted

casta le attempted, tried, **curtha romhat** aspired to, **dírithe ar** aimed at, **dréimthe le** aspired to, **dulta ar thóir** set off on a quest, **dulta sa seans** risked/taken a chance, **gafa ort féin** taken upon yourself, **iarrtha** endeavoured, **seansáilte** chanced, risked, **tairgthe** attempted; offered, **tástáilte** tested, examined, **togartha** attempted; desired, **tugtha faoi** attempted, given a try, **tástáilte** tested, examined, **triailte** tried, tested

Feachtas m (-ais; -ais, ~) campaign

cath battle, **cogadh** m war, **crosáid** crusade, **cúis** cause, **cur chuige** approach, **gluaiseacht** movement, **iarrthóireacht** petitioning, **modh** m **oibre** mode of operation, **promóisean** (busn) promotion, **rás** race, **toghchánaíocht** electioneering, **troid** f (troda; ~eanna) fight

Fead *f(feide; ~anna)* whistle
craobh cheoil woodwind instrument, **feadaíl** whistling, **feadán** whistling sound; wheeze, **feadánacht** piping, wheezing; whistling, **feadóg** *(instrument)* whistle, **feadóg stáin** tin whistle, penny whistle, **gaothionstraim adhmaid** woodwind instrument, **giosáil** *(kettle)* hissing, **séideadh** tooting, **sian** *f (séine)* whistling, plaintive sound, **siansán** whistling, whining sound

▲ **~ chaol** shrill whistle, **~ deiridh/scoir** final whistle, **~ dhúbailte** warble, **~ fliúite** toot of a flute, **~ ghraosta** wolf whistle, **~ piléir** whistle of a bullet

◊ **bheith i ndeireadh na feide** to be at one's wits' end

Féad v_{1c} be able to *(usually used in conditional/past/future)*
1. **An bhféadfá?** Would you be able? **An mbeadh sé indéanta?** Would it be doable?, **An mbeifeá in inmhe?** Would you be capable?, **An mbeifeá abalta?** Would you be able?, **An mbeifeá in ann?** Would you be up to it?, **An mbeadh ar do chumas?** Would you be able/capable?, **Arbh fhéidir leat?** Could you?, **Ar mhiste leat?** Would you mind?
2. **d'fhéadfainn** I could/would be able
bheadh ar mo chumas I would be able/capable, **bheadh sé indéanta** it would be possible to do it, **bheinn ábalta** I would be able, **bheinn in ann** I would be able, **bheinn in inmhe** I would be capable, **níor mhiste liom** I wouldn't mind

Feadaíl *f(-íola)* whistling
bíogarnach *f* chirping, **ceolaireacht** warbling, **feadánacht** piping, wheezing; whistling, **geocaíl** piping; talking shrilly, **gíoglach** *f* cheeping, chirping, **giosáil** *(kettle)* whistling, hissing, **glaoch** calling, **píopáil** piping, wheezing; choking, stifling, **píobaireacht** piping, **portfheadaíl** whistling a tune, **séideadh** tooting, **truibleáil** whistling

Feall 1 *f(fill)* treachery, foul; infringement
ardtréas *m (~a)* high treason, **brath** *m* betrayal, **brathadóireacht** betraying, **buille** *m* **fill** foul blow, **caime** fraudulence, **caimiléireacht** duplicity, **calaois** fraud; infraction, **camastaíl** fraud, crookedness, **cealg** *f* deceit, treachery, **ceannairc** sedition, **cneámhaireacht** swindling, cheating, **dúbláil** double-dealing, **feallaireacht** deception, betrayal, **feallfacht** deceitfulness, treachery, **fealltóireacht** betraying, treachery, **feillbheart** *m* treacherous deed, foul act, **lochtaíl** falseness, wickedness; faultiness, defectiveness, **lúbaireacht** swindling, **meabhal** deceit, treachery; shame, **meabhlaireacht** deceiving, deception; treachery, **mídhílseacht** disloyalty, **séitéireacht** cheating, **tangnacht** treachery, deceit, **teip** failure, **tréas** *m (~a)* treason, **tréatúireacht** treason, treachery, **uisce** *m* **faoi thalamh** conspiracy

▲ **~ ar iontaoibh** confidence trick

P **Filleann an ~ ar an bhfeallaire.** The evil deed returns to the evil doer., **Más ~ fillfidh.** The treacherous deed will return (on the doer)

Feall 2 v_{1c} betray, deceive
bain mealladh as duine deceive a person, **braith** betray, **buail bob ar** pull a fast one on, **cuir cluain ar** deceive, trick, **cuir dallamullóg ar** hoodwink, **déan séitéireacht** cheat, **imir cam ar dhuine** con a person, **imir cleas ar** play a trick on, **imir feall ar dhuine** play false with a person, **loic (ar)** let down, **meabhlaigh** deceive, betray, **tabhair buille fill** backstab, deliver a treacherous blow, **tabhair faisnéis do na gardaí faoi dhuine** grass on a person to the police, **teip (ar)** fail, **tréig** abandon

Fealladh *vn* betraying, deceiving
brath betraying, **loiceadh (ar)** letting down, failing, **meabhlú** deceiving, betraying, **mealladh** deceiving, **séitéireacht** cheating, **staigeáil ar** informing on, **teip (ar)** failing, **tréigean** abandoning

Feallaire *m (~; -rí)* betrayer, deceiver
aisiléir twister, **brathadóir** betrayer, informer, **bréagadóir** liar, **caimiléir** con artist, fraudster, **cluanaire** deceiver, **cneámhaire** swindler, **cúl le cúis** defector, **dúblálaí** double-dealer, **fealltóir** betrayer, **Iúdás** Judas, **leidhcéir** trickster, con artist, **meabhlaire** deceitful person, deceiver, **mealltóir** beguiler, **ollbhrathadóir** supergrass, **saofóir** deceiver; perverter, **séitéir** cheat, **slíbhín** sly, deceitful person, twister, **tréatúir** traitor, **Tadhg an dá thaobh** turncoat, **tréigtheoir** deserter *(see feall)*

Feallta *pp* betrayed, deceived
braite betrayed, **cluanta** deceived; beguiled, **curtha amú** misled, **gafa** smitten, captured, **griogtha** tantalised, **meabhlaithe** deceived, betrayed, **meallta** deceived, **míshásta** disaffected, **tréigthe** abandoned

Fealltach adj^3 treacherous, deceitful
bealachtach deceitful, **béalchráifeach** sanctimonious, **bréagach** false, **cam** crooked, underhand, **calaoiseach** fraudulent, **cealgach** deceitful, **claonbheartach** crooked in dealings with others, **cluanach** deceiving, **dúbailte** double-dealing, deceitful, **fabhtach** faulty, deceptive, treacherous, **feillbheartach** foul-acting, treacherous, **fill** *(> feall)* treacherous (eg **gníomh fill** treacherous act), **liom leat** two-faced, weaselly, **lochtach** false, wicked, **lúbach** crafty, deceitful, **meabhlach** deceitful, treacherous, **mealltach** beguiling, **mídhílis** unfaithful, **nathartha** snakelike, **slítheánta** devious, **tréatúrtha** treacherous

Fealsamh *m (-saimh; -súna)* philosopher
diagaire theologian, **eipistéimeolaí** epistemologist, **loighceoir** logician, **meitifisiceoir** metaphysician, **morálaí** moralist, **saoi** sage, **smaointeoir** thinker, **teoiricí** theorist

Fealsúnach *adj³* philosophical
anailíseach analytical, **caoinfhulangach** tolerant, **diaga** theological; divine, **eipistéimeach** epistemic, **eipistéimeolaíoch** epistemological, **fuarchúiseach** impassive, **géilliúil** resigned, **léannta** learned, **loighciúil** logical, **meitifisiciúil** metaphysical, **morálta** moral, **neamhchorraithe** unperturbed, **neamhshuaite** unruffled, **réasúnta** reasonable, **saíochta** (> *saíocht*) of wisdom, **saoithiúil** sagacious, wise, **smaointeach** thoughtful, **socair** composed, centred, **stóchúil** stoic, **stuama** equanimous, **suaimhneach** calm, **teibí** abstract, **teoiriciúil** theoretical, **tuisceanach** considerate

Fealsúnacht *f(~a)* philosophy
bunús basis, **creidimh** *mpl* beliefs, **cruinneshamhail** worldview, **cur chuige** approach, **dearcadh** view, outlook, **dearcadh ar an saol** outlook on life, **dialachtaic** dialectic(s), **eipistéimeolaíocht** epistemology, **eolas** knowledge, **foirceadal** instruction; doctrine, **gaois** wisdom, **loighic** logic, **luachanna** *mpl* values, **meon** attitude, **mínealaíona** *fpl* fine arts, **prionsabail** *mpl* principles, **réasún** reason, **réasúnaíocht** rationale, **réasúnú** reasoning, **smaoineamh** thought, **smaointe** thoughts, **teagasc** doctrine, teaching, **tuairimí** *fpl* opinions, **tuairimí láidre** convictions, **tuiscint** understanding

> O **Feamainn Bhealtaine** *Seaweed in May*, the title given to a collection of short stories by **Máirtín Ó Direáin** (1961) provides some idea of the importance of this crop to coastal communities up until the mid-20th century. **Feamainn** was mainly gathered as **leasú talún** *fertilizer*, but during the **Gorta Mór** *The Great Famine*, it was also used as a food source. Large quantities of seaweed could be gathered from the upper areas of the beach (eg **barr cladaigh, barrchonlach, cadamán**) but **raibh** *floating seaweed* was also plentiful, often being swept ashore in **snáthanna mara** *thread-like lines,* and deposited at the high-water mark. 'Tá snáth maith raibhe istigh inniu.' 'There's a good string of seaweed in today.'

Feamainn *f(~e)* seaweed
algaí mara marine algae, **barr cladaigh** seaweed growing on upper part of shore, **barrchonlach** *m* seaweed on upper end of beach, **cadamán** upper beach seaweed, **caonach mara** sea moss, **ceilp** kelp, **coirleach** *f* strapweed, oarweed, *laminaria digitata*, **fásra farraige** marine vegetation, **plandaí mara** sea plants, **raibh** floating seaweed, **sleabhac** laver, laverbread, **slobán** rockweed, **spaigití mara** thongweed

Feann v_{1c} skin, fleece, flay; criticise severely
bain an craiceann de take the skin off, **bearr** shave, make snide/cutting remarks, **fuipeáil** whip, **lomair** fleece, shear, **scon** strip, fleece, **seithigh** skin, **scraith** strip surface, **slaiseáil** slash, lash, **stiall** slash, severely criticise *(see also: cáin, fuipeáil)*

Feannadh *vn* skinning, flaying; criticising severely
baint an chraicinn de taking the skin off, **bearradh** shaving, making snide/cutting remarks, **fuipeáil** whipping, **lomairt** fleecing, shearing, **sconadh** stripping, fleecing, **seithiú** skinning, **scrathadh** stripping surface, **slaiseáil** slashing, lashing, **stialladh** slashing, severely criticising

Feannta
1. *pp* skinned, fleeced, flayed; severely criticised
dar baineadh an craiceann skinned, **bearrtha** shaved, criticised, **fuipeáilte** whipped, **lomartha** fleeced, sheared, **sconta** stripped, fleeced, **seithithe** skinned, **scraite** surface-stripped, **slaiseáilte** slashed, lashed, **stiallta** slashed, severely criticised
2. *adj⁶ (fin)* strapped (for cash), broke
ar phócaí folmha on empty pockets, broke, **briste** broke, **gan airgead ar bith** without any money, **gan pingin rua** penniless, **sportha** *(fin)* skint, **sportha spíonta** stony broke

Feanntach *adj³* lacerating, biting
bearrtha acerbic, **binbeach** venomous, **biorach** pointed, sharp, **confach** rabid, **crua** severe, harsh, **deilgneach** barbed, thorny, **faobhrach** sharp-edged,

---

■ **Ar na gluaiseachtaí agus peirspictíochtaí fealsúnachta atá:** Philosophical movements and perspectives include:

Ábharachas Materialism
Aindiachas Atheism
Ainrialachas Anarchism
Aois na hEagna The age of Reason
An Athbheochan The Renaissance
Arastataileachas Aristotelianism
Ciniceas Cynicism
Confúiceachas Confucianism
Déachas Dualism
Diachas Theism
Dias Deism
Díthógálachas Deconstructionism
Domhandachas Globalism
Eimpíreachas Empiricism
Eipiciúrachas Epicureanism
Eiseachas Existentialism
Feiniméaneolaíocht Phenomenology
Fóntachas Utilitarianism
Iar-nua-aoiseachas Postmodernism
Idéalachas Idealism,
Loighceachas logicism
Meitifisic Metaphysics
Neamhdhéachas Nonduality
Nua-aoiseachas Modernism
Oibiachtachas Objectivism
Paindiachas Pantheism
Platónachas Platonism
Posaitíbheachas loighciúil Logical positivism
Pragmatachas Pragmatism
Ré na hEagnaíochta The Age of Enlightenment
Rómánsachas Romanticism
Réasúnachas Rationalism
Sceipteachas Skepticism
Scolaíochas Scholasticism
Sofaisteachas Sophism
Sóilipseachas Solipsism
Stóchas Stoicism
Struchtúrachas Structuralism
Taochas Taoism

cutting, **feannta** sharp, severe; impoverishing, **fiata** savage, fierce, **fíochmhar** fierce, **fuar feannta** perishing, **géar** sharp, **goimhiúil** stinging, venomous, **loiscneach** caustic, **neantúil** nettle-like, stinging, **nimheanta** astringent, **nimhneach** venomous, biting, vicious, **polltach** piercing, penetrating, **rásúir** *(> rásúr)* razor-edged, **searbh** bitter, sour, **sioctha** chilling

Fear *m (fir; fir, ~)* man

aosach *m* adult, **aostach** *m* old person, **athair** father, **athair críonna** grandfather, **bacach** tramp, **boc** boyo, playboy, **(a) buachaill** (her) boyfriend, **céile** spouse, **comhalta** *(academic)* fellow, **comhpháirtí** associate, **compánach** fir male companion, **comrádaí** comrade, **créatúr bocht** poor sod, **cuilceach** *m* playboy, **diúlach** *m* bloke, chap, **duine** person, **duine uasal** gentleman, **fostaí** employee, **fostúch** *m* employable grown lad, **gaige** fop, dandy, **gaiscíoch** *m* warrior, **homainid** hominid, **laoch** hero, **leaid** *m* lad, **leannán** lover, **leannán seirce ban Éireann** God's gift to women, **leiciméir** idler, **liúdramán** ne'er-do-well, **loiceadóir** slacker, **mac** son, **Mac Uí Rudaí** what's-his-name, **micín** sonny, **páirtí** partner, **prionsa** prince, **rí** king, **saoiste** gaffer, foreman, **Seáinín Saoránach na sráide móire** the average Joe Soap, **seanathair** grandfather, **seanduine** old person, **seanfhondúir** old-timer, **spailpín** seasonal hireling, **spásaire** spacer, **sprionlóir** miser, **stócach** *m* young single man, **suarachán** contemptible person, **Tadhg an Mhargaidh** Joe Soap, **tairiseach** *m* faithful, trustworthy person, **uncail** *m* uncle *(see also: buachaill, bithiúnach, duine)*

▲ ~ **an tí** man of the house, ~ **báid** boatman, ~ **bréige** scarecrow, ~ **cathrach** city man, ~ **cothrom tíre** average man, ~ **díolta páipéar** news vendor, ~ **dóiteáin** fireman, **fear siúil** tramp, ~ **gaoil** male relative, ~ **guail** coalman, ~ **gunna** gunman; fowler, ~ **feasa** male soothsayer, ~ **fiaigh** huntsman, ~ **freastail** male attendant, manservant, ~ **inste scéil** storyteller, ~ **ionaid** (male) deputy, ~ **léinn** man of letters, ~ **oibre** workman, ~ **poist** postman, ~ **sneachta** snowman, ~ **teaghlaigh** family man, ~ **tuaithe** country man

Féar *m (féir; ~a, ~)* grass

aifís *f* lush grass, **beinteach** *f* common bent grass, **broimfhéar** scutch grass, **brómas** brome grass, **cannabas** cannabis, **cuise** scutch grass, **dóp** dope, **faiche** *f* lawn, **farae** fodder, **fásra glas** greenery, verdure, **féarach** *m* pasture, **féarmhá** grassy plain, **féarthalamh** *m* grassland, **feorainn** *f(-ann; -anna)* grassy place; grassy riverside, **feisciú** fescue grass, **fiastalach** *m* coarse grass; rushes, **fiataíl** sedge, **fód** sod, **foiseach** *m* grass growing alongside a field, **forrach** *m* grass used for foundation of haystack, **garbhfhéar** cocksfoot, **giolc** tall reed-like grass, **léana** low-lying grassy place, **lóch** *m* withered marsh grass, **marachuan** marijuana, **móinín** grassy verge of a road; grassy patch in bog, **muiríneach** marram, bent grass, **plásóg** green, lawn, **sicfhéar** dried grass, hay, **talamh féaraigh** grassland, **tiomóid** Timothy grass

▲ ~ **aille** tough vernal grass, ~ **altach** knot grass, ~ **bó** grass for grazing, ~ **boirne** blue moor grass, ~ **caorach** sheep's fescue, ~ **capaill** cat's tail grass, ~ **garbh** rough grass, ~ **lomtha** mown grass, ~ **luifearnach** weedy grass, ~ **mara** sea grass, ~ **milis** sweet grass, ~ **tirim** hay

◊ ~ **a chaitheamh** to smoke grass, ~ **a lomadh** to mow grass, **ag tabhairt an fhéir** pushing up the daisies, dead, **chomh tur le** ~ **aille** as dry as dust; totally unappetising

Féaráilte *adj6* fair

ceart right, **cneasta** decent, **cóir** just, **cothrom** equitable, fair, **díreach** straight, plain-spoken, **fiúntach** worthy, honourable, **ionraic** honourable, honest, **macánta** honest, **neamhchlaonta** unbiased, disinterested, **oibiachtúil** objective

Fearas *m (-ais; -ais, ~)*

1. husbandry, management, economy

bainistíocht management, **bainistiú** managing, **beathú** breeding, **beostoc** livestock, **coigilteas** thrift, **cothú** cultivation, **fearachas** husbandry, **feirmeoireacht** farming, **iongabháil** careful handling, **ionramháil** manoeuvring, manipulation, **láimhseáil** handling, **maoirseacht** stewardship, **maoirsiú** stewarding, **maoracht** wardenship, superintendence, **porú** breeding, **riar** management, **talmhaíocht** agriculture, **tíos** housekeeping, economy, **tógáil** rearing

2. rearing

airnéis equipment; good, effects, **áiseanna** *fpl* facilities, **cóir** proper equipment (cf **córacha oibre** working facilities), **culairthirt** gear, dress, trappings, **gaireas** apparatus, device, **giuirléidí** *fpl* gadgets, bits and bobs, **gléasra** apparatus, equipment, **inleog** contrivance, device; trap, **innealra** *m* machinery, **meaisínre** machinery, **rige** rig, **rigeáil** *(mar)* rigging, **sáslach** *m* mechanism, machinery, **trealamh** equipment, **úim** *f (úma)* harness, **úmadh** *m (úmtha)* harnessing, tackle *(see also: feisteas)*

3. **i bh~** in working order; **as** ~ out of order

ag feidhmiú functioning, **ag obair** working, **ag oibriú** working, **as feidhm** out of use; obsolete, **as gléas** out of order, out of action, **faoi lán seoil** up and running, **gan bheith ag obair** not working, **i ngléas** operating, in operation, **in úsáid** in use, **inúsáidte** usable, **oibríochta** *(> oibríocht)* operational, **oibríochtúil** operational

◊ **Chuir sí an t-inneall i bh~ arís.** She got the engine working again., **Tá an caidéal dulta as ~.** The pump has stopped working.

Fearthainn *f(~e)* rain
báisteach *f* rain, **batar báistí** battering of rain, **balcadh** downpouring, **batharnach** *f* downpour, **brádán** drizzle, **ceathanna** *mpl* showers, **clagarnach** *f* pounding heavy rain, **dallcairt** blinding rain, **díle** deluge, **doirteach anuas** pouring down, **draonán** light rain, **dobhar** torrent of rain, **duartan** downpour, **forlacht** heavy precipitation, **frasaíocht** precipitation, **gleidearnach** *f* torrents of rain, **múraíl** showers, showering, **péatar báistí** downpour of rain, **scráib bháistí** shower of rain, **spútrach** *m* splashing rain, **sreangán báistí** drizzling rain, **stealltarnach** pelting downpour of rain (*see also:* **báisteach**)

▲ **cóta ~e** raincoat, **damhsa ~e** rain dance, **deoir ~e** raindrop, **scáth ~e** umbrella, **spút ~e** cloudburst, **titim ~e** rainfall, **tuile ~e** cloudburst, **uisce** *m* **~e** rainwater

◊ **Bhí sé ag cur ~e go trom.** It was raining heavily.

P **Is mairg don té a fhaigheann bás san fhearthainn mar tagann an ghrian amach ina diaidh.** Woe to the one who dies in the rain for afterwards the sun comes out.

Fearthainneach *adj³* rainy
báistiúil rainy, **brádánach** drizzly, **ceathach** showery, **ceobhránach** misty, misty drizzling, **fliuch** wet, **seadbháistiúil** spitting rain, **tais** damp, **tuilteach** flooding (*see also:* **báistiúil**)

Fearg *f (feirge)* anger
aicis venom, spite, **alltacht** wildness, uncontrollable rage, **báiní** frenzy, **baosra** foolish anger, **bearrán** annoyance, **buile** fury, **cancar** cantankerousness, **cantal** bile, **ciapadh** pestering, **clipeadh** irritation, **colg** rage, **confadh** ill temper; rabies, **crostacht** fractiousness, crossness, **cuil** angry mood, **cuthach** rage, vehemence, **diomú** indignation, **dod** sullenness, anger, **doicheall** resentment, **dorrán** fit of anger, **droch-araí** ill humour, **drochfhuil** bad blood, **drochmhianach** *m* bad temper, **eascairdeas** antagonism, **faghairt** glint of anger (cf **Bhí faghairt ina súile.** Her eyes flashed with anger.), **fala** *f* (*~; -lta*) spite, **faltanas** vindictiveness, **fiántas** wildness, **fiarán** petulance; huff (cf **imeacht ar fiarán** to go off in a huff), **fiatacht** fierceness, anger, **fíoch** ire; feuding, **fiúnach** *m* rage, fury, **forrach** *m* fury in attack, **fraoch** *m* wrath, fury, **goimh** virulence, gall, **greannaitheacht** irritability, **iarghnó** vexation, annoyance, **lasántacht** fieriness; irritability, **loinne** fierceness, **mailís** malice, **mícheádfa** peevishness, **míghiúmar** ill humour, **mioscais** spleen, **mire** frenzy, craziness, **míshástacht** dissatisfaction, **múisiam** displeasure, **naimhdeas** hostility, **nimh** venom, animosity, **nimheadas** spitefulness, venomousness, **olc** anger, ill will, **reitheach** *f* fit of rage, **seanfhala** feud; grudge, **spadhar feirge** fit of rage/temper, **stodam** huffiness, **straidhn** vexation, **taghd** fit of anger, **teasaíocht** hot temper, **tórmach** *m* swelling anger (eg **Tháinig tórmach uirthi chugam.** She grew in anger towards me.), **tuaifisc** fit of temper

▲ **~ cheartaiseach** righteous anger, **~ cheilte** disguised anger, **~ dhoshrianta** unrestrained anger, **~ faoi chois** pent-up anger, **~ intuigthe** understandable anger

◊ **Ar ghlac tú ~leis?** Were you offended by it? **Bhí sé ar fiuchadh le ~.** He was seething with anger., **Chuir sin ~ orm.** That angered me., **Lig di a ~ a chloí!** Let her vent her anger!

P **~ is fuath a mharóidh thú!** Anger and hatred will kill you!

Feargach *adj³* angry
aiciseach venomous, spiteful, **allta**, wild, uncontrollably enraged, **aranta** ill-humoured, irritable, **ar buile** livid, **ar craobhacha** hopping mad, **ar daoraí** (**le**) furious (with), **ar deargbhuile** raging mad, **ar mire** frenzied, crazed, **bearránach** annoying, **cancrach** cantankerous, **cantalach** cranky, grumpy, **ciapach** irritating, **cliptheach** prickly, **cochallach** hot-tempered, angry, **colgach** bristling with rage, **confach** rabid, irate, **corraithe** worked up, **crosta** cranky, cross, **cuthaigh** (> *cuthach*) enraged, **díbheirgeach** wrathful; vengeful, **dodach** sullen, angry, **doicheallach** resentful, **drisíneach** prickly, touchy, **droch-araíonach** ill-humoured, **drochmhianaigh** bad tempered, **eascairdiúil** antagonistic, **fala** spiteful, **faltanasach** vindictive, **fiáin** wild, **fiaránach** petulant; sulking, **fiata** wild, angry, **fíochmhar** irate, fierce, **fraochmhar** wrathful, furious, **fraochta** enraged, fierce, **giorraisc** snappish, abrupt, **goimhiúil** virulent, **iarghnóch** vexed, **íorach** (*lit*) irascible, **íortha** deranged; irascible, **le báiní** frenzied, **lonn** irascible, angry, **mailíseach** malicious, **meirgeach** irritable, **mícheádfach** peevish, **míghiúmarach** ill-humoured, **mioscaiseach** malicious, full of spleen, **míshásta** dissatisfied, **mosach** surly, grumpy, **múisiamach** irritated, upset, **naimhdeach** hostile, **nimhneach** venomous, **paiseanta** impassioned, **pusach** pouting, **seanfhala** (> *seanfhala*) of feuding, **spadhrúil** given to fits of rage, **stainceach** piqued, huffy, **stalcach** sulky, **stodamach** huffy, **straidhniúil** subject to fits of anger, **suaite** upset, troubled, **taghdach** given to fits of temper, **teasaí** hot-tempered, **teidheach** crotchety, **tuaifisceach** bad-tempered

Feargaigh *v₂ₐ* become/make angry
badráil bother, **bodhraigh** annoy, bother, **briog** provoke, **buair** perturb, bother, **cancraigh** vex, annoy, **ciap** irritate; torture, **clip** tease, torment, **corraigh** rouse, stir; vex, **cráigh** torment, **cuir as do** disconcert, put out, **cuir cantal ar** peeve, **cuir fearg ar** make angry, **cuir goimh ar** infuriate, **cuir isteach ar** bother,

Feargaithe

aggravate, **cuir olc ar** annoy, aggravate, **cuir trí chéile** upset, disconcert, fluster, **éirigh colgach** become bristling with rage, **feochraigh** become angry/enraged, **goill ar** pain, afflict, distress, **greannaigh** irritate; taunt; defy, **griog** goad, **imigh le báiní** become frenzied, **imigh le halltacht** go wild, **imigh leis na craobhacha** become uncontrollably enraged, **lonnaigh** become angry; fly into a passionate rage, **maslaigh** offend; insult, **méaraigh** exasperate, **nimhigh** envenom; poison, **séid faoi** rile, needle, **spadhar** enrage, **spoch** pester, annoy, **téigh ar buile** become livid, **téigh ar mire** go crazy

Feargaithe *pp* made/ gotten angry
badráilte bothered, **bodhraithe** annoyed, bothered, **briogtha** provoked, **buartha** perturbed, bothered, **cancraithe** vexed, annoyed, **ciaptha** irritated; tortured, **corraithe** roused, stirred; vexed, **clipthe** teased, tormented, **cráite** tormented, **curtha as do** disconcerted, put out, **curtha isteach ar** bothered, aggravated, **curtha trí chéile** upset, **dulta ar buile** gotten livid, **dulta ar mire** gotten crazy, **éirithe colgach** bristled with age, **feochraithe** gotten angry/enraged, **greannaithe** irritated; taunted; defied, **griogtha** goaded, **imithe le halltacht** gone wild, **imithe le báiní** frenzied, **imithe leis na craobhacha** uncontrollably enraged, **lonnaithe** gotten angry; flown into a passionate rage, **maslaithe** offended; insulted, **nimhithe** envenomed; poisoned, **séidte faoi** riled, needled, **spadhartha** enraged, **spochta** pestered, annoyed

Feargú *vn* becoming/making angry
badráil bothering, **bodhrú** annoying, bothering, **briogadh** provoking, **buaireamh** perturbing, bothering, **cancrú** vexing, annoying, **ciapadh** irritating; torturing, **clipeadh** teasing, tormenting, **corraí** rousing, stirring; vexing, **crá** tormenting, **cur as do** disconcerting, putting out, **cur cantail ar** peeving, **cur feirge ar** making angry, **cur goimhe ar** infuriating, **cur isteach ar** bothering, aggravating, **cur olc ar** aggravating, **cur trí chéile** upsetting, **dul ar buile** getting livid, **dul ar mire** going crazy, **éirí colgach** becoming bristling with rage, **feochrú** becoming angry/enraged, **goilleadh ar** paining, afflicting, distressing, **greannú** irritating; taunting; defying, **imeacht le báiní** becoming frenzied, **imeacht le halltacht** going wild, **imeacht leis na craobhacha** becoming uncontrollably enraged, **lonnú** getting angry; flying into a passionate rage, **maslú** offending; insulting, **méarú** exasperating, **nimhiú** envenoming; poisoning, **séideadh faoi** riling, needling, **spadhradh** enraging, **spochadh** pestering, annoying

Fearúil *adj⁴* manly
calma stouthearted, **cróga** brave, **curata** gallant, **dána** bold, **dásachtach** daring, **fearga** virile, **fireann** masculine, **firinscneach** *(gram)* masculine, **mascalach** manly, virile, **matánach** muscular, **misniúil** courageous, **laochta** heroic, **oirbheartach** valiant, manly, **uasal** noble *(see also:* ***cróga****)*

Fearúlacht *f(~a)* manliness
calmacht stoutheartedness, **crógacht** bravery, **curatacht** gallantry, **dánacht** boldness, **dásachtacht** daringness, **feargacht** virility, **fireannacht** masculinity, **laochas** heroism, **mascalacht** manliness, virility; vigour, **matán** muscle, **misneach** *m* courage, **oirbheartas** prowess, manliness, **spriolladh** manliness, spirit; liveliness, **uaisleacht** nobility *(see also:* ***crógacht****)*

Feasach *adj³* aware, knowing; well informed
ar an eolas in the know, **céadfach** sensory; perceptive, **comhfhiosach** *(phil)* conscious, **críonna** wise with age, prudent, **dea-eolach** enlightened, **eagnaí** mindful, wise, **eolach** knowledgeable, **fáisnéiseach** informative, **fiosúil** knowledgeable, knowing, **foghlamtha** educated, learned, **instinneach** instinctive, **instinniúil** instinctual, **iomasach** intuitive, **léannta** learned, well read, **meabhrach** mindful, intelligent, **oilte** skilled, **múscailte** awakened, **saineolach** expert, **sciliúil** skilled, **scolártha** scholarly, **traenáilte** trained, **tuisceanach** heedful *(see also:* ***eolach, fios****)*

Feasacht *f(~a)* awareness
aireachas mindfulness, **aird** attention, noticing, **aitheantas** cognizance, recognition, **aithne** consciousness, recognition, **céadfacht** sensibility, **coinlíocht** *f* compos mentis; an understanding of what's going on around you, **comhfhios** *m (phil)* consciousness, **críonnacht** wisdom acquired with age, prudence, **eagnaíocht** enlightenment, **eolas** knowledge, **féinaithne** *f* self-awareness, **fios** *m (feasa)* knowledge, knowing, **foghlaim** learning, **machnamhacht** mindfulness, **meabhair** consciousness, intelligence, **meabhraíocht** consciousness, awareness; thinking, intelligence, **mothaitheacht** sentience, **tuiscint** understanding

Féasóg *f(-óige; ~a, ~)* beard
coinleach *m* stubble, growth (cf **coinleach trí lá** three days' growth), **croiméal** moustache, **gaoisid** bristle, **geamhar féasóige** new growth of beard, **giúnachán** scant beard, **greann** bristly hair, beard, **locaí** *mpl* side whiskers, **meigeall** goatee, **ulcha** beard

Féasógach *adj³* bearded
croiméalach moustached, **gan bhearradh** unshaven, **gaoisideach** coarse-haired, bristly, **geamhrach** with new growth of beard, **giúnachánach** with scanty beard, **greannach** hairy, bristly, **le coinleach féasóige** with a stubbly beard, **meigeallach** having a goatee beard

Feasta *adv* henceforth
as seo from now, **as seo amach** from now on, **ina dhiaidh seo** after this, **san am atá le teacht** in times

to come, **sa todhchaí** in the future, **uaidh seo amach** from this point on

Féasta *m (~; ~í)* feast
bainis wedding, **béile mór** big meal, **ceiliúradh** celebration, **coirm** drinking party, feast; ale, **cóisir** party, **dinnéar mór** big dinner, **féile** *f* festival, **fleá** *f* banquet, **fulacht** *f* barbecue, **sáibhirne** good feed, feast, **urghnamh** preparation of food, feast

Feic 1 *m (~; ~eanna) (critically)* unseemly sight
drochbhéas bad manners, **drochdhóigh** bad state/shape, **drochiompar** bad behaviour, **míbhail** bad state/shape, **míbhéas** bad manners, rudeness, **míbhéasaíocht** impropriety, **míchuibheas** unseemliness, **míchuma** *f* ill appearance, **mífholláine** unwholesomeness, **mígheanas** indecency, **míghnaoi** *f* uncomeliness, **míghné** *f* unfavourable appearance, **míghrásta** gracelessness, **mí-iompar** misconduct; unbecoming behaviour, **mímhúineadh** unmannerliness, **мínáire** *f* shamelessness, **míofaireacht** ugliness, **místuaim** imprudence, **míthráthúlacht** untimeliness *(of words, behaviour)*, **mí-urraim** disrespect, **praiseach** *f* mess, **radharc** sight, **seó** show, exhibition, **seó bóthair** road show, **taispeántas** display *(see also: drochbhéas)*

▲ ~ **saolta** holy show; disgraceful performance

◊ **Ná déan ~ díot féin!** Don't make a show of yourself! **Ba bhocht an ~ é!** He was a sorry sight!

Feic 2 *v irr* see
1. see
amharc look, see, **ardaigh do shúile ar** raise your eyes upon, **breathnaigh** observe, **déan gliúcaíocht** peer furtively, **déan gliúmáil** peer, pry, **déan staidéar ar** study, **dearc** behold, regard, **féach** look, **gácáil** gawk, **glinnigh** scrutinise, **glinnigh** scrutinise, look sharply, **gliúmáil** pry, peer, **sill** glance, behold, **spléach** glance, **stán** stare, **tabhair faoi deara** notice, **tabhair spléachadh ar** peep at, **tabhair sracfhéachaint ar** cast a cursory glance at, **tabhair suntas do** discern, give (one's) attention to *(see also: féach)*

2. ~**im** I see, I understand
aithním I recognise, **bainim ciall/meabhair as** I make sense of it., **is eol dom** I am aware, **is feasach dom** I know, **is léir dom** it is obvious to me, **is soiléir dom** it is clear to me, **tá a fhios agam** I know, **Tá fios an scéil agam** I have the facts of the case., I know what's up., **tuigim** I understand

Feiceáil *vn* seeing
aithint recognising, **amharc** looking, seeing, **ardú do shúile ar** raising your eyes upon, **breathnú ar** observing, **déanamh staidéir ar** studying about, **dearcadh** beholding, regarding, **féachaint** looking, **gácáil** gawking, **glinniúint** scrutinising, **gliúcaíocht** peering furtively, **gliúmáil** prying, peering, **silleadh** glancing, beholding, **spléachadh** glancing, **sracfhéachaint** glancing, **stánadh** staring, **tabhairt faoi deara** noticing, **tabhairt suntais do** discerning, giving (one's) attention to

Feiceálach *adj³* conspicuous
a sheasann amach that stands out, **inairithe** perceptible, **inaitheanta** distinguishable, **inbhraite** palpable, tangible, **infheicthe** visible, **insúl** eye-catching; attractive, **éasca le feiceáil** easy to see, **so-aimsithe** easy to find, **so-aitheanta** easy to recognise, **so-fheicthe** obvious, easy to see, **soiléir** clear, obvious, **soléite** easy to read, **sonraíoch** noticeable, **sothuigthe** easy to understand, **starrach** protruding, **suaitheanta** conspicuous, **suaithinseach** distinctive, remarkable, **suntasach** remarkable

Feicthe *pp* seen
aitheanta recognised, **amharctha** looked at, seen, peeped at, **breathnaithe** observed, **dearctha** beheld, regarded, **féachta** looked, seen, **gácáilte** gawked, **glinnithe** scrutinised, **gliúmáilte** peered at, **sillte** glanced, looked at, **spléachta** glanced, **stánta** stared, **tugtha faoi deara** noticed

Féideartha *adj⁶* possible, feasible
a bhfuil craiceann air that looks likely, possible, **a bhfuil gealladh faoi** promising, **dealraitheach** likely, **dóchúil** probable, **indéanta** doable, achievable, **inmharthana** viable, **inoibrithe** workable, **inrásta** possible; proper, **inrite** executable, **poitéinsiúil** *(el)* potential, **praiticiúil** practical, **sodhéanta** easy to do

Feidhm *f(~e; ~eanna)* function, use
acmhainn resource, **áis** facility, aid, **áiseacht** convenience, **áisiúlacht** utility, convenience, **buntáiste** advantage, **cabhair** *f (-bhrach)* assistance, **ciall** *f (céille; ~a, ~)* sense, point, **cuidiú** helping, **cúnamh** help, **cúram** responsibility, **cuspóir** objective, purpose, **éifeacht** effect, **fiúntas** worth, **fónamh** service; usefulness, **fóntas** utility, **léirfheidhm** explicit function, **luach** *m (~a)* value, **maith** good, **maitheas** good, good effect, **oibriú** operation, employment, **ról** role, **sochar** gain, **tairbhe** *f* benefit, **taithí** resort, **úsáid** use

▲ ~ **ailgéabrach** algebraic function, ~ **chearnach** quadratic function, ~ **chomhshínis** cosine function, ~ **ionsáite** insertion function, ~ **theanga** language function, ~ **zúmála** zoom function

◊ **as ~** broken-down, **an dlí a chur i bh~** to enforce the law, **curtha as ~** decommissioned, **dáta as ~** expiry date

Feidhmeach *adj³* applied
ar féidir a úsáid that can be used, **bainteach** related, relative, **feidhmiúil** functional, **pragmatach** pragmatic, **praiticiúil** practical, **infheidhme** functional, **úsáideach** useful *(see also: feidhmiúil)*

▲ **mata ~** applied maths

Feidhmigh v_{2b} function; officiate
athfheidhmigh *(law, project, etc.)* revive, bring back into force, **bí ar siúl** be on, be working, **bí i mbun seirbhíse** be in service, **comhaill** fulfil, carry out; observe (cf **Comhallann siad na rialacha.** They observe the rules.), **comhlíon** fulfil, **cuir i gcrích** bring off, execute, **cuir i ngníomh** put into action, **cuir isteach ar** interfere with, **cuir obair díot** get work done, **déan** do; perform, **fear** execute, perform, **fóin** serve, be of use, **freastail** serve, **gníomhaigh** act, **imir tionchar ar** influence, **iompair** behave, **oibrigh** work, function, operate, **rith** run, **téigh i bhfeidhm ar** affect, **téigh i gcion ar** influence, impress

Feidhmithe *pp* functioned; officiated
athfheidhmithe *(law, project, etc.)* revived, brought back into force, **comhalta** fulfilled, carried out; observed, **curtha ar siúl** turned on, **curtha isteach ar** interfered with, **déanta** done; performed, **dulta i bhfeidhm ar** gone into effect; enforced, **dulta i gcion ar** influenced, impressed, **feartha** executed, performed, **fónta** serviced, good to be used, **freastalta** served, **gníomhaithe** acted, **iompartha** behaved, carried out, **oibrithe** worked, functioned, operated

Feidhmiú *vn* functioning; officiating
ar dualgas on duty, **ar siúl** being on; working, **athfheidhmiú** *(law, project, etc.)* reviving, bringing back into force, **comhall** fulfilling, carrying out; observing (cf **ag comhall mo dhualgais** carrying out my duty), **dul i bhfeidhm ar** affecting, **dul i gcion ar** influencing, impressing, **faoi anáil (an óil)** under the influence (of drink), **fearadh** executing, performing, **fónamh** service, usefulness, benefit, **freastal** serving, **gníomhú** acting, **i mbun seirbhíse** in service, **i ngléas** in running/working order, **iompar** behaving, behaviour, **oibriú** working, operating, **tionchar** influence

Feidhmiúil *adj⁴* functional
bríoch potent, efficacious, **éifeachtach** effective, **fóinteach** serviceable, **fóntaíoch** *(phil)* utilitarian, **inchurtha i bhfeidhm** potentially functional, functional, **infheidhme** operational, **inoibrithe** workable, **inúsáidte** useable, **i riocht oibre** workable, in working order, **láidir** strong, **praiticiúil** practical, **reatha** (> *rith*) running, **réidh le húsáid** ready for use, turnkey, **storrúil** strong, vigorous, **stuifiúil** mettlesome, **tailc** *(lit)* solidly-built, sturdy, effective, **talcánta** stout, solid, **teann** firm, steadfast, **treabhar** *(lit)* robust, **tréamanta** powerful, mighty, **tréan** strong, powerful, **treisiúil** forceful, **urrúnta** robust, **úsáideach** useful

Féidir
1. *(as in phrase)* **is féidir liom** I can
éiríonn liom I manage, **tá mé ábalta** I am able, **tá mé in ann** I can, **tá mé in inmhe (chuig an tasc)** I am equal (to the task), **tá sé de chumas agam** I am capable (of it) *(see also: féad)*
2. *adv* **b'fhéidir** perhaps
d'fhéadfadh sé (go) it could be (that), **gach uile sheans** more than likely, **is dócha** probably, **is é is dóichí** more than likely, most likely, **seans** possibly, **seans maith** good chance, **siúráilte** surely, **Tá an-seans ann (go)** It is very possible (that), **thiocfadh dó (go)** it could be possible (that)

Feighlí *m (~; -lithe)* watcher, tender
airíoch *m* caretaker, **athmháistir** *m* land steward, **bainisteoir** manager, **bardach** warden, **breathnóir** viewer, observer, **caomhnóir** *(jur)* guardian, custodian, **cinnire** group leader, **coimeádaí** curator, **coimirceoir** guardian, **cosantóir** defender, **cumhdaitheoir** preserver, keeper, **fear faire** watchman, **feitheoir** supervisor, superintendent, **formán** foreman, **friothálaí** *(rel)* server (cf **friothálaí Aifrinn** server at Mass), **garda** guard, garda, **geatóir** gatekeeper, **maoirseoir** superintendent, **maor** steward, **maor scoile** prefect, **maor tráchta** traffic warden, **puipéadóir** puppeteer, **rialtóir** controller, **saoiste** foreman; boss, **scrúdaitheoir** examiner, **scrúdanóir** scrutineer, **seiceálaí** checker, **stíobhard** steward

Feil v_{1c} suit, fit
comhfhreagair correspond, **fóir do** befit, suit, **freagair** answer, **freastail ar** serve, accommodate, **oir do** fit, suit, **riar ar** accommodate, **sásaigh** satisfy, **téigh i dtaithí ar** adjust to, adapt to, **téigh in oiriúint do** adapt to

Féile *f (~; -lte)*
1. festival, feast day
aonach *m* fair, **carnabhal** carnival, **ceiliúradh** celebration, **comóradh** commemoration, festival, **cuimhne** *f* memory, **cuimhneachán** commemoration, **féasta** feast, **fleá** *f* banquet, **lá cuimhneacháin** day of remembrance, **lá saoire** holiday, **méilséara** harvest festival, **ómós** tribute, **saoire** *f* holiday, **sollúin** *f (-úna)* solemn feast-day; festival
2. hospitality, generosity
aíocht hospitality, **carthanacht** charity, friendliness, **cineáltas** kindness, **comhar** mutual assistance, **croíúlacht** cordiality, **daonchairdiúlacht** philanthropy, **dea-chroí** good-heartedness, **dea-mhéin** benevolence, **fáilte** *f* welcome, **flaithiúlacht** generosity, hospitality, **gart** *m (~a)* hospitality, magnanimity, **láiche** kindness, **móraigeantacht** magnanimity, **mórchroí** large-heartedness, open-handedness, **muinteartacht** friendliness, **neamhleithleachas** unselfishness, **oineach** *m* generous hospitality; good name, **soicheall** hospitality, welcoming, **teochroí** warm-heartedness, **trócaire** *f* compassion, mercy, **úire oinigh** lavish hospitality

○ **Féilte traidisiúnta na hÉireann** Traditional Irish Festivals: **Lá Fhéile Bríde** *St Brigid's Day (1st February)* celebrating the beginning of Spring, **Lá Fhéile Pádraig** *St Patrick's Day (17th March)* celebrating the arrival of **Éarlamh na hÉireann** *the Patron Saint of Ireland (c. 432 CE)*, **Lá Fhéile Stiofáin** *St Stephen's Day (31st December)* or **Lá an Dreoilín** *The Day of the Wren* where country youths, wearing **aghaidheanna fidil** *masks*, go from house to house looking for money to bury their imaginary **dreoilín marbh** *dead wren*, **Nollaig** *Christmas (25th December)* ceiliúradh Críostaí *Christian celebration* of the birth of **Íosa Críost** *Jesus Christ*, **Oíche Shamhna** *Hallowe'en* the last day of October and the beginning of winter. Other **Féilte Críostaíochta** *Christian Festivals* include: **an Carghas** *Lent*, **An Cháisc** *Easter*, **Aoine an Chéasta** *Good Friday*, **Céadaoin an Bhraith** *Spy Wednesday*, **Céadaoin an Luaithrigh** *Ash Wednesday*, **Déardaoin Mandála** *Maundy Thursday* or **Déardaoin Choirp Chríost** *Corpus Christi*, **Luan Cásca** *Easter Monday*, **Máirt na hInide** *Shrove Tuesday* or **Máirt na bPancóg** *Pancake Tuesday*, **Seachtain na Páise** *Holy Week*

Feiliúint do *vn* suiting, fitting
comhfhreagairt corresponding, **dul i dtaithí ar** adjusting to, adapting to, **dul in oiriúint do** adapting to, **fóirithint do** befitting, suiting, **freagairt** answering, **freastal ar** serving, accommodating, **oiriúint do** fitting, suiting, **riar ar** accommodating, **sásamh** satisfying

Feiliúnach *adj³* fitting, becoming, appropriate
ceart right, apposite, **cóir** proper, right, **comhfhreagrach** correspondent, **comhréireach** accordant, **cuí** appropriate, **cuibhiúil** seemly, **fóirsteanach** becoming, **infheidhme** fit for service, able-bodied, **inghlactha** acceptable, **inniúil (ar)** able, fit (for), **inrásta** fitting, proper, **inseolta** fit for purpose; fit for sailing, **iomchuí** congruent, **leor** adequate, **oircheas** (+ *copula*) *(high reg)* meet and fitting (cf **Is oircheas dúinn adhradh a dhéanamh**. It is meet and fitting for us to give worship.), **oiriúnach** suitable, **tráthúil** apt, timely *(see also: **oiriúnach**)*

Feilte do *pp* suited, fitted
comhfhreagartha corresponded, **curtha in oiriúint do** made suitable for, **dulta i dtaithí ar** adjusted to, adapted to, **dulta in oiriúint do** adapted to, **fóirthe do** befitted, suited for, **freagartha** answered, **freastailte ar** served, accommodated, **riartha ar** accommodated, **sásta** satisfied

Féin- *pref* self, own
~aithne self-knowledge, **~chosaint** self-defence, **~chúiseach** self-interested, **~diúltú** self-denial, **~lárnach** egocentric, **~léiriú** self-expression, **~mharfach** suicidal, **~mharú** suicide, **~riail** self-rule, autonomy, **~féinrialaitheach** autonomous, self-governing, **~seirbhís** self-service, **~smacht** self-discipline, **~spéiseach** egotistical, **~spéisí** egoist

Féin 1 *pron adj* self, own
céanna same, **féinrialaitheach** autonomous, **inmheánach** internal, **neamhspleách** independent, **pearsanta** personal, **saor** free

Féin 2 *m (~)* self
céannacht identity, **ego** ego, **féinaitheantas** self-identity, **féinaithne** self-knowledge, **féineacht** selfdom, **féinfheasacht** self-awareness, **féinfhios** *m* self-knowing, **mé-féineachas** selfishness, **mise** *m (~)* I (cf **an mise** the 'I'), **féiniúlacht** selfhood, **féinriail** autonomy, **treallús** assertiveness, **úd** *(psych)* id

Féire *f(~)* diagonal, obliqueness, *(regarding shape)*, crookedness
ar goic at a tilt, at a slant, **caime** crookedness, **claoine** inclination; evil tendency, **claon** slant, incline, slope, **claon-** *pref* oblique, perverse, **claontacht** biasedness, **leataobhaí** one-sidedness, **maig** cock, tilt, slant, (cf **hata a bhfuil maig air** cocked hat), **fánaí** wandering, movement hither and thither, **fiaradh** slant, tilt, **saofacht** waywardness, aberration, **sceabha** skew, slant, obliquity, **sceabhaí** skewedness, slantedness, **sléim** slant; inclination of head

Féirín *m (~; ~í)* gift
aisce gift; favour, **bronntanas** present, **cineál** *(often food)* treat, **comhartha (beag)** (small) token, **dearlacadh** gift, bounty, **duais** award, **ofráil** *(religious)* offering, **seoid chuimhne** souvenir, **síntiús** donation, **tabhartas** gift *(see also: **bronntanas**)*

Feirm *f(~e; ~eacha)* farm
acraí acres, **acraíocht** acreage, **áiteamh/áitiú** farmstead, **buaile** enclosure; milking place, **calchas** kolkhoz, **crochta** *m* croft, **croit** croft, **fearann** land, farm, **fíonghort** vineyard, **gabháltaisín** croft, smallholding, **gabháltas** holding, **gort** field, **graífheirm** stud farm, **gráinseach** *f* grange, **leadhb** *f* strip, **otrann** *f* farmyard, dungyard, **páirc** field, **plandáil** plantation, **rainse** ranch, **talamh** land, **treafas** farm, homestead, **treibh** farmstead

Feirmeoir *m (-eora; ~í)* farmer
curadóir planter, grower, **garraíodóir** gardener, **gráinseoir** granger, farmer, **oibrí talmhaíochta** agricultural worker, **sclábhaí (talmhaíochta)** (farm) labourer, **saothraí talún** cultivator, **spailpín** migratory farm labourer, **talmhaí** agriculturalist; husbandman, **treabhach** *m* husbandman, farmer, **treabhdóir** ploughman, **tuathánach** *m* peasant

Feirmeoireacht *f(~a)* farming
curadóireacht planting, growing, tilling, **curaíocht** tillage, sowing, **déiríocht** dairying, dairy farming, **gairneoireacht** horticulture, **garraíodóireacht** gardening, **míntíreachas** cultivation; reclamation of land, **saothraíocht** husbandry, **saothrú talún** cultivation of land, **spailpínteacht** working as a

migratory farm labourer, **talmhaíocht** agriculture, **treabhaire** f husbandry, **treabhchas** husbandry, **tuatheolaíocht** rural science

Feis f(~e; ~eanna)
1. festival (cf ~ **cheoil** musical festival) **carnabhal** carnival, **céilí** night of traditional dancing, **ceiliúradh** celebration, **cóisir** party, **comóradh** commemoration; fête, **éigse** f celebration of learning, **féasta** feast, **féile** f festival, **fleá** f festival, **oíche** f(~; ~anta) night (of celebration), **oireachtas** festival; assembly, **siamsa** entertainment, **spórt** fun

2. sexual intercourse, fuck **babhta leathair** bit of sex, shag, **babhta proiteála** roll in the hay, quickie (cf **Bhí babhta proiteála acu.** They had a quick shag/ a roll in the hay.), **bualadh craicinn** bonking, **caidreamh collaí** sexual relationship, **céileachas** cohabitation; copulation, **codladh le duine** sleeping with a person, **collaíocht** carnality, sex, **comhluí** sleeping/lying together, **comhriachtain** f copulation, intercourse; mating, **cúpláil** coupling, **dlúthchaidreamh** intimate relationship, **fios collaí** carnal knowledge, **foc** (vulg) fuck, **gnás** (lit) intercourse, cohabitation, **gnéas** sex, **leathar** skin, sex (cf **babhta leathair a fháil** to get a shag, to get laid), **pósadh beag** roll in the hay, quickie, **táth** fornication, **tíos** cohabitation (see also: **comhriachtain**)

Feisigh v₂ᵦ (vulg) fuck
buail craiceann bonk, shag, **cláraigh** screw, lay, **codail le** sleep with, **comhluigh le** sleep with, **cuir feoil i bhfeoil** have sex, screw, **déan comhriachtain le** copulate with, mate with, **cúpláil** mate, **déan babhta proiteála le** have a bit of nookie with, **déan cuigeann** churn, have sex, **déan pósadh beag sa choca féir** (hum) go for a roll in the hay (cf **Thug sí sa choca féir é.** She went for a roll in the hay with him., She gave him a quickie.), **déan táth** fornicate, **faigh babhta leathair** get a shag, get laid, **faigh babhta proiteála** get a quick shag, **faigh do chuid** get a bit, **faigh giota amuigh** get a bit on the side, **focáil** (vulg) fuck, **folmhaigh do mhála** (vulg) shoot your load, **marcaigh** ride, **scaoil do chuid** (vulg) get your rocks off; shoot your load, **tabhair fad de do shlat do** (vulg) slip a length to, **téigh chun na leapa le** go to bed with, **téigh idir na braillíní/faoin mbraillín le** get under the sheets with, go to bed with, **téigh in airde ar** (vulg) screw, throw a leg over, **téigh sa diallait/sa tsrathair le** get in the saddle with, **téigh suas ar** (vulg) mount, hump

◊ **~ leat!** (vulg) Fuck off!, **Go bhfeisí an diabhal thú!** (vulg) Would you ever go fuck yourself!

Feisithe pp (vulg) fucked
cláraithe screwed, laid, **codlata le** slept with, **cúpláilte** mated, **dulta chun leapa le** gone to bed with, **dulta idir na braillíní/faoin mbraillín le** gotten under the sheets with, gone to bed with, **dulta in airde ar** (vulg) thrown the leg over, **dulta sa diallait/sa srathair le** been in the saddle with, **dulta suas ar** (vulg) mounted, humped, **focáilte** (vulg) fucked, **marcaithe** ridden

◊ **Am t-iomlán feisithe acu!** The whole fucking lot of them!, **Tá an rud seo ~ ar fad!** (vulg) This thing is completely fucked!

Feisiú vn (vulg) fucking; fuck-up
bualadh craicinn bonking, shagging, **clárú** screwing, laying, **codladh le** sleeping with, **comhluí le** sleeping with, **cúpláil** mating, **cur feoil i bhfeoil** having sex, screwing, **déanamh comhriachtain le** copulating with, **déanamh cuiginne** churning, having sex, **déanamh babhta proiteála le** having a bit of nookie with, **déanamh pósadh beag sa choca féir** (hum) going for a roll in the hay, **déanamh tátha** fornicating, **dul chun na leapa le** going to bed with, **dul idir na braillíní/faoin mbraillín le** getting under the sheets with, **dul in airde ar** (vulg) screwing, **dul suas ar** (vulg) getting the leg over, **fáil babhta leathair** getting a shag, getting laid, **fáil babhta proiteála** getting a quick shag, getting laid, **fáil do chuid** getting a bit, **fáil giota amuigh** getting a bit on the side, **focáil** (vulg) fucking, **folmhú do mhála** (vulg) shooting your load, **marcaíocht** riding, **dul sa diallait/sa srathair** getting in the saddle, **scaoileadh do chuid** (vulg) getting your rocks off; shooting your load, **tabhairt fad de do shlat do** (vulg) slipping a length to

◊ **~ ceart a bhí ann!** (vulg) It was a right fuck-up!

Feisteas m (-tis) fittings, furnishings, accessories
acmhainn means, resources, **airnéis** effects, equipment; (jur) movable property, **cóir** proper equipment, **culaithirt** gear, trappings, **daingneáin** fixtures, **fearais** mpl fittings, **feiste** f device, installation; fastening, **gaireas** gadget, **giuirléid** f gizmo, **giuirléidí** fpl bits and pieces, knick-knacks, **gléasra** apparatus, equipment, **gliogairnéis** odds and ends, **innealra** m machinery, **lumpar agus lampar** collection of odds and ends, **maisiúcháin** decorations, **mangaisíní** fpl knick-knacks, **oiriúintí** fpl accessories, **oirnimintí** fpl ornaments, **ornáidí** fpl ornaments, **sás** device; trap, **sáslach** m mechanism, machinery, **trealamh** equipment, **troscán** furniture, **úim** f (**úma**) harness, **uirlis** tool, instrument

Feistigh v₂ᵦ
1. fasten, moor
athfheistigh refasten, refit, **buail isteach** hammer in, **ceangail** tie, fasten, **croch** hang, **cuibhrigh** fetter, bind, **cuir in airde/suas** put up, **cuir isteach** put in, **daingnigh** fasten secure, **fáisc** bind closely, **gaibhnigh** tie tightly, **giortáil** gird, **glaeigh** glue, **glean** stick, adhere, **ionadaigh** place, position, **nasc** link, join, **pionnáil** pin, **scriúáil isteach** screw in, **séalaigh** seal, **seamaigh** rivet, **snaidhm** knot, **suigh** seat, **suiteáil** (el) install, **tairneáil** nail, **taosaigh** paste, **táthaigh** weld, solder; coalesce

Feistithe

2. furnish, equip
cóirigh equip, fix up, **cuir bail ar** fix, shape up, **cuir caoi ar** to put into shape, **cuir dóigh éigin ar** to knock some shape into, **cuir faoi throscán** furnish, **cuir troscán (i dteach)** furnish (a house), **cuir trealamh isteach** install equipment, **cuir troscán (nua) i seomra** put (new) furniture in a room, **déan suas (le troscán nua)** do up (with new furniture), **feabhsaigh** improve, **fearastaigh** equip, furnish, **gléas** fit out, equip, dress, **innill** set up, prepare, equip, **leasaigh** modify, improve, **maisigh** decorate, **oirnéal** decorate, **ornáidigh** ornament, **paisteáil** patch up, **réitigh** get right, bring order, **rigeáil** rig, **socraigh suas** set up, **trealmhaigh** equip, fit out, **ullmhaigh** prepare

Feistithe *pp*
1. fastened, moored
athfheistithe refastened, refitted, **buailte isteach** hammered in, **ceangailte** tied; fastened, **crochta** hung, **cuibhrithe** fettered, bound, **curtha in airde/suas** put up, **curtha isteach** put in, **daingnithe** fastened secured, **fáiscthe** bound closely, **gaibhnithe** tied tightly, **giortáilte** girded, **glaeite** glued, **gleanta** stuck, adhered, **ionadaithe** placed, positioned, **nasctha** linked, joined, **pionnáilte** pinned, **rigeáilte** rigged, **scriúáilte isteach** screwed in, **séalaithe** sealed, **seamaithe** riveted, **snaidhmthe** knotted, **suite** seated, **suiteáilte** *(el)* installed, **tairneáilte** nailed, **taosaithe** pasted, **táthaithe** welded, soldered; coalesced, **tuiní** fixed, immovable, firmly established
2. furnished, equipped
a bhfuil bail nua ar spruced up, **atá curtha faoi throscán** furnished, **cóirithe** equipped, fixed up, **déanta suas (le troscán nua)** done up (with new furniture), **feabhsaithe** improved, **fearastaithe** equipped, furnished, **fearastúil** well-equipped/furnished, **gléasta** fitted out, equipped; dressed, **iontlaise** inlaid; parquet (cf **urlár iontlaise** parquet floor), **le trealamh curtha isteach** with installed equipment, **innealta** set up, prepared, equipped, **leasaithe** modified, improved, **maisithe** decorated, **oirnéalta** decorated, **ornáidithe** ornamented, **paisteáilte** patched up, **réitithe** readied, put in order, **socraithe** set up, **trealmhaithe** accoutred, equipped, **ullmhaithe** prepared

Feistiú *vn*
1. fastening, mooring
athfheistiú refastening, refitting, **bualadh isteach** hammering in, **ceangal** tying; fastening, **crochadh** hanging, **cuibhriú** fettering, binding, **cur in airde/suas** putting up, **cur isteach** putting in, **daingniú** fastening, securing, **fáscadh** binding closely, squeezing together, **gaibhniú** tying tightly, **giortáil** gird, **glae** gluing, **gleanúint** sticking, adhering, **ionadú** placing, positioning, **nascadh** linking, joining, **pionnáil** pinning, **rigeáil** rigging, **scriúáil isteach** screwing in, **séalú** sealing, **seamú** riveting, **snaidhmeadh** knotting,

Feithicil

suí seating, **suiteáil** *(el)* installing, **tairneáil** nailing, **taosú** pasting, **táthú** welding, soldering; coalescing
2. furnishing, equipping
cóiriú equipping, fixing up, **cur bail ar** fixing up, shaping up, **cur caoi ar** putting into shape, **cur dóigh éigin ar** knocking some shape into, **cur faoi throscán** furnishing, **cur troscáin (i dteach)** furnishing (a house), **cur trealaimh isteach** equipping, **cur (an) troscáin (nua) i seomra** putting (the new) furniture in a room, **déanamh suas (le troscán nua)** doing up (with new furniture), **feabhsú** improving (cf **feabhsaithe tí** home improvements), **fearastú** equipping, furnishing, **gléasadh** fitting out, equipping, dressing, **inleadh** setting up, preparing, equipping, **leasú** modifying, improving, **maisiú** decorating, **oirnéaladh** decorating, **ornáidiú** ornamenting, **paisteáil** patching up, **réiteach** getting right, bringing to order, **socrú** setting up, **trealmhú** equipping, fitting out, **ullmhú** preparing

Feithicil *f (-cle; -clí)* vehicle
cainéal channel, **córas** system, **fearas** apparatus, device, **gléasra** gadget, apparatus, **inneall** machine, **meicníocht** mechanism, **modh** means

■ **modhanna éagsúla iompair** various means of transport/conveyance: **aerárthach** *m* aircraft, **ardaitheoir** elevator, lift, **árthach** *m* **dul i dtír** landing craft, **árthach** *m* **foluaineach** hovercraft, **bád** boat, **bád cónaithe** houseboat, **bád gaile** steamboat, **báirse** barge, **balún** balloon, **bara rotha** wheelbarrow, **bugaí** buggy, **bus (tralaí)** (trolley-)bus, **cadhc** *m* kayak, **cairrín láimhe** pushcart, **cairt** cart, **cairtín** go-cart, **canú** canoe, **carbad** chariot, **carbhán** caravan, **carr** car; cart, **carr sleamhnáin** sledge, sleigh, **carráiste** carriage, **cathaoir chábla** chairlift, **cathaoir rotha** wheelchair, **clár foluaineach** hoverboard, **clár surfála** surfboard, **cóiste** coach, **cóiste balbh** *(myth)* coach that collects souls of the dead, **cóiste na marbh** hearse, **cóiste scítheanna** stagecoach, **crann tógála** crane, **crios iompair** conveyor belt, **cúlhaiste** hatchback, **cúrsóir cábáin** cabin cruiser, **dingí** dinghy, **duillárthach** *m* hydrofoil, **eileatram** hearse; *(hist)* litter, **eitleán** plane, **faoileoir** glider, **forcardaitheoir** forklift, **foleantóir** trailer, **gléas iompair** carrying contraption/transporting device, **gluaisrothar** motorbike, **gluaisteán** automobile, **héileacaptar** helicopter, chopper, **ingearán** helicopter, **inneall bainte** harvester, **lanna rollála** rollerblades, **leantóir** trailer, **leoraí** lorry, **limisín** limousine, **línéar** liner, **liomó sínte** stretch limo, **long** *f* ship, **long iompair** transport vessel, **leaba** *f* **iompair** *(hist)* litter, **luamh** yacht, **luasbhád** speedboat, **meaisín ama** time machine, **móipéad** moped, **mótar** motor; *(sl)* wheels, **muireitleán** seaplane, **naíchóiste** pram, **otharcharr** ambulance, **paraisiút** parachute, **rafta (tarrthála)** (life)raft, **ricseá** *m* rickshaw, **roicéad** rocket, **rothar** bike, bicycle, **rothar leictreach** ebike, **scairdeitleán** jet plane, **scairdphaca** jet pack, **sciorrárthach** hovercraft, **scúnar** schooner, **scútar** scooter, **soitheach** m vessel, **spásárthach** *m* spacecraft, **staighre beo** escalator, **tacsaí** taxi, **tarracóir** tractor, **tobagan** toboggan, **tointeálaí** shuttle, **traein** *f (-enach; -enacha)* train, **trálaer** trawler, **tralaí** trolley, **tram** *m (~; ~anna)* tram, **trucail** truck; cart, **trucail oscailte** pickup truck, **trucail tharraingthe** tow truck, **tuga** tugboat, **vaigín** wagon, **vaigín earraí dúnta** boxcar, **veain (campála)** *m* (camper) van

Feithid *f(~e; ~í)* insect
aifid aphid, **cuil** fly, **lotnaid** pest, **míol** bug, **míoltóga** midges, **sceartán** tick, **sniodh** *f (sneá; sneá)* nit, **sor** louse

■ **beach** *f (beiche)* bee, **bóín Dé** ladybird, **bumbóg** bumblebee, **ceilpeadóir** kelp fly, earwig, **ciaróg** beetle, **ciaróg dhubh** cockroach, **cláirseach** woodlouse, **creabhar capaill** horsefly, **criogar** cricket, **cruimh** maggot, **cruimh chabáiste** caterpillar, **cuil Bhealtaine** mayfly, **cuil dhubh** blackfly, **cuileog** fly, **cuil ghlas** greenfly, **cuil ghorm** bluebottle, **cuil tí** housefly, **cuil torthaí** fruit fly, **cuileog** fly, **damhán alla** spider, **daol** beetle, **dreancaid** flea, **drúchtín** slug, **féileacán** butterfly, **foiche** wasp, **fríd** mite, fleshworm, **gailseach** *f* earwig, **lampróg** firefly, **míol** insect, **míol cnis** louse, **míolta corra** *mpl* midges, **míol críon** woodworm, **muiscít** mosquito, **péist** *f* worm, **priompallán** dorbeetle, **seangán** ant, **seilide** *m* snail, **seiriceán** silkworm, **seitse** *f* tsetse (fly), **Síle an phíce** earwig, **teirmít** termite, **treaghdán** nit, **trumpallán** dung beetle

Feo *vn* withering, decaying
bileastar decay, **bith-dhíghrádú** biodegrading, **cor chun donais** downturn, **camhrú** becoming rancid, **crandú** becoming stunted, **críonadh** decaying, withering, **cúlú** recession, **dreo** withering, wilting, **dreochan** decomposition, **dreoiteacht** state of decay; mustiness, **dul in aois** aging; getting old, **éirí sean** becoming old, **fíniú** becoming maggoty, **iompú** turning, **lobhadh** rotting, decaying, **liathadh** turning grey, becoming grey, **meath** decay, **meathlú** degeneration; decadence, **morgadh** putrefaction; gangrene, going gangrenous, **morgthacht** putrefaction, **orchrú** withering, decaying, **sceo** withering, wilting, **seargadh** atrophying, withering, **smol** blight, **tréigean** *(colour)* fading

Feoigh *v₁f* wither
bith-dhíghrádaigh biodegrade, **camhraigh** become rancid, **crandaigh** become stunted, **crap** shrink, **crion** decay, wither, **dreoigh** decompose, decay, **éirigh sean** become old, **fínigh** become maggoty, **iompaigh** turn, **lagaigh** weaken, **laghdaigh** decline, lessen, **liath** turn grey, become grey, **lobh** rot, **meath** dwindle, fade, **meathlaigh** degenerate, deteriorate, **morg** putrefy, decompose, **orchraigh** wither, decay, **sceoigh** wilt, wither, **searg** shrivel, atrophy, **sleabhac** droop, **smol** blight, **téigh in aois** age; get old, **téigh in éag** die off, **téigh i léig** wane, **tit as a chéile** disintegrate, **tréig** *(colour)* fade

Feoite *pp* withered, decayed
bith-dhíghrádaithe biodegraded, **camhraithe** gone/gotten rancid, **crandaithe** stunted, **craptha** shrunk, **críonta** withered, decayed, **dreoite** withered, decayed, **dulta in aois** aged; gotten old, **éirithe sean** gotten old, **fínithe** gone/gotten maggoty, **lagaithe** weakened, **laghdaithe** declined, lessened, **iompaithe** turned, **liata** turned grey, gotten grey, **lofa** rotten, **meathlaithe** degenerated, deteriorated, **morgtha** putrefied, decomposed, **orchraithe** withered, decayed, **sceoite** withered, wilted, **seargtha** wasted away, shrivelled, withered, **smolta** blighted, **tréigthe** *(colour)* faded

Feoil *f(-ola; -olta)* flesh; meat
bia food, **collaíocht** carnality, **corparthacht** corporeality, **craiceann** skin; flesh, **fíochán** tissue, **grísc** strip of raw meat, **lón** victual, **meáchan** weight, **seirgeoil** jerked meat, **spóla** joint, **tairteoil** *f (-óla)* dried-up meat, **truafheoil** lean meat

◊ **titim chun feola** to put on weight, **Rinne siad ~ mhionaithe dínne.** They made minced meat of us.

■ **siopa búistéara** butcher's shop: **brollach** *m* **sicín** chicken breast, **builín feola** meatloaf, **burgar** burger, **caoireoil** mutton, **ceibeab** kebab, **cosa sicín** chicken drumsticks, **eití** *fpl* **sicín** chicken wings, **fiafheoil** venison, **gibléid** giblets, **gríscín uaineola** lamb chop, **ispíní** *mpl* sausages, **liamhás Parma** Parma ham, **laofheoil** veal, **mairteoil** beef, **mairteoil shaillte** corned beef, **mionfheoil** minced meat, **muiceoil** pork, **putóg bhán/dhubh** white/black pudding, **salámaí** salami, **seirgeoil** jerky, **sicín** chicken, **slisíní** *mpl* rashers, **stéig** steak, **stéig ghambúin** gammon steak, **stéig T-chnáimhe** T-bone steak, **turcaí** turkey, **uaineoil** lamb

Feoilteoir *m (-eora; ~í)* carnivore, meat-eater
canablach *m* cannibal, **carnabhóir** *(person)* carnivore, **feoiliteach** *m (animals)* meat-eater, carnivore, **feoiliteoir** *(person)* meat-eater, **feoilsúiteach** *m (plants)* carnivore

Feoilséantóir *m (-óra; ~í)* vegetarian
heirbeabhóir herbivore, **lucht séanta feola** vegetarians, non meat-eaters, **luibhiteoir** herbivore, **veigeán** vegan, **veigeatóir** vegetarian

Feolamán *f(-áin; -áin, ~)* fat person
balpóg plump person, **bleaindí** rotund person, **bleitheach** hugely fat person, **bolaistrín** big lump of a boy, **bolgadán** paunchy person, big-bellied person, **bundallán** tubby person, **ceailis** big belly; untidy lump, **cráisiléad** corpulent person, **duine atá róthrom** overweight person, **duine murtallach** obese

person, **duine ramhar** fat person, **foircheasach** obese person, **gillín** fat sleek man; eunuch; gelding, **gillín linbh** plump baby/child, **gliúrach** *f* huge potbellied person, **giústa** fat-bottomed lazy person, **glutaire** potbellied glutton, **luán** plump person, **móta** rotund, podgy person, **plobaire** flabby person, fatso, **prochán** podgy person, **prócadóir** portly person, **prúntach** *f* grossly corpulent person, **púdarlach** *m* fat, lubberly person, **railliúnach** corpulent person, **rollamán** plump person, **sacadán** stocky person, **sceartachán** potbellied person, **seibineach** *m* large plump person, **siotalach** pudgy person; plump child, **steotar** pudgy person; stick of candy/toffee, **tiarpa** person with a big posterior, **tobadán** tubby person (*see also*: **duine**)

Fiabhras *m* (*-ais*; *-ais*, ~) fever

mionaerach *m* fever that affects children, **rámhaille** *f* delirium, **teas** feverishness, **teasach** *f* (*-scha*) (*lit*) fever, feverish heat, **teasaíocht** hotness, **teocht** *f* temperature

▲ ~ **ballach** typhus, ~ **buí** yellow fever, ~ **cábáin** cabin fever, ~ **cnámh** rheumatic fever, ~ **dearg** scarlet fever, ~ **faireoige** glandular fever, ~ **léana** hay fever, ~ **muc** swine fever

Fiabhrasach *adj*³ feverish, febrile

breoite sick, **fiáin** wild, **fíochmhar** fierce, **fraochmhar** raging, **fraochta** fierce, furious, **lasánta** flushed, fevered; fiery, **lasta** burning up with a fever, **le teocht** with a temperature, **nimheanta** astringent, **nimhneach** biting, **stoirmeach** stormy, **straidhniúil** furious, frenzied, **suaite** agitated, seething, **teasaí** feverish, hot; hot under the collar, **tinn** sick

Fiacail *f* (*~e*; *-cla*) tooth; cog

beangán prong, **beann** antler; prong, **cár** set of teeth (cf. **cár uachtarach/íochtarach** upper/lower teeth) **clárfhiacail** incisor, **cúlfhiacail** molar, **déad** tooth; set of teeth, **déad bréige** false teeth, **draid** set of teeth (cf **draid mhantach** gapped teeth), **roth fiaclach** cog; cogwheel, **sproicéad** sprocket, **starrán** jag, **starrfhiacail** fang, canine tooth; tusk (cf **starrfhiacla** buck teeth)

■ **fiacla** teeth: ~ **a líonadh/stoitheadh** to fill/extract a tooth, **cíocrán** canine, **cóireáil cuas fréimhe** root canal treatment, **coróin** crown, **cuas** cavity, **clárfhiacail** incisor, front tooth, **cúlfhiacal** molar, **diúlfhiacail** baby tooth, **droichead** bridge, **fiacla bréige** false teeth, **fiacla forais** wisdom teeth, **ionchlannán/ionphlandú fiacaile** dental implant, ~ **leathchúil** premolar, **sláinteolaí fiacla** dental hygienist, **teanntán** brace (cf **teanntáin fiacla a chaitheamh** to wear a brace)

Fiach 1 *v* hunt

cluich harry, chase, **cuardaigh** search, **cúrsáil** course, chase, **déan seilg** go hunting, **déan tóraíocht ar** pursue, **feagánaigh** hunt, chase, **lean** follow, **lorg** track, trace, **póitseáil** poach, **seilg** hunt, **téigh sa tóir ar** go in pursuit of, **tóraigh** pursue, seek

◊ ~**adh as an áit sinn!** We were given the bum's rush., We were forcibly ejected., **Tá tú ag ~ i ndiaidh na gealaí.** You are asking for the impossible., **Tá an giorria sin ~ta as an tor againn!** We have that business done and dusted., **Tá an geimhreadh ~ta anois.** The winter is behind us now.

Fiach 2 *vn* hunting, hunt

cúrsáil coursing, chasing, **fiach** hunting, engaging in chase, **sealgaireacht/seilg** hunting, chasing, **cuardach** searching, **dul sa tóir ar** going in pursuit of, **fáiteall** foraging, food-gathering, **feagánú** hunting, chasing, **lorg** tracking, tracing, **lorgaireacht** pursuing, searching, **seicheamh** following, **seilg** hunting, **tóir** pursuit, chase (cf **dul sa tóir ar** to set out in pursuit of), **tóraíocht** chasing, pursuing,

Fiach 3 *m* (*féich*; *~a*, ~) debt

airgead amach outgoing money, **airgead atá le híoc** money that is to be paid, **billí** *mpl* bills, **costais** *mpl* costs, **damáiste** damage, **dliteanais** *mpl* liabilities, **dochar** debit, **dola** charge, toll, **fiachas** liability, **iasachtaí** *fpl* loans, **morgáiste** mortgage, **praghas** price, **riaráistí** *mpl* arrears, money owed, **sonraisc** *mpl* invoices, **táillí** *fpl* fees, charges

◊ ~**a a íoc/ghlanadh** to pay/clear debts, **bheith i bh~a** to be in debt, **Bhíomar báite i bh~a.** We were overwhelmed with debts.

Fiachta *pp* hunted (down)

cuardaithe searched for, **dulta sa tóir ar** gone in pursuit of, **feagánaithe** hunted, chased, **lorgtha** tracked, traced, **seilgthe** hunted (down)

Fiafraí *vn* asking; inquiry

achainí entreaty, requesting, **agairt** claiming, beseeching, **ag/ar lorg freagraí** looking for answers, **agra** plea, **ceistiú** questioning, **croscheistiú** cross-questioning; interrogating, **cur ceisteanna** asking questions, **éileamh** demanding, **faisnéis** inquiring, **fiosrú** enquiring, investigating, **fiosrúchán** investigation, **fochmharc** (*lit*) asking; seeking, **glao ar** calling upon, **iarraidh ar** requesting from, asking of, **impí ar** imploring, petitioning, **pléadáil** pleading

◊ **Bíonn siad de shíor ag ~ díom.** They are constantly asking me., **Ní leomhfainn ~.** I would dare ask.

Fiafraigh *v*₂ₐ ask, inquire

achainigh entreat, petition **agair** plead, beseech, **éiligh** demand, require, **ceistigh** question, **croscheistigh** cross-question; interrogate, **cuir ceist** ask a question, **faisnéis** inquire, **fiosraigh** enquire, investigate, **fócht** (*lit*) ask, inquire, **glaoigh ar** call on/upon, **iarr ar** request from, ask of, **impigh ar** implore, supplicate, **lorg freagra** seek an answer, **pléadáil** plead

◊ **~ leat!** Ask away!, **Ná ~ díomsa cén fáth!** Don't ask me why!, **Fiafróidh mé faoin phraghas**. I'll ask about the price.

Fiafraithe *pp* asked, inquired
achainithe entreated, **agartha** pleaded, beseeched, **ar ar cuireadh ceist shimplí** asked a simple question, **ceistithe** questioned, **croscheistithe** cross-questioned; interrogated, **éilithe** demanded, required, **faisnéiste** inquired, **fiosraithe** enquired, investigated, **fóchta** *(lit)* asked, inquired, **glaoite ar** called on/upon, **iarrtha ar** requested from, asked of, **impithe ar** implored, supplicated, **pléadáilte** pleaded

Fiafraitheach *adj³* questioning, inquisitive
caidéiseach curious, inquisitive, **caincíneach** nosy, **cunórach** prying, meddlesome, **éilitheach** demanding, **fiosrach** curious, **gliúcach** prying, curious, peering, **gliúmála** (> *gliúmáil*) groping around, snooping, **gobach** intrusive, **srónach** nosy *(see also: fiosrach)*

Fiáin *adj²* wild
áibhéalta exaggerated, **áiféiseach** preposterous, **ainmheasartha** intemperate, **ainrialta** anarchic, lawless, **ainrianta** unbridled, **ainriata** untamed, **ainscianta** wild, furious, **aintiarnúil** tyrannical, **aintréan** wildly oppressive, **allta** savage, wild, **amaideach** foolish, **amhlánta** boorish, **andána** rash, **anfach** tempestuous, **anlathach** tyrannical, anarchical, **anordúil** chaotic, **ar buile** mad, **ar chúl éaga** in the back of beyond, **bán** wild, crazy, **bánaithe** desolate, **barbartha** barbaric, primitive, **brúidiúil** brutal, **bunúsach** primitive, basic, **cábógach** uncouth, **confach** rabid, **craiceáilte** crazed, cracked, **dána** bold, **danartha** savage, **dícheíllí** nonsensical, **díograiseach** enthusiastic, **docheansaithe** untameable, **dochoiscthe** unretrainable, unruly, **doshrianta** uncontrollable, wild, **dosmachtaithe** indomitable, **dulta thar fóir ar fad** over the top, off the wall, **fásaigh** (> *fásach*) uncultivated, wild, **fiata** wild, savage, **fiatúil** wild, coarse, rough, **fíochmhar** fierce, **fraochmhar** ferocious, **gáifeach** sensational, **gan áitriú** uninhabited, **gan bunús ar bith** unfounded, **gan lonnú** unsettled, uninhabited, **gan smacht** undisciplined, **gan srian** unrestrained, **giodalach** capricious, **guanach** fantastic, **histéireach** hysterical, **iargúlta** remote, **imithe ó smacht** out of control, **le báiní/buile** frantic, **le gealtachas** demented, **luaineach** flighty, **máineachúil** *(med)* maniacal, **meargánta** madcap, **millteanach** awful, *(sl)* wicked, **mire** mad, **míréasúnta** irrational, **míréireach** unruly, **míshibhialta** uncivilised, **neamhcheansaithe** untamed, wild, **neamhphraiticiúil** impracticable, **onchonta** savage, fierce, **rabairneach** extravagant, **rabhartach** impetuous, vehement, **ragairneach** disorderly, relating in particular to late-night revelling, **rámhailleach** delirious, **ráscánta** reckless, **roisiúil** rash, **ropánta** blustery; violently piercing, **rua** wild, fierce, bloody, **saor** free, **scaollmhar** excited; panicked, **scartha** desolate, windswept, **seafóideach** ridiculous, agitated, **spadhrúil** hysterical, **stoirmeach** stormy, **stollta** *(weather)* blustery, **straidhniúil** furious, frenzied, **suaite** agitated, seething, **taghdach** capricious, impetuous, **taomach** given to fits, hysterical, **teasaí** testy, irascible, **tréigthe** deserted, **tútach** primitive

Fiáine *f(~)* wildness; excessiveness
áibhéaltacht over-the-top behaviour, **áiféisí** ridiculousness, **aimhleastacht** unruly behaviour, **ainmheasarthacht** excess, intemperance, **ainriail** anarchy, lawlessness, **ainriantacht** unruliness, **ainscian** huge awkwardness, **aintiarnas** tyranny, **aintreise** unbridled oppression, **alltacht** wildness, madness, fury, **amaidí** foolishness, **andánacht** rashness, **anfacht** tempestuousness, **anlathas** tyranny, **anord** chaos, **báiní** frenzy, wildness, **barbarthacht** barbarity, **brúidiúlacht** brutality, **buile** madness, fury, **cábógacht** uncouthness, **confadh** rabidness, snappishness, **craiceáilteacht** craziness, **dánacht** boldness, **danarthacht** savagery, barbarity, **díchiall** nonsense, **díograis** enthusiasm, **docheansaitheacht** unmanageableness, intractability, **dochoisctheacht** unruliness, unrestraint, **doshriantacht** uncontrollability, **fiatacht** wildness, savagery, **fíochmhaire** ferocity, fury, **fraochmhaire** ferociousness, **gáifeachas** sensationalism, **gealtachas** dementedness, **gearaíl** restlessness, **giodalaí** capriciousness, **histéire** hysteria, **iargúltacht** remoteness, **luaíní** flightiness, **máine** *f (med)* mania, **meargántacht** rashness, knee-jerk reacting, **mire** madness, **míréasúntacht** irrationality, **míréir** insubordination; disobedience, **míshibhialtacht** uncivilised attitude/behaviour, **neamhcheansaitheacht** untamed behaviour/attitude, untamable nature, **neamhphraiticiúlacht** impracticability, unworkability, **rabairní** extravagance, **rabhartacht** surging, vehement; having high tides, **ragairní** disorderly, late-night revelling, **rámhaillí** delirium, **ráscántacht** recklessness, **roisiúlacht** rashness, **ropántacht** bluster, **saoire** freedom, **scaollmhaire** agitation, sense of panic, **seafóid** silliness, **spadhrúlacht** hysteria, mental; unbalance, **stoirmiúlacht** storminess, **straidhn** fury, frenzy, **suaiteacht** agitation, **taghdaíl** capriciousness, impulsiveness, **taom** fit, paroxysm, **teasaíocht** testiness, irascibility; fiery passion, **tógaíocht** agitation, excitement, **tréigtheacht** desertedness, **tútachas/tútaíl** primitive churlishness, absence of any sophistication

Fial *adj irr* generous
ag cur thar maoil overflowing, **ardaigeanta** high-minded, **bogchroíoch** soft-hearted, **carthanach** beneficent, charitable, **croí-oscailte** open, open-

hearted, **dea-mhéiniúil** benevolent, **déirceach** open-handed, charitable, **díol rí de** princely, lion's share of, **dóighiúil** decent, **dúthrachtach** full of goodwill, **fáilteach** hospitable, **fairsing** ample, **flaithbheartach** princely, generous, **flaithiúil** munificent, **flúirseach** abundant, **fiúntach** bounteous, **frasach** munificent, ungrudging, **gan teorainn** limitless, unstinted, **iomadúil** copious, **leathanaigeanta** broad-minded, liberal, **líonmhar** plentiful, **maith** good, **móraigeanta** magnanimous, **mórchroíoch** big-hearted, **neamh-fhéinchúiseach** disinterested, **neamhghann** unstinted, **neamhleithleach** unselfish, **neamh-mhion** lavish, generous, **neamhspárálach** unsparing, **oineachúil** generous, magnanimous, **preabúil** generous, helpful, quick to act, **raidhsiúil** lavish, abundant, **saor** free, **scaoilteach** lavish, **sínteach** generous, **tíolacthach** bestowing, bounteous, **uasal** lofty, noble

Fianaise *f (~; -sí)* evidence
airí *m* symptom; characteristic, **bunús** substantiation, **cinntiú** confirmation, **comhartha** sign, **cruthú** proof, **cruthúnas** proof, evidence, **cúis** cause, **dearbhú** affirmation, **fáth** reason, **finné** witness, **fíricí** *fpl* facts, **foilseán** *(court)* exhibit, **leid** clue, hint, **nod** hint, **sonraí** *mpl* data, **siomtóm** symptom, **tacaíocht** support, **tásc** *m* indication, report, **toisc** circumstance

▲ ~ **a fuarthas go héaguibhiúil** improperly obtained evidence, ~ **bhéil** oral evidence, ~ **bhréige** false testimony, ~ **chlostráchta** hearsay evidence, ~ **choiriúil** criminal evidence, ~ **chomhthacaíoch** corroborative evidence, ~ **dhochloíte** conclusive evidence, ~ **dhoiciméadach** documentary evidence, ~ **fhóiréinseach** forensic evidence, ~ **imthoisceach** circumstantial evidence, ~ **inchoiritheach** incriminating evidence, ~ **inchreidte** credible evidence, ~ **inghlactha** admissible evidence, ~ **liachta** medical evidence, ~ **lochtach** flawed evidence, ~ **nithiúil** real evidence, ~ **phríomha** primary evidence, ~ **shaorthach** exculpatory evidence, ~ **starógach** anecdotal evidence, ~ **thánaisteach** secondary evidence

Fiántas *m (-ais)* wildness
ainrialtacht anarchy, **ainriantacht** unruliness, lawlessness, **ainsciantacht** fury, wildness, **aintiarnas** tyranny, **alltacht** wildness, astonishment, **amhasóireacht** hooliganism, **anbhuain** unrest, disturbance, **anlathas** tyranny, anarchy, **anord** chaos, **buile** craziness, **círéibeacha** *f* riots, **clampar** uproar, **doineantacht** storminess, **easpa** *f* **smachta** lack of control, **fiáine** wildness, **fiatacht** wildness, **fíochmhaire** fierceness, **foréigean** *f* violence, **histéire** *f* hysteria, **iargúltacht** remoteness, wild isolated place, **máine** *f (med)* mania, **mire** madness, **míréir** unruliness, **racán** rowdiness, **ragairne** *m* revelling at night, disorderly behaviour, **rí-rá agus ruaille**

buaile uproar, **spadhrúlacht** waywardness; mental unbalance, **spéirling** thunderstorm, wild fury

Fiar 1 *adj irr* diagonal, slanted, crooked, warped
ar sceabha slanted, **cam** crooked, **claon-** *pref* oblique, perverse, **claonach** perverse, deceitful, **claonta** biased, **fiarsceabhach** slantwise, askew, **fiarthrasna** crosswise, **i leataobh** to one side, **le fána** sloped, **saofa** warped, perverse, **sceabhach** oblique

Fiar 2 *v_{lc}* warp; veer
cam buckle, distort, **cas** twist, turn, **claon** incline, tend (towards), **crap** contract, shrink, shrivel, **crom** bend, stoop, **cuar** curve, **díchum** distort, **fill** fold; turn back, **freang** contort; warp, **lúb** bend, buckle, **saobh** pervert, distort, **scól** warp; crack from heat, **sníomh** twirl, twist, turn, **stang** warp, **téigh ar fiar** go crooked, veer off (in the wrong way), **téigh as riocht** go out of shape, **téigh ó chúrsa** go off course

Fiaradh *vn* warping; veering
camadh buckling, distorting, **casadh** twisting, turning, **claonadh** inclining, tending (towards), **crapadh** contracting, shrinking, shrivelling, **cromadh** bending, stooping, **cuaradh** curving, **díchumadh** distorting, **dul ar fiar** going crooked, veering off (in the wrong way), **dul as riocht** going out of shape, **dul ó chúrsa** going off course, **filleadh** folding; turning back, **freangadh** contorting; warping, **lúbadh** bending, buckling, **saobhadh** perverting, distorting, **scóladh** warping; cracking from heat, **sníomh** twirling, twisting, turning, **stangadh** warping

Fiartha *pp* warped; veered
camtha buckled, distorted, **casta** twisted, turned, **claonta** inclined, tended (towards), **craptha** contracted, shrunk, shrivelled, **cromtha** bent, stooped, **cuartha** curved, **díchumtha** distorted, **dulta ar fiar** gone crooked, veered off (in the wrong way), **dulta as riocht** gone out of shape, **dulta ó chúrsa** gone off course, **fillte** folded; turned back, **freangtha** contorted; warped, **lúbtha** bent, buckled, **saofa** perverted, distorted, **scólta** warped; cracked from heat, **sníofa** twirled, twisted, turned, **stangtha** warped

> ⭘ **Filí Gairmiúla** *Professional Poets*:: Medieval Irish poets were a highly paid professional class of chroniclers and versifiers. They were trained in **Scoileanna na mBard** *The Bardic Schools*. In order to attain the level of *ollamh* master poet, a student was required to master seven degrees of expertise. These were: 7. **fochlach** *freshman, novice poet*, 6. **fuirmhidh** *senior freshman, poet of the sixth degree*, 5. **dos** *poet of the fifth degree*, 4. **cana** *poet of the fourth degree*, 3. **clí** *poet of the third order*, 2. **ánradh** *poet of the second order*, 1. **ollamh** *ollave, master poet (see also:* **dán***)*

Figiúr *m (-úir; -úir, ~)* figure
cruth shape, **digit** *f* digit, **fíor** *f (~ach; ~acha)* figure, sign, **imlíne** *f* outline, **líon** *m* quantity, number,

File *m (~; -lí)* poet
bard bard, **ceathrúnach ceoil** composer of quatrains, **cliaraí** bard, minstrel; choral singer, **éigeas** poet; scholar, **fear dána** man of verse, poet; brave man, **liriceoir** lyricist, **oirfideach** *m* minstrel, **rannaire** rhymester, versifier, **tuireamhaí** elegist, threnodist

Fileata *adj⁶* poetic
ceolmhar musical, **eiligiach** elegiac, **goilliúnach** sensitive, **grástúil** graceful, **lán de mhothúcháin** full of feelings, **liriceach** lyrical, **oirfideach** musical, harmonious, **rithimeach** rhythmical, **rómánsach** romantic, **séiseach** tuneful, melodic, **scuabach** flowing

Filíocht *f (~a)* poetry
dánta *mpl* poems, **éigse** poetry, learning, **liricí** *f* lyrics, **rím** rhyme, **véarsaí** verses, **véarsaíocht** versification, versing *(see also: dán)*

▲ ~ **aiceanta** accentual poetry, ~ **chlasaiceach** classical poetry, ~ **eipiciúil** epic poetry, ~ **liriciúil** lyrical poetry, **~mholta** eulogistic poetry, ~ **na mBard** Bardic Poetry, ~ **nua-aoiseach** modern poetry, ~ **shiollach** syllabic poetry, ~ **thréadach** pastoral poetry

Fill *v₁c* return; fold
aischistigh reimburse, **aisíoc** refund, **aisléim** recoil, **ataispeáin** reappear, **athchas** twist; recur, **athfhill** recur, refold, **athnasc** rejoin, **cas** turn, **cas siar** turn back, **corn ar a chéile** roll together, **crap** draw in, draw up, **dúbail** to bend over, **éirigh i do bhall arís** rejoin *(become a member again)*, **forfhill** overfold, **imchlóigh** revert, turnabout, **infhill** enfold, **iompaigh** turn, **iompaigh ar ais** turn back, **preab ar ais** rebound, **seol ar ais** send back, **tar abhaile** come home, **tar ar ais** come back, **téarnaigh** return, come back, **téigh ar ais** go back, **tiontaigh** return; turn, change direction

Filleadh *vn* returning; folding
aischistiú reimbursing, **aisíoc** refund, **aisléim** recoil, **aisphreabadh** rebounding, **ataispeáint** reappearing, **athchasadh** twisting; recurrence, recurring (cf **Bhí na slaghdáin ag ~ orm.** I was getting recurring colds.), **athfhilleadh** recurring, refolding, **athnascadh** rejoining, **casadh** turning, **casadh siar** turning back, **clupaid** fold in fabric, **cornadh ar a chéile** rolling together, **crapadh** drawing in, drawing up, **dúbailt** bending over, **éirí i do bhall arís** rejoining *(becoming a member again)*, **forfhilleadh** overfolding, **infhilleadh** enfolding, **iompú** turning round, **iompú ar ais** turning back, **seoladh ar ais** sending back, **teacht** arrival, **teacht abhaile** coming home, **teacht ar ais** coming back, **téarnamh** returning, coming back, **tiontú** returning; turning, changing direction

Fillte *pp* returned; folded
aischistithe reimbursed, **aisíoctha** *m* refunded, **aisléimthe** recoiled, **aisphreabtha** rebounded, **ataispeánta** reappeared, **athchasta** retwisted, respun (cf **snáth athchasta** respun yarn), **athfhillte** recurred, refolded, **athnasctha** rejoined, **casta** turned, **casta siar** turned back, **corntha ar a chéile** rolled together, **craptha** drawn in, drawn up, **dúbailte** bent over, bent double, **forfhillte** overfolded, **infhillte** enfolded, **iompaithe** turned round, **iompaithe ar ais** turned back, **seolta ar ais** sent back, **tagtha** arrived, **tagtha abhaile** come/ arrived home, **tagtha ar ais** come/ arrived back, **téarnaithe** returned, **tiontaithe** returned; turned, changed direction

Fimíneach 1 *m (-nigh; -nigh, ~)* hypocrite
brathadóir traitor, **bréagadóir** liar, **caimiléir** con artist, crook, **cealgaire** deceiver, **cluanaire** imposter, deceiver, **cneámhaire** knave; charlatan, fraud, **duine bréagchráifeach** sanctimonious person, **feallaire** betrayer, cheat, **geamaire** poser, **gleacaí milis** sweet-tongued dissembler, **lúbaire** twister, **mealltóir** beguiler, coaxer, **slíbhín** sneaky and sly person, **slíomadóir** slippery unreliable person, **slusaí** dissembler; toady, **smearachán** greasy, slippery individual, **Tadhg an dá thaobh** duplicitous/two-faced person, **tréatúir** traitorous individual

Fimíneach 2 *adj³* hypocritical
béalchráifeach sanctimonious, **bréagach** false, **calaoiseach** fraudulent, **cealgach** deceitful, treacherous, **cluanach** deceptive, **éigneasta** insincere, **feallach** false, treacherous, **fill** (> *feall*) treacherous (eg **gníomh fill** treacherous act), **fuarchráifeach** hypocritical; lukewarm in the religious practice, **liom leat** duplicitous, **lochtach** faulty, flawed, **meallta** mistaken, **mícheart** incorrect, **mí-ionraic** dishonest, disingenuous, **mímhacánta** dishonest, **neamhdhlisteanach** unlawful, illegitimate; disloyal, **neamhfhírinneach** untruthful, **plásánta** ingratiating, **slítheánta** devious, **tréatúrtha** traitorous

Fimíneacht *f(~a)* hypocrisy
béal bán lip service, sweet talk, **béalchráifeacht** cant; sanctimony, **béalchrábhadh** hypocrisy, religious insincerity, **bréige** falseness, **calaois** fraud, deceit, **calaoisí** deceitfulness, fraudulence, **cealg** treachery, guile, **cealgaí** guilefulness, **cluain** deception, **cluanaí** deceitfulness by means of flattery, **éigneastacht** insincerity, **falsacht** falseness, **feall** betrayal, letdown; evil deed, **fealltacht** treachery, deceitfulness, **lochtaíl** falseness; wickedness, **mealltacht** seductiveness, allurement, **mícheart** wrong; injustice, **mí-ionracas** disingenuousness, dishonesty, **mímhacántacht**, **neamhdhlisteanacht** unlawfulness, illegitimacy; dishonesty disloyal, **neamhfhírinní** mendacity, untruthfulness, **plásántacht** cajolery, **slítheántacht** deviousness, **slusaíocht** dissembling; toadyism, **tréatúrthacht** treacherousness

Fíneálta *adj⁶* fine, slender, subtle, delicate, **beacht** precise, **beag** small, **beag bídeach** extremely small, **bláith** *(lit)* smooth, delicate, **caoin** delicate, refined, **caoindéanta** finely made, delicate, **caol** slim, slender, **caolchúiseach** subtle, **cigilteach** delicate, **cruinn** accurate, precise, **dea-chríochnaithe** well-finished, **dea-dhéanta** well-made, **deismir** dainty, artistically subtle, **galánta** elegant, **gan téagar** flimsy, **géar** sharp, **gleoite** exquisite, dainty, **greanta** finely chiselled; graven (beautifully), **grinn** keen, accurate, **íogair** sensitive, requiring sensitivity, **leabhair** lithe, graceful, **mín** fine, smooth, **mínghráinneach** fine-grained, **minphróiseáilte** refined, **mion-** *pref* detailed, **púdrach** powdery, **seang** slender, **síodúil** slick, silk-like, silky, **snoite** cleanly cut, refined, delicate, **tanaí** thin

Fíneáltacht *f(~a)* fineness, subtlety, delicacy
beaichte preciseness, **bídí** tininess, **bige** littleness, **caoile** slimness, slenderness, **caoine** refinement, delicate nature, **caolchúisí** subtlety, **cigiltí** delicateness, **cruinneas** accuracy, precision, **dea-chríochnaitheacht** well-finishedness, **dea-dhéantacht** well-madeness, **deismireacht** daintiness, artistic subtlety, **galántacht** elegance, **géire** sharpness, **gleoiteacht** exquisiteness, daintiness, **greantacht** chiselled shapeliness; graven, **grinne** keenness, accuracy, **íogaire** sensitivity, **míne** fineness, smoothness, **seinge** slenderness, **síodúlacht** slickness, silkiness, **snoiteacht** refinement, delicacy, **tanaí** thinness

Finné *m (~; ~ithe)* witness
breathnóir observer, **coimhéadaí** looker-on, **duine den lucht féachana** viewer, **faisnéiseoir** informant, **féachadóir** watcher, onlooker, **fear an chlaí** bystander, **fianaí** attestor, **teist** witness, **teisteoir** *(jur)* deponent
▲ **~ an ionchúisimh** witness for the prosecution, **~ carachtair** character witness, **~ cosanta** defence witness, **~ fir** *(wedding)* best man, **~ Iehova** Jehovah's Witness (cf **Finnéithe Iehova** Jehovah's Witnesses), **~ súl** eyewitness

Fíoch *m (féich; ~a, ~)* feud
achrann entanglement; quarrelling, strife, **aighneas** dispute, **cloch sa mhuinchille** grievance (cf **Tá an chloch sa mhuinchille aige di.** He has it in for her.), **coimhlint** conflict, **droch-chroí** ill will, **drochfhuil** bad blood, **eascairdeas** unfriendliness, hostility, **fala** *f* spite, resentment, **faltanas** spitefulness; spite, grudge, **gleic** fighting, struggle, **mailís** vindictiveness, **mioscais** malice, **naimhdeas** hostility, **nimh san fheoil** grudge; acrimony, bad blood, **seanfhala** old grudges, **spaidhteanna feamainne** old spites, established grievances

Fíochmhar *adj¹* ferocious, fierce, cruel
ainiochtach cruel, brutal, **ainrianta** unbridled, **ainriata** untamed, **ainscianta** wild, furious, **allta** savage, wild, **anfach** tempestuous, **anlathach** tyrannical, anarchical, **barbartha** barbaric, primitive, **binbeach** acrid, vitriolic, **brúidiúil** brutal, savage, **buile** frenzied, mad, **bunúsach** primitive, basic, **confach** rabid, **cruachroíoch** hard-hearted, **cruálach** cruel, **danartha** barbarous, heartless, **feanntach** lacerating, **fearchonta** fierce, warlike, **feochair** fierce, fiery, **fiáin** wild, **fiánta** tempestuous, frantic, **fiata** savage, fierce, **fíochasnach** fierce; vengeful, **foréigneach** violent, **fraochmhar** raging, **fraochta** fierce, furious, **gangaideach** vitriolic, **goimhiúil** stinging, venomous, **lonn** fierce, vehement, **mailíseach** malicious, **nimheanta** astringent, **nimhneach** venomous, biting, vicious, **onchonta** savage, fierce, **stoirmeach** stormy, **straidhniúil** furious, frenzied, **suaite** agitated, seething, **teasaí** testy, irascible, **tintrí** fiery, hot-tempered, **tíoránta** tyrannical, **treasach** warlike, fierce, **turcánta** cruel, harsh, **tútach** primitive

Fionn 1 *adj¹* blond
bán white, **báiníneach** blanched, **bánlíoch** pallid, **béasa** beige, **buí** yellow, **buíbhán** flaxen, **buírua** sand-coloured, **cúileann** fair-haired, **foltbhuí** golden-haired, blond, **foltfhionn** fair-haired, **geal** bright, creamy, **glan** clear, clean, **mílítheach** pallid, **Nordach** Nordic, **tuartha** bleached

Fionn 2 *v₁c* discover, invent, ascertain
aimsigh detect, find, **braith** discern, **breathnaigh** observe, **céadcheap** invent, **cinntigh** make certain, ascertain, **cuir i bhfios** apprise, **cuir in iúl** inform, **cuir i láthair** present, **cuir i léire** elucidate, **dearbhaigh** assert, **dúisigh** awaken, **faigh amach** find out, discover, **faigh radharc ar** catch sight of, get a view of, **fógair** announce, **foilsigh** reveal; make manifest, **idirdhealaigh** distinguish, **léirigh** make clear, **mínigh** explain, **nocht** expose, **poibligh** publicise, **réitigh** solve, **sceith** divulge, leak, **soiléirigh** clarify, **soilsigh** illuminate, **tabhair chun solais** bring to light, expose, **tabhair faoi deara** notice, **tabhair le tuiscint** imply, **taispeáin** show, **tarchuir** transmit, **tuig** understand

Fionnachtain *f(-ana)* discovery; invention
aimsiú finding, discovery, **aireagán** invention, **cumadh** thinking up, inventing, **fáil amach** finding out, **fionnadh** discovering; inventing, **toradh** result *(see also: fionnadh)*

Fionnadh *vn* discovering, inventing, ascertaining
aimsiú detecting, finding, **brath** discerning, **breathnú** observing, **céadcheapadh** inventing, **cinntiú** making certain, ascertaining, **cur i bhfios** apprising, **cur in iúl** informing, **cur i láthair** presenting, **cur i léire** elucidating, **dearbhú** asserting, **dúiseacht** awakening, **fáil amach** finding out, **fionnachtain** discovering, discovery; inventing, invention, **fógairt** announcing, **foilsiú** revealing; making manifest, **idirdhealú** distinguishing, **léiriú** making clear, **míniú** explaining,

nochtadh exposing, **poibliú** publicising, **réiteach** solving, **sceitheadh** divulging, leaking, **soiléiriú** clarifying, **soilsiú** illuminating, **tabhairt chun solais** bringing to light, exposing, **tabhairt faoi deara** noticing, **tabhairt le tuiscint** implying, **taispeáint** showing, **tarchur** transmitting; transmission, **tuiscint** understanding

Fionnta *pp* discovered, invented, ascertained
aimsithe detected, found, **braite** discerned, **breathnaithe** observed, **céadcheaptha** invented, **cinntithe** made certain, ascertained, **curtha i bhfios** apprised, **curtha i láthair** presented, **curtha i léire** elucidated, **curtha in iúl** informed, **dearbhaithe** asserted, **dúisithe** awoken, **fáighte amach** found out, **fógartha** announced, **foilsithe** revealed; made manifest, **idirdhealaithe** distinguished, **léirithe** made clear, **mínithe** explained, **nochta** exposing, **poiblithe** publicised, **réitithe** solved, **sceite** divulged, leaked, **soiléirithe** clarified, **soilsithe** illuminated, **taispeánta** shown, demonstrated, **tarchurtha** transmitted, **tugtha chun solais** brought to light, exposed, **tugtha faoi deara** noticed, **tugtha le tuiscint** implied, **tuigthe** understood

Fionnuaire *f(~)* coolness, refreshingness
bearradh fuar *(weather)* chilliness (cf **Tá bearradh fuar air.** There's a chilly nip in the air.), **ciúine** calmness, **faobhar** edge, **friseáilteacht** freshness, **fuacht** cold, **fuaraíocht** coldness, **fuaire** coldness, chilliness, **fuargacht** chilliness, **fuarthan** coolness; cooling, **gile** *(clothing)* brightness, **glaise** rawness, **measarthacht** moderation, **sáimhe** serenity, **scóipiúlacht** *(clothes)* airiness, easy-to-wear, **socracht** calmness, steadiness, being composed, **suaimhneas** peace, **úire** freshness

Fionnuar *adj¹* cool, refreshing, moderate
ciúin calm, **féithuar** nippy, chilly, **friseáilte** refreshing, fresh, **fuar** cold, chilly, **geal** *(clothing)* bright, cool, **meán-** mid-, **meánach** middle, intermediate, **measartha** moderate, **sámh** serene, **scóipiúil** *(clothes)* airy, easy-to-wear, **socair** calm, steady, composed, **suaimhneach** peaceful, **úr** fresh
▲ **aer breá ~** refreshing cool air, **fáilte fhionnuar** cool reception, **gúna ~** light cool dress, **lá deas ~** nice fresh day

Fionnuaraigh *v₂ₐ* freshen, cool
aeraigh aerate, air, **athbheoigh** revive, resuscitate; refresh; revitalise, **athchóirigh** restore, **athnuaigh** renew, restore, **athspreag** reinvigorate, **beoigh** enliven, vitalise, **cóirigh** spruce up, freshen up, **cuir brí nua ionat féin** freshen yourself up, **fuaraigh** make cold, chill; cool, **géaraigh** sharpen, freshen, **neartaigh** strengthen, **téigh i bhfionnuaire** become cool, cool down

Fionnuaraithe *pp* freshened
aeraithe aerated, aired, **athbheoite** revived, resuscitated; refreshed; revitalised, **athchóirithe** restored, **athnuaite** renewed, restored, **athspreagtha** reinvigorated, **beoite** enlivened, vitalised, **cóirithe** spruced up, freshened up, **dulta i bhfionnuaire** become/gotten cool, cooled down, **fuaraithe** made cold, chilled; cooled, **géaraithe** sharpened, freshened, **inar cuireadh brí nua** freshly invigorated, **neartaithe** strengthened

Fionnuarú *vn* freshening
aerú aerating, airing, **athbheochan** reviving, resuscitating; refreshing; revitalising, **athchóiriú** restoring, **athnuachan** renewing, restoring, **athspreagadh** reinvigorating, **beochan** enlivening, vitalising, **cóiriú** sprucing up, freshening up, **cur brí nua ionat féin** refreshening yourself with new vigour, **dul i bhfionnuaire** becoming cool, cooling down, **fuarú** making cold, chilling; cooling, **géarú** sharpening, freshening, **neartú** strengthening

Fionraí *f(~)* suspension, waiting (cf **bheith ar ~** to be suspended)
aistriú sealadach temporary removal, **baint shealadach** temporary removing, **bearna** *f* hiatus, gap, **briseadh** break, **cosc** prohibition, **crochadh** hanging (cf **ar crochadh** hanging), **crochtacht** *(speech)* affectation, **faoiseamh** relief, reprieve, **fionraíocht** suspension (cf **breith fionraíochta** suspended sentence), **hiatas** hiatus, **liobarna** drooping, hanging loosely (cf **ar liobarna** dangling), **moratóir** moratorium, **scor** dismissal; retirement, **séanas** break between two vowel sounds, **sos** *m (~a; ~anna)* pause (cf **sos cogaidh** truce), **spásas** reprieve, **stad** stop, abeyance

Fiontar *m (-air; -air, ~)* venture, enterprise, risk, gambit, adventure
amhantar risk, venture, **amhantraíocht** *(busn)* speculation, **bagairt** threat, menace, **baol** peril, **crógacht** bravery, **cuntar** risk, undertaking, **éacht** *m* feat, **eachtra** *f* adventure, **gaisce** exploit, **gnóthas** enterprise, **guais** hazard, **priacal** risk, **riosca** risk, **seans** chance, gamble, **taiscéalaíocht** aventure, **togra** undertaking, initiative *(see also: **priacal**)*
▲ **~ comhnasctha** joint venture, **~ gnó** business venture, **~ nach beag** major undertaking, **~ príobháideach** private undertaking, **~ sóisialta** social enterprise, **~ stáit** state enterprise, **~ trádála** commercial venture, **~ uaillmhianach** ambitious enterprise

◊ **dul i bh~** to take a risk, **Téimis san fhiontar!** Let's risk it!

Fíor 1 *adj¹* true; real
achtáilte actualised, **aicsímiteach** axiomatic, **atá ag cloí leis na fíricí** factual, **bailí** valid, **barántúil**

Fíor

authentic, **beacht** exact, precise, **bona fide** bona fide, **buan** constant, **ceart** correct, proper, **cinnte** certain, **críochnaithe** complete, utter, **cruinn** accurate, precise, **cruthaithe** proven, **cruthanta** consummate, to a 't', **daingean** steadfast, **dáiríre** sincere, **dearbh-** *pref* absolute, pure; genuine, **dearfa** attested, assured, **dílis** faithful, loyal; genuine, **díreach** straight, **díreach mar ba chóir** spot on, **fíréanta** just, righteous, **fírinneach** truthful, **fíriúil** constant, **foirfe** perfect, **gan chlaonadh** unswerving, **gan smál** immaculate, **glan** pure, free of impurities, **glanchroíoch** pure-hearted, **glanintinneach** pure-minded, **glanrúnda** of sincere intent, **inmhuiníne** reliable, **íonphóraithe** purebred, **ionraic** honest, **iontaofa** trustworthy, **macánta** decent, honest, **neamhthruaillithe** unsullied, **ó chroí** from the heart, **réalaíoch** real, realistic, **seasmhach** staunch, **seasta** steady, **tairiseach** trustworthy, faithful

▲ **an rud** ~ the real thing, **cara** ~ true friend, **nóta** ~ true note, **scéal** ~ true story

◊ **go** ~ for real, **Is** ~ **duit!** True for you! Too true!, **más** ~ **dó féin** if he is to be believed, **Nárab fhíor duit!** I hope you are wrong!

Fíor 2 *f (~ach; ~acha)* figure, shape, outward form
aithne *f* appearance, **araí** appearance, **cló** form, appearance, **creat** frame, shape, **cruth** *m (~a)* shape, form, **cosúlacht** likeness, **cuma** *f* shape, form, **dealramh** appearance, **deilbh** shape, appearance, **fíoraíocht** shape, figure; configuration, **foirm** form, **íomhá** *f* image, **leagan** form, version, **samhail** *f* semblance, similitude

Fíoraigh *v₂ₐ* realise, actualise; make true
achtáil realise, **bain amach** achieve, **comhlíon** fulfil, **cinntigh** make certain, ensure, **cruthaigh** prove, **cuir ar bun** establish, **cuir bunús le** give a basis for, **cuir faoi deara** cause, effect, **cuir i gcrích** effect, bring to completion, *(marriage)* consummate, **cuir i ngníomh** implement, **daingnigh** anchor, bolster, **dearbhaigh** assert, attest, **deimhnigh** bear out, affirm, **fódaigh** ground, establish, **neartaigh** reinforce, **réadaigh** *(fin)* realise, **tabhair ar an saol** bring into being, **tabhair chun beatha** bring to life, **tabhair chun fírinne** make come true

Fíoraithe *pp* realised, actualised; made true
achtáilte realised, **bainte amach** achieved, **comhlíonta** fulfilled, **cinntithe** made certain, ensured, **cruthaithe** proven, **curtha ar bun** established, **curtha faoi deara** caused, effected, **curtha i gcrích** effected, brought to completion, *(marriage)* consummated, **curtha i ngníomh** implemented, **daingnithe** anchored, bolstered, **dearbhaithe** asserted, attested, **deimhnithe** born out, affirmed, **fódaithe** grounded, established, **neartaithe** reinforced, **réadaithe** *(fin)* realised, **tugtha ar an saol** brought into being, **tugtha chun beatha** brought to life, **tugtha chun fírinne** made to come true

Fíorú *vn* realisation, realising; making true
achtáil realising, **baint amach** achieving, achievement, **comhlíonadh** fulfilment, fulfilling, **cur bunús le** giving a basis for, **cur faoi deara** causing, effecting, **cur i gcrích** effecting, bringing to completion, *(marriage)* consummation, **cur i ngníomh** implementing, **daingniú** anchoring, bolstering, **dearbhú** asserting, attesting, **deimhniú** bearing out, affirming, **fódú** grounding, establishing, **neartú** reinforcing, **réadú** *(fin)* realising, **tabhairt ar an saol** bringing into being, **tabhairt chun beatha** bringing to life, **tabhairt chun fírinne** making come true

Fios *m (feasa)* knowledge
ábaltacht ability, facility, **aird** notice, attention, **aiseolas** feedback, **aitheantas** acquaintanceship, **aithint** recognition, discernment, **aithne** acquaintance, **asarlaíocht** sorcery, knowledge of Wicca, **ceardaíocht** craftsmanship, **comhfhios** *m (phil)* consciousness (cf **i gcomhfhios don saol mór** openly, for the whole world to see), **comhfhiosacht** consciousness, awareness, **cumas** capability, **draíocht** witchcraft, **eolaíocht** science, **eolas** knowledge; information, **fáidheoireacht** prophecy, **faisnéis** evidence, **fáistine** *f* prophesying, **feasacht** awareness, **foghlaim** learning, **gaois** wisdom, **gintlíocht** knowledge of sorcery, **iúl** *m* knowledge; direction, guidance, **léann** book learning, academic knowledge, **léargas** enlightenment, **meabhair** mind, attention, **mothú** feeling, **múineadh** instruction, teaching, **oideachas** education, **oiliúint** training, **printíseacht** apprenticeship, **saíocht** erudition, learned wisdom, **saoithiúlacht** learning, wisdom, **scolaíocht** schooling, **scoláireacht** scholarship, **staidéar** study, **tabhairt faoi deara** apprehension, **tairngreacht** soothsaying, **teagasc** tuition, **traenáil** training, **tuairisc** report, **tuiscint** understanding

▲ **bean feasa** *(female)* fortune-teller; clairvoyant, ~ **feasa** knowledge of everything (cf **Tá** ~ **feasa an scéil aici siúd.** That one (she) has all the ins and outs of the matter.), **liathróid feasa** crystal ball

◊ **Ag Dia amháin atá a fhios!** God only knows!, **ar feadh a bhfuil a fhios agam** as far as I know, **Cá bh~ domsa?** How should I know?, **dá mbeadh a fhios aici** if she only knew, **gan fhios** on the quiet, secretly, **go bh~ dom** as far as I know, **Níl a fhios agam.** I don't know.

P **An blúirín feasa is measa!** A little knowledge is a dangerous thing!

Fiosrach *adj³* inquisitive
caidéiseach curious, inquisitive, **caincíneach** nosy, **cúléisteachta** (> *cúléisteacht*) eavesdropping, snooping, **cunórach** prying, meddlesome, **fiafraitheach** questioning, inquisitive, **gliúcach** prying, curious, peering, **gobach** intrusive, **prócála** (> *prócáil*) probing, **saibhseálach** pesteringly

Fiosraigh inquisitive, poking about, **srónach** nosy, **treallúsach** forward

Fiosraigh v_{2a} inquire, investigate, look into
anailísigh analyse, **braith** *(med)* probe, **breathnaigh** observe, **ceistigh** question, **croscheistigh** cross-question, **déan fiafraí faoi** inquire, make inquiry about, **déan staidéar ar** study, **déan tóraíocht** *(sci, folk)* pursue, probe, **deimhnigh** check, affirm, **faisnéis** inquire, **féach ar** look at, **fiafraigh** ask, **iniúch** scrutinise, explore, **meas** consider, **promh** prove, test, **scrúdaigh** examine, inspect, **seiceáil** check, **taighd** research

◊ ~ **na noda!** Follow the clues!, ~ **di faoi shláinte a hathair!** Ask her about her father's health! **Fiosróidh mé faoin scrúdú.** I shall enquire about the exam.

Fiosraithe *pp* inquired, investigated, looked into
anailísithe analysed, **braite** *(med)* probed, **breathnaithe** observed, **ceistithe** questioned, **croscheistithe** cross-questioned, **deimhnithe** checked, affirmed, **faisnéiste** inquired, **féachta ar** looked at, **fiafraithe** asked, **iniúchta** scrutinised, explored, **measta** considered, **profa** proven, tested, **scrúdaithe** examined, inspected, **seiceáilte** checked, **taighdte** researched

▲ **cumhachtaí** ~ investigatory powers, **foireann** ~ investigating team

◊ **Bhí an cás** ~ **go mion.** The case was investigated thoroughly.

Fiosraitheoir *m* (*-eora*; *~í*) inquirer; inquisitive person
bleachtaire detective, **caidéiseach** *m* inquisitive person, **ceistitheoir** questioner, **gobachán** busybody; nosy parker, **imscrúdaitheoir** investigator, **saibhséalaí** inquisitive person who annoyingly pokes around, **scrúdaitheoir (béil)** (oral) examiner, **socadán** busybody, **srónach** *m* nosy person

Fiosrú *vn* investigating, inquiring, looking into
anailísiú analysing, **brath** spying, **breathnú ar** observing, looking at, **ceistiú** questioning, **croscheistiú** cross-questioning, **déanamh fiafraí faoi** inquiring about, **déanamh staidéir ar** studying, **deimhniú** checking, affirming, **faisnéis** inquiring, **féachaint ar** looking at, **fiafraí** asking, **fiosrúchán** inquiry; investigating, **imchomharc** inquiry, **iniúchadh** scrutinising, inspection; exploration, **meas** considering, **promhadh** proving, testing, **scrúdú** examining, **seiceáil** checking, **spriongar** toying, playing with (eg **ag spriongar leis an smaoineamh** toying with the idea), **sróinínteacht thart** nosing about, **taighde** researching; probing, **tóraíocht** *(sci, folk)* probing; seeking, pursuing

◊ ~ **cáis** investigating a case, **Bhí siad ag** ~ **fút.** They were checking up on you.

Fiosrúchán *m* (*-áin;* *-áin,* ~) investigation, inquiry
bleachtaireacht detecting, **brath** spying, **breathnú** inspection, **ceastóireacht** interrogation, questioning, **ceistiú** questioning, **ceistiúchán** questioning, **cigireacht** inspection (eg **tuairisc chigireachta** inspection report), **croscheistiú** cross-questioning, **fiafraí** asking, **fiosrú** inquiring; investigating, **iarratach** *m* *(med)* probe, **imchomharc** inquiry, **imscrúdú** investigation, **staidéar** study, **fiafraí** asking, **iniúchadh** scrutinising, inspection; exploration, **meas** considering (cf **Cad é do mheas ar an scéal seo?** What's your consideration regarding this matter?), **scrúdú** examination, inspection, **taighde** research, **tóireadóir** *(sci)* probe, **tóirínteacht** inquiring, inquiry

Fírinne *f* (*~;* *-nní*) truth
achtáil actualisation, **aicsím** axiom (eg **aicsím dóchúlachta** axiom of probability), **bailíocht** validity, **beachtaíocht** exactitude, **beachtas** exactness, precision, **cinnteacht** certainty, **cliché** cliché, **cneastacht** decency, honesty, **creideamh** faith, **cruinneas** accuracy, **cruthú dearfa** positive proof, **dáiríre** *m* earnestness, sincerity, **dearfacht** sureness, **dílseacht** fidelity, **dlí** *m* (*~;* *~the*) law, **dlisteanacht** legitimacy, loyalty, **faoi mar atá an scéal** how things are, **fíoras** fact, **fíre** truthfulness, **fíréantacht** justness, righteousness, **fíric** fact, **fíricí** facts, **fírinneacht** truthfulness, veracity, **fíriúlacht** constancy, **ionracas** honesty, **léireasc** truism, **macántacht** uprightness, **neamhbhailbhe** frankness, **oscailteacht** openness, **réadaí** realness, **réaltacht** reality, **soiléirse** (*lit.*) axiom, obvious truth, **soiscéal** gospel

▲ ~ **absalóideach** absolute truth, ~ **bheacht** exact truth, ~ **choibhneasta** relative truth, ~ **dhomhain** profound truth, ~ **dhoshéanta** undeniable, ~ **ghlan** pure truth, ~ **lom** bare/naked truth, ~ **litriúil** literal truth, ~ **mhíthaitneamhach** unpleasant/unpalatable truth; home truth, ~ **ó Dhia** divine truth, ~ **oibiachtúil** objective truth, ~ **shearbh** bitter truth, ~ **shuibíochtúil** subjective truth, ~ **spioradálta** spiritual truth, ~ **staire** historical truth, ~ **uafásach** horrific/awful truth

◊ **an fhírinne a rá** to tell the truth, **an fhírinne ghlan lom** the unvarnished truth, **cloí leis an bh~** to stick with the truth, **déanta na** ~ to tell the truth, **Is é** ~ **an scéil nach eol dó féin é.** The truth of the matter is that he doesn't know himself., **Is é lomchlár na** ~ **é!** It's the god-honest truth. **Níl ansin ach cuid den fhírinne.** That is only partially true. **Tá cuma na** ~ **air.** It has the ring of truth about it., It seems to be true.

P **Ní féidir an fhírinne a cheilt.** The truth will eventually out.

Fírinneach *adj*[3] truthful
dáiríre sincere, **dílis** faithful, **cneasta** decent, honest, **díreach** straight, direct, **fíor** true, **fíréanta** righteous, **gan aon áibhéil** without any exaggeration, **gan aon**

Firinscneach

chur i gcéill without any affectation, **gan bhréag gan áibhéil** factually, in plain fact, **ionraic** upright, honest, straightforward, **macánta** honest, decent, **neamhbhalbh** forthright, **neamhchlaonta** unbiased, candid, **oscailte** open, frank

Firinscneach *adj³* masculine

fearga male, masculine; virile, **feargachta** (> *feargacht*) manliness, virility, **fearúil** manly, courageous, **fireann** manly, virile, **fir** (> *fear*) man-, male, **fireannach** male, **mascalach** masculine, manly; vigorous (cf **mascalach mná** fine strong woman)

Fís *f(~e; ~eanna)* vision

aisling vision, **aislingeacht** daydreaming, **brionglóid** dream, **brionglóideach** *f* dreaming, **bruadar** reverie, dream, **codladh na súl oscailte** daydreaming, **íomhá** image, **léirshamhlú** visualisation, **mearú súl** trick of the eyes, **samhail** *f (-mhla; -mhlacha)* semblance, image, **samhlú** fancy, imagining, **siabhránacht** hallucination, hallucinating, **speabhraíd** hallucination, (cf **speabhraídí** ravings, delirium), **taibhreamh** dreaming, **tais** phantom, apparition, **taispeánadh** apparition

Fiú *(as in phrase: Is fiú é. It is worthwhile.)*

Is ábhar spéise é. It is worth looking into., **Is fiúntach an rud é.** It is a worthwhile matter., **Is mór an t-abhras atá ag baint leis.** There is a lot to be gained from it., **Tá ciall leis.** It makes sense. *(see also: fiúntas)*

◊ **Is beag is ~ é sin a dhéanamh.** There is hardly any point in doing that., **más beag nó mór is ~ é** for what it's worth, **Ní ~ biorán é.** It's not worth a dime., **Rinne sí beag is ~ de.** She made little of it.

Fiuch *v₁c* boil

beirigh boil up, **bruith** seethe, boil, **cnagbhruith** parboil, **coip** simmer; boil, **dóigh** burn, **galaigh** steam, **galbhruith** steam-cook, **suaith** agitate, **téigh** heat, **ullmhaigh** prepare, cook

Fiuchadh *vn (liquids)* boiling (cf **ar ~** boiling)

beiriú *(foods)* boiling up, **bruith** seething, boiling; cooking **cnagbhruith** parboiling, **coipeadh** simmering; boiling, **dó** burning, **galbhruith** steam-cooking, **galú** steaming, **galuisce** *m* boiling water, **inneonadh** broiling, **suaitheadh** agitating, **téamh** heating, **ullmhaithe** preparing, cooking

◊ **Tá an t-uisce ar ~.** The water is boiling.

Fiuchta *pp (liquids)* boiled

beirithe boiled up, cooked in water, (cf **duine beirithe** touchy person), **bruite** boiled; cooked, **cnagbhruite** parboiled, **coipthe** simmered; boiled, **dóite** burnt, **galaithe** steamed, **galbhruite** steam-cooked, **galstofa** braised, **suaite** agitated, **téite** heated, **ullmhaithe** prepared, cooked

◊ **uisce ~** boiling water, **uisce a bhí ~** boiled water

Fiúntach *adj³* worthwhile, worthy

ar fónamh fit, well, **breá** fine, **bríomhar** significant, **céimiúil** distinguished, **ciallmhar** sensible, meaningful, **cneasta** decent, honest, **cóir** proper, **cuibhiúil** respectable, **geanasach** womanly, modest, **inmholta** meritorious, **le moladh** praiseworthy, **luachmhar** valuable, **maith** good, **mealltach** appealing, **measúil** worthy of respect, esteemed, **mór le rá** illustrious, eminent, **tábhachtach** important, **tairbheach** beneficial, **sochrach** advantageous, profitable, **tarraingteach** attractive, **uasal** noble, gentlemanly, ladylike

▲ **comhrá ~** seemly conversation, **cúis fhiúntach** noble cause, **duine ~** upstanding individual, **fear ~** worthy/respectable man, **gaisce ~** commendable achievement, **iarracht fhiúntach** decent effort, **iompar ~** honourable behaviour, **saothar ~** an estimable work, **smaoineamh ~** an idea worth considering, **tairiscint fhiúntach** generous offer

Fiúntas *m (-ais)* worth

breáthacht fineness, **brí** *f* significance, **céimiúlacht** notability, **ciall** *f (céille; ~a, ~)* sense, meaning, **cneastacht** decency, honesty, **díol spéise** something of interest, **fónamh** benefit, usefulness, **geanas** purity, modesty, **luach** *m (~a; ~anna)* value, **maitheas** *f* good, **mealltacht** appeal, **sochar** gain, advantage, profit, **tábhacht** importance, **tarraingt** attraction, **tuillteanas** merit, **uaisleacht** nobility, gentility

Flaitheasach *adj³* heavenly, celestial

aoibhinn blissful, divine, **beannaithe** blessed, **flaithiúnasach** of the kingdom of heaven, **flaithiúnta** heavenly, sovereign, **foirfe** perfect, **galánta** dashing, flashy; gallant, **iontach** delightful, wonderful, **naofa** holy, **neamhaí** celestial, **neamúil** delectable, **neimhe** of heaven, **niamhrach** splendid

Flaithis *mpl (-theas)* heavens (also: **flaithis Dé** Kingdom of God)

an saol atá le teacht the world to come, **an saol eile/an saol thall** the next world, the world beyond, **aoibhneas** bliss, **Éilísiam** *m* Elysium, **Gairdín Éidin** Garden of Eden, **gairdíní na bhflaitheas** the gardens of paradise, **Má Meall** The Pleasant Plain, earthly paradise; the heavenly plains, **néal aoibhnis** ecstasy, **neamh** *f (neimhe)* heaven, **niarbheána** *m (~; ~í)* nirvana, **Páirceanna Éilíse** The Elysian fields, **Parthas** paradise, **rícheadh** *(lit)* heaven, **Ríocht Dé** the Kingdom of God, **sonas síoraí** eternal happiness, **Tír na nÓg** The Land of Eternal Youth

Flaithiúil *adj⁴* princely, munificent, hospitable

aíochtach hospitable, **carthanach** beneficent, charitable, **croí-oscailte** open, open-hearted, **fáilteach** welcoming, hospitable, **féiltiúil** festive, **fial** generous, **fiúntach** bounteous, **flúirseach** abundant, **gartach** generous, hospitable, **forbhfáilteach** joyfully welcoming, **frasach** munificent, **iostasach** willing to receive guests, **mórchroíoch** big-hearted, kindly, **mórintinneach** magnanimous; high-minded, noble, **neamhdhoicheallach** ungrudging, **neamhleithleach** unselfish, **neamhspárálach** giving one's all, unsparing, **raidhsiúil** lavish, abundant, **soicheallach** welcoming, hospitable; liberal-minded, **tíolacthach** bestowing, bounteous *(see also: fial)*

Flaithiúlacht *f(~a)* princeliness, hospitality
aíocht hospitality, **carthanacht** charity, beneficence, **croí-oscailteacht** openness, open-heartedness, **fáilte** welcome; hospitality, **féile** *f* generosity; hospitality, **féiltiúlacht** festiveness, **fiúntas** worth, **flúirse** abundance, **forbhfáilte** joyful welcome, **frasaí** munificence, **gart** hospitality, generosity, **mórchroíche** big-heartedness, **mórintinn** magnanimity, **neamhdhoicheall** ungrudgingness, **neamhleithleachas** unselfishness, generosity, **neamhspárálacht** unsparingness, **raidhsiúlacht** lavishness, abundance, **soicheall** hospitality, welcoming *(see also: féile)*

Fleá *f(~; ~nna)* banquet
an-oíche *f (~; ~anta)* great night, night of celebration, **béile mór** big meal, **céilí** night of traditional dancing, **ceiliúradh** celebration, **cóisir** party, **comóradh** commemoration; fête, **craic** craic, **éigse** *f* celebration of learning *(recitation of poetry, song, drama, etc..)*, **féasta** feast, **féile** *f* festival, **feis** festival, **seó** show, **siamsa** entertainment, **spórt** fun

Fliuch 1 *adj⁵* wet
aimlithe sodden with or spoiled by rain, **báistiúil** rainy, pluvial, **báite** drenched, **bog** moist, soft, **brádánach** drizzly, **braonach** drizzling, tearful, **ceathach** showery, **ceobhránach** misty, hazy, **ceomhar** foggy, **fearthainneach** showery, rainy, **fliuchánta** wettish, **forfhliuch** damp on surface, moist, **galach** vaporous, **leathbháite** waterlogged, **maoth** moist, **múisciúil** dank, **múscánta** soggy, **práibeach** clammy, **sabhsáilte** soused, drenched, **sáithithe** saturated, **seascannach** boggy, dank, sodden, **silteach** rainy, **spadalach** sodden, soggy; *(weather)* dank, **srathach** *(weather)* showery, **tais** damp, **taisíoch** humid, **taisrithe** moistened, **uiscealach** watery, watered-down, **uisciúil** watery *(see also: báisteach, uisce)*

▲ **bás** ~ death from alcohol abuse, **éadaí** ~a wet clothes, **prátaí** ~a watery potatoes, **súile** ~a teary eyes, **talamh** ~ wet ground

◊ **Tá tú** ~ **go craiceann!** You're wet to the skin!

Fliuch 2 *v₁c* wet
báigh drown, quench, **báistigh** rain, **cuir ar maos** soak, saturate, **doirt uisce ar** pour water on, **droinsigh** drench, **folc** bathe, wash, **fothraig** dip, immerse; plunge, **maothaigh** soak, steep, **múch (le huisce)** quench, **nigh** wash, **rinseáil** rinse, **spraeáil le huisce** spray with water, **spréigh** sprinkle, **steall uisce ar** splash with water, **taisrigh** dampen; humidify, **tum** submerge *(in liquid)*

Fliuchadh *vn* wetting
bá drowning, drenching, **cur ar maos** soaking, saturating, **cur báistí** raining, **doirteadh uisce** water-pouring, **droinsiú** drenching, **fliuchán** wetness, moisture, **fliuchántaíocht** wetness, **fliuchras** wetness, moisture, **folcadh** bathing, washing, **fothragadh** dipping, immersing; plunging, **maothú** soaking, **múchadh** quenching, **ní** washing, **rinseáil** rinse, rinsing; sprinkling (cf **rinseáil den fhínéagar** sprinkling of vinegar), **sabhsa** *m* sousing, drenching, **spraeáil le huisce** spraying with water, **spré** sprinkling; splattering, **stealladh uisce ar** downpouring of water on, **taisriú** moistening; sweating, **tumadh** submerging/diving *(in liquid)*

Fliuchras *m (-ais)* wetness, moisture
bá quenching; drowning, **báisteach** *f* rain, **báiteacht** wateriness, **boige** moistness; softness, **brádán** drizzle, **braon anuas** leaking, **ceobhrán** mist, hazy, **ceo** fog, **cithnéal** rain cloud, **drúcht** dew (cf **braoiníní drúchta** pearls of dew), **drúchtíní** droplets of dew, **fearthainn** rain, **fliche** wetness, dampness, **fliuchadh** wetting, **fliuchán** wetness, moisture, **fliuchlach** *m* wet weather, **gailfean báistí** driving rain, **galú** evaporation, **maothas** moisture, **múisciúlacht** dankness, **práibeacht** clamminess, **sáithiúchán** *(chem)* saturation, **seascannaí** bogginess, marshiness, **sileadh** dripping, **taise** dampness, **taisleach** *m* humidity, dampness, **taisriú** dampening, humidifying, **uisciúlacht** wateriness

Fliuchta *pp* wetted
báistithe rained, **báite** drowned, quenched, **curtha ar maos** soaked, saturated, **droinsithe** drenched, **folctha** bathed, washed, **fothragtha** dipped, immersed; plunged, **maothaithe** soaked, made soggy, **múchta (le huisce)** quenched (with water), **rinseáilte** rinsed, **spraeáilte le huisce** sprayed with water, **spréite** sprinkled, **taisrithe** dampened; humidified, **tumtha** submerged *(in liquid)*

Flúirse *f(~)* abundance
bleachtanas abundance, **dlús** fullness, abundance, **an dúrud** *(+ gen)* ever so much of, **fairsinge** pervasiveness, **foracan (óil)** large quantity (of drink), **foráil** excess, profusion, **frasaíl** showering, pouring, **go leor** galore, **greadadh** *(+ gen)* tons, heaps of (cf **greadadh ama** tons of time, **Bhí greadadh de ann.** There were heaps of it.), **iomad** great quantity, **iomadúlacht** numerousness, abundance, **iomarca** excess, **lán Éireann de** loads of, **lia** more numerous (**ní lia duine ná tuairim** opinions are as numerous as people), **líonmhaireacht** numerousness, plentifulness, **líon mór** large number, great quantity, **maoin** wealth, **méid mór** large amount, **mórdhóthain**

Flúirseach more than enough, **na múrtha** heaps, tons, **neart ample**, **rabharta** torrent, flood, **raidhse** abundance, **raimhre** fatness, **saibhreas** wealth, **scata go leor (de)** umpteen, **stór** store, **tóla** *m (lit)* flood, **tolmas** abundance, **tortach** *m* amount, abundance

Flúirseach *adj³* fluent, plentiful
ag cur thar maoil overflowing, brimful, **faíoch** copious, **fairsing** extensive, pervasive, **líofa** fluent, polished, **líonmhar** plentiful, **raidhsiúil** abundant, **rathúnasach** abundant; prosperous, **róúil** prosperous, plentiful, **snasta** polished

◊ **Bhí fómhar ~ againn i mbliana.** We had a bumper harvest this year., **Bíonn turasóirí go ~ i rith an tsamhraidh.** Tourists are thick on the ground during the summer., **Labhraíonn sí Gaeilge go ~.** She speaks Irish fluently.

Fo- *pref* under, sub-, by-, secondary, subsidiary, minor, trivial
beag small, minor, lesser, **coimhdeach** ancillary, **cúl-** *pref* (eg **cúlbhóthar** back road), **cúnta** subsidiary, **den dara grád** second-rate, **faoi** under, **íochtair** (> **íochtar**) inferior, **íochtarach** lower, **íochtaránach** subordinate, **leas-** *pref* vice-, **mion-** *pref* minor, lesser, **mionchúiseach** trivial, **rannpháirteach** contributory, **sóisearach** junior, **tánaisteach** secondary

Focal *m (-ail, -ail, ~)* word, remark
abairt sentence, **abairtín** phrase, **agallamh** interview, **aonad séimeantach** semantic unit, **briathar** verb; *(high reg)* word (eg **Briathar Dé** the Word of God), **caint** talk, **ciúta** clever remark, quip, **cliché** cliché, **cogar** whisper, a quiet word, **comhairle** *f* advice, **comhairliú** counselling, **comhartha** sign, signal, **comhrá** conversation, chat, **cumarsáid** communication, **cur síos** account, description, **dearbhú** affirmation, **eolas** information, **faisnéis** intelligence, received information, **fógra** notice, notification, **forfhocal** byword, cant word, **forógra** edict, **frása** phrase, **gealltanas** pledge, promise, **liricí** *fpl* lyrics *(of song)*, **maíomh** statement assertion, **mionn** *m* oath, **nath cainte** expression, saying, **ordú** order, command, **parúl** *(ling)* parole, **plé** discussion, **ráfla** rumour, **ráiteas** statement, remark, **ráthaíocht** guarantee, **scéala** tidings, news, **seanfhocal** proverb, **seanrá** old saying, **slamfhocal** vulgar word/expression, **smachladh** coarse, vulgar expression, **solas glas** green light, **spalla** (often critical) word, remark; *(poetry)* cheville, **suaimhneamán** soothing word/expression, **taerthó** remark, **teachtaireacht** message, **téacs** text, **teannfhocal** solemn word, strong assertion, **teilgean cainte** locution, **tuairim** opinion, **tuairisc** report, **urlabhra** utterance

▲ **~ deiridh** last word, **~ faire** forewarning; *(mil)* password, **~ feirge** words (spoken) in anger, **~ grinn** humorous remark, **~ i gcluas** whisper, **~ magaidh** mocking words, **~ maith** good word, **~ sa chúirt** person who has pull/influence, **~ reatha** buzzword, **~ scoir** parting word, **~ searbh** bitter remark, **~ trom** harsh words

◊ **cúpla ~ a rá** to say a few words, **Dar m'fhocal!** Upon my word!, **i mbeagán ~** in a few words, briefly, **Is é an ~ mór agus gan aon chur leis!** He's all talk!, **Ní raibh ~ Gaeilge agam.** I hadn't a word of Irish., **Tá lámh is ~ eatarthu.** They're engaged to be married., **Tá m'fhocal agat air.** You have my word on it., **Téann ~ le gaoth.** Words are cheap.

Foclóir *m (-óra; ~í)* dictionary
comhchordacht concordance, **focail** *mpl* words, **foclóirín** small vocabulary, glossary, **gluais** glossary, **innéacs** *m* index, **leabhar tagartha** reference book, **léacsacan** lexicon, **léacsas** lexis, **liosta focal** list of words, **sanasán** glossary, **stórchiste (focail)** thesaurus, **stór focal** vocabulary, **teanga** language, **teasáras** thesaurus

Fód *m (fóid; fóid, ~)* sod, strip of ground
báinseach *f* green lawn, **bálta** strip of earth, sod, **cré** *f* clay, **daba créafóige** clod of earth, **dóideog** tiny sod, **féar** grass, **féarach** *m* pasture, **fearann** land, territory, **fódán** little sod, small piece of land, **fóidín** small clod of turf, divot, **gabháltas** holding, **ithir** *f (ithreach; ithreacha)* soil, earth; arable land, **lantán** level, grassy place, grazing patch, **scailp** layer of earth; sod, clod, **scolpach** *f* surface sod removed from bog, **scraith** upper stratum of soil, clod, **scraithín** small clod of soil, divot, **slios** strip, portion, **spairt** wet clod; soggy piece of ground, **spreab** *f (-eibe; ~a, ~)* sod turned over by spade; shovelful of earth, **talamh** *m/f (talaimh/talún; tailte)* land, **tír** *f (~e; tíortha)* country, **torpán** small clod/clump, **tortóg** tussock, hummock

◊ **an ~ a sheasamh** to stand one's ground

○ **Siúl ar an bhfód mearaí** *Walking on the sod of confusion.* Also known as **fóidín mearaí**, this is a small patch of ground, enchanted by **lucht sí** *fairy people*, that causes a loss of direction, returning the traveller again and again to the same spot. There are various folk remedies to dispel this charm, one of which is to remove an outer garment and wear it inside out; this confuses **na sióga** *the fairies*, thus releasing the traveller from their spell.

○ **Fód an ocrais** *The hungry sod (also: féar gortach hungry grass).* According to folk legend, this is any piece of ground where a person collapsed and died from starvation during **An Gorta Mór** *The Great Famine* c.1846–1852. Any travellers who stand or sit on this spot will immediately be overwhelmed by a debilitating hunger. However, eating the merest morsel of food will instantly restore them.

Fódúil *adj⁴* substantial, well grounded, solid; sensible
an-tábhachtach extremely important, **ciallmhar**

sensible, **cobhsaí** resolute, stable, **daingean** secure, fortress-like, **firmeálta** firm, stable, **fiúntach** worthwhile, **fonascúil** significant, **fónta** sound, solid, good, **forasta** well established, **fothúil** solidly based, solid, **fréamhaithe go daingean** deep-rooted, **fuaimintiúil** substantial, sound, **mórluachach** valuable, important, **ruthagach** substantial, **sonrach** notable, **speisialta** special, **suaithinseach** distinctive, **substaintiúil** substantial, **suntasach** remarkable, **tathagach** solidly built, **téagartha** solidly built, **trom** weighty, **trombhríoch** meaningful, telling, noteworthy, **tromchiallach** significant

Fógair v_{2c} proclaim; announce
abair amach say aloud, announce, **áitigh** submit, argue; persuade, **béic** yell, trumpet, **craobhscaoil** broadcast, **craol** proclaim, broadcast, **cuir ar eolas an phobail** inform the public, **cuir chun cinn** promote, **cuir in iúl go poiblí** inform publicly, **cuir timpeall** circulate, **déan fógraíocht faoi** advertise, **dearbhaigh** assert, avow, **fianaigh** testify, **foilsigh** disclose, publish, **forógair** decree, proclaim, **gáir** call, exclaim, **maígh** claim, profess, **mol go hard** praise to the skies, **scaip** promulgate, **scairt amach** scream out, **scread** cry out, **sloinn** declare, tell; name, surname, **tabhair amach** give out, distribute, **tabhair le fios** let (it) be known

Fógairt *vn* proclaiming; announcing
áitiú submitting, arguing; persuading, **béiceadh** yelling, **béicíl** yelling, trumpeting, **craobhscaoileadh** broadcasting, **craoladh** proclaiming, **cur ar eolas an phobail** informing the public, **cur chun cinn** promoting, progressing, **cur in iúl go poiblí** informing publicly, **cur timpeall** circulating, **dearbhú** assertion, avowal, **fianú** testifying, **fógraíocht** advertising, **foilsiú** disclosing, publishing, **forógra** decree, proclamation, **maíomh** claiming, professing, **moladh go hard** praising to the skies, **scaipeadh** promulgation, **scairteadh amach** calling out, **screadach** screaming out, **sloinneadh** declaring, telling, naming, surnaming, **tabhairt amach** giving out, distributing, **tabhairt le fios** letting (it) be known

Fógartha *pp* proclaimed; announced
áitithe submitted, argued; persuaded, **béicthe** yelled, screamed, **craobhscaoilte** broadcast, **craolta** proclaimed; broadcast, **curtha ar eolas an phobail** made known to the public, **curtha chun cinn** promoted, progressed, **curtha in iúl go poiblí** informed publicly, **curtha timpeall** circulated, **dearbhaithe** asserted, avowed, **fianaithe** testified, **foilsithe** disclosed; published, **maíte** claimed, professed, **molta go hard** praised to the skies, **scaipthe** promulgated, **scairte amach** called out, **screadta** screamed out, **sloinnte** declared, told; named, surnamed, **tugtha amach** given out, distributed, **tugtha le fios** let (it) be known

Fogha *m* (*~; ~nna*) foray, assault
amas attack, **blitz** blitz, **blitzionsaí** blitz attack, **creach** *f* (*creiche*) raid, **foighdeán** darting attack, charge, **greadadh** trouncing, beating, **greas** *f* (*greise; ~a, ~*) attack; onset, **ionradh** invasion; incursion, **ionsaí** attack, **léasadh** thrashing, flogging, **ruathar** onslaught (*see also:* **ionsaí**)

◊ **~ a thabhairt faoin namhaid** to attack the enemy, **~ magaidh a bhaint as duine eile** to have fun at another person's expense

Foghlaim 1 v_{2e} learn
déan do chuid féin de assimilate, **déan cleachtadh** practise, **déan pulcadh (roimh scrúdú)** cram (before an exam), **déan staidéar ar** study, **déan traenáil** do training, **éirigh deas ar rud éigin a dhéanamh** acquire the knack of doing something, **faigh eolas ar** gain knowledge about, **faigh oideachas** get an education, **faigh scolaíocht** get a schooling, **faigh teagasc (príobháideach)** get (private) tuition, **taighd** research, **tar i dtaithí ar** get used to, **téigh ar scoil** go to school, **téigh le ceird** take up a trade, **traenáil** train

Foghlaim 2 *vn* learning
aithne recognition, **déanamh do chuid féin de** assimilating, **ceird** trade, **eolas** knowledge, **fios** *m* (*feasa*) knowledge, **gaois** wisdom, **léann** learning, **múineadh** teaching, learning, **oideachas** education, **pulcadh** cramming, grinds, **saíocht** erudition, **scoil** school, **scolaíocht** schooling, **staidéar** study, **taighde** research, **taithí** *f* experience, **teagasc** tuition, **traenáil** training, **tuiscint** understanding

▲ **~ ceirde** learning a trade, **~ bhreathnaitheach** observational learning, **~ éighníomhach** passive learning, **~ féinluais** self-paced learning, **~ na feadóige** learning the whistle/the flute, **~ neamhspleách** independent learning, **~ teangacha iasachta** learning foreign languages

◊ **Tá ~ air** (*person*) He is educated; (*skill*) It requires study/practice., **Is dúramán gan ~ é.** He's an uneducated dimwit., **Tá cuid mhór le ~ agat fós** You have a lot to learn yet., **Tá daideo ag ~ an bháis.** Grampa is at death's door.

P **Ní forualach ~.** Having knowledge/skills is never an excessive burden.

Foghlaimeoir *m* (*-eora; ~í*) learner
ábhar trainee in (e.g. **ábhar dochtúra** student doctor), **an leaid nua ar an mbloc** (*BÁC*) the new lad on the block, **dalta** pupil, **deisceabal** disciple, **duine ar promhadh** probationer, **duine faoi oiliúint** trainee, **coileán** cub, **earcach** *m* recruit, **glasearcach** *m* rookie, **glas-stócach** greenhorn, **leantóir** follower, **mac léinn** student, **neach léinn** student, **nóibhíseach** *m* (*rel*) novice, **núíosach** newcomer; newbie, **oiliúnaí** trainee, **printíseach** *m* apprentice, **rúcach** *m* rookie; rook, **scalltán** fledgling, **tosaitheoir** beginner, novice

Foghlamtha *pp* learnt; well-read
  dulta ar scoil gone to school, **dulta le ceird** taken up a trade, **éirithe deas ar rud éigin a dhéanamh** acquired the knack of doing something, **éigseach** fond of learning/poetry, **eolach ar** knowledgeable about, **léannta** learned, well-read, **saoithiúil** learned, accomplished, **scolártha** scholarly, **tagtha i dtaithí ar** gotten used to, **taighdte** researched, **traenáilte** trained

Foghlaigh *v₂ₐ* trespass
  bris breach, **bris isteach** break in, **cuir isteach ar** intrude upon, **cúngaigh ar** encroach upon, **déan buirgléireacht** burgle, **déan foghail** commit trespass, **déan treaspás** trespass, **peacaigh** sin, **póitseáil** poach, **robáil** rob, **sáraigh** violate, infringe, **téigh gan chead isteach ar thalamh príobháideach** go without permission onto private land, trespass

Foghlaithe *pp* trespassed
  briste breached, **briste isteach** broken into, **cúngaithe ar** encroached upon, **curtha isteach ar** intruded upon, **dulta gan chead isteach ar thalamh príobháideach** gone without permission onto private land, **peacaithe** sinned, **póitseáilte** poached, **robáilte** robbed, **sáraithe** violated, infringed

Foghlú *vn* trespassing, trespass
  briseadh breaching, **briseadh isteach** breaking in, **cúngú ar** encroaching upon, **cur isteach ar** intruding upon, **déanamh buirgléireacht** burgling, **déanamh foghla** committing trespass, **déanamh treaspás** trespassing, **dul gan chead isteach ar thalamh príobháideach** going without permission onto private land, **peacú** sinning, **póitseáil** poaching, **robáil** robbing, **sárú** violating, infringing

Fógra *m (~; ~í)* notice, announcement
  bileog leaflet (cf **scaipeadh bileog** leaflet drop), **comhartha** sign, **craobhscaoileadh** broadcasting, **dearbhú** declaration, assertion, **fógairt** *f (-artha)* proclamation, **fógraíocht** advertisement, **fógrán** small ad, flyer; poster, **foláireamh** warning, **forógra** proclamation, **foilsiú** publication, **forógra** *(hist)* declaration, proclamation, **ordú** *m* order, **póstaer** poster, **rabhadh** warning, **ráiteas** statement, **teachtaireacht** message

Fógraíocht *f (~a)* advertisement, advertising
  bolscaireacht propaganda, **clárlach** *m* hoarding, **fógra** commercial; announcement, **poiblíocht** publicity, **póstaer** poster, **promóisean** *(busn)* promotion, **síolchur** propagation; propaganda

Foighne *f (~)* patience
  broic le rud tolerating a thing, **caoinfhulaingt** tolerance, **cumas coinneálach** staying power, **cur suas le** putting up with, **dianseasmhacht** steadfastness, **éisteacht le** listening to, paying attention to, **fadaraí** long-suffering, patience, **fadfhulaingt** forbearance,
  fulaingt endurance, **greamaitheacht** stickability, **neart** fortitude, **ruspa** tolerance, lenience, **seasmhacht** persistence

Foighneach *adj³* patient
  caoinfhulangach *(virtue)* tolerant, **coinneálach** tenacious, **dianseasmhach** steadfast, **fadaraíonach** patient, long-suffering, **fadfhulangach** long-suffering, **fulangach** tolerant, **greamaitheach** perseverant, **seasmhach** persistent

Fóill *adv* (**go** ~) yet
  ar feadh scaithimh/tamaill for a while, **fós** yet, **go ceann tamaill bhig** for a short while, **go dtí seo** until now, **suas go dtí seo** up to now

Fóillíocht *f (~a)* leisure, recreation
  áineas recreation, **am duit féin** time for yourself, **am saor** free time, **briseadh** break, **caitheamh aimsire** pastime, **ciúnas** quiet, **faoiseamh** respite, **saoire** holiday, vacation, **saoirse** freedom, **scíth** *f* relaxation, **sos** *m (~a; ~anna)* break, breather, **suaimhneas** tranquillity, relaxation

Foilmhe *f (~)* emptiness
  aimride sterility, barrenness, **báine** blankness, **dada** zilch, zip, nothing, **easpa** lack, **faic** nothing, **fáise** barrenness, emptiness, **folús** void, **folúntas** vacancy, **loime** bareness, **neamhní** nothing, nothingness, **neamhthorthúlacht** infertility, **seisce** sterility, barrenness

Foilseachán *m (-áin; -áin, ~)* publication
  bileog leaflet, **bileog eolais** handout, **bliainiris** *(also:* **bliantán)** annual, **bróisiúr** brochure, **closleabhar** audio book, **clúdach bog** paperback, **eagrán** edition, issue, **eisiúint** release (cf **dáta eisiúna** release date); issuing, issue, **eagrán** edition; issue, **dáileachán** distribution, **foilsiú** publishing, **iris** magazine, journal, **irisleabhar** magazine, journal, **leabhar** book, **leabhrán** booklet, **nuachtán** newspaper, **páipéar** paper, **paimfléad** pamphlet, **ríomhleabhar** ebook, **ráitheachán** quarterly, **teideal** title, **tréimhseachán** periodical *(see also: foilsiú)*

Foilsigh *v₂ᵦ* publish
  craobhscaoil broadcast, **craol** proclaim, announce, broadcast, **cuir amach** put out, issue, **cuir i gcló** print, **cuir os comhair an phobail** bring to public attention, make public, **dáil** distribute, **fógair** announce, **irisigh** gazette, **leath** spread, **nocht** disclose, **scaip** circulate, promulgate, **poibligh** make public, publicise, **scaoil amach** release, **sceith** leak (cf **to leak a document** doiciméad a sceitheadh), **tabhair amach** bring out

Foilsithe *pp* published
  craobhscaoilte broadcast, **craolta** proclaimed, announced, broadcast, **curtha amach** put out, **curtha i gcló** printed, **curtha os comhair an phobail** brought to public attention, made public, **dáilte** distributed,

fógartha announced, **irisithe** gazetted, **leata** spread, **nochta** disclosed, revealed, **poiblithe** made public, publicised, **scaoilte amach** released, **scaipthe** circulated, promulgated, **sceite** leaked, **tugtha amach** brought out

◊ **lucht ~ na hirise** those publishing the magazine, **An bhfuil a cnuasach filíochta is déanaí ~ acu?** Have they published her latest poetry collection?

Foilsitheoir *m (-eora; ~í)* publisher
comhlacht *m* **foilsitheoireachta** publishing company, **díoltóir leabhar** bookseller, **gnó foilsitheoireachta** publishing business, **teach foilsitheoireachta** publishing house

Foilsitheoireacht *f(~a)* publishing
cur ar fáil leabhar supplying books, **cur i gcló** printing, **foilsiú** publishing, **paimfléadaíocht** pamphleteering, **scaipeadh** circulating *(see also: foilsiú)*

▲ **~ ar chostais an údair** vanity publishing, **~ deisce** desktop publishing, **~ ilmheán** multimedia publishing, **~ leictreonach** electronic publishing

Foilsiú *vn* publishing
craobhscaoileadh broadcasting, **craol** proclaim, announce, broadcast, **cur amach** putting out, **cur i gcló** printing, **cur os comhair an phobail** bringing to public attention, making public, **dáileadh** distributing, **fógairt** announcing, **foilsitheoireacht** publishing, **irisiú** gazetting, **leathadh** spreading, **nochtadh** disclosing, **paimfléadaíocht** pamphleteering, **poibliú** making public, publicising, **scaoileadh amach** releasing, **scaipeadh** circulating, promulgating, **sceitheadh** leaking, **tabhairt amach** bringing out, **teacht amach** coming out

Fóin *v₁c* benefit, serve
athchóirigh reform, **athraigh chun maitheasa** change for the better, **cabhraigh** help, **ceartaigh** correct, **cóirigh** mend, dress, repair, **déan leas do** benefit, **déan maitheas do** do good to, **déan níos fearr** make better, **deisigh** fix, mend, **feabhsaigh** improve, make better, **feidhmigh** affect; apply, enforce, **leasaigh** make better, improve; amend, **tairbhigh** benefit, profit, **téigh chun tairbhe do** benefit

Foinse *f(~; -sí)* source, spring
ábhar reason, cause, **bun** basis, **buntobar** font, prime mover, **bunúdar** primary authority, **bunús** basis, **cúis** cause, **fotha** *(lit)* origin, **fréamh** *f* root, **fuarán** spring, fountain, **máthair** mother, **sconna** spout (cf **sconna uisce** tap; waterspout), **spút** spout, **tobar** well, **tosach** *m* beginning, **tuismíocht** parentage, **tús** start, **údar** author, **urra** authority

▲ **~ airgid** bankroll; source of earnings; earner, **~ an uile eolais** fount of all knowledge; *(iron)* know-it-all, **~ atá ar an eolas** well-informed source, **~ beatha** *(person)* powerhouse, **~ fuinnimh** source of energy, **~ iontaofa** reliable source, **~ óir** gold mine, **~ oscailte** open source, **~ phríomha** primary source, **~ thánaisteach** secondary source, **~ the** hot spring, **~ uisce** spring

Fóir *f(~each; ~eacha)*
1. boundary
ciumhais edge, **compás** circumference, compass, **críoch** *f* end, boundary, **cuimse** limit, bounds, **imeall** periphery, outskirts, **limistéar** limit of sphere of action, **ríochan** *f(-ana)* restraint; limit, **sciorta** marginal strip, bordering outside edge, **sprioc** target; limit, **teorainn** *f (-ann; -acha)* boundary, border, frontier *(see also: teorainn)*

2. thar ~ beyond limits
as cuimse ar fad beyond all bounds, **as miosúr** beyond measure, **dulta ró-fhada** gone to extremes, **imithe ón gcairt ar fad** completely over the top, **thar cailc** beyond the pale, **níos faide ná ba chóir** further than one ought to, **níos faide ná mar atá ceadaithe** further than is allowed, **thar cailc ar fad** entirely beyond the beyond, **thar cuimse** extreme

Foireann *f(-rne; -rne)* team, crew, staff, cast; set
banna band, **buíon** *f* band, company, **buíon** *f* **tóraíochta** *(wild west)* posse, **cíor** *f* set (cf **cíor fiacla** set of teeth), **ciorcal** circle, **cóir** *f* set (cf **cóir throscáin** set of furniture), **criú** crew, **cur** set (cf **cur sceana** set of knives), **díorma** posse, **drong** *f (droinge)* faction, gang, **feadhain** *f (-dhna)* troop, band, **grúpa** group, **imreoirí** *mpl* players, **libhré** party, gang, **meitheal** *f (-thle; -thleacha)* working party, **páirtí** *(pol)* party; **pearsanra** personnel, **sraith** series, set (cf **sraith leabhar** set of books), **trúpa** troop

▲ **~ acadúil** academic staff, **~ acmhainní daonna** HR (human resources) staff, **~ ag cosaint** defending team, **~ aisteoirí** troupe/cast of actors, **~ altranais** nursing staff, **~ ardbhainistíochta** top management staff, **~ ar promhadh** probationary staff, **~ as baile** away team, visiting team, **~ baile** home team, **~ bainistíochta** management team, **~ carachtar** character set, **~ dinnéir** dinner service, **~ dráma** cast of play, **~ fichille** set of chessmen, **~ loinge** ship's crew, **~ monarchan** factory staff, **~ oifige** office staff, **~ rugbaí** rugby team, **~ spéirbhan** bevy of beauties, **~ táiplise** set of draughtsmen, **~ troscáin** suite of furniture *(see also: ceol)*

Foirfe *adj⁶* perfect
beacht precise, **críochnúil** well-finished, thorough, **cruinn** accurate, exact, **cruinn ceart** exactly right, **deismíneach** meticulous, **dian** rigorous, **dílis** faithful, **díreach** exact, **díreach glan** spot on, clean, **fíor** true, **gan bhotún** without mistake, **gan iomrall** unerring, **gan locht** faultless, **gan mháchail** without blemish, **idéalach** ideal, **iomlán** complete, **mionchúiseach** scrupulous, **neamh-mhiolamach** faultless; unfailing, **slán** sound, whole

Foirfeacht *f(~a)* perfection
beaichte precision, **cirte** rightness, correctness, **críochnúlacht** finish, thoroughness, **cruinneas** accuracy, exactitude, **déine** rigour, **deismíneacht** meticulousness, nicety, **dílseacht** faithfulness, **díríocht** straightness, **fíre** veracity, **forar** apex; consummation, **glaine** cleanness (cf **glaine an urchair** the cleanness of the shot), **iomláine** completeness, **neamhiomrallaí** unerringness, **neamhlochtaí** faultlessness, flawlessness, **idéalacht** ideality, **mionchúisí** scrupulousness, **prionsabáltacht** scrupulousness, punctiliousness

Foirgneamh *m (-nimh; -nimh, ~)* building, edifice
beairic barracks, **bloc** block, **foirgníocht** building construction, **haingear** hangar, **lann** *f* building, house; chapel, **siopa** shop, **teach** *m (tí; tithe)* house, **tógáil** construction *(see also: teach)*

Foirgneoir *m (-eora; ~í)* builder
conraitheoir contractor, **cruthaitheoir** creator, **déantóir** maker, **dearthóir** designer, **innealtóir** engineer, **línitheoir** draughtsman, **pleanálaí** planner, **tógálaí** builder

Foirm *f(~e; ~eacha)*
 1. form, shape
cineál kind, **cló** appearance, form, **coinníoll** condition, **cruth** shape, form, **cuma** *f* look, appearance, shape, **dealramh** appearance, **déanamh** build, make, **dearadh** design, **dreach** *m (~a)* aspect, expression, look, **feiniméan** phenomenon, **foirmíocht** formation, **formáid** format, **fráma** frame, **frámaíocht** framework, **leagan amach** layout, **riocht** *m (reachta; ~aí)* guise, form, **tógáil** construction
 2. form, document
cáipéis document, **ceistneoir** questionnaire, **doiciméad** document, **iarratas** application, **páipéar freagartha** answer sheet

Foirmeálta *adj⁶* formal, official, proper
ardnósach grand, formal, **ceadaithe** permitted, **ceart** correct, **cóir** proper, **creidiúnaithe** accredited, **cuí** appropriate, **cúirtialta** courtly, neat, **cúirtiúil** courtly, **deasghnách** ceremonial; formal, **foirmiúil** formal, **foisteanach** solemn, deliberate, **glactha** accepted, **nósmhar** customary; formal, conventional, **oifigiúil** official, **sollúnta** solemn, **údaraithe** authorised, **údarásach** authoritative *(see also: foirmiúil)*

◊ **in éadaí ~** in formal wear, **Osclóidh an tUachtarán an club CLG go ~ amárach.** The President will formally open the new GAA club tomorrow.

Foirmeáltacht *f(~a; ~aí)* formality (often pl: *~aí* formalities)
ardnós grandeur, formality, **cleachtadh** practice, **coinbhinsiún** convention, **cúirtialacht** courtliness, neatness, **cúirtiúlacht** courtliness, **deasghnáth** ceremony, ritual, **foirmiúlacht** formality, **gnás** custom, **nós** observance, wont, **páipéarachas** paperwork, **traidisiún** tradition

Foirmigh v_{2b} form
bunaigh establish, **ceap** fashion, shape, **comhdhéan** constitute, **cruthaigh** create, form, **cuir ar bun** found, **cuir faoi deara** cause, **cum** compose, **déan** make, do, **dear** design, **doilbh** form, fabricate, **foirmligh** formulate, **forbair** develop, **formáidigh** format, **gaibhnigh** forge, **múnlaigh** mould, shape, **seiftigh** devise, **suigh** set up, **tionscain** initiate *(see also: cruthaigh)*

Foirmithe *pp* formed
bunaithe established, **ceaptha** fashioned, **comhdhéanta** constituted, **cruthaithe** created, **curtha ar bun** founded, **curtha faoi deara** caused, **cumtha** composed, **déanta** made, **deartha** designed, **doilfe** fabricated, **foirmlithe** formulated, **forbartha** developed, **formáidithe** formatted, **gaibhnithe** forged, **múnlaithe** moulded, **seiftithe** devised, **suite** set up, **tionscanta** initiated *(see also: cruthaithe)*

Foirmiú *vn* forming
bunú establishing, **ceapadh** fashioning, shaping, **comhdhéanamh** constituting, **cruthú** creating, forming, **cumadh** composing, **cur ar bun** founding, **cur faoi deara** causing, **déanamh** making, doing, **dearadh** designing, **doilbheadh** forming, fabricating, **foirmliú** formulating, **forbairt** developing, **formáidiú** formatting, **gaibhniú** forging, **múnlú** moulding, shaping, **seiftiú** devising, **suíomh** setting up, **tionscnamh** initiating *(see also: cruthú)*

Foirmiúil *adj⁴* pertaining to form, formal
comhdhéanta constituted, compositioned, **foirme** (> *foirm*) form, **foirmíochta** (> *foirmíocht*) formative, relating to formation, **foirmithe** formed, **foirmitheach** formative, **foirmlí** formulatory, **foirmlithe** *(sci)* formulated *(see also: foirmeálta)*

◊ **Tá na foircinn go ~ mar an gcéanna.** The endings are the same in form., **Tá cosúlacht fhoirmiúil idir na briathra seo.** There is a formal similarity between these verbs.

Foirmle *m (~; -lí)* formula
cógas formulation, **comhábhair** *mpl* ingredients, constituent parts, **comhdhéanamh** constitution, **cur le chéile** formulation, **déanamh** make, **déantús** make, manufacture, **gorm-chló** blueprint, **liotúirge** liturgy, **mapa** map, **modh** method, *modus operandi* modus operandi, **oideas** recipe, **patrún** pattern, **plean** plan, **slonn** *m (maths)* expression, **tiomsú** compiling, **treoirphlean** plan of action, blueprint

▲ **~ a hAon** *(racing)* Formula One, **~ draíochta** magic formula, **~ matamaitice** mathematical formula

Folach m (-aigh)
1. hiding
bratú covering with a mantle, cloaking, **ceilt** concealment; withholding, **clúdach** covering, **dofheictheacht** invisibility, **duaithníocht** camouflage, **bréagriocht** disguise, **ceilt** concealment, **folachán** hiding, concealment, **folachas** concealment, **folú** hiding, **foscadh** shelter, **masc** mask, **mascadh** masking
2. i bh~ in hiding
ar foscadh in shelter, **as radharc** out of sight, **clúdaithe** covered, **do-aitheanta** unrecognisable, **dofheicthe** invisible, **duaithnithe** camouflaged, **faoi bhréagriocht** in disguise, **faoi cheilt** concealed, **faoi chlúdach** under cover, **faoi chlúid** under cover, **faoi choim na hoíche** under the cover of darkness

▲ **cró folaigh** hiding place, **gníomh folaigh** furtive act, **ionsaitheacht fholaigh** hidden aggression, **locht folaigh** hidden flaw, **teas folaigh** latent heat

◊ **~ bíog a dhéanamh ar a chéile** to play hide and seek, **Déanann sin ~ ar go leor.** That covers a multitude of sins., **Níl ~ na náire ar an ghúna sin.** That dress shows everything., **Tá cleas folaigh aige fós.** He still has an ace up his sleeve.

Folaigh v₂ₐ hide; shroud
adhlaic bury, **brataigh** shroud, cloak, **ceil** hide, cloak, **clúdaigh** cover, wrap, **coinnigh rúnda** keep secret, **cuir bréagriocht ar** disguise, **cuir faoi bhrat** veil, **cuir faoi cheilt** conceal, **cuir faoi chlúdach** put under a cover, **cuir faoi chlúid** place under cover, **cuir i bhfolach** hide, **doiléirigh** obscure, cloud, **dorchaigh** darken, cloud over, **duaithnigh** camouflage, **fan ar an gcúlráid** lay low, **fan i bhfolach** remain in hiding, **scáthaigh** shade, shroud, **téigh ar foscadh** take cover, **téigh faoi choim na hoíche** go under cover of darkness, **téigh i bhfolach** go into hiding

P **Folaíonn grá gráin.** Love is blind.

Foláir (as in expression: ní foláir it is required)
an rud is gá di a dhéanamh the thing that is necessary for her to do, **b'éigean dó** he is obliged, **caithfidh siad** they'll have to, **is beag an rud dom** it's the least I can do, **níl an dara rogha againn** we have no choice, **níl aon dul uaidh** there's no getting away from it, **ní mór dó** he must, **tá uirthi** she has to, **tá sé de dhualgas air** he is bound by duty, he is required, **Táthar ag brath oraibh.** You (pl) are being depended upon.

Foláireamh m (-rimh; -rimh, ~) warning; injunction
bagairt threat, **comhairle** advice, **faichill** caution, **fainic** f warning, caution, **foraire** watch, look-out, **leid** clue, tip-off, **moladh** advice, **rabhadh** warning, **réamhfhógra** advance notice (see also: **rabhadh**)

Folaithe pp hidden
brataithe shrouded, cloaked, **ceilteach** secretive, reticent, **códaithe** coded, **diamhair** obscure, mysterious, **discréideach** discreet, **doiléirithe** obscured, clouded, **dorchaithe** darkened, clouded over, **dorcha** dark, mysterious, **dothuigthe** incomprehensible, enigmatic, **duaithnithe** camouflaged, **dubhfhoclach** (riddle) enigmatic, **duibheagánach** abstruse, hard to fathom, **ceilte** covert, concealed, hidden, **curtha faoi cheilt** concealed, **curtha i bhfolach** hidden, **curtha i bhfolachán** placed in hiding, **fáilí** stealthy, furtive, **faoi cheilt** secret, closet-, **faoi choim** under cover, in secret, **folachasach** hidden, cryptic, **folaitheach** clandestine, **fothainiúil** discreet, secretive, **greamúsach** secretive, tight-lipped, **mistéireach** mysterious, **rangaithe** classified, **rúndiamhair** (religious) mysterious (see also: **folach**)

▲ **bealach isteach** ~ hidden entrance, **boilsciú** ~ hidden inflation, **cód** ~ hidden code, **dainséar** ~ hidden danger, **fíoch** ~ hidden rage, **grá** ~ unspoken love, **mionsonra** ~ hidden detail, **téacs** ~ hidden text

Folamh adj irr empty; vacant
aimrid sterile, **ar neamhní** void, nullified, **as láthair** absent, **bán** blank, **bánaithe** deserted, **baoth** vain, silly, **beag de luach** of little/no value, **díomhaoin** vacuous, idle, **éadrom** light, superficial, **fánach** arbitrary, pointless, **fás** void, vacant, **fásaigh** (> **fásach**) deserted, empty (cf **teach fásaigh** empty house), **folmhaigh** (> **folmhach**) an empty space, **gan aird** valueless, worthless, **gan chiall** senseless, meaningless, **gan chónaí** uninhabited, **gan cur leis** baseless, devoid of commitment, **gan éifeacht** vacuous, **gan fáth** without a reason, **gan substaint** without substance, **gan tuiscint** void of understanding, **ina g(h)lab** without a catch of fish (cf **tháinig sé abhaile ina ghlab** he came home without any catch), **in aisce** in vain, **logánach** hollowed; pitted, **lom** bare, **mímhaitheasach** worthless, **neamhfhiúntach** worthless, **neamhnitheach** void; worthless, **neamhthorthúil** infertile, **ón bhéal amach** insincere, **seasc** barren, **smear-** pref superficial (cf **smeareolas** superficial knowledge, **smearthuiscint** superficial understanding), **stiúgtha** (**leis an ocras**) famished (with the hunger), **suarach** worthless, **tréigthe** uninhabited, abandoned, **tur** dry, lifeless

▲ **gáire** ~ vacant smile, **goile** ~ empty stomach, **mórtas** ~ vain pride, **paiste** ~ bald patch, **post** ~ vacant position, **spás** ~ empty space, **urchar** ~ missed shot, shot that went wide

Folc v₁c bathe, wash; immerse, submerge
báigh soak, submerge; drown, **craosfholc** gargle, **déan níochán** do a wash, **déan slaparnach** splash, lap, **deoch** immerse, dip, **fliuch** wet, **fothraig** bathe, dip, **glan** clean, **imghlan** cleanse, **iomlaisc** splash about, wallow, **íonaigh** purify, **ionnail** wash, bathe (cf **Ionlann siad iad féin sa loch.** They bathe themselves

in the lake., **mapáil** mop, **nigh** wash, **picil** pickle, **portaigh** steep, **snámh** swim, **sruthlaigh** rinse, **téigh faoin gcithfholcadh** take a shower, **tóg cithfholcadh** shower, **tum** submerge; dive (see also: **báigh, nigh, snámh 1**)

Folcadh vn bathing, bath, immersion
bá soaking, submerging; drowning, **cithfholcadh** showering, shower, **craosfholcadh** gargling, **deochadh** immersing, dipping, **dul faoin gcithfholcadh** taking a shower, **fliuchadh** wetting, **folcadán** bathtub (cf **folcadáin phoiblí** public baths), **fothragadh** immersion, drenching; bathing, dipping, **glanadh** cleaning, **imghlanadh** cleansing, **ionlach** m wash; lotion, **ionladh** washing, ablutions, **íonú** purifying, **mapáil** mopping, **ní** washing, **níochán** washing, **picilt** pickling, **plabaireacht** splashing, **portú** steeping, **snámh** swimming; floating (cf **ar slaparnach** f splashing; lapping, **snámh** floating, **droichead snámha** floating bridge), **sruthlú** rinsing, **tumadh** submerging; diving (see also: **snámh 2**)

▲ ~ **béil** mouthwash, ~ **ceatha** shower (bath), ~ **colainne** body wash, ~ **gaile** steam shower, ~ **láibe** mudbath, ~ **sáile** seabathing, ~ **Turcach** Turkish bath

Folctha pp bathed, washed; immersed, submerged
báite soaked, submerged; drowned, **craosfholctha** gargled, **deochta** immersed, dipped, **dulta faoin gcithfholcadh** taken a shower, **fliuchta** wet, gotten wet, **fothragtha** bathe, dipped, **glanta** cleaned, **imghlanta** cleansed, **iomlasctha** splashed about, wallowed, **íonaithe** purified, **ionnalta** washed, bathed, **mapáilte** mopped, **nite** washed, **picilte** pickled, **portaithe** steeped, **snáfa** swum, **sruthlaithe** rinsed, **tumtha** submerged; dived

Folláin adj² wholesome, healthy
aclaí fit, **ar fónamh** fit, well, **beoga** vital, vivacious, **corpacmhainneach** physically fit, **crua** tough, **daingean** firm, **friseáilte** fresh-complexioned, fit, **fuinniúil** energetic, **láidir** strong, **lán de cheol** full of vigour, **scafánta** hearty, vigorous, **slán** sound, whole, **sláintiúil** healthy, **spleodrach** exuberant, **sponcúil** spunky, spirited, **spreacúil** forceful, spirited (see also: **sláintiúil**)

▲ **bia** ~ wholesome food, **croí** ~ sound heart, **goile** ~ healthy appetite, **babaí breá** ~ bouncing baby

◊ **chomh** ~ **le bradán/breac/fia** as fit as a fiddle

Follasach adj³ obvious, evident, plain to see
éasca le feiceáil easy to see, **feiceálach** conspicuous, **follas** clear, obvious, evident, **gléineach** vivid, **grinn** clear, accurate, **inairithe** perceptible, **inaitheanta** distinguishable, **inbhraite** palpable, tangible, **infheicthe** visible, **insúl** eye-catching; attractive, **léir** clear, obvious, **paiteanta** patent (cf **Tá sé go paiteanta soiléir.** It is patently clear.), **so-aimsithe** easy to find, **so-aitheanta** easy to recognise, **so-fheicthe** obvious, easy to see, **soiléir** clear, obvious, **soléite** easy to read, **sonraíoch** noticeable, **sothuigthe** east to understand, **suntasach** noticeable

▲ **athrú** ~ distinct change, **botún** ~ glaring mistake, **bréag fhollasach** bald-faced lie, **ceal fianaise** ~ conspicuous lack of evidence, **cleas** ~ obvious trick, **comhartha** ~ manifest sign, **éagóir fhollasach** blatant injustice, **feabhas** ~ decided improvement, **ginias** ~ unmistakable genius, **mínormáltacht fhollasach** demonstrable abnormality, **míshásamh** ~ evident dissatisfaction, **na fíricí ~a** the plain facts, **orduithe ~a** explicit orders, **réiteach** ~ clear-cut solution, **sonas** ~ unconcealed joy

Folmhaigh v_{2a} empty, vacate
bánaigh clear out, empty, **caith amach** throw out, **cuir amach** put out, **dílódáil** unload, **díluchtaigh** discharge, **díphacáil** unpack, **díscigh** drain out, dry up, **draenáil** drain, **eisfhear** (med) excrete, **fág** leave, vacate, **glan amach** clean out, **ídigh** deplete; exhaust, use up, **laghdaigh** assuage, reduce, **neamhnigh** void, make void, invalidate, **scaoil** discharge, fire off, let go, **scrios** (comp) delete, **spíon** exhaust, spend, **taom** empty of water, bail, **taosc** bail out, **tóg amach** take out

Folmhaithe pp emptied, vacated
bánaithe cleared out, emptied (eg **halla bánaithe** emptied/deserted hall), **caite amach** thrown out, **curtha amach** put out, **dílódáilte** unloaded, **díluchtaithe** discharged, **díphacáilte** unpacked, **díscithe** drained out, dried up, **draenáilte** drained, **eisfhearta** (med) excreted, **fágtha** left, vacated, **glanta amach** cleaned out, **ídithe** depleted; exhausted, used up, **laghdaithe** assuaged, reduced, **neamhnithe** voided, made void, invalidated, **scaoilte** discharged, fired off, let go, **scriosta** (comp) deleted, **spíonta** exhausted, spent, **taomtha** emptied of water, bailed, **taosctha** bailed out, **tógtha amach** taken out

Folmhú pp emptying, vacating
bánú clearing out, emptying, **caitheamh amach** throwing out, **cur amach** putting out, **dílódáil** unloading, **díluchtú** discharging, **díphacáil** unpacking, **dísciú** draining out, drying up, **draenáil** draining, **eisfhearadh** (med) excreting, **fágáil** leaving, vacating, **glanadh amach** cleaning out, **ídiú** depleting; exhausting, using up, **laghdú** assuaging, reducing, **neamhniú** voiding, making void, invalidating, **scaoileadh** discharging, firing off, letting go, **scriosadh** (comp) deleting, **spíonadh** exhausting, spending, **taomadh** emptying of water, bailing, **taoscadh** bailing out, **tógáil amach** taking out

◊ **ag** ~ **an bhairille sa phub** (heavy drinking) propping up the bar

Folú *vn* hiding; shrouding
adhlacadh burying, **bratú** shrouding, cloaking, **ceilt** hiding, cloaking, **clúdach** covering, wrapping, **coinneáil rúnda** keeping secret, **cur bréagriocht ar** disguising, **cur faoi bhrat** veiling, **cur faoi cheilt** concealing, **cur faoi chlúdach** putting under a cover, **cur faoi chlúid** placing under cover, **cur i bhfolach** hiding, **doiléiriú** obscuring, clouding, **dorchú** darkening, clouding over, **duaithniú** camouflaging, **dul ar foscadh** taking cover, **dul faoi choim na hoíche** going under the cover of darkness, **dul i bhfolach** going into hiding, **fanacht ar an gcúlráid** laying low, **fanacht i bhfolach** remaining in hiding

Foluain *f(-ana)* floating, hovering; fluttering
ainliú hovering, **ar snámh** floating, **cleitearnach** fluttering, **eitilt** flying, **eitleach** flying, fluttering, **faiteadh** fluttering, flapping, **faoileáil** hovering, **faoileoireacht** gliding, **flústaireacht** fluttering; flurrying, **foilsceadh** flurrying, fluttering, **gaothraíl** fluttering in wind, **gaothrú** fluttering, fanning

◊ **ar ~ os ár gcionn** floating/hovering over us, **bratacha ag ~ sa ghaoth** flags fluttering in the wind

Folúntas *m (-ais; -ais, ~)* vacancy
ar lorg foirne staff wanted, **folús** vacuum, void, **fostaíocht** employment, **jab** job, **obair** *f (oibre; oibreacha)* work, **post** position, **suíomh** position *(see also: folús)*

Folús *m (-úis)* vacuum; void
bearna *f* gap, **easnamh** omission, **easpa** *f* deficiency, lack, **faic** nothing, **foilmhe** emptiness, **folúntas** vacancy, **ganntanas** want, **loime** bareness, **náid** zero, naught, **neamhní** nothing; nothingness, **poll dubh** black hole, **spás** space, **spás bán** blank space, **spás folamh** empty space

Fómhar *f(-air; -air, ~)* harvesting; autumn
bailiú isteach gathering in, **baint** cutting, mowing, harvesting, **bearradh** trimming, **buain** reaping, **buainteoireacht** reaping, **cruinniú** collecting, gathering, **díogáil** pruning, **gearradh** cutting, **leagan** felling, demolition, **lomadh** mowing, shearing, **piocadh** picking, **scoitheadh** severing, **spíonach** scanty crop

Fón *m (fóin; fóin, ~)* phone
glao call, **guthán** telephone, **líne** *f* line, **scairt** call, **séidire** blower, **teileafón póca** mobile phone

▲ **~ póca** cellphone, **~ réamhíoctha** prepay phone, **~ siúil** mobile, **~ satailíte** satellite phone

Fónamh *vn* service; healthy condition
acra service, convenience, **bailíocht** validity, **buntáiste** advantage, **cairde** credit, **cineáltas** kindness, **cúirtéis** courtesy, **cúnamh** help, **dea-ghníomh** good deed, **fabhar** favour, **feidhm** function, **fóint** utility, **freastal** service, **friotháil** ministering, **gar** favour, **garaíocht** bestowing favours, accommodating service, *(on a person)*, **lámh chúnta** helping hand, **leas** benefit, advantage, **maith** good; valid, **pátrúnacht** patronage, **seirbhís** service, **tacaíocht** support, **tairbhe** benefit, **urghnamh** *(lit)* ministration, service

◊ **bheith ar ~ arís** to be well again, **Chuaigh sé chun fónaimh dúinn go léir.** We all benefitted from it., **duine/rud gan ~** useless person/thing

Fonn 1 *m (foinn; foinn, ~)* tune, melody, air
ária aria, **amhrán** song, **bailéad** ballad, **canadh** singing, **caoineadh** lament, **carúl** carol, **curfá** refrain, chorus, **goltraí** lament, **loinneog** refrain, **port** tune, **portaireacht** lilting, **rabhcán** ditty, song, **séis** melody, **seoithín seothó** lullaby, **siansa** melody, strain, **suantraí** lullaby, **tiúin** tune *(see also: amhrán, port 1)*

◊ **~ a ghabháil** to sing a tune, **cur leis an bh~** to sing in tune

Fonn 2 *m (foinn)* desire, inclination, urge
áilíos lustful desire, **ainmhian** lustful desire, **ampla** gluttony, greed, **andúil** addiction, **cíocras** yearning desire, **díocas** avidity, **díograis** enthusiasm, **drúis** lust, **dúil** desire, liking (**dúil i** liking for), **dúil chráite** craving, **flosc** eagerness, zest; flux, **goile** *m* appetite, **mian** *f (méine)* desire (cf **mianta mo chroí** the desires of my heart), **ocras** hunger, **práinn** liking, fondness, delight, **ragús** libido, **saint** greed, **santú** lusting (cf **ag santú cumhachta** lusting after power), **spéis** fondness, affection, **suim** interest, **taitneamh** liking, **tart** thirst, **tothlú** desire, appetite; craving

◊ **Bhí ~ caointe orm.** I wanted to cry., **Rachainn ann le ~.** I would eagerly go there., **Tá ~ troda air.** He's looking for a fight.

Fonnmhar *adj¹* desirous, eager, willing
áilíosach desirous, **amplach** gluttonous, **cíocrach** longing, **craosach** avid, voracious, **díocasach** avid, driven, **díograiseach** enthusiastic, keen, **drúisiúil** lustful, **dúilmhear** longing, **éadmhar** jealous, **formadach** envious, **geallmhar ar** desirous of, **mianúil** desirous, **le fonn** with keenness, **miangasach** desirous; concupiscent, **ocrach** hungry, **rachmallach** lusty, eager, excited, **santach** greedy, **sceitimíneach** rapturously excited, **tartmhar** thirsty, **tnúthánach** expectant, yearning, **toilteanach** willing

Fonóid *f(~e)* derision, jeering
achasán reproach, **aor** satire, **beithé** *m* ridiculing; laughing stock, **dímheas** disdain, **drochmheas** contempt, **easurraim** irreverence, disrespect, derision, **fachnaoid** derision, mockery, **fochaid** mocking, derision, **fronsa** farce, **geoin** derision, mockery, **grealltóireacht** practical joking, **íde béil** verbal abuse, **magadh** mocking, **scige** *f* giggling, **scig-gháire** mocking laugh, **scigireacht** derision, **scigmhagadh**

mockery, **sciotaíl** tittering, giggling, **searbhas** sarcasm, **seitríl** f sniggering, **sionnadh** mocking, ridiculing, **smiotaíl** sniggering, **steallmhagadh** jeering, **suaibhreos** ridicule, contempt, **tarcaisne** f scorn (see also: **magadh**)

▲ **focal ~e** gibe, **gáire ~e** jeering laugh, **lucht ~e** scoffers

◊ **bheith ag ~ faoi dhuine** to be mocking someone, **Bhí siad ag déanamh ~e fúmsa.** They were poking fun at me.

Fonóideach adj³ derisive
achasánach abusive, reproachful, **aithiseach** taunting, snide, **aorach** satirical, **dímheasúil** disdainful, **drochmheasúil** contemptuous, **easurramach** irreverent, **feanntach** scathing, **fochaideach** mocking, **magúil** mocking, **maslach** insulting, **neamhómósach** disrespectful, **neamhurramach** irreverent, **scigiúil** giggling, mocking, **scigmhagúil** jeering, derisive, **searbh** bitter, sardonic, **seitgháireach** sniggering, **suaibhreosach** ridiculous, contemptible, **tarcaisneach** scornful

Fónta pp benefited, served; sound, serviceable, solid, good
athchóirithe reformed, **athraithe chun maitheasa** changed for the better, **cabhraithe** helped, **ceartaithe** corrected, **cóir** proper, **cneasta** decent, upright, **cóirithe** mended, dressed, repaired, **cothaitheach** (food) nourishing, **cúntach** helpful, **deisithe** fixed, mended, **feabhsaithe** improved, made better, **feidhmithe** affected; applied, enforced, **fíréanta** righteous, **fiúntach** worthwhile, worthy, **fóinteach** practical, helpful, **folláin** healthy, **fonascúil** significant, substantial, **fóntaíoch** (phil) utilitarian, **fuaimintiúil** substantial, sound, **ionraic** honest, **leasaithe** made better, improved; amended, **macánta** honest, decent, **maith** good, **onórach** honourable, **prionsabálta** principled, **ruthagach** substantial, **slán** sound, **tairbhithe** benefited, profited, **tathagach** solidly built, **téagartha** stout, sturdy, **úsáideach** useful

▲ **ardú pá ~** meaningful pay increase, **cúiseanna ~** sound reasons, **cuntas bainc ~** healthy bank account, **dearcadh ~** healthy outlook, **fíorasc ~** safe verdict, **iománaí ~** useful hurler, **réiteach ~** satisfactory solution, **toradh ~** fruitful result, **tuarastal ~** decent salary

Foraois f (~e; ~í) forest
Amasóin Amazon, **coill** wood, **doire** oak grove, **dufair** jungle, **fásach** m wilderness, **fíobha** forest, **mothar** overgrown wildness, jungle; tangled growth of bushwood (see also: **coill**)

▲ **~ bháistí** rain forest, **~ bhuaircíneach** coniferous forest, **~ de dhéantús an duine** man-made forest, **~ dhuillsilteach** deciduous forest, **~ leathanduilleach** broadleaf forest, **~ mheánchriosach** equatorial forest, **~ mhonsúnach** monsoon forest, **~ nádúrtha** natural forest, **~ thrópaiceach** tropical forest

Foras f (-ais; -ais, ~) foundation, base; basis
bonn foundation, ground, base, **bun** base, **bunachar** base, foundation (cf **bunachar airgid** nest egg, money for old age), **bunadh** origin, **bunchloch** f foundation stone, **bunsraith** foundation, **bunús** base; genesis, **ceap** block, base, **cobhsaíocht** firmness, stability, **cúis** cause, **daingne** security, strength, **dúshraith** bedrock, foundation, basis, **fondúireacht** (institution) foundation, **fosadh** stable position, stability, **fostruchtúr** substructure, **fotha** m base, foundation, **grinneall** bed, bedrock (cf **grinneall na farraige** the seabed) **máithreach** f (geol) matrix, rocky bed

Forbair v₂c develop
aibigh mature, **bisigh** improve; increase, prosper, **cothaigh** foster, **craobhaigh amach** branch out, **cuir ar aghaidh** advance, push forward, **cuir chun tosaigh** promote, **cuir le** add to, **déan éabhlóid** evolve, **déan forás** develop, grow, **éabhlóidigh** evolve, **éaduchtaigh** educe, **feabhsaigh** improve, **fabhraigh** develop form, **fairsingigh** expand, **fás** grow, **géagaigh amach** branch out, **iomadaigh** multiply; make numerous, propagate, **leathnaigh** widen, **méadaigh** enlarge, increase, **neartaigh** strengthen, build up, **saothraigh** cultivate, **sín** extend, **téigh ar aghaidh** advance, **téigh chun cinn** progress, **téigh chun tosaigh** make headway, go forward, **téigh in aibíocht** grow in maturity, **tóg** build

Forbairt vn developing, development
aibiú maturing, **bisiú** improving; increasing, prospering, **cothú** fostering, **craobhú amach** branching out, **cur ar aghaidh** advancing, pushing forward, **cur chun tosaigh** promoting, **cur le** adding to, **déanamh éabhlóide** evolving, **déanamh foráis** developing, growing, **dul ar aghaidh** advancing, **dul chun cinn** progress, progressing, **dul in aibíocht** getting mature, **éabhlóidiú** evolving, **éaduchtú** educing, **feabhsú** improving, **fabhrú** developing, forming, **fairsingiú** expanding, **fás** growth, **forás** development, growth, **iomadú** multiplying; making numerous, propagating, **leathnú** widening, **méadú** enlarging, **neartú** strengthening, building up, **saothrú** cultivating, **síneadh** extend, extension, **tógáil** building

Forbartha pp developed
aibithe matured, **bisithe** improved; increased, prospered, **cothaithe** fostered, **craobhaithe amach** branched out, **curtha ar aghaidh** advanced, **curtha chun tosaigh** promoted, **curtha le** added to, **dulta chun cinn** progressed, **dulta in aibíocht** matured, **éabhlóidithe** evolved, **éaduchtaithe** educed, **fabhraithe** developed, formed, **fairsingithe** expanded, **fásta** grown, **feabhsaithe** improved, **iomadaithe** multiplied; made numerous, propagated, **láidir** strong, **leathnaithe** widened, broadened

méadaithe enlarged, **neartaithe** strengthened, built up, **saothraithe** cultivated, **sínte** extended, stretched, **tagtha in inmhe** reached fullness of growth, matured fully, **tógtha** built

Forbarthach *adj*[3] developing, increasing
atá ag dul chun cinn that is progressing, **atá ag dul i méid** that is increasing, **atá ag fás** that is growing, **céimnitheach** progressing/improving step-by-step, gradually improving, **fairsingíoch** expansive; expanding, **forásach** progressive, developing, **forchéimnitheach** progressive, **i mbéal forbartha** developing (cf **tíortha i mbéal forbartha** developing countries), **leathnaitheach** broadening, **méadaithe** increased, **méadaitheach** increasing, enlarging, amplifying

Forchéimnigh *v*[2b] progress, proceed
ardaigh raise, advance (cf **ardú ar an aois** an advancement in age), **céimnigh romhat** stride forth, **éirigh níos airde** get higher/taller, **gabh ar aghaidh** proceed, **gluais chun tosaigh** move forward, **lean ar aghaidh** follow on, continue, **méadaigh** increase, **téigh ar aghaidh** advance, **téigh chun cinn** progress, **téigh chun tosaigh** advance, **téigh i bhfeabhas** get better, **téigh i méid** grow in size, **tiomáin** drive, **tóg** build

Forchéimnithe *pp* progressed, proceeded
ardaithe raised, advanced, **céimnithe (roimh)** strode (forward), **dulta ar aghaidh** advanced, **dulta chun cinn** progressed, **dulta chun tosaigh** advanced, gone forward, **dulta i bhfeabhas** gotten better, **dulta i méid** grown in size, **éirithe níos airde** gotten taller/higher, **gafa ar aghaidh** proceeded, gone ahead, **gluaiste chun leanta ar aghaidh** followed on, continued, **méadaithe** increased, **tiomáinte** driven, **tógtha** built

Forchéimniú *vn* progressing, proceeding
ardú raising, advancing, **céimniú (roimh)** striding (forward), **dul ar aghaidh** advancing, **dul chun cinn** progressing; progress, **dul chun tosaigh** advancing, going forward, **dul i bhfeabhas** getting better, **dul i méid** getting bigger, **éirí níos airde** getting taller/higher, **gabháil ar aghaidh** proceeding, going ahead, **gluaiseacht chun tosaigh** moving forward, **méadú** increasing, **tiomáint** driving, **tógáil** building

Foréigean *m (-gin)* violence
ainbhéas vice, **ainchríostúlacht** barbarity; unchristian behaviour, **aindlí** lawlessness, **ainíde** ill usage, **ainíocht** *m* cruelty, **ainmhíocht** brutishness, **ainriantacht** unruliness, licentiousness, **ainsciantacht** fury, wildness, **aintiarnas** tyranny, **aintreise** violent oppression, **amhasóireacht** hooliganism, **anbhuain** commotion, disturbance, **anchor** ill-treatment, **anchumhacht** oppressive power, **anfhorlann** *m (-lainn)* oppression, **anlathas** tyranny, anarchy, **ansmacht** tyranny, bullying, **antroime** oppression, **ár** slaughter, **bulaíocht** bullying, **ciapadh** harassment; torture, **ciapadh gnéasach** sexual harassment, **comhéigean** coercion, **comhéigniú** coercing, **cur faoi chois** repression, **doirteadh fola** bloodshed, **drochíde** *f* ill-usage, abuse, **dúnmharú** murder, **éigeantas** force, compulsion, **éigneach** *m* violation, violence, **éigniú** rape, violence, **éigniú ban** rape, **forbhrí** great force, **foréigní** *f* violence, **forghabháil** usurpation, **forlámhas** despotism, **forlann** *m* violence, **forneart** superior strength, violence, **forrach** *m* violent fury, **forrachtadh** violence, oppression, **forrántacht** aggressiveness, **fórsa** force, **garbhadas** roughness, violence, **géarleanúint** persecution, **gnéaschiapadh** sexual harassment, **íde** *f* abuse, **íde** *f* **béil** verbal abuse, **imeaglú** intimidation, **inghreim** *f (~e)* persecution, persecuting, **lámh láidir** physical force, **leatrom** oppression, abuse, **leatrom ar chearta an duine** human rights abuse, **madrúlacht** beastliness, obscenity; doggishness, **maistíneacht** *(school)* bullying, **mí-úsáid chorpartha** physical abuse, **mí-úsáid ghnéasach** sexual abuse, **mí-úsáid leanaí** child abuse, **ropach** *m* stabbing, violence, **ropaireacht** violence, stabbing; villainy, thieving, **teann** force (cf **teann le teann** force against force), **tíorántacht** tyranny

Foréigneach *adj*[3] violent
ainmhíoch brutish, **ainrianta** unruly, licentious, **ainscianta** furiously wild, **aintréan** violent, oppressive, **amhasóireachta** *(> amhasóireacht)* hooliganism, **anbhuaineach** disturbing, **anfhorlannach** oppressively violent, **anlathach** tyrannical, **ansmachtúil** tyrannical, bullying, **antrom** oppressive, **brúidiúil** brutal, **ciapach** harassing, tormenting, **cruálach** cruel, **dian** severe, **éigneach** violent; distressing, **forbhríoch** overbearing, forceful, **forghabhálach** usurping, **forneartach** forceful, violent, **forránach** aggressive, **fórsúil** forceful, **in anchor** ill-treated, **ionsaitheach** aggressive, **le lámh láidir** by physical force, **leatromach** oppressive, causing affliction, **mailíseach** malicious, vicious, **maistíneachta** bullying, **ropánta** violent, stabbing, **sádach** sadistic, **sáraitheach** violent; thwarting, frustrating, **tinneasnach** violent, sudden, **tíoránta** tyrannical, **tolgach** violent; buffeting, **tréamanta** powerful, intense; violent, **trodach** pugnacious, **turraingeach** violent, thrusting

Foréignigh *v*[2b] force, compel
áitigh ar persuade, convince, **comhéignigh** coerce, **cuir brú ar** put pressure on, **cuir ar** force, compel, **cuir iallach ar** compel, **éiligh** demand, **éignigh** violate, rape, **fórsáil** force, **ordaigh** order, command, **sáraigh** violate, infringe, **tabhair air** make, force, compel

Foréignithe *pp* forced, compelled
áitithe ar persuaded, convinced, **comhéignithe** coerced, **curtha ar** forced, compelled, **éilithe**

demanded, **éignithe** violated, raped, **fórsáilte** forced, **ordaithe** ordered, commanded, **sáraithe** violated, infringed, **tugtha air** made, forced, compelled

Foréigniú *vn* forcing, compelling
áitiú ar persuading, convincing, **comhéigniú** coercing, **cur brú ar** putting pressure on, **cur ar** forcing, compelling, **cur iallach ar** compelling, **éigniú** violating, raping, **éileamh** demanding, **fórsáil** forcing, **ordú** ordering, commanding, **sárú** violating, infringing, **tabhairt air** making, forcing, compelling

Forleathan *adj irr* widespread, far-reaching
ábhalmhór immense, **an-leathan** very wide, **an-mhór** very big, **ar fud an domhain** worldwide, **coitinn** common, **cuimsitheach** comprehensive, **fada fairsing** far and wide, **fairsing** expansive, **flúirseach** ample, **forleata** spread widely, **forleatach** pervasive; spreading, **forleathnaithe** expanded, widened, **forleathnú** extension, expansion, **forleitheadach** pervasive, widespread, **i gcéin is i gcóngar** far and wide, **i ngach áit** in every place, **leata** dilated; sprawling, **leitheadach** broad, wide, **leitheadaithe** widespread, **mór** large, big, **ollmhór** enormous, **scóipiúil** wide, sweeping, spacious, **spréite** diffuse *(see also: leathan)*

Formad *m (-aid)* envy
airc avarice, **ampla** *m* cupidity, **cruimh faoin bhfiacail** resentment, ill will, **doicheall** begrudgery, **drochrún** evil intent, ill will, **éad** *m (~a)* jealousy, **fala** *f (~; -lta)* spite, grudge, **faltanas** resentment, **gangaid** spite, **imthnúth** extreme covetous desire, exceeding envy, **mailís** malice, **maíomh** begrudging envy, **mioscais** malice, **neamúiche** begrudgery, ill will, **nimh san fheoil** venomous resentment, **nimh sa tsúil** covetousness, **saint** greed, **tnúth** envy, **tnúthán** yearning, longing

◊ Tá ~ **aige leo.** He is envious of them., **bheith i bh~ lena chéile** to be vying with one another

Formadach *adj³* envious
áilíosach desirous; lascivious, **airceach** avaricious, **amplach** greedy for personal gain, **doicheallach** begrudging, **drochrúin** (> *drochrún*) of evil intent, ill-willed, **éadmhar** jealous, **fala** (> *fala*) spiteful, **faltanasach** resentful, **gangaideach** spiteful, **mailíseach** malicious, **maíteach** begrudgingly envious, **mioscaiseach** full of ill will, **neamúch** begrudging, **nimhneach** venomous, **nimhneach sa tsúil** covetous, **santach** greedy, **tnúthach** envious, **tnúthánach le** hankering after

Formhór *m (-óir)* majority
an chuid is mó the greater/most part, **an líon is mó** the largest number, **an mórchóir** the bulk/largest portion, **bunáite** *f* main part, **bunús** greater portion, **mórchuid** predominance, largest share, **tromlach** *m* main body, greater part

Fórsa *m (~; ~í)*
1. force
áititheacht cogency (cf **áititheacht argóinte** cogency of an argument), **brí** vigour, **comhéigean** coercion, **cumhacht** power, potency, **cur i bhfeidhm** enforcement, **díochracht** intensity, vehemence, **éigean** force, **éifeacht** effect, **éigniú** forcing, compulsion, **foréigean** violence, **forneart** superior strength, **fuinneamh** energy, **gus** force, vigour, **láidreacht** strength, **lámh láidir** arm-twisting, **meáchan** weight, **móiminteam** momentum, **neart** might, **teann** force, strength (cf **le teann na gaoithe amháin** by the strength of the wind alone), **tiomáint** drive, **tuinseamh** impetus

2. ~í forces
aearm air force, **aerfhórsa** air force, **arm** army, **cabhlach** *m* **cogaidh** navy, **lucht marcshlua** cavalry, **lucht míleata** military, **rannán tancanna** tank division, **saighdiúirí** soldiers, **saighdiúirí coise** infantry, **trúpaí** troops

Fortaigh *v₂ₐ* comfort
cabhraigh le help, **ciúnaigh** calm, **cuidigh le** aid, help, **déan compordach** make comfortable, **comhfhortaigh** console, **cuir duine ar a chompord** make a person comfortable, **maolaigh** relieve (cf **pian a mhaolú** to relieve pain), **sáimhrigh** tranquillise, **sólásaigh** comfort, bring solace to, **suaimhnigh** soothe, **tabhair faoiseamh/sólás do** give relief/solace to, **tar i gcabhair ar** bring succour/help to *(see also: cabhraigh)*

Fortaithe *pp* comforted
cabhraithe helped, **ciúnaithe** calmed, **comhfhortaithe** consoled, **cuidithe** aided, helped, **curtha ar do chompord** made comfortable, **dar tugadh faoiseamh** relieved, **déanta compordach** made comfortable, **maolaithe** relieved, **sáimhrithe** tranquillised, **sólásaithe** comforted, given solace, **suaimhnithe** soothed, **tagtha i gcabhair ar** come to the help of

Fortacht *vn* comforting
cabhrú le helping, **ciúnú** calming, **cuidiú le** aiding, helping, **comhfhortacht** consoling, **cur ar do chompord** making you comfortable, **déanamh compordach** making comfortable, **maolú** relieving, **sáimhriú** tranquillising, **sólású** comforting, bringing solace to, **suaimhniú** soothing, **tabhairt faoisimh/sóláis do** giving relief/solace to, **teacht i gcabhair ar** bringing succour/help to

▲ ~ **ar** to bring comfort/succour to, ~ **a fháil ó** to get relief from

P **Faigheann foighne ~!** Patience gets its reward.

Fortún *m (-úin; -úin, ~)* fortune
1. fortune, luck; fate
ádh *m* luck, **cinniúint** destiny, fate, **éadáil** serendipity,

unexpected gain, **séan** prosperity, **seans** chance, **sonas** happiness, good luck, **tabhartas ó Dhia** godsend, **taisme** accident (cf **de thaisme** by accident), **toice** fortune, chance, **torchaire** fortunate acquisition *(see also: **ádh**)*
2. fortune, wealth, riches
acmhainní *fpl* resources, **airgead mór** big money, **caipiteal** capital, **flúirse** *f* abundance, **gustal** affluence, **maoin** property, **pinginí móra** a pretty penny, **ór** gold, **pota óir** pot of gold, **rachmas** opulence, **saibhreas** wealth, **stór** store, **taisce** treasure, deposit

Fós *adv* still, yet; moreover
áfach however, **ag an nóiméad seo** at this moment, **anois** now, **ar a shon sin** on account of that, **ar a shon sin agus uile** notwithstanding all that, **arís** again, **athuair** another time, **chomh maith leis sin** as well as that, **faoi seo** by this time, by now, **go dtí seo** up to this, **go fóill** still, yet, **go fóillín beag** for a little while, **i láthair na huaire** at the present time, **iaramh** *(lit)* but, however, **ina dhiaidh sin** nevertheless, **ina dhiaidh sin agus uile** taking this and everything else into consideration, **ina theannta sin** along with that, **le déanaí** lately, **lena chois sin** along with that, **le tamall beag anuas** for the past while, **mar sin féin** all the same, **pé scéal é** whatever, **rud eile** another thing, **sa bhreis** in addition, **thairis sin** apart from that, **uair amháin eile** one more time

Fostaigh v_{2a} employ; engage, grip
athfhostaigh re-employ, **beir ar** grasp, take hold of, **beir greim ar** take a grip of, **cairtfhostaigh** charter, **ceangail** tie, **earcaigh** recruit, **faigh ar cíos** rent, **faigh greim ar** get a grip of, **fruiligh** engage, hire, **fuaigh le** bind with, stick to; sew into, **gabh** engage, arrest, **glac chugat mar fhostaí** hire as an employee, **greamaigh** attach, fasten, **nasc** bind, link, **preasáil** *(mil)* press, press-gang, **snaidhm** bind, embrace, **tabhair isteach mar bhall den fhoireann** include/bring in as a member of the team, **tabhair obair do** give work to

Fostaíocht *f(~a)* engagement, grip, employment
ceangal tie, **ceird** trade, **earcaíocht** recruitment, **feidhmeannas** capacity, office, **fostú** *(work)* employing, engaging, engagement, **fruiliú** employing, hiring, **gabháil** engagement, arrest, **glacadh chugat mar fhostaí** hiring as an employee, **greim** *m (greama; greamanna)* grip, **jab** job, **obair** *f (oibre; oibreacha)* work, **tabhairt na hoibre do** giving the work to, **post** position, **snaidhmeadh** binding, embracing

Fostaithe *pp* employed; held fast, caught
athfhostaithe re-employed, **cairtfhostaithe** chartered, **ceangailte** tied, **coinscríofa** conscripted, **earcaithe** recruited, **faighte ar cíos** rented, **fruilithe** hired, **fuaite le chéile** bound together, stuck together; sewn together, **gafa** engaged; arrested, **glactha** accepted, **greamaithe** stuck, **preasáilte** *(mil)* pressed, press-ganged, **snaidhmthe** bound, tied

Fostóir *m (-óra; ~í)* employer
bainisteoir manager, **bean an tí** the woman in charge, proprietor, **comhlacht** *m* company, **cuideachta** *f* company, **eagraíocht** organisation, **fear an tí** the man in charge, proprietor, **fruilitheoir** hirer, **gnó-eagraí** entrepreneur, **máistir** *(jocular)* master, boss, **máistreás** *(jocular)* the lady in charge, boss, **saoiste** boss; gaffer, **úinéir** owner, proprietor

Fostú *vn*
1. employing,
cairtfhostú chartering, **ceangal** tying, **earcú** recruiting, **fáil ar cíos** renting, **fáil greim ar** getting a grip of, **fruiliú** employing, hiring, **fuáil le** binding with, sticking to; sewing into, **gabháil** engaging, **glacadh chugat mar fhostaí** hiring as an employee, **greamú** sticking, fastening, **jab a thabhairt do** to give a job to, **preasáil** *(mil)* pressing, press-ganging, **snaidhmeadh** engaging, **tabhairt na hoibre do** giving the work to, **tabhairt poist do** giving a position to
2. *(dulta)* **i bhf~** (gotten) caught, entangled
ceangailte tied, attached, **dulta in aimhréidh** gotten tangled, **gafa** caught, stuck, **greamaithe le** stuck to, **i ngreim i** caught in (cf **Chuaigh mo chairdeagan i ngreim sa doras.** My cardigan got caught in the door.), **nasctha** linked, **sáinnithe** stuck, **sáite (sa láib)** stuck (in the mud)

Fótagraf *m (-aif; -aif, ~)* photograph
féinín selfie, **féinphic** selfie, **fóta-** photo-, **grianghraf** photograph, **holagram** hologram, **íomhá** *f* image, **íomhá ultrafhuaime** ultrasound image, **pic** pic *(picture)*, **pictiúr** picture, **portráid** portrait, **radagraf** radiograph, **x-gha** x-ray

Fothain *f (-ana)*
1. shelter
brat covering, protective cover, **caomhnú** conservation, **clúdach** *m* cover, **cosaint** protection, **cuan** haven, **dídean** shelter, refuge, **sanctóir** sanctuary, **scáth** screen, protection, **sciath** *f (scéithe; ~a, ~)* shield, **teach dídine**, house of refuge, **tearmann** sanctuary, asylum; haven *(see also: **dídean**)*
2. discretion
aire attention, **cáiréis** circumspection, **ciall** sense, **críonnacht** prudence, **cúram** care, tact, **discréid** discretion, **faichill** caution *(see also: **discréid**)*

Fothainiúil *adj⁴* sheltering
dídeanach sheltering, **faoi chlúdach** under a cover, **faoi chlúid** under cover, covered, **faoi dhíon** under a roof, **i gcuan** harboured, **tearmannaithe** harboured in a sanctuary, concealed *(see also: **discréideach**)*

Fothrach *m (-aigh; -aigh, ~)* ruin
ballóg ruin, **bathlach** *m* delapidated structure, **conamar** broken bits, ruins (eg **Fágadh an baile ina chonamar.** The town was left in ruins.), **cró** hovel, hole, **láithreach** *m (-righ)* ruin; ruined site, **múchán**

Fothram

remains of chimney of a ruin, **prochóg** hovel, **raic** wreck, **seanbhallóga** *fpl* old ruins, **seanchabhail** wreck, ruin (cf **seanchabhail loinge** wreck of ship, **seanchabhail seantí** ruin of an old house), **seanteach** *m* **coscartha** old broken-down house, **taisí** *fpl* remains, relics

Fothram *m (-aim)* noise

callán noise, disturbance, **callóid** commotion, **cambús** mayhem, **ciaramáboc** commotion, uproar, **clampar** clash, commotion, **cleatar** clatter, rattle, **cleatráil** clatter, **cling** clink, ping, jingle, **díoscán** creaking; grating, grinding sound, **giorac** noise, commotion, **gíordam** noise, commotion, **gleo** din, **gleorán** discordant talk, **gliúrascnach** *f* creaking, **glór** sound, noise, **glórmhach** *m* tumult of voices, **glugarnach** *f* gurgling sound, **greadhain** noise, clamour, **míbhinneas** untunefulness; cacophony, **plobaireacht** blubbering; gurgling, **racán** racket, **ruaille buaille** hullabaloo, commotion, **torann** noise, **trup trap** trampling noise (see also: **torann**)

Fothramach *adj³* noisy

callánach noisy, **callóideach** full of commotion, **díchordach** *(mus)* discordant, **clamprach** disorderly and noisy, **clismirt** noisy wrangling, **gioracach** noisy, quarrelling loudly, **gleoch** clamorous, noisy, **gleoránach** discordant and noisy, **glórach** sonorous, noisy, **míbhinn** cacophonous; untuneful, **racánach** rowdy, **torannach** noisy (see also: **torannach**)

Fráma *m (~; ~í)* frame, chassis

anatamaíocht anatomy, **blaosc** *f (blaoisce; ~anna)* shell (cf **blaosc uibhe** eggshell, **blaosc cnó** nutshell), **cabhail** chassis, body; frame, fuselage, **cás** casing, case, **clár imill** *(photo)* mount, **cnámha** *fpl* bones (cf **cnámha an scéil** the bones of the story), **cnámharlach** *m* skeleton, **colbha** surround, **corp** body, **creat** frame, shape, **creatlach** *m* framework, skeleton, **déanamh** make, making, shape, **deilbh** frame, appearance, **eiseachnámharlach** *m* exoskeleton, **foirm** form, **fonnadh** chassis (eg **uimhir fonnaidh** chassis number), **imeall** margin, **imfhálú** enclosure, **imlíne** *f* outline, **múnla** *m* mould, **scafall** scaffolding, **struchtúr** structure, **teorainn** *f (-rann; ~eacha)* boundary, limit

Frámaigh *v₂ₐ* frame

crioslaigh girdle, enclose, **croch duine (i leith coire)** frame a person (for a crime), **cuir fráma ar** frame, **cuir i bhfráma** put in a frame, **cuir imeall ar phictiúr** frame a picture, **cuir scafall suas** erect scaffolding, **déan creat (i gcomhair tionscadail)** set up a framework (for a project), **fálaigh** fence, enclose, **iaigh** enclose; close, **imir bob calaoiseach ar dhuine** set a person up, frame a person; do the dirty on a person, **leag amach** map out, **loc** enclose, shut in; leave in an enclosed space, park, **timpeallaigh** surround

Frámaithe *pp* framed

crioslaithe girdled, enclosed, **crochta** hanged; framed, **curtha i bhfráma** put in a frame, **fálaithe** fenced, enclosed, **iata** enclosed; closed, **leagtha amach** laid out, **loctha** enclosed, shut in; left in an enclosed space, parked, **teanntaithe le scafall** braced with scaffolding, **timpeallaithe** surrounded

Frámú *vn* framing

crioslú girdling, enclosing, **crochadh** hanging; *(sl)* framing, **cur fráma ar** framing, **cur i bhfráma** putting in a frame, **cur imeall timpeall pictiúir** framing a picture, **cur suas scafaill** erecting scaffolding, **déanamh creata** making a frame, **fálú** fencing, enclosing, **iamh** enclosing; closing, **imirt bob calaoiseach ar dhuine** setting a person up, framing a person, doing the dirty on a person, **leagan amach** laying out/mapping out, **locadh** enclosing, shutting in; leaving in an enclosed space, parking

Freagair *v₂c* answer, reply

bain cúiteamh get compensation, **bain díoltas amach** retaliate, get revenge, **bréagnaigh** contradict, **cómhalartaigh** reciprocate, **cúitigh** requite, compensate, **cuir gníomh fritorthúil i gcrích** act counterproductively, **déan cor in aghaidh an chaim** retaliate, **déan frithbheart** take counteraction, **déan frithéileamh** make a counterclaim, **déan macalla** make an echo, **diúltaigh** rebut, refute, **freasaigh** *(el)* react, **frithbheartaigh** counteract, **frithbhuail** recoil, strike back, **frithchaith** reflect, **frithghníomhaigh** react, counter, **frithingigh** reciprocate, **frithionsaigh** counterattack, **frithordaigh** countermand, **frithsháigh** counterthrust, **frithspréigh** reverberate, **íoc éiric (damáistí)** pay reparation (for damages), **soláthair réiteach** provide a solution, **tabhair aisfhreagra** answer back, retort, **tabhair cúiteamh** give compensation, **tabhair éiric** give reparation, **tabhair gastóg** give a quick and witty retort, **tabhair gearróg** give a curt answer

Freagairt *vn* answering, replying

aisfhreagra back answer, **bréagnú** contradicting, **cómhalartú** reciprocating, **cúiteamh** compensation, **díoltas** revenge, **diúltú** rebuttal, refutation, **freasú** *(el)* reacting, **frithagra** *(lit)* counterplea, **frithbheart** counteraction, **frithbheartú** counteracting, **frithbhualadh** recoiling, striking back, **frithchaitheamh** reflecting, reflection, **frithéileamh** counterclaiming, counterdemanding, **frithghníomhú** reacting, countering, **frithingiú** reciprocating, **frithionsaí** counterattacking, counterattack **frithordú** countermanding, **frithrá** contradicting, contradiction, **frithshá** counterthrust, counterthrusting, **frithspré** reverberation, **íoc éiricé** paying reparation, **gastóg** witty retort, quip, **gearróg** curt answer, **macalla** echo, **réiteach** solution, **scáileach** reflective, throwing back reflections

Freagartha *pp* answered, replied
  ar ar tugadh freagra answered, **bréagnaithe** contradicted, **cómhalartaithe** reciprocated, **cúitithe** requited, compensated, **diúltaithe** rebutted, refuted, **freasaithe** reacted, **frithbheartaithe** counteracted, **frithbhuailte** recoiled, struck back, **frithchaite** reflected, **frithéilithe** counterclaimed, counterdemanded, **frithghníomhaithe** reacted, countered, **frithingithe** reciprocated, **frithionsaithe** counterattacked, **frithordaithe** countermanded, **frithráite** contradicted, **frithsháite** counterthrusted, **frithspréite** reverberated

Freagra *m (~; ~í)* answer, reply, response
  admháil acknowledgement, **aisfhreagra** retort, comeback, back answer, **bréagnú** rebuttal, **cosaint** defence; apologia, **cúiteamh** reciprocation, **díoltas** retaliation, **eiteach** *m* refusal, **filleadh** return, **frithbheart** counteraction, **frithbhualadh** recoil, counterstrike, **frithbhuille** counterblow, **frithchaitheamh** reflection, **frithdhearbhú** counter-declaration, **frithéileamh** counterclaim, **frithfhorsa** counterforce, **frithghníomh** reaction, **frithionsaí** counterattack, **frithluail** reflex action, **frithordú** countercommand, **frithrá** *m* contradiction, **frithshá** *m* counterthrust, **frithshruth** countercurrent, **frithspré** reverberation, **fritonn** *f* backlash, **gastóg** quick and witty retort, **gearróg** short cut answer, **gníomh fritorthúil** countermeasure, **imoibriú** *(chem)* reaction, **macalla** echo, **réiteach** solution, *riposte (fencing)* riposte

  ▲ **~ an-phointeáilte** careful answer, **~ ceart** correct answer/response, **~ cinnte** firm answer, **~ dearfach** affirmative response, positive reply, **~ deisbhéalach** quick-witted reply, **~ diúltach** negative reply, **~ doiléir** vague reply, **~ feargach** angry reply, **~ giorraisc** abrupt answer, **~ gonta** snappy reply, **~ grod** curt reply; churlish answer, **~ meáite** considered reply, **~ mícheart** wrong answer, **~ nádúrtha** natural/automatic response, **~ neamhairdiúil** absent-minded reply, **~ ó bhéal** oral reply, **~ pras** glib reply, **~ searbhasach** sarcastic reply, **~ sotalach** flippant answer, **~ stuama** coherent reply, **~ tapa** prompt reply; fast answer, **~ tobann gan smaoineamh** knee-jerk reply, **~ tomhaiste** measured, guarded reply, **~ tráthúil** witty reply

Freagrach *adj³* responsible
  ciallmhar sensible, **ciontach** culpable, guilty, **coinsiasach** conscientious, **cuntasach** accountable, **faoi dhliteanas** liable, **incháinte** blameable, **inchoirithe** liable to prosecution, **inchúisithe** chargeable, **iontaofa** reliable, **muiníneach** dependable, **réasúnach** rational

  ◊ **~ as an uile ní** responsible for everything, **dá mbeadh sé ~ dár riachtanais** if it met our requirements

Freagracht *f (~a; ~aí)* responsibility
  ciall sense, **ciontacht** culpability, guilt, **coinsias** conscience, **cuntasacht** accountability, **dliteanas** liability, **incháinteacht** blame, **inchúisitheacht** liability of being charged, **iontaofacht** reliability, **mortabháil** charge, responsibility, **muinín** trust, **réasúntacht** reasonableness

Fréamh *f (-éimhe; ~acha)* root, radical
  ancaire *m* anchor, **bun** base, **bunadh** origin, **bunáit** base, **bunchloch** *f* foundation stone, **bunchúis** fundamental cause, **bunlíne** *f* baseline, **bunphointe** point of origin, **bunreacht** *m* constitution, **bunrúta** taproot, **bunsiocair** *f (-crach; -cracha)* primary cause, **bunsmaoineamh** original idea, **bunsprioc** *f (-ice; ~anna)* main/primary objective (cf **dul go bunsprioc** to get down to brass tacks), **bunsruth** spring, source of stream, **buntréith** essential quality, essence, **bunúdar** prime mover, **bunús** origin, genesis, **foinse** *f* spring (cf **foinse na habhann** the river spring), **gas** stem, **Geineasas** Genesis, **rúta** root, **stoc** stem, **tobar** well, spring, **téama** theme, **tús** beginning

Fréamhaigh *v₂ₐ* root, lay root
  bí ag prochail be burrowing, **bunaigh** establish, **cuir ancaire** anchor, drop anchor, **daingnigh** entrench, make secure, **feistigh** fasten, fix; moor, **fódaigh** entrench, **greamaigh** stick, **neadaigh** nest, embed, **rútáil** root around, **soiprigh** nestle in; burrow, **talmhaigh** ground, **téigh isteach sa talamh** sink into the ground

Fréamhaithe *pp* rooted
  ar ancaire at anchor, anchored, **bunaithe** established, **daingnithe** entrenched, secured, **dulta isteach sa talamh** sunk into the ground, **feistithe** fastened; moored, **fódaithe** entrenched, **greamaithe** stuck, **neadaithe** nested, embedded, **soiprithe** nestled into; burrowed (down into), **talmhaithe** grounded

Fréamhú *vn* rooting, laying root
  bunú establishing, **cur ar ancaire** anchoring, **daingniú** entrenching, securing, **dul isteach sa talamh** sinking into the ground, **feistiú** fastening, fixing; mooring, **fódú** entrenching, **greamú** sticking, **neadú** nesting, embedding, **prochail** burrowing, **rútáil** rooting around, **soipriú** nestling in; burrowing, **talmhú** grounding

Freanga *f (~; ~í)* spasm, fit
  arraing sharp pain, stitch, **babhta** bout, **bíog** twitch, **crampa** cramp, **crampán** cramp, **éasc beo** muscular twitch, **gal** *f (gaile)* fit, **geit** startle, jump; twitch, **preab** twitch; kick, jump, **rabhait** episode, bout, **rabhán** spasm, fit, **racht** *m (~a)* fit, (cf **racht goil, gáire, feirge** fit of crying, laughing, anger), **ráig** flare-up, **ríog** *f* jerk, spasm, **saighead** *f* **reatha** stitch in the side from running, **spaspas** convulsion, spasm, **taghd** fit, **taom** paroxysm, attack (cf **taom croí** heart

Freastail attack), **tálach** cramp in wrist, **tic** *m* **neirbhíseach** nervous tick

Freastail *v₂f* attend; serve
amharc i ndiaidh (na bpáistí) look after (the children), **bí i láthair** be present, **cabhraigh le** help, **coimhéad** look after, pay attention to, **cuidigh le** assist, **cuir ar an mbord** put on the table; bring to the table, **cuir cóir ar dhuine** accommodate a person, **déan freastal ar** serve, **déan giollacht ar dhuine** attend to a person's needs, **fóin** serve, benefit, **friotháil (ar)** serve, attend; minister (to), **próiseáil** process, **riar** serve, **seirbheáil** serve (cf US re subpoenas: **Tá tú seirbheáilte!** You have been served!), **tabhair aire do** pay attention to, take care of, **tabhair cabhair do** give help to, **tabhair cúnamh do** give assistance to, **téigh go**, attend (eg **dul ar scoil** to attend school)

Freastal *vn* attending; serving
amharc i ndiaidh (na bpáistí) looking after (the children), **bheith i láthair** being present, **cabhrú** helping, **coimhéad** looking after, paying attention to, **cuidiú le** assisting, **cur ar an mbord** provision; bringing to the table, **déanamh freastal ar** serving, **déanamh giollachta ar dhuine** attending to a person's needs, **dul ar scoil** attending/going to school, **fónamh** serving, benefiting, **friotháil** ministry, service; attention to needs, **ionaltas** service, attendance, **próiseáil** processing, **riar** serving, administering, **seirbheáil** serve (cf **toghairm a sheirbheáil** to serve a summons), **tabhairt aire do** paying attention to, taking care of, **tabhairt cabhrach do** giving help to, **tabhairt cúnaimh do** giving assistance to, **tinreamh** attendance (cf **tinreamh scoile** school attendance) **umhlóid** lowly service, ministration

◊ **~ ag bord** to serve at table, **~ ar bhord** to serve on a board, **~ ar riachtanais dhaoine eile** to attend to the needs of others

Freastalaí *m* (**~**; **-aithe**) attendant, waiter, (*shop*) assistant; (*comp*) server
bean *f* **ghlantacháin** cleaning woman, cleaners, **buachaill aimsire** (*archaic*) servant boy, **cabhair** *f* (**-bhrach**) help, **cabhróir** helper, **cailín aimsire** (*archaic*) servant girl, **cúlaistín** heavy, henchman, **cúnamh baile** home help, **cuidítheoir** helper, **cúntóir** helper, assistant; adjunct, **deonach** *m* volunteer, **fortaitheoir** helper, comforter, (cf **fortaitheoir na ndobrónach** comforter of the afflicted), **friothálaí**

■ **Liosta gairid d'fhuaimeanna cineálacha:** Short list of generic sounds:

amhastrach *f* barking
béicíl yelling
blosc cracking sound
blosc toirní peel of thunder
brioscarnach *f* crunching
búireach *f* bellowing
canadh singing
caoineachán whimpering
caoineadh weeping
casachtach *m* coughing
ciarsán grumbling
cibeal hubbub
clagarnach *f* clattering
cleatráil clattering, clatter
cling clink, tinkle of a bell
clingireacht tinkling
cliotar cleatar racket, din
clisiam din of voices
clonscairt clashing sound
cnagadh knocking
cnagaireacht cracking
cnagnarnach *f* cracking sound
cneadach groaning; panting
coigeadal noise of battle
criongán whimpering
crónán purring
díoscán creaking
díoscánach *f* grating, grinding
dodaireacht sputtering
dordán murmur, drone
doránacht droning
drandam murmur
drantán growling, snarling
fead *f* whistle
feadaíl whistling
fuamán humming sound
furú hubbub, commotion
gáire laughing
gáróid clamour, loud noise
geonaíl whining, whine
glagarnach *f* cackling
glamaireacht baying, barking
gleadhradh noisy clatter
gleois chatter
gleoisíneacht babbling
gliogarnach *f* rattling; prattling
gliúrascnach *f* creaking
glóráil noisiness of voices
glothar an bháis death rattle
glug plopping sound
glugar gurgling sound
glugar uibhe sound of addled egg
gnúsacht grunting
gol crying
grágaíl croaking
griothail grunting
grúscán growling
macalla echo
maidhm loud report
míbhinneas cacophony
monabhar murmuring
osnaíl sighing
plab slam; splash
plabaireacht splashing sound
pléasc bang
pleist flop, flopping sound
plob plab incoherent speech
plobáil bubbling sound
racán rumpus, uproar
raic racket, uproar
rírá agus ruaille buaille uproar
rúisc noise of shots being fired
sciorróg snap
scol burst into song
screadach *f* screaming
scríobadh scraping sound
seabhrán buzzing noise
seamsánacht droning
seoithín whispering sound
seordán rustling sound
siansán whistling, whining
siosadh hissing
siosarnach *f* rustling sound
sioscadh sizzling sound
siúrsán whizz, buzz
slaparnach *f* splashing sound
smeach flick, snap
snagaireacht hiccupping
srann *f* snore
srannadh snoring
srannfach *f* snoring
sraothartach *f* sneezing
stánáil din
tafann barking
tormáil rumbling sound
tormán noise
trost noise of trampling feet
tuairt thud, crashing sound
uallfartach howling

ministrant, attendant, **giolla** caddy; gofer (cf **giolla cábáin** cabin boy, **giolla cloig** bellboy, **giolla gualainne** henchman, **giolla stábla** (stable) groom), **iongabhálaí** minder, attendant, **lámh chúnta** helping hand, **leas-** *pref* vice-, deputy (cf **leaschathaoirleach** *m* vice-chairperson, **leasphríomhoide** deputy principal), **sclábhaí** slave, **searbhónta** servant

Freastalta *pp* attended; served
cabhraithe assisted, **coimhéadta** looked after, watched over, **cuidithe** assisted, helped, **curtha ar an mbord** put on the table; brought to the table, **dulta ar scoil** attended/gone to school, **fónta** served, benefited, **friotháilte (ar)** served, attended; ministered (to), **próiseáilte** processed, **riartha** served, **seirbheáilte** served

Freasúra *m (~; ~í)* opposition
agóid protest, **an taobh eile** the other side, **céile comhraic** antagonist; opponent, **codarsnacht** contrariety; contrast, **comórtas** competition, **contrárthacht** contrast, **cur i gcoinne** opposing, **cur in aghaidh** opposition, **cur ina éadan** resistance, **eascairdeas** antagonism, **friotú** *(el)* resistance, **frisnéis** rebuttal, refutation, **frithagóid** counterobjection, **frithbheart** resistance, **frithbhuille** counterblow, opposition; counteraction, **frithdhearcadh** counter view, **frithghníomh** counteraction, **frithmholadh** counter-proposition, **frithsheasamh** resistance, **frithshruth** counter current, **frithshuíomh** counterposition, **fritairiscint** counterproposition, **iomaíocht** competition, rivalry, **léirsiú** protest; demonstration, **malairt** opposite, **naimhdeas** hostility, **namhaid** *m (-mhad)* enemy, **seasamh** stand *(see also:* **namhaid***)*

▲ **lucht** ~ opposers, opposition, **an ~** *(pol)* the party in opposition

Freisin *adv* also
chomh maith as well, **chomh maith leis sin** as well as that, **fosta** also, **ina theannta (sin)** in addition (to that), **leis** along with it, also, **le cois** to boot; to spare, **lena chois** besides; to boot, **lena chois sin** alongside that, **mar bharr ar an donas** (mura raibh sin dona go leor…) to cap it all, to boot (if that wasn't bad enough…), **mar aon leis sin** along with that, **móide** plus

Friseáilte *adj⁶* fresh
aibí crisp, brisk, refreshing, **cumhra** pure, fresh; fragrant, **deireanach** recent, **díreach amach** just out, **gan leasú** *(food)* uncured, **gan smál** immaculate, **gan stálú** still fresh, **gan teimheal** unblemished, **geal** bright, **glan** clean, clear, **glas** green, **is déanaí** latest, **naíonda** childlike, innocent, fresh, **nua** new, **óg** young, **óigeanta** youthful, **suas chun dáta** up to date, **úr** fresh, **úrmhar** fresh and green; moist, **úrnua** brand new, spanking new *(see also:* **úr***)*

Frith- *pref* anti- counter- re-
~bhaictéarach *m* antibacterial, **~bhuaic** anticlimax, **~bhuailteach** throbbing, **~bhuailteoir** pulsator, **~bhualadh** recoil; repercussion; throbbing, **~chaiteach** reflecting, **~chaitheamh** reflection, **~chaiteoir** reflector, **~chiallach** *m* antonym, **~chioclón** anticyclone, **~choirpín** antibody, **~chosúil** paradoxical, **~chosúlacht** paradox, **~dhúnadh** *(industry)* lockout, **~gheallaí** *(ins)* underwriter, **~ghiniúint** contraception, **~ghiniúnach** *m* contraceptive, **~ionsaí** counterattack, **~nimh** antidote, **~pháirteach** mutual, **~rá** contradiction, **~ráiteach** contradictory, **~réabhlóideach** counter-revolutionary, **~sciorrach** anti-skid, **~sheipteán** antiseptic

Fuacht *m (~a)* cold
an tArtach *m* the Arctic, **adhfhuaire** extreme cold, **ballcrith** *m (-chreatha)* shivering all over, **creathanna fuachta** shivering from cold, **doicheall** cold churlishness, **dúgheimhreadh** depths of winter, **duibheaca** *f* bitter wintry cold, **faobhar** edge, **fionnuaire** coolness, **fuaire** coldness, **fuaraíocht** chilliness, **fuarthan** cooling, coolness, **fuarú** cooling, chilling, **geimhreadh** winter, **geimhriúlacht** wintriness, **glaise** rawness, **goimhiúlacht** stinging chill, **leimhe** apathy, **mairbhlí** numbness, **neamhchorrabhuais** self-possession, *sang-froid*, **nimh** bitterness, animosity, **oighear** ice, **oighreatacht** iciness, **patuaire** lukewarmness; apathy, **préachta (le fuacht)** perished (with the cold), **réchúis** coolness, phlegmatic attitude, **reo** frost, freezing, **reoiteacht** frostiness, **reomhaireacht** frigidity, **sioc** frost, **siocántacht** frostiness, **siocúlacht** frostiness, **sliopach** *m (in fingers)* numbness, **tirime** *(masonry)* dryness

Fuadach *vn* kidnapping, hijacking, abducting, abduction
crochadh leat walking off with, **forghabháil** seizing, usurping, **gabháil** capturing, arresting, **glacadh seilbh ar** taking possession of, hijacking, **goid** stealing, **robáil** robbing, **sciobadh** snatching, pinching, **snapadh** snapping up, snatching, **tógáil (gan chead)** taking (without permission), **urghabháil** *(jur)* seizure

Fuadaigh v_{2a} kidnap, abduct, hijack
croch leat walk off with, **forghabh** seize, usurp, **gabh** capture, arrest, **glac seilbh ar** take possession of, hijack, **goid** steal, **robáil** rob, **sciob** snatch, **snap** snap up, snatch, **tóg (gan chead)** take (without permission), **urghabh** *(jur)* seize *(see also:* **goid***)*

Fuadaithe *pp* kidnapped, abducted, hijacked
crochta leat walked off with, **forghafa** seized, usurped, **gafa** captured, arrested, **goidte** stolen, **robáilte** robbed, **sciobtha** snatched, **snaptha** snapped up, snatched, **tógtha (gan chead)** taken (without permission), **urghafa** *(jur)* seized

Fuadar *m (-air)* fuss, fussing; hustle and bustle
  anbhuain restlessness, unease, **buairt** worry, upset, **callóid** disquiet, noise, **corraíl** stir, excitement, **driopás** bustle, precipitance, **fothragadh** coming and goings, fuss, **fuaiscneamh** agitation, excitement, **fuilibiliú** hullabaloo, halloo, yelling and shouting, **flústar** flurry, **fústar** kerfuffle, commotion, **geidimín** excitement, flutter, **geidimíneacht** fluttering about excitedly, **giústal** fuss, **gleotháil** fuss, dashing about, **greadán** hubbub, racket, **griothal** fuss, flap, **guaigínteacht** fidgetiness, capriciousness, **guairneántaíocht** restlessness, fidgetiness, **liútar éatar** hullabaloo, **mearbhall** confusion, **míshocracht**, unease, disquiet, **ruaille buaille** commotion, **sceideal** flurry and excitement, **sceitimíní** thrills and spills, excitement, **scleondar** excitement, **taparsach** *f* bustling, **tranglam agus tarraingt tríd** bustle and confusion, **trí(na) chéile** upset, confusion

Fuadrach *adj³* bustling, fussing
  buartha worried, upset, **cruógach** urgent, busy, **deifreach** hurried, **driopásach** bustling; fumbling, **fómharúil** harvest-like, busy and bustling, **fothragach** bustling, flurried, **fústrach** fussy, fidgety, **giústalach** fussy, **gleothálach** fussy, noisy, **griothalach** fussy, impatient, **griothalánach** fussy, bustling, **guairneánach** restless, whirling about, **mearbhlach** confused, **míshocair**, uneasy, disquieted, **sceitimíneach** rapturously excited, **scleondrach** elated, **tógtha** (**go mór**) (greatly) excited, **trí(na) chéile** upset, confused

Fuafar *adj¹* hateful, detestable
  adhfhuafar horrible, deeply hated, **binbeach** venomous, **colach** repugnant, loathsome, **cradhscalach** obnoxious, **déistineach** disgusting, distasteful, **dofhulaingthe** unbearable, insufferable, **drochaigeanta** ill-disposed, **droch-chroíoch** evil hearted, **drochintinneach** ill-intentioned, **eascairdiúil** antagonistic, **goimhiúil** venomous, poisonous, **gráiniúil** hateful, detestable, **gránna** ugly, **mallaithe** cursed, damnable, unholy, **masmasach** nauseating, **míghnaíúil** unprepossessing, **mioscaiseach** spiteful; malicious, bearing ill will, **míthaitneamhach** displeasing, **naimhdeach** hostile, **neamh-ghrámhar** unloving, **nimhneach** poisonous, virulent, **oilc** (> *olc*) evil, **olcais** (> *olcas*), spiteful, **samhnasach** sickening, **scanrúil** frightening; frightful, **seanghoimhiúil** bearing old grudges, **suarach** vile, **táir** shabby, despicable, **uafar** dreadful, horrible, **uafásach** horrible, **urchóideach** noxious; malevolent (*see also*: *gráiniúil*)

Fuaidrigh *v₂ᵦ* stray, wander
  bí ag fálróid be wandering, **bí ag straeireacht/straeáil** be straying, **seachránaigh** stray; err, **straeáil** stray, **téigh amú** go astray **téigh ar seachrán/ar strae** go wandering/astray, **siúil** walk, **téigh ar iarraidh/ar shiúl** go missing

Fuaidreamh *vn* wandering, vagrancy
  coisíocht legging it round, travelling by foot, **dul amú** going astray, **dul ar seachrán** wandering, straying, **dul ar strae** going astray, **fámaireacht** touring by foot, sightseeing by foot, **fán** aimlessness, straying, **fánaíocht** wandering, **fuaidireacht** vagrancy, **ráigíocht** vagrancy, wandering about, **seachrán** straying, **seachránacht** aberrancy, **siúl** walking, **siúlóideacht** fondness for walking, strolling, **sleamhnú** slipping, **spáisteoireacht** strolling, walking, **straeáil** straying, **straeireacht** straying

Fuaidrithe *pp* strayed, wandered
  dulta ag straeireacht/straeáil gone off wandering, **dulta amú** gone astray, **dulta ar seachrán/ar strae** gone wandering/astray, **dulta ar iarraidh/ar shiúil** gone missing, **seachránaithe** strayed; erred, **siúlta** walked

Fuaigh *v₁f* sew, bind, unite
  aontaigh unite, **ceangail** tie, bind, **cónaisc** amalgamate, **cróiseáil** crochet, **cuir le chéile** put together, **cuir snáth i** thread, **cniotáil** knit, **dearnáil** darn, **dual** twine, braid, **fáisc** brace, clamp, **fostaigh** hold fast, catch; employ, **greamaigh** bond, attach, **greamaigh le chéile** stick together, **idirshuigh** interpose, **inneallfhuaigh** machine-sew, **nasc** bind, **pléatáil** pleat, **sprugeáil** embroider, **tabhair le chéile** bring together, **tarfhuaigh** (sewing) overcast, **teann le chéile** clench/tighten together, **trilsigh** braid

Fuáil *vn* sewing, binding, uniting
  aontú uniting, **ceangal** tying, binding, **cónascadh** amalgamating, **cróiseáil** crocheting, **cur le chéile** putting together, **cur snátha i** threading, **cniotáil** knitting, **dearnáil** darning, **dualadh** twining, braiding, **fáscadh** bracing, clamping, **fostú** holding fast, catching; employing, **greamú** bonding, attaching, **greamú le chéile** sticking together, **idirshuí** interposing, **inneallfhuáil** machine-sewing, **nascadh** bind, **pléatáil** pleating, **sprugeáil** embroidering, **tabhairt le chéile** bringing together, **tarfhuáil** (sewing) overcasting, **teannadh le chéile** clenching/tightening together, **trilsiú** braiding

Fuaite *pp* sewn, bound, united
  aontaithe united, **ceangailte** tied, bound, **cónasctha** amalgamated, **cróiseáilte** crocheted, **curtha le chéile** put together, **cniotáilte** knitted, **dearnáilte** darned, **dualta** twined, braided, **fáiscthe** braced, clamped, **fostaithe** held fast, caught; employed, **greamaithe** bonded, attached, **greamaithe le chéile** stuck together, **inar cuireadh snáth** threaded, **idirshuite** interposed, **inneallfhuaite** machine-sewn, **nasctha** bound, **pléatáilte** pleated, **sprugeáilte** embroidered, **tarfhuaite** (sewing) overcast, **teannta le chéile** clenched/tightened/braced together, **trilsithe** braided, **tugtha le chéile** brought together

◊ **fite ~ lena chéile** intertwined with one another

Fuaim *f(~e; ~eanna)* sound
blosc cracking sound, crack, **callán** noise, disturbance, **clampar** clash, commotion, **cniog** rap, tap, **foghar** sound, **gleo** din, clamour, **glór** voice; sound, **guth** voice, **húirte háirte** hubbub, **hurla burla** hurly-burly, **hurlamaboc** *m* commotion, uproar, **meig** bleat, the smallest of sounds (cf **rinneadh meig díom** I was rendered silent, I was flabbergasted), **plimp** crash, bang, **racán** racket, **raic** outcry, **ruaille buaille** hullabaloo, commotion, **rucht** *m* rumble, rattle, **sian** *f (séine; ~ta)* whistling, plaintive sound, **sianán** humming sound; plaintive sound, **siollfarnach** *f* plaintive sound, **siot** *m (~a)* noise, sound, **sonarach** *m* ringing sound, clangour, **sputar** sputtering, sputter, **srann** *f (-ainne; ~a, ~)* snore, **tachtarnach** *f* choking sound, **torann** noise; sound, **troithíocht** sound of footsteps, **trost** report, thud, tramp of feet, **trostal na gcos** trample of feet, **trostal na gcapall** thud of hooves, **trut trat** sound of footsteps, **uallfairt** howling *(see also: torann)*

▲ **~bhac** sound barrier, **~chlár** sounding board, **~díonach** soundproof, **~eolaí** acoustician, **~fhoclaíocht** onomatopoeia, **~lorg** soundtrack

▲ **~ chúlra** background noise, **~ dhigiteach** digital sound, **~ dhrantánach** growling sound, **~ íslithe** muted sound, **~ lámhaigh** sound of gunfire, **~ mharbh** faint sound, **~ mhúchta** muffled sound, **~ riastartha** distorted sound, **~ shoiléir** undistorted sound, **~ steiréó** stereo sound, **~ tholl** hollow sound

◊ **Is breá leis ~ a ghutha féin.** He likes the sound of his own voice.

Fuaimnigh *v₂ᵦ* sound; pronounce
abair say; articulate, **aisfhuaimnigh** reverberate, **athfhuaimnigh** reverberate, **buail** *(bell, alarm)* sound, **cling** chime, **cnag** knock, **déan fuaim** make a sound, **déan macalla** echo, make an echo, **dord** hum, buzz, **foghraigh** enunciate, **gligleáil** clink (cf **gloiní a ghligleáil** to clink glasses), **gogail** cackle, **guthaigh** vocalise, voice, **mífhuaimnigh** mispronounce, **sios** hiss, **siosc** sizzle, whisper, **sondáil** sound, **uathfhuaimnigh** *(organ)* cipher

Fuaimnithe *pp* sounded; pronounced
aisfhuaimnithe reverberated, **athfhuaimnithe** reverberate, **buailte** *(bell, alarm)* sounded, **clingthe** chimed, **cnagtha** knocked, **dordta** hummed, buzzed, **foghraithe** enunciated, **gligleáilte** clinked, **gogailte** cackled, **guthaithe** vocalised, **mífhuaimnithe** mispronounced, **ráite** said; articulated, **siosta** hissed, **sioscta** sizzled, whispered, **sondáilte** sounded, **uathfhuaimnithe** *(organ)* ciphered

Fuaimniú *vn* sounding; pronouncing
aisfhuaimniú reverberating, **athfhuaimniú** reverberated, **bualadh (cloig, aláraim)** sounding (of bell, alarm), **clingeadh** chiming, **cnagadh** knocking, **déanamh fuaime** making a sound, **déanamh macalla** making an echo, **dordadh** humming, buzzing, **foghrú** enunciating, **gligleáil** clinking, **gogal** cackling, **guthú** vocalising, **mífhuaimniú** mispronouncing, **rá** saying; articulating, **siosadh** hissing, **sioscadh** sizzling, whispering, **sondáil** sounding, **uathfhuaimniú** *(organ)* ciphering

Fuar *adj¹* cold
adhfhuar extremely cold, **amh** raw, **ar nós cuma liom** in an indifferent way, **Artach** Arctic, **ballchreathach** shivering all over, **coimhthíoch** undemonstrative, **conáilte** frozen stiff, **creathach** shivering, **crua** hard, **doicheallach** cold, unwelcoming, **duibheacach** wintry, bitterly cold, **dúlaí** wintry, miserable, **éadruach** pitiless, **falsa** indolent, **féithuar** chilly, **fionnuar** cool, **fuairnéalach** *(person)* cold, listless, apathetic, **fuaraithe** chilled, **fuaránta** frigid, **gan a dhath mairge** as cool as a cucumber, **gan mhothú** without feeling, **gan trua** pitiless, **géar** bitter, **geimhridh** (> *geimhreadh*) winter-, **geimhriúil** wintry, **goimhiúil** chilly, **in aisce** in vain, **leamh** apathetic, **mairbhleach** numb, **marbh** dead, **marbhánta** unresponsive, lifeless, **marbhfhuar** numb with the cold, **neamhbháúil** unsympathetic, **neamhchairdiúil** unfriendly, **neamh-chásmhar** unconcerned, **neamhchorrabhuaiseach** nonchalant, unperturbed, self-possessed, **neamhchorraithe** unruffled, unmoved, **neamhpháirteach** aloof, standoffish, **nimhneach** biting, **oighreata** icy, **patuar** lukewarm; indifferent, **préachta** (leis an bhfuacht) perished (with the cold), **réchúiseach** cool, phlegmatic, **reoch** freezing, **reoite** frozen, **ribeach** *(weather)* biting, nippy, **ribeanta** *(weather)* bitingly cold, **ruaiteach** *(wind)* cold, dry, withering, **seaca** frosty; frostbitten, **seachantach** standoffish, **siocánta** frosted, chilled, **siocdhóite** frostbitten, **sioctha** frozen solid, stiff from the cold, **siocúil** frosty, **sliopach** *(fingers)* numb, **splíonach** lifeless, wretched, **suarach** miserable, **tirim** *(masonry)* dry

▲ **~aigeanta** coolheaded, **~aistear** pointless journey, **~allas** cold sweat, **~bhruite** lukewarm, indifferent, **~chaoineadh** whining, whimpering, **~chásamh** whining, whinging, **~cheannach** levelheaded, **~chosach** unsociable, aloof, **~chráifeach** hypocritical in one's piety, **~chroíoch** coldhearted, **~chúiseach** indifferent; inperturbable, **~fháilteach** unwelcoming, **~ghaoth** *f* cold draught, **~intinneach** imperturbable, resolute, **~lobhadh** rot caused by dampness, **~mholadh** faint praise, **~sceirdiúil** bleak and exposed, **~spreosach** listless, **~ungadh** cold cream

Fuaraigh *v₂ₐ* become cold, cool, chill; die
adhfhuaraigh to become extremely cold, **conáil** perish, freeze, (cf **Chonálfadh sé na corra!** It would freeze the brass balls of a monkey!), **creathnaigh**

shiver, tremble, **cruaigh** harden, **éirigh fuar** become cold, **éirigh mairbhleach** become numb, **éirigh patuar** become lukewarm; indifferent, **éirigh siocdhóite** get frostbite, **faigh bás** die, **fionnuaraigh** cool, freshen, **forfhuaraigh** supercool, **géaraigh** *(wind)* freshen, **idirfhuaraigh** cool off, **oighrigh** turn to ice, freeze, **préach** perish from the cold, **reoigh** freeze hard, **sioc** freeze, stiffen from cold

Fuaraithe *pp* gotten cold, cooled, chilled
adhfhuaraithe gotten extremely cold, **conáilte** perished, frozen, **creathnaithe** shivered, trembled, **cruaite** hardened, **forfhuaraithe** supercooled, **éirithe fuar** gotten cold, **éirithe mairbhleach** gotten numb, **éirithe patuar** gotten lukewarm/indifferent, **éirithe siocdhóite** frostbitten, **fionnuaraithe** cooled, freshened, **géaraithe** *(wind)* freshened, **idirfhuaraithe** cooled off, **marbh** dead, **oighrithe** turned to ice, frozen, **préachta** perished from the cold, **reoite** frozen hard, **sioctha** frozen, stiffened from cold

Fuarú *vn* becoming cold, cooling, chilling
adhfhuarú to become extremely cold, **conáil** perishing, freezing, **creathnú** shivering, trembling, **cruachan** hardening, **éirí fuar** becoming cold, **éirí mairbhleach** becoming numb, **éirí patuar** becoming lukewarm; indifferent, **éirí siocdhóite** getting frostbite, **fáil bháis** dying, **fionnuarú** cooling, freshening, **forfhuarú** supercooling, **géarú** *(wind)* freshening, **idirfhuarú** cooling off, **oighriú** turning to ice, freezing, **préachadh** perishing from the cold, **reo** freezing hard, **sioc** freezing, stiffening from cold

Fuarchúis *f(~e)* indifference; detachment
coimhthíos alienation, **cruas** hardness, **dímhothú** insensitivity, **doicheall** churlishness, coldness, **deorantacht** aloofness, **dúire** dourness, **easpa spéise** lack of interest, **easpa suime** lack of interest, **fuaire** coldness, **fuaraigeantacht** imperturbability, coolheadedness, **fuaraíocht** coldness, **fuarchroíche** coldheartedness, **fuarintinní** coolheadedness; firmness of purpose, **fuarspreosaí** tepidity, lukewarm disposition/attitude; listlessness, **fuarthé** apathy, neglect; apathetic person, **leathmheasarthacht** indifference, mediocre quality/outcome, **neafais** triviality, **neamhaird** disregard, **neamhchorrabhuais** nonchalance, **neamhshuim** lack of interest, disregard, **neamhspéis** disinterest, lack of interest, **patuaire** apathy, **réchúis** laid-back attitude, casualness, **réidhe** indifference, **scoiteacht** detachment, **támh** apathy, lethargy

Fuarchúiseach *adj³* indifferent; detached
coimhthíoch distant; weird, **crua** hard, **deoranta** aloof, distant, **doicheallach** churlish, unfriendly, **dúr** dour, **fuar** cold, **fuaraigeanta** imperturbable, coolheaded, **fuaránta** cold, unemotional; frigid, **fuarchroích** coldhearted, **fuarintinneach** coolheaded;

purposeful, **fuarspreosach** lukewarm, tepid; listless, **leathmheasartha** indifferent, poor, **neafaiseach** trivial **neamhairdiúil** heedless, careless, showing disregard, **neamhchorrabhuaiseach** nonchalant, casual, **neamh-mhothaitheach** impassive; nonfeeling, unfeeling, **neamh-mhothálach** insensitive; unfeeling, **neamhshuimiúil** uninteresting, **neamhspéisiúil** uninteresting, forgettable, **patuar** apathetic; lukewarm, **réchúiseach** laid-back, casual, **réidh i rud** indifferent to a thing, **scoite** detached, removed; cut off, **támhach** apathetic, lethargic

Fuascail *v₂c* liberate, emancipate; disentangle
bain an ceangal de untie, **bain as aimhréidh** disentangle, **bain den teaghrán** untether, **bain glas de** unlock, **bain slabhraí de** unchain, **cúitigh** compensate, requite, **díolmhaigh** exempt, **faigh léargas ar** get insight into, **fóir** succour, relieve, **fortaigh** comfort, **lig amach** let out/go, **lig saor** set free, **nocht** reveal, **réitigh** clear up, disentangle (cf **sreanga a réiteach** to disentangle wires), **sábháil** save, **saor** free, liberate, **saor ó pheacaí** free from sins, **scaoil** liberate, release, **scaoil amach** unleash, **scoith** break away, detach, **slám** *(wool)* tease, **slánaigh** redeem, save, **slaon** *(wool)* tease, **spíon** *(hair)* tease, comb out knots (cf **argóint a spíonadh** to tease out an argument), **téigh amach ar** work out, fathom (cf **Ní rachadh duine ar bith amach air sin.** No one could ever fathom that.), **tabhair faoiseamh do** bring relief to, **tarrtháil** rescue, bail out, **teasairg** save, rescue, **tuig** understand *(see also: saor 1)*

Fuascailt *vn* liberating, emancipating; disentangling
airgead fuascailte ransom, **anacal** deliverance, **baint as aimhréidh** disentangling, **baint ceangail** untying, removal of link, linkage; tie, **baint den teaghrán** untethering, **baint glais de** removing the lock, **baint slabhraí de** unchaining, **cúiteamh** compensating, requiting, **deonú ceart vótála** enfranchisement, **díolmhú** exempting, **dul amach ar** working out, fathoming, **fáil léargais ar** gaining insight into, **fóirithint** succouring, relieving, **fortacht** comforting, **faoiseamh** relief, **fóirithint** saving, relieving, succour, relief, **ligean amach** letting out/go, **ligean dul saor** allowing to go free, **ligean saor** freeing, **nochtadh** revealing, **réiteach** clearing up, disentangling, **sábháil** saving, **saoirse** *f* freedom, **saoirse cainte** freedom of speech, **saoirse creidimh** religious freedom, **saoradh** freeing, **saoradh ó pheacaí** freeing from sins, **scaoileadh saor** releasing, setting free, **slámadh** *(wool)* teasing, **slánú** saving, salvation, **slaonadh** *(wool)* teasing, **spíonadh** *(hair)* teasing, combing out knots, **tabhairt faoiseamh do** bringing relief to, **tarrtháil** rescuing, rescue, **teasargan** saving, rescuing, **tuiscint** understanding

Fuascailte *pp* liberated, emancipated; disentangled
cúitithe compensated, requited, **díolmhaithe**

exempted, **dulta amach ar** worked out, fathomed, **fóirthe** succoured, relieved, **fortaithe** comforted, **ligthe amach** let out/go, **ligthe saor** set free, **réitithe** cleared up, disentangled, **sábháilte** saved, **saortha** freed, liberated, **saortha ó pheacaí** freed from sins, **scaoilte** liberated, released, **scaoilte amach** unleashed, **scoite** broken away, detached, **slámtha** *(wool)* teased, **slánaithe** redeemed, saved, **slaonta** *(wool)* teased, **spíonta** *(hair)* teased, combed out, **tarrtháilte** rescued, bailed out, **teasairgthe** saved, rescued, **tuigthe** understood

Fuascailteach *adj*[3] liberating, emancipating
anacail (> **anacal**) deliverance, **fuascailte** liberating, pertaining to redemption, **saorthach** freeing, liberating, **slánaitheach** redeeming, **tarrthálach** rescuing

Fuascailteoir *m (-eora; ~í)* liberator, emancipator
lucht fóirithinte those who bring succour, **Meisias** Messiah, **saoradh** freeing, **scaoilteoir** releaser, deliverer, **slánaitheoir** saviour, redeemer, **tarrthálaí** rescuer, **trodaí na saoirse** freedom fighter

○ **An Fuascailteoir** *The Liberator* the epithet given to **Dónall Ó Conaill** *Daniel O'Connell (1775–1847)*, **dlíodóir** *lawyer* and **parlaiminteoir** *parliamentarian* who campaigned for the rights of the Catholic majority in Ireland. Repeatedly elected to parliament, Ó Conaill helped to secure the removal of punitive restrictions that had been imposed on Catholics by the **Péindlíthe** *Penal Laws* that were imposed in the 17th and 18th centuries.

Fuath *m (~a)* hatred
adhfhuafaireacht abomination, **adhfhuath** horror, deep hatred, **binb** venom, fury, **cais** hatred, spite, **col** aversion, **cradhscal** repugnance, shuddering (eg Tagann cradhscal fuachta orm fiú ag smaoineamh air. Even thinking about it sends cold shivers down my spine.), **déistin** disgust, **drochaigne** malevolence, **droch-chroí** ill will, **drochfhuil** bad blood, **drochintinn** evil intention, **eascairdeas** antagonism, **fala** spite, grudge, **fiamh** grudge, spite, **fuathú** abhorrence; hating, **goimh** venom, spleen, **gráin** hatred, **grainc** *(lit)* loathing, disgust, Is é púca na n-adharc agam é. It's anathema to me., **masmas** nausea, **míghnaoi** antipathy, **mioscais** spite, hatred; active ill will, **míthaitneamh** displeasure, disliking, **muc ar mala** scowl, great displeasure (Tháinig muc ar gach mala aici. She frowned darkly.), **naimhdeas** animosity, **neamh-ghrámhaire** unlovingness, **nimh** virulence, bitterness, **olc** evil, anger, temper, **olcas** spite, badness, **samhnas** disgust; nausea, **seanfhala** feuding, old grudges, **snamh** dislike, distaste

◊ Is ~ liom é. I hate it., Tá ~ nimhe aige dó. He hates it with a vengeance., He loathes it.

Fuathaigh *v₂ₐ* hate, abhor
adhfhuathaigh abhor, **caith drochmheas ar** hold in contempt, **cuir déistin ar** disgust, **díspeag** belittle, scorn, **gráinigh** hate, abhor, Is fuath liom é. I hate it., Is gráin liom é. I hate it., Tá col agam leis. It's anathema to me., Tá fuath buile agam dó I loathe it., I abhor it., **táir** demean, degrade, **tarcaisnigh** scorn, disparage, **urghráinigh** loathe; terrify

Fuathaithe *pp* hated, abhorred
adhfhuathaithe abhorred, **gráinithe** hated, **táirthe** demeaned, degraded, **tarcaisnithe** scorned, disparaged, **urghráinithe** loathed; terrified

Fuathú *vn* hating
adhfhuathú abhorring, **cur coil ar** causing a sense of revulsion in, revolting, **cur déistin ar dhuine** disgusting a person, **cur uafás ar dhuine** horrifying a person, **gráiniú** hating, abhorring, **táireadh** demeaning, degrading, **tarcaisniú** scorning, disparaging, **urghráiniú** loathing; terrifying

Fuil *f (fola; fola)* blood
ár slaughter, **ceart oidhreachta** blood heritage, **cur fola** bleeding, **doirteadh fola** bloodshed, **fialas** kinship, **folaíocht** blood, bloodline, lineage, **fuiliú** bleeding, **ginealach** *m* pedigree, lineage, genealogy, **gaol** kinship, **gaol fola** blood relative, **pór** (**uasal**) (noble) blood lineage, **pórlíne** bloodline, **sileadh fola** bleeding, **síolrach** *m* progeny, **sinsearacht** ancestry, **sliocht** *m (sleachta)* breed; progeny, **téachtfhuil** clotted blood, **tuismíocht** parentage

▲ ~aistriú blood transfusion, ~bheartach bloody-minded, ~chill blood cell, ~chíocrach bloodthirsty, ~doirteadh *m (-doirte)* bloodshed

▲ **athair** *f (athar)* **fola** biological father, **banc fola** blood bank, **braon fola** drop of blood, **brú fola** blood pressure, **cailleadh fola** loss of blood, **cill fola** blood cell, **deontóir fola** blood donor, **doirteadh fola** shedding of blood; blood and guts, **gaolta fola** blood relations, **glúcós fola** blood glucose, **páiste fola** biological child, **scaird fola** spurt of blood, **sruth fola** stream of blood, **tástáil fola** blood test

◊ ~ a dhoirteadh to spill blood, **bheith ag cur/ag stealladh fola** to be bleeding/gushing blood, **i linn fola** in a pool of blood, **urlár ar a bhfuil sprais fhola** blood-spattered floor

Fuílleach *m (-lligh; -lligh, ~)* residue, remainder; balance
an chuid eile the part that is left, those that are left, the remainder, the balance, **barrachas** surplus, **barraíocht** excess, **brabach** *m* surplus; gain, **bruscar** debris, fragments; refuse, rubbish, **ceas** *m (~a)* surfeit, **dramhaíl** waste, **dríodar** jetsam, **farasbarr** surfeit, **fuíoll** *m* chaff, leftovers; remainder, **iarmhar** residue, remnant, **iarsma** *m* remnant, fossil, **iomarca** excess, glut, **rathúnas** abundance; surplus

Fuilteach *adj³* bloody, cruel
atá ag cur fola bleeding, **áir** (> *ár*) of slaughter, **barbartha** barbarous, **brúidiúil** brutal, **crólinnteach** gory, **cruálach** cruel, **dearg** red; bloody, **dúnmharfach** murderous, **flann** blood-red, sanguinary, **fordhearg** bloodstained, bloody, **fola** (> *fuil*) bloodied, bleeding, **fuilbhreac** blood-splattered, **fuilchíocrach** bloodthirsty, **fuilsméartha** bloodstained, **gonta** wounded, **rua** fierce, bloody (cf **cath rua** bloody battle)

Fuinneamh *m (-nnimh)* energy
aibíocht quickness, keenness, **aigne** spirit, cheerfulness, **aigeantacht** spiritedness, **anam** spirit, energy, breath, **anamúlacht** liveliness, **beocht** vitality, **beogacht** liveliness, **bíogúlacht** briskness, **brí** *f* vigour, **croíúlacht** heartiness, **cumhacht** power (cf **cumhacht núicléach** nuclear power), **díograis** enthusiasm, **éirimiúlacht** sprightliness, **flosc** gusto, force, **géim** gameness, zest for life (eg **Tá géim sa seanmhadra fós!** There's life in the old dog yet!), **grianchumhacht** solar energy, **inneach** *m* stamina, **neart** potency, power, **láidreacht** strength, **meanmnacht** spiritedness, courage, **miotal** mettle, **preabaireacht** bounciness, **scafántacht** vigorousness, **spionnadh** vim, zest, **spionntacht** vigorousness, **spleodar** exuberance, **sponc** spunk, spirit, **spreacúlacht** vigour, **spriolladh** liveliness, **teacht aniar** recuperative power, never say die, **treallús** get up and go, **tualaing** potential, potency, **tualangacht** potentiality

▲ ~ **adamhach** atomic energy, ~ **aeraiteirmeach** aerothermal energy, ~ **ag an nialasphointe** zero-point energy, ~ **breosla iontaise** fossil fuel energy, ~ **cinéiteach** kinetic energy, ~ **comhleá** fusion energy, ~ **comhthimpeallach** ambient energy, ~ **folaigh** latent energy, ~ **glas** green energy, ~ **gréine** solar energy, ~ **gluaiseachta** motive energy, ~ **in-athnuaite** renewable energy, ~ **nasctha** binding energy, ~ **núicléach** nuclear energy, ~ **poitéinsiúil** potential energy, ~ **statach** static energy

Fuinneog *f (-oige; ~a, ~)* window
báfhuinneog bay window, **déghloiniú** double glazing, **forléas** *m* skylight, **fráma** frame, **gaothscáth** windscreen, **gloine** *f* glass, pane, **oscailt** opening, **seans** opportunity, chance, **sliosfhuinneog** porthole, **solas** light, **spéirléas** *m (-léis)* skylight, **radharc** view

▲ ~ **áiléir** attic window, ~ **aníos** pop-up window, ~ **bhrabhsála** browser window, ~ **dhín** skylight, ~ **doiciméid** document window, ~ **fhardorais** fanlight, ~ **ghníomhach** active window, ~ **neamhghníomhach** inactive window, **bainisteoir** ~ window manager

◊ **Níl siad ach ag cur madraí ar fhuinneoga arís!** They are just bluffing again., They're just up to their old tricks again.

Fuinniúil *adj⁴* energetic
aibí brisk, lively, **aigeanta** spirited, **anamúil** lively, **beo** alive, **beoga** full of vitality, **bíogúil** sprightly, brisk, **bríomhar** vigorous, **cumasach** capable, **cumhachtach** powerful, **dinimiciúil** dynamic, **díograiseach** enthusiastic, **éirimiúil** sprightly, **floscthach** (el) exciting, **forránach** assertive, **gníomhach** active, **láidir** strong, **lán de spleodar** full of exuberance, full of beans, **meanmnach** spirited, courageous, **miotalach** mettlesome, **neartmhar** potent, powerful, **preabarnaí** (> *preabarnach*), bouncing, full of bounce, **scafánta** vigorous, **sláintiúil** healthy, fit, **spionnúil** full of vim, full of zest, **spleodrach** exuberant, **sponcúil** spunky, spirited, **spreacúil** forceful, energetic, **teacht aniar** recuperative power, never say die, **treallúsach** self-assertive, **tréipéiseach** self-assertive, forward, **tualangach** having potential *(see also:* **bríomhar***)*

Fuíoll *m (-íll; -íll, ~)* remainder, remains
barraíocht excess, **breis** extra, addition, **bruscar** debris, fragments; refuse, rubbish, **cáithleach** *m* grain husks, **dramhaíl** waste, **dríodar** jetsam, **farasbarr** surplus, **fuílleach** remainder, **iarmhar** residue, **iomarca** excess, **iomarcaíocht** superfluity; redundancy, **lóchán** chaff, **ribheirsean** remains, leavings, **rófhlúirse** *f* overabundance, **rómhéid** *m* (~) exorbitance, **scaid** chaff, husks, **scamhachán** exfoliation; scaling, peeling, **scamhadh** peelings, shavings, shredded material, **scealbóir** discarded portion of cut seed potato, **scroblach** *m* remnants (of food), **spruadar** remnants; refuse

Fuip *f (~e; ~eanna)* whip, flail
cat cat, whip, **eachlasc** *f* horsewhip, **lasc** *f (laisce; ~a, ~)* whip, flail, lash, (cf **lasc den fhuip** crack of the whip); switch, **lasc na naoi gcraobh** cat-o'-nine-tails, **slat** *f* cane, rod, **slat bhuailte** birch, rod for administering a beating, **sroigheall** *(lit)* flagellum, scourge, **súiste** flail

▲ ~ **mharcaíochta** riding crop, ~**lasc** *(med)* whiplash, ~ **sheilge** hunting whip

Fuipeáil 1 *v_le* whip, flail
batráil batter, beat, **buail** beat, thrash, **eachlasc** horsewhip, **failp** whip, **gread** bash, flail, **lasc** lash, whip, **léas** welt, flog, **liúr** flog, **péirseáil** flog, **riastáil** flog, **sciúr** cane, lash, **sciúrsáil** flagellate, flog, **sraoill** flagellate, flog, **stiall** lash, wound, cut strips off, **súisteáil** flail, thresh, **tabhair léasadh do dhuine** flog a person, **tabhair súisteáil do dhuine** give a person a flailing

Fuipeáil 2 *vn* whipping, flailing
batráil beating, **bualadh** beating, thrashing, **eachlascadh** horsewhipping, **failpeadh** whipping, **feann** flay, **greadadh** bashing; flailing, **lascadh** lashing, whipping, **leadhb** thrash; tear in strips, **léasadh** flogging, **liúradh** flogging, **péirseáil** flogging, **riastáil** flogging, **sciúrsáil** flagellating, flagellation,

sraoilleadh flagellating, flogging, **stialladh** lashing, wounding, cutting strips off, **súisteáil** flailing, threshing

Fuipeáilte *pp* whipped, flailed
batráilte battered, beaten, **buailte** beaten, thrashed, **eachlasctha** horsewhipped, **failpthe** whipped, **feannta** flayed, **greadta** bashed; flailed, **lasctha** lashed, whipped, **leadhbtha** thrashed; torn in strips, **léasta** flogged, **liúrtha** flogged, **péirseáilte** flogged, **riastáilte** flogged, **sciúrsáilte** flagellated, **sraoillte** flagellated, **stiallta** lashed, wounded, **súisteáilte** flailed, threshed

Fulaing *v₂ₑ* suffer, endure
aothaigh pass through a crisis, **bí misniúil** be brave, **broic le** tolerate, **coinnigh ort** persist, **cuir cuma dhearfach ort féin** put a brave face on, **cuir stoirmeacha na beatha díot** weather the storms of life, **cuir suas le** put up with, **déan cruachan in aghaidh na hanachaine** brave it out, **foighnigh** have patience, endure, **glac le** accept, **iompair** carry, bear, **lean ar aghaidh** carry on, **sáraigh an anachain** overcome adversity, disaster, **seas** withstand, **tar slán as rud éigin** survive something, **téigh trí** go through

Ní fhulaingíonn sé amadáin. He doesn't abide fools.
Ní fhulaingíonn sé fuacht. *(plant)* It can't take the cold.
Ní fhulaingíonn sé leisce. He doesn't tolerate laziness.
Ní fhulaingíonn sé pian. He doesn't suffer/feel pain.

Fulaingt *vn* suffering
anacair *f (-cra)* distress, **anachain** adversity, **anbhroid** wretchedness, affliction, **anó** *m* misery; discomfort, **anró** wretched condition, distress, **aothú** passing through a crisis, **arraingeacha an bháis** throes of death, **broic le** tolerating, **céasadh** torture, **ciapadh** torment, **cora crua an tsaoil** vicissitudes of life, **crá** torment, **cruatan** hardship, **daigh** *f (~e; daitheacha)* pang, **dócúl** discomfort, distress, pain, **dul trí** going through, **foighnú** enduring with patience, **glacadh** accepting, **ifreann** hell, **iompar** carrying, bearing, **léan** agony, **léan agus leatrom** agonies, **leanúint ar aghaidh** carrying on, **mairtíreacht** martyrdom, **míchompord** discomfort, **míshócúl** discomfort, **míshuaimhneas** unease, perturbation, **neamhshócúl** discomfort, **pian** *f (péine; ~ta)* pain, **pianpháis** anguish, **purgadóir** purgatory, **saoth** suffering, sickness, **sceimhle** terror, ordeal, **seasamh an fhóid** withstanding, **splíontaíocht** suffering; maltreatment, **teacht slán** surviving, **treabhlaid** tribulation, distress

Fulaingthe *pp* suffered, endured
aothaithe passed through a crisis, **broicthe le** tolerated, **dulta trí** gone through, **foighnithe** endured with patience, **glactha** accepted, **iompartha** carried, borne, **leanta ar aghaidh** carried on, **seasta** withstood, **tagtha slán (as an ionsaí)** survived (the attack)

Fulangach *adj³* suffering, tolerant
anacrach distressed, **anóiteach** miserable, **anróiteach** wretched, distressful, **buartha** upset, afflicted, **caoinfhulangach** tolerant, **céasta** tortured, **ciaptha** tormented, **cráite** tormented, **dócúlach** distressing, in pain, **fadaraíonach** long-suffering, **fadfhulangach** long-suffering, **foighneach** patient, **géilliúil** submissive, **i bpian** in pain, **i bpianpháis** in anguish, in agony, **ifreanda** hellish, **léanmhar** agonising, woeful, **míchompordach** uncomfortable, **míshócúlach** in discomfort, **míshuaimhneach** uneasy, **neamhshócúlach** uncomfortable, **pianmhar** painful, **treabhlaideach** distressing

Fulangaí *m (~; -aithe)* sufferer
ainniseoir bocht poor wretch, **an té atá thíos** the underdog, **breoiteachán** sickly person; invalid, **cincíseach** *m* ill-starred person, **creatúr bocht** poor wretch, **díol trua** sad case, **donán** unfortunate wretch, **duine tinn** sick person, **easlán** sick person; invalid, **íobartach** *m* victim of sacrifice, **íospartach** *m* victim, **mairtíreach** *m* martyr, **othar** patient, **sampla** afflicted person, **taismeach** *m* casualty, **truán** person to be pitied, **tubaisteoir** unfortunate person *(see also: íospartach)*

Furasta *adj⁶* easy *(compar fusa)*
aonta simple, **aosáideach** easy, **bog** soft, facile, **diúid** simple, uncomplicated, straightforward, **éasca** easy, **gan dua** effortless, **gan stró** without effort, without hassle, **neamhchasta** uncomplicated, **réidh** soft, easy, **simplí** simple, **sothuigthe** easily understood *(see also: éasca)*

Fústaire *m (~; -rí)* fusser, fusspot
beadaí epicure, person fussy about food, **cráiteachán** demented worrier and fusser, **duine mionchúiseach** overly particular person, **fústrálaí** fusser, **gleothálaí** noisy fusser, **griothalánaí** fusser, anxious person, **lochtóir** fault-finder, **lucht na foirfeachta** perfectionists, **nead** *f (neide)* **imní** worrier

Fústráil *vn* fussing
anó *m* upset, **corraí** unrest, **corraíl** commotion, **crá croí** hassle, bother, **fuadar** bustle, kerfuffle, **fústar** fuss, flap, **gleotháil** fussing, **griothal** fuss, hoo-ha, **mórán cainte ar bheagán cúise** much ado about nothing, **suaitheadh** agitation, stir, **tranglam** tangle, confusion

G g

Ga *m (~; ~thanna)*
  1. spear, dart
  beaignit bayonet, **bior** *m (beara; ~anna)* pointed rod, **bonsach** *f* javelin, **clipe** *(fish)* barbed spear, **craoiseach** *f* spear, **dairt** dart, **gaithleann** *f* spear, **láighe** *f (lit)* spear, **lansa** lance, **léaró** shard, **scian** *f* knife, **sleá** *f* spear, **snáthaid** needle, **spíce** spike, **spóca** *(wheel)* spoke, **treá** *m (~; ~nna)* spear

  ▲ ~ **iascaigh** fishing spear, **ga ciorcail** radius of a circle, ~ **rotha** spoke of a wheel, ~ **sámhaithe** tranquillising dart

  2. ray, beam
  gealán flash, beam, **léas** *m (léis; ~acha)* beam, **léasar** laser, **loinnir** radiance, **maide** stick; beam, **ruithne** *f* ray, beam, **tointe** ray, thread (cf **tointe gréine** thread of sunlight)

  ▲ ~ **cosmach** cosmic ray, ~ **gealaí** moonbeam, ~ **gréine** sunbeam, ~ **marfach** death ray, ~ **solais** ray of light, ~ **tí solais** lighthouse beam

  3. sting, dart
  arraing dart of pain, **bárthainn** hurt, injury, **cailg** sting of insect, **cealg** *f (ceilge; ~a, ~)* sting, **daigh** stabbing pain, dart (cf **daitheacha cinn** facial neuralgia), **freanga** spasm, dart, **goimh** venom, sting (cf **goimh an díomuíochais** the sting of ingratitude), **goin** *f (gona)* stab, sting, **goineog** sting, **greim** *m (-eama)* bite (cf **greim dreancaide** fleabite), **snáthaid** needle, sting (cf **snáthaid na haithrí** the sting of remorse)

  ▲ ~ **nathrach** snake bite/sting, ~ **nimhe** stingray, ~ **seangáin** ant sting

  ◊ **Bhí ~ seá ionam.** I lost my breath., **Chuir beach ~ ann.** A bee stung him.

Gá *m (~)* need
  call (le) call (for), **ceanglas** *(law)* requirement, **díth** lack, requirement, **easpa** want, lack, **éigeantas** compulsion, **gátar** need, want, **géibheann** pressing need, **Is féidir gan é.** It's not a must., **Ní féidir gan é.** It's a must., **oibleagáid** obligation, **réamhriachtanas** prerequisite, **riachtanas** requirement, requisite, necessity

  ◊ **más ~** if necessary, **ní ~ dom a rá** I don't need to say

  P **Múineann ~ seift.** Necessity is the mother of invention.

Gabh *v₁ₐ* capture, apprehend, arrest, captivate
  1. capture, arrest, take, occupy
  aisghabh retake, **áitigh** occupy, **atháitigh** reoccupy, **athghabh** retake, recover, **beir ar** take hold of, catch, **beir greim ar** take a grip of, **cantáil** grab; devour, **ceap** catch, **coilínigh** colonise, **coinnigh** keep, detain, **cúinneáil** corner, **déan giall de dhuine** take someone hostage, **dol** ensnare, snare; *(fishing)* net, **cuir duine i bpríosún** jail a person, **cuir duine i ngéibheann** place a person in custody, put a person into captivity, **faigh greim ar** take a grip of, **forghabh** seize forcibly; usurp, **forlámhaigh** usurp, dominate; assume control by violence, **glac** take (on), accept, **glám** grab, clutch, **grabáil** grab, **leithghabh** appropriate, **leithreasaigh** appropriate, **mogallaigh** mesh, enmesh (cf **iasc a mhogallú** to catch a fish in a net), **saigh** *(lit)* go forwards, **sciob** snatch, **tapaigh** seize, grasp, **snap** snatch, catch, **tóg** take, capture, **urghabh** *(jur)* seize

  2. *(manner)* go
  aistrigh travel, **bog** shift, move, **bonnaigh** trot, walk, **brostaigh** hurry, **corraigh** stir, move, **cumhscaigh** move, shift, **déan ar** make towards, **druid** move close to, approach, **eitil** fly, **fuaidrigh** wander, **gluais** move, **imigh** leave, depart, **iomluaigh** stir, move; propose, advance, **lean** follow, **luainigh** move quickly, nimbly, **marcaigh** ride, **sciurd** rush, dash, **scuch** *(lit)* proceed; depart, **siúil** walk, **scinn** dart, fly along at great speed, **snámh** swim, **straeáil** stray, **teann le** make towards, draw near to, **tiomáin** drive, **trácht** go, proceed, journey, **téigh** go, **téigh chun cinn** proceed, **teith** flee, **toghluais** *(lit)* move, set in motion, **treabh ar aghaidh** plough ahead **triall** travel *(see also: téigh)*

  3. *(direction)* go
  ardaigh rise, **athchas** turn back, return, **baiceáil** move backwards, **bailigh thar** hurry past (cf **Bhailigh siad leo.** They went off.), **cas** turn, **ciorclaigh** circle, **cúlaigh** reverse, go backwards, **éirigh** arise, get up, **lean díreach ar aghaidh** carry on straight ahead, **iompaigh ar ais** turn back, **iompaigh thart** turn around, **réimnigh** advance, progress, **tar aníos** come up, **tarraing siar** pull back, **téigh síos/suas** go down/up, **timpeallaigh** go around, **tiontaigh** overturn, capsize; invert, reverse, **tit** fall, descend rapidly, **tornáil** *(naut)* tack, zigzag, **trasnaigh** cross, traverse

  ~ann an lá chun báistí. The day turns towards rain.
  ~ann an t-am go tapa uainn. Time quickly passes us by.
  ~ann an tine as. The fire goes out.
  ~ann na Gardaí é. The Gardaí arrest him.

~ann sé air féin gníomhú. He takes it upon himself to act.
~ann sí a leithscéal. She excuses herself.
~ann sé ar a anáil. He holds his breath.
~ann sí ar an obair. She starts the work.
~ann sé buíochas léi. He thanks her.
~ann sí cead acu. She asks their permission.
~ann sé de bhata ar mhadra. He beats a dog with a stick.
~ann sí de scian ionam. She sticks a knife in me.
~ann sé faoi cheann eile. He tries another one.
~ann sí greim docht ann. She grips it firmly.
~ann sé liom air sin. He agrees with me on that.
~ann sí uime ina focal. She goes back on her word.
~ann siad faoin namhaid. They attack the enemy.
~ann siad faoin scian. They undergo an operation.
~ann sin domsa freisin. I'm also afflicted by that.
~ann sin thar a bhfaca mé riamh! That takes the cake!
~ann sin trí mo chroí. That really upsets me.

Gabháil *vn* capture, apprehend, arrest, captivate
  1. capture, arrest, take
  aisghabháil retaking, **áitiú** occupying, **atháitiú** reoccupying, **athghabháil** retaking, recovering, **breith ar** taking hold of, catching, **breith greim ar** taking a grip of, **cantáil** grabbing; devouring, **ceapadh** catching, **coilíniú** colonising, **coinneáil** detaining; detention, **cúinneáil** cornering, **cur i bpríosún** imprisonment, **cur i ngéibheann** incarceration, **doladh** ensnaring, snaring, *(fishing)* netting, **forghabháil** forcible seizure; usurpation, **glacadh** taking (on), accepting, **glámadh** grabbing, clutching, **grabáil** grabbing, **greim** *m (greama)* grip, **leithghabháil** appropriating, **leithreasú** appropriating, **mogallú** meshing, enmeshing, **reasta** arrest, **saighe** *(lit)* going forwards, **sciobadh** snatching, **tapú** seizing, grasping, **snapadh** snatching, catching, **tógáil** taking, capturing, **urghabháil** *(jur)* seizure
  2. *(manner)* going
  aistriú travelling, **bogadh** shifting, moving, **bonnú** trotting, walking, **brostú** hurrying, **corraí** stir, movement, **cumhscú** moving, shifting, **déanamh ar** making towards, **druidim** moving close to, approach, **dul** going, **dul chun cinn** proceeding, progressing, **eitilt** flying, **fuaidreamh** wandering, **gliúmáil** feeling one's way slowly (cf **Bhí an bád ag gliúmáil léi siar.** The boat was going slowly westwards.), **gluaiseacht** movement, **iomlua** stirring, moving; proposing, advancing, **leanúint** following, **luainiú** moving quickly, nimbly, **marcaíocht** riding, **sciurdadh** rushing, dashing, **scuchadh** *(lit)* proceeding; departing, **siúl** walking, working (cf **nuair a bhíonn an t-inneall ag ~/ar siúl** when the engine is working), **snámh** swimming, **straeáil** straying, **teannadh le** making towards, drawing near to, **tiomáint** driving, **trácht** going, proceeding, journeying, **teitheadh** fleeing, **toghluaiseacht** *(lit)* moving, setting in motion, **treabhadh ar aghaidh** ploughing ahead *(see also: **dul**)*

  3. *(direction)* going
  ardú rising, **athchasadh** turning back, returning, **baiceáil** moving backwards, **bailiú thar** hurrying past, **casadh** turning, **ciorclú** circling, **cúlú** reversing, going backwards, **dul síos/suas** going down/up, **éirí** arising, getting up, **leanúint díreach ar aghaidh** carrying on straight ahead, **iompú ar ais** turning back, **iompú thart** turning around, **réimniú** advancing, progressing, **teacht aníos** coming up, **tarraingt siar** pulling back, **timpeallú** going around, **tiontú** overturning, capsizing; inverting, reversing, **titim** falling, descending rapidly, **tornáil** *(naut)* tacking, zigzagging, **trasnú** crossing, traversing

Gabhal *m (-ail, -ail, ~)* fork; crotch
  brainse branch, **craobh** *f* offshoot, branching off, **forc** fork, **gabhlach** *f (-laí; ~a, ~)* forked implement, **gabhlán** bifurcation, fork, **gabhlóg** forked stick, **gabhlú** branching off, **géag** *f (géige; ~a, ~)* branch, offshoot, **ladhar** prong, **rogha** *f* (cf ~ **dhá bhóthar** fork in the road)
  ◊ **Bhuail an liathróid sa ghabhal é.** The ball hit him in the crotch., **Tagann tú go ~ sa bhóthar.** You come to a fork in the road.

Gabhálach *adj³* acquisitive, grasping, catching
  amplach gluttonous, **cíocrach** greedy, craving, **cnuasaitheach** garnering, **coigilteach** thrifty; hoarding, **dúspéisiúil** gripping, **forghabhálach** grasping; usurping, **santach** greedy, **saolta** materialistic, **sciobthach** grasping, grabbing, **sealbhach** possessive, grasping, **soghabhála** receptive, **somheabhraithe** *(of a tune)* catchy, **tógálach** contagious, catching

Gabháltas *m (-ais; -ais, ~)* holding, rented or owned patch of land
  achadh large field, **buaile** *f* small field for grazing; milking yard, **ceap** *m (cip) (agr)* plot, bed, **ceapach** *f* tillage plot; flower bed, **concas** conquest, **críoch** *f (críche; ~a, ~)* territory, land, **féarach** pasture, **fearann** grounds, lands, **feirm** farm, **fódán** little spot of land, **forrach** measure of land, tract of land; meeting place, **gairdín** garden, **garraí** vegetable garden, **gort** field, **lota** lot, **míodún** meadow, **móinéar** meadow, **móinteach** moorland, moor, **moing** overgrown swamp, **paiste talún** patch of land, **píosa talún** bit of land, **plásóg** green, **portach** *m* bog, **sciorta talún** strip of land, **talamh** *m/f (talaimh/talún; tailte)* land **tionóntacht** tenancy *(see also: **talamh**)*

Gabhlógach *adj³* forked
  brainseála (> **brainseáil**) branching, **bréagach** false, untrue, **calaoiseach** fraudulent, underhand, **cam** crooked, **dealaithe** dividing, **fealltach** treacherous, deceitful, **gabhlach** forked, **ladhrach** pronged, **mímhacánta** dishonest

Gach *adj indecl* every
  achan *(dial)* every, **chaon** *(dial)* every, **iomlán** total, all, **uile** all, **uile go léir** all of it/them, **uillig** all *(see also:* **uile***)*

  ◊ **~ a bhféadfainn ach gáire a dhéanamh!** All I could do was laugh!, **~ aon duine** every single person, **~ duine/rud/uair** every person/thing/time, **i ngach uile chás** in every single case, **~ re seal** turn and turn about, **~ re uair** every second time

Gad *m(gaid; gaid, ~)* withe, knot
  banda band, **ceangal** tie, **leath-ghad** temporary knot, **nasc** tether, link, **sealán na croiche** hangman's noose (cf **gad a chur faoina mhuineál** to put a noose around his neck), **snaidhm** *f* knot, **súgán** straw rope, **téad** *f (téide; ~a, ~)* rope, **teaghrán** tether

  ▲ **~ brád** scrofula, **~ coise** spancel, **~ éisc** string of fish, **~ maoile** rope tied over the top of a load, **~ tairr** belly band

  ◊ **~ ar ghaineamh** useless enterprise, **Sin an áit a bhfuil an ~.** That's the fly in the ointment., That's where the problem lies.

Gadaí *m (~; -aithe)* thief
  bithiúnach scoundrel, **bradaí** pincher, filcher; *(comp)* hacker, plagiarist, **buirgléir** burglar, **caimiléir** crook, con man, **ceithearnach** bandit, **ceithearnach coille** outlaw; highwayman, **cleipteamáineach** kleptomaniac, **clifeálaí** pilferer, **cneámhaire** swindler, knave, **creachadóir** marauder, plunderer, looter, **cúblálaí** fraudster, wrangler, trickster, **cúigleálaí** embezzler, **díbeartach** *m* outcast, **faladhúdaí** stealthy thief, **foghlaí** trespassing thief; plunderer, **foghlaí mara** pirate, **fuad** wretched thief, **ladrann** robber, thief, **lucht foghla** marauders, **meirleach** *m* villain; outlaw; robber, crook, **mionbhradaí** pilferer, **mionghadaí** small-time thief, **mugálaí** mugger, **peasghadaí** pickpocket, **piocaire póca** pickpocket, **píoráid** pirate, **plucálaí** swindler, **póitseálaí** poacher, **réabóir reilige** body snatcher, **robálaí** robber, **ropaire** highwayman, **ropaire tí** housebreaker, **scealpaire** pilferer, **sciobaire** snatcher; thief, **séitéir** cheat, defrauder, **síntealach** *m* pilferer, sneak, **sladaí** pillager, **tóraí** bandit (also: member of the British Conservative Party)

  ▲ **~ beithíoch** cattle thief, **~ bóthair** highwayman/woman, **~ bradach** rip-off merchant, **~ dreapadóireachta** cat burglar, **~ san oíche** thief in the night, **~ siopa** shoplifter

Gadaíocht *f(~a)* thieving
  bithiúntas rascality, **bradaíl** pinching, nicking; *(comp)* hacking; plagiarism, **buirgléireacht** burglary, **caime** crookedness, deception, **caimiléireacht** crookedness, fraud, con, **calaois** deceit, fraud, **camastaíl** fraud, dishonesty, **ceithearnas** banditry, **ceithearnas coille** outlawry, **cleipteamáine** kleptomania, **clifeáil** pilfering, minor theft, **cluain** *f (-ana)* deception, **cluicheáil** pilfering, **cneámhaireacht** cheating, swindling, **creachadóireacht** marauding, plundering, looting, **cúbláil** dishonest manipulation; *(fin)* hanky-panky, **cúigleáil** embezzling, **cuileáil** embezzling, **dúmhál** *m* blackmail, **faladhúdaíocht** stealthy thieving, deception, **feileonacht** felony, **foghail** *f(-ghla; -ghlacha)*, theft by means of trespass; plundering; pillaging, **goid** stealing, **meirle** theft, robbery, **meirleachas** villainy; outlawry, **míbheart** villainy, evil deed, **mionbhradaíl** petty theft, **mionfhoghail** *f (-ghla)* pilfering; petty trespass, **mionghadaíocht** pilfering, **mugáil** mugging, **peasghadaíocht** pickpocketing, **piocaireacht** pilfering, **piocaireacht pócaí** pickpocketing, **píoráideacht** piracy, **póitseáil** poaching, **robáil** robbery, heist, **ropaireacht** violent thievery, **ropaireacht tí** housebreaking, **rud a thit de chúl leoraí** something that fell off the back of a truck, **sladadh** looting, **sracaireacht** extortion, **scealpaireacht** pilfering, **séitéireacht** cheating, defrauding, **sladaíocht** pillaging, **táidhe** *f (~)* stealing, theft

Gadhrúil *adj⁴* doglike, snappy; unquestioning
  barbartha barbarous, **borb** gruff, **calctha** fixed in one's ways, **dorránach** gruff, **drantánach** growling, **gairgeach** snapping, snappish, **gáirsiúil** lewd, obscene, **gráisciúil** vulgar, obscene, **graosta** bawdy, lewd, **lábúrtha** base, vulgar, **lodartha** abject, base; grovelling, **madrúil** dogged, doggish, **mímhúinte** uncouth, loutish, **neamhchriticiúil** uncritical, **oilbhéasach** churlish, boorish, **sclábhánta** slavish, **trodach** aggressive

Gaeilge *f(~; -gí)* Irish, Irish language, Gaelic
  Gaolainn *(Mumhan)* Irish language, **Gaeilg** *(Ulaidh)* Irish language, **teanga na nGael** the language of the Gaels

Gael *m (-eil; -eil, ~)* Irish or Scottish person; one of our own
  Albanach Scottish person, **Ceilteach** *m* Celt, **duine againn féin** one of our own, **duine dínn féin** one of us, **Éireannach** Irish person, **Peaidí** *(sl)* Paddy

Gaelach *adj³*
  1. Gaelic, Irish
  Albanach Scottish, **Éireannach** Irish, **de chuid na hÉireann** pertaining to Ireland, **Fáil** *(> Fál)* of Ireland (cf **críocha Fáil** the territories of Ireland), **Ibeirneach** Hibernian, **náisiúnta** national
  2. homely, familiar, native
  aithnidiúil familiar, **cluthar** cosy, homey, **coitinn** common, **comónta** common, **compordach** comfortable, **de mo mhuintir féin** of my own people, **gnách** usual, **gnáthúil** customary, **muinteartha** family-like, warm/friendly, **seanaitheanta** familiar, **seascair** homely, **teolaí** snug, cosy, **tíriúil** homely, pleasant

Gaelaigh v_{2a} Gaelicise
cuir cruth Gaelach ar make to look Gaelic/Irish, **cuir cuma Ibeirneach ar** make to appear Hibernian, **cuir dealramh Éireannach ar** give an Irish appearance to, **éirigh Gaelach** become Gaelicised

Gafa *pp* arrested; held, hooked, caught; engrossed, besotted
andúilmhear addicted, **athghafa** retaken, recovered, **ceaptha** caught, hooked, **coilínithe** colonised, **cúinneáilte** cornered, **faoi choimeád** in custody, **dolta** ensnared, snared, *(fishing)* netted, **faoi choinneáil** in detention, **faoi draíocht (ag)** besotted (by), **faoi ghlas** under arrest, **glactha** taken, **gnóthach** busy, **greamaithe** stuck, **i bhfostú** stuck, **i bpríosún** in jail, **i gcarcair** in confinement, **i ngéibheann** in custody, **leithghafa** appropriated, **leithreasaithe** appropriated, **ligthe** addicted; given (to) (cf **ligthe ar an ól** addicted to drink); **ligthe ar obair chrua** given to working hard), **luiteach le** addicted to, **mogallaithe** meshed, enmeshed, **saighte** *(lit)* gone forwards, **sáinnithe** trapped, constricted, **sáite i rud** caught/absorbed in a thing, **srianta** restrained, **tógtha (le)** taken with, engrossed (with) captured by, **tugtha (do)** addicted (to), **urghafa** *(jur)* seized

▲ **both** ~ occupied booth, **críocha** ~ captured territories

◊ ~ **le cúraimí tí** busy with household chores, ~ **le halcól/drugaí** addicted to alcohol/drugs, ~ **lena fón póca** glued to her mobile phone, ~ **le hobair** engaged/engrossed in work, ~ **sa dris** caught in the briar, ~ **sa lár** caught in the middle, ~ **sa teach** housebound, **Tá sé ~ go hiomlán leis féin.** He is totally wrapped up in himself., **Tá tú ~ agam anois!** I've got you now!

Gág *f(gáige; ~a, ~)* crack, crevice, chink, fissure
bearna *f* gap, **briseadh** break; breaking, **éasc** *(geol)* fault, **forba** gash, **gearradh** cut, **lochar** rent, tear, **méirscre** crack, fissure; scar, **oscailt** opening, **poll** hole, **roiseadh** rip, **scáineadh** split, crack, **scoilt** split, crack, **scoilteadh** splitting, **scoilteán** fissure, **scolb** indentation, **siúnta** cleft, crevice, **scoradh** slash, gash, cut

Gágach *adj³* cracked, fissured
bearnach gapped, **briste** broken, **briste bearnach** full of holes and in disrepair, **gearrtha** cut, **le héisc** with flaws, flawed, **loigíneach** pitted, **méirscreach** cracked, fissured; scarred, **pollta** perforated, **scáineach** cracked; scraggy, **scáinte** cracked, split, severed, **scoilte** cracked; split, **scolbach** jagged, **scrábáilte** scratched, **tollta** pierced

Gaimbín *m (~; ~í)* bit, gombeen
beagán little, **beagáinín beag** tiny little bit, **blogh** fragment, **blúire** bit, scrap, **gearróg** scrap, small bit, **giobóg** tiny bit, snippet, **giota beag** little bit, **goin** bit, scrap, **luid** shred, scrap, **mír** fragment, **pas beag** tad, **rian** trace, **roinnt bheag** little bit, **ruainne** shred, single fibre, **ruainneog** tiny scrap/fragment; small insignificant person, **scioltar** scrap, shred, strip *(see also: beagán)*

○ **(Fear) Gaimbín** *gombeen* this is a pejorative name given to a person who is on the make. It was originally associated with usurers and those profiting from others' misfortune. Today it is used to describe any person who is petty and shabby in their dealings with others: **Ná bac leis an ghaimbín sin!** Don't mind that gombeen!

Gaineamh *m (-nimh)* sand
clocha *fpl* **duirlinge** pebbles, **dumhach** *f* dune, **gairbhéal** gravel, **grean** grit, **greanchloch** *f* gritstone, **guaire** sand barrier, **oitir** submerged sandbank, **scaineagán** shingle; coarse sand, **scaineamh** shingly sand, **trá** beach, strand

▲ ~ **beo** quicksand, ~**chloch** *f* sandstone, ~ **faoi shiúl** drifting sand, ~ **garbh** coarse/gritty sand, ~ **mín** fine sand, ~ **reatha** shifting sand, ~ **scaoilte** loose sand, ~ **séidte** blown sand, ~ **síobtha** blown sand, ~ **súraic** quicksand

▲ **bugaí gainimh** dune buggy, **caisleán gainimh** sandcastle, **gráinne gainimh** grain of sand, **súmaire gainimh** quicksand, **páipéar gainimh** sandpaper, **poll gainimh** sandpit

◊ **chomh líonmhar le ~ na trá** as numerous as the grains of sand on the shore

Gaineamhlach *m (-aigh; -aigh, ~)* sandy desert
an iargúltacht the wilds, **díseart** deserted place, retreat, hermitage, **díthreabh** wilderness, wasteland; hermitage, **fásach** *m* desert, wasteland, **fiántas** wilderness, **folús** void, **talamh** *m* **fiáin** rough country

■ ~ **Atacama** the Atacama Desert, ~ **na hAraibe** the Arabian Desert, ~ **Ghóibí** the Gobi Desert, ~ **Kalahari** the Kalahari Desert **an ~ Patagónach** the Patagonian Desert, **an Sahára** the Sahara

Gair v_{1b} call, summon, invoke
agair invoke, **aisghair** abrogate, **athghair** recall; repeal, **béic** yell, **cuir glao ar** give a call to, **cúlghair** revoke, **glaoigh** call, **scairt** shout, **scread** scream, **tionóil** call together, convene, **toghair** invoke, summon (up) *(see also: glaoigh)*

Gáir *f (~e; gártha)* cry, cheer
béic yell, **béicíl** yelling, **éamh** *m (éimh; ~a, ~)* yell, scream, **fógairt** proclamation, **glam** roar, **glao** shout, **liú** *m* yell, **scairt** shout, **scréach** *f (scréiche)* screech, **scread** *f (~a)* scream, **screadach** *f* screaming, **uaill** howl *(see also: glao)*

Gairbhe *f(~)* roughness
aimhe crudeness, **aimhréidh** *f* unevenness; entanglement, **ainmhíne** *(material)* coarseness, **ainriantacht** unruliness, **barbarthacht** barbarity, **boirbe** coarseness, **cábógacht** loutishness, **clochaí**

stoniness, **cnapánacht** bumpiness, ruggedness, **knobbliness**, **cnocánacht** hilliness, **colgacht** bristliness, **creagacht** cragginess, **cruacht** hardness, **cruálacht** cruelty, **deilgní** prickliness, **déine** harshness, toughness, **diardain** *(lit)* roughness; anger, **díoscán** grating sound, **dorrgacht** gruffness, **drochbhéasaí** discourteousness, **éadlás** harshness, roughness, **gairbhseach** *f* coarse thing; roughage, **gairfean** roughness, rough ground, **gairge** harshness, irritability, **gáirsiúlacht** coarseness, lewdness, **ginearáltacht** generality, **giorraisce** abruptness, **grág** rasping sound, **gránnacht** ugliness, nastiness, **graostacht** obscenity, **guairí** stubbliness, **lasántacht** irritability, **mímhodhúlacht** gracelessness, **mímhúinteacht** impoliteness, **mínáirí** shamelessness, **míofaireacht** nastiness, **neamhfhoirfeacht** imperfection, **neamhiomláine** incompleteness, **neamhrialtacht** irregularity, **sceirí** rockiness, **scrábaí** scratchiness, coarseness, **sleamchúisí** rough-and-readiness, **spiacánacht** jaggedness, **sraoilleachas** tattered appearance, **stothallaí** dishevelled look, **tútachas** crudity, rudeness, vulgarity

▲ ~ **aimsire** harshness of weather, ~ **béas** roughness of manners, ~ **éadaigh** coarseness of a cloth, ~ **bóthair** unevenness of a road, ~ **teanga** coarseness/vulgarity of language, ~ **sléibhe** ruggedness of a mountain, ~ **smaoinimh** crudity of an idea

Gairdigh *v₂ᵦ* rejoice
bíodh misneach ionat be of good cheer, cheer up, **bíodh ríméad ort** be jubilant, **ceiliúir** celebrate, **cuir fáilte roimh** welcome, **déan gairdeas** be jubilant, **déan lúcháir** exult, **fáiltigh** welcome; rejoice, **lúcháirigh** rejoice, **mol go hard** praise highly, acclaim, **subhaigh** rejoice, **urghairdigh** gladden, rejoice

Gairdithe *pp* rejoiced
ceiliúrtha celebrated, **fáiltithe** welcomed; rejoiced, **lúcháirithe** rejoiced, **molta go hard** highly praised, acclaimed, **subhaithe** rejoiced, **urghairdithe** gladdened, rejoiced

Gairdiú *vn* rejoicing
ceiliúradh celebrating, **déanamh gairdis** being jubilant, **déanamh lúcháir** exulting, **fáiltiú** welcoming; rejoicing, **lúcháiriú** rejoicing, **moladh go hard** praising highly, acclaiming, **subhú** rejoicing, **urghairdiú** gladdening, rejoicing

Gairdín *m* (~; ~*í*) *(usually home-)* garden
bláthcheapach *f* (-*aí*; ~*a*, ~) flower bed, **buaile** enclosure, small grazing area, **ceapach** *f* (-*aí*; ~*a*, ~) tillage plot, **clós** yard, **clós cúil** backyard, **cúl an tí** back of the house, **gabháltas** holding, **garraí** garden, **gort** field, **leadhb** *f* (*leidhbe*; ~*anna*) **thalún** strip of land, **luibhghort** kitchen garden, **páirc** park, **páirc phoiblí** public park, **sraith talún** strip of land, **stráice talún** strip of land, **talamh** land, **úllord** orchard

▲ ~ **ainmhithe** zoological garden, ~ **beorach** beer garden, ~ **dín** roof garden, ~ **Éidin** Garden of Eden, ~ **fiáin** *(badly managed)* wilderness, ~ **geimhridh** winter garden, ~/**garraí margaidh** market garden, ~ **lusanna** botanical garden, ~ **rós** rose garden, ~ **tírdhreachaithe** landscaped garden

Gaire *f* (~) nearness, proximity
aice *(rel)* nearness (cf **in aice le** near/close to), **cóngar** vicinity, **cóngaracht** closeness, **cóngas** nearness, **deiseacht** nearness, closeness, **fochair** proximity (cf **i bhfochair a chéile** close together), **fogas** nearness (cf **i bhfogas do** close to), **foisceacht** proximity, **gaobhar** nearness, proximity, **gaobhardaíocht** proximity; approach, **gaireacht** closeness, **giorracht** nearness, **neasacht** immediacy *(see also: aice)*

Gáire *vn* laughing; smiling
beithé *m* laugh, jeer, **ceap magaidh** laughing stock, **drannadh** grinning, **fonóid** sneer, jeering, **frigháire** slight smile, **frimhagadh** light scoffing, **gliondar** mirthfulness, **gramhas** grin, **gramhsáil** grinning; grimacing, **leamhgháire** faint smile; sarcastic smile, **leamh-mheangadh** smirk, **magadh** joking, **maolgháire** chuckling, **meangadh** smiling, **meidhir** mirth, **míog** smirk, **miongháire** smile, **ordóg mhagaidh i nduine** a dig at a person, **saobhgháire** hysterical laugh, **scamhaíl** grimacing, **sceitimíní** raptures, ecstasies, **scigireacht** sniggering, **sciotaíl** giggling, **sciotaráil** tittering, **scléip** hilarity, **sclogaíl** chuckling, **scolgháire** guffawing, **scotbhach** *m* guffaw(s) of laughter, **seitgháire** tittering, derisive laugh, **seitríl** sniggering, **smiota gáire** snigger, **smiotaíl** sniggering, **straois** grin, **straoisíl** grinning, **streill** foolish grin, smirk, **streillireacht** grimacing, smirking, **sult** merriment, **taitneamh** amusement, **trithí áthais** delirious joy *(see also: áthas, scairt)*

▲ ~ **áthais** blissful smile; joyful laughter, ~ **bréige** fake smile/laughter, ~ **buile** maniacal laugh, ~ **diabhlaíochta** mischievous smile/laugh, ~ **díspeagúil** derisive laughter, ~ **faiteach** hesitant smile, ~ **fann** faint smile, ~ **fonóideach** scornful laughter, ~ **geal** bright, cheerful laughter, ~ **girsí** girlish laugh, ~ **glic** knowing smile, ~ **gnaíúil** pleasant smile, ~ **dóite** forced smile, ~ **magúil** mocking laughter, ~ **mealltach** flirtatious smile, ~ **mire** hysterical laughter, ~ **neirbhíseach** nervous laugh/laughter, ~ **ríméadach** gleeful laughter, ~ **rúndiamhrach** enigmatic smile, ~ **searbh** sarcastic laugh, ~ **spraíúil** amused smile, ~ **tarcaisneach** jeering laughter, ~ **tógálach** infectious laughter

◊ ~ **a dhéanamh** to laugh, **daoine a chur ag** ~ to make people laugh, to amuse people, **i dtinneallaí** ~ in fits of laughter, **idir gháire agus ghol** bittersweet, ~ **isteach san aghaidh a dhéanamh ar dhuine** to laugh in someone's face, **le meangadh mór** ~ **ar a béal** with a beaming smile on her face, **Ná bain** ~ **asam!** Don't

Gairid / 410 / **Gaiscíocht**

make me laugh!, **Ní haon ábhar** ~ **é!** It's nothing to laugh at!, ~ **ó chroí** hearty laugh, **pléascadh amach ag** ~ to burst out laughing, **racht** ~ fit of laughter, **sna trithí** ~ in fits of laughter

Gairid *adj²* short, near
achomair concise, **beacht** precise, **beag** small, little, **cóngarach** near, close, **gann i** short/deficient in, **giortach** skimpy, short (cf **cóta giortach** short coat), **gearr** short, **gearrshaolach** short-lived, **gonta** concise, **i gceann tamaill bhig** in the near future, **i mbeagán focal** in a few words, **i ngar** near, **sa chóngar** in the vicinity, **smutach** stumpy, curtailed, **tobann** sudden (see also: **gearr** 2)

▲ **aistear** ~ short journey, **briseadh** ~ short break, **bríste** ~ short trousers, **cos ghairid** short leg, **cuntas** ~ short account, **freagra** ~ short answer, **(an) lá** ~ **oibre** (the) shorter working day, **sciorta** ~ short skirt, **scoil ghairid** *(hist)* hedge school, **tamall** ~ short while

◊ **chun scéal** ~ **a dhéanamh de** to make a long story short, **fada** ~ **ár saol** whether our life is long or short, **go** ~ shortly, ~ **i mbia** short of food, **Is** ~ **uainn anois é.** We won't have long to wait now., **le** ~ of late, lately

Gairm *vn* calling, call; vocation
athghairm recalling; repealing, **aisghairm** abrogation, **ceird** trade, **cúram** task, duty, care; family responsibility, **cúlghairm** revoking, **dualgas** duty, **feidhm** *f (~e; ~eanna)* function, **fostaíocht** employment, occupation, **misean** mission, **mortabháil** charge, responsibility, **muirear** charge, care of maintenance; family, **obair** work, **páirt** part, role, **post** position, **proifisiún** profession, **saothar** work, labour; **slí bheatha** livelihood (see also: **jab, obair**)

▲ ~ **bheatha** career, vocation in life, ~ **chun seirbhíse** call-up, call to service, ~ **chun urnaí** call to prayer, ~ **dheiridh** final call, ~ **ghrianghraf** photocall, ~ **na múinteoireachta** teaching profession, **~oideachas** vocational education, **~scoil** vocational school

Gairmiúil *adj⁴* professional
ábalta able, competent, **ar íocaíocht** paid, **bóna bán** white-collar (cf **oibrí bóna bán** white-collar worker), **cáilithe** qualified, **ceadúnaithe** licenced, **ceaptha go hoifigiúil** officially appointed, **cláraithe** registered, **creidiúnaithe** accredited, **gairme** (> **gairm**) career, **máistir-** *pref* master-, **oilte** skilled, **proifisiúnta** professional, **sain-** *pref* specialised, **saineolaíoch** specialist, expert, **speisialaithe** specialised, **traenáilte** trained

Gáirsiúil *adj⁴* lewd, bawdy, coarse
anfholláin unwholesome, **bréan** stinking, **brocach** squalid, smutty, **broghach** dirty, miry (cf **an braon broghach** impure spirits; the bad drop), **cáidheach** filthy, dirty (cf **focal cáidheach** dirty word), **colúil** repulsive, repugnant, **déistineach** disgusting, **garbh** crude, coarse, **garg** coarse, **gráiniúil** loathsome, **gráiscíneach** bawdy, **gráisciúil** vulgar, obscene, **gránna** ugly, nasty, **graosta** lewd, bawdy, **grusach** rude, **mígheanasach** indecent, **mígheanmnaí** unchaste, impure, **mímhaiseach** unsightly, **mínósach** bad-mannered, rude, **míofar** hideous, **pornagrafaíoch** pornographic, **salach** dirty, **suarach** wretched, contemptible, **táir** base, cheap and nasty, **tútach** crude, vulgar, **urghránna** repulsively ugly

Gáirsiúlacht *f(~a)* lewdness, bawdiness, obscenity
anfholláine unwholesomeness, **bréantas** foulness, **brocaí** smuttiness, **broghaíl** filth, dirt, **cáidheadas** filth, obscenity, **colúlacht** repulsiveness, repugnance, **déistiní** disgustingness, **gairbhe** crudeness, coarseness, **gairge** coarseness, **gráiniúlacht** loathsomeness, **gráiscínteacht** bawdiness, **gráisciúlacht** vulgarity, obscenity, **gránnacht** ugliness, nastiness, **graostacht** obscenity, bawdiness, **grusaí** rudeness, gruffness, **mígheanas** indecency, **mígheanmnaíocht** unchastity, impurity, **mímhaise** unsightliness, **mínós** bad manners, rudeness, **míofaire** hideousness, **pornagrafaíocht** pornography, **salachar** dirt, filth, **suarachas** wretchedness, contemptibility, **táire** baseness, cheapness, nastiness, **tútachas** crudeness, vulgarity, **úrghránnacht** repulsive ugliness

Gairthe *pp* called
athghairthe recalled; repealed, **aisghairthe** abrogated, **cúlghairthe** revoked, **glaoite** called (see also: **glaoite**)

Gaisce *m (~; -cí) (sometimes used ironically)* exploit, feat of valour
bua accomplishment, victory, **caithréim** triumph, **cleas** *m (clis; ~a, ~)* feat, trick (cf **cleas gaile** feat of valour), **cur i gcrích** achievement, **éacht** feat, **feachtas** campaign, **fearghníomh** manly exploit, **fiontar** venture, **fraochaíl** fierce valour, **gal** ardour, **galacht** valour, **gníomh** act, **gníomhaíocht** action, **iarracht** effort, **imirt** play, **lasarthacht** fieriness, ardour, **oirbheart** exploit, **seift** ploy, ruse, **spleadh** *f (-eidhe; ~a, ~) (lit)* feat; boast, exaggeration, **straitéis** strategy, **tionscnamh** project

◊ **gníomhartha gaile is** ~ deeds of valour and heroism, **Ná bí ag déanamh** ~ **de!** Stop crowing about it!, **Ní haon ghaisce é!** It's nothing to brag about!, **Rinne tú ~!** You did incredibly well!, What an achievement!

Gaiscíocht *f(~a) (sometimes used ironically)* feats of prowess, heroism
ágh prowess, valour, **aicsean** action (cf **píosa den aicsean** slice of the action), **buaileam sciath** bragging, **caithréimeachas** triumphalism, **calmacht** courage, **cleasaíocht** tricking around, **crógacht** bravery, **curatacht** bravery, heroism, **dánacht** boldness, **eachtraíocht** adventuring, **faghairt** fervour, **foirtile**

fortitude, **gaisceoireacht** swashbuckling; swank, **gaisciúlacht** valour; vainglory, **gal** ardour, **galacht** valour, **gníomhaíocht** action, **laochas** heroism; bravado, **lasarthacht** fieriness, ardour, **meannnacht** spiritedness, courage, **miotal** mettle, **misneach** enduring courage, **niachas** chivalry

Gaisciúil *adj⁴*

1. valorous, valiant
ard- *pref* great, valiant (eg **ardfhear** great, valiant man, **ardaidhmeannach** having valiant aims), **as an ghnáth ar fad** extraordinary, **breá** fine, great, **caithréimeach** triumphant, **creathnach** awe-inspiring, **cróga** brave, courageous, **curata** heroic, brave, **dána** bold, **dearscnaitheach** brilliant, excellent, **éachtach** full of prowess, valiant, **fantaiseach** fantastic, unreal, **galánta** fine, gallant, splendid, **inmholta** admirable, **laochta** heroic, valorous, **niamhrach** resplendent, **ollásach** magnificent, **sár-** *pref* super, excellent, **sárchéimeach** superlative, **sármhaith** excellent, **suntasach** outstanding, remarkable, **thar barr** tip-top, super, **thar cionn** terrific, **uafásach** awesome, **uasal** gallant *(see also: **dána**, **cróga**)*

2. boastful, bragging
bladhmannach bombastic, boastful, **bomannach** bragging, boastful, **caithréimeach** boastful; triumphant, **díomasach** arrogant, proud; contemptuous, **gáifeach** sensational, exaggerated; gaudy, **iomarcach** excessive, arrogant, overbearing, **laochasach** boastful, **maíteach** boatful, **mórálach** proud, vain, **mórfhoclach** bombastic, **mórtasach** haughty, boastful, boastful, **ollásach** exulting; boastful, **scleondrach** boastful; elated, **séideánach** trumpet-blowing, blustery, bragging, **siollógach** bragging, **toirtéiseach** haughty, self-important

Gaiste *m (~; -tí)* trap, noose

baoite bait, **ceap tuisle** pitfall, **bréagchuil** artificial fly, **cleas** *m* trick, **dol** *m* trap, **feall** deceit, **geirnín** noose, snare, **inleog** trap, snare; device, **inneall** snare, contrivance, **luíochán** ambush, **paintéar** trap, snare, **ribeadh** ensnarement, **sáinn** bad situation, **sás** trap; device, **sealán** noose, **súil ribe** snare, **trap** *m* trap

Gal *m(gaile; ~a, ~)*

1. steam, vapour; puff, whiff
boladh whiff, smell, **bleaist** blast, **ceo** mist, **ceobhrán** mist, fog, **comhdhlúthú** condensation, **deatach** *m* smoke, **feothan** gust, **galán** full whiff/puff, **galóg** small puff of smoke, **galú** evaporation, **galúchán** vaporisation, **miam** *f (méime)* puff (cf **miam ghaoithe** puff of wind), **puth** puff, **rian** trace, **scamall** cloud, **sceo comhdhlúite** condensation on surface, **smailc** puff, **smoirt** burst, puff, **toit** smoke, **toitcheo** smog

▲ **~bhrú** steam pressure, **~choire** steam boiler, **~díonach** steamtight, **~fholcadh** steam wash, **~fholcadán** steam bath, **~ gaoithe** puff of wind, **~inneall** steam engine, **~-long** *f* steamship, **~oibrithe** steam-operated, steam-driven, **~ord** steam hammer, **~rollóir** steamroller, **~ soip** wisp of smoke from a straw; transitory thing (cf **Níl sa saol seo ach ~ soip**. This life is over in a flash.), **~ tobac** a smoke of tobacco, **~tomhas** steam gauge

▲ **bád gaile** steamboat, **ré na gaile** the steam age, **rian gaile** vapour trail, **seomra gaile** steam room, **siosadh gaile** hiss of steam

◊ **Ar aghaidh faoi iomlán gaile!** Full steam ahead!

2. valour, ardour
calmacht valour, **crógacht** bravery, **dánacht** boldness, **dásacht** daring, **gaile** *f* valour, **galacht** ardency, valour, **laochas** chivalry, heroism, **misneach** *m* spirit, courage, **teacht aniar** mettle, never say die, **uaisleacht** gallantry, nobility *(see also: **gaiscíocht**)*

▲ **caidreamh lán gaile** steamy relationship, **eachtraí gaile is gaisce** thrills and spills, **gníomhartha gaile is gaisce** heroic exploits and valour

Gála *m (~; ~í)* gale

anáil gaoithe breath of air, **anam maith gaoithe** brisk gale, **anfa** *m* tempest, **bleaist** blast, **cioclón** cyclone, **feothan** moderate gale, **gaofaireacht** windiness, **gaoth** *f (gaoithe; ~a, ~)* wind, **glasghála** fresh gale, **hairicín** hurricane, **leoithne** breeze, **mistral** mistral, **réablacha** *fpl* **gaoithe** tearing gusts of wind, **saighneán (gaoithe)** sudden blast of wind, **séideadh** blowing, windiness; draught, **séideán** gust, eddy, **spéirling** thunderstorm, **sruth aeir** air current, **stoirm** storm *(see also: **gaoth**)*

Galaigh *v₂ₐ* vaporise, turn into vapour; evaporate

athraigh ina ghás gasify, **éirigh ina ghal** become a vapour, **imigh ina ghal** disappear in a vapour, **néalaigh** *(ch)* sublimate, **trasghalaigh** *(plants)* transpire

Galaithe *pp* vaporised, turned into vapour; evaporated

athraithe ina ghás gasified, **éirithe ina ghal** vaporised, **imithe ina ghal** disappeared in a vapour, **néalaithe** *(ch)* sublimated, **tréghalaithe** *(plants)* transpired

Galánta *adj⁶* fine, gallant, grand, splendid, elegant

álainn beautiful, **aoibhinn** pleasant, fine, **ar leith** exceptional, **atá ar dóigh** tremendous, **bláfar** blooming, demure, **bláith** *(lit)* delicate, smooth, **breá** fine, **cruthúil** shapely, beautiful, **cuidsúlach** eye-catching, **dathúil** handsome, **dea-dheartha** well-designed, **dearscnaitheach** excellent, preeminent, **deas** nice, **den (chéad) scoth** of the (very) best quality, **dóighiúil** beautiful; decent, **éachtach** extraordinary, **fáinneach** adorned, beautiful; ringed, **faoi mhaise** in bloom and beauty, **feistiúil** well dressed, tidy, **flasach** showy, flashy, **gafa gléasta** well dressed, **gaisciúil** valiant, **gnaíúil** comely, **grástúil** graceful, **gréagach** splendid, beautiful, **innealta** neat, smart, **iontach** wonderful, **maisiúil** decorative; elegant, comely, **maorga** majestic, míorúilteach marvellous, niamhrach magnificent, preabúil dashing, full of life, réaltach stellar, beautiful, ríúil regal, sármhaith exceedingly good, sciamhach beauteous, beautiful, scothúil select, choice, seoigh grand, wonderful, sómasach luxurious, sonrach impressive, straibhéiseach ostentatious, showy, spéiriúil bright, graceful, suntasach remarkable, taibhseach flamboyant, showy, **thar barr** excellent, brilliant, **thar cionn** top notch, excellent, **tofa** choice, uasal gallant, fine

▲ **aoi** ~ distinguished guest, **babaí** ~ adorable baby, **bean ghalánta** elegant woman, classy lady, **béile** ~ delicious/delectable meal, **bialann** ~ upmarket restaurant, **bronntanas** ~ magnificent present, **canúint ghalánta** posh accent, **dóigh ghalánta** genteel manner, **fear** ~ darling man; true gentleman, **gúna** ~ gorgeous dress, **lá** ~ beautiful/heavenly day, **leabhar** ~ fabulous book, **obair ghalánta** exquisite work, **ógbhean ghalánta** glamorous young woman, **ógánach** ~ dashing young man, **radharc** ~ delightful view, **rothar nua** ~ flashy/swanky new bike

◊ **Ar meisce arís – ~!** Drunk again – charming!, **Ba ghalánta an beart é!** It was a splendid gesture!, **Caitheann siad saol ~.** They enjoy an opulent lifestyle. **Níl focal eile ar an gcíste seo ach ~!** This cake is simply scrumptious!

Galántacht f (~a) fineness, elegance

breáthacht fineness, excellence, córtas courtesy, agreeableness, cruthúlacht shapeliness, cuid f (coda, codanna) súl visual delight, cúirtéis courtesy, dea-bhéasa good manners, dea-dhearthacht good design, dearscnaitheacht excellence, preeminence, deise niceness, deismireacht refinement, prettiness, faiseantacht fashionableness, feabhas best, gaisce valiance, grásta grace, grástúlacht gracefulness, innealtacht neatness, smartness; orderliness, iontaí wonderfulness, maisiúlacht decorativeness; beauty, comeliness, maorgacht majesty, splendour, míneadas gentleness, refinement, múineadh good manners, niamhracht magnificence, prionsúlacht princeliness, ríúlacht regality, scéimh beautiful appearance, scoth best quality, seoighe grandness, wonderfulness, síodúlacht silkiness, suavity, urbanity, snoiteacht delicacy, refinement, sómas luxury, ease, comfort, sonraíocht extraordinariness, spéiriúlacht airiness, brightness, gracefulness, straibhéis ostentation, show, suntasacht remarkableness, taibhseacht flamboyance, showiness, tofacht choiceness, excellence, uaisleacht gallantry, fineness

Galar m (-air; -air, ~) disease; affliction

aicíd disease, ailse cancer, bleaist (crops) blight, breoiteacht ailment, malady, breoiteacht mhuice feigned sickness, cancar canker, donacht wretchedness, illness, easláinte ill health, eipidéim epidemic, fiabhras fever, frídín germ, gearán complaint, ionfhabhtú infection, lotnaid pest, neamhord disorder, paindéim pandemic, plá f pestilence, plague, riocht m (reachta; ~aí) condition, searg m (sirg) wasting disease, tógálacht contagion, tinneas sickness, ulpóg infectious disease, víreas virus (see also: **tinneas**)

▲ **cnaíghalar** wasting disease, ~ **báis** fatal illness, ~ **béil** thrush, ~ **breac na spéire** smallpox, ~ **buí** jaundice, ~ **carrach** scurvy, ~ **cleiteach** moulting, ~ **creathach** the shakes; ague, ~ **crúibe is béil** foot-and-mouth disease, ~ **easpa imdhíonachta** immune deficiency disease, ~ **garbh** botts, ~ **gasta** flux, ~ **titimeach** epilepsy

◊ **D'imigh an ~ céanna air.** The same thing happened to him., **Is iomaí duine a bhfuil an ~ sin air.** Many people have the same problem., **Tá mo ghalar féin ort.** You're like me in that respect.

Gall m (gaill; gaill, ~) foreigner; English person; Gaul

allúrach m foreigner, coigríochach m stranger, foreigner, coimhthíoch m foreigner; stranger, deoraí exile, duine iasachta foreign person, inimirceach m immigrant, eachtrannach m alien, Lochlannach m Norseman; Scandinavian, Sasanach m English person, strainséar stranger, Uigingeach m Viking

P **Is Gael ~ más call.** In difficult times we all must work together.

Gallda adj⁶ foreign; English

aduain weird, strange, alien, allúrach foreign, anaithnid unknown, andúchasach exotic, aneoil unknown, coigríochach from abroad, foreign, coimhthíoch alien, weird, eachtrannach foreign, galldaithe anglicised, gan aithne unknown, iasachtach foreign, alien, Sasanach English, strainséartha strange, unfamiliar

Galldaigh v₂ₐ anglicise; become foreign

cuir cruth Gallda ar make to look foreign/English, cuir cuma Shasanach ar to give an English appearance to, cuir dealramh an duine iasachta ort féin give yourself the appearance of a foreigner, éirigh Gallda become anglicised

Galrach adj³ diseased

aicídeach diseased, aimlithe enfeebled, spoilt, ainnis wretched, breoite ill, breoitiúil sickly, cráite tormented, sore, craplaithe crippled, easláinteach sickly, unwell, easlán unwell, sick, galareolaíoch pathological, galracht sickliness; morbidity, galraithe infected by disease, diseased, ionfhabhtaithe infected, leathbhreoite sickly, poorly, masmasach sickening, nauseating, meathánta weak, frail, meathbheo infirm, meathbhreoite in poor health, meathlach declining, sickly, failing, meathlaithe in decline, decayed, meath-thinn out of sorts,

■**Ar na galair choirp agus riochtaí coitianta atá:** Common physical illnesses and conditions include:

Aicne acne
Ailléirge allergy
Ailse cancer
Ainéaras aneurysm
Aipindicíteas appendicitis
Airtríteas arthritis
Airtríteas réamatóideach rheumatoid arthritis
Alcólachas alcoholism
Aodh thochais hives
Ardbhrú fola high blood pressure
Asma *m* asthma
Athlasadh inflammation
Béim ghréine sunstroke
Bodhaire deafness
Bolgach smallpox
Bolgach *f* **bó** cowpox
Briseadh fracture
Broincíteas bronchitis
Brú fola (ard/íseal) (high/low) blood pressure
Bruitíneach *f* measles
Bruitíneach dhearg German measles, rubella
Calar cholera
Céislínteas tonsillitis
Cliseadh croí heart failure
Coiliceam colic, gripes
Confadh rabies
Coróinvíreas coronavirus
Cuaisíteas sinusitis
Daitheacha *fpl* rheumatism
Daorghalar piles, haemorrhoids
Deilgneach *f* chickenpox
Diaibéiteas diabetes
Diftéire diphtheria
Dinnireacht dysentery
Eachma eczema
Easpa abscess
Eimfiséime emphysema
Einceifealaimiailíteas miailgeach (ME) Myalgic encephalomyelitis (ME)
Eitinn tuberculosis
Faithní *mpl* warts (cf **faithne ailse** cancerous wart)
Fiabhras fever
 ~ **cnámh** rheumatic fever
 ~ **dearg** scarlet fever
 ~ **dubh** typhus
 ~ **léana** hay fever
Fiobróis chisteach cystic fibrosis
Fíocas piles
Fionn cataract
Fliú flu, influenza
Fotheannas hypotension
Gaistreintríteas gastroenteritis
Galar néarón luadrach motor neurone disease
Gallbholgach *f* syphilis
Glas géill lockjaw
Gónairith gonorrhea
Haemaróidí *fpl* haemorrhoids, piles
Heirpéas herpes
Hipirtheannas hypertension
Iatacht constipation
Ionfharctadh infarct
Laraingíteas laryngitis
Leoicéime *f* leukaemia
Maidhm sheicne hernia
Meall *m* (*mill*; ~*ta*) tumour
Meall *m* **gorm** carbuncle
Meiningíteas meningitis
Múchadh asthma
Na buíocháin jaundice
Niúmóine pneumonia
Othras ulcer
Othras peipteach peptic ulcer
Pairilis paralysis
Pairilis cheirbreach cerebral palsy
Plucamas mumps
Plúchadh asthma
Póilió polio
Polaimiailíteas poliomyelitis
Réama catarrh
Scaibéis scabies
Sciatíce sciatica
Scléaróis sclerosis
Scléaróis iolrach multiple sclerosis
Scoilteacha *mpl* rheumatics
Scorbach *m* scurvy
Scornach *f* **nimhneach** sore throat
Seipticéime septicaemia
Siad *m* **inchinne** brain tumour
Sifilis syphilis
Siondróm easpa imdhíonachta faighte (SEIF) Acquired immune deficiency syndrome (AIDS)
Slaghdán cold
 ~ **smaoiseach** head cold
 ~ **teaspaigh** hay fever
Spuaic shlaghdáin cold sore
Srón *f* **ag sileadh** runny nose
Stróc stroke
Taom croí heart attack
Támhnéal coma
Teiteanas tetanus
Tífeas typhus
Tinneas sickness, soreness
 ~ **bhéal an ghoile** indigestion
 ~ **boilg** tummy ache
 ~ **cinn** headache
 ~ **cluaise** ear ache
 ~ **eitilte** airsickness
 ~ **farraige** seasickness
 ~ **fiacaile** toothache
 ~ **goile** stomach upset
Toinníteas tinnitus
Tíofóideach *m* typhoid
Titimeas epilepsy
Toinníteas conjunctivitis
Triuch *m* (*treacha*) whooping cough
Trombóis chorónach coronary thrombosis
Víreas corónach corona virus, covid
Víreas easpa imdhíonachta daonnadeimhneach (VEID deimhneach) human immunodeficiency virus positive (HIV-positive)
(*see also*: **tinneas**)

■**Ar na meabharghalair agus riochtaí meabhracha coitianta atá:** Common mental illnesses and mental conditions include:

Anoireicse anorexia
Búilime *f* bulimia
Cleipteamáine *f* kleptomania
Cliseadh néarógach nervous breakdown
Díchuimhne *f* amnesia
Dúlagar depression
Dúlagar dépholach bipolar depression
Imní anxiety
Meigleamáine megalomania
Narcailéipse *f* narcolepsy
Neamhchodladh insomnia
Neamhord (meabhrach) (mental) disorder
 ~ **imeallach** borderline disorder
 ~ **itheacháin** eating disorder
 ~ **síocóiseach** psychotic disorder
 ~ **dépholach** bipolar disorder
 ~ **easnamh airde** attention deficit disorder
 ~ **éigníoch dúghabhálach** obsessive-compulsive disorder
 ~ **síceasómatach** psychosomatic disorder
 ~ **strus iarthramach** post-traumatic stress disorder
Néaróis neurosis
Paranóia paranoia
Pireamáine *f* pyromania
Scitsifréine schizophrenia
Scitsifréine pharanóiach paranoid schizophrenia
Síceapataí *f* psychopathy
Siondróm Asperger Asperger's syndrome
Síocóis psychosis
Uathachas autism

Galraigh

sickly, **mífholláin** morbid, unhealthy, **míshláintiúil** unhealthy, unwholesome, **nimhneach** sore, **paiteolaíoch** pathological, **pianmhar** painful, **pocach** prone to sudden bouts of illness, **samhnasach** queasy; nauseous, **seipteach** septic, **slaghdánach** having a cold, **tinn** sick, ill, **treaghdánach** full of nits; sickly, unhealthy *(see also: tinn)*

Galraigh v_{2a} infect with disease

ailsigh cancerate, **breoigh** sicken; enfeeble, **buail strike**, afflict, **cneáigh** wound, **cráigh** afflict, **créachtaigh** gash, wound, **cuir déistin ar** disgust, **cuir galar ar** infect with disease, **cuir masmas/samhnas ar** nauseate, make sick, **cuir tinneas ar** sicken; cause distress to, **déan tinn** make sick, **easlánaigh** become sick/unhealthy, **goill** ail, hurt, **imdhíon** immunise, **ionaclaigh** inoculate, **ionfhabhtaigh** infect, **leag** bring down, **mill** destroy, **pláigh** plague, **truailligh** pollute, **vacsaínigh** vaccinate

Galraithe *pp* infected; diseased

aimlithe enfeebled; become spoiled by exposure, **breoite** sickened, enfeebled, **buartha** vexed, made anxious, **craplú** crippling, **créachtaithe** wounded, gashed, **easlánaithe** gotten sick/unwell, **imdhíonta** immunised, **ionaclaithe** inoculated, **ionfhabhtaithe** infected, **luite sa leaba** laid up in bed, **martraithe** crippled, **meathlaithe** decayed, **pláite** plagued, **vacsaínithe** vaccinated

Galrú *vn* infecting, infection

ailsiú cancerating, **aimlíocht** enfeeblement, **aimliú** enfeebling; becoming spoiled by exposure, **breo** sickening, becoming enfeebled, **breoiteacht** illness, **buaireamh** making anxious, vexing, **cneá** *f (~; ~cha)* wound, sore; wounding, **crá** tormenting, **craplú** crippling, **créacht** *f(~a; ~aí)* wound, gash, **créachtú** gashing, wounding, **cur galair ar** infecting with disease, **easlánú** becoming sick/unwell, **ghéarghoin** painful affliction, **imdhíonadh** immunising, **ionaclú** inoculating, **ionfhabhtú** infection, **luí** being laid up in bed, **martrú** crippling, **meathlú** decline, decay, **morgthacht** mortification, **seipsis** sepsis, **vacsaíniú** vaccinating *(see also: tinneas)*

Galú *vn* vaporising, turning into vapour; evaporating

athrú ina ghás gasifying, **éirí ina ghal** becoming a vapour, **imeacht ina ghal** disappearing in a vapour, **néalú** *(ch)* sublimating, **trasghalú** *(plants)* transpiring

Gangaid *f(~e)* spite, virulence

aicis rancour, **bitseáil** bitching, **cancar** spleen, **cantal** peevishness, petulance, **cruimh faoin tsrón** grudge, spleen, **dóiteacht** bitterness, annoyance, **domlas** gall, **drochfhuil** enmity, bad blood, **eascairdeas** animosity, **fala** *f (~; -lta)* grudge, spite, **faltanas** spitefulness, **feanntacht** sharpness, severity, bitterness, **fiamh** bitterness, spite, **fuasaoid** rancour, **fuath** hatred, **mailís** malice, **mioscais** active ill will, wickedness, **nimh** venom, **olc** evil, **olcas** spite, **seirfean** bitterness, indignation, **seirbhe** sourness, **stainc** pique

Gangaideach *adj³* spiteful, virulent, bitter

aiciseach rancorous, spiteful, **binbeach** virulent, venomous, **cancrach** cantankerous, **cantalach** petulant, peevish, **díobhálach** pernicious, noxious, **díoltasach** vindictive, **dóite** bitter, annoyed, **domlasta** rancorous, vitriolic, **eascairdiúil** unfriendly, **faltanasach** spiteful, **feanntach** sharp, severe, bitter, **fiamhach** bitter, spiteful, **fuasaoideach** rancorous, **géar** bitter, **gránna** nasty, horrid, **mailíseach** malicious, vicious, **mídheas** unpleasant, **mioscaiseach** nasty, malicious, **millteach** baneful, **míphléisiúrtha** unpleasant, **naimhdeach** hostile, **neamhfháilí** unpleasant, disagreeable, **nimhiúil** toxic, spiteful, **nimhneach** baleful, poisonous, **oilc** *(> olc)* evil, **searbh** sour, **seirfin** *(> seirfean)* indignant, **suarach** mean

▲ **achrann** ~ vicious quarrel, **atmaisféar** ~ toxic atmosphere, **feachtas** ~ brutal/vile campaign

◊ **Is suarachán ~ é!** He's a nasty piece of work!

Gann *adj⁵* scarce, sparse

annamh rare, **beagmhaitheasach** paltry, **caol** thin, meagre, **éadrom** light, **easnamhach** wanting, **easpach** lacking, **fánach** occasional, rare, **gágach** with gaps, **gannchúiseach** scanty, scarce, **gearreireaballach** curtailed, scanty, **gortach** mean, meagre, **lom** bare, **neamhimleor** insufficient, **scáineach** threadbare, scraggy, **scáinte** scanty, sparse, **scallta** skimpy, paltry, **sciotach** scanty, skimpy, **seang** slender, **splíonach** thin, wretched, **tanaí** thin, scanty, **tearc** rare, sparse, few, **teoranta** limited, **uireasach** inadequate

▲ ~**bhriathrach** laconic, ~**chló** slender figure, ~**chothú** undernourishment, ~**fhás** sparse growth, ~**lón** low stock of provisions

▲ ~ **ar bhia agus dheoch** shortage of food and drink, ~ **ar smaointe/acmhainní** lack of ideas/resources, ~ **ar shonas** bereft of joy, ~ **i bhfoireann** short-staffed, ~ **in airgead** short of cash; cashflow problem, ~ **in íocaíocht** underpaid

◊ **Táimid éirithe ~ sa phlúr.** We're running low on flour. **Táimid millteanach ~ ar fhoireann.** We are woefully understaffed.

Ganntanas *m (-ais; -ais, ~)* scarcity, shortage

annamhacht rareness, infrequency, **beagmhaitheas** paltriness, **bochtaineacht** poverty, **ceal** lack, absence, **éagmais** absence, want/longing, **easnamh** deficiency, **easpa** lack, **gainne** scarcity, paucity, **gannchar** shortage, scarcity, **gannchothú** undernourishment, **gannchuid** penury, **ganntar** need, **géarchúis** scantiness, scarceness, **gortaí** meanness, meagreness, **íonais** absence, lack, **loime** bareness, **meathfháltas** scarcity, **mitheagar** thinness, flimsiness, **neamhfháltas** lack of income, scarcity, **ocras** hunger, **tanaíocht** thinness, scantiness, **tearcamas** scarcity, **tearc-chuid** *f* slight portion, penury, **scáiní** threadbareness, scragginess, **scáinteacht** scantiness, threadbareness, scragginess, **scalltacht** skimpiness, paltriness, **teirce** rareness, sparseness, fewness, **teorantaí** limitedness, **uireasa** deficiency, inadequacy *(see also: easpa)*

Gaofaireacht *f(~a)* windiness, blusteriness
feothanaí breeziness, **fleáiche** gustiness, **gaotalach** *f* blustery wind, **gaoth** *f* wind, **gaothráil** fanning, fluttering, **gaotaireacht** windiness; bombast, **pléascántacht** blusteriness, **ropántacht** blusteriness, **scalach** *m* sudden gusting, **scalóidí** squalliness, **séadánacht** breeziness, **soinneánaí** squalliness, **stamhladh** bluster; blustery wind, **stolltacht** blusteriness

Gaofar *adj¹* windy
beoga bracing, brisk, **feidheartha** bleak, desolate, **feothanach** breezy, **fleách** gusty, **gaotalaí** (> *gaotálach*) a blustery wind, **gaothach** windy, **gaotúil** windy; bombastic, **pléascánta** blustery, **scalaí** (> *scalach*) given to sudden gusts, **scalóideach** squally, **sceirdiúil** windswept, bleak, **seadánach** breezy, **séideánach** gusty; blowing, **séideogach** blowy, **soinneánach** squally, **stamhlaí** blustery (cf *lá stamhlaí* blustery day), **stoirmeach** stormy, **stollta** blustery

Gaois *f(~e)* wisdom
aireachas mindfulness, **ciall** *f (céille)* sense, **coinlíocht** street wisdom (**nuair a bhí an choinlíocht ann** when he could fend for himself), **críonnacht** wisdom *(due to age)*, **discréid** discretion, **eagna** *f* wisdom, acumen, **éirim** intelligence, **éirim aigne** mental power, **fadbhreathnaitheacht** circumspection, **fadcheannaí** far-sightedness, **faichill** caution, wariness, **freagracht** responsibility, **géarchúisí** discernment, **géire intinne** sharpness of mind, **gliceas** shrewdness, cunning, **grinne** perceptiveness, discrimination, **iarchonn** wisdom after the event, **léargas** enlightenment, insight, **saíocht** wisdom, erudition, **saoithiúlacht** learning, wisdom, **stuaim** prudence, good sense, wisdom, **tráthúlacht** timeliness, **tuisceanaí** thoughtfulness, consideration.

P **Ní thagann ~ roimh aois.** Wisdom doesn't come before age.

Gaoiseach *adj³* wise
aireach mindful, **ciallmhar** sensible, **críonna** wise *(on account of age and experience)*, **discréideach** discreet, **eagnaíoch** wise, **éirimiúil** intelligent, **fadbhreathnaitheach** circumspect, **fadcheannach** far-sighted, **faichilleach** cautious, wary, **fáidhiúil** prophetic, **freagrach** responsible, **géarchúiseach** discerning, observant, **géarintinneach** keen-witted, astute, **glic** shrewd, cunning, **grinn** perceptive,

discriminating, **iarchoinn** (> *iarchonn*) having wisdom after an event, **léargais** (> *léargas*) insight, enlightened, **saíochta** (> *saíocht*) wisdom, erudition, **saoithiúil** learned, wise, **seanchríonna** precocious, streetwise, **siosmaideach** wise, sensible, **stuama** thoughtful, pertaining to good sense, **tráthúil** timely, **tuisceanach** thoughtful, considerate

Gaol *m (-oil; ~ta)* relation; relationship
araicis meeting, **baint** connection, relation, **caidreamh** relationship, **cairdeas** friendship, **ceangal** tie, connection, **cleamhnaí** one who is related through marriage, **cleamhnas** relationship by marriage, **cleamhnú** affiliating, **coibhneas** relation, **coibhneasacht** relativity, **comhcheangal** affiliation, **comhchoibhneas** correlation, **comhghaol** interrelation, **comhghaolmhaireacht** mutually reciprocal relationship, **comhriachtain** coition, **comparáid** comparison, **cónasc** conjunction, **cóngaracht** proximity, **cóngas** nearness, closeness, **conradh** *m (conartha; conarthaí)* contract, **fogas** closeness, **fogasghaol** near relative, **folaíocht** blood lineage (cf **ceart folaíochta** birthright), **gaolmhaireacht** affinity, **gairide** closeness, **hipearnasc** hyperlink, **idirchaidreamh** liaison, **idirfhí** interweaving, **idirghaol** interrelationship, liaison, **idirghaolmhaireacht** interrelationship, **muintearas** membership of a household; kinship, **muintearthacht** propinquity, kindredness, **nasc** bond, link, **neasghaol** near relative, **pósadh** *m (pósta; póstaí)* marriage, **seadán** parasite, **siombóis** symbiosis, **tadhall** touch, contact, **taidhleoireacht** diplomacy, **táthú** cohesion, **teagmháil** connection, **teagmhas** contingency (eg **ciste teagmhais** contingency fund), **teagmhasacht** *(sci)* contingency (eg **tábla teagmhasachta** contingency table)

▲ **~ bréige** false cognate, **~ cleamhnais** relation through marriage; in-law, **~ fola** blood relation, **~ gairid** close relation/ relationship, **~ i bhfad amach** distant relation

◊ **Tá ~ agam léi.** I'm related to her., **Tá ~ idir an dá rud sin.** Those things are related.

Gaoth *f(-oithe; ~a, ~)*
1. wind
aer air, **aithleá** light breeze, **anáil** breath, **bleaist** blast, **cioclón** cyclone, **fannán** light breeze, **fanngaoth** *f* gentle wind, **feothan** gust, breeze, **frithchioclón** anticyclone, **gála** gale, **galán** puff, gust, **gaofaireacht** windiness; flatulence, **gaotalach** *f* blustery wind, **geoladh** light breeze, **hairicín** hurricane, **iomghaoth** whirlwind, **leoithne** breeze, **monsún** monsoon, **saotrún** changing wind, **scalóid** sudden gust, **seadán** draft, breeze; wheeze, **séideadh** blowing, windiness; draught, **séideán** gust, eddy, **séideog** puff, **seoidire** draught, **siorradh** blast, **sonnghaoth** violent wind, **spéirling** thunderstorm, **sruth aeir** air current,

stamhladh blustery wind, **stoirm** storm, **tornádó** tornado, **trádghaoth** trade wind

▲ ~ **aduaidh** north wind, ~ **aneas** south wind, ~ **aniar** west wind, ~ **anoir** east wind, ~ **anoir aneas** south-east wind, ~ **chinn** head wind, ~ **ghuairneáin** whirlwind, ~ **ón bhfarraige** sea breeze

◊ ~ **an fhocail a fháil** to get wind of the word, **Má fhaigheann tú ~ an fhocail abair liom.** If you hear anything, let me know., **Ní ón n~ a thug tú an ceol.** You didn't get your musical ability from the wind. *(ie You inherited it.)*

2. empty talk, rumour
aer te hot air, empty talk, **béadán** gossip, **caint gan údar** idle talk, **cogarnach** *f* whispering, **cúlchaint** backbiting, **focal** word, **gaotaireacht** bombast, **iomrá** rumour, **leid** hint, **luaidreán** gossip, **maíomh** boasting, **nod** intimation, hint, **ráfla** rumour, **sanas** whisper, hint, suggestion

◊ **Lucht na gaoithe móire iadsan!** It's all talk with that lot!

Gaothraigh v_{2a} *(in wind)* flutter
bí ag damhsa/ag rince sa ghaoth be dancing in the wind, **bí ag faoileáil** be hovering, **bí ar foluain** be hovering, fluttering, **bí ar snámh san aer** be floating/float in the air, **bí ag foilsceadh** be flurrying/flurry, fluttering, **bí ag gaothraíl** be fluttering in wind, **cáith** winnow, **croith** shake, **cumhscaigh** stir, agitate, **foscain** fan, winnow, **iomluaigh** exercise, stir, move, **preab** throb, twitch, **rúisc** shake, stir, **séid** blow, **suaith** agitate, disturb *(see also: foluain)*

Gaothraithe *pp (in wind)* fluttered
cáite winnowed, **croite** shook, **cumhscaithe** stirred, agitated, **foscanta** fanned, winnowed, **iomluaite** exercised, stirred, moved, **preabtha** throbbed, twitched, **rúiscthe** shaken, stirred, **séidte** blown, **suaite** agitated, disturbed

Gaothrán *m (-áin; -áin, ~)* fan
aeráil airing, **aerálaí** *m* ventilator, **aerchóiriúchán** air conditioning, **fean** fan, **geolán** cooling fan

Gaothrú *vn (in wind)* fluttering
ar foluain/snámh hovering, fluttering, **damhsa/rince sa ghaoth** dancing in the wind, **foilsceadh** flurrying, fluttering, **gaothraíl** fluttering in wind, **cáitheadh** winnowing, **croitheadh** shaking, **cumhscú** stirring, agitating, **foscnamh** fanning, winnowing, **iomlua** exercising, stirring, moving, **preabadh** throbbing, twitching, **rúscadh** shaking, stirring, **séideadh** blowing, **suaitheadh** agitating, disturbing

Gar 1 *m(gair; ~anna)* favour
acra service, (good) turn, **áis** convenience, **aisce** favour; gift, **bronntanas** present, **buntáiste** advantage, **cairde** credit, **cineál** treat, **cineáltas** kindness, **comaoin** favour, obligation, **comhartha** **(beag)** (small) token, **cúirtéis** courtesy, **cúnamh** help, **dea-ghníomh** good deed, good turn, **dúthracht** goodwill gift; favour, **fabhar** favour, **féile** generosity, bounty, **flaithiúlacht** generosity, munificence, **garaíocht** accommodating service, bestowing favours *(on a person)*, **ionracas** compliment; favour, **leas** benefit, advantage, **maith** good, **oineach** *m* favour; honour, **pátrúnacht** patronage, **rud** thing (cf **rud a dhéanamh do dhuine** to do something for a person), **seirbhís** service, **soilíos** benefit, favour, **tabhartas** gift, **tacaíocht** support, **tairbhe** benefit, **urraíocht** sponsorship

◊ **An ndéanfá ~ dom?** Would you do me a favour?

Gar 2 *adj¹* near
cois (+ *gen*) beside, **cóngarach** close; convenient **cruinn** accurate, **dlúth-** *pref* intimate, **i gcóngar (le)** in proximity (to), **in aice (le)** beside, **in aice láimhe** at hand, **le hais** (+*gen*) beside, **nach bhfuil fada ó** (+ *séimhiú*) not far from, **sa chóngar** in the vicinity, **taobh le taobh (le)** side by side (with) *(see also: cóngarach)*

Garbh *adj¹* rough, coarse
achrannach tangled, **aimhréidh** unsmooth, rough, uneven; entangled, **aineolach** uncouth, **ainmhín** *(material)* coarse, **ainrianta** unruly, rowdy, **amh** raw; crude, **amscaí** untidy, awkward; unkempt, **amuigh is istigh ar** approximate, **anróiteach** inclement, **breac-** *pref* sketchy, occasional, **briste** broken, **brocach** squalid, **bunúsach** basic, primitive, **cábógach** loutish, **callánach** boisterous, **callóideach** turbulent, **cársánach** raucous, **clochach** stony, **cnapánach** rugged, knobbly, **coipthe** choppy, **colgach** bristly, **cóngarach** approximate, **corrach** bumpy, uneven, **corraithe** agitated, **creagach** craggy, **crothach** shaky, **crua** hard, **cruálach** cruel, **deilgneach** prickly, **dian** harsh, tough, **díchordach** discordant, **díoscánach** grating, **doicheallach** churlish, **dorrga** gruff, **dosach** bushy, copse-like, **drochbhéasach** discourteous, **éagórach** unjust, **éagruthach** shapeless, amorphous, **fiáin** wild, **fiatúil** course, rough, **foréigneach** violent, **fuarchroíoch** unfeeling, **gairgeach** brusque, **gáirsiúil** coarse, lewd, **gan mhúineadh** untutored, **gan scagadh** unrefined, **gan snas** unpolished, **gar-** *pref* approximate, **garg** austere, **géar** sharp, **ginearálta** general, **gioblach** ragged, **giorraisc** abrupt, curt, **gleoránach** jarring, **grabach** rough, full of stones and roots, **grágach** rasping, **gránna** ugly, nasty, **greannach** rough, combative; ruffled, irritated, **grusach** rude, gruff, **guaireach** stubbly, setaceous, **longadánach** wobbly, **luascach** swinging, **maolscríobach** sketchy, **maslach** arduous, **meirgeach** rusty, **míbhinn** cacophonous, **míchothrom** uneven, **míchuntanósach** ungracious, **mímhodhúil** graceless, immodest, **mímhúinte** impolite, **mínáireach** shameless; indelicate, **míofar** nasty, ill-favoured, **míphléisiúrtha** unpleasant,

Garda

míshibhialta uncivil, **míshlachtmhar** untidy, **míthaitneamhach** unpleasant, **mosach** shaggy, rough, bristly, **neamhcheolmhar** inharmonious, **neamhchothrom** uneven, **neamhchríochnaithe** unfinished, **neamhchríochnúil** without any finesse, **neamhchruinn** inexact, **neamhchultúrtha** uncultured, **neamhfhoirfe** imperfect, **neamhiomlán** incomplete, **neamhphróiseáilte** unprocessed, **scáinte** scraggy, **scallóideach** abusive, **sceireach** rocky, **sciobtha** cursory, **scrábach** scratchy, coarse, **sleamchúiseach** rough and ready, **slibrí** slipshod, slovenly, **spartach** Spartan, **spiacánach** jagged, **srac-** *pref* cursory, **sraoilleach** tattered, **stothallach** dishevelled, **tinn** sick, **tógtha** agitated, excited, **tomógach** bushy, clumpy, full of tufts, **tútach** crude, vulgar

▲ **~chloch** uncut stone, **~chóip** rough copy, **~chumtha** rugged-featured, **~ghlórach** rough-spoken, **~shíon** *f* rough weather

▲ **análú ~** rough breathing, **cóip gharbh** rough copy, **cosán ~** rough path, **craiceann ~** coarse skin, **diamant ~** uncut diamond, **dóigh gharbh** uncouth manner, **dréacht ~** rough draft, **éadach ~** coarse cloth, **farraige gharbh** rough/wild sea, **focal ~** rude word, **foscadh ~** crude shelter, **glór ~** rasping voice, **greann ~** coarse humour, **meastachán ~** rough estimate, **sceitse ~** rough sketch, **siúcra ~** granulated sugar

◊ **go ~** roughly speaking

Garda *m* (~; ~í)
1. Garda; guard
airdeallaí person keeping watch, **bangharda** *(hist)* obsolete term for female Garda, **bleachtaire** detective, **caomhnóir na síochána** guardian of the peace, **coimirceoir** guardian; patron, **cosantóir** defender, protector, **doirseoir slándála** door security, bouncer, **faire** watch (cf **fear faire** watchman; lookout man), **forairdeallaí** vigilante, **geatóir** gatekeeper, **oifigeach** *m* officer, **pátrún** patron, **péas** *m* cops, **póilín** police officer, **preabaire** *(guard)* bouncer, **saidhleoir** *(hist)* jailer, **séiléir** jailer, jail guard, **speisialach** *m* special constable, **tulgharda** advance guard

▲ **~ síochána** *(police)* Garda, **~ cosanta** bodyguard

2. protection, guarding
anacal protection, **bac** barrier, **coimeád** protection, guarding, **coimirce** patronage, **coiscín** condom, **cosaint** defence, protection, **cosantóir** protector, defender, **cosc** check, restraint, **dídean** shelter, **éarlamh** patron saint, **éarlamhacht** spiritual patronage, **faire** watch, **fothain** shelter, screen, **pátrúnacht** patronage, **pludgharda** mudguard, **sábháilteacht** safety, **sciath** *f* shield, guard (cf **sciath tine** fireguard), **sciathán** wing (cf **faoina sciathán** under her/his/their wing), **slándáil** security, **tearmann** refuge, **truaill** scabbard, **urraíocht** surety; sponsorship

Gastacht

Garraí *m* (~; *-aithe*) (large) garden; small enclosure, patch of ground
clós yard, **cuibhreann** allotment, **gabháltas** holding, **gairdín** (small) garden, **gort** field, **luibhghort** kitchen garden, **páirc** field, park, **talamh** land, **úllord** orchard *(see also: gairdín, príosún, talamh)*

▲ **~ bláthanna** flower garden, **~ cistine** kitchen garden, **~ daingean** walled garden, **~ gabhainn** cattle pound, **~ glasraí** vegetable garden, **~ margaidh** market garden, **~ prátaí** potato patch, **~ scóir** allotment **~ tae** tea garden

Garraíodóir *m* (*-óra*; ~*í*) gardener
bláthadóir florist, **feirmeoir** farmer, **gairneoir** horticulturist, **gortghlantóir** weeder, **plandlannaí** nurseryman, **saothróir** grower (cf **saothróir orgánach** organic grower), **táirgeoir** producer, grower (cf **tairgeoir torthaí** fruit grower)

Gas *m*(*gais*; *gais*, ~) stalk, stem
beangán young branch, shoot, **brobh** rush, blade, stem, **buinne** *m* shoot, **buinneán** slender shoot, sprout, **coinlín** *(drinking)* straw, **craobh** branch, **craobhóg** small branch, **craoibhín** branchlet, **foithnín** blade (of corn) (cf **foithnín féir** blade of grass), **gasán** sprig; peduncle, **gasóg** little stem, shoot, **géag** limb, branch, **ribe** strand, blade (cf **ribe gruaige** strand of hair), **seamaide** sprig, **sifín** straw, **sop** wisp, bundle of straw; *(drinking)* straw (cf **dul chun soip** to hit the hay; **gal soip** flash in the pan), **speathán** stalk of burnt heather; any shrivelled item, **spiora** slender stem or branch, **spioraicín** slender shoot (cf **spioraí fraigh** stalks of heather), **stopóg** stalk; stump, **tuige** twig, **úrghas** green stalk, green shoot (cf **úrghais an téarnaimh** the green shoots of recovery)

Gás *m*(*gáis*; *gáis*, ~) gas; flatulence
broim fart, **broimneach** *f* farting, **bromadh** farting, **deoirghás** tear gas, **fear gáis** *(sl)* person who breaks wind, **gásailín** gasoline, **ola** *f* **mhór** paraffin, **paraifín** paraffin

Gasta *adj*[6] fast quick, snappy; smart
aibéil quick, **beo** brisk, snappy, **cliste** clever, smart, **de gheit** at a bound, sudden, **faoi dheifir** in a hurry, **gan mhoill** immediate, without delay, **géarintinneach** quick-witted, **luath** soon, **mear** mad fast, **meargánta** rash, **pras** prompt, quick, **preabanta** quick, lively, **preabúil** prompt, quick to act, **rábach** dashing, unrestrained (cf **ag rith go rábach** running in a dashing rush, **bua rábach** runaway victory), **scafánta** speedy, quickly, **sciobalta** quick, snappy, **sciobtha** prompt, snappy, **tapa** fast, quick, **tobann** sudden, **tric** quick, sudden *(see also: tapa)*

Gastacht *f*(~*a*) fastness, quickness; smartness
aibéil quickness, suddenness, **beocht** briskness, **clisteacht** smartness, cleverness, **deabhadh** hurry,

deifir hurry, **deifriú** hurrying, **dlús** expedition, speed, **éascaíocht** speed, ease, quickness, **foilsceadh** quickness, speed; flurry, **géarintinní** quick-wittedness, **luaithe** earliness, swiftness, **luas** speed, **luas mire** mad pace, **meargántacht** rashness, **mire** rapidity; frenzy, **piocúlacht** quickness, smartness, **scafántacht** speediness, quickness, **sciobthacht** promptness, fastness, **spriocúlacht** promptness, punctuality, **tapaíocht** activeness, alertness, **tapúlacht** fastness, quickness, **tobainne** suddenness, **trice** quickness, suddenness (see also: **deifir, tapúlacht**)

Géag f (-éige; ~a, ~) limb, branch
adharcán (insect) antenna, **aerog** (br) antenna, **aintéine** f antenna, **beangán** young branch, shoot, **brainse** branch, **buinne** m shoot, **buinneán** slender shoot, sprout, **cos** f (coise; ~a, ~) leg, foot, **craobh** f bough, branch, **craobhóg** small branch, **craoibhín** branchlet, **earnáil** sector, **fáisín** offshoot, **gas** stalk, **gasán** sprig, small stalk, **gasóg** young shoot, **géagán** appendage, **lámh** f (láimhe; ~a, ~) arm, hand, **probasc** proboscis, **rannóg** section, **roinn** f (roinne, ranna) division, **sceidín** small appendage, **sciathán** wing, arm, **seamaide** sprig; (bot) blade (cf **Ní fiú seamaide é.** It's worthless.), **úrghéag** green bough, fresh branch; young offspring

Géagach adj³ branched, limbed; branching
brainseach branching, **craobhach** branched, branching, **gabhlach** branching, forking, **gabhlánach** forked, **gasach** abounding in stalks/shoots, **gasógach** abounding in young stalks/shoots, **géagánach** branching; long-limbed; with flowing tresses, **glacach** hand-like; forked

Geáitseálaí m (~; -aithe) poser, show-off
boc seó poser, showman, **caimiléir** con artist, **cneámhaire** knave, swindler, **floscaí** boaster, **gaisceoir** swaggerer, boaster, **geamaire** poser, **gleacaí** twister, dissembler, **gliceadóir** crafty person, seducer, **mealltóir** beguiler, **rógaire** rogue

Geáitsíocht m (~a) gesticulation, gesturing; play-acting, posing
buaileam sciath bragging, (cf **Ní leasc leis buaileam sciath.** He likes to blow his own trumpet.), **comhartha** signal, sign, **comharthaíocht** signalling, **gaisceoireacht** swaggering, swank; swashbuckling, **gaisiciúlacht** boastfulness, vainglory, **gotha** pose, gesture, **gothaí galánta** grand airs, **gotháil** beckoning, gesticulation, **guailleadóireacht** swaggering

Geal 1 adj¹
1. (colour) bright, white; radiant, vivid, clear
ar aon bharr amháin solais brightly illuminated, **ar lasadh** alight, **ar scoite lasrach** ablaze, **bán** white, glistening, **bladhmannach** blazing, **dallraitheach** dazzling, **fionn** blond, **follasach** obvious, **glanruithneach** radiant, beaming, **glé** clear, bright, **gléghlan** bright and clear, crystal clear, **gléigeal** brilliantly bright, **gléineach** vivid, **gleorach** bright, sparkling, **gluair** clear, right, **grianmhar** sunny, **grinn** keen, **lasánta** flaming, **lóchrannach** shining brightly, **loinneartha** bright, resplendent, **lonrach** beaming, radiant, **luisiúil** radiant, glowing, **luisniúil** blushing, **méarnálach** phosphorescent, **niamhrach** splendid, **ró-léir** glaringly obvious, **ruithneach** radiant, **soiléir** clear, lucid, **soilseach** luminous; effulgent, **solasmhar** full of light, lucent, **spéiriúil** sky-like, **spréacharnach** scintillating, **taitneamhach** shining, **trédhearcach** transparent, **tréshoilseach** translucent, **trí thine** blazing, on fire

▲ **arán** ~ white bread, **daoine** ~a white people, Caucasians, **fiacla** ~a white teeth, **fíon** ~ white wine, **lá** ~ bright day, **seomra deas** ~ bright cheerful room, **solas** ~ bright light

2. (gladness) bright, cheerful; (purity) bright, unspoilt
áthasach happy, **beo** alive, full of life, **beoga** lively, **bíogach** chirpy, **bíogúil** sprightly, **croíúil** cheery, **deathuarúil** auspicious, **dóchasach** hopeful, favourable, **féileacánach** bright and airy; like a butterfly, **gan scamall** cloudless, **gan smál** without blemish, **gan teimheal** untarnished, **gealgháireach** cheerful, **geanmnaí** chaste, pure, **glan** clear, clean, **meanmnach** spirited, **meidhreach** merry, **neamhtheimhlithe** stainless, unstained, **neamhthruaillithe** unsullied, **oirirc** illustrious, **soilbhir** jovial, **sona** happy, fortunate, **sorcha** bright, luminous; cheerful, **spéiriúil** bright, sky-like, **spréacharnach** scintillating, **suairc** cheerful

▲ **croí** ~ bright pure heart, **gáire** ~ cheerful smile, **gort** ~ fallow field, **grá** ~ bright and dearest love, **lá** ~ lucky day (cf **Nárbh é an lá ~ dúinne é!** Wasn't that our lucky day!), **uisce** ~ pure water

Geal 2 v₁ₐ brighten; whiten, bleach
aoldathaigh whitewash, **bánaigh** whiten, blanch, **beoigh** enliven, **breabhsaigh** cheer up, **breac** lighten, change in colour, **cuir ardú croí** (**i nduine**) raise (a person's) spirits, **cuir áthas ar** gladden, make happy, **cuir loinnir i** burnish, **éadromaigh** lighten, **éirigh éadrom** lighten, **feabhsaigh** improve, **glan suas** clear up, **meanmnaigh** hearten, encourage, **meidhrigh** become happy; make happy, **niamh** brighten, **ruithnigh** illuminate, brighten; make radiant, **soilsigh** illuminate, light up, **sorchaigh** illuminate; enlighten, **spreag** hearten, urge on; inspire, **tabhair misneach do** encourage, **tuar** bleach

Gealach f (-aí; ~a, ~) moon
corrán crescent, **laindéar na hoíche** (hist) Paddy's lantern (due to absence of electricity in rural Ireland in 1930's), **Muire na maidine** moon seen in the morning sky, **pláinéad** planet, **pláinéadóideach** m planetoid, **ré** moon; era, **satailít** satellite, **spéirghealach** f (-laí)

moon-bright sky (cf **oíche spéirghealaí** moonlit night)

■ ~ **lán** full moon, **corrán gealaí** crescent moon, **Dónal na Gealaí** the man in the moon, **leath gealaí** halfmoon, ~ **scothlán** gibbous moon, **oíche rédhorcha** moonless night, ~ **úr** new moon

Gealadh *vn* brightening; dawning; whitening, bleaching

aoldathú whitewashing, **bánú** whitening, blanching, **beochan** enlivening, **breabhsú** cheering up, **breacadh** brightening, lightening up (cf **le breacadh an lae** at the first light of day), **cur ardú croí (i nduine)** raising (a person's) spirits, **cur áthas ar** gladdening, making happy, **cur loinnir i** burnishing, **éadromú** lightening, **éirí éadrom** lightening, **feabhsú** improving, **glanadh suas** clearing up, **maidneachan** dawning, **meanmnú** heartening, encouraging, **meidhriú** becoming happy; making happy, **niamhadh** brightening, **ruithniú** illuminating, brightening; making radiant, **soilsiú** illuminating, lighting up, **sorchú** illuminating; enlightening, **spreagadh** heartening, urging on; inspiring, **tabhairt misnigh do** encouraging, **taitneamh** shining, **tuar** bleaching

Gealgháireach *adj³* cheerful, bright and smiling

aoibhinn pleasant, **ardmheanmnach** high-spirited, **áthasach** happy, **beoga** vivacious, lively, sprightly, **bíogúil** chirpy, **croíúil** cheerful, **éadromaigeanta** optimistic, of a cheerful outlook, **éadromchroíoch** light-hearted, **glé** bright, **gléigeal** bright and cheery, **gliadrach** gleeful, **gliondrach** glad, joyous, **greadhnach** exulting, joyful, **lán de spraoi** full of fun, **lúcháireach** elated, **meanmnach** spirited, **meidhreach** merry, **misniúil** cheery, never say die, **neamhbhuartha** untroubled, **ríméadach** jubilant, **seamhrach** hale and hearty, full of life, **scóipiúil** cheerful, joyous, **séanmhar** lucky, prosperous, **soilbhir** jovial, cheery, **sólásach** consoling; cheering, joyous, **somheanmnach** cheerful, in good spirits, **sona** happy, **sonasach** happy, lucky, **spraíúil** amusing, fun, **sultmhar** full of merriment, entertaining

Geall 1 *m(gill; ~ta)*

1. promise, pledge

aontú agreement, **barántas** guarantee, **cinnteacht** assurance, **coimitmint** commitment, **conradh** contract, **cúnant** covenant, **dearbhú** assertion, **deimhniú** guarantee, **d'fhocal** your word (**m'fhocal** my word, etc), **do bhriathar** your word, **gealltán** promise, **gealltanas** promise, pledge, **mionn** vow, oath, **móid** vow, **tuiscint** understanding

2. bet, wager

amhantraíocht speculation, **cearrbhachas** gambling, **cluichíocht** gaming, **crannchur** lots, draw, raffle, **dul sa gheallchur** wagering, betting, placing a bet, **geallchur** wager, wagering, **gealltóireacht** betting, **imirt** playing, **lató** lotto, **raifil** raffle, **tógáil riosca** risk-taking, **scuaibín/scuabgheall** sweepstake, **seans** having a go, taking the risk, **tarraingt** draw

▲ **~bhróicéir** pawnbroker, **~choimeádaí** stakeholder, **~chur** betting, wagering, **~ghlacadóir** turf accountant, bookmaker, **~oifig** bookmaker's office

▲ **teach gill** pawnshop

◊ **~ a chur ar chapall le geallghlacadóir** to place a bet on a horse with a bookie, **Bíodh ina gheall!** Let's bet on it!, **Cuirfidh mé do rogha geall leat!** I bet you anything!, **Is liomsa an ~.** I win the bet., **Ní chuirfinn ~ as.** I wouldn't bet on it.

Geall 2 *v₁ₐ*

1. *v* promise, pledge

conraigh contract, **cruthaigh (ar)** testify (against), **cúnantaigh** covenant, **déan coinníoll** stipulate, **dearbhaigh** vow, assert, **deimhnigh** affirm, assure; certify, **Deirimse leat.** I assure you., **dílsigh** pledge, vest, **Gabh ort féin (é a dhéanamh)** undertake (to do it), **leabhraigh** swear on the book (eg **Leabhraigh sé ar ghlúine gurbh fhíor é.** He swore by the book and on bended knee that it was true.), **M'fhocal duit air!** Word of honour!, **mionnaigh** avow, swear, **mionn a thabhairt** to take an oath, **Mise faoi duit!** I warrant you!, **Mise i mbannaí air!** I guarantee it!, **móidigh** swear, vow, **morgáistigh** mortgage, **pánáil** pawn, **ráthaigh** guarantee, **rud a mhionnú ar an mBíobla** to swear a thing on the Bible, **tabhair móid** make a vow, **tairngir** prophesy, **Tá m'fhocal agat.** You have my word., **Tá mo bhriathar tugtha agam** I have given my word., **tabhair an leabhar** swear by The Book, **tabhair do bhriathar** give your word, **tabhair gealltanas** make a promise/pledge, **tiomain** swear, **tuar** augur, portend

◊ **Gheall sé na hoirc is na hairc dom.** He promised me the sun, moon and stars.

2. *v* bet, wager

cuir crannchur raffle, **déan amhantraíocht** speculate, **déan cearrbhachas** gamble, **cuir geall** place a bet, **déan gealltóireacht** have a wager, **déan raifil** hold a raffle, **déan tarraingt** hold a draw, **imir an lató** play the lotto, **imir scuaibín/scuabgheall** take part in the sweepstake, **raifleáil** raffle, **téigh sa seans** have a go, take the risk, **tóg riosca** take a risk

Gealladh

1. *vn* promising, pledging

conrú contracting, **cruthú ar** testifying against, **cúnantú** covenanting, **dearbhú** vowing, asserting, **deimhniú** affirming, assuring; certifying, **dílsiú** pledging, vesting, **dul i mbannaí ar** guaranteeing, **gabháil ort féin** undertaking, **leabhrú** swearing on the book (cf **duine a leabhrú sa chúirt** to administer the oath to a person in court), **mionnú** avowing, swearing, **mionnú ar an mBíobla** swearing on the Bible, **móidiú** swearing, vowing, **morgáistiú**

mortgaging, **pánáil** pawning, **ráthú** guaranteeing, **tabhairt d'fhocail** giving your word, **tabhairt do bhriathair** giving of your word, **tabhairt gealltanais** making a promise/pledge, **tabhairt mionna** taking an oath, **tabhairt móide** making a vow, **tairngreacht** prophesying, **tuar** auguring, portending

2. *vn* betting, bet, wager
amhantraíocht speculating, **an lató** the lotto, **cearrbhachas** gambling, **crannchur** draw, raffle, **dul sa seans** having a go, taking a risk, **gealltóireacht** betting, **raifil** raffle, **raifleáil** raffling, raffle, **riosca** risk, **scuaibín/ scuabgheall** sweepstake, **tarraingt** a draw

3. *m* promise (of capability), pledge
ábaltacht ability, **acmhainn** capability; means, resources, **acmhainneacht** wherewithal, **banna** bond, **bua** gift, **ceangaltas** commitment, **conradh** *m (conartha; conarthaí)* contract, **cumas** capacity, ability, **dearbhú** assurance, **dílseacht** faithfulness, loyalty, **féidearthacht** possibility, potential, **féith** flair, **focal** word, **gealltán** pledge, **gealltanas** promise, **ionchas** expectation, potential, **leabhrú** swearing on the Bible, *(jur)* swearing in, **mionn** oath, **móid** vow, **morgáistiú** mortgaging, **ráthaíocht** guarantee, **tiomántas** commitment, dedication, **tréith** talent; trait, **tréitheachas** aptitude, **tualaing** potential, potency

Geallghlacadóir *m (-óra; ~í)* turf accountant, bookmaker
casino casino, **cearrbhach** *m* gambler, **cluichire** gamer, **geallbhróicéir** pawnbroker, **geallchoimeádaí** stakeholder, **geallearbóir** pawnbroker, **gealloifig** bookmakers, **gealltóir** promisor, better, punter; *(com)* accepter, **geallúnaí** promisor, **siopa gealltóireachta** betting shop, **teach cearrbhachais** gambling den

Geallta *pp*
1. promised, pledged
ar a bhfuil do bhriathar/d'fhocal tugtha about which you have given your word, **ar a bhfuil do ghealltanas/mhionn tugtha** about which you have promised/ pledged, **conraithe** contracted, **cúnantaithe** covenanted, **dearbhaithe** vowed, asserted, **deimhnithe** assured; certified, **dílsithe** pledged, vested, **dulta i mbannaí ar** guaranteed, **gafa ort féin** taken upon yourself, **leabhraithe** sworn on the book, **mionnaithe** avowed, sworn, **mionnaithe ar an mBíobla** sworn on the Bible, **móidithe** sworn, vowed, **morgáistithe** mortgaged, **pánáilte** pawned, **tairngirthe** prophesied, **tuartha** augured, portended

◊ **más é atá ~ dúinn** if that's the fate that awaits us

2. *(marriage)* engaged
~ dá chéile engaged to one another, **dálta** engaged, **i ngeall ag** bethrothed to, **idir dáil agus pósadh** engaged to be married, **luaite (i gcleamhnas)** engaged (to be wed), **Tá lámh is focal eatarthu.** They are engaged to be married.

3. bet, wagered
ar ar cuireadh geall on which was placed a bet, wagered upon, **dulta san fhiontar** taken the risk, **dulta sa seans** taken the chance, **geallchurtha** wagered

Gealltanas *m (-ais; -ais, ~)* promise
banna bond, **briathar** word, **ceangal** tie, binding, **ceangaltas** bond, tie, **coimitment** commitment, **coinníoll** condition, stipulation, **focal** word, **geall** promise, bet, **gealladh** promise, **gealltán** pledge, **mionn** oath, **móid** vow, **parúl** injunction, prohibition, **ráthaíocht** guarantee, **tiomantas** commitment, dedication *(see also: gealladh)*

◊ **~ a bhriseadh** to break a promise, **~ a dhéanamh** to make a promise, **Caithfidh tú cur le do ghealltanas.** You have to keep your promise., **fáinne gealltanais a chaitheamh** to wear an engagement ring

Gealt *f(geilte; ~a, ~)* mad person, lunatic
craic *f* insane person, **craiceálaí** crazy person, **duine a bhfuil boc mearaí air** a person who has a screw loose, **duine atá as a mheabhair** a person who is out of their mind, **duine atá chomh mear le míol Márta** a person who is as mad as a March hare, **duine buile** mad person, **duine le Dia** a touched person, **éifid** crazy, witless person, **fear buile/mire** mad man, **gealtach** *m* crazed person; panic-stricken person, **gealtán** lunatic, **íorthachán** deranged person, **máineach** *m* maniac, **néaróiseach** *m* neurotic, **síceapatach** *m* psychopath

▲ **~ mharfach** homicidal maniac, **~ chruthanta** complete basket case

◊ **Is ~ thú!** You're insane! **An ghealt duit (atá) mar dhearthair agat!** That lunatic brother of yours!

Gealta *pp* brightened; whitened, bleached
aoldathaithe whitewashed, made happy, **bánaithe** whitened, blanched, **beoite** enlivened, **breabhsaithe** cheered up, **breactha** lightened, changed in colour, **éadromaithe** lightened, made lighter, **éirithe éadrom** lightened, **feabhsaithe** improved, **glanta suas** cleared up, **meanmnaithe** heartened, encouraged, **meidhrithe** cheered up, **niafa** brightened, **ruithnithe** illuminated, brightened; made radiant, **soilsithe** illuminated, lit up, **sorchaithe** illuminated; enlightened, **spreagtha** heartened, urged on; inspired, **tuartha** bleached

Gealtach *adj³* mad
áiféiseach absurd, **ar buile** mad, demented, **ar mire** mad, **ar saobhchiall** deranged, **ar seachrán céille** unhinged, deranged, **as do mheabhair** out of your mind, **buile** *(> buile)* madness/fury, **craiceáilte** crazy, **dulta le báiní/le cuthach** gone crazy, gone into a frenzy, **éigiallta** irrational, **fanaiceach** fanatical, **fiáin** wild, **fíochmhar** ferocious, furious, **fiúnaigh** *(> fiúnach)* rage, tantrum, **fraochmhar** furious, **imithe leis na sióga** gone with fairies, **íortha** deranged, mad, **meabhairghalair** *(> meabhairghalar)* mental

illness, **míréasúnta** unreasonable, **néaltraithe** demented; gone gaga/ senile, **néaróiseach** neurotic, **paranóideach** paranoid, **rámhailleach** delirious, **scitsifréineach** schizophrenic, **seachmallach** deluded, crazy, **síceapatach** psychopathic, **sifleáilte** witless, crazy, **síocóiseach** psychotic, **splanctha** enraged; infatuated (cf **Tá sé splanctha ina diaidh.** He is crazy about her.), **tugtha do speabhraídí** given to hallucinations *(see also: craiceáilte)*

Gealtlann *f(-lainne; ~a, ~)* lunatic asylum
an teach mór the happy farm, **aonad/cúram síceatrach** psychiatric unit/care, **cillín pardógach** padded cell, **feirm na gcótaí bána** the place with the men in white coats, **ospidéal meabhairghalair** mental hospital, **teach buile** madhouse, **teach** *m (tí)* **na ngealt** madhouse

Gean *m (~a)* affection, fondness
armacas loving tenderness, **bá** affection, loving, **búidhe** *f* tenderness, affection, **caoine** gentleness, **cásmhaireacht** sympathy, **ceanúlacht** loving affection, kindness, **cineáltas** kindness, **cion** *m (ceana)* affection, loving respect, **cneastacht** mild-manneredness, decency, **connailbhe** *f* attachment, affection, **dáimh** natural affection, **dea-chroí** kind heart, generosity; good nature, **dea-chroíche** kind-heartedness, **fabhar** favour, **geanúlacht** affection, lovingness; **gnaoi** *f* liking, affection, **grámhaireacht** lovingness, tenderness, **ionúine** dearness, affection, **láiche** kindness, affability, **luiteamas** fond attachment, fondness, **mánlacht** gentleness, graciousness, **muirn** tenderness, affection, **páirt** fellowship, **teochroí** warm-heartedness, cordiality

Geanúil *adj⁴* affectionate
armacach loving tender, **bách** affectionate, **báúil** affectionate, loving, **búch** gentle, affectionate, **búidh** *(lit)* tender, gentle, **caithiseach** affectionate; charming, **caoin** gentle, **cásmhar** caring, **ceanúil** loving, affectionate, **cineálta** kind, **cneasta** mild-mannered, decent, **connalbhach** affectionate, kind, **dáimhiúil** affectionate, showing natural fondness, **dea-chroíoch** kind-hearted, **geanúil** affectionately loving, **grámhar** loving, **ionúineach** loving, affectionate, **lách** kind, affable, **máithriúil** motherly, **mánla** gentle, **muirneach** tender, affectionate, **miochair** kind, tender; courteous, **solabhartha** affable, civil; fluent, **teochroíoch** warm-hearted, cordial, **tláith** mild, gentle

Geanúlacht *f(~a)* amiability, affability
armacas loving tenderness, **báúlacht** affection, lovingness, **caoineas** gentleness, **cásmhaireacht** concern; commiserativeness, **ceanúlacht** kindness, affection, **cineáltacht** kindness, **cneastacht** mild-manneredness, decency, **dea-chroíche** kind-heartedness, **geanúlacht** lovingness; lovableness; seemliness, **grámhaireacht** lovingness, **ionúine** dearness, affection, **láiche** kindness, affability, **mánlacht** gentleness, **solabharthacht** affability, civility; fluency, **teochroíche** warmheartedness, cordiality *(see also: gean)*

Géar *adj¹*
1. *(edge, point)* sharp; steep
biorach sharp, **bioranta** sharp, piercing, **caol** thin, **cocach** cocked, pointed, **corrach** angular, pointed, **deilgneach** barbed, thorny, **drisíneach** prickly, **faobhrach** edged, with sharp edge, **feachránach** barbed, sharp, **feanntach** cutting, **féigh** *(lit)* keen, sharp, **gobach** pointy, **polltach** piercing, penetrating, **rásúir** *(> rásúr)* razor-edged, **ribeanta** sharp; severe, **rinneach** pointed, **péacach** peaked, pointed, **scolbach** jagged, **socach** beaked, pointed, **siosúrtha** scissors-like, chiselled, **spiacánach** jagged

▲ **barr ~** sharp point, **mala ghéar** steep slope, **scian ghéar** sharp knife, **coirnéal ~** sharp corner

2. *(harsh, biting)* sharp; *(keen)* intense, eager
caolghlórach shrill, **coscrach** harrowing, cutting, **crua** hard, harsh, **dian** intense, harsh, **fíochmhar** fierce, **frithir** keen intense, eager, **garbh** harsh, **láidir** strong, **ropánta** sharp, biting (cf **gaoth ropánta** biting wind)

▲ **gaoth ghéar** sharp wind, **guth ~** shrill voice, **pian ghéar** intense pain, **siocán ~** severe frost, **solas ~** sharp/intense light, **suim ghéar** keen interest, **tine ghéar** fierce fire

3. *(acidic)* sharp, sour, acerbic
aigéadach acidic, **bearrtha** sharp-tongued, **binbeach** venomous, **borb** abrupt, **cealgach** scheming, wily; stinging, **colgach** bristling; waspish, **colgnimhneach** sharp, venomous, angry, **cráite** excruciating, **domlasta** acerbic, vitriolic; peevish, **drisíneach** prickly; waspish, **faobhrach** *(remark)* biting, cutting, **feanntach** cutting, **fiamhach** bitter, sharp; spiteful, **finéagrach** vinegary, **goibéalta** pointed, sarcastic, **goimhiúil** stinging, venomous, **goinbhlasta** *(food)* piquant, **líomóideach** lemony, lemon, **loiscneach** caustic, **nimhneach** sharp, sore, poisonous, **niogóideach** testy, sarcastic, **ruibheanta** sharp-tongued, venomous, **searbh** bitter, sour, **searbhánta** bitter, acrid, **searbhasach** sarcastic, sarcastic, **soiniciúil** cynical

▲ **achasán ~** sharp rebuke, **bainne ~** sour milk, **blas ~** sharp taste, **focal ~** acerbic remark, **teanga ghéar** sharp tongue

4. *(vigilent)* sharp, keen, observant
airdeallach alert, **aithneach** perceptive, discerning, **antoisceach** extreme, **friochanta** quick, observant, **fuireachair** alert, vigilant, **géarchúiseach** astute, discerning, subtle, **géarintinneach** sharp-witted, **gléineach** vivid, **glic** shrewd, cunning, **grinn** perceptive, discerning

Géaraigh

▲ **cluas ghéar** sharp ear, **intinn ghéar** penetrating mind, **intleacht ghéar** keen intellect, **súil ghéar** sharp eye

5. *(well-defined)* sharp
follasach clear-cut, **glan** clear, **glé** lucid, **gléineach** vivid, **glinn** sharp, graphic, **gonta** poignant, **léir** distinct, lucid, **ríshoiléir** crystal clear, **snoite** *(features)* sharp, **soiléir** clear, obvious

▲ **idirdhealú** ~ sharp distinction, **míniú** ~ lucid explanation

Géaraigh v_{2a} sharpen, intensify; sour, become sour
aigéadaigh acidify, **ardaigh** heighten, **athghéaraigh** resharpen, **barrchaolaigh** taper, **bioraigh** sharpen, **caolaigh** narrow, thin, **cuir faobhar ar** put an edge on, **déan níos measa** make worse, aggravate, **dianaigh** intensify, **éirigh níos géire** become sharper/steeper; steepen, **éirigh níos faobhraí** sharpen, whet, **éirigh níos measa** worsen, become more acute, **faobhraigh** sharpen, put an edge on, **líomh** hone, **luasghéaraigh** accelerate, **luathaigh** quicken, **méadaigh** increase, **meil** grind, **neartaigh** strengthen, intensify, **searbhaigh** sour; become bitter, **téigh i ndéine** step up, intensify, **treisigh** accentuate, fortify

Géaraithe *pp* sharpened, intensified; soured, gotten sour
aigéadaithe acidified, **ardaithe** heightened, **athghéaraithe** resharpened, **barrchaolaithe** tapered, **bioraithe** sharpened, **caolaithe** narrowed, thinned, **déanta níos measa** made worse, aggravated, **dianaithe** intensified, **dulta i ndéine** stepped up, intensified, **éirithe níos géire** gotten sharper/steeper; steepened, **éirithe níos measa** worsened, gotten more acute, **faobhraithe** sharpened, whetted, **líofa** honed, **luasghéaraithe** accelerated, **luathaithe** quickened, **méadaithe** increased, **meilte** ground, **neartaithe** strengthened, intensified, **searbhaithe** soured; gotten bitter, **treisithe** accentuated, fortified

Géarleanúint *f(-úna)* persecution
ainteagmháil molestation, **ansmacht** *m* oppression, **baoiteáil** baiting, **bulaíocht** bullying, **cáineadh** castigation, criticising, **caitheamh anuas ar** castigating, **céasadh** tormenting, **ciapadh** harassment; pestering, **cos ar bolg** oppression, **crá** badgering, tormenting, **cur faoi chois** subjugation, **droch-chóir** maltreatment, **droch-úsáid** molestation, **imirt leatroim (ar)** victimisation (of), **inghreim** persecution, preying, **leithcheal** discrimination, **plá** plague, pestering, **saighdeadh** provoking; baiting, **sárú** pestering, **scolladh** nagging, **tréatúlacht** persecution, ill-treatment

Géarleanúnach *adj³* persecuting
ainteagmhálach molesting, **ansmachtúil** *m* oppressive, **cáinteach** castigating, criticising, **ciapach** harassing; pestering, **leatromach** biased, one-sided, **inghreimtheach** persecuting, preying, **leithcheala** *(> leithcheal)* invidious discrimination, **pláúil** pestilential; pestering, **sáraitheach** thwarting, frustrating, **sciollaidh** *(> sciolladh)* nagging

Gearán *m (-áin; -áin, ~)* complaint
acaoineadh lamentation, complaint, **agóid** objection, protest, **cáineadh** criticism, **caoineadh** lament, **casaoid** grievance, **ceasnaí** complaint, grumble, **ceisneamh** complaining, **clamhsán** grumble, complaint, **cnáimhseáil** whining, whinging, **deargchasaoid** vehement protest, **éagaoin** grumble, moan, **éagmais** lack, want, **éagnach** *m* moan, complaint, **éagóir** wrong, injustice, **éamh** complaint; entreaty, **eighdeán** murmur, moan, complaint, **éileamh** demand, claim, **fabht** *m* fault, flaw, **fadhb** *f* snag, **faillí** *f* *(~; ~ocha)* neglect, failure, **fuasaoid** complaining, **griothnairt** complaining, grunting complaints, **líomhain** allegation, imputation, **milleán** blame, censure, **mosán** reproach, complaint, **och** Oh dear me (cf **Níl och ná mairg ann.** He never complains.), **ochlán** moan, **osna** sigh, **seamsán** droning, harping on, **tormas** act of carping, grumbling, **údar gearáin** cause of complaint

◊ ~ **a dhéanamh le duine** to make a complaint to a person, **Cad é an ~ atá ort?** What ails you?, What's the matter with you?

Géarchúiseach *adj³* observant, perceptive, astute
airdeallach alert, watchful, **aireach** attentive, **aireachtálach** percipient, **airitheach** perceptive, **beo gasta** on the ball, **braiteach** alert, perceptive, **breathnóireachta** *(> breathnóireacht)* observing, **caolchúiseach** subtle, **críonna** astute, **cúramach** careful, **fadcheannach** shrewd, **faireach** watchful, **feighlíoch** vigilant, **fíneálta** fine, subtle, **géarshúileach** sharp-eyed, **glinnsúileach** sharp-eyed, **grinn** observant, discerning, **léirsteanach** insightful, **mothaitheach** sensitive, **tuisceanach** percipient, insightful

▲ **beart gnó** ~ astute business move, **cinneadh** ~ clearheaded decision, **léamh** ~ perceptive reading, **súil ghéarchúiseach** observant/decerning eye, **tuiscint ghéarchúiseach** clear-eyed understanding

Gearr- *pref* short
~**anáil** shortness of breath, ~**chaint** impertinent talk, backchat, ~**chiorcad** short circuit, ~**insint** short account; epitome, ~**-radharcach** short-sighted, ~**scannán** short film, ~**scéal** short story, ~**scéalaí** short story writer, ~**scríobh** shorthand, ~**shaolach** transitory, ephemeral, ~**shúil** half expectation, ~**stócach** young lad

Gearr 1 *adj irr*
1. short
achoimrithe summarised, **achomair** (níos achoimre more brief), brief, concise, **aicearrach** short, pithy,

Gearr

ar nós cuma liom in an offhand manner, **beacht** precise; to the point, **beag** small, little, **breacshaolach** ephemeral, **drochbhéasach** discourteous, **easnamhach** deficient, **easpach** lacking, **fuinte** terse; compact, **gairid** brief, short, **gann** scarce, scanty, **gearrshaolach** short-lived, **giorraisc** abrupt, curt, **giorraithe** shortened; abridged, **giortach** stumpy; skimpy, scant, **giortaithe** curtailed, **gonta** concise, **i mbeagán focal** in a few words, **íseal** low, **móimintiúil** momentary, **neamhbhuan** transitory, **neamhiomlán** incomplete, **neamhleor** insufficient, **neamhuilíoch** partial, , **reatha** fleeting, **tanaí** thin, meagre, **tobann** sudden, **tóin le talamh** squat, **turchainteach** laconic

▲ **briseadh** ~ brief interruption, **comhrá** ~ short chat, **freagra** ~ short answer, **nóta** ~ short note, **tamall** ~ short while, **tomhas** ~ short measure

◊ **Coinnnigh ~ é!** Keep it brief!, **deas** ~ short and sweet, **Is ~ uainn anois na laethanta saoire.** It won't be long now until our holidays., **Nach ~ an chuimhne atá agatsa!** Aren't you the one with a short memory!

2. close, near
ceachartha close to, near, **cóngarach** near, close, **deas** convenient, close, **docht** tight, **fogas** near, close, **gaobhardach** near, close, **gar** near, **neasach** proximal, **ní fada** it is not long, **nárbh fhada** that was/would not be long

◊ **an baile is giorra dúinn** the town nearest to us, **Táim ~ sa radharc.** I am nearsighted.

Gearr 2 v_{1a}

1. sever, cut
bain cut, **bearr** shave, trim; crop, **ciorraigh** cut, **coirnigh** shave hair on top of monk's head into a tonsure, **dícheangail** untie, detach, unyoke; disconnect, **eangaigh** notch, cut a notch, **sábh** saw, **scoith** sever, **sligh** fell, cut down, **slis** *(ball)* slice, **stróic** tear, **tobghearr** snip

2. cut into shape
grean engrave, **plánáil** plane, **poll** bore a hole, **rionn** carve; engrave, **siosc** cut, clip; trim, **siséal** chisel, **snoigh** carve, **trasnaigh** intersect

3. wound; operate, cut
beoghearr vivisect, **ciorraigh** hack, maim, **cneáigh** wound, **coscair** rend, cut up; mangle, **créachtaigh** wound, **deighil** segment, **déroinn** bisect, **diogáil** prune, trim, **diosc** dissect, **goiligh** *(fish)* gut, **lansaigh** lance (cf **neascóid a lansú** to lance a boil), **sábh** saw, **scáin** split, crack, **sciot** prune, crop, **scótráil** mangle, **scor** slash, gash; slice, **sleacht** cut down, fell; slaughter, **sligh** fell, cut down, **stróic** tear, **timpeallghearr** circumcise, **trasnaigh** intersect, **trinsigh** *(geology)* incise

Gearr amach v_{1a} cut out, separate; remove, delete, terminate
bain mow; harvest; remove, **cealaigh** cancel, efface, **colscar** *(marriage)* divorce, **crosáil amach** cross out, **dícheangail** untie, detach, unyoke; disconnect, **dílasc** unclasp, disconnect, **dínasc** detach, disconnect, **diogáil** prune, trim, **díothaigh** obliterate, wipe (out), **díscoir** disband, discontinue, **éirigh as** discontinue, cut (cf **Éirigh as an amaidí!** Cut the crap!), **roinn** divide, **scáin** split, crack, **scamh** peel, whittle, **scaoil** let go, cut free; discharge, **scar** separate; segment, **scoith** cut off, **scrios** delete, **scillig** shell; husk, hull (cf **coirce a scilligeadh** to shell oats), **scrios** delete

Gearr isteach v_{1a} cut in

1. penetrate, pierce
poll pierce, **sáigh** stab, cut (cf **duine a shá le scian** to cut a person with a knife), **scean** knife, **toll** pierce, perforate, **treáigh** penetrate, **trinsigh** *(geology)* incise

2. consume, cut into
alp devour, **cnaígh** waste, gnaw, **creim** corrode, gnaw, **ídigh** consume, **síothlaigh** drain, **slog** swallow, **téigh ar** get used up (cf **Téann sé go mór ar mo chuid ama.** It takes up a lot of my time)

◊ **Ghearr sé isteach ar aon am saor a bhí agam.** It cut into any free time I had.

Gearr siar v_{1a} cut back
bain de remove, deprive, **caolaigh** reduce, **coigil** save, economise, skimp, **coinnigh siar** reserve, hold back, **déan tíos** practise thrift, economise, **ísligh** lower, **laghdaigh** lesson, **maolaigh** abate, slacken, **sábháil** save, **scimpeáil** skimp, **spáráil** spare, **tóg isteach** *(dress)* take in, **traoith** reduce, abate

Gearr síos v_{1a} cut down, shorten, lessen
achoimrigh summarise, **bain** mow, **barrscoith** *(maths)* truncate, **bearr** shave, trim; crop, **bobáil** bob; trim, **caolaigh** slim, become slender, **ciorraigh** cut, shorten, **comhdhlúthaigh** condense, consolidate **deighil** segment, **déroinn** bisect, **diogáil** prune, trim, **ísligh** lower, **laghdaigh** reduce, lessen, **leag** knock/cut down, **lom** mow; shear; strip, **róghearr** overcut, make too short, **roinn** divide, **sciot** snip, prune, shorten, **scoith** cut off, **siosc** cut, clip; trim, **sligh** fell, cut down, **tall** cut off, lop, **tanaigh** thin

Gearr suas v cut up, hack, hew
coscair rend, cut up; mangle, **déan sleádóireacht** cut turf; spear, **déan slisní** slice up, **dísligh** dice (cf **glasraí a dhísliú** to dice vegetables), **mionnghearr** chop up into small pieces, mince, **oirnigh** cut into bits, **scealp** splinter, chip, flake, **scoilt** split, crack, **scor** slash, gash; slice, **scótráil** mangle, **srac** sever, tear, **smiot** cut, chop (cf **glasraí a smiotadh** to chop vegetables), **spól** *(meat)* cut into joints, **stiall** cut into strips; rend tear, **stróic** tear, **teasc** hack, hew, **teinn** cut, break open, **tuaigh** chop with an axe

Gearradh vn cutting, cut
achoimriú making a précis, **baint** cutting, mowing; harvesting, **bearradh** shaving, trimming; cropping,

beoghearradh vivisecting, **bobáil** bobbing, trimming, **caolú** slimming, making slender, **ciorrú** cutting, hacking, maiming, **cneá** wounding, **coirniú** shaving hair on top of monk's head into a tonsure, **colscaradh** *(marriage)* divorce, divorcing, **coscairt** rending, cutting up, **créachtú** wounding, gashing, **crosáil amach** crossing out, **deighilt** partition, **déroinnt** bisection, **dícheangal** dissolution, detachment, unyoking; disconnection, **dílascadh** unclasping, disconnecting, **dínascadh** detaching, *(comp)* going offline, **diogáil** pruning, trimming, **dioscadh** dissecting, **díscor** unloosing, unyoking, dissolution, **dísliú** dicing, **eangú** notching, cutting a notch, **éirí as** discontinuation, **forba** cut, gash; excision, **goiliú** *(fish)* gutting, **greanadh** engraving, **ísliú** lowering, **laghdú** reducing, lessening, **lomadh** mowing; shearing, stripping, **mionnghearradh** chopping up into small pieces, mincing, **oirniú** cutting into bits, **polladh** boring, piercing, **rionnadh** carving; engraving, **ródach** *m (surg)* lancing, incision (eg **Rinneadh ródach ar an chneá.** The wound was lanced.), **róghearradh** overcutting, **sábhadh** sawing, **scáineadh** splitting, cracking, **scamhadh** peeling, whittling, **scaoileadh** letting go, releasing, discharging, **scaradh** separating, separation, **scilligeadh** shelling; husking, **scoilteadh** splitting, **scoitheadh** severing, cutting off, **scoradh** slashing, cutting; slicing, **scótráil** mangling, **scríobadh** scratching, **scriosadh** deleting, **sioscadh** cutting, clipping; trimming, **siséaladh** chiselling, **slais** slash, lash (cf **slais de scian** slash of a knife, **slais den bhfuip** lash of the whip), **sliseadh** slicing, cutting, **snamhadh** peeling, decorticating, **sniosarnach** *f* snipping, trimming, **snoí** carving, **spóla** cut of meat (cf **spóla feola** joint of meat), **spreotáil** hacking, chopping, chipping, **sracadh** yanking, wrenching; severing, tearing, **stialladh** lacerating, laceration, **stríocáil** scoring, making lines on surface, **stróiceadh** tearing, **talladh** cutting off, lopping off, **tanú** thinning, **teascadh** hacking, hewing, **teinm** cutting, breaking open, **timpeallghearradh** circumcision, **tiocóg** slight cut, nick, **tobghearradh** snipping, **tolladh** piercing, perforating, **trasnú** intersecting, **treá** penetrating, **trinsiú** incising, **tua** chopping with an axe, **tuadóireacht** hewing, chopping with an axe

- ag ~ **aráin** cutting bread
- ag ~ **cánacha** levying taxes
- ag ~ **cártaí** cutting cards
- ag ~ **costas** cutting costs
- ag ~ **deilbhe** carving a statue
- ag ~ **díge** digging a trench
- ag ~ **feola** carving meat
- ag ~ **fiach** reducing debts
- ag ~ **léim** taking a leap
- ag ~ **mionnaí móra** swearing
- ag ~ **na dtonnta** furrowing the waves
- ag ~ **pinsin ar** providing a pension for
- ag ~ **pionóis ar** imposing a penalty on
- ag ~ **príosúin ar** sentencing to imprisonment

Gearrtha *pp* cut
achoimrithe précised, summarised, **bainte** cut, mowed, mown; harvested, **bearrtha** shaved, trimmed; cropped, **beoghearrtha** vivisected, **bobáilte** bobbed, trimmed, **caolaithe** slimmed down, made slender, **ciorraithe** cut, hacked, maimed, **cneáite** wounded, **coirnithe** tonsured, **colscartha** *(people)* divorced, **coscartha** rent asunder, cut up, **créachtaithe** wounded, gashed with wounds, **crosáilte amach** crossed out, **deighilte** partitioned, split up, **déroinnte** bisectioned, **dícheangailte** unyoked; disconnected, **dílasctha** unclasped, disconnected, **dínasctha** detached, **diogáilte** pruned, trimmed, **diosctha** dissected, **díscortha** unloosed, unyoked, **díslithe** diced, **eangaithe** notched, **éirithe as** discontinued, **goilithe** *(fish)* gutted, **greanta** engraved, **íslithe** lowered, **laghdaithe** reduced, lessened, **lomtha** mowed; shorn, stripped, **mionnghearrtha** chopped up into small pieces, minced, **oirnithe** cut into bits, **pollta** boring, piercing, **rionnta** carved; engraved, **róghearrtha** overcut, **sábhach** serrated, **sáfa** sawed, **scafa** peeled, whittled, **scáinte** cracked, severed, **scaoilte** let go, released, discharging, **scartha** separated, **sciota** snipped, pruned, **sciotach** clipped, **scoilte,** split, **scoite** severed, cut off, lopped off, **scortha** slashed, cut; sliced, **scótráilte** mangled, **scríobtha** scratched, **scriosta** deleted, **siosctha** cut, clipped; trimmed, **siséalta** chiselled, **sliste** sliced, cut, **snafa** peeled, decorticated, **snoíte** carved, **sractha** yanked, wrenched; severed, torn, **stróicthe** torn, **tallta** cut off, lopped off, **tanaithe** thinned, **teasctha** hacked, hewed, **teinnte** cut, broken open, **tobgheartha** snipped, **tollta** pierced, perforated, **trasnaithe** intersected, **treáite** penetrated, pierced, **trinsithe** *(geology)* incised, **tuaite** chopped with an axe

Gearrthóir *m (-óra; ~í)* cutter
bainteoir reaper, cutter, **buainteoir** harvester, **buanaí** reaper, **corrán** sickle, **deimheas** shears, **deimheastóir** shearer, **inneall bainte** *(machine)* harvester, **lomaire** mower, **osclóir litreacha** letter opener, **sceanadóir** flayer, sharp-tongued person, **scian** *f (scine)* knife, **siosúr** scissors, **snoíodóir** carver, cutter, **speal** *f (-eile; ~a, ~)* scythe, **spealadóir** scytheman, mower, **spólaire** meat carver, **teascsaí** lopper, chopper; hewer

Géarú *vn* sharpening, intensifying; souring, getting sour
aigéadú acidifying, **ardú** heightening, **athghéarú** resharpening, **barrchaolú** tapering, **biorú** sharpening to a point, **caolú** narrowing, thinning, **cur faobhair ar** putting an edge on, **déanamh níos measa** making worse, aggravating, **dianú** intensifying, **dul i ndéine** stepping up, intensifying, **éirí níos géire** getting sharper/steeper; steepening, **éirí níos measa** worsening, getting more acute, **faobhrú** sharpening, whetting, **líomhadh** honing, **luasghéarú** accelerating, **luathú** quickening, **méadú** increasing, **meilt** grinding,

Geata *m (~; ~í)* gate, portal
 bac barricade, **bacainn** barrier, **béal** opening, entrance, **bealach** *m* **éalaithe** emergency exit, **bealach** *m* **isteach** entrance, **caladh** port, **doras** *m (-ais; doirse)* door, **iontráil** entrance, **oscailt** opening; aperture, **pasáiste** passage, **port (ríomhaire)** (computer) port, **slí** *f (~; slite)* **amach** exit, **slí** *f (~; slite)* **isteach** entrance, **tairseach** *f (-sí; ~a, ~)* threshold; portal, **teacht isteach** *(drama)* entrance; access

▲ ~ **adhmaid** wooden gate, ~ **crochta** portcullis, ~ **iarainn** iron gate, ~ **imeachta** departure gate

Géill *v₁ₐ* surrender, yield, submit, succumb
 admhaigh admit, concede, **athghéill** resurrender, resubmit, **diúltaigh** renounce, **éirigh as** relinquish, resign, give up, **feac do ghlúin** bend your knee, **lig allow**, **lig cúl** concede/allow a goal, **lig uait** forego, **stríoc** submit, yield (cf **stríocadh do chéile comhraic** to yield to an opponent), **tabhair isteach** give in, **tabhair suas** resign, give up, **téigh faoi** go under, submit, **tréig** abandon, **umhlaigh** bow, submit, obey

Géilleadh *vn* surrender, yielding
 admháil admitting, conceding, **athghéilleadh** resurrendering, resubmitting, **briseadh** defeat, **díomua** defeat, **diúltú** renouncing, **dul faoi** going under, submitting, **éirí as** relinquishment, resigning, giving up, **feacaíocht** bending the knee, yielding, **ligean** allowing, conceding, **ligean uait** foregoing, **stríocadh** submission, yielding, **tabhairt isteach** giving in, **tabhairt suas** giving up, **tréigean** abandonment, **umhlú** bowing, submitting, obeying

Géilliúil *adj⁴* submissive, acquiescent, compliant
 comhlíontach complying, **cuidiúil** helpful, **fabhrach** amenable, **garach** obliging, **íslithe** humbled, brought down, **lúitéiseach** obsequious, **lústrach** ingratiating, **plásánta** smarmy, **sínte** supine, **sochomhairleach** amenable to advice; tractable, **soilíosach** accommodating, **soláimhsithe** biddable, tractable, **umhal** humble

Géillte *pp* surrendered, yielded
 admhaithe admitted, conceded, **athghéillte** resurrendered, resubmitted, **briste** defeated, **diúltaithe** renounced, **dulta faoi** gone under, submitted, **éirithe as** relinquished, resigned, given up, yielding, **ligthe** allowed, conceded, **ligthe uait** foregone, **stríoctha** submitted, yielded, **tréigthe** abandoned, **tugtha isteach** given in, **tugtha suas** given up, **umhlaithe** bowed, in submittance, in obeyance

Geir *f(~e; ~eacha)* fat, suet, tallow
 beathaitheacht chubbiness, rotundity, **blonag** lard, blubber, **ceallailít** cellulite, **méathras** fatty food; fattiness, **meilleoga** *fpl* **geire** rolls of fat, **méith** fat meat; abundant yield, **murtall** obeseness, **otracht** *f* obesity, **saill** fat, fatty meat, **raimhre** fatness

Géire *f(~)* sharpness
 aicis rancour, spite, **aigéadacht** acidity, **bearrthóireacht** cutting sharp speech, **binb** venom, **boirbe** abruptness, **cealg** guile, **colgnimhní** bristling venom, **deilgní** prickliness, **déine** intensity; severity, **doichte** rigidity, rigour, **domlas** gall, **drisíneacht** prickliness, waspishness, **dúire** dourness, **faobhar** sharp edge **feanntacht** cutting sharpness, **finéagracht** vinegary bitterness, **géarchúis** astuteness, keenness of mind, **gearrachán** cutting comment, **goibéaltacht** sarcasm, sharpness, **goineog** sharp sarcastic dig/remark, **grinneas** discernment, perspicacity, **gúire** sharpness (cf **gúire péine** sharpness of a pain), **loisceantacht** fieriness, **loiscní** caustic fire, **nimhiúlacht** poisonous virulence, **nimhneachas** soreness, **niogóidí** testiness, **riteacht** sharpness, steepness; tautness, **scarbhach** *m* sharpness; roughness, **searbhas** sarcasm, **seirbhe** bitterness, **teinne** tightness, severity

Geis *f(~e; geasa, geas)* taboo, spell, traditional binding of action
 bac ban, barring, **ceangal** binding, **cosc** banning, inhibition, **cuing** yoke, **draíocht** magic, **dualgas** duty, **nasc** bond, **nascadh** binding, obligation, **oibleagáid** obligation, **ortha** *f* spell, incantation, **parúl** injunction, prohibition; parole (cf **parúl a bhriseadh** to break parole, **D'fhág sí parúl orm gan é a dhéanamh arís.** She made me promise not to do it again.), **smacht** control, **snaidhm** knot, **srian** restriction, restraint, **srianadh** restraining, **tabú** taboo, **teorannú** limitation, **toirmeasc** prohibition

> ○ The **Geis** is a traditional binding of action whereby the person who has been placed **faoi gheasa** *(under binding obligation)* is compelled to comply with the command being made. In **Tóraíocht Dhiarmada agus Ghráinne**, Gráinne, who has been promised to Fionn, desires to have Diarmaid instead, so she places him **'faoi gheasaibh áigh agus aidhmhillte'** *(under the spells of battle and destruction)*. Diarmaid is thus obliged to elope with Gráinne despite knowing that this will most certainly bring about his demise.

Geit *f(~e; ~eanna)* jolt, sudden startle, fright
 bíogadh start, jump, **croitheadh** shudder, **ionadh** surprise, **léim** jump, **Murchadh** Murrough, calamity (as in phrase: **Chonaic sé Murchadh.** He got the fright of his life.), **preab** *f* start, bound, **preabadh** jolt, sudden shock **sceiteog** start, fright, **scinneadh** start; spring, bounce, **scinneog** sudden start, **turraing** shock, jolt (eg **Thug sin turraing dom.** It gave me a jolt.) *(see also: anachain)*

◊ **de gheit** suddenly and unexpectedly, **Baineadh ~ asainn go léir.** We were all startled, We all jumped with fright.

Gile *f(~)* brightness, whiteness
aoibhiúlacht bright smiling cheeriness, **aoibhne** bliss, blissfulness, **áthasaí** happiness, **báine** whiteness, **beocht** liveliness, vivacity, **bíogaí** chirpiness, **bíogúlacht** sprightliness, **bladhm** *f* flame, flash, **breáthacht** fairness, beauty, **clisteacht** cleverness, **croíúlacht** heartiness, cheerfulness, **dealramh** sheen, radiance, **drithliú** scintillation, **geanas** purity, chastity, modesty, **geanmnaíocht** purity, chastity, **geal** brightness, **gealgháirí** incandescence, **gléghile** pure brilliance, **gléine** vividness, **gleoire** clearness, brightness, **glinne** vividness, clarity, **gluaire** brightness, clearness, **laomthacht** brilliance, splendour, **lasadh** flush, flaming, **lasair** *f (-srach)* blaze, sheen, **léire** clarity, **loinnearthacht** resplendence; brightness, **loinnir** radiance, lustre, **lonrachas** luminosity, **lonradh** radiance, **méarnáil** phosphorescence, **niamh** brightness, lustre; sheen, **niamhracht** resplendence, brightness, **ruithneas** radiance, brilliance, **scaladh** blazing, **soiléas** brightness, clarity, **soilseacht** effulgence, **solasmhaire** brightness, luminousness, **spéiriúlacht** airiness, brightness, sky-likeness, **splanc** *f (-aince; ~acha)* flash; spark, **spréachadh** sparking, **spréacharnach** *f* sparkling, **taibhseamh** *(clothes)* lustre, **taitneamh** shine, **tine** *f* fire

Gin 1 *f(~e; ~te)* foetus; begetting
babaí baby, **breith** birth, nativity, **féatas** foetus, **gineadóireacht** generating, **gineog** offspring, **ginidín** tiny embryonic growth, **ginidiú** germination, **giniúint** procreation, **naíonán nuabheirthe** newborn, **suth** embryo; progeny

Gin 2 *v₁ᵦ* beget, procreate; generate
atáir reproduce, **athghin** regenerate, **beir** give birth, bear, **clannaigh** create a family, procreate, **coimpir** procreate, **cuir amach** issue, put out, **cuir ar fáil** make available; render, **déan** make, **fás** grow, **forbair** develop, **ginidigh** germinate, **péac** germinate, **saolaigh** give birth, bear, **saothraigh** cultivate, develop, **síolraigh** seed, reproduce, **táirg** produce, yield, **tuismigh** parent, procreate

Ginearálta *adj⁶* general
coiteann common, **coitianta** commonplace, **comhchoiteann** communal; general, **comónta** common, **fad-réimseach** wide-ranging, **fairsing** extensive, **forleathan** widespread, **gnách** usual, **gnáth-** *pref* ordinary, usual, **iomlán** overall, **leathan** broad, **uilechoiteann** general, universal, **uilefhóinteach** all-purpose, **uileghabhálach** comprehensive, **uilíoch** universal

Ginias *m (-ais; -ais, ~)* genius
duine cliste clever person, **fear míorúiltí** miracle worker, **feartach** worker of miracles, **máistir** master, **príomhúdar** mastermind, **saoi** wise person, guru

Giniúint *f (-úna; ~tí)* generation; procreation, birth
atáirgeadh reproduction, reproducing, **breith** birth, **clannú** creating a family, procreating, **cruthú** creating, creation, **cur amach** issuing, putting out, **cur ar fáil** making available, **déanamh** making, **fás** growing, **forbairt** developing, **gineadóireacht** generating, **gin** begetting, **ginidiú** germination, **saothrú** cultivating, developing, **soláthar** provision, procurement, supplying, **síolrú** seeding, reproducing, **táirgeadh** production, producing, **tuismeadh** procreation *(see also: gin1)*

Ginmhilleadh *m (-llte; -lltí) (pregnancy)* abortion, aborting
breith anabaí miscarriage, **foirceannadh toirchis** termination of pregnancy, **forlao** *(cattle)* abortion, **toghluasacht** *(archaic)* abortion

Ginte *pp* generated; procreated
atáirgthe reproduced, **athghinte** regenerate, **beirthe** given birth, born, **clannaithe** procreated, **coimpeartha** procreated, **curtha amach** put out, issued, **curtha ar fáil** made available; rendered, **déanta** made, **fásta** grown, **forbartha** developed, **ginidithe** germinated, **péactha** germinated, **saothraithe** cultivated, developed, **saolaithe** given birth, born, **síolraithe** seeded, reproduced, **táirgthe** produced, yielded, **tuismithe** parented

Giobach *adj³* shaggy, unkempt, untidy
caite worn out, spent, **cuileach** unkempt, **fionnaitheach** furry, hairy, **garbh** rough, **gioblach** tattered, **gliobach** shaggy, **gruagach** hairy, **liataise** worn out (> **liatais** worn out article; cf **liataisí bróg** worn out shoes), **míshlachtmhar** untidy, unkempt, **mosach** bristly, shaggy, **mothallach** *(hair)* mop-like, shaggy, **ribeach** hairy, bristly, **síleáilte** toil-worn, spent, **smolchaite** threadbare, **sraimlí** untidy, sloppy, **stothach** bushy, unkempt, **stothallach** shaggy, unkempt

Giobacht *f (~a)* shabbiness, tattered state
caiteacht worn out condition, **cifleogacht** raggedness, shabbiness, **díblíocht** shabbiness, **míshlacht** untidiness, unkemptness, **smolchaiteacht** shabbiness; threadbareness, **sraoilleachas** raggedness, slovenliness

Gioblach *adj³* tattered
amscaí untidy, bedraggled, **brocach** filthy, **cifleogach** tattered, in rags, **gan chíoradh** unkempt, **gan slacht** untidy, messy, **giobógach** ragged, untidy, **grabasta** grubby, **i scóiléadaí** in rags/in tatters, **leadhbach** torn into shreds, shabby, tattered, **leadhbánach** tattered, **líobóideach** ragged, **míshlachtmhar** untidy, **ribeogach** tattered, **ribíneach** torn to ribbons; ribbon-like, **ribleach** tattered, **scleoidiúil** slovenly, slatternly, **scrábach** dishevelled, untidy, **sramach** shoddy, **sraoilleach** scruffy, tattered, **stiallach** torn, tattered;

consisting of strips, **stróicthe** torn, **táir** shabby, **trí chéile** messed up, untidy, **úcaiste** bedraggled

Gioblacht *f(~a)* tatteredness, ragged condition
amscaíocht untidiness, bedraggled state, **brocaí** filthiness; smuttiness, **cifleogacht** tattered state, shabby condition, **giobacht** raggedness, tattered state, **grabastacht** grubbiness, **leadhb** tattered thing, **leadhbán** shred, tatter, **líobóideacht** raggedness, tatteredness, **míshlacht** *m* untidiness, **ribeogacht** tattered state, **riblí** tattered condition, **scleoidiúlacht** slovenliness, slatternliness, **scrábaí** dishevelledness, untidiness, **sraimín** shoddy article, **sramaí** shoddiness, **sraoilleachas** scruffiness, slovenliness, **stróicteacht** torn condition, **táire** shabbiness

Giolla *m(~; ~í)* gillie, manservant, pageboy; gofer, messenger
ara *m (hist)* attendant, horse boy, **buachaill aimsire** *(archaic)* servant boy, **cailín aimsire** *(archaic)* servant girl, **cúiréir** courier, **cúntóir** helper, assistant; adjunct, **freastalaí** attendant, waiter, *(shop)* assistant, **giollán** *(wedding)* pageboy, **gíománach** *m* lackey; yeoman, **leacaí** lackey, **péitse** page, **sclábhaí** slave, **searbhónta** servant, **seirbhíseach** *m* servant, **teachtaire** messenger, **uiséir** usher *(see also: freastalaí)*

▲ ~ **an amhrais** suspicious individual, ~ **an déanfais** bossyboots, ~ **an pháirtí** party hack, ~ **capaill** horse boy, stable hand, ~ **clódóra** printer's devil, ~ **cóiste** coachman

◊ **Éirigh suas, a ghiolla na leisce!** Get up, you lazy bones!, **Is é an ~ atá ina mháistir.** It's a case of the tail wagging the dog., **Is ~ gan iarraidh é.** He's a busybody.

Giorracht *f(~a)* shortness, brevity
achoimre summary, **achoimriú** synopsis; recapitulation, **achomaireacht** brevity, **aicearra** *m* shortcut, **cóngas** nearness, closeness, **deiseacht** convenience, handiness, **fochair** proximity, **fogas** nearness, **foisceacht** proximity, **gaire** closeness, **gaobhar** nearness, vicinity, **giorra** *f* shortness, **giorrú** shortening, truncation, **gontacht** pith, conciseness, **imlíne** *f* outline, **léargas ginearálta** general overview

Giorraigh *v₂ₐ* shorten
achoimrigh summarise, **bain** remove, lop off, **ciorraigh** abridge, curtail, **coimrigh** *(gram)* syncopate, **coscair** hack, **crandaigh** become stunted, stunt, **déan eagarthóireacht (ar)** edit, **déan níos giorra** make shorter, **gearr** cut, **gearr síos** cut down, **giortaigh** shorten, **íoslaghdaigh** minimise, **laghdaigh** reduce, lessen, diminish, **meánchoimrigh** *(gram)* syncopate, **réamhghiorraigh** foreshorten, **sionchóipigh** *(mus)* syncopate, **smut** truncate, shorten, stump, **sruthlínigh** streamline, **stumpáil** stump, **tamhain** truncate, **tóg an t-aicearra** take the shortcut, **tóg isteach** *(dress)* take in

Giorraithe *pp* shortened
achoimrithe summarised, **bainte** removed, lopped off, **ciorraithe** abridged, curtailed, **coimrithe** *(gram)* syncopated, **coscartha** hacked, **déanta níos giorra** made shorter, **crandaithe** gotten stunted, stunted, **gearrtha** cut, **gearrtha síos** cut down, **giortaithe** shortened, **íoslaghdaithe** minimised, **laghdaithe** reduced, lessened, diminished, **meánchoimrithe** *(gram)* syncopated, **réamhghiorraithe** foreshortened, **sionchóipithe** *(mus)* syncopated, **smuta** truncated, shortened, stumped, **sruthlínithe** streamlined, **stumpáilte** stumped, **tamhanta** truncated, **tógtha isteach** *(dress)* taken in

Giorraisc *adj²* abrupt
déanta faoi dheifir rushed, **dorrga** gruff, **drochbhéasach** rude, impolite, **gairgeach** surly, **gan choinne** unexpected, **gasta** rapid, **géar** sharp, **géartheangach** sharp-tongued, **láithreach** immediate, **míchúirtéiseach** discourteous, **mímhúinte** uncivil, **tobann** sudden

Giorrú *vn* shortening
achoimriú summarising, **baint** removal, lopping off, **ciorrú** abridging, curtailing, **coimriú** *(gram)* syncopating, syncopation, **coscairt** hacking, mangling up, **crandú** becoming stunted, stunting, **eagarthóireacht** editing, **gearradh** cutting, **gearradh síos** cutting down, **giortú** shortening, **íoslaghdú** minimising, **laghdú** reducing, lessening, diminishing, **meánchoimriú** *(gram)* syncopating, syncopation, **réamhghiorrú** foreshortening, **sionchóipiú** *(mus)* syncopating; syncopation, **smutadh** truncating, shortening, stumping, **sruthlíniú** streamlining, **stumpáil** stumping, **tamhnamh** truncating, **tógáil isteach** *(dress)* taking in

Giortach *adj³* skimpy; stumpy
caol slim, narrow; dilute, **cúng** narrow, **dromchlach** superficial, **eisbheartach** skimpy, scant, **fann** faint, **gairid** short, **gann** scarce, meagre, **gannchothaithe** undernourished, **gan substaint** unsubstantial, **gan tathag** without substance, scanty, **gan téagar** insubstantial, **gearr** short, **gortach** measly, mean, **lag** weak, flimsy, **lagaithe** diluted, **leamh** bland, **leochaileach** fragile, **scáinte** sparse, **sciotach** scanty, skimpy, **scrobanta** underfed, undersized; scrubby, **smear-** *pref* superficial, **smutach** stumpy; curtailed, short, **tanaí** thin, **tóin le talamh** stumpy, **tréith** feeble, **uireasach** inadequate

Giortacht *f(~a)* skimpiness; stumpiness
caoile narrowness, slenderness, **cúinge** narrowness, **éadroime** shallowness, lightness, **easpa téagair** insubstantiality, **easpa substainte** unsubstantiality, **fainne** faintness, fragility, **gannchothú** undernourishment, **ganntanas** scarcity, **gortaíl** measliness, meanness, **laige** weakness, flimsiness, **leimhe**

Giúmaráil

blandness, **scáinteacht** sparseness, **sciotacht** skimpiness, **tanaíocht** thinness, **tréithe** feebleness, **uireasaí** inadequacy

Giúmaráil v_{1e} humour, indulge, jolly along
aontaigh le (ar son an tsuaimhnis) agree with (for the sake of peace), **bladair** flatter, cajole, **bréag** coax, cajole, **caith go sóúil le** pamper, **cuir suas le** tolerate, **lig le** indulge, **ionramháil** manoeuvre, manipulate, **réitigh le** fit in with, **tar le** go along with, accommodate

Giúmaráil *vn* humouring, indulging, jollying along
aontú le (ar son na síochána) agreeing with (for the sake of peace), **bladar** flattering, cajoling, **bréagadh** coaxing, cajoling, **caitheamh go sóúil le** pampering, **cur suas le** tolerating, **ligean le** indulging, **méataireacht** pampering, **ionramháil** manoeuvring, manipulating, **peataireacht** mollycoddling, **réiteach le** fitting in with, **teacht le** going along with, accommodating

Giúmaráilte *pp* humoured, indulged, jollied along
aontaithe le (ar son an réitigh) agreed with (for the sake of peace), **bladartha** flattered, cajoled, **bréagtha** coaxed, cajoled, **curtha suas le** tolerated, **ionramháilte** manoeuvred, manipulated, **lenar caitheadh go sóúil** pampered, **lenar ligeadh (an iomarca)** indulged (too much), **réitithe le** fitted in with, **tagtha le** gone along with, accommodated

Glac 1 *f(-aice; ~a, ~)*
 1. grasp, grip
 barróg hug, embrace, **crúca** claw, clutch; hook, **cuach** *f* hug, **diurnú** embracing, hugging, **fáscadh** squeezing, squeeze, **forghabháil** hold, grip, **glám** grab, clutch, **greim (tobann)** *m* grasp, **lámh** *f* hand, **teannta** foothold, grip
 2. handful; sheaf
 boiseog palmful, **burla** bundle, **dornán** fistful; sheaf (cf **dornán páipéar** sheaf of papers), **fainneal** bundle of thatching material, **glaicín** small handful, **lán láimhe** handful, **mám** *f* handful, **punann** *f* sheaf (cf **punann chruithneachta** sheaf of wheat), **scuab** armful, sheaf, **scuabán** small sheaf, **síogán** small temporary stack; small sheaf of grain bound by a rope, **teadhall** small amount, handful, **ultach** *m* armful; load, burden

Glac 2 v_{1a} accept, take, receive
admhaigh acknowledge; admit, **aithin** recognise, **aontaigh le** agree with, **beir ar** take hold of, **beir greim ar** take hold of, grasp, **cinn ar** decide upon, **coinnigh** keep; accommodate, **creid** believe, **faigh** get, **faomh** approve, accept; agree to, **foghlaim** learn, **fulaing** suffer, **gabh** capture, seize, occupy; arrest; go, **glám** grab, clutch, **goid** steal, **ionanálaigh** inhale, **ionduchtaigh** induct; *(el)* induce, **ith** eat, **múscail** arouse, awaken, **ól** drink, **postaláidigh** postulate, **roghnaigh** choose, **seas** withstand, **smaoinigh** consider, **tabhair rud éigin leat** bring something with you, **téigh le (ceird)** take up (a trade), **tóg** take, **tolg** *(illness)* contract, **tuig** understand, **uchtaigh** adopt

~ **an tairiscint!** Take the offer!
~ **an trioblóid lena thriail!** Take the trouble to try it!
~ **comhairle uaimse!** Take a tip from me!
~ **cúram!** Take care!
~ **do chuid ama leis!** Take your time about it!
~ **freagracht!** Take responsibility!
~ **go réidh é!** Take it easy! Cool it!
~ **in ord aibítre iad!** Take them in alphabetical order!
~ **le mo chomhairle!** Take my advice!
~ **misneach!** Take courage!, Take heart!
~ **páirt san obair!** Take part in the work!
~ **saoire!** Take a holiday!
~ **uaim é!** Take it from me!, You better believe it!

Ná ~ **chugatsa é!** No offence to you!
Ná ~ **dúil sa chearrbhachas!** Don't get into gambling!
Ná ~ **go pearsanta é!** Don't take it personally!
Ná ~ **leis sin!** Don't bank on that!

Glacadh *vn* accepting, acceptance, receiving, reception
admháil acknowledging; admission; receipt, **aithint** recognition, **aontú** agreeing, agreement, **breith ar** taking hold of, **cinneadh ar** deciding upon, **coinneáil** keeping; accommodating, **creideamh** believing, **dul le (ceird)** taking up (a trade), **fáil** getting, finding, **faomhadh** approving, accepting; agreeing to, **foghlaim** learning, **fulaingt** suffering, **gabháil** capturing, seizing, occupying; arresting; going, **glacadóireacht** *(br)* reception, **glacaireacht** grasping; pawing with hands, **glacamas lámh** gripping hands (cf **dul i nglacamas lámh le duine** to grasp another person's hand), **glámadh** grabbing, clutching, **goid** stealing, **ionanálú** inhaling, **ionduchtú** induction, **ithe** eating, **múscailt** arousing, awakening, **ól** drinking, **postaláidiú** postulating, **roghnú** choosing, **seasamh** withstanding, **smaoineamh** considering, **tabhairt leat** bringing with you, **tógáil** taking, **tolgadh** *(illness)* contracting, **tuiscint** understanding, **uchtú** adopting

Glactha *pp* accepted, taken, received
admhaithe acknowledged; admitted, **aitheanta** recognised, **aontaithe le** agreed with, **ionanálaithe** inhaled, **beirthe ar** taken hold of, **cinnte ar** decided upon, **coinnithe** kept; accommodated, **creidte** believed, **dulta le (ceird)** having taken up (a trade), **faighte** gotten, found, **faofa** approved, accepted; agreed to, **foghlamtha** learnt, **fulaingthe** suffered, **gafa** captured, seized, occupied; arrested; gone, **glámtha** grabbed, clutched, **goidte** stolen, **ionduchtaithe** inducted; *(el)* induced, **ite** eaten, **múscailte** aroused, awakened, **ólta** drunk, **postaláidithe** postulated, **roghnaithe** chosen, **seasta** withstood, **smaoinithe** considered, **tógtha** taken, **tolgtha** *(illness)* contracted, **tuigthe** understood, **uchtaithe** adopted

Glae

1. *vn* gluing
cuibhriú binding, **fáscadh** binding tightly, **feistiú** securing, **gliúáil** gluing, **greamú** sticking; pasting, **nascadh** binding, **taosú** pasting, **táthú** welding; soldering *(see also: greamú)*
2. *m (~; ~nna)* glue
gliú glue, **greamachán** adhesive, **greamán** sticker; *(med)* adhesion, **guma** gum, **liúitín** *(teeth)* cement, **maisteog** *(resin)* mastic, **nasc** clasp; tie, **séala** seal, **suimint** cement, **taos greamaitheach** sticking paste, **táthán** *(dent, carp)* cement, **téip ghreamaitheach** sticky tape *(see also: ceangal, gliú)*

Glaeigh *v₁ₑ* glue
fáisc bind closely, **feistigh** secure, **glean** stick, adhere, **gliúáil** glue, **greamaigh** stick, adhere, **nasc** bind, join, **séalaigh** seal, **taosaigh** paste, **táthaigh** weld, solder; coalesce *(see also: greamaigh)*

Glaeite *pp* glued
fáiscthe bound closely, **feistithe** secured, **gleanta** stuck, adhered, **gliúáilte** glued, **greamaithe** stuck, adhered, **nasctha** bound, joined, **séalaithe** sealed, **taosaithe** pasted, **táthaithe** welded, soldered; coalesced *(see also: greamaithe)*

Glaineacht *f(~a)* cleanliness, purity
cumhracht fragrance, purity, **díghalrú** disinfecting, **foirfeacht** perfection, **geanas** chastity, purity, **geanmnaíocht** chastity, purity, **glaine** cleanness; purity, **glanachar** cleanliness, **glanchroíche** pure-heartedness, **glanintinní** pure-mindedness, **glantachán** cleansing, **glantachas** cleanliness, **gnaíúlacht** decency, **iomláine** wholeness, **ionracas** honesty; uprightness, **íonacht** purification, **íonú** purifying, **macántacht** honesty, decency, **maighdeanas** virginity, **maitheas** goodness, **neamh-thruaillitheacht** unpollutedness, **neamhurchóid** innocence, guiltlessness, **néatacht** neatness, **ócht** *f* chastity, virginity, purity, **slacht** *m* polished, finished appearance, **slachtmhaireacht** tidiness, **sláine** wholeness, **sláinteachas** hygiene, **sláintíocht** sanitation, **soiléirú** clarification, **steiriliúchán** sterilisation, **suáilceas** virtuousness, **uileacht** entirety, **úire** freshness

Glaise 1 *f(~)* greenness; immaturity, inexperience
aimhe rawness, **easpa cleachtaidh** lack of practice, **easpa taithí** lack of experience, **glas** green; inexperienced, **glasliath** pale grey, **glasuaine** *f* bright green, **liath** grey; grey-haired person, **neamhaibíocht** unripeness, immaturity, **neamhchleachtadh** inexperience, **neamhinmhe** *f* immaturity, **uaine** *f* vivid green *(see also: glas 1)*

Glaise 2 *f(~; -sí)* rivulet, stream
altán streamlet, **caislín** small stream, **glas** rivulet, **silteán** small drain/channel of water, rivulet, **sreabhán** streamlet, **sruth** stream, **sruthán** small stream *(see also: sruthán)*

Glan- *pref* pure, clear; net
~bhealach clearway, **~bhrabach** *m* clear profit, **~fholúil** pure-blooded, **~Ghaeilge** perfect Irish, **~intinneach** of pure intent, **~ioncam** net income, **~mheabhrú** memorisation, **~radharcach** clear-sighted

Glan 1 *adj¹*

1. clean, cleansed
antaiseipteach antiseptic, **dífhabhtaithe** sterilised, disinfected, **díghalraithe** decontaminated, disinfected, **íonaithe** cleansed, purified, **lonrach** sparkling, **nite** washed, **saor ó smúit** dust-free, **sláinteach** hygienic, **sláintíoch** sanitary, **steirilithe** sterilised, **steiriúil** sterile, **úr** fresh, **úrnua** brand new

▲ **bróga ~a** clean shoes, **éadaí ~a** clean clothes, **fiacla ~a** clean teeth, **seomra ~** clean room, **teach ~** clean house, **urlár ~** clean floor, **uisce ~** clean water

2. pure, clean, clear
dea-shamplach exemplary, **fíor-** pure, **fíréanta** righteous, **gan salú** unsoiled, **gan smál** immaculate (eg **Giniúint Mhuire gan Smál** The Immaculate Conception), **gan teimheal gan smál** spotless, **gan truailliú** unadulterated, **geanasach** chaste, pure, **geanmnaí** chaste, **glanchroíoch** pure of heart, **glanintinneach** of a pure mind/intent, **gnaíúil** likeable, decent, **íon** pure, virginal; disinterested (cf **comhairle íon** disinterested advice), **ionraic** honest; upright, **macánta** honest, decent, **maighdeanúil** virginal, **maighdine** *(> maighdean)* virgin, **maith** good, **morálta** moral, **neamhfhabhtach** uncontaminated, **neamhpheacúil** sinless, **neamhthruaillithe** unpolluted; uncorrupted, **neamhurchóideach** innocent, guiltless, **ógh** chaste, pure, **saor ó locht** free of fault, **suáilceach** virtuous

▲ **coinsias ~** clear conscience, **comhrá ~** clean conversation, **greann ~** clean humour, **ór ~** pure gold, **smaointe ~a** pure thoughts

3. clear; clear-cut, well-defined; net
baileach exact, **beacht** accurate, pinpoint, **críochnúil** thorough, neat, well-made, **cruinn** precise, **cruthanta** consummate, exact, **dearfa** definite, **dearscnaitheach** distinctive, clear; prominent, **foirfe** perfect, **gan athbhrí** unambiguous, **gan bheith ceilte** unobscured, blatant, **gan náire** shameless, blatant, **follas** evident, clear, **follasach** clear-cut, conspicuous, **glé** clear, bright, **gléineach** vivid, lucid, **glinn** distinct, vivid, **grinn** keen, discerning, **léir** lucid, distinct, clear, **idéalach** ideal, **iomlán** complete, total, **mionchruinn** minutely detailed, **oscailte** open, **réalta** manifest, **soiléir** clear, **soiléirithe** clarified, **thar fóir ar fad paiteanta** patent, exact, **pioctha néata** spick and span, **pointeáilte** particular, punctilious, totally in-your-face, **slachtmhar** tidy, **slán** whole, complete, **uile** entire

Glan

▲ **brabach** ~ clear profit, **briseadh** ~ clean break, **cló** ~ clear type, **cosán** ~ clear path, **glór** ~ clear voice, **línte** ~a clean/clear lines, **míle Euro** ~ one thousand Euro net, **míthuiscint ghlan** clear misunderstanding, **pá** ~ take-home pay, net pay, **radharc** ~ clear view, **ráiteas** ~ clear statement, **sampla** ~ clear example, **urchar** ~ clean shot

4. *(used as adv)* clean, completely
amach is amach completely, entirely, **ar fad** entirely, **go hiomlán** totally, **go léir** altogether, **go huile agus go hiomlán** utterly and completely

◊ **Bhí sé scriosta** ~. It was completely destroyed., **Fan** ~ **amach uaidh!** Keep well away from him!, **Go díreach** ~! Exactly!, **Rinne mé dearmad** ~ **air.** I clean forgot about it., **Tá tú** ~ **as do mheabhair!** You're completely insane!

Glan 2 v_{1a} clean; clear
aol whitewash, **athghlan** reclean, **bain deannach de** dust, **bain smál as** remove a stain, **bánaigh** bleach, **cleitigh** clean feathers, preen, **cuimil** rub; wipe, **cuir snas ar** put a shine on, polish up, **déan glantóireacht** do cleaning, **díbholaigh** deodorise, **dífhabhtaigh** disinfect, sanitise, **díghalraigh** disinfect, **díthruailligh** decontaminate, **dustáil** dust, **folc** bathe, wash, **folúsghlan** vacuum, **fothraigh** bathe, wash, **frithsheiptigh** antisepticise, **gainnigh** *(fish)* scale, clean, **gléghlan** purify, *(cu)* clarify, **goiligh** *(fish)* gut, clean, **gortghlan** clear weeds, weed, **imghlan** cleanse, **íonaigh** purify, **íonghlan** purify, **ionnail** wash, bathe, **léirghlan** *(fat)* clarify, **mapáil** mop, **mínghlan** refine, **múchghlan** fumigate, **niamhghlan** burnish, **nigh** wash, launder, **purgaigh** purge, **rinseáil** rinse, **saorghlan** purge, purify, **scaoil sruth** flush, **sciomair** scour, scrub, **sciúr** *(money)* launder; scour, **scuab** sweep, **spúinseáil** sponge, **sruthlaigh** rinse; flush, **steiriligh** sterilise, **tirimghlan** dry-clean, **tlúáil** ripple, clean off flax seed, **tóg cithfholcadh** take a shower, **toitrigh** fumigate, **tuar** bleach, blanch; whiten, **úraigh** freshen, **urscart** clean out, clear

Glanadh *vn* cleaning; clearing
aoladh whitewashing, **athghlanadh** recleaning, **bánú** bleaching, **cleitiú** cleaning feathers, preening, **cuimilt** rubbing; wiping, **díbholú** deodorising, **dífhabhtú** disinfecting, sanitising, **díghalrú** disinfecting, **díthruailliú** decontaminating, **dustáil** dusting, **folcadh** bathing, washing, **folúsghlanadh** vacuuming, **frithsheiptiú** antisepticising, **fothragadh** bathing, washing, **gainniú** *(fish)* scaling, cleaning, **glantóireacht** cleaning, **gléghlanadh** purifying, *(cu)* clarifying, **goiliú** *(fish)* gutting, cleaning, **gortghlanadh** clearing weeds, weeding, **imghlanadh** cleansing, **íonghlanadh** purification, **ionladh** ablutions, washing, **íonú** purifying, **mapáil** mopping, **múchghlanadh** fumigation, **niamhghlanadh** burnishing, **ní** washing, **níochán** washing, laundry, **purgú** purging, purgation, **saorghlanadh** purgation, catharsis, **scagadh** filtering, **scagaireacht** filtering; refining, **sciomradh** scouring, scrubbing, **sciúradh** *(money)* laundering; scouring, **scuabadh** sweeping, **spúinseáil** sponging, **sruthlú** rinsing; flushing, **steiriliú** sterilising, **tirimghlanadh** dry-cleaning, **tlúáil** *(flax)* rippling, **toitriú** fumigating, **tuaradh** bleaching, blanching; whitening, **urscartadh** cleaning out, clearing

Glanta *pp* cleaning, purifying
aolta whitewashed, **athghlanta** recleaned, **cithfholctha** showered, **cleitithe** with cleaned feathers, preened, **díbholaithe** deodorised, **díghalraithe** disinfected, **dífhabhtaithe** disinfected, sanitised, **díthruaillithe** decontaminated, **dustáilte** dusted, **folctha** bathed, **folúsghlanta** vacuum-cleaned, **frithsheiptithe** antisepticised, **fothragtha** bathed, washed, **gainnithe** *(fish)* scaled, cleaned, **glantach** cleansing, **glantóireachta** (> *glantóireacht*) cleaning, **gléghlanta** purified, *(cu)* clarified, **goilithe** *(fish)* gutted, cleaned, **gortghlanta** cleared of weeds, weeded, **imghlanta** cleansed, **íonaithe** purified, **íonghlanta** purified, **ionnalta** bathed, washed, **mapáilte** mopped, **múchghlanta** fumigated, **niamhghlanta** burnished, **níte** washed, **purgaithe** purged, **saorghlanta** purged, **scagtha** filtered; screened; refined, **scagthach** filtering; refining, **sciomartha** scoured, scrubbed, **sciúrtha** *(money)* laundered; scoured, **scuabtha** swept, **spúinseáilte** sponged, **sruthlaithe** rinsed; flushed, **steirilithe** sterilised, **tirimghlanta** dry-cleaned, **tlúáilte** *(flax)* rippled, **toitrithe** fumigated, **tuartha** bleached, blanched; whitened, **urscarta** cleaned out, cleared

◊ **lucht** ~ **tí** house cleaners, **Tá mé** ~ **acu.** They have fleeced me., **Tá siad** ~ **leo.** They have cleared off.

Glantóir *m (-óra; ~í)* cleaner, clearer
bean ghlanta/ghlantacháin *(female)* cleaner, **folúsghlantóir** vacuum cleaner, **fear ghlanta** *(male)* cleaner, **giolla múcháin** *(archaic)* chimneysweep, **lucht glanta tí/oifigí** house/office cleaners, **íontóir** purifier, **meaisín níocháin** washing machine, **niteoir** *(person, machine)* washer, **rubar** rubber, **sciomarthóir** scrubber, polisher, **scríobaire** scraper, **scriosán** eraser, **sciúrthóir** scrubber, scourer

Glao *m (~; ~nna)* call
amhastrach *f* barking, **béic** yell, **béicíl** yelling, **búir** bellow, roar, **búireach** *f* bellowing; **fógairt** proclamation, **forghairm** summons; convocation, **fios** *m (feasa)* call *(to inform)*, **gáir** cry; cheer, **gairm** call; vocation, **geonaíl** whining, **glam** roar, **glaoch** calling, call, **liú** *m* yell, **liúbhéic** loud scream, **lóg** wail, cry, **saighdéar** call used when herding cattle, **scairt** shout, **scol** high-pitched call/shout, **scréach** *f (scréiche)* screech, **scréachach** *f* screeching, **scread** *f (~a)* scream, **screadach** *f* screaming, **seabhainín**

Glaoch

call to sheep, **toghairm** *(jur)* summons, **uaill** howl, **uallfairt** grunt, howl

◊ **Cuir ~ orm!** Give me a call!, **Is mithid dom dul faoi ghlao!** It's time for me to be heading home!

Glaoch *vn* calling; call
ainmniú naming, **amhastrach** barking, **béicíl** yelling, **búireach** bellowing, roaring, **cur fios ar (an dochtúir)** calling, sending for (the doctor), **cur glao ar** giving a call to, **dúiseacht** awakening, **éamh (ar)** calling upon, beseeching, **faíreach** *f* booing; calling out, shouting, **fógairt** announcing; declaring, **forghairm** convoking, **glamaireacht** barking, **glao** call, **iachtadh** (lit) groaning; lamenting, **ligean béic/glao/scairt** giving a yell/call/shout, **ligean uaille** letting out a howl, a wail, **ordú** ordering, **sainiú** designating, **scairteadh** shouting, calling, **sceamhaíl** yelping at, squealing, **scolaíocht** calling, shouting, **scréachach** screeching, **screadach** *(also: screadaíl)* scream, **seirbheáil** summonsing, **tabhairt ar** calling, naming, **tafann** barking, **tionól** convening, **toghairm** summoning; conjuring up, **uallfartach** howling, yelling

Glaoigh v_{1f} call
ainmnigh name, **amhastraigh** bark, **athghlaoigh** call again, recall, **béic** yell, **búir** bellow, **cuir fios ar an dochtuir** call the doctor, **cuir glao ar** give a call to (eg **Cuir ~ orm!** Give me a call!), **dúisigh** awaken, **éigh (ar)** call upon, beseech, **fógair** announce; declare, **forghair** convoke, **gáir** cry out, **iacht** (lit) groan; lament, **lig béic/glao/scairt** to give a yell/call/shout, **lig uaill asat** howl, **lig uallfairt** grunt; howl, **ordaigh** order, **sainigh** designate, **scairt** shout, call, **sceamh** yelp, squeal, **scréach** screech, **scread** scream, **seirbheáil** summons, **tabhair ar** name, **tionóil** convene, **toghair** summon; conjure up

Glaoite *pp* called
ainmnithe named, **athghlaoite** recalled, called again, **béicthe** yelled, **búirthe** bellowed, roared, **dúisithe** awakened, **éite (ar)** called upon, beseeched, **fógartha** announced; declared, **forghairthe** convoked, **gáirthe** cried out, **iachta** (lit) groaned; lamented, **ordaithe** ordered, **sainithe** designated, **scairte** shouted, called, **sceafa** yelped, squealed, **scréachta** screeched, **screadta** screamed, **seirbheáilte** summonsed, **tionólta** convened, **toghairthe** summoned; conjured up, **tugtha ar** called, named

Glaoiteoir *m (-eora; ~í)* caller
béiceadán yeller, bawler, **bolscaire baile** town crier, **cainteoir** speaker, **glamaire** barker, loud-mouthed individual, **scairteoir** caller, **scolaí** bellower, shouter, **scréachaire** screecher, **scréachán** screaming child, **screadachán** squaller; screaming child

Glas- *pref* green/grey, immature, unripe, raw
~aithne slight acquaintance, **~bhán** pale green/grey, **~chaint** raw, ill-mannered talk, **~fhás** fresh growth, **~fhuar** raw, chilly, **~ghaoth** fresh wind, **~ghorm** steely blue, **~íoc** part payment, instalment, **~reo** hoar frost, **~-siocán** slight frost, **~-stócach** callow youth

Glas 1 *adj¹* green; grey; raw; inexperienced
aineolach ignorant, **amh** raw, **ar bheagán taithí** inexperienced, **dúghlas** dark green, **éigríonna** ill-advised, imprudent, **gan taithí** without experience, inexperienced, **liath** grey, hoary, **neamhaibí** unripe, immature, **neamhchleachtach** unpractised, **neamhoilte** unskilled, **núíosach** green, unseasoned, unlearned, **óg** young, **uaine** *(vivid)* green, **úr** fresh, **úrdha** fresh green

▲ **capall ~** grey horse, **cárta ~** green card, **duilliúr ~** green foliage, **éadach ~** grey cloth, **gort ~** green field, **féar ~** green grass, **fuinneamh ~** green energy, **iora ~** grey squirrel, **súile ~a** grey/light bue eyes

▲ **aimsir ghlas** raw weather, **earcaigh ghlasa** raw recruits, **lámh ghlas** person new to the work, **óganach ~** callow youth

Glas 2 *m (-ais; -ais, ~)*
1. lock
bolta bolt, **ceanglóir** binder, **claspa** clasp, **dúntóir** fastener, **fáisceán** fastener, clasp; binding, **fáiscín** clip, **greamachán** holdfast; adhesive, **laiste** latch, **nascaire** fastener, tetherer, **sparra** barred gate, **srian** restraint; rein, bridle, **taisceadán** safe, **zip** zip fastener

2. **faoi ghlas** under lock and key; locked (up)
ar laiste on a latch, **faoi laincísí** fettered, manacled, **boltáilte** bolted, **ceangailte** tied, **daingnithe** secured, **druidte** shut, **dúnta** closed, **gafa le chéile** bound together, **i bpríosún** in prison, **i ngéibheann** in captivity, **nasctha le chéile** joined/tethered together

Glasaigh v_{2a} become green, wan; chilly; environmentally aware/active
éirigh feasach ó thaobh na timpeallachta de become environmentally aware, **éirigh glas** become green/chilly, **éirigh glasfhuar** become raw/chilly, **éirigh glasliath** become grey; become paler/wan, **faigh cuma ghlasghnéitheach** get wan/sickly in appearance, **fuaraigh** become cold/chilly, **téigh i muinín modhanna atá neamhdhíobhálach don timpeallacht** turn to environmentally friendly means

Glasaithe *pp* gotten green, wan; chilly; environmentally aware/active
dulta i muinín modhanna atá neamhdhíobhálach don timpeallacht turned to environmentally friendly means, **éirithe feasach ó thaobh na timpeallachta de** gotten environmentally aware, **éirithe glas** gotten green/chilly, **éirithe glasfhuar** gotten raw/chilly, **éirithe glasghnéitheach** gotten wan/sickly in appearance, **éirithe glasliath** gotten grey; paler, wan, **fuaraithe** gotten cold/chilly

Glasáil 1 v_{1e} lock
boltáil bolt, **comhghlasáil** interlock, **cocúnaigh** cocoon, **cuir ar laiste** put on the latch, **cuir bolta**

Glasáil

ar put the bolt on, **cuir faoi ghlas** lock, **cuir glas fraincín ar** padlock, **cuir sparra leis na haisti** batten down the hatches, **daingnigh** secure, **dianghlasáil** lock down, **feistigh** fasten, secure, **séalaigh** seal, **sparr** batten (down), secure (cf **an doras a sparradh** to bar the doors)

Glasáil 2 *vn* locking

boltáil bolting, **comhghlasáil** interlocking, **cocúnú** cocooning, **cur ar laiste** putting on the latch, **cur bolta ar** putting the bolt on, **cur faoi ghlas** locking, **cur glas fraincín ar** padlocking, **daingniú** securing, **dianghlasáil** locking down; lockdown, **feistiú** fastening, securing, **séalú** sealing, **sparradh** battening down, securing

Glasáilte *pp* locked (up)

ar ar cuireadh bolta bolted, **boltáilte** bolted, **cocúnaithe** cocooned, **ar ar cuireadh glas fraincín** padlocked, **ar ar cuireadh laiste** latched, **comhghlasáilte** interlocked, **curtha faoi ghlas** locked, **daingnithe** secured, **dianghlasáilte** locked down, **feistithe** fastened, secured, **séalaithe** sealed, **sparrtha** battened (down), secured

Glasra *m (~; ~í)* vegetable

léagúm legume, **léagúmach** *(general)* legume, **lus** plant, herb, **pischineálach** legume, green, **piseánach** *m* leguminous plants, **plandaí inite** edible plants

Glasú *pp* becoming green, wan, chilly; environmentally aware/active

dul i muinín modhanna atá neamhdhíobhálach don timpeallacht turning to environmentally friendly means, **éirí feasach ó thaobh na timpeallachta de** becoming environmentally aware, **éirí glas** becoming green/chilly, **éirí glasfhuar** becoming raw, chilly, **éirí glasghnéitheach** becoming wan/sickly in appearance, **éirí glasliath** becoming grey; becoming paler/wan, **fuarú** getting colder/more chilly

Gleacaí *m (~; -aithe)* gymnast

cleasaí trickster, a person who can perform physical feats, **cleasghleacaí** acrobat, **cleasghleacaí urláir** tumbler, **coraí** wrestler, **éachtóir** person who can perform incredible feats; stunt man/stunt woman, **traipéiseoir** trapeze artist

Gleacaíocht *f(~a)* gymnastics

aerobaic aerobics, **cleasaíocht** doing tricks/physical feats, **cleasghleacaíocht** acrobatics, **coraíocht** wrestling, **ióga** *m* yoga, **iomlasc** rolling tumbling, **traipéis eitilte** flying trapeze

■ **aer-rothlú** flip, **aer-rothlú cúil** backflip, **casadh iomlán** full turn, **cleas an rotha** cartwheel, **cúbadh** tuck, **cúlrolladh** backward roll, **cúlrolladh cos-scartha** straddled backward roll, **fuip** whip, **tempo** somersault, **gnáthamh urláir** floor routine, **lámhléim** handspring, **lámhsheasamh** handstand, **leathchasadh** half turn, **leath-thiontú** half turn, **léim chiceála** hitch kick, **léim chos-scartha** split jump, **léim chúbtha** tuck jump, **léim dhíreach** straight jump, **léim scartha gabhail** straddle jump, **léim thar do chorp** somersault, **mórluascadh** giant (cf **mórluascthaí a dhéanamh** to do giants), **píce** pike, **rolladh ar aghaidh** forward roll, **rothalchleas cosa le chéile** round off forward, **rothalchleas gan lámha** aerial cartwheel, **rothal siúil** walkover, **scaradh mór** splits, **suíomh díreach** layout, **tulrolladh ó lámhsheasamh** handstand forward roll

Gleann *m (~a; ~ta)* glen, valley

altán gorge, ravine, **cabha** *m* hollow, cavity, **clais** gully, ditch, **cuas** hollow, **fothair** *f (foithre; foithreacha)* dell, wooded hollow; steep slope towards a precipice, **gaorthadh** wooded river valley, **gleanntán** dale, dell, **ísleán** low-lying place, **learg** *f (leirge; ~a, ~)* tract of rising or sloping expanse; slope, sloping side, **líonán** ravine, **log** hollow, **logán** lowlying place, **mám** *m* mountain pass, **srath** river valley, low-lying land along river, srath

Glé *adj[6]* bright, vivid, clear

beo alive, **beoga** vivid, **drithleach** glinting, sparkling, **follasach** evident, clear, **gan scamall** cloudless, **geal** bright, **glan** clear, clean, **gléghlan** crystal clear, **gléigeal** brilliantly bright, **gléineach** vivid, intense,

---

■ **Ar na glasraí agus gránaigh atá:** Vegetables and grains include:

Abhacád avocado	**Cál** kale	**Piobar** pepper
Arbhar corn	**Cearbhas** caraway	**Pis** pea (cf **piseanna** peas)
Arbhar sa dias corn on the cob	**Cnónna** nuts	**Pónairí (reatha)** (runner) beans
Asparagas asparagus	**Cóilis** cauliflower	**Pónairí Francacha** haricots
Bachlóga Bruiséile Brussels sprouts	**Coirce** oats	**Prátaí** potatoes
Biabhóg rhubarb	**Cruithneacht** wheat	**Práta milis** sweet potato
Biatas beetroot	**Cúcamar** cucumber	**Puimcín** pumpkin
Bliosán artichoke	**Eorna** barley	**Raidis** radish
Brocailí broccoli	**Leitís** lettuce	**Rís fhadghráinneach** long-grain-rice
Cabáiste cabbage	**Lus spreagtha** asparagus	**Sailéad** salad
Cainneann *f* leek	**Meacan bán** parsnip	**Soilire** celery
Cairéad carrot	**Mearóg** marrow	**Spionáiste** spinach
	Min bhuí Indian meal	**Tornapa** turnip
	Muisiriúin mushrooms	*(see also:* **spíosra**)
	Oinniúin onions	

Gléas   433   **Gleoite**

gleoir clear, bright, **gleorach** bright and sparkling, **glinn** lucid, **glioscarnach** incandescent, **grinn** sharp, **niamhrach** shining, splendid, **lonrach** gleaming, sparkling, **soiléir** clear, **soilseach** bright effulgent, **solasmhar** luminous, bright *(see also: geal)*

Gléas 1 *m (-éis; ~anna)*

1. instrument, device, tool; means, accommodation **acra** *m* contraption, **ball acra** implement, **áirge** useful article, convenience, **áis** facility, aid, **ciúta** *(literary)* device, **feiste** device, **feisteas** accoutrement, **gaireas** apparatus, device, **giuirléid** gadget, **giuirléidí** accoutrements, bits and bobs, **máille** *f* tool, implement, **meaisín** machine, **modhanna** *mpl* means, methods, **trealamh** equipment, **úim** *f (uma; úmacha)* harness, **uirlis** instrument *(see also: uirlis)*

▲ ~ **bugála** bugging device, ~ **caife** coffee maker, ~ **ceoil** musical instrument, ~ **éisteachta** hearing device, ~ **forimeallach** peripheral device, ~ **freagartha** answering machine, ~ **ionchuir** input device, ~ **láimhe** handset, ~ **leictreach** electrical appliance, ~ **pléascach** explosive device, ~ **stórála** storage device, ~ **taifeadta** recording device

2. *(mus)* key **alteochair** *f* alto clef, **dordeochair** *f* bass clef, **eochair** *f (-chrach)* clef, key, **eochair f an teanóir** tenor clef, **eochair f na tribile** treble clef, **glór** voice, tone, **mionghléas** minor key, **mórghléas** major key, **ton** tone, **tuinairde** *f* pitch

◊ **canadh as** ~ singing out of key/tune, **i n**~ in key, in tune **i n**~ **D beag** in the key of D minor

Gléas 2 *v₁ₐ* dress, cloth; fit (out)

athghléas refit, **coigeartaigh** adjust, **cóirigh** arrange, **cuir faoi úim** harness, **déan réidh** get ready, **deisigh** fix, adjust, **éadaigh** clothe, **feistigh** fit (out), equip, **maisigh** decorate, festoon, **réitigh** get ready; set (cf **an bord a réiteach** to set the table), **socraigh** adjust, arrange, **úim** harness, **ullmhaigh** prepare

~**tar an bád.** The boat is fitted out.
~**tar an capall.** The horse is harnessed.
~**tar an bord don lón.** The table is set for lunch.
~**tar leaba dom.** A bed is prepared for me.
~**tar bia dúinn.** Food is prepared for us.
~**tar na páistí.** The children are dressed up.
~**tar chun snámha iad.** They're togged out for swimming.

Gléasadh *vn* dressing, clothing; fitting (out)

athghléasadh refitting, **coigeartú** adjusting, **cóiriú** arranging, **cur faoi úim** harnessing, **déanamh réidh** getting ready, **deisiú** fixing, adjusting, **éadú** clothing, **feistiú** fitting (out), equipping, **maisiú** decorating, festooning, **réiteach** getting ready; *(table)* setting, **socrú** adjusting, arranging, **ullmhú** preparing, **úmadh** harnessing

Gléasta *pp*

1. dressed, clothed; fitted(out) **athghléasta** refitted, **coigeartaithe** adjusted, **cóirithe** arranged, **curtha faoi úim** harnessed, **déanta réidh** made ready, **deisithe** fixed, adjusted, **éadaithe** clothed, **faoi mhaise** adorned, **feistithe** fitted (out), equipped, **gréasaithe** ornamented; embroidered, **maisithe** decorated, festooned, **réitithe** gotten ready; *(table)* set, **socraithe** adjusted, arranged, **ullmhaithe** prepared, **úmtha** harnessed

▲ **both** ~ cubicle, **seomraí** ~ dressing/fitting rooms

2. ~ **go barr na méar** dressed to kill **cíortha cóirithe** well-groomed, **pioctha bearrtha** spick and span, **sciobtha scuabtha** not a hair out of place, spick and span

◊ ~ **go cuí** appropriately dressed, ~ **go dásachtach** daringly dressed, ~ **go faiseanta** fashionably dressed, ~ **go lom** austerely dress, ~ **go péacach** dressed gaudily, ~ **go pioctha pointeáilte** impeccably dressed

Gléigeal *adj¹* brilliantly bright

an-gheal very bright, **beo** alive, full of life, **beoga** lively, **bladhmannach** blazing, **dallraitheach** dazzling, **drithleach** glittering, sparkling, **fíorgheal** intensely bright, **gealgháireach** cheerful, **glé** clear, bright, **gléghlan** bright and clear, crystal clear, **gléineach** vivid, **gleorach** bright, sparkling, **grianmhar** sunny, **grinn** keen, **lasánta** flaming, **lasta** lighted, lit, **lonrach** beaming, radiant, **meidhreach** merry, **niamhrach** splendid, **ruithneach** radiant, **soilseach** luminous; effulgent, **solasmhar** full of light, lucent, **spréacharnach** scintillating, **suairc** cheerful, **trí thine** blazing, on fire *(see also: glé)*

Gleo *m (~; ~nna)* din, clamour; fighting, contending

borrán tumult, **callán** noise, disturbance, **callóid** commotion, **cambús** mayhem, **cath** battle, **círéib** riot, **clampar** clash, commotion, **cleatráil** clatter, **clismirt** noisy wrangling, **fuilibiliú** hullabaloo, **geoin** drone, hum, **glaomaireacht** clamour, **gleorán** discordant talk, **maicín** noisy quarrel, brawl, **muirn** tumult, **racán** racket, **ragáille** tumult; loud noise, **raic** racket, uproar, **rírá** hubbub, uproar, **ruaille buaille** hullabaloo, commotion, **scliúchas** rumpus; brawl, **toirléaspadh** violent commotion, **torann** noise, **treas** fray, combat, **troid** fighting, **trup trap** noisy tramping sound, clip-clop, **uallfairt** howling *(see also: glór, torann)*

Gleoite *adj⁶* delightful, charming, gorgeous

álainn beautiful, **aoibhinn** pleasant, **breá** fine, **caithiseach** delightful, **canta** neat, pretty, nicely finished, **caomh** gentle, **cuanna** charming, graceful, **dathúil** handsome, **deas** nice, **dóighiúil** good-looking, **galánta** elegant, charming; genteel, **geanúil** amiable, **gnaíúil** comely, **grástúil** gracious, **maith** good, **milis** sweet, **múinte** polite, **néata** neat, **pléisiúrtha** pleasant, **pointeáilte** well-groomed, dapper, **sciamhach** beauteous, **slachtmhar** tidy,

snasta cool, **sprúisiúil** spruce, dapper, **taitneamhach** pleasing *(see also: álainn, dathúil, milis)*

◊ **Á, nach ~ an coileán é!** Aw, what a cute/adorable puppy!, **baile beag ~ cois farraige** charming little seaside town, **Bhí an aimsir go ~ ar fad.** The weather was simply divine., **Is breá liom a coirníní ~.** I adore her pretty (little) curls! **Is gúna ~ é!** It's a gorgeous dress!

Gleomhar *adj¹* clamorous, contentious, noisy
ardghlórach vociferous, **callánach** boisterous, **círéibeach** riotous, uproarious, **clamprach** tumultuous, turbulent, **gáróideach** clamorous, noisy, **gleadhrach** noisy, tumultuous, **gleoch** noisy, clamorous, **gleoránach** discordant, noisy, **glórach** loud, sonorous; vocal, **racánach** rackety, **scairteach** screaming, **scolard** loud-voiced, **siansánach** whining, whistling; clamorous, **torannach** noisy, **tormánach** resounding, noisy *(see also: torannach)*

Glic *adj²* cunning, shrewd
acmhainneach resourceful, **aibí** alert, quick, **airgtheach** inventive, **beartach** scheming, conniving, **beo-intinneach** quick-witted, **cleasach** crafty, **cliste** clever, **críonna** astute, shrewd, **deaslámhach** adroit, dexterous, **deisbhéalach** witty, **éirimiúil** intelligent, **eolach** knowing, **fadcheannach** astute, shrewd, **gasta** quick, **géar** sharp, keen, **géarchúiseach** discerning, astute, **grinn** perceptive, discriminating, **intliúil** ingenious, **íogánta** sly; roguish, **lúibíneach** crafty, cunning, **reabhrach** dexterous; sportive, **sionnachúil** foxy, cunning, **sleamhain** sly, slippery, **slim** cunning, sly, **slíocach** sleek, cunning, **stuama** prudent, **tapa** fast *(see also: cliste)*

▲ **bean ghlic** savvy woman, **boc ~** smooth operator, crafty devil, **cinneadh ~** astute decision, **diúlach ~** *(sl)* cute hoor, trickster, **meangadh ~** sly grin, **seanfhear ~** wily/crafty old fox, **seift ghlic** cunning plan

P **Ní mór don fhear beag bheith ~.** The small man has to be cunning.

Gliceas *m (-cis)* cunning, shrewdness
acmhainní resourcefulness, **aibíocht** alertness, quickness, **airgthí** inventiveness, **beartaíocht** scheming, craftiness, **beointinní** quick-wittedness, **cleasaíocht** craftiness, **clisteacht** cleverness, **críonnacht** astuteness that comes with age, **deaslámhaí** adroitness, dexterity, **deisbhéalaí** wittiness, **eagna** understanding, savvy, **éirimiúlacht** intelligence, **fadcheannaí** astuteness, shrewdness, **gastacht** quickness, **géarchúisí** discernment, astuteness, **géire** sharpness, keenness, **géire intinne** keenness of mind, **grinneas** perspicacity, clearness, accuracy, **intleachtacht** ingenuity, **íogántacht** slyness; roguishness, **lúibíneach** craftiness, cunning, **meabhair chinn** acumen, **sionnachúlacht** foxiness, cunningness, **sleamhaine** slyness, slipperiness, **slime** cunning, slyness, **slíocaíocht** sleekness, cunning, **stuamacht** prudence, **tapúlacht** speed, fastness, **tuiscint** understanding, cop on *(see also: clisteacht)*

Gliondar *f(-air)* great joy, elation
an-áthas great happiness, **aogall** gladness, **aoibhneas** bliss, **ardmheanma** *f* high spirits, **gairdeas** joy, **girréis** high spirits, **lúcháir** elation, **meidhir** gaiety, mirth, **ollghairdeas** great rejoicing, jubilation, **rímead** jubilance, **sceitimíní** ecstasy, jubilation, **scléip** hilarity, having fun, **scóipiúlacht** *f* high spirits, **soilbhreas** joviality, cheeriness, **sonas** happiness, joy, prosperity, **stró** elation (eg **Bhí stró orm.** I was elated.), **subhachas** cheerfulness, joyfulness

Gliú *m (~; ~nna)* glue
calc caulk, **calcadh** caulking, **glae** glue, **greamachán** adhesive, **fosú** *(photo)* fixer, fixing, **guma** gum, **liúitín** *(dent)* lute, **maisteog** *(cement)* mastic, **sárghliú** superglue, **suimint** cement, **tuaslagán fosaithe** *(photo)* fixing solution, **taos** paste, **táthán** *(dent, carp)* filling

▲ **~ luais** fast glue, **~ roisíneach** resin glue, **~ rubarbhunach** rubber-based glue, **~ sintéiseach** synthetic glue, **~ taisfhriotaíoch** moisture-resistant glue

Gloine *f(~; -ní)* glass
bíocar beaker, **criostal** crystal, **cuach** *m* goblet, **fuinneog** window, **gaothscáth** *m* windscreen, **lionsa** lens, **pána** pane, **piréis** pyrex, **plátghloine** plate glass

▲ **~ aimsire** weather glass, **~ beorach** glass of beer, **~ bheorach** beer glass, **~ bhranda** brandy glass, **~ bhriste** splintered glass, **~ choise** goblet, **~ chriostail** crystal glass, **~ chruanta** enamelled glass, **~ dhaite** coloured glass; stained glass, **~ fíona** glass of wine, **~ fhaghartha** tempered glass, **~ fhíona** wine glass, **~ fhordhaite** tinted glass, **~ formhéadúcháin** magnifying glass, **~ ghreanta** etched glass, **gloiní gréine** sunglasses, **~ lámhdhéanta** handmade glass, **~ leanna** glass of ale, **~ líomanáide** glass of lemonade, **~ mhaisithe** textured glass, **~ philéardhíonach** bulletproof glass, **~ scamallach** frosted glass, **~ seaimpéin** champagne glass, **~ seirise** glass of sherry, **~ shnoite** cut glass, **~ theasdíonach** heat-resistant glass, **~ threisithe** reinforced glass, **~ uisce** (**gan súilíní/ súilíneach**) glass of (still/sparkling) water, **~ uisce beatha** glass of whiskey, **teach ~** glasshouse

▲ **coimeádán ~** glass receptacle, **buidéal ~** glass bottle, **díon ~** glass roof, **leathspéacla ~** eyeglass, **monarcha** *f* **~** glass factory, **pána ~** pane of glass, **seilfeanna ~** glass shelves, **sféar ~** glass sphere, **síleáil ghloine** glass ceiling, **snáithín ~** fibreglass

Glóir *f(~e)* glory
adhradh adoration, worship, **áilleacht** beauty, **alladh** fame, renown, **aoibhneas** bliss, sublimity, **ardchéimíocht** eminence, **bladh** *(lit)* fame, **céimíocht** prestige, **clú agus cáil** fame and reputation; celebrity,

Glóirigh

dínit dignity, **gáir** report, notoriety, **gile** brightness, **gléigile** brilliance, **glóiriú** glorification, **gradam** distinction, grandeur, **iomrá** renown; celebrity, **loise** *f* radiance, glory, **maorgacht** resplendence, **móradh** exultation, **mórgacht** majesty, **mórmheas** adoration, **mustar** pomp, **niamhracht** splendour, **oirirceas** eminence, distinction, **ollás** magnificence, pomp, exultation, **ollghairdeas** great rejoicing, jubilation, **seasamh** standing, **stádas** status, **tásc** fame, good account, **teist** reputation, good report, **uaisleacht** grandeur, nobility

◊ **Ar dheis na ~e go raibh siad uile!** May they all sit at the right hand of God!, **chun ~e Dé** to the glory of God, **~ do Dhia sna harda** glory to God in the highest, **Go dtuga Dia an ghlóir fhlaithiúnais di!** May God bestow heavenly glory upon her!

Glóirigh *v₂ᵦ* glorify

adhair worship, adore, **adhmhol** extol, **ardaigh** raise up, exalt, **beannaigh** bless; hail, **ceiliúir** celebrate, **déan rud mór de** make a big thing out of, **formhol** eulogise, **glórmharaigh** glorify, **lútáil** adore; fawn, **mol (go spéir)** praise (to the heavens), **mór** magnify; exalt, extol, **naomhaigh** sanctify, **naomhainmnigh** canonise, **tabhair ardmheas do** revere, **tabhair glóir do** give glory to, **rómánsaigh** romanticise

Glóirithe *pp* glorified

adhartha worshipped, adored, **adhmholta** extolled, **ardaithe** raised up, exalted, **beannaithe** blessed; hailed, **ceiliúrtha** celebrated, **formholta** eulogised, **glórmharaithe** glorified, **lútáilte** adored; fawned over, **molta (go spéir)** praised (to the heavens), **mórtha** magnified; exalted, extolled, **naomhaithe** sanctified, **naomhainmnithe** canonised **rómánsaithe** romanticised

Glóiriú *vn* glorifying

adhradh worshipping, adoring, **adhmholadh** extolling, **ardú** raising up, exalting, **beannú** blessing; hailing, **ceiliúradh** celebrating, **déanamh rud mór de** making a big thing out of, **formholadh** eulogising, **glórmharú** glorifying, **lútáil** adoring; fawning, **moladh (go spéir)** praising (to the heavens), **móradh** magnifying; exalting, extolling, **naomhú** sanctifying, **naomhainmniú** canonising, **tabhairt ardmheas do** revering, **tabhairt glóire do** giving glory to, **rómánsú** romanticising

Glór *m (-óir; ~tha)*

1. voice

agallamh interview; discourse, dialogue (cf **Agallamh na Seanórach** The Dialogue of the Ancients), **aighneas** talkativeness, chatter, **béal** mouth, talk, **béicíl** yelling, **bladar** soft talking; chatting up, **briathar** word, **Briathar Dé** The Word of God, **cabaireacht** chattering, **cadráil** chatter, **caint** speech, talking, **canúint** dialect, **ceol** music, **clabaireacht** chatting, **cogar** whisper, **comhrá** conversation, **cumas cainte** ability to speak, utterance, **focal** remark, word, **foghraíocht** phonetics, **foghrú** pronunciation, **geoc** *f (geoice)* reedy voice, **giolcaireacht** *(birds, social media)* twittering, prattling, **glaomaireacht** loud-mouthedness, **greadhain** shouts of revelry/exultation, **guth** voice, **guthaíocht** vocalisation, **guthú** voicing, **insint** narrative, **labhairt** speaking, **labhra** *f* utterance, **lapaireacht** babbling, **mothar** rattle in throat, **rá** statement, remark, **rírá (agus ruaille buaille)** uproar and commotion, pandemonium, **salmaireacht** prattling; blabbing on in droning tone, **sciúch** *f* throat, voice (cf **Níl an sciúch agam chuige.** I haven't the voice for it.), **scréachach** *f* screeching, **seanchas** traditional folkloric tales, **siolla** syllable, **teanga** *f* language, **teilgean** expression, **toil** *f (tola)* will, **ton** tone, **urlabhairt** articulation, **urlabhra** speech, **urlabhraí** *m* spokesperson, **vóta** vote *(see also: caint)*

> ○ **Agallamh na Seanórach** *The Dialogue of the Ancients* is a monastic compilation of tales dating from c. 12th century. The main narrative relates to **An Fhiannaíocht** *The Finn Cycle*. **Oisín**, son of Fionn, and **Caoilte**, son of Rónán, emerge from **Na Feadha** *The Fews Mountains* along with nine other warriors. After parting company with Oisín, Caoilte goes to **Droim Dearg** where he encounters St Patrick. The two travel throughout Ireland, revealing **an dinnseanchas** *the local lore* behind the names of the places they visit. Eventually, Patrick and Caoilte meet up with Oisín at **Teamhair** *Tara* where the two warriors continue telling their enchanting tales about the ancient **Fianna** *Fenians* of Ireland.

2. sound, noise

callán noise, disturbance, **callóid** commotion, **cambús** mayhem, **clampar** clash, commotion, **cleatráil** clatter, **clismirt** noisy wrangling, **fuaim** sound, **geoin** drone, hum, **gleo** din, clamour, **glaomaireacht** clamour, **gleorán** discordant talk, **gliogar** glug-glug sound, rattle, **gliogram** rattling, **glothar (an bháis)** (death-) rattle, **húirte háirte** hubbub, **hulach halach** uproar, commotion, **hurla burla** hurly-burly, **hurlamaboc** *m* commotion, uproar, **mianán** buzz, hum, **míbhinne** cacophony, **muirn** tumult, **racán** racket, **raic** outcry, **ruaille buaille** hullabaloo, commotion, **siot** noise, sound, **torann** noise, **trost** thud, tramp of feet, **trup trap** noisy tramping sound, **uallfairt** howling *(see also: torann)*

■ **fuaimeanna na n-ainmhithe** sounds of the animals: **búiríl** baying, bellowing, **crónán** purring, **dordán** buzzing; hum, **geonaíl** whining; droning, **giolcaireacht** tweeting, **glamaireacht** howling, **gnúsachtach** *f* grunting, **gogalach** cackling, **meigeallach** *f* bleating, **méileach** *f* bleating, bleat, **míog** *f (míge)* cheep, **míogaíl** cheeping, **múchbhéic** deep roar/bellow, **sceamhaíl** howling, **scréachach** *f* screeching, **seabhrán** humming, **seitreach** *f* neighing,

Glórach *adj³* noisy, vociferous; voiced

ard loud, **a scoiltfeadh do chloigeann/cheann** ear-splitting, **ardghlórach** loud-voiced, raucous, noisy, **béalchlabach** garrulous, **béalscaoilte** loose-tongued, **béalsceiteach** blabbing, tattling, **bladhmannach** bombastic, verbose, **bodhraitheach** deafening, **briathrach** verbose, **cabach** chattering, chatty, **cágach** loquacious, **cainteach** talkative, **callánach** noisy, **caolghlórach** shrill, **foclach** wordy, **fuighleach** wordy; vociferous, **gairgeach** harsh, **gaotúil** bombastic, **garg-ghlórach** strident, **gárthach** vociferous, **gleoch** clamorous, contentious, **gleoiréiseach** happily noisy, **gleoránach** discordant, noisy, **gleothálach** noisy, **glóraíl** sound of voices, **glórmhach** *m* commotion, clamour, **grágach** raucous, **graithíl** sounds of anger, **greadhnach** noisy, clamorous; sparkingly cheerful, **inchloiste** audible, **labharthach** vociferous, noisy, **polltach** penetrating, **ropánta** piercing, **scéalach** full of stories, **seanchais** (> *seanchas*) full of old chat, **sochloiste** easily heard, **spleodrach** boisterous, **toirniúil** thundery, **torannach** noisy *(see also: torannach)*

Glóraigh *v₂ₐ* voice, vocalise

abair say, **cuir guth ar** voice; voice-over, **cuir i bhfocal** verbalise, put into words, **cuir i bhfriotal** vocalise, verbalise, **cuir i gcaint** verbalise, **cuir in iúl** inform, express, **dubáil** *(cin)* dub, **fógair** declare, announce, **foghraigh** enunciate, **fuaimnigh** enunciate, **guthaigh** *(cin)* voice-over *(see also: guthaigh)*

Glóraithe *pp* voiced, vocalised

curtha i bhfocal verbalised, put into words, **curtha i bhfriotal** vocalised, verbalised, **curtha i gcaint** verbalised, **curtha in iúl** informed, expressed, **dubáilte** *(cin)* dubbed, **fógartha** declared, announced, **foghraithe** enunciated, **fuaimnithe** enunciated, **guthaithe** *(cin)* voiced-over, **ráite** spoken, said, told *(see also: guthaithe)*

Glórú *vn* voicing, vocalising; voice-over

caint talking, **cur i bhfocal** verbalising, putting into words, **cur i bhfriotal** vocalising, verbalising, **cur in iúl** informing, expressing, **dubáil** *(cin)* dubbing, **foclaíocht** wording (eg **foclaíocht chonartha** wording of a contract), **fógairt** declaration, announcing, **foghrú** enunciation, **friotal** diction, expression, utterance, **fuaimniú** enunciation, **guthú** *(cin)* voicing-over, **rá** saying, telling, **urlabhra** speech, utterance *(see also: guthú)*

Glórmhar *adj¹* glorious

álainn beautiful, **ardchéimeach** eminent, **cáiliúil** famous, **caithréimeach** triumphant, **diaga** divine, godly, **éachtach** sensational, **galánta** grand, elegant, **geal** bright, **gléigeal** brilliantly bright, radiant, **gleoite** gorgeous, **iomráiteach** renowned, **iontach** wonderful, amazing, **millteanach** smashing, **mór** great, **mór le rá** celebrated, **niamhrach** splendid, resplendent, **oirirc** sublime, illustrious, **ollásach** magnificent, exulting, rejoicing, **sár-** *pref* excellent, **sárálainn** divine (eg **Tá an gúna go sárálainn ar fad.** The dress is simply splendid.), **suntasach** remarkable, outstanding, **taibhseach** flamboyant, **thar barr** tip-top, **thar barr ar fad**, superlative, **thar cionn** terrific, **thar insint scéil** wicked, beyond words, **tofa** choice, **uasal** noble, sublime *(see also: iontach)*

Gluais 1 *f(~e; ~eanna)* gloss, glossary

foclóirín small vocabulary, glossary, **innéacs** *m* index, **léacsacan** *(ling)* lexicon, **sanasán** glossary *(see also: foclóir)*

> ○ **Na Gluaiseanna** *The Glosses:* These are amongst the oldest examples of the Irish language, dating back to the 8th century CE. Their name derives from the short Irish explanations of Latin that were written between the lines and on the margins of old religious and grammatical texts. A significant number of **seanlámhscríbhinní** *old manuscripts* were studied in the 19th century, with Whitley Stokes and John Strachan publishing most of the Old Irish texts in the two-volume *Thesaurus Paleohibernicus* in 1903. Rudolph Thurneyson published a grammar of Old Irish in 1909 based largely on the same corpus, thereby facilitating a fairly comprehensive reconstruction of the early language. The manuscripts in which the glosses are found include: **Leabhar Ard Mhacha** *Book of Armagh*, also known as **Canóin Phádraic** *Canon of Patrick*, written c. 812 CE, and the **Cambrai Homily**.

Gluais 2 *v₁ᵦ* move, stir

aistrigh move, shift, **ascain** proceed, journey; *(ph)* migrate, **bog** move, budge, **buail isteach** pop in, **cas** turn, **corraigh** move, stir, **cumhscaigh** move, stir; shift, **dreap** climb, **cuir ar siúl** set in motion, **druid le** approach, **éirigh** arise, **eitil** fly, **fág** leave, **fás** grow, **geit** jump from being startled, **imigh** leave, go away, **iomlaoidigh** fluctuate, **iomluaigh** move, stir, agitate; propose, advance, **iompair** carry, transport, **ísligh** lower, **leathnaigh** spread, **léim** jump, **luasc** swing, **preab** jump up, **rith** run, **roll** roll, **rothlaigh** rotate, whirl, **sciorr** slip, **scuch** *(lit)* proceed, depart, **seol** sail, **sín** stretch, **siúil** walk, **sleamhnaigh** slide, slip, **snámh** swim, **sroich** reach, **taistil** travel, **tar** come, **tarraing** pull, drag, **téaltaigh** creep, **teann** tighten, move closer, **téigh** go, **teith** flee, **tiomáin** drive, **tit** fall, **toghluais** set in motion, move; abort, **tornáil** go zigzag, **tuisligh** trip, **tuirling** alight, come down, land, **tum** dive *(see also: bog)*

Gluaiseacht

1. *f(~a; ~aí)* movement

bráithreachas brotherhood, fraternity, **brúghrúpa** pressure group, **buíon** *f (-íne; ~ta)* band, company,

Gluaiste

ciorcal circle, **comhar** partnership, **cúis** cause, **cumann** society, club, **dream** group, lot, **eagraíocht** organisation, **éigse** assembly of the learned, **éirí** *m* **amach** uprising, **faicsean** faction, **feachtas** campaign, mission, **grúpa** group, **páirtí** *(political)* party, **réabhlóid** revolution *(see also: grúpa)*

▲ ~ **dhomhanda** worldwide movement, ~ **na gceardchumann** the trade union movement, ~ **na heite deise ailtéarnaí** the alt-right movement, ~ **na teanga** the language movement, ~ **radacach** radical movement, ~ **rúnda** underground movement

2. *vn* moving, motion; activity, action
aistriú transferring, moving (to); translating, **ascnamh** proceeding; *(ph)* migration, **at** swelling, **athrú** change, **bogadh** moving, movement, **corraíl** agitation, **creathadh** vibration, **creathánach** trembling, **cumhscú** moving, stirring; shifting, **cur ar siúl** setting in motion, **dul** going, **dul chun cinn** progress, **dreapadh** climbing, **faoileoireacht** *(aviation)* gliding, **geáitsíocht** gesturing, **gloinceáil** rocking, swaying, **gluaisne** *f* motion, **gníomh** act, **gníomhaíocht** action, activity, **imeacht** *m* happening; departing, **imirce** *f* migration, **iomlat** movement to and fro; instability, **iomlua** *m* movement, activity, **iomluail** moving about, activity, **ionramháil** manoeuvring, **léim** jump, jumping, **luascadh** swinging, **luail** ease of movement; smooth motion, **luí** lying, **máinneáil** swaying, **pocléimneach** *f* bounding, **rámhóireacht** rhythmical movement, **rith** running, **saor-rothlú** freewheeling, **scátáil** skating, **scimeáil** skim, skimming; *(internet)* surfing, **scuchadh** *(lit)* proceeding, departing, **searradh** stretching, **seasamh** standing, **síneadh** **(chuig)** pointing (to), stretching (towards), **siúl** walking, **snámh** swimming, **so-ionramháilteacht** manoeuvrability, **suaitheadh** agitation; *(cards)* shuffling, **suí** sitting, **tarraingt** pulling, dragging, **teacht** arriving, **teitheadh** fleeing, **tiomáint** driving, **titim** falling, **tógaíocht** agitation, excitement, **toghluasacht** setting in motion, moving; aborting, **tónacán** moving around on one's posterior, **tornáil** zigzagging

▲ ~ **ar gcúl** backward motion, ~ **chiorclach** circular movement, ~ **chliathánach** lateral movement, ~ **chun tosaigh** forward motion, ~ **i leataobh** sideways movement, ~ **ligthe** flowing movement, ~ **na réaltaí** motion of the stars, ~ **na trachta** the traffic circulation, ~ **trasna** diagonal movement, ~ **réidh** fluid movement, ~ **spaspasach** convulsive movement, ~ **srianta** restricted movement, ~ **trúpaí chun tosaigh** advancing troops

Gluaiste *pp* moved, stirred
aistrithe moved, shifted, **ascnaithe** proceeded; *(ph)* migrated, **bogtha** moved, budged, **buailte isteach** popped in, **casta** turned, **corraithe** moved, stirred, **cumhscaithe** moved, stirred; shifted, **curtha ar siúl** set in motion, **dreaptha** climbed, **druidte (le)** approached, **dulta** gone, **éirithe** arisen, **eitilte** flown, **fágtha** left, **fásta** grown, **geite** jumped from being startled, **imithe** left, gone away, **iomlaoidithe** fluctuated, **iomluaithe** moved, stirred, agitated; proposed, advanced, **iompartha** carried, transported, **íslithe** lowered, **leathnaithe** spread, **léimthe** jumped, **luasctha** swung, **preabtha** jumped up, **rite** run, **rollta** rolled, **rothlaithe** rotated, whirled, **sciorrtha** slipped, **scuchta** *(lit)* proceeded, departed, **seolta** sailed, **sínte** stretched, **siúlta** walked, **sleamhnaithe** slid, slipped, **snáfa** swum, **sroichte** reached, **taistealta** travel, **tagtha** arrived, come, **tarraingthe** pulled, dragged, **téaltaithe** crept, **teannta** tightened, moved closer, **teite** fled, **tiomáinte** driven, **tite** fallen, **toghluaiste** set in motion, moved; aborted, **tornáilte** zigzagged, **tuirlingthe** alighted, landed, **tuislithe** tripped, **tumtha** dived

Glúin *f (~e; ~e, -úin)*

1. generation
aimsir time, period, **aois** age, **barr** crop, **ginealach** *m* genealogy, lineage, **lá** *m* *(lae; laethanta)* day, **líne** *f* line, **pór** *m* breed, offspring; seed, **pórlíne** *f* bloodline, **ré** *f* era, **ríshliocht** *m* dynasty, **sliocht** *m* *(sleachta)* progeny, offspring, **teaghlach** *m* house, household (cf **teaghlach mór le rá** dynasty), **tráth** period

◊ **an ghlúin atá anois ann** the present generation, **an ghlúin óg** the younger generation, **na ~te a tháinig romhainn** preceding generations, **ó ghlúin go ~** from generation to generation

2. knee
alt joint, **alt coise** leg joint, **caipín glúine** kneecap *(see also: corp)*

▲ **bróga glún** knee boots, **bríste glún** knee breeches, **stocaí glún** knee socks

Gnách *adj*[5] ordinary, usual, customary
aithnidiúil familiar, recognised, **coiteann** common, general, **coitianta** customary, common, **comónta** common, **gan aird** undistinguished, **gan tábhacht** indifferent, **ginearálta** general, **gnásúil** customary, conventional, **gnáth-** *pref* usual, customary, **gnáthúil** customary, common, **iondúil** habitual, frequent, **laethúil** daily, **lagmheasartha** mediocre, **neamhshuntasach** unremarkable, **nádúrtha** natural, **normálta** normal, **rialta** regular, **síorghnách** humdrum, **tíopúil** representative of a type, **tipiciúil** typical *(see also: gnáth-)*

Gnaíúil *adj*[4] affable, amenable
álainn beautiful, **cairdiúil** friendly, **dóighiúil** comely, **fónta** decent, **geanúil** amiable, **macánta** decent, honest (cf **Is madra macánta é!** He's a decent sort!), **modhúil** mannerly, modest, **mórchroíoch** bighearted, **muinteartha** avuncular, kin-like, amiable, **oscailte** open, **pléisiúrtha** agreeable, pleasant,

sochaideartha approachable, **solabhartha** affable, eloquent, **suáilceach** virtuous

Gnaíúlacht *f(~a)* affability, amenability
áilleacht beauty, **cairdiúlacht** friendliness, **dóighiúlacht** comeliness, **fóntacht** decency, **geanúlacht** amiability, **macántacht** decency, honesty, **modhúlacht** mannerliness, modesty, **mórchroíche** bigheartedness, **muintearthacht** avuncularity, kinlikeness, **oscailteacht** openness, **pléisiúr** pleasure **sochaideartacht** approachability, **solabharthacht** affability, eloquence, **suáilceas** virtuousness

Gnaoi *f(~)* comeliness, beauty
áille beauty, **áilleacht** beauty, **bláth** beauty in its prime, bloom, **breáthacht** beauty, excellence, **caoimhe** loveliness, gentleness, **cuannacht** elegance, **dathúlacht** handsomeness, good looks, **draíocht** *f* charm, allure, **galántacht** stylishness, **gnaíúlacht** comeliness, beauty, **greantacht** shapeliness, **loise** *f (lit)* radiance, **luisne** sheen, healthy glow, **maise** *f* adornment, **maisiúlacht** decorativeness, **mealltacht** allure, **naíondacht** youthful innocence, beauty, **scéimh** beauty, **slacht** *m* comeliness, **spéiriúlacht** gracefulness, beauty *(see also: **áilleacht**)*

◊ Tá ~ **an phobail uirthi.** She is very popular.

Gnás *m (-áis; ~anna)* custom, usage
béas custom, **béascna** *f* usage, custom, **caoi** *f (~; caíonna)* way, manner, **cleachtadh** practice, habit, **coinbhinsiún** convention, **deasghnáth** ritual, rite, ceremony, **gnáth** *m* customary thing, usual thing, **gnáthamh** routine, **iarsma** *m* remnant, relic (cf **Is iarsma seantraidisiúin é múchadh na coinnle.** The quenching of a candle is a relic of an old tradition.), **nós** custom, habit, **taithí** *f* habit, practice, **traidisiún** tradition, **úsáid** use *(see also: **nós, cónaí**)*

P **Ní lia tír ná ~.** Every country has its own customs and traditions.

Gnáth- *pref* usual; ordinary, regular, everyday-, normal
aithnidiúil familiar, recognised, **a tharlaíonn aon lá** occurring from day to day, daily, every day, **a tharlaíonn lá ar bith** occurring from day to day, daily, every day, **beag is fiú** inferior, **beag le rá** run-of-the-mill, not worth mentioning, **caighdeánach** standard, **coinbhinsiúnach** conventional, **coiteann** common, general, **coitianta** customary, common, **comh-** *pref* co-, mutual, **comónta** common, **cothrom** average, **gan aird** undistinguished, **gan tábhacht** indifferent, **ginearálta** general, **gnách** usual, customary, **inghlactha** accepted, **iondúil** habitual, frequent, **laethúil** daily, **lagmheasartha** mediocre, **leamh** prosaic, insipid, **leitheadach** widespread, **minic** frequent, **nach bhfuil thar mholadh beirte** common or garden, unexceptional, **nach fiú cuimhneamh air** unmemorable, **neamhshuntasach** unremarkable, **rialta** regular, **síorghnách** humdrum, **smolchaite** stock, clichéd, **súchaite** commonplace, **tíopúil** *(biol)* representative of a type, **tipiciúil** typical

▲ ~**arm** regular army, ~**bhéas** common manners; usual custom, ~**chaint** ordinary speech, ~**chléir** secular clergy, ~**chócaireacht** plain cooking, ~**choinníollacha** *mpl* ordinary/usual conditions, ~**dhochtúir** general practitioner, ~**dhuine** ordinary person, ~**leibhéal** ordinary level, ~**rud** usual thing; ordinary thing, ~**shaighdiúir** regular soldier, private soldier, ~**shaol** everyday life; ordinary life, ~**staid** normal state, ~**-theaghlach** *m* normal household

Gnáth *m (-áith; ~a, ~)* usual thing; ordinary thing, customary thing
an rud atá inghlactha the accepted thing, **coinbhinsiún** convention, **coiteann** commonality, general, **coitiantacht** general run of things; common people, **comóntacht** commonness, ordinariness, **gnás** custom, usage, **gnáthaíocht** commonness, frequency, **gnáthamh** usage, custom; procedure, routine, **iondúlacht** usualness, customariness, frequency, **laethúlacht** everydayness, **lagmheasarthacht** mediocrity, **leimhe** prosaicness, insipidness, **minicíocht** frequency, **neamhshuntasaí** unremarkableness, **normáltacht** normality, **rialtacht** regularity, **síorghnáiche** humdrumness, **smolchaiteacht** clichédness; threadbareness, **súchaiteacht** commonplaceness, effeteness, **tíopúlacht** *(biol)* type, trait, characteristic, **tipiciúlacht** typicalness

◊ **de ghnáth** usually, **mar is ~** as per usual, **Níor tharla aon rud as an ghnáth.** Nothing out of the ordinary happened.

P **Is searbh gach ~.** Familiarity breeds contempt.

Gnáthaigh *v₂ₐ* frequent, haunt; patronise
cleacht practise, **croch amach** hang out, **freastail (ar) go rialta** regularly attend, **lonnaigh** stay, sojourn; settle, **minicigh** frequent, **tabhair cuairt (ar)** visit, **taithigh** haunt, frequent; patronise

Gnáthaithe *pp* frequented, haunted; patronised
cleachta practised, **crochta amach** hung out, **freastailte (ar) go rialta** regularly attended, **lonnaithe** stayed, sojourned; settled, **minicithe** frequented, **taithithe** haunted, frequented; patronised

Gnáthú *vn* frequenting, haunting; patronising
cleachtadh practising, **crochadh amach** hanging out, **freastal (ar) go rialta** regularly attending, **lonnú** staying, sojourning; settling, **miniciú** frequenting, **tabhairt cuairteanna (ar)** visiting, **taithiú** haunting, frequenting; patronising

Gné *f(~; ~ithe)* aspect, feature
aghaidh face, **aicme** class, **aitreabúid** attribute, **bua** attribute, **carachtar** character, **cineál** variety, type,

comhdhéanamh constitution, **cúinse** factor, **cuma** *f* form, appearance, shape, **dealramh** complexion, **dreach** feature, face, **dúchas** natural/native state, **earnáil** division, branch, kind, **eisint** essence, **grua** *f* cheek; *(gemstone)* facet, **meon** temperament, **mona** stamp, kind, (cf **de gach mona** of every kind), **saintréith** characteristic, **speiceas** species, **sórt** sort, **stíl** style, **taobh** side, **tíopa** *(biol)* type, **tréith** trait

◊ ~ **agus ábhar** form and substance, ~ **eile den scéal** another aspect of the matter, ~ **na hóige** youthful appearance, **Níor chaill sí a ~.** She didn't lose her looks.

Gníomh *m (-ímh; ~artha)* act, action, deed
aicsean *(film)* action, **baint amach** attainment, **beart** *m* action, deed, **cur i gcrích** accomplishment, **éacht** feat, exploit, **eachtra** *f* adventure, **feidhm** function, **feidhmiú** operation, application, **fiontar** venture, undertaking, **gaisce** *m* exploit, **gníomhaíocht** activity, **gnó** business, **iarracht** effort, **jab** job, **míorúilt** miracle, wonder, **oirbheart** deed of valour, exploit, **píosa oibre** piece of work, **reabh** *f (réibhe) (lit)* feat, **spleadh** *f (-eidhe; ~a, ~)* feat; boast, **suntas** prominent thing, wonder

◊ ~ **díoltais** act of vengeance, ~ **dóláis** act of contrition, ~ **follas den iompar bagrach** overt act of aggression, ~ **fill** act of treachery, ~ **grá** act of love, ~ **nuachair** conjugal act, **~artha gaile is gaisce** deeds of valour and prowess

Gníomhach *adj[3]* active
anamúil animated, **beo** lively, alive, **beoga** sprightly, **borb** aggressive, **bríomhar** vigorous, **cruógach** busy; urgent, pressing, **dícheallach** diligent, conscientious, **díocasach** eager, keen, **díograiseach** zealous, enthusiastic, diligent, **éifeachtach** effective, **feidhmiúil** functional, efficient, **fuinniúil** energetic, **gasta** quick (on the uptake), **gnóthach** busy, **lán de spraoi** full of life, **misniúil** high-spirited, plucky, **páirteach** participating, **rannpháirteach** partaking, participating, **sponcúil** spunky, **spridiúil** spirited, **tapaíoch** quick, active, alert, **tréan** forceful, **uaillmhianach** ambitious

Gníomhaí *m (~; -aithe)* agent, actor, doer
bunúdar prime mover, **cúis** cause, **déantóir** maker, doer; manufacturer, **feidhmeannach** *m* functionary, **gníomhaire** operative, **idirbheartaí** negotiator, **idirghabhálaí** go-between, **ionadaí** deputy, substitute, representative, **leagáid** legate, **oibrí** worker, **oibritheoir** operator, **strucálaí** negotiator; canvasser, **teachta** emissary, **toscaire** delegate, envoy, **údar** author; mover

Gníomhaigh *v[2a]* act, take action
aisghníomhaigh retroact, **beartaigh** brandish, poise, **cuir i gcrích** effectuate, carry out, **cuir tús le** initiate, **déan** do, (cf **rud éigin a dhéanamh** to do something),

feidhmigh function, act; officiate, **feidhmigh ar** effect, **fógair** promulgate, **forfheidhmigh** enforce, implement, **frithbheartaigh** counteract, **frithghníomhaigh** react, **gníomhachtaigh** activate, **imir tionchar ar** influence, **iompair** behave, **oibrigh** work, **tabhair isteach** promulgate, **téigh i bhfeidhm/ gcion ar** effect

Gníomhaíocht *f(~a; ~aí)* activity, action, engagement
aicsean action, **áineas** leisure, **amhantar** venture, **beartaíocht** scheming, ingenuity, **caitheamh aimsire** pastime, **clampar** commotion, **comhall** performance, fulfilment, **comhlíonadh** fulfilling, **déanamh** doing, **eachtraíocht** adventuring, adventure, **feidhmiú** operating, operation, **fiontar** venture, enterprise, undertaking, **fóillíocht** recreation, **gluaiseacht** movement, **gníomh** action, deed, **gníomhú** acting, operation, agency, **gnó** business, **gnóthas** business, concern, enterprise, **iomlua** *m* performance, agitation, **iarracht** effort, endeavour, **jab** job, **obair** work, **scodal** flurry of activity, **siamsa** entertainment, **siamsaíocht** amusement, entertainment, **tapaíocht** quickness, activeness, alertness, **tasc** task, **tionscadal** project, **togra** initiative, undertaking

Gníomhaire *m (~; -rí)* agent, operative; doer
feidhmeannach *m* functionary, **gníomhaí** *(ling)* agent, **idirbheartaí** negotiator, **idirghabhálaí** go-between, **ionadaí** *m* representative; deputy, **oibreán** *(chem)* agent, **oifigeach** officer, **teachta** emissary; deputy, **teagmhálaí** contact person, **toscaire** delegate, envoy, **údar** author

Gníomhaireacht *f(~a) (business)* agency
áisíneacht agency, **biúró** bureau, **bunaíocht** establishment, **comhlacht** *m* company, firm, **cumann** association, **feachtas** campaign, mission, **fiontar** initiative, undertaking, **fiontraíocht** enterprise, **foras** institute, organ, body (cf **foras faire ar son tomhaltóirí** consumer watchdog agency), **gnó** business, **gnólacht** *m* firm, **gnóthas** concern, **grúpa** group, **misean** mission, **páirtíocht** association, partnership, (cf **misean taidhleoireachta**), **tionscadal** project, **údarás** authority

▲ ~ **eastáit** estate agency, ~ **fostaíochta** employment agency, ~ **gheandála** dating agency, ~ **loingis** shipping agency, ~ **mhainicíneachta** modelling agency, ~ **rialtais** government agency, ~ **taistil** travel agency, ~ **uchtaithe** adoption agency

Gníomhaithe *pp* acted, taken action
aisghníomhaithe retroacted, **beartaithe** brandished, poised, **curtha i gcrích** effectuated, carried out, **curtha tús le** initiated, **déanta** done, **dulta i bhfeidhm/gcion ar** effected, **feidhmithe** functioned, acted; officiated, **feidhmithe ar** effected, **fógartha** promulgated, **forfheidhmithe** enforced, implemented, **frithbheartaithe** counteracted, **frithghníomhaithe**

reacted, **gníomhachtaithe** activated, **iompartha** behaved; carried **oibrithe** worked, **tugtha isteach** promulgated

Gníomhú *vn* acting, operation, agency
aisghníomhú retroaction, **beartú** brandishing, poising, **cur i gcrích** bring to a conclusion, carrying out, **déanamh** doing, **dul i bhfeidhm/gcion ar** effecting, **feidhmiú** functioning, action; officiating, **feidhmiú ar** effecting, **fógairt** promulgation, **forfheidhmiú** enforcing, implementing, **frithbheartú** counteracting, **frithghníomhú** reacting, **gníomhachtú** activating, **iompar** behaviour, behaving, **oibriú** working, operation, **tabhairt isteach** promulgation, **tosú** initiating, starting

Gnó *m* (~; ~thaí)
  1. business, business concern
bunaíocht establishment, **cairtéal** cartel, **ceannaíocht** purchasing, buying, trading, **comhlachas** association, **comhlacht** *m* company, firm, **comhpháirtíocht** partnership, **cuibhreannas** consortium, **cumann** association, **feachtas** campaign, mission, **fiontar** enterprise, risk, **fiontraíocht** enterprise, **geidineáil** petty chores, small odd jobs, **giurnáil** chores, **gníomhaireacht** agency, **gnólacht** *m* firm, **gnóthadóireacht** making busy, busying, **gnóthas** business, enterprise, **grúpa** group, **ioncás** source of income, business, **jab** job, **misean** mission, **obair** work, **páirt** part, role, **post** position, **prócáil thart** pottering about, **saothar** work, labour; exertion, **scéal** story, matter, **siobáil** pottering, doing odd jobs, **tionscadal** project, **tráchtáil** commerce, trading, *(see also: comhlacht, obair)*

▲ **áitreabh** ~ business premises, **bean ghnó** businesswoman, **cárta** ~ business card, **coiste** ~ executive committee, **comhlachas** ~ *(firm)* business association, **comhpháirtí** ~ business partner, **cumann** ~ *(connection)* business association, **fear** ~ businessman, **grád** ~ *(travel)* business class, **ionad** ~ place of business, **staidéar** ~ business studies, ~ **súl** ostensible business, **turas** ~ business trip, **uaireanta** ~ working hours

◊ **Táimid ag déanamh ~ leo.** We are doing business with them.

  2. matter, concern, affair
ábhar matter, subject, **beart** proceeding, matter, **cúis** case, cause, **cúram** care, responsibility, **cúrsa** affair, matter (eg **Seo mar atá an ~.** This is how the matter stands.), **cúrsaí** *mpl* matters, affairs, **dáil** matter, affair (cf **dála an tsaoil** the affairs of life), **diúité** duty, **feidhm** function, **gníomh** action, **gníomhaíocht** activity, **rud** thing, **scéal** story, matter, **tionscnamh** assignment, **topaic** topic

◊ **Déanfaidh sin an ~.** That will do the job., **Ní de mo ghnó é sin.** That's none of my business.

  3. *(in the phrase)* **d'aon ghnó** on purpose, intentionally
agus aidhm amháin i gceist with a single aim, **ceann ar aghaidh** consciously, intentionally, purposely, **d'aon oghaim** purposefully, **d'aon toisc** purposely, **d'aon turas** by design, **de réir cuspóra amháin** with one objective, **go hintinneach** intentionally, **go toilghnústa** deliberately, wilfully, **go toiliúil** wilfully, **le haidhm amháin** with one aim, **trí dhearadh** by design

Gnóthach *adj³* busy
báite leis an obair overwhelmed with the work, **broidtrátha** *(>* ***broidtráth****)* rush hour, **buaicuaireanta** *fpl (>* ***buaicuaireanta****)* peak hours, **cruógach** pressed, busy, **dian** exacting, hard, **dothuirsithe** tireless, **eachtrúil** eventful, **faoi thonn tuile leis an obair** deluged/swamped with work, **fostaithe** employed, engaged, **fuinniúil** energetic, **gafa** occupied, engaged, **gan scíth** without taking a break, **geastalach** busy, active, **giurnálach** busy doing light chores, **gníomhach** active, **in áirithe** reserved, **in úsáid** in use, **saothrach** hard-working, assiduous, **Tá an fómhar ar leathadh orm.** I am up to my eyes in work., **treallúsach** industrious, enterprising, **tugtha go hiomlán don obair** totally committed to the work, **tuirsiúil** tiring

Gnóthaigh *v2a* earn, gain, win
aimsigh attain, reach, **athghnóthaigh** regain, **bailigh** gather, **bain** reap, **bain amach** achieve, **buaigh** win, **buain** harvest, reap, **cnuasaigh** store up, make (a pile), glean, **cruinnigh** glean, gather, **déan** make, **faigh** get, **gabh** capture, **sábháil** secure; harvest (cf **móin a shábháil** to harvest turf), **saothraigh** earn, cultivate, **scóráil** score, **sluaisteáil** *(money)* rake in, **tabhaigh** earn, deserve, **tuill** earn *(see also: buaigh)*

Gnóthaithe *pp* earned, gained, won
aimsithe attained, reached, **athghnóthaithe** regained, **bailithe** gathered, **bainte** reaped, **bainte amach** achieved, **buaite** won, **buainte** harvested, reaped, **cnuasaithe** stored up, made (a pile), gleaned, **cruinnithe** gleaned, gathered, **déanta** made, **faighte** gotten, found, **gafa** captured, **sábháilte** secured; saved, harvested, **saothraithe** earned, cultivated, **scóráilte** scored, **sluaisteáilte** *(money)* raked in, **tabhaithe** earned, deserved, **tuillte** earned

Gnóthú *vn* earning, gaining, winning
aimsiú attaining, reaching, **athghnóthú** regaining, **bailiú** gathering, **baint** reaping, harvesting, **baint amach** achieving, achievement, **buachan** winning, **buain** harvesting, reaping, **cnuasach** storing up, making (a pile), gleaning, **cruinniú** gleaning, gathering, **déanamh** making, **fáil** getting, **gabháil** capturing, **sábháil** securing; harvesting (cf **sábháil móna** harvesting turf), **saothrú** earning, cultivating,

scóráil scoring, sluaisteáil *(money)* raking in, **tabhú** earning, deserving, **tuilleamh** earning

Gob 1 *m (goib; ~a, ~)* beak, mouth; tip, point, projection; *(pen)* nib

barr top, **béal** mouth, **bior** tip, **cab** pouting toothless mouth, **cainc** prominent nose, **ceann** top, tip; head, **colg** point (of sword); bristle, **colgán** sharp point; bristle, **dias** *(weapon)* point; *(bot)* spike, ear, **gaosán** nose, schnozzle, **gion** *(weapon)* edge, point, **gobán** small tip, point **péac** peak, point, **pointe** point, **pus** pouting mouth, **rinn** point, tip, **soc** snout, projecting nose, **smaois** snout, **smut** snout; sulky expression, **starr** *f* projection, **starrán** projection

▲ ~ **báid** prow of boat, ~ **boinéid** poke of bonnet, ~ **crúiscín** beak of jug, ~ **éin** bird's beak, ~ **pinn** pen nib, ~ **scine** point of knife, ~ **talaimh** spit of land

◊ **Chaith sí ~ chugam.** She took a gibe at me., **do ghob a chur i ngnó nach mbaineann leat** to stick your nose into a matter that does not concern you, **Dún do ghob!** *(impolite)* Shut your trap!

Gob 2 v_{1a} sprout, shoot; ~ **amach** protrude, stick out

at swell, **beangaigh** bud, **bolg** bulge, **caith amach** project, **cuir bachlóga amach** sprout buds, **péac** sprout, **sáigh** poke, **sáigh amach** jut out, stick out, **seas amach** stand out, **sín amach** extend

Gobadh *vn* sprouting; ~ **amach** protruding, sticking out

at swelling, **beangú** budding, **bolgadh** bulging, **caitheamh amach** projecting, **cur bachlóg amach** sprouting buds, **péacadh** sprouting, **sá** poking; stabbing, **sá amach** jutting out, sticking out, **seasamh amach** standing out, **síneadh amach** extending

Gobtha *pp* sprouted ~ **amach** protruded, stuck out

ata swollen, **beangaithe** budded, **bolgtha** bulging, **caite amach** projected, **péactha** sprouted, **sáite** poked, **sáite amach** jutted out, stuck out, **seasta amach** stood out, **sínte amach** extended

Goid 1 v_{1b} steal

ardaigh lift, make off with, **bradaigh** knock off, pinch, **croch rud éigin leat** pinch something, lift something, **déan bradaíl** pinch, nick; *(comp)* hack, **déan bradaíl liteartha** plagiarise, **déan buirgléireacht** burgle, **déan calaois ar dhuine** defraud a person, **déan foghail ar áit** plunder a place, **déan gadaíocht** commit a theft, to steal, **déan gadaíocht siopa** shoplift, **déan mionghadaíocht** pilfer, **déan peasghadaíocht** pickpocket, **déan piocaireacht** pilfer, **déan píoráideacht (ar)** pirate, **déan slad** loot; pillage, **cluicheáil** nick, purloin, **cúbláil** appropriate, swipe, **cúigleáil** embezzle, **foghlaigh** trespass on; plunder, **fuadaigh** kidnap, hijack, **mídhílsigh (chugat féin)** misappropriate, **mugáil** mug, **pioc suas** lift, **píoráidigh** pirate, **plucáil** swindle, **póitseáil** poach, **robáil** rob, **scealp** pinch, snatch, **sciob** nick, snatch, swipe, **sliop** take by stealth, snatch, nick, **tall** steal; cut off, lop, **tóg** take, **tóg ar iasacht bhuan** to borrow permanently, **tóg gan chead** take without permission

Goid 2 *vn* stealing

ardú lifting, making off with, **bradaíl** *(comp)* hacking; pinching, nicking; plagiarism, **buirgléireacht** burglary, **calaois** deceit, fraud, **camastaíl** fraud, dishonesty, **cluicheáil** pilfering, minor theft, **cúigleáil** embezzling, **faladhúdaíocht** stealthy thieving, deception, **foghail** *f(-ghla; -ghlacha)*, theft by means of trespass; plundering; pillaging, **foghlú** trespassing on; plundering, **fuadach** kidnapping, hijacking, **gadaíocht** thieving, **mionbhradaíl** petty theft, **mionfhoghail** *f(-ghla)* pilfering; petty trespass, **mionghadaíocht** pilfering, **mugáil** mugging, **piocaireacht** pilfering, **piocaireacht pócaí** pickpocketing, **píoráideacht** piracy, **píoráidiú** pirating, **plucáil** swindling, **póitseáil** poaching, **robáil** robbery, heist, **ropaireacht tí** housebreaking, **scealpadh** pinching, snatching, **sciobadh** nicking, snatching, swiping, **sliopadh** taking by stealth, snatching, nicking, **talladh** stealing; cutting off, lopping, **tógáil** taking, **tógáil ar iasacht bhuan** permanently borrowing, **tógáil gan chead** taking without permission *(see also: gadaíocht)*

Goidte *pp* stolen

ardú lifted, made off with, **bradaithe** *(comp)* hacked; pilfered, stolen; plagiarised, **cluicheáilte** nicked, purloined, **cúbláilte** appropriated, swiped, **cúigleáilte** embezzled, **foghlaithe** trespassed on; plundered, **fuadaithe** kidnapped, hijacked, **mugáilte** mugged, **pioctha suas** lifted, **píoráidithe** pirated, **plucáilte** swindled, **robáilte** robbed, **scealptha** pinched, snatched, **sciobtha** swiped, nicked, **sladta** looted; pillaged, **slioptha** taken by stealth, snatched, nicked, **tallta** stolen; cut off, lopped, **tógtha** taken, **tógtha ar iasacht bhuan** permanently borrowed, **tógtha gan chead** taken without permission

Goil v_{1b} cry, weep

bí ag caoineachán be whimpering, whining, **bí ag fuarchaoineadh** be snivelling, **bí ag geonaíl** *(dog)* be whining, **bí ag gol** be crying, **bí ag pusaíl/pusaireacht** be whimpering, **bí ag sileadh na ndeor** be shedding tears, **bí ag smaoisíl** be snivelling, **bí ag smeacharnach** be sobbing, **bí ag snagaireacht** *(also: snagaíl)* be sobbing, **bíodh na deora ar an tsúil agat** have tears in your eyes, **caígh** weep, lament, **caoin** weep, mourn, **caoin uisce do chinn** bawl your eyes out, **lig uaill** howl, wail, yell, **sil deora** shed tears, **soifnigh** snivel, whine *(see also: caoin 2, soifnigh)*

Goile *m (~; -lí)* stomach, appetite

athchogantach *m* ruminant, **blas** taste, **bolg** belly, **caitheamh i ndiadh ruda** hankering after a thing,

Goill

cíocras craving, claonadh proclivity, dúil desire, liking, éileamh demand, fonn desire, mála stomach, appetite; bag, méadail stomach, paunch, ocras hunger, práinn liking, fondness, delight, spliúchán *(bird)* craw, spochán craw, stomach, tothlaíocht appetency

▲ ~ **croíúil** hearty appetite, ~ **fánach** poor appetite, ~ **folláin** healthy appetite, ~ **maith** good appetite, ~ **spideoige** tiny appetite

◊ **Déan do ghoile!** Bon appétit!, **iompú ~ stomach** churning, nausea, **Tá ~ capaill aige.** He eats like a horse., **Tá mo ghoile caillte agam.** I lost my appetite., I'm off my food., **Thug an tsiúlóid ~ dom.** The walk whetted my appetite.

Goill v_{1b} hurt, distress, afflict, grieve

badráil bother, bodhraigh annoy, bother, briog prick, provoke, buail strike (down), afflict, buair distress, upset, aggrieve, cealg sting, céas torture, ciap harass, clip tease, torment, corraigh agitate, disturb, cráigh distress, torment, cuir as put out, inconvenience, cuir brón ar sadden, cuir buairt ar upset, cuir cealg i sting, cuir isteach ar upset, grieve, cuir lionn dubh orthu depress them, take the wind out of their sails, cuir ó chrích ruin, cuir pian i cause pain to, inflict pain upon, cuir trína chéile upset, déan damáiste do do damage to, déan díobháil do do harm to, injure, déan dochar do do harm to, goin wound, gortaigh hurt, harm, greannaigh irritate, ruffle, loit wound, injure; spoil, maslaigh insult; offend, míshásaigh displease, make unhappy, pian pain, punish, scol torment, torture, séid faoi rouse; needle, vex, suaith agitate, disturb; mix up, confuse, tabhair íde do abuse *(see also:* **gortaigh***)*

Goilleadh *vn* distressing, afflicting, hurting, grieving

badráil bothering, bodhrú annoying, bother, briogadh pricking, provoking, buaileadh striking (down), afflicting, buaireamh distressing, upsetting, buairt upset, grief, cealgadh stinging, céasadh torturing, ciapadh harassing, clipeadh teasing, tormenting, corraí agitating, disturbing, crá distressing tormenting, cur as putting out, inconveniencing, cur ó chrích ruining, ruin, cur trína chéile upsetting, upset, damáiste damage, díobháil harm, injury, dochar harm, goin *f(gona)* wound, goineadh wounding, gortú hurting, harming, injuring, greannú irritating, ruffling, íde abuse, ill-usage, lot hurting injuring; spoiling, maslú insulting; offending, míshásamh displeasing, making unhappy, óspairt injury; mishap, pian *f (péine)* pain, punish, pianadh painfully punishing, séideadh faoi rousing; needling (cf **Bíonn sí de shíor ag séideadh faoi.** She's always pressing his buttons.), suaitheadh agitating, disturbing; mixing up, confusing, scóladh tormenting, torturing

Goilliúnach *adj³*

1. sensitive

aireachtálach perceptive, braiteach sensitive, perceptive, feasach aware, glacach receptive, inbhriste breakable, lag weak, léirsteanach perceptive, apprehensive, leochaileach thin-skinned, fragile, delicate, mothaitheach sentient, feeling, mothálach responsive, mothúchánach emotional, having feelings, so-ghabhálach susceptible, disposed, tuisceanach understanding, sensitive, considerate

▲ **ábhar ~** delicate matter, raw subject, **fear ~** sensitive man; thin-skinned man, **seampú ~** sensitive shampoo

◊ **Ná bí chomh ~ sin!** Don't be so touchy!, **Tá sí ~ faoina meáchan.** She is sensitive about her weight.

2. distressing, emotionally hurtful

anacrach distressing, anóiteach causing distress, unsettling, ciapach tormenting, distressful, coscrach heartrending, agonising, cráite agonising, distressing, dochrach baneful, pernicious, dócúlach distressing, léanmhar harrowing, dire, míshócúlach uncomfortable, nimhneach venomous, pianmhar painful, pianúil painful; punitive, pianpháiseach agonising; anguished, piolóideach agonising, fretful

▲ **focal ~** hurtful remark

Goilliúnacht *f(~a)* sensitivity; touchiness

aireachtáil perception, aireachtálaí perceptiveness, braistint sensitivity, perception, braití perceptiveness, alertness, drisíneacht prickliness, touchiness, feasacht awareness, glacacht receptiveness, íogaireacht sensitivity, touchiness, laige weakness, léirsteanaí perceptiveness, apprehensiveness, leochaileacht fragility, mothaitheach sentient, feeling, mothálacht responsiveness, sensibility, mothú emotion, feeling, rathú perception, apprehension, so-ghabháltacht susceptibility, tógálacht touchiness, sensitivity, tuiscint understanding, sensitivity

Goillte *pp* hurt, distressed, afflicted, grieved

badráilte bothered, bodhraithe annoyed, bothered, briogtha pricked, provoked, buailte struck (down), afflicted, buartha distressed, upset, cealgtha stung, céasta tortured; crucified, ciaptha harassed, clipthe teased, tormented, corraithe agitated, disturbed, cráite distressed, tormented, curtha as put out, inconvenienced, curtha ó chrích ruined, curtha trína chéile upset, confused, gointe wounded, gortaithe hurt, harmed, greannaithe irritated, loite wounded, injured; spoiled, maslaithe insulted; offended, míshásaithe displeased, made unhappy, pianta pained, punished, séidte faoi roused; needled, vexed, suaite agitated, disturbed; mixed up, confused, scólta tormented, tortured, tinn sore

Goilte *pp* cried, wept
bainte extracted (cf **Bhí gach deoir bainte asam.** I had no more tears to shed.), **buartha** upset, **caíte** wept, lamented, **caointe** lamented mourned, **cásaithe** lamented; grieved, **casaoideach** inclined to grumble, **éagaointe** bewailed, bemoaned, **méalach** lamenting, **silte** *(tears)* shed

Goimh *f(~e)* venom, sting
aicis venom, spite, **binb** venom, fury, **cealg** *f* sting, **crá croí** torment, grief, **cruálacht** cruelty, **díobháil** damage, harm; deprivation, **díoltasaí** vengefulness, **domlastacht** rancour, bitterness, vitriol, **faltanas** spite, **fuacht** *m* chill, **gangaid** virulence, **géire** bitterness, **goimhiúlacht** venomousness, stingingness, **gránnacht** nastiness, **íorpais** malice, venom, **loscadh** stinging, burning (cf **loscadh mailíseach** malicious burning, arson), **mailíseacht** maliciousness, viciousness, **mioscais** malice, **millteachas** banefulness, **millteanaí** horridness, **naimhdeacht** hostility, enmity, **nimh** poison; nastiness, **nimhneacht** virulence, **olc** evil, grudge, spite, **plá** pestilence, **ruibh** venom, sting, **suarachas** meanness, nastiness, **truaillú** corruption, defilement; pollution

Goimhiúil *adj⁴* venomous, stinging
aiciseach venomous, spiteful, **binbeach** venomous, furious, **cealgach** stinging, **díobhálach** deleterious, harmful, **díoltasach** vengeful, **domlasta** rancorous, bitter, vitriolic, **faltanasach** spiteful, vindictive, **fuar** cold, **gangaideach** virulent, **géar** bitter, **gránna** nasty; ugly, **íorpaiseach** venomous, distempered, **loiscneach** caustic, **mailíseach** malicious, vicious, **mioscaiseach** malicious, spiteful, **millteach** baneful, **millteanach** horrid, **naimhdeach** hostile, antagonistic, **neantúil** nettle-like, stinging, **nimhiúil** poisonous; virulent **nimhneach** hurtful sore, stinging, **oilc** (> **olc**) evil, **pláúil** pestilential, **ruibheanta** venomous, stinging, **suarach** mean, vile, nasty, **truaillithe** corrupted, defiled; polluted

Goin 1 *f(gona; gonta)* wound, stab, sting
bárthainn hurt, injury, **bascadh** severe injury, bashing, **cealg** *f (ceilge)* sting, **céasadh** crucifixion; torture, **ciapadh** harassment, **cneá** *f* wound, sore, **crá** torment, **créacht** *f* gash, wound, **díobháil** harm, damage, **dó** burn, sting, **dochar** harm, **forghoin** severe wound, **goineog** stab, sting, prick, **gortú** injury, hurt, **greannú** irritation, **leonadh** sprain, **lot** wound, breach, **máchail** old injury, mark, blemish, **masla** insult, affront, **maslú** insulting, slinging insults, **óspairt** injury; mishap, **path** *m (~a) (child's talk)* hurt, sore, **pianadh** causing pain, punishment, **sá** stabbing, **sporghoin** *f(-ona; -onta)* wound inflicted by a spur, **tráma** trauma, **trámú** traumatising *(see also: gortú)*

▲ **~ áthais na seilge** the thrill of the chase, **~ bháis** death wound, **~ choinsiasa** twinge of conscience, **~ feola** flesh wound, **~ ghréine** sunstroke, **~ ocrais** pang of hunger, **~ teasa** heatstroke

Goin 2 *v₁ᵦ* wound
athghoin wound a second time, **cealg** sting, **céas** torture, **ciap** harass, **cneáigh** wound, **cráigh** torment, **créachtaigh** wound, **déan dochar do** do harm to, **dearg** bloody, wound, **dóigh** *(nettles)* sting, **forghoin** wound severely, **fuiligh** make bleed, wound, **gathaigh** *(insect)* sting, **goill** afflict, distress, hurt, **gortaigh** hurt, **greannaigh** irritate, **leon** sprain, **loit** wound, injure; spoil, **maslaigh** insult; offend, **pian** pain, punish, **sáigh** stab, **stiall** lash, cut, **trámaigh** traumatise, **treaghd** pierce, wound *(see also: gortaigh)*

Goin 3 *vn* wounding
athghoin wounding a second time, **cealgadh** stinging, **céasadh** torturing, **ciapadh** harassing, **cneá** wounding, **crá** tormenting, **créachtú** wounding, **déanamh dochair do** causing harm to, **deargadh** bloodying, wounding, **dó** *(nettles)* stinging, **forghoin** wounding severely, **fuiliú** making bleed, wounding, **gathú** *(insect)* stinging, **goilleadh** afflicting, distressing, hurting, **gortú** hurting, **greannú** irritating, **leonadh** spraining, **lot** wounding, injuring; spoiling, **maslú** insulting; offending, **pianadh** paining, punishing, **sá** stabbing, **stialladh** lashing, cutting, **trámú** traumatising, **treaghdadh** piercing, wounding

Goirt *adj²* bitter, saline
binbeach venomous, sharp, **bioranta** piercing, sharp, **borb** abrupt, **domlasta** acerbic, vitriolic; peevish, **drisíneach** prickly; waspish, **feanntach** cutting, **fiamhach** spiteful, bitter, **géar** acidic, sharp, **nimhneach** venomous, poisonous, **niogóideach** testy, sarcastic, **polltach** piercing, penetrating, **ribeanta** sharp, severe, **searbh** bitter, sour, **searbhasach** sarcastic *(see also: géar)*

▲ **arán ~** hard-earned crust, **deora ~e** bitter tears, **iasc ~** salty fish, **tuaslagán ~** saline solution, **uisce ~** brackish water

Goirte *f(~)* bitterness, salinity, brackishness
binbí venomousness, sharpness **boirbe** abruptness, **domlastacht** vitriol; peevishness, **drisíneacht** prickliness; waspishness, **feanntacht** cuttingness, sharpness, **fiamh** spitefulness, bitterness; begrudgery, **géire** sharpness, acidity, **goirteamas** saltiness, bitterness, **nimhní** venomousness, poisonous nature, **niogóid** testiness, sarcastic faultfinding, **polltacht** piercing quality, penetrativeness, **seirbhe** bitterness, sour, **searbhas** acrimony, sarcasm

Gol *vn* crying, weeping
caí weeping, lamenting, **caoineadh** lamenting weeping, **cásamh** grumbling; grieving **casaoid** grumble, grievance, **deora bréige** crocodile tears, **éagaoineadh** bewailing, bemoaning, **liacharnach** crying loudly; screeching from sadness, **ligean**

Gonta

uailleacha wailing, howling, **lógóireacht** crying, wailing; lamentation, **olagón** wailing, **pusaireacht** whimpering, **sileadh na ndeor** shedding of tears, **uisce do chinn a chaoineadh** to cry your eyes out *(see also: scairt)*

◊ **Bhris an ~ orm.** I burst into tears., **Cé atá ag ~?** Who is crying?, **Tá an citeal ag ~.** The kettle is boiling.

Gonta 1 *pp* wounded
athghonta wounded for a second time, **beoghonta** wounded, **cealgtha** stung, **céasta** tortured, **ciaptha** harassed, **cneáite** wounded, **cnámhghonta** wounded to the bone, **cneáite** wounded, **cráite** tormented, **créachtaithe** wounded, **dá ndearnadh dochar** harmed, **deargtha** bloodied, wounded, **dóite** *(nettles)* stung, **forghonta** wounded severely, **fuilithe** made to bleed, wounded, **gathaithe** *(insect)* stung, **goillte** afflicted, distressed, hurt, **gortaithe** hurt, **greannaithe** irritated, **leonta** sprained, **loite** wounded, injured; spoiled, **maslaithe** insulted; offended, **pianta** pained, punished, **sáite** stabbed, **stiallta** lashed, cut, **trámaithe** traumatised, **treaghdta** pierced, wounded

Gonta 2 *adj*[6] incisive, succinct, terse, poignant
achomair concise, brief, **beacht** precise, succinct, **beoga** vivid, **binbeach** biting, **bríomhar** energetic, peppy, **dian** intense, austere, **feanntach** acerbic, cutting, **friochanta** quick, observant, **fuaimintiúil** punchy, **fuinniúil** energetic, **géar** sharp, **géarchúiseach** perspicacious, discerning, observant, **gearr** short, precise, **giorraisc** abrupt, terse, **glan** clean, clear, **grinn** incisive, perceptive, **grod** terse, **láidir** strong, **nathánach** aphoristic, epigrammatical, **soiléir** clear, **treáiteach** penetrating

▲ **anailís ghonta** succinct analysis, **caint ghonta** straightforward talk; speaking to the point, **ceannasaíocht ghonta** incisive leadership, **freagra ~** snappy reply, **nath ~** poignant phrase, **stíl ghonta** terse style, **ráiteas ~** laconic comment, terse statement, **tuairiscí ~** concise reports

Gontacht *f(~a)* incisiveness, succinctness, terseness
achomaireacht concision, brevity, **beachtas** precision, succinctness, **beogacht** vividness, **binbí** sharpness, **brí** energy, pep, **bríomhaireacht** punchiness, vigorousness, **déine** intensity, intensiveness, austerity, **feanntacht** acerbity, cuttingness, **fuaimintiúlacht** punchiness, **fuinniúlacht** forcefulness, vigorousness, **géarchúis** perspicaciousness, discernment, perceptiveness, **géire** sharpness, **giorracht** shortness, **giorraisce** abruptness, terseness, **glaine** cleanness, clarity, **grinne** incisiveness, perceptiveness, **groide** terseness; suddenness, **láidreacht** strength, **nathaíocht** wisecracking, using aphorisms, **soiléire** clarity, **treáití** penetrativeness

Gor 1 *m(goir)* incubation, gestation, hatching
breith birth, **cothú** cultivation, nurturing, **fás** growth, **forbairt** development, **iompar** gestation (cf **tréimhse f iompair** gestation period), **neadú** nesting, **suí** sitting, hatching, **tuismeadh** childbirth; parturition

◊ **bheith ar ~ ag fanacht** to be waiting impatiently, **éan ar ~** brooding bird, **fad goir an víris** gestation period of the virus, **séasúr an ghoir** nesting season, **tionscnamh a bhí ar ~ le fada** project that has had a long gestation period

Gor 2 v_{1a} incubate, gestate, hatch; heat
beir give birth, **cothaigh** cultivate, nurture, **déan gor** hatch, **fás** grow, **fáir** roost, **forbair** develop, **iompair** gestate; carry, **luigh ar** incubate, **neadaigh** nest, **suigh** sit, hatch, **téigh** heat, **tuismigh** bring forth, procreate *(see also: téigh 2)*

Goradh *vn* incubating, gestating, hatching
ar gor hatching; brooding, **breith** giving birth, **cothú** cultivating, nurturing, **fáireadh** roosting, **fás** growing, **forbairt** developing, **iompar** gestating; carrying, **luí ar** incubating, **neadú** nesting, **suí** sitting, hatching, **téamh** heating, **tuismiú** bringing forth, procreating, *(see also: gor 1)*

Gorm *adj*[1] blue
dúghorm dark blue, navy blue, **glas** *(eyes)* light blue, **gormghlas** azure, **gormuaine** blue-green, **muirghorm** sea blue, aqua, **ultramhuiríneach** ultramarine blue

▲ **fear ~** black man

Gormaigh v_{2a} colour blue, become blue; add lustre/sheen
cuir dath gorm ar colour blue, **cuir snas ar** polish, put a sheen on, **éirigh fásmhar** become lush/thriving in growth, **feabhsaigh** improve, **geal** brighten up, **glan** clean, clear, **líomh** grind, polish, **locair** plane, polish, **péinteáil gorm** paint blue, **sciomair** *(metal)* burnish, **slíob** smooth, buff, polish, **snasaigh** polish

◊ **Tá an féar ag gormú.** The grass is becoming lush., **Tá an spéir ag gormú.** The blue sky is appearing.

Gormaithe *pp* coloured blue, gotten blue; sheened
éirithe fásmhar gotten lush in growth, **feabhsaithe** improved, **gealta** brightened up, **glanta** cleaned, cleared, **líofa** ground, polished, **locraithe** planed, polished, **péinteáilte gorm** painted blue, **sciomartha** *(metal)* burnished, **slíobtha** smoothed, buffed, polished, **snasaithe** polished

Gormú *vn* colouring blue, becoming blue; adding lustre/sheen
cur dath gorm ar colouring blue, **cur snas ar** polishing, putting a sheen on, **éirí fásmhar** becoming lush in growth, **feabhsú** improving, **gealadh** brightening up, **glanadh** cleaning, clearing, **líofa** ground, polished, **locrú** planing, polishing, **péinteáil gorm** painting blue, **sciomradh** *(metal)* burnishing, **slíobadh** smoothing, buffing, polishing, **snasú** polishing

Gortha *pp* incubated, gestated, hatched
beirthe given birth, **cothaithe** cultivated, nurtured, **fáirthe** roosted, **forbartha** developed, **iompartha** gestated; carried, **luite ar** incubated, **neadaithe** nested, **suite** hatched, **téite** heated, **tuismithe** brought forth, procreated

Gort *m(goirt; goirt, ~)* field; orchard
achadh *(high reg)* field (cf. **Achadh Airt Choinn** Ireland), **airéine** arena, **bán** fallow (field), **blár** open flat space, field, **ceapach** *f* plot, **cluain** meadow, mead, **cuibhreann** allotment, **faiche** *f* green, field, **fál** enclosure, field, **féarach** *m* grassland, pasture, glebe, **fearann** land, terrain, **fód** sod, turf, land, **gabháltas** holding, **gairdín** garden, **garraí** garden, small field, **garrán** grove, **geadán** patch, **macha** *m* cattle field, **machaire** wide open field, plain, **mainnear** *f(-nnre; -nnreacha)* enclosed field, **móinéar** meadow, **páirc** park, field, **píosa talún** piece of land, **plásóg** green, lawn, **réimse** *(study, database, etc)* field, **stiall talún** strip of land, **tailte** *m/fpl* lands, grounds, **talamh** *m/f (talaimh/talún; tailte)* land, **úllord** orchard

▲ ~ **amuigh** outer field, ~ **an bhaile** the inner field; the infield (cf **ar ghort an bhaile** close at hand), ~ **arbhair** field of corn, ~ **branair** fallow field, ~ **coirce** field of oats, ~ **cruithneachta** field of wheat, ~ **féir** field of grass, ~ **prátaí** field of potatoes, ~ **ríse** rice paddy, ~ **silíní** cherry orchard

Gorta *m (~; ~í)* famine, starvation
airc want, **ampla** *m* hunger, famine, **an Drochshaol** the Great Famine, **anrachán** craving, hunger, **díothacht** deprivation, **díth** *f* **cothaithe** starvation, **easnamh** deficit, dearth, **gannchothú** undernourishment, **ganntanas** scarcity, lack, **ganntanas bia** food shortage, **gátar** want, distress, **ocras** hunger

> ○ **An Gorta Mór (an Drochshaol)** refers to *The Great Irish Famine* c.1845–1852, brought about by political ineptitude after a series of potato-crop failures. In 1844, on the eve of this human catastrophe, there were 8.4 million people in Ireland but within less than a decade, according to the census of 1851, 1.5 million were already lost due to disease, starvation or forced emigration. Many **tionóintí** *tenants*, unable to pay rent and evicted by their **tiarnaí talún** *landlords*, ended up with their families in the notorious **tithe na mbocht** *poor houses*. By 1920 the population had been eroded to less than half of what it once was. A century later, in 2020, the population was estimated to be c. 5 million, still three million less than it was prior to An Gorta Mór.

Gortach *adj³* mean, miserly
ainnis miserable, wretched, **barainneach** penny-pinching, parsimonious, **ceacharth** stingy, **ceapánta** penurious, tight-fisted, **cnatach** mean, **greamastúil** tight-fisted, begrudging, **lompasach** grudging, stingy **míchartharnach** uncharitable, **míolach** lousy, **neamhchríostúil** unchristian, **neamhdhéirceach** uncharitable, **santach** greedy, **scallta** paltry, miserable, **sceadach** patchy, scant, **sprionlaithe** miserly, **suarach** mean, **tearc** scarce, sparse, **tíosach** sparing, frugal, **toimhseach** sparing

Gortacht *f(~a)* miserliness, meanness
ainnise miserableness, wretchedness, **barainn** penny-pinching, parsimony, **ceacharthacht** stinginess, **greamastúlacht** tight-fistedness, begrudgery, **míchartharnacht** uncharitableness, **neamhchríostúlacht** unchristian behaviour, **neamhdhéirceachas** uncharitableness, **saint** greed, greediness, **scalltacht** paltriness, **sprionlaitheacht** miserliness, **stinsireacht** stinginess, **suarachas** meanness, **teirce** scarceness, sparseness, **tíos** sparing; thrift

Gortaigh *v₂ₐ* hurt, harm, injure
ballbhasc maim, **buair** distress, upset, **caith go dona le duine** maltreat a person, **cealg** sting, **cealg a chur i** to sting, **céas** torture, **ciap** harass, **cráigh** torment, distress, **cuir brón ar** sadden, **cuir buairt ar** upset, aggrieve, **cuir lionn dubh air** depress him, take the wind out of his sails, **cuir ó chrích** ruin, **cuir ó mhaith** disable, render useless, **déan damáiste do** do damage to, **déan díobháil do** do harm to, injure, **déan dochar do** do harm to, **díobháil** injure, **dóigh** burn; *(nettles)* sting, **éagóirigh** wrong, do an injustice to, **easlánaigh** become unwell, **gáthaigh** *(insect)* sting, **goill (ar)** afflict, distress, **goin** wound, **greannaigh** irritate, **tabhair íde do** abuse, **léirghoin** grievously wound, **leon** sprain, **loit** wound, injure; spoil, **martraigh** maim, **maslaigh** insult; offend, **míchumasaigh** disable, **mill** spoil, mar, **pian** pain, punish, **cuir pian i** cause pain to, inflict pain upon, **scean** knife (cf **duine a sceanadh** to knife a person), **scol** torment, **scrios** ruin, destroy, **tabhair tinneas cinn/fiacaile, etc do dhuine éigin** give someone a headache/a toothache etc, **tinnigh** make sore *(see also: **goin** 2)*

Gortaíl *f(-íola)* stinginess, close-fistedness
barainn penny-pinching, parsimony, **barainní** parsimoniousness, **ceacharthacht** miserliness, cheapness, **greamastúlacht** close-fistedness, **míchartharnacht** uncharitableness, **saint** greed, greediness, **sparálaí** sparingness **sprionlaitheacht** miserliness, meanness, **stinsireacht** stinginess, **tíos** frugality; thriftiness *(see also **gortacht**)*

Gortaithe *pp* hurt, harmed; injured
ballbhasctha maimed, **buartha** distressed, upset, **cealgtha** stung, **céasta** tortured, **ciaptha** harassed, **cráite** tormented, **curtha ó chrích** ruined, **curtha ó mhaith** disabled, rendered useless, **díobháilte** injured, **dóite** burnt, **éagóirithe** wronged, unjustly served, **easlánaithe** become unwell, **goillte** afflicted, distressed, **gonta** wounded, **leonta** sprained, **loite**

Gortú injured; spoiled, **martraithe** maimed, **maslaithe** insulted, offended, **millte** spoiled, marred, **scólta** scalded, tormented, **scriosta** ruined, destroyed, **speirthe** crippling (cf **buille speirthe** crippling blow)

Gortú vn hurting, harming; injury
ballbhascadh maiming, **bheith ag déanamh dochair do** to be doing harm to, **buaireamh** distressing, upsetting, **buairt** upset, **cealgadh** stinging, **céasadh** crucifying, torturing, **ciapadh** harassing, tormenting **crá** tormenting, distressing, **crá croí** annoyance, **cur ó chrích** ruination, ruining, **cur ó mhaith** disabling, rendering useless, **dóigh** burn; (nettles) sting, **éagóiriú** doing an injustice to, **easlánú** becoming unwell, **gathú** (insect) stinging, **goilliúint (ar)** afflicting, distressing, **goineadh** wounding, **greannú** irritating, **leonadh** spraining, **lot** wounding, injuring; spoiling, **martrú** maiming, **maslú** insulting; offending, **milleadh** spoiling, marring, **óspairt** injury; mishap, **pianadh** paining, punishing, **scóladh** tormenting, **scriosadh** ruining, destroying, **speireadh** crippling injury, **uabhar** wounded pride (cf **Tháinig uabhar air.** His pride was hurt.)

Gotha m (~; ~í) attitude, appearance, stance
bealach m way, **caoi** f manner, fashion, **cosúlacht** likeness, **cruth** shape, **cuma** f appearance, demeanour, **cur i gcéill** pretence, **dealramh** appearance, **dóigh** manner, **dreach** m look, expression, **éirí in airde** airs and graces, **imprisean** impression, **íomhá** image, **iompar** behaviour, demeanour, **meon** attitude, **samhail** f (-mhla) semblance, **seasamh** stance, **seó** show, **staid** state, **staidiúir** f (~e; ~í) pose, posture, **suíomh** position

◊ **~í galánta** grand airs, **~í móra** big (empty) gestures, **~í troda** fighting posture

Grá vn loving; love
adhradh adoring, adoration, **anghrá** eroticism, **ansacht** f love, loved one, **aoibhneas** loving bliss, rapture, **armacas** love, tenderness, **bá** affection, sympathy, **breáthacht** excellence of love, delight, **cairdeas** friendship, **carthain** (rel) loving, **carthanacht** charity, **cineáltas** kindness, **cion** affection, respectful love, **cneastacht** loving/caring mildness, **collaíocht** carnality, sexual love, **comharsanúlacht** neighbourliness, **croí bog** soft spot, **cumann** (fellowship) love, companionship, **dáimh** loving admiration; soft spot, **dílseacht** allegiance, fidelity, **díograis** ardour, enthusiasm, **drúis** lust, **dúil** desire, passion, **gean** affection, attachment, warmth, **grámhaireacht** tenderness, **greann** (poetic) love, devotion, **láiche** kindness, **le fonn** with relish, **meargrá** infatuation, **miochaire** tenderness, kindness; courteousness, **muintearas** fellowship, friendship, **páirt** fellowship, affection, **rún** (high reg) love, affection, **saobhghrá** infatuation, **searc** (sexual) love, **suirí** making love; carnal love, **teochroí** warmth,

tláithe affection, mildness, **tláithínteacht** whispering sweet nothings; lovey-doveyness

▲ **~ an léinn** love of learning, **~ aontaobhach** unrequited love, **~ an tsaoil** love of life, **~ ceilte** unspoken love, **~ daingean** steadfast love, **~ Dé** love of God; divine love, **~ dearthár** brotherly love, **~ dílis** unwavering love, **~ earótach** erotic love, **~ faoi rún** secret love, **~ fiáin** wild love, **~ gan choinníoll** unconditional love, **~ máthar** motherly love, **~ na fírinne** love of the truth, **~ na hóige** young love; puppy love, **~ neamhcheadaithe** illicit love, **~ paiseanta** passionate love, **~ rómánsúil** romantic love, **~ síoraí** everlasting love, **~ tíre** patriotism

◊ **A ghrá geal!** My darling sweetheart!, **creideamh, dóchas agus ~** faith, hope and charity, **Mo ghrá thú!** I love you!, **Tá ~ aici dó.** She loves him., **Táim i n~ léi.** I'm in love with her., **titim as ~** to fall out of love, **titim i n~** to fall in love

P **Folaíonn ~ gráin.** Love is blind. **Capall na beatha an ~.** Love makes the world go round.

Grách adj⁵ loving
anghrách erotic, **aoibhinn** loving, blissful, rapturous, **armacach** loving, tender, **báúil** affectionate, sympathetic, **breá** fine, delightful, **cairdiúil** friendly, **carthanach** charitable, **ceanúil** affectionate, loving, **cineálta** kind, **cneasta** decent, caring mild, **collaí** carnal, sexual, **comharsanúil** neighbourly, **connalbhach** loving, affectionate, **croíúil** hearty, cordial, **dáimhiúil** affectionate, **dil** dear, beloved, **díograiseach** enthusiastic, **drúisiúil** lustful, **dúilmhear** desirous, impassioned, **faoi gheasa** infatuated, **fonnmhar** desirous, **geanúil** affectionate, warm, caring, **grámhar** loving, tender, **greannmhar** (poetic) loving, devotion, **ionúin** beloved, dear, **lách** kind, **lánúnach** mating, cohabiting, **muinteartha** friendly, family-like, **muirneach** affectionate, caressing, **searcúil** (sexual) loving, **soghrách** easy to love, loveable, **suiríoch** smoochy, on the pull, **teasghrách** fervently loving, impassioned, **teochroíoch** warm-hearted, **tláith** soft, tender, **tláithíneach** soft-spoken, speaking soft nothings

Grád m (-áid; -áid, ~) grade; rate; class
aicme class, **caighdeán** standard, **cáilíocht** quality, **catagóir** f category, **céatadán** percentage, **céim** degree, stage, **cineál** type, **grádú** grading, **grúpa** group, **leibhéal** level, **luacháil** valuation; appraisal, **marc** mark, **meastóireacht** evaluation, **measúnacht** estimate, **oireachas** rank, status, **pointí** mpl points, **rang** m rank, class, **ráta** rate, **rátáil** rating, **runga** rung, **scór** score, **suíomh** position, **toise** m size, **uasghrádú** upgrade

▲ **~ gnó** (travel) business class, **~ pá** pay grade (cf **Tá sin thar mo ghrád pá.** That's above my pay grade.), **úrscéal den dara ~** second-rate novel (cf **eitilt sa dara ~** to fly second class)

Grádaigh v_{2a} grade
aicmigh classify, **calabraigh** calibrate, **céimnigh** grade; structure, **cuir in eagar** arrange, **cuir in ord feabhais** place in order of merit; seed, **íosghrádaigh** downgrade, **marcáil** mark, **meas** consider, estimate, **rangaigh** rank, **rátáil** rate, **réimnigh** arrange in order; *(gram)* conjugate, **sórtáil de réir feabhais** sort according to merit, **suigh de réir céime** seat/place according to rank, **togh** select; elect, **uasghrádaigh** upgrade

Grádaithe *pp* graded
aicmithe classified, **calabraithe** calibrated, **céimnithe** graded; structured, **curtha in eagar** arranged, **curtha in ord feabhais** placed in order of merit; seeded, **íosghrádaithe** downgraded, **marcáilte** marked, **rangaithe** ranked, **rátáilte** rated, **réimnithe** arranged in order; *(gram)* conjugated, **sórtáilte de réir feabhais** sorted according to merit, **suite de réir céime** seated/placed according to rank, **tofa** selected; elected, **uasghrádaithe** upgraded

Gradam *m (-aim)* distinction, accolade, honour
acaláid accolade, **adhmholadh** eulogy, exaltation, **adhradh** worship, **aitheantas** (**cuí**) (due) recognition, **ardchéim** *f* high rank; *(sch)* higher degree, **ardmharcanna** high marks, **dea-bharúil** approbation, **dínit** dignity; high estate, **foruaisliú** exaltation, **glóir** glory, **ionracas** compliment(s), **léirthuiscint** appreciation, **lúitéis** adulation, **miadh** *m* *(lit)* distinction, dignity, **neimheadh** status; privilege of rank, **ómós** homage, veneration, **onóir** honour, **ridireacht** knighthood (cf **ord ridireachta** order of knighthood), **sármharc** excellent mark, **sea** *m* regard, esteem, **seasamh** standing, **stádas** status, **urraim** reverence, deference *(see also: ómós)*

Gradamach *adj³* estimable, esteemed
clúiteach renowned, **creidiúnach** reputable, **dóighiúil** decent, respectable; good-looking, **fiúntach** worthy, distinguished, **luachmhar** prized, valued, **measúil** respected; respectful, respectable, **mórmheasúil** highly esteemed, **oinigh** (> *oineach*) honoured, **oiriúnach** fitting, suitable, **onórach** honoured; honourable, **uasal** esteemed, worthy, **urramach** highly regarded

Grádú *vn* grading
aicmiú classifying, **calabrú** calibrating, **céimniú** grading; structuring, **cur in eagar** arranging, **cur in ord feabhais** placing in order of merit; seeding, **íosghrádú** downgrading, **marcáil** marking, **rangú** ranking, **rátáil** rating, **réimniú** arranging in order; *(gram)* conjugating, **sórtáil de réir feabhais** sorting according to merit, **suí de réir céime** seating/placing according to rank, **toghadh** selecting; electing, **uasghrádú** upgrading

Gráigh v_{1f} love
adhair worship, **bain an-sásamh/an-sult as** relish/enjoy immensely, **bain sásamh/ spórt/ spraoi as** enjoy, **bain sult as** delight in, **bain taitneamh as** enjoy, **bí an-cheanúil ar** be very fond of, **bí andoirte ar** dote upon, **bí an-mhór le chéile** be very close to/very fond of one another, **bí an-tógtha le** think the world of, **car** *(lit)* love, **déan cúram de** cherish, **faigh dea-bhlas i** savour, **is aoibhinn liom** I adore, **is breá liom** I love, **muirnigh** cherish, **tabhair grá do** to give (one's) love to

Gráin *f(-ánach)* disgust, hatred
adhfhuath horror, deep hatred, **cais** hatred, spite, **col** aversion, **colúlacht** repugnance, **déistin** disgust, **drochshúil** glare, **eascairdeas** antagonism, **fala** spite, grudge, **fiamh** grudge, **fuath** hatred, **fuathú** hating, **glonn** *(lit)* disgust, loathing, **goimh** venom, spleen, spite, **grainc** grimace, frown, **gráiniúlacht** hatefulness; loathsomeness, **mígnaoi** antipathy, **míthaitneamh** displeasure, disliking, **múisc** loathing; nausea, **nimh** virulence, bitterness, **olc** evil, anger, temper, **olcas** spite, badness, **seanbhlas** contempt, disgust, **seanfhala** feuding, old grudges, **snamh** dislike, distaste, **uafaireacht** repulsion, **urghráin** loathing, abhorrence *(see also: fuath)*

P **Is fearr an reilig ná ~ shíoraí.** Death is preferable to endless hatred.

Grainc *f(~e; ~eanna)* frown, grimace
amharc fiata dirty look, **cár** grin, grimace, **draid** grin showing teeth, grimace, **draid gháire** derisive laugh, **gramhas** snide grin, ugly expression, **grus** frown, scowl, **meill** ugly curling of lips, **múchna** scowl, surly appearance, **púic** scowl, **puisín** pouting lip (cf **Chuir sí puisín uirthi féin.** She pouted.), **pus** pout, **scaimh** snarl, grimace, **scaimheog** slight grimace or snarl, **strabhas** ugly expression of mouth, grimace, **strainc** grimace, **straois** grimace, churlish grin, **stuaic** funk, **tá muc ar gach mala air** he is frowning, **tormas** strop, mood

Gráiniúil *adj⁴* hateful, abhorrent
adhfhuafar horrific, deeply abhorrent, **ainnis** wretched, **ainspianta** grotesque, **anchumtha** grotesque, **arrachtach** monstrous, **colach** incestuous; loathsome, **colúil** repulsive, repugnant, **cradhscalach** obnoxious, **déistineach** disgusting, **duaiseach** grim, repulsive, **eascairdiúil** antagonistic, **faltanasach** spiteful, resentful, **fiamhach** bitter, spiteful, **fuafar** hateful, **goimhiúil** venomous, **gráiciúil** ugly, **gránna** nasty; ugly, **masmasach** nauseating; nauseated, **mígnaíúil** ungenerous, mean, **millteanach** horrible, terrible, **mímhaiseach** unsightly, **míofar** hideous, **mísciamhach** unattractive, **míshlachtmhar** uncomely, unsightly; untidy, **míthaitneamhach** displeasing, disagreeable, **múisciúil** dank, oppressive;

nauseating, **nimheanta** venomous, spiteful, **nimhiúil** poisonous virulent, bitterness, **nimhneach** vindictive, waspish, **oilc** *(> olc)* evil, **samhnasach** nauseating, disgusting, **scáfar** frightening, scary, **seanfhala** *(> seanfhala)* feuding, old grudges, **snaimh** *(> snamh)* dislikeable, distasteful, **suarach** wretched, shabby, contemptible, **uafar** repulsive, dreadful, **uafásach** frightful, awful, horrible, **úrghránna** repulsively ugly *(see also: fuafar)*

Gráinne *m (~; -nní)* grain

arbhar cereal, **blúire** morsel, smidgeon, **bruscar aráin** breadcrumbs, **bruscarnach** *f* debris, fragments, **gairbhéal** gravel, **giota** bit, **grabhróg** crumb, **gráinnín** granule, speck, **grán** grain, cereal, **gránach** *m* cereal, **grean** *m* grit, **iarsma** remnant, **ióta** iota, **mealdar** grist, **mír** particle, **rian** trace, **síol** seed

Gráite *pp* loved

adhartha adored; worshipped, **an-cheanúil** very fond, **an-doirte ar** doted over, **an-tógtha le** very taken with, **cartha** loved, **éirithe an-mhór le chéile** gotten very close to/very fond of one another **muirnithe** cherished

Grámhar *adj¹* loving

anghrách erotic, **bách** affectionate, loving, **báúil** affectionate, sympathetic, **búch** tender, affectionate, **cairdiúil** friendly, **caithiseach** affectionate, loving, **caoin** gentle, tender, **caomh** mild, tender, gentle, **carthanach** charitable, **cásmhar** caring, decent, **ceanúil** loving, affectionate, **cineálta** kind, **cionmhar** affectionate, **comhbhách** sympathetic, **cneasta** mild-mannered, **dáimhiúil** affectionate, exhibiting fellowship, **deáthach** cordial, good-natured, **díograiseach** ardent, **drúiseach** lustful, **dúilmhear** desirous, passionate, **faoi adhall** in heat, **geanúil** affectionate, **lách** kind, **máithriúil** motherly, maternal, **mánla** gentle, **miochair** tender, kind, **muinteartha** caring for another as one would a family member, **paiseanta** passionate, **searcúil** *(sexually)* loving, **sochaideartha** approachable, open and friendly, **te** *(sl)* hot, **teochroíoch** warm-hearted, **tláith** affectionate

Gránna *adj⁶* ugly

ainnis wretched, **ainriochtach** in a sorry shape, **ainspianta** grotesque, **anchroíoch** malevolent, **anchruthach** deformed, **anchúinseach** abnormal, **anchumtha** grotesque, **anfholláin** unwholesome, **arrachtach** monstrous, **as stá** unsightly, ugly, **bréan** stinking, **colúil** repugnant, repulsive, **déistineach** disgusting, **éagruthach** misshapen, deformed, **forghránna** extremely ugly; dreadful, **fuafar** vile, hateful, **gáirsiúil** lewd, bawdy, **gráiciúil** disfigured, ugly, **graifleach** coarse, ugly, **gráiniúil** loathsome, ugly, **graosta** obscene, **míbhinn** cacophonous, **míbhlasta** unsavoury, **míchreatúil** miserable-looking, **míchruthach** unshapely; misshapen, **míchuibhiúil** unseemly, indecorous, **míchumtha** deformed, misshapen, shapeless, **míchuntanósach** ungracious, **mídhéanta** malformed, **mídheas** unlovely, **míghnaíúil** uncomely, **mígnéitheach** bad-looking, **mígnúiseach** ill-visaged, sour-faced, **mígrástúil** graceless, **millteanach** horrible, terrible, **mí-mhaiseach** unsightly, **mínósach** bad-mannered, rude, **míofar** hideous, **míolach** lousy, contemptible, **mí-onórach** dishonourable, **míphléisiúrtha** unpleasant, **mísciamhach** unattractive, unlovely, **míshlachtmhar** unsightly, uncomely; badly finished; untidy, **míshnuach** sickly-looking, **mithaitneamhach** unlikable, unpleasant, displeasing, **mítharraingteach** unattractive, **mí-úr** foul, **neamhfháilí** unpleasant, disagreeable, **neamhsciamhach** unlovely, uncomely, **nimhneach** nasty, venomous, **oilc** *(> olc)* evil, forboding, **salach** nasty, shabby; dirty, **scáfar** frightening, scary, **strabhsach** ugly-mouthed, **suarach** wretched, contemptible, **táir** base, cheap and nasty, **uafásach** frightful, awful, horrible, **urghráiniúil** loathsome, frightful, **úrghránna** repulsively ugly

▲ **aghaidh ghránna** ugly face, **amharc ~** eyesore, ugly sight (cf **Tá sé ina amharc ~ ar thóin an dúlra.** It's a carbuncle on the backside of nature.), **bastard ~** *(vulg)* mean bastard, **beart ~** base act, **boladh ~** disgusting smell, **club struipeála ~** sleazy strip club, **coireanna ~** vile crimes, **duine ~** nasty person, nasty piece of work, **fear ~** crude/coarse/despicable man, **focal ~** nasty comment; ugly/dirty word, **gníomh ~** heinous act, vile deed, **gnó ~** an ugly business, **gúna ~** hideous dress, **iompar ~** obnoxious behaviour, **lá ~** filthy day, **leasainm ~** derisory nickname, **nós ~** ugly/annoying habit, **uafásach ~** jaw-droppingly ugly

◊ **A leithéid de scannán ~!** What a gross film!, **Bhí sin go ~.** That was nasty., **chomh ~ leis an diabhal** as ugly as sin, **Coimeád leat féin na sonraí ~!** Keep the grisly details to yourself!, **Is bréagadóir ~ thú!** You're a filthy liar!, **Nach ~ an aimsir í!** Isn't the weather grim!

Gránnacht *f(~a)* ugliness

ainnise wretchedness, misery, **ainriocht** evil, wretched condition, **ainspiantacht** grotesqueness, **anchroí** malevolence, **anchruth** deformity, defect, malformation, **anchúinseacht** abnormality, monstrousness, **anchuma** grotesque unnatural appearance, **anfholláine** unwholesomeness, **arrachtas** monstrousness, **bréantas** foulness, **colúlacht** repugnance, repulsiveness, **déistiní** distastefulness, **fuafaireacht** vileness, hatefulness, **gáirsiúlacht** lewdness, bawdiness, **gráice** disfigurement, ugliness, **gráiciúlacht** ugliness, **gráiniúlacht** loathsomeness, ugliness, **graostacht** obscenity, **míbhinne** cacophonousness, **míbhlastacht** unsavouriness, **míchuibhiúlacht** unseemliness, **míchuma**

Graosta

shapelessness; deformity, **míchuntanós** incivility, **mídhéanamh** malformation, **mídheise** unloveliness, **míghnaíúlacht** uncomeliness, **míghnaoi** *f* ugliness; disfigurement, **míghné** *f* unpleasant aspect, **míghnéithí** sickly appearance, **míghnúisí** sour-faced appearance, **míghrástúlacht** gracelessness, **millteanaí** horror, awfulness, **mímhaise** unsightliness, **mínós** rudeness, **míofaireacht** hideousness, **míolaí** lousiness, **mí-onóir** dishonour, **mí-onóraí** dishonourableness, **míscéimh** unloveliness, unattractiveness, **míshnua** with sickly appearance, **mithaitneamh** aversion, **mítharraingteacht** unattractiveness, **mí-úire** foulness, lacking in freshness, **nimhní** nastiness, toxicity, **olc** evil, foreboding, **salachar** dirt, **scáfaireacht** scariness, **suarachas** sordidness, wretchedness, **táire** baseness, **uafás** horror, awfulness, **urghráiniúlacht** loathsomeness, frightfulness, **úrghránnacht** repulsiveness, excruciating ugliness

Graosta *adj⁶* lewd, obscene
  bréan stinking, **brocach** squalid, smutty, **broghach** murky, dirty, **cáidheach** filthy, obscene, **colúil** repulsive, repugnant, **déistineach** disgusting, **gáirsiúil** lewd, bawdy, coarse, **garbh** crude, coarse, **gráiniúil** loathsome, **gránna** ugly, nasty, **grusach** rude, **madrúil** dog-like, brutish, scurrilous, **míofar** hideous, **salach** dirty, **suarach** wretched, contemptible, **táir** base, cheap and nasty, **truaillithe** depraved, **tútach** crude, vulgar, **úrghránna** repulsively ugly *(see also:* **gáirsiúil***)*

Grásta *m* (~; ~, *grást*) grace
  beannacht blessing, benediction, **boige** leniency, **cineáltas** kindness, **coisreacan** consecration, **comhbhá** compassion, **dínit** dignity, **draíocht** *f* enchantment, charm, **galántacht** elegance, **gnaíúlacht** charm, **grástúlacht** gracefulness, grace, **láiche** gentleness, kindness, **maorgacht** grandeur, elegance, **paidir** prayer, **suáilce** virtue, **trócaire** *f* mercy, clemency

  ▲ ~ **cónaitheach** habitual grace, ~ **Dé** the grace of God, divine grace, ~ **inmheánach** internal grace, ~ **naomhaithe** sanctifying grace, ~ **sacraimintiúil** sacramental grace, ~ **seachtrach** external grace

  ◊ **Bhí sé ar stealladh na ngrást.** He was blind drunk., **Bíodh ~ Dé ionat!** Have a heart!, **Níl ~ ar bith ann.** He is merciless., **~ ó Dhia orthu!** God show them his grace!, God rest them!

  P **Ach ~ Dé, b'amhlaidh dom féin!** There but for the grace of God go I.

Grástúil *adj⁴* graceful; gracious
  aoibhinn pleasant, **beannachtach** benign, **bog** lenient, soft, **cineálta** kind, **coisricthe** consecrated, **comhbhách** compassionate, **cráifeach** prayerful, holy, **díniteach** dignified, **draíochtach** enchanting, charming, **galánta** elegant, **gnaíúil** charming,

Greamaithe

grásach full of grace, gracious, **lách** gentle, kind, affable, **maorga** grandiose, elegant, **trócaireach** merciful, clement

Gread v_{1a} thrash, trounce; sting, smart
  basc bash, crush, **bí ag greadfach** be stinging, smarting, **bí scólta** *(pain)* be smarting, **buail** strike, hit, beat, **crústáil** drub, **fuipeáil** whip, **lasc** flail, belt, **leag** flatten, knock down, **liúr** flog, **stampáil** stamp, **tabhair greadadh do** give a trouncing to, **treascair** demolish, **tuairteáil** crash

  ◊ **ag ~adh na mbos** applauding loudly, **ag ~ a gcos ar an urlár** stamping their feet on the floor, **~ leat!** Buzz off!, **Tá an císte ~ta.** The cake is burnt., **Tá mo lámha ~ta.** My hands are stinging.

Greadadh *vn* trouncing, beating
  bascadh bashing, crushing, **bualadh** striking, hitting, beating (cf **bualadh bos** clapping), **crústáil** drubbing, **fuipeáil** whipping, **greadfach (i gcneá)** stinging/smarting (from a wound), smarting, **lascadh** flailing, belting, **leagadh** flattening, knocking down, **liúradh** flogging, **stampáil** stamping, **tabhairt greadadh do** giving a trouncing to, **treascairt** demolishing, **tuairteáil** crashing *(see:* **léasadh***)*

Greadta *pp* thrashed, trounced
  basctha bashed, crushed, **buailte** struck, stricken, hit, beaten, **crústáilte** drubbed, **fuipeáilte** whipped, **lasctha** flailed, belted, **leagtha** flattened, knocked down, **liúrtha** flogged, **stampáilte** stamped, **treascartha** demolished, **tuairteáilte** crashed *(see also:* **gread***)*

Greamaigh v_{2a} stick, adhere
  athghreamaigh refasten, restick, **ceangail** tie, fasten, **clampáil** clamp, **cloígh** (**le**) cleave (to), adhere (to), **cniotáil le chéile** knit together, **comhghreamaigh** cohere, **cuibhrigh** bind, fetter, **cuir le chéile** put together, **druid** shut, **dún** fasten, close, **fáisc** bind closely, **feistigh** moor; secure, **fuaigh** sew, **gaibhnigh** tie tightly, **giortáil** gird, **glaeigh** glue, **glean** stick, adhere, **gliúáil** glue, **nasc** link, join, **scriúáil le chéile** screw together, **séalaigh** seal, **seamaigh** rivet, **snaidhm** knot, **tairneáil** nail, **táthaigh** weld, solder; coalesce *(see also:* **ceangail***)*

Greamaithe *pp* stuck
  athghreamaithe refastened, restuck, **ceangailte** tied, stuck together, **clampáilte** clamped, **cniotáilte le chéile** knitted together, **comhghreamaithe** cohered, **cuibhrithe** fettered, bound, **curtha le chéile** put together, **druidte** shut, **dúnta** fastened, closed, **fáiscthe** bound closely, **feistithe** moored; secured, **glaeite** glued, **gleanta** stuck, **nasctha** linked joined, **scriúáilte le chéile** screwed together, **séalaithe** sealed, **seamaithe** riveted, **snaidhmithe** knotted, **tairneáilte** nailed, **táthaithe** welded, soldered; coalesced

Greamaitheach adj³ adhesive; gripping
bealaithe oily, tacky, **ceangailteach** sticky, **gliúch** gluey, **greamúsach** tenacious, holding fast, **gumach** gummy, **smeartha** *(of fingers)* sticky

Greamú vn sticking, adhesion, adhering, adherence
ancaireacht anchorage, **aontú** uniting, **athghreamú** refastening, resticking, **ceangal** tie, binding, connecting, **clampa** clamp, **clampáil** clamping, **cloí le** adhering to, **cniotáil** knitting, **comhghreamú** cohering; coherence, **cuibhriú** binding, **daingniú le suimint** cementing, **fáscadh** clasp, clamp, **feistiú** securing; mooring, **geimheal** *f(-mhle)* fetter, shackle, **geimhliú** shackling, chaining, **glae** glue; gluing, **gliú** glue, **gliúáil** gluing, **greamachán** adhesive, **greamán** adhesion, **greamús** tenacity, **laincis** fetter, **múráil** mooring, **nasc** clasp; tie, **nascadh** bonding, tethering, linking, **neadú** lodging, nestle in, **sádráil** soldering, **séala** seal, **séalú** sealing, **táthú** welding; soldering, **uaim** *f(uama)* seam

Greann m(grinn) humour
acmhainn grinn sense of humour, **áiféis** absurdity, **aistí** weirdness, **aiteas** fun, pleasantness; bizarreness, **anstrólaíocht** drollery, **barrúlacht** drollery, comedy, **coiméide** comedy, **coimhthíche** weirdness, strangeness, **coirre** peculiarness, **deisbhéalaí** wittiness, **fonóid** jeering, scoffing, **gáire** laugh, laughter, **gealgháirí** bright cheeriness, **greannmhaireacht** funniness, **greanntaíocht** jocularity, **greanntraigéide** tragicomedy, **léaspartaíocht** being witty, telling droll tales, **leithéis** jesting; trivial talk, **magadh** mocking, facetiousness, **meidhir** mirth, **nathaíocht** use of adages, aphorisms, **pléisiúr** pleasure, **saoithiúlacht** clever or witty humorousness, **scéal grinn** funny story, **scigaithris** burlesque, **scigdhráma** farce, **scige** *f* giggling, **scigealaíontóireacht** caricaturing, **scig-gháire** mocking laugh, **scigireacht** derision, **scigmhagadh** farce, **scléip** hilarity, gaiety, **seafóid** silliness, daftness, **siamsa** entertainment, diversion, **spraoi** amusement, **staróg** yarn, anecdote, **taitneamh** fun, pleasure *(see also: grá)*

▲ **~ ailtéarnach** alternative comedy, **~ ait** quirky humour, **~ deisbhéalach** witty humour, witticism, **~ dóite** deadly dry humour, **~ dorcha** dark humour, **~ dubh** black humour, **~ fuarchúiseach** downbeat humour, **~ graosta** gross, vulgar humour, **~ íorónta** ironic humour, **~ leithris** toilet humour, **~ páistiúil** childish humour, **~ rancáis/ropánta** slapstick humour, **~ searbh** acerbic humour, **~ searbhasach** sarcastic humour, **~ tirim** dry humour

▲ **ábhar grinn** laughing matter, **acmhainn grinn** sense of humour, **amhrán grinn** humorous song, **bean ghrinn** comedienne, **dreas grinn** comedy routine, **fear grinn** comedian; clown, **píosa grinn** bit of fun, **scéal grinn** joke, **scéal grinn seanchaite** corny joke, **sceitse grinn** comedy sketch *(see also: grinn)*

◊ **~ a bhaint as rud éigin** to find something funny, to get a laugh out of something, **Ní ábhar grinn é.** It's no laughing matter.

Greannmhar adj¹ funny
a bhainfeadh gáire as cat that would make a cat laugh, **áiféiseach** absurd, **aisteach** strange, **ait** bizarre, **barrúil** comical; droll **coimhthíoch** weird, odd, **corr** peculiar, **deisbhéalach** witty, **fonóideach** jeering, scoffing, **gáireach** laughingly funny, **gáireachtach** mirthful, **gan dealramh** ridiculous, **gealgháireach** jolly, **ina chúis gháire** laughable, **magúil** mocking, facetious, **meidhreach** mirthful, **nathánach** aphoristic, **pléisiúrtha** entertaining, **saoithiúil** cleverly humorous, **scigaithriseach** burlesque, **scig-ghaisciúil** mock-heroic, **scigiúil** derisive, **scigmhagúil** farcical, **scléipeach** hilarious, **seafóideach** silly, daft, **siamsúil** diverting, entertaining, **spraíúil** amusing, fun-filled, **taitneamhach** amusing, pleasing

Greanta adj⁶ chiselled, graven; ground, polished, shapely
eitseáilte etched, **faobhrach** edged, keen, sharp, **géar** sharp, **gearrtha** cut, **grinn** well-defined, clear-cut, **inphriontáilte** imprinted, **inscríofa** inscribed, **líofa** ground, polished; *(lang)* fluent, **rásúr** *m* razor, **snasta** polished, **snoite** chiselled, carved

Gréasán m (-áin; -áin, ~) web, network; spider's web
bealaí *mpl* channels, **cathair** *f* **ghríobháin** labyrinth, **ciorcadra** circuitry, **córas** system, **eagraíocht** organisation, **eangach** *f* net, **gréas** pattern, embroidery, **greille** grid (cf **bainte den ghreille** off the grid), **líon** net; goal net; mesh, **líon damhán alla** spider's web, **líonra** network, **líontán** net, **lúbra** maze, **mogalra** mesh, plexus, **patrún** pattern, **saighean** *f (-ghne)* seine net, **sraith** nexus, **uige** tissue, gauze; web

▲ **~ achrannach** tangled web, **~ cliaint-freastalaí** client-server network, **~ damhán alla** cobweb, **~ de chairde** network of friends, **~ de sheanchairde scoile** old-boy network, **(an) ~ domhain** (the) deep web, **(an) ~ domhanda** (the) world wide web, **~ dorcha** dark web, **~ iarnróid** railway network, **~ leitheadach** extensive network, **~ luaidreán** the grapevine, **~ náisiúnta** nationwide network, **~ neamhshlán** insecure network, **~ sóisialta** social network, **~ tacaíochta** support network *(see also: idirlíon)*

Greim m (-eama; -eamanna)
1. grasp, grip; bite
barróg embrace, **breith (ar)** a hold (on), **ceanglán** binder, **ceangal Velcro** Velcro fastener, **ceapadh** catch, **claspa** clasp, **coinneálaí** holder, **fáisceán** clasp, **fáiscín** clip, **gabháil** capturing, **glac** grasp, clutch, **glacadh** grasping, clutching, **glacaireacht** grasping; pawing with hands, **glám** grab, clutch, **glámadh** clutching, **greamán** clasp, clamp, **sclamh** bite, nip, snap, **sclamhairtín** small bite, **snapadh** snapping; bite, **tógáil** taking *(see also: bia, glas 2)*

▲ ~ **bia** morsel of food, ~ **coilicim** gripping pain, colic, ~ **coise** foothold, ~ **daingean** tenacious grip, ~ **docht** firm grasp, ~ **dreancaide** fleabite, ~ **fánach** tenuous hold, ~ **iomrascála** wrestling hold, ~ **láimhe** hand clasp (cf. **le ~ láimhe ar a chéile** clasping one another's hands), ~ **le hithe** bite to eat, ~ **muiscíte** mosquito bite, ~ **nathrach** snakebite

◊ ~ **a choinneáil faoin bhfiacail** to keep the wolf from the door, ~ **a ithe** to have a bite to eat

2. stitch, adhesion

bróidniú embroidering, **ceangal** link, tie, **cliath** darn (cf **cliath a chur i stoca** to darn a sock), **fáithim** hem (cf **fáithim a chur ar sciorta** to sew a hem on a skirt), **greamú** adhesion, **lúibín** *(knitting)* stitch; small loop, **lúb** *f* stitch (cf **lúb shleamhain** plain stitch, **lúb iompaithe** purl stitch), **nasc** binding, connection, hook, **snáithe** *m* thread; stitch (cf ~ **silte** dropped stitch), **tacóid** tack, **tointe** *m* stitch, thread

▲ ~ **bunaidh** basic stitch, ~ **caoch** slip stitch, ~ **cumaisc** composite stitch, ~ **dearnála** darning stitch, ~ **fagóideachta** faggoting stitch, ~ **fáithime** hem stitch, ~ **gúshnáithe** basting stitch, ~ **laisce** whip stitch, ~ **lúbóige** buttonhole stitch, ~ **slabhra** chain stich, ~ **tarfhuaite** overcast stitch, ~ **trasna** cross stitch

◊ ~ **a chur i gcneá** to sew up a wound, **ag cur greama** sewing, **Níl ach greamanna fáis air.** He's just suffering from growing pains.

P **An té nach gcuirfidh ~, cuirfidh sé dhá ghreim.** A stitch in time saves nine.

Grian *f(gréine; ~ta; dat sg: gréin)* sun; paragon
dath gréine suntan (cf **an ghrian a fáil** to get a tan), **eiseamláir** paragon, **grianbhuí** golden sunlight, **griangha** *m* sunbeam, **réalta** *f* star, **solas** light, **solas gréine** sunlight, **taitneamh gréine** sunshine

▲ **~-am** solar time, **~bhladhm** solar flare, **~bhrugh** *m (-bhrugha)*, sunny mansion, **~bhruite** sun-baked, **~cheallra** solar battery, **~chlog** sundial, **~chóras** solar system, **~daite** suntanned, **~díonach** sunproof, **~dó** sunburn, **~ghoradh** basking in the sun, **~ghraf** photography, **~ghrafadóir** photographer, **~ghrafadóireacht** photography, **~lá** solar day, **~phainéal** solar panel, **~sciath** *f* sunshield; sun screen, **~spota** sunspot, **~stad** solstice, **~téitheoir** solar heater

◊ **ag luí faoin ngréin** lying in the sun, **éirí/luí na gréine** sunrise/sunset, **fad is a bheidh an ghrian ag dul deiseal** forever, till the end of time, **Thugamar an ghrian abhaile linn.** We got home before dark.

Grianghraf *m (-aif; -aif, ~; alternative pl ~anna)* photograph, photo
féinín selfie, **féinphic** selfie, **fóta** photo, **fótagraf** photograph, **íomhá** *f* image, **pic** pic *(picture)*, **pictiúr** picture, **portráid** portrait, **próifíl** profile; mugshot, **x-gha** x-ray

▲ ~ **aerphéinteáilte** airbrushed photo, ~ **as fócas** out of focus photo, blurred photo, ~ **bearrtha** cropped photo, ~ **ceartingearach** vertical photo, ~ **digiteach** digital photo, ~ **faibrice** fabric picture, **doiléir** blurry photo, ~ **dubh agus bán** black and white photo, ~ **garamhairc** close-up photo, ~ **lánléargais** panoramic photo, ~ **le fócas bog/crua** soft-focused/hard-focused photo, ~ **le fócas géar** sharply focused photograph, ~ **leathanuilleach** wide-angle photo, ~ **próifíle** profile photo, ~ **rothlaithe** rotated photo, ~ **satailíte** satellite photo

■ **grianghrafadóireacht** photography: **cártaí** *mpl* **cuimhne** memory cards, **ceamara (digiteach)** (digital) camera, **grianghrafadóir** photographer, **lionsa fadfhócais** long-focus lens, **lionsa gar-amhairc** close-up lens, **lionsa gnáthfhócais** normal-focus lens, **lionsa idirmhalartaithe** interchangeable lens, **lionsa ilfhócasach** multifocal lens, **lionsa inscortha** detachable lens, **lionsa leathanuilleach** wide-angle lens, **lionsa seasta** prime lens, **lionsa súil-leathan** fish-eye lens, **lionsa teileafótach** telephoto lens, **lionsa zúmála** zoom lens, **luas comhla** shutter speed, **mála ceamara** camera bag, **scagaire lionsa** lens filter, **scaoilteán comhla uathoibríoch** automatic shutter-release, **trealamh glanta ceamara** camera cleaning-kit, **trealamh soilsiúcháin** lighting equipment, **strapa ceamara** camera strap, **tríchosach** *m* tripod

Grianmhar *adj¹* sunny
aoibhinn pleasant, **aoibhiúil** smiling, **buacach** buoyant, **gan scamall sa spéir** cloudless, **geal** bright, **gealánach** gleaming; flashing, **gealgháireach** bright and cheery, beaming, **glé** luminous, **gléineach** vivid, bright, **gluair** bright, clear; harsh, shrill, **gnaíúil** genial, **greadánach** bright, intense, **greadhnach** blazing, bright, **grianda** solar, **lonrach** radiant, **niamhrach** splendid, bright, radiant, **ruithneach** gleaming, radiant; sparkly, **soilseach** luminescent, **solasmhar** sunlit, bright, luminous, **sona** happy, **sorcha** bright, luminous, **spéiriúil** bright, airy, cheerful, **trilseach** glittering, bright,

Grinn *adj²* precise, discerning, clear
aithneach quick to recognise, decerning, **baileach** exact, **beacht** precise, **breithiúnach** judicious, **críochnúil** well-finished, thorough, **cruinn** accurate, **dea-dhéanta** well-made, **deismíneach** meticulous, **dian** rigorous, **dílis** faithful, **díreach glan** spot on, **fíneálta** fine, subtle, **fíor** true, **foirfe** perfect, **gan bhotún** without mistake, **gan iomrall** unerring, **gan locht** faultless, **géar** sharp, strict, **géarchúiseach** astute, discerning, **glan** clean; clear, **glinn** distinct, vivid, **gonta** succinct, sharp, **idirdhealaitheach** discriminative, discerning, **léirsteanach** meticulous; overexact, **mionchúiseach** scrupulous, **paiteanta** precise, **soiléir** clear, obvious, **urmhaiseach** well-aimed, accurate

▲ **cuntas** ~ clear meticulous account, **eagarthóir** ~ discerning/meticulous editor, **intinn ghrinn** acute mind, **léargas** ~ accurate portrait/insight, **léirmheas** ~ discerning critique, **scrúdú** ~ close examination, **staidéar** ~ intensive study *(see also: greann)*

Grinneas *m (-nnis)* precision, discernment, clarity
aithne recognition, awareness, **beachtas** accuracy, **beaichte** precision, accuracy, **críochnúlacht** thoroughness, finish, **cruinneas** accuracy, **deadhéanamh** finesse, good construction, **déine** rigour, **deismíneacht** refinement, **dílse** faithfulness, **dílseacht** faithfulness, **fíre** genuineness, **foirfeacht** perfection, **géarchúis** astuteness, discernment; **géire** sharpness, strictness, **glaine** cleanness; clearness, **glinne** distinctness, vividness, **gontacht** succinctness, sharpness, **léirstean** insight, perception, **mionchúis** scrupulousness, **paiteantacht** preciseness, **slacht** neatness, tidiness, **soiléire** clarity

Grios *m (-is)* rash, blotches on skin
athlasadh inflammation, **bruth** *m* rash, **bruthán** slight rash, **deargadh** reddening, chafing, **deirge** redness, **fiolún** morbid affection of skin, **greannú** irritation, **gríosóg** inflamed area, rash, **rais** rash, **scraith** covering of rash or scabs, **tochas** itch

Gríosaigh *v₂ₐ* urge on, inflame, incite
adhain kindle, ignite, spark, **brostaigh** hurry, **brúigh ar** press/push for, **coip le díocas** enthuse, **comhairligh** advise, counsel, **comhghríosaigh** agitate, **corraigh** stir, move, **cuir dlús le** precipitate, **dreasaigh** incentivise, **dúisigh** awaken, rouse, **fadaigh faoi** inflame, incite, **faghair** fire, incite, **las** fire up, **meanmnaigh** hearten, encourage, **múscail** arouse, awaken, **saighid** incite, **séid** fan, drive, **séid faoi** goad; rouse, incite, **spor** spur on, incite, **spreag** inspire, urge, encourage **tarraing** attract, occasion, **tathantaigh ar** incite, **tinneasnaigh** hurry, urge on, **tionscain** instigate, **tosaigh** initiate, **treoraigh** guide, direct *(see also spreag)*

Gríosaithe *pp* urged on, inflamed, incited
adhainte kindled, ignited, sparked, **brostaithe** hurried, **brúite ar** pressed/pushed for, **coipte le díocas** enthused, **comhairlithe** advised, counselled, **comhghríosaithe** agitated, **corraithe** stirred, moved, **dreasaithe** incentivised, **dúisithe** awakened, roused, **fadaithe faoi** inflamed, incited, **faghartha** fired, incited, **lasta** fired up, **meanmnaithe** heartened, encouraged, **múscailte** aroused, awakened, **saighdte** incited, **séidte** fan, driven, **séidte faoi** goaded; roused, incited, **sportha** spurred on, incited, **spreagtha** inspired, urged, encouraged, **tarraingthe** attracted, occasioned, **tathantaithe ar** incited, **tinneasnaithe** hurried, urged on, **tionscanta** instigated, **tosaithe** initiated, **treoraithe** guided, directed

Gríosaitheach *adj³* stimulating, provocative
achrannach argumentative, difficult, **ciotrúnta** contrary, **coimhlinteach** confrontational, **conspóideach** controversial, provocative, **corraitheach** emotive, stirring, **fíorspéisiúil** intriguing, **spleodrach** rousing, **spreagthach** stimulating, **spreagúil** inspiring, exhilarating

Gríosú *vn* urging on, inflaming, inciting
adhaint kindling, igniting, sparking, **brostú** hurrying, **brú ar** pressing/pushing for, **coipeadh le díocas** enthusing, **comhairliú** advising, counselling, **comhghríosú** agitating, **corraí** stirring, moving, **dreasú** incentivising, **dúiseacht** awakening, rousing, **fadú faoi** inflaming, inciting, **faghairt** firing, inciting, **lasadh** firing up, **meanmnú** heartening, encouraging, **misniú** encouraging, **múscailt** arousing, awakening, **saighdeadh** inciting, **séideadh** fanning, driving, **séideadh faoi** goading; rousing, inciting **sporadh** spurring on, inciting, **spreagadh** inspiring, urging, encouraging **tarraingt** attracting, occasioning, **tathant ar** inciting, **tinneasnú** hurrying, urging on, **tionscnamh** instigating, **tosú** initiating, **treorú** guiding, directing

Gróig *v₂ᵦ*
1. foot *(turf)*
athghróig *(turf)* refoot, **bailigh le chéile** gather together, **bain** cut, remove, **carn** heap, **cnuchair** *(turf)* foot, **cuach** huddle, **rómhair** dig, **tochail** excavate *(see also: portach)*
2. huddle
crom stoop bend, **cúb** shrink, cower, bend, **cuach** huddle, **suigh** sit, **suigh ar do ghogaide** crouch down, go down on your hunkers, **téigh ar do chromada** squat

Gróigeadh *vn* footing *(turf)*; huddling
athghróigeadh *(turf)* refooting, **bailiú le chéile** gathering together, **baint** cutting, removing, **carnadh** heaping, **cnuchairt** *(turf)* footing, **cromadh** stooping, bending, **cuachadh** huddling, **cúbadh** shrinking, bending, **rómhar** digging, **tochailt** excavating, **suí ar do ghogaide** going down on your hunkers

Gróigthe *pp* footed *(turf)*; huddled
athghróigthe *(turf)* refooted, **bailithe le chéile** gathered together, **bainte** cut, removed, **carntha** heaped, **cnuchartha** *(turf)* footed, **cromtha** stooped, bent, **cuachta** huddled, **cúbtha** shrunk, bent, **dulta ar do ghogaide** crouched down, gone down on your hunkers, **rómhartha** dug, **tochailte** excavated

Gruagach *adj³* hairy
cochallach *(eyebrows)* bushy, **croiméalach** moustached, **cuileach** shaggy, unkempt, **dlaíógach** with small wisps of hair, **dlaoitheach** with hanging locks of hair, tressy, **dualach** tressed, curled, **falacaile** (> *falacail*) follicle, **fathmhainneach** in locks of fine hair, **féasógach** bearded, **fionnaidh** (> *fionnadh*) furry; hairy; with soft down on body, **fionnaitheach** furry, shaggy, hairy, **foltach** long-haired, **gaoisideach** coarse-haired, bristly, **giobarsach** sparse, downy, **gliobach** tousle-haired; unkempt, dishevelled,

mosach shaggy, bristly, **mothallach** bushy-haired, moppy, **ribeach** bristly; hairy, **ruainneach** long-haired, **scothach** tufted, bushy, **stoithneach** shock-haired, tousled, **stothach** bushy, unkempt, **stothallach** mopheaded, unkempt, **suasánach** mop-headed

Gruaig *f (~e)* hair

bréagfholt wig, **ciabh** *f* hair, tress, **ciabhfholt** head of hair, tresses, **clúmh** *f* down on body, bodyhair, **croiméal** moustache, **cúl (gruaige)** (head of) hair, **dlaíóg** small wisp, **dlaoi** wisp, tuft, **dual** tress, **falacail** follicle, **fathmhainn** lock of fine hair, **féasóg** beard, **fionnadh** fur; hair; down on body, **folt** mop, **gaoisid** coarse hair, bristle, **geamhar féasóige** new growth of beard, **gibne** *f* strand of hair, **giobarsach** *f* sparse downy hair, **glib** forelock; fringe, **grágán** mop of bushy tousled hair, **guaire** bristle, **guaireach** *f* rough hair, bristles (cf **guaireach féasóige** stubbly beard), **larcán (gruaige)** mop of hair, **moing (chapaill)** (horse's) mane (cf **moingfhada** long-haired, **moingfhionn** fair-haired), **muirearfholt** luxuriant head of hair, **peiriúic** wig, **puirtleog** soft mass of hair; fluff, **puirtleog gruaige** fluffy hair, **ribe** *m* single hair, **ruainseachán** tiny strand of hair, **scead** *f (sceide)* bright patch of hair (eg **sceada liatha le feiceáil os cionn na gcluas** grey patches to be seen above the ears), **scoth** tuft, brush (cf **scoth sionnaigh** fox's brush), **stothóg** pubic hair, **stuaic** mop of hair, **suasán** tousled hair, **trilseán** tress; braid, plait, **urla** *m* lock of hair

◊ **do chuid ~e a bhearradh** to cut your hair, **Thógfadh sé do ghruaig de do cheann.** It would make your hair stand on end., **Beidh 'lig amach mo ghruaig' ann!** *(uproar)* There will be all hell to pay!; *(enjoyment)* It will be where you can really let your hair down!, **Tá stothall ~e uirthi inniu!** She's having a bad hair day today!

Gruama *adj⁶* gloomy, glum, despondent

aimléiseach despondent, **ainnis** miserable, **anaoibhiúil** unsmiling, despondent, glum, **brónach** sad, **buartha** sorrowful, grief-stricken, **caointeach** mourning, weeping, **ciamhair** gloomy, sad, **cianach** longing, wistful, **croíbhriste** broken-hearted, **cumhach** nostalgic, **deorach** tearful, **dobrónach** very sorrowful, **dochma** morose, gloomy, **dodach** sullen, **doilbh** gloomy, melancholic, **doilbhir** cheerless, gloomy; slow of speech, **dóilseach** doleful, **doirbh** sullen, **domheanmnach** dejected, **duairc** morose, melancholy, **duaisiúil** gloomy, dejected, **dubhach** in black despair, **faoi chiach** in great sorrow, gloomy, **faoi chian** in deep sadness, melancholic, **forghruama** surly, grim, **in ísle brí** at a low ebb, **i lagar spride** in the doldrums, **méalach** lamenting, sorrowful, **míshona** unhappy, **múisiamach** upset, irritated, **neamhaigeanta** cheerless, dispirited, **neamhshuairc** joyless, gloomy, **púiciúil** glum, **smúitiúil** gloomy, **trom** oppressed, sad *(see also: brónach)*

P **Feiceann súil ghruama saol ~.** All looks jaundiced to the jaundiced eye.

Grúdaire *f (~; -rí)* brewer

bríbhéir *m* brewer, **comhlacht** *m* **bríbhéireachta** brewing company, **comhlacht** *m* **grúdaireachta** brewing company, **grúdlann** *f* brewery, **grúdú** brewing, **lucht stiléireachta** distillers; poteen makers, **stiléir** *m* distiller

Grúpa *m (~; ~í)* group

aicme class, grouping, **ál** brood, clutch, **baicle** clique, gang, **bailiú** gathering, **bailiúchán** collection, **baisc** batch, **banna** band, **beart** *m (birt, ~a, ~)* bundle; parcel, **bord** board, **braisle** *f* cluster, **bráithreachas** brotherhood, fraternity, **buíon** *f* band, company, **burla** bale, roll; bundle, **cabhlach** *m* fleet, **carn** heap, pile, **carnán** small pile, **catagóir** category, **catalóg** catalogue, **ciorcal** circle, **clochán** *(houses)* cluster, **clann** children of a family, clan, kin, **club** club, **cnuasach** *m* collection, **cohórt** cohort, **cóisir** festive party/gathering, **comhairle** council, **comhar** partnership, **comhchruinniú** gathering together, **comhdháil** convention, **comhdhlúthú** pressing together, compacting, **comhlachas** association, **comhlacht** *(business)* company, **comhluadar** *(people)* company, **comhoibriú** cooperation, **comhordú** coordination, **comhthionól** assembly, **compántas** *(dancers)* troupe, **complacht** *(army)* company, **conlach** *m* collection, heap, company, **conlán** group, band, family, **conradh** *m (-nartha; -narthaí)* league; contract, **cór** choir, chorus, **corróg** sheaf, large bundle, **criú** crew, **crobhaing** cluster, **cruinniú** meeting, gathering, **cuallacht** fellowship, sodality; guild, **cuideachta** company, **cumasc** conglomeration, **cumann** society, club, **díolaim** compilation, anthology, **díorma** posse; troop, **dol** batch, lot, **dream** group, lot, **drong** body, group; cabal, junta, **eagraíocht** organisation, **éigse** assembly of learned men, **faicsean** faction, **feadhain** *f (-dhna)* troop, band, **fiann** *f (féinne)* (hist) roving band of warrior-hunters, **foireann** team, crew; set, **gasra** group of young lads, **gasráil** grouping together of workmen, **gramaisc** mob, **gráscar** rabble, affray, **líon** complement, number, **macha** herd, **meascán** mixture, **meitheal** working party, **mionbhar páistí** small group of children, **nead** *f* nest, **paca** pack, **páirtí** *(political)* party, **pobal** community; congregation, **rang** *(school)* class, **rangú** classification, **réaltbhraisle** *f* star cluster, **scroblach** *m* riff-raff, **scata** crowd, **scuad** squad, **scuadrún** squadron, **slua** crowd, host, **speiceas** species, **táth** bunch, **teaglaim** compilation, **tionól** assembly, **tor** clump, **treibh** tribe, **triopall** *(berries)* cluster

■ **grúpaí d'fheithidí:** groups of insects: **grathain cuileog** swarm of flies, **plá feithidí** plague of insects, **púir foichí** swarm of wasps, **saithe** *f (~; -thí)* beach swarm of bees, **scaoth** *f* swarm (cf **scaoth éan/beach/cuileog** swarm of birds/bees/flies)

Grúpa 454 **Grúpáil**

■ **grúpaí d'ainmhithe**: groups of animals: **ál banbh** litter of piglets, **ál sicíní** brood of chickens, **báire éisc** shoal of fish, **conairt** pack of hounds, **cuain coileán** litter of pups, **ealta éan**, flock of birds, **ráth** *f (~a)* **scadán** shoal of herring, **scata asal** herd of donkeys, **scata géanna** flock of geese, **scoil éisc** school of fish, **scuaine éan** flight of birds, **scuaine caorach** drove of sheep, **scuaine lachan** flock of ducks, **sealbhán caorach** flock of sheep, **seisreach chapall** team of horses, **tréad caorach** flock of sheep, **tréad/macha bó** herd of cows, **uail** group, flock

■ **grúpaí daonna**: human groups: **aicme den lucht ceannais** class of the ruling elite, **aos ceoil** musicians, **aos dána** artists, poets, **aos eagna** intelligentsia, **baicle gaiscíoch** band of warriors, **banna ceoltóirí** band of musicians, **brúscán daoine** group of people, **buíon** *f* **de phóilíní** contingent of police, **cathlán de shaighdiúirí** battalion of soldiers, **ceardchumann altraí** trade union of nurses, **clann mhac/iníonacha** family of sons/daughters, **cleaicín uaillmhianach** clique of would-bes, **coibhín chailleach** coven of witches, **comhar dochtúirí** association of doctors, **comhthionól ball** convocation of members, **complacht** *m* **fear troda** company of fighting men, **común hipithe** commune of hippies, **conlán aos dána** coterie of poets, **criú eitilte** flight crew, **cruinneagán daoine** small cluster of people, **cruinniú foirne** staff meeting, **cumann na naomh** communion of saints, **drong de lucht léinn** body of learned people, **drong mhallaithe de dhrongadóirí** ghastly gang of gangsters, **faicsean de pholaiteoirí** faction of politicians, **foireann** *f (foirne)* **aisteoirí** troupe of actors, **foireann** *f (foirne)* **imreoirí** team of players, **foireann** *f (foirne)* **spéirbhean** bevy of beauties, **gailearaí bithiúnach** rogues' gallery, **gasra** young lads, gang of boys, **gild oibrithe** guild of workers, **giunta de cheannaircigh** junta of insurgents, **gramaisc/gráscar buachaillí** unruly gang of boys, **mionbhuíon** *f* **de Ghardaí** detail of Gardaí, **moll daoine** mass of people, **ógra** group of youths, **plód daoine** crowd of people, **pobal Aifrinn** community of Massgoers, **pobal na hÉireann** the people of Ireland, the Irish community, **pobal tíre** population of a country, **rablach** *m* rabble, **rang daltaí** class of pupils, **reisimint de chuid an airm** regiment (of soldiers), **scaoth páistí** throng of children, **scata cailíní** bevy of girls, **scuad páistí** swarm of children, **scuaine daoine** queue/line of people, **sealbhán ban** group of women, **sindeacáit lucht gnó** business syndicate, **slua daoine** crowd of people, **slua mór de thionól iarscoláirí** gathering of former pupils, **tionól Teachtaí Dála** assembly of Dáil Deputies, **toghlach vótálaithe** constituency of voters, **toscaireacht** delegation, deputation, **treibh de laochra fíochmhara** tribe of savage warriors, **uail** group (cf **uail bhan** group of women)

■ **grúpaí d'eagraíochtaí/de reiligiúin**: groups of organisations, religions: **an tAontas Eorpach** the European Union (of nations), **comhghuaillíocht idir páirtithe polaitiúla** coalition between political parties, **cónaidhm stát** confederation of states, **Conradh na Náisiún** *(hist)* The League of Nations, **Cumann na gCairde** Society of Friends, **Eagraíocht na Náisiúin Aontaithe** Organization of the United Nations, **ranna stáit** departments of state, **sainaicmí creidimh** religious denominations, **seicteanna creidimh** religious sects

■ **grúpaí de phlandaí**: groups of plants: **clais feamainne** heap of seaweed, **corróg de bláthanna** bunch of flowers, **táth bláthanna** bunch of flowers, **tor luachra** clump of rushes, **triopall caor** cluster of berries

■ **grúpaí de rudaí neamhbheo**: groups of inanimate things: **bailiúchán stampaí** collection of stamps, **bataire de ghunnaí móra** battery of heavy artillery, **bloc árasán** block of apartments, **braisle réaltaí** cluster of stars, **burla nótaí** bundle/roll of notes, **cabhlach** *m* **bád** fleet of boats, **carn airgid** heap of money, **carnán leabhar** pile of books, **cíor fiacla bréige** set of false teeth, **cloigín eochracha** bunch of keys, **cnuasach** *m* **téacsanna** compendium/ensemble of texts, **cófra tarraiceán** chest of drawers, **comhiomlán na vótaí** the aggregate of the votes, **conbhua long** convoy of ships, **cual connaidh** bundle of firewood, **cur bia** course of a meal, **cur dí** round of drinks, **dornán de bhriathra** handful of verbs, **foireann** *f (foirne)* **uirlisí** set of tools, **loingeas eitleán** fleet of aeroplanes, **moll airgid** mass of money, **paca cártaí** pack of cards, **réaltra** galaxy (of stars), **rois urchar** volley of shots, **sraith pictiúr** series of pictures, **sraith tithe** row of houses, **stór amhrán** repertoire of songs, **slám (mór) airgid** (big) mass of money, **tionlacan long** convoy of ships

Grúpáil 1 *v_{le}* group

aicmigh class, classify, **athghrúpáil** regroup, **bailigh le chéile** gather together, **carn** heap, pile, **ciorclaigh** circle, encircle; ring, gird, **cnuasaigh** collect, store up; cluster, **comhchruinnigh** gather together, **comhdhlúthaigh** press together, compact, **comhoibrigh** cooperate, **comhordaigh** coordinate, **conlaigh** glean, gather, **cruinnigh** gather, collect, **cruinnigh le chéile** meet together, **cuir i ngrúpa** put in a group, **cuir i ngrúpaí** put in groups, **cuir in eagar** arrange, edit, redact, **cuir meitheal le chéile** put a working party together, **déan scataíl** gather in large group, flock, **eagraigh** organise, **gasráil** group together workmen, **grádaigh** grade, **measc** mix, **pacáil** pack, **rangaigh** class, **ráthaigh** *(fish)* shoal, **sórtáil** sort, **tar le chéile** come together, **teaglamaigh** compile, **tionóil** assemble; muster, **togh** select; elect

Grúpáil 2 *vn* grouping

aicmiú classing, classifying, **athghrúpáil** regrouping, **bailiú le chéile** gathering together, **carnadh** heaping, piling, **ciorclú** circling, encircling; ringing, girding, **cnuasach** collecting, storing up; clustering, **comhchruinniú** gathering together, **comhdhlúthú** pressing together, compacting, **comhoibriú** cooperating, **comhordú** coordinating, **conlú** gleaning, gathering, **cruinniú** gathering, collecting, **cruinniú le chéile** meeting together, **cur i ngrúpa** putting in a group, **cur in eagar** arranging, editing, redacting, **cur le chéile** putting/pulling together, **eagrú** organising, **gasráil** grouping together workmen, **grádú** grading, **meascadh** mixing, **pacáil** packing, **rangú** putting into classes, classifying, assorting, **ráthú** *(fish)* shoaling, **sórtáil** sorting, **teacht le chéile** coming together, **teaglamú** compiling, **tionól** assembling; mustering, **toghadh** selecting; electing

Grúpáilte *pp* grouped
aicmithe classed, classified, **athghrúpáilte** regrouped, **bailithe le chéile** gathered together, **carntha** heaped, piled, **ciorclaithe** circled, encircled; ringed, girded, **cnuasaithe** collected, stored up; clustered, gathered, **comhchruinnithe** gathered together, **comhdhlúite** pressed together, compacted, **comhoibrithe** cooperated, **comhordaithe** coordinated, **conlaithe** gleaned, **cruinnithe** gathered, collected, **cruinnithe le chéile** gathered together, **curtha i ngrúpa** put in a group, **curtha i ngrúpaí** put in groups, **curtha in eagar** arranged, edited, redacted, **curtha le chéile** put together, **eagraithe** organised, **gasráilte** *(workmen)* grouped together, **grádaithe** graded, **measctha** mixed, **pacáilte** packed, **rangaithe** classifying, placed in classes, **ráthaithe** *(fish)* shoaled, **sórtáilte** sorted, **tagtha le chéile** come together, **teaglamaithe** compiled, **tionólta** assembled; mustered, **tofa** selected; elected

Guagach *adj³* unsteady, staggering, capricious
aertha light-headed, giddy, **ar forbhás** tottering, liable to topple, **athraitheach** fickle, **baoth** silly, **ciotach** awkward, clumsy, **corrach** fidgety, uneasy, **éaganta** scatter-brained, silly, **éagobhsaí** unstable, **eadarluasach** flurried, excited, **galamaisíoch** histrionic, capricious; affected, **giodamach** unsteady, frisky, jaunty, **liopasta** cumbersome, **longadánach** rocking, swaying, **luaineach** fickle, capricious; restless, **luascach** swinging, **luascadánach** swinging like a pendulum, **neamhsheasmhach** inconstant, **neamhshocair** unsteady, **neirbhíseach** nervous, **ruaiseach** fickle, flighty, **spadhrúil** whimsical; hysterical, stroppy, **stamrógach** tottering, unsteady, **taghdach** impulsive; capricious, **taomach** fitful, erratic; convulsive, **teasaí** volatile, **treallach** fitful, capricious; spasmodic, **tuaiplisiúil** blundering, **tuathalach** blundering, **tuisleach** stumbling, faltering, unsteady, **uallach** giddy, excitable; vain

Guaim *f (~e)* self-restraint, self-control
ciall *f* sense, common sense, **cobhsaíocht** stability, **cothrom** balance, **cúram** care, attention, **féinsmacht** self-control, **neamhchorrabhuais** nonchalance, self-possession, **sáimhe** serenity, calmness, **siosmaid** steadiness, deliberation, **socracht** calmness, **staidéar** steadiness, level-headedness, **stuaim** cop on, composure, **stuamacht** level-headedness, **suaimhneas** calm, peace

◊ Bhí orm ~ a choimeád ar mo theanga. I had to bite my tongue., Chaill sé ~ air féin. He lost his cool., Coinnigh ~ ort féin! Control/Compose yourself!

Guairdeall *m (-dill)* circling; loitering
an lúb a lúbadh looping the loop, **ar foluain** hovering, **crochadh amach** hanging out, **dul thart/timpeall** going round, **eitilt (timpeall) i gciorcail** flying (around) in circles, **fáinní a dhéanamh** to make circles, **faeiléireacht** wandering about, **fánaíocht thart** wandering round, **guairneáil** spinning, whirling, hovering, **guairneán** whirling motion, **leadaíocht** loitering, **lomlúbadh** *(aero)* looping the loop, **máinneáil thart** hanging around, loitering, **rámhóireacht** rhythmical movement; hovering, wandering, **ránaíocht** loafing, ranging, **rathlaíocht** dallying, loitering, **ruagaireacht** roving about, **timpeallú** circling; encircling

Guairdeallach *adj³* circling
atá ag casadh thart/timpeall that is turning around, **atá ag lomlúbadh** *(aero)* doing loop the loops, **corach** turning, twisting, **guairneach** whirling, spinning, **guairneánach** swirling, eddying, **sníomhach** spinning, turning, **spineála** *(sp)* spinning

Guais *f (~e; ~eacha)* peril, jeopardy, hazard
baol risk, danger, **contúirt** danger, **dainséar** danger, **guaisín** a little danger; exhilarating event *(see also: baol, contúirt, dainséar)*

Guaiseach *adj³* hazardous, perilous
contúirteach dangerous, **dainséarach** dangerous, **éidearfa** precarious, **gáifeach** perilous, dangerous, **guaisbheartach** inclined to dangerous ventures, **guasach** danger-loving, adventurous, **priaclach** risky, perilous, **rioscúil** risky *(see also: contúirteach, dainséarach)*

Guí *vn* praying, prayer, wishing, wish
achainí appeal, entreaty; petition, **achairt** petition, **agairt** plea, **atach** beseeching, **caingean** *f (-gne)* plea, action (cf **caingean dlí** action at law), **cúirtéireacht** courting, **dea-ghuíonna** *fpl* good wishes, **díocas** eagerness, keenness, **dóchas** hope, **dúil** desire, innate yearning, **éamh** entreaty; complaint, **fiafraí** inquiry, **fonn** *m* want, desire, **guíodóireacht** act of praying, wishing, **iarraidh ar (dhuine)** asking of (a person), **iarratas** *(job, etc)* application, **idirghuí** supplication, **impí** plea, **mian** *f (méine; ~ta)* desire, **paidir** *f (-dre; -dreacha)* prayer, **pléadáil** pleading, **sirtheoireacht** imploring, begging, **súil** hope (cf **tá súil agam** I hope), **tochmharc** *(lit)* wooing; story of courtship, **tothlú** craving, desiring, **tnúth** yearning

Guigh v_{1i} pray, wish
   achainigh appeal, entreat; petition, **achair** beseech, **agair** plead, entreat, **aitim** *(defective v)* I beseech, **bí ag paidreoireacht** be praying, **bíodh fonn ort** have a desire, **bíodh súil agat** have a hope, **cothaigh dóchas** foster hope, **déan guíodóireacht** be praying/wishing, **éigh** beseech, complain, **gair** invoke, **iarr ar** ask, request, **impigh** plead, implore, **mianaigh** desire, **paidir a rá** to say a prayer, **pléadáil** plead, **santaigh** desire strongly, lust after, **sir** *(high reg)* seek, ask for, **tothlaigh** crave, desire, **tnúth** yearn

Gúna *m (~; ~í)* dress, gown
   callaí *mpl* finery, fine clothes, **clóca** cloak, **culaith** *f (~e; cultacha)* apparel, dress; suit, **éadaí** *mpl* clothes; wear (cf **éadaí fir** menswear, etc), **éide** *f* uniform, **fallaing** *f (~e; ~eacha)* mantle, cloak, **feisteas** costume, **róba** robe, **scing** *f* cloak, covering

   ▲ ~ **acadúil** academic gown, ~ **breithimh** judge's gown, ~ **broicéadaithe** brocaded dress, ~ **coirníneach** beaded dress, ~ **damhsa** dancing/ball dress, ~ **deibeanna** debutante's dress, ~ **drithneach** glittery dress, ~ **droimíseal** low-backed dress, ~ **foirmeálta** formal dress, ~ **galánta** elegant/flattering dress, ~ **gan ghuaillí** off-the-shoulder dress, ~ **gan mhuinchillí** sleeveless dress, ~ **gan strapaí** strapless dress, ~ **gleacaíochta** gymslip, ~ **gnéasúil** sexy dress, ~ **go colpa** midi dress, ~ **go rúitíní** ankle-length dress, ~ **léine** shirt dress, ~ **le muinchillí fada** long-sleeved dress, ~ **mealltach** provocative dress, ~ **muineál íseal** low-neck dress, ~ **neamhfhoirmeálta** casual dress, ~ **neamhoiriúnach** unbecoming dress, ~ **ospidéil** *(med)* hospital gown, ~ **samhraidh** summer dress, ~ **scaoilte** loose dress, ~ **scuabach** flowing dress, ~ **teann** clinging dress, close-fitting dress, ~ **téisiúil** daring dress, ~ **tí** housecoat, ~ **tráthnóna** evening dress

Gunna *m (~; ~í)* gun, pistol
   aerghunna airgun, **arm tine** firearm, **cairbín** carbine, **fo-mheaisínghunna** submachine gun, **gránghunna** shotgun, **gránghunna dhá bhairille** double-barrelled shotgun, **gunnán** revolver, **leictreonghunna** electron gun, **maidhc** *m* **gunna** gun mic, **meaisínghunna** machine gun, **millínghunna** pellet gun, **mothar** blunderbuss, **muscaed** *(hist)* musket, **piostal** pistol, **raidhfil** *m* rifle, **spraeghunna** spraygun, **stiúdghunna** stun gun

   ▲ ~ **athchaite** repeater, ~ **béal leathan** wide-mouthed gun, ~ **béal-lódáilte** muzzle-loading gun, ~ **bréige** imitation gun, ~ **buailteáin** needle gun, ~ **caipíní** cap gun, ~ **folamh** unloaded gun, ~ **frith-aerárthaí** anti-aircraft gun, ~ **fritancanna** anti-tank gun, ~ **gearr-raoin** short-range gun, ~ **gliú** glue gun, ~ **gráin** shotgun, ~ **láimhe** handgun, ~ **léasair** laser gun, ~ **leathuathoibríoch** semi-automatic (gun), ~ **loinge** naval gun, ~ **macasamhlach** replica gun, ~ **machaire** field gun, ~ **millíní péinte** paintball gun, ~ **mór** cannon, ~ **mór uisce** water cannon, ~ **péinte** paint gun, ~ **pléascáin** pop gun, ~ **sé chuasán** six-chamber gun, ~ **splaince** flash gun, ~ **spréite** spray gun, ~ **stáplaí** staple gun, ~ **tairní** nail gun, ~ **tosaithe** starting pistol

   ◊ ~ **a bhaint** dismantle/dismount a gun, ~ **a dhíriú ar** to point a gun at, ~ **a lódáil** to load a gun, ~ **a scaoileadh le** to fire a gun at, **cúirtéis aon ghunna fichead** twenty-one gun salute, **faoi bhéal** ~ at gunpoint, **fodar** ~ **mhóir** cannon fodder, **Ghreamaigh an ~.** The gun jammed., **Loic an ~.** The gun misfired.

Guth *m (~a; ~anna)* voice
   bladar soft talking; chatting up, **briathar** word, **cabaireacht** chattering, **cadráil** chatter, **caint** speech, **clabaireacht** chatting, **cogar** whisper, **comhrá** conversation, **focal** remark, word, **foghraíocht** phonetics, **foghrú** pronunciation, **fuaim** sound, **guthaíocht** vocalisation, **guthú** voicing; *(cin, br)* voicing over, **labhairt** speaking, **labhra** *f* utterance, **teanga** *f* language, **ton** tone, **urlabhairt** articulation, **urlabhra** speech, **vóta** vote *(see also: glór)*

   ◊ **d'aon ghuth amháin** unanimously, **in ard mo ghutha** at the top of my voice, **Is aoibhinn an ~ atá aici.** She has a beautiful singing voice., **Níl ~ agam orthu.** I don't blame them.

Guthaigh v_{2a} vocalise, voice; *(cin)* voice-over
   abair say, **athghuthaigh** dub, **can** sing, **cas** sing; *(mus)* play, **ceiliúir** warble, sing; celebrate, **cuir friotal ar** vocalise, **cuir guth ar** voice; voice-over, **cuir i gcaint** verbalise, **cuir in iúl** inform, express, **dearbhaigh** assert, **dubáil** dub, **fógair** declare, announce, **foghraigh** enunciate, **fuaimnigh** enunciate, **gabh** speak, sing, recite, **glóraigh** voice, vocalise, **labhair (amach)** speak (out), **léirigh** demonstrate, convey, **seinn** sing, warble; *(mus)* play

Guthaithe *pp* vocalised, voiced; *(cin)* voice-overed
   athghuthaithe dubbed, **canta** sung, **casta** sung; *(mus)* played, **ceiliúrtha** warbled, sung; celebrated, **curtha i gcaint** verbalised, **curtha in iúl** informed, expressed, **dearbhaithe** asserted, **dubáilte** dubbed, **fógartha** declared, announced, **foghraithe** enunciated, **fuaimnithe** enunciated, **glóraithe** voiced, vocalised, **labhartha (amach)** spoken (out), **léirithe** demonstrated, conveyed, **ráite** said, told, **seinnte** sung, warbled; *(mus)* played

Guthú *vn* voicing, vocalising; *(cin, br)* voice-overing
   athghuthú dubbing, **caint** talking, **canadh** singing, **casadh** singing; *(mus)* playing, **ceiliúradh** warbling, singing; celebrating, **cumarsáid bhéil** oral communication, **cur in iúl** informing, expressing, **dearbhú** asserting, **dubáil** dubbing, **fógairt** declaration, announcing, **foghrú** enunciation, **friotal** speech, expression, **fuaimniú** enunciation, **glórú** voicing, **labhairt (amach)** speaking (out), **léiriú** demonstrating, conveying, **rá** saying, telling, **seinm** singing, warbling; *(mus)* playing

h h

Haiceáil 1 v_{le} hack
bris isteach break in, **cuir isteach ar (shábháilteacht)** to compromise (security), **déan cibirionsaí ar** make a cyber attakon, **déan ionsaí** make an attack, **ionsaigh** *m* attack, **píoráidigh** pirate, **spamáil** spam, **trólláil** troll

Haiceáil 2 *vn* hacking
bogearra mailíseach a piece of malware, **briseadh isteach** breaking in, **cibearbhulaíocht** cyberbullying, **cibirionsaí** cyberattack, **cur isteach ar (shábháilteacht)** compromising (of security), **ionsaí** *m* attack (cf **ag déanamh ionsaí ar** attacking), **píoráidiú** pirating, **spamáil** spamming, **spiaireacht** spying, snooping, **Traíoch** Trojan Horse, **trólláil** trolling

Haiceáilte *pp* hacked
ar a ndearnadh ionsaí attacked, **briste isteach** broken into, **cibirionsaithe** cyberattacked, **curtha isteach ar** *(security)* compromised, **ionsaithe** attacked, **píoráidithe** pirated, **spamáilte** spammed, **trólláilte** trolled

Haiceálaí *m (~; -aithe)* hacker
cibearbhulaí cyberbully, **cibirionsaitheoir** cyberattacker, **foghlaí** predator, intruder, **spamálaí** spammer, **troll** troll

Haigleáil 1 v_{le} haggle
babhtáil barter, **bí ag cur is ag cúiteamh** be haggling; be quibbling, **bí ag ocastóireacht** be huckstering, **bí ag stangaireacht** be haggling, haggle, **déan margáil/mangaireacht** bargain, **déan stinsireacht** haggle

Haigleáil 2 *vn* haggling
babhtáil bartering, **cur is ag cúiteamh** haggling; quibbling, **margáil** bargaining, huckstering, **ocastóireacht** huckstering, **stangaireacht** haggling

Haiste *m (~; -tí)* hatch
béal mouth, entrance, **bealach** *m* **isteach** way in, entrance, **clúdach** *m* covering, **comhla** *f* valve; shutter, **comhla thógála** trapdoor, **dallóga** *fpl* blinds, **doras beag** small door, **landair** partition, **spiara** partition wall

Halla *m (~; ~í)* hall, large enclosed area for any activity
aireagal oratory, **amharclann** theatre, **barda** ward, **bialann** canteen, **dorchla** corridor, **drúthlann** brothel, **forhalla** foyer, **leabharlann** library, **marbhlann** morgue, **pálás** palace (cf **hallaí bána** white/marble halls, halls of splendour), **pictiúrlann** cinema, **póirse** porch, **saotharlann** laboratory, **tionól** assembly (cf **halla tionóil, cruinnithe**) *(see also: seomra)*

Hanla *m (~; ~í)* handle
cluas *f (cupáin)* *(cup-)* handle, **cos** *(scuaibe, scine, etc)* *(brush-, knife-, etc)* handle, **dorn** *m* handle, grip, **feac** handle, **glacamas (lámh)** (hand-) grip, **greamán** *(something used as)* grip, **greim** *m (greama; greamanna)* grip, grasp **lámh** *f (buicéid)* handle (of bucket), **lámhchrann** *m* handle, **luagán** handle on bellows, **luamhán** lever, **maide** handle, **mirleán** little knob, **murlán (dorais)** (door-) handle, **sáfach (tua)** (axe-) long handle, **sciathán** arm; wing, **úll (dorais)** knob (on a door)

Hata *m (~; ~í)* hat
babhlaer bowler hat, **bairéad** beret; biretta, **bairéad cúil** skull cap, **béabhar** beaver hat, **boinéad** bonnet, **bonnán** coif, **cáibín** old worn-out hat, **caidhp** cap, bonnet, **caidhp bháis** death cap; kibosh, **caipín** cap, **ceannbheart** headdress, headwear, **cídeog** covering for head and shoulders against the rain, **claibín** lid, cap, **clár** lid, **clogad** helmet, **clúdach** cover, **cochall** hood, **hatán** small hat, **húda** hood, **soimbréaró** sombrero, **Tiorólach** *m* Tyrolean hat, **turban** turban, **yarmulka** yarmulka

Histéire *f(~)* hysteria
anbhá consternation, **báiní** frenzy, **buile** madness, fury, **cearr** mental derangement, **cuthach** rage, fury, **dáir** passionate fit, heated frenzy, **dásacht** madness, fury, **dúil** desire, **dúrúch** frenzy, **éigiall** irrationality, **fiáine** wildness, **fiúir** fury, wrath, **gábhair** crazed craving, **gealtacht** insanity, **iompar gan chiall** lunacy, senseless behaviour, **íorthacht** derangement, madness, **máine** *(med)* mania, **mearadh** madness, craving, **míréasún** unreason, **paranóia** *m* paranoia, **raic** furore, **rámhaillí** ravings, **saochan céille** mental aberration, **scaoll** panic, **seachrán céille** derangement, **speabhraídí** delirium, ravings, **stáir** frenzy, **starrán** fit, frenzy, **straidhn** fevered frenzy, fury *(see also:buile)*

Hurlamaboc *m (~)* hullabaloo, uproar
borrán tumult, uproar, **ciarnábroc** hurly-burly, **círéib** riot, uproar, **círéibeacha** *fpl* riots, **clampar** commotion, **coinscleo** *m* tumult, **fothram** noise,

457

fuaiscneamh agitation, excitement, **furtla fartla** fuss, confusion, **gleadhradh** noisy clattering, **glóraíl** noisy voices, noise, **holam halam** commotion, **húirte háirte** hubbub, **hulach halach** commotion, uproar, **liútar éatar** pandemonium, **muirn** *(lit)* confused noise, **racán** racket, rumpus, **raic** uproar, **rírá agus ruaille buaille** uproar and ruction/tumult, **rúp ráp** confusion, din, **rúscam raindí** commotion, disturbance, **tamhach táisc** pandemonium (cf **Bhí tamhach táisc ar fad sa bhaile.** All hell broke out at home.), **teile buac** commotion, **tranglam agus tarraingt tríd** bustle and confusion, **toirm** tumult (cf ~ **na dtonn** the thundering of the waves) *(see also: clampar)*

Iall f (*éille*; *~acha*; old dat sg: *éill*) lace, strap; leash; thong
banda band, **beilt** f belt, **brollach** m thong (on flail), **ceangal** connection, tie, **corda** cord, **crios** m (*creasa; ~anna*) belt, girdle, **éillín** small thin strap, **guailleán** shoulder strap, **guailleáin** mpl braces, **iallóg** tiny shoelace, **iris** strap, sling (for carrying), **leathar** piece of leather strap, **lomhain** f (*lit*) rope, halter; leash, **nasc** connection, **nascóir** connector, **rópa** rope, **séirsín** small rope; tong (on cudgel), **srian** bridle, rein (cf **srian linbh** harness leash for a child), **stráice** strip of cloth, **strapa** strap, **téad** f (*téide; ~a, ~*) rope, cord, **teaghrán** tether, **téip** tape

▲ ~ **bróige** shoelace, ~ **éan** string of birds in flight, ~ **mála** bag cord, ~ **mhurnáin** ankle strap, ~ **teannta** drawstring

▲ **bréagán ar** ~ pull-along toy, **bríste éille** drawstring trousers, **clúidín éille** tie-on bib/napkin, **coiléar agus iall** collar and lead, **mála éille** drawstring bag, **puipéad ar** ~ string puppet

◊ **ag rí na héille** straining at the leash, **Coinnígí madraí ar ~!** Keep dogs on a lead!, **madra a ligean den ~** to unleash a dog, **Tá sé ar éill aici.** She has him on a leash.

Iallach m (*-aigh*) compulsion, obligation
caitheamh compulsion, **comhéigean** coercion, **comhéigniú** coercing, forcefully pressing, **cúisíocht** causation, causality, **éigean** compulsion (cf **b'éigean dom** I had to), **éigeantas** necessity, force, **éigniú** rape, **foréigean** violent force, **fórsáil** forcing, **gríosú go láidir** strongly urging, **oibleagáid** obligation

◊ **Tá ~ orm é a dhéanamh.** I'm obliged to do it.

Iar- *pref*
  1. after, post-
  ~**bháis** posthumous (cf **scrúdú iarbháis** postmortem), ~**bhlas** aftertaste, ~**bhunoideachas** post-primary education, ~**chéimí** postgraduate, ~**chúram** aftercare, ~**dháta** postdate (cf **faoi ~dháta** postdated), ~**dhearcadh** flashback; look-back, ~**gharda** rearguard, ~**nóin** afternoon, ~**scoláire** past pupil, former pupil
  2. west-, western
  ~**dheisceart** southwest, **fuiníoch** Western, ~-**Indiach** West Indian ~**thuaisceart** northwest

Iargúlta *adj*[6] remote, distant
ar an iargúil in the remotest parts, **ar chúl éaga** in the back of beyond, **cianda** distant, remote, **coimhthíoch** foreign, **cúlriascach** (*in mountains*) remote, **fiáin** wild, **gallda** foreign, **iargúil** backward, out-of-the-way, **i bhfad i gcéin** far far away, **i bhfad ón mbóthar buailte** far off the beaten track, **i bhfad ón tsibhílteacht** far from civilisation, **i bhfad uainn** far from us, **i gcéin** far away, **imigéiniúil** distant, **in iarthar dúiche** in a remote area, **in imigéin** far off, **ionadach** out of the way, inaccessible, **leithliseach** isolated, **neamháitrithe** uninhabited, **scoite** remote, detached, **sna hiarthair** in the wilds, **uaigneach** lonesome, solitary, (see also: **stoite**)

▲ **aimsir ~** crazy weather, **áit ~** remote/isolated place, **éide ~** outlandish attire, **focal ~** ghastly word, **nath ~** weird expression, **smaoineamh ~** bizarre idea

Iarlais f (*~e; ~í*) changeling, elf child; constantly ailing child
breoiteachán delicate sickly individual, **donasaí** ailing person, **fágálach** m laggard, changeling, **geospal** gnome, **ginid** sprite, nymph, **iarmhar** changeling; weak ailing person, **leannán sí** pale sickly young person, **leipreachán** leprechaun, **lucharachán** puny creature; elf, gnome, **malartán** changeling, **meathlóir** sickly person, **nimfeach** nymph, **seifide beag gránna** gnome, **síofra** elf child, changeling, **sióg** fay, fairy, **síogaí** fairy, **sióg choille** dryad (see also: **leannán**)

O **Iarlais** changeling (also: **Malartán** or *páiste a tugadh as* child removed by the fairies) is a creature left by the fairies in place of a newborn infant. Although the **iarlais** looks identical to the original child, it is often sickly, cries constantly and behaves in a difficult and cantankerous manner throughout its childhood.

Iarnáil 1 v_{1e} iron, iron out
brúigh ina leircín squash, flatten, **brúigh síos** press down, squash, **cláraigh** flatten, make flat, **cothromaigh** level, even, balance, **cuir i gceart** put right, **cuir in ord** put in order, **déan cothrom** make level, even out, **dírigh** straighten, aim, **glan** clear, clean, **leacaigh** flatten, **leath** spread, **leibhéal** level, **líomh** smooth, polish, **mínigh** smoothen, polish; assuage, **oibrigh amach** work out, **preasáil** (*tail*) press, **réitigh** make right, solve, **slánaigh** redeem, **slíoc** smooth, soothe, **smúdáil** (*clothes*) iron, **socraigh** settle, arrange, **sórtáil amach** sort out

Iarnáil 2 *vn* ironing, ironing out
brú ina leircín squashing, flattening, **brú síos** pressing down, squashing, **clárú** flattening, making flat, **cothromú** levelling, evening, balancing, **cur i gceart** putting right, **cur in ord** putting in order, **déanamh cothrom** making level, evening out, **díriú** straightening, aiming, **glanadh** clearing, cleaning, **leacú** flattening, **leathadh** spreading, **leibhéaladh** levelling, **líomhadh** smoothing, polishing, **míniú** smoothening, polishing; assuaging, **oibriú amach** working out, **preasáil** *(tail)* pressing, **réiteach** making right, solving, **slánú** redeeming, **slíocadh** smoothing, soothing, **smúdáil** *(clothes)* ironing, **socrú** settling, arranging, **sórtáil amach** sorting out

Iarnáilte *pp* ironed, ironed out
brúite ina leircín squashed, flattened, **brúite síos** pressed down, squashed, **cláraithe** flattened, made flat, **cothromaithe** levelled, evened, balanced, **curtha i gceart** put right, **curtha in ord** put in order, **déanta cothrom** made level, evened out, **dírithe** straightened, aimed, **glanta** cleared, cleaned (out), **leacaithe** flattened, **leata** spread, **leibhéalta** levelled, **líofa** smoothed, polished, **mínithe** smoothened, polished; assuaged, **oibrithe amach** worked out, **preasáilte** *(tail)* pressed, **réitithe** made right, solved, **slánaithe** redeemed, **slíoctha** smoothed, soothed, **smúdáilte** *(clothes)* ironed, **socraithe** settled, arranged, **sórtáilte amach** sorted out

Iarr v_{1c}
 1. request, ask
achainigh entreat, petition, **cuir coinníollacha ar dhuine** impose conditions on a person, **cuardaigh** search, **déan achainí** make a petition, **déan coinníoll de rud éigin** stipulate something, **dligh (de dhuine)** demand what is entitled/owed (from a person), **éiligh** demand, **fiafraigh de** inquire, ask, **fógair** call for (cf **Fógraíonn siad a dtailte.** They are calling for the return of their lands.), **impigh** implore, supplicate, **lorg** seek, search for, **ordaigh** order, require; command, **seas ar rud éigin** insist on something
 2. bí ag iarraidh try, want to
bain triail as try it, **féach le** try, **lorg** seek, **tabhair faoi** attempt, **tabhair iarracht faoi** make an attempt at, **tairg** propose, **teastaigh uait** want, **triail** try, test

Iarracht *f (~a; ~aí)* effort; attempt
bealadh faoi na hioscaidí elbow grease, **coimhlint** struggle, **déine** intensity, **dícheall** endeavour, **dlús** assiduity, **dúthracht** diligence, application, **éacht** feat, **féachaint** attempt, go, seeing (eg **Chuaigh mé ann féachaint an bhféadfainn an obair a dhéanamh.** I went there to see if I could do the work.), **fóisíocht** spasmodic effort, fits and starts, **fuinneamh** energy, **iarraidh** trying, wanting, **obair** *f (oibre)* work, **obair chrua** hard work, **péac** *f (péice)* effort, sudden spurt (cf **Thug siad péac faoin obair.** They gave a sudden intensive push to the work.), **railí** sustained effort, **saothar** toil, exertion, **scuaidreamh** quick careless effort, **speár** try, go (cf **Bainfidh mé speár as!** I'll have a go!), **stró** effort, exertion (cf **Chuir sé an-stró air féin lena mhíniú dúinn.** He went to great pains to explain it to us.), **triail** *f (trialach)* go, attempt, try, **trioblóid** trouble, **tromshaothar** heavy exertion

Iarraidh *vn* attempting, attempt, trying, try; demand request
brácáil liom struggling on, **cuardach** searching, **déanamh mo dhíchill** doing my best, **dlí (de dhuine)** demanding what is entitled/owed (from a person), **éileamh** demanding, **féachaint le rud éigin a dhéanamh** trying to do something, **fiafraí de** inquiring of, asking, **fógairt** calling for, **lorg** seeking, searching for, **saothraíocht** toiling away, pushing oneself hard, **sracadh le** struggling with (cf **bheith ag sracadh leis an saol** to be struggling with life), **streachailt** striving, **triail** bidding, trying, **iarracht** effort, attempt, **urchar** shot (eg **Bíodh d'urchar agat!** Have a shot!)

◊ **an rud atá mé ag ~ a rá ná** what I'm trying to say is, **bhí mé ag ~ fiafraí díot le fada** I have been meaning to to ask you this long while, **Níor éirigh linn an ~ seo.** We didn't succeed on this attempt., **Tá ~ mhór (ag léitheoirí) ar an leabhar sin.** Everyone is asking about that book., That book is in great demand.

Iarratas *m (-ais; -ais, ~)* application, submission
achainí request, **aighneas** submission, **aisce** request, favour, **cur isteach** (**le haghaidh poist, scrúdaithe, srl**) applying for (for a position, an exam, etc), **éileamh** claim, demand, **fiafraí** asking, enquiring, **foirm** form, **gairm** calling, vocation, **glao** call, **guí** wish, desire, **iarraidh** asking, requesting, **iarrthóireacht** petitioning, supplication; candidature, **impí** entreaty, **paidir** prayer

▲ **~ ar cheadúnas** application for a licence, **~ ar chúnamh** application for assistance, **~ ar iasacht** application for a loan, **~ ar phas** application for a passport, **~ ar phost** application for a job

Iarrtha *pp* requested, asked
achainithe entreated, petitioned, **cuardaithe** searched, **dlite (do)** entitled to/owed (cf **Tá sin dlite dom.** I am entitled to/owed that), **éilithe** demanded, **fiafraithe de** inquired of, asked, **fógartha** called for, **impithe** implored, supplicated, **lorgtha** sought, searched for, **ordaithe** ordered, required; commanded, **seasta ar rud éigin** insistent upon something

Iarrthóir *m (-óra; ~í)* candidate; applicant
achaineoch *m* petitioner, **ainmnitheach** *m* nominee, **coimhlinteoir** contestant, rival, **cuardaitheoir poist** job seeker, **feachtasóir** campaigner, **féicheamh** *(lit)* claimant, **guíodóir** petitioner, person who wishes/prays, **iarratasóir** applicant, **impíoch** *m* supplicant, **iomaitheoir** contestant, **iontrálaí** entrant, **nuasachán**

Iarsma *m* (*~; ~í*)
  1. remnant; relic
  barraíocht excess, **breis** overflow, extra, **cnámhóg** remainder of burnt out item, **deasca** dregs, sediment, **farasbarr** surfeit, **fuílleach** *m* remainder, remaining part, **fuíoll** residue, remainder, **iarmharach** *m* (*biol*) relict, **iarmharacht** remanence, **iomarca** superfluity, excess, **luideog** remnant, tiny scrap, **mí-aimsearthacht** anachronism, **seaniarsma** relic
  2. survivor
  an té atá fágtha the one who is left, **an té a tháinig i dtír** the one who survived, **an té a tháinig slán** the one who (safely) made it, **baintreach** *f* widow, **baintreach** *f* **fir** widower, **éalaitheach** *m* escapee, **iarmharán** last survivor
  3. ill effect, after-effect
  iarmhairt aftermath, **iaróg** aftereffect (cf **iaróg an ghalair** the aftereffects/the mark of the disease), **droch-anáil** evil influence, **drochéifeacht** ill effect, evil effect, **drochiarmhairt** evil consequence, fallout, **drochthoradh** repercussion, evil outcome

Iarsmalann *f* (*-lainne; ~a, ~*) museum, depository of relics
  aircív archive, **cartlann** archive, **dánlann** art gallery, **gailearaí** gallery, **másailéam** mausoleum, **músaem** museum, **taispeántas** exhibition

Iarthar *m* (*-air; -air, ~*) west; back; remote area
  áit iargúlta remote place, **aniar** from the west, **an taobh thiar** the west/far side, **an tSibhialtacht Iartharach** Western Civilisation, **cúl** back, **droim** back, far side; ridge, **iargúltacht** remoteness, remote place, **modh beatha an Iarthair** Western way of life, **siar** to the west; back home, **thiar** west (*see also: iargúlta*)

Iasacht *f* (*~a; ~aí*) loan, borrowing
  airgead ar iasacht money on loan, **airleacan** advance, loan, **cairde** credit, **fiach** *m* (*féich, ~a, ~*) debt, **féichiúnas** *m* indebtedness, **fiachas** (*fin*) liability, **iasachtaíocht** borrowings, **idirbheart** (*fin*) transaction, **maoiniú** finance, funding, **morgáiste** mortgage, **úsaireacht** usury

  ▲ ~ **bhlianachta** annuity loan, ~ **ghearrthéarma** short-term loan, ~ **idirlinne** bridging loan, ~ **inchoigeartaithe** adjustable loan, ~ **ráthaithe** guaranteed loan, ~ **saor ó ús** interest-free loan, ~ **shócmhainnbhunaithe** asset-backed loan, ~ **théarmach** term loan, ~ **urraithe** secured loan

  ◊ **ar ~** on loan; seconded, **múinteoir ar ~** seconded teacher, **ón ~** from abroad, **rud éigin a fháil ar ~** to get a loan of something

Iasachta *adj*[6] foreign
  aisteach strange, **ait** peculiar, odd, **allmhairithe** imported, **amuigh** outside, **anaithnid** unknown, **andúchasach** exotic, **coimhthíoch** alien; weird; extraneous, **deoraíoch** exiled, far from home, **deoranta** aloof; irrelevant, **eachtrannach** foreign, external, **iargúlta** remote, **iasachtach** strange, foreign, **imigéiniúil** distant, **iompórtáilte** imported, **mífhreagrach** incongruous, **mí-oiriúnach** incompatible, unsuited, **míréireach** incongruent, **neamhdhúchasach** not native, **neamhghaolmhar** unrelated, **ón choigríoch** from abroad, **ón taobh amuigh** from the outside, **scoite** separated, isolated, **seachtrach** external, exterior; extraneous, **thar lear** abroad, **thar sáile** overseas

  ▲ **ainm ~** foreign/unfamiliar name, **focal ~** foreign word; loan word, **teanga ~** foreign language, **tír ~** foreign country

Iasc 1 *m* (*éisc; éisc, ~*) fish
  ainmhithe mara marine animals, **anlann farraige** sea food, sea kitchen, **breac** fish, **crústach** *m* crustacean, **gallach** *m* catch of fish, string of fish, **míolta mara** creatures of the sea, **piseánach** *f* female fish, **seilg an lae** catch of the day, **stuifín** small worthless fish

---

■ **Ar na cineálacha éisc atá:**
  Varieties of fish include:

Anglait angel fish, monkfish	**Eascann** *f* eel	**Pioráine** *f* piranha
Baracúdach *m* barracuda	**Fíogach** *m* dogfish	**Roc** ray
Bas *f* bass	**Gainneachán flannbhuí** orange roughy	**Roc ga nimhe** stingray
Bodairlín minnow		**Ronnach** *m* mackerel
Bradán salmon	**Garbhánach** *m* sea bream	**Sairdín** sardine
Bráthair *m* (*-thar*) monkfish	**Haileabó** halibut	**Scadán** herring
Breac trout	**Láimhíneach** *m* monkfish	**Sclamhaire dearg** red snapper
Carbán carp	**Leadhbóg** flounder	**Sead dhroimghorm** blueback herring
Cat mara catfish	**Leathóg** plaice	**Sead** *f* shad
Colgán swordfish	**Leith** flounder	**Siorc** shark
Colmóir hake	**Liús** pike	**Sól** sole
Cudal cuttlefish	**Maicréal** mackerel	**Súgach** *m* sea bream
Deargán bream	**Maighre** salmon (cf **abhainn mhaighreach** river abounding in salmon)	**Tioláipia** *m* tilapia
Doingean bass		**Trosc** cod
	Péirse *f* perch	**Tuinnín** tuna

■ **Ar na crústaigh agus moilisc mhara atá:** Crustaceans and marine molluscs include:

Bairneach *m* limpet; barnacle
Breallach *m* clam
Cloicheán shrimp, prawn
Diúilicín mussel
Faocha *f* periwinkle
Faocha *f* **ghliomaigh** hermit crab
Gioradán winkle
Giúrann barnacle,
Gliomach *m* lobster
Gliomach *m* **Muire** crawfish
Miongán periwinkle
Muiríní *mpl* scallops
Oisre oyster
Portán crab
Ribe róibéis shrimp
Ruacan cockle
Séacla shrimp

♦ **Amfaibiaigh** Amphibians
Buaf toad
Frog frog
Niút newt
Salamandar salamander

♦ **Ainmhithe uisceacha** Aquatic animals
Cráin dhubh orca
Deilf dolphin
Dobharchú otter
Míol mór whale
~ **mór dronnach** humpback whale
~ **mór gorm** blue whale
Mór-rón sea lion
Muc mhara porpoise
Ochtapas octopus
Piongain penguin
Rón seal
~ **beag** harbour seal
~ **eilifintiúil** elephant seal
~ **glas** grey seal
Scuid squid
Smugairle an tseoil Portuguese man-of-war
Smugairle róin jellyfish
Spúinse sponge
Turtar turtle

▲ ~ **abhann** river fish, ~ **bolgach** puffer fish, ~ **buí** cured fish, ~ **cladaigh talún** inshore fish, ~ **cnámhach** bony fish, ~ **deataithe** smoked fish, ~ **eitilte** flying fish, ~ **faoi fhuidreamh** battered fish, ~ **fionnuisce** freshwater fish, ~ **gridille** griddle fish, ~ **gríosctha** grilled fish, ~ **leasaithe** cured fish, ~ **leathógach** flatfish, ~ **loch** lake fish, ~ **mara** sea fish, ~ **olúil** oily fish, ~ **órga** goldfish, ~ **reoite** frozen fish, ~ **sliogáin** shellfish, ~ **úr** fresh fish

◊ **An bhfuil aiste ar bith ar an ~?** Are the fish taking?

■ **Ar na baill coirp éisc atá:** Bodily parts of fish include: **béal** mouth, **eite** *f* fin, **eite** *f* **an droma** dorsal fin, **eite** *f* **bhrollaigh** pectoral fin, **fiacla** *fpl* teeth, **geolbhaigh** *mpl* gills, **polláirí** *mpl* nares, **scineach** *m* scales of fish, **súile** *fpl* eyes

Iasc 2 v_{1c} fish
beir ar catch, **bí ag iascach** be fishing, **bí ag iascaireacht** be fishing, **bí ag seoráil** be trolling, **bí ag slatiascaireacht** be angling, **bí ag sopadh abhann** be night fishing a river by torchlight, **bí ag trálaeireacht** be trawling, **ceap** catch, **déan iascach** do fishing, **faigh** get, acquire, **gabh** catch, capture, **grabáil** grab, **maraigh** fish; kill, **póitseáil** poach, **sciob amach** fish out, snatch out, **tapaigh** grasp quickly

Iascach *vn* fishing
breith ar catching, **déanamh iascach** fishing, **duántacht** angling, **duántacht amhrais** poaching, **ceapadh** catching, **fáil** getting, acquiring, **fiach** hunting, **flaidireacht** fly fishing, **gabháil** catching, capturing, **grabáil** grabbing, **iascaireacht** fishing, **iascaireacht slaite** angling, **iascaireacht slaite le cuileog** fly fishing, **líontóireacht** net fishing, **marú éisc** catching fish, **póitseáil** poaching, **saighneoireacht** seine fishing, **sciobadh amach** fishing out, snatching out, **sealgaireacht** foraging, **seilg** fishing, hunting, **seoráil** trolling (cf **seoráil pollóg** trolling for pollock), **slatfhiach** fishing in small pools with a net on a stick, **slatiascaireacht** rod fishing, angling, **sracadóireacht** stroke-hauling, **tapú** grasping quickly, **tochardán** *(fish)* troll, **trálaeireacht** trawling

▲ **bád iascaigh** fishing boat, **bord iascaigh** fisheries board, **cabhlach** *m* **iascaigh** fishing fleet, **calafort iascaigh** fishing port, **casóg iascaigh** wading jacket, **cearta iascaigh** fishing rights, **lá iascaigh** day's fishing, **polasaí iascaigh** fisheries policy, **slat iascaigh/iascaireachta** fishing rod

■ **baisc éisc** catch of fish, **baoite** bait, lure, **bleaindí** float, **bosca fearas iascaireachta** tackle box, **buimbiléad** bobber, float, **cliabh** creel, **dorú** fishing line, **duán** *m* hook, **eangach** *f* net, **luaidhe** lead sinker, **pota** pot, **roithleán** reel, **ruaim** fishing line, **sclóin** swivel, **slat** *f* **iascaigh/iascaireachta** fishing rod, **spinéar** spinner, **tromán** sinker

Iascaire *m (~; -rí)* fisherman
duánaí angler, **fear mór iascaireachta** keen fisherman, **flaidire** fly fisherman, **jaingléir** casual fisherman, **seorálaí** shore fisherman, **slatiascaire** rod fisher, angler

Iascaireacht *vn* fishing
duántacht angling, **flaidireacht** fly fishing, **líontóireacht** net fishing, **marú éisc** catching fish, **sealgaireacht** foraging, **seilg** fishing, hunting, **slatfhiach** fishing in small pools with a net on a stick, **slat-iascaireacht** rod fishing *(see also: iascach)*

▲ ~ **slaite** angling, ~ **slaite le cuileog** fly fishing

Iasctha *pp* fished
beirthe ar caught, **ceaptha** caught, **ceaptha i líontán** netted, **faighte** got, acquired, **gafa** caught, captured, **grabáilte** grabbed, **maraithe** fished; killed, **póitseáilte** poached, **sciobtha amach** fished out, snatched out, **seoráilte** *(fish)* trolled, **tapaithe** grasped quickly

Idé *f (~; ~anna) (phil)* idea
coincheap *m (~a; ~a, ~)* concept, **creideamh** belief, **cuimhneamh** thought, recollection, **dearcadh**

Íde

outlook, view, **fealsúnacht** philosophy, **machnamh** thinking; meditation, **meanmarc** conjecture, thought, **intinn** intention, **mianaidhm** aspiration, **nóisean** notion, **rud** thing, **rún** resolution, **smaoineamh** thought, **tuaileas** presentiment, idea, **tuairim** opinion, conviction, **tuiscint** understanding; consideration *(see also: **smaoineamh**)*

▲ **~-eolaí** *m* ideologue, **~-eolaíoch** ideological, **~-eolaíocht** ideology

Íde *f* (~) abuse
ainíde maltreatment, **anaiste** ill-treatment, **caitheamh gránna** vile treatment, **crúalacht** cruelty, **drochbhail** ill-usage, **drochíde** il-treatment, abuse, (cf **dróchíde sa teaghlach** domestic abuse), **drochúsáid** molestation, abuse (cf **drochúsáid ghnéasach** sexual abuse), **faillí** neglect, **foréigean** violence, **géarleanúint** persecution, **ídiú** abusing; destruction, **íospairt** ill-treatment, abuse, **masla** reproach; insult, **míchleachtadh** malpractice, **mí-úsáid** mistreatment, abuse, **mí-úsáid chorpartha** physical abuse, **mí-úsáid páistí** child abuse, **oidhe** ill usage, **raiceáil** ill-using, abusing, **roillimint** harangue, **róstadh** roasting, **spídiúchán** slandering, abuse, **spídiúlacht** vituperativeness, disparagement; harsh treatment, **splíontaíocht** maltreatment; hardship *(see also: léasadh)*

◊ **~ béil** verbal abuse, **~ a thabhairt do dhuine** to maltreat a person, **Thug siad ~ na muc is na madraí dó.** They treated him worse than a dog.; They abused him horribly.

Idéalach *adj³* ideal
aircitíopúil archetypal, **barrmhaith** best possible, optimum, **clasaiceach** classic, **comhlán** full up, perfect, **críochnúil** thorough, methodical, complete, **dofheidhmithe** impracticable, not viable, **eiseamláireach** exemplary, model, **foirfe** perfect, **gan mháchail** without blemish, **hipitéiseach** hypothetical, **idéalaíoch** idealistic, **idéalaithe** idealised, **iomlán** whole, **is airde** highest, **is fearr** best, **optamach** optimal, **paiteanta** neat, exact, **samhalta** fanciful, **samhlaíochta** (> *samhlaíocht*) of the imagination, imaginary, **sárchéimeach** (*gram*) superlative, **sármhaith** excellent, **slán** sound, healthy, **teibí** abstract, **teoiriciúil** theoretical

Ídigh *v₁ᵢ*
1. consume, use up
alp devour, **bí thart** be over (eg **Tá an lá thart.** The day is over.), **caith** spend, use, **cnaígh** waste, gnaw, **creim** corrode, gnaw, **cuir amú** waste, **cuir isteach** put in, (*time*) use up, **diomail** waste, **díothaigh** annihilate, **feoigh** wither, **ionghabh** ingest, **ionsúigh** absorb, **ith** eat, **lobh** rot, decay, **meath** decay, decline, **meil** grind away, consume, **reic** squander, waste, **rith as** run out (cf **Táimid rite as tae.** We have run out of tea.), **scaip** dissipate, **scrios** demolish, destroy, **sclamh** snap at, abuse, **síothlaigh** drain, **slog** swallow, **speal** scatter, squander, **téigh ar** get used up (eg **má théann ar an airgead** if the money gets used up), **úsáid** use

2. abuse; destroy
bain mí-úsáid as misuse, ill-use, **cuir drochlámh i rud** mishandle, abuse something, **íospair** ill-treat, ill-use, **scrios** destroy, **tabhair drochíde do** ill-treat, **tabhair íde do** treat abusively, abuse

Idirbheartaíocht *f* (~a) negotiation, mediation
caibidlíocht negotiation, **cainteanna** talks, **comhairliúchán** consultation, **comhrá** conversation, **dialóg** dialogue, **eadráin** arbitration, **idirghabháil** mediation, **margáil** bargaining, **plé** discussion, **próiseas eadrána** mediation process

Idirdhealaigh *v₂ₐ* differentiate, distinguish, discriminate
aithin recognise; distinguish, **deachair** differentiate, **dealaigh** divide, separate, **déan amach** make out, **déan codanna (ar leith) de** make (separate) parts of, **déan difríocht idir** make a difference between, **déan idirdhealú** make a differentiation, **deighil** partition, separate; dismember, **difreáil** (*biol, math*) differentiate, **faigh idirscaradh** achieve/get separation, **gearr amach** cut out; box off, **idirscar** separate, part, **imdheighil** distinguish, **indibhidigh** individuate, **leithscar** segregate, **rangaigh** compartmentalise, **roinn** divide, **roinn ina dheighleoga** segment, **scag** drain off; refine, **scar** separate; disassociate; divorce, **scar amach** box off, segregate, **scoilt** split, cleave apart, **scoith** detach, **sonraigh** particularise, specify

Idirdhealaithe *pp* differentiated, distinguished, discriminated
aitheanta recognised; distinguished, **deachraithe** differentiated, **dealaithe** divided, separated, **déanta amach** made out, **déanta ina chodanna** separated into parts, **deighilte** partitioned, separated; dismembered, **difreáilte** (*biol, math*) differentiated, **gearrtha amach** cut out; boxed off, **idirscartha** separated, parted, **idirscartha** separated, **imdheighilte** distinguished, **indibhidithe** individuated, **leithscartha** segregated, **rangaithe** compartmentalised, **roinnte** divided, **roinnte ina dheighleoga** segmented, **scagtha** drained off; refined, **scartha** separated; disassociated; divorced, **scartha amach** boxed off, segregated, **scoilte** split, cleaved apart, **scoite** detached, **sonraithe** particularised, specified

Idirdhealaitheach *adj³* distinguishing
ait peculiar, weird, **ar leith,** special, set apart, **a sheasann amach** that stand(s) out, **dochreidte** unbelieveable, **feiceálach** conspicuous, **follasach** glaring, **inaitheanta** recognizable, **inbhraite** palpable, **infheicthe** visible, **mór** big, large, **sainiúil** specific, distinguishing, **saoithiúil** outlandish, **soiléir** distinguishable; obvious, **sonrach** definite, telling,

specific, **sonraíoch** noticeable, **suaithinseach** striking, **suntasach** distinctive, **tábhachtach** important

Idirdhealú *vn* differentiating, distinguishing, discriminating
aithint recognising; distinguishing, **deachrú** differentiating, **dealú** dividing, separating, **déanamh amach** making out, **déanamh codanna (ar leith) de** making (separate) parts of, **déanamh difríochta idir** making a difference between, **déanamh idirdhealú** making a differentiation, **deighilt** partitioning, separating; dismember, **difreáil** *(biol, math)* differentiating, **gearradh amach** cutting out; boxed off, **idirscaradh** separating, parting, **imdheighilt** distinguishing, **indibhidiú** individuating, **leithscaradh** segregating, **rangú** compartmentalising, **roinnt** dividing, **roinnt ina dheighleoga** segmenting, **scaradh** separating; disassociating; divorcing, **scagadh** draining off; refining, **scaradh amach** boxing off, segregating, **scoilteadh** splitting, cleaving apart, **scoitheadh** detaching, **sonrú** particularising, specifying

Idirghabh v_{lc} intervene
bris isteach interpose; break in, **cuir isteach ar** interrupt, **déan crioscaíl le** to meddle in/with, **cuir do ladar isteach** intervene, **cuir isteach** interfere, **déan eadráin** intervene, **déan idirghabháil** make an intervention, **eadránaigh** mediate, **gníomhaigh** take action, step in, **impigh** supplicate, intercede, **tar idir** come between

Idirghabháil *vn* intervening, intervention
briseadh isteach interposing; breaking in, **brú isteach** intruding, **cur isteach ar** interrupting, **déanamh crioscaíola le** meddling in/with, **cur do ladar isteach** intervening, **cur isteach** interfering, **eadráin** arbitration intervene, **eadránú** mediating, **gníomhú** acting, stepping in, **impí** intercession, **teacht idir** coming between

Idirghafa *pp* intervened
briste isteach interposed; broken in, **brúite isteach** imposed, intruded upon, **curtha isteach ar** interrupted, **eadránaithe** mediated, **gníomhaithe** acting, stepping in, **impithe** entreated, **tagtha idir** come between

Idirghníomhaíocht *f (~a)* interaction
baint conection, relationship, **ceangal** tie, connection, **comhéadan** interface, **geata** gateway, portal, **gníomh** action, **idirghníomhú** interacting, interaction, **idirnascadh** interconnection, **nasc** bridge, connection, dock

Idirlinn *f (~e; ~te)* interval; intermission
achar length of time, **aga** period of time, interval, **bearna** *f* gap, **briseadh** break, **eadarlúid** interlude, **eadra** idle spell, interval; late-morning milking time, **eang** *f (~a; ~aí)* interval; notch, **eatramh** interval between showers, **faoiseamh** relaxation; relief, **fos** rest, stop, stay, **idirchéim** *(music)* interval, **scíth** *f* break, rest, **scíth bheag** breather, **seal** while, spell; *(work)* shift, **scor** cessation of work, **sos** break, pause, interval, **spás** space, **stop** halt, **stopadh** stopping, **suaimhneas** stillness, **tamall saor** free period of time, **uain** opportune time *(see also: sos)*

◊ **san ~** during the intermission; in the interim

Idirlíon *m (-lín; ~ta)* internet
ar líne online, **cibearspás** cyberspace, **gréasán** web, **líonra** network, **líonrú sóisialta** social networking, **surfáil** surfing

■ **aip** *f (~e; ~eanna)* app, **aistriú comhad** file transfer, **an Gréasán Domhanda** the World Wide Web, **balla dóiteáin** firewall, **brabhsálaí** browser, **cibearbhulaíocht** cyberbullying, **cibearshlándáil** cyber security, **cibirionsaí** cyber attack, **freastalaí gréasáin** web server, **gúgláil** googling, **haiceáil** hacking, **haiceálaí** hacker, **hipirtéacs** hypertext, **íoslódáil** download, **leathanach** *m* **baile** home page, **leathanbhanda** broadband, **meáin shóisialta** social media, **néal-aip** cloud app, **néal-chúltaca sonraí** cloud backup, **prótacal** protocol, **ríomhphost** email, **seomra comhrá** chat room, **suíomh** site, **suíomh gréasáin** website, **trolláil** trolling, **uaslódáil** upload, **Vicipéid** Wikipedia

Idirnáisiúnta *adj⁶* international
allúrach foreign, **domhanda** global, worldwide, **idir ilchríocha** intercontinental, **ilchríochach** continental, **iltíreach** cosmopolitan

Ídithe *pp* consumed, used up
alptha devoured, **caite** spent, used, **cnaíte** wasted away, gnawed, **creimthe** corroded, gnawed, **curtha amú** wasted, **curtha isteach** put in, *(time)* used up (cf Tá an t-am curtha isteach. The time is put in.; The time is up.), **diomailte** wasted, **díothaithe** annihilated, **feoite** withered, **ionghafa** ingested, **ionsúite** absorbed, **ite** eaten, **lofa** rotted; rotten, decay, **meáite** decayed, **meil** grind away, consume, **reic** squander, waste, **rite as** run out of, depleted, **scaipthe** dissipated, **scriosta** demolished, destroyed **sclafa** snapped at, abused, **síothlaithe** drained, **slogtha** swallowed, **spealta** scattered, squandered, **úsáidte** used

Ídítheach *adj³* wearing, erosive
anróiteach trying, punishing, **an-tuirsiúil** extremely tiring, exhausting, **caiteach** wearing, **cloíteach** exhausting, wearying, **creimneach** corrosive, erosive, **duaisiúil** grinding, laborious, oppressive, **maslach** gruelling, fatiguing, **tuirsiúil** tiring

Ídiú *vn* consuming, using up
alpadh devouring, **caitheamh** spending, using, **cnaí** wasting away, gnawing, **creimeadh** corroding, gnawing, **cur amú** wasting, **cur isteach** putting

in, *(time)* using up, **diomailt** wasting, **díothú** annihilating, **dul ar** getting used up (eg **Tá dul ar an airgead**. The money is going.), **feo** withering, **ionghabháil** ingesting, **ionsú** absorbing, **ithe** eating, **loghadh** rotting, decaying, **meath** decaying, declining, **meilte** ground away, consumed, **reicthe** squandered, wasted, **rith as** running out (cf **Táimid ag rith as bainne**. We are running out of milk.), **scaipeadh** dissipating, **scriosadh** demolishing, destroying **sclamhadh** snapping at, abusing, **síothlú** draining, **slogadh** swallowing, **spealadh** scattering, squandering, **úsáid** using

Ifreann *m (-rinn)* hell
aimléis wretchedness, **aineolas** ignorance, **ainnise** misery, **an áit thíos** the place below, **an dream damnaithe** the damned, **an duibheagán** the abyss, **angar** affliction, **anó** *m* desolation, **áras an áibhirseora** the Devil's residence, **céasadh** torture, **ciapadh** anguish, **coire** cauldron, pit, **crá** torment, **damnú** damnation, **dúlagar** depression, **fulaingt** suffering, **Háidéas** Hades, **léan** woe, deep anguish, **liach** *m (liaich; ~a, ~)* sorrow, calamity, **na críocha íochtaracha** the underworld, the nether regions, **poll tí liabáin** the pits below, the lower world, **teach an diabhail** the Devil's abode, **teach coirí** boiler house, **tinte ifrinn** hellfire, **ríocht na ndeamhan** kingdom of the demons, **ríocht na n-anamacha damnaithe** kingdom of the damned

Ifreanda *adj⁶* hellish, infernal
aimléiseach wretched, **ainnis** miserable, **angarach** afflicted, **anóiteach** miserable, **barbartha** barbarous, **ciapach** tormenting, **cráite** tormented, **damnaithe** damned, **danartha** cruel, **deamhanta** fiendish, **diabhalta** devilish, **léin** (> *léan*) of deep affliction, **mallaithe** accursed, **mídhaonna** inhuman, **ó na críocha íochtaracha** from the nether regions, **ó ríocht na n-anamacha damnaithe** from the kingdom of the damned, **ifrinn** (> *ifreann*) of hell, **uafar** horrid, detestable, **urchóideach** wicked, **urghránna** monstrous

◊ **Tá sé ~ fuar inniu**. It's hellish cold today.

Il- *pref* multi- poly-, many
ilbheartóir all-rounder, **ilbhliantóg** *f* perennial, **ilbhliantúil** *adj* perennial, **ilbhuach** multi-talented, **ilchasta** elaborate, **ilchiallach** ambiguous, **ilchostais** sundry expenses, **ilchríochach** continental, **ilchruthach** polymorphous, **ilchumas** versatility, **ileaglasta** multidenominational, **iléirimiúil** multi-talented; mentally versatile, **ilfhónach** polyphonic, **iliomad** great number (cf **de bharr an iliomad daoine** because of the vast number of people, **ar an iliomad cúiseanna** for a myriad of reasons), **ilphósadh** polygamy, **ilranna** having many departments, **ilriochtach** shape-shifting; polymorphic, **ilsiollach** polysyllabic, **ilsleasach** multilateral, **ilstórach** *m* skyscraper, **iltaobhach** many-sided, **ilteangach** *m* polyglot, **iltíreach** cosmopolitan, **iltréitheach** having many features; multi-talented

Ildánach *adj³* versatile
ábalta able, capable, **ilbhuach** multi-talented, **ilcheardach** versatile, multi-skilled, **ilchumasach** versatile, **ilfheidhmeach** multifunctional, **iléirimiúil** resourceful, versatile, **ilghnéitheach** multifaceted, diverse, **iliomadach** variegated, **ilmhaoineach** rich in many ways, **ilsleasach** many-sided, **iltréitheach** multi-talented, **ilúsáide** multipurpose, versatile, **innealta** deft, elegantly skilled, **inniúil** accomplished, **oilte** skilled, **oirbhearteach** ingenious, **saoithiúil** accomplished, learned, **sciliúil** skilful, **sleasach** faceted, (many-) sided, **tréitheach** talented

Ilfheidhmeach *adj³* multifunctional; versatile
acrach convenient, useful, **áisiúil** handy, **fearastúil** handy, convenient, **ilchuspóireach** multipurpose, **ildánach** versatile, **iltréitheach** multi-talented, **ilúsáide** multipurpose; multiuse, **inoiriúnaithe** adaptable; customisable, **soghluaiste** moveable, mobile; *(biol)* versatile, **solúbtha** flexible, **úimléideach** having a substantial role to play

Ilghnéitheach *adj³* diverse, having many aspects, multifaceted
éagsúil varied, different, **caitliceach** catholic, **difriúil** different, **ilchineálach** miscellaneous, heterogeneous, **ildánach** versatile, accomplished, **ilfheidhmeach** multifunctional, **iliomadach** of great variety; of great quantity, **measctha** mixed

Iliomad *indec* great number, great variety
a lán a lot, **an-chuid** great deal, stacks, **carn mór** mounds, heaps, **cuid mhór** large share/amount, **éagsúlacht mhór de** great variety of, **gach** every (as in: **gach sórt/saghas/cineál** every sort/type/kind), **go leor** galore; enough, **iomad** abundance, excess, **iomaí** many (cf **Is iomaí sórt a bhí ann**. There was a huge variety there.), **lear** stack, **liacht** many (cf **a liacht** so many, **dá liacht** however many), **líon mór** large number, **mórán** many, large amount, **mórán mór** really huge amount, **na céadta/mílte** hundreds/thousands, **neart** great deal, oodles, **slua mór** large crowd, host

Im- *pref (indicates universality, greatness)*
imaistrigh transmigrate, **imbhualadh** collision, **imcháineadh** castigation, severe rebuke, **imcheangal** encasement, **imeagla** terror, **imeaglach** filled with terror, **imlabhra** circumlocution, **imleabhar** *(book)* volume, **imleathan** expansive, **imleor** totally adequate, **imréiteach** *m (fin)* clearance, **imrothlú** rotation, **imruagadh** skirmish, incursion; rout, **imscar** *(mil)* deploy, **imthairg** *v (com)* bid, **imthairiscint** *(com)* bid, **imtharraingt** gravity, **imtharraingteach** gravitational, **imtheorannú** internment

Imbhualadh *m (-uailte; -uailtí)* collision, impact
bualadh hitting, striking, **buille** blow, **brúscán** crash, **tionóisc** smash, crash, accident, **timpiste** accident, **pléasc** *f* bang, **plimp** smack, **smíste** smash, wallop, **taisme** mishap, **tuairt** crash, **tuinseamh** impact, crushing, **turlabhait** crash, thud; commotion, **turraing** *(el)* shock; *(mec en)* impact

Imeacht *vn* leaving, departure
aistriú removal, relocation, **aslonnú** evacuating, **bás** death, **dul as radharc** disappearance, **dul as** going out, **dul i léig** extinction, **dul in éag** dying, **dul thar lear** going abroad, **Eacsadas** *(bibl) m (~)* Exodus, **éalú** escaping, eloping, **eisimirce** emigration, **fágáil** leaving, **imirceadh** *(tech)* migrating, **scinneadh** departing suddenly, bouncing away from (cf **scinneadh ó bhreoiteacht** bouncing back from an illness), **scuchadh** proceeding, departing, **siúl leat** walking off, **teacht as** coming out, **téarnamh** escaping, recovering, convalescence, **teitheadh** fleeing, absconding, flight, **toirche** *(lit)* departure, migration, **tréigean** abandoning, desertion *(see also: teitheadh)*

▲ **am ~a** departure time, **ceist nós ~a** procedural matter, **cúirt ~a** *(jur)* court of inquiry, **geata ~a** departure gate, **halla ~a** departure lounge, **nós ~a** procedure, protocol, **nós ~a mear** fast-track procedure, **nós ~a parlaiminte** parliamentary procedure, **víosa ~a** exit visa

▲ **~ aimsire** passage of time, **~ an eitleáin** departure of the plane, **~ ar eallach** demand for cattle, **~ cúrsaí** current of events

◊ **cuntas ar ~í an lae** an account on the day's events, **le h~ aimsire** with the passing of time, **tús a chur le himeachtaí** to open proceedings *(see also: imeachtaí)*

Imeachtaí *mpl* proceedings, events; departures
éachtaí *mpl* exploits, feats, **eachtraí** events, **eipeasód** episode, **bearta** *mpl* undertakings, actions, **gníomhartha** actions, **iomthúsa** proceedings (cf **iomthúsa na Tána** the Táin proceedings), **mioneachtraí** *fpl* minor incidents, **ráigeanna** escapades, **slógaí** *mpl* expeditions, mobilisations, **taiscéaladh** exploring, **taiscéalaíocht** exploration, **teagmhais** *mpl* occurrences, incidents; contingencies, **tóireacha** *f* quests, pursuits. *(see also: imeacht)*

▲ **~ na Dála** Dáil proceedings

Imeall *m (imill; imill, ~)* margin
béal brim, **bile** *f* rim, **bruach** *m (-aigh; ~a, ~)* bank, brink, embankment, **ciumhais** edge, **colbha** edge, ledge (cf **colbha na leapa** the edge of the bed), **críoch** *f (críche; ~a, ~)* boundary, limit, **faobhar** *(sharp)* edge, **feadhán** rim *(of wheel)*, cylinder *(of drum)*, **forimeall** periphery, **frainse** fringe, **fráma** frame, **imeachtar** outer part, outside, outskirts, **imlíne** *f (~; -línte)* perimeter, **sciorta** marginal strip, bordering outside edge, **slata** *fpl* outskirts, **taobh** side, **teorainn** *f (teorann; ~eacha)* border *(see also: taobh)*

▲ **~ an bhaile** the outskirts of the town, **~ an leathanaigh** the margin of the page, **~ an uisce** waterfront **~ cupáin/hata/spéaclaí** rim of a cup/hat/spectacles, **~ léana** verge of lawn, **~ mara** edge of the sea, **~ na cathrach** the outskirts of the city, the suburbs, **~ na spéire** horizon, **~ trá** beachfront, **~ uirbeach** urban fringe

Imeallach *adj³* peripheral
béil *(> béal)* of a brim, **bruaigh** *(> bruach)* of an embankment, **dromchlach** superficial, **eachtrach** external, **eismheánaithe** externalised, **fachnaois** *f* **(oibre)** trifling (work), **fánach** trivial, trifling, **faobhair** *(> faobhar)* with a sharp edge, **forimeallach** peripheral, **imeachtrach** external; remote, **mion-** *pref* minor, **mionchúiseach** insignificant, **neamheisintiúil** *(phil)* non-essential, **neamhshubstaintiúil** insubstantial, **nach bhfuil riachtanach** nonessential, **neamhthábhachtach** unimportant, **seachtrach** external, **smear-** *pref* superficial (cf **smeareolas** superficial knowledge), **tánaisteach** secondary

Imeartha *pp*
1. *(game, role)* played
athimeartha replayed, **babhláilte** bowled, **caite** *(dice)* thrown, **ceilte** *(cards)* reneged, **comhallta** fulfilled; performed, **comhraithe** combatted, fought, **déanta** done, played, **dréimthe le chéile** vied with one another, **dulta i gcomhraic le** done combat with, **dulta i ngleic le** gone into contest with, **dulta san iomaíocht le** competed with, **greannaithe** challenged, defied, **súgartha** *(children's play)* playing, played, **tíáilte** teed up

▲ **cártaí ~** playing cards, **páirceanna ~** *(sp)* playing fields, **tús ~** *(sp)* kick-off, **rialacha ~** rules of play

2. played with, wielded, wreaked, plied
beartaithe *(sword)* wielded, **curtha ar siúl** set in motion, **curtha ag obair** set to work, **curtha i bhfeidhm** put into operation, implemented, **curtha i gcrích** achieved, **gníomhaithe** acted, **oibrthe** plied, worked, **úsáidte** used

◊ **Táim ~ leis an chuid iomlán agaibh!** My patience is at an end with the whole lot of you!

Imigéin *indecl (as in phrase)* **in ~** far away
achar fada as seo a good distance from here, **ar chúl éaga** in the back of beyond, **ar an taobh eile den domhan** on the other side of the world, **de chéin** from far off, **fada as seo** far from here, **fada ó bhaile** far from home, **i bhfad ó bhaile** a long way from home, **i bhfad uainn** far (away) from us, **i gcéin** far off, **imigéiniúil** distant, **sna cianta coimhthíocha** in foreign parts

Imigh v_{2b}

1. leave, pass, escape

buail an bóthar hit the road, **buail na bonnaí as an áit** (*Ulaidh*) take to your heels, make yourself scarce, **tabhair an bóthar ort féin** to take to the road, to set off, **aslonnaigh** evacuate, **éalaigh** escape, **fág** leave, **imirc** (*tech*) migrate, **rith as áit éigin** run away from somewhere, **scuch** proceed, depart, **téigh go**, **téigh ar imirce** emigrate, **téigh as radharc** disappear, **téigh i léig** become extinct, **téigh thar lear** go abroad, **teith** flee; abscond, **tréig** abandon (*see also:* **fág**)

2. pass away, die

básaigh die, **croith na cosa** kick the bucket, **éag** die, **faigh bás** die, **fuaraigh** become cold in death (cf **Ní raibh sí fuaraithe ina huaigh nuair a chonacthas a taibhse.** Barely was she cold in her grave when her ghost was seen.), **smiog** croak, expire, **stiúg** expire, perish, **téigh ar shlí na fírinne** go the way of all flesh (*see also:* **éag 2**)

Imir v_{2d}

1. (*game, role*) play; stake

athimir replay, **babhláil** bowl, **bí i mbun cearrbhachais** be gambling, **caith** (*dice*) throw, **ceil** (*cards*) renege, **comhaill** fulfil; perform, **comhraic** combat, fight, **déan** do, play (eg. **pleidhcíocht, páirt, peil, etc. a dhéanamh** to play the fool, a part, football, etc.), **déan rannpháirtíocht i ndráma** participate in a play, **déan spórt** do sport, **déan súgradh** (*children's play*) play, **dréim le chéile** vie with one another, **glac páirt i ndráma** take a part in a play, **greannaigh** challenge, **tabhair dúshlán** challenge, **téigh i gcomhraic le** do combat with, **téigh i ngleic le** go into contest with, **téigh san iomaíocht le** compete with, **tíáil** tee up

D'~ **sí a hanam leis.** She staked her life on it.
D'~ **sí cleas air.** She played a prank on him.
D'~ **sí dá contae.** (*sp*) She represented her county.
D'~ **sí peil.** She played football.

2. play with, wield, wreak, ply, affect

bain feidhm/úsáid as (**ceithearnach, maide mór, etc**) play/make use of (a pawn, a driver, etc), **bain leas as** avail of (eg **Bhain sí leas as a ding phitseála.** She played her pitching wedge.), **beartaigh** (*sword*) wield, **cuir ar siúl** set in motion, **cuir ag obair** set working, **cuir i bhfeidhm** put into operation, implement, **cuir i gcrích** achieve (cf **díoltas a chur i gcrích** to wreak vengeance), **déan méirínteacht** fiddle with, **gníomhaigh** act, **goill ar** (*health*) hurt, negatively affect (cf **Ghoill an aeráid thais go mór ar a sláinte.** The damp climate badly affected her health.), **méaraigh** play with one's fingers, finger; fiddle, **oibrigh** ply, work, **úsáid** use

D'~ **a croí uirthi.** Her heart affected her.
D'~ **a fearg uirthi.** Her anger got the better of her.
D'~ **sí a cosa air.** She kicked him.
D'~ **sí dáimh liom.** She treated me kindly.
D'~ **sí díoltas air.** She wreaked revenge on him.
D'~ **sí sábh air.** She used a saw on it.

Imirce f (~) migration, emigration

aistriú transferring, transposition, **bánú** depopulation, **bogadh amach** moving out, **bualadh** m **chun bóthair** hitting the road, **cur** m **chun bóthair** setting off, **cur** m **chun siúil** making tracks, departing, **deoraíocht** exile, **díbirt** banishment, **dul ar eite** taking flight, **éalú** m escaping, **éirí** m **as** quitting, ceasing, **eisimirce** emigration, **eitilt** f **amach** flying away, **fágáil** leaving, **gluaiseacht** movement, **imeacht** m leaving, departure, **inimirce** immigration, **ruaigeadh** expulsion, **scaipeadh** scattering, **teitheadh** fleeing, flight, **tógáil ancaire** weighing anchor, **tréigean** abandoning, abandonment

◊ **dul ar ~** to emigrate

Imirceach m (-cigh; -cigh, ~) migrant

aistreánach m migratory bird, **deoraí** exile, **diaspóra** diaspora, **eisimirceach** m emigrant, **fánaí** wanderer, vagrant, **iarrthóir tearmainn** asylum seeker, **inimirceach** m immigrant, **loingseach** m exile, wanderer; mariner, **lonnaitheoir** settler, **lucht iarrtha tearmainn** asylum seekers, **lucht taistil** travellers, **teifeach** m refugee

Imirt vn playing, play

1. (*game, role*) playing, play

athimirt replaying, **babhláil** bowling, **caitheamh** (*dice*) throwing, **cearrbhachas** gambling, **ceilt** (*cards*) reneging, **comhall** fulfilling; performing, **comhrac** combatting, fighting, **déanamh** doing, playing, **dréim le chéile** vying with one another, **dul i gcomhraic le** doing combat with, **dul i ngleic le** going into contest with, **dul san iomaíocht le** competing with, **tabhairt dúshláin** challenging, **glacadh páirt i ndráma** taking a part in a play, **greannú** challenging, defying, **rannpháirtíocht** participating, **súgradh** (*children's play*) playing, **tíáil** teeing up

▲ **~ carthanachta** (*high reg*) the exercise of friendship, **~ cluiche** playing a game, **~ do chárta cúil** playing your ace card, **~ feirge** venting anger

P **Den ~ an coimhéad.** Forewarned is forearmed., **Is fearr mac le h~ ná mac le hól.** Better to have a son who is a gambler than a drinker.

2. play with, wield, wreak, ply

baint feidhm/úsáid as (**ceithearnach, maide mór, etc**) playing/making use of (a pawn, a driver, etc), **baint leas as** availing of, **beartú** (*sword*) wielding, **cur ar siúl** setting in motion, **cur ag obair** setting to work, **cur i bhfeidhm** putting into operation, implementing, **cur i gcrích** achieving, **gníomhú** acting, **goilliúint ar** (*health*) hurting, negatively affecting (cf **ag goilliúint ar mo shláinte** adversely affecting my health), **méarú** playing with one's fingers, finger; fiddling, **méirínteacht** fiddle with fingers, **oibriú** plying, working, **úsáid** using

▲ ~ **arm** the use of weapons, ~ **díoltais** exacting of revenge, ~ **scine ar an íospartach** the use of a knife on the victim

Imithe *pp*
1. departed, left, gone away
aistrithe relocated, **aslonnaithe** evacuated, **dulta as radharc** disappeared, vanished, **dulta thar lear** gone abroad, **éalaithe** escaped, eloped, **fágtha** left, **imircthe** *(tech)* migrated, **scuchta** departed, **teite** flown, absconded, fled, **tréigthe** abandoned, deserted
2. passed away, died
básaithe died, **dulta ar shlí na fírinne** gone the way of all flesh, **dulta i léig** become extinct, **dulta in éag** died, **éagtha** died, **fuaraithe** cold and dead, **smiogtha** croaked, expired, **stiúgtha** expired, perished *(see also: éagtha)*

Imlíne *f (~e; -nte)*
1. *(delineation)* outline
binn edge, margin; gable, **bord** border, **bruach** brink, bank, **ciumhais** edge, **críoch** limit, boundary, **eochair** border, edge, **imeall** edge, margin, **imeallbhord** verge, margin; coastline, **peiriméadar** perimeter, **sciorta** marginal strip (cf **clár sciorta** skirting board), **sciortán** edge, border, **teorainn** *f (-rann)* boundary, limit
2. *(summary)* outline
achoimre *f* précis, summary, **beathaisnéis** *(CV)* résumé, bio, **buille faoi thuairim** rough idea, **clár** program; *(book index)* contents, **cnámha an scéil** the outline of the story; summary, **creatlach** *f* skeleton; outline, **fráma** frame; framework, **sceitse (garbh)** (rough) sketch, **príomhphointí** *mpl* main points, **sracléaráid** rough sketch; outline

Imní *f (~)* anxiety, worry
anbhuain unease, **ábhar imní** cause of concern, **ag tarraingt na gruaige amach** pulling one's hair out, **aláram** alarm, **beophianadh** suspense, **beagmhisneach** *m* despondency, **beaguchtach** *m* loss of heart, **bráca** hassle, distress, **buaireamh** mental anguish, **buairt** upset, worry, **callóid** disquiet, **cásmhaireacht** concern, **cearthaí** *f* jitters, **ciapadh** torment, anguish, **corraí** perturbation, stir, **corraíl** agitation, **corraitheacht** restlessness, **coscairt intinne** mental distress, **cur trí chéile** confusion, upset, **drochamhras** misgivings, **eagla** fear, **fadhb** *f* problem, **falsaer** trembling fits, nervousness, **faitíos** apprehension, baffled, **giongacht** skittishness, fidgetiness, **iomlua** *m* agitation, **mearaí** distraction, bewilderment, **míshuaimhneas** unease, disquiet, **múisiam** mental disturbance, **neirbhís** nervousness, **rathú** apprehension, **scáfaireacht** timidity, fearfulness, **suaitheadh** agitation, disturbance, **tinneallaí** tenseness nervousness, **trína chéile** perplexed, upset, **trioblóid** trouble

◊ **Ná bíodh ~ ort!** Don't worry! **Tá ~ an domhain orm.** I'm very worried. **Tá mé in ~ faoin obair.** I am anxious about the work., **Déan ~ anois!** Get your thumb out! Get a move on!

Imníoch *adj⁵* worried
anbhuaineach uneasy, **ar bís** in suspense, **ar cheann cipíní** on tenterhooks, **ar tinneall** in a state of nerves, **beagmhisniúil** despondent, **beaguchtúil** lacking in courage, **buartha** upset, anxious **ciaptha** tormented, **corraithe** disquieted, **curtha trí chéile** confused, upset, **drochamhrasach** distrustful, **eaglach** fearful, **faiteach** apprehensive, **falsaertha** trembling, nervous, **giongach** skittish, fidgety, **iomluaite** agitated, **i mbun an angair** in the pit of despondency, **i ngalar na gcás** perplexed, **míshuaimhneach** uneasy, **múisiamach** upset, perturbed, **neamhdhaingean** insecure, **neirbhíseach** nervous, **scimeach** anxious, solicitous, **suaite** agitated, disturbed, **tinneallach** tense nervous, **trína chéile** perplexed, upset *(see also: buartha)*

Impí *vn* imploring, entreaty, intercession
achainí petitioning, petition, **agairt** entreating, pleading, **áitiú** persuading, persuasion, **ceistiú** questioning, **éamh** beseeching, calling upon, **éileamh** demanding, demand, **fiafraí** asking, **fiosrú** inquiring, **glaoch ar** calling upon, **guí** wishing, wish, **iarraidh** asking, **iarratas** request, **idirghabháil** intervening, intervention, **paidir** prayer, **paidreoireacht** praying, **pléadáil** pleading

Impigh *v₂ᵦ* implore
achainigh entreat, petition, **agair** entreat, plead, **áitigh** argue, persuade, **déan achainí** make a petition, **éigh** beseech, call upon, **éiligh** demand, **fiafraigh de** ask of, inquire, **fiosraigh** inquire, **iarr ar** request, **idirghabh** intervene, **mol do** advise, **pléadáil** plead, **sir** beseech, implore *(eg* **Sirim an Tiarna.** *I beseech the Lord)*

Impíoch *adj⁵* imploring
achainíoch petitioning, **agrach** pleading, begging, **éilitheach** demanding, **éimheach** beseeching, **fiafraitheach** inquiring, **iarrthóireacht** (> *iarrthóireacht*) a petition, **impíoch** imploring, **pléadála** (> *pléadáil*) pleading, **sirtheach** begging, beseeching

Impireacht *f (~a; ~aí)* empire
ansmacht oppression, **ceansú** subjugation, **comhlathas** commonwealth, **coilíneachas** colonialism, **concas** conquest, **cur faoi chois** subjugation, **daoirse** servitude, **impiriúlachas** imperialism, **plandáil** plantation (cf **na plandálacha** the plantations), **sclábhaíocht** slavery, **smacht** control, **tiarnas** dominion *(see also: impiriúlachas)*

Impiriúlachas *m (-ais)* imperialism
anfhorlann *m* violence perpetrated with overwhelming force, **ansmacht** oppression, **concas** conquest, **cur faoi chois** subjugation, **daoirse** servitude, **fódú impireachta** empire-building,

forlámhas domination, **impiriúlachas** imperialism, **sclábhaíocht** enslavement, **smachtú** suppression, subjugation, **tiarnántacht** tyranny

Impleacht *f (~a; ~aí)* implication
baint association, involvement, **blas** taste, suggestion, overtone, **bonn tuisceana** assumption, **brí** significance, **ceangal** connection, **ciall** *f (céille)* significance, **ciallú** interpretation, **comhcheangal** association (cf **comhcheangal smaointe** association of ideas), **conclúid** conclusion, **drochthoradh** repercussion, **éifeacht** effect, **iarmhairt** ramification; aftermath, **iarracht** attempt; suggestion, **infeireas** inference, **infeiriú** inferring, **ionchoiriú** incrimination, **leathfhocal** insinuation, **leath-thagairt** innuendo, **leid** hint, **réamhghlacan** presupposition, **truthaí** *spl* innuendos, **tuiscint** understanding

Imprisean *m (-sin; -sin, ~)* impression
amhras suspicion, **anáil** influence; breath, **barúil** opinion, **cinnteacht** certainty, conviction, **coincheap** concept, **creideamh** belief, **dearcadh** view, **dul i bhfeidhm (ar)** having an effect (on), **éifeacht** impact, effect, **feasacht** awareness, **freagairt** reaction; reply, **mothú** feeling, sense, **tionchar** influence, sway, **tuairim** opinion

◊ **~ mór a dhéanamh ar dhuine** to make a big impression on a person

Imreas *m (-ris)* strife
achrann quarrelling; fray; trouble, **aighneas** dispute, **allagar** loud disputation; crosstalk, **argóint** argument, **bruíon** *f* wrangle, **caingean** *f (-gne) (jur)* dispute, plea, **clampar** uproar, **coimhlint** conflict, **comhrac** struggle, **conspóid** dispute, contest, **cothú diabhlaíochta** mischief-making, **difear** difference, **díospóid** dispute, **easaontas** disagreement, **iaróg** quarrel, row, **iomarbhá** controversy, **míshuaimhneas** unrest, disquiet, **racán** rumpus, **raic** uproar, **sáraíocht** disputation, **troid** fight, fighting, **tubaisteoireacht** mischief-making; dangerous bungling

Imreoir *m (-eora; ~í)* player
báireoir hurler; player, **ball foirne** team member, **cearrbhach** *m* gambler, **coimhlinteoir** contestant, rival, **iomaitheoir** competitor, contestant, **iománaí** hurler, **rannpháirtí** participant

In- *pref*
inainmnithe nameable, **ináirithe** calculable, **inaistir** fit to travel, **inaistrithe** moveable; translateable, **inaitheanta** recognizable; perceptible, **inathraithe** adjustable; changeable, **inbhéartach** inverse, **inbheartaithe** manoeuvrable, **inbheirthe** innate, **inbhraite** perceptible, palpable, tangible, **inbhriste** breakable, **inchaingne** *(jur)* actionable, **inchainte** capable of speech, able to talk, **inchaite** wearable; consumable, **inchloiste** audible, **inchomhairimh** countable, **in-chomhthomhaiste** commensurable, **inchomórtais** comparable, **inchreidte** believable, credible, **indóite** combustible, **inearráideacht** fallibility, **infear** bringing new bride home; house-warming party, **infhillte** foldable, collapsible, **infhiosaithe** knowable, **infhorbartha** developable, **infinideach** infinite; *(gram)* infinitive, **inghlactha** acceptable, **inimirce** immigration, **ininste** tellable, relatable, **iníoctha** payable, **iniompaithe** reversible, **iniompartha** portable, **inlasta** inflammable, **inleagadh** inlay, **inleáiteacht** solubility, **inleathnaitheacht** spreadability; expandability, **inleighis** curable, **inleithscéil** excusable, **imhartana** capable of surviving, viable, **inmheasta** assessable, estimable, **inmhianaithe** desirable, **inmhothaithe** palpable, perceptible, **inmhúinte** teachable, **inoibrithe** workable, **inólta** drinkable, **inphionóis** punishable, **inráite** mentionable; expressible, **inrásta** possible; fit, proper, **inroinnte** divisible, **inroinnteacht** divisibility, **insamhlaithe** imaginable, **inscartha** separable, **inscéalaíochta** capable of telling the tale (eg **duine inscéalaíochta amháin a tháinig slán** one survivor who lived to tell what happened), **inscríobh** inscribe, **insínte** extendable; stretchable, **insíolrú** inbreeding, **inteannta** tensile, **intofa** eligible for election, **intuaslagtha** soluble, **intuigthe** understandable

Ináirithe *adj⁶* calculable; worth mentioning
inmheasta assessable, estimable, **inchomhairimh** countable, **in-chomhthomhaiste** commensurable, **inmholta** worthy of mention, praiseworthy, **inrátaithe** rateable, **inríofa** calculable, **intomhaiste** measurable, **somheasta** estimable, calculable

Inaistrithe *adj⁶* portable, movable; transferable, negotiable
aistritheach shifting, movable, **athraitheach** movable; changeable, **gluaiseachtach** moveable, **gluaisteach** motile, easy to move, **inainmnithe** nameable; assignable, **inaistrithe** transferable, **inathraithe** changeable, variable, **inbhainte** removable, **inbhogtha** movable, **inbheartaithe** manoeuvrable, **inchoigeartaithe** adjustable (cf **iasacht inchoigeartaithe** adjustable loan), **iniompartha** transportable; possible to lift/to carry, **inscaoilte** possible to dismantle or detach, **inscortha** detachable, **intráchta** negotiable, **póca** *(phone)* mobile, **scaoilte** loose, **so-athraithe** adjustable, **sobhogtha** easily moved, **sochorraithe** easy to relocate (cf **airnéisí sochorraithe** movables), **soghluaiste** mobile, **so-iompair** easy to carry; portable, **so-ionramháilteach** manoeuvrable, **soshannta** negotiable, **taistil** (> *taisteal*) mobile (cf **leabharlann taistil** mobile library), **tarchurtha** transmissible

Inbhriste *adj⁶* breakable
briosc brittle, **gan téagar** flimsy, **grabhrógach** crumbly, **inscoilte** fissile, **leochaileach** fragile, delicate, **sobhriste** easily broken

Inbhuaite *adj⁶* winnable
inbhriste breakable, **inbhuailte** beatable, **inchaillte** losable, **inchloíte** vincible, **inchúlaithe** reversible, **indéanta**, doable, possible to do, **infhuascailte** redeemable, **insáraithe** surmountable, **soghonta** vulnerable, **intreascartha** vanquishable

Inchinn *f (~e; ~í)* brain
ábhar liath grey matter, **aigne** mind, **ceann** head, **cillíní beaga liatha** little grey cells, **clisteacht** cleverness, **eagna** wisdom, **éargna** discernment, **éirim aigne** intelligence, intellect, **intinn** mind; intention, **intleacht** intellect, **gníomhaíocht néarach** neural activity, **intinn** mind, **líonra néarach** neural network, **meabhair** mind, **meabhair chinn** mental ability, **sícé** psyche, **meanma** *f (~n)* mind, thought, **sionapsa** synapse, **sionaipsis** synapsis, **teilgean cinn** intelligence, **tuiscint** understanding

Inchruthaithe *adj⁶* provable, verifiable
ar féidir a chruthú that can be proven, **indearbhaithe** attestable, confirmable, **indeimhnithe** certifiable, establishable, **infhíoraithe** verifiable, **soléirithe** demonstrable

Inchruthú *m (-thaithe; -thuithe)* provability, verifiability
indearbhú attestability, confirmability, **indeimhniú** certifiability; establishabilty, **infhíoraithe** verifiability, **soléiritheacht** demonstrability

Inchurtha *adj⁶*
1. sowable, tillable
arúil arable, **curadóireachta** (> *curadóireacht*) for tilling, for sowing, **ionnúsach** rich, productive, **méith** fertile, **indruileáilte** *(agr)* capable of taking drills, **inphlandaithe** plantable, **suthach** fruitful, productive, **táirgiúil** productive, **torthúil** fruitful, fertile

2. *(referring back to noun)* suitable, appropriate for in- capable of, able to, **feiliúnach** fitting, suitable, **oiriúnach** suitable, **so-** easy to

▲ **báire** ~ achievable goal, **brabús** ~ attributable profit, **cath** ~ fightable battle, **ceist** ~ askable question, **cogadh** ~ wageable war, **gaiste** ~ settable trap, **síol** ~ sowable seed, **snaidhm** ~ tieable knot, **talamh** ~ tillable land

3. ~ **le** comparable to
amhail similar to, just like, **ar aon dul le** corresponding to, similar to, **ar nós** in the manner of, like, **comhfhreagrach** corresponding, **cosúil le** like, **comhionann le** congruent with, **cothrom le** even, level with, **fearacht** like, **inchomórtais le** comparable to, **insamhlaithe le** imaginable/comparable to, **ionann agus** the same as, **is cuma nó** it's the same as (cf **Is cuma nó bás é.** It's the same as death.), **parailéalach** parallel

Indéanta *adj⁶* doable, possible to do or make
1. doable, feasible,
athdhéanta repeatable, **féideartha** feasible, **gur féidir** that is possible, **inbhainte amach** achievable, **infhaighte** gettable, procurable; available, **infheidhme** able to function; fit and able, **infheidhmithe** practicable, **infhíoraithe** realizable, **inmharthana** viable; capable of surviving, **inoibrithe** workable, **inrásta** possible; fit, proper, **inréadaithe** realizable, inrite runnable; executable, **insamhlaithe** conceivable, **insaothraithe** workable; having the potential to be developed, **insroichte** achievable, attainable, **praiticiúil** practical, **sodhéanta** easily done, **so-ghafa** *(path)* negotiable, **sothriallta** *(path)* negotiable

◊ **más ~ é** if it's doable, **Níl sé ~ don Mháirt.** It can't be done for Tuesday., **an rud nach bhfuil ~ a dhéanamh** to do the impossible

2. *(+ negative)* not the done thing, isn't to be done
gan chúis chóir without justifiable cause, **leatromach** one-sided, unbalanced, **mícheart** not right, **míchuí** inappropriate, **míchuibhiúil** unseemly, **mí-oiriúnach** unsuitable, not right, **neamhfhóirsteanach** unsuitable, inappropriate

◊ **Ní raibh sé ~ aige.** He shouldn't have done it., **Ní sé ~.** It's bad form.

Infheicthe *adj⁶* visible
feiceálach visible, eye-catching, **follasach** evident, **gan cheilt** unconcealed, **in áit fheiceálach** in plain sight, **inbhraite** detectable, **le feiceáil** to be seen, visible, **nocht** exposed, bare, **os comhair an tsaoil mhóir** in open sight, **ris** exposed, uncovered, **so-aitheanta** easily recognizable, **sofheicthe** conspicuous, **soiléir** clear, obvious

Infheistigh v_{2b} invest
caith spend, **cuir isteach** put in, *(fin)* sink, **fóirdheonaigh** subsidise, **suncáil** *(fin)* sink, invest, **tabhair fóirdheontas do** to give a subsidy to, **maoinigh** fund

Infheistithe *pp* invested
caite spent, **curtha isteach** put in, *(fin)* sunk, **fóirdheonaithe** subsidised, **dar tugadh fóirdheontas** subsidised, **maoinithe** funded, **suncáilte** *(fin)* invested, sunk (cf **Bhí airgead suncáilte aici in Apple.** She had money invested in Apple.)

Infheistiú *vn* investing
caitheamh spending, **cur isteach** putting in, *(fin)* sinking, **fóirdheonú** subsidising, **tabhairt fóirdheontais do** giving a subsidy to, **maoiniú** funding

Inghlactha *adj⁶* acceptable
ar féidir glacadh leis, that can be accepted, acceptable, **cuibheasach** moderate, passable, **faofa** approved, **fónta** adequate, sound; serviceable, **forásach** tolerably good; competent, **indéanta** doable, **infhulaingthe**

tolerable, **so-ghlactha** easily acceptable, **ligthe** allowed, **maith go leor** good enough, **measartha** moderate, **réasúnta** reasonable, passable, **rite** passed, **sásúil** satisfactory, adequate, **údaraithe** authorised

Inis 1 *f (inse; insí)* island

cae *(geog)* cay, islet, **inseán** holm, **insín** isle, **oileáinín** islet, **oileán** island, **sceir** low rocky island *(see also: oileán)*

▲ ~ **Iocht** Isle of Wight, ~ **Airéas** Isle of Ares, ~ **Bhairéin** Bahrain Island, ~ **Gheirsí** Jersey Island, ~ **Mhaidéara** Madeira Island, ~ **Mhanann** Isle of Man, ~ **Mhuirís** Mauritius Island, ~ **na Deascabhála** Ascension Island, ~ **na gCaorach** Fair Isle *(Scot)*

Inis 2 *v_{2d}*

1. *(inform)* tell

braith betray, **cuir fios ar** inform; summon, **cuir i bhfios do** apprise, **cuir i gcéill do** make aware, **cuir ar shúile (an domhain)** bring to attention (of the world), **cuir cogar i gcluas (duine)** have a quiet word (with a person), **cuir fios ar (an dochtúir)** inform/call (the doctor), **cuir faoi bhráid (dhuine)** lay before (a person), **cuir in iúl do** inform, **cuir os comhair (na cúirte)** lay before (the court), **léirigh** convey, **mol do** advise, **nocht do** reveal to, divulge to, **sceith ar** inform on, rat on, **scil** divulge, **tabhair le tuiscint do** give to understand, **tabhair scéala/focal chuig** bring news/word to

◊ ~ **dóibh teacht amárach!** Tell them to come tomorrow!, **D'~ sí don gharda cad a bhain di.** She told the Garda what had happened to her.

2. *(utter)* say, tell

abair (le) say (to), tell; bid; sing, **admhaigh** admit, confess, **athinis** retell, **cuir amach** put out, **cuir i bhfocail** put into words, **dearbhaigh** declare, **labhair** speak, **luaigh** mention, **sceith** spew, **scil** prattle

◊ **Ar ~ mé a athrach?** Did I say anything to the contrary?, **Níor ~ sí oiread is focal mar fhreagra.** She didn't utter as much as a word in reply.

3. *(narrate, relate)* tell

aithris relate, **craobhscaoil** broadcast; disseminate, propagate, **cuir i gcroinic** chronicle, **cuir (na fíricí, cúis, scéal, etc) i láthair** present (the facts, the case, the matter, etc), **déan aithriseoireacht ar** recite, **déan cur síos ar** give a description of, **déan faoistin** *(rel)* make a confession, **déan trácht ar** make a commentary/comment about, **déan tuarascáil ar** make a report on, report on, **eachtraigh** set forth, narrate, **faisnéis** recount, narrate, **leath** spread, **léirigh** make clear; illustrate, **mínigh do** explain to, **ríomh** recount, narrate, **scríobh** write, **tabhair scéala/focal chuig** bring news/word to, **tabhair trácht ar** comment on, **tuairiscigh** report

◊ ~ **an scéal ina iomláine dúinn!** Relate the story in its entirety to us!, **Ná h~ bréag!** Don't tell a lie!

4. *(indicate, announce)* tell

cuir in iúl do indicate, **fógair** announce, proclaim, **luaigh** mention, **maígh** claim, boast, **nocht** reveal, divulge, **ordaigh** order, **tabhair comhartha do** give a sign/signal to, **tabhair le fios** imply, intimate, **tabhair le tuiscint do** give to understand, connote, **taispeáin** show, **tarraing** depict, **údaraigh** authorise

---

■ **Ar insí a bhfuil *inis* ina n-ainm atá:** Islands with *inis* in their name include:

- ~ **Aillte** Iniseltia *(Galw)*
- ~ **Airc** Inishark *(Galw)*
- ~ **Aonaigh** Inisheeny *(Mayo)*
- ~ **Arcáin** Sherkin Island *(Cork)*
- ~ **Beag** Inisbeg *(Cork)*
- ~ **Bearachain** Inishbarra *(Galw)*
- ~ **Bhig** Inishbig *(Clare)*
- ~ **Bigil** Inishbiggle *(Mayo)*
- ~ **Bó Finne** Inish Bofin *(Galw/ Don)*
- ~ **Caoil** Inishkeel *(Don)*
- ~ **Caol** Inishkeel *(Mayo)*
- ~ **Caorach** Inishkeeragh *(Don)*; Mutton Island *(Galw)*
- ~ **Cathaigh** Scattery Island *(Clare)*
- ~ **Céime Thiar/Thoir** Skeam East/West *(Cork)*
- ~ **Coilt** Colt Island *(Dub)*
- ~ **Coirce** Inisquirk *(Mayo)*
- ~ **Carcair** Inishcorker *(Clare)*
- ~ **Coitil** Inishcottle *(Mayo)*
- ~ **Cú** Inishcoo *(Don)*
- ~ **Daimh** Inishdaff *(Mayo)*
- ~ **Damhraí** Inisdawros *(Gawl)*
- ~ **Earcáin** Inisherkin *(Mayo)*
- ~ **Eirc** Inisherk *(Galw)*
- ~ **Fada** Long Island *(Cork)*
- ~ **Fearn Ard** Inishfarnard *(Cork)*
- ~ **Fraoigh** Inishfree *(Sligo)*
- ~ **Gabhla** Inishgowla *(Mayo)*
- ~ **Gé Theas/Thuaidh** Inishkea South/North *(Mayo)*
- ~ **Gluaire** Inishglora *(Mayo)*
- ~ **Goirt** Inishgort *(Mayo)*
- ~ **Laidhre** Inishlyre *(Mayo)*
- ~ **Laighean** Inishlyon *(Galw)*
- ~ **Leacain** Inishlackan *(Galw)*
- ~ **Lua** Inishloe *(Clare)*
- ~ **Mac Neasáin** Ireland's Eye *(Dub)*
- ~ **Meáin** Inishmaan *(Galw)*, Inishmeane *(Don)*
- ~ **Mhic an Doirn** Rutland Island *(Don)*
- ~ **Mhic Aoibhleáin** (also: **Uibhleáin**) Inishvickillane *(Ker)*
- ~ **Mhic Cionaith** Inchamakinna *(Galw)*
- ~ **Mhic Neachtain** Inishmacnaghtan *(Clare)*
- ~ **Mhic Uaithne** Inishmacowney *(Clare)*
- ~ **Mochaoi** Mahee Island *(Down)*
- ~ **Muirígh** Inishmurray *(Sligo)*
- ~ **na Bró** Inishnabro *(Ker)*
- ~ **na Coilleadh** Insishnakillew *(Mayo)*
- ~ **na Croise** Inishnacross *(Mayo)*
- ~ **na mBan** Women's Island *(Ker)*
- ~ **Ní** Inishnee *(Galw)*
- ~ **Oírr** Inisheer *(Galw)*
- ~ **Oirthir** Inishsirrer *(Don)*
- ~ **Pádraig** St Patrick's Island *(Dub)*
- ~ **Píc** Spike Island *(Cork)*
- ~ **Raithir** Inishraher *(Mayo)*
- ~ **Saille** Inishal *(Don)*
- ~ **Sionnach** Haulbowline Island *(Cork)*
- ~ **Sionnaigh** Inishinny *(Don)*
- ~ **Tiobrad** Inishtubbrid *(Clare)*
- ~ **Toirc** Inishturk *(Galw/ Mayo)*
- ~ **Trá Tholl** Inishtrahull *(Don)*
- ~ **Treabhair** Inishtravin *(Galw)*
- ~ **Tuaisceart** Inishtooskert *(Ker)*
- ~ **Uamha** Inishoo *(Mayo)*
- ~ **Uí Drisceoil** Hare Island *(Cork)*
- ~ **Uí Mhaolchluiche** Coney Island *(Sligo)*

◊ **Insíonn sin duit cén sórt duine é.** That tells you what kind of person he is. **D'~ sí don saol mór faoi.** She told everybody about it.

Inite *adj⁶* edible
a chuirfeadh uisce le do bhéal mouth-watering, **an-bhlasta** delicious, **blasta** tasty; palatable, **goiliúil** appetising, **inchaite** consumable, **neamhnimhiúil** non-poisonous, **neamhthocsaineach** non-toxic, **neamúil** *(food)* enticing, sweet to taste, **scamhardach** nutritious, **so-chaite** palatable, **sóil** tasty, delicious, **taitneamhach** pleasant, likeable

Inmheánach *adj³* internal; in-house
ar an taobh istigh on the inside, **baile** interior, home (cf **an tAire Gnóthaí Baile** Minister for the Interior), **intíre** within the country, internal (cf **cánachas intíre** internal taxation), **laistigh** inside, **príobháideach** private, **suibíochtúil** subjective, **tí** in-house

Inmhianaithe *adj⁶* desirable
aláinn beautiful, **aoibhinn** adorable, **breá** fine, attractive, **buntáisteach** advantageous, **cluanach** charming, **cuí** appropriate, **fíorspéisiúil** captivating, **incháilithe** eligible, **inmhaíte** enviable, **inmholta** advisable, **inphósta** marriageable, eligible, **meallacach** beguiling, **mealltach** seductive, tempting, **somhianaithe** desirable, **tarraingteach** attractive, fetching, **togha** cool, super

Inmhínithe *adj⁶* explainable, explicable
a bhfuil cúis leis justifiable, **inchosanta** defensible, **infhuascailte** redeemable, resolvable, **inréitithe** soluble, resolvable, **intuigthe** understandable, **réasúnta** reasonable, **so-mhínithe** easily explained, **sothuigthe** easy to understand

Inmholta *adj⁶* advisable, commendable, praiseworthy
ar fheabhas excellent, **fiúntach** worthy, deserving, **gradamach** creditable, **inmheasta** estimable, **iontach** wonderful, **le moladh** to be praised, **measúil** admirable, worthy, **somholta** laudable, **tuillteanach** deserving, **uasal** venerable

Inmhúinte *adj⁶* teachable
géilliúil submissive, **inteagaisc** teachable, **sochomhairleach** tractable; amenable to advice, **sochma** docile, **soghluaiste** biddable, **somhúinte** easy to teach, **sotheagaisc** easy to tutor, easy to teach, **umhal** subservient, obedient

Inné *adv* yesterday
an lá roimhe seo the previous day, **fada ó shin** long time ago, **fadó** long ago, **fadó, fadó** *(start of fairytale)* long long ago, **sa lá atá thart** in a bygone day, **san aimsir/am a chuaigh thart** in the past, **sna blianta atá imithe** yesteryear, **sna laethanta fadó** in the days long ago, **tráth fadó** in time long ago, **uair dá raibh** in a previous time, on a previous occasion

Inneall *m (innill; innill, ~)* engine, machine
acra *m* contraption, **gléas** machine, device, **gléasra** apparatus, **gluaisneoir** motor, **inleog** contrivance, device, **innealra** machinery, **meaisín** machine, **mótar** motor, **mótargineadóir** motor generator, **sáslach** *m* mechanism, machinery, **trealamh** equipment, **uirlis** instrument, tool, **uirlis chumhachta** power tool

▲ **~ áirimh** calculating machine, **~ aonloine** single-piston engine, **~ bainte** reaping machine, **~ buailte** threshing machine, **~ caidéalaithe** pumping engine, **~ cairr** car engine, **~ ceithre shorcóir** four cylinder engine, **~ cluiche** game engine, **~ cniotála** knitting machine, **~ crúite** milking machine, **~ cuardaigh** search engine, **~ cúnta** auxiliary engine, **~ díosail/peitril** diesel/petrol engine, **~ dócháin inmheánaigh** internal combustion engine, **~ dóiteáin** fire engine, **~ druileála** drilling machine, **~ dúisithe** starting engine, **~ féinghluaiste** locomotive, **~ fuála** sewing machine, **~ gaile** steam engine, **~ glanta sráide** street sweeper, **~ hibrideach** hybrid engine, **~ leictreach** electric engine, **~ loiní** piston engine, **~ lorgtha** search engine, **~ níocháin** washing machine, **~ sárluchtaithe** supercharged engine, **~ traenach** train engine, **~ turbó** turbo engine, **scaird~** jet engine

Innealra *m (~; ~í)* machinery
crua-earra hardware, **fearas** apparatus, **giuirléidí** *fpl* gadgets, **gléasra** apparatus, **iarnra** *m* hardware, **inneall** engine, **ionstraimíocht** instrumentation, **meaisínre** machinery, **sáslach** *m* mechanism, machinery, **teicneolaíocht** technology, **trealamh** equipment

Inniu *adv* today
ag an nóiméad seo at this moment, **ag an bpointe (ama) seo** at this point in time, **am i láthair** present time, **anois** now, **anois díreach** right now, **ar an aimsir seo** in these times, **ar an bpointe** right now; without delay, **ar na saolta seo** nowadays, **i gceann bomaite** in a moment, **i láthair na huaire** at the present moment, **freacnairc** *(lit)* present time/tense, at the present, **sa lá atá inniu ann** in today's world

Inroinnte *adj⁶* divisible
inbhriste breakable, **indeighilte** separable, detachable, **inscartha** severable, partible, **inscoilte** splittable, **soroinnte** easily divisible

Inscartha *adj⁶* separable
aonair individual, **ar leith** separate, **inaitheanta** distinguishable, **inscaoilte** releasable; detachable, **inscortha** detachable, **sain-** *pref* specific, **scarúil** separative; separable, **scoite** discrete

Insint *vn* telling; narrative
1. *(informing)* telling
brath betraying, **comhairliú** advising, counselling, **cumarsáid** communicating, communication, **cur fios**

Insligh

ar informing; summoning, **cur i bhfios** appraisal, **cur i gcuimhne** reminding, **cur i láthair** presentation, presenting, **cur in iúl** informing, **léiriú** conveying, portraying, **meabhrú** reminding, **míniú** explaining, explanation, **moladh** advising, **nochtadh** revealing, divulging **sceitheadh ar** spewing, divulging, **soláthar eolais** provision of information, **tabhairt scéala** bringing of news,

2. *(uttering)* saying, telling
admháil admitting, confessing, **athinsint** retelling, **caint** talking, speaking, **cur amach** putting out, **cur i bhfocail** putting into words, **dearbhú** declaring, **labhairt** speaking, **lua** mentioning, **rá** saying, **sceitheadh** spewing, **scil** prattling

3. *(narrating, relating)* telling
aithris relating, **aithriseoireacht** recitation, **craobhscaoileadh** broadcasting; disseminating, propagating, **cur i gcroinic** chronicling, **cur i láthair** presentation, **cur síos** description of, **déanamh faoistine** *(rel)* making a confession, confessing, **déanamh tráchtaireacht** making/providing a commentary, **déanamh tuarascáil** reporting, making a report, **eachtrú** narrating an adventure, **faisnéis** recounting, narrating, **gearrinsint** short account, **leathadh** spreading, **léiriú** illustrating, portraying, **míniú** explaining, **ríomh** recounting, narrating, **scríobh** writing, **tabhairt scéala** bringing news, **trácht/tráchtaireacht** commenting, commentary, **tuairisciú** reporting

4. *(indicating, announcing)* telling
ciallú signifying, **comharthú** indicating, **cur in iúl** indicating, **fógairt** announcing, proclaiming, **lua** mentioning, **maíomh** claiming, boasting, **nochtadh** revealing, divulging, **ordú** ordering, **tabhairt comhartha** giving a sign, signalling, **tabhairt le fios** implying, intimating, **tabhairt le tuiscint** giving to understand, connoting, **taispeáint** showing, **tarraingt** depicting, **údarú** authorising

Insligh v_{2b} insulate
bac exclude, prevent, **coinnigh amach** keep out, **coisc** exclude, **cuir fál cosanta idir tú féin agus an saol** cocoon yourself from the world, **fálaigh** lag, **leithlisigh** isolate, **maolaigh** cushion, absorb, buffer, **scar** detach, separate, **scar amach ó** isolate from, **scoith** separate, **stuáil** pad, stuff, **teasdíon** *(heat)* insulate

Inslithe *pp* insulated
bactha excluded, prevented, **coinnithe amuigh** kept out, **coiscthe** excluded, **fálaithe** fitted with lagging (cf **seaicéad fálaithe** lagging jacket), **leithlisithe** isolated, **maolaithe** cushioned, absorbed, buffered, **scartha** detached, separated, **scartha amach ó** isolated from, **scoite** separated, **stuáilte** padded, stuffed, **teasdíonach** insulating *(from heat)*, **teasdíonta** insulated *(from heat)*, **teasfhulangach** heat-resisting

Insliú *vn* insulating, insulation
coinneáil amach keeping out, **bac** excluder (eg **bac siorraidh** draught excluder), **cosc** excluding, **cur fál cosanta idir tú féin agus an saol** cocooning yourself from the world, **fálú** lagging, **leithlisiú** isolating, **maolú** cushioning, absorbing, buffering, **scaradh** detaching, separating, **scaradh amach ó** isolating from, **scoitheadh** separating, **stuáil** padding, stuffing, **teasdíonadh** *(heat)* insulation

Inste *pp* told, related
admhaithe admitted, **aithriste** relating, narration, **athinste** retold, **braite** betrayed, **ciallaithe** signified, **cogarnaí** (> *cogarnach*) whispering; whispered, **comhairlithe** advised, counselled, **comharthaithe** indicated, **craobhscaoilte** broadcast; disseminated, propagated, **cumarsáidte** communicated, **curtha amach** put out, **curtha i bhfios** appraised, **curtha i bhfocail** put into words, **curtha i gcroinic** chronicled, **curtha i gcuimhne** reminded, **curtha in iúl** informed, **curtha i láthair** presented, **curtha síos** described, **tuarascála** (> *tuarascáil*) account, report, **dearbhaithe** declared, **eachtraithe** narrated, **faisnéiste** recounted, narrated, **faoistine** (> *faoistin*) *(rel)* confession, **fógartha** heralded, announced, **labhartha** spoken, **leata** spread, **léirithe** portrayed; illustrated, **luaite** mentioned, **maíte** claimed, boasted, **meabhraithe** reminded, **mínithe** explained, **molta** advised, **nochta** revealed, **ordaithe** commanded, ordered, **ráite** said, told, **ríofa** recounted, narrated, **scaoilte** released, **sceite** divulged, **scilte** divulged, prattled, **scríofa** written, **soláthartha** provided, **taispeánta** shown, **tarraingthe** depicted, **tráchta** commented, **tuairiscithe** reported, **tugtha le fios** implied, intimated, **tugtha le tuiscint** given to understand, connoted, **údaraithe** authorised

◊ **bean** *f (mná; mná, ban)* ~ **scéil** *(female)* storyteller, **fear** ~ **scéil** *(male)* storyteller, **lucht** ~ **scéil** storytellers

Intinn *f (~e; ~í)*

1. mind, mental state
aigne *f* mind, **anam** soul, **céadfaí** senses, **ceann** head, **ciall** sense, **cuimhne** *f* memory, recall, **dianmhachnamh** concentration, **eagna** intelligence, **eagna cinn** brainpower, intelligence, **eagnaíocht** sapience; wittiness, **éirim** intelligence, **forintleacht** superior intelligence, **ginias** genius, **inchinn** brain, **intleacht** intellect, **intleacht shaorga** artificial intelligence, **machnamh** meditation, **meabhair** mind, **meabhrú** recollection, **meanma** *f (~n)* state of mind; sentiment, **meanmanra** things of the mind, **na cealla** *fpl* **beaga liatha** the little grey cells, **réasún** rationality, reason, **sícé** psyche

▲ ~ **aibí** lively centred mind, ~ **chomhfhiosach** conscious mind, ~ **dhoiléir** clouded mind, ~ **fhiosrach** inquisitive mind, ~ **fholláin** healthy mind, ~ **ghéar** sharp mind, **~ ghuagach** fickle mind, **~ ghrinn** clear mind, **~ dhúr** dour mind, **~ mhaith** bona fides, **~ phlúchta** cluttered mind, **~ sháinnithe** trapped mind; fixated mind, **~ shalach** dirty mind, **~ sheasc** barren mind, **~ shocair** calm, **~ shuairc** cheerful mental state, **~ shuaite** distracted mind

◊ **Is mór an faoiseamh ~e dom é.** It's a great load off my mind., **Níl a ~ ar a chuid oibre.** His mind isn't on his work., **Táimid go léir ar aon ~.** We are all of one mind.

P **~ dhall ag leadaí na leisce!** A lazy person has a clueless mind!

2. intention, disposition
aidhm aim, purpose, **aigne** *f* mentality, disposition, **aird** attention, focus, **bara** *f* inclination, intention, **claoine** inclination, slant, **claonadh** tendency, **creideamh** belief, faith, **cuspóir** objective, **dearcadh** point of view, **diall** inclination, **dúil** desire, **éirim** drift, tenor, **fáth** reason, **fonn** desire, **fuadar** hurried keenness, strong tendency, **guí** wish, **luí** leaning, tendency, **luíochán le** tendency towards, **meanma** *f* (**~n**) disposition, **meanmanra** inclinations, **meanmarc** aspiration, **méin** mind, disposition, **mian** desire, wish, **meon** attitude, temperament, **spiorad** spirit, **rún** intention; secret; *(debate)* motion, **smaoineamh** thought, **smaointe** thoughts, **spiorad** spirit, **suim** interest, **taitneamh** liking, **togradh** will, inclination, **toil** *f* will; fancy, **tugthacht** inclination, tendency, **tuiscint** understanding

◊ **Cad tá ar ~ agat a dhéanamh?** What do you intend to do?

Intleacht *f* (**~a**; **~aí**) intellect
acadúlacht academic nature, academia, **aigne** *f* mind, **ciall** *f* sense, **clisteacht** cleverness, **eagna** wisdom, **éirim** intelligence, **éirim aigne** brainpower, **éirimiúlacht** intelligence, **inchinn** brain, **meabhair** mind, memory, **meabhraíocht** intelligence, presence of mind, **réasún** reason, **smaointeoireacht** thinking, pondering, **stuaim** prudence, **tuiscint** understanding

Intleachtach *adj³* intellectual
acadadúil academic, **ardeagnaí** extremely wise; very witty, **ardéirimiúil** highly intelligent, **ciallmhar** sensible, **cliste** clever, **éirimiúil** intelligent, **glic** astute, **inchinne** (> ***inchinn***) of the brain, **meabhrach** brainy, cerebral, **ollúnta** professorial, **réasúnta** reasoned, **saoithiúil** learned, skilled; wise, **smaointeoireachta** (> ***smaointeoireacht***) thinking, pondering, **stuama** coherent, clear-headed, sensible

Intuigthe *adj⁶* understandable; implied, implicit
bailí valid, **comhtháite** coherent, **follasach** evident, **gan athbhrí ar bith** totally unambiguous, **gan cheist faoi** unquestionable, **gur féidir a thuiscint** that can be understood, **impleachtaithe** implied, implicit, **inghlactha** acceptable, **intuisceana** understood, **loighciúil** logical, **sofheicthe** obvious, **soiléir** clear, **sothuigthe** easy to understand

Íobair *v₂c* sacrifice
cuir suas put up, offer up, **déan gan rud éigin** forgo something, do without something, **géill** surrender, **martraigh** martyr, **ofráil (suas)** offer (up), **scar le** relinquish, **tabhair suas** cede, relinquish, sacrifice

Íobairt
1. *vn* sacrificing
cur suas putting up, offering up, **déanamh gan rud éigin** forgoing something, doing without something, **géilleadh** surrendering, **martrú** martyring, **ofráil** offering up, **scaradh le** relinquishing, **tabhairt suas** giving up, renouncing, sacrificing

2. *f* (**-artha**; **~í**) sacrifice
caill loss, **féiníobairt** self-sacrifice, **féinloisceadh** self-immolation, **géilleadh** surrender, **íobartach** *m* victim of a sacrifice, **íospartach** *m* *(general)* victim, **martra** *f* martyrdom, **ofráil** offering, **sacraifís** *(ecc)* sacrifice, **tabhartas fola** blood gift, **toirbhirt** oblation

▲ **~ dheasghnách** ritual sacrifice, **~ dhaonna** human sacrifice, **~ fola** blood sacrifice, **~ loiscthe** burnt offering

◊ **~ an Aifrinn a ofráil** to offer the sacrifice of Mass, **ar altóir íobartha (cúise)** on the sacrificial altar (of a cause)

Íobartha *pp* sacrificed
curtha suas offered up, **féiníobartha** self-sacrificed, **féinloiscthe** self-immolated, **géillte** surrendered, **martraithe** martyred, **ofráilte** offered up, **scartha le** relinquished, **tugtha suas** given up, renounced, sacrificed

Íoc 1 *v₁c* pay
aisíoc repay, **cúitigh le** reimburse, compensate, **déan cúiteamh i rud éigin** make retribution for something, **deonaigh** grant, **díol** put up, cover, **forghéill** forfeit, **foscríobh** subscribe, **glan** clear, discharge, **leachtaigh** liquidate, **maoinigh** finance, fund, **réamhíoc** pre-pay, **sásaigh** satisfy, **seol** remit, **soláthair urraíocht** provide sponsorship, **tabhair** give, **tabhair airgead ar** give money for, **tabhair deontas/liúntas** provide a grant/an allowance, **urraigh** sponsor

◊ **~ ag an ngeata** to pay at the gate, **~ as na bunriachtanais** to pay/cover the essentials, **~ann custaiméirí trí dhochar díreach.** Customers pay by direct debit., **an píopaire a íoc** to face the music, **D'~sí an bille.** She paid the bill., **Íocfaidh sé as a chuid amaidí!** He will pay for his foolishness.

Íoc 2 *vn* paying, payment
aisíoc repaying, reimbursing, **airgid cinn** bounty, **cúiteamh** compensation, **deonú** granting, **díol** pay out, covering, **díoltas** payback, revenge, **éiric** recompense, **forghéilleadh** forfeiting, **foscríobh**

Íocaíocht

subscribing, **glanadh** clearing, discharging, **leachtú** liquidating, **réamhíoc** pre-paying, **tabhairt** giving, **maoiniú** financing, funding, **reicneáil** reckoning, payback, **soláthar urraíochta** providing sponsorship, **sásamh** satisfaction, **tabhairt airgid ar** giving money for, **urrú** sponsoring *(see also: íocaíocht)*

▲ ~ **bille** paying a bill, ~ **cúitimh** compensation payment, ~ **deachúna** *(hist)* payment of tithes, ~ **éilimh** payment of a claim, ~ **éirice** payment of a forfeit, ~ **fiach** paying/payment of debts, ~ **is iompair** cash and carry, ~ **mar a thuillir (ÍMAT)** pay as you earn (PAYE), ~ **mar a úsáidtear** pay-as-you-go, ~ **síntiúis** subscription payment, ~ **táillí** fee payment

Íocaíocht *f (~a; ~aí)* payment, instalment
ailiúnas alimony, **airgead síos** money down, **aisíocaíocht** reimbursement, **aistriú airgid** money transfer, **biseach** *m* premium *(on shares)*, **costais** *mpl* expenses, **costas** cost, **cúiteamh** compensation, **deontas** grant, **díolaíocht** payment, **éarlais** down payment, deposit (cf **éarlais ar eagla briste** breakage deposit), **gála** instalment, **íoc ar sheachadadh** cash on delivery, **luach saothair** remuneration, **luaíocht** reward, **pá** pay, **préimh** *(insurance)* premium, **liúntas** allowance, **réamhíocaíocht** advance payment, **saothrú** earnings, wages, **socrú** settlement, **táille** fee, **tráthchuid** *f (-choda; -chodanna)* instalment, **tuarastal** salary, **tuilleamh** earning(s)

▲ ~ **ar chuntas** payment on account, ~ **deiridh** final payment, ~ **gan tadhall** contactless payment, ~ **iomlán** full payment, ~ **le cárta creidmheasa** credit card payment, ~ **leathmhíosúil** fortnightly payment, ~ **roimh ré** payment in advance, ~ **scoir** payoff, severance payment, ~ **síos** down payment, ~ **trí ríomhaistriú** payment by electronic transfer, **páirt**~ partial payment

◊ **an chéad** ~ the first instalment, **fostú ar** ~ paid employment, **gan** ~ unpaid, outstanding

Íochtar *m (-air; -air, ~)* lower area, bottom; northern regions
bun base, **bundún** fundament, bottom, **bunlíne** *f* baseline, **buntús** basics, starting level, rudiments, **cuid íseal** low part, **domhain** *f (doimhne)* depth, **duibheagán** abyss, **fodhomhain** *f* uttermost depths, **eagán** bottom, pit, **foras** foundation, **grinneall** *(lake, sea, etc)* bed, **íoslach** *m* basement, **íseal** *m (ísil; ísle)* low-lying place, **ísealchríoch** *f (-chríche; ~a, ~)* lowland, **siléar** cellar, **thíos** below, **tóin** *f (tóna)* bottom, **urlár** floor, **tuaisceart** north

Íochtarach *adj³* lower, low-lying
fo- *pref* sub-, **íochtaránach** subordinate, **íseal** low, **lagmheasa** *(> lagmheas)* inferior, **lagmheasartha** rather poor, **sóisearach** junior, **srathach** low-lying, bottom, **suarach** miserable, **thíos** below, underneath

Íolraithe

Íoctha *pp* paid
aisíoctha repaid, reimbursed, **cúitithe** compensated, **díolta** paid out, covered, **forghéillte** forfeited, **foscríofa** subscribed, **glanta** cleared, discharged, **leachtaithe** liquidated, **maoinithe** financed, funded, **réamhíoctha** pre-paid, **reicneáilte** paid back, revenged, **sásta** satisfied, **tugtha** given, **urraithe** sponsored

Íogair *adj²* ticklish, delicate, sensitive
cigilteach touchy, ticklish, **cáiréiseach** *(issue)* ticklish, **cleasach** tricky, **coilgneach** prickly, **drisíneach** prickly, thorny, **goilliúnach** sensitive, **hipiríogair** hypersensitive, **inspreagtha** excitable, **leochaileach** fragile, delicate, **mothálach** sensitive, **nimhneach** sore, painful, **niogóideach** touchy, **róghoilliúnach** oversensitive, **rúnaicmithe** classified, **rúnda** secret, **sochorraithe** irritable; easily roused, excitable, **soghonta** vulnerable, **soghortaithe** easily hurt, **solas-íogair** light-sensitive, **so-lasta** easily inflamed, **sophléasctha** liable to explode, **sothógtha** excitable

▲ **caidreamh** ~ brittle relationship, **ceist** ~ ticklish question, sensitive issue, **ciúnas** ~ uncomfortable silence, **dealramh** ~ fragile appearance, **suíomh** ~ delicate situation, **zón** ~ erogenous zone

Íolrach *adj³* pluralist, plural
cuimsitheach comprehensive, **éagsúil** varied, **fairsing** broad, **ilchineálach** miscellaneous, heterogeneous, **ilchultúrtha** multicultural, **iliomadach** of great variety, **ilghnéitheach** diverse multifaceted, **iolartha** numerous, manifold; abundant, **iolra** *(gram)* plural *(> iolra)*, **iolraíoch** pluralistic, **iomadúil** numerous, **ionchuimsitheach** inclusive, **measctha** mixed, **scóipiúil** broad-based, wide-reaching

Íograigh *v₂ₐ* sensitise
ardaigh íogaireacht heighten sensitivity, **déan níos cáiréisí** make more sensitive, **éirigh an-cháiréiseach** become extremely sensitive, **múscail** awaken

Íolraigh *v₂ₐ (maths)* multiply
atáirg reproduce, **bailigh** gather, **carn** heap, accumulate, **carnaigh** garner, accumulate, **dúbail** double, **fás** grow, **forbair** develop, **géaraigh** intensify, **iomadaigh** propagate, multiply, **leath** expand, **méadaigh** increase, augment, **prólaiféaraigh** proliferate, **síolraigh** breed

Íolraithe *pp (maths)* multiplied
atáirgthe reproduced, **bailithe** gathered, **carntha** heaped, accumulated, **carnaithe** garnered, accumulated, **dúbailte** doubled, **fásta** grown, **forbartha** developed, **géaraithe** intensified, **iomadaithe** propagated, multiplied, **leata** expanded, **méadaithe** increased, augmented, **prólaiféaraithe** proliferated, **síolraithe** bred

Iolrú *vn (maths)* multiplication, multiplying **atáirgeadh** reproduction, **bailiú** gathering, **carnadh** heaping, accumulating, **carnú** garnering, accumulating, **dúbailt** doubling, **fás** growing, **forbairt** development, developing, **géarú** intensifying, **iomadú** propagation, multiplying, **leathadh** expanding, spreading, **méadú** increasing, augmenting, **prólaiféarú** proliferation, **síolrú** breeding

Iomad *s indecl* abundance, excess; great number **a lán** a lot, **barraíocht** excess, **cuid mhór** large share/amount, **farasbarr** surplus, excess, **luthairt lathairt** abundance, **iliomad** great number; great variety, **iomadúlacht** abundance, numerousness, **líon mór** large number, **mórán** many, large amount, **mórchuid** large amount, **neart** great deal, oodles, **tortach** *m* amount, abundance *(see also: iliomad, barraíocht)*

Iomadúil *adj⁴* numerous, abundant, plentiful **fairsing** ample, wide, expansive, **flúirseach** abundant, copious, **iliomadúil** multitudinous, **iomdha** *(lit)* many (cf **catha iomdha** many battles), much, **líonmhar** plentiful, numerous, **raidhsiúil** prolific, profuse, abundant, **rathúnasach** abundant; prosperous, **róúil** prosperous, plentiful, **sluamhar** multitudinous, **sorthanach** prosperous, **torthúil** bountiful, fruitful, **trom** dense, thick

Iomaíoch *adj⁵* competitive, vying **aighneasach** argumentative, combative, **bagrach** threatening, **coimhlinteach** contesting, conflicting, **iomaíochta** (> *iomaíocht*) competitive (cf **meon iomaíochta** competitive attitude), **iomarbhách** contentious, **ionsaitheach** aggressive, **naimhdeach** hosile, antagonistic, **scafa** keen (cf **scafa chun buachan** keen to win), **teanntásach** forward, audacious, **trodach** combative, **uaillmhianach** ambitious

Iomaíocht *f (~a)* competition, rivalry; emulation **agóid** protest, **aighneas** dispute, **báire** contest, **céile comhraic** rival, **cluiche** game; match (cf **cluiche, seit agus comórtas** game set and match), **coimhlint** conflict, contest, **comórtas** competition, **craobh** *f* championship, **craobhchomórtas** championship, **díospóireacht** debate, **dúshlán** challenge, **freasúra** opposition, **gnó** business, **iomaidh** *f* competition, rivalry, **iomaíochas** competitiveness, **iomarbhá** *f* contest, disputing, **iomaitheoirí** *mpl* competitors, **rás** race, **triail** *f (-alach)* trial, **turnaimint** tournament

▲ ~ **ainscianta** cut-throat competition, ~ **atá ag géarú** intensifying competition, ~ **bhríomhar** brisk competition, ~ **dháiríre** serious competition, ~ **éagórach** unfair competition, ~ **fhíochmhar** fierce competition, ~ **ghéar** keen competition, ~ **níos géire** intensified competition, ~ **oscailte** open competition

◊ **an ~ a chur díot** to fend off competition, **as an ~ out of the running, dul san ~ le** to compete with, **Plúchann sin ~.** That stifles competition.

Iomaitheoir *m (-eora; ~í)* competitor, contender; contestant **ball den fhreasúra** member of the opposition, **céile comhraic** adversary, **coimhlinteoir** adversary, **feachtasóir** crusader, **iad siúd atá ag cur inár gcoinne** those who are opposing us, **iarrthóir** candidate, **lucht comhraic** combatants, **namhaid** *m (-mhad; naimhde)* antagonist; enemy

Iomarca *f (~)* excess, superfluity **áibhéil** exaggeration, **ainmheasarthacht** immoderation, overkill, **ainriantacht** licentiousness, **anlucht** *m* glut, surfeit, **antoisceachas** extremism, **barrachas** surplus, **barraíocht** excess, **breis** extra, excess, **caifeachas** wastefulness, **ceas** surfeit, **cur thar maoil** overflow, **diomailteacht** profligacy, **díréir** disproportion, **fanaiceacht** fanaticism, **farasbarr** surfeit, excess, **foráil** *(lit)* superabundance, **forcra** excess, superfluity, **forlann** *m (lit)* superiority in numbers, **fuílleach** remainder, overspill, **fuíoll** residue; glut, **iarmhar** remnant, **iomad** too much, excess, **míchuibheasacht** immoderation, **neamh-mheasarthacht** immoderation, excess, **rabairne** extravagance, **rathúnas** plenty, abundance, **ródháileog** overdose, **róluchtú** overload, **sceith** eruption, overflow, **uiríoll** surplus, extra (cf **ar sceith** overflowing)

Iomarcach *adj³*
1. excessive; presumptuous
áibhéalach exaggerated, **ainmheasartha** immoderate, inordinate, **ainrianta** inordinate, **anluchtaithe** overloaded, **antoisceach** extremist, **as compás le méid** exorbitant, **breise** extra, excess, **caifeach** wasteful, **diomailteach** profligate; extravagant, **fanaiceach** fanatical, **foircneach** extreme, **gan chall** needless, **gan ghá** unnecessary, superfluous, **iomadúil** abundant, plenteous, **míchuibheasach** extravagant, profligate, **míchuimseach** disproportionate; extravagant, **neamhghá** unnecessary, **neamh-mheasartha** immoderate, excessive, **rabairneach** extravagant, **róúil** prosperous, plentiful, **thar cuimse** exceeding, overriding, **thar fóir** over-the-top, overstated, **thar na bearta** extreme

2. presumptuous, overbearing
andóchasach presumptuous, **buannúil** taking liberties, **clóchasach** impudent, cocky, **díomasach** arrogant, contemptuous, **easurrúsach** presumptuous, **foircneach** extreme, **gaisciúil** puffed up, vaunting, vainglorious, **maíteach** bragging, **móiréiseach** haughty, pretentious, **mórfhoclach** bombastic, **mórtasach** proud, haughty, **mursanta** overbearing **ollásach** boastful, **postúil** conceited, **toirtéiseach** haughty, self-important, **siollógach** bragging, boastful, **tiarnúil** imperious, overbearing, **uaibhreach** arrogant, proud

Íomhá *f (~; ~nna)* image
bréagshamhail *f (-mhla; -mhlacha)* effigy *(for burning)*,

cartún cartoon, **coincheap** concept, **cosúlacht** likeness, similitude, **dealbh** *f* statue, image (cf **dealbh chéarach** wax image), **dealramh** appearance, **deilbhín** *(religious)* icon, **diagram** diagram, **fíor** figure, likeness, outward form, **fáisc-ealaín** clip art, **fíor** *f* *(-ach)* emblem, figure (cf **fíorach chainte** figure of speech), **grafaíocht** graphics, **imprisean** impression, **íocón** icon, **íol** *m* idol, **léaráid** diagram, **léiriú** illustration, **léiriúchán** representation, **líníocht** drawing, **líníocht phionsail** pencil drawing, **macasamhail** *f (-shamhla; -shamhlacha)* likeness, duplicate, doppelganger, look-alike, replica, **múrphictiúr** *m* mural, **patrún** pattern, **pictiúr** picture, **portráid** portrait, **prionta** print, **samhail** *f (samhla; samhlacha)* effigy; simile, **samhlaoid** illustration, **scáth** shadow, **sceitse** sketch, **siombail** symbol, **solaoid** illustration, example, **tarraingt** drawing, **tróp** trope, **uiscedhath** watercolour

Íomháineachas *m (-ais)* imagery

graificí *fpl* graphics, **íocónagrafaíocht** iconography, **íomhánna** *fpl* visuals, **íomháú** imaging, **léirithe** *mpl* depictions, **obair ealaíne** artwork, **pictiúr** picture, **samhlaíocht** imagination, **samhlaoidí** imagery, use of imagery

Iomlán 1 *m (-áin; -áin, ~)* total, whole

absalóid *f* absolute, **comhiomlán** aggregate, **fotha** *(in vessel)* full measure, fill, **glanmhéid** *m* net amount, **iomlánú** completion; integration, **lán** full contents, **lánlíon** full complement, **lánmhaire** fullness, **lánmhéid** full amount; full size, **lánsuim** sum total, **líon** full number, complement, **neamhghiorraithe** unabridged, **suim** sum, **uile** all (cf **an uile** all things), **urdail** equivalent amount

Iomlán 2

1. *adj¹* total, complete

absalóideach *(phil)* absolute, **ag cur thar maoil** overflowing, **ar fad** entire, **ar maos** saturated, **amach is amach** out-and-out, outright, downright, **beacht** exact, **cab ar cab** brimful, **comhiomlán** aggregate, **críochnaithe** finished, complete, **críochnúil** thorough, **cruinn** precise, **cruthanta** consummate, **cuimsitheach** comprehensive, **déanta** done, **foirfe** perfect, **foriomlán** overall, **gan bhriseadh** unbroken, **glan** exact, absolute; net, **iomlánach** plenary, **lán-** *pref* full, **lán** full, **lán go béal** full to the brim, **lán go draid** chock-a-block, **lánmhar** full, replete, **lomlán** full to capacity, **oll-** *pref* gross, **plúchta** choked, **slán** complete, whole, sound, **suimeálach** *(maths)* integral, **uile** all

▲ **athrú** ~ U-turn, complete turnabout, **briseadh** ~ clean break, **éagumas** ~ total incapacity, **iostas** ~ full board, **pribhléid** ~ absolute privilege, **seachtain/mí/bliain** ~ whole week/month/year, **táille** ~ full fare, **tirim** ~ bone dry

2. *adv* **go h~** totally, completely

amach is amach out and out, **ar fad** entirely, **gan amhras ar bith** without a shadow of a doubt, **go cinnte dearfa** unequivocally, **go cruinn** exactly, **go foirfe** perfectly, **go huile agus go h~** absolutely, **go soiléir** clearly, unambiguously, **in éineacht** collectively, combined, **le chéile** together, **scun scan** unmistakably, outright (eg **Tá sí scun scan san áit chearr.** She is unmistakably in the wrong place.), **tríd is tríd** mostly, broadly speaking

◊ **Aontaím go h~.** I thoroughly agree., **ar an ~** broadly speaking, **ó mo chroí ~** with all my heart, **san ~** overall, **Tá an ceart go h~ aige.** He is altogether correct.

Iompaigh *v₂ₐ* turn; transform

aisiompaigh invert, reverse, **athiompaigh** turn back, **athraigh** change, **casiompaigh** *(astr)* retrograde, **cas timpeall** turn round, **ciorclaigh** circle, **claon** incline, bend, **cuir bunoscionn** turn upside down, **cuir taobh tuathail amach** turn inside out, **déan de** transform, turn into (cf **Rinneadh ealaí díobh.** They were turned into swans.), **fill** fold; return, **fill ar ais** return to, **gruthaigh** curdle, **imrothlaigh** revolve, turn, change, **inbhéartaigh** invert, **lúb** twist, **malartaigh** convert, exchange, **téigh i riocht** assume the form; masquerade as, **téigh siar** go back, **tiontaigh** invert, turn over

Iompair *v₂ᴄ*

1. wear; carry; transmit

aistrigh move, transfer, **bog** move, **caith** wear, **coimeád suas** keep up, **coinnigh** sustain, **corraigh** move, **craobhscaoil** broadcast; disseminate, **foilsigh** publish, **fulaing** suffer, endure, **gabh** capture, **glac** accept, take on, **leaschraol** relay, **scaoil** release, **srac le lug**, **tabhair** bring, convey, **taispeáin** display, show, **tarchuir** transmit, **tarlaigh** haul, **téigh faoi dhéin** fetch, **tiomáin** drive, **tóg** take

◊ **~ ar do dhroim é.** Carry it on your back! **Ar ~ tú spéaclaí?** Did you wear glasses? **Iompraíonn an ghaoth an fhuaim.** The wind carries the sound.

2. behave

cruthaigh acquit, prove, **déan** perform, **feidhmigh** function, **gníomhaigh** act, **oibrigh** operate, **réitigh (le)** comport, get on with, **tú féin a thaispeáint (i solas maith)** to show yourself (in a good light)

◊ **~ tú féin go maith!** Behave yourself!

3. support

coinnigh ina sheasamh maintain upright, **cuir taca faoi** prop up, **cuir taca le** support, provide support for, **fothaigh** lay foundation, **fulaing** endure, withstand, **neartaigh** strengthen, reinforce, **tabhair taca do** give support to, **tacaigh** support, **teanntaigh** prop, support, **treisigh** reinforce, fortify, **trusáil** truss

◊ **Tá an balla seo ag iompar an dín.** This wall is supporting the roof.

Iompaithe *pp* turned around
aisiompaithe inverted, reversed, **athiompaithe** turned back, **athraithe** changed, **casiompaithe** *(astr)* retrograded, **casta timpeall** turned round, **ciorclaithe** circled, **claonta** inclined, bent, **curtha bunoscionn** turned upside down, **curtha taobh tuathail amach** turned inside out, **dulta i riocht** (+*gen*) having assumed the form (of); masqueraded (as), **dulta siar** gone back, **fillte** folded; returned, **fillte ar ais** returned back, **gruthaithe** curdled, **imrothlaithe** revolved, turned, changed, **inbhéartaithe** inverted, **lúbtha** twisted, **malartaithe** converted, exchanged, **tiontaithe** inverted, turned over

Iompar
 1. *m* (-*air*) behaviour, conduct
bearta *mpl* deeds, **béasa** *mpl* manners, **giúlán** bearing, conduct, **gníomhaíochtaí** *fpl* activities, **gníomhartha** *mpl* actions, **staidiúir** *f* (~*e*; ~*í*) pose, posture

 ▲ ~ **altrúíoch** altruistic behaviour, ~ **bacúil** obstructive behaviour, ~ **coiriúil** criminal conduct, ~ **diabhlaí** ungodly behaviour, ~ **dímhorálta** amoral behaviour, ~ **drochídeach** abusive behaviour, ~ **eiticiúil** ethical behaviour, ~ **féinscriosach** self-destructive behaviour, ~ **foghlamtha** learned behaviour, ~ **frithshóisialta** antisocial behaviour, ~ **guagach** erratic behaviour, ~ **meisciúil** drunken behaviour, ~ **mínormálta** abnormal behaviour, ~ **náireach** disgraceful behaviour, ~ **ógánta** adolescent behaviour, ~ **páistiúil** childish behaviour, ~ **poiblí** public behaviour, ~ **scannalach** scandalous behaviour

 2. *vn* carrying, transporting; wearing; transmitting
aistriú transferring, **caitheamh** wearing, **craobhscaoileadh** broadcasting; disseminating, **foilsiú** publishing, **fulaingt** suffering, **leaschraoladh** relaying, **scaoileadh** releasing, **tabhairt** bringing, conveying, **tarchur** transmitting, **dul faoi dhéin** fetching, **tiomáint** driving, **tógáil** taking *(see also: feithicil)*

 3. *vn* supporting
coinneáil ina sheasamh keeping upright/standing, **cur taca le** supporting, providing support for, **fothú** laying foundation, **fulaingt** enduring, withstanding, **neartú** strengthening, reinforcing, **tabhairt taca do** giving support to, **cur taca faoi** propping up, **tacú le** supporting, **teanntú** propping, supporting, **treisiú** reinforcing, fortifying, **trusáil** trussing

 ▲ ~ **cairte** cartload, ~ **coirp** posture, ~ **dín** roof support, ~ **gutha** range of voice, ~ **málaí** carrying of bags, ~ **muirí** maritime transport, ~ **paidrín** string of rosary, ~ **paisinéirí** transport of passengers, ~ **poiblí** public transport, ~ **scéalta** tale-bearing, ~ **ualaigh** carrying of a load

 ▲ **ainmhí iompair** beast of burden, **am iompair** *(geog)* transit time, **bealach** *m* **iompair** transport route; shoot, slide, **cór iompair** transport corps, **cód iompair** code of behaviour, **córas iompair** system of transport, **costais iompair** haulage costs, **crios iompair** conveyor belt, **gléas iompair** transport device, **grán iompair** ball bearing, **leaba iompair** bier, litter, **long** *f* **iompair** *(ship)* carrier, **modh iompair** means of transport

Iompartha *pp*
 1. carried, worn
aistrithe moved, transferred, **bogtha** moved, **caite** worn, **coinnithe** sustained, **craobhscaoilte** broadcast; disseminated, **dulta faoi dhéin** gone to fetch, **foilsithe** published, **fulaingthe** suffered, **glactha** accepted, taken on, **leaschraolta** relayed, **sractha** lugged, **tarchurtha** transmitted, **tarlaithe** hauled, **tiomáinte** driven

 2. behaved
cruthaithe acquitted; proven, **déanta** performed, **feidhmithe** functioned, **gníomhaithe** acted, **oibrithe** operated, **réitithe** (**le**) gotten on (with), **taispeánta i solas maith** shown in a good light

 3. supported, propped
coinnithe ina sheasamh kept upright/standing, **fothaithe** established, given foundation, **fulaingthe** endured, withstood, **neartaithe** strengthened, reinforced, **tacaithe** supported, **teanntaithe** propped, supported, **treisithe** reinforced, fortified, **trusáilte** trussed

Iompú *vn* turning back, turning round
aisiompú inverting, reversing, **athiompú** turning back, **athrú** changing, **casadh timpeall** turning round, **casiompú** *(astr)* retrograding, **ciorclú** circling, **claonadh** inclining, bending, **cur bunoscionn** turning upside down, **cur taobh tuathail amach** turning inside out, **dul i riocht** (+*gen*) assuming the form (of); masquerading (as), **filleadh** folding; returning, **filleadh ar ais** returning back, **gruthú** curdling, **imrothlú** revolving, turning, changing, **inbhéartú** inverting, **tiontú** inverting, turning over, **lúbadh** twisting, **malartú** converting, **dul siar** going back

Iomrá *m* (~) rumour
béadán gossip, **caint** talk, **clú** renown, reputation, **cogar mogar** conspiratorial chitchat, **cogarnach** *f* whispering, **cúlchaint** backbiting, **gáir** fame, notoriety, **luaidreán** report, gossip, **plé** discussion, **ráfla** rumour, report, **scéal** story, tale, **scéal scéil** hearsay, **scéala** news, **scéalaíocht** telling tales, talebearing, **tásc** tidings, report, **teist** testimony, **tuairisc** report, **tuirtheacht** *(lit)* report, tidings

 P **Tagann gach aon rud lena ~ ach an madra rua is an marbhán!** Speak of the Devil and he's sure to appear!

Iomráiteach *adj³* well-known, notable
ainmniúil noted, well-known, **cáiliúil** famous, **céimiúil** distinguished, **clúiteach** renowned, **dea-**

Iomrascáil *f (-ála)* wrestling
achrann quarrelling; fray; **aighneas** wrangling, **bruíon** wrangle, **cambús** brawl, **coimhlint** struggle, conflict, **comhrac** combat, scuffle, **comhrac ucht le hucht** hand-to-hand combat, **easaontas** disagreement, **fuirseadh** scramble, tussle; fuss, **gadhraíl** fighting like dogs, **gíotam** scuffle, scuffling, **gleic** struggle, wrestling, **gráscar** scuffle, fracas, **griobach** *m* tussle, scrimmage, **griolsa** brawl, fracas, **rangaireacht** brawling; wrangling, **scliúchas** commotion *(see also:* **troid***)*

Ionad *m (-aid; -aid, ~)* place
áit place, **ball** spot, place, **dúiche** locality, **láithreán** site (cf **láithreán tógála** building site), **láthair** *f* location, **pointe** point, spot, **suíomh** site/position *(see also:* **áit***)*

▲ ~ **adhartha** place of worship, ~ **aimsire** *(arch.)* servant position, ~ **athchúrsála** recycling centre, ~ **athshlánúcháin** rehabilitation centre, ~ **bailithe** collection point, ~ **catha** scene of battle, ~ **ceardaíochta** craft centre, ~ **coinne** rendezvous, ~ **comhdhála** conference venue, ~ **dídine** place of refuge, ~ **eachtraíochta** adventure centre, ~ **eachtraíochta taobh amuigh** outdoor adventure centre, ~ **eolais** information point, ~ **fágála** drop-off point, ~ **garraíodóireachta** garden centre, ~ **leighis** medical centre, ~ **mearbhia** fast-food outlet, ~ **oibre** workplace, ~ **oideachais d'aosaigh** adult education centre, ~ **oiliúna** training centre, ~ **saoire (geimhridh)** (winter) resort, ~ **siamsa** amusement arcade, ~ **siopadóireachta** shopping complex, ~ **sláinte** health centre, ~ **tástála feithiclí** vehicle testing centre, ~ **tionóil** assembly point, ~ **vótála** voting centre

◊ **as** ~ out of place, **fear ionaid rí** viceroy, **Ionad chomhraic!** Action stations!, **aisteoir ionaid** understudy, **múinteoir ionaid** substitute teacher

Ionadaí *m (~; -aithe)* representative, deputy; *(acting)* understudy
aircitíopa archetype, **barrshamhail** *f* epitome, **bean/fear ionaid** substitute, **eiseamláir** exemplar; example, **feidhmeannach** *m* functionary, official, **feisire** member of parliament, **glór** voice, **gníomhaire** agent, **ionadán** substituent, **míniteoir** interpreter, **prócadóir** procurator, **teachta** envoy, deputy, **Teachta Dála** Dáil Deputy, **toscaire** delegate, **urlabhraí** spokesperson

▲ ~ **ainmnithe** named representative, ~ **an rí** viceroy, ~ **athar** father figure, ~ **ceardchumainn** shop steward; union representative, ~ **díolacháin** sales rep, ~ **múinteora** substitute teacher, ~ **pearsanta** personal representative, ~ **údaraithe** authorised agent

Ionadaigh v_{2a} represent, substitute; position
bí i d'ionadaí be a representative, **déan ionadaíocht in áit duine eile** substitute in place of another person, **feidhmigh ar son** (+*gen*) act on behalf (of), fulfil the function (of), **gníomhaigh thar ceann (dochtúra etc)** act on behalf of (a doctor etc), **idirmhalartaigh** interchange, **láithrigh** appear; present (eg **seó teilifíse a láithriú** to present a TV show), **lonnaigh** *(place)* locate, **malartaigh** exchange, **neadaigh** nest, embed, **seas isteach do** stand in for, **suigh** seat, situate, **téigh in áit (an oide)** go in place (of the teacher)

Ionadaíocht *f (~a)* representation, substitution
gníomhú acting, agency, **idirmhalartú** interchange, **ionadán** substituent, **ionadú** representing, **malartú** exchange, **seasamh isteach** standing in

Ionadaithe *pp* represented, substituted; positioned
dulta in áit (an mhúinteora) gone in place (of the teacher), **idirmhalartaithe** interchanged, **láithrithe** appeared; *(br)* presented **lonnaithe** *(placed)* located, **malartaithe** exchanged, **neadaithe** nested, embedded, **seasta isteach do** stood in for, **suite** seated, situated

Ionadh *m (-aidh; -aí)* wonder, surprise
alltacht astonishment; frenzy, **díol suntais** revelation, **díomá** dismay, **dubhiontas** astonishment, **geit** jolt, **iontas** amazement, surprise, **mearbhall** bewilderment, **meascán mearaí** puzzlement, bafflement, **oscailt súl** eye-opener, **preab** *f* shock, **splanc** *f* bombshell (cf **mar a thitfeadh splanc ar dhuine** like a bombshell), **turraing** shock, grief (eg **Ba mhór an turraing dom é.** It came to me as a great shock.), **uafás** horror *(see also:* **iontas***)*

◊ **Cá h~ sin?** Is it any wonder?, **Bhí ~ mór orm.** I was really astonished., **Bhí fearg uirthi agus ní nach ~!** She was angry and no wonder!, **Is beag an t-~ é go bhfuil tú beo bocht!** It's no wonder your're penniless!

Ionadú *vn* representing, substituting; positioning
bheith i d'ionadaí being a representative, **feidhmiú ar son** (+*gen*) acting on behalf (of), fulfilling the function (of), **gníomhú thar ceann (dochtúra etc)** acting on behalf of (a doctor etc), **idirmhalartú** interchanging, **déanamh ionadaíochta in áit duine eile** substituting in place of another person, **láithriú** appearing; *(br)* presenting, **lonnú** *(place)* locating, **malartú** exchanging, **neadú** nesting, embedding, **seasamh isteach do** standing in for, **suí** seating, situating, **dul in áit (an oide)** going in place (of the teacher)

Ionann *adj* same, identical *(used with copula:* **is ~***)*
céanna same, **comhionann** identical, **cosúil** similar, alike, **den chineál céanna** of the same kind, **iomchuí**

Ionannaigh

(math) congruent, **mar a chéile** alike, **mar an gcéanna** same, similar; similarly (see also: **beagnach**)

◊ **Is ~ ag Alan íseal agus uasal.** Alan treats everyone the same., **Is ~ cás don iomlán againn!** We're all in the same boat!, **murab ~ agus tusa** unlike you, **Ní h~ sin agus a rá go bhfuilim ceart.** That's not to say that I am right., **Táim ~ is cinnte de.** I am almost certain of it.

Ionannaigh v_{2a} equate, identify

aontaigh le agree with, square with, **céannaigh** (jur, gov) identify, **comardaigh** equate, **comhardaigh** equalise, adjust, **cothromaigh** balance, **cuir i gcomparáid (le)** compare (with), **cuir i gcosúlacht le** liken to, compare with, **dealraigh le** liken to, **déan comparáid (idir)** to make a comparison (between), **cúitigh** offset, balance out, **insamhail le** liken to, compare with, **neas-suigh** juxtapose, **péireáil** pair, **réitigh le** tally with, **sainaithin** identify, **samhlaigh le** liken to, **téigh le chéile** go together with, **tíopáil** determine type, type

Ionannaithe (le) pp equated/identified (with)

aontaithe le agreed with, squared with, **céannaithe** (jur, gov) identified, **comardaithe** equated, **comhardaithe** equalised, adjusted, **cothromaithe** balanced, equalised, **curtha i gcosúlacht le** likened to, compared with, **dealraithe le** likened to, **curtha i gcomparáid (le)** compared (with), **cúitithe** offset, balanced out, **dulta le chéile** paralleled with, **insamhlta le** likened to, compared with, **neas-suite** juxtapositioned, **péireáilte** paired, **réitithe le** tallied with, **sainaitheanta** identified, **samhlaithe le** likened to, **tíopáilte** determined by type, typed

Ionannú (le) vn equating, identifying (with)

aontú agreement, squaring, **céannú** (jur, gov) identifying, **comardú** equating, **comhardú** equalising, adjusting, **cothromú** balancing, **cur i gcomparáid (le)** comparing (with), **cur i gcosúlacht le** likening to, comparing with, **dealrú le** likening to, **comparáid** comparison, **cúiteamh** offsetting, balancing out, **dul le chéile** paralleling with, **insamhaladh le** likening to, comparing with, **neas-suíomh** juxtapositioning, **péireáil** pairing, **réiteach** tallying, **sainaithint** identifying, **samhlú le** likening to, **tíopáil** determining by type, typing

Ionracas m (-ais)

1. uprightness, integrity

ceart right, **cóir** f (córa) justice, equity, properness, **cothrom** fairness, **cuibhiúlacht** seemliness, decorum, **dáiríre** m sincerity, **féaráilteacht** fairness, **fíre** trueness, **fíréantacht** sincerity, righteousness, **fiúntaí** worthiness, seemliness, **fiúntas** worth, merit, **geanasaí** chastity, **iontaofacht** trustworthiness, reliability, **macántacht** honesty, **maith** good, **maitheas** f (~a) goodness, **muinín** trust; confidence, **neamhchlaontacht** impartiality, **oibiachtúlacht** objectivity, **oscailteacht** openness, candidness, **pointeáilteacht** scrupulousness (see also: **macántacht**)

2. compliment; favour

áis favour, convenience, **aisce** gift, favour, **ardmholadh** high praise; commendation, **cineál** kind favour, treat, **cineáltacht** kindness, **comhghairdeas** congratulation, **cúirtéis** courtesy, **gar** favour, **dúthracht** goodwill offering, **gradam** accolade, **grásta** favour, mercy, **meas** respect, regard, **moladh** praise, **ómós** homage, tribute (cf **ceolchoirm ómóis** tribute concert), **oineach** m generosity, favour, **onóir** f honour, **urraim** deference (see also: **gar**)

▲ **~ airgeadais** financial probity, **~ an chainteora** the sincerity of the speaker, **~ an ráitis** the veracity of the statement, **~ morálta** moral rectitude, **~ pearsanta** personal integrity, **~ sa chaint** candour/frankness when speaking

P **Tá ~ os cionn margaidh.** There is no price on honesty.

Ionradh m (-aidh; -raí) invasion, incursion,

amas attack, **fogha** foray, assault, **foighdeán** darting attack, charge, **forrán** assault, attack, **fuachtain** attack, assault; trespass, **iarraidh** attempt, attack, **ionsaí** m attack, **ruagán** onset, attack, **ruathar** onslaught, incursion (see also: **ionsaí**)

Ionraic adj^2 upright, honest

ceart right, **cóir** just, proper, **cothrom** fair, **creidiúnach** reputable, **cuibhiúil** seemly, **dáiríre** sincere, **eiticiúil** ethical, **féaráilte** fair, **fíor-** pref true, **fíreanta** righteous, **fiúntach** worthy, **geanasach** chaste, **iontaofa** trustworthy, reliable, **macánta** honest, **maith** good, **pointeáilte** scrupulous, **suáilceach** virtuous (see also: **macánta**)

Ionsaí vn(~; -aithe) attacking, attack

aimsiú attack; aim, **amas** attack, **batráil** battery, battering, **blitz** blitz, **blitzionsaí** blitz attack, **coinscleo** onslaught, **creach** f (creiche) (~a, ~) raid, **fogha** foray, assault, **foighdeán** darting attack, charge, **forrán** assault, attack, **greadadh** trouncing, beating, **íde** abuse, **íde béil** verbal abuse, **ionradh** invasion; incursion, **farra** charge, attack, **fóbairt** (lit) attack, assault, **foighdeán** lunge, charge, attack, **forrán** assault, attack, **fras** onset, attack, **fuachtain** attack, assault; trespass, **greas** (lit) attack, onrush; aggression, **léasadh** thrashing, flogging, **léasadh teanga** verbal assault, **ollionsaí** all-out attack, **púráil** trouncing, beating, **robáil** robbing, robbery, **racht** paroxysm, **ráig** sudden rush, attack, **ruagán** onset, attack, **ruathar** onslaught, **scirmis** skirmish, **sitheadh** swoop, onrush, **slacairt** battering, battery, **srán** attack, effort to grab, dash, **stróc** (medical) stroke, **tácláil** tackling, **taom** fit, attack, **tolg** attack, thrust, breach **tolgadh** attacking, thrusting, **treasruathar** battle charge, **tubha** m attack;

Ionsaigh

accusation, reproach, **turraing** shock attack, sudden attack

▲ ~ **airtléire** artillery attack, ~ **aorach** satirical attack, ~ **a rinne meisceoir** drunken attack, ~ **barbartha** vicious attack, ~ **binbeach** vitriolic attack, ~ **brúidiúil** brutal attack, ~ **buama** bomb attack, ~ **ceann ar aghaidh** frontal assault, ~ **dásachtach** audacious attack, ~ **fíochmhar** scathing attack, ~ **foréigneach** violent attack, ~ **gáis** gas attack, ~ **gan choinne** surprise attack, ~ **gan chúis** indiscriminate attack, ~ **gnéasach** sexual attack, ~ **homafóbach** homophobic attack, ~ **marfach** murderous attack, ~ **mígheanasach** indecent assault, ~ **millteanach** horrific attack, ~ **nimhneach (ar leabhar)** hatchet job (on an book) ~ **ón aer** air attack, ~ **ón bhfarraige** amphibious assault, ~ **pearsanta** personal attack, ~ **réamhchoisctheach** pre-emptive strike, ~ **sceimhlitheoireachta** terrorist attack, ~ **talún** ground assault, ~ **treascrach** devastating attack

◊ ~ **agus slacairt** assault and battery, ~ **a dhéanamh ar dhaingean** to make an attack on a stronghold, **bheith faoi** ~ to be under attack, **dul ar an** ~ to go on the attack, **Rinneadh** ~ **orainn**. We came under attack., **uillinn an ionsaithe** the angle of attack

Ionsaigh v_{2a}

1. attack

cáin criticise; assail, **creach** plunder, **déan ionradh ar** invade, **fóbair** (lit) fall upon, attack, **tabhair amach do** berate, **tabhairt faoi (fhadhb)** to attack, to tackle (a problem), **tabhair amas (ar)** attack, **tabhair fogha faoi** charge, to assault, **tabhair íde béil do** to verbally abuse; severely reprimand, **tabhair ruathar ar** charge, attack, **tacláil** tackle, **tolg** attack, thrust, **tubh** attack; reproach

2. attempt, undertake

bain triail as have a go at, **cas** try, attempt (cf **Bhí mé ag casadh lena dhéanamh**. I was trying to do it.), **déan iarracht** make an attempt, **féach le** try, **fóbair** (lit) set about, attempt, **tabhair iarraidh/ iarracht ar** attempt, make an attempt at, **iarr** attempt, **tabhair faoi** undertake, tackle, **tabhair ionsaí faoi** attack; attempt (cf **Thug sé ionsaí faoi imeacht**. He made an attempt to leave.), **tástáil** test, try, **tionscain** contrive, attempt, **triail** try, test, **togair** choose, attempt

Ionsaithe pp attacked; attempted, undertaken

cáinte assailed, criticised, **creachta** plundered, **fóbartha** (lit) set about, attempted, **iarrtha** attempted; requested, **tástáilte** tested, tried, **tionscanta** contrived, attempted, **togartha** chosen, attempted, **tolgtha** attacked, thrust, **triailte** tried, tested, **tufa** attacked; reproached, **tugtha faoi** undertaken, tackled

Ionsaitheach adj³ aggressive, attacking

achrannach contentious, **amasach** attacking, charging, **bagrach** threatening, **borb** fierce, violent, **bruíonach** quarrelsome, **ciotrúnta** argumentative, contrary, **cogaíoch** warlike, warring, **cogúil** bellicose, **creiche** (> **creach**) plundering, **dána** bold, **foghach** aggressive, **forránach** assertive, bold, forward, **léaspach** inclined to flare up, pugnacious, **ruatharach** charging, attacking, **saightheach** attacking, aggressive, **sladach** devastating, destructive; pillaging, **stróinéiseach** overbearing, pushy, **teanntásach** pushy, **tréipéiseach** self-assertive, forward, **trodach** combative, aggressive

Ionsaitheacht f (~a) aggressivity, aggressiveness

achrannaí contentiousness, **amasaí** aggressiveness, **bagairt** threat, threatening, **boirbe** fierceness, violence; rudeness, **bruíonachas** quarrelsomeness, **ciapadh** harassment, tormenting, **ciotrúntacht** argumentativeness, contrariness, **cogúlacht** bellicosity, belligerence, **creachadh** plundering, **dánacht** boldness, **foghaí** aggressiveness, **forrántacht** forwardness; assertiveness, **léaspach** m blaze, pugnacious attitude, **stróinéis** overbearingness; pushiness, **teanntásaí** pushiness, **trodaireacht** pugnaciousness, aggressiveness; brawling

Ionsaitheoir f (-eora; ~í) attacker, assailant; aggressor

agróir avenger, **amhas** hooligan; mercenary soldier, **bagróir** threatener, **bulaí** bully, **cáinteoir** critic, criticiser, **ciapaire** harasser, **creachadóir** marauder, looter, plunderer, **éigneoir** violator; ravisher, **géarleantóir** persecutor, **ionróir** invader, **maistín** cur, tyke, bully, **mí-úsáideoir** abuser, **mugálaí** mugger, **saightheach** m (archaic) attacker, aggressor, **sáiteachán** intruder, **sáiteoir** meddler, pushy person, **sceimhealtóir** raider, skirmisher, **scirmiseoir** skirmisher, **sladaí** plunderer; looter

Ionsú vn absorbing

diúl sucking; breastfeeding, **ionanálú** inhaling, **mapáil** mopping, **ól** drinking, **slogadh** swallowing, **sú** sucking, suctioning; absorbing, **tarraingt isteach** drawing in, **tógáil isteach** taking in, **triomú** drying, blotting

Ionsúigh v_{1f} absorb

diúl suck; breastfeed (cf **naíonán atá ag diúl** breastfeeding infant), **ionanálaigh** inhale, **mapáil** mop, **ól** drink, **slog** swallow, **súigh** suck, suction; absorb, **tarraing isteach** draw in, **tóg isteach** take in, **triomaigh** dry, blot

Ionsúite pp absorbed

diúlta sucked; breastfed, **ionanálaithe** inhaled, **mapáilte** mopped, **ólta** drunk, **slogtha** swallowed, **súite** sucked, suctioned; absorbed, **tarraingthe isteach** drawn in, **tógtha isteach** taken in, **triomaithe** dried, blotted

Ionsúiteach adj³ absorbent

glacach accepting, acceptive, **gabhálach** receptive, **óltach** absorbent, **piochánach** porous, **póiriúil**

porous, **scagach** permeable, permeable, **súite** blotting (cf **páipéar súite** blotting paper), **súiteach** absorbent, **tréscaoilteach** permeable

Iontach

1. *adj³* wonderful, amazing
aisteach strange, **ait** odd, bizarre, **andúchasach** exotic, **aoibhinn** splendid, **ardéirimiúil** brilliantly clever, **ar fheabhas** excellent, **as an ghnáth ar fad** extraordinary, **breá** fine, great, **coimhthíoch** weird, odd, alien, **creathnach** awe-inspiring, **dearscnaitheach** brilliant, excellent, pre-eminent; transcendent, **dochreidte** unbelievable, **éachtach** full of prowess, extraordinarily wonderful, **fantaiseach** fantastic, unreal, **feiniméanach** phenomenal, **finscéalach** fabulous, **gáifeach** sensational, **gaisciúil** valiant, **guanach** fanciful, **inmholta** admirable, **maisiúil** smashing, **millteanach** astounding, tremendous, **míorúilteach** miraculous, **niamhrach** resplendent, **ollásach** magnificent, **sár-** *pref* super, excellent, **sárchéimeach** superlative, **sármhaith** excellent, **scanrúil** startling; scary, **seoigh** wonderful; grand, **sonraíoch** extraordinary, notable, **suaithinseach** remarkable, distinctive, **suntasach** outstanding, remarkable, **taibhseach** flamboyant, **thar barr** tip-top, super, **thar cionn** terrific, **uafásach** awesome

2. *adv* **go h~** wonderful, wonderfully, amazingly
ar dóigh awesome, swimmingly, **ar fheabhas** excellent, **as cuimse ar fad** stratospheric, beyond one's wildest dreams, **go breá** nicely, fine, **go nótáilte** magnificently, **go sármhaith** excellently, **go seoigh** grand, **go snasta** cool, brill, **thar barr** super, **thar cionn** phenomenal, **thar cuimse** exceeding, exceedingly, **togha** deadly, cool

Iontaofa *adj⁶* trusted, reliable

buan constant, **cinnte** certain, **creidiúnach** creditable; reputable, **daingean** firm, **dáiríre** sincere, serious, **dílis** loyal, faithful, **fírinneach** truthful, **fiúntach** worthy, **fónta** sound, dependable, **freagrach** responsible, **láidir** strong, **macánta** honest, decent, **maith** good, **muiníneach** trusted, reliable, **seasmhach** resolute, steadfast, solid, **seasta** constant, steadfast, **siúráilte** sure, **tairiseach** trustworthy, reliable; faithful, loyal, **trustúil** trustworthy, **údarásach** authoritative

Iontaoibh *f (~e)* trust, reliance

buaine constancy, **cinnteacht** certainty, **creideamh** belief, faith, **creidiúnacht** creditableness, **daingne** firmness, **dáiríre** sincerity, seriousness, **dílse** loyalty, faithfulness, **dóchas** hope, trust, **dóigh** confidence, trust, **fiúntas** worthiness, **fóntacht** soundness, dependability, **freagracht** responsibilty, **iocht** *f* trust, confidence, **láidreacht** strength, **macántacht** uprightness, honesty, decency, **maith** goodness, **muinín** trustworthiness, reliability, **seasmhacht** solidity, resoluteness, steadfastness, **seastacht** constancy, steadfastness, **siúráilteacht** sureness, **taobhacht** trustfulness, confidence, **taobhú** reliance, trust, **teanntás** assurance, **trust** trust, **údarásacht** authoritativeness, **urrús** surety, guarantee

Iontas *m (-ais; -ais, ~)* wonder, amazement; surprise

ábhar caidéise/spéise matter of curiosity/interest, **alltacht** astonishment, stupefaction, **amhra** *m (lit)* wonder, marvel, **anbhá** *m* dismay, **anbhuain** consternation, **éacht** feat; prowess, **deismireán** curio, curiosity, **díchreideamh** disbelief, **díchreidmheacht** incredulity, **feic** *m (~; ~eanna)* sight, spectacle, **gáifeachas** sensationalism, **gaisce** feat of valour, **geit** jolt, **ionadh** surprise, wonder, **mearbhall** bewilderment, **mearbhall intinne** mental confusion, **meascán mearaí** disorientation, confusion, daze, **míorúilt** miracle, **oscailt súile** eye-opener, **preab** *f* shock, start, **seó** spectacle, show, **uafás** horror, **uafás agus ionadh** awe

▲ **ábhar iontais** curiosity, wonder; revelation; surprise, **béiceanna iontais** shouts of amazement

◊ **~ na n-~** wonder of wonders, **seacht n-~ an domhain** seven wonders of the world, **Eachtraí Eilíse i dTír na nIontas** The Adventures of Alice in Wonderland

Iontráil 1 *v₁ₑ* enter

athiontráil re-enter, **bordáil** board, **bris isteach** break in, **cas isteach** turn in, **cláraigh** register, **cuir isteach i gcuntas** enter into an account, **cuir isteach (le haghaidh comórtais)** put in (for a competition), **faigh isteach** get in, **faigh rochtain** gain access, **gabh isteach** go in, **siúil isteach** walk in, **taifead** record, **téigh ar bord** go on board, **tar isteach** come in, **téigh isteach** go in

Iontráil 2 *vn* entering

athiontráil re-entering, **bordáil** boarding, **briseadh isteach** breaking in, **casadh isteach** turning in, **clárú** registering, **cur isteach i gcuntas** entering into an account, **cur isteach (le haghaidh comórtais)** putting in (for a competition), **dul ar bord** going on board, **dul isteach** going in, **fáil isteach** getting in, **fáil rochtana ar** gaining access to, **gabháil isteach** going in, **siúl isteach** walking in, **taifeadadh** recording, **teacht isteach** coming in

Iontráilte *pp* entered

athiontráilte re-entered, **bordáilte** boarded, **briste isteach** boken in, **casta isteach** turned in, **cláraithe** registered, **curtha isteach i gcuntas** entered into an account, **briste isteach** broken in, **curtha isteach (le haghaidh comórtais)** put in (for a competition), **dulta ar bord** gone on board, **dulta isteach** gone in, **faighte isteach** gotten in, **tagtha isteach** arrived/ gotten in, **taifeadta** recorded

Íoróin *f (~e)* irony

aimhriar incongruity, **aoir** satire, **contráilteacht** contrariness, **drochmheas** *m* contempt, **fonóid**

scoffing, derision, **géarchaint** sharp talk, sarcasm, **greann** humour, **magadh** mocking, **neamhréireacht** incongruity, **niogóid** testiness, touchiness, **paradacsa** paradox, **scigireacht** derision, mockery, **scigmhagadh** lampooning, **scigphictiúr** caricature, **seanbhlas** contempt, disregard, **seirbhe** bitterness, **searbhas** sarcasm, **tarcaisne** *f* scorn

▲ ~ **bhriathartha** verbal irony, ~ **dhrámata** dramatic irony, ~ **mhilis** delicious irony, ~ **suímh** situational irony

Íorónta *adj*[6] ironic
aorach satirical, **contráilte** contrary, **dóite** bitter, dry (cf **gáire dóite** dry/bitter smile), **drochmheasúil** contemptuous, **fonóideach** scoffing, **greannmhar** funny, **magúil** derisive, **neamhréireach** incongruous, **paradacsúil** paradoxical, **saobh** twisted, perverse, warped, **scigiúil** derisive, **scigmhagúil** jeering, derisive, **searbh** sardonic, **searbhasach** sarcastic, **tarcaisneach** scornful, **tur** dry (cf **greann tur** dry humour)

◊ **Nach ~ é mar scéal!** How ironic!

Íospartach *m* (-aigh; -aigh, ~) victim
bobarún sucker, **ceap milleáin** fall guy, **fuíoll** victim, victims (cf **fuíoll an áir** survivors of the battle), **fulangaí** sufferer, **glasóg** dupe, **íobartach** *m* sacrificial victim, **mairtíreach** *m* martyr, **neamhchiontach** *m* innocent, **sceilpín gabhair** sap, scapegoat, **taismeach** *m* casualty

▲ ~ **céastóireachta** victim of torture, ~ **coiriúlachta** victim of crime, ~ **gáinneála** victim of trafficking

◊ **Is coir gan ~ é.** It's a victimless crime.

Iris *f* (~e; ~í) mag, magazine
bliantán annual, **foilseachán** publication, **gaiseite** gazette, **irisleabhar** magazine, **irisleabhar snasta** glossy magazine, **míosachán** monthly, **ráitheachán** (*publ*) quarterly, **reiviú** review, **seachtanán** weekly, **tréimhseachán** periodical

Iriseoir *m* (-eora; ~í) journalist
ball den phreas member of the press, **colúnaí** columnist, **comhfhreagraí** correspondent, **craoltóir** broadcaster, **croiniceoir** chronicler, **eagarthóir** editor, **nuachtóir** reporter, news person, **peannaire** pen pusher, hack; penman, **scríbhneoir** writer, **tráchtaire** commentator, **tuairisceoir** reporter, **údar** author, **úspaire** hack

Iriseoireacht *f* (~a) journalism
eagarthóireacht editing, editorship, **comhfhreagracht** correspondence, **craoltóireacht** broadcasting, **croiniceacht** chronicling, **nuachtánachas** journalese, **nuachtóireacht** journalism, **preas** press, **scríbhneoireacht** writing, **táblóideachas** tabloid journalism, **tráchtaireacht** commentary, **tuairisciú** reporting, **tuairisceoireacht** reportage, coverage

Íseal 1 *m* (*ísil; isle*) lowly person
bacach *m* tramp, **bean** *f* (**mná**) **déirce** beggarwoman, **bocht** poor person, **bochtán** poor person; bum, **comóntach** *m* commoner, **daoscarshlua** riff-raff, rabble, **duine gan stádas** person without status or position, **fear déirce** beggarman, **fo-aicme** underclass, **fodhuine** *Untermensch*, **íochtarán** subordinate; inferior individual, **jaingléir** insignificant person, **prólatáireacht** *f* proletariat, **ridire an bhóthair** knight of the road, tramp, **scadarnach** *m* inferior, scrawny things, **scroblach** *m* **an domhain** the scum of the earth

P **Níl uasal ná ~ ach thuas seal agus thíos seal.** There are neither princes nor beggars, only being on top for a while and being at the bottom for a while.

Íseal 2 *adj irr*
1. low
beag small, **beagmhéide** of small size, **ceapánach** stumpy, **craptha** shrunken, **dingthe** squat, **domhain** deep, **éadomhain** shallow, **gann** (**i lón**) low (in supplies), **gearr** short, **gogaideach** squatting, **íochtair** lower, **íochtarach** lower, **lag** (eg **cadhnraí**) low (eg batteries), **tóin le talamh** squat

2. lowly
anuasal ignoble, **ar lár** laid low, **beag** small, **beag is fiú** worthless, **beagthábhachtach** unimporant, **bocht** poor, **beo bocht** extremely poor, **dealbh** destitute, **dealúsach** impoverished, **foríseal** unassuming; lowly, **ifreanda** infernal, **i ndaoirse** subjugated, **lagmheasartha** inferior, **pleibeach** plebeian, **prólatáireach** proletarian, **sclábhaíochta** (> **sclábhaíocht**) enslaved; menial, **uiríseal** lowly, humble, **umhal** humble

3. mean, base
aineolach ignorant, **ainnis** miserable, **amh** crude, raw, **amhlánta** boorish, **borb** unrefined, **bréan** foul, **brocach** sordid, **cábógach** uncouth, **caillte** sordid, wretched, **cúl le rath** worthless (person), **dearóil** puny, miserable, **gairgeach** gruff, **gáirsiúil** lewd, gross, **garbh** coarse, rough, **garg** rude, **gortach** mean, miserly, **gránna** ugly, vile, **míchlúiteach** disreputable, **míchuibhiúil** unseemly, low, **míofar** nasty, **mioscaiseach** malicious, spiteful, **náireach** shameful, **neamhfhiúntach** unworthy, **sprionlaithe** miserly, **salach** dirty, **suarach** despicable, mean, wretched, **táir**, vile, shabby, **truaillithe** depraved, corrupt, **tútach** crude

4. down, disheartened; very ill
atá ag comhrá leis an mbás at death's door, **beaguchtúil** dispirited, dejected, **brónach** sad, **dobrónach** grieving, afflicted, **doilíosach** sorrowful, melancholic, **duairc** dejected, **faoi bhrón** in sorrow, in a sorrowful state, **faoi dhúlagar** (*medical*) depressed, **gan ach an dé ann** barely alive, **gruama** gloomy, **i lagar spride** in low spirits, **i ndeireadh na feide** at one's last gasp, **i ndeireadh na péice** at the

Ísleacht

end of one's tether, **in ísle brí** in low spirits, down in the dumps, **lag** weak, **lagbhríoch** down in the dumps, **lagmhisniúil** down in the mouth, **thíos** down, downcast, **tite i lionn dubh** depressed, **tromchroíoch** heavy-hearted *(see also: brónach)*

Ísleacht *f (~a)*

1. lowness, lowliness

aibhéis abyss, **bochtanas** poverty, **bun** base, **duibheagán** abyss, **íochtar** lower part, bottom, **íochtaraí** lowness, lowliness, **íochtarán** lowly person; subordinate, **íochtaránacht** lowliness, inferiority, **íoslach** *m* basement, **íosmhéid** *m* lowest amount, **íseal** *m* (**ísil**) lowly person, **ísealaicme** lower class; lower order, **ísle** lowness, **ísleán** low-lying place, **laige** weakness, **na boicht** the poor, **na hísle** the low places, **tanaíocht** thinness, **thíos** below, **tóin** bottom

2. lowness, meaness

anuaisleacht ignobility, **doicheall** churlishness, disagreeable, **gáirsiúlacht** lewdness, **gairbhe** crudeness, coarseness, **gairge** rudeness, **méala** humiliation; grief, **náire** shame, **náireacht** shamefulness; ignominy, **náiriú** humiliation, **neamhfhiúntaí** worthlessness, **scalltacht** paltriness, **staigínteacht** meanness, worthlessness, **suarachas** vileness, meaness, **táire** tawdriness, sordidness, **uirísle** baseness; servility, **tútachas** uncouthness

Ísligh *v₂ᵦ* lower; dip

bain béim as duine take a person down a peg or two, **bog** slacken, loosen, **ciorraigh** curtail, **cúngaigh** narrow, **díghrádaigh** degrade, **éadlúthaigh** rarefy, **fannaigh** enfeeble, **gearr siar** cut back, lessen, **giorraigh** shorten, abridge, **inísligh** humble, abase, **íoslaghdaigh** minimise, **lagaigh** weaken, **laghdaigh** lessen, diminish, **leag anuas** knock down, **méalaigh** humble, humiliate, **meathlaigh** dwindle, **maolaigh** moderate, **moilligh** slow, **náirigh** shame, humiliate, **stríoc** lower, strike (cf **seol a stríocadh** to strike a sail), **suaraigh** demean, **suncáil** sink, **tar anuas** come down, **téigh in ísle** go lower, **téigh síos** go down, **tit** fall, **tum** dive, **uiríslígh** humiliate, **umhlaigh** humble

Íslithe *pp* lowered; dipped

bogtha slackened, loosened, **ciorraithe** curtailed, **cúngaithe** narrowed, **díghrádaithe** degraded, **dulta in ísle** become/gone lower, **dulta síos** gone down, **éadlúite** rarefied, **fannaithe** enfeebled, **gearrtha siar** cut back, lessened, **giorraithe** shortened, abridged, **iníslithe** humbled, abased, **íoslaghdaithe** minimised, **lagaithe** weakened, **laghdaithe** lessened, diminished, **leagtha anuas** knocked down, **méalaithe** humbled, humiliated, **meathlaithe** dwindled, **maolaithe** moderated, **moillithe** slowed, **náirithe** shamed, humiliated, **stríoctha** lowered, struck, **suaraithe** demeaned, **suncáilte** sunk, **tagtha anuas** descended, **tite** fallen, **tumtha** dived, **uiríslithe** humiliated

Ísliú *vn* lowering; dipping

bogadh slackening, loosening, **ciorrú** curtailing, **cúngú** narrowing, **díghrádú** degrading, **dul in ísle** going lower, subsiding, **dul síos** going down, **éadlúthú** rarefying, **fannú** enfeebling, **gearradh siar** cutting back, lessening, **giorrú** shortening, abridging, **íoslaghdú** minimising, **ísliúchán** reduction, lowering, **lagú** weakening, **laghdú** lessening, diminishing, **leagan anuas** knocking down, **méalú** humbling, humiliating, **meathlú** dwindling, **maolú** moderating, **moilliú** slowing, delaying, **náiriú** shaming; humiliation, **suarú** demeaning, **suncáil** sinking, **teacht anuas** coming down, **titim** falling, **tumadh** diving, **turnamh** *(building)* subsiding, **uiríslíú** humiliating

Isteach *adv (mot)* in(wards); *(as verb)* ~aigí go léir! In you all go!

abhaile home(wards), **i láthair** into the presence of; present, **go dtí an taobh istigh** to the inside, **go dtí suíomh inmheánach** to an internal positioning, **chun cladaigh** to the shore, **chun tíre** to land

▲ **an bainisteoir** ~ the incoming manager, **billí** ~ **receivable** bills, **doras** ~ entrance door, **cead** ~ permission to enter, **eitleán** ~ incoming plane, **litreacha** ~ incoming mail

◊ ~ **libh, a bhuachaillí!** In you go, boys!, ~ **is amach ar mhíle Euro** in or around a thousand Euro, **Bíonn siad** ~ **is amach le chéile.** Sometimes they're speaking to one another, other times not. **Tá seisean** ~ **leis an dream faiseanta.** He's in with the in-crowd., **Tar** ~! Come in! Enter!

Istigh *adv (~~mot~~)* inside, within

áitiúil local, **anseo** here, **ar an taobh istigh** on the inside, **cuimisitheach** inclusive, **eadrainn féin** between ourselves, **faoi dhíon an tí** under the roof of the house, **gan bheith le feiceáil** unseen *(to the outside world)*, **idir ceithre bhalla** between four walls, **infhála** *(book-k)* receivable (cf **cuntais infhála** receivable accounts), **inmheánach** internal; in-house, **laistigh** inside, **príobháideach** private, **rúnda** secret, **san áireamh** inclusive, inclusively, **sa teaghlach** in the household, **uilechuimsitheach** all-inclusive

▲ **an taobh** ~ the inside, **an fear istigh** the man inside; the inside man, **an seomra** ~ the inner room, **coinneáil** ~ detention, **dreas** ~ innings, **obair** ~ indoor work, **suí** ~ sit-in, **tosaí** ~ inside forward

◊ **An bhfuil aon duine** ~? Is there anyone in?, **Bhí a fhios sin i mo chroí** ~ **agam.** I knew that in my heart., **Bí** ~! Do come in!, **Níl bia ar bith** ~. There's no food in the house., **Tá braon** ~ **aige.** He has a drop taken., **Tá an lá** ~. The day is done., **Tá mo chroí is m'anam** ~ **inti.** I love her to bits., **Tá an traein** ~. The train has arrived., **taobh** ~ **de chúpla lá** within a couple of days

Ith *v irr* eat

alp devour, **bí ag iníor/innilt** *(livestock)* be grazing, **caith** consume, take (cf **siúcra a chaitheamh** to take sugar; **caith dinnéar** dine, **caith fleá** have a banquet/feast, etc), **cogain** chew, **creim** gnaw; erode, **creimseáil** nibble, **déan biaiste ar** have a feed on, **déan do chuid** eat up, **déan féasta** have a feast, **déan fleá** banquet, **déan iníor** *(cattle)* graze, **déan muc chraosach díot féin** pig out, **déan plaicín ghabhair de bhia** scoff food down, devour food, **diurnaigh** swallow, **ídigh** consume, **ionghabh** ingest, **leáigh** melt, **lobh** decay, rot, **long** eat, swallow, **mantaigh** bite into, **meath** ebb; atrophy, **meil** munch, grind, **miotaigh** bite, nibble (cf **císte a mhiotú** to nibble a cake), **muirligh** masticate; munch, **mungail** munch, **plac** scoff; pig out, **pramsáil** gobble; crunch, **slog** swallow, **tomhail** consume, eat, **tóg isteach** take in, **úsáid** use

◊ **Ar ~ tú do lón?** Did you eat your lunch?, **Bhí uirthi a cuid focal féin/a focail féin a ithe.** She had to eat her own words., **D'~ sí an aghaidh díom.** She ate me alive., She ate the face off me., **D'íosfadh sí mé le gráinnín salainn.** She hates the sight of me., **Tá a chuid aráin ite aige.** It's all over for him.

P **Ní bhíonn cuimhne ar arán a itear.** Eaten bread is soon forgotten.

Ite *pp* eaten

alptha devoured, **caite** consumed, taken, **coganta** chewed, **creimthe** gnawed; eroded, **creimseáilte** nibbled, **diurnaithe** swallowed, **ídithe** consumed, **ionghafa** ingested, **leáite** melted, **lofa** decayed, rotted, **longtha** eaten, swallowed, **mantaithe** bitten into, **meata** ebbed; atrophied, **meilte** munched, ground, **miotaithe** bitten, nibbled, **muirlithe** masticated; munched, **mungailte** munched, **plactha** scoffed; pigged out, **pramsáilte** gobbled; crunched, **slogtha** swallowed, **tógtha isteach** taken in, **tomhailte** consumed, eaten, **úsáidte** used

▲ **~ ag an éad** consumed with jealously, **~ ag an mheirg** corroded by rust, **~ ag réadáin** riddled with woodworm, **~ le fiacha** debt-ridden, **~ le haiféala** ridden with remorse, **~ ag na dreancaidí** flea-ridden, **~ ag na leamhain** moth-eaten

◊ **An bhfuil do dhóthain ~ agat?** Have you eaten enough?, **Bhí an fharraige ~.** The sea was choppy., **Tá mé ~ ar fad leis na míoltóga!** I am eaten alive with the midges!

Ithe *f* eating

alpadh devouring, **ar féarach** *(livestock)* grazing, **caitheamh** consuming, consumption, **cogaint** chewing, **creimeadh** gnawing; eroding, **creimseáil** nibbling, **déanamh iníor/innint** *(livestock)* grazing, **diurnú** swallowing, **glotaíl** swallowing; gurgling, **gráinseáil** nibbling, **ídiú** consuming, using up, **iníor/innilt** *(livestock)* grazing; nibbling, **ionghabháil** ingesting, **itheachán** eating, **leá** melting, **longadh** eating, swallowing, **miongaireacht** nibbling, **miotú** biting, nibbling, **muirliú** mastication; munching, **mungailt** munching, **piocaireacht** nibbling; picking at, **placadh** scoffing, pigging out, **póitreáil** gourmandising, **pramsáil** gobbling; crunching, **slóbairt** voracious ungainly eating, **slogadh** swallowing, **tógáil isteach** taking in, **tomhailt** consuming, eating, **úsáid** using

▲ **~ an amhrais** the torment of doubt, **~ croí** remorse, **~ na meirge** corrosion by rust, **~ na taoide** tide rip

◊ **Beidh ~ agus ól ar fáil.** There'll be food and drink provided., **do sháith a ~** to eat your fill, **Ná bí ag ~ do chuid ingne!** Don't be eating your fingernails!, **Ní fhéadfainn greim eile a ~.** I couldn't eat another thing.

J j

Jab *m (~; ~anna)* job
  áit place, **baisc** batch, **beart** proceeding, action, **ceird** trade, **conradh** *m* contract, **creachlaois** light work, **dreas (oibre)** stint, **feachtas** campaign, mission, **feidhm** function, **fiontar** venture, enterprise, **fostaíocht** employment, **freagracht** responsibility, **gairm** vocation, career, **gairm bheatha** profession, occupation, **geidineáil** petty chores, odd jobs, **giurnáil** chores, **gníomh** action, **gníomhaíocht** activity, **gnó** business, **misean** mission, **obair** work, **páirt** part, role, **poistíneacht** doing small jobs, **post** position, **saothar** work, labour; exertion, **scamhadh geatairí** doing menial tasks, **seal** shift, **sealobair** shiftwork, **siobáil** pottering, doing odd jobs, **slí bheatha** livelihood, **tasc** task, **teachtaireacht** errand, message, **tionscadal** project, **tionscnamh** assignment *(see also: obair)*

Jabaire *m (~; -rí)* jobber
  feighlí *m* handyman, **giurnálaí** odd-job man, **grásaeir** jobber, **náibhí** navvy, **oibrí láimhe** manual worker, **oibrí ócáideach** casual labourer, **saothraí** toiler, labourer, **saothraí lae** day labourer, **sclábhaí** manual labourer, **spailpín** seasonal labourer *(see also: oibrí)*

Jabaireacht *f (~a)* jobbing
  giurnáil doing odd jobs, handyman work, **grásaeireacht** jobbing, **náibhíocht** navvying, **oibrí láimhe** manual worker, **oibrí ócáideach** casual labourer, **saothraíocht** hard work, **sclábhaíocht** hard manual labour, **spailpínteacht** seasonal labouring *(see also: obair, saothar)*

Ll

Lá *m (lae; laethanta)*
  1. *(24 hours)* day
am lae daytime, **dáta** date, **ceithre huaire fichead** twenty-four hours, **uaireanta sholas an lae** daylight hours, **casadh amháin an Domhain** one revolution of the earth

◊ **~ dár saol é!** It is a memorable day! This day will never be forgotten!, **~ fada a chur isteach** to put in a long day, **Bhí an ~ linn.** The day was ours. We won the day.

  2. *(period of time)* day
achar period of time, **aimsir** span of time, **am** time, **linn** space of time (cf **lenár linn** in our day), **ré** *f* era, **seal** while, period; shift, **tamall** while, time, **tráth** occasion, period, **treall** short period of time, spell, **tréimhse** *f* period, **uídhe** *(lit)* fixed period of time

◊ **i ~ mo sheanathar** in my grandfather's day, **le linn laethanta an chogaidh** in days of the war, **lenár ~** during our lifetime

  3. *(daybreak)* day
bánú (an lae) dawning, **breacadh/briseadh an lae** daybreak, **camhaoir** *f* daybreak, **dónaing** dawn, **éirí gréine** sunrise, **fáinne/súil an lae** dawn, **fochraí an lae** the approach of dawn, **gealadh** brightening, dawning, **láchan** *f* dawning, **maidneachan** dawning, **scarthanach** daybreak

◊ **Níl sé ina ~ fós.** It hasn't dawned yet., **roimh an ~** before dawn

  4. *(heyday)* day
barr top, **barr na maitheasa** prime, **bláth** blossom, bloom, **buaic na glóire** pinnacle of glory, **buaic réime** zenith of career, **buaicphointe** apogee, pinnacle, **ré órga** golden era

◊ **Ba pheileadóir idirnáisiúnta í ina ~.** In her day she was an international footballer.

▲ **~ aonaigh** fair day, **~ an Bhreithiúnais** Day of Judgement, **~ ár bpósta** our wedding day, **~ Bealtaine** May-day, **~ breithe** birthday, **~ cladaigh** day for the beach, **~ Fhéile Pádraig** St Patrick's Day, **~ margaidh** market day, **~ na gcéadta bliain** one of those rare occasions, **~ Nollag** Christmas Day, **~ oibre** working day, **~ saoire** holiday **~ triomaigh** day for drying, **~ troscaidh** fasting day

■ **amanathar** the day after tomorrow, **anallód** in days of old, **an seansaol breá** the good old days, **arú amárach** the day after tomorrow, **arú inné** the day before yesterday, **Domhnach is dálach** day in day out, every day of the week *(see also:* **am***)*

Lábach *adj³* muddy
breac le láib mud-spattered, **ceachrach** miry, muddy, **clábarach** mucky, **criathrach** swampy, **draoibeach** muddy, miry, **draoibeáilte** covered in mud, **glárach** silted, muddy; alluvial, **gutach** muddy, filthy, **lábánach** muddy, grimy, **pludach** muddy, slushy, **leathbháite** waterlogged, **lodartha** muddy, slushy, **mongach** mossy, marshy, **puitigh** (> **puiteach**) boggy ground, mire, **ramallach** slimy, **riascach** marshy, **ruaimneach** discoloured, muddy, **seascannach** boggy, marshy, **slabach** slobby, muddy, **smeartha le puiteach** smeared with mud, **srathach** marshy

Labhair *v₂c* speak, talk
  1. speak, talk
áitigh persuade, argue, **ardaigh** raise, **beannaigh** greet, **ciallaigh** signify, **cuir** put, **cuir caint ar dhuine** address a person, **cuir in iúl** communicate, express, **cuir smaoineamh i gcaint** express a thought, **déan agallamh le duine** interview a person, **déan caint** speak, do (some) talking, to give a talk, **déan cur síos ar** describe, **dearbhaigh** assert, **fógair** announce, **freagair** answer, **fuaimnigh** pronounce, **fuighill** *(lit)* speak, utter; pronounce, (cf **Fuighleann sí breithiúnas.** She pronounces judgment.), **glaoigh** call, **impigh** implore, beg, **inis** tell, **léirigh** explain, **luaigh** mention, **maígh** claim, **mínigh** explain, **mol (do)** advise, **smachtaigh** discipline, **tabhair éisteacht do dhuine** grant a person an audience, **tabhair le tuiscint** imply, **téigh chun cainte le** go to speak with, interview *(see also:* **inis, abair***)*

  2. speak in a particular manner
aitheasc to exhort, **aithris** narrate, **béalraigh** spread gossip, **déan béadán** gossip, **déan béadchaint** slander, **déan béal bán** flatter, **déan béal bocht** moan on, whinge, **déan béal saibhir** speak in an upbeat manner, **déan bladar** blather, **déan cabaireacht** chatter, **déan cadráil** chat in a friendly manner, **déan carúl** make a witty remark, **déan cogarnach** whisper, **déan comhrá** converse, chat, **déan cúlchaint** backbite, **déan fonóid** mock, **déan gearán** complain, **déan gliogaireacht** prattle, **déan óráid** make a speech, **déan seanmóireacht** sermonise, **déan suainseán** speak libellously, **geab** chatter, **gleois** babble, chatter, **leabhlaigh** libel, **pléigh** discuss, **praeitseáil** preach,

scaip ráfla spread a rumour, **tabhair béalghrá** pay lip service, **tabhair íde béil** abuse verbally, **tabhair léacht** give a lecture, lecture
3. speak with a particular aim/purpose
abair focal faoi chúrsaí mar atá make a comment about matters as they stand, **abair ortha** incant, say a spell, **comhairligh** counsel, advise, **cuir focal isteach ar son duine** put a word in for a person, **déan achainí ar son na córa** make a plea/appeal for justice, **déan agóid in aghaidh cinnidh** protest against a decision, **déan argóint ar son cúise** make an argument for a cause, **déan béaltriail** take an oral language test, **déan bladar le duine** chat a person up, **déan casaoid mar gheall ar (na coinníollacha)** make a complaint about (the conditions), **déan díospóireacht ar son/i gcoinne rúin** debate for/against a motion, **déan ráiteas thar ceann (na scoile)** make a statement on behalf (of the school), **tabhair tuairisc don bhord** make a report to the board

Labhairt *vn* speaking, speech
agallamh interview, **agóid** protest, **aighneas** argument, **aitheasc** addressing, exhorting, **aithris** narrating, reciting, **argóint** arguing, **béadán** gossiping, **béadchaint** slandering, **béalastánacht** ranting, **béalchnáimhseáil** talking plaintively, **béalchníopaireacht** talking meanly, **beannú** greeting, **bheith i mbun leabhail** committing libel, **bheith i mbun óráide** giving a speech, **bladaireacht** blathering, **bladar** blather, **briathraíocht** verbalising; playing around with language, **briotaireacht** lisping, **cabaireacht** chattering, babbling, **caint** talking, talk, **cadráil** chatting, **caibidil** discussing, **caibidlíocht** negotiating, **clabaireacht** prattling, **cogarnach** whispering, **comhairliú** counselling; consulting, **comhrá** chatting, conversing, **cúlchaint** backbiting, gossiping, **díospóireacht** debating, **dosaireacht** talking smartly, **fonóid** mocking, **geocaíl** talking nonsense, talking in a silly way; talking in a shrill voice, **geabadh** chattering, **gibideacht** prattling, **giostaireacht** gabbling, **glafaireacht** speaking loudly in a confused manner, **gleoiseadh** babbling, chattering, **gleoisíneacht** babbling, **gliogaireacht** prattling, **glórú** vocalisation, **idirbheartaíocht** negotiation, **i mbun carúil** making witty remarks, **insint** telling, **léachtóireacht** lecturing, **mionnú** swearing, **nathaíocht** bantering, **plé** discussing, **plucsáil** talking indistinctly, **ráfláil** spreading rumour, **seanmóireacht** sermonising, **seimineár** seminar, **tabhairt na mionn mór** swearing, cursing, **trácht** mentioning, **tráchtaireacht** giving a commentary, **tuairisceoireacht** reporting, **tuairisciú** reporting; providing journalistic coverage, **údramáil** talking conspiratorially, **urlabhairt** *(speech)* articulation, **urlabhraíocht** articulating; speaking as a spokesperson

Labhartha *pp* spoken
aithriste recited, narrated, **a labhraítear** that is spoken, **beannaithe** greeted, **béil** (> *béal*) oral, **beo** living, **curtha i bhfocail** put into words, **de chogar** whispered, **geabtha** chattered, **gleoiste** babbled, chattered, **glórtha** voiced, **in-inste** expressible; tellable, **inste** narrated, told, **luaite** mentioned, **ráite** said, stated, **ráite i gcogar** said in a whisper; whispered

Lacáiste *m (~; -tí)* discount
aisíoc *m* refund, **aisíocaíocht** repayment, reimbursement, **asbhaint** deduction, **bónas** bonus, **dealú** subtraction, deduction, **laghdú** reduction, **laigse** *f* rebate (cf **laigse i gcíos** reduction in rent), **lascaine** *f* discount, **liúntas** allowance, **séisín** rebate; gratuity

Lách *adj⁵* affable, pleasant
báúil sympathetic, **cairdiúil** friendly, **caoin** gentle, tender, **caoithiúil** amiable, **carthanach** charitable, caring, **ceanúil** loving, affectionate, **cineálta** kind, **cneasta** mild-mannered, **cásmhar** caring, decent, **comhbhách** sympathetic, **daonna** humane, kindly, **dea-chroíoch** kind-hearted, **duineata** personable, kindly, **duiniúil** kindly, **geanúil** affectionate, **gnaíúil** likeable, **mánla** gentle, **mórchroíoch** bighearted, **soirbh** pleasant *(see also: cairdiúil, cineálta)*

Laethúil *adj⁴* daily
coitianta everyday, commonplace, **comónta** common, **Domhnach is dálach** every day of the week, **gach lá** every day, **gach re lá** every second day, **gnách** usual, ordinary, **gnáth-** *pref* ordinary, everyday, **lá i ndiaidh lae** day after day, **oíche is lá** day and night, **ó lá go lá** from day to day, **rialta** regular

Lag- *pref* weak, feeble, ineffective, sluggish
~bheart ineffective action, **~bhrí** enervation, **~bhrú** *(met)* depression, **~intinneach** feeble-minded, **~mhargadh** sluggish market, **~mheas** contempt, **~mheasartha** indifferent, weak, **~mhisniúil** despondent, **~radharcach** weak-sighted *(see also: lag)*

Lag *adj¹* weak
anaemach anaemic, **anbhann** feeble, weak, **agus a leathbhéal faoi** unconvincing, **agus a thóin leis** flimsy, **aistéineach** asthenic, **atónach** *(med)* atonic, **bán** pale, **bánlíoch** pallid, **beag** small; slight, **bocht** poor, **bog** soft, damp, **caite** worn out, **caolaithe** diluted, **cladhartha** spineless, **cloíte** enervated, exhausted, **corrach** shaky, **cranda** decrepit, withered, **cróilí** infirm, **dearóil** puny, **díblí** decrepit, **dímríoch** enervated, **díneartaithe** debilitated, enfeebled, **díomhaoin** worthless, idle; unmarried, **do-bhraite** imperceptible, **éadaingean** unsteady, unsound, **éadrom** light; *(of colours)* light, pale; shallow, **éagumasach** impotent, incapacitated, **éalangach** weak, debilitated; defective, **easlán** unwell, **easnamhach** deficient, **easpach** lacking, **éidreorach** helpless,

éislinneach insecure, unsafe; vulnerable; defective, **fabhtach** unsound, **fann** frail, **fannlag** debilitated, **fannshláinteach** of delicate health, delicate, **faoi bhun an ghnáthchaighdeáin** substandard, **faonlag** prostrate with weakness, **féigh** faint, spiritless, **gan bhlas** tasteless, **gan bhrí** without strength, **gan bhunús** baseless, **gan chosaint** defenceless, **gan chumas** weak and helpless, **gan mórán dealraimh** unconvincing, **in ísle brí** down in the dumps, **lagaithe** weakened, **lagbhríoch** weak, enervate, **leamh** insipid, wishy-washy, **leochaileach** fragile, **lochtach** faulty, **longadánach** wobbly, defective, **maol** blunt, dull, **maoth** tender, weak, **marbh-** *pref* dull, to do with death, **marbhánta** lethargic, **meata** cowardly, **meath-** weak, dim (cf **meathbhuille** weak blow, **meathchuimhne** dim memory, etc), **meathánta** weak, sickly, **meirbh** languid, **meirbhlithe** enervated, **meirtneach** enfeebled; dejected, **míshásúil** unsatisfactory, **neamhaí** apathetic, **neamhábalta** lacking in strength; incompetent, **neamhábhartha** immaterial, irrelevant, **neamhacmhainneach** lacking in strength/endurance, **neamhbhailí** invalid, void, null and void, **neamhbhríoch** ineffectual, insignificant, **neamhchumasach** incapable, powerless, incapable, **neamhchumhachtach** powerless, **neamhinniúil** incompetent, **neamhshocair** unsteady, unfixed, **neamhshubstaintiúil** insubstantial, **sleaiceáilte** weak, spent, **soghonta** vulnerable, **spíonta** effete; exhausted, **sprionlag** weak and worthless, **támhlag** feeble, inert, **téiglí** faint; calm, still, **tláith** wan, frail; tender, easy-going, **tláithlag** wan, weak, faint, **toll** hollow, **traochta** exhausted, **tréith** feeble, **tréithlag** enervated, exhausted, **triamhain** (lit) weary and weak, **uisciúil** watery; runny

▲ **argóint** ~ flimsy argument, **árthach** ~ fragile vessel, **bunús** ~ shaky foundation, **comparáid** ~ pale comparison, **cur chuige** ~ feckless approach, **duine** ~ weak/delicate person; ineffectual person, **freagra** ~ poor answer, anaemic/tame/limp response, **geilleagar** ~ fragile economy, **iarracht** ~ faint attempt, **leithscéal** ~ feeble excuse, **meangadh** ~ thin smile, **nasc** ~ tenuous link, **othar** ~ ailing patient, **plota** ~ unconvincing plot, **seanbhean** ~ frail old woman, **seasamh** ~ weak-kneed stance/stand, **sláinte** ~ delicate health, **sparán** ~ light purse, **tae** ~ weak tea, **tír** ~ weak country, **tuairt** ~ dull thud, **tús** ~ ropey start

◊ **Is ~ liom é rá.** I hate saying it., **Is ~ a shíl mé riamh go bhfeicfinn m'fhionnó.** It's little I ever thought I would see my great-grandson.

Lagaigh *v₂ₐ* weaken

anbhainnigh enfeeble, **bain bonn ó** undermine, **bog** soften, slacken, loosen, **ceansaigh** pacify, subdue; appease, **cnaígh** waste away (cf **Tá sí á cnaí.** She is wasting away.), **creim** erode, **cuir ó chumas** incapacitate, **cuir fuairnimh (i)** numb, **díbligh** debilitate, **díneartaigh** enfeeble, **éinirtigh** enfeeble, **fánaigh** dwindle, diminish; (pain) ease, **fannaigh** enfeeble, weaken, **fuaraigh** chill, cool down; relieve, **gannaigh** thin out, make scarce, **gearr** cut, **gearr siar** cut back, **ísligh** lower, lessen reduce; humiliate, **laghdaigh** abate, reduce, **maolaigh** mitigate, diminish, **meath** decay, **meathlaigh** dwindle, **meirbhligh** enervate, weaken, **meirtnigh** weaken, **roinn** divide, **scaip** scatter, **sil** diminish, droop, drip, **síothlaigh** drain away; subside, **sleabhac** droop, flag, become limp, **smiot** whittle, **suaimhnigh** soothe, calm; pacify, **tabhair faoiseamh (do)** alleviate, assuage, **téigh i léig** die out, die down, crumble (cf **D'imigh an impireacht i léig.** The empire crumbled.), **téigh in ísle brí** become dejected/gloomy, **téigh síos** go down, **tit** fall, **tráigh** ebb, abate

Lagaithe *pp* weakened

anbhainnithe enfeebled, **bogtha** softened, slackened, loosened, **ceansaithe** pacified, subdued; appeased, **cnaíte** wasted away, **creimthe** eroded, **curtha ó chumas** incapacitated, **díblithe** debilitated, **díneartaithe** enfeebled, **dulta i léig** died out, died down, crumbled, **dulta in ísle brí** dejected/gloomy, **dulta síos** gone down, **éinirtithe** enfeebled, **fánaithe** dwindled, diminished; (pain) eased, **fannaithe** enfeebled, weakened, **fuaraithe** chilled, cooled down; relieved, **gannaithe** thinned out, made scarce, **gearrtha** cut, **gearrtha siar** cut back, **íslithe** lowered; lessened reduced; humiliated, **laghdaithe** abated, reduced, **meata** decayed, **maolaithe** mitigated, diminished, **meathlaithe** dwindled, **meirbhlithe** enervated, weakened, **meirtnithe** weakened, **roinnte** divided, **scaipthe** scatter, **silte** diminished, drooped, dripped, **síothlaithe** drained away; subsided, **sleabhctha** drooped, flagged, gotten limp, **smiota** whittled (away), **suaimhnithe** soothed, calmed; pacified, **tite** fallen, **tráite** ebbed away, abated

Lagar *m* (*-air*) weakness, dejection

anbhainne feebleness, **cloíteacht** weakness from exhaustion, **éagruas** weakness, infirmity, **fainne** faintness, **lag** lowness, weakness; weak person, **lagachar** weakness, **lagaíocht** weakness, **lagáisí** faintness, **lagbheartaí** weakness in action, **lagbhrí** enervation, languor, **lagchroíche** faint-heartedness, **laige** weakness, **meirbhe** langour, **meirfean** faintness, state of collapse, **meirtne** weakness, dejection, **sleaic** **ocrais** weakness from hunger, **téiglíocht** faintness, languidness, **time** faint-heartedness, **tlás** feebleness, **tréithe** feebleness, weakness

▲ ~ **ionraidh** slackening of the tide, ~ **ocrais** weakness from hunger, ~ **spride** doldrums, downheartedness

◊ **Tháinig ~ orm.** I became faint. **Thit sé i ~.** He fainted.

Laghad *m* (~) smallness, fewness
annamhacht rareness, **beag** small, little amount, **beagáinín** tiny little bit, **beagán** little amount, **beagmhéid** smallness, **caoile** thinness, meagreness, **gannchúis** shortness of supply, **ganntanas** shortage, **ísle** lowness, **ísleacht** lowness, **loime** bareness, sparseness, **mine** smallness, minuteness, **mionaíocht** minuteness, tininess, **tanaíocht** flimsiness, leanness, **tearcamas** scarcity, **teirce** fewness

◊ **ar a ~** at least, **ar a ~ ar bith** at the very least, **dul i ~** to decrease, to lessen, **Is é a locht a ~.** It's very more-ish., The more the merrier., **Dá ~ é is leor é.** However little it is, it's enough., **Dá ~ dá ndéarfaidh tú 'sé is fearr.** The less you say the better.

Laghdaigh v_{2a} lessen, diminish
bain cut, **bearr** shave, **bodhraigh** deaden, **bog** soften, **caith** wear out, **ceansaigh** pacify, subdue, **ciorraigh** curtail, **ciúnaigh** silence, **creim** erode, **fánaigh** dwindle, diminish, **fannaigh** weaken, enfeeble, **fuaraigh** cool, chill, **fuairnimh a chur (i)** to numb, **gearr** cut, **gearr siar** cut back, **gannaigh** thin out, become scare; make scarce, **giorraigh** shorten, **íoslaghdaigh** minimise, **ísligh** lower, lessen, reduce, **lagaigh** weaken, **lascainigh** discount, **maothaigh** appease; soften, **maolaigh** mitigate, diminish, **meathlaigh** dwindle, **moilligh** slow; delay, **scamh** peel, **síothlaigh** dissipate, drain away; subside, **smiot** whittle, chip, **suaimhnigh** soothe, calm, **tabhair faoiseamh (do)** alleviate, assuage, **tar anuas** come down, **tearcaigh** become scarce, diminish, **téigh i léig** die out, die down, **téigh in ísle** go lower, **téigh síos** go down, **tit** fall, **traoith** abate, subside, **tráigh** ebb, **uathaigh** make fewer; lessen; become fewer

~ **an bhearna!** Narrow the gap!
~ **an bhreith!** Commute the sentence!
~ **an fhearg!** Ease up on the anger!
~ **an fhuaim!** Lower the volume!
~ **an phian!** Alleviate/Deaden the pain!
~ **an ráta!** Decrease the rate!
~ **an teocht!** Reduce the heat!
~ **an tionchar!** Mitigate the impact!
~ **an torann!** Cut down on the noise!
~ **luach stoic!** Write down stock value!
~ **na costais!** Bring down the costs!
~ **na tuarastail!** Lower the wages!

◊ **Nár laghdaí Dia thú!** May God prosper you!, **Níor ~ sé pingin mé!** It didn't cost me anything.

Laghdaithe *pp* lessened, diminished
bainte cut, **bearrtha** shave, **bodhraithe** deadened, **bogtha** softened, **caite** worn out, **ceansaithe** pacified, subdued, **ciorraithe** curtailed, **ciúnaithe** silenced, **creimthe** eroded, **dulta i léig** died out, died down, **dulta in ísle** lowered, **dulta síos** gone down, **fánaithe** dwindled, diminished, **fannaithe** weakened, enfeebled, **fuaraithe** cooled, chilled, **gearrtha** cut, **gearrtha siar** cut back, **gannaithe** thinned out, made scare, **giorraithe** shortened; abridged, **íoslaghdaithe** minimised, **íslithe** lowered, lessened, reduced, **lagaithe** weakened, **lascainithe** discounted, **maothaithe** appeased; softened, **maolaithe** mitigated, diminished, **meathlaithe** dwindled, **moillithe** slowed; delayed, **scafa** peeled, **síothlaithe** dissipated, drained away; subside, **smiota** whittled (away), chipped, **suaimhnithe** soothed, calmed, **tagtha anuas** having come down, **tearcaithe** gotten scarce, diminished, **tite** fallen, **traoite** abated, subsided, **tráite** ebbed, **uathaithe** made fewer; lessened; gotten fewer

Laghdaitheach adj^3 lessening, diminishing
bodhraitheach dampening, **creimneach** erosive; corrosive, **íoslaghdaitheach** minimising, **íslitheach** lowering, reducing, **maolaitheach** mitigating; abating; palliative, **meathlaitheach** dwindling; retrogressive, **moillitheach** delaying, retarding, **múchtach** deadening, **oirbhearnach** diminished, having gaps, **suaimhnitheach** soothing, calming, pacifying, **tachtach** choking

Laghdú *vn* lessening, diminishing, abatement
baint cut, cutting, **bearradh** shave, shaving, **bodhrú** deadening; bothering, **bogadh** softening, **caitheamh** wearing out, usage, **ceansú** pacifying, subduing, **ciorrú** curtailing, **ciúnú** silencing, **creimeadh** eroding, **dul i léig** dying out, dying down, **dul in ísle** lowering, **dul síos** going down, **fáfall** easing off, **fánú** dwindling diminishing, **fannú** weakening, enfeebling, **faoiseamh** alleviation, relief, **fuarú** cooling off; chilling **fuairnimh** numbness, **gearradh** cut, cutting, **gearradh siar** cutting back, **giorrú** shortening, **íoslaghdú** minimising, **ísliú** lowering, lessening, reducing, **lagra** abatement, easing, **lagú** weakening, **laigse** abatement; reduction, **lascainiú** discounting, **maolú** reduction, mitigation, abatement, assuagement, **meathlú** dwindling, **moilliú** slowing; delaying, **scamhadh** peeling, **smiotadh** whittling, chipping away, **suaimhniú** soothing, calming, **teacht anuas** coming down, **tearcú** becoming scarce, diminishment, **titim** fall, falling, **traoitheadh** abating, subsiding, **trá** ebbing, **uathú** making fewer; lessening; becoming fewer

▲ **~ ar an gcíos** decrease in the rent, **~ ar an mbuiséad** dent in the budget, **~ ar chaiteachas** decrease in expenditure, **~ ar choiriúlacht** reduction in crime, **~ ar líon lucht féachana** drop off in viewer numbers, **~ ar rátaí úis** lowering of interest rates, **~ astaíochtaí** abatement in emissions, **~ bochtaineachta** alleviation of poverty, **~ cánach** tax reduction, **~ foirne** downsizing; slimming down of staff, **~ forchostas** reduction of overheads, **~ géar** sharp decline, **~ ollmhór** drastic reduction, **~ torainn** noise abatement/reduction

◊ **an rogha a ~** to narrow the choice, **Níl ~ ar bith ar an luas.** There is no slowing down the pace., **strus a ~** to reduce stress

Lagintinneach *adj³* feeble-minded, slow-witted **amaideach** foolish, **baoth** foolish, mindless, **bómánta** stupid, bone-headed, **creitineach** cretinous, **dallintinneach** dim-witted, **dallintleachtach** unenlightened; dull, **lagmheabhrach** feeble-minded; forgetful, **leibideach** brain-dead, **meabhairéalangach** mentally defective, **saonta** simple, gullible, **soineanta** simple-minded; naïve, **spadintinneach** muddle-headed, **uascánta** simple-minded; sheepish

Lagmhisneach *m (-nigh)* low spirits, feeling down **beaguchtach** dispiritedness, dejectedness, **dobrón** intense sorrow, **dúlagar** *(med)* depression, **gruamacht** gloominess, **ísle brí** low spirits, down in the dumps, **lagar spride** doldrums, **lagbhrí** low in energy, lack of get-up-and-go, **lagchoráiste** lowness in spirits, **lagspreasaí** listlessness, **lagsprid** low spirits, **lagspridí** down-heartedness, **lagspridiúlacht** pusillanimity, **lionn dubh** melancholy, **mímhisneach** discouragement; depression, **tromchroí** heavy heart

Lagmhisniúil *adj⁴* lowspirited, despondent **beaguchtúil** dispirited, dejected, **dobrónach** intense sad, **cianach** doleful, lonesome, **doilbhir** gloomy, dark, **doirbh** depressed, dissatisfied, **domheanmnach** low-spirited, **dubhach** gloomy, in a dark mood, **faoi chian** melancholic, **faoi ghruaim** despondent, dejected, **gruama** gloomy, **íseal** low, **in ísle brí** in low spirits, down in the dumps, **i lagar spride** in the doldrums, **lagbhríoch** low in energy, lacking in get-up-and-go, **lagchoráiste** (> *lagchoráiste*) low spirits, **lionndubhach** melancholic, **mairbhiteach** languid, torpid, **mairgiúil** sorrowful, downcast, **meirtneach** dejected, dispirited, **thíos** down, downcast, **tite i lionn dubh** depressed, **tromchroíoch** heavy hearted, **tromintinneach** melancholic, depressed

Lagú *vn* weakening
anbhainniú enfeebling, **baint bonn ó** undermining, **bogadh** softening, slackening, loosening, **ceansú** pacifying, subduing; appeasing, **creimeadh** eroding, **cnaí** wasting away, **cur ó chumas** incapacitating, **díbliú** debilitating, **díneartú** enfeebling, **dul in ísle brí** becoming dejected/gloomy, **dul síos** going down, **éinirtiú** enfeebling, **fánú** dwindling, diminishing; *(pain)* easing, **fannú** enfeebling, weakening, **fuarú** *(pain)* relieving, **gannú** thinning out, making scarce, **gearradh** cutting, **gearradh siar** cutting back, **ísliú** humiliating, lessening, reducing, **laghdú** abating, reducing, **meath** decaying, **maolú** mitigating, diminishing, **meathlú** dwindling, **meirbhliú** enervating, weakening, **meirtniú** weakening, **roinnt** dividing, **scaipeadh** scattering, **sileadh** diminishing, drooping, dripping, **síothlú** draining away; subsiding, **sleabhcadh** drooping, flagging, getting limp, **smiotadh** whittling, **suaimhniú** soothing, calming; pacifying, **dul in ísle** go lowering, **dul síos** going down, **titim** falling, **trá** ebbing away, abating

▲ ~ **cainte** speech impairment, ~ **cultúir** cultural adulteration, ~ **dúile** dwindling of desire, ~ **éisteachta** impairment/failing of hearing, ~ **fearúlachta** emasculation, ~ **geilleagair** flagging of an economy, ~ **goile** waning of appetite, ~ **luachanna moráltachta** corrosion of moral values, ~ **na báistí** a let up in the rain, ~ **radhairc** dimming/failing of sight, ~ **suímh** weakening of a position, ~ **suime** fading of interest

Láib *f (~e)* mud, muck, mire
brocamas filth, **ceachair** mud, mire, **clábar** muck, mud, **dóib** sticky clay; clay plaster (cf **bothán dóibe** mud cabin), **draoib** mud, mire, **draoibeal** mud, mire, **glár** silt, **greallach** *f* slush, puddly ground, **lábán** mud, grime, **lathach** *f* mud, slush, **moirt** heavy clay, mud, **pluda** slush, mud, **puiteach** *m* mud, **ramallae** *m* slime, **roide** *f* red mud; muck, **salachar** dirt, **siolta** silt, **slaba** ooze, mud, **sloda** sludge, **smearadh** smear, smearing, **troighean** *f (-ghne)* oily greasy coating; sludge (cf **troighean sneachta** covering of sludgy snow)

P **Ní faisean go draoibeal (ná dáma go láib)!** Common sense should take priority! (*Literally, with reference to long dresses which dragged in the mud: There isn't fashion till mire (nor a lady till mud!)*

Láidir *adj irr* strong
1. strong, potent; able to withstand
an- *pref* very, extremely, **ard** loud, **bras** *(lit)* strong; swift, **bríoch** vigorous; efficacious, **bríomhar** vigorous, forceful, **buan** lasting, permanent, **buanfasach** hard-wearing, **buanseasmhach** enduring, steadfast, **cloíteach** overwhelming, overpowering, **crua** hard, tough, **cumasach** capable, potent, **cumhachtach** powerful, **daingean** secure, steadfast, **dian-** *pref* intense, intensive, **dígeanta** obdurate, die-hard, **dingthe** compact, thickset, **díocasach** eager, **díograiseach** enthusiastic, **diongbháilte** stalwart; secure, staunch, deep-seated, **dobhriste** unbreakable, **dochaite** durable, **dochloíte** invincible, **doineanta** stormy, **dolúbtha** inflexible, unyielding, **doscaí** having fearless strength, **doscúch** tough, hardy, **dúshlánach** defiant, **dúthrachtach** fervent, **éachtach** full of prowess, powerful, **éifeachtach** effective, **fadsaolach** long-lasting, **feilmeanta** vigorous, forceful, **faoi bhéim** emphasised, emphatic, **fíor-** intense, ultra, **folcanta** strong, stout, **forthréan** exceedingly strong, **fortúil** strong, powerful, **fréamhaithe go domhain** deep-rooted, **groí** hearty, strong, **gustalach** resourceful, **inmheach** strong, wealthy; pubescent, **iomadúil** numerous, abundant, **léidmheach** *(lit)* strong daring, **miotalach** mettlesome, **neartmhar** mighty, **oscartha** martial, strong, **righin** rigid, tough, **righnithe** toughened, stiffened, **ruanata** strong, **seasmhach** resolute, **so-aitheanta** noticeable, **sonairt** firm, solid, strong, **stóinseach** staunch, strong, robust, **storrúil** strong, vigorous, **sár-** superlative, **sonda**

Láidir

(lit) strong, powerful, **sracúil** strong and spirited, **stuifiúil** mettlesome, strong, **suntasach** remarkable, **tacúil** sustaining, sturdy, **talcánta** strong, stout, solid, **tairpeach** strong, violent, **téagartha** burly, stout, **tréamanta** powerful, intense, **trén-** *pref* strong, **trén** *(níos treise)* strong *(stronger)*, **treisithe** reinforced, **treisiúil** forceful, vigorous, **trom** heavy, **uilechumhachtach** almighty, omnipotent, **urrúnta** robust, hefty

▲ **agóid** ~ strenuous objection, **airtléire** ~ heavy-duty artillery, **arm** ~ strong army, **breosla** ~ rich fuel, **briathar** ~ *(gram)* strong verb, **buachaill** ~ strong boy, **bróg** ~ sturdy shoe, **buille** ~ hefty whack, **coimpléasc** ~ robust constitution, **éadach** ~ resilient cloth, **gaoth** ~ strong, blustery wind, **gnóthadóir** ~ powerful businessman/woman, **leigheas** ~ potent medicine, **margálaí** ~ tough negotiator, **trealamh** ~ rugged equipment

◊ Bhí tonnta láidre ag bualadh an bháid. Buffeting waves were bashing the boat., Bhain sé cumhacht amach le lámh ~. He strong-armed his way into power.

2. intense; pungent
aiceanta accentuated, **ard-** brilliant, great, **bréan** foul-smelling, putrid, **cloíteach** overwhelming, **comhchruinnithe** *(sci)* concentrated, **dian-** *pref* intense, intensive, **díbhirceach** zealous, ardent, **díocasach** eager, **díograiseach** enthusiastic, **domhain** *(colour)* deep, rich, **faoi bhéim** emphatic, **fíor-** *pref* intense, ultra, **géar** sharp, pungent, **gléigeal** brilliant, **gléineach** vivid, **marfach** deadly, **meisciúil** intoxicating, **polltach** piercing, **rachmallach** lusty, eager, excited, **sáithithe** saturated, **scéiniúil** glaring, garish, **suntasach** remarkable, **thar cailc/fóir/míde** exceedingly, **tiubh** dense; thick, **tiubhaithe** concentrated, **trén-** strong, **treisithe** reinforced

▲ **blas** ~ pungent taste; full flavour, **boladh** ~ strong odour, **canúint** ~ broad accent, **ceimiceán** ~ harsh chemical, **dearcadh** ~ trenchant view, **deoch** ~ strong drink, **creideamh** ~ staunch belief, **cúis** ~ strong reason, **greim** ~ firm grip, **litir** ~ strongly-worded letter, **pearsantacht** ~ forceful personality, **ráiteas** ~ emphatic statement

◊ Bhí sí ~ ar an bpointe sin. She was emphatic on that point.

3. physically strong, healthy
ábalta able, **bríomhar** vigorous, **croíúil** hearty, **crua** hard, hardy, **cumasach** capable, potent, **daingean** firm, strong, **fairceallach** strongly built, **féitheach** muscular, **féitheogach** brawny, sinewy, **folláin** fit, healthy, **groí** hearty, vigorous, **lúfar** athletic, **lúitheach** sinewy, muscular, **lúthchleasach** athletic, **matánach** muscular, **scafánta** strapping, **scolbánta** wiry and strong, **sláintiúil** healthy, **spionnúil** strong, vigorous, **spleodrach** exuberant, **spreacúil** vital, spirited, **sracúil** strong and spirited, **storrúil** sturdy; stirring, **tarbhánta** bull-like, powerful, **téagartha** burly, stout, **tréan** strong, **urrúnta** robust

▲ **coimpléasc** ~ strong constitution, **dornálaí** ~ brawny/muscular boxer, **óganach** ~ vigorous youth, **sláinte** ~ sound health, **sláinte** ~ sound health

Láidreacht *f (~a)* strength; pungency

ábaltacht capability, **arrachtas** brawn, monstrous strength, **boirbe** rankness; fierceness, **brí** vigour; significance, **bríomhaire** vigorousness, forcefulness, **buaine** durability, permanence, **cumas** capability, potency, **cumhacht** power, **daingne** steadfastness, **déine** intensity, **diongbháilteacht** steadfastness, constancy, **dobhristeacht** unbreakability, **dochaiteacht** resilience, **dochloíteacht** invincibility, **éifeacht** force, effect, **fearchumhacht** *f* manpower, **feidhmiúlacht** efficiency, forcefulness, **foirtile** *f* fortitude, strength, **forthreise** exceeding strength, **fortúlacht** prowess, strength, **géire** pungency, **gustalaí** resourcefulness, enterprising, **láthar** vigour, strength, **neart** might, **neartmhaire** vigorousness, **oirbheartas** prowess, power, **próis** prowess, **righne** toughness, **scolbántacht** litheness and strength, **sea** *m* strength, power (eg Baineadh an sea as a chosa. He lost the power of his legs.), **seasmhacht** resoluteness, **sonairte** firmness, solidity, strength, **spionnadh** vigour, vitality; **spionntacht** hardiness, **stóinseacht** staunchness, **storrúlacht** strength, vigorousness, **talcántacht** strength, solidity, **tacúlacht** sturdiness, **téagarthacht** stoutness, **teinne** firmness, tautness; strength, forcefulness (cf **teinne tuairime** forcefulness of opinion, **teinne rialacha** strictness/tightness of rules), **tréine** strength, **treis** strength (cf **teacht i dtreis** to gain strength), **treise** strength, dominance; emphasis, **uilechumhachtaí** omnipotence, **urrúntacht** robustness, **urrús** *(high reg)* prowess

Láidrigh v_{2b} strengthen, prosper; invigorate

bisigh increase, prosper, **borr** expand, swell, inflate, **buanaigh** make permanent/durable, **calmaigh** encourage, strengthen, **cóineartaigh** confirm, strengthen, **cruaigh** harden, **cuir taca le** give support to, **daingnigh** secure, strengthen, **déan sábháilte** make safe, **déan seasmhach** make resolute, firm, **dianaigh** intensify, **éirigh seasta** become permanent, **feistigh** fasten, fix, hitch up, **fódaigh** entrench, **neadaigh** embed, nest, **neartaigh** strengthen, reinforce, **righnigh** toughen, **soirbhigh** prosper, **stálaigh** season, harden, toughen, **stéagaigh** *(timber)* season, **stóinsigh** make staunch, strengthen, **teann** brace, tighten, **téigh i mbreis** prosper, grow, **treisigh** reinforce, boost; support

Láidrithe *pp* strengthened, prospered; invigorated

bisithe increased, prospered, **borrtha** expanded, swollen, inflated, **buanaithe** made permanent/durable, **calmaithe** encouraged, strengthened,

Láirdriú cóineartaithe confirmed, strengthened, **cruaite** hardened, **daingnithe** secured, strengthened, **déanta sábháilte** made safe, **déanta seasmhach** made resolute, firm, **dianaithe** intensified, **dulta i mbreis** prospered, grown, **éirithe seasta** gotten permanent, **feistithe** fastened, fixed, fitted, hitched up, **fódaithe** entrenched, **neadaithe** embedded, nested, **neartaithe** strengthened, reinforced, **rathaithe** thrived, succeeded, **righnithe** toughened, **soirbhithe** prospered, **stálaithe** seasoned, hardened, toughened, **stéagaithe** (timber) seasoned, **stóinsithe** made staunch, strengthened, **teannta** braced, tightened, **treisithe** reinforced, boosted; supported

Láidriú *vn* strengthening, prospering; invigorating
bisiú increasing, prospering, **borradh** expanding, swelling, inflating, **buanú** making permanent/durable, **calmú** encouraging, strengthening, **cóineartú** confirming, strengthening, **cruachan** hardening, **daingniú** securing, strengthening, **déanamh sábháilte** making safe, **déanamh seasmhach** making resolute, firm, **dianú** intensifying, **dul i mbreis** prospering, growing, **éirí seasta** becoming permanent, **feistiú** fastening, fixing, fitting, hitching up, **fódú** entrenching, **neadú** embedding, nesting, **neartú** strengthening, reinforcing, **rathú** thriving, succeeding, **righniú** toughening, **soirbhiú** prospering, **stálú** seasoning, hardening, toughening, **stéagú** (timber) seasoning, **stóinsiú** making staunch, strengthening, **teannadh** bracing, tightening, **treisiú** reinforcing, boosting; supporting

Laige *f* (~) weakness
anbhainne feebleness, weakness, **anaemacht** anaemia, **báine** paleness, whiteness, **bánlíche** pallidity, **beagmhéid** smallness, **bochtaineacht** poverty, **boige** softness, dampness, **boichte** poorness, **caolú** dilution, **claidhreacht** spinelessness, **cróilíocht** infirmity, disablement, **dearóile** puniness, **díblíocht** dilapidation, decrepit condition, **dímríche** enervated condition, **díneart** debility, enfeebledness, **díomhaoine** worthlessness, idleness, **do-bhraiteacht** imperceptivity, **éadaingne** unsteadiness, unsound condition, **éadroime** light; (of colours) lightness, paleness; shallowness, **éagumas** impotence, incapacity, **éalang** *f* flaw, weakness, **easláinte** ill-health, **easnamhaí** deficiency, **easpa** lack, **éidreoir** helplessness, want of direction, **éislinn** insecurity, vulnerability; defect, **fabht** flaw, fault, **fainne** frailness, **faoine** supineness, limpness, **ísle brí** low spirits, **meatacht** cowardliness, **maoithe** tenderness, softness; weakness, enervation, **meirbhe** weakness; languor, **lagú** weakening, **leimhe** insipidness, wishy-washiness, **léiriú** weakness, prostration, **leochaileacht** fragility, **lochtaí** faultiness, defectiveness, **longadánacht** wobbliness, **mairbhe** lifelessness, dullness; numbness, **mairbhití** languor, torpor, **maoile** bluntness, dullness, baldness, **marbhántacht** lethargy, **meirbhe** languor, weakness, **meirfean** faintness, weakness, **meirtne** *f* enfeeblement; dejection, weakness, **míshástacht** dissatisfaction, **míshocracht** unease, instability, **neamhábaltacht** lack of strength, impotence, **neamhábharthacht** irrelevance, **neamhacmhainn** lack of resources, **neamhbhailíocht** invalidity, **neamhbhlas** tastelessness, **neamhbhrí** insignificance, **neamhchumas** incapability, **neamhchumhacht** powerlessness; lack of authority, **neamhdhaingne** insecurity, unsoundness, **neamhfheidhm** irrelevance, purposelessness, **neamhinniúlacht** ineptitude, incompetence, **neamhshocracht** unsteadiness, unease, **neamhshubstaintiúlacht** insubstantiality, flimsiness, **so-ghabháltacht** susceptibility, **soghontacht** vulnerability, **téigle** *f* faintness; stillness calmness, **time** faint-heartedness, weakness, **tláithe** wanness, frailness, **tlás** weakness, delicateness, **toille** hollowness, **traochadh** exhaustion, **tréithe** feebleness, weakness **uisciúlacht** wateriness

▲ ~ **argóinte** weakness of an argument, ~ **dhaonna** human failing/frailty, ~ **coirp** physical weakness, ~ **gutha** faintness of voice, ~ **intinne** mental feebleness, ~ **na siomtóm** mildness of the symptoms, ~ **radhairc** dimness of vision

◊ **teacht as** ~ to recover from a faint, **titim i** ~ to faint, **Tagann laigí uirthi.** She is prone to fainting fits., **B'in é** ~ **na cinniúna sa scéim iomlán.** That was the Achilles heel in the whole scheme.

Láimhseáil 1 *v₁ₑ* handle
bainistigh manage, **bí ag glacaireacht** be handling; pawing, fondling, **bí i gceannas ar** be in charge of, **bí i gcómhaith le** be equal to (eg **Tá sí i gcómhaith leis.** She is his equal., She can handle him.), **bí in ann don obair** be able for the work, **bíodh eolas do ghnó agat** know what your are doing, **bíodh lámh in uachtar agat** maintain the upper hand on, **caith le** treat, **cóipeáil** cope, **eagraigh** organise, **ionramháil** manipulate, manoeuvre, **láimhsigh** handle, manipulate, **oibrigh** work, **riar** administer, manage, **rith** run, **smachtaigh** control, **stiúir** direct, **tabhair aire do** take care of, look after, **tuig** understand

Láimhseáil 2 *vn* handling
bainistiú managing, **caitheamh** treatment, **glacaireacht** handling; pawing, fondling, **cóipeáil** coping, **eagrú** organising, **láimhdeachas** manipulation, handling, **ionramháil** manipulating, manoeuvring, **láimhsiú** handling, **oibriú** working, **riar** administering, managing, **rith** running, **smachtú** controlling, **stiúradh** directing, **stiúrthóireacht** directing, controlling, **tabhairt aire do** taking care of, looking after, **tuiscint** understanding

Láimhseáilte *pp* handled
bainistithe managed, **caite** treated, **cóipeáilte** coped, **eagraithe** organised, **ionramháilte** manipulated, manoeuvred, **láimhsithe** handled, manipulate,

oibrithe worked, **riartha** administered, managed, **rite** run, **smachtaithe** controlled, **stiúrtha** directed, **tuigthe** understood

Laistigh *adv (mot)* inside

áitiúil local, **anseo** here, **ar an taobh istigh** on the inside, **eadrainn féin** between ourselves, **faoi dhíon an tí** under the roof of the house, **gan a bheith le feiceáil** unseen *(to the outside world)*, **idir ceithre bhalla** between four walls, **inmheánach** internal; in-house, **istigh** inside, **príobháideach** private, **rúnda** secret, **sa teaghlach** in the household *(see also: istigh)*

▲ ~ **de chúpla nóiméad** within a couple minutes, ~ **den ráille** inside the railing, ~ **den tréimhse ama atá sannta** within the allotted time period, ~ **de mhí féilire** within one calender month, ~ **d'uair an chloig** within the hour, ~ **is lasmuigh** inside and out, **Tháinig sí** ~ **díom.** She outsmarted me.

Laistíos *adv (mot)* below

ag bun an dréimire at the bottom of the ladder, **in ifreann** in hell (cf **an Fear Thíos** the Devil), **in íochtar (na sráide)** at the lower end of the street, **faoi** under, **faoin bhfód** under the sod; dead, **faoin talamh** underground, **díreach taobh thíos dínn** directly beneath us, **thíos** below, down below, **thíos staighre** downstairs *(see also: anuas, síos)*

Láithreach *adv* immediately

anois now, **ar an bpointe (boise)** at once, promptly, **ar an mball** on the spot, **ar an toirt** straightaway, **ar bhuille boise** promptly, **ar luas lasrach** at lightning speed, **ar nós na gaoithe** in the manner of the wind, **chomh luath agus is féidir** as soon as possible, **cosa in airde** in a gallop, **de gheit** at a bound, all of a sudden, **de léim** in no time, double quick (cf **Déan de léim é!** Jump to it!), **díreach anois** right now, **freacnairc** presently; present time, **gan a thuilleadh moille** without further delay, **gan fanacht timpeall** without waiting around, **gan mhoill** without delay, **gan mhoilleadóireacht** without dawdling, **go beo** presto, briskly, **go beo gasta** posthaste, **go diair** instantly, **go gasta** apace, fast, quickly, **go maolchluasach** hell for leather, **go tapa** quickly, fast, **in áit na mbonn** summarily, **lom** ~ right now

◊ ~ **bonn!** On the spot! Right now!, **briathar san aimsir** ~ verb in the present tense, **Déan** ~ **é!** Do it immediately!, **lom** ~ instantly

Láithrigh *v₂ᵦ* present oneself, appear (eg in court)

bí i láthair be present, **dealraigh** appear, **foilsigh** reveal, make manifest, **nocht** become visible, appear; strip, uncover, **freagair** appear on surface, become exposed, **taispeáin** show, reveal, disclose, **taispeáin tú féin** show yourself, make an appearance, **tar amach** come out, **tar i láthair** arrive, **tarlaigh** happen, occur, **téigh i lathair (na cúirte)** appear (in court)

Láithrithe *pp* presented, made present

dealraithe appeared, **dulta i láthair (na cúirte)** appeared (in court), **foilsithe** revealed, made manifest, **nochta** revealed, appeared; stripped, uncovered, **freagartha** appeared on surface, exposed, **taispeánta** shown, revealed, disclosed, **tagtha amach** come out, **tagtha i láthair** arrived, **tarlaithe** happened, occurred

Láithriú *vn* being present, appearing (eg in court)

dealramh appearing, **bheith i láthair** being present, **dul i láthair (na cúirte)** making an appearance (in court), **foilsiú** revealing, making manifest, **nochtadh** revealing, appearing; stripping, uncovering, **freagairt** appearing on surface, exposed, **taispeáint** showing, revealing, disclosing, **tarlú** happening, occurring, **teacht amach** coming out, **teacht i láthair** arriving

Lámh- *(pref)* hand-

~**bheart** handgear, muff, ~**chartadh** masturbation, ~**cheird** handicraft, ~ **chleasaí** juggler, ~**chleasaíocht** juggling, ~**chuimilt** hand massage, ~**dhaite** hand-painted, ~**éadrom** light-fingered, ~**fhite** handwoven, ~**fholamh** empty-handed, ~**fhuaite** handsewn, ~**luamhán** hand lever, ~-**mhaisiú** manicuring, ~**ráille** handrail, ~**scríbhinn** manuscript, ~**scríbhneoireacht** handwriting, ~**scríofa** handwritten

Lámh *f (láimhe; ~a, ~)*

1. hand; arm

átagraf autograph, **baclainn** bent arm, cradled arm (s), **crág** *f* large hand, **crágán** little claw, **crobh** claw; *(pickup lever)* hand, **crúca** claw, **crúb** claw, **dóid** hand; fist, **dorn** *m (doirn, doirne)* fist, **dornán** handful, fistful, **géag** limb, **glac** half-closed hand, hand, **ladhar** claw, space between fingers or toes, **lapa** paw, **mág** *f (máige; ~a, ~)* paw, **máigín** chubby little hand, paw, **sciathán** wing, **síniú** signature, autograph, **teanchair** tongs, **tlú** tongs

▲ ~ **Dé** hand of God, ~ **chúnta** helping hand, ~ **dheas/chlé** right/left hand, ~ **in uachtar** upper hand, advantage, ~ **láidir** violent force, ~ **na beannachta** right hand, ~ **throm** heavy hand, oppression

◊ **Chroith sí** ~ **liom.** She shook my hand., **Chuir sí a** ~ **tharam.** She put her arm around me., **lorg láimhe** handwriting, **obair láimhe** manual work, **Tá** ~ **eile ag teastáil uainn don obair seo.** We need another hand (to help) with this work., **Tabhair dom do** ~**!** Give me your hand!

■ **alt** knuckle, joint, **bos** *f* palm, **bunrí** *f* wrist, **caol na láimhe** wrist, **ionga** *f (~n; ingne)* fingernail, **méar** *f* finger, **néaróg ulnach** funny bone, **ordóg** thumb, **rí** *f* forearm, **rosta** wrist, **uillinn** elbow

2. handle, lever

cluas *f* ear-shaped handle (cf **cluas pota** pot handle), **cos** *(spáide scine, etc)* *(spade-, knife-, etc)* handle, **greamán** *(something used as)* grip, **greim** *m (greama;*

Lámhach

greamanna) grip, grasp **hanla** handle, **lámhchrann** *m* handle, **luamhán** lever *(see also:* **hanla***)*

◊ ~ **buicéid** handle of a bucket, ~ **dhúisithe** *(mec)* starting handle, ~ **caidéil** pump handle, **Ní féidir liom ~ a fháil ar an obair.** I can't get a handle on the work.

3. skill, ability

ábaltacht ability, **bua** talent, gift, **cumas** ability, strength, **deaslámhaí** deftness of hand, **deis** dexterity, **féith** flair, **hanla** handle (cf **hanla bheith agat ar an gcás** to have a handle on the situation), **scil** skill, **tallann** *f* talent, **tíolacadh ó Dhia** gift from God, **tuiscint** understanding

◊ ~ **leis an siopa** right beside the shop, **Fág ar a láimh é!** Leave it to him/her!, **in aice láimhe** near at hand, **Chuir mé mo ~ leis.** I gave it a go., **níl ~ ná cos air.** He can do nothing right., **Ní féidir liom ~ ar bith a dhéanamh air.** I can't make a fist of it at all.

Lámhach 1 v_{1a} shoot, fire

caith fire (eg **Chaith sé urchar liom.** He fired a shot at me.), **diúraic** shoot, project, **ionsaigh le sliogáin** shell, **loisc** fire, **planc** beat, **rad** hurl, **scaoil** loose, send off, fire, **teilg** throw, catapult

◊ **Cé a ~ ar dtús?** Who fired first?

Lámhach 2 *vn* shooting, shoot, firing, fire

caitheamh firing (eg **caitheamh urchar** firing shots), **cith** *m* **(ceatha; ceathanna)** piléar hail/shower of bullets, **diúracadh** shooting, projecting, **loscadh** firing (cf **urchar a ~** to fire a shot), **plancadh** shelling, **rois piléar** volley of shots, **scaoileadh urchar** gunfire, **scioblámhach** *m* *(mil)* snapshooting, **teilgean** projecting, casting, **urchar gunna** gunshot

▲ ~ **airtléire** artillery fire, ~ **an namhad** hostile fire, ~ **comhthrátha** synchronised firing, ~ **créchólur** clay pigeon shooting, ~ **gunnaí** gun fire, ~ **ó chomrádaí** friendly fire, ~ **marfach** fatal shooting, ~ **piléar** firing of bullets, ~ **raidhfílí** rifle fire, ~ **sa ghlúin** kneecapping, ~ **sliogán** shell fire

◊ **Éirigh as ~!** Hold your fire! **scor de ~** to cease fire, **Tosaíodh ag ~ orainne.** We came under fire., **tosú ag ~** to open fire

Lámhachta *pp* shot, fired

caite fired, **ionsaithe le sliogáin** shelled, **diúractha** shot, projected, **loiscthe** fired, **planctha** shelled, **radta** hurled, **scaoilte** fired, **teilgthe** thrown, catapulted

Lámhchartadh *m (-rta)* masturbation, onanism

bualadh boid beating off, **faoiseamh láimhe** hand-relief; hand job, **féinphléisiúr** self-gratification, **féintruailliú** *(rel, hist)* self-abuse, **glacaireacht** onanism, using one's hand, **jab láimhe** handjob, **lámhadóireacht** wanking, **maistreadh** jerk/toss off, **pit ghlaice** masturbation, **sniogadh an dochtúra** milking the doctor

Lámhscríbhinn *f (~e; ~i)* manuscript

ábhar le foilsiú copy for publication, **cáipéis** document, **coidéacs** codex, **cóip (ó láimh)** (hand) copy, **doiciméad** document, **gníomhas** *(document)* deed (cf **gníomhais aistrithe** deeds of transfer), **lorg láimhe** handwriting, **pár** parchment, **screaptra** *spl* manuscripts,writings; scriptures, **scríbhinn** written document, **script** *f* script, **scrolla** scroll, **scrioptúr** *m* scripture, **téacs** text

Lampa *m (~; ~í)* lamp, light, flashlight

gabhad lighted sod carried as torch, **gleorachán** bright lamp, **laindéar** lantern, **laomlampa** flashlamp, **lóchrann** lantern, lamp, **solas** light, **splancbholgán** flashbulb, **spotsolas** spotlight, **sutrall** torch; candle, **tóirse** torch, flashlight, **trilseán** *(open flame)* torch

▲ ~ **balla** wall lamp, ~ **deisce** desk lamp, ~ **ceirisín** kerosene lamp, ~ **cinn** headlamp, ~ **ceo** fog light, ~ **cois leapa** bedside lamp, ~ **crochta** hanging lamp, ~ **doininne** hurricane lamp, ~ **feighle** pilot lamp, ~ **fluaraiseach** fluorescent lamp, ~ **halaigine** halogen lamp, ~ **infridhearg** infrared lamp, ~ **leapa** bed-lamp, ~ **leictreach** electric lamp, ~ **léitheoireachta** reading lamp, ~ **ola** oil lamp, ~ **sábhála** safety lamp, ~ **síleála** ceiling lamp, ~ **sráide** streetlamp, ~ **teasa** heat lamp, ~ **urláir** floor lamp

▲ **bolgán** ~ light bulb, **bonn** ~ lamp base, **cró** ~ lamp holder, **feistiú** ~ lamp fitting, **scáthlán** ~ lampshade

Lán- *pref* full-, fully, total, utmost

~**ábalta** fully capable, ~**aosta** of full age, ~**aimseartha** full-time, ~**cháilithe** fully qualified, ~**chaillteanas** total loss, ~**-chead** full permission, ~**chinnte** fully certain, ~**chleithiúnaí** full/total dependence, ~**chosc** total embargo/prohibition, ~**chumhacht** plenary power, ~**chumhachtach** plenipotentiary, ~**chumhdach** *m* complete cover, ~**dáiríre** fully in earnest, ~**déanta** fully complete, ~**dícheall** utmost endeavour, ~**dorchadas** total darkness, ~**dúiseacht** fully awake (cf **bheith i do** ~**dhúiseacht** to be fully awake), ~**éiclips** total eclipse, ~**fhada** full-length, ~**fheistithe** fully dressed; fully fitted/ equipped, ~**fhostaíocht** full employment, ~**ghaolmhar** germane, ~**íoctha** fully paid, ~**léargas** panorama; clear insight; full enlightenment, ~**líon** full complement, ~**luas** full speed, ~**mhúchadh** asphyxia; *(lights)* blackout, ~**luchtaithe** fully charged, fully loaded, ~**-nóta** *(mus)* breve, ~**oilte** fully trined, well versed, ~**ré** full moon, ~**réim** maximum power/ rate (cf **faoi** ~**réim** in full swing), ~**saol** full life, ~**sásta** fully satisfied, ~**scód** *(naut)* free sheet (cf **thug sé** ~**scód dá saol** he lived life to the full), ~**seol** full sail (cf **faoi** ~**seol** under full sail), ~**toil** full consent, ~**toilteanach** fully consenting, ~**tosaí** *(sp)* full-forward, ~**údarás** full authority, ~**urú** total eclipse

Lán 1 *adj¹*

1. *(complete)* full, replete

ar fad entire, whole, **athshondach** resonant, resounding, **corpanta** thorough, out and out, **críochnúil** thorough, complete, **cruthanta** replete, fully-made, **cuimsitheach** comprehensive, **dlúth** dense; compact, **dóthanach** satiated, sufficient, **faíoch** copious, **fairsing** extensive, **fial** generous, **fras** ample, **gafa** occupied, engaged, **gan chiorrú**, unexpurgated, **gan ghearradh** uncut, **ina iomláine** in its entirety, **glactha** taken, **iomlán** complete, entire, whole; plenary, **leathan** broad, **líonmhar** plentiful, **líonta** filled, **lódáilte** loaded, **luchtaithe** loaded, **luchtmhar** well-laden; capacious, **neamhghiorraithe** unabridged, **raidhsiúil** abundant, **sách** sated, **saibhir** rich, **sásta** satisfied, **tógtha** taken, **uas-** maximum, **uasta** maximum, **uileghabhálach** exhaustive, **uilíoch** universal

2. *(to excess)* full (to overflowing)

crochta go barr chock-a-block, **dingthe** crammed, **dlúite** compacted, compressed, **druidte le** chock-full with, **dubh le** swarming with, **forlíonta** filled overfilled, **go buinne béil** brimful, **i riocht réabtha** bursting at the seams, **pulctha** stuffed, gorged; *(exams)* crammed, **raidhsiúil** abundant, **sactha** crammed full, **thar maoil** overflowing, **tuilteach** flooding overflowing, **tulcach** gushing, flooding, **ualaithe** burdened, encumbered

3. corpulent

lánmhar fulsome, **macnasach** voluptuous, luxurious, **méith** corpulent, fleshy, rich, **páinteach** plump, **ramhar** fat, **toirtiúil** voluminous, **úisiúil** fulsome

4. ~ **díot féin** full of yourself, conceited

bródúil proud, **díomasach** arrogant, **iomarcach** excessive, **lánmhar** self-conceited, **móiréiseach** haughty, pretentious, **mórchúiseach** self-important, **mustrach** conceited, **toirtéiseach** haughty, arrogant, **uallach** vain, proud

Lán 2 *m (láin; láin, ~)*

1. fill, full, fullness; contents

comhiomlán aggregate, **dóthain** sufficiency, **fotha** *(of vessel)* full measure, **iomláine** wholeness, **iomlán** total, whole, **láine** fullness, **lánán** charge, filling, **lánlíon** full complement, **lánmhaire** fullness, **lánmhéid** full amount, **lánsuim** sum total, **líon** full number, complement, **lucht** charge, load, **méid iomlán** full amount **sáith** fill, sufficiency (cf **Tá mo sháith ite agam.** I've eaten my fill.), **uile** all, everything

◊ ~ **coise** foothold, ~ **doirn** fistful, ~ **glaice** handful, ~ **mara** full tide, **faoi** ~ **seoil** in full swing

2. arrogance, conceit

bród pride, **díomas** arrogance, **dúrud** any amount, cartloads, **iomarca** presumption, arrogance, **lánmhaireacht** self-conceit; repletion, **móiréis** haughtiness, pretention, **mórchúis** self-importance, **mustar** swaggering, bragging, **toirtéis** haughtiness, arrogance, **uaill** vanity, pride

3. **a ~** a lot

an-chuid lots, **carn** heap, **cuid mhór** large amount, **dalladh** lashings, **dol mór** huge haul, **go leor** plenty, galore, **lear mór** heaps, a lot, **líon mór** huge number, **lota** large number, **mámanna móra de** *fpl* heaps and heaps of; large handfuls of, **mórán** much, many, **mórchuid** huge amount, **neart** plenty, **ráig** sudden outbreak, **roinnt mhaith** good deal, considerable amount, **slua** host, **uafás** frightening amount

◊ **a ~ ama/airgid/daoine** a lot of time/money/people

Lána *m (~; ~í)* lane, passage, alley

bealach *m* way, **bóithrín** small road, **caochbhealach** *m* blind alley, cul-de-sac, **caolsráid** lane, narrow street, **conair** path, **cosán** footpath, **cúlsráid** backstreet, **fithis** passage, pathway (cf **fithisí cluaise** auditory pathways, **fithis thalún** underground passage), **raon** track, range, **rian** path, course, **ród** road, **scabhat** narrow windy passage/alley, **slí** *f* way, **sráid** street

Lann *f (lainne; ~a, ~)*

1. blade; edged weapon

beaignit bayonet, **bonsach** *f* javelin, **claíomh** *m* (-*ímh*; -*ímhte*), sword, **faobhar** sharp edge, **lián** blade of propeller, **rásúr** razor, **scian** *f* *(scine; sceana)* knife, **lansa** lance, **maide rámha** oar, **miodóg** dagger, **pionsa** fencing sword *(see also:* **claíomh***)*

2. blade (of leaf)

brobh *f* **féir** blade of grass, **dlaíóg gruaige** wisp of hair, **foithnín féir** blade of grass, **gas arbhair** stalk of corn, **ribe gruaige** strand of hair, **sifín tuí** blade of straw, **tráithnín** dry grass stalk

Lánúin *f (~e; ~eacha)* two people in love bond, couple; married couple

beirt two people, **cairde** *mpl* friends, **céilí** *mpl* spouses, **fear agus bean** man and wife, **leannáin** lovers, **nuachair** *mpl* spouses, **páirtí grá** love match, **páirtnéirí** *mpl* partners, **péire** pair (cf **Is péire iad.** They're an item.), **sonuachair** *mpl* spouses

◊ ~ **phósta** married couple

Laoch *m (-oich; ~ra)* hero

athlaoch old warrior, **beithir** *f* (-*thre*; -*threacha*) female warrior, **buaiteoir** winner, victor, **cathmhíle** warrior, soldier, **cloíteoir** conqueror, **concaire** *(hist)* conqueror (cf **Uilliam Concaire** William the Conqueror), **cú** *(lit)* hero, champion; hound, **curadh** champion, **dragan** dragon, warrior, **éigne** *(lit)* hero, champion; salmon, **faraire** warrior, **fear airm** man of arms, **fearchú** fierce warrior, **fear comhraic** combatant, fighter, **fear cróga** brave man, **fear troda** fighting man, **flaithbhile** princely champion, **galghad** warrior, champion, **gabhálaí** taker, conqueror, **gaiscíoch** *m* warrior, **gruagach** *m* fearful warrior,

láth (gaile) warrior, **nia** *(lit)* warrior, champion, **omhna** *m (~; ~í)* brave warrior, **onchú** *f* fierce warrior, **oscar** hero, warrior, **osduine** superman, superwoman, **príomh-charachtar fir/mná** male/female protagonist, **seabhac** *(fig)* warrior; hawk, **tréan** strong man, champion, **trodaí** fighter, **ruanaidh** *m (-adha; -adha)* champion

Laochas *m (-ais)* heroism
buaileam sciath bravado, sabre-rattling, **calmacht** valour, bravery, **concas** conquest, **crógacht** bravery, **curatacht** heroism, bravery, **dánacht** boldness, **éacht** exploit, feat, **éachtaí** awesomeness, **flaithiúlacht** munificence, princeliness; generosity, **gaisce** feat, act of heroism, **gaisceoireacht** fake heroism; swaggering; swashbuckling, **gaiscíocht** prowess, **gaisciúlacht** heroism, valour, **gníomhartha gaile is gaisce** great deeds of heroism and valour, **niamhracht** resplendence, **spleadh** *f (-eidhe; ~a, ~)* feat; boast

Laochta *adj⁶* heroic
calma plucky, **cróga** brave, **curata** heroic, **dána** bold, **dásachtach** daring, dauntless, **dúshlánach** challenging, **eachtrúil** adventurous, **fiontrach** willing to take risks, **galach** ardent, valiant; vaporous, **gaisciúil** valiant, with bravado, **láimhtheach** daring, **léidmheach** daring, sturdy, **meanmnach** spirited, **meargánta** reckless, **miotalach** mettlesome, **misniúil** courageous, **móruchtúil** audacious, intrepid, **mórthaibhseach** spectacular, looming large, **neamhchotúil** forthright, **neamheaglach** fearless, unafraid, **oirbheartach** full of prowess, valiant, **oscartha** heroic, martial, **taibhseach** flamboyant, **toghail** daring, presumptuous, **tréan** strong, doughty, **uasal** gallant, **urrúnta** dauntless, robust

Lár *m (láir; láir, ~)*
1. centre, middle
básta waist, middle, **bealach láir** middle way, **beo (na ceiste)** crux (of the matter), **boilsceann** bulging part, middle, **bolg** belly (cf **i mbolg na sráide** in the middle of the street), **ceann sprice** objective, goal, **coim** waist, middle, **comhréiteach** *m* compromise, **ceartlár** dead centre, **croí** heart, core, **eadarbhuas** in mid-air, **eithne** nucleus, **fócas** focus, **forlár** epicentre, **giorta** girth (cf **faoina ~** around her middle), **leath bealaigh** midway, **maighdeog** pivot, **meán** average; medial, **meánach** *m* medium; *(mus)* mediant, **meánaíocht** moderation, **meánlíne** *f* median, **Mecca** Mecca, **mol** hub, nave, **pointe fócais** focal point, **smior** *m (smeara)* marrow (cf **go smior a chnámh** to the very centre of his being, to the very marrow of his bones), **sprioc** *f (sprice; ~anna)* target, **súil sprice** bull's-eye

◊ **i ~ na cathrach** in the city centre, **i ~ na hoíche** in the middle of the night, **Tá cónaí orthu i ~ na tíre.** They live in the midlands.

2. ground floor, floor
bonnleibhéal base level, *(exam)* foundation level, **bun** base, **bunleibhéal** basic level, **bun-urlár** ground floor, **clár** plain, table, flat area, **cothrom talún** ground level, **leibhéal na talún** ground level, **réidh** level, **talamh** *(m -aimh; f -lún; tailte)* ground, **urlár** floor *(see also: urlár)*

◊ **Bhí a céile comhraic leagtha ar ~ aici.** She had knocked her opponent to the ground., **Thit na brící ar ~.** The bricks fell to the ground.

3. ar ~ omitted, missing
amú amiss, missing, **ar fuaidreamh** adrift; suspended, **ar iarraidh** missing, **ar seachrán** adrift, **ar shiúl** gone off/away, missing, **ar strae** astray, **dulta bealach an gharraí** gone awry, **dulta san fhraoch** gone off course, **in easnamh** lacking

◊ **lúb ar ~** dropped stitch; missing link; defect, **Fág ar ~ é!** Omit it!, Leave it out!, **Ta lúb ar ~ éigin ann.** It simply doesn't add up.

Láraigh *v₂ₐ* centralise; centre
coinbhéirsigh *(math)* converge, **comhaontaigh** unify, **comhchruinnigh** concentrate, **cruinnigh** gather, **comhdhlúthaigh** consolidate, **cónaisc** amalgamate, **comhchlaon** converge, **cuir sa lár** put in the centre, **fócasaigh** focus, **malgamaigh** *(chem)* amalgamate, **meánaigh** centre, **núicléataigh** nucleate, **tabhair le chéile** bring together, **tar le chéile** coalesce, come together

Láraithe *pp* centralised; centred
coinbhéirsithe *(math)* converged, **comhaontaithe** unified, **comhchruinnithe** concentrated, **cruinnithe** gathered, **comhdhlúite** consolidated, **cónasctha** amalgamated, **comhchlaonta** converged, **curtha sa lár** put in the centre, **fócasaithe** focused, **malgamaithe** *(chem)* amalgamated, **meánaithe** centred, **núicléataithe** nucleated, **tagtha le chéile** coalesced, come together, **tugtha le chéile** brought together

Lárnach *adj³* central
bunriachtanach essential, **bunúsach** basic, elemental; vital, **cairdinéalta** cardinal, **ceannasach** dominant, **comhréitigh** (> **comhréiteach**) compromise, **eisintiúil** essential, **fíorthábhachtach** essential, **fréamhaí** radical, **fréamhach** root-, root, **fuaimintiúil** fundamental, **láir** *pnt* the centre, central, **lár-** central, centre, **láraithe** centred, **meáin** average; medial, **meán-** middle, medial, mean, average, **meánach** *m* middle, mid-, **meánaíochta** *pnt* moderation, **meánchriosach** equatorial, **measartha** moderate; middling, **príomh-** primary, main-, principle, **príomha** prime, primary, **ríthábhachtach** pivotal, vital

Lárú *vn* centralising; centring
coinbhéirsiú *(math)* converging, **comhaontú** unifying, **comhchruinniú** concentrating, **cruinniú**

gathering, **comhdhlúthú** consolidating, **cónascadh** amalgamating, **comhchlaonadh** converging, **cur sa lár** putting in the centre, **fócasú** focusing, **malgamú** *(chem)* amalgamating, **meánú** centring, **núicléatú** nucleating, **tabhairt le chéile** bringing together, **teacht le chéile** coalescing, coming together

Las v_{1a} light; blush, flare
adhain kindle, ignite (cf **Adhnann sé an tine.** He kindles the fire.), **aibhligh** scintillate, **athlas** relight; inflame, **bladhm** flare up, **breacshoilsigh** glimmer, **breoigh** glow, **crithlonraigh** shimmer, **cuir ar lasadh** set on fire, inflame, **cuir ar siúl** switch on, turn on, **cuir trí thine** set alight, put on fire, **cuir tine síos** light a fire, **déan glioscarnach** glitter, **déan spréacharnach** sparkle, **dallraigh** glare, **dealraigh** shine forth, illuminate, **dearg** *(pipe, cigarette, etc)* light, turn red, **dóigh** burn, **drithligh** glisten, glitter, sparkle; twinkle, **eitil** flicker, **fadaigh** kindle, **frithchaith** reflect, **gor** inflame; heat, **lonraigh** sparkle, **luisnigh** blush, **preab** flicker, **ruithnigh** illuminate, make radiant, **scal** flash, **séid** *(wound)* inflame, **soilsigh** illuminate, **sorchaigh** light; enlighten, **splanc** blaze up, burst into flame, **spréach** spark; sputter, splutter, **taitin** shine

~ **a súile le grá.** Her eyes lit up with love.
~ **an chneá.** The wound became inflamed.
~ **an gheir.** The fat ignited.
~ **sí a ríomhaire.** She powered up her computer.
~ **sí an mótar.** She fired up the motor.
~ **sí an t-inneall.** She turned on the engine.
~ **sí chun feirge.** She flared up in anger.
~ **sí fúthu.** She incited them.
~ **sí go bun na gcluas.** She blushed to the gills.
~ **sí le náire.** She blushed with shame.
~ **sí solas.** She switched on a light.
~ **sí tine.** She lit a fire

Lasadh *vn*
1. lighting, ignition
adhaint igniting, ignition, **aibhliú** scintillating, **athlasadh** relighting; inflaming, **bladhmadh** flaring up, **breacshoilsiú** glimmering, **breo** glowing, **crithlonrú** shimmering, **cur ar lasadh** setting on fire, inflaming, **cur ar siúl** switching on, turning on, **cur trí thine** setting alight, putting on fire, **dallrú** glaring, **dealrú** shining forth, illuminating, **deargadh** *(pipe, cigarette, etc)* lighting up, turning red, **dó** burning, **drithliú** glistening, glittering, sparkling; twinkling, **eitilt** flickering, **fadú** kindling, **frithchaitheamh** reflecting, **glioscarnach** *m* glittering, **goradh** inflaming; heating, **lonrú** sparkling, **preabadh** flickering, **ruithniú** illuminating, making radiant, **scaladh** flashing, **séideadh** *(wound)* inflaming, **soilsiú** lighting up, illuminating, **preabadh solais** flickering of light, **splancadh** blazing up, bursting into flame, **spréachadh** sparking; sputtering, spluttering, **spréacharnach** *f* sparkling, **taitneamh** shining, **tine** *f* fire

2. blushing, flush
blás flush, bloom, **bláth** bloom, flush of health, **deirge** redness, blush, **luisne** blush, glow, **luisniú** blushing, **ruaim** flush (cf **ruaim feirge** flush of anger), **snas** lustre sheen, **snua** complexion, healthy appearance, **spalladh** flush, blushing (cf **spalladh náire** blushing with shame), **stá** fresh appearance

Lasair *f (-srach; -sracha)* flame, blaze
adhaint kindling; ignition, **aibhliú** scintillating, **bladhaire** flame, **bladhm** flare, flame, **bladhmann** *m* blaze; boasting, **breacshoilsiú** glimmering, **breo** glow; lighted sod, **caoráil** glowing; blazing, **crithlonrú** shimmering, **cur ar siúl** switching on, turning on, **cur trí thine** setting alight, putting on fire, **dallrú** glaring, dazzling, **dealramh** shining forth, **deargadh** blushing, glowing, **dó** burning, **drithliú** glistening, glittering, sparkling; twinkling, **eitilt** flickering, **fadú** kindling, **frithchaitheamh** reflecting, reflection, **gleadhradh** blaze (cf **gleadhradh tine** blazing fire), **gléireán** shimmer, blaze, **glioscarnach** *f* glittering, **laom** *m* (*~a; ~anna*) flash, blaze, **laom** flash, blaze, **laomlasair** *f (-srach)* leaping flame, **lasadh** lighting, flaming, **lasóg** small flame, **léaspach** *m* blaze, **lonrú** sparkling, **luisniú** blushing, **preabadh** flickering, **scaladh** bursting into light; flashing, **séideadh** inflammation, **soilsiú** illuminating, illumination, **solas** light, **spréachadh** sparking, **spréacharnach** *f* sparkling, **taitneamh** shining, **teannáil** *(lit)* single-fire beacon, **tine** *f* fire, **tine chnámh** bonfire

Lasmuigh *adv (mot)* outside; ~ **de** outside of
amuigh outside, **ar an taobh amuigh** on the outside, **ar an tsráid** on the street, **amuigh faoin aer** out in the open air, **amuigh faoin spéir** out in the open, **coimhthíoch** alien, extraneous, **diomaite de** apart from, **faoin aer** outdoor, **forimeallach** marginal, peripheral, **gan a chur san áireamh** not taking into account, **gan trácht ar** not to mention, **iasachta** foreign, **is faide amach** outermost, **seachas** apart from, **seachtrach** external, **taobh amuigh de** outside of *(see also: amuigh)*

Lasrach *adj³* flaming
ar lasadh on fire, alight, **bánlonrach** candescent, **bladhmannach** blazing, **bolcánach** volcanic, **brufar** ardent, fiery, **bruthach** hot, fiery, **daigheartha** igneous, fiery, **dóiteach** burning, **laomtha** blazing, fiery, **lasánta** flaming, **lasta** aflame, on fire, **lasartha** burning flaming, **lasúil** fiery, ardent, **loisceanta** flaming, fiery, **saighneánta** fulminating; flashing, **splancúil** flashing, fiery, **teannálach** fiery, blazing, **teasaí** red hot, ardent, fiery; hot-tempered, **tintrí** fiery, flashing, lightning-like, **trí thíne** aflame, on fire

Lasta *pp* lit, alight
ar aon bharr amháin solais lit up like a Christmas tree, **ar lasadh** alight, **ar scoite lasrach** ablaze, **athlasta**

Lastall

relit; inflamed, **gorach** inflamed; warming, **gortha** glowing, heated; inflamed, **laomtha** blazing, glowing, **lasánta** flaming fiery, **lasartha** fiery, ardent; burning, **séidte** swollen, puffed out, **splanctha** blazed up, burst into flame, **trí thine** on fire *(see also: lasrach)*

▲ **créacht ~** inflamed wound, **dúil ~** burning desire, **éadan ~** florid complexion, **gruanna ~** flushed cheeks, **léaspairtí ~** fiery witticisms, **teach ~** house on fire, **tóirsí ~** flaming torches

Lastall *adv (mot)* on the far side
an bruach thall the opposite bank, **an cladach thall** the other shore, **ansiúd** yonder, **ar an taobh eile** on the other side, **ar an taobh thall** on the far side, **níos faide i gcéin** further afield, **os ár gcomhair** facing us, **thall** beyond, yonder

Lastuas *adv (mot)* above
ar barr an dréimire on top of the ladder, **ar eite** in flight, **in airde** on high, up, upwards, **os cionn (an dorais etc)** above (the door etc), **lasnairde** overhead, above, **lastuaidh** on the north side, **san aer** in the air, **taobh thuas** top/upper side, **thuas** up, above, **thuas staighre** upstairs *(see also aníos, síos)*

Láthair *f (láithreach; láithreacha)*
 1. scene, site, place
áit place, **ceantar** district, **ionad** place, placing, **ionad coinne** venue, **ionadas** location, situation, **láithreán** site, **loc** location, enclosure, **plás** *(street names)* place, **port** haven, port, **réigiún** region, **spás** space, **suíomh** site, position

▲ **~ aicíde** seat of the disease, **~ bhuailte** threshing floor; battle area, **~ díospóireachta** venue of the debate, **chogaidh** theatre of war, **~ oibre** work site, **~ tógála** building site

 2. *(presence)* **i ~** present
anseo (anois) here (now), **anseo go díreach anois** here right now, **ar an mball anois** on the spot now, here now, **ar fáil** available, **ar láimh** at hand, to hand, **(atá) ann** existing, **in aice láimhe** close at hand

◊ **i ~ na huaire** at the present time, **i ~ na contúirte** in the face of danger, **i ~ Dé** in the presence of God

■ **atá ar marthain** extant, **ag freastal (ar scoil)** attending (school), **comhaimseartha** contemporary, **cónaitheach** resident, **reatha** current; existing, **réidh** ready

 3. *(absence)* **as ~** absent
ar iarraidh missing, astray, **ar shiúl** gone off, gone missing, **ar seachrán** wandering, drifting; having lost the way, **ar strae** astray, **chun bealaigh** gone off, **éagmaiseach** absent; lonesome/longing, **easnamhach** incomplete, **easpach** missing, **gan bheith anseo** not being here, **in easnamh** lacking, **neamhchónaitheach** non-resident, **neamhláithreach** absent

◊ **as ~ gan chead** absent without leave, **i bhfad ó ~** far from the scene

Leá *vn* melting (away), liquefying, meltdown
athleá remelting, **bruithniú** smelting, **comhleá** *(metal)* fusing, **coscairt** thawing, thaw, **díleá**, digesting; dissolving, **díreo** unfreezing, thawing, **díscaoileadh** disintegrating; disbanding, **díscor** *(Dáil)* dissolution, **dul i léig** dying down, dying out, **éirí ina leacht** becoming a liquid, **imeacht** departure; disappearance, **leachtú** liquefaction, **taithmheach** dissolving, annulling, **tuaslagadh** dissolving, **taisliú** deliquescing, deliquescence, **tuaslagthacht** solubility, **tuasláitiú** solvating

Leaba *f (leapa; leapacha)* bed
ámóg hammock, **bunc** bunk, **cliabhán** cot, **cliabhán caolaigh** basket cot, **crandaí** hanging bed, **cúiste** couch, **dibheán** divan, **gnáthóg** lair, bed, den; haunt, **grinneall** *(river)* bed, **imscing** recessed bed/ couch, **íochtar** lower part, bottom, **leapachas** bedding, **mainséar** manger, **mála codlata** sleeping bag, **réleaba** *f (-leapa; -leapacha)* shakedown, improvised bed on floor, **síntéan** stretcher, **soipeachán** straw mattress, **sop** straw bed (cf **dul chun soip** to hit the hay), **sopachán** straw bedding, **sráideog** shakedown, pallet, **súsa** bed rug (cf **sa súsa** in bed), **tocht** mattress, **tóin** bottom

▲ **~ abhann** riverbed, **~ aeir** airbed, **~ an bháis** deathbed, **~ bhreoiteachta** sickbed, **~ bhuinc** bunk bed, **~ champa** camp bed, **~ chláir** bed of boards (cf **tamall a chaitheamh ar ~ chláir** to do time in prison), **~ dhruidte** alcove bed, **~ dhúbailte** double bed, **~ ghlasraí** vegetable bed, **~ lánúine** marriage bed, **~ linbh** child's cot, **~ loinge** berth on board ship **~ luascáin** hammock, **~ sheoide** setting of a jewel, **~ shingil** single bed, **~ shínteáin** stretcher bed, **~ shoip** straw bed, **~ shuíocháin** settle bed, **~ thoilg** sofa bed, **~ traenach** berth on board train **~ tuí** straw bed

◊ **an ~ a thabhairt ort féin** to take to one's bed, **i ~ a chéile** bit by bit, by degrees, **Tá sé ar ~ chláir.** He's doing a stretch in prison., **Tá sí ar ~ luí seoil.** She is giving birth., **Rinne siad ~ thart thart.** They lay around in a circle.

Leabhar- *m relating to books*
~bhách *m* bibliophile, **~bhoth** bookstall, **~cheangal** bookbinding, **~eolaíocht** bibliography, **~lann** *f* library, **~lannaí** librarian, **~ liosta** biography, **~mharc** bookmark, **~thaca** bookend

Leabhar *m (-air; -air, ~)* book
album album, **atlas** atlas, **Bíobla** bible, **bliainiris** yearbook, **ciclipéid** encyclopaedia, **cín lae** diary, journal, **coidéacs** codex, **cóipleabhar** copybook, **dialann** *f* diary, **duanaire** anthology, **foclóir** dictionary, **fóilió** folio, **foilseachán** publication, **imleabhar** volume, **iris** magazine, **lámhleabhar**

Leabhar | 500 | **Leac**

■ **Ar na catagóirí leabhar a fheictear i siopaí atá:** Book categories that are found in shops include:
Aireachas mindfulness
Béaloideas folklore
Beathaisnéisí biographies
Bé-lit chick-lit
Caithimh aimsire hobbies
Ceol music
Cuimhní cinn memoirs
Dírbheathaisnéisí autobiographies
Dlí law
Eachtraíocht adventure
Fantaisíocht fantasy
Fealsúnacht philosphy
Ficsean fiction
~ **do dhaoine fásta** adult fiction
~ **do pháistí** children's fiction
~ **don aos óg** young adult fiction
~ **eolaíochta** science fiction, sci-fi
~ **liteartha** literary fiction
~ **stairiúil** historical fiction
Filíocht poetry
Fíorscéalta true stories
Garraíodóireacht gardening
Gearrscéalta short stories
Gníomhachtaí allamuigh outdoor pursuits
Greann humour
Irisí magazines
~ **nós maireachtála** lifestyle magazines
~ **spóirt** sports magazines
Litríocht fhéinchabhrach self-help literature
Meitificsean maetaficiton
Míochaine medicine
Mistéirí mysteries
Neamhfhicsean non-fiction
Nóibhillí novellas
Polaitíocht politics
Réalachas draíochta magic realism
Réalachas realism
Reiligiúin agus Spioradáltacht religions and spirituality
Ríomheolaíocht computer science
Roinn leabhar tagartha reference section
Scéalta bleachtaireachta detective stories
Scéalta grá romance
Scéinséirí (mistéire) (mystery) thrillers
Siamsaíocht entertainment
Síceolaíocht psychology
Sláinte health
Socheolaíocht sociology
Spórt sport
Stair history
Taisteal travel
Teangacha iasachta foreign languages
Teicneolaíocht technology
Timpeallacht environment
Tomhais puzzles
Treoirleabhair guidebooks
Uafás horror
Úrscéalta novels

---

handbook, manual, **lámhscríbhinn** manuscript, **leabhrán** booklet, **manuail** manual, handbook, **miontosach** *m (sch)* primer, **oll-leabhar** *(book)* omnibus, **saothar** work, **stórchiste** thesaurus, **téacsleabhar** textbook, **teasáras** thesaurus, **tráchtas** tract, dissertation, **turasleabhar** logbook, **úrscéal** novel

▲ ~ **Aifrinn** Mass book, ~ **cleachta** exercise book, ~ **cuntas** account book, ~ **d'aosaigh óga** young adult book, ~ **don aos óg** book for young people, ~ **faoi chlúdach bog** paperback, ~ **faoi chlúdach crua** hardback, ~ **faoin anatamaíocht** book on anatomy, ~ **féinchabhrach** self-help book, ~ **freagraí** answer book, ~ **gearrthóg** scrapbook, ~ **gníomhaíochta** activity book, ~ **iomann** hymnbook, ~ **léitheoireachta** reading book, ~ **mór** ledger, ~ **móréilimh** popular book, ~ **na gcuairteoirí** visitors' book, ~ **nótaí (le ceangal bíseach)** (spiralbound) notebook, ~ **pictiúr** picture book, ~ **póca** pocketbook, ~ **scéalta** story book, ~ **sceitseála** sketchbook, ~ **scoile** school book, ~ **seiceanna** chequebook, ~ **seoltaí** address book, ~ **staire** history book, ~ **stampaí** book of stamps, ~ **tagartha** reference book, ~ **ticéad** book of tickets, ~ **turais** logbook, ~ **urnaí** prayer book

▲ ~ **a bhfuil ábhar machnaimh ann** thought-provoking book, ~ **a foilsíodh ar na mallaibh** recently published book, ~ **ar nós na coda eile** run-of-the-mill book, ~ **ceannródaíoch** seminal book, ~ **dosháraithe** unsurpassable book, ~ **éadrom** light book/read, ~ **fíorspéisiúil** gripping book, ~ **leadránach** boring book, ~ **sárdhíola** bestseller, ~ **suimiúil** engaging book, ~ **téagartha** substantial book/read, ~ **tanaí** slim book; quick read, ~ **trom** heavy book/read, ~ **uathúil** rare/unique book, ~ **údarásach** authoritative/definitive book

◊ ~ **a léamh/scríobh** to read/write a book, **Chaith siad an ~ leis.** They threw the book at him., **Dar an ~!** I assure you!

Leabhraigh v_{2a} swear (by the Book)
cruthaigh testify, **dearbhaigh** assert, **geall** promise, **mionnaigh** swear, **móidigh** pledge, **spalp an leabhar** swear by the book, **tabhair an leabhar** to swear by the book, **tabhair deimhniú** to give affirmation, **tiomain** swear

◊ **Leabhraím go n-inseoidh mé an fhírinne, an fhírinne iomlán agus an fhírinne amháin.** I swear to tell the truth, the whole truth and nothing but the truth., **Leabhróinn go bhfaca mé ansin thú!** I could swear I saw you there.

Leabhraithe *pp* sworn
cruthaithe testified, **dearbhaithe** asserted, **geallta** promised, **mionnaithe** sworn, **móidithe** pledged, **tiomanta** sworn

Leabhrú *vn* swearing (by the book)
cruthú testifying, **dearbhú** asserting, **gealladh** promise, **tabhairt an leabhair** swearing by the book, **mionnú** swearing, **móidiú** pledging, **spalpadh leabhair** excessive swearing, **tiomaint** swearing

◊ **duine a ~** *(jur)* to administer the oath to a person

Leac *f (leice; ~a, ~)* signifying stone, flagstone; slab, stone
bloc block, **bríce** *m* brick, **carraig** rock, **clár** flat surface, table, board, **cloch** *f* stone, **cloch chuimhne** memorial stone, epitaph, **cloch phábhála** paving

Leacht

stone, **dolmain** dolmen, **fleaige** *m* flagstone, **gallán** pillar stone; standing stone, **laftán** ledge; bank (cf **laftán néalta** bank of clouds), **leacán** small flat stone, **leacht** *m* gravestone, burial mound; epitaph, **pábháil** paving, **paitió** patio, **plaic** *f* plaque, **scláta** slate, **siolpa** *(rock)* shelf, ledge, **slaba** slab, **sliastán** ledge, **slinn** slate, thin slab, flat stone, **stiall** *f* strip; *(lit)* panel, **táibléad** tablet, **tábla** table, **tairseach** *f* sill; threshold, **trinsiúr** platter

▲ ~ **chloiche** stone slab, ~ **chuimhneacháin** memorial plaque, ~ **dorais** threshold stone, ~ **fuinneoige** window-sill, ~ **fuinte** baking slab, ~ **ifrinn** pit of hell, ~ **oighir** ice, sheet of ice, ~ **phábhála** paving slab, ~ **tine/teallaigh/tinteáin** hearthstone, ~ **thuama** tombstone, ~ **uaighe** gravestone, ~ **urláir** floor tile

Leacht 1 *m (~a; ~anna)* burial mound; monument; *(fig)* epitaph
cloch chuimhne memorial stone **dealbh** *f* statue, **dileagra** memorial address, **carn** cairn, funeral pile, **dolmain** dolmen, **dumha (na marbh)** (grave-) mound, **feart** mound, grave, **leac** *f (leice)* stone, flagstone; slab, **leacán** small flat stone, **leachtán** *m* grave-mound, **plaic** *f* plaque, **séadchomhartha** commemorative plaque; monument; coin, token, **slaba** slab, **tuaim** *(lit)* tumulus, **tuama** tomb, tombstone, **tulach** *f* mound, **uaigh** grave, **ula** stone structure; penitential station (cf **filleadh ar na seanulacha** trip down memory-lane)

Leacht 2 *m (~a; ~anna)* liquid
deoch *f* drink, **ionlach** lotion, unguent, **leann** liquid, fluid; ale, beer, **licéar** liqueur, **lóis** lotion, **posóid** potion, **seamhar** *m* sap, **sreabhán** fluid, **sú** juice, sap, **taoscán** draught, **tuaslagán** *(chem)* solution, **uisce** *m* water *(see also: deoch)*

Léacht *f (~a; ~aí)* lecture
aitheasc address, **caint** talk, **ceiliúr** address; greeting, **dileagra** funeral address, **léachtóireacht** lecturing, **óráid** speech, **rang** class, **seanmóir** sermon, **seimineár** seminar, **teagasc** tuition

Leadhb 1 *f (leidhbe; ~anna)*
1. strip, shred
giota piece, **leadhbán** small shred, **paiste** patch, **pioc** bit, shred (cf **pioc faisnéise** shred of evidence), **píosa** piece, **ribín** ribbon, **stiall** shred, **stróic** strip, torn-off piece, **stráice** band, strip, shred
2. wallop, blow
buille blow, **clabhta** clout, **cuaifeach** *m* swinging blow, swipe, **dorn (san aghaidh)** fist (in the face), **flípear** severe blow, **hainse** slap, **hap (de mhaide)** blow (of a stick), **leang** blow, slap, **liúdar** hit, blow, **liúspa** stroke, blow, **paltóg** thump, wallop
3. *(abusive term for man)* no-good ragged wretch
leadaí layabout, no-good, **leiciméir** *(man or woman)* shirker, idle loafer, **liobarnálaí** slovenly man, **lóipiste**

Leadhbadh

untidy person, **lópaire** careless slovenly person, **muc** *f* pig, **scraiste** bum, **slaba** slob, **spreasán** waster, deadbeat, **sraimle** slovenly individual
4. *(abusive term for woman)* untidy, slovenly woman
bualsach *f* slut, **eachlais** slattern, **lúidseach** *f* hussy, **ruailleach** *f* slattern, **scleoid** slovenly woman, **scuaideog** slovenly woman, **slámóg** untidy woman, **sraoill** tattered woman/man, **troch** *m* miserable wretch

Leadhb 2 v_{1a}
1. tear into pieces
bain as a chéile take to pieces, **gearr suas** cut up, **lochair** lacerate, strip; afflict, distress, **mionstiall** shred, **réab** breach, rip, rend, **rois** rip, rend; unravel, **srac óna chéile** wrench apart; sever, tear, **sraoill** tear apart, rip to shreds, **stiall** cut in strips, **stróic** tear, rip (up) *(see also: stróic)*
2. beat, thrash
basc bash, **batráil** batter, **buail greasáil ar** give a beating/ drubbing to, **feann** flay; fleece, skin (cf **feannadh mé ag imirt cártaí.** I was fleeced playing cards.), **fuipeáil** whip, **gleadhair** beat, pummel, **gread** strike violently and repeatedly, **léas** thrash, flog, **tabhair bascadh do** give a severe bashing to, **tabhair broicneáil do** trounce, **súisteáil** flail, thresh *(see also: batráil)*
3. lick, lap (up)
bain bolgam as have a sup of, **bain gáilleog as** to take a swig of, **bain súimín as** to take a sup out of, **bí ag blaisínteacht** be sipping, **caith siar** swallow down, **cuimil le do theanga** rub with your tongue, **diúg** drain, **diúg siar** knock back, drink up, **diurnaigh** guzzle, drain, **ligh** lick, **ól (siar)** drink (up), **slog (siar)** gulp (down), swallow, **sniog** drain completely, **súigh** imbibe

Leadhbadh *vn*
1. tearing into pieces
baint as a chéile taking to pieces, **gearradh suas** cutting up, **lochradh** lacerating, stripping; afflicting, distressing, **mionstialladh** shredding, **réabadh** breaching, ripping, rending, **roiseadh** ripping, rending; unravelling, **sracadh óna chéile** wrenching apart; severing, tearing, **sraoilleadh** tearing apart, ripping to shreds
2. beating, thrashing
bascadh bashing, **batráil** battering, **bualadh greasáil ar** giving a beating/drubbing to, **feannadh** flaying; fleecing, **fuipeáil** whipping, **gleadhradh** beating, pummelling, **greadadh** striking violently and repeatedly, **léasadh** thrashing, flogging, **tabhairt bascadh do** giving a severe bashing to, **tabhairt broicneáil do** trouncing, **súisteáil** flailing, threshing *(see also: batráil)*
3. licking, lapping (up)
baint súimín as taking sup sup out of, **blaisínteacht** sipping, **caitheamh siar** swallowing down, **cuimilt**

le do theanga rubbing with your tongue, **diúgadh** draining, **diúgadh siar** knocking back, drinking up, **diurnú** guzzling, draining, **lí** licking, **ól (siar)** drinking (up), **slogadh (siar)** gulping (down), swallowing, **sniogadh** draining completely, **sú** imbibing,

Leadhbtha *pp*
1. torn into pieces
bainte as a chéile taken to pieces, **geartha suas** cut up, **lochartha** lacerated, stripped; afflicted, distressed, **mionstiallta** shredded, **réabtha** breaching, ripping, rending, **roiste** ripped, rent; unravelled, **sractha óna chéile** wrenched apart; severed, torn, **sraoillte** torn apart, ripped to shreds
2. beaten, thrashed
basctha bashed, **batráilte** battered, **feannta** flayed; fleeced, **fuipeáilte** whipped, **gleadhartha** beaten, pummelled, **greadta** struck violently and repeatedly, **léasta** thrashed, flogged, **súisteáilte** flailed, threshed
3. licked, lapped (up)
as ar baineadh súimín as supped out of, **caite siar** swallowed down, **cuimilte le do theanga** rubbed with your tongue, **diúgtha** drained, **diúgtha siar** knocked back, drunk, **diurnaithe** guzzled, drained, **lite** licked, **ólta (siar)** drunk (down) **slogtha (siar)** gulped (down), swallowed, **sniogtha** drained completely, **súite** imbibed

Leadrán *m (-áin)* boredom, tedium
comóntacht banality, **crá croí** wearisome annoyance, **dearóile** bleakness, **díbheocht** listlessness, **duairceas** dreariness, **easpa spreacúlachta** lacking spark, spiritlessness, **easpa tinfidh** blandness, banality, **fadálaí** tediousness, dilatoriness, **faoine** languidness, limpness, **leadránacht** tediousness, **leamhas** drabness, **léithe** greyness, **leimhe** insipidness, apathy, **liostacht** listlessness, tediousness, **loime** bleakness, bareness, **maoile** *(colour)* flatness; baldness, **moille** *f* slowness; delay, **mairbhe** deadness; sluggishness; numbness, **marbhántacht** deadness, stagnation, **méanfach mhór** big yawn, **neamhshuimiúlacht** insignificace, unworthiness of interest; **siléigeacht** lingering, dallying, failure to quickly address issue, **stráisiún** prolonged visit; tiresomeness, **strambán** tedious talk, **téiglíocht** languidness, stillness, **tirimeacht** dryness, **tuirse** *f* tiredness; boredom, **tuirsiúlacht** tediousness, tiresomeness, **tuire** *f* aridity

Leadránach *adj³* boring
comónta banal, **dearóil** bleak, **díbheo** listless, **duairc** dreary, **fadálach** tedious, dilatory **faidréiseach** prolonged, tedious, **faon** languid, limp, **gan spréach** without spark, **gan tinfeadh** uninspired, **leamh** insipid, **liodánach** like a litany; repetitive; tedious, **liosta** listless, spiritless, **lom** bleak, bare, **maol** *(colour)* flat; dull; bald, **mall** slow, **marbh** dead, **marbhánta** dead-beat, **neamhchorraitheach** unexciting, unmoving, **neamhshuimiúil** uninteresting, **siléigeach** lingering, never getting to the point, **sioctha ag an leadrán** mind-numbingly boring, **splíonach** lifeless, wretched, **strambánach** long-winded, tedious, **tirim** dry, **tuirsiúil** tedious, tiring, wearisome, **tur** arid

▲ **cúram** ~ laborious task, **díospóireacht** ~ stultifying debate, **gnáthchúrsa an lae** ~ humdrum daily routine, **gníomhaíochtaí** ~a mundane activities, **obair** ~ tedious work, **óráid** ~ dull speech, **scannán** ~ boring film, **saol** ~ drab life

Leadránaí *m (~; -aithe) (person)* bore
amadán fool, **bobarún** duffer, **bod** dick, **bolmán** gasbag, **ceann cipín** butthead, **clabhstar** blockhead, **crá croí** wearisome annoyance, **dobhrán** dummy, dumbbell, **dosaire** windbag, **dúramán** dullard, creitin, **gaotaire** loudmouth, **leathdhuine** an excuse for a human being; simpleton, **leibide** complete ass, right Charlie, **liostachán** importunate person, **liúdramán** nincompoop, ass, **méanfach mhór** big yawn, **pian** *f* **sa tóin** pain in the arse, **píobaire an aonphoirt** person who incessantly harps on about the same thing, **pleidhce** eejit, **triomachánaí** dry, uninteresting person

Leag *v₁ₐ*
1. knock *(down)*
athleag knock down again, **bain** remove, cut, **bain anuas** take down, cut down, **bris (síos)** break (down), **buail** knock, strike, hit, **buail anuas** cast down; knock down, **buail síos** knock down; lay low, **caith chun talaimh** bring to the ground, **cláraigh** flatten, **cuir deireadh le** put an end to, **cuir duine ar shlat a dhroma** floor a person, **cuir síos** lay, put down, **díbir** topple, **gearr anuas** cut down, **gread** smash, **ísligh** lower, **laghdaigh** reduce, **láithrigh** demolish, **lig anuas** lower down, **lig síos** let down, **múr** demolish, **plab síos** slam down; slap down, **planc** pummel, **sáraigh** surpass, overcome, **sligh** fell, cut down, **tabhair anuas** bring down, **tabhair chun talún** bring to earth, floor; land, **tóg anuas** take down, **treascair** knock down, overthrow, vanquish, **tuirling** land

  balla a ~**an** to knock down a wall
  duine a ~**an** to knock a person over
  teach a ~**an** to demolish a house

2. lay (on/down), put down, apply install
cuir put, lay, set, **cuir isteach** put in (eg **píopaí a chur isteach** to put in pipes), **cuir síos** put down (eg **cairpéad a chur síos** to put down a carpet), **feistigh** set up, rig out, fit, **inleag** inlay, **insealbhaigh** install, **réitigh** get ready, lay (cf **an bord a réiteach** to lay the table), **suiteáil** install

  an bord a ~**an** to lay the table
  bóthar a ~**an** to put down a road
  brící a ~**an** to lay bricks
  cáin a ~**an ar** to put a tax on
  cúig euro a ~**an ar** to place a value of five euro on
  éadaí a ~**an amach** to lay out clothes
  tú féin a ~**an amach ar** to apply oneself diligently to

Leagan

3. lower
báigh sink, **gearr anuas** cut down, **ísligh** lower, **laghdaigh** reduce, **lig titim** let fall, **tabhair anuas,** bring down, lower, **tóg anuas** take down
  an cíos a ~an to lower the rent
  seol a ~an to lower a sail

Leagan *vn*
1. ~ (síos) knocking (down)
athbhaint knocking down again, **baint** removal, cutting, **baint anuas** taking down; cutting down, **briseadh** (síos) breaking (down), **bualadh síos** knocking down, bashing down, **clárú** flatten, **cur duine ar shlat a dhroma** flooring a person, **gearradh** cutting, **gearradh anuas** cutting down, **greadadh** smashing, **ísliú** lowering, **laghdú** reducing, reduction, **láithriú** demolishing, **leagarnach** (*trees*) felling, **ligean anuas** lowering down, **ligean síos** letting down, **múradh** demolishing, **plabadh síos** slamming down, **plancadh** pummelling, **sárú** surpassing; violating, **tabhairt anuas** bringing down, **tabhairt chun talún** bringing to floor; to land, **treascairt** knocking down; defeating, **tuirlingt** landing
2. ~ (amach/síos) laying (out/down), installing
athleagan laying out again, **cóiriú** dressing, arraying, **cur síos** describing, **dearadh** designing, **eagrú** organising, arranging, **feistiú** setting up, rigging out, fitting out, **insealbhú** installing, **léiriú** portraying, proving, **réiteach** making ready, **síneadh amach** spreading out, **suí** installing, seating, **taispeáint** exhibiting
3. *m* (-*ain*; ~*acha*) version
aistriú translation, **athchóiriú** adaptation, **athleagan** alternative version, **cuntas** account, **cur síos** description, **dearcadh** view, **eagrán** edition, **insint** telling, **míniú** explanation; interpretation, **scéal** story, **taobh** side, **taobh an scéil** side of the story, **tuairim** opinion, **tuairisc amháin** one report

Leagtha *pp*
1. knocked (down)
athleagtha knocked down again, **bainte** removed, cut, **bainte anuas** taken down; cut down, **briste** (síos) broken (down), **buailte** (síos) knocked (down), struck down, hit, **buailte anuas** cast down; knocked down, **buailte síos** knocked down; laid low, **caite chun talaimh** thrown to the ground, **cláraithe** flattened, **curtha ar lár** put on the ground, **curtha síos** laid, put down, **gearrtha anuas** cut down, **greadta** smashed, **íslithe** lowered, **laghdaithe** reduced, **láithrithe** demolished, **leactha** flattened, **ligthe anuas** lowered down, **ligthe síos** let down, **múrtha** demolished, **plabtha síos** slammed down; slapped down, **planctha** pommelled, **sáraithe** surrpassd, overcome; violated, **slíte** felled, cut down, **tógtha anuas** taken down, **treascartha** knocked down, defeated, **tugtha anuas** brought/taken down, **tugtha chun talún** brought to earth, floored, **tuirlingthe** landed

2. ~ amach laid out
athleagtha laid out again, **cóirithe** dressed, arrayed, **curtha síos** decribed, **deartha** designed, **eagraithe** organised, arranged, **feistithe** set up, rigged out, fitted out, **insealbhaithe** installed, **léirithe** portrayed; proven, **réitithe** made ready, **sínte amach** spread out, **suite** installed, seated, **taispeánta** exhibited

Leáigh v_{lf} melt (away), melt down
athleáigh remelt, **athraigh ina uisce** change into water, **comhleáigh** (*metal*) fuse, **bruithnigh** smelt, **coscair** thaw, **díleáigh,** digest; dissolve, **díreoigh** defrost, **díscaoil** disintegrate, dissolve, **díscoir** (*Dáil*) dissolve; disband, **éirigh ina leacht** become a liquid, **imigh** disappear, **iompaigh ina leacht** turn into a liquid, **leachtaigh** liquefy, **taisligh** deliquesce, **taithmhigh** dissolve, annul, **téigh i léig** die down, die out, **tuaslaig** dissolve, **tuasláitigh** solvate

Leáite *pp* melted (away), melted down
athleáite remelted, **athraithe ina uisce** changed into water, **bruithnithe** smelted, **comhleáite** (*metal*) fused, **coscartha** thawed, **díleáite,** digested; dissolved, **díreoite** defrosted, **díscaoilte** disintegrated, dissolved, **díscortha** (*Dáil*) dissolved; disbanded, unloosed, **dulta i léig** died down, died out, **éirithe ina leacht** became a liquid, **imithe** disappeared, gone, **iompaithe ina leacht** turned into a liquid, **leachtaithe** liquefied, **taislithe** deliquesced, **taithmhithe** dissolved, annulled, **tuaslagtha** dissolved, **tuasláitithe** solvated

Leamh *adj*[5] insipid, apathetic; drab
chomh tirim le púdar as dry as dust, **faon** languid, limp, **fuarbhruite** listless, indifferent, **fuarchúiseach** unconcerned, indifferent, **fuarspreosach** tepid, blasé, **gan bhlas** tasteless, **gan spréach** without spark, **gan tinfeadh** uninspired, **lachna** drab; dull grey, **lag** weak, **lagspreosach** unresponsive, half-hearted, **leadránach** boring, drab **leochaileach** frail, **liosta** listless, spiritless, **maol** bald, dull, **marbh** dead, **marbhánta** dead-beat, drab, **mall** slow, **neamhbhlasta** tasteless; unappetising, **patuar** apathetic, **spadach** sodden, heavy and wet, **stolpach** stodgy, **támáilte** tepid, insipid, **tirim** dry, **tuirsiúil** wearisome **tur** arid

▲ **blas** ~ bland taste, **comhrá** ~ inane chatter, **deoch** ~ insipid drink, **fear** ~ impotent man, **foirgneamh** ~ nondescript building, **gáire** ~ cheesy smile, **glór** ~ monotonous voice, **íomhá** ~ staid image, **líomanáid** ~ flat lemonade, **obair** ~ monotonous work, **plota** ~ lame plot, **ráiteas** ~ banal statement, **saol** ~ drab existence, humdrum life, **scéal** ~ dull tale, **scéal grinn** ~ corny joke, **taispeántas** ~ inept display

◊ **chomh** ~ **le huisce portaigh** as dull as ditchwater, **Nach** ~ **mise agat!** You must take me for a right simpleton!

Léamh *vn* reading
aithris recitation, recital, **athléamh** rereading,

ceiliúradh *(Mass)* reading, celebrating, **ciallú** interpreting, explaining, **foghlaim** *f (-lama)* learning, **forléiriú** *(contract)* construction, interpretation, **léann** learning, **léirléamh** interpretation, **léitheoireacht** reading, **liachtain** *f (-ana)*, lesson, reading in church, **meá** weighing up, **meas** evaluating, judging, **measúnú** assessing, **míniú** explaining, interpreting, **reacaireacht** reciting, **tomhas** gauging, **tuiscint** understanding

Lean v_{1a} follow
bí ar lorg duine be trailing, tracking a person, **bí ag rith i ndiaidh** (+ *gen*) be running after, **coinnigh suas le** keep up with, **déan de réir** (+ *gen*) do in accordance with, **lorg** track, **taobhaigh le** side with, **tar i ndiaidh** come after, **téigh i ndiaidh duine** go after a person, **téigh sa tóir ar** pursue

◊ **~ann as sin go raibh an ceart agat.** It follows from that that you were correct., **Ná ~ an tslí sin!** Don't follow that path!

Lean v_{1a} **ar** continue, persist in
fan le stay with, **coimeád ar siúl** keep (up) and running, **coinnigh ar** persist, **coinnigh ag dul** keep going, **coinnigh ag imeacht** continue, sustain, **coinnigh ag rith** keep running, **téigh ar aghaidh** proceed, continue

◊ **~ ort!** Carry on! Continue on!

Lean v_{1a} **de** adhere to, cling to
cloígh le adhere to, **coinnigh le** persist, continue, **cothaigh** sustain, foster, **fan dílis do** remain faithful to, **fan le** stick with, stay with, **gabh le** go with, **glac le** accept, **greamaigh** stick, **seas le** stand with, support, **téigh le** go with

◊ **~ an t-ainm de.** The name stuck with him.

Léan *m (léin; ~ta)* grief, woe, anguish, affliction
anó *m* distress, **anró** *m* wretched condition, **brón** sadness, sorrow, **briseadh croí** heart-break, **buairt** sorrow, grief, **crá** distress, **crá croí** torment, anguish, **cruatan** hardship, **doilíos** sorrow, affliction, **dursan** *(lit)* calamity, **faraor** *(int)* alas, **gruaim** gloom, despondency, **imní** worry, **iarghnó** grief, regret, **mairg** woe, sorrow, **méala** grief, sorrow, **mí-ádh** affliction; ill-luck, **ochón** *int* oh woe is me, alas, **ochlán** wailing, groaning, **púir** tragedy due to loss, **scalladh croí** heart-ache, **smúit** gloominess, **tragóid** tragedy, **tubaiste** catastrophe, **uamhan** dread *(see also: **brón**)*

◊ **Lá léin a bhí ann.** It was a woeful day., **Mo ~ géar!** Woe is me!

Léanmhar *adj*[1] grievous, woeful, agonising
anóiteach distressful, miserable, **anróiteach** wretched, **brónach** sad, sorrowful, **buartha** upset, grieved, **céasta** in agony; crucified, **cráite** distressed, **croíbhriste** brokenhearted, **croí-chráite** of a tormented heart, **croí-scallta** heart-aching, **crua** hard, **dóilseach** doleful, **gruama** gloomy, **imníoch** worried, **i lagar spride** in the doldrums, **in ísle brí** at a low ebb, **méalach** lamentable; lamenting, **mí-ámharach** afflicted; unlucky, **ochlánach** wailing, groaning, despondent, **smúitiúil** gloomy, **suaite** agitated, **tragóideach** tragic, **tubaisteach** catastrophic, **uamhnach** dreadful *(see also: **brónach**)*

Leanbaí *adj*[6] childlike, infantile
anabaí immature, **baoth** devoid of wisdom, **éaganta** frivolous, **éigiallta** senseless, **éigríonna** unwise due to inexperience; immature, **gan (aon) choinlíocht** without being old enough to understand the world (cf **Níl sé i gcoinlíocht fós.** He is still only a child), **gan cur i gcéill** without affectation, **gan mórán céille** without much sense, **gan sofaisticiúlacht** unsophisticated, **glan** pure, **guanach** fanciful, silly, **ionraic** guileless, artless, **naíonda** babyish, childlike, **neamh-amhrasach** trusting, credulous, **neamhurchóideach** innocent; inoffensive, **páistiúil** childish, **saonta** credulous, naive, **simplí** simple, **soineanta** guileless, naive *(see also: **páistiúil**)*

Leanbaíocht *f (~a)* childhood; childishness
anabaíocht immaturity, **baois** frivolousness, **éagantacht** frivolity, **éigialltacht** senselessness, **éigríonnacht** imprudence due to inexperience; immaturity, **leanbhaois** childhood age; dotage, **neamhshofaisticiúlacht** unsophistication, **glaine** purity, **guanacht** fancifulness, **ionracas** guilelessness, **neamh-amhrasaí** trusting, credulity, **neamhurchóid** innocence; inoffensiveness, **naíonacht** infancy, **naíondacht** childlike qualities, **páistiúlacht** childishness, **saontacht** credulity, naivety, **simplíocht** simplicity, **soineantacht** guilelessness, naivety

◊ **Cuir uait an ~!** Stop being childish!, **ó aois mo ~a** from my earliest childhood, **Tá sé dulta/imithe le ~ na seanaoise.** He has gone into his second childhood.

Leanbán *m (-áin; -áin, ~)* baby-child
babaí baby, **créatúirín** *m (aff)* little mite, little creature, **garlach** *m* snapper, **gearrcach** fledgling, **gineog** young baby girl, **lapadán** toddler, tot, **laprachán** toddler, **mamailíneach** *m* toddler, **naí** *m (~; ~onna)* infant, **naíonán** infant, **piodarlán** toddler, **ruidín beag** little thing, tiny tot, **scallamán** fledgling, **scalltán** fledgling, **tachrán** kid, toddler *(see also: **páiste, leanbh, buachaill, cailín**)*

Leanbh *m (linbh; -naí)* child
babaí baby, **buachaill** *m (-alla; ~í)* boy, **cailín** *m* girl, **dalta** foster child, pupil, **garlach** *m* child, kid; brat, **gasúr** *m* young boy, **gearrbhodach** *m* youngster, **gearrcach** *m* fledgling, **giorún** small child, **giosa** youngster, **lapadán** toddler, **leanbán** infant, baby, **lorán** weak young child; youngster, **mionaoiseach** *m* minor, **naí** *m (~; ~onna)* infant, **naíonán** infant,

Leann

ógánach *m* juvenile, **páiste** child, **pataire** well-fed child, **pusaire linbh** whinging child, **scalltán** fledgling, **siota** small thin child; brat, **uchtleanbh** adopted child *(see also: páiste, buachaill, cailín, leanbán)*

▲ ~ **a bhfuil fadhbanna aige/aici** problem child, ~ **aonair** only child, **baistí** godchild, ~ **brollaigh** *(also:* **ar an mbrollach**), breastfeeding child, ~ **codlatach** sleepy baby/child, ~ **cortha** fretful baby, ~ **dána** disobedient child, ~ **dearthóra** designer baby, **leanbh faoi strus** distressed child, ~ **fir/baineann** male/female child, ~ **gleoite** gorgeous child/baby, ~ **gorm** blue baby, ~ **iníne** baby girl, ~ **mic** baby boy, ~ **neamhdhlisteanach** *(jur)* illegitimate child, ~ **nua** new arrival, ~ **réamhaibí** premature baby, ~ **sa bhroinn** unborn child, ~ **sé mhí** six month old child, ~ **sí** fairy child, ~ **suirí** *(hist)* lovechild, ~ **tabhartha** *(hist)* natural child, ~ **tréigthe** abandoned child, ~ **tréitheach** gifted child

◊ ~ **a bhreith** to give birth to a child, ~ **a chailleadh** to have a miscarriage, ~ **a rugadh roimh am** premature/preterm baby, **Ní ~ ó aréir mé!** I wasn't born yesterday.

Leann *m (~a; ~ta)* ale, beer; liquid
beoir *f (-orach)* beer, **bríbhéireacht** brew; brewing, **coirm** ale, **lágar** lagar, **leacht** liquid, **pórtar** porter

▲ ~ **baile** home brew, ~ **bó** milk, ~ **donn** brown ale, ~ **dubh** stout, ~ **fraoigh** *(folk)* heather-ale, ~ **gealbhuí** light ale, ~ **pailme** toddy, ~ **piorra** perry, ~ **searbh** bitter, **leann sinséir** ginger ale, ~ **úll** cider

Léann *m (léinn)* learning, erudition
éigse *(high reg)* learning, poetry, **eolas** knowledge, **fios feasa** knowing what's what, **fios gnó** know-how, **foghlaim** *f (-ghlama)* learning, **foghlamthacht** learnedness, learning, **léamh** reading, **léanntacht** learnedness, erudition, **litearthacht** literacy, **múineadh** teaching, learning, **oideachas** education, **oiliúint** upbringing, **saíocht** wisdom, **saoithiúlacht** erudition, learning; accomplishment, **scolaíochas** scholasticism, **scolaíocht** schooling, education, **scoláireacht** scholarship, erudition, **sruithléann** *(sch)* humanities, **staidéar** study, **traenáil** training, **tuiscint** understanding

▲ ~ **coláiste** college education, ~ **Éireannach** Irish Studies, ~ **litearta** literary learning, ~ **reiligiúnach** religious studies, ~ **an Bhíobla** Biblical Studies, **an ~ Ceilteach** Celtic Studies, **an ~ clasaiceach** the classics

◊ **duine gan ~** an uneducated person, **lucht léinn** people of learning, scholars, **Rinne sí cúrsa léinn san Ollscoil Oscailte.** She did a course of studies at the Open University.

Leannán *m (-áin; -áin, ~)* lover
buachaill *m (-challa; ~í)* boy, **cailín** *m* girl, **cumann** companion, sweetheart, **fear óg** young man, **m'ainnir**

505

Leantóir

my girl, **mo bhuachaill** my boyfriend, **mo chailín** my girlfriend, **mo ghrá** my love, **mo ghrá geal** my bright love, **mo rún** my darling, **mo pháirtí** my partner, **mo stór** my sweetheart, **mo thaisce** my treasure, **pógaire** kisser (eg **Is pógaire maith é.** He's a good kisser.), **stócach** *m* boyfriend, **suiríoch** *m* lover

▲ ~ **dar diúltaíodh** rejected lover, ~ **cuileáilte/ eitithe** spurned lover, ~ **geal** sweetheart, ~ **glas** toyboy, ~ **leapa** paramour, mistress, ~ **luí** concubine, ~ **mídhílis** cheat, unfaithful lover, ~ **rúin** secret lover, ~ **sí** phantom lover; sickly person, person with waning health, ~ **seirce ban uile na hÉireann** the darling of all Irish women, ~ **tréigthe** jilted lover

> ○ **leannán sí** *fairy/phantom lover* - sometimes it was believed that a youth, usually a young man, with weak and failing health was being visited at night by a **leannán sí** who was draining his lifeforce from him. In this way, the term was then applied to any individual who was sickly and would have been expected to have had better health. The term is also used to express the meaning: **drochanáil** *baleful influence*.

Léannta *adj6* learned, erudite
acadúil academic, **cultúrtha** cultured, **foghlamtha** well-informed, educated, **intleachtúil** intellectual, **léinn** scholarly, **liteartha** litereate, **oideachasúil** educational, educative, **oilte** skilled, **saoithiúil** learned; accomplished, **sciliúil** skilful, **scolaíoch** scholastic, **scolártha** scholarly, **snasta** polished, **suadhach** *(lit)* learned, wise, **traenáilte** trained

Leanta *pp* followed; persisted, adhered
cloíte le adhered to, **coimeádta ar siúl** kept (up) and running, **coinnithe ag dul** kept going, **coinnithe ag imeacht** continued, sustained, **coinnithe ag rith** kept running, **coinnithe le** persisted, continued, **coinnithe suas le** kept up with, **cothaithe** sustained, fostered, **déanta de réir** *(+ gen)* done in accordance with, **dulta ar aghaidh** proceeded, continued **dulta i ndiaidh** *(+ gen)* gone after, **dulta le** gone with **dulta sa tóir ar** pursued, gone in pursuit of, **fanta dílis do** remained faithful to, **fanta le** stayed with, remained with, **glactha** accepted, **greamaithe** stuck, **lorgtha** pursued, searched for, **rite i ndiaidh** *(+ gen)* run after, **seasta le** stood with, supported, **tagtha i ndiaidh** come after, **tuigthe** understood

Leantóir 1 *m (-óra; ~í)* follower; fan
acalaí acolyte, **bean mhór** woman with a keen interest (cf **bean mhór an bheiriste í** she is big into bridge), **cosmhuintir** hangers-on; plebs, proletariat, **creidmheach** *m* believer, **cúlaistín** henchman, **dalta** pupil, student; cadet, **deisceabal** disciple, **fear mór** man with a keen interest (cf **fear mór spóirt é** he is big into sport), **foleantóir** trailer, **freastalaí** attendant, **giolla** errand boy, **giolla gualainne** henchman, **leacaí** lackey, **leanúnaí** follower, **líodrálaí** groupie, **lorgaire**

Leantóir tracker; pursuer; adherent, **lucht leanúna** followers, **lucht tréachtais** hangers-on, **lútálaí** yes-man, **páirtiseán** *(mil)* partisan, **tacaí** supporter, **tacadóir** partisan; supporter, **taobhaí** adherent, **taobhaitheoir** sympathiser, **táthaire** hanger-on

Leantóir 2 *m (-óra; ~í) (veh)* trailer
báirse barge, **bara** barrow; cart, **bara rotha** wheelbarrow, **cairrín** buggy, **cairt** cart, **carbhán** caravan, **trucail** truck

Leanúint *vn*
1. following
déanamh de réir mar a rinne ár sinsear following in the footsteps of our ancestors, **cloí le** adhering to, **déanamh de réir** *(+ gen)* doing in accordance with, **dul i ndiaidh** *(+ gen)* going after, **dul sa tóir ar** going in pursuit of, **fanacht dílis do** remaining faithful to, **lorg** pursuing, searching for, **lorgaireacht** following; seeking, **rianú** tracking, **dul le** going with, **tóraíocht** pursuing, **rith i ndiaidh** *(+ gen)* running after, **seasamh le** standing with, supporting, **teacht i ndiaidh** coming after, **tóir** pursuit
2. continuance, understanding, following
coimeád ar siúl keeping (up) and running, **coinneáil ag dul** keeping going, **coinneáil ag imeacht** continuing, sustaining, **coinneáil ag rith** keeping running, **coinneáil le** persisting, continuing, **coinneáil suas le** keeping up with, **comharbas** succession, **cothú** sustaining, fostering, **dul ar aghaidh** proceeding, continuing **fanacht le** staying with, remaining with, **glacadh** accepting, **greamú** sticking, **tuiscint** understanding

▲ **cúrsa leanúna** continuation course, **lucht leanúna** followers; fans, **lucht leanúna an pháirtí** the party's supporters, **lucht leanúna cois teallaigh** armchair supporters, **lucht leanúna an tsnagcheoil** jazz devotees, **lucht leanúna Íosa** followers of Jesus; the faithful

◊ **ar ~** to be continued, **do shrón a ~** to follow your nose; to follow your instinct, **duine a ~** to follow a person, **más féidir liom ~ ar aghaidh** if I may continue, **mianta do chroí a ~** to follow the desires of your heart

Leanúnach *adj³* continuous, following
as a chéile consecutive, **bithdhílis** ever-faithful, **buan** permanent, **comharbasach** *(biol)* successive, **comhleantach** successive, **comhleanúnach** coherent, **de shíor** incessant, **dílis** faithful, **gan stad** ceaseless, non-stop, **gan staonadh** relentless, **iarmhartach** consequential, resultant, **i ndiaidh a chéile** consecutive, **leantach** consecutive, **oidhreachtúil** hereditary, **seicheamhach** sequenced, in progression, **slabhrúil** chain-like, **seasta** constant consistent

Leanúnaí *m (~; -aithe)* follower *(see: leantóir 1)*

Leanúnachas *m (-ais)* continuity
ceangal connection, **comhghreamaitheacht** holding together, cohesion, **comhleanúint** *(gram)* sequence, **comhtháthú** cohesion, **leantaí** consecutiveness, **leanúint** continuence; following, **ord** order, sequence, **seicheamh** sequence, **slabhra** chain, **srathú** serialisation

Léaráid *f (~e; ~í)* diagram, illustration, sketch
diagram diagram, **fíor** figure, likeness, outward form, **fáiscealaín** clip art, **gormchló** blueprint, **treoirphlean** blueprint, **grafaíocht** graphics, **imprisean** impression, **íocón** icon, **léiriú** illustration, **léiriúchán** representation, **líníocht** drawing, **líníocht phionsail** pencil drawing, **macasamhail** *f (-mhla; -mhlacha)* resemblance; similitude, **pictiúr** picture, **samhlaoid** illustration, **sceitse** sketch, **siombail** symbol, **sracléaráid** rough sketch, **tarraingt** drawing, **tróp** trope

▲ **~ bheacht** accurate diagram/drawing, **~ chrainn** tree diagram, **~ ealaíontóra** artist's impression, **~ imlíneach** outline drawing, **~ lándaite** full-colour illustration, **~ scoite** cutaway drawing, **~ tacair** set diagram

Léargas *m (-ais)* insight, enlightenment, perspective; visibility
aithne recognition, discernment, **amharc** sight, view, **eolas** knowledge, **éachtaint** glimpse; inkling, **fairgsin** viewing, watching, range of vision, **fios** *f (feasa)* knowing, **fís** vision, **forléargas** bird's eye view, **gaois** wisdom, **géarchúis** perception, observance, **grinne** discernment, **infheictheacht** visibility, **lánléargas** panorama, **léirstean** perception, insight, **radharc** sight, vision, **rathú** perception, apprehension, **saíocht** erudition, wisdom, **sofheictheacht** clear visibility, **soilsiú** illumination, **sracfhéachaint** glimpse, **spléachadh** glance, **tuiscint** understanding, consideration

▲ **~ aorach** satirical view, **~ claonta** skewed perspective, **~ ginearálta** general overview, **~ grinn** perceptive/accurate insight, **~ lag** poor visibility,

Leas- *pref* vice, deputy, sub-; step-
~aimiréal vice-admiral, **~athair** stepfather, **~bhardach** *m* subwarden, **~chathaoirleach** *m* vice-chairperson, **~chlann** stepchildren, **~chonsal** vice-consul, **~deartháir** *m* stepbrother, **~deirfiúr** *f* step sister, **~iníon** stepdaughter, **~mhac** stepson, **~mhéara** deputy mayor, **~phríomhoide** vice-principal, **~rí** viceroy, **~-seansailéir** vice-chancellor, **~-sirriam** deputy sheriff, **~uachtarán** vice-president

Leas *m (~a)*
1. benefit, source of improvement
athchóiriú reforming, **athrú chun maitheasa** change for the better, **ceartúchán** correction, **ceartú** correcting, **cúnamh** help, **deisiú** fixing, **feabhas**

Leasaigh

improvement, **feabhsú** improving, improvement, **feidhm** function, use, **leasú** amendment, **leasúchán** amendment, **maith** good, **sochar** gain, **tairbhe** benefit, **úsáid** use

◊ **duine a chur ar bhealach a ~a** to put a person on the right path, to persuade a person to choose wisely, **Is é do ~ é!** It will be the making of you! It will be of benefit to you!, **Is le do ~ féin a rinne mé é!** I did it for your own good!, **Ní le do ~ atá siad.** They haven't got your best interests ar heart.

2. fertiliser, manure
aoileach muck, manure, **cac** dung, **feamainn** seaweed, **fuíollábhar** waste, **eisilteach** effluent, **leasú** fertiliser, **leasúchán** fertiliser, **sciodar** slurry, **tuar** dung

▲ **~ ceimiceach** chemical fertiliser, **~ talún** fertiliser, **~ farraige** seaweed manure, **~ tacair** artificial fertiliser

Leasaigh v_{2a}

1. amend, make better, improve
athchóirigh reform, **athleasaigh** re-amend, **athraigh chun maitheasa** change for the better, **cabhraigh** help, **ceartaigh** correct, **cóirigh** mend, dress, repair, **cuir caoi ar** patch up, repair, **cuir deis ar** fix up, mend, **cuir dóigh éigin ar** make halfway decent, put into some sort of shape, **cuir feabhas ar** improve, **déan maitheas do** do good to, **déan níos fearr** make better, **deisigh** fix, mend, **feabhsaigh** improve, make better, **feidhmigh** affect; apply, enforce, **fóin** benefit, serve, **glan suas** clean up, clear up, **mionleasaigh** amend slightly, **tairbhigh** benefit, profit

~ **do bheatha!** Make your life better!
~ **an díobháil a rinne tú!** Undo the harm you did!
~ **d'iompar!** Mend your ways!
~ **an córas!** Reform the system!
~ **an buiséad!** Realign the budget!
~ **na torthaí!** Revise the results!

2. (food) cure, dress
blaistigh season, **cóirigh** dress, **cuir blastán ar (shailéad)** dress (salad), **cuir tarsann ar** season with condiment, **cuir salann ar** salt, **deasaigh** dress, prepare, **deataigh** smoke, **geal-leasaigh** taw, **hiodráitigh** hydrate, **maranáidigh** marinate, **picil** pickle, **reothriomaigh** freeze-dry, **saill** salt, cure, **spíosraigh** spice, **triomaigh** dry

~ **an t-iasc!** Cure the fish!
~ **na torthaí!** Preserve the fruits!
~ **an bia le spíosraí!** Season the food with spices!
~ **sailéad le blastán!** Flavour salad with dressing!

3. manure, fertilise, spread fertiliser
athleasaigh refertilise, **feamnaigh** cover with seaweed, **clúdaigh le leasúchán** cover with fertiliser, **leath aoileach** spread manure, **marlaigh** fertilise, marl, **sadhlasaigh** ensilage

~ **rósanna le haoileach!** Manure the roses!
~ **talamh le múirín!** Fertilise soil with compost!

Leasaithe pp

1. amended
athcheartaithe revised, reformed, **athchóirithe** refurbished, **athleasaithe** reamended, **athshlánaithe** reformed, **breisithe** enhanced, **ceartaithe** corrected, **curtha i gceart** rectified, **dulta chun cinn** progressed, **dulta i bhfeabhas** gotten better, **dulta chun tosaigh** advanced, **feabhsaithe** improved, **forbartha** developed, **maisithe** decorated, **méadaithe** augmented, increased, **mionleasaithe** amended slightly

▲ **buiséad ~** realigned budget, **bunreacht ~** amended constitution, **eaglais ~** reformed church, **eolas ~** redacted information, **iompar ~** reformed behaviour, **leagan ~** reworked version, **torthaí ~** amended results

2. (food) cured, dressed
blaistithe seasoned, **ar ar cuireadh salann** salted, **blaistithe** seasoned, **cóirithe** dressed, **deasaithe** dressed, prepared, **deataithe** smoked, **gairnisithe** garnished, **geal-leasaithe** tawed, **hiodráitithe** hydrated, **maranáidithe** marinated, **picilte** pickled, **reothriomaithe** freeze-dried, **saillte** salted, cured, **spíosraithe** spiced, **triomaithe** dried

▲ **gircíní ~** preserved gherkins, **liamhás ~** cured ham, **muiceoil ~** corned pork, **scadán ~** kipper

3. fertilised
athleasaithe refertilised, **feamnaithe** fertilised with seaweed, **marlaithe** fertilised, marled, **sadhlasaithe** ensilaged

▲ **talamh ~** land prepared with fertiliser

Leasaitheach adj^3 amending, reforming

athcheartaitheach revising, reforming, **athchóiritheach** reformational, refurbishing, **athshlánaitheach** reformative, remedial, **breisiúil** increasing, fruitful, **cabhrach** helpful, **ceartaitheach** corrective, **ceartúcháin** (> **ceartúchán**) correctional (**ionad ceartúcháin** correctional facility), **feabhais** (> **feabhas**) remedial, **fóinteach** beneficial, helpful, **sochrach** advantageous, profitable, beneficial, **tairbheach** beneficial, salutary, **torthúil** fruitful

Léasadh vn

1. thrashing, flogging, beating
batráil battering, clobbering, **cáineadh** admonishment, **ciceáil** kicking, **clabhtáil** clouting, **dornáil** boxing, **giolcadh** caning, **greadadh** trouncing, beating, **greadadh pionóis** punishment beating, **greadlach** f beating, trouncing, **greasáil** drubbing, **greidimín** beating, drubbing, **hainseáil** slapping, beating, **leadhbairt** thrashing, **leadradh** beating, trouncing, **leidhceáil** smacking, **smailceadh** smacking, **slacairt** battering, **stácadh** beating with sticks

2. ~ **teanga** scolding
callaireacht ranting, scolding, **íde béil** verbal abuse, **íde na muc is na madraí** castigation; degrading abuse, **leadhbairt den teanga** earbashing, dressing down, **liobairt** berating, scolding, **líomhain** revilement, **scalladh teanga** dressing down, **sciolladh (teanga)** scolding, **scamhailéireacht** scolding, **sciolladóireacht** scolding, chastising, **scóladh** scolding, upbraiding, **stiall den teanga** ticking off, talking to, (cf **Thug sí stiall dá teanga dó.** She gave him a piece of her mind.) **tabhairt amach** giving out

Leasú *vn*

1. amending, amendment, improving
athcheartú reforming, recorrecting, **athchóiriú** refurbishing, **athleasú** reamending, **biseach** *m (health)* improvement, **breisiú** enhancing, **breisiúlacht** prolificity, increase, **cabhrú** helping, **ceartú** correcting, **ceartúchán** correction, **cuidiú** helping, **cúnamh** help, **cur ar aghaidh** furthering, **cur i gceart** rectifying, **dul chun cinn** progressing, **dul i bhfeabhas** getting better, **dul chun tosaigh** advancing, advancement, **fás** growth, **feabhas** improvement, **feabhsú** improving, improvement, **feabhsúchán** improvement, **forbairt** developing, development, **geal-leasú** tawing, **luascadh suas** upswinging, **maisiú** decorating, **méadú** augmenting, increasing, **tairbhe** benefit, **tairbhiú** benefitting, **torthúlacht** fruitfulness, **uasghrádú** upgrading

▲ ~ **éagóra** redress of an injustice, ~ **earráide** correction of an error, ~ **dlí** amendment of a law, ~ **téacs** revision of a text

2. *(food)* dressing, saucing; curing
anlann *m* sauce, **blaistiú** seasoning, **blastán** dressing (cf **blastán sailéid** salad dressing), **citseap** ketchup, **cur salainn ar** salting, **cóiriú** dressing, **deasú** dressing, preparing, **deatú** smoking, **dipín** *f* dip, **gairleog purée** puréed garlic, **gairnisiú** garnishing **geal-leasú** tawing, **hiodráitiú** hydrating, **maranáidiú** marinating, **picilt** pickling, **reothriomú** freeze-drying, **sailleadh** salting, curing, **spíosra** spice, **spíosrú** spicing, **súlach** *m* gravy **triomú** drying

▲ ~ **bia** dressing food, ~ **deataigh éisc** smoking of fish, ~ **leathair** curing leather

3. manure, manuring
aoileach *m* manure, **athleasú** spreading fertiliser a second time, **cac** dung, **feamnú** fertilising with seaweed, **leas** fertiliser, **leasachán** fertiliser, **marlú** fertilising, marling, **múirín** compost, **sadhlasú** ensilaging, **salachar** droppings; dirt, **titimí** droppings (cf **titimí caorach** sheep droppings) *(see also:* **leas***)*

Leata *pp* spread out, sprawled; *(cu)* smeared, covered with layer
agaithe spaced out, **cláraithe** flattened, made flat, **clúdaithe** covered, **cothromaithe** levelled, **craobhscaoilte** broadcast, **easraithe** littered, strewn; sprinkled, **éirithe níos mó** gotten greater/bigger, **eisleata** effused, **fairsingithe** broadened out, spread wide, **fógartha** announced, **forleata** broadcast; propagated, **forógartha** proclaimed, **galraithe** blighted, infected, **imscaoilte** scattered abroad, **ionfhabhtaithe** infected, **leacaithe** flattened, **leibhéalta** level, **leitheadaithe** become widespread, spread widely, **leathnaithe** spread, extended, **ligthe amach** let out, **méadaithe** increased, **scaipthe** scattered, spread, **scaoilte** released, **scartha** spread, separated, **sceathraithe** spewed, strewn about, **seolta amach** sent out, **sínte amach** stretched out, **smeadráilte** *(cu)* smeared, covered with thin layer, **spréite** spread, **srathnaithe** stretched out, spread out

Leath- *pref (used to express one of a pair); half-, semi-, poor, poorly*

~**aghaidh** profile; one side of face, ~**bheo** half dead and alive, ~**bhliantúil** biannually, ~**bhreac** counterpart (cf **mo ~bhreac** a person like myself), ~**bhróg** one shoe, ~**bhruite** half-cooked, half-baked, ~**chaoch** blind in one eye; half-drunk, ~**cheann** tilt of head (cf **ar ~cheann** slanted), ~**chiorcal** semicircle, ~**chiorclach** semi-circular, ~**chluas** *f* one ear, ~**chluasach** one-eared, ~**chogar** half-whisper, ~**chos** one foot, ~**chúlaí** halfback, ~**chúpla** one twin, ~**dhéanamh** poor construction, ~**dhéanta** poorly made; half-done, ~**dhia** demigod, ~**fhocal** hint; catchword, ~**fholaíocht** mongrel, mixed blood, ~**mhilliún** half-million, ~**nóiméad** half a sec, (in a) jiffy, ~**nocht** semi-naked, ~**oifigiúil** semi-official, ~**oiread** half as much (cf **a ~oiread eile arís** half as much/many again), ~**phionta** half-pint, ~**scoite** semidetached, ~**shaol** half-life, ~**sheolaí** semiconductor, ~**shúil** one eye; ~**shúileach** one-eyed, ~**spéacla** monacle, ~**stad** semi-colon, ~**stoca** one sock/stocking, ~**stócach** half-grown young man, ~**-thagairt** oblique reference, innuendo, ~**-thon** semitone, ~**-thosaí** half-forward, ~**uillinn** one elbow

Leath v_{1a} spread out, sprawl; *(cu)* smear, cover with thin layer
agaigh space out, **bain searradh as do ghéaga** stretch your limbs, **cláraigh** flatten, **clúdaigh** cover, **craobhscaoil** broadcast, **cuir le** add to, **déan fógraíocht** advertise, **easraigh** litter, strew; sprinkle, **éirigh níos mó** become greater/bigger, **eisleath** effuse, **fairsingigh** broaden out, spread wide, **fógair** announce, **forleath** broadcast; propagate, **forógair** proclaim, **galraigh** blight, infect, **imscaoil** scatter abroad, **ionfhabhtaigh** infect, **leitheadaigh** become widespread, spread widely, **leathnaigh** spread, extend, **lig amach** let out, **méadaigh** increase, **scaip** scatter, spread, **scaoil** release, **scar** spread, separate, **sceathraigh** spew, strew about, **seol amach** send out, **sín amach** stetch out, **smeadráil** *(cu)* smear, cover with thin layer, **spréigh** spread, **srathnaigh** stretch

Leathadh

out, spread out (eg **Srathnaíodh seol dobróin ar a raibh ann.** A pall of sorrow was spread over all who were there.)
~**adh an ráfla.** The rumour spread.
~**adh an t-iarrann.** The iron was flattened.
~**adh cloichíní.** Chippings were scattered.
~**adh coinfití.** Confetti was strewn.
~**adh doras.** A door was opened wide.
~**adh meangadh air.** His grin broadened.
~**adh cosán.** A path was extended.

◊ ~ **an sioc iad.** The frost killed them., ~ **an t-éadach ar an mbord!** Spread the cloth on the table!, ~ **an t-ocras é sa deireadh.** The hunger got him in the end., **Bhí an chaint ag** ~ **air.** His speech was becoming confused., **Tá** ~ **an radharc air.** His sight dimmed.

Leathadh *vn* spreading

baint searradh asat féin stretching yourself, **clárú** flattening, **clúdach** covering, **craobhscaoileadh** broadcasting, **cur le** adding to, **easrú** littering, strewing; sprinkling, **éirí níos mó** getting bigger/greater, **eisleathadh** effusing, **fairsingiú** broadening out, spreading wide, **fógairt** heralding, announcing, **fógraíocht** advertising, **forleathadh** broadcasting; propagation, **forógairt** proclaiming, **forógra** proclamation, **galrú** blighting, infection, **imscaoileadh** scattering abroad, **ionfhabhtú** infecting, infection, **leathnú** spreading, extending, **ligean amach** letting out, **méadú** increasing, **scaipeadh** scattering, spreading, **scaoileadh** releasing, **scaradh** spreading, separating, **sceathrú** spewing, strewing about, **seoladh amach** sending out, **síneadh amach** stretching, **smeadar** smear, thin layer (cf **smeadar ime** smear/thin layer of butter), **smeadráil** *(cu)* smearing, pasting, thinly covering, **spré amach** spreading out, **srathnú (na móna)** spreading out (of the turf)

▲ ~ **an ghalair** spreading of the disease, ~ **mac imrisc** dilation of the pupil of the eye, ~ **teicneolaíochta** diffusion of technology, ~ **uirbeach** urban expansion

◊ **Bhí an doras/fhuinneog ar** ~. The door/window was wide open., **Bhí mo bhéal ar** ~ **le hiontas.** It was a jaw-dropping experience for me.

Leathan *adj irr* broad

ábhalmhór immense, **áirgiúil** commodious, **ar leithead** in breadth, in width, **ata** swollen, **bolgtha** bulging, swollen out, **borrtha** distended, swollen; varicose, **ciclipéideach** encyclopaedic, **clárach** flat, wide, **coiteann** common, general, **cuimsitheach** comprehensive, **fairsing** expansive, **forleathan** widespread, far-reaching, **forleitheadach** wide, expansive; ample, **flúirseach** ample, **ginearálta** general, **imigéiniúil** distant, far-away, **iomlán** total, inclusive, **láidir** strong, **lán** full, **leata** dilated; sprawling, **leathan-aigeantach** broad-minded, **leitheadaithe** widespread, **leitheadúil** latitudinal;

prevalent, **luchtmhar** capacious, **mór** large, big, **ollmhór** enormous, **oscailte** open, **ró-mhór** too big, baggy, **scóipiúil** wide-sweeping, spacious, **spréite** diffuse, **tútach** *(speech)* broad, **uile agus iomlán** inclusive, **uilechuimsitheach** all-encompassing

▲ **bóthar** ~ wide road, **caint** ~ broad/thick accent, **claíomh** ~ broad sword, **críocha** ~**a** broad (spacious) territories, **dearcadh** ~ broad outlook, **fear** ~ **láidir** strong/hale and hearty man, **foirgneamh íseal** ~ small squat building, **guaillí** ~**a** broad shoulders, **réimse** ~ wide range; panoply, **sainmhíniú** ~ broad definition, **scáileán** ~ wide screen, **srón** ~ flat nose

Leathanach *m (-aigh; -aigh, ~)* page

aimsir time, period, **aois** age, epoch, **bileog** sheet, handout, leaflet, **bileoigín** flyer, **caibidil** chapter, **duille** *m* leaf, **duilleog** leaf, **eachtra** incident, **eipeasóid** episode, **leathán (páipéir)** sheet of paper, **liarlóg** strip, sheet, **ré** era

▲ **an** ~ **roimhe** the previous page, **an chéad** ~ **eile** the next page, ~ **baile** home page ~ **bán** blank page; *(fig)* blank slate, ~ **cúil** back page, ~ **fáilte** welcome page, ~ **fíorúil** virtual page, ~ **gné-altanna** features page, ~ **gréasáin** web page, ~ **láir** centrefold, ~ **leabhair** page of a book, **mainicín** ~ **a trí** page three girl, ~ **na bhfadhbanna** problem page, ~ **staire** page of history, ~ **taisce** cache page, ~ **tosaigh** front page

◊ ~ **a chasadh** to turn a page, ~ **a scanadh** to scan a page, **ar an** ~ **thall** on the facing page, **cluaisín a chur ar** ~ to tag/dog-ear a page, **fótachóipeáil a dhéanamh de** ~ to photocopy a page, **leathanaigh a uimhriú** to number pages, **scéal ar an gcéad** ~ *(journ)* front page spread

Leathanaigeanta *adj⁶* broad-minded

ceadaitheach permissive, **fulangach** tolerant, **le hintinn oscailte** open-minded, **le saorintinn** free-thinking, **liobrálach** liberal, **mórintinneach** high-minded, **neamhchlaonta** unbiased, **oscailte** open, **saorbhreathach** open-minded, liberal, **sochomhairleach** flexible

Leathantas *m (-ais)* wide expanse

fairsinge expanse, **fairsingeacht** wideness; expanse, **flúirse** plenty, **leathadh** spread, **leithead** width, **méad mór** great amount, **réiléis** tract, expanse (cf **réiléis talún** expanse of land), **scóip** scope, **scóipiúlacht** spaciousness

Leatrom *m (-oim)* discrimination, bias; oppression

aincheart injustice, **aintreise** violence, oppression, **anfhorlann** violence, oppression, **ansmacht** tyranny, oppression, **claonadh** bias, **claontacht** partiality, **claonpháirteachas** collusion, **éagóir** injustice, **cos ar bolg** repression, oppression, **éigeantas** compulsion, distress, **iomarcaíocht** excessiveness, **leathchuma** *f* partiality, **leithcheal** *m* invidious discrimination,

neamhionannas inequality, **tromas** oppression, distress

Leatromach *adj³* unfair, discriminatory
aincheart unjust, **anfhorlannach** violently oppressive, **ansmachtúil** tyrannical, **claonta** biased, **éagórach** unjust, **iomarcach** excessive, **mícheart** wrong, **míchneasta** *(sp)* unfair, **míchothrom** unfair, unbalanced, **mífhéaráilte** unfair, **réamhchlaonta** prejudiced

Leibhéal *m (-éil; -éil, ~)* level
aicme class, **airde** height, **caighdeán** standard, **cáilíocht** quality, **céim** stage, degree, **crios** *m (creasa; criosanna)* belt, zone, **grád** grade, **pointe** point, **rang** rank, class, **stádas** status, **suíomh** position, **zón** zone

Leictreach *adj³* electric, electrifying
an-chorraitheach thrilling, **anamúil** spirited, full of good cheer, **beoga** lively, **bríomhar** vibrant, **iontach** amazing, **lán den chraic** full of craic, **meanmnach** frisky, perky, **scléipiúil** full of riotous hilarity and fun, **spleodrach** action-packed, buzzing, **spreagúil** exhilarating, stimulating, **suaithinseach** remarkable, striking, **suntasach** remarkable, **teann** tense, **thar barr** champion, brilliant, **thar cionn** cracking, deadly, **togha** classic, awesome

◊ **Bhí an t-atmaisféar ~.** The atmosphere was electric!

Leid *f (~e; ~eanna)* clue, hint
ciú cue, **ciúta** quip, **cogar i gcluais** tip-off, **comhairle** *f* advice, **comhartha** sign, **éachtaint** *f (~e)* inkling, **faisnéis** evidence, **gaoth an fhocail** slightest hint, **leathfocal** insinuation, **leath-thagairt** oblique reference, innuendo, **luaidreán (beag)** (slight) intimation, **moladh** suggestion, **nod** hint, **sanas** hint, suggestion

◊ **~ a fháil** to get a hint/clue, **~ a thabhairt do dhuine** to give a person a hint/clue, **~ a thabhairt d'aisteoir** to prompt an actor

Léigear *m (-gir; -gir, ~)* siege
bac barricade, **cordún** cordon, **cosc** prohibition, obstruction, **cuirfiú** *m* curfew, **forbhais** siege; beleaguering, **forghabháil** occupation, **gearradh** cutting-off, **géibheann** confinement, **greim scornaí** stranglehold, **imshuí** blockage, siege, **smachtbhanna** sanction (cf **smachtbhannaí eachnamaíocha a chur ar** to impose economic sanctions on), **tachtadh** strangulation, **timpeallú** encirclement, **trádbhac** embargo

◊ **~ a thógáil** to raise a siege, **faoi ~** under siege, **Rinneadh ~ ar Chathair na Traí.** The City of Troy was besieged.

Léigh *v₁g* read; evaluate
aistrigh translate, render, **aithris** recite, **athléigh** reread, **ceiliúir** *(Mass)* say, celebrate, **ciallaigh** interpret, explain, **déan léitheoireacht** do reading, read, **déan reacaireacht** do a recitation, recite, **deán staidéar ar** study, **díchódaigh** decode, **foghlaim** learn, **meáigh** weigh up, **meas** evaluate, judge, **measúnaigh** assess, **mínigh** explain, interpret, **oibrigh amach** work out, **scaoil** decipher, **scrúdaigh** study, **tomhais** gauge, estimate, **tuig** understand

Leigheas 1 *v₁a* cure, heal, solve
aiseag restore, **athchóirigh** renovate, **ceartaigh** correct, make right, **cneasaigh** heal, **cóireáil** treat, **cóirigh** fix up, **cuir bindealán ar** bandage, **cuir biseach ar** restore to health, **cuir caoi ar** put into proper condition, repair, **cuir i gceart** make right, **deisigh** fix, mend, **díghalraigh** disinfect, **díthocsainigh** detox, **drugáil** drug, **forchneasaigh** cicatrise, **íoc** cure, heal; redeem, **íocleasaigh** medicate; dress, **leasaigh** make better, amend, **réitigh** solve, resolve, remedy, **slánaigh** make whole, redeem, **tabhair chun bisigh arís** nurse back to health, **téigh go bunrúta an scéil** get to the bottom of the matter

◊ **duine/galar a ~** to cure a person/ disease, **éagóir a ~** to remedy an injustice, **peacach a ~** to redeem a sinner, **scéal a ~** to put a matter right

Leigheas 2 *vn* medicine, cure, solution.
aire care, **aiseag** restoration, **athchóiriú** renovation, **bindealán** bandage, **biseach** *m* recovery, **buidéal leighis** bottle of medicine, **ceartú** correction; corrective, **ceartúchán** correction, **cneasú** healing, **cógas** medicine, **cógas leighis** treatment, **cóireáil (mhíochaine)** (medical) treatment, **cóiriú** fixing up, **cur caoi ar** putting into proper shape, **deisiú** fixing, **deoch** *f (dí; ~anna)* drink, potion, **deoch** *f* **leighis** healing potion, **deoch** *f* **shuain** sleeping potion, **deoch** *f* **shláinte** pick-me-up, **díghalrán** disinfectant, **díghalrú** disinfecting, **díthocsainiú** detox **dochtúireacht** medical practice; *(sch)* doctorate, **drugáil** drugging, **fisigeacht** *f* medicine, **forchneasú** cicatrising, **frithbheathach** *mpl* antibiotic, **frithnimh** antidote, **fritocsain** antitoxin, **íciúlacht** curativeness, **idirghabháil** intervention, **íoc** *f (íce; ~a, ~)* cure, medication, **íocshláinte** panacea, **íocluibh** healing herb, **leasú** making better, amending, **leigheasra** cures, medicines, **liacht** medicine (cf **liacht bhan** gynaecology), **losainn chasachta** cough lozenge, **míochaine** *f* materia medica, medicine, **piollaire** pill, **plástar** plaster, **próifíolacsa** prophylaxis, **purgóid** purgative, **purgóid aisig** emetic, **réiteach** *m* solution, remedy, **síocanailís** psychoanalysis, **síoróip** syrup, **slánú** making whole; redeeming, **suaimhneasán** sedative, **ungadh** *m (-gtha; -gthaí)* ointment, **urchosc** *(med)* prophylactic

▲ **~ ar bhuinneach** medicine for diarrhoea, **~ ar chasacht** medicine for a cough, **~ ar fhiabhras léana** medicine for hay fever, **~ ar iatacht** medicine for constipation, **~ ar an neamhchodladh** medicine for

Leigheasach

insomnia, ~ **ar scornach nimhneach** medicine for a sore throat, ~ **ar shlaghdán cinn** medicine for a head cold, ~ **ar shúile tinne** medicine for sore eyes, ~ **ar thinneas cinn** medicine for a headache

▲ **cógas leighis** medication, **cóifrín leighis** medical chest, **cóir leighis** medical treatment, **cóireáil leighis** remedial treatment, **costais leighis** medical expenses, **deoch** *f (dí)* **leighis** healing potion, **dochtúir leighis** medical doctor, **éigeandáil leighis** medical emergency, **gnáthamh leighis** medical procedure, **ionad leighis** medical centre, **luibh leighis** medicinal herb, **lucht leighis** medical people, **scrúdú leighis** medical examination, **saineolaí leighis** medical expert, **taighde leighis** medical research

■ **Leigheas gnásúil:** Conventional medicine: **ainéistéisíocht** anesthesiology, **athshlánúchán** rehabilitation, **cleachtadh ginearálta** general practice, **clinic** *(place)* surgery, **cúram maolaitheach** palliative care, **deirmeolaíocht** dermatology, **fisiteiripe** physiotherapy, **haemaiteolaíocht** haematology, **imdhíoneolaíocht** immunology, **inchríneolaícoht** endocrinology, **máinliacht** *(branch of medicine)* surgery, **míochaine choisctheach** preventative medicine, **míochaine phróifiolacsach** prophylactic medicine, **néareolaíocht** neurology, **neifreolaíocht** nephrology, **obstatraic** obstetrics, **oftailmeolaíocht** ophthalmology, **oinceolaíocht** oncology, **paiteolaíocht** pathology, **péidiatraic** paediatrics, **raideolaíocht** radiology, **réamaiteolaíocht** rheumatology, **síciatracht (fhóiréinseach)** (forensic) phychiatry, **síceolaíocht** psychology, **úireolaíocht** urology

■ **Leigheas malartach:** Alternative medicine: **cumhartheiripe** aromatherapy, **hoiméapaite** *f* homeopathy, **ióga** yoga, **reifléacseolaíocht** reflexology, **réicí** reiki, **snáthaidphollladh** acupuncture

Leigheasach *adj³* healing, curative
aisiríoch restorative (cf **ceartas aisiríoch** restorative justice), **athchóirithe** renovated, **athdheisitheach** restoring, repairing, **athshlánaíoch** bringing back to health, rehabilitating, **athshlánúcháin** *(> athshlánúchán)* rehabilitative, **ceartaitheach** corrective, **a chuireann i gceart** that makes right, **díghalraitheach** disinfecting, **díthocsainithe** detoxifying, **feabhais** *(> feabhas)* remedial, **glantach** cleansing, **íceach** curative, **íocshláinteach** *(med)* remedial, **purgóideach** purgative, **teiripeach** therapeutic, **urchoscach** prophylactic

Leigheasta *pp* cured, healed, solved, resolved
aiseagtha restored, **athchóirithe** renovated, **ceartaithe** corrected, made right, **cneasaithe** cicatrised, healed, **cóireáilte** treated, **cóirithe** fixed up, **curtha i gceart** made right, **deisithe** fixed, mended, **díghalraithe** disinfected, **díthocsainithe** detoxed, **drugáilte** drugged, **leasaithe** made better, amended, **tugtha chun bisigh arís** nursed back to health again, **forchneasaithe** cicatrised, **íoctha** cured; redeemed, **íocleasaithe** medicated; dressed, **réitithe** solved, resolved, remedied, **slánaithe** made whole; redeemed

Léim 1 v_{1b} jump, bound, leap
aisléim recoil, **ardaigh** ascend, **bí ag truslógacht** be hopping, **athléim** rebound, **bain preab as** make jump, startle, **bíog** twitch, start, **bocáil** bounce; toss, **caith foléim** leap, skip, **caith léim** take a jump, **clis** jump, startle, **déan cliathreathaíocht** hurdle, **déan leipreach** skip, **déan princeam** frolic, **déan téadléimneach** *(sp)* skip, **déan tointeáil** shuttle, leap, **éirigh suas** rise up, arise, **eitil** fly, **freang** twitch, have a spasm, **imigh ar leathchois** hop along, **imigh de sciotán** dart off, **ionsaigh (faoi)** attack, **ling** *(lit)* spring, leap; jump, assault, **pocléim** buck-jump, **preab** spring, start; bounce, **scinn** dart, spring; startle (cf **Scinn an capall.** The horse shied.), **scipeáil** skip, **siorc** jerk, **tabhair áladh ar** pounce on, **tabhair abhóg** make a bound, bound, **tabhair foighdeán faoi** lunge at, **tabhair ruathar faoi** dash at, **tabhair rúid ar** make a dash at, **tabhair truslóg** give a hop; give a long stride, **téigh ar eite** take flight, **téigh thar** go over, **tum** dive

◊ ~ **ar na coscáin** to jam on the brakes, ~ **isteach!** Hop in!, ~ **isteach sa leaba le duine** to jump into bed with a person, ~ **le haill** to jump off a cliff, ~ **le barr áthais** to jump for joy, ~ **mo chroí.** My heart jumped., **Ba bheag nár ~ an dá shúil as a ceann.** Her two eyes nearly popped out of her head., **Gabh agus ~ le binn!** Go jump in a lake!

Léim 2
1. *vn* jumping, jump, leap
áladh lunging, **ardú** uplifting, **bíogadh** starting; twitching, **bocáil** bouncing; tossing, **brúchtadh** uprushing, upsurge, **ceáfráil** cutting capers, **cliathreathaíocht** hurdling, **cliseadh** jumping, startling, **cuisliú** pulsing; flowing, **dul ar eite** taking flight, **dul thar** going over, **éirí amach** rising; uprising, **eitilt** flying, flight, **foléimneach** bounding, skipping, **freangadh** twitching, contorting, **imeacht ar leathchois** hopping along, **imeacht de sciotán** darting off, **ionsaí** attacking, **léimneach** *f* jumping, flitting, **lingeadh** *(lit)* leaping, springing; assaulting, **pocaireacht** gambolling, frolicking, **pocléimneach** gambolling, **preabadh** jumping; throbbing, **preabaireacht** jumping, bouncing, **princeam** frolicking, **scipeáil** skipping, **siorcadh** jerking, **téadléimneach** *(sp)* skipping, **tointeáil** shuttling, **trintealach** *f* prancing; jumping nervously, **truslógacht** hopping, loping

2. *f* (*~e; ~eanna*) jump, leap, bound
abhóg bound; bad impulse, **airleog** bound; toss, **athléim** rebound, **beannóg** leap, bound, **bíog** *f (bíge, ~a, ~)* twitch, **boc** bounce, **ceáfar** caper, leap, **eitilt** flight, **eitleog** short flight, **foighdeán** lunge, **foléim**

Léimneach

skip, **freanga** twitch, spasm, **iodhlann** *(lit)* bound, leap; burst, **ionsaí** *m* attack, **oscar** leap, agile bound, **pocléim** buck-jump, **preab** *f (preibe; ~a,~)* startle, start, **ruaill** rush, dash; hurried visit, **ruathar** rush, dash, **rúid** sally, dash, **rúideog** short dart, **seáp** dash, rush, **siortóg** bound, gambol, **spreang** *m (~a, ~anna)* spring, jump, **truslóg** hop

▲ ~ **an daill** leap in the dark, ~ **ard** high jump, ~ **ar aghaidh** jump/flash forward (cf ~ **ar aghaidh céad bliain** flash forward a hundred years), ~ **bhuinsí** bungee jump, ~ **chaorach sa duibheagán** jump into the unknown, ~ **fhada** long jump, ~ **gleacaíoch** gymnastic leap, ~ **i leataobh** jump to one side, ~ **láimhe** vault, ~ **pharaisiúit** parachute jump, ~ **táilliúra** somersault performed with legs crossed

◊ ~ **a bhaint as duine** to make a person jump, **Déan de ~ é!** Jump to it!, **Tá an choinneal ag ~.** The candle is flickering., **Thug sé ~ ar an doras.** He made a bolt for the door.

Léimneach *adj³* jumping, bounding
abhógach bounding, **álaidh** (> *áladh*) lunging, **ardaitheach** ascending, **bíogach** jumpy, twitching, **ceáfrach** frisky, **cleitearnaí** (> *cleitearnach*) fluttering, **eitleach** flying, fluttering, **eitleogach** flighty, **foighdeánach** darting, lunging, **foléimneach** skipping, capering, **freangach** twitching, spasmodic, **girréiseach** high-spirited, frisky, **inspreagthach** excitable, **ionsaitheach** aggressive, **lingeach** springy, leaping, **luaineach** vacillating, flickering, **oscartha** *(high reg)* heroic, bounding; nimble (eg **léim oscartha** nimble leap), **preabach** pulsating, **tointeála** (> *tointeáil*) a shuttling movement, **trintealach** jumpy, nervous, **truslógach** bounding striding, hopping

Leimhe *f (~)* apathy, insipidity, tastelessness; drabness
faoine languidness, limpness, **faonlaige** inertia, feebleness, **lachnacht** drabness; dullness, greyness, **laige** weakness, **leadrán** boredom, **leamhas** insipidity, drabness, **leochaileacht** frailness, **liostacht** listlessness, spiritlessness, **mairbhe** deadness, **maoile** baldness, dullness, **marbhántacht** listless demeanour, drabness, **moille** slowness, **neamhbhlastacht** tastelessness; unappetising taste or appearance, **tirime** dryness, **tuirsiúlacht** wearisomeness **tuire** aridity

▲ ~ **an athrá** the tedium of the reiteration, ~ **an cheachta** the aridity of the lesson, ~ **an léirithe** the flatness of the performance, ~ **an tírdhreacha** blandness of the landscape, ~ **na hailtireachta** dullness of the architecture, ~ **na scéalta grinn** the lameness of the jokes, ~ **óráide** banality of a speech, ~ **stíle** drabness of style

Léimthe *pp* jumped
aisléimthe recoiled, **ardaithe** ascended, **athléimthe** rebounded, **bíogtha** twitched, started, **bocáilte** bounced; tossed, **cliste** jumped, startled, **dulta ar eite** taken flight, **dulta thar** gone over, **éirithe suas** risen up, arisen, **eitilte** flown, **imithe ar leathchois** hopped along, **imithe de sciotán** darted off, **faoinar tugadh ionsaí** attacked, **freangtha** twitched, **ionsaithe** attacked, **lingthe** *(lit)* sprung, leaped; jumped; assaulted, **pocléimthe** buckjumped, **preabtha** sprung, started; bounced, **radtha** flung, kicked, **scinnte** darted, sprung; startled, **scipeáilte** skipped, **siorctha** jerked, **tointeáilte** shuttled, **tumtha** dived

Leipreachán *m (-áin; -áin, ~)* leprechaun
(c)lutharachán elf, **duine de na daoine beaga** one of the little people, **duine den aos sí** one of the fairy folk, **ginid** genie, **gruagach** *m* goblin, **síofra** sprite, **sióg** fairy

○ **Leipreachán** leprechaun - **firín draíochta** *magical little man* who, although rarely appearing in traditional tales, has become very prominent in the public imagination. Usually depicted with a **féasóg** *beard*, in a **cóta glas** *green coat*, with a **hata ard** *tall hat*, and **ag caitheamh píopa cré** *smoking a clay pipe*, the leipreachán is a **rógaire ráscánta** *waggish rogue* who has for those lucky enough to catch him a **pota óir** *pot of gold* hidden **ag bun an tuair cheatha** *at the end of the rainbow*.

Léir *adj²* clear, obvious; succinct; accurate
aicsímiteach axiomatic, **feiceálach** conspicuous, **follasach** obvious, evident, **glan** clear, clean, **glé** lucid, clear (cf **uisce glé** clear water), **gléineach** transparent, lucid, **glinn** distinct, vivid, **greanta** clear-cut, distinct, **paiteanta** patent, clear, **so-aitheanta** easy to recognise, **so-fheicthe** obvious, easy to see, **soiléir** clear, obvious, **soiléirseach** axiomatic *(see also: follasach)*

◊ **ba ~ dom é** it was/would be clear to me, **go líofa ~** fluently and succinctly, **iad go ~** all of them, **is ~ sin** that is obvious, **luath ~** quick and accurate, **rud nach ~ dom fós** a thing that isn't clear to me yet

Léirigh *v₂b*
 1. portray, illustrate
cuir ar fáil provide, furnish, **cuir i léire** elucidate, **cuir síos ar** describe, **dearbhaigh** attest, confirm, **dreach** portray; delineate, **mínigh** explain, **nocht** disclose, **soiléirigh** illustrate, clarify, **tabhair chun solais** bring to light, **tabhair fianaise (le)** witness, **tabhair samplaí (de)** exemplify, **taispeáin** show, **treoraigh** guide

 2. *(thr)* produce; make manifest
athléirigh *(thr)* revive (a play), **cruthaigh** perform, prove (cf **Chruthaigh na haisteoirí go maith.** The actors performed well.), **cuir ar siúl** put on, **cuir ar stáitse** stage, **cuir faoi bhráid duine** place before a person, **cuir i láthair** present, **cuir os comhair an tsaoil** present to the world, **drámaigh** dramatise, **nocht** reveal, **réal** manifest, **stáitsigh** stage, **stiúir** direct, **taibhrigh** show, manifest; dream (eg **Taibhríodh hallaí marmair dom.** I dreamt of marble halls.), **taibhsigh** appear, loom, **tairg** offer, proffer

Léirithe pp
1. portrayed, illustrated
curtha ar fáil provided, furnished, **curtha ar siúl** (thr) put on, **curtha ar stáitse** staged, **curtha i léire** elucidated, **dearbhaithe** attested, confirmed, **dreachta** portrayed; delineated, **léirithe** portrayed, illustrated, **mínithe** explained, **soiléirithe** illustrated, clarified, **taispeánta** shown, demonstrated, **teagasctha** instructed, **treoraithe** guided, **tugtha chun solais** brought to light
2. (thr) produced, made manifest
athléirithe (thr) revived, **cruthaithe** performed, proven, **curtha ar siúl** put on, **curtha ar stáitse** staged, **curtha faoi bhráid duine** placed before a person, **curtha i láthair** presented, delivered **curtha os comhair an tsaoil** presented to the world, **drámaithe** dramatised, **léirithe** (br) produced, **nochta** revealed, **réalta** made manifest, **sceite** divulged, **seachadta** delivered, **stáitsithe** staged, **stiúrtha** directed, **taibhrithe** manifested; dreamt **tairgthe** offered, proffered

Léiriú vn
1. clarifying; portraying, illustrating
dreachadh portraying, **eiseamláir** example, instance, *emoji* emoji, **léaráid** illustration, **léargas** portrayal, **léiriúchán** portrayal; clarification, **líníocht** drawing, **míniú** explanation, explaining, **pictiúr** picture, **sampla** sample, example, **sceitse** sketch, **soiléiriú** clarification, clarifying, **solaoid** illustration, example
2. (thr) producing, making manifest
athléiriú (thr) reviving (a play), **cruthú** performing, proving, **cur ar siúl** putting on, **cur ar stáitse** staging, *mise en scène*, **cur i láthair** presenting, delivery, **cur os comhair an tsaoil** presenting to the world, **drámú** dramatising, **nochtadh** revealing, **réaladh** making manifest **scannánú** filming, **stáitsiú** staging, **stiúradh** directing, **taibhreamh** showing, manifesting; dreaming, **taibhsiú** appearing, **tairiscint** offering, proffering

Léirmheas m (~a; ~anna) review
aiste liteartha literary essay, **alt** article, **anailís** analysis, **breith** verdict, judgment, **breithiúnas** judgment, **breithmheas** m appraisal, **critic** critique, **cuntas gairid** short account, **cur síos** description, **dioscúrsa** discourse, **meastachán** evaluation, **measúnú** assessment, **moltaí** mpl suggestions, **moltóireacht** adjudication, **píosa** piece, **réamhléirmheas** preview, **rialú** ruling, **tasc scríofa** written assignment, **tráchtaireacht** commentary, **tuairisc** report, **tuarascáil** report

▲ ~ **an-mholtach** glowing review, ~ **feanntach** scathing review ~ **géar** acerbic review, ~ **leabhair** book review, ~ **scannáin** film review

Léirmheastóir m (-óra; ~í) reviewer, critic
breitheamh m judge, **cáinteoir** detractor, criticiser, **criticeoir** critic, **meastóir** evaluator, **measúnóir** assessor, **moltóir** adjudicator, **réiteoir** arbitrator; (sp) referee, **stiallaire** severe critic, **tráchtaire** commentator, **tuairisceoir** reporter, **tuarascálaí** reporter, portrayer

Léirmheastóireacht f (~a) reviewing
breith judging, **meas** estimation, **meastóireacht** evaluation, **measúnú** assessment, **moladh** appraisal, adjudication, **moltóireacht** adjudication, **scrúdú** examining, **stiallaireacht** (review) doing a hatchet job, ripping apart, **tabhairt breithmheasa** appraisal, giving an appraisal, **tabhairt tuarascála** giving a report **tráchtaireacht** commentating, **tuairisciú** reporting, (journ) coverage

Léirsitheoir m (-eora; ~í) (pol) demonstrator
agóideoir protestor, **feachtasóir** campaigner, **gníomhaí** activist, **máirséalaí** marcher, **picéadóir** picketer, **sluachorraitheoir** rabble-rouser

Léirsiú m (-sithe; -sithe) (pol) demonstration
agóid protest, **corraíl shibhialta** civil unrest, **feachtas** campaign, **gníomhaíocht** activism, **máirséail** march, rally, **picéad** picket, **slógadh** rally

Leisce f (~)
1. hesitation, reluctance; inhibition
aimhleisce reluctance, **amhras** doubt, **athsmaoineamh** second thoughts, **bac** inhibition, **braiteoireacht** hesitation, vacillation, **coinneáil siar** holding back, **cúthaileacht** shyness, **dóbartaíl** indecision, **doic** hesitation; impediment, **doicheall** aversion, **dochma** aversion, reluctance, **doilíos** difficulty, reluctance, **draighean** indisposition, **drogall** reluctance; squeamishness, **éiginnteacht** uncertainty, indecision, **leadaíocht** loitering, dallying, **leointíocht** reluctance, **mífhonn** disinclination, **moill** delay, **moilleadóireacht** dallying, **neamhthoil** unwillingness, **scóchas** reluctance; timidity, **seasamh siar** standing back, **stadach** faltering, **staigínteacht** reluctance, **támáilteacht** sluggishness, **tarraingt siar** pulling back, **útamáil** fumbling (see also: **moill**)

◊ **gan ~ ar bith** without the slightest hesitation, **Ná bíodh aon ~ ort ceist a chur!** Don't hesitate to ask a question!, **Tá ~ orm cabhrú leo.** I'm disinclined to help them.

2. laziness, sloth
díomhaointeas idling; being without a spouse, **falsacht** sloth, idleness, **falsóireacht** idling, doing nothing, **foirneáil** loafing, idling, **lagsaine** slothfulness; laxity, **leadaíocht** bumming around; being laddish, **leibideacht** slovenly/foolish carelessness, **leiciméireacht** slacking, **leisceoiracht** idling, **liúdaíocht** doing next to nothing, **liúdramántacht** loafing about, **marbhántacht** languor, **scaoilteacht** slackness, letting things drift, **scraisteacht** loafing about, **siléig** slackness, procrastination, **spadántacht**

Leisceoir

lassitude, **táimhe** f torpor, **tuirse** f tiredness, boredom (see also: *leisceoireacht*)

◊ **Nach tusa giolla na ~!** Aren't you the lazy lump!, **Ní ligeann an ~ dó fiú éirí as a leaba.** He is too lazy even to get out of his bed.

Leisceoir m (*-eora; ~í*) lazy person, idler
broghais de dhuine listless lazy wretch, **búiste** sluggard; (*cu*) stuffing, **bumaire trá** beach bum, **caidéir** idler, **cladhaire díomhaoin** lazy lout, ne'er-do-well, **codaí** indolent person, **cúl gan rath** shirker, waster, **díomhaoineach** m idle person; person without a spouse, **fágálach** m slow-moving person, laggard, **falsóir** idler, **feádóir** loiterer, idler, **foirneálaí** idler; layabout, **giolla na leisce** lazybones (cf **Éirigh suas, a ghiolla na leisce!** Get up, lazybones!), **giústa** big-bottomed lazy person, **lacstar** idler; playboy, **leadaí** layabout, bum, **leadaí teach tábhairne** lounge lizard, person who spends all day in a bar, **leadaí toilg** couch potato, **leiciméir** slacker, **leoiste** drone, idler, **leota** heavy sluggish person, **liairne** layabout, **liúdaí** shirker, idler, **liúdramán** loafer, **lófálaí** loafer, **lorgánach** m sit-by-the-fire, **máinneálaí** loiterer, dawdler, **moilleadóir** delayer, dawdler; procrastinator, **múitseálaí** someone who mooches about and does nothing, **ránaí** loafer, **ríste** lounger, idler, **sámhaí** sleepy easy-going person, **sácrálaí** self-indulgent indolent person, **scrádaí** lifeless lazy person, **scrata** lazy listless person, **scraiste** good-for-nothing, **scúille** big lazy young man, **síntealach** m long-limbed lazy person, **sloitheán** lazy, deadbeat person, **slúiste** sluggard, idler, layabout, **sochmán** placid easy-going person, **sómasán** indolent person, **somóg** soft lazy person, **spaid** lazy no-good, **spadaire** lethargic sluggish person, **stangaire** laggard, shirker, **streachaille** (*woman*) bedraggled lazy woman, **stróinse** idle good-for-nothing person, **strólaire** ne'er-do-well, **suanaí** dozy person, **traonaí** dozy lazy individual, **tratanálaí** dawdler, slowcoach

Leisceoireacht f (*~a*) being idle, lazing about
bumaireacht trá beach bumming, **falsacht** laziness, idleness, **falsóireacht** idling, **feádóireacht** loitering, idling, **góstráil** moping about, **imghabháil** avoidance, evasion, **leadaíocht** bumming around; laddishness, **leadaíocht toilg** being a couch potato, vegetating, **leiciméireacht** slacking, **liúdaíocht** moping about, doing next to nothing, **liúdramántacht** loafing about, **loiceadh oibre** shirking work, **múitseáil** mooching about, **rathlaíocht** dallying, loitering, **scraisteacht** loafing about, **siléig** slackness, procrastination, **siléigeacht** dilatoriness, neglectfulness, **slúisteoireacht** lounging around, idling, **stangaireacht** shirking, idling, **tratanáil** dawdling

Leisciúil *adj*[4] lazy, indolent; reluctant
codlatach dormant; sleepy, **díomhaoin** idle, **drogallach** reluctant, **éidreorach** shiftless, **faillitheach** remiss, **falsa** lazy, indolent, **gan anam** spiritless, **gan mhaith** useless, otiose, **laiste** (*lit*) lazy, sluggish, **leamh** apathetic, **leásaí** lazy, **leasc** lazy; sluggish; reluctant (cf **Is leasc liom ladar a chur isteach.** I'm reluctant to interfere.), **leoistiúil** given to idling; slothful, **lorgánta** fond of warming oneself at the fireside, **mall** slow, **marbh** flat; dead, **marbh ag an leisce** slothful, **marbhánta** lifeless; stagnant, **neamartach** negligent, **neamhchoinsiasach** unconscientious, **neamhghníomhach** passive, inactive, **neamhghnóthach** slack, **sácráilte** fond of taking life easy, indolent, **sáil** voluptuous; self-indulgent, **scraisteach** lazy, loafing, **siléigeach** slacking, procrastinating, **sliastach** lazy, shambling, **spadánta** sluggish, **suanach** lethargic; dormant, **támáilte** slothful, sluggish, **támh** (*chem*) inert (cf **gás ~** inert gas), **támhach** torpid, inert; comatose, **támhleisciúil** lethargic, **téiglí** languid, **urleasc** very lazy; very reluctant

▲ **cur chuige ~** lethargic approach, **duine ~** indolent person, **indibhid ~** work-shy individual, **margadh ~** sluggish market, **meon ~** slothful attitude, **súil ~** lazy eye, **tréimhse ~** languid period

◊ **Tá tú chomh ~ le seanasal.** You are bone idle.

Leisciúlacht m (*~a*) laziness, idleness
bumaireacht bumming around, **bodaireacht** vegetating, **codaíocht** indolence, **díomhaointeas** idleness; unmarried status, **falsacht** laziness, idleness, **falsóireacht** idling, **feádóireacht** loitering, idling, **leadaíocht** behaving like a bum; laddishness, **leadaíocht toilg** being a couch potato, vegetating, **leiciméireacht** slacking, **leisce** laziness; hesitance, **liúdaíocht** moping about, doing next to nothing, **liúdramántacht** loafing about, **múitseáil** mooching about, **neamhghníomhaíocht** inactivity, **rathlaíocht** dallying, loitering, **sácráilteacht** indolence, self-indulgence, **scraisteacht** loafing about, **seachaint oibre** avoiding work, **spadántacht** sluggishness

Leispiach m (*-aigh; -aigh, ~*) lesbian
bean 'a tuí (*sl*) lesbian, **Breanda na breille** (*sl*) lesbian, **Brídín na pluaise dorcha** (*euph*) lesbian, **buachaill báire** tomboy, (*euph*) lesbian, **gliaire na gáige** (*sl*) lesbian, **Muireann i mbríste** tomboy; lesbian, **Síle na ngág** (*sl*) lesbian, **strapairlín** (*sl*) dyke

Léite *pp* read
aistrithe translated, rendered, **aithriste** recited, **athléite** reread, **ceiliúrtha** (*Mass*) celebrated, said, **ciallaithe** interpreted, explained, **foghlamtha** learned, **díchódaithe** decoded, **meáite** weighed up, **measta** evaluated, judged, **measúnaithe** assessed, **mínithe** explained, interpreted, **oibrithe amach** worked out, **scaoilte** deciphered, **scrúdaithe** studied, **staidéartha** studied, **tomhaiste** gauged, **tuigthe** understood

Leithead *m (-thid; -thid, ~)*
1. width, breadth
achar extent, **fairsinge** wideness, **ga** radius, **giorta** girth, **leithne** width, **raon** range, **réimse** spectrum, **réise** *f* span (cf **réise droichid** span of a bridge), **trácht** base measurement, width, **trasna** breadth, width, **tura** *(lit)* dimension, breadth
2. conceit, pride; self-importance, vanity
anbharúil *f* conceit, **beadaíocht** conceit; *(food)* fastidious, **consaeit** *m* conceit, **díomas** conceit, **gairéad** ostentation, **giodal** conceit; sauciness, **mór** pride, vanity; friendliness, **leitheadas** vanity, **steámar** false pride; stale urine, **uallachas** vanity, vainglory, pride *(see also: leitheadas)*

Leitheadas *m (-ais)* vanity
bogás smugness, self-complacency, **borr le mórtas** overweening pride, **bród** pride; arrogance, **ceartaiseacht** self-righteousness, **díomas** conceit, **gairéad** ostentation, **goic** swagger, **leithead** self-importance, vanity, **maingléis** showiness, posing, **maíteacht** boastfulness, **móráil** vanity, **mórchúis** haughtiness, arrogance, bragging, **mórtas** pride, swagger, **mos** *m (mois)* arrogance; surliness, **mustar** ostentation, **postúlacht** self-importance, **práinn** pride; fondness, delight, **sotal** impertinence, cheek, **stráice** flamboyance, conceit, **taibhse** flamboyance, **toirtéis** haughtiness, **uabhar** arrogance, loftiness, **uaill** vanity, pride (eg **Chuaigh sé in uaill.** He became vainglorious.)

Leithéid *f (~e; ~í)* like, equal, counterpart
analach *f (-laí, ~a, ~)* analogy, **cineál** kind, **cóip** copy, **comard** equivalence, **comparáid** comparison, likeness, **cosúlacht** likeness, **facsamhail** *f (-mhla; -mhlacha)* facsimile, **frithchaitheamh** reflection, **gaol** relation, **inchomparáideacht** comparability, **iontamhail** *f (-mhla) (lit)* likeness, semblance, **iontamhlacht** *(lit)* likeness, similarity, **macalla** echo, **samhail** *f (-mhla; -mhlacha)* similitude, semblance, **samhlachas** likeness; pattern, type, **séad samhail/samhla** likeness (cf **a shéad samhail/samhla** his/its likeness), **sórt** sort *(see also: cosúlacht)*

◊ **A ~!** The idea!, What an idea!, **A ~ de ruaille buaille!** What a commotion!, **A ~ de chomhtharlú!** What a coincidence!, **A ~ de dhánacht!** What a cheek!, **A ~ de raiméis!** What a load of rubbish!, **Ar chuala tú a ~ riamh?!** Did you ever hear the like?!, **i gcásanna dá ~** in such cases, **Ní bheidh ár ~í arís ann.** Our likes will never be here again.

Leithleach *adj³* selfish
amplach voracious, mercenary, **beag-aigeanta** mean-spirited, **féinchúiseach** self-seeking, self-interested, **féinlárnach** self-centred, egocentric, **féinspéiseach** egotistical, **gar duit féin** selfish, **gortach** miserly, **mé-féineach** self-seeking, **leitheadach** conceited, self-important, **leithleasach** self-serving, self-centred, **mórchúiseach** egotistical, **neamhchásmhar** unsympathetic, **neamhthuisceanach** inconsiderate, **santach** greedy, possessive, **suarach** mean, **tnúthánach** covetous, possessive

▲ **cás ~** particular case, **claonadh ~** self-serving bias, **duine ~** stand-offish person; selfish person, **tréithe ~a** idiosyncratic features

Leithleachas *m (-ais)* selfishness
féinchúis self-seeking, self-interest, **féinlárnaí** self-centredness, **féinspéis** egoism, **leithead** conceit, vanity, **leitheadas** vanity, **méadaíocht** self-importance, **mé-féineachas** self-seeking, **mórchúis** haughtiness, arrogance, **mórluachacht** self-importance, **sácráilteacht** self-indulgence, hedonism, **saint** greed, **suarachas** meanness, vileness, **toirtéis** haughtiness

Leithliseach *adj³* isolated, alone
aonarach alone, solitary, **ar chúl éaga** in the back of beyond, **ar leith** apart, disparate, isolated, **coimhthíoch** estranged, detached, **deoranta** aloof, **éanasctha** unconnected, **fágtha** left, forsaken, **gan aon duine** without anyone, **iargúlta** remote, out-of-the-way, **imigéiniúil** distant, **ionadach** out-of-the-way, inaccessible, **leithlisithe** isolated, **leithscartha** segregated, **neamhionúin** unloved; unbeloved, **sna hiarthair** in the wilds, **scartha** separated, **scoite** isolated, solitary, **stoite** separated, detached, **tréigthe** abandoned, **uaigneach** lonely *(see also: iargúlta)*

Leithreas *m (-ris; -ris, ~)* toilet, lavatory; bathroom
an seomra beag the little room, **an seomra is lú sa teach** the smallest room in the house, **an teach beag** *(hist)* the outdoor privy, **clóiséad uisce** WC, **ionnaltán** lavatory, **ionlann** toilet, lavatory, **losán** latrine, **teach an asail** *(sl)* bog, loo, **úirinéal** urinal

▲ **~ inaistrithe** portable toilet, **~ insruthlaithe** flushing toilet, **~ múirínithe** compost toilet, **~ na bhfear** men's toilet, **~ na mban** powder room, the ladies, **~ poiblí** public convenience, **~ taobh amuigh/istigh** outside/inside toilet

Leithscéal *m (-éil; ~ta)* excuse, pretext, apology
ailibí *m* alibi, **cleas éalaithe** subterfuge, **cosaint** defence, **cúis** reason, **cúis súl** pretext, **cur i gcéill** pretence, **fírinniú** justification, **leathchead** *m* half-chance, excuse (cf **ní raibh uaithi ach an leathchead** all she needed was an excuse), **maolú** mitigation, **míniú** explanation, **pléadáil** plea, **rogha le fána** cop-out, **scáth** pretext (eg **ar scáth dul i gcomhairle liom** on the pretext of asking my advice), **seachaint** evasion (cf **seachaint na fírinne** evasion of the truth), **seasamh** stand, **siocair** *f* occasion; pretext

▲ **~ áiféiseach éigin** some cockamamie excuse, **~ amaideach** ridiculous excuse, **~ bacach** lame excuse, **~ gan dealramh** an unconvincing excuse, **~**

inchreidte believable excuse, **~ lag** feeble excuse, **~ tanaí** flimsy excuse

◊ **Gabh mo ~!** Excuse me!, **Níl ann ach ~ de dhuine.** He's only an apology for a human being., **Níl ansin ach ~.** It's just a pretext.

Leochaileach *adj³*
1. fragile; frail
anaemach anaemic, **anbhann** feeble, weak, **bán** pale, **bánlíoch** pallid, **bog** soft, **corrach** shaky, **cróilí** infirm, **dearóil** puny, **easlán** unwell, **easpach** lacking, **fann** frail, **fannshláinteach** of delicate health, delicate, **féigh** faint, **inbhriste** breakable, **lag** weak, **míthreorach** helpless, feeble, puny, **neamhábhartha** immaterial, irrelevant, **neamh-acmhainneach** lacking in strength/endurance, **neamhbhríoch** ineffectual, insignificant, **neamhfhónta** unsound; useless, **neamhinniúil** incompetent, **neamhshocair** unsteady, unfixed, **neamh-shubstaintiúil** insubstantial, **sobhriste** easily broken, **spíonta** effete; exhausted, **tláith** wan, frail, **toll** hollow, **tréith** feeble, **uisciúil** watery; runny

▲ **othar ~** frail patient, **pacáiste ~** fragile package, **sláinte ~** delicate health

2. vulnerable
éidreorach helpless, **éadaingean** unsteady, unsound, **éislinneach** insecure, unsafe; vulnerable; defective, **goilliúnach** sensitive, **gan chosaint** defenceless, exposed, **gan chumhacht** powerless, **i mbaol** in danger, **lag** weak, **neamhdhaingean** insecure, **so-ghabhálach (i leith)** *(+ gen)* susceptible (to), **soghonta** vulnerable, **soleonta** easily wounded, vulnerable, **soloite** damageable, vulnerable, **teipeanach** liable to fail, **tóin le gaoth** exposed, wide open to attack

▲ **bláthanna ~a** delicate flowers, **cairdeas ~** brittle/uneasy friendship, **ceist ~** delicate issue, **gnáthóg ~** sensitive habitat, **páiste ~** vulnerable child

Leochaileacht *f*
1. fragility; frailty
anaemacht anaemia, **anbhainne** feebleness, weakness, **báine** paleness; whiteness, **bánlíche** pallidness, **boige** softness, **corraí** shakiness, **cróilíocht** infirmity, **dearóile** puniness, wretchedness, **éadaingne** unsteadiness, unsoundness, **easláine** unwellness, **easpa** lack, **fainne** frailness, **fannshláinte** *f* delicate health, delicate, **féighe** faintness, **laige** weakness, **neamhábharthacht** lack of any material form, irrelevance, **neamh-acmhainní** lacking in strength/endurance, **neamhbhrí** ineffectualness, insignificance, **neamhinniúlacht** incompetence, **neamhshocracht** unsteadiness, looseness, **neamhshubstaintiúlacht** insubstantiality, **sobhristeacht** easy breakability, **sochorraitheacht** excitability, **so-lastacht** excitability, **spíontacht** effeteness; exhaustion, **téigle** faintness, calmness, stillness, **tláithe** wanness; gentleness, **tréithe** feebleness, **uisciúlacht** wateriness; runniness

2. vulnerability
éidreoir helplessness; lack of direction, **éadaingne** unsteadiness, unsoundness, **éislinn** vulnerable spot, **goilliúnacht** sensitivity, **neamhdhaingne** insecurity, **so-ghabhálacht** susceptibility, **sochorraitheacht** excitability, **soghontacht** vulnerability, **teipeanaí** liabilty to fail, **tóin le gaoth** exposure to attack

Leor *adj¹* sufficient; *adv* sufficiently; *s* sufficiency
dóthanach satiated, **sách** adequate, **dóthain** enough, sufficiency; sufficiently (cf **dóthain ard** sufficiently tall, **dóthain láidir** sufficiently strong, etc), **leordhóthanach** totally sufficient, **neart** ample amount (cf **neart ama** ample time) *(see also: dóthain)*

◊ **An bhfuil ~ den bhia ite agat?** Have you eaten your fill of food?, **Is ~ liom an méid sin.** That amount is enough for me., That satisfies me., **Is ~ sin!** That's enough!, **Nach ~ duit nod?** Isn't a hint good enough for you?, **Tá am go ~ againn.** We have plenty of time., **Tá go ~ airgid agam.** I have enough money., I have plenty of money.

Leorghníomh *m (-ímh)* atonement; reparation
aisíoc repayment, **aisíocaíocht** reimbursement, **cúiteamh** restitution, reparation, **díol** recompense, requital, **éiric** retribution; recompense, **íoc** payment, **leorchúiteamh** indemnification, **sásamh** satisfaction, **peannaid** penitence; expiation, penance, **taithleach** *m* atonement; penitence

Liath- *pref* grey, pale, cold
~ábhar grey matter, **~bhán** wan; greyish white, **~bhuí** pale green; pale grey, **~dhorcha** dark grey, **~ghlas** pale green; *(cloth)* pale grey, **~chorcra** lilac, **~shúil** cold look/glance

Liath *adj irr* grey
bánliath whitish grey, **dúliath** dark grey, **fionnliath** light grey, **glas** green; grey, **lachna** dull grey; dun

Liathróid *f (~e; ~í)* ball
balún balloon, **boilgeog** bubble, **bolgán** large bubble; bulb, **braon** drop, **braonán** droplet, **caid** stuffed ball, football, **caor** *f (-oire; ~a, ~)* round object; berry, **caor chlis** slingball, **caor ordanáis** cannonball, **caor thine** ball of fire; thunderbolt, **ceirtlín** clew, ball, **ceirtlín snátha** ball of thread, **cnag** hard ball, **cnapán** round lump; clot, **comhchruinne** globe, orb, **comhchruinneán** small sphere, **comhchruinneas** sphericity, **comhchruinneoid** spheroid, **cruinne** globe, **cruinneog** *(school)* terrestrial globe, **cruinnín** globule, **cruinnmheall** globe, **cuach** *f* soft round bundle/ball, **cuachóg (shnátha)** ball (of thread), **éadromán** balloon, **gorán** ball, round lump, **lúbán** ball (cf **lúbán a dhéanamh díot féin** to curl yourself into a ball), **meall** *m (mill, ~ta)* orb, globe; ball, **mirle** ball, knob, **mirlín** *(playing)* marble, **peil** football (cf **peil Ghaelach** Gaelic football, **peil Mheiriceánach**

American football), **piléar** bullet, **sféar** sphere, **sféaróid** spheroid, **sliotar** hurling ball, **súilín** bead, bubble, **úll** globular object, ball

▲ ~ **a bhfuil preab inti** bouncy ball, ~ **ard** high ball, ~ **ar fóraoil** wide ball, ~ **bhabhlála** bowling ball, ~ **bhilléardaí** billiard ball, ~ **chruicéid** cricket ball, ~ **chuartha** curved ball, ~ **dornálaíochta** boxing ball, ~ **ghailf** golf ball, ~ **lámhchleasaíochta** juggling ball, ~ **leadóige** tennis ball, ~ **rugbaí** rugby ball

Lig v_{1b} let, allow; cast
aontaigh le agree to, **broic le** tolerate, **caith** cast, **ceadaigh** permit, **cuir amach** put out, **cuir ar cíos** rent, **cuir suas le** put up with, **fulaing** suffer, tolerate, **leomh (do dhuine)** allow (a person), **reachtaigh** decree; sanction, **scaoil** release, set free, **seas** endure, **tabhair** (cf **tabhair béic, tabhair fead**, etc give a scream, a whistle, etc) give, **tabhair cead (do)** give permission (to), **tabhair do bheannacht (ar)** give your blessing (to), give the go-ahead (to), **tabhair solas glas do dhuine** give a person the green light, **tabhair údarás (do)** give authorisation (to), **toiligh (le)** consent (to a thing), **údaraigh** authorise

~ **abhaile é!** Let him go home!
~ **an loch!** Drain the lake!
~ **an scéal chugat!** Listen and don't interrupt!
~ **an téad chugam!** Feed the rope to me!
~ **chugat is uait!** Practise give and take!
~ **chun na croiche é!** Let him be crucified!
~ **chun díchuimhne é!** Let it be forgotten!
~ **d'anáil!** Exhale!
~ **dó imeacht!** Let him go!
~ **do rún chugam!** Let me in on your secret!
~ **do scíth!** Take a rest!
~ **do smaointe chun fáin!** Let your thoughts wander!
~ **fead!** Give a whistle!
~ **focal chuici!** Send word to her!
~ **i ndearmad é!** Forget it!
~ **isteach iad!** Let them in!
~ **leis!** Let him have his way!
~ **saor iad!** Set them free!
~ **siar do dheoch agus imímis!** Drink up and let's go!
~ **uait an chaint sin!** Stop talking like that!

Lig amach v_{1b} let out; disclose
ceadaigh imeacht permit to leave, **cuir amach** put out, **cuir ar cíos** rent out, **foilsigh** disclose, reveal, **fuascail** liberate, **léasaigh** lease, **leomh (do dhuine) imeacht** allow (a person) to leave, **nocht** reveal, **saor** free, **scaoil** release, let free, **sceith** divulge, **tabhair cead dul amach** give permission to go out, **tabhair chun solais** bring to light, **toiligh le himeacht duine** consent to the departure of a person

~ **amach an fhírinne!** Reveal the truth!
~ **amach an madra!** Let out the dog!
~ **amach ar cíos é!** Rent it out!
~ **amach as seo mé!** Let me out of here!
~ **amach chugam é!** Hire it out to me!
~ **amach na brístí!** Let out/widen the trousers!
~ **amach ormsa é!** Take it out on me!

lig v_{1b} **anuas** let down, lower
bain anuas take down, **ísligh** lower, **leag** knock down, **tabhair anuas** bring down, **tóg anuas** take down

lig v_{1b} **ar** let on; pretend
ceil an fhírinne dissemble, **cuir cuma ort** (**go bhfuil tú sásta**) assume the appearance (of being happy), **cuir i gcéill** sham, fake; affect, **déan áibhéil** exaggerate, **déan aithris ar** imitate, **déan de réir mar** act as if (eg **Déan de réir mar a bheadh ionadh ort!** Act as though you were surprised!), **déan suas** make up (eg **leithscéal a dhéanamh suas** to make up an excuse), **ionsamhlaigh** simulate, **pearsanaigh** impersonate, **samhlaigh** imagine, **téigh i riocht** (+ gen) go in the guise (of)

Ná ~ **do mheáchan air!** Don't put your weight on it!
Ná ~ **salachar air!** Don't let it get dirty!
Ná ~ **ort gur cleas é!** Don't let on it's a trick!
Ná ~ **achasán ort!** Don't allow yourself to be insulted!
Ná ~ **an t-ocras orthu!** Don't let them go hungry!

Ligean vn letting, allowing; casting
aontú le agreeing to, **broiceadh le** tolerating, **caitheamh** casting, **ceadú** permitting, **cur amach** putting out, **cur ar cíos** renting, **cur suas le** putting up with, **fulaingt** suffering, tolerating, **leomhadh (do)** allowing, **reachtú** decreeing; sanctioning, **scaoileadh** releasing, setting free, **seasamh** enduring, **tabhairt** (eg **tabhairt béice, feide**, etc giving a scream, a whistle, etc) giving, **tabhairt an tsolais ghlais do** giving the green light to, **tabhairt údaráis (do)** giving authorisation (to), **toiliú (le)** consenting (to), **údarú** authorising

Ligthe pp let, allowed; cast
aontaithe le agreed to, **broicthe le** tolerated, **caite** cast, **ceadaithe** permitted, **curtha amach** put out, **curtha ar cíos** rented, **curtha suas le** put up with, **dar thug tú do bheannacht** to which you have given your consent, **dar tugadh an solas glas** given the green light, **dar tugadh cead** permitted, **dar tugadh údarás** authorised, **fulaingthe** suffered, tolerated, **leofa (do)** allowed, **reachtaithe** decreed; sanctioned, **scaoilte** released, set free, **seasta** endured, **toilithe (le)** consented (to a thing), **údaraithe** authorised

▲ **bonn** ~ flat tyre, **corp** ~ supple body, **gluaiseacht** ~ flowing movement, **stócach** ~ keen lad, **teach** ~ **ar cíos** rented house

▲ ~ **i léig** lost; extinct, ~ **i ndearmad** forgotten, ~ **le tionónta** tenanted, ~ **siar** relaxed, laid back

Limistéar m (-éir; -éir, ~)
1. terrain, territory
ceantar area, **críoch** f (**críche**; ~**a**, ~) land; end, **crios** m (**creasa**, ~**anna**) belt, zone, **fearann** domain, **gabháltas** holding, **réigiún** region, **réimse** domain, **talamh** m/f (**talaimh/talún**; **tailte**) ground, land, **tiarnas** dominion, **tír** f (~**e**; **tíortha**) country, land (see also: **críoch**)

Líne

2. sphere of action
banda band, **fearann** *(comp)* domain, **léinseach** *f* flat stretch of ground, tract, **láithreán** site, **líomatáiste** precinct, **réim** sphere, range, **réimse** field, domain, **raon** range, ambit, **scóip** scope, sweep, **speictream** spectrum, **zón** zone

Líne *f (~; ~te)* line, row

banda band, **barra** bar, **cábla** cable, **cailc** chalked line; limit, **ceannaghaidh** *f (-nnaithe; -nnaithe)* facial feature, **colún** column, **corda** cord, **críoch** *f* boundary, **crúb** *f* **ghé** crow's foot, **dais** dash, **éadan** front, **eang** *f* notch; track, trace, **eireaball** tail, **eitre** *f* groove, **fáirbre** *f* wrinkle, **filiméad** filament, **folíne** underline, **gearrach** *m* short drill or furrow, **góirí** *mpl* wrinkles, **imeall** edge, margin, **imlíne** outline; contour, **lorg** trail, **ord** sequence (eg **de réir oird** in sequence), **píle** single file (cf **Shiúlamar inár bpíle feadh an bhóthair.** We walked in single file along the road.), **próifíl** profile, **próisisiam** *m* procession, **riabh** *f (réibhe)* streak; stripe, **riail** *f* rule, **rian** trace; track; path, course, **ribe (gruaige)** strand (of hair), **ribín** ribbon, **ró** row (eg **ró crann** row of trees), **roc** wrinkle, **rocán** little wrinkle, crinkle, **rópa** rope, **ruta** rut, **scáthphictiúr** silhouette, **scór** score, **scríob** *f (scríbe; ~a, ~)* scratch, **scuaidrín** line, file, row (cf **ag siúl i scuaidrín** walking in file), **scuaine** queue, line, **slabhra** chain, **sliosamharc** profile, **snáithe** thread, **sraith** row; series; sequence, **sreang** *f (sreinge; ~a, ~)* string; wire, **stiall** *f* strip, **stríoc** *f* stripe, stroke, **téad** *f* rope, **teorainn** *f* border, borderline; frontier; limit, **trasnán** diagonal line, **trinse** trench

▲ **~ bhearnach/bhriste** broken line, **~ chaol** fine line, **~ chatha** battle line; line of battle, **~ cheannais** line of command, **~ chóimeála** assembly line, **~ chomh-airde** contour line, **~ chorrach** wavy line, **~ chosanta** defence line, **~ chúil** back row; byline, **~ chumhachta** powerline, **~ daiseanna** line of dashes, **~ dhearg** red line, **~ dhíreach** straight line, **~ dhoiléir** faint line, **~ éadaigh** clothes line, **~ gan bhriseadh** unbroken line; continuous line, **~ iarnróid** railway line, **~ ionsaithe** line of attack, **~ láir** centre line, **~ loingis** shipping line, **~ poncanna** dotted line, **~ tháirgthe** production line **~ tháirgí** production line, **~ táirgí** line of products, **~ theorann** boundary/demarcation line, **~ thógála** construction line, **~ thosaigh** front line; battlefront

▲ **briseadh ~** line break, **eagarthóireacht ar ~** online editing, **fear ~** linesman

◊ **an chéad duine thar an ~** first past the post, **~ ar ~** line after line, row after row, **baincéireacht ar ~** online banking, **dul ar/as ~** to go online/offline, **dul trasna na ~ picéid** to cross the picket line, **faoin ~** below the line, **léamh idir na línte** to read between the lines, **os cionn na ~** above the line, **spásáil dhá ~** double spacing, **Téigh isteach i ~!** Get in line!

Líneáil 1 *v₁ₑ* line, put lining in

clúdaigh cover, **cuir líneáil isteach** put a lining in, **cumhdaigh** cover, protect, **inleag** inlay, **líon** fill, **neartaigh le líneáil** reinforce with lining, **stuáil** pad, stuff

Líneáil 2 *vn* lining, putting lining in

clúdach covering, **cumhdach** covering, protection, **cur líneáil isteach** putting a lining in, **inleagan** inlaying, **líonadh** filling, **neartú le líneáil** reinforcing with lining, **stuáil** padding, stuffing

Líneáilte *pp* lined

clúdaithe covered, **cumhdaithe** covered, protected, **inleagtha** inlayed, **líonta** filled, **neartaithe le líneáil** reinforced with lining, **stuáilte** padded, stuffed

Línigh *v₂ᵦ* line; draw

ailínigh align, **cuir línte ar** put lines on, **comhrianaigh** contour, **déan líne** make a line, **déan líníocht** do a drawing, **dear** design, emblazon, **dreach** delineate, portray, **dréachtaigh** draft, **imlínigh** outline, **rialaigh** rule, **rianaigh** trace; retrace, **straidhpeáil** stripe, divide into stripes, **tarraing**, draw, **tarraing líne** draw a line, **tarraing pictiúr** draw a picture, **teorannaigh** delineate, **sceitseáil** sketch

◊ **imeall a líniú** to draw a margin, **leathanach a líniú** to rule a page, **pictiúr a líniú** to draw a picture

Líníocht *f (~a; ~aí)* drawing

cartún cartoon, **íomhá** *f* image, **léaráid** diagram, **léiriú** portrayal, **léiriúchán** illustration, **pictiúr** picture, **plean** plan, **saorlíníocht** freehand drawing, **sceitse** sketch, **sceitseáil** sketching, **tarraingt** drawing

Línithe *pp* lined

ailínithe aligned, **comhrianaithe** contoured, **deartha** designed, emblazoned, **dréachta** delineated, portrayed, **dréachtaithe** drafted, **imlínithe** outlined, **le línte curtha ar** with lines on, lined, **rialaithe** ruled, **rianaithe** traced; retraced, **straidhpeáilte** striped, divided into stripes, **tarraingthe** drawn, **teorannaithe** delineated

Líniú *vn* lining, drawing a line/ lines

ailíniú aligning, **comhrianú** contouring, **cruthú líne** creating a line, **cur línte ar** putting lines on, **dearadh** designing, emblazoning, **dreachadh** delineating, portraying, **dréachtú** drafting, **imlíniú** outlining, **rialú** ruling, **rianú** tracing; retracing, **straidhpeáil** striping, dividing in stripes, **tarraingt** draw, **tarraingt líne** drawing a line, **teorannú** delineating

Linn 1 *f (~e; ~te)* pool

comloch *m (~a)* tarn, **dabhach** *f (daibhche; dabhcha)* deep pool, waterhole, **folcadán** bath, **linntreog** puddle; little pool, **loch** *m (~a)* lake, **lochán** puddle; pond, **poll uisce** waterhole; puddle, **pollán** small pool; hollow place, **slodán** muddy puddle, **sruthlinn** pool in stream; stream, flow

▲ **~ snámha faoin aer** outdoor swimming pool, **~ snámha théite faoi dhíon** heated indoor swimming pool

Linn 2 *f (~e)* period of time
achar period of time, **aga** interval, **am** time, **scaitheamh** space of time, while, **seal** spell; *(work)* shift, **tamall** while, **treall** short period, **tréimhse** *f* period, term *(see also: tamall)*

◊ **idir an dá ~** in the meantime, **le ~ m'óige** during my youth, **le ~ na hoíche** during the night, **lenár ~** in our time

Liobrálach *adj³* liberal
éasca easy-going, laid-back, **fulangach** tolerant, *laissez faire* laissez faire, **leathanaigeanta** broad-minded, **le hintinn oscailte** open-minded, **le saorintinn** free-thinking, **meánach** middle-of-the-road, middle way, moderate, **measarthach** moderate, **nua-liobrálach** neo-liberal, **oscailte** open

Líofa *adj⁶* polished; fluent
béalbhinn sweet-tongued, well-expressed, **deaslabhartha** well-spoken, articulate, **deisbhéalach** eloquent in speech; smooth-talking, **éasca** easy; flowing, **flúirseach** fluent, abundant, **gan dua** effortless, **gan fuaimint** glib, **géar** sharp, **glinn** lucid, **ina shruth** flowing, **inscneach** talkative; eloquent, articulate, **luathchainteach** quick-spoken; glib, **milisbhriathrach** mellifluous, **réidh** smooth, **saoráideach** fluid, easy, **seolta** well-directed, smoothly running (eg **Tá gach uile shórt ag dul ar aghaidh go seolta.** Everything is on course and going smoothly.), **silteach** flowing, fluid, **síodúil** slick, suave, **slíománta** smooth-talking, **snasta** polished, **solabhartha** eloquent, **sreabhach** fluid, **sruthach** streaming, **taoidmhear** ebbing, flowing

▲ **aicsean ~** speedy efficient action, **cainteoir ~** fluent speaker, **lann ~** sharply polished blade, **stíl ~** free-flowing/fluid style, **teanga ~** glib tongue

Líofacht *f (~a)* fluency
béalbhinne sweet-tonguedness, **craiceann** gloss, varnish; skin, **deaslabharthacht** eloquence, **deisbhéalaí** wittiness; smooth talk, **éascaíocht** easiness; flowingness, **faobhar** sharp edge, **flúirse** abundance, **géire** sharpness, **glinne** lucidity, **inscní** talkativeness, **luathchaint** rapid speech; glibness, **milisbhriathraí** mellifluousness, sweet-sounding speech, **mórfhoclacht** magniloquence; bombast, **réidhe** smoothness, **saoráid** fluidity (cf **saoráid chainte, stíle, etc** fluidity of speech, style, etc), **snas** polish, **síodúlacht** slickness, suavity, **snastacht** polishedness, **solabharthacht** eloquence, **sreabhadh** flow, **sruth** flow

Líon 1 *m (lín; ~ta)* number, amount
áireamh number, portion, **cainníocht** quantity, **cion** quota, **fairsinge** extent, **figiúr** figure, **iomlán** total, whole, **lámhrú** handful, number, **lánlíon** full complement, **lochadradh** large amount, **meá** *f* measure, weigh, **méid** *m (~)* amount, **ollmhéid** *m* magnitude, immensity, **soláthar** supply, **suim** sum, **teadhall** small amount, handful, **tomhas** measure, **uathadh** small number (cf **ar uathadh carad** with few friends), **uimhir** number

Líon 2 *v₁ₐ* fill
athlíon replenish, **báigh** drench, **cuir isteach** put in, **doirt isteach** pour in, **forlíon** overfill; fill to the brim, **forualaigh** overload, **lánaigh** fill out, **lastáil** lade, load, **lódáil** load, **lomlíon** fill to the brim, **luchtaigh** charge, load, **pacáil** pack, **pacáil isteach** pack in, **pulc** stuff, **sac** cram, **sásaigh** satisfy, **stoc a chur i stór** to stock a store, **stánáil le** stuff with, **stang le bia** stuff with food (cf **Táim stangtha leis an mbia.** I am stuffed with food.), **stuáil** stuff (cf **bábóg a stuáil le holann** to stuff a doll with wool); stow (away), **tóg suas** take up, **tuil** flood, fill to overflowing, **ualaigh** load up

Líonadh *m* filling
ábhar matter; pus, **ábhar breise** *(filling time gap)* filler, **athlíonadh** replenishing, refilling, **bá** drenching, **búiste** *(cu)* stuffing, **cur isteach** putting in, **doirteadh isteach** pouring in, **feidín** dry filling (cf **clocha feidín** dry small stones packed between larger stones in a wall as fillers), **forualú** overloading, **lánú** filling out, **lastáil** lading, loading, **líneáil** lining *(of coat, box)*, **líontóir** filler, **lódáil** loading, **lomlíonadh** filling to the brim, **luchtú** charging; loading, **pacáil** packing, **pacáil isteach** packing in, **pulcadh** stuffing, packing in, **sacadh isteach** cramming, **sásamh** satisfying, **stánáil le** stuffing with, **stangadh le bia** stuffing with food, **stopallán** plug, **stuáil** stuffing, packing, stowing, **tógáil suas** taking up, **tuile** flooding, filling to overflowing, **ualú** loading up, encumbering

Líonmhar *adj¹* numerous, multiple
ábhal vast, **a lán** a lot, many, **do-áirithe** innumerable, **do-chomhairthe** uncountable, **fairsing** copious, **flúirseach** prolific; copious, **gan áireamh** countless, **minic** frequent, **mion minic** very frequent, **iliomadúil** extremely plentiful; umpteen, **iomadúil** plentiful, **iomaí** many (cf **is iomaí duine/uair, etc** is many the person/time, etc) **raidhsiúil** abundant, **róúil** prosperous, plentiful

Líonrith *m (~)* panic; palpitation
aláram alarm, **alltacht** consternation, **anbhá** consternation, panic, **anfa** *m* stress, terror, **ballchrith** *m* trembling of limbs (cf **bheith ar ballchrith** to be trembling all over), **corraíl** agitation, stir, excitement, **critheagla** trembling fear; (blue) funk, **eadarluas** flurry, excitement, **fuadach croí** palpitation, **fuaidreamh** fuss, agitation, **geidimín** flutter, excitement, **pamparnacha** *fpl* palpitations, **scailéathan** wild excitement; unnecessary panic, **scaoll** panic (cf **taom scaoill** *(med)* panic attack),

Líonta

scéin terror, **suaitheadh confusion, agitation, rith croí** palpitation, **táinrith** *m* stampede, mad rush, **uamhan** dread

Líonta *adj⁶* filled
athlíonta replenished, refilled, **báite** drenched, **forlíonta** filled up, overfilled, **lán go béal** full to the brim, **lánaithe** filled out, **lastáilte** laden, loaded, **le riar maith earraí** stocked well, **lódáilte** loaded, **lomlíonta** filled to the brim, **luchtaithe** charged, loaded, **pacáilte** packed, **pulctha** stuffed, **sactha** crammed, **sásta** satisfied, **tógtha suas** taken up, **tuilte** flooded, filled to overflowing, **ualaithe** loaded up

Liopastacht *f* (*~a*) blundering, clumsiness
amscaíocht clumsiness, **ciotaí** ham-fistedness, awkwardness, **ciotrúntacht** gaucherie, **díth céille** senselessness, **liobarnacht** clumsiness, **míláimhseáil** mishandling, **míshlacht** untidiness, **místuaim** imprudence, **neamhchríonnacht** indiscretion, **sraimlíocht** sloppiness, **tuaipléireacht** inept handling, blundering, **tuathalacht** blundering, bungling, **tubaisteoireacht** dangerous bungling; mischief-making, **úspántacht** clumsiness

Liosta 1 *m* (*~*; *~í*) list, listing; inventory
ainmliosta directory of names, **catalóg** catalogue, **clár** register, **eolaí** directory, **innéacs** index, **lastliosta** *(nau)* manifest, **liodán** litany, **rolla** roll, **róta** rota, **sceideal** schedule, **tábla** table, **taifead** record, **uainchlár** roster

▲ *~* **bréige** fictional list, *~* **comhábhar** list of ingredients, *~* **de réir dátaí** chronological list, *~* **den trealamh** inventory of equipment, *~* **dubh** blacklist (cf **Chuirtí scríbhneoirí mar iad ar an *~* dubh.** Writers like these used to be blacklisted.), *~* **críochnúil** definitive list, *~* **fabhtanna** snag list, *~* **fada de leithscéalta** litany of excuses, *~* **feithimh** waiting list, *~* **gan deireadh** endless list, *~* **léitheoireachta** reading list, *~* **na gcluichí** fixture list, *~* **na scannán** cinema listings, *~* **nod** list of abbreviations, *~* **seoltaí** list of addresses, *~* **teagmhálacha** contact list, *~* **tosaíochtaí** list of priorities (cf *~* **atá in ord tosaíochta** prioritised list)

▲ *~* **ábhar** list of subjects, *~* **áirithintí** reservation list, *~* **comhábhar** list of ingredients, *~* **de leabhair mholta** list of recommended books, *~* **fabhtanna** snag list, *~* **léitheoireachta** reading list, *~* **na nod** list of abbreviations, *~* **na scannán** cinema listings, *~* **siopadóireachta** shopping list, *~* **soláthróirí** list of suppliers, *~* **teagmhálacha** contact list

◊ **ag bun an *~*** at the bottom of the list, **ar bharr an *~*** at the top of the list, **duine a bhaint den *~*** to cross a person off the list, **Is *~* le háireamh na dáinséir atá ann.** The dangers are too many to list.

Liosta 2 *adj⁶* slow and wearisome, dreary
bambach tiring, frustrating, **fadálach** long-drawn-out, **gan fuinneamh** lacking in energy, unenergetic, **leadránach** boring, **leamh** humdrum; insipid, **mall** slow; sluggish; delayed, **mall-ghluaiste** slow-moving, **mallghníomhach** slow-acting; slow in taking action, **malltriallach** dilatory, slow-moving, **strambánach** protracted, long-winded, tedious, **tuirsiúil** tiring, wearisome *(see also: leadránach, mall)*

▲ **cainteoir *~*** tedious speaker, **duine *~*** tiresome person, bore, **glór *~*** monotonous voice, **obair *~*** wearisome work, **rang *~*** dull class that drags on, **stíl *~*** dreary style

Liostáil 1 v_{1e} enlist
cláraigh enrol; register, **coinscríobh** conscript, **earcaigh** recruit, **éirigh i do bhall de** to become a member of, **fostaigh** employ, engage, hire, **rollaigh** enrol, **sínigh** sign (up), **tabhair isteach** bring in; take on, **tairg cabhair** offer assistance, **téigh sna saighdiúirí/le saighdiúireacht** join the army

Liostáil 2 *vn* enlisting
clárú enrolling; registering, **coinscríobh** conscripting, **dul sna saighdiúirí/dul le saighdiúireacht** joining the army, **earcaíocht** recruitment, **earcú** recruiting, **éirí i do bhall de** becoming a member of, **fostaíocht** employment, hiring, **fostú** employing, engaging, hiring, **rollú** enrolling, **síniú** signing (up), **tabhairt isteach** bringing in; taking on

Liostáilte *pp* enlisted
cláraithe enrolled; registered, **coinscríofa** conscripted, **dulta sna saighdiúirí/le saighdiúireacht** joined the army, **earcaithe** recruited, **éirithe i do bhall de** having become a member of, **fostaithe** employed, hired, engaged, **rollaithe** enrolled, **sínithe** signed (up), **tugtha isteach** brought in; taken on

Lipéad *m* (*-éid*; *-éid*, *~*) label, tag
clib tag (cf **clib araide** bin tag, **clib leictreonach** electronic tag, etc), **cluaisín** small tag on the side, **cluas** tag, **ga** marker (cf **ga leabhair** book mark), **greamán** sticker, **liopa** tag, flap, **ticéad** ticket

▲ *~* **bia** food label, *~* **faisin** fashion label, *~* **greamaitheach** adhesive/sticky label, *~* **le dáta ar fearr roimhe é** label with the best-before date, *~* **praghais** price tag

Liteartha *adj⁶* literary
acadúil academic, **ar a bhfuil léann/scolaíocht** educated; learned, **ardléannta** bookish; highly educated, **ardréime** *(lang)* (> *ardréim*) high register, **dea-scríofa** well-written, **ealaíonta** artistic, **eolach** knowledgeable, **foghlamtha** literate, learned, **léannta** learned, well-read, **sofaisticiúil** sophisticated, **staidéartha** studied, studious

Litir *f* (*-treach*; *-treacha*)
1. *(written character)* letter
carachtar *(comp)* character, **comhartha** sign,

comharthaíocht signalisation, **iairiglif** hieroglyph, **ogham** *(early Celtic inscription script)* Ogham, **siombail** symbol
  2. *(missive)* letter
cárta (poist) (post)card, **ciorclán** circular *(letter for general distribution)*, **comhfhreagras** correspondence, **cumarsáid** communication, **eipistil** epistle, **focal** word, **freagra** reply, **imlitir** missive, **imlitir ón bPápa** encyclical, **líne** *f (~; ~te)* line, **nóta** note, **ríomhphost** e-mail, **seoladh** dispatch, **teachtaireacht** message, **téacs** text

▪ **A chara** Dear Sir/Madam, **A chara dhil** Dear Friend, **A Mham dhil** My dearest Mom, **A Sheáin, a chara** My dear Seán, **Beatha agus sláinte chugat!** *(traditional greeting at start of a letter)* Life and good health to you! I hope this finds you well., **Beir bua!** *(closing salutation)* Win the day!, **Don té lena mbaineann** To whom it may concern, **le barróga teo** with warm hugs, **le beannachtaí móra** with warmest greetings, **le buíochas roimh ré** thanking you in advance, **le gach dea-ghuí** with every good wish, **le gach dea-mhéin** with all my kindest regards, **le gean** with affection, **le grá** with love, **le meas** yours sincerely, **le hardmheas** yours most sincerely, **le póga** with kisses

Litríocht *f (~a; ~aí)* literature

béaloideas folklore, **beathaisnéis** biography, **bróisiúr** brochure, **dírbheathaisnéis** autobiography, **éigse** learning, poetry, **ficsean** fiction, **filíocht** poetry, **insint** narrative, **leabhar** book, **meitificsean** metafiction, **scéalta** stories, **scríbhneoireacht chruthaitheach** creative writing, **seanchas** lore *(see also: filíocht, prós)*

▲ ~ **an éalúchais** escapist literature, ~ **béil** oral literature, ~ **bhrostaitheach** exhortatory literature, ~ **chlasaiceach** classical literature, ~ **chomparáideach** comparative literature, ~ **dhiaganta** religious literature, ~ **do dhaoine fásta** adult literature, ~ **do dhéagóirí** young adult literature, ~ **do pháistí** children's literature, ~ **eachtraíochta** adventure literature, ~ **Éireannach** Irish literature, ~ **ghinearálta** general literature, ~ **mheánaoiseach** medieval literature, ~ **na Gréige** Greek literature, ~ **na SeanRóimhe** Ancient Roman literature, ~ **nua-aoiseach** modern literature, ~ **rómánsaíochta** romantic literature, ~ **thaistil** travel literature *(see also: leabhar)*

▪ **Ar na seánraí agus téarmaí liteartha eile atá:** Other literary genres and terms include: **aoir** satire, lampoon, **bé-lit** chick lit, **beathaisnéis** biography, **dírbheathaisnéis** autobiography, **drámaíocht** drama, **eipic** epic, **fabhalscéalaíocht** fables, **fantaisíocht** fantasy, **ficsean** fiction, **ficsean coireachta** crime fiction, **ficsean eolaíochta** science fiction, **filíocht** poetry, **frith-úrscéal** anti-novel, **garrleabhar** penny dreadful, **meitificsean** metafiction, **neamhfhicsean** non-fiction, **nóibhille** novella, **réalachas** realism, **sága** saga, **scéinséir (mistéire)** (mystery) thriller, **traigéide** tragedy, **tríológ** trilogy, **úrscéal bleachtaireachta** detective novel, **úrscéal grafach** graphic novel, **uafás** horror, **úrscéal rómánsúil** romantic novel, **úrscéal stairiúil** historical novel, **véarsaíocht** verse *(see also: leabhar)*

Litriúil *adj⁴* literal

agus sin a bhfuil ann pure and simple, **focal ar fhocal** word for word, **gan craiceann a chur air** unembellished, **liteartha** literary; literal, **sa chiall is follasaí** in the plainest sense, **saincheille (> sainchiall)** denotative

Liú *m (~; ~nna)* yell, shout

béic yell, shout, **béicíl** yelling, shouting, **gáir** cry, cheer, **glam** shout, roar, **glao** call, **glaoch** calling, **liúch** shouting, yelling, **liúireach** *f* yelling, **scairt** shout, **scréach** *f (scréiche)* screech, **scread** *f (~a)* scream, **uaill** howl, yell *(see also: béic)*

Lobh *v₁ₐ* rot, decay, decompose

bris síos break down, **camhraigh** become tainted *(food)* go off, **cnaígh** waste away, **crandaigh** become stunted/withered, **críon** wither, age, **dianscaoil** decompose, **dreoigh** wither, fade, **feoigh** wither, **fínigh** become maggoty, **meath** decay, decline, **meathlaigh** degenerate, decay, **morg** decompose, putrify, **rod** rot, **searg** atrophy, shrivel, **smol** decay; wither from blight, **tar an caonach ar** become moss-covered, **téigh i lofacht** putrefy, **téigh in olcas** get worse, deteriorate, **taisligh** deliquesce, **trochlaigh** break down, deteriorate; decay

Lobhadh *vn* rotting, decaying, decomposing

briseadh síos breaking down, **camhrú** becoming tainted *(food)* going off, **cnaí** wasting away, **crandú** becoming stunted/withered, **críonadh** withering, aging, **dianscaoileadh** decomposing, **dreo** withering, fading, **dul i lofacht** putrefying, **dul in olcas** worsening, deteriorating, **dul i spealtacht** wasting away, **feo** withering, **fíniú** becoming maggoty, **meath** decay, decline, **meathlú** degenerating, decaying, **morgadh** decomposing, putrifying, **rodadh** rotting, **seargadh** shrivelling up, wasting away, withering, **smol** blight, **smoladh** decaying, **teacht an chaonaigh ar** becoming moss-covered, **titim as a chéile** disintegrating, falling apart, **taisliú** deliquescing, deliquescence, **trochlú** breaking down, deteriorating; decaying

Loch *m (~; ~anna)* lake, mere

fiord fjord, **greallach** *f* puddly ground, slush, **greallóg** puddle, **murlach** *m* lagoon, **linn** pool, **linn snámha** swimming pool, **lodán** stagnant pool, **lodar** miry place, slough, **lochán** pond, **lochán sléibhe** tarn, **lathrach** *m* muddy puddle, **locháinín** puddle, **loitheán** muddy pool, **poll** pond; sea, **poll báite** marsh hole, **poll iascaigh** fishing pool, **poll snámha** swimming pool, **poll uisce** water hole, pool of water,

> ■ **Ar na locha in Éirinn atá:**
> Lakes in Ireland include:
> ~ **Aillionn** Lough Allen
> ~ **Ainninn** Lough Ennell
> ~ **an Leamhnachta** Lough Alewnaghta
> ~ **an Phoirt Mhóir** Portmore Lough
> ~ **Arbhach** Lough Arrow
> ~ **Bó Dearg** Lough Boderg
> ~ **Bó Finne** Lough Bofin
> ~ **Cé** Lough Key
> ~ **Ceara** Lough Carra
> ~ **Coirib** Lough Corrib
> ~ **Con** Lough Conn
> ~ **Cuilinn** Lough Cullin
> ~ **Dairbhreach** Lough Derravaragh
> ~ **Deán** Lough Dan
> ~ **Dearg** Lough Derg
> ~ **Éirne Íochtair** Lower Lough Erne
> ~ **Éirne Uachtair** Upper Lough Erne
> ~ **Finne** Lough Finn
> ~ **Gamhna** Lough Gowna
> ~ **Goir** Lough Gur
> ~ **Iascaigh** Lough Eske
> ~ **Léin** Lough Leane
> ~ **Log na Sionna** Shannon Pot
> ~ **Luíoch** Lough Currane
> ~ **Mac nÉan** Lough MacNean
> ~ **Measca** Lough Mask
> ~ **Meilbhe** Lough Melvin
> ~ **Mhucrois** Lake Muckross
> ~ **na Ceathrún Móire** Carrowmore Lake
> ~ **nEathach** Lough Neagh
> ~ **Oighinn** Lough Hyne
> ~ **Poll an Phúca** Poulaphouca
> ~ **Ramhar** Lough Ramor
> ~ **Rí** Lough Ree
> ~ **Sailéan** Lough Sillan
> ~ **Síleann** Loch Sheelin
> ~ **Té** Lough Tay
> ~ **Theach an Teampaill (an Teampla)** Templehouse Lake
> ~ **Thulaigh na Neá** Lough Oughter
> ~ **Tóchair** Lady's Island Lake
> ~ **Uachtarach, Cill Áirne** Upper Lake, Killarney
> ~ **Uail** Lough Owel
> ~ **Uí Ghadhra** Lough Gara
> **An ~ Beag** Lough Beg

pollán small pool, **púil** (sp) pool, **slodán** stagnant, dead pool, **taiscumar** reservoir, **turlach** m winter lake, turlough, **uisceadán** aquarium (see also: **poll**)

Lóchrann m (-ainn; -ainn, ~) lantern, torch; beacon **aibhleog** live coal, **breo** brand, torch, **coicheán** torch, **coinneal** f candle, **laindéar** lantern, **lampa** lamp, **rabhchán** beacon, signal, **solas** light, **sopóg** straw torch, **sutrall** torch; candle, **teannáil** (lit) signal light, beacon, **tóirse** torch, **trilseán** (open flame) torch (see also: **lampa**)

Locht m (~a; ~anna) fault, complaint
ainimh disfigurement, blemish, **botún** mistake, **cáim** fault, blemish, **cion** offence, **ciontacht** culpability, **coir** crime, **dearmad** oversight; lapse (of memory), **diomar** defect, flaw, **díth** f (~e; díotha, díoth) deprivation, shortage; loss, **dochar** harm, loss; damage, **dul amú** slip-up, **éagmais** lack, want, **éagnach** m moan, complaint, **éagóir** wrong, injustice, **éalang** f (-lainge, ~a, ~) flaw, **earráid** error, **éasc** m flaw, **easnamh** deficit, want, **easpa** f lack, shortcoming, **éislinn** defect, flaw, **fabht** m fault, flaw, **fadhb** f snag, **faillí** f (~; ~ocha) neglect, failure, **foghail** f (**foghla**) trespass, **freagracht** accountability, **gearán** complaint, **ionnlach** m blame, censure, **laige** weakness, failing, **lear** m (~) shortcoming, failing, **lochtú** fault-finding, censure, **lochtúchán** fault-finding, **lot** damage, injury, **lúb ar lár** missing link, weak link, **máchail** defect, **marach** m defect; shortcoming, **meancóg** blunder, **mícheart** wrong, **míchruinneas** inaccuracy, **milleán** blame, censure, **neamhairdeall** incautiousness, unwariness, **neamh-aire** inattention, lapse in care, **neamh-aistear** thoughtlessness, negligence, **neamhfhoirfeacht** imperfection, **oil** defect, blemish, **peaca** sin, **peacúlacht** sinfulness, **sárú** (dlí) transgression (of a law), **sciorradh** slip, **smál** blemish, stain, **teimheal** smudge, tarnish, **tormas** act of carping, grumbling, **tromaíocht** condemnation, censure, **uireasa** f lack, deficiency

◊ **~ a fháil ar chinneadh** to find fault with a decision, **Agus cá ~ air?!** And who would blame him?!, **Is é a ~ a laghad!** It's very moreish!, **Ná bí ag cur an ~ ormsa!** Don't go blaming me!, **Níl ~ uirthi**. It's not her fault., She is not to blame., **Ort féin amháin atá an ~.** You have only yourself to blame.

Lochtach adj³ faulty, flawed
ainimheach disfigured, **bacach** lame, imperfect, **cearr** wrong, **ciontach** guilty, **coiriúil** criminal, **contráilte** wrong, contrary, **dearmadach** forgetful, **díothach** wanting, deficient, **diúltach** negative, **dochrach** harmful, pernicious, **éagmaiseach** unreciprocated, unrequited, **éagórach** unjust, wrong, **éalangach** flawed, defective, **earráideach** erroneous, incorrect, **easnamhach** deficient, wanting, **easpach** lacking, **éislinneach** defective, flawed, **fabhtach** faulty, flawed, **fadhbach** problematic, **faillitheach** negligent, **freagrach** accountable, **loite** damaged; spoilt, **lóipíneach** crude, defective, **máchaileach** defective, blemished, **meancógach** blundering, **mícheart** incorrect, **míchruinn** inaccurate, **milleánach** fault-finding, blaming, **neamhairdeallach** unwary, **neamh-aireach** inadvertent, inattentive, **neamhcheart** incorrect, **neamhfhoirfe** imperfect, **neamhiomlán** incomplete, **peacúil** sinful, **seachránach** misguided, aberrant, **smálaithe** tarnished, **teimhleach** tarnished, stained, **uireasach** lacking, deficient

▲ **airgead ~** dodgy money; ill-gotten gains, **argóint ~** flawed argument, **bréag** f **~** wicked lie, **cás ~** unsound case, **córas ~** flawed system, **earra ~** defective product, **obair ~** defective work, **toradh ~** false result, **tosú ~** false start, **trealamh ~** faulty equipment

Lochtaigh v₂ₐ fault, blame
aifir rebuke, reproach, **beachtaigh** criticise, **cáin** criticise, find fault with, **caith anuas** berate, slap down, **ceasnaigh** complain, **ciontaigh** blame, accuse; convict, **cuir locht ar** find fault with, blame, **cuir milleán ar** blame, **damnaigh** damn, **daor** condemn,

Lochtaithe

déan gearán make a complaint, **éagnaigh** complain, **éiligh** censure, reproach, **faigh locht ar** find fault with, **feann** slate, **inchreach** reprove, rebuke, **liobair** slam, tear to tatters (eg **alt a liobairt** to make mincemeat of an article, to slam an article), **milleánaigh** blame; censure, **stiall** slash, severely criticise, **tathaoir** *(lit)* find fault with, fault

~ **an preas é.** The press arraigned him.
~ **sé an foréigean.** He condemned the violence.
~ **sé staid an bhrú.** He decried the state of the hostel.
~ **sí a iompar.** She criticised his behaviour.
~ **sí í féin faoi.** She reproached herself over it.
~ **siad an scoil.** They impugned the school.
~ **siad na coscáin.** They blamed the brakes.

◊ **Ná ~ é go dtí gur bhain tú fiú trail as.** Don't knock it before you've even tried it!, **Ní féidir í a lochtú.** She can't be faulted.

Lochtaithe *pp* faulted, blamed
aifeartha rebuked, reproached, **beachtaithe** criticised, **cáinte** criticised, censured, **ceasnaithe** complained, **ciontaithe** blamed, accused; convicted, **damnaithe** damned, **daortha** condemned, **éagnaithe** complained, **éilithe** censured, reproached, **feannta** slated, **inchreachta** reproved, rebuked, **liobartha** slammed, torn to tatters, **milleánaithe** blamed; censured, **stiallta** slashed; severely criticised, **tathaoirthe** *(lit)* faulted, censured

Lochtú *vn* faulting, blaming
aifirt rebuking, reproaching, **beachtú** criticising, **cáineadh** criticising, finding fault with, **caitheamh anuas** berating, slapping down, **ceasnú** complaining, **ciontú** blaming, accusing; convicting, **cur locht ar** finding fault with, blaming, **cur milleán ar** putting the blame on, **damnú** damning, **daoradh** condemning, **déanamh éileamh** censuring, reproaching, **gearán** complaining, **éagnach** complaining, **fáil locht ar** finding fault with, **feannadh** slating, **inchreachadh** reproving, rebuking, **liobairt** slamming, tearing to tatters, **milleánú** blaming; censuring, **stialladh** slashing, severely criticising, **tathaoir** *(lit)* finding fault with, censuring

Lódáil 1 v_{le} load
athlódáil reload, **carn** heap, stack, **cruach** stack, **cuir i gceann a chéile** stack, **cuir os cionn a chéile** stack up, **cuir ualach ar** burden, **íoslódáil** download, **ládáil** lade, **lastáil** load, lade, **líon** fill, **luchtaigh** load; charge (cf **fón a luchtú** to charge a phone), **ualaigh** load; encumber, burden, **uaslódáil** upload

Lódáil 2 *vn* loading
athlódáil reloading, **carnadh** heaping, stacking, **cruachadh** stacking, **cur i gceann a chéile** stacking, piling, **cur os cionn a chéile** stacking up, piling up, **cur ualach ar** burdening, **íoslódáil** downloading, **ládáil** lading, **lastáil** loading, lading, **líonadh** filling, **luchtú** charging; loading, (cf **luchtú an chairr leictrigh** charging the electric car), **ualú** loading; encumbering, burdening, **uaslódáil** uploading

Lódáilte *pp* loaded
ar a bhfuil ualach curtha burdened, **athlódáilte** reloaded, **carntha** heaped, stacked, **cruachta** stacked, **curtha i gceann a chéile** stacked up, piled up, **curtha os cionn a chéile** stacked up, **íoslódáilte** downloaded, **ládáilte** laded, **lastáil** loaded, laded, **líonta** filled, **luchtaithe** charged; loaded, **ualaithe** loaded up; encumbered, burdened, **uaslódáilte** uploaded

Lofa *pp* rotten
ainnis miserable, **bréan** foul, **cam** crooked, **camhraithe** tainted *(food)* gone off, **cnaíte** corroded, **coinclí** (> *coincleach*) mouldy, **crandaithe** stunted, withered, **críonlofa** dry-rotted, **críonta** withering, aging, **crua** *(bread)* stale, **déistineach** disgusting, obnoxious, **dianscaoilte** decomposed, **domlasta** bilious, **dreoite** decomposed, **faoi chaonach liath** becoming covered with moss/mould, **feoite** withered, **fínithe** gotten maggoty, **foirgthe** dry-rotted, **gránna** grotty, **liath** *(bread)* mouldy, **meatach** decadent; decaying, **meathlaithe** degenerated, decayed, **morgtha** decomposed, putrefied, putrid, **morgthach** putrefactive, gangrenous, **rodta** rotted, **salach** dirty, **smolta** decayed; *(crops)* blighted, **suarach** base, vile, contemptible, **táir** vile; shabby, cheap, **taislithe** deliquesced, **trochailte** run down, enfeebled; wretchedly decayed, **truaillithe** corrupt, **tuarlofa** *(hay)* decayed from overexposure on the ground, **uafásach** awful, **urghránna** ghastly

▲ **boladh ~** foul stench, **blas ~** vile taste, **cleas ~** rotten trick, **duine ~** lowlife, slimeball, **feoil ~** putrid meat, **fiacla ~** rotten teeth, **gadaí ~** filthy thief, **uibheacha ~** rotten eggs

◊ **Bain do chrúba ~ de mo ghúna nua!** Take your grubby mitts of my new dress!, **Bhí an bia go ~!** The food was foul!, **D'fhill sé ón bheár ~ ar fad.** *(drunk)* He returned from the bar totally addled., **~ le hairgead** rotten with money, **Tá an t-úll sin ~.** That apple is rotten., **Tá boladh ~ uaidh.** It stinks to high heaven., **Tá do léine ~.** Your shirt is filthy!

Lofacht *f (~a)* rottenness
bileastar decay, **domoladh** stale smell, **drochbhraon** bad drop, bad character, **bréantas** foulness, rottenness, **caime** crookedness, **cnaíteacht** wasting away, corrosion, **coincleach** *f* mould, **cruacht** *(bread)* staleness, **déistiní** disgustingness, obnoxiousness, **domlastacht** biliousness, **dreo** putrefaction, **caonach** *m* liath mildew, **críonadh** withering with age, **críonlobhadh** dry rot, **dreo** decay, withering, **dreochan** decomposition, decay, **dreoiteacht** mouldiness, mustiness, **feo** withering, decay, **feoiteacht** withered state, state of decay, **gránnacht** horridness; ugliness, **meatacht** decadence;

decay, **meathlú** decaying, **morgadh** mortification; putrefaction, **morgthacht** putrefaction, gangrene, **múscán** mould, **salachar** dirt, **suarachas** baseness, vileness, **táire** vileness; shabbiness, cheapness, **trochailteacht** broken down, enfeebled, wretched state of decay, **truailliú** pollution, corruption, **uafás** awfulness, dreadfulness, **urghránnacht** ghastliness

Logánaigh *v₂ₐ* localise
aimsigh detect, locate, **cúngaigh** narrow down, **díláraigh** decentralise, **leag do mhéar ar** put your finger on, pinpoint, **locáil** localise

Logánaithe *pp* localised
áitiúil local, **aimsithe** detected, located, **cúngaithe** narrowed down, **díláraithe** decentralised, **locáilte** localised, **logánta** local (cf **pian logánta** localised pain)

Logánú *v* localising
aimsiú detecting, locating, **cúngú** narrowing down, **dílárú** decentralising, **locáil** localising

Loic *v₁ᵦ* let down, fail; flinch; misfire
braith betray, **clis** fail, **cúb** flinch, **cúlaigh** retreat, **déan faillí i** neglect, **déan neamart i** shirk, neglect, **feall** betray, fail, **seachain** shirk, evade, **tarraing siar** pull back, **teip ar** fail (eg **theip orm** I failed), **teith** flee, **tréig** abandon

> ~ **na barraí.** The crops failed.
> ~ **an t-inneall.** The engine seized/stalled.
> ~ **na coscáin.** The brakes failed.
> ~ **an gunna.** The gun misfired.
> ~ **an capall.** The horse baulked.

◊ ~ **mé.** I lost my nerve., ~ **sé ar a chuid íocaíochtaí.** He defaulted on his payments., ~ **sí a dualgais.** She shirked her duties., **Ná ~ orm!** Don't let me down!, **Tá a shláinte ag ~eadh (air).** His health is failing (him).

Loiceadh *vn* failure, refusal, loss; flinching; misfiring
caill loss, **cailleadh** losing; loss, **cailliúint** loss, **caillteanas** loss, **cliseadh** failure, flop, **díomá** disappointment; disillusionment, **dícháiliú** disqualifying, **diúltú** refusal, **easnamh** deficiency, **easpa** lack, shortfall, shortcoming, **fabht** fault, **faillí** negligence, dereliction; omission, **feall** betrayal, let-down, **fealladh** betraying, failing, **locht** fault, **mainneachtain** *(jur)* default, **meath** decay, decline, **meathlú** deterioration, **neamart** remissness, negligence, slip-up, **neamhaire** disregard, **séanadh** disavowal; denial, **teip** failure, **titim** fall, **tréigean** desertion, abandonment, **tuairt** *f* crash, **turnamh** fall, decline, **uiríslíú** humiliation *(see also: **teip**)*

Loicthe *pp* let down, failed; flinched; misfired
braite betrayed, **cúbtha** flinched, **cúlaithe** retreated, **fill** (> ***feall***) *pnt* betrayal (cf **lucht fill** betrayers), **seachanta** shirked, evaded, **tarraingthe siar** pulled back, withdrawn, **teipthe (ar)** failed, **teite** fled, **tréigthe** abandoned

Loighic *f (~ghce)* logic
asbheirt deduction, **bailíocht** validity, **baint** relevance, **bunús** basis, rationale, **ciall** sense, **comhleanúnachas** coherence, **comhsheasmhacht** consistence, **críonnacht** wisdom, **infeireas** inference, **réasún** reason, **réasúnaíocht** reasoning, rationale, **réasúntacht** rationality, **réasúnú** reasoning, **soiléire** clarity, **tátal** inference, deduction, **tuiscint** understanding

Loighciúil *adj⁴* logical
a bhfuil údar maith leis that is well-founded, **asbheirthe** deduced, **bailí** valid, **bainteach** relevant, **céillí** rational, sensible, **ciallmhar** sensible, **comhleanúnach** coherent, **comhsheasmhach** consistent, **críonna** wise, **cruinn** exact, gathered, **dea-aithneach** judicious, **indéaduchtaithe** deducible, **intuigthe** understood, **leanúnach** *(rational consequence)* following, **réasúnach** rational, **réasúnta** reasonable, **soiléir** clear

Loime *f (~)* bareness, nakedness
aimhe rawness, **báine** blankness, **caoile** narrowness, slimness; paucity, **déine** severity, **foilmhe** emptiness, **folús** void, **gainne** scarcity, paucity, **gannchúis** scantiness, **géire** sharpness, **leimhe** flatness, **lom** *m (loim)* nakedness, **maoile** baldness, **míthéagar** thinness, flimsiness, **neamhthorthúlacht** fruitlessness; infertility, **nochtacht** nakedness, **pléineáilteacht** plainness, **scáinteacht** sparseness, **seisce** barrenness, **tanaíocht** thinness, gauntness

▲ ~ **a ceannaithe** the gauntness of her features, ~ **an dlí** the austerity of the law, ~ **an fhásra** the sparseness of the vegetation, ~ **an rabhaidh** the starkness of the warning, ~ **an ráitis** the baldness of the comment, ~ **an tírdhreacha** the bareness/bleakness of the landscape

Loingeas *m (-gis; -gis, ~)* fleet; shipping
armáid armada, **cabhlach** *m* navy, **cabhlachán** flotilla, **flít** fleet (cf **flít leoraithe** fleet of lorries), **long** ship, **mionchabhlach** *m* flotilla, **scuaidrín bád** flotilla of boats, **tascfhórsa** task force

▲ ~ **cogaidh** naval fleet, ~ **cósta** coastal shipping, ~ **tráchtála/trádála** merchant fleet

Loinnir *f (-nnreach)* sparkle, lustre, radiance
bladhm *f* flame, **breacsholas** glimmer, **crithloinnir** shimmer, **dealramh** sheen, radiance, **dé** *f* **sholais** glimmer of light, **drithle** *f* spark of light, gleam, **drithleacht** glitter, sparkle, **drithleog** small spark, sparkle, **faghairt** fire, glint, fervour (cf **faghairt i súil** glint in the eye), **gealán** gleam, **gile** brightness, **gléine** luminosity, **glioscarnach** *f* glint, **greadhnán** sparkle, glitter, **lasadh** flush, flaming, **lasair** *f (-srach)* blaze, sheen, **léar** *m (~; ~anna)* glimmer, gleam, **léas** gleam, ray of light, **loise** *f (lit)* blaze, brilliance, **lonracht** brightness, sheen, **lonradh** radiance, **luisne**

Loisc

f blush, glow, **niamh** *f* brightness, **ruithne** *f* radiance, glitter, **snas** polish, **soilseacht** effulgence, **solas** light, **splaideog** spark, **splanc** *(-ainc; ~acha)* flash; spark, **spré** *f* ember, spark, **spréach** *f* spark **spréachadh** sparking, **spréacharnach** *f* sparkling, **taitneamh** shine, shining, **tine** *f* fire

Loisc v_{1b} scorch, sear; burn
adhain kindle, ignite; inflame, **athlas** *(med)* inflame, **barrdhóigh** singe, **bladhm** flame, flare up, **cnádaigh** burn away slowly, smoulder, **cráindóigh** smoulder, **cuir trí thine** set on fire, **dóigh** burn, **foloisc** scorch, **fordhóigh** scorch; singe, **imloisc** singe, **las** light, **las suas ina chaor** blaze up, **poncloisc** cauterise, **ruadhóigh** scorch, **rualoisc** scorch, **spall** scorch, parch; shrivel

◊ **~ sé a mhéara.** He burnt his fingers., **~ neantóg mé.** I was stung by a nettle., **~ siad an fraoch.** They burnt off the heather., **Bhí na hispíní loiscthe ar fad.** The sausages were burnt to a frazzle., **Loisceadh an carr goidte.** The stolen car was torched., **Loisceadh an séipéal go hiomlán sa dóiteán.** The chapel was completely consumed by the fire., **Loisctear an dramhaíl sa loisceoir.** The waste is incinerated in the incinerator.

Loiscneach *adj³* scorching, caustic; burning
a bhfuil adhaint ann inflamed, **athlasta** *(med)* inflamed, **barrdhóite** singed, burnt away slowly, **bladhmannach** blazing in flames, **cráindóite** smouldering, **dóiteach** burning, **dulta trí thine** gone on fire, **fordhóite** scorched; singed, **lasta** alight, lit, **lasta suas ina chaor** on fire in a blaze, **loiscthe** scorched, **scalltach** scalding, scorching, **séidte** *(med)* inflamed

Loiscthe *pp* scorched, seared; burnt
adhainte kindled, ignited; inflamed, **athlasta** *(med)* inflamed, **barrdhóite** singed, **bladhmtha** flared up, **cnádaithe** burnt away slowly, smouldered, **cráindóite** smouldered, **curtha trí thine** set on fire, **dóite** burnt, **foloiscthe** scorched, **fordhóite** scorched; singed, **imloiscthe** singed, **lasta** lit, lighted, **lasta suas ina chaor** blazed up, **poncloiscthe** cauterised, **ruadhóite** scorched, **rualoiscthe** scorched, **spallta** scorched; parched; shrivelled

Lóistín *m (~; ~í)* lodgings, accommodation
áirge spacious accommodation, **áit chónaithe** abode, place of residence, **árasán** apartment, **billéad** billet, **bord is bia** bed and breakfast, **brú** hostel, **brú óige** youth hostel, **carbhán** caravan, **ceathrúna** *fpl* quarters (cf **ceathrúna do lucht pósta** married quarters), **cóiríocht** accommodation, **dídean** shelter, **dórtúr** dormitory, **iostas** accommodation, **iostas féinfhreastail** self-catering accommodation, **leaba** *f* bed, **ósta** *m* lodging, **óstlann** hotel, **seomra** room, **suanlios** dormitory, **teach tábhairne** hostelry, **teach ósta** auberge, inn, **tearmann** sanctuary

▲ **~ oíche** overnight accommodation
◊ **Cá bhfuil tú ar ~?** Where are you staying?

Loit v_{1b} spoil, deface; injure
aghloit deface, **ainimhigh** disfigure, **bánaigh** *(business)* ruin, **broc** mess up, **caith salachar le duine** fling mud at a person, **cuir míchlú ar** smear, **cuir mígnaoi ar** disfigure, spoil appearance, **cuir ó chrích** ruin, spoil, **cuir ó mhaith** banjax, **cuir smál ar** stain, **damáistigh** damage, **déan dochar/damáiste do** do damage to, **déan fuirseadh fairseadh de** botch, **déan loitiméireacht (ar áit)** vandalise (a place), **díothaigh** annihilate, **máchailigh** disfigure, **mill** ruin, spoil, **sáraigh** overwhelm, **scrios** destroy, **smálaigh** stain, **smear** smudge; smear, **smol** blight (cf **Tá na prátaí ag smoladh.** The potatoes are being blighted by the weather), **sram** discharge mucus; besmear

Ná ~ **a clú!** Don't besmirch her reputation!
Ná ~ **a spiorad!** Don't crush his/her/their spirit!
Ná ~ **an áit!** Don't wreck the place!
Ná ~ **an both!** Don't vandalise the booth!
Ná ~ **an fhianaise!** Don't destroy the evidence!
Ná ~ **an lá!** Don't spoil the day!
Ná ~ **an pháirc!** Don't litter the park!
Ná ~ **an scéal!** Don't ruin the story!
Ná ~ **do dhroim!** Don't banjax your back!
Ná ~ **mo shaol!** Don't blight my life!
Ná ~ **na ballaí!** Don't deface the walls!
Ná ~ **na hearraí!** Don't damage the goods!

Loite *pp* spoilt, defaced; injured
aghloite defaced, **ainimhithe** disfigured, **bánaithe** *(business)* ruined, **broctha** messed up, **curtha ó chrích** ruined, spoilt, **curtha ó mhaith** banjaxed, **damáistithe** damaged, **díothaithe** annihilated, **lenar caitheadh salachar** muddied, spattered with dirt, **máchailithe** disfigured, **millte** ruined, spoilt, **sáraithe** overwhelmed, **scriosta** destroyed, **smálaithe** stained, **smeartha** smudged; smeared, **smolta** blighted, **sramtha** gotten slimy; besmeared

Lom- *pref* bare, unvarnished; tight
~-**angar** utter destitution, ~**aosta** getting on in years, ~**bharróg** tight hug, ~**bhearrtha** closely shaved, ~**chaite** threadbare, ~**chearta** basic rights, ~**chosach** bare-legged (cf **cosnochta** in bare feet), ~**dhiúltú** flat refusal, ~**ghruach** lean-cheeked, ~**lámhach** barehanded, ~**leicneach** bare-cheeked; lean-cheeked, ~**nocht** stark naked, ~**nochtadh** stripping naked, ~**scrios** total destruction

Lom 1 *adj¹* bare
bán blank, **fornocht** completely naked, **gan éadaí** without clothes, unclothed, **gan chlúdach** without a covering, **gan chlúid** uncovered, **gan maisiú ar bith** without any decoration, **gan mhaisiú** unembellished, **lomnocht** stark naked, **lomtha** stripped bare, **maol** bald, **nochta** naked, **ris** *adv* uncovered, exposed (cf **Bhí an ghrian ag teacht ris leis na scamaill.** The

sun was appearing from behind the clouds), **scafa** peeled, **scartha** desolate, windswept, **snafa** peeled, decorticated, **tarnocht** stark naked, **tóin le gaoth** exposed *(see also: **nocht**)*

▲ **áit** ~ barren place, **aithris** ~ parroting (cf. **Ní dhearna sé ach aithris ~ ar ar chuala.** He just parroted off what he'd heard.), **an fhírinne** ~ the brutal/unvarnished truth, **an tsúil** ~ the naked eye, **balla** ~ bare wall, **bréag** ~ barefaced lie, **caora** ~ shorn sheep, **cruálacht** ~ wanton cruelty, **cuntas** ~ unadorned account, **diúltú** ~ outright refusal, **éadach** *m* ~ threadbare clothing, **guaillí ~a** bare shoulders, **stíl** ~ stark, bald, pared-down style, **tírdhreach** ~ bleak/featureless landscape

◊ **Bhí a gruaig bearrtha go ~ aici.** She had her hair shaved close., **Bhí sí ~ dáiríre.** She was in deadly earnest., **Déan ~ láithreach é!** Do it right now!, **lena rá ~ amach** to be perfectly blunt

Lom 2 v_{1a} lay bare, strip, mow, shear; become bare **bain** mow, **bain de** remove, **bearr** shave, **bí ag spealadóireacht** be mowing with a scythe, **caith de** throw off, disgard, **éirigh nocht** become naked, **gearr de** cut from, **lomair** fleece, shear, **nocht** reveal, **ruadhóigh** scorch, **rúisc** strip bark from, **scamh** peel; skin, shave off, **scillig** shell; husk, hull (cf **coirce a scilligeadh** to shell oats), **scon** strip, fleece, **scraith** strip surface; strip sward, **speal** scythe, mow, **spor** strip, **struipeáil** strip, **tóg de** take from

◊ **féar a ~adh** to mow the grass, **caora a ~adh** to shear a sheep, **díon a ~adh** to strip a roof, **Tá an fhoraois ag ~adh.** The forest is becoming denuded., **Tá sé ag ~adh.** He's getting bald., **~adh mé.** I was fleeced/robbed.

Lomadh *vn* laying bare, shearing; getting bare **baint** mowing, **baint de** removing, **bearradh** shaving, **caitheamh de** throwing off, discarding, **éirí nocht** becoming naked, **gearradh de** cutting from, **lomairt** fleecing, shearing, **nochtadh** revealing, **rúscadh** stripping bark from, **scamhadh** peeling; skinning, shaving off, **scilligeadh** shelling; husking, hulling, **sconadh** stripping, fleecing, **scrathadh** stripping surface/sward, **spealadh** scything, mowing, **sporadh** stripping, **struipeáil** stripping, **tógáil de** taking from

Lomtha *pp* laid bare, stripped; shorn, mowed **bainte** mowed, **bainte de** removed, **bearrtha** shaved, **caite de** thrown off, discarded, **éirithe nocht** denuded, **gearrtha de** cut from, **lomartha** fleeced, sheared, **nochta** revealed; bare, **rúiscthe** stripped of bark, **scafa** peeled; skinned, shaved off, **scilligthe** shelled; husked, hulled, **sconta** stripped, fleeced, **scraite** surface-stripped; sward-stripped, **snafa** peeled, decorticated, **spealta** scythed, mowed, **sportha** stripped, **struipeáilte** stripped, **tógtha de** taken from

Lón *m (lóin; ~ta)*

1. provision, supplies

armlón ammunition, **bolg soláthair** corpus, **cóir** *f (córa; córacha)* proper provision, **cúil** *f (cúlach)* store, heap, **iosta** *m* depot (cf **iosta earraí** goods depot), **muinisean** munition; ammunition, **riar** *m* provision; sufficiency (cf **Tá mo riar agam ann.** There's enough for me there.), **soláthar** supply, **stór** store, **stóras** repository, store, storehouse, **taisce** hoard, treasure

▲ **~ anama** spiritual sustenance, **~ bia** food supply, **~ bóthair** packed lunch; provisions for a journey, **~ cogaidh** munitions, **~ earraí** supply of goods, **~ lámhaigh** supply of ammunition

2. lunch, luncheon

béile um thráthnóna afternoon meal, **bia** food, **colláid** *(light meal)* collation, **cothú** sustenance, **diocán** morsel, bit of food, **loinsiún** luncheon, **proinn** meal, **raisín** work lunch; ration, **scroid** light repast, snack (cf **scroid airneáin** late-night snack), **smailc** bite to eat, **sneaic** snack

▲ **~ spólainne** carvery lunch

Long *f (loinge; ~a, ~)* ship

árthach *m* vessel, craft, **árthach spáis** spaceship, **bád gaile** steamboat, **bárc** barque, **bulciompróir** bulk carrier, **cathlong** *f* battleship, **cnarr** *f (lit)* ship, **cuitéar** cutter, **cúrsóir** cruiser, **eathar** ferry boat; vessel, **fomhuireán** submarine, **gaileon** galleon, **iompróir aerárthaí** aircraft carrier, **lastlong** freighter, **línéar** liner, **línéar cúrsála** cruise liner, **oll-long** *f (ship)* leviathan, **scafa** *m (archaic)* ship, **scriostóir** destroyer, **sithbhárc** longship, **soitheach** *m* vessel, **stíméar** steamer, **tancaer** tanker, **trálaer** trawler *(see also: árthach, bád)*

▲ **~ armlóin** ammunition ship, **~bhá** shipwreck, **~bhac** naval blockade, **~bhoth** *f (~a)* dock *(for sea-vessels)*, **~bhriste** shipwrecked, **~ bhulciompair** bulk carrier, **~ cheannais** flagship, **~cheárta** shipbuilding dockyard, **~chlós** shipyard, **~ chogaidh** battleship, **~ chúrsála** cruiser, **~ eitleán** aircraft carrier, **~ fhada** longship, **~ ghuail** collier, **~ iompair** transport vessel, **~lann** *f* dockyard, **~ ospidéil** hospital ship, **~ mhaol** ghost ship, **~ oiliúna** training ship, **~ phaisinéirí** passenger ship, **~ phróiseála** factory ship, **~ sholais** lightship, **~theach** boathouse, **~ thionlactha** consort, **~thógáil** shipbuilding, **~ thrádála** freighter

Lonnaigh v_{2a} settle down, settle in

áitigh occupy, settle in, **áitrigh** inhabit, **bain fút (in áit)** settle down (in a place), **bunaigh** establish, **cónaigh** dwell, live, **cuir fút (in áit)** settle down (in a place), **fréamhaigh** take root, **plandáil** settle as colony, plant, **seadaigh** settle, nest, **socraigh** settle; resolve, **soiprigh** tuck in, make cosy, **suaimhnigh** to become settled; to put at ease, **suigh** occupy, squat

Lonnaithe *pp* settled down, settled in
áitithe occupied, settled in, **áitrithe** inhabited, **bainte fút** (**in áit**) settled down (in a place), **bunaithe** established, **cónaithe** dwelt, lived/ inhabited, **curtha fút** (**in áit**) settled down (in a place), **fréamhaithe** rooted, **plandáilte** settled with colony, **seadaithe** settled, nested, **socraithe** settled; resolved, **soiprithe** tucked in, made cosy, **suaimhnithe** gotten settled; put at ease, **suite** occupied, squatted

Lonnú *vn* settling down, settling in
áitiú occupying, settling in, **áitriú** inhabiting, **baint fút** (**in áit**) settling down (in a place), **bunú** establishing, **cónaí** dwelling, having residence, **cur fút** (**in áit**) settling down (in a place), **fréamhú** rooting, **plandáil** settling with/as colony, **seadachan** nesting, settling, **socrú** settling; resolving, **soipriú** tucking in, making cosy, **suaimhniú** becoming settled/at ease, **suí** occupying, squatting

Lonrach *adj³* shining, resplendent
beodhearg glowing, **bladhmannach** blazing, **dallraitheach** glaring, dazzling, **dealraitheach** resplendent, shining, **drithleach** sparkling, **faghartha** glinting, **geal** bright, **gealánach** flashing; bright, gleaming, **gealbhruthach** incandescent, **gealgháireach** sunny, radiant; cheerful, **gléigeal** brilliantly bright, **gleorach** bright, sparkling, **glinniúil** bright, sparkling, **greadhnach** bright, sparkling, **ina chaor** glowing, **lasrach** fiery, **lasta** alight, aflame, **luisiúil** glowing, radiant, **luisneach** gleaming, radiant, **luisniúil** blushing, glowing, **radanta** (*ph*) radiant, **ruithneach** radiant, gleaming, glittering, **saighneánta** flashing, **soilseach** bright, effulgent, **solasmhar** luminous, bright, **sorcha** bright; cheerful, **splancúil** flashing, fiery, **taitneamhach** bright, shining, **tinechreasach** sparkling like fire

Lonraigh *v₂ₐ* shine, illuminate, light up
aibhligh scintillate, sparkle, **bí ag glioscarnach** be twinkling/glistening, **bí ag spréacharnach** to be sparkling/sparking, **bladhm** flame, **breacshoilsigh** glimmer, **breoigh** glow, **crithlonraigh** shimmer, **dall** dazzle, **dallraigh** glare, **dealraigh** gleam, shine forth, **déan glioscarnach** glisten, sparkle, **déan sclimpireacht** sparkle; glow, **dearg** blush; (*set alight*) light, **drithligh** sparkle, scintillate, **gathaigh** radiate, **glinnigh** glint, sparkle, **ionsoilsigh** illuminate, **las** light, **luisnigh** blush, glow, **ruithnigh** illuminate, brighten, **scal** flash, **soilsigh** light, illuminate; enlighten, **sorchaigh** illuminate; enlighten, **spalp** burst forth, **splanc** flash, blaze, **spréach** spark, **taitin** shine, **trilsigh** glitter, sparkle

Lonraithe *pp* shone, illuminated, lit/lighted up
aibhlithe scintillated, sparkled, **bladhmtha** flamed, flared up, **breacshoilsithe** glimmered, **crithlonraithe** shimmered, **dallraithe** glared, **dallta** dazzled, **dealraithe** gleamed, shone forth, **deargtha** blushed; (*set alight*) lit/lighted, **drithlithe** sparkled, scintillated, **gathaithe** radiated, **ionsoilsithe** illuminated, **lasta** lit (up), **luisnithe** blushed, glowed, **ruithnithe** illuminated, brightened, **scalta** flashed, **soilsithe** lighted, illuminated; enlightened, **sorchaithe** illuminated; enlightened, **spalptha** burst forth, **splanctha** flashed, blazed, **spréachta** sparked, **taitnithe** shone, **trilsithe** glittered, sparkled

Lonrú *vn* shining; illuminating
bladhmadh flaming, making flames, **breo** glowing, **crithlonrú** shimmering, **dalladh** dazzling, **dallrú** glaring, **dealramh** gleaming, shining forth, **déanamh glioscarnach** glistening, sparkling, **deargadh** blushing; lighting up, **drithliú** sparkling, scintillating, **gathú** radiating, **glinniúint** glinting, glistening, sparkling, **ionsoilsiú** illuminating, **lasadh** lighting (up), **luisniú** blushing, glowing, **scaladh** flashing, **sclimpireacht** sparkling; glowing, **soilsiú** illuminating; enlightening, **sorchú** illuminating; enlightening, **spalpadh** bursting forth, **splancadh** flashing, **spréach** spark, **spréacharnach** sparkling, sparking, **taitneamh** shining

Lorg 1 *v₁ₐ* track, trace, seek
bí ag lorgaireacht be tracing/tracking, **bí ag súr** searching for/seeking, **bí ag tóraíocht** be pursuing, **clibeáil** tag, **cuardaigh** search, **cúrsáil** course, chase, **fiach** chase, hunt, **iarr (ar)** request (from), **lean lorg** track, follow a trail, **rianaigh** trace, chart, **seilg** hunt, **sir** seek out, **téigh ar lorg** (+ *gen*) go in search of, **téigh ar thóir duine/ruda** pursue a person/a thing, **téigh ar thuairisc** (+ *gen*) seek, ask for, **téigh sa tóir ar** go in pursuit of, **tóraigh** pursue, seek, search for, **traiceáil** (*cin*) track

~ **an fia!** Track the deer!
~ **cabhair uathu!** Ask them for help!
~ **comhairle ó lia!** Consult with a healer!
~ **cuideachta!** Seek company!
~ **obair!** Search for work!
~ **pléisiúr!** Pursue pleasure!
~ **trioblóid!** Look for trouble!
~ **tuairimí!** Canvass opinions!

Lorg 2
1. *m* (*loirg; loirg, ~*) trace, tracing, track,
bealach *m* way, **clib** tag, **cló** print, type, **foilleacht** *m* trace, track (cf **foilleacht coise** footprint), **gné** *f* aspect, feature, **láithreog** trace, mark; small site, **lipéad** label, **marc** mark, **méarlorg** fingerprint, **raon** track, **rian** trace, **rian coise** footprint, **séala** seal, **smál** stain, **stampa** stamp, **tóir** *f* (*tóra*) pursuit, **tréith** trait, characteristic

2. *vn* tracking, tracing
cuardach *m* searching, **cúrsáil** coursing (cf **cúrsáil giorriacha** hare coursing), **dul ar lorg** (+ *gen*) going in search of, **dul ar thuairisc** (+ *gen*) seeking, asking

for, **dul sa tóir ar** going in pursuit of, **fiach** hunting, **fochmharc** *(lit)* seeking; asking, **iarraidh** requesting, **leanúint** following, **lorgaireacht** searching, tracing, tracking, **scabhtáil** scouting, **seilg** hunting, **stalcaireacht** stalking, **sireadh** seeking, asking for, **sirtheoireacht** prowling, foraging, **súr** seeking, search for (cf **ag súr troda** looking for a fight, **ag súr comhairle** seeking advice), **tiaradh** seeking (cf **Níor chuir sí tiaradh ort.** She didn't come looking for you.), **toraíocht** pursuing, pursuit

Lorgaire *m (~; -rí)* tracker, pursuer; detective
bleachtaire detective, **cú loirg** tracker dog, **cuardaitheoir** searcher, **fiagaí** forager, hunter, **leanúnach** *m* pursuer; successor, **leanúnaí** follower, **paidhceálaí** groper, searcher, **póirseálaí** rummager, **ransaitheoir** ransacker, **scabhta** scout, **sealgaire** hunter, **sirtheoir** prowler, seeker, **stalcaire** stalker, **tóraí** chaser, pursuer; bandit, **tóraitheoir** pursuer, seeker

Lorgtha *pp* tracked, traced, sought
clibeáilte tagged, **cuardaithe** searched for, **cúrsáilte** coursed, chased, **dulta ar lorg** *(+ gen)* gone in search of, **dulta ar thuairisc** *(+ gen)* sought, asked for, **dulta sa tóir ar** gone in pursuit of, **fiachta** hunted, **rianaithe** traced, charted, **seilgthe** hunted, **sirthe** prowled, foraged, **tóraithe** pursued, sought after, **traiceáilte** *(cin)* tracked

Loscadh *vn*
1. scorching, searing; burning
adhaint kindling, igniting; inflaming, **athlasadh** *(med)* inflammation, **barrdhó** singeing, **bladhmadh** shooting out flames, flaring up, **cnádú** burning away slowly, smouldering, **cráindó** smouldering, **cur trí thine** putting/setting on fire, **dó** burning, **foloscadh** scorching, **fordhó** scorching; singeing, **imloscadh** singeing, **lasadh** lighting, **lasadh suas ina chaor** blazing up, **poncloscadh** cauterising, **ruadhó** scorching, **rualoscadh** scorching, **spalladh** scorching, parching; shrivelling
2. *(metph)* stinging; ~ **croí** heartache
clipeadh sting, torment, **dairt** pang, dart, **deann** pang, sting, **dó** burning, **dóiteacht croí** heart-scalding, **nimh** venom, vitriol, **goimh** sting, venom, **goin** stinging wound, **goineog** cutting remark, gibe, sting, **greadfach** *f* smarting pain, **priocadh** pricking (cf **priocadh coinsiasa** pricking of conscience), **ruibh** venom, sting

Lot *vn* spoiling, defacing; injuring
aghlot defacing, **bánú** ruining, **brocadh** messing up, spoiling, **caitheamh bruscair** littering, **caitheamh salachair** mudslinging, **cur míchlú ar** smearing, **cur ó chrích** ruining, spoiling, **cur ó mhaith** banjaxing, **cur smáil ar** staining, tarnishing, **damáistiú** damaging, **déanamh dochair/damáiste do** damaging, **déanamh fuirseadh fairseadh de** botching, **díothú** annihilating, **loitiméireacht** vandalising, vandalism, **máchailiú** disfiguring, **milleadh** ruining, spoiling, **sárú** overwhelming; violating, **scriosadh** destroying, **smálú** staining, tarnishing, **smearadh** smudging with grime; smearing

Lua *vn* mentioning; reference; discoursing
ailléidiú alluding, **anótáil** annotation, **athfhriotal** quote, **athlua** reiteration, reiterating, **caint** talk, **crostagairt** cross-reference, **dearbhú** assertion, asserting, **focal** word, remark, **fógairt** announcement; announcing, **fógra** notice, **insint** narrative; telling, **iomrá** mentioning, reporting, **luaiteachas** mention, report, **maíomh** claiming, **míniú** explaining, explanation, **nóta** note, **ráiteas** statement, **sliocht** *m* **athfhriotail** citation, **tabhairt le tuiscint** implying, **tagairt** reference, **trácht** mention; commentary

Luach *m (~a; ~nna)* value, price
aghaidhluach face value, **breithmheas** appraisal, **costas** cost, **fiúntas** worth, **luaíocht** merit, **measúnacht** assessment, evaluation, **measúnú** assessing, evaluating, **praghas** price, **ráta** rate, **suntas** significance, **tábhacht** importance, **táille** *f* charge, fee, **tuilleamas** *(sch)* merit (see also: **praghas**)

▲ ~ **ainmniúil** nominal value, ~ **barrachais** surplus value, ~ **calrach** calorific value, ~ **geilliúna** surrender value, ~ **margaidh** market value, ~ **nuachta** news value, ~ **saothair** emolument, remuneration; reward, ~ **sonraí** data value, **pacáiste** ~ **breise** value pack

Luachmhar *adj¹* valuable, precious
costasach expensive, costly, **cuanna** noble, precious (cf **séad cuanna** precious heirloom), **daor** dear, **fiúntach** worthy, **lómhar** *(lit)* precious (cf **liaga lómhara** precious stones), **ríluachmhar** priceless, **ríthábhachtach** vital, crucial, **seodmhar** jewelled, gemmed, **suntasach** significant, **tábhachtach** important

Luaigh *v₁f* mention, cite; hold a discourse about
abair say, **ailléidigh** allude, **anótáil** annotate, **arsa** *(deponent verb)* says, said, **athluaigh** reiterate, **cuir in iúl** communicate, express, **dearbhaigh** assert, **fógair** announce, **inis** tell, **iomráidh** *(lit)* mention, report, **léirigh** explain, **maígh** claim, **mínigh** explain, **nótáil** note, flag up, **tabhair le tuiscint** imply, **trácht** mention, comment on (see also: **abair**)

Luaineach *adj³* flighty, fickle
athraitheach changeable, **bíogach** twitchy, **claochlaitheach** variable, unsettled, **corrach** unsteady, unsettled, **corrthónach** fidgety, **creathánach** shaky, wobbly, **éadaingean** insecure, unsteady, **giodamach** restless, **giongach** restless, hyper, **guagach** unstable, capricious, **liongánach** wobbly, **malartach** changeable, **mireogach** given to moments of madness, **míshocair** restless; uneasy, **neamhshocair** restless, **ruaiseach** fickle, giddy, flighty, **spadhrúil** given to fits of mentally unbalanced behaviour, **taghdach**

Luaite

capricious; impulsive, quick-tempered, **treallach** fitful; given to fits of anger

Luaite *pp* mentioned, cited
ailléidithe alluded, **anótáilte** annotated, **athluaite** reiterated, **curtha in iúl** communicated, expressed, **dearbhaithe** asserted, **fógartha** announced, **inste** told, narrated, **iomráite** mentioned, reported, **léirithe** explained, portrayed, **maíte** claimed, **mínithe** explained, **nótáilte** noted, flagged up, **ráite** said, told, **tugtha le tuiscint** implied, given to understand, **tráchta** mentioned, commented on *(see also: abair)*

Luaithe *f (~)* earliness, swiftness
ardluas high speed, **éascaíocht** speed, expedition, promptness, **foilsceadh** quickness, speed, **gastacht** swiftness, rapidity, **luas lasrach** lightning speed, **luas nimhe** furious speed, **mire** frenzied rapidity, **moiche** earliness, **piocúlacht** quickness, smartness, **spriocúlacht** punctuality, promptness, **scafántacht** speediness, **tapúlacht** quickness, **teacht roimh an sprioc-am** arriving before the set time, **treoluas** velocity *(see also: luas)*

◊ **a ~ agus is féidir leat** as soon as you possibly can, **Ba ~ liom é a ligean leis na madraí!** I'd sooner give it to the dogs!, **Ní ~ anseo é ná go bhfuil sé imithe.** He's no sooner here than he's gone.

Luas *m (-ais; ~anna)* speed
ar chéim siúil at walking pace, **casadh** turning, **casmhóimint** torque, **céim** step, pace, **coiscéim** footstep, pace, **deabhadh** haste, **deifir** *f (-fre)* hurry, **dlús** expedition, speed, **gastacht** rapidity; quick-wittedness, **gluaiseacht** motion, **lánluas** full speed, **luaithe** quickness, earliness, **luasghéarú** acceleration, **luathlámhacht** deftness, speed-of-hand, **luathú** acceleration, **mallghluaiseacht** slow motion, **mire** swiftness, quickness, **neamhbhuaine** fleetingness, **praipe** quickness, suddenness, **ráta** rate, **ruathar** rush, **siúl** pace, **slómó** slo-mo, slow motion, **snaithe** pace, **tapaíocht** quickness, activeness, alertness, **tobainne** suddenness, **trádán** pace (cf **ar an trádán céanna** at the same pace), **treoluas** velocity *(see also: snáithe)*

▲ **~ an tsolais** speed of light, **~ dochreidte** incredible speed, **~ forshonach** supersonic speed, **~ gasta** high speed, **~ mall** low speed, **~ seilide** snail's pace, **~ tapa** high speed

▲ **bád luais** speedboat, **curiarracht luais** speed record, **gaiste luais** speed trap, **lán luais** express lane, **srianú luais** speed restriction, **teorainn luais** speed limit, **ticéad ~** speeding ticket, **traein luais** express train, **uasteorainn luais** maximum speed limit

◊ **Ná sáraigh an ~teorainn!** Don't break the speed limit!, **Táim ag tógáil luais.** I'm picking up speed. (cf **Táim ag tógáil an Luas.** I'm taking the Luas.)

Luasc v_{1e} swing
ascalaigh oscillate, **bog ó thaobh go taobh** move from side to side, **croith** shake, **déan longadán** sway, **déan rince/damhsa** dance, **iomlaoidigh** fluctuate, **roll ó thaobh go taobh** roll from side to side, **rothlaigh** rotate, whirl

Luascadh *vn* swinging
ascalú oscillating, **bogadh ó thaobh go taobh** move from side to side, **croitheadh** shaking, **déanamh longadáin** swaying, **déanamh rince/damhsa** dancing, **iomlaoidiú** fluctuating, **rolladh ó thaobh go taobh** rolling from side to side, **rothlú** rotating, whirling

Luasctha *pp* swung
ascalaithe oscillated, **bogtha ó thaobh go taobh** moved from side to side, **croite** shaken, **iomlaoidithe** fluctuated, **rollta ó thaobh go taobh** rolled from side to side, **rothlaithe** rotated, whirled

Luath- *pref* quick, fast, hurried; fickle
~bhéalach quick at repartee, **~bheart** hasty action, **~bheartach** quick to act, **~chainteach** quick-spoken; glib, **~chosach** fast on one's feet, **~ghoineach** easy to wound; quick to take offence, **~intinneach** impulsive; fickle, **~lámhach** dextrous, deft; quick to steal; said of a man who is too presumptuous in his sexual advances, **~scríbhinn** shorthand document, **~scríbhneoireacht** stenography

Luath *adj¹* early, swift; rash, fickle
ar luas lasrach lightning fast, **ar luas nimhe** at a furious speed, **faoi ardluas** at high speed, **gan bheith déanach** not to be late, **gan smaoineadh cuí** without proper consideration, **gasta** swift, rapid, **grod** abrupt, sudden, **guagach** fickle, **imeachtach** moving at a speedy pace, **luaineach** capricious, **mear** fast, **meargánta** rash, **moch** early, **neamh-mheontach** presumptuous, **ríogach** impulsive, **roimh an sprioc-am** before the set time, **roimh ré** beforehand, **róthobann** impetuous, **ruthagach** impulsive, **scafánta** speedy, **sciobtha** rapid, fast, **tapa** quick, fast

▲ **barr ~** early crop, **breith ~** rash judgment, **capall ~** swift horse, **Earrach ~** early Spring, **éirí ~** early rising, **~-Ghaeilge** Early Irish, **intinn ~** fickle mind, **tosach** *m* **~** early start

◊ **Beidh sí anseo go ~.** She'll soon be here., **chomh ~ le tús na haoise seo** as early as the beginning of this century, **go ~ ar maidin** early in the morning, **Go dtaga biseach ort go ~!** Get well soon!, **~ nó mall** sooner or later

Lúb 1 *f (lúibe; ~a, ~)*
1. loop, coil, curl
ciorcal circle, **coirnín** curl (cf **coirnín toite** curl of smoke), **corna** coil, **dol** loop, **dual** lock, tress, **fáinne** ring, **feacadh** flexure (cf **feacadh glúine** genuflecting), **lúbán** coil, **lúbóg** small loop, **lúibín** tiny loop; little

Lúb link (cf **lúibíní cufa** cuff links), **timpeall** circuit, round; roundabout, **timpeallán** roundabout

▲ ~**-bhóthar** loop road, ~ **chuirtín** curtain loop, ~ **gruaige** ringlet of hair, ~ **i mbóthar** loop in the road

◊ **Rinne an t-eitleán ~ os cionn an tslua.** The plane looped the loop above the crowd., **Bhí ~ ar an téad.** The rope was looped.

2. *(knitting)* stitch, link; twist, bend
caisirnín twist, spiral; wrinkle, **casadh** turning, **casnóg** *(thread)* twist, **castainn** twist, link, **ceangal** connection, **cor** twist, turn, **cringleach** *m* cringle, **cromadh** bending, **drol** link, staple, **cuar** curve, **cúlghreim** *m* backstitch, **freang** twist, contortion; twitch, spasm, **fuinneamh** twist, twirl; energy, **greim** *m (sewing)* stitch, **groiméad** grommet, **lúbóg** small loop, **nasc** connection, link, **snaidhm** knot, stitch

▲ *(knitting)* ~ **ar a faobhar** rib stitch, ~ **ar deiseal/shleamhain** plain stitch, ~ **ar lár** dropped stitch, ~ **ar tuathal/rigín** purl, ~ **na cruithneachta** double moss-stitch

◊ ~ **a thógáil/leagan** *(knitting)* to take up/drop a stitch, ~ **ar lár sa dlí** legal loophole, **Tá ~ ar lár.** *(fig)* There is something missing., ~ **i slabhra** link in a chain, **Is iomaí cor is ~ ann.** He's very unpredictable. Don't trust him., **Thit ~ orm.** *(knitting)* I dropped a stitch.

Lúb 2 v_{1a} bend
cadhail coil, twist, **cam** bend; distort, **cas** turn, twist, **ciorclaigh** circle, **cor** turn, **corn** coil, roll, **crap** contract, tuck in, **crom** bend, **cuaileáil** coil, **cúb** bend, **cuar** curve, **cúb** bend, **cuir cor i** twist, **déan fáinne** make a ring/circle, **dual** twine, interlace, coil, **feac** bend (cf **an ghlúin a fheacadh** to bend the knee, to genuflect), **fiar** slant, tilt; veer, **freang** warp, contort, **iompaigh** turn round, **rothlaigh** gyrate, **sléacht** genuflect, prostrate, bow down, **téigh ar do ghlúine** get down on your knees, **téigh timpeall** go round, **timpeallaigh** go round; encircle, **tiontaigh** turn, flip, **umhlaigh** bow

Lúbach adj^3 bending, twisting; looping
caslúbach looped, **casta** turned, twisted, **crom** bent; stooped, **cuar** curving; curved, hooped, **freangach** twisted, contorted, **lán castaí** full of twists, **lúbánach** coiled; looped, **lúbarnach** wriggling, twisting, **lúibíneach** looped, **sníomhach** twisting, twining *(see also: lúbtha)*

Lúbadh *vn* bending
caidhleadh coiling, twisting, **camadh** refraction, distorting; bending, **casadh** turning, **ciorclú** circling, **coradh** turning, **cornadh** coiling, rolling, **crapadh** contracting, tucking in, **cuaileáil** coiling, **cuaradh** curving; coiling up, **cúbadh** bending, **dualadh** twining, interlacing, coiling, **dul timpeall** going round, **fiaradh** slanting, tilting; veering, **freangadh** warping, contorting, **iompú** turning round, **lúbarnaíl** twisting; writhing; wriggling, **riastradh** bending out of shape; contortion (cf **riastradh uime** he became contorted), **rothlú** gyrating, **sléachtadh** genuflecting, **timpeallú** encirclement, **tiontú** turning, flipping; translating, **umhlú** bowing; curtsey

Lúbtha *pp* bent
caidhilte coiled, twisted, **cam** crooked, **casta** turned, twisted, **cortha** turned, **corntha** coiled, rolled, **craptha** contracted, tucked in, **cromtha** bent over, **cuaileáilte** coiled, **cuartha** curved, **cúbtha** bent, **dualta** entwined, interlaced, coiled, **dulta síos ar do ghlúine** gone down on your knees, **dulta timpeall** gone around, **fiartha** slanted, tilted; veered, **freangach** twisted, contorted, *(med)* spasmodic, **freangtha** warped, contorted, **gabhlánach** bandy, **lúbach** looped; winding, **lúibíneach** looped, **umhlaithe** bowed, **sléachta** prostrated, bowed down

Lúcháir f (~e) delight
aogall gladness, **aoibhneas** bliss, **ardmheanma** f high spirits, **áthas** happiness, **gairdeas** rejoicing, **girréis** high spirits, friskiness, **gliadar** glee, joviality, **gliondar** gladness, **greadhain** shouts of exultation, **iontlas** mirth, spree, **meanma** f (~n) **mhaith** (ag) (of) good cheer, **meidhir** mirth, **meidhréis** jollity, **ollghairdeas** jubilation, **rímead** jubilance, **sceitimíní** ecstasy, **scleondar** high spirits, elation, **scóipiúlacht** f high spirits, **sonas** joy *(see also: áthas)*

◊ **Bheadh ~ orm a leithéid a dhéanamh.** I'd be delighted to do it., **Tá ~ an domhain orm.** I'm absolutely thrilled.

Lúcháireach adj^3 joyous, rejoicing
aoibhinn blissful; pleasant, **ardmheanmnach** high-spirited, **áthasach** happy, **gairdeach** joyous, **girréiseach** high-spirited, frisky, **gliadrach** gleeful, jovial, **gliondrach** joyous, glad, **greadhnach** exulting, joyous, **iontlais** (> *iontlas*) rousing spirits, **meanmnach** cheerful, spirited, **meidhreach** mirthful, **meidhréiseach** frisky, jolly, **ollghairdeach** jubilant, **rímeadach** jubilant, **sceitimíneach** ecstatic, rapturously excited, **scleondrach** elated, **sona** joyful *(see also: áthasach)*

Lucht 1 *m* (~a; ~$anna$) group of people, people, folk
aos *m* folk, people (cf **aos dána** poets, **aos ceoil** musicians, **aos óg** young people, etc), **daoine** *mpl* people, **gnáthdhaoine** *mpl* ordinary folk, **muintir** family (cf **muintir na háite** local people, **muintir na cathrach** city folk, **muintir na tuaithe** country folk, etc), **pobal** community, **slua** host (cf **an slua sí** the fairy host, **slua na marbh** the dead, etc), **treibh** tribe; homestead, household, **tuath** tribe, people

▲ ~ **aitheantais** acquaintances, ~ **an airgid** financiers; people with money, ~ **an eolais** people

Lucht

in the know, ~ **an oilc** evildoers, ~ **an tí** people of the house, household members, ~ **an tsaibhris** the wealthy (people), ~ **bainise** bridal party, ~ **briste an dlí** lawbreakers, ~ **cáinte cois teallaigh** armchair critics, ~ **canbhásála** canvassers, ~ **cathrach** city folk, ~ **ceannais** people in authority, ~ **ceirde** tradespeople, ~ **cladaigh** coastal dwellers, ~ **coimhdeachta** retinue, entourage, ~ **comhcheilge** conspirators, ~ **cúlchainte** backbiters, ~ **éisteachta** listeners, ~ **féachana** viewers, ~ **freastail** attendants, ~ **gnó** business people; business community, ~ **iarrtha tearmainn** asylum seekers, ~ **imeartha** players, ~ **imirce** emigrants, ~ **leanta an cheoil thraidisiúnta** traditional music aficionados, ~ **leanúna (dílis)** (faithful) followers, (diehard) fans, ~ **léinn** academics; learned folk, ~ **léirsithe** demonstrators, ~ **meirleachais** felons, ~ **mírúin** begrudgers, ~ **na gcarbhat síoda** the silk tie brigade, ~ **oibre** working people; workers, ~ **oirfide** minstrels, ~ **páirte** partisans, ~ **riaracháin** administrators, ~ **saoire** holidaymakers, ~ **seachanta an choinscríofa** draft dodgers, ~ **sléibhe** mountain folk, ~ **stiúrtha** directorate; government, ~ **tacaíochta (baile)** (home) supporters, ~ **taidhleoireachta** diplomats, ~ **taighde** researchers, ~ **taispeána** exhibitors, ~ **taistil** travellers; travelling folk, ~ **tarrthála** rescuers, ~ **tuaithe** country folk

Lucht 2 *m (~a; ~anna) (electric)* charge; capacity, load
bró *f* **mhuilinn** millstone, deadweight, **bulc** cargo, hold (of ship), **coinsíneacht** consignment, **earraí** *mpl* goods, **ládáil** lading (cf **bille ládála** bill of lading), **lasta** cargo, **lastas** lading, **líon** full complement, **líonadh** filling, **lód** load, **lódáil** loading, **luchtóg** small charge; small cargo, **luchtú** charging, loading, **ualach** *m* load; onus, **uaslódáil** uploading *(see also: luchtú)*

Luchtaigh *v₂ₐ* charge, load, lade
anluchtaigh overload, **athlíon** replenish, **athluchtaigh** recharge, **cuir isteach** put in, **cuir stoc i stór** stock a store, **doirt isteach** pour in, **lastáil** lade, load, **líon** fill, **líon suas** fill up, **lódáil (suas)** load (up), **pacáil** pack, **pulc** stuff, **róluchtaigh** overload, **sac** cram, **sásaigh** satisfy, **stang** charge, load, **stocáil** stock, **stóráil** store, **tóg suas** take up, **tromaigh** burden, oppress, **ualaigh** load up, **uaslódáil** upload

Luchtaithe *pp* charged, filled to capacity, loaded
anluchtaithe overloaded, **athlíonta** replenished, **athluchtaithe** recharged, **lastáilte** loaded, **líonta** filled, **lódáilte** loaded, **pacáilte** packed, **pulctha** stuffed, **róluchtaithe** overloaded, **sactha** crammed, **sásta** satisfied, **stangtha** charged, loaded (cf **gunna stangtha** loaded gun), **stocáilte** stocked, **stóráilte** stored, **tromaithe** burdened, oppressed, **tógtha suas** taken up, **ualaithe** loaded up, **uaslódáilte** uploaded

Luchtú *vn* charging, filling to capacity, loading
anluchtú overloading, **athlíonadh** replenishing, **athluchtú** recharging, **lastáil** loading, **líonadh** filling, **lódáil** loading, **pacáil** packing, **pulcadh** stuffing, **róluchtú** overloading, **sacadh** cramming, **sásamh** satisfying, **stangadh** charging, loading, **stocáil** stocking (up), **stóráil** storing, **tromú** burdening, oppressing, **tógáil suas** taking up, **ualú** loading up, **uaslódáil** uploading

▲ ~ **cadhnra** charging a battery, ~ **fóin** charging a phone, ~ **loinge** loading a ship

Lúfar *adj¹* agile, athletic
aclaí supple, limber, **bagánta** nimble, spruce, **beo** lively, **corpacmhainneach** fit, **éasca** nimble, swift, **friochanta** active, sprightly, **gasta** quick, alert, **i bhfoirm go maith** in good shape/form, **leabhair** supple, pliant, **luaineach** nimble, fast-moving, **luathchosach** fleet-footed, **lúbach** pliable, supple; looped, **lúsáilte** loose, **mear** fast, nimble, **oscartha** lithe, agile, **rúpach** robust, active, **scafánta** vigorous, strapping, **scodalach** long-legged, nimble, **scolbánta** lithe and strong, **sláintiúil** healthy, **solúbtha** flexible, **umhal** nimble, lithe, **umhal éasca** lithe and swift, **umhal ábalta** limber and able-bodied

Luí *vn* lie, lying position
dul chun soip to hit the hay, **dul síos** to go down, **leaba** bed, **leabú** embedding, setting; bedding, **leagan** lay, **néal** snooze, **síneadh amach** prostration, **spuaic chodlata** short nap, **suíomh** position, **tinneas** sickness *(see also: codladh, tinn)*

▲ ~ **cánach** incidence of tax, ~ **cnoic** *(golf)* uphill lie, ~ **fána** *(golf)* downhill lie, ~ **gairme** *(ed)* career orientation, ~ **meabhrach** *(ed)* mental set, ~ **na gréine** sunset, ~ **na talún** the lie of the land, ~ **seoil** labour, giving birth, ~ **téarnaimh** *(med)* recovery position

◊ **bheith i do** ~ to be lying down; sleeping, **Bhí an t-airgead ina** ~ **i mo chuntas.** The money was resting in my account., **Tá** ~ **aici le mata.** She is keen on maths., She has a proclivity for maths., **Tá** ~ **míosa uirthi.** She has been laid up for a month., **Tá** ~ **na bhfód air anois.** He's pushing up the daisies now.

Luigh *v₁g* lie, prostrate; ~ **síos** lie down
bain faoi settle in, **cuir rud/duine ina luí** lie a thing/person down, **cuir tú féin ar do dhroim** lie down on your back, **cuir tú féin ar shlat do dhroma** lay yourself on the flat of your back, **landáil** land, **leabaigh** embed, set; bed, **neadaigh** nest, embed, **sín béal fút** to prostrate yourself, **sín tú féin amach** stretch yourself out, **sléacht go talamh** to prostrate oneself on the ground, **tar anuas** come down, **téigh chun soip** hit the hay, **téigh faoin mbraillín** go to bed, **téigh i do luí** go to bed, **tit** fall, **tuirling** land, alight, disembark

~ **an gúna go deas uirthi.** The dress looked nice on her. ~ **ar an luasaire!** Step on the gas! ~ **ar do bholg/do thaobh!** Lie on your belly/ your side! ~ **ar do dhroim!** Lie on your back! ~ **in éadan an bhalla!** Lean against the wall! ~ **isteach air!** Use some elbow grease! ~ **mé léi.** I slept with her. ~ **mé síos ar an leaba.** I stretched myself out on the bed. ~ **sí isteach ar an obair.** She knuckled down to the work. ~ **sí isteach orthu.** She laid into them! ~ **siad i bhfolach.** They laid in wait. ~ **siar sa chathaoir!** Sit back in the chair! ~ **síos ar an bhféar!** Lie down on the grass! ~ **sneachta ar an díon.** Snow settled on the roof.

Luite *pp* laid down
bainte faoi settled in, **ar leathshliasaid** recumbent, **ar mo dhroim** on my back, **breoite** ill, sick, **dulta chun soip** hit the hay, **dulta faoin mbraillín** gone to bed, **dulta síos** gone down, **landáilte** landed, **leabaithe** embedded, set; bedded, **leagtha** knocked down, **sa leaba** in bed, **neadaithe** nested, embedded, **sínte** prostrated, **thíos** down, **tagtha anuas** come down, **dulta chun soip** hit the hay, **tite** fallen, **tinn** sick, **tuirlingthe** landed, disembarked

Lus *m (~; ~anna)* herb, plant
bláth flower, **braichlis** wort, **fásra** vegetation, **fiaile** *f* weeds, **luibh** herb, **lusra** herbs, herbage, **planda** plant, **salachar** weed infestation, **sceach** *f (sceiche; ~a, ~)* thorn bush, **tom** shrub, bush, **tor** bush *(see also: planda)*

▲ ~ **an aisig** daffodil, ~ **anainn** pineapple weed, ~ **an bhainne** milkwort, ~ **an bhalla** wallflower, ~ **an bhorraigh** bladderwort, ~ **an chairdinéil** cardinal flower, ~ **an chodlata** opium poppy, ~ **an choilm** columbine, ~ **an choire** coriander, ~ **an chorráin** spleenwort, ~ **an chromchinn** daffodil, ~ **an chrúbáin** gentian, ~ **an easpaig** ground elder, ~ **an ghiolla** lousewort, ~ **an ghrá** love-lies-bleeding, ~ **an leanna** hop, ~ **an óir** hedge mustard, ~ **an sparáin** shepherd's purse, ~ **an tóiteáin** houseleek, ~ **an treacha** thyme-leaved speedwell, ~ **an tsabhdáin** sultan, ~ **an tsiocaire** chicory, ~ **an úscaire** teasel, ~ **beatha** betony, ~ **braonach** dropwort, ~ **buí Bealtaine** marsh marigold, ~ **cailce** gypsophila, ~ **caisil** asphodel, ~ **coise gé** goosefoot, ~ **croí** heart's ease, ~ **cumhra** sweet herb, ~ **gan athair gan mháthair** duckweed, ~ **garbh** goosegrass, ~ **gormáin** cornflower, ~ **liath** lavender, ~ **mín** dill, ~ **míonla** forget-me-not, ~ **molach** woodruff, ~ **mór na coille** deadly nightshade, belladonna, ~ **na bhfear beag** bedstraw, heath, ~ **na bhfrancach** tansy, ~ **na bó** cucumber, ~ **na Cásca** pasque flower, ~ **na feannóige** crowberry plant, ~ **na fola** shepherd's purse, ~ **na gaoithe** wood anemone, ~ **na gcnámh** samphire, ~ **na gcnapán** lesser celandine, ~ **na gealaí** honesty, ~ **na gile** sweet William, ~ **na gloine** glasswort, ~ **na hoíche** nightshade, ~ **na magairlí** orchid, ~ **na mban sí** foxglove, ~ **na mbanríon** auricula, ~ **na mbrat** wild thyme, ~ **na meala** balm, ~ **na páise** passion flower, ~ **na pingine** pennywort, ~ **na seabhac** hawkweed, ~ **na seangán** wall pepper, ~ **na seicne** rupturewort, ~ **na síochána** yellow loosestrife, ~ **na smáileog** wild celery, ~ **na súl buí** charlock, ~ **nathrach** viper's bugloss, ~ **síoda** ragged robin, ~ **súgach** asparagus, ~ **tine** fireweed; willow herb

Lúthchleasaíocht *f (~a)* athletics
aclaíocht gymnastics, **cluichí** *mpl* games, **cluichíocht** gaming, **corpoideachas** physical education, **lúithnireacht** athleticism, **spórt** sport, **traenáil** training

M m

Má *f (~; ~nna) (top)* plain
bán (large) area of fallow ground, virgin land, **clár** plain level land, **eachréidh** level land, **fánlach** *m* open plain, expanse of moorland, **féarmhá** *f* grassy plain, **learg** *f* piece of flat sloping ground, **machaire** expansive level areas of land/plain/vegetation, **magh** *f (maighe) (lit, top)* plain, **mín** smooth level land, **plán** plain, **ré** *f* even flat ground, **tír oscailte** open country *(see also: machaire)*

Macalla *m (~; ~í)* echo
aisfhuaimniú reverberation, **allabhair** *f (-bhrach, -bhracha)* echo, **athchuimhne** *f* flashback, **athlua** reiteration, **athphreab** *f* rebound, **athrá** repetition, **athshondas** resonance, **cuimhne** *f* memory, **dúbláil** duplication, **frithchaitheamh** reflection, **leithéid** equal, counterpart, **macasamhail** *f (-mhla)* counterpart, like

▲ **~ do ghutha** echo of your voice, **~ ó ré eile** throwback to another era, **~ pléisce** reverberation of a blast, **~ toirní** ringing clap of thunder

Macánta *adj⁶*
1. honest
barántúil authentic, **cóir** just; proper, **cothrom** equitable, fair, **cothrom cruinn** fair and square, **dáiríre** sincere, **díreach** straight, **dlisteanach** legitimate, **eiticiúil** ethical, **féaráilte** fair, equitable, **fíor** true, **fíreánta** trustworthy, sincere, **fírinneach** truthful, **gan aon chur i gcéill** plain, unfeigned, **gan chor a chur sa scéal** on the level, **gan fiacail a chur ann** frankly, **ionraic** honest, **iontaofa** trustworthy, reliable, **maith** good, **muiníneach** trustworthy, **neamhchlaonta** unbiased, **oibiachtúil** objective, **oscailteach** open, candid, punctilious, **pointeáilte** particular, punctilious, **suáilceach** virtuous, **scrupallach** scrupulous

2. decent, childlike, appealing to others
caoin gentle, demure, **cneasta** decent, **caoinbhéasach** gentle mannered, **cogúsach** assiduous, **coinsiasach** conscientious, **creidiúnach** reputable, **cuibhiúil** proper, seemly, **dílis** loyal, **diúid** straightforward, sincere, **fiúntach** worthy, seemly, **gan aon chur i gcéill** plain, unfeigned, **gan chealg** harmless, **gnaíúil** amiable, genial, **maith** good, **míonla** gentle, mild, **modhúil** modest, unassuming, **nádúrtha** natural, **naíonda** childlike, **séimh** mild, **soineanta** guileless, naïve, **tláith** soft, tender

◊ **bheith go ~ le duine** to be honest with a person, **capall ~** docile horse, **go ~ cneasta** honestly and sincerely, **Is madra ~ é!** He's a decent sort!, **Tá sí chomh ~ is a gheobhfá.** She's as honest as they come.

Macántacht *f (~a)* honesty, decency, affability
barántúlacht trustworthiness; authenticity, ***bona fide*** *bona fide,* **caoine** demureness, gentleness **cogús** conscientiousness, conscience, **coinsias** conscience, **cóir** *f (córa)* justice, equity, properness, **cothrom** fairness, **cneastacht** decency, **creidiúnacht** creditableness, **cuibhiúlacht** seemliness, decorum, **dáiríre** sincerity, **dílseacht** faithfulness, loyalty, **dírí** straightness, straightforwardness, **dlisteanaí** legitimacy, **eiticiúlacht** ethicality, **féaráilteacht** fairness, **fíre** trueness, **fíréantacht** sincerity, righteousness, **fírinní** truthfulness, **fiúntaí** worthiness, seemliness, **fiúntas** worth, merit, **geanasaí** pureness, chastity, **geanmnaíocht** chasteness, **glaine** cleanliness, **gnaíúlacht** geniality, decency, **ionracas** honesty, uprightness, **iontaofacht** trustworthiness, reliability, **maith** good, **maitheas** *f (~a)* goodness, **míonlacht** gentleness, mildness, **modhúlacht** decency, modesty, **muinín** trust; confidence, **nádúrthacht** naturalness, **naíondacht** childlikeness, **neamhchlaontacht** impartiality, **oibiachtúlacht** objectivity, **oscailteacht** openness, candidness, **pointeáilteacht** scrupulousness, punctiliousness, **prionsabáltacht** (highest) moral principles, punctiliousness, **scrupallaí** scrupulousness, **séimhe** mildness, **soineantacht** guilelessness, naivety, **suáilce** virtue, **tláithe** softness, tenderness, **uaisleacht** nobleness, high-mindedness

Macasamhail *f (-mhla; -mhla)* likeness, facsimile, similar person/thing, replica
amhlachas semblance, **coibhéis** equivalence, equivalent, **cóip** copy, **contrapháirt** *(document)* counterpart, **cosúlacht** similarity, **do leathcheann** doppelganger, **dúblach** *m* duplicate, **iontamhail** *f* likeness, semblance, **leathbhreac** *(person)* counterpart, **leithéid** like **macasamhlú** reproduction, **meá** equal match, equivalent, **samhail** *f (-mhla)* simile, semblance; *(phil)* simulacrum

◊ **~ do sheanathar atá ionat.** You're a carbon copy of your grandfather., **Atógadh ~ den bhaile don scannán.** They recreated the town for the film., **Díoltar macasamhla dá saothar.** Replicas of her work are for sale., **Tá ~ den Leabhar Cheanannais ar taispeáint.** There's a facsimile of the Book of Kells on display., **Rinneadh a mhacasamhail de.** It was duplicated.

> ■ **Ar na pórtha éagsúla atá:** Various breeds include:
>
> | | | |
> |---|---|---|
> | **Aimseadóir buí** golden retriever | **Cú faoil** Irish wolfhound | **Pointéir** pointer |
> | **Alsáiseach** *m* Alsatian | **Cú** greyhound | **Púdal** poodle |
> | **Baiséadach** *m* basset hound | **Dalmátach** *m* Dalmatian | **Rótvaidhléir** Rottweiler |
> | **Bocsaeir** boxer | **Danar mór** great Dane | **Ruiséalach** *m* Jack Russell |
> | **Brocaire** terrier | **Fiachú** deerhound | **Sáiléir Lancashire** Lancashire heeler |
> | **Broc-chú** dachshund | **Gadhar gairid** mongrel | **Siotsú** shih tzu |
> | **Bulladóir** bulldog | **Huscaí** husky | **Sípéir** shepherd |
> | **Coilí** collie | **Labradór** Labrador | **Smutmhadra** pug dog |
> | **Corchú** corgi | **Maistín** mastiff | **Sneabhsar** schnauzer |
> | | **Péicíneach** *m* Pekinese | **Sotar** setter |
> | | **Pinséir** pinscher | **Spáinnéar** spaniel |
> | | **Pocadán (beag)** beagle | **Tarbh-bhrocaire** bull terrier |

Machaire *m* (*~; -rí*) plain, level areas of land
achadh *(high reg)* (large) field/terrain, **bán** (large) area of fallow ground, virgin land, **blár** open flat area of ground, **clár** plain level land, **faiche** *f* green lawn, open space, **fánlach** *m* open plain, expanse of moorland, **féarmhá** grassy plain, **fearann** territory, domain, **for-réidh** open country, **gort** field, **learg** *f* piece of flat sloping ground, **má** *f* plain, **mám** wide gap between mountains, **maoil** bare area without vegetation, **mín** smooth level land, **míodún** meadow, **móinéar** meadow, **páirc** park, **réidh** even flat ground, **srath** river valley, flat margins by river, **tír oscailte** open country, **tuilemhá** *f* flood plain *(see also: **má**)*

Machnaigh *v₂ₐ* contemplate, reflect; meditate; think
áirigh reckon, **ceap** think, **coincheap** conceive, **cuimhnigh (ar)** consider; remember, **déan do mharana ar** contemplate on, **déan machnamh/smaoineamh ar** meditate upon/think about (cf **Déan dianmhachnamh/diansmaoineamh air sin!** Think hard about that!), **féach ar** look at, consider, **meáigh** weigh (up) consider, **meabhraigh** ponder; recall, **meanmnaigh** *(lit)* think, plan, **meas** consider, **samhlaigh** imagine, **smaoinigh** think *(see also: smaoinigh)*

Machnaithe *pp* contemplated, reflected; meditated on; thought about
áirithe reckoned, **ceaptha** thought up, **coincheaptha** conceived, **cuimhnithe (ar)** considered; remembered, **féachta ar** looked at, considered, **meáite** weighed (up), **measta** considered, **meabhraithe** pondered; recalled, **meanmnaithe** *(lit)* thought about, planned, **samhlaithe** imagined, **smaoinithe** thought

Machnamh *vn* (*-aimh; -aimh, ~*) meditating, meditation, thinking
cuimhneamh considering consideration; remembering, reflection, **déanamh do mharana ar** contemplating on, **dianmhachnamh** profound thinking, deep contemplation, **féachaint ar** looking at, considering, **marana** *f* (*~*) contemplation, reflection (cf **bheith dulta ar do mharana** to have become rapt in thought), **meá** weighing (up), **meas** considering, **meabhrú** pondering; recalling, **meanmnú** *(lit)* thinking about, planning, **nóisean** notion, **oibriú inchinne** cerebration, **scáthántacht** reflecting, considering, **samhlú** imagining, **smaoineamh** thinking, thought, **smaointeoireacht** cogitation, thinking, **sruthmhachnamh** passing thought; cursory consideration *(see also: smaoineamh)*

Machnamhach *adj³* meditative, contemplative
aireach mindful, **céillí** sensible, rational, **cognaíoch** cognitive, **cuimhneach** reflective, recollective, **dianmhachnamhach** profoundly meditative; deeply contemplative, **éirimiúil** intelligent, **fealsúnach** philosophical, **intleachtach** intellectual, **maranach** contemplative; thoughtful, **meabhraitheach** reflective; speculative, **rinnfheifeach** *(ecc)* contemplative, **sáite ina domhan féin** totally preoccupied with her own world, **smaointeach** pensive, meditative; thoughtful, **smaointeoireachta** (> *smaointeoireacht*) relating to cogitation, thinking, **stuama** thoughtful, considerate, **tógtha suas ina smaointe féin** lost in his/her/their thoughts, **tuisceanach** thoughtful, considerate

Machnóir *m* (*-óra; ~í*) thinker
acadóir academic, **bean léinn** woman of learning, academic, **diagaire** theologian, **duine smaointeach** thinking person, **fealsamh** philosopher, **fear léinn** man of learning, academic, **intleachtóir** intellectual, **lucht léinn** academics, people of learning, **neach léinn** student, **poileimiceoir** polemicist, **saorsmaointeoir** freethinker, **scoláire** scholar, **smaointeoir** thinker, **teoiricí** theorist, **tuairimitheoir** conjecturer, speculator

Madra *m* (*~; ~í*) dog
árchúnna dogs of war, **coileáinín** puppy, **coileán** pup, **cú** hound, **cú fola** bloodhound, **gadhar** dog, hunting dog, **gaidhrín** small dog, **gaidhrín uchta** lapdog, **gadhairseach** *f* bitch, **maidrín** little dog, **mílchú** hunting dog

◊ **~ draoibe a dhéanamh de pholaiteoir** to smear a politician, **Ná déan ~ na n-ocht gcos de!** Come to the point!, **Níl meas ~ agam orthu.** I have no respect whatsoever for them., **Tá an ~ marbh anois!** Now all hell will break loose!, **Tá a fhios sin ag ~í an bhaile.** Everyone knows that., **Tá tú ag cur ~í i bhfuinneoga orainne.** You're trying to bamboozle us.

Madrúil

▲ ~ **allta** wolf, ~ **caorach** sheepdog, ~ **confach** rabid dog, ~ **crainn** squirrel, ~ **crosanta** mongrel, ~ **dúiseachta** pointer, ~ **éisc** dogfish, ~ **fiaigh** hunting dog, ~ **folaíochta** purebred dog, ~ **gaoithe** portent of storm, ~ **garbh** spiny dogfish, ~ **gearr** terrier, ~ **macánta** decent sort, ~ **rua** fox, ~ **pórghlan** purebred dog, ~ **scadán** dogfish, ~ **seilge** hunting dog, ~ **taoide** strong tide, ~ **uisce** otter

Madrúil *adj⁴* doglike, brutish, coarse; obscene
ainmhíoch brutish, **barbartha** barbaric, **brocach** squalid, smutty, **brománta** boorish, rude, **brúidiúil** brutal, **cábógach** uncouth, **gáirsiúil** bawdy, coarse, vulgar, **gan náire** shameless, **garbh** coarse, rough, **garg** rude, rough, **graifleach** coarse, ugly, **gráisciúil** crude, loutish, **gránna** ugly, nasty, **graosta** lewd, obscene, **lábánta** low, vulgar, **lábúrtha** base, vulgar, **mínáireach** without any sense of shame, **náireach** shameful, **scannalach** scurrilous, **suarach** wretched, contemptible, **táir** base, cheap and nasty, **tútach** crude, vulgar

Magadh *m (-aidh)* mocking; joking
beithé *m* jeering, laughing, **ciúta** quip, clever remark, **cnáid** jeering, jibing, **coiméide** comedy, **creill** taunt, jeer, **cúis gháire** bit of a joke **faíreach** *f* booing, jeering, **fochaid** mocking, derision, **fonóid** jeering, derision, farce, **geoin** derision, mockery, **grealltóireacht** practical joking, **greann** humour, **jóc** gag, joke, **ráscántacht** facetiousness, levity of speech, **scaoileadh faoi** teasing, **scéal grinn** joke, **scigdhráma** *(thr)* farce, **scige** *f* giggling, **scig-gháire** mocking laugh, **scigireacht** derision, **scigmhagadh** jeering, **searbhas** sarcasm, **siocadh le duine** teasing a person, **sionnadh** mocking, ridiculing, **spochadh as duine** slagging a person off, **spochadóireacht** teasing; mock fighting, **steallmhagadh** deluge of jeering; mocking pointedly, **suaibhreos** ridicule, **tarcaisne** *f* scorn

▲ **ábhar magaidh** joking matter, **ceap magaidh** object of ridicule, **cleas magaidh** practical joke, prank, **gáir mhagaidh** shout of derision, **lucht magaidh** scoffers, **staic mhagaidh** laughing stock

◊ **Ag ~ atá tú!** You must be joking!, **Cuirimis uainn an ~!** All joking aside!, **Dhéanfaí ceap magaidh díom.** I would be made a laughing stock., **Mugadh ~ iomlán é.** It's a total humbug., **Ná bí ag ~ fúm!** Don't be making fun of me!, **Ná bí ag ~ fút féin!** Don't be fooling yourself!, **Ní raibh mé ach ag ~.** I was only kidding., **Ní rud mar mhagadh é!** It's not a thing to be taken lightly!

Magúil *adj⁴* mocking
áiféiseach absurd, ridiculous, **aisteach** strange, **ait** bizarre, weird, **aorach** satirical, **barrúil** comical, droll, **deisbhéalach** witty, quick-tongued, **dímheasúil** disdainful, scornful, **drochmheasúil** contemptuous, sneering, **fochaideach** mocking derisive, **fonóideach** derisive, **fronsach** *(thr)* farcical, **gáireach** laughing, **greannmhar** funny, **guanach** fanciful, silly, **ina chúis gháire** laughable, **magaidh** (> *magadh*) ridicule, **nathánach** aphoristic, **ropánta** taunting, scornful, **scigaithriseach** burlesque, **scigdhrámata** farcical, **scigiúil** derisive, mocking, **scigmhagúil** jeering, derisive, **scléipeach** hilarious, **seafóideach** silly, **searbhasach** sarcastic, **suaibhreosach** ridiculous, contemptible, **tarcaisneach** scornful *(see also: greannmhar)*

Maide *m (~; -dí)* stick, bar, beam
bachall *f (-aille; ~a, ~)* staff, crozier, **barra** bar, **bata** stick, **bíoma** beam, **buailtín** bludgeon, **cána** cane, **cearchaill** girder (cf **cearchaill laitíse** lattice girder), **cleathóg** wattle, stick, **cleith** cudgel, club, **cuaille** pole, post, **fleasc** *f (fleisce; ~a, ~)* rod; wand, **fraigh** *f (~;-itheacha)* rafter, **fuip** whip, **gas** stalk, **giarsa** joist, girder, **lorga** club, stick, **lorgfhearsaid** cudgel, club, **rachta** rafter, **ríshlat** sceptre, **sail** beam, boom, **sáiteán** stake, **slacán** *(sp)* bat, **slat** *f* cane, rod (cf **slat bhuailte** birch, **slat iascaigh** fishing rod), **smachtín** truncheon, **smíste** cudgel, bat, **sparra** batten, **spéice** stick, post, **spreas** dry stick, **spreasán** dry twig, **standal** post, stake, **steafóg** stout stick, staff, **tuairgnín** pestle, **léas** *m (léis; ~acha)* beam, **planc** plank, **rachta** rafter, **trostán** (pilgrim's) staff

◊ **Ná lig do mhaidí le sruth!** Don't become complacent!

▲ ~ **adhmaid** wooden stick, ~ **beangánach** pronged stick, ~ **briste** tongs, ~ **cainéil** cinnamon stick, ~ **corrach** seesaw, ~ **croise** crutch, ~ **crosógaíochta** lacrosse stick, ~ **cuirtín** curtain rod, ~ **dinimíte** stick of dynamite, ~ **draighin** blackthorn stick, ~ **gailf** golf club, ~ **giaranna** gear lever, ~ **gréine** shaft of sunlight, ~ **haca** hockey stick, ~ **leapa** bedpost, ~ **luascáin** trapeze, ~ **measctha** stirrer; troublemaker, ~ **milis** candy rock/cane, ~ **mór** *(golf)* driver, ~ **mullaigh** mainstay; ridgepole, ~ **póló** polo stick, ~ **rámha** oar, ~ **scine** wooden knife handle, ~ **siúil** walking stick, ~ **taca** prop, ~ **trasna** crossbeam

▲ **aisteoir** ~ wooden actor, **bróga** ~ clogs, **cloigeann** ~ blockhead, **fear** ~ dolt, **gunna** ~ toy gun, **méara** ~ butterfingers, **plean** ~ dumb plan, **saighdiúirí** ~ toy soldiers

Maidin *f (~e; ~eacha)* morning
breacadh an lae dawn, crack of dawn, **briseadh an lae** break of day, **camhaoir** daybreak, **eadra** *m* late morning, **éirí** *m* **na gréine** sunrise, **fáinne an lae** first light, dawning of the day, **gairm na gcoileach** cockcrow, **gealadh an lae** dawn of the day, **láchan** new day dawning, **luath** early, **moiche** early (in the day), **scarthanach** *f* break of day

◊ **Dia duit ar ~!** Good morning!, **go fionn na maidine** till the dawning of the morning, ~ **lá arna mhárach** on the following morning, **Mora na maidine duit!** Good morning!, **suí go ~** to sit up all night

Maígh v_{1h} boast, claim
abair say, tell, **airbheartaigh** purport, **áitigh** maintain, argue, **braigeáil** brag, **bí ag gearradh suntais** be showing off, **comharthaigh** signal, **cuir in iúl** inform, **déan buaileam sciath** blow one's own trumpet, **déan caint mhór** talk big, **déan gaisce as rud éigin** make a big thing out of something, **déan mórtas** boast, **dearbhaigh** assert, **éiligh** demand, require, **fógair** affirm, declare, **líomhain** allege, **tabhair le tuiscint** give to understand

> **Maíonn sí a rath air.** She envies his success.
> **Maíonn sí as.** She boasts about it.
> **Maíonn sí gaol liom.** She claims to be related to me.
> **Maíonn sí gur fíor é.** She asserts that it's true.
> **Maíonn sí gur gadaí é.** She alleges he's a thief.

Maighdean f (-dine; ~a, ~) virgin; maiden
ainnir damsel, **aontumhach** m celibate, **baitsiléir mná** bacheloress, **banógh** f (-óighe; ~a, ~) virgin, **banphrionsa** m princess, **bé** maiden, muse, **bogchailín** prepubescent young girl, **bruinneall** f (-nnille; ~a,~) maiden, **cailín óg** m young girl, **céirseach** f fair maiden, **gearrchaile** lass, **girseach** f lass, **glasach** m newbie, **núíosach** novice, **ógh** f (óighe) virgin, **rúcach** rookie, **seascachán** unmated bird (see also: **murúch**)

Maighdeanúil adj⁴ virginal
bán white, **caileanta** girlish, **chomh glan leis an sneachta** as pure as snow, **fíor-** pref pure, **gan salú** unsoiled, **gan smál** immaculate (eg Giniúint Mhuire gan Smál The Immaculate Conception), **gan teimheal** undefiled, **gan teimheal gan smál** spotless, **gan mhilleadh** pristine, unspoilt, **gan truailliú** unadulterated, **geanasach** pure, chaste, womanly, **geanmnaí** chaste, pure, pnt pertain virgin, **maighdine** (> **maighdean**) virgin, **modhúil** modest, maidenly, maidenlike, **neamhfhabhtach** uncontaminated, untainted, **neamhpheacúil** sinless, **neamhthruaillithe** unpolluted, **neamhurchóideach** innocent, guiltless, **ógh** chaste, pure, **saor ó locht** free of fault, **saor ó smúit** dust-free, **slán** intact, **sneachtúil** snowy, **suáilceach** virtuous, **uile** entire, **úr** fresh, **úr nua** brand new, **veisteach** vestal

Maighnéad m (-éid; -éid, ~) magnet
adhmaint magnet; lodestone, **baoite** bait, **cairéad** carrot, **carasma** charisma, **cluain** beguilement, **dreasacht** enticement, **dreasú** enticing, **gnéasúlacht** sexiness, sexappeal, **meallacacht** pulling power, desirability, **mealladh** enticement, **meálltacht** allure, seduction, **suim** interest, **tarraingt** pull; attraction, **tarraingteacht** magnetism, **tóir** appeal, popularity

Maighnéadach adj³ magnetic
adhmainteach magnetic, **aoibhinn** entrancing, enthralling, **an-suimiúil** very interesting, fascinating, **ar a bhfuil éileamh** in demand, **ar a bhfuil tóir** appealing, popular, **carasmatach** charismatic, **cluanach** beguiling, deceptively charming, **dodhiúltaithe** irresistible, **draíochtach** enchanting, **draíochtúil** mesmerising, hypnotic, **fíorspéisiúil** captivating, **meallacach** desirable, **meálltach** alluring seductive, **suimiúil** interesting, **tarraingteach** attractive

Mailís f (~e) malice
aicis rancour, **aincis** peevishness, malignancy, **anchroí** malevolence, **binb** venom, viciousness, **cais** spite, **cancar** spleen, **cealg** f guile, deceit, **díobháil** mischief, **díoltasaí** vengefulness, **domlas** gall, **drochaigne** malevolence, **droch-chroí** ill will, **drochfhuil** enmity, bad blood, **drochintinn** evil intention, **fanrais** ill will, spite, **fiamh** grudge, spite, **fala** grudge, spite, **faltanas** spitefulness, **fuath** hatred, **gangaid** spite, **goimh** venom, spleen, **gráin** hatred, **íorpais** venom, malice; dropsy, **mioscais** active ill will, wickedness, **mírún** malice; evil intent, **naimhdeas** animosity, **nimh** virulence, bitterness, **olc** evil, anger, temper, **olcas** spite, badness, **seanfhala** feuding, old grudges, **seirbhe** sourness, **stainc** pique, **urchóid** malignancy

Mailíseach adj³ malicious
aiciseach spiteful, venomous, **ainciseach** peevish, **aingí** malignant, **bearrtha** sharp-tongued, **binbeach** virulent, venomous, **cealgach** guileful, stinging, **colgach** bristling; waspish, **cruálach** cruel, **díobhálach** pernicious, noxious, **díoltasach** vindictive, **drochaigeanta** malevolent, **droch-chroíoch** evil-hearted, wicked at heart, **duáilceach** wicked, vicious, **faltanasach** spiteful, **gangaideach** virulent, nasty, **géar** bitter, **goilliúnach** hurtful, **gráiniúil** full of hate, hateful, **gránna** nasty, **mioscaiseach** spiteful, malicious, **millteach** baneful, **mírúnach** ill-intentioned, ill-disposed; malicious, **naimhdeach** hostile, **nimhiúil** toxic, **oilc** (> **olc**) evil, **searbh** bitter, sour, **suarach** mean, **tocsaineach** toxic, **urchóideach** malignant

Máinliacht f (~a; ~aí)(practice) surgery
gnáthamh (med) procedure, **idirghabháil liachta** medical intervention, **liacht** f practice of medicine, **obráid** operation, **sceanairt** (med) operation

▲ ~ **athchruthaitheach** reconstructive surgery, ~ **bhéil** oral surgery, ~ **chosmaideach** cosmetic surgery, ~ **chíche** breast surgery, ~ **croí oscailte** open-heart surgery, ~ **fiacla** dental surgery, ~ **íosionrach** minimal invasive surgery, ~ **lae** day surgery, ~ **léasair súl** laser eye surgery, ~ **mionchró** keyhole surgery, ~ **phlaisteach** plastic surgery, ~ **seach-chonaire** bypass surgery

Maíomh vn boasting, claiming; boast, claim
airbheartú purporting, alleging, **áitiú** maintaining, arguing, **bladhmaireacht** boasting, talking big, **braigeáil** bragging, **buaileam sciath** blowing one's own trumpet, **caint mhór** talking big, **comharthú** signaling, **dearbhú** asserting, **éileamh** demanding,

requiring, **floscaíocht** boasting, **fógairt** boastfulness, haughtiness, **gearradh suntais** showing off, **rá** saying, telling, **siollóg** boast; tall story, **tabhairt le tuiscint** giving to understand

Mair v_{1b} live, last

análaigh breathe, **bí ann** be there, **bí ar an saol seo** be in this life/world, **bí beo** be alive, exist, **coinnigh (ar siúl)** sustain, keep going, **eis** exist, **fan beo** remain alive, **lean ar aghaidh** carry on, **seas** stand, hold out, **substain** subsist, **tar i dtír** survive, **téigh ar aghaidh** go on, **trébhliantaigh** (biol) carry on from year to year, perennate

~eann a spiorad linn. Her spirit abides with us.
~eann an víosa lá. The visa is valid for a day.
~eann éin ar an inis. Birds inhabit the island.
~eann sé ar an déirc. He's gets by on handouts.
~eann siad ar rís. They subsist/survive on rice.
~eann siad saol breá. They live a good life.

P ~ **a chapaill agus gheobhaidh tú féar!** Live horse and you will get grass!, **Ní mhaireann bréag ach tamall.** A lie doesn't endure., The truth will eventually come out.

Mairbhiteach adj^3

1. numb

bodhar (limb) numb; deaf, **dallraithe** (cold) benumbed, **dí-íograithe** desensitised, **fuar** cold, frigid, **gan mhothú** without feeling, numb, **mairbhleach** numb, **maolaithe** (pain) numbed, **marbh** dead, numb, **préachta** frozen, **sliopach** unable to grasp because of numbness; having butterfingers

2. torpid, languid

falsa lazy, **faonlag** feeble, **laiste** (lit) lazy, sluggish, **leathbheo** dead-and-alive, **marbhánta** languid, lethargic, **spadánta** sluggish, **suanach** sleepy, dozy, **támhach** torpid, lethargic, **támhlag** feeble, inert

Mairbhití f (~) numbness

bodhaire numbness; deafness, **cluasántacht** languidness, **eanglach** m numbness, **fuaire** coldness, frigidity, **fuairnimh** numbness, **liostachas** listlessness, **mairbhe** numbness, dullness, **marbhántacht** languidness, **sliopaí** inability to grasp due to numbness in fingers, **spadántacht** sluggishness, **súmaireacht** moping around; listlessness

Maireachtáil vn living (as in being alive)

beatha life, **bheith beo** being alive, **bheith saolach** being long-lived (cf **Ní raibh an faisean sin saolach.** That fad didn't last long.), **coinneáil greama faoin bhfiacail** keeping the wolf from the door, **cónaí** dwelling, living, **cothabháil** sustenance; maintenance, **marthain** existence; subsistence, **marthanas** (jur) survivorship, **saol** life, world, **seasamh** standing, withstanding, **substaineadh** subsisting, **teacht as** coming out of it, surviving, **teacht i dtír** surviving, **téarnamh** recovery, convalescence, **trébhliantú** (biol) carrying on from year to year, perennating

Mairg f (~e; ~í)

1. woe

aiféala f regret, **anó** m distress, **anró** m wretched condition, **brón** sadness, **buairt** sorrow, grief, **caoineadh** mourning, weeping, **céasadh** agony; crucifixion, **ciach** m (**ciaigh**) sorrow, woe, **cian** longing, wistfulness, **crá croí** torment, anguish, **doilíos** remorse, **eagaoineadh** lamentation, moaning, **gruaim** despondency, gloom, **méala** grief, sorrow, **scalladh croí** heartache, **smúit** gloominess

◊ ~ **don té gan í!** Woe to the one without her!

2. **Mo mhairg!** Woe is me! Alas! My sorrow! **Faraor!** Alas!, **Faraor géar!** Alas and alack!, **Mo bhrón!** My sorrow!, **Mo chreach!** My ruin!, **Mo léan géar!** My bitter sorrow!, **Och!** Alas!, **Ochón!** Woe is me!

Mairnéalach m (-aigh; -aigh, ~) sailor

bádóir boater, **loingseach** m seaman, **loingseoir** mariner, **luamhaire** yachtsman, **maraí** seaman, **seanmhairnéalach** m old mariner, **taistealaí farraige** sea voyager (see also: **bádóir**)

Máirseáil 1 v_{1e} march

bí ar mhórshiúl be on parade, **bí ar na sráideanna** be on the streets, **déan léirsiú** demonstrate, make a demonstration, **déan mórshiúl** parade, **déan siúlóid (ar son cúise)** do a walk (for a cause), **frithmháirseáil** countermarch, **siúil** walk, **téigh ar paráid** parade; go on parade, **téigh chun cinn** progress, **téigh chun tosaigh** advance; to go forward, **téigh go dána** go boldly, **téigh i mbun agóide** go on a protest, **trampáil** tramp

Máirseáil 2 vn marching

déanamh siúlóide ar son cúise doing a walk for a cause, **dul amach ar na sráideanna** going out on the streets, **dul ar mhórshiúl** going on a march, **dul ar paráid** going on parade, **dul chun cinn** progressing, **dul chun tosaigh** advancing; going forward, **dul go dána** going boldly, **dul i mbun agóide** going on a protest, **frithmháirseáil** countermarching, **léirsiú** demonstration, **mórshiúl** march, parade, **siúl** walking, **trampáil** tramping

Máirseáilte pp marched

dulta amach ar na sráideanna gone out on the streets, **dulta ar mhórshiúl** gone on a march, **dulta ar paráid** gone on parade, **dulta chun cinn** progressed, **dulta chun tosaigh** advanced; gone forward, **dulta go dána** gone boldly, **dulta i mbun agóide** gone on a protest, **frithmháirseáilte** countermarched, **léirsithe** demonstrated, **siúlta** walked, **trampáilte** tramped

Maisigh v_{2b} decorate; accessorise

áilligh beautify, **athchóirigh** refurbish, revamp, **athmhaisigh** redecorate, **bláthnaigh** beautify, smooth, **breáthaigh** embellish, **cluimhrigh** spruce up, preen, **cóirigh** dress, fix up, **cuir barr maise ar** beautify, **cuir smideadh ort féin** apply make-up, put on cosmetics, **cuir caoi air** shape up, tidy up, **cuir le** add to, accessorise, **dathmhaisigh** decorate with colours, *(ms)* illuminate, **deasaigh** dress up, make look nice; prepare, **feistigh** fit out, festoon, **gairnisigh** garnish, **gléas** dress; festoon, **gréasaigh** ornament, decorate with ornamentation, **marmaraigh** marble, mottle, **oirnéal** decorate, **óraigh** gild with gold, **ornáidigh** ornament, **ornaigh** adorn, **órphlátáil** goldplate, **pointeáil** touch up, **sciamhaigh** embellish, beautify, **smid** to put on make-up

~ **an crann!** Decorate the tree!
~ **an teach!** Do up/Decorate the house!
~ **d'urlabhra!** Embellish your speech!
~ **do ghruaig leis!** Adorn your hair with it!
~ **le bláthanna!** Festoon with flowers!
~ **le heiseamláirí!** Illustrate with examples!
~ **le hór!** Ornament with gold!
~ **tú féin!** Beautify yourself!

Maisithe *pp* decorated
áillithe beautified, **athchóirithe** refurbished, revamped **athmhaisithe** redecorated, **bláthnaithe** beautified, smoothed, **breáthaithe** embellished, **cluimhrithe** spruced up, preened, **cóirithe** bedecked, correctly arranged, **deasaithe** dressed up, made to look nice; prepared, **gréasach** embroidered; ornamented, **gréasaithe** ornamented, **le smideadh** with make-up/cosmetics, **marmaraithe** marbled, mottled, **óraithe** gilded, **ornáidithe** ornamented, adorned with ornaments, **órphlátáilte** gold-plated, **pointeáilte** spruced/touched up, **rufach** frilled; ruffed, **sciamhaithe** beautified

Maisiú *vn* decorating
áilliú making pretty, **athmhaisiú** redecorating; redecoration, **bláthnú** beautifying, smoothing, **breáthú** embellishing, **cluimhriú** sprucing up, plucking, **cóiriú** bedecking, furbishing, **deasú** dressing up, making look nice; preparing, **ornú** ornamenting, **órphlátáil** goldplating, **órú** gilding, **pointeáil** sprucing/touching up, **sciamhú** beautifying, **smideadh** putting on make-up/cosmetics *(see also: maisiúchán)*

Maisiúchán *m (-áin; -áin, ~)* decoration
áilliú making pretty, **breáthú** embellishment, **cóiriú** bedecking, furbishing, **gréagán** table ornament, centrepiece, **gréas** *m (~a; ~a, ~)* ornament, ornamental work; ornamentation, **gréithe** ornaments, trinkets, **maise** adornment, beauty, **maisiú** decorating, **oirnimint** ornament, **ornáid** ornament, **ornáideachas** ornamentation, **ornáideacht** adornment, **ornáidí** *fpl* ornaments, **ornaíocht** adornment, dress, apparel, **ornú** ornamentation, **pointeáil** sprucing/touching up, **rufa** frill; ruff, **sciamhú** beautifying, **séad** precious object, ornament, **siogairlín** hanging ornament; hanging flowers, **smideadh** cosmetics, make up, **spaglainn** spangle, **truispleáin** *spl (worn on coat)* decorations, **uscar** *(lit)* ornament

▲ ~ **ailtireachta** architectural embellishment, ~ **do chrann Nollag** Christmas tree bauble, **maisiúcháin Nollag** Christmas decorations

Máistir *m (~; -trí)* master
an fear atá i gceannas the man in charge, **ardmháistir** *m* headmaster, **bas** boss, **bainisteoir** manager, **bean an tí** the woman of the house, **captaen** *m* captain, **ceann an tí** head of the house, **ceannaire** head, person in charge, **fear an tí** the man of the house, **fear ceannais** man in charge, **feighlí** overseer, minder, **feighlí páistí** babysitter, **geafar** gaffer, supervisor, **feitheoir** supervisor, superintendent, **flaith** *m* prince, lord, ruler, **fostaitheoir** employer, **gúrú** guru, **máistreás** mistress, **maoirseoir** supervisor, **maor** steward, foreman, **maor oibre** works foreman, **maor tráchta** traffic warden, **múinteoir** teacher, **oide** *m* teacher, **príomhoide** *(ed)* principal, **rí** king, **saineolaí** expert, **saoi** oracle, wise man, **saoiste** boss, foreman, **sár** tzar, **scipéir** skipper, **stiúrthóir** director; conductor, **teagascóir** instructor, **tiarna** lord, **traenálaí** trainer, coach, **triath** *m (lit)* lord, prince, **údar** authority; author

▲ ~ **banna** bandleader, ~ **ceathrún** quartermaster, ~ **ceirde** master craftsman, ~ **cuain** harbour master, ~ **dian** hard taskmaster, ~ **mór** person pulling the strings, the main guy, ~ **na n-arm** master-at-arms, ~ **puipéad** puppet master, ~ **scoile** schoolmaster, ~ **sorcais** circus ringmaster, ~ **striapach** pimp

Máistreacht

1. *vn* mastering
ceansú subduing; taming, **cloí** defeating, **codhnú** mastering, controlling, **coilíniú** colonising, **cur faoi smacht** subjugating, **éirí deisealach ar** become dexterous at, **éirí i d'údarás ar** becoming an authority on, **fáil lámh in uachtar ar** getting the upper hand over, gain supremacy over, **baint amach líofachta** *(ling)* achieving fluency, **smachtú** subduing, controlling, **teacht isteach ar rud éigin** getting the hang/knack of something, **fáil tuiscint mhaith ar rud éigin** getting a good understanding/grasp of something

2. *f (~a)* mastery (cf **fáil ~ ar** get mastery of)
ábaltacht capability; ability, **ardchéimíocht** pre-eminence, **bua** victory, **caithréim** triumph, **ceannas** command, **cumas** ability, **deaslámhacht** dexterity, **éacht** *m* achievement, **forlámhas** domination, **gaisce** prowess, **inniúlacht** competence, **lámh in uachtar** upper hand, whip hand, **líofacht** fluency, **próis** prowess, **saineolas** expertise; know-how, **sáreolas** mastery, virtuosity (cf **Tá sáreolas aici ar chódú.** She knows coding inside out), **sároilteacht** superlative skill, **smacht** control, **stiúir** stewardship, control, **tuiscint** understanding, **údarás** authority, **urlámhas** control, authority

Máistreás *f (~a; ~aí)* (school) mistress; any woman in authority
bantiarna *f* **talún** landlady, **bean** *f* **an tí** the woman of the house, **bean chéile** wife, **múinteoir** teacher, **úinéir mná (gnólachta)** proprietress (of a business)

Máistrigh *v₂ᵦ* master
bain líofacht amach *(ling)* achieve fluency, **ceansaigh** subdue; tame, **cloígh** defeat, **codhnaigh** master, control, **coilínigh** colonise, **cuir faoi smacht** subjugate, **faigh lámh in uachtar ar** get the upper hand over, gain supremacy over, **faigh máistreacht ar** get mastery of, **éirigh i d'údarás ar** become an authority on, **faigh tuiscint mhaith ar rud éigin** get a good understanding/grasp of something, **sáraigh** *(difficulty)* overcome, **smachtaigh** subdue, control, **tar isteach ar rud éigin** get the hang of something

Máistrithe *pp* mastered
ceansaithe subdued; tamed, **cloíte** defeated, **codhnaithe** mastered, controlled, **coilínithe** colonised, **éirithe deisealach ar** gotten dexterous at, **éirithe i d'údarás ar** become an authority on, **curtha faoi smacht** subjugated, **éirithe líofa** *(ling)* become/gotten fluent, **sáraithe** *(difficulty)* overcome, **smachtaithe** subdued, controlled, **tagtha isteach ar rud éigin** having got the hang/knack of something

Máistriú *vn* mastering
ceansú subduing; taming, **cloí** defeating, **codhnú** mastering, controlling, **coilíniú** colonising, **éirí i d'údarás ar** becoming an authority on, **cur faoi smacht** subjugating, **éirí deisealach ar** getting dexterous at, **éirí líofa** *(ling)* becoming/getting fluent, **sárú** *(difficulty)* overcoming, **smachtú** subduing, controlling, **teacht isteach ar rud éigin** getting the hang/knack of something

Máistriúil *adj⁴*
  1. masterful
ábalta capable, able, **cliste** adroit, clever, **cumasach** powerful, capable, **den scoth** first rate, **ealaíonta** artful, skilful, **gairmiúil** professional, **inniúil** competent, **líofa** fluently, **oilte** skilled, skilful, **paiteanta** *adj* expert, **sciliúil** skilful, **snasta** classy, cool, **údarásach** authoritative
  2. imperious, domineering
ardnósach pompous, grand, **díomasach** arrogant, **forlámhach** domineering; despotic, **móiréiseach** pretentious, **mórtasach** superciliuos, overweening, **mustrach** swaggering, conceited, **séideogach** disdainful, **tiarnasach** domineering, **tiarnúil** imperious, **toirtéiseach** haughty, self-important

Maite *pp* forgiven
díolmhaithe exempted, **éigiontaithe** acquitted, **ligthe tharat** overlooked, **loghtha** remitted, forgiven, **maolaithe** mitigated, **saortha** freed, **saortha ó chúis** absolved, **saortha ó locht** exonerated, **saortha ó mhilleán** exculpated

Maíte *pp* boasted; claimed
airbheartaithe purported, **áitithe** maintained, argued, **braigeáilte** bragged, **dearbhaithe** asserted, **éilithe** demanded, required, **fógartha** affirmed, declared, **líomhainte** alleged

◊ **Tá sé ~ air gur draoi é.** It is said of him that he is a druid.

Maiteach *adj³* forgiving
aspalóide (> **aspalóid**) *pnt* absolution, **bog** lenient, **caoin** clement, **caoinfhulangach** tolerant, **cineálta** kind, **cneasta** decent, **comhbhách** compassionate, **daonnúil** humane, **éigiontaithe** acquitted, **flaithiúil** generous, magnanimous, **foighneach** forbearing, **grástúil** gracious, **maite** forgiven, **móraigeanta** magnanimous, **neamhbhreithiúnach** non-judgmental, **so-mhaiteach** forgiving, **trócaireach** merciful, **tuisceanach** indulgent; compassionate

Maíteach *adj³* boastful
bomannach bragging, **bladhmannach** bombastic, **caithréimeach** exultant; triumphalist, **díomasach** arrogant, **fógrach** declarative, **gaisciúil** flash, pretentious, **iomarcach** excessive, **lán díot féin** full of yourself, **laochasach** boastful, **leitheadach** vain, presumptuous, **móiréiseach** ostentatious, **mórálach** vain, boastful, **mórchúiseach** overweening, proud, **mórtasach** proud, boastful, **mustrach** conceited, arrogant, **postúil** high and mighty, arrogant, **scleondrach** boastful; elated, **siollógach** bragging, **sotalach** cavalier, cocky, **teaspúil** uppish, arrogant, **toirtéiseach** big-headed, **tuairimiúil** opinionated, conceited, **uaibhreach** haughty, **undrach** conceited

Maith 1 *f (~e; ~e)*
  1. *(benefit)* good
áirgiúlacht utility, **áisiúlacht** convenience, **brabach** *m* profit, gain, **buntáiste** advantage, **feabhas** improvement, **fíréantacht** righteousness, **fiúntas** worth, merit, **fóint** expediency, usefulness, **folláine** fitness, goodness, **fónamh** service, usefulness, **leas** profit, gain, welfare, **maitheas** *f* good, **rath** success, good, usefulness, **séan** prosperity, **tairbhe** benefit, **toradh** *m* profit; fruit, **uaisleacht** nobility, noblesse, **úsáid** use, **úsáideacht** usefulness *(see also: maitheas)*

◊ **Cuireadh ó mhaith é.** It was rendered useless., It was banjaxed., **Fuair mé é sa deireadh, ná raibh ~ agatsa!** I found it in the end no thanks to you!, **Go raibh (míle) ~ agat!** Thank you (very much)!, **idir mhioth is mhaith** both good and bad, all sorts, **Is duine gan mhaith é!** He's useless!, **Is mó an t-olc a dhéanann sé ná an mhaith.** It does more harm than good., **Is rud gan mhaith é.** It's a useless thing., **le ~ nó le holc** for better or worse, **Níl ~ ann.** It's no good., **Ní mór a bhfuil de mhaith agam as!** *(iron)* A lot of good it did me!, **Rinne an scíth ~ dom.** The rest did me good., **Sin a bhfuil de mhaith leis.** That's all it's good for.

Maith

▲ ~ **choitinn** the common good, ~ **ghinearálta** the general good, ~ **mhór** the greater good

2. *(virtue)* good

breáthacht fineness, **clú** reputation, honour, **ceart** right, justice, **cneastacht** uprightness, gentility, seemliness, **cóir** equity, **cuibheas** propriety, decency, **dea-chlú** good reputation, **dea-chroí** good-heartedness, **eiticiúlacht** ethicality, **fíréantacht** righteousness, **gaoine** *(high reg)* goodness, **geanmnaí** chastity, **ionracas** honesty, integrity, **macántacht** honesty, decency, **maitheas** good, **moráltacht** morality, **oircheasacht** *(lit)* propriety, **uaisleacht** nobility, noblesse

3. *pl na* ~**e** the worthies, people of high standing

an uaisle the nobility, **daoine uaisle** noble/worthy people (cf **A dhaoine uaisle!** Ladies and gentlemen!), **mionuaisle** gentry, **móruaisle siamsaíochta** glitterati, **na bodaigh mhóra** the big wigs, **na boic mhóra** the big shots, **na piardaí** *(iron)* the important people, the V.I.P.s, **uaisleacht** nobility, **uaisle an tsaoil seo** the movers and shakers; the princes of this world

Maith 2 *adj²* good *(compar fearr)*

1. virtuous

altrúíoch altruistic, **carthanach** charitable, **ceart** right, correct, **cneasta** upright, gentle, seemly, **cothrom** fair, balanced, **dea-chroíoch** good-hearted, **dea-mhéiniúil** benevolent, **déirceach** alms-giving, **dílis** loyal, **dír** *(lit)* proper, **dleathach** legal, **eiticiúil** ethical, **fial** generous, **fíor** true, faithful, **fíréanta** righteous, **fiúntach** worthy, **flaithiúil** munificent, **folláin** wholesome, **fónta** sound, dependable, **geanmnaí** chaste, **inmholta** meritorious, **inrásta** fit, proper, **ionraic** honest, **iontaofa** trustworthy, **macánta** honest, decent, **morálta** moral, **muiníneach** dependable, **neamhpheacúil** sinless, **neamhtheimhlithe** unstained, **neamhthruaillithe** unspoilt, pure, **neamhurchóideach** harmless, pure, **oircheasach** *(lit)* meet, proper, **soilíosach** obliging, **suáilceach** virtuous, **tairiseach** faithful, **uasal** noble

2. fine, substantial, excellent

aoibhinn pleasant, fine, **ard-** *pref* brilliant, magnificent, **ar leith** particular, **atá ar dóigh** tremendous, **atá ar fheabhas** that is excellent, **breá** fine, **canta** petty, nicely-finished, **críochnúil** well-finished, neatly-done, **dea-** *pref* good, **dearscnaitheach** excellent, pre-eminent, **deas** nice, **den chéad ghrád** first rate, **den (chéad) scoth** of the very best quality, of the first water, **éachtach** extraordinary, **fonascúil** substantial, **galánta** splendid, **go feillmhaith** excellently, **iontach** wonderful, **mór** great, big, **taibhseach** flamboyant, **thar barr** tip-top, **thar cionn** top notch, excellent, **ruthagach** substantial, **sármhaith** exceedingly good, **substaintiúil** substantial, **suntasach** remarkable, **tofa** choice, **uasal** noble *(see also: breá)*

3. kind, affable

aoibheallach charming, pleasant, **báúil** sympathetic, **cairdiúil** friendly, **caoin** gentle, tender, **caoithiúil** kindly, pleasant, **cásmhar** sympathetic, **cineálta** kind, **comhbhách** sympathetic, **córtasach** agreeable, courteous, **dea-chroíoch** kind-hearted, **garach** obliging, **feiliúnach** obliging, **fiúntach** decent, **flaithiúil** lavish, generous, **gnaíúil** likeable, **lách** kind, **maitheasach** kind, obliging, **mánla** gentle, **mórchroíoch** big-hearted, **smaointeach** thoughtful, **soirbh** pleasant, **soraidh** *(lit)* pleasant, agreeable, **so-ranna** easy to get on with, companionable, **trócaireach** merciful, compassionate, **truachroíoch** compassionate, **tuisceanach** considerate

4. useful, beneficial, fit for purpose

ábalta able, **áisiúil** useful, **bailí** valid, **bisiúil** fecund, **brabúsach** profitable, lucrative, **buntáisteach** advantageous, **cabhrach** useful, **caoithiúil** convenient, opportune, **ceart** right, correct, **chomhchuí** harmonious, proper, **cóir** equitable, just, **cothaitheach** sustaining, nutritious, **cuí** appropriate, **cuidiúil** helpful, **cúntach** helpful, **deaslámhach** adept, **dleathach** legal, **dlisteanach** legitimate, **éifeachtach** effective, **fabhrach** favourable, propitious, **feiliúnach** fitting, **fóinteach** practical, helpful, **fóirsteanach** suitable, **fónta** useful, good, nourishing; sound, **indéanta** practicable, doable, **infheidhme** fit for service, **inniúil (chun)** fit (for), able (for), **leasa** (> **leas**) to the good, advantageous, **maitheasach** useful, good, **oiriúnach** suitable, **oiriúnach don fheidhm** fit for purpose, **óraice** fit, normal, proper (cf **Níl sé óraice ag daoine bheith ina gcónaí amuigh ar na sráideanna.** It's not fitting for people to be living out on the streets.), **scamhardach** nutritious, **sochrach** profitable; salutary, **tairbheach** beneficial, **tráthúil** timely, **úr** fresh, **úsáideach** useful

5. favourable

báúil sympathetic, **cairdiúil** friendly, **dearfach** positive, **deimhniúil** affirmative, **dóchasach** encouraging, hopeful, **fabhrach** favourable, **fial** generous, **méiniúil** well-disposed, **molta** approving, **moltach** complimentary, **rathúil** auspicious, **tacúil** supportive, **tuisceanach** understanding

6. interesting, pleasurable

fíorspéisiúil gripping, **meallacach** fascinating, **pléisiúrtha** pleasing, pleasant, **saoithiúil** cleverly humorous, witty, entertaining, **sásúil** satisfying; satisfactory, **spéisiúil** interesting, **suáilceach** pleasant, joyful, cheerful, **sultmhar** pleasurable, pleasant, **taitneamhach** enjoyable, pleasing, **tarraingteach** alluring, inviting

7. able, capable

ábalta able, **acmhainneach** resourceful, **cleachta (le)** practised (at), **cumasach** capable, potent, **deas ar** adept at, **deaslámhach** dexterous, **inniúil (ar)** capable (of), **oilte** skilled, trained, **saineolach (ar)** expert (at), **sciliúil** skilful, **traenáilte** trained

8. clever

cliste clever, **deaslámhach** adept, dexterous,

Maith

deisbhéalach witty, éirimiúil intelligent, féitheach gifted, glic cunning, shrewd, inniúil competent, intleachtach intellectual, oilte skilled, accomplished, saineolach (ar) expert (at), tréitheach accomplished, talented

9. well-behaved
béasach polite, dea-bhéasach well-behaved, dea-iomprach well-behaved, dea-mhúinte well-brought-up, well-mannered, dea-riartha well-ordered, géilliúil compliant, giúlánta well-behaved, guamach orderly, planned, well thought out, macánta decent, modhúil gentle-mannered, múinte having manners, pointeáilte orderly, somhúinte tractable, umhal subservient; obedient

10. healthy
beathúil nourishing, chomh folláin le bradán as fit as a fiddle, cothaitheach nourishing, folláin wholesome, healthy, i bhfoirm go ~ in good form, oiliúnach nutritive; nurturing, scafánta robust, sláintiúil healthy, spleodrach full of energy, téagartha solid, well-built, tráthúil timely, úisiúil fulsome

11. undamaged
foirfe perfect, gan bheith loite unspoilt, gan damáiste ar bith without any damage at all, gan dochar unharmed, undamaged, gan ghortú unhurt, gan mhilleadh unspoilt, gan smál without stain, immaculate, slán unharmed

◊ ~ go leor good enough, fair enough, ~ thú! Well done!,

Maith 3 *v₁ᵦ* forgive
díolmhaigh exempt, éigiontaigh acquit, faigh neamhchiontach find not guilty, gabh leithscéal duine accept a person's apology, glac agat le gníomh condone an action, lig tharat overlook, logh remit, forgive, maolaigh mitigate, pardún a thabhairt do to grant a pardon to, saor free, saor ó locht exonerate; free from blame, saor ó mhilleán exculpate, free from blame, tabhair aspalóid i bpeaca give absolution for a sin, tabhair maithiúnas do grant forgiveness to, tabhair pardún do pardon

◊ ~ dom an mhoill! Forgive me for being late!

Maitheamh *vn* forgiving, forgiveness
aspalóid absolution, díolmhú exempting, éigiontú acquitting, fáil neamhchiontach finding not guilty, gabháil leithscéil accepting apology, glanadh an pheaca the wiping away of the sin/transgression, ligean tharat overlooking, loghadh remitting, forgiving, maolú mitigating, pardún pardon, saoradh freeing, saoradh ó locht exonerating; freeing from blame, saoradh ó mhilleán exculpating, freeing from blame, tabhairt maithiúnas do granting forgiveness to, tabhairt pardún do granting a pardon to

Maitheas *f (~a; ~aí)* goodness
altrúchas altruism, brabús profit, carthanacht charity, cineáltas kindness, cneasta upright, gentle, seemly, dea-chroí good-heartedness, dea-mhian benevolence, déirceachas charitableness, duais prize, eiticiúlacht ethicality, feabhas improvement, feidhmiúlacht functionality, efficiency, féile generosity, fíréantacht righteousness, fiúntas worth, flaithiúlacht munificence, folláine wholesomeness, fónamh service, usefulness, geanmnaí chastity, ionracas honesty, iontaofacht trustworthiness, macántacht honesty, decency, integrity, maith good, moráltacht morality, neamhtheimhlitheacht unsulliedness, incorruptibility, neamhthruailliú uncontaminated state, neamhurchóid innocence, inoffensiveness, benignity, tairbhe benefit, toradh fruit, reward, uaisle nobility, noblesse, úsáid use (*see also:* **maith 1**)

Maithiúnas *m (-ais)* forgiveness
aspalóid absolution, éigiontú acquittal, lamháil allowance, remission, loghadh remission; forgiveness, loghaíocht remitting; remission, maitheamh forgiving, forgiveness, pardún pardon; amnesty, saormhaithiúnas free pardon, so-mhaití forgivingness, trócaire mercy

Máithriúil *adj⁴* motherly, maternal
bách affectionate, báúil sympathetic, búidh (*lit*) tender, búch tender, affectionate, caomhnaitheach protective, ceanúil loving, affectionate, connalbhach loving, affectionate, geanúil loving warm, tender, grámhar loving, lách kind, máithriúlachta (> *máithriúlacht*) maternal, máthartha motherly, motherlike, maternal, muirneach tender and loving, práinneach as devoted to, very fond of, tóiriúil ar fond of

Mála *m (~; ~í)* bag
geois bag, satchel, máilín small bag, maingín swag, little bag, mang *f (mainge)* bundle, bag, mealbhóg small bag, pouch, peasán purse, pocán small bag (cf pocán milseán small bag of sweets), púitse pouch, sac sack, sacán little sack/bag, spaga pouch, sparán purse, spliúchán pouch; bulge, sprochaille puffy skin (cf sprochaillí faoi na súile bags under the eyes), tiachóg satchel; wallet, treaspac stringed purse, trucaid kitbag, trunc trunk, trunc vardrúis wardrobe trunk, vallait wallet, urtlach *m* apron bag

◊ an cat a ligean as an mhála to let the cat out of the bag, bheith chomh teann le ~ an phíobaire to be stuffed to the gills (with food), Cuirfear an ~ aniar orm! I'll be reduced to beggary!, Is ~ eolais í. She's a store of knowledge., Is mó mo mhála ná mo sholáthar. I'm spending more than I'm earning.

▲ ~ aeir airbag, ~ airgid money bag, ~ athchúrsála recycling bag, ~ bosca bruscair bin liner, ~ bréag pack of lies, ~ bruscair bag of rubbish, ~ cáipéisí briefcase, ~ canbháis canvas bag, ~ cinn (*horse*) nosebag, **~ cleas** bag of tricks, **~ codlata** sleeping bag, **~ cosmaidí** cosmetics bag, **~ deannaigh** dust bag, **~ diallaite** saddlebag, **~ droma** rucksack, backpack, **~ éille** drawstring bag, **~ éithigh** lucky bag, **~ eolais** *(person)* repository of information, **~ fuála** sewing bag, **~ gailf** golf bag, **~ gainimh** sandbag, **~ gáis** gasbag, **~ gualainne** shoulder bag, **~ in-bhithmhillte** biodegradable bag, **~ láimhe** handbag, **~ litreacha** mailbag, **~ lóin** haversack, **~ maisiúcháin** toilet bag, **~ oighir** ice bag, **~ olla** woolsack, **~ phlúir** flourbag, **~ plaisteach in-díghrádaithe** degradable plastic bag, **~ plúir** bag of flour, **~ poist** mail bag, **~ pónairí** bean bag, **~ reoáin** icing bag, **~ scoile** schoolbag, **~ seilge** hunting bag, **~ síolaithe** straining bag, **~ siopadóireachta** shopping bag, **~ spóirt** sports bag, **~ suiminte** bag of cement, **~ taistil** travel bag, **~ trealaimh** kitbag, **~ uirlisí** bag of tools, **~ urlacain** sick bag

Malairt *f (~e; ~í)* exchange, change
aistriú translation; transformation, **athrach** *m* change, alteration, **athrú** change, **babhtáil** swapping; bartering, **claochlú** metamorphosis, **cur ruda amháin in áit ruda eile** replacing one thing with another thing, **iomlaoid** swap, exchange, **ionadú** substitution, **malartú** exchanging; swapping, **mionathrú** modification, **sóinseáil** change, **trasnú** crossing over

◊ **Déanfaidh mise ~ leatsa.** I'll swap with you., **Ní dhéanfainn ~ áite leis.** I wouldn't swap places with him., **Tá a mhalairt de scéal aici anois.** She has a different tale to tell now.

▲ **~ aeir** change of air, **~ chúrsa** change of course, **~ éadaigh** change of clothes, **~ intinne** change of mind, **~ leagain** alternative version, **~ oibre** change of work, **~ poirt** change of tune, **~ ratha** change of fortune, **~ saoil** life change; change of lifestyle, **~ slí** change in direction, *(traffic)* diversion, **~ treo** change in direction, **~ tuairime** change of opinion

Malartach *adj³* alternating, alternative; exchangeable
ailtéarnach *(med)* alternative, **aistreach** shifting, **athraitheach** changing, changeable, **claochlaitheach** variable, unsettled, **corrach** fidgeting; fitful, **éiginnte** uncertain, **fútrála** (> *fútráil*) fidgeting, **guagach** whimsical, capricious, **inathraithe** changeable, mutable, **luaineach** capricious, **taghdach** fitful, impulsive, **treallach** spasmodic, intermittent *(see also: athraitheach)*

▲ **fuinneamh ~** alternative energy, **cógas ~** *(medicaments)* alternative medicine, **earraí ~a** exchangeable goods, **gaotha ~a** variable winds, **leigheas ~** *(discipline)* alternative medicine; *(means)* alternative remedy, **litriú ~** alternative spelling, **réaltachtaí ~a** alternative realities, **roghanna ~a** alternative choices, alternatives, **sainmhíniú ~** alternative definition

◊ **Tá intinn mhalartach aici.** She is prone to change her mind., She is not dependable.

Malartaigh v_{2a} exchange, change, convert
ailtéarnaigh alternate, **aistrigh** translate; transform, **athchóirigh** adapt; restore, **athraigh** change, **babhtáil** swap; barter, **claochlaigh** metamorphose, **cuir rud amháin in áit ruda eile** replace one thing with another, **déan de** make into (cf **Déantar saoránaigh díobh.** They are made citizens.), **éirigh i** become, **iomalartaigh** *(jur)* commute, **iompaigh i** turn into, become, **ionadaigh** substitute, **meitibiligh** metabolise (cf **bia a mheitibiliú** to convert food into energy), **mionathraigh** modify, **modhnaigh** modulate; modify, **sóinseáil** change, **trasnaigh** cross over

Malartaithe *pp* exchanged, changed
ailtéarnaithe alternated, **aistrithe** translated; transformed; moved, **athchóirithe** adapted; restored, **athraithe** changed, **babhtáilte** swapped; bartered, **claochlaithe** metamorphosed, **curtha in áit ruda eile** put another thing in place, **déanta de** made into, **éirithe i** become, **iomalartaithe** *(jur)* commuted, **ionadaithe** substituted, **meitibilithe** metabolised, **mionathraithe** modified, **modhnaithe** modulated; modified, **sóinseáilte** changed, **trasnaithe** crossed over

Malartán *m (-áin; -áin, ~)*
1. changeling *(fairy imposter exchanged for an infant)*
ginid sprite, **iarlais** changeling; howling baby, **lucharachán** elf, **lucharacháinín** little elf, **páiste sí** fairy child, **síofra** elf child *(see also: iarlais)*
2. place of exchange
~ fostaíochta labour exchange, job centre, **~ telefóin** telephone exchange, **oifig** office, **stocmhalartán** stock exchange

Malartú *vn* exchanging, changing
ailtéarnú alternating, **aistriú** translating; transforming, **athchóiriú** adapting; restoring, **athrú** changing, **babhtáil** swapping; bartering, **claochlú** metamorphosing, **cur rud amháin in áit ruda eile** replacing one thing with another, **déanamh de** making into, **éirí i** becoming, **idirbheartaíocht** negotiation, **iomalartú** commuting, **ionadú** substituting, **malairt** swap, **margáil** haggling, **meitibiliú** metabolising, metabolism (cf **meitibiliú a ghéarú** to accelerate metabolism), **mionathrú** modifying, **modhnú** modulating; modifying, **sóinseáil** changing, **trádáil** trading, **trasnú** crossing over

▲ **~ áiteanna** changing places, **~ maslaí** exchanging insults, **~ ról** swapping roles, **~ tuairimí** exchanging opinions

Mall *adj irr (comp moille)*
1. slow
ar bogstróc at a leisurely pace, **bómánta** stupid, **costrom** plodding, **ciúin** quiet, slow (cf **Tá trádáil**

ciúin inniu. Trading is slow/quiet today.), **cúlánta** backward; retiring, **dobhránta** bovine, **dúr** dim, thick, **fadaithe** protracted, prolonged, **fadálach** dilatory, **fadbheartach** deliberate, slow to act, **gan dithneas** unhurried, **gan scaipeadh** *(fog, doubt, etc)* lingering, slow to remove itself, **ionmhall** sluggish and weary, **íseal** *(cu)* low, slow (cf **oigheann íseal** slow oven), **leadránach** boring, **leasc** sluggish; lazy, **leiscíúil** lazy, **liosta** tiresomely slow, **mallacharach** slow; dim, **malltriallach** slow-moving, **manaoiseach** dallying, dawdling, **marbh** dead, lifeless, inactive, **marbhánta** dead and alive, spiritless, **míthapa** sluggish; inactive, **neamhdheifreach** unhurried, **neamhéasca** slow, sluggish, **réagánta** lackadaisical, **réidh** leisurely, **righin** stiff, slow to move, **righneálach** dawdling, **sionsach** lingering, tardy; slow, **slogánta** sluggish, heavy, **spadánta** sluggish, lethargic, **spadchosach** flat-footed, slow-footed, **stágach** slow, stiff, lumbering, **stangánach** dilatory, **streachlánach** straggling, trailing, **taobhrighin** slothful, sluggish, **taobh thiar** behind, **trom** heavy, leaden, **tuirsiúil** tedious

▲ **amhrán** ~ slow song, **caint mhall** slow speech, **carr** ~ slow car, **fás** ~ slow growth, **foghlaimeoir** ~ slow learner, **fonn** ~ *(tune)* slow air, **gluaiseacht mhall** slow movement, **lána** ~ slow lane, **luas** ~ slow pace, **obair mhall** slow/sluggish work, **próiseas** ~ slow process, **uaireadóir** ~ slow watch

2. late
ag an nóiméad/mbomaite deiridh last-minute, **ar chúl** behind, **chun deiridh** at the rear, behind, last, late, **cúil** *(> cúl)* rear, rearward, **déanach** late, **deireanach** last, late, **deiridh** *(> deireadh)* last, late, **is faide siar** rearmost, **maol** late in the day, **míphoncúil** unpunctual, **moillithe** delayed, **thar téarma** overdue, **tite ar gcúl** fallen behind, behind schedule

◊ **Is fearr go ~ ná go brách!** Better late than never., **luath nó ~** sooner or later, **Más ~ is mithid!** It's about time!, **~ san oíche** late at night, **Táimid ~.** We're running late., **Táim lá ~ leis an obair.** I'm a day behind with the work.

▲ **bus ~** late bus, **freagra ~** late reply, **teacht ~** late arrival, **iarratas ~** late application, **filleadh ~** late return, **imeacht ~** late departure, **scannán ~** late movie, **seó ~** late show

P **Is fearr ~ná choíche!** Better late than never!

Mallacht *f (~; ~aí)* curse

anacair anguish, **anachain** *f (-e; -chana)* calamity, **angar** distress, **anó** misery, **anró** distress, **bearrán** annoyance, nuisance, **briseadh croí** heartbreak, **buaireamh** bother, **caitheamh jioranna** cursing, **ciapadh** torture, **corraí** *f* irritation, frustration, **cros le hiompar** a cross to carry, **diabhaltacht** devilry, **doilíos** affliction, **drochghuí** malediction, curse, **éagóir** injustice, **eascaine** *f* imprecation, swearing, curse word, **fulaingt** suffering, **mallachtach** *f* cursing, **mallaitheoireacht** cursing and swearing, **mallú** swearing, **mí-ádh** ill luck, **mínaomhú** speaking profanities; act of profaning, **mosán** irritation, annoyance, **plá** pestilence, plague, **suaiteacht** upset, unease, **suaitheadh** agitation, **tiomna** *m* swear word; testament, **trioblóid** trouble, **urchóid** malignancy, bane

◊ **~ Dé orthu!** God damn them!, **Mo sheacht míle ~ ar an inneall diabhlaí seo!** Blast this damned engine!

Mallaigh *v₂ₐ* curse, swear

abair eascaine utter an imprecation, curse, **ag eascaíní** be cursing and swearing, **bí ag mallachtach** be cursing, **damnaigh** damn, **diamhaslaigh** blaspheme, **eascainigh** curse, swear, **tabhair mionnaí móra** use swear words, curse, **tiomain** swear; curse (eg **Tiomnann sé an diabhal.** He curses the devil.)

Mallaithe *pp* cursed

ainnis abysmal, **bearránach** annoying, **bradach** unholy, godless; thieving, **creathnach** frightful, appalling, **damanta** confounded, **damnaithe** damned, **déistineach** disgusting, **diabhalta** devilish, ungodly, **diabhlaí** diabolical, **millteanach** appalling, abominable, **mínaofa** unholy, **samhnasach** nauseating, **uafásach** dreadful, atrocious (see also: **míchráifeach**)

◊ **An t-iomlán ~ acu!** The whole damn lot of them, **Bhí dúil mhallaithe aici sna toitíní.** She had an unholy addiction to cigarettes., **Táim bréan den aimsir mhallaithe seo!** I'm fed up with this abominable weather.

Mallú *vn* swearing cursing

damnú damning, **diamhaslú** blaspheming, **eascaíní** cursing, swearing, **mallachtach** cursing, **tabhairt na mionnaí móra** swearing, cursing, **tiomaint** swearing; cursing (eg **Ná bí ag tiomaint ar an madra.** Don't be swearing at the dog.)

Mana *m (~; ~í)* motto, catchphrase, slogan; portent

barúil opinion, **buafhocal** epithet, **céalmhaine** *f* augury, omen, **comhartha** sign, **cur chuige** approach, **dearcadh** outlook, **fíorú** portent, premonition, **focal** word, **focal faire** watchword, **gáir** cry, **meon** attitude, **séan** sign, omen, **sín** *(lit)* sign, portent, **sluán** *(pol)* slogan, **tairngreacht** prediction; prophecy, **teagasc** doctrine, teaching, **teir** evil omen, **tuairim** opinion, **tuar** portent, indication, **tuiscint** understanding

Manach *m (-aigh; -aigh, ~)* monk

ab abbot, **bráthair** *m (-thar)* friar, *(rel)* brother, **Cartúiseach** *m* Carthusian monk, **Cistéirseach** *m* Cistercian monk, **coirneach** *m* monk, friar, **díthreabhach** *m* hermit, **fear naofa** holy man, **sagart** priest, **Trapach** *m* Trappist monk

▲ **~ dubh** Benedictine monk, **~ bán** Cistercian monk

Maoil f (~e; ~eanna) knoll, hillock
cnapán bobble, **cnocán** hillock, **maoileann** rounded summit; hillock, knoll, **mullán** knoll, **tulach** f hillock, **tulán** mound, low hill, **tulóg** little mound, hummock (see also: **cnocán**)

◊ **ag cur thar ~** overflowing, **as ~** at full strength, **as ~ do chonláin** on the spur of the moment, **de mhaoil an bhaige** for no apparent reason, **de mhaoil do mhainge** on impulse, **ó mhaoil go mullach** from bad to worse

Maoin f (~e; ~e) wealth; property
acmhainn affluence, **airgead** money, **airnéis** property, chattels, **éadáil** wealth, riches; salvage, spoil, **flúirse** abundance, **fortún** fortune, **gustal** wealth, **ór** gold, **ollmhaitheas** f wealth, luxury, **rachmas** wealth, **rathúlacht** prosperousness, successfulness, **réadmhaoin** real estate, property, **réadmhaoin phríobháideach** private property, **saibhreas** wealth, richness, **sealúchas** possessions; possession, **spré** wealth (cf **spré cnoic** wealth of cattle and sheep); dowry, **séan** prosperity, **stór** store, **taisce** f treasure, **toice** f wealth, prosperity, **uabhar** luxuriance, richness

Maoinigh v_{2b} finance, fund
caipitligh capitalise, **cistigh** fund, **costais a sheasamh** to underwrite costs, **cuir airgead ar fáil do** provide money for, **cuir maoiniú ar fáil** provide funding/financing, **cumhdaigh** found, build; store up, **fiacha a ghlanadh** to clear/write off debts, **fóirdheonaigh** subsidise, **íoc (as)** pay (for), **tabhair íocaíocht** provide payment, **tabhair spré do** give a dowry to, **tacaigh (le)** support, **urraigh** sponsor

Maoinithe pp financed, funded
caipitlithe capitalised, **cistithe** funded, **cumhdaithe** founded, built; stored up, **dar cuireadh airgead ar fáil** provided with money, financed, **fóirdheonaithe** subsidised, **íoctha as** paid for, **tacaithe (le)** supported, **urraithe** sponsored

Maoiniú vn financing, funding
caipitliú capitalising, **cistiú** funding, **cumhdach** founding, building; storing up, **cur airgead ar fáil do** providing money for, financing, **fóirdheonú** subsidising, **glanadh fiach** clearing/writing off debts, **íoc as** paying for, **íocaíocht** payment, **seasamh na gcostas** underwriting of the costs, **tabhairt íocaíocht** provide payment, **tabhairt spré do** giving a dowry to, **tacú (le)** supporting, **urrú** sponsoring

Maoithneach adj^3 sentimental, emotional
bogúrach maudlin, **boigéiseach** syrupy, **deorach** tearful, weepy, **golbhéarach** tear-jerking, **golfartach** tearful, **maoth** soppy, **maothintinneach** sentimental, **mothúchánach** emotional, **olagónach** weepy, wailing, **seintimintiúil** sentimental, **sírópach** syrupy, **siúcrúil** sickly sweet, sugary (see also: **corraitheach**)

Maoithneachas mf (-ais) sentimentality
bogúire softness, tearfulness, **bogúraí** mawkishness, **boigéis** foolish softheartedness, **cumha** m nostalgia, **golbhéaraí** plaintiveness, **golfartaí** tearfulness, **íogaireacht** sensibility, **maoithneas** sentimentalism, **mothálacht** sensitivity, **mothú** feeling, **mothúchánaí** emotionality, **sobal** mush, excessive sentimentality (see also: **corraitheach**)

Maol adj^1
  1. bald, bare; blunt; hornless
bearrtha cropped, **blagadach** bald, **gan adharca** hornless, **gan bhrí** powerless, impotent, **gan díon** roofless, **gan faobhar** blunt, **gan féasóg** beardless, **gan ghruaig** hairless, **gan spionnadh** lifeless, **lag** weak, **liosta** dreary, **lom** bare, **lomtha** defoliated, shorn **murtallach** (colour) dull, **nocht** naked, **plaiteach** bald, patchy; having bald patches, **splíonach** lifeless, wretched, **le téaltú siar na gruaige** with a receding hairline, **tóin le gaoth** exposed

▲ **A ~** (mus) A flat, **áirse mhaol** depressed arch, **bó mhaol** hornless cow, **cuar ~** flat curve, **díon ~** flat roof, **fear ~** bald man, **glór ~** deadpan voice, **iolar ~** bald eagle, **láir mhaol** bobtailed mare, **madra ~** cropped dog, **muileann ~** derelict mill, **paiste ~** bald patch, **pionsa ~** (fencing) foil, **scian mhaol** blunt knife, **teach ~** roofless house, **torann ~** dull low sound

  2. obtuse, dim-witted
bómánta stupid, **dall** dull, in the dark, **dallintinneach** dim-witted, **dobhránta** dull-witted, **dúr** dull, **dúramánta** dumb, moronic, **gan éifeacht** ineffective, **maolaigeanta** dull-witted, **maolintinneach** slow-witted, obtuse, **múisiúnta** dull, drowsy

◊ **Nach ~ atá an ceann ort!** What a dunderhead you are! **Ná bí ~ i mbun na tiomána!** Have your wits about you when you're driving!

P **Is ~ gualainn gan bhráthair.** It's good to have a friend at your side., **Is fearr bheith ~ ná bheith gan cheann.** It's better to be bald than to be headless.

Maolaigh v_{2a}
  1. become bald, become bare; make bare
caill do chuid gruaige lose your hair, **dídhaoinigh** depopulate, **dífhéaraigh** depasture, **dífhoraoisigh** deforest, **éirigh maol** become bald, **fol** moult (cf **bheith ag foladh** to be moulting), **scoith** shed (cf **fionnadh a scoitheadh** to shed fur)

  2. mitigate, diminish, decrease
bodhraigh deaden, **bog** soften, **caith** wear out, **ceansaigh** pacify, subdue, **ciorraigh** curtail, **ciúnaigh** silence, **cuir fuairnimh i** numb, **fannaigh** weaken, enfeeble, **fuaraigh** relieve, **gearr** cut, **gearr siar** cut back, **íoslaghdaigh** minimise, **ísligh** lower, lessen, reduce, **lagaigh** weaken, **laghdaigh** lessen, **maothaigh** soften, make tender; moisten, **meathlaigh** dwindle, **mionathraigh** tweak, **mionchoigeartaigh**

fine-tune, **modhnaigh** modify, moderate, **síothlaigh** dissipate, drain away; subside, **suaimhnigh** soothe, calm, **tabhair faoiseamh do** alleviate, assuage, **tar anuas** come down, descend, **téigh in ísle** go lower, **téigh síos** go down, **tearcaigh** decrease, rarefy, **tit** fall
3. *(mood, hopes)* dampen
cuir beaguchtach ar dishearten, **cuir drochmhisneach ar** discourage, **cuir ísle brí ar** depress, deject, **cuir lagmhisneach ar** deflate, demoralise, **cuir ó mhaith** spoil; put a damper on, **déan beag is fiú de** belittle, **mímhisnigh** discourage

Maolaithe *pp*
1. gotten bald, gotten bare
éirithe maol gotten bald, **folta** moulted, **gan ghruaig** without hair, hairless, **scoite** shed
2. mitigated, diminished, decreased
bodhraithe deadened, **bogtha** softened, **caite** worn out, **ceansaithe** pacified, subdued, **ciúnaithe** silenced, **dídhaoinithe** depopulated, **dífhéaraithe** depastured, **dífhoraoisithe** deforested, **dulta in ísle** gone lower, lowered **dulta síos** gone down, **fuaraithe** relieved, **gearrtha** cut, **gearrtha siar** cut back, **íoslaghdaithe** minimised, **íslithe** lowered, lessened, reduced, **laghdaithe** lessened, **maothaithe** softened, made tender; moistened, **meathlaithe** dwindled, **mionathraithe** tweaked, **mionchoigeartaithe** fine-tuned, **modhnaithe** modified, moderated, **suaimhnithe** soothed, calmed, **tagtha anuas** descended, **tearcaithe** decreased, rarefied
3. *(mood, hopes)* dampened, dashed
bodhraithe deadened, bored, **ciorraithe** curtailed, **curtha ó mhaith** spoiled, **fannaithe** weakened, enfeebled, **lagaithe** weakened, **millte** dashed, destroyed, **mímhisnithe** discouraged, **múchta** extinguished, **síothlaithe** dissipated, drained away; subsided, **tite** fallen

Maolaitheach *adj³* palliative, alleviating; lessening
balsamach balsamic, **ceansaitheach** pacifying, taming, **faoisimh** (> *faoiseamh*) bringing relief, **laghdaitheach** lessening, decreasing, **pianmhúchach** analgesic, painkilling, **suaimhneasach** calming, soothing, **támhaíoch** sedative

▲ **cúinsí ~a** mitigating circumstances, **cúram ~** palliative care, **imthosca ~a** extenuating circumstances, **ungadh ~** numbing ointment/cream

Maolú *vn*
1. balding, getting bare
éirí maol going bald, **cailleadh do ghruaige** losing your hair, **dídhaoiniú** depopulating, depopulation, **dífhéarú** depasturing, **dífhoraoisiú** deforesting, deforestation, **foladh** moulting, **scoitheadh** shedding
2. mitigating, diminishing, decreasing
bodhrú deadening, **bogadh** softening, **caitheamh** wearing out, **ceansú** pacifying, subduing, **ciorrú** curtailing, **ciúnú** silencing, **cur fuairnimh i** numbing, **dul in ísle** going lower, lowering, **dul síos** going down, **fannú** weakening, enfeebling, **fuarú** relieving, **gearradh** cutting, **gearradh siar** cutting back, **íoslaghdú** minimising, **ísliú** lowering, lessening, reducing, **laghdú** lessening, **lagú** weakening, **maothú** softening, making tender; moistening, **meathlú** dwindling, **síothlú** dissipating, draining away; subsiding, **suaimhniú** soothing, calming, **tabhairt faoisimh (do)** alleviating, assuaging, **teacht anuas** descending, **tearcú** decreasing, rarefying, **titim** falling
3. *(mood, hopes)* dampening, dashing
bodhrú *(pain)* deadening, boring, **ciorrú** curtailing, **cur beaguchtach ar** disheartening, **cur drochmhisneach ar** discouraging, **cur ísle brí ar** depressing, dejecting, **cur lagmhisneach ar** deflating, demoralising, **cur ó mhaith** spoiling; putting a damper on, **déanamh beag is fiú de** belittling, **fannú** weakening, enfeebling, **lagú** weakening, **milleadh** dashing, destroying, **mímhisniú** discouraging, **múchadh** extinguishing, **síothlú** dissipating, draining away; subsiding, **titim** falling

▲ **~ ar an bpian** diminishing/lessening of the pain, **~ ar an mbrón** lessening of sadness, **~ ar thinneas** *(med)* remission, **~ breithe** *(jur)* mitigation of a sentence, **~ luais** shifting down a gear, reducing pace, **~ stoirme** petering out of a storm, **~ struis** decreasing stress

Maor *m (-oir; -oir, ~)* steward, foreman, warden; umpire; prefect
athmháistir *m* land steward, **bardach** warden, **cinnire** *(ed)* prefect, **coimeádaí** curator, **feighlí** overseer, minder, **feitheoir** supervisor, superintendent, **geafar** gaffer, **máistir** master, man in charge, **maoirseoir** supervisor, overseer, **prócadóir** procurator, proctor, **saoiste** foreman, gaffer, **stíobhard** steward, **stiúrthóir** director; conductor *(see also: máistir)*

▲ **~ bruscair** litter warden, **~ foraoise** forest ranger, **~ geataí** gatekeeper, **~ líne** linesman, line judge, **~ loinge** boatswain, **~ madraí** dog warden, **~ páirce** park ranger, **~ páirceála** parking attendant, **~ seilge** game warden, **~ snámha** pool attendant, **~ tráchta** traffic warden, **~ tráchta scoile** lollipop woman/man

Maorga *adj⁶* dignified, stately, imposing
ardnósach pompous, grand, **ceannard** haughty, **céimiúil** distinguished, **cuibhiúil** decorous, **foisteanach** solemn, composed, **forasta** sedate, grave, **galánta** elegant, **mórga** lofty, majestic, **oirirc** eminent, illustrious, **ríoga** regal, **sóbráilte** sober, **sollúnta** solemn, dignified, **staidéarach** steady, philosophical, unflappable, **stáidiúil** stately; pompous, **státúil** dignified, statesmanlike, **stuama** composed, sober, **taibhseach** flamboyant, **uasal** noble, **urramach** venerable

Maorlathas *m (-ais)* bureaucracy
 an bhunaíocht the establishment, **an córas stáit** the state system, **an rialtas** the government, **cúrsaí riaracháin** administration, **fir pháipéir** penpushers; bureaucrats, **meamraiméis** officialdom; officialese, **meamraiméiseachas** penpushing, **oifigiúlachas** officialism, **páipéarachas** officialdom, penpushing, **státseirbhís** civil service, **téip dhearg** red tape

Maos *m (-ois)* saturated state
 1. saturated state, saturation
 bá immersion, submergence **líbín** dripping wet object, **maothú** saturation, **sáithiú** saturation, **tuile** flooding, **tumtha** immersion
 2. **ar** ~ saturated; inebriated
 aimlithe sodden, spoiled by rain, **ar steallaí meisce** sodden with drink, **báite** drowned, drenched; extremely drunk, **bealaithe** *(drunk)* well-oiled, **bog fliuch** soggy, **faoi uisce** waterlogged, **fliuch báite** drenched, **ina líbín** soaking wet, **líbíneach** dripping wet, **lodartha** slushy, drenched, **maosta** soaked, steeped, **maothaithe** saturated; extremely drunk, **sáithithe** saturated, **spadach** sodden (cf **móin spadach** sodden turf), **thar maoil le** brimming over with, **tumtha** submerged

Mapa 1 *m (~; ~í)* map
 atlas atlas, **cairt** chart, **eolaí** directory, **gasaitéar** gazetteer, **graf** graph, **léaráid** diagram, **léarscáil** map, **léiriú** illustration, representation, **plean** plan, **plean na sráideanna** street plan, **scéimléaráid** schematic, **treoraí** guide

Mapa 2 *m (~; ~í)* mop
 ceirt cloth, rag, **éadach tais** damp cloth, **maipín** *(med)* swab, **scuab** *f* broom, **spúinse** sponge, **strailleán** mop; untidy thing
 ◊ **Ghlan mé urlár na cistine le ~.** I cleaned the kitchen floor with a mop., **Féach ar an mhapa gruaige atá air!** Look at the mop of hair on him!

Mapáil 1 v_{1e} map, map out
 beartaigh plot, plan, propose, **ceap scéim** think up a scheme, scheme, **déan cairt de** chart, **déan plean** make a plan, **graf** graph, plot, **imlínigh** outline, **leag amach** lay out, **léarscáiligh** map, **marcáil amach** mark out, **oibrigh amach** work out, **pleanáil** plan, **rianaigh** chart, **sceidealaigh** schedule, **sceitseáil** sketch, **seiftigh** contrive, procure, **tarraing léarscáil de** draw a map of

Mapáil 2 *vn* mapping, mapping out
 beartú plotting, planning, proposing, **ceapadh scéime** thinking up a scheme, **déanamh cairte de** making a chart of, **déanamh plean** making a plan, **grafadh** graphing, plotting, **imlíniú** outlining, **leagan amach** laying out, **léarscáiliú** mapping, **marcáil amach** marking out, **oibriú amach** working out, **pleanáil** planning, **rianú** charting, **sceidealú** scheduling, **sceitseáil** sketching, **seiftiú** contriving, procuring, **tarraingt léarscáil de** drawing a map of

Mapáil 3 v_{1e} mop (up)
 cóireáil le maipín *(med)* swab, **cuimil ceirt de** swab with a cloth, **cuimil síos le mapa** rub down with a mop, **glan suas le mapa** clean up with a mop, **nigh le mapa** wash with a mop, **nigh le spúinse** sponge, **triomaigh** dry

Mapáil 4 *vn* mopping (up)
 cóireáil le maipín *(med)* swabbing, **cuimilt ceirte de** swabbing with a cloth, **cuimilt síos le mapa** rubbing down with a mop, **glanadh suas le mapa** cleaning up with a mop, **maipíneacht** *(med)* swabbing, **mapaireacht (cneá)** *(med)* cleaning out (a wound); swabbing, **ní le mapa** washing with a mop, **ní le spúinse** sponging, **triomú** drying

Mapáilte 1 *pp* mapped, mapped out
 beartaithe plotted, planned, proposed, **grafa** graphed, plotted, **imlínithe** outlined, **leagtha amach** laid out, **léarscáilithe** mapped, **marcáilte amach** marked out, **oibrithe amach** worked out, **pleanáilte** planned, **rianaithe** charted, **sceidealaithe** scheduled, **sceitseáilte** sketched, **seiftithe** contrived, procured

Mapáilte 2 *pp* mopped (up)
 cóireáilte le maipín *(med)* swabbed, **cuimilte le ceirt** swabbed with a cloth, **cuimilte síos le mapa** rubbed down with a mop, **glanta suas le mapa** cleaned up with a mop, **nite le mapa** washed with a mop, **nite le spúinse** sponged, **triomaithe** dried

Mar *conj, prep, adv*
 1. because, as
 de bharr *(+gen)* as a result of, **de bhrí** *(+gen)* because of, **de dheasca** *(+gen) (negative)* as a consequence of, **de thairbhe** *(+gen)* by virtue of, **de thoradh** *(+gen)* as a result of, **mar gheall ar** on account of, **óir** for, because (cf **óir tiocfaidh an lá** because the day will come), **toisc (go)** because (of), due to
 ◊ ~ **bharr ar an donas** to make matters worse, ~ **dhea** *(expressing incredulity)* and pigs fly!, ~ **seo agus** ~ **sin** like this and like that, ~ **shampla** for example, **faoi** ~ **atá an scéal faoi láthair** as matters stand right now, ~ **liomsa de** as far as I'm concerned
 2. ~ **an gcéanna** in like manner
 a dhála sin similarly, **a fhearacht sin** as in that case, **amhail** like, similar to, **amhlaidh** thus, **ar an gcaoi sin** in that way, **ar an gcuma chéanna** in the same way, **ar an mhodh sin** in that mode, **ar an nós céanna** in the same manner, **cosúil leis sin** like that, **ionann** same, **sa tslí cheannann chéanna** in the very same way

Maraigh v_{2a} kill
 básaigh slay, kill; execute, **basc** crush; bash, **bris** break, ruin, wreck; dismiss, **brúigh faoi chois** crush under

foot, **ciúnaigh** quell, **claonmharaigh** mortify, **cloígh** defeat, **croch** hang, **cros** veto, **cuir caidhp bháis ar** put the kibosh on, kibosh, **cuir ar ceal** abolish, **cuir ar neamhní** annul, **cuir chun báis** put to death, execute, **cuir deireadh le** put an end to, **cuir seálan faoi mhuineal duine** place a noose around a person's neck, **cuir ó éifeacht** neutralise, **déan ár (ar)** slaughter, **déan eirleach (ar)** massacre, **dícheann** behead, **díobh** eliminate, obliterate, **díothaigh** exterminate, **dúnmharaigh** murder, **feallmharaigh** assassinate, **gásaigh** gas, **ídigh** expend, destroy, **linseáil** lynch, **loit** spoil, **macht** (lit) slaughter, **maolaigh** mitigate, dampen, **meil** grind, destroy; (time) kill, **mill** ruin, destroy, **múch** extinguish, **neamhnigh** annihilate, quash, **neodraigh** neutralise; neuter, **nimhigh** poison, **plúch** stifle, choke, **sciúch** throttle, **scrios** destroy, erase, **slacht** cut down, slaughter, **slaidh** smite, slay, **slaod** mow down, **sleacht** slaughter, cut down, **sligh** cut down, slay, **smiot** swat (cf **cuileog a smiotadh** to swat a fly), **spéiceáil** strike dead, **srian** curb, rein in, **stoith ó na fréamhacha** root out, eradicate, **tabhair chun críche** bring to an end, **tacht** strangle, choke, **tamhain** behead; truncate, **torchair** fell, lay low, treascair overthrow, vanquish, flatten (see also: **scrios**)

~ **am le surfáil!** Kill time with surfing!
~ **an dath!** Neutralise the colour!
~ **an fealltóir!** Kill the traitor!
~ **an fód!** Trample the ground!
~ **an liathróid!** Kill the ball!
~ **an namhaid!** Eliminate the enemy!
~ **an t-iasc!** Catch the fish!
~ **na soilse!** Kill the lights!

Maraithe *pp* killed
básaithe slain, killed; executed, **basctha** crushed; bashed, **briste** broken, ruined, wrecked; dismissed, **brúite faoi chois** crushed under foot, **ciúnaithe** silenced, quelled, **claonmharaithe** mortified, **cloíte** defeated, **crochta** hanged, **crosta** vetoed, **curtha ar ceal** abolished, **curtha ar neamhní** annulled, **curtha chun báis** put to death, executed, **curtha ó éifeacht** neutralised, **dícheannaithe** beheaded, **díofa** eliminated, **díothaithe** exterminated, obliterated, **dúnmharaithe** murdered, **feallmharaithe** assassinated, **gásaithe** gassed, **ídithe** expended, destroyed, **ionradaithe** eradicated, **linseáilte** lynched, **loite** spoilt, **machta** slaughtered, **maolaithe** mitigated, dampened, **meilte** ground down, destroyed; (time) killed, **millte** ruined, destroyed, **múchta** extinguished, **neamhnithe** annihilated, quashed, **neodraithe** neutralised; neutered, **nimhithe** poisoned, **plúchta** stifled, choked, **sciúchta** throttled, **scriosta** destroyed, erased, **slachta** cut down, slaughtered, **slaidhte** smitten, slain, **slaodta** mowed down, **sleachta** slaughtered, cut down, **slite** cut down, slain, **smiota** swatted, **spéiceáilte** struck dead, **srianta** curbed, reined in, **stoite ó na fréamhacha** rooted out, eradicated, **tachta** strangled, choked, **tamhanta** beheaded; truncated, **torchartha** felled, laid low, **treascartha** overthrown, vanquished, flattened, **tugtha chun críche** brought to an end

Marbh- *pref*
~**chiúnas** dead silence, ~**chodladh** deep sleep, ~**chóiste** hearse, ~**dhraíocht** necromancy, ~**dhúil** dead thing, ~**fháisc** swathings on a corpse, ~**fhuacht** numbness from the cold, ~**ghabháil** death tax, ~**ghin** stillborn child, ~**intinneach** dispirited; listless, ~**lann** morgue, ~**lao** stillborn calf, ~**leathar** numbness in fingers, ~**néal** torpor, ~**phian** dull pain, ~**sháinn** (chess) checkmate, ~**shiúl** deadly slow pace, ~**stad** complete stop, ~**theas** stifling heat, ~**thine** *f* low-burning fire, ~**thoirneach** distant thunder, ~**uain** slack time, ~**uan** stillborn lamb, ~**uisce** backwater

Marbh 1 *m* (**mairbh**; **mairbh**, ~) dead person
corp body; corpse, **corpán** corpse, cadaver, **marbhán** corpse, dead person, **méidheach** *m* decapitated person, **stiúgaí** stiff

▲ **aifreann na ~** requiem Mass, **an ~** the deceased, **clog na ~** death knell, **cuan na ~** (euph) the eternal resting place, graveyard, **féile na ~** All Souls' Day

◊ **béic a dhúiseodh na mairbh** a scream that would waken the dead, **éirí ó na mairbh** to rise from the dead, **na mairbh a adhlacadh** to bury the dead

P **~ le tae agus ~ gan é!** Dead from (drinking) tea and dead without it!

Marbh 2 *adj*[1]
1. dead, deceased
adhlactha buried, **ag tabhairt an fhéir** pushing up the daisies, **ar shlí na fírinne** gone the way of all flesh, **balbh** (sound) dead, **bodhar** (limb) numb, **caillte** lost, **díbheo** lifeless, enervated, **dulta i léig** gone extinct, **dulta i ndísc** dried up, **dulta in éag** gone to death, dead, **éagtha** defunct, **faoin gcré** under the soil, buried, **faoin bhfód** under the sod, **gan bheo** (inanimate) lifeless, **gan mhothú** without feeling, **imithe** gone, dead; disappeared, **imithe ar an mbóthar fada** to have kicked the bucket, **imithe leis an ngleoraitheo** gone to glory, **imithe sall** gone to the great beyond, **mífhreagrach** unresponsive, **nach maireann** deceased, **neamhbheo** inanimate, lifeless, **san uaigh** in the grave, **sa reilig** in the graveyard, **sa saol eile** in the next world, **sa tír thall** in the hereafter, **stiúgtha** snuffed out, perished, **tagtha chun deiridh** petered out

2. inert, exhausted, inactive; stagnant
as feidhm obsolete, **atuirseach** weary, dejected, **caite** spent, **díbheo** lifeless, enervated, **díomhaoin** idle, **faoi phairilis** paralysed, **faon** languid, limp, **fuairnéalach** listless, **fuar** cold, **fuarspreosach** apathetic, **gan anam** soulless, **gan bheocht** lifeless, **gan bogadh** motionless, immobile, **gan chorraí** motionless, **gan feidhm** inoperative, **in ísle brí** downcast, **ina stad** at a

Marbhán

standstill, **íseal** low, subdued, **mall** slow, **meirbhlithe** enervated, **neamhghníomhach** inactive, **sleabhctha** drooped, gotten limp, **spadánta** sluggish, **spíonta** exhausted, **támhach** inert, lethargic; comatose, **tite** lapsed, **tnáite** worn out, jaded, **tráite** ebbed, dried up, **traochta** bushed, exhausted, **triamhain** (lit) weary, **tugtha** spent, exhausted, **tuirseach** tired
 3. dull, slack
bogtha loose, **dearmadta** forgotten, **díomhaoin** idle, **faon** languid, limp, **gan bheocht** (dull) lifeless, **leadránach** boring, **leamh** insipid, **liosta** dull, **maol** (colour) flat, dull, **marbhánta** lethargic, lifeless, **mairbhleach** numb, **mall** slow, **scaoilte** slack, loose

Marbhán m (-áin; -áin, ~) corpse, dead person
ablach m carcass, carrion, **conablach** m carcass, **corp** body; corpse, **corpán** corpse, cadaver, **éagach** m deceased, **marbh** deceased, departed, dead person, **méidheach** m decapitated person, **siocán** stiff, corpse, **stiúgaí** stiff, corpse, **taisí** fpl remains

Marbhánta adj⁶ lifeless, lethargic, torpid, airless
clósáilte close, **codlatach** dozy, sleepy, **gan anam** dead; soulless, **leamh** lacklustre; insipid, **leathbheo** dead and alive, **marbh** dead, **meirbh** airless, **plúchtach** breathless, **spadánta** lethargic, inert, **splíonach** lifeless, wretched, **támáilte** sluggish, **támhach** torpid (see also: **marbh**)

Marc m (mairc; mairc, ~)
 1. mark, target
aidhm aim, **báire** goal, **cuspóir** objective, **eang** f (~a, ~aí) nick, notch, **grád** grade, **norm** norm, **pitseach** m (sp) mark (in the ground), **rang** rank, **rian** trace, **scrabha** m scratch, scrape, **sprioc** f (sprice; ~anna) target, **sprioc-áit** appointed place, **sprioc-am** set time, **spriocla** m (-lae; -laethanta) appointed day, **súil** f (~e ~e; ~) sprice bullseye, **targaid** target, **tatú** tattoo, **tomhas** measure, **treo** m direction, **treo-uillinn** (naut) bearing
 2. mark, grade
aicme class, **caighdeán** standard, **cáilíocht** qualification, **céim** degree, **critéar** criterion, **cúl** goal, **grád** grade, **gradam** distinction, **leibhéal** level, **luacháil** evaluation, **meastachán** estimate, **meastóireacht** evaluation, **measúnú** assessment, **méid** amount, **pointe** point, **rang** rank, **rátáil** rating, **scór** score, **suíomh** position

Marcach m (-aigh; -aigh, ~) rider, jockey
bean ar muin capaill (fem) rider, **dragún** dragoon, **eachaí** m horseman; equestrian, **fear ar muin capaill** (masc) rider, **húsár** hussar, **jacaí** jockey, **lucht eachaíochta** equestrians, **marcra** m horsemen; cavalry, **marcshlua** m body of horsemen, **póilín ar muin capaill** mounted police officer, **ridire** knight

Marcáil 1 v₁ₑ mark
breithnigh adjudge, adjudicate, **ceartaigh** correct, **comharthaigh** mark out, signpost, **cuir tic le** place a tick beside, **déan measúnú ar** make an assessment of, assess, **grádaigh** grade, **leabhraigh** (ridge in ploughing) mark out; tape, measure, **measúnaigh** assess, **rianaigh** mark out, trace, **scóráil** score, **seiceáil** check, **séan** mark with sign, **siosc** mark out; trim, **sprioc** stake out, **tabhair breithmheas ar** appraise, **tabhair grád do** give a grade to, **tatuáil** tattoo, **teorannaigh** delimit, determine boundaries, **ticeáil** tick

Marcáil 2 vn marking
breithnithe adjudged; adjudicated, **ceartú** correcting, **comharthú** marking out, signposting, **cur tic le** placing a tick beside, **grádú** grading, **leabhrú** (ploughing) marking out; measuring, **measúnú** assessing, **rianú** marking out, tracing, **scóráil** scoring, **seiceáil** checking, **séanadh** marking with sign, **sioscadh** marking out; trimming, **spriocadh** staking out, **tabhairt breithmheas** appraising, **tabhairt gráid do** giving a grade to, **tatuáil** tattooing, **teorannú** delimiting, determining boundaries, **ticeáil** ticking

Marcáilte pp marked
breithnithe adjudged, adjudicated, **ceartaithe** corrected, **comharthaithe** marked out, signposted, **dar tugadh grád** graded, **grádaithe** graded, **leabhraithe** (ploughing) marked out; measured, **measúnaithe** assessed, **rianaithe** marked out, traced, **scórailte** score, **seiceáilte** checked, **séanta** marked with sign, **siosctha** marked out; trimmed, **spriochta** staked out, **tatuáilte** tattooed, **teorannaithe** delimited, **ticeáilte** ticked

Marcaíocht f (~a) riding
dul ar muin capaill to go on horseback, **eachaíocht** equestrian sport, **imrim** riding (cf **imrim each** horse riding), **jacaíocht** jockeying, **surfáil** surfing, **tonnmharcaíocht** surfboarding

Marfach adj³ killing, fatal, deadly
anacrach crushing, calamitous, **áir** (> ár) slaughtering, **báis** (> bás) fatal, lethal, **básmhar** mortal, **cinedhíothach** genocidal, **cinniúnach** fateful, tragic, **creachta** (> creacht) ruinous, **éagmhar** fatal, causing death, **dochrach** baleful, deleterious, **doleigheasta** incurable, **dúnbhásmhar** homicidal, **dúnmharfach** murderous, **foirceanta** terminal, **foircneach** extreme, **maraithe** (> marú) killed, **míchinniúnach** doomed, ill-fated, **millteach** pernicious, baleful, **nimhneach** venomous, poisonous, **oidhiúil** ill-fated, tragic, **scriosach** destructive, **sladach** pillaging; destructive, **tragóideach** tragic, **tubaisteach** catastrophic, disastrous, **urchóideach** malignant (see also: **nimhneach**)

Marfóir m (-óra;~í) killer
básadóir executioner, **búistéir** m (-téara) butcher, brutal killer, **céastúnach** m executioner; torturer,

coscróir slaughterer, **crochadóir** hangman, **díothóir** exterminator, **dúnmharfóir** murderer, **feallmharfóir** assassin, **fear gunna** hit man, **fear sléachta** slayer, **lucht sléachta** slayers, slaughters, **murdaróir** murderer, **naímharfóir** child murderer, **riaghaire** executioner; torturer, **rímharfóir** *(person)* regicide, **sealánach** *m* hangman; person to be hanged, **tachtaire** choker, strangler

Margadh *m (-aidh; -aí)* market, outlet; bargain, deal **aonach** *m* fair, marketplace, **asraon (miondíola)** (retail) outlet, **basár** bazaar, **beart** transaction, **cleamhnas** marriage arrangement, match, **comhaontú** agreement, **comhthuiscint** mutual understanding, **concordáid** concordat, **conradh** *m (conartha; conarthaí)* contract, treaty, **cor** pledge, contract, **cúnant** covenant, **díol** sale, **díolachán** sale, selling, **éileamh** demand, **margáil** bargaining, **margaíocht** marketing, **poiblíocht** promotion, publicity, **saorchonradh** good bargain, **siopa** shop, **sladmhargadh** sale, bargain sale, **socrú** arrangement

◊ **bheith i lár an mhargaidh** to hold centre stage, **Bíodh (sé) ina mhargadh!** It's a deal!, **lá margaidh** market day, **Rinne tú ~ maith.** You got a good bargain.

P **Mura bhfuil agat ach gabhar, bí i lár an mhargaidh leis!** Don't hide your light under a bushel!

▲ **~ Aonair Eorpach** European Single Market, **~ baile** home market, **~ buacach** buoyant market, **~ buillín** bullion market, **~ bullúil** bullish market, **~ ceannaitheora** buyer's market, **~ cothromais** equity market, **~ craicinn** cattle market; *(sl)* brothel, **~ díoltóra** seller's market, **~ domhanda** global market, **~ dubh** black market, **~ faoi chuing** captive market, **~ na seandaoine** the grey market, **~ na tithíochta** housing market, **~ olla** wool market, **~ oscailte** open market, **~ scoilte** fragmented market, **~ suarach** lousy deal, **~ todhchaíochtaí** futures market

Margaíocht *f (~a)* bargaining
babhtáil bartering, **cibeal** wrangling; contention, **díol** selling, **idirbheartaíocht** negotiating, **mangaireacht** haggling, **margáil** haggling, huckstering, **ocastóireacht** huckstering, **stangaireacht** haggling, **trádáil** trading

Margálaí *m (~; -aithe)* haggler
babhtálaí barterer, **idirbheartaí** negotiator, **malartóir** exchanger, barterer, **mangaire** peddler, haggler, **ocastóir** huckster, **stangaire** haggler; difficult, evasive person, **trádálaí** trader

Martha *pp* lived, lasted
análaithe breathed, **coinnithe (ar siúl)** sustained, kept going, **dulta ar aghaidh** gone on, **eiste** existed, **fanta beo** remained alive, **leanta ar aghaidh** carried on, persisted, **seasta** stood, held out, endured, **substainte** subsisted, **tagtha i dtír** survived, **trébhliantaithe** *(biol)* continued year to year, perennated

Marú *vn* killing
ár slaughter, **bascadh** bashing, crushing *(to death)*, **bású** slaying, killing; executing, **briseadh** ruining, wrecking, **brú faoi chois** crushing under foot, **ciúnú** quelling; silencing, **claonmharú** mortifying, **cloí** subduing, defeating, **crosadh** vetoing, **cur ar ceal** abolishing, **cur ar neamhní** annulling, **cur chun báis** executing, execution, **cur ó éifeacht** neutralising, **dícheannadh** beheading, **díobhadh** eliminating, obliterating, **díothú** extermination, exterminating, **dúnmharú** murdering, **eotanáis dheonach** voluntary euthanasia, **feallmharú** assassinating, assassination, **gású** gassing, **ginmhilleadh** abortion, **ídiú** expending, destroying, **linseáil** lynching, **lot** spoiling, injuring, **maolú** mitigating, dampening, **martaíocht** the killing of a cow, **meilt** grinding, destroying; *(time)* killing, **milleadh** ruining, destroying, **múchadh** extinguishing, **neamhniú** quashing, **neodrú** neutralising; neutering, **oidhe** slaying, slaughtering; violent death, **plúchadh** stifle, choke, **scriosadh** eradicating, erasing, **slaidhe** smiting, slaying, **slaodadh** mowing down, **sleachtadh** slaughtering, cutting down, **slighe** cutting down, slaying, **spéiceáil** striking dead, **srianadh** curbing, reining in, **stoitheadh ó na fréamhacha** rooting out, **tabhairt chun críche** bringing to an end, **tachtadh** strangling, choking, **tamhnadh** truncation; beheading, **treascairt** overthrowing, vanquishing, flattening, **torchra** felling, laying low, **Uileloscadh** Holocaust (cf **An tUileloscadh** The Shoah)

▲ **~ ama** killing time, **~ ar conradh** contract killing, **~ daonnachtúil** humane killing, **~ datha** neutralising colour, **~ drongchoirpeachta** gangland killing, **~ fóid** trampling the ground, **~ francach** killing rats, **~ neamhdhleathach** unlawful killing, **~ onóra** honour killing

Masc *m (maisc; maisc, ~)* mask
aghaidh facade, **aghaidh fidil** mask, **bréagriocht** disguise, **búrca** *(rel)* burqa, **caille** *f (bridal)* veil, **cealtair** *f (-trach; -tracha)* visor, **ceilt** concealment, **clóca** cloak, **clúdach** *m* cover, **cochall** hood, **cur i gcéill** pretence, **dallóg** blind, **duaithníocht** camouflage, **fial** veil, **folach** *m* hiding, **púcóg** hood worn to conceal the eyes; mask; blinkers, **púic** blind over eyes; mask, **púicín** small eye mask; *(on horse)* blinkers (cf **Bain an púicín díot féin!** Open your eyes!), **riocht** guise, **scáileán** screen, **veinír** veneer

◊ **~ cosanta a chaitheamh** to wear a protective mask

Masla *m (~; ~í)* insult
achasán slight, **aithis** slur, reproach, **athiomrá** slander, **baisteachán** calling names, **béadchaint** *(legal)* slander, **beag is fiú** snub, **boiseog san aghaidh** slap in the face, **cáineadh** censure, condemnation, **caoraíocht** loud abuse, **clúmhilleadh** defamation of character, slander, **cur as ainm** name-calling

Maslach

(eg **Bíonn sé do mo chur as m'ainm.** He calls me names.), **easmailt** reproach, revilement, **easonóir** indignity, affront, **feannadóireacht** severe criticism, a hatchet job, **gonc** snub, rebuff, **íde béil** verbal abuse, **ithiomrá** slander, outrage, **leabhal** libel, **líomhnachas** revilement, allegations, **maslú** insulting, **maslúchán** abusing; insulting, **méala** humiliation; grief, **neamart** slight, **oilbhéim** offence, **soibealtacht** insolence, **sotal** impertinence, **spídiú** slandering, reviling, **spídiúchán** disparagement; slander, **tarcaisne** f affront, **tutaíl** rudeness, **uirísle** humiliation, abasement

◊ ~ **amach is amach a bhí ann do na mná ar an bhfoireann.** It was grossly demeaning to the female staff., **Ba mhór an ~ dó é.** It was deeply offensive to him.

▲ ~ **ceilte** backhanded insult, ~ **Dé** blasphemy, ~ **dínite** indignity, ~ **pearsanta** personal insult

Maslach adj³
1. insulting
aithiseach defamatory, **béadchainteach** (legal) slanderous, **cáinteach** negatively critical, **clúmhillteach** defamatory, **dímheasúil** disrespectful, **feannadóireachta** (> *feannadóireacht*) abusively critical, **feanntach** scathing, **leabhlach** libellous, **oilbhéimeach** offensive, humiliating, **sclamhach** abusive, snappish, **soibealta** insolent, **sotalach** impertinent, **spídiúil** abusive, disparaging, **tarcaisneach** affronting, insulting, **tútach** rude

▲ **cur chuige** ~ an offensive approach, **focal** ~ an offensive remark, **teanga mhaslach** abusive tongue

2. (of work) abusive, thankless, crushing
anróiteach distressing, wretched, **an-tuirsiúil** very tiring, **brácúil** laborious, **callóideach** (work) heavy, severe, **callshaothach** gruelling, troublesome, **cloíteach** crushing, exhausting, **crua** hard, **cruálach** cruel, **dian** arduous, **duaisiúil** laborious, distressing, **duamhar** toilsome, trying, **gan aitheantas** unacknowledged, **gan bhuíochas** thankless, **íditheach** corrosively destructive, **leadránach** boring, **peannaideach** punishing; punitive, **pianmhar** painful, **sclábhúil** slavish, laborious, **strambánach** soul-destroying, **tiarálach** (work) soul-destroying, **trom** heavy, **uafásach** dreadful, **urchóideach** (work) wicked, ungodly

▲ **obair mhaslach** soul-destroying work, **siúl** ~ slog, strenuous walk, **turas** ~ arduous journey

Maslaigh v₂ₐ insult, smear; offend
aithisigh slur, defame, **caith dímheas (ar)** denigrate, **clúmhill** defame, **díbligh** revile, abuse, **cuir duine as a ainm** call a person names, **cuir mí-chlú ar dhuine** cast aspersions on a person, **cuir múisiam ar dhuine** offend a person, **cuir smúit ar chlú duine** smear a person's good name, **dubhaigh** blacken, **easmail** reproach, revile, **easonóraigh** dishonour, **leabhlaigh** libel, **náirigh** disgrace, **salaigh** besmirch, **sclamh** snap at, abuse, **smúitigh** smear, besmirch, **spídigh** revile, slander, **suaraigh** demean, **tabhair masla do** insult, **tabhair mí-úsáid do dhuine** abuse a person, **tabhair tarcaisne (do)** insult, **tarcaisnigh** insult, affront, **tiomain ar** curse at, swear at, **trochlaigh** profane, defile

◊ **Mhaslaigh siad mé.** They insulted me., **Mhothaigh mé maslaithe.** I felt offended/slighted., **Ná ~ Dia!** Don't blaspheme!

Maslaithe pp insulted, smeared; offended
aithisithe slurred, defamed, **clúmhillte** defamed, **curtha as d'ainm** called names, **dubhaithe** blackened, **easmailte** reproached, reviled, **easonóraithe** dishonoured, **leabhlaithe** libelled, **náirithe** disgraced; shamed, **salaithe** besmirched, **sclafa** snapped at, abused, **smúitithe** smeared, besmirched, **spídithe** reviled, slandered, **suaraithe** demeaned, **tarcaisnithe** insulted, affronted, **tiomanta ar** cursed at, sworn at, **trochlaithe** profaned, defiled

Maslóir m (-óra; ~í) insulter, abusive person
cáinteoir faultfinder, critic, **cráiteoir** tormentor, **diamhaslóir** blasphemer, **íditheoir** destroyer, abuser, **pianadóir** tormentor, **scalladóir** scolder, **scioladóir** reviler, scold, **spídeoir** slanderer, detractor

Maslú vn insulting, smearing; offending
aithisiú slurring, defaming, **caitheamh dímheasa (ar)** denigrating, **clúmhilleadh** defaming, **cur duine as a ainm** calling a person names, **cur míchlú ar dhuine** casting aspersions on a person, **cur múisiam ar dhuine** offending a person, **dubhú** blackening, **easmailt** reproaching, reviling, **easonórú** dishonouring, **leabhlú** libelling, **náiriú** disgracing, **salú** besmirching, **sclamhadh** snapping at, abusing, **cur smúit ar chlú duine** smearing a person's good name, **smúitiú** smearing, besmirching, **spídiú** reviling, slandering, **suarú** demeaning, **tabhairt mí-úsáid do dhuine**, abusing a person, **tabhairt tarcaisne (do)** insulting, **tarcaisniú** insulting, affronting, **tiomaint ar** cursing at, swearing at, **trochlú** profaning, defiling

Masmas m (-ais) nausea
adhascaid nausea; morning sickness, **déistin** disgust, **cradhscal** shuddering repugnance, shudder, **éiseal** (to food) aversion, nausea, **fonn aisig/múisce/urlacain** urge to vomit, **glonn** disgust, loathing, **grainc** disgust, loathing, **iompú goile** stomach-churning, **míghnaoi** antipathy, **míthaitneamh** repugnance, **múisc** nausea; vomit, **múisiam** feeling of sickness, nausea, **samhnas** nausea, **seanbhlas** contempt, disgust, **snamh** dislike, distaste, **tinneas** sickness, **uafaireacht** repulsion

◊ **Chuirfeadh sé ~ ort!** It would sicken you!

Masmasach *adj*[3] nauseating, nauseous
a chuirfeadh fonn aisig/múisce/urlacain ort that would make you want to puke, **bréan** foul, **ceasúil** cloying, indigestible, **déistineach** disgusting, revolting, **colach** repugnant; incestuous, **cradhscalach** obnoxious, **gráiniúil** abhorrent, **gránna** ugly, nasty, **míthaitneamhach** repugnant, disagreeable, **mótúil** *(food)* queasy, **múisciúil** nauseating; *(air)* dank, **múisiamach** feeling nauseous, **oiltiúil** nauseating, **samhnasach** queasy; nauseating, **tinn** sick, **uafásach** awful, horrid, **urlacach** *(med)* vomitory, emetic

Mata 1 *m (~; ~í)* mat
brat feistithe fitted carpet, **brat reatha** runner, **brat urláir** carpet, **cairpéad (eitilte, draíochta)** (flying, magic) carpet, **cáiteog** mat, **pardóg** mat, pad; pannier, **ruga** rug, **straille** mat; mop

▲ **~ beorach** beer mat, **~ boird** table mat, **~ dorais** doormat, **~ folcadáin** bathmat, **~ ióga** yoga mat, **~ tairsí** doormat, **~ urnaí** prayer mat

Mata 2 *m (~; ~í)* maths, mathematics
ailgéabar algebra, **áireamh** calculation, **ardmhatamaitic** advanced mathematics, **bunmhatamaitic** elementary mathematics, **calcalas** calculus, **céimseata (chomhordanáideach)** (coordinate) geometry, **comhaireamh** counting, adding, **figiúirí** figures, **geoiméadracht** geometry, **glanmhata** pure maths, **logartam** logarithm, **matamaitic** mathematics, **meabhairuimhríocht** mental arithmetic, **ríomh** calculation, **ríomhaireacht** computing, **suimeanna** *fpl* sums, **tacar** set, **uimhríocht** arithmetic *(see also: **comhaireamh**)*

▲ **~ ardleibhéil** higher level maths, **~ bonnleibhéil** foundation maths, **~ bunúsach** basic/elementary maths, **~ feidhmeach** applied maths, **~ gnáthleibhéil** ordinary level maths, **~ scoite** discrete maths

Máthair *f (-thar; máithreacha)*
1. mother
ban-ab *f (~a; ~aí)* abbess, **banaoire** shepherdess, **bandia** *m (-dé; -déithe)* goddess, **banríon** *f* queen, **bansagart** priestess, **bansár** czarina, **bantiarna** lady, baroness, **bantréadaí** shepherdess, **banúdar** *(obsolete)* authoress, **bean an tí** the woman of the house, **máistreás** *f (~a; ~aí)* mistress, **máithrín** little mother, **mam** mam, ma, mum, **mamaí** mammy, mummy, **mamó** nana, granny, **matrarc** *m (~; ~aí)* matriarch, **mátrún** matron, **Muire** Mary, the Mother of God, **seanbhean** old woman, **seanchailín** *(referring to mother)* old lady, **tuismitheoir** parent

▲ **~ altrama** foster mother, **~ atá i bpost** working mother, **~ ar déagóir í** teenage mother, **~ chéile** mother-in-law, **~ chríonna/mhór** grandmother, **~ Dé** mother of God, **~ lánaimseartha** full-time mother, **~ shingil** single mother, **~ teaghlaigh** mother of a household

◊ **mar a dhéanfadh ~** in a motherly way

P **~ na seifte an riachtanas.** Necessity is the mother of invention., **~ na suáilce an t-eolas.** The mother of virtue is knowledge.

2. mother-source, beginning
bun base, **bunchloch** cornerstone, **bunúdar** prime mover, **bunús** origin, basis, genesis, **foinse** *f* source, fount, **fréamh** *f* root, **gin** generating source, origin, **máithreach** *f* bedrock; mother-source (cf **máithreacha tí** foundation stones of a house), **tionscnamh** inception, initiation, **tobar** well, cradle, **tosach** *m* start, **tuismíocht** origin, source; parentage, **tús** beginning, **údar** author

▲ **~ abhann** source of a river, **~ an oilc** the source of evil, **~ na cointinne** the source of the contention

◊ **~ na mbotún uile** mother of all cockups

Meá
1. *vn* weighing (up)
breith judging, **cíoradh** *(fig)* weighing up, **cur (suas) ar an meá** putting (up) on the scales, **machnamh ar cheist** mulling over a question, **meabhrú** pondering, **meas** considering, **measúnú** estimating, **smaoineamh faoi** thinking about, **tomhas** measuring

2. *f (~; ~nna)* scales; balance (cf **An Mheá** *(astrl)* Libra)
ainsiléad spring balance, **comhardú** balance, **comhbhrí** *(maths)* equivalence, **cothroime** fairness, balance, **cothrom** balance; fairness **cothromaíocht** equilibrium, evenness, **scálaí** *mpl* scales, **stilliúr** spring balance

◊ **~ cistine/léibhinn** kitchen/platform scales, **ag cur gach uile rud sa mheá** taking everything into consideration, **Cluiche ab ea é ina raibh an toradh idir dhá cheann na cheann na ~.** It was a cliff-hanger of a game., **idir dhá cheann na ~** hanging in the balance, **i ~ an bháis** hovering between life and death, **Tá gach uile shórt idir dhá cheann na cheann na ~ fós!** Everything is still up in the air as yet., It's still anybody's game.

3. *f (~; ~nna)* weight
ballasta *m* ballast, **bró** *f* **mhuilinn** millstone; deadweight., **lasta** freight, load, **lód** load, **meáchan** weight, **otracht** *f* obesity, **péas** weight, **tomhas** measure, **troime** heaviness, **trom** weight, burden, **tromchúis** gravity, **ualach** *m* burden

Meabhair *f (-bhrach)* mind; sense
céadfa bodily sense (cf **na cúig céadfaí** the five senses), **ciall** *f (céille; ~a, ~)* sense, **comhfhios** consciousness, **dearcadh** outlook, **eagna chinn** brain power, **éargna** discernment, **éirim** aptitude, **éirim aigne** mental aptitude, **éirimiúlacht** intelligence, **eolas** knowledge, **feasacht** awareness, **féin-aithne** self-awareness/recognition, **féinfhios** self-knowledge, **fios** knowing, knowledge, **inchinn** brains, **intinn**

Meabhrach

mind, **intleacht** intellect, **meabhraíocht** ability to understand what is happening (eg **Níl meabhraíocht ar bith sa seanfhear.** The old man is living in a world of his own.), **mothú** feeling, **rud éigin idir na cluasa** something between the ears, **sruthmheabhair** fair understanding, **tuiscint** understanding

◊ **An bhfuil tú as do mheabhair?** Have you lost your mind?, **Chaill sí a ~.** She lost her mind., **Níorbh fhéidir liom ~ a bhaint as.** I couldn't make sense of it.

Meabhrach adj³ mindful; recollective

airdeallach vigilant, **aireach** attentive, mindful, **céillí** sensible, **comhfhiosach** conscious; cognisant, **comórtha** (> **comóradh**) commemorative, **cuimhneach** recollective; reflective, **cuimhniteach** memorial; commemorative, **cúramach** careful, **eolach** knowing, knowledgeable, **faichilleach** wary, **faireach** watchful, **feasach** aware, **machnamhach** contemplative, **meabhraitheach** reflective; speculative, **measúil** respectful, **rinnfheifeach** (rel) contemplative, **smaointeach** thinking, pensive, **stuama** thoughtful, **umhal** obedient

Meabhraigh v₂ₐ remind, reflect upon

airigh feel, **braith** feel, sense, **céadfaigh** sense, **cuimhnigh ar** remember, **cuir de ghlanmheabhair** commit to memory; learn by heart, **cuir i gcuimhne dom** remind me, **déan machnamh ar** be absorbed in thought over; meditate upon, **déan smaoineamh ar** think about, reflect upon, **glanmheabhraigh** memorise, **is cuimhin liom** I remember, **meas** consider, **mothaigh** feel, **ná déan dearmad ar** do not forget (eg **Ná lig dom dearmad a dhéanamh air sin.** Don't let me forget about that.)

Meabhraithe pp reminded, reflected upon

airithe felt, **braite** felt, sensed, **céadfaithe** sensed, **cuimhnithe ar** remembered about, **curtha de ghlanmheabhair** committed to memory; learnt by heart, **curtha i gcuimhne dom** reminded me, **glanmheabhraithe** memorised, **measta** considered, **mothaithe** felt, **nach ndéantar dearmad air** that is not forgotten

Meabhrú vn memorising; reflecting

aireachtáil feeling **aithint** recognising, recognition, **brath** feeling, sensing, **céadfú** sensing, **cuimhne** f memory, **cuimhneachán** commemoration; memento, souvenir, keepsake, **cuimhneamh** remembering, remembrance; thought, recollection, **cur de ghlanmheabhair** committing to memory; learning by heart, **glanmheabhrú** memorising, **iarsma** relic, **machnamh** contemplating, meditating, thinking, **meabhrúchán** remembering, reflecting; thinking, reminding (cf **focal/litir meabhrúcháin** reminder), **meas** considering, **mothú** feeling, **seaniarsma** relic, **smaoineamh** thinking, **tabhairt chun cuimhne** recalling

Meáchan m (-ain; -ain, ~) weight

ballasta m ballast, **bró** f **mhuilinn** millstone; deadweight, **cumhacht** power, clout, **fórsa** force, **freagracht** responsibility, **lasta** freight, **lód** load, **lucht** cargo, load, **meá** f weight, **otracht** f obesity, **péas** weight, **tábhacht** importance, **tomhas** measure, **trom** m weight; blame, **tromachar** (jur) weight (cf **tromachar na fianaise** the weight of evidence), **troime** heaviness, **trom** weight, burden, **tromacht** weightiness, **tromán** sinker, weight (cf **tromán páipéir** paper weight), **tromchúis** gravity, gravitas, **ualach** m burden, **údarás** authority

Méad s amount, number, quantity

cainníocht quantity, **cion** content, **fairsinge** extent, **líon** number, **méid** m (~) amount quantity, extent, **suim** sum (see also: **méid**)

◊ **ar mhéad m'áthais** so great my happiness, **Cá mhéad atá orthu?** How much do they cost?, **Cé mhéad uair a dúirt mé leat?** How many times did I tell you?, **Cé mhéad duine a bheidh ann?** How many people will be there?, **dá mhéad mo ghrá duit** however great my love for you.

Méadaigh v₂ₐ increase, enhance

áibhligh magnify, **aimpligh** (mus, el) amplify, **ardaigh** heighten, raise, **at** swell; bloat, **boilscigh** inflate; bulge, **borr** swell, enlarge, **breisigh** increase, snowball, **cuir chun tosaigh** advance, **cuir le** add to, **daoirsigh** raise price; become dearer, **donaigh** become more aggravated, worsen, **eascair** sprout, shoot, spring, **éirigh níos mó** get bigger, **fadaigh** prolong, **fairsingigh** widen, extend, **fás** grow, **forbair** develop, **forleathnaigh** extend, expand, **forlíon** increase, multiply; overfill, **formhéadaigh** magnify, **fuill** (lit) increase, add to, **géaraigh** escalate, **iomdhaigh** (lit) increase, **iolraigh** multiply, **iomadaigh** multiply; proliferate, **leath** spread; dilate, **leathnaigh** expand, **líon** fill up; wax (cf **Nuair a líonann an ghealach, bíonn sé geal san oíche.** When the moon waxes, it's bright at night.), **luasmhéadaigh** accelerate, **neartaigh** strengthen, build up, **próláifearaigh** proliferate, **sín amach** stretch out, **téigh i mbreis** grow, prosper, **téigh in airde** step up, **téigh i ndéine** intensify, **treisigh** boost, **uasmhéadaigh** maximise

◊ **Go méadaí Dia thú!** May God prosper you!, **Méadaíodh faoi dhó líon na dtionóiscí.** The number of accidents has doubled., **Mhéadaigh an imirce an fhadhb.** Emigration magnified the problem., **Mhéadaigh sin iarmhairtí na stoirme.** That amplified the effects of the storm., **Tá an brú ag méadú.** The pressure is building.

Méadaithe pp increased, enhanced

áibhlithe magnified, **aimplithe** amplified, **ardaithe** heightened, raised, **ata** swollen; bloated, **boilscithe** inflated; bulged, **borrtha** swollen, enlarged, **breisithe**

Méadaitheach increased, snowballed, **curtha chun tosaigh** advanced, **curtha le** added to, **daoirsithe** risen in price; gotten dearer, **donaithe** gotten more aggravated, worsened, **dulta i mbreis** grown, prospered, **dulta in airde** gone up; stepped up, **dulta i ndéine** intensified, **eascartha** sprouted, sprung, **éirithe níos mó** gotten bigger, **fadaithe** prolonged, **fairsingithe** widened, extended, **fásta** grown, **forbartha** developed, **forleathnaithe** extended, expanded, **forlíonta** increased, multiplied; overfilled, **formhéadaithe** magnified, **fuillte** (lit) increased, added to, **géaraithe** escalated, **iolraithe** multiplied, **iomadaithe** multiplied; proliferated, **iomdhaithe** (lit) increased, **leata** spread; dilated, **leathnaithe** expanded, **líonta** filled (up); waxed, **luasmhéadaithe** accelerated, **neartaithe** strengthened, built up, **prólaiféaraithe** proliferated, **sínte amach** stretched out, **treisithe** boosted, **uasmhéadaithe** maximised

Méadaitheach *adj³* increasing; amplifying

atá ag ardú rising, escalating, **atá ag dul i méid** that is growing in size, **atá ag dul i ndoimhneacht** deepening, **atá ag dul in olcas** worsening, **atá ag fás** that is growing, **atá ag forbairt** that is developing, **atá ag leathadh** that is spreading, **atá ag leathnú** that is spreading, widening, **atá ag teacht chun cinn** emerging, **breisiúil** prolific, **faoi bhláth** blossoming, blooming, flourishing, **fásmhar** growing, thriving, **forásach** developing, progressive, **forbarthach** developing, **leathnaitheach** expansive; expansionist

Méadú *vn* increasing, increase, enhancing

áibhliú magnifying, **aimpliú** amplifying, amplification, **ardú** heightening, raising, **at** swelling; bloating, **boilsciú** inflating; inflation; bulging, **borradh** swelling, enlarging, **breisiú** increasing, snowballing, **cur chun tosaigh** advancing, **cur le** adding to, **daoirsiú** raising price; becoming dearer, **donú** becoming more aggravated, worsening, **dul i mbreis** growing, prospering, **dul in airde** getting higher, elevating, **dul i ndéine** intensifying, **eascairt** sprouting, shooting, **éirí níos mó** getting bigger, **fadú** prolonging, **fairsingiú** widening, extending, **fás** growing, **forbairt** developing, **forleathnú** extending, expanding, **forlíonadh** increasing, multiplying; overfilling, **formhéadú** magnifying, **formhéadúchán** magnification, **fuilleamh** increasing, increase; interest, **géarú** escalating, **iolrú** multiplying, **iomadú** multiplying, proliferating, **iomdhú** (lit) increasing, **ionnlas** (lit) increase (in wealth), produce, **leathadh** spreading; dilating, **leathnú** expanding, **líonadh** filling up; waxing, **luasú** speeding up, **neartú** strengthening, building up, **prólaiféarú** proliferation, **síneadh amach** stretching out, **tórmach** *m* increasing, swelling, **treisiú** boosting, **uasmhéadú** maximising

~ **ar bhrabús** increase in profits
~ **ar dhaonra** increase in population
~ **ar dhífhostaíocht** increase in unemployment
~ **ar éileamh** increase in demand
~ **ar phá/chostais** increase in pay/costs
~ **brú** increase in pressure
~ **cíoch** breast augmentation
~ **cumhachta** accrual of power
~ **fuaime** amplification
~ **luais** acceleration
~ **matán** muscle gain
~ **na héagothroime** widening of inequality
~ **na páirce** enlargement of the park
~ **na stoirme** intensifying of the storm
~ **tobann ar dhíolacháin** upswing in sales
~ **tráchta** buildup of traffic

Meafar *m (-air; -air, ~)* metaphor

allagóire *m* allegory, **analach** *f* analogy, **cliché** cliché, **comhartha** sign, **comparáid** comparison, **fáthscéal** parable; allegory, **fíor** *f* **chainte** figure of speech, **íomhá** image, **macasamhail** *f (-mhla)* likeness, **parabal** parable, **samhail** *f (-mhla)* simile; simulacrum, **samhlaoid** figurative illustration, **siombail** symbol, **suaitheantas** emblem, **tróp** trope

▲ ~ **beo** live metaphor, ~ **cultúrtha** cultural metaphor, ~ **leathnaithe** extended metaphor, ~ **marbh** dead metaphor, ~ **measctha** mixed metaphor, ~ **suanach** dormant metaphor

Meafarach *adj³* metaphorical

analachúil analogical, **comharthach** emblematic, **comparáideach** comparative, **fáthach** figurative, **fáthchiallach** allegorical, **fáthscéalach** allegorical, **fíorach** figurative, **fíortha** diagrammatic; figurative, **samhailteach** emblematic, **samhlaoideach** full of imagery, **siombalach** symbolic, **trópach** figurative

Meáigh *v₁f* weigh (up)

cíor *(fig)* weigh up (cf **ceist a chíoradh** to weigh up an issue), **cuir (suas) ar an meá** put (up) on the scales, **déan machnamh ar cheist** mull over a question, **déan smaoineamh ar** think about, **meabhraigh** ponder, **meas** consider, **measraigh** estimate, judge, **measúnaigh** estimate, **smaoinigh faoi** think about, **tabhair breithiúnas ar rud éigin** to pass judgment on something, **tomhais** measure, **tuairimigh** form an opinion, conjecture

~ **éifeacht dlí!** Assess the efficacy of a law!
~ **na bananaí!** Weigh the bananas!
~ **na hargóintí!** Weigh up the arguments!

Meaisín *m (~; ~í)* machine

acra *m* contraption, **aonad** unit, **fearas** apparatus, **feiste** *f* device, **gléas** machine, device, contraption, **gléasra** apparatus, **inneall** engine, **mótar** motor, **róbat** robot, **róbó** robot, **trealamh** equipment, **uirlis** instrument, tool

▲ ~ **ama** time machine, ~ **bainc** automated teller machine ATM, ~ **caife** coffee machine, ~ **cóipeála** copying machine, ~ **dí-oighrithe** de-icing machine,

~ **níocháin** washing machine, ~ **scagdhealaithe** dialysis machine

Meáite *pp*

1. weighed, considered
cíortha weighed up, **curtha ar an mheá** placed on the scales, **measraithe** estimated, judged, **measta** considered, **measúnaithe** assessed, **tomhasta** measured, **tuairimithe** having formed an opinion, conjectured

2. determined, decided
cinnte definite, decided, **daingean** decided, **diongbháilte** positively confirmed, **beartaithe** decided upon, planned, **socair** settled, decided, **socraithe** decided

▲ **cinneadh** ~ educated decision, **panna** ~ weighing pan, **riosca** ~ calculated risk, **freagra** ~ considered response

◊ **Tá mé ~ ar an churiarracht a shárú.** I am determined to break the record.

Meaitseáil 1 v_{1e} match, pair; compare

ceangail le chéile tie together, **comhoiriúnaigh** match, harmonise, **cuingrigh** couple, yoke, **cuir i mbeirteanna** *(people)* pair (off), put in pairs, **cuir i gcomparáid** compare, **cuir le chéile** put together, **gabh le** go with, **oibrigh le chéile** work together, **péireáil** pair, **réitigh le** get along with, **tar le chéile** suit one another, match (cf **Níl na dathanna ag teacht lena chéile.** The colours don't match.), **tabhair le chéile** bring together, **tar le** get along with, agree with, **téigh le chéile** go together

Meaitseáil 2 *vn* matching, pairing; comparing

ceangal le chéile tying together, **comhoiriúnú** matching, harmonising, **cuingriú** coupling, yoking, **cur i mbeirteanna** *(people)* pairing (off), putting into pairs, **cur i gcomparáid** comparing, **cur le chéile** putting together, **dul le** going with (eg **Níl an buí ag dul leis ghorm.** The yellow isn't going with the blue.), **gabháil le** going with, **oibriú le chéile** working together, **péireáil** pairing, **réiteach le** getting along with, **tabhairt le chéile** bringing together, **teacht le chéile** suiting one another, agreeing *(see also: cleamhnas)*

Meaitseáilte *pp* matched, paired; compared

ceangailte le chéile tied together, **comhoiriúnaithe** matched, harmonised, **cuingrithe** coupled, yoked, **curtha i mbeirteanna** *(people)* paired (off), put in pairs, **curtha i gcomparáid** compared, **curtha le chéile** put together, allied, **dulta le chéile** gone together, **péireáilte** paired, **tagtha le chéile** matched, come together, **réitithe le** made acceptable with, **tugtha le chéile** brought together, allied

Meall 1 *m (mill; ~ta)* lump, mass; orb-shaped object

at swelling, **cnap** lump, **cnapán** small lump, **cnoba** knob, lump, **cruinneagán** agglomeration; cluster, **daba** daub, hunk, **dalcán** small lump, **dorc** lump, buttock; *(person)* dork, **fadharcán** lump on body; corn on foot, **fadhb** *f* lump, lumpy object, **fadhbóg** small lump; whopping lie, **fás** growth, **gamba** hunk, **goirín** pimple, **gorán** lump, ball, **lab** lob, lump sum of money (cf **Tá lab agat!** You're loaded with money!), **leadhb** chunk, hunk, **liathróid** ball, **lionsca** inert mass; mass of cloud, **lumpa** lump, **práib** blob, **rúbóg** mass, lump, **siad** *m (~a)* tumour, **slaimice** *m* chunk, hunk, lump, **smagaire** large piece, lump, **téachtán (fola)** clot (of blood)

Meall 2 v_{1a} beguile, entice

beoghoin tantalise, **bréag** lure, entice, **cealg** beguile, allure; sting, **clasaigh** coax, entice, **cuir amú** misguide, **cuir ar seachrán** lead astray, **cuir ceol i gcluasa** lure away with beguiling words, **cuir cluain ar** beguile, **cuir dallamullóg ar** hoodwink, **cuir faoi dhraíocht** charm, **cuir mearbhall ar** bewilder, confuse, **siabhair** bewitch, delude, enchant; derange, **tarraing** attract, **tathantaigh** coax, urge; incite

~ **chun codladh!** Induce to sleep!
~ **chun leapa!** *(seduce)* Entice to bed!
~ **isteach sa dol é!** Lure it into the trap!
~ **le ceol!** Beguile with music!

Mealladh *vn* beguiling, enticing; seducing, seduction

beoghoin tantalising, **bréagadh** cajoling, charming, sweet-talking, **cealgadh** beguiling, alluring; stinging, **cealgaireacht** beguilement, **clasú** coaxing, enticing, **cur cluain ar** beguiling, deceiving, **draíocht** *f* enchantment, **dreasacht** enticement, **dreasú** enticing, **gnéasúlacht** sex appeal, **meallacacht** seduction, **mealltacht** seduction, **mealltóireacht** beguiling; coaxing, **siabhradh** bewitching, enchanting, **tarraingt** attraction, **tathant** coaxing; inciting

Meallta *pp* deceived; mistaken

beoghonta tantalised, **bréagtha** lured away, **cathaithe** tempted, **cealgtha** beguiled, allured; stung, **clasaithe** coaxed, enticed, **dulta amú** gone astray, lost; misguided, **siabhartha** bewitched, enchanted; deluded, deranged, **somheallta** beguiled with ease, **tarraingte ó chúrsa** pulled off course, distracted, **tathantaithe** coaxed, urged; incited

◊ **Sin an áit a bhfuil tú ~.** That's where you're mistaken.

Mealltach *adj³*

1. seductive, enticing
beophianta tantalising, **cathaitheach** tempting, **cluanach** alluring, charming, **dealraitheach** appealing to one's fancy, **hiopnóiseach** hypnotic, **meallacach** beguiling, **sí** (> **sí**) bewitching, enchanting (eg **solas sí** misguiding light, **ceol sí** enchanting music, etc.), **neamúil** delectable, **taitneamhach** appealing, **tarraingteach** attractive

Meán-

2. deceptive, misleading
bealachtach deceitful, **béalchráifeach** sanctimonious, **bréagach** false, deceitful, **calaoiseach** fraudulent, **cam** crooked, **cealgach** perfidious, deceptive, **fealltach** treacherous, deceitful, **liom leat** two-faced, **lúbach** full of twists and turns, serpentine, **míthreorach** misleading

Meán- *pref* middle, average
~aicme *f* middle class, **~aicmeach** middle class, bourgeois, **~-am** average time, **~aois** middle age, **~aoiseach** mediaeval, **~aosta** middle-aged, **~cheannaí** *(busn)* middleman, **~chiorcal** equator, **~chiorclach** equatorial, **~chostas** average cost, **~chrios** *mf (-reasa)* equatorial belt, **~chriosach** equatorial, **~chúrsa** intermediate course, **~-Ghaeilge** Middle Irish, **~ghearradh** medial section, **~mheáchan** middleweight, **~mhúinteoir** secondary school teacher, **~oideachas** secondary education, **~séasúr** midseason, **~tuilleamh** average earnings

Meán *m (-áin; -áin, ~)* middle; average
an taobh istigh the inside, **básta** waist, centre, **boilsceann** bulging part, middle, **bolg** belly, centre, **ceartlár** dead centre, **coim** waist, centre, **croí** heart, centre, **croílár** dead centre, **croíleacán** core, **giorta** girth, middle, waist, **gnáth** usual, **gnáthmhéid** average size, **gnáthrud** usual thing, customary thing, **gnáth-thoradh** usual outcome, **laistigh** inside, **lár** centre, **lárphointe** midpoint, **mí** *f* middle, **meánlár** centroid, **meánlíne** *f* median, **mol** hub *(see also: lár)*

Meáin *mpl (meán)* media
ardán sóisialta social platform, **blag** blog, **fotha** *m* **nuachta** news feed, **giolcaireacht** tweeting, **nuachtán** newspaper, **podchraoladh** podcast, podcasting, **raidió** radio, **teilifís** television, **tvuíteáil** tweeting

▲ **~ amhairc** visual media, **~ chlóite** printed media, **~ chraolta** broadcast media, **~ chumarsáide** communications media, **~ dhigiteacha** digital media, **~ fógraíochta** advertisement media, **~ mheasctha** mixed media, **~ oidhreachta** (US) legacy media, **~ ollchumarsáide** mass media, **~ phríomhshrutha** mainstream media, **~ shóisialta** social media

Mear *adj⁵ (compar mire)*
1. fast, nimble
aclaí agile, nimble, **éasca** nimble, swift, **gasta** fast, snappy, **luath** speedy, early, **luathchosach** fleet-footed, **sciobtha** rapid, prompt, **tapa** fast quick *(see also: tapa)*
2. rash, precipitate
ainchríonna imprudent, unwise, **baothdhána** foolhardy, **buile** (> *buile*) mad, **gan smaoineamh (a dhéanamh) ar na hiarmhairtí** with considering the consequences, **meargánta** reckless, **místuama** ill-considered, **taghdach** impulsive, **tobann** sudden

Méar *f (méire; ~a, ~)* digit, finger; toe
an mhéar fhada middle finger, **corrmhéar** *f (-mhéire)* index finger, **ladhar** *f (laidhre; -dhracha)* toe (also: **méar choise**), **ladhar mhór** big toe *(also: ordóg choise)*, **laidhricín** little finger, **luibhean** digit, finger, toe, **lúidín** little finger, **mac an daba** ring finger, **ordóg** thumb

◊ **~a maide** butterfingers, **an mhéar a thabhairt/thaispeáint do dhuine éigin** *(vulg)* to give someone the finger, **rudaí a chur ar an mhéar fhada** to put things on the long finger, to procrastinate

Mearaigh *v₂ₐ* confuse, bewilder; derail from reality
buair perturb, **caoch** bedazzle, overwhelm, **cuir amú** misguide, **cuir ar mearbhall** bewilder, **cuir ar seachrán** lead astray, **cuir faoi dhraíocht** charm, beguile, **cuir mearbhall ar** belwilder/confuse a person, **cuir saochain céille ar** drive to distraction, **cuir trí chéile** perplex, confuse; upset, **dall** blind, **déan imní do** cause concern to, worry, **déan staic de** flummox, stump, **hiopnóisigh** hypnotise, **meall** beguile, **meidhrigh** confuse, elate, become dizzy with excitement

Mearaithe *pp* confused, bewildered; derailed from reality
buartha perturbed, **caochta** bedazzled, overwhelmed, **curtha amú** misguided, led astray, **curtha ar mearbhall** bewildered/confused a person, **curtha ar seachrán** led astray, misled, **curtha faoi dhraíocht** charmed, bewitched, **curtha trí chéile** perplexed, confused; upset, **dallta** blinded, mesmerised, **hiopnóisithe** hypnotised, **meallta** beguiled; mistaken, **meidhrithe** confused, elated, dizzied with excitement

Mearbhall *m (-bhaill)* confusion, bewilderment
aisnéal swoon, **anord** chaos, disorder, **brachán** mishmash, muddle, **bulla bó báisín** turning in circles; whirligig, **corrabhuais** confusion, **dalbhadh** delusion, confusion, **dalladh púicín** *(game)* blindman's buff; confusion, deception, **dallamullóg** *m (~)* confusion, deception, **éiginnteacht** uncertainty, **fudairnéis** mix-up, confusion, **fudar** mess, bewilderment, **meadhrán** vertigo; bafflement, **mearaíocht** perplexity, **mearbhlaí** confused state, **mearbhlán** giddiness, dizziness, **mearú** hallucination, **mearú súl** trick of the eyes, hallucination, **meascán** mix-up, **meascán mearaí** bafflement, puzzlement, **méigrim** dizziness, **meisce** intoxication; confusion, befuddlement, **míobhán** light-headedness, wooziness, **míthreoir** misdirection, confusion; misguidance, **míthuiscint** misunderstanding, **prácás** muddled mess, hotchpotch, **rámhaille** delirium, **ré roithleagán** light-headedness, **roithleán** whirl, spin (cf **Tá mo cheann ina roithleán** My head is in a spin.), **seabhrán** buzzing noise in head; dizziness, **seachmall** illusion, aberration, **seachrán** wandering, confused

state, **siabhrán** slight derangement; mental confusion, **siabhránacht** mental confusion; wandering in speech/in thinking, **speabhraídí** hallucinations, **splutar** fluster, confusion, **srúsram** confusion, **suaiteacht** *f* confusion, agitation; disturbed state, **suaitheadh** turmoil, confusion, disturbance, **suathas** confusion, **suathrán** bewilderment, **tórmach** *m* turmoil (eg Bhí tórmach i m'intinn. My mind was in turmoil.), **tranglam agus tarraingt tríd** bustle and confusion

◊ **mura bhfuil ~ orm** unless I am mistaken, **Tá ~ i mo cheann.** My head is spinning., **Tá sé fós ag déanamh mearbhaill dom.** I am still baffled by it.

▲ **~ aigne** mental aberration, **~ céille** mental confusion, disorientation, **~ dí** befuddlement from drink, **~ intinne** mental confusion, perplexity, bafflement

Mearbhlach *adj³* confusing, bewildering
corr odd, **corrabhuaiseach** confused, **fánach** rambling, haphazard, **ina chíor thuathail** in a dreadful mess, **meadhránach** baffling, **mearaithe** confused, **mearaitheach** distracting; puzzling, **measctha** mixed up, **míobhánach** dizzy, woozy, **mistéireach** mysterious, **rúndiamhrach** mystifying, mysterious, **siabhránach** causing delusion; delusive, **trína chéile** confused, **uascánta** bewildered; simple-minded *(see also: suaite)*

Méaróigach *adj³* pebbly
duirlinge (> *duirling*) *(beach)* pebbly (cf **trá dhuirlinge** pebbly beach), **lán méaróg** pebbly, **púrógach** pebbly

Mearú *vn* confusing, bewildering; hallucination
buaireamh perturbing, **caochadh** bedazzling, overwhelming, **dalladh** blinding, mesmerising, **cur amú** misguiding, leading astray, **cur ar mearbhall** bewildering/confusing, **cur ar seachrán** sending on the wrong path, misleading, **cur faoi dhraíocht** charming, bewitching, **cur saochain céille ar** driving to distraction, **cur trí chéile** perplexing, confusing; upsetting, **dalladh** blinding, **déanamh imní do** causing concern to, worrying, **déanamh staic de** flummoxing, stumping, **hiopnóisiú** hypnotising, **mealladh** beguiling, seducing, **meidhriú** confusing, dizzying with excitement

Meas 1 *m (~a)*
1. respect, admiration
aitheantas (cuí) *(due)* recognition, **dea-bharúil** approbation, good opinion, **gradam** esteem, **léirthuiscint** appreciation, **luach** value, **measúlacht** esteem; respectability, **ómós** homage, veneration, **onóir** honour, **oirmhidin** *(lit)* reverence, honour, **uirísle** servility, **umhlaíocht** subservient respect, **urraim** reverence, deference, **urramacht** respectfulness; reverence *(see also: gradam, ómós)*

◊ **Bíodh ~ agat ort féin!** Show some self-respect!, **Bíonn ~ ar a ndeir sé.** His word is respected., **Ná tabhair ~ amadáin orm!** Don't take me for a fool!, **Níl ~ madra aige orainn.** He treats us like dirt., **Tá ~ mór agam uirthi.** I highly respect her.

2. assessment, estimation
barúil opinion, **breith** judgment, **breithmheas** appraisal, **iniúchadh** audit; inspection, **léirmheas** review, critique, **luacháil** evaluation, **machnamh** consideration, careful thought, **meá** weighing up, **meastachán** estimation, **meastóireacht** evaluating, evaluation, **measúnú** assessing, assessment, **tuairim** opinion

◊ **Cad é do mheas air?** What do you think of it?

▲ **~ cánach** tax assessment, **~ luacha** assessment of value, **~ méide** estimation of size, **~ mór** high esteem, **~ nirt** estimation of strength

Meas 2 *v₁ₐ* consider, estimate
airigh sense, **áirigh** calculate; count, reckon, **bí den tuairim** be of the opinion, **breithnigh** adjudge, adjudicate, **ceap** think, **comhair** reckon, calculate, **dealraíonn sé dom (go)** it appears to me (that), **déan smaoineamh ar** think about, do some thinking about, **feictear domsa (go)** it seems to me (that), **léirbhreithnigh** review, **luacháil** evaluate, value, **machnaigh** reflect, ponder, ruminate, **meabhraigh** meditate; consider; recall, **measúnaigh** assess, **mímheas** misjudge, **neasaigh** approximate, **rith an smaoineamh liom (go)** it occurred to me (that), **síl** think, **smaoinigh** think (over), **tar ar thuairim** come to an opinion, **tháinig an smaoineamh chugam (go)** the idea came to me (that) *(see also: measúnaigh)*

Meas 3 *vn* considering, estimating
aireachtáil sensing, feeling, **áireamh** calculating; counting, reckoning, **breithniú** adjudging, adjudicating, **ceapadh** thinking, **comhaireamh** reckoning, calculating, **léirbhreithniú** reviewing, **luacháil** evaluating, valuing, **machnamh** reflecting, pondering, ruminating, **meabhrú** considering, **measúnú** assessing, **mímheas** misjudging, **neasú** approximating, **síleadh** thinking, **smaoineamh** thinking, **teacht ar thuairim** coming to an opinion

Measta *pp* considered, estimated
airithe sensed, felt, **áirithe** calculated; counted, reckoned, **breithnithe** adjudged, adjudicated, **ceaptha** thought, **comhairithe** reckoned, calculated, **léirbhreithnithe** reviewed, **luacháilte** evaluated, valued, **machnaithe** reflected, pondered upon, ruminated, **meabhraithe** considered, **measúnaithe** assessed, **mímheasta** misjudged, **neasaithe** approximated, **sílte** thought, **smaoinithe** thought, **tagtha ar thuairim** come to/arrived at an opinion

▲ **an méid ~** the estimated amount, **luach ~** notional value

◊ **Is comhlacht é atá ~ faoina luach.** It's a company that is underrated.

Measartha *adj*[6] middling; *adv* fairly
ábhairín somewhat, **a bheag nó a mhór** more or less, **beagán** a little bit, **beagáinín** a tiny bit, **cothrom** fair, average, **cuibheasach** fair, middling, **den mheánscoth** mediocre, middle-of-the-road, **imleor** adequate, **leor** sufficient, **leordhóthanach** ample, **meán-** *pref* middle, average, **meánach** average, middle, **meánúil** moderate, temperate, **pas beag** a tad, a bit, **réasúnta** reasonably, **roinnt** somewhat

Measarthacht *f (~a)*
1. moderation
Bealach *m* **Meánach** (*Bud*) Middle Way, **comhréiteach** *m* compromise; accommodation, **cothrom** equity, balance, fairness, **cuibheasacht** moderation, temperateness, **féinsmacht** self-control, **guaim** equanimity, **leordhóthain** *f (~)* sufficiency, **meán** average; (*means*) medium, **neamh-mheisce** sobriety, **smacht ort féin** self-control, **srian** restraint, **srian ort féin** self-restraint, **réasúntacht** reasonableness, **smacht** control, **sochmaíocht** placidity, equanimity
2. mediocrity
amaitéarachas amateurishness, **duine/rud ar bheagán tábhachta** person/thing that is lightweight, of little significance, **comóntacht** ordinariness, **lagmheasarthacht** mediocrity, **leamhas** insipidity, **leimhe** lacklustre, blandness, **marbhántacht** drabness, **meánscoth** middling quality, **rud atá gan bheith thar mholadh beirte** nothing to write home about

Measc *v*₁ₐ mix
aontaigh unite, **báigh** (**i**) submerge (in), **bailigh le chéile** gather together, **bí síos is suas le** hobnob with, **brúigh** (*potatoes*) mash, **buail le chéile** socialise, **carn le chéile** heap together, **ceangail** tie, **cóimheasc** (*chem*) coalesce, **cóimhiotalaigh** alloy, **comhcheangail** merge, bind together, **comhdhlúthaigh** press together, **comhleáigh** fuse together, **comhshuigh** compound, **comhtháthaigh** coalesce, integrate, **comhthiomsaigh** associate, **cnuasaigh** cluster, **coinnigh comhluadar le** consort with, **cónaisc** amalgamate, **comhtháthaigh** fuse, integrate, coalesce, **crosáil** (*med*) cross, **cruinnigh le chéile** gather together, **cuir le chéile** put together, **cuir mearbhall ar dhuine** confuse a person, **cuir trína chéile** confuse, **cumaisc** blend; composite, combine, compound, **cumhscaigh** stir, agitate, **déan** (*cards*) shuffle, **déan muintearas le** fraternise with, **díréitigh** disarrange, **eiblígh** emulsify, **idirshuigh** interpose, **imeasc** integrate, **imshocraigh** (*jur*) compound (cf **feileonacht a imshocrú** to compound a felony), **maistrigh** churn, **malgamaigh** (*chem*) amalgamate, **mearaigh** derange, bewilder, **nasc** join, connect, **rúisc** stir, shake, **scrobh** (*eg eggs*) scramble,

scuabáil (*eg feet*) shuffle, **sintéisigh** synthesise, **stoithin** (*hair*) tousle, **suaith** mix; befuddle; knead (cf **taos a shuaitheadh** to knead dough); (*cards*) shuffle, **tabhair le chéile** bring together, combine, **tar le chéile** come together, **táthaigh** weld; solder, **teaglamaigh** compile, **téigh i measc na ndaoine** mingle with the people, socialise, **tiomsaigh** assemble, compile, synthesise, **tionóil** assemble; muster

Meascadh *vn* mixing, mixture, mix
bailiú le chéile gathering together, **bualadh le chéile** socialise, **carnadh le chéile** heaping together, **cnuasú** clustering, **cóimheascadh** (*chem*) coalescing, **cóimhiotalú** alloying, **comhcheangal** merging, **comhdhlúthú** pressing together, **comhleá** fusing together, **comhshuí** compounding, **comhtháthú** fusing, integrating, coalescing, **cónascadh** amalgamating; combining, **crosáil** (*med*) crossing, **cruinniú le chéile** gathering together, **cumasc** blending; compositing, compounding, **cumhscú** stirring, agitating, **cur le chéile** putting together, **cur trína chéile** confusing, **déanamh** (*cards*) shuffling, **déanamh muintearais le** fraternising with, **díréiteach** disarranging, **eibliú** emulsifying, **idirshuíomh** interposing, **imeascadh** integrating, **maistreadh** churning, **malgamú** amalgamating, **mearú** deranging, bewildering, **nascadh** joining, connecting, **rúscadh** stirring, shaking, **scrobhadh** (*eg eggs*) scrambling, **sintéisiú** synthesising, **stoithneadh** (*hair*) tousling, **suaitheadh** mixing; kneading; (*cards*) shuffling, **tabhairt le chéile** bringing together, combining, **táthú** welding; soldering, **teacht le chéile** coming/arriving together, **teaglamú** compiling, **tiomsú** assembling, compiling, synthesising, **tionól** assembling; mustering

Measctha *pp* mixed
bailithe le chéile gathered together, **buailte le chéile** socialised, **carntha le chéile** heaped together, **cnuasaithe** clustered, **cóimheasctha** (*chem*) coalesced, **cóimhiotalaithe** alloyed, **comhcheangailte** merged, bound together, **comhdhlúite** pressed together, **comhleáite** fused together, **comhshuite** compounded, **comhtháthaithe** coalesced, fused, integrated, **cónasctha** amalgamated, **crosáilte** (*med*) crossed, **cruinnithe le chéile** gathered together, **cumaiscthe** blended; composited, **cumhscaithe** stirred, agitated, **curtha le chéile** put together, **curtha trína chéile** confused, **déanta** (*cards*) shuffled, **éagsúil** diverse, **díréitithe** disarranged, **eiblithe** emulsified, **idir mhná agus fhir** both men and women, sundry, **idirshuite** interposed, **ilchineálach** diverse, varied, **ilghnéitheach** miscellaneous, **imeasctha** integrated, **lena ndearnadh muintearas** fraternised, **maistrithe** churned, **malgamaithe** (*chem*) amalgamated, **mearaithe** deranged, bewildered, **mearbhlach**

confused, **míthreorach** confused, mixed-up, bewildered, **nasctha** joined, connected, **rúiscthe** stirred, shook, **scrofa** *(eg eggs)* scrambled, **sintéisithe** synthesised, **stoite** *(hair)* tousled, **suaite** mixed; kneaded; *(cards)* shuffled, **tagtha le chéile** come together, **táite** welded; soldered; consolidated, **teaglamaithe** compiled, **tiomsaithe** assembled, compiled, synthesised, **tionólta** assembled; mustered, **tugtha le chéile** brought together, combined

▲ **babhla** ~ mixing bowl, **cine** ~ mixed race, **cluiche dúbailte** ~ *(sp)* mixed doubles, **comhábhair mheasctha** mixed ingredients, **ealaíona comhraic** ~ mixed martial arts, **geilleagar** ~ mixed economy, **griolladh** ~ mixed grill, **luibheanna** ~ mixed herbs, **meán** ~ mixed media, **mothúcháin mheasctha** mixed feelings, **pór** ~ mixed breed, **pósadh** ~ mixed marriage, **sailéad** ~ mixed salad, **scoil mheasctha** mixed school, **siopa gruagaire** ~ unisex hairdresser, **stiúideo** ~ mixing studio

◊ **bheith** ~ **suas** to be mixed up

Meascán *m (-áin; -áin, ~)* mixture, assortment
bailiúchán collection, **braisle** (**réaltraí**) cluster (of galaxies), **burla** bundle, **carn** heap, **comhcheangal** combination, **comhtháthú** fusion, **conlach** *m* collection, heap, **cruach** *f* stack, pile, **cuach** *f (cuaiche; ~a, ~)* bundle, **cumasc** blend, **díolaim** *f (-ama, -amaí)* anthology, **ilchumasc** assortment, **manglam** hotchpotch, **meascra** miscellany, **mogall** mass, cluster, **runcalach** *m* hotchpotch, mixture; serum, **stór** store, **taisce** hoard, treasure, store *(see also: meascadh)*

◊ **Bhí beagáinín de mheascán mearaí ann.** It was rather a mixed bag.; There was some confusion/a bit of a mix-up.

Meastóir *m (-óra; ~í)* evaluator, assessor
áiritheoir enumerator; *(maths)* counter, **breitheamh** judge, **breithiúnaí** assessor, **cigire** inspector, **criticeoir** critic, **eadránaí** arbitrator, **feitheoir** invigilator, **giúistís** *m* magistrate, **léirmheastóir** reviewer, **luachálaí** valuer, **marcálaí** marker, **measúnóir** assessor; appraiser, **moltóir** adjudicator, umpire; praiser, **réiteoir** referee; arbitrator, **scrúdaitheoir** examiner, **suirbhéir** surveyor

Meastóireacht *f (~a)* evaluating, valuing
breith judging, judgment, **cigireacht** inspecting, **eadráin** *f (-rána)* arbitration, **feitheoireacht** invigilation, **léirmheastóireacht** reviewing, **luacháil** valuing; evaluating, **marcáil** marking, **measúnú** assessing; appraising, **midheamhain** *f (-mhna)* appraising, judging; reflecting, **moltóireacht** adjudicating, umpiring, **rátáil** rating, **réiteoireacht** refereeing, **scrúdú** examination; examining, **scrúdúchán** examination, **suirbhéireacht** surveying

Measúil *adj⁴*
1. respectable
acmhainneach well-to-do, **ardchéime** *(> ardchéim)* pre-eminent, **ardréime** *(> ardréim)* elevated, **cásach** venerable, honoured, **céimiúil** distinguished, **cneasta** upright, gentle, **creidiúnach** reputable, respectable, **cuibhiúil** seemly, **dea-bhéasach** well-mannered, proper, **fiúntach** worthy, **gradamach** esteemed, illustrious, **insúl** presentable, **iomráiteach** prominent, high-profile, **ionraic** honest, **luachmhar** prized, valued, **macánta** decent, **maith** good, worthy, **maitheasach** goodly, kind, **maorga** dignified, **mór** great, major, **mór le rá** acclaimed, celebrated, **oinigh** honorary, **oiriúnach** decorous, befitting, **oirmhinneach** *(church)* reverend, **suaillmheasta** held in not much esteem, **uasal** well-born, noble; esteemed, **urramach** highly regarded
2. respectful
béasach polite, **cneasta** gentle, mild, **cuntanósach** with a pleasant attitude, civil, **cúramach** regardful, solicitous, **dea-bhéasach** well-behaved, polite, **dea-mhéineach** gracious, well-meaning, **dea-mhúinte** well-mannered, **géilliúil** submissive, **mínráiteach** gently-spoken, **modhúil** modest, mannerly, **múinte** mannerly, polite **sibhialta** civil, **umhal** *(child)* dutiful, **uiríseal** subservient, **urramach** reverential, dutiful

Measúnaigh *v₂ₐ* assess, estimate,
breithnigh adjudge, adjudicate, **comhair** reckon, calculate, **cuir luach ar** place a value on, **dealraigh** judge by appearance, **déan meastachán** make an estimate, **déan meastóireacht ar** make an evaluation of, **léirbhreithnigh** review, **luacháil** evaluate, value, **meáigh** weigh up, **meas** estimate, consider, **measraigh** estimate, judge, **neasaigh** approximate, **scríobh léirmheas ar** write a review of, do a write up on, **tomhais** gauge, measure, **tuairimigh** conjecture

Measúnaithe *pp* assessed, estimated,
breithnithe adjudged, adjudicated, **comhairthe** reckoned, calculated, **dealraithe** judged by appearance, **léirbhreithnithe** reviewed, **luacháilte** evaluated, valued, **meáite** weighed up, **measta** estimated, considered, **measraithe** estimated, judged, **neasaithe** approximated, **tomhaiste** gauged, measured, **tuairimithe** conjectured

Measúnú *vn* assessing, estimating,
breithniú adjudging, adjudicating, **comhaireamh** reckoning, calculating, **cur luach ar** placing a value on, **dealrú** judging by appearance, **déanamh meastacháin** making an estimate, **déanamh meastóireacht ar** making an evaluation of, **léirbhreithniú** reviewing, **luacháil** evaluating, valuing, **meá** weighing up, **meas** estimating, considering, **measrú** estimating, judging, **neasú** approximating, **scríobh léirmheas ar** writing

Meata

a review of, doing a write up on, **tomhas** gauging, measuring, **tuairimiú** conjecturing

Meata

1. *pp* decayed, declined; sickly, decadent
a bhfuil cor tagtha ann *(food)* that has gone off, **aimlithe** enfeebled, spoilt, **bréan** foul, **cnaíte** corroded, **coinclí** (> *coincleach*) mouldy, **dreoite** decomposed, **dulta chun raice** gone to rack and ruin, **dulta in aois** aged; gotten old, **easlán** unwell, sick, **éirithe sean** gotten old, **fann** fragile, **fannshláinteach** of delicate health, **faoi chaonach liath** mouldy, **feoite** withered, **foirgthe** dry-rotted, **liata** turned grey; become mouldy, **liath** *(bread)* mouldy, **lofa** rotten, **mallaithe** depraved, **meathánta** weak, **meathbheo** infirm, **meathbhreoite** in poor health, **meathlaithe** decayed, **meath-thinn** out of sorts, sickly, **mífholláin** morbid, unhealthy, **míshláintiúil** unhealthy, unwholesome, **morgtha** putrefied, **morgthach** gangrenous, **spealta** grown thin, wasted away, **suarach** base, vile, contemptible, **táir** vile; shabby, cheap, **tinn** sick, **tnáite** jaded, **truaillithe** corrupted, **tuirseach** tired; fed up, **tráite** waned, ebbed, **tréigthe** abandoned, faded *(see also: tinn)*

2. *adj⁶* cowardly, craven
a bhfuil an chré bhuí ann yellow-bellied, **(duine) an bhoilg bhuí** yellow-bellied, chicken-hearted (person), **beagmhisniúil** despondent, **beaguchtúil** lacking in courage, **bithiúnta** knavish, roguish, **buí** yellow, **cladhartha** craven, cowardly, **critheaglach** shivering with fear, **cúlánta** shrinking, **eaglach** fearful, **faiteach** timorous, **fannchroíoch** faint-hearted, **gan mhisneach** gutless, **gan spriolladh** lifeless, spiritless, **lag** weak, **lagchroíoch** fainthearted, **lagmhisniúil** pusillanimous, **lagspreosach** spineless, **lagspridiúil** weak-kneed, **meatach** decadent, cowardly; perishable, **meathlaitheach** retrogressive, **míchurata** unheroic, **míghaisciúil** lacking in prowess, cowardly, **mílaochta** unheroic, cowardly, **scanraithe** scared, **séantach** recreant

Meatacht *f (~a)*

1. decline, decay; decadence
críonadh decaying, **dreo** withering, decay, **feo** withering, **lobhadh** rotting, decomposing, **meathlaíocht** decline, decay; failure, **meathlú** decaying, degeneration, **morgadh** putrefaction, decomposition, **seargadh** shrivelling, wasting away, withering, **spealtacht** decline

2. cowardice, cravenness
an chré bhuí yellow-belliedness, **beagmhisneach** *m* despondency, **beaguchtach** *m* lack of courage, **bithiúntas** knavery, roguery, **buíochan** *(sl)* yellowness, cowardice; jaundice, **claidhreacht** cravenness, **eagla** *f* fear, **faitíos** *m* timidity, **fannchroíche** faint-heartedness, **lagmhisneach** *m* lowness of spirits, lack of a positive outlook, **laige** *f* weakness, **mílaochas** cowardice, want of valour, **time** *f* faint-heartedness weakness

Meath- *pref* fading, weak, faint, dim, dull, poor
~bheo infirm; dead and alive, **~bhruith** simmer *(cf ar ~bhruith simmering)*, **~bhuille** weak blow, **~chuimhne** dim recollection, **~fháltas** poor return; scarcity, **~fhoghlamtha** semi-literate, **~fhuar** chilly, **~gháire** faint smile, **~ghlór** faint voice, **~iarraidh** weak attempt, **~phian** *f (-phéine)* dull pain, **~shláinte** delicate health, **~sholas** fading light **~-thine** *f* slow-burning fire, **~-thinn** out of sorts, sickly, **~-thuairim** conjecture, **~-thuairimeach** conjectural

Meath 1 v_{1a} decline, decay; deteriorate

bris síos break down, **cnaígh** waste away, **dreoigh** wither, decompose, **éirigh sean** become old, **feoigh** wither, **liath** turn grey; become mouldy, **lobh** decay decline; decompose, **meathlaigh** degenerate, **searg** atrophy, shrivel up, **tar (an) caonach ar** become moss-covered, get mouldy, **téigh chun raice** go to rack and ruin, **téigh i lofacht** putrefy, **téigh in aois** age, get old, **téigh in olcas** get worse, deteriorate, **tráig** wane, ebb, **tréig** abandon, fade

Meath 2

1 *vn* declining, decaying; deteriorating
briseadh síos breaking down, **cnaí** wasting away, **dreo** withering, decomposing, **dul chun raice** going to rack and ruin, **dul in aois** aging; getting old, **dul i lofacht** putrefying, **dul in olcas** worsening, deteriorating, **éirí sean** becoming old, **feo** withering, **liathadh** turning grey; becoming mouldy, **lobhadh** decaying, decomposing; deteriorating, **meathlú** degenerating, **seargadh** atrophying, shrivelling up, **spealadh** growing thin, wasting away, **teacht an chaonaigh ar** appearance of moss/mould on, **trá** waning, **tréigean** fading, fading of bloom

2 *mf (~a)* decline, decay; dissipation
aife *f* ebb, decline, decay, **drabhlás** dissipation, **dreochan** *f* decomposition, **éillitheacht** corruption, **feoiteacht** withered state, decay, **léig** decay, neglect, **lofacht** rottenness, decay, **meatacht** decline, decay; cowardice, **meathlaíocht** decline, decay, **meathlúchán** degeneration, **meathshláinte** declining health

Meicneoir *m (-eora; ~í)* mechanic

ceardaí tradesman, tradeswoman, **deisitheoir** repairman, repairwoman, **innealtóir** engineer, **meaisíneoir** machinist, **oibrí oilte** skilled worker, **oibritheoir** operator, **teicneoir** technician

Meicnigh v_{2b} mechanise

cláraigh program, **córasaigh** systemise, **meaisínigh** machine, **ríomhairigh** computerise, **tionsclaigh** industrialise, **uathoibrigh** automate

Meicnithe *pp* mechanised

cláraithe programmed, **córasaithe** systemised, **meaisínithe** machined, **ríomhairithe** computerised, **tionsclaithe** industrialised, **uathoibrithe** automated

Meicníocht *f (~a; ~aí)* mechanism
bealach *m* way, avenue, **córas** system, mechanism, **deis** contrivance, **fearas** apparatus, **feiste** *f* device, **gaireas** gadget, **giuirléid** gizmo, **gléas** appliance, **gléasra** gear, machinery, **sás** contraption, **slí** *f* way, avenue, **trealamh** equipment

Meicniú *vn* mechanising
clárú programming, **córasú** systemising, **meaisíniú** machining, **ríomhairiú** computerising, **tionsclú** industrialising, **uathoibriú** automating

Meicniúil *adj⁴* mechanical
cumhachta (> **cumhacht**) powered, **fuar** cold, **fuarchroíoch** unfeeling, **gan mhachnamh** unthinking, **inneallach** mechanical, **innealra** (> **innealra**) machine-, machinery, **innealta** motorised, **meaisínre** machinery, **mótair** (> **mótar**) motor-, **neamhphearsanta** impersonal, **tochrais** (> **tochras**) wind-up, clockwork, **uathoibrithe** automated

Méid 1 *m (~)*
  1. amount, extent
an mó? how many?, **cainníocht** quantity, **cion** *m (~)* share, portion, **cuid** *f (coda; codanna)* part, share, **fairsinge** expanse, extent, **gáilleog** mouthful, **galmóg** large draught of a drink, **gearrchuid** quite a few, **gearrmhéid** fair size, **gliúrach** *f* large quantity, **imghabháil** ambit, **iomlán** total, **lé** *f* reach range, **liacht** many, **limistéar** area, **líon** amount, number, **méadúlacht** massiveness, bulk, **móireacht** greatness, **mórán** much, many, **mórchuid** *f (-choda; -chodanna)* majority, **mórdhóthain** surfeit, **oille** greatness, vastness, **ollacht** magnitude, **ollmhéid** entirety; magnitude, **páirt** part, **raon** range, track, **réim** range, extent; course, **réimse** range, **riar** provision, **scála** scale, **scóip** scope, **suim** sum, **suim iomlán** sum total, **uimhir** number, **urdail** equivalent amount (cf **agus a n-urdail féin ama acu** having an equivalent amount of time at their disposal)
  2. **Cén ~ atá air?** How much does it cost?
An mó é? How much is it?, **Cad é an praghas?** What is the price?, **Cén costas atá air?** What does it cost?, **Cá mhéad atá air?** How much is it?, **Cé mhéad duine?** How many people?

◊ **Cén ~ airgid atá i gceist?** How much money are we talking about?, **leath an mhéid sin** half that amount, **Sin an ~ a chosnaíonn sé.** That's how much it costs. *(see also: **méad**)*

Méid 2 *f (~e; ~eanna)* size, magnitude
airde height, altitude, **áirge** spaciousness, **cainníocht** quantity, **céim** degree, **cion** amount, share, **coibhneas** proportion, **compás** compass, circumference, **doimhneacht** depth, **faide** length, **fairsinge** expanse, **grád** grade, **láine** *(sound)* volume; fullness, **leibhéal** level, **leithead** width, **líon** number, quantity, **luchtmhaireacht** capaciousness, **meá** weight, greater part, **miosúr** measure, **moll** large number/amount, **páirt** part, **scála** scale, **scóip** scope, **spás** space, room, **toise** dimension, size, measurement, **tomhas** measure, **tura** *m (lit)* dimension, **uimhir** number

◊ **Cén mhéid atá sa ghúna?** What size is the dress?, **de réir ~e** according to size, **Tá an slua ag dul i ~.** The crowd is growing in size., **Tá ~ fathaigh ann.** It's gigantic., **Tá na páistí ag teacht i ~.** The children are growing up.

Meidhrigh *v₂ᵦ* elate, exhilarate; become dizzy
beoigh enliven, **breabhsaigh** cheer up, **cuir ardú croí (i nduine)** raise (a person's) spirits, **cuir áthas ar** gladden, make happy, **cuir lúcháir ar** delight; thrill, **éadromaigh** lighten, **éirigh áthasach** become happy, **meanmnaigh** hearten, encourage, **soilsigh** illuminate, light up, **spreag** hearten, urge on; inspire, **tabhair misneach do** encourage

Meidhrithe *pp* elated, exhilarated; gotten dizzy
beoite enlivened, **breabhsaithe** cheered up, **éadromaithe** lightened, **éirithe áthasach** become happy, **meanmnaithe** heartened, encouraged, **dar tugadh misneach** encouraged, **soilsithe** illuminated, lit up, **spreagtha** heartened, urged on; inspired

Meidhriú *vn* exhilarating; getting dizzy
beochan enlivening, **breabhsú** cheering up, **cur ardú croí (i nduine)** raising (a person's) spirits, **cur áthais ar** gladdening, making happy, **cur lúcháir ar** thrilling, delighting **éadromú** lightening, making light, **éirí áthasach** becoming happy, **meanmnú** heartening, encouraging, **soilsiú** illuminating, lighting up, **spreagadh** heartening, urging on; inspiring, **tabhairt misneach do** encouraging

Meil *v₁ᵦ* grind, mill; consume, waste
adamhaigh atomise, **caith** spend, consume, **cuir amú** waste, **cuir (am) isteach** put in (time), **brúigh** press, **brúisc** crush, **déan púdar de** make powder of, **diomail** waste, squander, **díosc** *(noise)* grate, creak, **díoscarnaigh** grind, grate, **gránaigh** granulate, **grátáil** grate, **meath** deteriorate, decay, **mínmheil** grind down finely, **mionaigh** mince, **púdraigh** pulverise, grind into powder, **reic** waste, squander, **speal** grow thin, waste, decline

P **Meileann muilte Dé go mall ach meileann siad go mion mín.** The mills of God grind slowly but they grind exceedingly fine.

Meilt *vn* grinding, milling; consuming, wasting
brú pressing, **brúscadh** crushing, crunching, **caitheamh** spending, consuming, **cur amú** (**ama, maoine**, etc. time, wealth, etc.) wasting, **cur isteach** (**ama**) putting in (time), **diomailt** wasting, squandering, **díoscadh** *(noise)* grating, creaking, **díoscarnach** grinding, grating, **gránú** granulating, **grátáil** grating, **meath** deteriorating, decaying,

Meilte

mínmheilt grinding down finely, **mionú** mincing, **púdrú** pulverising, grinding into powder, **reic** wasting, squandering, **spealadh** growing thin, wasting, declining

◊ **ag ~ ama** killing time

Meilte *pp* ground, milled; consumed, wasted
brúiscthe crushed, crunched, **brúite** pressing, **caite** spent, consumed, **curtha amú** wasted, lost, **curtha isteach** *(time)* put in, used up, **díosctha** *(noise)* grated, creaked, **diomailte** wasted, squandered, **díoscarnaithe** ground, grated, **gránaithe** granulated, **grátáilte** grated, **meata** deteriorated, decayed, **mínmheilte** ground down finely, **mionaithe** minced, **púdraithe** pulverised, ground into powder, **reicthe** wasted, squandered, **spealta** grown thin, wasted, declined

Meirbh *adj²* *(weather)* close
bogthais humid, **brothallach** sultry, **fann** faint, **faon** languid, **gan aer** airless, **lagbhríoch** weak, enervated, **mairbhiteach** torpid, numb, **marbh** dead, **marbhánta** languid, **marbhánta** *(weather)* sultry, oppressive, **múchtach** suffocating, **múisiúnta** *(weather)* heavy, close, **plúchtach** stifling, **ró-the** excessively hot, **te** hot, **téiglí** faint, languid

Meirgeach *adj³*
1. *(blemished, colour)* rusty, rusted; pockmarked **creimthe** corroded, **donn** tawny, **logallach** *(skin)* pitted, **loigíneach** *(skin)* pitted, **meirgithe** rusted, **ocsaídithe** oxidised, **pollta** pitted, pock-marked, **righin** stiff, **rua** ginger, **ruánach** reddish, **scothdhearg** reddish, **smálaithe** stained, discoloured, **teimhlithe** tarnished
2. *(unpractised)* rusty
anbhann weak, feeble, **as cleachtadh** out of practice, **díoscánach** creaky; stiff-jointed, **éalangach** debilitated, **easnamhach** deficient, **gan chleachtadh** unpractised, **lag** weak, **lagaithe** impaired, **lán deannaigh** dusty, **leamh** stale, **lochtach** flawed, defective, **neamhchleachta** unpractised

3. crusty, irritable
cancrach cantankerous, crusty, **cantalach** grouchy, grumpy, **ceasnúil** peevish, **ciapánta** annoying; cranky, **crosta** cranky, **drisíneach** prickly, thorny, **frisnéiseach** irritable, testy, **neantach** nettle-like, testy, **stainceach** petulant, peevish, **teidheach** crotchety, **tuaifisceach** cranky, bad-tempered

Méirínteacht *f (~a)* fingering, meddling
giolamas petting, flirting, **imirt** playing, **laidhrínteacht** meddling, fiddling, **méaraíocht** fiddling with fingers, **méarú** fingering, **méiseáil** messing, **peataireacht** fondling, petting, **pilibínteacht** fooling around, pricking, **pleidhcíocht** fooling about, fiddling, **pleotaíocht** being silly, stupid, acting the maggot, **práisceáil** messing; **pricínteacht** fingering, **puiteáil** puddling around; messing, **slaimiceáil** messing, **súgradh** playing

Meisce *f (~)* drunken state,
alcólachas alcoholism, **delirium póite** alcoholic delirium, **diopsamáine** dipsomania, **meisceoireacht** intemperance, **pótaireacht** tendency to excessive drinking, **súgachas** tipsiness, merriness

◊ **ar ~** drunk, intoxicated

Meisceoir *m (-eora; ~í)* drunkard
alcólach alcoholic, **bachaire** drunk, sot, **druncaeir** drunkard, **fear mór óil** a man who likes his drink, **diopsamáineach** *m* dipsomaniac, **diúgaire** heavy drinker, **lucht dí** drinkers, **óltóir** drinker, **pótaire** heavy drinker, **súmaire** boozer, **taoscaire** boozer

Meisceoireacht *f (~a)* drunkenness, inebriety
alcólachas alcoholism, **an braon crua** the hard drop, **andúil san ól** addiction to drink, **craosól** intemperate drinking, **diopsamáine** dipsomania, **diúgaireacht** heavy drinking, **druncaeireacht** drunkenness, **meisciúlacht** drunkenness; intoxicating quality, headiness, **ól** drink, drinking, **ólachán** drinking, boozing, **póitéis** tippling, drunkenness, **pótaireacht** heavy drinking, **raobhaíocht** intemperance, excessive drinking or eating

---

■ **ar meisce:** drunk, intoxicated:
an braon istigh (ag duine)
  to have taken a drop
ar bogmheisce tipsy, merry
ar deargmheisce locked out
  of your tree; roaring drunk
ar do chaid gaga with the drink
ar maos sodden drunk
ar na cannaí on the tiles,
  hitting the booze
ar na stoic stártha sloshed
ar steallaí (~) paralytic (drunk)
báite sozzled
bealaithe well-oiled

bogtha lubricated, merry
braon ar bord (bheith ag duine)
  (to have) a drop taken
caochta/dallta ag an ól blind drunk
chomh hólta le píobaire
  as drunk as a skunk
dhá thaobh an bhóthair leat
  extremely drunk
do chaid a bheith amuigh agat
  to have a drop taken
dú-ólta tanked up
faoi anáil an óil
  under the influence of drink
gan aithne do bheart agat
  locked out of your head

gan chos fút legless
i do chiafart le hólachán
  befuddled with drink
sa ghrágán (agat)
  one over the eight taken
leathbháite half-sozzled with drink
Loch Éirne bheith ólta agat
  to have drunk the Tiber dry
maothaithe tipsy; zonked
ólta drunk
óltach *(from drink)* worse for wear
súgach merry
taosctha pumped with drink

Meisciúil *adj⁴* intoxicating
alcólach alcoholic, **de dheasca an óil** drink-related (eg **timpistí de dheasca an óil** drink-related accidents), **dí** (> *deoch*) of drink, **diopsamáineach** dipsomaniacal, **drabhlásach** given to drinking and dissipation, **feadhain** *f (-dhna)* troop, band, **láidir** strong, **na ndeochanna** drinks (eg **tionscal na ndeochanna** drinks industry), **óltach** *(from drink)* worse for wear, **póiteach** alcoholic, **póitiúil** intoxicating, **tugtha don ól** addicted to drink

Meitheal *f (-thle; -thleacha)* work group/party
baicle *f* band of people; gang, **buíon** *f* band, company; platoon, **comhar** partnership, cooperation, mutual assistance, **díorma** band, troop; detachment, posse, **foireann** *f* team, crew, **foireann** *f* **oibre** work team; staff, **grúpa** group, contingent, **complacht** *m* company, gang, **conlán** group, band, **creimthe** corroded, **cuain** pack, band, **libhré** *m* livery, **mionbhuíon** *f* detail, small band of individuals with common purpose, **scata** drove, pack, tuireann *f (-rinne)* faithful following/band,

> **O meitheal (oibre)** - the name that was given to a group of neighbours who shared heavy seasonal tasks such as **tabhairt isteach an fhómhair** *bringing in a harvest*. Today it is used for any kind of working party with a good cooperative spirit.

Mí- *prefix* bad, ill, mis- un-
mí-áisiúil inconvenient, **mí-amhantrach** unfortunate, **mí-ámharach** unlucky, **mí-ásach** mischievous, **míbhéasach** ill-behaved, **míbhinn** cacophonous, **mícháiliúil** infamous, **míchaoithiúil** inopportune, **mícheart** incorrect, wrong, **míchineálta** unkind, **míchreatúil** miserable-looking, **míchríostúil** unchristian, **míchuí** improper, undue, **míchuibhiúil** unseemly, **míchumtha** deformed, **mídhaonna** inhuman, **mídheas** unlovely, **mídhílis** unfaithful, disloyal, **mífhabhrach** unfavourable, **mífheiliúnach** unsuitable, **mífhoighneach** impatient, **mífhóinteach** useless, **mífholláin** unwell, unhealthy, **mífhortúnach** unfortunate, **mígheanasach** immodest, **mígheanúil** unloving, **míghnaíúil** disaffected, ungenerous, **míghreannach** mischief-making, **mí-iomprach** misbehaving, **mí-ionúch** inopportune, **mímheabhrach** unmindful, **mímhéiniúil** unmindful, **mímhorálta** immoral, **mímhúinte** rude, **mínáireach** shameless, brash, **mínósach** offhand, insolent; mischievous, **mírathúil** unsuccessful, **mírialta** disorderly, **míshásúil** unsatisfactory, **míshéanmhar** inauspicious, **míshláintiúil** unhealthy, unwholesome, **míshocair** uneasy, restless, **míshona** unhappy, joyless, **míshuaimhneach** restless, perturbed, **míshuairc** morose, **místaidéarach** unthinking, thoughtless, **místuama** imprudent, **míthairbheach** profitless, **míthaitneamhach** unpleasant, **míthráthúil** untimely,

míthreorach confused, **míthuarúil** unpropitious, **míthuisceanach** inconsiderate, **mí-urramach** disrespectful

Mí-ádh *m (-áidh)* ill luck, bad luck, hardship
anachain *f (-chana)* mischance, adversity, **anó** *m* misery, **anró** *m* difficulty, distress, **bráca** harrowing hardship, **cacht** *m (lit)* bondage, duress, **caill** loss, **crácamas** hardship, drudgery, **cruatan** hardship, **dochar** harm, **dochraide** ordeal, **donas** affliction, bad thing, **drochrath** ill luck, misfortune, **eirleach** *m* havoc, carnage, **iomard** misfortune, affliction, **matalang** disaster, calamity, **míchonách** *m (-áigh)* ill luck, **mífhortún** misfortune, **mírath** misfortune, ill favour, **míshéan** ill luck; ill omen, **splíontaíocht** suffering; maltreatment, **teip** failure, **teir** evil omen; harm, **tónáiste** imposition, burden, **tragóid** tragedy, **tubaiste** *f* catastrophe, disaster, **turraing** grief, calamity

◊ **Bhí sé de mhí-ádh orm mo bhagáiste a chailleadh.** I had the misfortune to lose my luggage., **Ní raibh an t-ádh linn.** Luck wasn't on our side., We were unlucky., **Tá an ~ ag siúl le hAoine an tríú lá déag, dar leis.** According to him, Friday the 13th is unlucky.

≈ **Ar an drochuair bhí an dá scrúdú ar an aon lá amháin.** As ill luck would have it, both exams were on the same day.

Mí-ámharach *adj³* unlucky, unfortunate
ainnis wretched, **anóiteach** miserable, **anróiteach** gruelling, backbreaking, **brácúil** harrowing; laborious, **crua** hard, **dochrach** harmful, **dochraideach** distressing, onerous, **dona** bad, **gan ádh** luckless, unlucky, **gan éirí leis** unavailing, **gan rath** failed, unsuccessful, **ginloicthe** abortive, **mí-ádhúil** ill-starred, **mí-amhantrach** unfortunate, luckless, **míchinniúnach** ill-fated, **mífhortúnach** unfortunate, **mírathúil** unsuccessful; unfortunate, **míshéanmhar** inauspicious, **míthráthúil** untimely, ill-timed, **splíonach** wretched, **teiriúil** ill-omened, **tónáisteach** burdensome, difficult, **tragóideach** tragic, **tuarúil** ominous, **tubaisteach** catastrophic, disastrous, **turraingeach** calamitous

▲ **cúl** ~ unlucky goal, **duine** ~ unlucky/unfortunate person, **ticéad** ~ unlucky ticket

Mian *f (méine; ~ta)* desire, longing
achainí *f (~;~ocha)* petition, entreaty, **cíocras** craving, **dúil** desire, **fonn** desire, want, **gá** *m* need, **goile** *m* appetite, **guí** *f* wish, **íota** *f* ardent desire; great thirst, **mianú** desiring, **ocras** hunger, **paidir** *f (-dre; -dreacha)* prayer, **saint** greed, **spéis** interest, **suim** interest, **taitneamh** liking, appeal, **tnúth** longing expectantly, **tnúthán** yearning, **toighis** *f (-ghse)* taste, fancy, **toil** *f (tola)* will; inclination, desire

◊ **Cad is ~ leat?** What do you want?, **pé rud is ~ leat** anything you desire, **mianta mo chroí** the desires of my heart

Mianach *m (-aigh; -aigh, ~)*
1. substance, calibre, quality
ábhar material, **acmhainn** potentiality, **caighdeán** standard, calibre, **claonadh** inclination, **cumas** ability, **damhna** matter, **dúchas** predisposition, **foladh** essence, substance, **gné** *f* aspect, quality, **luí** leaning, bent, **meon** attitude, **miotal** mettle, **nádúr** nature, **poitéinseal** potential, **stuif** *m* stuff, **substaint** substance, **teacht aniar** mettle, resourcefulness, **tréith** *f* quality, **tualangacht** potentiality
2. **an ~ ceart** right quality, aptitude
an stuif ceart the right stuff, **croí** heart, **faghairt** fire (in the belly), fervour, **miotal** mettle, **misneach** *m* upbeat attitude, **smior** essential requirement, spirit, **splanc** spark, **sprioladh** never-say-die spirit, **uchtach** *m* courage, strength

Mias *f (méise; ~a, ~)* dish
babhla bowl, **béile** meal, **bia** food, **fochupán** saucer, **méisín** small dish, **pláitín** small plate, **pláta** plate, **sásar** saucer, **tráidire** tray, **trinsiúr** platter, **truill** tray

Míbhuíoch *adj⁵* ungrateful
ar bheagán buíochais *(of task)* with little thanks, **diomaíoch** ungrateful, thankless, **neamhbhuíoch** unappreciative, **míshásta** dissatisfied *(see also: maslach)*

◊ **An mulpaire maol ~!** The ungrateful little toad!

Míbhuíochas *m (-ais)* ingratitude
diomaíche ungratefulness, **míbhuíche** thanklessness, ingratitude, **neamhbhuíochas** thanklessness, **míshástacht** dissatisfaction

Míbhuntáiste *m (~; -tí)* disadvantage, drawback
bac handicap, **ciotaí** *f* inconvenience, awkwardness, **constaic** hindrance, **cur siar** setback, **deacracht** difficulty, **diomar** drawback, **díomua** demerit, **diúltach** *m* minus, **drámh** drawback, misfortune; non-trump card, **easnamh** shortcoming, **laige** weakness, **locht** downside, **mítháirbhe** *f* profitlessness; disadvantage, **rud diúltach** negative thing

Míchairdiúil *adj⁴* unfriendly, distant
brúisciúil boorish, **dochaidearta** unsociable, **doicheallach** churlish, unfriendly, **coimhthíoch** distant, making strange, **colgach** truculent, **doicheallach** churlish, unfriendly, **dúnárasach** reserved, reticent, **dúr** dour, **eascairdiúil** unfriendly and hostile, **fuar** cold, **fuaránta** chilly, distant, **gairgeach** gruff, **grusach** surly, **míchuntanósach** ungracious, uncivil, **mífhabhrach do** inimical to, **míghnaíúil** unprepossessing, disaffected, **mímhéiniúil** ill-disposed, unfriendly, **mímhuinteartha** unfriendly, **naimhdeach** antagonistic, inimical, hostile, **neamhchuideachtúil** unsociable, **neamhlách** unsociable; unaffable, **seachantach** aloof, distant *(see also: eascairdiúil)*

≈ **dochrach don timpeallacht** environmentally unfriendly

Míchaoithiúil *adj⁴* inconvenient; inopportune
anásta awkward, **antráthach** at a bad time, **ciotach** awkward, inconvenient, **liopasta** cumbersome, **mí-áisiúil** unhandy, inconvenient, **míchóiriúil** unfavourable, inopportune, **míchuí** inappropriate, improper, **mífhabhrach** unfavourable, inimical (to), **mífheiliúnach** incongruous, inapt, **míchóngarach** inconvenient, roundabout, **mí-ionúch** inopportune, **mí-oiriúnach** unsuitable, **míthráthúil** untimely, ill-timed, **neamháiseach** inconvenient, **neamhionúch** untimely, **searbh** bitter, inconvenient (cf **fírinne shearbh** inconvenient truth)

Mícheart *adj¹* incorrect
as marc wide of the mark, **botúnach** blundering, awkward, **bréagach** false, untrue, **cam** distorted, wrong, **cearr** wrong, **cluanach** deceptive, **contráilte** wrong, mistaken, **dearmadach** omissive, faulty, **earráideach** erroneous, **i vaighid ar fad** completely wrong, **lochtach** faulty, flawed, **meallta** mistaken, **mearbhlach** mistaken, confused, **míchruinn** inaccurate, **míchuí** inappropriate, **mídhílis** unfaithful, **mí-ionraic** disingenuous, insincere, **mímhacánta** dishonest, **míthreorach** misleading, **neamhbhailí** invalid, **neamhbheacht** inexact, **neamhcheart** incorrect, **neamhchóir** unjust, **neamhchruinn** inaccurate, inexact, **neamhfhírinneach** untruthful

Míchineálta *adj⁶* unkind
crua hard, **cruachroíoch** hard-hearted, **cruálach** cruel, **danartha** barbarous, heartless, **fuar** cold, unfeeling, **fuarchroíoch** callous, **gan chroí** heartless, **gan taise** compassionless, **gan trócaire** merciless, **gan trua** pitiless, **gránna** ugly, unkind (cf **Ní raibh sí riamh gránna liom.** She was never unkind to me.), **mailíseach** malicious, **mídhaonna** inhuman, **míthrócaireach** merciless, pitiless, **neamhlách** unkind; unaffable

≈ **Ní bhíonn drochfhocal le rá ag aon duine fúithi.** No one ever has an unkind word to say about her.

Míchlóite *adj⁶* maladjusted
coimhthithe alienated, **cúlánta** withdrawn, **deoranta** aloof, **dúnta isteach ionat féin** closed in on yourself, **míchoigeartaithe** (cf **teirmeastat míchoigeartaithe** maladjusted thermostat), **míchóirithe** disarranged, **míghléis** (> **míghléas**) maladjustment, **mí-oiriúnaithe** maladjusted (cf **páiste mí-oiriúnaithe** maladjusted child), **míshásta** disaffected, **néaróiseach** neurotic, **seachantach** antisocial, withdrawn, **stoite amach** isolated; alienated, **suaite go mothúchánach** emotionally disturbed

Míchompordach

≈ **Níor réitigh saol na cathrach leis.** He was maladjusted to city life.

Míchompordach *adj³* uncomfortable
achrannach troublesome, **anacrach** distressful, **anóiteach** uncomfortable, **bearránach** annoying, **brúite isteach** cramped, **corrabhuaiseach** uneasy, confused, **corraithe** disturbed, **cotúil** self-conscious, **dócúlach** painful, **i mbroid** in distress, **míshocair** unsettled, restive, **míshócúlach** uncomfortable, **míshuaimhneach** uneasy, disquieted, **míthaitneamhach** disagreeable, **nach seasann liom** that doesn't sit (easy) with me, **neamhshocair** unsettled, uneasy, **nimhneach** sore, **pianmhar** painful, **suaite** upset, troubled, **tinn** sore, **tochasach** itchy

Míchráifeach *adj³* impious
aindiaga impious, **blaisféimeach** blasphemous; profane, **bradach** unholy, godless, **damnaithe** damned, **diabhalta** devilish, ungodly, **diamhaslach** blasphemous, **díreiligiúnach** without religion, **éagráifeach** impious, **gan Dia** godless, **mallaithe** curse, damned, **mínaofa** unholy, **saolta** worldly

Míchruinn *adj²* inaccurate
garbh rough; crude, **iomrallach** straying, wide of the mark, **lochtach** faulty, **mícheart** incorrect, **mí-dhéanta** wrongly/poorly made, malformed, **neamhbhaileach** inexact, imprecise, **neamhbheacht** imprecise, inaccurate, **neamhcheart** incorrect, **neamhchruinn** inexact, **neamhchríochnúil** badly finished, poorly completed, **neamhfhoirfe** imperfect, **neamhghrinn** undiscerning, **tútach** crude, clumsy

Míchúramach *adj³* careless, uncareful
amscaí untidy, careless, **ar nós cuma liom** any old how, **faillitheach** neglectful, negligent, **gan chúram** careless, **gan slacht** unkempt, **leibéiseach** careless, slovenly, **neamartach** remiss, **neamhairdeallach** incautious, negligent, unwatchful, **neamhairdiúil** heedless, inattentive, **neamh-aireach** unheedful, inattentive, **neamhchúramach** uncareful, **scaoilte** slack, loose, **siléigeach** procrastinating, **sliopánta** fumbling, careless

≈ **Ní raibh aird aige ar na mionrudaí.** He was careless about the details., **sciorradh focail** careless remark

Míchumas *m (-ais; -ais, ~)* disability
bac hindrance, block, **crapall** disablement, **cróilíocht** infirmity, **éalang** defect, **éagruas** weakness, infirmity, **éagumas** incapacity; impotence, **easláinte** ill health, **éislinn** vulnerability, flaw, **laige** weakness, **leochaileacht** frailty, **mí-éifeacht** ineffectiveness; impotence, **neamhábaltacht** inability, **neamhinmhe** immaturity, inability, **neamhinniúlacht** inability, incompetence, **téiglíocht** infirmity, faintness, **traochadh** debilitated state, burnout

◊ **liúntas míchumais a fháil** to receive a disability allowance, **rochtain do dhaoine faoi mhíchumas** disability access

Míchumasach *adj³* disabled
cróilí infirm, **díblí** debilitated, **éagrua** weak, infirm, **éagumasach** incapacitated; impotent, **éislinneach** vulnerable, flawed, **faoi bhac** handicapped, **lag** weak, **leochaileach** frail, **mí-éifeachtach** ineffective; impotent, **martraithe** maimed, **neamhéifeachtach** ineffectual, inefficacious, **téiglí** infirm, faint, **traochta** exhausted, burnt out

Míchumasaigh *v₂ₐ* disable, incapacitate
bain an cumas de remove the capability from, **craplaigh** cripple, **cuir ar neamhní** annul; undo, **cuir de dhroim seoil** subvert, **cuir isteach ar** interrupt, disrupt, **cuir ó chrích/mhaith** banjax, scupper, **cuir ó chumas** incapacitate, **cuir ó éifeacht** make deactivate, neutralise, **cuir ó fheidhm** decommission, deactivate; incapacitate, **déan sabaitéireacht ar** sabotage, **díchumasaigh** immobilise, disable, **éagumasaigh** disable, incapacitate, **leag** demolish, knock down, **leamh** render impotent, **loit** spoil, ruin, **martraigh** cripple, **mill** ruin, spoil, **sáraigh** thwart, **scrios** destroy, **tochail faoi** undermine, **zaipeáil** zap *(see also: mill)*

Míchumasaithe *pp* disabled, incapacitated
ar a ndearnadh sabaitéireacht sabotaged, **craplaithe** crippled, **curtha ar neamhní** annulled; undone, **curtha de dhroim seoil** subverted, **curtha isteach ar** interrupted, disrupted, **curtha ó chrích/mhaith** banjaxed, scuppered, **curtha ó chumas** incapacitated, **curtha ó éifeacht** deactivated, neutralised, **curtha ó fheidhm** decommissioned, deactivated; incapacitated, **díchumasaithe** immobilised, disabled, **éagumasaithe** disabled, **leafa** rendered impotent, impotent, **leagtha** demolished, knocked down, **loite** spoilt, ruined, **martraithe** crippled, **millte** ruined, spoilt, **sáraithe** thwarted, **scriosta** destroyed, **tochailte faoi** undermined, **zaipeáilte** zapped *(see also: mill)*

Míchumasú *vn* disabling, incapacitating
baint an chumais de removing the capability from, **cur ar neamhní** annulling, annulment, **craplú** crippling, **cur isteach (ama)** putting in, consuming (time), **cur ar neamhní** annulling; undoing **cur ó chrích/mhaith** banjaxing, **cur ó chumas** incapacitating, **cur ó éifeacht** deactivating, neutralising, **cur ó fheidhm** decommissioning, deactivating; incapacitating, **díchumasú** immobilising, disabling, **éagumasú** disabling, **leagadh** demolishing, knocking down, **leamhadh** rendering impotent, **lot** spoiling, ruining, **martrú** crippling, **milleadh** ruining, spoiling, **millteoireacht** spoiling, destroying, **sabaitéireacht** sabotaging, sabotage, **sárú** thwarting, **scrios** destruction, **scriosadh** destroying, **zaipeáil** zapping

Mídhílis *adj irr* unfaithful, *(of spouse)* cheating
béalchráifeach two-faced, **bréagach** false, **calaoiseach** fraudulent, **cealgach** deceitful, treacherous, **cluanach** deceptive, **éigneasta** insincere, **fealltach** false, treacherous, **fill** (> *feall*) treacherous (eg **gníomh fill** treacherous act), **liom leat** duplicitous, two-faced, **lochtach** faulty, flawed, **meallta** mistaken, **mícheart** incorrect, **mí-ionraic** disingenuous, insincere, **mímhacánta** dishonest, **mísheasmhach** unsteadfast, inconstant, **neamhdhlisteanach** disloyal, **neamhfhírinneach** untruthful, **neamhthairiseach** unsteadfast, disloyal, **slítheánta** devious, shifty, **tréatúrtha** traitorous

Mídhleathach *adj³* illegal
aindleathach illegal, **aindlíthiúil** lawless, **ainrialta** anarchical, **calaoiseach** fraudulent, **cam** crooked, **éagórach** unjust, **eisreachtaithe** proscribed, outlawed, **indíotáilte** indictable, **míghníomhach** evil-doing, **neamhdhleathach** illegal, unlawful, **neamhdhlisteanach** unlawful, **neamhdhlíthiúil** illegal, **peacúil** sinful, **taobh amuigh den dlí** outside the law, **tuathbheartach** evil-doing, **urchóideach** nefarious

≈ Tá sé in aghaidh/i gcoinne an dlí. It's illegal.

Mífhoighne *f (~)* impatience
barraíocht deifre excessive haste, **buaireamh** anxiety, **ceartaí** *f* edginess, **cíocras** avidity, **corraí** *f* irritation, **díocas** eagerness, **dithneas** hastiness, **éadulaingt** intolerance, **fútráil** fidgeting, **griothal** impatience, anxiety, **guairdeall** restlessness, unease, **meargántacht** rashness, **roisiúlacht** rashness, **suaitheadh** agitation, **tobainne** suddenness

▲ **comhartha** ~ sign of impatience

≈ Is fada liom do theacht. I'm looking forward with impatience to your arrival.

Mífhoighneach *adj³* impatient
ar bior (le teann ionchais) breathless (with anticipation), **ar bís** raring to go, **buartha** anxious, **ceartaíoch** jittery, edgy, **cíocrach** fervent, **corraithe** irritated, **corrthónach** fidgety, **díocasach** eager, **dithneasach** hasty, **éadulangach** unbearable; intolerant, **faoi cheartaí** edgy, **gan mhachnamh** hasty, unthinking, **giongach** restless, fidgety, **griothalach** fussed, impatient, **luath lochtach** rash, **meargánta** rash, **roisiúil** rash, **scimeach** anxious, solicitous, **sconnach** hasty, rash, **suaite** agitated, **tobann** sudden

Mí-iompar *m (-air)* misconduct, misbehaviour
ábhaillí naughtiness, **ainriail** anarchy, **ainriantacht** unruliness; licentiousness, **caismirt** disorder, din, conflict, **ceannairceacht** rebelliousness, **clampar** noisy quarrelling, trouble, **dalbacht** naughtiness, **dánacht** boldness, **drochiompar** bad behaviour,

dúshlán defiance, challenge, **easpa smachta** lack of discipline, **easumhlaíocht** disobedience **easurraim** irreverence, **míghníomh** *(jur)* misfeasance; misdeed, **míréir** unruliness, **mírialtacht** irregularity, **neamhchomhlíonadh** non-compliance, **sotal** cheekiness, **spadhrúlacht** waywardness

Mí-iomráiteach *adj³* infamous
aithisithe defamed, **ar a bhfuil droch-chlú** disreputable, **atá faoi cam** crooked, **míchlúiteach** notorious, of ill repute, **náirithe** disgraced, **smálaithe** stained, disgraced, **smálaithe** tarnished

Milis *adj irr* sweet, good to consume; flattering
aoibhinn delightful, **beadaí** *(food)* gourmet, dainty, **bladrach** cajoling, **blasta** tasty, **fíor-** *pref (eg water)* pure, **folláin** wholesome, **gleoite** delicious, **inchaite** consumable, **inite** edible, **inólta** drinkable, **lúitéiseach** fawning, **lústrach** obsequious, **maith** good, **neamúil** sweet, enticing, **oiltiúil** cloying, **plámásach** flattering, **síoróipe** (> *síoróip*) syrupy, **siúcraiféarach** sacchariferous, **siúcrúil** sugary; overly sweet, **siúicrín** saccharine, **úr** fresh

◊ 'Bíodh arán ~ acu!' 'Let them eat cake!', **más ~ leat do bheo** if you value your life, Tá blas ~ air. It tastes sweet.

▲ **anlann** ~ **searbh** sweet and sour sauce, **barra** ~ candy bar, **béal** ~ feigned friendliness, false smile, **blas** ~ sweet taste, **cáca** ~ cake, gateau, **cána** ~ candy cane, **féar** ~ tender grass, **feoil mhilis** tasty meat, **glór** ~ mellow voice, **maide** ~ stick of rock, **uisce** ~ fresh (drinkable) water, **teanga mhilis** flattering tongue, **úll** ~ sweet (edible) apple

Mill *v₁ᵦ* ruin, spoil
adhmhill utterly destroy, **arg** destroy, plunder, **basc** crush; bash, **cuir ar neamhní** annul; undo, **cuir de dhroim seoil** subvert, **cuir isteach ar** interrupt, disrupt, **cuir ó chrích/mhaith** banjax, scupper, **déan sabaitéireacht** sabotage, **díobh** eliminate, destroy, **díothaigh** exterminate, annihilate, **díscigh** eliminate, exterminate, **ídigh** destroy, consume, **leag** demolish, **léirscrios** devastate, **líomh** erode, destroy, **loit** spoil, ruin, **martraigh** cripple, **míchumasaigh** disable, incapacitate, **sáraigh** thwart, **scrios** destroy, **slad** devastate, destroy, **tochail faoi** undermine, **zaipeáil** zap *(see also: scrios)*

Ná ~ **a clú!** Don't destroy her reputation!
Ná ~ **a ndóchas!** Don't crush their hopes!
Ná ~ **an cábla!** Don't damage the cable!
Ná ~ **an clúdach!** Don't deface the cover!
Ná ~ **an leanbh!** Don't spoil the child!
Ná ~ **an obair!** Don't spoil/ruin the work!
Ná ~ **do shláinte!** Don't ruin your health!

Milleadh *vn* ruining, spoiling
argain destroying, plundering, **bascadh** crushing; bashing, **cur ar neamhní** annulling, annulment, **cur**

Milleán

isteach (**ama**) putting in, consuming (time), **cur ó chrích/mhaith** banjaxing, **díobhadh** eliminating, destroying, **díothú** exterminating, annihilating, **dísciú** eliminating, exterminating, **ídiú** destroying, consuming, **leagadh** demolishing, **léirscrios** devastation, **léirscriosadh** devastating, **líomhadh** eroding, destroying, **loitiméireacht** vandalism, **lot** spoiling, ruining, **martrú** crippling, **míchumasú** disabling, incapacitating, **millteoireacht** spoiling, destroying, **sabaitéireacht** sabotaging, sabotage, **sárú** thwarting, **scrios** destruction, **scriosadh** destroying, **slad** devastating, destroying, **zaipeáil** zapping

▲ ~ **coirp** body mutilation, ~ **dóchais** blasting of hope, ~ **linbh** spoiling of a child, ~ **oibre** spoiling work, ~ **scéil** *(revealing outcome)* spoiler, ~ **tuaithe** spoiling/ ruining of countryside

Milleán *m (-áin)* blame; complaint

achasán aspersion, **aifirt** reproach, **botún** mistake, **cáineadh** censure, **cion** *m* (~*a*) offence, **ciontacht** guilt, culpability, **coir** crime, **cúiseamh** charge, **dearmad** oversight; lapse (of memory), **dul amú** slip-up, **éagnach** *m* moan, complaint, **earráid** error, **easpa** *f* lack, shortcoming, **fabht** *m* (~) fault, flaw, **focal milleánach** reproachful word, **freagracht** responsibility, accountability, **gearán** complaint, **locht** fault, **lochtú** flak, blaming, **meancóg** blunder, **peaca** sin, **smál** blemish, stain, **táinseamh** censure, accusation, **teimheal** smudge, tarnish, **toibhéim** *(lit)* reproach, **tormas** act of carping, grumbling, **trom** *m* (~) censure, blame (eg **Nílim ag cur trom ort.** I'm not blaming you.), **tromaíocht** censuring, coming the heavy, **uireasa** lack, deficiency *(see also: locht)*

Millte *pp* ruined, spoilt

argtha destroyed, plundered, **basctha** crushed; bashed, **brúite** crushed, **curtha ar neamhní** annulled; undone, **curtha ó chrích/mhaith** banjaxed, **díofa** eliminated, destroyed, **díothaithe** exterminated, annihilated, **díscithe** eliminated, exterminated, **ídithe** destroyed, consumed, **leagtha** demolished, **léirscriosta** devastated, **líofa** eroded, destroyed, **loite** spoilt, ruined, **scriosta** destroyed, **sladta** devastated, destroyed, **zaipeáilte** zapped

◊ **Tá an súiche sa phota agus an brachán ~!** Everything has gone to hell in a basket!; This is dead in the water.

▲ **aislingí** ~ ruined dreams, **amhrán** ~ spoilt/ mangled song, **comhad** ~ destroyed file, **deireadh seachtaine** ~ ruined weekend, **páiste** ~ spoilt child, **polaiteoir** ~ discredited politician, **radharc tíre** ~ spoilt view, **saol** ~ ruined life, **seans** ~ spoilt opportunity

Millteach *adj³* baneful, pernicious, destructive

aimhleasach deleterious, harmful, **ain-** *pref* evil, wicked, non-, **caillteach** ruinous, perishing, **damáisteach** damaging, **díobhálach** detrimental, harmful, **dochrach** harmful, deleterious, **dona** bad, **droch-** evil, **íditheach** wearing, destructive, **loiteach** pernicious, **marfach** lethal, **millte** ruined, spoiled, **millteanach** atrocious, devastating, **naimhdeach** malevolent, hostile, **nimhneach** poisonous, baneful, **oilc** (> **olc**) evil, **scriosach** destructive, **sladach** plundering, **urchóideach** malignant *(see also: dochrach, droch-)*

Millteanach

1. *adj³* terrible, appalling

adhfhuafar loathsome, appalling, **anacrach** distressing, **anfaiseach** dismayed, **bocht** poor, **danartha** draconian, cruel, **dearg-ghráiniúil** abhorrent, **doghrainneach** distressful, afflicted, **creathnach** hair-raising, **fíorghránna** atrocious, **fuafar** hateful, **gráiniúil** loathsome, frightful, **léanmhar** woeful, agonising, **scáfar** terrifying; apprehensive, **scannalach** scandalous, shocking, **scanrach** appalling, dreadful, **scanrúil** frightening, alarming, **scéiniúil** inspiring terror; frightened-looking, **uafásach** awful, horrible, **uamhnach** dreadful, terrifying, **urghránna** gruesome

2. *adv* go ~ awfully, brutally

go creathnach (**gairid**) terrifyingly (close), **go damanta** (**beag**) damn small, **go diabhalta** (**casta**) devilishly complicated, **go hifreanda** (**te**) hellish (hot), **go huafásach** (**mall**) excruciatingly (slow), **go millteach mór** phenomenally big

Millteoir *m (-eora; ~í)* wrecker

argthóir destroyer, plundered, **bradaí** looter; plagiariser; *(comp)* pirate, **creachadóir** looter, raider; marauder, **foghlaí** plunderer, marauder, **loitiméir** vandal, **póitseálaí** poacher, **sabaitéir** saboteur, **scriostóir** destroyer, spoiler, **sladaí** looter

Milseacht *f (~a)*

1. *(taste)* sweetness

beadaíocht *(food)* fastidiousness; sweet-toothed disposition, **blastacht** tastiness, **folláine** wholesomeness, **gleoiteacht** deliciousness, **initeacht** edibility, **inóltacht** drinkability, **maitheas** goodness, **triacla** treacle, **úire** freshness

2. *(kindness)* sweetness

aoibhneas delightfulness, **caoimhe** gentleness, loveliness, **caoine** gentleness, **ceansacht** meekness, **cneastacht** mildness of manner, **maitheas** goodness, **mánlacht** mildness, graciousness, **míne** softness, tenderness, **modhúlacht** modesty, gentleness, **séimhe** mildness, gentleness, **tlás** mildness

3. *(cloying)* sweetness

béal bán sweet-talk; sales pitch, **bladar** cajolery, **gallúnach** soap, flattery, **lúitéis** fawning, **lústar** obsequiousness, **milsíneacht** sweet talk, **oiltiúlacht** cloyingness, **plámás** flattery, **plásaíocht** wheedling, smooth talk, **síoróipí** syrupiness, **siúicrín** saccharine, siúcrúlacht sugariness; excessive sweetness, **tláithínteacht** wheedling

Milseán *m (-áin; -áin, ~)* sweet, bonbon
barra seacláide chocolate bar, **candaí** candy, **caramal** caramel, **cnaipí** *mpl* **seacláide** chocolate buttons, **faoiste** fudge, **guma coganta** chewing gum, **imreog** butterscotch, **leamhachán** marshmallow, **liocras** liquorice, **líreacán** lollipop, **losainn** lozenge, **milseáinín** sweetie, **milseogra** confectionery, **miontais** peppermint, **prailín** praline, **prásóg** marzipan, **seacláid bhainne** milk chocolate, **seacláid dhorcha** dark chocolate, **sócamas** delicacy, indulgence, **steotar** candy cane, **taifí** toffee

▲ ~ **bealaithe** sticky sweet, ~ **bruite** boiled sweet, ~ **casachta** cough drop, ~ **imreoige** butterscotch sweet, ~ **miontais** peppermint sweet, ~ **seacláide** chocolate sweet

Milsigh *v₂ᵦ* sweeten; ease
bain an ghoimh as sweeten (eg **Bhain an t-airgead an ghoimh as an mhargadh.** The money sweetened the deal.), **bog** ease, make more relaxed, **cuir mil i** honey, put honey in, **cuir siúcra ar/i** put sugar on/in, **cumhraigh** sweeten, make more fragrant, **séimhigh** dulcify, soften, **siúcraigh** sugar, **túisigh** fill with incense, incense

◊ **Mhilsigh siad an margadh.** They sweetened the deal., **Ní mhilsím an tae.** I don't sweeten my tea.

Milsithe *pp* sweetened; eased
as ar baineadh an ghoimh sweetened, **bogtha** eased, made more relaxed, **cumhraithe** sweetened, made more fragrant, **séimhithe** dulcified, softened, **siúcraithe** sugared, **túisithe** filled with incense, incensed

Milsiú *vn* sweetening; easing
baint na goimhe as sweetening, **bogadh** easing, making more relaxed, **cur mil i** honeying, **cur siúcra ar/i** putting sugar on/in, **cumhrú** sweetening, making more fragrant, **séimhiú** dulcifying, softening, **siúcrú** sugaring, **túisiú** filling with incense, incensing

Mímhacánta *adj⁶* dishonest
bradach thieving, **bréagach** false, lying, **calaoiseach** fraudulent, **cam** crooked, **camastaíola** (> *camastaíl*) swindling, **casta** twisted, **cealgach** deceitful, **corbach** corrupt, defiled, **cúblála** (> *cúbláil*) by deceitful manipulation, **easonórach** dishonourable, **míchneasta** dishonest, deceitful, **mí-ionraic** dishonest, **mímhorálta** immoral, **meabhlach** deceitful, treacherous, deceptive, **mí-ionraic** untruthful, dishonest, **séitéartha** fraudulent, by means of cheating, **soidéalachta** (> *soidéalacht*) quack, fake

▲ **fógraíocht mhímhacánta** dishonest advertising, **gníomh** ~ act of dishonesty, **trádálaí** ~ dishonest trader

Mímhacántacht *f (~a)* dishonesty
bréagadóireacht being false, being deceitful, **caime** crookedness, **caimiléireacht** fraudulence, dishonesty, **calaois** fraud, **camastaíl** swindling, **cealg** *f (ceilge)* guile, deceit, **cealgaí** *f* deceitfulness, **claidhreacht** villainy, roguery, **corbaí** corruption, defilement, **cúbláil** deceitful manipulation, **feall** treachery, **meabhlaireacht** deception, treachery, **mí-ionracas** untruthfulness, dishonesty, **mímhoráltacht** immorality, **séitéireacht** cheating, cogging, **soidéalacht** charlatanism, quackery

▲ ~ **amach is amach** flagrant dishonesty

Mín 1 *f (~e)*
1. smooth thing, smoothness
boige softness, **comhréidhe** flatness, **cothroime** evenness, **éascaíocht** *(of operation)* smoothness, **maoile** baldness, **míne** smoothness, fineness, delicacy, **míneadas** gentleness, refinement, **mínínneacht** daintiness; subtlety, **mínmhothaithí** feeling of softness to touch, delicateness, **réidhe** smoothness, **séimhe** softness, mildness, softness of touch, **sleamhnachán** smooth flat area (cf **sleamhnachán boise** palm of the hand), **slime** smoothness; sleekness

2. level land
báinseach *f* green lawn, **bán** lea, **cluain** *f (-ana)* meadow, flat grassland, **comhréidhe** flatness, **faiche** *f* green area for relaxation (cf **faiche an bhaile** village green, **faiche imeartha** playground), **féarach** *m* pasture, **má** plain, flat land, **machaire** plain, flat expanse of land, **móinéar** meadow, **plásóg** lawn; *(golf)* green, **ré** *f* stretch of level ground, **réileán** *(bowls)* green, **sabhána** savanna, **talamh féaraigh** grassland

Mín 2 *adj²*
1. *(flat surface)* smooth
aonghnéitheach uniform, **cothrom** even, **cothrománach** horizontal, **gan frithchuimilt** frictionless, **leibhéalta** level, made level, **plánach** plane, *(tech)* flat, **réidh** flat, **séimh** smooth, **slim** smooth, sleek, **slíoctha** sleek, **slíomach** smooth, **snasta** glossy, polished

2 *(detailed, refined)* fine; genteel
beag bídeach tiny, **cúirtéiseach** courteous, **deamhúinte** well-mannered, **deismir** dainty, **fíneálta** fine, subtle, **galánta** genteel, **grinn** delicate, precise, **micrea-** *pref* micro-, **mion-** minute, small, **mion** diminutive, **miondealbhach** miniature, **mionsonraithe** detailed, **sibhialta** civil, **tanaí** thin, **uasal** refined

3. *(taste, touch)* smooth, soft
bog soft, **bogánta** squelchy, soft, **cúrach** creamy, frothy, **maoth** soft, tender, **maothlach** mushy, **mínmhothaitheach** soft to the touch, **séimh** balmy, soft, **síodúil** silky; **slíomach** smooth, **srólda** satiny, **srólmhín** satiny-smooth, **uachtarúil** creamy

4. easy-going, mild
bog soft, **bogchroíoch** soft-hearted, **éasca** easy-going, easy, **lách** kind, **moiglí** placid, easy, **neamhthógálach** placid, easy-going, **réchúiseach** laidback, **sámh** peaceful, tranquil, **séimh** mellow, amiable, **snasta** *(attitude)* cool, **socair** calm, **sochma** even-tempered, easy-going, **suaimhneach** serene, **tláith** suave; soft

Mínádúrtha *adj⁶* unnatural
adhmadúil wooden (eg **aisteoir adhmadúil** wooden actor), **aisteach** strange, **ait** weird, odd, **bréag-** *pref* phoney, pseudo-, **bréagach** false, **bréige** (> *bréag*) feigned, affected, **cruachroíoch** hard-hearted, heartless, **foirmeálta** formal, unrelaxed, **fuarchroíoch** cold-hearted, **in aghaidh an nádúir** unnatural, **mínormálta** abnormal, **neamhghnách** unusual, **saobh** perverse, **saorga** artificial, **tacair** (> *tacar)* synthetic

▲ **bás** ~ unnatural death, **bealach suí** ~ unnatural sitting position, **coireanna** ~ unnatural crimes, **gáire** ~ unnatural smile

≈ Tá sin in aghaidh an nádúir. That is unnatural.

Mínáire *f (~)* shamelessness
ainriantacht dissoluteness, **bithiúntas** blackguardism, thuggery, **coirpeacht** criminality, **cruachroíocht** hard-heartedness, **dánacht** audacity, brazenness, **danarthacht** cruelty, barbarity, **díth náire** absence of shame, **duáilceas** acts of wickedness, viciousness, **gráiniúlacht** loathsomeness, **míchuibhiúlacht** unseemliness, **mígheanas** indecency, unseemliness, **mímhodhúlacht** immodesty, **neamhchúthaile** brashness, **neamhscrupallaí** unscrupulousness, **scannalaí** scandalousness, **sciolamar** shamelessness, **sotal** cheek, **teanntás** boldness; forwardness, familiarity

Mínáireach *adj³* shameless; wanton
ainrianta dissolute, **bithiúnta** reprobate, **cladhartha** villainous, **cruachroíoch** hard-hearted, **danartha** cruel, barbarous, **déistineach** disgusting, **fealltach** treacherous, **gan náire** blatant, without shame, **gráiniúil** loathsome, **gránna** ugly, nasty, **míchuibhiúil** indecent, **mígheanasach** indecent, unseemly, **mímhodhúil** immodest, **neamhchúthail** unbashful, **neamhdhual** unnatural; non-natural, **neamhscrupallach** unscrupulous, **salach** dirty, **scannalach** scandalous; flagrant, **sotalach** cheeky, **teanntásach** bold, assured; (too) familiar, **urghránna** loathsome

Minic
1. *adj²* frequent
atréimhseach *(high reg)* recurrent, **comónta** common, **gnách** habitual, **gnáth-** usual, **iomadúil** incessant, excessive, **iondúil** frequent, **leantach** continuing, **leanúnach** continuous, **lena mbuailtear gach uile lá den tseachtain** everyday, **líonmhar** numerous, **rialta** regular, **timthriallach** cyclic, recurring

2. *adv* **go** ~ often
arís agus arís eile again and again. **de gnáth** usually, **gach lá** everyday, **gan stad** ceaselessly, without stop, **go comónta** commonly, **go hathfhillteach** recurrently, **go hiomadúil** incessantly, frequently, **go hiondúil** frequently, **go leanúnach** continuously, **go líonmhar** numerously, **go mór** a lot, **go rialta** regularly.

◊ **Cá mhinice?** How often?, ~ **go leor** often enough, **Is ~ a bhím ann.** I am often there. **Is ~ sin.** That is often the case., That often happens, **Ní ~ liom é.** It's not a thing I often do., **níos ~e ná a athrach** more often than not

Minicíocht *f (~a; ~aí)* frequency
atarlú repetition, **coitiantacht** prevalence; commonness, **gnáthaíocht** commonness, frequency; usage, **gnáthamh** routine, **gnáthrud** usual thing or occurrence, **gnáth-tharlú** usual happening, **iondúlacht** usualness; frequency, **minice** frequence, frequency, **ráta** rate, **ráta atarlaithe** recurrence rate, **rialtacht** regularity

Mínigh *v₂ᵦ*
1. explain, interpret
aistrigh translate, **cuir i léire** elucidate, **cuir in iúl** convey, **fochiallaigh** connote, **léigh** read, **léirchruthaigh** *(phil)* demonstrate, **léirigh** illustrate, indicate, **léirmhínigh** expound, explain fully, **mímhínigh** explain wrongly, **nocht** reveal, **réitigh** solve, **sainchiallaigh** denote, **scaoil** undo; set/let free, **sceith** divulge, **siombalaigh** symbolise, **tabhair chun solais** expose, bring to light, **tabhair le tuiscint** imply, **taispeáin** show, **tiontaigh** translate; convert

2. smooth, smoothen, assuage
bláthnaigh smooth; beautify, **bog** soften, **ceansaigh** subdue, quell, **ciúnaigh** quieten, calm, **cláraigh** flatten out, smooth surface, **cothromaigh** flatten, make level, **cuimil** rub; caress, **cuir barr feabhais ar** put a fine finish on, **cuir chun suaimhnis** calm, pacify, **cuir snas ar** put a polish on, polish, **leathaigh** flatten, **líomh** smooth down, hone, **slíoc** sleek, smoothen, **snasaigh** polish; gloss, **socraigh** settle, arrange, **suaimhnigh** calm down, lull

Mínithe *pp*
1. explained, interpreted
aistrithe translated, **curtha i léire** elucidated, **curtha in iúl** conveyed, **fochiallaithe** connoted, **léirchruthaithe** *(phil)* demonstrated, **léirithe** illustrated, indicated, **léirmhínithe** expounded, explained fully, **léite** read, **mímhínithe** explained wrongly, **nochta** revealed, **réitithe** solve, **sainchiallaithe** denoted, **scaoilte** undone; set free, **sceite** divulged, **siombalaithe** symbolised, **taispeánta** shown, **tiontaithe** translated; converted, **tugtha chun solais** exposed, brought to light, **tugtha le tuiscint** implied

2. smoothed, smoothened, assuaged
ar ar cuireadh barr feabhais finely finished, **ar ar**

cuireadh snas polished, **bláthnaithe** smoothed; beautified, **bogtha** softened, **ceansaithe** subdued, quelled, **ciúnaithe** quietened, calmed, **cláraithe** flattened out, made smooth, **cothromaithe** flattened, made level, **cuimilte** rubbed; caressed, **curtha chun suaimhnis** calmed, pacified, **leathaithe** flattened, **líofa** smoothed down, honed, **slíoctha** sleeked, smoothened, **snasaithe** polished; glossed, **socraithe** settled, arranged, **suaimhnithe** calmed down, lulled

Mínitheach *adj³* explanatory, explicative
faisnéiseach informative, **léiritheach** illustrative, **leirmhínitheach** interpretative, **mínithe** explained, **oiliúnach** instructive, **taispeántach** demonstrative, **treorach** guiding, **tuairisciúil** descriptive

Mínitheoir *m (-eora; ~í)* interpreter; explainer; leveller, polisher
aistritheoir translator, **ateangaire** interpreter, **leibhéalaí** leveller, **snasaire** polisher, **teangaire** interpreter, **tiontaitheoir** translator, **tráchtaire** commentator, **urlabhraí** spokesperson

Míniú *vn*
1. explaining, explanation, interpreting
aistriúchán translation, **cur i léire** elucidating, **cur in iúl** conveying, **fochiall** *f (-chéille; ~a, ~)* connotation, **impleacht** implication, **léamh** reading, **léirchruthú** *(phil)* demonstrating, **léiriú** illustrating, indicating, **míniúchán** explanation, **mímhíniú** explaining wrongly, **nochtadh** disclosing, revelation, **réiteach** *m* solving, solution, **sainchiall** *f (-chéille; ~a, ~)* denotation, **scaoileadh** undoing; setting free, **sceitheadh** divulging, **siombalú** symbolising, **tabhairt chun solais** exposing, bringing to light, **tabhairt le tuiscint** implying, **taispeáint** showing, **tiontú** translating; converting, **tuiscint** understanding
2. smoothing, smoothening
bláthnú smoothing; beautifying, **bogadh** softening, **ceansú** subduing, quelling, **ciúnú** quietening, calming, **clárú** flattening out, smoothing surface, **cothromú** flattening, making level, **cuimilt** rubbing; caressing, **cur barr feabhais** putting a fine finish on, **cur chun suaimhnis** calming, pacifying, **cur snas ar** putting a polish on, polishing, **leathú** flattening, **líomhadh** smoothing down, honing, **slíocadh** sleeking, smoothening, **snasú** polishing; glossing, **socrú** settling, arranging, **suaimhniú** calming down, lulling

Mínormálta *adj⁶* abnormal, aberrant
aimhrialta anomalous, **ainspianta** grotesque, abnormal, **aisteach** strange, **ait** weird, **anchúinseach** monstrous, **claonta** deviant, **mínádúrtha** unnatural; unfeeling, **mírialta** irregular, **neamhghnách** abnormal, unusual, **saobh** distorted, **sonraíoch** noticeable, extraordinary; abnormal *(see also: mínádúrtha)*

▲ **críochnú** ~ *(comp)* abnormal termination, **iompar** ~ aberrant behaviour

Mínormáltacht *f (~a)* abnormality
aimhrialtacht anomaly, **ainspiantacht** grotesqueness, abnormality, **aisteachas** oddity, **aiteas** weirdness, **anchúinseacht** monstrousness, abnormality, **claonadh** deviation, **mínádúrthacht** unnaturalness; unfeelingness, **mírialtacht** irregularity, **saobhadh** distortion, **saobhnós** perversion, **údar suntais** oddity

▲ ~ **chroí** cardiac abnormality, ~ **féatais** foetal abnormality

Mí-oiriúnach *adj³* unsuitable; improper
as áit out of place, **ciotach** awkward, **dochuibhrinn** *(phil)* incompatible, **faoi choimhlint** incompatible, **mí-áisiúil** inconvenient, **míchaoithiúil** inconvenient, **míchuí** inappropriate, improper, undue, **míchuibhiúil** unfitting, indecorous, **mífheiliúnach** incongruous, unsuitable, inapt, **mífhóirsteanach** unsuitable, **míréireach** incongruent, **míthráthúil** untimely, ill-timed; unfortunate, **neamhchuí** inappropriate, unfitting, **neamh-chomhoiriúnach** incompatible, **neamhfhóinteach** unserviceable, **neamhfhóirstineach** inappropriate, **neamhoiriúnach** unsuitable, unfitting

≈ **Níl sé oiriúnach d'obair den chineál seo.** He's unsuitable for this kind of work.

Míolach *adj³* lousy, measly, contemptible; verminous
ainnis miserable, seedy, **bacach** lame; beggarly, **beagmhaitheasach** useless, worthless, **bocht** poor, **bréan** foul, **broghach** dirty, murky, **cáidheach** filthy, foul, **clamhach** mangy, **gearbach** scabby, **gortach** stingy, **gránna** ugly, lousy, **lofa** rotten, **míofar** nasty, **náireach** shameful, disgraceful, **neamhfhiúntach** worthless, **neamhnitheach** void; worthless, **salach** dirty, scurrilous, **scallta** paltry, **scigiúil** laughable, **scrathach** covered with rash or scabs; scabby, **sneách** nitty, full of nits, **spreasánta** worthless, good-for-nothing, **sprionlaithe** miserly, **suaibhreosach** contemptible, worthy of ridicule, **suarach** vile, measly, **táir** tawdry, vile, despicable, **treaghdánach** nitty, verminous, **truaillithe** depraved, corrupted

Mion- *pref* detailed, mini-, small, petty
bídeach tiny, **gann** scanty, **giortach** *(in dress)* scanty, **gortach** miserable, **-ín** (diminutive suffix: eg **tamall** while → **tamaillín** small while), **micrea-** micro-, **mion** minute, minuscule, **~dealbhach** miniature, **póca** pocket-sized, **scáinte** scanty, **sceadach** sparse, **sciotach** scanty, skimpy, **tanaí** meagre *(see also: beag)*

Mion *adj¹* diminutive, tiny, small; fine
an-bheag very small, **beag** small, little, **beagmhaitheasach** trifling, **bídeach** tiny, **caol** lean, slightly-built, **giortach** *(in dress)* scanty, **gortach** miserable, **-ín** (diminutive suffix: eg **tamall** while

Mionchúis

→ **tamaillín** small while), **íosta** minimal, **micrea-** micro-, **micreacosmach** microcosmic, **mín** dainty, fine, **mínmhion** small and delicate, **mion-** *pref* mini-; petty, **mionaideach** minute, **mionchruinn** minute; detailed, **mionchúiseach** trivial, **mionda** diminutive, petite, **miondealbhach** *(art)* miniature, **mionsach** stunted, meagre, **nach fiú trácht air** negligible, **neafaiseach** trivial, **neamhshubstaintiúil** insubstantial, **neamhthábhachtach** unimportant, trivial, **scáinte** scanty, **tanaí** meagre; thin, **teoranta** limited *(see also: **beag**)*

Mionchúis *f (~e; ~eanna)* meticulousness; minor cause
beachtaíocht exactness, **críochnúlacht** thoroughness, scrupulousness, **cruinneas** accuracy, **déine** rigour, strictness, **doichte** tightness, **dúthracht** diligence, **foirfeacht** perfection, **mionchruinneas** precision, **mionchuid** minor part, minor share; meticulousness, **mionpháirt** small part; small detail, **mionphointe** minor point, **mionrud** minor thing, trifle, **mionsonra** minor detail, **prionsabáltacht** scrupulousness, punctiliousness, **sonra** detail

Mionchúiseach *adj³* meticulous, scrupulous
an-phointeáilte meticulous, **beacht** exact, **cáiréiseach** fastidious, **críochnúil** thorough, **cruinn** accurate, **cúramach** careful, **dian** rigorous, strict, **dícheallach** assiduous, **docht** tight, **dúthrachtach** diligent, **faichilleach** watchful, wary, circumspect, **foirfe** perfect, **mionchruinn** very precise, **mionpháirteach** relating to a part/detail, **pointeáilte** exact, precise

≈ **Tugann sí aire chruinn do na rudaí is lú.** She is meticulous.

Mionn *m (~a; ~aí, ~)*
1. oath
banna bond, binding, **briathar** word, **bua** gift, **ceangaltas** *(financial)* commitment, **cinntiú** affirming, **conradh** *m (conartha; conarthaí)*, contract, **dearbhasc** affirmation, **dearbhú** assurance, **dílseacht** faithfulness, loyalty, **focal** word, **geall** promise, **gealladh** promising, **geallltán** pledge, **gealltanas** promise, **mionnscríbhinn** affidavit, **mionnú** adjuration; swearing, **móid** vow, **móidiú** making a vow, **ráthaíocht** guarantee *(see: **bréag**)*
2. swear word, **~aí móra** swear words
caint ghránna bad language, **eascaine** *f* expletive, curse word, **eascainí** *f* cursing, swearing, **focal barbartha** vulgarity, vulgar word, **focal gránna** rude word, **focal trom** abusive talk, **mallacht** *f* curse, **mallachtach** *f* cursing

Mionnaigh *v₂ₐ* swear
conraigh contract, **cruthaigh** testify, **cúnantaigh** covenant, **dearbhaigh** vow, assert, **deimhnigh** certify, affirm, **dílsigh** pledge, vest, **leabhraigh** swear by the Book, **luigh** *(lit)* swear, **móidigh** swear, vow, **tabhair an Leabhar** swear by the Book, **tabhair do bhriathar** give your word, **tabhair gealltanas** give a promise, **tabhair mionn** give an oath *(see also: **geall**)*

Mionnaithe *pp* sworn
conraithe contracted, **cruthaithe** testified, **cúnantaithe** covenanted, **dearbhaithe** vowed, asserted, **deimhnithe** certified, affirmed, **dílsithe** pledged, vested, **geallta** promised, **labhraithe** sworn by the Book, **luite** *(lit)* sworn, **móidithe** sworn, vowed *(see also: **geall**)*

Mionnú *vn* swearing
conrú contracting, **cruthú** testifying, **cúnantú** covenanting, **dearbhú** vowing, asserting, **deimhniú** certifying, affirming, **dílsiú** pledging, vesting, **gealladh** promising, **leabhrú** swearing by the Book, **luighe** swearing, **tabhairt an leabhair** swearing by the book, **tabhairt do bhriathair** giving your word, **tabhairt gealltanais** giving a promise, **tabhairt mionna** making an oath, **tabhairt na mionn** swearing, using bad language, **móidiú** swearing, vowing

Mí-onóir *f (-óra)* dishonour
aithis slur, reproach, **bithiúntas** scoundrelism, **céim síos** humiliation, **deargnáire** crying shame, **díchreidiúnaí** lack of credibility, **díghrádú** degradation, **drochainm** bad name, **droch-cháil** infamy, **drochmheas** contempt, disdain, **drochtheist** discredit, **easonóir** dishonour, disgrace (cf **Tharraing sé easonóir ar a ghairm.** He brought dishonour to his profession.), **fealltacht** treachery, foulness, **fonóid** derision, **ísliú** abasement, **máchail** stigma, blemish, **méala** humiliation; grief, **míchlú** disrepute, **mí-onóir** dishonour, **náire** shame, disgrace, **náiriú** disgracing, **smál** stain, blot, **tarcaisne** obloquy, affront, **uirísliú** utter humiliation

Mí-onórach *adj³* dishonourable
aithiseach defamatory, shameful, **ar a bhfuil droch-chlú** of ill-repute, **bithiúnta** blackguardly, **deargnáirithe** deeply shamed, **díchreidiúnach** discreditable, **droch-cháiliúil** infamous, **easonórach** dishonourable **fealltach** foul, treacherous, **gan náire** shameless, **gan phrionsabail** unprincipled, **íseal** low, **máchaileach** blemished, defective **míchlúiteach** disreputable, **míchuí** improper, **mí-eiticiúil** unethical, **mífhiúntach** unworthy, **náireach** shameful, disgraceful, **náirithe** shamed, **neamhscrupallach** unscrupulous, **scannalach** scandalous, **suarach** despicable, **táir** base, vile, **tarcaisneach** scornful, contemptuous, **uiríslitheach** humiliating *(see also: **easonórach**)*

Mionscrúdaigh *v₂ₐ* examine minutely
anailísigh analyse, **déan mionanailís ar** analyse minutely, **glinnigh** closely scrutinise, **grinnigh** observe closely, scrutinise, **imscrúdaigh** investigate (fully) **iniúch** scrutinise, **miondealaigh** separate in

Mionscrúdaithe *pp* minutely examined
detail, analyse; *(gram)* parse, **mionseiceáil** check minutely, **scag** filter, sift, screen, **taighd** research, **taiscéal** explore, **tástáil go cruinn** test precisely

Mionscrúdaithe *pp* minutely examined
anailísithe analysed, **glinnithe** closely scrutinised, **grinnithe** observed closely, scrutinised, **imscrúdaigh** investigated (fully), **iniúchta** scrutinised, **miondealaithe** separated in detail, analysed; *(gram)* parsed, **mionseiceáilte** checked minutely, **scagtha** filtered, sifted, screened, **taighdte** researched, **taiscéalta** explored, **tástáilte go cruinn** tested precisely

Mionscrúdú *vn* examining in detail, minute examination
anailísiú analysing, **glinniú** closely scrutinising, **grinniú** observing closely, scrutinising, **imscrúdú** investigating (fully) **iniúchadh** scrutinising, **mionanailís** minute analysis, **miondealú** separating in detail, analysing; *(gram)* parsing, **mionseiceáil** checking minutely, **scagadh** filtering, sifting, screening, **taighde** researching, **taiscéaladh** exploring, **tástáil go cruinn** testing precisely

Míorúilt *f (~e; ~í)* miracle
comhartha ó Dhia sign from God, **éacht** *m* feat, marvel, **feart** *m (~; ~a, ~)* miracle, prodigy (cf **fearta Dé** wonderful acts of god), **feiniméan** phenomenon (cf **feiniméin nach féidir a mhíniú** unexplained phenomena), **ionadh** amazement, **iontas** wonder, **iontas na n-iontas** wonder of wonders, **lámh Dé** divine intervention

Míorúilteach *adj³* miraculous
as an ngnáth ar fad extraordinary, **dochreidte** unbelievable, **domhínithe** inexplicable, **éachtach** marvellous, **fantaiseach** fantastic, unreal, **feartach** miraculous, **feiniméanach** phenomenal **finscéalach** fabulous, **gáifeach** sensational, **iontach** wonderful, **millteanach** astounding, **osnádúrtha** supernatural, **thar insint scéil** beyond words, **suntasach** remarkable

▲ **druga ~** miracle drug, **leigheas ~** miraculous cure

Míostraigh *v₂ₐ* menstruate
an fhuil mhíosta a bheith ort to be having a period, **bheith ar do chúrsaí** to be having a period, **bheith sna ceirteacha** *(archaic)* to be having a period, **cnúthacha bheith ort** to have the monthlies, **cuir fuil** bleed, **cúrsaí a bheith ort** to have your period, **ubhsceith** ovulate

■ **an t-athrú saoil** the change in life, menopause, **D'imigh a cúrsaí uirthi.** She missed her period., **Is é a ham den mhí é.** It's her time in the month., **meanapás** menopause, **pillín sláintíoch** sanitary towel, **sos míostraithe** menopause, **súitín** tampon, **Tá an fhuil mhíosta uirthi.** She is menstruating., She is having a period.

Míostrú *vn* menstruating, menstruation
an t-am den mhí the time of the month, **cur fola** bleeding, **cúrsa na mban** women's business, **galar na ceirte** *(archaic)* period, time of the month, **cnúthacha** *spl* monthlies, **cúrsaí** courses, menses, **mallacht mhíosúil** the monthly curse, **timthriall míosta** menstrual cycle, **ubhsceitheadh** ovulation (cf **tréimhse ubhsceite** ovulation period)

Miosúr *m (-úir; -úir, ~)* measure; measuring tape; dosage
aimplitiúid *(sci)* amplitude, **cionroinnt** allotment, **critéar** criterion, **cuid** share, **dáileog** *(med)* dose, dosage, **líon** amount, complement, **méadar** meter, gauge; metre, **méid** amount, **miosúireacht** measuring, **ribín tomhais** measuring tape, **roinnt** portion, share, **sciar** portion, cut, **slat** *f* **tomhais** measuring stick, **téagar** substance, amplitude, **téip tomhais** measuring tape, **teorainneacha** *fpl* boundaries, **toise** measurement, size, **tomhas** measure, measurement; puzzle, riddle, **tomhsaire** gauge, **uimhir** number, size

Miotas *m (-ais; -ais, ~)* myth
croinic chronicle, **fabhal** *f (faibhle; faibhle)* fable, **fabhalscéal** fable, **fáthscéal** allegory, **finscéal** legend, **scéal béaloidis** folkloric tale, **miotaseolaíocht** mythology, **síscéal** fairy tale

Miotasach *adj³* mythical
béaloideasach folkloric, **fantaiseach** fantastic; phantasmal, **fantaisíochta** (> *fantaisíocht*) fantasy, fantasy, **finscéalach** fabled, legendary, **finscéalaíochta** (> *finscéalaíocht*) legends, legendary, **miotasaeolaíoch** mythological, **samhlaíochta** (> *samhlaíocht*) of the imagination, **traidisiúnta** traditional

Miotaseolaíocht *f (~a)* mythology
béaloideas folklore, **déscéalaíocht** mythology, **dinnseanchas** local lore, toponymy, **croinic** chronicle, **fabhalscéalta** fables, **faibhle** *fpl* fables, **fáthscéalta** allegories, **finscéalta** legends, **miotais** *mpl* myths, **síscéalta** fairy tales

Mír *f (~e; ~eanna)* particle, piece; spot *(space for particular activity)*
beagán little amount, **blogh** fragment, **blúire** bit, **blúirín** snippet, **braon** drop, **cáithnín** fleck, particle, **codán** fraction, **diocán** bit, morsel, **giobóg** tiny bit, snippet, **giota** bit, **goin** bit, scrap, **iongóg** fragment, bit, **ioscaid** tiny amount, **máille** *f* component part, piece, **míreog** small particle, **modúl** module, **páirt** part, **smiodar** broken piece, fragment *(see also: blúire, píosa)*

◊ **Tá ~ aici ar an raidió.** She has a slot on the radio. **Rug sí an mhír mhullaigh!** She got top billing., She bore the palm.

▲ ~ **altóra** altarpiece, ~ **bhia** morsel of food, ~ **bholscaireachta** piece of propaganda, ~ **choibhneasta** *(gram)* relative particle, ~ **eolais** bit of information, ~ **faiche** *(sp)* field event, ~ **fógraíochta** advertising spot, ~ **ghrinn** comedy spot, ~ **iarsmalainne** museum piece, ~ **le haghaidh trialach** audition piece, ~ **mhéine** dainty bit, ~ **nuachta** news item

Mire *f (~)* madness
báiní frenzy, **buile** madness, **cuthach** *m* rage, fury, **deargbhuile** apoplexy, **éigiall** irrationality, **fiáine** wildness, **fíoch** *m (fích, ~a, ~)* rage, ire, **fíochmhaire** ferocity, fury, **fraoch** *m* fury, **gealtachas** craziness, lunacy, **gealtacht** insanity, **iompar gan chiall** lunacy, senseless behaviour, **meabhairghalar** mental illness, **míréasún** unreason, **neamh-mheabhair** distraction, madness; forgetfulness, **neamhord pearsantachta** personality disorder, **néaróis** neurosis, **raic** furore, **rámhaille** delirium, **rámhaillí** ravings, **scitsifréine** *f* schizophrenia, **seachrán céille** derangement, **síocóis** psychosis, **spadhar** fit of madness, freak-out, **speabhraídí** hallucinations, **taghd** freak-out, tantrum *(see also: **buile**)*

◊ Bhí an príomhoide ar ~ linn. The principal was livid with us., **Cuireann an bhiogóideacht ar ~ mé.** Bigotry drives me insane/makes my blood boil., **dul ar ~** to go mad, **Is fear ~ é!** He's a madman!

Míréasúnta *adj6* unreasonable
áiféiseach ridiculous, **amaideach** foolish, **antráthach** *(time)* unreasonable (cf **ag uair antráthach** at an unreasonable hour), **baoth** silly, foolish, **craiceáilte** crazed, **díchéillí** ridiculous, senseless, **éaganta** flighty, scatter-brained, **éidreorach** misguided, **éigiallta** senseless, irrational, **gan chiall** senseless, **imithe le craobhacha** off the wall, **iomarcach** excessive, unreasonable (cf **moill iomarcach** unreasonable delay), **mearaithe** deranged, **mearbhlach** arising from a confused mind, **meargánta** madcap, **mícheillí** senseless, **míloighciúil** illogical, **nach luíonn le réasún** that doesn't stand to reason, **néaltraithe** demented, daft, **neamhleanúnach** inconsistent, non sequitur, **óinmhideach** foolish, simple, **óinsiúil** *(of female only)* foolish, **pleidhciúil** silly, stupid, daft, **rámhailleach** delirious, **scaipeach** disconnected, incoherent, **scaipthe** scattered, wandering, **seachmallach** ill-considered, deluded, **seafóideach** silly, nonsensical

▲ **éileamh** ~ unreasonable demand, **iompar** ~ unreasonable behaviour, **uaireanta** ~ unreasonable hours

Míshásamh *m (-aimh; -aimh, ~)* dissatisfaction, displeasure
bearrán annoyance, **buairt** upset, displeasure; concern, **cantal** bile, **clipeadh** irritation, **colg** rage, **crostacht** fractiousness, crossness, **díomá** disappointment, **diomú** indignation, **dod** sullenness, anger, **duainéis** murmur, discontent, **fearg** anger, **fiántas** wildness, **fiarán** huff, discontentment, **goimh** virulence, gall, **greannaitheacht** irritability, **míshástacht** dissatisfaction, **mosán** irritation, annoyance; grumpiness, **múisiam** displeasure, **olc** anger, ill will, **seanfhala** feud; grudge, **straidhn** vexation

Míshásta *adj6* dissatisfied, displeased
ar buile livid, **ar deargbhuile** apoplectic, **buartha** upset, **cantalach** peeved, frustrated, **ciaptha** irritated, **clipthe** irritated, **corraithe** worked up, upset, **crosta** cross, cranky, **feargach** angry, **fiaránach** petulant; sulking, **gan bheith (pioc) sásta** not (a bit) pleased, **gan sásamh** unsatisfied, **iarghnóch** vexed, **míshona** unhappy, **mosach** surly, grumpy, **múisiamach** irritated, upset, **neamhshásta** unappeased, unsatisfied, **pusach** pouting, huffy, **stainceach** piqued, huffy, **stalcach** sulky, **stodamach** huffy, **suaite** upset, troubled

Míshásúil *adj4* unsatisfactory
díothach wanting, deficient, **díomách** disappointing; disappointed, **éalangach** flawed, defective, **easnamhach** deficient, inadequate, **easpach** lacking, **fabhtach** faulty, flawed, **faoi bhun an ghnáthchaighdeáin** substandard, **gan dealramh** unconvincing, **gan substaint** unsubstantial, **lochtach** faulty, **neamhimleor** insufficient, **uireasach** lacking, deficient

Míshlachtmhar *adj1* untidy
abláilte botched, messed up, **amscaí** awkward, bedraggled, **cifleogach** tattered, in rags, **gan chíoradh** unkempt, **gan slacht** untidy, messy, **gioblach** ragged, scruffy, **grabasta** grubby, **leadhbánach** tattered, **leadhbógach** slovenly; sluttish, **leibéiseach** slovenly; careless, **lóipíneach** slovenly, untidy, **scleoidiúil** slovenly, slatternly, **scrábach** dishevelled, scrawly; scratchy, **slapach** sloppy, slovenly, **slibrí** slipshod, slovenly, **sliopánta** fumbling, careless, **sraimlí** untidy, sloppy, **sramach** shoddy, **sraoilleach** scruffy, tattered, **stróicthe** torn, **táir** shabby, **trí chéile** messed up, untidy

■ **duine** ~ untidy person: **ciolartán** untidy man, **giobóg** untidily dressed woman, **leadhbaire** slovenly person, **lóipiste** untidy person, **scrábachán** ragged untidy person, **sraoill** untidy person *(see also: **duine**)*

Míshoiléir *adj2* indistinct, unclear
athbhríoch ambiguous, **ceoch** misty, clouded, **ceomhar** misty, foggy, **doiléir** unclear, **dorcha** obscure, **éideimhin** uncertain, vague, **luathbhéalach** *(speech)* hurried and indistinct, **mantach** inarticulate, **moirtiúil** muddy, turbid, **neamhléir** unclear, indistinct, **scamallach** cloudy, clouded *(see also: **doiléir**)*

≈ **Ní léir cad a thiocfaidh as.** It's unclear what the outcome will be.

Míshoiléireacht *f (~a)* obscurity, unclearness
athbhrí *f* ambiguity, **ceo** mist, fog, **ceomhaireacht** mistiness, fogginess, **doiléire** obscurity, unclearness, **dorchacht** darkness; obscurity, **éideimhne** uncertainty, vagueness, **moirtiúlacht** muddiness, turbidity, **scamallacht** cloudiness, **udmhaille** *f* uncertainty, instability *(see also: doiléire)*

Míshuaimhneach *adj³* uneasy, restless
amhrasach doubtful, **ar tinneall** tense, nervous, **buartha** upset, concerned, **corraithe** perturbed stirred; impassioned, **corrthónach** fidgety, **faiteach** skittish; timid, **faitíosach** apprehensive, **geitiúil** jumpy, **giongach** skittish; fidgety, **imithe chun scaoill** panicked, **imníoch** anxious, worried, **le scrupaill choinsiasa** with qualms of conscience, **míchompordach** uncomfortable, **míshocair** unsteady; nervous (cf **margadh míshocair** nervous market), **neirbhíseach** nervous, **scanraithe** frightened, **sochorraithe** excitable, highly strung, **suaite** agitated, **trína chéile** disconcerted, upset

Míshuaimhneas *m (-nis; -nis, ~)* uneasiness, restlessness
aláram alarm, **amhras** doubt, misgiving, **anbhuain** unease, **corraí** perturbation, stir; passion, **corraíl** unrest, **corraitheacht** restlessness, emotional tension, **corrthónacht** fidgetiness, **coscairt intinne** mental meltdown, **faitíos** apprehension, **fústar** fuss, flap, **giodam** uneasiness, **giongacht** skittishness; fidgetiness, **guairneán** flurry, **guairneántaíocht** restlessness, fidgetiness, **imní** anxiety, worry, **míshocracht** disquiet; nervousness, **scanradh** fear, **scaoll** panic, **scrupaill** qualms, **suaitheadh** agitation, **tógaíocht** agitation, excitement, **trína chéile** disconcertion

Misneach *m (-nigh)* courage, fortitude
calmacht intrepidness, bravery, **cnámh** *f* **droma** backbone, **crógacht** bravery, **dánacht** boldness, **diongbháilteacht** resoluteness, firmness of purpose, **faghairt** mettle, fire, fervour, **gus** spirit, vigour, gumption, **meanmnacht** spiritedness, **miotal** mettle, **misniú** encouragement, encouraging, **misniúlacht** hopefulness, cheerfulness, **mórmhisneach** *m* sanguineness; great inner strength, **neamheaglaí** fearlessness, **smior** *f (smeara)* gutsiness, spirit; marrow (eg **má tá aon smior i do chnámh agat** if you have any spirit/spine in you at all), **smiorúlacht** spiritedness; manliness, **spiorad** spirit, **spriolladh** get-up-and-go, upbeat spirit, **stóchas** stoicism, **stóinseacht** staunchness, **stóinsitheacht** toughness, **uchtach** audacity; hope, courage, **uchtúlacht** courageousness, spiritedness, **ugach** *m* courage, encouragement; confidence *(see also: crógacht)*

Misnigh *v₂ᵦ* encourage, cheer up
calmaigh strengthen, encourage, **gríosaigh** motivate, encourage, **meanmnaigh** cheer up, hearten, **meidhrigh** elate, make happy; enliven, **mol** praise, **múscail** arouse, **saighid** drive on, spur on, **sólásaigh** console, cheer, **spreag** encourage, inspire, **tabhair ardú meanman do dhuine** raise a person's spirits, **tabhair misneach do** hearten, give heart to, **tabhair uchtach do** give encouragement to, **tabhair ugach do** cheer on

Misnithe *pp* encouraged, cheered up
calmaithe strengthened, encouraged, **meidhrithe** elated, made happy; enlivened, **gríosaithe** motivated, encouraged, **meanmnaithe** cheered up, heartened, **molta** praised, **múscailte** aroused, **saighdte** driven on, spurred on, **sólásaithe** consoled, cheered, **spreagtha** encouraged, inspired

Misniú *vn* encouraging, cheering up
calmú strengthening, encouraging, **gríosú** motivating, encouraging, **meanmnú** cheering up, heartening, **meidhriú** elating, making happy; enlivening, **mol** praise, **múscailt** arousing, **saighdeadh** driving on, spurring on, **sólású** consoling, cheering, **spreagadh** encouraging, inspiring, **tabhairt ardú meanman do dhuine** raising a person's spirits, **tabhairt misneach do** heartening, giving heart to, **tabhairt uchtach do** give encouragement to, **tabhairt ugach do** cheering on

Misniúil *adj⁴* spirited, showing fortitude
aigeanta cheerful, spirited, **buacach** buoyant, in fine fettle, **calma** intrepid, brave, **cróga** brave, **croíúil** hearty, **dána** bold, **diongbháilte** resolute, firm of purpose, **mórmhisniúil** sanguine; displaying great inner strength, **neamheaglach** fearless, **neamhfhaiteach** not shy, unapprehensive, **smiorúil** spirited, having backbone, **scóipiúil** bright, fearless, free-thinking, **spéiriúil** cheerful, full of blues-skies-ahead, **spleodrach** exuberant, feisty, **spridiúil** spirited, courageous, **stóch** stoic, **stóinseach** staunch, **stóinsithe** unyielding, tough, **uchtúil** audacious, brave; spirited *(see also: cróga)*

Místuama *adj⁶* thoughtless, inconsiderate; clumsy
aingiallta unreasoning, dumb, **amadánta** fatuous, **amaideach** silly, slow-witted **baoth** foolish, unwise, **baothánta** fatuous, **bómánta** stupid, **dall** blind, uninformed, **dallintinneach** slow-witted, **díchéillí** injudicious, unwise, **éigríonna** imprudent, **gámúil** doltish, **lagintinneach** moronic, **lagmheabhrach** feeble-minded, **leathmheabhrach** imbecilic, lame-brained, **leithleach** inconsiderate; thoughtless; selfish, **maolaigeanta** undiscerning, dim-witted, **maolcheannach** dim, slow, **mearchiallach** rash, **míchéillí** senseless, **mímheabhrach** unthinking, stupid; unmindful, **néaltraithe** demented, daft, **neamhchríonna** imprudent, **neamhéirimiúil** unintelligent, **neamhstaidéarach** unthinking, thoughtless; not studious, **neamhthuairimeach** clueless; unthinking, inconsiderate, **neamhthuisceanach**

Místuaim

uncomprehending, inconsiderate, **óinmhideach** foolish, simple, **saonta** naive, simple-minded, **seachmallach** deluded, **seafóideach** silly

▲ **amadán** ~ blundering idiot, **bagáiste** ~ cumbersome luggage, **cinneadh** ~ injudicious decision, **cur chuige** ~ impractical/ham fisted approach, **focal** ~ clumsy remark; tactless comment, **gníomh** ~ imprudent act, **iarrachtaí** ~ fumbling attempts, **polasaí** ~ ill-conceived/ill-considered policy, **taispeántas** ~ inept performance

Místuaim *f (~e)* thoughtlessness; clumsiness
amaidí nonsense, silliness, **amadántacht** foolishness, **bómántacht** stupidity, **baois** folly, foolishness, **baoithe** *f* giddiness, folly, foolishness, **baosra** folly, idle boasting, **baothántacht** fatuity, **baoth-mhian** whim, **díchiall** senselessness, **dobhrántacht** dull-wittedness, **éigríonnacht** imprudence, **éidreoir** cluelessness, **leithleachas** thoughtlessness, selfishness, **maolaigeantacht** dull-wittedness, dimness, **míchiall** *f (-chéille)* senselessness, folly, **místuamacht** lack of deliberation; lack of practical wisdom, **neamhéirimiúlacht** unintelligence, fatuousness, **neamhthuiscint** inconsiderateness, **saontacht** naivety, simple-mindedness, **seachmall** delusion, **seafóid** silliness, **spang** *f (-ainge; ~a, ~)* whim, weird notion, **úspántacht** clumsiness

Míthaitneamh *m (-nimh)* dislike, aversion
antoil dislike; evil inclination, **col** aversion, distaste; incest, **cradhscal** shuddering repugnance, **déistin** disgust, **dochma** *m* aversion, reluctance, **drochbhlas** distaste, **duais** grimness, repulsiveness, **fuafaireacht** hideousness, hatefulness, **fuathú** hating, **gráiniúlacht** abhorrence, **gránnacht** nastiness; ugliness, **míbhinneas** cacophony, **míbhlastacht** unsavouriness, **míchuibhiúlacht** unseemliness, **míghnaoi** *f* uncomeliness, **míghné** *f* unpleasant aspect, **mímhaise** *f* unsightliness, **míofaireacht** hideousness, **mípléisiúr** displeasure, **míscéimh** unattractiveness, **neamhthoil** reluctance, **nimhiúlacht** virulence, poisonousness, **samhnas** nausea, disgust, **urghránnacht** hideousness, ghastliness

Míthaitneamhach *adj3* unpleasant
ainnis wretched, **anfholláin** unwholesome, **colúil** repulsive, repugnant, **cosúil le seanchailleach** like an old hag, **cradhscalach** shudderingly repugnant, **déistineach** disgusting, **droch-** bad, unpleasant, **duaiseach** grim, repulsive, **fuafar** hateful, vile, **gráiniúil** abhorrent, **gránna** nasty; ugly, **míbhinn** cacophonous, **míbhlasta** unsavoury, ill-tasting, **míchuibhiúil** unseemly, **mídheas** unlovely, **míghnaíúil** uncomely, **míghnéitheach** bad-looking, **míghnúiseach** ill-visaged, sour-faced, **millteanach** horrible, terrible, **mí-mhaiseach** unsightly, **míofar** hideous, **mípléisiúrtha** unpleasant, **mísciamhach** unattractive, **míthrarraingteach** unattractive,

Míthuiscint

mí-úr foul, **neamhfháilí** unpleasant, disagreeable, **nimhneach** nasty, venomous, **samhnasach** nauseating, **úrghránna** repulsively ugly

≈ **Ba ghránna an comhrá é.** It was an unpleasant conversation., **Tháinig droch-chuimhní a hóige ar ais chuici.** The unpleasant memories of her childhood came back to her.

Mítharraingteach *adj3* unattractive
ainnis wretched, **ainriochtach** in a sorry shape, **ainspianta** grotesque, **anchumtha** grotesque, **arrachtach** monstrous, **colúil** repulsive, repugnant, **déistineach** disgusting, **fuafar** hateful, vile, **gráiniúil** loathsome, **gránna** ugly, **míghnaíúil** unattractive, **millteanach** horrible, terrible, **mímhaiseach** unsightly, **míofar** hideous, **mísciamhach** unattractive **míthaitneamhach** unlikable, unpleasant, displeasing, **neamhfháilí** unpleasant, disagreeable, **scáfar** frightening, scary, **suarach** wretched, shabby, contemptible, **uafásach** frightful, awful, horrible, **úrghránna** repulsively ugly

≈ **Níl sé róthaitneamhach mar phearsantacht.** He has a rather unattractive personality., **Ní tairiscint ródheas é.** It's not an attractive proposition.

Mithid *(with copula)* is ~ **duit** it's high time for you
ba cheart duit it would be right for you, **ba chóir duit** you ought to, **is cuí duit** it is apt/befitting for you, **is fóirsteanach duit é** it is fitting for you, **is tráthúil duit** it is timely/opportune for you, **Tá sé go caoithiúil duit.** It is opportune for you., **Tá sé go feiliúnach duit.** It is fitting, suitable for you., **Tá sé in am duit.** It is (about) time for you., **Tá sé oiriúnach duit.** It is apt/suitable/fitting for you *(see also: am)*

◊ **Más mall is ~!** It's about time!

Míthráthúil *adj4* untimely, inopportune
amscaí awkward, embarrassing, **anabaí** premature (cf **breith anabaí** premature birth), **antráthach** late, untimely, **ciotach** clumsy, gauche, **luath** early, **mí-áisiúil** inconvenient, **mí-ámharach** unfortunate, **míchóiriúil** unfavourable, inopportune, **míchaoithiúil** inconvenient, inopportune **míchuí** inappropriate, **míchuibhiúil** unseemly, improper, **mífheiliúnach** unfitting, unsuitable, **mí-ionúch** inopportune, untimely, **mímhodhúil** indecent, **mí-oiriúnach** inappropriate; unsuitable, **neamhionúch** untimely, **neamhthréimhsiúil** aperiodic, **roimh am** before time, premature, **tútach** crude, awkward

Míthuiscint *f (-ceana; ~í)* misunderstanding
agall *f (agaille; ~a, ~)* argument, **aighneas** dispute, argument, **botún** mistake, **bruíon** *f* clash, **coimhlint** contention, struggle, **conspóid** dispute, **éadauairim** misunderstanding, **earráid** error, **easaontas** disagreement, dissension, **imreas** quarrel, friction, **iomarbhá** *f* altercation, **ionnlach** *m* blame, dissension; division, **mearbhall** confusion,

Mí-úsáid

bewilderment, **meascadh suas** mix-up, **míchiall** f (*-chéille, ~a, ~*) misinterpretation, **mímhíniú** misconstruing, **míthuairim** misconception; wrong opinion, **neamhthuiscint** incomprehension; lack of consideration

Mí-úsáid 1 f (*~e*) misuse, abuse
ainíde ill usage, maltreatment, **ainíocht** cruelty, **ainriail** anarchy, **aintiarnas** tyranny, **aintreise** violent oppression, **anaiste** ill-treatment, **anchor** ill-treatment, **anfhorlann** violence, repression, **ansmacht** cruel domination, **bás beo** living hell, **ciapadh** torture, **cos ar bolg** oppression, **crá** torment, **cruálacht** cruelty, **drochíde** abuse, **drochúsáid** abuse; misuse, **éagóir** injustice, **éigniú** rape, **foréigean** violence, **íde** abuse, **mícleachtas** malpractice, **míriail** f (*-alach*) misrule, misgovern, **mírialú** misruling, misgoverning, **míriar** f (*míréire*) mismanagement, maladministration, **míriaradh** mismanaging, **raiceáil** wrecking, maltreatment, **splíontaíocht** maltreatment; hardship

Mí-úsáid 2 v misuse, abuse, misrule
ainrialaigh rule tyrannically, **bain mí-úsáid as** misuse, **ciap** torture; harass, **cráigh** torment, **cuir drochbhail ar** ill treat, **déan éagóir do** do an injustice to, **déan foréigean ar** be violent with, inflict violence upon, **éignigh** violate; rape, **foréignigh** do violence to; force, compel, **imir cos ar bolg ar** oppress, **mírialaigh** misrule, misgovern, **raiceáil** wreck, maltreat, **tabhair drochíde do** abuse, maltreat, **tabhair íde do** abuse

Mí-úsáid 3 vn misusing, abusing, misruling
ainrialú ruling tyrannically, **baint mí-úsáid** misusing, **ciapadh** torturing; harassing, **cos ar bolg** oppression, **crá** tormenting, **cur drochbhail ar** ill-treating, maltreating, **déanamh éagóra do** doing injustice to, **déanamh foréigin ar** causing violence to, inflicting violence upon, **éigniú** violating; raping, **foréigniú** doing violence to; forcing, compelling, **mírialú** misruling, misgoverning, **raiceáil** wrecking, maltreating, **tabhairt drochíde do** abusing, **tabhairt íde do** abusing

Mí-úsáidte pp misused, abused, misruled
ainrialaithe ruled tyrannically, **ciaptha** tortured; harassed, **cráite** tormented, **dá ndearnadh éagóir** treated unjustly, **dar tugadh drochíde** abused, **dar tugadh íde** abused, **éignithe** violated; raped, **foréignithe** violated, violently forced, compelled by force, **mírialaithe** misruled, misgoverned, **raiceáilte** wrecked, maltreated

Moch adj[5] early
anabaí premature, **gan bheith déanach** not to be late, **gasta** swift, rapid, **grod** abrupt, prompt **le héirí na gréine** at sunrise, **luath** early, **roimh am** before time, **roimh an sprioc-am** before the set time, **roimh ré** beforehand, **tapa** quick, fast (*see also: luath*)

◊ **~ nó mall é** sooner or later, **go ~ ar maidin** early in the morning, **go ~ is go mall** early and late, all hours

Mochánach m (*-aigh; -aigh, ~*) early riser
bean mhaidine, bean na maidine woman who likes to get out of her bed early, **éan maidine** early-morning riser, **fear (na) maidine** man who like to be out of his bed early, **fuiseog** lark, **mochóirí** early bird, early riser

Modh m (*~a; ~anna*) method, mode; (*gram*) mood
bealach m (*-laigh; -laí*) way, manner, **beart** plan, **clár** programme, **cleachtadh** practice, habit, **córas** system, **creatlach** f framework, **cur chuige** approach, **diagram** diagram, **gnás** custom, **gnáthamh** (*med*) procedure, **gormchló** blueprint, **leagan amach** layout, **líniú** delineation, **mapa** map, **nós** custom, **nós imeachta** procedure, **plean** plan, **plota** plot, **próiseas** process, **seift** expedient ploy, device, **straitéis** strategy, **tairiscint** proposition, **teicníc** technique, **tionscnamh** project, **treoirphlean** blueprint, **úsáid** use

◊ **i ~ grinn** in a jocular manner, **i ~ tuathalach** in an ignorant/tactless way, **Is ~ seanbhunaithe cruthaithe é seo.** This is a tried and tested method.

▲ **~ anailíse** method of analysis, **~ bailithe cánach** tax-raising method, **~ coinníolloch** (*gram*) conditional mood, **~ eachtarshuímh** extrapolation method, **~ foshuiteach** (*gram*) subjunctive mood, **~ íocaíochta** method of payment, **~ léirmhínitheach** interpretative method, **~ maireachtála** mode of living, **~ ordaitheach** (*gram*) imperative mood, **~ reachtaireachta** narrative mode, **~ smaointeoireachta** mode of thought, way of thinking, **~ táscach** (*gram*) indicative mood

Modhúil adj[4] modest, genteel, well behaved
banúil womanly, **caoin** gentle, **cneasta** demure, mild, **cotúil** self-conscious, **cúthail** shy, diffident, **deabhéasach** well behaved, polite, **dúnárasach** reticent, **cuibhiúil** decorous, seemly, **faiteach** timorous, **fiúntach** worthy, **galánta** genteel, **geanasach** pure, chaste, **gnaíúil** amiable, affable, **macánta** decent, **mín** refined, **múinte** well mannered, **náireach** diffident, **neamhbhuannúil** unassuming, **neamhphostúil** unassuming, **neamhthaibhseach** unostentatious, **séimh** mild-mannered, gentle, **stuama** steady, considered, prudent; chaste

Moill f (*~e; ~eanna*) delay
aga m delay (cf ~ **moille** time lag), **braiteoireacht** hesitating, **coinneáil siar** holding back/up, delaying (eg **Tá brón orm do do choinneáil siar.** I'm sorry for holding you up.), abiding, **cur ar athlá** rescheduling to another day, taking a rain check, **cur ar atráth** deferment, **cur ar ceal** cancellation, **cur ar fanacht** making wait, putting on hold, **cur ar gcúl** adjournment, **cur i sceideal eile** rescheduling, **cur siar** deferral, **dul i ngreamú** getting stuck, **fionraí** suspension, **fosadh** cessation, stay, stop, **gidireacht**

dawdling at work, **máinneáil** loitering, hanging around, **moilleadóireacht** dallying, delaying, **moilliú** delaying, **righneáil** dawdling, **seadú** lingering, staying; delay (cf **Is gearr an seadú a rinne sé**. He didn't delay long.), **seasamh** stationary position, **sionsa** delay, tardiness, **sos** rest, break, pause, **stad** stop, stopping; standstill, **stangán** frustrating delay, **staonadh** abstention, abstinence, **stopadh** stoppage, stop, stopping, **tarraingt siar** suspension, withdrawing

◊ **Baineadh ~ asam**. I was delayed., **Cén mhoill atá ort fiafraí di?** What's stopping you from asking her?, **Chuir an trácht ~ orm**. The traffic delayed me., **gan mhoill** without delay, immediately, **Ní tráth ~e é!** There's no time for delay!, **Tá brón orm as an mhoill**. I'm sorry for the delay.

P **Dhá dtrian moille le deifir**. More haste, less speed.

Moille *f (~)* delay, stalling; slownesss
déanaí lateness, **fuireachas** standby; countdown, **leisce** hesitance, **máinneáil** loitering, hanging, **mairbhe** deadness, dullness, **malltriall** sluggish pace, **moill** hold-up, delay, **moilleachán** lagging behind, **moilleadóireacht** delaying stalling, **murtall** obesity; sluggishness, **righneas** rigidity, stiffness, **siléigeacht** lingering, dallying, wasting (valuable) time, **spadántacht** sluggishness, **stág** *f (-áige)* slowness, stiffness of gait, **torpántacht** sluggishness, heaviness *(see also: moill)*

◊ **gan a thuilleadh moille** without further delay

Moilleachán *m (-áin; -áin, ~)* lagging behind; delay
bheith taobh thiar (leis an obair) being behind (with the work), **ródadh mór (le cur i gcrích agat)** considerable leeway (for you to make up), **stangadh siar** lagging behind, **teacht suas mór (le déanamh agam)** great deal of catching up (for me to do), **titim chun deiridh (ar dhaoine eile)** falling behind (other people)

Moilleadóir *m (-óra; ~í)* procrastinator
fágálach laggard; changeling, **falsóir** lazy person, laggard, **leiciméir** waster, **leoiste** idler, drone, **loiceadóir** loiterer, dawdler, **liúdramán** loafer, lazy person, **máinneálaí** loiterer, **raingléir** dawdler, **righneálaí** lingerer, obstinate dawdler, **seilmideálaí** slowcouch, **síománaí** dawdler, dead and alive person, **slúiste** slacker, **sodamán** slow-moving person, **stangaire** shirker, idler

Moilleadóireacht *f (~a)* delaying, stalling; dilly-dallying, dawdling
áilleagánacht siting around looking pretty, **bogadúradh** trifling, **braiteoireacht** hesitating, **coinneáil siar** holding back/up, **crochadh thart** hanging about, **fanacht timpeall** staying around, **fídireacht** act of trifling, **gidireacht** dawdling at work, **gíotáil** pottering, fumbling around, **leadaíocht** hanging around with no good intent, **loiceadóireacht** pttering about, **mágaíocht** creeping, dawdling; sluggish gait, **manaois** dallying; toying, **moill** delay, **moille** delay; slowness, stalling, **moilleachán** lagging behind, **reanglamánacht** dawdling, **righneáil** dawdling, **sceidínteacht** act of trifling, **siléigeacht** dilatoriness, **síománaíocht** loitering, dawdling, **stilí steailí** shilly-shallying, **tratanáil** dawdling

Moilligh *v2b* delay
coinnigh siar hold up, delay, **cuir ar an méar fhada** put on the long finger, procrastinate, **cuir ar athlá** reschedule to another day (eg **Cuirimis ar athlá é!** Let's take a rain check on that.), **cuir ar atráth** defer, **cuir ar ceal** cancel, **cuir ar fionraí** suspend, **cuir ar gcúl** adjourn, **cuir fad le** prolong, lengthen, **cuir moill ar** delay, **cuir i sceideal eile** reschedule, **cuir siar** defer, **déan braiteoireacht** hesitate, **déan máinneáil** loiter, hang around, **déan moill** delay, stop off (cf **Déanaimis moill bheag anseo!** Let's make a short stop off here!), **déan moilleadóireacht** delay, **déan siléig i** neglect, **fan** wait, **frithbhuail** beat back, check, **fuirigh** delay, wait, **lig titim chun siléige** let become slow/dilatory, **luasmhoilligh** decelerate, **oiris** *(lit)* delay, stay, wait, **righnigh** dawdle, delay, **seadaigh** linger, delay, settle, stay, wait, **sionsaigh** delay, linger, **srian** restrain, **stad** halt, stop, **stop** stop, **támáil** make sluggish, slow down, **tarraing siar** suspend, withdraw, **téigh i ngreamú** get stuck, **tóg sos** take a break, pause

Moillithe *pp* delayed
coinnithe siar held up, delayed, **curtha ar an mhéar fhada** put on the long finger, delayed through procrastination, **curtha ar athlá** rescheduled to another day, **curtha ar atráth** deferred, **curtha ar ceal** cancelled, **curtha ar fionraí** suspended, **curtha ar gcúl** adjourned, **curtha i sceideal eile** rescheduled, **curtha siar** deferred, **dulta i ngreamú** gotten stuck, **fanta** waited, remained, **frithbhuailte** beaten back, checked, **fuirithe** delayed, waited, **lenar cuireadh fad** prolonged, lengthened, **ligthe titim chun siléige** let become slow/dilatory, **luasmhoillithe** decelerated, **oiriste** *(lit)* delayed, stayed, waited, **righnithe** dawdled, delayed, **seadaithe** lingered, delayed, settled, stayed, waited, **sionsaithe** delayed, lingered, **srianta** restrained, **stadta** halted, stopped, **stoptha** stopped, **támáilte** made sluggish, tired out, **tarraingthe siar** suspended, withdrawn

Moilliú *vn* delaying
braiteoireacht hesitating, **coinneáil siar** holding up/back, delaying, **cur ar an mhéar fhada** putting on the long finger, procrastinating, **cur ar athlá** rescheduling to another day, **cur ar atráth** deferring, **cur ar ceal** cancelling, **cur ar fionraí** suspending, **cur ar gcúl** adjourning; putting back, **cur i sceideal eile** rescheduling, **cur le fad** prolonging, lengthening, **cur moille ar** delaying, **cur siar** deferring, **déanamh**

moilleadóireacht delaying, **déanamh siléige (i) neglecting**, **dul i ngreamú** getting stuck, **fanacht** waiting, remaining, **frithbhualadh** beating back, checking, **fuireach** delaying, waiting, **ligean titim chun siléige** letting become slow/dilatory, **luasmhoilliú** decelerating, **máinneáil** loitering, hanging around, **moilleadóireacht** dallying, **oiriseamh** (lit) delaying, staying, waiting, **righniú** dawdling, delaying, **seadú** lingering, delaying, settling, staying, waiting, **sionsú** delaying, lingering, pausing, **srianadh** restraining, **stad** halting, stopping, **stopadh** stopping, **támáil** making sluggish, slowing down, **tarraingt siar** pulling back, suspending, **tógáil sosa** taking a break

Móin f (móna; ~te) turf
báinseach f sward, **féar** grass, **fearann** land, ground, **fód** sod, **fóidín** small clod, divot, **portach** m bog, **scraithín** divot, **spadar** sodden turf, **spairt** soggy clod of turf, **spairteach** m soggy turf, **spartán** damp sod of turf, **sprémhóin** unsaved turf from previous year's cut, poor quality turf, **torpa** clod, clump, **torpán** small clod (see also: **portach**)

Mol 1 m (moil; moil, ~)
1. hub
acastóir axle, **beo (na ceiste)** crux (of the matter), **ceartlár** dead centre, hub, **cos** f **(scuaibe)** shaft (of a brush), **crann (sleá)** shaft (of an arrow), **croí** heart; centre, **croílár** dead centre, **feac** shaft (cf **feac maide gailf** shaft of a golf club), **fearsaid** spindle, shaft, **lár** centre, **leathlaí** shaft, **maighdeog** pivot, **néarlár** nerve centre, **núicléas** nucleus, **puntán (bró)** (mill-)spindle, **sáfach** f **(sluaiste)** shaft (of a spade), **seafta** (veh) shaft, **sliasaid** (veh) shaft, **udalán** pivot (cf **udalán bró** millstone pivot)

▲ ~ **digiteach** digital hub, ~ **liáin** boss of propeller, ~ **muilinn** shaft of millstone, ~ **píobáin** hose reel, ~ **rotha** hub of wheel, ~ **tuirne** pivot of spinning wheel

2. (geog) pole, top part
ard rise, height, **barr** top, **bior** spike, **buaic** apex, **ceann** head, top, **díon** roof, **féige** acme, summit, **maoileann** rounded summit, **mullach** m summit, **rinn** cape, **stuaic** vertex (see also: **barr**)

◊ **An ~ Thuaidh** the North Pole, **An ~ Theas** the South Pole

Mol 2 v₁ₐ
1. praise, commend
adhmhol eulogise, **aontaigh le** endorse, agree to, **bualadh bos a thabhairt do dhuine** to applaud a person, **clothaigh** (lit) extol, highly praise, **cuach** praise, flatter, **cuir chun cinn** put forward, **déan gairdeas le** congratulate, **déan ionracas le duine** pay a compliment to a person, **déan ollghairdeas le duine** acclaim a person, **duine a mholadh chun na spéartha** to praise a person to the skies, **formhol** extol; eulogise, **glóirigh** glorify, **mór** magnify, glorify, exalt (cf **ag móradh Dé** glorifying God), **oirircigh** (high reg) extol, **tabhair glóir do** glorify

2. ~ **do** advise
abair (le) say (to), **comhairligh** advise, counsel, **cuir in iúl** inform, notify, **fógair** announce, bring to general notice, **tabhair foláireamh do dhuine** caution a person, **gríosaigh** urge, **inis (do)** tell (to), **spreag** encourage, motivate, **tabhair comhairle do dhuine** give advice to a person, **tabhair rabhadh do dhuine** give a warning to a person, **treoraigh** guide, direct

Moladh vn
1. praising, praise, commending, commendation
acaláid accolade, **adhmholadh** eulogy, exalting, **adhradh** worshipping, **béal bán** lip service, **bladar** adulation, **bualadh bos** applauding, **clothú** (lit) extolling, highly praising, **comhghairdeas** congratulation(s), **cuachadh** praising, flattering, **deabhóid** (rel) devotion, **déanamh gairdeas le duine** congratulating a person, **duan molta** panegyric, **formholadh** extolling; eulogising, **gáir mholta** acclamation, **gártha molta** plaudits, **glóir** glory, **glóiriú** glorifying, **ionracas** compliment(s), **móradh** glorifying, **ómós** tribute, **onóir** honour, **lúitéis** adulation, **lústar** fawning, **lútáil** adulation, obsequious flattery, **molbhadh** extolling, praising, **oirirciú** (high reg) extolling, **plámás** flattery, **sástacht** approval, **tabhairt glóir do** glorifying

▲ ~ **ceilte** backhanded compliment, ~ **Dé** praising God, ~ **iarrthóra** proposal of a candidate, ~ **ó chroí** ringing endorsement, ~ **mairbh** panegyric

◊ ~ **le Dia!** Praise be to God!, **Bhí ~ mór acu ort.** They had great things to say about you., **Fágfaidh mé sin faoi do mholadh féin!** I'll leave that for you to decide!, **Níl sé thar mholadh beirte.** It leaves much to be desired., **Tá ~ mór tuillte ag gach ball den rang as an ghradam seo.** Every member of the class is to be commended for this achievement.

2. advising, advice
comhairle f advice, counsel, **comhairliú** advising, counselling; consultation, **cur in iúl** notifying, **fógra** announcement, notice, **foláireamh** cautioning, caution, **gríosú** incitement, **rabhadh** warning, **treoir** f (treorach; treoracha) guidance, direction, **treorú** guiding

Molta pp
1. praised, commended
adhmholta eulogised, **aontaithe le** endorsed, agreed to, **clothaithe** extolled, highly praised, **cuachta** praised, flattered, **curtha chun cinn** put forward, **formholta** extolled; eulogised, **glóirithe** glorified, **lena ndearnadh ionracas** complimented, **mórtha** magnified, glorified, exalted, **oirircithe** (high reg) extolled

▲ **gártha molta** cheering, applause, **gárthóir** ~ cheerleader

2. advised, counselled
comhairlithe advised, counselled **curtha in iúl** informed, notified, **dar tugadh foláireamh** cautioned, **dar tugadh rabhadh** warned, **fógartha** announced, brought to general notice, **gríosaithe** urged, **inste** told **spreagtha** encouraged, motivated, **treoraithe** guided, directed

▲ **praghas** ~ recommended price

Mór- *prefix* main, important, grand, major, high ~**bhealach** *m* highway, arterial road, ~**bhóthar** main road, ~**cháiliúil** greatly renowned, ~-**cheoldráma** grand opera, (Na) ~**chumachtaí** (The) Great Powers, ~**dhíol** wholesale, ~**ghléas** *(mus)* major key, ~**luas** high speed, ~**phianó** grand piano, ~**scála** large-scale, ~**théama** major theme

Mór *adj¹ (compar mó)*
1. big, large in size
ábhal vast, immense, **ábhalmhór** colossal, **áibhéalta** huge, vast, **áibhlithe** exaggerated, **anásta** lumbering, unwieldy, **ard** tall, **arrachtach** monstrous, **fairsing** spacious, wide, **fathachúil** giant, gigantic, **fia-** *pref* big, huge (cf **fiabheart** big bundle, **fiabhuidéal** huge bottle), **máilíneach** *(trousers)* baggy, **méadúil** massive; bulky, **mórmhaise** of great mass, **neamhmheánach** enormous, vast, **oll-** *pref* massive, great, **ollmhór** huge, massive, **ramhar** fat, **tamhanda** huge, trunk-like, stout, **toirtiúil** sizeable, bulky

◊ **Ba mhór an rud é ag an am.** It was a big thing at the time., **Is ~ agam mo phríobháideachas.** I value my privacy., **Is ~ orm é.** It's a great blow to me., **nach ~ almost**, **Ní ~ duit imeacht.** You have to leave., **Ní liom thú!** I don't envy you!

▲ **airgead** ~ big money, **baile** ~ town, **bealach** ~ highway, **cóta** ~ overcoat, **ladhar mhór** big toe, **slua** ~ large crowd, **teach** ~large house; mansion

2. great in degree
an- *pref* very, great, **ard-** *pref* great, excellent, **diail** great, wonderful, **dian-** *pref* severe, intense, **fairsingíoch** *(tech)* extensive, **géar** acute, fierce, **sár-** *pref* ultra-, excellent, **trom-** *pref* weighty, **trom** heavy

▲ **airde mhór** great height, **aois mhór** great age, **biseach** ~ great improvement, **fonn** ~ great desire, **pian mhór** intense pain, **pótaire** ~ heavy drinker

◊ **go ~ fada** to a considerable degree, **Níl siad athraithe go ~.** They haven't changed much.

3. big, powerful, loud
ard loud, **alpartha** burly, **callánach** rowdy, noisy, **cumhachtach** powerful, **diail** great, wonderful, **faíoch** loud, plaintive, **gáifeach** gaudy, brash, **glórach** loud, voiced, **láidir** strong, **neartmhar** forceful, brawny, **spiagaí** flashy, loud, **téagartha** substantial, well built, stout, **toirtiúil** hefty, **urrúnta** able-bodied

▲ **guth** ~ loud strong voice, **torann** ~ loud noise

4. adult, older, senior
áitithe established, practised, **aosach** adult, **aosaithe** adult, **aosta** old, **críonna** old, **fásta (suas)** grown (up), adult, **is sine** older; oldest, **lánaosta** having reached the age of majority, **sean-** *pref* old, **sean** old

▲ **Alastar** ~ Alexander the Great, **athair** ~ grandfather, **Brian** ~ Brian senior, **daltaí** ~**a** senior pupils, **máthair mhór** grandmother

5. famous, distinguished
cáiliúil famous, **clúiteach** reputable, **dearscnaitheach** distinguished, **glórmhar** glorious, **iomráiteach** celebrated, renowned, **oirirc** illustrious, **oirirceach** eminent

▲ **file** ~ famous poet, **ócáid mhór** notable occasion

◊ **Ba cheoltóir ~ é lena linn.** He was a distinguished musician in his time., **Is duine ~ le rá fós í.** She is still well-known.

6. important
ábhartha germane, relevant, **ag a bhfuil tionchar** influential, **ardchéimiúil** eminent, **ardleibhéil** high-level, **fódúil** well-grounded, **fonascúil** substantial, **fuaimintiúil** solid, sound, **lán de bhrí** significant, **riachtanach** essential, **substaintiúil** substantial, **suntasach** salient, **tábhachtach** important, **trom** heavy, weighty, **tromchúiseach** grave, serious, important, **úimléideach** valuable, important

▲ **an cluiche** ~ the big game, **ceist mhór** big question, **céim mhór** big step, **post** ~ important position, **lá** ~ big day, **sráid mhór** main road

7. proud, conceited, boastful
ardnósach haughty, pompous, **leitheadach** conceited, vain, **maíteach** boastful, **mórchúiseach** pompous, self-imortant, **mórtasach** proud, boastful, **postúil** self-important, conceited, **sotalach** arrogant, **uaibhreach** arrogant, lofty

◊ **Ná bí chomh ~ sin asat féin!** Don't be so full of yourself!, **Tá sí an-mhór aisti féin.** She has a very high opinion of herself.

8. generous
dea-mhéiniúil benevolent, **fial** generous, **flaithiúil** munificent, lavish, **lách** kind, **mórchroíoch** bighearted, **mórintinneach** magnanimous, **neamhleithleach** unselfish, **tabhartasach** giving, generous

▲ **croí** ~ big heart, **moladh** ~ generous praise, **tabhartas** ~ big donation

9. friendly
báúil well disposed, tender towards, **cairdiúil** friendly, **caoin** gentle, **dea-chroíoch** good-hearted, **gnaíúil** affable, amiable, **lách** amicable, kind, **macánta** decent, **méiniúil** well disposed, kindly **muinteartha** friendly, **oscailte** outgoing, open, **sochaideartha** approachable

◊ **Bhíomar an-mhór le chéile.** We were very close., **Ná bí ~ ná beag léi.** Don't be too friendly with her., Keep your distance.

10. wild, stormy
anfach tempestuous, **craosach** *(sea)* raging, perilously wild, **doineanta** stormy, wild, **fiáin** wild, **garbh** rough, **stoirmeach** stormy, **stoirmshuaite** storm-tossed, **síonghreadta** storm-shaken

▲ **gaoth mhór** wild wind, **farraige mhór** stormy sea, **oíche mhór** stormy night

Móramh *m (-aimh; -aimh, ~)* majority
an chuid is mó the most part; the majority, **an líon is mó** the greatest number, **an méid is mó** the greatest amount/quantity, **an mhéid is mó** the largest size, **bunáite** main part; majority, **formhór** majority, **mórchuid** greater part, large amount, **tromlach** *m* greater part, main body; majority *(see also: mórchuid)*

Mórán *m (-áin)* much, many
a lán a lot, **a liacht** so many, **an-chuid** great deal, a lot, **bleachtanas** abundance, **cuid mhaith/mhór** good/great portion, **dalladh** lashings, **dí-áirithe** countless, innumerable, **dúrud** awful lot, **fairsinge** pervasiveness, **foracan (óil)** large quantity (of drink), **foráil** excess, **flúirse** plenty, profusion, **go leor** galore, **iomad** great quantity, **iomadúlacht** numerousness, profusion, **iomarca** excess, **is iomaí** it is many, **lánchuid** large share, great deal, **lear mór** great number/amount, **líonmhaireacht** numerousness, plentifulness, **líon mór** large number, great quantity, **lochadradh** large amount, **mathshlua** large crowd, multitude, **méid mór** large amount, **móramh** majority, **mórchóir** large scale; big way (cf **ar an mórchóir** on a large scale, in bulk, **mórchóir** bulk, **mórchuid** *f (-choda)* large amount, **mórdhóthain** more than enough, **mothar** large (dark) mass (cf **mothar dlúth ceo** dark mass of thick fog), **neamh-mheán** enormous amount, **neart** ample, **peic** considerable amount (cf **Chaill mé peic.** I lost a great deal.), **raidhse** abundance, **scata go leor (de)** umpteen, **slám mór** big heap (cf **slám mór airgid** big heap of money), **tréan** plenty, abundance, **tuile** *f* flood, **uafás** astonishing amount, **uimhir mhór** large number

◊ **agus ~ eile lena chois** and a lot more besides, **Bhí ~ féidearthachtaí ann.** There were many possibilities., **Mar a chéile iad, ~!** They are much of a muchness. They are much the same., **Níl ~ céille acu.** They haven't much sense., **Níl tusa ~ níos fearr.** You're not much better.

Mórchuid *f (-choda; -chodanna)* most, greater part
an chuid is mó the most part, **chomh minic lena athrach** as often as not, **de ghnáth** usually, **de réir mar a tharlaíonn de ghnáth** as a rule, **don chuid is mó** for the most part, mainly, **don iomlán** on the whole, **formhór** majority (eg **Is ceoltóirí iad dá bhformhór.** The majority of them are musicians.), **go coitianta** in general, **go ginearálta** generally, **go mór agus go fada** largely, **móramh** majority, **níos minice ná a chéile** more often than not, **tríd is tríd** all in all, generally speaking, **tromlach** *m* greater part, main body; majority

Mórchúis *f (~e)* pompousness, self-importance
anbharúil conceit, **ardnós** grandeur, pomp, **arduallaí** vanity, haughtiness, **baoth-ghalántacht** snobbery, **bogás** smugness, complacency, **borrachas** swollen pride, **bród** pride, **cur i gcéill** affectation, **díomas** conceitedness, arrogance, scorn, **díomhaointeas** idleness, vanity, **gairéad** ostentation, **gairéadaí** ostentatiousness, garishness, **giodal** self-conceit; sauciness, **iarlaitheacht** haughtiness, arrogance, **leithead** overweening pride, **leitheadas** conceitedness, **maingléis** frippery, frivolity, **maíteacht** boastfulness, **móiréis** haughtiness, pretension, **mór** pride, conceit, **móráil** boastfulness, vanity, **mórálaí** boastfulness, vanity, **mórtas** pride, haughtiness, **mustar** ostentation, swagger, **postúlacht** self-importance, conceitedness, **práinn** pride (eg **Tá práinn acu ina mac.** They are proud of their son.), **roilsí** *spl* pretentious airs and graces, affected mannerisms, **seápáil** posturing, putting on an act, **sotal** cheek, arrogance, **steámar** false pride, vanity; stale urine, **taibhseacht** flamboyance, **toirtéis** bumptiousness, self-importance, **uabhar** arrogant pride, loftiness; indignance, **uaill** vanity, pride, **uallachas** vanity, vainglory *(see also: bród, mórtas)*

Mórchúiseach *adj³* pompous, self-important
ardnósach haughty, pompous, **arduallach** vain, haughty, **baoth-ghalánta** snobbish, **bogásach** smug, complacent, **borrach** swollen with pride, **bródúil** proud, **díomasach** conceited, **díomhaoin** vain, **gairéadach** ostentatious, loud, showy, **giodalach** conceited; saucy, **iarlaitheach** haughty, arrogant, **lánmhar** conceited, **leitheadach** conceited, **maingléiseach** showy, ostentatious, **maíteach** boastful, **móiréiseach** haughty; pretentious, **mór** proud; conceited, **mórálach** boastful, vain, **mór is fiú** bigheaded, pompous, **mórtasach** proud, boastful, **mórthaibhseach** spectacular, looming large; gaudy, **mustrach** ostentatious, vain, pompous, **péiceallach** jaunty and vain, **postúil** self-important, conceited, **sotalach** arrogant, **straibhéiseach** ostentatious, showy, **taibhseach** flamboyant, **teaspúil** uppish, arrogant, **toirtéiseach** haughty, **uaibhreach** arrogant, lofty; indignant, **uallach** vain, proud, **undrach** conceited *(see also: bródúil)*

Mórshiúl *m (-úil; ~ta)* procession, parade, march
colún column, **líne** line, **máirseáil** marching, **paráid** parade, **paráid aitheantais** line-up, **próisisiam** procession, **traighean** train, procession, **tóstal** pageant; review, **treas** *m* line, file (cf **i dtreas singil** in single file)

Mórtas *m (-ais)* pride, hubris
ardnós grandeur, pomp, **arduallaí** vanity, haughtiness, **bogás** smugness, complacency, **bród** pride, **díomas** conceitedness, arrogance, scorn, **gáifeacht** ostentation, **gairéadaí** ostentatiousness, garishness, **gaisce** bravado, **gníomhartha** *mpl* **gaisce** heroics, **gus** dash, **húbras** hubris, **leitheadas** conceit, vanity, **maingléis** frippery, frivolity, **maíomh** boasting, **maíteacht** boastfulness, **móiréis** haughtiness; pretention, **mórálaí** boastfulness, vanity, **mustar** dash, swagger; muster, **poimp** pomp, **práinn** pride **toirtéis** bumptiousness, self-importance, **uabhar** arrogance, loftiness; indignance *(see also: bród, mórchúis)*

▲ ~ **cine** racial pride, ~ **farraige** heavy sea, ~ **pobail** pride in the community, ~ **tóin gan taca** empty pride, vanity

Mórtasach *adj³* haughty, proud boastful
ardnósach haughty, pompous, **bogásach** smug, complacent, **bródúil** proud, **díomasach** conceited, **gairéadach** ostentatious, **leitheadach** conceited, **maingléiseach** showy, ostentatious, **maíteach** boastful, **móiréiseach** haughty; pretentious, **mórálach** boastful, vain, **mórchúiseach** pompous, **sotalach** arrogant, **toirtéiseach** haughty, **tuairimiúil** opinionated, conceited, **uaibhreach** arrogant, lofty; indignant *(see also: mórchúiseach, bródúil)*

Mórthimpeall *m (also used as: adv)*
1. surrounding, all round
ar gach taobh on every side, **camchuairt** tour, ramble, **camruathar** tour, rounds (cf **fear faire ar a chamruathar** a watchman on his rounds), **ciorcaid** circuit, **cúrsa** circuit, course, **i bhfáinne timpeall ar** in a ring around, in a circle around, **i gciorcal mór** in a great circle, **imchuairt** circuit, **máguaird** around about (cf **an tír máguaird** all around the country), **thart timpeall ar** around about, **timpeall** round (cf **an ~ a dhéanamh** to go round), around, **timpeallán** *(road)* roundabout, **timpeallú** encirclement; circumvention
2. long way
aistear fada long trip, **an tslí is faide** the longest way, **bealach** *m* **fada** long way, **(an) bóthar fada** (the) long road; death, **fadaíocht** lengthiness, **timpeall na tíre** around the world, **trí Chorcaigh go Doire** *(taking longest route)* all round the world

Mothaigh *v₂ₐ* feel, sense
airigh perceive, sense, **aithin** discern, **blais** taste, **braith** sense perceive, **céadfaigh** *(phil)* sense, **clois** hear, **cronaigh** notice absence of (cf **Chronaigh mé mo thuistí.** I missed my parents., **Chronaigh mé d'ainm ón liosta.** I noticed your name missing from the list.), **faigh taithí ar** get experience, experience, **feic** see, **fulaing** suffer, experience, **meabhraigh** sense, feel; remember, **rathaigh** *(lit)* perceive, apprehend, **samhlaigh** imagine, **smúr** sniff, **sonraigh** perceive, notice, **tabhair faoi deara** notice, remark, **tástáil** sample, try, **tuig** understand

  Mothaím a fearg. I sense her anger
  Mothaím an tart. I feel the thirst.
  Mothaím coiscéim. I hear a step.
  Mothaím do phian. I feel your pain.
  Mothaím gás. I detect/smell gas.
  Mothaím mo shlí. I feel my way along.
  Mothaím ocrach. I feel hungry.
  Mothaím uaim í. I miss her.

Mothaithe *pp* felt, sensed
airithe perceived, sensed, **aitheanta** discerned; recognised, **blaiste** tasted, **braite** sensed perceived, **céadfaithe** *(phil)* senses, **cloiste** heard, **cronaithe** noticed absence of, **feicthe** seen, **fulaingthe** suffered, experienced, **meabhraithe** sensed, felt; remembered, **rathaithe** *(lit)* perceived, apprehended, **samhlaithe** imagined, **smúrtha** sniffed, **sonraithe** perceived, noticed, **tástáilte** sampled, tried, degusted, **tugtha faoi deara** noticed, remarked, **tuigthe** understood

◊ **ag mothú do shlí sa dorchadas** feeling your way in the dark, **Conas a mhothaíonn tú?** How do you feel?, **Mothaím boladh deas.** I smell something nice., **Mothaím uaim thú.** I miss you.

Motálach *adj³* sensitive, responsive
aireachtálach perceptive, **airitheach** sensitive, perceptive, **aithneach** discerning, wise, **atruach** compassionate, **báúil** sympathetic, **bogchroíoch** tender-hearted, **cásmhar** considerate, **feasach** aware, **géarchúiseach** perceptive, observant, **goilliúnach** sensitive, **glacach** receptive, **grinn** discerning, **íogair** touchy, sensitive, **léirsteanach** perceptive, apprehensive, **mothaitheach** sentient, feeling, **mothúchánach** emotional, having feelings, **sobhogtha** responsive, **so-ghabhálach** susceptible, **soilíosach** obliging, **truachroíoch** compassionate

Mothú *vn* feeling, emotion
aireachtáil perceiving, sensing; feeling, **aithint** discerning, recognising, **aoibh** mood, **atmaisféar** atmosphere; ambiance, **atrua** *f* compassion, **bá** *f* sympathy, **blaiseadh** tasting, **blas** flavour, **brath** sensing perceiving, **céadfú** *(phil)* sensing, **céadfa** *f* sensation, **ciall** *f (céille; ~a, ~)* sense, **claonadh ginearálta** general feeling, **cloisteáil** hearing, **cronú** noticing absence of, **dearcadh** perspective, view, **fáil taithí** *(ar)* to experiencing, getting experience of, **feasacht** awareness, **feiceáil** seeing, **frithfhreagairt** response *(to stimulus)*, **fulaingt** suffering, experiencing; tolerance, **géarchúis** perception, observance, **goilliúnacht** sensitivity, responsiveness, **maoithe** *f* feeling of sentiment, **maoithneachas** sentimentality, **maoithneas** sentimentalism, **meabhrú** sensing, feeling; remembering, **meon** attitude, perspective, **mothánacht** perceptibility, **mothúchán** emotion, feeling, **paisean** passion,

Mothúchánach

rathú *(lit)* perceiving, apprehending, **seintimint** *(phil)* sentiment, **samhlú** imagining, **sobhogthacht** responsiveness, sensitivity, **smúradh** sniffing, **sonrú** perceiving, **tabhairt faoi deara** noticing, remarking, **tástáil** sampling, trying, **teagmháil** touching, touch, **spéir** atmosphere, **ton** tone, **trua** *f* pity, **tuiscint** understanding

▲ ~ **aisteach** strange feeling/sensation, ~ **ait** weird sensation/feeling, ~ **aoibhinn** lovely feeling/sensation, ~ **áthais** feeling of joy, happy feeling, ~ **brónach** sad feeling, ~ **caithréimeach** triumphant feeling, ~ **ciontach** guilty feeling, ~ **dochreidte** indescribable feeling, ~ **éada** feeling of jealousy, ~**feirge** feeling of anger, ~ **folamh** empty feeling, ~ **grá** feeling of love, ~ **gruama** dejected feeling, ~ **uafásach** awful feeling, ~ **uaignis** feeling of loneliness

◊ **D'imigh an ~ as a chosa.** He couldn't feel his legs., His legs went numb., **gan mhothú** unconscious; numb

Mothúchánach *adj³* emotional
airitheach sensitive, perceptive, **aithneach** discerning, wise, **anamúil** spirited, stirring, **bogchroíoch** tenderhearted, **brón-mo-thónach** *(sl)* full of insincere emotions, **corrach** stirring, **corraitheach** emotionally moving, touching, exciting, **croíúil** from the heart, **deoirfhliuch** tear-stained, teary, **deoir-spreagthach** tear-jerking, **deorach** tearful, **eispriseach** *(ling)* expressive, **goilliúnach** sensitive, **goinbhlasta** piquant; racy, **golbhéarach** tearful, **iodhlannach** passionate; turbulent, **luchtmhar** filled with emotion; emotional; capacious, **maoithneach** sentimental, soppy, **mothálach** sensitive, touchy-feely, **rachtúil** emotional, passionate, hearty, **paiseanta** passionate, **spleodrach** rousing, **spreagtha** impassioned, **spreagúil** exciting, inspiring, **suaiteach** disturbing

▲ **bac** ~ emotional block, **bagáiste** ~ emotional baggage, **ceangal** ~ emotional attachment, **dúmhál** ~ emotional blackmail, **neamhord** ~ emotional disorder, **oiriúnú** emotional adjustment

Muc *f (muice; ~a, ~)*
1. pig
banbh piglet, **collach** *m* male pig, **cráin** *f (cránach)* (mhuice) sow, **mucra** swine, **muiceoil** *f (-ola)* pork, **porcán** young fattened pig, porker, **slip** young pig, **torc (allta)** (wild) boar

▲ ~ **ghainimh** sandbank, ~ **ghuine** guinea-pig, ~ **mhara** porpoise, ~ **shneachta** snowdrift

◊ **ar muin na muice** on the pig's back, on top of the world; going brilliantly, **Bhí ~ ar gach mala aici.** She was sulking/frowning darkly., **chomh gránna le ~** as ugly as sin, **éisteacht na muice bradaí** very keen hearing, **~ i mála** bum steer; pig in a poke

2. greedy or unpleasant individual
alpaire *m (greedy person)* pig, **amplachán** greedy person, **craosaire** *(person)* greedy pig, **cunús** scumbag, **lóipiste** untidy, **mucachán** slovenly person, swine, **mucaire** slovenly worker, **mucais** *(person)* filthy pig, **muclach** botcher, mucky, slovenly person, **slaba** slob, **slaimice** messy eater, gobbler, **sraimle** slovenly person

◊ ~ **a dhéanamh díot féin** to make a pig of yourself

Múch v_{1a} extinguish, quench, snuff out
báigh drown, **brúigh faoi chois** suppress, **cas as** turn off, **cuir as** put out, extinguish, **cuir as feidhm** shut down, **cuir deireadh le** put an end to, **díobh** extinguish, **fliuch** drench, **folaigh** mask, **formhúch** stifle, smother, **fuaraigh** quench, cool off, **imigh as** go out, **maolaigh** damp down, dull, **maothaigh** mute, **plúch** stifle, smother, **sásaigh** satisfy, **séid** blow out, **smachtaigh** *(desires)* control, **spréigh uisce ar** spray with water, **stop** stop, **tacht** choke, **téigh as** go out, die out, **téigh as feidhm** shut down, **urchoill** *(psy)* inhibit

~ **an chuimhne!** Suppress the memory!
~ **an fón!** Power down the phone!
~ **an solas!** Turn off the light!
~ **an t-inneall!** Kill the engine!
~ **bolaithe le sprae!** Mask smells with a spray!
~ **le piliúr!** Smother with a pillow!
~ **na lasracha!** Extinguish the flames!

Múchadh *vn* extinguishing; suffocation; asthma
asma asthma, **bá** drowning, **brú faoi chois** suppressing, **casadh as** turning off, **cur as** putting out, extinguishing, **cur as feidhm** shutting down, **díobhadh** extinguishing, **dul as** going out, dying out, **dul as feidhm** shutting down, **fliuchadh** drenching, **formhúchadh** stifling, smothering, **fuarú** quenching, cooling off, **imeacht as** going out, **lasc scoite** off switch, cut-off, **maolú** damping down, dulling, **maothú** muting, **plúchadh** stifling, smothering; asthma, **sásamh** satisfaction, **séideadh** blowing out, **smachtú** *(inclinations)* control, **spraeáil uisce** spraying with water, **stopadh** stopping, **tachtadh** choking; strangling, **urchoilleadh** *(psy)* inhibiting, inhibition

▲ ~ **an dóchais** the choking of hope, ~ **an dóiteáin** the extinguishing of the fire, ~ **an fhuaimriain** the muting of the sound-track, ~ **an torainn** the dampening of the noise, ~ **na péine** the deadening of the pain, ~ **tarta** quenching of thirst

Múchta *pp* extinguished, quenched; switched off
báite drowned, **brúite faoi chois** suppressed, **casta as** turned off, **curtha as** put out, extinguished, **curtha as feidhm** shut down, **díofa** extinguished, **dulta as** gone out, died out, **dulta as feidhm** shut down, **fliuchta** drenched, **fuaraithe** quenched, cooled off, **imithe as** gone out, **maolaithe** dampened down, dulled, **maothaithe** muted, **múchtach** suffocating, asthmatic, **plúchta** stifled, smothered, **sásta** satisfied, **spraeáilte le huisce** sprayed with water, **stoptha** stopped, **tachta** choked; strangled, **urchoillte** *(psy)* inhibited

Múchtach *adj³* smothering, suffocating; asthmatic
asmach asthmatic, **calctha** clogged up, caked up, **cloíteach** overpowering, overwhelming, **plúchtach** suffocating, stifling; stuffy, **sriantach** restricting; restrictive, **stoptha** plugged, stopped up, **tachtach** choking, strangling

Múchtóir *m (-óra; ~í)* extinguisher
fear múchta dóiteán firefighter, **lucht múchta dóiteán** firefighters, **smóladán** snuffer, candle snuffer, **spraeire** *(device)* sprayer, sprinkler

Muileann *m (-linn; -lte)* mill
brúiteoir crusher, **inneall meilte** crushing/grinding machine, **leachtaitheoir** liquidiser, **meilteoir** grinder (cf **meilteoir caife** coffee grinder), **miontóir** mincer

▲ ~ **airgid** mint, minting press, ~ **cadáis** cotton mill, ~ **coise** treadmill, ~ **gaoithe** windmill, ~ **adhmaid** lumber mill, ~ **páipéir** paper mill, ~ **piobair** pepper mill, ~ **plúir** flour mill ~ **sábhadóireachta** sawmill, ~ **uisce** watermill

◊ **Ag tarraingt uisce ar a ~ féin a bhíonn na boic sin!** Those lads as just looking after their own interests!, **Is fada ón ~ a leag tú an sac!** You're way wide of the mark!

P **Meileann muilte Dé go mall ach meileann siad go mion mín.** The mills of God grind slowly but they grind exceedingly fine.

Múin *v₁ᵦ* teach
caith solas ar rud éigin throw light on a thing, **ceansaigh** tame, domesticate, **cuir comhairle ar dhuine** to give advice to a person, **cuir (fíricí) ar eolas duine** to make a person aware (of facts), **cuir oideachas ar fáil do dhuine** provide education for a person, **déan síolteagasc** indoctrinate, **druileáil** *(mil)* drill, **forbair** develop, **mínigh** explain, **nocht** reveal, **oil** educate, nurture, **potbhiathaigh** spoon-feed; pamper, **rith ceardlann (i gcomhair rince)** run a (dance) workshop, **soiléirigh** clarify, **tabhair ceacht do rang** give a lesson to a class, **tabhair léacht** give a lecture, **tabhair le fios** let it be known, **tabhair léargas do** enlighten, **tabhair oiliúint do dhuine** give a person training/an education, **tabhair ranganna do dhaoine** give classes to people, **tabhair scolaíocht do dhuine** give schooling/education to a person, **tabhair teagasc (príobháideach) do dhuine** give (private) tuition to a person, **teagasc** instruct, tutor, **tóg (suas)** raise, bring up, **traenáil** train, coach, **treoraigh** guide, lead, **ullmhaigh** prepare

Múineadh *vn*
1. teaching
caitheamh solais ar throwing light on, **ceachtanna** *mpl* lessons, **cur comhairle ar dhuine** giving advice to a person, **cur (fíricí) ar eolas duine** to make a person aware (of facts), **deabhéas** good manners, **déanamh síolteagaisc** indoctrinating, **druileáil** *(mil)* drilling, **forbairt** developing, **foghlaim** *f* learning, **léacht** lecture, **léann** learning, **míniú** explaining, **nochtadh** revealing, **oideachas** education, **oideas** instruction, teaching, **oiliúint** training/education, **potbhiathú** spoon-feeding; pampering, **rith ceardlainne** running a workshop, **scolaíocht** schooling/education, **soiléiriú** clarifying. clarification, **tabhairt ceachtanna** giving lessons, **tabhairt léachta** giving a lecture, **tabhairt le fios** letting be known, **tabhairt léargais** enlightening, **tabhairt oiliúint** providing training/education, **tabhairt ranganna** giving classes, **tabhairt scolaíocht do** providing schooling/education for, **tabhairt teagasc do** giving instruction to, **tabhairt teagasc (príobháideach) do** giving (private) tuition to, **teagasc** instruction, tutoring, **tógáil (suas)** raising, bringing up, nurturing, **traenáil** training, coaching, **treorú** guiding, leading

2. good manners
dea-bhéasa good manners, **dea-mhúineadh** politeness, good manners, **foghlaim** *f* learning, **oiliúint** training/education, **tógáil (suas)** upbringing, **traenáil** training, coaching

◊ **Níl ach den mhúineadh é bheith in am.** It's only good manners to be on time., **Cuirfidh sin ~ ort!** That'll learn you!, That will teach you some manners!, **Tugadh ~ na muc is na madraí dó.** He was dragged up., He has no manners whatsoever.

Muinín *f (~e)* trustworthiness, reliability
buaine constancy, **cinnteacht** certainty, **creideamh** belief, faith, **daingne** firmness, **dáiríre** sincerity, seriousness, **dílse** loyalty, faithfulness, **fiúntas** worthiness, **fóntacht** soundness, dependability, **freagracht** responsibility, **íocht** *f* confidence, trust, **iontaoibh** trust, reliance, **láidreacht** strength, **macántacht** uprightness, honesty, decency, **maith** goodness, **seasmhacht** solidity, resoluteness, steadfastness, **seastacht** constancy, steadfastness, **siúráilteacht** sureness, **taobhacht** confidence, **údarásacht** authoritativeness, **urrús** guarantee

◊ **dul i ~ an fhoréigin** to resort to violence, **Ná téigh i ~ na mbréag!** Don't resort to lying!

Muiníneach *adj³* trusted, reliable
buan constant, **cinnte** certain, **creidiúnach** creditable, trustworthy, **daingean** firm, **dáiríre** sincere, serious, **dílis** loyal, faithful, **fiúntach** worthy, **fónta** sound, dependable, **freagrach** responsible, **iontaobhach** trusting, **iontaofa** trusted, reliable, **láidir** strong, **macánta** honest, decent, **maith** good, **neamhamhrasach** unsuspicious, unsuspecting, **seasmhach** resolute, steadfast, solid, **seasta** constant, steadfast, **siúráilte** sure, **taobhach** trusting, **údarásach** authoritative

Múinte *pp* well-taught, well mannered
banúil ladylike, **béasach** polite, **cáiréiseach** tactful, **cúirtéiseach** courteous, **cultúrtha** cultured, **dea-**

■ **Ar na múinteoirí meánscoile atá**: Secondary school teachers include:
~ **acmhainne** resource teacher
~ **adhmadóireachta** woodwork teacher
~ **bitheolaíochta** biology teacher
~ **breise** supernumerary teacher
~ **bunscoile** primary school teacher
~ **cáilithe** qualified teacher
~ **ceimice** chemistry teacher
~ **ceoil** music teacher
~ **corpoideachais** physical education teacher
~ **creidimh** religious studies teacher
~ **criadóireachta** pottery teacher
~ **cruthanta** born teacher
~ **damhsa** dance teacher
~ **drámaíochta** drama teacher
~ **eacnamaíochta** economics teacher
~ **eacnamaíocht bhaile** home economics teacher
~ **ealaíne** art teacher
~ **eolaíochta** science teacher
~ **faoi oiliúint** student teacher
~ **feabhais/leasúchain** remedial teacher
~ **fisice** physics teacher
~ **foirme** form teacher
~ **Fraincise** French (language) teacher
~ **Gaeilge** Irish (language) teacher
~ **Gearmáinise** German (language) teacher
~ **ionaid** substitute/replacement/supply teacher
~ **le céim** graduate teacher
~ **le taithí** experienced teacher
~ **matamaitice** mathematics teacher
~ **miotalóireachta** metalwork teacher
~ **Spáinnise** Spanish (language) teacher
~ **staire** history teacher
~ **Teicneolaíochta Faisnéise** Information Technology teacher
~ **tíreolaíochta/tíreolais** geography teacher
~ **tís** home economics teacher

bhéasach polite, **dea-mhúinte** well mannered, well bred; well behaved, **deismíneach** refined, **druileáilte** (mil) drilled, **forbartha** developed, **foghlamtha** educated, **galánta** elegant, **garúil** obliging, **gnaíúil** cordial, **léannta** learned, **modhúil** genteel, mannerly, **muineartha** amiable, **oilte** educated, **sibhialta** civil, **sofaisticiúil** sophisticated, urbane, **stuama** prudent, thoughtful, **tógtha (suas)** raised, brought up, nurtured, **tuisceanach** considerate, **uasal** gentlemanly; ladylike

Múinteoir m (-eora; ~í) teacher

anamchara m (~**d**, **-chairde**) spiritual adviser, **ardmháistir** m (~; **-trí**) headmaster, **ardmháistreás** f (~**a**; ~**aí**) headmistress, **athair** m (athar; aithreacha) (altrama) (foster-) father, **buime** f foster-mother, nurse, **cóitseálaí** coach, **comhairleoir gairmthreorach** guidance counsellor, **eolaí** knowledgeable person, don, **foinse** f **an uile eolais** fount of all knowledge, **gúrú** guru, **léachtóir** lecturer, **máistir** m (~; **-trí**) master, **máistir** m **scoile** schoolmaster, **maistreás** f (~**a**; ~**aí**) mistress, **máistreás** f **scoile** schoolmistress, **máthair** f (-ar; máithreacha) mother, **oide** tutor, teacher, **oideachasóir** educationalist, **oideoir** educator, **oideolaí** pedagogue, **ollamh** mf (-aimh; ollúna) professor, **praeitseálaí** preacher, **príomhoide** principal, **teagascóir** tutor, **traenálaí** trainer, coach, **treoirchomhairleoir** guidance counsellor, **treoraí** guide (see also: **praeitseálaí**)

Muintearas m (-ais) fellowship, kinship; friendliness

báúlacht sympathy, friendly disposition, **bráithriúlacht** brotherliness, fraternity, **caidreamh** friendship, **cairdiúlacht** friendliness, **caoine** gentleness, **carthanacht** charitableness, **cásmhaireacht** caring, concern, **ceanúlacht** affection, kindness, **cineáltacht** kindness, **cneastacht** decency, mild-mannered nature, **comharsanúlacht** neighbourliness, **comrádúlacht** comradeship, **córtas** courtesy, **Críostúlacht** Christian charity, Christian benevolence, **croíúlacht** cordiality, **cuideachtúlacht** sociableness, **cuidiúlacht** helpfulness, **cúirtéis** courtesy, **daonnachtúlacht** humaneness, **dea-mhéin** benevolence, **dea-mhúineadh** good manners, **flaithiúlacht** magnanimity, generosity, **láíocht** kindliness, friendliness, **modhúlacht** graciousness, **móireacht** friendliness (cf **dul i móireacht le duine** become friendly with a person), **mór** generosity, friendliness, **muinteartha̍cht** treatment of others like family, sociableness, **sochaidearthacht** approachability, sociableness, **so-rannacht** companionability, **tacúlacht** supportiveness, **teanntás** familiarity, **teochroí** warm-heartedness

Muintir f (~e; ~eacha) kin, people, family

aicme f class, **ál** brood, **cine** m (~; ciníocha) race, **cineál** kind, family, **clann** kin, children, family, **coitiantacht** common people, ordinary people,

■ **Mo mhuintir:** My folks:
Aintín f (~; ~**í**) aunt, auntie
Athair m (-thar; aithreacha) father
Bean chéile wife
Daideo (intim) Grampa (cf **a Dhaideo!** Grampa!)
Daid(í) (intim) Dad(dy) (cf **a Dhaid! a Dhaidí!** Dad! Daddy!)
Deartháir m (-thár; ~eacha) brother
Deirfiúr f (-féar; ~acha) sister
Fear céile husband
Fionnó great-grandson; great-grandchild
Iníon f (-íne; ~acha) daughter
Leasathair m stepfather
Leasdeartháir m stepbrother
Leasdeirfiúr f stepsister
Leasmháthair f stepmother
Mac m (mic; mic, ~) son
Mam(aí) (intim) mom (cf **a Mham! a Mhamaí!** Ma! Mammy!)
Mamó (intim) Granny (cf **a Mhamó!** Gran! Granny! Nana!)
Máthair f (-thar; máithreacha) mother
Seanaintín f great aunt
Seanathair m grandfather
Seanmháthair f grandmother
Seanuncail m great uncle
Sin-seanathair m great-grandfather
Sin-sin-seanmháthair f great-great-grandmother
Uchtiníon f adopted daughter
Uchtmhac adopted son
Uncail m (~; ~**í**) uncle

comhphobal *(pol)* community (cf **An Comhphobal Eorpach** The European Community), **cúram** dependants, **daoine** *mpl* people, **fóir** group of people (cf **fóir is fonn** people and land), **folaíocht** bloodline, **fuil** *f (fola; fola)* blood, **gaol** relation, relative, **ginealach** *m* genealogy, **giorracht** nearness, closeness, **gréasán** network, **grúpa** group, **líne** line, lineage, **líon tí** members of a household, **lucht** *m* group of people, people, **oidhre** *m* heir, **oidhreacht** heredity, heritage, **pobal** community, **pór** offspring, breed, seed, **sinsear** ancestor, **síol** seed, **sliocht** *m (sg & pl sleachta)* progeny, descendants, **sochaí** *f* society, **speiceas** species, **teach** *m (tí; tithe)* house, **teaghlach** *m* household, **treabhchas** tribe, people, **tréad** *m (~a)* flock, **treibh** tribe, family, **tréithchineál** strain, **tuismitheoirí** parents *(see also: clann, grúpa, lucht)*

▲ **~ an Deiscirt** Southerners, **~ an Domhain** people of the world, **~ an Iarthair** Westerners, **~ an Oirthir** Orientals, **~ an Tuaiscirt** Northerners, **~ mo mháthar** my mother's side of the family, **~ na cathrach** city folk, **~ na háite** local people, **~ na tuaithe** the rural community, **~ Uí Mhurchú** the Murphy family

Muir- *pref* sea, ocean-; *pnt* seas
~bhealach *m* sea route, **~bhrúcht** tidal wave, **~chath** *m* sea battle, **~chumhacht** *f* sea power **~chur** jetsam, **~dhreach** *m (~a)* appearance of the sea; seascape, **~eitleán** seaplane, **~eolaíocht** oceanography, **~gha** harpoon, **~ghalar** seasickness, **~ghlas** sea green, **~phictiúr** seascape

Muir *f (mara; mara)* sea
aigéan ocean, **bóchna** *f* ocean, **farraige** *f* sea, **gairdín an iascaire** the fisherman's garden, **lear** sea, ocean (cf **thar lear** overseas), **mórmhuir** *f* open sea/ocean (**ar mórmhuir** on the open sea), **sáile** brine, **snámh** sea, (the) deep, (the) drink (cf **Ná tit isteach sa mhuir!** Don't fall into the drink/into the deep!) *(see also: aigéan, farraige)*

▲ **ainmhithe** *mpl* **mara** marine animals, **aistear mara** sea cruise, **anfa** *m* **mara** storm at sea, **árthach** *m* **mara** seafaring vessel, **bia mara** sea food, **iasc mara** sea fish, **lán mara** full tide, **plandaí mara** maritime plants *(see also: cat)*

Muirí *adj[6]* marine, maritime
aigéanach oceanic, **bóchna** (> **bóchna**) sea, ocean, **farraige** (> **farraige**) nautical, seagoing; marine, sea (cf **aer na farraige** sea air), **farraigeoireachta** (> **farraigeoireacht**) seafaring, **loingseoireachta** (> **loingseoireacht**) nautical, **mara** (> **muir**) sea, maritime, **muir-** *pref* nautical (cf **muirmhíle** nautical mile), **uisce** (> **uisce**) water, **uisceach** aquatic

▲ **acmhainní** *fpl* ~ maritime resources, **árachas** ~ marine insurance, **beatha mhuirí** marine life, **biashlabhra** ~ marine food chain, **bitheolaíocht mhuirí** marine biology, **cumas** ~ maritime capability, **dlínse mhuirí** maritime jurisdiction, **éiceachóras** ~ marine ecosystem, **eolaíocht mhuirí** marine science, **fána** ~ marine fauna, **innealtóir** ~ marine engineer, **iompar** ~ maritime transport, **Lá Domhanda** ~ World Maritime Day, **réigiún** ~ maritime region, **scairbh mhuirí** marine shelf

Muirnín *m (~; ~í)*
1. darling
craoibhín darling, **dílseog** dear one, darling, **grá** love, **leannán** lover, **maoineach** *m* dear one, precious one, **peata** pet, **rún** sweetheart, **searc** beloved, **stóirín** little darling, **stór** darling, **taisce** treasure, pecious, **grá geal** sweetheart, beloved, **vailintín** valentine

2. A mhuirnín! my darling!
A chroí! My dear(est)!, **A chraoibhín!** My darling!, **A chuisle mo chroí!** My heartthrob!, **A mhaoineach!** My precious one!, **A rún mo chléibh/chroí!** Oh, love of my heart!, **A stóir!** *(to a male)* My treasure! My dearest!, **A stór** *(to a female)* My treasure! My dearest!, **A thaisce!** My treasure!, **A théagair!** My dear!, **Mo ghrá geal!** My bright love!

Mullach *m (-aigh; -aí)* summit; height
airde height (cf **dul in airde** to go up; to mount), **ard** height, hillock; rise, **ardán** small height; platform, **barr** top, **ceann** head, **ceann tíre** headland, **cnoc** hill, **cnocán** small hill, hillock, **coróin** crown, **díon** roof, **droim** *m* ridge, **féige** top; acme, **maoil** rounded top; knoll, **maolchnoc** knoll, **mol** top part, crown, **mullachán** *(built-up)* heap (cf **mullachán móna** heap of turf), **rinn** *f* apex, tip, **stuaic** peak, tip, **stuaicín** top, tip; top sod of bog, **tortóg** hummock, **tulach** *f* hillock, **tulán** mount, **uachtar** upper part *(see also: barr)*

◊ ~ **cinn** crown of head

■ **Ar mhara an Domhain atá:**
Seas of the world include:

~ **Aral** Aral Sea
~ **Bhailt** the Baltic Sea
~ **Bheiring** Bering Sea
~ **Chairib** Caribbean Sea
~ **Chaisp** Caspian Sea
~ **Éireann** Irish Sea
~ **Mheoid** Sea of Azov
~ **na Gailíle** the Sea of Galilee

~ **na Síne Thoir** East China Sea
~ **nIocht** English Channel
~ **Ocatsc** Okhotsk Sea
an **Mhuir Aeigéach** Aegean Sea
an **Mhuir Arabach** Arabian Sea
an **Mhuir Bhailéarach** Balearic Sea
an **Mhuir Bhán** The White Sea
an **Mhuir Bhuí** Yellow Sea
an **Mhuir Cheilteach** Celtic Sea
an **Mhuir Choiréil** Coral Sea

an **Mhuir Dhubh** the Black Sea
an **Mhuir Ioruach** the Norwegian Sea
an **Mhuir Liogúrach** Ligurian Sea
an **Mhuir Mharbh** the Dead Sea
an **Mhuir Mhór** Great Sea
an **Mhuir Rua** Red Sea
an **Mhuir Shargasach** Sargasso Sea
an **Mhuir Thiar** Western Sea
an **Mhuir Thuaidh** North Sea

Mún 1 *mf (múin)* urine, pee
braon pee, **cúram an rí/na banríona** going to the bathroom, answering the call of nature, **fual** urine, **maothachán** stale urine, **uisce** *(euph)* wee wee

Mún 2 v_{1a} urinate
déan cúram an rí do the king's business, see a man about a dog, go for a pee, **déan cúram na banríona** go powder your nose, **déan do ghnó** do your business, **déan fual** urinate, **déan uisce** go wee-wee, pass water, **scaoil braon** have a pee, **scaoil cnaipe** spend a penny, **téigh go dtí an leithreas** go to the toilet, **téigh go dtí teach an asail** go to the little boy's/girl's room

Múnla *m (~; ~í)* mould *(cast and what is moulded from cast)*
athdhéanamh remake, **cló** form, appearance, **cóip** copy, **cosúlacht** similitude; likeness, **creat** framework, contours, **cruth** shape, **cruthú** creation, **cumraíocht** configuration, **dealbhú** sculpting, **déanamh** make; making, **déanmhas** *(lit)* formation, shape, **deilbh** frame shape, **fíor** figure, outward form, **fíoraíocht** configuration, shape, **foirmiú** formation, **forbairt** development, **fráma** frame, **frámú** framing, **gaibhniú** forging, **greanadh** engraving, **imlíne** *f* outline, **macasamhail** *f (-mhla)* copy, reproduction; likeness, counterpart, **múnláil** moulding, **múnlóireacht** moulding; modelling, **múnlú** moulding, shaping; formation, **oiriúnú** adapting, adaptation, **pátrún** pattern, **samhail** *f (-mhla)* likeness, semblance, **snoí** carving, sculpting, **teilgean** cast

Múnlaigh v_{2a} mould; sculpt, shape
athdhéan remake, **athdheilbhigh** refashion, reshape, **athmhúnlaigh** remould, resculpt, reshape, **casmhúnlaigh** *(metalwork)* spin, **cóipeáil** copy, **cóirigh** adapt, fit out for, **cruthaigh** create, form, shape, **cuir cruth ar** shape, **dealbhaigh** sculpt, fashion, **déan** make, form (cf **plean a dhéanamh** to form a plan), **déan (rud) cosúil le (rud eile)** make (a thing) similar to (another thing), **déan macasamhail de rud** reproduce a thing, **déan patrún do** make a pattern for, **déan samhail (de)** model, make a model (of), **dear** design, **deilbhigh** fashion, shape, **foirmigh** form, **forbair** develop, **frámaigh** frame, **fuin** knit together, mould, **gaibhnigh** forge, **oiriúnaigh** adapt, **saoirsigh** *(wood, metal, et.)* work, **snoigh** carve, sculpt, **teilg** cast, **tóg** construct, build, **treoraigh** guide

~ **airgead!** Mint money!
~ **an taos!** Mould/shape the dough!
~ **cruth croise!** Form the shape of a cross!
~ **miotal!** Mould metal!
~ **tuairimí reatha!** Shape current opinion!

Múnlaithe *pp* moulded; sculpted, shaped
athdhéanta remade, redone, **athdheilbhithe** refashioned, reshaped, **athmhúnlaithe** remoulded, resculpted, reshaped, **casmhúnlaithe** *(metalwork)* spun, **cóipeáilte** copied, **cóirithe** adapted, **cruthaithe** created, formed, shaped, **dealbhaithe** sculpted, fashioned, **déanta** made, formed, **déanta ó phatrún** made to/from a pattern, **deartha** designed, **deilbhithe** fashioned, shaped, **foirmithe** formed, **forbartha** developed, **frámaithe** framed, **fuinte** knitted together, moulded, **gaibhnithe** forged, **oiriúnaithe** adapted, **saoirsithe** *(wood, metal, etc.)* worked, **snoite** carved, sculpted, **teilgthe** cast, **tógtha** constructed, built, **treoraithe** guided

Múnlú *vn* moulding; sculpting, shaping
athdhéanamh remaking, **athdheilbhiú** refashioning, reshaping, **athmhúnlú** remoulding, resculpting, reshaping, **casmhúnlú** *(metalwork)* spinning, **cóipeáil** copying, **cóiriú** adapting, **cruthú** creating, forming, shaping, **dealbhú** sculpting, fashioning, **déanamh** making, forming, **déanamh de réir patrúin** making according to a pattern, **dearadh** design, designing, **deilbhiú** fashioning, shaping, **foirmiú** forming, **forbairt** developing, **frámú** framing, **fuineadh** knitting together, moulding, **gaibhniú** forging, **oiriúnú** adapting, **saoirsiú** *(wood, metal, etc)* working, **snoí** carving, sculpting, **teilgean** casting, **tógáil** constructing, building, **treorú** guiding

Múr *m (múir; ~tha)* bank, wall, mass, ridge
balla wall, **banc** bank (cf **banc cré** bank of clay), **brat** bank, mantle (cf **brat néalta** bank of cloud, **brat sneachta** mantle of snow), **bruach** *m* embankment; bank (cf **bruach féarmhar** grassy bank), **carn** pile, mass, **cual** mass (eg **cual eolais** mass of information), **fál** fence, barrier, **iomaire** ridge (cf **iomaire ardbhrú** ridge of high pressure), **lear mór** mass (eg **lear mór faisnéise nua** mass of new evidence), **meall** mass, **scailp** bank (cf **scailp cheo, scamall** bank of mist, of cloud)

▲ ~ **báistí** bank of rain, ~ **ceo** curtain of fog, ~ **cosanta** defence wall, ~ **deataigh** cloud of smoke, ~ **maslaí** shower of insults, ~ **réaltaí** cascade of stars, ~ **scáileán** bank of screens, ~ **sneachta** bank of snow, ~ **tine** wall of fire

Murúch *f (-úiche; ~a, ~)* mermaid, merrow
maighdean *f* **mhara** mermaid, maid of the sea, **síbhean na mara** sea nymph, **síofra farraige** sea sprite, **síréana** *f* siren

Múscail v_{2c} awake, wake
adhain ignite, kindle, **athbheoigh** revive, **athmhúscail** reawaken, reawake, **beoigh** animate, vivify, **corraigh** arouse, **dúisigh** awake, wake, evoke, **fuascail** release, emancipate, **gníomhachtaigh** activate, **gríosaigh** rally, rouse, **oscail** open, **séid faoi** rouse, incite, **spreag** stimulate, **tabhair chun beatha** bring to life, **tionscain** initiate, **toghair** *(spirit)* summon up

Múscailt

> O The **Murúcha** *Mermaids* were very common in Irish mythology. From the waist up they were beautiful seductive women with their **folt fada óir** *long golden hair* which they stroked with a **cíor dhraíochta** *magical comb*. The comb was generally **comhartha siombalach chumhacht na mban** *a symbolic sign of feminine power* over men. Some men would steal a mermaid's **cochaillín draíochta** *magic hood* so that she was forced to stay on land and marry them. However, if a mermaid ever recovered her magic hood, she would immediately return to the sea, deserting her husband and children forever without any sense of remorse. The mythology of the mermaids has been revived in modern Irish poetry, most notably by **Nuala Ní Dhomhnaill**.

Múscailt *vn* awakening
adhaint ignition, kindling, **allabhair** *f (-bhrach)* evocation, **athbheochan** reviving, revival, **athmhúscailt** reawakening, reawaking, **beochan** *f (~a)* animating, vivification, **breith** birth, **corraí** arousing, **dúiseacht** awakening, waking, **fuascailt** release, emancipation, **gníomhachtú** activation, **múscailteacht** wakefulness, **oscailt** opening, **séideadh faoi** rousing, inciting, **spreagadh** stimulation, **tabhairt chun beatha** bringing to life, **tionscnamh** initiation, **toghairm** summoning up, **tosach** *m* beginning, **tús** start

Múscailte *pp* awakened
adhainte ignited, **athadhainte** reignited, **athbheoite** reanimated, **athdheisithe** reawakened, **athmhúscailte** reawakened, **beirthe** born, **beoite** animated, **corraithe** aroused, **dúisithe** awakened, woken, **fuascailte** released, emancipated, **gníomhachtaithe** activated, **oscailte** opened, **séidte faoi** roused, incited, **spreagtha** stimulated, **tionscanta** initiated; contrived, **toghairthe** summoned up, **tosaithe** started, **tugtha chun beatha** brought to life

Nn

Nádúr *m (-úir; -úir, ~)*
 1. *(natural world, rivers, birds, trees, etc)* nature
amuigh faoin spéir out in the open, **amuigh faoin tuath** out in the country, **bith** *m (high reg)* world, existence, **comhshaol** environment, **cosmas** cosmos, **cruinne** *f (~; -nní)* universe, **cruthú** creation, **déantús** *(handiwork)* creation, **domhan** earth, world, **dúchas** natural/native state, **dúiche** native place, **dúlra** nature, **fiadhúlra** wildlife, **fithneamh** universe, **saol** life, **speiceas** species, **timpeallacht** *(surroundings)* environment, **tuath** *f (-aithe; ~a; ~)* countryside, **uilebhith** *m* universe

 ▲ **dlíthe/fórsaí an nádúir** the laws/forces of nature

 2. *(character, essential traits)* nature, instinct
aitreabúidí attributes, **cáilíocht** quality, **carachtar** character, **catagóir** *f (~e; ~í)* category, **cineál** variety, type, **comhdhéanamh** constitution, **comhshuíomh** composition, **cur síos** description, **dealramh** complexion, **déata** characteristic, quality, **dúchas** instinct, innate behaviour, **eisint** essence, **foladh** essence, **genre** genre, **gné** *f (~; ~ithe)* aspect, feature, **iompar** behaviour, **instinn** instinct, **ionnas** manner, nature (cf **Sin agat ionnas na bhfear!** That's men for you!), **mianach** *m* make up, calibre, **meon** temperament, attitude, **pearsantacht** personality, **saintréith** characteristic, **sórt** sort, **stíl** style, type, **tréith** trait

 ▲ **~ caillte an duine** the fallen nature man

 3. *(kindliness)* (good/kind) nature
caithis fondness, affection, **caoideanas** *(high reg)* consideration, kindliness, **caoithiúlacht** *(high reg)* kindliness, **ceanúlacht** affection, kindness, **cineáltas** kindliness, **cion** fondness, **connailbhe** *f* love of kind, attachment, affection, **daonnacht** humaneness, **gean** affection, **geanúlacht** lovingness, **gnaoi** affection, liking, **grá** love, **láíocht** kindliness, **muirn** tenderness, affection, **nádúrthacht** naturalness, good-naturedness, **teochroí** warmheartedness

 ◊ **Bhí an ~ riamh inti.** She was always naturally kind., **Bhí sé de ~ acu cabhrú linn.** They were kind enough to help us.

Nádúrtha *adj⁶* natural
dáiríre sincere, **díreach** straight, plain, **dúchais** native, inherent, **dúchasach** innate, indigenous; hereditary, **éasca** easy, **fiáin** wild, **fíor-** *pref* pure, **gan aon chur i gcéill** without any affectation, **gan chor** plain, **gan foghlaim** unlearned, **gan gheáitsí** unaffected, **gan oiliúint** untrained, **gan scagadh** unrefined, **gan snas** unpolished, **gan sofaisticiúlacht ar bith** completely unsophisticated, **gan tuaradh** unbleached, **garbh** rough, **glan** pure, **gnáth-** *pref* ordinary, **inbheirthe** inborn, **macánta** plain, honest, **nádúraíoch** naturalistic, **neamhbhalbh** frank, forthright, **neamhmhóiréiseach** unpretentious, **neamhphróiseáilte** unprocessed, **normálta** normal, **ó chroí** from the heart, unforced, **óraice** normal, natural (*used in negation:* **níl sé óraice a leithéid a rá** it's not normal to say such a thing), **orgánach** organic, **oscailte** open, **rialta** regular, **saoráideach** unlaboured, **simplí** simple, **slán-** whole, **spontáineach** *(sci)* spontaneous, **tíopúil** typical

Naí *m (~; ~onna)* infant, baby
báb *f (báibe, ~a, ~)* baby, **babaí** baby, **bábán** small baby, **bunóc** *f* infant, **gearrcach** *m* infant; fledgling, **leanbán** little child, **naíonán** infant

Naimhdeach *adj³* hostile
aiciseach spiteful, venomous, **aighneasach** confrontational, **aimhleasach** deleterious, **bagrach** intimidating, **binbeach** virulent, venomous, **bruíonach** troublemaking, **caismirteach** seeking contention, **cogaíoch** belligerent, **colgach** truculent, **comhraiceach** combative, **díobhálach** pernicious, noxious, **díoltasach** vindictive, **droch-aigeanta** ill-disposed, malevolent, **dúchroíoch** black-hearted, **eascairdiúil** hostile, antagonistic, **faltanasach** spiteful, **gangaideach** virulent, **géar** bitter, **gránna** nasty, **ionsaíoch** aggressive, **mailíseach** malicious, **marfach** fatal, deadly, **míchaidreamhach** misanthropic, **míchairdiúil** unfriendly, **millteach** baneful, **mioscaiseach** nasty, spiteful, **neamhbháúil** unsympathetic, **neamhchairdiúil** unfriendly, **nimheanta** venomous, **nimhiúil** toxic, **nimhneach** nasty, venomous, **oilc** (> **olc**) evil, **pláúil** pestilential, **tocsaineach** toxic, **truaillitheach** corruptive, defiling

 ▲ **atmaisféar ~** adversarial atmosphere, **cumhacht ~** unfriendly power, **finné ~** hostile witness, **meon ~** antagonistic attitude, **polasaithe ~a** inimical policies, **táthcheangal ~** hostile takeover

Naimhdeas *m (-dis)* hostility
binb venom, fury, **cogaíocht** bellicosity, belligerence, **col** aversion, **colgaí** truculence, **cur in aghaidh/i gcoinne** opposition, **doicheall** churlishness, unfriendliness, **drochaigne** malevolence, ill will, **droch-**

chroí ill will, **drochfhuil** bad blood, **drochintinn** evil intent, **easaontas** disunion, **eascairdeas** enmity, **fala** spite, grudge, **faltanas** spitefulness, vindictiveness, **fuath** hatred, **gangaid** virulence, **géire** bitterness, **goimh** venom, spleen, **gránnacht** nastiness; ugliness, **ionsaitheacht** aggressivity, **íorpais** malice, venom; dropsy, **mailís** malice, **míchaidreamhacht** misanthropy, **míchairdeas** unfriendliness, **míchairdiúlacht** unfriendliness, **mígnaoi** antipathy, **mioscais** nastiness, spitefulness, **mírún** malice, ill will, **nimh** virulence, bitterness, **nimhní** venomousness, **olc** anger, temper, grudge, **olcas** spite, ill will, badness, **seanfhala** feuding, old grudges, **snamh** dislike, distaste, **tocsaineacht** toxicity, **urchóid** iniquity, harm

Náire f (~)

1. shame, disgrace

aithis slur, reproach, **coir** crime, **déistin** disgust, **drochainm** bad name, **droch-cháil** infamy, **drochmheas** contempt, disdain, **drochtheist** discredit, **easonóir** f disgrace, **feachtas clúmhillte** smear campaign, **feall** foul deed, **leamhnáire** coyness, **míbheart** villainy, **mífholláine** unwholesomeness, **náiriú** disgracing, **oil** (lit) disgrace (cf **Is oil agus aithis é.** It's a crying shame.), **peaca** sin, **scannal** scandal, **smál** stain, blot, **suarachas** sordidness, baseness, **táire** vileness, **tarcaisne** obloquy, affront, **uiríslíú** utter humiliation

◊ **Is mór an ~ é!** It's absolutely appalling!, **Is ~ shaolta é!** It's an utter disgrace!, **Mo ~ thú!** Shame on you!, **Ná lig do ~ leis na comharsana!** Don't wash your dirty linen in public!

2. embarrassment, humiliation, sense of shame

aiféaltas embarrassment, **béim síos** humiliation, **ceann faoi** hanging one's head in shame (cf. **Bhí ceann faoi orm.** I hung my head in shame.), **céim síos** humiliation, **cotadh** embarrassment, **deargnáire** crying shame, **díghrádú** degradation, **dínáire** shamelessness, **fonóid** derision, **gráiniúlacht** frightfulness, **ísliú** abasement, **leamhnáire** coyness, **máchail** stigma, blemish, **méala** humiliation; grief, **míchlú** disrepute, **míchuibheas** indecency, **mígheanúlacht** unseemliness, **modhúlacht** modesty, **spalpas** abashment, shame, **tarcaisne** obloquy, affront, **uiríslíú** utter humiliation

◊ **Bhí ~ orm.** I was ashamed., **Cuireann a iompar ~ an domhain orm.** His behaviour makes me cringe., **Dhearg sé le ~.** He blushed with embarrassment., **Ní haon chúis ~ é.** It's nothing to be embarrassed about., **Níl cás ná ~ air.** He has no sense of shame., **Ní ligfeadh an ~ dom a leithéid a dhéanamh!** I'd be too embarrassed to do such a thing!

Náireach adj³

1. shameful

adhnáireach shameful, **aimhleasta** unwholesome, **aithiseach** defamatory, **déistineach** disgusting, **droch-cháiliúil** infamous, **drochmheasúil** contemptuous, disdainful, **drochtheiste** (> *drochtheist*) of ill repute, **easonórach** disgraceful, **fealltach** treacherous, **fíorghránna** atrocious, **fonóideach** derisive, mocking, **gráiniúil** abominable, **incháinte** reprehensible, **íseal** low, **máchaileach** defective, blemished, **méalach** humiliating; lamentable, **míbhanúil** unwomanly, immodest, **míbheartach** villainous, **míchlúiteach** disreputable, **míchuí** improper, **míchuibhiúil** indecent, unbecoming, **míchumhra** unwholesome, **mífhiúntach** unworthy, **mífholláin** unwholesome, **mígheanmnaí** unchaste, **neamhdheas** unbecoming, **neamhfhiúntach** unworthy, **neamhghlórmhar** inglorious (cf **Impireacht neamhghlórmhar na Breataine** The inglorious British Empire), **scannalach** scandalous, **smálaithe** stained, blotted, **suarach** mean, base, vile, **táir** cheap, shoddy, vile, **tarcaisneach** scornful; contemptible, **uiríslitheach** humiliating

2. bashful

adhnáireach modest, **aiféalach** shamefaced, **coimhthíoch** distant, shy, aloof, **cotúil** shy, bashful, **cúthail** shy, timid, **deighilteach** shy of company, **dúdach** shy, foolish-looking, **éadána** diffident, **faiteach** easily frightened, skittish, **leamhnáireach** coy, bashful, **leasc** reluctant, diffident, **neoid** shamefaced, shy, **seachtantach** evasive, reserved, shy, **strainséartha (le)** making strange (with)

Náirigh v₂b shame, disgrace; embarrass

adhnáirigh totally disgrace, **bain béim as** cut down to size, bring down a peg or two, **bí ag fonóid faoi** be ridiculing, **bí ag magadh faoi** be mocking, **cuir ceann faoi ar** shame, **cuir deargnáire ar** embarrass greatly; humiliate, **cuir náire ar** shame, embarrass, **cuir náire shaolta ar** mortify, **díchreidiúnaigh** discredit, **íslig** humble, demean, **meabhlaigh** shame; deceive, **méalaigh** demean, **salaigh** sully, **smálaigh** stain, tarnish, **smear** smear, **tarraing míchlú ar** besmirch, smear, **tarraing náire ar** bring shame upon; disgrace, **uirísligh** humiliate

Náirithe pp shamed, disgraced; embarrassed

adhnáirithe totally disgraced, disgraced, **díchreidiúnaithe** discredited, **íslithe** humbled, demeaned, **meabhlaithe** shamed; deceived, **méalaithe** demeaned, **salaithe** sullied, **smálaithe** stained, tarnished, **smeartha** smeared, **uiríslithe** humiliated

Náiriú vn shaming, disgracing; embarrassing, embarrassment

baint béim as cutting down to size, bringing down a peg or two, **cur ceann faoi ar** shaming, **cur deargnáire ar** humiliating, greatly embarrassing, **cur náire ar** embarrassing; shaming, **cur náire shaolta ar** profoundly embarrassing, deeply shaming, **díchreidiúnú** discrediting, **fonóid** jeering, ridiculing, **ísliú** humbling, demeaning, **magadh** mocking, **maslú** insulting; degrading, **meabhlú** shaming; deceiving,

Náisiún

méalú bringing to ignominy, **salú** sullying, **smálú** staining, tarnishing, **smearadh** smearing, **táireadh** demean, degrade, **tarraingt náire ar** bringing shame upon; embarrassing, **uiríslíú** humiliating

Náisiún *m (-úin; -úin, ~)* nation
cine *m (~; -níocha)* race, **comhlathas** commonwealth, **flaitheas** realm, **fostát** vassal state, **muintir** people, folk, **pobal** people; community, **poblacht** republic, **ríocht** kingdom, **stát** state, **tír** *f (~; tíortha)* country, **treibh** tribe, **vasáilleach** *m* vassal

Náisiúnach 1 *m (-aigh; -aigh, ~)* nationalist
bean chroite brataí *(female)* flag-waver, **dílseoir** loyalist, **fear croite brataí** *(male)* flag-waver, **scarúnaí** separatist, **seobhaineach** *m* chauvinist, **tírghráthóir** patriot, **treibheachaí** tribalist

Náisiúnach 2 *adj³* nationalist; national
dílseach loyalist, **náisiúnaíoch** nationalistic, **scarúnaíoch** separatist, **seineafóibeach** xenophobic, **seobhaineach** chauvinistic, **tírghrách** patriotic, **treibheach** tribal

Náisiúnachas *m (-ais)* nationalism
croitheadh brataí flag-waving, **dílseoireacht** *(loyalty to British monarch)* loyalism, **poblachtachas** republicanism, **seineafóibe** *f* xenophobia, **seobhaineachas** chauvinism, **tírghrá** patriotism, **treibheachas** tribalism

Náisiúnta *adj⁶* national
ar fud na tíre across the country, **dílis** loyal, **eitnealárnach** ethnocentric, **náisiúnach** national, **náisiúnaíoch** nationalistic, **náisiúnaithe** nationalised, **seineafóibeach** xenophobic, **seobhaineach** chauvinistic, **tírghrách** patriotic

Namhaid *m (-ad; naimhde)* enemy
áibhirseoir adversary, **am** time, **An Fear Thíos** The Man Below, **bíobha** enemy; wrongdoer, **céile comhraic** antagonist; opponent, **céile imeartha** *(sp)* opponent, **céile iomaíochta** rival, **coimhlinteoir** rival; contestant, **diabhal** devil, **duine ar an taobh eile** person on the other side, **eascara** *m* foe; unfriendly person, **fear freasúra/bean fhreasúra** opponent, opposer, **fear neamhpháirte** foeman, **Filistíneach** Philistine, **iomaitheoir** competitor, **lucht freasúra** opposition, people in opposition, **míchaidreamhach** *m* misanthrope *(see also: Diabhal)*

Naofa *adj⁶* holy, sacred
ainglí angelic, **beannaithe** blessed, **coisricthe** consecrated; sacred, **crábhaidh** *(> crábhadh)* of religious practice, **cráifeach** God-fearing, pious, **creidimh** *(> creideamh)* religious, of religion, **creidmheach** faithful, religious, **Dé** *(> Dia)* of God, **dea-** *pref* good, **dea-bheathach** right-living, virtuous, **deabhóideach** devout, **diaga** divine, **diaganta** godly, **dílis** faithful, **fíorchoisricthe** sacrosanct, **fíréanta** righteous, **foirfe** perfect, **gan smál** immaculate, **geanmnaí** pure, chaste, **glan** pure, **gor** *(lit)* pious, dutiful, **maighdeanúil** virginal, **maighdine** *(> maighdean)* virgin, **maith** good, **naoimh** *(> naomh)* of a saint, **naomh** holy, blessed, **neamhpheacúil** sinless, **ógh** chaste, pure, **oirirc** sublime, eminent, **reiligiúnach** religious, **rialta** in religious orders, religious, **sácráilte** sacred, **sagartúil** priestly, **scrioptúrtha** scriptural, **soiscéalach** evangelical, **spioradálta** spiritual, **uasal** noble, **urramach** venerable

Naofacht *f (~a)* holiness, sacredness
ainglíocht angelic quality, **beannaíocht** piety; sanctimony, **beannaitheacht** blessedness; beatitude, **coisreacan** consecration; blessing, **crábhadh** piety, devotion; religious practice, **cráifeachas** religiosity, **cráifeacht** devoutness, piety, **creideamh** faith; belief **creidmhí** faithfulness, religiousness, **deabhóid** devotion, **dea-bheatha** virtuous life, **Dia** God, Deity, **diagacht** divinity, **diagantacht** godliness, piety, **dílseacht** faithfulness; loyalty, **fíréantacht** righteousness, **foirfeacht** perfection, **geanmnaíocht** pureness, chastity, **glaine** pureness, **maighdeanúlacht** virginal quality, **maighdeanas** virginity, **maith** good, **naomhú** sanctification, **ócht** *f (rel)* virginity, pureness, **oirirceas** sublimeness, eminence, **reiligiúnacht** religiousness, **saol rialta** religious life, **sagartúlacht** priestliness, **soiscéalachas** evangelism, **spioradáltacht** spirituality, **uaisleacht** nobility, **urramacht** reverence

Naomh 1 *m (-oimh; -oimh, ~)* saint
aingeal angel, **bean** *f* **naofa** holy woman, **duine cráifeach** godly, God-fearing person, **éarlamh** patron saint, **fear naofa** holy man, **laoch an tsolais** warrior of light, **lucht crábhaidh** people of piety, **mairtíreach** *m* martyr, **réalta** *f* star, **saighdiúir** *m* **Dé** soldier of God

Naomh 2 *adj¹* holy, blessed
ainglí angelic, **beannaithe** blessed, **coisricthe** consecrated; sacred, **diaga** divine, **naofa** holy, **sácráilte** sacred *(see also: naofa)*

Naomhaigh *v₂ₐ* hallow, sanctify
baist baptise, **beannaigh** bless; greet, **cóineartaigh** *(rel)* confirm, **coisric** consecrate, **cuir ola ar** anoint, **cuir an ola dhéanach ar** give final rites to, **déan naofa** make holy, **díbir deamhain** exorcise demons, evil spirits, **íonghlan** purify, **oirnigh** ordain, **olaigh** anoint, **téigh faoi lámh an easpaig** *(rel)* get confirmed (in faith), **ung** anoint

Naomhaithe *pp* hallowed, sanctified
baiste baptised, **beannaithe** blessed; greeted, **cóineartaithe** *(rel)* confirmed, **coisricthe** consecrated, **dulta faoi lámh an easpaig** *(rel)* having been confirmed, **íonghlanta** purified, **oirnithe** ordained, **olaithe** anointed, **ungtha** anointed

Naomhú *vn* hallowing, sanctifying
  baisteadh baptising, **beannú** blessing; greeting, **cóineartú** *(rel)* confirmation, **coisreacan** consecrating, **cur na hola déanaí ar** give final rites to, **cur ola ar** anointing, **déanamh naofa** making holy, **díbirt deamhan** exorcism, **dul faoi lámh an easpaig** *(rel)* getting confirmed, **íonghlanadh** purification, **oirniú** ordaining, **olú** anointing, **ungadh** anointing

Nasc 1 *m (naisc; naisc, ~)* tie, connection, binding, bond, link, clasp
  acomhal juncture, junction, **aontas** union, **aontú** unification, **baint** relation, **caidreamh** friendship, relationship, **ceangal** tie, connection, **clampa** clamp, **claspa** clasp, **comhcheangal (smaointe)** association (of ideas), **cuibhriú** binding, **cumann** association, **feistiú** securing, **foriamh** fastening in front; *(jur)* foreclosure, **gaol** relation, **geimheal** *f (-mhle)* fetter, shackle, **glae** glue, **glais lámh** handcuffs, **greamachán** adhesive, **greamán** catch, clasp; adhesion, sticker, **laincis** fetter, **nascacht** jointure, **nascadh** linking, binding, **nascáil** linkage, **páirtíocht** association, partnership, **séala** seal, **slabhra** chain, **smacht** control, **táthú** welding; soldering, **teaghrán** tether, **teo-nasc** hot link, **uaim** *f (uama)* seam, **uaithne** *m* junction, union

  ▲ ~ **airgid** cash nexus, ~ **ardluais** highspeed link, ~ **cairdis** tie of friendship, ~ **ceimiceach** chemical bond, ~ **doscaoilte** indissoluble bond, ~ **gréasáin** network link-up, ~ **idirlín** internet connection, ~ **leathanbhanda** broadband connection, ~ **slán** secure connection, ~ **teaghlaigh** family connection (cf **naisc theaghlaigh** family ties)

Nasc 2 v_{1a} tie, link
  aontaigh unite, **athnasc** relink, reclasp, **ceangail** tie, fasten, connect, join, **clampáil** clamp, **cniotáil** knit, **comhcheangail** combine, bind together, **comhtháthaigh** integrate, coalesce, **cuibhrigh** fetter, bind, **cuingigh** yoke, enjoin, **cuir faoi ghlas** lock, **cuir laincis ar** shackle, **cuir le chéile** put together, **cuir slabhra ar** chain, **druid** shut, **dún** fasten, close, **fáisc** bind closely, **feistigh** moor; secure, **foriaigh** fasten in front, **fostaigh** catch, engage, **fuaigh** sew, **gaibhnigh** tie tightly; forge, **giortáil** gird, **glaeigh** glue, **glean** stick, adhere, **gliúáil** glue, **greamaigh** attach, fasten, secure, stick, **lúbáil** link, **múráil** *(boat)* moor, **ródáil** anchor, moor, **sádráil** solder, **scriúáil (le chéile)** screw (together), **séalaigh** seal, **seamaigh** rivet, **siúntaigh** joint, **snaidhm** knot, **tairneáil** nail, **táthaigh** weld, solder; coalesce, **uaim** suture, join together

Nascadh *vn* binding, connecting, linking, tying
  aontú uniting, **athnascadh** relinking, reclasping, **ceangal** tying, fastening, connecting, joining, **clampáil** clamping, **cniotáil** knitting, **comhcheangal** combining, binding together, **comhtháthú** integrating, coalescing, **cuibhriú** fettering, binding, **cuingiú** yoking, enjoining, **cur faoi ghlas** locking, **cur laincis ar** shackling, **cur le chéile** putting together, **cur slabhra(í) ar** chaining, **druidim** shutting, **dúnadh** fastening, closing, **fáscadh** binding closely, **feistiú** mooring; securing, **foriamh** fastening in front, **fostú** catching, engaging, **fuáil** sewing, **gaibhniú** tying tightly; forging, **giortáil** gird, **glae** gluing, **gleanúint** sticking, adhering, **greamú** attaching, fastening, sticking, **lúbáil** linking, **múráil** *(boat)* mooring, **sádráil** soldering, **scriúáil (le chéile)** screwing (together), **séalú** sealing, **seamú** riveting, **siúntú** jointing, **snaidhmeadh** knotting, **tairneáil** nailing, **táthú** welding, soldering; coalescing, **uamadh** suturing, joining together

Nasctha *pp* bound, connected, linked, tied
  aontaithe united, **athnasctha** relinked, reclasped, **ceangailte** tied, fastened, connected, joined, **clampáilte** clamped, **cniotáilte** knitted, **comhcheangailte** combined, bound together, **comhtháthaithe** integrated coalesced, **cuibhrithe** fettered, bound, **cuingithe** yoked, enjoined, **curtha faoi ghlas** locked, **curtha le chéile** put together; assembled, compiled, **druidte** shut, **dúnta** closed; fastened, **faoi laincisí** shackled, **fáiscthe** bound closely, **feistithe** moored; secured, **foriata** fastened in front, **fostaithe** caught, engaged, **fuaite** sewed, **gaibhnithe** tied tightly; forged, **giortáilte** girded, **glaeite** glued, **gleanta** stuck, adhered, **greamaithe** attached, stuck, fastened, **lúbáilte** linked, **múráilte** *(boat)* moored, **neamhroinnte** undivided, **sádráilte** soldered, **scriúáilte (le chéile)** screwed (together), **séalaithe** sealed, **seamaithe** riveted, **siúntaithe** jointed, **snaidhmthe** knotted, bound, **tairneáilte** nailed, **táite** welded, soldered; coalesced, **uamtha** sutured, joined together

Nath *m (~a; ~anna)* expression, turn of phrase
  abairtín phrase, **béarlagair** *m* jargon, **burdún** epigram, **caint** talk, speech, **ciúta** quip, clever remark, **cor cainte** idiomatic expression, adage, **deismireacht chainte** nice turn of speech, **eipeagram** epigram, **focal** word, remark, **frása** phrase, **friotal** expression, utterance, **nathán** aphorism, witticism, **ráiteas** statement, remark, **seanfhocal** proverb, **seanrá** old saying, **teilgean cainte** turn of phrase, expression, **titim cainte** expression, idiom, **urlabhra** utterance

  ▲ ~ **Béarla** English turn of phrase or adage, ~ **cainte** expression; catchphrase, ~ **cainte comhráiteach** colloquialism, ~ **cliste** neat phrase, ~ **deismir** witty turn of phrase, ~ **do-aistrithe** untranslatable phrase, ~ **snoite** eloquent phrase/expression, ~ **seanchaite** hackneyed/overused expression

Nathaí *m (~; -aithe)* aphorist, witty person
  béalastán smartass, **cainteoir slíománta** smooth talker, **cílí** suave person, **cocaire** person of smart

replies; cocky person, **deisbhéalaí** *(debate)* sharpshooter, **duine deisbhéalach** witty, articulate person, **freagróir (gasta) abartha** witty (snappy) respondent, **táthaire** cheeky person, **saoithín** wiseacre; pedant

Nathaíocht *vn* being witty, wisecracking
abarthacht repartee, **caitheamh ciútaí (chun daoine)** making quips (at people), **dea-chaint** wittiness, witty speech, **deisbhéalaí** speaking wittily, **freagraíocht ghasta** ability or act of giving snappy replies, **greann** humour, quick-wittedness, **solabharthacht** eloquence of speech, **spochadh** (**as duine**) slagging (a person), **tráthúlacht** facility to say the right thing at the right time

Nead *f (neide; ~acha)* nest
aice habitat (cf **aice gliomach/portán** lobsterhole/crabhole), **baile** home, **brocais (sionnaigh)** (fox's) lair, **coinicéar** warren, **coirceog** hive, **conchró** kennel, **cró** outhouse; sty (cf **cró muice** pigsty), **cúb** coop, **dallóg (róin)** (seal's) lair, **fail** lair, sty, **fáir** hen's nest; animal's bed, **gnás** lair, den, **gnáthóg** habitat, **leaba dhearg** animal's lair, **loca** pen; fold, **pionna** pen, **pluais** grotto; cave, **poll** burrow, **prochóg** den, **scailp** den, shelter under a rock, **stábla** stable, **uachais** burrow, **uaimh** cavern

Neadaigh *v₂ₐ* nest; become embedded, bed, lodge
bain faoi settle, stay, **cónaigh** dwell, **conlaigh** huddle, **cuir** put, place, **daingnigh** entrench; secure, **déan nead** make a nest, **deasaigh (isteach)** snuggle (in), **fáir** roost, **fréamhaigh** take root, become rooted, become established, **ionchlannaigh** *(med)* implant, **ionphlandaigh** *(med)* implant, **leabaigh** bed, embed, **lonnaigh** settle, establish oneself, **luigh** roost, **plandaigh** plant, **sáigh** stab, thrust in, **socraigh (in áit)** settle (in a place), **socraigh isteach** settle in, **soiprigh** nestle, settle in; snuggle, **suigh (ar)** settle (on) occupy; squat, (eg **suigh ar thalamh duine eile** squat on another person's land), **téigh i bhfostú** become lodged/stuck, **téigh i ngreim (i rud)** catch, get caught (in a thing)

Neadaithe *pp* nested, embedded, lodged
cónaithe dwelt, **conlaithe** huddled (eg **conlaithe sa chúinne** huddled in the corner), **curtha** put, placed, **daingnithe** entrenched; secured, **deasaithe (isteach)** snuggled (in), **dulta i bhfostú** lodged/stuck, **dulta i ngreim (i rud)** caught, gotten caught (in a thing), **fáirthe** roosted, **fréamhaithe** rooted, established, **ionchlannaithe** *(med)* implanted, **ionphlandaithe** *(med)* implanted, **leabaithe** bedded, embedded, **lonnaithe** settled, having established oneself, **luite** roosted, **plandaithe** planted, **sáite** stabbed, thrust in, **socraithe (in áit)** settled (in a place), **socraithe isteach** settled in, **soiprithe** nestled, settled down; snuggled, **suite (ar)** settled (on) occupied; squatted

Neadú *vn* nesting, embedding, lodging
baint faoi settling, staying, **cónaí** dwelling, **conlú** huddling, **cur** putting, placing, **daingniú** entrenching; securing, **déanamh neide** making a nest, **deasú (isteach)** snuggling (in), **dul i bhfostú** getting lodged/stuck, **dul i ngreim (i rud)** catching, getting caught (in a thing), **fáireadh** roosting, **fréamhú** rooting, getting rooted, **ionchlannú** *(med)* implant, implanting, **ionphlandú** *(med)* implanting, **leabú** bedding down, getting embedded, **lonnú** settling, establishing oneself, **luí** roosting, **neadaireacht** nesting; nest building, **plandú** planting, **sá** stabbing, thrusting in, **socrú (in áit)** settling (in a place), **socrú isteach** settling in, **soipriú** nestling, settling down; snuggling, **suí (ar)** settling (on) occupying; squatting

Néal *m (néil; ~ta)*
1. cloud
brat scamall covering of clouds, **ceo** fog, mist; **ceobhrán** mist, **ceocht** *f* mistiness, **clabhta** cloud, **clúdach** *m* **scamall** cloud cover, **cumalas** cumulus, **duifean** cloudiness, darkness, **gal** *f (gaile)* vapour, **mothar** dark cloud, **múrabhán** dark rain cloud, **néaltacht** cloudiness, **réaltnéal** *(astronomy)* nebula, **réaltnéalmhaireacht** nebulosity, **scamall** cloud, **scamallacht** cloudiness *(see also:* **scamall***)*

▲ ~ **bolcánach** volcanic cloud, ~ **ceatha(ch)** nimbus, ~ **clibeanna** *(comp)* tag cloud, ~ **coscartha** heavy rain cloud, ~ **deannaigh** cloud of dust, ~ **doininne** storm cloud, ~ **flocasach** floccular cloud, ~ **focal** word cloud, ~ **hibrideach** *(comp)* hybrid cloud, ~ **ísealbhoinn** low-based cloud, ~ **muisiriúnach** mushroom cloud, ~ **sconna** funnel cloud, ~ **seachtrach** *(comp)* external cloud, ~**soitheach** cloud chamber, ~ **srathach** stratus

2. gloom, depression; fit, spasm
ciach *m* gloom, sadness, **clóic** cloak of gloom, sadness, **dochma** moroseness, gloom, **duairceas** gloominess, **duais** gloom, dejection, **dubhachas** gloom, sorrow, **dúchan** *f (~a)* oppression of spirits, sadness, **duibhe** blackness, melancholy, **duifean** cloudiness, darkness, **dúlagar** *(clinical)* depression, **galar dubhach** *(med)* depression, **gruaim** gloom, **ísle brí** low spirits, **lagar spríde** 'the dumps', low spirits, **liach** *m* woe, depression, **lionn dubh** 'the black dog', depression, **múchna** gloomy appearance, **púic** moroseness, glumness (eg **Tá púic ar an aimsir.** The weather is gloomy.), **scáil** shadow, **scamall** gloom, (dark) cloud, **scamallacht** gloominess, cloudiness, **scáth** shade, shadow, **scís** weariness of mind, dejection, **smúit** murk, gloom, **smúitiúlacht** murkiness

▲ ~ **an bháis** swoon of death, ~ **aoibhnis** rapture, ~ **buile** paroxysm of rage, ~ **feirge** fit of anger, ~ **gréine** burst of sunshine, ~ **gruaime** fog of gloom

◊ **Bhí ~ anuas orm.** There was a cloud hanging over me., **Tá ~ coscartha uirthi.** She is deeply depressed.

3. nap, snooze cloud; *(comp)* cloud
dreas codlata forty winks, **míog** *f (míge)* doze, **spuaic chodlata** short nap, **suan** sleep, slumber (cf **cnaipe suain** snooze button), **suanán** snooze, **támh** swoon, stupor, **támh codlata** snooze, nap, **támhnéal** trance (cf **i dtámhnéal** in a trance), **támhshuan** narcosis, **tionnúr codlata** wink of sleep (cf **Níor chodail mé tionnúr.** I didn't sleep a wink.)

◊ **Rinne mé ~.** I had a snooze., **Thit ~ orm.** I nodded/dozed off., **Tháinig ~ orm.** I fell asleep.

Neamartach *adj³* forgetful, negligent
dearmadach forgetful, **éaganta** giddy, silly, scatterbrained, **faillitheach** neglectful, negligent, **lochtach** faulty, dodgy, **mainneachtnach** remiss, **míchúramach** careless, **neamhairdiúil** inattentive, absent-minded, **neamh-aireach** inattentive, careless, **neamhchúramach** uncareful, unmindful, **scaipthe** scatterbrained, **sleamchúiseach** slapdash, negligent, **uallach** skittish, giddy *(see also: faillitheach)*

Neamh *f (neimhe)* heaven
an saol atá le teacht the next world, **an saol eile** the other world, **an saol thall** life beyond, **an spéir** the azure, the heavens, **an tsíoraíocht** eternity, **aoibhneas síoraí** eternal bliss, **Éidin** Eden, **Éilísiam** Elysium, **flaitheas Dé** kingdom of God, **flaithiúnas** kingdom of heaven, **Grianbhrugha Pharthais** the sunny mansions of paradise, **firmimint** firmament, **Má Meall** the Elysian Fields, **na flaithis** the heavens, **na Geataí Péarlacha** the Pearly Gates, **na spéartha** the heavens, **nírbheána** nirvana, **pálás Dé** God's palace, **parthas** paradise, **rícheadh** *(lit)* heaven, **ríocht Dé** God's Kingdom, **slí na fírinne** the way all flesh must go, **sonas síoraí** eternal happiness, **suaimhneas síoraí** eternal peace, **teach Dé** the house of God, **Tír na nÓg** the Land of (Eternal) Youth, Shangri-La

◊ **ar ~ nó ar talamh** in heaven or earth, **dul ar ~** to go to heaven, **Is tíolacadh ó ~ é!** It's a godsend!, **Níl a fhios agam ó ~ anuas!** I haven't the faintest idea!, **Ní bhíonn mo chuid ag teacht ó ~.** I have to earn my living.

Neamhábalta *adj⁶* incapable, unable
amscaí clumsy, incompetent, **ar éagumas** incapable, **dímríoch** ineffectual, feeble, **éagumasach** impotent; incapable, **faoi mhíchumas** disabled, **gan chliú** clueless, **neamhbhríoch** ineffectual, **míchumasaithe** disabled, **mí-éifeachtach** ineffective, incompetent, **neamhchumasach** powerless, ineffectual; incapable, **neamhinniúil** incompetent, **tútach** crude, incompetent

◊ **bheith ~ de réir leighis** to be medically unfit

≈ **Níl (sé) inti a leithéid a dhéanamh.** She is incapable of doing such a thing.

Neamhábhartha *adj⁶* immaterial, irrelevant
beagthábhachtach unimportant, **fánach** inconsequential, **gan bheith bainteach** irrelevant, **gan tábhacht** of no importance, **míchuí** inappropriate, **neamhchorpartha** insubstantial, bodiless, **neamhdhamhnach** immaterial, incorporeal, **neamh-infheidhme** inapplicable, **neamhshubstaintiúil** insubstantial; *(argument)* flimsy, **neamhthábhachtach** unimportant, **seachtrach** extraneous, **spioradálta** spiritual, **suarach** miserable, pointless

≈ **Ní bhaineann seo leis an gceist.** This is irrelevant.

Neamhacmhainneach *adj³* insolvent; *(boat)* unseaworthy
bancbhriste bankrupt, **beo bocht** extremely poor, **bocht** poor, **dóchmhainneach** insolvent, **féimhithe** bankrupt, **gan bheith fónta ó thaobh airgid de** financially unsound, **gan bheith inseolta** unseaworthy

≈ **Níl an bád inseolta.** The boat is not seaworthy., **Tá sé gan airgead ar bith.** He is insolvent.

Neamhaibí *adj⁶* immature; unripe
anabaí premature, **gan bheith réidh** unready, **glas** green, **leanbaí** juvenile, **neamhfhorbartha** undeveloped, **núíosach** new, green, inexperienced, **óg** young, **páistiúil** childish, **réamhaibí** unripe, **úrmhar** fresh and green

≈ **Níl na húlla aibí go fóill.** The apples are still unripe., **Níl sé fásta suas fós.** He's still immature.

Neamhaird *f (~e)* ignoring; inattention, neglect
cluasántacht inattention, **faillí** neglect, **fuarchúis** indifference, **leimhe** apathy, **neamart** negligence, **neamhairdeall** unwariness, inattention, **neamh-aire** inattention, inattentiveness, neglect, **neamhchorrabhuais** nonchalance, **neamhchúis** carelessness, **neamhfhaichill** incaution, unwariness, **neamhshuim** disregard, disengagement, indifference, **neamhspéis** indifference, **patuaire** apathy

≈ **Tugann sí an chluas bhodhar dom.** She is ignoring me.

Neamhairdeallach *adj³* unwary, incautious
dearmadach absent-minded, forgetful, **faillitheach** neglectful, negligent, **gan chúram** careless, **míchúramach** careless, **neamartach** remiss, **neamhairdiúil** heedless, inattentive, **neamh-aireach** unheedful, inattentive, **neamhbhraiteach** unaware, imperceptive, **neamhchoimhéadach** unwary, **neamhchúramach** careless, **scaoilte** slack, loose, **sliopánta** fumbling, careless

Neamh-aistear *m (-tir)* worthless activity; idleness
ceal oibre lack of work, **crochadóireacht** hanging about, **cur ama amú** wasting time, **diabhlaíocht** devilment, **diomailt aimsire** wasting time, **díomhaointeas** idling, lack of worthwhile occupation,

Neamh-amhrasach

fálróid wandering/strolling at a lazy pace, **falsacht** sloth, idleness, **feadóireacht** idling, loitering, **leiciméireacht** shirking work, idling, **leisce** laziness, **leisciúlacht** laziness, **liúdramántacht** loafing about, **lófáil** loafing, **rógaireacht** mischief, being up to no good, **scraisteacht** lounging around

≈ **Is turas in aisce é.** It's a pointless exercise.

Neamh-amhrasach *adj³* unsuspicious; unsuspecting

boigéiseach gullible, **gan cuma amhrasach ar bith** without the slightest suspicion, **iontaobhach** trusting, **muiníneach** reliant on; dependable, **neamhurchóideach** innocent, **saonta** artless, naive, **saor ón amhras** free from suspicion, **sochomhairleach** docile, tractable; amenable to advice, **soineanta** naive, **somheallta** credulous, **taobhach** trusting (cf **Ní taobhach léi mé.** She doesn't trust me)

≈ **gan coinne dá laghad** totally unsuspecting, **Ní raibh aon dealramh amhrasach air.** It looked completely unsuspicious.

Neamh-anamúil *adj⁴* listless, without spirit

gan anam soulless; lifeless, **gan bheo** lifeless, **gan bheocht** enervated, **gan lúth gan láthair** lifeless, **marbh** dead, **marbhánta** lacklustre, stagnant, **spadánta** lethargic, **támhach** torpid; dozy, **téiglí** languid *(see also: neamhbheo)*

≈ **duine leathbheo** listless person, person without spirit

Neamhathraitheach *adj³* unchanging

bithbhuan everlasting, **buan** permanent, **buanseasmhach** enduring, steadfast, **cobhsaí** stable, **daingean** fixed, fast, **diongbháilte** constant, **feidhil** constant, **leanúnach** continuous, **marthanach** lasting, **neamhbhásmhar** deathless, immortal, **neamhchorrach** untroubled; steady, stable, **seasmhach** constant, **síor-** *pref* constant, **síoraí** eternal, **suthain** perpetual *(see also: buan)*

Neamhbhalbh *adj¹* unequivocal, forthright, *(communication)* blunt

cinnte certain, **díreach** straight, **dúr** tough, unfeeling, **gan agús** without qualification, unreserved, **gan amhras** indubitable, **gan dabht** doubtless, **diongbháilte** resolute, firm, **gan fiacail a chur ann** without mincing words, **gan frapa gan taca** straight from the shoulder, **giorraisc** abrasive, abrupt, **glan soiléir** unambiguous, **lom** unvarnished, bare, **maol** blunt, **oscailte** open, **soiléir** clear, plain, **neamhchúthail** unbashful

≈ **Dúirt sé é gan fiacail a chur ann.** He was quite unequivocal about it., **Ní dheachaigh sé ar chúl scéithe leis.** He was blunt about it.

Neamhbhásmhar *adj¹* immortal

bithbheo immortal, **buan** permanent, perpetual; undying, **buanchlúiteach** of immortal renown, **dobhásaithe** immortal, **dochloíte** relentless; invincible, **dochríochnaithe** interminable, unending, **éigríochta** endless, infinite, **gan deireadh** endless, **gan staonadh** without ceasing, **gan stop** without stopping, **neamhstaonach** unremitting, **seasta** perpetual, **síor-** *pref* eternal, constant, never-ending, **síoraí** eternal

≈ **Mairfidh a n-amhráin go deo.** Their songs are immortal., **Tagann an bás chuig cách.** None of us is immortal.

Neamhbhásmhaireacht *f (~a)* immortality

bithbheocht immortality, **bithbhuaine** everlastingness, **buaine** permanence, **dochloíteacht** relentlessness; invincibility, **domhillteacht** indestructibility, **doscriostacht** indestructibility, **feidhle** constancy, **leanúnachas** continuance, **marthanacht** lastingness, enduringness, **neamhathraitheacht** unchangingness, immortality, **seasmhacht** constancy, **síoraíocht** eternity, **suthaineacht** perpetuity

Neamhbheacht *adj⁵ (see: beacht)* imprecise, inaccurate

ciotach clumsy, **garbh** rough; crude, **iomrallach** straying, wide of mark, **lochtach** faulty, **mícheart** incorrect, **míchruinn** inaccurate, **mí-dhéanta** wrongly/poorly made, malformed, **neamhbhaileach** inexact, imprecise, **neamhcheart** incorrect, **neamhchríochnúil** badly finished, **neamhchruinn** inexact, **neamhfhoirfe** imperfect, **neamhghrinn** undiscerning, **tútach** crude

≈ **Is é nádúr na n-áireamh geolaíochta gan bheith beacht.** It is the nature of geological calculations to be imprecise.

Neamhbheachtas *m (-ais)* imprecision, inaccuracy

ciotaí clumsiness, **gairbhe** roughness, crudeness, **iomrallaí**, wideness of mark, straying, **lochtaí** faultiness, **míchirte** incorrectness, **míchruinneas** inaccuracy, **mídhéanamh** poor construction, malformation, **míshlacht** untidiness, uncomeliness, **neamhbheaichte** imprecision, inaccuracy, **neamhchirte** incorrectness, **neamhchothroime** unevenness, imbalance; unfairness, **neamhchríochnúlacht** lack of thoroughness, unfinished state, **neamhchruinneas** inaccuracy, inexactitude, **neamhdheismíneacht** unrefinement, lack of nicety, **neamhdhílseacht** unfaithfulness, disloyalty, **neamhfhírinne** unrighteousness, untruth, **neamhfhoirfeacht** imperfection, **neamhghontacht** lack of succinctness, **neamhléire** unclearness, **tútacht** crudeness

Neamhbheo *adj⁶* inanimate, lifeless; dead
adhmadúil *(eg actor)* wooden, **básaithe** deceased, **díbheo** enervated, **dulta in éag** defunct, **fuar** cold, **gan aithne gan urlabhra** unconscious, **gan anam** lifeless, **leamh** bland, lacklustre, **marbh** dead, **marbhánta** inert, **meirbhlithe** enervated, **neamhorgánach** inorganic, **neamhspreagúil** uninspiring, **righin** stiff, **socair** still, at rest, **támh** *(chem)* inert

▲ ábhar ~ *(art)* still life, **cartúin** ~ still cartoons

≈ Bhí an chóisir marbh go leor. The party was pretty lifeless.

Neamhbhuaine *f (~)* impermanence
díomuaine transitoriness, impermanence, **duthaine** transience, **gastacht** fleetingness, **gearrshaolaí** ephemerality, **giorracht** shortness, **gontacht** brevity, **guagacht** wavering, fickleness, **inathraitheacht** changeability, inconstancy, **sealadaí** transience, **soghluaisteacht** mobility, freedom of movement, **luaineacht** inconstancy, vacillation, **neamhchinnteacht** uncertainty, **teifeacht** fugacity, fleetingness, **treallaí** fitfulness, changeableness

Neamhbhuan *adj¹* impermanent
breacshaolach *(biol)* ephemeral, **díomuan** transitory, **duthain** transient, **gairid** short, **gasta** fleeting, **gearr** short, **gearrshaolach** ephemeral, short-lived, **gonta** brief, **guagach** wavering, fickle, **luaineach** inconsistent, vacillating, **neamhchinnte** uncertain, **sealadach** transient; provisional, **soghluaiste** movable, mobile, **taghdach** changeable; impulsive, **treallach** fitful, changeable, **teifeach** fugitive, fleeting

Neamhbhuartha *adj⁶* unperturbed, untroubled
gan cíos, cás ná cathú a bheith ort to be absolutely carefree, **gan bhuaireamh** without worry, untroubled, **gan uídh gan óidh** without a worry in the world, peaceful, **maránta** mild, unperturbed, **neamhchorrabhuaiseach** nonchalant, composed, self-possessed, **neamhchorrach** steady, stable, **neamhchorraithe** unruffled, undisturbed, **neamhchúiseach** unconcerned, undaunted, **neamhchúramach** unconcerned, **neamhimníoch** unconcerned, **neamhshuaite** unruffled, unagitated, **réagánta** laid-back, easy-going, **réchúiseach** easy-going, **sámh** peaceful, tranquil, **saor ó bhuairt** carefree, **socair** calm, unruffled, **suaimhneach** calm

≈ Níor chuir torann na tráchta isteach orthu. They were unperturbed by the traffic noise.

Neamhbhuíoch *adj⁵* thankless, ungrateful
ar bheagán buíochais *(of task)* with little thanks, **díomaíoch** ungrateful, thankless, **míbhuíoch** ungrateful, unappreciative, **neamhthuisceanach** uncomprehending, inconsiderate, unappreciative *(see also: maslach)*

≈ Is obair mhaslach é. It's thankless work., Ní raibh aon bhuíochas le fáil uathu. They were completely ungrateful.

Neamhbhuíochas *m (-ais)* ungratefulness, lack of appreciation
diomaí ingratitude, **diomaíche** ungratefulness, **míbhuíche** ingratitude, **míbhuíochas** unthankfulness, **neamhbhuíche** thanklessness, **neamhthuiscint** lack of consideration, thoughtlessness

Neamhchairdiúil *adj⁴* unfriendly
coimhthíoch aloof, standoffish, **doicheallach** churlish, unwelcoming, **míchairdiúil** unfriendly, **mímhuinteartha** unfriendly, aloof, **neamhchaidreamhach** unsociable, **neamhlách** unsociable; unaffable *(see also: míchairdiúil)*

≈ Bhí siad doicheallach le fámairí. They were unfriendly to strangers/non-locals., Is clár an-deacair é le húsáid. It's a very unfriendly program to use.

Neamhcháilithe *adj⁶* unqualified
gan cháilíocht without qualification, **gan cheadúnas** without a license, **neamhcheadúnaithe** unlicensed, **neamhghairmiúil** unprofessional

Neamhcheadaithe *adj⁶* unpermitted, disallowed
coiscthe prohibited, **do-ghlactha** unacceptable, **gan chead** without permission, **mídhleathach** illegal, **mídhlisteanach** illegitimate, **neamhdhlíthiúil** non-juridical; illegal, **nár ceadaíodh** that was disallowed; that was not permitted, **toirmiscthe** forbidden

≈ Níor ceadaíodh an cúl. The goal was disallowed.

Neamhchiontach *adj³* not guilty, innocent
éigiontach innocent, **gan chiontacht** guiltless, **gan dochar** innocuous, **gan locht** blameless, **gan mháchail** unblemished, **gan smál** immaculate, spotless, **gan teimheal** immaculate, **glan** pure, clean, **macánta** honest, decent, **neamhchoireach** unoffending, innocent, **neamhdhíobhálach** harmless, **neamhlochtach** faultless, blameless, **neamhpheacúil** sinless, **neamhurchóideach** innocent, blameless, **saor ó locht** free from blame

▲ sibhialtaigh ~a innocent civilians

≈ Ní raibh aon bhaint agam leis an gcoir seo. I am totally innocent of this crime.

Neamhchlaonta *adj⁶* impartial; unbiased
cóir just, fair, **cothrom** balanced, equitable, just, **díreach** straight, **fuarchúiseach** dispassionate, **macánta** honest, **féaráilte** fair, **nach bhfuil i gcomhghuaillíocht** non-allied, **neamhailínithe** non-aligned, **neamhchlaonpháirteach** disinterested, non-partisan, **neamhleatromach** unbiased, impartial, **neamhréamhchlaonta** unprejudiced, **neamhspleách** independent, **neodrach** neutral, **oibiachtúil** objective

Neamhchodladh 595 **Neamhchreidmheach**

▲ **cinneadh** ~ unbiased decision, **cuntas** ~ unbiased account, **dearcadh** ~ unbiased view, **giúiré** ~ unbiased jury

Neamhchodladh *m (-ata)* sleeplessness, insomnia
airdeall attentiveness, alertness, **aireachas** alertness, **díth codlata** lack of sleep, **dúiseacht** waking, being awake, **easuan** *(med)* insomnia, **míshocracht** restlessness, **múscailteacht** wakefulness, **neamhshuan** sleeplessness, insomnia, **tapaíocht** activeness

≈ **Caitheann sí oíche i ndiaidh oíche gan codladh ar bith.** She suffers from insomnia.

Neamhchodlatach *adj³* sleepless
corrach disturbed, **gan chodladh** without sleep, **míshocair** restless, **míshuaimhneach** uneasy, **múscailteach** wakeful

≈ **oíche gan chodadh** sleepless night

Neamhchoinníollach *adj³* unconditional
gan agús unreserved, unqualified, **gan choinníoll** without condition, **gan coinníoll ar bith** without any conditions, **gan chuntar** unconditionally, **gan srian** unrestricted, **gan teorainn** limitless, **iomlán** total, complete, **lán-** *pref* full, absolute (eg **lánmhuinín** absolute trust)

▲ **géilleadh** ~ unconditional surrender, **scaoileadh** ~ **(ó phríosún)** unconditional release (from prison)

≈ **grá gan choinníoll** unconditional love, **tairiscint gan choinníoll (ar áit)** unconditional offer (of a place)

Neamhchoitianta *adj⁶* uncommon, unusual
aduain peculiar, unfamiliar, **aisteach** strange, **ait** odd, **annamh** infrequent, rare, **as an ngnáth** out of the ordinary, **corr** odd, **éagoiteann** uncommon, **éagsamhalta** extraordinary; unimaginable, **éagsúlach** strange, uncommon, **gann** scarce, **mírialta** irregular, **neamhghnách** unusual, **strainséartha** foreign, strange, **suaithinseach** unusual; special,

≈ **Is annamh a leithéid a fheiceáil.** It's unusual to see that sort of thing.

Neamh-chomhfhios *m (-fheasa)* unconscious; unconsciousness
cailleadh aithne loss of consciousness, **codladh trom** deep sleep, **comhtholgadh** concussion, **fanntais** faint, swoon, **fo-chomhfhios** subconscious, **meirfean** blackout, fainting fit, **neamhaireachtáil** insentience, **neamhaithne** insensibility; unfamiliarity, **neamhbhrath** insensibility, **sícé** psyche, **támhnéal** trance, **támhshuan** narcosis, **tromchodladh** deep sleep

Neamh-chomhfhiosach *adj³* unconscious
ar a bhfuil comhtholgadh concussed, **atá brúite faoi chois** repressed, **fo-chomhfhiosach** subconsciously, **fo-thairseachúil** subliminal, **gan aithne gan urlabhra** unconscious, **gan fhios duit féin** unbeknown to yourself, unwittingly, **gan smaoineamh** without thinking, automatic, **i dtámhshuan** comatose, **neamhaireachtálach** insentient, unconscious; comatose, **neamhbhraiteach** unaware, **neamhdheonach** involuntary, **neamheolach** unknowing, **smachtaithe** controlled, suppressed, **srianta** suppressed

Neamhchónaitheach *adj³* non-resident; *(hist)* absentee
ar iarraidh missing, **ar seachrán** straying, adrift, **ar shiúl** gone, away, strayed off, **ar strae** astray, missing, **as baile** out of town, away, **as láthair** absent, **díomuan** transient, **gan bheith ar fáil** unavailable, **gan bheith i láthair** in absentia, **gan bheith lonnaithe** unsettled in, **gan bheith socraithe síos** unsettled down, **in easnamh** lacking, **nach bhfuil ag fanacht (san óstán)** who are non-resident (in the hotel), **neamhbhuan** impermanent, **neamhláithreach** not present, **ócáideach** occasional, passing, **sealadach** temporary

⬤ **Tiarnaí neamhchónaitheacha** *absentee landlords* were mainly Scottish and English nobles/soldiers living in Britain who had been awarded Irish land confiscated from the indigenous Catholic landowners during **na Plandálacha** *the Plantations* (cf **impireacht**). Although some absentee landlords did reinvest these rents into improving the regional infrastructure for their **tionóntaí** *tenants*, for the most part tenants who couldn't pay their rent were summarily evicted from their lands and homes. This inevitably led either to forced emigration or death in one of the notorious **tithe na mbocht** *poor houses*. With the establishment in the late 19th century of **Conradh na Talún** *The Irish Land League*, the plight of dispossessed farmers was finally addressed.

Neamhchonspóideach *adj³* uncontentious
dobhréagnaithe undeniable, incontrovertible, **dochloíte** conclusive, **dochonspóide** unarguable, **doshéanta** indisputable, **gan cheistiú** undisputed, **glactha** accepted, **nach bhfuil aon cheist faoi** undisputed, **neamhachrannach** uncontroversial, uncontentious, **neamhspairneach** not worth fighting over, uncontentious

▲ **tairiscint** ~ uncontentious proposition

≈ **Ní bhíonn conspóid ag baint leis an gceist sin.** That issue is uncontentious.

Neamhchreideamh *m (-dimh)* non-belief, unbelief
agnóiseachas agnosticism, **aincreideamh** infidelity; unbelief, **aindiachas** atheism, **dícreideamh** disbelief, **easpa creidimh** lack of belief *(see also: aindiachas)*

Neamhchreidmheach *m (-mhigh; -mhigh, ~)* unbeliever
agnóisí agnostic, **aindiachaí** atheist, **dícreidmheach** *m* disbeliever, **Tomás an Amhrais** Doubting Thomas

Neamhchríochnaithe *adj⁶* unfinished
bearnach having gaps; fragmentary, **easnamhach** lacking, incomplete, **easpach** wanting, insufficient, **gan bheith críochnaithe** not having been finished, **gan chríochnú** without an ending, **neamhfhoirfe** imperfect, incomplete, **neamhimleor** insufficient, **neamhiomlán** incomplete, **páirt-** *pref* partial (eg **páirtéiclips** partial eclipse), **uireasach** deficient, defective

▲ **gnó ~** unfinished business

Neamhchríochnúil *adj⁴* poorly finished
botúnach with mistakes, **fánach** casual, hit-or-miss, any-old-how, **iomrallach** random, missing the target, **lochtach** faulty, **mí-dhéanta** poorly made, **mí-ordúil** disorderly, disarrayed; untidy, **neamhbhaileach** inexact, **neamhbheacht** imprecise, **neamhcheart** correct

≈ Bhí an obair curtha i gcrích go dona. The work was poorly finished.

Neamhchruinn *adj²* inexact
botúnach filled with mistakes, **ciotach** clumsy, **doiléir** unclear, **éideimhin** uncertain, unsure, **garbh** rough; crude, **iomrallach** straying, wide of mark, **lochtach** faulty, **mícheart** incorrect, **míchruinn** inaccurate, **mí-dhéanta** wrongly/poorly made, malformed, **neamhbhaileach** inexact, imprecise, **neamhbheacht** imprecise, **neamhcheart** incorrect, **neamhchríochnúil** badly finished, **neamhfhoirfe** imperfect, **neamhghrinn** undiscerning, **neamhleanúnach** incoherent, non sequitur, **scaipeach** confused, disconnected, **scaipthe** scattered, **scaoilte** loose, **tútach** crude

≈ Níl tuar na haimsire ina eolaíocht chruinn. Weather forecasting is an inexact science.

Neamhchruinneas *m* (*-nnis*) inaccuracy, inexactitude
ciotaí clumsiness, **doiléire** obscurity, indistinctness, **éideimhne** unsureness, **éiginnteacht** uncertainty, **gairbhe** roughness, crudeness, **iomrallaí** wideness of mark, straying, **lochtaí** faultiness, **míchirte** incorrectness, **míchruinneas** inaccuracy, **mídhéanamh** poor construction, malformation, **míshlacht** untidiness, uncomeliness, **neamhbheachtas** *m* imprecision, inaccuracy, **neamhbheaichte** imprecision, inaccuracy, **neamhchinnteacht** uncertainty, vagueness; indefiniteness, **neamhchirte** incorrectness, **neamhchothroime** unevenness, imbalance; unfairness, **neamhchríochnúlacht** lack of thoroughness, unfinished state, **neamhdheismíneacht** unrefinement, lack of nicety/refinement, **neamhdhílseacht** unfaithfulness, disloyalty, **neamhfhírinne** unrighteousness, untruth, **neamhfhoirfeacht** imperfection, **neamhghontacht** lack of succinctness, **neamhléire** unclearness, **tútachas** crudeness, **úspántacht** clumsiness

Neamhchuideachtúil *adj⁴* uncompanionable, unsociable
deoranta aloof, **dochaideartha** unapproachable, unsociable, **doicheallach** churlish, inhospitable, **do-ranna** unsociable, **frithshóisialta** antisocial, **neamhbhráithriúil** unbrotherly, **neamhchabhrach** unhelpful, **neamhchaidreamhach** unsociable, **neamhchásmhar** uncaring, inconsiderate, **neamhchomrádúil** uncomradely, **neamhchúntach** unhelpful, **neamhgharach** unobliging, **neamhlách** unsociable; unaffable, **neamh-mhuinteartha** unfriendly, **neamhthréadúil** non-gregarious

≈ Is béal gan smid é. He's an unsociable type., Níl sé go ró-mhaith ag meascadh le daoine eile. He's a bit unsociable.

Neamhdhaingean *adj irr (see: daingean)* insecure; unsteadfast, unsolid
ar bogadh loose, wobbly, **éadaingean** insecure, unsteady, **liongánach** wobbly, **míshocair** unsteady, **neamhdhiongbháilte** unsteadfast, insecure, **neamhsheasmhach** unstable, unsteady, **neamhshocair** unsteady, **neamhthairiseach** unsteadfast; disaffected, **scaoilte** loose *(see also: neamhsheasmhach)*

≈ Tá an ráille láimhe ar bogadh. The handrail is insecure/loose.

Neamhdhaite *adj⁶* uncoloured
dubh-agus-bán black and white, **éadathach** colourless, **gan aon mhaisiú** without embellishment, **gan dath** without colour, **geal** (*race*) white, **monacrómatach** monochromatic, **múscraí** dank, dull, **pléineáilte** plain, **soiléir simplí** plain and simple

Neamhdhealraitheach *adj³* implausible
áibhéalta exaggerated, **áiféiseach** ridiculous, **difriúil** different, **dochreidte** unbelievable, **éagsúil** strange, different, **gan craiceann (ar bith)** air (totally) implausible, **neamhchosúil** unlikely, **neamhréalaíoch** unrealistic, fantastic, **ró-mhaisithe ar fad** overembellished, **séideogach** puffed-up, **thar cailc ar fad** way over the top, **thar fóir** over the top, **toirtéiseach** ostentatious

≈ Is scéal gan dealramh é. It's an implausible story., Níl sé inchreidte go ndéarfadh sí a leithéid. It's completely implausible that she would say such a thing.

Neamhdheimhnithe *adj⁶* unconfirmed, uncertified
amaitéarach amateur, **gan cháilíocht** without (a) qualification, **gan deimhniú** without confirmation, unverified, **neamhcháilithe** unqualified, **neamhdhearbhaithe** unconfirmed, **neamhghairmiúil** unprofessional, **neamhinniúil** incompetent

Neamhdhílis *adj irr (see: dílis)* unloyal, disloyal **bréagach** false, **cealgach** perfidious, insidious, **fealltach** treacherous, **liom leat** two-faced, **neamhiontaofa** untrustworthy, **neamhthairiseach** disaffected; disloyal, **slítheánta** shifty *(see also: mídhílis)*

Neamhdhíonach *adj³* permeable, pervious **ligeach** leaky, **póiriúil** porous, **scagach** porous, **silteach** dripping, **tréscaoilteach** permeable

Neamhdhíonacht *f (~a)* permeability, perviousness **ligeacht** leakiness, **póiriúlacht** porousness, **scagacht** porosity, **silteacht** runniness; fluidity, **tréscaoilteacht** permeability

Neamhdhiongbháilte *adj⁶* unsteadfast, insecure; unreliable **corrach** unsteady, unsettled, uneven, **creathánach** shaky, **éadaingean** insecure, unsteady, **forbhásach** liable to topple, **gan iontaoibh** unreliable, **guagach** unstable, capricious, **liongánach** wobbly, **mífhiúntach** unworthy, **neamhdhaingean** unsteadfast, fragile, **neamhfhorasta** unstable, unsteady, **neamhiontaofa** undependable, unreliable, **neamh-mhuiníneach** untrustworthy, unreliable, **neamhshocair** unsteady, **scaoilte** loose

≈ **Ní féidir bheith ag brath uirthi.** She is unreliable., **Tá an dréimire pas beag guagach.** The ladder is a little insecure.

Neamhdhíobhálach *adj³* harmless **gan chealg** harmless; guileless, **gan choir** harmless (cf **spraoi gan choir** harmless fun), **gan díobháil** unharmful, benign, **gan dochar** harmless, **neamhainciseach** benign, innocuous, **neamhdhochrach** innocuous, unharmful, **neamhghangaideach** non-virulent, **neamhnimhiúil** non-poisonous, **neamhthocsaineach** non-toxic, **neamhurchóideach** innocent, harmless

≈ **cliúsaíocht gan dochar** harmless flirting, **focal gan urchóid** harmless expression, **Níl aon dochar ann.** He's harmless.

Neamhdhíreach *adj³* indirect **casta** twisted, **fánach** wandering, straying, **fiarlánach** zigzag, **indíreach** *(result, effect)* indirect, **lúbach** winding, **seachránach** discursive; devious, **strambánach** *(pej)* circuitous, rambling, **timchainteach** periphrastic, **timpeallach** circuitous, roundabout

Neamhdhleathach *adj³* unlawful **aindleathach** illicit, **calaoiseach** fraudulent, **cam** crooked, **éagórach** unjust, **eisreachtaithe** proscribed, outlawed, **in aghaidh an dlí** against the law, **mídhleathach** illegal **neamhdhlisteanach** unlawful, **neamhdhlíthiúil** illegal, **taobh amuigh den dlí** outside the law *(see also: mídhleathach)*

▲ **fios collaí** ~ unlawful carnal knowledge, **marú** ~ unlawful killing, **srianadh** ~ unlawful imprisonment

≈ **Tá sé in aghaidh an dlí é a dhéanamh.** It is unlawful to do it.

Neamhdhochrach *adj³* unharmful, innocuous **gan dochar** without harm, **neafaiseach** innocuous, **neamhdhíobhálach** harmless, benign, **neamhghangaideach** non-virulent, **neamhnimhiúil** non-poisonous, **neamhthocsaineach** non-toxic, **neamhurchóideach** innocent, harmless *(see also: neamhdhíobhálach)*

≈ **focal gan urchóid** innocuous remark

Neamhdhóchúil *adj⁴* unlikely, improbable **áiféiseach** ridiculous, absurd, **amhrasach** dubious, **andóch** improbable, **conspóideach** questionable, controversial, **dochreidte** unbelievable, beyond belief, **doshamhlaithe** unthinkable, **éadóigh** *(+ copula)* unlikely, **éagosúil** unlikely, improbable, **éiginnte** uncertain, **gan craiceann (ar bith) air** (totally) implausible, **gan dath** middle-of-the-road, bland, **gan dealramh** unlikely; improbable, **neamhchosúil** unlike; unlikely, **neamhdhealraitheach** improbable; implausible, **seafóideach** silly, absurd

▲ **bua** ~ improbable victory

≈ **Ba dheacair é a chreidiúint.** It was highly improbable., **Ní dócha é.** It's unlikely., **Ní móide go dtiocfaidh sé anois.** It's unlikely that he will come now.

Neamheaglach *adj³* fearless, intrepid **calma** plucky, **cróga** brave, **dána** bold, **dásachtach** daring, dauntless, **eachtrúil** adventurous, **gaisciúil** valiant, with bravado, **gan eagla ar bith** without any fear whatsoever, **laochta** heroic, valorous, **léidmheach** *(lit)* daring, sturdy, **meanmnach** spirited, **misniúil** courageous, upbeat, **móruchtúil** audacious, intrepid, **neamhchútháil** unbashful, **neamhfhaiteach** unapprehensive, not shy, **rábach** bold, dashing, **soibealta** saucy, impudent, **teann** confident, **teanntásach** assured, bold, **toghail** daring, presumptuous

▲ **cur chuige** ~ fearless approach, **rothaí** ~ fearless biker

≈ **Is duine gan eagla í.** She is fearless.

Neamheolach *adj³* inexperienced; uninformed **aineolach** ignorant, **éigríonna** imprudent, inexperienced, **gan taithí** without experience, inexperienced, **glas** green, **mí-aithneach** undiscerning, **neamhbhraiteach** unaware, **neamhchleachtach** inexperienced, **neamhoilte** untrained, inexperiened *(see also: aineolach)*

◊ **bheith ~ ar an saol** to be oblivious to the wiles of the world

Neamheolaíoch *adj⁵* unscientific
draíochtach magical, **gan chruthú** without proof, unsubstantiated, **gan fianaise** without evidence, **instinneach** instinctive, **iomasach** intuitive, **míloighciúil** illogical, **míréasúnta** unreasonable, **neamheimpíreach** unempirical, **neamhréasúnach** irrational

Neamheolas *m (-ais)* lack of experience; ignorance
ainbhios ignorance, **aineolas** ignorance, **daíocht** ignorance, **dallbhach** *m* confusion, ignorance, **easpa eolais** lack of knowledge, **easpa taithí** lack of experience, **glaise** greenness, **neamhchleachtadh** inexperience *(see also: aineolas)*

Neamhfhaiseanta *adj⁶* unfashionable
as dáta out of date, outdated, **comónta** banal, **leamh** bland, **mí-aimseartha** anachronistic, **seanaimseartha** dated, **seanchaite** clapped-out, clichéd, **sean** old, passé, **seanfhaiseanta** old-fashioned

Neamhfhéideartha *adj⁶ (phil)* impossible
áiféiseach absurd, **dodhéanta** undoable, impossible to do, **domharthana** not viable, **do-oibrithe** unworkable, **doshroichte** unattainable, **éigiallta** senseless, **míréasúnta** unreasonable, **nach féidir a dhéanamh** that cannot be done, **neamhphraiticiúil** impracticable, **neamhréadúil** unreal, unrealistic, **neamhréalaíoch** unrealistic, **seafóideach** silly

≈ **Is rud é nach féidir a dhéanamh.** It is an impossible thing to do., **Ní féidir é.** It is impossible., **Níl sé indéanta.** It's impossible (to do). It's not feasible.

Neamhfhéidearthacht *f (~a; ~aí) (phil)* impossibility
áiféis absurdity, **dodhéantacht** impracticability, **doshroichteacht** unattainability, unachievability', **neamhinmharthanacht** non-viability, **neamhphraiticiúlacht** impracticability, **seafóid** silliness, **seans dá laghad** non-starter

Neamhfhiúntach *adj³* unworthy, unseemly
ainnis miserable, shoddy, **beagmhaitheasach** of little good; *(efficacy)* lightweight, **gan mhaith** useless, **gan tairbhe** worthless, futile, **gránna** shabby; ugly, **magarlach** *(vulg)* worthless, **míchuí** inappropriate, inapt, **míchuibhiúil** reprehensible, unworthy, **mímhodhúil** unseemly; immodest, **nach fiú biorán** that isn't worth a pin, **suarach** mean

≈ **Níl a úrscéal maith go leor don duais.** His novel isn't worthy of the prize., **Níl sé inchurtha leis an bpost.** He's unworthy of the job. He's not up to the job.

Neamhfhoirfe *adj⁶* imperfect
bearnach having gaps, patchy, **díothach** wanting, deficient, **éalangach** flawed, defective, **earráideach** erroneous, incorrect, **easnamhach** deficient, wanting, **easpach** wanting, insufficient, **fabhtach** faulty, flawed, **gan chríochnú** without an ending, **lochtach** faulty, flawed, **máchaileach** defective, blemished, **mícheart** incorrect, **míchruinn** inaccurate, **neamhcheart** incorrect, **neamhchríochnaithe** unfinished, **neamhiomlán** incomplete, **peacúil** sinful, **smálaithe** tarnished, **teimhleach** tarnished, stained, **uireasach** lacking, deficient *(see also: lochtach)*

◊ **Is domhan ~ é.** It's an imperfect world.

Neamhfhoirmeálta *adj⁶* informal
aithnidiúil familiar, casual, **aosáideach** easy, **ar nós cuma liom** any old how, **comhráiteach** *(ling)* colloquial, **éasca** easy, **gan strus** relaxed, **neamhfhoirmiúil** informal; relating to the absence/lack of form, **neamhnósúil** unceremonious, **neamhoifigiúil** unofficial, **réchúiseach** laid-back, relaxed, **sochma** easy-going, **sócúlach** easy, **solúbtha** flexible

◊ **Is féidir linn éadaí ~ a chaitheamh.** We can wear informal clothes., **Is ocáid ~ é.** It's an informal occasion.

Neamhfhoirmiúil *adj⁴* informal; without form
aithnidiúil familiar, casual, **gan foirm** without form, **nach bhfuil de réir foirme** that does not correspond to form *(see also: neamhfhoirmeálta)*

Neamhfhoirmiúlacht *f (~a)* informality
cairdiúlacht friendliness, **comhráiteachas** colloquialism, **éascacht** easiness, **(an) gnáth** (the) ordinary, the ordinary thing, **neamhfhoirmeáltacht** informality, casualness, **réchúis** casualness, **seantaithí** familiarity, **sochaidearthacht** approachability, **sochmaíocht** easy-going attitude, **sócúlacht** easiness, comfort, **solúbthacht** flexibility

Neamhfhorbartha *adj⁶* undeveloped; underdeveloped
atá ag éirí chun cinn emergent, **beag** small, **gan forás** undeveloped, **gan forbairt** without development, undeveloped, **neamh-aibí** immature, unripe, **óg** young, **tearcfhorbartha** underdeveloped

≈ **Níl na carachtair forbartha a ndóthain sa scéal.** The characters are undeveloped/underdeveloped in the story.

Neamhfhreagrach *adj³* incompatible, inconsistent; not responsible
contrártha conflicting, **éaguibhreannach** incompatible, **gan bheith freagrach as** not to be answerable for, **meargánta** rash, **mí-oiriúnach (do)** unsuitable (for), **míréireach** dissonant; rebellious, **neamh-chomhoiriúnach** *(comp)* incompatible, **neamhréireach** incongruous, **neamhsheasmhach** inconsistent, variable, **ráscánta** facetious; *(when speaking)* irresponsible

Neamhfhreagrúil *adj⁴* unresponsive
deoranta aloof, **fuar** cold, unresponsive; numb, **fuarchúiseach** impassive, **gan aird** heedless, indifferent, **gan freagairt** with no response, **leamh** apathetic, **neamhbháúil** unsympathetic

Neamhfhuascailte *adj⁶* unsolved, unresolved
diamhair mysterious, dark, **dofhuascailte** insoluble, inextricable, **domhínithe** inexplicable, **doréitithe** insoluble, impossible to disentangle, **dothuigthe** impossible to understand, unintelligible, **gan freagairt** unanswered, **gan fuascailt** without resolution, unsolvable; unsolved, **gan mhíniú** unexplained; unexplainable, **mearbhlach** bewildering, baffling, **neamhréitithe** unresolved

Neamhghá *m (~)* unnecessary thing, non-requirement
babhta baoise piece of extravagance, **barraíocht** excess, **farasbarr** surplus, **iomarca** excess, **iomarcaíocht** superfluity; redundancy, **neamhriachtanas** non-requirement

Neamhghairmiúil *adj⁴* unprofessional
amaitéarach amateur, **ciotach** clumsy, crude; amateurish, **faoi bhun caighdeáin** substandard, **gan traenáil** without training; untrained, **maolscríobach** slipshod, shoddy, **míghairmiúil** unprofessional; amateurish, **neamhcheardúil** unworkmanlike, **neamhinniúil** incompetent; ineffectual, **neamhoilte** unskilled, inexpert, **neamhphroifisiúnta** unprofessional, **tuathalach** clumsy, awkward

Neamhghéilliúil *adj⁴* insubordinate, non-compliant
ceannairceach rebellious, mutinous, **dáigh** unyielding; obdurate, **dána** bold, **diongbháilte** diehard, gutsy, **dúshlánach** defiant, willing to challenge, **easumhal** disobedient, **greannach** challenging, defiant, **ládasach** laddish, self-willed, self-opinionated, **mícheansa** unsubmissive, **míghéilliúil** non-compliant, **miréireach** unruly; insubordinate, disobedient, **neamhshotalach** unsubmissive; impudent, **réabhlóideach** revolutionary, **reibiliúnach** rebellious, **sotalach** cheeky, **teann** firm, strong, confident (see also: *sotalach*)

Neamhghnách *adj⁵* unusual
aduain weird, alien, **annamh** rare, infrequent, **a thagann anois is arís** that comes now and again, **a thagann idir threallanna** intermittent, **as an ghnáth** out of the ordinary, unusual, **coimhthíoch** unfamiliar, alien; strange, **corr** erratic, odd, **deoranta** unfamiliar, strange, **éagoiteann** uncommon, **éagsamhalta** extraordinary; unimaginable, **éagsúlach** out of the ordinary, different, **fánach** occasional, **gan choinne** unexpected, out of the blue, **iontach** amazing, **luaineach** inconstant, fickle, **mearbhlach** erratic, **neamhchoitianta** uncommon, unusual, **neamhrialta** irregular, not regular, **neamhthipiciúil** atypical, **ócáideach** occasional, **randamach** random, **seachránach** wandering, unpredictable, **sonraíoch** noticeable, peculiar, **strainséartha** unfamiliar, strange, **suaithní** odd, extraordinary, **tanaí** thin, few, **taomach** fitful, spasmodic, **teagmhasach** incidental, casual, **tearc** sparse, rare, **treallach** fitful, sporadic, **uaineach** intermittent, **urghnách** *(meeting, motion, etc)* extraordinary

≈ **Is file as an ghnáth í.** She's an unusual poet., **Is rud as an ghnáth é.** It's unusual.

▲ **ainm ~** unusual name, **bronntanas ~** original present, **crógacht ~** exceptional courage, **cumais ~a** preternatural abilities, **cur chuige ~** unorthodox approach, **greann ~** offbeat/unusual humour, **iompar ~** aberrant behaviour, **léiriú ~** atypical portrayal, **sloinne ~** uncommon surname, **stíl ~** exotic style, **suíomh ~** unlikely scenario, **teas ~** abnormal heat

Neamhghníomhach *adj³* inactive; *(of work)* sedentary
ainéasca slow, inactive, **atá ina stad** stationary, **codlatach** sleeping, dormant, **díomhaoin** idle, **falsa** indolent, **faoi shuan** dormant, sleeping, **fuaraithe** *(cancer)* in remission, **gan bhogadh** immobile, **gan fostaíocht** without employment, **i mód codlata** *(comp)* in sleeping/sleep mode, lazy, **malltriallach** slow-moving, sedentary, **marbh** dead, **marbhánta** inert, languid, **neamhaistreach** intransitive, **neamhéasca** inactive; sluggish, **neamhghníomhaíochta** (> *neamhghníomhaíocht*) inactivity, **neamhghnóthach** unoccupied, not busy, **spadánta** sluggish, slow, **suanach** dormant

▲ **bolcán ~** inactive volcano, **cuntas ~** inactive account, **duine ~** inactive person, **víreas ~** inactive virus

Neamhghníomhaíocht *f (~a)* inactivity
codladh sleep, **díomhaointeas** idleness ; *(fin)* dormancy **easpa gníomhaíochta** lack of activity, **falsacht** indolence, **fuarú** *(med)* remission (cf **~ ailse** cancer remission), **leisciúlacht** laziness, **malltriall** *m (~a)* sluggishness, **mairbhe** *f* deadness, **marbhántacht** inertness, inertia, **spadántacht** inertia, sluggishness, **suanacht** dormancy, **suanaíocht** torpor, **táimhe** *f* torpidity, **támáilteacht** sluggishness

Neamhghlórmhar *adj¹* inglorious
droch-cháiliúil infamous, **drochmheasúil** contemptuous, disdainful, **drochtheiste** (> *drochtheist*) of ill repute, **easonórach** disgraceful, **fealltach** foul, **gráiniúil** abominable, **incháinte** reprehensible, **míbheartach** villainous, **míchlúiteach** disreputable, **náireach** shameful, **scannalach** scandalous, **smálaithe** stained, blotted, **suarach** mean, base, vile (see also: *náireach*)

◊ **impireacht ~ na Breataine** the inglorious British empire

Neamhghramadúil

Neamhghramadúil *adj⁴* ungrammatical
briste broken, **contráilte** erroneous, mistaken, **éalangach** defective, **earráideach** incorrect; filled with errors, **easnamhach** inadequate, wanting, **easpach** wanting, **fabhtach** flawed, **lochtach** faulty, **mícheart** incorrect, **neamhchruinn** inaccurate

Neamhghrámhar *adj¹* unloving
deoranta aloof, **fuar** cold, **fuaránta** frigid, **fuarchroíoch** cold-hearted, **gan chroí** heartless, uncaring, **gan ghrá** loveless, **neamhcheanúil** unaffectionate, **neamhrómánsúil** unromantic, **oighreata** icy, **síceapatach** psychopathic

Neamhinniúil *adj⁴* incompetent, unable
aineolach uninformed; witless, **amaitéarach** amateur, **amscaí** clumsy, **díchumasaithe** *(device)* disabled, put out of use, **éagumasach** incapable, impotent, **faoi mhíchumas** disabled, **gan chliú** without a clue, clueless, **gan mhaith** useless, **gan na scileanna cuí** without the appropriate skills, **míchumais** (> **míchumas**) *(med)* disabled (cf **lucht míchumais** the disabled), **míchumasaithe** disabled, **neamhcheardúil** unworkmanlike, **neamh-infheidhme** not fit for service, **neamhoilte** unskilled, untrained, **neamhúsáideach** unusable, **tuathalach** bungling, **tútach** artless, ham-fisted

Neamhinniúlacht *f (~a)* incompetence, inability
aineolas ignorance; witlessness, **amaitéaracht** amateurism, **amscaíocht** clumsiness, **éagumas** disability; inability, impotence, **easpa na scileanna cuí** lack of the appropriate skills, **míchumas** disability, handicap, **neamhábaltacht** inability, incapability, **neamh-infheidhme** unfitness for service, **neamhinmhe** immaturity, inability due to immaturity, **neamhoilteacht** lack of skill, lack of training, **neamhúsáid** inutility, **tuathalacht** bungling, **tubaisteoireacht** mischief-making; dangerous bungling

Neamhiomlán *adj¹* incomplete
bearnach fragmentary, with gaps, **briste** broken, **easnamhach** inadequate, deficient, **easpach** wanting, **gan bheith críochnaithe** not having been finished, **leath-** *pref* half-, **leathdhéanta** half-done, half-finished, **neamhchríochnaithe** unfinished, incomplete, **neamhfhoirfe** imperfect, **neamhleor** insufficient, inadequate, **páirt-** *pref* partial, **páirteach** partial, **srianta** restricted, **teoranta** limited, restricted, **uireasach** lacking, insufficient

Neamhionann *adj (pred only)* dissimilar, disparate, not identical
aimhrialta anomalous, **ar leith** disparate, **dibhéirseach** divergent, **difriúil** different, **éagsúil** different, various, **ilchineálach** heterogeneous, **mífheiliúnach** incompatible, **mífhreagrach** non-corresponding, **nach bhfuil mar an gcéanna** that are not the same, **neamhchosúil** unalike, dissimilar, **neamhionann** unidentical, **neamhghaolmhar** unrelated

Neamhiontaofa *adj⁶* unreliable, untrustworthy
cealgach deceitful, **éadairiseach** disloyal, untrustworthy, **fealltach** treacherous; deceitful, **gan iontaoibh** unreliable, **meabhlach** deceitful, duplicitous, **meilmeach** deceitful, guileful, **míchreidiúnach** untrustworthy, **mí-ionraic** dishonest, **neamhdhiongbháilte** undependable, insecure, **neamhfhónta,** unsound, undependable, **neamh-mhuiníneach** unreliable

▲ **finné** ~ unreliable witness

◊ **Is eol do chách nach féidir a bheith ag brath ar an gcóras seo.** This method is notoriously unreliable.

Neamhiontaofacht *f (~a)* unreliability, untrustworthiness
cealg *f* deceit, **éadairise** inconstancy, untrustworthiness, **fealltacht** treacherousness; deceitfulness, **meabhlaí** treachery, duplicity, **meabhlaireacht** deceiving, acting treacherously, **meilm** deceit, guile, **míchreidiúnacht** untrustworthiness, **mí-ionracas** dishonesty, **neamhfhóntacht** unsoundness, undependability, **neamh-mhuinín** unreliability

Neamhiontach *adj³* unsurprising
aithnidiúil familiar, recognised, **coiteann** common, general (cf **dlí coiteann** common law, **faoistin choiteann** general confession), **coitianta** commonplace, usual, **comónta** common, **deargna** *(lit)* ordinary, undistinguished, **gan aird** undistinguished, **gan tábhacht** indifferent, **ginearálta** general, **gnách** ordinary, usual, **gnáth-** *pref* usual, customary, **gnáthúil** customary, **lagmheasartha** mediocre, **neamhiomráiteach** of little repute, small-time, **neamhshuntasach** unremarkable, **síorghnách** humdrum, **tipiciúil** typical *(see also: gnách)*

≈ **Ní iontas é an chíor thuathail uile seo.** All this chaos is unsurprising., **Níor chuir an toradh seo ionadh ar bith orm.** I found this result completely unsurprising.

Neamhléannta *adj⁶* unlearned
aineolach ignorant, **gan foghlaim** untaught, unlearned, **gan scolaíocht** unschooled, **gan teagasc** untutored, **míréasúnta** unreasonable, **neamhacadúil** unacademic; practical, **neamhliteartha** illiterate; unlettered, **neamhréasúnach** irrational, **neamhscolártha** unscholarly, **scaipthe** *(thoughts)* scattered

Neamhleanúnach *adj³* non sequitur; discontinuous
anordúil chaotic, **bearnach** having gaps, fragmented, **briste** broken, **fánach** wandering, random, **gan leanúnachas** without continuity, **míloighciúil** illogical, **nach luíonn le réasún** that doesn't stand to

reason, **nach mbítear á dhéanamh níos mó** that is no longer being done, **randamach** random, **scaipeach** incoherent, disconnected, **scaoilte** loose, **scortha** discontinued, **trí chéile** confused

Neamhliteartha *adj6* illiterate; unlettered
gan foghlaim uneducated, **gan léamh** unable to read, **gan léann** without learning, **gan oideachas (foirmeálta)** without (formal) education, **gan scolaíocht** unschooled, **gan scríobh** unable to write *(see also: neamhléannta)*

Neamhliteathacht *f (~a)* illiteracy
aineolas ar an teicneolaíocht technological illiteracy, **aineolas ar léamh** inability to read, **aineolas ar scríobh** inability to write, **easpa tuisceana ar ríomhairí** computer illiteracy, **neamhábaltacht** inability, **neamhinniúlacht** inability, incompetence

Neamh-mhaorga *adj6* undignified, unimposing
íseal ignoble, **míchuibhiúil** indecorous, **neamhchéimiúil** undistinguished, **neamhghalánta** inelegant, **neamhríoga** unregal, **neamhthaibhseach** unostentatious, unimposing, **neamhurramach** disrespectful

≈ **Iompar gan dínit a bhí ann.** It was undignified behaviour., **Ní léireodh sin an dínit chuí.** That would be undignified.

Neamh-mhuinín *f (~e)* lack of trust, lack of confidence
amhras doubt, **cealg** *f* deceit, **éiginnteacht** uncertainty, **éadairise** disloyalty, undependability, **fealltacht** treacherousness; deceitfulness, **meabhal** treachery, duplicity, **meabhlaireacht** deceiving, acting treacherously, **meilm** deceit, guile, **míchreidiúnacht** untrustworthiness, **mí-ionracas** dishonesty, **neamhchinnteacht** uncertainty, doubt, **neamhfhóntacht** unsoundness, unfitness, undependability, **neamhiontaofacht** unreliability, untrustworthiness

≈ **Airíonn daoine easpa muiníne sa chóras.** People feel a lack of confidence in the system., **Tagann an naimhdeas as easpa féinmhuiníne.** The hostility comes from a lack of self-confidence.

Neamh-mhuiníneach *adj3* untrustworthy; lacking in confidence
cealgach deceitful, **éadairiseach** disloyal, undependable, **fealltach** treacherous; deceitful, **meabhlach** deceitful, duplicitous, **meilmeach** deceitful, guileful, **míchreidiúnach** untrustworthy, **mí-ionraic** dishonest, **neamhdhiongbháilte** undependable, insecure, **neamhfhónta** unsound, undependable, **neamhiontaofa** unreliable, untrustworthy

Neamhní *m (~; -nithe)* nothing, void, naught
dada nothing; whit, tittle, **dearbhnialas** absolute zero, **dheamhan a dhath** not even a hint of it, **faic** nothing, **faic na fríde** nothing at all, **foilmhe** emptiness, **náid** zero, nought, **neodar** nothing; neuter, **nialas** zero, **oiread na fríde** tittle, hardly anything, **pioc** iota, pick, **ruainne** *m* jot, **rud ar bith** *(with negative)* nothing whatsoever, **tada** iota, nothing *(see also: dada)*

◊ **ar ~ go hiomlán** null and void, **conradh a chur ar ~** to void a contract, **cuir ar ~** make void, nullify, **Cuireadh an ciontú ar ~.** The conviction was quashed., **pósadh a chur ar ~** to annul a marriage

Neamhoibritheach *adj3 (device)* inoperative, not working
as feidhm out of action, non-functioning, **as gléas** out of (working) order, **briste** broken, **neamhfheidhmiúil** non-functional, out of use

≈ **Tá na t-ardaitheoir as gléas.** The lift is out of order/inoperative.

Neamhoilte *adj6* untrained
aineolach ignorant, **gan oiliúint** without training, untrained, **gan taithí** without experience, inexperienced, **glas** green, raw, **neamhchleachtach** unpractised, **neamheolach** uninformed, oblivious, ignorant, **núíosach** rookie, raw, **tútach** artless

≈ **Níl sí traenáilte fós.** She is still untrained.

Neamhoiriúnach *adj3* unsuitable
as áit out of place, **dochuibhrinn** *(phil)* incompatible, **éaguibhiúil** improper, unseemly, **faoi choimhlint** non-compatible, incompatible, **míchaoithiúil** inconvenient, **míchuí** inappropriate, improper, undue, **míchuibhiúil** unfitting, unseemly, **mífheiliúnach** incongruous, unsuitable, inapt, **mífhóirsteanach** unsuitable, **mígheanasach** indecent, **mí-oiriúnach** unsuitable, **miréireach** incongruent, **míthráthúil** untimely, ill-timed, **neamhchuí** inappropriate, **neamh-chomhoiriúnach** *(tech, comp)* non-compatible, **neamhfhóinteach** unserviceable, unsuitable, **neamhfhóirstineach** inappropriate, inapt

▲ **ábhar ~** unsuitable content, **ionad ~** unsuitable venue

≈ **Níl sé oiriúnach do pháistí.** It's unsuitable for children.

Neamhoiriúnacht *f (~a)* unsuitability, non-compatibility
coimhlint conflict, **dochuibhrinne** *(phil)* incompatibility, **éaguibheas** impropriety, unseemliness, **feiceálacht** ostentation, showiness, **míbhéasaíocht** ill-mannerliness, **míchaoithiúlacht** inconvenience, **míchuibheas** *f* inappropriateness, impropriety, **mífheiliúnacht** incongruity, unsuitability, **mígheanas** indecency, **mí-oiriúnacht** inappropriateness, unsuitability, **miréir** disobedience, **míthráthúlacht** untimeliness, bad timing, **neamh-comhoiriúnacht** *(tech, comp)* non-compatibility

Neamhhornáideach *adj³* unornamented, unornate
gan mhaisiú without decoration, **gan ornáideachas** without ornamentation; plain, without dressing up, **gan ornáidí** without ornaments, **gan ornáidiú** unadorned, without embellishing, **gnáth-** *pref* ordinary, **idir mhaith agus olc** both the good and the bad, warts and all, **lom** bare, **nádúrtha** natural, **neamhbhalbh** forthright, **neamh-mhaisithe** undecorated, plain, **neamh-mhóiréiseach** unpretentious, **neamhvearnaiseálta** unvarnished, **simplí** simple, plain

Neamhphearsanta *adj⁶* impersonal
coimhthíoch impersonal, unfriendly, standoffish (eg **cathair choimhthíoch** impersonal city), **fuarchúiseach** dispassionate, unemotional, **neamhchlaonta** unbiased, detached, **neamhchorrabhuaiseach** unemotional, self-possessed, unperturbed, **neamhchorraithe** unruffled, untouched emotionally, **neamhleasmhar** disinterested (cf **páirtí neamhleasmhar** disinterested party), **neamhshuaite** unruffled, unagitated, **oibiachtúil** objective

Neamhphraiticiúil *adj⁴* impractical
acadúil academic, **áiféiseach** absurd, **éigiallta** senseless, foolish, **craiceáilte** crazy, off-the-wall, **dodhéanta** undoable, unfeasible, **doláimhsithe** unmanageable, **do-oibrithe** unworkable, **gan dealramh** fanciful, **idéalach** idealistic, **míréadúil** fanciful, airy-fairy, unrealistic, **míréasúnta** unreasonable, irrational, **neamhfhéideartha** (phil) impossible, **neamhréalaíoch** unrealistic

≈ **Níl sé praiticiúil.** It's impractical.

Neamhréalaíoch *adj⁵* unreal; unrealistic
áiféiseach ridiculous, **amaideach** silly, **baoth** foolish, **bréagach** false, **bréige** (> **bréag**) pseudo, fake; pretend, **fantaiseach** fantastical, **fíorúil** virtual, **gan bun ná barr** off-the-wall, **gan chiall** senseless, **idéalaíoch** idealistic, **míréadúil** fanciful, airy-fairy, unrealistic, **neamhréadúil** (lit) unrealistic, **samhalta** unreal; imaginary, **samhlaíoch** imaginative, **samhlaíochta** (> **samhlaíocht**) imagination, **seafóideach** nonsensical

▲ **mothú** ~ unreal feeling

≈ **Ní féidir spriocanna mar iad seo a bhaint amach.** Targets like these are unrealistic.

Neamhréaltacht *f (~a; ~aí)* unreality
aistíl weirdness, **bréag** lie, **coimhthíos** strangeness; alienation, **cur i gcéill** pretence; affectation, **domhan fíorúil** virtual world, **neamhréireacht** incongruity, **samhaltacht** unreality, **samhlaíocht** imagination, **seápáil** posturing, **stoiteacht** detachment, feeling of aloofness

Neamhrialta *adj⁶* irregular
aimhrialta irregular, not in accordance with the rules, **annamh** rare, infrequent, **corrach** unsettled, restless, **de thaisme** by accident, **éagothrom** uneven, irregular, **fánach** occasional, **fánóideach** haphazard, aimless, **gan bheith rialta** not regular, **gan choinne** unexpected, out of the blue, **luaineach** inconstant, fickle, **mearbhlach** erratic, **mírialta** irregular; not at equal intervals, **neamhchoitianta** infrequent, uncommon, **neamhghnách** unusual, **neamhleanúnach** lacking in continuity, **ócáide** (> **ócáid**) occasional, **ócáideach** casual, **randamach** random, **seachránach** unpredictable, **speisialta** special, **taomach** spasmodic, **teagmhasach** incidental, casual, **uaineach** intermittent, **urghnách** (meeting, motion, etc) extraordinary

≈ **Ní bhaineann seo leis an ghnás in aon chor.** This is highly irregular.

Neamhscrupallach *adj³* unscrupulous
cam crooked, **corbach** corrupt, **éillitheach** corrupt, corrupting, **fealltach** cheating; deceitful, **gan phrionsabail** unprincipled, **gan scrupall** without scruples, unscrupulous, **mímhacánta** dishonest, **neamhphrionsabálta** unprincipled

≈ **Tá sé gan scrupall ar bith.** He is totally unscrupulous.

Neamhshaolta *adj⁶* unworldly
aduain creepy, weird, **diamhair** mysterious, **eisnádúrtha** preternatural, **éitreach** ethereal, **nach bhfuil den saol seo** that isn't of this world, otherworldly, **osnádúrtha** supernatural, **siúil** (> **siúl**) haunted (cf **teach siúil** haunted house), **tarchéimnitheach** transcendent, **uaigneach** eerie

Neamhsheachránach *adj³* infallible; unstraying
buan abiding, enduring, **buanseasmhach** durable, unwavering, **cruinn ceart i gcónaí** unerring, **daingean** secure, steadfast, **diongbháilte** unfaltering, steadfast, **do-earráideach** infallible, **feistithe** fixed, **fódúil** well grounded, stable, **gan teip** unfailing, **iontaofa** dependable, reliable, **muiníneach** reliable, **nach dtéann ar strae choíche** unstraying, **seasmhach** steadfast, reliable **seasta** steady

≈ **Níl duine ar bith gan locht.** No one is infallible.

Neamhsheasmhach *adj³* unstable, unsteady
ar bogadh loose, wobbly, **ar forbhás** top-heavy, unstable, **corrach** restive, restless, **éadaingean** insecure, unsteady, infirm, **éagobhsaí** unstable, **guagach** wavering, unsteady, **liongánach** wobbly, **luaineach** fickle, **lúbach** bending, pliable, vacillating, **míshocair** disconcerted, unsettled, unquiet, **neamhchónaitheach** inconstant, non-residing; (hist) absentee (cf **tiarna neamhchónaitheach** absentee landlord), **neamhdhaingean** unsteadfast, unsolid, **neamhdhiongbháilte** unsteadfast, insecure, **neamhfhorasta** unstable, **neamhiontaofa** unreliable, **neamhsheasmhach** (gov) unsteady, unstable,

Neamhsheasmhacht *f (~a)* instability; unsteadfastness
bogadh movement, shifting, **díchreideamh** lack of faith, **éadaingne** irresolution, unsteadiness, **éadairise** inconstancy, disloyalty, **éagobhsaíocht** instability, **guagacht** wavering, unsteadiness, **liongánacht** wobbliness, **lochtaíl** falseness, wickedness, **luaineacht** fickleness, **luathintinn** fickleness, **lúbadh** bending, vacillating, **malartacht** variability, changeability, **mídhílseacht** disloyalty, **míshocracht** unsteadiness, unsettled condition, **neamhchinnteacht** uncertainty, **neamhdhaingne** unsteadfastness, unsecured condition, lacking resolve/firmness, **neamhdhiongbháilteacht** unsteadfastness, insecurity, **neamhfhorastacht** instability, lacking gravity, unsteadiness, **neamhiontaofacht** unreliability, **neamhshocracht** instability, unsteadiness, **ruais** flightiness, **scaoilteacht** looseness, **sleamhaine** slipperiness, **treallaí** capriciousness, changeability, **udmhaille** *f* uncertainty, instability

Neamhsheicteach *adj³* non-sectarian
iolraíoch pluralistic, **neamhpholaitiúil** non-political, **neamh-shainchreidmheach** non-denominational, **oscailte** open, **tuata** secular (cf **oideachas tuata** secular education)

Neamhshlachtmhar *adj¹* untidy
amscaí unkempt, careless, **bunoscionn** upside-down, muddled, **cosúil le cró muice** (eg room) like a pigsty, **gan slacht** untidy, careless, **giobach** ragged, shaggy, untidy, **graifleach** coarse, rugged, **ina chíor thuathail** shambolic, complete mess, every which way, **leibéiseach** careless, slovenly, **liopasta** fumbling, awkward, **lóipíneach** slovenly, untidy, **míneáta** untidy, messy, **mí-ordúil** disorderly, **neamhchríochnúil** untidily finished, **neamhdheismir** untrimmed, untidy, **neamhfhuinte** unshapely, untidy, **neamhsciobalta** untidy; untidily dressed, **scleoidiúil** slovenly, slatternly, **scrábach** scrawly, **slapach** sloppy, slovenly, **slibrí** slipshod, slovenly, **sraoilleach** tattered, bedraggled, **tóin thar cheann** (vulg) arseways, **trí chéile** disorderly, jumbled

Neamhshocair *adj irr (see: socair)* unsettled, unsteady
anacair uneasy, unsteady, **bacach** halting, **bearnach** having gaps, gapped, **briste** broken, lacking regular rhythm, **corrabhuaiseach** uneasy, confused, **corrach** unsteady; restless, **corrthónach** fidgety, **éadaingean** irresolute, unstable, **giodamach** giddy, frisky, restless, **guagach** wavering, unsteadiness, **guairdeallach** circling restlessly, **liongánach** wobbly, **luaineach** fickle, vacillating, **míchompordach** uncomfortable, **míshocair** restless, **míshuaimhneach** uneasy, perturbed, **neamhchinnte** uncertain, unsure, **neamhdhaingean** unsteadfast, insecure, unsolid, **neamhdhiongbháilte** unsteadfast, insecure, **neamhshochraithe** unsettled; undecided, **stadach** stopping and starting, unsteady (eg **Tá an sruth uisce stadach.** The flow of water is unsteady.), **tuisleach** faltering, stumbling, **udmhall** restless, uncertain

◊ **bheith ~ ar do chosa** to be unsteady on your feet
≈ **Níl bun ar an aimsir.** The weather is unsettled.

Neamhshocracht *f (~a)* unsteadiness, unrest
anbhuain restlessness, unease, **bogadh** movement, shifting, **corraíl** stir, agitation, **éadaingne** irresoluteness, instability, **guagacht** wavering, unsteadiness, **liongánacht** wobbliness, **luascán** wavering, swinging; *(play)* swing, **luaineacht** fickleness, **lúbadh** bending, **míshocracht** instability, **neamhdhaingne** unsecured condition, **neamhdhiongbháilteacht** unsteadfastness, insecurity, **neamhshuaimhneas** uneasiness, **ruaiseacht** fickleness, giddiness, flightiness, **ruathaireacht** flightiness; gadding about, **scaoilteacht** looseness, **udmhaille** (lit) *f* uncertainty, instability

Neamhshuim *f (~e)* indifference; lack of interest, uninterest
deorantacht aloofness; **easpa spéise** lack of interest, **easpa suime** lack of interest, **fuaraigeantacht** imperturbability, cool-headedness, **fuarchúis** detachment; indifference, **fuarspreosaí** indifference, **neamhaird** inattention, disregard, **neamh-aire** heedlessness, want of care, **neamhchorrabhuais** nonchalance, **neamhspéis** indifference, disinterest, **neamhthoradh** disregard, **patuaire** apathy, **réchúis** laid-back attitude, casualness, **réidhe** indifference, **scoiteacht** detachment

▲ **~ an phobail** public indifference
≈ **Is cuma liomsa sa sioc.** It is a matter of complete indifference to me., **Bhí sé ar nós cuma liom.** He showed complete indifference.

Neamhshuimiúil *adj⁴* uninteresting
comónta banal, **beagthábhachtach** of little importance, **dearóil** bleak, **fadálach** tedious, dilatory, **faidréiseach** prolonged, tedious, **faon** languid, limp, **gan aird** insignificant, **gan spéis** uninteresting, **gan spreách** without spark, **gan tábhacht** unimportant, **gan tinfeadh** uninspired, **lagspreosach** lukewarm, listless, **leadránach** boring, **leamh** insipid, **liosta** dull, **marbhánta** lethargic, lifeless, **monatonach** monotone, **neafaiseach** trite, trivial, **neamhábhartha** immaterial, extraneous, irrelevant, **neamhchorraitheach** unexciting, unmoving, **neamhshubstaintiúil** without substance; insubstantial, **neamhspéisiúil** uninteresting, forgettable, **neamhthábhachtach** unimportant, **siléigeach** dragging on, never getting to the point, **tirim** dry, **tuirsiúil** tedious, tiring, wearisome, **tur** arid

Neamhshuntasach *adj³* inconspicuous, unobtrusive
as radharc out of sight, **dobhraite** undetectable, imperceptible, **dofheicthe** invisible, unseen, **folaithe** hidden, latent, **formhothaithe** imperceptible, undetectable, **i bhfolach** concealed, **neamhfheiceálach** inconspicuous, unobtrusive

≈ **Níor tharraing sé aird air féin.** He was inconspicuous.

Neamhspéis *f (~e)* uninterest, indifference
deorantacht aloofness; **easpa spéise** lack of interest, **easpa suime** lack of interest, **fuarchúis** detachment; indifference, **neamhshuim** indifference; lack of interest, **neamhthábhacht** unimportance *(see also: neamhshuim)*

Neamhspéisiúil *adj⁴* uninteresting, forgettable
fadálach tedious, dilatory, **faidréiseach** prolonged, tedious, **faon** languid, limp, **gan spréach** without spark, **gan spreagadh** uninspiring; uninspired, **leadránach** boring, **leamh** insipid, **neamhchorraitheach** unexciting, unmoving, **neamhshuimiúil** uninteresting, **neamhthábhachtach** unimportant, **tuirsiúil** tedious, tiring, wearisome *(see also: neamhshuimiúil)*

Neamhspleách *adj⁵* independent; autonomous
ardcheannasach predominant, supreme, sovereign, **ceannasach** sovereign, **féinchinntitheach** self-determining, **féinfhostaithe** self-employed, **féinrialaithe** self-regulating, **féinrialaitheach** autonomous; self-governing, **féintuilleamaíoch** self-reliant, **gan bheith ag brath ar aon duine** unbeholden to anyone, **indibhidiúil** individual, **indibhidiúlach** individualistic, **neamhailínithe** unaligned, non-aligned, **neodrach** neutral, **saor** free

▲ **breithneoir** ~ independent adjudicator, **foirm** ~ *(gram)* independent form, **iarrthóir** ~ independent candidate, **iriseoir** ~ non-aligned journalist, **rialtas** ~ independent government

◊ **Is duine breá ~ é.** He's very much his own person.

Neamhspleáchas *m (-ais)* independence
ardcheannas predominance, supremacy, sovereignty, **ceannas** sovereignty, **féinchinneadh** self-determination, **féinriail** autonomy; self-governance, **féinrialú** self-regulation, **féintuilleamaí** self-reliance, **indibhidiú** individuation; individuating, **indibhidiúlachas** individualism, **indibhidiúlacht** individuality, **neamhthuilleamaí** *(livelihood)* independence; independent means, **neodracht** neutrality, **saoirse** freedom

Neamhthábhacht *f (~a)* unimportance, insignificance
beag small thing; slightness, **beagluach** cheapness, worthlessness, **beagmhaitheas** *f* worthlessness, uselessness, **mionrud** minor thing, triviality, **neamhábharthacht** irrelevance, **neamhbhrí** insignificance, **neamhfhiúntas** worthlessness; triviality, **neamhiarmhairt** inconsequence, **neamhiarmhartaí** inconsequentiality, **neamhní** nothing, naught, **neamhriachtanas** unnecessary thing, non-essential; non-issue, **rud gan tábhacht** thing of no importance, **scalltacht** paltriness, **spreasántacht** worthlessness, insignificance, **suarachas** pettiness, petty thing

Neamhthábhachtach *adj³*
1. unimportant, insignificant
beagluachach cheap, worthless, **beagmhaitheasach** worthless; useless, **gan tábhacht** of no importance, **neamhábhartha** irrelevant, **neamhbhríoch** insignificant, **neamhfhiúntach** worthless; trivial, **neamhiarmhartach** inconsequential, **neamhnitheach** void, worthless, **neamhriachtanach** unnecessary, non-essential, **neamhshuntasach** insignificant, **scalltach** paltry, **suarach** petty
2. undistinguished, of small repute
beag small, **beag le rá** not much to be said about, **gan aitheantas** unrecognised, unsung, **gan chreidiúint** unhonoured, **íseal** lowly, **mícháiliúil** ill-famed, infamous, **míchlúiteach** infamous, **neamhaitheanta** unrecognised, overlooked, **neamhiomráiteach** little-known, of small repute, **uiríseal** extremely lowly

Neamhthairbheach *adj³* of no benefit, useless; fruitless
beagmhaitheasach of little use, useless, **éadairbheach** futile, **fritorthúil** counter-productive, **gan bheith cabhrach** unhelpful, **gan chiall** senseless, **gan mhaith** useless, **gan tairbhe** without benefit, useless, **in aisce** futile, **mí-éifeachtach** ineffective, ineffectual, **mífhóinteach** useless; impractical, **mímhaitheasach** useless; detrimental, **neamhéadálach** ungainful, unprofitable, **neamhéifeachtach** ineffectual, **neamhfhónta** useless, not worthwhile, **neamhtháirgiúil** unproductive, **neamhthorthúil** fruitless; infertile, **neamhúsáideach** useless, of no use

Neamhthaithí *f (~)* inexperience, lack of experience
aimhe rawness, **easpa cleachtaidh** lack of practice, **easpa taithí** lack of experience, **glaise** greenness; being wet behind the ears, **neamhchleachtadh** inexperience, **núíosacht** newness, **soineantacht** naivety

Neamhtheoranta *adj⁶* unlimited, unrestricted
as cuimse boundless, **as miosúr** beyond measure, **do-áirithe** incalculable, **do chách** for everyone, **dochuimsithe** illimitable, boundless, **éaguimseach** immoderate, unbounded, **éaguimsithe** boundless, **éigríochta** infinite, **flúirseach** abundant, **gan chríoch** without end, **gan deireadh** without end, **gan teorainn** without limit (cf **rochtain gan teorainn ar an idirlíon** unlimited access to the internet), **neamhchríochta**

(math) non-terminating, **neamhchuimseach** limitless, exceeding, **neamhchuimsithe** unlimited, **neamhghann** unrestricted, plentiful, **oscailte** open, **poiblí** public, **síoraí** eternal

Neamhthoiliúil *adj⁴* involuntary

ainneonach involuntary (cf **iomarcaíocht ainneonach** *(busn)* involuntary redundancy), **athfhillteach** *(med)* reflex (eg **gníomh athfhillteach** reflex action), **éadoilteanach** involuntary, **frithluaileach** reflex (cf **gníomhú go frithluaileach** acting by reflex), **gan choinne** unexpected, **instinneach** instinctive, **neamhbheartaithe** unintended, unplanned, **neamhdheonach** involuntary (cf **dúnorgain neamhdheonach** *(jur)* involuntary manslaughter), **spontáineach** *(sci)* spontaneous, **tobann** sudden, **uaidh féin** by itself

Neamhthoilteanach *adj³* unwilling, reluctant

drogallach reluctant, **doicheallach** grudgingly, **gan bheith sásta** unwilling, not willing, **in aghaidh mo thola** against my will, **leasc** reluctant (cf **Ba leasc liom é a rá.** I was reluctant to say it.), **mífhonnmhar** unenthusiastic, disinclined, **míshásta** awkward (eg **bheith míshásta faoi achainní a dhéanamh** to feel awkward about making a request), **neamhfhonnmhar** unkeen, reluctant

Neamhthoradh *m (-aidh)* fruitlessness

aimride sterility, **aimrideacht** sterility, **beagmhaitheas** *f* uselessness; worthlessness, **beart ó chrích** unsuccessful enterprise, **éadairbhe** futility, **easpa tairbhe** unproductiveness, **loime** bareness; barrenness, **mírath** misfortune, **neamhéifeacht** ineffectualness, inefficacy, **neamhthairbhe** *f* fruitlessness; unprofitableness, **neamhtháirgiúlacht** unproductiveness, **neamhthorthúlacht** infertility, **seisce** barrenness. **teip** failure

Neamhthorthúil *adj⁴* unfruitful, infertile; pointless

aimrid sterile, **beagmhaitheasach** useless; worthless, **éadairbheach** futile, unprofitable, fruitless, **gan tairbhe** unproductive, without benefit, **in aisce** futile, **lom** bare; barren, **neamhéadálach** ungainful, unprofitable, **neamhéifeachtach** ineffectual, **neamhthairbheach** fruitless; unprofitable, **neamhtháirgiúil** unproductive, **seasc** barren

≈ **iarrachtaí gan toradh** fruitless efforts, **Ní raibh a dhath ar a shon.** It was fruitless/pointless., **turas in aisce** fruitless journey

Neamhthréitheach *adj³* unaccomplished, untalented

éagumasach incapable; impotent, **gan spreagadh (ar bith)** (totally) uninspired, **gan tallann** untalented, without talent, **leamh** uninspired, pedestrian, dull, **neamhacmhainneach** unresourceful, **neamhchliste** unintelligent, of modest ability, **neamhealaíonta** unartistic, **neamhinniúil** incompetent, unable

Neamhthrócaireach *adj³* merciless, ruthless

brúidiúil brutal, **crua** hard, **cruachroíoch** hard-hearted, **cruálach** cruel, **eadrócaireach** unmerciful, **fuarchroíoch** callous, cold-hearted, **gan chroí** heartless, **gan taise** compassionless, **gan trócaire** merciless, **gan trua** pitiless, **géar** harsh, **mícharthanach** uncharitable, **míchineálta** unkind, **mídhaonna** inhuman, **míthrócaireach** merciless, pitiless, **neamhchríostúil** unchristian, uncharitable, **neamhdhaonchairdiúil** unphilanthropic, **neamhdhaonnachtúil** inhumane, **neamhdhuineata** inhuman, **neamhthruach** pitiless, **neamhthruamhéalach** pitiless, **sádach** sadistic, **suarach** mean, base

Neamhthuillte *adj⁶* unearned; unmerited, undeserved

éagórach unfair, **faighte go héagórach** unfairly acquired, **gan cúis mhaith** without good reason, **gan ghá** needless, **gan údar** unwarranted, **mícheart** wrong

Neamhúdaraithe *adj⁶* unauthorised

ceilte hidden, **coiscthe** prohibited, **gan cead** unpermitted, **gan údarás** unauthorised, **i modh rúin** off the record, **neamhcheadaithe** unapproved, **neamhcheadúnaithe** unlicensed, **neamhfhaofa** unapproved, **neamhoifigiúil** unofficial, **píoráidithe** pirated, **toirmiscthe** proscribed

Neamhullamh *adj (pred only)* unready

aniar aduaidh by surprise (cf **teacht ar dhuine aniar aduaidh** to take a person by surprise), **gairid** short (cf **breith gairid ar dhuine** to catch a person napping), **neamh-aire** *f* state of being off guard (cf **breith ar dhuine ar a neamhaire** to catch a person off guard), **neamh-aireach** heedless, while not paying attention, **neamhréidh** unready, **neamhullmhaithe** unprepared

Neamhurchóid *f (~e)* innocence, harmlessness, inoffensiveness

fíréantacht righteousness, **geanmnaíocht** chastity, purity, **glaineacht** purity, **iontaoibh** trust, **macántacht** probity, **maighdeanas** virginity, **maitheas** *f* goodness, **muinín** trust, **neafais** innocuousness, **neamhchiontacht** guiltlessness, **neamhdhochraí** harmlessness, inoffensiveness, **neamhlochtaí** faultlessness, blamelessness, **neamhpheacúlacht** sinlessness, **saontacht** naivety, **soineantacht** guilelessness; naivety, **suáilceas** virtuousness

Neamhurchóideach *adj³* innocent, harmless, inoffensive

fíréanta righteous, **gan locht** faultless, blameless, **gan smál** stainless, immaculate, **geanmnaí** chaste, pure, **glan** pure, **iontaobhach** trusting, **macánta** honest, decent, **maighdeanúil** virginal, **maith** good, **muiníneach** trusting, **neafaiseach** innocuous, **neamhchiontach** guiltless, not guilty,

neamhdhíobhálach harmless, **neamhdhochrach** harmless, inoffensive, **neamhlochtach** faultless, blamelessness, **neamhpheacúil** sinless, **saonta** naive; gullible, **sochomhairleach** amenable to advice; docile, tractable, **soghluaiste** gullible, credulous, **soineanta** guileless; naive, **suáilceach** virtuous

Neamhúsáideach *adj³* useless, of no use
beagmhaitheasach of little use, useless, **éadairbheach** futile, **fritorthúil** counterproductive, **gan bheith cabhrach** unhelpful, **gan chiall** senseless, **gan mhaith** useless, **gan tairbhe** without benefit, useless, **in aisce** futile, **mí-éifeachtach** ineffective, ineffectual, **mífhóinteach** useless; impractical, **mímhaitheasach** useless; detrimental, **neamhéifeachtach** ineffectual, **neamhfhónta** useless, not worthwhile, **neamhthairbheach** fruitless; unprofitable, **neamhtháirgiúil** unproductive, **neamhthorthúil** fruitless, without result

Neamhúsáidte *adj⁶* unused
bán blank, **dífhostaithe** unemployed, **díomhaoin** idle, **fágtha** remaining, **fuílligh** (> *fuílleach*) surplus, **glan** clean, **maighdeanúil** untouched, virginal, **marbh** dead (cf **airgead marbh** dead money), **neamhshaothraithe** (*land*) virgin, unexploited, **nua** new, **úr** fresh, **úrnua** brand-new

Neart *m (nirt)*
1. strength
ábaltacht capability, **airde** loudness, volume, **áititheacht** cogency, **áitiús** conviction, resolution, **arrachtas** brawn, toughness, strength, **ar theann mo dhíchill** with all my might, **brí** strength, vigour, **buaine** durability, **buanfas** resilience, **buanseasmhacht** fortitude, robustness, **buntáiste** advantage, **cnámh droma** backbone, **comhchruinniú** (*geology*) concentration, **comhdhíriú** concentration, **cruas** toughness, **cúl taca** mainstay, **cumas** capability, capacity, **cumhacht** power, **daingne** staunchness, firmness, **déine** intensity, **dianmhachnamh** deep deliberation, concentration, **dígeantacht** pertinacity, **diongbháilteacht** resoluteness, **díriú** focus, concentration, **dochloíteacht** invincibility, **doscúiche** toughness, hardness, **dúthracht** fervency, **éifeacht** potency, force, effect, **éifeachtacht** efficacy, competence, **éitir** vigour, strength, **feidhmiúlacht** effective force, efficacy, **féitheog** sinew, muscle, **foirtile** fortitude, **forneart** superior strength, **fórsa** force, **fortúlacht** prowess, strength, **fuinneamh** energy, **gustal** resources, **inmhe** strength acquired by maturity, **láidreacht** strength, **láthar** strength, vigour, **matán** muscle, **miotal** mettle, spirit, **neartmhaire** vigorousness, **oirbheartas** prowess, power, **righne** toughness, **sea** *m* ardour, strength (cf **nuair a bhí sí ina sea** when she was in her prime), **sláinte** *f* health, **stóinseacht** staunchness, robustness, **storrúlacht** vigour, vehemence, **tathag** brawn, weightiness, **teacht aniar** stamina, staying power, **téagarthacht** stoutness, **tiúchan** *f (-ana) (cu, chem, etc)* concentration, **tiús** density, **treise** might, strength, **troime** weightiness, **urra** *m* **coirp** physical strength, **urrúntacht** robustness, **urrús** prowess

▲ ~ **an mhothúcháin** the emotional intensity, ~ **an namhad** the might of the enemy, ~ **na cóireála** the efficacy of the treatment, ~ **na hargóinte** the cogency of the argument, ~ **na mban** the fortitude of the women, ~ **na pléisce** the force of the explosion, ~ **na stoirme** the strength of the storm

◊ **géilleadh don** ~ to yield to force, **le ~ áthais** from sheer joy, **Ná cuir tú féin thar do ~!** Don't strain yourself!, Don't overdo it!, **Níl ~ air.** It can't be helped., **Ní raibh ~ agam orm féin!** I couldn't help myself!, **Ól as a ~ é!** Drink it neat!

P **Ní ~ go teacht le chéile!** There is strength in unity!, **Níl ~ ar an mbás.** There is no cure for death.

2. plenty
a lán a lot, **an dúrud** loads, **carn** pile(s), stacks, **cuid mhór** big lot/share, **cuimse** good amount/number, **dalladh** lots, **dlús** fullness, abundance, **dóthain** sufficiency, **fairsinge** extensiveness, lavishness, **foráil** (*lit*) superabundance, **flúirse** abundance, **go leor** galore, enough, **frasaíl** showering, **greadadh** lashings, **intleamh** (*lit*) abundance, wealth, **iomad** plethora, **iomadúlacht** abundance, numerousness, **iomarca** excess, **lán an mhála (de)** bags (of), **lán Éireann (de)** massive amounts (of), **leordhóthain** sufficiency, **líon mór** large amount, great number, **líonmhaireacht** numerousness, **luthairt lathairt** abundance, **mórán** much, great deal, **múrtha** *mpl (+ gen)* oceans of, profusion of, **na hairí** lots, plenty (cf **Tá airgead na hairí acu.** They have loads of money.), **rabharta** torrent(s), flood, **raidhse** *f* profusion, abundance, **sluaite** (*people*) masses, crowds, **tolmas** abundance, **tuile** flood

▲ ~ **airgid** plenty of money, ~ **bia** abundance of food, ~ **blasanna difriúla** umpteen different flavours, ~ **buanna** wealth of talents, ~ **cainte** much talk, ~ **deiseanna** ample opportunities, ~ **scannán le sárlaochra** glut of superhero films

◊ **Tá ~ ama againn.** We have plenty of time.

Neartaigh *v₂ₐ* strengthen, reinforce
athneartaigh restrengthen, reinforce, **calmaigh** encourage, strengthen, **cinntigh** make certain, ensure, **cóineartaigh** strengthen, confirm, **comhthacaigh** corroborate, **cruaigh** harden, **cuir taca le** give support to, prop up, **daingnigh** fortify; secure, **déan seasmhach** make resolute, firm, **dearbhaigh** make definite, assert, **dianaigh** intensify, **feistigh** fasten, fix, hitch up, **fódaigh** entrench, **fothaigh** support, sustain, **láidrigh** strengthen, **leabaigh** embed, **neadaigh** nest, embed, **righnigh** toughen, brace, tighten,

Neartaithe

stóinsigh make staunch, strengthen, **tacaigh** support, **teanntaigh** prop, support, **treisigh** reinforce
~ an balla! Fortify the wall!
~ an ghaoth. The wind freshened.
~ an iomaíocht. The competition stiffened.
~ an obair! Intensify the work!
~ an tacaíocht! Firm up support!
~ ar na maidí! Lean on the oars!
~ do láidreacht! Build up your strength!
~ do mhatáin! Strengthen your muscles!
~ le clocha é! Reinforce it with stones!
~ meanma na foirne! Boost team morale!
~ sé arís. (after illness) He is strong again.
~ sibh féin dó! Steel yourselves for it!

Neartaithe *pp* strengthened, reinforced
athneartaithe restrengthened, reinforced, **calmaithe** encouraged, strengthened, **cinnithe** made certain, ensured, **cóineartaithe** strengthened, confirmed, **comhthacaithe** corroborated, **cruaite** hardened, **daingnithe** fortified; secured, **dearbhaithe** made definite, asserted, **dianaithe** intensified, **feistithe** fastened, fixed, hitched up, **fódaithe** entrenched, **fothaithe** supported, sustained, **láidrithe** strengthened, **leabaithe** bedded, embedded, **neadaithe** nested, embedded, **righnithe** toughened, braced, tightened, **stóinsithe** made staunch, strengthened, **tacaithe** supported, **teanntaithe** propped, supported, **treisithe** reinforced

Neartú *vn* strengthening, reinforcing
athneartú restrengthening, reinforcing, **calmú** encouraging, strengthening, **cinntiú** making certain, ensuring, **cóineartú** strengthening, confirming, **comhthacú** corroborating, **cruachan** hardening, **cur taca le** giving support to, propping up, **daingniú** fortifying; securing, **dearbhú** making definite, asserting, **dianú** intensifying, **feistiú** fastening, fixing, hitching up, **fódú** entrenching, **fothú** supporting, sustaining, **láidriú** strengthening, **leabú** bedding, embedding, **neadú** nesting, embedding, **righniú** toughening, bracing, tightening, **treisiú** reinforcing, **stóinsiú** making staunch, strengthening, **tacú** supporting, **teanntú** propping, supporting

Néata *adj6* neat, tidy
aclaí deft, **áisiúil** handy, **ar a bhlas** (alcohol) undiluted, neat, **bagánta** spruce, **beacht** exact, **breabhsánta** dapper, **canta** neat, pretty, **cíortha** groomed, **cíortha cóirithe** spick and span, **cliste** clever, **comair** neat, trim, **córach** shapely, comely, **córasach** systematic, **críochnúil** thorough, methodical, **cruinn** accurate, **cuanna** elegant, **cuimseartha** neat, tidy, **cúirialta** tasteful, fastidious, **cúisiúil** prim, **deas** nice, **deaslámhach** adroit, **deisealach** tidy, done in the right manner; clockwise, **deismíneach** refined; prim, precious, **deismir** trim, tidy neat; exemplary, **díreach** straight, **éisealach** fastidious, **fóirsteanach** apt, **gach rud ina áit féin** everything in its right place, **galánta** stylish, elegant, **gan chaolú** undiluted, **gan stró** effortless, **gan tranglam** uncluttered, **gasta** smart, cool-looking, **gléasta gafa** (in) shipshape and Bristol fashion, **grástúil** graceful, **guamach** orderly, planned, **in ord** in order, **in ord agus in eagar** ready and correct, **innealta** ordered, elegant, **luaineach** nimble, **mar is ceart** comme il faut, **nósúil** particular, fastidious, (food) picky, pernickety, **oilte** skilled, **ordúil** orderly, **pioctha** neat, spruce, **pioctha bearrtha** well trimmed, (man) spick and span, **pioctha pointeáilte** (woman) spick and span, **piocúil** neat, tidy, **pióideach** finicky, overly particular, **pointeáilte** well-kept, spruce, **rianúil** methodical, orderly, **sciobalta** spruce, **sioscтha** trim, neat, **slachtmhar** tidy, **smidte** neat, excellent, **snasta** cool, elegant, **sprúisiúil** spruce, dapper, **triopallach** neatly shaped, tidy

▲ cailín ~ spruce, well-dressed girl, **cur chuige** ~ smart approach, **fear** ~ dapper man, **leabhar** ~ presentable book, **obair** ~ neat work, **réiteach** ~ neat solution, **seomra** ~ tidy room

Néatacht *f (~a)* neatness
coimre neatness, trimness, **críochnúlacht** finish, neatness of finish, **cúisiúlacht** primness, **deaslámhaí** adroitness, **deismíneacht** refinement, primness, **deismireacht** trimness, neatness, **éisealacht** fastidiousness; squeamishness, **fuinteacht** compactness, neatness, **galántacht** stylishness, elegance, **nósúlacht** fastidiousness, particularity, (food) pickiness; mannerism, **ordúlacht** orderliness, **piocthacht** spruceness, **piocúlacht** neatness, smartness; quick on the uptake, **pióidí** finickiness, **pointeáilteacht** spruceness, trimness, **slacht** tidiness, neatness, polish

Neirbhíseach *adj3* nervous
anbhách anxious, **anbhuaineach** uneasy, **ar tinneall** on edge, **buartha** perturbed, **cearthaíoch** jittery, nervous, **coiscthe** inhibited, **corrach** uneasy, troubled, **cotúil** diffident, **eaglach** fearful, **éideimhin** hesitant, uncertain, **faiteach** apprehensive, timorous, timid, **falsaertha** trembling, nervous, **geiteach** easily startled, **geitiúil** jumpy; skittish, **giongach** fidgety, **imníoch** anxious, worried, **míshocair** unsettled, **míshuaimhneach** uneasy, **neamh-mhuiníneach** lacking in confidence, **neamhróiseach** neurotic, **preabach** jumpy, **priaclach** troubled, anxious, **scáfar** fearful; easily frightened, **scanraithe** terrified, **scáthach** apprehensive, fearful, **scimeach** anxious, solicitous, **spaspasach** squeamish; easily shocked, **tapógach** jumpy, nervy, **tinneallach** tense, nervous, **trintealach** jumpy, nervous

Neodrach *adj3* neutral
cothrom fair, **éighnéasach** asexual, **fuarchúiseach** dispassionate; indifferent, **iliscne** gender-neutral (cf **leithris iliscne** gender-neutral toilets), **neamhailínithe** non-aligned, **neamhchlaonta**

unbiased, **neamhinscneach** neuter gender, **neamhleatromach** unbiased, impartial, **neamhpháirtíneach** non-partisan, **neamhspleách** independent, **oibiachtúil** objective, **támh** (chem) inert, passive

Neodraigh v_{2a} neutralise; neuter
aimridigh sterilise, **ceansaigh** tame, **cloígh** defeat, **coill** castrate, **cuir ar neamhní** annul, **cuir ó mhaith** (weapon, army, etc) neutralise, **gearr** sever, cut, **neamhnigh** nullify

Neodraithe pp neutralised; neutered
aimridithe sterilised, **ceansaithe** tamed, **cloíte** defeated, **coillte** castrated, **curtha ar neamhní** annulled, voided, **curtha ó mhaith** (weapon, army, etc) neutralised, **gearrtha** severed, cut, **neamhnithe** nullified

Neodrú vn neutralising; neuter
aimridiú sterilising, **ceansú** taming, **cloí** defeating, **coilleadh** castrating, **cur ar neamhní** annulling, **cur ó mhaith** (weapon, army, etc) neutralising, **gearradh** severing, cutting, **neamhniú** nullifying

Ní vn washing
bánú bleaching, **cithfholcadh** showering, **dífhabhtú** disinfecting, sanitising, **díghalrú** disinfecting, **folcadh** bathing, washing, **fothragadh** bathing, immersing, **gargraisiú** gargling, **glanadh** cleaning, **imghlanadh** cleansing, **ionladh** bathing, washing, immersing, **íonú** purifying, **mapáil** mopping, **níochán** wash, washing, **purgú** purging, **sciomradh** scouring, scrubbing, **sruthlú** rinsing, **tonach** washing the dead, **úrú** freshening (up)

Nigh v_{1i} wash
bánaigh bleach, **déan níochán** do a wash, **dífhabhtaigh** disinfect, sanitise, **díghalraigh** disinfect, **folc** bathe, wash, **fothraig** bathe, wash, **gargraisigh** gargle, **glan** clean, **imghlan** cleanse, **íonaigh** purify, **ionnail** wash, bathe, immerse, **mapáil** mop, **purgaigh** purge, **rinseáil** rinse, **scaoil sruth** flush, **sciomair** scour, scrub, **sruthlaigh** rinse, **tóg cithfholcadh** take a shower, shower, **tonach** wash the dead, **úraigh** freshen (up)

Nimh f (~e; ~eanna)
1. poison, venom
cealg f sting, **goimh** venom, **ruibh** venom, sting, **tocsain** toxin

■ **acainít** aconite, **arsanaic** arsenic, **ciainíd** cyanide, **gás mustaird** mustard gas, **himlic** hemlock, **sarain** sarin, **stricnín** strychnine

2. vitriol, venom
binb viciousness, venom, **cruimh faoin bhfiacail** nursing a grudge, **fraoch** ire, **fuath** hatred, **gangaid** spleen, bile, **íorpais** malice, venom, **mailís** malice, **nimhiúlacht** virulence, poisonousness, **seirbhe** bitterness

◊ Tá ~ san fheoil aici dóibh. She hates them like poison., Tá an ~ ann. He has a vicious streak.

Nimhigh v_{2b} poison
básaigh kill, **corb** corrupt, deprave, **éiligh** contaminate, corrupt, **galraigh** infect, **loit** spoil, blight, **macht** (lit) slaughter, **maraigh le nimh** kill with poison, **truaillmheasc** adulterate, **truailligh** pollute, poison

Nimhithe pp poisoned
básaithe killed, **corbtha** corrupted, depraved, **éillithe** contaminated, corrupted, **galraithe** infected, **loite** spoilt, blighted, **machta** (lit) slaughtered, **maraithe le nimh** killed with poison, **truaillmheasctha** adulterated, **truaillithe** polluted, poisoned

Nimhiú vn poisoning
bású killing, **corbadh** corrupting, depraving, **éilliú** contaminating, corrupting, **galrú** infecting, **lot** spoiling, blighting, **machtadh** (lit) slaughtering, **marú le nimh** killing with poison, **truaillmheascadh** adulterating, **truailliú** polluting, poisoning

Nimhiúil adj^4 poisonous, toxic
báis (> **bás**) lethal, **básaithe** lethal, **díobhálach** pernicious, noxious, **éagmhar** fatal, **faltanasach** spiteful, **feanntach** piercing, lacerating, **gangaideach** virulent, **géar** bitter, **goimhiúil** stinging, **marfach** fatal, deadly, **millteach** baneful, **nimhneach** poisonous, **pláúil** pestilential, **tocsaineach** toxic, **truaillithe** polluted, corrupted (see also: **nimhneach**)

▲ **ábhar** ~ toxic material, **dramhaíl** ~ toxic waste, **gás** ~ poisonous gas, **meascán** ~ toxic brew, **planda** ~ poisonous plant

Nimhneach adj^3 sore; biting, vindictive
binbeach virulent, venomous, **coscrach** cutting, shattering, **cruálach** cruel, **díobhálach** pernicious, noxious, **díoltasach** vindictive, **dochrach** damaging, **domlasta** rancorous, vitriolic, **feanntach** scathing, lacerating, **faltanasach** spiteful, **gangaideach** virulent, **géar** bitter, **gránna** nasty, **íorpaiseach** dropsical, distempered, venomous, **mailíseach** malicious, vicious, **millteach** baneful, **mioscaiseach** nasty, malicious, **naimhdeach** hostile, **nimheanta** venomous; spiteful, **nimhiúil** poisonous, **oilc** evil, **pláúil** pestilential, **searbh** sour, bitter, **truaillitheach** corruptive, defiling, **urchóideach** malignant, pernicious

▲ **aighneas** ~ acrimonious dispute, **bolg** ~ upset stomach, **droim** ~ aching back, **duine** ~ vindictive person, **scornach** ~ sore throat, **focal** ~ bitter/biting remark, **gaoth** ~ biting wind, **gortú** ~ painful injury, **ionsaí** ~ withering attack, **tuarascáil** ~ scathing report

Níochán m (-áin) washing, laundry
éadaí salacha dirty clothes, **díghalrú** disinfecting, **glanadh** cleaning, **glantachán** cleaning, **ionladh**

m (ionnalta) ablutions (cf **uisce ionnalta** water for washing), **íonú** purifying, **neachtlann** *(establishment)* laundry, **sciúradh** scrubbing, **sruthlú** rinsing, **tonach** *m* washing the dead *(see also: glanadh)*

Nite *pp* washed

folctha washed, bathed, **fothragtha** bathed, immersed, **gargraisithe** gargled, **glanta** cleaned, **íonaithe** purified, **ionnalta** bathed, **íonghlanta** purified, **rinseáilte** rinsed, **sciúrtha** scrubbed; *(money)* laundered, **sruthlaithe** flushed, rinsed, **tar éis cithfholctha** after a shower wash, showered, **tirimghlanta** dry-cleaned, **tonachta** *(corpse)* washed, **úraithe** freshened (up)

◊ **Tá a cosa ~.** It's all over for her., Her number is up., **Beidh do chosa ~ má fhaigheann sí amach.** You'll be dead meat if she finds out.

Nocht 1 *adj⁵* naked

cosnochta barefoot, **feidheartha** bleak, bare; desolate, **feidhirsceirdiúil** bare and exposed, **follasach** blatant, evident, **fornocht** completely naked, **gan chlúid** uncovered, **gan chosaint** defenceless, **gan éadaí** unclothed, **gan folach** unconcealed, **gan ghléasadh** undressed, **gan róbaí** unrobed, **gan snáithe ort** without a stitch on you, in your birthday suit, destitute, **i do chraiceann** in your pelt, **lom** bare, **lomartha** shorn naked, **lomnocht** stark naked, **maol** bald, **oscailte** open, **ris** bare, exposed, **sceirdiúil** bleak, exposed to the elements, **sclamhógach** exposed in patches, **soghonta** vulnerable, **soiléir** overt, **stéigiúil** exposed; barren, **tarnocht** stark naked, **tóin le gaoth** exposed *(see also: nochta)*

Nocht 2 *v₁ₐ* reveal, appear

bain díot (do chóta) remove (your coat), **caith díot (do chuid éadaigh)** strip off (your clothes), **craobhscaoil** broadcast, **cuir cogar i gcluas duine** have a quiet word with a person, **cuir i bhfios** apprise, **cuir i láthair** present, **cuir i léire** elucidate, **cuir in iúl** inform, **cuir scéal chuig** notify, **cuir timpeall** put around, **dearbhaigh** declare, **dúisigh** awaken, **eisigh** issue, **faigh amach** find out, discover, **feictear dom** it appears/seems to me, **fógair** announce, **foilsigh** publish, **geamhraigh** spring forth, sprout, **láithrigh** appear, **leath** spread, **léirigh** make clear, **mínigh** explain, **péac** bud, sprout, **poibligh** publicise, **réitigh** solve, **scaip** distribute, **scamh** peel, scale, strip; become exposed, **scaoil** release, **sceith** divulge, leak, **seithigh** skin, **seol** launch; send, **struipeáil** strip, **tabhair chun solais** bring to light, **tabhair le tuiscint** imply, expose, **taispeáin** show, **tarchuir** transmit, **tar ar an láthair** come on the scene, appear, **tóg díot (do scaif)** take off (your scarf), **tuig** realise

~ **an bhréag!** Unmask the lie!
~ **an cábla!** Strip the cable!
~ **an chrógacht!** Display courage!
~ **an dealbh!** Unveil the statue!
~ **an fhírinne!** Reveal the truth!
~ **an rún!** Unlock the secret!
~ **do cheann!** Uncover your head!
~ **do chlaíomh!** Unsheathe your sword!
~ **do chuid fiacla!** Bare your teeth!
~ **do shúile!** Open your eyes!
~ **do thuairim!** Express your opinion!
~ **na carraigeacha!** Expose the rocks!
~ **tú féin!** Strip off!

Nochta *pp* revealed, exposed; (made) naked

chonacthas dom it appeared/seemed to me, **craobhscaoilte** broadcast, **curtha i bhfios** apprised, **curtha i láthair** presented, **curtha i léire** elucidated, **curtha in iúl** informed, **curtha ó chóta** defrocked, **curtha timpeall** put around, **dearbhaithe** declared, **dúisithe** awakened, **eisithe** issued, **faighte amach** found out, discovered, **fógartha** announced, **foilsithe** published, **geamhraithe** sprung forth, sprouted, **láithrithe** appeared, **leata** spread, **léirithe** made clear, **lomartha** shorn naked, **mínithe** explained, **oscailte** opened; overt, **péactha** budded, sprouted, **poiblithe** publicised, **réitithe** solved, **scafa** peeled, scaled, stripped; gotten exposed, **scaipthe** distributed, **scaoilte** released, **sceite** divulged, leaked, **seithithe** skinned, **seolta** launched; sent, **struipeáilte** stripped, **tagtha ar an láthair** arrived on the scene, appeared, **taispeánta** shown, **tarchurtha** transmitted, **tugtha chun solais** brought to light, exposed, **tugtha le tuiscint** implied, **tuigthe** realised *(also see: nocht 1)*

Nochtacht *f (~a)* nudity

craiceann dearg stark naked (cf **bhí sé ina chraiceann dearg** he was in his birthday suit), **deargnocht** starkers, **lomnocht** absolute nakedness, **nochtachas** nudism, **nochtaine** nakedness, bareness, **tarnochtacht** stark nakedness

Nochtadh *vn* revealing, revelation, disclosing; appearance

craobhscaoileadh broadcasting, **cur i bhfios** notification, **cur i láthair** presenting, **cur i léire** elucidating, **cur in iúl** informing, **cur timpeall** putting around, **dearbhú** declaration, **eisiú** issuing, **fáil amach** finding out, discovering, **foilsiú** publishing, **ionchollú** *(rel)* incarnating, incarnation, **láithriú** appearing, **leathadh** spreading, **léiriú** making clear, **míniú** explaining, **oscailt súl** eye-opener, **péacadh** budding, sprouting, **poibliú** publicising, **réiteach** solving, **scaipeadh** distributing, **scaoileadh** releasing, **sceitheadh** divulging, *(information)* leak, **seoladh** launching, launch, **struipeáil** stripping, **tabhairt chun solais** bringing to light, exposing, **tabhairt le tuiscint** implying, implication, **taispeáint** showing, **tarchur** transmission, **teacht ar an láthair** coming on the scene, appearing, **tuiscint** realising

Nod *m (noid; ~a, ~)* hint, clue; abbreviation

cogar whisper, quiet word, **cogar an scéil** whisper of the story, slightest hint, **éachtaint** glimpse, hint,

eochair *f* key, **eochairfhocal** keyword, **faisnéis** evidence, **faonoscailt** hint, **foirm ghearr** short form, **gaoth an fhocail** wind of the word, wind, **giorrúchán** abbreviation, **leathfhocal** insinuation, *(figuratively)* nod (and a wink), **leid** clue, hint, **luaidreán (beag)** intimation, **moladh** suggestion, **sanas** hint, suggestion

P **Is leor ~ don eolach.** A word to the wise is sufficient.

Nóiméad *m (-éid; -éid, ~)* minute, moment

achar beag short while, **aga** interval, **ball** while (cf **ball beag ó shin** a little while ago, **ar ball beag** in a little while), **i bhfaiteadh na súl** in the wink of an eye, **in áit na mbonn** in a jiffy, **mionóid** minute, **móimint** moment, **scaitheamh beag** short period, **soicind** second, **tamaillín (beag)** (short) little while, **tamall** while

◊ **~ amháin!** One moment!, **Beidh sí anseo faoi cheann nóiméid.** She'll be here in a moment., **cúpla ~ ó shin** a couple of minutes ago, **Fan ~!** Wait a moment!

Normálta *adj⁶* normal

caighdeánach standard, **coitianta** common, **glactha** accepted, **gnách** usual, **gnásúil** customary, conventional, **gnáth-** *pref* ordinary, common, usual, **meánach** average, **nádúrtha** natural, **normatach** normative, **óraice** natural, normal, **ortadocsach** orthodox, **príomh-** *pref* main, **príomhshrutha** (> **príomhshruth**) mainstream, **slánchéillí** sane, **tíopúil** *(biol)* typical, **traidisiúnta** traditional, customary

◊ **Caitheann sí saol ~.** She lives a normal life., **Níl siadsan ~.** *(crazy)* They're not normal., **Tá sin go breá ~.** That's perfectly normal.

≈ **Níl gnáthuaireanta oibre againn.** We don't have normal working hours., **trí ghnáthbhealaí** through normal channels

Normáltacht *f (~a)* normality

an rud atá glactha the accepted thing, **caighdeán** standard, **cleachtadh** practice; familiarity, **coitiantacht** common, **gnáiche** usual; custom, **gnáth** ordinary, common, usual, **gnáthamh** routine, **gnáthchúrsaí laethúla** everyday routines, **gnáthstaid** normal state, **meán** average, **norm** norm, **ortadocsacht** orthodoxy, **príomhshruth** mainstream, **rialtacht** regularity, **slánchiall** *f (-chéille)* sanity, **tíopúlacht** *(biol)* typicality, **traidisiún** tradition, custom

≈ **Tá cúrsaí ag teacht ar ais go dtí mar a bhí.** Things are returning to the way they were/to normality.

Nós *m (nóis; ~anna)* custom, habit, routine

bealach *m (-aigh; -aí)* way, **béas** custom, **béasaíocht** etiquette, **caoi** *f (~; caíonna)* way, manner, **cleachtadh** practice, habit, **coinbhinsiún** convention, **deasghnáth** ritual, rite, ceremony, **dóigh** way, manner, **foirm** form, **foirmiúlacht** formality, **gnás** usage, custom, **modh** mode, procedure, **ord imeachta** order of procedure, **polasaí** policy, **slí** *f (~; slite)* way, **taithí** *f* habit, **traidisiún** tradition, **úsáid** use

▲ **~ adhlactha** burial custom, **~ de chuid an tuaiscirt** a northern custom, **~ glanta** cleansing routine, **~ gránna** nasty habit, **imeachta** procedure, **~ imeachta mear** fast-track procedure, **~ maireachtála** style of living, **~ na mblianta** the habit of a lifetime, **~ míshláintiúil** unhealthy habit, **~ nua** new custom/routine, **~ pearsanta** personal idiosyncrasy, **~ seanbhunaithe** ingrained habit, **~ teaghlaigh** family tradition

◊ **ar an ~ céanna** in the same way, **ar aon ~** at any rate, **ar ~ na gaoithe** in the manner of the wind, very fast, **Bíonn sé de ~ aige bheith déanach.** He has a tendency to be late.

P **Ná déan ~ agus ná bris ~!** Neither make a custom nor break a custom! *(a conservative call to conformity)*

Nóta *m (~; ~í)* note

achoimre synopsis, outline, **anótáil** *(comp, pub, ling)* annotation, **bille (malairte)** bill (of exchange), **breacadh síos** jotting down, **dréacht** draft, **imlíne** *f* outline, **imprisean** impression, **litir** *f (-treach; -treacha)* letter, **meabhrachán** *(jur)* memorial, record, **meabhrán** memorandum, written reminder, **meamram** memorandum, memo, **miontuairiscí** minutes (of a meeting), **pointe** point, **taifead** record, **teachtaireacht** message

▲ **~ bainc** banknote, **~ buíochais** acknowledgment, **~ bun leathanaigh** footnote, **~ creidmheasa** credit note, **~ dollair** dollar bill, **~ gealltanais** promissory note, **~ mínithe** annotation, **~ ón dochtúir** sick note, **~ státchiste** treasury note, **~ trachta** *(in book, computer document)* comment, **~í cáis** case notes

■ **nótaí ceoil:** musical notes: **camán** quaver, **croisín** crotchet, **fadchomhartha** pause, **géar** sharp, **lán-nóta** breve, **leathchamán** semiquaver, **leathnóta** minim, **leathnóta poncaithe** dotted minim, **leath-leith-leathchamán** hemidemisemiquaver, **leath-thon géar** semitone sharp, **maol** flat, **sos** rest

Nua *adj⁶ (gen f sg, compar nuaí)* new, novel

an lae inniu of today's world, **an phreaseisiúint is déanaí** latest press release, **athchóirithe** restored, **athraithe** changed, **breise** extra, **bunúil** original, **comhaimseartha** contemporary, **deireanach** latest, **difriúil** different, **díreach amuigh** just out, **díreach ón bpreas** just off the press, **díreach tar éis teacht amach** just after coming out, **faiseanta** fashionable, **feabhsaithe** improved, **forlíonach** supplementary, **friseáilte** fresh, **gan úsáid** unused, **is déanaí** latest, **maighdeanúil** virgin, **nua-aimseartha** modern, **nua-aoiseach** modern, **nuabheirthe** newborn, **nuachóirithe** modernised, **nuafhaiseanta** newfangled, **núíosach** novel, new, **óg** young, **reatha**

current, **san fhaisean** in fashion, **suas chun dáta** up to date, **tráthúil** topical, **úr** fresh, **úrmhar** fresh and green, **úrnua** brand new

Nua-aimseartha *adj*[6] modern
comhaimseartha contemporary, **deireanach** latest, **faiseanta** fashionable, **is déanaí** latest, **is úire** up to the minute, **nua** new, **nua-aoise** *(> nua-aois)* New Age, **nua-aoiseach** modern; New Age, **nua-aoiseachais** *(> nua-aoiseachas)* modernist; New Age, **nua-aoisíoch** modernistic, **reatha** current, **suas chun dáta** up to date

Nuacht *f (~a)* news
an rud is déanaí the latest, **an t-eolas is deireanaí** an update, **bunrán** *(sp)* bulletin, **eisiúint** release, **eolas nua** new information, **faisnéis** intelligence, **feasachán** *(TV, radio, etc.)* bulletin, communiqué, **foilsiú** revelation, **nochtadh** disclosure, **ráfla** rumour, **ráiteas** statement, **scannal** scandal, **scéal ag briseadh** a breaking story, **scéala** *m* news, **sceitheadh** leak, **soscéala** *m* good news, **tuairisc** report

Nuálaíocht *f (~a)* innovation
aireagán invention, **cruthaíocht** creativity, **fionnachtain** discovery; inventing, **nua-aoisiú** modernisation, **nua-chóiriú** modernising, **nuáil** innovation, **réabhlóid** revolution, **úrnuacht** originality

O o

Obair *f (oibre; oibreacha)*

1. *(useful, constructive)* work
abhras useful work, handiwork; wool, yarn, **aiste** *f* essay, **ceird** craft, **coimisiún** commission, **comhar** collaboration, **creachlaois** light work; petty chore, **cruthú** creation, **cúram** responsibility, **dán** poem, **déanamh** making, **dioscaireacht** household chores, **dreas (oibre)** stint (of work), **dualgas** duty, **feidhmeannas** office, capacity, position, **fiontar** venture, undertaking, **fostaíocht** employment, **fostú** engagement, hiring, **gairm** calling, vocation, **gairm bheatha** livelihood, **geastal** work, effort, **geastal an lae** the daily chores, **gnáthchúraimí tí** household chores, **gníomh** deed, **gníomhaíochtaí** activities, **gnó** business, **iarracht** effort, **jab** job, **píosa** piece, **píosa cumadóireachta** composition, **luain** hard work, exertion, **oibriú** *(machinery)* working, performance, **oifig** office, **poistíneacht** doing chores, **post** position, **pulcadh** *(school)* grind, **saothar** work, labour; exertion; *(mus)* opus, **saothar foirne** teamwork, **scodal** dash of activity, **seal** shift, **seirbhís** service, **slí bheatha** livelihood, occupation, **táirgeadh** production, **tasc** task, **tascobair** piecework, **tascóireacht** pieceworking, **tionscnamh** project *(see also: oibriú)*

2. ~ **mhaslach** thankless drudgery, hard labour
bráca hard slog, drudgery; chore, **brácáil** slogging away, toiling, chores, **bráchlam** drudgery, **bró** *f* **mhuilinn** millstone, ball and chain, **callóid** harrowing work, **crácamas** donkey work, ball-breaking work, **duainéis** labour, difficulty, **duais** travail, distress, **easonóir** drudgery; indignity, dishonour, **fadhbáil** labouring hard, slogging, **fuirseadh** struggle, grind, **meirse** *f* drudgery, servitude, **sclábhaíocht** slaving away; toiling hard, **spailpínteacht** working as a migratory farm labourer, **tiaráil** slogging away, pulling the devil by the tail, **tiaráil an lae** the daily grind, **tromshaothar** severe exertion; heavy work, **úspaireacht** doing heavy unskilled work, slogging away

3. *(trifling, ineffective)* work; pottering
fachnaois trifling work, **geidineáil** doing small chores, **gidireacht** light work, **giurnáil** doing light work, **jabaireacht** doing odd jobs, jobbing, **leotáil** clumsy work, **mucaireacht** slovenly work, **mútáil** fumbling work; pottering around, **pilibireáil** toying, trifling with work, **rábáil** fast unmethodical work, **rúpáil** hurried chaotic work, **sceanartáil** doing botched work, **sceideáil** trifling, **seachobair** *f* minor odd jobs, pottering around, **seoráil** light work, **sibiléireacht** doing odd jobs, **siobáil** pottering, pottering about, **slapaireacht** doing sloppy work, **slibreáil** slipshod work, **sluaistriú** crude, clumsy work, **smearacháil** doing messy work, **spidireacht** pottering around, doing odd jobs, **sracobair** sketchy work, **sraimle** shoddy work, **sraimleáil** slapdash work, **toicneáil** pottering, doing odd jobs

▲ ~ **adhmaid** woodwork, ~ **amú** fool's errand, ~ **an lae** the day's work, ~ **ar bhonn féinfhostaithe** freelance work, ~ **ar thasc** task work, ~ **bhaile** homework, ~ **bhreise** extra work, ~ **chloiche** stonework, ~ **chonartha** contract work, ~ **chortha** soul-destroying work, ~ **dheonach** voluntary work, ~ **ealaíne** artwork (cf saothar ealaíne work of art), ~ **éigeantais** forced labour, ~ **forbartha** development work, ~ **gan bhuíochas** thankless work, ~ **lae** daytime work, ~ **laethúil** daily work, ~ **láimhe** manual work; handmade work, ~ **laistigh** indoor work, ~ **lása** lacework, ~ **lasmuigh** outdoor work, ~ **mhaslach an lae** the daily grind, ~ **mhionchúiseach** fiddly work, ~ **oíche** nighttime work, ~ **pháipéir** paper work, ~ **phobail** community work, ~ **scoile** schoolwork, ~ **shnáthaide** needlework, ~ **spáide** spadework, ~ **thógála** construction work, ~ **tí** housework

▲ **athsceidealú oibre** rescheduling of work, **beach oibre** worker bee; hardworking individual, **breis oibre** additional work, **buille oibre** stroke of work, **caipiteal oibre** working capital, **capall oibre** workhorse, **ceal oibre** lack of work, **clár oibre (folaigh)** (hidden) agenda, **coinníollacha oibre** working conditions, **comhghleacaí oibre** work colleague, **cuardach oibre** job hunting, **cúrsaí oibre** work, matters concerning work, **dálaí oibre** working conditions, **deiseanna oibre** work opportunities, **dréacht oibre** working draft, **dualgais oibre** work duties, **éadaí** *mpl* **oibre** work clothes, **éagumas chun oibre** incapacity, **fonn oibre** work motivation, **fuadar oibre** hub of activity, **ganntanas lucht oibre** manpower shortage, **gnáthuaireanta oibre** regular working hours, **iomlatáil oibre** sloppy work, **lá ceart oibre** honest day's work, **lá oibre** workday, **leabhar oibre** activity book, **lón oibre** working lunch, **lucht oibre** workers; workforce, **meon oibre** work attitude, **modh oibre** working method, **moll oibre** pile of work, **riaráiste oibre** backlog, **seangán oibre** worker ant; workaholic, **socrúchán oibre** work placement, **stopadh oibre** work stoppage, **taithí oibre** work experience, **timpeallacht oibre** working environment, **tuilleadh oibre** extra/more work, **turas oibre** business trip, **uainchlár oibre** work roster, **uaireanta oibre** business hours, **uaireanta oibre mírialta** irregular working hours

◊ Beidh ~ agat é sin a chur ina luí uirthi. You'll have your work cut out trying to convince her of that., Bhí sé as ~. He was out of work., Chonaic mé ar ~ iad. I saw them at it., I saw them in action., Ná cuir ar ~ é! Don't get him started!, Tá sí ag ~ go maith. She is working well. (cf Tá an t-ardaitheoir ag oibriú go maith. The lift is working well.), Tá ~ agam léi. I have work (to do) with her; I find it difficult to get along with her., Téimis i mbun na hoibre! Let's get down to work!

Obráid *f (~e; ~í)* operation
cóireáil mháinliachta surgical treatment, **dul faoi scian** going under the knife, operation, **feidhm** function, **gnáthamh** *(medical)* procedure, **gníomh** action, **idirghabháil liachta** medical intervention, **inlíocht** *f (mil)* manoeuvre, **máinliacht** surgery, **oibríocht** *(mil, math)* operation

Ócáid *f (~e; ~í)* occasion, event
am *m* time, **babhta** bout, round, **cás** case, instance, **ceiliúradh** celebration, **cúis** cause, **comhtheagmhas** conjuncture, coincidence, **cuairt** occasion, time (eg a cúig nó a sé de chuarta five or six times), **cúrsa** occasion (cf Bhí mé ann cúrsa. I was there on one occasion.), **dreas** *m (~a; ~a, ~)* round, spell, **dul** occasion, time, **feacht** time, occasion, **iarraidh** a go, a try, **imeacht** *m* event, **nóiméad** moment, **oscailt** opening, **siocair** *f* occasion; pretext, **tarlú** occurrence, **teagmhas** incident, event, **triail** *f (trialach; trialacha)* trial, test, **tráth** occasion, **turas** once, time, (cf **an turas seo** this time) **uain** opportunity, occasion, **uair** time, hour, **uair amháin** once

▲ ~ **bhailithe airgid** fundraising event, ~ **bhrónach** sad occasion, ~ **chainte** *(ling)* speech event, ~ **charthanachta** charity event, ~ **fhoirmeálta** formal/dressy event, ~ **ómóis** tribute event, ~ **shóisialta** social event, ~ **shollúnta** dignified/solemn occasion, ~ **shona** happy occasion, ~ **shuairc** joyful event, ~ **speisialta** special event, ~ **thábhachtach** important event/occasion, ~ **faoin aer** outdoor event

◊ An bhfuil ~ mhór ort? Do you have something important to attend to?, ar ~ a bpósta on the occasion of their marriage, Cad é an ~? What's the occasion?, Cén ~ a thug go Páras thú? What occasioned your trip to Paris?

Ócáideach
1. *adj³* occasional
annamh rare, infrequent, **neamh-choitianta** uncommon, **neamhghnách** unusual, **neamhthipiciúil** atypical, **ó am go chéile** at intervals, **ó am go ham** from time to time, **scaití** at times/intervals, **tanaí** thin, few, **tearc** meagre, sparse

2. *adj³* opportune
caoithiúil convenient, opportune, **ionúch** seasonable, opportune, **tacúil** opportune; supporting, **tráthúil** timely *(see also: tráthúil)*

3. *adv* **go h~** occasionally
anois is arís now and again, **ar uairibh** at time **uaineach** intermittent, **uair sa naoi n-airde** once in a blue moon, **uaireanta** sometimes

Ocrach *adj³* hungry
airceach voracious, **amplach** hungry, greedy, **ar ghannchothú** underfed, **cíocrach** ravenous, voracious, **confach** ravenously hungry, **craosach** gluttonous, **díocasach** eager, keen, **díograiseach** fervent, zealous, **dúilmhear** desirous, longing for, **folamh** empty, **fonnmhar** keen, desirous, **gannchothaithe** undernourished, underfed, **géarghoileach** with a keen appetite, **gionach** ravenously hungry, **goiliúil** having an appetite, **gortach** hungry, **mianúil** desirous, **mórshách** having a large appetite, greedy, avaricious, **stiúgtha** famished, starved, **tnúthánach** yearning

Ocras *m (-ais)* hunger
áilíos craving, **airc** voracity, greed, **ampla** *m* ravenous hunger, **andúil** addiction, **anrachán** craving, hunger, **cíocras** craving, **collach** *m* **goile** voracious appetite, **craos** gluttony, **craosaireacht** devouring gluttonously, **díocas** eagerness, keenness, **díograis** fervour, zeal, **díth cothaithe** starvation, **dúil** desire, longing, **foilmhe** emptiness, **fonn** desire, **gannchothú** undernourishment, **gionach** *f* ravenous hunger; greed, **goile** *m* appetite, **goimh (chun bia)** craving (for food), **gorta** *m* famine, **mearadh (tobac)** craving (for tobacco), **mian** desire, **miangas** concupiscence, craving, **ré-ocras** peckishness, **saint** greed, avariciousness, **tnúthán** yearning, **tochas** itch, **tothlú** desire, appetite *(see also: fód, tart)*

◊ Chuir an tsiúlóid ~ orm. The walk has given me an appetite., Tá mé lag leis an ~ I'm weak with hunger., Tá ~ mór orm. I'm very hungry.

P Is maith an t-anlann an t-ocras. Hunger is the best sauce.

Óg 1 *m (óig; ~a, ~)* youth, young person
aosánach *m* youngster, youth, **buachaill** *m (-challa; ~í)* boy, **cailín** girl, **déagóir** teenager, **fleascach** immature person, youth; playboy, **garsún** boy, **gasúr** boy, child, kid (cf **na gasúir** the kids; the guys), **gearrchaile** young girl, **girseach** girl, **leaid** *m* lad, **mac** son, sonny, **macaomh** young person, youth, **ógbhean** young woman, **óganach** *m* youth, **ógfhear** young man, **óglach** *m* young man; young warrior, **scafaire** strapping fellow, **scorach** *m* stripling, youth, **slataire** young lad, **stócach** *m* a youth; boyfriend *(see also: óganach)*

○ **Tír na nÓg** *The Land of Youth* – a magical land where people remain young forever. A portal to this paradise can appear through **ceo draíochta** *magic mist*, **dumha adhlactha** *a burial mound*, or **tuama pasáiste** *a passage tomb*. A **ga gréine** *sunray* can also create a path, called **Magh Mealla** Plain of Honey. In one story, **Niamh na gCúl Óir** *Niamh of the Golden Locks* brings **Oisín** on her **capall bán draíochta** *magical white horse* over the sea to Tír na nÓg. After 300 years, Oisin yearns to see Ireland once more and travels there on the **capall bán** *white horse*. Niamh cautions him to remain on the horse. He falls from the saddle, however, and is instantly transformed into a withered old man.

Óg 2 *adj¹* young

anabaí immature, **anaosta** youthful, **beag** little, **deireanach** recent, **friseáilte** fresh, **gan chleiteacha** unfledged, inexperienced, **gasúir** (> *gasúr*) boyish, **girsí** (> *girseach*) girlish, **glas** green, **leanbaí** infant-like, **luath** early, soon, **moch** early, **naíonán** *mpl* infants' (eg **rang naíonán** infant class), **na n-aosánach** juvenile, **na n-óg** juvenile, **naíonda** child-like, childish, **neamhaibí** unripe, immature, **nua** new, **nuabheirthe** new-born, **nuaghinte** juvenile; nascent, **núíosach** wet behind the ears, raw, new, **óganach** *mpl* youths' (cf **cúirt óganach** juvenile court), **óganaigh** (> *óganach*) adolescent, **óganta** adolescent, **óigeanta** youthful, youthful-looking, **páistiúil** childish, **scallta** callow, **sóisearach** junior, **úr** fresh, **úrchneasach** fresh-complexioned, **úrchraicneach** clear-skinned, **úrmhar** fresh and green

▲ **an dream** ~ the young ones, **an ghlúin** ~ the younger generation, **aos** ~ young people, *(collective noun)* youth, **aosach** *m* ~ young adult, **barr** ~ young crop, **bean** ~ young lady, **cangarú** ~ joey, **ciontóir** ~ juvenile offender, **crann** ~ sapling, **cur** ~ fresh tillage, early planting, **dochtúir** ~ young doctor; junior doctor, **Dónal** ~ Dónal Junior, **eilifint** ~ elephant calf, **fear** ~ young man, **fia** ~ fawn, **leanaí** ~a children of tender years, **ulchabhán** ~ owlet

Óganach *m (-aigh; -aigh, ~)* youth

aosánach *m* youngster, youth, **balcaire** hunk of a lad, **bearránach** roguish young fellow, **buachaill** *m (-challa; ~í)* boy, **corránach** *m* gaunt youth, **dailtín** whippersnapper, **dalta** pupil; brat, **déagóir** teenager, **diúlach** *m* chap, fellow, **garlach** *m* urchin, brat, **garsún** boy, **gasóg** Boy Scout, **gasúr** youth, guy; kid, **géag** *f* scion, offspring; youth, **gearrbhodach** *m* youngster, **gearrbhuachaill** *m* growing youth, **gearrchaile** *m* young lass, **giolla** page, **girseach** *f* girl, **leaid** *m* lad, **mac** son, sonny, **malrach** *m* young lad, **mionaoiseach** *m (jur)* minor, **óg** *m (óig, ~a, ~)* youth, **óglach** *m* young man; young warrior, **scafaire** strapping fellow, **scoláire**, pupil, scholar, **slataire** young lad, **stócach** youth, boyfriend, **strapaire** strapping young lad, **teallaire** laddish youngster *(see also: buachaill)*

Oibiacht *f (~a; ~aí) (phil, comp)* object

aonad unit, **aonán** entity, **colainn** body, **corp** body, **cuspóir** objective, *(gram)* object, **eintiteas** entity, **feiniméan** phenomenon, **foirm** form, **mír** particle; item, **pointe** point, **rinn (neimhe)** (heavenly) body, **sprioc** *f (sprice)* target, goal

Oibiachtúil *adj⁴* objective

ceart correct, **céillí** sober, level-headed, **ciallmhar** sensible, **cóir** even-handed, just, **cothrom** even, fair, balanced, **dea-riartha** orderly, **de réir a chéile** *(high reg)* consistent, **guamach** methodical, tidy, **meáite** weighed, considered, measured, **neamhchlaonta** unbiased, impartial, **neamh-fhéinchúiseach** disinterested, impartial, non-self-seeking, **neamhspleách** detached, independent, **neodrach** neutral, **staidéarach** level-headed, **stuama** fair-minded, sensible, **tomhasta** measured

Oibleagáid *f (~e; ~í)* obligation

ceangal binding, tie, **comaoin** favour, obligation, **cuing** yoke, obligation, **cúram** care, responsibility, **dualgas** duty, **éigeantacht** enforcement, compulsion, **éilitheacht** solicitousness, **freagracht** responsibility, **geis** *f (~e; geasa; geas)* binding oral injunction, **nasc** bond; tether, **nascadh** binding, obligation, **riachtanas** necessity, requirement, **sainordaitheach** *m (legal)* mandatary, **sainordú** mandate, **snaidhm** knot, bond (eg **snaidhm chairdis** bond of friendship) *(see also: geis)*

◊ **bheith faoi ~ do dhuine** to be obliged/under an obligation to a person, **Tá sé d'~ orm bheith ann.** I'm obliged to be there.

Oibleagáideach *adj³*

1. obligatory
á iarraidh required, **bheith de chúram ort** your having the responsibility for, **bheith de dhualgas ort** being incumbent upon you, **éigeantach** compulsory, **éilithe** demanded, **eisintiúil** essential, **faoi shainordú** mandatory; mandated, **freagrach** responsible, answerable, **nach bhféadfaí déanamh dá uireasa/ gan é** indispensable, required, **sainordaitheach** mandatory

2. obliging
áiseach *(person)* accommodating, **comaoineach** obliging, **cuidiúil** helpful, **feiliúnach** obliging, **garach** accommodating, **garúil** willing to do a good turn, **soilíosach** obliging

Oibrí *m (~; -rithe)*

1. *(effective, productive)* worker
ball foirne member of staff, **buachaill** *m* **aimsire** *(hist)* servant boy, **cailín** *m* **aimsire** *(hist)* servant girl, **ceardaí** craftsman, **fadhbálaí** slogger, hard worker, **fear oibre** workman, **fostaí** employee, **freastalaí** attendant, assistant, **freastalaí siopa** shop assistant, **giolla** gillie, manservant, **gníomhaire** operative,

Oibrigh

agent, **jabaire** jobber; cattle jobber, **lámh** worker, employee, hand (cf **lámh a fhostú** to hire workers/hands), **náibhí** (hist) navvy, **oibreoir** operator, **sabhsaí** person who works in all weathers, **saor** artisan (cf **saor cloiche** stone mason), **saothraí** breadwinner, wage earner, **sclábhaí** labourer, toiler; slave, **seanlámh** f (-*laimhe*) old hand, **seirbhíseach** m servant, **síleálach** m hard worker, toiler, **soláthraí** gatherer, provider; industrious person, **spailpín** (hist) migrant worker/farm labourer, **strácálaí** hard worker; struggler, **stríocálaí** hardworking unskilled labourer, navvy, **tailmeálaí** slogger, **tascoibrí** pieceworker, **tiarálaí** slogger, toiler (see also: **ceardaí, amaitéarach**)

▲ ~ **baile** home worker, ~ **bóna bán** white collar worker, ~ **bóna gorm** blue collar worker, ~ **bóthair** road worker, ~ **cabhrach** aid worker, ~ **caidéil** pump attendant, ~ **carthanachta** charity worker, ~ **conartha** contract worker, ~ **crua** hard worker, ~ **cúnta** ancillary, ~ **cúraim** care worker, ~ **cúram leanaí** childcare worker, ~ **de chuid na comhairle** council worker, ~ **deonach** voluntary worker, ~ **eachtrannach** foreign worker, ~ **faoi choim** moonlighter, ~ **feirme** farm worker, ~ **fóirithinte** relief worker, ~ **gnéis** sex worker, ~ **iarnróid** railroad worker, ~ **imirceach** migrant worker, ~ **iomarcach** redundant worker, ~ **láimhe** manual worker, ~ **lánaimseartha** full-time worker, ~ **leathoilte** semi-skilled worker, ~ **leighis** medic, ~ **miotail** metal worker, ~ **monarchan** factory worker, ~ **neamhoilte** unskilled worker, ~ **ócáideach** casual labourer, ~ **oifige** office worker, ~ **oilte** skilled worker, ~ **páirtaimseartha** part-time worker, ~ **sa Teach Bán** White House staffer, ~ **sealadach** temporary worker, temp, ~ **siopa** shop worker, ~ **sóisialta** social worker, ~ **tarrthála** rescue worker, ~ **tí** domestic, ~ **tógála** construction worker, ~ **toilteanach** willing worker

2. (*ineffective, unproductive*) worker; potterer **giurnálaí** odd job man, jobber, **iomlatálaí** slovenly worker, **mútálaí** fumbling worker; potterer, **plástrálaí** sloppy worker, **prócálaí** potterer; (*fire*) poker, **puisrúpálaí** aging unmethodical worker, **rábálaí** fast unmethodical worker, **rúpálaí** hurried chaotic worker, **sceanartálaí** botcher, sloppy worker, **slabálaí** sloppy worker, **slabhrálaí** slow worker, **slibreálaí** slipshod worker, **slupairt** messy worker, **úspaire** hack, unskilled worker

Oibrigh v_{2b} work, operate
ainligh (*boats*) manoeuvre, kedge; (*story*) handle, **bain feidhm as** make use of, **bainistigh** manage, **bí ag obair** be working, **bí ag reáchtáil** be running/organising, **bí ar siúl** be in motion/on, **bí i bhfearas go maith** be in good working order, **bí i ngléas** be operational, **cruthaigh** create, **déan** do, make, **déan jab** do/perform a job, **déan obair** do work, work, **deasaigh** manoeuvre, **feidhmigh** function, **gabh** manage, operate (eg **bád a ghabháil** to operate a boat), **gníomhaigh** act, **imir** ply, wield (eg **gunna a imirt** to wield a gun), **imoibrigh** (*phys*) react, **ionramháil** manoeuvre, **láimhseáil** handle, manage (eg **gnó a láimhseáil** to manage a business), **láimhsigh** manipulate, handle, **riar** administer, manage, **rith** run, **saothraigh** toil, labour; earn; exploit, **srian** control, **stiúir** steer, guide, **tiomáin** drive (see also: **obair**)

D'~ **an clog inné.** The clock worked yesterday.
D'~ **an fharraige.** The sea began to seethe.
D'~ **sé ar ghal.** It ran on steam.
D'~ **sé ina intinn.** It played on his mind.
D'~ **sí a bealach suas.** She worked her way up.
D'~ **sí an caidéal.** She worked the pump.
D'~ **sí an chrág.** (*veh*) She engaged the clutch.
D'~ **sí an talamh.** She worked the land.
D'~ **sí scian air.** She used a knife on it.
D'~ **sí seacht lá.** She worked seven days.

Oibrigh amach v_{2b} work out, calculate
áirigh calculate, enumerate, size up, **asbheir** deduce, **déaduchtaigh** deduce, **déan amach** make out, **faigh** find, **fómhais** calculate, (*jur*) tax (cf **ag fómhas costas** estimating/taxing costs), **grádaigh** grade, rate, **meáigh** weigh, **meas** assess, reckon, **measúnaigh** assess, evaluate, **mionsaothraigh** work out in detail, **ríomh** compute, calculate, **rátáil** rate, **reicneáil** reckon, **saothraigh** work on; elaborate, **seiceáil (amach)** check (out), **suimigh (suas)** add (up)

Oibrithe *pp* worked, operated
ainlithe (*boats*) manoeuvred, kedged; (*story*) handled, **bainistithe** managed, **cruthaithe** created, **déanta** done, made, **deasaithe** manoeuvred, **feidhmithe** functioned, **gafa** managed, operated, **gníomhaithe** acted, **imeartha** plied, wielded, **imoibrithe** (*phys*) reacted, **ionramháilte** manoeuvred, **láimhseáilte** handled, managed, **láimhsithe** manipulated, handled, **riartha** administered, managed, **rite** run, **saothraithe** toiled, laboured; earned; exploited, **srianta** controlled, **stiúrtha** steered, guided, **tiománta** driven

Oibrithe *pp* **amach** worked out, calculated
áirithe calculated, enumerated, sized up, **asbheirte** deduced, **déaduchtaithe** deduced, **déanta amach** made out, **faighte** found, **fómhasta** calculated, (*jur*) taxed, **grádaithe** graded, rated, **meáite** weighed, **measta** assessed, reckoned, **measúnaithe** assessed, evaluated, **mionsaothraithe** worked out in detail, **rátáilte** rated, **reicneáilte** reckoned, **ríofa** computed, calculated, **saothraithe** worked on; elaborated, **seiceáilte (amach)** checked (out), **suimithe (suas)** added (up)

Oibriú *vn* (*machinery, ideas, etc*) working
ainliú (*boats*) manoeuvring, kedging; (*story*) handling, **baint feidhm as** making use of, **bainistiú** managing, **cruthú** creating, **déanamh** doing, **deasú** manoeuvring, **feidhmiú** functioning, **gabháil** managing, operating, **gníomhú** acting, taking action,

imirt plying, wielding, **imoibriú** *(phys)* reacting, reaction (cf **imoibriú núicléach** nuclear reaction), **inlíocht** *(mil)* manoeuvring; manoeuvre, **ionramháil** manoeuvring, manipulating, **láimhseáil** handling, managing, **láimhsiú** manipulating, handling, **obair** *f (oibre; oibreacha)* work, working, **reáchtáil** running/organising, **riar** administering, managing, **rith** running, **saothar** *(literary, effort)* work, **saothrú** earning; exploiting, **smachtú** controlling, keeping control over, **srianadh** keeping a rein on, controlling, **stiúradh** steering, guiding, **tiomáint** driving *(see also: obair)*

Oibriú *vn* **amach** working out, calculating **áireamh** calculating, enumerating, sizing up, **asbheirt** deducing, **déaduchtú** deducing, **déanamh amach** making out, **fáil** finding, **fómhas** *(jur)* calculating, **grádú** grading, rating, **meá** weighing, **meastóireacht** assessing, reckoning, **measúnú** assessing, evaluating, **mionsaothrú** working out in detail, **rátáil** rating, **reicneáil** reckoning, **ríomh** computing, calculating, **saothrú** working on; elaborating; elaboration, **seiceáil (amach)** checking (out), **suimiú (suas)** adding (up)

Oíche *f (~; ~anta)* night; evening; nocturnal; eve **amhdhorchacht** gloaming, **ardtráthnóna** mid-afternoon, **bigil** vigil, **clapsholas** twilight, **coineascar** dusk, **contráth** gloaming, **crónachan** *f* nightfall, **cróntitim** dusk, **cróntráth** gloaming, **dorchacht** dark, **dorchadas** darkness, **dul ó sholas** getting dark, **easparta** *f (~n; ~na) (rel)* evensong; vespers, **feascar** *(rel)* vesper, **féile** festival, **nóin** *f (nóna; nónta) (rel)* nones, **ó mhaidin go faoithin** from morning till night, **tráthnóna** evening up to nightfall, **tréimhse idir luí agus éirí gréine** hours of darkness

▲ **~ amuigh** night out, **~ chaidrimh** social evening, **~ dhrabhláis** night on the tiles, **~ fhuar fheannta** perishingly cold night, **~ istigh** night in, **~ mheirbh** sultry night, **~ na ndeibeanna** debs' night, **~ na ngradam** awards night, **~ ragairne** drunken night out, **~ rédhorcha** moonless night, **~ scléipe** night of wild fun, **~ shéimh** balmy night

▲ **ainmhí ~** nocturnal animal, **brú ~** night shelter, **club ~** night club, **gadaí ~** night prowler, **lóistín ~** overnight accommodation, **obair ~** night work, **pléaráca ~** night-time revelry, **rang ~** evening class, **siamsaíocht ~** nightlife

▲ **~ Chinn Bliana** New Year's Eve, **~ Fhéile Eoin** St John's Eve, **~ na Coda Móire** New Year's Eve, **~ na Seanbhliana** New Year's Eve, **~ Nollag** Christmas Eve, **~ roimh an gcath** (on the) eve of the battle

◊ **ag meán~** at midnight, **ar dualgas ~** on night duty, **~ aréir** last night/evening, **chomh dall le cearc san ~** as blind as a bat, **chomh difriúil le lá agus ~** as different as chalk and cheese, **go mall san ~** till late into the night, **i gcoim na h~** in the dead of the night, **lá is ~** day and night, round-the-clock (cf **cúram de lá is d'~** round-the-clock care), **le crónú na h~** at nightfall, **~ mhaith agat!** Good night (to you)!, **san ~** at night, **Thit an ~.** Darkness fell.

Oideachas *m (-ais)* education

cultúr culture, **eolas** knowledge, **feabhas** improvement, **foghlaim** *f (-lama)* learning, **forbairt** *f (-bartha)* development, **léann** erudition, learning gleaned from books, **léargas** enlightenment, **múineadh** teaching, **oideas** nurture, **oiliúint** training, **síolteagasc** indoctrination, **scolaíocht** schooling, **scoláireacht** scholarship, **smacht** *m* discipline, **teagasc** tuition, tutoring, **treoir** *f (treorach)* guidance

Oideachasúil *adj⁴* educational

a thugann le foghlaim edifying, **fáisnéiseach** informative, **fianaiseach** evidential, bearing evidence, **oideasach** instructional, **oideolaíoch** pedagogic, **oiliúnach** nurturing, instructive, **múinte** *(> múineadh)* teaching, **scolaíoch** scholastic, **scolaíochta** *(> scolaíocht)* schooling, **teagascach** didactic, instructive, **traenála** *(> traenáil)* training, training

Oideas *m (-dis; -dis, ~)*

1. instruction

aithne *f* commandment, **foraithne** *f* decree, **forógra** proclamation, **ordú** order, command, **proiceapta** precept, **teagasc** tuition, teaching, **treoir** *f (treorach)* guidance, instruction

2. *(med)* prescription; *(cu)* recipe

comhairle dochtúra doctor's advice, **cógas** medication, **foirmle** *f* formula, **íoc** *f* **leighis** medicament, **leigheas** medicine, **liosta comhábhar** list of ingredients, **nós imeachta** procedure, **treoracha** *fpl* instructions, directions

◊ **cógas ar ~ amháin** prescription-only medicine

Oidhre *m (~; -rí)* heir

an chéad duine eile atá le teacht i gcoróin the next in line for the throne, **beangán** heir; young branch, **bile** scion, **buinneán** scion, **coileán** *(archaic)* young heir, scion, **comharba** successor; heir (cf **comharba dealraitheach** *(pol)* heir apparent), **gas** sprig, offshoot, scion, **géag** branch, offspring, **iníon** *f (iníne; ~acha)* daughter, **léiroidhre** *(title)* heir apparent, **mac** son, **pór** breed, **pórlíne** bloodline, **sliocht** *m* descendants, **sliochtach** *m* descendant, **stoc** stock, **tánaiste** second in command

Oidhreacht *f (~a)* heritage, inheritance, legacy

atharthacht patrimony, **béaloideas** folklore, **béasanna** *mpl* customs, **cleachtadh** practice, **comharbas** inheritance; succession, **cultúr** culture, **eastát** estate, **fágáil** bequest, **gnás** usage, custom, practice, **iarmhais** *f* heirlooms; valuable possessions, **leagáid** (financial) legacy, **nósanna** *mpl* ways, customs, **oidhreachtúlacht** *(bio)* heredity, inheritance, **oireacht** *(hist)* patrimony, territory, **sainoidhreacht** *(jur)* entailment, **seanchas** traditional law; lore, tradition, **seandacht** antiquity, **seanfhocail** *mpl* proverbs, **sean-nós** ancient custom, old traditional manner, **seanscéalaíocht** traditional storytelling, **seilbh** possession, **sinsearacht** ancestry, **teanga** *f (~; ~cha)* language, **tiomnacht** bequest, **traidisiún** tradition, **uacht** testament, will *(see also:* ***comharba)***

▲ ~ **chultúrtha** cultural inheritance, ~ **luachmhar** valuable legacy, ~ **mhuirí** maritime inheritance, ~ **seandálaíochta** archaeological heritage

◊ **Is galar ó ~ é.** It's an inherited/hereditary disease.

Oifig *f (~e; ~í)* office; bureau
áisíneacht agency (eg **áisíneacht nuachta** news agency), **Aifreann** Mass, **áit** place, **biúró** bureau, **caibinéad** cabinet, **ceapachán** appointment, **céim** rank, **cúram** trust, care, **dualgas** duty, **feidhm** function, use, **feidhmeannas** office, capacity, **fostú** employment, **freagracht** responsibility, **gníomhaireacht** agency, **gnó** business, **ionad** place, **jab** job, **obair** *f (oibre; oibreacha)* work, **oibleagáid** obligation, **post** post, position, **rannóg** department, **roinn** ministry, department, **seirbhís (eaglaise)** (church) service, office, **stáisiún** station, **suíomh** position, **údarás** authority

▲ ~ **eolais** information bureau, ~ **faisnéise** enquiry office, **obair ~e** office work, **oibrí ~e** office worker

Oifigeach *m (-igh; -igh, ~)* officer, official
aidiúnach *m* adjutant, **ceann foirne** team leader, **fear páipéir** pen pusher, **feidhmeannach** *m* functionary, executive, bureaucrat, **fostaí sa tseirbhís phoiblí** public servant, **ionadaí** representative, **maorlathach** *m* bureaucrat, **riarthóir** administrator, **saighdiúir** *m* soldier, **státseirbhíseach** *m* civil servant

Oifigiúil *adj⁴* official
barántúil authentic, **ceadaithe** sanctioned, approved, **ceadúnaithe** licensed, **cóir** proper, **creidiúnaithe** accredited, **dáiríre** *bona fide,* **deimhnithe** certified, **dlisteanach** legitimate, *ex cathedra ex cathedra* (also: **le húdarás iomlán, ó bhéal an Phápa**), **fíordheimhnithe** authenticated, **foirmeálta** formal, **glactha** accepted, **údarach** authentic, **údaraithe** authorised, **údarásach** authoritative

Oifigiúlacht *f (~a)* officialdom; official validity
bailíocht oifigiúil official validity, **maorlathas** bureaucracy, **meamraiméis** officialdom; officialese, **oifigeacht** *(function)* office, **oifigiúlachas** officialism, **páipéarachas** pen pushing, **postúlacht** officiousness, **stádas oifigiúil** official status *(see also:* ***maorlathas)***

Óige *f (~)* youth
anabaíocht immaturity, **anaostacht** youthfulness, **an ghlúin aníos** the rising generation, **aois an ghasúir** boyhood, **aois na girsí** girlhood, **aos óg** young people, **aosántacht** youthfulness, **daoine óga** young people, **earrach** *m* springtime, **glaise** greenness, **leanbaíocht** infancy, **leanbhaois** childhood, **luaithe** earliness, **macacht** *f* youthful state, **macaomhacht** youthfulness, **macnacht** boyhood, **maighdeanas** virginity, **moiche** *f* earliness, **naíondacht** youthfulness, **nua** *m* newness, **núíosacht** novelty, greenness, **ócht** *f* virginity, **ógra** young people, **ógántacht** adolescence, **óigeantacht** youthfulness, **páistiúlacht** childishness, infantile, **scalltacht** callowness, **soineantacht** innocence, **sóisear** junior, **sóisearacht** *(rel)* juniorate, **úire** freshness

Oighear *m (-ghir)* ice
coinlín reo icicle, **cuisne** *m* frosty vapour, cold haze, **glasreo** hoarfrost, **liathreo** hoarfrost, **oighreatacht** iciness, **oighriú** glaciation, **reo** freezing, frost, **reodóg** icicle, **reoiteacht** frostiness, freezing, **reomhaireacht** frigidity, **reothalach** *m* covering of ice/frost, **sioc** *m* *(seaca)* frost, **siocán frost,** frosty weather, **siocúlacht** frostiness

▲ ~**aois** ice age, ~ **ar snámh** floating ice, ~ **atá ag leá** melting/thawing ice, ~ **bloscaidh** crusted ice, ~ **brúite** crushed ice, ~**chaidhp** ice cap, ~**dhruidte** icebound, ~**eolaíocht** glaciology, ~**-rinc** ice rink, ~**shlaod** ice floe, ~**shruth** glacier, ~ **tanaí** thin ice, ~ **tirim** dry ice

▲ **bosca oighir** icebox, **bristeoir oighir** icebreaker, **ciúb oighir** ice cube, **clúid oighir** ice sheet, **cnoc oighir** iceberg, **haca oighir** ice hockey, **leac oighir** ice, sheet of ice, **meaisín oighir** ice machine, **paca oighir** ice pack, **paistí oighir** icy patches, **piocóid oighir** ice pick, **snoiteán oighir** ice sculpture

◊ **ag rith ar ~ tanaí** running on thin ice, **fuisce le h~** whiskey on the rocks

Oil *v₁c* train, foster; rear
altramaigh foster, **cóitseáil** coach, **cothaigh** foster, cultivate, **cuir ar oiliúint** foster, nurture, rear, **máithrigh** mother; foster, **múin** teach, **tabhair oiliúint do** train, coach, **teagasc** tutor, **tóg (suas)** rear, bring up, **traenáil** train, **ullmhaigh (don saol)** prepare (for life)

Oileán *m (-áin; -áin, ~)* island, isle
áit iargúlta, remote place, **carraig** rock, **dídean** *f (dídine)* shelter, **Éire agus an Bhreatain Mhór** The British Isles, **inis** *f (inse)* isle, **inseán** islet, inch, **oileáinín** eyot, small island, **oileánrach** *m* archipelago, **ósais** oasis, **sceilg** crag; rocky island, **sceir** low rocky island, **tearmann** refuge, sanctuary

▲ **An t~ Bréan** Rotten Island *(Don),* **An t~ Garbh** Rough Island *(Down),* **An t~ Gorm Thuaidh** Illaungorm North *(Galw),* **An t~ Iarthach** Illauneeragh *(Galw),* **An t~ Mór** Bere Island *(Cork);* **An t~ Mór** Illaunmore *(Galw),* **An t~ Mór** Island More *(Mayo)*

Oileán

▲ **Oileáin an Ghrianáin** Greenane Islands *(Ker)*, **Oileáin an Iolra** Eagle Islands *(Galw)*, **Oileáin an Mhachaire** Magharee Islands *(Ker)*, **Oileáin Árann** Aran Islands *(Galw)*

▲ ~ **an Bhulla** Bull Island *(Dub)*, ~ **an Chaisleáin** Castle Island *(Cork)*, ~ **an Chapaill** Horse Island *(Cork, Longfd, Mayo, Sligo)*, ~ **an Eanaigh** Annagh Island *(Mayo)*, ~ **an Teampaill** Church Island *(Ker)*, ~ **an Tí** Cappanacush Island *(Ker)*, ~ **an tSagairt** Illanataggart *(Mayo)*, ~ **an tSéipéil** Chapel Island *(Cork)*, ~ **Baoi** Dursey Island *(Cork)*, ~ **Bearanach** Barranagh Island *(Mayo)*, ~ **Bhanú** Bannow Island *(Wex)*, ~ **Bhríde** Rabbit Island *(Cork)*, ~ **Cathail** Rocky Island *(Cork)*, ~ **Chonchúir** Conors Island *(Sligo)*, ~ **Chóplainn** Copeland Island *(Down)*, ~ **Dá Chruinne** Crump Island *(Galw)*, ~ **Dheilginse** Dalkey Island *(Dub)*, ~ **Dhún Ciaráin Thoir/Thiar** Donkerron Island East/West *(Ker)*, ~ **Dúiche** Inishdooey *(Don)*, ~ **Eide** Island Eddy *(Galw)*, ~ **Fainge** Foynes Island *(Lim)*, ~ **Fia** Deer Island *(Clare)*, ~ **Imill** Illaunamid *(Galw)*, ~ **Inse Duine** Inchydoney Island *(Cork)*, ~ **Máisean** Mason Island *(Galw)*, ~ **Máistir** Illanmaster *(Mayo)*, ~ **Mionnán** Kid Island *(Mayo)*, ~ **na Carraige** Carrig Island *(Ker)*, ~ **na Cathrach** Caher Island *(Mayo)*, ~ **na gCanánach** Canon Island *(Clare)*, ~ **na gCánóg** Puffin Island *(Ker)*, ~ **na gCapall** Horse Island *(Clare, Cork, Galw, Ker, Mayo)*, ~ **na gCoiníní** Coney Island *(Clare)*, ~ **na nUan** Lamb Island *(Cork, Dub, Ker)*, ~ **Ros Dochan** Rossdohan Island *(Ker)*, ~ **sa Tuaidh** Eagle Island *(Mayo)*, ~ **Seirce** Sherky Island *(Ker)*, ~ **Sionnaigh** Shenick's Island *(Dub)*, ~ **Thairbirt** Tarbert Island *(Ker)*, ~ **Uí Ruanaí** Rooney's Island *(Don)*, ~ **Uí Uainín** Green Island *(Clare)*, ~ **Urumhan** Ormond's Island *(Ker)*

■ **Ar oileáin eile na hÉireann atá:** Other islands in Ireland include:

Acaill Achill Island *(Mayo)*
Acaill Bheag Achillbeg Island *(Mayo)*
An Bheartrach Bartragh Island *(Mayo)*
An Blascaod Mór
 The Great Blasket *(Ker)*
An Chnapach Crappagh Island *(Galw)*
An Chruach Cruagh Island *(Galw)*
An Chruit Cruit Island *(Don)*
An Fhianait Fenit Island *(Ker)*
An Inis Inch Island *(Don)*
An Ros Mór Rossmore Island *(Ker)*
An Ros Rossroe Island *(Galw)*
An Sailte Mór
 the Great Saltee Island *(Wex)*
An Scairbh Scariff Island *(Ker)*
An Sceilg Bheag Little Skellig *(Ker)*
An Tiaracht Tearaght Island *(Ker)*
An tÍochtar Eighter Island *(Don)*
An Tuscar Tuscar Rock *(Wex)*
Árainn Inishmore *(Galw)*
Árainn Mhór Aran Island *(Don)*
Ardoileán High Island *(Galw)*
Beigéirinn Begerin Island *(Wex)*
Beiginis Beginish *(Ker)*
Carraig Aonair Fastnet Rock *(Cork)*
Carraig na Canóna
 Cannon Rock *(Down)*
Cladhnach Clynagh Island *(Galw)*
Claínis Clynish *(Mayo)*
Cléire Clear Island *(Cork)*
Cliara Clare Island *(Mayo)*
Cnoc Uí Chathaláin
 Knockycahillaun *(Mayo)*
Collainn Mhór
 Collan More Island *(Mayo)*
Creimhinis Crovinish *(Mayo)*
Cruach na Caoile
 Croaghnakeela Island *(Galw)*
Cruach na Cara
 St Macdara's Island *(Galw)*
Daighinis Dinish Island *(Galw)*
Dairbhre Valentia Island *(Ker)*
Dairinis Dernish *(Sligo/ Mayo)*
Damhoileán Davillaun *(Galw)*
Deoirinis Dorinish *(Mayo)*
Dubhoileán Beag/Mór
 Duvillaun Beg/More *(Mayo)*
Duínis Deenish Island
 (Clare/Cork/Ker)
Eachinis Aughinish *(Clare/Lim)*
Eanach Mheáin
 Annaghvaan Island *(Galw)*
Faoide Whiddy Island *(Cork)*
Fínis Feenish Island *(Clare/Galw)*
Foirnis Furnace *(Galw)*
Fóite Fota Island *(Cork)*
Fraochoileán Freaghillaun *(Galw)*
Gabhla Gola Island *(Don)*
Garinis Garinish *(Cork, Ker)*
Garmna Gorumna *(Galw)*
Iomaí Omey Island *(Galw)*
Leitir Mealláin Lettermullen *(Galw)*
Leitir Móir Lettermore *(Galw)*
Maínis Mór Moynish More *(Mayo)*,
Maínis Mweenish Island *(Galw)*
Manainn Mannin Island *(Cork)*
Na Laonna Calf Islands *(Cork)*
Na Maighdeanacha
 The Maidens/ Hulin Rocks *(Antr)*
Reachlainn Rathlin Island *(Antr)*
Reachlainn Uí Bhirn Rathlin
 O'Birne Island *(Don)*
Reachrainn Lambay Island *(Dub)*
Rinn Ghearróige
 Ringarogy Island *(Cork)*
Roisín an Chalaidh
 Rusheennacholla *(Galw)*
Rónchairraig Mhór
 Roancarrigmore *(Cork)*
Ros Bairneach
 Rosbarnagh Island *(Mayo)*
Ros Toirc Rosturk Island *(Mayo)*
Rua-oileán Roeillaun *(Galw)*
Sceilg Mhichíl Great Skellig *(Ker)*
Tairbeart Turbot Island *(Galw)*
Tamhain Tawin Island *(Galw)*
Toraigh Tory Island *(Don)*
Uaigh Owey Island *(Don)*

■ **Ar na hoileáin thar lear atá:** Islands overseas include:

na hOileáin Bhailéaracha
 Balearic Islands
na hOileáin Bhriotanacha
 the British Isles
na hOileáin Chanáracha
 the Canary Islands
na hOileáin Fhilipíneacha
 Philippine Islands
Oileáin Ailiúit Aleutian Islands
Oileáin Aintillí Antilles
Oileáin Aldabra Aldabra Islands
Oileán Åland Åland Islands
Oileán an Fhéinics Phoenix Islands
Oileáin Auckland Auckland islands
Oileáin Fháclainne Falkland Islands
Oileáin Fharó Faroe Islands
Oileáin Fhidsí Fiji Islands
Oileáin Galápagos Galápagos Islands
Oileáin Haváí Hawaiian Islands
Oileáin Mhaildíve Maldives
Oileáin Mhuir nIocht
 the Channel Islands
Oileáin na Gaoithe
 Windward Islands

Oileánach 1 *m (-aigh; -aigh, ~)* islander
bean *f* **ón oileán** island woman, **fear ón oileán** island man, **muintir oileáin** island folk, **pobal oileánda** island community

> ○ *An tOileánach The Islander* – is a seminal autobiography by the Blasket Islander, **Tomás Ó Criomhthain** (1855–1937), a native Irish speaker whose writings inspired generations of scholars and writers. The first edition of this book appeared in 1929.

Oileánach 2 *adj³* insular
áitiúil local, **cúng** narrow, **druidte** closed off, **dúnta** closed, **inseach** insular, **oileánda** relating to island life, **paróisteach** parochial, not seeing the big picture, **tuaithe** country-like, provincial

Oiliúint *vn* training; rearing
altramú fostering, **cóitseáil** coaching, **cothú** fostering, cultivating, **cur ar oiliúint** fostering, nurturing, rearing, **dea-thógáil** good upbringing, **foghlaim** *f (-lama)* learning, **máithriú** mothering; fostering, **múineadh** teaching; manners, **oideachas** education, **printíseacht** apprenticeship, **scolaíocht** schooling, **tabhairt oiliúint do** training, providing coaching for, **teagasc** tutoring, tuition, **tógáil (suas)** up-bringing; bringing up, rearing, **traenáil** training, **treoir** *f (-orach)* guidance, **ullmhú (don saol)** preparation (for life)

▲ ~ **chlasaiceach** classical training, ~ **ghairmiúil** professional training, ~ **madraí** dog training, ~ **múinteoirí** teacher training, ~ **tí** *(dog)* house-training

▲ **am oiliúna** training time, **aonad forbartha oiliúna** training development unit, **clár oiliúna** training program, **coláiste oiliúna múinteoirí** teacher training college, **cúrsa oiliúna** training course, **ionaid oiliúna** training centres, **seomra oiliúna** training hall, dojo

Oilte *pp*
1. trained, skilled
ábalta able, capable, **cáilithe** qualified, **cleachta** practised, **cleachtach** experienced, **cliste** skilful, **cóitseáilte** coached, **cumasach** capable, proficient, **deaslámhach** good with hands, dexterous, practical, **ealaíonta** nifty, skilful, **gairmiúil** professional, **infheidhme** competent, **inniúil (ar)** proficient (at), **léannta** educated, erudite, **máistriúil** masterly, **múinte** taught, **proifisiúnta** professional, **reabhrach** dexterous; sportive, **saineolach (ar)** expert (at), **sciliúil** skilled, **snasta** practised, smooth, **teagasctha** tutored **traenáilte** trained
2. fostered, reared, nurtured
altramaithe fostered, **cothaithe** fostered, **curtha ar oiliúint** fostered, nurtured, reared, **máithrithe** mothered; fostered, **múinte** well brought up, mannered, **tógtha (suas)** reared, brought up, **ullmhaithe (don saol)** prepared (for life)

Óinseach *f (-sí;~a,~)* foolish woman, airhead
amaid fool of a woman, **báiléir mná** scold, shrew, **báirseach** *f* shrew, **baothóg** foolish giddy woman, **bitseach** *f* bitch, **bradóg** roguish woman, **breallóg** slattern, blabbering woman, **brilseach** *f* dumb mindless woman, **briotóg** lisping woman, **cabóg** toothless woman, **cailleach** *f* hag, witch, **caillteog** stingy worthless hag, **claibseach** *f* garrulous woman, **claimhseog** mangy woman, **claitseach** *f* slut, **clogóinseach** *f* utter fool of a woman, **cloigis** witless woman, **fuaidrimín** flighty woman, **gáirseach** *f* lewd woman, **gamalóg** silly woman, **geidimín** *f* flighty girl, **giobóg** idle, worthless woman, **giobstaire** hussy, pert girl, **giodróg** flighty young woman, **geofairlín** giddy airheaded lass, **gliobóg** unkempt woman, **grampar** big coarse woman, **guagóg** fickle woman, **léirmheirdreach** outright whore, **máilóid** silly chattering woman, **meirgíneach** *f* crabby crusty old woman, **oighreog** frigid woman; cold emotionless woman, **óinsín** silly little fool of a woman, **raicleach** *f* brawling, obstreperous woman, vixen, **raiteog** hussy, **ráitseach** *f* wanton woman, **rálach** *f* loose woman; harlot, **rata** wanton woman, **ruailleach** *f* slattern, hussy, **ruibhseach** *f* sharp-tongued abusive woman, **rúpach (mná)** *f* big robust woman, **samhairle** *m* **caillí** disagreeable hag, **scibirlín** flabby untidy woman, **scleoid** sloven, slattern, **scuaideog** messer of a woman, **seanchailleach** *f* old hag, crone, **searbhóg** bitter woman, **siopach** *f* meddlesome busybody of a woman, **slámóg** untidy woman, **slapaire** *m* slapper, **slapóg** loose young woman, **smúrlóg** grimy-faced girl, **splaincín** *f* fiery irascible woman, **sraoill** bedraggled slut, **sraoilleog** untidy woman, **stothallóg** unkempt woman, **streabhóg** hussy, **striapach** *f* prostitute, **strupais** untidy woman, **toice** *f* pert hussy, wench

Oir *v₁c* suit, fit
aontaigh agree, **comhfhreagair** correspond, **feil** suit, fit, **fóir do** befit, suit, **freagair** answer, **freastail ar** serve, accommodate, **riar ar** accommodate, **sásaigh** satisfy, **tar le** agree with, go along with (cf **Thiocfainn leat sa mhéid sin.** I'd go along with you on that), **téigh i dtaithí ar** adjust to, adapt to, **téigh in oiriúint do** adapt to, **toill** fit, find room (eg *Ní thoillfimis uile sa charr.* We wouldn't all fit in the car.)

Oiread *s (indecl)* amount
a liacht so many, **candam** quantum, **cion** *m (~)* share, **dol** draught, haul, **iomlán** total, **dá liacht** however many (eg **dá liacht uair** however many times), **líon** *m* requisite amount, fill; number, **méid** *m* amount, **méid** *f* size, **suim** sum, **toise** *m* measurement; dimension, **tomhas** measure, gauge, **uimhir** number *(see also: uimhir)*

Oiriúint
1. *vn* suiting, fitting
aontú agreeing, **comhfhreagairt** corresponding, **dul**

i dtaithí ar adjusting to, adapting to, getting used to, **dul in oiriúint do** adapting to, **feiliúint** suiting, fitting, **fóirithint do** befitting, suiting, **freagairt** answering, **freastal ar** serving, accommodating, **riar ar** accommodating, **sásamh** satisfying, **teacht le** agreeing with, going along with, **toilleadh** fitting, finding room

2. *f (~e)* suitability, fittingness

cirte *f* correctness, **comhfhreagairt** correspondence, **comhoiriúnacht** compatibility, **comhréir** congruity, accord, **comhréireacht** accordance; proportionality, **cuibheas** aptness, **cuibhiúlacht** appropriateness, **feiliúint** suiting, fitting, **feiliúnacht** aptness, fittingness, **fóirsteanacht** suitability, aptness, **iomchuibheas** congruency, appropriateness, fitness, **leor** appropriate amount, sufficiency, **nósmhaireacht** propriety, **oiriúnacht** suitability, fitness; facility, **réiteach** *m* agreement, **toilleadh** fitting capacity (cf **Tá toilleadh beirte ann.** There's room for two people there.), **tráthúlacht** timeliness

3. *~í fpl* accessories

fearais *mpl* fittings, **feisteas** fittings, furnishings, accessories, **feiste** *f* device, installation; fastening, **giuirléidí** *fpl* bits and pieces, knickknacks, **maisiúcháin** decorations, **mangaisíní** *fpl* knickknacks, **oirnimintí** *fpl* ornaments, **ornáidí** *fpl* ornaments, **trealamh** equipment, **troscán** furniture *(see also: feisteas)*

◊ *~í tí* household accessories

Oiriúnach *adj³* suitable

ábhartha pertinent, **ag baint le hábhar** germane, relevant, **bainteach** relevant, **ceart** right, apposite, **cóir** proper, just, **cóiriúil** favourable, suitable, **comhfhreagrach (do)** harmonising (with), corresponding (to), **comhoiriúnach** *(comp)* compatible, **comhréireach** accordant, **comhshondach** consonant, **cothrom** fair, **cuí** appropriate, **cuibhiúil** seemly, **curtha in oiriúint do** adapted for, made suitable for, **feiliúnach** fitting, becoming, appropriate, **fiúntach** worthy, **fóirsteanach** becoming, **inchomhfhoirmeach** *(geog)* conformable, **inniúil** able, fit, **inrásta** fit, proper, **inseolta** seaworthy; fit, proper, **iomchuí** relevant, appropriate; *(maths)* congruent, **leor** adequate, **luiteach** well-fitting, **inghlactha** acceptable, **inniúil** competent, **sásúil** satisfactory, **toighseach** tasteful, with good taste, **tráthúil** apt, timely

Oiriúnaigh *v₂ₐ* adapt, fit

athchóirigh restore, renovate, **athraigh** change, alter, **claochlaigh** metamorphose, **clóigh (le)** accustom (to), **cloígh (le)** comply (with); adhere (to), **coigeartaigh** adjust, readjust, tweak, **comhardaigh** equalise, adjust, **comhchuibhigh** harmonise, **comhoiriúnaigh** match, harmonise; *(comp)* make compatible, **cuir in ord** put in order, **cuir in oiriúint do** tailor to, **déan réidh** make ready, **deasaigh** make nice, adorn, **deisigh** fix, mend, **feil (do)** fit, suit, **feistigh** adjust, fasten, secure, **fóir (do)** befit, fit, **gléas** dress, **innill** fix up, make ready, prepare, **leasaigh** amend, **mionathraigh** modify, **múnlaigh** shape, fashion, **oir (do)** suit, **réitigh (le)** comply/match (with); agree (with), **riochtaigh** condition, adapt, **saincheap** customise, **tar le** conform to, agree with, **ullmhaigh** prepare

D'~ a éadaí mé. His clothes fitted me.
D'~ a taithí í. Her experience made her suitable.
D'~ sí a hiompar. She adapted her behaviour.
D'~ sí an cúrsa. She customised the course.
D'~ sí an léaráid. She adjusted the diagram.
D'~ sí do shaol nua. She adapted to a new life.

Oiriúnaithe *pp* adapted, fitted

athchóirithe restored, renovated, **athraithe** changed, altered, **claochlaithe** metamorphosed, **clóite (le)** accustomed (to), **cloíte (le)** complied (with); adhered (to); **coigeartaithe** adjusted, tweaked, **comhardaithe** equalised, adjusted, **comhchuibhithe** harmonised, **comhoiriúnaithe** matched, harmonised; *(comp)* made compatible, **curtha in ord** put in order, **curtha in oiriúint do** tailored to, **déanta réidh** made ready, **deasaithe** made nice, adorned, **deisithe** fixed, mended, **feilte (do)** fitted, suited, **feistithe** adjusted, fastened, secured, **fóirthe (do)** befitted, fitted, **gléasta** dressed, **innealta** fixed up, made ready, prepared, **leasaithe** amended, **mionathraithe** modified, **múnlaithe** shaped, fashioned, **oirthe (do)** suited (to), **réitithe (le)** complied/matched (with); agreed (with), **riochtaithe** conditioned, adapted, **saincheaptha** customised, **tagtha le** conformed to, agreed with, **ullmhaithe** prepared

Oiriúnaitheach *adj³* adaptive; adaptable

géilliúil compliant, **ildánach** *(person)* versatile, accomplished (eg **scríbhneoir ~** accomplished writer), **ilfheidhmeach** versatile, multifunctional, **ilúsáide** multipurpose, **inathraithe** adjustable, changeable, **inchomhfhoirmeach** *(geog)* conformable, **inoiriúnaithe** modifiable, **sochomhairleach** tractable, **solúbtha** pliant, **somhúnlaithe** malleable

Oiriúnú *vn* adapting, fitting

athchóiriú restoring, renovating, **athrú** changing, altering, alteration, **claochlú** metamorphosing, metamorphosis, **cló (le)** accustoming (to), **cloí (le)** complying (with); adhering (to), **coigeartú** adjusting, adjustment, **comhardú** equalised, adjusted, **comhchuibhiú** harmonising, **comhoiriúnú** matching, harmonising; *(comp)* making compatible, **cur in ord** putting in order, **cur in oiriúint do** tailoring to, **déanamh réidh** making ready, **deasú** making nice, adorning, **deisiú** fixing, mending, **feiliúint (do)** fitting, suiting, **feistiú** adjusting, fastening, securing, **fóirithint (do)** befitting, fitting, **gléasadh** dressing, **inleadh** fixing up, making ready, preparing, **leasú**

amending; revision, **mionathrú** modifying, **múnlú** shaping, fashioning, **oiriúint (do)** suiting, **réiteach (le)** complying/matching (with); agreeing (with), **riochtú** conditioning, adapting, **saincheapadh** customising, **teacht le** conforming to, agreeing with, **ullmhú** preparing

Oirmhinneach 1 m (-nnigh; -nnigh, ~) (ecc) reverend

biocáire vicar, **canónach** m canon, **cléir** clergy, **cléireach** m sexton, **curáideach** m curate, **deagánach** deacon, **ministir** minister, **sagart** priest, **séiplíneach** m chaplain, **soiscéalaí** evangelist, **urramach** m reverend

■ **teidil eaglasta** ecclesiastical titles: **A Athair Oirmhinnigh!** Reverend Father! **A Mháthair Oirmhinneach!** Reverend Mother! **A Naofacht, an Pápa Proinsias** His Holiness, Pope Francis, **A Oirirceas!** His eminence! **A Oirmhinnigh!** Your Reverence! **An Fíor-Oirmhinneach de Paor** The Right Reverend de Paor, **An Pápa Ró-Naofa** His Holiness the Pope, **an tAthair Ruiséil** Father Russell, **an tOirmhinneach Ruiséil** The Reverend Russell, **A Thiarna** Your Grace, **Moinsíneoir** Monsignor

Oirmhinneach 2 adj³ (ecc) reverend

ardchéimiúil elevated, eminent, **beannaithe** blessed, **céimiúil** distinguished, **diaga** divine, **coisricthe** consecrated, **fiúntach** worthy, **naofa** holy, **oirirc** illustrious, **sácráilte** sacred, **suáilceach** virtuous, **uasal** noble, elevated, **urramach** esteemed, reverend

Oirnigh v₂ᵦ ordain, inaugurate; enthrone

ceap appoint, **corónaigh** crown, enthrone, **cumasaigh** empower, **cuir aibíd ar** (rel) frock, **fógair** proclaim, **glac isteach sa tsagartacht** admit to the priesthood, **insealbhaigh** inaugurate, invest, **oirnéal** decorate, adorn, **ordaigh** order, **ornáidigh** bedeck, **tabhair údarás do** give authority to, **togh** elect, **údaraigh** authorise

Oirnithe pp ordained, inaugurated; enthroned

ceaptha appointed, **corónaithe** crowned, enthroned, **cumasaithe** empowered, **dar tugadh údarás** given authority, authorised, **fógartha** proclaimed, **glactha isteach sa tsagartacht** admitted to the priesthood, **insealbhaithe** inaugurated, invested, **oirnéalta** decorated, adorned, **ordaithe** ordered, **ornáidithe** bedecked, **tofa** elected, **údaraithe** authorised

Oirniú vn ordination

ceapadh appointing, **ceapachán** appointment, **corónú** crowning, enthroning, **cumasú** empowering, **cur aibíd ar** (rel) frocking, **fógairt** proclaiming, **glacadh isteach sa tsagartacht** admitting to the priesthood, **insealbhú** inaugurating, investing, **oirnéaladh** decorating, adorning, **ordú** ordering, **ornáidiú** bedecking, **tabhairt údaráis do** giving authority to, **toghadh** electing, **údarú** authorising

Oirthe pp fitted, suited

comhfhreagartha corresponded, **dulta i dtaithí ar** having adjusted to, adapted to, **dulta in oiriúint do** having adapted to, **feilte** suited, fitted, **fóirthe do** befitted, suited, **freagartha** answered, **freastailte ar** served, accommodated, **riartha ar** accommodated, **sásta** satisfied, **toillte** fitted (in space) (eg **an méid a bhí toillte sa halla** the amount that was fitted into the hall)

Oirthear m (-thir) eastern part, east; orient; front part

an chuid tosaigh the front part, **an Domhan Oirthearach** The Orient, the eastern world, **anoir** (c ←) from the east, **an taobh thoir** the east side, **thoir** (mot) east, **soir** (c →) to the east

Ól 1 v₁𝒸 drink

bain bolgam as take a mouthful out of, **bain gáilleog as** take a swig out of, **bain súimín as** take a sip out of, **bí ag blaisínteacht** be sipping, **bí ag diúgaireacht** be boozing, **bí ag taoscadh na gcuach** be drinking like a fish, **bí ar an ól** be on the drink, **caith** take, partake, **caith deoch** take a drink, **caith siar** knock back, polish off, **déan ólachán** drink (alcohol), **déan póit** drink (alcohol) to excess, **déan snáiteoireacht** to sip/drink beverage with food, **diúg** drain, **diúg siar** knock back, drink up, **diúl** suck, **diurnaigh** guzzle, drain, **ibh** drink, imbibe, **leadhb siar** lap up, **ligh** lick, **siolp** suck, milk dry, **slog (siar)** gulp (down), swallow, **snáith** sip, **sniog** drain completely, **súigh** absorb, imbibe, **taosc** drink heavily, **téigh ar na cannaí** hit the bottle, go on a drinking binge, **tóg gáilleog** take a swig, **tóg slog as buidéal** take a swig from a bottle

Ól 2 vn drinking

blaisínteacht sipping, **caitheamh** taking, partaking, **caitheamh siar** knocking back, polishing off, **diúgadh** draining, **diúgadh siar** knocking back, drinking up, **diúgaireacht** boozing, **diúl** sucking, **diurnú** guzzling, draining, **glotaíl** swallowing; gurgling, **ibhe** (archaic) drinking, imbibing, **leadhbadh siar** lapping up, licking, **lí** licking, **ólachán** (alcohol) drinking, **pótaireacht** heavy drinking, **siolpaireacht** sucking, milking dry, **slogadh (siar)** gulping (down), swallowing, **sluga** slug, **snáiteoireacht** sipping drink/liquid with food, **snáithiú** sipping, **sniogadh** draining completely, draining dry, **sú** absorbing, imbibing, **súchán** absorption, suction, **súimíneacht** supping, sipping, **taoscadh** (heavily) drinking (cf **bheith ag ~ na gcart** to be drinking like a fish)

Ola f (~; ~í) oil

allas sweat, **amhola** crude oil, **balsam** balm, **bealadh** grease; lubricant, **bithbhealadh** bio-lubricant, **blonag** lard, **fabhairt** liniment, **geir** fat, **íle** f oil, **ionlach** m lotion, **lóis** lotion, **margairín** margarine, **peitriliam** petroleum, **plandola** vegetable oil, **uachtar** cream, **ungadh** ointment, rub, **saill** fat, **tál** secrete, **troighean**

oil (eg **troighean éisc** fish oil), **úsc** extract, oil (eg **úsc giosta** yeast extract, **úsc éisc** fish oil)

▲ ~ **aitil** juniper oil, ~ **amach ón gcósta** offshore oil, ~ **piseanna talún** peanut oil, ~ **bhealaithe** lubricating oil, ~ **bhearrtha** shaving oil, ~ **bhreosla** fuel oil, ~ **chócaireachta** cooking oil, ~ **choisricthe** holy oil, ~ **chrainn tae** tea tree oil, ~ **chumhartheiripe** aromatherapy oil, ~ **chumhra** perfumed oil, ~ **dhéanach** extreme unction, ~ **dhíosail** diesel oil, ~ **éisc** fish oil, ~ **eisintiúil** essential oil, ~ **eoclaipe** eucalyptus oil, ~ **fhiuchta** boiling oil, ~ **friochta** frying oil, ~ **ghléghlanta** clarified oil, ~ **ghruaige** hair oil, ~ **innill** engine oil, ~ **lampa** paraffin oil, ~ **mhíl mhóir** whale oil, ~ **olóige** olive oil, ~ **phailme** palm oil, ~ **phlanda** plant oil, ~ **ráibe** rape oil, ~ **ricne** castor oil, ~ **rois** linseed oil, ~ **scagtha** refined oil, ~ **shailleach** fatty oil, ~ **síolta fíonchaor** grapeseed oil ~**stáisiún** oil-fired electricity station

Ólachán *m (-áin)* drinking (alcohol)
ar na cannaí on a drinking binge, hitting the bottle, **ar an ól** on the drink, **craosól** intemperate drinking, **diúgadh** draining, **diúgadh siar** knocking back, drinking up, **diúgaireacht** boozing, **druncaeireacht** drunkenness, **meisceoireacht** getting drunk, inebriety, **póit** excessive drinking (cf **póit a dhéanamh** to drink to excess; **fuíoll na póite** hangover), **pótaireacht** heavy drinking, **póitéis** tippling, **raobhaíocht** intemperance, gluttony, **taoscadh** (heavily) drinking *(see also: ól 2)*

Olc *m (oilc; oilc, ~)*
1. evil
ábhaillí mischievousness, **áibhirseoireacht** wickedness, devilry, **ainbheart** evil deed, **aincis** malignancy, **ainghníomh** evil act, **ainnise** badness, bitterness; wretchedness, **an braon broghach** *(of blood)* the bad drop, tainted character, **anfholláine** unwholesomeness, **bréantas** vileness, foulness, **brúidiúlacht** brutality, **cloíteacht** shabbiness, **cneámhaireacht** knavery, dirty tricks, **coir** crime, **coireacht** wickedness, **coiriúlacht** criminality, **corbadh** corruption, **diabhal** devil, **diabhaltacht** devilry, **díogha** worst, **díogha agus deireadh** worst thing possible, **doichte** meanness of heart, **donacht** badness, **donas** badness, **dorchadas** darkness, **duáilce** vice, **éagóir** injustice, wrongdoing, **gránnacht** nastiness; ugliness, **lochtaíl** wickedness, falseness, **lofacht** rottenness, vileness, **madrúlacht** beastliness; coarseness, **mí-iompar** misconduct, **mímhoráltacht** immorality, **olcas** evil; anger, **suarachas** baseness, vileness, **táire** sordidness, **truailliú** contamination, **urchóid** malignancy, bane *(see also: donas)*

◊ **B'olc an gnó é!** It was a bad business!, **Fan amach ó lucht an oilc!** Keep well away from evildoers!, **Ná déanaigí an t-~ ar dhuine ar bith!** Do not do evil to any person!, **Seachain an t-~!** Avoid evil!

2. affliction
aicíd disease, **aimhleas** detriment, **aimléis** wretchedness, **ainriocht** sorry plight, **ainseal** chronic state, **anacair** *f (-cra)* anguish, **anachain** *f (-chana)* calamity, **anfhorlann** *m* oppression, **angar** dire need, want, **anó** *m* misery, **anró** *m* distress, **ansmacht** *m* oppression, **bochtaineacht** poverty, **buaireamh agus léan an tsaoil** the trials and tribulations of life, **ciapadh** torture, **cora crua an tsaoil** vicissitudes of life, **cos ar bolg** oppression, **cruatan** hardship, **damáiste** damage, **dearóile** wretchedness, **díobháil** harm, injury, **díogha** worst, **díogha agus deireadh** worst thing possible, **dochar** affliction, **doilíos** sorrow, melancholia, **dólás** ruefulness, **dubhachas** gloom, **eirleach** *m* catastrophe, **fulaingt** suffering, **ganntanas** need, **gátar** want, **gorta** famine, **mairg** woe, **mífhortún** misfortune, **milleadh** ruination, **suaiteacht** upset, unease, **suaitheadh** agitation, **trioblóid** trouble, **umar na haimléise** trough of despondency

◊ **Ba mhór an t-~ do mhuintir na hÉireann é.** It was a great affliction to the people of Ireland.

P **Ní thig an t-~ i dtír nach fearrde duine éigin.** It's an ill wind that blows nobody any good!

3. spite
aicis rancour, **bitseáil** bitching, **cancar** spleen, **cantal** petulance, **cloch sa mhuinchille** harbouring a grudge (cf **Tá cloch sa mhuinchille aici dom.** She is *(or was/will be etc)* waiting to get even with me.), **cruimh faoin bhfiacail** nursing resentment (cf **Bhí cruimh faoin bhfiacail againn dá chéile.** We were at daggers drawn.), **díoltas** revenge, **domlas** gall, **drochfhuil** enmity, bad blood, **eascairdeas** animosity, **fala** *f (~; -lta)* grudge, spite, **faltanas** spitefulness, **fiamh** spite, bitterness, **fuath** hatred, **mailís** malice, **mioscais** active ill will, wickedness, **nimh** venom, **olcas** spite, **paor** grudge, **stainc** pique, **stuaic** fit of anger, sulk

◊ **Tá an t-~ istigh aige dúinn.** He holds a grudge against us.

4. anger
buile fury, **colg** rage, **fearg** anger, **goimh** venom, **mire** frenzy, **múisiam** displeasure, **olcas** anger; evil *(see: fearg, olcas)*

▲ **madra oilc** mad dog

◊ **Chuir sin ~ orm.** That made me angry., **Tháinig ~ uirthi.** She became angry.

Olcas *m (-ais)*
1. badness, evil state
aimhleas detriment, **aimléis** wretchedness, **aincis** malignancy, **ainiarmhairt** evil consequence, **ainnise** misery, **ainriocht** sorry plight, **ainseal** chronic state, **anacair** *f (-cra)* anguish, **anachain** *f (-chana)* calamity, **anaiste** bad condition, **angar** dire need, want, **anó** *m* misery, **anró** *m* distress, **ciapadh** torture, **coireacht** wickedness, **crá** torment, **cruálacht** cruelty,

Ollphéist

cruatan hardship, **dealús** destitution, **dearóile** wretchedness, **déine** severity, hardness, **diabhaltacht** devilry, **díobháil** harm, injury, **dochar** harm, damage, **drochbhraon** (of blood) bad drop, tainted character, **drochíde** abuse, **drochmhianach** vicious streak, nasty side, **eirleach** m (-ligh) catastrophe, **gadhscal** chronic condition (cf **chuaigh an tinneas chun gadhscail** the sickness became chronic), **géire** severity, **gránnacht** nastiness, **in ainríocht** in a wretched condition, **lofacht** rottenness, **mairg** woe, **mallaitheacht** cursedness, viciousness, **suarachas** vileness, **uafás** horror, **urchóid** malignancy, bane (see also: **donas, olc**)

◊ **Dá ~ é, d'fhéadfaí bheith níos measa.** However bad it is, it could be worse., **Tá chuile rud ag dul in ~.** Everything is getting worse.

2. anger
báiní frenzy, **buile** f fury, **cancar** pique, **cantal** bile, **ciapadh** irritation, **clipeadh** irritation, **colg** rage, **confadh** ill temper, rabies, **crostacht** fractiousness, crossness, **cuthach** m rage, vehemence, **drochmhianach** m bad temper, **fíoch** m ire; feuding, **fiúnach** m rage, fury, **fraoch** wrath, fury, **goimh** virulence, gall, **mire** frenzy, craziness, **múisiam** displeasure, **naimhdeas** hostility, **nimh** venom, animosity, **nimheadas** spitefulness, venomousness, **seanfhala** feud, **stodam** huffiness, **straidhn** vexation, **taghd** m quick temper (see also: **fearg**)

3. spite
aicis rancour, **drochfhuil** enmity, bad blood, **fala** f (~; -lta) grudge, spite, **faltanas** spitefulness, **stainc** pique (see: **olc**)

Ollphéist f (~e; ~eanna) serpentine monster
ainbheithíoch m monster, **alltán** monster; wild person, **amhailt** ghoul, monster, **anchúinse** monster; freak, **arracht** m monster, **gúl** ghoul, **leiviatan** leviathan, **péist mhór** beast, monster, **torathar** misshapen creature; ogre, monster

▲ **~ mhara** giant sea serpent

Ollscoil f (~e; ~eanna) university
acadamh academy, **coláiste** college, **Coláiste na hOllscoile** University College, **Coláiste na Tríonóide** Trinity College, **coláiste oideachais** college of education, **coláiste oiliúna** training college, **institiúid ardléinn** institute of advanced studies, **institiúid teicneolaíochta** institute of technology, **institiúid tríú leibhéal** third level institute, **polaiteicnic** polytechnic

■ **céim** degree, **céimí** graduate, **cúrsa céime** degree course, **iarchéimí** postgraduate, **léacht** f lecture, **léachtlann** lecture hall, **léachtóir** lecturer, **na heolaíochtaí** the sciences, **na healaíona** fpl the arts, **neach léinn** student, **ollamh** m (-aimh; ollúna) professor, **ollúnacht** professorship, **Seachtain na bhFreisear** Freshers' Week, **scrúduithe** mpl deiridh finals, **seimineár** seminar, **staidéar iarchéime** postgraduate study

Ólta pp
1. drunk, consumed
caite consumed, partaken, **caite siar** knocked back, polished off, **diúgtha** drained, **diúgtha siar** knocked back, polished off, **diúlta** sucked, **diurnaithe** guzzled, drained, **ife** (archaic) drunk, imbibed, **lite** licked, **slogtha** (**siar**) gulped (down), swallowed, **snáithithe** sipped, **sniogtha** drained completely, drained dry, **súite** absorbed; imbibed

2. drunk, inebriated
agus dhá thaobh an bhóthair (**le**) sloshed, maggoty drunk (cf **ag teacht abhaile ag tabhairt dhá thaobh an bhóthair leis** coming home hardly able to walk he was so drunk.), **aolta** soused, sozzled, **ar meisce** drunk, **ar na caora** smashed, pie-eyed, **ar stealladh na ngrást** as drunk as a lord, **báite** sloshed, plastered, **braon maith ar bord** a fair amount taken, **braon maith sa ghrágán** well oiled, **braon sa chuircín** tipsy, **braon sa stuaic** tipsy, **braon sa tsúil** cockeyed, **braon thar an gceart** one over the eight, **caith siar** knock back, polish off, **caoch ar meisce** blind drunk, **dallta ag an ól** blinded by the drink, soused, **faoi anáil an óil** under the influence of drink, **gan chos faoi** legless, **gan féith gan chomhaireamh** blotto, smashed, **le braonáinín beag istigh** (**ag**) with a little drop taken (by), **plástráilte** plastered, **snáithithe** sipped, relished, **súgach** merry

Ómós m (-óis) homage, veneration
aitheantas (**cuí**) (**due**) recognition, **ardchéim** grandeur, **ardghradam** high esteem, **ardmharc** high/ honour mark, **ardmheas** high esteem, **caoideanas** (kindly) consideration, **cuntanós** civility, **dea-bharúil** approbation, **dínit** dignity, **duais** laurels, award, **foruaisliú** exaltation, **glóir** glory, **gradam** distinction, **ionracas** compliment(s), **meas** respect, **miadh** m (~a) (lit) honour, distinction; dignity, **moladh** praise, commendation, **oineach** m honour, good name, **oirmhidin** (lit) reverence, **onóir** honour, **sea** m regard, esteem; heed, **umhlaíocht** humility, **urraim** reverence, deference (see also: **meas**)

◊ **Ba chomhartha ómóis é.** It was a sign of respect., **Bhí deoch ag gach duine againn in ~ na hócáide.** We all had a drink to mark the occasion., **le h~ duit** out of regard for you

Ómósach adj³ venerated, dutifully obedient
adhmholtach eulogistic, exalting, **ag a bhfuil moladh mór faighte** greatly lauded, highly, praised, **aitheanta go cuibhiúil** duly/properly recognised, **ardchéimiúil** eminent, **ardghradamach** highly esteemed, **ardmheasúil** highly respected, **díniteach** dignified, **foruaislithe** exalted, ennobled, **géilliúil** compliant; submissive, **gor** (lit) filial, dutiful,

Onóir

gradamach estimable, esteemed, **le dea-bharúil** with approbation, **measúil** respectful, **oinigh** (> **oineach**) honoured; honorary (cf **céim oinigh** honorary degree), **oirmhinneach** (rel title) reverend, **uasal** noble, **umhal** humble, **urramach** reverential, deeply respectful (see also: **measúil**)

Onóir f (-óra; -óracha) honour
acaláid accolade, **adhmholadh** eulogy, exaltation, **adhradh** worship, **ardfhuil** noble blood, **ardghrád** higher/honour grade, **ardghradam** high esteem, **ardleibhéal** higher/honours level, **ardmharc** high/honour mark, **ardmheas** high esteem, **ardmholadh** high praise, exultation, **ardnós** grandeur, **béal bán** lip service, **bladar** adulation, **bualadh bos** applause, **céim** position, rank, **clú** (good) reputation, renown, **comhghairdeas** congratulation(s), **craobh** f (victory) crown, palm, championship (title), **deabhóid** devotion, **dínit** dignity, **duais** prize, **glóir** glory, **gradam** esteem; award, **ionracas** compliment(s), **lúitéis** adulation, **lútáil** adulation; obsequious flattery, **moladh** praise, **oineach** m good name, honour, **oirmhidin** f (-dne) (lit) honour, respect, reverence, **ómós** homage, tribute, **uaisle(acht)** nobleness

◊ **ag seasamh na honóra** keeping up appearances., **ar m'~** on my honour, **Ba mhór an ~ dúinn é.** It was a great honour for us., **cúrsa onóracha** honours course, **focal onóra** word of honour, **le toil d'onóra** (jur) if it pleases your honour

Onórach adj³ honourable
ardfhola of noble blood, **ardghradamach** of highest esteem, **ardghráid** of a high/higher grade, **ardleibhéil** of a high/higher level, **ardmheasúil** highly esteemed, **ardnósach** grandiose, **céimiúil** distinguished, esteemed, **cneasta** decent, honest, **cóir** just, **cothrom** fair, balanced, **creidiúnach** respectable, **cuibhiúil** seemly, **dílis** faithful, **díniteach** dignified, **díreach** straight, **eiticiúil** ethical, **fabhrach** propitious, **feachtnach** just; blessed, **fíorga** righteous, **fiúntach** worthy, **fóirsteanach** becoming, **fónta** good, decent, sound, **gradamach** esteemed, **ionraic** upright, **macánta** honest, decent, **maith** good, **measúil** honourable, prestigious, **molta** praised, **morálta** moral, **oirmhidne** (> **oirmhidin**) (lit) honoured, **ómósach** venerated, esteemed, **slán** sound, **suáilceach** virtuous, **uasal** honourable, honest

Onóraigh v₂ₐ honour
adhair worship, **adhmhol** eulogise, **ceiliúir** celebrate, **comóir** commemorate, **déan ollghairdeas do** acclaim, **glóirigh** glorify, exalt, **mol** praise; commend, **mór** magnify, glorify, **naomhaigh** hallow, **oirircigh** extol; dignify, **oirmhinnigh** revere, honour, **tabhair gradam/ómós do** give honour/homage to, venerate, **tabhair moladh do** pay a compliment to; give praise to, **tabhair onóir do** give honour to, **uaisligh** dignify, **urramaigh** revere, hold in high esteem

Onóraithe pp honoured
adhartha worshipped, **adhmholta** eulogised, **ceiliúrtha** celebrated, **comórtha** commemorated, **dá ndearnadh ollghairdeas** highly acclaimed, **dar tugadh ómós** venerated, revered, **dar tugadh onóir** honoured, **glóirithe** glorified, exalted, **molta** praised, complimented; commended, **mórtha** magnified, glorified, **naomhaithe** hallowed, **oirircithe** extolled; dignified, **oirmhinnithe** revered, honoured, **uaislithe** dignified, **urramaithe** revered, held in high esteem

Onórú vn honouring
adhmholadh eulogising, commending, commendation, **adhradh** worshipping, **ceiliúradh** celebrating; celebration, **comóradh** honouring by remembrance, commemorating, **glóiriú** glorifying, exalting, **moladh** praising, complimenting; commending, **móradh** magnifying, glorifying, **naomhaigh** hallow, **oirirciú** extolling; dignifying, **oirmhinniú** revering, honouring, **tabhairt ómós do** giving of homage to, **tabhairt onóir do** giving of honour to, **uaisliú** dignifying, **urramú** revering, holding in high esteem

Óráid f (~e; ~í) speech, address
aitheasc address, allocution, **caint** talk, **ceiliúr** address, greeting, **cúpla focal** a couple of words, **dileagra** memorial address, **léacht** lecture, **óráidíocht** speech-making, **spéic** speech, address (cf **spéic a chur ar dhuine** to address a person)

Óráidí m (~; -dithe) speaker at a public gathering, orator
aithriseoir reciter, **léachtóir** lecturer, **lucht díospóireachta** debaters, **lucht labhartha** speakers, **moltóir** panegyrist; adjudicator; nominator, **nathaí** aphorist, wiseacre, **praeitseálaí** preacher, **scéalaí** storyteller, **seanmóirí** sermoniser, preacher, **tráchtaire** commentator, **urlabhraí** spokesperson (see also: **cainteoir**)

Ord m (oird; oird, ~)
1. (community) order
aicme f class, **aontas** union, **bráithreachas** brotherhood, fraternity, **ceast** caste, **céimlathas** hierarchy; pecking order, **cineál** ilk; type, **clann** family, **cliarlathas** (ecc) hierarchy, **club** club, **compántas** team, troupe, **cuallacht** fellowship, **cumann** society, **eagraíocht** organisation, **eagras** body, organization, **fo-aicme** subclass, **gild** m guild, **ordlathas** hierarchy, **pór** breed, **sainaicme** special class, caste; sect, **seathras** sorority, **seict** sect, **speiceas** species, **sraith** league, series, **treibh** tribe

▲ **~ ban rialta** order of nuns, **~ bráithre** order of friars, **~ manach** order of monks

2. (sequence, arrangement) order
bail proper condition, **caoi** f order, proper shape, **clár** program(me); agenda, **córiú** array, arrangement,

Ordaigh

cruth shape, **dea-riar** good order, **dlí** *m* law, **eagar** arrangement, **eagrú** arranging, organizing, **eagrúchán** *(comp)* orchestration, **faoi seach** in turn, respectively (cf **Cuir faoi seach iad!** Put them in order; Put them in their respective places!), **feiste** *f* arrangement (cf **feiste a chur ar rudaí** to tidy things up), **feistiúlacht** orderly arrangement, **gnáthamh** routine, procedure, **guamaí** orderliness, neatness, **leagan amach** layout, **leanúint** succession, **líne** *f* line, line-up, **mandáid** mandate, **modh** method; *(ling)* mood (cf **modh ordaitheach** imperative mood), **nós imeachta** procedure, **ordúlacht** orderliness, **plean** plan, **próiseas** process, **réim** regime, rule, **riail** *f (rialach; rialacha)* rule, regulation, **rialtacht** regularity, **riocht** form, shape, **scliop** neat ordered condition, **scuaine** queue, **seicheamh** sequence, progression, **siméadracht** symmetry, **slacht** neatness, tidiness, **smacht** discipline, **sraith** series, **staid** state, **struchtúr** structure, **timthriall** cycle, **treo** direction

◊ **in ~ aibítre** in alphabetical order, **Is é ~ nádúrtha an tsaoil.** It's the natural order of life/things., **Tá gach rud in ~ agus in eagar.** Everything is sorted/in order.

Ordaigh v_{2a} order, prescribe, establish

abair le say to, **athordaigh** reorder, **bunaigh** establish, **cinntigh** ensure, **coimisiúnaigh** commission, **comhairligh** advise, **cuir aithne ar** bind with a commandment, **cuir ar bun** set up, found, **cuir d'fhiacha ar** enjoin, **cuir iallach ar** compel, make, **cuir in áirithe** book, **cuir in ord** put in order, **deachtaigh** dictate, **déan moladh do** make a suggestion to, **earb** *(lit)* entrust, order, **éiligh** demand, require, **foráil** command, **forordaigh** preordain, **iarr ar** bid, request, **inis do** tell to, **maoirsigh** supervise, **mol do** recommend to, **oirnigh** ordain, put in order, **réamhordaigh** *(meal, ticket, etc)* pre-order; book in advance, **rialaigh** govern, **riar** administer, manage, **searn** *(lit)* put in order, array, **smachtaigh** control, discipline, **stiúir** instruct; *(business)* manage, **tabhair ar** compel, **tabhair cuireadh do** invite, **tabhair faoi smacht** control, **téigh i gceannas ar** dominate, **tiomnaigh** enjoin, command, **treoraigh** direct

◊ **earraí a ordú ar líne** to order goods online, **Ná bí ag ordú orm mar sin.** Don't be ordering me around/bossing me about like that., **Ní mór go n-ordódh dochtúir na leigheasanna sin.** A doctor has to prescribe those medicines., **Ní ordóinn duit é.** I wouldn't recommend you do it., **Ordaíodh dom bheith i láthair.** I was ordered to be present.

Ordaithe *pp* ordered, prescribed, established

athordaithe reordered, **bunaithe** established, **cinntithe** ensured, **coimisiúnaithe** commissioned, **comhairlithe** advised, **curtha ar bun** set up, founded, **curtha in áirithe** booked, **curtha in ord** put in order, **deachtaithe** dictated, **dulta i gceannas ar** dominated, **earbtha** entrusted, ordered, **éilithe** demanded, required, **foráilte** commanded, **forordaithe** preordained, **iarrtha ar** requested of, **inste do** told to, **maoirsithe** supervised, **molta** suggested, **molta do** recommended to, **oirnithe** ordained, put in order, **ráite le** said to, **réamhordaithe** *(meal, ticket, etc)* pre-ordered; booked in advance, **rialaithe** governed, **riartha** administered, managed, **searntha** *(lit)* arrayed, **smachtaithe** controlled, disciplined, **stiúrtha** instructed; *(business)* managed, **tiomnaithe** enjoined, commanded, **tugtha ar** compelled, **tugtha faoi smacht** controlled, **treoraithe** directed

Ordú *vn* ordering, order, commanding, command

aithne *f* commandment, **athordú** reordering, **coimisiúnú** commissioning, **deachtráiteas** diktat, **dlí** law, **earbadh** entrusting, ordering, **fógra** edict, **fógra deiridh** ultimatum, **foláireamh** injunction, **foráil** commanding; injunction, provision, **foraithne** *f* precept, **forbhann** exorbitant demand, **forógra** decree, **forordú** preordaining, **iarratas (ar)** request (for), **maoirsiú** supervision, **moladh** recommendation, **ordúchán** ordering about, **riachtanas** requirement, **riail** *f (rialach; rialacha)* rule, **rialú** *(court)* ruling, **sainordú** mandate, **searnadh** *(lit)* putting in order, arraying, **stiúradh** guidance, **tabhairt cuireadh do** inviting, **tiomnú** enjoining, commanding, **treoir** *f (treorach; treoracha)* direction, guidance

Ornáid *f (~e; ~í)* ornament

áilleagán trinket, bauble, **daighsín** bangle, **deasagán** trinket, **deideighe** *m* bauble, **gréagán** table ornament, centrepiece, **gréas** *m (~a; ~a, ~)* ornamental work, **gréithe** ornaments, trinkets, **maisiúchán** decoration, **mangaisíní** *mpl* knick-knacks, **oiriúint** accessory, **oirnimint** ornament, **ornáideachas** ornamentation, **ornáideacht** adornment, **rufa** frill, decorative strip, **uscar** *(lit)* ornament

Ornáideach *adj³* ornamental, ornate, florid

a bhfuil gach cor agus lúb ann convoluted, **bladhmannach** *(lang)* bombastic, **bláfar** flowery, florid, **breá** lovely, **cosmaideach** cosmetic, **faoi mhaise** adorned, beautiful, **glémhaiseach** exquisitely beautiful, **luisiúil** glamorous, **maisithe** decorated, bedecked, **maisiúil** decorative; elegant, becoming, **mórfhoclach** *(lang)* florid, using big words, **straibhéiseach** ostentatious, showy, **taibhseach** showy, flamboyant, **uscarach** *(lit)* ornamented, bejewelled

Ornáideachas *m (-ais)* ornamentation; ornateness

áilliú making pretty, **breáthú** embellishment, **cóiriú** bedecking, furbishing, **gréas** ornamental work; ornamentation, **maisiú** decorating, **maisiúchán** decoration, **ornáidí** *fpl* ornaments, **ornú** adornment; ornamentation, **pointeáil** sprucing/touching up, **sciamhú** beautifying

Ortha *f (~; ~i)* spell, incantation; prayer
amhra *m (lit)* charm, **briocht** *m (breachta; ~aí)* charm, spell, **cantaireacht** chanting, **deismireacht** incantation, spell, **dord** chant, **draíocht** magic, **geasróg** spell, charm, **geis** *f (geasa)* enchantment, taboo, traditional binding of action (**Tá sé faoi gheasa aici.** He is besotted by her., She has bewitched him.), **guí** wish, prayer, **paidir** *f (-dre)* prayer, **piseog** superstition; charm, spell (cf **ag déanamh piseog** casting spells), **teagasc** incantation, magic formula, **upa** *f* love charm *(see also: **geis**)*

◊ **~ a chur** to cast a spell

Oscail *v₂c* open; inaugurate
athoscail reopen, **bain** release, disengage (eg **Tá an glas bainte** The lock is open.), **bain an corc as an mbuidéal** uncork the bottle, **bain an glas de** unlock, **bain laiste den gheata** unlatch a gate, **bain séala de chlúdach** unseal an envelope, **bunaigh** initiate, **cuir ar siúl** set in motion, **cuir tús/tosach le** commence with, **díchóimeáil** dismantle, **díghlasáil** unlock, **doirt amach** pour out, **glan** clear, **leath** unfold, **maidhm** rupture, **mínigh** explain, **nocht** disclose, uncover; lay bare, **réitigh** *(road, drain, etc)* unblock, **scar** separate, **scaoil** unfasten, undo; unfurl, **sceith** divulge, **tabhair chun solais** expose, bring to light, **taispeáin** exhibit, **tionscain** inaugurate, **tit as a chéile** fall apart, **tosaigh** begin

~ **amach é!** Open it out!, Throw it open!
~ **an doras!** Open the door! Open up!
~ **an fhuinneog le gró!** Crowbar the window!
~ **an seó!** Start the show!
~ **do chluasa!** Open your ears!
~ **do shúile!** Open your eyes!
~ **an scoil go hoifigiúil!** Inaugurate the school!
~ **na cnaipí!** Undo/Unfasten the buttons!
~ **romhat é!** Push it open!
~ **suas do bhéal!** Open (up) your mouth! Open wide!

Oscailt *vn* opening
anscoilt chasm, **athoscail** reopening, **baint** releasing, disengaging, **béal** mouth, opening, **bearna** *f* gap, **briseadh** breach, **corr** *f (coirre; ~a, ~)* hollow, pit, **craos** vent, **cró** aperture *(of camera)*, **cuaisín** inlet, **cuas** cavity, **cuasán** chamber, **deis** opportunity (cf **deis fhostaíochta** employment opportunity), **díghlasáil** unlocking, **fairthis** pit, **faonoscailt** slight opening (cf **ar faonoscailt** ajar), **gág** crevice, **góilín** inlet, **inbhear** estuary, **lainseáil** launch, launching, **léaró** *m* opening for light to enter; glimmer of light, **log** socket, **murascaill** gulf, **póir** pore, **poll** hole, **polláire** nostril, **scaradh** separating, **scoilt** crack, **seoladh** launch, launching, **slí** *f* **isteach** way in, **spás** space, **timpireacht** anus, **tosach** *m* beginning, start *(see also: **poll**)*

▲ ~ **ceangaltáin** opening of an attachment, ~ **cuntais** opening an account, ~ **súl** eye-opener; wake-up call

◊ **An bhfuil and doras ar ~?** Is the door open?

◊ **ar ~** open, **An bhfuil na siopaí ar ~?** Are the shops open?

Oscailte *pp* open; overt; spontaneous
ar fáil available, **ar leathadh** wide open, agape, **ar oscailt** open, **athoscailte** reopened, **bainte** released, disengaged, **cairdiúil** friendly, **díghlasáilte** unlocked, **fairsing** spacious, airy, **feiceálach** conspicuous, **follasach** obvious, manifest, **gan cheilt** unconcealed, **gan dada le ceilt** with nothing to hide, **inrochtana** accessible, **ionraic** honest, upfront, **le féiceál ag cách** to be seen by all, **macánta** decent, honest, **neamhfholaithe** unhidden, **neamhghlasáilte** unlocked, **oscailteach** open, frank; open-handed, **poiblí** public, **scartha** separated, **scóipiúil** airy, spacious, **soiléir** clear, evident, **spéiriúil** sky-like, airy, bright, **uaibhéalta** open-mouthed; wide open

▲ **bosca** ~ open box, **bóthar** ~ open road, **ceist** ~ open-ended question, **ciníochas** ~ overt racism, **clab** ~ gaping mouth, **cneá** ~ open wound, **comórtas** ~ open competition, **doras** ~ open door, **duine** ~ open, frank person, **gníomh** ~ overt act, **guta** ~ open vowel, **intinn** ~ open mind, **meon** ~ spirit of openness, **pósadh** ~ open marriage, **seasamh** ~ open stance, **siopa** ~ open shop, **sochaí** ~ open society, **spásanna** ~ open spaces, **tine** ~ open fire, **uaigh** ~ open grave, **uaireanta** ~ opening hours

◊ **ar bhealach ~ trédhearcach** in an open transparent way, **Coinnigh do chluasa ~!** Keep your ears open!, **Dearadh plean ~ atá ar an teach** The house is an open plan design

Osna *f (~; ~i)* sigh
cuach *f* whine, sigh, sob; *(horse)* whinny, **éagaoin** moan, lamenting sigh, **éagaoineadh** moaning, **éagnach** *m* groan, moan, **easanálú brónach** sad exhalation, **geonaíl** whine, **Och!** Alas!, **Óch!** Alas!, **ochadh** groaning, **ochlán** moan, **Ochón!** Woe is me!, **osnaíl** sighing, **tarraingt anála go brónach** taking (one's) breath sorrowfully, **uspóg** gasp

Osnaigh *v₂a* sigh
caoin lament, **déan olagón** make a cry of lament, **éagaoin** moan, **easanálaigh** exhale, **iacht** *f (lit)* sigh, groan, **lig geonaíl asat** let out a whimper, **lig osna** let out a sigh

Osnaíl *vn* sighing
caoineadh lamenting, **cneadach** groaning, **éagaoineadh** moaning, lamenting, **easanálú go brónach** exhaling sorrowfully, **geonaíl** whimpering, whining, **iachtadh** *f (lit)* sighing; lamentation, **ligean osna** letting out a sigh, **mairgneach** wailing, **olagón** lamenting

Osnaithe *pp* sighed
caointe *pnt* lamenting, **caointeach** plaintive, mournful, **éagaointe** moaned, **easanálaithe go brónach**

exhaled sorrowfully, **iachta** *(lit)* sighed; lamentated, **mairgní** *(> mairgneach)* wailing, **olagónach** wailing, lamenting

Ospidéal *m (-éil; -éil, ~)* hospital
aonad máinliachta surgical centre, **clinic** *m* clinic, surgery, **ionad máinliachta** surgical centre, **ionad sláinte** health centre, **íoclann** dispensary, **long leighis** hospital ship, **ospís** hospice, **otharcharr** ambulance, **otharlann** hospital; infirmary, sanitorium, **otharluí** sickbed, **otharthraein** *f* ambulance train, **sanatóir** sanatorium, **spidéal** *(hist)* hospital, **stáisiún cóirithe** dressing station, **teach leighis** medicine house, **teach téarnaimh** convalescent home

▲ ~ **ceantair** district hospital, ~ **fiabhrais** fever hospital, ~ **machaire** field hospital, ~ **máithreachais** maternity hospital, ~ **meabhairghalair** mental hospital, ~ **ollscoile** university hospital, ~ **síciatrach** psychiatric hospital, ~ **teagaisc** training hospital

Óstán *m (-áin; -áin, ~)* hotel
árasán féinfhreastail self-catering apartment, **bord is bia** bed and breakfast, **brú óige** youth hostel, **iostas** accommodation, lodging, **lóistín** accommodation, lodgings; digs, **lóistín is leaba** bed and breakfast, **ósta** *m* lodging, **óstaíocht** lodging, entertainment, **óstallán** hostel, **óstlann** hotel, **seomra don oíche** room for the night, **teach** *m* **aíochta** guest house, **teach** *m* **iostais** lodging house, **teach** *m* **ósta** inn

Óstóir *m (-óra; ~í)* publican, innkeeper
biatach *m (hist)* public hospitaller, **bainisteoir** manager, **bean an tí** landlady, proprietress, **fear an tí** landlord, proprietor, **óstach** *m* host, **óstánaí** hotelier, **óstlannaí** hotelier, **tábhairneoir** publican, **tíosach** *m* host, entertainer, **úinéir** owner, proprietor

Oth *s indecl* regret
Is saoth liom é. I regret it., **Tá aiféala orm faoi.** I regret it., **Tá aithreachas orm faoi.** I am remorseful of it., **Tá brón orm.** I'm sorry. *(see also: aiféala)*

◊ **Is ~ liom é.** I regret it

Othar *m (-air; -air, ~)* patient
breoiteachán delicate/sick person; invalid, **cás** case, **donasaí** ailing person, **duine tinn** sick person, **easlán** invalid, **eisothar** outpatient, **fulangaí** sufferer, **galrachán** sickly creature/person, **glaisneach** *m* sickly-looking person, **iarmhar** weak, ailing person; residue, **meatachán** sickly person, weakling, **taismeach** *m* casualty

▲ ~ **cónaitheach** inpatient, ~ **seachtrach** outpatient

P p

Pá *m (~; ~nna)* pay, wage(s)
airgead money, **aisíocaíocht** reimbursement, **comha** *(high reg)* indemnity, reward, **cúiteamh** compensation, **dleachtanna** *fpl* royalties, **duais** prize, reward, **éiric** recompense, payment, **fáltas** incomings, proceeds, **íoc** *m* payment, requital, **íocaíocht** paying, payment, **ioncam** income, **íosphá** minimum wage, **luaíocht** merited reward, **liúntas** allowance, **luach** *m* **saothair** emolument, **saothrú** earning, **stipinn** stipend, **táille** fee, **tuarastal** salary, **tuilleamh** earnings

▲ **ardú ~** (ar bhonn incriminteach) (incremental) pay increase, **beart ~** pay deal, **bunráta pá** basic rate of pay, **difreálach** *m* **~** pay differential, **gearradh ~** cut in wages, **grád ~** pay grade, **lá ~** pay day, **reo ~** pay freeze, **scála ~** pay scale, **seic ~** paycheck, **~ scallta** miserable wage

▲ **~ caolmhaireachtála** subsistence wage, **~ comhionann** equal pay, **~ comhlán** gross pay, **~ maireachtála** living wage

Paca *m (~; ~í)*
1. pack, package
bailiúchán collection, **baisc** batch, **banna** band, **beart** *m (birt; ~a, ~)* package, bundle, **beartán** parcel, **braisle** *f* cluster, **burla** bundle, **carn** pile, heap, **carnán** small heap, bale, **cnapsac** knapsack, **cual** bundle, heap, **mála droma** backpack, rucksack, **pacáiste** package, **paicéad** packet, **paiclín** little pack, parcel

▲ **~ acmhainní** resource pack, **~ barainne** economy pack, **~ cártaí** pack of cards, **~ ciarsúr** pack of tissues, **~ cumhachta** power pack, **~ oighir** ice pack, **~ sé channa beorach** six-pack of beer, **~ toitíní** pack of cigarettes

2. pack, gang
baicle gang, band, **buíon** pack (cf **buíon Gasóg** Scout troop), **conairt** pack of hounds, **conlán** band, family, **cuain** litter (cf **cuain coileán** litter of pups), **grúpa** group, **drong** faction, body, **scata** crowd

▲ **~ amadán** pack of fools, **~ rógairí** pack of rogues

Pacáil 1 v_{le} pack; box
baisc *(comp)* batch, **brúigh isteach** squeeze in, **burláil** bundle, **cannaigh** can, **carn** heap, pile, **cásáil** encase, **clúdaigh** cover, **comhbhrúigh** compress, **cuach** bundle, stack, **cuir i gcliathbhosca** crate, **cuir i mbosca** box, **cuir le chéile** assemble, **ding** wedge, tightly pack, **dlúthaigh** compact, **fáisc** squeeze, fill wrap, **líon** fill, **lódáil** load, **luchtaigh** charge, load, **pacáistigh** package, **plódaigh** crowd, **pulc** cram, **sac** ram in, stuff, **stuáil** stow, **truncáil** pack, fill in closely

~ an chré go teann! Pack the clay tightly!
~ an leoraí! Load up the lorry!
~ le chéile iad! Pack them together!
~ na málaí! Pack the bags!
~ suas agus imigh! Pack up an leave!

Pacáil 2 *vn* packing
baisceadh *(comp)* batching, **brú isteach** squeezing in, **brú síos** pressing down, **burláil** bundling, **cannú** canning, **carnadh** heaping, piling, **cásáil** encasing, **clúdach** covering, **comhbhrú** compressing, **cuachadh** bundling; stacking, **cur i gcliathbhoscaí** putting in crates, **cur i mbosca** boxing, **cur le chéile** assembling, **dingeadh** wedging; tightly packing, **dlúthú** compacting, **fáscadh** squeezing, **filleadh** wrapping; folding, **líonadh** filling, **lódáil** loading, **luchtú** charging; loading, **pacáistiú** packaging, **plódú** crowding, **pulcadh** cramming, **sacadh** ramming in, stuffing, **stuáil** stowing, **truncáil** packing, filling in closely

Pacáilte *pp* packed
baiscthe *(comp)* batched, **brúite isteach** squeezed in, **burláilte** bundled, **cannaithe** canned, **carntha** heaped, piled, **cásáilte** encased, **clúdaithe** covered, **comhbhrúite** compressed, **cuachta** bundled, stacked, **curtha i gcliathbhosca** crated, **curtha i mbosca** boxed, **curtha le chéile** assembled, **dingthe** wedged; tightly packed, **dlúite** compacted, **fáiscthe** squeezed, **fillte** wrapped, **líonta** filled, **lódáilte** loaded, **luchtaithe** charged, loaded, **pacáistithe** packaged, **plódaithe** crowded, **pulctha** crammed, **sactha** rammed in, stuffed, **stuáilte** stowed, **truncáilte** packed, filled in closely

Pacálaí *m (~; -aithe)* packer
líontóir filler, **líontóir seilfeanna** stacker, **lódálaí** loader, **lucht fillte earraí** people who wrap goods, wrappers, **pacáisteoir** packager, **stuálaí** stower; stuffer, **stualálaí** turf packer, one who piles turf in windrows

Pacáiste *m (~; -tí)* package, pack
bailiúchán collection, **baisc** batch, **beart** bundle, package, **beartán** parcel, **bogearra** *(comp)* software, **bosca** box, **braisle** cluster, **burla** bundle, **ceangaltán** attachment; bunch, **coinsíneacht** consignment, **cual**

Págánach

bundle, **margadh** deal, agreement, **paicéad** packet, **seachadadh** delivery, **socrú** arrangement, **tairiscint** offer, proposal

▲ ~ **amhrasach** suspect package, ~ **áiseanna** resource package, ~ **barainne** economy size pack, ~ **bogearraí** software package, ~ **cúitimh** compensation package, ~ **eagarthóireachta** editing suite, ~ **eolais** information package, ~ **iomarcaíochta** redundancy package, ~ **luach breise** value pack, ~ **scoir** severance package, ~ **sochar** package of benefits, ~ **tarrthála** bailout package, ~ **tosaigh** starter pack

◊ Táimid ag dul ar saoire phacáiste. We are going on a package holiday.

Págánach *adj³* pagan, heathen, savage
ainchreidmheach infidel, **aindiach** atheistic, **allta** savage, wild, **barbartha** barbarous, **brúidiúil** brutal, **bundúchasach** aboriginal, native, **díreiligiúnach** irreligious, **éagráifeach** *m* impious person, **gintlí** gentile, pagan, **íolach** idolatrous; pagan, **mírialta** unruly, **míshibhialta** uncivilised, **neamhcheansaithe** untamed, **neamhchríostúil** unchristian, **págánta** heathen, **tútach** primitive, uncouth

Págántacht *f (~a)* paganism, heathenism, savagery
aimsir na réamhchríostaíochta pre-Christian period, **barbarthacht** barbarism, savagery, **bodúlacht** heathenism, churlishness, **brúidiúlacht** brutality, savagery, **éagaoineas** coarseness, crudeness, **éaguibheas** unseemliness, **Éire na nDraoithe** Druidic Ireland, **Éire roimh theacht na Críostaíochta** Pre-Christian Ireland, **fiáine** wildness, **gintlíocht** gentilism; heathen craft; sorcery, **íoladhradh** idolatry, **míchríostúlacht** unchristian behaviour or attitude, **míghrásta** gracelessness, **mímhoráltacht** immorality, **míshibhialtacht** absence of civilisation, **neamhdhiagacht** godlessness; ungodliness, **tútachas** primitive uncouthness

Paidir *f (-dre; -dreacha)* prayer
achaíní *f* invocation; appeal, plea, petition, **an Choróin Pháirteach** the Communal Rosary, **an urnaí pháirteach** communal prayers, **Ár nAthair** Our Father, *Pater Noster*, **caogaide** large bead on rosary, Pater Noster, **comaoin** communion, **comhurnaí** collect, **deabhóid** devotion, **dóchas** hope, **fonn** desire, **guí** wish, **iarmhéirí** matins, **impí** intercession; entreaty, **impí dhian** earnest request, **liodán** litany, **lúireach** *f* prayer, hymn, **maitín** matins, **nóibhéine** novena, **nóin** *f (nóna; nónta)* nones, **óráid** prayer, **Paidrín** Rosary (cf **cúpla deichniúr den Phaidrín a rá** to say a few decades of the rosary), **pléadáil** pleading, **sciathlúireach** *f* breastplate, prayer for protection, **Sé do bheatha, a Mhuire** Hail Mary, **urnaí** *f* prayer, praying (cf **urnaí chun Dé** petition/praying to God), **urnaithe** *fpl* **na maidine** morning prayers, *(see also:* **beannacht***)*

○ **An Choróin Pháirteach** *Communal Rosary* – as there were usually no resident priests in remote rural areas or on the islands, people would gather in one another's houses to recite the **Coróin Pháirteach**: 'Bhíodh dream an dá thí gach Domhnach inár dtighna agus an Choróin Pháirteach ag m'athar ar siúl.' 'A group from the two households used to meet every Sunday in our house for my father's recital of the Communal Rosary.' *An tOileánach*, Tomás Ó Criomhthain

Paimfléad *m (-éid; -éid, ~)* pamphlet
bileog leaflet, handout (cf **scaipeadh bileog** leaflet drop), **bileog eolais** factsheet, information sheet, **bróisiúr** brochure, **duilleachán** leaflet, **duilleog** leaf, **leabhrán** booklet, **leabhrán treorach** guide, guide booklet

◊ **paimfléid a scaipeadh** to pamphleteer

Painéal *m (-éil; -éil, ~)* panel
bord board, **clár** board, panel, **clár ionstraimí** instrument panel, **clár plocóidí** jack panel, **coimisiún** commission, **coiste** *m* committee, **consól** console, **daisphainéal** dashboard, **foireann** *f* team, **grúpa** group

▲ ~ **agallaimh** interview panel, ~ **athbhreithnithe** review panel, ~ **giúróirí** jury panel, ~ **gréine** solar panel, ~ **ionstraimí** instrument panel, ~ **moltóirí** adjudication panel, ~ **rialúcháin** control panel, ~ **síleála** ceiling panel, ~ **tadhaill** touchpad, ~ **taispeána** display panel

Páipéar *m (-éir; -éir, ~)*
1. *(material made from wood pulp)* paper
bileog sheet; leaflet, **cairtchlár** cardboard, **pár** parchment, **scagpháipéar** filter paper, stationery

▲ ~ **balla** wallpaper, ~ **beartán** packaging paper, ~ **bronntanas** (decorative) wrapping paper, ~ **clóite** printing paper, ~ **donn** brown paper, ~ **ealaíne** art paper, ~ **éimir** emery paper, ~ **fillte** wrapping paper, ~ **gainimh** sandpaper, ~ **gréiscdhíonach** greaseproof paper, ~ **leithris** toilet paper, ~ **líníochta** drawing paper, ~ **litreacha** notepaper, ~ **pacála** packing paper, ~ **scríbhneoireachta** writing paper, ~ **síoda** tissue paper, ~ **snasta** glossy paper, ~ **scríbhneoireachta** writing paper~ **toitíní** cigarette paper

▲ **bosca pháipéir** paper box, **bosca páipéir** box of paper, **fáiscín páipéir** paper clip, **fir pháipéir** paper cut-out figures, **fir páipéir** bureaucrats, pen pushers, **obair pháipéir** paperwork, **tromán páipéir** paperweight

2. *(essay, presentation)* paper
aiste *f* essay, **alt** article, **anailís** analysis, **comhad** file, **cuntas** account, **doiciméad** document, **foirm** form, **litir** *f (litreach; litreacha)* letter, **monagraf** monograph, **nóta** note, **píosa cumadóireachta** composition, **script** script, **staidéar** study, **téis** *(phil)*

Páirc

thesis, **taifead** record, **tionscnamh** assignment, project, **tráchtas** dissertation, treatise, *(ed)* thesis, **tuairisc** report

▲ ~ **acadúil** academic paper, ~ **scrúdaithe** examination paper

3. *(newspaper)* paper
bliainiris annual, yearly edition, **ceirt** rag; derisible newspaper, **iris** magazine, **imlitir** circular (letter), **irisleabhar** journal, **míosachán** monthly, monthly publication, **mórbhileog** broadsheet, **nuachtán** newspaper, **nuachtlitir sheachtainiúil** weekly newsletter, **preas tablóideach** tabloid press, **seachtanán** weekly, **tablóideach** *m* tabloid, **tréimhseachán** periodical

▲ ~ **nuachta** newspaper

4. **páipéir** *(in pl, identity)* papers
doiciméid documents, **páipéir aitheantais** *(pl)* identification papers, **pas** passport, pass, **pas slándála** security pass, **teastas** certificate, **údarás** authorisation

Páirc *f (~e; ~eanna)* park, field
achadh large field, **airéine** *f* arena, **ármhá** battlefield, **báinseach** green, lawn, **bán** lea, **banrach** *f* paddock, **blár** open space, field, **branar** broken lea, fallows, **buaile** *f* small field for grazing; milking yard, **ceantar** area, **ceapach** *f* tillage plot; flower bed, **cluain** *f (cluana; ~te)* meadow, **coimín** common land, common, **cuibhreann** allotment, enclosed field, **faiche** *f* green; playing field, pitch, **fál** enclosure, field; hedge, **féarach** pasture, **fearann** grounds, lands, **fearann branair** fallow land, **fialann** deer park, **fód glas** upper layer of grass land, greensward; sod, **gairdín** garden, **garraí** vegetable garden, **gort** field, **láthair (an chogaidh)** theatre (of war), **léana** low-lying grassy area, **má** plain, **machaire** plain, wide open field, **machaire an áir** field of battle, **míodún** meadow, **móinéar** meadow, **plásóg** green

▲ ~ **an áir** battle field, field of slaughter, ~ **aonaigh** fairground, ~ **bhaile** *(sp)* home ground, ~ **charbhán** caravan park, ~ **dheargh** tillage field, ~ **féir** pasture field, ~ **ghnó** business park, ~ **imeartha** playing/sports field, ~ **peile** football pitch, ~ **shiamsaíochta** amusement park, ~ **shiamsaíochta théama** theme park

▲ **binse** ~**e** park bench, **coimeádaí** ~**e** groundsman, **cothabháil** ~**eanna** grounds maintenance, **fearann** ~**e** parkland, **imreoir lár** ~**e** *(sp)* midfielder, **maor** ~**e** park ranger, **oifigeach** ~**e** field officer

Páirceáil 1 *v_le* park
cuir place, put, **dumpáil** dump, **fág** leave, **gléas** mount, **loc** pen; park, **logánaigh** *(comp)* localise, **lonnaigh** settle, locate, **seas** stand, station, **socraigh síos** settle down, **suigh** position, sit; seat; situate

Páirceáil 2 *vn* parking
cur placement, placing, **dumpáil** dumping, **fágáil** leaving, **gléasadh** mounting, **locadh** penning; parking, **logánú** *(comp)* localisation, **lonnú** settling, locating, **seasamh** stationing, **socrú síos** settling down, **suí** positioning, sitting; seating; situating

▲ **bá páirceála** parking bay, **braiteoir páirceála** parking sensor, **clós páirceála** parking lot, **limistéar páirceála** parking area, **maor páirceála** parking attendant, **méadar páirceála** parking meter, **solas páirceála** parking light, **spás páirceála** parking space, **ticéad páirceála** parking ticket

◊ **cosc ar pháirceáil** parking prohibited, ~ **saor go ceann trí huaire** three hours free parking, **Tá diosca páirceála áitritheora ag teastáil anseo.** A resident's parking disk is required here., **Tá fiche trí de spásanna páirceála saor fós.** There are twenty-three parking spaces free still.

Páirceáilte *pp* parked
curtha placed, put, **dumpáilte** dumped, **fágtha** left, **gléasta** mounted, **loctha** penned, enclosed; parked, **logánaithe** *(comp)* localised, **lonnaithe** settled, located, **seasta** stood, stationed, **socraithe síos** settled down, **suite** positioned, located, situated; seated

Pairilis *f (~e)* paralysis
ceathairphléige *f* quadriplegia, **easpa lúith** lack of mobility, **leitís mharfach** paralysis, **galar néarón luadrach** motor neuron disease, **paraipléige** *f* paraplegia, **reo** freezing, **scléaróis iolrach** multiple sclerosis, **stad** stop, halt, **stop** arrest, stop, **táimhe** torpor

▲ ~ **aghaidhe** facial paralysis, ~ **cheirbreach** cerebral palsy, ~ **pholaitiúil** political paralysis

■ **ceathairphléigeach** *m* quadriplegic, **paraipléigeach** *m* paraplegic

◊ **Bhí** ~ **orm le heagla.** I was paralysed with fear., **Cuireadh** ~ **uirthi ón mbásta síos.** She was paralysed from the waist down., **Tá** ~ **ar a thaobh deas ón stróc.** His right side is paralysed from the stroke.

Pairiliseach *adj³* paralytic
aimlithe enfeebled, **bacach** lame, crippled, **ceathairphléigeach** quadriplegic, **éagumasaithe** incapacitated, **faoi phairilis** paralysed, **gan lúth na ngéag** without being able to move one's limbs, (physically) immobilised, **gan mhothú** without feeling; numb, **míchumasach** disabled; **míchumasaithe** incapacitated, **paraipléigeach** paraplegic, **reoite** frozen, **sioctha** frozen; numb, **tagtha ina stad** *(motion)* arrested, having come to a stop

Páirt *f (~e; ~eanna)* part
áit place, **alt** section, paragraph; joint, **aonad** unit, module, **ball** component part, organ, **beagán** little

Páirteach

amount, **blogh** *f (~a)* fragment, **blúire** *m* bit, **candam** quantum, **canta** *m* chunk, slice (cf **canta aráin** slice of bread), **ceantar** area, **cion** share, contribution, **comhábhar** ingredient, **comhaontas** alliance, **comhar** combined work, mutual assistance, partnership, **comhdhamhna** constituent part, **comhghuaillíocht** alliance, **comhpháirt** component, **críoch** *f (críche; ~a, ~)* territory, **cuid** *f (coda; codanna)* part, share, **dabhaid** piece, section, **dualgas** duty, **earnáil** *(com)* sector, **freagracht** responsibility, **giota** bit, **goin** bit, scrap, **jab** job, **mang** *f* portion, parcel, **méid** *m (~)* áirithe certain amount, **mionpháirt** minor role; bit part, **mír** particle, section, **modúl** module, **píosa** piece, **rannpháirt(íocht)** participation, **réigiún** region, **riar** share, supply, **roinn** *f (ranna)* part, portion, **roinnt** some, **ról** role, **ruainne** *m* scrap, thread, **scair** share, portion, **sciar** *m* screaball shred, tiny bit, **smut** chunk, **taobh** side, **tasc** task, **táthchuid** *f (-choda; -chodanna) (geol)* ingredient, **teascán** segment, section, **toisc** factor *(see also: **cuid**)*

▲ **~eanna ceolfhoirne** orchestral parts, **~eanna gluaisteacha** moving parts, **~eanna i ndráma** parts in a play, **~eanna rothair** bicycle parts

▲ **beartas ~e** joint undertaking, **malairt ~e** spare parts, **lucht na ~e** *(high reg)* dear friends

◊ **~ a thógáil i bhfeachtas** to take part in a campaign, **A leanbh na ~e!** *(high reg)* My dear child!, **Rinne mé é i b~ na maitheasa.** I acted with the best will in the world.

Páirteach *adj³*

1. participating, sharing
bainteach le involved with, relative to, **cabhrach** assisting, helping, **comhoibritheach** cooperative, **comhroinne** *(> **comhroinn**)* having a common share, **cuidiúil** helping, **gníomhach** active, **rannach** apportioning, sharing, **rannpháirteach** participating *(see also: **báúil**)*

◊ **bheith ~ i rud éigin** to participate in something

2. sympathetic, partial
bách affectionate, **báúil** sympathetic, **ceanúil ar** affectionate towards, **claonpháirteach** partisan, **claonta** biased, **comhbhách** sympathetic, friendly, **fabhrach** favouring, **le leathbhróg/slipéar ort le** sympathetic towards, **leataobhach** one-sided, partial, **páirtíneach** partisan, **taobhach le** siding with, partial towards

Páirtí *m (~; -tithe)*

1. *(pol)* party
baicle *f* group, **buíon** *f* gang, **ceangal polaitiúil** political affiliation/association, **comhaontas** alliance, **comhcheangal comhghuaillíocht** coalition; alliance, **comhpháirtíocht** coalition, **cumann** association, society, **drong** *f* grouping, gang, **faicsean** faction, **foireann** *f (-rne)* team, **grúpa** group, **tionól** assembly

■ **An Comhaontas Glas** the Green Party, **An ~ Daonlathach** The Democratic Party, **An ~ Poblachtánach** The Republican Party, **~ na nDaonlathaithe Sóisialta** The Social Democrats, **~ an Lucht Oibre** the Labour Party

2. partner *(cf ~ **grá** lover)*
caoifeach *m* companion, **céile** spouse, **céile imeartha** teammate, **céile leapa** spouse; bedfellow, **coigéile** mate, companion, **comhbhádóir** colleague, **comhchealgaire** co-conspirator, partner in crime, **comhghleacaí** associate, **comhghuaillí** ally, **comhimreoir** teammate, **comhoibrí** fellow worker, **comhpháirtí** accomplice, partner, **compánach** *m* companion; escort, **comrádaí** mate, buddy; comrade, **cuallaí** companion, **cúntóir** assistant; sidekick, **guaillí** companion, **leathbhádóir** collaborator, **seise** comrade, **taobhaí** companion, adherent, supporter, **taobhaitheoir** supporter, **úspháirtí** *(busn)* sleeping partner

Paisean *m (-sin; -sin, ~)* passion

ainmhian lust, **cíocras** avidity, craving, **díbheirg** wrath (cf **díbheirg Dé** wrath of God), **díbhirce** zeal, **díocas** zeal, **díochracht** vehemence, passion, **díograis** enthusiasm, fervour, **dúil chráite** craving, **dúthracht** assiduity, **faghairt** fire, spirit, **faobach** *m* eagerness (cf **faobach oibre, cainte a bheith ort** to be eager to work, to talk), **fearg** *f* anger, **fialtacht** wildness, fierceness, **flosc** eagerness, **fonn** desire, **goile** *m* appetite, **guilm** eagerness (cf **guilm chun oibre** eagerness for work), **lainne** *f* keenness; rapture, **ocras** hunger, **saint** greed, eagerness (cf **saint chun foghlama** eagerness to learn), **tart** thirst, thirsting, **teas** ardour, passion, **teasaíocht** passion; hot temper, **teasghrá** heated (sexual) passion, **tnúth** yearning

Paiseanta *adj⁶* passionate

cíocrach craving, **díbhirceach** ardent, zealous, **díocasach** zealous, fervent, **díochra** passionate, **díograiseach** enthusiastic, fervent, **dúilmhear** desirous, longing for, **dúthrachtach** assiduous; fervent, **faghartha** fiery, spirited, **fiata** wild, fierce, **fonnmhar** keen, desirous, **friochanta** quick-tempered, **gorach** heated, inflamed, **guilmeach** eager, keen, **iodhlannach** *(lit)* passionate; turbulent, **íortha** irascible; deranged, **lainneach** rapturous, **lasánta** fiery, **ocrach** hungry, **rachmallach** lusty, eager, excited, **rachtúil** passionate, vehement, hearty, **santach** greedy, **sceitimíneach** rapturously excited, **tartmhar** thirsty, **teasaí** ardent; hot-tempered, **teasghrách** (sexually) passionate, **tintrí** ardent, fiery, *(eyes)* flashing, **tnúthánach** yearning

Paiste *m (~; -tí)* patch; part

áit place, **ball** spot, mark, **clúdach** *m* cover, **críoch** *f (críche; ~a, ~)* territory, **cuid** *f (coda; codanna)* part, **gabháltas** (land) holding, **geadán** bare patch, **giota** bit, **píosa** piece, **preabán** patch, **sciar** *m (~; ~tha)* share, **stiall** *f (stéille; ~acha)* strip, slice, **stráice talún** strip of land, **tamall** while, **taoibhín** small side patch (cf **taoibhín ar shúil** eyepatch) *(see also: cuid, éadach, páirt, píosa)*

▲ ~ **ar mhuinchille cóta** patch on a coat sleeve, ~ **den lá** part of the day, ~ **fliuchrais** damp patch, ~ **lom** bare patch, ~ **maol** bald patch, ~ **nicitín** nicotine patch, ~ **oibre** spot of work, ~ **ola** oil slick, ~ **súile** eyepatch, ~ **talún** patch of land

◊ ~ **den drochaimsir** patch of bad weather

Páiste *m (~; -tí)*

1. (small) child
báb *f (báibe; ~a, ~)* babe, baby, **babaí** *m* baby, **bábán** small baby, **bunóc** *f* infant, **diúlcach** *m* suckling baby, **gilidín** child; diminutive person, **gláimín** squalling child, **lapadán** toddler, **leanbán** baby, little child, **leanbh** *m* **diúil** suckling, **naí** *m (~; ~onna)* infant, babe, **naíonán** infant, **piodarlán** toddler, **puntaire** toddler, **scalltán** fledgling, **tachrán** toddler

2. (older) child, teenager
aos *m (~a)* **óg** young people, **clann** *f (clainne; ~a, ~)* children of a family, **dailtín** *m* brat, **dalta** *(foster)* child, pupil, **déagóir** teenager, **dílleachta** *m (~;~í)* orphan, **gadsaide** *m* youngster, child, **garlach** *m* child, kid; brat, **gasúr** boy; youngster (cf **na gasúir** the kids), **gealtra** mischievous children, **gearrbhodach** *m* youngster, young fellow, **gearrcach** *m* youngling, fledgling, **gearrchaile** young girl, **giotachán** youngster, **leaid** *m (~; ~eanna)* lad, **leaid** *m* **óg** young lad, **lorán** youngster, child, **macán** youngster, pet child, **malrach** *m* youngster, young lad, **mionaoiseach** *m* minor, **miorcaí** chit (eg **miorcaí de ghirseach** chit of a girl), **óganach** *m* juvenile, adolescent, **pataire** chubby child, **siota** child, brat, **slataire** supple youth, **sliocht** *m (sleachta)* descendants, offspring, progeny *(see also: dalta)*

3. (hist, arch) ~ **suirí** love child
bastard *(offensive)* bastard, **leanbh tabhartha** *(hist)* love child, **sotaire** *(offensive)* brat, **tuilí** *(arch)* illegitimate child

▲ ~ **altrama** foster child, ~ **aonair** only child, ~ **a tugadh as** changeling, ~ **cancrach** peevish child, ~ **ceo** *(arch)* illegitimate child, ~ **dalba** naughty child, ~ **dána** bold child, ~ **díomhaointis** *(arch)* illegitimate child, ~ **fir/fireann** male child, ~ **gréine** *(arch)* illegitimate child, ~ **iarchogaidh** baby boomer, ~ **loite** spoilt child, ~ **millte** overindulged child, ~ **místiúrtha** unmanageable child, ~ **mná** female child, ~ **raithní** *(arch)* illegitimate child, ~ **réamhscoile** preschool child, ~ **sárthréitheach** child prodigy, ~ **scoile** schoolchild, ~ **seoigh** *(arch)* illegitimate child, love child, ~ **toir** *(hist)* illegitimate child, ~ **tréitheach** gifted child, ~ **uathach** autistic child

Paisteáil v_{1e} patch, patch up

bréid patch, **cuir bail ar** fix up, **cuir paiste ar** put a patch on, **cuir dealramh/dóigh éigin ar** to make look someway reasonable, **dearnáil** darn, **deisigh le paiste** mend with a patch, **píosáil** patch, piece together

Paisteáil *vn* patching, patching up

bréideadh patching, **cur bail éigin ar** patch up somehow, **cur paiste ar** putting a patch on, **cur dealramh/dóigh éigin ar** making to look someway reasonable, **dearnáil** darning, **deisiú le paiste** mending with a patch, **píosáil** patching, piecing together

Paisteáilte *pp* patched, patched up

bréidte patched, **dearnáilte** darned, **deisithe le paiste** mended with a patch, **píosáilte** patched, pieced together

Páistiúil adj^4 childish

amaideach foolish, **anabaí** immature, **baoth** devoid of wisdom, **dícheillí** witless, **éaganta** frivolous, **éigiallta** senseless, **éigríonna** unwise due to inexperience; immature, **gan chiall** without sense, **gan (aon) choinlíocht** without being old enough to understand the world (cf **Níl sé i gcoinlíocht fós.** He is still only a child), **gan cur i gcéill** without affectation, **gan mórán céille** without much sense, **gan smál** immaculate, **gan sofaisticiúlacht** unsophisticated, **glan** pure, **guanach** fanciful, silly, **ionraic** guileless, artless, **leanbaí** childlike; infantile, **macánta** candid, **muiníneach** trusting, **nádúrtha** natural, **neamhamhrasach** trusting, credulous, unquestioning, **neamhurchóideach** innocent; inoffensive, **neoid** timid, shy, **naíonda** babyish, childlike, **óganta** juvenile, **óinsiúil** *(females only)* silly, foolish, **oscailte** open, **saonta** credulous, naive, **simplí** simple, **soineanta** guileless, naive, **sóisearach** junior

Páistiúlacht *f (~a)* childlishness

amaidí foolishness, **anabaíocht** immaturity, **baois** imprudence, folly, **dícheillí** witlessness, **éagantacht** frivolity, **éigialltacht** senselessness, **éigríonnacht** imprudence due to inexperience; immaturity, **easpa céille** lack of sense, **easpa coinlíochta** lack of awareness due to being a child, **easpa sofaisticiúlachta** lack of sophistication, **glaine** purity, **guanacht** fancifulness, **ionracas** guilelessness, artlessness, **leanbaíocht** infantility; childhood, **macántacht** candidness, **muiníní** trustingness, **nádúrthacht** naturalness, **neamh-amhrasaí** credulity, **neamhurchóid** innocence; inoffensiveness, **neoide** timidity, shyness, **naíondacht** babyish or childlike qualities, **ógántacht** youthfulness, **óinsiúlacht** *(females only)* silliness, foolishness, **oscailteacht** openness, **saontacht** credulity, naivety, **simplíocht** simplicity, **siotaíocht** childish, petty behaviour, **soineantacht** guilelessness, naivety **sóisearacht** junior attributes

Pálás *m (-áis; -áis, ~)* palace
caisleán castle, **dún** fort, **lios** fort, **mainteach** *m (-tí; -tithe)* mansion house, **teach** *m (tí; tithe)* **mór** great house, mansion

Paradacsa *m (~; ~í)* paradox
aimhriar *f* incongruity, **bheith idir dhá thine Bhealtaine** being on the horns of a dilemma, **comhbhréagnú** contradiction (cf **comhbhréagnú focal** contradiction in terms), **cruachás** dilemma, **déchiallaí** ambiguity, **frithchosúlacht** paradox, **frithráiteas** contradiction, **íoróin** irony, **neamhleanúnachas** inconsistency, discontinuity, **neamhréireacht** incongruity, **ocsamórón** oxymoron

Paradacsúil *adj⁴* paradoxical
déchiallach ambiguous, **frithchosúil** paradoxical, **frithráiteach** contradictory, **idir dhá thine Bhealtaine** on the horns of a dilemma, **i gcruachás** in a dilemma, **íorónach** ironical, **míloighciúil** illogical, **neamhleanúnach** inconsistent, discontinuous

Paráid *f (~e; ~í)* parade
colún column, **máirseáil** march, marching, **marcshlua** cavalcade, **mórshiúl** procession, **próisisiam** procession, **promanád** promenade, **seó** show, **taispeántas sráide** street display

Parailéalach *adj³* parallel
ailínithe aligned, **analógach** analogous, **cómhaireachtála** (> *comhaireachtáil*) of coexistence, **comhfhaid** (> *comhfhad*) equidistant, **comhfhreagrach** correspondent, corresponding, **comhthaobhach** collateral, **comhthreomhar** parallel, **den chineál céanna** of the same kind, similar, **homalógach** homologous, **mar a chéile** uniform, **mar an gcéanna** similar, **taobh le** alongside

▲ **cruinne pharailéalach** parallel universe

Paraisít *f (~e; ~í)* parasite
diúgaire bloodsucker, leech, **failpéir** sponger; sycophant, **líodrálaí** sponger; hanger-on, **míoladóir** scrounger, **seadán** parasite, **siolpaire** parasite, freeloader, **stocaire** gate crasher; freeloader, **súdaire** sponger; toady, **súmaire** leech, **súmaire fola** bloodsucker, **tnúthánaí** sponger; hankerer

Pardún *m (-úin; -úin, ~)* pardon
aspalóid absolution, **éigiontú** acquittal, **grásta** grace, **iocht** *f* clemency, mercy, **leithscéal** excuse, **logha** indulgence, **loghadh** remission, **loghaíocht** remitting; remission, **loghra** *m* indulgences, **iomalairt** commutation, **maitheamh** forgiving, forgiveness, **maithiúnas** forgiveness, amnesty, **ollmhaithiúnas** clemency, **saoradh ó mhilleán** exoneration, **scaoileadh** release, **trócaire** mercy; clemency

◊ **Gabhaim ~ agat!** I beg your pardon!, **Tugadh ~ iarbháis dó.** He was granted a posthumous pardon.

Paróiste *m (~; ~tí)* parish
Aifreannaigh Massgoers, **deoise** diocese, **fairche** *(ecc, hist)* monastic area of influence, parish, diocese, **gnáthóirí eaglaise** churchgoers, **paróistigh** *mpl* parishioners, **pobal** community, **pobal na páirte** congregation, **pobal paróisteach** parochial community, **tréad** flock

Pas 1 *m (~; ~anna)*

1. *(permit)* pass; passport
barántas warrant, **caoinchead** kind permission, **cárta aitheantais** identity card, **cead** permission, permit, **ceadaíocht** permission; permissiveness, **ceadú** permission, sanction, **ceadúnas** licence, **coimirce** *f* **aistir** safe passage, safe conduct, **focal faire** *(mil)* parole, password, **pasfhocal** password, **saorchead** full permission, **svaidhpcárta** swipe card, **údarú** authorisation, **víosa** visa

▲ **~ atá imithe in éag** expired passport, **~ bréige** false passport, **~ bus** bus pass, **~ cuairteora** visitor pass, **~ éigeandála** emergency passport, **~ iriseora** press pass, **~ lae** day pass, **~ saorthaistil** free travel pass, **~ slándála** security pass, **~ taistil** travel pass

2. *(sp)* pass
bualadh striking, hitting, **caitheamh** throw, throwing, **caitheamh na liathróide** throwing the ball, **cic** *m* kick, **ciceáil** kicking, **raideog** fling, cast, throw, **seachadadh** delivery, **teilgean** casting, throwing, **urchar** shot

▲ **~ álainn** beautiful pass, **~ ar fiar** diagonal pass, **~ bréige** dummy pass, **~ délámhach** two-handed pass, **~ doirn** fist pass, **~ fiarthrasna** diagonal pass, **~ láimhe** hand pass, **~ sciobtha** intercepted pass, **~ tomhaiste** well-timed pass

Pas 2 *m (~; ~anna)* pass, satisfactory grade
caighdeán cuí/cáilithe appropriate/qualifying standard, **grád dóthanach** sufficient grade, **grád sásúil** satisfactory grade, **marc sásúil** satisfactory mark, **taispeántas rathúil** successful performance, **toradh sásúil** satisfactory result/outcome

▲ **~ le gradam** distinction, **~ le tuillteanas** pass with merit, **~ lom** bare pass, **céim ~** pass degree

Pas 3 *m (~; ~anna)* tad, little bit
beagán little, **beagáinín beag** tiny little bit, **blúire** fragment, bit, **braoinín** wee drop, **buille beag** touch, **frídín** tiniest bit, **giobóg** morsel, pick, **giota beag** little bit, **roinnt bheag** little bit, **ruainne** *m* shred, single fibre, **sceitheadh** light touch (cf **sceitheadh den ghreann** slight touch of humour), **smid** puff, breath, **smidín** the smallest bit, only a hint *(see also: beagán)*

◊ **Táim ~ beag neirbhíseach.** I'm a little bit nervous.

Pas 4 *m (~; ~anna)* pass, passage
ailt ravine, **altán** *(geog)* gorge, **bealach** *m* way, **bearnas** gap, pass, **cainneon** canyon, **céim** *(geog)* pass, ravine,

Pasáil

conair path, **eanach** pass, narrow path, **mám** pass, gap, **pasáiste** passage, **scornach** f (geog) gorge, **slí** f way

Pasáil 1 v_{le}

1. *(exam)* pass, achieve satisfactory grade
bain pas amach get a pass, **buaigh** win, **déan go sásúil** do satisfactorily, **éirigh leat (i scrúdú)** pass (an exam), **faigh grád sásúil** get a satisfactory grade, **suigh scrúdú go rathúil** sit an exam successfully

2. *(transfer)* pass
aistrigh transfer, **caith** throw, **ciceáil chuig** kick to/towards, **cuir chuig** pass to, send to, **earb** entrust, **seachaid** deliver, **sín** extend, pass, (eg **sín chugam an bainne!** Pass me the milk!) **tabhair do** pass to, **tiomnaigh** dedicate, **vótáil tríd** vote through, pass

3. tread down
brúigh faoi chois crush underfoot, **cuir faoi chois** trample underfoot, **cuir síos** put down, **ísligh** bring down, **leacaigh** flatten, squash, **satail** trample, **tabhair anuas** bring down, **trampáil ar** trample upon

Pasáil 2 vn

1. *(exam)* passing
baint amach pas achieving a pass, **éirí leat (i scrúdú)** passing (an exam), **fáil grád sásúil i scrúdú** getting a satisfactory grade in an exam

2. *(transferring)* passing
caitheamh throwing, **ciceáil** kicking, **tabhairt (na liathróide d'imreoir eile)** passing (the ball to another player)

3. treading down
brú faoi chois crushing underfoot, **cur faoi chois** trampling underfoot, **cur síos** putting down, **ísliú** bringing down, **leacú** flattening, squashing, **satailt** trampling, **tabhairt anuas** bringing down, **trampáil ar** trampling on

Pasáilte pp

1. *(exam)* pass, achieve satisfactory grade
éirithe leat (i scrúdú) passed (an exam), **(scrúdú atá) suite go rathúil** (an exam that has been) successfully taken

2. *(transfer)* pass
aistrithe transferred, **caite** thrown, **ciceáilte** kicked, **tugtha** given **teilgthe** cast, thrown

3. tread down
brúite faoi chois crushed underfoot, **curtha faoi chois** trampled, **curtha síos** put down, **íslithe** brought down, **leacaithe** flattened, squashed, **satailte** trampled, **trampáilte ar** trampled on, **tugtha anuas** brought down

◊ (BÁC) Tá sé ~ amach. He has passed out.

Pasáiste m (~; -tí)

1. *(path)* passage
aistear journey, **bealach** m way, channel, corridor (cf **Bealach na Polainne** the Polish Corridor), **bóthar** road, **cosán** path, **dorchla** m corridor, **fithis** passage, path, **halla** m hallway, **idirthuras** transit, passage, **pas** pass, **slí** f way, **tairmtheacht** (lit) crossing over; transition, passage, **targhabháil** transition; transgression, **trasdul** m (~a; ~ta) transition

▲ **tuama** ~ passage grave

◊ Baineadh an bac den aerphasáiste. The air passage was unblocked., Ní raibh ár b~ againn. (hist) We hadn't our fare (to emigrate)., Rinne siad a b~ go Meiriceá. They worked their passage to America.

2. *(writing, etc.)* passage
alt m article, **dréachta** draft, piece, **giota** piece, **mír** piece, passage (eg **mír as siansa** passage from a symphony), **paragraf** paragraph, **píosa** m piece, **sliocht** m (sleachta; sleachta) tract, extract, **téacs** text, **trácht** tract

◊ ~ as an Bhíobla a léamh to read a passage from the Bible

Patrún m (-úin; -úin, ~) pattern

cruth shape, **dearadh** design, **eiseamláir** example, **fíochán** tapestry, **gormchló** blueprint, **gréas** m decorative design, pattern, **gréasán** web, pattern, tapestry, **imlíne** f outline, **móitíf** f motif, **plean** plan, **sampla** example, **scéimre** schema, **seicheamh** (DNA) motif, **stionsal** stencil, **teimpléad** template, **treoir** f (-orach; -oracha) guide, **treoirphlean** scheme, guiding plan

Péac 1 f (péice; ~a, ~) sprout, shoot

athghas *(plant)* tiller, **bachlóg** bud, **beangán** young branch, shoot, **bláth** blossom, **borróg** sprout, **buaic** apex, bloom, **buinne** shoot, **buinneán** small shoot, **buinneog** fresh shoot, **caithriú** shooting, sprouting; reaching puberty, **cur amach** sprouting, outgrowth, **eascairt** sprouting, **eascróg** sprout, **fás** growth, **gas** shoot, stem, **meathán** sapling, shoot, **péacán** sprout, shoot, **plandóg** young plant, **spruitín** sprout, bud, **toradh** fruit

◊ Bhí mé i ndeireadh na péice. I was on my last gasp. I was ready to collapse.

Péac 2 v_{1a} sprout, geminate

bláthaigh bloom, blossom, **caithrigh** grow outwards, expand; reach puberty, **eamhnaigh** pullulate, sprout; (phys) fission, **eascair** sprout, **fás** grow, **forbair** develop, **gob** shoot, sprout, **gob aníos** (crop) spring up, break through the surface, **tar faoi dhuilliúr** come into leaf, **tar i mbláth** come into bloom

Peaca m (~; ~í) sin

ainmhian lust, unwholesome passion, (cf **ainmhianta na colainne** the lusts of the flesh), **ainriantacht** promiscuity, **cion** m offence, transgression, **coir** crime, **col** violation; incest, **damnú** damnation, **drabhlás** debauchery, **dul amú** going astray, **earráid** error, **feileonacht** felony, **fiach** m (féich; ~a, ~) debt (often used plural: **fiacha** debts),

Péacadh

iomarbhas *(lit)* transgression, **locht** fault, **mícheart** wrong, **míchráifeacht** ungodliness; unchastity, **mígheanmnaíocht** uncleanness; unchastity, **mígníomh** wrongdoing, misdeed, **milleán** blame, **mionpheaca** minor sin, **oilghníomh** misdemeanour, **olc** evil, wickedness, **peacúlacht** sinfulness, **sárú** violation, **smál** stain, blot, **targhabháil** transgression, **truailliú** defilement, **truaillíocht** corruption, depravity, **urchóid** iniquity

▲ ~ **an chraois** sin of gluttony, ~ **an tsinsir** original sin, ~ **an uabhair** sin of pride, ~ **do-mhaite** unpardonable sin ~ **marfach** mortal/cardinal sin, ~ **na drúise** the sin of lust, ~ **na sainte** the sin of greed, ~ **solathach** venial sin

■ **Peacaí na Colainne:** the Sins of the Flesh: **craos** gluttony, **drúis** lust, **formad** envy, **fearg** wrath, **leisce** sloth, **saint** greed, **uabhar** pride

◊ ~ **a dhéanamh/mhaitheamh** to commit/forgive a sin, **Is ~ é fanacht istigh agus an lá mar atá!** It's a sin to be indoors on a day like this!, **Nach é an ~ é!** What a pity!, **Ní bheadh sé de pheaca ar m'anam é.** I wouldn't have it on my conscience., **titim i b~** to fall into sin

Péacadh *vn* sprouting, geminating
bláthú blooming, blossoming, **caithriú** growing outwards, expanding; reaching puberty, **eamhnú** pullulating, sprouting; *(phys)* fission, **eascairt** sprouting, **fás** growing, **forbairt** developing, **gobadh** shooting, sprouting, **gobadh aníos** *(crop)* springing up, breaking through the surface, **teacht faoi dhuilliúr** coming into leaf, **teacht i mbláth** coming into bloom

Peacaí *m (~; -aithe)* sinner
aimhleastóir wrongdoer, **alfraits** *f* reprobate, **anduine** fiend, wicked person, **bithiúnach** bad sort, baddy; hoodlum, **ciontóir** offender, **cneámhaire** knave, **drochdhuine** bad person; baddy, **duine atá tite ó staid na ngrást** person who has fallen from grace, **feileon** felon, **rógaire** rogue, **treaspásóir** trespasser

Peacaigh *v₂ₐ* sin
ciontaigh trespass (cf **ciontú in aghaidh Dé** to trespass against God), **coill (geasa)** *(folk)* violate an obligation of chivalry, **déan an t-olc** do evil, **déan cion** commit an offence, **déan peaca** commit a sin, sin, **réab an dlí** violate the law, **sáraigh** violate, **téigh amú** go astray, **téigh ar seachrán** err, stray, **tit isteach sa pheacúlacht** lapse into sinfulness, **tit ó staid an ghrásta** fall from grace

Peacaithe *pp* sinned
a rinne an t-olc who did evil/wrong, **ciontaithe** trespassed, **a rinne peaca** who committed a sin, **dulta amú** gone astray, **dulta ar seachrán** erred, strayed, **réabtha** *(oath, law, etc)* violated, **sáraithe** violated, **tite isteach sa pheacúlacht** lapsed into sinfulness, **tite ó staid an ghrásta** fallen from grace

Peacú *vn* sinning
déanamh an oilc doing evil, **ciontú** trespassing, **coilleadh geas** *(folk)* violating an injunction, **déanamh an oilc** doing evil, **déanamh peaca** committing a sin, **dul amú** going astray, **dul ar seachrán** erring, straying, **réabadh an dlí** violating the law, **sárú** violating, **titim isteach sa pheacúlacht** lapsing into sinfulness, **titim ó staid an ghrásta** falling from grace

Péactha *pp* sprouted, geminated
bláthaithe bloomed, blossomed, **caithrithe** grown outwards, expanded; reached puberty, **eamhnaithe** pullulated, sprouted, **eascartha** sprouted, **fásta** grown, **forbartha** developed, **gobtha** sprouted, **gobtha aníos** *(crop)* sprung up, broken through the surface, **tagtha faoi dhuilliúr** come into leaf, **tagtha i mbláth** come into bloom

Peacúil *adj⁴* sinful
atá dulta amú who has gone astray, **ciontach** guilty, **coiriúil** criminal, **faoi smál an pheaca** tainted by sin, **feileonach** felonious, **fiachach** having debts, **lochtach** faulty, **mícheart** wrong, **míchráifeach** ungodly, **mígheanmnaí** unclean, impure; unchaste, **mígníomhach** iniquitous, evil-doing, **milleánaithe** blamed, **mionpheacúil** sinful in a small way, **oilghníomhach** shady, villainous, **smálaithe** stained, tainted, **truaillithe** defiled; polluted, **tuathbheartach** evil-doing, **urchóideach** iniquitous

Peann *m (pinn; pinn, ~)* pen
aibhsitheoir highlighter, **cleite** quill, **crián** crayon, **marcóir** marker, **pionsail (bog/ crua)** *m* (soft/hard) pencil, **stíleas** stylus

▲ ~ **aibhsithe** highlighter, ~ **bambú** bamboo pen, ~ **ceangailte** captive pen, ~ **cleite** quill pen, ~ **feiltbhiorach** felt-tipped pen, ~ **gliú** glue pen, ~ **gránbhiorach** ballpoint pen, ~ **líníochta** drawing pen, ~ **luaidhe (mínlíne)** (fine line) pencil, ~ **maisithe** decorating pen, ~ **marcála** marker, marking pen, ~ **rolláin** *(painting)* roller pen, ~ **scuaibe** brush pen, ~ **solais** light pen, ~ **tobair** fountain pen

Peannaid *f (~e)* penitence; penance; ordeal
aithreachas regret, repentance, **aithrí** penitence; penance, **croíbhrú** contrition, **cúiteamh** reparation, **cumha** grief; nostalgia, **doilíos** remorse, penitence, **éiric** compensation, **féin-lochtú** self-blame, **leorghníomh** atonement, **moirtniú** *(rel)* mortification, **pian** *f* pain, **pionós** punishment, penalty, **sásamh** satisfaction, **sacéadach** *(m)* **is luaithreach** *(m)* sackcloth and ashes, **scrupall** scruple; *(pl)* qualms (cf **scrupaill choinsiasa** qualms of conscience) *(see also: aithreachas)*

◊ ~ **a bhí sa turas.** The trip was an ordeal.

Peannaideach *adj³* penitent; penal, painful
aiféalach regretful, **aithríoch** penitent, **brónach** sorrowful, **croíbhrúite** contrite, **cumhach** grief-stricken, **daigheartha** stabbingly painful, **diachrach** painful, distressing, **dócúlach** distressing, painful, **doghrainneach** hard to bear, distressful, **doilíosach** remorseful; in sombre mood, **géar** bitter, **neanta** nettle-like, **nimhneach** stingingly painful, **pianmhar** painful, **pianúil** punitive, **pionósach** penal, **tinn** sore *(see also: pionósach)*

Pearsa *f (~n; ~na, ~n)* (gram) person; *(lit)* character
bean *f* woman, **beith** *(phil)* being, **duine** person, human, **fear** man, **frithlaoch** antihero, **indibhid** individual, **laoch** *(lit)* hero, **neach** person, **neimisis** *(lit)* nemesis *(see also: duine)*

Pearsanta *adj⁶* personal
faoi rún confidential, **i modh rúin** off the record, **indibhidiúil** individual, **nach bhfuil don saol mór** that is not for public consumption, **nach mbaineann le daoine eile** that is of no one else's concern, **príobháideach** private, **rúnda** secret

▲ **cáipéisí** ~ personal papers, **ceisteanna** ~ personal questions, **cúntóir (digiteach)** ~ personal (digital) assistant, **deacrachtaí** ~ personal difficulties/problems, **dearcadh** ~ personal view, **glao** ~ personal call, **ionsaithe** ~ personal attacks, **masla** ~ personal insult, **nós** ~ personal habit/idiosyncrasy, **ríomhaire** ~ personal computer, **rudaí** ~ personal effects, **saol** ~ personal life, **seasamh** ~ personal stand, **sláinteachas** ~ personal hygiene, **sonraí** ~ personal data/details

◊ **cuardach ~ a dhéanamh ar dhuine** to frisk a person, **go ~** personally (speaking); on a personal level

Pearsantacht *m (~a; ~aí)* personality
carachtar character, **carasma** *m* charisma, **ceiliúrán** celebrity, **déata** characteristic, quality, **indibhidiúlacht** individuality, **iompar** behaviour, **méin** temperament, **meon** disposition, **mianach** *m* qualities (cf **duine a bhfuil an mianach ceart ann** a person who has the right qualities), **modh iompair** way of behaving, **nádúr** nature, **pearsantas** personal estate, personality, **saintréithe** *fpl* distinctive traits, **slí** *f* way (cf **Tá slí dheas aige.** He has a nice way about him.), **tarraingt** attractiveness, charm, **tréithe** *fpl* traits

▲ ~ **aigeanta** cheerful personality, ~ **bhranda** bland personality, ~ **bhreá** pleasant personality, ~ **chúthail** unassuming/shy personality, ~ **fhulangach ionsaitheach** passive-aggressive personality, ~ **gháifeach** loud/extravagant personality, ~ **gheal** bright personality, ~ **ghruama** melancholic personality, ~ **imeallach** borderline personality, ~ **indírithe** introverted personality, ~ **ionsaitheach** aggressive personality, ~ **nairciscíoch** narcissistic personality, ~ **néaróiseach** neurotic personality, ~ **oscailte** extrovert personality, ~ **réchúiseach** phlegmatic personality, ~ **pharanóideach** paranoid personality, ~ **scitsifréineach** schizophrenic personality, ~ **scoilte** split personality, ~ **sheasmhach** stable personality, ~ **shíocóiseach** psychotic personality, ~ **theasaí** choleric personality

Pearsantú *vn* personification
athchruthú recreation, **cló** shape, form, appearance (cf **i gcló duine** in human form), **dealramh** semblance, **i bhfoirm chorportha** in corporeal form, **ionchollú** incarnation, **léiriú** representation, **léiriú cruthanta** embodiment, **macasamhail** *f (-mhla)* absolute image, **samhail** *f (-mhna)* image, likeness

Peata *m (~; ~í)* pet
ainmhí tí domestic animal, **(an) buachaill** *m (-challa)* **bán** (the) golden boy, **(an) buachaill fionn** (the) fair-haired boy, **muirnín** precious one, sweetie, **(an) muirnín bán** (the) favourite, **rún** darling, **seoid** *f (~e; seoda, seod)* jewel, **stór** darling, **taisce** treasure, **úillín óir** the apple of (one's) eye; pampered child *(see also; ainmhí)*

Péindlí *m (~; -líthe)* penal law *(usually pl: péindlíthe penal laws)*
aintiarnas tyranny, **aintreise** violent repression, **anfhorlann** vicious oppression, **ansmacht** oppression, **comhéigean** coercion, **cruálacht** cruelty, **forlámhas** despotism

○ **Na Péindlíthe** *The Penal Laws* were instigated in Ireland at the start of the 17th century with the aim of impoverishing Irish Catholics and stripping them of rights. From 1607 Catholics were excluded from holding public office or serving in the Irish army. Other laws included a comprehensive ban on buying or possessing property, a ban on marriages between Catholics and Protestants, a ban on Catholics receiving education abroad, and the exclusion of Catholics from the legal and teaching professions.

Péint *f (~e; ~eanna)* paint
aoldath whitewash, **ballabhrat** wall coating, **brat** coat, **bratú** coating, **cóta** coat, **craiceann** surface covering, **cruan** enamel, **dath** colour, **dathú** colouring, **eibleacht** emulsion, **fo-chóta** undercoat, **glónra** glaze, **glónrú** glazing, **imir** tint, **laicear** lacquer, **leachtbhrat** wash, **leamhaol** distemper, **lí** *f* pigment, **príméalach** primer, **roisín** resin, **ruaim** dye; stain, **ruaimniú** dyeing, **smideadh** make-up, **snas** polish, **uiscedhath** watercolour, **vearnais** varnish

Péinteáil 1 v_{le} paint
aoldathaigh whitewash, **athphéinteáil** repaint, **brataigh** coat; plaster, **brataigh le gléas/laicear** coat with glaze/lacquer, **cruan** enamel, **cuir brat ar** put a coating on, **cuir cóta ar** coat, **cuir craiceann**

Péinteáil

ar surface, **cuir fo-chóta ar** put on an undercoat, **cuir péint ar** put paint on, paint, **cuir smideadh ar d'aghaidh** put make-up on your face, **cuir snas ar** gloss, put gloss on, **cuir vearnais ar adhmad** varnish wood, **dathaigh** colour, paint, **déan péinteáil** paint, **déan péintéireacht** *(art)* do painting, **déan pictiúr** make a picture **eibligh** emulsify, **glónraigh** glaze, **leachtbhrataigh** *(art)* wash, **miotalaigh** spray with a thin layer of metal, metallise, **óraigh** gild, **pic** coat with pitch, **práib** daub, **prímeáil** prime, **roisínigh** resin, **ruaimnigh** dye red; stain, **smid** make-up, put make-up on, **snasaigh** polish, gloss, **uiscedhathaigh** watercolour

Péinteáil 2 *vn* painting

aoldathú whitewashing, **athphéinteáil** repainting, **bratú** coating; plastering, **bratú le gléas/le laicear** coating with glaze/with lacquer, **cur brat ar** putting a coating on, **cur cóta ar** coating, **cur craiceann ar** surfacing, **cur péint ar** painting, **cur smideadh ar** putting make-up on, **cur snas ar** glossing, **cur vearnais ar** varnishing, **dathadóireacht** painting, **dathú** colouring, paint, **déanamh pictiúir** making a picture/painting, **eibliú** emulsifying, **glónrú** glazing, **leachtbhratú** *(art)* washing, **miotalú** spraying with a thin layer of metal, metallising, **órú** gilding, **péintéireacht** painting, **piceadh** coating with pitch, **práibeadh** daubing, plastering, **prímeáil** priming, **roisíniú** resining, **ruaimniú** dying reddening; staining, **smideadh** putting make-up on, **snasú** polishing, glossing, **uiscedhathú** watercolouring, **vearnaiseáil** varnishing

Péinteáilte *pp* painted

aoldathaithe whitewashed, **athphéinteáilte** repainted, **brataithe** coated; plastered, **brataithe le gléas/laicear** coated with glaze/ with lacquer, **dathaithe** coloured, painted, **eiblithe** emulsified, **glónraithe** glazed, **leachtbhrataithe** *(art)* washed, **miotalaithe** sprayed with a thin layer of metal, metallised, **óraithe** gilded with gold, **picthe** coated with pitch, **práibthe** daubed, plastered, **prímeáilte** primed, **roisínithe** resined **ruaimnithe** dyed reddened; stained, **smidte** *(cosmetics)* made-up, **snasaithe** polished, glossed, **uiscedhathaithe** watercoloured, **vearnaiseáilte** varnished

Péire *m (~; -rí)* pair, both, two

beirt two *(people)*, **cleamhnas** (love-)match, **córaid** *(animals)* couple (eg **córaid bó** couple of cows), **cuingir** *(animals)* pair, couple; yoke, **cúpla** couple; twins, **dhá cheann** two, two of them, **diad** dyad, **dís** duo, twosome, **díséad** *(piece of music)* duo, **dísreach** *m (musicians)* duo, **lánúin** *(lovers)* couple, **lánúin ghrá** two lovebirds, **leathrann** *(lit)* couplet

▲ ~ **aonta** pair of aces, ~ **brístíní** pair of knickers/pants, ~ **bróg/stocaí** pair of shoes/socks, ~ **bróga reatha** pair of runners/sneakers, ~ **cuirtíní** pair of curtains, ~ **díslí** set of dice, ~ **fáinní cluaise** set of earrings, ~ **lámhainní** pair of gloves, ~ **luiteog/riteog** pair of leggings/tights, ~ **meaitseála** matching pair, ~ **spéaclaí** pair of glasses

◊ **Is féidir an ~ a úsáid.** It's possible to use both., **Tá ~ le díol acu.** They have two for sale., **Snag roimh bhrón, ~ roimh shnó, (trí cinn cailín, ceithre cinn óg)** *(superstition)* One magpie for sorrow, two for joy, three for a girl, four for a boy.

Peirspictíocht *f (~a; ~aí)* perspective

barúil opinion; assumption, **caidreamh** relationship, **comhthéacs** context, **cur chuige** approach, **dearcadh** point of view, view, **gné** *f* aspect, **ionad amhairc** viewpoint, **léargas ginearálta** general overview, **meon** attitude, **radharc** view, **seasamh** standpoint, **sleaint** slant, **sraithradharc** vista, **tuairim** opinion, **uillinn** angle

Péist *f (~e; ~eanna)*

1. worm

bolb caterpillar, **borrphéist** ringworm, **céadchosach** *m* centipede, **cruimh** maggot; creepy-crawly, **larbha** larva, **lotnaid** pest, **réadán** woodworm, (cf **troscán réadánach** furniture with woodworm), **paraisít** parasite

▲ ~ **cabáiste** caterpillar, ~ **phlánach** flatworm, ~ **ribíneach** tapeworm, ~ **talún** earthworm

2. despicable individual, worm

alltán wild person, **bréantachán** low life; stinker, **cladhaire** rotter, cowardly wretch, **clamhaire** mangy person, **cruimheachán** maggot, wretch, **dreancaid** fleabitten creature, **fuaice** wretch, **míolachán** verminous person, **slúiste** bum, **suarachán** miscreant, vile person

◊ **casadh na ~e** the turning of the worm (i.e the bullied turning on the bully)

3. monster, reptilian beast

ainbheithíoch *m* frightening beast, **alltán** monster, **amhailt** monster, **anchúinse** monster; freak, **arracht** *m* monster, **gúl** ghoul, **leiviatan** leviathan, **ollphéist** serpentine monster, **reiptíl** reptile, **torathar** misshapen creature; ogre, monster, **uathphéist** reptile

▲ ~ **mhara** sea serpent, ~ **mhór** monster

Péistiúil *adj⁴* reptilian, wormlike, cringing

anchúinseach monstrous, **arrachtach** grotesque, **gúlach** ghoulish, **le cuma reiptíle** with a reptilian appearance, **lúbach** winding, coiling, serpentine, **lúitéiseach** obsequious; cringing, **lústrach** ingratiating, **míolach** verminous, lousy, **nathartha** snake-like, serpentine, **plásánta** smarmy, **sladarúsach** ingratiating, insinuating, **sleamhain** slippery, **sliodarnaí** (> *sliodarnach*) slithering, sliding, **slítheánta** shifty, slimy, **suaibhreosach** contemptible

▲ **iompar ~** cringing behaviour

Piachánach *adj³* hoarse, throaty
cársánach hoarse, wheezing, ciachánach hoarse, dorránach husky; rasping, gairgeach gravelly, garbh rough, grágach rasping, múchta muffled, piachán sa scornach frog in the throat (cf **Tá piachán i mo scornach agam.** I am hoarse. I have lost my voice.), píopaireachta (> *píopaireacht*) hoarseness (cf **Bhí sé ag píopaireacht.** He was speaking in a hoarse voice.), scornúil throaty, guttural, seordánach wheezy, slóchtach croaky, hoarse, **tinn le laraingíteas** sick with laryngitis

Pian 1 *f (péine; ~ta; old dat sg: péin)* pain; ache; soreness
~ **choinsiasa** twinge of conscience, **ainnise** misery, wretchedness, **anacair** *f (anacra)* distress, **anagal** dull pain, **anbhroid** burdened sorrow, distress, **angar** distress, **anó** discomfort, **arraing** stabbing pain, **arraing sa leataobh** stitch in the side, **arraingeacha an bháis** the throes of death, **bearrán** annoyance, **briseadh croí** heartbreak, **broidearnach** *f* throbbing, throb, **buaireamh** bother, **buairt** vexation, **cealg** *f (ceilge; ~a, ~) (insect)* sting, **céasadh** torture, crucifixion, **ciapadh** annoyance, torment, **crá** torment, aggravation, **crá croí** heartache, **crampa** cramp, **cráphian** *f (-phéine; ~ta)* ache, **creach** *f (creiche; ~a,~)* ruin, woe, **créacht** *f* **oscailte** open wound, **daigh** *f (~e; daitheacha)* darting pain; *in pl* **daitheacha** rheumatics, **deann** *m (~a; ~a)* twinge of pain, **déideadh** toothache, **dócúl** distress; discomfort, **dócúlacht** uncomfortableness, **dóiteacht** bitterness, annoyance, **dóiteacht croí** heart-scalding, **dólás** dolour, **freanga** *f* spasm, **fulaingt** suffering, **géaróg** twinge, sharp pain, **goilliúnacht** tenderness, **goimh** virulent pain, **goin** pang, wound, **goineog** prick, sting, **goin ghréine** sunstroke, **goin ocrais** pang of hunger, **gortú** hurt, **greadfach** *f* darting pain, stinging pain, **iodha** *f (~n; iodhna, ~n) (lit)* pang, pain, **íona fáis** growing pains, **leadrán** tedium, **léan** tribulation, **leontacht** pain in bones; pain caused by sprain, **míchompord** discomfort, **néarailge** *f* neuralgia, **nimhneachas** soreness, painfulness, **nimhní** soreness, **peannaid** ordeal, pain, 'hair shirt', **pianmhaireacht** painfulness, **pianpháis** anguish, **sciúirse** affliction, **scoilteach** *m* acute pain (cf **scoilteach cinn** splitting headache), **tinneas** ache, sickness, **tinníocht** soreness, **treighdeán** sharp pain, pang, **treighid** *f (-ghde)* shooting pain; colic pains *(see also: galar, tinneas)*

▲ ~ **ainsealach** chronic pain, ~ **as miosúr** exquisite pain, ~ **atá ag géarú** intensifying pain, ~ **bhodhar** dull pain, ~ **bhoilg** stomach ache, ~ **chluaise** earache, ~ **choirp** physical pain; bodily pain, ~ **cráite** nagging pain, ~ **chrapallach** crippling pain, ~ **dhamanta** unmerciful/ wrenching pain, ~ **dhofhulaingthe** insufferable pain, ~ **dholeigheasta** intractable pain, ~ **droma** backache, ~ **ghéar** sharp pain, ~ **ifreanda** hellish pain, ~ **lag** slight pain, ~ **láidir** severe pain, ~ **leanúnach** continuous pain, ~ **logánta** localised pain, ~ **mharfach** searing pain, ~ **mheabhrach** mental pain, ~ **mhillteanach** excruciating pain, ~ **mhíosta** menstrual pain, ~ **mhaolaithe** subdued pain, ~ **phreabach** throbbing pain, ~ **ropánta** stabbing pain, ~ **sa bholg** pain in the stomach, ~ **sa chromán** hip pain, ~ **sa droim** pain in the back, ~ **sa tóin** pain in the arse/butt, ~ **sna matáin** muscle soreness, ~ **thobann** sudden pain, ~ **uafásach** dreadful pain; agony

◊ **An bhfuil ~ ort?** Are you in pain?, **bheith i bpian/bpéin** to be in pain, **Is ~ sa tóin thú!** You're a pain in the arse!, **Tá ~ an diabhail leis.** It hurts like merry hell., **Tá an phian ag maolú.** The pain is subsiding., **Tá sé craplaithe le ~ droma.** He is crippled with back pain.

Pian 2 *v₁ₐ* pain, cause distress; punish
cneáigh wound, cráigh torment, punish (cf **Ná bí do do chrá mar gheall air!** Don't punish yourself because of it!), **cuir ar** trouble, distress, **cuir as do** distress, pain, **déan nimhneach** cause pain, hurt, **dóigh** sting, burn, **feidhmigh** affects, play/get on (cf **Feidhmíonn sé ar mo néaróga.** It gets on my nerves.), **goill ar** pain (cf **Goilleann sé orm a rá.** It pains me to say.), **goin** hurt, sting, **gortaigh** hurt, **imir ar** act up, trouble (cf **Tá a néarailge ag imirt uirthi.** Her neuralgia is acting up on her.), **leon** sprain, **loisc** sting, **loit** blight, **pionósaigh** punish

Pianadh *vn* paining, punishing
cneá wounding, crá tormenting, punishing (cf **Bíonn sé dá chrá ina thaobh.** He's beating himself up over it.), **cur ar** troubling, distressing, **cur as do** distressing, paining, **déanamh nimhneach** causing pain/hurt, hurting, **dó** stinging, burning, **feidhmiú** affecting, playing/getting on, **goilleadh ar** paining, **goin** hurting, stinging, **gortú** hurting, **imirt ar** acting up, troubling, **leonadh** spraining, **loscadh** stinging, **lot** blighting, **pionósú** punishing

Pianta *pp* pained, distressed; punished
cneáite wounded, cráite tormented, punished, **curtha ar** troubled, distressed, **curtha as do** distressed, pained, **déanta nimhneach** made painful, hurt, **dóite** stung, burnt, **feidhmithe** affected, played on, **goillte ar** pained, **gonta** hurt, stung, **gortaithe** hurt, **imeartha ar** troubled, **leonta** sprained, **loiscthe** stung, **loite** blighted, **pionósaithe** punished

Pianmhar *adj¹* painful
ainnis miserable, wretched, anacrach distressful, angarach distressed, anóiteach uncomfortable, arraingeach sharp, twitching, bearránach annoying, broidearnúil throbbing, buartha vexed, cealgach stinging, treacherous, céasta tortured, crucified, ciaptha annoyed, tormented, cráite aggravated, tormented, daigheachánach aching, severe,

Pianmhúchán

daigheartha stabbing, severely painful, **diachrach** painful, distressing, **dócúlach** painful, **dóiteach** burning, **dólásach** dolorous, **freangach** contorted in pain; given to spasms, **fulangach** suffering, **géar** bitter, acute, **géarghoineach** piercingly painful, **goilliúnach** tender, **goimhiúil** virulent, **goineach** piercingly painful, **gortaithe** hurt, injured, **leadránach** tedious, boring, **léanmhar** agonising, grievous, **míchompordach** uncomfortable, **neamhchompordach** uncomfortable, **néarailgeach** neuralgic, **nimhneach** sore, stinging, **peannaideach** penal, painful, punishing, **pianach** full of aches and pains, **pianpháiseach** agonising; anguished, **pianúil** penal, punitive, **sciúrsach** afflicting, scourging, **tinn** aching, sick, **tinneasach** painful, distressed *(see also: tinn)*

Pianmhúchán *m (-áin; -áin, ~)* painkiller, sedative **ainéistéiseach** *m* anaesthetic, **anailgéiseach** *m* analgesic, **bás** death, **bodhrú** deadening, **leigheas maolaitheach** palliative medicine, **maolú** alleviation, **pianmhaolaí** anodyne, **pianmhúchach** analgesic/painkilling medicine, **támhachán** sedative

■ **ar na pianmhúcháin choitianta atá:** common painkillers include: **aspairín** aspirin, **cóidín** codeine, **meatadón** methadone, **meipiridín** meperidine, **moirfín** morphine, **paraicéiteamól** paracetamol

Pictiúr *m (-úir; -úir, ~)* picture; painting
aircitíopa archetype, **athchruthú** recreation, **cóip** copy, **cóip charbóin** carbon copy, **cosúlacht** likeness, similitude, **cur síos** description, account, **deilbhín** figurine, *(comp)* icon, **diagram** diagram, **dúblach** *m* duplicate, **fáiscealaín** clip art, **féinín** selfie *(also;* **féinphic**), **fíor** figure, likeness, outward form, **físeach** *m* visual, **físeán** video (e.g. **físeán ceoil** music video), **fís-scannán** video film, **fótagraf** photograph, **fótaighreanadóireacht** photoengraving, **graf** graph, **grafaíocht** graphics, **greanadóireacht** engraving, **grianghraf** photograph, **impriseán** impression, **íocón** icon, **íomhá** image, **ionchollú** embodiment, incarnation, **léaráid** diagram, **leathchúpla** twin, **léiriú** illustration, **léiriúchán** representation, **líníocht** drawing, **líníocht phionsail** pencil drawing, **líniú** delineation, **lorg** trace, **lorg coise** footprint, **macasamhail** *f (-shamhla; -shamhlacha)* likeness, duplicate, doppelganger, lookalike, replica, **macasamhail ina steillbheatha** dead ringer, **méarlorg** fingerprint, **mionphictiúr** miniature, **múrach** *m* mural, **patrún** pattern, **pearsantú** personification, **portráid** portrait, **póstaer** poster, **prionta** print, **radharc** view, scene, **radharc tíre** landscape, **ríomhghrafaic** computer graphics, **samhail** *f (samhla; samhlacha)* effigy; simile, **samhlaoid** figurative illustration, **saothar péintéireachta** *(art)* painting, painting work, **scannán** film, **sceitse** sketch, **siombail** symbol, **sleamhnán** slide, **spárálaí scáileáin** screensaver, **tábla** table, **tabló** tableau, **tarraingeoireacht** drawing, illustration, **tarraingt** drawing, delineation, **tírdhreach** *m* landscape, **tuarascáil** report, **uiscedhath** watercolour

▲ **an ~ mór** the big picture, comprehensive understanding, **~ aerscuabtha** airbrushed picture, **~ aicrileach** acrylic painting, **~ aníos** pop-up picture, **~ ar a ndearnadh fóta-eagarthóireacht** photoshopped picture, **~ beannaithe** holy picture, **~ beathach** living image (cf **Is pictiúir beathach dá mháthair í.** She's the living image of her mother.), **~ brionnaithe** fake painting, **~ calógach** snowy picture, **~ cartlainne** archive picture, **~ criáin** crayon picture, **~ d'ábhar beo** life painting, **~ d'ábhar neamhbheo** still life, **~ daite** coloured picture, **~ digiteach** digital picture, **~ dubh agus bán** black and white picture, **~ faibrice** fabric picture, **~ gar-amhairc** close-up picture, **~ gruama** distressing picture, **~ leabharlainne** library picture, **~ ola** oil painting, **~ portráide** picture portrait, **~ próifíle** profile picture, **~ reoite** freeze-frame picture (also: **fráma reoite** freeze-frame), **~ ríomhleasaithe** computer-enhanced picture, **~ tríthoiseach** 3D picture, **~ satailíte** satellite picture, **~ sceitseáilte** sketched picture, **~ uiscedhatha** watercolour picture

◊ **Coinnigh mé sa phictiúr!** *(BÁC)* Keep me in the picture!, **Nach tusa ~ na hainnise deiridh ar fad!** Aren't you the perfect picture of misery!

Pictiúrlann *f (-lainne; ~a, ~)* cinema
an scáileán airgid the silver screen, **an scáileán mór** the big screen, **cineama** cinema, **na pictiúir** *(mpl)* the pictures, **scannán** movie (cf **na scannáin** the movies), **teach pictiúr** picture house, cinema

Pictiúrtha *adj6* picturesque; pictorial
aoibhinn pleasant, **álainn** beautiful, **atá ina leigheas ar shúile tinne** that/who is a sight for sore eyes, **cuid súl** something worth seeing (as in: **Is mór an chuid súl í.** She is very pleasing to the eye.), **galánta** charming; scenic, **lánléargais** *(> lánléargas)* panoramic, **maisiúil** decorative, elegant, **mar pictiúr** like a picture, **neamúil** delectable, **niamhrach** splendid, **sciamhach** beauteous, beautiful, **slachtmhar** neat, dashing, **taitneamhach** pleasing, **tarraingteach** attractive

Piléar *m (-éir; -éir, ~)* bullet
armlón ammunition, **diúracán** projectile; missile, **millín** pellet (cf **millíní gránghunna** shotgun pellets), **piollaire** pellet; pill, **scioburchar** *(mil)* snapshot, **sluga** slug, **urchar** shot

▲ **~ ardluais** high velocity bullet, **cáitheadh ~** spray of bullets, **~chartús** bullet cartridge, **cith ~** shower of bullets, **~dhíonach** bulletproof, **iomraill/fánach** stray bullet, **~lann** gun magazine, **~ pléascach** exploding bullet, **~ rubair** rubber bullet, **rois ~** hail of bullets

Pinse *m (~; -sí)* pinch

blas taste (cf **blas ní bhfuair mé.** Nothing is what I got.), **braon** drop, **crothán** sprinkling, bit, **deannóg** pinch (cf **deannóg shnaoisín** pinch of snuff), **diocán** morsel, bit, **fáscadh** squeeze, **foithnín** bit, scrap; *(grass)* blade, **fríd** speck, least amount, **gaimbín** bit, **giob** pick, morsel, **gráinne** grain, **gráinnín** granule, pinch, **imir** tint, tinge, **ionga** *f (~n; ingne)* bit picked by nail; nail, **iongóg** fragment, bit, **ioscaid** tiny amount, **liomóg** pinch, **miota** morsel, bit, **niopóg** nip, pinch, **ordóg** piece, fragment; thumb, **pinseáil** pinching, **pinsín** small pinch, **pioc** whit, bit, **roinnt bheag** small amount, **scealpóg** pinch, nip; splinter, **steamar** *(with negative)* jot, scrap (eg **Níl steamar céille aici.** She hasn't a scrap of sense.), **seoid** jot, tittle

Pioc 1 *m (~)* bit, jot, iota

alt bit (eg ~ **talún** bit of land), **beagáinín** tiny little bit, **beagán** little bit, **blaisín** flavour, tiny taste, **blogh** fragment, **blúire** bit, scrap, **blúirín** snippet, **bolgam beag** small mouthful, **braon** drop, **buille beag** touch, **deoir** dash, drop, **dúradán** speck, **gairleog** bit (eg **gairleog tobac** bit of tobacco), **gearróg** scrap, bit; *(drawing lots)* short straw, **giobóg** morsel, **giota** piece, bit, fragment, **giota beag** small bit, tad, **goblach** *m* mouthful, **goin** bit, scrap, **grabhróg** crumb, **gráinne** grain, **greim** *m (-eama; -eamanna))* morsel, bite, **fíorbheagán** pinch, scrap, extremely small amount, **iarracht** bit, **luid** shred, **máille** *f* component part, piece, **mír** fragment, **oiread na fríde** tittle, hardly anything, **pas (beag)** (small) bit, **píosa beag** small piece, a little bit, **puinn** *(with negative)* not much (eg **Níl puinn céille aici.** She hasn't a drop of sense., **Nílim puinn sásta.** I'm not a bit satisfied.), **ruainne** *m* jot, **rud ar bith** *(with negative)* nothing whatsoever, **scioltar** scrap, shred, strip, **smid** puff, breath, **spalla** chip, chipping, (cf **spallaí cloch** stone chippings), **spleantar** splintered piece, **stioc** *f* drop, small amount, **súimín** sip

Pioc 2 *v₁ₐ* pick

bailigh collect, **bain** remove, cut, pick (eg **bláthanna a bhaint** to pick flowers), **cluimhrigh** *(feathers)* pluck, preen, **cnuasaigh** collect, gather, pick (cf **prátaí a chnuasach** to pick potatoes), **cruinnigh** gather, **déan rogha** make a choice, choose, **gearr** cut, **giob** pluck, pick, peck, **glac le** accept, **loc** pluck, **plucáil** pluck, **roghnaigh** choose, select, **socraigh ar rud éigin** decide on something, **tarraing** draw, pull, **tóg duine as measc cáich** single a person out, **togh** elect, select

Ná ~ **air!** Don't pick on him!
Ná ~ **an ceann sin!** Don't pick that one!
Ná ~ **an glas!** Don't pick the lock!
Ná ~ **ar an mbia!** Don't pick at the food!
Ná ~ **den urlár é!** Don't pick it up off the floor!
Ná ~ **do luas suas fós!** Don't pick up speed yet!
Ná ~ **leat abhaile fós!** Don't run off home yet!
Ná ~ **na prátaí fós!** Don't pick the potatoes yet!
Ná ~ **pócaí riamh!** Never pick pockets!

Piocadh *vn* picking

bailiú collecting, **baint** removing, cutting, picking, **cluimhriú** *(feathers)* plucking, preening, **cnuasach** collecting, gathering, picking, **cruinniú** gathering, **déanamh rogha** making a choice, **gearradh** cutting, **giobadh** plucking, picking, pecking, **glacadh le** accepting, **locadh** plucking, **plucáil** plucking, **roghnú** choosing, selecting, **socrú ar rud éigin** deciding on something, **tógáil duine as measc cáich** singling a person out, **tarraingt** drawing, pulling, **toghadh** electing, selecting

Pioctha *pp* picked

bailithe collected, **bainte** removed, cut, picked, **cluimhriú** *(feathers)* plucking, preening, **cnuasaithe** collected, gathered, picked, **cruinnithe** gathered, **gearrtha** cut, **giobtha** plucked, picked, pecked, **glactha le** accepted, **loctha** plucked, **plucáilte** plucked, **roghnaithe** chosen, selected, **socraithe ar rud éigin** decided on something, **tarraingthe** drawn, pulled, **tofa** elected, selected

◊ **Is fear ~ é.** He's immaculately dressed., **Tá sí ~ péacach.**, She's as fresh as a daisy., She is dressed to kill.

Piollaire *m (~; -rí)* pill; pellet

capsúl capsule, **dáileog** dose, **losainn** lozenge, **millín** pellet, **piolla** pill, **táibléad** tablet

Pionna *m (~; ~í)* pin; peg

bacán hook, **ceanglóir** fastener, **cnoga** peg; piece of hard wood, **dealg** *f* spike, peg, **dola** *(wooden)* peg, **fáiscín** clip, **feadán** peg, pin; tube, tubular thing, **fearsaid** spindle; axis, **greamán** grip, **greim** *m* hold, **maide** stick, **scriú** screw, **seam** rivet, **seamsán** bolt, peg, **spioca** spike, **stacán maide** wooden stake, **stang** *f* peg, pin; dowel, **tairne** nail, **tairne maide** wooden peg

▲ ~ **buailte** percussion pin, ~ **crangaide** wrist pin, ~ **éadaigh** clothes peg, ~ **gruaige** hairpin, ~ **pubaill** tent peg, ~ **rotha** linchpin, **éadaí** ~ *(arch.)* clothes off the peg

Pionós *m (-óis; -óis, ~)* punishment, penalty

a bhfuil tuillte go maith aige/aici his/her just deserts, **aifirt** *f* rebuke, reproach, punishment, **aithrí** *f* penance, **céasadh** torture, torment, **ceartú** correction, **cros** *f* cross (eg **cros throm le hiompar** a heavy cross to bear), **cúiteamh** retribution, **damnú** damnation, **dólás** affliction, tribulation, **éiric** recompense, **fíneáil** fine, **inneachadh** *(lit)* retribution, punishment (cf **inneachadh Dé** divine retribution), **léasadh** beating, **leigheas** medicine, **oidhe** (just) deserts (cf **fuair siad an rud ab oidhe orthu** they got what was coming to them), **pianbhreith** *(jur)* sentence, **pianseirbhís** penal servitude, **peannaid** penance, punishment, pain, **praghas** price, **smachtú** discipline, chastisement, **tuarastal an pheaca** the wages of sin

▲ ~ **achomair** summary punishment, ~ **airgid** financial penalty, ~ **an bháis** the death penalty, ~ **corpartha** corporal punishment, ~ **dian** severe penalty, ~ **géar** harsh punishment; stiff penalty, ~ **socraithe** fixed penalty

◊ ~ **a ghearradh ar dhuine** to impose a penalty on a person, ~ **atá ag teacht leis an gcoir** a punishment that fits the crime

Pionósach *adj³* punitive
anacrach distressful, **cáinteach** castigatory, **ceartúcháin** (> *ceartúchán*) corrective (cf **ceartas ceartúcháin** corrective justice), **ciapach** tormenting, torturous, **cloíteach** crushing, exhausting, **crua** hard, **cruálach** cruel, **cúiteach** retributive, **dian** arduous, **díoltasach** vengeful; retributive, **dócúlach** painful, **dólásach** dolorous, **maslach** *(of work)* punishing, crushing, abusive, **peannaideach** punishing; punitive; penal (eg **coilíneacht pheannaideach** penal colony), **pianmhar** painful, **pianpháiseach** agonising; anguished, **pianúil** penal, punitive, **sciúrsach** afflicting, scourging, **strambánach** soul-destroying; long-winded, tedious

Pionósaigh *v₂ₐ* punish
aifir punish, rebuke, **cáin** condemn, censure, **croch** hang, **cuir chun báis** put to death, execute, **cuir i bpríosún** put in prison, imprison, **cuir pionós ar** punish, **daor** convict, condemn, **díoghail** *(lit)* punish, **fíneáil** fine, **gearr pionós ar** impose a punishment/penalty on, **imtheorannaigh** intern, **lasc** flog, **pian** punish, pain, **roinn an chóir** dispense justice, **smachtaigh** discipline, **tabhair duine os comhair na cúirte** bring a person to justice

Pionósaithe *pp* punished
aifeartha punished, rebuked, **cáinte** condemned, censured, **crochta** hanged, **curtha chun báis** put to death, executed, **curtha i bpríosún** put in prison, imprisoned, **daortha** convicted, condemned, **díoghailte** *(lit)* punished, **fíneáilte** fined, **tugtha os comhair na cúirte** brought to justice, **imtheorannaithe** interned, **lasctha** flogged, **pianta** punished, pained, **smachtaithe** disciplined

Pionósú *vn* punishing
aifirt punishing, rebuking, **cáineadh** censuring, **crochadh** hanging, **cur chun báis** putting to death, executing, **cur i bpríosún** putting in prison, imprisoning, **cur pionós ar** punishing, **gearradh pionós ar** imposing a punishment/penalty on, **daoradh** convicting, **díoghailt** *(lit)* punishing, **fíneáil** fining, **tabhairt os comhair na cúirte** bringing to justice, **imtheorannú** interning, **lascadh** flogging, **pianadh** punishing, paining, **smachtú** disciplining

Píopa *m (~; ~í)*
1. *(tube for liquids)* pipe
draein drain, **feadán** tube, **ilphíobán** *(sewerage)* manifold, **osán** hose; *(clothing)* leg (cf **osán bríste** leg of trousers), **píb** *f (~e; píoba, píob)* musical pipe; windpipe, **píblíne** *f* pipeline, **píobán** pipe; windpipe; oesophagus (cf **píobán sceite** exhaust pipe), **píobán forsceite** overflow, overflow pipe, **píobán gairdín** garden hose, **púir** flue, smoke duct, **sceithphíopa** exhaust pipe, **seoladán** conduit, **seolphíopa** conduit, **tiúb** tube

▲ ~ **aníos** riser pipe, ~ **báistí** rain pipe, ~ **copair** copper pipe, ~ **creimthe** corroded pipe, ~ **dícheangailte** disconnected pipe, ~ **fuíll** waste pipe, ~ **gáis** gas pipe, ~ **ionsúiteach** induction pipe, ~ **múcháin** flue pipe, ~ **orgáin** organ pipe, ~ **pléasctha** burst pipe, ~ **pulctha** blocked/clogged pipe, ~ **réabtha** ruptured pipe, ~ **scoilte** cracked pipe, ~ **séarachais** sewage pipe, ~ **soláthair** supply pipe, ~ **taosctha** drainpipe, ~ **uisce** water pipe

2. *(tobacco)* pipe
dúdóg short-stemmed clay pipe, **dúidín** short-stemmed pipe, **gliúc** long clay pipe

▲ *(smoking)* ~ **adhmaid** wooden/briar pipe, ~ **cailce** clay pipe, ~ **cré** clay pipe, ~ **fadchosach** long-stemmed pipe, ~ **gearrchosach** short-stemmed pipe, ~ **síochána** peace pipe, ~ **tobac** tobacco pipe

◊ ~ **a dheargadh/chaitheamh** to light/to smoke a pipe

Píosa *m (~; ~í)*
1. *(individual item)* piece, bit, chunk
ailp lump, **beagán** little amount, **blogh** fragment, **blúire** *m* bit, **bolgam** mouthful, **bonn** coin, piece, **braon** drop, **cáithnín** particle (cf **cáithnín luathaithe** accelerated particle), **canta** *(bread)* chunk, **dúlagán** mote, speck, **fad** length, **gamba** dollop, good-sized portion, **giota** bit, **goblach** *m* morsel, **goin** bit, scrap, **oiread áirithe** certain amount, **paiste** patch, **roinn** *f (ranna)* part, portion, **roinnt** some, **ruainne** scrap, thread, **screaball** shred, tiny bit, **screatall** *(with negative)* least bit, particle, **smut** short piece, stub, **smután** chunk, **spóla** *(meat)* joint, chunk, **sprúille** crumb, **sprúilleog** tiny bit

▲ ~ **adhmaid** piece of wood, ~ **amaidí** bit of silliness, ~ **feola** piece of meat, ~ **grinn** a bit of humour/fun, ~ **óir** gold piece, ~ **spraoi** bit of fun, a fling

◊ **Bhí sé** ~ **feargach liom.** He was a bit angry with me., **Tá** ~ **eile le siúl againn fós.** We have another bit to walk yet.

2. *(part of)* piece, part of a whole
alt article, **aonad** module, unit, **ball** item; member, **cion** contribution, part, **codán** fraction, **comhábhar** ingredient, **comhdhamhna** constituent part, **comhpháirt** component, **cuid** *f (coda; codanna)* share, part, **eilimint** element, **gabháltas** (**talún**) (land) holding, **iarmharán** remnant, **mír** item, bit,

section, **modúl** module, **páirt** part, **roinn** f *(ranna)* part, portion, **roinnt** some, **sampla** example, **scair** share, portion, **sciar** *m (~; ~tha)* share, portion, **sciltéan** flake (of rock), chip (of stone), **slios** marginal strip, **slis** shaving, chip, **sliseog** small shaving, chip, **slisne** slice, section, **smiodar** broken piece, fragment, **spreota** length, chunk (cf **spreota adhmaid** chunk of wood), **spruán** fragment, **stiall** *f (stéille; ~acha)* strip, slice, **tascobair** *f (~oibre)* piecework, **toisc** factor *(see also: páirt)*

▲ ~ **bagáiste** piece/item of luggage, ~ **císte** slice of cake, ~ **de théad** length of rope, ~ **scannánaíochta** footage (from a film)

3. *(writing, music, etc.)* piece
aiste *f* essay, **alt** article, paragraph, **aonad** unit, module, **dréacht** piece, tract, **dréacht ceoil** piece of music, **dréacht filíochta** piece of poetry, **mír** item (cf **mír nuachta** news item), **modúl** module, **páipéar** paper, **páirt** part, **saothar** work (eg **saothar ealaíne** work of art), **pasáiste** passage, **sliocht** *m (sleachta)* extract, passage

4. *(time)* portion of time, while
achar period of time (cf **an t-achar ar fad** the whole while), **aga** interval, short while, **feadh** extent, duration, **scaitheamh** space of time, while, **tamall** while, **treall** short period, spell, **tréimhse** *f* period, spell, while *(see also: tamall)*

◊ **Fanaimis ~.** Let's wait awhile., **go ceann ~ eile** for a while, for now, **tar éis ~** after a little while

5. *(weapon)* piece
arm weapon, **arm tine** firearm, **gunna** gun, shooter, **gunnán** revolver, **piostal** pistol

◊ **Bhí ~ á iompar aige.** He was carrying a piece.

6. *(boat)* bailing can, bailer
galún taosctha bailing can, **inneall taosctha** bailing-pump, **soitheach taosctha** bailing vessel, **taomán** *(vessel)* bailer, **taoscaire** *m (person)* bailer

Piseog *f (-óige; ~a, ~)* superstition; spell, charm
baothchreideamh superstition, **béaloideas** folklore, **briocht** spell; amulet, **comhrá cailleach** old wives' tale, **creidimh thraidisiúnta** traditional beliefs, **deismireacht** incantation, **draíocht** (druidic) magic, **fantaisíocht** fantasy, **geasróg** superstition; charm, spell, **geasrógacht** superstitious practices; occult, **miotais** *mpl* myths, **miotaseolaíocht** mythology, **míthuiscint** misconception; fallacy, **ortha** *f* spell, charm, **piseogacht** superstitious practices, **saobhchreideamh** heterodoxy, **scéalta tuaithe** country tales, **seachrán (céille)** delusion; going astray *(see also: ortha)*

Plá
1. *vn* plaguing, pestering
breo sickening, plaguing, **céasadh** torturing, tormenting, **ciapadh** tormenting, hassling, **clipeadh** tormenting, afflicting, **crá** annoying, tormenting, **cur isteach ar** disturbing, irritating, **greannú** irritating, **griogadh** baiting, goading, **saighdeadh faoi** baiting, **saibhseáil le** pestering, **spochadh as** teasing, slagging

2. *f (~; ~nna)* plague, pestilence
aicíd disease, pestilence, **bior** *m* **sa bheo** thorn in the flesh, **bréantas** foulness, odiousness, **breoiteacht** illness, **claimhe** plague, scurvy, **crá** torment, pest, **crá croí** irritating nuisance (eg **Is mór an crá croí dom iad!** They're the bane of my life.), **eipidéim** epidemic, **galar** infection, affliction, **galar tógálach** contagious disease, **ionfhabhtú** infection, **lofacht** rot, **mallacht** *f* curse, **mortlaidh** *f (~e) (lit)* epidemic, plague, **paindéim** pandemic, **paiteolaíocht** pathology, **ráig** outbreak (cf **ráig bhruitíní** outbreak of measles), **sciúirse** scourge, **támh** *f (lit)* pestilence, plague

Pláigh *v₁f* plague, pester
breoigh sicken, plague (cf **an rud a bhreoigh mé** the thing that sickened/plagued me), **céas** torture, torment, **ciap** torment, hassle, **clip** torment, afflict, **cráigh** afflict, torment, **cuir isteach ar** disturb, irritate, **greannaigh** irritate, **griog** bait, goad, **saighid faoi** bait, **saibhseáil le** pester, **spoch as** tease

Pláinéad *m (-éid; -éid, ~)* planet
cruinneog globe, **domhan** world, **mionphláinéad** small planet; planetoid, **pláinéadóideach** *m* planetoid, **rinn** *m (reanna; reanna, reann)* celestial body; planet or star

■ **An Domhan** Earth, **Iúpatar** Jupiter, **Mars** Mars, **Mearcair** *m* Mercury, **Neiptiún** Neptune, **Plútón** Pluto, **Satarn** Saturn, **Úránas** Uranus, **Véineas** Venus

Pláite *pp* plagued, pestered
breoite sickened, plagued; sick, **céasta** tortured, tormented, **ciaptha** tormented, hassled, **clipthe** irritated, annoyed, **cráite** afflicted, tormented, **greannaithe** irritated, **griogtha** baited, goaded, **saighdte faoi** baited, **saibhseáilte** pestered

Plámás *m (-áis)* flattery, cajolery
adhmholadh eulogy, **béal bán** lip service; buttering up, **bladaireacht** cajoling, **bladar** sweet talk, flannel, chat-up, **blaindéis** blandishment, **blairnis** blarney, **bréagadh** alluring flattery, **bréagadóireacht** telling lies; cajolery, **caint mhilis** honeyed words, sweet talk, **cluanaireacht** flattery, coquetry, **gallúnach** *f* soap; flattery, **ladús** cajolery, wheedling talk, **láinteacht** blandishment, fondling, **lúitéis** fawning, **lústar** obsequiousness, **lútáil** backscratching, **mealltóireacht** beguiling, coaxing, **milsíneacht** sweet-talking, **placadh siollaí** cajolery; idly shooting the breeze, **pláibistéireacht** wheedling, **plaisíobaíocht** flattery, **plás** smooth talk, **plásaíocht** smooth talking, cajolery, **plásántacht** blandness, unctuousness, **seoinínteach** shoneenism, toadying, **siceafantaíocht** sycophancy, **slíocaíocht** blandishing, soft-soaping, **slítheántacht**

Plámásach ingratiation, **slusaíocht**, dissembling, flattery, toadyism, **spleá** f obsequiousness, **súdaireacht** toadyism, cajoling, **táthaireacht** toadying; scrounging, **tláithínteacht** wheedling, flattery

Plámásach adj³ flattering
adhmholtach eulogistic, **bladrach** cajoling, sweet-talking, **blaindéise** (> **blaindéis**) blandishing, **bréagach** beguilingly flattering, **lúitéiseach** fawning, **lústrach** obsequious, **lútála** (> **lútáil**) back-scratching, **ón bhéal amach** from the teeth out, **pláibistéireachta** (> **pláibistéireacht**) wheedling, **plásaíochta** (> **plásaíocht**) smooth-talking, **plásánta** plausible, unctuous, **sladarúsach** ingratiating, **slíocaíochta** (> **slíocaíocht**) blandishing, **slíománta** flattering, smooth, **slítheánta** ingratiating, **súdaireachta** (> **súdaireacht**) toadying, cajoling

Plámásaí m (~; -aithe) flatterer
bladaire cajoler, flatterer, **bréagadóir** liar, **cliúnaí ban** philanderer, **cluanaire** deceiver, **cliúsaí** flirt, **failpéir** toady, **filéardaí** philanderer, **leadhbálaí** sycophant, flatterer, **líodóir** flatterer, toady, **lústaire** fawner, **lústrán** bootlicker, flatterer, **lútálaí** obsequious person, toady, **maidrín lathaí** groveller, guttersnipe, **mealltóir** seducer; deceiver, **míolcaire** cajoler, **pláibistéir** wheedler, cajoler, **plásaí** flatterer; plausible person, **raiteog** coquette, **seoinín** toady, flunkey, shoneen, **siceafant** sycophant, **slíbhín** sly person, deceiver, **slíomadóir** slippery customer, sleaze bag, **slíodóir** ingratiating person, skulker, sneak, **slusaí** dissembler, flatterer, toady, **sipiléir** slippery person; skulker, sneak, **smearachán** greasy unctuous person, **súdaire** toady, cajoler, sponger, **táthaire** hanger-on; scrounger

Planda m (~; ~í) plant
bláth flower, **braichlis** wort, **cactas** cactus, **caschoill** brushwood, **crann** tree, **fál** hedge, **fás** bloom, **fásán** sapling, **fásra** vegetation, **feamainn** seaweed, **fiaile** f weeds, **luibh** herb, **luifearnach** f weeds, **lus** plant, herb, **rosán** shrubbery, **salachar** dirt; weed infestation, **sceach** f (sceiche; ~a, ~) thorn bush, **tom** shrub, bush, **tor** bush (see also: **bláth, crann, glasra, toradh**)

Plandaigh v₂ₐ (hort) plant
athchuir replant, **athphlandaigh** replant, **caibeáil** plant with trowel, dibble, **cuir** sow, **cuir sa talamh** put/sow in the ground, **cuir síos** put down, plant (eg **stáca a chur síos sa talamh** to plant a stake in the ground), **fás** grow, **fréamhaigh** root, **gob** plant, dibble (eg **scealláin a ghobadh** to plant potatoes with a trowel), **inseamhnaigh** inseminate, **ionchlannaigh** (med) implant, **ionphlandaigh** (med) implant, **neadaigh** embed, **pailnigh** pollinate, **plandáil** plant, **saothraigh** cultivate, **scaip** scatter, **suigh** position, seat, **trasphlandaigh** (med) transplant (see also: plandáil 1)

Plandáil 1 v₁ₑ
1. (hort) plant
athphlandáil replant, **bunaigh** establish, found, **cuir** sow, **cuir sa talamh** put/sow in the ground, **fás** grow, **fréamhaigh** root, **inseamhnaigh** inseminate, **ionchlannaigh** (med) implant, **ionphlandaigh** (med) implant, **pailnigh** pollinate, **plandaigh** (hort) plant, **saothraigh** cultivate, **scaip** scatter, **socraigh** settle, **trasphlandaigh** (med) transplant
2. (pol) plant
áitigh occupy, **bain fút (in áit)** set up residence, stay (in a place), **coilínigh** colonise, **cuir fút (in áit)** settle down (in a place), **gabh** occupy, **glac seilbh ar** take possession of, **lonnaigh** settle, **pobalaigh** (sci) populate, **seadaigh** settle, **sealbhaigh** gain hold/possession of, **socraigh** settle, **suigh** occupy, squat

Plandáil 2
1. vn planting
athphlandáil replanting, **bunú** establishing, founding, **cur** sowing, **cur sa talamh** putting/sowing in the ground, **fás** growing, **fréamhú** rooting, **inseamhnú** inseminating, **ionchlannú** (med) implanting, **ionphlandú** (med) implanting, **pailniú** pollinating, **plandú** (hort) planting, **saothrú** cultivating, **scaipeadh (síolta)** scattering (of seeds), **socrú** settling, **trasphlandú** (med) transplanting
2. f (-dála; -dálacha) (pol) plantation
áitiú occupying, **baint fút (in áit)** setting up residence, staying (in a place), **coilíneacht** colonisation, **coilíniú** colonising, **cur fút (in áit)** settling down (in a place), **gabháil** occupying, occupation, **glacadh seilbh ar** taking possession of, **lonnú** settling, **pobalú** (sci) populating, **seadú** settling, **sealbhú** gaining hold/possession of, **socrú** settling, **suí** occupying, squatting,

○ **Plandáil na hÉireann** the Plantation of Ireland: there were three main **Plandálacha** Plantations of foreign settlers instigated by the British Crown in the 16th and 17th centuries. The first took place in the 1540s in the counties of **Laois** and **Uíbh Fhailí** under the reign of Queen Mary I. The second was a more sustained attempt in **Mumhain** Munster during the latter decades of the 16th century. Both of these attempts, nonetheless, ended in failure due to various geographic and political reasons. However, the third influx of settlers, **An Phlandáil Uladh** The Ulster Plantation during the reign of King James I of England had far-reaching and devastating effects on the native Catholic population and Gaelic culture in general. The colonists, English-speaking Protestants loyal to the Crown, evoked a persistent hostile reaction that, in turn, led to interminable ethnic cleansing of the local population and continuous sectarian conflict.

Plandáilte pp
1. (hort) planted
athphlandáilte replanted, **bunaithe** established, founded, **curtha** sown, **curtha sa talamh** put/sown

Plandaithe in the ground, **fásta** grown, **fréamhaithe** rooted, **inseamhnaithe** inseminated, **ionchlannaithe** *(med)* implanted, **ionphlandaithe** *(med)* implanted, **pailnithe** pollinated, **plandaithe** *(hort)* planted, **saothraithe** cultivated, **scaipthe** *(seeds)* scattered, **socraithe** settled, **trasphlandaithe** *(med)* transplanted 2 *(pol)* planted
áitithe occupied, **coilínithe** colonised, **gafa** occupied, captured, **glactha seilbh ar** taken possession of, **lonnaithe** settled, **pobalaithe** *(sci)* populated, **seadaithe** settled, **sealbhaithe** possessed, **socraithe** settled

Plandaithe *pp (hort)* plant
athchurtha replanted, **athphlandaithe** replanted, **caibeáilte** planted with trowel, dibbled, **curtha** sown, **curtha sa talamh** put/sown in the ground, **curtha síos** put down, planted, **fásta** grown, **fréamhaithe** rooted, **gobtha** planted, dibbled, **inseamhnaithe** inseminated, **ionchlannaithe** *(med)* implanted, **ionphlandaithe** *(tech)* implanted, **neadaithe** embedded, **pailnithe** pollinated, **plandáilte** planted, **saothraithe** cultivated; *(land)* worked, **scaipthe** scattered, **suite** positioned, seated, **trasphlandaithe** *(med)* transplanted

Plandú *vn (hort)* planting
athchur replanting, **athphlandú** replanting, **caibeáil** planting with trowel, dibbling, **cur (síolta)** sowing (of seeds), **cur sa talamh** putting/sowing in the ground, **cur síos** putting down, planting, **fás** growing, **fréamhú** rooting, **inseamhnú** inseminating, **ionchlannú** *(med)* implanting, **ionphlandú** *(med)* implanting, **neadú** embedding, **pailniú** pollinating, **plandáil** planting, **saothrú** cultivating; *(land)* working, **scaipeadh (síolta)** scattering (of seeds), **suí** positioning, seating, **trasphlandú** *(med)* transplanting

Pláta *m (~; ~í)* plate
babhla bowl, **clár** flat surface, board, **cuid** portion, **leac** *f (leice)* slab, **mias** *f (méise; ~a, ~)* dish, platter, **painéal** panel, **plaic** plaque, **plátáil** plating, **sraith** *f* layer, **tráidire** tray, **trinsiúr** platter

▲ ~ **clárúcháin** *(veh)* registration plate, ~ **cló** printing plate, ~ **dinnéir** dinner plate, ~ **ofrála** *(rel)* collection plate, ~ **te** hotplate

Pláúil *adj⁴* pestilential
aicídeach pestilent; diseased, **binbeach** venomous, **bréan** putrid, **díobhálach** noxious, harmful, **éipidéimeach** epidemic, **galrach** diseased; morbid, **gangaideach** virulent, putrescent, **goimhiúil** venomous, **gránna** nasty; ugly, **lofa** rotten, **millteach** baneful, pernicious, **millteanach** horrid, **naimhdeach** hostile, antagonistic, **nimhiúil** poisonous; virulent, **nimhneach** toxic; hurtful, sore, **oilc** *(> olc)* evil, **paindéimeach** pandemic, **suarach** vile, **teadhmannach** pestilential, **urchóideach** malign

Plé *vn* discussing; discussion
agallamh argument, disputation, **aighneas** dispute, argument, **athphlé** rediscussing, **cabáil** arguing out, **caibidil** discussion, **caint** talk, talking, **cardáil** discussion; *(wool)* carding, **cíoradh** discussing in detail, combing, **cnámh na spairne** the bone of contention, **comhrá** conversation, **cur trí chéile** discussion, **díospóireacht** debate, debating, **eadráin** arbitration, **eadránú** arbitrating, **iomlua** mentioning, discussing, **iomrá** mention, discussion, **poileimic** polemic, **scéal atá idir camáin** a matter at issue, **seanchas** chatting, discussion; lore, **suaitheadh ceiste** discussion of an issue, **trácht** discourse, comment, **tráchtaireacht** commenting, commentary

Pléadáil 1 *v₁ₑ* plead
achainigh entreat, petition, **achair** beseech, **agair** plead, beseech, **aitim** *(dep v)* I beseech, **éigh ar** call upon, beseech, **éiligh** demand, require, **fiafraigh** ask, enquire, **gair ar** call upon, **glaoigh ar** call on/upon, **guigh** beseech, **iarr ar** request from, ask of, **impigh ar** implore, supplicate, **sir** seek, ask for

Pléadáil 2 *vn* pleading
achainí entreating, petitioning, **achairt** beseech, **agairt** pleading, beseeching, **atach** *(dep v)* beseeching, **éamh ar** calling upon, beseeching, **éileamh** demanding, requiring, **fiafraí** asking, enquiring, **gairm ar** calling upon, **glao ar** calling on/upon, **iarraidh ar** requesting from, asking of, **impí ar** imploring, supplicating

Pléadáilte *pp* pleaded
achainithe entreated, petitioned, **achartha** beseeched, **agartha** pleaded, beseeched, **éilithe** demanded, required, **éite ar** called upon, beseeched, **fiafraithe** asked, enquired, **gairthe ar** called upon, **glaoite ar** called on/upon, **iarrtha ar** requested from, asked of, **impithe ar** implored, supplicated

Pléadálaí *m (~; -aithe)* pleader
achaníoch *m* petitioner, **agróir** suitor, pleader, **éilitheoir** claimant, **éimheoir** beseecher, crier; bawler, **fiafraitheoir** enquirer, **iarrthóir** applicant, examinee, candidate; petitioner, **impíoch** *m* supplicant

Plean *m (~; ~anna)* plan
acra *m* contrivance, **beart** plan, **cairt** chart, **clár** programme, **cleas** trick, **cnámha an scéil** outline scenario, **córas** system, **creatlach** *f* framework, **dearadh** design, **diagram** diagram, **fíor** figure, **fráma** frame, framework, **frámaíocht** farming, framework, **gléas** device, **gnáthamh** *(medical)* procedure, **gormchló** blueprint, **gúm** plan, scheme, **leagan amach** layout, **léaráid** illustration, **líniú** delineation, **mapa** map, **modh** method, **modh oibre** modus operandi, **moladh** suggestion, **nós imeachta** procedure, **oirbheartaíocht** tactics, **plota** plot, **sceideal** schedule, **scéim** scheme, **scéimre** schema, **seift** expedient, ploy,

Pleanáil

straitéis strategy, **tairiscint** proposition, **tionscnamh** project, **treoirphlean** blueprint

▲ ~ **aisghabhála** recovery plan, ~ **aslonnaithe** evacuation plan, ~ **ceachta** lesson plan, ~ **céim ar chéim** step by step plan, ~ **comhaontaithe** agreed plan, ~ **cúig bliana** five-year plan, ~ **cúltaca** backup plan, ~ **deartha** design plan, ~ **dofheidhmithe** unworkable plan, ~ **don chluiche** game plan, ~ **eitilte** flight plan, ~ **gan dealramh** harebrained scheme, ~ **gníomhaíochta** action plan, ~ **gnó** business plan, ~ **maide** dumb/dopey plan, ~ **oibre** work plan, ~ **oscailte** open-plan, ~ **teagmhais** contingency plan, ~ **tógála** construction plan, ~ **urláir** floor plan

◊ **Chuaigh an ~ bealach an gharraí.** The plan backfired., **éirí as ~** to drop a plan, **~ a chur le chéile** to draw up a plan, **~ a dhéanamh amach** to work out a plan, **Tá dealramh de phlean ar an méid sin.** *(BÁC)* That sounds like a plan.

Pleanáil 1 v_{1e} plan

beartaigh plan, propose, **ceap** devise, **ceap scéim** think up a scheme, scheme, **cinn** fix, determine, **déan ~** make a plan, **dréachtaigh** draft, **eagraigh** arrange, **imlínigh** outline, **mapáil** map out, **oibrigh amach** work out, **rianaigh** chart, **sceidealaigh** schedule, **sceitseáil** sketch, **seiftigh** contrive, procure, **socraigh** decide, resolve, **ullmhaigh** prepare

Pleanáil 2 *vn* planning

beartú planning, proposing, **ceapadh** devising, **ceapadh scéime** thinking up a scheme, **cinneadh** fixing, determining, **déanamh plean** making a plan, **dréachtú** drafting, **eagrú** arranging, **imlíniú** outlining, **mapáil** mapping out, **oibriú amach** working out, **rianú** charting, **sceidealú** scheduling, **sceitseáil** sketching, **seiftiú** contriving, procuring, **socrú** deciding, resolving, **ullmhú** preparing

Pleanáilte *pp* planned

beartaithe planned, proposed, **ceaptha** devised, **cinnte** fixed, determined, **dréachtaithe** drafted, **eagraithe** arranged, **imlínithe** outlined, **mapáilte** mapped out, **oibrithe amach** worked out, **rianaithe** charted, **sceidealaithe** scheduled, **sceitseáilte** sketched, **seiftithe** contrived, procured, **socraithe** decided, resolved, **ullmhaithe** prepared

Pléasc 1 *f (-éisce; ~anna)* explosion, blast

bladhm sudden flare-up, flash, **bleaist** blast, **blosc** *(gun)* report, **blosc toirní** peal of thunder, **bloscadh** crack, explosion, **briseadh** bursting, **briseadh amach** outbreak, **brúcht** belch, eruption, **brúchtadh** erupting, eruption, **buama** bomb, **buamáil** bombing, **buille** blow, **cnag** knock; crunch, **cnagadh** knocking, **cnagaide** rap, blow, **cniogaide cnagaide** tap-tap, **cnagaireacht,** knocking, **cnagarnach** *f* crackling, crunching, **gadán (ceoil)** burst (of song); crackle,

Pléascadh

explosion, **imoibriú** *(phys)* reaction, **imphléascadh** collapse, **inphléascadh** implosion, **iodhlann** *(lit)* blast, burst; spurt, **madhmadh** detonation, **maidhm** explosion; eruption, **maidhm thuile** flash flood, **maidhmneach** *f* explosion, **míthaom** paroxysm, **plab** *(eg door)* bang, **pléascadh** explosion, **pléascán** explosive, bomb, **pléascóg** firework, cracker, **plimp thoirní** clap of thunder, **racht** outburst, **rois** blast, volley (eg **rois urchar** volley of shots), **saighneán** sudden blast, **scaoileadh** discharge, **siorradh** blast (cf **siorradh gaoithe** blast of wind), **smeach** click, flick, smack, **tailm** thud, thump, **taom** fit, **tritheamh** paroxysm, **troimpléasc** *f* loud noise/explosion

▲ ~ **bhuama** bomb blast, ~ **fuipe** crack of a whip, ~ **ghaoithe** blast of wind, ~ **ghunna** report of a gun, gun shot, ~ **mhianaigh** mine explosion, ~ **mhór mhillteach** terrifically loud explosion, ~ **núicléach** nuclear explosion, ~ **ollmhór** huge explosion, ~ **thoirní** peal of thunder, ~ **thréan** violent/powerful explosion

◊ **D'imigh sé leis de phléasc.** He was off like a shot., **Shéid ~ na fuinneoga amach.** A blast blew out the windows.

Pléasc 2 v_{1a} explode, blast

bladhm flare up, flash, **bleaisteáil** blast, **blogh** shatter, **blosc** crack, explode, **bris** burst, **bris amach** break out, **brúcht** erupt; belch, **buamáil** bomb, **cnag** knock, strike; crunch, **déan smidiríní de** smash (into bits), **déan smionagar de** shatter, **déan torann** make a noise, **déan tormán** make a boom, **imoibrigh** *(phys)* react, **imphléasc** collapse; implode, **maidhm** detonate, **plab** *(eg door)* slam, bang, **réab** rend, rip asunder, **smeach** click, flick, smack, **splanc** flash, blaze, **tuairteáil** pound, thump; buffet

Pléascach 1 *m (-aigh; -aigh, ~)* explosive; *(ling)* plosive

blosc *m (gun)* report, **brúchtadh** eruption, **buama** bomb, **maidhm** detonation; explosion, **piriteicnic** pyrotechnics, **pléascán** explosive, bomb, **púdar gunna** gunpowder *(see also: pléasc 1)*

Pléascach 2 *adj³* explosive, exploding

baolach perilous, **creathnach** shocking, **indóite** combustible, burnable, **inlasta** inflammable, **piriteicniúil** pyrotechnic, **saighneánta** fulminating; flashing, **saol-athraitheach** life-changing, **scannalach** scandalous, **scéiniúil** inspiring terror/horror, **so-chorraithe** excitable, **so-lasta** easily inflamed, **sophléasctha** liable to explode, **teasaí** hotheaded; passionate, **tinneallach** volatile, **tintrí** excitable; hot-tempered, volatile, **uamhnach** dreadful, terrifying

Pléascadh *vn* exploding, blasting

bladhmadh flaring up, flash, **bleaisteáil** blasting, **bloghadh** shattering, **bloscadh** cracking, exploding,

briseadh bursting, **briseadh amach** breaking out, **brúchtadh** erupting, **buamáil** bombing, **cnagadh** knocking, striking; crunching, **déanamh smidiríní de** smashing (into bits), **déanamh smionagair de** shattering, **déanamh torainn** making a noise, **déanamh tormáin** making a boom, **imoibriú** *(phys)* reaction, **imphléascadh** collapsing; imploding, **madhmadh** detonating, **plabadh** *(eg door)* slamming, banging, **réabadh** rending, ripping asunder, **smeachadh** clicking, flicking, smacking, **splancadh** flashing, blazing, **tuairteáil** pounding, thumping; buffeting

Pléasctha *pp* exploded, blasted
bladhmtha flared up, flashed, **bleaisteáilte** blasted, **bloghta** shattered, **blosctha** cracked, exploded, **briste** burst, **briste amach** broken/burst out, **brúchta** erupted, **buamáilte** bombed, **cnagtha** knocked, struck; crunched, **imoibrithe** *(phys)* reacted, **imphléasctha** collapsed; imploded, **madhmtha** detonated, **plabtha** *(eg door)* slammed, banged, **réabtha** rent, ripped asunder, **smeachta** clicked, flicked, smacked, **splanctha** flashed, blazed, **tuairteáilte** pounded, thumped; buffeted

Pleidhce *m (~; -cí)* eejit, messer
abhlóir buffoon, clown, **aerthóir** airhead, **amaid** idiot, fool, **baothán** simpleton; fop, **bobarún** twat, nitwit, **bod** dick, **bodalán** prick, **cábóg** clodhopper, clown, **clabhstar** yobbo, **cladhaire** *(díomhaoin)* waster, ne'er-do-well, **cluasánach** ear-flapper, gormless individual, **cuilceach** *m* bounder, **cúl le rath** loser, **dailtín** brat, **dúdálaí** shy person, dumbo, **duine le Dia** someone who is slightly touched, **galldúda** dork, **gamal** jackass, **leadhbán** dolt, doofus, **leib** simpleton, **leibide** twit, **liúdramán** dipstick, lazy git, **méiseálaí** messer, **óinmhid** buffoon, fool, **pleota** git; buffoon, **práisceálaí** messer; slovenly worker, **puiteálaí** messer, **rógaire** rogue, **scabhaitéar** blackguard, **simpleoir** simpleton, **smugachán** asshole, **spoitseálaí** botcher, messer, **spreotálaí** muddler, messer; hack

◊ **Is uafásach an ~ thú!** You're an awful eejit!

Pleidhcíocht *f (~a)* acting the eejit/maggot, tomfoolery, messing
abhlóireacht buffoonery, acting the eejit, **amaidí** silliness, tomfoolery, **beartaíocht** getting up to mischief, **cábógacht** clowning about, clownishness, **cleasaíocht** clowning around, trickery, **diabhlaíocht** shenanigans, acting the maggot, **ealaín** wiles (cf **lán ealaíon** full of tricks and wiles), **galldúdaíocht** acting the eejit, **gliceas** wiles, trickery, **leibidínteacht** behaving like a twit, **méiseáil** messing, **mí-ásaí** mischievousness, **pilibínteacht** fooling around, foolery, **pléaráca** horseplay, **pléiseam** foolery, **pleotaíocht** silliness, stupidity, **práisceáil** messing; doing slovenly work, **spoitseáil** botching, messing, **ramhaltaíocht** horseplay

◊ **Cuir uait an phleidhcíocht!** Stop acting the maggot!

Pleidhciúil *adj⁴* silly, eejit-like
ábhailleach mischievous; playful, **áiféiseach** ridiculous, **aimhghlic** imprudent, **ainrianta** mindless, anarchic, **amadánta** mindless, silly, **amaideach** silly, stupid, **amhlánta** doltish, **baoth** foolish, silly, **baothánta** fatuous; foolish, **breallach** blundering, foolish, **breallánta** silly, **craiceáilte** crazy, daft, **dána** bold, **diabhalta** up to devilment, **díchéillí** senseless, **gamalach** knuckleheaded, goofy, **gan aird** mindless, **ladúsach** foolish-tongued, **lán den diabhlaíocht** full of devilment, **leibideach** imbecilic; tomfool, **méiseála** (> **méiseáil**) relating to messing or tomfoolery, **óinsiúil** *(woman)* foolish

Pléigh *v₁g* discuss
áitigh argue, persuade, **athphléigh** rediscuss, **cabáil** argue out, **cardáil** discuss; *(wool)* card, **ceistigh** question, **cíor** discuss in detail, comb, **cuir ceist ar** ask a question of, question, **cuir faoi chabidil** discuss, consider, **cuir trí chéile** discuss, **déan argóint** make an argument, argue, **déan díospóireacht faoi** debate about, **déan machnamh ar** deliberate over, **déan trácht ar** discourse, about, **déan tráchtaireacht ar** comment upon, **eadránaigh** arbitrate, **fiosraigh** enquire, **iniúch** scrutinise, **iomluaigh** mention, discuss, **luaigh** mention, **mínigh** explain, **rácáil** rake, **réitigh** put in order, disentangle, comb, **suaith** discuss, debate, **scrúdaigh** examine, **suaith** discuss, debate

Pléisiúr *m (-úir; -úir, ~)* pleasure
aer fun (cf **ag déanamh aeir** having fun), **aeraíocht** enjoyment, **áineas** pleasure, delight, **aiteas** pleasantness, fun, **aoibhneas** *m* bliss, delight, **ardmheanma** *f* high spirits, **ardú meanman** raised spirits, **áthas** happiness, **bá** sympathy, **breáthacht** fineness, **caoine** gentleness, tenderness, **caoithiúlacht** convenience, pleasantness, **craic** fun, craic, **croíúlacht** cheerfulness, **gealadhram** elation, high spirits, **gliondar** gladness **iontlas** mirth, spree, **lúcháir** elation, **meanma** *f* **mhaith (ag)** good cheer, **meidhir** gaiety, **práinn** delight, liking, **sámhas** pleasure, gratification, **sásamh** satisfaction, gratification, **sceitimíní** ecstasy, jubilation, **scléip** hilarity, having fun, **seaghais** pleasure, delight, **séan** well-being, **siamsa** amusement, **só** comfort luxury; satisfaction, **sóchas** pleasure, comfort, **soilbhreas** joviality, cheeriness, **soilíos** contentment, pleasure, **soirbheas** ease, convenience, **sonas** happiness, joy, prosperity **sóúlacht** luxuriousness, **spórt** fun, **spraoi** fun, spree, **suáilce** *f* joy, pleasure; virtue, **suairceas** pleasantness, cheerfulness, gaiety, **súgachas** merriness, **sult** merriment, **taitneamh** pleasure, enjoyment, **tíriúlacht** pleasantness

Pléisiúrtha

◊ ~ **Dé** dream come true; feast for the eyes, ~ **na colainne** sensual pleasure, **Ba phléisiúr neamhbhuan é.** It was a short-lived pleasure., **Cuireadh ionadh agus ~ orm.** I was pleasantly surprised., **Is ~ Dé bheith ag éisteacht léi.** It's an absolute joy listening to her., **Tá ~ ag fanacht leat sa bhialann nua seo.** You're in for a treat at this new restaurant.

Pléisiúrtha *adj⁶* pleasant, agreeable
aoibhinn pleasant, delightful, **breá** fine, lovely, **caomh** mild, pleasant, **compordach** comfortable, **córach** pleasant, becoming, **deas** nice, **draíochtach** entrancing, **geal** bright, **geanúil** congenial, **lách** affable, kind, **maith** good, **méanar** *(in sentences with copula)* happy, fortunate (cf **Nach méanar duit!** Isn't it well for you!), **sámh** pleasant, peaceful, **sámhasach** voluptuous, **sásúil** satisfying, **seaghsach** pleasant, joyful, **sóghrách** lovable, **soilbhir** jovial, **sólásach** consoling, cheering, **sultmhar** fun, enjoyable, **taitneamhach** pleasing, amusing

Pleist *f (~e; ~eanna)* flop, limp heap
plab bang, slam (cf **titim de phlab** to flop down), **plimp** bang, crash (cf **titim de phlimp** to fall with a crash/bang), **plimpíl** flopping noise, **plinc pleainc** slap-bang; flip-flop, **plob** bubbling sound, **plobáil** making a splashing sound, plashing, **slaparnach** *f* splashing, **smíste** smash, heavy blow, **titim i do chnap** to fall in a heap, **tuairt** crash

◊ **Thit sé ina phleist.** He fell in a limp heap.

Pléite *pp* discussed
áitithe argued; persuaded, **atá faoi chaibidil** that is under discussion, being discussed, **athphléite** rediscussed, **cabáilte** argued out, **cardáilte** discussed; *(wool)* carded, **cíortha** combed, gone through in detail, **curtha faoi chaibidil** considered, debated, **curtha trí chéile** discussed, **eadránaithe** arbitrated, **fiosraithe** investigated, **imscrúdaithe** fully investigated; fully examined, **iniúchta** scrutinised, **iomluaite** mentioned, discussed, **luaite** mentioned, **mínithe** explained, **rácáilte** raked, **réitithe** put in order, disentangled, **scrúdaithe** examined, **suaite** discussed, debated

Plocóid *f (~; ~í)* plug
bundallán bung, **claibín** bung, stopper, **corc** cork, **dallán** *(pipe, hole, etc)* plug, **maiste éadaigh** cloth plug, **piollaire** bung, stopper, **pluga** plug (cf **pluga bolcánach** volcanic plug); lump, chunk (cf **pluga tobac** plug of tobacco), **seac** jack, **soicéad** *(wall)* plug, **spréachphlogóid** spark plug, **stoipéad** stopper; stopple, **stopaide** spigot, stopper, **stopallán** *(sink)* plug, **stopán** *(surg, dent)* plug

Plód *m (-óid; -óid, ~)* crowd
brú crush, **brúdán** throng, **círéib** riot, **cóip** rabble, street gang, **daoscar** mob, rabble, **dreabhlán** flock, swarm, **drong** *f* body of people, **gramaisc** mob, **léirsiú** demonstration, **líon mór daoine** huge number of people, **meall mór daoine** huge mass of people, **ollchruinniú** mass meeting, **paca** pack, **plódú** crowding, crush, **pobal** populace, public, **rablach** *m* rabble, **saithe** *f (insects)* swarm, **scaoth** *f* swarm, **scroblach** *m* riff-raff, rabble, **slua** crowd, host, **sprot** riff-raff, rabble, **tionól** assembly, **trachlais** rabble *(see also: slua)*

Plódaigh *v₂ₐ* crowd
bailigh le chéile gather together, cluster, **bí amhail sairdíní i mbosca beag** be like sardines in a small box, **bíodh dubh le daoine** be black with people, **brúigh** push, **comhbhrúigh** compress, **cruinnigh le chéile** flock, gather together, **cuach le chéile** huddle together, **ding** cram, **éirigh ar saithe** *(insects)* swarm, **fáisc le chéile** squeeze together, **forlíon** fill up, overfill, **líon** fill, **pacáil** pack, **plúch** throng; stifle, congest, **sac le chéile** thrust together, cram together, **tar le chéile** congregate, **truncáil** pack, throng

Plódaithe *pp* crowded
bailithe (go teann) le chéile gathered (tightly) together, clustered, **brúite isteach** squeezed in, **comhbhrúite** compressed, **cruinnithe le chéile** flocked, gathered together, **cuachta le chéile** huddled together, **dingthe isteach** crammed in, **éirithe ar saithe** *(insects)* swarmed, **fáiscthe le chéile** squeezed tightly together, **forlíonta** filled up, overfilled, **lán go doras** jam-packed, **líonta** filled, **pacáilte** packed, **pacáilte go dtí na doirse** packed to the doors, **plúchta** thronged; stifled, congested, **sactha le chéile** thrust together, crammed together, **tagtha le chéile** congregated, **trangláilte** cluttered, confused, **truncáilte** packed, thronged

Plódú *vn* crowding
ar snámh le swarming with, **bailiú le chéile** gathering together, clustering, **beo le** swarming with, **bheith dubh le daoine** being black with people, **brú** pushing, **brúchtaíl le** teeming with, **comhbhrú** compressing, **cruinniú le chéile** flocking, gathering together, **cuachadh le chéile** huddling together, **cur thar maoil le** overflowing with, **dingeadh** cramming, **éirí ar saithe** *(insects)* swarming, **fáscadh le chéile** squeezing together, **forlíonadh** filling up, excessive filling, **líonadh** filling, **pacáil** packing, **plúchadh** thronging; stifling, congesting, **sacadh le chéile** thrusting together, cramming together, **snámhaíocht le** crawling with, **teacht le chéile** congregating, coming together, **trangláil** confusing, cluttering (cf **ag trangláil an tseomra** cluttering up the room), **truilleán** push, **truncáil** packing, thronging

Pluais *f (~e; ~eanna)* cave, den
cabha hollow, **coire** pothole, **coirín** small pothole, **fochla** *(lit)* cave, burrow, **poll** hole, hollow, **prochóg** den, **scailp** fissure in rock, small cave, **uachais** burrow, **uaimh** cave, souterrain *(see also: uaimh)*

Plúch *v₁ₐ* smother, asphyxiate; throng
báigh drown, **balbhaigh** mute, deaden, **brúigh faoi** stifle, suppress (eg **do gháire a bhrú fút** to stifle your laughter), **brúigh faoi chois** suppress, repress, **calc** caulk, clog up, **ciúnaigh** silence, **cloígh** defeat, **cuir as** put out, extinguish, **cuir srian le** repress, curb, **maolaigh** reduce, tone down, **múch** quench, extinguish, **píob** hoarsen, **sáraigh** overwhelm, **slócht** hoarsen, **tacht** choke *(see also: **plódaigh**)*

Plúchadh *vn* smothering, asphyxiating; thronging
bá drowning, **balbhú** muting, deadening, **brú faoi** stifling, suppressing, **brú faoi chois** suppressing, repressing, **calcadh** caulking, clogging up, **ciúnú** silencing, **cloí** defeating, **cur as** putting out, extinguishing, **cur srian le** repressing, curbing, **maolú** reducing, toning down, **múchadh** quenching, extinguishing, **píobadh** hoarsening, **sárú** overwhelming, **slóchtadh** hoarsening, **tachtadh** choking *(see also: **plódú**)*

Plúchta *pp* asphyxiated, smothered
báite drowned, **balbhaithe** muted, deadened, **brúite faoi** stifled, suppressed, **brúite faoi chois** suppressed, repressed, **calctha** caulked, clogged up, **ciúnaithe** silenced, **cloíte** defeated, **curtha as** put out, **maolaithe** reduced, toned down, **múchta** quenched, extinguished, **píobtha** hoarsened (cf **píobtha ag slaghdán** hoarsened by a cold), **sáraithe** overwhelmed, **slóchta** hoarsened, **srianta** curbed, restrained, **tachta** choked

~ **ag an gceol** drowned out by the music
~ **ag an maorlathas** strangled by bureaucracy
~ **ag an teas** suffocated by the heat
~ **ag na ballaí** muffled by the walls
~ **ag na fiailí** smothered by weeds
~ **le ceisteanna** barraged with questions
~ **le lucht leanúna** jampacked with fans
~ **le neafais** *(mind)* cluttered with banalities
~ **le salachar** *(drain)* bunged up with grime
~ **le slaghdán** choked with a cold
~ **le trácht** congested/clogged with traffic
~ **leis an obair** inundated with work

Plúchtach *adj³* suffocating; stuffy, stifling
bréan foul, **dreoite** musty, **gan aer** airless, **gan bheith aeráilte** unventilated, **leamh** not fresh, **marbhánta** muggy, airless, **meirbh** close, stifling, **múchta** stuffy; stifled, **múisiúnta** musty, **stálaithe** stale, **trom** heavy, close

Plúchtacht *f (~a)* stuffiness
aisficsiú asphyxiation, **asma** asthma, **bréantas** foul smell, stink, **cúngach** *m* congestion, **dreoiteacht** mustiness, **easpa aeir/aerála** lack of air/ventilation, **leimhe** lack of freshness, **marbhántacht** mugginess, airlessness, **meirbhe** closeness, sultriness, **múisiúntacht** mustiness, *(weather, sultriness, etc)* heaviness, **múchadh** asthma, suffocation, **plúchadh** asphyxiation; congestion, **stálaitheacht** staleness, **tachtadh** choking, **troime** heaviness, closeness

Pobal *m (-ail; -ail, ~)*
1. society, community, general grouping of people
an gnáthphobal the grassroots, **an saol mór** the general public, **aos** people, folk, **aos dána** poets, **aos óg** young people, **bráithreachas** brotherhood, **cine daonna** human race, **cléir** clergy, **coilíneacht** colony, **coitiantacht** populace, **comhlathas** commonwealth, **comhluadar** company, gathering, **comhthionól** *(pol)* assembly, **corp** body, **cuideachta** *f* get-together, company, **cumann** society, fellowship, **daoine** *mpl* people, **daonra** *m* population, **drong** body of people, faction, **lucht** people, **lucht cathrach** city people, **lucht éisteachta** audience, **lucht féachana** spectators, **lucht na páirte** *(archaic)* friends, **muintir** people, extended family, **muintir na cathrach** city folk, **muintir na háite** locals, local people, **muintir na tuaithe** country folk, **na fíréin** *(rel)* the faithful, **na gnáthdhaoine** the masses, **náisiún** nation, **seathras** sorority, **sochaí** *f* society; social community, **slua** crowd, host, **tír** country, **tréad** flock, **tuath** laity

▲ ~ **aerach** gay community, ~ **áitiúil** local community, ~ **amhrasach** distrustful public, **an ~ i gcoitinne** the general public, ~ **bráithre** friary (community of friars), **~bhreith** plebiscite, opinion poll, ~ **bríomhar** vibrant community, ~ **deighilte** divided community, ~ **deoranta** faceless society, ~ **creidimh** faith community, ~ **dlúth** tight-knit community, ~ **dúchais** indigenous people, ~ **fáin** nomadic people, ~ **idirlín** internet community, ~ **lonnaithe** settled community, **~scoil** community school, ~ **idirnáisiúnta** international community, ~ **inimirceach** immigrant community, ~ **manach** monastic community, ~ **na hEorpa** European Community, **(an)** ~ **tofa** (the) chosen people, ~ **trasinscneach** transgender community, ~ **tuaithe** rural community, ~ **uirbeach** urban community

2. community with a negative profile
an chosmhuintir the great unwashed, **bratainn** hoi polloi, mob, rabble, **daoscarshlua** rabble, **gramaisc** horde, rabble, mob, **luspairt** dregs of society, **na pleibigh** the plebs, **na tútaigh** the mindless masses, **plód** throng, crowd, **rablach** *m* rabble, **scroblach** *m* riff-raff, **Seáiníní na sráide móire** the ordinary Joe Soaps, **sloigisc** riff-raff, **sprot** riff-raff, rabble, **trachlais** rabble

Póca *m (~; ~í)* pocket
cuas recess, cavity, pocket, **clúdach** envelope, **gabhdán** receptacle, **mála** bag, **póicéad** cavity, pocket; poky place, **póicín** small pocket, **púitse** pouch, **rannán** *(business)* division, **roinn** *(in container)* compartment, **sac** sack, **scipéad** small receptacle, compartment, drawer, **spaga** purse, pouch, **sparán** purse, **urrann** *f (-ainne)* compartment, chamber (eg **croí ceithre**

Póg

urrann four-chamber heart, **urrann uiscedhíonach** watertight compartment)

▲ ~ **aeir** air pocket, ~ **brollaigh** breast pocket, ~ **cúil** back pocket, ~ **lán milseán** pocketful of sweets

▲ **airgead** ~ pocket money, **áireamhán** ~ pocket calculator, **ceamara** ~ pocket-size camera, ~ **cúinne** *(snooker)* corner pocket, **eagrán** ~ pocket edition, **eolaí** ~ pocket guide, **fleasc** *m (~a; ~anna)* ~ hip flask, **fón** ~ cell phone, mobile (cf **fón póca réamhíoctha** prepaid mobile), **liopa** ~ pocket flap, **scian phóca** pocketknife

◊ **bheith ar phócaí folmha** to be skint, to have no money at all, **bheith as** ~ *(BÁC)* to be out of pocket, **do phócaí a líonadh** to fill your pockets., **Níor chuir sé a lámh ina phóca riamh.** He never ever paid for anything., He's a skinflint.

Póg 1 *f (póige; ~a, ~)* kiss; act of intimacy
barróg Fhrancach hug with a kiss on each cheek, **bualadh beol** kissing, kissing game, **fáiméad** French kiss, **flaspóg** sudden unexpected kiss, **fliuchóg** *(sl)* wet sloppy kiss, **i mbéala a chéile** kissing one another; thick as thieves, **iomrascáil teanga** *(BÁC)* tongue wrestling, **pógaireacht** kissing, **póigín** peck, **smaiseog** smacker of a kiss, **smeach** *(sl)* kiss, smacker, **smúrthacht** snogging, smooching; sniffing around, **surfáil teanga** *(BÁC)* serious, well-executed kissing

▲ ~ **an bháis** the kiss of death, ~ **ar an leiceann** kiss on the cheek, ~ **Fhrancach** French kiss, ~ **ghrámhar** loving kiss, ~ **Iúdáis** Judas kiss, ~ **mhuirneach** affectionate kiss, ~ **na beatha** the kiss of life

◊ **aimsir na b~** kissing time, youthful years, **dalladh** ~ **a thabhairt do** to smother with kisses, ~ **a shéideadh** to blow a kiss, ~ **a thabhairt do dhuine** to give a person a kiss

Póg 2 *v₁ₐ* kiss
bí ag pógaireacht be kissing, **caith póg le** throw a kiss to, **déan iomrascáil teanga le duine** do some serious kissing with a person, **sárthadhaill** osculate, **séid póg i dtreo duine** blow a kiss to a person, **tabhair póg do** give a kiss to, **téigh i mbéala a chéile** start kissing one another

◊ ~ **mo thóin!** *(vulg)* Kiss my ass!, ~ **slán le do thuras go Páras!** *(BÁC)* Kiss goodbye to your trip to Paris!

Pógadh *vn* kissing, snogging
bheith i mbéala a chéile kissing one another, **bualadh beol** kissing, **iomrascáil teanga** *(BÁC)* tongue wrestling, **pógaireacht** kissing, **sárthadhall** osculating, osculation, **smúrthacht** snogging, smooching, **surfáil teanga** *(BÁC)* serious, well-executed kissing

▲ ~ **féileacáin** fellatio

Pógtha *pp* kissed; *(euph)* banged
cláraithe banged, **cuimilte** caressed, **dar tugadh póg** kissed, who had been kissed, **feisithe** screwed, **sárthadhallta** osculated, **slíoctha** shagged

Poiblí *adj⁶* public
ag dul timpeall going round, circulating, **aitheanta** acknowledged, recognised, **ar eolas** known, **ar eolas ag an saol mór** of common knowledge, **ar fáil** available, **ar fáil don phobal** available to the public, **cáiliúil** famous, **clúiteach** renowned, **coiteann** common, **coitianta** commonplace, **comhchoiteann** communal, common, **foilsithe** published, **follasach** manifest, blatant, **forleathan** widespread, **gan cheilt** openly, **ginearálta** general, **i mbéal an phobail** on everybody's lips, **inaimsithe** accessible, **infhaighte** available, **insroichte** accessible, **iomráiteach** high-profile, **míchlúiteach** notorious, **móréilimh** (> *móréileamh*) popular, **neamhshrianta** unrestricted, **nocht(a)** exposed, **nótáilte** notable, **os ard** aloud, **os comhair an tsaoil** in front of everybody, for all to see, **oscailte** open, overt, **pobail** (> *pobal*) community, **pobalda** congregational, **rochtana neamhshrianta** of unrestricted access, **sibhialta** civil, **sóisialta** social, **stát-** *pref* state-, **suntasach** prominent, **uileghabhálach** universal

▲ **airgead** ~ public money, **bealach** ~ public highway, **beart caidreamh** ~ public relations exercise, **caiteachas** ~ public expenditure, **comhlacht** ~ public body, **córas fógartha** ~ public address system, **córas iompar** ~ public transport, **fiosrúchán** ~ public enquiry, **fóntas** ~ public utility, **leithreas** ~ public toilet, **oibreacha** ~ public works, **saoire phoiblí** public holiday, **triail phoiblí** public trial

Poibligh *v₂ᵦ* make public, publicise; publish
craobhscaoil broadcast, **craol** proclaim, broadcast, **cuir ar fáil** make available, **cuir os comhair an phobail** make public, **cuir os comhair an tsaoil** reveal to the world, **cuir timpeall/thart** circulate, send round, **déan poiblíocht ar scannán** do publicity for a film, **eisigh** issue, **fógair go poiblí** publicise, **foilsigh** publish, **forleath** propagate, **leath** spread, **nocht go poiblí** reveal publicly, **scaip** spread, **tabhair poiblíocht do sheó** give publicity for a show, publicise a show, **tarchuir** transmit

Poiblíocht *f (~a)* publicity
bolscaireacht propaganda, **caidreamh poiblí** public relations, **canbhasáil** canvassing, **cothú** fostering, **cur ar aghaidh** promoting, advancing, **dreasú** drive, enticement, **feachtas feasachta** awareness campaign, **fógra** advert, advertisement, **fógraíocht** advertising, **margaíocht** marketing, **preas** press, **preasráiteas** press release, **prómóisean** promotion, **síolchur** propagation; propaganda, **stocaireacht** campaigning, **strucáil** soliciting; canvassing

Poiblithe *pp* made public, publicised; published **craobhscaoilte** broadcast, **craolta** proclaimed, broadcast, **curtha ar fáil (go poiblí)** made (publically) available, **curtha os comhair an phobail** made public, **curtha os comhair an tsaoil** revealed to the world, **curtha timpeall/thart** circulated, sent round, **eisithe** issued, **fógartha go poiblí** publicised, **foilsithe** published, **forleata** propagated, **leata** spread, **nochta go poiblí** revealed publicly, **scaipthe** spread, **tarchurtha** transmitted

Poibliú *vn* making public, publicising; publishing **craobhscaoileadh** broadcasting, **craoladh** proclaiming, broadcasting, **cur ar fáil** making available, **cur os comhair an phobail** making public, **cur os comhair an tsaoil** revealing to the world, **cur timpeall/thart** circulating, sending round, **déanamh poiblíochta** making/doing publicity, **eisiú** issuing, **fógairt go poiblí** publicising, **foilsiú** publishing, **forleathadh** propagating, **leathadh** spreading, **nochtadh go poiblí** revealing publicly, **scaipeadh** spreading, **tarchur** transmitting

Póilín *m* (~; ~*í*) police officer; cop **an dlí** *m* the law, **bleachtaire** detective, **constábla** *m* constable, **constáblacht** *f* constabulary, **fir an Rí** *(hist)* King's men, **garda** guard; Garda, **garda cosanta** bodyguard, **garda slándála** security guard, **na muca** *(pej)* the pigs, **na pílir** the fuzz, **péas** *m (indecl)* police, cops, **pílear** *(hist)* 'Peeler', **síothmhaor** guardian of the peace *(see also: garda)*

Pointe *m* (~; -*tí*)
1. *(idea, argument)* point
ábhar topic (cf **ag cloí le hábhar** keeping to the point), **airí** attribute, property, **áitiú** contention, **argóint** argument, **ceist** question, issue, **coinníoll** condition, **croí** core, **croí an scéil** the heart of the matter, **dearcadh** point (of view), **eisint** essence, **gné** *f* aspect, **mionphointe** detail, **mír** item, **sonra** particular, **tréith** characteristic, **tuairim** opinion

▲ ~ **dlí** point of law, ~ **fánach** trivial point, ~ **gramadaí** grammatical point; point of grammar, ~ **inphléite** moot point, ~ **maith** good point/observation, ~ **mioneolais** detail, point of detail

◊ **an ~ a chur trasna** to get the point across, **an ~ a léiriú le heiseamláirí** to illustrate a point with examples, **is é an ~ atá agam ná (go)** my point is (that), the point I am making is (that), ~ **amháin eile** another point

2. *(purpose, reason)* point, objective
aidhm aim, **brí** significance, merit, **bunchúis** motive, **ciall** *f (céille)* sense, **cúis** reason, **cuspóir** objective, object, **fáth** reason, **feidhm** function, **réasún** reason, **siocair** cause, motivation, trigger, **tairbhe** benefit, **tucaid** *(jur)* motive, **údar** cause, reason, **úsáid** use

◊ **Cén ~ anois bheith ag caint faoi?** What's the point of talking about it now?, **Níl aon phointe leis.** It's pointless.

3. *(particular spot)* point, tip
ball spot, specific location, **barr** tip, top, point (cf **barr scine** point of a knife), **bior** point, spike; spit, **ceann** extreme point (eg **ceann bóthair** the end point of a road, **ceann tíre** headland), **foirceann** extremity, **ionad tosaithe** starting point, **lánstad** full stop, **marc** mark, **na ceithre hairde** the cardinal points, **ponc** dot, point, **rinn** point (cf **rinn claímh** point of a sword), **spota** spota

▲ ~ **athchasaidh** point of inflection, ~ **bónais** brownie point, ~ **briste** breaking point, ~ **cinniúnach** critical point, ~ **cóimheá** breakeven point, ~ **cumhachta** *(el)* power point, ~ **dáileacháin** distribution point, ~ **deachúlach** decimal point, ~ **fiuchta** boiling point, ~ **gníomhaíochta** action point, ~ **ionsáite** insertion point, ~ **loicthe** stalling point, ~ **seachadta** drop-off point, ~ **soláthair** supply point, ~ **teagmhála** contact point, ~ **trasnaithe** intersection point, ~ **urchair** bullet point, ~ **wifi** wifi hot spot

◊ **go ~ áirithe** to a certain point, to a certain extent

4. *(particular moment in time)* point
aga moment, **am** time, **aois** age, **dáta** date, **lá** day, **nóiméad** minute, **ócáid** occasion, **sprioc** *f (-ice)* appointed time, **tráth** period, time, **uain** opportune time, occasion, **uair** hour, time

◊ **ag an b~ seo de na himeachtaí** at this point in the proceedings, **ag pointí áirithe sa lá** at certain points in the day, **ar an b~** immediately, right now

Pointeáil 1 v_{le}
1. smarten up, spruce up
áilligh beautify, make beautiful, **beachtaigh** correct, make precise, **breáthaigh** beautify, **ceartaigh** correct, make right, **cóirigh** make as ought to be, dress, prepare, **cuir bail ar** fix, shape up, **cuir barr maise ar** beautify, glam, **cuir caoi ar** to put into shape, **cuir dóigh éigin ar** to knock some shape into, **cuir slacht ar** tidy up; spruce up, **déan suas** do up, mend, **deisigh** fix, **feabhsaigh** improve, **glan suas** clean up, **gléas** fit out, dress, **leasaigh** amend, **leigheas** heal, cure, mend, **maisigh** decorate, do up, **paisteáil** patch up, **prapáil** smarten up, get ready, **réitigh** set right, **socraigh** settle, **ullmhaigh** prepare

◊ **tú féin a phointeáil** to spruce/smarten yourself up

2. point; appoint
aimsigh aim, **comharthaigh** signal *(sign lang)* sign, **déan comhartha** signal, **dírigh (ar)** direct (at), point (at), **léirigh** indicate, **sainigh** specify, **sín** point; stretch, **sonraigh** specify, **taispeáin** show, **tarraing aird ar** call/draw attention to

Pointeáil

◊ **lá a phointeáil** to appoint a day, **luch a phointeáil ar an deilbhín agus cliceáil** to point the mouse at the icon and click

Pointeáil 2 *vn*

1. smartening up, sprucing up
áilliú beautifying, making beautiful, **beachtú** making precise, **breáthú** beautifying, **ceartú** correcting, making right, **cóiriú** making as ought to be, dressing, preparing, **cur bail ar** fixing up, shaping up, **cur caoi ar** putting into shape, **cur dóigh éigin ar** knocking some shape into, **cur barr maise ar** beautifying, glamming, **cur slacht ar** tidying up; sprucing up, **déanamh suas** doing up, **deisiú** fixing, mending, **feabhsú** improving, **glanadh suas** cleaning up, **gléasadh** dressing, **leasú** amending, **leigheas** healing, curing, mending, **maisiú** decorating, **paisteáil** patching up, **prapáil** smartening up, getting ready, **réiteach** setting right, **socrú** settling, **ullmhú** preparing

2. pointing; appointing
aimsiú aiming, **comharthú** signalling *(sign lang)* signing, **déanamh comhartha** signalling, **díriú (ar)** directing (at), pointing (at), **léiriú** indicating; illustrating, **sainiú** specifying, **síneadh** pointing; stretching, **sonrú** specifying, **taispeáint** showing, **tarraingt aird ar** calling/drawing attention to

◊ **~ agus cliceáil** *(comp)* pointing and clicking

Pointeáilte *pp*

1. meticulous
airdeallach watchful, **aireach** attentive, **baileach** exact, **beacht** precise, **cáiréiseach** fastidious, **coimhéadach** vigilant, **críochnúil** well-finished, *(person)* meticulous, **cruinn** precise, **cúramach** careful, **fócasaithe** focused, **mionchruinn** detailed, precise, **mionchúiseach** meticulous

2. spruced up, tidied up, made neat/smartened up
áillithe made beautiful, **beachtaithe** made precise, **breáthaithe** beautified, **ceartaithe** corrected, made right, **cóirithe** made tidy, dressed up, **déanta suas** done up, **deisithe** fixed, **feabhsaithe** improved, **gafa gléasta** shipshape, **glanta** cleaned, **gléasta go barr na méar** dressed to kill, dressed up to the nines, **gléasta suas** dressed up, **in ord agus in eagar** in right order, **leasaithe** amended, **leigheasta** healed, mended, cured, **maisithe** decorated, **paisteáilte** patched up, **pioctha bearrtha** spick and span, **prapáilte** smartened up, **réitithe** gotten ready, fixed up, **socraithe** settled, **ullmhaithe** prepared, gotten ready

◊ **Bhí sí gléasta go ~.** She was neatly dressed., **plean a chomhlíonadh go ~** to execute a plan meticulously

3. *(indication)* pointed
aimsithe aimed, **comharthaithe** signalled *(sign lang)* signed, **dírithe (ar)** directed (at), pointed (at), **léirithe** indicated; illustrated, **sainithe** specified, **sínte** stretched, **sonraithe** specified, **taispeánta** shown

Póit *f (~e) (drink)* hangover
cloigeann ramhar the morning after, **fuíoll an óil** effects of drinking, **tinneas óil** hangover

Poitéinseal *m (-sil; -sil, ~)* potential
ábaltacht ability, **ábhar** the makings, **acmhainn** resourcefulness, wherewithal, **bua** talent, flair, **cumas** capability, **cumhacht** power, **inniúlacht** aptitude, **mianach** calibre, what it takes, **tallann** *f* talent, **teacht aniar** recuperative power, never say die

Polasaí *m (~; -aithe)* policy
beart *m* **straitéise** stratagem, **beartas** policy (eg **beartas poiblí** public policy), **cur chuige** approach, **forógra** manifesto, **plean** plan, **plean oibre** plan of operation, **scéim** scheme, **straitéis** strategy

Poll 1 *m (poill; poill, ~)*

1. hole, hollow; vent; pit, crater
anas anus, **anscoilt** chasm, **béal** mouth, opening, **bearna** *f* gap; breach, **bréifin** perforation, hole, **caochóg** cubbyhole, **clais** gully, rut, groove, furrow, **coguas** cavity; soft palate, **coinicéar** warren, **corr** *f (coirre; ~a, ~)* hollow, pit, **craos** vent, **cuas** cavity, **cuasán** chamber, **díog** *f* ditch, trench, **dúnpholl** manhole, **fábaire** probe hole in ground, **fochla** cavity; excavation, grotto, **gág** crevice, **glota** maw, recess, cavity, **leaba** *f* **dhearg** burrow, animal's lair, **log** socket; hollow, **logán** hollow, **loglach** *m* hollow place, **log súile** eye socket, **loigín** dimple, **long** *f* cavity; swallow hole, **oscailt** opening, aperture, **póca** pocket, **póir** pore, **scoilt** crack, **sconsa** drain, trench; fence, **sleaspholl** porthole, **sliotán** slot, **sloc** pit, shaft; groove, cavity, **slograch** *m* sinkhole, **súil** opening (eg **súil mianaigh** opening to a mineshaft), **tobairín** dimple, **tobar** well, **trinse** trench

▲ **~ aeir** air vent, **~ amhairc** peephole, **~ cluaise** earhole, **~ cnaipe** buttonhole, **~ coinín** rabbit hole, **~ dalláin** plughole, **~ dubh** black hole, **~ eochrach** keyhole, **~ folaigh** hidey-hole, **~ guail** coal pit, **~ leamhain** moth hole, **~ líonta** plugged leak/hole, **~ móna** bog hole, **~ péiste** wormhole, **~ plocóide** bunghole, **~ sa bhalla** hole in the wall (ATM machine), **~ séidte** blowhole, **~ slogaide** swallow hole, **~ tóna** asshole; anus, **~ tóraíochta** borehole, **~ uisce** waterhole

◊ **~ i roth a dheisiú** to mend a puncture., **Rinneadh ~ sa phíopa.** The pipe sprung a leak.

2. flaw
cáim blemish, fault, **éalang** *f (-lainge; ~a, ~)* flaw, **earráid** error, **éasc** *m (éisc)* flaw, fault, **easnamh** inadequacy, **easpa** lack, shortcoming, **fabht** fault, flaw, **faillí** *f (~)* neglect, **fallás** fallacy, **laige** weakness, weak point, **lear** *m (~; ~anna)* shortcoming, failing, **locht** fault, **lúb ar lár** something (gone) awry, **máchail** defect, **smál** stain, **tochailt** excavation

3. small or great expanse of water; pool
farraige *f* sea, **loch** lake, **locháinín** puddle, **lochán** pond, **linn** pool, **muir** *f (mara)* sea *(see also: **loch**, **farraige**)*

▲ ~ **láibe** muddy pool, ~ **snámha** swimming pool

4. dump, hovel, (filthy) hole
ballóg dump of a place, hole, **bothán (brocach)** (filthy) cabin, **bothóg** cabin, shanty, **brocais** filthy dump, kip, **prochóg** hovel, **púirín** kip, hovel, **seantán** shanty, shed, **sluma** slum

◊ **Is ~ ceart é!** It's a total hole/dump!

Poll 2 *v₁ₐ* perforate, pierce; put a hole in

bearnaigh breach, make a gap, **bí ag polladóireacht** be boring, burrowing, **bí ag procháil** be digging down in a clumsy manner, **bréitseáil** breach, **bris** break; burst (cf **damba a bhriseadh** to burst a dam), **criathraigh** riddle with holes, **cuir poll i** put a hole in, **déan poll i** make a hole in, **réab** pierce, **rois** blast (out), rip, **sáigh** stab, **séamáil** make a groove, rebate, **spear** pierce, **srac** rip, **stróic** tear, **téigh tríd** go through, **toll** perforate, **treaghd** pierce, transfix; wound, **treáigh** pierce, penetrate, **treapáin** trepan, bore a hole with trepan

~**adh an bonn.** The tyre was punctured.
~**adh an charraig.** The rock was bored.
~**adh an chlib.** The tag was perforated.
~**adh an ticéad.** The ticket was punched.
~**adh na cluasa.** The ears were pierced.

Polladh *vn* perforating, piercing; putting a hole in

bearnú breaching, making a gap, **bréitseáil** breaching, **briseadh** breaking; bursting, **criathrú** riddling with holes, **cur poill i** putting a hole in, piercing, **déanamh poill i** making a hole in, **dul tríd** going through, **polladóireacht** boring, burrowing, **procháil** digging down in a clumsy manner, **réabadh** piercing, **roiseadh** blasting (out), ripping, **sá** stabbing, **séamáil** making a groove, rebating, **spearadh** piercing, **sracadh** ripping, **stróiceadh** tearing, **tolladh** perforating, **treaghdadh** piercing, transfixing; wounding, **treapánadh** trepanning, boring a hole with trepan

Pollta *pp* punctured; have hole(s)

bearnaithe breached, gapped, **bréitseáilte** breached, **criathraithe** riddled with holes, **ligeach** leaky, **neamhdhíonach** permeable, pervious, **piochánach** porous, **póiriúil** porous, **scagach** permeable, permeable, **sáite** stabbed, **séamáilte** grooved, rebated, **speartha** pierced, **treaghdta** pierced transfixed; wounded **tréscaoilteach** permeable, **trétholl** perforated, pierced, **treapánta** trepanned

▲ **bonn** ~ flat tyre, **bóthar** ~ cratered road, **cluasa** ~ pierced ears, **craiceann** ~ pitted skin, **díon** ~ leaking roof, **othras** ~ perforated ulcer, **scamhóg phollta** punctured lung, **sliogán** ~ **armúir** armour-piercing shell, **teanga phollta** pierced tongue, **ticéad** ~ *(hist)* punched ticket

Ponc *m (poinc; ~anna)*

1. dot, point
ábhar topic, subject, **alt** article, **ball** dot, **earra** *m* item, **lánstad** full stop, period, **marc** mark, **mionphointe** detail, **mír** item, **pointe** point, **poncaíocht** punctuation, **poncú** punctuation, **sonra** particular, detail, **spota** dot; spot *(see also: **pointe**)*

2. **i b~** in a fix, in difficulty
in anchás in a dreadful situation, **i dteannta** in a predicament, **i gcruachás** in a difficult situation, **i sáinn** in a tight corner, in difficulty, **i dteanchair gabha** in a tight squeeze, **i dtrioblóid** in trouble, **i ndrocheagar** in bad shape, **in abar** stuck, in difficulty, **in anchaoi** in dire straits, **ina chíor thuathail** in a dreadful mess, **sa chac** *(vulg)* in the shit, up shit creek, **san fhaopach** in the soup

Poncúil *adj⁴* punctual

ar an bpointe on the dot, **ar bhuille na huaire** on the stroke of the hour, **díreach in am** right on time, **féichiúnta** punctual, **féiltiúil** punctually, in a regular manner, **gan mhoill** without delay, prompt, promptly, **in am** on time, **ionúch** timely, opportune, **luath** early, **pointeáilte** exact, punctual, **pointiúil** punctual, **spriocúil** prompt, punctual, **tráthúil** timely

◊ **teacht go** ~ to arrive punctually

Poncúlacht *f (~a)* punctuality

coinneálacht mhaith ama good timekeeping (cf **Is coinneálaí maith ama é.** He's a good timekeeper.), **féichiúntacht** punctuality, **ionúiche** timeliness, opportuneness, **luaithe** earliness, **pointeáilteacht** punctiliousness; punctuality, **pointiúlacht** punctuality, **rialtacht** regularity, **sciobthacht** promptness; fastness, **spriocúlacht** promptness, punctuality, **tráthúlacht** timeliness

Pór *m (póir; ~tha)* breed; seed

cine *m* race, line, **cineál** kind, **clann** family, offspring, **craobh** *f* **ghinealaigh** genealogical tree, **fuil** *f (fola)* blood, **géag** *f* branch, **ginealach** *m* pedigree, **líne** *f* line, **pórlíne** *f* bloodline, **pórú** breeding; propagation, **pórúchán** breeding, **rútaí** *mpl* roots, **síol** seed, **síolbhach** *m* seed, progeny, **síolrach** *m* progeny, **sliocht** *m (sleachta)* progeny, **stoc** stock, **toradh** fruit, **treibh** tribe, **tréithchineál** strain

▲ ~ **folaíochta** thoroughbred

Póraigh *v₂ₐ* breed

atáirg reproduce, **beangaigh** graft, **bláthaigh** blossom, bud, **crosphóraigh** crossbreed, **cros-síolraigh** cross-seed, interbreed, **cros-toirchigh** cross-fertilise, **déan sliocht** create progeny, **doir** *(mating cow)* bull (cf **bó a dhor** to bull a cow), **géagaigh** branch, **gin** sire, **iomadaigh** *(biol)* multiply, **nódaigh** graft, **síolaigh** seed, sow, **síolraigh** propagate, breed, **toirchigh** fertilise, **torthaigh** fructify, **tuismigh** beget, procreate

> ■ **Ar théarmaí de phortaigh mhóna atá:** Peat bog terms include:
> **cliabh** *m* **móna** creel of turf
> **cnuchaire** heap of footed turf
> **cnuchairt** footing (of turf); footed turf
> **fód bairr, láir, íochtair** top, middle, lower layer of turf
> **fóidín baic** first strip of sods removed to reveal the turf
> **gróig** *v* foot (cf **móin a ghróigeadh** to foot turf)
> **gróigeán** small stack of footed turf
> **móin** *f (móna)* turf
> **móin ghróigthe** footed turf
> **ricil mhóna** small turf stack
> **scraith** strip of lea sod pared off, scraw
> **scraitheog** scraw cutter; flatcher
> **sleán** turf spade
> **sleánadóir** turf cutter
> **sleán uchta** breast slane
> **sliobán** soggy turf
> **somadán** clamped heap of turf
> **triomú na móna** drying of the turf

Póraithe *pp* bred

atáirgthe reproduced, **beangaithe** grafted, **bláthaithe** blossomed, budded, **crosphóraithe** crossbred, **crossíolraithe** cross-seeded, interbred, **cros-toirchithe** cross-fertilised, **dortha** *(mating cow)* bulled, **géagaithe** branched, **iomadaithe** *(biol)* multiplied, **nódaithe** grafted, **síolaithe** seeded, sown, **síolraithe** propagated, bred, **toirchithe** fertilised, **torthaithe** fructified, **tuismithe** begotten, procreated

Port 1 *m (poirt; poirt, ~)* tune

ábhann *m (-ainn)* tune, **amhrán** song, **áiria** aria, **bailéad** ballad, **canadh** singing, **caoince cheoil** strain of music, **caoineadh** lament, **carúl** carol, **cuaichín cheoil** snatch of a song, **fonn** air, **goltraí** lament, **iomann** hymn, **portaireacht** lilting, **séis** melody, **siansa** melody, **streancán** strain of music, **suantraí** lullaby, **tiúin** tune *(see also: amhrán, ceol)*

Port 2 *m (poirt; poirt, ~)* port

ancaireacht anchorage, **baile** home, **caladh** harbour, jetty, **calafort** harbour, wharf, **calafort canála** canal wharf, **cé** quay, pier, **ceannphointe** endpoint, **ceann scríbe** terminus, **ceann sprice** destination, **cuan** haven, harbour, **dídean** refuge, **duga tirim** dry dock, **fothain** *f (-thana)* shelter, **na dugaí** the docks, the dockyards, **sprioc** *f* target, **taobh na farraige** waterfront, **tearmann** asylum, sanctuary.

Portach *m (-aigh; -aigh, ~)* bog

abar boggy ground, **bogach** *m* soft boggy ground, **bogán** soft ground, **caorán** moor; small sod of turf, **corcach** *f* marshland, **criathrach** *m* pitted bog, **easca** *f* sedgy bog, **gaothlach** *m* swamp, marsh, **greallach** *f* mire, **inse** water meadow, **inseán** small water meadow, **loingeach** *f* quaking bog, **móin** bogland, **moing** overgrown swamp, **móinteach** moorland, moor, **móinteán** stretch of bogland, **muireasc** *f* marshy land near seashore, **murlach** *m* lagoon, **plobán** squelchy slushy ground, **puiteach** *m* soft boggy ground, **seascann** marsh, swamp, **stualainn** pile of turf, windrow, **riasc** *m (réisc; ~a, ~)* bog land, **riascacht** marshiness, **riasclach** *m* marshy land, moor, **ruaiteachas** land reverting to a bog; boggy nature of soil, **seascann** *m* sedgy bog, marsh; swamp, **tonnach** *f* quaking bog; quagmire

Pórú *vn* breeding

atáirgeadh reproducing, reproduction, **beangú** grafting, **bláthú** blossoming, budding, **crosphórú** crossbreeding, **cros-síolrú** cross-seeding, interbreeding, **crostoirchiú** cross-fertilising, **déanamh sleachta** creating progeny, **dor** *(mating cow)* bulling, **géagú** branching (out), **giniúint** siring, **inseamhnú (saorga)** (artificial) insemination, **iomadú** *(bio)* multiplying, **nódú** grafting, **síolú** seeding, sowing, **síolrú** propagating, breeding, **toirchiú** fertilising, **toirchiú in vitro** IVF treatment (*also:* **cóireáil IVF**), **torthú** fructifying, **tuismiú** begetting, procreating

Pós *v₁ₐ* marry

athphós remarry, **ceangail an tsnaidhm** tie the knot, **comhcheangail** coalesce, combine, **conaisc** amalgamate, conjoin, **cuir críoch ort féin** settle down, **cumaisc** merge, combine, **déan aontíos le duine** cohabit with a person, **déan cleamhnas** make a marriage match, **déan comhchónaí le duine** cohabit with a person, **déan comhriachtain** copulate, **déan cumann grá le duine** enter into a loving companionship with a person, **déan nascadh le duine** hitch up with a person, **eagraigh bainis** organise a wedding, **faigh céile** find a spouse, **faigh snaidhm na cléire** have a church wedding, **nasc** bind, tether, **prásáil** splice; marry, **sollúnaigh** solemnise, make official, **tar le chéile sa phósadh naofa** come together in holy matrimony

> ■ **Ar théarmaí a bhaineann le pósadh atá:** tearms relating to marriage include:
> **adhaltrach** *m* adulterer
> **adhaltranas** adultery
> **baintreach** *f* widow
> **baintreach** *f* **fir** widower
> **bean cholscartha** divorced woman, divorcee
> **bean** *f (mná)* **coimhdeachta** maid of honour
> **bheith idir dáil agus pósadh** to be engaged
> **brídeog** bride
> **cailín** *m* **coimhdeachta** bridesmaid
> **ceiliúr pósta** proposal of marriage
> **colscaradh** divorce
> **comhchónaí** cohabitation
> **dálta** engaged
> **déchéileach** *m* bigamist
> **fear an fháinne** best man
> **fear colscartha** divorced man, divorcee
> **fear déanta cleamhnais** matchmaker
> **grúm** groom
> **monagamaí** monogamist
> **polagamóir** polygamist
> **spré** *f* dowry
> **uiséir** usher *(see also: bainis, pósta)*

Pósadh *vn* marriage, matrimony
aontíos cohabitation, **athphósadh** remarrying, **bainis** wedding, nuptials, **ceangal** tie, **céileachas** cohabitation; copulation, **cleamhnas** matchmaking, arranged marriage, **comhcheangal** association, **comhriachtain** coition, copulation, **cónascadh** amalgamation, coupling, **cumann** association in love and companionship, **cumasc** merger, **cur críoch ort féin** settling down, **lánúnas** partnership in marriage, mating, **nasc** bond, tether, **nascadh** bonding, union, **snaidhm na cléire** church marriage, **sollúnú** solemnising, making official, **teacht le chéile** coming together

▲ ~ **áisiúlachta** marriage of convenience, ~ **bréagach** bogus marriage, ~ **comhghnéis** same-sex marriage, ~ **eaglaise** church marriage, ~ **éigeantais** forced marriage, ~ **faoi bhéal gunna** shotgun marriage, ~ **gan ghrá** loveless marriage, ~ **grámhar** loving marriage, ~ **idirchiníoch** interracial marriage, ~ **idirchreidimh** interfaith marriage, ~ **measctha** mixed marriage, ~ **monagamach** monogamous marriage, ~ **oscailte** open marriage, ~ **polagamach** polygamous marriage, ~ **sibhialta** civil marriage

Post 1 *m (poist; poist, ~)* mail, post
aerphost airmail, **aschur** output, **beartán** parcel, **bosca amach** outbox, **ceangaltán** *(comp)* attachment, **coinsíneacht** consignment, **comhfhreagras** correspondence, **focal** word, **litir** *f* letter, **ríomhphost** email, **postas** postage, **seachadadh** delivery, **seoladh** sending, **teachtaireacht** message, **téacs** text, **téacsáil** text messaging

▲ ~**íoctha** post-paid, ~**luí** poste restante, ~**mharc** postmark, ~-**trácht** mail order business, ~-**traein** mail train

Post 2 *m (poist; poist, ~; alternative pl ~anna)* post, position, job, office
áit place, **ceapachán** appointment, **ceapadh** appointing; appointment, **folúntas** vacancy, **feidhmeannas** office, function, capacity, **fostaíocht** employment, **fostú** employment, engagement, **ionad** place, **jab** job, **obair** work, **oifig** office, **seilbh beinifíse** incumbency, **stáisiún** station, **suíomh** position *(see also: obair)*

Post 3 *m (poist; poist, ~)* timber stake or post
bata stick, **cuaille** pole, post, **maide** *(wooden)* stick, **sáiteán** stake, **slat** *f (-aite; ~a, ~)* rod, slender stick, **sonn** stake, pole, **stáca** stake (cf **loiscthe ag an sonn** burnt at the stake), **staic** stake, post, **standal maide** wooden stake *(see also: bata)*

Pósta *pp* married
athphósta remarried, **curtha i gcrích** married off, **faoin snaidhm cléire** married by a priest, **i lánúnas lena chéile** in a marriage partnership with one another, **le chéile** together, **nasctha ag an altóir** hitched at the altar, **sollúnaithe** solemnised, made official

▲ **bean phósta** married woman, **bronntanas** ~ wedding present, **bronntanas comórtha lae** ~ wedding anniversary present, **cárta** ~ wedding card, **ceathrúna do dhaoine** ~ married quarters, **ceiliúr** ~ marriage proposal, **cliseadh (doleighearta)** ~ (irretrievable) marriage breakdown, **comhairleoir treorach** ~ marriage guidance counsellor, **comhionannas** ~ marriage equality, **comóradh lae** ~ wedding anniversary, **deimhniú** ~ marriage certificate, **fáinne** ~ wedding ring, **fear** ~ married man, **fógraí** ~ *mpl (rel)* marriage banns, **gealltanais phósta** marriage vows, **gúna** ~ wedding dress, **idirscaradh** ~ marital separation, **lá** ~ wedding day, **neamhniú** ~ marriage annulment, **searmanas** ~ marriage ceremony, **stádas** ~ marital status, **teastas** ~ marriage certificate *(see also; bainis)*

Póstaer *m (-aeir; -aeir, ~)* poster
bille bill, **comhartha** sign, **fógra** notice, **fógrán** small poster/advertisement, **greamán** sticker, **pictiúr** picture, **plaiceard** placard

Postúil *adj⁴* conceited, self-important
ardnósach haughty, pompous, **arduallach** vain, haughty, **bogásach** smug, complacent, **bródúil** proud, **cúisiúil** conceited, prim, **déanfasach** officious, **díomasach** conceited, **féinspéiseach** egotistical, **gar duit féin** selfish, **giodalach** conceited; saucy, **iarlaitheach** haughty, arrogant, **lánmhar** conceited, **leitheadach** conceited, **maingléiseach** showy, ostentatious, **móiréiseach** haughty; pretentious, **mórálach** boastful, vain, **mórchúiseach** pompous, self-important, **mór is fiú** big-headed, pompous, **mórluachach** self-important, **mórtasach** proud, boastful, **mustrach** ostentatious, swaggering, **péiceallach** jaunty and vain, **sotalach** arrogant, **toirtéiseach** haughty, **tóstalach** arrogant, conceited, **uaibhreach** arrogant, lofty; indignant, **uallach** vain, proud, **undrach** conceited *(see also: mórchúiseach)*

Postúlacht *f (~a)* conceit, self-importance
anbharúil *f* conceit, **ardnós** grandeur, pomp, **ardnósaí** pompousness, grandiosity, **arduallaí** vanity, haughtiness, **bogás** smugness, complacency, **bród** pride, **díomas** conceitedness, arrogance, scorn, **féinspéis** egotism, **giodal** conceit, **iarlaitheacht** haughtiness, arrogance, **leithead** overweening pride, **leitheadas** conceit, vanity, **leithleachas** standoffishness, **mórchúis** pompousness, self-importance, **mórluachacht** self-importance, **mórtas** pride, haughtiness, **mustar** ostentation, **sotal** cheek, arrogance, **steámar** false pride, vanity, **toirtéis** bumptiousness, self-importance, **uabhar** arrogance, loftiness; indignance, **uaill** vanity, pride, **uallachas** vainglory, pride *(see also: mórchúis, mórtas)*

Pota *m (~; ~í)* pot; potty
babhla bowl, **breogán** crucible, **citeal** kettle, **coire** cauldron, **corcán** pot, **croca** crock, **crúiscín** small jug,

Prae   **Práinn**

crúsca jug, **dabhach** *f (daibhche; dabhcha)* vat, tub, **dúchán** inkpot, **eascra** *m* beaker, **flaigín** small flask, **fleasc** *m (~a; ~anna)* flask, **fleascán** flask, **friochtán** frying pan, **gréithe** *(pl only)* **cócaireachta** pots and pans, **panna** pan, **panna bácála** baking pan, **potán** small pot, **próca** urn, pot; jar, **searróg** jar, **síothlán caife** coffee percolator, **soitheach** *m* vessel, **soitheach anraith** soup tureen, **taephota** teapot

▲ ~ **anraith** pot of soup, ~ **bláthanna** flowerpot, ~ **caife** coffeepot, ~ **cré** clay pot, ~ **gliomach** lobster pot, ~ **óir** pot of gold; bonanza, ~ **péinte** paint pot, ~ **plandaí** plant pot, ~ **seomra** chamber pot, ~ **simléir** chimney pot, ~ **suibhe** pot of jam, ~**í feola** flesh pots, ~**í gliomach** lobster pots

◊ **Rug tú an ~ óir leat!** You hit the jackpot!

P **An ~ ag aor ar an gciteal.** The pot calling the kettle black.

Prae *f (~; ~nna)* prey, valued acquisition
amhantar find, **brabach** *m* profit, **creach** plunder, booty, spoils, **éadáil** acquisition, spoils, **eirigéis** useful acquisition, **faladhúda** swag; stolen bundle, **faobach** *m* plunder, loot, **fiach** *m (hunt)* game, **fuadán** loot, prey, **muirchur** jetsam, **raic** wreckage, **saill gan saothrú** ill-gotten gains, **seilg** spoils of the chase, **snámhraic** flotsam, **sochar** gain, good, **solamar** pickings, **taisce** *f* treasure, **torchaire** flotsam and jetsam; lucky find, godsend

Praeitseáil 1 *v_le* preach
áitigh persuade, argue, **ardaigh** raise, **bí ag seanmóireacht** be preaching; be sermonising, **bí ag soiscéalaíocht** be evangelising, **cuir caint ar son (cúise)** speak on behalf (of a cause), **déan óráid** make a speech, **dearbhaigh** assert, **glaoigh ar** call upon, **impigh** implore, beg, **inis** tell, **maígh** claim, **mínigh** explain, **mol (do)** advise, **soiscéalaigh** preach the gospel; preach, **smachtaigh** discipline, **tabhair seanmóir** give a sermon

Praeitseáil 2 *vn* preaching
déanamh aithisc making an address, **áitiú** persuading, arguing, **ardú** raising, **soiscéalaíocht** evangelising, **caint ar son (cúise)** speaking on behalf (of a cause), **déanamh óráide** making a speech, **dearbhú** asserting, **glaoch ar** calling upon, **impí ar** imploring, begging, **insint** telling, **maíomh** claiming, **míniú** explaining, **moladh (do)** advising, **seanmóireacht** sermonising, preaching, **soiscéalú** preaching the gospel, **smachtú** disciplining, **tabhairt seanmóra** giving a sermon

Praeitseáilte *pp* preached
áitithe persuaded, argued, **ardaithe** raised, **dearbhaithe** asserted, **glaoite ar** called upon, **impithe** implored, begged, **inste** told, **maíte** claimed, **mínithe** explained, **molta (do)** advised, **soiscéalaithe** preached, **smachtaithe** disciplined

Praeitseálaí *m (~; -aithe)* preacher
biocáire vicar, **béalastán** big mouth, person who is fond of his own voice, **foinse** *f* **an uile eolais** fount of all knowledge; know-it-all, **gaotaire** know-it-all, poser, **gúrú** guru, **máistir** *m (~; -trí)* master, **maistreás** *f (~a; ~aí)* mistress, **ministir** *m (~; -trí)* minister (eg **ministir tuata** lay minister), **misinéir** missionary, **oide** teacher, **sagart** priest, **seanmóirí** sermoniser, **soiscéalaí** evangelist; preacher, **tréadaí** pastor *(see also: múinteoir)*

Praghas *m (-ais; -ghsanna)* price
aisíoc repayment, **ar an phingin is airde** for the highest price, **ar phingin mhaith** for a tidy sum, **bille** bill, **cáin** *f (cánach; cánacha)* tax, **caiteachas** expenditure, **caitheamh** expense, **cíos** rent, **costas** cost, expense, **cúiteamh** compensation, **damáiste** *m* damage, **dochar** debit, **dola** toll charge; expense, **fiach** *m (féich; ~a, ~)* cost, price; debt, **fíneáil** fine, **fiúntas** worth, **íobairt** sacrifice, **íoc** paying, **íocaíocht** payment, **iarmhairtí** consequences, **íoc** payment, **leath-threascairt** knock-down price (cf **rud a cheannach ar leath-threascairt** to buy a thing at a knock-down price), **leorghníomh** atonement, **luach** value, **méad** (as in: **cé/cá mhéad?** How much? How many?), **measúnú** assessment, **meastachán** estimate, **méid** *m* amount, **pionós** penalty, **ráta** rate, **sladphraghas** knock-down price, **sonrasc** invoice, **táille** fee; toll

Praghsáil 1 *v_le* price, cost
costáil cost, **cuir praghas ar** put a price on, **faigh luach ar** get the value of, evaluate, **faigh amach an praghas ar** find out the price of, **faigh praghas ar** get a price for, **grádaigh** grade, **luacháil** *(fin)* evaluate, **meas** estimate, **meas an praghas** estimate the price, **measúnaigh** assess, **rátáil** rate

Praghsáil 2 *vn* pricing, costing
costáil costing, **cur praghas ar** putting a price on, **fáil an luacha** finding the value of, evaluating, **fáil an praghas ar** getting the price of, **grádú** grading, **luacháil** *(fin)* evaluating, **meas** estimating, **measúnú** assessing, **rátáil** rating

Praghsáilte *pp* priced, costed
ar ar cuireadh praghas priced, **costáilte** costed; priced, **grádaithe** graded, **luacháilte** *(fin)* evaluated, **measta** estimated, **measúnaithe** assessed, **rátáilte** rated

Práinn *f (~e; ~eacha)* urgency; exigency
baol peril, danger, **brú** pressure, **brú ama** pressure of time, **contúirt** danger, **cruóg** urgent need, urgency, **deabhadh** haste, **deifir** hurry, **deifriú** hurrying, **déine** *f* intensity, **dithneas** haste, urgency, **driopás** precipitance; nervous hurrying, **éigeandáil** emergency, **éigeantas** duress, **éileamh** demand, **faobach** *m* bustle, eagerness, **fáscadh** squeeze, **fuadar**

Práinneach rush, **gá mór** great necessity, **géibheann** extreme emergency, **luascán** impetuousness, **móréileamh** great demand, **riachtanas** need, **sciob sceab** free-for-all, rush, **sciolairt** scramble, rush, **strus** stress, **teannadh (ar)** pressurising, **teannas** tension, **téirim** urgency, **tinneasnaí** haste, urgency, **tiomáint** rush, haste

◊ **An bhfuil ~ ag baint leis?** Is it urgent?, **ar uair na ~e** in an emergency, **Táim i b~ oibre.** I'm in urgent need of work.

Práinneach *adj³* urgent; *adv* go ~ urgently
a bhfuil deifir leis that is pressing, **ag pointe criticiúil** at a critical point, **ar an bpointe** on the spot, immediately, **chomh luath agus is féidir** as soon as possible, **contúirteach** dangerous, **cruógach** urgent, pressing, **deifreach** in a hurry, hurried, **den chéad riachtanas** top priority, **dian-** *pref* intense, **dithneasach** urgent, **fíorphráinneach** imperative, **gan mhoill (ar bith)** without (any) delay, **géarchéimneach** critical, **géibheannach** extremely urgent, critical, **i mbaol báis** *(medical)* in a critical condition, **i mbroid** pressed for time, under pressure, **láithreach** instantly, **láithreach bonn** straight away, right now, **lom láithreach** right now, **luais** express, **mear-** *pref* express (eg **mearsheirbhís** express service), **Ní tráth moille é.** It's no time to delay., **ríthábhachtach** crucial, **tinneasnach** hurried, hasty; urgent, sudden, **tuineanta** pressing, **tur te** immediately, right now (cf **Déan tur te é!** Do it right now!)

Praiseach
1. *f (-sí)* mess, fiasco
abach *m* botched job, **amscaíocht** untidiness, scruffiness, **anaiste** bad condition, **anord** chaos, **bheith san fhaopach** to be in the soup, **bheith trína chéile** to be mixed up, **brachán** mishmash, muddle, **bróis** mess, **ciolar chiot,** shambles, muddled situation, cock-up, **círéib** riot, uproar, **círéibeacha** riots, **ciseach** *f* fiasco, shambles, mess, **clampar** clamour, uproar, **cocstaí** *s* utter cock-up, hash, **droch-aiste** *f* bad appearance, **drochbhail** bad, evil condition, **drochghnó(thaí)** bad business, **frois frais** mess, **fudar** chaos, mess, **fuirseadh fairseadh** botched job, **gleo** noise, tumult, **manglam** jumble, **meancóg** cock-up, **mearbhall** confusion, **meascán** jumble, **meascán mearaí** confusion, bewilderment, **míshlacht** untidiness, disarray, **prabhait** mess; pulp, **prácás** muddled mess, hotchpotch, **rí-rá agus ruaille buaile** uproar, **seamlas** shambles; slaughterhouse, **slaimiceáil** messing, **slaimiceáil oibre** shoddy work, work done by cowboys (cf **slaimiceálaí** poor workman, cowboy), **sraimlíocht** sloppiness, **sraoilleachas** slovenliness, **trachlais** jumble, mess, **tranglam agus tarraingt tríd** jumble and confusion

◊ **Deirimse ~ leat!** Talk about a mess!, **Rinne sé ~ uafásach de.** He made an awful mess of it. **Tá ~ ceart críochnaithe déanta agam an uair seo.** I've screwed up really badly this time.

2. **déan ~ (de)** make a mess (of)
bí ag méiseáil be messing (around), **bí ag slaimiceáil** be messing, **bí ag trangláil** to be cluttering, **cuir bunoscionn** turn upside down, make a mess, **cuir trí chéile** to upset, to bring disorder, **déan anord** create chaos, make chaotic, **déan brachán** make a muddle, **déan brachán de gach uile rud** mess everything up, cause havoc, **déan ciseach** cause a fiasco, make a mess of things, **déan frois frais** cause mayhem/confusion, **déan manglam** make a jumble; make a cocktail, **déan meascán mearaí** create confusion and bewilderment, **déan sciot sceat** make a mess; leave only the worst parts, **fág (rud éigin) ciolar chiot** leave (something) in a shambles, **fág drochbhail ar áit** leave a place in a dreadful condition, **fág gach rud ina chíor thuathail** leave everything higgledy-piggledy, **measc suas** mix up

Praiticiúil *adj⁴* practical
ábalta able, capable, **ábhartha** material, **achomair** concise, **a luíonn le ciall** common sense, **caoithiúil** expedient, opportune, **ciallmhar** sensible, **cleachta** experienced, **críochnúil** methodical, thorough, **críonna** hard-headed, **dáiríre** no-nonsense, serious, **eimpíreach** empirical, **féideartha** possible, **feidhmeach** applied, **feidhmiúil** functional, efficient, **fíorasach** factual, **fóinteach** utilitarian, **gan aon chur i gcéill** down-to-earth, pragmatic, **gan mhóiréis** unpretentious, businesslike, **gnách** ordinary, **inchaite** wearable, **indéanta** practicable, doable, **infheidhme** workable, **iniarrtha** attemptable, **inmharthana** viable, **inoibrithe** workable; *(work)* tractable, **inrásta** feasible, attainable, **inrite** *(comp)* executable, **laethúil** daily, day-to-day, **neamh-mhaoithneach** unsentimental, **nithiúil** concrete, nuts and bolts, **oilte** skilled, accomplished, **pragmatach** pragmatic, **réadúil** pragmatic, realistic, **réalaíoch** realistic, **saoithiúil** accomplished, **snoite** expedient, hard-nosed, **sodhéanta** easily done, **tomhaiste** matter-of-factish, measured, **úsáideach** useful

▲ **réiteach ~** practical solution, **rang ~ (ceimice)** (chemistry) practical, **scrúdú ~** practical exam, **tairiscint phraiticiúil** practical proposition

◊ **go ~** in practical/real terms

Praiticiúlacht *f (~a)* practicality
ábaltacht ability, capability, **ábharthacht** relevancy, **caoithiúlacht** expedience, opportuneness, **ciallmhaireacht** sensibleness, reasonableness, **cleachtadh** practice, experience, **críochnúlacht** thoroughness, **críonnacht** hard-headedness, sensibleness, **dáiríreacht** earnestness, seriousness, **eimpíreachas** empiricism, **feidhm** function, **feidhmeannas** functionality, capacity; office (cf **duine a chur as feidhmeannas** to put a person out of office),

applied, **feidhmiúlacht** usefulness, efficiency, **fíorasaí** factuality, **fóntachas** utilitarianism, **fóntas** utility, **gnáiche** usual thing, norm, usage, **inchaiteacht** wearability, **indéantacht** feasibility, practicability, **infheidhme** workability, **iniarrthacht** attemptable nature, **neamh-mhaoithneachas** unsentimentality, **nithiúlacht** concreteness, nuts-and-bolts, **oilteacht** skilfulness, **pragmatachas** pragmatism, **réalaíche** realness, **saoithiúlacht** skill, accomplishment, **snoiteacht** expedience, cleanness, **tomhaisiúlacht** even-measuredness, **úsáidí** usefulness

Práta *m (~; ~í)* potato

brúitín mashed potato, **creachán** small potato, **dingeacha práta** potato wedges, **falcaire** dried up spent potato, **fata** *(Galw)* potato, spud, **gátaire** potato roasted in embers, **langán** discarded portion of seed potato, **póiríní** seed potatoes, **praistéal** potato cooked in embers, **sceallóga** chips, **sceallán** small potato, **sliomach** *m* soft worthless potato, **stagún** damaged potato, **steodaire** small unusable potato

▲ **~í bruite** boiled potatoes, ~ **brúite** mashed potatoes (*also:* **brúitín** mash), ~ **teilifíse** coach potato, **~í luatha** early potatoes, **~í malla** late potatoes, **~í milse** sweet potatoes, **~í nua** new potatoes, **~í póir** seed potatoes, **~í rósta** roast potatoes, **~í Spáinneacha** Spanish sweet potatoes, ~ **úra** new potatoes

◊ **Níl seans ~ i mbéal muice agat!** You haven't a chance in hell!

P Bheadh na fataí nite, bruite agus ite ag an gConnachtach, sula mbeadh prátaí ráite ag an Muimhneach! The spuds would have been washed, cooked and eaten in Connaught before the Munster folk even had time to say potatoes!

Preab 1 *f (preibe; ~a, ~)*

1. bounce, jump, hop

abhóg bound; bad impulse, **airleog** bound, **athléim** rebound, **beannóg** leap, bound, **boc** bounce, **foighdeán** lunge, **foléim** skip, **léim** jump, **ionsaí** attack, **lingeadh** leap, spring; assault, **ruaim** sudden impulsive dash/rush, **ruathar** rush, dash, **rúid** dash, **rúideog** short dart, **scinneadh** spring, bounce, **seáp** rush, dash *(see also: léim 1)*

◊ **Baineadh ~ asam.** I was startled., **de phreab** suddenly, **~leabhar do pháistí óga** pop-up book for young children, **Tá ~ i mo lámh.** My hand is twitching.

2. twitch, startle, pulse

bíog *f (bíge, ~a, ~)* twitch, **bíogadh** start, jump, **cliseadh** start, startle, **cuisle** *f* pulse, **éasc beo** muscular twitch, **freanga** *f* twitch, spasm, **geit** startle, jump, **ionadh** surprise, pulsating, **sceiteog** startle, **speachadh** *(gun)* recoil, kick, **tapaigean** sudden start/jump

3. liveliness, spirit

aigne *f* strong spirit, (right) attitude, **anam** soul, spirit, **anamúlacht** vitality, **beo** life, **beocht** liveliness, buzz, **beogacht** liveliness, vitality, **brí** vibrancy, **cic** kick (cf **cic sa phoitín** kick/strength in the poteen), **díograis** enthusiasm, **fíbín** caprice, **flosc** zest, eagerness, **fuinneamh** energy, snap, **geidimín** excitement, flutter, **giodam** volatility, **gus** get-up-and-go, life, **meanmnacht** spiritedness, cheerfulness, **misneach** *f* spirit, courage, upbeat attitude, **spionnadh** zip, **spleodar** exuberance, **spreachadh** punch, **spriolladh** liveliness, sap

◊ **i ndeireadh na preibe** at the end of one's tether; at one's last gasp, **Táim i ndeireadh na preibe anois!** I can't cope any longer.

Preab 2 *v₁ₐ* spring, start, jump

ardaigh de phreab rise with a jolt, **athléim** rebound, **athphreab** rebound, **athscinn** *(spring)* recoil, **bain preab as** startle, **bíog** twitch, start, **buail** beat, **croith** shake, jolt, **déan foléim** do a skip, skip, **déan leipreach** skip, leap, **freang** twitch, twist in spasm, **geit** jump, start, **imigh de sciotán** dart off, **ionsaigh** attack, **léim** jump, **ling** leap, spring, **preabthosaigh** jumpstart, **scinn** dart, rush, **speach** *f (animal)* kick, **tabhair ábhóg** give a bound, bound, **tabhair turraing do** give a shock to *(see also léim 2)*

Preabadh *vn* jumping, starting, springing; pulsating

ardú rising, uplift, **athléim** rebounding, **athphreabadh** rebounding, **athscinneadh** *(spring)* recoiling, **baint preab as** startling, **bíogadh** twitching, **bocáil** bouncing, tossing, **brúchtadh** erupting, **bualadh** beating, **cic** *m* kick, **ciceáil** kicking, **croitheadh** shuddering, shaking; **cuisle** *f* pulse, **damhsa** *m* dancing, **foléimneach** skipping, **freangadh** twitching, twitching in spasm, **ionsaí** attack, **léim** jump; jumping, **léimneach** *f* jumping, flitting, **lingeadh** leaping, springing; assaulting, **preabarnach** jumping, bounding; throbbing, **preabthosú** jumpstarting, **princeam** frolicking, **scinneadh** darting rushing, **speachadh** *(animal)* kicking, **strampáil** tossing and turning, **truipeáil** kicking *(see also: léim 1)*

Preabtha *pp* jumped, startled, sprung; pulsated

ardaithe risen, uplifted, **athléimthe** rebounded, **athphreabtha** rebound, **athscinnte** *(spring)* recoiled, **bíogtha** twitched; startled, **bocáilte** bounced, tossed, **brúchta** erupted, **buailte** beaten, **cicthe** *m* kicked, **ciceáilte** kicked, **croite** shuddered, shaken, **damhsaithe** danced, **foléimthe** skipped, **freangtha** contorted, twisted from spasm, **ionsaithe** attacked, **léimthe** jumped, **lingthe** having leaped, sprung; assaulted, **preabthosaithe** jumpstarted, **scinnte** darted rushed, **speachta** *(animal)* kicked, **truipeáilte** kicked

Préachta *adj⁶ (only how someone feels)* freezing, frozen

an-fhuar very cold, **bodhar** *(limb)* numb, **caillte** lost, perished, **faoi bhun nialais** sub-zero, **feanntach**

piercingly cold, **fuar fuar** really cold, **goinideach** bitingly cold, **mairbhleach** numb, **marbh (leis an bhfuacht)** numb (with the cold), **oighreach** glacial, **oighreata** icy, **reoite** frozen, **sioctha** freezing cold, icy; frigid, **siocúil** freezing

◊ **Táim ~ leis an bhfuacht.** I'm frozen with the cold.

Preas *m (~a; ~anna)* press
an ceathrú heastát the fourth estate, **deaphreas** good press, **drochphreas** bad press, **iriseoirí** journalists, **meáin shóisialta** social media, **na meáin (chumarsáide)** the media, **na meáin phríomhshrutha** mainstream media, **na mórbhileoga** *fpl* the broadsheets, **na nuachtáin** the newspapers, **na tablóidigh** *mpl* the tabloids

Priacal *m (-ail; -ail, ~)* risk
amhantar risk, **amhantraíocht** *(business)* speculation, **bagairt** threat, menace, **baol** peril, **contúirt** jeopardy, **dainséar** danger, **éiginnteacht** uncertainty, **fiontar** venture, risk, **guais** hazard (cf **guais-soilse** hazard lights), **riosca** *m* risk, **seans** chance, gamble (cf **dul sa seans air** to gamble on it)

Priaclach *adj³* risky
amhantrach risky; *(business)* speculative, **amhantraíochta** *(business)* speculative, **bagrach** threatening, menacing, **baolach** perilous, **contúirteach** dangerous, **dainséarach** dangerous, **éiginnte** uncertain, **fiontrach** venturesome, enterprising; risky, **guaiseach** hazardous, **guasach** who enjoys taking risks, **rioscúil** risky, **seansúil** chancy, **teipeanach** liable to fail

Pribhléid *f (~e; ~í)* privilege
buntáiste advantage, **cead** *m (~a)* licence, permission, **ceadúnas** licence, **ceart** right, **deis** opportunity, **díolúine** *f* exemption, **dispensáid** *(hist)* dispensation, **fairsinge** latitude, **lamháltas** *(busn)* concession, **saoirse** *f* freedom, **saoráid** ease, facility, **saoráidí** easiness, facility, **saorchead** *m (~a)* full permission, **seans** opportunity, **tairbhe** *f* benefit

▲ **~ feidhmiúcháin** executive privilege, **~ pharlaiminteach** parliamentary privilege

◊ **Is mór an phribhléid dom bheith i mo sheasamh anseo os bhur gcomhair inniu.** It is a great privilege for me to be here today standing before you.

Pribhléideach *adj³* privileged, gifted, self-assured
acmhainneach wealthy, well-to-do, **ádhúil** fortunate, lucky, **ag a mbíonn gach sócúl** indulged upon, **ámharach** lucky, **ar a bhfuil anam uasal** honoured, **beannaithe** blessed, **buntáisteach** advantageous, **cabhrach** helpful, **clúiteach** honoured, held in great esteem, **cumhachtaithe** empowered, **fabhraithe** favoured, **féinmhuiníneach** self-confident, **fortúnach** fortunate, **méanar** *(used with copula)* fortunate, pleasant (cf **Is méanar duit!** It's well for you!), **rathúil** fortunate, lucky; successful, **sócúlach** easy, comfortable, **sona** fortunate, **sonasach** lucky, fortunate, **tairbheach** beneficial, **teagmhasach** fortuitous, **tréitheach** gifted

Príobháideach *adj³* private
baile home, **ceilte** concealed, **eisiach** exclusive, **faoi cheilt ón bpobal** concealed from the public, **faoi iontaoibh** confidential, **faoi rún** in secret, **féin** own (cf **mo theach féin** my own house), **folachasach** hidden, mysterious, **folaithe** hidden, concealed, **folaitheach** clandestine, **i bhfolach ar an bpobal** hidden from the public, **indibhidiúil** individual, **leithleach** apart, **neamhainmnithe** unnamed, **neamhluaite** undisclosed, unmentioned, **neamhspleách** independent, **pearsanta** personal, **rúnda** secret

▲ **cóiríocht phríobháideach ar cíos** private rented accommodation, **earnáil phríobháideach** private sector, **fiontraíocht phríobháideach** *(concept)* private enterprise, **infheistíocht phríobháideach** private investment, **maoin phríobháideach** private property, **scoil phríobháideach** private school, **teachtaireacht phríobháideach** private message, **úinéireacht phríobháideach** private ownership

▲ **árachas sláinte ~** private health insurance, **bailitheoir ~** private collector, **bille ó chomhalta ~** *(pol)* private member's bill, **bóthar ~** private road, **ciste ~** private funds, **conraitheoir ~** private contractor, **cothromas ~** private equity, **fiontar ~** *(particular initiative)* private enterprise, **gnó ~** private business, private matter, **rúnaí ~** private secretary, **saol ~** private life, **teagascóir ~** private tutor

◊ **~ agus faoi rún** private and confidential

Príobháideachas *m (-ais)(general)* privacy
anaithnideacht anonymity **ceilteanas** concealment, **eisiachas** exclusivity, **folach** *m* hiding, concealment, **folachas** hidden thing; mystery, **folaitheacht** clandestinity, **indibhidiúlacht** individuality, **neamhspleáchas** independence, **pearsantas** personal estate, **príobháid** *(phil)* privacy; **príobháideacht** *(specific)* privacy, secure from public scrutiny, **rúndacht** secrecy, **úinéireacht** ownership

Prioc *v₁ₐ* prick, sting, prod
brúigh press; shove, push, **cailg** *(insect)* bite, sting, **cealg** sting, **cuir poll (in éadromán)** pierce (a balloon), **cuir ga (i nduine)** sting/spear (a person), **cuir truilleán (le)** give a push (to), **gathaigh** sting, **gearr** cut, **goill** pain, grieve, distress, **goin** sting, hurt, twinge (cf **Ghoin a focail mé.** Her words stung me.), **gortaigh** hurt, wound, **poll** puncture, **rúisc** poke, stir, **sáigh** stab, jab, **tabhair goineog do** poke, **soncáil** nudge, poke, **toll** perforate

Priocadh *vn* pricking, stinging, prodding
brú pressing; shoving, pushing, **cailgeadh** *(insect)* biting, stinging, **cealgadh** stinging, **cur ga (i nduine)**

Prioctha

stinging/spearing (a person), **cur truilleán le** giving a push to, **gathú** stinging, **gearradh** cutting, **goineog** poke, **goilleadh** paining, grieving, distressing, **goin** sting, hurt, twinge (cf **goin choinsiasa** twinge of conscience), **goineadh** stinging, hurting, wound, **gortú** hurting wounding, **polladh** puncturing, **priocaireacht** prodding, goading; teasing, **prócáil** probing, poking, **rúscadh** poking, stirring (cf **gríosaí a rúscadh** to poke embers), **sá** stabbing, jabbing, **soncáil** nudging, poking, **tabhairt goineog do** poking, **tolladh** perforating

Prioctha *pp* pricked, stung, prodded

brúite pressed, pushed; shoved, crushed, **cailgthe** *(insect)* bitten, stung, **cealgtha** stung, perforated, **gathaithe** stung, **gearrtha** cut, **goillte** pained, grieved, distressed, **gonta** stung, hurt, twinged, **gortaithe** hurt, wounded, **pollta** punctured, **rúiscthe** poked, stirred, **sáite** stabbed, jabbed, **soncáilte** nudged, poked, **tollta** perforated

Príomha *adj⁶* primary, prime

bun- *pref* primary, **bunaidh** (> *bunadh*) essential, basic, **bunúil** original, **bunúsach** fundamental, **is bunúsaí** most basic, **is tábhachtaí** most important, **is túisce** first and foremost, **bunáiteach** main, predominant, **príomh-** *pref* main, **príomhúil** prime, **thar aon rud eile** above everything else, **tionscantach** initial, original, **tosaigh** (> *tosach*) foremost; initial

Príomh- *pref* main, principal, chief

an chéad the first, **ard-** *pref* great, premier, chief, head, **ardcheannasach** predominant; supreme, **an domhain** *(genitive)* supreme (eg **Bhí áthas an domhain orm nuair a fuair mé an post.** I was extremely pleased when I got the job.), **bun-** *pref* fundamental, staple, primary, basic (eg **bunscoil** primary school), **bunaidh** (> *bunadh*) original, essential, **bunáiteach** basic, main, **bunreachtúil** constitutional, **bunsiocrach** (> *bunsiocair*) of primary cause, **bunúil** substantial, **bunúsach** basic, **ceann-** *pref* head, **ceannasach** dominant, ruling, **den chéad dul síos** first and foremost, **eisintiúil** essential, **faoi leith** particular, **fíor-thábhachtach** paramount, **forleathan** extensive, **is mó clú** best known, most prominent, **lárnach** central, **mór-** *pref* major, **mór** great, **príomha** primary, principal, **príomhúil** prime, **riachtanach** indispensable, **ríthábhachtach** crucial, vital, **sár-** *pref* ultra-, exceeding, **speisialta** special, **tosaigh** (> *tosach*) foremost, leading, **uachtarach** upper, supreme

▲ ~**aidhm** main aim, ~**aird** cardinal point of compass, ~**aisteoir** principal/leading actor, ~**bhealach** main way; main road, ~**bhóthar** main road, ~**-bhreitheamh** chief justice, ~**chathair** capital city, ~**cheoltóir** leading musician, ~**chigire** chief inspector, ~**chócaire** head cook, ~**chúis** primary cause, ~**dhath** primary colour, ~**ghiúróir** foreman of the jury, ~**líonra** *(electric)* mains, ~**oifig** head office, ~**ordúil** primordial, ~**phointe** main point, ~**ranna** principal parts, ~**rud** main thing, ~**scannán** feature film, ~**shuim** *(finance)* principal, ~**smaoineamh** main idea, motif, ~**tháirge** staple product, ~**veidhlín** leading violin

Prionsabal *m* (*-ail; -ail, ~*) principle

aicsím *f* (*~e; ~aí*) axiom, **caighdeán** standard, **cód** code, **coinsias** *m* (*~a*) conscience, sense of right and wrong, **creideamh** belief, **dearbhphrionsabal** tenet, **dlí** law, **eitic** *f* ethic(s), **dogma** *m* dogma, **dualgas** duty, **foirmle** *f* formula, **foras** established principle, **meon** attitude, **moráltacht** morality; morals, **riail** *f* (*rialach; rialacha*) rule, **seasamh morálta** moral stand, **scrupaill** *mpl* scruples, **teagasc** doctrine, teaching, **teoiric** theory, **tuairim** *f* opinion

Prionsabálta *adj⁶* principled

ceart right, **cneasta** sincere, honest, **coinsiasach** conscientious (cf **diúltóir coinsiasach** conscientious objector), **cóir** just, **cothrom** fair, balanced, **eiticiúil** ethical, **fíorga** righteous, **fíréanta** righteous, **ionraic** honest, upright, **macánta** decent, honest, **morálta** moral, **scrupallach** scrupulous, **uasal** noble, honourable

Prionta *m* (*~; ~í*) print

asphrionta printout, **atheisiúint** rerelease, **carachtar** character, **cló** print, type, **cló-aghaidh** typeface, **clóbhualadh** printing; typing, **clóchur** typesetting, **clóchuradóireacht** typesetting, **clófhoireann** *f* (*-rne*) font, **cóip** copy, **dearbhchló** positive (cf **grianghraf dearbhchló** positive photograph), **foilseachán** publication, **fótagraf** photograph, **grianghraf** photograph, **iris** magazine, **irisleabhar** journal; magazine, **leabhar** book, **litreoireacht** lettering, **lorg méire** fingerprint, **macasamhlú** reproduction (eg **macasamhlú ar shaothar ealaíne** reproduction of a work of art), **méarlorg** fingerprint, **nuachtán** newspaper, **pictiúr** picture, **profa** *(typ)* proof (cf **profa gaille** galley-proof), **priontáil** printing, **séala** seal, **stampa** stamp, **tréimhseachán** periodical

▲ ~ **amach** print out, ~ **bloic adhmaid** woodcut/woodblock, ~ **coparphláta** copperplate, ~ **cumaisc** composite print, ~ **daite** colour print, ~ **digiteach** digital print, ~ **dubh agus bán** black and white print, ~ **líonóile** lino print, ~ **scagshíoda** silkscreen print, ~ **scáileáin** screen print

Priontáil 1 v_{1e} print

asphriontáil print out, **atáirg** *(pub)* reproduce, **athchlóigh** reprint, **atheisigh** rerelease, **athphriontáil** reprint, **clóbhuail** print; type, **clóchuir** typeset, **clóigh** print, type, **cóipeáil** copy, **cuir i gcló** print, **déan clóchuradóireacht** typeset, **eisigh** issue, **eitseáil** etch, **fógair** gazette, **foilsigh** publish, **grean** engrave, **macasamhlaigh** reproduce, copy precisely (eg **pictiúr**

Priontáil

de chuid van Gogh a mhacasamhlú to reproduce/ duplicate precisely a van Gogh painting), **múnlaigh** impress, engrave, **poibligh** publicise, **séalaigh** seal, **stampáil** stamp, **tóg fótagraf** take a photograph

Priontáil 2 *vn* printing
asphriontáil printing out, **atáirgeadh** *(pub)* reproduction, reproducing, **athchló** reprinting, **atheisiú** rereleasing, reissuing, **athphriontáil** reprinting, **cló** printing, typing, **clóbhualadh** printing; typing, **clóchur** typesetting, **clóchuradóireacht** typesetting, **clódóireacht** printing, **cóipeáil** copying, **cur i gcló** printing, **eisiú** issuing, **eitseáil** etching, **fógairt** gazetting, **foilsiú** publishing, **greanadh** engraving, **macasamhlú** reproducing, making a precise copy, **múnlú** impressing, engrave, **poibliú** publicising, **printéireacht** printing, **rionnaíocht** engraving, **séalú** sealing, **stampáil** stamping

Priontáilte *pp* printed
asphriontáilte printed out, **atáirgthe** *(pub)* reproduced, **athchlóite** reprinted; reshaped, **athphriontáilte** reprinted, **clóbhuailte** printed, typed, **clóchurtha** typeset, **cóipeáilte** copied, **clóite** printed, **(curtha) i gcló** printed, **eisithe** issued, released, **eitseáilte** etched, **fógartha** gazetted, **foilsithe** published, **greanta** engraved, graven, **macasamhlaithe** reproduced/perfectly replicated (eg saothair ealaíne mhacasamhlaithe reproduced works of art), **múnlaithe** impressed; moulded, **poiblithe** publicised, **séalaithe** sealed, **stampáilte** stamped

Príosún *m (-úin; -úin, ~)* prison
carcair *f* prison, jail, **campa** camp (cf ~**í géibhinn** internment camps), **gulag** gulag archipelago, **coinneáil** detention, **daorobair** *m (-oibre)* hard labour, **doinsiún** dungeon, **gabhann** jail, **garraí gabhainn** *(fig)* jail, lockup, **gaibhniú** confinement (cf **gaibhniú aonair** solitary confinement), **giallacht** hostageship, bondage, **institiúid peannaide** penitentiary, penal institution, **ionad coinneála** detention centre, **príosúnacht** imprisonment, **sluachampa géibhinn** concentration camp

▲ ~ **ardslándála** high-security prison, ~ **ban** women's prison, ~ **Chill Mhaighneann** Kilmainham Jail, ~ **íos-slándála** minimum security prison, ~ **Mhuinseo** Mountjoy Prison, ~ **saoil** life imprisonment

Príosúnach *m (-aigh; -aigh, ~)* prisoner
brá *m* hostage, captive, **braighdeanach** *m* captive, prisoner, **broid** captive, **cime** captive, **cladhaire carcrach** jailbird, **coirpeach** *m* criminal, **daoránach** *m* convicted criminal, **duine atá á gcoinneáil** detainee, **duine gafa** arrested person, **geimhleach** *m* captive, **géibheannach** *m* person in fetters, captive, **giall** *m (géill; ~a, ~)* hostage, **lucht carcraithe** incarcerated people, **pianseirbhí** convict

Príosúnaigh *v₂ₐ* imprison
carcraigh incarcerate, jail, **cimigh** make captive, **coinnigh i gcás** keep in a cage, **cuibhrigh** fetter; incarcerate, **cuir i mbraighdeanas** lock up, incarcerate, **cuir faoi ghlas** lock up, **cuir i bpríosún** put in prison **cuir i ngéibheann** put in captivity, **cuir duine sa charcair** to put a person in the slammer/ in jail, **cuir laincisí ar ainmhí** shackle an animal, **dianghlasáil** lockdown, **imtheorannaigh** intern, **marbhsháinnigh** *(chess)* checkmate, **sáinnigh** entrap, catch; buttonhole; *(chess)* check, **teanntaigh** cage in, corner, pin down

Príosúnaithe *pp* imprisoned
carcraithe incarcerated, jailed, **cimithe** made captive, **coinnithe i gcás** kept in a cage, **cuibhrithe** fettered, **curtha i mbraighdeanas** locked up, incarcerated; placed in bondage, **curtha faoi ghlas** locked up, **curtha i bpríosún** put in prison **curtha i ngéibheann** put into captivity, **curtha sa charcair** put a person in the slammer, in jail, **dianghlasáilte** locked down, **géibhinn** *(> géibheann)* interned, **imtheorannaithe** interned, **marbhsháinnithe** *(chess)* checkmated, **sáinnithe** entrapped, caught; buttonholed; *(chess)* checked, **teanntaithe** caged in, cornered, pinned down

Príosúnú *vn* imprisoning, incarcerating
carcrú incarcerating, incarceration, jailing, **cimiú** making captive, **coinneáil i gcás** keeping in a cage, **cuibhriú** fettering; incarcerating, **cur i mbraighdeanas** locking up, incarcerating, **cur faoi ghlas** locking up, **cur (an choirpigh) i bpríosún** putting (of the criminal) in prison, **cur (na n-ainmhithe) i ngéibheann** putting (the animals) in captivity, **cur (an chiontóra) sa charcair** placing (the offender) in jail, **dianghlasáil** locking down, **imtheorannú** interning, internment, **laincisí/ slabhraí a chur ar ainmhí** to shackle/ to chain an animal, **marbhsháinniú** *(chess)* checkmating, **sáinniú** entrap, *(chess)* checking; buttonholing, **teanntú** caging in, cornering, pinning down

Prislíneacht *f (~a)* drooling, dribbling
atá ag sileadh seeping, flowing, **atá ag úscadh** oozing, **braonach** dripping, **leachtach** fluid; runny, **ronna** dribble, slobber, **ronnaí** *f* slobbering, dribbling; mucous, **silteach** dripping, trickling; *(nose)* runny, **slapach** sloppy, **uisciúil** watery

Próca *m (~; ~í)* jar
árthach *m* vessel, container, **bláthchuach** flower vase, **breogán** crucible, **canna** can, **corcán** pot, **croca** crock, **crocán** jar, pitcher, **crúiscín** small jug, **crúsca** jug, **eascra** *m* beaker, **flaigín** small flask, **gabhdán** receptacle, **muga** mug, **pota** pot, **searróg** jar, **soitheach** *m* vessel *(see also:* **pota***)*

▲ ~ **bláthanna** flowerpot, ~ **caife** coffee jar, ~ **cré** clay pot, ~ **de bhláthanna** pot of flowers, ~ **luaithrigh** *(funeral)* urn with the ashes of the deceased, ~ **meala** jar of honey, ~ **óir** (**ag bun bhogha ceatha** crock of gold (at the end of a rainbow), ~ **suibhe** jar of jam; jam jar

Prognóis *f (~; ~í)* prognosis
féilíocht forecasting, **fiachaireacht** folk traditions for predicting weather, **poitéinseal** potential, **réamhaisnéis (na haimsire)** (weather) forecast, **tátal** inference, deduction, **tuar** augury, omen; forecast (cf **tuar na haimsire** weather forecast, **tairngreacht** prediction *(see also: tairngreacht)*

▲ ~ **galair** prognosis of a disease, ~ **na aimsire** prediction of the weather

Proifisiúnta *adj⁶* professional
cáilithe qualified, **cleachtaithe** practised, **críochnúil** well-finished, **gairmiúil** professional, **máistriúil** masterly, **oilte** skilled, **sain-** *pref* specialised, **saineolach** expert, **snasta** polished, **teistithe** certified, **traenáilte** trained *(see also: gairmiúil)*

Próiseáil 1 *v₁ₑ* process
athchóirigh rearrange, **athraigh** alter, change, **athraigh ó bhonn** transform, **bainistigh** manage, **déileáil le** deal with, **gabh** assume authority over, **ionramháil** manipulate, manoeuvre, **láimhsigh** handle, **láimhseáil** handle, manage, **oibrigh** work, **pléigh le** deal with, handle, **próisigh** *(jur)* process, **réal** manifest; *(photo)* develop, **rith** run, **saothraigh** cultivate, work on, **sórtáil (amach)** sort (out), **stiúir** steer, control, **tiontaigh** change, translate; *(chem)* convert, **ullmhaigh** prepare

Próiseáil 2 *vn* processing
athchóiriú rearranging, **athrú** altering, changing, **athrú ó bhonn** transforming, **bainistíocht sonraí** data management, **bainistiú** managing, **déileáil le** dealing with, **gabháil** assuming authority over, **ionramháil** manipulating, manoeuvring, **láimhseáil** handling, managing, **láimhsiú** handling, **oibriú** working, **plé le** dealing with, handling, **próisiú** *(jur)* processing, **réaladh** *(photo)* developing, **rith** running, **saothrú** cultivating, working on, **sórtáil (amach)** sorting (out), **tiontú** changing, translating; *(chem)* converting, conversion, **ullmhú** preparation

Próiseáilte *pp* processed
athchóirithe rearranged, **athraithe** altered, changed, **athraithe ó bhonn** transformed, **bainistithe** managed, **déileáilte le** dealt with, **gafa** taken under authority; seized, **ionramháilte** manipulated, manoeuvred, **láimhsithe** handled, **láimhseáilte** handled, managed, **pléite le** deal with, handled, **próisithe** *(jur)* processed, **réalta** manifested; *(photo)* developed, **rite** run, **saothraithe** cultivated, worked on, **sórtáilte (amach)** sorted (out), **tiontaithe** changed, translated, *(chem)* converted, **ullmhaithe** prepared

Próiseas *m (-isis; -isis, ~)* process
bealach *m* way, **bealach oibre** way of working, **céim** step, stage, **cleachtadh** practice, **córas** system, **cúrsa** course, **dul chun cinn** progression, **éabhlóid** evolution, **forbairt** development, **forchéimniú** progression, **gnáthamh** *(medical)* procedure, routine, **modh** *m* method, **ord** order, **nós imeachta** procedure, **oibriú** operation, engagement, workings, **plean** plan, **próis** *(legal)* process, **slí** *f* way, **straitéis** strategy, **teicníc** technique

Prós *m (-óis)* prose
aiste *f* essay, **cumadóireacht scríofa** written composition, **gearrscéal** short story, **insint** narrative, **litríocht** literature, **nóibhilléad** novelette, **scéalaíocht** storytelling, **scéal** story, **téacs** text, **úrscéal** novel

▲ ~ **an neamhfhicsin** non-fictional prose, ~ **beathaisnéiseach** biographical prose, ~ **ficseanúil** fictional prose, ~ **laochais** heroic prose, ~ **liteartha** literary prose, ~ **neamhfhicseanúil** non-fictional prose, ~ **reachtaireachta** narrative prose

Prósach *adj³* prosaic
próis (> **prós**) prose, **gan mhaisiú** unglamourous, plain, **leamh** uninspired, bleak, **liteartha** literary, **siosmaideach** grounded, **téacsúil** textual, **tur** dry

Puball *m (-aill; -aill, ~)* tent
canbhás canvas (cf **faoi chanbhás** under canvas), **foscadán** shelter, **ionrach** *m (surg)* tent, **ollphuball** marquee, **pailliún** pavilion, **príomhphuball** big top, **taibearnacal** tabernacle, **teálta** shelter, hut, **tint** tent, **wigwam** wigwam

> ○ **Púca:** the *Pooka*, according to Irish mythology, is a shape-shifting creature which lives in mountainous areas. Some speak of its proclivity for evil and mischief, while most people are inclined to consider it good-natured. It can appear in the form of an animal or as a human. Pooka's Day is celebrated after harvesting, on the first of November. Although scary when encountered, pookas are known to help in avoiding dangers or demons and will take any who are willing on their backs for an exhilarating ride, then return them safely to the place where they started.

Púca *m (~; ~í)* ghost, bogeyman, pooka
ainspiorad evil spirit, **ainsprid** poltergeist, malevolent ghost, **an slua sí** the fairy host, **aos sí** fairy folk, **bean** *f* **sí** banshee, **badhbh** the hobgoblin, the bogeyman, **bocánach** *m* goblin, **fantaise** *f* spectre, phantom, **ginid** genie, sprite, **gruagach** *m* hairy goblin, **leipreachán** leprechaun, **malartán** changeling, **scál** supernatural being, phantom, **scáil** shadow-being, **scáth** shade, shadow, **scáthshlua** phantom host, **séansaí** wraith; doppelganger, **sí** *m (~; ~the)* fairy, **síofra** sprite, elf,

Púdar *m (-air; -air, ~)* powder
brus crumbled bits, dust, **cánach** *m* dust, debris, **cré** *f* clay, **deannach** *m* dust, **dusta** dust, **grabhar** crumbs, fragments, **grean** grit, **luaithreach** *m* ashes, dust, **mionbhruscar** minute crumbs, **pléascáin** *mpl* explosives, **plúr** *(cu)* flour, **smúdar** powder, **smúit** dust, **smúiteán** dust; misty haze, smoke, **smúr** dross, dust; soot, **snaois** snuff (cf **snaois a chaitheamh** to take snuff), **snuaphúdar** face powder, **talcam** talcum

▲ ~ **bácála** baking powder, ~ **gunna** gunpowder, ~ **níocháin** washing powder

Púdrach *adj³* powdery
atá ag titim as a chéile crumbling, **briosc** crumbly, brittle, **cailceach** chalky, **creimneach** corroded; crumbling, **creimthe** eroded, **deannachúil** dusty, **fíneálta** refined, **gráinneach** grainy, **mion** fine, minute, **púdraithe** pulverised, powdered, **sceiteach** powdery, crumbling, brittle, **smúdrach** powdery, **tite as a chéile** crumbled

Puinn *f (indecl)(mostly with negative)* infinitesimal amount
beagáinín tiny little bit, **blaisín** flavour, tiny taste, **blúirín** snippet, **braon** drop, **deoir** dash, drop, **giota** *m* piece, bit, fragment, **fíorbheagán** pinch, scrap, really very small amount, **luid** shred, **oiread na fríde** tittle, hardly anything, **pioc** whit, jot, bit (cf **Nílim pioc sásta.** I'm not in the least bit satisfied.), **ruainne** *m* jot, **smid** puff, breath, **smidín** tiniest bit *(see also: pioc)*

Puipéad *m (-éid; -éid, ~)* puppet
bábóg doll, **dumaí** dummy, **gíománach** stooge; lackey, **máireoigín** marionette, **puipéad miotógach** hand puppet *(see also: feighlí)*

Pulcadh *m (-ctha; -cthaí)* cramming; *(sch)* grinds
airneán burning the midnight oil; late-night studying, **brú isteach** pushing in, pressing in, **dianstaidéar** intensive study, **dingeadh** cramming, **fáscadh** squeezing, **pacáil isteach** packing in, **pinciú** shoving, thrusting, pushing, **plódú** crowding, **ropadh** thrusting; stabbing, **sacadh** cramming, stuffing; packing, **sá** thrusting; stabbing, push, **teagasc príobháideach** private tutoring, **tiomáint isteach** driving in

Pumpa *m (~; ~í)* pump
asúire aspirator, **caidéal** (suction) pump, **caidéal insteallta** injector pump, **croí** heart, **taomaire** *(person)* bailer, pumper, **inneall taosctha** pumping engine, **taoscaire** *(person)* pumper, bailer; heavy drinker, **teannaire** *(bike)* pump

▲ ~ **cíche** breast pump, ~ **breosla** fuel pump, ~ **goile** stomach pump, ~ **láimhe** handpump, ~ **leictreach** electric pump, ~ **peitril** petrol pump, ~ **ruma** *(sailing)* bilge pump, ~ **uisce** water pump

Pumpáil 1 *v₁ₑ* pump
bligh duine ar son eolais milk/pump a person for information, **caidéalaigh** pump (cf **uisce a chaidéalú** to pump water), **cuir aer i mbonn** put air in a tyre, **líon duine le luaidhe** pump a person full of lead, to shoot a person, **taosc** pump (cf **bolg othair a thaoscadh** to pump a patient's stomach), **teann** tighten; pump (cf **bonn rothair a theannadh** pump up a bicycle tyre)

Pumpáil 2 *vn* pumping
cur aer i mbonn putting air in a tyre, **bleán eolais ó dhuine** milking/pumping a person for information, **caidéalú** pumping, **líonadh duine le luaidhe** pumping a person full of lead, shooting a person, **taoscadh** pumping; drinking heavily, **teannadh** pumping up, **teannadh bonn rothair** pumping a bicycle tyre up

Pumpáilte *vn* pumped
blite ar son eolais milked/pumped for information, **caidéalaithe** pumped, **líonta le luaidhe** pumped with lead, shot dead, **taosctha** pumped, **teannta** pumped up

Pus *m (puis, ~a, ~)* sulk; protruding lips
cab mouth, trap, **clab** open mouth; thick-lipped mouth, **gob** beak; *(sl)* mouth (cf **Dún do ghob!** Shut your gob!), **múisiam** offence, pique, **olc** anger, **puisín** pout, pouting lips, **smut** sulky expression, huff (cf **D'imigh sé agus smut air.** He went off in a huff.), **smaois** snout, **smuilcide** *(face)* mug, **smut** snout, sulky expression, **smutaireacht** sulking, **soc** snout, **stainc** petulance, **stuaic** sullen appearance (cf **dul chun stuaice** to get sulky), **tormas** sulking, sulk

◊ **Féach an ~ atá uirthi!** Look at the face on her! Look at the sulk on her face!

Puth *f (puithe; ~a, ~)* puff, breath, whiff
bleaist blast, **gal** *f (gaile; ~a, ~) (vapour, smoke, etc)* puff, whiff, **galán** full whiff/puff, **galóg** small puff of smoke, **leoithne** *f* breeze, waft, **miam** *f (méime)* puff, breath, **puthaíl** puffing, **puthaire** belch (eg **puthaire deataigh** belch of smoke), **seadán** breeze, draught, puff, **séideán** gust; light breeze, **séideog** puff, breath, **siorradh** draught, **siota** gust, **smailc** puff, **smeámh** breath (cf **Ní raibh smeámh as an ghaoth.** There wasn't a breath of wind.), **smid** breath, puff, **smoirt** burst, **tuthóg** puff; fart

▲ ~ **anála** breath of air, ~ **deataigh** puff of smoke, ~ **de phíopa** puff of a pipe, ~ **gaoithe** puff of wind

◊ **Ní raibh ~ as an aer.** It was perfectly calm., There was not a puff of wind.

R r

Rá *vn* saying, speaking, telling, utterance
  aithris reciting, **áitiú** arguing, persuading, **ardú (do ghutha)** raising (your voice), **béicíl** yelling, **briathar** *(high reg)* word, **caint** talk, talking, **canadh** singing, **ceistiú** questioning, **ciallú** signifying, **cur in iúl** informing, expressing, **dearbhú** asserting, **faisnéis** report, intelligence, **fiafraí** inquiring, asking, **fiosrú** inquiring, **focal** word, **fógairt** announcing, **freagairt** answering, replying, **friotal** expression, utterance, **fuaimniú** pronunciation, **fuigheall** uttering, pronouncing, **glaoch** calling, **iarraidh (ar)** requesting, asking, **glór** voice, **glórú** vocalising, **guth** voice, **guthú** voicing, vocalising, **impí** imploring, begging, **insint** telling, relating, narrating, **iomlua** mentioning, discussing, **labhairt** speaking, **leagan cainte** set phrase, expression, **léiriú** explaining, portraying, **liú** yelling, **lua** mentioning, **maíomh** claiming, **míniú** explaining, **moladh (do)** advising, **ráiteachas** expression, **nath cainte** colloquial expression, **ráiteas** statement (cf **ráiteas ón rialtas** statement from the government), **samhlú** imagining, **seanfhocal** proverb, **scréachadh** shrieking, **screadach** screaming, **tabhairt le tuiscint** implying, **titim cainte** turn of phrase, idiom, **tuairisc** report, **uiríoll** *(jur)* representation

Rabhadh *m (-aidh; -aidh, ~)* warning
  aire attention (cf **aire duit!** Watch out!), **aláram** alarm, **bagairt** threat, **comhairc** warning, signal, **comhairle** *f* advice, **comhartha** sign, **creill** knell (cf **creill bháis** death-knell), **éan an mhí-áidh** sign of foreboding, **faichill** caution, alertness, **fainic** *f* warning, caution, **focal faire** watchword, proclamation, **focal i gcluas duine** a word in somebody's ear, **fógairt** declaration, **fógra** notice, **foláireamh** caution, **foraire** watch, look-out, **forógra** forewarning, **leid** clue, tip-off, **moladh** advice, **mana** portent, **nod** hint, **rabhchán** warning signal or beacon, **réamhfhógra** advance notice, **sanas** hint, suggestion, **tuar** premonition, augury *(see also: moladh)*

  ▲ ~ **aimsire** weather warning, ~ **béil** verbal warning, ~ **bréige** false alarm, **buama** bomb scare, ~ **dearg** red alert, ~ **luath** early warning, ~ **míthuarúil** dire warning, ~ **sláinte** health warning, ~ **stoirme** storm warning, ~ **tuilte** floor warning

  ◊ ~ **a thabhairt** to sound the alarm, **gan ~ ar bith** without any warning, **Níor thug sé aird ar bith ar an ~**. He disregarded the warning.

Raca *m (~; ~í)* rack
  brac bracket (cf **brac balla** wall bracket), **coinneálaí** holder, **crochadán** hanger, rack, **fargán** sloped surface with ledges, **fráma** frame, **gabhdán** holder, **greamán** grip, **laftán** ledge of rock; grassy terrace on hillside, **leac** *f* sill (cf **leac fuinneoige** windowsill, **léibheann** landing (of stairs), **seastán** stand, **seilf** shelf, **slíastán** ledge

  ▲ ~ **bagáiste** luggage rack, ~ **buidéal** bottle rack, ~ **cáise** cheese rack, ~ **ceoil** music rack, ~ **féir** hay rack, ~ **hataí** hat rack, ~ **píopaí** pipe rack, ~ **plátaí** plate rack, ~ **rothar** bike rack, ~ **spíosraí** spice rack, ~ **tósta** toast rack, ~ **triomaithe** drying rack, ~ **uaineola** rack of lamb

Ráchairt *f (~e; ~í)* demand, run
  an-éileamh great demand, **an-tóir** great demand (cf **leabhar a bhfuil an-tóir air** greatly sought-after book), **call** call (for), **dúil** desire, **éileamh** demand, **fiafraí** inquiry, **gá** need, call, **gal** steam, passion (cf **Tá an-ghal ar ranganna ióga na laethanta seo.** There is great passion for yoga classed these days.), **glaoch** call, calling, **mór-éileamh** high demand (cf **leabhar mór-éilimh** *(book)* best-seller), **iarraidh** asking, requesting, **imeacht (ar)** demand (for), **ordú** order, **riachtanas** requirement, **sciobadh** being snatched up (cf **Bhí sciobadh ar na scónaí.** There was great demand for the scones.), **tarlú** demand, **tarraingt** pull, attraction, **tiomáint** drive, **tóir** searching, pursuit (eg **Bíonn tóir an-mhór uirthi.** She is greatly sought after.)

  ◊ **Bhí ~ mhór ar an leabhar nua.** The new book was in great demand.

Rachmas *m (-ais)* wealth, opulence
  airgead money, **acmhainn** affluence; resources, means, **ana** *m (lit)* wealth prosperity, **bleachtanas** *(hist)* abundance of milk, wealth, **bracht** *m* sap, substance, wealth, **caipiteal** capital, **conách** *m* prosperity, wealth, **éadáil** acquisition of wealth, profit, **eastát réadach** real estate, **fairsinge** *f* ampleness, **fáltas** profit, means, **flúirse** *f* abundance, plenty, **foráil** *(lit)* superabundance, **fortún** fortune, **gustal** wealth, **iarmhais** valuable possessions, wealth, **intleamh** *(lit)* wealth, abundance, **ionnús** resources, enterprise, **luthairt labhairt** abundance, **maoin** property, wealth, **maitheas** goods, property, **múrtha** *mpl* masses of money, **rafaireacht** prosperity, **raidhse**

f abundance, profuseness, **rathúnas** prosperity, plenty, **saibhreas** wealth **sealúchas** possessions; possession, **séan** prosperity, **seascaireacht** being in comfortable circumstances, **só** luxury, **speilp** worldly goods, wealth, **spré** cattle property; *(hist)* dowry, **stór** provision, riches, **taisce** treasure, **toice** *f* wealth, prosperity, **tolmas** abundance *(see also: saibhreas)*

▲ **lucht an rachmais** the affluent people, the well-off

Rachmasach *adj³* wealthy, opulent
acmhainneach affluent; resourceful, **beannachtach** blessed, prosperous, **brabachúil** well-to-do, **bunúsach** well-heeled, affluent, **caipitlíoch** capitalist, **compordach** comfortable, **deisiúil** well-circumstanced, **éadálach** gainful, prosperous, **éiritheach** succeeding, fortunate, **fáltasach** profitable, prosperous, **gustalach** well off, well-to-do; **iarmhaiseach** affluent, **ilmhaoineach** abounding in wealth, **inmheach** wealthy, capable, **leacanta** well-to-do, **maoineach** propertied, wealthy, **rábach** lavish (cf **fás rábach** luxuriant growth), **rafar** flourishing, **raidhsiúil** abundant, profuse, **rathúil** successful, thriving, **rathúnasach** prosperous, **róúil** prosperous, plentiful, **saibhir** rich, wealthy, **séanmhar** prosperous, **seascair** comfortable, in comfortable circumstances, **soinmheach** prosperous, happy, **sómasach** sumptuous, luxuriant, **sómhar** luxurious, **sorthanach** prosperous, **speilpiúil** wealthy in worldly possessions, **téagartha** substantial, comfortable, **teann** *(purse)* well-filled, **toiciúil** wealthy, prosperous *(see also: saibhir)*

Rachmasaí *m (~; -aithe)* wealthy person; capitalist
aicme an chaipitleachais the capitalist class, **bean an airgid (uile)** the woman with (all) the money, **caipitlí** capitalist, **lucht an airgid** the people with the money, **fear an airgid (uile)** the man with (all) the money, **mac an airgid (mhóir)** Mr Moneybags, **saibhir** rich person (cf **Ní thuigeann saibhir daibhir.** The rich person cannot understand the poor person.), **toicí** tycoon

Racht *m (~a;~anna)* outburst, fit, paroxysm
buile madness, **eacstais** *(rel)* ecstasy, **eatal** *f (-aile)* fit, impulse, **falrach** *m* fit, **fíbín** stirring up, fit, (cf **Cad é a chuir fíbín airsean?** What got him going?), **freanga** *f* spasm, **gabhlán** fit (cf **gabhlán tinnis** fit of illness), **míthaom** violent paroxysm, **rabhait** bout, fit (cf **rabhait tinnis** bout of sickness), **rabhán** prolonged fit; sudden outburst (cf **rabhán gáire** outburst of laughter), **rabharta** torrent, **rachtaíl** *(suddenly)* venting, **ráig** *f* outbreak, flare up, **ríog** *f* spasm, **scológ** burst (cf **scológ gháire** burst of laughter, **scológ cheoil** burst of song), **spadhar** flash, fit, **spang** *f (-ainge; ~a, ~)* paroxysm, fit, **speach** *f* spasm, fit, **spreang** *m (~a)* caprice, impulse, **taghd** *m (taighd)* fit, impulse, **tallann** fit, impulse; talent, **taom** paroxysm, fit, attack, **treallaíocht** spasms, throes, **treallán** fit, spasm, **tritheamh** paroxysm, **tulca** gush, outpouring, **tuile** *f* flood

▲ ~ **áthais/bróin** sudden overwhelming sense of joy/grief, ~ **buile** fit of madness/rage, ~ **cainte** paroxysm of verbosity, ~ **casachtaí** fit of coughing, ~ **éadóchais** fit of despair, ~ **feirge** outburst of anger, ~ **gáire** fit of laughter, ~ **goil** fit of crying, ~ **imní** fit of anxiety

Radacach *adj³* radical
atá fréamhaithe go domhain that are deep-seated, **bunúsach** fundamental, **críochnúil** thorough, exhaustive, **cuimsitheach** comprehensive, **go bunúsach difriúil** fundamentally different, **fréamh-** *pref* root-, **fréamhaí** radical, root-, **iomlán** total, complete, exhaustive, **nua** new, **nuálach** innovative, **ó bhun** fundamental, radical, **ó bhun go barr** from top to bottom, **réabhlóideach** revolutionary, **scóipiúil** sweeping (cf **athruithe scóipiúla** sweeping changes), **úrnua** brand new, groundbreaking

Radharc *m (-airc;-airc, ~)*
1. sight, view
airdeall watchfulness, **amharc** sight (cf **ar an gcéad amharc** at first sight, **láthair** *f* **amhairc** viewing point), **breathnú** observation, **dearcadh** look, outlook, **faire** watch, **faireachán** watching, keeping watch, **fairgsin** *(lit)* viewing, watching, **féachaint** *f* look; *(cinema)* viewing, **feic** *(pej)* sight, **feiceáil** seeing, **forcamás** watchfulness, **léargas** discernment, insight, **léire** lucidity, clarity, **raon** range, **raon radhairc** range of vision, **raon súl** eyeshot, **réimse radhairc** field of vision, **rosc** *(high register)* eye, **saoramharc** free-view, **silleadh** glance, look, **spléachadh** glimpse, **súil** *f (~e; ~e, súl)* eye, **stánadh** staring, **súilín** *(photo)* viewfinder

▲ ~ **doiléir** blurred/hazy vision, ~ **glan** uninterrupted/unobstructed view, ~ **lag** poor sight, ~ **léanmhar** painful sight, ~ **maith** good sight, ~ **na súl** eyesight, ~ **ón spéir** bird's-eye view, ~ **sciobtha** fleeting glimpse, ~ **scóipiúil** sweeping view

◊ **Bhí ~ lag aige.** He had poor vision., **D'imigh siad as ~.** They disappeared from view., **Fuair mé ~ orthu.** I caught sight of them.

2. thing seen; *(thr)* scene
amharc view (cf **amharc tíre** landscape), **amharcléiriú** visualising, visualisation, **caol-léargas** vista, **dráma** drama; play, **dreach** *m (~a; ~a,~)* aspect, appearance, **dreachadh** delineation, portrayal, **eipeasóid** episode, **iontas** wonder, **iontais** sights, wonders, **lánléargas** panorama, **láthair** site, scene (cf **ar an láthair** on the scene), **láthair** *f* **amhairc** viewing point, **léiriú** representation, portrayal, **léirshamhlú** visualisation, imagining in one's mind's eye, **íomhá** *f* image, **mír** segment; *(thr)* item, number, **optaic** optics, **pictiúr** picture, **pictiúrthacht** picturesqueness, **raon** range, **scáthán siar** rearview mirror, **seat** *m (cin)* shot, view,

seó show, **silleadh** glance, look, **spléachadh** glimpse, **taispeántas** exhibition, **tírdhreach** *m (~a; ~a,~)* landscape, ~ **tosaigh** frontal view

▲ ~ **a bhainfeadh an anáil díot** breathtaking scene, ~ **álainn** beautiful view, ~ **bocht** sorry sight, ~ **coitianta** common sight, ~ **déistineach** revolting sight, ~ **draíochtúil** mesmeric sight, ~ **gránna** ugly sight/view, ~ **léanmhar** painful sight, ~ **leapa** *(thr)* bedroom scene, ~ **maith** good sight (to behold), ~ **nár cleachtadh** unrehearsed scene, ~ **scriosta** deleted scene, ~ **suaithinseach** astounding scene, ~ **tóra** chase scene, ~ **tosaigh** frontal view, ~ **troda** fight scene

◊ **B'iontach an ~ é!** It was impressive sight., **Ceileann na tithe an ~.** The houses obstruct the view.

Radharcach *adj³* seeing, observant; with a view
airdeallach watchful, alert, **airitheach** perceptive, **aithneach** discerning, **braiteach** perceptive, **breathnaitheach** observational, **coimhéadach** watchful, vigilant, **críonna** wise, astute, **dearcasach** observant, **friochanta** observant, quick, **géarchúiseach** perceptive, observant, **géarintinneach** clear-eyed, **géarshúileach** sharp-eyed, observant, **glic** astute, **grinn** discerning, **léirsteanach** clear-seeing, perceptive, **le hamharc mhaith** *(eg dúiche/ tíre/ mara, etc)* with a good view (eg of the locality/ land/ sea etc), **le radharc maith** with a good view, **optach** optic, **optúil** optical, **súilaibí** keen-eyed, **súil-leata** wide-eyed, **tuisceanach** insightful, **scéansúileach** glaring, wide-eyed

Ráfla *m (~; ~í)* rumour
athchaint rumour, repeating (idle) talk, **baothchaint** idle talk, **béadán** gossip, **bheith ina sceith bhéil** to be on everybody's lips, **blaoiscéireacht** empty talk, **bleadracht** blethering, foolish talk, **cabaireacht** blabbing, tittle-tattle, **caint** talk, **clostrácht** hearsay, **cogar** whisper, **cogar scéil a fháil** to get wind of something, **cogar mogar** hugger-mugger, **cogarnach** whispering, **cóisireacht** gossiping; party-going, **comhrá béil** gossip, **cúlchaint** backbiting, **deirtear go** it is said that, **dúirse dáirse** he-said-she-said, gossip, **dúrtam-dártam** tittle-tattle, **focal amuigh** word going round, **focal ar an ngaoth** word going about, **iomrá** rumour, report, **luadráil** gossiping, spreading rumours, **luaidreán** rumour, report; some talk, **luathrá** rumour, report, **mionchaint** small talk, **ráiteachas** report, talk, **scéal** story, **scéal reatha** current story (cf **Tá sé ina scéal reatha.** It's all the talk.), **scéala** news, tidings, **siomóid** rumour; gossip, **tuarascáil** account, report

▲ ~ **gan bhunús** hearsay, ~ **náireach** scurrilous rumour

◊ ~ **a scaipeadh** to spread a rumour, **Tá ~ ag gabháil thart go bhfuil sibh chun pósadh.** There's a rumour going round that you're getting married.

Ragairne *m (~)* revelling at night, dissipation, rakishness
ábhacht diversion, fun, jesting, **abhlóireacht** clowning, acting the fool, **aeraíocht** having a good time, **áilteoireacht** skylarking, **ainriantacht** licentiousness, **amaidí** tomfoolery, fooling around, **antlás** merrymaking, revelry, **breallántacht** buffoonery, acting the eejit, **brealsúnacht** being silly; diversion, **carbhas** carousing, **craic** fun, enjoyment, craic/crack, **drabhlás** dissipation, debauchery; bender (cf **imeacht le drabhlás** to become debauched; to go to the bad; **dul ar an drabhlás** to go on a bender), **muirn is meadhair na coirme** *(high reg)* festive revelry and mirth, **pléaráca** horseplay, **pleidhcíocht** messing, tomfoolery, **pléireacht** revelry, **raga** worthless dissipation, **ragús óil** drinking binge, **ráigíocht** gadding about, **raillíocht** rakishness, **ráistéireacht** roistering, **rancás** high jinks, **ruathaireacht** flightiness; gadding about, **scódaíocht** wandering without restraint; gadding about, **spraoi** fun, spree, sport

Ragairneach *adj³* revelling, rakish
ábhachtach droll, **abhlóireachta** (> *ábhlóireacht*) clowning, acting the fool, **ainrianta** debauched, licentious, **áilteoireachta** (> *áilteoireachta*) skylarking, **breallánta** damfool, **caifeach** wasteful, profligate, **carbhasach** carousing, **claon** perverse, **craosach** gluttonous, **diomailteach** profligate, prodigal, **drabhlásach** debauched, prodigal, **drúisiúil** lascivious, lustful, **macnasach** wanton, **meathlaithe** degenerate, **óltóir ragúis** binge drinker, **pléaráca** (> *pléaráca*) horseplay, **réiciúil** rakish, dissolute, **sácráilte** hedonistic, **saobh** wayward, perverse, **scaoilte** promiscuous, **scaoilteach** loose living, **scléipireachta** (> *scléipireacht*) roistering; ostentatiousness

Ragairneálaí *m (~; -aithe)* reveller; wastrel
ainrianaí unbridled person, **beag de mhaith** good-for-nothing, **boicín** boyo, bit of a lad, **caifeachán** prodigal, **cladhaire** villain, spineless person (cf **cladhaire díomhaoin** work-shy scoundrel), **clampróir** hellraiser, **cúl le rath** loser, **diomailteoir** waster, **drabhlásaí** carouser, **fear mór cóisire** keen *(male)* partygoer, **lucht cóisire** partygoers, **pléaráca** playboy, **ráca** rake, **raibiléir** dissolute person, **ráille** rake, profligate, **ráistéir** roisterer, rake, **rampaire** playboy, wild lad; sportive person, **rancásaí** boisterous reveller, **scaiptheoir** squanderer, **scléipire** rowdy, roisterer; harum-scarum, **scódaí** person without restraint; pleasure seeker, gadabout, **scraiste** deadbeat, **smugachán** no-good shyster, **spreasán** no-good waster, degenerate, **toirt gan tairbhe** waste of space

Raic 1 *m (~e; ~eanna)* racket, uproar, riot
an diabhal le híoc all hell to pay, **borrán** tumult, uproar, **callán** uproar, noise, **callóid** commotion,

Raic

ciaramáboc hurly-burly, **círéib** riot, **clampar** clamour, din, **clisiam** ballyhoo, **corraíl** excitement, hype, **flústar** flurry, **flústaireacht** flurrying, **fosaoid** fuss, excitement, **fuaiscneamh** disquiet, agitation, **furú** hubbub, bustling, **fústar** kerfuffle, commotion, **gliotram** clatter, **gleo** tumult, blare, **glóráil** sound of loud voices, **greatharnach** *f* shouting, uproar, **griothal** fuss, flap, **holam halam** commotion, confusion, **hulach halach** uproar, noise of chase, **hurlamaboc** pandemonium, hubbub, **míle murdar** bedlam, **murdar** murder, **racán** rumpus, **rachlas** commotion, turmoil, **ragáille** tumult; loud noise, **rírá agus ruaille buaille** uproar, pandemonium, **tamhach táisc** uproar, **teile** *s* **buac** commotion, tumult, **toirléaspadh** violent commotion, **torann** noise, **trangláil** bustle, confusion

◊ **Ba mhór an ~ a bhí ann mar gheall air.** There was a huge uproar over it., There were ructions over it.

Raic 2 *f (~e; ~eanna)* wreck, wreckage
aimhleas detriment, harm, **ainriocht** *m* wretched condition, **bád briste** *(any sea vessel)* wreck, **ballóg** ruin, **briseadh** wreck, **brúscán** smashup, **cabhóg** hollow empty place (cf **Rinneadh a chabhóg.** He was brought to ruin.), **cnámharlach** *m* carcass; wreckage, **creach** *f* loss, ruin, **creatlach** *f* skeleton, **donas** mischief, affliction, **drochbhail** *f (personal appearance)* wretched state (cf **Tá drochbhail ort inniu.** You look wrecked today), **díothú** extermination, annihilation, **fothrach** *m* ruin, **iarsma** *f* remnant, **longbhriseadh** shipwreck, **raiceáil** wrecking; wreck, **scrios** *m* destruction, **smidiríní** smithereens, small broken pieces, **smionagar** debris, shards; wreckage, **snámhraic** flotsam, **spallaí** *mpl* rubble, **spruáin** *mpl* splinters, slivers, **timpiste** crash, accident, **torchaire** flotsam and jetsam; lucky find, godsend, **tuairt traenach** train crash

◊ **imeacht chun ~e** to go to rack and ruin, **adhmad ~e** driftwood

Raiceáil 1 *v₁ₑ* wreck
bris break; wreck, **bain ó chéile** pull apart, **bris** break, **cuir ó chrích/mhaith** banjax, render useless, **fásaigh** lay waste, **leag** demolish, **léirscrios** devastate, **loit** spoil, ruin, **mill** ruin, destroy, **mudh** *(lit)* ruin, destroy, **scrios** destroy

Raiceáil 2 *vn* wrecking
baint óna chéile pulling apart, **briseadh** breaking, **cur ó chrích/mhaith** banjaxing, rendering useless, **fású** laying waste, **leagadh** demolishing, **léirscriosadh** devastating, **lot** spoiling, ruining, **milleadh** ruining, destroying, **mudhadh** *(lit)* ruining, destroying, **scriosadh** destroying

Raiceáilte *pp* wrecked
briste broken; wrecked, **bainte óna chéile** pulled apart, **briste** broken, **curtha ó chrích/mhaith** banjaxed, rendered useless, **fásaithe** laid waste, **leagtha** demolished, **léirscriosta** devastated, **loite** spoilt, ruined, **millte** ruined, destroyed, **mudhta** *(lit)* ruined, destroyed, **scriosta** destroyed

Raidhse *f (~)* profusion, abundance
ardtoradh high yield, **bleachtanas** abundance, **dlús** fullness, abundance, **fairsinge** pervasiveness, **foracan (óil)** large quantity (of drink), **foráil** excess, profusion, **flúirse** abundance, **fómhar** harvest of plenty, *(busn)* boom, **greadadh de** tons, heaps of, **iomad** great quantity, **lán Éireann de** loads of, **líon mór** large number, great quantity, **líonmhaireacht** numerousness, plentifulness, **maoin** wealth, **méid mór** large amount, **mórdhóthain** more than enough, **neart** *(+ gen)* ample, **raimhre** fatness, **saibhreas** wealth, **tál maith** good yield *(see also: flúirse)*

Raidhsiúil *adj⁴* abundant, prolific
atá ag cur thar maoil overflowing, brimful, **faíoch** copious, **fairsing** extensive, ample, **flúirseach** plentiful, **lán go barr** full to the brim, **iomadúil** copious, prolific, **leathan** wide, **líonmhar** plentiful, **rábach** runaway, lavish, **róúil** prosperous, plentiful, **scóipiúil** roomy, having plenty of room; expansive, **sliochtmhar** prolific, having many offspring, **sorthanach** prosperous, **torthúil** bountiful; fruitful, **trom (le)** heavy (with)

Ráille *m (~; -llí)* rail, railing
bac barrier, **bacainn** barrier (cf **bacainní sábhála** safety barriers), **balastráid** balustrade, **balla** wall, **banastar** banister, **claí** wall, boundary; dike, ditch, **fál** fence; hedge, **lámhráille** handrail, **seicphointe** checkpoint, **sconsa** sconce, fence, **sonnach** *m* paling; stockade, **páil** pale, paling

▲ ~ **cosanta** guard rail, ~ **éadaí** clothes rail, ~ **láimhe** handrail, ~ **treorach** guide rail, ~ **staighre** stair rail; banister, ~ **tuaillí** towel rail

Raiméis *f (~e)* drivel, nonsense talk
alamais balderdash, drivel, **amaidí** folly, nonsense, foolish talking, **baothchaint** idle talk, **baothfhocal** silly statement, foolish thing to say, **baothscéal** silly story, **blaoiscéireacht** empty talk, **bleadracht** blethering, foolish talk, **brilléis** gibberish, **buimbiléireacht** foolish talking, **buinneachántacht** spewing nonsense, talking balderdash, **bundún** twaddle (cf **Tá bundún ort!** You're talking twaddle!), **cabaireacht** blabbing, **cacamas** crap, **ciflí** *mpl* **ceo** gabble, babble, **camalanga** unintelligible talk, mumbo jumbo, **deilínteacht** rigmarole; using annoying intonation (eg **ag deilínteacht amhail tuairisceoir RTÉ** speaking in a singsong voice like an RTÉ reporter), **dramhaíl chainte** rubbish talk, **éigiall** *f (-géille)* lack of sense, unreason, **futa fata** confused talk, **gaotaireacht** hot air, bombast, **gaoth mhór** *(fig)* empty talk (cf **Níl ina chaint ach gaoth mhór.** It's only empty talk with him.), **gibiris** gibberish, **giolcaireacht** twittering,

silly chattering, **gliogaireacht** prattling, **leithéis** trivial talk, **míchiall** *f (-chéille)* senselessness, folly, **míréasún** unreason, irrationality, **mugadh magadh** humbug, farce, **placadh siollaí** gobbledegook, **plob plab** blubbering nonsensical talk, **rangalam** rigmarole, **seafóid** silliness, nonsense talk, **síodráil** jabbering, **treillis breillis** codswallop, hogwash, **truflais** trash, tommyrot

◊ **Ná bí ag caint ~e!** Don't be talking drivel!

Raiméiseach *adj³* rubbishy; nonsensical
áiféiseach ridiculous, absurd, **aingiallta** crazy, nonsensical, **amadánta** fatuous, **amaideach** foolish, silly, **baoth** unwise, **bómánta** stupid, **craiceáilte** crazed, loopy, **dícheillí** irrational, senseless, **dobhránta** dim, **dúr** dense, **éaganta** flighty, scatterbrained, **fánach** futile, vain, aimless, **fastaímeach** nonsensical, fond of idle pastimes, **gámúil** doltish, **gan mhaith** useless; worthless, **lagintinneach** moronic, daft, **mícheillí** senseless, **míloighciúil** illogical, **néaltraithe** demented, **neamhthuairimeach** unthinking; clueless, **óinmhideach** foolish, simple, **pleidhciúil** silly, **saonta** naive, gullible, simpleminded, **seafóideach** silly, nonsensical, **spreasánta** worthless, good-for-nothing *(see also: **amaideach**)*

Ráite *pp* said, told, spoken
aithriste recited, **áitithe** argued, persuaded, **ardaithe** raised, **béicthe** yelled, **canta** sung, **ceistithe** questioned, **ciallaithe** signified, **curtha** put, **curtha in iúl** communicated, expressed, **dearbhaithe** asserted, **fiafraithe** inquired, asked, **fiosraithe** inquired, **fógartha** announced, **freagartha** answered, **fuighillte** uttered, pronounced, **glaoite** called, **glóraithe** vocalised, **iarrtha (ar)** requested, asked (of), **impithe** implored, begged, **inste** told, related, narrated, **iomluaite** mentioned, discussed, **labhartha** spoken, **léirithe** explained, portrayed, **liúite** yelled, **luaite** mentioned, **maíte** claimed, **mínithe** explained, **molta** advised, **réamhráite** aforementioned, **samhlaithe** imagined, **scréachta** shrieked, **screadta** screamed, **thuasluaite** abovementioned, **tugtha le tuiscint** implied

◊ **ach sin ~** but that said, **é sin ~** mind you, **Nach bhfuil sé ar fad ~ agam.** Need I say more?, **nuair atá (an) deireadh ~** when all is said and done, **Ní beag a bhfuil ~!** Enough said!, **Tá do chuid ~ agat.** You've had your say., **Tá do dhóthain ~ agat!** You've said enough!, Spare me the details!, **Tá sé ~ agam arís agus arís eile.** I have said it again and again., **Tá sé ~ agat!** You said a mouthful!, Amen to that!

Ráiteas *m (-tis; -tis, ~)* statement
áibhéil overstatement, **briathra** *(pl of briathar)* words, **caint** talk, **comhráiteas** joint communiqué, **cumarsáid** communication, **cur in iúl** informing, expressing, **dearbhú** asserting, **faisnéis** report, intelligence, **feasachán** bulletin, **focal** word, **fógra** announcement, notice, **forógra** decree, **maíomh** claiming, **maolaisnéis** bare statement; understatement, **meamram** memo, **nóta** note, **óráid** speech, **pointe** point, **postáil** *(social media)* post, **preaseisiúint/ preasráiteas** press release, **ráiteas** statement (cf **ráiteas ón rialtas** statement from the government), **ráiteachas** expression, **teachtaireacht** message; errand, **teagasc** teaching, **tuairisc** report, **tuarascáil** account, report

▲ **~ achomair** brief statement, **~ áiféiseach** risible remark, **~ bainc** bank statement, **~ clabhsúir** closing statement, closing remarks, **~ comhpháirteach** joint communiqué, **~ cuntais** statement of account, **~ faoi mhionn** sworn statement, **~ físe** vision statement, **~ gan fuaimint** glib remark, **~ gonta** laconic comment, **~ maslach** offensive remark, **~ míchuibhiúil** tasteless remark, **~ mionsonraithe** detailed statement, **~ neamhchruinn** misstatement, **~ ró-ghinearálta** sweeping statement, **~ seafóideach** asinine remark, **~ spéise** expression of interest, **~ tacaíochta** endorsement

Raimhre *f (~)* fatness
ablaí fatness, podginess, **beathaitheacht** well-fed condition, corpulence, **bláfaireacht** blossoming, **bláthú** blossoming, **cothaitheacht** fatness, well-fed condition, **dea-chothaitheacht** well-nourished condition, **dlús** fulness, abundance, **dúire** denseness; stupidity, **foircheasacht** obesity, **iomláine** fullness, **maolaigeantacht** dull-wittedness, thickness, **marógacht** paunchiness, pot-belliedness, **méithe** fatness, richness, lushness, **murtall** obeseness, **otracht** grossness, obesity, **plobántacht** blubberiness; squelchiness, **plucaí** chubbiness, **reimheacht** fatness; coarseness, **saill** fat, **stáidiúlacht** portliness, **téagar** stoutness, thickset appearance, **téagarthacht** stoutness, good solidity, **titim chun feola** becoming overweight, **tiús** density; thickness, **toirt** mass, bulk; volume, **torpacht** lumpishness, pot-belliedness, **troime** heaviness, **urbholgaí** pot-belliedness

Ramallae *m (~)* slime, mucus
catarra catarrh, **draoib** mud, mire, **gealachán (uibhe)** (egg) white, **glae** slime; glue, **glár** soft mass, **láib** mud, **liongar** slime, filth, **múscán** oozy substance, **óirthí** *f* mucus discharge in heat (cf **Bhí an bhó ar dáir agus bhí óirthí léi.** The cow was in heat and was producing mucus.), **puiteach** *m* mud, mire, **púscán** ooze, **réama** phlegm, **roide** *f* muck, dirt (cf **roide bhuí** slime), **salachar** dirt, **slaba** mud, ooze, **slampar** slime, **sláthach** *m* oozy mud, **sleamhaine** slipperiness, **sloda** sludge, **smuga** snot, mucus, **sramaí** *mpl* sleep, slime, **stalcaisí** *spl* animal slime; foaming at mouth of cattle, **troighean** *f* fish oil; greasy substance, **úsc** *m* ooze, grease, oil

▲ **~ seilide** slimy/mucus trail of a snail

Rámhaille *f (~; -llí)* delirium, raving
  amaidí craziness, **báiní** frenzy, **baois** foolishness, **buile** madness, **caint chraiceáilte** crazy talk, **éigiall** irrationality, **histéire** *f* hysteria, **íorthacht** derangement, madness, **mearú (chloisteála, etc)** (auditory, etc) hallucination, **mire** *f* madness, **siabhrán** delusion, **siabhránacht** hallucination, hallucinating, **speabhraídí** ravings, hallucinations

  ◊ **Bhí an t-othar ag ~.** The patient was delirious/raving., **Cén ~ atá ort!** What are you ranting on about?, **Níl sa mhéid sin ach ~ mná mire!** Those are just the ravings of a madwoman!

Ramhar *adj irr* fat, thick, coarse
  ablach fat, podgy, **aibí** ripe, **beathaithe** well-fed, plump, corpulent, **bláfar** blossoming, **bolgach** big-bellied, **dea-chothaithe** well-nourished, well-fed, **díoghainn** *(lit)* dense, think, solid, **dlúth** dense, **dúr** dense, stupid, **geoiseach** paunchy, **faoi bhláth** in blossom, **foircheasach** obese, **forlíonta** filled out, well-fed, **iomlán** full, **leathan** *(speech)* thick, **maolaigeanta** dull-witted, thick, **marógach** paunchy, **méith** fat, rich, lush, **mion tiubh** a little on the chubby side, **mór** big, **murtallach** obese, **otair** gross, **otraithe** having become gross, obese, **páinteach** plump, **pleistíoch** flabby, gross, **plobánta** blubbery; soft, squelchy, **plucach** chubby-cheeked, **preicleach** double-chinned, **puntánach** short, thick and stocky, **réimeach** flourishing, **ró-throm** overweight, **sailleach** fatty, **sceartach** pot-bellied, **slaparáilte** flabby, **téagartha** thickset, robust, **tite chun feola** fleshy, overweight, **thar an meáchan ceart** over the right weight, **stománach** pot-bellied, paunchy, **tiubh** thick, **toirtiúil** bulky, **torpach** lumpish, pot-bellied, **trom** heavy, **urbholgach** pot-bellied *(see also: feolamán)*

  ▲ **abhainn** ~ swollen river, **ceann** ~ thick head, **duine** ~ fat person, **uachtar** ~ thick cream

  ◊ **Tá an loch ~ le héisc.** The lake is seething with fish., **Tá sé ~ sa teanga/sa cheann.** He speaks indistinctly/is slow-witted.

Ramhraigh *v₂ₐ* fatten, thicken
  beathaigh feed, fatten up, nourish, **biathaigh** feed, **cothaigh** nourish, feed; sustain, **cuir feoil ar** make meatier, put meat on, **cuir le meáchan an duine** add to a person's weight, **cuir teann le** *(metph)* beef up, **déan ramhar** make fat, **dlúthaigh** concentrate, thicken, **láidrigh** strengthen, **measraigh** fatten, feed with mast, **méathaigh** fatten, **neartaigh** fortify, **téigh i dtiús** thicken, densify, **teann suas** *(metph)* beef up, **tit chun feola** to put on weight, become fat, **tiubhaigh** thicken, firm up, **treisigh** bolster up, strengthen, **saibhrigh** enrich, **stolp** become stodgy, stiffen, **tabhair bia do** give food to

Ramhraithe *pp* fattened, thickened
  beathaithe fed, fattened up, nourished, **biathaithe** fed, nourished, **cothaithe** nourished, fed; sustained, **dar tugadh bia** given food, fed, **déanta ramhar** made fat, **dlúthaithe** concentrated, thickened, **dulta i dtiús** thickened, densified, **láidrithe** strengthened, **measraithe** fattened, fed with mast, **méathaithe** fattened, **neartaithe** fortified, **teannta suas** *(metph)* beefed up, **tite chun feola** put on weight, become fatter; gotten obese, **tiubhaithe** thickened, firmed up, **treisithe** bolstered up, strengthened, **saibhrithe** enriched, **stolptha** gotten stodgy, stiffened

Ramhrú *vn* fattening, thickening
  beathú feeding, fattening up, nourishing, **biathú** feeding, **cothú** nourishing, feeding; sustaining, **cur le meáchan an duine** adding to a person's weight, **cur teann le** *(metph)* beefing up, **dlúthú** concentrating, thickening, **dul i dtiús** thickening, densifying, **láidriú** strengthening, **measrú** fattening, feeding with mast, **méathú** fattening, **neartú** fortifying, **saibhriú** enrichment, enriching, **teannadh suas** *(metph)* beefing up, **titim chun feola** putting on weight, **tiubhú** thickening, firming up, **treisiú** bolstering up, strengthening, **stolpadh** getting stodgy, stiffening

Randamach *adj³* random
  aimhréidh entangled, **ainrialta** anarchical, disorderly, **anordúil** chaotic, **corr-** odd, occasional, **corr** odd (cf **uimhir chorr** odd number), **fánach** occasional, **i mí-eagar** in disarray, **mearbhlach** erratic, random, **measctha suas** mixed up, **mí-ordaithe** disordered, **mírialta** disorderly; irregular, **neamhordaithe** disordered, confused, **neamhordúil** not in any order, disordered, **teagmhasach** incidental, **trí chéile** messed up, in a mess

Randamacht *f (~a)* randomness
  aimhréidh disorder, entanglement, **ainrialtacht** anarchy, **anord** *m* chaos; disorder, **cíor thuathail** complete muddle, **manglam** jumble, **meascán** **mearaí** muddle, **mí-eagar** disarray, **mí-ord** disorder, **mírialtacht** disorderliness; irregularity, **neamhord** disorder, confusion *(see also: anord)*

Rang *m (~a; ~anna)* class, rank
  aicme *f* class, **cáilíocht** qualification, **catagóir** *f* category, **catalóg** catalogue, **ceardlann** workshop, **céim** degree, step, stage, **comhad** file, **dioplóma** *m* diploma, **grád** grade, **grádú** grading, **grúpa** *m* group, **leibhéal** level, **pointe** *m* point, **ráta** *m* rate, **roinn** *f* division, **runga** *m* rung, **sraith** set, **suíomh** position, **uasghrádú** upgrade

Rangaigh *v₂ₐ* classify
  aicmigh classify, **comhdaigh** file, **catagóirigh** categorise, **catalógaigh** catalogue, **cruinnigh** assemble, **cuir i gcomhad** put in a file, **cuir in aicmí** put into classes, **cuir in eagar** order, edit, sort out, **cuir in ord** put in order, **cuir (in ord) de réir ranganna** rank, **grádaigh** grade, **grúpáil** group, **meas** appraise,

assess, **measúnaigh** evaluate, **ordaigh** order, **rátáil** rate, **sórtáil** sort, **togh** elect

Rangaithe *pp* classified
aicmithe classified, **comhdaithe** filed, **catagóirithe** categorised, **catalógaithe** catalogued, **cruinnithe** assembled, **curtha in aicmí** placed into classes, **curtha i gcomhad** placed in a file, **curtha in aicmí** put into classes, **curtha in eagar** ordered, edited, sorted out, **curtha in ord** placed in order, **curtha (in ord) de réir ranganna** ranked, **grádaithe** graded, **grúpáilte** grouped, **measta** appraised, assessed, **measúnaithe** evaluated, **ordaithe** ordered, **rátáilte** rated, **sórtáilte** sorted, **tofa** elected

Rangú *vn* classifying
aicmiú classifying, **comhdú** filing, **catagóiriú** categorising, **catalógú** cataloguing, **cruinniú** assembling, **cur in aicmí** putting into classes, **cur i gcomhad** putting in a file, **cur in eagar** ordering, editing, sorting out, **cur in ord** putting in order, **cur (in ord) de réir ranganna** ranking, **grádú** grade, **grúpáil** grouping, **meas** appraising, assessing, **measúnú** evaluating, **ordú** order, **rátáil** rating, **sórtáil** sorting, **toghadh** elected

Rann *m (rainn; rainn, ~)* quatrain, stanza, verse
amhrán song, **amhrán tíre** folk song, **bailéad** ballad, **ceathrú** quatrain, **dán** poem, **duan** poem, **fearsaid** piece of poetry, ditty, **iamb** iambus, **laoi** narrative poem, lay, **líne** *f* line, **liric** lyric, **lúibín** jingle, ditty, **luimneach** *m* limerick, **madragal** madrigal, **rabhcán** jingle, ditty, **rabhán** doggerel verse; vulgar rhyme, **ramás** little rhyme, doggerel, **rannaíocht** versification, **rím** rhyme, **stéibh** stave, **véarsa** verse, **véarsaíocht** versification *(see also: dán)*

Rannpháirteach *adj³* participating, partaking, contributory
comhbhách sympathetic, **comhbhraiteach** *(med)* sympathetic, **cúise** *(> cúis) (gram)* causal, **cúisíoch** causative, **gníomhach** active, **mar alt den mhuineál de** as part and parcel of it, **mar chuid de** as part of, **mar chuid dílis de** as an integral part of, **mar inne agus ionathar de rud éigin** as part of the nuts and bolts of something, **páirteach** sharing, involved; sympathetic, **rannach** sharing, apportioning, **rannaíoch** partitive, **ranníocach** *(financial)* contributory (cf **pinsean ranníocach** contributory pension), **tiomanta** committed

Rannpháirtigh *v₂ᵦ* participate; share
bí mar chuid de be part of, **comhoibrigh (le)** cooperate (with), **cuidigh (le)** help; contribute (to), **éirigh gafa le** become involved with, **éirigh rannpháirteach (i gcoir)** abet (in a crime), **gabh le** get involved with, **glac páirt (i ndeasghnáth)** partake (in a ceremony), **páirtigh** participate, share, **roinn** share, **tóg páirt (i gcluiche)** take part (in a game)

Rannpháirtíocht *f (~a)* participation
comhoibriú cooperation, **cuidiú (le)** helping, contributing (to), **gabháil (le)** getting involved with, **glacadh páirte (sa cheiliúradh)** partaking (in the celebration), **ionchur** input, **páirtiú** participating, sharing, **roinnt** sharing, **tógáil páirte** taking part

Rannpháirtithe *pp* participated; shared
comhoibrithe (le) cooperated (with), **cuidithe (le)** helped; contributed (to), **éirithe gafa le** gotten involved with, **éirithe ina chuid de** become part of, **éirithe rannpháirteach (i gcoir)** abetted (in a crime), **gafa le** gotten involved with, **inar glacadh páirt** partaken in, **páirtithe i** participated in, shared in, **roinnte** shared, **tógtha páirt i** taken part in

Rannpháirtiú *vn* participating; sharing
comhoibriú (le) cooperating (with), **cuidiú (le)** helping; contributing (to), **éirí gafa le** becoming involved with, **éirí ina chuid de** becoming part of, **éirí rannpháirteach (i gcoir)** abetting (in a crime), **gabháil le** getting involved with, **glacadh páirt i** partaking in, **roinnt** sharing, **tógáil páirt i** taking part in, participating in

Raon *m (-oin; ~ta)* range, track
achar *m* distance, **bóthar** road, **bealach** *m (-laigh; -laí)* way; route, **conair** path, passage, **cosán** footpath, **cúrsa** course, **cúrsa taistil** itinerary, **dola** toll, **dul** going, **fairsinge** width, extent, **lána** lane, **limistéar** precinct, sector, **lorg** track, trail, **réimse** reach, range, **ród** road, **scóip** scope, **slí** *f* way, **treo** *m* direction, **triall** *m (~a)* heading, journey, **turas** trip, **uaillmhian** *f (-mhéine; ~ta)* ambition *(see also: slí)*

▲ ~ **aoise** age range, ~ **cleachtaidh** practice range, ~ **clúdaigh** coverage (cf ~ **clúdaigh fón póca** mobile phone coverage), ~ **cnámhóg** cinder track, ~ **éisteachta** hearing range, ~ **gutha** vocal range, ~ **nua** new range (cf ~ **nua éadaí snámha** new range of swimwear), ~ **radhairc** range of vision (cf **as ~ radhairc** beyond what is visible), ~ **rásaí** racetrack, ~ **reatha** running track, ~ **rothar** cycle track, ~ **teochta** temperature range

◊ **an ~ iomlán** the whole gamut, **as ~** out of range, **cuaird den ~ a dhéanamh** to do a lap of the track, **laistigh de ~ éisteachta** within hearing range, **ó ~ gairid/fada** from short/long range

Rás *m (~a; ~aí)* race; run
breabhaid run, dash, **coimhlint** struggle; scramble, **comhlann** *m (-lainn)* contest, match, **comórtas** competition, **comhrac** *m* contest, **dé-atlan** biathlon, **deargiomaíocht** rat race, **fiach** *m (fiaigh)* chase, **fogha** *m* dart, lunge, **geábh** short run, dash, **grafainn** *(lit)* horse race, **iomaíocht** competition, competing, **léimrás** steeplechase, **maratón** marathon, **rásaíocht** racing, **ráib** sprint, **ráibeáil** sprinting, **reáchtáil** running, **reathaíocht** running, **regatta** *m* regatta, **rith**

Rásáil

m (reatha) run, **ropadh** dash, dart, **ruaill** rush, dash; hurried visit, **ruathar** onrush, dash, charge, **rúid** spurt, sprint, **rúidealach** *f* sprinting, dashing, **rúideog** short dash, sprint, **ruthag** sprint, run, **sciotán** stump of tail (cf **de sciotán** in a dash), **sciuird** dart, fast run; flying visit, **seáp** *m (~)* dash, rush, **seáp reatha** quick run, **séirse** *m* impetuous dash, charge, **sitheadh** onrush, dash, swoop, **stáir** run, dash, **srán** dash; attack, **tóir** *f (tóra; ~eacha)* pursuit, chase, **tóraíocht** pursuit, search

▲ ~ **ar an ré** flat race, ~ **asal** donkey derby, ~ **bacainní** obstacle race, ~ **bád** boat race, ~ **capall** horse race, ~ **carranna** car race, ~ **carranna trastíre** autocross race, ~ **céad méadar** hundred metre race, ~ **cúig chiliméadar fichead** twenty-five kilometre race, ~ **daichead ciliméadar** forty-kilometre race, ~ **fadraoin** long-distance race/run, ~ **géar** tight race, ~ **le hubh is spúnóg** egg and spoon race, ~ **meánraoin** middle-distance race, ~ **trastíre** cross-country race, ~ **rothar** cycle race, ~ **sealaíochta** relay race, ~ **seasmhachta** endurance race, ~ **tríchosach** three-legged race, **cliath~ céad méadar** hundred metre hurdles race

◊ ~ **in aghaidh an chloig** race against the clock, **de ~** at a run, ~ **na bhfrancach** *(BÁC)* rat race

Rásáil *v₁ₑ* race

bí ag preabadh go tapa *(heart)* be racing, beating hard, **bí ag rásaíocht** be running, **déan coraíocht (le)** tussle, wrestle (with), **déan rásaíocht** do racing, **déan ráib** make a dash, sprint, **déan ruathar** make a charge, **déan rúid** make a spurt/sprint, **fiach** hunt, chase, **ráibeáil** sprint, **rith** run, **sciurd** rush, dash, **streachail (le)** battle (with), **tabhair seáp (faoi)** make a dash/rush (at), **tabhair sitheadh** onrush, dash, swoop, **téigh san iomaíocht (le)** compete (with), contest (against), **tóraigh** pursue, seek

Rásáil *vn* racing

coraíocht tussling, wrestling, **dul san iomaíocht (le)** competing, contesting, **fiach** hunting, chasing, **preabadh go tapa** *(heart)* racing, beating hard, **ráib** dash, sprint, **ráibeáil** sprinting, **rásaíocht** racing, **rith** running, **ruathar** charge, rush, **rúid** spurt, sprint, **sciuird** rush, dash, **sciurdadh** rushing, dashing, **seáp** dash/rush, **sitheadh** onrush, dash; swoop, **streachailt (le)** battling (with), **tóraíocht** pursuing, seeking

Rásáilte *pp* raced

dulta san iomaíocht (le) competed, contested (with), **fiachta** hunted, chased, **rite** run, **preabtha go tapa** *(heart)* raced hard, **sciurdta** rushed, dashed, **streachailte (le)** battled (with), **tóraithe** pursued, sought

Rásaíocht *f (~a)* racing

comórtas competition, **graifne** *f (lit)* horse racing, **na rásaí** the races, **ráibeáil** sprinting, **raonrásaíocht** track racing, **regatta** *m* regatta, **rith** *m (reatha)* run, **ruathar** onrush, dash, charge, **rúid** spurt, sprint, **rúidealach** *f* sprinting, dashing, **sciobadh** racing to snatch something, scrambling, **seáp** *m (~)* dash, rush, **sciuirdrásaíocht** drag racing, **seáp reatha** quick run, **sitheadh** onrush, dash, **tiomáint thapa** fast driving, **tóir** *f (tóra; ~eacha)* pursuit, chase

Rásúil *adj⁴* racing

iomaíoch competitive, **iomaíochta** *pnt* competition, **rábach** bold, dashing, **reatha** running, **ruatharach** rushing about, charging around, **rúidealach** sprinting, rushing around, **sciobtha** fast, rapid, scrambling, **sciuirdrásaíochta** *pnt* drag racing, **tiomanta** driven, determined

Ráta *m (~; ~í)* rate

céim step, pace; degree, **céatadán** percentage, **cóimheas** ratio, **coibhneas** relation, **comhréir** proportion, **dleacht** *f* duty, **dola** toll, **fiúntas** worth, **gastacht** rapidity; quick-wittedness, **gearradh** cut, **grád** grade, **íocaíocht** payment, **luaithe** quickness, earliness, **luas** speed, pace, tempo, **luach** value, **luathú** acceleration, **pá** pay, **praghas** price, **scála** scale, **siúl** pace, **táille** *f* charge, fee, **tapaíocht** quickness, **tomhas** measure, **treoluas** velocity

▲ ~ **análaithe** breathing rate, ~ **atáirgthe** reproduction rate, ~ **atarlaithe** recurrence rate, ~ **athraithe** conversion rate, ~ **athraitheach** variable rate, ~ **báis (naíonán)** (infant) mortality rate, ~ **beireatais** birth rate, ~ **bliantúil** annual rate, ~ **boilscithe** inflation rate, ~ **caighdeánach** standard rate, ~ **cánach** tax rate, ~ **cliceála** click rate, ~ **coiriúlachta** crime rate, ~ **dífhostaíochta** unemployment rate, ~ **fáis (inbhuanaithe)** (sustainable) growth rate, ~ **féinmharaithe** suicide rate, ~ **galrachta** morbidity rate, ~ **laethúil** daily rate, ~ **malairte** *(fin)* exchange rate, ~ **marthanais** survival rate, ~ **morgáiste** mortgage rate, ~ **san uair** hourly rate, ~ **sástachta** approval rating, ~ **seasta** fixed rate, ~ **úis** interest rate

Rátáil 1 *v₁ₑ* rate

aicmigh de réir fiúntais classify according to worth, **céimnigh** grade, graduate, **cuir (in ord) de réir ranganna** rank, **grádaigh** grade, **leabhraigh** mark out, measure, tape, **marcáil** mark, **meáigh** weigh, **meas** reckon, assess, **measúnaigh** assess, appraise, **oibrigh amach** work out, **rangaigh** rank, classify, **réimnigh** arrange in order; *(gram)* conjugate, **tabhair breithiúnas (ar)** judge, pass judgment (on), **tar ar thuairim faoi scéal** size up a situation, **tomhais** gauge; measure

Rátáil 2 *vn* rating

aicmiú de réir fiúntais classifying according to worth, **céimniú** grading, graduating, **cur (in ord) de réir ranganna** ranking, **grádú** grading, **leabhrú**

Rátáilte

marking out, measuring, taping, **marcáil** marking, **meá** weighing, **meas** reckoning, assessing, **measúnú** assessing, appraising, **oibriú amach** working out, **rangú** classifying, **tabhairt breithiúnais (ar)** judging, passing judgment (on), **teacht ar thuairim faoi scéal** sizing up a situation, **tomhas** gauging; measuring

Rátáilte *pp* rated
  aicmithe de réir fiúntais classified according to worth, **céimnithe** graded, graduated, **curtha (in ord) de réir ranganna** ranked, **grádaithe** graded, **leabhraithe** marked out, measured, taped, **marcáilte** marked, **meáite** weighed, **measta** reckoned, assessed, **measúnaithe** assessed, appraised, **oibrithe amach** worked out, **rangaithe** classified, **réimnithe** arranged in order; *(gram)* conjugated, **tagtha ar thuairim** come to an opinion, sized up, **tomhaiste** gauged; measured

Rath *m (~a)* success, good fortune, prosperity
  ádh luck, **ámharaí** good luck (cf **ar ámharaí an tsaoil** as luck would have it), **ana** *m (lit)* prosperity, wealth, **bail** prosperity, good condition, **bailchríoch** culmination, **barr** superiority, **barr áigh** victory, **bláth** bloom, prosperity, abundance, **bua** victory, **caithréim** triumph, **concas** conquest, **corn** *(sp)* cup, trophy; goblet, **craobh** *f (-oibhe; ~a, ~)* laurels, palm, **críoch** *f (-íche; ~a, ~)* fulfilment, **cúiteamh** compensation, **cur i gcrích** accomplishment, **déanamh go maith** doing well, **deathoradh** good result, **duais** prize, **fleasc** *f (fleisce; ~a, ~)* garland, wreath, **fortún** fortune, **leas** benefit, **luaíocht** merited reward, merit, **rafaireacht** prosperousness, **rathúlacht** success, successfulness, **rathúnas** prosperity, **séan** prosperity, **só** luxury, **sochar** gain, **sonas** good fortune, happiness, **sorthan** *(lit)* prosperity; maintenance, **tabhartas** gift, bestowal, **tairbhe** *f* benefit, **tuillteanas** merit, desert

Ráth *m (~a; ~anna)* earthen rampart, earthen ringfort
  bábhún walled enclosure, bawn, **balla cosanta** defensive wall, **bancán** small bank of earth, **claí** ditch, **claífort** embankment, **claíochán** low embankment, field-fencing, **crann taca** buttress, **daingean** fortification, **dún** fort, ringfort, **dúshraith** substratum, foundation, **forbhalla** parapet, battlement, **lios** fort, ringfort, fairy fort, **múr cosanta** rampart, **port** bank, slope, embankment, **rampar** rampart, **sceimheal** *f* encircling wall, rampart, **urdhún** bastion, fortification

Rathaigh *v₂ₐ* prosper, succeed, thrive
  bí faoi bhláth be thriving, **bisigh** increase, prosper, **borr** boom, swell, increase, **déan go maith** do well, **éirigh le** succeed, **fás** grow, **forbair** develop, **láidrigh** strengthen, **soirbhigh** make easy, prosper (cf **Go soirbhí Dia thú!** May God prosper you!), **téigh chun maitheasa** improve, get better, **téigh i bhfeabhas** improve, get better, **téigh i mbreis** increase, **téigh ó neart go neart** go from strength to strength

◊ **Go rathaí Dia an obair!** May God prosper the work!

Rathaithe *pp* prospered, succeeded, thrived
  bisithe increased, prospered, **borrtha** swollen increased, **déanta go maith** done well, **dulta chun maitheasa** improved, gotten better, **dulta i bhfeabhas** improved, gotten better, **dulta i mbreis** increased, **dulta ó neart go neart** gone from strength to strength, **éirithe le** succeeded, **faoi bhláth** in bloom, in blossom, **fásta** grown, **forbartha** developed, **láidrithe** strengthened, **soirbhithe** prospered

Rathú *vn* prospering, succeeding, thriving
  bheith faoi bhláth being in bloom, in blossom, **bisiú** increasing, prospering, **borradh** swelling increasing, **déanamh go maith** doing well, **dul chun maitheasa** improving, getting better, **dul i bhfeabhas** improving, getting better, **dul i mbreis** increasing, **dul ó neart go neart** going from strength to strength, **éirí le** succeeding, **fás** growing, **forbairt** developing, **láidriú** strengthening, **soirbhiú** prospering

◊ **Tá a gnó nua ag ~.** Her new business is thriving.

Rathúil *adj⁴* successful, prosperous, lucky
  acmhainneach well-to-do, affluent, **ádhúil** lucky, **ámharach** fortunate, lucky, **aitheanta** recognised, acknowledged, **ar a bhfuil éileamh mór** which is in great demand, **ar a bhfuil ráchairt mhór** that there's a great demand for, **ar maos in airgead** rolling in money, **bairr** top, **bláfar** blooming, blossoming, **buach** victorious, **caithréimeach** triumphant, **cóir** *(wind)* favourable, **cúiteach** rewarding, compensating, **deisiúil** well-circumstanced, **éadálach** wealthy in worldly goods, **éifeachtúil** efficacious, **éiritheach** successful; insurgent, **fabhrach** favourable, **faoi bhláth** flowering, blossoming, **faoi rath** flourishing, **fortúnach** fortunate, **gan chloí** unbeaten, **iarmhaiseach** affluent, prosperous, **lasta** selling like hot cakes, **neamhchloíte** unsubdued, unbeaten, **rafar** thriving, **rathúnasach** prosperous; abundant, **réimeach** flourishing; holding sway, **róúil** plentiful, **saibhir** wealthy, **sárdhíola** *(> sárdhíol)* bestselling, **sásúil** satisfactory; satisfying, **séanmhar** prosperous, **soinmheach** *(lit)* prosperous, **sonasach** fortunate, happy, **substainteach** substantive, well-to-do, **torthúil** fruitful, fertile

Ré 1 *f (~; ~anna)* moon
  corrán crescent, **gealach** *f* moon (**Dónall na gealaí** the man in the moon), **laindéar na hoíche** Paddy's lantern, the moon, **Muire na maidine** moon seen in the morning sky, **réabghealach** *f* brightly shining moon, **satailít** satellite, **pláinéad** planet, **pláinéadóideach** *m* planetoid *(see also: gealach)*

Ré 2 *f (~; ~anna)* era, age, period of time
  achar length of time, **aimsir** time, era, **aois** age, **cian** *f* age, length of time (cf **na cianta fad ó shin** ages

ago), **lá** day (cf **ar ais sa lá** *(BÁC)* back in the day, **Bhí lá ann nárbh amhlaidh é.** There was a day when it wasn't so.), **scaitheamh** period of time, while, **seal** spell, **tamall** while, duration, **téarma** term, **tréimhse** *f* period, **tráth** period of time, **uair** once, one time, **uídhe** *m* (~; ~*adha*, ~*adh*) *(lit)* fixed period of time (cf **ceann uídhe** journey's end)

▲ ~ **atá thart** bygone era, ~ **an fheodachais** the feudal era/age, ~ **an spáis** the space age, ~ **ársa** ancient period, ~ **dhigiteach** digital age, ~ **dhorcha in ár stair** dark period in our history, ~ **feidhme** service life, ~ **na cinedheighilte** era of apartheid, ~ **na coilíneachta** colonial era, ~ **na faisnéise** the information age, ~ **na hEagnaíochta** the Age of Enlightenment, ~ **na n-impireachtaí móra** the era of great empires, ~ **na Lochlannach** the Viking Age, ~ **na Meánaoise** the medieval period, the Middle Ages, ~ **na síochána** the time of peace, ~ **na teicneolaíochta** the technological age, ~ **na tionsclaíochta** the industrial age, ~ **órga na scannánaíochta** the golden age of moviemaking, ~ **Pheadáir Mhóir** the Petrine period, **an ~ Chaenasóch** the Cenozoic era, **an ~ chlasaiceach** the classical period, **an ~ Chríostaí** the Christian era, **an ~ Dhorcha** the Dark Ages, **an ~ Heilléanaíoch** the Hellenistic period, **an ~ Mheiseasóch** the Mesozoic period, **an ~ Mheisiasach** the Messianic era, **an ~ Phailéasóch** the Palaeozoic era, **an ~ Phatrarcach** the Patriarchal era, **an ~ Rómánsach** the Romantic era, **an ~ Shiolúrach** the Silurian Era

◊ **aisteoir a bhfuil a ~ thart** washed-up actor; a has-been, **roimh ~** beforehand, in advance, **Is deireadh ~ é.** It's the end of an era., **socrú roimh ~** prior arrangement, **Tá ~ nua ann.** A new age has dawned., **tús ~ nua** dawn of a new age, **Tá seisean ó ~ eile ar fad.** He belongs to an entirely different era.

Réab *v₁ₐ* rend, rip; shatter, violate
bain as a chéile take to pieces, **bris ina smidiríní** shatter, **coscair** cut up, mangle, **déan smionagar de** shatter into small pieces, **éignigh** rape, **glám** clutch and rip, **leadhb** tear asunder, tear into strips, **liobair** tear, tatter, **lochair** lacerate, strip; afflict, distress, **mill** ruin, **mionstiall** shred, **pléasc** shatter; explode, **rois** rip, rend, **sáraigh** violate, **scáin** sever, **sclár** lacerate, cut to pieces, **scoilt** split, **scoith** sever, cut off, **scrios** destroy, **spleantráil** splinter; lacerate, **stiall** cut into strips, rend, **stoll** tear, rend, **stróic** tear, rip, **srac óna chéile** wrench apart; sever, tear

Réabadh *vn* rending, ripping; shattering, violating
baint as a chéile taking to pieces, **briseadh ina smidiríní** shattering, **coscairt** cutting up, mangling, **déanamh smionagair** shattering into pieces, **éigniú** raping, **glámadh** pulling and tearing, **leadhbadh** tearing asunder, tearing into strips, **liobairt** tearing, tattering, **lochradh** lacerating, stripping; afflicting, distressing, **milleadh** ruining, **mionstialladh** shredding, **pléascadh** shattering; exploding, **roiseadh** ripping, rending, **sárú** violation, violating, **scáineadh** cracking, severing, **scláradh** lacerating, cutting to pieces, **scoilteadh** splitting, **scoitheadh** severing, cutting off, **scriosadh** destroying, **stróiceadh** tearing, ripping, **sracadh óna chéile** tearing apart

Réabhlóid *f* (~*e*; ~*í*) revolution
briseadh saor breaking free, **casadh na péiste** the turning of the worm, **casadh na taoide** the turning of the tide, **ceannairc** mutiny, revolt, **éirí** *m* **amach** uprising, insurgency, **muirtheácht** revolution, **nua** *m* new thing, **nuálaíocht** innovation, **reibiliún** rebellion

▲ ~ **Dheireadh Fómhair** the October Revolution, ~ **Iúil** the July Revolution, ~ **Mheiriceá** the American Revolution, ~ **na Fraince** the French Revolution, ~ **na Rúise** the Russian Revolution, **an ~ Bhoilséiveach** the Bolshevik Revolution, **an ~ Chultúrtha** *(China)* The Cultural Revolution, **an ~ Dhigiteach** the Digital Revolution, **an ~ Eolaíoch** the Scientific Revolution, **an ~ Ghlas** the Green Revolution, **an ~ Talmhaíochta** the Agricultural Revolution, **an ~ Thionsclaíoch** the Industrial Revolution

Réabhlóideach *adj³* revolutionary
ainscianta drastic, **bunúsach** fundamental, **cealgach** seditious, **ceannairceach** insurgent, rebellious, **fadraoin** (> *fadraon*) far-reaching, long range, **go bunúsach difriúil** fundamentally different, **nua** new, **nuálach** innovative, **núíosach** new, novel, **ó bhun** fundamental, radical, **óg** young, **radacach** radical, **reibiliúnach** rebellious, **scóipiúil** sweeping (cf **leasú scóipiúil** sweeping reform), **treascrach** subversive, **úr** fresh, novel, **úrnua** brand new, ground-breaking

Réabhlóidí *m* (~; -*dithe*) revolutionary
ceannairceach *m* insurgent; *(sea)* mutineer, **ceannródaí** pioneer, **círéibeoir** rioter, **comhchealgaire** conspirator, **easaontóir** dissenter, **frithúdarásaí** iconoclast, **lucht comhcheilge** conspirator, **nuálaí** innovator, **radacach** *m* radical, **reibiliúnach** *m* rebel, **reibiliúnaí** rebel, **sceimhlitheoir** terrorist, **suaiteoir** agitator, **treascróir** *m* subversive

Réabtha *pp* rent, ripped; shattered, violated
bainte as a chéile taken to pieces, **briste ina smidiríní** shattered into pieces, **coscartha** cut up, mangled, **dá ndearnadh smionagar** shattered into small pieces, **éignithe** raped, violated, **glámtha** pulled at and ripped, **leadhbtha** torn asunder, torn into strips, **liobartha** torn, tattered, **lochartha** lacerated, stripped; afflicted, distressed, **millte** ruined, **mionstiallta** shredded, **pléasctha** shattered; exploded, **roiste** ripped, rent; unravelled, **sáraithe** violated, **scáinte** severed, **sclártha** lacerated, cut to pieces, **scoilte** split, **scoite** severed, cut off, **scriosta** destroyed, **spleantráilte** splintered; lacerated, **stróicthe** torn, ripped, **sractha óna chéile** wrenched apart; severed, torn

Reachtaigh v_{2a} legislate

achtaigh enact, **bunaigh** establish, **ceap** think up, formulate, **cinn** decree, fix, **códaigh** codify, **déan** make, **déan dlíthe** make laws, **fógair** decree, ordain, **forógair** proclaim, **glac le** accept, adopt (cf **Ghlac siad leis na rialacha nua**. They adopted the new rules.), **ordaigh** order, **rith bille** pass a bill, **rith reachtaíocht** run legislation, **tionscain** initiate, establish, **údaraigh** authorise

Reachtaithe *pp* legislated

achtaithe enacted, **bunaithe** established, **ceaptha** thought up, formulated, **cinnte** decreed, fixed, **códaithe** codified, **déanta** made, **déanta ina ndlíthe** made into laws, **fógartha** decreed, ordained, **forógartha** proclaimed, **glactha le** accepted, adopted, **ordaithe** ordered, **rite** passed, **tionscanta** initiated, established, **údaraithe** authorised

Reachtaire *m* (~; -rí) controller, steward, master of ceremonies

an duine i gceannas the person in charge, **bainisteoir** manager, **bean an tí** the woman in charge; *(woman)* master of ceremonies, **caomhnóir** guardian, **ceann** head, **ceannaire** leader, **ceannasaí** chief, **ceann feadhna** ringleader, **coimeádaí** keeper, curator, **cumhdaitheoir** keeper, preserver, **fear an tí** the man in charge; master of ceremonies, **láithreoir** presenter, **lucht ceannais** people in charge, the people running things, **maor** attendant; prefect, **rialaitheoir** controller, ruler, **rialálaí** regulator, **rialtóir** controller; ruler, governor, **riarthóir** administrator, **smachtaitheoir** subduer, controller, subjugator, **stíobhard** steward, **urlámhaí** controller

Reachtú *vn* legislating

achtú enacting, **bunú** establishing, **ceapadh** thinking up, formulating, **cinntiú** decreeing, fixing, **códú** codifying, **déanamh** making, **déanamh dlíthe** making laws, **fógairt** decreeing, ordaining, **forógairt** proclaiming, **glacadh le** accepting, adopting, **ordú** ordering, **rith bille** passing a bill, **rith reachtaíochta** running of legislation, **tionscnamh** initiating, establishing, **údarú** authorising

Réadúil *adj⁴* realistic, real

barántúil authentic, **ceart** correct, **cruinn** accurate, **dílis** faithful, genuine, **fíor** true; genuine **fíor-** *pref* true; genuine, **fírinneach** truthful, genuine, **géarchúiseach** observant; sharp-eyed, clear-eyed, **ionadaíoch** representative, **ionann is mar a bhíonn sa saol** true to life, **le cosa (go daingean) ar an talamh** grounded, **nádúrtha** natural, **neamh-mhaoithneach** unsentimental, **neamhrómánsach** unromantic, **nithiúil** real, concrete, corporeal, **oibiachtúil** objective, **pragmatach** pragmatic, **praiticiúil** practical, **réadach** real, objective (cf **eastát réadach** real estate), **réalaíoch** realistic, **réalta** manifest,

siosmaideach down-to-earth, **stuama** worldly-wise, in touch with the real world

▲ **an saol ~** the real world, **dearcadh ~** realistic view, **léiriú ~** realistic portrayal

◊ **Is mithid dúinn bheith ~!** Let's get real here!, **Níl sé ~ bheith ag súil lena mhalairt!** It is not realistic to expect anything else!

Réadúlacht *f* (~a) realism; pragmatism

amhail an saol mar atá just as life is, **bailíocht** validity, **barántúlacht** authenticity, **dáiríre** sincerity, **dílseacht** faithfulness, genuineness, **fíre** trueness, trueness to life, **inchreidteacht** credibility, **nádúrthacht** naturalness, **nithiúlacht** concreteness, reality, **oibiachtúlacht** objectivity, **praiticiúlacht** practicality, **pragmatachas** pragmatism, **réalachas** realism, **réaltacht** reality, **stuamacht** being in touch with reality; thoughtfulness *(see also: réaltacht)*

Réal v_{1a} make manifest, realise; process; *(photo)* develop

bain amach realise, achieve, **comhlíon** fulfil, carry out, **críochnaigh** complete, finish, **criostalaigh** crystallise, **cruthaigh** create, **cuir i bhfeidhm** bring into force, activate, **cuir i gcrích** accomplish, consummate, **cuir i ngníomh** execute, put into action, **damhnaigh** materialise, **déan** make, **próiseáil** process, **réadaigh** make real, **tabhair chun críche** bring to a conclusion/to fruition, **tabhair chun solais** bring to light

Réaladh *vn* making manifest, realising; *(photo)* developing

baint amach realising, achieving, **comhlíonadh** fulfilling, carrying out, **críochnú** completing, finishing, **criostalú** crystallising, **cruthú** creating, **cur i bhfeidhm** bringing into force, activating, **cur i gcrích** accomplishing, consummating, **cur i ngníomh** executing, putting into action, **damhnú** materialising, **déanamh** making, **próiseáil** processing, **réadú** making real, **tabhairt chun críche** bringing to a conclusion/to fruition, **tabhairt chun solais** bringing to light

Réalaíoch *adj⁵* realistic, lifelike

a bhfuil ciall leis that makes sense, **ar a bhfuil dealramh na beatha** lifelike, **barántúil** authentic, **céillí** sensible, **céillí tomhaiste** down-to-earth, **ciallmhar** sensible, **fíor-** *pref* true, real, **fíorúil** virtual, **fírinneach** true, **inchreidte** believable, **indéanta** doable, **pragmatach** pragmatic, **praiticiúil** practical, **réadach** real, objective, **réadúil** real, realistic (eg **laoch réadúil** realistic hero), **réalta** real, clear, manifest, **réasúnta** reasonable

Réalt- *(pref)* star-, astro-

~-am sidereal time, **~bhuíon** *f* constellation, **~chith** star shower, **~eolaí** astronomer, **~eolaíocht** astronomy, **~fhad** star distance, **~fhisic** astrophysics, **~néal** nebula

Réalt

■ **Téarmaí réalteolaíochta agus spástaiscéalaíochta:** Astronomical and space exploration terms:

abhacréalta dwarf star
ábhar dorcha dark matter
ais an domhain earth's axis
aistriú Doppler Doppler shift
astaróideach *m* asteroid
Bealach na Bó Finne the Milky Way
cóiméad comet
cosmas cosmos
cráitéar crater
crois Oiríon Belt of Orion
cruinne *f* universe
deargaistriú red shift
déréalta binary star
dreige *m* meteor
dreigechith *m* meteor shower
dreigít meteorite
drithliú twinkling
dúpholl black hole
eachtardhomhanda extraterrestrial
éiclips eclipse
fáinní Shatairn Saturn's rings
fithis orbit
fithiseoir orbiter
fithisigh *v* orbit
fuinneamh dorcha dark energy
ga ray
géag bhíseach spiral arm
gealán *m* aurora
grianchóras solar system
grianstad an tsamhraidh/ gheimhridh summer/winter solstice
idir-réaltach interstellar
ilchruinne multiverse
imoibriú comhleá fusion reaction
imphléascadh collapse
imtharraingt gravity
infheicthe ag an tsúil visible to the naked eye
léaslíne theagmhais event horizon
luas freangaidh warp speed
luas an tsolais speed of light
meitéar meteor
ollnóva supernova
pláinéad planet
pulsár pulsar
radaiteileascóp radio telescope
réadlann observatory
réalta reatha shooting star
réaltach stellar; starry
réaltra galaxy
roicéad ilchéime multistage rocket
ruthag trajectory
satailít satellite
seiseamhán sextant
Slat an Rí/Bhodaigh Orion's Belt
solasbhliain light year
spásaire astronaut, cosmonaut
spéir na hoíche the night sky
teileascóp telescope
tointeálaí shuttle
urú na gréine eclipse of the sun
(see also: pláinéad)

Réalt *f (alternative form of: réalta 2)*

Réalta 1 *pp* made manifest, realised; processed; *(photo)* developed
bainte amach realised, achieved, **comhlíonta** fulfilled, carried out, **críochnaithe** completed, finished, **cruthaithe** created, **criostalaithe** crystallised, **curtha i bhfeidhm** brought into force, activated, **curtha i gcrích** accomplished, consummated, **curtha i ngníomh** executed, put into action, **damhnaithe** materialised, **déanta** made, **próiseáilte** processed, **réadaithe** made real, **tugtha chun críche** brought to a conclusion/to fruition, **tugtha chun solais** brought to light

Réalta 2 *f (~; ~í)*
1. *(celestial body)* star
abhac dearg red dwarf, **grian** *f (gréine; ~ta)* sun, **cuasár** quasar, **fathach** *m* **dearg** red giant, **léaspáin** lights/stars before eyes (cf **buaileadh sa cheann mé agus tháinig léaspáin ar mo shúile.** I bumped my head and saw stars), **nóva** *m* nova, **ollnóva** *m* supernova, **réiltín** small star; asterisk, **satailít** satellite, **pulsár** pulsar, **réaltóg** small star; starlet, **rinn** *m (reanna; reanna, reann)* celestial body; planet or star, **sclimpíní** *spl* stars before the eyes *(see also: solas)*

▲ ~ **eireabaill** comet, ~ **eolais** guiding star, ~ **na maidine** morning star, **(an)** ~ **nóna** evening star, ~ **reatha** shooting star, ~ **sheasta** fixed star, **(an)** ~ **thuaidh** north star

2. *(celebrity)* star
boc mór big shot, big name, **ceiliúrán** *m* celebrity, **crann solais** *(archaic)* luminary, **dia beag** idol, **duine mór le rá** famous person, **laoch** hero, **príomhaisteoir** lead, leading actor, **réilteann** *f* heavenly-looking woman, **sármhainicín** supermodel

▲ ~ **ollmhór** megastar, ~ **scannán** movie star

Réaltacht *f (~a; ~aí)* reality
achtáil actualisation, **an saol/scéal mar atá** how things are, **bailíocht** validity, **dáiríre** genuineness, earnestness, **fíre** truthfulness, **fíric** fact, **fírinne** *f* truth, **hipir-réaltacht** hyperreality, **léireasc** truism, **neamhfhíorúlacht** non-virtuality *(ie real world)*, **réalachas** *(lit)* realism, **réalaíocht** realness, quality of being real, **soiléirse** *(lit)* axiom, obvious truth

▲ ~ **an tsaoil seo** reality of this world, ~ **bhreisithe** augmented reality, ~ **fhíorúil** virtual reality, ~ **fholaithe** hidden reality, ~ **inmheánach** internal reality, ~ **mhalartach** alternative reality, ~ **oibiachtúil** objective reality, ~ **oibreachtaí** *(fin)* reality of operations, ~ **pholaitiúil** political reality, ~ **príomhordúil** primordial reality, ~ **sheachtrach** external reality, ~ **shóisialta** social reality, ~ **shuibiachtúil** subjective reality

◊ **drochanáil teilifís** ~**a** pernicious influence of reality TV, **Dúiseacht don** ~ **atá ann.** *(sl)* It's a wakeup call.

Réamh-aireach *adj³* precautionary
aireach cautious, watchful, **ar eagla na heagla** for the sake of precaution, to be on the safe side, **cosanta** *(> cosaint)* protective, **críonna** prudent, wise, **cúramach** careful, cautious, **fadbhreathnaitheach** foresighted, **féinchaomhnaitheach** self-preserving, self-protecting, **réamhaíoch** *(jur)* anticipatory, **réamhchoisctheach** pre-emptive (cf **ionsaí réamhchoisctheach** pre-emptive attack), **réamhchúramach** precautionary,

réamhghabhálach anticipatory, preliminary, **réamhullmhaithe** pre-prepared, **téisclimeach** preparative; busily preparing, **ullmhaitheach** preparative

Réamhaisnéis *f (~e)* forecast
anailís analysis, **fiachaireacht** native traditional weather forecasting, **meastachán** estimation, **poitéinseal** potential, **prognóis** prognosis, **réamhaithris** prediction, **réamhghabháil** anticipation, **réamhinsint** prediction, **réamh-mheastachán** projection, an informed estimation, **táirngreacht** *f* predicting, prediction, **tuar** augury, omen, forecast (**tuar na haimsire** the weather forecast)

▲ ~ **na haimsire** the weather forecast

Réamhaithriseach *adj³* predictive
fadbhreathnaitheach far-seeing, **fadcheannach** shrewd, far-seeing, **prognóiseach** prognostic, **réamhaisnéiseach** forecasting; prognosticating, **réamh-mheastach** extrapolative, predictive, **réamhthagrach** proleptic, **tuarthach** predictive (cf **téacsáil thuarthach** predictive texting), **tuarthéacsáil** predictive texting

Réamhbheartaigh *v₂ₐ* premeditate, pre-plan
ceap roimh ré conceive, fashion beforehand, **réamhbhunaigh** pre-establish, **réamhcheap** preconceive, premeditate, **réamhchinn** predestine, preordain, **réamhchinntigh** predetermine, **réamheagraigh** organise in advance, **réamhfhíoraigh** prefigure, **réamhordaigh** preordain, **réamhshocraigh** prearrange

Réamhbheartaithe *pp* premeditated, pre-planned
ceaptha roimh ré conceived, fashioned beforehand, **réamhbhunaithe** pre-established, **réamhcheaptha** preconceived, premeditated, **réamhchinnte** predestined, preordained, **réamhchinntithe** predetermined, **réamheagraithe** organised in advance, **réamhfhíoraithe** prefigured, **réamhordaithe** preordained, **réamhshocraithe** prearranged

▲ **dúnmharú** ~ premeditated murder, **gníomh** ~ premeditated act

Réamhbheartú *vn* premeditating, pre-planning
ceapadh roimh ré conceiving, fashioning beforehand, **réamhbhunú** pre-establishing, **réamhcheapadh** preconceiving, **réamhchinneadh** predestining, preordaining, **réamhcheapadh** preconceiving, premeditating, **réamhchinntiú** predetermining, **réamheagrú** organising in advance, **réamhfhíorú** prefiguring, **réamhordú** preordaining, **réamhshocrú** prearranging

Réamhbhlaiseadh *m (-ste)* foretaste, pregustation; *(cin)* trailer
blaiseadh taster, **eiseamláir** example, **fógra** announcement; prelude, **fógrán** small advertisement, **rabhadh** warning, **sampla** sample, **réamhamharc** prior look,

réamhdhréacht *(lit, mus)* prelude, **réamheolas** foreknowledge, **réamhfhógra** forewarning, **réamhfhios** prescience, **réamhthagra** prolepsis, **réamhthaispeántas** preview, **tréiléar** *(cin)* trailer

Réamhchlaonadh *m (-nta)* prejudice
beagintinní small-mindedness, **biogóideacht** bigotry, **caolaigeantacht** narrow-mindedness, **claon** tendency; perversity, **claonadh roimh ré** prior bias, **claonbhá** bias, **claontacht** bias, partiality, **claontuairim** preconception, **éadulaingt** intolerance, **éagóir** injustice, **leatrom** (unfair) discrimination, **luí** leaning, **míchothrom** lack of balance, unfairness, **páirtíneacht** one-sidedness, **réamhbhreith** prejudgment, **taobhaí** partiality

Réamhchlaonta *adj⁶* prejudiced
claonta biased, **beagintinneach** small-minded, **biogóideach** bigoted, **caolaigeantach** narrow-minded, **claonta** biased, intolerant, **éadulangach** intolerant, **éagórach** unjust, **leataobhach** one-sided, partial; lopsided, **leatromach** (unfairly) discriminatory, **míchothrom** unfair, **páirtíneach** partisan, **taobhach** partial

Réamhchoinníoll *m (-íll; ~acha)* precondition
cáilíocht qualification; stipulation, **coinníoll** *m (-nníll; ~acha)* condition, **comaoin** obligation, **dualgas** duty, **réamhriachtanas** prerequisite, **riachtanas** requirement

Réamhchúram *m (-aim; -aimí)* precaution
airdeall watchfulness, **aire** *f* caution, **cosaint** defence, protection, **críonnacht** prudence, **cúram** care, **fadbhreathnaitheacht** foresightedness, **faichill** wariness, **feighil** vigilance, care, attention, **féinchaomhnaitheacht** self-preservation, **réamhaíocht** *(jur)* anticipation, **réamh-aire** *f* precaution, **réamhghabháil** anticipation, **réamhullmhú** preparation, **sciath** *f* shield, **uídh** *f (lit)* heed, attention, **ullmhú** preparing

Réamhdhéan *v irr* prefabricate
cóimeáil roimh ré assemble beforehand, **cuir le chéile roimh ré** put together/assemble beforehand, **réamhchóimeáil** preassemble, **réamhtheilg** precast, **réamh-ullmhaigh** pre-prepare

Réamhdhéanamh *vn* prefabricating
cóimeáil roimh ré assembling beforehand, **cur le chéile roimh ré** putting together/assembling beforehand, **réamhchóimeáil** preassembling, **réamhtheilgean** precasting, **réamhthógáil** building beforehand, **réamh-ullmhú** pre-preparing, pre-preparation

Réamhdhéanta *pp* ready-made; prefabricated
cóimeáilte roimh ré assembled beforehand, **curtha le chéile roimh ré** put together/assembled beforehand, **réamhchóimeáilte** preassembled, **réamhtheilgthe**

precast, **réamhthógtha** built beforehand, pre-fabricated, **réamh-ullmhaithe** pre-prepared

▲ **aonad** ~ prefabricated unit, **bonn** ~ *(art)* prefabricated base, **cruth** ~ *(comp)* AutoShape, **earraí** ~ readymade goods, **foirgneamh** ~ prefab, **tithe** ~ prefabricated houses

Réamhfhéachaint *f (~e)* foresight
cáiréis circumspection, subtle caution, **críonnacht** prudence, **fadbhreathnaitheacht** foresightedness, **géarchúis** keen observation, **grinneas** perspicacity, **réamh-aire** *f* precaution, **réamhbhlaiseadh** foretaste; pregustation, **réamheolas** prior knowledge, **réamhfhios** prescience, **réamhghabháil** anticipation, **stuamacht** forethought, prudence, **tuiscint** understanding *(see also: réamhbhlaiseadh)*

Réamhfhios *m (-fheasa)* foreknowledge, prescience
aithne roimh ré prior acquaintance, **eolas roimh ré** knowledge beforehand, **fadcheannaí** *f* prescience, **oireas** *(high reg)* knowledge of future events, **réamhaisnéis** forecast, **réamheolas** foreknowledge, **réamhfhíoraíocht** prefiguration, **réamhghabháil** anticipation, **réamhthuairim** preconception

Réamhinis *v₂d* foretell, predict
fortheilg project, **réamhaisnéisigh** forecast, **réamhleag** *phil* premise, **réamh-mheas** predict, **tairngir** prophesy, **tuar** augur, forebode; predict

Réamhinsint *vn* foretelling, predicting, prediction
fáidheadóireacht prophesying, **fáistine** prophecy, foretelling, **fortheilgean** projecting, forecasting, **réamhaisnéisiú** forecasting, **réamhaithris** prediction, **réamhleagan** *phil* premising, premise, **réamh-mheas** predicting, **réamhthuairimíocht** preconceiving, **tairngreacht** prophesying, **tuar** auguring, foreboding; predicting

Réamhinste *pp* foretold, predicted
fortheilgthe projected, **réamhaithriste** predicted, foretold, **réamhaisnéisithe** forecast, **réamhleagtha** *phil* premised, **réamh-mheasta** predicted, **tairngirthe** prophesied, **tuartha** augered; predicted

Réamhrá *m (~; ~ite)* preface, introduction
brollach *(book)* foreword, preamble, **díonbhrollach** *m* vindicatory preface, **intreoir** foreword, introduction, **réamhaiste** *f* preamble, **réamhdhréacht** prelude, **réamhimeachtaí** *mpl* preliminaries, **réamhráiteas** *(of legal deed)* premises, **réamhscéal** *(mus, thr)* prologue, **réamhsmaoineamh** forethought

Réasún *m (-úin; -úin, ~)* reason
ábhar substance, grounds, cause, **aithne** *f* recognition, realisation, **adhmad** sense, worth, **brí** *f* significance, **bunchúis** motive, **bunús** basis, **ciall** *f (céille; ~a, ~)* sense, **conn** sense, reason, **cúis** cause; reason, **cúis chóir** just cause, **cuspóir** objective, **fáth** reason, **gaois** sagacity, **grinneas** discernment, **gus** nous, **intinn** mind, **intleacht** intellect, **meabhair** sanity, sense, mindfulness, worth, **meabhair cheart** right mind, **réasúntacht** reasonableness, **siosmaid** common sense, wisdom, **spreagthacht** motive, **staidéar** level-headedness, sense, **stuaim** prudence, **substaintiúlacht** substantiality, **téagar** substance, **tucaid** *(lit)* cause, reason, motive, **tuiscint** understanding

◊ **Bíodh ~ ionat!** Be reasonable!, **Luíonn sé le ~ gur fíor é.** It stands to reason that it's true., **Níl siad sásta éisteacht le ~.** They are not willing to listen to reason.

Réasúnach *adj³* rational, reasoning
ábhartha relevant, salient, **áititheach** cogent, convincing, **céillí** sane, coherent, **ar do chiall** in your right senses/mind, **breithiúnach** judicious, **ciallmhar** sensible, **cliste** clever, **cóir** just, fair, **comhleanúnach** coherent, **cothrom** balanced, **eolaíoch** scientific, **folláin** healthy, **fréamhaithe (go daingean) sa réasún** (well-) reasoned, **le dealramh** cogent, plausible, **leanúnach** constant, faithful, **loighiciúil** logical, **neamhchlaonta** impartial, unprejudiced, **praiticiúil** practical, **réalaíoch** realistic, **réasúnaíoch** rationalistic, **réasúnaithe** reasoned, **réasúnta** reasonable, **slán** sound, **stuama** level-headed *(see also: réasunta)*

Réasúnaigh *v₂a* reason
bain brí áirithe as infer a particular meaning from, **bain de thátal as** conclude, **bí ag réasúnaíocht** be reasoning, **déan cíoradh críochnúil ar cheist** think an issue fully through, **déan machnamh ar** ponder upon, think about, **déaduchtaigh** deduce, **loighcigh** logicise, **oibrigh amach** work out, **réitigh** solve, **smaoinigh ar** think about

Réasúnaithe *pp* reasoned
cíortha go críochnúil fully thought over, **déaduchtaithe** deduced, **loighcithe** logicised, **oibrithe amach** worked out, **réitithe go loighciúil** solved logically

Réasúnta *adj⁶* reasonable
ábhartha relevant, salient, **a luíonn le ciall** common sense, **breithiúnach** judicious, **céillí** sensible, sane, **céillí tomhaiste** down-to-earth, **ciallmhar** sensible, **cliste** clever, **cóir** just, fair, **cothrom** fair, balanced, **cothromasach** equitable, even-handed, **críonna** *(on account of age)* hard-headed, wise, **folláin** healthy, sound, **fónta** worthy, worthwhile, **gaoiseach** sagacious, wise, **le cosa ar an talamh** down-to-earth, grounded, **loighiciúil** logical, **measartha** moderate, **neamhchlaonta** impartial, unprejudiced, **praiticiúil** practical, **réalaíoch** realistic, **réasúnach** rational, **siosmaideach** sensible, wise, **slán** sound, **stuama** level-headed; thoughtful, thinking, **téagartha** solid

Réasúnú *vn* reasoning, rationalisation
cíoradh go críochnúil carefully thinking through, **déaduchtú** deducing, **déanamh breith/breithiúnais**

ar judging, **loighciú** logicising, **machnamh ar** thinking out, meditating on, **oibriú amach** working out, resolving, **réasúnaíocht** reasoning, **réiteach go loighciúil** solving logically, **smaoineamh ar** thinking about, considering

Reatha *adj⁶* running, current
atá ann faoi láthair existing presently, **ar na laethanta seo** these days, **ceangailte** *(writing)* joined-up, cursive, **i láthair na huaire** at the present time, **rásaíochta** (> **rásaíocht**) racing, **reathach** running, cursive, **reathaíochta** (> **reathaíocht**) running (cf **club reathaíochta** running club), **silteach** fluid, streaming

Reathaí *m (~; -aithe)* runner
bogshodaire jogger, **cliathreathaí** hurdler, **cúiréir** courier, **giolla** gofer, **jagálaí** jogger, **rábálaí** sprinter, **rásaí** racer, **teachtaire** messenger

▲ ~ **an bhóthair** roadrunner, ~ **ceann riain** pacesetter, ~ **fadraoin** long-distance runner, ~ **maratóin** marathon runner, ~ **tosaigh** lead runner; front runner

Réchúis *f (~e)* laid-back demeanour, easy-going nature, cool
bogás complacency, **ciúine** quietness, calmness, **éascaíocht** smoothness, easiness, **fuaraigeantacht** insouciance, **fuarchúis** cold indifference, **ligtheacht** looseness, flexibility, **neamhchúis** impertubability, **neamh-mhairgiúlacht** unperturbed attitude, **neamhshuim** indifference, **réagántacht** laid back attitude, **réidhe** easiness, smoothness, indifference, **righneas** tardiness, slowness, **sáimhe** peacefulness, **sochmaíocht** equanimity, **socracht** quiescence; steadiness, **staidéar** level-headedness, **stuamacht** coolness, self-controlled behaviour, **suaimhneas** placidity, tranquillity

Réchúiseach *adj³* easy-going, laid-back
ar nós cuma liom any old how, **bog** soft, easy, **ceadaitheach** lenient, **fulangach** tolerant, **gan cíos, cás ná cathú** carefree, **gan mhuláid** easy-going, inoffensive (cf **duine gan mhuláid** easy-going, inoffensive person), **ligthe** loose-limbed; relaxed, **le meon socair** even-tempered, **luite siar** *(BÁC)* laid-back, **malltriallach** slow-moving, **moiglí** placid, mild, **neamhbhuartha** unperturbed, carefree, **neamhéilitheach** undemanding, **neamhfhuadrach** unhurried, easy-going, **neamh-mhairgiúil** easy-going, unperturbed, **neamhthógálach** *(person)* placid, easy-going, phlegmatic, **réagánta** laid-back, easy-going, **réidh** easy, unhurried, **sámh** peaceful, tranquil, **sámhánta** easy-going, placid, **scaoilte** loose, unconstrained, **séimh** mild, **socair** calm, unruffled, **sochma** placid, easy-going, even-tempered, **sómasach** easy, comfortable; easy-going, **sonaídeach** untroubled, easy, **so-ranna** easy to get on with, sociable, **sothairéalta** placid, easy-going, **suaimhneach** calm

Reibiliúnach 1 *m (-aigh; -aigh, ~)* rebel
ceannairceach *m* insurgent; *(sea)* mutineer, **ceannródaí** pioneer, **frithúdarásaí** iconoclast, **réabhlóidí** revolutionary, **reibiliúnaí** rebel, **suaiteoir** agitator, **treascróir** *m* subversive *(see also: réabhlóidí)*

Reibiliúnach 2 *adj³* rebellious
ceannairceach rebellious, **dána** bold, **dúshlánach** defiant, **easumhal** disobedient, insubordinate, **éiritheach** insurgent, **gan chosc** wayward, uncontainable, **mígéilliúil** non-compliant, **míréireach** unruly, disorderly, **neamhghéilliúil** non-compliant, **réabhlóideach** revolutionary, **spadhrúil** wayward; moody unbalanced, **tréasúil** treasonous

Réidh *adj²*
1. ready
ar fuireachas on standby, **ar tinneall** set, ready, **ceart** right, **i bhfearas** in working order, ready to engage, **i ngiar** in gear, **i ngléas** *(of cogs)* interlocked, **tinneallach** set, ready, **tograch** ready, eager; predisposed (eg **tograch do ghalar** predisposed to a disease), **úd** *m* ready (eg **beith úd san obair** to have the work nearly completed), **ullamh** prepared

◊ **An bhfuil tú ~?** Are you ready?, **Táim ~ don scrúdú.** I'm ready for the exam.

2. smooth, flat, level
bog soft, easy, **clárach** flat, board-like, **comhréidh** uniformly flat, **cothrom** level, even, **cothromúil** level, **leacaithe** flattened, **leibhéalta** level, **mín** smooth, **mín réidh** smooth and even, **plánach** plane, planar, **sínte** prostrate, **slim** smooth, **socair** calm, unruffled

▲ **buille** ~ smooth stroke, **gluaiseacht** ~ smooth movement, **plána** ~ smooth/flat plane, **talamh** ~ flat ground

3. gentle, easy
bog soft, **díreach** straightforward, **éadrom** light, **éasca** easy, **gan bhac** unobstructed, **gan dua** trouble-free, **gan stró** effortless, **neamhachrannach** unproblematic, **neamhchasta** straightforward, uncomplicated, **neamhéilitheach** undemanding, **réchúiseach** easy-going, **sámh** peaceful, tranquil, **séimh** mild, gentle, **simplí** simple,

▲ **aclaíocht** ~ gentle exercise, **fána** ~ gentle slope, **saol** ~ an easy life, **siúlóid** ~ relaxing/gentle stroll, **teorainn** ~ frictionless border

◊ **go deas** ~ nice and easy, **Ní haon ribín ~ í siúd!** She's a tough old bird!, **Lig anuas go ~ é!** Let it down gently!, **Tóg go ~ é!** Take it easy! Chill out!

4. finished
cloíte drained, vanquished, **críochnaithe** finished, **curtha i gcrích** brought to a conclusion, **déanta** done, **ídithe** used up, consumed, **spíonta** spent, **thart** over, **traochta** exhausted, **tugtha** spent, wearied

| ■ **Ar na sainaicmí Críostaíochta atá:** Christian denominations include: **An Eaglais Anglacánach** the Anglican Church, **Ateachtaigh** *mpl* **an Seachtú Lá** Seventh-Day Adventists, **Caitliceachas Rómhánach** Roman Catholicism | **Cumann na gCarad** the Society of Friends, Quakers, **Eaglais Cheartchreidmheach na Gréige** the Greek Orthodox Church, **Eaglais Cheartchreidmheach na Rúise** the Russian Orthodox Church, **Eaglais na hÉireann** the Church of Ireland | **Eolaíocht Chríostaí** Christian Science, **Finnéithe** *mpl* **Iehova** Jehovah's Witnesses, **Modhaigh** *mpl* Methodists, **Preispitéireachas** *m* Presbyterianism, **Protastúnachas** Protestantism, **Protastúnachas Soiscéalach** Evangelical Protestantism |

◊ **An bhfuil tú ~ leis an bpeann?** Are you finished with the pen?, **Faigh ~ leis!** Get rid of it!, **Tá tusa ~!** You're dead meat!

Réigiún *m* (*-úin; -úin, ~*) region
áit place, **comharsanacht** neighbourhood, **ceantar** *m* district, **ceathrú** *f* (*~n; ~na*) quarter, **contae** *m* (*~; ~tha*) county, **cúige** *m* province, **dúiche** *f* locality; native place, **fearann** land, domain, **ionad** place, **lantán** level grazing area, **limistéar** territory, **purláin** *spl* precincts, **réimse** *m* stretch (cf **réimse talún** stretch of land), **taobh** side, quarter, **zón** zone (*see also:* **ceantar**)

Réigiúnach *adj³* regional
áitiúil local, **ceantair** (*> ceantar*) district, **cúige** (*> cúige*) provincial, **cúigeach** provincial, **dúiche** (*> dúiche*) local, **logánta** localised, **na háite** local (cf **muintir na háite** local people), **paróiste** (*> paróiste*) parish, **paróisteach** parochial, **proibhinseach** provincial, **zónúil** zonal (*see also:* **áitiúil**)

Reilig *f* (*~e; ~í*) graveyard, cemetery
an seanbhaile the final resting place, **adhlacadh** *m* (*-ctha; -cthaí*) burial ground, **cealdrach** *f* old burial ground; burial place for unbaptised infants, **cill** *f* (*~e; cealla, ceall*) churchyard, **fód na gcnámh** bone yard, **marbhlann** morgue, **róimh** *f* (*~e; rómha*) hallowed burial place, **talmhacht** burial place for the poor or unbaptised, **úirleachas** burial ground

P **Is iomaí lá sa ~ orainn.** We are many's the day in the graveyard., Gather ye rosebuds while ye may!

Reiligire *m* (*~; -rí*) sexton; gravedigger
feighlí reilige cemetery caretaker, **maor eaglaise** sexton, **tochaltóir uaigheanna** gravedigger

Reiligiún *m* (*-úin; -úin, ~*) religion
bualachán Bíobla Bible-thumping, **beannaitheacht** sacredness; sanctity, **cráifeacht** piety, godliness, **creideamh** belief; faith, **cré** *f* creed, **deabhóid** devotion, **deasghnáth** *m* (*~a; ~a, ~*) ritual, ceremony, **diagacht** *f* theology, **diagantacht** godliness, piety, **diaigínteacht** pietism, **dogma** *m* dogma, **eagla Dé** fear of God, **iris** (*lit*) religion, faith, **naofacht** holiness, **ord crábhaidh** religious order, **seict** *f* sect (*see also:* **eaglais**)

■ **Ar reiligiúin éagsúla atá:** Different religions include: **Búdachas** Buddhism, **Confúiceachas** Confucianism, **Críostaíocht** Christianity, **Draíocht** Druidism; witchcraft, **Eaglais na hEoleolaíochta** the Church of Scientology, **Giúdachas** Judaism, **Hiondúchas** Hinduism, **Jaineachas** Jainism, **Ioslam** Islam, **Mormannach** *m* Mormon (cf **na Mormannaigh** the Mormons), **págántacht** paganism, **Sátanachas** Satanism, **Sinteochas** Shinto, **spioradachas** spiritualism, **Suíceachas** Sikhism, **Taochas** Taoism

Reiligiúnach *adj³* religious
Aifreannach churchgoing, **crábhaidh** (*> crábhadh*) religious, pious (eg **ord crábhaidh** religious order), **cráifeach** pious, godly, **creidmheach** believing; faithful, **deabhóideach** devout, **diaga** sacred; divine, **diaganta** godly, pious, **dogmach** dogmatic, **naofa** holy, **piseogach** superstitious, **spioradálta** spiritual (*see also:* **naofa**)

Réim *f* (*~e; ~eanna*) regime; regimen; reign
bainistíocht management, **bunaíocht** establishment, **ceannas** command, **comharbas** succession, **córas** system, **cumhacht** power, **cúrsa** course, **eagraíocht** organisation, **forlámhas** domination; usurpation, **lámh in uachtar** upper hand, **máistreacht** mastery, **raon** range, route, **réimse** range, field, **riail** *f* (*rialach; rialacha*) rule, **rialtas** government, **riarachán** administration, **smacht** control, **údarás** authority, **urlámhas** supremacy

▲ **~ aclaíochta** exercise regime, **~ chothrom bia** balanced diet, **~ cógas** course of medication, **~ eolais** range of knowledge, **~ ioncaim** income bracket, **~ Liam a Cúig** reign of William V, **~ radhairc** field of vision, **~ ríshliocht Ming** the reign of the Ming dynasty, **~ Shéarlais a Trí** the Reign of Charles III

◊ **bheith i ~** to be in power, **Nós atá faoi ~ go fóill.** A custom that still prevails.

Réimeas *m* (*-mis*) reign, authority; regime
ardréim sway, supremacy, **basaíocht** bossing, being in charge, **buannaíocht** presumption, taking liberties, **ceannas** sway, control, **córas** system, regime, **coróin** crown, **monarcacht** monarchy, **réim** reign; regimen, **réisím** (*method*) regime (cf **réisím tástála** testing

Réiteach *vn*

regime), **rialtas** government, **ríogacht** kingship, **tiarnas** dominion, lordship, **údarás** authority

Réiteach *vn*

1. preparation, preparing
araicis help (cf **in araicis na saoire** in preparation for the holiday), **fúr** preparation (cf **i bhfúr an rása** in preparation for the race), **gléasadh** dressing (up), **inleadh** preparation, adjustment, **léiriú** preparation; *(cin)* production, **feistiú oirchill** act of preparing, getting ready, **prímeáil** priming, preparation, **stócáil** stoking, **téisclim** preparing, **tiargáil** doing preparatory work, **ullmhúchán** preparation, **ullmhú** preparing, **úmachan** preparation, preparation; harnessing

◊ **ag ~ i gcomhair na scrúduithe** preparing for the exams

2. clearance, clearing, clarifying
comhthuiscint mutual understanding, **cur de láimh** disposal, **cur díriú** straightening, **cur in ord** putting in order, **glanadh (suas)** cleaning (up), clearing (up), **imréiteach** clearance, **léiriú** elucidation, **míniú** explanation, **scaoileadh** unravelling, resolving, **slíocadh** smoothing out, soothing, **soiléiriú** clarification, **sórtáil amach** sorting out, **taifeach** *(maths)* resolving

▲ **~ i gcoill** clearing in a wood, **~ talún** clearance of land, **~ na scornaí** clearing the throat

◊ **D'éirigh leis an bpluiméir na píopaí a ~.** The plumber managed to clear the pipes.

3. solving, solution; reconciliation
aontú agreement, **armónú** *(mus)* harmonising, **cinneadh** resolution, decision, **clabhsúr** closure, **cneasú** healing, **coigeartú** rectification, adjustment, **comhaontú** agreement, **conclúid** conclusion, **cothromú** balancing, **críochnú** completion, **i gceart** putting right, **deireadh** end, **druidim** closure, **dúnadh** closing, **eochair** *f (-chrach; -chracha)* key, **focal scoir** final word, **freagra** answer, **frithnimh** antidote, **íoc** *f (íce; ~a, ~)* cure, **fuascailt** solving, resolving, **íocshláinte** panacea, universal solution, **leigheas** cure, **imeascadh** integrating, **margadh** deal, bargain, **plástar** plaster, *(metph)* temporary solution, **sábháil** saving, **saoradh** freeing, liberating, **scaoileadh** unravelling, resolving, **slánú** redemption, **slí** *f* **amach** way out, **socrú** settling, arranging, **socrú sásúil** satisfactory arrangement, **sórtáil amach** sorting out, **taifeach** *(maths)* resolving, **toradh** result, settlement

▲ **~ achrainn** settlement of a dispute, **~ ad hoc** ad hoc solution, **~ bog** easy fix, **~ buan** permanent solution, **~ cairdiúil** amicable solution, **~ caoithiúil** expedient solution, **~ ceiste** answer to a question, **~ dosháraithe** unbeatable solution, **~ galánta** elegant solution, **~ praiticiúil** practical solution, **~ sealadach** temporary solution, **~ síochánta** peaceful settlement/solution, **~ slachtmhar** neat solution, **~ snátha** unravelling of thread, **~ soiléir** obvious solution, **~ tútach** inelegant solution, **An Réiteach Deireanach** *(hist)* The Final Solution

◊ **An bhfuil sibh ag ~ go maith lena chéile?** Are you getting along well together?, **ceist a ~** to solve an issue, **Ní raibh an aeráid ag ~ liom.** The climate wasn't agreeing with me., **Tá sé gan ~.** It is unsolvable., There is no solution.

Réitigh *v₂ᵦ*

1. settle, solve, save
armónaigh *(mus)* harmonise, **bain as aimhréidh** disentangle, **ceartaigh** make right, correct, **cinn** resolve, decide, **coigeartaigh** rectify, adjust, **comhshuigh** compose, co-locate, compound, **cothromaigh** level, even, balance, **cuir in ord** put in order, **cuir i gceart** put right, **deasaigh** settle in position, prepare, **dírigh** straighten, aim, **eagraigh** organise, **feistigh** fit (out), fix up, **fuascail** solve, resolve, **glan** clear, clean, **gléas** dress, **imeasc** integrate, **innill** make ready, fix (up), **léirigh** render, **líomh** *(edge)* smooth, polish, **mínigh** smoothen, polish; assuage, **oibrigh amach** work out, **oirnigh** ordain, inaugurate, **prímeáil** prime, **sábháil** save, **saor** free, liberate, **scaoil** unravel, resolve, **slánaigh** redeem, **slíoc** smooth, sooth, **socraigh** settle, arrange, **sórtáil amach** sort out, **taifigh** *(maths)* resolve (cf **slonn a thaifeach ina fhachtóirí** to resolve an expression into factors), **ullmhaigh** prepare

~ an argóint! Settle the argument!
~ an fhadhb! Solve the problem!
~ an teach! Get the house ready!
~ an t-imreas! Resolve the dispute!
~ an tsreang! Unravel the string/wire!
~ bealach! Clear a path!
~ do chuid gruaige! Comb your hair!
~ do scornach Clear your throat!
~ do sheomra! Tidy up your room!
~ píosa talún! Clear a piece of land!

2. **~ le** get along with
aontaigh le agree with, **déan muintearas le** make friends with, **déan réiteach le** make up with, **déan síocháin le** make peace with, **éirigh (go maith) le duine** to get on (well) with a person, **mínigh** smoothen, polish; assuage, **taitin le** appeal to, **tar le** agree with, get along with (cf **Tagann siad go maith lena chéile.** They get on well together., They suit each other.)

◊ **Conas a réitíonn tú le do dhearthair?** How do you get on with your brother?, **Ní réitíonn an fíon le mo ghoile.** Wine doesn't agree with my stomach.

Réitithe *pp*

settled, solved, saved; got along with
aontaithe le agreed with, **armónaithe** *(mus)* harmonised, **bainte as aimhréidh** disentangled, **ceartaithe** made right, corrected, **cinnte** resolved, decided, **coigeartaithe** rectified, adjusted, **comhshuite**

composed, co-located, compounded, **cothromaithe** levelled, evened, balanced, **curtha in ord** put in order, **curtha i gceart** put right, **deasaithe** settled in position, prepared, **dírithe** straightened, aimed, **feistithe** fitted (out), fixed up, **fuascailte** solved, resolved, **glanta** cleared, cleaned, **gléasta** dressed, **imeasctha** integrated, **innilte** made ready, fixed (up), **léirithe** rendered, **líofa** *(edge)* smoothed, polished, **mínithe** smoothened, polished; assuaged, **oibrithe amach** worked out, **oirnithe** ordained, inaugurated, **prímeáilte** primed, **sábháilte** saved, **saortha** freed, liberated, **scaoilte** unravelled, resolved, **slánaithe** redeemed, **slíoctha** smoothed, soothed, **socraithe** settled, arranged, **sórtáilte amach** sorted out, **taifithe** *(maths)* resolved, **ullmhaithe** prepared

Reitric *f (~e)*
1. rhetoric
aitheasc address, **argóinteacht** argumentation, **caint phoiblí** public speaking, **déimeagógacht** demagogy, **oráidíocht** oratory, **oráidíocht phoiblí** public speaking, **rosc** rhetorical composition, **roscaireacht** declamation, rhetoric; argumentation, **tuathghríosú** demagogy *(see also: caint)*
2. empty words, *(pej)* sophism
baothchaint foolish talk, **cabaireacht** babbling, **focal gan cur leis** empty words, **gaotaireacht** long-windedness, bombast, **gaoth** bombast, empty talk, **glagaireacht** talking nonsense, **maíomh na mogall folamh** vain boasting, **mórfhoclacht** grandiloquence, verbosity

Reitricí *m (~; -cithe)* rhetorician
argónaí debater, **cainteoir poiblí** public speaker, **déimeagógach** *m* demagogue, **oráidí** orator, speech maker, **oráidí poiblí** public speaker, **tuathghríosóir** demagogue *(see also: cainteoir)*

Reo *vn* freezing, frost
adhfhuaire extreme cold, **áil** freezing, perishing, **cuisniú** refrigerating, **cur seaca** freezing, **dul i bhfionnuaire** cooling down, getting cool, **fionnuarú** cooling, **oighear** ice, **oighreatacht** iciness, **oighriú** icing over, icing; congealing, **préachadh** perishing in the cold, **reoiche** freezing, **reoiteacht** frostiness, **reoiteán** freezing mixture, **reomhaireacht** frigidity, **sioc** *m (seaca)* frost, **sioc bán** white frost, **siocán** frost, **siocúlacht** frostiness, **téachtadh** coagulation, solidifying *(see also: sioc 1)*

Reoán *m (-áin) (cu)* icing, frosting
barrán (milis) (sweet) topping, **dustáil** dusting, **glónrú** glazing

◊ **Ba é sin an ~ ar an gcíste.** That was the icing on the cake.

Reoigh *v₁f* freeze; congeal, solidify
bí ag cur seaca be freezing, **bí stalctha ag an bhfuacht** be stiffened from the cold, **conáil** freeze, perish, **cruaigh** harden, congeal, **cuisnigh** refrigerate, **éirigh conáilte** become frozen, **éirigh crua** become hard/solid, **éirigh préachta leis an bhfuacht** become perished with the cold, **éirigh sioctha** become frozen solid, **éirigh strompta leis an bhfuacht** become stiff with the cold, **fionnuaraigh** cool, **fuaraigh** become cold, cool, **oighrigh** ice over, ice; congeal, **préach** perish in the cold, **righnigh** stiffen, become viscous, **Seas in áit na mbonn!** Freeze! Don't move!, **sioc** freeze, **soladaigh** solidify, **stad** stop, **stolp** become stodgy, harden, stiffen, **téacht** congeal, gel, **téigh i bhfionnuaire** cool down, get cool

Reoite *pp* frozen
adhfhuar extremely cold, **Artach** arctic, **calctha** *(fin, jur)* frozen (cf **cuntas calctha** frozen, perished, **conáilte** perishes with cold, frozen, **cuisneach** frosty, **cuisnithe** refrigerated, **domhainreoite** deep-frozen, **duibheacach** bitterly cold, **dulta i bhfionnuaire** cooled down, become cool, **feannta** cutting, **feanntach** piercingly bitter, **fionnuaraithe** cooled, **fréamhaithe** rooted, **fuairnéalach** cold, listless, **fuar** cold, **fuaraithe** *(wine)* chilled, **gan bhogadh** static, motionless, **géar** sharp, bitter, **geimhridh** winter-, **geimhriúil** wintry, **glas** raw, **glasfhuar** chilly, **goimhiúil** biting, stinging, **i bhfostú san oighear** icebound, **mairbhleach** numb, **oighreach** glacial, **oighreata** icy, **oighrithe** frozen over, glaciated; congealed, **préachta** perished, **reoánta** *(cake)* iced, **reoch** frosty, **righin** rigid, **seaca** (> *sioc*) frosty, **Sibéarach** Siberian, **sioctha** frozen, **soladaithe** solidified, **stalctha** set hard, fixed (to the spot), **strompta le fuacht** stiff with the cold *(see also: fuar)*

Reoiteacht *f (~a)* frostiness, iciness
adhfhuaire extreme cold, **calcadh** *(fin, jur)* freezing (cf **calcadh cuntais** freezing of an account), **cuisní** frostiness, **duibheacaí** bitter cold, **feanntacht** sharpness, severity, **fuacht** cold, **fuaire** coldness, **fuairnéalaí** coldness, listlessness, **fuarú** *(wine)* chilling, **géire** sharpness, bitterness, **geimhreadh** winter, **glaise** rawness, **glasfhuaire** chilliness, **goimhiúlacht** stingingness, **mairbhití** numbness, **oighear** ice, **oighearshruth** glacier, **oighreatacht** iciness, **oighriú** glaciation, freezing over, **reo** freezing; solidifying, **righneas** rigidity, **sioc** frost, **soladú** solidifying, **stalcthacht** stiffness *(see also: fuacht)*

Rí- *pref* exceeding; royal; *(as adv)* extremely
rí-annamh extremely rarely, **rí-éasca** extremely easy, **rí-sciar** royal portion; majestic share, **ríthábhachtach** vital, all-important, **rítheach** royal house

Rí *m (~; ~the)* king
an boc mór the big shot, **braine** *m (archaic)* leader, lord (cf **ár mbraine saor** our noble lord), **ardrí** high king, **ardtiarna** overlord, **bas** boss, **ceann feadhna** ringleader, **ceannródaí** pioneer, **ceann urra** head, chief, **cinnire** leader, **cíoná** champion, chief; *(cards)*

five of trumps, **ceannasaí** boss, **ceap** chief, protector, **deachtóir** dictator, **dia** *m (dé; déithe)* god, **flaith** *m* sovereign, **follúnaitheoir** ruler, governor, **gobharnóir** governor, **impire** *m* emperor, **mál** *(lit)* prince, chief, **mórgacht** majesty, **monarc** monarch, potentate, **prionsa** prince, **réalta eolais** leading light, luminary, **rialóir** ruler, **ríúlacht** kingliness, majesty, **ruire** *m (~ach; ~acha)* secondary/provincial king, **sabhdán** sultan, Muslim sovereign, **saoiste** foreman, **sár** tsar, overlord, **taoiseach** chieftain; Irish prime minister, **tiarna** lord, **triath** *(lit)* lord, chief, **uachtarán** president, **uirrí** *m* tributary king

◊ **Rí an Oileáin** *King of the Island* – the term **Rí** was used on a number of islands off the west coast of Ireland: **Toraigh** (Don), **Inis Muirígh** (Sligo), **Inis Gé** (Mayo), and also on the **Blascaod Mór** (Ker). The last **Rí** on the Blascaod Mór was **Pádraig Ó Catháin** (c. 1857–1929). Following his death, his son **Seán** assumed the title but was referred to as **Seán an Rí**. The duties of **An Rí** were generally to represent the community and to provide certain services such as postal delivery and judicial arbitration in local disputes.

Riachtanach *adj³* necessary, essential
a bhfuil gá leis that is necessary, **barrthábhachtach** of paramount importance, **bunúsach** fundamental, **cinniúnach** fateful, momentous, **criticiúil** critical, **cumhachtach** powerful, **dáiríre** serious, **éigeantach** compulsory, **eisintiúil** essential, **eochair-** *pref* key-, **fiú le rá** noteworthy, **fódúil** substantial, **forleathan** far-reaching, **géibheannach** crucial, **lán de bhrí** full of significance, **luachmhar** precious, valuable, **mór** large, great, important, **mórluachach** valuable, important, **oibleagáideach** obligatory, **práinneach** urgent, **príomh-** main, leading, **ríthábhachtach** vital, **sainordaitheach** mandatory, **seamhnach** seminal, *sine qua non* indispensable, **sonrach** notable, **speisialta** special, **suaithinseach** distinctive, **substaintiúil** substantial, **suntasach** remarkable, **tosaigh** (> *tosach*) foremost, leading, **trom** weighty, substantial, **trombhríoch** meaningful, significant, **tromchiallach** significant

Riachtanas *m (-ais; -ais, ~)* necessity
ceanglas *(law)* requirement, **call** need, call, **coinníoll** stipulation, **díth** lack, requirement, **easnamh** deficiency, **easpa** *f* lack, **éigean** necessity, **éigeantas** compulsion, **gá** need, **gátar** need, want, **géarghá** dire need, **géibheann** strait, distress (cf **i ngéibheann** in pressing need), **oibleagáid** obligation, **práinn** urgency, **réamhriachtanas** prerequisite, **ríthábhacht** vital importance, **suntasacht** prominence, **teastáil** wanting, **troime** weightiness, **trombhrí** grave significance, gravity, **tromchiallaí** serious significance

Riail *f (-alach; -alacha)*
1. *(sway, authority)* rule
ardcheannas high command; raj, **ardchumhacht** supremacy, **barrachas** predominance, sway, **basaíocht** bossing, being the boss, **ceannaireacht** ceannas dominion, leadership, command, **ceannas** headship, sovereignty, **ceannasaíocht** *(quality)* leadership, **cumhacht** power, **forlámhas** domination, usurpation, **impireacht** empire, **maoirseacht** stewardship, **ordú** ordering, giving orders, **réim** regime, **réimeas** reign, **rialachas** governance, **rialtas** government, **rialú** governing; ruling, adjudication, **smacht** control, **svae** *m* sway, **teann** strength, force, power (cf **teacht i dteann** to come into power), **tiarnas** lordship, dominion, **tiarnúlacht** domination, lordliness, **treis** ascendancy, power (cf **teacht i dtreis** to attain power), **uachtaránacht** presidency, **údarás** authority, jurisdiction.

◊ **faoi ~ na nGall** under foreign rule, **Ní raibh ~ ar na daltaí.** There was no control over the pupils., **slua gan ~** an unruly mob

2. *(regulation, principle)* rule
aicsím axiom, **airteagal creidimh** article of faith, tenet, **aithne** *f* commandment, **bealach** way, **caighdeán** standard, **cleachtadh** habit, **cód** code, **córas** system, **critéar** criterion, **dlí** law, **dlínse** *f* jurisdiction, **dogma** *m* dogma, **foirm** form, **foirmle** formula, **follúnú** regulation, guidance, **formáid** format, **forógra** decree, **gnás** custom, procedure, **gnáthamh** routine, **institiúid** institution, **máistreacht** mastery, **modh** method, **nós imeachta** procedure, **nós seanbhunaithe** prescript, **ord** order, **ordúlacht** orderliness, **prionsabal** principle, **reacht** *m* ordinance, law, statute; accepted rule, **rialachán** regulation, **seanrá** maxim, **teagasc** precept, teaching, **treoir** direction, **treoirlínte** guidelines

◊ **de réir na rialacha** according to the rules, **na rialacha a bhriseadh** to break the rules, **Níl aon rialacha daingne ann.** There are no hard and fast rules.

Rialaigh *v₂ₐ* rule, govern, control
bainistigh manage, **bí i gceannas** govern, be in charge, **bí i réim ar thír** rule over a country, **comhrialaigh** regulate, **cuir srian le** bridle, bring under control, **deachtaigh** dictate, **déan cathaoirleacht ar** *(meeting)* chair, **déan maoirseoireacht** superintend, **dírigh** direct, **forógair** decree, **léirigh** indicate, **maoirsigh** supervise, **measraigh** moderate, temper, **mírialaigh** misrule, **modhnaigh** modulate, modify, **ordaigh** order, command, **rialáil** regulate, **rith** run, **smachtaigh** control, **socraigh** settle, arrange, **stiúir** conduct, direct, govern, **taispeáin** show, **téigh i gceannas ar** assume authority/command over, **tiarnaigh** dominate, rule; lord it over, **til** *(lit)* rule, control, **traenáil** train, **treoraigh** guide

Rialaithe *pp* ruled, governed, controlled
bainistithe managed, **comhrialaithe** regulated, **deachtaithe** dictated, **dírithe** directed, **dulta i**

Rialaitheoir

gceannas ar taken charge/command of, **forógartha** decreed, **léirithe** indicated, **maoirsithe** supervised, **measraithe** moderated, tempered, **mírialaithe** misruled, **modhnaithe** modulated, modified, **ordaithe** ordered, commanded, **rialáilte** regulated, **rite** run, **smachtaithe** controlled, **socraithe** settled, arranged, **stiúrtha** conducted, directed, governed, **tagtha i réim** come to power, **taispeánta** shown, **tiarnaithe** dominated, ruled; lorded over, **tilte** *(lit)* ruled, controlled, **traenáilte** trained, **treoraithe** guided

Rialaitheoir *m (-eora; ~í) (device)* controller
cianrialtán remote, remote control unit, **luamhán stiúrtha** joystick, **painéal rialúcháin** control panel, **rialtán** *(device)* regulator, **riailmhaide** control stick, **srian** *m* rein, restraint, **zaipire** zapper

Rialóir *m (-óra; ~í) (drawing)* ruler
bacart *(tls)* square, **compás** compass, **corr dhíreach** *(tls)* straight edge, **miosúr** measuring tape, **riailchiumhais** *(maths)* straight edge, **slat tomhais** yardstick, measuring rod, **slat tumtha** dipstick, **téip tomhais** measuring tape, **triantán** triangle, **uillinntomhas** protractor

▲ ~ **sleamhnáin** slide rule

Rialta *adj⁶* regular
aitheanta recognised, **aonghnéitheach** uniform, **atá i réim** prevailing, **bithbhuan** time-honoured, **buan** unceasing, fast, **bunaithe** established, **caighdeánach** standard, **caighdeánaithe** standardised, **ceadaithe** allowed, **ceart** correct, **ceartchreidmheach** *(rel)* orthodox, **cóimheasta** benchmark, **coinbhinsiúnach** conventional, **coiteann** common, general, **coitianta** commonplace, **comhionann** uniform, **córasach** systematic, **cothrom** even, **cothromaithe** balanced, **de réir a chéile** *(high reg)* consistent, **dea-riartha** well-ordered, **díreach** straightforward, **dlisteanach** proper, regular, **féichiúnta** regular, punctual, **féiltiúil** periodic, recurrent, **foirmiúil** formal, **gan athrú** unvarying, **glactha** accepted, **gnách** usual, **gnásúil** customary, **gnáth-** *pref* ordinary; habitual, **guamach** orderly, planned, **iondúil** usual, **iontaofa** dependable, **laethúil** daily, **neamhathraitheach** unvarying, **normálta** normal, **oifigiúil** official, **ordúil** orderly, **réidh** level; easy, free of complication, **reigleáilte** regular, **rianúil** orderly, systematic, methodical, **sceidealta** scheduled, **seasmhach** constant, steadfast, **seasta** steady, fixed, **siméadrach** symmetrical, **tréimhsiúil** periodical, **traidisiúnta** traditional

Rialtacht *f (~a)* regularity
aonghnéitheacht uniformity, **aonfhoirmeacht** *(ling, phil, sci)* uniformity, **buaine** permanence, **caighdeánú** standardisation, **ceart** correct, **ceartchreideamh** *(rel)* orthodoxy, **cirte** correctness, **coinbhinsiúnachas** conventionalism, **coiteann** commonality, **coitinne** commonplace, generality, **comhionannas** equality, uniformity, **comhsheasmhacht** consistency, **córasú** systematisation, **cothrom** balance, **cothromaíocht** equilibrium, evenness, **cothromú** equalisation, balancing, **dea-riarthóireacht** orderly administration, **féiltiúlacht** seasonableness, regularity, **gnáth** ordinary; habitual, **guaim** self-control, **iontaofacht** changelessness, **leanúnachas** continuity, **normáltacht** normality, **ord** order, **ord agus eagar** orderliness, **pointeáilteacht** tidiness, orderliness, **réidhe** evenness; easiness, **rianúlacht** methodicalness, orderliness, **seasmhacht** constancy, steadfastness, **siméadracht** symmetry, **slacht** *m* neatness, orderliness, **traidisiúntacht** traditionality

Rialtas *m (-ais; -ais, ~)* government
an dream atá i gcumhacht the crowd in power, **bainistíocht** management, **bróicéirí cumhachta** power brokers, **bunaíocht** establishment, **ceannaireacht** stewardship, **ceannas** headship, **ceannasaíocht** leadership, **Dáil Éireann** the Dáil (lower house of the Irish parliament), **dlí** law, **faireachas** surveillance, **flaithiúnas** realm; sovereignty, **follúnacht** rule, government, **lucht (na) cumhachta** those in power, **lucht riaracháin** administrators, **na húdaráis atá i réim** the powers that be, **parlaimint** parliament, **reacht** governance, **réim** regime, **réimeas** reign, **na cumhachtaí móra** the Great Powers, **riail** *f (rialach, rialacha)* rule, **rialáil** regulation, **riarachán** administration, **ríocht** *f* kingdom, **smacht** control, **stát** state, **treoir** *f (-orach; -oracha)* guidance, **tiarnas** dominion, **údarás** authority

Rialtóir *m (-óra; ~í)* ruler
ansmachtaí tyrant, oppressor, **bainisteoir** manager, **banimpire** *m* empress, **banphrionsa** *m* princess; female ruler, **banríon** *f (~a; ~acha)* queen, **ceann** head, chief, (cf **ceann roinne** head of department, **ceann foirne** chief of staff, **ceann stáit** head of state),

---

■ Ar na cineálacha éagsúla de rialtas atá: different types of government include:

ainrialachas anarchism
caipitleachas capitalism
coilíneachas colonialism
cónaidhmeacht federalism
cumannachas communism
daonlathas democracy
deachtóireacht dictatorship
dialathas theocracy
faisisteachas fascism
feodachas feudalism
impiriúlachas imperialism
olagarcacht oligarchy
ollsmachtachas totalitarianism
maoinlathas plutocracy
maorlathas bureaucracy
monarcacht monarchy
poblachtachas republicanism
plútacratachas plutocracy
sóisialachas socialism
treibheachas tribalism
tuilleamhlathas meritocracy

ceannaire leader, steward, **ceannasaí** commander; leader, **deachtóir** dictator, **fairtheoir** supervisor, **fear ionaid rí** viceroy, **feighlí** overseer; minder, **flaith** *m* (*-atha; -atha*) sovereign; prince, **follúnaitheoir** governor, ruler, **forlámhaí** despot, usurper, **gobharnóir** governor, **impire** *m* emperor, **olagarc** oligarch, **leasrí** (*hist*) viceroy, **monarc** monarch, **parlaiminteoir** parliamentarian, **príomh-aire** prime minister, **prionsa** prince, **reachtaire** administrator, steward; master of ceremonies, **rí** *m* king, **saoiste** foreman, **sár** tsar, **smachtaitheoir** controller; subjugator, **stát** state, **taoiseach** *m* chieftain, **an Taoiseach** *m* the Irish prime minister, the Taoiseach, **teatrarc** (*hist*) tetrarch, **tíoránach** *m* tyrant, **tiarna** lord, **treoraí** guide, **uachtarán** president

Rialú *vn* ruling, governing; controlling
bainistiú managing, over a country, **comhrialú** regulating, **cur srian le** bridling, bringing under control, **deachtú** dictating, **déanamh cathaoirleacht ar** (*meeting*) chairing, **díriú** directing, **dul i gceannas ar** taking charge/command of, **forógairt** decreeing, **léiriú** indicating, **maoirseoireacht** supervision, **maoirsiú** supervising, **measrú** moderating, tempering, **mírialú** misruling, **modhnú** modulating, modifying, **ordú** ordering, commanding, **rialáil** regulation, **rith** running, **smachtú** controlling; disciplining, **socrú** settling, arranging, **stiúradh** conducting, directing; governing, **teacht i réim** coming to power, **taispeáint** showing, **tiarnú** dominating, ruling; lording it over, **tileadh** (*lit*) ruling, controlling, **traenáil** training, **treorú** guiding

Riamh *adv* ever, always, never
an t-am ar fad all the time, **ar fad** entirely, **choíche** ever; never, **gan deireadh** without end, **gan stad** without stopping, constantly, **gan staonadh** without ceasing, **go brách** forever, **go brách brách** for ever and ever, **go buan** permanently, **go deo** forever, **go dtí go dtiocfaidh na ba abhaile leo féin** until pigs learn to fly, **go lá an bhrátha** till the end of times, **trí shaol na saol** forever and ever, **go síoraí** eternally, **i gcónaí** always, **i dtólamh** always, **ó shin i leith** from that time on

Rian *m* (*-ain; ~ta*) mark, trace
bealach *m* way, **comhartha** sign, **gné** *f* aspect, feature, **éagasc** distinguishing mark, **iarsma** *m* remnant, **imir** tint, **láithreog** trace, mark; small site, **lorg** mark, track, **marc** mark, **prionta** print, **raon** track, **ruaim** dye; stain, **rianán** small trace/mark, **sainchomhartha** distinctive mark, characteristic, **scríob** scratch, **smál** stain, **stáid** trail, track; streak (*cf* **stáid néalta** streak of clouds), **teimheal** *m* (*-mhil*) trace, sign; stain, **tréith** trait, characteristic, **tuar** sign, omen

▲ **~ coise** footprint, **~ de mhiongháire** hint of a smile, **~ den dul chun cinn** sign of progress, **~ den searbhas** overtone of sarcasm, **~ fola** bloodstain, **~ mór sa bhoinéad** a big dent in the bonnet, **~ piléir** trajectory of a bullet, **~ ré eile** the imprint/echo of another age, **~ srutha** the course of a stream, **~ta an chogaidh** scars of the war

◊ **rothaí cinn riain** cyclist who sets the pace, **Chuaigh Aindriú ar ceann riain.** (*sp*) Andrew set the pace. **Tá ~ a láimhe air.** It looks like his/her/their handiwork.

Rianaigh v_{2a} trace, recount; trace, follow outline
aimsigh find, trace, **breac** mark with letters/figures, **cinn** determine, **cóipeáil** copy, **comharthaigh** mark, indicate, **cuir comhartha ar** put a sign on, **déan cur síos ar** describe, trace out, **graf** (*lit*) draw, write, sketch, **imlínigh** outline, **inis** tell, **lean** follow, **léarscáiligh** map, **léirigh** depict, **línigh** line, rule, **lorg** track, **mantaigh** indent, chip, **mapáil** map, **marcáil** mark, **ríomh** recount, trace; reckon, **sceitseáil** sketch, **scríobh** write, **stácáil** stalk, **taifead** record, **taispeáin** show, **tar ar** discover, find, **tarraing** draw, **teorannaigh** delineate, **tóraigh** pursue

Rianaithe *pp* traced, recounted; traced, followed, outlined
aimsithe found, traced, **breactha** marked with letters/figures, **cinnte** determined, **cóipeáilte** copied, **comharthaithe** marked, indicated, **graftha** (*lit*) drawn, written, sketched, **imlínithe** outlined, **inste** told, **leanta** followed, **léarscáilithe** mapped, **léirithe** depicted, **línithe** lined, ruled, **lorgtha** tracked, **mantaithe** indented, chipped, **mapáilte** mapped, **marcáilte** marked, **rianta** marked out; completed, **ríofa** recounted, traced; reckoned, **sceitseáilte** sketched, **scríofa** written, **stácáilte** stalked, **taifeadta** recorded, **taispeánta** shown, **tagtha ar** discovered, found, arrived at, **tarraingthe** drawn, **teorannaithe** delineated, **tóraithe** pursued

Rianú *vn* tracing, outlining
aimsiú finding, tracing, **breacadh** marking with letters/figures, **cinneadh** determining, **cóipeáil** copying, **comharthú** marking, indicating, **cur comhartha ar** putting a sign on, **déanamh cur síos ar** describing, tracing out, **grafadh** (*lit*) drawing, writing, sketching, **imliníocht** outlining, **insint** telling, **leanúint** following, **léarscáiliú** mapping, **léiriú** depicting, **líniú** lining, ruling, **lorg** tracking, **mantú** indenting, chipping, **mapáil** mapping, **marcáil** marking, **ríomh** recounting, tracing; reckoning, **sceitseáil** sketching, **scríobh** writing, **stácáil** stalking, **taifeadadh** recording, **taispeáint** showing, **teacht ar** discovering, finding, **tarraingt** drawing, **teorannú** delineating, **tóraíocht** pursuing

Riar 1 v_{1a} administer, manage
bainistigh manage, **bí i gceannas ar** be in charge of, **déan bainistíocht ar** manage, **déan reáchtáil ar**

Riar

administer, run, **eagraigh** organise, **gabh** assume, take on (cf **freagracht a ghabháil** to take on a responsibility), **glac** undertake, take on, **ionramháil** manipulate, manoeuvre, **láimhseáil** handle, manage, **mineastráil** administer, **míriar** mismanage, **oibrigh** put to use, work, **rialaigh** rule, **rith** run, **stiúir** direct, **treoraigh** guide

Riar 2 *vn* administering, managing
bainistiú manage, **déanamh bainistíocht ar** managing, **déanamh reáchtáil ar** administering, running, **dul i gceannas ar** taking charge of, **eagrú** organising, **gabháil** assuming, taking on, **glacadh** undertaking, taking on, **ionramháil** manipulating, manoeuvring, **láimhseáil** handling, managing, **mineastráil** administering, **míriaradh** mismanaging, **oibriú** putting to use, working, **reáchtáil** administering, running, **rialú** ruling, **rith** running, **stiúradh** directing, **treorú** guiding

Riarachán *m (-áin; -áin, ~)* administration
bainistíocht management, managing, **faire** keeping watch, **eagrú** organising, **maoirseacht** supervision, **mineastráil** administering, administration, **mineastrálacht** administration, **reachtáil** running, stewarding, **reachtas** legislature, **riail** *f (rialach, rialacha)* rule, **rialtas** government, **rialáil** regulating, regulation, **riar** administration, management; allocation, **rith** *m (reatha)* running, **smacht** control, **stát** state, **stiúradh** directing, **treoir** *f (-orach; -oracha)* guidance

Riaráiste *m (~; -tí)* arrears
airgead atá le híoc fós money outstanding, **billí** *mpl* **gan íoc** outstanding bills, **fiacha nár íocadh** *mpl* unpaid debts, **fiachas** liability, **iasachtaí** *fpl* **atá chun deiridh** debt payments that are in arrears

◊ **riaráistí cíosa** arrears of rent, **riaráistí morgáiste** mortgage arrears

Riartha *pp* administered, managed
bainistithe managed, **dulta i gceannas ar** having taken charge of, **eagraithe** organised, **gafa** assumed, taken on, **glactha** undertaken, taken on, **ionramháilte** manipulated, manoeuvred **láimhseáilte** handled, managed, **mineastráilte** administered, **míriartha** mismanaged, **oibrithe** worked, **rialaithe** ruled, **rite** run, **stiúrtha** directed, **treoraithe** guided

Riasc *m (réisc; ~a, ~)* marsh, moor
bogach *m* soft boggy ground, **corcach** *f* marshland, **gaothlach** *m* swamp, marsh, **móinteach** *m* moorland, moor, **moing** overgrown swamp, **muireasc** *f* marshy land near seashore, **murlach** *m* lagoon, **plobán** squelchy slushy ground, **portach** *m* bog, **puiteach** *m* soft boggy ground, **riasclach** *m* marshy land, moor, **seascann** *m* sedgy bog, marsh; swamp, **seasclach** *m* sedgy ground, sedge *(see also:* **portach***)*

Riascach *adj³* marshy, moorish
ar bogadh swampy, **ar maos** soggy, **báite** sopping, **ceachrach** miry, muddy, **clábarach** muddy, **criathrach** swampy, **draoibeach** muddy, miry, **faoi uisce** under water, **féitheach** soft-seamed, swampy, **fliuch** wet, **glárach** silted, muddy, **gutach** filthy, muddy, **lábach** muddy, **lábánach** grimy, muddy, **leathbháite** sopping wet; *(boat)* waterlogged, **lodartha** muddy, slushy, **maoth** moist; tender, soft, **maothlach** mushy, **móintiúil** boggy, **mongach** mossy, marshy, **múscánta** dank, spongy, **plobánta** squelchy, slushy, **pludach** slushy, muddy, **práibeach** soft, mushy, **ramallach** slimy, **seascannach** boggy, marshy, **slabach** slobby, muddy, **spúinsiúil** spongy, **srathach** low-lying, marshy, **tais** damp

Ribe *m (~; -bí)*
1. *(of hair)* strand; thin thread, filament
abhras yarn, **coirnín** curl, **cuach** *f* curl, **dlaoi** *f* wisp, lock, **dual** tress, **filiméad** filament, **guaire** whisker, bristle, **loca** wisp, **ribeog** tiny strand of hair, tatter (cf **cóta atá ina ribeoga** coat that's in tatters), **ruainne** *m* single hair; fibre, shred, thread, **ruainseachán** tiny strand of hair, **snáithe** *m* single thread, **snáithín** tiny slender thread; fibre, **snáth** *m (collective noun)* thread, **tointe** strand, **urla** *m* lock of hair

▲ ~ **gruaige** strand of hair

2. stem, stalk, *(bot)* blade, shred
brobh rush, *(bot)* blade, stem, **dlaíóg** little wisp (cf **dlaíóg féir** wisp of grass), **foithnín** stem, stalk; blade of corn, **gas** stem, **seamaide** sprig, *(bot)* blade, **sifín** stem, stalk, straw, **tráithnín** dry grass stalk

▲ ~ **féir** blade of grass, ~ **lín** shred of flax, ~ **olla** shred of wool

Ribín *m (~; ~í)* ribbon, band
banda band, **banda gruaige** hairband, **coirdín** twine, string, **corda** cord, **maisiú** trimming, decoration, **ruóg** waxed cord, **sais** sash, **stiall** *f* strip, **sreang** *f* cord, string, **sreangán** string, **téadán** cord, line, **téip** tape, **teaghrán** tether, **trilseán** braid, plait

▲ ~ **ceangail** *(nau)* gasket, ~ **deataigh** wisp of smoke, ~ **dúigh** ink ribbon, ~ **hata** hatband, ~ **bróin** mourning band

◊ **Ní haon ~ réidh é.** He is not to be trifled with.

Ridire *m (~; -rí)* knight
ánradh champion, **curadh** immortal, champion, **gaiscíoch** *m* warrior, **laoch** hero, **marcach** *m* horseman, jockey, **saighdiúir** *m* soldier, **Teamplóir** Templar

Righ *v₁ᵢ* stretching, tautening
docht tighten, bind securely, **éirigh teann** tense (up), **fadaigh** lengthen, elongate, **fáisc** squeeze, **forleathnaigh** extend, **leathnaigh** widen, extend,

righnigh stiffen, draw out, delay, **sín** stretch make taut; extend, **tarraing** pull, draw, **teann** tighten, tauten

Righin *adj irr*

1. rigid, tough, unyielding, rigorous
buanseasmhach persevering, **ceanndána** recalcitrant, **ceanntréan** headstrong, **crua** hard, tough, **cruánach** solid, rock-hard, **dáigh** obstinate, **daingean** firm, tenacious, **dígeanta** diehard, intransigent, **diongbháilte** steadfast, **dianseasmhach** pertinacious, **doiligh** reluctant; hard, **do-iongabhála** formidable, **dúr** hard, rigid; dour, **dúshlánach** defiant, **gan stangadh** unyielding, **gan trua gan taise** ruthless, **géar** harsh, severe, **neamhghéilliúil** unyielding, **neamhghoilliúnach** thick-skinned; insensitive, **reoite** frozen, **stóinsithe** staunch, tough, unyielding, **stuacánach** stubborn

▲ **argóint** ~ robust argument, **asal** ~ obstinate donkey, **bleachtaire** ~ hardnosed detective, **coirpeach** ~ hardened criminal, **craiceann** ~ thick/tough skin, **óganach** ~ hardy youth, **oibrí** ~ tenacious worker, **scrúdú** ~ rigorous exam, **turas** ~ tough journey

◊ **Tá muineál ~ uirthi.** She has a thick/hell of a neck.

2. *(tight)* rigid, inflexible
ceapánta starchy, **cranraithe** hardened, knotty, **dianiarrthach** exacting, demanding, **diongbháilte** rigid, firmly secure, **docht** tight, **daingean** intractable, secure, **dobhogtha** immovable, **dolúbtha** unbendable, inflexible, **doscaoilte** inseparable, impossible to loosen, **reoite** frozen, **righnithe** stiffened, **sioctha** frozen, **stáirsiúil** starchy, **teann** taut, tight

▲ **alt** ~ stiff joint, **feoil** ~ leathery meat

◊ **Is talamh é atá ~ le rómhar.** It is ground that is hard to dig.

3. *(physically stiff)* slow, rigid viscous, sticky
ceangailteach sticky, **déanach** late, tardy, **glaeúil** gluey, sticky, **greamaitheach** adhesive, sticky, **gumach** gummy, **mall** slow, **malltriallach** slow-moving, **marbhánta** languid, **práibeach** mushy, dauby, **siocánta** congealed, frosted, stiff, **slaodach** *(ph)* viscous, **slogánta** sluggish, heavy, **spadánta** lumbering, torpid, **támáilte** sluggish, **támhach** torpid, **taosach** paste-like, doughy, **torpánta** sluggish

▲ **coiscéim** ~ slow/deliberate step, **galar** ~ lingering illness, **sruthán** ~ slow-moving stream

◊ **Is ~ an slaghdán seo atá orm.** I'm finding it's slow to get rid of this cold., **Tá sé ~ sa chaint.** He is slow of speech.

Righneas *m (-nis)*

1. rigidity, doggedness, toughness
buanseasamh perseverance, **ceanndánacht** recalcitrance, **cruacht** hardness, toughness, **cruánaí** solidity, rock-hardness, **cruas** hardness, **dáighe** obduracy, **déine** severity, intenseness, **dianseasmhacht** pertinacity, **dígeantacht** intransigence; pertinacity, **diongbháilteacht** steadfastness, decisiveness; solidity, **doilíos** reluctance, **dúire** hardness, rigidity; dourness, **géire** harshness, severity, **greamús** stickability, **moille** delay; slowness, tardiness, **neamhghéilliúlacht** unyieldingness, obduracy, **neamhghoilliúnacht** insensitivity, **síoraíocht** eternity; lastingness, **stóinsitheacht** staunchness, **stuacánacht** stubbornness

2. rigidity, stiffness, tightness, inflexibility
ceapántacht starchiness, stiffness, **daingne** firmness, steadfastness, **doichte** tightness, **dolúbthacht** inflexibility, rigidity, **foirmeáltacht** formalness, being stiff; formality, **reoiteacht** frozenness, **staf** stiffness, **stág** *f (-áige)* slowness, stiffness of gait, **stolpacht** stiffness; stodginess, **strompaíocht** stiffness (of bones, joints), **teannáil** stiffness, tension, **teinne** tightness, rigidity (cf **teinne téide** tightness of a rope)

3. slowness
ceangailteacht stickiness, **déanaí** lateness, tardiness, **glaeúlacht** glueyness, **greamaitheacht** adhesion, stickiness, **moille** slowness, delay, **malltriall** slow pace, **marbhántacht** listlessness, **siocánta** congealed, frosted, stiff, **slaodacht** viscosity, **spadántacht** torpidity, **támáilteacht** sluggishness, **támhacht** torpidy, **taosaí** doughiness, **torpántacht** heaviness, sluggishness

Righnigh v_{2b} stiffen, toughen (up); delay

buanaigh make durable, **cruaigh** harden, **cuir moill ar** delay, **daingnigh** fortify, bolster, consolidate, **déan foirmeálta** formalise, **dianaigh** intensify, **éirigh do-lúbtha** become rigid, inflexible, **éirigh righin** become stiff/slow, **fáisc** squeeze, **fódaigh** entrench, **láidrigh** strengthen, **moilligh** delay, **neartaigh** reinforce, strengthen, **reoigh** freeze, **righ** tauten, **stálaigh** harden, toughen, become stale; *(person, wood, etc)* season, **stáirseáil** starch, **stromp** stiffen, harden, **teann** brace, tighten, **treisigh** reinforce

Righnithe *pp* stiffened, toughened (up); delayed

buanaithe made durable, **cruaite** hardened, **ar ar cuireadh moill** delayed, **daingnithe** fortified, bolstered, consolidated, **déanta foirmeálta** formalised, **dianaithe** intensified, **éirithe do-lúbtha** gotten rigid, inflexible, **éirithe righin** stiffened; slowed, **fáiscthe** squeezed, **fódaithe** entrenched, **láidrithe** strengthened, **moillithe** delayed, **neartaithe** reinforced, strengthened, **reoite** frozen, **rite** tautened, **stáirseáilte** starched, **stálaithe** hardened toughened, gotten stale; seasoned (cf **adhmad stálaithe** seasoned wood, **Imreoir stálaithe í.** She's a seasoned player.), **stromptha** stiffened, hardened, **teannta** braced, tightened, **treisithe** reinforced

Righniú *vn* stiffening, toughening; delaying
buanú making durable, **cruachan** hardening, **cur moill ar** delaying, **daingniú** fortifying, bolstering, consolidating, **dianú** intensifying, **éirí do-lúbtha** becoming rigid/inflexible, **éirí righin** becoming stiff/slow, **fáscadh** squeezing, **fódú** entrenching, **láidriú** strengthening, **moilliú** delaying, **neartú** reinforcing, strengthening, **reo** freezing, **ríochan** tautening, **scarbháil** hardening; crustation, **stáirseáil** starching, **stálú** hardening, toughening; getting stale, **teannadh** bracing, tightening, **treisiú** reinforcing

Ríméad *m (-éid)* jubilation, great joy; joyous pride
an-áthas great happiness, **aoibhneas** bliss, **ardú meanman** raised spirits, **ardmheanma** *f* high spirits, **bród** pride, **bua** *m* victory, **caithréim** triumph, **croíúlacht** cheerfulness, **eofóiria** euphoria, **gairdeas** joy, **gairdiú** rejoicing, **gealán** sunshine, joy, **girréis** high spirits, **gliondar** delight, glee, ecstasy, **greadhain** shouts of revelry/exultation, **iontlas** mirth, spree, **lúcháir** elation, **meidhir** gaiety, mirth, **ollghairdeas** great rejoicing, jubilation, **sástacht** satisfaction, **sceitimíní** ecstasy, jubilation, **scóip** elation, joy, **scóipiúlacht** *f* high spirits, **soilbhreas** joviality, cheeriness, **sonas** happiness, joy, **subhachas** gladness, merriness, **sult** merriment

◊ **Chuir an scéala ~ orainn.** The news made us jubilant., **Bhí ~ agam as.** I was chuffed about it.

Ríméadach *adj³* jubilant, delighted; joyfully proud
an-áthasach very happy, **aoibhinn** blissful, **ardmheanmnach** high-spirited, **bródúil** proud, **buaiteach** victorious, **caithréimeach** triumphal, **croíúil** cheerful, **eofóiriach** euphoric, **gairdeach** joyous, **gealgháireach** cheerful, smiling, **gliadrach** gleeful, **gliondrach** delighted, gleeful, ecstatic, **lán de chraic** full of fun/craic, **loinneogach** joyful as a merry refrain, **lúcháireach** elated, **meanmnach** spirited, **meidhreach** merry, **sásta** content, **scóipiúil** elated, joyful, **sona** happy, fortunate, **sonasach** happy, lucky, **sultmhar** full of happiness

▲ **aoibh ~** exultant/joyful mood, **fáilte ~** tumultuous welcome, **gáire ~** rapturous laughter, **glór ~** elated tone, **mothú ~** ecstatic feeling, **slua ~** jubilant crowd

Rince *m (~; -cí)* dance
bailé ballet, **bál** ball, **bolgrince** belly dance, **céilí** evening of Irish traditional dancing, **cniogdhamhsa** tap dance, **cóiréagrafaíocht** choreography, **damhsa** dance, **damhsa boilg** belly dance, **dioscó** disco, **fiodrince** twirling; pirouette, **mór-rince cinn scoile** debs' ball, **pramsáil** caper, **port** jig, **princeam** prance, **pramsáil** prancing, *salsa* salsa, **seit** *m (~; ~eana)* set dance, **tangó** tango, **válsa** *m* waltz *(see also: céilí, damhsa)*

Rinceoir *m (-eora; ~í)* dancer
cailín *m* **bailé** ballerina, **bolgrinceoir** belly dancer, **ceáfrálaí** frisker, caperer, **cniogdhamhsóir** tap dancer, **damhsóir** dancer, **damhsóir boilg** belly dancer, **damhsóir cuaille** pole dancer, **damhsóir téisiúil** lap dancer, **jeighbheálaí** jiver, **pramsálaí** prancer, **rinceálaí** caperer, **válsálaí** waltzer

Rinn *f (~e; reanna, reann)* tip, point; height
adharc *f* horn, **airde** height, **ard** top, high part, **barr** top, tip, point (eg **barr scine** point of a knife), **bior** point, **binn** peak; ben, **buaic** apex; climax, crescendo, **buaicphointe** pinnacle, apogee; apotheosis; highlight (cf **buaicphointí na ceolchoirme** highlights of the concert), **ceann** end (cf **ceann tíre** cape), **coróin** crown, **cuspa** *m* cusp, **díon** roof, **faobhar** *(sharp)* edge, **féige** *f* acme, summit, **forar** *(lit)* apex, climax, end, **formna** *(lit)* apex; prime, best part, **gob** tip, bit that's sticking out; beak, **maoileann** rounded summit, knoll, **mol** round protuberance; hub, **mullach** *m* summit, highest point, **pointe** *m* point (cf **an pointe is airde** the highest point), **spíce** *m* spike, **spuaic** spire, **starraic** peak, prominence, **stuaic** tip, spire; peak, **staca** stack, pinnacle of rock, **uasphointe** highest point, peak

Ríochan *vn* stretching, tautening
dochtadh tightening, binding securely, **éirí teann** tensing (up), **fadú** lengthening, elongating, **fáscadh** squeezing, **forleathnú** extension, **leathnú** widening, extending, **righniú** stiffening, drawing out, **síneadh** stretching, making taut; extending, **tarraingt** pulling, drawing, **teannadh** tightening, tautening

Riocht *m (reachta; ~aí; dat pl: reachtaibh)*
1. shape, guise; appearance
bail condition, state, **bréagriocht** *m* disguise, **caoi** *f* manner, condition, **cumraíocht** shape, form, **cosúlacht** semblance, **creat** shape, appearance, **cruth** shape, guise, **cuma** *f* look, aspect, **dealramh** appearance, look, **déanamh** make, **déanmhas** formation, structure, **deilbh** figure, **dóigh** way, fashion, **dreach** *m* appearance, look, **duaithníocht** camouflage, **fíor** *f* figure, appearance, **fíoraíocht** configuration, **foirm** form, **gné** *f* aspect, **imlíne** *f* outline, **leagan** bearing, appearance, **múnla** mould, shape

◊ **An fhírinne a chur as ~** to distort the truth, **Chuaigh sí i ~ seanmhná.** She assumed the appearance of an old woman., **i ~ bacaigh** in the guise of a beggar, **i ~ eala** in the form/shape of a swan

2. i ~ about to, ready to
ar an bpointe at the point of, **ar tí** about to, **díreach chun** just about to, **díreach réidh chun** just ready to, **gan mórán ann ach (go)** just about (cf **Ní raibh mórán ann ach gur bhris an gol uirthi.** She was just about to cry.), **is beag (nach)** (cf **Is beag nach dtitfidh sé.** He is close to falling.), **réidh chun** ready to, **réidh le** ready to

◊ **i ~ titim** about/ready to drop, **i ~ pléascadh** about to explode

Ríocht f (~a; ~aí) kingdom, realm
críoch f (críche; ~a, ~) land, territory, **flaitheas** sovereignty, **flaithiúnas** kingdom, realm; heaven, **impireacht** empire, **monarcacht** monarchy, **rialtas** government, **stát** state, **tír** f (~e; tíortha) country

▲ ~ **Dé** the kingdom of Heaven, ~ **na bhflaitheas** realms of paradise, ~ **na n-ainmhithe** the animal kingdom, **An ~ Aontaithe** the United Kingdom

Ríofa pp computed, calculated
áirithe calculated, enumerated, **anailísithe** analysed, **ar a ndearnadh anailís** analysed, **bainte as** subtracted from, **comhairithe** counted, **fómhasta** calculated; (jur) taxed, **iolraithe** multiplied, **measta** assessed, reckoned, **measúnaithe** assessed, **oibrithe amach** worked out, **reicneáilte** reckoned, **scóráilte** scored, tallied, **suimithe** (suas) added (up), **tomhaiste** gauged, measured **uimhrithe** numbered

Ríoga adj[6] royal, regal
mórga majestic, **rí-** pref kingly, royal, majestic, **ríogaí** royalist, **ríogachta** (> ríogacht) regality, **ríonaí** queenly, **ríoraíoch** dynastic, **ríúil** kingly, **ríúlachta** (> ríúlacht) kingliness, **uasal** noble

Ríomh- pref pnt computers; electronic, digital
~-**airgead** electronic money ~-**chláraitheoir** computer programmer, ~-**chlárú** computer programming, ~-**eolaíocht** computer science, ~-**ghrinnfhiosrúchán** e-vetting, ~-**idirbheart** (**slán**) (secure) electronic transaction, ~-**irisleabhar** electronic journal, ~**lann** computer room, ~-**mhargaíocht** e-marketing, ~**théacsleabhar** digital textbook

Ríomh 1 v_{1a} compute, calculate
áirigh calculate, enumerate, **anailísigh** analyse, **bain as** subtract from, **comhair** count, **cuntais** count, **déan anailís** make an analysis, **fómhais** calculate; (jur) tax (cf **ag fómhas costas** estimating/taxing costs), **iolraigh** multiply, **meas** assess, reckon, **measúnaigh** assess, **oibrigh amach** work out, **ríomhaireacht a dhéanamh** to make a computation, a calculation, **reicneáil** reckon, **scóráil** score, tally, **suimigh** (suas) add (up), **tomhas** gauge, measure **uimhrigh** number

Ríomh 2 vn computing, calculating
áireamh calculating, enumerating, **anailísiú** analysing, **baint as** subtracting from, **comhaireamh** counting, **cuntas** counting, **déanamh anailíse** making an analysis, **fómhas** calculating; (jur) taxing, **iolrú** multiplying, **meas** assessing, reckoning, **measúnú** assessing, **oibriú amach** working out, **ríomhaireacht** computation, **reicneáil** reckoning, **scóráil** scoring, tallying, **suimiú** (suas) adding (up), **tomhas** gauging, measuring, **uimhriú** numbering

Ríomhaire m (~; -rí) computer
abacas abacus, **áireamhán** calculator, **áiritheoir** teller, counter, enumerator, **fráma comhairimh** abacus, **gléas áirimh** calculating device, **inneall áirimh** calculating machine, **lárionad próiseála** central processing unit (CPU), **mór-ríomhaire** mainframe computer, **stáisiún oibre** workstation, **próiseálaí** processor, **próiseálaí focal** word processor, **próiseálaí sonraí** data procesor, **táibléad** tablet

---

■ **Ar théarmaí ríomhaireachta agus cumarsáide digití atá:**
Terms for computing and digital communication include:

Acmhainn resource
Aip app
Algartam algorithm
Ar líne/As líne online/offline
Asphrionta printout
Athlódáil v reload
Athnuaigh v refresh
Atosaigh v reboot
Barra uirlisí toolbar
Blagáil blogging
Blagálaí Blogger
Bogearraí software
Brabhsáil browsing
Brabhsálaí browser
Bunachar sonraí database
Buntásc footer
Bus uilíoch srathach universal serial bus (USB)
Cábla cumhachta power cable
Callaire speaker
Cartús dúiche ink cartridge
Cealaigh v undo
Ceangaltán (email) attachment
Clár program
Cliceáil (ar deis) v (right) click
Comhad (sealadach) (temporary) file
Comhéadan interface
Comhfhadaigh v (text) justify
Comhoiriúnach compatible
Córas oibriúcháin operating system
Deilbhín icon
Eang f (text) indent
Fillteán folder
Fón póca mobile phone
Formáidiú formatting
Freastalaí server
Gigibheart gigabyte
Gréasán Domhanda World Wide Web
Gúgláil v google, googling
Hipearnasc hyperlink
Idirbhealach m interface
Idirlíon m internet
Íoslódáil v download
Leathanach m **baile** homepage
Leathanbhanda broadband
Líonra network
Luch f mouse
Méarchlár keyboard
Móideim modem
Monatóir monitor
Mór-ríomhaire mainframe
Nuashonraigh v update
Port comhuaineach parallel port
Printéir printer
Réamhamharc preview
Réamhshocrú default
Ríomhchlár computer program
Ríomhphost email
Roghchlár aníos pop-up menu
Roghchlár anuas dropdown menu
Scáileán screen
Scanóir scanner
Seiceálaí litrithe spellcheck
Sothuigthe user-friendly
Suíomh site
Tarraing v drag
Teachtaireacht message
Téacsáil texting
Uaslódáil v upload

Ríomhaireacht *f (~a)* computation, computing **áireamh** calculation, enumeration, **comhaireamh** counting, **fómhas** calculation, estimate, **grádú** grading, rating, **meabhairuimhríocht** mental arithmetic, **meas** reckoning, deeming, **measúnú** assessing, appraising, **reicneáil** reckoning, **ríomh** calculating, **scóráil** scoring, tallying, **suimiú (suas)** adding (up), addition, summing (up), **uimhríocht** arithmetic, **uimhriú** numbering

Riosca *m (~; ~í)* risk
amhantar risk, **amhantraíocht** *(business)* speculation, **bagairt** threat, menace, **baol** peril, **contúirt** jeopardy, **dainséar** danger, **éiginnteacht** uncertainty, **fiontar** venture, risk, **guais** hazard (cf **guais-soilse** hazard lights), **priacal** risk, **roth an tsaoil** fate; risk, (cf **Rachainn faoin roth chuige.** I'd risk anything for it.), **seans** chance, gamble (cf **dul sa seans air** to gamble on it, to risk it)

Rírá *m (~)* hubbub, uproar
callán uproar, **callóid** commotion, **clampar** clamour, din, **clisiam** ballyhoo, **corraíl** excitement, hype, **furú** hubbub, bustling, **fusaoid** fuss, excitement, **fústar** kerfuffle, commotion, **gliotram** clatter, **gleo** tumult, blare, **greatharnach** *f* shouting, uproar, **griothal** fuss, flap, **hurlamaboc** pandemonium, hubbub, **míle murdar** bedlam, **murdar** murder, **racán** rumpus, **rachlas** commotion, turmoil, **ragáille** tumult; loud noise, **raic** racket, uproar, riot, uproar, pandemonium, **ruaille buaille** commotion, bedlam, **scliúchas** rumpus; brawl, **tamhach táisc** uproar, **taparsach** *f* bustling

◊ **~ agus ruaille buaille** pandemonium

Rite *pp*
1. taut, tense; eager
ar bís on tenterhooks, **crochta** precipitous, **docht** tight, firm; stiff, **do-lúbtha** inflexible, **druidte** closed tight, clenched, **dúnta** closed, shut, **feistithe** fixed, fastened, **géar** keen, **iata** enclosed, secured; constipated, **neadaithe** embedded, **-obach** *suffix* -tight *(excluding air, water, etc)*, **righin** rigid, **seasta** *(of job, etc)* steady, **teann** tight, **teannasach** taut, tense, **teanndlúth** closely woven

◊ **Coinnigh an téad ~** Hold the rope tight/taut., **Tá an fhoireann go léir ~ chun tús a chur ar an obair.** The whole team is eager to get started on the work.

2. run, spent, used up; **~ as** run out of
bainte shed, cut, **caillte (go deo)** lost (forever), **caite** spent, **críochnaithe** finished, **curtha i gcrích** completed, **déanta** done, **díscithe** consumed, spent; dried up, **ídithe** used up, exhausted, **imithe** gone, departed, **rásáilte** raced, **thart** over, **sniogtha** drained dry, **spealta** dissipated; mowed, **spíonta** exhausted, spent, **tugtha don ghaoth** dissipated, frittered away, **taosctha** drained, **tógtha** taken, **úsáidte** used

◊ **Tá mo rás ~.** *(dying)* My time is up., **táimid ~ as airgead/am/bia, etc** we have run out of money/time/food, etc

3. bleak, windswept, tough, difficult
creagach craggy, barren, **creagánta** stony, barren, **crua** hard, **dian** tough, **diolba** bare, bleak, exposed, **feidheartha** bare, bleak, **fiánta** wild, **folamh** empty, **gaothach** windy, **lom** bare, **sceirdiúil** bleak, **seasc** barren, **stéigiúil** barren, exposed, **tréigthe** abandoned

◊ **Chuaigh sé ~ liom an mullach a bhaint amach.** I barely managed to reach the summit., **Tá an teach ~ le gaoth.** The house is exposed to the wind.

Rith 1 *v₁ᵦ*
1. *(move quickly)* run
bí ag gaiseadh be rushing/dashing, **bí ag réabadh ar aghaidh** be tearing along, **bí ag reathaíocht** be running, **brostaigh** hurry (cf **Brostaigh ort!** Hurry up!), **crinn** race neck to neck, **déan deabhadh** make haste, **déan ar** make for, **déan deifir** hurry, **déan rábáil** sprint, **déan ráig** make a sudden dash, **deifrigh** hasten, **gabh** go, **gluais** move, **imigh chun scaoill** *(horse)* bolt, **imigh de rúid** leave in a rush, rush off, **leáigh** melt, **imigh de sciotán** bolt off, **imigh i dtáinrith** stampede, **jagáil** jog, **líon isteach** flow into, **priontáil** print, **rib** dash, dart, (cf **traein a ribeadh** to dash to catch a train), **réab chun cinn** dash ahead, **sciorr** slide, skid, slip, **sciurd** dash, **sil ina chaise** stream, gush, **siúil** walk, **siúil go tapa** walk quickly, **sleamhnaigh** slide; go unnoticed, **snigh** flow; glide, **steall** gush forth in a stream, **tabhair ráib** sprint, **tabhair ruathar** rush, dash, **téigh ar cosa in airde** go at a gallop, **téigh ar luas lasrach** go at lightning speed, **téigh ar nós na gaoithe** go like the manner of the wind, **téigh ar sodar** go at a trot, **téigh go maolchluasach** go hell for leather, **teilg** *(colour)* shed; consider **teith** flee, skedaddle, **tit ar nós easa** cascade, **triall ar** head for, proceed to *(see also: téigh)*

~ **an bád le gaoth.** The boat ran before the wind.
~ **an focal uaim.** The word escaped me.
~ **an t-ádh liom.** I had a run of luck.
~ **an t-am.** Time went quickly.
~ **an tsnaidhm.** The knot ran/slipped.
~ **mé trasna na sráide.** I ran across the street.
~ **na dathanna.** The colours ran/fused.
~ **sé ar aghaidh.** He ran ahead.
~ **sé chugam.** He ran towards me.; It occurred to me.
~ **sé ina diaidh.** He ran/chased after her.
~ **sé míle.** He ran a mile.
~ **sé ón chontúirt.** He ran from the danger.
~ **sé trí mo cheann.** It ran through my mind.
~ **sí abhaile.** She ran home.
~ **sí a raibh ina cnámha.** She ran as fast as she could.
~ **sí ar nós na gaoithe.** She ran like the wind.
~ **siad a seal.** They ran their course.

2. *(control, manage)* run, pass, have
coinnigh maintain, **déan maoirseacht ar** oversee, **eagraigh** organise, **feidhmigh** officiate, **gabh** assume,

take on, **oibrigh** work; operate, **reáchtáil** run (eg **eachtra a reáchtáil** to run an event), **riar** manage, administer, **stiúir** conduct, *(business)* run, **tiomáin** drive, propel *(see also: téigh)*

~ **an fhéile leis.** He had a natural generosity.
~ **sé an gnó.** He ran the business.
~ **sé teocht ard.** He had a high temperature.
~ **sí capall sa rás.** She ran/had a horse in the race.
~ **siad bille/rún.** They passed a bill/resolution.

Rith v_{1b} **ar** come suddenly upon
gabh seize, **ionsaigh** attack, **leath** spread, **sáraigh** overwhelm, overtake, **scaip** spread, **tar aniar aduaidh ar** take by surprise, **tarlaigh gan choinne** happen unexpectedly, **tit amach go tapa** come about quickly

~ **an leon ar an séabra.** The lion pounced on the zebra.
~ **an Cháisc orainn.** Easter was soon upon us.
~ **gorta ar an tír.** Famine swept the country.
~ **tréithchineál nua den víreas ar an bpobal.** A new strain of the virus spread quickly through the population.

Rith v_{1b} **as** *(become depleted)* run out
bearnaigh *(barrel)* tap, **caith** consume, **críochnaigh** finish, end, **diomail** waste, squander, **díscigh** dry up, drain dry, consume, **folmhaigh** empty, **ídigh** consume, **imigh** disappear, **spíon** exhaust, spend, **tabhair don ghaoth** dissipate, fritter away, **taosc** drain, **tar chun críche/deiridh** come to an end, **tóg** take, **úsáid** use

~ **muid as am.** We ran out of time.

Rith v_{1b} **le**
1. vie with, run against
bí ag streachailt le be struggling with, **déan coimhlint le** do battle with, **déan iomaíocht le** compete with, vie with, **tabhair dúshlán** challenge, **téigh chun comhraic le** go into combat with, **téigh i gomórtas le** compete with, **troid le** fight with

~ **siad lena chéile.** They vied with one another.

2. succeed, manage
buaigh win, **déan go maith** do well, **éirigh le** succeed, **ráinigh le** *(defective verb)* succeed, **rathaigh le** succeed, thrive, **soirbhigh** prosper, do well, **tar le** succeed, manage

~ **sé leo an uair seo.** They succeeded this time.
~ **sé liom é a dhéanamh.** I managed to do it.

3. *(as in phrase)* ~ **sé liom.** It occurred to me.
bhí sé de nóisean agam I had the notion, **bhuail smaoineamh mé** I had a thought, **Chuaigh sé ina luí orm.** I got taken by the idea., **Tháinig smaoineamh chugam.** An idea occurred to me., **tháinig sé isteach i mo chloigeann** it struck me

Rith v_{1b} **síos**
1. run down
brostaigh síos hasten/hurry down, **deifrigh síos** hurry down, **luathaigh do chosa síos go dtí** work your legs speedily down to, **scinn síos** dart down, pop down, **sciorr síos** skid down, slip down, pop down, **sciurd síos** dash down, **sleamhnaigh síos** slide down, **tabhair seáp síos** make a dash down, dash down, **téigh síos go tapa** go down quickly

◊ ~ **síos an staighre go dtí an chistin!** Run down the stairs to the kitchen!

2. disparage
beachtaigh criticise, treat critically, **cáin** criticise, **caith drochmheas air** disparage, **cuir leibhéal ar** cut down to size (eg **Bhí siad ag cur leibhéal ar na polaiteoirí.** They were taking the piss out of the politicians.), **déan beag is fiú de** make little of, **lochtaigh** fault, find fault with, **tabhair lagmheas ar** treat with contempt, **tarcaisnigh** scorn disparage

~ **sé síos an freasúra.** He disparaged the opposition.

Rith v_{1b} **suas** run up
Luathaigh tú féin suas (an staighre)! Hurry yourself up (the stairs)!, **scinn suas** dart up, pop up, **sciorr suas** slither up, pop up, **sciurd suas** dash up, **sleamhnaigh suas** slide up, slip up, **tabhair seáp suas (go dtí na siopaí)** dash up (to the shops), **téigh suas go tapa** go up quickly

◊ ~ **mé suas an staighre.** I ran up the stairs., **billí a ~ suas** *(BÁC)* to run up bills

Rith 2 *vn* run, running
brostú hurrying, **cosa in airde** galloping, **crinneadh** racing neck to neck, **deabhadh** haste, **deifir** hurry, **deifriú** hastening, **dul ar nós na gaoithe** going like the wind, **feidhmiú** functioning, **gaiseadh** rushing/dashing, **gabháil** going, **gluaiseacht** moving, **greadadh leat** scurrying off, **imeacht chun scaoill** *(horse)* bolting, **imeacht i dtáinrith** stampeding, **imeacht de rúid** leaving in a rush, rushing off, **ionramháil** manoeuvring, **jagáil** jogging, **leá** melting, **líonadh isteach** flowing into, **luas lasrach** lightning speed, **maireachtáil** lasting, **maoirseacht** overseeing, **oibriú** working; operating, **priontáil** printing, **ráib** sprint, **ráibeáil** sprinting, **ráig** dash, **réabadh ar aghaidh** tearing along, **réabadh chun cinn** dashing ahead, **reáchtáil** running, organising, administrating, **reathaíocht** running, **riar** managing, administering, **roiseadh** *(stocking)* ladder, **rop** rush, dash, **ruaill** rush, dash; hurried visit, **ruaim** sudden impulsive dash/rush, **ruathar** rush, dash; attack, **rúid** sprint, dash, **sciorradh** sliding, skidding, slipping, **sciurdadh** dashing, hurrying, **seáp** dash, rush, **sileadh ina chaise** streaming, gushing, **siúl go tapa** walking quickly, **sní** flowing; gliding, **sodar** trot, **stealladh** gushing in a stream, **stiúradh** conducting, *(business)* running, **triall ar** heading for, proceeding to, **teilgean** *(colour)* shed; considering, projecting, **teitheadh** fleeing, skedaddling, **tiomáint** driving, propelling, **titim ar nós easa** cascading

Rithim *f (~e; ~í)* rhythm
aiceann accent, **buille** beat, **bualadh** beating, **cuisle** *f* pulse, **frithbhualadh** pulsating, pulse, **luas** pace, **rámhóireacht** rhythmical movement, **ráta** rate, **sioncóipiú** *(mus)* syncopation, **tomhas** measure

Ró- *pref* excessive, over-, hyper, too, very, extreme, gross
ró-áirithint overbooking (eg **Bhí ró-áirithint déanta ar an eitilt.** The flight was overbooked.), **ró-aisteoireacht** overacting, **ró-ard** too high; most high, **róchaifeach** extravagant, **róchruinn** perfectly round, **ródhaonra** overpopulation, **ródhóchas** presumption, **rófhéinní** supreme warrior chief, **ró-imníoch** overanxious; neurotic, **ró-íogair** *(topic)* too sensitive/risky, **ró-íogaireacht** hypersensitivity, **ró-iontach** *(negatively)* too great (cf **Níl raibh sé ~-iontach.** It wasn't too great.), **rólán** too full, **róluchtú** overloading, **ró-mhígheanas** gross indecency, **rónaofa** most holy, **ró-oirmhinneach** very reverend, **ró-shuibscríofa** oversubscribed, **ró-ualach bagáiste** excess baggage

Róba *m (~; ~í)* robe
brat mantle, **cóta** *m* coat, **clóca** *m* cloak, **culaith** *f (~e; cultacha)* apparel, dress; suit, **éide** *f* uniform, **fallaing** *f (~e; ~eacha)* mantle, cloak, **feisteas** costume, **gúna** *m* dress, gown, **scing** *f* cloak, covering, **seál** shawl

Robáil 1 v_{1e} rob, steal
bradaigh knock off, pinch, **cluicheáil** nick, purloin, pilfer, **creach** plunder, raid, loot, **cúigleáil** embezzle, **déan buirgléireacht** burgle, **déan creachadóireacht** plunder, pillage, **déan foghail ar áit** plunder a place, **déan gadaíocht** commit a theft, **déan gadaíocht siopa** shoplift, **déan slad** pillage, **foghlaigh** trespass on; pillage, steal, **goid** steal, **haiceáil** *(comp)* hack, **mugáil** mug, **pioc suas** lift, **sciob** swipe, nick, **slad** pillage, loot, **tóg gan cead** take without permission

Robáil 2
1. *vn* robbing, stealing
bradaíl pirating, plagiarising, **buirgléireacht** burgling, **cluicheáil** nicking, pilfering, **creachadh** plundering, raiding, looting, **creachadóireacht** marauding, plundering, looting, **cúigleáil** embezzling, **foghlú** trespassing; pillaging, **gadaíocht** thieving, stealing, **gadaíocht siopa** shoplifting, **goid** stealing, **haiceáil** *(comp)* hacking, **mugáil** mugging, **peasghadaíocht** pickpocketing, **piocadh suas** lifting, **sciobadh** swiping, nicking, **slad** pillaging, looting, **tógáil gan cead** taking without permission
2. *f (-bála; -bálacha)* robbery, heist
buirgléireacht burglary, **briseadh agus iontráil** breaking and entering, **ceithearnas** banditry, **ceithearnas coille** outlawry, **cleipteamáine** kleptomania, **foghail** *f (-ghla; -ghlacha)*, theft by means of trespass; plundering; pillaging, **gadaíocht** theft, **ropaireacht tí** housebreaking, **sladaíocht** pillaging

Róbáil 1 v_{1e} robe
cuir callaí ort put on fine clothes, dress in finery, **cuir culaith sagairt ort féin** robe yourself in priest's garb, **cuir éadaí ort** put your clothes on, dress yourself, **cuir gúna ort** to put on a dress/gown, **cuir róba ort** put on a robe, **feistigh** equip, dress, fit, **gléas** dress, **maisigh** adorn

Róbáil 2 *vn* robing
cur callaí ort dressing up in fine clothes, in finery, **cur éadaí ort** clothing yourself, dressing yourself, **cur culaith sagairt ort féin** robing yourself in priest's garb, **cur gúna ort** putting on a dress/gown, **cur róba ort** putting on a robe, **feistiú** equipping, dressing, fitting out, **gléasadh** dressing, **maisiú** adorning

Robáilte *pp* robbed
bradaithe pirated, pinched; plagiarised, **buirgléireacht** burgling, **cluicheáilte** nicked, purloined, pilferer, **creachta** plundered, raided, looted, **cúigleáilte** embezzled, **foghlaithe** trespassed on; pillaged, **goidte** stolen, **haiceáilte** *(comp)* hacked, **mugáilte** mugged, **pioctha suas** lifted, **sciobtha** swiped, nicked, **sladta** pillaged, looted, **tógtha gan cead** taken without permission *(see also: goidte)*

Róbáilte *pp* robed
gléasta i gcallaí áille dressed in fine clothes, in finery, **feistithe** equipped, dressed, fitted out, **gléasta** dressed, **maisithe** adorned

Robálaí *m (~; -aithe)* robber
bradaí pincher, plagiarist, **buirgléir** burglar, **ceithearnach** bandit, **cluicheálaí** pilferer, **cneámhaire** swindler, knave, **creachadóir** marauder, plunderer, looter, **cúblálaí** fraudster, wrangler, trickster, **cúigleálaí** embezzler, **díbeartach** *m* outcast, **faladhúdaí** sneak thief, **foghlaí** trespassing thief; plunderer, **foghlaí mara** pirate, **fuad** wretched thief, **gadaí** thief, **haiceálaí** *(comp)* hacker; **ladrann** *(lit)* thief, **lucht foghla** marauders, **meirleach** *m* villain; outlaw; robber, thief, **mugálaí** mugger, **peasghadaí** pickpocket, **píoráid** pirate, **póitseálaí** poacher, **reábóir reilige** body snatcher, **ropaire** scoundrel, robber, **ropaire tí** housebreaker, burglar, **séitéir** cheat, **sladaí** pillager, **tóraí** bandit *(see also: gadaí)*

Róbat *m (-ait; -ait, ~)* robot
andróideach *m* android, **bota** *(internet)* bot, **ríomhaire zombaí** zombie computer, **róbó** robot, **zombaí** zombie, **uathoibreán** automaton

Roc *m (roic; roic, ~)* wrinkle
caisirnín kink, twist, **casnóg** *(thread)* twist, **ceannaghaidh** *(-nnaithe; -nnaithe)* facial feature, **cor** twist, **clupaid** fold, tuck, **crúb** *f* **ghé** crow's foot, **eang** *f (~a; ~aí)* notch; track, trace, **eitre** *f* furrow, groove, **fáirbre** wrinkle, **feire** *(metalw)* furrow, groove, **filleadh** fold, **filltín** crease, small fold, **fithín** crinkle;

crimp, fold, **furca** wrinkle, pucker, **gairbhe** roughness, **góirí** *mpl (dress)* wrinkles, **imlíne** *f* outline; contour, **líne** *f* line, **lorg** trail, **méirscre** scar; fissure, **pléata** pleat, fold, **reang** *f (reinge; ~a, ~)* crease, wrinkle; scar, **rian** trace, mark, **ruaircín** kink, **rocán** small wrinkle, crinkle, **scoilt** crack, **scríob** *f (scríbe; ~a, ~)* scratch

Rocach *adj³* wrinkled; corrugated
aimhréidh uneven, *(terrain)* difficult, **ainmhín** rough, not smooth, **corrach** uneven, rugged, **corraiceach** rugged, rough, **clupaideach** creased, **cnapánach** gnarled, rugged, **craptha** crumpled, **eangach** indented, grooved, jagged, **fáirbreach** wrinkled, notched, **garbh** rough, **iomaireach** ribbed, corrugated, **lán le fithíní** crinkled, **le góirí** with wrinkles, **le gruigeanna** with wrinkles in brow, **mantach** jagged, uneven, **míchothrom** uneven, **reangach** welted; wrinkled, creased; scarred, **scortha** notched, **scolbach** serrated, jagged, **spiacánach** jagged, **starrach** rugged, projecting, rough

Ród *m (róid; róid, ~)* road, way
bealach *m* way, **bóthar** road, **conair** path, passage, **cosán** path, **cúrsa** course, **eachrais** *(archaic)* road for horses, **lána** lane, **lorg** track, **raon** path, route, **ródán** little road, **seachbhealach** *m* byway, **seachród** byroad, **slí** *f* way, **sráid** street *(see also: **bóthar**)*

Rógaire *m (~; -rí)* rogue, villain
abhógaí bounder, **áibhirseoir** devil, adversary, **áilteoir** trickster, practical joker; scamp, **áilteoirín** little scamp, **ainrianaí** reprobate, **alfraits** rascal, **bearránach** *m* annoying person, **bithiúnach** *m* scoundrel, rascal, **bligeard** blackguard, **boc** boyo, playboy, **boc seó** showman, poser, **caimiléir** con man, swindler, **cladhaire díomhaoin** ne'er-do-well, **cluanaí** deceiver, **cluanaire** flatterer, deceiver, **cneámhaire** crook, fraudster, **corrchoigilt** impish/mischievous person, **cuilceach** *m* scamp, rascal, playboy, **diabhal** devil, **diabhailín** little devil, **diabhlóir** mischievous person, **díolúnach** *m* cad, rogue; exempted person, **fleascach** *m* rascal, playboy, **geamaire** poser, masquerader, shammer, **leábharaic** trickster, rogue, **leithéisí** joker, jester, **mealltóir** seducer, deceiver, **meirleach** *m* villain, bandit, **plucálaí** swindler, **ráille** profligate, **raispín** brat, rascal, **rascail** rascal, **ropaire** scoundrel, **scabhaitéir** blackguard, **séitéir** cheat, charlatan, **sárachán** bounder, **séitéir** cheat, **slíbhín** sly person, **suarachán** lowlife

Rógaireacht *f (~a)* roguery
áibhirseoireacht devilry, mischief-making, **bithiúntas** roguery; thuggery, **bligeárdacht** blackguardism, **cladhaireacht** villainy, roguery, **cneámhaireacht** knavery, dishonest dealing, **diabhlaíocht** mischief, monkey business, **díomhaointeas** idling, lack of worthwhile occupation, **éirí slí** highway robbery, **falcaireacht** deception, diddling, duping, **íogán** cheating, roguery, **leiciméireacht** idling, shirking work, **liúdaíocht** idling, **liúdramántacht** loafing around, wasting one's time, **mísc** mischief, **neamh-aistear** worthless activity, being up to no good, **rascalacht** rascality, **ráscántacht** waggishness, **ragairneacht** roistering, rakishness, **réicíocht** rakishness, **scaibhtéireacht** reprobate behaviour/deeds, **séitéireacht** cheating, charlatanism

Rógánta *adj⁶* roguish
ábhailleach mischievous, **áilteortha** tricky, roguish, **anchúinseach** scoundrelly, **bithiúnta** roguish, scoundrelly, **bradach** thieving, **cladhartha** villainous, roguish, **cleasach** full of trickery/tricks, **cneámhaireachta** (> *cneámhaireacht*) of knavery, **diabhalta** mischievous, **díomhaoin** idle, worthless, **íogánta** roguish, **mísciúil** mischievous, **ragairneach** roistering, rakish, **reibhléiseach** fond of roistering, revelling, **rógaireachta** (> *rógaireacht*) of roguery, rascality, **réicíochta** (> *réicíocht*) of rakishness, **spreasánta** worthless, good-for-nothing

Rogh- *pref* selective, offering options or choice
~bheistrí *(ecc)* select vestry, **~chlár** *(comp)* option menu, **~chlár aníos** pop-up menu, **~chlár anuas** drop-down menu; pull-down menu, **~chlár brabhsála** browser menu, **~chlár 'cabhair'** help menu

Rogha *f (~; ~nna)* choice; alternative
aincheist dilemma, **athrach** *m* alternative (cf **Níl a athrach le déanamh againn.** We have no alternative.), **bheith idir dhá thine Bhealtaine** being on the hornrs of a dilema, **bheith i gcás idir dhá chomhairle** being in two minds, **céadrogha** option, first preference, **ceanán** *(person)* favorite, **cinneadh** decision, **éagsúlacht** variety, **gléire** pick, choice, **ilghnéitheacht** diversity, variety, heterogeneity, **iolarthacht** multiplicity, variety, **iolrachas** pluralism, **malairt** change, alternative, **olltoghchán** general election, **piocadh** pick, **plúr** pick, prize, **roghnachas** choice, selection; selectivity, preference, **roghnaíocht** selectivity, **roghnóireacht** choosing, **roghnú** choosing, **sainrogha** preference (cf **sainrogha phearsanta** personal preference), **scoth** *f (-a)* best choice, pick, **togha** *m* pick, choice, **toghadh** selection, electing for, **toghchán** election, **tosach** priority, **tús áite** preference

▲ ~ **ábhar** subject choice, ~ **ait** weird choice, ~ **bhaoth** foolish choice, ~ **brioscaí** assorted biscuits, ~ **atá bunaithe ar eolas** informed choice, ~ **chiallmhar** sensible/wise choice, ~ **chontráilte** wrong choice, ~ **éasca** easy choice, ~ **fíona an tí** house wine, ~ **lántoiliúil** deliberate choice, ~ **um shlí mhaireachtála** lifestyle choice, ~ **réamhshocraithe** default choice, ~ **shaoithiúil** baffling choice

◊ ~ **an dá dhíogha** the lesser of two evils, double bind, ~ **bia an lae** dish of the day, **An bhfuil ~ eile** ann? Is there any alternative?, **Bíodh do rogha agat!** Choose!, **Déan do ~ rud!** Do whatever you want!, **Ní de ~ a rinne mé é.** I didn't do it out of choice., **Níl an dara ~ againn.** We have no alternative.

Roghnach *adj³* optional
ar an mbord on the table, **breise** extra, **deonach** voluntary, **féideartha** possible, feasible, **lánroghnach** discretionary, **neamh-éigeantach** non-compulsory, **oscailte** open, **toghthach** elective

Roghnaigh *v₂ₐ* choose
ainmnigh nominate, name, **ceap** appoint, **cinn** determine, **coimisiúnaigh** commission, **cuir in oifig** put in office, **déan do rogha** make your choice, **fostaigh** employ, engage, **glac (le)** accept, **glaoigh (ar)** call, **ionannaigh** identify, **luaigh** mention, cite, **oirnigh** ordain, **pioc** pick, **socraigh (ar)** decide (upon), **sainigh** designate, **sann** assign, **suiteáil** install, **togair** desire, choose, **tabhair post do** give a position to, **togh** elect

Roghnaithe *pp* chosen
ainmnithe nominated, named, **ceaptha** appointed, **cinntithe** determined, **coimisiúnaithe** commissioned, **curtha in oifig** put in office, **fostaithe** employed, engaged, **glactha (le)** accepted, **glaoite (ar)** called (upon), **ionannaithe** identified, **luaite** mentioned, cited, **oirnithe** ordained, **pioctha** picked, **socraithe (ar)** decided (upon), settled, **sainithe** designated, **sannta** assigned, **suiteáilte** installed, **tofa** elected; chosen, **togartha** desired, chosen

Roghnú *vn* choosing
ainmniú nominating, naming, **ceapadh** appointing, **cinneadh** determining, **coimisiúnú** commissioning, **cur in oifig** putting in an office, **déanamh rogha** making a choice, **fostú** employing, engaging, **glacadh (le)** accepting, **glaoch (ar)** calling (upon), **ionannú** identifying, **lua** mentioning, citing, **oirniú** ordaining, **piocadh** picking, **socrú (ar)** deciding (upon), **sainiú** designating, **sannadh** assigning, **suiteáil** installing, **toghadh** selecting, selection, **togradh** desiring, choosing

Roicéad *m (-éid; -éid, ~)* rocket
bladhm *f* **ghuaise** distress flare, **coinneal Rómhánach** Roman candle, **dairt** dart, **diúracán** missile, **ga** *m* spear, **geataire** small missile, **saighead** *f (-ghde; ~a, ~)* arrow, **teilgeán** projectile

Roimhe *adv* before
anallód in olden times, in times of yore, **cheana** already, **fadó fadó** once upon a time, **lá den saol** there was a day, **níos luaithe** earlier, **roimh ré** beforehand; prior, **roimis** *(dial)* before, **tan** once upon a time, once, **tráth** formerly, **tráth dá raibh** there was a time, **uair amháin** at one time

◊ **~ sin** before that, **~ seo** before this

Roinn 1 *f (ranna; ranna, rann)* department, section
áisíneacht agency (eg **áisíneacht mhainicíneachta** modelling agency), **aonad** unit, module, **alt** article, **biúró** bureau, **brainse** branch, **ceantar** area, share, **cuid** *f (coda; codanna)* part, **deighleog** segment, **earnáil** sector, **foroinn** subdivision, **gearradh** cut, section, **gníomhaireacht** agency, **mír** part, segment, **mírlíne** *f* segment of a line, **oifig** office, **rannán** division, *(art, computers)* section, **rannóg** small department, section, **teascán** *(map)* section; *(circle)* segment, **teascóg** *f (comp)* sector, **trasghearradh** cross-section, **slisne** *m* slice, *(rock)* section, **údarás** authority

Roinn 2 *v₁ᵦ* divide, partition, share
bain cut, **bris suas** break up, **ciondáil** ration, **cionroinn** apportion, **colscar** *(marriage)* divorce, **comhroinn** share equally, **dáil (amach)** distribute, **déan codanna de** make pieces of, **déan slisní de** slice, cut into slices, **deighil** segment, partition, **deonaigh** grant, bestow, **déroinn** bisect, **éirnigh** *(lit)* dispense, bestow, **fodháil** apportion, dispense, **foroinn** subdivide, **gearr** cut, carve, **gearr suas** cut up, carve up, **imdháil** distribute, **lamháil** grant remit, **leithlisigh** isolate, **leithroinn** allot, **leithscar** segregate, **líontánaigh** reticulate, **mionroinn** divide into small portions, **páirtigh** share, participate, **riar** administer, provide, **scoilt** split, crack, **scoith** sever, cut off, **scar** separate, **srathnaigh** *(lit)* distribute, **tabhair** give, **tabhair amach** give out, **tríroinn** trisect

Roinnt
1. *vn* dividing; sharing
baint cutting, **briseadh suas** breaking up, **ciondáil** rationing, **cionroinnt** apportioning, **colscaradh** *(marriage)* divorcing, **dáil (amach)** distributing (out), **déanamh codanna de** making pieces of, **déanamh slisní de** slicing, **deighilt** segmenting, partitioning, **deonú** granting, bestowing, **déroinnt** bisecting, **éirniú** *(lit)* dispensing, bestowing, **fodháil** apportioning, dispensing, **foroinnt** subdividing, **gearradh** cutting, carving, **gearradh suas** cutting up, carving up, **imdháil** distributing, **lamháil** granting, remitting, **leithlisiú** isolating, **leithroinnt** alloting, **leithscaradh** segregating, **líontánú** reticulating, **mionroinnt** dividing into small portions, **páirtiú** sharing, participating, **riar** administering, providing, **scoilteadh** splitting, cracking, **scoith** severing, cutting off, **scaradh** separating, **srathnú** *(lit)* distributing, **tabhairt** giving, **tabhairt amach** giving out, **tríroinnt** trisecting

2. *f (~e; rannta)* some (amount), share, part
beagán little amount, **blogh** *f (~a)* fragment, **blúire** *m* bit, **bolgam** mouthful, **canta** slice (cf **canta aráin** slice of bread), **cion** share, amount, **cionmhaireacht** proportion, **cuid** *f (coda; codanna)* share, **dabán** little daub, **dabhaid** piece, section, **eilimint** element,

foroinnt subdivision, **gamba** dollop, good-sized portion, **giota** bit, **goblach** morsel, **goin** bit, scrap, **iarmharán** remnant, scrap, **leithroinnt** allotment; allocation, **mionroinnt** comminution, grinding into minute particles, **mír** item, bit, **oiread áirithe** certain amount, **páirt** part, **píosa** piece, some amount, **plispín** shred, tatter, **roinn** *f (ranna)* part, portion, **ról** role, **ruainne** scrap, thread, scar share, portion, **sciar** *m (~; ~tha)* share, portion, **sliseog** small shaving, chip, **slisne** cut, section, **smaiste** large chunk, hunk, **smut** short piece, stub, **smután** chunk, **spóla** *(meat)* joint, chunk, **stiall** *f (stéille; ~acha)* strip, slice

Roinnte *pp* divided

bainte cut, **briste suas** broken up, **ciondáilte** rationed, **cionroinnte** apportioned, **curtha i gcodanna** placed in parts/pieces, **colscartha** *(marriage)* divorced, **dáilte** (**amach**) distributed, **deighilte** segmented, partitioned, **deonaithe** granting, bestowing, **déroinnte** bisected, **éirnithe** *(lit)* dispensed, bestowed, **fodháilte** apportioned, dispensed, **foroinnte** subdivided, **gearrtha** cut, carved, **gearrtha suas** carved up, **imdháilte** distributed, **lamháilte** granted, remitted, **leithlisithe** isolated, **leithroinnte** allotted, **leithscartha** segregated, **líontánaithe** reticulated, **mionroinnte** divided into small portions, **páirtithe** shared, participated, **riartha** administered, provided, **scoilte** split, cracked, **scoite** severed, cut off, **scartha** separated **teasctha** lopped off, hewn, **teascánach** segmental, **srathnaithe** *(lit)* distributed, **tríroinnte** trisected, **tugtha** given, **tugtha amach** given out

Rois *f (~e; ~eanna)* volley, burst, blast

bleaist blast, **blosc** boom, blare, report, **bulla** gust, **cith** *m (ceatha; ceathanna)* shower, **cnag** knock, snap, **cuaifeach** *m* eddying wind, blast, **daighear** *f (-ghre; -ghreacha)* gust; dart, **eatal** *f* fit, gust, **feothan** light breeze, **gusta** gust, **laom** burst, gust (cf **laomanna gaoithe** gusts of wind), **pléasc** *f* crack, blast, **pléata** gust, **plimp** clap (cf **plimp toirní** clap of thunder), **ráig** burst, **rúisc** volley, fusillade, discharge, **réablach** *f* rush, surge, **ropadh** piercing blast, **saighneán** (**gaoithe**) sudden blast of wind, **sailbhe** *f* salvo, volley, **scabhait** *f* rush, gust; dash, **scal** *f (-aile)* blast, burst; flash, **scailp** sudden gust; fit, spell, **scalach** *m* strong sudden gusting; splashing, **scológ** burst (cf **scológ cheoil** burst of song), **seadán** breeze, puff, **séideadh** draught, blowing, **síob** *f* gust, blast, **sionnán** blast (cf **sionnán gaoithe** blast of wind), **siota** gust, rush, **tulca** gush, great gust

Roithleán *m (-áin; -áin, ~)*

1. spin, whirling/revolving motion

casadh turning, **fiodrince** pirouette; pirouetting, twirling, **guairneáil** whirling, **meadhrán** dizziness, **mearbhall** confusion, **míobhán** light-headedness, giddiness, **ré roithleagán** dizziness, feeling of spinning round, **roithleagadh** rolling, revolving, **rollógacht** rolling, **seabhrán** buzzing noise in head; dizziness

2. *(device)* roller, pulley

baibín bobbin, **crann tochrais** winding wheel, **eiteán** spindle, bobbin, spool, **frídeoir** pulley block, **puilín** pulley, **roithleagán** little wheel (cf **roithleagán ró** whirligig), **rollán** roller (eg **rollán tuáille** towel roller), **rollóir** (child's hoop), **roth** wheel, **ulóg** pulley, **spól** spool

Roithleánach *adj³* spinning, revolving

fiodrinceach twirling; dancing in circles, **guairneánach** whirling (cf **deirbhísigh ghuairneánacha** whirling dervishes), **imrothlach** revolving, **míobhánach** dizzy, **rollach** rolling, **rothlach** revolving, **rollaithe** rolled

Ról *m (róil; róil, ~)* role

cáil capacity (cf **i gcáil sagairt** in the capacity of a priest), **carachtar** *(drama)* character, **cúram** responsibility, **diúité** duty, **dualgas** duty, **feidhm** function, **feidhmeannas** function, service, **freagracht** responsibility, **jab** job, **léiriú** portrayal, **obair** *f (oibre; oibreacha)*, **oifig** office, **páirt** part, **post** position, **riocht** guise, form (cf **i riocht bainisteora** masquerading as a manager), **tasc** task.

Roll *v₁ₐ* roll

burláil roll together, bale, **cas** revolve, spin; turn, **cas timpeall** spin around, **corn** coil, roll, **cuach** roll, wrap, **déan casadh sclóine** pivot, **déan foirneáil** roll, **déan guairneáil** whirl, **glinneáil** *(onto a reel)* wind, **imrothlaigh** revolve, **iompaigh** turn around; turn, change, **lean timpeall** follow round, **lúb** coil, twist, **rothlaigh** gyrate, **sníomh** entwine, coil; weave, **téigh timpeall/thart** go round, **timpeallaigh** go round, encircle, **tochrais** wind

Rolla *m (~; ~í)* roll, rollcall

clár register, **clárú** registration, **fardal** inventory, **liosta** list, **liosta timireachta** attendance list, **taifead** record, **taifeadadh** recording, **timireacht** attendance, **sorcóir** cylinder, **spól** reel, spool, **spóilín** bobbin

▲ ~ **aráin** bread roll, ~ **cistine** kitchen roll, ~ **drumaí** (*also:* **tormáil drumaí**), drum roll, ~ **fostaíochta** employment register, ~ **leapa** bedroll, ~ **leithris** toilet roll, ~ **na dteideal** *(cin)* captions roll, ~ **onóra** roll of honour, ~ **scoile** school roll, ~ **toghthóirí** electoral roll

◊ **an ~ a ghlaoch** to call the roll, **daltaí atá ar an ~** enrolled pupils

Rollach *adj³* rolling

atá ag casadh that is revolving/turning, **atá ag lapadáil** that is rippling, **atá ag rolladh** that is rolling, **atá ag sileadh siar** that is cascading down, **droimneach** undulating, **fiodrinceach** twirling; **guairneánach** whirling, **imrothlach** revolving, **roithleánach**

Rolladh

spinning, **rollógachta** (> *rollógacht*) rolling, **rothlach** revolving

Rolladh *vn* rolling, roll
burláil rolling together, baling, **casadh** revolving, spinning; turning (cf **ag casadh ar mhaighdeog** turning on a pivot), **casadh timpeall** spinning around, **casadh sclóine** pivoting, pivot, **cornadh** coiling, rolling, **cuachadh** rolling, wrapping, **dul timpeall/thart** going round, **foirneáil** rolling, **glinneáil** *(onto a reel)* winding, **guairneáil** whirling, **imrothlú** revolving, **iompú** turning around; turning, changing, **leanúint timpeall** following around, **leathrothlú** half a revolution, half a rotation, **lúbadh** coiling, twisting, **rothlú** gyrating, **sclóin** swivel (cf **cathaoir sclóine** swivel chair), **sníomh** entwining, coiling; weaving, **timpeallú** going round, encircling, **tochras** winding, **tonn** undulate

Rollta *pp* rolled
burláilte rolled together, baled, **casta** revolved, spun; turned, **casta timpeall** spun around, **corntha** coiled, rolled, **cuachta** rolling, wrapping, **dulta timpeall/thart** gone round, **glinneáilte** *(onto a reel)* wound, **imrothlaithe** revolved, **iompaithe** turned around; turn, changed, **leanta timpeall** followed round, **lúbtha** coiled, twisted, **rothlaithe** gyrated, **sníofa** entwined, coiled; woven, **timpeallaithe** gone round, encircled, **tochraiste** wound

Románsach *adj³* *(style)* romantic; *(ling)* Romance
áiféiseach exaggerated, ridiculous, **aislingeach** *m* dreamy, **andúchasach** exotic, **ciméarach** fanciful, **fantaiseach** fantastic, **fileata** poetic, **finscéalach** fabled, romantic; legendary, **físeach** visionary, **guanach** starry-eyed, **idéalaíoch** idealistic, **idileach** idyllic, **liriceach** lyrical, **maoth** mushy, soppy, **maoithneach** sentimental, **neamh-phraiticiúil** impractical, **samhalta** unreal, unrealistic, **síúil** fairy-tale, **Útóipeach** Utopian

▲ **íomhá** ~ **(de shaol an mhairnéalaigh)** romantic image (of the life of a sailor), **úrscéal** ~ romantic novel, **teangacha** ~**a** Romance languages

Románsaí *m* (~; *-saithe)* romantic
aislingeach *m* dreamer, **ealaíontóir** artist, **file** poet, **físí** *m* visionary, **idéalaí** *m* idealist, **liriceoir** lyricist, **maoithní** sentimentalist

Románsúil *adj⁴* romantic, filled with romance
aislingeach dreamy, **andúchasach** exotic, **aoibhinn** blissful, **finscéalach** fabulous, legendary, **finscéalaíochta** (> *finscéalaíocht)* of legend, **galánta** charming, **grámhar** loving; amorous, **idéalach** ideal, **idileach** idyllic, **maoithneach** sentimental, **paiseanta** passionate, **románsach** *(lit, pol)* romantic *(see also: románsach)*

▲ **dinnéar** ~ romantic dinner, **lánúin** ~ romantic couple, **saoire** ~ romantic holiday

Rómhair v_{2c} dig
bain dig, **bris (trí)** penetrate, **claidh** *(lit)* dig, make a trench, **clasaigh** dig a trench/channel, **cuardaigh** delve, search, **déan mianadóireacht** mine, **déan (an) obair spáide** do (the) spadework, **déan póirseáil** rummage, **dearg** *(soil)* turn up, make fallow, **dí-adhlaic** disinter, exhume, **iompaigh** *(sod)* upturn, turn, **poll** burrow, bore, **rúisc** poke around, rummage, **sluaisteáil** shovel, **téigh isteach (i)** get/ go into, **taighd** probe, root dig; research, **talmhaigh** dig in; *(el)* earth; *(football)* touch down, **taosc** shovel (cf **ag taoscadh créafóige** shovelling clay), **tiomsaigh** rummage; ransack, **tóch** dig, root, **tochail** dig, excavate (cf **tollán a thochailt** to excavate a tunnel), **tollánaigh** tunnel

Rómhar *vn* digging
baint (prátaí) digging (potatoes), **briseadh (trí bhalla)** penetrating (a wall), **claidhe** *(lit)* digging, **clasú** digging a trench/channel, **déanamh mianadóireachta** mining, **déanamh póirseáil** rummaging, **deargadh** *(soil)* turning up, making fallow, **dí-adhlacadh** disinterring, exhuming, **dul isteach i (bhfadhb)** getting/going into (a problem), **obair spáide** spadework, **iompú** *(sod)* upturning, turning, **polladh** burrowing, boring, **rúscadh** rummaging, poking, **rúspáil** poking, rummaging, **sluaisteáil** shovelling, **spreabáil** digging, turning sods, **taighde** probing, rooting, digging; researching, **tóchadh** digging, rooting, **tochailt** digging, excavation, excavating, **tollánú** tunnelling

Rómhartha *pp* dug
ar a ndearnadh mianadóireacht mined, **bainte amach** dug out, removed; cut, **briste trí** broken through, **claidhte** *(lit)* dug, **clasaithe** dug into a trench/channel, **deargtha** *(soil)* turned up, made fallow, **dí-adhlactha** disinterred, exhumed, **dulta isteach i (bhfadhb)** gotten/ gone into (a problem), **ina ndearnadh póirseáil** rummaged about in, **iompaithe** *(sod)* upturned, turned, **pollta** burrowed, bored, **rúiscthe** rummaged, poked, **sluaisteáilte** shovelled, **taighdte** probed, dug, rooted; researched, **tóchta** dug, rooted, researched, **tochailte** excavated, **tollánaithe** tunnelled

Rop 1 *m* (~*a*; ~*anna*) thrust, dart, dash
áladh lunge, **fogha** lunge; rush, attack, **foighdeán** lunge, **léim** jump, **lingeadh** leaping, springing; assaulting, **oscar** leap, agile bound, **poit** poke, nudge, **preab** *f (-eibe)* start, jump, spring, **rábóg** spurt, short dash, **ráib** sprint, dash, **ropadh** thrusting, stabbing, **ruaill** rush, dash; hurried visit, **ruaim** sudden impulsive dash/rush, **ruathar** rush, dash, **rúchladh** rush, dash, dart, **rúid** sally, dash, **rúideog** short dart, **ruthag** sprint, dash; *(folktale)* run, **sá** stab, thrust,

Rop lunge, **sacadh** shoving, thrusting; cramming, stuffing, **sceanadh** knifing, **scinneadh** dart, spring; startle, **sciuird** rush, dash; flying visit, **scodal** scampering, dash, **seáp** dash, rush, **séirse** charge, impetuous dash, **soncáil** nudging, poking, **srán** dash in an effort to grasp, **stáir** run, dash (cf **d'aon stáir amháin** in one sudden dash), **uilleannacht** nudging; elbowing

Rop 2 v_{1a} thrust, dart, dash; tear
brostaigh hurry, **brúigh** push, shove, **déan abhóg** make a leap, **deifrigh** rush, make haste, **imigh de sciotán** bolt off, **léim** jump, bound, **preab** start, bound, spring, **ráibeáil** sprint, **rith go tapa** run quickly, **rois** rip, rend, tear, **sáigh** stab, **scean** knife, stab with a knife, **tabhair ruathar** rush at, attack, **tabhair rúid** make a sprint, **teilg** hurl, cast

Rópa m (~; ~í) rope
cábla m cable, **cadhla** coil, rope, **corda** m cord, **gad** rope; withe, **muiciris** straw rope sling for basket or creel, **lasú** m (~; ~nna) lasso, **líne** f line, **lomhain** f (-mhna) (lit) rope; leash, **reifeadh** hawser, thick rope for mooring or towing a boat, **scód** rope; free scope, **scroig** rope or part of rope that is frayed/worn, **sreang** f (**sreinge**; ~a, ~) string, **súgán** straw rope; straw man, useless person, **súgán féir** hay rope, **súgán rua** hemp rope, **téad** f rope, **téadán** short rope, **téadra** cordage, **teaghrán** tether, lead (see also: **téad**)

▲ ~ **boinn** foot rope (of net/thatch), ~ **cnáibe** hemp rope, ~ **cinn** head rope of fishing net, ~ **féir** straw rope, ~ **lín** flax rope, ~ **rite** tight rope, ~ **scaoilte** slack rope; uncoiled rope, ~ **scipeála** skipping rope

Ropadh vn thrusting, stabbing; rushing, tearing
abhóg bound, **brostú** hurrying, **deifriú** rushing, making haste, **imeacht de sciotán** bolting off, **léim** jump, jumping, **preabadh** jumping, springing; twitching, **ráibeáil** sprinting, **rith** m (**reatha**) run, **roiseadh** ripping, tearing, **ruaim** sudden impulsive dash/rush, **ruathar** rush, attack, **sá** stab, stabbing, **sceanadh** knifing

Roptha pp thrusted, darted, dashed; torn
brostaithe hurried, **brúite** pushed, shoved, **deifrithe** rushed, made haste, **imithe de sciotán** bolted off, **léimthe** jumped, bounded, **preabtha** started, bounded, sprung, **rite go tapa** run quickly, **roiste** ripped, rent, torn, **ráibeáilte** sprinted, **sáite** stabbed, **sceanta** knifed, stabbed with a knife, **teilgthe** hurled, cast

Rósta adj⁶ (figuratively) roasted, uncomfortably hot
an-te very hot, **bruite ag an teas** scorched by the heat, **cloíte ag an teas** overwhelmed by the heat, **dearg te** red hot, sizzling hot, **dóite** burnt, **faoi bheirfean teasa** in sweltering heat, **marbh ag an teas** dying from the heat, **scallta** scorched, **trí thine** on fire (see also: **te**)

Roth m (~a; ~aí) wheel
casadh roll, rolling, rotation, **casadh timpeall** twirl, **ciorcal** circle, **cón** cone, **corna** m roll, coil, **fáinne** m ring, **fonsa** m hoop; circular rim/frame, **guairne** f whirl, **guairneáil** whirling, **imrothlú** revolution, **iomlasc** rolling; tumbling, **iompú** turning round, rolling, **lúb** curl, cog, **lúbán** coil, **maighdeog** pivot, **roithleagadh** rolling, revolving; spinning, twirling, **roithleagán** whirling motion, **roithleán** wheel; roller, pulley; (toy) hoop, **rolladh** roll, rolling, **rollán** small roller, **rollóir** (mec) roller, **rothán** small wheel, **rothlú** gyration, spin, **rothlúchán** rotation, **saor-roth** free wheel, **tuirne** m spinning wheel, **unlas** winch, windlass

▲ ~ **altach** caterpillar wheel, ~ **bíse** screw wheel, ~ **breise** spare wheel, ~ **deiridh** back wheel, ~ **fiaclach** cogged wheel, ~ **lián** paddle wheel, ~ **lústair** fly wheel, ~ **pionnaí** pin wheel, ~ **raicín** ratchet wheel, ~ **stiúrtha** steering wheel, ~**tiomána** driving wheel, ~ **tosaigh** front wheel, ~ **ulóige** pulley wheel

Rothaigh v_{2a} cycle
céaslaigh (boat) paddle, **déan rothaíocht** do cycling, **déan saor-rothlú** freewheel, **téigh ag rothaíocht** go cycling, **téigh ar rothar** go on a bike, **tóg rothar** take a bike

Rothaíocht vn cycling, cycle, biking
céaslú (boat) paddling, **dul ar rothar** going on a bike, **marcaíocht** (animal) riding (cf **ag marcaíocht ar an gcapall iarainn** cycling, literally riding on the iron horse), **saor-rothlú** freewheeling, **stiúradh** steering, **tiomáint** driving

▲ ~ **aonrothaigh** unicycling, ~ **bhóthair** road cycling, ~ **easbhóthair** off-road cycling, ~ **BMX** BMX cycling, ~ **sléibhe** mountain biking, ~ **smúitraoin** dirt biking, ~ **tandaim** tandem cycling, ~ **trialach** trial biking, ~ **urraithe** sponsored cycle

▲ **bróg** ~a cycle shoe, **conair** ~a cycle trail, **dúshlán** ~a cycling challenge, **lána** ~a cycling lane, **molbhaile** ~a cycle hub town, **raon** ~a bicycle track, **saor-**~ **sléibhe** freeride mountain biking, **staid** ~a cycle stadium, **stiúideo** ~a spinning studio

Rothaithe pp cycled
céaslaithe (boat) paddled, **dulta ag rothaíocht** gone cycling, **dulta ar rothar** gone on a bike

Rothar m (-air; -air, ~) bicycle, bike
gearrán iarainn (archaic) iron packhorse, bicycle, **gluaisrothar** motorbike, **móipéid** moped, **mótar** (sl) motorbike, **pingin agus feoirling** penny-farthing, **rabhlaí babhlaí** child's hoop, **scútar** scooter, **tandam** m (-dim) tandem, **trírothach** m tricycle

▲ ~ **aclaíochta** exercise bike, ~ **aeir** air bike, ~ **ar cíos** bicycle hire; rented bike, ~ **beirte** tandem bike, ~**bhealach** cycle route, ~ **coise** velocipede, ~

Rothlach

comhrá sociable, buddy bike, ~ **conaire** trail bike, ~ **cuimhneacháin** ghost bike *(bike-memorial for cyclist who died)*, ~ **giair shocraithe** fixed gear bike, ~ **infhillte** fold-up bike, ~ **leictreach** electric bike, e-bike, ~ **oiriúnaithe** adapted bike, ~-**raon** cycle track, ~ **rásaíochta** racing bike, ~ **rotha shocraithe** fixed wheel bike, ~ **seasta** spin bike, ~ **sléibhe** mountain bike, ~ **streachailte** scrambler bike, ~ **trialach** trial bike, ~ **turasóireachta** touring bike

▲ **clais** ~ bicycle stair ramp, bike rail, **deisitheoir** ~ bicycle repairer, **deisiúchán** ~ bike repair, **fráma rothair** bicycle frame, **glas rothair** bicycle lock, **gluais**~ motorbike, **iompróir rothair** bicycle carrier, **lána** ~ cycle lane, **raca** ~ bicycle rack, **rampa** ~ bicycle ramp, **raon** ~ bicycle track, **saoráidí i gcomhair** ~ bicycle facilities, **slí** ~ cycleway

■ **Ar an rudaí a bhaineann le rothar atá:** Things related to bikes include: **barra trasna** crossbar, **bonn (pollta)** (punctured) tyre, **cábla coscáin** brake cable, **clog** bell, **clogad** helmet, **cluasa** *fpl* handlebars, **comhla** valve, **coscán** *m* brake, **diallait** saddle, **dineamó** dynamo, **fonsa** rim, **fráma** frame, **frithchaiteoir** reflector, **giaranna** *mpl* gears, **lampa** lamp, **luasmhéadar** speedometer, **pludgharda** mudguard, **polltán** puncture, **ródaí** road cyclist, **róthaíocht** cycling, biking, **slabhra** chain, **spóca** spoke, **teannaire** pump, **tiúb** tube, **troitheáin** *mpl* pedals

Rothlach *adj³* rotating, rotary, rotatory
guairneach whirling, spinning, **guairneáin** (> *guairneán*) of a spinning vortex, whirling (cf **poll guairneáin** vortex of a whirlwind), **gaoth guairneáin** whirlwind, **guairneála** (> *guairneáil*) whirling, **guairneánach** spinning, whirling (cf **gaoth ghuairneach** eddying wind), **imrothlach** revolving (eg **doirse imrothlacha** revolving doors), **roithleánach** spinning, revolving, **rollach** rolling *(see also:* **roithleánach, rollach***)*

Rothlaigh *v₂ₐ* gyrate, rotate
cas turn, **déan fiodrince** pirouette, **déan roithleagadh** twirl, spin, roll, **déan sealaíocht** take turns, **déan sealanna** do shifts (cf **seal oíche a dhéanamh** to do a nightshift), **déan uainíocht** alternate, **faoileáil** revolve, spin, **imchas** *(mec)* rotate, **imrothlaigh** revolve, **iompaigh** turn round, **luasc thart** twirl, **roll** roll, **tar thart** come round, **téigh i bhfáinní/i gciorcail** go in rings/circles, **tiontaigh** flip, roll

Rothlaithe *pp* gyrated, rotated
a rinne fiodrince pirouetted, that made a pirouette, **a rinne uainíocht** that alternated, **casta** turned, **curtha ar róta** put on a rota, **dulta i bhfáinní/i gciorcail** gone in rings/circles, **faoileáilte** revolved, spun, **imchasta** *(mec)* rotated, **imrothlaithe** revolved, **iompaithe** turned round, **luasctha thart** twirled, **a rinne sealaíocht** who took turns; who did shifts, **rollta** rolled, **tagtha thart** having come round, **tiontaithe** flipped, rolled

Rothlú *vn* gyrating, revolving
casadh turning, **fiodrince** pirouetting, **déanamh roithleagadh** twirling, spinning, **déanamh uainíocht** alternating, **dul i bhfáinní/i gciorcail** going in rings/circles, **faoileáil** revolving, spinning, **imchasadh** *(mec)* rotating, **imrothlú** revolving, **iompú** turning round, **luascadh thart** twirling, **sealaíocht** taking turns, **rolladh** rolling, **rothlam** roll, whirl, spin (cf **Anuas leo de rothlam!** Down they came spinning and whirling!), **teacht thart** coming round, **tiontú** flipping, rolling, **uainíocht** alternating

Rua- *pref* wild, red
~**ghéim** wild roar, ~**mhóin** red bog, ~**rásaí** wild races (cf **imeacht sna** ~**rásaí** to go hell for leather)

Rua *adj⁶* ginger, red, russet, copper
cnódhonn chestnut brown, **copair** (> *copar*) copper, **crón** reddish-brown; tawny, **dearg** red, **donnrua** *(colour)* chestnut, russet, **dúrua** dark red, **griandaite** tanned, **meirgeach** rusty

◊ **Níl cianóg/pingin/sciúrtóg** ~ **agam.** I'm stony broke., **Tá gruaig** ~ **uirthi.** She has red hair., **Thóg siad raic** ~. They raised all hell.

Ruaig 1 *f (~e; ~eanna)* chase, rout
brisleach *f* rout, **brostú** rushing, hurrying, **cur ar deoraíocht** putting into exile, **deargruathar** fierce rout, **deifriú** hurrying, **deoraíocht** exile, **díbirt** expelling, **díláithriú** displacement, rout, **dísealbhú** eviction, dispossession, **maidhm** defeat, rout, **rabhait** rout, **rúta** rout, **scainnear** *f (-nnre; -nnreacha)*, rout, battle, **scaipeadh** scattering, **teitheadh** flight, **tiomáint** driving, **tóraíocht** pursuing, pursuit

Ruaig 2 *v₁ᵦ* chase, put to flight
brostaigh rush, hurry, **cuir ar deoraíocht** put into exile, **cuir rabhait ar** rout, **diongaibh** *(lit)* repel; ward off, **déan tóraíocht ar** pursue, **deifrigh** hurry, **díbir** expel; exile, **díláithrigh** displace, rout, **dísealbhaigh** evict, dispossess, **maidhm** defeat, rout, **fiach** hunt, **ionnarb** *(lit)* banish, exile, **rabhaiteáil** rout, chase; defeat, **scaip** disperse, scatter, **tabhair bata agus bóthar (do dhuine)** fire (a person), send (a person) on their way, **tabhair chun bóthair** send packing, **tiomáin as** drive away

Ruaigeadh *vn* chasing, routing, expulsion
brostú rushing, hurrying, **deifriú** hurrying, **díbirt** expelling, **díláithriú** displacement, rout, **diongbháil** *(lit)* repelling; **dísealbhú** evicting, dispossessing, **madhmadh** defeating, routing, **ionnarbadh** *(lit)* banishing, **rabhaiteáil** rout, **ruagaireacht** chasing, hunting, **scaipeadh** scattering, dispersing, **tiomáint** driving, **tóraíocht** pursuing, pursuit

Ruaigthe *pp* chased, routed, expulsed
  brostaithe rushed, hurried, **deifrithe** hurried, **díbeartha** expelled, **díláithrithe** displaced, routed, **diongbháilte** *(lit)* repelled; warded off, **díshealbhaithe** evicted, dispossessed, **ionnarbtha** banished, exiled, **madhmtha** defeated, routed, **scaipthe** scattered, dispersed, **tiomáinte** driven, **tóraithe** chased, pursued

Ruaille buaille *s (indecl)* commotion, bedlam
  béicíl yelling, **callán** noise, disturbance, **círéib** riot, uproar, **clampar** wrangle, commotion, **furú** commotion, **gleo** din, row, **húirte háirte** hubbub, **hulach halach** commotion, rowing, **hurlamaboc** hullabaloo, uproar, **iaróg** disturbance, **liútar éatar** pandemonium, **racán** racket, **raic** outcry, uproar, **rírá** uproar, **tamhach táisc** bedlam, mayhem *(see also: clampar, rírá)*

Ruainne *m (~; -nní)* shred, single fibre
  blogh *f* fragment, **blúirín** snippet, **dúradán** speck, **fíorbheagán** really very small amount, **frídín** tiniest bit, **gearróg** scrap, small bit, **ióta** small bit, **gráinne** grain, pinch, **gráinnín** tiny granule, **guaire** bristle, **luid** shred, rag, stitch (cf **gan luid air** without a stitch of clothes on him), **rian** trace, **ribe** single hair, shred, *(grass)* blade, **screaball** tiny bit, shred, **scríd** shred, strip; shred, **snáithe** single thread, **snáithín** small thread, fibre, **snáth** thread (cf **cuta snátha** skein of yarn), **stiall** *f (stéille, ~acha)* shred; slice; strip, **tointe** *m* strand, thread, stitch *(see also: beagán)*

  ▲ **~ den fhírinne** iota of truth, **~ faisnéise** shred of evidence, **~ páipéir** scrap of paper, **~ tobac** pinch of tobacco

  ◊ **Ní raibh ~ éadaigh air.** He hadn't a stitch of clothing on him., **Níl ~ ar a cnámha.** She is skin and bone.

Ruathar *m (-air; -air, ~)* rush, onrush, dash, attack, onset
  farra lunge, **fóbairt** *f (lit)* attack, assault, **fogha** lunge, onslaught, attack, **foighdeán** attack, lunge, **iarracht** effort, push (eg **Bhí iarracht dheiridh de dhíth ar an obair.** The work needed a final push.), **ionradh** invasion, onslaught, **ionsaí** *m* attack, assault, **lingeadh** leap, spring, **rabhait** tumultuous rush, **rabhait ruaige** headlong dash, **rábóg** short dash, **ráib** dash, sprint, **ruaill** rush, dash; hurried visit, **rúchladh** rush, dash, dart, **rúid** charge, dash, **ruthag** sprint, dash; run up to a jump, **sá** stab, push, **scabhait** *f* rush, dash, **sciuird** dash, rush; flying visit, **seáp** dash, rush, **séirse** *m* charge, impetuous rush, **sitheadh** onrush, dash, swoop, **srán** dash, attack; effort to grasp, **stáir** dash, fast run (eg **Tabhair stáir anonn go dtí an siopa!** Dash over to the shop!), **teacht** arrival, onset, **teilgean** casting, projection, **truilleán** push, **turraing** dash, attack, rush (cf **de thurraing** at a rush)

Ruatharach *adj³* charging, attacking
  amasach attacking, charging, **foghach** aggressive, **forránach** assertive, bold, forward, **ionrach** invading, **ionsaitheach** attacking; aggressive, **léimneach** jumping, bounding, **preabach** jumping, springing; twitching, **rábach** bold, dashing, **rásúil** racing, **reatha** running, **ropánta** piercing, stabbing; dashing, lunging, **rúidealach** sprinting, dashing, **sciobtha** fast, rapid, scrambling, **teanntásach** pushy, **tiomanta** driven, determined, **tréipéiseach** self-assertive, forward

Rud *m (~a; ~aí)*
  1. *(object)* thing
  ábhar matter, subject matter; object, **áis** facility, aid (cf **áiseanna amhairc** visual aids), **deis** device, gizmo, **gléas** implement, contrivance, **gné** *f* feature, aspect, **gnó** *m (~; ~thaí)* business, affair, **fearas** apparatus, **feiniméan** phenomenon, **meaisín** machine, **meicníocht** mechanism, **ní** thing, **oibiacht** object, **scéal** matter, story, **smaoineamh** idea, **suíomh** situation, **trealamh** equipment, **uirlis** tool, implement

  ◊ **agus ~ eile** and another thing, **an ~ is tábhachtaí** the most important thing, **Is ~ eile ar fad é sin.** That's something totally different., **Is é an ~ féin é!** It's the real thing., **Is é an ~ is measa ná nach féidir liom bualadh léi.** The worst thing is that I am not able to meet her., **ós ~ é go bhfuil tú anseo** since you are here, **Tá ~ éigin agam duit.** I have something for you.

  2. *(action, deed)* thing
  beart matter, **cás** case, **cleas** trick, **cúram** responsibility, **cúrsaí** *mpl* matters, events, **éacht** achievement, exploit, **eachtra** event, **gaisce** feat, exploit, **fiontar** undertaking, venture, **gar** favour, **gníomh** *m (gnímh; ~artha)* act, action, **gníomhaíocht** activity, **gnó** business, **imeacht** happening, event, **jab** job, **tarlú** happening, **tasc** task, **teagmhas** eventuality, contingency, **togra** initiative

  ◊ **Na ~aí beaga a dhéanaim sa ghairdín.** The little things/jobs I do in the garden., **Rinne tú ~ deas.** You did a nice thing., **Tá ~aí le déanamh agam.** I have things to do.

  3. *(emotional connection)* thing
  caithis fondness, affection, **ceanúlacht** affection, **cion** fondness, **dáimh (le)** natural feeling (for), **dúil** liking, **fadhb** problem, **fóibe** *f* phobia, **gean** affection, **gnaoi** liking, affection, **grá** love, **imní** worry, concern, **muirn** affection, endearment, **néaróis** neurosis, hang-up, **spéis** interest, **suim** interest, **taitneamh** liking

  ◊ **Tá ~ aici le snagcheol.** She has a thing about jazz.

  4. **~aí** belongings, clothes
  éadaí *mpl* clothes, **éide** *(clothes)* kit, garb, **feisteas** *(special clothing, equiment)* gear, tackle, **gaireas** gadget (cf **gairis** *mpl* gadgetry), **giuirléidí** *fpl* article, items (cf **Tóg do ghiuirléidí leat!** Take your personal

belongings with you!), **gléasra** tackle, apparatus, **gréibhlí** knick-knacks, **stuif** *m* stuff

5. benefit, gain, profit
biseach *m* improvement, recovery, **breis** increase, addition, **buntáiste** advantage, **feabhas** improvement, **fuilleamh** *(fin)* interest, increase, **leas** gain, good, **méadú** increasing, increase, **sochar** gain, profit, **tairbhe** *f* benefit, **tuilleadh** increase, more, **ús** *(fin)* interest

◊ Cén ~ duit a bheith ag argóint leo? What good is it to you to be arguing with them?, Fuair siad ~ maith ar dhíol an tí. They made good money on the sale of the house., They sold the house for a good price., Ní bheidh ~ ar bith agamsa as. I'll get nothing out of it.

6. *(living creature)* thing
ainniseoir poor soul, unfortunate, **aonán** entity, **babaí** baby, **beith** entity, being, **boc** boyo, **créatúr** creature, **duine** person, **gasúr** kid, **leanbh** child, **páiste** child, **truán** wretch

◊ An ~ bocht! The poor thing!, Ba ghleoite na tachráin iad - na ~aí beaga! The toddlers were gorgeous - the little mites!, Nach sotalach an ~ í! Isn't she the cheeky one!

7. ~ beag little bit
ábhairín little bit, **beagáinín** tiny bit, **beagán** little, **blúire** crumb, **crothán** sprinkling, **giota** bit, morsel, **gráinnín** grain, **píosa** bit, fragment, **roinnt** some *(see also: beagán)*

◊ Tá sé ~ beag fuar inniu. It's a tad cold today.

Rún *m (rúin; rúin, ~)*
1. secret; mystery
ceileatram disguise, veneer, **cód** code, **comhcheilg** *f* conspiracy, **diamhair** *f (~e; -mhra)* obscurity, mystery, **diamhracht** mysteriousness, weirdness, **dothuigtheacht** incomprehensibility, **duaithníocht** camouflage, **dubhfhocal** *(riddle)* enigma, **dúcheist** *(puzzle)* enigma, **dúchríoch** *f (-chríche)* unexplored, dark land, **duibheagán** abyss, abstruseness, **dúrún** profound mystery/secret, **dúthomhas** enigma, **ceilt** covertness, concealment, furtiveness, **ceilteanas** hugger-mugger, **fáilíocht** stealth, **folach** hiding, covering up, **folachán** concealment, **folachántaíocht** secretiveness, **folachas** concealment, obscurity, **mistéir** mystery, **rúndacht** secrecy, **rúndiamhair** *f (~e; -mhra)* (religious) mystery, **rúnmhaireacht** secretiveness, closeness, **sicréid** secret, **tomhas** puzzle, **uisce faoi thalamh** conspiracy

▲ **cara rúin** confidant, **litir rúin** secret letter, **sceitheadh rúin** leaking/betrayal of a secret, **tearmann rúin** inner sanctum

◊ faoi ~ in secret, i modh rúin in confidence, Is ~ diaga é. It's a divine mystery., Lig sí a ~ liom. She let me in on her secret., Ná déan ~ mór de! Don't make a big secret out of it!

2. intention, purpose
aidhm aim, **aigne** mind, **bara** *f* inclination, intention, **brí** purpose, significance, **bun turais** journey's end, **ceann scríbe** end point, **ceann sprice** end goal, **ciall** *f (céille; ~a, ~)* sense, **coincheap** concept, **críoch** *f (críche)* end, **cúis** cause, **cuspóir** objective, **daingne tola** steadfastness of purpose, **dea-chroí** sincere/good intention, **dea-rún** good intention, **deireadh** end, **foriarratas** *(jur)* motion, **intinn** intention, **meabhair** mind, reason, **plean** plan, **scéim** design, **scóip** aim, ambition, **sprioc** *f* target

▲ ~ ceilge treacherous intent, ~ daingean firm intent

◊ Bhí sé de ~ aici éalú leis. She intended to elope with him.

3. motion, resolution
aidhm aim, **cuspóir** objective, **fiontar** undertaking, **moladh** motion, proposal, **tairiscint** proposition, **tasc** task, **tionscadal** project, **togra** proposal, initiative

◊ ~ a mholadh to support a motion, labhairt in aghaidh an rúin to speak against the motion, Theip ar an ~. The motion was defeated.

4. love; loved one
cuisle mo chroí pulse of my heart, **grá geal** bright love, **muirnín** sweetheart, beloved, **peata** pet, **taisce** treasure, **stóirín** dearest, **stór** darling (cf **Mo mhíle stór!** My dearest darling!)

◊ A rúin mo chléibh/mo chroí! Oh, love of my heart!

Rún- *pref* secretive, mysterious
~**chara** *m (-charad)* confidant, ~**scríbhinn** cipher, ~**searc** secret love, ~**seirbhís** secret service

Rúnaí *m (~; -aithe)* secretary
cabhróir helper, assistant, **cléireach** *m* clerk, **clóscríobhaí** *(hist)* typist, **cuiditheoir** helper, seconder, **cúntóir** assistant, **cúntóir pearsanta** personal assistant (PA), **fortaitheoir** helper, comforter, **fáilteoir** receptionist, **freastalaí** assistant, attendant; clerk; waiter, **giolla** caddie; hired help, **luathscríbhneoir** *(jur)* stenographer

Rúnda *adj*[6] secret
andúchasach exotic, **ar chúla téarmaí** in secret, **béaldruidte** tight-lipped, secretive, **ceilteach** secretive, reticent, **códaithe** coded, **comhcheilg** (> *comhcheilg*) conspiratorial, **diamhair** obscure, mysterious, **discréideach** discreet, **doilfe** occult, mystic, magical, **domhain** deep, **dothuigthe** incomprehensible, enigmatic, **dorcha** dark, mysterious, **druidte** closed, taciturn, **dubhfhoclach** *(riddle)* enigmatic, **duibheagánach** abstruse, hard to fathom,

faichilleach cagey, cautious, **fáilí** stealthy, furtive, **faoi cheilt** secret, closet-, **faoi choim** under cover, in secret, **faoi rún** in secret, **fáthrúnda** mystical, mysterious, **folachasach** hidden, cryptic, **folaitheach** clandestine, **fothainiúil** discreet, secretive, **gan fhios** secretly, incognito, **ganfhiosach** secretive, **greamúsach** secretive, tight-lipped, **i bhfolach** in hiding, concealed, **i bhfolachán** in concealment, **iamhar** close, reticent, **mistéireach** mysterious, **mistiúil** mystical, **rúnach** secret, mysterious, **rúnaicmithe** classified, **rúndiamhair** *(religious)* mysterious, **rúnmhar** close, secret, **sicréideach** secret

▲ **ballóid** ~ secret ballot, **bealach** ~ **cumarsáide** backchannel, **caidreamh** ~ clandestine liaison; *(intimate)* affair, **cumann** ~ secret society, **eolas** ~ confidential information, **gníomhaire** ~ secret agent, **mód** ~ stealth mode, **oibríochtaí** ~ covert operations, **seirbhís** ~ secret service, **tuairisc** ~ confidential report, **urrann** ~ secret compartment

Rúndacht *f (~a)* secrecy; mysteriousness **andúchasaí** exoticness, exotic, **ceilteanas** secretiveness, concealment, **cluthaireacht** secrecy, hiding away in the warmth, **códú** coding, **comhcheilg** conspiracy, **diamhair** obscurity, mysteriousness, **discréid** discretion, **doimhneacht** depth, deepness, profundity, **dothuigtheacht** incomprehensibility, **dorchacht** dark, darkness, mysterious, **draíodóireacht** secretiveness; doing magic, **druidteacht** taciturnity; state of being closed, **dubhfhocal** riddle, enigma, **duibheagán** abyss, abstruseness, **ceilt** concealment, furtiveness, **faichillí** cautiousness, **fáilíocht** stealth, furtiveness, **folach** *m* hiding, **folachán** concealment, **folachántaíocht** secretiveness, **folaithí** hiddenness, **ganfhiosaíocht** secretiveness, secrecy, **greamús** tight-lipped state, **mistéir** mystery, **rúndiamhair** (religious) mystery, **rúnmhaireacht** closeness, secretiveness, **sicréideacht** secrecy, **táidhe** *f (~) (lit)* secrecy; stealth

S

Sá *vn* stabbing, stab; thrusting, lunge
   adharcáil goring, horning, **áladh** lunge, **brú** pushing, pressing, **dingeadh** cramming, wedging, **forcáil** forking, **gathú** spearing with a hook, gaffing, **geafáil** gaff, **goin** stab, sting, wound, **pinciú** shoving, thrusting, pushing, **priocadh** prodding, goading; pricking, **píceáil** piking, stabbing with a pike, **polladh** puncturing, perforating, piercing, **poit** poke, nudge, **priocadh** pricking, stinging, **rop** *m* (~*a*) thrust, stab, **ropadh** stabbing, **rúscadh** poking, **sacadh** shoving, thrusting; cramming, stuffing, **sáiteán** jibe, dig, **sceanadh** knifing, **sonc** dig, nudge, **soncáil** nudging, poking, **sonnadh** thrusting, thrust, **spearadh** spearing, piercing, **spíceáil** spike; nail, **tolgadh** thrusting, attacking, **tiomáint** driving, **tolgán** thrust; jolt, **treaghdadh** piercing, wounding, **truilleán** push, shove, **tuinseamh** thrust; impact, **turraing** thrust, push; (*el*) shock

Sábháil 1 v_{1e} save
   ainic ar save from, **aisghabh** recover, get back, **athshlánaigh** rehabilitate, recover, **bailigh** collect, **bancáil** bank, **caomhnaigh** preserve, **carn** stash, pile up, **coigil** stint, save, **coimeád** conserve, **coinnigh** hold, keep, retain, **coinnigh slán** keep safe, **coisc** prevent, **cosain** protect, **cruinnigh** gather, **cuir ar leataobh** put aside, **cuir i dtaisce** save, store, treasure, **cumhdaigh** safeguard, protect, **dian ar** shield against, roof, **fóir** relieve, save, **fuascail** redeem, liberate, deliver, **gearr siar** cut back, **leigheas** heal, cure, **míntírigh** (*land*) reclaim, **réitigh** sort out, **saor** free, deliver, **scáthaigh** screen, protect, **sciath** shield, **slánaigh** make whole, redeem; heal, **spáráil** spare, **taisc** hoard; store up, **tar i dtír** survive, **tarrtháil** rescue; salvage, **téarnaigh** recover, survive, **teasairg** (*pres. -argann*) save, rescue, deliver (cf Teasairg, a Dhia, ar an náire sinn! God, deliver us from the shame!)

   ◊ **~ do bhagáiste ar a ghoid!** Prevent your luggage from being stolen!, **Dia ár ~!** Lord preserve us!, **Shábháil sin mo bheo.** That saved my life., **Sábhálfaidh tú airgead agus am má thógann tú an bád.** You'll save money and time if you take the boat.

Sábháil 2 *vn* saving
   aisghabháil recovering, getting back, **anacal ar** saving from, **athshlánú** rehabilitating, recovering, **bailiú** collect, **bancáil** banking, **caomhnú** preserving, **carnadh** stashing, piling up, **coigilt** stinting, saving, **coimeád** keeping, conserving, **coinneáil** holding, keeping, retaining, **coinneáil slán** keeping safe, **cosc** preventing, prohibiting, **cosaint** defending, protecting, **cruinniú** gathering, **cur ar leataobh** putting aside, **cur i dtaisce** saving, storing, **cumhdach** safeguarding, protecting, **dianadh ar** shielding against, roofing, **fóirithint** relieving, saving, **fuascailt** redeeming, liberating, delivering, **gearradh siar** cutting back, **imdhíonadh ar** immunisation against, **leigheas** healing, curing, **míntíriú** (*land*) reclaiming, **réiteach** sorting out, **saoradh** freeing, delivering, **scáthú** screening, protecting, **sciathadh** shielding, **slánú** making whole, redeeming; healing, **spáráil** sparing, **teasargan** deliverance, rescuing, **taisceadh** hoarding; storing up, **tarrtháil** rescuing; salvaging, **teacht i dtír** surviving, **téarnamh** recovering; escaping

Sábháilte
   1. *adj*[6] safe
   ainicthe saved, protected, **ar fónamh** well, healthy, **as baol** out of harm's way, **ceart go leor** all right, **cinnte** certain, **cinnte dearfa** absolutely certain, **coimeádach** conservative, **cosanta** protected, **cosanta ar scríobh** (*comp*) write-protected, **cosanta ag balla dóiteáin** (*comp*) firewall protected, **dearfa** positive, **díonta (ar)** shielded (against), proofed (cf díonta ar fheartainn rain-proofed), **discréideach** discreet, **do-ghafa** impregnable, **doghonta** invulnerable, **doloicthe** foolproof, **faichilleach** cautious, **faoi chosaint** protected, **folláin** hale, healthy, **gan díobháil** undamaged, **gan dochar** harmless, **gan ghortú** unhurt, uninjured, **gan teip** unfailing, **imdhíonta ar** immunised against, **iontaofa** trustworthy, **luath láidir** hale and hearty, **muiníneach** dependable, reliable, **neamhthocsaineach** non-toxic, **neamhthógálach** non-infectious, **neamhurchóideach** benign, innocuous, **scáthaithe** screened, protected, **sciata** shielded, **slán** safe, secure, **slán sábháilte** safe and sound, **slánaithe** redeemed, healed, **spáráilte** spared, **tagtha i dtír** survived, **tarrtháilte** rescued; salvaged, **tástálaithe** tested, **triailte agus profa** tried and tested

   2. *pp* saved
   aisghafa recovered, gotten back, **athshlánaithe** (*comp*) recovered, **bailithe isteach** collected in, **bancáilte** banked, **caomhnaithe** preserved, **carntha** stashed, piled up, **coigilte** spared, saved, **coimeádta** conserved, **coinnithe** retained, **coiscthe**

Sábháilteacht

prohibited, **cosanta** protected, **cruinnithe** gathered, **curtha ar leataobh** set to one side, **curtha i dtaisce** saved, stored, **cumhdaithe** safeguarded, protected, **fuascailte** redeemed, liberated, **gearrtha siar** cut back, **leigheasta** healed, cured, **míntírithe** *(land)* reclaimed, **réitithe** sorted out, **saortha** freed, delivered, **slánaithe** made whole, redeemed; healed, **spáráilte** husbanded; spared, **spártha** saved; (to) spare (cf **An bhfuil airgead spártha agat?** Have you any cash to spare?), **taiscthe** hoarded; stored up, **tarrtháilte** rescued; salvaged, **tagtha i dtír** rescued, **téarnaithe** recovered

Sábháilteacht *f (~a)* safety
árachas insurance, **cosaint** protection, defence, **cóiríocht dhídeanach** sheltered accommodation, **daingean** security; safe place, **daingne** security, firmness, **dúshlánacht** security; defiance, **dearbhú** assurance, **dídean** *f (dídine)* shelter, safe haven, **diongbháilteacht** firmly secure state of affairs, **foscadh** shelter, protection from the elements, **fothain** *f (fothana)* shelter (cf **faoi fhothain** sheltered), **sábháil** rescue, security, saving, **scagadh slándála** security screening, **scagthástáil** *(med)* screening (cf **scagthástáil cíoch** breast screening), **scáth** screen, protection, **scáthchóiríocht** sheltered accommodation, **sciath** *f (scéithe; ~a, ~)* shield, **seasmhacht** firmness of position, **siúráilteacht** sureness, **slán** *m (sláin; ~a, ~)* soundness, **slándáil** security (cf **slándáil shóisialta** social security, **cúrsaí slándála** security matters, **feisteas** security; fittings, **fórsaí slándála** security forces), **slánú** indemnity; salvation, **tairiseacht** *(lit)* security, protection, **tearmann** sanctuary

▲ ~ **bia** food safety, ~ **cheirde** occupational safety, ~ **coisithe** pedestrian safety, ~ **dóiteáin** fire safety, ~ **phearsanta** personal safety, ~ **slua** crowd safety

▲ **bacainn** ~a safety barrier, **beartas** ~a safety policy, **buataisí** ~a safety boots, **caighdeán** ~a safety standard, **comhla shábháilteachta** safety valve, **deimhniú** ~ safety certificate, **eangach shábháilteachta** safety net, **fachtóir** ~a safety factor, **fiús** ~a safety fuse, **fógra** ~a safety notice, **frása** ~a safety phrase, **gloine shábháilteachta** safety glass, **gloiní** ~a safety glasses

◊ ~ **ar na bóithre** safety on the roads, road safety

Sac 1 *m (saic; saic, ~)* sack, bag
bolg bag; belly (cf **bolg saighead** quiver of arrows), **burla** bundle, **geois** bag, satchel; paunch, **mála** bag, **mála poist** postbag, mailbag, **mang** *f (mainge)* bundle, bag, **mealbhóg** small bag, pouch, **tiachóg** satchel, **sacán** little sack, **saicín** sachet, vesicle, **spaga** pouch *(see also: mála)*

Sac 2 *v₁ₐ* cram, stuff; pack
brúigh isteach push in, press in, **ding** cram, **fáisc** squeeze, **pacáil** pack, **pincigh** shove, thrust, push, **plódaigh** crowd, **pluc** stuff, **pulc** cram; gorge, **rop** thrust, stab, **sáigh** thrust; stab, push, **tiomáin isteach** drive in

Sacadh *vn* cramming, stuffing; packing
brú isteach pushing in, pressing in, **dingeadh** cramming, **fáscadh** squeezing, **pacáil** packing, **pinciú** shoving, thrusting, pushing, **plódú** crowding, **plucadh** stuffing, **pulcadh** cramming; gorging, **ropadh** thrusting, stabbing, **sá** stabbing, thrusting; pushing, **tiomáint isteach** driving in

Sacáil 1 *v₁ₑ* sack
bris duine as post/oifig remove a person from office, dismiss a person, **cuir duine as post** fire, dismiss a person, **cuir chun bóthair/siúil** sack, dismiss, **dífhostaigh** dismiss from employment, **cuir duine ar iomarcaíocht** make a person redundant, **scaoil duine chun siúil** let a person go, let a person be on their way, **tabhair bata is bóthar do dhuine** show a person the road, to send a person on their way, **tabhair tópar do dhuine** to send a person packing, **taispeáin an doras do dhuine** show a person the door

Sacáil 2 *vn* sacking, dismissing
briseadh as post/oifig removing from office, dismissing, **cur as post** putting out of a job, **cur chun bóthair/siúil** sacking, dismissing, **dífhostú** dismissing from employment, **cur ar iomarcaíocht** making redundant, **scaoileadh chun siúil** letting go, **tabhairt bata is bóthar do dhuine** showing a person the road, sending a person on their way, **taispeáint an dorais do dhuine** showing a person the door

Sacáilte *pp* sacked
ag saighneáil an deoil *(sl)* signing the dole, **briste as post/oifig** removed from office, dismissed, **curtha as post** fired, dismissed, **curtha ar iomarcaíocht** made redundant, **curtha amach as do chuid oibre** put out of work, **curtha as do phost** removed from your job, **curtha chun bóthair/siúil** sacked, dismissed, **déanta dífhostaithe** made unemployed, **dífhostaithe** dismissed from employment, unemployed, **scaoilte chun siúil** let go

Sách *adv⁵* quite, enough
ábhairín a little bit, **ábhar beag** somewhat, **amach is amach** out and out, **ar fad** entirely, **beagáinín** a tad, **beagán** a little, **cineál** kind of, **dóthanach** enough, **go hiomlán** totally, **go leor** enough, **rud beag** a little bit, rather, **san iomlán** in total, **saghas** rather, **sáith** enough, **scoth-** *pref* rather, somewhat, **sórt** sort of, **pas beag** a tiny bit

Sactha *pp* crammed, stuffed; packed
brúite isteach pushed in, pressed in, **dingthe** crammed, **fáiscthe** squeezed, **pacáilte** packed, **pincithe** shoved, thrust, pushed, **plódaithe** crowded, **pluctha** stuffed, **pultcha** crammed; gorged, **roptha** thrust, stabbed, **sáite** stabbed, thrust; pushed, **tiomáinte isteach** driven in

Sádach 1 *m (-aigh; -aigh, ~)* sadist
ansmachtaí tyrant, bully, **báirseach** *f* shrew, **bulaí** bully, **céasadóir** tormentor; crucifier, **céastúnach** *m* torturer, **ceatánaí** annoying troublesome person, **cruálaí** cruel person, **raicleach** *f* vixen, battle-axe, **sciúrsálaí** tormentor, scourger; flogger, **síceapatach** psychopath

Sádach 2 *adj³* sadistic
ainiochtach cruel, **brúidiúil** brutal, **céasta** tormenting; tormented, **cruálach** cruel, **cruachroíoch** hard-hearted, **danartha** cruel, **éadruach** pitiless, **fuar** cold, unfeeling, **fuarchroíoch** callous, **gan chroí** heartless, **gangaideach** vicious, **gan trócaire** merciless, **gan taise** compassionless, **gan trua** pitiless, **gránna** nasty, ugly, **ifreanda** hellish, **mídhaonna** inhuman, **mioscaiseach** malicious, **míthrócaireach** merciless, **neamhdhuineata** inhuman, cruel, **neamhthrócaireach** inexorable, **nimhneach** venomous

Sádachas *m (-ais)* sadism
ainiocht cruelty, **brúidiúlacht** brutality, **céasadh** tormenting; **cruálacht** cruelty, **cruachroíche** hard-heartedness, **danarthacht** cruelty, **éadrócaire** pitilessness, **fuaire** coldness, unfeelingness, **fuarchroíche** callousness, **gangaid** virulence, viciousness, **gránnacht** nastiness, ugliness, **ifreann** hell, **mídhaonnacht** inhumanity, **mioscais** maliciousness, **míthrócaire** mercilessness, **neamhdhuineatacht** inhumanity, cruelty, **neamhthrócaire** pitilessness, **nimhníúlacht** poisonousness, virulence

Sagart *m (-airt; -airt, ~)* priest
anamchara *m (~d; -chairde, ~d)* confessor, **an tAthair** *m (an Athar) (title)* Father, **asarlaí** sorcerer, **biocáire** vicar, **draoi** druid, **eaglaiseach** *m* man/woman of the cloth/church, **fear feasa** witch doctor, **gúrú** guru, **láma** lama, **manach** *m* monk, **ministir** minister, cleric, **pearsa** *f (~n; ~na, ~n)* **eaglaise** clergyman, clergywoman, **reachtaire** rector

▲ ~ **atá curtha ó chóta** defrocked priest, ~ **crábhaidh** regular priest, ~ **cúnta** curate, ~ **mór** parish priest, ~ **óg** curate, ~ **pobail** secular priest, ~ **paróiste** parish priest, ~ **vúdú** voodoo priest

◊ **peacaí a insint do shagart** to a confess sins to a priest

Sagartacht *f (~a)* priesthood
cléir clergy, **cléiriúlachas** clericalism, **oifig an tsagairt** office of a priest, **gairm an tsagairt** calling/profession of a priest, **ord beannaithe** holy orders, **ord coisricthe** holy orders, **ord crábhaidh** religious order, **sagartóireacht** priesthood (cf **Chuaigh sé le sagartóireacht.** He went into the priesthood., He became a priest.)

Sagartúil *adj⁴* priestly
cléiriúil clerical, **eaglaise** (> *eaglais*) church, **eaglasta** ecclesiastical, **oirmhinneach** reverend, **tréadach** pastoral

Saghas
1. *m (-ghais; -ghsanna)* sort, kind
aicme class, **branda** brand, **cineál** type, kind; genus, **déanamh** make, **déantús** manufacture, make, **earnáil** category, kind, **gné** *f* aspect, **grúpa** group, **marc** mark, **mona** stamp, kind, **sórt** sort, kind, type, **saincreideamh** *(religion)* denomination, **samhail** *f (samhla; samhlacha)* semblance, representation, **seánra** genre, **speiceas** species, **stíl** style, **tíopa** type *(see also: sórt)*

2. *adv* sort of, kind of
ábhar somewhat, **beagán** little, **cineál** kind of, **dóthanach** enough, **go leor** enough, **rud beag** a little bit, rather, **scoth-** rather, somewhat, **sórt** sort of, **pas** bit *(see also: sách)*

Saibhir 1 *m (~; -bhre)* rich person
caipitlí capitalist, **bean an airgid** *(woman)* moneybags, **duine acmhainneach** affluent person, **fear an airgid** *(man)* moneybags, **gustalach** *m* well-off/well-to-do person, **rachmasaí** wealthy person; capitalist, **toicí** tycoon

P **Ní thuigeann ~ daibhir riamh.** The rich person never understands the poor person.

Saibhir 2 *adj irr*
1. *(fin)* rich, wealthy
acmhainneach affluent; resourceful, **ag carnadh airgid** making a mint, **ag cur thar maoil** overflowing, loaded, **ar maos le hairgead** rolling in money, **brabachúil** well-to-do, **breá** fine, **caipitlíoch** capitalist, **compordach** comfortable, **deisiúil** well-circumstanced, **flaithiúil** lavish, **go maith as** well-off, **gustalach** well-off, well-to-do, **iarmhaiseach** affluent, **lofa le hairgead** rotten with money, **ilmhaoineach** abounding in wealth, **luachmhar** valuable, **maoineach** propertied, wealthy, **rachmasach** wealthy, **róúil** prosperous, plentiful, **séadach** wealthy with possessions, **séanmhar** prosperous, **seascair** comfortable, in comfortable circumstances, **somhaoineach** profitable, valuable, **sómhar** luxurious, **sorthanach** prosperous, **sóúil**

■ Ar shagairt agus chléir atá: Priests and clergy include:	Cairdinéal Cardinal	Moinsíneoir *(honorific)* Monsignor
	canónach *m* canon	Nuinteas an Phápa Papal Nuncio
An Pápa the Pope	curáideach *m* curate	oirmhinneach *m* reverend
ardeaspag archbishop	deagánach *m* deacon	Príomháidh Primate
bean rialta nun	easpag bishop	sagart priest
	manach *m* monk	seanmóirí tuata lay reader

Saibhreas

luxurious; **taibhseach** flamboyant, ostentatious, **teann** well-filled, well-to-do, **toiciúil** wealthy, prosperous

▲ **baile** ~ prosperous town, **ceantar** ~ well-to-do area, **comharsanacht shaibhir** wealthy neighbourhood, **duine** ~ rich person, **sochaí shaibhir** affluent society

2. *(land, food, etc)* rich
arúil arable, **beathúil** nourishing, **bisiúil** fecund, **blasta** flavoursome, tasty, **borrúil** *(soil)* rich, **compordach** comfortable, **domhain** deep, **geireach** fatty, **láidir** strong, **lán** full, **méiniúil** fertile, fruitful, **méith** *(food, land)* rich, **mótúil** *(soil, food)* rich, heavy, **ramhar** fat, **rí-** *pref* rich *(eg* **rídhonn** rich brown*)*, **sailleach** fatty, **síolmhar** fertile, fruitful, **sobhlasta** delicious, **sómasach** sumptuous, **sómhar** luxurious, **sóúil** luxurious; luscious, **suaithinseach**, showy, gorgeous, **súmhar** juicy, succulent, **tathagach** full-bodied, **teann** well-filled, well-to-do, **torthúil** fruitful, **trom** heavy, substantial, **uachtarúil** creamy, **uaibhreach** luxuriant, rich

▲ **bailiúchán** ~ wealthy/lavish collection, **bia** ~ rich food, **caint shaibhir** rich humorous speech, **talamh** ~ fertile land

3. *(abundant)* rich
ag cur thar maoil overflowing, loaded, **bisiúil** fecund, **breá** fine, **breisiúil** prolific, **clannach** having many children, **faíoch** copious, profuse, **fial** generous, **fíormhaith** exquisite, **flúirseach** abounding, plentiful, **fairsing** ample, **galánta** elegant, **iomadúil** copious, **ionnúsach** productive, enterprising, **lán** full, **líonmhar** abundant, **rábach** lavish (cf **fás rábach** luxuriant growth), **raidhsiúil** abundant, profuse, **somhaoineach** profitable, valuable, **sómhar** luxurious, **sorthanach** prosperous, **sóúil** luxurious; luscious, **suaithinseach**, showy, gorgeous, **súmhar** juicy, succulent, **tathagach** full-bodied, **torthúil** fruitful, **teann** well-filled

▲ **féar** ~ abundant luscious grass, **fómhar** ~ abundant/rich harvest, **soláthar** ~ abundant supply

Saibhreas *m (-ris)*

1. *(fin)* richness, wealth
airgead money, **acmhainn** affluence; resources, means, **ana** *m* *(lit)* wealth, prosperity, **bracht** *m* substance, wealth; sap, juice, **bunús** substance, wealth, **carnadh airgid** minting money, **conách** *m* prosperity, wealth, **biseach** increase, **caipiteal** capital, **caipitleachas** capitalism, **cluthaireacht** shelter, warmth, comfort, snugness, **compord** comfort, **costas** cost, expense, **deisiúlacht** affluence, **duille an domhain** earthly wealth, **éadáil** wealth; gain, **foladh** property, wealth, **fortún** fortune, **gustal** wealth, **iarmhais** valuable possessions, wealth, heirlooms, **inmhe** wealth, estate; position in life, **intleamh** *(lit)* wealth, **ionnlas** wealth, increase, **ionnús** resources, wealth, **ollmhaitheas** *f* luxury, wealth, **rachmas** wealth, abundance, **raimhre** fatness, **rath** fortune, success, **saibhre** richness, **séad** chattels; possessions, **sealúchas** possessions; possession, **séan** prosperity, **seascaireacht** being in comfortable circumstances, **só** luxury, **sochar** asset; profit, **sómas** sumptuousness, **somhaoin** asset, profit, **sóúlacht** lusciousness, **speansas** wealth; expenses, **speilp** *(lit)* worldly goods, wealth, **spré** *f* cattle, property; dowry, **stór** store, **stró** means, wealth (cf **ar bheagán stró** with little wealth, poor), **strus** means, wealth, **substaint** substance, wealth, **taisce** *f* treasure, **teannas** affluence, **toice** *f* wealth, prosperity, **torchaire** wealth; flotsam and jetsam

▲ ~ **saolta** worldly wealth

◊ Chuaigh sí go Meiriceá lena ~ a dhéanamh. She went to America to make her fortune., **lucht an tsaibhris** the wealthy people

2. *(food, land, etc)* richness, abundance
cur thar maoil overflowing, **beathaitheacht** fatness, corpulence, **beathú** nourishing, **biseach** increase, **bisiúlacht** fecundity, **blastacht** tastiness, **breáthacht** fineness, **compord** comfort, **doimhne** depth, **fairsinge** ampleness, **féile** generosity, **flaithiúlacht** lavishness, **flúirse** abundance, plenty, **geir** fat, **intleamh** *(lit)* abundance, **láidreacht** strength, **láine** fullness, **líonmhaireacht** abundance, **méithe** *(food, land)* richness, **raidhse** abundance, profuseness, **raimhre** fatness, **saibhre** richness, **saill** fat, **sómas** sumptuousness, **sóúlacht** lusciousness, **súmhaireacht** juiciness, succulence, **tathag** fullness, solidity, fullness, **tláithbhinne** dulcetness, **torthúlacht** fruitfulness, fertility, **troime** weightiness, heaviness, **uachtarúlacht** creaminess, **uabhar** luxuriance, richness

▲ ~ **cré** richness of the soil, ~ **cultúrtha** cultural richness, ~ **na farraige** the bounty of the sea, ~ **na talún** the fatness of the land, ~ **teanga** richness of language

Saibhrigh *v2b* enrich, make rich

beachtaigh refine, **bronn** endow, **cuir le** add to, **déan saibhir** make rich, **feabhsaigh** improve, ameliorate, **forbair** develop, **forlíon** supplement, **ornaigh** adorn, **maisigh** decorate, embellish, **méadaigh** augment, **saothraigh** cultivate; earn

Saibhrithe *pp* enriched, made rich

beachtaithe refined, **bronnta** endowed, **curtha le** added to, **déanta saibhir** made rich, **feabhsaithe** improved, ameliorated, **forbartha** developed, **forlíonta** supplemented, **ornaithe** adorned, **maisithe** decorated, embellished, **méadaithe** augmented, **saothraithe** cultivated; earned

Saibhriú *vn* enriching, making rich

beachtú refining, **bronnadh** endowing, **cur le** adding to, **déanamh saibhir** making rich, **feabhsú** improving, ameliorating, **forbairt** developing,

Sáigh

forlíonadh supplementing, ornú adorning, maisiú decorating, embellishing, méadú augmenting, saothrú cultivating; earning

Sáigh *v₁f* thrust, lunge, stab, push
adharcáil gore, horn, brúigh push, press, cuir truilleán le duine give a person a push/shove, ding cram, wedge, forcáil fork, gathaigh spear with a hook, gaff, geafáil gaffing, píceáil pike, stab with a pike, pincigh shove, thrust, push, poit poke, nudge, poll puncture, pierce, perforate, prioc prod, goad; prick, rop thrust, stab, sac shove, thrust; cram, stuff, rúisc poke, scean knife, sleáigh spear, soncáil nudge, poke, dig, sonn impale, pierce; thrust, spear spear, pierce, spíceáil spike; nail, tabhair áladh lunge, tiomáin drive, tolg thrust, attack, treaghd pierce, wound

Saighdeadh *vn* inciting, incitement
adhaint kindling, igniting, sparking, abhcóideacht *(high reg)* advocating, brostú hastening, urging, ciapadh harassing, hassling, clipeadh teasing, badgering, coipeadh enthusing, whipping up, dreasú incentivise, dúiseacht awakening, rousing, greannú irritating, griogadh teasing, tantalising; annoying, gríosú inciting; stimulation, meanmnú heartening, encouraging, misniú encouragement, múscailt arousing, awakening, saibhseáil pestering; *(gauging depth)* poke water with stick, séideadh fanning, driving, séideadh faoi goading on, spochadh teasing, slagging, winding up, spreagadh inspiring, urging, encouraging, tathant exhortation, incitement, tuineadh le prevailing upon, uilleannacht nudging *(see also gríosú)*

Saighdiúir *m (-úra; ~í)* soldier
amhas *(hist)* mercenary, cathmhíle *(hist)* warrior; *(iron)* puny individual, ceithearnach *m (hist)* infantryman, foot soldier, coinscríofach *m* conscript, comhraiceoir combatant, cúltacaí reservist, earcach *m* nua new recruit, faraire warrior, fear airm man of arms, fear airtiléire, artillery man, fearchú fierce warrior, fear comhraic combatant, fighter, fearóglach *m* warrior; manservant, fear troda fighting man, gaiscíoch *m* warrior, hero, galach *m* valiant warrior, gallóglach *m* galloglass, lannaire swordsman; lancer, lansaí lancer, laoch hero, laochmhíle man-at-arms, warrior, lucht airm men of arms, marcach *m* cavalryman, meirgire ensign, standard-bearer, míle *m (hist)* soldier, muirshaighdiúir *(mil)* marine, muscaedóir musketeer, óglach *m* young warrior, military volunteer, omhna *m (lit) (~; ~í)* brave warrior, páirtiseán *(mil)* partisan, paratrúipéir paratrooper, saighdeoir archer, samúraí samurai, sapar sapper, scabhtálaí scout, scirmiseoir skirmisher, seirseanach *m* mercenary; auxiliary, snípéir sniper, suaitreach *m (hist)* billeted soldier, troitheach *m* foot soldier, trodaí fighter, trúipéir trooper

▲ ~ airtléire artilleryman, ~ cabhlaigh marine, ~ coise infantry soldier, ~ cúltaca reserve soldier, ~ dearg *(hist)* redcoat, British soldier, ~ mná tough woman, ~ portáin soldier crab, ~ rialta regular soldier, ~ seangáin soldier ant, ~ singil private (soldier), ~ tuarastail mercenary

◊ **Tuama an tSaighdiúra Anaithnid** Tomb of the Unknown Soldier

Saighdiúireacht *f (~a)*
1. soldiering
bruíon wrangling, fighting, cogaíocht warring, coimhlint struggle, coisithe *spl* infantry, comhrac combat, fighting, coraíocht wrestling, earcaíocht recruitment, earcú recruiting, giústáil jousting, gliaireacht gladiatorial combat, lansaíocht lance-combat, liostáil enlistment, marcra cavalry, marcshlua cavalry, óglachas warriorship, saighdeoireacht archery, scabhtáil scouting, scilling an rí *(hist)* the king's shilling, seirbhís mhíleata military service, snípéireacht sniping, suaitreacht *(hist)* military service, troid fighting, battling
2. soldierliness, dogged courage
calmacht stalwartness, crógacht bravery, dánacht boldness, gaiscíocht prowess, heroic deed, gus vigour, spirit, laochas heroism, valour, meanma spirit, courage, meanmnacht spiritedness, misneach *m* mojo, courage, niachas chivalry, spiorad spirit, sponc spunk, courage, ugach *m* push, motivation

◊ **bheith ag ~ ar aghaidh** to be soldiering on, **Tá an t~ ionainn go fóill.** We're still soldiering on.

Saighdte *pp* incited, provoked
adhainte kindled, ignited, sparked, brúite ar pressed/pushed for, ciaptha harassed, hassled, clipthe teased, badgered, coipthe enthused, whipped up, dreasaithe incentivised, dúisithe awakened, roused, fadaithe faoi inflamed, incited, greannaithe irritated, griogtha teased, annoyed gríosaithe urged on, incited, lasta fired up, saibhseáilte pestered, séidte faoi goaded, spochta teased, slagged, wound up, spreagtha inspired, urged, encouraged, tathantaithe ar incited

Saighead *m (-ghid; ~a; ~)* arrow; bolt, darting attack, arraing pang, stitch of pain, bolta *m* bolt, daigh dart of pain; ache, dairt dart, deann twinge, slight dart of pain, diúracán projectile, missile, freanga twitch of pain, wince, geataire small missile, dart, goineog jab of pain, pang, ga shaft, dark; ray, gáinne *f* dart, arrow, léaró shard *(of light)*, pian *f* pain, slat *f* rod, shaft, snáthaid needle, pointer, táscaire indicator, pointer, teilgeán projectile

▲ ~ chrosbhogha crossbow bolt, ~ ghealáin bolt of lightning, ~ reatha stich in the side from running, ~a an bháis the pangs of death, ~a an ghrá Cupid's arrows, **Lean na ~a!** Follow the arrows!

Saighid v_{1j} incite, provoke
  adhain kindle, ignite, spark, **brúigh ar** press/push for, **ciap** harass, hassle, **clip** tease, badger, **coip** enthuse, whip up, **cuir dlús le** precipitate, **dreasaigh** incentivise, **dúisigh** awaken, rouse, **fadaigh faoi** inflame, incite, **greannaigh** irritate, **griog** tease, annoy, **gríosaigh** urge on, incite, **las** fire up, **saibhseáil** pester; (*gauging depth*) poke water with stick, **séid faoi** goad, **spoch as** tease, slag, wind up, **spreag** inspire, urge, encourage, **tathantaigh ar** incite (*see also: **spreag***)

Saill *f* (*~e*) fat
  blonag blubber; lard, **beathaitheacht** corpulence, **ceallailít** cellulite, **feoil** flab, **geir** fat; suet, **méathras** fattiness, richness (of soil), **méith** fat, richness in yield, **murtall** obesity, **otracht** obesity, **raimhre** fatness

Sailleach *adj³* fatty
  bealaithe oily, **blonagach** blubbery, **brachtach** (*meat*) juicy, sappy, **calrach** calorific, **geire** (> *geir*) suety, fatty, **geireach** suety, fatty, **gréisceach** greasy, **tite chun feola** having put on weight, having become flabby, **lán den tsaill** full of fat, **ramhar** fat, **ramhraithe** fattened, **séasúrach** rich, fatty, juicy, **toirtiúil** stout, **úscach** greasy, oily, fatty (*see also: **ramhar***)

Saillte *adj⁶* salted, cured
  ar sailleadh pickled, **ar salann** in salt, **leasaithe** preserved, **salainn** (> *salann*) salt-, salt (cf **tuaslagán salainn** salt solution), **salanda** saline, **spíosraithe** spiced

Sain- *pref* specialised, special; specific, distinctive
  áirithe particular, **ar leith** specific, **as an ngnáth** out of the ordinary, **beacht** precise, **faoi leith** in particular, **indibhidiúil** individual, **mionchruinn** minutely detailed, **neamhchoitianta** uncommon, extraordinary, **neamhghnách** extraordinary, **saineolach** expert, **sainiúil** specific, distinctive, **speisialta** special, **sonrach** particular, specific, **tiomnaithe** dedicated

▲ **~aicme** *f* special class, denomination, **~aithin** *v* identify, **~cheardaíocht** specialisation, **~cheird** speciality, **~cheist** point in question, specific issue, **~chomhartha** characteristic, **~chreideamh** denomination, **~chumas** prerogative, **~chuspóir** specific purpose, **~eithne** *f* quintessence, **~eolaí** expert, **~eolas** specialised/expert knowledge, **~fheidhme** (> **~fheidhm**) specialised function (eg **bardaí ~fheidhme** specialised wards), **~ghné** special feature, **~leigheas** specific cure, **~mharc** hallmark, **~mheáchan** specific gravity, **~oiriúint** (*biol*) specialisation, specific adaptation, **~ordú** mandate, **~staidéar** specialised study, **~teas** specific heat, **~uimhir** (*maths*) characteristic

Saineolaí *m* (*~; -aithe*) specialist
  comhairleoir *m* consultant, **eolaí** expert; scientist, **gairmí** professional, **ginias** genius, **lucht an eolais** people who know, **lucht léinn** learned people, **máistir** *m* master, **móidín** devotee, buff (cf **Is móidín ceart corpacmhainne í.** She is a real fitness buff.), **proifisiúnach** *m* professional, **saoi** oracle, **speisialtóir** specialist; connoisseur, **tobar an eolais** fount of knowledge, **údar** expert, connoisseur, **údarás** authority

▲ **~ aitheanta** acknowledged expert, **~ arm** weapons expert, **~ balaistíochta** ballistics expert, **~ cothúcháin** nutritionist, **~ dlí** jurist, **~ fíona** wine connoisseur, **~ fóiréinseach** forensic expert, **~ míleata** military observer, **~ ríomhaireachta** computer expert; computer buff

Sainigh v_{2b} specify, define
  aimsigh aim, **comharthaigh** signal, signpost, **déan comhartha** signal, **dírigh méar ar** point to, **léirigh** indicate, **luaigh go sonrach** mention specifically, **pointeáil i dtreo** (*ruda*) to point in the direction (of a thing), **sainmhínigh** define, **sín do mhéar ar** point your finger at, **sonraigh** specify, **taispeáin** show, **tarraing aird ar** call/ draw attention to

---

■ **Ar na saineolaithe atá:**
Specialists include:

aigéaneolaí oceanologist
baictéareolaí bacteriologist
biteicneolaí biotechnologist
bitheolaí biologist
bolcáneolaí volcanologist
cáineolaí tax expert
cairdeolaí cardiologist
ceimiceoir chemist
clíomeolaí climatologist
cluaslia otologist
cógaseolaí pharmacologist
coireolaí criminologist
cosmeolaí cosmologist
déidlia dental surgeon
deirmeolaí dermatologist

dochtúir ban gynaecologist
dochtúir súl eye specialist
éaneolaí ornithologist
éiceolaí ecologist
eipidéimeolaí epidemiologist
eipistéimeolaí espistemologist
eitneolaí ethnologist
eolaí scientist
fiaclóir dentist
fisiceoir physicist
géineolaí geneticist
geoihidreolaí geohydrologist
geolaí geologist
gínéiceolaí gynaecologist
haemaiteolaí haematologist
imdhíoneolaí immunologist
inchríneolaí endocrinologist
lia ban gynaecologist

luibheolaí botanist
meitéareolaí meteorologist
micribhitheolaí microbiologist
néareolaí neurologist
oftailmeolaí ophthalmologist
pailéazó-eolaí palaeozoologist
pailéibhitheolaí palaeobiologist
poitigéir pharmacist
raideolaí radiologist
réalteolaí astronomer
réaltfhisiceoir astrophysicist
réamaiteolaí rheumatologist
seandálaí archaeologist
síceolaí psychologist
síciatraí psychiatrist
teicneolaí technology expert
úireolaí urologist
zó-eolaí zoologist

Sainithe *pp* specified, defined
aimsithe aimed, **ar ar díríodh méar** pointed to, **ar ar shín tú do mhéar** at which/whom you pointed your finger, **comharthaithe** signalled, signposted, **léirithe** indicated, **luaite go sonrach** mentioned specifically, **pointeáilte i dtreo (ruda)** pointed in the direction (of a thing), **sainmhínithe** defined, **sonraithe** specified, **taispeánta** shown, **ar ar tarraingíodh aird** to which/whom attention has been drawn

Sainiú *vn* specifying, defining
aimsiú aiming, **comharthú** signalling, signposting, **déanamh comhartha** signalling, **díriú méar ar** pointing at, **síneadh do mhéire ar** pointing your finger at, **léiriú** indicating, **lua go sonrach** mentioning specifically, **pointeáil i dtreo (ruda)** pointing in the direction (of a thing), **sainmhíniú** defining, **sonrú** specifying, **taispeáint** showing, **tarraingt aird ar** calling/drawing attention to

Sainiúil *adj⁴* specific, distinctive, particular, characteristic
áirithe certain, particular, **aonair** individual, **ar leith** particular, **faoi leith** in particular, **gnéitheach** specific, **indibhidiúil** individual, **leithleach** unique, idiosyncratic, **saintréitheach** characteristic, **so-aitheanta** easily recognisable, **so-fheicthe** conspicuous, **sonraíoch** noticeable, out of the ordinary, **soiléir** clear obvious, **sonrach** notable, particular, **sonraíoch** noticeable, striking, **speisialta** special, **suaithinseach** distinctive, **suntasach** prominent, distinguishing, **tipiciúil** typical, **uathúil** unique

Sainiúlacht *f (~a)*
1. distinctiveness, specificity
airí *m* symptom; property, **bua** faculty, attribute, quality; flair, **comhartha** sign, symptom, **comhartha faoi leith** *(passport)* particular mark, **faisean** fashion, manner, **gné** *f* aspect, feature, **gnéitheacht** *(logic)* specificity, **nósúlacht** mannerism, **sainchomhartha** distinctive mark, characteristic, **sainghné** *f* specificity, **sainmharc** hallmark, **saintréith** characteristic, **saoithiúlacht** particularity, distinctiveness, **siomptóm** symptom, **suaithinseacht** distinctiveness, prominence, **suntasacht** remarkableness, distinctiveness, **tréith** attribute, quality, **tréith ar leith** peculiarity
2. excellence
ardchaighdeán top quality, top-drawer, **ardcháilíocht** high quality, **dearscnaitheacht** pre-eminence, excellence, **deismireacht** neatness, tidiness, **feabhas** excellence, **míneadas** refinement, **mínineacht** refinement, subtlety, **snoiteacht** clean-cut sharp appearance, refinement

Sainmhínigh *v₂ᵦ* define
ceap assign, shape, **cinn** determine, decree, **críochaigh** demarcate, **cuir síos ar** describe, **deifnídigh** define, **imlínigh** outline, **imscríobh** circumscribe, **leag amach** mark out, **línigh** delineate, **mínigh** explain; interpret, **mionléirigh** expound, **mionsaothraigh** elaborate, explicate, **sainigh** specify, define, **socraigh** arrange, decide, **sonraigh** designate; specify, **sprioc** fix, mark out, arrange, **teorannaigh** limit; circumscribe, delineate, **tréithrigh** characterise

Sainmhínithe *pp* defined
ceaptha assigned, shaped, **cinnte** determined, decreed, **críochaithe** demarcated, **deifnídithe** defined, **ar ar cuireadh síos** described, **imlínithe** outlined, **imscríofa** circumscribed, **leagtha amach** marked out, **línithe** delineated, **mínithe** explained; interpreted, **mionléirithe** expounded, **mionsaothraithe** elaborated, explicated, **sainithe** specified, defined, **socraithe** arranged, decided, **sonraithe** designated; specified, **sprioctha** fixed, marked out, arranged, **teorannaithe** limited; circumscribed, delineated, **tréithrithe** characterised

Sainmhíniú *vn* definition, defining
ceapadh assigning, shaping, **cinneadh** determining, decreeing, **críochú** demarcating, **cur síos** describing, description, **deifnídiú** defining, **imlíníocht** outline, outlining, **imscríobh** circumscribing, **leagan amach** marking out, **líníocht** delineating; drawing, **míniú** explaining; interpreting, **mionléiriú** expounding, **mionsaothrú** elaborating, explicating, **sainiú** specifying, defining, **socrú** arranging, deciding, **sonrú** designating; specifying, **spriocadh** fixing, marking out, arranging, **teorannú** limiting; circumscribing, delineating, **tréithriú** characterising

Sáinn
1. *f (~e; ~eacha)* predicament, trap; *(chess)* check
arán crua dire straits, **cruachás** difficult situation, plight, **dol** loop, net, snare, **gaiste** snare, **habal** awkward situation, **inleog** contrivance, trap, **paintéar** trap, **ponc** spot, **sás** trap, noose, **teannta** strait, difficulty
2. *f (~e; ~eacha)* impasse, quagmire, standoff
abar quicksand, **ainríocht** wretched condition, **anacair** difficulty, distress (cf **anacair anála** respiratory distress), **anchaoi** *f* plight, **ing** *m (lit)* difficulty, plight, **leamhsháinn** stalemate, **moill mhór** big delay, **scrogall** logjam, **stad** standstill (eg **Bhí an trácht ina stad.** The traffic was at a standstill.), **tranglam tráchta** gridlock
3. *adv* **i ~** trapped, in a predicament, in a tight corner
in abar bogged down, in difficulty, **in anchaoi** in a bad way, in a plight, **in anchás** in a dreadful situation, **in arán crua** in dire straits, **i dteannta** in a predicament, **ina chíor thuathail** in a dreadful mess, **i dtrioblóid (mhór)** in (big) trouble, **i gcruachás** in a difficult situation, in a plight, **i ndeacrachtaí móra** in big difficulties, **i bponc** in a spot, in a fix, snookered, **i ndrocheagar** in bad shape, **sáinnithe** trapped, cornered, **san fhaopach** in the soup, in a bit of a pickle, **srianta** boxed in, constricted

Sáinnigh *v₂ᵦ* trap, corner; entrap; *(chess)* put into check
beir ar catch, **buail bleid (ar dhuine)** to buttonhole (a person), **ceap** trap, **cimigh** make captive, **cluich** *(animals)* round up, gather, **coinnigh i gcás** keep in a cage, **cuibhrigh** box in, **cúinneáil** corner, **cuir faoi léigear** siege, **cuir i dteannta** corner, **déan léigear ar** lay siege to, **faigh greim ar** catch hold of, grab, **gabh** capture, **gaistigh** trap, **geafáil** collar, **imdhruid** besiege, **imshuigh** blockade, **leamhsháinnigh** stalemate, **marbhsháinnigh** *(chess)* checkmate, **meall** entrap, **rib** snare, **teanntaigh** hem in, block in, **timpeallaigh** surround, encircle

Sáinnithe *pp* trapped, cornered; entrapped; *(chess)* put into check
beirthe ar caught, **ceaptha** captured, caught; trapped, **cimithe** made captive, **cluichte** *(animals)* rounded up, gathered, **coinnithe i gcás** kept in a cage, **cuibhrithe** boxed in, **cúinneáilte** cornered, **curtha faoi léigear** sieged **curtha i dteannta** cornered, **gafa** captured, **gaistithe** trapped, **geafáilte** collared, **imdhruidte** besieged, **imshuite** blockaded, **leamhsháinnithe** *(chess)* stalemated, **marbhsháinnithe** *(chess)* checkmated, **meallta** entrapped, **ribthe** snared, **teanntaithe** hemmed in, **timpeallaithe** surrounded, encircled

Sáinniú *vn* trapping; entrapment; *(chess)* putting into check
breith ar catching, **ceapadh** trapping, **cimiú** making captive, **cluicheadh** *(animals)* rounding up, gathering, **coinneáil i gcás** keeping in a cage, **cuibhriú** boxing in, **cúinneáil** cornering, **cur faoi léigear** besieging, **cur i dteannta** cornering, **fáil greim ar** catching hold of, grabbing, **gafa** capturing, **gaistiú** trapping, **geafáil** collaring, **imdhruidim** besieging, **imshuí** blockading, **leamhsháinniú** *(chess)* stalemating, **marbhsháinniú** *(chess)* checkmating, **mealladh** entrapment, **ribeadh** snaring, **teanntú** blocking in, **timpeallú** surrounding, encircling

Saint *f (~e)* greed
airc voracity, **ampla** gluttony, cupidity, **andúil** addiction, **cíocras** avarice, **craos** rapacity, voracity, **díocas** avidity, **díograis** fervour, zeal, **doshásaitheacht** insatiability, **dúil** desire, **gabhálacht** graspingness, **goile** *m* appetite, **gorta** famine, **íota** avidity; ardent desire, **ocras** hunger, **raobhaíocht** excessive eating or drinking, gluttony, **sáile** self-indulgence, **suthaireacht** gluttony, **tart** thirst, **tnúth** longing, **tnúthán** yearning

▲ ~ **chun airgid** greed for money, ~ **chun cumhachta** lust for power, ~ **chun díoltais** intense desire for revenge, ~ **chun eolais** thirst for knowledge, ~ **chun foghlama** passion/keen enthusiasm to learn, ~ **chun oibre** great eagerness to work

P Trí shaghas den t~ nach peaca iad: ~ **chun foghlama**, ~ **chun oibre agus** ~ **chun fírinne**. Three sinless types of greed: greed to learn, greed for work and greed for truth.

Saíocht *f (~a)* wisdom, learning, erudition
ciall *f (céille)* sense, **clisteacht** savvy, ingenuity, **cultúr** culture, **críonnacht** wisdom (from age); prudence, **eagna** wisdom, acumen, **éigse** learning, poetry, **eolas** knowledge, **foghlaim** learning, **foghlamthacht** learnedness, **gaois** wisdom, **géarchúis** astuteness, **léann** learnedness, scholarship, **léanntacht** erudition, **máistreacht** mastery, **oideachas** education, **saoithiúlacht** accomplishment, skill, **scolaíocht** schooling, **scoláireacht** scholarship, **tuiscint** understanding

Sáite *pp* stabbed, pierced, thrusted, stuck in
brúite pushed, pressed, **dingthe** crammed, wedged, **forcáilte** forked, **gathaithe** speared with a hook, gaffed, **geafáilte** gaffed, **píceáilte** piked, stabbed with a pike, **pincithe** shoved, thrusted, pushed, **poite** poked, nudged, **pollta** punctured, pierced, **prioctha** prodded, goaded; pricked, **roptha** thrusted, thrust, stabbed, **sactha** shoved, stuffed, **speártha** speared, pierced, **rúiscthe** poked, **sceanta** knifed, **soncáilte** nudged, poked, **tolgtha** thrust, attacked, **tiomáinte** driven, **treaghdta** pierced, wounded

Sáiteach *adj³* stabbing, piercing, thrusting
athmhalta irritating, annoying, **bambairneach** frustrating, tiresome, **ciapach** tormenting, **ciapánta** cranky, annoying, **cunórach** interfering, meddlesome, invasive, **dóiteach** annoying, burning, **feanntach** lacerating, **polltach** penetrating, **ropánta** stabbing, **sáraitheach** invasive, **treádach** piercing, **treáiteach** piercing, penetrating

Sáiteoir *m (-eora; ~í)* stabber, shover, pusher
brúiteoir presser; crusher, **dingire** wedging hammer, **priocaire** poker, **ropaire** thruster, stabber, **sáiteachán** nagging person, **sárachán** careerist; pushy individual, **socadán** person poking into others' affairs, busybody, **sceanadóir** knifer, stabber; cutter, **soncálaí** nudger, poker, **teanntóir** tightener, presser, squeezer, **tiománaí** driver, **tuilí** *(lit)* outsider, foundling

Sáith *f (~e)* sufficiency
dóthain enough (cf **Tá mo dhóthain agam.** I have enough.), **dóthanacht** sufficiency, **flúirse** plenty, abundance, **leor** enough (cf **Is leor sin.** That's enough., **Tá go leor agam.** I have enough.), **leordhóthain** sufficiency, **leordhóthanacht** adequacy, **sástacht** satisfaction, **sásúlacht** adequacy

◊ ~ **rí de theach!** A house fit for a king!, **An bhfuil do sháith agat?** Do you have enough?, **Tá mo sheacht** ~ **agam!** I have more than enough!

Saithe *f (~; -thí)* swarm
dreabhlán brood, flock, swarm (cf **dreabhlán páistí** swarm of children), **grathain cuileog** swarm of flies,

plá *f* plague, **púir** swarm, **saithnín** swarm, **scaoth** *f* swarm, **scata** drove, pack, **scuad** brood, swarm; *(mil)* squad *(see also: **grúpa**)*

Salach *adj³*

1. dirty, foul, disordered
abláilte botched, messed up, **amscaí** untidy, bedraggled, **bealaithe** oily, greasy, **beo** (eg **beo le dreancaidí**) crawling (eg alive with fleas), **bréan** foul, putrid, **brocach** filthy, **broctha** spoiled, messed up, **clábarach** muddy, **deannachúil** dusty, **draoibeach** muddy, **faoi chaonach liath** mouldy, **gan chíoradh** unkempt, **gan slacht** untidy, messy, **gioblach** ragged, scruffy, **glaeúil** sticky, gluey, slimy, **grabasta** grubby, **gránna** ugly, **gréisceach** greasy, **in aimhréidh** in a mess, **lábánach** grimy, mucky, **láibe** (> **láib**) miry, muddy, **leadhbánach** tattered, **liath** *(food)* mouldy, **lodartha** mucky, base, **lofa** rotten, **míofar** nasty, **míshlachtmhar** untidy, **modartha** dark, muddy, **moirtiúil** muddy dreggy, **neamhaimrid** non-sterile, **otair** gross, filthy, **plúchtach** stuffy, stifling, **ramallach** slimy, **ruaimneach** discoloured, muddy, **salaithe** soiled, **scleoidiúil** slovenly, slatternly, **slapach** sloppy, slovenly, **scrábach** dishevelled, untidy, **sliodarnaí** (> **sliodarnach**) slithering, sliding, **smeadráilte** smeared, **smeartha** grubby, smudged, **smúitiúil** murky; overcast, **smúrach** grimy, **snáfa** (**le míolta**) crawling (with lice), **sraoilleach** scruffy, tattered, **súicheach** sooty, **toiteach** smoky, **táir** shabby, vile, **trí chéile** messed up, untidy, **truaillithe** polluted

▲ **clúidín** ~ dirty nappy, **dromchla** ~ dirty surface, **éadach boird** ~ dirty tablecloth, **goile** ~ foul/upset stomach, **uisce** ~ dirty water, **urlár** ~ dirty floor

◊ **Tá do sheomra chomh ~ le cró na muc!** Your room is as dirty/disordered as a pigsty!

2. *(full of weeds)* weedy
bán fallow, **fiaileach** weedy, **draighneach** thorny, prickly, **driseogach** brambly, **fiáin** wild, **foircthe le fiailí** overgrown with weeds, **gan saothrú** uncultivated, **lán lustain** full of weeds, **luifearnach** weedy

▲ **gairdín** ~ garden full of weeds

3. *(sea)* choppy
anfach tempestuous, **bréitseach** rough, choppy, **clabach** choppy, **coipthe** whipped up, seething, **corraithe** unsettled, **fiáin** wild, **garbh** rough, **mór** wild, surging (cf **farraige mhór** stormy/surging sea), **plobach** choppy, bubbling, **scaobach** choppy, **sceanúil** *(sea)* angry, **stoirmeach** stormy, **suaite** unsettled, choppy,

▲ **farraige shalach** choppy sea

4. *(weather)* filthy, foul, drizzly
báistiúil rainy, **brádánach** drizzly, **braonach** misty, wet, **ceobhránach** misty, drizzly, **clabach** murky, **droch-** foul, **fliuch** wet, **gránna** lousy, nasty, **lofa** rotten, **sramach** clammy, damp, **suarach** miserable, **táirfhliuch** wet and dreary

▲ **aimsir shalach** foul weather, **cith** ~ drizzly shower, **lá** ~ filthy day

5. impure, morally reprehensible
ainnis miserable, **bréan** foul, **calaoiseach** fraudulent, **cam** crooked, corrupt, **cealgach** treacherous, **claon-pref** underhand (cf **claonbheart** underhand trick), **claonach** deceitful, **comónta** common, **déistineach** disgusting, **drúisiúil** salacious, lewd, **fealltach** treacherous, **gan scrupall** unscrupulous, **gáirsiúil** lewd, obscene, **garg** crude, rough, **gairgeach** *(person)* crude, **giortach** smutty, **gorm** blue, obscene, **gránna** ugly, nasty, **graosta** obscene, filthy, **lábánta** vulgar, low, **lodartha** base; *(person)* flabby, **lofa** rotten, **míchothrom** unfair, **mígheanmnaí** unchaste, **mínósach** in bad taste, vulgar, **míofar** nasty, **náireach** disgraceful, shameful, **neamhghlan** unclean, **neamh-spórtúil** unsporting, **otair** gross, filthy, vulgar, **pornagrafaíoch** pornographic, **slamrach** slimy, messy; soft, **suarach** mean, base, contemptible, **táir** contemptible, vile, **truaillithe** polluted, **truaillitheach** corrupting, polluting, **tútach** rude, ignorant, crude

Tháinig siad ~ ar a chéile. They didn't hit it off together.
Tháinig an dá ról ~ ar a chéile. The two roles conflicted.
Tháinig cláir ~ ar a chéile. Programs were incompatible.
Tháinig na dátaí ~ ar a chéile. The dates clashed.
Tháinig torthaí ~ ar a chéile. Results were contradictory.
Tháinig sé ~ ar an dlí. He fell afoul of the law.
Tháinig sé ~ ar an mbas. He trod on the boss's toes.
Tháinig sé ~ ar ar chreid sí. It went against all she believed.
Tháinig sé ~ ar ár saoirse. It impinged on our freedom.
Tháinig sé ~ ar mo leas. It was against my interests.
Tháinig sí ~ ar a páirtí. She broke ranks with her party.

▲ **airgead** ~ dirty/ ill-gotten money, **buama** ~ dirty bomb, **cleas** ~ dirty trick, **deireadh seachtaine** ~ dirty weekend, **focal** ~ dirty/nasty word, **smaoineamh** ~ impure thought

Salachar *m (-air)*

1. dirt
bealaíocht greasiness, **bréanóg** refuse heap, **bréantas** stench, **broc** refuse, **brocais** dirty smelly place, **brocamas** refuse, dirt, **caonach** *m* **liath** mould, **ceachair** mud, mire, **clábar** mud, **deannach** *m* dust, **draoib** mud, **draoibeal** mud, mire, **dríodar** slops, sludge; dregs, **glár** silt, alluvium, **gréisceacht** greasiness, **lábán** mud, mire, **lábánacht** griminess, muckiness, **láib** mire, mud, **lathach** *f* slush, slime, **liath** *m* (*léith; ~a, ~*) *(food)* mould, **liongar** slime, filth, **lóch** *m* dross; withered marsh grass, **lodarthacht** muckiness, baseness, **lobhadh** decay, rot, **mionrach** *f* small inferior things, refuse, scrap, **míshlachtmhaire** untidiness, **moirt** heavy clay, mud, **moirtiúlacht** muddiness, **mosar** filth; stench, **múscán** oozy substance, **neamh-aimride** non-sterility, **neamhghlaine** uncleanness, **óirthí** *f* mucus produced

Salaigh

by female animal in heat, **otras** filth, **plúchtacht** stuffiness, **puiteach** *m* mud, mire, **púscán** ooze, **ramallae** *m* slime, **réama** phlegm, catarrh, **ruaimní** discolouredness, muddiness, **sail** dirt, dross; impurity, **sailíocht** dirtiness, **scuaid** spatter, splash, **scuaideáil** spattering, **slaba** mud, ooze, **sláthach** *m* oozy mud, **smearthacht** grubbiness, greasiness, **smúit** dust, grime, **smúr** ash, dust, dross, **sram** rheum, mucous, **sramadas** viscous discharge, gleet, **sramaíocht** sliminess; bleariness, **súiche** *f* soot, **toit** smoke, **troighean** *f* greasy coating, sludge, **truailliú** pollution, contamination, **úsc** oily extract, greasy substance

2. weeds
bán lea, grassland, **bláthanna fiáine** wildflowers, **dris** bramble, briar, **fiailí** weeds, **lustan** weeds, herbage (cf **ag baint lustain** weeding), **luifearnach** *f* weeds, **talamh gan saothrú** uncultivated land

3. *(weather)* filthiness
báisteach *f* rain, **brádán** drizzle, **braonaíl fearthainne** dripping rain, **ceobhrán** mist, drizzle, **clabaí** murkiness, **drochaimsir** bad/foul weather, **fliche** wetness, **fliuchras** wetness, raininess, **seadbháisteach** spitting rain, **táirfhliche** wetness and dreariness

4. *(moral)* impurity, reprehensibility
drúis lust, lewdness, **gáirsiúlacht** lewdness, obscenity, **gairge** crudeness, roughness, **goirme** blueness, obscenity, **gráiscínteacht** foul-mouthedness, **gránnacht** ugliness, nastiness, **graostacht** obscenity, filthiness, **lábántacht** vulgarity, lowness, **lodarthacht** baseness, **lofacht** rottenness, **madrúlacht** beastliness, coarseness, **mínós** bad taste, vulgarity, **mígheanas** indecency, **míofaireacht** nastiness, **modarthacht** darkness, moroseness, **moirtiúlacht** turbidity, **neamhghlaine** impurity, **pornagrafaíocht** pornography, **smeadráil** *(defamation)* smearing, **smúitiúlacht** murkiness; smuttiness, **sraoilleachas** slatternliness, sluttishness, **suarachas** meanness, baseness, **táire** vileness, **truailliú** corruption, **truaillíocht** depravity, **tútachas** crudeness

Salaigh v_{2a} make dirty, soil; defile, sully

dorchaigh darken, cloud over, **cuir smál ar** sully, **déan clábarach** make muddy, **déan salach** make dirty, **éilligh** corrupt, defile, **galraigh** infect, **ionfhabhtaigh** infect, **láib** muddy, spatter, **loit** spoil, deface, blemish, **meirdrigh** prostitute, debase, **mill** blemish, blot, **smálaigh** stain, **smeadráil** daub, smear, **smear** smudge, smear; cover with grime, **trochlaigh** profane, defile, **truailligh** pollute, adulterate

> Ná ~ a hainm! Don't besmirch her name!
> Ná ~ an abhainn! Don't pollute the river!
> Ná ~ an cosán! Don't befoul the path!
> Ná ~ an fíd orm! *(in)* Don't troll my feed!
> Ná ~ an teampall! Don't defile the temple!
> Ná ~ do chlú! Don't sully your reputation!
> Ná ~ do chlúidín! Don't soil your nappy!
> Ná ~ do chóta! Don't get your coat dirty!
> Ná ~ do lámha! Don't dirty your hands!
> Ná ~ do theanga! Don't use bad language!

Salaithe *pp* made dirty, soiled; defiled, sullied

dorchaithe darkened, clouded over, **ar ar cuireadh smál** sullied, **déanta clábarach** made muddy, **déanta salach** made dirty, **éillithe** corrupted, defiled, **galraithe** infected, **ionfhabhtaithe** infected, **láibthe** muddied, spattered, **loite** spoilt, defaced, blemished, **meirdrithe** prostituted, debased, **millte** blemished, blotted, **smálaithe** stained, **smeadráilte** daubed, smeared, **smeartha** smeared; covered with grime, **trochlaithe** profaned, defiled, **truaillithe** polluted, adulterated

Salú *vn* making dirty, soiling; defiling, sullying

dorchú darkening, clouding over, **éilliú** corrupting, defiling, **galrú** infecting, **ionfhabhtú** infecting, **láibeadh** muddying, spattering, **loitiméireacht** vandalism, **lot** spoiling, blemishing, defacing, **meirdriú** prostituting, debasing, **milleadh** blemishing, blotting, **smálú** staining, **smeadráil** daubing, smearing, **smearadh** smudging, smearing, **trochlú** profaning, defiling, **truailliú** polluting, pollution; adulterating

Sámh *adj¹* peaceful, tranquil

ciúin quiet, **foisteanach** composed, relaxed, **gan bhuaireamh** undisturbed, **maránta** unperturbed; bland, **mín** smooth, fine, **neamhbhuartha** calm, untroubled, **neamhchorrabhuaiseach** unperturbed, **neamhchorraithe** unruffled, **réchúiseach** relaxed, laidback, **sáil** easy, comfortable, **sámhach** peaceful, tranquil, **séimh** mild, placid, **síochánta** peaceful, **socair** calm, **suaimhneach** peaceful, tranquil, **suaimhneasach** soothing *(see also:* **suaimhneach***)*

◊ **codladh go ~** to sleep soundly

Samhail *f (-mhla; -mhlacha)* image, effigy; simile; simulacrum

aithris simulacrum, **allagóire** allegory, **amhlachas** semblance, **analach** *f* analogy, **cóip** copy, **dealramh** appearance, semblance, **bréagshamhail** *f (for burning)* effigy, **cosúlacht** similarity; similitude, **fáthscéal** allegory, **fréamhshamhail** *f* prototype, **gaolmhaireacht** affinity, **íomhá** image, **ionchollú** incarnation, **iontamhail** *(lit)* likeness, semblance, **leithéid** counterpart, likes, **macasamhail** *f (-mhla)* parallel likeness, twin, **meafar** metaphor, **mona** *m (fig)* stamp, kind, **samhlachas** likeness; pattern, type, **siombail** symbol, **taibhse** ghost, **teimpléad** template

Samhlaigh v_{2a}

1. imagine
amharcléirigh represent visually, **caith tuairim** conjecture, **coincheap** conceive, **cuimhnigh** consider, **cuir i gcás** suppose, **cum** compose, **déaduchtaigh** deduce, **fionn** invent, **léirshamhlaigh** visualise, **múscail i d'aigne** conjure up in your mind, **déan pictiúr de** picture, visualise, **pleanáil** plan, **postaláidigh** postulate, **síl** think, **smaoinigh** think,

smaoinigh suas *(sl)* think up, **taibhrigh** dream, imagine (cf **Taibhríodh dó é.** He imagined it.), **tionscain** contrive, establish
  2. ~ **le** liken to
comardaigh equate, **cothromaigh** *(maths)* equate, equalise, **cuir i gcomparáid le** compare with, **cuir i gcosúlacht do** liken to, **dealraigh le** liken to, judge, **insamhail le** *(lit)* liken/compare with, **ionannaigh le** identify with, equate with

Samhlaíoch *adj⁵* imaginative
aislingeach visionary, dreamy, **coincheapúil** conceptual, **cruthaitheach** creative, **fantaiseach** fantastic, **ficseanúil** fictional, **fileata** poetic, **fiontrach** enterprising, **físeach** visionary, **íomháineach** imaginary, **léirsteanach** insightful, **meabhróideach** reflective; wistful, **smaointeach** reflective, **pictiúrtha** picturesque, **pleanáilte** planned, **samhlaíochta** (> *samhlaíocht*) of the imagination, **seiftiúil** ingenious, **spreagtha** inspired, **taibhriúil** imaginary

Samhlaíocht *f (-a)*
  1. imagination
aisling vision, dream, **coincheap** *m (~a; ~a, ~)* concept, conception, **creideamh** belief, **cruthú** creation, **cuimhneamh** recollection, **cur i gcás** supposition, **cumadóireacht** composition, **déaduchtú** deduction, **dealramh** appearance, **dearcadh** view, **éirim chruthaitheach** creative intelligence, **ficsean** fiction, **fionnachtain** invention, **fís** vision, **íomháineacht** imagination, **léargas** insight, **samhlú** imagining; semblance, **smaoineamh** thought, **pictiúr i d'aigne** picture in your mind, **plean** plan, **pleanáil** planning, **tinfeadh Dé** divine inspiration, **tionscnamh** project, **treifideacht an Spioraid Naoimh** inspiration of the Holy Spirit, **tuairim** fancy, conjecture
  2. **gan** ~ unimaginative, devoid of imagination
duairc dreary, **gan spréach** without spark, **gan tinfeadh** uninspired, **leadránach** boring, **leamh** insipid, bland, **lom** bleak, bare, **maol** *(colour)* flat; dull; bald, **neamhbhlasta** bland, **neamhthreallúsach** unenterprising, **tirim** dry, **tuirsiúil** tedious, tiring, wearisome, **tur** arid

Samhlaithe *pp*
  1. imagined
amharcléirithe represented visually, **coincheaptha** conceived, **cuimhnithe** considered, **curtha i gcás** supposed, **cumtha** composed; shaped, formed, **dá ndearnadh pictiúr** pictured, visualised, **déaduchtaithe** deduced, **fionnta** invented; discovered, **léirshamhlaithe** visualised, **múscailte i d'aigne** conjured up in your mind, **smaoinithe** thought, **smaoinithe suas** *(sl)* thought up, **pleanáilte** planned, **postaláidithe** postulated, **sílte** thought, **taibhrithe** dreamed, imagined, **tionscanta** contrived, established
  2. ~ **le** likened to
comardaithe equated, **cothromaithe** *(maths)* equated, equalised, **curtha i gcomparáid le** compared with, **curtha i gcosúlacht do** likened to, **dealraithe le** likened to, **insamhalta le** *(lit)* likened/compared with, **ionannaithe le** identified with, equated with

Samhlú *vn* imagining; semblance
aislingeacht dreaming visions; daydreaming, **amharcléiriú** representing visually, **coincheapadh** conceiving, **creidiúint** believing, **cruthú** creating, **cuimhneamh** recollection, conceiving, **cuimhniú** considering, **cur i gcás** supposition, **cumadh** composing, **déaduchtú** deducing, **dealrú** likening to, judging, **déanamh pictiúir** picturing, visualising, **fionnadh** inventing, **fionnachtain** *f (-tana)* inventing, discovering, **léiriú** representing, **léirshamhlú** visualising, **múscailt i d'aigne** conjuring up in your mind, **pleanáil** planning, **postaláidiú** postulation; postulating, **síleadh** thinking, **smaoineamh** thinking, **smaoineamh suas** *(sl)* thinking up, **taibhreamh** dreaming, imagining, **tionscnamh** contriving, establishing, **caitheamh tuairime** conjecturing
  2. ~ **le** likening to
comardú equating, **cothromú** *(maths)* equating, equalising, **cur i gcomparáid le** comparing with, **cur a i gcosúlacht do** likening to, **dealrú le** likening to, appearing like, **insamhladh le** *(lit)* likening/comparing with, **ionannú le** identifying with, equating with

Samhnas *m (-ais)* queasiness, nausea
adhascaid nausea; morning sickness, **déistin** disgust, **éiseal** aversion to food, nausea, **fonn aisig** inclination to puke, **fonn urlacain** urge to vomit, **iompú goile** stomach-heaving, sickening, **masmas** nausea, **míghnaoi** antipathy, **múisiam** feeling of sickness, nausea, **múisc** nausea; loathing, **snamh** dislike, distaste, **tinneas** sickness, illness, **tinneas maidine** morning sickness, **uafaireacht** repulsiveness

Sámhnas *m (-ais)* ease, respite
aiteall fine spell between showers, **compord** comfort, **eatramh** lull, interval; respite, **faoiseamh** relief, **lascaine** abatement, easing; discount, **scíth** *f* relaxation, breather, **sócúl** ease, comfort, **sócúlacht** comfortable state, **sómas** ease; luxury, **sos** rest, **spásas** reprieve, period of grace, **suaimhneas** peacefulness, tranquillity, **téigle** *f* calmness, stillness *(see also: scíth, sos, suaimhneas)*

Samhnasach *adj³* queasy; nauseating
a chuirfeadh fonn aisig/urlacain ort that would make you want to puke, **colach** incestuous, abhorrent, **colúil** repugnant, **cradhscalach** obnoxious, repugnant, **déistineach** disgusting, revolting, **gránna** unpleasing to the senses, ugly, **masmasach** nauseating, nauseous, **míthaitneamhach** displeasing, **múisciúil** nauseating, **múisiamach** feeling nauseous, **tinn** sick, **uafásach** awful, horrid, **urlacain** (> *urlacan*) of vomiting

Sampla *m (~; ~í)*
1. sample, example; specimen
aircitíopa archetype, **an cás atá i dtreis** the case in point, **blaiseadh** taste, taster, **blas** taste, **cás** case, **cuspa** (artist's) model, **deismireacht** example, illustration, **eiseamal** specimen, **eiseamláir** example, **fréamhshamhail** *f (-shamhla)* prototype, **géarú goile** appetiser, **léaráid** illustration, **mionsampla** minor example; miniature sample, **múnla** model, **paraidím** *f* paradigm, **patrún** pattern, **samhail** *f (samhla; samhlacha)* mock-up, model, **solaoid** illustration, example, **triail** *f (-alach)* trial

▲ ~ **bithóipse** biopsy sample, ~ **cairpéid** sample of carpet, ~ **cumhráin** perfume sample, ~ **de leabhar** specimen copy of book, ~ **faecais** stool sample, ~ **fola** sample of blood, ~ **fuail** urine sample, ~ **ionadaíoch** representative sample, ~ **iontach (de seo)** prize example (of this), ~ **randamach** random sample, ~ **súl** practical example, ~ **suntasach** vivid example

◊ **mar shampla** for example, **Tá ~ agam air.** I have an example of it.

2. wretched example, specimen
ainniseoir wretch, **cincíseach** ill-fated soul, poor wretch, **créatúr (bocht)** (poor) unfortunate, **díol trua** sad case, pitiful sight. (cf **Is mór an díol trua thú!** Poor you!), **donán** unfortunate wretch, **donasaí** miserable ailing person, **samplóir** wretched afflicted person, **trú** *(lit)* doomed individual, **trua** *f* object of pity, **tubaisteoir** unfortunate person

◊ **An ~ bocht!** The poor wretch!, **Is ~ deas tusa!** You're a nice specimen!

Samplach *adj³* exemplary, exemplifying, typical
aircitíopúil archetypal, **atá ag taispeáint** that is showing, **comharthach** emblematic, signalling, **deashamplach** exemplary, **deismir** fine, exemplary, **eiseamláireach** exemplary, textbook, **foirfe** perfect, **léiritheach** illustrative; representational, **sainiúil** characteristic; specific, **samhailteach** emblematic, **samhlachúil** typical, **samplála** (> **sampláil**) sample- (eg **páipéar samplála** sample-paper), **tíopúil** *(biol)* typical, **tipiciúil** typical, **tréitheach** characteristic; gifted

▲ **clúdach** ~ mock-up cover, **diosca** ~ demo disk, **rith** ~ dummy run

Sampláil 1 *v₁ₑ* sample
bain triail as try, **blais** taste, **faigh taithí ar** experience, **féach le** check out; attempt, **tástáil** test, **triail** try, test

Sampláil 2 *vn* sampling
blaiseadh tasting, **féachaint le** checking out, attempting, **samplóireacht** sampling, **tástáil** testing, **triail** trying, testing

Sampláilte *pp* sampled
as ar baineadh triail tried, **blaiste** tasted, **tástáilte** tested, **triailte** tried, tested

Santach *adj³* greedy
airceach voracious; needy, **amplach** gluttonous, voracious, **andúileach** addicted, **antlásach** greedy, covetous, **cíocrach** avaricious; avid, rapacious, **cnuasaitheach** acquisitive, **craosach** gluttonous, **díocasach** eager, keen, **díograiseach** fervent, zealous, **doshásta** insatiable, **dúilmhear** eager, **éadmhar** jealous, **fiosrach** curious, **fonnmhar** desirous, **formadach** envious, **gabhálach** grabbing, avaricious, **greamaitheach** grasping, **imníoch** anxious, **leithleach** selfish, **mífhoighneach** impatient, **mucúil** piggish, hoggish, **ocrach** hungry, **sciobthach** grabbing, **sprionlaithe** money-grubbing, **tartmhar** thirsty, thirsting, **tnúthánach** yearning, expecting; coveting

◊ **Is duine ~ é.** He's a greedy person., **Is stocbhróicéir ~ í.** She's a wolfish stockbroker., **Ná bí chomh ~ leis an duivé!** Don't hog the duvet!, **Tá sí ~ go leor i leith a stócaigh nua.** She's rather possessive about her new boyfriend.

Santaigh *v₂ₐ* desire; covet
amplaigh be greedy for, **bíodh dúil mhór agat i rud éigin** have a great desire for something, **bíodh fonn ort rud éigin a dhéanamh** have a desire to do something, **dúlaigh** desire, **mianaigh** desire, long for, **teastaigh ó** want (cf **Theastaigh sé uaim.** I wanted it.), **tnúth le** yearn for; covet, **togair** desire, choose, **tothlaigh** crave, desire

Santaithe *pp* desired; coveted
amplaithe having been greedy for, **dúlaithe** desired, **ina bhfuil dúil mhór** desired greatly, **mianaithe** desired, longed for, **teastaithe ó** wanted by, **tnúite le** yearned for; coveted, **togartha** desired, chosen, craved, **tothlaithe** craved

Santú *vn* desiring; coveting
amplú being greedy for, **dúil** desire; craving, **dúlú** desiring, **fonn** inclination, desire, **mian** desire, **mianchumha** yearning, longing, **mianú** desiring, **togradh** desiring, choosing, craving, **tothlaíocht** appetency, craving, **tothlú** craving, **tnúth le** yearning for

Saobh 1 *adj¹*
1. perverted; perverse
áilíosach lascivious, licentious, **ainmhianach** lustful, prurient, **cam** *(dishonest)* crooked, bent; warped; *(offensive)* gay, **cambheartach** inclined towards deceitful actions, **claonta** biased, **corbach** defiled, depraved; corrupt, **drúisiúil** lustful, lecherous, **éillitheach** corrupt, **grúmáilte** *(for indecent abuse)* groomed, **lúbtha** *(offensive)* gay, bent, **macnasach** wanton, lascivious, **meallacach** beguiling, **saofa** warped, perverse; twisted, perverted, **truaillithe** depraved, **truaillitheach** corrupting

Saobh

▲ **~chiall** f (**chéille**) mental derangement, **~chrábhadh** religious hypocrisy, **~gháire** hysterical laughter, **~ghaoth** f capricious wind, **~ghrá** infatuation

2. slanted, askew
anchumtha distorted, **ar claon** at a slant, **ar leataobh** to one side, **ar leathcheann** slanted, **ar leathmhaig** lopsided, tilted, **ar sleabhac** slouched, **cam** crooked, **casta** twisted, **cuar** curved, **fiar** crooked, diagonal, **fiarsceabhach** slantwise, askew, **fiartha** twisted, crooked, **freangtha** warped, **gocach** slanted, cocked (cf **cluasa gocach a** cocked ears), **míchumtha** misshapen, **sceabhach** skew, slanting, **sleabhcánta** slouching, drooping, **siogarlach** drooping, **sleabhctha** slouched; limp, **stangtha** warped

▲ **~shúileach** squint-eyed

Saobh 2 v_{1a} slant, twist; pervert
cam warp; make crooked, **cas** twist; distort, **claon** distort; pervert, **corb** defile, deprave; corrupt, **dallraigh** dazzle, **éiligh** corrupt, defile, **fiar** slant, tilt; veer, **freang** warp, contort; wrench, **grúmáil** (for indecent abuse) groom, **lúb** bend, **meall** seduce, beguile, **mearaigh** derange, distract, **morg** corrupt, **sleabhac** slouch, droop, **stang** warp, strain, **truailligh** pollute; deprave, make corrupt

◊ **~adh a chiall.** He became deranged., **~ann na meáin an pobal.** The media mislead the public., **~ann aipeanna mar iad intinn an aosa óig.** Apps like these warp the minds of young people., **Shaobh sí a súile orm.** She looked at me askew., **Shaobh sé a bhéal le teann déistine.** He twisted up his mouth in disgust.

Saobhadh vn distorting, perverting, aberration, derangement
bobaireacht trickery, **bréagadóireacht** mendacity, **cam** fraud, **camastaíl** duplicity, **casadh** distortion, twisting, **cealg** guile, **claonadh** perversion, **cleas éalaithe** subterfuge, **cluain** deception, **corbadh** defilement; depravity, **cur i gcéill** dissimulation, **dallamullóg** hoodwinking, deception, **dallrú** bedazzling, **éilliú** corrupting, defiling, **fiaradh** slanting, tilting, **freangadh** contorting, warping; wrenching, **lochtaíl** falseness, wickedness; faultiness, defectiveness, **lúbadh** bending, **mearú** deranging, distracting, **mearbhall** confusion, **mealladh** beguiling, seducing, **meang** f (**meinge**; **~a**, **~**) wile, **mínormáltacht** abnormality, **míthreoir** misdirection, **neamhrialtacht** irregularity, **saofacht** waywardness, perversity, **saoithiúlacht** peculiarity, **seachrán** aberration, distraction, **seachrán céille** derangement, **seachránacht** aberrancy; delusiveness, **séitéireacht** cheating, **siabhradh** bewitching, **siabhrán** delusion, **siabhránacht** mental confusion, **slusaíocht** dissembling, **stangadh** warping, straining, **truailliú** pollution, defilement

▲ **~ céille** mental aberration, **~ radhairc** visual distortion, **~ síne** unsettled state of weather

Saofa pp slanted, twisted; perverted
camtha warped; made crooked, **casta** twisted; distorted, **claonta** distorted, biased; perverted, **corbtha** defiled, depraved; corrupted, **dallraithe** dazzled, **éillithe** corrupted, defiled, **fiartha** slanted, tilted; veered, **freangtha** warped, contorted; wrenched, **grúmáilte** (for indecent abuse) groomed, **lúbtha** bent, **meallta** seduced, beguiled, **mearaithe** deranged, distracted, **morgtha** corrupted, **sleabhctha** slouched, drooped, **stangtha** warped, strained, **táir** tawdry, sordid, **truaillithe** polluted; depraved, made corrupt

Saofóir m (**-óra**; **~í**) pervert
aisiléir twister, **caimiléir** crook, swindler, **cambheartaí** racketeer, **cealgaire** deceiver, guileful person, **ceardaí** trickster; artisan, **cladhaire** villain, rogue, **claonachán** perv, **cleasaí** trickster, **cneámhaire** knave, chancer, **leidhcéir** trickster, **faladhúdaí** deceiver, **falcaire** cheat, **feallaire** deceiver, betrayer, **gleacaí** con-artist, **gliúcaí** peeping Tom, **liúdaí** leering, depraved person, **mealltóir** beguiler, **meangaire** grinning, deceitful person, **séitéir** cheat, **slíbhín** sleeveen, **slíomachán** slimy individual, **slíomadóir** creep, slippery customer, **suarachán** vile individual

Saoi m (**~**; **~the**) wise person; master, expert

1. wise, learned person
aos léinn learned people, **bean** f **feasa** (female) soothsayer, **eagnaí** sage, **éigeas** learned person, sage, **fáidh** prophet, **fáidheadóir** soothsayer, **fear** m **feasa** (male) soothsayer, **foinse** f **an uile eolais** fount of all knowledge, **gúrú** guru, **lucht an eolais** the people who know, **scoláire** scholar, **tairngire** prophet, sage, **tobar an eolais** the oracle

P **Is minic ~ ó dhaoi.** It's often that a foolish mother gives birth to a wise daughter., **Ní bhíonn ~ gan locht.** Even Homer nods., Nobody is perfect.

2. master, skilled worker, expert
eolaí scientist, **ceardaí** tradesperson, **máistir** master, **proifisiúnach** m professional, **saineolaí** expert, **údar** authority; author

▲ **~ cruitreachta** master harpist, **~ file** master poet, **~ gabha** master smithy, **~ leighis** master physician, **~ saoirse** master mason

◊ **i lámha na ~the** in the hands of the experts., **Is ~ duine uasail thú!** You're a scholar and a gentleman!

Saoire f (**~**) holiday
bliain f (**bliana**) **bhearna** gap year, **bliain** f (**bliana**; **blianta**) **shabóideach** sabbatical year, **cead amach** leave, **cead scoir** furlough, **ceiliúradh** m (**-rtha**) celebration, **comóradh** festival; commemoration, anniversary, **cothrom lae** anniversary (eg **cothrom lae an phósta** wedding anniversary), **cuimhneachán** commemoration, **féasta** feast, **féile** f festival, **feis** fête; feis, **fleá** f banquet, feast, **fleáchas** festivity, **fóillíocht**

Saoirse ease, leisure (cf **lárionad fóillíochta** leisure centre), **imeacht ar saoire** leaving on vacation, **lá faoin tor** a day off, **lá saor** free day, **laethanta saoire** holidays, **sabóid** sabbath, **sabóideach** *m* sabbatical, **scís** rest, **scíth** respite, **sollúin** solemn feast day, festival, **sos** *m* (*~a; ~anna*) break

▲ **árachas** ~ holiday insurance, **bliain** ~ sabbatical year, **ionad** ~ resort, spa, **lá** ~ free day, holiday (cf **laethanta** ~ holidays), **lucht** ~ holidaymakers, **teach** ~ holiday home, **teidlíocht** ~ holiday/ leave entitlement

▲ ~ **an mhála droma** backpacking, ~ **an tsamhraidh** summer holiday(s), ~ **ar an Mór-roinn** continental holiday, ~ **ar an ordóg** hitchhiking holiday, ~ **ar chostas íseal** budget holiday, ~ **ar feadh tréimhse éiginnte** indefinite leave, ~ **atá saor ó bhuairt** hassle-free holiday, ~ **atruach** compassionate leave, ~ **bainc** bank holiday, ~ **bhliantúil** annual holiday, ~ **eachtraíochta** adventure holiday, ~ **cois farraige** seaside holiday, ~ **gan phá** unpaid leave, ~ **gharraíodóireachta** gardening leave, ~ **ghearr** short getaway, ~ **gheimhridh** winter holiday/escape, ~ **lamháltais** concessionary holiday, ~ **mháithreachais** maternity leave, ~ **na Cásca** Easter holiday(s), ~ **na Nollag** Christmas holiday(s), ~ **rómánsúil** romantic holiday, ~ **sa bhaile** staycation, ~ **sa ghrian** sun holiday, ~ **sciála** skiing holiday, ~ **téarnaimh** recuperative holiday/leave, ~ **thar lear** holiday abroad, ~ **thiomána** motoring holiday, ~ **thurasóireachta** touring holiday

◊ **Cá ndeachaigh sibhse ar bhur laetheanta ~?** Where did you guys go on your holidays?

Saoirse *f (~; -sí)* freedom, liberty
ainriail anarchy, **ainrialachas** anarchism, **ainriantacht** unruliness, **cead** *m* (*~a*) licence, permission, **cead do chinn** freedom to do as you please, **ceadúnas** licence, **daonlathas** democracy, **díolúine** exemption, dispensation, **éascaíocht** ease, **easpa baic** unconstraint, **easpa smachta** lack of controls, **easpa srianta** lack of restraint, **fairsinge** latitude, **fairsinge chun oibre** elbow-room, **féinriail** autonomy, self-rule, **féinrialtas** self-government, **féinrialú** self-regulation, self-determination, **fuascailt** emancipation, **ilchumasc** promiscuity, **ligean** abandon, **liobraíochas** libertarianism, **liobrálachas** liberalism, **neamhspleáchas** independence, **neamhthuilleamaí** (livelihood) independence, **oscailteacht** openness, **pribhléid** privilege, **rialtas dúchais** home rule, **saoráil** freedom, easiness, **saol gan chúram** carefree life, **saoradh** liberation, **saoráid** ease, facility, **saoráidí** easiness, facility, **saoráil** freedom, easiness, **saorchead** *m* (*~a*) full permission, **saoriomaíocht** *laissez-faire*, free competition, **scaoilteacht** laxity, slackness, **scóip** scope, ambit; wiggle room, **slánú** salvation, redemption, **soghluaisteacht** freedom of movement, mobility, **solúbthacht** flexibility, **spás** space, room, **uathriail** *f (-rialach)* autonomy

▲ ~ **acadúil** academic freedom, ~ **adhartha** freedom of worship, ~ **an duine aonair** individual freedom, ~ **an phreasa** freedom of the press, ~ **bunaíochta** freedom of establishment, ~ **cainte** freedom of speech, ~ **eacnamaíoch** economic freedom, ~ **ealaíne** artistic freedom, ~ **fhileata** poetic licence, ~ **ghairmiúil an mhúinteora** teacher autonomy, ~ **mhorálta** moral freedom, ~ **na cathrach** freedom of the city, ~ **na mban** women's liberation (cf **saoirsí** *m* **ban** women's libber), ~ **phearsanta** personal freedom, ~ **reiligiúin** religious freedom, ~ **shibhialta** civil liberty (cf **sárú ar shaoirsí sibhialta** breach of civil liberties), ~ **smaointeoireachta** freedom of thought, ~ **tionóil** freedom of assembly, ~ **tuairimíochta** freedom of opinion

▲ **Cogadh** ~ **Mheiriceá** (hist) American war of Independence, **Cogadh na** ~ (hist) the War of Independence, **Dealbh na** ~ the Statue of Liberty, **Forógra na** ~ Declaration of Independence, **na Saoirsí** the Liberties

○ **Cogadh na Saoirse** *The War of Independence (1919–1921)*, **treallchogaíocht** *guerrilla war* that took place between **Arm Phoblacht na hÉireann** *The Irish Republican Army* and British forces stationed in Ireland. A **sos cogaidh** *ceasefire* was declared by both sides on the 11th July 1921. Later that year, on 6th December, talks between both parties led to the signing of **An Conradh Angla-Éireannach** *The Anglo-Irish Treaty* which brought about **críochdheighilt pholaitiúil na tíre** *the political partitioning of the country.*

Saoirsigh *v₂ᵦ* cheapen; become cheap
bain den chostas take from the cost, **déan beag is fiú de** make little of, belittle, **déan níos measa** make worse, **déan níos saoire** make cheaper, **díluacháil** devalue, **díspeag** demean, **ísligh praghas ar** lower price on, **íosghrádaigh** downgrade, **ísligh** lower; cheapen, **laghdaigh** lessen, diminish

Saoirsithe *pp* cheapened; gotten cheaper
déanta níos measa made worse, **déanta níos saoire** made cheaper, **díluacháilte** devalued, **díspeagtha** demeaned, **íosghrádaithe** downgraded, **íslithe** lowered; cheapened, **laghdaithe** lessened, diminished

Saoirsiú *vn* cheapening; becoming cheaper
baint den chostas taking from the cost, **déanamh beag is fiú de** making little of; to belittling, **déanamh níos measa** making worse, **déanamh níos saoire** making cheaper, **díluacháil** devaluing, **díspeagadh** demeaning, **íosghrádú** downgrading, **ísliú** lowering; cheapening, **laghdú** lessening, diminishing, **ísliú an phraghais ar** lowering of the price on

Saoiste *m (~; -tí)* overseer, foreman
airíoch superintendent, **bas** boss, **fairtheoir** watcher; sentry, **fear ceannais** the man in charge, **fear faire**

watchman, **feighlí** minder, keeper, **feighlí tailte** groundsman, **feitheoir** supervisor; superintendent, **formán** foreman, **geafar** gaffer, **máistir** *(hist)* master, **maoirseoir** minder, overseer, **maor** supervisor, steward; prefect, **stíobhard** steward, **stiúrthóir** supervisor

Saoithín *m (~; ~í)* pedant; nerd
béalastán know-all, **cnáimhseálaí** nitpicker, **dileatant** dilettante, **gaotaire** smart alec, **geocach** *m* **ríomhaire** computer geek, **lucht mínineachta** hairsplitters, **pruig** *m* prig, **scaothaire** smart ass, **táthaire** cheeky, impertinent fellow

Saoithíneacht *f (~a)* pedantry; nerdiness
béalastánacht mouthing off arrogantly, **ceartaiseacht** priggishness, **cnáimhseáil** nitpicking, **deismíneacht** uptightness, **gaotaireacht** bombast, **mínineacht** hairsplitting, **mionchúis** fastidiousness; meticulousness, **róchúisiúlacht** prissiness, stuffiness, **rónósúlacht** fussiness, **scaothaireacht** bombast, grandiloquence, **táthaireacht** being cheeky

Saol *m (-oil; ~ta)* life, world
an lá atá inniu ann in today's world, **anáil** breath, **an pobal** the community, the public, **aois** age, **beatha** *f (~)* life, living, **beathaisnéis** biography, **beo** being alive, life, **beochan** animation, **beocht** *f* animation, vitality, life, **beogacht** liveliness, **bith** *m (beatha)* world, existence, **cúrsa** course, **daoine** people, **dírbheathaisnéis** autobiography, **domhan** world, **fad** duration, **gairm** *(bheatha)* career, profession, **inniu** today, **iompar** behaviour, **leanúint** continuance, **leanúnachas** continuity, **na laethanta seo** these days, **spraoi** fun, enjoyment *(see also: beatha)*

▲ **árachóir saoil** life insurer, **athrú saoil** change of life, **bliantacht saoil** life annuity, **gradam saoil** lifetime achievement award, **ionchas saoil** life expectancy, **príosúnacht saoil** life imprisonment, **taithí saoil** life experience

◊ **ar na ~ta seo** in these times, **ar na ~ta deireanacha** in recent times, **D'imigh an ~ sin.** Those days are gone., **sa ~ atá inniu ann** in today's world, **sa ~ eile** in the next life, **Sláinte agus fad saoil duit!** Good health and a long life to you!, **tar éis an tsaoil** when all is said and done

Saolaigh *v₂ₐ* be born, bring forth
atáirg reproduce, **beir** give birth, **coimpir** procreate, conceive, **cruthaigh** create, **cuir ar an saol** bring into the world, **déan** make, **déan gor ar uibheacha** hatch eggs, **gin** generate, engender, **gor** hatch, incubate, **ionchollaigh** incarnate, **nocht** reveal, appear, **póraigh** breed, **síolraigh** seed, **tabhair** yield, produce (cf **Thug sí mac dó.** She gave him a son.), **tabhair ar an saol** bring to the world, **táirg** produce, **tar ar an saol** come into the world, **téigh i líonmhaire** multiply

Saolaithe *pp* born, brought forth
atáirgthe reproduced, **beirthe** given birth, **coimpeartha** procreated, conceived, **cruthaithe** created, **curtha ar an saol** brought into the world, **déanta** made, **dulta i líonmhaire** multiplied, become more numerous, **ginte** generated, engendered, **gortha** hatched, incubated, **ionchollaithe** incarnated, **nochta** revealed, appeared, **póraithe** bred, **síolraithe** seeded, **tugtha** yielded, produced, **táirgthe** produced, **tagtha ar an saol** come into the world, **tugtha ar an saol** brought into the world

Saolta *adj⁶* worldly, mundane; secular
ábharaíoch materialistic, **ábhartha** material, **domhanda** worldly, **talmhaí** earthly, terrestrial, **teamparálta** temporal, **tuata** secular

Saoltacht *f (~a)* worldliness; worldly concerns
ábharachas materialism, **dí-eaglaiseachas** churchlessness, non-religiousness, **saol** life, **saoltachas** secularism, **(an) síorghnáth** (the) mundane, **teamparáltas** *(ecc)* temporality, **tomhaltachas** consumerism

Saolú *vn* being born, bringing forth
atáirgeadh reproducing, reproduction, **breith** giving birth, **coimpeart** procreating, conceiving, **cruthú** creating, **cur ar an saol** bringing into the world, **déanamh** making, **déanamh gor** hatching, incubating, **dul i líonmhaire** multiplying, **giniúint** generating, engendering, **goradh** hatching, incubating, **ionchollú** incarnating, incarnation, **nochtadh** revealing, appearance, **pórú** breeding, **síolrú** seeding, **tabhairt** yielding, producing, **tabhairt ar an saol** bringing into the world, **táirgeadh** producing, **teacht ar an saol** coming into the world

Saonta *adj⁶* naive, credulous
anabaí immature, **baoth** devoid of wisdom, **boigéiseach** soft, gullible, **dall ar an saol** ignorant of life, **díchéillí** witless, **gan (aon) choinlíocht** without being old enough to understand the ways of the world (cf **Níl sé i gcoinlíocht fós.** He is still only a child.), **gan mórán céille** without much sense, **gan taithí ar an saol** unexperienced, without life experience, **páistiúil** childish, **simplí** simple, **éigríonna** unwise, **ionraic** guileless, artless, **leanbaí** childlike; infantile, **mothaolach** simple, unsophisticated; naive, **muiníneach** trusting, **neamhamhrasach** unsuspecting, unsuspicious, trusting, **neamhurchóideach** innocent, **naíonda** childlike, **sochomhairleach** biddable, easy to influence, **soghluaiste** gullible, credulous, **soghonta** vulnerable, **soineanta** naive, simple, **somheallta** easily fooled/beguiled, **uascánta** simple-minded; sheepish

Saontacht *f (~a)* naïvity, credulity
anabaíocht immaturity, **baois** foolishness, lack of wisdom, **boigéis** softness, foolish generosity, **daille**

blindness, **díchiall** *f (-chéille)* witlessness, **easpa coinlíochta** lack of understanding of the ways of the world; lack of savvy, **easpa céille** lack of sense, **páistiúlacht** childishness, **simplíocht** simplicity, **éigríonnacht** lack of wisdom, **ionracas** guilelessness, artlessness, **leanbaíocht** childlike qualities; puerility, **mothaolacht** simpleness, unsophistication; naivety, gullibility, **neamh-amhras** lack of suspicion, unquestioning trust, **neamhurchóid** innocence, **naíondacht** childlike qualities, childishness, **sochomhairleacht** proclivity to accept advice, tractability, **soghluaisteacht** gullibility, credulity, **soghontacht** vulnerability, **soineantacht** naivety, simplicity, **somhealltacht** vulnerability to being fooled/beguiled, **uascántacht** simple-mindedness; sheepishness

Saor- *pref* free, liberal; noble
~bhriathar free/ autonomous verb, **~chead** full permission, **~chic** free kick, **~chlann** noble family, **~chlannda** of noble birth, **~ealaíona** *fpl* liberal arts, **~fhear** freeman, **~ghabháltas** freehold, **~líníocht** free-hand drawing, **~oideachas** free education, **~phort** free port, **~phoist** (> *saorphost*) free-post (cf **beartáin ~phoist** free-post parcels), **~-rothaíocht** freewheeling, **~shealbhóir** freeholder, **~sheilbh** freehold, **~stát** free state, **~thoil** free will, **~thrádáil** free trade

> ○ **Saorstát Éireann** *The Irish Free State (1922 to 1937)* was a sovereign state established under the 1921 **Conradh Angla-Éireannach** *Anglo-Irish Treaty* between the United Kingdom and Ireland. **Saorstát Éireann** was a constitutional monarchy with the British monarch as its head of state, but it had a high degree of autonomy and its own government, parliament, and civil service. The Free State was governed by the **Cumann na nGaedheal** *The Society of Gaels* and later by the **Fianna Fáil** *Warriors of Ireland/Soldiers of Destiny*, a party under Éamon de Valera, who later led the country to adopt a new constitution and become **Poblacht na hÉireann** *The Republic of Ireland* in 1949.

Saor 1 *m (-oir; -oir, ~)* free person, freeman; mason, craftsman
ceardaí artisan, craftsman/ craftswoman; tradesman, tradeswoman, **grásaeir** jobber, **jabaire** jobber, **máistir** *m* master, **oibrí cáilithe** qualified worker, **oibrí oilte** skilled worker, **saineolaí** specialist, **saoránach** citizen

▲ **~ adhmaid** carpenter, **~ crainn** tree surgeon, **~ báid** boatwright, **~ brící** bricklayer, **~ cairte** cartwright, **~ iarainn** ironworker, **~ leachta** monument mason, **~ loinge** shipwright

Saor 2 *adj¹*
  1. free
ainrialta anarchical, **ainrianta** unbridled, unruly, **ar anaiste** gratis, **ceadaithe** permitted, allowed, **ceannasach** sovereign, **daonlathach** democratic, **dea-mhéine** (> **dea-mhian**) complimentary (cf **cóip dhea-mhéine** complimentary copy), **deonach** voluntary, **díomhaoin** idle, unattached, **éasca** easy, laid-back, **fairsing** spacious, roomy, **féinrialaithe** self-ruled, self-regulated, **fuascailteach** liberating, **gan bhac** unconstrained, **gan breith** (**ar**) at large, **gan choinníoll** casual, **gan choinníollacha** without conditions attached, **gan cúram ar bith** without a care in the world, **gan srian** unrestrained, **liobraíoch** libertarian, **liobrálach** liberal, **neamhspleách** independent, **oscailte** open, **saoráideach** easy, facile, **saorálach** free, unconstrained, **saortha** freed, **scaoilte** lax, loose, **slánaithe** redeemed, **solúbtha** flexible, **uathrialach** autonomous

▲ **am ~** free time, **árasán ~** free apartment, **béilí scoile ~ in aisce** free school meals, **lón ~** free lunch, **rang ~** free class

▲ **~ ar an bpost** post free, **~ ar choir** free of (having committed) an offence, **~ ar ghabháil** free from arrest, **~ in aisce** free of charge, **~ ó chlóirín** chlorine free, **~ ó dhleacht** duty-free, **~ ó imní** free of worry/ anxiety, **~ ó locht** blameless, **~ ó pheaca** free from sin, **~ ó phian** free from pain, **~ ó phionós** free from penalty, **~ ó phostas** post-free, **~ ón dlí** free from the law, **~ ón scoil** free from school

  2. cheap
ar bheagán airgid for little money, cheap, cheaply, **ar lacáiste** at a reduced price, **ar lascaine** at a discount, **ar phraghas íseal** at a cut-down price, **ar shladmhargadh** on sale at bargain price, **deonach** voluntary, **gan mórán costais** without too much expense, **gan phá** unpaid, **mar bhronntanas** as a present

◊ **Bhí an gúna ~ go leor.** The dress was cheap enough.

Saor 3 *v₁ₐ* free, liberate
bain an ceangal de untie, **bain as aimhréidhe** disentangle, **bain den teaghrán** untether, **bain slabhraí de** unchain, **bain ualach** unburden, **bog** soften, loosen, **ceadaigh** allow, **cumasaigh** empower, **díghlasáil** unlock, **díghreamaigh** disengage, **díluchtaigh** unload, **díolmhaigh** exempt, **dírúnaicmigh** declassify, **éigiontaigh** absolve, **fuascail** emancipate, free; ransom, **glan** clear, **inniúlaigh** capacitate, **lig amach** let out/go, **lig saor** set free, **maolaigh** relieve, **scaoil** liberate, release, **scaoil amach** unleash, **scoith** break away, detach, **slánaigh** redeem, save, **tabhair cead a chinn do dhuine** give a person their freedom to choose, **tabhair díolúine do dhuine ó rud** to provide an exemption to a person from a thing, **tarrtháil** rescue, bail out

~ an dream atá thíos! Emancipate the oppressed!
~ d'intinn! Free your mind!
~ í ón oibleagáid! Exempt her from the obligation!
~ mé ón dualgas! Exonerate me from the duty!

Saoradh

~ **na príosúnaigh!** Release/Free the prisoners! ~ **sinn ón olc!** Deliver us from evil!

Saoradh *vn* freeing, liberating
bogadh softening, loosening, **cead cinn** freedom to choose, **ceadú** allowing, **cumasú** empowering, **díghlasáil** unlocking, **díghreamú** disengaging, **díluchtú** unloading, **díolmhú** exempting, **dírúnaicmiú** declassifying, **éigiontú** absolving, **fuascailt** emancipation, freeing; ransoming, **glanadh** clearing, **ligean amach** letting out/go, **ligean saor** setting free, **maolú** relieving, **scaoileadh** liberating, releasing, **scaoileadh amach** unleashing, **scoitheadh** breaking away, detaching, **slánú** redeeming, saving, **tabhairt díolúine do dhuine ó rud** providing an exemption to a person from a thing, **tarrtháil** rescuing, bailing out

Saoránach *m (-aigh; -aigh, ~)* citizen
áitritheoir resident, **buirgéiseach** *m* burgess, **cathróir** citizen; city dweller, **géillsineach** *m* subject *(of a monarch)*, **náisiúnach** *m* national (eg **náisiúnach na Fraince** French national), **saoirseach** freeman/freewoman

Saorga *adj⁶* artificial; contrived, man-made
áiféiseach contrived; ridiculous, **bréag-** *pref* fake; pseudo-, **bréagach** false, **bréag-ghalánta** affected, lah-di-dah, **bréige** (> *bréag*) fake; mock, **cumtha** concocted, invented, **de dhéantús an duine** man-made, **galamaisíoch** affected, **mínádúrtha** unnatural, **móiréiseach** pretentious, **próistéiteach** prosthetic, **sintéiseach** synthetic, **tacair** (> *tacar*) imitation, synthetic (cf **marmar tacair** imitation marble, **rubar tacair** synthetic rubber), **trialach** trial, mock (eg **agallamh trialach**, mock interview, **scrúduithe trialacha, etc** mock examination, etc)

▲ **ball** ~ artificial attachment, **breithrialú** ~ artificial birth control, **intleacht shaorga** artificial intelligence, **inseamhnú** ~ artificial insemination, **leathar** ~ artificial leather, **leasú** ~ artificial fertiliser, **riospráid shaorga** artificial respiration, **snáithín** ~ man-made fibre, **soilsiú** ~ artificial lighting, **milseoir** ~ artificial sweetener

Saorgacht *f (~a)* artificiality; phoniness
áiféis contrivance, exaggeration, **bréag** *f* lie, falsehood, **bréagaí** falseness, untruthfulness, **bréag-ghalántacht** affectation; snobbery, **cleasaíocht** contrivance; monkey business, **de dhéantús an duine** man-made, **galamaisíocht** affectation, posing, studied behaviour, **mínádúrthacht** unnaturalness, **móiréis** pretentiousness; haughtiness, **mórchúis** pretence, pride, vanity, **píosa cumadóireachta** concoction, **próistéiteach** *m* prosthetic, **roilsí** *spl* pretentious airs and graces, affected mannerisms, **seápáil** posturing, putting on an act, **sotal** pretentiousness, insolence, **tacar** contrivance, artificiality, **triail-** mock (cf **triailscrúdú** mock examination)

Saortha *pp* freed, liberated
bogtha loosened, **ceadaithe** allowed, permitted, **cumasaithe** empowered, **díghlasáilte** unlocked, **díghreamaithe** disengaged, unstuck, **díluchtaithe** unloaded, **díolmhaithe** exempted, **dí-rúnaicmithe** declassified, **éigiontaithe** absolved, **fuascailte** emancipated, freed; ransomed, **glanta** cleared, **ligthe amach** let out/go, **ligthe saor** set free, let go free, **maolaithe** relieved, **sábháilte** safe, saved, secured, **scaoilte** liberated, released, **scaoilte amach** unleashed, **scoite** broken away, detached, **slánaithe** redeemed, saved, **dar tugadh díolúine ó** exempted from, **tarrtháilte** rescued, bailed out

Saothar *m (-air; -air, ~)*
 1. toil, exertion; labour, work
 aiste *f* essay, **callshaoth** stress, travail, **cruthú** creation, **dán** poem, **déanamh** making, **dua** toil, hardship, **duainéis** labour, difficulty, **fiontar** venture, undertaking, **fostaíocht** employment, **gnó** *m* business, **iarracht** effort, **jab** job, **mionobair** *f (-oibre;- oibreacha)* precision work, **mionsaothar** minor composition, **obair** *f (oibre; oibreacha)* work, **píosa** piece, **píosa cumadóireachta** composition, **post** position, **pulcadh** *(school)* grind, **sclábhaíocht** drudgery, **síleáil** hardship, toil, **stró** stress, exertion, **strus** stress, **tiaráil** slogging, toiling, **tinneas clainne** *(giving birth)* labour, **tionscnamh** project *(see also: obair)*

 2. **ar** ~ out of breath, panting
 ar easpa anála out of breath, **d'anáil bheith i mbarr do ghoib agat** to be out of breath, **díogarnach** *f* gasping, panting (cf **díogarnach anála** gasping for breath), **ga seá** panting, **snag** gasp; hiccup, **snagaireacht** gasping, **uspógach** gasping

Saothrach *adj³* industrious
anróiteach severe, distressing, **brácúil** laborious, **callóideach** *(work)* severe, **callshaothach** troublesome, laborious, **coinsiasach** conscientious, **dícheallach** diligent, hard-working, **dlúsúil** assiduous, **duaisiúil** grindingly laborious, **duamhar** toilsome, troublesome, **maslach** soul destroying, **gníomhach** active, **gnóthach** busy, **sclábhúil** *(work)* slavish, **soláthrach** provident, industrious, **táirgiúil** productive, **tiarálach** toilsome, laborious, **treallúsach** industrious

Saothraigh *v₂ₐ*
 1. labour, toil
 bí ag obair be working, **bí ag sclábhaíocht** be slaving away, **bí ag tiaráil** be slogging away, **cuir ar fáil** provide, make available, **cuir le** add to, **déan feirmeoireacht** do farming, **déan curadóireacht** do sowing, **déan obair mhaslach** do physically distressing work, do hard graft, **déan náibhíocht** navvy, **déan sclábhaíocht** toil, slave, work your fingers to the bone, **dúshaothraigh** overwork, **mionsaothraigh** work out in detail,

oibrigh work, saoirsigh work, perform craftmanship on (eg **píosa miotail a shaoirsiú** to work a piece of metal), **treabh ar aghaidh** plod on
2. cultivate, till, exploit
bain leas as harness, capitalise on, draw on, **bain sochar as** gain benefit from, **bain tairbhe as** benefit from, **cothaigh** cultivate, foster, **cruthaigh** forge; create, **cuir chun cinn** promote, **dúshaothraigh** exploit, **fás** grow, **forbair** develop, **míntírigh** *(land)* reclaim, **méadaigh** increase, expand, **oibrigh** work, **spreag** motivate, encourage, **treabh** plough
3. earn
aimsigh achieve, **bain** reap; walk off with, **beir leat** take with you, scoop, **buaigh** gain; win, **déan** make, **faigh** get, **gin ioncam** generate income, **gnóthaigh** earn, **scóráil** score, **tabhair isteach** bring in, **tabhair isteach na pinginí** bring home the bacon, **tabhair isteach san iomlán** gross, **tuill** earn

P *Saothraíonn pingin pingin eile.* Money makes money.

Saothraithe *pp*
1. laboured, toiled; cultivated, tilled
curtha ar fáil provided, made available, **curtha le** added to, **dúshaothraithe** exploited, **fásta** grown, **forbartha** developed, **míntírithe** *(land)* reclaimed, **mionsaothraithe** worked out in detail, **méadaithe** increased, expanded, **oibrithe** worked, **saoirsithe** worked, crafted
2. cultivated, tilled, exploited
cothaithe cultivated, fostered, **cruthaithe** forged; created, **curtha chun cinn** promoted, **dúshaothraithe** exploited, **fásta** grown, **forbartha** developed, **míntírithe** *(land)* reclaimed, **méadaithe** increased, expanded, **oibrithe** worked, **spreagtha** motivated, encouraged, **treafa** ploughed

▲ **cuimhne shaothraithe** developed memory, **gréas ~** elaborated pattern, **intinn shaothraithe** cultivated mind, **riasc ~** reclaimed marsh, **talamh ~** tilled land
3. earned
aimsithe achieved, **bainte** reaped; walked off with, **beirthe leat** taken with you, scooped, **buaite** gained; won, **déanta** made, **faighte** gotten, **gnóthaithe** earned, **scóráilte** scored, **tugtha isteach** brought in, **tuillte** earned

▲ **airgead ~** earned money, **bua ~** well-earned achievement; hard-fought win

Saothrú *vn*
1. labouring, toiling; cultivating, tilling
cur ar fáil making available, **cur le** adding to, **dúshaothrú** exploiting, **fás** growing, **forbairt** developing, **míntíriú** *(land)* reclaiming, **méadú** increasing, expanding, **mionsaothrú** working out in detail, **náibhíocht** navvying, **obair** work, working, **obair mhaslach** soul-destroying work, doing hard graft, **oibriú** working, **sclábhaíocht** toiling, slaving, **saoirsiú** working, crafting, **tiaráil** slogging away, **treabhadh ar aghaidh** plodding on
2. cultivating, tilling exploiting
baint leas as harnessing, capitalising on, drawing on, **baint sochair as** gaining benefit from, **baint tairbhe as** benefiting from, **cothú** cultivating, fostering, **cruthú** forging; creating, **cur chun cinn** promoting, **dúshaothrú** exploiting, **fás** growing, **forbairt** developing, **míntíriú** *(land)* reclaiming, **méadú** increasing, expanding, **oibriú** working, **spreagadh** motivating, encouraging, **treabhadh** ploughing
3. earning
aimsiú achieving, **baint** reaping; walking off with, **breith leat** taking with you, scooping, **buachan** gaining; winning, **déanamh** making, **fáil airgid** getting money, **fáil pá/tuarastail** getting pay/earning a salary, **giniúint ioncaim** generating income, **gnóthú** earning, **scóráil** scoring, **tabhairt isteach** bringing in, **tabhairt isteach na bpinginí** bringing home the bacon, **tabhairt isteach san iomlán** grossing, **tuilleamh** earning

◊ **bheith ag saothrú báis** to be dying

Sár- *adj pref* super-
amach is amach out and out, **as an ghnáth** out of the ordinary, **ar fheabhas** excellent, superb, **ar leith** exceptional, **dearscnaitheach** outstanding, pre-eminent, **den chéad ghrád** first rate, **den (chéad) scoth** choicest, **dochloíte** indomitable, invincible, **dosháraithe** insuperable, unbeatable, **éachtach** sensational, **glórmhar** glorious, **iontach** wonderful, amazing, **millteanach** smashing, **niamhrach** resplendent, **ollásach** magnificent, **suntasach** remarkable, **taibhseach** flamboyant, **thar barr** tip-top, **thar barr ar fad** OTT, superlative, **thar cailc** beyond bounds, **thar cionn** terrific, **thar fóir/míde** exceedingly, **thar insint scéil** wicked, beyond words, **tofa** choice, **rí-** exceeding, exceedingly *(see also: **iontach**)*

Sáraigh *v₂ₐ*
1. violate, harass
ansmachtaigh apply excessive control; oppress, **bris** break, **ciap** harass, **cuir isteach ar** infringe, **coill** despoil; castrate, **crústáil** work over, **déan bulaíocht ar** bully, **déan maistíneacht ar** use bullyboy tactics on, **déan foréigean do** do violence to, **éignigh** rape, violate, **foréignigh** violate, do violence to, **greannaigh** taunt, defy, **imir bearta an bhaitín ar** physically coerce, **imir tromaíocht ar** coerce, bully, **tabhair dúshlán duine** defy a person, **téigh in aghaidh** go against, **tromaigh** oppress, denigrate
2. overcome, overwhelm; *(road)* overtake; excel
báigh overwhelm; drown, **bain bua amach** achieve victory, **bí caithréimeach** be victorious, **buaigh** win, **buail** demolish, hammer, **ceansaigh** subjugate; tame,

Sáraithe

bring to heel, **cloígh** overpower, defeat, **dearscnaigh** excel, transcend, **faigh an lámh in uachtar ar** gain the upper hand over, **faigh concas** gain a conquest, conquer, **greasáil** massacre, **scoith** (vehicle) overtake (cf **Ná scoitear!** No overtaking!), **téigh thar** go past, **treascair** vanquish, crush, overthrow

Sáraithe pp

1. violated, harassed

briste broken, **ciaptha** harassed, **coillte** despoiled; castrated, **crústáilte** worked over, **éignithe** raped; forced with violence, **foréignithe** violated, having suffered violence, **greannaithe** taunted

2. overcome, overwhelmed; (road) overtaken; excelled

báite overwhelmed; drowned, **buaite** won, **buailte** demolished, hammered, **ceansaithe** subjugated; tamed, brought to heel, **cloíte** overpowered, defeated, **dearscnaithe** excelled, transcended, **dulta thar** gone past, **greasáilte** massacred, **scoite** (vehicle) overtaken, **treascartha** vanquished, crushed, overthrown

Sárú vn

1. violating, harassing

briseadh breaking, **bulaíocht** bullying, **ciapadh** harassing, **crústáil** working over, **cur isteach ar** infringing, **coilleadh** despoiling; castrating, **déanamh bulaíocht ar** bullying, **déanamh maistíneacht ar** using bullyboy tactics on, **dul in aghaidh** going against, **éigniú** rape; forcing with violence, **foréigean** violence, **foréigniú** doing violence, compelling by force, **greannú** taunting, defying, **imirt bearta an bhaitín ar** physically coercing, **imirt tromaíocht ar** coercing, **tromaíocht** denigration, **turbhródh** (lit) infringement, violation (eg **turbhródh conartha** violation of a treaty)

2. overcoming, overwhelming; (road) overtaking; excelling

bá overwhelming; drowning, **baint bua amach** achieving victory, **bua** win, victory, **buachan** winning, **bualadh** demolishing, hammering, **ceansú** subjugating; taming, bringing to heel, **cloí** overpowering, defeating, **concas** conquest, **dearscnú** excelling, transcending, **dul thar** going past, **fáil an lámh in uachtar ar** gaining the upper hand over, achieving victory, **greasáil** massacre, **scoitheadh** (vehicle) overtaking (cf **Cosc ar scoitheadh!** No overtaking!), **treascairt** vanquishing, crushing, overthrowing

Sás m (sáis; ~anna)

1. trap, snare

dol m trap, **gaiste** trap, noose, **geirnín** noose, snare, **inleog** trap, snare; device, **inneall** trap, snare, **luíochán** ambush, **paintéar** trap, snare, **sáinn** trap, predicament, **sealán** noose, **súil ribe** snare, **trap** m trap

2. instrument, device

acra m tool, implement, **áirge** asset, useful convenience, **áis** convenience; device, **cóir** proper equipment, **cóngar** useful appliances, **conláiste** conveniences, amenities, **deis** means, facility, **fearas** appliance, apparatus, **feiste** f device, **gaireas** gadget, **giuirléid** f gizmo, **gléas** instrument, tool, **gléasra** apparatus, equipment, **ionstraim** instrument, **trealamh** equipment, **uirlis** tool

3. competent person, person for the job

an duine don jab the person for the job, **bean a dhéanta** the woman to do it, **fear a dhéanta** the man to do it, **eolaí** person with the know-how, expert, **máistir** m master, **saineolaí** specialist, **sástaí** skilled person, **údarás** authority

Sásaigh v₂ₐ satisfy

comhlíon fulfil, **cuir áthas ar** make a person, **feil do** suit, **freastail ar** serve, attend, **friotháil ar** cater for; minister to, **giúmaráil** humour, **sáithigh** satiate, sate; saturate, **tabhair pléisiúr do** gratify, give pleasure to, **tabhair sásamh do** give satisfaction to, **suaimhnigh** pacify, calm, **taitin le** please (cf **Thaitin an toradh liom.** The result pleased me.)

Níor shásaigh aon rud í (go) She wasn't content (until)
Níor shásaigh sé a fiosracht. It didn't satisfy her curiosity.
Níor shásaigh sé an conradh. He didn't fulfill the contract.
Níor shásaigh sé lucht a cáinte. It didn't mollify her critics.
Níor shásaigh sé riachtanais. It didn't meet requirements.
Níor shásaigh sin a tart. That didn't quench her thirst.

Sásamh vn satisfaction

aoibhneas enjoyment, pleasure, **áthas** happiness, **comhlíonadh** fulfilling, fulfilment, **cúiteamh** compensating, recompense, **dea-mheas** approval, **díolaíocht** reparation, payment, **díoltas** revenge, **éiric** retribution, recompense, **faoiseamh** relief, **leorghníomh** atonement, **pléisiúr** pleasure, **práinn** liking, fondness, delight, **sáithiú** satiating, sating; saturating, **sástacht** contentment, satisfaction, **sásúlacht** satisfactoriness, **sóchas** comfort, pleasure, **taitneamh** liking, enjoyment, **toiliú** approbation

▲ ~ **as mí-ádh duine eile** Schadenfreude, ~ **as obair** work satisfaction, ~ **dúile** gratification of desire/craving, ~ **gnéis** sexual satisfaction; sexual gratification, ~ **i gcoir** retribution for a crime, ~ **méine** appeasement of desire, ~ **pearsanta** personal satisfaction, ~ **poiblí** public satisfaction, ~ **suarach** cheap thrill

◊ **Níl a shásamh ann.** You can't please him., **Is obair gan ~ é.** It's unsatisfying/unfulfilling work., **Rinne siad an obair i mo shásamh.** They did the work to my satisfaction.

Sásta pp satisfied, pleased, willing

áthasach happy, **ar do sháimhín só** as happy as Larry, **bogásach** complacent, self-satisfied, **ceansaithe** appeased; tamed, **cinnte** certain, **dearfa** positive, sure, **dearfach** affirming, positive, **dóthanach** satiated, **gliondrach** joyous, glad, **intinneach** willing; intentional, **lán** full, **práinneach i/as** fond, devoted to,

sách sated, **sáithithe** satiated, sated, **seolta** satisfied (cf **chomh seolta lena bhfaca tú riamh** as pleased as punch), **siúráilte** sure, **sóch** contented, satisfied **sómasach** easy-going, laid-back, **soinmheach** *(lit)* prosperous, happy, **sona** happy, lucky, **sonasach** fortunate, happy, **sóúil** comfortable, content, **suaimhnithe** mollified, calmed, **subhach** glad, happy, **subhach sách** happy and replete, **toilteanach** willing

▲ **custaiméir eile** ~ another satisfied customer

◊ **An bhfuil tú ~ leis sin?** Are you agreeable to that?, **Bhí sí ~ triail a bhaint as.** She was willing to try it., **Bhíomar go sona ~.** We were very happy., **Ní mó ná ~ a bhí sí!** She wasn't amused in the slightest!

Sástacht *f (~a)* satisfaction, willingness

áthas happiness, **bogás** self-complacency, smugness, **ceansú** appeasement; pacification, **cinnteacht** certainty, **dearfacht** positivity, sureness, **deonacht** willingness, **dóthain** sufficiency, **gliondar** joy, gladness, **intinn** intention, **láine** fullness, **práinn** liking, fondness, delight (cf **Práinn atá agam as.** It is a delight to me.), **sáithiú** satedness, *(chem)* saturation, **siúráilteacht** sureness, certainty, **sóiche** contentedness, **sómas** ease, luxury, **sonas** happiness, good fortune, **sóúlacht** comfortableness; deliciousness, **suaimhneas** peace, rest, **suairceas** pleasantness, agreeableness, **subhachas** gladness, joyfulness, **toilíocht** willingness, consent, **toiliú** will, consenting; volition, **toilteanas** willingness

◊ **Tá ~ na gcustaiméirí sa chéad áit.** Customer satisfaction is paramount., **Réitíodh an scéal chun ~a na mball uile.** The matter was resolved to the satisfaction of all the members.

Sásúil *adj¹* satisfying, satisfactory

áititheach convincing, **atá ina údar misnigh** reassuring, **cothúil** nourishing, sustaining, **cuibheasach** fair, middling, **éifeachtach** effective, efficacious, **éifeachtúil** efficient, effectual, **feidhmiúil** functional, **fónta** sound, serviceable, **forásach** competent, **inghlactha** acceptable, **maith go leor** good enough, **meanmnach** cheering, **measartha** fairly good, middling, **misnigh** encouraging, heartening, **pléisiúrtha** pleasurable, **réasúnta** reasonable, **scamhardach** nutritious, nourishing, **sochreidte** credible, plausible, **sólásach** consoling, cheering, **tathagach** substantial, solid, **taitneamhach** pleasing

▲ **béile** ~ satisfying meal, **caighdeán** ~ acceptable standard, **dul chun cinn** ~ satisfactory progress, **freagra** ~ satisfactory answer, **líon** ~ adequate number, **obair shásúil** satisfying work, **réiteach** ~ agreeable solution, **toradh** ~ respectable result; satisfying outcome

Satail *v₂c* trample; tread

bonnaigh ar walk upon, trot over, **brúigh faoi chois** crush under foot, **cláraigh** flatten, make into a smooth flat surface, **déan ciseach de** trample under foot, **dramhail** trample, **leacaigh** squash flat, **leathaigh** flatten, **pasáil** tread, trample, **siúil ar** walk on, **stampáil le do chosa ar** stamp with your feet on, **téigh de chois ar** walk on/over, **trampáil ar** trample on, stomp on

Satailt *vn* trampling; treading

bonnú ar walking on, trotting over, **brú faoi chois** crushing under foot, **déanamh ciseach de** trampling, **clárú** flattening, making into a smooth flat surface, **dramhailte** trampled, **dul de chois ar** walking on/over, **leacú** squashing flat, **leathú** flattening, **pasáil** treading, trampling, **siúl ar** walking on, **stampáil le do chosa ar** stamping with your feet on, **trampáil ar** trampling on, stomping on

Satailte *pp* trampled; trodden

bonnaithe ar walked upon, trotted over, **brúite faoi chois** crushed under foot, **dulta de chois ar** walked on/over, **cláraithe** flattened, made into a smooth flat surface, **dramhailte** trampled, **leacaithe** squashed flat, flattened **leathaithe** spread flat, flattened, **pasáilte** tread, trampled, **siúlta ar** walked on, **stampáilte le do chosa** stamped with your feet, **trampáilte ar** trampled on, stomped on

Scafa *pp*

1. stripped, peeled; exfoliated

bainte de stripped from, **bearrtha** shaved, **caite** frayed, worn out, **dluite** peeled; cut into strips, **feannta** fleeced, **gearrtha** cut, **lannaithe** scaled; laminated, **locartha** planed, **lochartha** lacerated, stripped, **locraithe** planed, smoothed, **lomtha** made bare; mowed, **miotaithe** whittled away, nibbled, **páráilte** pared, **plánáilte** planed, **réabtha** breached, ripped, rent, **roiste** ripped, rent, **rúiscthe** barked, stripped of bark, **saillte** ripped off, fleeced, **scáinte** severed, **scilte** *(husk)* shelled, **scoilte** split, **scoite** severed, cut off, **scartha** separated; segmented, **sclártha** torn, cut up; lacerated, **scríobtha** scraped, **sliste** *(sp)* sliced, **smiota** whittled, pared, chipped, **snafa** peeled, decorticated, **snoite** cut, hewed, **spealta** stripped, shelled, **stiallta** cut in strips, sliced, **stróicthe** torn

▲ **scian** ~ paring knife, **ungadh** ~ exfoliant cream

◊ **Bíodh na súile ~ agat le haghaidh bialann ar bith!** Keep your eyes peeled for any restaurants!

2. very eager/keen; mad/crazy about

an-tógtha very keen, **ar a bhfuil fonn láidir** who has a strong desire, **ar bior** impatient, **ar bís** eager, **ar cheann cipíní** on tenterhooks, **ar tinneall** in a state of tense readiness, **cíocrach** eager, greedy, ravenous, **díocasach** eager, keen, **díograiseach** enthusiastic, **fonnmhar** desirous, **meáite ar** keen desire to, **mífhoighneach** impatient, **tinneallach** nervously ready, set (to go), cocked, **tnúthánach** yearning

Scáfar

◊ **Bhíomar ~ chun tús a chur leis.** We were intensely eager to get started., **Tá sí ~ chun bróg.** She's crazy about shoes., **Tá sé ~ chun rince.** He can't get enough dancing.

Scáfar *adj¹*
1. timid
anbhách anxious, **anbhuaineach** uneasy, **cotúil** diffident, **cúlánta** retiring, **éadána** timid, reticent, **eaglach** fearful, **cúthail** shy, **faiteach** timid, shy, **geiteach** easily, **scanraithe** frightened, **scimeach** anxious, solicitous
2. dreadful, appalling
gráiniúil loathsome, frightful, **scannalach** scandalous, shocking, **scanrúil** frightening, alarming, **scéiniúil** inspiring terror, **uafásach** awful, **uamhnach** dreadful, terrifying

Scag *v₁ₐ* filter, drain off, screen
cíor comb, **criathraigh** sieve, **dealaigh** separate, **draenáil** drain (off), **mionscag** fine-filter, **mionscrúdaigh** examine in detail, **rill** riddle, sieve, **roinn** divide, **scagdhealaigh** dialyse, **scar** separate, **scoilt** split, **seiceáil** check, **síothlaigh** screen; filter

Scagadh *vn* filtering, draining off, screening
cíoradh combing, **criathrú** sieving, **dealú** separating, **draenáil** draining, **mionscagadh** fine-filtering, **mionscrúdú** examining in detail, **rilleadh** riddling, sieving, **roinnt** dividing, **scagaireacht** filtering, sifting; refining, **scagdhealú** dialysis, **scaradh** separating, **scoilteadh** splitting, **seiceáil** checking, **síothlú** screening; filtering

Scagaire *m (~; -rí)* filter, screen
criathar sieve, **mogalra** mesh, **rill** riddle, sieve, **rilleán** riddle, coarse sieve, **sairse** *f (archaic)* sieve, **síothlán** strainer, filter, colander, **sórtálaí** sorter, **stráinín** strainer, colander

Scagtha *pp* filtered, drained off, screened
cíortha combed, **criathraithe** sieved, **dealaithe** separated, **draenáilte** drained (off), **mionscagtha** fine-filtered, **mionscrúdaithe** examined in detail, **rillte** sifted, riddled, sieved, **roinnte** divided, **scagdhealaithe** dialysed, **scartha** separated, **scoilte** split, **seiceáilte** checked, **síothlaithe** screened; filtered

Scáil *f (~e; ~eanna)*
1. reflection
amhlachas semblance, **cosúlacht** similarity, semblance, **frithchaitheamh** reflection, **gósta** ghost; reflection, **íomhá** *f* image, **íocón** icon, **samhail** *f (samhla; samhlacha)* likeness, **scáth** shadow
2. shadow, shade
breacdhorchadas dusk, **dorchacht** dark, **dorchadas** darkness, **duibhe** blackness, **dubh** black, **duifean** gloom, **fantaise** phantom, **imlíne** *f* outline, **samhail** *f (samhla; samhlacha)* wraith, ghostly figure, **scáth** shade, phantom, **scáthchruth** silhouette, **scáthphictiúr** silhouette, **smál** black spot, smudge, **smearsholas** dimness, **taibhse** *f* ghost, **tais** spectre, **teimheal** blot, darkness, gloom, **teimhneacht** opacity, darkness *(see also: scáth)*

Scáileach *adj³* shadowy
amhrasach suspicious, shady, **ceomhar** hazy, **ciachmhar** murky; tenebrous, **diamhair** enigmatic, occult, **doiléir** indistinct, **dorcha** dark; murky, **duibheagánach** tenebrous, **gruama** murky, gloomy, **lán scáthanna** full of shadows, **mistéireach** mysterious, **rúnda** secretive, **rúndiamhrach** mysterious, **síofrúil** phantom-like, **taibhsiúil** ghostly

Scáileán *m (-áin; -áin, ~)* screen
balla clár hoarding, temporary divide, **brat** blanket, **ceannbhrat** canopy, **clóca** cloak, **cuirtín** curtain, **díonbhrat** awning, **fallaing** mantle, **landair** dividing structure; partition, **líontán** mesh; net, **monatóir** monitor, **taiséadach** shroud, **taispeáint** screening, display, **scing** *f (lit)* cloak, covering; canopy, **spiara** partition, divider

Scáin *v₁ᵦ* crack, split, sever
bris break, **colscar** *(marriage)* divorce, **coscair** rend, cut up; mangle, **créachtaigh** wound, **deighil** segment, **dícheangail** untie, detach, unyoke; disconnect, **dílasc** disconnect, **dínasc** detach, disconnect, **dluigh** cleave, split, **éirigh as** discontinue, **gearr** cut, **leoidh** *(lit)* hew, hack, cut off, **riastáil** score, furrow, **roinn** divide, **sábh** saw, **scar** separate; segment, **scillig** shell; husk, hull (cf **coirce a scilligeadh** to shell oats), **scor** slash, **slis** *(sp)* slice, **scoilt** split, crack, **scoith** sever, cut off, **scamh** peel, whittle, **scimeáil** skim (cf **bainne a scimeáil** to skim milk), **scótráil** mangle, **srac** yank, wrench; sever, tear, **stróic** tear, **snoigh** carve, **teasc** hack, hew, **trasnaigh** intersect, **trinsigh** incise

Scáineadh *vn* cracking, splitting, severing
briseadh breaking, **colscaradh** *(marriage)* divorcing, **coscairt** rending, cutting up; mangling, **créachtú** wounding, **deighilt** segmenting, partitioning, **dícheangal** untying, detaching, unyoking; disconnecting, **dílascadh** disconnecting, **dínascadh** detaching, disconnecting, **dluí** cleaving, splitting, **éirí as** discontinuing, **gearradh** cutting, **leodh** *(lit)* hewing, hacking, cutting off, **riastáil** scoring, furrowing, **roinnt** dividing, **sábhadh** sawing, **scaradh** separating; segmenting, **scor** splitting; retiring, breaking away, **sliseadh** *(sp)* slice, **scoilteadh** splitting, cracking, **scoitheadh** severing, cutting off, **scamhadh** peeling, whittling, **scimeáil** skimming, **scótráil** mangling, **sracadh** yanking, wrenching; severing, tearing, **stróiceadh** tearing, **snoí** carving, **teascadh** hacking, hewing, **trasnú** intersecting; crossing, **trinsiú** incising

Scáinte
1. *pp* split, whittled away
briste broken, **colscartha** *(marriage)* divorced,

Scáinteacht

coscartha rent, cut up; mangled, **créachtaithe** wounded, **deighilte** segmented, partitioned, **dícheangailte** untied, detached, unyoked; disconnected, **dílasctha** disconnected, **dínasctha** detached, disconnected, **dluite** cloven, split, **éirithe as** discontinued, **gearrtha** cut, **leoite** hewn, hacked, cut off, **riastáilte** scored, furrowed, **roinnte** divided, **sáfa** sawed, **scartha** separated; segmented, **scortha** split; retired, broken away, **sliste** (sp) sliced, **scoilte** split, cracked, **scoite** severed, cut off, **scafa** peeled, whittled, **scimeáilte** skimmed (cf **bainne scimeáilte** skimmed milk), **scótráilte** mangled, **sractha** yanked, wrenched; severed, torn, **stróicthe** torn, **snoite** carved, **teasctha** hacked, hewed, **trasnaithe** intersected, **trinsithe** incised

2. adj⁶ thin scrawny

ainnis miserable, **caite** worn out, spent, **cnaíte** emaciated, **cnámhach** bony, **feannta** scanty, **gágach** full of cracks; thin, measly, **gann** meagre, scanty, **geospalach** puny, underdeveloped, **giortach** skimpy; stumpy, **gortach** hungry, meagre, scanty, **lom** bare, gaunt, **maolscríobach** skimped, sketchy, **scáineach** threadbare, scraggy, thin; cracked, **sceadach** patchy, blotchy, **scoilte** split, **sciotach** scanty, skimpy; stumpy, **scráidíneach** scraggy, scrawny, **scroigeach** scraggy; (rope) ragged, **scrutach** scrawny, **séaclach** emaciated, **splíonach** thin, wretched, **suarach** miserable, **tanaí** thin, **tearc** scanty, meagre

Scáinteacht f (~a) scrawniness, scragginess, thinness, threadbareness

ainnise miserableness, **caiteacht** thinness, emaciation, **cnaíteacht** emaciation; consumptiveness, **cnámhaí** boniness, gauntness, **geospalacht** puniness, **gainne** meagreness, paucity, scantiness, **giortacht** skimpiness; stumpiness, **loime** bareness, gauntness, **maolscríobaí** sketchiness, **scáiní** threadbareness, scragginess, thinness, **sceadacht** bareness, patchiness, **sciotacht** scantiness, skimpiness; stumpiness, **scoilteacht** cleavage, **scrutaíocht** scrawniness, **séaclaí** emaciation, **snoiteacht** refinement; delicacy, **suarach** miserable, **tanaíocht** thinness, **teirce** scantiness, meagreness

Scaip v₁ᵦ scatter, spread

breac speckle, dapple, **craobhscaoil** broadcast, **craol** proclaim; (br) broadcast, **cuir amach** put out, **cuir sa timpeall** put around, **dáil** distribute, **díláraigh** decentralise, **díscaoil** unloose, disperse, **easraigh** strew; litter, **eisigh** issue, **eisleath** effuse, **eisréidh** disperse, **foilsigh** publish, **forleath** spread, scatter widely, **imscaoil** scatter, spread abroad, **leath** spread, **leathnaigh** broaden, **measc** mix, **poibligh** publicise, **rad** throw, cast, **reic** proclaim, broadcast, **réscaip** (light) diffuse, **rith i ngach treo** run in every direction, **scaoil** release, **sceathraigh** spew, vomit; strew, scatter, **sceith** disseminate, divulge; spew, **scoilt** split, **scoir** disconnect; disintegrate, **seol** launch; send, **síolaigh** disseminate, **síolchuir** propagate, **síolraigh** propagate, **spréigh** spread, **tarchuir** transmit, **teilg** project, fling, cast, **teith** flee

~ **a raibh sa sac.** What was in the sack fell out.
~ **an ceo.** The fog lifted.
~ **an scéala!** Spread the news!
~ **an slua.** The crowd dispersed.
~ **coinfití!** Scatter confetti!
~ **mé plúr ar an urlár.** I spilt flour on the floor.
~ **sí a maoin.** She squandered her wealth.
~ **siad soir siar.** They ran off in all directions.

Scaipeadh vn scattering, spreading

breacadh speckling, dappling, **craobhscaoileadh** broadcasting, **craoladh** proclaiming; (br) broadcasting, **cur amach** putting out, **cur sa timpeall** putting around, **dáileadh** distributing, **dílárú** decentralising, **díscaoileadh** unloosing, dispersing, **easrú** strewing; littering, **eisiú** issuing, **eisleathadh** effusing, **eisréadh** dispersing, **foilsiú** publishing, **forleathadh** spreading, scattering widely, **imscaoileadh** scattering, spreading, abroad, **leathadh** spreading, **leathnú** broadening, **meascadh** mixing, **poibliú** publicising, **radadh** throwing, casting, **reic** proclaiming, broadcasting, **réscaipeadh** (light) diffusing, **rith i ngach treo** running in every direction, **scaoileadh** releasing, **sceathrú** spewing, vomiting; strewing, scattering, **sceitheadh** disseminating, divulging; spewing, **scoilteadh** splitting, **scoiteach** scattering, dispersed flight, **scor** disconnecting; disintegrating, **seoladh** launching; sending, **síolchur** propagating, **síolú** disseminating, **síolrú** propagating, **spré** spreading, **tarchur** transmitting, **teilgean** projecting, flinging, **teitheadh** fleeing, flight

▲ ~ **an cheo** dissipation of the fog, ~ **bileog** leafletting, ~ **creidimh** propagation of (a) belief, ~ **duilleog/tithe** scattering of leaves/houses, ~ **eolais** dissemination of information, ~ **polasaí nua** promulgation of a new policy, ~ **slua mhóir** dispersal of a large crowd, ~ **solais** diffusion of light, ~ **víris** spread of a virus

Scaipthe pp scattered

ballach spotted, **breac** dotted, speckled, **breactha** covered with speckles/dots, **curtha amach** put out, **craobhscaoilte** broadcast, **craolta** proclaimed; (br) broadcast, **curtha sa timpeall** put around, **dáilte** distributed, **díláraithe** decentralised, **díscaoilte** unloosed, dispersed, **easraithe** strewed; littered, **eisithe** issued, **eisleata** effused, **eisréite** dispersed, **faoi bhrat** strewn with (cf **faoi bhrat bláthanna** strewn with flowers), **foilsithe** published, **forleata** spread, scattered widely, **imscaoilte** scattered, spread, abroad, **leata** spread, **leathnaithe** broadened, **measctha** mixed, **poiblithe** publicised, **radta** showered, **reicthe** proclaimed, broadcast, **rite i ngach treo** run in every direction, **seolta** launched; sent, **síolaithe** disseminated, **síolraithe** propagated, **scaoilte**

Scair

released, **sceathraithe** spewed, vomited; strewn, scattered, **sceite** disseminated, divulged; spewed, **scoilte** split, **scortha** disconnected; disintegrated, **síolchurtha** propagated, **spréite** sprinkled, sprayed, **tarchurtha** transmitted, **teilgthe** flung, cast, **teite** having fled

Scair *f (~e; ~eanna)* share
candam quantum, **canta** slice, hunk, **cion** share, amount, **cionmhaireacht** proportion, share, **cionroinnt** apportionment, portion, **cuibhreann** portion, share, **cuid** *f (coda; codanna)* share, part, **dalcán** chunk, portion, quantity, **earnáil** sector, branch, **foghail** *(lit)* division, part; category, **giota** bit, **mang** *f* portion, parcel, **mír** segment, section, **páirt** part, **píosa** piece, **roinnt** some, **sciar** *m (~; ~tha)* portion, share, **páirt** part, **riar** allocation, **píosa** piece, **roinn** portion; division, **sciltéan** flake (of rock), chip (of stone), **scine** flake, thin piece; scale, **slios** marginal strip, **slaod** swath, layer, **slis** shaving, chip, **sraith** series; row, line, **stiall** *f (stéille; ~acha)* strip, slice, **urrann** *f (lit)* portion, division; compartment *(see also:* **cuid***)*

◊ **stoic agus ~eanna** stocks and shares

Scairbh *f (~e; ~eacha)* reef
áth ford, **boilg** submerged reef, **droim** *m (droma)* ridge, **eochair** low-lying coral island, key, **fochais** submerged rock, **líonán** submerged reef, **oitir** submerged sandbank, shoal, **sceir** reef (cf **an Mhórsceir Bhacainneach** The Great Barrier Reef, **sceir choiréil** coral reef), **scoth** ridge of rock, reef, **scothach** *f* rocky ridge extending into the sea, **siorra** reef; pinnacle (cf **siorra carraige** pinnacle of a rock), **tanaí** *f* shallow water

Scaird 1 *f (~e; ~eanna)* jet, squirt
braon drop, **braoinín** little drop, **scairdeán** cascade, spout, **sconnóg** splash, squirt, **scuaideáil** splattering, splatter; slop, **smeadráil** smattering, **splais** splash, **splaisearnach** *f* splashing, **sprae** spray, **sprais** spatter, splash, **spreachall** spattering, **spútrach** *m* downpour (of rain), **steall** *f* squirt, splash, **steallóg** small splash, **steanc** *m (~)* squirt, **steancán** squirt, spurt; splash, **taoisc** gush, flow; downpour

▲ **~ ghaile** jet of steam

P **~ aithrí ~ pheacaí!** A fit of repentance followed by a fit of sinning!

Scaird 2 *v₁ᵦ* squirt, gush, pour rapidly
astaigh discharge, **borr** *(el)* surge, **brúcht** spew, erupt, **doirt** pour, **draoibeáil** bespatter, **gais** gush, **láib** spatter with mud, **rad** pelt, fire, **rop** shoot out, blast, **preab amach** blow out, shoot out, **sceith** spew, **scinceáil** pour off liquid, decant, **scinn** dart, rush, **scuaideáil** spatter, splash, **sead** ejaculate, **sil** flow, **spalp** spout, **spréach** spray, sprinkle; spark, **spreachallaigh** sprinkle, spatter, **spréigh** sprawl, spread, **sruthaigh** stream, **sruthlaigh** rinse, flush, **steall** gush, pour out rapidly, **steanc** squirt, spurt; splash, **teilg** project, **tonn** surge, gush, pour; billow

Scairdeadh *vn* squirting, gushing, pouring rapidly
astú discharging, **borradh** *(el)* surging, **brúchtadh** spewing, erupting, **doirteadh** pouring, **draoibeáil** bespattering, **gaiseadh** gushing, **láibeadh** spattering with mud, **radadh** pelting, firing, **ropadh** shooting out, blasting, **preabadh amach** blowing out, shooting out, **sceitheadh** spewing, **scinceáil** pouring off liquid, decanting, **scinneadh** darting, rushing, **scuaideáil** spattering, splash, **seadadh** ejaculating, **sileadh** flowing, **spalpadh** spouting, **spréachadh** spraying, sprinkling; sparking, **spreachallú** sprinkling, spattering, **spré** sprawling, spreading, **sruthú** streaming, **sruthlú** rinsing, flushing, **stealladh** gushing, pouring out rapidly, **steancadh** squirting, spurting; splashing, **taoisc** gush; downpour, **teilgean** projecting, **tonnadh** welling up, surging, gushing

▲ **~ amach ó bholcán** spewing out of a volcano, **~ báistí** splashing of rain, **~ ban** female ejaculation, **~ bréag** spewing lies, **~ ceoil** pumping music, **~ fola** gushing of blood, **~ uisce** spurting/squirting of water

Scairdte *pp* squirted, gushed, poured rapidly
astaithe discharged, **borrtha** *(el)* surged, **brúchta** spewed, erupted, **doirte** poured, **draoibeáilte** bespattered, **gaiste** gushed, **láibthe** spattered with mud, **radta** pelted, fired, **roptha** shot out, blasted, **preabtha amach** blown out, shot out, **sceite** spewed, **scinceáilte** poured off liquid, decanted, **scinnte** darted, rushed, **scuaideáilte** spattered, splashed, **seadta** ejaculated, **silte** flowed, **spalptha** spouted, **spréachta** sprayed, sprinkled; sparked, **spreachallaithe** sprinkled, spattered, **spréite** sprawled, spread, **sruthaithe** streamed, **sruthlaithe** rinsed, flushed, **steallta** gushed, poured out rapidly, **steanctha** squirting, spurting; splashing, **taosctha** gushed; poured down, **teilgthe** projected, **tonnta** welled up, surged, gushed

Scairt 1 *f (~e; ~eacha)* shout, bawl; call
agall cry of exclamation, **ailleog** high-pitched scream, shout, **alla** *m* shout, **allagar** loud talk, shouting, **béic** yell, **béicíl** yelling, **búir** bellow, **búireach** *f* bellowing, **éamh** *m* scream, cry, **faí** call, **fáir** answering call, **fógairt** yell, proclamation, **fuilibiliú** yell; hullabaloo, **gáir** cry, shout, **gairm** call; vocation, **géis** *(lit)* bellow, roar, groan, **glam** holler, **glao** call, **glao fóin** phone call, **glaoch** calling, **glam** roar, **goldar** loud cry, roar, **grág** *f* raucous cry, croak, **guthaire** yelling, **scairteach** *f* shouting, calling, **screadach** *f* screaming, **liú** yell, **liúireach** *f* yelling, **lóg** wail, cry, **nuall** *m (lit)* clamorous voices, **olagón** wailing, **rannán** *(of a deer)* cry, **sceamh** yelp, squeal, **scol** high-pitched call/shout, **scológ** cry, shout, **scréach** screech, shriek,

Scairt

scréachach *f* screeching, shrieking, **scread** scream, **screadach** *f* screaming, **sian** *f* whine, squeal, **siansán** whining cry, humming, **toghairm** *(jur)* summons, **uaill** howl, **uallfairt** grunt, howl, **uaillghol** wailing sound

◊ **Cuir ~ orm!** *(phone)* Give me a shout!, Give me a call!

Scairt 2 v_{1b} shout, bawl; call
athghlaoigh recall; shout again, **beannaigh** greet, **béic** yell, **bí ag béicíl** be yelling, **bí ag glaoch (ar)** be calling (on), **bí ag gol os ard** be crying aloud, **bí ag scréachach** be screeching, **bí ag screadach** be screaming, **búir** bellow, **caoin** weep, **cuir ceiliúr ar dhuine** hail/address a person, **cuir glaoch ar dhuine** give a call to a person, **déan gáire** laugh, **déan liúireach** yell, **déan olagón** wail, lament, **déan uaillghol** make a wailing sound, **gáir** cry out, shout; laugh, **glaoigh (ar)** call, **goil** weep, cry softly, **iacht** *(lit)* sigh, lament, **lig béic (le)** let out a yell (to), **lig búir** let out a bellow, bellow, **lig glam** holler, give a howl, **lig glao** give a call, **lig liú** let out a yell, **lig scread** let out a scream, **lig uaill** let our a howl, **liúigh** yell, shout, **sceamh** yelp, squeal, **scréach** screech, shriek, **scread** scream, **toghair** summon up, invoke

Scairte *pp* shouted, bawled; called
athghlaoite recalled; shouted again, **beannaithe** greeted, **béicthe** yelled, **búirthe** bellowed, **caointe** wept, **gártha** cried out, shouted, **glamtha** hollered, to howled, **glaoite (ar)** called, **goilte** wept, cried softly, **iachta** *(lit)* sighed, lamented, **liúite** yelled, shouted, **sceafa** yelped, squealed, **scréachta** screeched, shrieked, **screadta** screamed, **toghairthe** summoned up, invoked

Scairteadh *vn* shouting, bawling; calling
athghlaoch recalling, shouting again, **beannú** greeting, **béiceadh** yelling, **béicíl** yelling, screaming, **búireach** bellowing, **caoineadh** weeping, **cur glaoch ar dhuine** giving a call to a person, **gáire** laughing, **glamaíl** hollering, barking, howling, **glaoch (ar)** calling, **gol** crying, **iachtadh** *(lit)* sighing, lamenting, **ligean scread** letting out a scream, **liú** yelling, shouting, **olagón** wailing, lamenting aloud, **sceamhadh** yelping, squealing, **scréachach** screeching, shrieking, **screadach** screaming, **toghairm** summoning up, invoking, **uaillghol** wailing

Scálaigh v_{2a} scale
athraigh change; adjust, **coigeartaigh** adjust, **cothromaigh** balance, level, **déan de réir scála** make according to scale; proportion, **déan níos lú/níos mó** make smaller/bigger, **rialaigh** regulate

Scálaigh síos v_{2a} scale down
crap shrink, contract, **déan níos lú** make smaller, **éirigh níos lú** become smaller, **gearr siar** cut back, **íosghrádaigh** downgrade, **ísligh** lower, reduce, **laghdaigh** downsize, decrease, lessen, **maolaigh** reduce, **téigh i laghad** shrink, get smaller, contract, **tit** fall, drop

Scálaigh suas v_{2a} scale up
ardaigh raise, build up, **cuir borradh faoi** boost, **cuir le** add to, **déan níos mó** make bigger, **fás** grow, **éirigh níos mó** become bigger, **forbair** develop, **méadaigh** increase, augment, **neartaigh** strengthen, **téigh i méid** get bigger, rise, **uasghrádaigh** upgrade

Scálaithe *pp* scaled
athraithe changed; adjusted, **coigeartaithe** adjusted, **cothromaithe** balanced, levelled, **déanta de réir scála** made according to scale; proportioned, **déanta níos lú/níos mó** made smaller/bigger, **rialaithe** regulated

Scálaithe síos *pp* scaled down
craptha shrunk, contracted, **déanta níos lú** made smaller, **dulta i laghad** shrunk, gotten smaller, contracted, **éirithe níos lú** gotten smaller, **gearrtha siar** cut back, **íosghrádaithe** downgraded, **íslithe** lowered, reduced, **laghdaithe** downsized, decreased, lessened, **maolaithe** reduced, **tite** fallen, dropped

Scálaithe suas *pp* scaled up
ardaithe raised, built up, **déanta níos mó** made bigger, **dulta i méid** gotten bigger, risen **fásta** grown, **éirithe níos mó** gotten bigger, **forbartha** developed, **méadaithe** increased, augmented, **neartaithe** strengthened, **uasghrádaithe** upgraded

Scall v_{1a} scald
breoigh sear, **dóigh** burn, **fordhóigh** singe, **forloisc** sear, **loisc** scorch, **poncloisc** cauterise, **scól** scald, **tóg clog/cloig** blister, **tóg spuaic/spuaiceanna** blister

Scalladh *vn* scalding
breo searing, **bruith** boiling, **dó** burning, **fiuchadh** boiling, **fordhó** singeing, **forloscadh** searing, **loscadh** scorching, **poncloscadh** cauterising, **scalltacht** scalding heat, piping hot, **scóladh** scalding, **tógáil cloig/clog** blistering

Scallta
1. *pp* scalded
bruite boiled, **dóite** burnt, **fiuchta** boiled, **fordhóite** singed, **forlosctha** seared, **loiscthe** scorched, **poncloiscthe** cauterised, **scólta** scalded

2. *adj*[6] paltry, puny
ainnis miserable, **bocht** poor, **clamhach** mangy, **dearóil** wretched, puny, **duairc** dismal, **éidreorach** feeble, paltry, **gágach** measly, miserable, **gortach** mean, stingy, **leamh** pathetic, **lofa** rotten, **maol** flat, uninspiring, **mairgiúil** woeful, **míolach** lousy, measly, **scólta** scalded, **suarach** contemptible, miserable, **táir** vile, **táiríseal** abject, **uafásach** horrible

Scálú *vn* scaling
athrú changing; adjusting, **coigeartú** adjusted, **cothromú** balancing, levelling, **déanamh de réir scála**

Scálú síos making according to scale; proportioning, **déanamh níos lú/mó** making smaller/bigger, **rialú** regulating

Scálú síos *vn* scaling down
crapadh shrinking, contracting, **déanamh níos lú** making smaller, **dul i laghad** shrinking, getting smaller, contracting, **éirí níos lú** getting smaller, **gearradh siar** cutting back, **ísliú** lowering, reducing, **laghdú** decreasing, lessening, **maolú** reducing, **titim** falling, dropping

Scálú suas *vn* scaling up
ardú raising, building up, **déanamh níos mó** making bigger, **dul i méid** getting bigger, rising, **fás** growing, **éirí níos mó** getting bigger, **forbairt** developing, **méadú** increasing, augmenting, **neartú** strengthening

Scamall *m* (-*aill*; -*aill*, ~) cloud
ceo fog, **ceobhrán** mist, **ceocht** *f* mistiness, **cith** *m* (*ceatha*) shower, **dorchacht** *f* darkness, **dorchadas** dark, **duairceas** gloominess, **duifean** cloudiness, darkness, **gal** *f* (*gaile*) vapour, **gruaim** gloom, **inneoinscamall** anvil cloud, **maidhm bháistí** cloudburst, **meánscamaill** medium clouds, **mothar** dark cloud, **múrabhán** dark cloud of rain, **néal** cloud, **néal ceatha** nimbus, **néal coscartha** heavy rain cloud, **néal doininne** storm cloud, **néal sconna** funnel cloud, **néal srathach** stratus, **réaltnéal** (*astr*) nebula, **réaltnéalmhaireacht** (*astr*) nebulosity, **saithe** *f* (~) swarm, **scáil** shadow, **scaoth** *f* (-*oithe*) swarm, **scamallacht** cloudiness, **scáth** shade, shadow, **smúit** murk, obscurity, **smúitiúlacht** murkiness

▲ ~ **amhrais** sense/whiff of suspicion, ~ **báistí** rain cloud, ~ **deataigh** pall of smoke, ~ **dorcha** dark cloud, ~ **smúite** dust cloud

◊ **Tá** ~ **os a cionn.** She's under a cloud/feeling depressed., **Cad é an** ~ **atá ort?** What are you so gloomy about?, **spéir gan** ~ cloudless sky

Scamallach *adj³* cloudy
ceomhar foggy, **ceobhránach** misty, hazy, **ceoch** misty, **ceathach** showery, **doiléir** unclear, indistinct, **doiléir** unclear, foggy, *fig* nebulous, **dorcha** dark, sombre, **draoibeach** mucky, muddy, **dubhach** depressing, **faoi mharbhnéal** in a haze, **fothainiúil** sheltered, **gruama** gloomy, **láibe** muddy, **mairbhdim**, **modartha** overcast, **mothrach** obscured by (dark) clouds, **múscraí** dank, muggy, moist, **néaltach** cloudy, **réaltnéalmhar** (*astr*) nebulous, **scáileach** shadowy, **scáthach** shaded, sheltered, **scimeach** hazy; filmy, **smúitiúil** murky, overcast, **teimhneach** opaque

Scamallaigh *v₂ₐ* cloud over
caith scáil ar overshadow, **clúdaigh** cover, **clúdaigh le scamaill/le brat scamall** to cover with clouds, **crónaigh** grow dark, darken; tan, **cuir caille ar** veil, **cuir faoi bhrat** veil, cover, **cuir mearbhall ar** confuse, **cuir trí chéile** muddle, **dall** darken, dim, obfuscate, **déan modartha** make murky, muddy, **doiléirigh** obscure; obfuscate, **dorchaigh** darken, **dubhaigh** blacken, **éirigh scamallach** become cloudy, overcast, **folaigh** hide, obscure, **fordhubhaigh** darken, obscure, **gruamaigh** become overcast; become gloomy, **modraigh** cloud, darken, muddy, **salaigh** dirty, muddy, **scáthaigh** shadow; shade, **smálaigh** cloud, darken; stain, tarnish, **teimhligh** grow dark, darken, **uraigh** eclipse

Scamallaithe *pp* clouded over
clúdaithe le scamaill/brat scamall covered with clouds, **crónaithe** grown dark, darkened; tanned, **curtha faoi bhrat** veiled, covered, **curtha trí chéile** muddled, **dallta** darkened, dimmed, obfuscated, **déanta modartha** made murky, muddied, **doiléirithe** obscured; obfuscated, **dorchaithe** darkened, **dubhaithe** blackened, **éirithe scamallach** gotten cloudy, overcast, **folaithe** hidden, obscured, **fordhubhaithe** darkened, obscured, **gruamaithe** gotten overcast ; gotten gloomy, **modraithe** clouded, darkened, muddied, **salaithe** dirtied, muddied, **scáthaithe** shadowed; shaded, **tarfhuaite** overcast, **smálaithe** clouded, darkened; stained, tarnished, **teimhlithe** grown dark, darkened, **uraithe** eclipsed

Scamallú *vn* clouding over
caitheamh scáile ar overshadowing, **clúdach** covering, **clúdach le scamaill/le brat scamall** covering with clouds, **crónú** growing dark, darkening; tanning, **cur caille ar** veiling, **cur faoi bhrat** veiling, covering **cur mearbhall ar** confusing, **cur trí chéile** muddling, **dalladh** obscuring, dulling, obfuscating, **déanamh modartha** making murky, muddying, **doiléiriú** obscuring; obfuscation, **dorchú** darkening, **dubhú** blackening, **éirí scamallach** becoming cloudy, overcast, **folú** hiding, obscuring, **fordhubhú** darkening obscuring, **gruamú** becoming overcast; becoming gloomy, **modrú** clouding, darkening, muddying, **salú** dirtying, muddying, **scáthú** shadowing; shading, **smálú** clouding, darkening; staining, tarnishing, **teimhliú** growing dark, darkening, **urú** eclipsing

Scamh *v₁ₐ* strip, peel; exfoliate
bain an craiceann de skin, pare, peel, **bain de** strip, **bearr** shave, **caith** fray, wear, **dluigh** peel; cut in strips,

---

■ **Ar na cineálacha de chruthaíocht scamall/néalchruthaíocht atá:**
Forms of cloud formation include:
altacumalas altocumulus
altastratas altostratus
ciorracumalas cirrocumulus
ciorras cirrus
ciorrastratas cirrostratus
cumalainimbeas cumulonimbus
cumalas cumulus
nimbeastratas nimbostratus
stratacumalas stratocumulus
stratas stratus

feann fleece, **gearr** cut, **locair** plane, **lochair** lacerate, strip, **lannaigh** scale; laminate, **lom** make bare; mow, **miotaigh** whittle away, nibble, **páráil** pare, **plánáil** plane, **réab** breach, rip, rend, **rois** rip, rend, **rúisc** bark, strip bark (cf **crann a rúscadh** to bark a tree); **saill** rip off, fleece, **scáin** sever, **scil** *(husk)* shell, **scoilt** split, **scoith** sever, cut off, **scar** separate; segment, **sclár** tear, cut up; lacerate, **scríob** scrape, **seithigh** skin, **slis** *(sp)* slice, **smiot** whittle, pare, chip, **snamh** peel, decorticate, **snoigh** cut, hew, **speal** strip, shell (eg **bairnigh a spealadh** to shell barnacles.), **spor** strip (eg **cabáiste a sporadh** to strip leaves off a cabbage), **stiall** cut in strips, slice, **stróic** tear

~ann sé an adhmad. He shaves the wood.
~ann sé an phéint. He peels off the paint.
~ann sé na ballaí. He scrapes the walls
~ann sé na prátaí. He peels the potatoes.
~ann sí an choirt. She strips the bark.
~ann sí an clár. She planes the board.
~ann sí cipín. She whittles a stick.

Scamhadh *vn* stripping, peeling; exfoliating
baint de stripping from, **bearradh** shaving, **caitheamh** fraying, wear and tear, **dluí** peeling; cutting into strips, **feannadh** fleecing, **gearradh** cutting, **lannú** scaling; laminating, **locrú** planing, **lochradh** lacerating, stripping, **lomadh** making bare; mowing, **miotú** whittling away, nibbling, **páráil** paring, **plánáil** planing, **réabadh** breaching, ripping, rending, **roiseadh** ripping, rending, **rúscadh** barking, stripping bark, **sailleadh** ripping off, fleecing, **scáineadh** severing, **scileadh** *(husk)* shelling, **scoilteadh** splitting, **scoitheadh** severing, cutting off, **scaradh** separating; segmenting, **scláradh** tearing, cutting up; lacerating, **scríobadh** scraping, **smiotadh** whittling, paring, chipping, **snamhadh** peeling, decorticating, **snoí** cutting, hewing, **spealadh** stripping, shelling, **sliseadh** *(sp)* slicing, **stialladh** cutting in strips, slicing, **stróiceadh** tearing

Scannal *m (-ail; -ail, ~)* scandal
aithis disgrace, **béadán** gossiping, **cáineadh** criticism; reproach, **clúmhilleadh** defamation, **coir** crime, **masla** *m* insult, slur, **míchlú** *m* ignominy, infamy, **náire** *f* shame, embarrassment, **náire shaolta** obscenity, **olc** evil, wrongdoing, **peaca** *m* sin, **ráflaí** rumours, **raic** outcry, **stiogma** *m* stigma, **uafás** outrage; horror

◊ **Is mór an ~ é!** It's absolutely scandalous!

Scannalach *adj³* scandalous
ainspianta grotesque (cf **focal ainspianta** outrageous statement), **coscrach** shocking, **dínáireach** baldfaced, **éigneach** distressing, outrageous, outrageous, **gan náire** shameless, **maslach** insulting, opprobrious, **míchlúiteach** disreputable, **mígheanasach** indecent, **mímhorálta** immoral, **mínáireach** shameless, **náireach** disgraceful, shameful, **oilbhéimeach** scandalous, vile, **scáfar** appalling, **scanrúil** alarming,

scéiniúil frightening, **téisiúil** brash, shameless, **tréasúil** rebellious, outrageous, **uafásach** awful

▲ **bréag ~** scurrilous lie, **gúna ~** outrageous dress, **iompar ~** scandalous behaviour, **diomailt ~ (den am)** disgraceful waste (of time), **sárú ~ (ar na rialacha)** flagrant breach (of the rules), **slám mór ~ airgid** obscene amount of money

Scannalaigh v_{2a} scandalise
cuir déistin ar disgust, **cuir díomá an domhain ar** to totally dismay, **cuir náire ar** to shock, **cuir náire shaolta ar** to deeply shock, to horrify, **cuir uafás ar** horrify, **tabhair scannal do** scandalise

Scannalaithe *pp* scandalised
ar ar cuireadh déistin disgusted, **ar ar cuireadh díomá an domhain** totally dismayed, **ar ar cuireadh náire** shocked, **ar ar cuireadh náire shaolta** deeply shocked, horrified, **ar ar cuireadh uafás** horrified

Scannalú *vn* scandalising
cur déistine ar disgusting, **cur díomá an domhain ar** totally dismaying, **cur náire ar** shaming, shocking, embarrassing, **cur náire shaolta ar** deeply shaming, shocking, embarrassing, **cur uafáis ar** horrifying, **tabhairt scannal do** scandalising

Scannán *m (-áin; -áin, ~)*
1. movie, film, footage
an scáileán airgid the silver screen, **an scáileán mór** the big screen, **fís-scannán** video film, **físeán** video, **gearrthóg** clip, **GIF beo** animated GIF, **na pictiúir** the pictures, the flicks, **pictiúr** picture, **scannánaíocht** filming; the film industry

▲ **~ arrachta** monster movie, **~ baile** home movie, **~ bíse** cliffhanger, **~ drongadóirí** gangster movie, **~ bleachtaireachta** detective film, **~ buachaillí bó** western, **~ cainte** talkie, **~ cartlainne** archive footage, **~ ceoil** musical, **~ cogaidh** war film, **~ do mhná** chick flick, **~ dubh agus bán** black and white film, **~ dúghrinn** black comedy film, **~ eachtraíochta** adventure film, **~ faisnéise** documentary film, **~ gorm** blue movie, **~ grinn** comedy film, **~ lánfhada** feature film, **~ móréilimh** blockbuster, **~ nuachta** newsreel, **~ sárlaochra** superhero movie, **~ teagaisc** educational film, **~ tostach** silent movie

2. membrane, film
brat film, coating, **caipín sonais** caul, **coirt** scum, **seicin** *f (seicne; seicní)* membrane, **cóta** coating, **scamall** cover, coat, film; caul **sceo** film *(of mist, ice, etc)*, **scim** film; thin coating, **scimeal** *m* coating, scum; film, **sciomóg** thin film or covering (cf **sciomóg ime** thin spread of butter), **screamh** crust; film; scum, **sraith** layer, **veilleam** *m (veillim)* vellum

▲ **scragall alúmanaim** aluminium foil, **~ bunaidh** basement membrane, **~ cumhdaithe** cling film, cling wrap, **~ taisdíonach** damp-proof membrane

Scannánaigh

3. **~ suthach** embryonic membrane, caul
brat bóinn caul, **brat searraigh** caul on foal, **caipín sonais** *(literally)* cap of good luck, caul, **scamall** caul

Scannánaigh v_{2a} film
craol ar an teilifís broadcast, televise, **déan píosa scannánaíochta** shoot some footage, **déan scannán de** make a film of, **déan scannán teilifíse (d'ócáid, d'eachtra)** televise (an occasion, an event), **déan scannánaíocht** film, **físigh** video, **fístaifead** video-record, **taifead** record, **tóg scannán** make a film

Scannánaíocht f (~a) filming, film footage; the film industry
beochan animation, **cineamatagrafaíocht** cinematography, **físiú** videoing, **fístaifeadadh** videotaping, **scannánú** filming, **taifeadadh** recording

Scannánaithe *pp* filmed
craolta broadcast, **curtha i scannán** put in a film, **físithe** videoed, **fístaifeadta** videorecorded, **dar tógadh scannán** filmed, **taifeadta** recorded

Scannánú *vn* filming
craoladh (ar an teilifís) televising, **déanamh scannáin** making a film, **físiú** videoing, **fístaifeadadh** videorecording, **scannánaíocht** filming; footage, **tógáil scannáin** shooting a film, **taifeadadh** recording

Scanradh *m* (-aidh) fright
alltacht wild fear, **ballchrith** trembling of limbs (cf **ar ballchrith** trembling all over), **criteagla** *f* shaking fear, **driopás** nervous fumbling, precipitance, **eagla** *f* fear, **faitíos** trepidation, fear, **gealtachas** panic, terror, **geit** fright, **imeagla** terror, great fear, **líonrith** panic, fluster, **scaoll** panic, **scaollmhaireacht** panickiness, **scéin** wild terror, **scéiniúlacht** frightened state, scariness, **scáfaireacht** timidity, fearfulness, **scanrú** frightening, scaring, **scanrúlacht** frightfulness; fearfulness, **scard** *m* fright, terror, **sceilimis** fright, terror, **sceimhle** terror, **uafás** horror, terror, **uamhan** *m* (-ain; -mhna, ~) dread, **urghráin** fearfulness, terror; abhorrence *(see also: eagla)*

Scanraigh v_{2a} frighten, scare
bain geit as duine give a person a fright, startle a person, **bain léim as duine** make a person jump, **bain preab as duine** startle a person, **buair** unnerve, fuss, **cuir eagla/faitíos ar** make afraid, frighten, **cuir scanradh ar** frighten, **cuir scéin i** terrify, **eaglaigh** *(lit)* become scared; scare, make fearful, **cuir imní ar dhuine** alarm a person, cause a person to worry, **imeaglaigh** terrify; intimidate, **sceimhligh** terrorise, **uamhnaigh** fill with dread, frighten *(see also: sceimhligh)*

Scanraithe *pp* frightened, scared
buartha unnerved, worried, **eaglaithe** scared, made fearful, **imeaglaithe** terrified, intimidated, **sceimhlithe** terrorised, **uamhnaithe** filled with dread, frightened

Scanrú *vn* frightening, scaring
baint geit as duine giving a person a fright, startling a person, **baint léim as duine** making a person jump, **baint preab as duine** startling a person, **buaireamh** unnerving, worrying, **cur eagla/faitíos ar** making afraid, frightening, **cuir imní ar** alarming, worrying, **cur scanradh ar** frightening, **cur scéin i** terrifying, **eaglú** scaring, making fearful, **imeaglú** terrifying; intimidating, **sceimhliú** terrorising, **uamhnú** filling with dread, frightening

Scanrúil adj^4 frightening, alarming
allta wild, **barbartha** barbarous, **coscrach** shocking, **caillte** dreadful, sordid, **critheaglach** quaking with fear, **déistineach** disgusting, **fuafar** hateful, **millteanach** terrible, horrible, **scáfar** appalling, fearful, **scannalach** scandalous, outrageous, **scéiniúil** terrifying, **tubaisteach** catastrophic, **uafásach** horrible, terrible, **uaiféalta** awful, dreadful, **uamhnach** dreadful, **urghránna** hideous, abhorrent *(see also: scannalach)*

▲ **baothghalántacht** ~ fearful/woeful snobbery, **céile comhraic** ~ fearsome opponent, **fírinne** ~ frightening reality, **praghas** ~ frightful price, **meabhrú** ~ chilling reminder, **scannán** ~ scary film

Scaoil v_{1b}

1. set free, release, loosen
asáitigh dislodge, **dícheangail** untie, detach, **díluchtaigh** *(el)* discharge, **díscoir** unloose, **éigiontaigh** acquit, **forscaoil** let loose, release; scatter, **fuascail** liberate, release, ransom, **glan** *(from imputation)* clear, free, **lig amach** let out, **lig saor** let go free, **maolaigh** slacken, moderate, **saor** liberate, free, **slánaigh** redeem, **taithmhigh** *(lit)* loose, release; annul, **tarrtháil** rescue, **urscaoil** *(jur)* discharge

~ **an coscán!** Release the brake!
~ **na madraí!** Let out the dogs!
~ **na príosúnaigh!** Free the prisoners!
~ **na snaidhmeanna!** Untie the knots!
~ **na téada!** Loosen the ropes!

2. shoot, fire, discharge
astaigh emit, **caith** throw, fire, shoot, (cf **urchar a chaitheamh le** to fire a shot at), **cuir amach** emit, **diúraic** project, cast, fire, **lainseáil** launch, **lámhach** shoot, **rad** catapult, hurl, **sceith** discharge, **teilg** cast, throw

Ná ~ liom! Don't shoot me!
Ná ~ urchar de bharr feirge! Don't fire a shot in anger!

3. disclose, release, issue
cuir ar fáil provide, furnish, **craobhscaoil** broadcast, **dáil** distribute, **díchódaigh** decode, **eisigh** issue, release, **foilsigh** publish, **imscaoil** scatter around, **lig amach** let out, release, **nocht** reveal, **sceith** divulge,

Scaoil amach
disseminate, **scil** divulge; shed, **seachaid** deliver, **soláthair** supply, provide, **spalp** burst forth, **tabhair chun solais** bring to light, **tabhair le fios** let (it) be known, **táirg** produce, output, **tarchuir** transmit

~eadh an rún. The secret was disclosed.
~eadh preasráiteas. A press release was issued.

Scaoil amach v_{1b} let out, liberate
bain na laincisí de unshackle, **bain na slabhraí de** unchain, **fuascail** liberate, emancipate, **lámhscaoil** untie hands, free from slavery, **lig amach** let out, **lig saor** let (go) free, **scoráil** release, disentangle

~ amach an bobailín! Let it all hang out!
~ amach na páistí! Let the children out!

Scaoil anuas v_{1b} lower, let down, let off
cuir síos put down, **fág síos** leave down, **ísligh** lower, **seol anuas** send down, **lig síos** let down

~ anuas ag an gcoirnéal mé! Let me off at the corner!
~ anuas do chuid gruaige! Let down your hair!
~ anuas na málaí troma sin! Put down those heavy bags!

Scaoil as v_{1b} let out, release
asáitigh dislodge, **caith** throw, fire, **dícheangal** unbind, untie, **díshrian** decontrol, unbridle, **fuascail** liberate, **geimhle a bhaint de** unshackle, **lig amach** let out, **lig imeacht saor** allow to go free, **saor** free

~eadh aer as na boinn. Air was let out of the tyres.
~eadh as príosún é. He was released from prison.

Scaoil chun v_{1b} let go to
Cuir chun oibre iad! Put them to work!, **Ligfidh mé chun bóthair thú!** I'll let you be on your way!, **Ligfidh mé chun siúil thú!** I'll let you go!, I won't keep you!

Scaoil de v_{1b} release, let go
éirigh as give over, stop, **lig amach** allow out, **lig saor** let free, **saor** free, **scoir** disengage, **scoith** cut off, sever; disconnect, **tarraing siar** pull back, **tarscaoil** waive

~ an bolta den gheata! Unbolt the gate!
~ díom! Let me go!
~ díot do chóta! Remove your coat!

Scaoil faoi v_{1b} tease
bí ag fonóid faoi be jeering, **bí ag gabháil do** make gentle fun of, **bí ag magadh faoi** be mocking, **bí ag spochadh as** be slagging, **bí ag spochadóireacht** be teasing, **saighid faoi** tease, poke fun at

Scaoil le v_{1b} cast, fire; free from restraint
bain srian de free from restraint, **caith le** throw, fire at, **eisteilg** eject, **labáil** lob, **lámhach ar** fire at, **teilg** catapult; pitch

~ a ceann léi! Let her have her way!
~ dairt leis an tsúil sprice! Throw a dart at the bullseye!
~ leat! Fire away!

Scaoileadh vn releasing; shooting
asáitiú dislodging, **astú** emission, **bánú** desertion, dispersal, **caitheamh** firing, shooting, **cur amach** emitting; information, **cur ar fáil** provision, furnishing, **craobhscaoileadh** broadcasting, **craoladh** broadcasting, proclaiming, **dáileadh** distributing, **dícheangal** untying, detaching, **díchódú** decoding, **díluchtú** (el) discharging, **díscaoileadh** dissolution, disintegration, **díscor** unloosing, **eisiúint** issuing, **diúracadh** projecting, casting, firing, **fánú** dispersal, dwindling, **foilsiú** publishing, **fuascailt** liberation, release, **imscaoileadh** scattering around, **lainseáil** launching, **lámhach** m shooting, **lámhscaoileadh** freeing, untying hands; freeing from slavery, **leathadh** spreading, **ligean** allowing, **ligean amach** letting out, **ligean saor** letting go free, **maolú** slackening, **saoirse** f freedom, enfranchisement, **saoradh** freeing, liberating, **seachadadh** delivery, **sceith** discharge, overflow, **scoráil** releasing, **slánú** redeeming, redemption, **soláthar** supply, provision, **spré** spreading, spread, **táirgeadh** production, output, **taithmheach** m (lit) loosening, release, dissolution, annulment, **tarchur** transmission, **tarrtháil** saving, **teilgean** casting, throwing, **urscaoileadh** (jur) discharging

~ **arm tine** discharging of a firearm
~ **bratach** unfurling of flags
~ **cnaipe** undoing of a button; (sl) taking a leak
~ **comhlachta** folding up of a company
~ **deacrachta** resolution of a difficulty
~ **do ghreama** loosening of your grip
~ **gaile** release of steam
~ **gunnaí** gunfire
~ **iallacha bróg** untying of shoelaces
~ **le brú** depressurisation
~ **leantóra** unhitching a trailer
~ **marfach** fatal shooting
~ **paraisiúit** opening of a parachute
~ **pionóis** punishment shooting
~ **príosúnach** release of prisoners
~ **rúin** divulging of a secret
~ **tuairisce** release of a report
~ **urchair** firing of a shot

Scaoilte pp loose, released
ar bogadh loose, wobbly, **asáitithe** dislodged, **astaithe** emitted, **bánaithe** deserted, depopulated, **bogtha** slack, **bogtha as** dislodged, **caite** fired, shot, **curtha amach** emitted, **curtha ar fáil** provided, furnished, **craolta** broadcast, **dálta** distributed, **dícheangailte** untied, detached, **díchódaithe** decoded, **díluchtaithe** (el) discharging, **díscaoilte** disintegrated, **díscortha** unloosed, **drabhlásach** loose-living, **eisithe** issued, **diúractha** projected, cast, fired, **fánaithe** dispersed, dwindled, **fairsing** (clothes) loosely-fitting, **foilsithe** published, **fuascailte** liberated, released, **imithe le scód** on the loose, **imscaoilte** scattered around, **lainseáilte** launched, **lámhachta** m shot, **lámhscaoilte** freed, untied hands; freed from slavery, **leata** spread, **ligthe** allowed, **ligthe amach** let out, **ligthe saor** let free, **lúsáilte** loose, **maolaithe**

slackened, **neamhdhaingnithe** unsecured, **oscailte** open, unfastened, **saor** free, **saortha** freed, **sceite** discharged, overflowed, **scoráilte** released, **seachadta** delivered, **slánaithe** redeemed, **soláthartha** supplied, provided, **spréite** spread, sprawled, **táirgthe** produced, outputted, **tarchurtha** transmitted, **tarrtháilte** saved, **teilgthe** cast, thrown, **urscaoilte** *(jur)* discharged

▲ **bean** ~ loose woman, **caint** ~ loose talk, **cóta** ~ loose-fitting coat, **cré** ~ loose earth/soil, **cloichíní** ~ loose chippings, **cnaipe** ~ loose button, **geansaí** ~ baggy jumper, **gruaig fhada** ~ long flowing hair, **iallacha** ~ unfastened laces, **ráille** ~ insecure/unattached railing, **rialacha** ~ relaxed/lax rules, **rópa** ~ slack rope, **stíl** ~ rambling style

Scaoll *m (-oill)* panic
aláram *m* alarm, **alltacht** wild fear, **anbhá** consternation, panic, **anbhuain** dismay, **anfais** consternation, **ballchrith** *m* trembling of limbs (cf **bheith ar ballchrith** to be trembling all over), **coiscriú** alarm, disturbance, **craiceann circe/gé** goose pimples, **critheagla** *f* shaking fear, **eagla** *f* fear, **fuadach croí** palpitation, **fuaiscneamh** agitation, fearfulness, **gealtachas** panic, terror, **gealtacht** wild panic; madness, **líonrith** *m* panic, palpitation; terror, **scaollmhaireacht** panickiness, **scard** *m* fright, terror, **sceilimis** fright, terror, **sceimhle** *m* terror, **scéin** wild terror, **táinrith** *m* stampede, mad rush, **uamhan** *m* *(-ain; -mhna, ~)* dread, **uafás** horror *(see also: eagla, líonrith)*

◊ **Bhuail** ~ **mé.** I panicked., **Tháinig taom scaoill uirthi.** She suffered a panic attack.

scaollmhar *adj¹* panicky, panicked
anbhách panicky, **anfaiseach** dismayed; in a state of consternation, **critheaglach** shaking with fear, **faoi scaoll** panicking, in a panic, **eaglach** fearful, **gealtach** mad with panic, **líonraithe** panicked; terrified, **líonritheach** extremely alarming, **scanraithe** frightened, **sceimhlithe** terrified, **uamhnaithe** terrified, petrified

Scaoth *f (-oithe; ~a, ~)* swarm
grathain *f (~e)* swarm, **plá** plague, **púir** swarm, **saithe** *f (~; -thí)* swarm *(see also: grúpa)*

Scar *v₁ₐ* separate, set apart
bain cut, **bearr** shave, **bris** break, **bris suas** break up, **cuir óna chéile** take apart, dismantle, separate, **dealaigh** separate, **dibhéirsigh** diverge, **dluigh** cleave, split, divide, **eisréimnigh** diverge, **fág** leave, **gearr** cut, **gearr suas** cut up, **idirscar** divorce, part, **imdhealaigh** separate, **imscar** spread about, **imigh** depart, leave, **pioc amach** pick out, **plucáil** pluck, **roinn** divide, **scáin** sever, **scaip** scatter, **scealp** splinter, flake, **scoilt** split, **scoir** detach, disconnect, **scoith** sever, break apart, **stoith** pluck, extract, **stróic** tear, rend, **tóg as a chéile** take apart, **tréig** abandon

Scar ar *v₁ₐ* spread on, straddle
cuir cos ar gach taobh de straddle, **leath amach** spread out, **oscail amach** open out, **réitigh** *(table)* lay, prepare, **spréigh** splay, sprawl, spread

Scar de *v₁ₐ* part from
bris suas le break up with, **caith i dtraipisí** scrap, cast aside, **caith in airde** ditch, toss away, **dealaigh** disassociate, hive off, **éirigh as** give up, **fág** leave, forsake, **fág slán ag** bid farewell to, **imigh ó** depart from, **scoilt le** split with, **scoith** break off, disconnect, **scoir** exit, **téigh as** go from, **téigh do bhealach féin** go your own way

◊ **Ba é a cumas a ~ í de chách.** It was her ability that set her apart from all others., **Is beag nár ~ an chiall díom.** I almost lost my mind.

Scar le *v₁ₐ* part (company) with
bánaigh desert, **caith uait** jettison, **cuir taobh thiar díot** put behind you, **fág** leave, **tabhair cúl le** turn your back on, **tabhair droim láimhe le** turn away from, **tréig** abandon, relinquish

Scar ó chéile *v₁ₐ* split up, separate
bris suas break up, **dealaigh** separate, **deighil** separate, **díchóimeáil** dismantle, **faigh colscaradh** divorce, **imigh óna chéile** separate from one another, **rangaigh** compartmentalise, **scag** filter, strain, sift, **scoir** unhook, disengage, **téigh idir** separate

Scaradh *vn* separating; separation
baint cutting, **briseadh** breaking, **briseadh suas** breaking up, **colscaradh** divorce, **cur óna chéile** dismantling, separation, **dealú** separation; subtraction, **dibhéirsiú** diverging, **díchóimeáil** dismantling, **dluí** cleaving, splitting, **eisréimniú** diverging, **fágáil** leaving, **gearradh** cutting, **gearradh amach** cutting out, **gearradh suas** cutting up, **idirscaradh** divorcing, parting, **imdhealú** separating, **imeacht** departure, leaving, **imscaradh** spreading about, **piocadh amach** picking out, **roinnt** division, **scáineadh** severing, split, **scaipeadh** scattering, **scealpadh** splintering, **scoilt** split, **scoilteadh** splitting, **scor** disconnection; retirement, **scoitheadh** severing, breaking apart, **stróiceadh** tearing, rending, **teitheadh** fleeing, flight; escape, evasion, **tógáil as a chéile** taking apart, **tréigean** abandonment

▲ ~ **dramhaíola** waste segregation, ~ **gan ghangaid** amicable separation, ~ **cumhachtaí** separation of powers, ~ **lánúine** separation of a married couple, ~ **óna chéile** parting of the ways; separating from one another, ~ **oíche is lae** daybreak, ~ **sóisialta** social distancing, ~ **spásúil** spatial separation

Scartha *pp* separated
bainte cut, **bearrtha** shaved, **briste** broken, **briste suas** broken up, **colscartha** divorced, **curtha óna chéile** taken apart, dismantled, separated, **dealaithe** separated, **dibhéirsithe** diverged, **díchóimeáilte**

dismantled, **dluite** cloven, split, **eisréimnithe** diverged, **fágtha** left, **gearrtha** cut, **gearrtha amach** cut out, **gearrtha suas** cut up, **idirscartha** divorced, parted, **imdhealaithe** separated, **imithe** departed, disappeared, **imscartha** spread about, **pioctha amach** picked out, **roinnte** divided, **scáinte** severed, **scaipthe** scattered, **scealptha** splintered, flaked, **scoilte** split, **scolbach** splintered, **scortha** detached, disconnected, retired, **scoite** severed, broken apart; detached, **soscartha** easily separated, **stróicthe** torn, **tógtha as a chéile** taken apart, **tréigthe** abandoned

Scata *m (~; ~í)* crowd, drove, pack, sizeable number
daorscarshlua horde, **grúpa** group, **plód** throng, drove, **líon mór** large number, **paca** pack, **saithe** *f* swarm, **scuaine** *f* queue; flock, **slua** crowd; bevy *(see also: grúpa)*

▲ ~ **asal** pack/herd of donkeys, ~ **caorach** drove of sheep, ~ **daoine** crowd of people, ~ **éan** raft of birds, ~ **géanna** flock of geese, ~ **leabhar** proliferation of books, ~ **páistí** group of children

Scáth *m (~a; ~anna)*
  1. covering, shade
brat covering, mantle; *(thr)* curtain, **brat an teampaill** the veil of the temple, **brat bróin** pall, **brat dín** protective covering, **brat urláir** carpet, **caille** *f* veil, **ceannbhrat** canopy, **clúdach** *m* covering, **cuirtín** curtain, **dallóg** blind, **dorchacht** dark, **fial** *m* veil, **scáil** shadow, shade, **scáileán** screen, **sciath** *f (scéithe)* screen, **scing** *f* cloak, covering; canopy, **taiséadach** *m* shroud, **téastar** canopy over bed

P Ar ~ a chéile a mhaireann na daoine. We all depend on one another to live.

  2. shadow, phantom
amhailt phantom, monster, **anam** *m (~a; ~acha)* soul, **anamacha na marbh** the souls of the departed, **baothaibhse** *f* phantasm, **fantaise** phantom, **fuath** *m (lit)* form, shape, spectre, **samhail** *f (samhla; samhlacha)* wraith, ghostly figure, **scáil** shade, phantom, shadow, **seachmall** illusion, aberration, **siabhrán** hallucination, **taibhse** *f* ghost, **taise** *f* fetch, wraith, spectre *(see also: púca)*

  3. fear, dread
eagla *f* fear, **faitíos** trepidation, fear, **scáfaireacht** timidity, **scanradh** fright, **scéin** wild terror, **sceimhle** terror, **uafás** horror, terror, **uamhan** *m (-ain; -mhna, ~)* dread *(see also: eagla)*

Scáthaigh *v₂ₐ* shade, screen, shelter
caith scáil ar overshadow, **clúdaigh** cover, **clutharaigh** shelter, **coigil** cover up, conceal, **cosain** protect, **cuir faoi scáth** put in the shade; put under a shadow, **cuir scáth ar** shadow, cast a shadow on, **dall** darken, dim; blind, **díon** insulate, shield, **doiléirigh** obscure, **dorchaigh** darken, **folaigh** hide, conceal, **fordhubhaigh** darken obscure, **forleag** overlay, **formhúch** obscure, stifle, **forshuigh** superimpose, **fothainigh** shelter, **gruamaigh** become gloomy, **múch** smother, cover, **scáiligh** shade, **scamallaigh** cloud, **scáthlínigh** *(art)* shade, **sciath** shield, screen, **súparáil** *(br)* superimpose, **tabhair foscadh/fothain do** give shelter to, **timpeallaigh** surround, encircle, **uraigh** eclipse

Scáthaithe *pp* shaded, screened, sheltered
ar ar caitheadh scáil overshadowed, **clúdaithe** covered, **clutharaithe** sheltered, **coigilt** covering up, concealing, **cosanta** protected, **curtha faoi scáth** put in the shade; put under a shadow, **dallta** darkened, dimmed; blinded, **díonta** insulated, shielded, **doiléirigh** obscure, **dorchaithe** darkened, **folaithe** hidden, concealed, **fordhubhaithe** darkened obscured, **forleagtha** overlaid, **forshuite** superimposed, **fothainithe** sheltered, **gruamaithe** gotten gloomy, **múchta** smothered, covered, **scáilithe** shaded, **scamallaithe** clouded, **scáthlínithe** *(art)* shaded, **sciata** shielded, screened, **súparáilte** *(br)* superimposed, **timpeallaithe** surrounded, encircled, **uraithe** eclipsed

Scáthán *m (-áin; -áin, ~)* mirror; centre of attraction
cóip copy, **croí na cuideachta** the life and soul of the party, **cuid súl** an (attractive) sight to be seen, **frithchaiteoir** reflector, **frithchaitheamh** reflection, **gloine** *f* glass, **lár an stáitse** centre stage, **macasamhail** *f (-mhla)* likeness; parallel, **samhail** *f (-mhla)* semblance, **scáthántacht** reflecting

▲ ~ **aonbhealaigh** one-way mirror, ~ **ban** lady-killer, ~ **bearrtha** shaving mirror, ~ **cliatháin** wing mirror, ~ **cúil** rear-view mirror, ~ **freangtha** warped mirror, ~ **lánfhada** full-length mirror, ~ **maisiúcháin** vanity mirror, ~ **taoibh** sideview mirror

Scáthú *vn* shading, screening, sheltering
caitheamh scáile ar overshadowing, **clúdach** covering, **clutharú** sheltering, **coigilt** covering up, concealing, **cosaint** protecting, **cur faoi scáth** putting in the shade; putting under a shadow, **cur scáth ar** shadow, casting a shadow on, **dalladh** darkening, dimming; blinding, **díonadh** insulating, shielding, **doiléiriú** obscuring, **dorchú** darkening, **folú** hiding, concealing, **fordhubhú** darkening obscuring, **forleagan** overlaying, **forshuí** superimposing, **fothainiú** sheltering, **gruamú** becoming gloomy, **múchadh** smothering, covering, **scáiliú** shading, **scamallú** clouding, **scáthlíniú** *(art)* shading, **sciathadh** shielding, screening, **súparáil** *(br)* superimposing, **timpeallú** surrounding, encircling, **urú** eclipsing

Scéal *m (-éil; ~ta)* story, matter, account, affair, news
  1. story, tale, account, history
aithris recitation, **annála** *(> annáil) (hist)* annals **béaloideas** folklore, lore, oral tradition, **beathaisnéis**

Scéala

biography, **bréag** *f (bréige; ~a, ~)* lie, **ceadal** recital, **croinic** chronicle, **cur síos** account, description, **dírbheathaisnéis** autobiography, **eipeasóid** episode, **fabhal** fable, **fabhalscéal** fable, **fáthscéal** parable, **ficsean** fiction, **finscéal** legend, **gearrscéal** short story, **insint** narrative, **leagan** version, **leithscéal** excuse, **miotas** myth, **parabal** parable, **plota** plot, **ris** *(lit)* tale, **sága** saga, **scéilín** anecdote, **scúp** scoop, **siollóg** tall story; boast, **síscéal** fairy tale, **soiscéal** gospel; big story grabbing attention, **sraithscéal** serial story, **stair** history, **tuirtheacht** account, story, **úrscéal** novel

▲ ~ **a beatha** the story of her life, ~ **chailleach an uafáis** an old wive's tale, ~ **an chaipín deirg** *(iron)* a likely tale, ~ **an ghabhna bhuí** cock and bull story, ~ **an-spéisiúil** compelling story, ~ **brónach** sad tale, ~ **grá** love story, ~ **grinn** funny story, joke, ~ **mhadra na n-ocht gcos** longwinded unbelievable tale, shaggy dog story, ~ **na hÉireann** the story of Ireland, ~ **ó Shamhain go Bealtaine** drawn-out rambling tale, ~ **rúin** secret, ~ **scéil** hearsay

◊ **más fíor an** ~ if the story is true, **Sin** ~ **eile ar fad!** That's an entirely different matter!, **tharraing** ~ ~ **eile** one thing led to another

○ The **Annála** *Annals*, mainly written by monks in order to chronicle religious happenings and festivals throughout the year, also provide much information about notable political events and people of historical significance in medieval Ireland up until the 16th century. Amongst the most well-known of these are: **Annála Chluain Mhic Nóis** *The Annals of Clonmacnoise* – providing records up to the year 1408, **Annála Connacht** *The Annals of Connacht* – written in the 15th and 16th centuries, **Annála Inis Fáithling** *The Annals of Inisfallen* – covering events until the year 1326, **Annála Ríoghnachta Éireann** *The Annals of the Kingdom of Ireland* – documenting from earliest times up to 1616 and **Annála Uladh** *The Annals of Ulster* – initiated by Cathal Mac Maghnusa (c.1498) and continued after his death with further entries being added up until the year 1588.

2. news, state of affairs
cúrsaí *mpl* matters, **dea-scéal** good news, **drochscéal** bad news, **gnó** *m (~; -thaí)* business, **nuacht** *f* news, **ris** *(lit)* report, tidings, **scéala** tidings, news, **suibhiscéal** good tidings, **tuairisc** report, dispatch, **tuarascáil** report

▲ ~ **aisteach** strange affair, ~ **casta** complicated matter, ~ **scéil** hearsay, ~ **uafásach** dreadful affair

◊ **Cén** ~ **é?** What's the news? **Go raibh maith agat, pé** ~ **é!** Thanks, anyway!, **Caithfidh tú an** ~ **iomlán a thuiscint!** You've got to see the bigger picture!, **Níl aon** ~ **nua agam.** I have no news., **nuair a bhris an** ~ when the news broke

Scéala *m (~)* news
dea-scéal good news, **drochscéal** bad news, **nuacht** *f* news, **scúp** scoop, **suibhiscéal** good tidings, **treoirínteacht** tidings, message, **tuairisc** report, dispatch, **tuarascáil** report, account *(see also: scéal)*

Scéalach *adj*³ full of stories; news-bearing
aithriseoireachta *(> aithriseoireacht)* narration, **croiniceachta** *(> croiniceacht)* chronicling, **duanaireachta** *(> duanaireacht)* reciting poetry, **reacaireachta** *(> reacaireacht)* narrating, **rannaireachta** *(> rannaireacht)* reciting, **scéalaíochta** *(> scéalaíocht)* storytelling, **tráchtaireachta** *(> tráchtaireacht)* commentating

Scéalaí *m (~; -aithe)* storyteller, narrator
aithriseoir reciter, narrator, **bean inste scéil** *(female)* storyteller, **croiniceoir** chronicler, **eachtraí** raconteur, **fear inste scéil** *(male)* storyteller, **fiannaí** teller of tales about Fionn and the Fianna, **insteoir** relator, teller, **lucht inste scéil** storytellers, **radaire** narrator; ranter, **ramscéalaí** romancer, storyteller, **seanchaí** traditional storyteller, **sceithire** telltale, tattler, **staraí** romancer, storyteller; historian, **taibhseoir** teller of ghost stories, **teachtaire** messenger, **tráchtaire** commentator, **tuairisceoir** reporter

Scéalaíocht *f (~a)*
1. storytelling
aithris scéil narration of a story, **aithriseoireacht** reciting, narrating, **croiniceacht** chronicling, **eachtraíocht** telling tales of adventure, **Fiannaíocht** traditional stories and storytelling about Fionn and the Fianna, **finscéalaíocht** telling romantic legendary tales, **insint** telling, **ramscéalaíocht** romancing, storytelling, **reacaireacht** reciting, narrating in public, **Rúraíocht** telling tales from the Ulster epic cycle, **seanchaíocht** traditional storytelling, **scéal** story, **scéala** news, **staraíocht** storytelling, romancing, **taibhseoireacht** telling of ghost stories, **teachtaireachtaí** *fpl* messages, **tráchtaireacht** commentary, **tuairisceoireacht** reporting

○ **Fiannaíocht**: is a tradition of story-telling about the **Fianna** *Irish warriors* that started in the late 8th and early 9th centuries and continued for the best part of a millennium. This tradition includes such stories as: **Bruíon Chaorthainn** *The Hostel of Rowan*, **Tóraíocht Dhiarmada agus Ghráinne** *The pursuit of Diarmaid and Gráinne*, **Duanaire Finn** *Fionn's Anthology of Verse*, and **Agallamh na Seanórach** *Tales of the Elders*. The stories mainly concern the adventures of **Fionn Mac Cumhaill** and **Oisín** and are therefore often referred to as the Fenian or Ossianic Cycle.

2. gossiping, talebearing
cabaireacht chinwagging, **cúl-chaint** talking behind (a person's) back, backbiting, **dúrtam dártam** 'he-said-I-said', hearsay, **geab** talk, chatter, **giob geab** chitchat, prattling, **míghreann** ill-natured gossip, **mionchaint** small talk, **reacaireacht** talebearing, gossiping, **scéal scéil** hearsay, **sceithireacht** telling

Scealp

tales, divulging, tattling, **seoraíl** spinning yarns, **suainseán** tittle-tattle, gossip

> ○ **Rúraíocht** – the Ulster Cycle is best known for its stories of **niachas** chivalry, and **draíocht** magic. Written in Old Irish, they concern the feats of the Irish nobility as seen in **Oidhe Chlainne Uisnigh** *The Violent Death of the Children of Uisneach* and the **Táin Bó Cuailnge** *The Cattle Raid of Cooley*. In **Oidhe Chlainne Uisnigh**, Deirdre has fled to Scotland with her true love, **Naoise Mac Uisnigh**, but is lured back home under false assurances of safety by the king, **Conchúr Mac Neasa**, who treacherously kills **Naoise** and his brothers on their return. The **Táin**, one of the most famous traditional Irish tales, relates how **Cú Chulainn** saves Ulster on his own from queen **Mebh** of Connacht and all her forces combined; a mixture of verse and prose, like other **Rúraíocht** tales, it was written down by the **manaigh** *monks* in their **mainistreacha** *monasteries* from the 7th century onwards. *(see also: **tóraíocht**)*

Scealp *f (-eilpe; ~a, ~)* splinter
blogh *f* fragment, **blúire** bit, fragment, **blúirín** tiny bit, **fleasc** *f* strip, splinter; wreath, **meathán** *(basketry)* splint; splinter, **mionrabh** *f (-aibhe)* tiny bits, shreds; filings, **sceall** *m (~a)* thin slice; chip, flake, **sceallóg** chip (cf **sceallóga prátaí** potato chips), **scealpóg** small splinter, **scilteán** flake (of rock), chip (of stone), **scine** flake, thin piece; scale, **sciotachán** snippet; splinter, **scolb** splinter; scollop, **scoth** chip, splinter; point, tip, **sleá** *f* large splinter (eg **sleá sa mhéar** splinter in the finger), **slis** chip, **sliseog** sliver, slither, **slisne** cut, section, **smiodar** broken piece, fragment, **smut** chunk, **spíontóg** splinter of bog-wood, **spleantar** splinter; chipped piece of wood, **spliota** splinter; splint, **stiall** *f (stéille; ~acha)* strip, slice

Sceallóg *f (-óige; ~a, ~)* chip
cáithnín small flake, particle, **cloichíní** *fpl* (on road) chippings, **giota** piece, bit, **giota beag** small piece/bit, **píosa beag** small piece, **scaimh** peeled shaving; shavings, filings, **scealpóg** small chip, splinter, **sceamhóg** thin slice, **sceall** chip, shale, **sciar** tranche, slice, **sleanntach** *m (metal)* flake, **slis** shaving, chip, **sliseog** small shaving, chip, **slisne** slice, **spalla** chip, pebbles, **spealán** shaving, chip, **spreota** chip, slice, **stiall** *f (stéille; ~acha)* strip, slice

Sceilpín *m (~; ~í)* **gabhair** scapegoat
ceap milleáin patsy, **fuíoll** *m* **fonóide** object of ridicule; butt of a joke, **giolla leamh** sap, patsy, **íospartach** *m* fall guy; victim, **leathamadán** sucker, eejit, **uan chun a mharaithe** lamb to the slaughter

Scéiméir *m (-éara; ~í)* schemer
beartaí plotter, schemer, **buachaill** *m (-challa)* **bó** cowboy, **caimiléir** con artist, **calaoiseoir** fraudster, **cealgaire** conniver, plotter, **cluanaire** deceiver; imposter, **cúl le cine** defector, sell-out, **cnámhaire** knave; fraud; crook, **comhchealgaire** conspirator, **crochadóir** wide boy, dishonest tradesman, **fealltóir** betrayer, **lúbaire** twister, **séitéir** cheat, **sliúcaiméir** slinking, sly individual, **tréatúir** traitor

Scéimh *f (~e)* beauty
áille beauty, **áilleacht** beauty, **bláth** bloom, blossom, **breáthacht** beauty, excellence, fineness, **dathúlacht** handsomeness, good looks, **dóighiúlacht** handsomeness, generosity, **draíocht** *f* charm, **galántacht** stylishness, **gnaoi** *f* comeliness, beauty, **gnaíúlacht** beauty, likeability, decency **grástúlacht** gracefulness, **greantacht** shapeliness *(chiselled features)*, beauty, **loise** radiance, **luisne** sheen, healthy, **maise** comeliness, beauty, **maisiúlacht** decorativeness, comeliness, **naíondacht** childlike beauty; refreshing youthful beauty, **slacht** *m* comeliness, **spéiriúlacht** pure bright beauty, **taitneamh** appeal, **tarraingt** attraction *(see also: **áilleacht**)*

Sceimhle *m (~; ~acha)* terror
aláram *m* alarm, **alltacht** wild fear, **ballchrith** trembling of limbs (cf **ar ballchrith** trembling all over), **critheagla** *f* shaking fear, **eagla mhór** great fear; awe, **fuascar** panic; stampede, **gealtachas** panic, terror, **guasacht** dread, existential fear, **imeagla** *f* terror, great fear, dread, **líonrith** panic, **scanradh mór** great fright, **scaoll** panic, **scard** *m* fright, terror, **sceilimis** fright, terror, **scéin** wild terror, **scéiniúlacht** frightened state, scariness, **uafás** horror, terror, **uamhan** *m (-ain; -mhna, ~)* dread *(see also: **eagla**)*

Sceimhligh *v2b* terrorise
cuir eagla mhór/faitíos mór ar make very afraid, frighten severely, spook, **cuir sceimhle ar** to terrorise, **cuir scéin i** terrify, **eaglaigh** fear, **eaglaigh go mór** greatly frighten, **scanraigh go mór** greatly scare, frighten, **imeaglaigh** intimidate; terrify, **uamhnaigh** fill with dread, frighten

Sceimhlithe *pp* terrorised
eaglaithe feared, **eaglaithe go mór** greatly frightened, **inar cuireadh scéin** terrified, **scanraithe go mór** greatly scared, frightened, **imeaglaithe** intimidated; terrified, **uamhnaithe** filled with dread, frightened

Sceimhlitheoir *m (-eora; ~í)* terrorist
antoisceach extremist, **buamadóir** bomber, **buamadóir féinmharaithe** suicide bomber, **bulaí** bully, **céasadóir** crucifier, torturer, **ciapaire** tormentor, harasser, **géarleantóir** persecutor, **inghreimtheach** *m* persecutor, **lucht na géarleanúna** persecutors, **lucht an imeaglaithe** intimidators, **maistín** goon, bullyboy, **pianadóir** tormentor; punisher, **rúscaire** *m* bruiser, a heavy, **sciúirse** *m* scourge

Sceimhlitheoireacht *f (~a)* terrorism
antoisceachas extremism, **buamáil** bombing, **bulaíocht** bullying, **céasadh** torturing, **ciapadh**

harassing, tormenting, **sciúrsáil** scourging, **géarleanúint** *f* persecution, intimidation, **imeaglú** intimidating, intimidation; terrorism, **maistíneacht** bullyboy tactics, **pianadóireacht** tormenting, paining, **rúscadh** trouncing; treating roughly, **sceimhliú** terrorising, **scéin** terror

Sceimhliú *vn* terrorising, terrorisation
cur sceimhle i gcroí an namhad putting terror in the heart of the enemy, **cur scéine ar** inflicting terror on, **eaglú** causing fear; fearing, **imeaglú** intimidating, **scanrú go mór** frightening greatly, **sciúrsáil** scourging, **uamhnú** filling with dread, frightening

Scéin *f (~e)* wild terror, extreme fear
aláram *m* alarm, **alltacht** wild fear, **critheagla** *f* shaking fear, **imeagla** *f* terror, great fear, dread, **scanradh mór** great trepidation, **sceimhle** *m* terror, **scéiniúlacht** frightened state, scariness, **uafás** horror, terror, dread *(see also: sceimhle)*

◊ **Bhí ~ bhuile ina shúile.** He had a wild mad look in his eyes., **Chuir sé ~ ionainn.** He terrified us.

Scéiniúil *adj⁴* terrifying
allta wild, **coscrach** shocking, **scannalach** scandalous, outrageous, **scanrúil go mór** very frightening, alarming, **uafásach** horrible, terrible, **uamhnach** dreadful *(see also: scannalach)*

Sceite *pp*
1. spewed, discharged; vomited
aiseagtha vomited, **caite amach** vomited up, **caite aníos/suas** thrown up, puked, **forsceite** overflow(ed) (cf **píobán ~** overflow pipe), **scaoilte** released, **sceathraithe** vomited, spewed, **spalpadh** bursting, pouring out, **urlactha** vomited

▲ **astaíochtaí ~** exhaust emissions, **bainne ~** skimmed milk, **cainéal ~** outflow channel, **comhla ~** bleed valve, **feadán ~** breather valve, **láthair ~** spawning ground, **múch ~** exhaust fumes, **píobán ~** exhaust pipe; discharge pipe

2. divulged, leaked
braite betrayed, **foilsithe** disclosed, **inste** told, **ligthe amach** let out, **nochta** revealed, divulged, **scilte** divulged, prattled, **taispeánta** shown, demonstrated, **tugtha chun solais** brought to light, **tugtha le fios** made known

▲ **doiciméad ~** leaked document, **rún ~** divulged secret, open secret

Sceith *v₁ᵦ*
1. spew, discharge; vomit
aisig vomit, **caith amach** get sick, vomit, **caith aníos/suas** throw up, puke, **déan fábhrúcht** retch, **déan fásbhrúchtaíl** vomit, **forsceith** overflow, **orla a tharraingt** to retch, to vomit, **scaoil** release, **sceathraigh** vomit, spew one's guts, **spalp** burst, pour out, **urlaic** vomit

~ abhainn a bruacha. A river burst its banks.
~ an craiceann. The skin peeled away.
~ an créacht fuil. The wound spewed blood.
~ an seanbhalla. The old wall crumbled.
~ cuid den aill. Part of the cliff gave way.
~ gal as píopa. Steam poured out of a pipe.
~ na firmiminti. *(rain)* The heavens opened.
~ sé ar an urlár. He puked on the floor.

2. divulge, leak
braith betray, **déan sceithireacht** spill the beans, leak information, **foilsigh** disclose, **inis** tell, **lig amach** let out, **nocht** reveal, divulge, **scaoil an cat as an mhála** let the cat out of the bag, **scil** divulge, prattle, **tabhair chun solais** bring to light, **tabhair le fios** make known, **taispeáin** show, demonstrate

~ an fhírinne. The truth got out.
~ an scéal. The story leaked out.
~ ola ón tancaer. Oil leaked from the tanker.
~ sé an rún. He divulged the secret.
~ sí na doiciméid. She leaked the documents.
~ sí orm. She ratted/informed on me.
~ tú ort féin. You gave yourself away.

Sceitheadh *vn*
1. spewing, discharging; vomiting
aiseag vomiting, **caitheamh amach** getting sick, vomiting, **caitheamh aníos/suas** throwing up, puking, **fásbhrúcht** retching, **fásbhrúchtaíl** retching, **forsceitheadh** overflowing, **orla** retching, vomiting, **scaoileadh** releasing, **sceathrú** vomiting, spewing one's guts, **spalpadh** bursting, pouring out, **urlacan** vomiting

2. divulging, leaking
scaoileadh an chait as an mhála letting the cat out of the bag, spilling the beans, **brath** betraying, **foilsiú** disclosing, **insint** telling, **ligean amach** letting out, **nochtadh** revealing, divulging, **sceithireacht (eolais)** leaking (information), **scileadh** divulging, prattling, **tabhairt chun solais** bringing to light, **tabhairt le fios** making known, **taispeáint** showing, demonstrating

Sceitimíní *spl* raptures of excitement
aoibhneas bliss, **ardú croí** uplift, cheerfulness, **ardú meanman** raised spirits, **ardmheanma** *f* high spirits, **áthas an domhain** great happiness, **cluaisín croí** fluttering of the heart from excitement, **eadarluas** flurry, excitement, **éirí croí** raised spirits, **fíbín** fit of excitement, **gairdiú** rejoicing, **geidimín** flutter, excitement, **gliondar** gladness, **lainne** *f* rapture, joy, **lúcháir** elation, delight, **meadhrán** giddiness, exhilaration, **ollghairdeas** great rejoicing, jubilation, **rachmall** playfulness, excitement, **ríméad** jubilance, **scailéathan** wild excitement; wild exaggeration, **scléip** hilarity, having fun, **scleondar** elation, excitement, **sonas mór** great happiness, **uallachas** skittishness, excitement *(see also: áthas)*

◊ **Bhí ~ orainn.** We were thrilled to bits.

Sceitse *m (~; -sí) (drawing, funny scene)* sketch
dearadh design, **greann** humour, comic relief, **imlíne ghinearálta** general outline, **íomhá** *f* image, depiction, **leagan amach garbh** rough layout, **léaráid** illustration; diagram, **léargas** discernment, insight, **léiriú** illustration, portrayal, **léiriú grafach** graphic representation, **líníocht le peann luaidhe** pencil drawing, **líniú** drawing; delineation, **pictiúr** picture, **píosa coiméide** piece of comedy, **plean** plan, **portráid** portrait, **radharc grinn** humorous scene, **staidéar** study, **tarraingt** drawing

▲ ~ **carachtair** character sketch, ~ **garbh** rough sketch, ~ **grinn** *(thr)* comedy sketch, ~ **imlíneach** outline sketch, ~ **le peann luaidhe** pencil sketch, ~ **mionsonrach** detailed sketch, ~ **pictiúrtha** pictorial sketch, ~ **saorláimhe** freehand sketch, ~ **uiscedhathanna** watercolour sketch

Sceitseáil *v₁ₑ* sketch
cuir grafaicí *fpl* **ar fáil** provide graphics, **déan breacadáil** doodle, **déan pictiúr** illustrate, depict, **déan íomhá de** depict, **déan líníocht** draw, do drawing, **leag amach go garbh** lay out roughly, **imlínigh** outline, **maisigh le pictiúir/líníocht** illustrate with pictures/drawings, **tarraing** draw

Sceitseáil *vn* sketching
breacadáil doodling, **cur grafaicí ar fáil** providing graphics, **déanamh pictiúir** illustrating, depicting, **déanamh íomhá de** depicting, **déanamh líníochta** drawing, **imlíniú** outlining, **leagan amach go garbh** laying out roughly, **líníocht** drawing, **maisiú le pictiúir/líníocht** illustrating with pictures/drawings, **tarraingt** drawing

Sceitseáilte *pp* sketched
dá ndearnadh grafaicí graphically illustrated, **dá ndearnadh pictiúir** illustrated, **dá ndearnadh íomhá(nna)** depicted, **imlínithe** outlined, **leagtha amach go garbh** roughly laid out, **línithe** drawn, **maisithe le pictiúir/líníocht** illustrated with pictures/drawings, **tarraingthe** drawn

Sciamh *f* beauty *(see: scéimh)*

Sciamhaigh *v₂ₐ* beautify, make pretty
áillaigh beautify, pretty, **breáthaigh** embellish, **cluimhrigh** spruce up, pluck, **cóirigh** dress, fix up, **cuir barr maise ar** beautify, **cuir smideadh ort féin** apply make-up, put on cosmetics, **deasaigh** dress up, make look nice, **feistigh** fit out; festoon, **gléas** dress; festoon, **gréasaigh** ornament, decorate with ornamentation, **maisigh** decorate; accessorise, adorn, **oirnéal** decorate, **ornáidigh** ornament, **ornaigh** adorn, **pointeáil** touch up, **smid** to put on make-up, **stíleáil** style, **stíligh** stylise

Sciamhaithe *pp* beautified, made pretty
áillithe beautified, prettied, **breáthaithe** embellished, **cluimhrithe** spruced up, plucked, **cóirithe** dressed, fixed up, **deasaithe** dressed up, made to look nice, **feistithe** fitted out; festooned, **gléasta** dressed (up); festooned, **gréasaithe** ornamented, decorated with ornamentation, **maisithe** decorated; accessorised, **oirnéalta** decorated, **ornáidithe** ornamented, **ornaithe** adorned, **pointeáilte** touched up, **smidte** *(cosmetics)* made up, **stíleáilte** styled, **stílithe** stylised

Sciamhú *vn* beautifying, making pretty
áilliú beautifying, prettying, **breáthú** embellishing, **cluimhriú** sprucing up, plucking, **cóiriú** dressing, fixing up, **cur barr maise ar** beautifying, **cur smideadh ort féin** putting on make-up/cosmetics, **deasú** dressing up, making look nice, **feistiú** fitting out; festooning, **gléasadh** dressing; festooning, **gréasú** ornamenting, decorating with ornamentation, **maisiú** decorating; accessorising, **oirnéaladh** decorating, **ornáidiú** ornamenting, **ornú** adorning, **pointeáil** touching up, **smideadh** putting on make-up, **stíleáil** styling, **stíliú** stylising

Scian *f (scine; sceana)* knife
beaignit bayonet, **bonsach** *f* javelin, **clíbhéar** cleaver, **daigéar** dagger, **lann** *f* blade, **miodach** *m* worn-down bladed instrument (cf **miodach de láí** worn-down spade), **miodóg** dagger, **sceanóg** scalpel, **scoiltire** chopper, cleaver, **lascscian** *f* flick knife, **tua feola** meat cleaver, **uirceann** cleaver; dirk, short dagger

▲ ~ **aráin** bread knife, ~ **bhearrtha** razor, ~ **bhoird** table knife, ~ **cháis** sheath knife, ~ **cháise** cheese knife, ~ **cham** paring knife, ~ **chistine** kitchen knife, ~ **dhruidte** jackknife, ~ **éisc** fish knife, ~ **feola** carving knife, ~ **ghéar** sharp knife, ~ **leathanlannach** broad-bladed knife, ~ **litreacha** letter opener, ~ **mhaol** knife, ~ **mhionghearrtha** chopping knife, ~ **phóca** pocketknife, ~ **shábhfhiaclach** serrated knife, ~ **spólta** carving knife, ~ **sealgaire** hunting knife

◊ **dul faoi** ~ to undergo surgery

Sciath *f (scéithe; ~a, ~)*
1. shield; cover, protection
armúr armour, **cathéide** *f* (knight's) armour, **cosaint** *f* defence, protection, **clúdach** *m* cover, **crios** *m* **maolánach** buffer zone, **cumhdach** *m* cladding, protection, **cumhdra adhmaid** timber cladding, **díon** roof, protection, shelter, **maolaire** buffer, **neartú** fortification, **scáth** shelter, umbrella, **uchtach** *m* breastplate, **uchtpháta** breastplate

2. *(person)* protector
caomhnóir custodian, protector, **coimeádaí** keeper, custodian, **coimirceoir** guardian, **cosantóir** defender, **crann taca** supportive friend, **cumhdaitheoir** keeper, preserver, **díonadóir** protector; thatcher, **gairdian** guardian, **pátrún** patron

Sciathán *m (-áin; -áin, ~)* wing, arm
cliathán *(vehicle)* wing, flank, **cliathán cúil/tosaigh**

front/rear wing, **cliathánaí** *(rugby)* wing, winger, **eite** wing, **eiteog** small wing, **fadú** extension; extending, **géag** *f* limb, **lámh** *f* arm; hand, **síneadh** extension, **taobh** side

Scigaithris *f (~e)* parody

aoir satire, **aoradh** satirising, **buirlisc** burlesque, **caracatúr** caricature, **magadh** mocking, **fonóid** jeering, **scigléiriú** caricaturing, **scige** *f* scoffing; jeering, **scig-gháire** mocking laughter, **scigireacht** sniggering; mocking, mockery, **scigmhagadh** derision, **scigphictiúr** caricature

Scil *f (~e; ~eanna)* skill

ábaltacht ability, **ceird** craft, trade, **cumas** ability, capability, **deis** knack, **ealaín** art, skill, **láidreacht** strength, **mianach** *m* aptitude, **féith** natural bent, talent, **fios do ghnó agat** knowing what you're doing (cf **Tá fios a gnóthaí aici.** She knows her stuff.), **inniúlacht** competence, **intleacht** ingenuity, **oilteacht** proficiency, expertise, **saineolas** expertise, know-how, **saoithiúlacht** learning, skill, **tallann** talent, **tíolacadh** *m (-ctha; -cthaí)* divine gift, **tréith** accomplishment, trait, **tuiscint** feel, understanding

Sciliúil *adj⁴* skilful, skilled

ábalta able, **ceardúil** skilled, with a trade, **cleachtaithe** practised, **cliste** clever, adroit, **cumasach** capable, powerful, **deaslámhach** dexterous, adroit, **inniúil** capable, competent, **oilte** skilled, **reabhrach** dexterous

Scillig *v₁ᵦ* shell remove shell/husk

bain (de) remove (cf **bain an bhlaosc de** shell, remove husk), **caith de** remove, **glan** clean, **rúisc** strip, remove bark, bark, **scamh** peel, **scil** shell

Scilligeadh *vn* shelling, removing shell, husking

baint (de) removing (cf **baint na blaoisce** removal of the husk), **caitheamh de** removing, **glanadh** cleaning, **rúscadh** stripping, removing bark, **scamhadh** peeling, **scileadh** shelling

Scilligthe *pp* shelled, husked

bainte removed (cf **blaosc bhainte** removed husk), **caite de** removed, **glanta** cleaned, **rúiscthe** stripped, removed bark, **scafa** peeled, **scilte** shelled

Scinn *v₁ᵦ*

1. dart rush

bain na boinn as scarper, **bog** flit, **brostaigh** hurry, **deifrigh** rush, hurry, **déan deifir** make haste, hurry, **gabh go tapa** go quickly, **lasc** dash, rush, **rad** cast, fling, **rith go tapa** run quickly, **rois** rip, rend, tear, **ráibeáil** sprint, **réab chun cinn** tear ahead, **rop** thrust, dart, dash; tear, **scaird** spout, gush, **scimeáil** skim, **sciurd** rear, dash; scamper, **sciorr** skid, slip **steall** gush, **siúil go gasta** walk quickly, **tabhair ruathar ar** rush at, attack, **tabhair rúid** make a sprint

◊ ~ **an capall.** The horse shied.
~ **sí chun siúil.** She sped off.
~ **an carr tharam.** The car shot past me.
~ **drithle as an tine.** A spark flew out of the fire.
~ **an focal uaim.** I let the word slip out.
~ **an t-anam as.** He got an awful fright.
~ **cnaipe den chóta.** A button flew of the coat.
◊ ~ **an cloch ar bharr an uisce.** The stone skipped across the water., ~ **na leanaí timpeall ar a lanna rollála.** The children scooted around on their roller blades., ~ **sí nuair a chonaic sí mé.** She was startled when she saw me., **Bhí gach duine ag ~eadh anseo is ansiúd.** Everyone was scurrying about., **Bhí a súile ag ~eadh timpeall an tseomra.** Her eyes were darting around the room.

2. bounce (back), ricochet

aisphreab rebound, **athléim** rebound, **athphreab** ricochet, rebound, **athscinn** ricochet, **bíog** start, jump, **bocáil** buck, bounce, **buail de** hit off, **léim** jump, bounce, **ling** leap, spring, **preab** bounce, spring, **preab ar ais** bounce back, **scipeáil** skip

◊ ~ **an liathróid den bhalla.** The ball bounced off the wall., ~ **sé go mór tar éis na hóbráide.** He bounced back/recovered well after the operation.

Scinneadh *vn*

1. darting, rushing

bogadh flitting, **brostú** hurrying, **deifriú** hurrying, rushing, **déanamh deifir** making haste, hurrying, **gabháil go tapa** going quickly, **lascadh** dashing, rushing, **radadh** casting, flinging, **ráibeáil** sprinting, **réabadh chun cinn** tearing ahead, **rith go tapa** running quickly, **roiseadh** rip, rend, tear, **roiseadh leat** *(at work)* tearing away, **ropadh** darting, dashing; tearing along, **ruathar** attack; dash, **rúid** sprint, **scairdeadh** spouting, gushing, **scimeáil** skimming, **sciúrdadh** dashing; scampering, **sciorradh** skidding, slipping, **stealladh** gushing, **siúl go gasta** walking quickly

2. bouncing (back), ricocheting

aisphreabadh rebounding, **athléim** rebounding, **athphreabadh** ricocheting, rebounding, **athscinneadh** ricocheting, **bíogadh** starting, jumping, **bocáil** bucking, bouncing, **bualadh de** hitting off, **léim** jumping, bouncing, **lingeadh** leaping, springing, **preabadh** bouncing, springing, **preabadh ar ais** bouncing back

Scinnte *pp*

1. darted, rushed

bogtha flitted, **brostaithe** hurried, **deifrithe** hurried, rushed, **rite go tapa** run quickly, **lasctha** dashed, rushed, **radta** cast, flung, **roiste** ripped, rent, torn, **ráibeáilte** sprinted, **réabtha chun cinn** zipped, dashed ahead, **roptha** darted, dashed; torn along, **scairdte** spouted, gushed, **scimeáilte** skimmed, **sciúrdta** dashed; scampered, **sciorrtha** skidded, slipped, **steallta** gushed, **siúlta go gasta** walked quickly

2. bounced (back), ricocheted

aisphreabtha rebounded, **athléimthe** rebounded,

athphreabtha ricocheted, rebounded, **athscinnte** ricocheted, **bíogtha** startled, **bocáilte** bucked, bounced, **buailte de** hit off, **léimthe** jumped, bounced, **lingthe** leaped, sprung, **preabtha** bounced, sprung, **preabtha ar ais** bounced back

Sciob v_{1a}

1. snatch

beir ar take hold of, **beir greim ar** grasp, **beir leat** take with you, **buaigh** win, **crúcáil ar** clutch at, claw up, **gabh** seize, **gabh seilbh ar** take possession of, **glám** clutch, grab, **greamaigh** grasp, seize; secure, fasten, **snap** snatch, **srac** wrench, **stoith** pluck, pull up, **stróic** tear (off), **tapaigh** grasp quickly, **tarraing** extract, pull, **tóg go tapa** take quickly

~ **an tuile léi é.** The flood carried it away.
~ **éan leis é.** A bird scooped it away.
~ **gaotha an puball.** Winds ripped the tent away.
~ **mé ainm as hata.** I grabbed a name out of a hat.
~ **na sióga í.** She faded away.
~ **sé an trae uaim.** He snatched the tray from me.

2. (theft) lift, nick, steal

ardaigh lift, **bradaigh** pilfer, steal, **cluicheáil** pilfer, **croch leat** make off with, nick, steal, **déan bradaíl** plagiarise, **fuadaigh** abduct, kidnap, **scealp** pinch, **tall** steal, take away

◊ ~ **sí mo pheann orm.** She nicked my pen on me., ~ **sí an solas ar fad ó chách.** She stole the show entirely., She stole everyone's thunder., ~ **siad cúl breise le linn am cúitimh.** They stole an extra goal in injury time.

Sciobadh vn

1. snatching

breith ar taking old of, **breith greim ar** grasping, **breith leat** taking with you, **buachan** winning, **crúcáil ar** clutching at, clawing up, **gabháil** seizing, **gabháil seilbh ar** taking possession of, **glámadh** clutching, grabbing, **greamú** grasping, seizing; securing, fastening, **snapadh** snatching, **sracadh** wrenching, **stoitheadh** extracting, extraction; plucking, **stróiceadh** tearing (off), **tapú** grasping quickly, **tarraingt** extracting, pulling, **tógáil go tapa** taking quickly

2. (theft) lifting, nicking

ardú lifting, **bradaíl** pilfering, thieving; plagiarising, **cluicheáil** pilfering, steal, **crochadh leat** making off with, nicking, stealing, **fuadach** abducting, kidnapping, **talladh** stealing, taking away

Sciobtha

1. pp snatched; nicked

ardaithe lifted, **beirthe ar** taken hold of, **beirthe leat** taken away with you, **bradaithe** pilfered, stolen, plagiarised, **buaite** won, **cluicheáilte** pilfered, stolen, **crochta leat** nicked by you, **crúcáilte** clutched, clawed, **fuadaithe** abducted, kidnapped, **gafa** seized, **glámtha** clutched, grabbed, **greamaithe** grasped, seized; secured, fastened, **stróicthe** torn (off), **tallta** stolen, snatched, **tarraingthe** extracted, pulled, **tógtha go tapa** taken quickly

2. adj^6 fast, rapid; (as adv) **go ~** quickly, promptly

ar luas lasrach at lightning speed, **ar nós na gaoithe** in the manner of the wind, very quickly, **gan féachaint siar** without looking back, **gan mhoill** without delay, **go beo** snappily, briskly, **go gasta** fast, quickly, **go tapa** quickly, **go tiubh te tapa** thick and fast (see also: **tapa**)

Sciolladóir m (-óra; ~í) scold, nagger, nag

báirseach f scold, battleaxe, **cailleach** f harridan; witch, **cáinteoir** faultfinder, scolder, **clamhsánaí** complainer, **cráiteachán** curmudgeon, **íditheoir** abuser, destroyer; (com) consumer, **lochtóir** faultfinder, **málóid** (pej) wagon, nagging woman, **maslóir** insulter, abuser, **raicleach** f obstreperous woman, vixen, **sneagaire** nagger, nag; scold, **tormasaí** grumbler, carper

Sciolladóireacht f (~a) scolding, nagging

báirseoireacht f scolding, incessant carping, **bearrthóireacht** nagging, **cáineadh** faultfinding, criticising, **ciapadh** torturing, tormenting, harassing, **clamhsán** complaining, **cnáimhseáil** nagging, **crá** tormenting, **ídiú** abuse, destruction; (com) consumption, **lochtú** faulting, blaming, **maslú** insulting, abusing, **sciolladh** scolding, abusing, **sneagaireacht** nagging, **tormas** grumbling, carping

Sciorr v_{1a} slip, slide, skid

bog move, **buail ar fiarlaoid** (sp) slice (eg **liathróid a bhualadh ar fiarlaoid** to slice a ball), **caolaigh** wriggle, slide, **cóstáil** coast, **éalaigh** glide; escape, **fiar** veer, **gluais** move, **imigh uaim** go from under me (cf **D'imigh na cosa uaim.** The feet went from under me.), **insíothlaigh** infiltrate, **scátáil** skate, **scimeáil** skim; (internet) surf, **scinn** bounce, ricochet, **siúil** move, flow, **sleamhnaigh** slide, slip; creep, slither, **snámh** slither; swim, glide, **téigh ag lúbarnaíl** wriggle, **téigh go tapa** go quickly, **tit** fall, **tit ar lár** lapse, **tuisligh** trip up, stumble

◊ ~ **an carr ar an leac oighir.** The car skidded on the ice., ~ **síos go dtí na siopaí!** Pop down to the shops!, ~ **teasc ina chnámh droma.** He slipped a disc in his back.

Sciorradh vn slipping, sliding, skidding

bogadh moving, **bualadh ar fiarlaoid** (ball) slicing, **caolú** wriggling, sliding, **cóstáil** coasting, **dul go tapa** going quickly, **éalú** gliding; escaping, **fiaradh** veering, **gluaiseacht** moving, **imeacht na gcos uaim** my feet going from under me, **insíothlú** infiltrating, **lúbarnaíl** wriggling, wriggle, **scátáil** skating, **scimeáil** skimming; (internet) surfing, **scinneadh** bouncing, ricocheting, **siúl** moving, flowing, **sleamhnú** sliding, slipping; creeping slithering, **snámhaíocht** creeping, slithering; crawling, gliding, **titim** falling, **titim ar lár** lapsing, **tuisliú** tripping up, stumbling

Sciorrtha

▲ ~ **ar an oighear** skidding on the ice, ~ **focail** careless remark. ~ **Freudach** Freudian slip, ~ **talún** landslide, ~ **teanga** slip of the tongue

Sciorrtha *pp* slipped, slid, skidded
bogtha moved, **buailte ar fiarlaoid** *(ball)* sliced, **caolaithe** wriggled, slid, **cóstáilte** coasted, **dulta go tapa** gone quickly, **éalaithe** glided; escaped, **fiartha** veered, **gluaiste** moved, **imithe ar fiar** sliced, **insíothlaithe** infiltrated, **scátáilte** skated, **sciorrach** slippery; fleeting, **scimeáilte** skimmed; *(internet)* surfed, **scinnte** bounced, ricocheted, **siúlta** moved, flowed, **sleamhnaithe** slid, slipped; **sliodarnaí** (> **sliodarnach**) slithering, sliding, **snámhaíochta** (> **snámhaíocht**) creeping, slithering, crawling, gliding, **tite** fallen, **tite ar lár** lapsed, **tuislithe** tripped up, stumbled

▲ **teasc** ~ slipped disc

Sciorrúil *adj⁴* accidental
ámharach fortuitous, **contráilte** mistaken, **earráideach** erroneous, **fánach** undesigned, chance, **neamhbheartaithe** unplanned, unintentional, **randamach** random, **taismeach** accidental, tragic, **a tharla trí chor den dea-chinniúint** serendipitous *(see also: taisme)*

Sciorta *m (~; ~í)*
1. *(clothing)* skirt; (cf ~**í casóige** skirt-tails)
casóg eireabaill coat-tails, **filleadh beag** kilt, **gúna** dress, frock, **mionsciorta** miniskirt *(see also: éadaí)*
2. skirting; marginal portion, patch
beagán little, little bit, **binn** *(garment)* lap; edge, margin, **ciumhais** edge, **clár sciorta** skirting board, **colbha** outer edge, ledge, **corr** *f* projecting edge, **faobhar** sharp edge (cf **faobhar aille** edge of a cliff), **fóir** *f (~each)* boundary, limit, **giota** *m* bit, hint, **grua** cheek, brow, **imeall** edge, **imeallbhord** verge, margin; coastline, **imlíne** *f* outline, **leadhb** *f* strip, shred, **leathbhord** one side of ship/boat, **paiste** *m* patch, **píosa** *m* piece, **sciar** slice, **sciortán** edge, border; coverlet, **stiall** *f* strip, **teorainn** boundary, **ur** *m (lit)* border, edge

◊ ~ **den ádh** piece of good luck, ~ **den seó** the last part of the show

Scíth *f (~e)* tiredness, fatigue
corthacht weariness, **liostachas** listlessness, **marbhántacht** lethargy, **scís** weariness, fatigue, **spíontacht** complete exhaustion, **tnáitheadh** weariness, **traochadh** exhaustion, **tuirse** tiredness, fatigue *(see also: saoire, tuirse)*

◊ **Cuir do ~ díot!** Rest yourself!, **Lig do ~!** Take a rest!

Sciúirse *m (~; -sí)* scourge
céasadh bane; torture, **crá** *m* torment, pest, **crá croí** irritating nuisance, **cros** *f* cross, **cúradh** scourge, chastisement, **mallacht** *f* curse, **plá** *f* plague, **sciúrsáil** scourging, afflicting, **sroigheall** *(lit)* scourge, flagellum

Sclábhaí *m (~; -aithe)* slave; poorly paid labourer
brácálaí toiler, drudge, **buachaill aimsire** servant boy, **cáilín aimsire** servant girl, **daor** bondsman, bondservant, **náibhí** navvy, **oibrí feirme** farm labourer, **seirfeach** *m* serf, **seirbhíseach** *m* servant, **spailpín** *(hist)* spalpeen, **strácálaí** slogger, struggler, **tiarálaí** toiler, slogger, **tráill** thrall, slave; wretch, **úspaire** hack, slogger, drudge, **vasáilleach** *m* vassal

○ **spailpín fánach** – poor migratory Irish farm labourer from the late 18th up to the early 20th century

Sclábhaíocht *f (~a)* slavery; poorly paid, physically distressing work
ainnise misery, wretchedness, **anfhorlann** *m* oppression, violence, **ansmacht** oppression, **brácáil** laborious toil, **bráchlam** drudgery, **braighdeanas** captivity, **callóid** drudgery, **callshaoth** *m* stress, travail, **crácamas** drudgery, **cruatan** hardship, **cuing** yoke, **cur faoi chois** subjugation, **daoirse** *f* hardship, enslavement, **daorbhroid** dire bondage, **daorsmacht** slavery, repression, **dochraide** *f* hardship, oppression, **duainéis** trouble, distress, **duais** trouble, distress, **fuirseadh** harrowing struggle, **géibheann** captivity, bondage, **meirse** *f* servitude; compulsory unpaid labour, **obair mhaslach** crushing distressing work, drudgery, **seirfeachas** serfdom, **tiaráil** toiling, **tráilleacht** thralldom, slavery; wretchedness, **traimleáil** trammelling, **úspaireacht** slogging away, heavy unskilled work, **vasáilleacht** vassalage

Scléip *f (~e; ~eanna)* sport, hilarity, fun
ábhacht diversion, fun, jesting, **abhlóireacht** clowning, acting the fool, **aeraíocht** having a good time, **áilteoireacht** skylarking, **an bobailín a scaoileadh** letting your hair down, **craic** *f* fun, crack, **fastaím** amusement, passing the time (cf **Rinne mé é ar fastaím** I did it for the fun of it), **gleoiréis** mirthful boisterousness, **gliadar** joviality, lively chatter, **gliondar** joyousness, **greadhain** shouts of revelry, **greann** jest, joke; fun, **feamaíl** gadding about, **lúcháir** exultation, rejoicing, **meidhir** *f (-dhre)* mirth, gaiety, **meidhréis** jollity, friskiness, **muirn** exuberance, festive, mirth, **pléaráca** horseplay, **pleidhcíocht** messing, tomfoolery, **ragairne** *m* revelling; painting the town red, **ráigíocht** gadding about, **rampaireacht** doing sporty things, **ráistéireacht** roistering, **rancás** high jinks, **scaoileadh leat** letting yourself go, **scleondar** excitement, elation, high spirits, **scóipiúlacht** *f* high spirits, **spraoi** fun, spree, sport, **siamsa** *m* entertainment, fun, **siamsaíocht** having fun; entertainment, **spleodar** exuberance, revelry, fun, **spórt** sport, fun, **spórtúlacht** sportiveness, **súgradh** playing, frolicking, **sultmhaireacht** pleasantness; enjoyableness

Scléipeach

◊ **oíche ~e a chaitheamh** to paint the town red; to spend a night on the tiles

Scléipeach *adj³* sportive, festive, fun; hilarious
aeraíochta (> *aeraíocht*) fun, entertaining, **barrúil** funny, droll, **ceiliúrtha** celebratory, **croíúil** hearty, spirited, **féastach** fond of festivity, feasting, **féiltiúil** festive, **fíorghreannmhar** hilarious, **fleách** convivial, festive, **gáireachtach** full of laughter and merriment, **gealgháireach** bright and cheerful, **géimiúil** sportive, gamey, **greannmhar** humorous, amusing, **lán den chraic** full of good fun, **léaspartach** witty, droll, **macnasach** playful, frisky, exuberant, **meidhreach** mirthful, frisky, **pléascánta** exuberant, **ragairneach** revelling, **rancásach** frolicsome, frisky, **reabhrach** playful, sportive, **saoithiúil** humorous, entertaining, **sceidealach** excitable; excited, **scleondrach** excited, elated, **scóipiúil** joyous, cheerful, **siamsúil** entertaining, amusing, **spleodrach** exuberant, full of revelry, **spórtúil** sporty, fun, **spraíúil** playful, sportive, amusing, **súgrach** playful, sportive, **sultmhar** enjoyable, pleasant

Scoil *f (~e; ~eanna)* school
acadamh academy, *alma mater* alma mater, **bunscoil** primary school, **ceacht** lesson, **coláiste** college, **ciorcal** circle, **cliarscoil** seminary, **cré** creed, **creideamh** faith; belief, **creis** crèche, **daltaí** pupils, **dámh** *f (dáimhe; ~a, ~)* faculty, **daonscoil** folk school, **dearcadh** view, **deasceabal** *m* disciple, **dogma** *m* dogma, **faicsean** faction, **foghlaim** *f (-ghlama)* learning, **foirceadal** doctrine; teaching, **gairmscoil** vocational school, **giomnáisiam** *(foreign)* gymnasium, **grúpa** *m* group, **institiúid** institute, **léann** learning, education, **lucht leanúna** followers, *lycée* lycée, **meánscoil** secondary school, **mic léinn** students, **móidín** *m* devotee, **múineadh** teaching, **naíolann** children's nursery, **naíscoil** nursery school, **oideas** instruction; teaching, **oideachas** education, **oideolaíocht** pedagogy, **oiliúint** coaching, training, **ollscoil** university, **pobalscoil** community school, **polaiteicnic** polytechnic, **rang** class, **rang oíche** evening class, **saincreideamh** denomination, **scolaíocht** schooling, **seict** sect, **seimineár** seminar, **sraith** set, **teagasc** tuition, teaching; doctrine, **traenáil** training, **ullmhú** preparation *(see also: ábhar, múinteoir)*

▲ **~ aisteoireachta** acting school, **~ altranais** nursing school, **~ an Impriseanachais** the Impressionist school, **~ an tsaoil chrua** school of hard knocks, **~ aon ghnéis** single-sex school, **~ bhailchríche** finishing school, **~ bhuachaillí** all-boys' school, **~ chailíní** all-girls' school, **~ cheoil** music school, **~ chlochair** convent school, **~ chois claí** hedge school, **~ chónaithe** boarding school, **~ chuimsitheach** comprehensive school, **~ damhsa** dance school, **~ Domhnaigh** Sunday school, **~ ealaíne** art school, **~ éisc** school of fish, **~ fealsúnachta** school of philosophy, **~ fhriothálach** feeder school, **~ ghnó** business school, **~ ghramadaí** grammar school, **~ ilchreidmheach** multi-faith/interdenominational school, **~ lae** day school, **~ mheasctha** mixed school, **~ náisiúnta** national school, **~ na mBráithre Críostaí** Christian Brothers' School, **~ innealtóireachta** school of engineering, **~ oíche** night school, **~ phobail** community school, **~ phoiblí** public school, **~ phríobháideach** private school, **~ raibíneach** rabbinical school, **~ saothair** industrial school, **~ scairte** hedge school, **~ sciála** ski school, **~ táille** fee-paying shool, **~ tiomána** driving school, **~ ullmhúcháin** preparatory school

▲ **bun~** primary school, **ceard~** trade school, **Gael~** All-Irish-speaking school, **gairm~** vocational school, **meán~** secondary school, **oll~** university, **pobal~** community school

○ **Scoileanna Scairte** *hedge schools* – due to the imposition of the **Péindlíthe** *Penal Laws (17th–19th centuries)*, Catholics were excluded from education in Ireland. In the 18th and 19th centuries **scoileanna scairte** (or **scoileanna cois claí/scoileanna gairide**) were set up in barns, local houses or, if needs be, outdoors. After the establishment of the **scoileanna náisiúnta** *national schools* in the 1830s, the **scoileanna scairte** began to disappear.

Scoilt 1 *f (~e; ~eanna)* fissure, split, crack
bearna *f* gap, **briseadh** breaking, **briseadh suas** break-up, **colscaradh** divorce, **éasc** *m (geol)* fault, **forba** gash, **gág** crevice, chink, **gearradh** cut, **gnás** *f (-áise; ~a, ~)* cleft, fissure; harelip, **méirscre** crack, fissure; scar, **oscailt** opening, **lochar** rent, tear, **poll** hole, **roinnt** division, **roiseadh** rip, **scáineadh** split, crack, interstice, **scaradh** separation, **scoilteadh** splitting, **scoitheadh** severing, breaking apart, **scoradh** slash, gash, cut, **sracadh óna chéile** rending apart, **stróiceadh** tearing, rending

Scoilt 2 *v₁ᵦ* split, crack
bearnaigh breach, **bris** break, **bris ina dhá leath** break into two halves, **bris suas** break up, **cuir gág i** put a crack in, **cuir scáineadh i** crack, split, **déan forba** make a gash, **dealaigh** split off, separate, **deighil** partition, segregate, **dluigh** cleave, split, divide, **gág** crack, **oscail** open, **poll** pierce, bore, perforate, **réab** tear, rend, **roinn** divide, **rois** rip, rend, **scáin** split, crack, sever, **scar** separate, **srac óna chéile** wrench apart, **stróic** tear, rend

~ **an leac oighir.** The ice cracked.
~ **sé ina dhá leath.** It split in two.
~ **sí easna léi.** She fractured a rib.
~ **siad an t-adamh.** They split the atom.
~ **siad i ngrúpaí.** They splintered into groups.
~ **sin an páirtí.** That split the party.
~ **sioc an píopa.** Frost ruptured the pipe.

Scoilteadh *vn* splitting, cracking
bearnú breaching, **briseadh** breaking, **briseadh ina dhá leath** breaking into two halves, **briseadh suas** breaking up, **cur gág i** putting a crack in, **cur scáineadh i** cracking, splitting, **déanamh forba** making a gash, **dealú** splitting off, separating, **deighilt** partitioning, segregating, **dluí** cleaving, splitting, dividing, **oscailt** opening, **polladh** piercing, boring, perforating, **réabadh** tearing, rending, **roinnt** dividing, **roiseadh** ripping, rending, **scáineadh** severing, cracking, **scaradh** separating, **sracadh óna chéile** wrenching apart, **stróiceadh** tearing, rending

◊ **Bhí an ghrian ag ~ na gcloch.** The sun was splitting the rocks.

Scoilte *pp* split, cracked
bearnaithe breached, **briste** broken, **briste ina dhá leath** broken in two halves, **briste suas** broken up, **dealaithe** split off, separated, **deighilte** partitioned, segregated, **dluite** cloven, split, divided, **oscailte** opened, **pollta** pierced, bored, perforated, **réabtha** torn, rent, **roinnte** divided, **roiste** ripped, rent, **scáinte** severed, cracked, **scartha** separated, **sractha óna chéile** wrenched apart, **stróicthe** torn, rent

Scóip *f (~e)*
1. scope
bealach *m* way, avenue, **deis** opportunity, **fairsinge** wriggle room, **féidearthachtaí** *fpl* possibilities, **imghabháil** ambit, **lé** *f* range, reach, view, **ligean** play, scope, stretch, **limistéar** area, sphere of action, **líomatáiste** limit, extent, area, **punann** portfolio, **réim** extent, range, **réimse** *m* sweep, stretch, **raon** ambit, **rogha** *f* choice, **saoirse** freedom, leeway, **sínteacht** lengthiness, **slí** *f* way, **solúbthacht** leeway, flexibility, **spás** space

◊ **~ an chláir** the scope of the program, **Cad é ~ an fhiosrúcháin?** What is the scope of the investigation?, **Táimid ag iarraidh cur le ~ an tionscadail.** We are trying to broaden the scope of the project.

2. ambition, aim
aidhm aim, **aigne** mind, **bara** *f* inclination, intention, **cuspóir** objective, **diongbháilteacht** determination, **dúthracht** dedication, **intinn** mind, intention, **meabhair** mind, intention, **rún** intent, **sprioc** *f (-ice)* target, **tiomantas** commitment, **toil** will, intention, **treallús** drive, **uaillmhian** ambition

◊ **Tá ~ fúithi.** She is ambitious., **Is é an ~ atá faoi ná páirtí nua a bhunú.** His ambition is to set up a new party.

3. elation, high spirits
aoibhneas bliss, **ardmheanma** *f* high spirits, **girréis** high spirits, friskiness, **gliondar** gladness, **iontlas** mirth, spree, **lúcháir** exultation, gladness, **meanma** *f (~n)* **mhaith** good cheer, **ríméad** jubilance, **sceitimíní** ecstasy, **sonas** joy *(see also: áthas)*

◊ **Tá ~ orm faoi.** I'm delighted about it., **Tá siad ag dul as a gcraiceann le teann ~e.** They are beside themselves with joy.

Scóipiúil *adj⁴*
1. wide, sweeping, spacious
ábhal vast, immense, **clárach** *(surface)* flat, broad, **fairsing** wide, spacious, **fairsingíoch** expanding, **flúirseach** abundant, **leathan** broad, wide, **forleathan** far-reaching, **forleitheadach** wide, expansive, **leathan** wide, **leitheadach** broad, wide, **raidhsiúil** plentiful, **raonach** ranging, extensive; having many paths, **ríochtmhar** capacious, large, **spásmhar** spacious *(see also: fairsing)*

2. ambitious
aidhmeannach designing, ambitious, **diongbháilte** determined, **dúthrachtach** fervent, zealous, dedicated, **rúndaingean** strong-minded, resolute, **tiomanta** driven, committed, **toiliúil** wilful, with strong intention, **treallúsach** driven, **uaillmhianach** ambitious

3. elated, joyful
aigeanta animated, spirited, **áthasach** happy, **breá sásta** delighted, **geal** bright, **gealgháireach** bright and smiling, cheerful, **gliondrach** joyous, **lúcháireach** elated, gleeful, **rímeádach** jubilant, ecstatic, **sona** happy, **sona sásta** chuffed, delighted

Scoir *v₁ᵦ* retire; unyoke, unharness; break
bain cuing de unyoke, **bain srathair de** unharness, **bris** break, **cónaigh** rest, settle, **críochnaigh** finish, **cuir deireadh le** terminate, put an end to, **dícheangail** disconnect, **díscaoil** disband, dissolve, **díscoir** disconnect, **éirigh as** quit, give up, **fág** leave, **fág taobh thiar díot** leave behind you, **fág slán le** bid farewell to, **gearr na gaid** cut the ties, **géill slí** yield way, **idirscoir** *(el)* interrupt, **imigh** leave, **lonnaigh** stay, stop, settle, **múch** quench, extinguish, **seas** stand (still), **scar le** part with, give up, **scoith** sever, shed, **socraigh** settle, **stad** stop, halt, **staon** desist, draw back, **stop** stop, **tar chun críche/deiridh** come to an end, **téarnaigh** come out of, escape

~ an cábla! Disconnect the cable!
~ an capall! Unharness the horse!
~ an conradh! Terminate the contract!
~ an cruinniú! Adjourn the meeting!
~ an t-inneall! Dismantle the engine!
~ den gleo! Stop making noise!
~ den obair go luath! Leave work early!
~ do bhéal! Stop talking!
~ iad óna chéile! Detach them from each other.
~ tríd an doras cúil! Leave by the back door!

Scoite *pp* detached, cut off; remote
aonraithe isolated, **ar leithlis** isolated, **bainte** cut, removed, **bainte den diúl** weaned, **coimhthíoch** distant, aloof, removed, **coimhthithe** alienated, **curtha ina aonar** put/placed on its own, **dealaithe** separated; differentiated, **deoranta** aloof,

Scoith

dícheangailte disconnected, deighilte partitioned, separated, díchónasctha disconnected, dífhostaithe unemployed, dílasctha unclasped, disconnected, dínasctha *(machinery)* disconnected, diogáil trim, dock, díscaoilte dissolved, disbanded, díscortha *(maths)* disconnected, gadscaoilte *(poet)* untethered, giobtha plucked, picked, iargúlta remote, lánscartha totally disconnected, leithlisithe isolated, lomtha stripped off; mowed, neamhspleách independent, nochta made bare, stripped off, rúiscthe stripped, shelled, barked, saorsheasaimh *(> saorsheasamh)* stand-alone, scaoilte released, disengaged, scafa peeled, scaled, stripped, scartha separated, scáinte split, sciota snipped, cut off, pruned, cropped, scoilte cracked, scortha cut, slashed, seachthreoraithe bypassed, suite amach óna chéile situated apart from one another, teasctha amputated, hacked off *(see also: iargúlta)*

▲ áit ~ isolated place, ceathanna ~ isolated showers, éan ~ loner, companionless person, foirgneamh ~ freestanding building, géaga ~ broken off branches, lána ~ lane for overtaking, passing lane, lasc ~ cut-off switch, saol ~ secluded life, seat ~ *(cin)* cutaway shot, staid ~ reclusive state, teach ~ detached house

◊ ~ amach isolated, ar ~ lasrach in flames

Scoith v_{1b}

1. cut off, sever; disconnect, shed
aonraigh isolate, bain cut, remove, bain den diúl wean, barrscoith pollard; *(maths)* truncate, coscair rend, cut up; mangle, cuir ina aonar put on its own, déan oileán de insularise, dealaigh separate; differentiate, deighil partition, separate, dícheangail untie, detach, unyoke; disconnect, díchónasc disconnect, dífhostaigh disemploy; unemploy, díghreamaigh unstick, dílasc unclasp, disconnect, dínasc detach, disconnect, díscoir disband, discontinue, éirigh as discontinue, gearr cut, giob pluck, pick, leithlisigh isolate, lom strip off; mow, nocht make bare, strip off, rúisc strip, shell, bark, scaoil release, disengage, scáin split, scamh peel, scale, strip, sciot snip, cut off, prune, crop, scoilt crack, scor slash, slis *(sp)* slice, srac yank, wrench; sever, tear, stróic tear, teasc hack, hew, amputate, tobghearr snip

◊ ~ an laghairt a heireaball. The lizard shed its tail., ~ an póstaer den bhalla. The poster detached itself from the wall., ~ mé na géaga marbha den chrann. I cut the dead branches off the tree., ~ na Cromalaigh an ceann den rí. The Cromwellians beheaded the king., ~ sí í féin ón saol. She cut herself off/isolated herself from the world., ~ tú féin as a gcrúba! Remove yourself from their clutches!, Tá sí ag iarraidh an leanbh a scoitheadh dá cíoch. She is trying to wean the child off breast milk.

2. overtake, leave behind, pass
barr a bhaint de surpass, get ahead of, craobh a bhaint de outshine, dearscnaigh (ar) excel, outshine, fág taobh thiar díot leave behind you, téigh thar go by, pass by, imigh thar go beyond, sáraigh surpass, seachthreoraigh bypass

◊ ~ ar an taobh amuigh/istigh! *(veh)* Overtake on the outside/inside!, Ná scoitear! *(veh)* No overtaking!

Scoitheadh vn

1. cutting off, severing; disconnecting, shedding
aonrú isolating, baint cutting, removing, remove, baint den diúl weaning, barrscoitheadh pollarding; *(maths)* truncating, coscairt rending, cutting up; mangling, cur ina aonar putting on its own, déanamh oileán de insularising, dealú separating; differentiating, deighilt partitioning, separating, dícheangal untying, detaching, unyoking; disconnecting, díchónascadh disconnecting, dífhostú disemploying; unemploying, díghreamú unsticking, dílascadh unclasping, disconnecting, dínascadh detaching, disconnecting, díscor disbanding, discontinuing, éirí as discontinuing, gearradh cutting, giobadh plucking, picking, leithlisiú isolating, lomadh stripping off; mowing, nochtadh making bare, stripping off, rúscadh stripping, shelling, barking, scaoileadh releasing, disengaging, scáineadh splitting, sciotadh snipping, cutting off, pruning, cropping, scoilteadh cracking, scamhadh peeling, scaling, stripping, sciotadh snipping, pruning, clipping, cropping, scoradh slashing, sliseadh *(sp)* slicing, sracadh yanking, wrenching; severing, tearing, stróiceadh tearing, teascadh hacking, hewing, amputating, tobghearradh snipping

2. overtaking, leaving behind, passing
baint bairr de surpassing, getting ahead of, baint craobh de outshine, dearscnú (ar) excelling, outshining, fágáil taobh thiar díot leaving behind you, dul thar going by, passing by, imeacht thar going beyond, sárú surpassing, seachthreorú bypassing

◊ cosc ar ~ *(veh)* overtaking prohibited

Scol 1 m (~a; ~a, ~) shout, call; high-pitched noise

alla m shout, béic yell, fead f *(feide)* whistle, feadaíl whistling, gáir cry, shout, glao call, gleadhradh fanfare, flourish, liú yell, shout, rosc war cry, battle chant, scairt shout, call, sceamh yelp, squeal, scréach screech, shriek, scológ cry, shout, sian f squeal, whine, siansán whining cry, humming, uallfairt howl *(see also: glao, scairt)*

▲ ~ amhráin burst of song, ~ gáire scream of laughter, ~ an loin the blackbird's call, ~ olagóin cry of lamentation, ~ stoc/trumpaí trumpets' flourish; trumpet fanfare

Scol 2 v_{1a} shout; burst into song

abair say, sing (cf Abair amhrán! Sing a song!), béic yell, shout, can os ard sing out loud, déan feadaíl

Scoladh   740   **Scor**

■ **Ar na téarmaí tuíodóireachta atá:** Thatching terms include:
bioráin *mpl* pins
casúr hammer
cíor thuí thatch comb, leggett
cosantóirí *mpl* **glúine** knee pads
deimheas shears
díon binne gable roof, roof with two sides
díon tuí thatched roof
dréimire ladder
fainneal bundle of thatching material, yelm
forc tuíodóireachta thatching fork
mailléad tuíodóireachta thatching mallet
sáiteoir *(tool)* spurtle, thruster
scian *f (scine; sceana)* **tuí** thatching knife
scolb (adhmaid) (wooden) scollop
snáthaid tuíodóireachta thatching needle
teach beag ceann tuí thatch-roofed cottage
teach gabhail éadain hip-roof house; house with four-sided roof
téad *f* rope
trasnán cross-rope
tuí thatch
tuíodóir thatcher

---

whistle, **gáir** cry out, shout; laugh, **glaoigh (ar)** call, **gleadhair** beat noisily, make a fanfare, **liúigh** yell shout, **scairt** shout, call, **scréach** screech, shriek, **scread** scream

Scoladh *vn* shouting; bursting into song
béicíl yelling, shouting, **canadh os ard** singing out loud, **déanamh feadaíl** whistling, **glao (ar)** calling, **gleadhradh** beating noisily, making a fanfare, **ligean scread** letting out a scream, **liú** yelling shouting, **rá** saying, singing (cf **amhrán a rá** to sing a song), **scairteadh** shouting, calling, **sceamhadh** yelping, squealing, **scréachach** screeching, shrieking, **screadach** screaming

Scól v_{1a} scald; torment
cancraigh vex, annoy, **céas** torture, hassle, **ciap** torment, **cráigh** torment, brass off, **dóigh** burn, **fordhóigh** singe, **forloisc** sear, **gortaigh craiceann le huisce te** injure skil with hot water, **scall** scald, **tóg clog/cloig** blister, **tóg spuaic/spuaiceanna** blister *(see also: cráigh)*

Scóladh *vn* scalding
bruith boiling, **cancrú** vexing, annoying, **céasadh** torturing, hassling, **ciapadh** tormenting, **crá** tormenting, brassing off, **dó** burning, **fiuchadh** boiling, **fordhó** singeing, **forloscadh** searing, burning, **scalltacht** scalding heat, piping hot, **scalladh** scalding, **tógail cloig/spuaiceanna** blistering *(see also: crá)*

Scolta *pp* shouted; burst into song
ráite said, sung (cf **amhráin ráite** sung song), **béicthe** yelled, shouted, **canta os ard** sung out loud, **gáirthe** cried out, shouted, **glaoite (ar)** called, **gleadhartha** beaten noisily, fanfared, **liúite** yelled, shouted, **scairte** shouted, called, **sceafa** yelped, squealed, **scréachta** screeched, shrieked, **screadta** screamed

Scólta *pp* scalded; tormented
bruite boiled, **cancraithe** vexed, annoyed, **céasta** tortured, hassled, **ciaptha** tormented, **cráite** tormented, brassed off, **dóite** burnt, **fiuchta** boiled, **fordhóite** singed, **forloiscthe** seared, scorched, **scallta** scalded *(see also: cráite)*

Scolb *f (-oilbh; -oilbh, ~)* scollop, looped stick for securing thatch; splinter
bata *m* stick, **maide** *m* stick, **maidín** small *(wooden)* stick, **slaitín** small stick/rod, **slat** *f* rod, **scealp** *f* splinter *(see also: scealp)*

◊ **ó bhonn go ~** from top to bottom (of the house)

P **Ní hé lá na gaoithe lá na scolb.** The windy day is not the day for thatching.

Scoláire *m (~; -rí)* scholar; pupil
 1. scholar
acadamhaí academician, **aos eagna** intelligentsia, **duine léannta** learned person, **intleachtach** *m* intellectual, **léighnidh** *m (~; ~e) (lit)* learned man, **lucht an eolais** people who know, the experts, **lucht léinn** people of learning, intellectuals, schoolman, **scolardach** *m (iron)* scholar, 'brains', **taighdeoir** researcher
 2. pupil, student
dalta pupil, **dalta scoile** school pupil, **fochéimí** undergraduate, **foghlaimeoir** learner, **iarchéimí** postgraduate, **neach léinn** student, **mac léinn** student, **printíseach** *m* apprentice, **seanscoláire** former pupil

Scor *vn* retiring; unyoking; end; breaking
baint na cuinge removing the yoke; unyoking, **baint na srathrach** the removal of the harness, unharnessing, **briseadh** breaking, **cónaí** resting, settling, **críoch** *f* end, **críochnú** finishing, **deireadh** end, **éirí as** quitting, giving up, **dícheangal** disconnecting, **díscaoileadh** disbanding, dissolving, **díscor** disconnecting, **fágáil** leaving, **fágáil taobh thiar díot** leaving behind you, **gadscaoileadh** *(poet)* untethering, **gearradh na ngad** cutting of ties, **géilleadh slí** yielding way, **idirscor** *(el)* interrupting, **imeacht** leaving, **lonnú** staying, stopping, settling, **múchadh** quenching, extinguishing, **seasamh** standing (still), **scaradh le** parting with, giving up, **scoitheadh** severing, shedding, **socrú** settling, **stad** stopping, halting, **staonadh** desisting, drawing back, **stopadh** stopping, **teacht chun críche/deiridh** coming to an end, **téarnamh** coming out of, escaping

▲ **aois scoir** retirement age, **am scoir** time to go, leaving-off time, **blianacht scoir** retirement annuity, **buille scoir** final/knockout blow; finishing touch, **doras scoir** exit door, **fead** *f* **scoir** final whistle, **focal scoir** final word, parting word, **gnáthaois scoir** normal retirement age, **óraid scoir** valedictory speech, **urchar scoir** parting shot

Scór

▲ ~ **campa** breaking camp, ~ **capaill** unyoking a horse, ~ **ciorcaid** breaking of a circuit, ~ **cruinnithe** break-up of a meeting, ~ **gnó** suspension of a business, ~ **cumainn** termination of association, ~ **éigeantach ag seasca a cúig** compulsory retirement at sixty-five, ~ **polasaí ar airgead** cashing in a policy, ~ **sealadach** furlough, ~ **seirbhíse** cessation of service

◊ **Ba é sin an buille scoir é!** That was the last straw., That was the death blow., **Dúirt sí sin mar urchair scoir.** She said that as a parting shot., **dul ar ~ to** retire, **cead scoir a fháil** to get permission to leave work, **mar fhocal scoir** as a final word, finally *(before departing)*, **Tá sé ina am scoir.** It's time to leave.

Scór *m (-óir; ~tha)* score

damáiste *(sl)* 'damage', amount, **bille** bill, **eang** *f* notch, **fiche** twenty (cf **trí ~ is deich** three score and ten), **gearradh** cut, cutting, **iomlán** total, tally, **lánsuim** sum total, **log** dent, **mant** indentation, **pointí** *mpl* points, **scrabha** *m* scrape, scratch, **scríob** scratch, **stríoc** *f* streak, stripe, **táille** fee; tally, **toradh** outcome, result

◊ **ar an ~ sin** at that rate, **deich mbliana agus trí ~** three score years and ten, **Táimid uile ar an aon ~ amháin.** We're all in the same boat., **Tháinig siad ina scórtha.** They came in droves.

Scóráil 1 *v_{le}*

1. *(sp)* score

aimsigh cúl score/win a goal, **bain amach** achieve, get, **buaigh** win, **buail** hit, strike, **buail abhaile** hammer home, **cuir báire** score a goal, **cuir an liathróid sa líon/líontán** put the ball in the net, **faigh cúl** get a goal, **tóg (an) scór** take (the) score

2. *(sex)* score

bíodh an craiceann agat (le) have sex (with), have sexual relations (with), **bíodh gnéas agat (le)** have sex (with), **buail craiceann** have sex, **cúpláil** mate, copulate, **déan bodaíocht** bonk, **déan comhluí le** sleep with, **faigh leathar** *(sex)* get laid, **faigh páirtí grá nua** find a new lover, **feisigh** fuck

Scóráil 2 *vn*

1. *(sp)* scoring

aimsiú cúil scoring/winning a goal, **baint amach** achieving, getting, **buachan** winning, **cur báire** scoring a goal, **cur liathróid sa líon** putting a ball in the net, **fáil cúil** getting a goal, **fáil cúilín** winning a try, **tógáil (an) scóir** taking (the) score

2. *(sex)* scoring

bualadh craicinn having sex, **caidreamh collaí** sexual relations, **cúpláil** mating, copulation, **bodaíocht** bonking, **comhluí** sleeping together, **fáil leathair** getting laid, **fáil páirtí grá nua** finding a new lover, **feisiú** fucking, **gnéas** sex

Scóráilte *pp* scored

bainte amach achieved, gotten, **buaite** won, **buailte** hit, struck, **buailte abhaile** hammered home, **faighte** got, **gnóthaithe** earned, **tógtha** taken

◊ **Tá seacht gcúl ~ acu.** They have scored seven goals.

Scortha *pp* retired; unyoked, unharnessed; broken

briste broken, **cónaithe** rested, settled, **críochnaithe** finished, **dícheangailte** disconnected, **díscaoilte** disbanded, dissolved, **díscortha** disconnected, **éirithe as** quit, given up, **fágtha** left, **fágtha taobh thiar díot** left behind you, **géillte slí** yielded way, **idirscortha** *(el)* interrupted, **imithe** left, gone, **lonnaithe** settled, **múchta** quenched, extinguished, **seasta** stood (still), **scartha le** parted with, given up, **scoite** severed, shed, **socraithe** settled, **stadta** stopped, halted, **staonta** desisted, drawn back, **stoptha** stopped, **tagtha chun críche/deiridh** come to an end, **téarnaithe** coming out of, escaping

▲ **ciorcad** ~ broken circuit, **líne (earraí)** ~ discontinued line (of products), **muineál** ~ slashed neckline, **reitine** ~ detached retina

Scornach *f (-aí; ~a, ~)* throat, craw

bráid *(lit)* throat, **craos** maw, **caidhséar** channel, mouth of drain, **clais anála** gullet, throat, **diúlfaíoch** *m* throat; alimentary canal, **dúid** throat; craned neck, **giobús** gullet, throat, **gionchraos** gaping mouth/throat, **góilín** gullet, **píb** *f (~e; píoba, píob)* windpipe; throat, **píobán** pipe, tube; windpipe, **sceadamán** throat, **sciúch** *f* windpipe, throat, **slogaide** *f* swallow-hole, **slogaide** gullet, **smiolgadán** throat, gullet, **spliúchán** *(bird)* craw, **súsán** gullet, throat

◊ **~ duine a ghearradh** to cut a person's throat, **Chuaigh sé i ngreim mo scornaí.** He grabbed me by the throat., **Réitigh mé mo ~.** I cleared my throat.

▲ **féith scornaí** jugular vein, **greim scornaí** stranglehold, **ionfhabhtú scornaí** throat infection

Scoth- *pref* fairly, middling, -ish

~-airde medium height, **~-aosta** fairly old, **~bhán** whitish, **~bhruite** *(egg)* soft-boiled; *(meat)* medium, **~bhualadh** light beating, **~bhuí** yellowish, **~chosúlacht** fair resemblance, **~chruinn** fairly exact; roundish, **~dhéanach** latish, somewhat belated, **~dhearg** reddish, **~dhonn** brownish, **~dhubh** blackish, **~ghlas** greenish, **~ghorm** blueish, **~ramhar** stoutish, on the chubby side, **~shásta** fairly satisfied

Scoth *m (~a; ~anna)* choice quality, the best stuff

ardchaighdeán high standard, **ardcháilíocht** high qualification; high quality, **bláth** blossom, bloom, prime, **buaic** acme, apex, **feabhas** best, excellence, **(an) mianach ceart** (the) right stuff, **plúr** *(poet)* flowering, flower (cf **plúr na mban** the flower of womanhood), **ríd** inherent quality, innate excellence, **rogha** *f* choice, **scothóg** flower, blossom, choicest, **togha** *f* first rate, choicest, class

Scréach

▲ ~ **bia** choicest of food, ~ **dá raibh ar fáil** the pick of what was available, ~ **na bhfear** the most excellent of men, ~ **na huaisle** the crème de la crème, the elite of the aristocracy, ~ **na mban** the finest of women, ~ **oibre** excellent work, ~ **réitigh** choice solution, ~ **scannáin** super film

◊ **aimsitheoir airm den** ~ crack marksman, **Bhí lá den** ~ **againn.** We had a super day., **polaiteoir den chéad** ~ first rate politician

Scréach *f (-éiche; ~a, ~)* screech
béic yell, shout, **búir** bellow, roar, **géis** scream; roar, **liú** yell, **lóg** wail, cry, **scread** scream *(see also: scread 1)*

Scread 1 *f (~a)* scream
agall cry of exclamation, shout, **ailleog** high-pitched scream, **alla** *m* shout, **allagar** loud talk, shouting, **amhastrach** *f* barking, **béic** yell, **béicíl** yelling, **búir** bellow, roar, **búireach** *f* bellowing; **éamh** *m* scream, cry, **fógairt** proclamation, **gáir** cry; cheer, **gairm** call; vocation, **geonaíl** whining, **glaoch** calling, call, **glam** roar, bark, **glao** call, **glóraíl** sound of voices; *(birds)* chirruping, **goldar** loud cry, roar, **grág** *f* raucous cry, croak, **liú** *m* yell, **liúbhéic** loud scream, **lóg** wail, cry, **rannán** *(of a deer)* cry, **saighdéar** call used when herding cattle, **scairt** shout, **sceamh** yelp, squeal, **scol** high-pitched call/shout, **scológ** cry, shout, **scréach** *f (scréiche)* screech, **scréachach** *f* screeching, **screadach** *f* screaming, **sian** *f* whine, squeal, **siansán** whining cry, humming, **uallfairt** grunt, howl, **uaill** howl

Scread 2 *v1a* scream
amhastraigh bark, **béic** yell, **bladhair** shout, yell, **búir** bellow, roar, **cuir saighdéar (i mba)** urge (cows) on, **déan geoin** make a droning/whimpering sound, **déan uaill** howl, wail, **déan uallfairt** make a grunt, grunt, **gair** call, summon, **gáir** cry; cheer, **glam** bay, howl; roar, **glaoigh** call, **iacht** *(lit)* cry, sigh, lament, **lig béic** let out yell, **lig scairt** let out a shout, call, **liúigh** yell, shout, **lóg** wail, cry, lament, **scairt** shout, call, **sceamh** yelp, squeal, **scol** call, shout; burst into song, **scréach** screech, shriek, **tabhair liúbhéic** give a loud scream

Screadach *vn* screaming
amhastrach barking, **béicíl** yelling, **bladhradh** shouting, yelling, **búiríl** bellowing, roaring, **cur saighdéir (in eallach)** urging on (cattle), **gáire** laughing, **gairm** calling, summoning, **geonaíl** droning, whimpering, murmuring, **glamaíl** baying, howling; roaring, **glao** calling, **iachtadh** *(lit)* crying, sighing, lamenting, **ligean béic** letting out a yell, **ligean scairte** letting out a shout, a call, **liú** *m* yelling, shouting, **liúbhéicíl** screaming loudly, **lógadh** wailing, crying, lamenting, **scairteadh** shouting, calling, **sceamhadh** yelping, squealing, **scoladh** calling, shouting; bursting into song, **scréachach** screeching, shrieking

Screadta *pp* screamed
amhastraithe barked, **béicthe** yelled, **bladhartha** shouted, yelled, **búirthe** bellowed, roared, **gairthe** called, summoned, **gáirthe** cheered, **glamtha** bayed, howled; roared, **glaoite** called, **iachta** *(lit)* cried, sighed, lamented, **liúite** yelled, shouted, **lógtha** wailed, cried, lamented, **scairte** shouted, called, **sceafa** yelped, squealed, **scolta** called, shouted; bursted into song, **scréachta** screeched, shrieked

Scríbhinn *f (~e; ~í)* writing, written word; transcript
athscríbhinn transcript, **cáipéis** document, **cairt** charter, **cuntas scríofa** written account, **doiciméad** document, **foirm** form, **inscríbhinn** inscription, **lámh** hand, **lámhscríbhinn** manuscript, **lorg láimhe** handwriting, **pár** parchment, **peannaireacht** penmanship, **rud scríofa (síos)** something written (down), **scríbhneoireacht** penmanship, **scríobh** writing, **taifead scríofa** written record, **teastas** certificate, **tuarascáil** report

◊ **rud a fháil i** ~ to get a thing in writing, ~ **na fianaise** transcript of evidence

Scríbhneoir *m (-eora; ~í)* writer
aistí essayist, **athscríobhaí** copyist, **beathaisnéisí** biographer, **breacaire páipéir** *(pej)* hack, **callagrafaí** calligrapher, **cóipeálaí** copyist, **colúnaí** columnist, **dialannaí** diarist, **dírbheathaisnéisí** autobiographer, **drámadóir** dramatist, **file** poet, **iriseoir** journalist, **lámhscríbhneoir** manuscript writer, **léirmheastóir** critic, **peannaire** penman, **rannaire** versifier, **scrábálaí** scribbler; hack, **scríoblálaí** scribbler, **scríobhaí** scribe, **scriptscríbhneoir** scriptwriter, **tuairisceoir** reporter, **údar** author, **úrscéalaí** novelist

Scríbhneoireacht *f (~a)* writing
athscríobh transcription, re-writing, **beathaisnéis** biography, **breacadh ar phár** *(high reg)* jotting on parchment, writing, **breacadh síos** jotting down, **callagrafaíocht** calligraphy, **clóscríbhneoireacht** typing, **cumadóireacht** composition, composing, **dírbheathaisnéis** autobiography, **filíocht** poetry, **gearrscríbhneoireacht** shorthand writing, **gearrscríobh** shorthand, **iriseoireacht** journalism, **lámhscríbhneoireacht** handwriting, **leabhar** book, **litreoireacht** lettering, **litríocht** literature, **lorg láimhe** handwriting, **prós** prose, **rannaíocht** versification, **rannaireacht** composing verses, **scríbhinn** writing, written word, transcript, **scríobh** writing *(committing to paper, screen)*, **tuairisceoireacht** reporting, **véarsaíocht** versifying, **úrscéalaíocht** novel-writing *(see also: scríbhinn, scríobh 1)*

Scríob 1 *f (-íbe; ~a, ~)* scratch, scrape; scribble
dreideáil dredging, **eang** *f (~a, ~aí)* nick, notch, **gearradh** cut, **marc** mark, **mant** *m (~a; ~anna)* indentation, **mantóg** small indentation, **mantú** indenting; indentation, **raspáil** rasping; scraping

Scríob 2 *v₁ₐ* scratch, scrape; scribble
cuir stríoc i put a streak in, stripe, **déan scríobáil** make a scraping; scrape every last penny (to survive), **dreideáil** dredge, **eitseáil** etch, **grábháil** engrave, **gearr** cut, **grean** carve, engrave, **marcáil** mark, **mantaigh** indent; bite into, **raspáil** rasp, scrape, **rianaigh** trace, **sciomair** scour, scrub; *(auto)* valet, **sciúr** scrub, **scrábáil** scratch, scrape, **scrabh** scratch, scrape, **scriobláil** scribble, **slíoc** smooth, stroke gently, **snoigh** carve, etch, **tochais** scratch; itch

◊ ~ **an madra an talamh.** The dog clawed the earth., ~ **mé an phéint den doras.** I scraped the paint off the door., ~ **mé mo ghlúin.** I grazed my knee., **Ná ~ é!** Don't scratch it!

Scríobach *adj³* scratching, abrasive; scratchy
díoscánach squeaky, making a grinding noise, **garbh** rough, **grátála** *(> grátáil)* grating, **raspanta** rasping, **scrábach** scratchy, abrasive; *(writing)* scrawling, **scrábáilte** scratched, **tochasach** scratching, itchy

Scríobadh *vn* scratching, scraping; scratch
cur stríoc i putting a streak in, striping, **díoscánach** squeaking, making a grinding noise, **dreideáil** dredging, **eitseáil** etching, **grábháil** engraving, **gearradh** cutting, **greanadh** carving, engraving, **marcáil** marking, **mantú** indenting; biting into, **raspáil** rasping, scraping (cf **ag raspáil ar fhidil** scraping on a fiddle), **sciomradh** scouring, scrubbing; *(auto)* valeting, **sciúradh** scrubbing, **scrábáil** scraping, scratching, **scrabhadh** scratching, scraping, **scrabhdóireacht** scraping, scratching, **scríobáil** scraping; scraping by, **scríobaireacht** scraping, **scriobláil** scribbling, **slíocadh** smoothing, stroking gently, **snoí** carving, etching, **tochas** scratching; itching

Scríobh 1 *v₁ₐ* write
athscríobh transcribe, **breac síos** jot down, **clóscríobh** type, **cóipeáil** cope, **comhfhreagair** correspond, **cruthaigh** create, **cuir le chéile** put together, compile, **cuir síos** describe, **cum** compose, **déan giolcaireacht** tweet, **déan lámhscríbhneoireacht/scríbhneoireacht (néata, reatha, etc)** write (with neat, cursive, etc) handwriting, **dréachtaigh** draft, draw up, **eitseáil** etch, **foscríobh** subscribe, **grean** engrave, **inis** tell, **inscríobh** inscribe, **lean gairm na scríbhneoireachta** write for a living, **léirscríobh** engross, **líon isteach** *(form)* fill in, fill out, **marcáil** mark, **rúnscríobh** cipher, **scríob** scratch, **scriobláil** scribble, **taifead** record

~ **amach do sheoladh!** Write out your address.
~ **an focal i gceannlitreacha!** Capitalise the word!
~ **na miontuairiscí!** *(meeting)* Take the minutes!
~ **nóta chugam!** Drop me a line!
~ **píosa air don iris!** Do a piece on it for the mag!
~ **sé an script don scannán.** He scripted the film.
~ **sé freagra cliste.** He composed a clever reply.
~ **sé le dua alt air.** He hammered out an article on it.
~ **sé nóta ó láimh dom.** He penned a note to me.

~ **sí dhá leabhar.** She authored two books.
~ **sí go tuathalach.** She wrote backhanded.
~ **sí síos ar phár é.** She committed it to paper.
~ **síos na dátaí!** Jot down the dates!

Scríobh 2 *vn* writing
athscríobh re-writing, **breacadh (síos)** jotting (down), **callagrafaíocht** calligraphy, **dialann** diary, **eitseáil** etching, **foscríobh** subscribing, **gearrscríobh** shorthand, **grafnóireacht** penmanship, **lámhscríbhinn** manuscript, **lámhscríbhneoireacht** handwriting; manuscript-writing, **leabhar** book, **léirscríobh** engrossing, **líonadh isteach** *(form)* filling in, filling out, **litir** *f (-treach; -treacha)* letter, **marcáil** marking, **nodaireacht** *(mus)* notation, **peannaireacht** penmanship, **rúnscríobh** ciphering, **scríbhinn** writing, written document, **scríbhneoireacht** writing *(as a profession, or creatively)*; penmanship, **scríobadach** scrawling, scrawl, **scriobláil** scribbling, **script** script *(see also: cló)*

Scríobtha *pp* scratched, scraped; scribbled
dreideáilte dredged, **eitseáilte** etched, **gearrtha** cut, **marcáilte** marked, **mantaithe** indented, **raspáilte** rasped, scraped, **rianaithe** traced, **sciomartha** scoured, scrubbed; *(auto)* valeted, **sciúrtha** scrubbed, **scrábáilte** scratched, scraped, **scrafa** scratched, scraped, **slíoctha** smoothed, stroked gently, **tochasta** scratched; itched

◊ **Bhí a cosa ~ agus brúite.** Her legs were scratched and bruised., **Tá marc ~ ar dhoras an chairr.** The car's door has a scratch mark on it.

Scríofa *pp* written
breactha síos jotted down, **curtha ar phár** put on parchment, on paper, **curtha i gcló** put in print, printed, **curtha i ndubh agus bán** put in black and white, **curtha i scríbhinn** put in writing, in the written word, **foscríofa** subscribed, **léirscríofa** engrossed, **líonta isteach** *(form)* filled in, filled out, **marcáil** marking, **rúnscríofa** ciphered, **tagtha ó pheann (an údair)** penned (by the author)

▲ **ceol ~** sheet music, **iarratas ~** written request, **obair ~** written work, **scrúdú ~** written exam, **tuairisc ~** written report, **údarú ~** written authorisation

◊ **Bhí an teachtaireacht ~ i gcód.** The message was written in code., **Is riail gan bheith ~ é.** It's an unwritten rule., **Níl aon rud ~ i gcloch fós.** Nothing is written in stone yet.

Scrioptúr *m (-úir; -úir, ~)* scripture
an Bíobla the Bible, **an Sean-Tiomna** the Old Testament, **an Sútra Diamantach** the Diamond Sutra, **an Tiomna Nua** the New Testament, **an Tórá** the Torah, **Briathar Dé** the Word of God, **Córán** the Koran, the Quran, **na Soiscéil** the Gospels, **na Véidí** *mpl (> Véide)* the Vedas, **an Peintiteoch** *m* the Pentateuch, **scríbhinní** *fpl* **naofa** holy writings, **Upainiseaid** *mpl* Upanishads

■ **Leabhair an tSean-Tiomna:** Books of the Old Testament:
Geineasas Genesis, **Eacsadas** Exodus, **Léivitic** Leviticus, **Uimhreacha** Numbers, **Deotranaimí** Deuteronomy, **Iósua** Joshua, **Breithiúna** Judges, **Rút** Ruth, **Samúéil** Samuel, **Ríthe** Kings, **Croinicí** Chronicles, **Eazrá** Ezra, **Nihimiá** Nehemiah, **Eistir** Esther, **Iób** Job, **Sailm** Psalms, **Seanfhocail** Proverbs, **Cóheilit** Ecclesiastes, **Laoi na Laoithe** Song of Solomon, **Iseáia** Isaiah, **Irimia** Jeremiah, **Olagóin** Lamentations, **Eizicéil** Ezekiel, **Dainéil** Daniel, **Hóisé** Hosea, **Ióéil** Joel, **Amós** Amos, **Obaidiá** Obadiah, **Ióna** Jonah, **Míocá** Micah, **Nahúm** Nahúm, **Habacúc** Habakkuk, **Zafainiá** Zephaniah, **Hagaí** Haggai, **Zacaria** Zechariah, **Malaicí** Malachi

■ **Leabhair an Tiomna Nua:** Books of the New Testament:
Matha Mathew, **Marcas** Mark, **Lúcás** Luke, **Eoin** John, **Gníomhartha na nAspal** The Acts of the Apostles, **Rómhánaigh** Romans, **Corantaigh** Corinthians, **Galataigh** Galations, **Eifisigh** Ephesians, **Filipigh** Philippians, **Colosaigh** Colossians, **Teasalónaigh** Thessalonians, **Tiomóid** Timothy, **Títeas** Titus, **Filéamón** Philemon, **Eabhraigh** Hebrews, **Séamas** James, **Peadar** Peter, **Eoin** John, **Iúd** Jude, **Apacailipsis Eoin** Revelation

Scrios 1 *m (~ta)* destruction
ár slaughter, **bascadh** crushing; bashing, **briseadh** break, defeat, wreck; wrecking, **brú** crush, **cealchultúr** *(pol)* cancel culture, **creach** ruin, plunder; booty, **cloí** subjection, defeat, **eirleach** *m* massacre, **millteanas** destruction; havoc, **neamhniú** annihilation; annulment, **robach** *m* destruction, damage, **sabaitéireacht** sabotage, **sárú** thwarting, **scabáiste** *(lit)* sacking, plunder; waste, **slad** plunder, pillage; loot, **sléacht** slaughter, **stoitheadh ó na fréamhacha** rooting out, eradication, **toghail** *f (-ghla)* sacking, destruction, **treascairt** demolition; felling *(see also: scriosadh)*

◊ **~ ar chiníochas!** Down with racism!, **~ Dé air!** Goddammit!, Damn it!, **~ ingne** nail parings, **Rinne siad ~ ar an mbaile.** They wreaked havoc on the town., **Rinneadh ~ orthu.** They got trashed.

Scrios 2 v_{1a} destroy
arg destroy, pillage, **bain bonn (ó údarás duine)** undermine authority (of a person), **básaigh** slay, kill; execute, **basc** crush; bash, **bris** break, wreck, **brúigh** crush, **creach** plunder, destroy, **cloígh** defeat, **cuir ar neamhní** annul; undo, **cuir chun báis** put to death, execute, **cuir deireadh le** put an end to, **cuir go tóin poill** scuttle, **cuir ó chéile** dismantle, **cuir ó chrích/ó mhaith** banjax, **déan ár (ar)** slaughter, **déan eirleach (ar)** massacre, **déan gal (de)** vaporise, **déan sabaitéireacht (ar)** sabotage, **déan sleacht (ar)** slaughter, **déan smidiríní (de)** smash to smithereens, **déan smionagar (de)** shatter into pieces, **deachaigh** decimate, **díláithrigh** displace, put to rout, **díobh** eliminate, obliterate, **díothaigh** exterminate; eradicate, **dúnmharaigh** murder, **fásaigh** lay waste, **feallmharaigh** assassinate, **ídigh** expend, destroy, **leag** demolish, **leag go talamh** raze to the ground, **léirscrios** devastate, **loit** spoil, ruin, **maraigh** kill, slay, **meil** grind, destroy; *(time)* kill, while away, **mill** ruin, destroy, **múch** extinguish, **mudh** *(lit)* ruin, destroy, **neamhnigh** annihilate, quash, **neodraigh** neutralise; neuter, **plúch** stifle, choke, **sáraigh** thwart, **síog** strike out, cancel, **scaoil toirpéad (le)** fire a torpedo at, torpedo, **stoith ó na fréamhacha** root out, eradicate, **toghail** sack, destroy (eg **Toghlann siad an Traí.** They sack Troy.), **treascair** vanquish, prostrate, **tuairteáil** *(comp)* crash, **zaipeáil** zap *(see also: maraigh)*

~ **a ainm den liosta!** Remove his name from the list!
~ **an comhad!** *(comp)* Delete the file!
~ **buama an lár.** A bomb destroyed the centre.
~ **sé an carr ar fad.** He wrote the car off completely.
~ **sí a glúin.** She banjaxed her knee.
~ **sí an argóint.** She trashed the argument.
~ **sí an t-amhrán.** She massacred the song.
~ **siad amach é.** They cancelled him.
~ **siad Dresden.** They obliterated Dresden.

Scriosach adj^3 destructive
áibhirseach adverse, **áir** *(> ár)* slaughtering, **anacrach** crushing, calamitous, **catastróife** *(> catastróf)* catastrophic, cataclysmic (cf **hipitéis na catastróife** cataclysmic hypothesis), **creachta** *(> creachadh)* ruinous, **damáisteach** damaging, **díobhálach** detrimental, harmful, **dochrach** baneful, deleterious, **drochmheasúil** contemptuous, disparaging, **loiteach** pernicious, **marfach** deadly, leathal, **millteach** devastating, pernicious, baleful, **nimhneach** poisonous, **mórchorraíola** *(> mórchorraíl)* cataclysmic, **naimhdeach** hostile, **neamh-chúntach** unhelpful, **oidhiúil** ill-fated, tragic, **pláúil** pestilential, **tarcaisniúil** disparaging, **treascrach** *(argument)* devastation, crushing; subversive, **tubaisteach** calamitous, disastrous, **tuinseamhach** *adj (of blows)* heavy, crushing, **urchóideach** malignant

Scriosadh *vn* destroying
argain destroying, pillaging, **bású** slaying, killing; executing, **bascadh** crushing; bashing, **baint faoi** undermining, **briseadh** breaking, wrecking, **brú** crushing, **cealú** rescinding, cancelling, **cloí** subduing, defeating, **creachadh** plundering, ruining, spoiling; destroying, **creachadóireacht** marauding, plundering, looting; spoiling, **cur ar neamhní** annulling; undoing, **cur chun báis** putting to death, executing, **cur loinge go tóin poill** scuttling a ship, **cur ó chéile** dismantling, **cur ó chrích/ó mhaith** banjaxing; decommissioning, **deachú** decimating, **déanamh áir** slaughtering, **déanamh eirligh** massacring, **déanamh smidiríní de** making smithereens of, **déanamh smionagar**

Scriosta

(de) shattering, **deireadh a chur le** to put to an end to, **díláithriú** displacing, putting to rout, **díobhadh** eliminating, obliterating, **díothú** exterminating; eradicating, **dísciú** elimination, extermination, **dúnmharú** murdering, **fású** laying waste, **feallmharú** assassinating, **féinmharú** committing suicide, **galú** evaporation, **ídiú** consumption, abuse, destruction, destroying, **leagadh** demolishing, knocking down, **léirscriosadh** devastating, **lot** spoiling, ruining, **marú** killing, slaying, **meilt** grinding, destroying; *(time)* killing, **milleadh** ruining, destroying, **millteoireacht** spoiling, **múchadh** extinguishing, **mudhadh** *(lit)* ruining, destroying, **neamhniú** annihilating, quashing, **neodrú** neutralising; neutering, **plúchadh** stifling, choking, **sabaitéireacht** sabotaging, **sárú** thwarting, **scaoileadh** (eg **buama**, **toirpéad**, etc) releasing (of bombs, torpedos, etc), **scriostóireacht** destroying, destruction, **sleachtadh** slaughtering; wreaking havoc, **síogadh** striking off, cancelling, **stoitheadh ó na fréamhacha** rooting out, eradicating, **treascairt** vanquishing, prostrating; demolishing, felling, **tuairteáil** *(comp)* crashing, **zaipeáil** zapping (see also: **marú**)

Scriosta *pp* destroyed

argtha destroyed, pillaged, **básaithe** killed, executed, **basctha** crushed; bashed, **bainte faoi** undermined, **briste** broken, wrecked, **brúite** crushed, **buamáilte** bombed, **cealaithe** rescinded, cancelled, **cloíte** subdued, defeated, **creachta** ruined, **curtha ar neamhní** annulled; undone, **curtha chun báis** put to death, executed, **curtha ó chéile** dismantled, **curtha ó chrích/ó mhaith** banjaxed, **deachaithe** decimated, **díláithrithe** displaced, put to rout, **díofa** eliminated, obliterated, **díothaithe** exterminated; eradicated, **díscithe** eliminated, exterminated, **dúnmharaithe** murdered, **fásaithe** laid waste, **feallmharaithe** assassinated, **féinmharaithe** suicided, **galaithe** evaporated, **ídithe** consumed, abused, eroded, **leagtha** demolished, **léirscriosta** devastated, **loite** spoilt, **maraithe** killed, slain, **millte** ruined, **múchta** extinguished, **mudhta** ruined, destroyed, **neamhnithe** annihilated, quashed, **neodraithe** neutralised; neutered, **plúchta** stifled, choked, **sáraithe** thwarted, overwhelmed, **síogtha** struck off, cancelled, **sleachta** slaughtered; wrought havoc, **stoite ó na fréamhacha** rooted out, eradicated, **toghalta** sacked, destroyed, **treascartha** vanquished, prostrated; demolished, felled, **tuairteáilte** *(comp)* crashed, **zaipeáilte** zapped (see also: **maraithe**)

▲ **comhaid** *(comp)* ~ deleted files, **inneall** ~ banjaxed engine, **saoire** ~ ruined holiday, **saol** ~ destroyed life

◊ **Táim** ~ **ar fad.** I'm totally knackered. **Tá an tiomántán crua** ~. The hard drive is banjaxed/beyond repair.

Scriostóir *m (-óra; ~í)* destroyer

argthóir plunderer, destroyer, **bristeoir** breaker, smasher, **creachadóir** marauder, plunderer, looter; spoiler, **díothóir** exterminator, annihilator, **dúnmharfóir** murderer, **éachtach** *m* slayer, **íditheoir** abuser, destroyer; *(com)* consumer, **íolbhristeoir** iconoclast, **leagthóir** demolisher, **loitiméir** vandal; destroyer, botcher, **millteoir** destroyer, spoiler, wrecker, **marfóir** killer, **sabaitéir** saboteur

Scriú *m (~; ~nna)* screw

bardach príosúin prison warder, **bís** spiral, **bolta** bolt, **ceanglóir** binder, **fáiscín** clip, **greamachán** adhesive, **seam** rivet (cf **seamaithe** riveted), **séiléir** jailer, **tairne** nail

▲ ~**bholta** screw-bolt, ~**-lián** propeller, ~**ghaltán** screw steamer, ~**shnáithe** screw thread, ~**-thairne** screw nail

Scroblachóir *m (-óra; ~í)* scavenger

bailitheoir bruscair garbage collector, **cnuasaitheoir** food gatherer; collector, hoarder, **coigleoir** hoarder, **fear bruscair** dustman, **fiagaí** forager, hunter, **glantóir** cleaner, **póirseálaí** rummager, **taisceoir** saver, hoarder; *(fin)* depositor

Scrúdaigh v_{2a} examine

anailísigh analyse, **bain lán súl as** take a good long look at, stare intently at, **breathnaigh** observe, examine, **cíor** comb, **cuir ceastóireacht** (**ar**) interrogate, **croscheistigh** cross-examine, **cuardaigh** search, **criathraigh** sift, examine minutely, **déan anailís ar** analyse, **déan iniúchadh ar** inspect, **déan staidéar ar** study, **déan taighde ar** do research on, **féach ar** look at, **fiafraigh** (**de**) ask (of), **fiosraigh** inquire, **glinnigh** examine closely, scrutinise, **imscrúdaigh** investigate, **iniúch** scrutinise, **meas** assess, consider, **miondealaigh** deconstruct, itemise; *(gram)* parse, **mionscrúdaigh** minutely examine; examine in fine detail, **ransaigh** rummage through, examine, **seiceáil** check, **spíon** tease out, examine, **taifigh** analyse; *(maths)* resolve, **taiscéal** explore, **tástáil** test (see also: **mionscrúdaigh**, **tástáil**)

Scrúdaithe *pp* examined

anailísithe analysed, **breathnaithe** observed, examined, **cíortha** combed, **croscheistithe** cross-examined, **cuardaithe** searched for, **taighdte** researched, **féachta ar** looked at, **fiafraithe** asked, **fiosraithe** inquired, **glinnithe** examined closely, scrutinised, **imscrúdaithe** investigated, **iniúchta** scrutinised, **mionscrúdaithe** minutely examined; examined in fine detail, **seiceáilte** checked, **taiscéalta** explored, **tástáilte** tested

Scrúdaitheoir *m (-eora; ~í)* examiner

anailísí analyst, **bean/fear na gceisteanna** quizmaster, **bleachtaire** investigator, **ceartaitheoir** corrector, **ceistitheoir** questioner, **cigire** inspector,

Scrúdú

criticeoir critic, **cúistiúnaí** inquisitor (cf *(rel)* **An Cúistiúnaí Mór** The Grand Inquisitor), **fiafraitheoir** inquirer, **fiosraitheoir** snooper, snoop; enquirer, **iarrthóir** asker, requester; applicant, **iniúchóir** auditor; scrutineer, **léirmheastóir** reviewer, **meastóir** evaluator, assessor, **seiceálaí** checker, **suirbhéir** surveyor, **taighdeoir** researcher

Scrúdú

1. *vn* examining
athbhreithniú reviewing, **breathnú** observing, **breathnóireacht** observation, **ceistiú** questioning, **croscheistiú** cross-questioning, **fiosrú** investigation, inquiring, **imscrúdú** investigating, investigation, **iniúchadh** investigating, **iniúchóireacht** auditing, **meastóireacht** valuing, **measúnú** appraising, **mionscrúdú** close scrutiny, **seiceáil** checking, check-up, **tástáil** test

2. *m (-daithe; -duithe)* examination, check-up, test
anailís analysis, **an Ardteist** the Leaving Cert., **an Ardteistiméireacht** The Leaving Certificate, **an Teastas Sóisearach** *(hist)* the Junior Certificate, **An tSraith Shóisearach** the Junior Cycle, **athbhreithniú** review, **béaltriail** *f (-ialach)* oral test, **bithóipse** *f* biopsy, **breathnóireacht** observation, **caiticeasma** catechism, **ceistiúchán** interrogation; questionnaire, **cigireacht** inspection, **cluastuiscint** *f (-ceana)* aural comprehension, **critic** *f (~e; -ticí)* critique, **cúistiúnacht** inquisition, **faireachas** surveillance, **fiosrúchán** inquiry, **imchomharc** *(lit)* interrogation, **ionchoisne** *m* inquisition, **léirmheas** critical assessment, **luacháil** evaluation, **Meánteistiméireacht** *(hist)* Intermediate Certificate, **meastachán** estimate, **measúnacht** assessment, assay, **measúnú** appraisal, **mionscrúdú** close scrutiny, **seiceáil** checking, check-up, **súil siar** glance-back, **suirbhé** survey, **taighde** research, **taiscéalaíocht** exploration, **tástáil** test, **tráth na gceist** quiz, **triail** *f (trialach)* trial, **uatóipse** *f* autopsy

▲ **~ an bharra** *(jur)* bar exam, **~ béil** oral examination, **~ brollaigh** breast check, **~ cainte** oral examination, **~ céime** degree examination, **~ coinsiasa** examination of conscience, **~ deiridh** final examination, **~ dochtúra** medical examination, **~ iarbháis** autopsy, post-mortem examination, **~ iontrála** entrance exam, **~ litrithe** spelling test, **~ máithreánach** matriculation examination, **~ reicteach** rectal examination, **~ scríofa** written examination, **~ sláinte** health check-up, **~ tiomána** driving test

◊ **~ a dhéanamh** to take an exam, **éirí go geal i ~** to pass an exam with flying colours, **D'éirigh liom go geal sa ~.** I nailed the exam., **Theip orm sa ~.** I failed the examination.

Scrupall *m (-aill; -aill, ~)* scruple, hang-up, qualm
aiféala *m* regret, **aiféaltas** shame, embarrassment, **aithreachas** compunction, repentance, **amhras** doubt, **ceist** question, **buairt** sorrow, perturbation, **corrabhuais** uneasiness, **doilíos** sorrow, remorse, **drochamhras** misgiving, **drogall** qualm (s), **leisce** hesitation, **mairg** compunction (cf **gan mhairg** without compunction), **náire** shame (cf **gan náire** shamelessly)

◊ **gan ~ ar bith** unscrupulous, **Nach bhfuil ~ ar bith ort faoi?** Have you no qualms about it?, **Ní bhíonn ~ inti maidir le rudaí mar sin.** She has no hang-ups about things like that., **Rinne sé é gan ~.** He did it without compunction.

Scuab 1 *f (-aibe; ~a, ~)* brush, broom
bruis brush, **cíor** *f (círe; ~a, ~)* comb, **cleiteán** *(for artist)* paintbrush, **glantóir** cleaner, **inneall glanta sráide** street sweeper, **rónóg** small brush, **scuabadóir** sweeper, **scuabán** little brush, **scuabóg** small brush, **scuaibín** little brush

▲ **~ bhéaldatha** lip brush, **~ bhearrtha** shaving brush, **~ bhróg** shoe brush, **~ chithfholctha** shower brush, **~ dhroma** back brush, **~ éadaigh** clothes brush, **~ folaitheora** concealer brush, **~ ghruaige** hairbrush, **~ ingne** nailbrush, **~ mhascára** mascara brush, **~ mhúcháin** flue brush, **~ phéinteála** paintbrush, **~ sciúrtha** scrubbing brush, **~ stionsail** stencil brush

Scuab 2 v_{1a} brush, sweep, move in sweeping manner; *(steal)* lift
bruiseáil brush, **cíor** comb, **cuimil** wipe, rub, **dustáil** dust, **glan le scuab** sweep with a brush, **scinn (thar)** dart (by), sweep (by), rush (by) (cf **Scinn sé tharainn.** He swept/rush past us.), **sciob** whisk, whirl; *(steal)* lift, nick (eg **Sciob sé mo pheann leis.** He ran off with my pen.), **sciomair** scour, scrub, burnish, **sciúr** scour, scrub, **slíob** buff

Scuabadh *vn* brushing, sweeping
bruiseáil brushing, **cíoradh** combing, **cuimilt** wiping, rubbing, **dustáil** dusting, **glanadh le scuab** cleaning with brush, **scinneadh (thar)** darting (by), sweep (by), rushing (by) **sciobadh** whisking, whirling; *(steal)* lifting, nicking, **sciomradh** scouring, scrubbing, burnishing, **sciúradh** scouring, scrubbing, **slíobadh** buffing

Scuabtha *pp* brushed, swept
bruiseáilte brushed, **cíortha** combed, **cuimilte** wiped, rubbed, **dustáilte** dusted, **glanta le scuab** cleaned by brush, **scinnte (thar)** darted (by), swept (by), rushed (by) **sciobtha** whisked, whirled; *(stolen)* lifted, nicked, **sciomartha** scourged, scrubbed, burnished, **sciúrtha** scoured, scrubbed, **slíobtha** buffed

Scuaine *f (~e; -ní)* queue
ciú queue, **ciúáil** queuing, **colún** column, **eireaball** tail, **déanmh líne** making a line, **líne** *f* line, **seasamh i líne** standing in line, **slabhra** chain, **slua** procession; crowd, **sraith** series, **streoillín** straggling line

Seaca (> *sioc*) freezing
adhfhuar extremely cold, **fuar** cold, **fuaraithe** *(wine)* chilled, **geimhridh** winter (> **geimhreadh**), **geimhriúil** wintry, **glas** raw, **goimhiúil** biting, stinging, **oighreach** glacial, **oighreata** icy, **oighrithe** frozen over, glaciated, **préachta** perished, **reoánta** *(cake)* iced, **reoch** frosty, **reoite** frozen, freezing, **reomhar** frigid, **righin leis an bhfuacht** rigid with the cold, **Sibéarach** Siberian, **sioctha** frozen *(see also: reoite)*

▲ **aimsir sheaca** frosty weather, **dó ~** frostbite, **gaoth sheaca** freezing wind, **paistí ~** icy patches, **prátaí ~** frost-bitten potato, **súile ~** glacial eyes

Seachadadh *m* (*-chadta; -chadtaí*) delivery; rendition
coinsíneacht consignment, **cur ar aghaidh** forwarding, sending ahead, **cur ar fáil** making available, **cur chuig** sending to, **dáileadh amach** distributing, **eisiúint** issue, **eiseachadadh** extraditing, **scaipeadh** distribution, **seoladh** sending, posting, **tabhairt** giving, **tabhairt do** giving to, passing on to, **tabhairt suas** relinquishing, **tarchur** transmission, **toirbhirt** delivering; presenting, giving

◊ **~ in aisce** free delivery, **~ láimhe a thabhairt don fhreastalaí** to give a tip to the waiter, **~ litreacha/ríomhphoist** delivery of letters/of an email

Seachadta *pp* delivered, handed over
curtha ar aghaidh forwarded, sent ahead, **curtha chuig** sent to, **curtha i láthair** presented, **dáilte** allotted, distributed; bestowed, **eiseachadta** extradited, **scaipthe** distributed; scattered, **seolta** sent, **tugtha** given, **tarchurtha** remitted; transmitted, **toirbheartha** delivered; presented, given, **tugtha** given, **tugtha do** given to, passed on to, **tugtha suas** relinquished

Seachaid v_{1d} deliver, present, hand over
cuir ar aghaidh forward, send ahead, **cuir chuig** send to, **cuir i láthair** present, **dáil** allot, distribute; bestow, **eiseachaid** extradite, **scaip** distribute; scatter, **seol** send, **tabhair** give, **tabhair do** give to, pass on to, **tabhair suas** relinquish, **tarchuir** remit; transmit, **toirbhir** deliver; present, give

Seachain v_{2c} avoid, evade, shun; guard against, mind
bí ag dul anonn is anall/siar is aniar be prevaricating, **éalaigh ó** elude, **éirigh as** refrain from, **fág gan freagairt** leave unanswered, **déan faillí i ndualgas** shirk one's duty, **fan amach ó** keep away from, **gabh thar** bypass, **imchéimnigh** circumvent, **imghabh** evade, **ná bíodh aon bhaint agat le** have nothing to do with, **ná téigh i do ghaire ná i do ghaobhar do** do not go anywhere near to, **sciortáil timpeall** to skirt around, **tar as rud éigin** get out of something (cf **Tháinig sé as gan é a dhéana**mh. He got out of doing it.), **tar slán** get out unharmed, survive, **téigh i leataobh** dodge, **téigh timpeall** go/get round, circumvent, **teith roimh** flee from, **timpeallaigh** circumvent, circle round

◊ **~ an t-alcól!** Avoid alcohol!, **~ an chéim!** Mind the step!, **~ nach gcailleann tú iad!** Mind you don't lose them!, **~ tú féin!** Mind yourself!

P **Seachnaíonn súil ní nach bhfeiceann.** What the eye doesn't see, the heart doesn't crave.

Seachaint *vn* avoiding, evading, shunning, dodging
anonn is anall prevarication, **doicheallú** baulking at, **dul i leataobh** dodging, **dul timpeall** going/getting round, circumventing, **éalú ó** eluding, **éirí as** refraining from, **fágáil gan freagairt** leaving unanswered, **faillí á dhéanamh i ndualgas** shirking one's duty, **fanacht amach ó** keeping away from, avoiding, **gabháil thar** bypassing, **imchéimniú** circumventing, **imghabháil** evading, **sciortáil timpeall** skirting around, **siar is aniar** prevarication, **teacht as rud éigin** getting out of something, **teacht slán** getting out unharmed, surviving, **teitheadh roimh** fleeing from, **timpeallú** circumventing, circling round

◊ **~ na gceisteanna crua** dodging the difficult questions/issues, **Ná bí ag ~ na fírinne.** Don't be running away from the truth., **Níl aon ~ air.** It's unavoidable., **Tá tú ag ~ na ceiste.** You're fudging the issue.

Seachanta *pp* avoided, evaded, shunned, dodged
dulta i leataobh dodged, **dulta timpeall** gone/got round, circumvented, **éalaithe ó** eluded, **éirithe as** refrained from, **fágtha gan freagairt** left unanswered, **le faillí déanta i ndualgas** having shirked one's duty, **fanta amach ó** kept away from, **gafa thar** passed by, **imchéimnithe** circumvented, **imghafa** evaded, **sciortáilte timpeall** skirted around, **tagtha as rud éigin** gotten out of something, **tagtha slán** gotten out unharmed, survived, **teite roimh** fled from, **timpeallaithe** circumvented, circled round

▲ **ceast ~** *(rel)* untouchable caste, **lucht ~ cánach** tax dodgers

Seachantach adj^3 evasive, non-committal
deoranta aloof, **dochaideartha** unsociable, **ceilteach** cagey, **coimhthíoch** standoffish, **doicheallach** churlish, boorish; standoffish, **doiléir** obscure, vague; blurred, **do-ranna** unsociable, uncompanionable, **dúnárasach** reticent, reserved, **eascairdiúil** unfriendly, **ealaitheach** elusive, evasive, **éiginnte** ambivalent, **faichilleach** wary, guarded, **leithleach** apart, standoffish, **lúbach** serpentine, devious, **mearbhlach** confusing, **neamhchinnte** uncertain, equivocal, **sciorrach** slippy, slippery, **sleamhain** slippery; *(person)* smooth, **slítheánta** shifty, **teifeach** fleeing, fugitive, **uaigneach** lone, companionless

▲ **freagra ~** evasive reply, **iompar ~** coy/evasive behaviour

Seachantacht f (~a) evasiveness, diffidence; standoffishness
deorantacht aloofness, **dochaidearthacht** unsociability, **dúnárasacht** reticence, taciturnity, **ceilteanas** concealment, caginess, **coimhthíos** standoffishness, **doicheall** churlishness; standoffishness, **doiléire** obscureness, vagueness, **éalaithí** elusiveness, **eascairdeas** unfriendliness, antagonism, **éiginnteacht** ambivalence, **faichill** wariness, guardedness, **lúbarnaíl** wriggling, twisting and turning; deviousness, **mearbhall** confusion, **neamhchinnteacht** uncertainty, equivocality, **sciorracht** slipperiness, **sleamhaine** slipperiness; (person) smoothness, **slítheántacht** shiftiness, **teitheadh** fleeing, flight

Seachas adv apart from
ach amháin go but for the fact that, **amach uaidh sin** apart from that (cf **amach ó bhualadh leis ag cóisir** apart from meeting him at a party), **cé is moite de** besides, **chomh maith le** as well as, **diomaite de** apart from, **gan cur san áireamh** excluding, **ní amháin** not only, **sa bhreis air sin** in addition to that, **taobh amuigh de** outside of

Seachmall m (-aill; -aill, ~) illusion, aberration; omission, neglect
ciméara mirage; delusion, **craiceáil** craziness; psychosis, **dalbhadh** delusion; confusion, **dallach dubh** illusion, deceived state, **dul amú** misconception, erring, **easnamh** omission, **fantaisíocht** fantasy, **iomrall (céille)** (mental) aberration, **iomrall do shamhlaíochta** figment of your imagination, **iomrall súl** optical illusion, **mearbhall** confusion, delusion, **mearú** mental aberration, derangement, **neamart** neglect; oversight, **saochan céille** mental aberration, **scal** f funny in the head (cf **Tá scal bheag air.** He's a bit touched.), **seachrán** aberration; delusion, distraction, **siabhrán** hallucination, **síocóis** psychosis, **speabhraídí** fpl hallucinations (cf **Bhí speabhraídí tinnis uirthi.** She was suffering from sickness delirium., **Bhí speabhraídí an óil air.** He was delirious from drinking.)

Seachmallach adj³ wandering, deluded; crazy, confused
ar mire mad, **craiceáilte** crazy, **dalbhaidh** (> **dalbhadh**) of delusion; confused, **dulta amú** gone off on the wrong track, mistaken, **easnamhach** deficient, lacking, **fantaisíochta** (> **fantaisíocht**) fantasy adj; fantastical, **íortha** deranged, mad, **iomrallach** straying, stray; mistaken, **le broim** crazy, mad (cf **Chuaigh sí le broim.** She went crackers.), **luaineach** fickle, vacillating, **mearbhlach** confused, bewildered, **mearaithe** mentally deranged, **néaltraithe** demented, **neamartach** neglectful, negligent, **seachránach** deluded, distracted, **siabhránach** demented with hallucinations; senile, **síocóisach** psychotic, **spadhrúil** given to fits of craziness

Seachrán m (-áin; -áin, ~)
1. wandering, staying, aberration
fánaíocht wandering, **fuaidreamh** vagrancy, wandering, **ráigíocht** vagrancy, wandering about, **rámhóireacht** moving around idly; roving for pleasure, **ránaíocht** roving, **seachránacht** aberrancy, aimlessly wandering, **straeáil** straying, going astray, **straeireacht** straying (see also: **fánaíocht**)

◊ **Bhí m'intinn ar ~.** My mind was wandering., **duine a chur ar ~** to lead a person astray, **Níl anseo ach ~ sealadach.** This is only a temporary anomaly., **Níl lá seachráin orm faoi sin.** I'm under no illusions about that., **Tá ~ ort.** You're delusional.

2. **ar ~** astray, off course
amú missing, astray, awry, **ar fán** wandering, straying, **ar fuaidreamh** adrift, **ar míthreoir** off track, off course, **ar shiúl** missing, **ar strae** astray, **caillte** lost, **gan bheith ceart** amiss, not right, **i bhfad ón sprioc** way off the mark, **(imithe) ó bhóthar do leasa** (wandered) from the straight and narrow, **mícheart** wrong, **míchuí** inappropriate

◊ **Táimid dulta ar ~.** We have gone astray/off course.

Seachránach adj³ wandering, straying; misguided distracted
ar mearaí distracted bewildered, **éidreoireach** lacking direction, shiftless, **fáin** (> **fán**) wandering, **fánach** wandering, **fánaíochta** (> **fánaíocht**) given to wandering, **iomrallach** misguided, wide (of mark), **meallta** mistaken, **mearaithe** distracted, deranged, **místiúrtha** misguided, **peacúil** sinful, **rámhailleach** delirious, rambling, **seachmallach** deluded, **straeúil** inclined to stray

▲ **dearcadh ~** misguided view, **lámh sheachránach** wandering hand, **intinn sheachránach** straying attention, wandering mind, **meabhair sheachránach** deranged mind, **neamhord ~** delusional disorder, **saol ~** vagrant life, **súil sheachránach** wandering eye

Seadán 1 m (-áin; -áin, ~) draught, breeze; wheeze
dé f breath (cf **dé ghaoithe** breath of wind), **bleaist** blast, **cársán** wheeze, **cliath** f **uchta** wheeziness, **feadán** wheeze, whistling sound, **feothan** gust, breeze, **fuarghaoth** f cold draught of wind, **siorradh** draught (cf **Is seomra é a mbíonn siorradh isteach ann.** It's a draughty room), **leoithne** f light breeze, **miam** f (**méine**) puff, breath (cf **miam ghaoithe** puff of wind), **puth** puff, **séideadh** blowing, windiness; draught, **séideán** gust, eddy; draught, **seoidire** draught, **seordán** wheeze; rustling sound, **smeámh** (wind) breath, puff, **srannán** wheeze, rattle, **sruth aeir** air current

Seadán 2 m (-áin; -áin, ~) parasite
diúgaire bloodsucker, leech, **failpéir** sponger, sycophant, **líodrálaí** sponger; hanger-on, **míoladóir** scrounger, **paraisít** parasite, **siolpaire** parasite,

freeloader, **stocaire** gate-crasher; freeloader, **súdaire** sponger; toady **súmaire** leech, **súmaire fola** bloodsucker

Seadánaigh v_{2a} parasitise
bí ag súmaireacht ar be leeching off, **bí ag failpéireacht** be sponging, **diúg** suck; leech, **siolp** suck, drain dry

Seadánach 1 *adj*³ breezy, puffing, wheezy
asmach asthmatic, **feadánach** whistling, wheezy, **feothanach** breezy, **gaofar** windy, **gaothach** windy, **gearranálach** asthmatic, short of breath, **piachánach** hoarse, throaty, **sceirdiúil** windswept, bleak, **séideogach** gusty, breezy, **seordánach** wheezy; rustling

Seadánach 2 *adj*³ parasitic
diúgaireachta (> *diúgaireacht*) scrounging, **failpéireachta** (> *failpéireacht*) sponging; toadying, **líodrála** (> *liodráil*) sponging, toadying, **míolach** lousy, **míoladóireachta** (> *míoladóireacht*) scrounging, **siolpaireachta** (> *siolpaireacht*) freeloading, **stocaireachta** (> *stocaireacht*) gatecrashing; freeloading, **súdaireachta** (> *súdaireacht*) sponging; toadying, **súmaireachta** (> *súmaireacht*) leeching; scrounging

Seadánaithe *pp* parasitised
diúgtha sucked; leeched, **siolptha** sucked, drained dry

Seadánú *vn* parasitising
diúgadh sucking; leeching, **diúgaireacht** cadging, sponging, **failpéireacht** sponging, **líodráil** scrounging, **míoladóireacht** scrounging, **siolpadh** sucking, draining dry, **siolpaireacht** freeloading, **súdaireacht** sponging; toadying, **súmaireacht** leeching

Seafóid *f* (~e) silliness, nonsense, poppycock
áiféis nonsense, exaggeration, **amadántacht** silly way of carrying on, **amaidí** folly, foolishness, **baois** folly, **bómántacht** stupidity, **breallántacht** (talking) silliness, nonsense, **brealsúnacht** sillinesss, **brilléis** silly talk, **bundún** humbug, arse (cf **Bundún!** My arse!), **bundúnacht** silliness; arsing about, **cur i gcéill** affectation, codology, **díchiall** senselessness, **dramhaíl chainte** rubbish-talk, **éigríonnacht** imprudence, **éigiall** *f* irrationality, **fánaíocht** aimless behaviour, **éidreoir** cluelessness, **faoiste fáiste** nonsense, **guanacht** fancifulness, silliness, **leamhas** inanity, silliness, **leimhe** inanity, silliness, **míchiall** *f* (-*chéille*) senselessness, folly, **míréasúntacht** unreasonableness, **mugadh magadh** humbug, farce, **pleidhcíocht** acting the eejit, fooling about, **raiméis** nonsensical talk, nonsense, **saontacht** naivety, gullibility, simple-mindedness, **truflais cainte** rubbish-talk *(see also: amaidí)*

◊ **A leithéid de sheafóid!** Such utter nonsense!, **bheith ag caint ~e** to be talking poppycock/rubbish, **Níl ansin ach ~!** That's just silly!

Seafóideach *adj*³ silly, foolish
áiféiseach ridiculous, absurd, **amaideach** foolish, **amadánta** fatuous, **baoth** giddy, foolish, **baothánta** fatuous, **bómánta** stupid, **díchéillí** irrational, senseless, **éigríonna** imprudent, **éigiallta** irrational, **fastaímeach** fond of idling and amusing oneself, airheaded, **fánach** futile, vain, aimless, **guanach** fanciful, silly, **néaltraithe** demented, daft, **meargánta** reckless, **míchéillí** senseless, **neamhéirimiúil** unintelligent, **óinmhideach** foolish, simple, **óinsiúil** *(of female only)* foolish, **pleidhciúil** silly, **raiméiseach** nonsensical *(see also: amaideach)*

▲ **caitheamh aimsire** ~ frivolous pastime, **cinneadh** ~ ludicrous decision, **fiontar** ~ cretinous undertaking, **focal** ~ asinine remark; silly word, **hata** ~ ridiculous hat, **leithscéal** ~ idiotic/dumbass excuse, **plean** ~ birdbrained plan, **moladh** ~ farcical suggestion, **smaoineamh** ~ harebrained idea

Seal *m* (~a; ~anna) period of time, spell; *(work, etc.)* shift, turn
achar duration of time, **aga** *m* time; interval, **aimsir** time, era, **am** *m* (~; ~anna) time, **babhta** bout, turn, go, **dreas** turn, spell, **nóiméad** moment, **lá** day, **ré** *f* era, age, **scaitheamh** spell, while, **scaití** at times, **sea** *m* turn, spell, **sealad** while; turn, **spailp** bout, turn, spell, **speatar** spell (of use) (cf **Bhaineamar speatar maith as.** It served us well.), **stáir** spell, stretch, turn (cf **stáir oibre** spell of work), **stráisiún** protracted spell, **tamall** while, period of time, **taoide** spell, period of time (cf **taoide den lá** part of the day), **téarma** term, **tráth** period of time, **treall** short period of work, **tréimhse** *f* period, term, **turn** *(games)* turn, **uain** turn, spell; opportunity

◊ **ár ~ ar an saol seo** our earthly span, **Ní thugann rud ar bith ach ~.** Nothing lasts forever.

Séala *m* (~; ~í)
1. seal, stamp
athdhearbhú reassurance, **daingniú** confirmation, **dainghniúchán** ratification, **dearbhú** assurance; affirmation, **deimhniú** validation, attestation, **fíordheimhniú** authentication, **ionchomhartha** *(tech)* insignia, **stampa** stamp, **suaitheantas** insignia

▲ **~ formheasa** stamp of approval, **~ oifige** seal of office, **~ slándála** security seal, **~ stáit** privy seal

2. *(non-porous cover)* seal, covering
claibín aerdhíonach airtight lid, **clúdach uiscedhíonach** waterproof covering, **corc** cork, **cosant** protection, **cóta** coating, **díon** protection, shelter, **pluga** plug, **séaltán** sealant, **sciath** *f (scéithe)* shield, screen, **stoipéad** stopper, **stopallán** stopper

Sealadach *adj*³ temporary, provisional
ainm *m* (+ *gen*) makeshift (eg **Tá ainm boird againn.** We have a makeshift table.), **breacshaolach** ephemeral, **coinníollach** conditional, **díomuan** transitory,

dréacht- *pref* draft, **duthain** short-lived, transient, **eatramhach** interim, **gairid** brief, **gearr** short, **gearrshaolach** short-lived, **gearrthéarmach** short-term, **idir eatarthu** transitional, **idirthréimhseach** transitional, **luaineach** vacillating, changeable, **neamhbhuan** impermanent, **páirtaimseartha** part-time **reatha** fleeting (cf **cuairt reatha** fleeting visit), **sciorrach** fleeting (cf **sracfhéachaint sciorrach** fleeting glance), **soghluaiste** changeable, transient

Sealaíocht *f (~a)* alternating, taking turns
ailtéarnú alternating, **gach re sea** turn and turnabout, **malartú** alternating, changing, **sealobair** *f* shiftwork, **uainíocht** rotation, taking turns

Sealbhach *adj³* possessive
amplach greedy, **cíocrach** longing; voracious, **éadálach** acquisitive, **ginideach** *(gram)* genitive, **leithleach** selfish, **santach** grasping, greedy, **tnúthánach** yearning; covetous

▲ **forainm ~** *(gram)* possessive pronoun, **tuiseal ~** *(gram)* possessive case

Sealbhaigh *v₂ₐ* possess, take possession of
áitigh occupy, **cuir fút in áit** to settle down in a place, **dílsigh** secure, appropriate, **faigh** get, acquire, **faigh seilbh ar** take possession of, **faigh smacht ar** take/ get control of, **forghabh** occupy; forcibly take possession, usurp, **gabh** occupy, **gabh forlámhas ar** overrun, take dominion over, **gabh seilbh ar** take possession of, **glac úinéireacht ar** acquire ownership of **lonnaigh** settle, occupy, **paitinnigh** patent, **teacht** *(jur)* hold, enjoy *(property)*,

Sealbhaithe *pp* possessed, taken possession of
áitithe occupied, **curtha fút in áit** settled down in a place, **faighte** gotten, acquired, **forghafa** occupied; forcibly taken possession, usurped, **gafa** possessed, occupied; captured, **lonnaithe** settled, occupied, **paitinnithe** patented, **smachtaithe** brought under control

Sealbhóir *m (-óra; ~í)* holder, possessor, incumbent
áititheoir occupant, **áitritheoir** inhabitant, **coimeádaí** keeper, **coinneálaí** caddy, retainer, holder, **cónaitheoir** resident; boarder, **léas-sealbhóir** leaseholder, **léasaí** lessee, **morgáistí** mortgagee, **ruílseach** *m* freeholder, **tiarna talún** landlord, **tionónta** tenant, **úinéir** owner

Sealbhú *vn* possessing, taking possession of
áitiú occupying, **buanú** preserving, fixing; perpetuating, **cur fút in áit** settling down in a place, **dílsiú** securing, appropriating, **fáil** getting, acquiring, obtaining, **fáil seilbhe ar** taking/getting possession of, **fáil smachta ar** getting control of, **forghabháil** occupying; forcibly taking possession of, usurping, **gabháil** taking possession, occupying, **gabháil forlámhais ar** overrunning, taking dominion over, **gabháil seilbhe ar** taking possession of, **glacadh** **úinéireachta** acquiring ownership of, **leithghabháil** appropriation, **lonnú** settling (down), occupying, **paitinniú** patenting, **sealbhaíocht** possession, tenure, **úinéireacht** ownership *(see also: seilbh)*

Sealgaire *m (~; -rí)* hunter
cuardaitheoir searcher, **fiagaí** huntsman, **fiagaire** hunter, **leanúnach** *m* follower, **lorgaire** tracker, **paidhceálaí** groper, searcher, **piardálaí** rummager; ransacker, **póirseálaí** rummager, **polladóir** burrower, borer, searcher, **ransaitheoir** rummager, **ruagaire** chaser, hunter, **séirseálaí** forager, rummager, **siortaitheoir** rummager, forager, **sirtheoir** petitioner, forager; *(min)* prospector, **stalcaire** stalker, **taighdeoir** researcher, **taiscéalaí** explorer, **tóraí** chaser, pursuer; hunter, **tóraitheoir** seeker, **tráiteoir** beachcomber

Sealgaireacht *f (~a)* hunting, chasing
cuardach searching, **fáiteall** foraging, food-gathering, **féachaint** looking, **feagánú** hunting, chasing, **fiagaíocht** foraging; hunting, **fiach** *m (-aigh)* hunt, hunting; chase, chasing, **fiosrú** inquiry, **fochmharc** *(lit)* seeking, asking, **gaistiú** trapping, ensnaring, **iniúchadh** scrutinising; auditing, **lorg** searching (cf **ar lorg an ghadaí** in search of the thief), **piardáil** rummaging; ransacking, **póirseáil** rummaging, **prócáil** probing, poking, **ruagaireacht** chasing, hunting, **seilg** hunt, hunting; chase, chasing, **séirseáil** rummaging, foraging, **siortú** searching, foraging; ransacking, **taiscéaladh** exploring, reconnoitring, **taiscéalaíocht** exploration, **tóir** *f (tóra; ~eacha)* pursuit, chase, **tóraíocht** pursuing; pursuit, **tráiteoireacht** beachcombing

Sean- *pref* old
ag titim as a chéile crumbling, **aibí** mature, **anallód** of yore, **anonn i mblianta** advanced in years, **aosta** old, **ar an sean-nós** in the old way, in the old tradition, **ársa** ancient, archaic, **as dáta** out of date, outdated, **as feidhm** obsolete, **atá ann le fada an lá** long-established, **bundúchasach** aboriginal, **caite** spent, worn out, **cnagaosta** advanced in years, **críonna** old, wise, **den seandéanamh** of the old style, **dulta i léig** over the hill, obsolete, **dulta in aois** gotten old, **fásta** grown-up, **gioblach** tattered, **giobach** shaggy, **in earr a ré** in his/her/their extreme old age, **locartha** worn out, **meánaosta** middle-aged, **réamhstairiúil** prehistoric, **sa sean-am** in olden times, **scothaosta** fairly old, **seanaimseartha** antiquated, **seanaoise** senile, **seanársa** primitive, **seanbhlastúil** stale, mouldy, **seanchaite** worn-out; antiquated, **seanchríonna** old and wise; *(child)* precocious, **seanda** ancient, **seandálaíoch** archaeological, **seandéanta** old-fashioned, **seanfhaiseanta** old-fashioned, **seanórtha** aged, elderly, **seanré** period; veteran (eg **scannán seanré** period film; **carr seanré** veteran/vintage car), **seantriailte** veteran, **snoite** emaciated, **stairiúil** historical, **stálaithe** stale, **tnáite** worn down, weary, jaded, **traidisiúnta** traditional

Sean

▲ ~**aimseartha** old-fashioned, ~**aimsir** old times, ~**-aintín** great-aunt, ~**aithne** long acquaintance, ~**aois** old age, ~**ársa** primitive, ~**athair** grandfather, ~**bhaile** old home (cf **Tá sí imithe chun an tSeanbhaile.** She has gone to her final resting place.), ~**bhean** old woman, ~**bholadh** musty smell, ~**bhuachaill** old boy (cf **an ~bhuachaill** the Devil), ~**chailín** old maid, ~**chailleach** *f* old hag, crone, ~**chaite** worn out; obsolete, ~**chnámha** *fpl* old bones; old age (eg **Ní dhéanfar ~chnámha díomsa.** I'll not make old bones.), ~**cholm** old scar, ~**chríonna** *(child)* precocious; *(adult)* wise from long experience, ~**chuimhne** old memory, ~**déanamh** old make (eg **fear den ~déanamh** man of the old stock), ~**déanta** old-fashioned, ~**dream** old crowd, ~**duine** old person, ~ **fhala** old grudge/feud, ~**fhear** old man, ~**fhocal** old saying; proverb, ~**fhondúir** old-timer, ~**lámh** old (practised) hand, ~**léim** old stride (cf **Tá sí ar ais ar a ~léim arís.** She is back into her old stride again.), ~**madra** old dog, old warhorse, ~**mhaighdean** old maid, **seanmháthair** grandmother, ~**-nós** traditional manner (cf **amhránaíocht ar an ~-nós** traditional singing), **seanóir** old-timer, ~**ré** *f* former times, ~**saighdiúir** old soldier, veteran, ~**saol** old world/life, ~**scéal (le féasóg)** old (well-known) tale (cf **Is é an ~scéal céanna arís é!** It's the same old story again.), ~**-Tiomna** Old Testament, ~**uncail** great-uncle

Sean 1 *m (~; ~a, ~)* old person, senior; ancestor
sean-ancaire old buffer, old recluse, **seanathair** *m (-thar)* grandfather, **seanbhaitsiléir** old bachelor, **seanbhuachaill** *m (-challa)* old lad; *(father)* old fellow, **seanchnámh** *f* old experienced person, **seandraoi** crafty old person; precocious child, **seandream** the old crowd; the old people, **seanduine** old person, **seanfhear** old man, **seanfhondúir** old-timer, **seanlámh** *f* an old hand (at it), practiced old hand, **seanóir** old person, senior citizen; elder, **seansaighdiúir** old veteran/soldier; old campaigner, **seanseadaire** old-stager *(see also: **seanduine**)*

Sean 2 *adj¹* old
aosta aged, old, **ársa** archaic, **caite** worn out, spent, **críon** withered, decayed, **cian** long, **cianaosta** extremely old, long-lived, **críonna** old, wise, prudent, **dulta in aois** gotten old, **sean-** old, **seanaimseartha** old-fashioned, **seanchaite** warn out; obsolete, **seanchríonna** *(adult)* old and experienced *(child)* precocious, **seanda** ancient, **sinsearach** senior *(see also: **sean-**)*

Séan 1 *m (séin; ~a, ~)* prosperity
acmhainn means, resources; potentiality, **ana** *m (lit)* prosperity, wealth, **bail** prosperity, **bláth** blossoming, bloom, **conách** *m* wealth, prosperity, **flúirse** abundance, plenitude, **fortún** fortune, **gustal** affluence, wealth, **maoin** property, wealth, **rachmas** opulence, **rafaireacht** prosperity, **maitheas** goods, property, wealth, **raidhse** abundance, profuseness, **rath** success, **rathúlacht** successfulness, **rathúnas** prosperity, **ró** *(lit)* success, prosperity, **saibhreas** richness, wealth, **só** luxury, **sonas** good fortune, **soirbheas** auspiciousness, prosperity, **sorthan** *(lit)* prosperity, **torchaire** acquisition, find; flotsam and jetsam, **toice** *f* wealth, prosperity, **tromchonách** *m (lit)* great prosperity

Séan 2 v_{1a} deny; reject, repudiate, abrogate
aisghair abrogate; repeal, **aistarraing** *(com)* withdraw, **baghcatáil** boycott, **bréagnaigh** negate, rebut; debunk, **caith amach** throw out, **caith i dtraipisí** kick out, **cuileáil** discard, reject, **déan séanadh** repudiate, **dear** *(lit)* renounce, **diúltaigh** deny; decline, **diúltaigh do** reject, **éimigh** refuse, deny, **éirigh as** forsake, **eitigh** spurn, rebuff, **ob** *(bank cheque)* bounce, **tabhair cúl le** reject; turn one's back on, **tabhair droim láimhe do** reject; turn away from, **tarraing siar** pull back, **téigh i gcoinne** confound, **téigh siar ar** go back on, abrogate, **tréig** renounce; abandon

~ **an cúiseamh!** Reject the accusation!
~ **an phribhléid!** Deny the privilege!
~ **aon dliteanas!** Negate any liability!
~ **aon eolas faoi!** Disavow any knowledge of it!
~ **d'earráid!** Recant your mistake!
~ **d'fhreagracht!** Abrogate your responsibility!
~ **do chreideamh!** Renounce your faith!
~ **do chúnamh orthu!** Refuse to help them!
~ **do ghealltanas!** Go back on your promise!
~ **na líomhaintí!** Refute the allegations!
~ **ráiteas!** Repudiate a statement!

◊ **Ná ~ do scéala orainn!** Don't deny us hearing your news!, **Shéan Peadar an Tiarna trí huaire.** Peter denied the Lord thrice.

> ○ **Baghcatáil** *boycotting* from Captain Charles Cunningham Boycott (1832–1897), a retired English soldier who acted as agent to Lord Erne in Mayo from the year 1873. After **Conradh na Talún** *The Land League* and Parnell had advocated a policy of non-cooperation with Boycott, there was a concerted endeavour amongst the Catholic population not to transact any business with him. By the late 1880's Boycott's name had already entered both the Irish and English languages.

Séanadh *vn* denying; rejecting, repudiating, abrogating
aisghairm abrogation; repealing, **aistarraingt** *(com)* withdrawing, **baghcatáil** boycotting, **bréagnú** negating, rebutting; debunking, **caitheamh amach** throwing out, **caitheamh i dtraipisí** kicking out, **cuileáil** discarding, rejecting, **déanamh séanadh** repudiating, **dearadh** *(lit)* renouncing, **diúltú** denying; declining, **diúltú do** rejecting, **dul i gcoinne** confounding, **dul siar ar** going back on, abrogating, **éimiú** refusing, denying, **éirí as** forsaking, **eitiú** spurning, rebuffing, **obadh** *(bank cheque)* bouncing, **tabhairt cúil le** turning one's back to, **tabhairt droim**

Seanaimseartha *adj⁶* old-fashioned, antiquated
anallód of yore, **aosta** old, **ar an sean-nós** in the old way, in the old tradition, **ársa** ancient, archaic, **as dáta** out of date, outdated, **as faisean** out of fashion, **as feidhm** obsolete, out-of-use, **cleachta** (well-)practised, **coinbhinsiúnach** conventional, **coimeádach** conservative, **críonna** old, wise, **den seandéanamh** of the old style, **den tseanré** from the old times, **dulta as faisean** gone out of fashion, **mar a bhíodh fadó** as it used to be long ago, **mar a bhí sa tseanaimsir/sna seanlaethanta** as it was in olden times/the old days, **mí-aimseartha** anachronistic, **seanársa** primitive, **seanbhlastúil** stale, **seanchaite** antiquated, clichéd, **seanchleachta** tried and trusted, well-used, **seanchríonna** old and experienced, wise, **seanda** ancient, **seandéanta** of the old make, **seanfhaiseanta** old-fashioned, **seanórtha** aged, elderly, **seanré** *(of object)* veteran (eg **scannán seanré** period film; **carr seanré** veteran/vintage car), **stairiúil** historical, **stálaithe** stale, **stílithe** stylised, **traidisiúnta** traditional

Seanaimseartacht *f (~a)* old-fashionedness, being behind the times
ársaíocht old age, **coimeádachas** conservatism, **críonnacht** maturity, old age, **seandálaíocht** archaeology, **seandéanamh** old make; old style, **seanré** *f* former times, **seanlaethanta** olden days, **mí-aimsearthacht** anachronism, **seanaimsir** olden times, **sean-am** old time (cf **sa sean-am** back in the day), **seanaois** old age, **seanársaíocht** primitiveness, **seanbhlastúlacht** staleness, mouldiness, **seandacht** antiquity, **seandéanamh** old style; old make, **seanfhaiseantacht** oldfashionedness, **seanórthacht** old age, seniority, **seanré** *f* old former times, **stairiúlacht** historicity, **stálaíocht** staleness, **stíleáil** styling, stylisation, **traidisiúnachas** traditionalism

Seanaois *f (~e)* old age
aois age, old age (cf **titim san aois** to grow old), **aois na leanbaíochta** second childhood, **ársaíocht** old age; antiquarianism, **críne** decrepitude, old age, **dímheabhair** *f (-mhrach)* senility, **leanbaíocht na haoise** second childhood, dotage, **leanbhaois** senility of old age, **críonnacht** old age; wisdom of the old age, **seandacht** old age; antiquity (cf *~aí* antiques),

P **Ní sonas seanaois, ní bainis bás.** Old age isn't happiness, and death isn't a wedding.

Seanchaí *m (~; -aithe)* traditional storyteller
aithriseoir narrator, **bard** *m* bard, **bean inste scéil** raconteuse; *(female)* storyteller, **croiniceoir** chronicler, **eachtraí** raconteur, **fear inste scéil** raconteur; *(male)* storyteller, **fiannaí** teller of tales about Fionn and the Fianna, **ramscéalaí** romancer, storyteller, **scéalaí** storyteller, **seanscéalaí** traditional storyteller, **staraí** romancer, storyteller; historian, **taibhseoir** teller of ghost stories

○ Originally the **seanchaí** was the official custodian of **seanchas** (*ie laws, genealogies, annals, traditional tales, etc*). After **Teitheadh na nIarlaí** the Flight of the Earls in 1607 and the following demise of the indigenous nobility, the **seanchaithe** incorporated the ordinary people as entertainers, recounting the ancient myths and legends. These tales, **gníomhartha gaile is gaisce** *deeds of valour and prowess* were orally transmitted from generation to generation.

Seanchas *m (-ais)* traditional storytelling; *(lit)* ancient Irish law
annála (staire) (historical) annals, **béaloideas** lore, folklore, **dlíthe** laws, **Dlíthe na mBreithiúna** Brehon Laws, **scéalaíocht thraidisiúnta** traditional storytelling, **seanscéalaíocht** telling/narrating old traditional stories, **seanstair dhúchasach** old native history, **ginealas** genealogy *(see also: dlí)*

○ **seanchas** – in ancient Ireland seanchas related to traditional laws, genealogies, historical annals, ancient legends and myths. In more modern times it refers to orally-transmitted tales, legends and myths in the extensive repertoire of the traditional Irish storyteller, **an seanchaí**.

Seanbhean *f (-mhná; -mhná, -bhan)* old woman
cailleach *f* hag, witch, **cráinseach** *f* corpulent hag, **fia-chailleach** *f* unruly old hag, **Mamó** granny (cf **A Mhamó** Granny!), **máthair** *f (-ar)* **chríonna** grandmother, **meirgíneach** *f* crabby/crusty old woman, **puisbhean** *f* aging spinster, **sean-aintí** great-aunt, **seanchailín** *m* old maid, **seanchailleach** *f* old hag, crone, **seanmhaighdean** *f (-dine)* old maid, **seanmháthair** grandmother, **sin-seanmháthair** great-grandmother, **sin-sin seanmháthair** great-great-grandmother *(see also: sean 1, seanduine)*

Seanchaite *adj⁶* worn out, obsolete
ársa ancient, **as dáta** outdated, outmoded, **as feidhm** obsolete; no longer functioning, **athchaite** worn out, **cailliúnach** wasted, worn out, **caite** spent, exhausted, **caite i dtraipisí le fada** discarded this long while, **díblí** decrepit, worn out, **imithe (thart) le fada an lá** gone (by) for many the long day, **meirgeach** rusty, clichéd, **smolchaite** threadbare, **spíonta** clapped-out, **súchaite** sapless; effete, **tnáite** burnt out, **tugtha traochta** exhausted, worn out

Seanda *adj⁶* ancient
anallód of yore, **aosta** aged, old, **ársa** archaic, **caite** worn out, **críonna** old, wise, prudent, **den tseanré** from the old times, **fadó fadó** long, long ago, **sean-** old, **seanaimseartha** olden, old-fashioned, **seanaoise** of an old age, **seandálaíoch** archaeological,

Seandacht

seanórtha aged, elderly, **seanré** veteran, vintage, period (eg **scannán seanré** period film; **carr seanré** veteran/vintage car), **stairiúil** historical, **traidisiúnta** traditional *(see also: seanaimseartha)*

Seandacht *f (~a)* antiquity

ársaíocht veteran state, **cianta cairbreacha** remote gone-by ages (cf **sna cianta cairbreacha** in very distant times), **seanaimsir** olden times, **seandálaíocht** archaeology, **seaniarsma** ancient relic, **seanré** *f* ancient era, epoque

▲ **ceannaí ~aí** dealer in antiques

Seanduine *m (~; -daoine)* old person

an seandream the old people; the old crowd, **an seanleaid (sa bhaile)** the old fellow (at home), **aostach** *m* old person, **athair** *m (athar; aithreacha)* **críonna** grandfather, **crandailín** decrepit person, **críonán** old wizened person, **crunca** doubled-up decrepit old person, **daideo** grandpa, **lucht an tseansaoil** people of a former generation, **mamó** granny, **pinsinéir** pensioner, **seanbhean** *f (-nmhná; -nmhná; -nbhan)* old woman, **seanchailleach** *f* old hag, **seanfhear** *m* old man, **seanathair** grandfather, **seanfhear** old man, **seanfhondúir** old-timer, **sean-aintín** great-aunt, **seanlámh** *m (-láimhe; ~a, ~)* old hand, **seanmhadra** old dog, old veteran, **seanmhaighdean** *f (-dine; ~a, ~)* old maid, **seanóir** old person; elder, senior, **seanphlanda** old stager, **seanriadaire** one of the old brigade, old stager, **seansaighdiúir** *m (-úra; ~í)* old soldier, **sean-uncail** *m* great-uncle, **seargán** withered, shrivelled (old) person, **sin-seanathair** great-grandfather *(see also: sean 1)*

Seanfhaiseanta *adj⁶* old-fashioned

ársa archaic, **as dáta** out of date, **as faisean** out of fashion, **caite** corny, passé, **den seandéanamh** old-style; dated, old-fashioned, **neamhfhaiseanta** unfashionable, **seandéanta** old-fashioned, **dreoite** fusty, **mailís** malice, **meirgeach** rusty, old hat, **reitreo** retro, **sean** old, **seanaimseartha** behind the times, **seanchaite** antiquated, **seanda** ancient

Seanfhala *f (~; -lta)* old grudge/feud

drochrún ill will, **eascairdeas** antagonism, **fala** *f* grudge, spite, resentment, **faltanas** resentment; hard feelings, **goimh** bitterness, **mioscais** spite, **naimhdeas** animosity, **olc** acrimony, **seanchlamhsán** old grievance **seanghangaid** old rancour, **seanghoimh** old grudge, old bitterness

Seanfhear *m (-fhir; -fhir, ~)* old man

an seanleaid (sa bhaile) the old fellow (at home), **athair** *m (-ar)* **críonna** grandfather, **daideo** grandpa (cf **A Dhaideo!** Grandpa!), **seanathair** grandfather, **seanduine** old person, **seanfhondúir** old-timer, **sin-seanathair** great-grandfather, **sin-sin-seanathair** great-great-grandfather *(see also: sean 1, seanduine)*

Seanfhocal *m (-ail; -ail, ~)* proverb

cor cainte adage, **focal cliste** clever expression, clever line, **leathfhocal** mere hint; catchword, **mana** motto, slogan; catchphrase, **nath** axiom, **nath cainte** saying, expression, **nathán** maxim; aphorism, **rá** dictum, **ráiteas misin** mission statement, **seanrá** old saying; aphorism, **teilgean cainte** expression, **titim cainte** expression, idiom

P Oidhreacht na smaointe i seanfhocail ár sinsear! The heritage of thought is to be found in the proverbs of our ancestors!, **Is annamh nach bhfaigheann rógaire ~ cuí.** It is rare that a rogue cannot find an appropriate proverb.

Seang *adj⁵* slim, slender, lean; meagre

caol narrow; slender, **caolaithe** thinned, reduced; palatalised, **cnámhach** bony, **cúng** narrow, **fíneálta** fine, subtle, **folamh** empty, **géagleabhair** slender-limbed, **gortach** meagre, **lom** bare, **rite** sheer, **sciotach** scanty, **sclotrach** emaciated, **seangchruthach** slightly-built, slender, **singil** thin, slender, **slisneach** slender, **snoite** emaciated, **tanaí** thin, meagre, **tarraingthe** gaunt *(see also: tanaí)*

▲ **bean sheang** slender woman, **beatha sheang** meagre living, **coim sheang** slim waist, **cú ~** lean hound, **séasúr ~** lean season

Seangaigh *v₂ₐ*

1. become/make slim; shrink

bí ag slimeáil be slimming, **caill meáchan** lose weight, **céimnigh (br, cin) isteach/amach** fade in/out, **caolaigh** narrow, become thin, **crap** shrink, **cúb siar** recoil, **druid siar** back away, **éadromaigh** lighten, become lighter, **éirigh níos caoile** become more slender, **éirigh níos lú** become smaller, **éirigh tanaí** become thin, **giortaigh** shorten, **imigh** leave; disappear, **laghdaigh** lessen, decrease, **maolaigh** decrease, reduce, **searg** shrivel, **téigh ar aiste bia** go on a diet, **téigh i laghad** become less, **tráigh** ebb, recede, **truaigh** make lean, emaciate

2. ~ **as** slip away, disappear

bradaigh steal away, **éalaigh** abscond, slip away, **fág go ciúin** leave quietly, **imigh as radharc** disappear, **imigh in ngan fhios** leave without anyone knowing, **sleamhnaigh leat** slip away, **slíoc leat** sneak away, slink away, **téigh as radharc** disappear, **tréig** abandon

◊ **Ná ~ as!** Don't disappear!

Seangaithe *pp*

1. slimmed down, narrowed; shrunken

céimnithe isteach/amach *(br, cin)* faded in/out, **caolaithe** narrowed, gotten thin, **craptha** shrunk, **cúbtha siar** recoiled, **druidte siar** backed away, **dulta ar aiste bia** gone on a diet, **dulta i laghad** lessened, reduced; shrunk, **éadromaithe** lightened, gotten lighter, **éirithe níos caoile** having become more slender, **éirithe níos lú** having become smaller;

reduced, **éirithe tanaí** having becoming thin; thinned down, **giortaithe** shortened, **imithe** left, gone; disappeared, **laghdaithe** lessened, decreased, **maolaithe** decreased, reduced, **seargtha** shrivelled, **slimeáilte** slimmed down, **tráite** ebbed, receded, **truaite** made lean, emaciated

2. ~ **as** slip away, disappear
bradaithe as sneaked off, **dulta as radharc** disappeared, **éalaithe** absconded, slipped away, **fágtha go ciúin** left quietly, **imithe as radharc** disappeared, **imithe in ngan fhios** left without anyone knowing, **sleamhnaithe leat** slipped away, **slíoctha leat** sneaked away, slinked away, **tréigthe** abandoned

Seangú *vn*

1. becoming/making slim; shrinking
cailleadh meáchain losing weight, **céimniú isteach/amach** *(br, cin)* fading in/out, **caolú** narrowing, getting thin, **crapadh** shrinking, **cúbadh siar** recoiling, **druidim siar** backing away, **dul ar aiste bia** going on a diet, **dul i laghad** becoming/getting less, **éadromú** making/becoming lighter, **éirí níos caoile** becoming more slender, **éirí níos lú** becoming smaller, **éirí tanaí** becoming thin, **giortú** shortening, **imeacht** leaving; disappearing, **laghdú** lessening, decreasing, **maolú** decreasing, reducing, **seargadh** shrivelling, **slimeáil** slimming, **trá** ebbing, receding

2. ~ **as** slipping away, disappearing
bradú as stealing away, **dul as radharc** disappearing, **éalú** absconding, slipping away, **fágáil go ciúin** leaving quietly, **imeacht as radharc** disappearing, **imeacht in ngan fhios** leaving without anyone knowing, **sleamhnú leat** slipping away, **slíocadh leat** sneaking away, slinking away, **tréigean** abandoning

Seanmóireacht *f (~a)* preaching, sermonising; interminable moralising

bolscaireacht propagandising; propaganda, **déanamh seanmóra** sermonising, **pápaireacht** moralising, **praeitseáil** preaching, **scaipeadh an scéil** spreading the word, **scaipeadh an tsoiscéil** evangelising, **síolchur** propagation, sowing a seed; propaganda, **soiscéal leabhair** long sermon, **soiscéalaíocht** evangelisation, **soiscéalú** evangelising, **tabhairt seanmóra** giving a sermon

Seans *m (~; ~anna)* chance, opportunity

ádh luck, **áiméar** chance, opportunity, **amas** opportunity, shot (cf **dá bhfaighinn amas air** if I got a shot at it), **amhantar** chance, venture, **árach** opening, advantage, **cabhair Dé** God's help, **caoi** *f (~; caíonna)* window of opportunity, **caolseans** off chance, (cf **dul ann i muinín an chaolseans** to go there on the off chance), **cinniúint** destiny, **cumas** ability, **dea-fhortún** good fortune, **dealramh** appearance, likelihood (cf **Tá dealramh air.** It looks likely.), **deis** opportunity, **dóchúlacht** probability, **dóigh** means, **éadáil** serendipity, unexpected gain, **eitim** opportunity, chance, **faill** opportunity, **féidearthacht** possibility, **foiche** *f* **Dé** act of God, **gléas** provision, means, **ionchas** prospect, **ócáid shona** happy occasion, **oscailt** opening, **fiontar** venture, risk, **priacal** risk, hazard, **riosca** risk, **rogha** *f* option, choice, **sciorta den ádh** stroke of good luck, **séan** prosperity, **sonas** good luck, **tabhartas ó Dhia** Godsend, **tarlú ámharach** lucky occurrence, **toice** fortune, chance, **uain** occasion, opportunity

◊ ~ **go bhfuil an ceart agat!** Possibly you're right!, **dul sa** ~ to take a risk, **gach uile sheans** more than likely, **Seo do sheans!** Here's your opportunity!, **Tá ~ maith agat ar an phost sin.** You have a good chance of getting that position.

Seansáil 1 *v₁ₑ* risk, take a chance, gamble

bain triail as have a go at it, try it, **cuir do bheatha i gcontúirt** risk your life, **cuir i bhfiontar** venture, take a risk, **cuir i mbaol** imperil, put in danger, **cuir i gcontúirt** endanger, jeopardise, **féach le** attempt, check out, **ionsaigh faoi** go for it, **seas sa bhearna bhaoil** risk your neck, **tabhair faoi** attempt, set about, **tabhair iarracht ar** have a try at, attempt, **tabhair iarraidh ar** have a go at, **tástáil** test, **téigh i bhfiontar** run the risk, risk, **téigh i bpriacal d'anama** risk everything, put your neck on the line, **téigh i mbaol do bháis** risk life and limb, **téigh sa seans** take a chance, gamble, **tóg an seans** take the chance, **triail** try, test

Seansáil 2 *vn* risking, taking a chance, gambling

baint triail as having a go at it, trying it, **cur i bhfiontar** venturing, taking a risk, **cur i mbaol** imperilling, putting in danger, **cur i gcontúirt** endangering, jeopardising, **dul i bhfiontar** running the risk, risking, **dul i bpriacal d'anama** risking everything, putting your neck on the line, **dul i mbaol do bháis** risking life and limb, **dul sa seans** taking a chance, gambling, **ionsaí faoi** going for it, **tabhairt faoi** attempting, setting about, **tabhairt iarracht ar** having a try at, attempt, **tabhairt iarraidh ar** having a go at, **tástáil** testing, **seasamh sa bhearna bhaoil** risking your neck, **tógáil seans** taking a chance, **triail** trying, testing

Seansáilte *pp* risk, take a chance, gamble

curtha i bhfiontar ventured, **curtha i mbaol** imperilled, **curtha i gcontúirt** jeopardised, **dulta i bhfiontar** having risked, **dulta sa seans** having gambled, **tástáilte** tested, **tugtha faoi** attempted, set about, **triailte** tried, tested

Seansúil *adj4* chancy, risky

ardriosca (> **ardriosca**) high-risk, **baolach** perilous, **cáiréiseach** tricky, delicate, **contúirteach** dangerous, **dainséarach** dangerous, **guaiseach** hazardous, **idir dhá cheann na meá** touch-and-go, **íogair** ticklish, precarious, **neamhchinnte** uncertain *(see also: séanta 1)*

Séanta 1 *adj⁶* charmed, blessed
ádhúil fortunate, **ámharach** lucky, **aoibhinn** charming; enchanting, **beannaithe** blessed, **draíochtúil** magical, **méanar** (+ *copula*) happy, fortunate (eg **Nach méanar duit!** Aren't you fortunate!), **órga** golden, **rathúil** successful, **séanmhar** prosperous, **sona** happy; lucky, **seansúil** risky, chancy; fortunate lucky, **sonasach** happy, fortunate

Séanta 2 *pp* repudiated, disavowed, rejected; denied
baghcatáilte boycotted, **bréagnaithe** negated, rebutted; debunked, **caite amach** thrown out, **caite i dtraipisí** kicked out, **deartha** renounced, **diúltaithe** denied; declined, **diúltaithe do** refused, **dulta i gcoinne** confounded, **éimithe** refused, denied, **éirithe as** forsaken, **eitithe** spurned, rebuffed, **obtha** (*bank cheque*) bounced, **séantach** denying, disclaiming, **tréigthe** renounced; abandoned

Searbh *adj⁵* bitter
aiciseach rancorous, spiteful, **aigéadach** acidic, **bearrtha** sharp-tongued, **binbeach** venomous, **biorach** pointed, sharp, **borb** abrupt, **cealgach** wily; guileful, **colgach** bristling; waspish, **colgnimhneach** bristling with venom, **crua** severe, harsh, **deilgneach** barbed, thorny, **dian** intense, **dóite** severe, bitter, **domlasta** acerbic, vitriolic; peevish, **drisíneach** prickly; waspish, **feanntach** cutting, **finéagrach** vinegary, **garg** acrid, bitter, harsh, **géar** sharp, bitter, **géarbhlasta** sharp-tasting, **goilliúnach** hurtful, **goirt** saline; bitter, **loiscneach** caustic, **mailíseach** malicious, **meathshearbh** sourish, **nimheanta** venomous, spiteful, **nimhneach** sharp, sore, poisonous, **niogóideach** testy, sarcastic, **mioscaiseach** spiteful, **polltach** piercing, penetrating, **rásúir** (> **rásúir**) razor-edged, **ruibheanta** sharp-tongued, venomous, **searbhánta** bitter, acrid, **searbhasach** sarcastic, **siosúrtha** scissors-like, sharp (cf **teanga shiosúrtha** sharp tongue), **tur** arid, dry

▲ **blas** ~ bitter taste, **duine** ~ acrimonious person, **fírinne shearbh** bitter truth, **gáire** ~ sardonic laugh, **leann** ~ bitter ale

P **Bíonn an fhírinne** ~ (**agus ar uairibh nach fearrde an bhréag bheag?!**). The truth is bitter (and sometimes isn't the small fib better?!)

Searbhaigh *v₂ₐ* sour, embitter; become bitter
coimhthigh alienate, **cor** turn, become tainted, **cuir searbhas ar** make sour, embitter, **déan searbh** make bitter/sour, **éirigh géar** become bitter/sour, **éirigh searbh** become bitter/sour, **géaraigh** sour; sharpen, **iompaigh** (*food*) turn, **loit** spoil, **téigh chun gangaide** become soured/malevolent, **tiontaigh** (*food*) turn, **treamhnaigh** curdle

Searbhaithe *pp* soured, embittered; having become bitter
coimhthithe alienated, **cortha** turned, gotten tainted, **déanta searbh** made bitter/sour, **dulta chun gangaide** envenomed, **éirithe géar** having become bitter/sour, **éirithe searbh** embittered, soured, **géaraithe** soured; sharpened, **iompaithe** (*food*) turned, **loite** spoilt **searbhasach** acrimonious, **tiontaithe** (*food*) turned, **treamhnaithe** curdled

Searbhú *vn* souring, embittering; becoming bitter
coimhthiú alienating, **coradh** (*milk, etc*) turning, becoming tainted, **cur searbhas ar** making sour, embittering, **déanamh searbh** making bitter/sour, **dul chun gangaide** becoming envenomed, **éirí géar** becoming bitter/sour, **éirí searbh** embittering/souring, **géarú** souring; sharpening, **iompú** (*food*) turning, **lot** spoiling, **tiontú** (*food*) turning, **treamhnú** curdling

Searbhas *m* (-ais) sarcasm
aicis rancour, spite, **bearrthóireacht** cutting sharp speech, **binb** venom, **boirbe** abruptness, **cantal** petulance, **cealg** guile, **ciniceas** cynicism, **colgnimhní** bristling venom, **deilgní** prickliness, **déine** severity, **doicheall** churlishness, **dóiteacht** bitterness, annoyance, **domlas** gall, **domlastacht** peevishness, bitterness, **drisíneacht** prickliness, waspishness, **fala** resentment, feud, **feanntacht** cutting sharpness, severity, **fiamh** sharpness, bitterness, **finéagracht** vinegar-bitterness, **gangaid** virulence, **géaradas** cutting remarks, **gearrachán** cutting comment, **géire** sharpness, bitterness, **goibéaltacht** sarcasm, sharpness, **goineog** sharp sarcastic dig/remark, **goirte** brackishness, bitterness, **goirteamas**, saltiness, bitterness, **gúire** sharpness (cf **gúire péine** sharpness of a pain), **íoróin** irony, **loisceantacht** fieriness, **loiscní** caustic fire, **mailís** malice, **mioscais** malice, spite, **nimh** venom, **nimhiúlacht** poisonous virulence, **nimhneachas** soreness, **nimhní** spite, poisonousness, poisonous ire, **niogóidí** testiness, **mioscais** spitefulness, **seirbhe** bitterness, **seirfean** bitterness, indignation

◊ **Is le** ~ **a dúirt mé é!** I was being sarcastic.

Searbhasach *adj³* sarcastic
aiciseach rancorous, **aigéadach** acidic, **bearrtha** cutting, sharp-tongued, **binbeach** venomous, **biorach** pointed, sharp, **cealgach** stinging, **ciniciúil** cynical, **colgach** waspish, **colgnimhneach** bristling with venom, **crua** severe, harsh, **deilgneach** barbed, thorny, **doicheallach** churlish, **domlasta** acerbic, vitriolic, unsavoury, **drisíneach** prickly, **feanntach** cutting, **finéagrach** vinegary, **gangaideach** virulent, **garg** gruff, strident, **géar** sharp, bitter, **goibéalta** sarcastic, sharp, **goilliúnach** hurtful, **loiscneach** caustic, **mailíseach** malicious, **neantúil** nettle-like, stinging, **nimheanta** venomous, **nimhiúil** poisonous, virulent, **nimhneach** spiteful, poisonous, **niogóideach** sarcastic, testy, **mioscaiseach** spiteful, **polltach** piercing, **rásúir** (> **rásúr**) razor-edged, **ruibheanta** sharp-tongued, venomous, **searbh** sarcastic

Searc f *(seirce; ~a, ~)*
1. love, physical and emotional passion
ansacht *f* love; loved one, **collaíocht** carnality, sexual love, **grá** love, **saobhghrá** crush, **suirí** *m* making love, **teasghrá** passionate love *(see also: grá)*
2. lover
dílseog darling, dear one, **grá geal** true love, **leannán** lover, **muirnín** beloved, sweetheart, **rún** love, **stócach** boyfriend, **stóirín** sweetheart, **stór** darling, **suiríoch** *m* suitor, wooer

▲ **~ mo chléibh** love of my life

3. *(addressing)* **Mo shearc!** My love!
A chraoibhín! My darling!, **A chumann** my darling!, **A dhílseog!** My dearest one!, **A ghrá geal!** My true love!, **A ghrá mo chléibh!** Love of my life!, **A mhuirnín!** My beloved!, My sweetheart!, **A rún!** My love!, **A stóir!** *(to male)* My darling!, **A stóirín!** My sweetheart!, **A stór!** *(to female)* My darling!, **A thaisce!** My treasure!, **A théagair!** *(to a man)* My dear!

Searg v_{1a} waste, wither; dry up
breoigh enfeeble, sicken, **cnaígh** waste away, **críon** decay, **díbligh** debilitate, wear out, **dreoigh** wither, decay, **feoigh** wither, **lobh** rot, **meath** decay, deteriorate, **meathlaigh** decay, degeneration, **meirtnigh** weary, enfeeble, **morg** putrefy, decompose, **sceoigh** wither, wilt, **sleabhac** wilt, droop, **speir** go limp, droop, **téigh i léig** go into decline, decay; go extinct, **téigh i ndísc** dry up, **tnáith** wear down, exhaust, **tráigh** ebb, **traoith** *(med)* waste, consume, **trochlaigh** deteriorate, decay

Seargadh *vn* wasting, withering; drying up
breo enfeebling, sickening, **cnaí** wasting away, **críonadh** decaying, **díbliú** debilitating, wearing out, **dreo** withering, decaying, **dul i léig** going into decline, decaying; going extinct, **dul i ndísc** drying up, **dul i spealtacht** wasting away, **feo** withering, **lobhadh** rotting, **meath** decaying, deteriorating, **meathlú** decaying, degenerating, **meirtniú** wearying, enfeebling, **morgadh** putrefying, decomposing, **sceo** withering, wilting, **seargthacht** wasted, withered state, **sleabhcadh** wilting, drooping, **speireadh** going limp, drooping, **tnáitheadh** wearing down, exhausting, **trá** ebbing, **traoitheadh** *(med)* wasting, consuming, **trochlú** deteriorating, decaying

▲ **~ duilliúir** withering of leaves, **matánach** muscular atrophy, **~ na scamhóg** pulmonary consumption

Seargtha *pp* wasted away, withered; dried up
breoite sick, enfeebled, **cnaíte** wasted away, **críonta** decayed, **díblithe** debilitated, worn out, **dreoite** withered, decayed, **dulta i léig** gone into decline, decayed; gone extinct, **dulta i ndísc** dried up, **feoite** withered, **lofa** rotted, **meata** decayed, deteriorated, **meathlaithe** decayed, degenerated, **meirtnithe** wearied, enfeebled, **morgtha** putrefied, decomposed, **sceoite** withered, wilted, **sleabhctha** wilted, drooped, **speirthe** gone limp, drooped, **tnáite** worn down, exhausted, **tráite** ebbed away, **traoite** *(med)* wasted, consumed, **trochlaithe** deteriorated, decayed

Seas v_{1a} stand, stop, remain firm
ardaigh erect, **cosain** defend, **cuir cosa i dtaca** make a stand, **cuir cosa i bhfeac sa mhéid sin** take a firm stand on that, **cuir díot** get over, *(storm)* weather, **cuir suas (le)** put up (with); tolerate, **éirigh suas ar do chosa** get up onto your feet, **fan** remain, stay, wait, **fan socair** stay still, **fulaing** suffer, experience, **iompair** sustain, support, **láimhseáil** handle, **lean** continue, **mair** endure, last, **stad** stop, **stop** stop, **tabhair tacaíocht** give support, **tacaigh** support, **slán** prevail

~ann an aimsir. The weather holds.
~ann an argóint sin fós. That argument still stands.
~ann an planda an sioc. The plant withstands frost.
~ann mo chroí. My heart stands still.
~ann sé i mo scornach. It sticks in my gullet.
~ann sí ar a cosa féin. She stands on her own two feet.
~ann sí i leataobh. She stands to one side.
~ann sí siar. She stands back.
~ann sí socair. She stands still.
~ann sí suas/síos! She stands up/down.

Seas amach v_{1a}
1. stand out
bí ag stánadh ort idir an dá shúil be staring you straight in the face, **bí amhail cág i measc péacóg** stick out like a sore thumb, **bí feiceálach** be conspicuous, **bí le feiceáil míle ó bhaile** be sticking out a mile, **gob amach** jut out, stick out, **tarraing aird duine** catch a person's attention
2. hold out
cuir in aghaidh resist, **cuir suas do** oppose, **diúltaigh do** repudiate, reject, **éirigh chuig** defy, **eitigh** rebuff, **fulaing** endure, **séan** withhold, reject, **tabhair dúshlán** brave (eg **dúshlán na haimsire a thabhairt** to brave the elements), **téigh i gcomhrac le** to fight against, to take on, **troid** fight

Seas ar v_{1a}
1. stand by, insist on
áitigh contend, maintain, **dearbhaigh** insist, assert, **éiligh** claim, insist; demand, **maígh** claim, **preideacáidigh** *(phil)* predicate
2. depend on, rely on
bain taca as rud éigin lean on something (for support), **bí i dtuilleamaí ar** be dependent on, **braith ar** rely on, depend on, **faigh tacaíocht ó dhuine** get support from a person, **téigh i muinín (na mbréag)** resort to (lying), **téigh i muinín Duinnín** depend on the most reliable sources

Seas do v_{1a}
1. stand for, represent
bí ina eiseamláir de exemplify, **ciallaigh** signify, **cuir in áit duine/rud** substitute for person/thing,

Seas le

fíoraigh prefigure, symbolise, **ionadaigh** represent; substitute, **léirigh** illustrate, **tacaigh le** support, **troid ar son cúise** champion, fight for a cause, **corpraigh** embody, **léirigh** portray, **léirigh go cruinn** epitomise, **samhlaigh le** liken to, **seas le** stand by, **siombalaigh** symbolise, **úsáid in áit (feola)** use instead (of meat)
 2. stand to, bring benefit to
déan leas do do good to, **fear** affect, benefit, **fóin** serve, benefit, **tairbhigh** benefit, **téigh chun tairbhe do** bring benefit to

Seas le v_{1a} stand by, adhere to; support
baiceáil back, **cabhraigh le** help, **caomhnaigh** uphold, maintain; preserve, **caradaigh** befriend, **cloígh le** adhere to, **cosain** defend, stick up for, **cuidigh le** help, **cuir cúl le** provide backing for, **cuir le** support (cf **cur le chéile** pulling together), **fothaigh** support, sustain, **labhair thar ceann** to speak for, **neartaigh** reinforce, strengthen, **seas an fód le duine** stick up for a person, **seas do** stand for, represent, **téigh i leith duine** take a person's side, **tabhair tacaíocht do** give support to, **tabhair teannta do** prop up, support, **tacaigh le** support, back, **taobhaigh le** side with, support, **treisigh** fortify, reinforce, **troid ar son cúise** champion, fight for a cause

 ◊ **~faidh mé le m'fhocal.** I shall keep my word., **Sheas siad liom nuair a bhí an saol i mo choinne.** They stood by me when life was difficult for me., **Sheas sí le hÚna lá a pósta.** She was Una's bridesmaid at her wedding. **Sheas Seán liom lá mo phósta.** Seán was my best man on the day I got married.

Seas siar v_{1a} stand back, refrain
~ i leataobh stand aside, **druid siar** draw back, step back, **fan amach ó** stand off, **géill (do)** yield (to), **staon (ó)** abstain, refrain (from), **tabhair céim ar gcúl** take a step back, **tarscaoil** waive, refrain from demanding, **teann siar** pull back, step back

Seasamh vn standing, footing; endurance; support
buaine staying power, **buanseasamh/ buanseasmhacht** perseverance, **caradú** befriending, **céim** rank, station, **céimíocht** status, **clú** reputation, **cosa i bhfeac** (principle) firm stand, **cosa i dtaca** (principle) stand, **cur in aghaidh** standing up against, opposition, **diongbháilteacht** firmness, steadfastness, **fulaingt** endurance, **gradam** eminence, distinction, **rang** rank; class, **stádas** status, **suíomh** position, **taca** prop, support, **tacaíocht** support

~ **an fhóid** standing (one's) ground
~ **an pháirtí** the party line
~ **ar aire/ar áis** standing to attention/at ease
~ **ar do lámha** handstand
~ **ar garda** standing sentry
~ **boid** erection
~ **docht i leith ceiste** hard-line position on an issue
~ **gualainn ar ghualainn** standing shoulder to shoulder
~ **i dtoghchán** standing in an election
~ **i leataobh** standing aside
~ **i líne** standing in line
~ **idirbheartaíochta** negotiating position
~ **in aghaidh na héagóra** standing up against injustice
~ **le cara** standing by a friend
~ **le chéile** pulling together, closing ranks
~ **le cinneadh** upholding a decision
~ **le gealltanas** standing by a promise
~ **le moltaí** endorsing proposals
~ **na dtréan** survival of the fittest
~ **poiblí/polaitiúil** public/political standing
~ **sa bhearna bhaoil** risking one's neck
~ **saighdiúra** military bearing
~ **siar** standing back; taking a back seat
~ **suas/síos** standing up/down

 ◊ ~ **ar chosa an bhas** to tread on the boss's toes, **Bhí an dá shúil ar ~ ina ceann.** Her two eyes were popping out of her head., **Caithfidh tú ~ ar do bhoinn féin.** You have got to stand on your own two feet., **Éirígí in bhur ~!** All rise!, **Is ar éigean a bhí sí ina ~.** She was barely able to stand., **Labhair sí as a ~.** She adlibbed., **Tá do sheasamh creidmheasa go maith.** Your credit worthiness is good., **Thit sí as a ~.** She collapsed.

Seasc adj^5 barren, infertile
aimrid sterile, **éadairbheach** futile, unprofitable, fruitless, **gan chlann** childless, **gan toradh** fruitless, **gan sú** sapless, **lom** barren, bare, **neamhtháirgiúil** unproductive, **neamhthorthúil** unfruitful, infertile, **súchaite** sapless, effete, **tirim** dry, **tur** arid, dry

Seasmhach adj^3 stable, steadfast, reliable
buan permanent, **buanseasmhach** enduring, unwavering, **cinnte** certain, **cobhsaí** firm, resolute, **daingean** secure, steadfast, **dílis** faithful, **diongbháilte** unfaltering, steadfast, **do-bhogtha** immovable, **feistithe** fixed, fastened, **fódúil** well-grounded, stable, **fuaimintiúil** sound, solid, **gan stad gan staonadh** persistent, **iontaofa** dependable, reliable, **muiníneach** reliable, **neadaithe** embedded, **neamhchorrach** steady, firmly fixed, untroubled, **neamhstaonach** unremitting, **neamhthuirseach** tireless, **righin** rigid, **sábháilte** safe, **seasta** steady, **slán sábháilte** safe and sound, **stuama** level-headed, prudent, **tiomanta** committed, **tiomnaithe** dedicated, **teann** taut, tight, firm

 ▲ **airgeadra ~** (fin) stable currency, **cóta ~** rugged, hard-wearing coat, **creideamh ~** firm/steadfast belief, **cur isteach ~** persistent disruption, **fás ~** (econ) stable growth, **miotal ~** resilient metal, **post ~** secure job, **ráta ~** constant rate, **tacaíocht sheasmhach** unwavering/unflinching support, **traidisiún ~** (long-) standing tradition

Seasmhacht f (~a) steadfastness, reliability
buaine permanence, **daingne** sturdiness, firmness, robustness, **diongbháilteacht** firmness, staunchness, **cinntithí** decisiveness, fatefulness, **cinnteacht** certainty, **cobhsaíocht** firmness, stability, **daingne**

determinedness; firmness, **dearfacht** positivity, **dílseacht** loyalty, faithfulness, **diongbháilteacht** resolve, steadfastness, **doghluaisteacht** intransigence, total rigidity, **foirmnis** firmness, stability, **láidreacht** strength, **leanúnachas** continuity, **meáiteacht** decisiveness, **rúndaingne** strong-mindedness, firm/staunch resolution, **sábháilteacht** safety, security, **suiteacht** fixity, stability, **teanntacht** tightness, tensility.

Seasta *pp* stood, supported; standing, permanent, regular
  ardaithe lifted up, erected, **buan** permanent, lasting, **bunaithe** established, **caradaithe** befriended, **curtha díot** gotten over, *(storm)* weathered, **curtha suas** *(le)* put up *(with)*; tolerated, **éirithe suas ar do chosa** gotten up onto your feet, **fanta** remained, stayed, waited, **fanta socair** stayed still, **fosaitheach** fixed, steadfast, **fulaingthe** endured, tolerated, **gan athrú** unvarying, **leanta** continued, **leanúnach** continuous, **martha** endured, lasted, **marthanach** lasting, **rialta** regular, **seasmhach** constant, **síor-** constant, **síoraí** eternal, **socraithe** established, **suthain** perpetual, **tacaíochta** (> *tacaíocht*) support, supporting, **teanntaithe** braced, propped, **tacúil** supporting, sturdy; sustaining

  ▲ **achrann** ~ constant bickering, **bréagadóir** ~ inveterate liar, **brú** ~ **síoraí** relentless pressure, **callán** ~ persistent noise, **comhartha** ~ stand-up sign, **crann** ~ linchpin, **cúlra** ~ changeless background, **fás** ~ persistent growth, **galar** ~ chronic illness, **gealgháire** ~ unremitting cheerfulness, **iarrachtaí** ~ indefatigable efforts, **luas** ~ steady pace, **luasghéarú** ~ steady acceleration, **méadú** ~ steady increase; rising tide (eg **an méadú** ~ **atá ar an choireacht** the rising tide of crime), **post** ~ steady job, **ráta** ~ fixed rate, **scamall** ~ constant drag, **tarlú** ~ permanent fixture

Seastán *m* (*-áin; -áin, ~*) *(for supporting items)* stand
  ardán platform, **bacán** peg (in a wall), **bonn** base, foundation, **brac** bracket, **bun** base, **cos** *f (coise; ~a, ~)* leg, **crochadán** hanger, **cuaille** post, pole, **feistiú** fittings, equipment, **fráma** *m* frame, **frapa** *m* prop, **leabhragán** bookcase, **leabharthacaí** *mpl* bookends, **léibheann** platform, landing, **raca** rack, **seilf** shelf, **stainnín** stall, stand, **stalla** stall, **standal** post, stanchion, **taca** prop, support, **tacas** easel, **tríchosach** *m* tripod

Séasúr *m* (*-úir; -úir, ~*) season
  am *m* time, **ceathrú bliana** yearly quarter, **ionú** *m* (proper) time, season, **ráithe** *f* season; three-month period, **tamall** while, **téarma** term, **tráth** period, time, **tréimhse** *f* period

  ▲ ~ **an Charghais** the season of Lent, ~ **an fháis** the growing season, ~ **an fhómhair** harvesting season, ~ **an ghoir** nesting season, ~ **an mhonsúin** monsoon season, ~ **ciúin** the quiet season, ~ **curaíochta** sowing season, ~ **díomhaoin** off season, ~ **na báistí** rainy season, ~ **na cúplála** mating season, ~ **na féile** season of goodwill, ~ **na hamaidí** silly season, ~ **na hinnilte** grazing season, ~ **na Nollag** Christmas/festive season, ~ **na peile** football season, ~ **na seilge** hunting season, ~ **oscailte** open season, ~ **plandaithe** planting season, ~ **tirim** dry season

  P **Geimhreadh ceoch, earrach reoch, samhradh grianmhar is fómhar biamhar.** Misty Winter, freezing Spring, Summer of sun and a bountiful Autumn to come!

  ■ **na Séasúir** the Seasons:
    an t-earrach the spring
      san earrach in the spring
      teacht an earraigh the arrival of spring
    an fómhar the autumn
      san fhómhar in the autumn
      baint an fhómhair the reaping of the harvest
    an geimhreadh the winter
      sa gheimhreadh in the winter
      fuacht an gheimhridh the coldness of winter
    an samhradh the summer
      sa samhradh in the summer
      deireadh an tsamhraidh the end of the summer

Séasúrach *adj*[3] seasonal; luscious, juicy
  aibí ripe, **brachtach** juicy, substantial, **caoithiúil** expedient, well-timed, **cuí** apt, **fóirsteanach** opportune, **geireach** fatty, sebaceous, **méith** fertile, rich, juicy, **mótúil** rich, heavy, **oiriúnach** suitable, **ráithiúil** quarterly, **seamhrach** sappy; vigorous, **súmhar** juicy, sappy, **tráthúil** timely, **úscach** juicy, sappy

Seiceáil 1 *v*[1e] check, check out/over
  anailísigh analyse, **athbhreithnigh** review, revise, **breathnaigh** examine, observe, **ceartaigh** correct, **cláraigh** register; check in, **cinntigh** make certain, **cros-seiceáil** cross-check, **déan monatóireacht ar** monitor, **dearbhaigh** declare, affirm, **dearbháil** test, check, **déan cinnte** make sure, **déan taighde ar** research, **deimhnigh** verify, certify, **fiosraigh faoi** check up on, inquire about, investigate, **grinnfhiosraigh** vet, **iniúch** probe, **póilínigh** police, **profaigh** proof, **profáil** proof, **promh** test, prove, **scrúdaigh** examine, check over, **spotseiceáil** spotcheck, **taighd** research; probe, **tástáil** test, **téigh trí** go through, **tóraigh** *(med)* probe

Seiceáil 2 *vn* checking
  anailísiú analysing, **athbhreithniú** reviewing, revising, **breathnú** examining, observing, **ceartú** correcting, **clárú** registering; checking in, **cinntiú** making certain, **cros-seiceáil** cross-checking, **dearbháil** testing, checking, **déanamh cinnte** making sure, certain, **déanamh taighde** doing research, **dearbhú** declaring, affirming, **dul/ gabháil trí** going through, **deimhniú** verifying, certifying, **fiosrú faoi** checking up on, inquiring about, investigating, **grinnfhiosrú** vetting, **iniúchadh** probing,

Seiceáilte

monatóireacht monitoring, **póiliniú** policing, **profáil** proofing, **profú** proofing, **promhadh** testing, proving, **scrúdaigh** examining, checking over, **spotseiceáil** spotchecking, **taighde** researching; probing, **tástáil** testing, **tóraíocht** *(med)* probing

▲ ~ **amach** checking out, ~ **bagáiste** baggage check, ~ **isteach** checking in, check-in, ~ **le haghaidh drugaí** screening for drugs, ~ **litrithe** spelling check

Seiceáilte *pp* checked
anailísithe analysed, **athbhreithnithe** reviewed, revised, **breathnaithe** examined, observed, **ceartaithe** corrected, **cláraithe** registered; checked in, **cinntithe** made certain, **cros-seiceáilte** cross-checked, **dearbháilte** tested, checked, **dearbhaithe** declared, affirmed, **déanta cinnte** made certain, **deimhnithe** verified, certified, **dulta trí** gone through, **fiosraithe faoi** checked up on, inquired about, investigated, **grinnfhiosraithe** vetted, **iniúchta** probed, **póilínithe** policed, **profáilte** proofed, **profaithe** proofed, **profa** tested, proved, **scrúdaithe** examined, checked over, **spotseiceáilte** spotchecked, **taighdte** researched, **tástáilte** tested, **tóraithe** *(med)* probed

Séid *v₁ᵦ*
1. blow
adhain inflame, **análaigh** breathe, **athlas** *(med)* inflame, **brúcht** emit, surge, **foscain** winnow, **lig as** let out, **líon** fill, blow up (cf **Líon sí a pluca.** She blew out her cheeks.), **scaird** jet, gush, **scinn** spurt, **seol chun cinn** waft, **síob** blow; drift, **spraeáil** spray, **sruthaigh** stream, **tonn** surge, gush, **tuil** flood

> **Shéid an ghaoth mhór.** The strong wind blew.
> **Shéid mé an deannach de.** I blew the dust off it.
> **Shéid mé na héadromáin.** I blew up the balloons.
> **Shéid mianach a cos di.** A mine blew off her foot.
> **Shéid pléascán.** An explosion went off.
> **Shéid sé a anáil amach.** He exhaled.
> **Shéid sé a hata chun siúil.** It blew her hat off.
> **Shéid sí a bonnán orm.** She beeped her horn at me.
> **Shéid sí aer sa bhonn.** She pumped the tyre.
> **Shéid sí na lasracha.** She fanned the flames.

2. ~ **faoi** bait, wind up, rile
badráil bother, **ciap** torment, **clip** tease, **cráigh** torment, **cuir as do** bother, **cuir isteach ar dhuine** annoy, needle a person, **cuir olc ar** annoy, anger, **déan ceap magaidh de dhuine** make a laughing stock of a person, **déan fonóid faoi** jeer at, **déan magadh faoi** mock, ridicule, make fun of, **feargaigh** anger, annoy, **griog** bait, **prioc** goad, **sac faoi** wind up, tease, **saighid faoi** bait, needle, **spoch as** tease, slag

◊ **Níl sí ach ag ~eadh fút.** She's just pressing your buttons., ~ **jab** *(vulg)* blow job

Séideadh *vn*
1. blowing
adhaint inflaming, **análú** breathing, **athlasadh** *(med)* inflaming, inflammation, **brúchtadh** emitting,

surging, **foscnamh** winnowing, **ligean as** letting out, **líonadh** filling, blowing up, **scairdeadh** gushing, **scinneadh** spurting, **séidearnach** snorting, **séideogacht** blustering; blowing in gusts, **séidfíl** spouting; snorting, **seoladh chun cinn** wafting, **síobadh** blowing; drifting, **siotaíl** blowing, puffing, **spraeáil** spraying, **sruthú** streaming, **stamhladh** bluster; blustery wind, **tonnadh** surging, billowing, **tuile** flooding; flood

▲ ~ **adhairce** blowing/sounding of a horn, ~ **anála** exhaling; puffing, ~ **bonnáin** *(veh)* beeping of a horn, ~ **cneá** inflammation of a wound, ~ **fola** gushing of blood, ~ **na gaoithe móire** blowing of the strong wind, ~ **tine** fanning/blowing a fire

2. ~ **faoi** baiting, winding up, riling
badráil bothering, **ciapadh** tormenting, **clipeadh** teasing, **crá** tormenting, **cur as do** bothering, **cur isteach ar dhuine** annoying, needling a person, **cur olc ar** annoying, angering, **déanamh ceap magaidh de dhuine** making a laughing stock of a person, **déanamh fonóid faoi** jeering at, **déanamh magadh faoi** mocking, ridiculing, making fun of, **feargú** angering, annoying, **griogadh** baiting, **priocadh** goading, **sacadh faoi** winding up, teasing, **saighdeadh faoi** baiting, needling, **spochadh as** teasing, slagging

◊ **bheith ag ~ faoi dhuine** trying to rile a person

Séideán *m (-áin; -áin, ~)* gust
aithleá *m* soft, gentle breeze, zephyr, **cnead** gasp, groan, **cuaifeach** *m* squall, **eatal** *f* **ghaoithe** gust of wind, **feothan** gust; breeze, **gusta** gust, **leoithne** *f* breeze, **puis** gust, **puth** puff, whiff, **sciúg** *f* gasping, hissing sound, **séideog** small puff/gust, **síob** *f* gust, blow, **siorradh** draught, **siota** flurry, **smeámh** breath (cf **smeámh den aer úr** breath of fresh air), **smid** breath, puff, **uspóg** gasp

▲ ~ **gaoithe** gust of wind

◊ **Tá ~ isteach ann.** There's a draught., It's draughty.

Séidte *pp*
1. blown; inflamed, puffed up
adhainte inflamed, **análaithe** breathed, **athlasta** *(med)* inflamed, **brúchta** emitted, surged, **faoi thuilte** flooded, **foscanta** winnowed, **ligthe as** let out, **líonta** filled, blown up, **scairdte** gushed, squirted; poured out rapidly, **scinnte** spurted, **seolta chun cinn** sent ahead; wafted, **síobtha** blown; drifted, **spraeáilte** sprayed, **sruthaithe** streamed, **tonnta** surged, billowed

▲ **ceann** ~ *(conceited)* big/swollen head, **cneá shéidte** inflamed wound, **éadan** ~ bloated face, **fiús** ~ blown fuse, **logán** ~ *(geol)* blowout, **poll** ~ blowhole, **sneachta** ~ driven snow

2. ~ **faoi** baited, riled
badráilte bothered, **ciaptha** tormented, **clipthe** teased, **cráite** tormented, **feargaithe** angered,

Seift *f (~e; ~eanna)* expedient plan, ploy, scheme; device, resource
acmhainn resource, **acra** *m* contrivance, **áis** facilitation, **beart** plan, **cleas** trick, **deis** facility, **gléas** device, means, **modh** method, **nós imeachta** procedure, **oirbheart** expedient plan, expediency, **plean** plan, **sás** contrivance, means, **scéim** scheme, **slí** *f* way, **straitéis** strategy *(see also: acmhainn)*

▲ ~ **liteartha** literary ploy, ~ **pholaitiúil** political expedient, ~ **poiblíochta** publicity stunt, ~ **saoil** life hack

◊ **Bheartaíomar ~.** We hatched a plan., **Déanfaimid ~ éigin.** We'll manage somehow., **Ní raibh de sheift eile agam.** There was nothing else I could do.

P **Múineann gá ~.** Necessity is the mother of invention., **Deireadh gach ~e an bás.** Death is the last card we have to play.

Seiftigh *v₁ᵦ* devise, procure; contrive
beartaigh devise, plan, **ceap** think up, **cuir ar fáil** make available, provide, **cuir le chéile** put together; contrive, **cum** dream up, concoct, **dear** design, **faigh** get, **fuin** knit together, shape, **figh** weave, spin, **pleanáil** plan, **soláthair** provide, **tobchum** improvise, **tar ar** arrive at

◊ **Sheiftigh siad scéim nua chun tithíocht inacmhainne a chur ar fáil.** They devised a new scheme to provide affordable housing., **Tá sise ag seiftiú dúinn uile.** She's providing for all of us.

Seiftithe *pp* devised, procured; contrived
beartaithe devised, planned, **ceaptha** thought up, **cumtha** dreamt up, concocted, **deartha** designed, **curtha ar fáil** made available, provided, **curtha le chéile** pieced/brought together; contrived, **faighte** gotten, **fuinte** knitted together, shaped, **fite** woven, spun, **pleanáilte** planned, **soláthartha** provided, **tagtha ar** arrived at, **tobchumtha** improvised

Seiftiú *vn* devising, procuring; contriving
beartaíocht scheming/ingenuity, **beartú** devising, planning, **ceapadh** thinking up, **cleasaíocht** trickery, **cumadh** dreaming up, concocting, **dearadh** designing, **cur ar fáil** making available, providing, **cur le chéile** putting together; contriving, **fáil** getting, **fuineadh** knitting together, shaping, **fí** weaving, spinning, **pleanáil** planning, **modheolaíocht** methodology, **scéiméireacht** scheming, **soláthar** providing, **teacht ar** arriving at, **tobchumadh** improvising

Seiftiúil *adj⁴* resourceful
acmhainneach resourceful, **acrach** useful convenient, **airgtheach** inventive, **beartach** scheming, **cliste** clever; smart, **cruthaitheach** creative, **dea-lámhach** dexterous, clever with hands, **deaslámhach** dexterous, right-handed, **éirimiúil** ingenious, **fiontrach** adventurous, go-ahead, enterprising, **glic** cunning, astute, **innealta** snazzy, cool, **ionnúsach** enterprising, resourceful, **oirbheartach** accomplished; ingenious, **samhlaíoch** imaginative, **straitéiseach** strategic, **treallúsach** enterprising, **úsáideach** useful *(see also: acmhainneach)*

Seilbh *f (~e; sealbha, sealbh)* possession
áitíocht occupancy, **áitiú** occupying, **caomhnóireacht** *(of child)* custody, **coimeád** *m (law)* custody, **coimirceas** protectorate, **coinneáil** keeping, **cúram** care, looking after, **dílseánacht** proprietorship, **eastát** estate, **fearannas** occupation of land, estate, **gabháltas** *(farm)* holding, **maoin réadach** real estate, **teideal** title, **tionacht** *(property, office, etc)* tenure, **sealbhaíocht** possession, tenure, **sealúchas** property, possessions, **spleáchas** dependency (cf **spleáchas ar hearóin** heroin dependency), **tuilleamaí** dependency (cf **tuilleamaí na déirce** dependence on charity), **tuiní** fixed possession, ownership, **úinéireacht** ownership; proprietorship

◊ **Chaill sé ~ ar an liathróid.** He lost possession of the ball., **Cuireadh na tionóntaí as ~ a dtithe.** The tenants were evicted from their homes., **na daoine a cuireadh as ~** the dispossessed, **Ghlac na báillí ~ ar an teach.** The bailiffs took possession of the house., **Tá na drugaí i ~ na nGardaí.** The Gardaí are in possession of the drugs.

Seile *f (~; -lí)* spit, spittle; saliva
cúr spume, froth, **prislín** drool, dribbling, **seileagar** dribbling from mouth, **seileog** spit, **sileog** spittle, **smuga** thick spittle; mucus, **smugairle** thick spittle, **sreabhán coirp** body fluid, **uan** froth, **uisce (le mo bhéal)** watering (in mouth)

◊ **~ a chaitheamh** to spit, **Ní fiú seile sheilide é!** It's not worth a damn!

Seilf *f (~; ~eanna)* shelf
dreapa ledge on cliff, **fargán** deep slope with ledges, **frapa** ledge on cliff face, **laftán** rocky ledge, **leabhragán** bookcase, **leac** *f* ledge, **scairbh** *(geog) (underwater)* shelf

Seilg 1 *f (~e; ~í)* hunt, hunting; chase, chasing
fáiteall foraging, hunting, **feagánú** hunting, chasing, **fiach** *m (fiaigh)* hunt, **fiach** *m* **sionnach** fox-hunting, **fiagaíocht** foraging, hunting, **sealgaireacht** hunting, **tóir** *f (tóra; ~eacha)* chase, hunt, **tóraíocht** pursuit, hunting

Seilg 2 *v₁ᵦ* hunt
bí ag fiach be hunting, be engaged in a chase, **bí ag sealgaireacht/seilg** be hunting; be chasing, **cuardaigh** search, **cuir tóir ar** pursue, **cúrsáil** course, chase, **déan tóraíocht ar** go in pursuit of, **feagánaigh** hunt,

chase, **fiach** hunt, chase, **fiosraigh** enquire, **iniúch** scrutinise; audit, **lorg** track, trace, **piardáil** rummage; **siortaigh** rummage, search, forage, **taiscéal** explore, reconnoitre, **téigh sa tóir ar** go in pursuit of, **tóraigh** pursue, seek

Seilg 3 *vn* hunting, chasing
cuardach searching, **cur tóir ar** pursuing, **cúrsáil** coursing, chasing, **dul sa tóir ar** going in pursuit of, **feagánú** hunting, chasing, **fiach** hunting, chasing, **fiagaíocht** foraging; hunting, **iniúchadh** scrutinising; auditing, **lorg** seeking, **piardáil** rummaging, **siortú** searching, foraging; ransacking, **taiscéaladh** exploring, reconnoitring, **tóraíocht** pursuing *(see also: sealgaireacht)*

Seilgthe *pp* hunted
cuardaithe searched, **cúrsáilte** coursed, chased, **dulta sa tóir ar** gone in pursuit of, **feagánaithe** hunted, chased, **fiachta** hunted, chased, **fiosraithe** enquired, **iniúchta** scrutinised; audited, **lorgtha** tracked, traced, **piardáilte** rummaged; ransacked, **siortaithe** rummaged, searched, foraged, **taiscéalta** reconnoitred, explored, **tóraithe** pursued, sought

Séimh *adj²* mild, gentle; smooth, fine, slender
aoibhinn pleasant, mild, **bog** soft, **bogchroíoch** softhearted, **cásmhar** caring, **caoin** gentle, **caoithiúil** amiable, **caol** slender, **caomh** gentle, mild, **ceansa** meek, tame, **ceanúil** loving, affectionate, **cneasta** mild-mannered, decent, **cúthail** diffident, modest, **dea-chroíoch** kind-hearted, **deas** nice, **éasca** easy, smooth, **fíneálta** subtle, fine, **geanúil** affectionately loving; **mánla** gentle, **mín** smooth, **míonla** gentle, mild, **modhúil** modest, unassuming, **moiglí** placid, mild, **réchúiseach** laid-back, easy-going, **réidh** even, smooth, **sámh** peaceful, restful, **síodúil** silky, smooth; urbane, **socair** settled, settling, **sochma** placid, even-tempered, soft, **soraidh** *(lit)* smooth, pleasant, **suaimhneach** tranquil, **taisiúil** mild, compassionate, **teochroíoch** warm hearted, cordial, **tláith** soft, tender

▲ **aer** ~ rarefied air, **aigne shéimh** subtle mind, **aimsir shéimh** mild weather, **análú** ~ smooth/even breathing, **ceol** ~ soft/mellow music, **curaí** ~ mild curry, **duine** ~ mild/softly-spoken person, **focal** ~ kindly remark, **glantach** ~ mild detergent, **glór** ~ gentle voice, **nasc** ~ tenuous link, **síoda** ~ fine silk

Séimhe *f (~)* mildness, gentleness; smoothness, fineness, slenderness
aoibhinne pleasantness, mildness, **boige** softness, **bogchroíche** softheartedness, **búidhe** tenderness, gentleness, **cásmhaire** caring, **caoile** slenderness, **caoine** gentleness, **caoineas** smoothness, gentleness, **caoimhe** gentleness, mildness, **caoithiúlacht** amiability, **ceansacht** meekness, tameness, **ceanúlacht** lovingness, affection, **cneastacht** mild-manneredness, decency, **dea-chroíche** kind-heartedness, **deise** niceness; *(dress)* finery, **éascacht** easiness, smoothness, **fíneáltacht** subtlety, fine-tuning, **geanúlacht** lovingness; modesty, **mánlacht** gentleness, **míne** smoothness, **mínineacht** subtlety, gentleness; hairsplitting, **modhúlacht** modesty, mildness, **réidhe** evenness, smoothness, **sáimhe** peacefulness, restfulness, **síodúlacht** silkiness, smoothness; **socair** settled, settling, **sochma** placid, even-tempered, soft, **soraidh** *(lit)* smooth, pleasant, **suaimhneach** tranquil, **taisiúil** mild, compassionate, **síodúlacht** silkiness; suavity, urbanity, **socracht** stillness, calmness, **teochroíche** warmheartedness, cordiality, **tíriúlacht** pleasantness, **tlás** mildness, gentleness

Séimhigh *v₂ᵦ* become mild, mellow; *(gram)* lenite
bog soften, **déan bog** make soft, **caill fabhar** lose sharpness/edge, **caolaigh** attenuate, **ceansaigh** appease; tame, **ciúnaigh** quieten (down), **éirigh séimh** become mild and gentle, become mellow, **éirigh socair** become calm, **lagaigh** weaken, abate, **laghdaigh** lessen, attenuate, **maolaigh** abate, assuage; become bald, **palataigh** palatalise, **tanaigh** thin (down)

Séimhithe *pp* gotten mild, mellowed; *(gram)* lenited
bogtha softened, **déanta bog** made soft, **caolaithe** attenuated, **ceansaithe** appeased; tamed, **ciúnaithe** quietened (down), **éirithe séimh** gotten mild and gentle, mellowed, **éirithe socair** calmed, **lagaithe** weakened, abated, **laghdaithe** lessened, attenuated, **maolaithe** abated, assuaged; become bald, **palataithe** palatalised, **tanaithe** thinned (down)

▲ **consan** ~ *(ling)* lenited/palatalised consonant, **ponc** ~ *(ling)* lenition mark

Séimhiú *vn* mellowing; *(gram)* lenition, attenuation
bogadh softening, **déanamh bog** making soft, **caolú** attenuation, **ceansú** appeasing; taming, **ciúnú** quietening (down), **éirí séimh** becoming mild and gentle, mellowing, **éirí socair** becoming calm, **cailleadh faobhair** losing (one's) sharpness/edge, **lagú** weakening, abating, **laghdú** lessening, attenuating, **maolú** abating, assuaging; becoming bald, **palatú** palatalising, **tanú** thinning (down)

Seinge *f (~)* slimness, slenderness
caiteacht thinness, emaciation, **caoile** slightness, slenderness, **cúinge** narrowness, **leabhairchruth** long slender shape, **leabhaireacht** streamlined shape; slenderness, **loime** bareness, **tanaíocht** thinness, **truacht** leanness, **truas** leanness *(see also: caoile)*

Seinm *vn* playing, performing on (musical instrument)
baint ceoil making music, **buscáil** busking, **canadh** singing, **casadh** playing, **ceoltóireacht** making music, **ceiliúradh** warbling, singing, **déanamh ceoil** making music, **seisiún ceoil** musical gig, **streancán** strum, **streancánacht** strumming, **strumáil** strumming

Seinn v_{1b} *(musical instrument)* play, perform; sing, warble
abair say, sing (cf **Abair amhrán!** Sing a song!), **bain ceol as** (**uirlis cheoil**) make music with (a musical instrument), **bí ag ceoltóireacht** be playing music, **bí ag streancánacht** be strumming, **buscáil** busk, **can** sing (cf **éan ag canadh** bird singing), **cas** play (cf **port a chasadh** to play a tune), **ceiliúir** warble, sing, **déan ceol** make music, **déan seisiún ceoil** do a gig, **gabh amhrán** sing a song, **guthaigh** voice, **strumáil** strum

◊ **~ an fonn sin arís!** Play that tune again!, **Cén uirlis cheoil a sheinneann tú?** What musical instrument do you play?

Seinnte pp *(musical instrument)* played, performed; sung, warbled
buscáilte busked, **canta** sang, **casta** played, **ráite** said, sung, **strumáilte** strummed

◊ **Tá a phort ~.** His time is up., It's over for him.

Séipéal m *(-éil; -éil, ~)* chapel; small church
cill *(hist.)* church, **eaglais** church, **ionad adhartha** place of worship, **lann** f *(lit)* church, **teach** m *(tí; tithe)* **Dé** house of God, **teach pobail** house of worship, **teaghais** tabernacle, church, **teampall** temple, church

▲ **~ cúnta** chapel of ease

Seirbhís f *(~e; ~í)* service
acra m service, good turn, **áis** facility, **cothabháil** maintenance, **cúnamh** assistance, **deasghnáth** m ceremony, rite, ritual, **dualgas** duty, **feidhm** function, **feidhmeannas** office, capacity, service, **féinseirbhís** self-service, **fónamh** benefit, service, **fóntas** utility (cf **fóntas poiblí** public utility), **fostaíocht** employment, **freastal** service, **friotháil ar** attend, minister to, **gar** favour, **garaíocht** favours, services, **géillsine** *(lit)* vassalage, service, **giollacht** valeting; working as a valet, **gnó** business, **saothar** labour, effort, **searmanas** ceremony, **státseirbhís** civil service, **urghnamh** *(lit)* ministration, service

▲ **~ an phósta** marriage service, **~ bhuaicuaireanta** peak hour service, **~ bhuíochais** thanksgiving service, **~ charúl** carol service, **~ chomhairleoireachta** counselling service, **~ do chustaiméirí** customer service, **~ dóiteáin** fire service, **éacúiméineach** ecumenical service, **~ eaglaise** church service, **~ eadrána** conciliation service, **~ éigeandála** emergency service, **~ eolais** information service, **~ farantóireachta** ferry service, **~ freagartha** answering service, **~ ghiúiré** jury service, **~ ghlantóireachta** cleaning service, **~ ghníomhach** active service, **~ iardhíola** after-sales service, **~ mhearsheachadta** express delivery service, **~ mhíleata** military service, **~ phoiblí** public service, **~ phóilíneachta** police service, **~ phoist** postal service, **~ rúnda** secret service, **~ satailíte** satellite service, **~ sciomartha gluaisteán** car valeting service, **~ seachadta píotsaí** pizza delivery service, **~ shóisialta** social service, **~ sláinte** health service, **~ sláintíochta** sanitation service, **~ tacaíochta** support service, **~ tarrthála** rescue service, **~ tointeála** shuttle service, **~ tórraimh** funeral service, **~ traenach** train service, **~ tuála** towing/towage service

◊ **as ~** out of service, **i ~** in service

Seirbhíseach m *(-sigh; -sigh, ~)* servant
buachaill m **aimsire** *(hist.)* servant boy, **buitléir** butler, **cailín** m **aimsire** *(hist)* servant girl, **cúiréir** courier, **cúntóir** assistant; helper, **eachlach** *(hist)* messenger, courier, **fónamhaí** servitor, servant, **fostaí** employee, **freastalaí** waiter; attendant, **friothálaí** server, **gíománach** m yeoman, coachman, **giolla** manservant, valet, **searbhónta** servant, **sclábhaí** slave

Seisiún m *(-úin; -úin, ~)* session; gig, gathering
babhta bout, **bailiú** collecting, gathering, **bailiúchán** gathering; collection, **cóisir** party, **comhthionól** assembly, **comóradh** gathering, assembly; commemoration, **cruinniú** meeting; gathering, **cuideachta** company, get-together for conviviality, **dáil** meeting, encounter, **dreas** turn, routine, **mustar** muster, **oireacht** m *(lit)* deliberative assembly of freemen, **oireachtas** gathering, festival, **scaitheamh** period of time, while, **seal** while, spell, **seanadh** *(lit)* gathering, assembly, **seó** show, **sionad** *(rel)* synod, **suí** sitting (cf **suí na Dála** the sitting of the Dáil), **tionól** assembly, **tóstal** pageant; muster

▲ **~ aiseolais** feedback session, talkback, **~ amhránaíochta** singsong session, **~ de cheol traidisiúnta** trad session, **~ eolais** briefing, **~ grianghrafadóireachta** (photography) shoot, **~ iomlánach** plenary session, **~ jeamála** jamming session, jam, **~ ólacháin** booze-up, **~ scannánaíochta** *(movie)* shoot, **~ teiripe** therapy session, **~ traenála** training/coaching session

Séitéir m *(-éara; ~í)* cheat, cheater
aisiléir twister, **brathadóir** betrayer, **bréagadóir** liar, **caimiléir** fraudster, con-artist, **calaoiseaoir** fraudster, **cealgaire** guileful deceiver, **cladhaire** villain, rogue (cf **cladhaire gaid/croiche** gallows bird), **cleasaí** trickster, **cluanaire** deceiver, **cúblálaí** wrangler, twister, **faladhúdaí** thief, deceiver, **feallaire** deceiver, **fealltóir** betrayer, traitor, **leidhcéir** trickster, **loiceach** m shirker, **tréatúir** traitor

Séitéireacht f *(~a)* cheating
aisiléireacht chicanery, **caime** crookedness, **caimiléireacht** deceit, conning, fraud, cheating, **calaois** fraud, **camastaíl** duplicity, rigging (cf **camastaíl bhallóide** ballot rigging), **cambheart** racket, caper, fiddle, **camscéim** scam, **cealg** f guile, deceit, **cealgaireacht** guilefulness, deception, **claonbheart** deceit, deceitful act, scam, **cleasaíocht** chicanery, **cúbláil** cheating, manipulation, **éilliú**

Seó

corruption, **falcaireacht** deception, cheating, **feall** treachery, foul deed, **íogán** cheating at cards, **meabhlú** deception, betrayal, **rigeáil** rigging, **slópáil** cheating, **slusaíocht** dissimulation, flattery

Seó *m (~; ~nna)* show, spectacle
amharc sight, **carnabhal** carnival, **ceoldráma** musical, **clár** programme, show, **craic** crack, fun, **deasghnáth** ceremony, **dráma** play, **feic** *(pej)* sight, **féile** *f* fete, festival, **feis** festival, carnival, **fothaispeántas** sideshow, **ilsiamsa** *m* variety show; vaudeville, **léiriú** production, **mórshiúl** procession, **mustar** display, swagger, muster, **paráid** parade, **poimp** pomp, **radharc** scene, sight, view, **searmanas** ceremony, **seóléimneach** *f (-ní)* show jumping, **scléip** festivity, revelry, **seóthriail** *f (-thrialach)* show trial, **spraoi** fun, amusement, **tabhairt amach** display, demonstration; issue, **taibhse** ostentatious display, **taispeáint** show, **taispeántas** exhibition, show, **tóstal** pageant, display *(see also: taispeántas)*

▲ ~ **aonair** one-man/woman show, ~ **beirte** double act, ~ **bóthair** road show; circus; holy show (cf **Rinne tú seó bóthair dínn go léir!** You made a holy show of us all!), ~ **cainte** talk show, ~ **capaillíní** pony show, ~ **capall** horse show, ~ **cluichí** game show, ~ **comhrá** chat show, ~ **draíochta** magic show, ~ **eitleoireachta** air show, ~ **faisin** fashion show, ~ **madraí** dog show, ~ **mór** extravaganza, ~ **oirfideach** minstrel show, ~ **soilse** light show, ~ **talmhaíochta** agricultural show, ~ **teaghlaigh** family show, ~ **urláir** floor show

◊ **Ná déan ~ díot féin!** Don't make a show of yourself!, **Ní mór don ~ dul ar aghaidh!** The show must go on!

Seoid *f (~e; seoda, -od)* jewel, gem, ornament
cloch bhua gem, *(sl)* rock, **cloch lómhar/luachmhar** precious stone, **cloch uasal** gemstone, **geam** *m (~a; ~anna)* gem, **séad** valuable object, ornament, jewel, **seodra** *m* jewellry, **siogairlín** pendant, **uscar** *(lit)* jewel

P **Is iad an dá sheoid is luachmhaire ar an domhan seo ná an tsláinte agus an óige.** The two mo precious jewels in this world are health and youth.

Seol 1 *m (-oil; ~ta)* sail
anairt sailcloth, canvas, **barrsheol** topsail, **braillín** *f* sheet, **brat** mantle; covering, **canbhás** canvas, **clúdach** *m* cover, **cochall** canopy, **éadach** *m* cloth, **eitleog** kite, **paraisiút** parachute, **scód** *(naut)* sheet (cf **scód an tseoil mhóir** mainsheet), **siota** sheet, **siota tosaigh** jib sheet, **staghsheol** staysail, **tíle** *(naut)* sheets (cf **tíle tosaigh/deiridh** fore-/stern- sheets, **téastar** canopy over bed, **ullóg** hullock

▲ ~**bhrat** sailcloth, ~ **bolgach** balloon sail, ~ **cinn** jib, headsail, ~ **cleithe** gaff sail, ~ **deiridh** mizzen sail, ~ **doininne** trysail, ~ **gaoithe móire** storm sail, ~ **gearr/giortach** shortened sail, ~ **fad loinge** fore and aft sail, ~ **lánghearrtha** full-cut sail, ~ **mór** mainsail, ~ **spreoide** spritsail, ~ **stagh** staysail, ~ **stoirme** storm sail, ~ **tosaigh** foresail, ~**trioc** rigging, ~ **trom** storm sail

◊ ~ **a ardú, ísliú** to hoist, to lower a sail, **Bhain sin an ghaoth as ár ~ta.** That took the wind out of our sails., **Bhí na ~ta ag brataíl sa ghaoth.** The sails were flapping in the wind., **do sheol a ardú** to set sail, **Thógamar ár ~ta.** We set sail., **ar sheol na braiche** going swimmingly well

P **Ní mór crann a bhaint anuas le seolta a chur suas.** You can't make omelettes without breaking eggs.

Seol 2 *v₁ₐ*
1. send, dispatch; launch
coinsínigh consign, **craobhscaoil** broadcast, **cuir amach** put out, **cuir ar ais** send back, remit, **cuir chuig** send to, forward to, **cuir i dtuiscint** convey, **cuir sa phost** mail, **cuir timpeall** put around, **foilsigh** publish, **lainseáil** launch, **poibligh** publicise, **postáil** post (cf **tvuít a phostáil** to post a tweet), **scaoil** release, **tarchuir** transmit

~ **an leabhar!** Launch the book!
~ **cathlán!** Dispatch a battalion!
~ **comhartha le cábla!** Transmit a signal by cable!
~ **cuidiú trí Ghorta!** Channel aid through Gorta!
~ **diúracán air!** Fire a missile at it!
~ **liathróid thar thrasnán!** Float a ball over a bar!
~ **na ba isteach sa ghort!** Drive cows into the field!
~ **na hearraí ar long!** Ship the goods!
~ **nóta chugam!** Drop me a line!
~ **téacs chugam!** Send me a text!
~ **tuairisc!** File a report!

◊ ~**ann an t-ábhar seo teas.** This material conducts heat., **Cén ghaoth a sheol anseo thú!** What brought you to this neck of the woods?

2. sail
ardaigh do sheolta raise your sail, set sail, **bí ag bádóireacht** be boating, **bí ag luamhaireacht** go yachting, **bí ag loingseoireacht** go seafaring, **bí ag seoltóireacht** be sailing, **brúigh chun cinn** press forward, **crúsáil** cruise, **cuir chun bealaigh** set off, **cuir chun farraige** put to sea, **déan turas farraige** voyage, **tabhair faoi thuras farraige** embark on a voyage, **téigh ar an mbád go dtí** go by boat to, **tiomáin** drive

---

■ Ar na seoda nádúrtha atá: Jewels/natural gems include:	**diamant** diamond **grianchloch** *f* quartz **néamhann** precious stone; mother of pearl **ómra** amber **péarla** pearl	**rúibín** ruby **saifír** *f* sapphire **smaragaid** emerald **tópás** topaz **turcaid** turquoise
agáit agate		
aimitis amethyst		
coiréal coral		

Seoladh

◊ **Sheol an long go Nua-Eabhrac.** The ship sailed to New York.

Seoladh

1. *vn* posting, messaging; launching; *(ph)* conducting **coinsíniú** consigning, **craobhscaoileadh** broadcasting, **cur amach** putting out, **cur ar ais** sending back, remitting, **cur chuig** sending to, forwarding to, **cur i dtuiscint** conveying, **cur sa phost** mailing, putting in the post, **cur timpeall** putting around, **foilsiú** publishing **lainseáil** launching, **poibliú** publicising, **postáil** posting, **scaoileadh** releasing, **tarchur** transmitting, **tras-seoladh** transmission (cf **tras-seoladh aeriompartha/teagmhála** airborne/contact transmission)

▲ ~ **leabhair** launching a book, booklaunch, ~ **físteachtaireachtaí** video messaging, ~ **saineolaithe** dispatching experts, ~ **teachtaireachtaí pictiúir** picture messaging, ~ **teasa/leictreachais** conducting heat/electricity

◊ **An bhfuil sibhse réidh le ~?** Are you guys ready to roll?

2. *vn* sailing
ardú seolta raising of sails; setting sail, **bádóireacht** boating, **brú chun cinn** pressing forward, **crúsáil** cruising, **cur chun bealaigh** setting off, **cur chun farraige** putting to sea, **dul ar an mbád go dtí** go by boat to, **loingseoireacht** seafaring, **luamhaireacht** yachting, **seoltóireacht** sailing, **tabhairt faoi thuras farraige** embarking on a voyage, **taisteal na farraige** voyaging, **tiomáint** driving

▲ ~ **bog** off-wind sailing, ~ **cóir** fair sailing, ~ **fairsing ar a bíoma** beam reach, ~ **fairsing ar a bogha** forereach, ~ **fairsing ar a ceathrú** broad reach, ~ **fairsing ar a gualainn** close reach, ~ **in aghaidh na gaoithe** sailing against the wind, ~ **le sruth** sailing down with the current, ~ **le cóir ghaoithe** sailing with a fair wind

3. *m (-lta; -ltaí)* address
áit chónaithe abode, place of residence, **baile** home, **Cá háit?** Whereabouts?, **postáil** posting, **ríomhphost** email, **suíomh** location, **treoir** *f (treorach; treoracha)* direction, **treoracha** *fpl* directions, **treoshuíomh** orientation

▲ ~ **aitheantais** *(comp)* ID address, ~ **amach** *(mus)* outro, ~ **baile** home address, ~ **billeála** billing address, ~ **bréige** fictitious address, ~ **cláraithe** registered address, ~ **fillte** return address, ~ **fíorúil** *(comp)* virtual address, ~ **gnó** business address, ~ **gréasáin** web address, ~ **idirlín** internet address, ~ **IP** *(comp)* IP address, ~ **isteach** *(mus)* intro, ~ **oibre** work address, ~ **poist** shipping address, ~ **ríomhphoist** email address, ~ **seachadta ar aghaidh** forwarding address

▲ **athrú seolta** change of address

◊ ~ **an philibín óna nead atá sa mhéid sin.** That's all just a red herring., **litir gan** ~ unaddressed letter

Seolta *pp* sent; launched; sailed

coinsínithe consigned, **craobhscaoilte** broadcast, **curtha amach** put out, **curtha ar ais** sent back, remitted, **curtha chuig** sent to, forwarded to, **curtha i dtuiscint** conveyed, **curtha sa phost** mailed, **curtha timpeall** put around, **foilsithe** published, **imithe** gone, **lainseáilte** launched, **poiblithe** publicised, **postáilte** posted, **scaoilte** released, **tarchurtha** transmitted *(see also: líofa)*

▲ **cléireach** *m* ~ dispatching clerk, **dáta** ~ date of dispatch, **duillín** ~ dispatch slip, **ordú** ~ dispatched order, **sruth** ~ conduction current

◊ **bheith** ~ to be as high as a kite, **Tá an long sin** ~. That ship has sailed., That opportunity has passed., **Tá gach uile rud ag dul go** ~. Everything is going smoothly.

Seoltóir *m (-óra; ~í)*

1. sailor, navigator
bádóir boatman, boatwoman, **bean farraige** *(female)* seafarer, **farantóir** ferryman, **fear farraige** seaman, **iascaire** fisherman, **lastóir** freighter, shipper, **loingseoir** navigator, **luamhaire** yachtsman, **maraí** seafarer, **mairnéalach** *m* mariner; sailor, **maraí** seafarer, **muirshaighdiúir** marine, **seoladóir** shipper; sailor

2. sender; launcher
bean/fear seolta ar aghaidh forwarder, **coinsíneoir** consignor, **coinsíní** consignee, **craoltóir** broadcaster, **eisitheoir** issuer, **foinse** *f* source, **lainseálaí** launcher, **onnmhaireoir** exporter, **riarthóir seachadta** dispatcher, **seoladóir** shipper, **síoladóir** disseminator, **tarchuradóir** *(radio)* transmitter, **údar** author, originator

Seoltóireacht *f (~a)* sailing, navigating

amuigh chun farraige out at sea, **ar na farraigí arda** on the high seas, **bádóireacht** boating, **farraigeoireacht** seafaring, **gaothshurfáil** windsurfing, **loingseoireacht** seafaring, navigating, **luamhaireacht** yachting, **mairnéalacht** seamanship, sailing, **maraíocht** seafaring, **seoladh** *(travel by any sea vessel)* sailing (cf **Cuireadh moill ar an seoladh.** The sailing was delayed.)

▲ **club** ~a sailing club, **soilse** ~a navigation lights

◊ **dul amach ag** ~ to go out sailing/yachting

Seomra *m (~; ~í)* room, chamber

aireagal chamber, oratory, **áit** place, **árasán** apartment, **barda** ward, **cábán** cabin, compartment, **caibinéad** cabinet, **cistin** kitchen, **forsheomra** antechamber, **leithreas** toilet, **lialann** surgery, **lochta** *m* loft; gallery, **lóistín** lodging, board, **oifig** office, **parlús** parlour, **proinnseomra** dining room, **proinnteach** *m (-tí;*

Seomra

■ **Ar théarmaí seoltóireachta atá:** Sailing terms include:
ag imeacht le sruth adrift
ar ancaire anchored, on anchor
ar bord on board
ar deic on deck
bá *f* bay
bád tarrthála lifeboat
ballasta ballast
baoi buoy
bladhm *f* **éigeandála** emergency flare
bloic *mpl* blocks
bordáil tacking
bratach *f* flag
bulla buoy
bum boom
caladh harbour
capstain *mpl* capstans
catamarán catamaran
cé *f* quay, pier
cíle *f* (**chothrom**) (even) keel
cléataí *mpl* cleats
clébhord port *(side of ship)*
cóir favourable wind
cornadóir furler
crann mast
crann scóide boom
cuan bay, haven; harbour
deasbhord starboard
deic deck (cf **ar deic** on deck)
deireadh stern
dingí dinghy
dulta ina suí run aground
fearas comharthaíochta signalling equipment
fearas tarrthála life-saving equipment
halmadóir tiller
imeacht ar a faobhar keeling
luamh yacht
luamháin teannta support levers
luigh heel, lean
méadar gaoithe wind gauge
mótar transaim outboard motor
muiríne marina
rigín rigging (cf **rigín an tseoil mhóir** main rigging)
rigín seasta/reatha fixed/running rigging
rópaí daingnithe fixed ropes
scrogall gooseneck
seaicéad tarrthála lifejacket
searbháil whipping
sliospholl porthole
spladhsáil splicing
stiúir helm (cf **dul ar an stiúir** to take the helm)
tacáil tacking
tácla tackle
taobh na fothana leeward
taobh na gaoithe windward
taoscaire bailer
teach solais lighthouse
téada *fpl* ropes, lines,
tornáil tacking
tosach *m* bow
trealamh gear
unlas winch *(see also: bádóireacht)*

-tithe) dining-hall, refectory, **salón** salon, **salún** saloon, **stiúideo** studio, **suanlios** *m* (*-leasa; ~anna*) dormitory, **svuít** suite (cf **svuít nualnúine** bridal suite), **teaghais** tabernacle

▲ ~ **aclaíochta** gym, ~ **acmhainní** resources room, ~ **aerdhíonach** airlock, ~ **adhlactha** burial chamber, ~ **agallaimh** interview room, ~ **aíochta** guestroom, ~ **allais** sauna, ~ **an tSeanaid** the Senate chamber, ~ **athraithe clúidíní** (for babies) changing room, ~ **bagáiste** luggage room, ~ **ban** boudoir, ~ **beag** box room, ~ **bia (foirne)** (staff) dining room, ~ **boird** boardroom, ~ **breise** spare room, ~ **caidrimh** common room, ~ **ceadail** recital room, ~ **ceoil** music room, ~ **cithfholctha** shower room, ~ **cluichí** games room, ~ **coire** boiler room, ~ **cóireála** treatment room, ~ **comhairle** council chamber, ~ **comhairliúcháin** consultation room, ~ **comhdhála** conference room, ~ **comhrá** (web) chat room, ~ **cótaí** cloakroom, ~ **cúil** back room, ~ **dorcha** (photo) darkroom, ~ **ealaíne** art room, ~ **feithimh** waiting room, ~ **folctha** bathroom, ~ **fóntais** utility room, ~ **fuaimdhíonach** soundproof room, ~ **gléasta** dressing room, ~ **gníomhaíochta** activity room, ~ **ilchuspóireach** general-purpose room, ~ **ócáidí** function room, ~ **gréine** conservatory, sun room, ~ **leapa** bedroom, ~ **na lánúine nua-phósta** bridal chamber, ~ **ranga** classroom, ~ **rialaithe** control room, ~ **ríomhairí** computer room, ~ **staidéir** study, ~ **suite** sitting room

■ **Ar na seomraí eile atá:** Other rooms include: **áiléar** attic, **cistin** kitchen, **grianán** conservatory, **halla** hall, **íoslach** *m* basement, **leithreas** toilet, **parlús** parlour (see also; **teach**)

Sféar *m* (*-éir; -éir, ~*) sphere
airéine *f* arena, **comhchruinneán** small sphere, **cruinne** *f* sphere, **cruinneog** globe, **earnáil** *f* sector, **fithis** orbit, **glób** *m* (*~*) globe, **limistéir** area, **réimse** *m* domaine, **scóip** ambit, scope

Siamsa *m* (*~; ~í*) amusement, entertainment
ábhacht drollery, joking, jesting, **aeraíocht** enjoyment, **aiteas** pleasantness, fun, **aoibhneas** bliss, **ardú meanman** raised spirits, **caitheamh aimsire** hobby, pastime, **clubáil** clubbing, **craic** fun, craic, **croíúlacht** cheerfulness, **fastaím** pastime, amusement, **oirfide** *m* (high reg) music, entertainment, **pléisiúr** pleasure, **rímead** jubilance, **sástacht** contentment, **scléip** hilarity, having fun, **sceitimíní** ecstasy, jubilation, **seó** show, display, fun, **siamsaíocht** fun, **spórt** fun, **spraoi** fun, spree, **súgradh** playing, **sult** merriment, **taitneamh** enjoyment

Siamsaíocht *f* (*~a*) entertainment, diversion
aeraíocht having fun, **amuigh ag déanamh aeir** out gallivanting, living it up, **caitheamh aimsire** amusement, pastime, **ceiliúradh** celebrating, **pléaráca** revelling; horseplay (cf **an pléaráca ar fad** all the fun of the fair), **pleidhcíocht** acting the clown, fooling about; indulging in horseplay, **pocfeáireacht** gallivanting, **rancás** high jinks, cavorting, **scléip** having fun, **siamsa** amusement, **spraoi** good time, fun, enjoyment, **sult** fun (see also *siamsa*)

▲ **aonach** *m* ~**a** funfair, **gnó na** ~**a** showbiz, show business, **stuara** ~**a** amusement arcade

Siamsúil *adj*[4] entertaining, amusing
aeraíochta (> *aeraíocht*) enjoyment, fun, **aiteasach** pleasant joyful, **aoibhinn** pleasant; blissful, cheerful;

courageous, **clubála** (> *clubáil*) clubbing, **croíúil** cheerful, hearty, **meanmnach** spirited, **pléisiúrtha** pleasurable, **ríméadach** glad, jubilant; proud, **sásta** pleased, contented, **scléipeach** hilarious, fun, **sceitimíníneach** rapturously excited, **siamsaíochta** (> *siamsaíocht*) entertainment, fun, **spórtúil** sportive, sporty, **spraíúil** fun, playful, amusing, **sultmhar** merry, **taitneamhach** enjoyable, pleasing

Siar *adv (c →)* westwards; back; back home
abhaile homewards, home, **anoir** *(c ←)* from the east, **ar ais** back, **ar gcúl** backwards, **chun an Iarthair** towards the west, **droim ar ais** backwards, **go dtí an tIarthar** to the west, **i bhfrithing** in reverse, **thiar** (~~mot~~) west, **tóin ar aghaidh** going rearward; arseways

◊ **Baineadh siar asam.** I was taken aback., **Siaraigí!** Back you go!

Sibhialta *adj⁶* civil, civilised; polite
béasach polite, **caoin** gentle, refined, **caoinbhéasach** gentle-mannered, **cathartha** civil, civic, **cúirtéiseach** courteous, **cultúrtha** cultured, **dea-bhéasach** gallant, polite, **dea-mhúinte** well-mannered, well-bred, **deismíneach** refined, **deismir** fine, exemplary, **eagnaí** enlightened, **eolach** informed, **foghlamtha** educated, **galánta** elegant, **mánla** gentle, gracious, **mín** smooth, fine, **mínráiteach** gently-spoken, **miochair** courteous, affable, **modhúil** genteel, mannerly, **múinte** mannerly, **oilte** trained, skilled, **saoithiúil** learned, pleasant, agreeable, **sibhialtach** civilian, **sibhialtachta** (> *sibhialtacht*) civilised, **síodúil** suave, urbane, **sofaisticiúil** sophisticated, **urramach** deferential

Sibhialtacht *f (~a)* civilisation, polite society
caoine gentleness, smoothness **cúirtéis** civility, courteousness, **cultúrthacht** cultured behaviour, **cuntanós** civility, pleasant countenance, **dea-bhéas** politeness, **dea-mhúineadh** good manners, civility, **deismíneacht** refinement, **deismireacht** prettiness, neatness, **eagnaíocht** sapience; wisdom, **eolas** knowledge, **foghlaim** learning, education, **galántacht** elegance, refinement, **míneadas** refinement, polish, **mínráití** gently-spokenness, **múinteacht** mannerliness, **modhúlacht** mildness, modesty, **oilteacht** training, skilfulness, proficiency, **saíocht** wisdom, **saoithiúlacht** learnedness, pleasantness, agreeableness, **síodúlacht** suavity, urbanity, **snoiteacht** refinement, delicacy; crispness, **sofaisticiúlacht** sophistication, **tiríúlacht** pleasantness, **urraim** deferential regard

Sil *v₁ᵦ* drip, trickle, shed
bí ag braonaíl be dripping, **caith** throw, shed (cf **solas a chaitheamh ar** to shed light on), **dáil** shed; portion out, **déan deoiríneacht** shed tears, **doirt** pour, **goil deora** shed tears, **goil go fras** cry profusely, **imigh ina bhraonta** leak away in drops, **sceith** leak, disclose, **sil-leag** *(geog)* deposit, **síothlaigh** drain away, **sram** discharge mucus, slaver, **tál** shed secrete; yield, **tit** fall, (cf **titeann an t-uisce braon ar bhraon.** The water drips away., The water falls in droplets.)

Síl *v₁ᵦ* think
airigh sense, **áirigh** reckon, **ceap** think, **creid** believe, **cuimhnigh** consider, think; remember, **glac le** accept, **is dócha** I suppose, **is dóigh liom** I suppose, **machnaigh** reflect, ponder, ruminate, **meas** consider, **smaoinigh** think, reflect, **toimhdigh** think, presume, **tuig** understand *(see also: ceap)*

P **Ní mar a ~tear a bítear.** Things don't always turn out as you imagine., Life is full of surprises.

Sileadh *vn* shedding; dripping, trickling
an braon anuas leaking, leak, **braonaíl** dripping, **caitheamh** shedding (cf **caitheamh solais ar** to shed light on), **dáileadh** shedding; portioning out, **deoiríneacht** shedding tears, **doirteadh** pouring, **(ag) gol go fras** crying profusely, **imeacht i mbraonta** leaking away, **sceitheadh** leaking, disclosing, **silleagan** *(geog)* depositing, **síothlú** draining away, **sramadh** discharging mucus, slavering, **sruthán silteach** trickling stream (cf **súile silteacha** streaming eyes), **tál** shedding, secreting; yielding, **titim** falling

▲ ~ **allais** sweating, ~ **ceimiceán** seepage of chemicals, ~ **eolais** leaking of information, ~ **faighne** vaginal discharge, ~ **ó sconna** dripping from a tap, ~ **súl** tears, ~ **i gcneá** pus in a wound, ~ **sróine** running of nose

◊ **ag ~ fola** shedding blood, **ag ~ na bundlaoi** eavesdropping, **ag ~ na ndeor** shedding tears, **Bhí an bháisteach ag ~ tríd an tsíleáil.** The rain was seeping through the ceiling., **Bíonn an sonas ag ~ uaithi.** She exudes happiness., **Tá an radaitheoir/an sconna ag ~.** The radiator/the tap is dripping.

Síleadh *vn* thinking
aireachtáil sensing, feeling, **áireamh** reckoning, **ceapadh** thinking, **creidiúint** believing, **cuimhneamh** considering, thinking; remembering, **glacadh le** accepting, **machnamh** reflecting, pondering, ruminating, **meas** considering, **smaoineamh** thinking, reflecting, **toimhdiú** thinking, presuming, **tuiscint** understanding *(see also: ceapadh)*

Silte *pp* shed, dripped, trickled away
caillte lost, **caite** spent, **dáta** shed; portioned out, **doirte** poured, **ídithe** expended, **imithe i mbraonta** trickled away, **sceite** leaked, disclosed, **sil-leagtha** *(geog)* deposited, **síothlaithe** drained away, **sramtha** slavered, **tálta** shed, secreted; yielded, **tite** fallen, **úsáidte** used

▲ **clár** ~ draining board, **ológa** ~ drained olives, **osclán** ~ grommet, **tráidire** ~ drip tray, **uisce** ~ drain water

Sílte *pp* thought
  airithe sensed, felt, **áirithe** reckoned, **ceaptha** thought, **creidte** believed, **cuimhnithe** considered, thought; remembered, **glactha le** accepted, **machnaithe** reflected, pondered, ruminated, **measta** considered, **smaoinithe** thought, reflected, **toimhdithe** thought, presumed, **tuigthe** understood

Silteach *adj³* dripping, running, fluid; rainy
  atá ag sceitheadh that is leaking, divulging, **báistiúil** rainy, **bog** damp, **braonach** dripping; *(weather)* drizzly, **ceathach** showery, **fliuch** wet, **frasach** showery; raining, **reatha** running, **scrabhaiteach** showery, **spairneach** *(weather)* showery; severe, **sruthaithe** *(data)* streaming

  ▲ **cneá shilteach** running sore, **duine ~** spendthrift, **gruaig shilteach** flowing hair, **samhradh ~** rainy summer, **srón shilteach** runny nose, **sruthán ~** trickling stream, **substaintí ~a** fluid substances, **súile ~a** streaming eyes

Simplí *adj⁶*
  1. *(not complex)* simple
  aosáideach easy, **bog** soft, facile, **éasca** easy, **díreach** straightforward, **furasta** easy, **gan dua** effortless, **gan stró ar bith** without any hassle, **neamhchasta** uncomplicated, **réidh** soft, easy, **so-** *pref (usually with past participle)* easy, easily done, **sodhéanta** easily done, **sothuigthe** easily understood *(see also: éasca)*

  ▲ **bia ~** plain food, **freagra ~** simple/plain answer; straightforward reply, **gúna ~** unpretentious dress, **lóistín ~** spartan/frugal accommodation, **saol ~** uncomplicated life, **scrúdú ~** easy exam

  2. *(simple-minded)* simple
  aimhghlic imprudent, **amadánta** foolish, **baoth** foolish, **bómánta** gormless, stupid, **dallintinneach** dull-witted, **dúramánta** dumb, thick, dull-witted, **gamalach** moronic, **gan chealg** guileless, **gan choir** harmless, **gan splinc chéille** with no cop-on, **lagintinneach** feeble-minded, **leamh** lifeless, drab; impotent, **leanbaí** childlike, childish, **mothaolach** unsophisticated, gullible, **óinsiúil** *(woman)* foolish, silly, **saonta** simple, naive, **sifleáilte** witless, silly, **simpleoireachta** (> *simpleoireacht*) simple-minded, **soineanta** naive, **uascánta** sheepish, simple-minded

  ▲ **amadán ~** simple-minded fool, **leaid ~** simple lad, **modh smaointe ~** unsophisticated way of thinking

Simpligh *v₂ᵦ* simplify
  éascaigh ease, **cuíchóirigh** streamline, **déan níos éasca/simplí** make easier/simpler, **giorraigh** shorten; abridge, **maolaigh** alleviate, reduce, lessen, **réitigh** clear, **soiléirigh** clarify, **soirbhigh** make easy/pleasant

  ◊ **~ an nós imeachta!** Simplify the procedure., **Is uafásach mar a shimpligh siad an siollabas nua.** It's dreadful how they have dumbed down the new syllabus.

Simplíocht *f (~a)*
  1. *(ease)* simplicity, easiness
  aosáid ease, convenience, **boige** softness, facileness, **éascacht** easiness, ease, **dírí** straightforwardness, **easpa dua** effortlessness, **easpa stró ar bith** hassle-free, **fusacht** easiness, simplicity, **neamhchastacht** non-complexity, **réidhe** evenness, smoothness, **saontacht** naivity, simple, **soirbheas** ease, convenience *(see also: éascaíocht)*

  2. *(artlessness)* simple-mindedness
  aimhghliceas imprudence, **amadántacht** foolishness, **baois** folly, **bómántacht** gormlessness, stupidity, **dallintinn** dull-wittedness, **dallintleacht** *f* dullness of intellect, **gamalacht** moronic behaviour, **lagintinní** feeble-mindedness, **leimhe** inanity, lameness drabness, **leanbaíocht** childlikeness, childishness, **mothaolacht** gullibility, **óinsiúlacht** *(woman)* foolishness, silliness, **saontacht** naive, simple, **sifil** witlessness (cf **Tháinig sifil ar an seanfhear.** The old man went gaga.), **simpleoireacht** simple-mindedness, **soineantacht** naivety, **uascántacht** sheepishness, simple-mindedness

Simplithe *pp* simplified
  éascaithe eased, **cuíchóirithe** streamlined, **déanta níos éasca/simplí** made easier/simpler, **giorraithe** shortened; abridged, **maolaithe** alleviated, reduced, lessened, **réitithe** cleared, **soiléirithe** clarified, **soirbhithe** made easy/pleasant

Simpliú *vn* simplifying, simplification
  éascú making easy; expediting, facilitating, **cúlchóiriú** streamlining, **giorrú** shortening, abridging, **maolú** easing, lessening, **réiteach** clearing, **simpliúchán** simplification, **soiléiriú** clarifying

Sín *v₁ᵦ* stretch; point; pass
  bain fad as make last, **bain síneadh as** stretch, **cocáil** point; cock (cf **Chocáil sé méar liom.** He pointed a finger at me.), **cuir fad le** lengthen, **cuir i bhfad** make go far, **cuir le** add to, **cuir sa dtreo ceart** put in right direction, **dírigh** direct, point, aim, **dírigh méar i dtreo** (+*gen*) point a finger in the direction of, **éirigh níos faide** become longer, **fadaigh** elongate, **fairsingigh** broaden, **leag** flatten, **leag go talamh** floor, knock to the ground, **leath** extend, **lig amach** let out, **lig le** let out, lengthen, **pointeáil** point (cf **níl mé ach ag pointeáil amach** I'm only pointing out), **righ** stretch, tauten, **searr** stretch oneself, **srathnaigh** stretch out, spread, **suaithnigh** indicate, point out; characterise, **téigh i bhfaide** get longer, elongate, **traost** stretch out on the ground, **treoraigh** direct

  ◊ **~ an bainne chugam!** Pass me the milk!, **~ an mapa amach ar an mbord!** Stretch the map out on the table!, **Ná ~ chucu le do mhéar!** Don't point at them with your finger!, **Rachaidh mé amach le mo chosa a shíneadh.** I'll go out to stretch my legs., **Shín** mé mé féin sa leaba mhór. I stretched myself in the big bed., **Shín sí léi.** She dashed off.

Síneadh *vn* stretching, pointing; extension
baint fad as rud making a thing last, **baint síneadh as rud** stretching a thing, **cocáil** pointing; cocking, **cur fad le** lengthening, **cur i bhfad** making go far, **cur le** adding to, **díriú** directing, pointing; aiming, **díriú méire** pointing finger; finger-pointing, **éirí níos faide** becoming longer, **dul i bhfaide** getting longer, **fadú** elongating, **fairsingiú** broadening, **leagan** knocking down, flattening, **leathadh** extending, **ligean amach** letting out, **ligean le** letting out, lengthening, **pointeáil** pointing, **ríochan** stretching, tautening, **searradh** stretching oneself, **sínteacht** extension, **sínteoireacht** stretching, **suaithniú** indicating, characterising, **traostadh** stretching out on the ground, **treorú** directing, guiding

▲ ~ **an lae** lengthening of the day, ~ **an lae oibre** lengthening of the working day, ~ **do ghéag** stretching of your limbs, stretching, ~ **fada** fada, ~ **láimhe** stretching out of the hand; gratuity, ~ **méire** finger-pointing, ~ **na saoire** the extension/lengthening of the holiday, ~ **na samhlaíochta** stretching of the imagination, ~ **saoil** prolongation of life, ~ **sosa ón obair** extension of a break from work, ~ **téide** stretching of a rope, ~ **tí** house extension

◊ **Bhí radharc álainn na mara ag ~ amach romhainne.** The beautiful view of the sea was stretching out before us., **sa ~ fada** in the long run, **Tá an lá ag ~** The days are getting longer.

Sínigh v_{2b} sign
aontaigh accede, **beannaigh** bless; give approval, **ceadaigh** permit, **comhshínigh** countersign, **cuir d'ainm le** put your name to, subscribe, **cuir d'átagraf ar** autograph, **cuir do lámh le** sign on to, commit to, **droimscríobh** write on back, endorse, **faomh** endorse, approve, **fianaigh** witness, **foscríobh** subscribe **inisealaigh** initial, **mol** advocate, **saighneáil** sign, **tabhair adhmholadh do** give a ringing endorsement to, **tacaigh le** endorse

◊ ~ **ar an líne phoncaithe!** Sign on the dotted line!

Sínithe *pp* signed
aontaithe acceded, **beannaithe** blessed, approved, **ceadaithe** permitted, **comhshínithe** countersigned, **droimscríofa** written on back, endorsed, **faomhaithe** endorsed, approved, **fianaithe** witnessed, **foscríofa** subscribed, **inisealaithe** initialled, **molta** advocated, **saighneáilte** signed, **tacaithe le** endorsed by

Síniú *vn* signing, signature
adhmholadh ringing endorsement, **átagraf** autograph, **beannacht** blessing, endorsement, **cead** permission, **comhshíniú** countersigning, **cur d'ainm le** putting your name to, subscribing, **cur d'átagraf ar** autographing, **cur do lámh le** signing on to, committing to, **droimscríobh** writing on back, endorsing, **faomhadh** endorsement, approval, **fianú** witnessing, **foscríobh** subscribing, **inisealú** initialing, **saighneáil** signing, **tacú oifigiúil** official endorsement

◊ ~ **i bhfianaise Garda** signing in the presence of a Garda, ~ **isteach/amach** signing in/out

Singil *adj²* single; thin, tenuous
aon sole, single (eg **eitleán aon suíocháin** single-seater plane), **aon… amháin** single, only (eg **in aon líne amháin** in single file), **aonair** lone, solitary, **aonánach** individual, **aonarach** single, lone, **aonaránach** alone, solitary, **aonraic** solitary, alone, **aonta** single, unmarried, **aontumha** celibate, **ar neamhcheangal** unattached, **caol** narrow, tenuous, **díomhaoin** unmarried, **eisiach** exclusive, **gan bheith pósta** unmarried, **in aontumha** in an unmarried state (*cf hist* **iníon in aontumha** a marriageable daughter), **indibhidiúil** individual, **neamhphósta** unmarried, unwed, **príobháideach** private (cf **saighdiúir singil** private soldier), **sainiúil** specific, unique, **stoite** detached, **tanaí** thin, **uatha** singular, **uathúil** unique, once off

Sinsear *m* (*-sir; -sir, ~*) senior, elder; forefather
athair *m* father, **lucht an tseansaoil** people of former times, **réamheiseamláir** forerunner, **sean** senior, ancestor, **(an) seandream** (the) old crowd, **seanfhondúir** old-timer, **seanmhuintir** old folk, **seanóir** old person; elder, **seanseadaire** old stager, **sinsearach** *m* senior person; ancestor

Sinseartha *adj⁶* ancestral
athartha paternal, **aosta** aged, old, **ársa** archaic, **dúchasach** native, **oidhreachtúil** hereditary, **sean-** old, **seanaoise** of an old age; *pnt* old age, **seanda** ancient, **sinsearach** senior, (*see also:* **sean-, sean**)

Sinsearach *adj³* senior
ard- *pref* high, higher, **ardchéimiúil** high-ranking, **ardoifige** (> *ardoifig*) of high office, **críonna** older-and-wiser, **mór** senior (cf **Séamas Mór** James Senior), **sinseartha** ancestral, **sinsir** (> *sinsear*) senior (cf **abhcóide sinsir** senior counsel), **uachtair** (> *uachtar*) upper, superior, **uachtarach** upper, superior

Sínte *pp* stretched, prostrate, pointed; extended
cocáilte pointed; cocked, **curtha i bhfad** made go far, **dírithe** directed, pointed; aimed, **éirithe níos faide** gotten longer, **dulta i bhfaide** gotten longer, **fadaithe** elongated, **fairsingithe** broadened, **leagtha** knocked down, flattened, **leata** extended, **ligthe amach** let out, **ligthe le** let out, lengthened, **pointeáilte** pointed, **rite** stretched, tautened, **searrtha** (*animal, person*) stretched, **suaithnithe** indicated, characterised, **traosta** stretched out on the ground, **treorú** directed, guided

Sínteach

▲ **cleachtaí** ~ stretching exercises, **limisín** ~ stretched limousine, **teaghlach** ~ extended family

◊ ~ **ag an bhfliú** laid up with the flu, **bheith** ~ **faoin bhfód** to be dead and buried, **Bhí sé** ~ **amach ar an talamh.** He was stretched out on the ground., **Bhí sí** ~ **ar shlat a droma.** She was stretched out flat on her back.

Sínteach *adj³* stretching, extending, extended; pointing

atá ag pointeáil that is pointing, **díritheach (ar)** pointing (at), directive, **fadaithe** extended, lengthened, **infhadaithe** capable of lengthening, extendible, **insínte** extendable, expanding, **inleathnaithe** broadening, capable of being broadened, **leata** expanded, outspread, **leatach** spreading, extending, **scartha** outspread, **spréite** diffuse, **treorach** directive, guiding

▲ **cábla** ~ extension lead, **feadán** ~ extension tube, **marc** ~ stretch mark, **rothar** ~ recumbent bicycle

Síntiús *m (-úis; -úis, ~)* subscription; donation
bronnadh bestowal, **bronntanas** present, gift, **carthanacht** charity, **cúnamh** help, assistance, **déirc** alms, **deonachán** contribution, **deontas** grant, **deonú** granting, **foighe** *f (lit)* donation alms; supplicating, **íocaíocht** payment, **lámhaíocht** subscription, helping hand, **ofráil** *(religious)* offering, **oidhreacht** inheritance, **rud (atá) saor in aisce** freebee, **scoláireacht** bursary, scholarship, **suibscríbhinn** subscription, **tabhartas** gift, **tairiscint** offering

▲ ~ **airgid** cash gift, ~ **deonach** voluntary subscription, ~ **bliana** annual subscription, ~ **íoctha go hiomlán** fully paid-up subscription, ~ **láimhe** *(hand out)* tip, ~ **uasta** maximum subscription

Síob *f (síbe; ~a, ~)* lift, free ride, hitch
dul ar an ordóg thumbing a lift, **geábh** drive, spin (cf **Fuair mé** ~ **sa charr.** I got a spin/drive in the car.), **haighdeá** piggyback, **síobaireacht** hitch-hiking, **síobshiúl** hitch-hiking, **suíochán** seat, lift (eg ~ **go Sligeach a iarraidh ar thiománaí** to ask a driver for lift to Sligo)

▲ ~ **ghualainne** piggyback ride; shoulder ride

◊ ~ **a fháil** to get a lift

Síobán *m (-áin; -áin, ~)* drift
carn pile, heap, **carnán** small heap, pile, **meall** mass, **néal** plume, drift (eg **néalta toite** plumes of smoke), **ráth** drift, **síob** *f (síbe; ~a, ~)* drift, **síoboighear** drift ice

▲ ~ **sneachta** snowdrift

Sioc 1 *v₁ₐ* freeze
bí ag cur seaca be freezing, **calc** caulk, cake, **cranraigh** hard, grow callous; become knotty, **cruaigh** harden, congeal, **éirigh préachta leis an bhfuacht** become frozen with the cold, **éirigh sioctha** become frozen solid, **fuaraigh** become cold, cool, **oighrigh** ice over, freeze; glaciate, **reoigh** freeze; congeal, solidify, **righnigh** stiffen, become viscous, **soladaigh** solidify, **stad** stop, **stalc** set, harden, stiffen, **stang** become stiff/inert (cf **stangtha leis an bhfuacht** stiff with the cold), **stromp** stiffen, harden, **táthaigh** weld, solder, bind, **téacht** congeal, gel *(see also: reoigh)*

◊ ~**ann an fiaclóir an néaróg.** The dentist anaesthetises the nerve., **Bailítear agus** ~**tar na torthaí.** The fruits are collected and frozen.

Sioc 2

1. *vn* freezing
calcadh caulking, caking, **cranrú** hardening, **cur seaca** freezing, **cruachan** hardening, congealing, **éirí préachta leis an bhfuacht** becoming frozen with the cold, **éirí sioctha** becoming frozen solid, **fuarú** becoming cold, cooling, **oighriú** icing over, freezing; glaciating, **préachadh (le fuacht)** perishing (with cold), **reo** freezing; congealing, solidifying, **righniú** stiffening, becoming viscous, **soladú** solidifying, **stad** stopping, **stalcadh** setting, hardening, stiffening, **stangadh** becoming stiff, **strompadh** stiffening, hardening, **táthú** welding, soldering, binding, **téachtadh** congealing, gelling

◊ **Tá sé ag cur seaca amuigh.** It is freezing outside.

2. *m (seaca)* frost; *pnt* frostiness/stiffness
adhfhuaire extreme cold, **Artach** *m* Arctic, **dúgheimhreadh** depths of winter, **duibheaca** *f* bitter wintry cold, **fuacht** *m* cold, **geimhreadh** winter, **glasreo** hoarfrost, **leac oighir** ice, **liathreo** hoarfrost, **oighear** ice, **oighreatacht** iciness, **reo** frost, freezing, **reoiteacht** frostiness, **reoiteán** freezing mixture, **reomhaireacht** frigidity, **reothalach** *m* covering of frost, icesheet, **righneas** rigidity, stiffness, **siocán** frost, **siocántacht** frostiness, **siocúlacht** frostiness, **stalcacht** stiffness *(see also: dó, fuacht, seaca)*

Sioctha *adj⁶* frozen; chilled
adhfhuar extremely cold, **calctha** caulked, caked, **cranraithe** hardened, **cuisneach** frosty, **crua** hard, **docht** tight, **duibheacach** bitterly cold, **feannta** cutting, **feanntach** piercingly bitter, **fréamhaithe** rooted, **fuar** cold, **fuaraithe** *(wine)* chilled, **fuarnéalach** cold, listless, **géar** sharp, bitter, **geimhridh** *(> geimhreadh)* winter *adj*, **geimhriúil** wintry, **glas** raw, **glasfhuar** chilly, **goimhiúil** biting, stinging, **i bhfostú san oighear** icebound, **mairbhleach** numb, **oighreach** glacial, **oighreata** icy, **oighrithe** iced/frozen over, glaciated, **préachta** perished *(from cold)*, **reoánta** *(cake)* iced, **reoch** frosty, **reoite** frozen (eg **Tá an scáileán reoite.** The screen is frozen.), **righin** rigid, stiff, **seaca** *(> sioc)* frosty, **Sibéarach** Siberian, **siochta** frozen, **soladaithe** solidified, **stalctha** set hard, fixed (to the spot), **stangtha** gotten stiff, **stromptha** frozen (cf **gualainn stromptha** frozen shoulder), **táthaithe** welded, soldered, bound, **téachta** congealed, gelled, **teann** taut, tight

▲ **bean shioctha** frigid woman, **fiacail shiocha** anaesthetised, **fíon ~** chilled wine, **glasraí ~** frozen vegetables, **meangadh ~** frozen smile, **píopaí ~** frozen pipes, **uachtar ~** frozen cream, **uisce ~** icy water; frozen water

◊ **~ ag an eagla** frozen with fear, **~ fuar** icy cold, **Bhíomar ~ le gáire.** We nearly died laughing., **Bhí sí ~ ag bás tobann a hathar.** She was numbed by the sudden death of her father., **Tá mo lámha ~.** My hands are frozen.

Siocthacht *f (~a)* frozen state

adhfhuaire extreme cold, **calcthacht** freezing (cf **calcthacht cuntais** freezing of an account), **feanntacht** sharpness, severity, **fuacht** cold, **fuaire** coldness, **geimhriúlacht** wintriness, **glaise** rawness, **goimhiúlacht** stinginess, **oighreatacht** iciness, **oighriú** glaciation, freezing over, **reoiteacht** frostiness, iciness, **righneas** rigidity, **sioc** frost *(see also: reoiteacht)*

Síocháin *f (-ána)* peace

aontoil *f (-tola)* accord, **aontú** agreement, **athmhuintearas** reconciliation, **bá** *f* amity, sympathy, **binneas** harmony, **cairdeas** friendship, amity, **ceansú** appeasement, pacification; **ciúnas** silence, **ciúine** silence, calm, **comhaontú** concord, détente, agreement, **comhchordacht** concordance, **comhréir** harmony, **conradh** *m (-nartha; -narthaí)* treaty, **faoiseamh** relief, respite, **géilleadh agus síthe** *(pol)* appeasement (cf **beartas géillte is síthe** appeasement policy), **muintearas** conciliation, kindly disposition to others, **neamhchúiseacht** composure, **réiteach** *m* conciliation, **sáimhe** serenity, calmness, **sástacht** contentment, **sámh** *f* peace, tranquillity; gentle sleep, **sámhacht** peacefulness, tranquillity, **síochánachas** pacifism, **síochántacht** peacefulness, **socracht** stillness, calmness, **sochmaíocht** equanimity, placidity, **scíth** rest, relaxation, **sos** rest, pause, **síth** peace, **sos cogaidh** truce, armistice, **sos comhraic** ceasefire, **síothóilteacht** peacefulness, **síth** peace, **suaimhneas** tranquillity, **suaimhniú** pacification, **teacht le chéile** coming together, **tost** silence, being quiet, **tostaíl** taciturnity *(see also: ciúnas, cairdeas)*

▲ **an próiseas síochána** the peace process, **briseadh síochána** breach of the peace, **cainteanna síochána** peace talks, **comhartha síochána** sign of peace, **Garda síochána** Guardian of the peace; Garda, **Gradam Síochána Nobel** The Nobel Peace Prize, **giúistís síochána** justice of the peace, **socrú síochána** peace deal

◊ **ar son na síochána** for the sake of peace, **céim bheag eile i dtreo na síochána** another small step towards peace, **de ghrá na síochána** for the sake of peace; as a peace offering

Síochánaí *m (~; -aithe)* pacifist

bean déanta síochána *(woman)* peacemaker, **coimeádaí síochána** peacekeeper, **eadránaí** *m* arbiter, **fear déanta síochána** *(man)* peacemaker, **fear teasargain** intervener, peacemaker, **idirghabhálaí** mediator, **lucht déanta síochána** peacemakers, **réiteoir** arbiter; referee, **síothadóir** pacifier, **taidhleoir** diplomat

Síochánta *adj⁶* peaceful

cairdiúil friendly, **ceansa** meek, **ciúin** calm, quiet, **dúnárasach** taciturn, **gan bhuaireamh** undisturbed, **lách** gentle, **muinteartha** avuncular, cordial, kin-like, **sámh** serene, **síothúil** peace-loving, peaceful, **sítheach** harmonious, peaceful (cf **go sítheach grách** in loving harmony), **socair** calm, serene, **sochma**, phlegmatic, composed, **socránta** placid, **somhúinte** docile, **staidéartha** sedate, **suaimhneach** tranquil, **suaimhneasach** soothing, **tostach** silent

▲ **agóidí ~** peaceful protests, **gleann ~** serene valley, **réiteach ~** peaceful solution, **socrú ~** peaceful settlement

◊ **trí mhodhanna ~** by peaceful means

Siocúil *adj⁴* frosty

adhfhuar extremely cold, **aibí** *(morning)* crisp, **amh** raw, **Artach** Arctic, **cuisneach** frosty, **doicheallach** cold, unwelcoming, **duibheacach** wintry, bitterly cold, **feanntach** bitter, biting, **féithuar** nippy, chilly, **fuar** cold, **geimhridh** (> *geimhreadh*) winter *adj*, **geimhriúil** wintry, **goibéalta** sharp, pointy, **goinideach** bitingly cold, **nimheanta** bitterly cold, **nimhneach** biting, **oighreata** icy, **polltach** piercing, penetrating, **préachta** *(leis an bhfuacht)* perished (with the cold), **reoch** freezing, **reoite** frozen, frosty; frostbitten, **rinneach** keen, biting, **siocánta** frosted, chilled, **siocha** frozen solid, stiff from the cold, **úr** *(wind)* fresh *(see also: fuar)*

Sióg *f (-óige; ~a, ~)* fairy

an slua sí the fairy host, **aos sí** fairy folk, **badhbh** *f (baidhbhe)* hobgoblin, bogeyman, **badhbh** *f* **chaointe** wailing fairy woman, banshee, **bean** *f* **sí** banshee, **gailtean** *f (-tine)* nymph, sylph, **ginid** sprite, genie, **leipreachán** *m* leprechaun, **nimfeach** *f (myth)* nymph, **púca** bogeyman, **síbhean** *f (símhná)* fairy woman, **síofra** elf, sprite, **síogaí** fay, fairy, **siride** elf, mischievous little being *(see also: bean, púca)*

Síol *m (síl; ~ta)*

1. seed, pip

geirm germ, **ginidín** germ, **póirín** seed potato, **seamhan** semen, **síolphlanda** seedling, **sílne** *m* sperm, **síológ** seedling, **speirm** sperm, **spór** spore, **tús** beginning, **ubh** *f* egg, **ubhán** ovum, **ubhúlach** *m* ovule

2. offspring, progeny

ál brood, **beangán** twig for grafting, **buinneán** scion, **cine** race, **clann** family, offspring, **comharba** successor, **fine** *f* family (cf **fine teangacha** family of

Síoladóir

languages), **foinse** *f* source, **géag** *f* branch, **iarmhairt** progeny; aftermath, **líne** *f* line, **muintir** people, family, **oidhre** *m* heir, **páistí** *mpl* children, **pór** breed, strain, race, **sceathrach** *f* spawn, **sceith** spawn, **síolbhach** *m* progeny, seed, **síolrach** *m* breed, progeny, **sliocht** progeny, **stoc** stock, **treibh** tribe, **tréithchineál** strain

Síoladóir *m* (*-óra; ~í*) sower
craoltóir broadcaster, **curadóir** sower, **druileálaí** driller, **inseamhnaitheoir** inseminator, **leatóir** spreader, **plandóir** planter, **scaiptheoir síol** seed scatterer, **scaradóir** spreader, **spréire** sprinkler, spreader, **spréiteoir** spreader (cf **spréiteoir aoil** lime spreader)

Síoladóireacht *f* (*~a*) sowing
cur sowing, **cur síl** sowing of a seed, **cur síolta** sowing, **curadóireacht** sowing, **inseamhnú** inseminating, **ionchlannú** *(med)* implanting, **ionphlandú** *(med)* implanting, **pailniú** pollination, **plandú** planting, **scaipeadh síolta** scattering seeds, **síolú** seeding, **síolchur** propagation; propaganda, **toirchiú** fertilising, **trasphlandú** *(med)* transplant

Síolaigh *v₂ₐ* seed
beangaigh graft, bud, **bí ag sioladóireacht** be spreading seed, **bláthaigh** blossom, bud, **cuir sa timpeall** spread around, **cuir síol** sow, **cúpláil** copulate, mate, **déan comhriachtain** copulate, perform coitus, **inseamhnaigh** inseminate, **leath** spread, **péac** germinate, **pailnigh** pollinate, **plandaigh** plant, **póraigh** breed, **reith** rut, tup, **scaip** scatter, **scaoil** release, **sceith** spawn, **síolchuir** sow, propagate, **síolraigh** propagate, breed, **spréigh** spread, **toirchigh** fertilise, **torthaigh** fructify

Síolaithe *pp* seeded
beangaithe grafted, budded, **bláthaithe** blossomed, budded, **cúpláilte** copulated, mated, **curtha le síol** sowed with seed, **curtha sa timpeall** spread around, **inseamhnaithe** inseminated, **leata** spread, **péactha** germinated, **pailnithe** pollinated, **plandaithe** planted, **póraithe** bred, **reite** rutted, tupped (cf **caora reite** tupped sheep), **scaipthe** scattered, **scaoilte** released, **sceite** spawned, **síolchurtha** sowed, propagated, **síolraithe** bred, propagated, **toirchithe** fertilised, **torthaithe** fructified

Siolla *m* (*~; ~í*) syllable, note/bar of music, whisper of a sound/word
anáil *f* breath, **barra** *(mus)* bar, **cogar** whisper, **focal** word, **frídín** tiniest amount, **gíog** chirp, cheep, **míog** *f (míge)* cheep, **nóta** *(mus)* note, **sciorta** dash, stroke, **síob** *f* gust, **smeámh** breath, puff

▲ ~ **aiceanta** stressed syllable, ~ **cainte** single word, ~ **céille** scrap of sense, ~ **ceoil** bar of music, ~ **den ádh** stroke of luck, ~ **gan bhéim** unstressed syllable, ~ **gaoithe** breath of wind, ~ **leathdheireanach** penultimate syllable

Siollabas *m* (*-ais; -ais, ~*) syllabus
clár programme, program, **curaclam** curriculum, **cúrsa** course, **dianchúrsa** crash course, **imlíne** *f* outline, **plean** plan, **sceideal** schedule

Síolraigh *v₂ₐ* propagate, breed
atáirg reproduce, **coimpir** conceive, procreate, **craobhscaoil** broadcast, **cuir** sow, plant, **cuir amach** put out, **cuir timpeall** put around, **dáil** distribute, **fás** grow, **géagaigh (amach)** branch (out), **géagaigh (ó)** spring (from), **gin** procreate, sire, **eisigh** issue, **leath** spread, **leathnaigh** broaden, **iomadaigh** multiply, **méadaigh** increase, **measc** mix, **plandaigh** plant, **póraigh** seed, propagate, breed, **rad** throw, cast, **réscaip** *(light)* diffuse, **scaip** scatter, spread, **scaoil** release, **seol** launch; send, **síolaigh** disseminate, **spóraigh** sporulate, **tarchuir** transmit, **teilg** project, fling, cast, **tuismigh** procreate, parent

Síolraithe *pp* propagated, bred
atáirgthe reproduced, **coimpeartha** conceived, procreated, **craobhscaoilte** broadcast, **curtha** sown, planted, **curtha amach** put out, **curtha timpeall** put around, **dáilte** distributed, **géagaithe (amach)** branched (out), **géagaithe (ó)** sprung (from), **fásta** grown, **ginte** procreated, sired, **eisithe** issued, **iomadaithe** multiplied, **leata** spread, **leathnaithe** broadened, **méadaithe** increased, **measctha** mixed, **plandaithe** planted, **póraithe** seeded, propagated, bred, **radta** thrown, cast, **réscaipthe** *(light)* diffused, **scaipthe** scattered, spread, **scaoilte** released, **seolta** launched; sent, **síolaithe** disseminated, **spóraithe** sporulated, **tarchurtha** transmitted, **teilgthe** projected, flung, cast, **tuismithe** procreated, parented

Síolrú *vn* propagating, breeding
atáireadh reproducing, **coimpeart** conceiving, procreating, **craobhscaoileadh** broadcasting, **cur** sowing, planting, **cur amach** putting out, **cur timpeall** putting around, **dáileadh** distributing, **eisiú** issuing, **fás** growing, **géagú (amach)** branching out, **géagú ó** springing from, **giniúint** procreating, siring, **iomadú** multiplying, **leathadh** spreading, **leathnú** broadening, **méadú** increasing, **meascadh** mixing, **plandú** planting, **pórú** seeding, propagation, breeding, **radadh** throwing, casting, **réscaipeadh** *(light)* diffusing, **scaipeadh** scattering, spreading, **scaoileadh** releasing, **seoladh** launching; sending, **síolú** disseminating, **spórú** sporulating, **tarchur** transmitting, **teilgean** projecting, flinging, **tuismiú** procreating, parenting

Síolú *vn* seeding
beangú grafting, budding, **bláthú** blossoming, budding, **comhriachtain** copulation, **cúpláil** copulating, mating, **cur le síol** sowing with seed, **cur sa timpeall** spreading around, **cur síolta** sowing seeds, **inseamhnú** inseminating, **leata**

Siombail

spread, **péacadh** germinating, **pailniú** pollinating, **plandú** planting, **pórú** breeding, **reitheadh** rutting, tupping, **scaipeadh** scattering, **scaoileadh** releasing, **sceitheadh** spawning, **síolchur** sowing, propagating, **síolrú** propagating, breeding, **spré** spreading, **toirchiú** fertilising, **torthú** fructifying

Siombail *f (~e; ~í)* symbol

comhartha sign, token, **deilbhín** *(comp)* icon, **fíor** *f (~ach; ~acha)* figure, **íocón** *(rel)* icon, **léiriúchán** representation, **picteagram** pictogram, **samhail** *f (-mhla; -mhlacha)* effigy, likeness, semblance, **samhailchomhartha** *m* symbol; avatar, **samhaltán** emblem, **samhlaoid** figurative illustration, **sonóg** mascot, **suaitheantas** emblem, badge

Siombalach *adj³* symbolic

athláithritheach *(lit)* representational, **comharthach** emblematic, token, **fáthach** figurative, **fáthchiallach** allegorical, allusive, **fíorach** diagrammatical, figurative, **fíortha** figurative, **fíorúil** virtual, **macasamhlach** *(art)* representational, **meafarach** metaphoric, **samhailchomhartha** (> *samhailchomhartha*) symbolic, **samhaltach** emblematic, symbolic, **samhlaoideach** full of imagery, **trópach** *(ling)* figurative

Siombalachas *m (-ais)* symbolism

fáthchiall *f (-chéille)* allegory, **fíor** figure, **fíoraí** template, **macasamhlachas** *(art)* representationalism, **macasamhlú** representation through likeness, **meafaracht** metaphorical nature, **samhailchomharthú** symbolising, typifying, **samhaltas** symbolism, **samhlaoidí** fullness of imagery, **tagairt** allusion, **trópacht** *(ling)* tropism

Siombalaigh *v₂ₐ* symbolise

bí i do shamhail de typify, **ciallaigh** signify; mean, **cuir in iúl** express, **eiseamláirigh** exemplify, **fíoraigh** prefigure, symbolise, **ionadaigh** represent, **léirigh** denote, portray, **pearsantaigh** personify, **samhlaigh le** liken to, **seas (isteach) do** stand (in) for

Siombalaithe *pp* symbolised

eiseamláirithe exemplified, **ciallaithe** signified; meant, **curtha in iúl** expressed, **fíoraithe** prefigured, symbolised, **ionadaithe** represented, **léirithe** denoted, portrayed, **pearsantaithe** personified, **samhlaithe le** likened to, **seasta (isteach) do** stood (in) for

Siombalú *vn* symbolisation

eiseamláiriú exemplifying, **ciallú** signifying; meaning, **cur in iúl** expressing, **fíorú** prefiguring, symbolising, **ionadú** representing, **léiriú** denoting, portraying, **pearsantú** personifying, **samhlú le** likening to, **seasamh (isteach) do** standing (in) for

Síon *f (síne; ~ta)* weather; bad weather

aimsir weather, **doineann** bad weather, **fliuchlach** *m* wet weather, **gailfean** blustery weather, **gealán** bright patch of weather, **síonfhaisnéis** weather forecast, **síonra** weather conditions, *(nature)* elements, **soineann** clement weather, **triomach** *m* dry weather *(see also: aimsir)*

▲ **~bhuailte** weather-beaten, **~chaite** weatherworn, **~chaitheamh** weathering, **~daite** discoloured by weather; tanned, **~díonach** weatherproof, **~mheilt** weather erosion

◊ **dul in aghaidh na síne** to face the storm, **lá idir dhá shíon** beautiful day, pet day, **lá na seacht ~** very stormy day, **searrach i ndiaidh na síne** shaking oneself down after a traumatising event, **taobh na síne** the exposed side

Sioncrónaigh *v₂ₐ* synchronise, sync

ailínigh align, **beolbheachtaigh** lip-synch, **comheagraigh** coordinate, arrange together, **comhghaolaigh** correlate, **comhordaigh** coordinate, **cuir ag an am céanna** put at the same time, **cuir i líne** line up, put in a line

Sioncrónaithe *pp* synchronised, synched

ailínithe aligned, **beolbheachtaithe** lip-synched, **comheagraithe** coordinated, mutually arranged, **comhghaolú** correlating, **comhordaithe** coordinated, **comhthrátha** (> *comhthráth*) synchronised (cf **lámhach comhthrátha** synchronised firing), **comhuaineach** synchronised (cf **snámh comhuaineach** synchronised swimming), **curtha (ar siúl) ag an am céanna** put (on) at the same time, **curtha i líne** lined up

Sioncrónú *vn* synchronising, synching

ailíniú aligning, **beolbheachtú** lip-synching, **comheagrú** coordinating, arranging together, **comhghaolú** correlating, **comhordú** coordinating, **cur ag an am céanna** putting at the same time, **cur i líne** lining up

Siopa *m (~; ~í)* shop

aonach *m (-naigh)* fair, **búitíc** *m (~)* boutique, **coimpléasc siopadóireachta** shopping complex, **deilí** deli, delicatessen, **eischeadúnas** off-licence, **hipearmhargadh** hypermarket, **gearrshiopa** haberdashery, **ionad siopadóireachta** shopping centre, **ionad siopadóireachta fíorúla** virtual shopping centre, **lárionad siopadóireachta** shopping centre, **limistéar siopadóireachta** shopping area, **siopacheantar** shopping catchment area, **margadh** market, **meigeastór** megastore, **saoráid siopadóireachta** shopping facility, **sciamhlann** beauty salon, **siopadóireacht ar an ngréasán** web-shopping, **siopadóireacht fuinneoige** window-shopping, **siopalann** shopping mall, **slabhra** chain, **sreangshiopa** chain store, **ollmhargadh** supermarket, **teach gill** pawn shop, **ollsiopa** superstore

▲ **~ áise** convenience store, **~ allais** sweatshop, **~ aonphraghais** fixed-price store, **~ ar líne** online shop, **~ bearbóra** barber's shop, **~ bia** food shop, **~ bianna sláinte** health food shop, **~ bréagán** toy shop, **~ bróg** shoe shop, **~ bronntanas** gift shop, **~ búistéara** butcher's shop, **~ carthanais** charity shop, **~ caife** coffee shop, **~ cártaí** card shop, **~ ceamaraí** camera shop, **~ ceardaíochta** craft shop, **~ ceoil** music shop, **~ cístí** patisserie, **~ crua-earraí** hardware store, **~ éadaigh** clothes shop, draper's, **~ éadaigh faiseanta** boutique, **~ earraí athláimhe** second-hand shop, thrift shop, **~ earraí gluaisteán** autocenter, **~ earraí leictreacha** electric goods shop, **~ eischeadúnais** off-licence shop, **~ féinseirbhíse** self-service store/shop, **~ fón** phone shop, **~ geallabóra** pawn shop, **~ geallghlacadóireachta** betting shop, **~ gnéis** sex shop, **~ grósaera** grocery shop, **~ gruagaire** hairdresser's shop, **~ ilranna** department store, **~ lascaine** cut-price shop, discount store, cheap shop, **~ leabhar** bookshop, **~ leathair** knocking shop, **~ mearbhia** fast food outlet, **~ milseán** sweet shop, candy shop, **~ mionéadaí** haberdashery, **~ mionearraí** haberdashery; shop that sells knick-knacks, **~ peataí** pet shop, **~ poitigéireachta** pharmacy, **~ ríomhairí** computer shop, **~ síl** seed shop, **~ saor ó cháin** tax-free shop, **~ saor ó dhleacht** duty-free shop, **~ sceallóg** chipper, chip shop, **~ siabhráin** head shop, **~ sólaistí** tuck shop, **~ spóirt** sports shop, **~ sraithe** chain-store, **~ tobac** tobacconist's

Siopadóir *m (-óra; ~í)*

1. shopkeeper
bainisteoir siopa shop manager, **bean siopa** *(female)* shopkeeper, **cúntóir díolacháin** sales assistant, **fear siopa** *(male)* shopkeeper, **freastalaí siopa** shop assistant, **úinéir an tsiopa** the shop owner

■ **Ar na hoibrithe sna siopaí atá:** those working in the shops include: **airgeadóir** cashier, **bearbóir** barber, **búistéir** butcher, **freastalaí** assistant, **geallghlacadóir** turf accountant, bookie, **grósaeir** grocer, **gruagaire** hairdresser, **poitigéir** pharmacist, **radharceolaí** optician

2. shopper
ceannaitheoir buyer, purchaser, **cliant** client, **custaiméir** customer, **siopaeir** shopper

Siopadóireacht *f (~a)* shopping

ceannach *f* buying, purchasing, **ceannaíocht** purchasing, **dul go dtí na siopaí** going to the shops, **teiripe miondíola** retail therapy *(see also: siopa)*

Síor- *pref* perpetual, continual, ever

~chaint continual yapping, jabbering, **~ghlas** evergreen, **~ghluaiseacht** perpetual motion, **~obair** constant work, **~-rá** rabbiting on, non-stop talking

Síor *adj¹* constant, perpetual; eternal

bithbhuan everlasting, **buan** permanent, **buan seasmhach** long-lasting, enduring, **cónaitheach** resident, abiding, **daingean** steadfast, firm, **feidhil** constant, **gan deireadh** without end, **gan staonadh** perpetual, unceasing, **leanúnach** continuous, **marthanach** lasting, **neamhstaonach** unremitting, **immortal**, **seasmhach** constant, **seasta** ceaseless, **suthain** perpetual *(see also: buan, síoraí)*

◊ **de shíor** constantly

Síoraí *adj⁶* eternal

as cuimse infinite, **as miosúr** immeasurable, **bithbheo** immortal, **buan** permanent, perpetual; undying, **dochaite** inexhaustible, **dochlóite** relentless, **dochuimsithe** boundless, **dochríochnaithe** interminable, unending, **dofholmhaithe** bottomless, endless, **dotheoranta** illimitable, boundless, **dothomhaiste** immeasurable, **fairsing** bountiful, **flúirseach** abundant, **gan chríoch** without end, **gan deireadh** endless, **gan sos** ceaselessly, **gan stad gan staonadh** unceasing, non-stop, **gan staonadh** without ceasing, **gan stop** without stopping, **gan teorainn** limitless, **neamhbhásmhar** immortal, **neamhstaonach** unremitting, **seasta** perpetual, **síor** perpetual, eternal, constant, **síorleanúnach** relentless, **suthain** perpetual, **trí shaol na saol** *(rel)* for ever and ever

Síoraíocht *f (~a)* eternity

bithbheo immortality, **bithbhuaine** eternal permanence, **buaine** permanence, perpetuity, **dochaiteacht** inexhaustibility, **dochlóiteacht** invincibility, **dochuimsitheacht** limitlessness, **dochríochnaitheacht** interminability, eternality, **dofholmhaitheacht** bottomlessness, incapacity to be emptied, endlessness, **dotheorantacht** boundlessness, **dothomhaisteacht** immeasurability, **éigríoch** infinity, **infinideacht** infinity, **marthain** lastingness, **neamhbhásmhaireacht** immortality, deathlessness, **neamhstaonadh** unremittingness, **seasmhacht** steadfastness constancy, **síorleanúnachas** relentlessness, **suthaineacht** eternity; perpetuity

◊ **Bhí sé cosúil le ~.** It seemed like an eternity.

Síos *adv (c →)* downwards, down

ag titim anuas *(c ←)* falling; declining, **anuas** *(c ←)* from above (cf **ag teacht anuas** coming down), down, **ar crochadh** hanging, **béal faoi** face down, **i dtreo na gcos** in the direction of the feet, downwards, **le fána** downhill, **thíos** *(mot)* down below (cf **bheith thíos staighre** to be downstairs)

◊ **~ leat!** Down you go!, **~ suas** topsy-turvy, **ag dul síos do dtí an pub** going down to the pub, **bheith ag déanamh ~ suas leis na réaltaí** to be hobnobbing with the stars, **Buaileadh ~ siar sinn.** We were totally routed.

Síothlaigh *v₂ₐ*

1. dissipate, drain away-
díscigh drain dry, **diúg** drain; suck, **diurnaigh** drain; swallow, **draenáil** drain, **folmhaigh** empty, evacuate,

Síothlaithe

ídigh deplete, **insíothlaigh** infiltrate, **scag** filter, **sceith** discharge, leak, **sniog** drain dry, **taosc** drain, bail

2. expire, die

básaigh die, **croith na cosa** kick the bucket, **éag** die, **faigh bás** die, **imigh uainn** pass away, **smiog** expire, die, **stiúg** expire, **téarnaigh** pass away, depart, **teastaigh** *(lit)* die, **téigh ar shlí na fírinne** go the way of all flesh

◊ **Shíothlaigh an t-othar go suaimhneach ina chodladh.** The patient passed away peacefully in his sleep.

Síothlaithe *pp*

1. dissipated, drained away

díscithe drained dry, **diúgtha** drained; sucked, **diurnaithe** drained; swallowed, **draenáilte** drain, **folmhaithe** emptied, evacuated, **ídithe** depleted, **insíothlaithe** infiltrated, **scagtha** filtered, **sceite** discharged, leaked, **sniogtha** drained dry, **taosctha** drained, bailed

2. expired, died

básaithe died, **dulta ar shlí na fírinne** gone the way of all flesh, **éagtha** died, **imithe uainn** departed from us, **smiogtha** expired, died, **stiúgtha** expired, **téarnaithe** passed away, departed, **teastaithe** *(lit)* died

Síothlú *vn*

1. dissipating, draining away, subsiding; filtering

dísciú draining dry, **diúgadh** draining; sucking, **diurnú** draining; swallowing, **draenáil** draining, **folmhú** emptying, evacuating, **ídiú** depleting, consuming, **insíothlú** infiltrating; infiltration, **scagadh** filtering, **sceitheadh** discharging, leaking, **sniogadh** draining dry, **taoscadh** draining, bailing

2. expiring, dying

bású dying, **croitheadh na gcos** kicking the bucket, **dul ar shlí na fírinne** going the way of all flesh, **éag** dying, **fáil bháis** dying, **imeacht uainn** departing from us, **smiogadh** expiring, dying, **stiúgadh** expiring, **téarnú** passing away, departing, **teastáil** *(lit)* dying

Siúcra *m (~; ~í)* sugar

mil *f (meala)* honey, **milseoir** sweetener, **siúcrós** sucrose, **siúcrúlacht** sugariness

▲ ~ **bán** white sugar, ~ **cána** cane sugar, ~ **candaí** sugar candy, ~ **caramalaithe** caramelised brown sugar, ~ **criostalaithe** crystallised sugar, ~ **donn** brown sugar, ~ **fola** blood sugar, ~ **garbh** granulated sugar, ~ **gránaithe** granulated sugar, ~ **mailpe** maple sugar, ~ **mín** castor sugar, ~ **na gcnapán** sugar lumps, ~ **reoáin** icing sugar, **biatas** ~ sugar beet, **cána** ~ sugar cane, **cnap** ~ lump of sugar, **gan** ~ sugar-free, **tlú** ~ sugar tongs

P **Is deas le searbh ~.** Opposites attract.

Siúcrúil *adj⁴* sugary; mawkish, schmaltzy

bogúrach mawkish, **bladrach** cajoling, **blasta** tasty, **gleoite** delicious, **lúitéiseach** fawning, **lústrach** obsequious, **maith** good, **maoithneach** sentimental, mushy, **milis** sweet, **oiltiúil** cloying, **plámásach** flattering, **ró-mhaoithneach** maudlin, **rómhilis** saccharine; lovely dovey, **síoróipe** syrupy, **siúcraiféarach** sacchariferous

Siúil v_{1d} walk; go, flow

bonnaigh walk, trot, **coisigh** walk, go by foot, **crágáil** walk awkwardly, **déan falaireacht** amble, **déan fálróid** take a stroll, **déan siúlóid/spaisteoireacht** take a walk, **déan turas de shiúl cos** go on a hike, **máirseáil** march, **meallac** saunter; stroll, **síobshiúil** hitchhike, **siúlóid a dhéanamh** to go for a walk, **spágáil** walk awkwardly, **sruthaigh** flow, **straeáil** stray, **taistil** travel, **téigh** go, **téigh ag spaisteoireacht** go walking, **téigh de chois** go by foot

~ **abhaile!** Walk home!
~ **an madra!** Walk the dog!
~ **amach léi** Date her! Go out with her!
~ **an domhan!** Travel the world!
~ **na tithe uile!** Visit all the houses!
~ **ar an bhfírinne!** Abide by the truth!
~ **leat!** Be on your way!

Siúl *vn*

1. walking, walk; go, flow

bonnú walking, trotting, **coisíocht** travelling by foot, **crágáil** walking awkwardly, **dul ag spaisteoireacht/siúlóid** going walking, **dul de chois** to go by foot, **falaireacht** ambling, **fálróid** strolling at an easy pace, **fálróid ar chapaillíní** pony trekking, **fámaireacht** strolling aimlessly, **fánaíocht** wandering, vagrancy, **géata** gait, **máirseáil** marching, **maoscal** wading (cf **ag maoscal trí riasc** wading through a marsh), **meallacadh** strolling, sauntering, **proimpíneacht** bumshuffling, **ráigíocht** vagrancy, wandering about, **rianaíocht** wandering, wayfaring, **síobshiúl** hitchhiking, **siúlóid** walk, stroll, **sliútráil** lumbering, ungainly walk, **spágáil** walking awkwardly, **spaisteoireacht** strolling, **sráideoireacht** streetwalking, **sruthú** flowing, **straeáil** straying, **taisteal** travelling, **truipéireacht** walking about noisily; trooping, strolling in gangs, **turas de shiúl cos** hike, **tunladh** strolling

2. **ar** ~ on, in motion, in progress

ar bun going on, **ar cois** afoot, **ar obair** in action, proceeding, **faoi shiúl** in progress, proceeding, **reatha** running, current

▲ **lucht siúil** travellers; itinerants, **bean siúil** *(woman)* traveller, **fear siúil** tramp; rover; traveller, **fón siúil** mobile phone, **teach siúil** haunted house

◊ **An bhfaca tú m'eocracha ar do shiúlta?** Did you see my keys on your travels?, **An bhfuil na scrúduithe ar ~?** Are the examinations on?, **Cé leis a bhfuil sí ag ~ amach?** Whom is she going out with? Whom is she dating?, **Cuir an t-inneall ar ~!** Turn the engine on!,

Siúlach

sa ~ in motion; in circulation, **Tá an madra ar shiúl.** The dog is missing

Siúlach *adj³* walking, strolling; inclined to travel
coisíochta (> *coisíocht*) travelling by foot, **falaireachta** (> *falaireacht*) ambling, **fálróideach** trekking; sauntering, strolling, **fámaireachta** (> *fámaireacht*) aimlessly strolling, **fánach** wandering; vagrant, **fánaíochta** (> *fánaíocht*) wandering, vagrant, **máirseála** marching, **meallactha** (> *meallacadh*) strolling; sauntering, **ráigíochta** (> *ráigíocht*) vagrant, **rianaíochta** (> *rianaíocht*) wandering, wayfaring, **síobshiúlach** hitchhiking, **siúlóideach** fond of walking, keen on strolling, **spaisteoireachta** (> *spaisteoireacht*) strolling, **taistealach** fond of travelling, **triallach** travelling; moving

P **Bíonn siúlach scéalach.** Travel broadens the mind.

Siúlóid *f (~e; ~í)* walk, stroll
falaireacht ambling, **fálróid** strolling, walking at an easy pace, **fámaireacht** strolling aimlessly, **fánaíocht** wandering, **meallacadh** strolling; sauntering, **spaisteoireacht** strolling *(see also: siúl)*

Siúlóir *m (-óra; ~í)* walker
bodach *m* **bóthair** tramp, vagrant, **bóithreoir** road-walker, vagrant, **bonnaire** walker, trotter, **coisí** pedestrian, **crágálaí** awkwardly walking person, **deoraí** exile, wanderer, **falaire** stroller, **fálródaí** saunterer, **fámaire** stroller; seasonal visitor, sightseer, **fánaí** wanderer, vagrant, **feadóir** saunterer, stroller, **fiaire** rambler, **jaingléir** straggler, vagrant, **loingseach** *m* sea rover, mariner, wanderer, **máirseálaí** marcher, **rampaire** stroller; sportive person, **ránaí** loafer, rover, **rantaeir** rambler, rover, **réice** rover; rake, **ridire an bhóthair** knight of the road, tramp, **ródaí** wayfarer; *(biking)* roadie, **ruathaire** gadabout, rover, **seachránaí** wanderer; erring person, **séadaí** rambler, rover, **síobaire** hitchhiker, **síobshiúlóir** hitchhiker, **siúlach** *m* walker, **siúlóidí** walker, stroller, **spaisteoir** promenader, stroller, **sráidí** streetwalker, **straeire** wanderer, strayer, **stróinse** idle vagrant, **tincéir** tinker, **troitheach** *m* pedestrian; foot-soldier, **turasóir coise** foot tourist, **válcaeir** walker, stroller

Siúlta *pp* walked; gone, flowed
bonnaithe walked, trotted, **coisithe** walked, gone by foot, **crágáilte** walked awkwardly, **dulta** gone, **dulta de chois** gone by foot, **dulta de shiúl cos** gone on foot, **máirseáilte** marched, **meallactha** sauntered; strolled, **síobshiúlta** hitchhiked, **spágáilte** walked awkwardly, **sruthaithe** flowed, **straeáilte** strayed, **taistealta** travelled

Slabhra *m (~; ~í)* chain
ceangal connection, bond, **cuibhreach** *m* shackle, **cúplán** coupling, **geimheal** *f* fetter, shackle, **iarnach** *m* fetters, **iodh** *f (idhe; ~a, ~)* *(lit)* fetter (cf **iodh fhada** long spancel), **laincis** fetter, **nasc** bond, link, **ord** order, sequence, **slabhairín** small chain, **sraith (smaointe)** progression, string (of thoughts), **struchtúr (ceannais)** chain (of command), **srian** restraint

▲ ~ **airgid** silver chain, ~ **brád** chain necklace, ~ **carbóin** carbon chain, ~ **ceannais** chain of command, ~ **céime** chain of office, ~ **nóiníní** daisy chain, ~ **óir** gold chain, ~ **rothair** bicycle chain, ~ **uaireadóra** watch-chain

◊ **ar ~** chained, **Tá mé ar ~.** I am famished with the hunger.

Slabhrúil *adj⁴* chain-like
ceangailteach connecting, **cosúil le slabhra** like a chain, **laincise** (> *laincis*) spancel-like, **nasctha** linking (cf **prótacal nasctha** linking protocol), **slabhrach** having chains (cf **cuirtín slabhrach** curtain made from chains); *(lake)* beaded

▲ **imoibriú slabhrúil** chain reaction

Slacht *m (~a)* tidiness, neatness
bailchríoch finishing touch, **beachtaíocht** meticulousness, exactitude, **coimre** trimness, neatness, **críochnúlacht** thoroughness, **cruinneas** accuracy, **deismireacht** neatness; neat illustration, **éiselaí** fastidiousness, **eagar** arrangement, order, **faiseantacht** fashionableness **fíneáltacht** subtlety, fineness, **foirfeacht** perfection, **fuinteacht** compactness, neatness, **gáifeachas** excessive flamboyance, **galántacht** elegance, **glaineacht** cleanliness, **grinneas** clarity, neatness, **léire** clarity, **néatacht** neatness, **ord** order, **ord agus eagar** orderliness, **ordúlacht** orderliness, **péacacht** flashiness, flamboyance, **piocthacht agus bearrthacht** dashingness; having been manicured, **piocúlacht** neatness, smartness, **pointeáilteacht** dapperness, being dressed to the nines, **poncúlacht** punctuality, **slachtmhaireacht** neatness, tidiness, **sprúisiúlacht** spruceness

Slachtaigh *v₂ᵦ* tidy, put finish to
cóirigh do up, fix up, **cuir bail ar** tidy up, put in proper shape, **cuir caoi ar** put in proper condition, **cuir craiceann ar** put a finish to, **cuir críochnúlacht ar** give a proper finish to, **cuir eagar ar** order, organise, **cuir gach rud i dtreo** clear the decks, **cuir in ord** put in order, **cuir ord ar** order, put in order, **cuir slacht ar** tidy up, **cuir snas ar** polish up, **déan néata** make neat, neaten, **feistigh** fix up, **foirfigh** perfect, **glan** clean, **réitigh** straighten out; resolve, **glan tranglam as** declutter

Slachtaithe *pp* tidied, made neat
cóirithe done up, fixed up, **déanta néata** made neat, neatened, **feistithe** fixed up, **foirfithe** perfected, **glanta** cleaned, **réitithe** straightened out; resolved

Slachtmhar *adj¹* tidy, neat; orderly
beacht meticulous, exact, **comair** neat, trim, **conláisteach** compact, tidy, **críochnúil** thorough, **cruinn** accurate, **cuimseach** neat, tidy, proportionable, **cuimseartha** neat, tidy, **deisealach** neat, tidy; dexterous, **deismir** tidy, neat; orderly, **éisealach** fastidious, **eagraithe** arranged, ordered, **fáiscthe** trim, neatly dressed, **feistiúil** well-arranged, tidy, **fíneálta** subtle, fine, **foirfe** perfect, **gáifeach** excessively flamboyant, **galánta** elegant, **glan** clean, **grinn** perspicacious, **in ord** in order, **in ord agus eagar** orderly, **innealta** elegant, neat, smartly dressed, **néata** neat, **ordúil** orderly, neat, **péacach** flashy, flamboyant, **pioctha agus bearrtha** spic and span; manicured, **piocúil** neat, smart, **pointeáilte** dapper, dressed to the nines, **poncúil** punctual, **sciobalta** neat, smart, spruce, **slachtaithe** tidied, **sprúisiúil** spruce, dapper, **triopallach** neatly shaped

▲ **ainmhí** ~ sleek animal, **cur chuige** ~ orderly approach, **dealramh** ~ dashing/spruce appearance, **feachtas** ~ slick campaign, **fear** ~ good-looking man, **fón** ~ neat-looking phone, **gearradh** ~ clean cut, **gluaiseacht shlachtmhar** graceful movement, **obair shlachtmhar** neat/well-finished work, **réiteach** ~ elegant solution, **seomra** ~ neat/tidy room

Slachtú *vn* tidying, putting a finish to
cóiriú doing up, fixing up, **cur bail ar** tidying up, putting in proper shape, **cur caoi ar** putting in proper condition, **cur craiceann ar** putting a finish to, **cuir críochnúlacht ar** putting a proper finish to, **cur eagar ar** ordering, organising, **cur gach rud i dtreo** clearing the decks, **cur in ord** putting in order, **cur ord ar** ordering, putting in order, **cur slacht ar** tidying up, **cur snas ar** polishing up, **déanamh néata** making neat, neatening, **cur gach rud i dtreo** clearing the decks, **glanadh** cleaning, **réiteach** straightening out; resolving, **glanadh an tranglam as** decluttering

Slad 1 v_{1a} pillage, plunder; looting, loot
creach pillage; loot, **déan creachadóireacht** maraud, plunder, **déan éadáil** despoil, **déan foghail** plunder; trespass, **déan ruathar** raid, **foghlaigh** plunder, do wanton damage; trespass, **goid** steal, **ionsaigh** attack, **robáil** rob, **scrios** destroy

Slad 2 *vn* pillaging, pillage, plundering; looting, booty
creach *f (creiche)*, pillage; loot, **creachadh** plundering; raiding, **creachadóireacht** marauding, plundering, **creach is éadáil** prey and spoil, **éadáil** gain, spoils, **foghail** *f (-ghla)* plunder; trespass, **foghlú** plundering; trespassing, **gadaíocht** theft, stealing, **goid** stealing, **ionsaí** *m* attack; attacking, **ionsaíocht** attacking, **robáil** robbing, **ruathar** raid, **scrios** destruction, **sciosadh** destroying, **sladaíocht** plundering

◊ **Rinne léirmheastóir amháin** ~ **ar a dráma nua.** One critic did a hatchet on her new play., **Rinneadh** ~ **ar fad ar fhoireann Chiarraí.** Kerry's team got totally demolished., **Tá an leabhar faoin** ~ **a rinneadh i rith an chogaidh.** The book is about the carnage that was wreaked during the war.

Sladta *pp* pillaged, plundered; looted
creachta pillaged; looted, **foghlaithe** plundered, damaged wantonly; trespassed, **goidte** stolen, **ionsaithe** attacked, **robáilte** robbed

Sláinte *f (~; -tí)* health
bail mhaith good shape, good condition, **beocht** vitality, **bláth** bloom, blossoming, **brí** *f* strength, vigour, **cumas** capability, **corpacmhainn** fitness, **cruas** toughness, **dáil** *f* **fhisiceach** physical condition, **daingne** firmness, **dea-bhail** good/proper condition, **feargacht** virility, **féitheogaí** brawniness, **flosc** gusto, **folláine** robustness, healthiness, wholesomeness, **fórsa** force, **fuinneamh** energy, **láidreacht** strength, **lán de cheol** full of vigour, **leas** good, well-being, **miotal** mettle, **neart** potency, power, **rath** good, prosperity, **scafántacht** vitality, **slán** *m* soundness of health, **spiorad** spirit, **spionnadh** vim, zest, **spionntacht** vigorousness, **spleodar** exuberance, **sponc** spunk, spirit, **spreacúlacht** vigour

P **Is fearr an t**~ **ná na táinte.** Health is better than wealth.

Sláinte a ól do *(drink)* to drink the health of, toast
beannú to bless bless, **cúirtéis a dhéanamh** to salute, **deoch a ól** to drink a drink (cf **Ólaimis deoch do shláinte na brídeoige!** Let us drink to the health of the bride!), **féile a chomóradh** to celebrate a festival, **gloine a ardú** to raise a glass, **móradh** *(high reg)* to magnify, to exalt, **ócáid a cheiliúradh** to celebrate an occasion, **onórú** to honour, **moladh** to praise, **sollúnú** to solemnise, to celebrate

■ **Sláinte duine/daoine a ól:** Toasts:
Ardaímis gloine ar son na lánúine nua-phósta!
Let us raise a glass to the newlyweds!
Foighne fáilte agus fadsaol romhat/romhaibh!
May tolerance, welcome and a long life await you!
Go mbeirimid beo ag an am seo arís!
May we all be alive this time next year!
Go réití Dia an bóthar dá anam!
(of dead person) May God prepare the road for his soul!
Nár thaga ort brón, sceon ná goin!
May you not suffer sorrow, fear nor pain!
Rath ag rith ort! Success to you!
Rath is fónamh ort! May you be successful and well!
Sláinte, sonas, agus séan ort!
Health, happiness, and prosperity to you!

Sláintiúil *adj⁴* healthy; wholesome
aclaí agile, supple, **ar fónamh** fit, well, in excellent condition, **beo** alive, **beoga** vital, vivacious, **bríomhar** vigorous, **cumasach** capable, powerful, **corpacmhainneach** fit, **crua** tough, **daingean** firm, **éifeachtach** effective, **feargach** virile, **féitheogach**

brawny, **folláin** robust, healthy (cf **chomh folláin le bradán** as fit as a fiddle), **friseáilte** fresh, fit, vigorous, **fuinniúil** energetic, **i gcaoi go maith** in good shape/condition, **i mbail go maith** in good condition, **i ndáil mhaith** in good (physical) condition, **íocshláinteach** remedial; balmy, **láidir** strong, **lán de cheol** full of vigour, **miotalach** mettlesome, **neartmhar** potent, vigorous, **scafánta** hearty, vital, **sláinteach** hygienic, **spleodrach** exuberant, **spionnúil** vigorous, strong; hardy, **sponcúil** spunky, spirited, **spreacúil** forceful, spirited, **téagartha** robust; substantial, **úisiúil** fulsome

Sláintiúlacht *f (~a)* healthiness; wholesomeness
bail proper condition, **beocht** liveliness, **beogacht** vitality, vivaciousness, **blás** bloom, **bláth** blossom, bloom, healthy flush (cf **bláth na sláinte** full flush of health), **brí** vigour, **caoi mhaith** good shape/form/ condition, **ceol** music; vigour, liveliness, **cumas** capability, power, **corpacmhainneacht** fitness, **cruacht** toughness, **daingne** firmness, **éifeachtacht** efficacy; efficiency, competence, **feargacht** virility, **féitheogaí** brawniness, **folláine** robustness, healthiness, **fuinniúlacht** energetic force, **láidreacht** strength, **loinnir** healthy radiance, **luisne** blush/glow of health, **miotalaí** mettlesomeness, **neart** strength, power, **neartmhaire** vigorousness, **scafántacht** heartiness, vitality, **sláinte** health, **sláinteachas** hygiene, **snua** *m* **na sláinte** healthy complexion, **snúúlacht** healthiness of complexion; fairness of visage, **spleodar** exuberance, **spionntacht** spiritedness; hardiness, **sponcúlacht** spunkiness, spiritedness, **spreacúlacht** forcefulness, spiritedness, **stá** *m* fresh, healthy appearance, **téagar** robustness, **téagarthacht** healthy robust strength

Slán 1 *m (-áin; ~a, ~)* healthy person; soundness of health
duine sláintiúil healthy person, **duine téagartha** strongly-built individual, **daingne** firmness, **folláine** robustness, **flosc** gusto, healthiness, **sláinte** *f* health, **strapaire** strong healthy person *(see also: sláinte)*

◊ **~ agat!** *(to person remaining)* Goodbye!, **~ leat!** *(to person departing)* Goodbye!, **~ a fháil le cairde** to bid farewell to friends, **~ agus beannacht!** Farewell and (God) bless!, **~ beo lenar imigh uainn!** A fond farewell to all who have gone from us!, **~ beo linn!** As if!, **~ don am sin imithe uainn!** God be with the days!, **~ codlata!** Good night!, **~ go fóill!** Bye for now!, **~ tamall!** I'll catch you later!

◊ **~ codlata!** Sleep tight!, **Céad ~ don am sin!** God be with the days., **~ beo lenar imigh uainn!** A fond farewell to all who are gone from us!, **D'fhág sí ~ linn go léir!** She bid us all farewell., **Tagann an ~ agus an t-easlán go dtí an snáthaidpholladóir.** Both the well and unwell come to the acupuncturist.

Slán 2
1. *adj¹* safe, sound, healthy
as baol out of harm's way, **ar lámh shábhála** safely set aside, **comhlán** perfect, whole, complete, **cosanta** protected, **diongbháilte** secure, steadfast, **faoi chosaint** under protection, **fódúil** well-grounded, stable, **foirfe** perfect, **folláin** healthy, robust, **fuaimintiúil** sound, solid, **gan chithréim** without being maimed, **gan díobháil** undamaged, **gan dochar** unharmed; harmless, **gan ghortú** uninjured, unwounded, **gan mháchail** unblemished, without a scratch, **i gcaoi go maith** in good shape/condition, **iomlán** whole, complete, **iontaofa** trustworthy, **muiníneach** dependable, **sábháilte** safe, **sláintiúil** healthy, **slándála** *(> slándáil)* security (cf **fórsaí slándála** security forces), **tástálaithe** tested, **triailte agus profa** tried and tested

▲ **breithiúnas ~** safe verdict, **cileagram ~** whole kilogram, **clúdach ~** undamaged/intact covering, **líne shlán** secure line, **radharc ~** unimpaired sight, **réigiún ~** unaffected region, **struchtúr ~** sound structure

◊ **beo ~** alive and kicking, **bheith ~ ar dhleachta** to be duty-free, **codladh ~ bheith agat** to sleep soundly, **Conas arbh fhéidir libh teacht ~ ar ioncam suarach mar é?** How did you manage to survive on such a paltry income?, **Ná déan talamh ~ de!** Don't assume that to be the case!, Don't bank on it!, **Tá bliain ~ aige anois.** He one full year old now., **Táimid ~ anois.** We're in the clear now., **Tháinig na páistí uile ~.** All the children survived., **Thángamar abhaile ~ sábháilte.** We arrived home safe and sound.

2. *adv* Farewell!, Good-bye!
Bóthar gan mhasla romhat! May there be an easy road ahead of you!, **Cosán gan col agat!** May your path be without impediment!, **Dia leat!** May God be with you!, **Dia romhat agus Dia i do dhiaidh!** May God go before you and (protect you) from behind!, **Go mba dhíreach iad ialla do chonaire** May your path always be straight!, **Go dté tú slán!** Safe journey!, **Go dtuga Dia go ceann cúrsa thú!** May God bring you safely to your journey's end!, **Go n-éirí leat!** All the best!, **Go n-éirí an bóthar leat!** Bon voyage!, **Go raibh fothain ón bhfuacht agus fuarthan ón teas agat!** May you have shelter from the cold and shade from the heat!, **Go raibh tú sa bhaile roimh dhallchiach na camhaoire!** May you be home before the dark mist of dawn!, **Soraidh go hÉirinn uaim!** A fond farewell to Ireland!, **Soraidh slán dóibh uile!** A fond farewell to them all!

Slánaigh *v₂ₐ*
1. redeem, save, make whole
athshlánaigh recover, **cneasaigh** heal, **cúitigh** requite, compensate, **déan iomlán** make whole, **déan leorghníomh** atone, **fuascail** emancipate, liberate,

Slánaithe

deliver, redeem, **gnéithigh** regain, mend, **leigheas** heal, cure, **míntírigh** *(land)* reclaim, **réitigh** sort out, **saor** free, deliver; absolve, **sábháil** save, **saor** free, liberate, **scaoil** set free, **spáráil** spare; reprieve, **taisc** store up, **tabhair spásas do** reprieve, **tarrtháil** rescue; salvage, **teasairg** save, rescue, deliver

> **Shlánaigh a gníomh í.** Her action saved her.
> **Shlánaigh Críost sinn.** Christ made us whole.
> **Shlánaigh sé é féin.** He redeemed himself.
> **Shlánaigh sé mo chos.** It healed my leg.
> **Shlánaigh sin a creideamh.** That restored her faith.

2. attain, secure, complete fully
aimsigh attain, reach, **bain amach** achieve, **buaigh** win, **comhlíon** fulfil, **críochnaigh** finish, **cuir i gcrích** complete, accomplish, achieve, **déan** make, effect, **faigh** get, obtain, **forlíon** complete, overfill, **gnóthaigh** earn, gain; net, **iomlánaigh** complete, integrate, **sroich** reach; attain, **sásaigh** satisfy, **tabhair chun críche** bring to a close; finalise, **tabhair chun foirfeachta** perfect, bring to perfection, **tar i dtír** survive

> **Shlánaigh sí a conradh.** She completed her contract.
> **Shlánaigh sí aois mhór.** She attained a great age.
> **Shlánaigh siad a caill.** They indemnified her loss.

Slánaithe *pp*

1. redeemed, saved, made whole
athshlánaithe recovered, **a rinne leorghníomh** who/that atoned, **cneasaithe** healed, **cúitithe** requited, compensated, **dar tugadh spásas** who was reprieved, **déanta iomlán** made whole, complete, **fuascailte** emancipated, liberated, delivered, redeemed, **gnéithithe** regained, mended, **leigheasta** healed, cured, **míntírithe** *(land)* reclaimed, **réitithe** sorted out, **saortha** freed, delivered; absolved, **sábháilte** saved, **scaoilte** set free, **spáráilte** spared; reprieved, **taiscthe** stored up, **tarrtháilte** rescued; salvaged, **teasairgthe** saved, rescued, delivered

2. attained, secured, completed fully
aimsithe attained, reached, **bainte amach** achieved, **buaite** won, **comhlíonta** fulfilled, **críochnaithe** finished, **curtha i gcrích** completed, accomplished, achieved, **déanta** made, effected, **faighte** gotten, obtained, **forlíonta** completed, overfilled, **gnóthaithe** earned, gained; netted, **iomlánaithe** completed, integrated, **sroichte** reached; attained, **sásaithe** satisfied, **tagtha i dtír** survived, **tugtha chun críche** brought to a close; finalised, **tugtha chun foirfeachta** perfected, brought to perfection

Slánaitheoir *m (-eora; ~í)* saviour, redeemer

fuascailteoir liberator, emancipator, **Meisias** Messiah, **pátrún** patron, **ridire ar chapall bán** knight on a white horse, **sábhálaí** saver, rescuer, **saorthóir** deliverer, **tarrthálaí** rescuer, **tíolacthóir** bounteous bestower

◊ **ár ~ Íosa Críost** our Saviour Jesus Christ

Slándáil *f (-ála)* security

ar eagla na heagla to be on the safe side, **cosaint** protection, **cumhdach** *m* safekeeping, **daingean** fortress, citadel, **daingne** strength, firmness security, **dídean** *f* shelter, refuge, **díon** protection, shelter; roof, **dúshlánacht** resistibility, security, **feisteas** security, fittings, **fothain** shelter, **garda cosanta** body guard, **garda slándála** security guard, **réamh-aire** *f* precaution(s), **sábháil** deliverance, **sábháilteacht** safety, **sanctóir** sanctuary, **scáth** screen, protection, **sciath** *f (scéithe; ~a, ~)* shield, **tairiseacht** security, protection, **tearmann** sanctuary

▲ **~ bhaile** homeland security, **~ chomhchoiteann** collective security, **~ inmheánach** internal security, **~ náisiúnta** national security, **~ ríomhaireachta** computer security, **~ shóisialta** social security, **~ sonraí** data security, **~ tí** home security

▲ **aláram slándála** security alarm, **baol slándála** security scare, **beart slándála** security measure, **córas slándála tí** home security system, **doirseoir slándála** bouncer, **easpa slándála** lack of security, **foireann slándála** security staff, **garda slándála** security guard, **imréiteach** *m* **slándála** security clearance, **na seirbhísí slándála** the security services, **pas slándála** security pass, **rabhadh slándála** security warning, **réamhchúram slándála** security precaution, **riosca slándála** security risk, **veain** *f (~)* **slándála**

Slánú *vn*

1. redeeming, saving, making whole
athshlánú recovering, **cneasú** healing, **cúiteamh** requiting, compensating, **déanamh iomláin** making whole, **déanamh leorghnímh** atoning, **fuascailt** emancipating, liberating, delivering, redeeming, **fuascailt** emancipating, liberating, delivering, **gnéithiú** regaining, mending, **leigheas** healing, curing, **míntíriú** *(land)* reclaiming, **réiteach** sorting out, **saoradh** freeing, delivering; absolving, **sábháil** saving, **scaoileadh** setting free, **spáráil** sparing; reprieving, **taisceadh** storing up, **tabhairt spásais do** reprieving, **tarrtháil** rescuing; salvaging, **teasargan** saving, rescuing, delivering

2. attaining, securing, completing fully
aimsiú attaining, reaching, **baint amach** achieving, **buachan** winning, **comhlíonadh** fulfilling, **críochnú** finishing, **cur i gcrích** completing, accomplishing, achieving, **déanamh** making, effecting, **fáil** getting, obtaining, **forlíonadh** completing, overfilling, **gnóthú** earning, gaining; netting, **iomlánú** completing, integrating, **sroicheadh** reaching; attaining, **sásamh** satisfying, **tabhairt chun críche** bringing to a close; finalising, **tabhairt chun foirfeachta** perfecting, bringing to perfection, **teacht i dtír** surviving

Slat *f (-aite; ~a, ~)* rod, wand

bachall *f (-aille; ~a, ~)* staff, crozier, **barra** *m* bar,

Sleabhac

bata *m* stick, **buailtín** bludgeon, **cána** *m* cane, **cliath** *(cléithe, ~a, ~)* stave, **cuaille** *m* pole, post, **fleasc** *f (fleisce; ~a, ~)* rod; wand, **fuip** whip, **maide** *m (wooden)* stick, **ríshlat** *f* sceptre, **sabh** *m* shaft, stake; rod, post, bar, **sabhán** small bar or rod, **sail** heavy stick; beam, **sail éille** shillelagh, cudgel, **sáiteán** stake, **slaitín** small stick/rod; wand, **slatóg** small rod or twig, **sliotán** cleft stick, **smachtín** truncheon, **smíste** cudgel, **sprionla** fragile twig; thin stick, **steafóg cheathrún** quarterstaff, **stéibh** stave (cf **stéibh bairille** stave of a barrel), **trostán** (pilgrim's) staff

▲ ~ **bhéil/bhoird** gunwale, ~ **bhrataí** jack staff, ~ **bhuailte** birch, flail, ~ **chuirtín** curtain rod, ~ **draíochta** magic wand, ~ **droma** backbone (cf **ar shlat do dhroma** on the flat of your back), ~ **fhearga** penis, ~ **ghunna** ramrod, ~ **iascaigh/iascaireachta** fishing rod, ~ **mhaoile** strickle for levelling, ~ **mhaoraíochta** *(coercion)* 'big stick', ~ **ríoga** sceptre, ~ **seoil** sailyard, ~ **teallaigh** fire iron, ~ **tomhais** measuring rod, ~ **tumtha** dipstick

○ **Sail Éille** *Shillelagh* – traditional Irish weapon named after the seventh century chieftain: **Ealach Mac Faelchon**. Originally, known by the clan-name of those who used it: **Síol Ealaigh** *Descendants of Ealach*. Today in standard Irish, it is more commonly called: **Sail Éille** or **Maide Draighin** *Blackthorn Club* and is used either as a walking stick or for decoration. The Shillelagh, undergoing some 17 processes in its manufacture, takes approximately three years to produce.

Sleabhac

1. *m (-aic)* drooping; slouching
claon incline, slope, **claonadh** leaning; tendency, bias, **crochadh** hanging, **cromadh** bending; drooping, **fána** slope, **feac** *m (~a)* bent posture, **fiaradh** slant, tilt, **fiarsceabha** inclination to one side, **goic** slant, tilt, **leathmhaig** lopsidedness, **leathstuaic** tilt, slant, **liobar** limp hanging thing, **luí** lie, leaning, **maig** cock, slant, **sceabha** skew, slant, **sliú** slew, slant, **speic** inclination, slant, **stangadh** bend, sagging, **staoin** *(naut)* list, **stiúir** inclination (eg **Chuir an madra stiúir ar a cheann.** The dog inclined its head.)

◊ **Pósadh ~ le leadhb.** *(pej)* They are well suited to one another.

2. **bheith ar ~** to be slouching/drooping
bheith ag sraoilleadh to be trailing, **bheith ag stangadh** to be sagging, warping, **bheith ar bogarnach** to be dangling, **bheith ar liobarna** to be drooping, slouching, **bheith crochta síos** to be hanging down, **bheith cromtha** to be bent over, **bheith ag sileadh** to be hanging off, **bheith sleabhcánta** to be slouching; to be slinking, **bheith tite** to be saggy; to be fallen

3. mischief
áibhirseoireacht mischief-making, naughtiness, **dánacht** boldness, **diabhlaíocht** devilment, mischief, monkey business, **drochobair** wicked goings-on, **mailís** malice, **mísc** mischief, **rascalacht** rascality, **urchóid** wickedness

Sleamhain *adj irr* slippy, slippery, sleek

áilteortha tricky, roguish, **amhrasach** suspicious, **bealaithe** oily, greasy; lubricated, **beartach** scheming, **cam** devious, dishonest, **corrach** unsteady, unstable, **cleasach** shifty, tricky, **cluanach** beguiling, deceitful, **ealaíonta** artful, tricky, **glic** cunning, **gréisceach** greasy, **guagach** wavering, unsteady, **lúbach** *(person)* slippery, crafty, **luaineach** fickle, vacillating, **lúbach** full of twists and turns, **nathartha** snake-like, **ramallach** slimy, **sciorrach** slippy, **seachantach** evasive, **sionnachúil** foxy, **sleamhnánach** slippery, sly, cunning, **slim** smooth, sleek, **sliopach** butterfingered, slippery, **slíoc** sleek, **slíocach** sleek, cunning, **sliodarnach** slithering, sliding, **sliopach** slippery; butterfingered, **slítheánta** sly, skulking, **smeartha** greasy, **téaltaitheach** creeping, slinking; stealthy

▲ **bithiúnach** ~ slippery customer, devious scoundrel, **buachaill** ~ smooth operator, **cosán** ~ slippery path, **craiceann** ~ smooth skin, **fána** ~ slippery slope, **gruaig shleamhain** sleek hair

Sleamhaine *f (~)* slipperiness

bealaitheacht oiliness, greasiness; lubrication, **caime** crookedness, deviousness, **corraí** unsteadiness, instability, **cleasaíocht** shiftiness, trickery, **gliceas** cunningness, **gréisceacht** greasiness, **guagacht** wavering, unsteadiness, **luaineacht** fickleness, vacillation, **ramallae** *m* slime, **sciorracht** slipperiness, **seachantacht** evasiveness, **sionnachúlacht** foxiness, **slíocaíocht** sleekness, cunning, **smearthacht** greasiness, oiliness

Sleamhnaigh v_{2a}

1. slide, slip; glide
caolaigh edge, sidle, **clárscátáil** skateboard, **cóstáil** coast, **ealaigh** escape (away), glide (off), **goid as** steal away, **scátáil** skate, **scimeáil** skim; *(comp)* surf, **sciorr** skid, **snámh** swim, glide, **snigh** glide, **surfáil** surf, **téaltaigh leat** slink/slip away

2. creep, slither, worm
bog go mall move slowly, **bradaigh** steal away, **caolaigh** edge, wriggle, **cúb** cringe, **déan crúbadach** crawl, **déan ionshnámh** creep along, **déan snámháil** slither; grovel, **insíothlaigh** infiltrate, **siúil ar na barraicíní** walk on tiptoe, tiptoe, **snámh** crawl, slither, **téaltaigh** skulk, slink, **téigh ag lúbarnaíl** wriggle, **téigh thart go slítheánta** to sneak about

Sleamhnaithe *pp*

1. slid, slipped; glided
caolaithe edged, sidled, **clárscátáilte** skateboarded, **cóstáilte** coasted, **ealaithe** escaped (away), glided (off), **goidte as** stolen away, **scátáilte** skated, **scimeáilte** skimmed; *(comp)* surfed, **sciorrtha** skidded, **snáfa** swum, glided, **snite** glided, **surfáilte** surfed, **téaltaithe leat** (you) slunk, slipped away

Sleamhnán

2. crept, slithered, wormed
bogtha go mall moved slowly, **bradaithe** stolen away, **caolaithe** edged, wriggled, **cúbtha** cringed, **insíothlaithe** infiltrated, **siúlta ar na barraicíní** walked on tiptoes, tiptoed, **snáfa** crawled, slithered, **téaltaithe** skulked, slinked, **dulta ag lúbarnaíl** wriggling, **dulta thart go slítheánta** sneaked about

Sleamhnán *f (-áin; -áin, ~)* slide, chute; sledge; *(rod, groove, etc)* runner
carr sleamhnáin sledge, **fána** *f* slope, **fánán** slip, slipway, **réileán** level smooth surface, green (cf **réileán amasaithe** putting green), **ritheán** *(rod, groove, etc)* runner, **sciorradh** slip, slide, skid, **scít** slide on ice, **siúit** chute, **slip** slip, slipway, **tobagan** toboggan

Sleamhnú *vn*

1. slipping, sliding; gliding
caolú edging, sidling, **clárscátáil** skateboarding, **cóstáil** coasting, **cóstóireacht** coasting, **éalú** escaping (away), gliding (off), **goid as** stealing away, **scátáil** skating, **scimeáil** skimming; *(comp)* surfing, **sciorradh** skidding, **sliopamach** *f* slipping, **snámh** swimming, gliding, **sní** gliding, **sníomhadaíocht** gliding, **surfáil** surfing, **téaltú leat** slinking. slipping away

◊ **Fainic! Is féidir leat ~ anseo!** Watch out! You can slip here!

2. creeping, slithering, worming
bogadh go mall moving slowly, **bradú** stealing away, **caolú** edging, wriggling, **cúbadh** cringing, **crúbadach** crawling, **dul thart go slítheánta** sneaking about, **insíothlú** infiltrating, **ionshnámh** creeping along, **lúbarnaíl** wriggling, **siúl ar na barraicíní** walking on tiptoe, tiptoeing, **snámh** crawling, slithering, **sníomhadaíocht** crawling along, **sliodarnach** slithering, sliding, **slíodóireacht** *f* skulking, sneaking around, **snámhaíl** slither; grovelling, **téaltú** skulking, slinking

◊ **~ na mblianta** slipping away of the years, **Tá an t-am ag ~ thart.** Time is creeping by., **Tá cúpla mionbhotún tar éis ~ isteach.** A few minor errors have crept in.

Sléibhteoir *m (-eora; ~í)* mountaineer
ailleadóir rock climber; cliff climber, **bean dreaptha an tsléibhe** *(woman)* climber, **cnocadóir** hillwalker, trekker, **dreapadóir** climber, **fear dreaptha an tsléibhe** *(man)* climber, **rópálaí anuas** abseiler, **Seirpeach** *m* Sherpa, **speancaire** rock climber

Sléibhteoireacht *f (~a)* mountaineering, alpinism
ailleadóireacht rock climbing; cliff climbing, **ailpíneacht** alpinism, **ardú** rising; raising, **cnocadóireacht** hillwalking, trekking, **dreapadh** climbing, ascending, **dreapadóireacht** climbing, **dul go barr aille** scaling a cliff, **dul in airde** going up; mounting, **dul suas** going up, **gabháil suas** going up, **siúl suas** walking up, **rópáil anuas** abseiling, **speancaireacht** rock climbing

Slí *f (~; slite)*

1. way
aidhm aim, **bail** condition, **bóthar** road, **bealach** *m (-laigh; -laí)* way; route, **bealach amach** way out, **bealach isteach** way in, **béas** custom, **caoi** means, manner, **cleachtadh** practice, habit, **conair** path, passage, **córas** system, **cosán** footpath, **cur chuige** approach, **cúrsa** *m* course, **dóigh** way, manner, **dul** going, **dul chun cinn** progress, **fairsinge oibre** elbow room, **faisean** fashion, **gléas** device, **gluaiseacht** movement, **gnás** custom, usage, **gné** *f* aspect, **iarnród** railway, **lána** lane, **lorg** track, trail, **modh** method, manner, **nós** custom, **pasáiste** passage, **plean** plan, **próiseas** process, **ráille** *(railway)* rail, **raon** track, **ráschúrsa** race course, **riocht** *m (reachta)* state, **rochtain** *f (-tana)* access, **ród** road, **scéim** scheme, **spás** space, room, **sráid** street, **stádas** status, **staid** state, **stíl** style, **trasnú** crossing, **tréith** characteristic, **treo** direction, **triall** *m (~a)* heading, journey, **turas** trip, **uaillmhian** *f (-mhéine; ~ta)* ambition, **úsáid** usage, use *(see also: bealach & bóthar)*

▲ **~ amach** exit, way out, **~ bheatha** livelihood, **~ oibre** way of working; **malairt ~** alternative route, detour

---

■ **I measc sléibhte ar a dtugtar 'binn' atá:** Mountains that have 'binn' in their name include: **Binn Bhán** Benbaun *(Galw)* **Binn Bhraoin** Benbreen *(Galw)*	**Binn Chaorach** Beenkeragh *(Ker)* **Binn Chuilceach** Cuilcagh *(Cav/Ferm)* **Binn Doire Chláir** Derryclare *(Galw)* **Binn Dubh** Bencollaghduff *(Galw)* **Binn Éadair** Howth Head **Binn Gabhar** Bengower *(Galw)*	**Binn Ghorm** Ben Gorm *(Mayo)* **Binn Ghulbain** Benbulbin *(Sligo)* **Binn Mhór** Beenmore *(Ker)* **Binn os Gaoith** Beenoskee *(Ker)*

■ **I measc sléibhte ar a dtugtar 'cnoc' atá:** Mountains that have 'cnoc' in their name include:
 	
Cnoc an Chuillinn
  Cnoc an Chuillinn *(Ker)*
Cnoc Bréanainn
  Mount Brandon *(Ker)*
Cnoc Buí Knockboy *(Cork/ Ker)*
	Cnoc Daod Hungry Hill *(Cork*
	Cnoc Eoghain
	  Knockowen *(Cork/Ker)*
	Cnoc Maol Réidh Mweelrea *(Mayo)*
	Cnoc Mór na nGaibhlte
	  Galtymore *(Lim/Tip)*
	Cnoc na dTobar Knocknadobar *(Ker)*
	Cnoc na Faille Knocknafallia *(Wat)*
		Cnoc na gCainte
		  Knocknagantee *(Ker)*
		Cnoc na gCloch
		  Sugarloaf Hill *(Tip/Wat)*
		Cnoc na Graí Knocknagree *(Cork)*
		Cnoc na Péiste Knocknapeasta *(Ker)*
		Cnoc Seanchuillinn
		  Knockshanahuillion *(Tip)*

Sliabh

■ **Ar na sléibhte eile in Éirinn atá:**
Other mountains in Ireland include:
An Caincín Caoinkeen *(Cork/Ker)*
An Charraig Dhubh
  Blackstairs Mountain *(Mayo)*
An Cheacha *f* **(na Ceachan)**
  Caha Mountains *(Cork)*
An Cruachán Crohane *(Ker)*
An Dá Chích Anann
  The Paps of Anu *(Ker)*
An Gunna Mór Big Gun *(Ker)*
An Mhangarta
  Mangerton Mountain *(Ker)*
Ard Éireann Arderin *(Laois/Off)*
Barr Chlais Céim
  Barrclashcame *(Mayo)*
Barr Trí gCom Baurtregaum *(Ker)*
Beann Mhór Colly Mountain *(Ker)*
Beanna Beola
  The Twelve Pins *(Galw)*
Beanna Boirche
  Mourne Mountains *Down)*
Birín Corrach Birreencorragh *(Ker)*
Bruach na Binne Broaghnabinnia *(Ker)*
Cathair *f* *(-rach)* Caher *(Ker)*
Cathair Conraoi Caherconree *(Ker)*
Ceann an Bhealaigh Conavalla *(Wic)*
Ceann Bhré Bray Head *(Wic)*
Céidín Keadeen Mountain *(Wic)*
Céim na mBulóg
  Camenabologue *(Wic)*
Cipiúr Kippure *(Dub)*
Com an Charria Coomacarrea *(Ker)*
Com Caillí Coomcallee *(Ker)*
Corrán Finnararagh *(Ker)*
Corrán Tuathail Carrauntoohil *(Ker)*
Corrshliabh Slieve Carr *(Mayo)*
Cruach Mhór Cruach Mhór *(Ker)*
Cruach Phádraig
  Croagh Patrick *(Mayo)*
Cruachán Croaghaun *(Mayo)*
Cruachán Mhaigh Rath
  Croaghanmoira *(Wic)*
Dioghais Djouce *(Wic)*
Dubhais Dooish *(Don)*
Earagail Errigal *(Don)*
Gabhal Mhór Sugarloaf *(Cork)*
Log na Coille Lugnaquilla *(Wic)*
Mám Trasna Maumtrasna *(Mayo)*
Meacanacht Muckanaght *(Galw)*
Mucais Muckish *(Don)*
Muing Meenteog *(Ker)*
Mullach an Aitinn
  Mullaghanattin *(Ker)*
Mullach an Ois
  Mullaghanish *(Cork/Ker)*
Mullach Cliabháin
  Mullaghcleevaun *(Wic)*
Mullaigh Mhór Mullacor *(Wic)*
Na Cnámha *fpl* The Bones *(Ker)*
Na Cruacha Dubha
  MacGillycuddy's Reeks *(Ker)*
Na Speiríní Sperrins *(Tyr)*
Na Staighrí Dubha
  Blackstairs Mountain *(Carl/Wex)*
Néifinn Nephin *(Mayo)*
Ó Cualann The Great Sugar Loaf *(Wic)*
Samhail Sawel Mountain *(Der/Tyr)*
Stua Laighean
  Mount Leinster *(Carl/Wex)*
Tóin le Gaoth Tonelagee *(Wic)*

2. room, space
airde height, **áit** room, place, **bealach** *m* room to get by, **ceannslí** headroom, **fairsinge** spaciousness, room, **fairsinge cinn** headroom, **páirceáil** parking (space), **rúm** room, floor space, **rúmáil** roominess, space, **spás** space

3. ~ isteach entrance, way in
cead isteach admittance, **iontráil** entry (cf **iontráil a chur i leabhar** to put an entry in a book), **teacht isteach** coming in, arriving, **geata casta** turnstile

Sliabh *m (sléibhe; sléibhte)* mountain
alp *m (ailp; ~a, ~)* alp, **ard** height, hillock, **ardán** elevation, platform, **ardú** elevation, **barr** summit, **berg** *(German)* berg, **binn** *f (~e; beanna, beann)* peak, ben, **blocshliabh** *m (-shléibhe; -shléibhte)* block mountain, **ceann** head, **ceann tíre** headland, **cnoc** hill, **cruach** *f (cruaiche)* heap; mountain stack, **cruachán** small heap; small mountain stack, **fillsliabh** fold mountain, **fuíollsliabh** relict mountain, **mullach** eminence, height, **mullán** elevated ground, **mullóg** mound, **sliabhraon** mountain chain, **tulach** *f (-aí; ~a, ~)* low hill, mound *(see also:* **cnoc, talamh***)*

▲ ~ **an Aoire** Chimney Rock Mountain *(Down)*, ~ **an Iolair** Mount Eagle *(Ker)*, ~ **Bearnach** Slieve Bearnaigh *(Down)*, ~ **Binneáin** Slieve Binnian *(Down)*, ~ **Coimeálta** Keeper Hill *(Tip)*, ~ **Dónairt** Slieve Donard *(Ker)*, ~ **Feá** Slieve Foy *(Lou)*, ~ **Lámhagáin** Slievelamagan *(Down)*, ~ **Míol Mór** Slieve Meelmore *(Down)*, ~ **Mis** Slieve Mish *(Ker)*, ~ **Mór** Slievemore *(Mayo)*, ~ **Muc** Slieve Muck *(Down)*, ~ **na Bealtaine** Beltany Mountain *(Don)*, ~ **na mBan** Slievenamon *(Tip)*, ~ **Sneachta** Slieve Snaght *(Don)*, ~ **Torc** Torc Mountain *(Ker)*

Sliocht

Slíbhín *m (~; ~í)* sleeveen, sly untrustworthy person
bligeard blackguard, **brathadóir** betrayer, **caimiléir** fraudster, crook, **cambheartaí** racketeer, **cílí** cunning person, **cladhaire** craven person, **cleasaí** trickster, **cluanaire** deceitful person, **cneámhaire**, knave, con-artist, **duine liom leat** two-faced individual, **fealltóir** treacherous person, **nathair san fhéar** *(BÁC)* snake in the grass, **péist** worm, sneaky person, **Tadhg an dá thaobh** two-faced person, **scabhaitéir** rogue, rip-off artist, **sleamhnánaí** slippery, sly person, **slímín** creep, **slíomadóir** viper, slippery individual, **sliúcaiméir** sly, slinking person, **sliúdrálaí** slippery person, **spúnálaí** sneak, **sramaide** slimy, contemptible person, **suarachán** miserably mean person; vile individual

Sliocht 1 *m (sleachta; sleachta)* progeny
bunadh stock, kind, **cine** *m (~; -níocha)* race; breed, **cineál** *(hist)* family, descendants, **clann** clan, family, **craobh** *f* branch, **folaíocht** breeding, lineage, descent, **fuil** blood, **géag** *f* branch, **ginealach** *m* lineage, **muintir** family, people, **oidhre** *m* heir, **páistí** *mpl* children, **pór** seed, offspring, **pórlíne** *f* bloodline, **sinsearacht** ancestry, **síol** seed, **síolbhach** *m* seed progeny, **síolrach** *m* breed, progeny, **síolrú** descent, **stoc** stock, **teaghlach** *m* household

◊ ~ **sleachta ar shliocht bhur sleachta!** *(to newly-weds)* May your children have children and their children have children!

Sliocht 2 *m (sleachta; sleachta)* passage, tract; excerpt, extract
alt article; paragraph, **athfhriotal** quotation, **clasál** clause, **deismireacht** citation, **dréacht** tract, draft, **gearrthóg** *(text)* cutting; clip, **mír** passage, item;

instalment, **paragraf** paragraph, **pasáiste** passage, **píosa** piece, **roinn** section, **téacs** text, **tráchtas** treatise, dissertation

◊ **Léifidh mé ~ as an alt.** I'll read a passage from the article.

Sliogán *m (-áin; -áin, ~)* shell

1. *(hard crust)* shell, mollusc
blaosc *f* shell, hard outer coating, **cásáil** *f* casing, **crotal** husk, **eiseachnámharlach** *m* (also: **eisichreathlach** *f*) exoskeleton, **faoisce** shell, **forscreamh** *f* mantle (cf **forscreamh na cruinne** the earth's mantle), **mogall** husk, shell, **poigheachán** *(snail)* shell, **screamh** *f (eg earth)* crust, **slige** *m* shell; shard

▲ ~ **bairnigh** limpet shell, ~ **dubh** mussel, ~ **faochan** periwinkle shell, ~ **mara** scallop, ~ **oisre** oyster shell, ~ **pasta** pasta shell, ~ **pollta armúir** armour-piercing shell, ~ **rocach** corrugated shell, ~ **ruacain** cockle shell, ~ **trá** seashell

■ **I measc sliogán eile atá:** Other molluscs include: **breallach** *m* clam, **cloicheán** *m* prawn, **diúilicín** *m* mussel, **faocha** *f (~n; ~in, ~n)* periwinkle, **faoisceán** hen crab, **gioradán** periwinkle, **gliomach** *m* lobster, **luaineachán** swimming crab, **miongán** periwinkle, **muirín** scallops, **oisre** *m* oyster, **portán** crab, **ruacan** cockle, **séacla** *m* shrimp, **seilide** *m* snail

2. *(munition)* shell
buama bomb, **diúracán** missile, **gránáid** grenade, **millín gránghunna** shotgun pellet, **piléar** bullet, **pléascán** explosive, **teilgean** projectile, **urchar** shot

Slisne *m (~; -ní)* slice, cut; sliver
blúire bit, **canta** slice, hunk, **codán** fraction, **gearradh** cutting, carving, cut, **gearrthóg** clip, clipping; cut-out (cf **gearrthóg físe** video clip), **giota** bit, **goblach** morsel, **roinnt** *(+ gen)* some, **píosa** piece, **sceall** *m* slice, **sceallóg** chip, **sliseog** small shaving, chip, **slisín** rasher, **spalla** chip; thin slice, **spreota** slice, chip, length (cf **spreota adhmaid** length of wood), **stiall** *f (stéille; ~acha)* strip, slice, **stiallóg** small slice, sliver, **trasghearradh** cross section

▲ ~ **bagúin** slice of bacon, ~ **cáise** sliver of cheese, ~ **carraige** section of a rock

Slog *v₁ₐ* swallow; engulf
alp devour, **asamhlaigh** assimilate, **bain sclamh as** take a bite out of, **cantáil** devour, **caith siar** swig, **cogain** chew, **glac isteach** take in, admit, **glac le** accept, **ídigh** consume, **ionghafa** ingest, **ionsúigh** absorb, **ith** eat, **long** swallow, eat, **meil** grind, munch, **mungail** munch, chew, **ól** drink, imbibe, **plac** gobble, eat greedily, **pramsáil** gobble, **sclog** gulp, **smailc** gobble; *(pipe)* smoke, puff, **súigh** suck, soak up, **taosc** knock back, **tóg (isteach)** take (in)

~**ann a carr peitreal.** Her car drinks petrol.
~**ann a cóta sin é.** He's swimming in that coat.
~**ann an talamh iad.** The ground swallows them.
~**ann sé a chaint.** He speaks indistinctly.
~**ann sé a chuid.** He gobbles down his food.
~**ann sí a ndúirt sí ansin.** She swallows her words now.
~**ann sí gach focal uaidh.** She hangs on his every word.
~**ann sí siar a fuisce.** She knocks back her whiskey.

Slogadh *vn* swallowing; engulfing
alpadh devouring, **asamhlú** assimilating, **cantáil** devouring, **caitheamh siar** swigging, **cogaint** chewing, **glacadh isteach** taking in, admitting, **glacadh le** accepting, **glotáil** gurgling; swallowing, **ídiú** consumption, consuming, **ionghabháil** ingesting, **ionsú** absorbing, **ithe** eating, **longadh** swallowing, eating, **meilt** grinding, munching, **mungailt** munching, chewing, **ól** drinking, imbibing **ólachán** drinking, **placadh** gobbling, eating greedily, **pramsáil** gobbling, **slog** swig, draught, **sclogadh** gulping, **smailceadh** gobbling; *(pipe)* puffing, pulling, **sú** suction, soaking up, **taoscadh** knocking back, **tógáil (isteach)** taking (in)

Slógadh *m (-gtha)* rally, mobilisation
comhdháil convention; convocation, **comhthionól** congress, **cruinniú mór** large meeting, **glóir-réim** pageant, **léirsiú** demonstration, **ollchruinniú** mass meeting, **railí** rally, **sluaíocht** military expedition, **tionól** assembly, **tóstal** pageant

◊ ~ **lucht gluaisrothar** biker rally, **dul ar ~** to mobilise, to go on a military expedition, **páirt a ghlacadh i ~ agóide** to take part in a protest rally

Slogtha *pp* swallowed; engulfed
alptha devoured, **asamhlaithe** assimilated, **cantáilte** devoured, **caite siar** swigged, **coganta** chewed, **glactha isteach** taken in, admitted, **glactha le** accepted, **ídithe** consumed, **ionghafa** ingested, **ionsúite** absorbed, **ite** eaten, **longtha** swallowed, eaten, **meilte** ground, munched, **mungailte** munched, chewed, **ólta** drunk, imbibed, **plactha** gobbled, eaten greedily, **pramsáilte** gobbled, **sclogtha** gulped, **smailcthe** gobbled; *(pipe)* smoked, puffed, **súite** sucked, soaked up, **taosctha** knocked back, **tógtha isteach** taken in

◊ **aghaidh le gruanna ~/le súile ~** face with hollow cheeks/sunken eyes, **bóithre atá ~ i sneachta** roads that are buried in snow

Slua *m (~; ~ite)* crowd, host
an choitiantacht the masses, the populace, **an gleann is a bhfuil ann** the whole caboodle, **an saol agus a mháthair** the world and his mother, **an tsloigisc** the mob, **arm** army, **baicle** *f* bunch of people, **bratainn** hoi polloi, mob, rabble, **brúisc** crush (cf **brúisc daoine** crush of people), **ciorcal** circle, **círéib** riot, **comhluadar** company, **cuideachta** *f* company, **daoscarshlua** mob, **drong** *f* body of people, **gramaisc** mob, **gráscar** unruly mob, **grathain** swarm; mob, rabble, **plód** throng, crowd, **léirsiú** demonstration,

lucht éisteachta audience, **lucht féachana** viewers, audience, **mathshlua** multitude, large crowd, **mórshlua** *m* multitude, **ollslua** massive crowd, legion, **plód** crowd, throng, **plódú** crowding, crush, **pobal** *(church)* congregation; *(gen.)* populace, public, **púir** swarm, crowd, **rablach** *m* rabble, **ruibhne** *f* host, multitude, **scata** crowd; pack, **scroblach** *m* riff-raff, rabble, **sloigisc** rabble, riff-raff, **sprot** riff-raff, rabble, **tionól** assembly, **trachlais** rabble, **tréad** flock. *(see also: pobal)*

▲ ~ **aingeal** host of angels, ~ **daoine** crowd/throng of people, ~ **lucht leanúna** army of fans, ~ **mór daoine** multitude/swarm of people, ~ **na marbh** the host of the dead, ~ **mór póilíní** large body of police, ~ **turasóirí** flock of tourists

◊ **Bhí na ~ite ag an gcluiche.** There were huge crowds at the match. **Ná téigh leis an ~!** Don't follow the crowd!

Sluaisteáil *v1e* shovel, scoop
bain remove, shift, **bailigh suas** gather up, **carn** heap, **cnap** heap, gather up, **cnuasaigh** gather, garner, **conlaigh** glean, gather, **cruinnigh le chéile** gather together, **cúbláil** gather in, grab, **dlúthaigh** draw together, gather; compact, **dreideáil** dredge, **glan** clear, scoop (cf ~ **suas an cac!** Scoop the poop!), **mámáil** gather in handfuls; lavish, **rómhair** dig, **scaob** scoop, **scúpáil** scoop (cf **scéal a scúpáil** to scoop a story), **spúnáil** spoon, **tochail** dig, excavate

Sluaisteáil *vn* shovelling, scooping
baint removing, shifting, **bailiú suas** gathering up, **carnadh** heaping, **cnapadh** heaping, gathering up, **cnuasach** gathering, garnering, **conlú** gleaning, gathering, **cruinniú le chéile** gathering together, **cúbláil** gathering in, grabbing, **dlúthú** drawing together, gathering; compacting, **dreideáil** dredging, **glanadh** clearing, **mámáil** gathering in handfuls; lavishing, **rómhar** digging, **scaob** scoop (cf **go dté na trí scaob air** until he's six feet under), **scaobadh** scooping, **scúpáil** scooping, **spúnáil** spooning, **tochailt** digging, excavating

Sluaisteáilte *pp* shovelled, scooped
bainte removed, shifted, **bailithe suas** gathered up, **carntha** heaped, **cnaptha** heaped, gathered up, **cnuasaithe** gathered, garnered, **conlaithe** gleaned, gathered, **cruinnithe le chéile** gathered together, **cúbláilte** gathered in, grabbed, **dlúthaithe** drawn together, gathered; compacted, **dreideáilte** dredged, **glanta** cleared, scooped, **mámáilte** gathered in handfuls; lavished, **rómhartha** dug, **scaobtha** scooped, **scúpáilte** scooped, **spúnáilte** spooned, **tochailte** excavated

Smacht *m* (~*a*; ~*a*, ~) discipline
araíonacht restraint, **ardcheannas** high command, **bheith i gceannas** being in charge, **ceannas** sovereignty, headship, command, **cigireacht** inspection, control, **coscán** brake, **cumhacht** power, **diansmacht** strict control; rigid discipline, **disciplín** *m* discipline, **dlínse** *f* jurisdiction, **faire** *f* watch, look-out, **feitheoireacht** superintendence, **forlámhas** supremacy, **máistreacht** control, mastery, **maoirseacht** supervision, **riail** *f (rialach; rialacha)* rule, **rialachas** governance, **rialaitheoir** *(device)* controller, controls, **rialtas** government, **riail-pref** control (eg **riailmhaide** control rod), **rialú** governing, **rialúchán** regulation, **seiceáil** checking, check; control, **smachtú** disciplining; controlling, **srian** *m* rein, restraint, **srianadh** restraining, control, **sriantacht** restraint, **stiúir** control, direction, **stiúradh** controlling, steering, **stiúraíocht** discipline; obedience, **toilsmacht** *m* self-discipline, **treoir** *f (treorach; treoracha)* direction; guidance, **teorainn** *f (teorann)* limit, **údarás** authority, **urlámh** *f* control, authority; custody

◊ ~ **a chur ar pháiste** to discipline a child, ~ **a choimeád ar do theanga** to watch what you say, ~ **a fháil ar an mhargadh** to corner the market, **Chuaigh an carr ó ~.** The car went out of control., **Níl ~ aige ar na daltaí.** He can't control the pupils., **tinte atá imithe ó ~** fires that have gotten out of control, **Tír a chur faoi ~** to subjugate a country, **Tá ~ aici ar an ghnó.** She is in control of the business.

Smachtaigh *v2a* control, discipline
ansmachtaigh oppress, bully, **brúidigh** brutalise, **brúigh faoi chois** stamp on, suppress, **eansaigh** tame, **ceartaigh** correct, **claonmharaigh** mortify (cf **ainmhianta na colainne a chlaonmharú** to mortify the flesh), **cloígh** subdue, defeat; overwhelm, **coilínigh** colonise, **coimeád/coinnigh faoi smacht** keep under control, **cúinneáil** corner (cf **an margadh a chúinneáil** to corner the market), **cuir faoi smacht** discipline, control, **eagraigh** organise, **gearr pionós ar** penalise, **imir cos ar bolg ar** oppress, **modhnaigh** modulate, **moirtnigh** mortify, **monaplaigh** monopolise, **ordaigh** order, **rialaigh** rule, regulate, **sáraigh** overpower, overwhelm, **srian** restrain, control, **stiúir** steer, control, **tabhair an tslat do** physically chastise, **tabhair casaoid do** reprove, **tabhair faoi smacht** bring under control, **tabhair íde béil do** castigate, **til** *(lit)* control, rule, **treoraigh** guide

~ **an liathróid!** *(sp)* Kill the ball!
~ **an namhaid!** Subjugate the enemy!
~ **an páiste!** Discipline the child!
~ **do cholg!** Control your rage!
~ **do dhíograis!** Curb your enthusiasm!
~ **do mhianta!** Restrain your desires!
~ **do theanga!** Watch your tongue!

Smachtaithe *pp* disciplined, repressed; restrained
ansmachtaithe tyrannically oppressed, bullied, **briste** broken, **brúidithe** brutalised, **brúite faoi chois** stamped on, suppressed, **buaite** defeated,

ceansaithe tamed, subdued, **ceartaithe** corrected, **claonmharaithe** mortified, **cloíte** subdued, defeated; overwhelmed, **coilínithe** colonised, **coimeádta/ coinnithe faoi smacht** kept under control, **cúinneáilte** cornered, **curtha faoi chois** subjugated, **curtha faoi smacht** disciplined, controlled, **curtha faoi umhlaíocht** made to submit, **eagraithe** organised, **maolaithe** subdued, dampened, **modhnaithe** modulated, **moirtnithe** mortified, **monaplaithe** monopolised, **ordaithe** ordered, **rialaithe** ruled, regulated, **sáraithe** overpowered, **srianta** restrained, **tilte** (lit) controlled, ruled, **treoraithe** guided, **tugtha chun umhlaíochta** brought to submission, **tugtha faoi smacht** brought under control, **umhlaithe** made humble

Smachtú *vn* controlling, disciplining; restraining
ansmachtú oppressing, bullying, **brú faoi chois** stamping on suppressing, **brúidiú** brutalising, **ceartú** correcting, **claonmharú** mortifying, **coimeád/ coinneáil faoi smacht** keeping under control, **cloí** subduing, defeating; overwhelming, **coilíniú** colonising, **cúinneáil** cornering, **curtha faoi smacht** disciplined, controlled, **eagrú** organising, **gearradh pionóis** penalising, **maolú** subduing, dampening, **modhnú** modulating, **moirtniú** mortifying, **monaplú** monopolising, **ordú** ordering, **rialú** ruling, regulating, **sárú** overpowering, **srianadh** restraining, controlling, **stiúradh** steering, controlling, **tabhairt chun umhlaíochta** bringing to submission, **tabhairt faoi smacht** bringing under control, **tileadh** (lit) controlling, ruling, **treorú** guiding, **umhlú** making humble

Smachtúil *adj⁴* controlling, disciplinary; repressive
anfhorlannach violently oppressive, **anlathach** tyrannical, **ansmachtúil** tyrannical, oppressive, **brúidiúil** brutal, **cadránta** harsh, **ceartaiseach** strait-laced, **cloíteach** subduing; overwhelming, **crapthach** constricting, **crosta** fractious, cross, **crua** hard, **dochraideach** oppressive, **dúr** dour, **éilitheach** demanding, **géarleanúnach** harassing, persecuting, **máistriúil** domineering, imperious, **mursanta** tyrannous, domineering, **piúratánach** puritanical, **righin** rigid, **tiarnúil** bossy, imperious, **tíoránta** tyrannical, **sriantach** restraining, controlling, **tíoránta** tyrannical, **údarásúil** authoritarian

Smál *m* (*-áil; -áil, ~*) stain
ainimh disfigurement, blemish, **aithis** slur, reproach, **ball** spot, mark (eg **ball dóite/súiche** burn/smut mark), **ballóg** speck, spot, **balscóid** blot, smudge, **céir** *f* (*céarach; céaracha*) stain, coating; wax, **daba** blob, daub, **díghrádú** degradation, **drochainm** bad name, **droch-cháil** infamy, **drochtheist** discredit, **éalang** *f* (*-lainge; ~a, ~*) flaw, **easonóir** *f* dishonour, **fabht** defect, flaw, **locht** fault, **lorg** trace, mark, **máchail** stigma, blemish; defect, **míchlú** disrepute, **míghníomh** misdeed, **náire** shame, disgrace, **oil** blemish, defect, **peaca** *m* sin, **sail** stain, defilement, **scannal** scandal, **smáileog** small smudge, stain, **smeadráil** smear, smearing, **smúit** grime, **spota** spot, **tarcaisne** obloquy, affront, **teimheal** *m* (*-mhil*) tarnish, stain, **truailliú** defilement, corruption, **urchóid** iniquity

▲ ~ **gréisce** grease stain, ~ **doghlanta** uncleanable stain, ~ **dúigh** ink splat, ~ **fíona** wine stain, ~ **fola** blood stain, ~ **péinte** paint smudge

◊ **clú gan ~** spotless reputation, **Bheadh ~ ar a chlú.** His reputation would be tarnished., **Giniúint Mhuire gan ~** The Immaculate Conception, **Tá ~ ar an ghúna.** There's a stain on the dress.

Smálaigh *v₂ₐ* stain, tarnish
breac blotch, **cuir smál ar** stain, **déan damáiste do** do damage to, **draoibeáil** spatter with mud, make muddy, **dubhaigh** blacken, **éilligh** contaminate, **fág rian ar** taint, **fág smál ar** blemish, stain, **láib** muddy, spatter, **léirigh tarcaisne do** dishonour, treat with contempt, **máchailigh** impair, disfigure, **maslaigh** disrespect, insult, **mill** blemish, blot, **náirigh** shame, disgrace; embarrass, **salaigh** make dirty, soil; defile, sully, **smeadráil** spatter, smear, **smear** smear, **tarraing míchlú ar** besmirch, smear, **tarraing náire ar** bring shame upon; disgrace, **teimhligh** tarnish, stain, **truailligh** corrupt, adulterate

Smálaithe *pp* stained, blemished
breactha spotted; having blotches, **damáiste** damage, **draoibeáilte** spattered with mud, made muddy, **dubhaithe** blackened, **éillithe** contaminated, stained, **láibthe** muddied, spattered, **máchailithe** impaired, disfigured, **maslaithe** disrespected, insulted, **millte** blemished, blottted, **náirithe** shamed, disgraced; embarrassed, **salaithe** made dirty, soiled; defiled, sullied, **smeadráilte** spattered, smeared, **smeartha** smeared, disgraced, **teimhlithe** tarnished, stained, **truaillithe** corrupted, adulterated

Smálú *vn* staining, blemishing
breacadh having blotches, **cur smál ar** staining, **damáiste** damage, **draoibeáil** spattering with mud, making muddy, **dubhú** blackening, **éilliú** contaminating, **fágáil rian ar** tainting, **fágáil smál ar** blemishing, staining, **láibeadh** muddying, spattering, **máchailiú** impairing, disfiguring, **maslú** insulting, disrespecting, **milleadh** blemishing, blotting, **náiriú** shaming, disgracing; embarrassing, **salú** making dirty, soiling; defiling, sullying, **smeadráil** spattering, smearing, **smearadh** smearing, **tarraingt míchlú ar** besmirching, smearing, **tarraingt náire ar** bringing shame upon; disgracing, **teimhliú** tarnishing, staining, **truailliú** corrupting, adulterating

Smaoineamh
1. *vn* thinking, reflection
athchomhairle *f* second thoughts (cf **athchomhairle**

Smaoinigh

a dhéanamh faoi rud to have second thoughts about a thing), **athmhachnamh** reflection, reconsidering, **barúil** thinking, considering, **ceapadh** thinking, **coincheapadh** conceiving, **creidiúint** believing, **cuimhneamh** remembering, remembrance, **dianmhachnamh** meditating, profoundly thinking, **machnamh** thinking, contemplating, contemplation, **léirsmaoineamh** meditating; contemplating profoundly, **marana** f contemplation, **meabhraíocht** awareness, consciousness; intelligent thinking, **meabhrúchán** remembering, reflection, **measúnú** assessing, **obair** f **chinn** brainwork, **oibriú inchinne** cerebration, **inbhreathnú** introspection, **réamhghabháil** (phil) anticipating, **réamh-mheas** (busn) anticipating, **síleadh** thought, imagining, **smaointeoireacht** reflecting, reflection, cogitation, **tuairimíocht** conjecturing, speculating, **tuiscint** understanding; considering

◊ **Is fiú ~ air.** It's worth considering., **gan ~** without thinking/mindlessly; recklessly, **tar éis ~ a dhéanamh air** upon reflection

2. m (-nimh; -nimh, ~) thought, idea
aidhm aim, **aird** heed, **airdeall** attentiveness, **aire** attention, **aisling** vision, dream, **áitiús** conviction, **átlamh** inkling, **ceapadh** m (-ptha) conception, **coincheap** m (~a; ~a, ~) concept, **coinne** f expectation, **creideamh** belief, **cuimhneamh** conception, plan; idea, **cuspóir** object; objective, purpose, **dearcadh** outlook, view, **dóchas** hope, **fealsúnacht** philosophy, **fócas** focus, **idé** f idea, **intinn** intention, **meanmarc** (lit) thought, conjecture, **mearsmaoineamh** passing thought, **meastachán** estimation, **mianaidhm** aspiration, **nóisean** notion, **rún** resolution, **tuaileas** presentiment, idea (cf **Níl tuaileas agam.** I have no idea.), **tuairim** opinion, conviction, **tuiscint** understanding; consideration

▲ **~ ait** weird idea, **~ baoth** foolish idea, **craiceáilte** crazy idea, **~ dána** daring idea, **~ tarraingteach** appealing idea, **~ teibí** abstract idea, **~ tobann** sudden brainwave

◊ **Cé leis an ~ iontach sin?** Whose bright idea was that?, **Rith ~ liom.** An idea occurred to me.

Smaoinigh v_{2b} think
airigh sense, **áirigh** reckon, **barúil** think, consider, **bí den tuairim** deem, be of the opinion, **ceap** think, **cíor** examine minutely, comb, **coincheap** (phil) conceive, **conclúidigh** conclude, **creid** believe, **cuimhnigh** consider; remember, **dealraíodh domsa** (go) I was under the impression (that), **déan machnamh** meditate, ponder; brood, **léirsmaoinigh** consider, **déan smaoineamh ar** do some thinking about, deliberate, **machnaigh** reflect, ponder, contemplate, ruminate, **meabhraigh** reflect, recall, think about, **meáigh** weigh up, **meanmnaigh** (lit) think, plan, **meas** consider, **oibrigh amach** work out, **samhlaigh** imagine, **síl** think, **tuig** understand

Smaoinithe pp thought
airithe sensed, felt, **áirithe** reckoned, **barúlta** thought, considered, **ceaptha** thought; appointed; captured, **cíortha** examined minutely, combed, **coincheaptha** (phil) conceived, **conclúidithe** concluded, **creidte** believed, **cuimhnithe** considered; remembered, **dealraithe** appeared, seemed, **léirsmaoinithe** considered, **machnaithe** reflected, pondered, contemplated, ruminated, **meabhraithe** reflected, recalled, thought about, **meáite** weighed up, **meanmnaithe** (lit) thought, planned, **measta** considered, **oibrithe amach** worked out, **samhlaithe** imagined, **sílte** thought, **tuigthe** understood

Smaointeach adj^3 pensive, meditative; thoughtful
aireach mindful, **aislingeach** dreamy, **céillí** sensible, **cognaíoch** cognitive, **cliste** clever, **cuimhneach** recollective, reflective, **dáiríre** serious, **éirimiúil** intelligent, **fealsúnach** philosophical, **gafa (le)** absorbed (in), captivated (by), **intleachtach** intellectual, **machnamhach** meditative, reflective, contemplative, **meabhrach** mindful, recollective, **meabhraitheach** reflective; speculative, **maranach** thoughtful, **meabhróideach** wistful, **rinnfheifeach** (ecc) contemplative, **sáite ina domhan féin** totally preoccupied with her own world, **tógtha suas ina smaointe féin** lost in his/her/their thoughts, **tuisceanach** considerate

▲ **cur chuige ~** meditative/thoughtful approach, **duine ~** reflective person, **féachaint ~** contemplative look, **giúmar ~** pensive mood

Smaointeacht f (~a) thoughtfulness, consideration
athmhachnamh reflection, **cáiréis** sensitivity, discretion, **cúram** care, caring, **críonnacht** prudence, **machnamh** thinking, **marana** f contemplation, meditation, **meabhrú** reflection, rumination, **rinnfheitheamh** (ecc) contemplation, **sceipteachas** scepticism, **smaoineamh** thinking, thought, **stuaim** level-headedness, sensible thinking, **tuiscint** understanding, consideration

Smaointeoireacht f (~a) reflection, thinking
airdeall attentiveness; attention, **aireachas** mindfulness, **athmhachnamh** reflection, **ceapadh** thinking, **coincheapachas** conceptualism, **cur chuige** approach, **creideamh** belief, **dearcadh** outlook, view, **dianmhachnamh** deep concentration, **fealsúnacht** philosophy, **idé-eolaíocht** ideology, **machnamh** contemplation, thinking; meditation, **machnamhacht** mindfulness, thoughtfulness, **marana** f contemplation, meditation, **obair** f (oibre) **chinn** brainwork, **oibriú inchinne** cerebration, **inbhreathnú** introspection, **léirsmaoineamh** meditation, profound contemplation, **machnamh** thinking, meditation, **smaoineamh** thinking, thought, **tuairim** opinion, conviction, **tuiscint** understanding; consideration

Smeach *m (~a; ~anna)* flick, snap; click
  blosc crack, report, *(thunder)* peel, **buille** *m* slap, blow, **clic** *m* click, **cliceáil** click; clicking, **cling** clink, **clingireacht** tinkling, **cnag** knock, **cniog** rap, tap, **flaspaíl** smacking lips, **flaspóg** smack, unexpected kiss, **flic** flick, **gligleáil** *(glasses)* clink, **gliog gleag** click clack, **plab** bang, **pléasc** *f* crack, bang, **plimp** clap, **rois** rip, clap, **sciorróg** snap (cf **sciorróg mhéire is ordóige** snap of the fingers), **smalóg** flick, slight knock, **smeachaíl** clicking of tongue, **snap** *(cards)* snap, **tic teaic** ticktock, **ticeáil** ticking *(see also: snag)*

  ◊ **Níor fágadh ~ ionam.** I was whacked (exhausted)., **sula mbainfeá ~ as do mhéara** before you can say Jack Robinson, as quick as you like

Smeachóid *f (~e; ~í)* ember, live coal
  aibhleog cinder, **aibhleog dhearg** ember, live coal, **aingeal** lighted coal, **aithinne** spark; firebrand, **aoibheal** glowing ember, **drithle** *f* spark, **gríosach** *f* hot ashes, embers, **gríosóg** spark from embers, **sméaróid** ember, live coal, **smól** live coal; smouldering fire, **smólachán** smouldering, charred material, **splanc** *f* flash, **spré** spark, **spréach** *f* spark, **tine** fire

Sméar *f (-éire; ~a, ~)* berry; blackberry
  caor *f (-oire; ~a ~)* berry, **caor chaorthainn** rowanberry, **caor chon** dogberry, **caor feorais** spindle berry, **caor fíniúna** grape, **caor throim** elderberry, **silín** *m* cherry, **sú** *m* **craobh** raspberry, **sú** *m* **talún** strawberry, **toradh** fruit

  ▲ **~a dubha** blackberries

Smear *v₁ₐ* smear, smudge
  brataigh cover with mantle, **breac** speckle, spatter, **bualtaigh** smear dung on, **clúdaigh** cover; coat, **cuir brat (sneachta, rubair, etc) ar** put a mantle/coat of (of snow, rubber, etc) on, **cuir cóta (péinte, vearnaise, etc) ar** to put a coat (of paint, of varnish, etc) on, **clúmhill** defame, slander, **dóibeáil** daub, plaster, **dubhaigh** blacken, **dustáil** *(cu)* dust, cover with a dusting, **láib** muddy, spatter, **mill** blemish, blot, **náirigh** shame, disgrace; embarrass, **plástráil** plaster, **salaigh** make dirty, soil; defile, sully, **smálaigh** stain, tarnish, **smeadráil** smear, spatter, cover with thin layer, **teimhligh** tarnish, stain

  ~ **an preas a clú.** The press tarnished her reputation.
  ~ **an sáspan le him!** Coat the saucepan with butter!
  ~ **sí a bróga le láib.** She smeared her shoes with mud.
  ~ **sí a gúna.** She smudged her dress.
  ~ **sí an geata le hola.** She greased the gate with oil.
  ~ **siad graifítí air.** They daubed it with graffiti.

Smearadh *vn* smearing, smudging
  bratú covering with mantle, **breacadh** speckling, spattering, **bualtú** smearing dung on, **clúdach** covering; coating, **cur brat (sneachta, rubair, etc) ar** putting a mantle/coat of (of snow, of rubber, etc) on, **cur cóta (péinte, vearnaise, etc) ar** putting a coat (of paint, of varnish, etc) on, **clúmhilleadh** defaming, slandering, **dóibeáil** daubing, plastering, **dubhú** blackening, **dustáil** dust (cf **dustáil císte le siúcra** dusting a cake with sugar), **láibeadh** muddying, spattering, **milleadh** blemishing, blotting, **náiriú** shaming, disgracing; embarrassing, **plástráil** plastering, **salú** making dirty, soiling; defiling, sullying, **smálú** staining, tarnishing, **smearacháil** smearing, smudging, **smeadráil** *(cu)* smearing, spattering, covering with thin layer, **teimhliú** tarnishing, staining

  ▲ ~ **(as an gceirbheacs)** *(med)* (cervical) smear, ~ **bróg** boot-polish, ~ **clú** tarnishing of reputation, ~ **den phéint** lick of paint, ~ **eolais** superficial knowledge, ~ **innill** engine grease

Smeartha *pp* smeared, smudged
  brataithe covered with mantle, **breactha** speckled, spattered, **bualtaithe** smeared with dung, **clúdaithe** covered; coated, **ar a bhfuil brat (sneachta, rubair, etc) curtha** covered by a mantle/coat (of snow, of rubber, etc), **ar a bhfuil curtha cóta (péinte, vearnaise, etc)** coated with (paint, varnish, etc), **clúmhillte** defamed, slandered, **dóibeáilte** daubed, plastered, **dubhaithe** blackened, **dustáilte** *(cu)* dusted, covered with a dusting, **láibthe** muddied, spattered, **millte** blemished, blotted, **náirithe** shamed, disgraced; embarrassed, **plástráilte** plastered, **salaithe** made dirty, soiled; defiled, sullied, **smálaithe** stained, tarnished, **smeadráilte** smeared, spattered, covered with thin layer, **teimhlithe** tarnished, stained

  ◊ **Bhí sé ~ ag an bpreas.** He was smeared by the press., **mar inneall atá ~ go maith** like a well-oiled engine, **Ná bain do rud ar bith le do mhéara ~!** Don't touch anything with your sticky fingers!

Sméid *v₁ᵦ* beckon, nod; signal
  bí ag sméidearnach be beckoning, **caoch súil ar dhuine** wink at a person, **claon do cheann** bow/lower your head, **comharthaigh** signal, gesture, **croith do lámh ar dhuine** wave at a person, **déan comhartha le duine** signal to a person, **tabhair comhartha dearfa do dhuine** give a person the nod, **tabhair ordóg in airde** give the thumbs-up, **tabhair sméideog** give a nod

  ◊ ~ **an freastalaí go humhal.** The attendant nodded obediently., ~ **sí a súil orm.** She winked at me., ~ **sí anall orm.** She nodded at me to come over., ~ **sí go heolach.** She nodded knowingly., **Níl agat ach ~eadh orm agus beidh mé ann.** You only have to give me the nod and I'll be there.

Sméideadh *vn* beckoning, nodding, signalling
  caochadh súil ar dhuine winking at a person, **comharthú** signalling, gesturing, **claonadh do chinn** bowing, lowering your head, **croitheadh láimhe** waving, **déanamh comhartha** making a sign/signal/gesture, **tabhairt comhartha dearfa**

nodding permission, **ordóg in airde** thumbs-up, **sméidearnach** *f* beckoning, nodding

Sméidte *pp* beckoned, nodded; signalled
comharthaithe signalled, gestured, **dar croitheadh lámh** waved at, **dar tugadh an ordóg in airde** given the thumbs-up, **dar tugadh comhartha dearfa** given the go-ahead, **lena ndearnadh comhartha** signalled

Smid *f (~e; ~eanna) (neg)* breath, word
anáil breath, **cogar** whisper, **focal** word, **gíog** *f (gíge)* squeak, chirp, **míog** *f (míge)* cheep, **oiread is focal** as much as a word, **puth** *f* puff, **siolla** syllable, whisper of a sound/word, **smeámh** breath, puff, **spalla** word, remark

◊ **Gan ~ asat!** Not a peep out of you!, **Ní raibh ~ as.** There wasn't a word out of him., **Ní raibh ~ fágtha ionam.** I was completely out of breath.

Smidiríní *mpl(~)* smithereens; shattered bits
blúirí bits, scraps, **bloghanna** splinters, **blúiríní** snippets; small bits, **bruscar** fragments, crumbs; litter, **ciolar chiot** small pieces, **conamar** broken bits, fragments, **giotaí beaga** small bits, **grabhróga** crumbs, **gráinní** grains, pinches, **gránlach** *m* granulated matter, grit, **grúnlach** *m* refuse, dregs, **iarsmaí** *mpl* remnants, remains, **liothrach** *m* mush, squash, pap, **mionachar** broken bit, scraps; *(people)* small fry, **mionbhach** *m* fragments; diminutive things, **mionbhruar** crumbs, scraps; tiny fragments, **mionrabh** *f (-aibhe)* tiny bits, shreds; filings, **meatháin** splinters; *(basketry)* splints, **míreanna** particles, fragments, **píosaí beaga** small bits, **rianta** traces, **ruainní** shreds, **scealpa** *fpl* splinters, **smiodair** *mpl* fragments, broken pieces, **smionagar** smashed up bits, **treascarnach** *f* scrap, refuse; debris *(see also: bruscar)*

◊ **Tá sé briste i ~.** It is shattered (into small pieces).

Smig *f (~e; ~eanna)* chin
athsmig double chin, **giall** *m (géill; ~a, ~)* jaw, **preiceall** *f* double chin, **smigín** little chin, **sprochaille** *f* double chin

▲ **~ ghéar** pointed chin, **~ mhaol** receding chin

Smionagar *m (-air)* rubble, shattered pieces, shards
blúirí bits, scraps, **brablach** *m* rubble, **brioscbhruar** fragments, small pieces, **bruscar** fragments, crumbs, **bruscarnach** *f* fragment, debris, **cánach** *m* dust, debris, **conamar** fragments, **dríodar** residue, dregs, sediment, **duirling** pebbles; stony beach, **mionrabh** *f (-aibhe)* tiny bits, shreds; filings, **mionóga** *fpl* fragments, **míreanna** fragments; sections, **píosaí beaga** small pieces, **sceallóga** chips, **scealpa** *fpl* splinters, **smidiríní** little bits, smithereens, **snoíogar** chippings, gratings, **spallaí** *mpl* chips, pebbles, masonry chippings, **steigears** *spl* bits, fragments, **treascarnach** *f* scrap, refuse; debris

Smior *m (smeara)* marrow; spirit, gutsiness
bunús basis, innate essence, **croí** essential part, essence, **eisint** essence, **foladh** essence, **garr** pith, pulp, **laíon** *m (-ín)* pithy, pulp, **meanmnacht** spiritedness, **misneach** *m* courage *(when facing the vicissitudes of life)*, **mianach** *m* substance, stuff, aptitude, **miotal** mettle; metal, **mórmhisneach** *m* sanguineness; great inner strength, **neamheagla** fearlessness, **saineithne** quintessence, **smúsach** pith, marrow; pulp, **stóchas** stoicism, **stóinseacht** staunchness, **stóinsitheacht** toughness, **substaint** substance, **uchtach** *m* spirit, heart, courage

◊ **go ~ ár gcnámh** to the marrow of our bones, to the very essence of our being, **dul go ~ an scéil** to get to the heart of the matter, to get to the nitty-gritty, **Níl ~ ná smúsach ann.** He's a spineless individual.

smuigleáil *v₁ₑ* smuggle
déan smuigléireacht do smuggling, smuggle, **díol go bradach** bootleg, **gáinneáil** traffic, **tabhair isteach go neamhdhleathach** bring in illegally, **tabhair leat faoi choim** smuggle, sneak in, **sciúr** *(money)* launder

Smuigleáil *vn* smuggling
díol go bradach bootlegging, **gáinneáil** trafficking, **tabhairt isteach go neamhdhleathach** bringing in illegally, **tabhairt leat faoi choim** smuggling, sneaking in, **sciúradh** *(money)* laundering, **smuigléireacht** smuggling

Smuigleáilte *pp* smuggled
a tugadh isteach go neamhdhleathach brought in illegally, **díolta go bradach** bootlegged (cf **cóipeanna bradacha** bootlegged copies), **gáinneála** (> **gáinneáil**) trafficked, **sciúrtha** *(money)* laundered, **tugtha leat faoi choim** smuggled in, sneaked in

Smuigléir *m (-éara; ~í))* smuggler
cúiréir courier, **miúil** *(coll)* mule, **lucht contrabhanna** contrabandists, **smuglálaí drugaí** drug smuggler, **smuglálaí gunnaí** gun-runner

Smúit *f (~e)*

1. smoke, vapour; murkiness; grime
ceo fog, **ceobháisteach** *f* heavy drizzle, **ceobhrán** mist, **ceocht** fogginess, **ceoiche** fogginess, **deannach** *m* dust, **deatach** *m* smoke, **deatachas** smokiness, **dorchacht** darkness; murkiness, **gal** vapour, **salachar** dirt, grime, **teimhleacht** smudginess, **toit** smoke, **toitcheo** smog

◊ **Bhí deatach agus ~ os cionn na cathrach.** There was smoke and a murky mist over the city., **Baineann an gléas an smúit uile den chairpéad.** The device removes all the dust/dirt out of the carpet., **Scríob mé an ~ den bhalla.** I scraped the grime from the wall.

2. gloom, despondency
beaguchtach *m* downheartedness, **brón** sadness, **cian** melancholy, **dochma** moroseness, **duaircas** sombreness, gloom, **dúlagar** depression, **gruaim**

Smúitiúil

gloom, **gruamacht** gloominess, **ísle brí** dejection, **lagmhisneach** *m* despondency, **liach** sorrow, depression, **lionn dubh** melancholy, **teimheal** darkness, gloom

◊ Chuir an scéala ~ orm. The news depressed me., Tháinig ~ orainn uile. We all became gloomy.

Smúitiúil *adj⁴*
1. murky, dark
ceomhar foggy, **ceobháistiúil** *f* misty and drizzly, **ceobhránach** misty, **ceoch** foggy, **deannachúil** *m* dusty, **deataigh** (> *deatach*) smoky, **deatúil** smoky; vaporous, **dorcha** dark; murky, **galach** vaporous, dull-grey, **néalmhar** clouded, **salach** dirty, grimy, **toiteach** smoky

▲ **aimsir** ~ murky weather, **dath** ~ misty colour, **radharc** ~ dull/hazy view, s**péir** ~ overcast sky

2. gloomy, despondent
beaguchtúil downhearted, spiritless, **brónach** sad, **cianach** melancholic, lonesome, **dochma** morose, gloomy, distressed, **doilbh** gloomy, melancholic, **duairc** sombre, gloomy, **duasmánta** morose, gloomy, **dubhach** dismal, depressed, despondent, **gruama** gloomy, **lagmhisniúil** low-spirited, despondent, **lagspridiúil** low-spirited, **riabhach** dull, gloomy, **teimhleach** dark, gloomy

▲ **cuimhne** ~ gloomy memory, **dearcadh** ~ bleak/dismal outlook, **fírinne** ~ grim truth/reality, **mothú** ~ feeling of dejection, **ócáid** ~ depressing/gloomy occasion

Snáfa *pp* swum
báite soaked, submerged; drowned, **folctha** bathed, **iomlasctha** splashed about, wallowed, **ionnalta** washed, bathed, **tumtha** submerged; dived

Snag *m* (*~a; ~anna*) hiccup; gasp, sob
cnead grunt, groan, **díogarnach** *f* gasping, gasp, **fabht** *m* (*~; anna*) fault, flaw, snag, **fail** hiccup, **faileog** hiccup, **osna** sigh, **osnaíl** sighing, **sciúg** choking, gasping sound (cf **sciúg dhéanach** last gasp), **séideán** pant, snort; gust, **smeach** *m* sob, gasp, **smeacharnach** *f* **caointe** sobbing, **snagaireacht** gasping; sobbing, **stad** (**sa chaint**) stammer, **tocht** (*physiol*) catch, obstruction (cf **tocht i nglór** emotional catch in voice), **tochtaíl** suppressed sobbing, **uspóg** gasp

◊ Tá ~ orm. I've got the hiccups., Tháinig ~(anna) uirthi. She got the hiccups.

Snagach *adj³* hiccupping; gasping, sobbing, stuttering
cneadach groaning, **fabhtach** faulty, flawed, **faileogach** hiccupping, **plúchta** choking, asthmatic, **séideánach** puffing, panting; gusty, **smeachach** sobbing, gasping, **stadach** stammering, **tochtmhar** deeply emotional, **tutbhalbh** stammering, stuttering, **tutbhéalach** stuttering, stammering, **uspógach** gasping

▲ **caint shnagach** faltering speech, **ceol** ~ staccato music, **fonn** ~ spiky tune, **gluaiseachtaí** ~a jerky movements, **inneall** ~ sputtering engine, **rithim shnagach** choppy rhythm

Snagaire *m* (~; -rí) stutterer, stammerer
briotaire lisping person, lisper, **gotán** stammerer; lisper, **sruthbhalbhán** person with a slight stutter, **stadaire** stammerer, **trudaire** stutterer, stammerer, **tutaire** stutterer

Snagaireacht *f* (*~a*) stuttering, stammering
briotaíl lisping, **briotaireacht** lisping, **caint ghotach** stammering or lisping speech, **caint stadach** stammering/halting speech, **caint thuisleach** stumbling, incoherent speech, **sruthbhailbhe** slight stutter, **stadaireacht** stammering, stuttering, **trudaireacht** stuttering, stammering, **tutaíl** stuttering

Snaidhm 1 *f* (*~e; ~eanna*) knot, bond
achrann entanglement, **árach** *m* fetter, **arraing** stabbing pain, stitch in side, **bogha** bow, **caolú** narrowing, **ceangal** tie, binding, **cuachóg** bowknot, **cúngú** constriction, **deacracht** difficulty, **dual** lock, tress, **fadhb** *f* (*faidhbe*) problem, **gad** strap, rope used for binding (cf **gad ar ghaineamh** = tying a knot with sand ≈ a pointless enterprise), **gad coise** spancel, hobble, **gad maoile** rope tied over top of load, **greim** *m* (*greama; greamanna*) stitch, **laincis** fetter; restriction, **leathshnaidhm** draw knot, **lúb** *f* (*lúibe; ~a, ~*) loop, **maidhm sheicne** hernia, **nasc** bind, binding, **pian** *f* (*péine; ~ta*) pain, **plota** plot, **foriamh** foreclosure, **slabhra** chain, **snaidhmeacht** knottiness, **snaidhmlásadóireacht** tatting, knotting decorative lace by hand, **teaghrán** tether, **teanntán** brace, **trilseán** braid, **uaim** *f* (*uama, uamanna*) seam, stitching; (*poet*) alliteration

▲ ~ **an iascaire** fisherman's knot, ~ **an scriúta** collar knot, ~ **bhólaine** bowline knot, ~ **bhuairichín** sheepshank knot, ~ **chaillí** granny knot, ~ **chinn** stopper knot, ~ **chúrsála** reef knot, ~ **crua** fast knot, ~ **dhaingean** tight knot, ~ **dhúbailte** double knot, ~ (**an**) **fhíodóra** (the) weaver's knot, ~ **ghaid** running knot, ~ **lúibe** bowknot, ~ (**an**) **mhairnéalaigh** sailor's knot, ~ **an phósta** the marriage knot/ bond, ~ **reatha** slip knot, running knot, ~ **ruthaig** slipknot, ~ **scóide** sheet bend knot,~ **sheirce** love knot

Snaidhm 2 *v₁ᵦ* knot, bind, join; entwine
cas turn, entwine, **ceangail** tie, fasten, connect, join, **comhcheangail** combine, coalesce, **comhtháthaigh** cohere, fuse, integrate, **cuibhrigh** fetter, bind, **cuingigh** yoke, **cuir le chéile** put together, **dún** fasten, close, **druid** shut, **fáisc** bind closely, **feistigh** moor; secure, **figh le chéile** weave together, **foriaigh** fasten in front; foreclose, **fuaigh** sew, **fuin le chéile** knit together, **gaibhnigh** tie tightly, **glaeigh** glue, **lúb** entwine, **múráil** (*boat*) moor, **nasc** link, join, **séalaigh**

Snaidhmeadh

seal, **táthaigh** weld, solder; coalesce, **uaim** join together; stitch together

◊ **~ sé le bean.** *(marriage)* He got hitched., **~ na téada le chéile!** Knot the two ropes together!, **~eann an dá phlota lena chéile ag an bpointe seo sa dráma.** The two plots entwine themselves at this point in the play., **Shnaidhm an bheirt iad féin ina chéile go paiseanta.** The two passionately embraced one another.

Snaidhmeadh *vn* knotting, binding, joining; entwining
casadh turning, entwining, **ceangal** tying, fastening, connecting, joining, **comhcheangal** combining, coalescing, **comhtháthú** cohering, fusing, integrating, **cuibhriú** fettering, binding, **cuingiú** yoking, **cur le chéile** putting together, **dúnadh** fastening, closing, **druidim** shutting, **fáscadh** binding closely, **feistiú** mooring; securing, **fí le chéile** weaving together, **foriamh** fastening in front; foreclosing, **fuáil** sewing, **fuineadh le chéile** knitting together, **gaibhniú** tying tightly, **glae** gluing, **lúbadh** entwining, **múráil** *(boat)* mooring, **nascadh** linking, joining, **séalú** sealing, **táthú** welding, soldering; coalescing, **uamadh** joining together; stitching together

Snaidhmthe *pp* knotted, entwined, bound, joined
casta turned, entwined, **ceangailte** tied, fastened, connected, joined, **comhcheangailte** combined, coalesced, **comhtháthaithe** cohered, fused, integrated, **cuibhrithe** fettered, bound, **curtha le chéile** put together, **dúnta** fastened, closed, **druidte** shut, **fáiscthe** bound closely, **feistithe** moored; secured, **fite le chéile** woven together, **foriata** fastened in front; forclosed, **fuaite** sewn, **fuinte le chéile** knitted together, **gaibhnithe** tied tightly, **glaeite** glued, **lúbtha** entwined, **múráilte** *(boat)* moored, **nasctha** linked, joined, **séalaithe** sealed, **táthaithe** welded, soldered; coalesced, **uamtha** joined together; stitched together (eg **cúpla aiste uamtha le chéile** a couple of essays stitched together)

◊ **clocha ~** *(arch)* toothing stones, **craobhacha ~** entwined branches, **lámha ~** clasped hands, **maide ~** *(arch)* tie beam, **méara ~ ina chéile** intertwined fingers

Snáithe *m* (~; ~**anna**) thread; stitch
abhras *(carding)* yarn, **cuta snátha** skein of yarn, **filiméad** filament, **flas** floss (eg **flas fiacla** dental floss), **gné** *f* aspect, strand, **greim** *(surg)* stitch, **líne** *f* line, **luas** speed, pace, **lúibín** small loop, link; *(typ)* bracket, **plispín** thread, shred; tassel, **ruainne** *m* fibre, thread, **snáithín** fibre, **snáth** thread, yarn, **sreang** *f* string; wire, **sreangán** string, **sruth** stream; strand, **téad** *f* rope, **tointe** stitch, strand *(see also:* **luas, snáth***)*

▲ **~ airgid** silver thread, **~ argóna** thread of an argument, **~ céarach** waxed thread, **~ droma** spinal cord, **~ óir** golden thread, **~ scéil** thread of a story, storyline, **~ scriú** thread of a screw, **~ síoda** silk thread, **~ smaointe** thread of thoughts

◊ **~ fada an táilliúra falsa** *(literally* the long stitch of the lazy tailor*)*, shoddy work, **Bhíomar ag déanamh ~ den mhótarbhealach.** We were doing a fair pace along the motorway., **Fág ar a shnáithe é!** Let him go at his own pace!, **Ní raibh ~ éadaí orthu.** They didn't have stitch of clothing on them., **Tá ~ an ghnó seo ag dul chun aimhréidhe ar fad.** This whole matter is getting out of hand., **Choinnigh an obair ~ faoinár bhfiacail.** The work enabled us to eke out an existence.

Snámh 1 *v₁ₐ*
1. swim
báigh soak, submerge; drown, **folc** bathe, **iomlaisc** splash about, wallow, **ionnail** wash, bathe (cf **ionlann siad iad féin sa loch** they bathe themselves in the lake), **tum** submerge; dive *(see also:* **folc***)*
2. float, glide
bí ar foluain be hovering; *(flag)* be fluttering, **costáil** coast, **déan tareitilt** *(aero)* make a pass, **déan tonnmharcaíocht** *(wave)* surf, **éalaigh** glide, slip, **eitil** fly, **faoileáil** hover, **faoileitil** *(aero)* glide, **gluais go seolta** move smoothly, **imigh le sruth** drift, **rith** run, **scátáil** skate, **scimeáil** skim; *(web)* surf, **seol** sail, **sleamhnaigh** slide, slip, **snigh** meander, flow, wind, **sreabh** stream, **sruthaigh** flow, **surfáil** surfing, **téigh leis an sruth** drift
3. creep, crawl
bí ag lúbarnaíl be squirming, **bí ag smúrthacht thart** be sneaking/sniffing about, **bí ag snámhaíocht** be crawling, **bí dubh le** be crawling with, **bradaigh** steal away, **caolaigh** edge, sidle, **gluais go mall** move slowly, inch, **goid leat** steal away, **siúil ar na barraicíní** tiptoe, **sleamhnaigh** creep, **slíoc** slink, **snigh** snake, slither, **téaltaigh** go furtively, slink, **téigh thart go slítheánta** sneak about

Snámh 2 *vn* swimming
1. swimming, bathing
bá soaking, submerging; drowning, **folcadh** bathing; immersing, **fothragadh** immersion, drenching; bath, **ionladh** washing, ablutions, **íonú** purifying, **slaparnach** *f* splashing, lapping, **tumadh** submerging; diving *(see also:* **folcadh***)*
2. floating, gliding
ar foluain hovering; *(flag)* fluttering, **costáil** coasting, **déanamh tareitilt** *(aero)* making a pass/fly-over, **dul leis an sruth** drifting, **éalú** gliding, slipping, **eitilt** flying, **faoileáil** hovering, **faoileitil** *(aero)* gliding, **gluaiseacht go seolta** moving smoothly, **imeacht le sruth** drifting, **rith** running, **scátáil** skating, **scimeáil** skimming; *(web)* surfing, **seoladh** sailing, **sleamhnú** sliding, slipping, **sní** meandering, flowing, winding, **sreabhadh** streaming, **sruthú** flowing, **surfáil** surfing, **tonnmharcaíocht** *(wave)* surfing
3. creeping, crawling
dubh le black/crawling with, **bradú** stealing away, **caolú** edging, sidling, **dul thart go slítheánta**

sneaking about, **gluaiseacht go mall** moving slowly, inch, **goid leat** stealing away, **lúbarnaíl** squirming, **siúl ar na barraicíní** tiptoeing, **sleamhnú** creeping, **slíocadh** slinking, **smúrthacht thart** sneaking/sniffing around, **snámhaíocht** crawling, **sní** snaking, slithering, **tabhairt na gcor** twisting and turning, **téaltú** going furtively, slinking

Snámhach *adj³*
1. floating, buoyant; hovering
ar barr uisce floating, **ar an aer** wafting, **ar snámh** floating, buoyant, **ar farraige** at sea, **ar foluain** hovering; *(flags)* waving, **ar uachtar an uisce** floating, **aistreach** moveable, floating (cf **vótálaithe aistreacha** floating voters), **atá ag faoileáil** hovering, **dobháite** unsinkable; undrownable, **saor** free, **seoil** *(> seol)* sailing, **seoltóireachta** *(> seoltóireacht)* sailing, **snámha** *(> snámh)* floating
2. slow-moving, crawling
gan dithneas unhurried, **mall** slow, **mallbheartach** slow-acting, **mallghluaiste** slow-moving, **malltriallach** slow-moving, sluggish, **marbhánta** dead-and-alive, **míthapa** sluggish; inactive, **neamhdheifreach** unhurried, **réidh** leisurely, **slogánta** sluggish, heavy, **spadánta** sluggish *(see also: mall)*

Snámhaí *m (~; -aithe)* swimmer
bean mhór/fear mór snámha keen swimmer, **ionnaltóir** washer, bather, **lucht folctha** bathers, **snámhóir** swimmer

Snámhaíocht *f (~a)* crawling, creeping
bogadh go mall moving slowly, **bogadúradh thart** footling about, **crochadh thart** *(people)* hanging around, hovering about, **crúbadach** *f* crawling on all fours, **crúbaireacht** crawling, clawing, **éalú leis** creeping away, **gluaiseacht ar do cheithre boinn** to move on all fours, **gluaiseacht go mall** moving slowly, **lámhacán** going on all fours, crawling, **mágra** creeping, 'the creeps', **sleamhnú** slithering, **snámh** creeping, crawling; swimming, **snámhacht** slow-moving, crawling; flotation, **snáth mara** shoaling (eg **Bhí na Gardaí ina snáth mara ag an cheolchoirm.** The concert was crawling with Gardaí.), **téaltú** creeping *(see also: snámh 2)*

Snas *m (~a; ~anna)* polish, gloss
bailchríoch *f* finishing touches, **craiceann** gloss (of credibility), **críochnúlacht** finished appearance, **cuma** *f* shape, **dlaoi** *f* **mhullaigh** finishing touch, **drithliú** sparkle, **glaise** lustre, greenness, **gléas** glaze, polish, **glónra** *m (cu)* glaze, **glónrú** *(pottery)* glazing, **greantacht** polish, shapeliness, **lí** lustre, sheen, **líofacht** fluency, polish, alacrity, **loinnir** *f* shine, sheen, gloss, **loise** *f* radiance, glow, **luisne** *f* sheen, glow, **niamh** *f (néimhe)* brightness, lustre, **roisín** resin (cf **roisín aicrileach** acrylic resin), **síodúlacht** suavity, urbanity; silkiness, **snasán** polish, **vearnais** varnish, **taibhseamh** lustre

▲ ~ **béil** lip gloss, ~ **faisin** fashion glamour, ~ **liath** mildew

◊ **bróga gan** ~ unpolished shoes, **Cuir** ~ **ar do bhróga!** Polish your shoes!

Snasaigh *v₂ₐ* polish, put a gloss/shine on
beachtaigh refine, **ciar** wax, **cuimil** rub, **cuir bailchríoch ar** put finish/finishing touches on, **cuir caoi ar** put a proper appearance on, bring to a proper condition, **cuir céir ar** wax, **cuir snas ar** apply polish to, polish, **cuir loinnir (i ngloine)** put a sheen (on glass), **glan** clean, **glan suas** clean up, **gloinigh** glaze, vitrify, **glónraigh** glaze, **mínghlan** smooth out impurities, **niamh** gild, adorn, add lustre to, **roisínigh** resin, **sciomair** scrub, polish, **slíob** buff, **slíom** polish, smooth

Snasaithe *pp* polished
beachtaithe refined, **ciartha** waxed, **cuimilte** rubbed, **glanta** cleaned, **glanta suas** cleaned up, **gloinithe** glazed, vitrified, **glónraithe** glazed, **mínghlanta** smoothed out; refined, **roisínithe** resined, **sciomartha** scrubbed, polished, **slíobtha** buffed, **síodúil** silky; suave, urbane, **slíomtha** polished, smoothed

Snasán *m (-áin; -áin, ~)* polish
bailchríoch *f* finish, **gléas** glaze, **loinnir** shine, **luisne** sheen, **péint lonrach** gloss paint, **roisín** resin, **snas** polish, gloss, **vearnais** varnish *(see also: snas)*

▲ ~ **airgid** silver polish, ~ **bróg** shoe polish, ~ **Francach** French polish, ~ **troscáin** furniture polish

Snasta
1. *adj⁶* polished; *(sl)* cool
breá fine, **chomh glé le criostal** as shiny bright as crystal, **craicneach** sleek, smooth-complexioned, **dallraitheach** dazzling, **deisbhéalach** witty, **drithleach** glittering, glistening, **galánta** elegant, **geal** bright, **gleorach** bright, sparkling, **greanta** shapely, polished, **iontach** wonderful, amazing, **laideanta** polished; particular, nice, **líofa** polished by friction, *(lang)* fluent, **lonrach** beaming, radiant, **mín** fine, smooth, **neamhshuaite** unruffled, **niamhrach** lustrous, resplendent, **sciomartha** scrubbed up well, polished (cf **nite sciomartha** washed and polished), **séimh** fine, smooth; mild, **síodúil** silky; urbane, **sleamhain** slippery, smooth, **slíobach** polished, burnished, **slíoctha** sleek, **slíomtha** polished, smoothened, **spiagaí** showy, flashy; gaudy, **spréacharnach** scintillating
2. *adv* **Go** ~**!** cool!
Ar dóigh! Deadly!, **Ar fheabhas!** Excellent!, **Den chéad scoth!** First rate!, **Go diail!** Smashing!, **Go foirfe!** Perfect!, **Go hiontach!** Wonderful!, **Go sármhaith!** Excellent!, **Go seoigh!** Grand!, **Iontach go deo!** Wicked!, **Thar barr/cionn!** Tremendous!, Magnificent!, **Togha!** Champion! Cool!

Snasú *vn* polishing
beachtú refining, **ciaradh** waxing, **cuimilt** rubbing, **glanadh** cleaning, **glanadh suas** cleaning up, **gloiniú** glazing, vitrifying, **glónrú** glazing, **mínghlanadh** refining, cleaning out impurities, **roisíniú** resining, **sciomradh** scrubbing, polishing, **slíobadh** buffing, **slíomadh** smoothing, polishing

Snáth *m* (*~a*) yarn, thread; web
ábhar fuála, sewing material, **ábhar cniotála** knitting material, **ábhar fíodóireachta** weaving material, **abhras** yarn, **cadás** cotton, **olann** *f* (*olla*) **chniotála** knitting wool, **snáithe** *m* single thread, **snáithín** fibre, **tointe** thread, strand, stitch (*see also:* **snáithe**)

▲ ~ **casta** twist, ~ **céarach** waxed thread, ~ **cnáibe** hemp thread, ~ **cniotála** knitting yarn, ~ **damháin alla** spider's web, ~ **fuála** sewing thread, ~ **gloine** glass wool, ~ **innigh** weft yarn, ~ **leighil** lisle thread, ~ **maith feamainne** good string of seaweed, ~ **olla** woollen yarn, ~ **uama** seaming thread

◊ ~ **mara** high-water mark, **Bhí daoine óga ina ~ mara ann.** It was crawling with young people there., It was full of young people milling around.

Snáthaid *f* (*~e; ~í*) needle; pointer
bior pin, needle, **biorán** *m* pin, needle, **bóidicín** bodkin, **gob** nib, **spíce** *m* spike, **steallaire** syringe, **stíleas** stylus (*see also:* **biorán**)

▲ ~ **bheag** (*clock*) hour hand, ~ **bhithóipse** biopsy needle, ~ **chaol** (*clock*) second hand, ~ **chompáis** compass needle, ~ **fuála** sewing needle, ~ **dearnála** darning needle, ~ **hipideirmeach** hypodermic needle, ~ **mhór** (*clock*) minute hand, ~ **steiriúil** sterile needle

Sneachta *m* (*~; ~í*) snow
ladhg *m* (*laidhg*) snow, **ráth sneachta** snowdrift, **síobadh sneachta** blizzard (*see also:* **aimsir**)

▲ **brat** ~ blanket/carpet of snow, **brat éadrom** ~ light dusting of snow, **bróga** ~ snowshoes, **cáitheadh** ~ flurry of snow, **cáithnín** ~ fleck of snow, **calóga** ~ snowflakes, **céachta** ~ snow plough, **clocha** ~ hailstones, **duartan** ~ downfall of snow, **liathróid** ~ snowball, **ráthanna** ~ snow drifts, **síobadh** ~ blizzard, **stoirmeacha** ~ snowstorms

▲ ~ **dlúite** packed snow, ~ **go coim** waist-deep snow, ~ **síobtha** driven snow, ~ **úr** fresh snow

Sní *vn* flowing, coursing; filtering through; gliding, crawling
doirteadh pouring, **dul ag caismirneach** (*river*) winding, **dul ar foluain** gliding, **dul i bhfiarláin** zigzagging, **faoileitilt** (*plane*) gliding, **gluaiseacht go réidh** gliding, **lúbadh** bending, meandering, **rith** running, **scagadh** filtering, **sileadh** coursing; shedding, **síothlú** percolating, **sleamhnú** gliding, **snámh** crawling; swimming, **sreabhadh** streaming, flowing, **sruthú** flowing

Snigh *v*$_{1i}$ flow, course; filter through; glide, crawl
doirt pour, **faoileitil** (*plane*) glide, **gluais go réidh** glide, **lúb** bend, meander, **rith** run, **scag** filter, **sil** course; shed, **síothlaigh** percolate, **sleamhnaigh** glide, **snámh** crawl; swim, **sreabh** stream, flow, **sruthaigh** flow, **téigh ag caismirneach** (*river*) wind, **téigh ar foluain** glide, **téigh i bhfiarláin** zigzag

Síonn an abhainn. The river meanders.
Síonn deora lena grua. Tears flow down her cheeks.
Síonn fuil as créacht. Blood flows from a wound.
Síonn seilide leis. A snail slithers/creeps along
Síonn caife trí ghreille. Coffee filters through a grid.

Sníofa *pp* spun, twisted; wrenched
casta turned; twisted, **casta ar nós bíse** spiralled, **corntha** rolled up, coiled, **cuaileáilte** coiled, **cuar** curve, **curtha as riocht** contorted, **dualta** twined, interlaced, **fite** woven, **fite fuaite** interwoven, **freangtha** twisted; wrenched, **gíoráilte** gyrated, **iompaithe** rolled, turned (over), **lúbtha** bent, looped, **roithleagtha** revolved, twirled, **rothlaithe** rotated, **stangtha** warped; strained, **tiontaithe** swivelled, **tochraiste** wound

Sníomh 1 *v*$_{1a}$ spin, twist; wrench
cas turn; twist, **cas ar nós bíse** spiral, **corn** roll up, coil, **cuaileáil** coil, **cuar** curve, **cuir as riocht** contort, **déan corna de** coil, make into a coil, **dual** twine, interlace, **figh** weave, **freang** twist; wrench, **gíoráil** gyrate, **iompaigh** roll, turn (over), **lúb** bend, loop, **rothlaigh** rotate, gyrate, **stang** warp; strain, **tiontaigh** swivel, **tochrais** wind

Sníomh 2 *vn* spinning, twisting; wrenching
casadh turning; twisting, **casadh ar nós bíse** spiralling, **cornadh** rolling up, coiling, **cuaileáil** coiling, **cuaradh** curving, **cur as riocht** contorting, **déanamh corna de** coiling, making into a coil, **dualadh** twining, interlacing, **fí** weaving, **freangadh** twisting; wrenching, **gíoráil** gyrating, **iompú** rolling, turning (over), **lúbadh** bending, looping, **roithleagadh** revolving, twirling, **rothlú** rotating, gyrating, **stangadh** warping; straining, **tiontú** swivelling, **tochras** winding

▲ ~ **croí** heart-wringing, ~ **droma** twisting of back; back pain from twisting, ~ **lámh** wringing of hands, ~ **slat** weaving of rods, ~ **snátha** thread-spinning

Snite *pp* flowed, coursed; filtered through; glided, crawled
doirte poured, **dulta ag caismirneach** (*river*) winded, **dulta ar foluain** gone gliding, **dulta i bhfiarláin** zigzagged, **faoileitilte** (*plane*) glided, **gluaiste go réidh** glided, **lúbtha** bent, meandered, **rite** ran, **scagtha** filtered, **silte** coursed; shed, **síothlaithe** percolated, **sleamhnaithe** glided, **snáfa** crawled; swum, **sreafa** streamed, flowed, **sruthaithe** flowed

Snoí *vn*
1. carving, wittling, hewing; sculpting
baint cutting, **bearradh** shaving, **caitheamh** wearing out, **cnaí** gnawing, corroding, **dealbhú** sculpting, sculpturing, **garbhshnoí** rough-hewing, **gearradh** cutting, **grábháil** engraving, **greanadh** carving; engraving, **mantú** chipping, indenting, **mionú** breaking into small pieces, **miotú** whittling away; nibbling, **múnlú** moulding, shaping, **rionnadh** carving, engraving, **scáineadh** severing, **scamhadh** peeling, scaling, stripping bare, **scaradh** separating, **scealpadh** splintering, flaking, **scealpshnoíodóireacht** chip carving, **scoilteadh** splitting, **scor** detaching, disconnecting, **scoitheadh** severing, breaking apart, **scoradh** cutting, scoring, notching, **siséaladh** chiselling, **smiotadh** whittling (away), chipping, **snoíodóireacht** sculpturing, sculpting
2. refining, perfecting
beachtú honing to precision, **cur bailchríoch ar** putting a fine finish on, **cur snas ar** polishing up, **foirfiú** perfecting, **mionathrú** tweaking, **mionchoigeartú** fine-tuning, refining, **tabhairt chun foirfeachta** bringing to perfection
3. wasting away, becoming emaciated
breo becoming enfeebled/sick, **díbliú** wearing out, debilitating, **dreo** decomposing, decaying, **feo** withering, **imeacht as** wasting away, **meath** decaying, degenerating, **meathlú** declining, deteriorating, **meirtniú** enfeebling, weakening, **seargadh** drying up, shrivelling, **spealadh** growing thinning, wasting away, **traoitheadh** wasting away, abating, subsiding

◊ Tá sí á ~ go cnámh. She is wearing herself to the bone.

Snoigh *v₁ᵢ*
1. carve, sculpt, hew, fashion, shape
bain cut, **bearr** shave, **caith** wear out, **cnaígh** gnaw, corrode, **déan scealpshnoíodóireacht** do chip carving, **déan snoíodóireacht** do sculpting, sculpt, **dealbhaigh** sculpt, sculpture, **garbhshnoigh** rough-hew, **gearr** cut, **grábháil** engrave, **grean** carve; engrave, **mantaigh** chip, indent, **mionaigh** break into small pieces, **miotaigh** whittle away; nibble, **múnlaigh** mould, shape, **rionn** carve, engrave, **scáin** sever, **scamh** peel, scale, strip bare, **scar** separate, **scealp** splinter, flake, **scoilt** split, **scoir** detach, disconnect, **scoith** sever, break apart, **scor** cut, score, notch, **siséal** chisel, **smiot** whittle, chip

Snoífidh mé bata. I'll whittle a stick.
Snoífidh mé dair. I'll hew an oak tree.
Snoífidh mé dán. I'll fashion a poem.
Snoífidh mé dealbh. I'll carve a statue.
Snoífidh mé diamant. I'll cut a diamond.

2. refine, perfect
beachtaigh hone to precision, **cuir bailchríoch ar** put a fine finish on, **cuir snas ar** polish up, **foirfigh** perfect, **mionathraigh** tweak, **mionchoigeartaigh** fine-tune, refine, **tabhair chun foirfeachta** bring to perfection
3. waste away, become emaciated
bí ag cnaí be corroding, be gnawing, **bí ag meath** be decaying, decay, **breoigh** become enfeebled/sick, **díbligh** wear out, debilitate, **dreoigh** decompose, decay, **feoigh** wither, **imigh as** waste away, **meath** decay, degenerate, **meathlaigh** decline, deteriorate, **meirtnigh** enfeeble, weaken, **searg** dry up, shrivel, **speal** grow thin, waste away, **traoith** waste away, abate, subside

Snoite *pp*
1. carved, chiselled, sculpted
bainte cut, **bearrtha** shaved, **caite** worn out, **cnaíte** gnawed away, corroded, **dealbhaithe** sculptured, **garbhshnoite** rough-hewn, **gearrtha** cut, **grábháilte** engraved, **greanta** carved; engraved, **mantaithe** chipped, indented, **mionaithe** broken into small pieces, **scáinte** severed, **miotaithe** whittled away; nibbled, **múnlaithe** moulded, shaped, **rionnta** carved, engraved, **scafa** peeled, scaled, stripped bare, **scartha** separated, **scealptha** splintered, flaked, **scoilte** split, **scortha** cut, scored, notched, **scoite** severed, broken apart, **siséalta** chiselled, **smiota** whittled (away), chipped
2. refined, perfected
beachtaithe honed to precision, **foirfithe** perfected, **mionathraithe** tweaked, **mionchoigeartaithe** fine-tuned, refined, **tugtha chun foirfeachta** brought to perfection
3. wasted away, emaciated
breoite become enfeebled/sick, **díblithe** worn out, debilitated, **dreoite** decomposed, decayed, **feoite** withered, **imithe as** wastes away (cf Tá sé imithe ar an uisce bruite. He is fading away.), **meata** decayed, degenerated; craven, cowardly, **meathlaithe** decayed, deteriorated, declined, **meirtnithe** enfeebled, weakened, **seargtha** dried up, shrivelled, **spealta** grown thin, wasted away, **traoite** wasted away, abated, subsided

▲ **aghaidh** ~ emaciated face, ~ **ag an ailse** wasted away by cancer

Snua *m* (~; ~**nna**) complexion, colour, appearance
aghaidh face, **araí** appearance, **bláth** bloom, **ceannaghaidh** *f* (-**nnaithe**) feature of face; (usually *pl* **na ceannaithe** the facial features), **cló** shape, appearance, **comharthaí** *mpl* **sóirt** hallmarks, identifying features, **cruthaíocht** shape, appearance, **cuma** *f* appearance, **cuntanós** countenance, **dath** colour, **dealramh** appearance, look, **deilbh** shape, appearance, **dreach** *m* facial appearance, **éagasc** *m* distinguishing feature, **fairsgin** *f* (-**seana**) aspect, appearance, **féachaint** look, **feiceáil** look, appearance, **gné** *f* aspect, **gnúis** *f* face, countenance, **lí** *f* complexion, colour, **luisne** *f* blush, glow

▲ ~**phúdar** face powder, ~ -**ungadh** face cream

So- *pref* easy, good
so-adhainte inflammable, **so-aimsithe** accessible; easily attained, **so-aitheanta** recognisable, **so-athraithe** easy to change; adjustable, **sobhlasta** tasty, **sobhogtha** easily moved; pliable, **so-chaite** easily worn out; good to eat, palatable, **sochaideartha** approachable; sociable, **socheannaithe** easily purchased; (*rel*) venal, **socheansaithe** appeasable; docile, **sochomhairleach** amenable to advice, tractable, **sochorraithe** easily excited, excitable, **sochreidte** easy to believe, credible, **sochroíoch** kind-hearted, **sodhéanta** easily done, **so-ite** good to eat, palatable, **sofheicthe** easily seen; obvious, **soghluaiste** easy to move; biddable, **soghonta** vulnerable; **so-ionramháilte** manoeuvrable, **so-lasta** inflammable; excitable, **somhínithe** easily explained, **so-oilte** easily trained; easily reared, **so-ólta** good/easy to drink, **soshásta** easily satisfied, **sothuigthe** easily understood

Só *m* (~; ~*nna*) luxury, comfort
áis convenience, **aoibhneas** bliss, delight, **aoibhneas na bhflaitheas** heavenly bliss, **cineál** treat, luxury, **cluthaireacht** snugness, **compord** comfort, **cúiteamh** compensation, **faoiseamh** relief, **fortacht** comfort, relief, **galántacht** elegance, stylishness, **ollmhaitheas** luxury, wealth, **sáile** *f* ease, comfort, **sáimhín só** comfort and luxury (cf **bheith ar do sháimhín só i bPáras** to be chilling out in Paris), **saol an mhadra bháin** the life of Reilly, the easy life, **saol na bhfuíoll** opulence, **seascaireacht** cosiness, **sóchas** comfort, pleasure, **socracht** ease, **sócúlacht** comfortable situation, **soilíos** ease, comfort, **soirbheas** ease, convenience, **sólás** solace, comfort, **sómas** ease, comfort, **sóúlacht** luxuriousness, **suaimhneas** ease, tranquillity

◊ **Bhí mé ar mo sháimhín só i bPáras.** I was chilling out in Paris., **Caitheann sí saol gan ~.** She lives an austere life., **Ní cheileann sé aon ~ air féin.** He lives in the lap of luxury.

Sobal *m* (-*ail*; -*ail*, ~) froth, foam, lather, suds; (*drama*) soap
coipeadh fermentation; bubbling, spume, **cúr** froth, foam, **cúrán** foam, froth, **gallúnach** *f* soap (cf **na gallúnacha** the soaps), **gorán** froth, foam, **seile** *m* saliva, **súlach** *m* suds, **uan** *m* froth, **uanán** foam

▲ ~ **allais** lather of sweat, ~ **folctha** bath foam, ~ **gallúnaí** soapsuds, ~ **seampú** shampoo suds

Socadán *m* (-*áin*; -*áin*, ~) nosey parker, busybody
bumbóg (*female*) busybody, **físeoir** prying/inquisitive person, **geafaire** busybody, **giolla gan iarraidh** unwanted meddler, **gliúcach** *m* peeping Tom, **gob naoscaí** nosey parker, **gobachán** interfering busybody, meddling gossip, **péadóir** annoying meddler, **priocsmut** nosey parker, **sáiteoir** intrusive meddler; intruder, **speicéir** peeping Tom

Socair *adj irr* quiet, still, calm, easy, composed, steady, settled
ciúin quiet, **daingean** steady, secure, **compordach** comfortable, easy, **gan bhuaireamh** undisturbed, **gan chorraí** without moving a muscle; immobile, **gan strus** stress-free, **ina clár** (*sea*) calm, **ina léinseach** (*sea, lake, etc*) calm, **maránta** unperturbed, mild, **neamhbhuartha** unperturbed, calm, **neamhshuaite** unruffled, **neamhchorrabhuaiseach** nonchalant, **neamhchorraithe** unvexed, undisturbed, **réitithe** settled, **sámh** serene, **socraithe** steadied, settled, **socránta** placid, **sócúlach** comfortable, easy, **suaimhneach** tranquil, peaceful, **staidéartha** steady, demure, **stuama** steady (cf **lámh stuama** steady hand)

▲ **farraige shocair** calm sea, **lámh shocair** steady hand, **intinn shocair** composed mind, **saol** ~ quiet life, **tráthnóna** ~ quiet afternoon

◊ ~! ~! Order! Order!, **Coinnigh an dréimire** ~! Hold the ladder steady!, **Bhí sé** ~ **i m'intinn agam.** I had made up my mind., **D'fhan siad** ~. They remained motionless., **Fan** ~! Stay still!, **Tóg rudaí go deas ar feadh tamaillín!** Take things nice and easy for the next little while!

Sochar *m* (-*air*; -*air*, ~) benefit, profit, gain; produce
biseach *m* premium, recovery, **buntáiste** advantage, **brabach** *m* profit, **brabús** profit, **breis** extra, **bua** merit, win, **cúnamh** help, **deis** opportunity, **dul chun cinn** progress, **fáltas** income, profit, **feabhas** improvement, gain, **fuilleamh** increase, interest, **gnóthachan** (*financial*) gain, **gnóthú** gaining, **ioncam** income, **leas** benefit, profit, good, **logha** *m* concession, allowance, **margadh maith** bargain, **méadú** increase, **solamar** rich pickings, profit, perks (eg **Sin solamar amháin a théann leis an bpost sin.** That's one of the perks of that job.), **somhaoin** benefit, profit, **tairbhe** *f* benefit, **teacht isteach** takings, revenue, **ús** interest

▲ ~ **dífhostaíochta** unemployment benefit, ~ **easláinte** sickness benefit, ~ **míchumais** disability benefit

◊ ~ **an amhrais** benefit of the doubt, (*book-k*) ~ **agus dochar** credit and debit, **Tá do chuntas ar** ~. Your account is in credit.

Sochma *adj6* docile; placid, phlegmatic
ceansa docile, meek, tame, **fuaraigeanta** cool-headed, **géilliúil** submissive, **modhúil** unassuming, **réchúiseach** laid-back, easy-going, **séimh** meek, **so-mhúinte** easily taught; docile, **socair** quiet, easy, calm, **sochomhairleach** amenable to persuasion, **soghluaiste** biddable, **soláimhsithe** tractable, **staidéarach** studious, sober, **staidéartha** composed, self-possessed, **stuama** level-headed **suaimhneach**

Sochraid

tranquil, docile, **tí** (> **teach**) *(animals)* domesticated, **umhal** subservient, obedient

Sochraid *f (~e; ~í)* funeral

adhlacadh interment, burial, **bigil** vigil, **comhairí** funeral procession, **cur** burial, **comóradh** commemorating, commemoration, **créamadh** cremation, **deasghnáth créamtha** cremation ceremony, **deasghnáth** *m* **ómóis don duine a cailleadh** ritual/ceremony to pay last respects to the deceased, **faire** *f* wake, **seirbhís chuimhneacháin** memorial service, **tórramh** funeral; wake *(see also: faire)*

■ Ar na téarmaí a bhfuil baint acu le sochraidí atá: Words connected with funerals include:
adhlacóir undertaker, **Aifreann na marbh** requiem mass, **an té a bhásaigh** the deceased, **bean** *f* **chaointe** keening woman, **bigil** vigil, **caoineadh** weeping; lament, elegy, **cloch chinn** headstone, **cloch chuimhne** memorial stone; epitaph, **corp** corpse, **creill** knell (cf **creill bháis** death-knell), **dolmain** dolmen, **eileatram** hearse, **faire** wake, **fearlaoi** *f* epitaph, **leac thuama** tombstone, **leac uaighe** headstone, **mórshiúl** procession, **muintir an mhairbh** the mourners, **óráid** oration, **próca luaithrigh** burial urn, **reilig** cemetery, **scaipeadh an luaithrigh** scattering of the ashes, **sochraideach** mourner; funeral attendant; funeral-goer, **taiséadach** *m* burial shroud, **teach tórraimh** funeral parlour, **tuama** tomb; tombstone, **uaigh** *f* grave

> **O Dolmaní** *Dolmens* also known as **cromleaca** (*sg* **cromleac** *f -eice*) appeared in Ireland during the **Tréimhse Neoiliteach** (*Neolithic period c.4000–3000 BCE*). They usually consist of two or three large upright stones supporting one large flat capstone. Ancient human remains and artefacts have been discovered near these structures, supporting the generally held view that **dolmain** or **cromleaca** were erected to identify the location of important tombs and burial chambers.

Sócmhainneach *adj³* solvent

ábalta íoc as able to pay, **acmhainneach** well-to-do, well-heeled, **gan fiacha** without debts, **in acmhainn íoc as** creditworthy, **slán ó thaobh airgeadais de** financially sound, **treabhar** solvent, secure

Socracht *f (~a)* settled state, stillness, calmness

calm calm, **ciúnas** silence, **cóimheá** equilibrium, balance, **guaim** composure, equanimity, **neamhchúis** imperturbability, **sáimhe** serenity, **síocháin** peace, **sochmaíocht** equanimity, placidity, **somhúinteacht** docility, **staidéar** coolness, composure, **stuamacht** level-headedness, equanimity, **suaimhneas** tranquillity, **suaimhniú** pacification, **tost** silence, being quiet, **tostaíl** taciturnity

Socraigh *v₂ₐ*

1. arrange, determine, fix
beartaigh plan, propose, **bunaigh** establish, **ceap** devise, **ceap scéim** think up scheme, **cinn** fix, determine, **coigeartaigh** rectify, adjust, **cóirigh** adjust, regulate, **comhshuigh** arrange in position, **déan plean** make a plan, **deasaigh** adorn, dress, array, **deisigh** fix, mend, **cuir fút** (**in áit**) settle down (in a place), **cuir in eagar** organise, sort, **cuir in ord** put in order, **dírigh** straighten, **cuir do chúraimí i dtreo** settle your affairs, **eagraigh** organise, arrange, **feistigh** fit, secure, fasten, **gléas** dress, **imshocraigh** compound (cf **imshocrú le creidiúnaithe** to compound with creditors), **innill** prepare, arrange, adjust, **íoc** pay (cf **fiacha a shocrú** to settle debts), **leag amach** lay out, **leigheas** cure, **léirigh** set in order, arrange, **lonnaigh** (**in áit**) settle down (in a place), sojourn, **oibrigh amach** work out, **pleanáil** plan, **réitigh** solve, resolve, **sceidealaigh** schedule, **sceitseáil** sketch, **seadaigh** settle (cf **seadú i nGaillimh** to settle in Galway), **seiftigh** contrive, procure, **suigh** seat, sit, **tar ar réiteach** settle a matter, **ullmhaigh** prepare

~ **áit do rás!** Designate a place for a race!
~ **an cuntas!** Settle the account!
~ **do charbhat!** Adjust your tie!
~ **gnó ann!** Establish a business there!
~ **lá don ghig!** Fix a day for the gig!
~ **leis na téarmaí!** Agree to the terms!
~ **lóistín!** Arrange accommodation!

2. settle down, calm, pacify
bain faoi appease, pacify, **bain ó** pacify, control (cf **Bain uait féin!** Control yourself!), **ceansaigh** pacify, tame, appease, **ciúnaigh** quieten, **cuir caoi ar dhuine** settle a person (down), **cuir chun suaimhnis** pacify, put at ease, **cuir faoi smacht** bring under control, **cuir srian ar** constrain, **cuir suaimhneas ar dhuine** calm a person down, **déan réiteach** make a settlement, make peace, **déan síocháin** make peace, **maolaigh** ease, flatten, make mellow, **mínigh** soothe, assuage; smoothen, **réitigh** solve, resolve, **sáimhrigh** tranquillise, make drowsy, **síothaigh** pacify, **smachtaigh** control, **soiprigh** tuck in, make cosy, **srian** constrain, bridle, **stuamaigh** bring to one's senses, steady, calm, **suaimhnigh** become settled; put at ease

~ **chun suain!** Settle down to sleep!
~ **cosa an bhoird!** Steady the table's legs!
~ **néaróga le Zen!** Calm nerves with Zen!
~ **síos i mBré!** Settle down in Bray!
~ **tú féin ar dtús!** Calm yourself first!

Socraithe *pp*

1. arranged, determined, fixed
beartaithe planned, proposed, **bunaithe** established, **ceaptha** devised, **cinnte** fixed, determined; certain, **coigeartaithe** rectified, adjusted, **cóirithe** adjusted, regulated, **comhshuite** arranged in position, **deasaithe** adorned, dressed, arrayed, **deisithe** fixed, mended, **curtha in eagar** organised, sorted, **curtha in ord** put in order, **dírithe** straightened, **eagraithe** organised, arranged, **feistithe** fitted, secured, fastened,

Socrú

gléasta dressed, **imshocraithe** compounded, **innealta** prepared, arranged, adjusted, **íoctha** paid, **leagtha amach** laid out, **leigheasta** cured, **léirithe** set in order, arranged, **lonnaithe** (**in áit**) settled down (in a place), sojourned, **oibrithe amach** worked out, **pleanáilte** planned, **réitithe** solved, resolved, **sceidealaithe** scheduled, **sceitseáilte** sketched, **seadaithe** settled, **seiftithe** contrived, procured, **suite** seated, sat, **tagtha ar réiteach** arrived at a settlement, **ullmhaithe** prepared

▲ **am** ~ arranged time, **biachlár** ~ set menu, **cluiche/rás** ~ **roimh ré** fixed match/race, **lá** ~ appointed day, **margadh** ~ done deal, **praghas** ~ fixed price, **ráta** ~ fixed rate

2. settled down, calmed, pacified
ceansaithe pacified, tamed, appeased, **ciúnaithe** quietened, **curtha chun suaimhnis** pacified, put at ease, **curtha faoi smacht** brought under control, **maolaithe** eased, flattened, made mellow, **mínithe** soothed, assuaged; smoothened, **réitithe** solved, resolved, **sáimhrithe** tranquillised, made drowsy, **síothaithe** pacified, **smachtaithe** controlled, **soiprithe** tucked in, made cosy, **srianta** constrained, bridled, **stuamaithe** brought to one's senses, steadied, calmed, **suaimhnithe** become settled; put at ease

▲ **aimsir shocraithe** settled weather, **pobal** ~ settled community, **rang** ~ settled/calm class

Socrú *vn*

1. arranging, determining, fixing
beartú planning, proposing, **bunú** establishing, **ceapadh** devising, **ceapadh scéime** thinking up a scheme, **cinneadh** deciding, fixing, determining, **coigeartú** rectifying, adjusting, **cóiriú** adjusting, regulating, **comhshuí** arranging in position, **déanamh plean** making a plan, **deasú** adorning, dressing, arraying, **deisiú** fixing, mending, **cur fút** (*in áit*) settling down (*in a place*), **cur in eagar** organising, sorting, **cur in ord** putting in order, **díriú** straightening, **cur do chúraimí i dtreo** settling your affairs, **eagrú** organizing, arranging, **feistiú** fitting, securing, fastening, **gléasadh** dressing, **imshocrú** compounding, **inleadh** preparing, arranging, adjusting, **íoc** paying, **leagan amach** laying out, **leigheas** curing, **léiriú** setting in order, arranging, **lonnú** (**in áit**) settling down (in a place), sojourning, **oibriú amach** working out, **pleanáil** planning, **réiteach** solving, resolving, **sceidealú** scheduling, **sceitseáil** sketching, **seadú** (*in a place*) settling, **seiftiú** contriving, procuring, **suí** seating, sitting, **teacht ar réiteach** settling a matter, **ullmhú** preparing

▲ ~ **adhairte** adjusting a pillow, ~ **billí** settlement of bills, ~ **cloig** setting a clock, ~ **dáta** fixing a date

◊ ~ **ar áit lena thógáil** deciding on a place to build it

2. settle down, calm, pacify
baint faoi appeasing, pacifying, **baint ó** pacifying, controlling (cf **baint ó na capaill** to control the horses), **ceansú** pacifying, taming, appeasing, **ciúnú** quietening, **cur caoi ar dhuine** settling a person (down), **cur chun suaimhnis** pacifying, putting at ease, **cur faoi smacht** bringing under control, **cur srian ar** constraining, bridling, **cur suaimhneas ar dhuine** calming a person down, **déanamh réitigh** making a settlement, making peace, **déanamh síochána** making peace, **maolú** easing, flattening, making mellow, **míniú** soothing, assuaging; smoothening, **réiteach** solving, resolving, **sáimhriú** tranquillising, making drowsy, **síothú** pacifying, **smachtú** controlling, **soipriú** tucking in, making cosy, **srianadh** constraining, bridling, **stuamú** bringing to one's senses, steadying, calming, **suaimhniú** becoming settled; putting at ease

▲ ~ **na haimsire** settling of the weather, ~ **na gaoithe** abatement of the wind

Sodar *m* (*-air*) trotting, trot

abhóg bound, jump, **bogshodar** ambling pace, **gearrshodar** canter, cantering, **jagáil** jogging, **rith** *m* (*reatha*) **réidh** gentle run, **scinneadh** scampering, **sodarnaíl** trotting; bustling, **truslóg** long bounding stride

◊ **Ná bí ag** ~ **i ndiaidh na mbuachaillí uile!** Stop going after every boy you see!, **Bíonn sé de shíor ag** ~ **i ndiaidh na gceiliúrán.** He's always trotting after celebrities.

Sofaisticiúil *adj⁴* sophisticated

ardfhaiseanta in high fashion, **ardteicniúil** high-tech, **bagánta** spruce, dapper, stylish, **caolchúiseach** subtle, slight, **casta** complicated, intricate, **coimpléascach** complex, **cultúrtha** cultured, cultivated, **eolach ar bhealaí an tsaoil** worldly, **fíneáilte** subtle, fine, **forbartha** developed, **galánta** elegant, stylish, **ilghnéitheach** multi-faceted, **neamhshimplí** not simple, complex, **péacach** chic, smartly dressed, **saothraithe** highly developed, **scothúil** classy, **síodúil** suave, urbane, **tuisceanach ar an saol** worldly-wise

Sofhriotal *m* (*-ail; -ail,* ~) euphemism

caint shibhialta civil talk/conversation, **deabhéas** politeness, **focal múinte** polite word, **leagan neamhurchóideach** polite inoffensive expression/version, **maolú** understatement; toning down, **seachaint na gránnachta** evasion; genteelism

Soghluaiste *adj⁶*

1. gullible, biddable, tractable
boigéiseach soft-hearted, easily deceived; syrupy, **géilliúil** submissive, **saonta** simple, naive, gullible, **sochomhairleach** amenable to persuasion, suggestible, **soláimhsithe** biddable, tractable, **somheallta** easily led, gullible

2. readily at hand (cf **airgead** ~ ready cash)
áisiúil handy, **ar fáil** available, **faoi lámh** at hand, in

aice láimhe near at hand, **faoi urchar cloiche** a stone's throw away, **insroichte** accessible, **réidh** ready
   3. easily moved, moveable, mobile
aistreach moving; transitive, **aistritheach** moveable, **beo** moving, alive (cf **staighre beo** escalator), **gluaiste** moving, **gluaisteach** mobile, moving, **inaistrithe** portable, **móibíleach** mobile, **neamhchónaitheach** transient, **reatha** *(> rith)* running, **siúil** *(> siúl)* mobile (cf **fón siúil** phone), **sobhogtha** easily moved, mobile

Soghonta *adj⁶* vulnerable
ar oscailt open, **éidreorach** helpless, **gan chosaint (ar ionsaí)** exposed (to attack); defenceless, **lag** weak, **leochaileach** fragile, **neamhchumasach** powerless, **ró-ghoilliúnach** super-sensitive; oversensitive, **soleonta** easily wounded, vulnerable, **soloite** easily spoiled, **tréith** feeble, **tóin le gaoth** exposed; *(no underwear)* 'commando'

Soifnigh *v₂ᵦ* whine, whinge, snivel, complain
bí ag caoineachán be whimpering, whining, **bí ag cnáimhseáil** be whinging, **bí ag criongán** be moaning and complaining, **bí ag fuarchaoineadh** be snivelling, **bí ag gearán** be complaining, **bí ag geonaíl** *(dog)* be whining, **bí ag pusaíl/pusaireacht** be whimpering, **bí ag smaoisíl** be snivelling, **bí ag srannán** be whining; droning on; snoring *(see also: goil, caoin)*

Soifnithe *pp* whined whinged, snivelled, complained
caointe lamented, **criongáin** *(> criongán)* of whimpering, whinging, **goilte** cried, **fuarchaointe** *(> fuarchaoineadh)* of snivelling, **gearánta** complained, **pusach** pouted, whimpered, **olagónach** wailed *(see also: goil, caoin)*

Soifniú *vn* whining, whinging, snivelling, complaining
caoineachán whimpering, whining, **cnáimhseáil** whinging, **criongán** moaning and complaining, **fuarchaoineadh** snivelling, **gearán** complaining, **geonaíl** *(dog)* whining, **pusaíl/pusaireacht** whimpering, **smaoisíl** snivelling, **srannán** whining; droning on; snoring

Soiléir *adj²* clear, obvious
cruinn coherent, clear, **éasca le feiceáil** easy to see, **follas** overt, **follasach** obvious, evident, patent, **forréil** evident, manifest, **gan athbhrí** unambiguous, **gan aon amhras** indubitable, **glan** clear, **glé** clear, bright, **gléineach** vivid, **glinn** clear, distinct, **grinn** keen, sharp, **inaitheanta** distinguishable, **inbhraite** palpable, **inchloiste** audible, **infheicthe** visible, **intógtha faoi deara** noticeable, **inbhraite** perceptible, observable, **inmhothaithe** discernible, palpable, **intuigthe** understandable, **léir** clear, lucid, **meabhrach** *(>meabhair)* lucid (cf **taibhreamh ~** lucid dreaming), **ró-léir** glaringly obvious, **paiteanta** neat, exact, **réalta** clear, manifest, **so-aitheanta** easily recognisable, **so-bhraite** easily detectable, **sofheicthe** conspicuous, manifest, **sothuigthe** easily understood, **suaithní** distinct, manifest, obvious, **starrógach** sticking out a mile, salient, **trédhearcach** transparent, **tréshoilseach** translucent

▲ **amharc ~** clear view, **bréag shoiléir** blatant lie, **cainteoir ~** articulate speaker, **fáth ~** explicit reason, **freagra ~** clear answer, **botún ~** obvious mistake, **ráiteas ~** clear statement, **toradh ~** clear-cut result

◊ **Is ~ gurb amhlaidh atá.** It's clear that that's how it is., **Tá sin ~ ag an saol mór.** That is obvious to everyone.

Soiléire *f (~)* clarity
foilse *f* clearness, obviousness, **follasaí** obviousness, **glaine** clarity, **gléine** clearness, lucidity, **glinne** vividness, **gloiníocht** glasslike clarity, **grinneas** perspicacity, sharpness, **inaitheantacht** recognition, **inbhraiteacht** palpability, perceptibility, **inchloisteacht** audibility, **infheictheacht** visibility, **inmhothaitheacht** discernibility, palpability, **intuigtheacht** understandability, **léire** clarity, lucidity, **(an) ró-léire** *(the)* patently obvious, **léireasc** what is obviously clear, truism, **paiteantacht** neatness, exactness, **réaltacht** clearness manifestness, **so-aitheantacht** recognisability, ease of recognition, **so-bhraiteacht** detectability, **sofheictheacht** conspicuousness, **sothuigtheacht** simplicity of understanding, **trédhearcacht** transparency, **tréshoilseacht** translucency

Soiléirigh *v₂ᵦ* clarify, elucidate, amplify
caith solas ar shed light on, **ciallaigh** explain, interpret, **cuir in iúl go soiléir** make plain, **déan soiléir** make clear, **eiseamláirigh** exemplify, **fuascail** clear up, illuminate, **léirigh gan fiacail a chur ann** to convey unambiguously, **mínigh** explain, **mínigh go soiléir** spell out, make very clear, **réitigh** resolve, clear up, **sainmhínigh** define, **scríobh (amach) i litreacha móra** *(col)* spell out, write in capital letters, **soilsigh** illuminate, **tabhair léargas ar** shed light on, clarify, **taispeáin** show, demonstrate

◊ **Lig dom an suíomh a shoiléiriú.** Let me elucidate the situation., **Níor shoiléirigh sí ar a raibh ráite cheana.** She didn't amplify on what had already been stated., **Soiléiríonn sin mórán.** That clarifies a lot.

Soiléirithe *pp* clarified, elucidated, amplified
ciallaithe explained, interpreted, **curtha in iúl go soiléir** made plain, **eiseamláirithe** exemplified, **fuascailte** cleared up, **léirithe go soiléir** conveyed clearly, **mínithe** explained, **ráite go soiléir** said clearly, **réitithe** resolved, cleared up, **sainmhínithe** defined, **scríofa i litreacha mór** *(col)* spelt out clearly, written in capital letters, **soilsithe** illuminated, **taispeánta** shown, demonstrated

Soiléiriú *vn* clarifying, clarification
caitheamh solais ar shedding light on, **cur in**

Soilsigh

iúl go soiléir making plain, **déanamh soiléir** making clear, **eiseamláiriú** exemplifying, **fuascailt** clearing up, **léiriú gan fiacail a chur ann** conveying unambiguously, **míniú** explaining, **míniú gan fiacail a chur ann** conveying unambiguously, **réiteach** resolving, clearing up, **sainmhíniú** defining, **scríobh i litreacha móra** *(col)* spelling out, writing in capital letters, **soilsiú** illuminating, **tabhairt léargais ar** shedding light on, clarifying, **taispeáint** showing, demonstrating

◊ **Thug siad ~ ar na coinníollacha oibre nua.** They provided clarification on the new working conditions.

Soilsigh *v₂ᵦ* light, shine; illuminate; enlighten
caith solas ar cast/shine a light on, illuminate, **dealraigh** shine forth, illuminate, **drithligh** sparkle, twinkle, **geal** brighten, **glinnigh** glint, sparkle, **ionsoilsigh** illuminate, **ionsorchaigh** brighten up; enlighten, **las** light, light up, **léirigh** portray, **lonraigh** shine, **ruithnigh** illuminate, brighten, make radiant, **soiléirigh** clarify, make clear, **sorchaigh** light, illuminate; enlighten, **tabhair léargas ar** shed light on, clarify, **taitin** shine, **trilsigh** glitter, sparkle, **tuilsoilsigh** floodlight

> **Soilsíonn an ghrian.** The sun shines.
> **Soilsíonn Dia sinn.** God enlightens us.
> **Soilsíonn sé ár slí.** It illuminates our way.
> **Soilsíonn sé seomra.** It brightens a room.
> **Soilsíonn sí ár saol.** She lights up our life.
> **Soilsíonn solas trí ghág.** Light spills through a crack.

Soilsithe *pp* lit, shone; illuminated; enlightened
dealraithe shining forth, illuminating, **drithlithe** sparkled, twinkled, **gealta** brightened up, **glinnithe** glinted, sparkled, **ionsoilsithe** illuminated, **ionsorchaithe** brightened up; enlightened, **lasta** lit, lit up, **léirithe** portrayed, conveyed, **lonraithe** shone **ruithnithe** illuminated, brightened, made radiant, **soiléirithe** clarified, made clear, **sorchaithe** lit up, illuminated; enlightened, **taitnithe** shined, shone, **trilsithe** glittered, sparkled, **tuilsoilsithe** flood-lit

Soilsiú *vn* lighting, shining; illuminating; enlightening
caitheamh solais ar shedding a light on, illuminating, **dealramh** shining forth, illuminating, **drithliú** sparkling, twinkling, **gealadh** brightening up, **glinniú** glinting, sparkling, **ionsoilsiú** illuminating, **ionsorchú** brightening up; enlightening, **lasadh** lighting, lighting up, **léiriú** portraying, conveying, **lonrú** shining, **ruithniú** illuminating, brightening, making radiant, **soiléiriú** clarifying, making clear, **sorchú** lighting, illuminating; enlightening, **tabhairt léargais** providing insight/clarity/enlightenment, **taitneamh** shining, **trilsiú** glittering, sparkling, **tuilsoilsiú** floodlighting

▲ **~ anama** enlightenment of (the) soul, **~ cuasaithe** recessed lighting, **~ éigeandála** emergency lighting, **~ feadánach** strip lighting, **~ géar** harsh lighting, **~ íosghile** low-key lighting, **~ na hintinne** illumination of the mind, **~ réscaipthe** diffused lighting, **~ saorga** artificial lighting, **~ scáileáin** screen illumination, **~ slándála** security lighting, **~ sráide** street lighting, **~ stáitse** stage lighting

Soineanta *adj⁶* guileless, naïve; *(weather)* clement
saonta simple, credulous, **gan mórán céille** without much sense, **gan taithí ar an saol** inexperienced, without life experience, **simplí** simple, **mothaolach** simple, gullible, unsophisticated, **neamhurchóideach** innocent, **naíonda** childlike, **sáimhríoch** drowsy, half asleep, dozy (cf **Cén sórt de spreasán ~ atá ionatsa in aon chor?!** What sort of dozy git are you at all?!), **soghluaiste** gullible, credulous, **uascánta** sheepish, simple-minded *(see also: aimsir, saonta)*

Sóinseáil *f (-ála) (money)* small change; change
airgead beag small money, **briseadh beag** *(money)* small change, **malairt** exchange (cf **ráta malairte eachtrach**) foreign exchange rate), **malartú** exchanging; exchange *(see also: athrú)*

Soir *adv (c →)* eastwards
anoir *(c ←)* from the east, **chun an Oirthir** towards the east, **go dtí an tOirthear** to the east, **i dtreo an Oirthir** in the direction of the east; in an easterly direction, **thoir** (m̶o̶t̶) east

◊ **Scaip siad ~ siar.** They scattered in all directions., **Tá aghaidh an tí ~.** The house is facing east.

P **~ gach siar faoi dheireadh thiar!** The extremes meet!

Soirbh *adj²* optimistic, cheery; auspicious
aislingeach visionary; dreamy, **aoibhiúil** beaming, smiling, **ceannródaíoch** cutting-edge, ground-breaking, **croíúil** hearty, **dea-***pref* well-, good, positive, **dearfach** positive, **dóchasach** hopeful, optimistic, **fabhrach** favourable, auspicious, **fáilí** disarmingly friendly, affable, **fiontraíoch** entrepreneurial, **físeach** visionary, **gealgháireach** bright and cheery, **grianmhar** sunny, bright, **idéalach** ideal, **idéalaíoch** idealistic, **rathúil** auspicious, **rómánsach** romantic, **soilbhir** cheerful, **suáilceach** cheery, glowing

Soirbhíoch *m (-ígh; -ígh, ~)* optimist
aislingeach *m* visionary; dreamer, **ceannródaí** pioneer, **duine dearfa** positive person, **duine dóchasach** hopeful person, **fiontraí** entrepreneur, **físí** dreamer; visionary, **idéalaí** idealist, **rómánsaí** romantic

Soirbhíochas *m (-ais)* optimism
aisling dream, vision, **ceannródaíocht** pioneering, cutting-edge work, **dearfacht** positivity, positive attitude, **fabhraí** auspiciousness, favour, **fiontraíocht** entrepreneurship, **fís** vision, **idéalachas** idealism, **rómánsachas** romanticism

Sóisear m (-sir; -sir, ~) junior
aire sóisearach junior minister, cúntóir assistant, duine óg young person, íochtarán subordinate, mionaoiseach m minor, óg m youth, páiste child

Sóisearach adj³ junior
bun- pref junior (cf bunghrád junior stage), do naíonáin for infants, do pháistí/leanaí óga for children/young kids, fo- pref subordinate, íochtarach low, lower, íseal low, lower, íseal i gcéim low-ranking, ísealchéime (> ísealchéim) of lower rank, low-ranking, mionaoiseach minor, óigeanta youthful, youthful-looking, óg junior, young (cf Séamas Óg James Junior), óganach adolescent, juvenile, sóisir (> sóisear) junior (cf naíonáin sóisir junior infants)

Sóisialaigh v₂ₐ socialise; (pol) make socialist
bailigh le chéile gather together, bí síos is suas le hobnob with, buail le chéile socialise, coinnigh comhluadar le consort with, déan muintearas le fraternise with, measc mix, measc le chéile intermingle, tabhair le chéile bring together, tar le chéile come together, téigh i measc na ndaoine mingle with the people

Sóisialaithe pp socialised; (pol) made socialist
measctha le chéile intermingled, dulta i measc na ndaoine mingled with the people, tagtha le chéile come together, tugtha le chéile brought together

Sóisialú vn socialising; (pol) making socialist
bailiú le chéile gathering together, bualadh le chéile socialising, coinneáil comhluadair le consorting with, déanamh muintearais le fraternising with, dul i measc na ndaoine mingling with the people, meascadh mixing, mingling, meascadh le chéile intermingling, tabhairt le chéile bringing together, teacht le chéile coming together

Sóisialta adj⁶ social
coiteann common, comónta common, chomh- pref collective, mutual-, comhchoiteann collective, i gcomhroinn shared, pobail (> pobal) communal, community, poiblí public, sochaí (> sochaí) societal (cf fadhbanna sochaí societal problems), sochaíoch societal, socheolaíoch sociological, sóisialach socialist, sóisialaíoch socialistic, sóisialaithe socialised, so-ranna sociable

Soitheach m (-thigh; -thí)
1. (receptacle) vessel, container
bairille barrel, buta cask (cf buta ime cask of butter), ceanastar canister, coimeádán receptacle, holder, canna can, crúiscín jar, crúsca m pitcher; jar; urn, dabhach f vat, gabhdán container, leastar container of liquids, pota m pot, próca m jar; urn (cf próca luaithrigh burial urn), puinsiún large cask, rannóir (device) dispenser, rúscán vessel made of bark, scipéad skippet; small receptacle or drawer (cf scipéad airgid cash desk, till), stanna barrel, stainnín small barrel, taisceadán safe, strongbox, tancard (beer mug) tankard

▲ ~ cré earthenware vessel (cf ~ cré an duine the human frame), ~ eagna seat of wisdom, ~ fola blood vessel, ~ gloine glass receptacle, ~ guail collier, ~ leáite crucible, ~ leapa bedpan, ~na heagna (mind) seat of wisdom, ~ uisce water container, An ~ Naofa The Holy Grail

2. (ship, craft) vessel
árthach m craft, bád boat, bád abhann river boat, bád farantóireacht ferry, báirse barge, bárc bark, ship, eathar river boat, ferry, cúrsóir cruiser, dingí rubair/seoil rubber/sailing dinghy, frigéad frigate, galtán steamer, lastlong freighter, long f ship, línéar liner, tancaer tanker (see also: long)

▲ ~ cogaidh warship, ~ farraige seafaring vessel, ~ iomartha rowing boat, ~ seoil sailing vessel

Solas m (-ais; soilse)
1. (naked flame) light
aithinne spark, bladhaire flame, bladhm f flame, flare (cf ~ ghuaise distress flare), cipín match, coinneal f (coinnle) candle; glint, daighear f (-ghre; -ghreacha) flame, fire, dóiteán conflagration, fire, drithle f spark of light, gleam, fáideog taper; wick, laindéar lantern, lasair f (-srach) blaze, lasán flame, flash, lastóir lighter, lóchrann torch, splanc f (-aince; ~acha) flash, spark, spréach f (spréiche; ~a, ~) spark, spréachadh sparking, spréacharnach f sparkling, tine f fire, tine f chnámh bonfire, tine f rabhaidh beacon

▲ ~ coinnle candlelight, ~ gáis gas light, ~ tine firelight

2. (electric) light
bolgán (electric) bulb, soilsiú illumination, lighting up, lampa lamp, lóchrann leictreach electric torch, rabhchán leictreach electric beacon, splanc cheamara camera flash, spotsolas spotlight, sruthshoilsiú fluorescent lighting, tóirse leictreach electric torch, tuilsolas floodlight, floodlighting

▲ ~ ar maolaitheoir dimmer light, ~ atá ag caochadh strobe light, ~ beannaithe beatific light, ~ bladhmach blinking light, ~ ceo fog light, ~ coscáin brake light, ~ cuain harbour light, ~ cúil backlight, ~ cúlaithe backup light, ~ fann dim light, ~ geal bright light, ~ gealánach flashing light, ~ i gcarr (veh) courtesy light, ~ lampa lamp light; flashlight, ~ leictreach electric light, ~ lóchrainn lantern light; torch light, ~ LED LED light, ~ taoibh sidelight, ~ taobh amuigh (general) courtesy light, ~ táscaire (veh) indicating light, indicator, ~ tóirse torch light; flashlight, ~ tosaigh (veh) frontlight; headlight (also: ceannsolas), ~ tráchta traffic light, ~ treorach navigation light, ~ tuirlingthe landing light

Sólás

3. *(natural illumination)* light
breacadh an lae dawn, **caor** *f (-oire; ~a, ~)* glowing object, **caor thine** fireball, **caor thintrí** thunderbolt, **éirí na gréine** sunrise, **ga** *m (~; ~thanna)* beam (eg **ga gealaí/gréine** moon/sun beam), **grian** *f (gréine, ~ta)* sun, **lá** *m (lae; laethanta)* day, daylight, daytime, **láchan** new day dawning, **lasair** *f* **ghréine** blaze of sunlight, **maidin** morning, **réalta** *f* star, **taitneamh na gréine** sunshine, **tintreach** *f* lightning

4. *(different qualities of)* light
breacsholas glimmer, **dalladh** dazzle, dazzling **dallrú** glare, **dealramh** sheen, radiance, **dé** *f* **sholais** glimmer of light, **drithleacht** glittering, sparkling, **drithleog** small sparkle, **drithliú** scintillation, sparking, **faghairt** fire, glint, fervour (cf **faghairt i súil** glint in the eye), **fannléas** *m (-léis; ~acha)* glimmer, **fosfaraíocht** phosphorescence, **geal** *m (gil)* brightness, **gealán** gleam, **gealbhruthaíl** incandescence, **gile** brightness, **gile na gile** brilliance, **gléacht** lucidity, brightness, **gléine** bright transparency, **grianmhaireacht** sunny brightness, cheerfulness, **léar** *m (~; ~anna)* glimmer, gleam, **loinnir** *f (loinnreach)* radiance, lustre, **lonrachas** luminosity, **lonracht** luminescence; sheen, **lonradh** radiance, **maidin** morning, **múchsholas** dim, hazy light, **niamh** *f (néimhe)* lustre, brilliance, **niamhracht** resplendence, **saighneán** flash of light, **soiléas** brightness, clarity, **soilseacht** effulgence, **soilsiú** illumination, lighting up, **spéiriúlacht** sky-like brightness, **spréacharnach** *f* sparkling, **taitneamh** shine, shining

▲ **~ an lae** daylight, **~bhliain** lightyear, **~ gáis** gas light, **~ infridhearg** infrared light, **~ luaineach** flickering light, **~ na gealaí** moonlight, **~ na gréine** sunlight, **~ na réaltaí** starlight, **~ ultraivialait** ultraviolet light

■ **na Gealáin Thuaidh:** the Aurora Borealis:
caor aduaidh northern lights, **fáinne ó thuaidh** aurora polaris, **Na Saighneáin** The Northern Lights

Sólás *m (-áis)* solace, consolation
cabhair *f (-bhrach)* succour, **compord** comfort, **cúiteamh** compensation, **faoiseamh** relief, respite, **focal misnigh** an encouraging word, **fortacht** succour, relief, comfort, **misniú** encouragement, **sásamh** satisfaction, **só** luxury, **socracht** ease, **sómas** ease, comfort, **suaimhneas** ease *(see also: compord)*

Soláthair *v₂c* supply, provide
aschuir output, **astaigh** emit, **bronn** present, bestow, donate, **bunaigh** establish, **cruthaigh** create, **cuir ar fáil** provide, furnish, **cuir faoi bhráid duine** place before a person, **cuir i láthair** present, **cuir in iúl** communicate, inform, **cuir le** contribute, **cuir suas** put up, **dáil** allot, distribute, **déan** make, **deonaigh** grant, accord, **faigh** find, procure, **íoc** pay, **lig** let, allow, **lónaigh** supply; hoard, **ofráil** *(religious)* offer, **olltáirg** mass produce, **riar** administer, distribute, **roinn** share, **sann** assign, **scaoil** release, discharge, **seachaid** deliver, **tabhair** give, bring, **tabhair samplaí (de)** give examples of, **tairg** proffer, tender, **táirg** produce, manufacture, **tarchuir** transmit, **tiomnaigh** bequeath; dedicate, **toirbhir** hand over; dedicate

◊ Cé a sholáthraíonn an tseirbhís sin? Who provides that service?, Soláthraíonn siad dóibh féin anois. They fend for themselves now., Soláthraíonn siad an leictreachas. They supply the electricity.

Soláthar *vn* supplying, supply, providing, provision
aschur outputting, output, **astú** emitting, emission, **bronnadh** bestowing, presentation, **bunú** establishing, establishment, **cruthú** creating, creation, **cur ar fáil** providing, provision, furnishing, **cur faoi bhráid duine** placing before a person, **cur i láthair** presenting, presentation, **cur in iúl** informing; communication, **cur le** adding to; contribution, **cur suas** putting up, **dáil** allotting, distributing, distribution, **déanamh** making, **deonú** granting, **fáil** finding, procuring, **íocaíocht** paying, payment, **ligean** letting, allowing, **lónú** supplying; hoarding, **ofráil** *(religious)* offering, **olltáirgeacht** gross output; gross product, **olltáirgeadh** mass production, **riar** administering, distributing, **roinnt** sharing, **sannadh** assigning, assignment, **scaoileadh** releasing, discharging, **seachadadh** delivering, **tabhairt** giving, bringing, **tabhairt samplaí (de)** giving examples (of), **táirgeadh** producing, manufacturing, **tairiscint** proffering, tendering, **tarchur** transmitting, transmission, **tiomnú** bequeathing; dedicating, **toirbhirt** handing over; dedicating

Soláthartha *pp* supplied, provided
aschurtha output, **astaithe** emitted, **bronnta** presented, bestowed, donated, **bunaithe** established, **cruthaithe** created, **curtha ar fáil** provided, furnished, **curtha faoi bhráid** placed before, **curtha i láthair** presented, **curtha in iúl** communicated, informed, **curtha le** contributed, **curtha suas** put up, **dálta** allotted, distributed, **déanta** made, **deonaithe** granted, accorded, **fáighte** found, procured, **íoctha** paid, **ligthe** let, allowed, **lónaithe** supplied; hoarded, **ofráilte** *(rel)* offered, **olltáirgthe** mass-produced, **riartha** administered, distributed, **roinnte** shared, **sannta** assigned, **scaoilte** released, discharged, **seachadta** delivered, **tairgthe** proffered, tendered, **táirgthe** produced, manufactured, **tarchurtha** transmitted, **tiomnaithe** bequeathed; dedicated, **toirbheartha** handed over; dedicated, **tugtha** given, brought

Sollúnta *adj⁶* solemn
ardnósach lofty, highbrow, **ceart** correct, proper, **cóir** proper, **cúirialta** tasteful, courtly, **cúirtiúil** courtly, **dáiríre** serious, earnest, **deasghnáthaíoch** ritualistic; ceremonial, **foirmeálta** formal, official, proper, **foisteanach** solemn, deliberate, **maorga**

Sollúntacht

dignified, **nósmhar** customary; formal, conventional, **nósúil** formal; stylistic, mannered, **oifigiúil** official, **údarásach** authoritative

Sollúntacht *f (~a)* solemnity
ardnós loftiness, grandeur, **dáiríreacht** sobriety, **deasghnáth** ritual, ceremony, **dínit** dignity, **fírinneacht** truthfulness, **foirmeáltacht** formality, **galántacht** grandeur, elegance, **déine** intensity, **maorgacht** dignity, grandeur, **nósmhaireacht** formality, politeness, **poimp** pomp, **staidiúir** poise, **státúlacht** stateliness, **stuamacht** level-headedness, steadiness, **tábhacht** importance, **tromchúis** gravity, importance, **uaisleacht** gallantry

Solúbtha *adj6* flexible, pliable; adaptable
aclaí supple, nimble, **inlúbtha** bendable, **leaisteach** elastic, **lúbach** bending, pliable, **lúfar** agile, **inathraithe** adjustable, **inoiriúnaithe** adaptable, adjustable, **leabhair** lithe, supple, **scaoilte** loose, **sobhogtha** easily moved; pliable, **soghluaiste** easily moved, mobile, **somhúnlaithe** ductile, malleable, **soshínte** stretchy, easy to stretch, **udmhall** nimble, quick

Solúbthacht *f (~a)* flexibility, pliability; adaptability
aclaíocht suppleness, nimbleness, **inlúbthacht** capacity to bend, **leaisteachas** elasticity, **lúbaí** suppleness, pliability, **lúfaireacht** agility, **inathraitheacht** capacity to adjust, **inoiriúnaitheacht** adaptability, **sobhogthacht** susceptibility to being moved; *(rules)* elasticity, flexibility, **somhúnlaitheacht** ductility, plasticity, **soshínteacht** stretchability; capacity to stretch, **umhlóid** suppleness, pliancy (cf **umhlóid slaite** pliancy of a rod)

Sona *adj6* happy, fortunate
ádhúil lucky, **ámharach** fortunate, lucky, **aoibhinn** blissful, **áthasach** happy, **beannaithe** blessed, **éadromchroíoch** light-hearted, **gan cúram ar bith sa saol** carefree, **dea-thuarúil** auspicious, **fabhrach** favourable, **fortúnach** fortunate, **gealgháireach** smiling, bright, cheerful, **gliondrach** glad, joyous, **misniúil** cheery, **neamhbhuartha** untroubled, **rafar** fortunate, **sásta** content, **rathúil** successful, **séanmhar** prosperous, **seansúil** lucky; chancy, risky, **soilbhir** jovial, cheery, **soinmheach** prosperous, happy, **soirbh** cheerful, optimistic, **sonasach** happy, lucky, **sorthanach** prosperous, **subhach** glad, joyful (cf **subhach sách** happy and replete), **sultmhar** full of merriment, entertaining, **sursan** happy, fortunate, **teagmhasach** fortuitous *(see also: sonasach)*

▲ **lá** ~ fortunate day, **pósadh** ~ happy marriage

◊ **Breithlá** ~ **duit!** Happy birthday!, **Lá na Máithreacha** ~ **duit!** Happy Mother's Day!, **Is fear** ~ **thú!** You're a lucky man!, **Nollaig shona duit!** Happy Christmas!, **Tá mé** ~ **sásta go deo!** I'm indescribably happy., **Tá siad** ~ **sásta leis an mbabaí nua.** They are blissfully happy with the new baby.

◊ **Ghuigh sí breithlá sona orm.** She wished me a happy birthday., **Is é seo do lá** ~ **duit!** This is your lucky day!, **Lá na Máithreacha** ~ **duit!** Happy Mothers' Day to you!, **Táim** ~ **sásta.** I am happy and content., **Titeann sé i gcónaí ar a chosa – is fear** ~ **é!** He always lands on his feet – he's a lucky man!

P **Bíonn an tríú huair** ~**!** Third time lucky!

Sonas *m (-ais)* happiness, good fortune
ádh luck, good fortune, **ámharaí** good fortune (cf **ar ámharaí an tsaoil** as fortune would have it), **aoibhneas** bliss, **ardmheanma** *f* high spirits, **áthas** happiness, **croí** *m* heart, **croíúlacht** cheerfulness, **meanma** *f (~n)* **mhaith (ag)** (of) good cheer, **rath** success, good, **sáimhín só** luxury, contentedness (cf **ar do sháimhín só** in the lap of luxury), **sástacht** contentment, **scóipiúlacht** *f* joyousness, cheerfulness, **séan** wellbeing, prosperity, **séanmhaireacht** prosperousness, luckiness, **soilbhreas** joviality, cheeriness, **suáilce** *f* joy, pleasure, happiness, **sult** merriment *(see also: ádh, áthas)*

Sonasach *adj3* happy, fortunate
ádhúil lucky, **aiteasach** pleasant, joyful, **ámharach** lucky, **áthasach** happy, **croíúil** cheerful, **fortúnach** fortunate, **gealgháireach** smiling, bright, cheerful, **gliondrach** glad, joyous, **meidhreach** merry, **misniúil** cheery, never-say-die, **neamhbhuartha** untroubled, **rathúil** successful, **sásta** satisfied, **scóipiúil** joyous, cheerful, **séanmhar** lucky, prosperous, **soirbh** cheerful, optimistic, **spraíúil** amusing, fun, **sultmhar** full of merriment, entertaining, **tráthúil** opportune, well-timed *(see also: ámharach, áthasach)*

Sonra *m (~; ~í)* detail
airí *f* symptom, attribute, **bua** positive attribute, **castacht** intricacy, **comhábhar** constituent part, component, ingredient, **ceist** question, issue, **deismíneacht** nicety, **eilimint** element, **fíric** fact, **gné** *f* aspect, attribute, **grua** *f* facet, **mionpháirt** small part, detail, **mionphointe** *m* detail, minor point, **mionsonra** minor detail, **mír** item, **pointe** *m* point, **pointe teicniúil** technicality, **sainghné** *f* specific feature (cf **na sainghnéithe** the specifics), **suarachas** triviality, trifling, **toisc** *f (~e; tosca)* factor, **tréith** characteristic, feature

Sonrach *adj3* particular, specific
áirithe particular, certain, **ar leith** specific, particular, **beacht** pinpoint exact, **baileach** exact, precise, **cruinn** precise, **faoi leith** specific, special, **follasach** explicit, **glan soiléir** unambiguous, **glinn** well-defined, **gnéitheach** pertaining to a particular type/sort, **leithleach** distinctive, apart, peculiar, **sainiúil** distinctive, specific, **soiléir** clear-cut, distinct, **suntasach** notable

▲ **am** ~ defining moment, **athrú** ~ noticeable shift, **cás** ~ specific/particular case, **difear** ~ marked

Sonraigh
difference, **fás ~** remarkable growth, **focal ~** telling remark, **radharc ~** arresting view

Sonraigh v_{2a} specify; particularise
ainmnigh name, **cuir síos ar** describe, **déan líosta** make a list, **leag amach** lay out, set out, **liostaigh** list, **luaigh go sonrach** specifically mention, **miondealaigh** itemise, **ordaigh** order, **sainigh** stipulate, **sainmhínigh** define, **tabhair eolas cruinn** provide precise information, **tabhair sonraí** provide/give details, **tagair do** cite, reference

◊ **Sonraíonn an dlí gur gá don iarratasóir tástáil acmhainne a dhéanamh.** The law stipulates that the applicant must be means tested., **Sonraítear coinníollacha arbh fhéidir bheith á chúiseadh.** Conditions that might cause it are specified/particularised.

Sonraíoch adj^5 noticeable, out of the ordinary
ait peculiar, **comharthach** significative, **éachtach** extraordinary, **feiceálach** conspicuous, prominent, **follasach** obvious, evident, patent, **gan náire** blatant, shameless, **inbhraite** palpable, **infheicthe** visible, **intógtha faoi deara** noticeable, **léir** clear, lucid, **mór** big, **péacach** showy, flamboyant, **ró-léir** glaringly obvious, **so-aitheanta** easily recognisable, **so-fheicthe** conspicuous, in plain sight, manifest, **sainiúil** distinctive, specific, **soiléir** clear, obvious, **sonrach** notable, **suaitheanta** conspicuous, notable, **suaithinseach** distinctive, **suntasach** remarkable

▲ **athrú ~** notable change, **difear ~** striking difference, **feabhas ~** remarkable improvement, **iompar ~** abnormal behaviour, **modh iompair ~** peculiar manner of behaviour, **scéal ~** extraordinary tale

Sonraíocht f (~a; ~aí)
1. specification, spec
cáilíocht qualification, **coinníollacha** mpl conditions, **mionsonraí** mpl details, **riachtanas** requirement, necessity, **sonraí** mpl particulars, specifications, **speisialtacht** speciality, **téarmaí agus coinníollacha** terms and conditions, **treoracha** fpl instructions

2. remarkableness, extraordinariness
éachtaí wondrousness, **gaiscí** mpl feats of prowess, marvellous deeds, **gníomh gaiscíochta** heroic deed, **gníomhartha gaile agus gaisce** deeds of valour and prowess, **iontas na n-iontas** wonder of wonders, **suaithinseacht** extraordinariness, **suaithníocht** outlandishness, **suntasaí** remarkableness

Sonraithe pp specified; particularised
ainmnithe named, **leagtha amach** laid out, **liostaithe** listed, **luaite go sonrach** specifically mentioned, **miondealaithe** itemised, **ordaithe** ordered, **sainithe** stipulated, **sainmhínithe** defined, **tagartha** referenced

Sonrú vn specifying; particularising, noting
ainmniú naming, **cur síos ar** describing, **déanamh liosta** making a list, **leagan amach** laying out, setting out, **liostú** listing, **lua go sonrach** specifically mentioning, **miondealú** itemising, **ordú** ordering, **sainiú** stipulating, **sainmhíniú** defining, **tabhairt an eolais chruinn** the provision of the detailed information, **tabhairt na sonraí** the provision of the details, **tagairt do** citing; referencing

Sop m (soip, soip, ~) wisp, small bundle of straw
brobh m stem, blade, rush, **cuircín** tuft, **dos** tuft, clump, **dosóg** tussock, **dlaoi** wisp, tuft, **dual** wisp, lock, **loca** wisp, **scoth** tuft, **scothán** tuft, **scothóg** little tuft, **sifín** stalk, stem, **síomán** wisp of straw, **sopóg** small wisp of straw, **stoth** mop (of hair), **tráithnín** straw (cf **Leagfá le tráithnín mé.** You could have knocked me down with a feather.), **tuí** thatch, straw (see also: **dos**)

◊ **~ in áit na scuaibe** makeshift, an inadequate substitute, **Tá an ~ séidte anois!** Now all hell will break loose!, **Beidh suaimhneas ar ~ agam!** I'll be able to sleep easy! (ie My conscience will be clear.), **dul chun soip** to hit the hay (ie to go to bed)

So-ranna adj^6 sociable, companionable
cairdiúil friendly, **caoin** gentle and gracious, **comhdhaonnach** companionable, **comharsanúil** neighbourly, **comrádúil** comradely, **cuideachtúil**

■ **Ag an sorcas atá:** At the circus there is/are:

ainmhithe mpl ainimals
aonrothach m unicycle
capaill mpl horses
cleas m (**clis**; **~a**, **~**) trick
cleasaíocht acrobatics; clowning
cleasghleacaí acrobat
eangach shábhála safety net
eilifint elephant
fear grinn clown
gníomhartha mpl **dochreidte** incredible feats
gunna mór cannon

hata ard top hat
lámhchleasaí juggler
léim trí fhonsaí jumping through hoops
leon lion
líontán sábhála safety net
luascaire (coll) trapeze artist
lucht féachana audience
máistir sorcais ringmaster
moncaí monkey
pleidhcíocht clowning around
príomhphuball big top
siúl ar an téad rite walking on the tightrope

slogaire claímh sword-swallower
slogaire tine fire-eater
taibheoir maide luascáin trapeze artist
táille isteach admission fee
téad f **rite** tightrope
téadchleasaí tightrope walker
tíogar tiger
traenálaí leoin lion-tamer
traipéis trapeze
traipéiseoir trapeze artist
trampailín trampoline
trampailíneáil trampolining
úim shábháilteachta safety harness

Sorcas

gregarious, companionable, **gnaíúil** affable, cordial, **modhúil** gracious, **muinteartha** sociable, avuncular, **oscailte** open, **síodúil** urbane, gentle, **sochaideartha** approachable, sociable, **taitneamhach** likeable, congenial, **tíriúil** homely, pleasant, sociable

Sorcas *m (-ais; -ais, ~)* circus
amharclannaíocht sráide street theatre, **carnabhal sráide** street carnival, **lá spóirt** day of fun, **rírá agus ruaille buaile** free-for-all, madness, **seó show**, **seó aonaigh** sideshow, **seó bóthair** road show, **taispeántas amuigh faoin aer** outdoor display

▲ **cró sorcais** circus ring, **fear sorcais** circus, clown, **máistir sorcais** ringmaster, **ollphuball sorcais** circus tent, big top, **taispeántas sorcais** circus act

Sórt *m (sóirt; sóirt, ~)* sort, type
aicme class, **ainmníocht** *(finance)* denomination, **branda** brand, **catagóir** *f (~e)* category, **céim** rank, degree, **cine** *m (~; ciníocha)* race, **cineál** type, kind; genus, **déanamh** make, **déantús** manufacture, make, **eiseamláir** example, **gné** *f* aspect, attribute, **grúpa** group, **marc** mark, **marcóir** marker, **ord** order, **pór** breed, **rang** *(school)* class; rank, station, **saghas** sort, kind, type, **saincreideamh** *(religion)* denomination, **samhail** *f (samhla; samhlacha)* semblance, representation, **sampla** sample, example, **seánra** genre, **speiceas** species, **stampa** stamp, **stíl** style, **tíopa** type *(see also: grúpa)*

Sórtáil 1 v_{le} sort
aicmigh classify, **cuir i ngrúpaí** put in groups, **catagóirigh** categorise, **cuir in eagar** arrange, organise, edit; **cuir in ord,** put in order, **eagraigh** organise, **dealaigh** divide, separate, **deighil** partition, separate; dismember, **grádaigh** grade, **grúpáil** group, **idirdhealaigh** distinguish, discriminate, **idirscar** separate, part, **leithscar** segregate, **oibrigh amach** work out, **rangaigh** class, classify, assort, **roinn** divide, **roinn ina dheighleoga** segment, **scag** filter, screen, **scar (amach)** separate (out), **sraithrannaigh** assort, sort out, ordinate, **teaglamaigh** compile, **tionóil** assemble; muster

Sórtáil 2 *vn* sorting
aicmiú classifying, **cur i ngrúpaí** putting in groups, **catagóiriú** categorising, **cur in eagar** arranging, organising, editing; **cur in ord** putting in order, **eagrú** organising, **dealú** dividing, separating, **deighilt** partitioning, separating; dismembering, **grádú** grading, **grúpáil** grouping, **idirdhealú** distinguishing, discriminating, **idirscaradh** separating, parting, **leithscaradh** segregating, **oibriú amach** working out, **rangú** classifying; assorting, **roinnt** dividing, **roinnt ina dheighleoga** segmenting, **scagadh** filtering, screening, **scaradh (amach)** separating (out), **sraithrannú** assorting, sorting out, ordinating, **teaglamú** compiling, **tionól** assembling; mustering

Sórtáilte *pp* sorted
aicmithe classified, **curtha i ngrúpaí** put in groups, **catagóirithe** categorised, **curtha in eagar** arranged, organised, edited; **curtha in ord,** put in order, **eagraithe** organised, **dealaithe** divided, separated, **deighilte** partitioned, separated, **grádaithe** graded, **grúpáilte** grouped, **idirdhealaithe** distinguished, discriminated, **idirscartha** separated, **leithscartha** segregated, **oibrithe amach** worked out, **rangaithe** classified; assorted, **roinnte** divided, **roinnte ina dheighleoga** segmented, **scagtha** filtered, screened, **scartha (amach),** separated (out), **sraithrannaithe** assorted, sorted out, ordinated, **teaglamaithe** compiled, **teascánach** segmental, **tionólta** assembled; mustered

◊ **~!** Sorted!, Everything is sorted out!, **~ de réir méide/airde/aoise etc.** sorted according to size/height/age etc.

Sos *m (~a; ~anna)* rest, break, pause, interval
aga *m* **díomhaoin** idle moment, **am** *m* **saor** free time, **bliain** *f (bliana)* **bhearna** gap year, **briseadh** break, **ciúnas** calm, silence, **codladh** sleep, **codladh beag tráthnóna** siesta, **codladh go headra** lie-in, **díomhaointeas** lazing, idling, **eatramh** lull, **faoiseamh** respite; relief, **fóillíocht** leisure, ease, **fos** rest, stop, stay, **fosadh** cessation, stay, rest, **fosaíocht** resting; restraint, **idirchéim** *(mus)* interval, **idirlinn** interval, **lá** *m (lae)* **faoin tor** day off, **lá na scíthe** day of rest, **lagú** let-up (eg **Níl lagú ar bith ó mhaidin!** There's been no let-up since morning.), **lon** lull (eg **lon i stoirm** lull in a storm), **naomhaí** *(after illness)* nine days of rest (cf **tá naomhaí le caitheamh agat le do lámh** you have to rest your hand to let it heal), **néal codlata** nap, **nóiméad duit féin** moment for yourself, **stad** stop; standstill, **scíth** *f* break, rest, **scíth bheag** breather, **scís** rest, **scísteoireacht** resting, **scor** cessation of work; retirement, **scíth** breather, rest (cf **scíth nóna** siesta), **saoire** *f* holiday (cf **saoire Shabóideach** sabbatical), **saoirse** *f* freedom; respite (eg **saoirse ó phian** respite from pain), **spásas** period of grace; reprieve, **staonadh** cessation, respite, **stop** halt, **stopadh** stopping, **suaimhneas** stillness, **tamall saor** free period of time, **turbhaidh** *f (lit)* respite, cessation *(see also: saoire)*

▲ **~ a haon déag** elevenses, **~ beag** brief pause, **~ caife** coffee break, **~ cogaidh** truce, cessation of hostilities, **~ fógraíochta** commercial break, **~ gairme** career break, **~ lámhaigh** ceasefire, **~ lóin** lunch break, **~ ón obair** break from work, **~ ó phian** relief from pain

◊ **Tá ~ de dhíth orm.** I need time out.

Sotal *m (-ail)* cheek, arrogance, superciliousness
anuaill arrogance, **bogás** smugness, self-complacency, **braobaireacht** cheek, **bród** pride; arrogance, **brusaireacht** impertinence, **buannaíocht**

presumption, **cócaireacht** cockiness, **coráiste** effrontery, **dalbacht** forwardness, audacity, **dailtíneacht** brattishness, caddishness, **dánacht** boldness, audacity, **deonacht** condescension, **deiliús** sauciness, impudence, **dímheas** disrespect, insolence, **dínáire** shamelessness, **díomas** arrogance, pride; conceitedness; contempt, **drochbhéas** bad manners, rudeness, **drochmheas** contempt, **éadan** cheek, **forrántacht** forwardness, boldness, **gairbhe** uncouthness, **gearr-aighneas** backchat, impudence, **gearrchaint** talking back, lip, **giodal** vain conceit, vanity, **gíomántacht** impudence, **grusaí** gruffness, rudeness, **glór uasal le híseal** superciliousness, patronising, **leitheadas** conceitedness, **maigiúlacht** cockiness, pertness, **maingléisí** showiness, ostentation, **maíteacht** boastfulness, **míbhéas** ill-manneredness, **mímhúinteacht** ill-breeding, **mórchúis** haughtiness, arrogance, **mórluachacht** self-importance, **mórtas** boastfulness, **pastaireacht** impertinence, **plucaireacht** cheek, impertinence, **postúlacht** self-importance, conceitedness, **prapaireacht** uppishness, insolence, **séideogacht** disdainfulness, **smuilcíní** impudence, **soibealtacht** impudence, **srónacánacht** sniffing condescendingly, **stróinéis** overbearingness; pushiness, **teallaireacht** impertinence, **teanntás** audaciousness, **téisiúlacht** shamelessness, forwardness, **tiarnúlacht** over-bearingness, cheekiness, **toirtéis** haughtiness, **tútaíl** rude ignorance, **uabhar** arrogance, pride

Sotalach *adj³* cheeky, arrogant, supercilious
ardnósach haughty, pompous, **bogásach** smug, **bródúil** proud, arrogant, **dána** bold, **deonach** condescending, **díomasach** arrogant, **dímheasúil** disrespectful, insolent, **drochbhéasach** bad-mannered, rude, **drochmheasúil** contemptuous, **gan mhúineadh** cheeky, **garbh** uncouth, **giodalach** conceited, **gíománta** impudent, **grusach** gruff, rude, **iomarcach** excessive, overbearing, **i nglór uasal le híseal** supercilious, patronising, **leitheadach** conceited, **maigiúil** cocky, pert, **maingléiseach** showy, ostentatious, **maíteach** boastful, **míbhéasach** ill-mannered, **mímhúinte** ill-bred, **móiréiseach** haughty; pretentious, **morálach** boastful, vain, **mórchúiseach** haughty, arrogant, **mór is fiú** big-headed, pompous, **mórluachach** self-important, **mórtasach** proud, boastful, **mustrach** ostentatious, vain, pompous, **neamhurramach** disrespectful, **ogmartha** impudent, **postúil** self-important, conceited, **prapanta** insolent, pert, **séideogach** sniffy, disdainful, **smuilcíneach** impudent, **soibealta** impudent, **sonnta** pushy, cheeky, **stradúsach** cocky; cocksure, **stráisiúnta** bumptious, cheeky, **streabhógach** *(woman)* impudent, pert, **stróinéiseach** overbearing, pushy, **teanntásach** audacious, **teaspúil** uppish, arrogant, **téisiúil** shameless, forward, **toirtéiseach** haughty, **tóstalach** arrogant, conceited, **tuairimiúil** opinionated, conceited, **tútach** rude, **uaibhreach** arrogant, lofty; indignant

Sóúil *adj⁴* luxurious; luscious
acmhainneach well-to-do, well-off, substantial, **beadaí** dainty, **blasta** tasty, **buacach** luxuriant, rich, **éasca** easy, **caithiseach** delightful; *(food)* delicious, **compordach** comfortable, **costasach** expensive, **eipiciúrach** epicurean, **faoi shó** in luxury, **galánta** stylish, elegant; classy, aristocratic, **macnasach** voluptuous, luxurious, **milis** sweet, **saibhir** rich, wealthy, **sáil** comfortable, easy, **séanmhar** prosperous, **seascair** cosy, **soirbh** favourable, prosperous, **sóch** comfortable; luxurious, **so-bhlasta** delightfully tasty, **sócúlach** comfortable, easy, **sólásach** full of solace; comforting, **sómasach** deluxe, luxurious, **sómhar** luxurious, **sorthanach** prosperous, **suaimhneach** tranquil, **súmhar** juicy, luscious, **teolaí** cosy

Spá *m (~; ~nna)* spa, resort
trábhaile seaside resort; sea-side town, **ionad íocshláinte** spa, health resort, **ionad saoire (geimhridh, samhraidh)** (winter, summer) resort, **ionad saoire sláinte** health resort, **sanatóir** sanatorium

Spád *f (-áide; ~a, ~)* spade
láí *m (~; lánta)* loy, spade, **feac** *m (~)* spade; handle (cf **feac láí** spade handle), **ráistín** mixing shovel; old worn-out shovel, **rámhainn** spade, **scaob** *f (-oibe; ~a ~)* spadeful/shovelful/forkful (cf **Níl fiú scaob thalún aige.** He doesn't even own a spadeful of land.), **preab** *f* spadeful, **scúp** *m* scoop, **sluasaid** *f (sluaiste; sluaistí)* shovel

◊ **an obair spáide a dhéanamh** to do the spadework

Spaisteoireacht *f (~a)* strolling,
coisíocht travelling by foot, **falaireacht** strolling, **fálróid** ambling, **fámaireacht** strolling aimlessly, rambling, **fánaíocht** wandering, **geábh** *m (~a; ~anna)* short walk/run/trip, **rianaíocht** wandering, wayfaring, **máirseáil** marching, **siúl** walking, walk; go, flow, **siúlóid** walk, stroll, **siúlóidín** little walk, short stroll, **tunladh** strolling *(see also: siúl)*

Spalp *v₁ₐ* burst forth, outpour, blurt
bí ag bladráil be blathering (on), be gushing, **bí ag gaotaireacht** be rattling away, **brúcht** erupt, spew, **buail** beat, **foilsigh** disclose, publish, **gread anuas** beat down, **labhair go líofa** speak fluently, **lig amach** let out, divulge, **rad** fling, cast, **rith trí** rattle off (cf **rith trí na rialacha** rattle off the rules), **rop** thrust, **scal** burst out, flash; blast (forth), **scaoil** release, loosen, give away, **sceith** burst forth, spew; divulge, overflow, **scil** divulge, prattle, **scinn** dart, rush, **tabhair le fios** let (it) be known

◊ ~ **sé an rún.** He blurted out the secret.

Spalpadh *vn* bursting forth, outpouring, ~ **amach** blurting out
bladráil blathering (on), gushing forth, **gaotaireacht**

rattling away, talking ceaselessly, **brúchtadh** erupting, spewing, **bualadh** beating, **foilsiú** disclosing, publishing, **greadadh anuas** beating down, **labhairt go líofa** speaking fluently, **ligean amach** letting out, divulging, **radadh** flinging, casting, **rith trí** rattling off, **ropadh** thrusting, **scaladh** bursting out, flashing; blasting (forth), **scaoileadh** releasing, loosening, giving away, **sceitheadh** bursting forth, spewing; divulging, overflowing, **scileadh** divulging, prattling, **scinneadh** darting, rushing, **tabhairt le fios** letting (it) be known

◊ **Bheith ag ~ Gaeilge** to be rattling away in Irish., **Bhí an ghrian ag ~ anuas.** The sun was beating down.

Spalptha

1. bursting forth, blurting
bladráilte blathered, **brúchta** erupted, spewed, **buailte** beaten, **foilsithe** disclosed, published, **greadta anuas** beaten down, **labhartha go líofa** spoken fluently, **ligthe amach** let out, freed, divulged, **radta** flung, cast, **rite trí** rattled off, **roptha** thrust, **scalta** burst out, blasted (forth), **scaoilte** released, loosened, given away, **sceite** burst forth, spewed; divulged, overflowed, **scilte** divulged, prattled, **scinnte** darted, rushed, **tugtha le fios** let be known, informed

2. *adj⁶* parched
díhiodráitithe dehydrated, **dóite** burnt, **dulta i ndísc** dried up, **forloiscthe** seared, **loiscthe** scorched, **marbh leis an tart** dead with the thirst, **ruadhóite** seared

◊ **Táim ~ leis an tart.** I am parched/dying of thirst.

Spáráil *v₁ₑ* spare

bíodh rud éigin le cois agat have something to spare (eg **An mbeadh cathaoir le cois agat?** Would you have a chair to spare?), **caomhnaigh** protect, preserve, **coigil** spare, save, gather close to protect, **coinnigh** keep, **cuir barainn ar** put away carefully, use with thrift, **cuir i dtaisce** put away for safe keeping, **cuir i leataobh** put aside, **cuir thart** put by, (cf **cuir airgead thart** put money by), **déan trócaire ar** have mercy on, **lig le** allow to get away with, concede, **maith** forgive, **sábháil** save, **tabhair** give, **tabhair pardún do** pardon, **tabhair spásas do** reprieve, **taisc** store, hoard, **tarrtháil** rescue

Spáráil *vn* sparing

caomhnú protecting, preserving, **coigilt** sparing, saving, gathering close to protect, **coinneáil** keeping, **cur barainn ar** putting away carefully, using with thrift, **cur i dtaisce** putting away for safe keeping, **cur i leataobh** putting aside, **cur thart** putting by, **déanamh trócaire ar** having mercy on, **ligean le** allowing to get away with, conceding, **maitheamh** forgiving, **sábháil** saving, **tabhairt** giving, **tabhairt pardún do** pardoning, **tabhairt spásas do** reprieving, **taisceadh** storing, hoarding, **tarrtháil** rescuing

Spáráilte *pp* spared

caomhnaithe protected, preserved, **coigilte** spared, saved, gathered close to protect, **coinnithe** kept, **curtha i dtaisce** put away for safe keeping, **curtha i leataobh** put aside, **curtha thart** put by, **ligthe le** allowed to get away with, conceded, **maite** forgiven, **sábháilte** saved, **taiscthe** stored; hoarded, **tarrtháilte** rescued, **tugtha** given

Spárálach *adj³* sparing, frugal

baileach frugal, thrifty, exact, **barainneach** sparing, thrifty; parsimonious, **cnuaisciúnach** thrifty, sparing, efficient, **coigilteach** thrifty, **cruinn** sparing, miserly, exact, **cruinneálach** frugal, sparing, **cúramach** careful, **críonna** prudent, **gannchúiseach** sparing, penurious, stingy, **gortach** stingy, mean, **lompasach** niggardly, sparing, **neamhchaifeach** frugal, thrifty; averse to spending money, **sábhálach** saving, thrifty, **sprionlaithe** miserly, **toimhseach** sparing, **tíosach** thrifty, frugal (see also: **tíosach, sprionlaithe**)

Spárálaí *m (~; -aithe)*

1. frugal, thrifty person
caomhnóir preserver, **cnuaisciúnach** *m* thrifty, efficient person, **cnuasaitheoir** collector, gatherer, **coigleoir** frugal person, saver, **taisceoir** saver

▲ **~ scáileáin** screen saver

2. skinflint, penny-pincher
baorthach miser, **ceachaire** cheapskate, **cníopaire** penny-pinching skinflint, **cráiteachán** miserable wretch, miser, **dúlaíoch** niggardly person, **gortachán** cheapskate, **néigear** niggard, **santachán** greedy person, **scrúile** miser, **sprionlóir** skinflint, miser, **stiocaire** cheapskate, **truailleachán** tight-arsed miser

Spás *m (-áis; ~anna)* space

achar distance, space, **aer** air, **aimplitiúid** *(sci)* amplitude, **áirgiúlacht** spaciousness, **áit** place, room, **bearna** *f* gap, space, **cead do chinn** freedom to do as you please, **cianspás** outer space, **cóir** *f (-ra)* accommodation, **cibearspás** cyberspace, **easnamh** omission, **fairsinge** *f* latitude; spaciousness, **fairsinge chun oibre** elbowroom, **fairsingiú** extension, **firmimint** firmament, **foilmhe** *f* emptiness, **folús** vacuum, **gáibéal** chasm, **hipearspás** hyperspace, **idirchéim** *(music)* interval, **idirlinn** *(gen)* interval, **imeall** margin, **infinid** infinity, **lacún** lacuna, **ligean** play *(of implement etc)*, **méid** *m (~)* extent, **réise** *f* span, **rúm** room, **scóip** scope, **scóipiúlacht** spaciousness, **sos** *m (~a; ~anna)* interval, cessation, **slí** *f* way, room, **spéir** *f (~e; spéartha)* sky, **tamall** while, time, **titim** *(sailing)* leeway, **toilleadh** *m (toillte)* capacity, **toirt** volume

▲ **~ amuigh** outer space (also: **cian~**), **~ bán** blank space, **~ cloiginn** headroom, **~ colúin** column space, **~ cónaithe** living space, **~ cúng** restricted space, **~ do na cosa** legroom, pitch, **~ dúnta** enclosed space, **~**

Spásáil

faoin deic below deck area, **~ fógraíochta** advertising space, **~ folamh** empty space, **~ oibre** workspace, **~ oscailte** open space, **~ páirceála** parking space, **~ pearsanta** personal space, **~ saor** free space, **~ seachtaine** (grace) period of a week, **~ stórála** storage space; cupboard space

Spásáil 1 v_{1e} space

bí ag stánadh go bóiléagrach be staring vacantly into space, **cuir cóin tráchta go rialta ar feadh an bhóthair** place traffic cones at regular intervals along the road, **cuir spás idir** put space between, **fág spás idir** leave space between, **roinn amach** space out; divide up, **scaip amach** spread out, **scar amach** separate out

Spásáil amach v_{1e} (coll) space out

bí mearaithe be befuddled, spaced, **bí ag stánadh uait** be spaced out, **lig do d'intinn imeacht ar seachrán** zone out (eg **D'imigh m'intinn ar seachrán.** I zoned out.), **téigh ar na ribí** get stoned/high, **tit i dtámhshuan** (on drugs) space out

Spásáil 2 vn spacing

cur spás idir putting space between, **fágáil spás idir** leaving space between, **roinnt amach** spacing out; dividing up, **scaipeadh amach** spreading out, **scaradh amach** separating out, **stánadh go bóiléagrach** staring vacantly

◊ **Bhí sé ag ~ amach.** He was spacing out

Spásáilte pp spaced

le féachaint bhóiléagrach with a vacant stare, **roinnte amach** spaced out; dividing up, **scaipthe amach** spread out, **scartha amach** separated out

Spásáilte amach pp spaced out, zoned out

ar mearaí distracted, **ar na ribí** stoned/high (cf. **Bhí sé ar na ribí amach is amach.** He was as high as a kite.), **mearaithe** confused, spaced, **mearbhlach** bewildered, dazed, dizzy, **néaltraithe** demented, **neamhairdiúil** inattentive, **neamh-aireach** inattentive, **trína chéile** disorientated, **sachránach** wandering

Spásaire m (~; -rí)

1. astronaut, cosmonaut
bean f **spáis** spacewoman, **fear spáis** spaceman, **mairnéalach** m **spáis** astronaut, cosmonaut, **taistealaí spáis** space traveller

2. spacer, person who is not with it
aislingeach m dreamer, **ceann cipín** featherbrain, **duine le Dia** person who is slightly eccentric, **éagann** airhead, **leiciméir** shirker, dingbat, **leisceoir** lazy person, **liúdramán** lazy loafer, **práisceálaí** messer; slovenly worker, **praiseachán** bungler, messer, **sliastán** lazy long-legged person, **smeadrálaí** messer, **sormán** dozy duffer, **spadaire** waster, slacker, **spéiceadán** someone who is not with it all, dead-and-alive person, **spreasán** twat, **snagaí** slowcoach, **suanaí** sleepyhead, **uaill** f (~e; ~eacha) scatterbrain

Spásmhar adj^1 spacious

ábhal vast, immense, **áirgiúil** spacious, **análach** spacious, where you can breathe freely, **fairsing** wide, spacious, **fairsingíoch** extensive; expanding, **iomadúil** copious, **leathan** wide, **máilíneach** (trousers) baggy, **mór** big, **ollmhór** huge, massive, **oscailte** open, **scóipiúil** expansive, spacious (see also: **fairsing**)

Spásúil adj^4 spatial

domhanfhaid (> **domhanfhad**) longitudinal, **domhanleithid** (> **domhanleithead**) latitudinal, **geografach** geographical, **neimhe** (> **neamh**) celestial, **spáis** (> **spás**) spatial, **speartha** celestial, **teorann** (> **teorainn**) territorial

Spéaclaí mpl(~) glasses, spectacles

délionsaí mpl bifocals, **déshúiligh** binoculars, **gloiní cliste** smart glasses, **gloiní cosanta** goggles, **gloiní gréine** shades, sunglasses, **gloiní snámha** swimming goggles, **leathspéacla** monocle, **lionsaí céimnitheacha** varifocals, **lionsaí tadhaill** contact lenses

Spéir f (~e; speartha) sky; air

aer air, **áirse na firmiminte** the vault of heaven, **anáil** breath, **atmaisféar** atmosphere, **blaosc an aeir** vault of heaven, **bun na spéire** the horizon, **fíor na spéire** horizon, **firmimint** firmament, **fraitheacha na firmiminte** the 'rafters' of the firmament, the heavens above, **gorm** blue, **gormghlas** azure, **léaslíne** f horizon, **na flaithis** the heavens, **neamh** f heaven, **solas** light, **stua** f **na spéire** vault of heaven

▲ **~ bháistí** rainy sky, **~ cholgach** angry sky, **~ dhorcha** dark sky, **~ ghealaí** moonlit sky, **~ ghorm** blue sky (cf **speartha gorma** blue skies), **~ liath** ashen sky, **~ mhodartha** overcast sky, **~ na hoíche** the night sky, **~ réaltaí** starry sky, **~ sheaca** frosty air, **~ smúitiúil** murky sky, **~ thoirní** thundery sky

◊ **amuigh faoin ~** out in the open, **Cén fáth faoin a dearna tú sin?** Why on earth did you do that?, **dada faoin ~** nothing at all, **Níl a fhios agam ón ~ anuas.** I haven't the foggiest notion., **Níl seans faoin ~ agat!** You haven't the slightest chance.

Spéirbhean f (-mhná; -mhná, -bhan) stunningly beautiful woman

ainnir young maiden, **banógh** virgin, **banphrionsa** princess, **bé** f maiden, muse, **bean bhreá** fine woman, **bruinneall (Dé)** goddess, stunner, **cailín clúdaigh** cover girl, **gleoiteog** neatly dressed and delightful young woman, **dea-bhean** virtuous woman, **leadhb** f stunner, **meabhróg** thoughtful, intelligent young woman, **meidhreog** frisky bubbly young woman/girl, **muirneog** affectionate and tactile young woman, **plúr na mban** beauty queen, the most beautiful of women, **scafaire mná** strapping young woman, **sciamhaí** beautiful woman, **spéirbhruinneall** f fair maiden, **stuaire** f handsome woman (see also: **bean**)

Spéis *f (~e)* interest, fondness
  ábhar matter, **ábhar inspéise** matter worthy of interest, **aird** attention, **aire** *f* care, attention, **anáil** interest, **bá** *f* sympathy, **baint** relevance, involvement, **caitheamh aimsire** hobby, diversion, pastime, **cás** concern, **ceanúlacht** fondness, affection, **ciall** *f (céille)* significance, **cion** *m (ceana)* affection, **connailbhe** attachment, affection, **croí istigh** passion, passionate interest (eg **Tá a croí istigh san ealaín.** She has a passion for art.), **cuid** *f (coda; codanna)* portion, share, **cúram** care, **dáimh** natural affection, **díograis** enthusiasm, **dúil** liking (eg **dúil i milseáin** liking for sweets), **fiosracht** curiosity, **gafacht** preoccupation; *(education)* involvement, **gean** fondness, **gníomhaíocht** activity, **grá** love, **infheistíocht** investment, **páirt** participation, **páirtíocht** involvement, participating, **paisean** passion, **scair** *f (business)* share, **spéisiúlacht** interestingness, **suim** interest, **tábhacht** importance, **tarraingt** attraction, lure, **treise** *f* weight, significance

  ◊ **An bhfuil ~ agat sa stair?** Are you interested in history?, **Chaill sé ~ inti.** He's lost interest in her., **más ann atá do ~** if that's what turns you on, **Níl ~ dá laghad agam ann.** It's of no interest to me at all., **Thug sí ~ don Ghaeilge.** She took an interest in Irish.

Speisialta *adj⁶* special
  áirithe particular, certain, **ait** strange, peculiar, **aonánach** one-off; individual, **ar leith** separate, special, **céimiúil** distinguished, **corr** odd, peculiar, **cruinn** accurate, precise, **cuí** appropriate, **dearscnaitheach** distinctive, excellent, **dlúth** intimate, **éagoiteann** uncommon, **éagsúlach** strange, uncommon, **eisceachtúil** exceptional, **eisiach** *(news)* exclusive, **faoi leith,** particular, specialised, **indibhidiúil** individual, **leithleach** apart, distinct, **neamhchoitianta** uncommon, unusual, **neamhghnách** unusual, extraordinary, **sain-** *pref* specific, **sainiúil** specific, **saintréitheach** characteristic, **sonrach** particular, specific, **sonraíoch** extraordinary, **suntasach** remarkable, **tábhachtach** important, **tofa** choice

Spéisiúil *adj⁴* interesting
  aisteach curious, **a chuirfeadh duine ag smaoineamh** thought-provoking, **a mhúsclaíonn fiosracht ionam** that intrigues me, **an-suimiúil** absorbing, **corraitheach** gripping, moving, **draíochtach** entrancing, bewitching, **dúspéisiúil** intensely interesting, **gríosaitheach** provocative, **inamhairc** viewable, **inspéise** worthy of interest, **meallacach** captivating; fetching, **mealltach** engaging; seductive, **pribhléideach** privileged, interesting, **siamsúil** entertaining, **spórtúil** sportive, amusing, **spraíúil** amusing, **spreagthach** stimulating, motivating, **suimiúil** interesting, **taitneamhach** appealing, pleasing, **tarraingteach** attractive, alluring

  ▲ **ceist an-~** fascinating question, **cuntas an-~ ar fad** an utterly compelling account, **cur chuige ~** interesting approach, **leabhar ~** engaging book, **scéal ~** illuminating tale, **smaoineamh ~** appealing idea, **tuairisc ~** absorbing report

Spiaire *m (~; -rí)* spy
  brathadóir informer, spy, **cúigiú colúnaí** fifth columnist, **cúléisteoir** eavesdropper, **gníomhaire dúbailte** double agent, **gníomhaire rúnda** secret agent, **oibrí faoi cheilt** undercover operative, **ollbhrathadóir** supergrass, **scrogaire** eavesdropper, rubberneck

Spiaireacht *f (~a)* spying
  brathadóireacht betraying, betrayal, **cúlchoimeád** spying, **cúléisteacht** eavesdropping, **faireachas** surveillance, **obair fhaisnéise** intelligence work, **leanúint ar shála (duine)** shadowing (a person), **obair faoi cheilt** undercover work, **sceith (rúin, scéil, etc)** leak (of a secret, of news, etc), **sceitheadh** leaking, divulging, **scrogaireacht** eavesdropping, **taiscéalaíocht** reconnaissance

Spíce *m (~; -cí)* spike
  beangán prong, **bior** *m (beara; ~anna)* pointed rod, spike; spit, **biorán** pin, needle, **dealg** *f (deilge)* thorn, spine, **scibhéar** skewer; sharp pointed object, **sleá** *f (~; ~nna)* spear, lance, **sparra** spike, **sparrán** small spike, **spéara** pointed object, spike, **spearbal** long, pointed object, **spiacán** spiky object, **spícead** long spiky object, **spícín** small spike; spicula, **spíon** spine, thorn, **spíonlach** *m* spines, thorns, **spiora** sharp projection; spur, **spioraicín** little spur; slender shoot, **spóca** spoke, **spor** spur (cf **spor sléibhe** mountain spur) (cf **spócaí rotha** spokes of a wheel), **sprochaille** *f* projection (cf **sprochaille ar charraig** projection on a rock), **tairne** nail *(see also: bior)*

Spíceach *adj³* spiky, bristly
  biorach pointed, pointy, **cocach** pointy, **deilgneach** thorny, barbed, **géar** sharp; bitter, **gobach** sticking out, pointy, **gocach** projecting, cocked, **guaireach** bristling, **ribeach** bristly, **rinneach** pointed, sharp, **scolbach** jagged, **spiacánach** with jagged/serrated edges, **spíonach** spiny, thorny, **sporach** spurred *(see also: biorach)*

Spiorad *m (-aid; -aid, ~)* spirit
  aigeantacht buoyancy, **anam** soul, **anamúlacht** exuberance, vitality, **atmaisféar** atmosphere, **beochan** animation, **beocht** liveliness, **beogacht** liveliness, **brí** *f* vigour, strength; meaning, **ceol** vigour, spirit, **croí** heart, **dásacht** daring, **gaiscíocht** prowess, bravery, **giodam** jauntiness, friskiness, **meanmnacht** spiritedness, **misneach** *m* strength of character, courage, **spionnadh** liveliness, vitality, zip, **spioradúlacht** spiritedness, courage, **spleodar** exuberance, vivacity, **sponc** spunk, spirit, courage,

> ■ **Tabhartais an Spioraid Naofa:** Gifts of the Holy Spirit:
> **aoibhneas** joy, bliss
> **cineáltas** kindness
> **cneasú** healing
> **cumhacht** power
> **dílseacht** faithfulness
> **fáidheadóireacht** prophesy
> **féile** f generosity
> **féinsmacht** self-discipline
> **foighne** f forbearance, tolerance, fortitude
> **grá** love
> **labhairt i dteangacha** speaking in tongues
> **maitheas** goodness
> **maithiúnas** forgiveness
> **misneach** m courage
> **séimhe** f gentleness
> **seirbhís** service
> **síocháin** peace
> **stuaim** self-control, level-headedness
> **suaimhneas** tranquillity, peace
> **trócaire** f mercy; compassion
> **tuiscint** understanding, discernment

sprid sprite; spirit, **taibhse** f ghost, **taise** f ghost, shade, **teaspach** m exuberance, hot passion

◊ An ~ **Naofa** the Holy Spirit, ~ **na haoise** the spirit of the age, the zeitgeist

Spioradálta adj[6] spiritual
creidimh (> **creideamh**) religious; concerning faith, **cráifeach** religious, devout, **Dé** (> **Dia**) divine, **diaga** godly, **diaganta** holy, devout, **eaglaiseach** ecclesiastical, **éitreach** ethereal, **ó Dhia** from God, godly, **tarchéimnitheach** transcendent, **meitifisiciúil** metaphysical, **naofa** holy, **neamhábhartha** incorporeal, immaterial, **neamhaí** heavenly, **neamhchorpartha** non-physical, bodiless, **neamhsaolta** ethereal, not of this world, **neimhe** (> **neamh**) heaven

Spioradáltacht f (~a) spirituality
creideamh faith, belief, **crábhadh** piety, piousness, **cráifeacht** devoutness, religiosity, **deabhóid** devotion, **diagacht** theology; devotion piety, **diagantacht** godliness, **nádúr neamhábhartha** immaterial nature, **meitifisiciúlacht** metaphysicality, **naofacht** holiness, **spioradachas** (rel) spiritualism, **tarchéimnitheacht** transcendence

Spíosra m (~; ~í) spice
anlann m sauce, **anlann goinbhlasta** relish, **blastán** seasoning, **blastanas** flavour, **goinbhlastacht** piquancy, **leasú** dressing, seasoning, **séasúr** seasoning, relish, **tarsann** condiment

Spíosraigh v[2b] spice (up)
beoigh enliven, **blaistigh** (food) season, **cuir beocht i** put life into, **cuir blas ar** flavour, **cuir brí i** vitalise, animate, **cuir spíosraí ar** add spices to, **cuir tarsann ar** season, **dúisigh** awaken, evoke, **geal** brighten, **géaraigh** hot up, **griog** tantalise, excite, **gríosaigh** rouse, **maisigh** (story) spice up, embellish, **spreag** inspire, excite, **múscail** awaken, stir

Spíosraithe pp spiced (up)
beoite enlivened, **blaistithe** (food) seasoned, **dúisithe** awakened, evoked, **gealta** brightened, **géaraithe** hotted up, **griogtha** tantalised, excited, **gríosaithe** aroused, roused, **inar cuireadh beocht** imbued with life/ liveliness, **inar cuireadh brí** vitalised, animated, **maisithe** (story) spiced up, embellished, **spreagtha** inspired, enthused, **múscailte** awakened, stirred

Spíosrú vn spicing (up)
beochan enlivening, **blaistiú** (food) seasoning, **cur beocht i** putting life into, **cur blas ar** flavouring, **cur brí i** vitalising, animating, **cur spíosraí ar** adding spices to, **cur tarsann ar** seasoning, **dúiseacht** awakening, evoking, **gealadh** brightening, **géarú** hotting up, **griogadh** tantalising, exciting, **gríosú** rousing, **maisiú** (story) spicing up, embellishing, **spreagadh** inspiring, exciting, **múscailt** awakening, stirring

Splanc 1 f (-aince; ~acha) flash
bladhaire flare, **bladhm** f flame, **coinneal** f glint, light, **drithle** f spark of light, gleam, **drithleacht** sparkle, glitter, **drithleog** little spark, **faghairt** fire, glint,

> ■ **Ar spíosraí agus luibheanna atá:** Spices and herbs include:
> **ainís** anise
> **basal** basil
> **borráiste gorm** borage
> **cainéal** cinnamon
> **cardamam** cardamom
> **clóbh** clove
> **costóg** chervil
> **cróch** m saffron
> **cuimín** cumin
> **dragan** tarragon
> **finéal** fennel
> **duilleog labhrais** bay leaf
> **fanaile** m vanilla
> **fíogadán** camomile
> **gairleog** garlic
> **gallfheabhrán** angelica
> **galluanán** angelica
> **ilspíosra** allspice
> **labhandar** lavender
> **luáiste** lovage
> **luibh Eoin Baiste** St John's Wort
> **lus an choire** coriander
> **lus mín** dill
> **lus na gcnámh briste** comfrey
> **maicis** mace
> **máirtín fiáin** oregano
> **marós** rosemary
> **miontas** mint
> **mustard** mustard
> **noitmig** nutmeg
> **oragán** oregano
> **oragán cumhra** marjoram
> **paiprice** paprika
> **peirsil** parsley
> **piobar** pepper
> **púdar curaí** curry powder
> **ruachán** rocket
> **sáiste** sage
> **samhadh** sorrel
> **sillí** m chilli
> **sinséar** ginger
> **síobhas** chive
> **siocaire** chicory
> **síolta cearbhais** caraway seeds
> **tím** thyme
> **tuirmirice** turmeric (see also: **glasraí**)

Splanc

fervour (cf **faghairt i súil** glint in the eye), **gealán** gleam, **gile** brightness, **glinniúint** glint, sparkle, **lasadh** flush, flaming, **lasair** *f (-srach)* blaze, sheen, **lasán** flame, flash, **léar** *m (~; ~anna)* glimmer, gleam, **léas** ray of light, **loinnir** *f* sparkle, **lonradh** radiance, **saighneán** sudden blast, flash, **scal** *f (-aile)*; flash; blast, burst, **scalán** small burst, flash, **solas** light, **spadhar** flash, fit (cf **spadhar feirge** flash of anger), **splaideog** spark, **splinc** glimmer, gleam; glance, **spréachadh** sparking, **spréacharnach** *f* sparkling, **taitneamh** shine, **tine** *f* fire, **tintreach** *f* lightning

▲ ~ **cheamara** camera flash, ~ **chéille** spark of sense, ~ **éirime** flash of genius, ~ **feirge** flash of anger, ~ **inspioráide** flash of inspiration, ~ **léargais** epiphany, ~ **nuachta** newsflash, ~ **thintrí** flash of lightning, ~ **thoirní** thunderbolt

Splanc 2 *v₁ₐ* flash, blaze (up), spark, flame

bladhm flame, flare up, **caoch** flash; blink; wink, **dealraigh** shine forth; illuminate, **las** light, **las suas** light up, **scal** flash, burst out, **splancáil** flash, **stíocáil** streak, flash, **taispeáin go tapa** to show quickly, to flash, **tar de phreab** arrive in a flash

Splancadh *vn* flashing

bladhmadh flaming, flaring up, **caochadh** flashing; blinking; winking, **dealrú** shining forth; illuminating, **lasadh** lighting, **lasadh suas** lighting up, **scaladh** flashing, bursting out, **splancáil** flashing, **stríocáil** streaking, flashing, **taispeáint go tapa** showing quickly, flashing, **teacht de phreab** arriving in a flash

Splanctha *pp* flashed

bladhmtha flamed, flared up, **caochta** flashed; blinked; winked, **dealraithe** shone forth, illuminated, **lasta** lit, lighted, **lasta suas** lit up, lighted up, **taispeánta go tapa** shown quickly, flashed, **scalta** flashed, burst out, **splancáilte** flashed, **tagtha de phreab** arrived in a flash

◊ **Tá sé ~ ina diaidh.** He's chasing after her., He has the hots for her., He is obsessed by her.

Spleách *adj⁵* dependent

ag brath ar reliant on, **andúilmhear** addicted, **cleithiúnach** dependent, **coibhneasta** relative, **éidreorach** helpless, **fo-** *pref* subordinate (cf **fo-oifigeach** subordinate officer), **gafa** hooked, **géilliúil** submissive, **géillsine** (> *géillsine*) of vassalage, **i muinín** in reliance, **i dtuilleamaí** in reliance/dependence (cf **i dtuilleamaí do thuismitheoirí** dependent on your parents; **i dtuilleamaí na déirce** relying on charity), **seadánach** parasitical, **siombóiseach** symbiotic, **tuilleamaíoch** dependent, **vasáilleach** vassal

Spleáchas *m (-ais)* dependence

andúil addiction, **brath** dependence, **cleithiúnas** dependence, **coibhneas** relationship, **dúil chráite** craving, **éidreoir** helplessness, **gá** need, **géilleadh** subordination, **gafacht** being hooked, **géilliúlacht** submissiveness, **géillsine** vassalage, **seadánachas** parasitism, **siombóis** symbiosis, **spleá** *f* subservience, dependence, **spleáchríoch** *f* dependent territory, **taobh le** party to, siding with, **tuilleamaí** dependence, **vasáilleacht** vassalage

Spleodar *m (-air)* exuberance, revelry, fun

aicsean action, crack, where-it's-at, **aigeantacht** spiritedness, **aigne** spirit, cheerfulness, **anamúlacht** animation, vitality, **beogacht** liveliness, **brí** *f* energy, bounce, frisk, **craic** crack, fun, revelry; chat, goings-on, **croíúlacht** heartiness, **díograis** fervour, enthusiasm, zeal, **fuinneamh** go, vigour, energy, **fuinniúlacht** vigorousness, **grianmhaireacht** sunniness, cheerfulness, **láthar** vigour, strength, **meanmnacht** spiritedness, **misneach** *m* mojo, courage, **móraigeantacht** high-spiritedness, vivacity, **muirn** festive mirth, exuberance (cf **muirn is meadhair na coirme** festive revelry and mirth), **pléireacht** revelry, gallivanting, **rabhait** revelry; riotous behaviour, **scleondar** excitement, elation, high spirits, **siamsa** entertainment, diversion, **siamsaíocht** amusement, having fun, **scléip** festivity, frolic, hilarity, **soilbhreas** merriment, joviality, **spionnadh** liveliness, vitality, zip, **spórt** sport, fun, **spraoi** fun, merriment, **suairceas** cheerfulness, **teaspach** *m* passionate spirit, exuberance

◊ **bheith lán de ~** to be full of exuberance, **Cuirfidh sé ~ inti.** It will perk her up.

Spleodrach *adj³* exuberant, cheerful, vivacious

aigeanta animated, spirited, **anamúil** lively, spirited, **ardmheanmnach** high-spirited, **beoga** lively, **bíogach** chirpy, **bíogúil** sprightly, **bladhmannach** blazing, **croíúil** hearty; cheerful, **díograiseach** enthusiastic, **faghartha** fiery, mettlesome, **fuinniúil** energetic, **geal** bright, **gealgháireach** bright and smiling, cheerful, **géimiúil** playful, sportive, **gliondrach** joyous, **lán den chraic** full of fun, **grianmhar** sunny, cheerful, **lúcháireach** elated, gleeful, **meanmnach** spirited, lively, **misniúil** courageous, **móraigeanta** high-spirited, **meidhreach** merry, **preabúil** lively, dashing, **rábach** bold, dashing, **riméadach** jubilant, ecstatic, **ruthagach** dashing, impulsive, **scafánta** strapping, vigorous, **scléipeach** hilarious, festive, **scóipiúil** joyous, cheerful, **soilbhir** jovial, cheery, **sona** happy, **sona sásta** chuffed, delighted, **spraíúil** amusing, full of fun, **spréacharnach** scintillating, **suairc** cheerful, **sultmhar** full of merriment, entertaining, **teaspúil** exuberant

▲ **amhrán ~** punchy song, **bualadh bos ~** exuberant applause, **ceiliúradh ~** riotous celebrating, **gártha molta ~a** rousing cheers, **nádúr ~** chirpy/effervescent nature, **ógbhean ~** feisty young woman, **pearsantacht ~** ebullient personality, **scéal**

Spoch ~ exhilarating tale, **searmanas** ~ *(cin)* glittering ceremony, **slua** ~ boisterous crowd, **taispeántas** ~ electrifying performance

Spoch v_{1a} tease, slag; castrate, geld
badráil bother, **bí ag magadh faoi** be making fun of, **bí ag scigireacht** be deriding, **bí ag siocadh le duine** be teasing a person, **bodhraigh** bother, weary, **briog** provoke, **buair** vex, perturb, **cancraigh** vex, annoy, **ciap** torment, harass, **clip** tease, torment, **coill** castrate, geld, **corraigh** disturb, rouse, **cráigh** torment, **cuir cantal ar** peeve, irritate, **feargaigh** anger, **gabh do** tease, **greannaigh** taunt, defy, **pioc ar dhuine** pick on a person, **saighid** provoke, aggravate, **scaoil faoi** tease, **séid faoi dhuine** rile, needle a person

Spochadh *vn* slagging
badráil bothering, **bodhrú** bothering, wearying, **buaireamh** vexing, perturbing, **cancrú** vexing, annoying, **ciapadh** tormenting, harassing, **coilleadh** castrating, gelding, **corraí** disturbing, rousing, **cur cantal ar** peeving, irritating, **crá** tormenting, **cur cantal ar** peeving, irritating, **feargú** angering, **fonóid (faoi)** jeering, scoffing (at), **gabháil do** teasing, **greannú** taunting, defying, **piocadh ar dhuine** picking on a person, **saighdeadh** provoking, aggravating, **magadh (faoi)** mocking laughing (at), **scaoileadh faoi** teasing, **scigireacht** deriding, **séideadh faoi dhuine** riling, needling a person, **siocadh le** teasing

◊ **Bíonn sé i gcónaí ag ~ asainn.** He's always slagging us.

Spochta *pp* teased, slagged; castrated, gelded
badráilte bothered, **bodhraithe** bothered, wearied, **buartha** vexed, perturbed, **cancraithe** vexed, annoyed, **ciaptha** tormented, harassed, **coillte** castrated, gelded, **corraithe** disturbed, roused, **cráite** tormented, **feargaithe** angered, **greannaithe** taunted, defied, **saighdte** provoked, aggravated, **séidte** riled, needled

Spontáineach *adj*[3] spontaneous; *(adv)* **go ~** spontaneously
ar ala na huaire on the spur of the moment, **ar an bpointe boise** at the drop of a hat, **as do sheasamh** ad lib (cf **labhairt as do sheasamh ar ábhar** to ad lib

---

■ **Ar na spóirt is comónta atá:**
Common sports include:

aclaíocht acrobatics
aeróbaic (uisce) (aqua-) aerobics
ailleadóireacht rock/cliff climbing
babhláil (deich bpionna) (ten-pin) bowling
badmantan badminton
bádóireacht boating
billéardaí billiards
bobshleamhnánú bobsleighing
boghdóireacht archery
bollaí bowls
cairtíneacht (easbhóthair) (off-road) go-karting
caitheamh meáchain shot put
caitheamh na sleá javelin throwing
caitheamh na teisce throwing the discus
camógaíocht camogie
canúail canoeing
cearáité karate
céim-aeróbaic step aerobics
cispheil basketball
coraíocht wrestling
cruicéad cricket
curachóireacht canoeing
curláil curling
dairteanna darts
daorchluiche baseball
dornálaíocht boxing
draigrásaíocht drag-racing
dreapadóireacht climbing
ealaíona comhraic (measctha) (mixed) martial arts
eitleogaíocht kite flying
eitpheil volleyball
faoileoireacht (foluana) (hang-) gliding
galf golf
gaothshurfáil windsurfing
gleacaíocht gymnastics
gluaisrothaíocht motorcycling
haca hockey
haca oighir ice hockey
iascaireacht fishing
iascaireacht slaite le cuileog fly fishing
iomáint hurling
iománaíocht hurling
iomrascáil wrestling
jagáil jogging
júdó judo
lámhach crécholúr clay-pigeon shooting
leadóg bhoird table tennis
leadóg tennis
léim ard high jump
léim chuaille pole vault
léim fhada long jump
liathróid láimhe handball
líonpheil netball
luamhaireacht yachting
lúthchleasaíocht athletics
maratón marathon
parafaoileoireacht paragliding
peil football
peil Ghaelach Gaelic football
peil Mheiriceánach American football
pionsóireacht fencing
póló (uisce) (water) polo
pool púl
rásaíocht (chapall) (horse) racing
rásaíocht (chon) greyhound racing
rásaíocht carranna motor/auto racing
rásaíocht gluaisrothair thrastíre motocross
rith *m* running
rópadóireacht anuas abseiling
rothaíocht (sléibhe) mountain biking
rothaíocht cycling
rugbaí rugby
sacar soccer
scátáil (oighir) (ice) skating
scátáil ar lanna rollerblading
scátáil fhíorach figure skating
scátáil rollála roller skating
sciáil (uisce) (water) skiing
scuais squash
seoléimneach *f* showjumping
seoltóireacht sailing
siúl walking
slatiascaireacht angling
sléibhteoireacht mountaineering
snámh (sioncrónaithe) (synchronised) swimming
snúcar snooker
spéirthumadóireacht skydiving
surfáil eitleoige kite surfing
surfáil surfing
tobaganáil tobogganing
tógáil meáchan weightlifting
trampailíneacht trampolining
tras-tíre cross-country
treodóireacht orienteering
tumadóireacht (scuba) (scuba) diving
uaimheadóireacht potholing

on a subject), **as maoil do chonláin** in a flash, **de réir mar a thagann na smaointe chugat** off the cuff, **gan iarraidh** without asking, unprompted, **gan ullmhú** without preparation, **go frithluaileach** by reflex, **go hinstinneach** instinctively, **go nádúrtha** naturally, **in áit na mbonn** extempore, **go neamhthoiliúil** involuntarily, **go saor** freely, **ó instinn** from instinct, **soineanta** artless, **uaidh féin** by itself, automatically

Spontáineacht *f (~a)* spontaneity
luathintinneacht impulsiveness, **géarintinneacht** quick-wittedness, **instinn** instinct, **instinneacht** instinctiveness, **neamh-réamhullmhú** impromptu, extemporaneity, **tobainne** suddenness, **sciolladh beo-intinneach** quick-witted banter, **soineantacht** artlessness, **tobchumadóireacht** improvisation

Spórt *m (-óirt; -óirt, ~)* sport, fun
ábhacht diversion, fun, jesting, **abhlóireacht** clowning, acting the fool, **áilteoireacht** skylarking, **amaidí** tomfoolery, **an-taidhm** great time, **breallántacht** buffoonery, **brealsúnacht** silliness, **caitheamh aimsire** pastime, hobby, diversion, **cluiche** game, match, **craic** *f* fun, crack, **fastaím** amusement, passing the time (cf **Rinne mé é ar fastaím** I did it for the fun of it), **géim** game, readiness to have fun, **greann** jest, joke; fun, **feamaíl** gadding about, **fóillíocht** leisure, recreation, **fonóid** jeering, slagging (cf **focal ~e** gibe), **imirt** playing, play, **magadh** joking; mocking, **meanma** *f (~n)* cheer, **meidhir** *f (-dhre)* mirth, gaiety, **meidhréis** jollity, friskiness, **pléaráca** horseplay, **pleidhcíocht** messing, tomfoolery, **pléisiúr** pleasure, enjoyment, **ragairne** *m* revelling; painting the town red, **ráigíocht** gadding about, **raillíocht** rakishness, **rampaireacht** doing sporty things, **ráistéireacht** roistering, **rancás** high jinks, **scléip** fun, revelry, sport, **siamsa** entertainment, fun, **soilbhreas** joviality, merriment, **spochadh** teasing, **spochadóireacht** teasing; mock fighting, **spórtaíocht** sporting, recreation, pastime, **spórtúlacht** sportiveness, **spraoi** fun, merriment, **suairceas** joy, cheerfulness, **súgradh** playing, frolicking, **tanfairt** gaiety, merriment *(see also: **cluiche**)*

Spórtúil *adj⁴* sporty, sporting, sportive
corpacmhainneach fit, **féitheogach** sinewy, **fleascach** youthful, sportive, **géimiúil** athletic, sportive, **gníomhach** active, **lúitheach** wiry, muscular, **lúfar** *(person)* athletic, **lúthchleasach** *(sp)* athletic, **macnasach** frisky, sportive, **matánach** muscular, **meidhreach** frisky, sportive, mirthful, **siamsúil** entertaining, fun, **spraíúil** playful, sportive, **súgrach** playful *(see also: **scléipeach**)*

Spórtúlacht *f (~a)* playfulness; sportiveness
ábhacht diversion, fun, jesting, **aeraíocht** having a good time, **corpacmhainn** fitness, **craic** *f* fun, crack, **géimiúlacht** gameness, sportiveness, **gníomhaíocht** activity, activeness, **lúfaireacht** agility, suppleness,

lúithnireacht athleticism, **lúthchleasaíocht** athletics, **meidhir** friskiness, sportiveness, **scléip** sport, hilarity, fun, **scleondar** excitement, elation, high spirits, **scóipiúlacht** *f* high spirits, **spraoi** fun, spree, sport, **siamsa** entertainment, fun, **siamsaíocht** having fun; entertainment, **spleodar** exuberance, revelry, fun, **súgracht** playfulness, sportiveness, **súgradh** playing, frolicking *(see also: **scléip**)*

Spota *m (~; ~í)*
1. spot
ball spot (cf **ball gréine** sunspot), **ballóg** speck, **beagán** little, **bricín** freckle, **dúradán deannaigh** speck of dust, **goirín** pimple, **gráinnín** speck, **láthair** *f (-thrach; -thracha)* spot, site, place, **pas beag** little bit, tad, **sáinn** predicament, **smáileog** smudge, spot, **smál** stain, **teimheal** blemish *(see also: **smál**)*

▲ **~ oibre** spot of work

2. blemish, stain
aithis slur, **lorg** blemish, trace, **míchlú** disrepute, **náire** shame, **smearadh** smear, **smál** stain, **teimheal** blemish *(see also: **smál**)*

Spotach *adj³* spotty
ballach spotty, **breac** speckled, **breactha** speckled, **bricneach** freckled, **brocach** speckled grey, **faoi smáil** spotted, stained, **goiríneach** pimply, **ilbhreac** highly speckled, **poncaithe** dotted, **sceadach** *(animal)* blazed *(see also: **breac**)*

Sprae *f (~; ~nna)* spray
ceobhrán mist, **cithfholcadh** shower, **cuaifeach** *m* **uisce** waterspout, **gal** *f* **uisce** water vapour, **scaird** jet, squirt, **splais** splash, **splaisearnach** *f* splashing, **spraeáil** spraying, dousing, **sprais** spattering, splash, **steall** *f* splash, **stealladh** splashing, **steanc** splash, **spraeire** sprayer, **spréachadh** sprinkling, spraying, **spreachall** sprinkle, spatter, **spreachallú** spattering, sprinkling *(see also: **spraeáil, srúmáil**)*

Spraeáil 1 *v₁ₑ* spray
báigh drown, **bí ag splaisearnach le huisce** be splashing with water, **croith** shake, sprinkle, **doirt uisce ar** pour water on, **fliuch** wet, **spréach** sprinkle, **spréigh** spatter, sprinkle; spread, **speachallaigh** spatter, sprinkle, **spriúch** splutter, **steall uisce ar** splash with water, **tabhair cith do** give a shower to, shower, **taisrigh** dampen; humidify

Spraeáil 2 *vn* spraying
bá drowning, **cithfholcadh** showering, **croitheadh** shaking, sprinkling, **doirteadh uisce ar** pouring water on, **fliuchadh** wetting, **splaisearnach** splashing, **spréachadh** sprinkling, **spré** spattering, sprinkling; spreading, **speachallú** spattering, sprinkling, **spriúchadh** spluttering, **stealladh uisce ar** splashing with water, **steancadh** splashing, **taisriú** dampening; humidifying

Spraeáilte

~ **barr** spraying off crops
~ **gruaige** spraying of hair
~ **lotnaidicíde** spray of pesticide
~ **uisce** spraying water

Spraeáilte *pp* sprayed
báite drowned, **croite** sprinkled, **doirte le huisce** poured over with water, **fliuchta** wetted, made wet, **spréachta** sprinkled, **spréite** spattered, sprinkled, **spreachallaithe** spattered, sprinkled, **spriúchta** spluttered, **steallta le huisce** splashed with water, **taisrithe** dampened; humidified

Spraíúil *adj⁴* playful, sportive, amusing
ábhachtach jocose, droll, **aeraíochta** (> *aeraíocht*) fun, entertaining, **galamaisíoch** playful, **greannmhar** humorous, amusing, **macnasach** playful, frisky, exuberant, **pléascánta** exuberant, **ragairneach** revelling, **rancásach** frolicsome, frisky, **reabhrach** playful, sportive, **sceidealach** excitable; excited, **siamsúil** entertaining, amusing, **spórtúil** sporty, fun, **súgrach** playful, sportive, **sultmhar** enjoyable, pleasant

▲ **aoibh** ~ ebullient mood, **dráma** ~ amusing play, **lá** ~ fun day, **spochadh** ~ playful banter, lighthearted slagging, **stócach** ~ sportive young chap

Spraíúlacht *f (~a)* playfulness, sportiveness, amusement
ábhacht jocosity, drollery, **aeraíocht** fun, entertainment, **galamaisíocht** playfulness, **greann** humour, amusement, **piollardaíocht** amusing oneself, acting the playboy, **pléaráca** high jinks, boisterous merrymaking, **pléascántacht** exuberance, **ragairne** revelling, **rancásaí** frolicsomeness, friskiness, **siamsa** entertainment, amusement, **spórt** sport, fun, **súgracht** playfulness, sportiveness, **sult** enjoyment, pleasantness

Spraoi *m (~; -aíonna)*
1. fun
ábhacht diversion, fun, jesting, **ábhaillí** playfulness, mischievousness, **aeraíocht** outdoor amusement, entertainment, **áineas** play, sport, pleasure, **an-taidhm** great time, **cleasaíocht** trickery, playfulness, **craic** *f* fun, crack, **fíbíneacht** capriciousness, **greann** jest, joke; fun, **macnas** playfulness, frolicking, **pléaráca** horseplay, revelry, **ragairne** revelling late into the night; rakishness, **rancás** high jinks, **réamhshúgradh** foreplay, **seó** fun, sport, **siamsa** entertainment, amusement, **spleadh** *f (-eidhe)* (lit) play sport; feat, **spórt** sport, fun, **spórtúlacht** sportiveness, **súgradh** playing, **sult** enjoyment, **taitneamh** enjoyment

◊ **Ba mhór an ~ é!** It was great fun., **Bhí an-~ againn ag an gcóisir.** We had great fun at the party., **Chuaigh siad ar an ~ aréir.** They went out on the town last night., They went out gallivanting.

2. **ag déanamh ~** having fun; frolicking
ag aeraíocht having a fun time in the open air, **ag cleasaíocht** tricking around, **ag déanamh aeir** having fun, **ag déanamh grinn** having a joke, **ag feamaíl** gallivanting, **ag fíbíneacht** gadding about; **ag lacstráil** living it up, living the easy life, **ag pocaireacht** gambolling, frolicking, **ag ragairne** revelling, roistering; painting the town red, **ag ráigíocht** gadding about, gallivanting, **ag reabhradh** playing, frolicking, **ag rinceáil** gambolling, capering, frisking, **ag ruathaireacht** gadding about, **ag súgradh** playing, frolicking, **i mbun pléaráca** indulging in boisterous merrymaking; living the life of a playboy, **i mbun rancáis** getting up to high jinks, romping around

Spré 1 *f (~; ~anna)* dowry; wealth, property
áirithe *f* dowry; allotted portion (cf **bean a bhfuil áirithe mhaith aici** a woman who has a good dowry), **comhaontú réamhphósta** prenuptial agreement, **crodh** *m (-oidh)* dowry; cattle, wealth, **maoiniú** endowment, **oidhreacht** inheritance, **tionscra** (lit) bride price, dower, **tochra** bride price, dower

○ An **spré** *the dowry* was originally, according to **Dlíthe na mBreithiúna** *the Brehon Laws,* paid by the **grúm** *bridegroom* to the father of the **brídeach** *bride.* In accordance with these ancient laws, anything that the bride brought into the marriage remained her property. Later the custom changed and the dowry was paid to the groom. Any money that was received in the **spré** or the **tionól** *gathering of gifts from friends and relatives* might well be set aside to finance offspring who needed to emigrate. **Spréanna** *dowries* might also consist of **trealamh feirme** *farming equipment,* **capaill** *horses,* **eallach** *cattle* or **talamh** *land.* According to certain agreements, part of the dowry would be paid on the wedding day and the rest after the birth of the first child.

Spré 2 *vn* spreading, dispersing
craobhscaoileadh broadcasting, **dul i leithne** getting broader, **fairsingiú** broadening, **forleathadh** spreading widely, **leathadh** spreading, **leathnú** broadening, **oscailt amach** opening out, **radadh** throwing, casting, **scaipeadh** scattering, **scoiteach** *f* dispersion; scurrying, scattering, **síneadh amach** stretching out, sprawling out, **síolú** disseminating, **síolrú** propagating, **srathnú** spreading, stretching out, **tarchur** transmitting, **teilgean** projecting, flinging (see also: *spraeáil 2*)

◊ **Tá sé ag ~ ar an saol.** He's putting on a lot of weight.

Spréach 1 *f (-éiche; ~a, ~)* spark
adhaint ignition, **aibíocht** liveliness, friskiness, **aigeantacht** spiritedness, **aithinne** *f* spark; firebrand, **beocht** life, liveliness, **coinneal** *f* glint, light, **crithir** spark, **drithle** sparkle, spark, **inspioráid** inspiration, **loinnir** glint, gleam, **spiorad** spirit, **splanc** *f* flash, **spré** *f (~; ~acha)* spark, ember, **spréachadh** sprinkling;

sparking, **spréachaire** sparkler, **spreachall** sprinkle; spatter, **spréachán** small spark, **spreagadh** impetus, **spréóg** small spark, **sprinlín** small spark, scintilla, **tine** f fire

▲ ~**adhaint** spark ignition, ~**bhraon** sprinkle of rain, ~**phlocóid** sparking plug

Spréach 2 v_{1a} spark, fire up; sprinkle
adhain ignite, **beoigh** enliven, **corraigh** arouse, **croith** shake; sprinkle, **drithligh** sparkle, glitter, **gríosaigh** inflame, **las** light, **lonraigh** twinkle, sparkle, glint, **múscail** awaken, **saighid** provoke, **splanc** spark, flash, blaze, **spraeáil** spray, **spreachallaigh** sprinkle, **spreag** incite, **spréigh** sprinkle, spread, **spriúch** splutter, fly into a passion, **suaith** fire up, excite

~ **sí liom faoi sin.** She blew up at me over that.
~ **siad uisce orainn.** They sprayed us with water.
~ **sin go mór mé.** That greatly infuriated me.
~ **sin m'fhiosracht.** That aroused my curiosity.

Spréachadh vn sparking, firing up; sprinkling
adhaint igniting, **beochan** enlivening, **corraí** arousing, **croitheadh** shaking; sprinkling, **drithliú** sparkling, glittering, **gríosú** inflaming, **lasadh** lighting, **lonrú** twinkling, sparkling, glinting, **múscailt** awakening, **saighdeadh** provoking, **splancadh** sparking, flashing, blazing, **spraeáil** spraying, **spreachallú** sprinkling, **spreagadh** inciting, **spré** sprinkling, spreading, **spréacharnach** f sparkling, **spriúchadh** spluttering, flying into passion, **suaith** firing up, exciting

▲ ~ **an amhrais** arousal of suspicion, ~ **an chapaill** the kicking of the horse, ~ **na báistí** spitting of the rain, ~ **na bpiléar** spraying of the bullets, ~ **na coinnle** sputtering of the candle, ~ **na dtithe** scattering of the houses, ~ **na tine** flickering of the fire

Spréachta pp sparked, fired up; sprinkled
adhainte ignited, **beoite** enlivened, **corraithe** aroused, **croite** shaken; sprinkled, **drithlithe** sparkled, glittered, **gríosaithe** inflamed, **lasta** lighted, lit, **lonraithe** twinkled, sparkled, glinted, **múscailte** awakened, **saighdte** provoked, **splanctha** sparked, flashed, blazed, **spraeáilte** sprayed, **spreachallaithe** sprinkled, spread, **spreagtha** incited, **spréite** sprinkled, **spriúchta** spluttered, flashed into a passion/rage, **suaite** fired up, excited

Spreag v1a inspire, urge, encourage
brostaigh urge, **brúigh ar** press/push for (eg **ag brú orm chun freagra a fháil** pressing me for an answer), **calmaigh** strengthen, encourage, **coip** enthuse, **comhairligh** advise, counsel, **comhéignigh** compel, **cuir ar bun,** instigate, establish, **cuir chun cinn** advance, **cuir dlús le** precipitate, **cuir faoi deara** cause, **cuir i gcrích** effect, **cúisigh** cause, **dírigh** direct, **dúisigh** awaken, rouse, **gríosaigh** urge, **meanmnaigh** hearten, encourage, **misnigh** encourage, hearten, **mol** praise, **mol do** advise, recommend, **múscail** arouse, **pléadáil** advocate, **seas ar** insist upon, **séid faoi** goad, **spor** spur (cf **capall a sporadh** to spur on a horse), **tabhair misneach do** give heart/courage to, **tabhair uchtach do** give encouragement to, **tacaigh** support, back, **tarraing** occasion, **tathantaigh** urge, incite, **tionscain** instigate, **tosaigh** initiate, **treoraigh** guide, direct

~ **a briathra an slua.** Her words roused the crowd.
~ **an tsaint é.** Greed drove it/him on.
~ **sé a mianta.** He aroused/excited her passion(s).
~ **sé an t-aos óg.** He inspired the young.
~ **sin seanchuimhne.** That jarred an old memory.
~ **smaoineamh mé.** A thought occurred to me.

◊ **Cad a ~ thú an t-amhrán a chumadh?** What inspired you to compose the song?

Spreagadh vn encouraging; stimulating
brostú urging, **brú** pushing, pressure, **calmú** strengthening, encouraging, **comhairliú** counselling, advising, **comhéigniú** compelling, forcing, **cur chun cinn** advancement, **cur faoi deara** causing, **cur i gcrích** effecting, **díriú** directing, **dreasacht** incentive, inducement, **dúiseacht** awakening, rousing, **gríosú** urging, motivating, **inspreagadh** inspiration, **misniú** encouraging, heartening, **moladh** praising; advice, recommendation, **múscailt** arousing, **pléadáil** advocacy, **seasamh ar** insisting upon, **séideadh faoi** goading, **sporadh** spurring on, **sporaíocht** spurring on (eg **ag sporaíocht orainn** spurring us on), **spreagthacht** stimulation; (med) excitant, **spreagthóir** stimulant, stimulator (cf **spreagthóir brillín** clitoral stimulator), **tabhairt misneach do** giving heart/courage to, **tabhairt uchtach do** giving encouragement to, **taca** support, **tacaíocht** support, backing, **tarraingt** occasioning, **tathant** urging, inciting, **tionscnamh** instigating; project, **tosú** initiating, **treorú** guiding, directing, **ugach** m encouragement; confidence, courage

▲ ~ **an bhrillín** clitoral stimulation, ~ **chun damhsa** urging to dance, ~ **chun foghlama** incentive to learn, ~ **feirge** provocation of anger, ~ **intinne** mental stimulation, ~ **le haghaidh gnó nua** an incentive for a new business, ~ **le haghaidh imreoirí** encouragement for players.

◊ **Cad é an ~ taobh thiar den pholasaí nua?** What's the motivation behind the new policy?, **Rinne sí é gan ~ ar bith.** She did it without any prompting.

Spreagtha pp inspired, motivated, encouraged
brostaithe urged on, **calmaithe** strengthened, encouraged, **coipthe** enthused, **comhairlithe** counselled, advised, **comhéignithe** compelled, **curtha ar bun,** instigated, established, **curtha chun cinn** advanced, **curtha faoi deara** caused, **curtha i gcrích** effected, **dírithe** directed, **dúisithe** awakened, roused, **gríosaithe** urged, motivated, **misnithe** encouraged, heartened, **molta** praised; advised, recommended,

Spreagthach

múscailte aroused, pléadáilte advocated, séidte inflamed, tacaithe supported, backed, tarraingthe occasioned, tathantaithe urged, incited, tionscnaithe instigated, tosaithe initiated, treoraithe guided, directed

▲ **lucht leanúna** ~ excited fans, **néaróg** ~ stimulated nerve, **píosa** ~ inspired piece

Spreagthach *adj³* stimulating
coipthe simmering; whipped up, **corraitheach** provocative; stirring, emotional, **dúisitheach** wakening, evocative, **gríosaitheach** stimulating, provocative, **inspioráideach** inspiring, **íocshláinteach** reviving, restorative, **múscailteach** wakeful, **spreagúil** inspiring, **gríosaitheach** stirring, incendiary

▲ **amhrán** ~ rousing song, **caint** ~ motivating talk, **ceol** ~ stirring music

Spreagthóir *m (-óra; ~í)* prompter; inciter; motivator **brostaitheoir** stimulator, inciter, **cothaitheoir** instigator, **gríosóir** agitator; stirrer, inciter, **leideoir** *(drama)* prompter, **tionscnóir** instigator, **tosaitheoir** initiator; beginner, **saighdeoir** inciter, **speachaire** irascible person, **suaiteoir** agitator, **údar** author, cause *(see also: **spreagadh**)*

Spreagúil *adj⁴* inspiring, exciting, encouraging
a thugann dóchas encouraging, **anamúil** lively, **athbhríoch** reinvigorating, tonic, **beoga** full of vitality, **bríomhar** potent, **brostaitheach** inciting, stimulating, **brufar** ardent, fiery, **coinneálach** sustaining, supportive, **croíúil** whole-hearted, hearty, **dinimiciúil** dynamic, **díocasach** fervent, keen, eager, **díograiseach** enthusiastic, **dúisitheach** evocative, **fuinniúil** energetic forceful, **gríosaitheach** stirring, provocative, **iodhlannach** passionate; turbulent, **múscailteach** rousing, **paiseanta** passionate, **spleodrach** exuberant, **spreacúil** forceful, energetic *(see also: **díograiseach, fuinniúil**)*

▲ **dreas traenála** ~ energizing workout, **iomann** ~ uplifting hymn, **leabhar** ~ stimulating book/read, **óráid** ~ motivational speech, **taispeántas** ~ inspiring performance, **smaoineamh** ~ provoking thought

Spréigh *v₁g* spread
craobhscaoil broadcast, **fairsingigh** broaden, **forleath** spread widely, **leath** spread, **leathnaigh** broaden, widen, **oscail amach** open out, **rad** throw, cast, **scaip** scatter, **sín amach** stretch out, sprawl out, **síolaigh** disseminate, **síolraigh** propagate, **spraeáil** spray, **srathnaigh** spread, stretch out, **tarchuir** transmit, **téigh i leithne** get/become broader, **teilg** project, fling *(see also: **spraeáil 1**)*

◊ ~ **a bhfuil sa mhála ar an mbord!** Spread the contents of the bag on the table!, ~ **an gearrcach a sciatháin den chéad uair agus d'imigh ar eiteog.** The fledgling spread its wings for the first time and flew

Sprioc

off., ~ **do chosa!** Spread your legs!, **Spréití an mhóin mar seo lena triomú.** The turf used to be spread in this way for drying.

Spréite *pp* spread, sprawled, dispersed
craobhscaoilte broadcast, **dulta i leithne** gotten broader, **fairsingithe** broadened, **forleata** spread widely, **leata** spread, **leathnaithe** broadened, widened, **oscailte amach** opened out, **radta** thrown, cast, **scaipthe** scattered, **sínte amach** stretched out, sprawled out, prostrated, **síolaithe** disseminated, **síolraithe** propagated, **srathnaithe** spread, stretched out, **tarchurtha** transmitted, **teilgthe** projected, flung

▲ **bláth** ~ fully opened flower, **córas** ~ spraying system, **craobhacha** ~ splayed branches, **solas** ~ diffused light

Spréiteachán *m (-áin; -áin, ~)* sprawler
crúbadán a dhéanamh de dhuine to knock a person off their feet, **duine a leagan ar shlat a dhroma** to floor/flatten a person, **steipineach a dhéanamh de duine** to send a person sprawling, **stiúda (marbh) a dhéanamh de dhuine** to knock a person stone cold

◊ ~ **a dhéanamh de dhuine** to send a person sprawling

Sprid *f (~e; ~eanna)* sprite
badhbh *f* **na coille duibhe** the bogeyman, **bean** *f* **sí** banshee, **bocánach** *m* goblin, **diaibhlín** imp, **fear an froc bháin** the bogeyman, **gailtean** *f* sylph, **ginid** genie, sprite, **gruagach** *m* hairy monster; goblin, **leipreachán** leprechaun, **lucharachán** gnome, **lucht sí** fairy people, **nimfeach** *f* nymph, **nimfeach choille** dryad, **nimfeach** *f* **uisce** naiad, **ollphéist uisce** kelpie, **púca** pooka, puck; bogeyman, **púca beag** imp, **síbhean** *f* nymph, **síofra** elf, **sióg** fairy, **síogaí uisce** water sprite, **síogaí** pixie, **taibhse** *f* ghost, **taibhse an chnádáin** the bogeyman *(see also: **púca, spiorad**)*

Sprioc 1 *f (-ice; ~anna)* target, mark, appointed time
aidhm aim, **aidhm dheiridh** end purpose, **aigne** intention, mind, **aisling** dream, pipe dream, **bara** *f* inclination, intention, **ceann scríbe** destination, **ceann sprice** finishing post, **críoch** limit, boundary, **cuspa** cusp, **cuspóir** objective, goal, **dóchas** hope, **marc** target, goal, **meabhair** mind, intention, **rún** intention, **súil sprice** bullseye, **targaid** target, **uaillmhian** *f* ambition

▲ **~-áit** appointed place, **~-am** appointed time, **~dháta** target date, **~lá** appointed day, **~uair** appointed hour

Sprioc 2 *v₁ₐ* mark out, stake out, fix *(date, time, etc)*
ainmnigh name, animate, **cainníochtaigh** quantify, **ceap** appoint (eg **lá a cheapadh** to appoint a day), **cinn** decide, **cuir in áirithe** set aside, reserve, **eagraigh** arrange, **leag amach** lay out, stake out (eg **straitéis a leagan amach** to stake out a strategy), **marcáil amach**

Spriocadh vn mark out, **pioc** pick, **pointeáil** fix, appoint, **roghnaigh** choose, **sainmhínigh** define, **socraigh** settle, **stang** stake out (cf **talamh a stangadh** to stake out land), **togair** desire, choose, **togh** elect

Spriocadh vn marking out, staking out, fixing *(date, time, etc)*
ainmniú naming, animating, **cainníochtú** quantifying, **ceapadh** appointing, **cinneadh** deciding, **cur in áirithe** setting aside, reserving, **eagrú** arranging, **leagan amach** laying out, staking out, **marcáil amach** marking out, **piocadh** picking, **pointeáil** fixing, appointing, **roghnú** choosing, **sainmhíniú** defining, **socrú** settling, **stangadh** staking out, **togradh** desiring, choosing, **toghadh** electing

Sprioctha pp marked out, staked out, fixed *(date, time, etc.)*
ainmnithe named, animated, **cainníochtaithe** quantified, **ceaptha** appointed, **cinnte** decided, **curtha in áirithe** set aside, reserved, **eagraithe** arranged, **leagtha amach** laid out, staked out, **marcáilte amach** marked out, **pioctha** picked, **pointeáilte** fixed, appointed, **roghnaithe** chosen, **sainmhínithe** defined, **socraithe** settled, **stangtha** staked out

◊ **ar an lá** ~ on the appointed day

Sprionga *m (~; ~í) (mec)* spring
aisléim recoil, **corna** coil, **lingeacht** springiness, **lingeán** *(mec)* spring, **preabarnaí** bounciness, **spreang** spring, jump, **tuailm** *(mec)* spring

Sprionlaithe *adj⁶* miserly, mean
ainnis miserable, **barainneach** parsimonious, **ceachartha** close-fisted, niggardly, **ceapánta** niggardly, **cíocrach** avaricious, **cruinn** tight-fisted, **daoithiúil** niggardly, churlish, **doicheallach** grudging, **gabhálach** avaricious, grasping, **gann** mean, sparing, **gannchúiseach** penurious, stingy, **gar** mean, stingy, **gortach** stingy, **gortaíola** (> *gortaíl*) curmudgeonly, **greamastúil** grasping, close-fisted, **lompasach** niggardly, sparing, **neamhdhéirceach** uncharitable, **neamhfhiúntach** ungenerous, unworthy, **sábhálach** sparing, **santach** greedy, **suarach** mean, miserable, **tíosach** thrifty *(see also: spárálach)*

Sprionlaitheacht *f (~a)* miserliness, meanness
ainnise meanness, **barainn** parsimoniousness, **ceachartacht** miserliness, cheapness, **ceapántacht** niggardliness, **cruacht** hardness, stinginess, **cruas** hardness, meanness, **cruinneas** frugality, sparingness, **dúlaíocht** cold niggardliness, **gannchúis** penury, stinginess, **gorta** meanness; famine, **gortaíl** stinginess, **greamastúlacht** close-fistedness, **picéireacht** miserliness, niggardliness, **scrabhdóireacht** miserliness, scraping, **saint** greed, **stinsireacht** stinginess, **tíos** frugality; thriftiness, **truailleachas** miserliness, wretchedness

Sprionlóir *m (-óra; ~í)* miser; cheapskate, skinflint
ainniseoir miserable, worthless person, misery guts, **baorthach** *m* miser, **ceachaire** cheapskate, **cnat** miserable niggardly person, **cníopaire** penny-pinching skinflint, **cráiteachán** miserable wretch, miser, **cráiteoir** miser; tormentor, **cnuasaitheoir** hoarder, penny pincher, **duine ceachartha** tight-fisted person, **dúlaíoch** *m* niggardly person, **cíocrachán** avaricious person, **gortachán** cheapskate, **néigear** niggard, **péisteánach** *m* contemptible miserly person, **sainteoir** greedy/covetous person, **santachán** greedy person, **scanróir** miser, **scrabhdóir** penny pincher, miser; scraper **scríbín** miser, scrooge, **scríobálaí** miser, scraper, **scrúile** miser, **suarachán** miserably mean person; vile individual, **spárálaí** sparing, frugal person, **stiocaire** cheapskate, **truailleachán** tight-arsed miser

Spúinse *m (~; -sí)* sponge
adhairtín *(med)* compress, **císte** ~ sponge cake, **comhbhrúiteán** *(med)* compress, **maipín** swab, **mapa** mop, **múscán** sponge, **páipéar súite** blotting paper, **táithín** swab

Spúinseach *adj³* spongy
bog soft, **leaisteach** elastic, **póiriúil** porous, **preabach** springy, **stuáilte** cushioned, **súiteach** absorbent

Spúnóg *f (-óige; ~a, ~)* spoon; spoonful
gléas taosctha bailing/pumping device, **ladar** dipper, ladle, **liach** *f (léiche; ~a, ~)* ladle, **sluasaid** shovel, **taomán** bailer, scoop

▲ ~ **adhmaid** wooden spoon, ~ **airgid** silver spoon, ~ **chaife** coffee spoon, ~ **tae** teaspoon, ~ **tae chruachta siúcra** heaped teaspoon of sugar, ~ **bhoird** tablespoon, ~ **meala** spoonful of honey, ~ **mhilseoige** dessertspoon, ~ **óir** golden spoon, ~ **phlaisteach** plastic spoon, ~ **shliotán** slotted spoon

Srac *v₁ₐ* pull, jerk, wrench, drag; strain struggle
bain remove, tear off, **bí ag coraíocht** be battling, tussling, **bí ag iomrascáil** be wrestling, **bí ag strócántacht** be wrenching, tearing with great vehemence, **coscair** cut up, rend; mangle, **crágáil** claw, paw, **crúbáil** claw, **glám** pull and tear at, **ingnigh** tear with nails, **leadhb** tear to tatters, **liobair** tear, tatter, **réab** rend, rip; shatter, **rois** rend, tear; unravel, **sclár** cut up, lacerate, **sraoill** tear apart, **sraon** pull drag; struggle (cf **Shraon sé leis abhaile.** He plodded his way home.), **sreang** draw, drag, pull, wrench, **stiall** cut to strips, tear, **stoll** tear, rend, **streachail** haul, drag; struggle, **stróic** tear, rip, **tarraing go tobann** pull quickly/suddenly, **troid** fight

~ **an fhréamh as leis!** Tear it out along with its root!
~ **an litir as a chéile!** Tear up the letter!
~ **an páipéar den bhalla!** Rip the paper off the wall!
~ **an t-eolas as!** Drag he information out of him!
~ **as an talamh é!** Wrench it out of the ground!

Sracadh

~ **na fiailí as!** Pull the weeds out!
~ **uaidh na heochracha!** Wrestle the keys from him!

Sracadh *vn* pulling, wrenching, dragging; struggling, straining
baint removing, tearing off, **coraíocht** battling, tussling, **coscairt** cutting up, rending; mangling, **crágáil** clawing, pawing, **crúbáil** clawing, **glámadh** pulling and tearing at, **iomrascáil** wrestling, **ingniú** tearing with nails, **leadhbadh** tear to tatters, **liobairt** tearing, tattering, **réabadh** rending, ripping; shattering, **roiseadh** rending, tearing; unravelling, **scláradh** cutting up, lacerating, **sracaireacht** pulling; tearing; extortion, **sraoilleadh** tearing apart, **sraonadh** pulling, dragging; struggling (eg **Táimid ag sraonadh ar aghaidh.** We're struggling/lumbering on.), **sreangadh** pulling, dragging, wrenching, **stialladh** cutting to strips, tearing, **stolladh** tearing, rending, **streachailt** hauling, dragging; struggling, **strócántacht** wrenching, tearing with great vehemence, **stróiceadh** tearing, ripping, **tarraingt go tobann** pulling quickly/suddenly, **troid** fighting, fight

◊ **Conas atá tú? - Táim ag ~ leis an saol agus an saol ag ~ liom!** How are you? - I am struggling with life and life is struggling with me!

Sracfhéachaint *f (-ana; ~í)* glance, glancing
amharc look, **buille súl** quick look over, glance, **catsúil** quick side-glance, **claonfhéachaint** sidelong look, **féachaint thapa** quick look, **gearrfhéachaint** quick look, glimpse, **gliúcaíocht** peeping, **radharc** sight, view, **silleadh** look, glance, **spíce** glimpse, **spléachadh** glimpse, **splinceáil** squinting, **sracshúil** glance (cf **sracshúil a thabhairt ar** to take a glance at), **súilfhéachaint** glance

◊ **~ a thabhairt ar rud éigin** to take a (quick) glance at something

Sractha *pp* pulled, jerked, wrenched, dragged; strained, struggled
bainte removed, torn off, **coscartha** cut up, rent; mangled, **crágáilte** clawed, pawed, **crúbáilte** clawed, **glámtha** pulled and torn at, **ingnithe** torn with nails, **leadhbtha** torn to tatters, **liobartha** torn, tattered, **réabtha** rent, ripped; shattered, **roiste** rent, torn; unravelled, **sclártha** cut up, lacerated, **sraoillte** torn apart, **sraonta** pulled dragged; struggled, **sreangtha** drawn, dragged, pulled, wrenched, **stiallta** cut to strips, torn, **stollta** torn, rent, **streachailte** hauled, dragged; struggled, **stróicthe** torn, ripped, **tarraingthe go tobann** pulled quickly/ suddenly, **troidte** fought

Sráid *f (~e; ~eanna)* street
ardán terrace, **ascaill** avenue, **aibhinne** avenue, **bealach** *m* thoroughfare, **bealach caoch** cul-de-sac, **bóithrín** little (country) road, **bóthar** road, **bóthar mór** main road, **búlbhard** boulevard, **céide** drive, **corrán** crescent, **cosán** path, **cúlbhóthar** back road, by-road, **cúlsráid** back street, **débhealach** *m* dual carriageway, **fobhealach** subway, **lána** lane, **lom an bhóthair** roadway, **mórbhealach** *m* highway, **mórshráid** high street, **mótarbhealach** *m* motorway, **príomhbhealach** *m* traffic artery; main road; **príomhbhóthar** major road; main road, **ród** road, **slí** *f* way, **príomhshráid** main street *(see also: bealach, bóthar, slí)*

▲ ~ **aontreo** one-way street, ~ **chúil** back street, ~ **do choisithe amháin** pedestrian-only street, ~ **mhór** main street, ~ **Saicbhil** Sackville Street, ~ **Uí Chonaill** O'Connell Street

▲ **barr/bun na ~e** top/bottom of the street, **bean ~e** street hustler, **ceannaí ~e** street trader, **ceoltóir ~e** busker, **cóip na ~e** 'the great unwashed', the rabble, **coireacht ~e** street crime, **comhartha ~e** street sign, **díol ~e** street vending, **dríodar na ~e** the dregs of society, **glantóir ~e** street sweeper, **lampa ~e** street lamp, **margadh ~e** street market, **oileán ~e** street island, **sclúchas ~e** street brawl, **seó ~e** sideshow, **soilsiú ~e** street lighting, **stainnín ~e** street stall, **uamhan ~e** agoraphobia

◊ **an t~ a thabhairt do dhuine** to make a person homeless, **ar an t~** on the street, **ar feadh na sráide** along the street, **Is mac an mhadra ~e é!** He's a son of a bitch!

Sraith- *pref* layered; of a series/league; sequenced, serial
~adhmad plywood, **~chíste** layer cake **~chluiche** league match, **~dhráma (seacht gclár)** (seven-part) serial, **~nasc** *(maths)* series connection, **~uimhir** serial number

Sraith *f (~e; ~eanna)*
1. series, row, sequence; set, chain/train, network
bailiúchán collection, **catalóg** catalogue, **ciogal** cycle, **cúrsa** course, **eagrú** arrangement, **foireann** *f (-rne)* set, **líne** *f* line, **ord** order, sequence, **réimniú** *(mus)* progression, **réimse** *m* array, **scata** array, cluster, succession (cf **scata post** a good few jobs; a succession of jobs), **seicheamh** sequence; *(maths)* progression, **slabhra** chain, **seó** show, array, **teaghrán** string, **tóstal** muster, array

▲ ~ **an bháis** death row, ~ **caighdeán** set of standards, ~ **cheolfhoirneach** orchestral suite, ~ **cuntas** set of accounts, ~ **de phíopaí** network/series of pipes, ~ **ghrinn** comedy series, ~ **imeachtaí** train of events, ~ **léachtaí** series of lectures, ~ **mhórchluichí** *(sp)* test series, ~ **nach léir don tsúil** invisible layer, ~ **nua de chláir faisnéise** new series of documentaries, ~ **óstán** chain of hotels, hotel chain, ~ **pictiúr** series/sequence of pictures, ~ **sa tsochaí** social stratum, ~ **suíochán** row of seats, ~ **theilifíse** television series, ~ **timpistí** series of accidents

◊ **Tá an dara ~ ar na bacáin anois.** The second series is now in the pipeline.

2. swath, spread, covering
brat cloak, layer, **bunsraith** bottom layer, foundation, **ciseal** bed, layer (cf **ciseal ózóin** ozone layer), **clúdach** *m* covering, envelope, **cneas** skin, surface covering, **craiceann** skin, surface (cf **craiceann uisce** water surface), **cumhdach** *m* sheath, covering, **dúshraith** substratum, foundation, basis, **eipideirm** epidermis, **fallaing** drape, mantle, **filleadh** fold, **má** plain, **machaire** plain, wide stretch of land, **scair** layer, stratum, **scraith** scraw, strip pared off sod, **slaod** swath, layers, **stráice** strip, **stratam** stratum

▲ ~ **ar lár** mown swath, mown (corn) lying on the ground, ~ **á thógáil** lifting and binding a swath (of corn)

◊ **Leagadh ina ~eanna iad.** They were mown down., **Tá seacht ~ ar an iomaire agam.** I'm extremely busy., I'm up to my eyes.

Srann 1 *f (-ainne; ~a, ~)* snore, snort
amhastrach *f* barking, **búireach** *f* bellowing, roaring, **cneadach** *f* groaning; panting, **gocarsach** *f* whimpering, **gnúsacht** snorting, grunting, **grágaíl** croaking, cawing, **ochlán** groan, groaning, **sceamhaíl** baying, barking, **seordán** wheeze; rustling sound, **srannadh** snoring, **srannán** wheezing, **srannfach** *f* snoring, snorting, **storfadh** snorting, snort *(see also: fuaim)*

Srann 2 *v₁ₐ* snore
bí ag cneadach be groaning/panting, **bí ag gnúsacht** be snorting/grunting, **bí ag ochlán** be groaning, **bí ag srannadh** be snoring, **bí ag srannfach** be snoring/snorting, **lig srann** give a snore/make a snoring sound

Srannach *adj³* snoring
drannach snarling, **drantánach** growling, **glamach** howling, **gnúsachta** *(> gnúsacht)* grunting, **grágach** croaking, cawing, **grágarsach** cackling, **grágarsaí** *(> grágarsach)* cackling, **ochlánach** groaning, **racánach** making a (dreadful) racket, **seordánach** wheezy, **uallach** howling

Srannadh *vn* snoring
cneadach groaning, panting, **gnúsacht** snorting, grunting, **ochlán** groaning, **srannfach** snoring, snorting

◊ **Bhí sé ag ~ ar feadh na hoíche.** He was snoring all night.

Sraoill 1 *f (~e; ~eanna)* slut, bedraggled person
bean *f* **sráide** street hustler, **bean luí** courtesan, **buachaill** *m (-alla)* **aeraíochta** rent boy, **bualsach** *f* slut, **claimhseog** mangy, dirty woman, **claitseach** *f* slut, trollop, **draoibeog** grimy slut, **eachlais** slattern, **lúidseach** *f* strumpet, **meirdreach** *f* harlot, **rata** wanton woman, **ruailleach** *f* slattern, **scleoid** slattern, **scuaideog** floozy, **seata** *(archaic)* harlot, **slámóg** scruffy woman, **sráidí** streetwalker, **sraoilleog** slattern, trollop, **straip** whore, **streachaille** lazy, bedraggled person, **striapach** *f* prostitute

Sraoill 2 *v₁ᵦ*
1. straggle, traipse

bí ag fánaíocht be rambling/straying, **bí ag fuaidreamh ó áit go háit** be traipsing from place to place, **bí ag máinneáil** be loitering, **bí ag moilliú** be delaying, **bí ag moilleadóireacht** be dallying/lingering, **bí ag righneáil** be dawdling, **slaod** trudge, drag oneself along, **spágáil** trudge, **sraon** struggle along, lumber, **tit siar** fall behind

2. tear apart

coscair cut up, rend; mangle, **glám** pull and tear at, **leadhb** tear to tatters, **liobair** tear, tatter, **réab** rend, rip; shatter, **rois** rend, tear; unravel, **sclár** cut up, lacerate, **srac** pull, jerk, wrench, **stiall** cut to strips, tear, **stoll** tear, rend, **stróic** tear *(see also: srac)*

Sraoilleadh *vn*
1. straggling, traipsing

fánaíocht rambling, straying, **fuaidreamh ó áit go háit** traipsing from place to place, **máinneáil** loitering, **moilliú** delaying, **moilleadóireacht** dallying, lingering, **righneáil** dawdling, **slaodadh** trudging, dragging oneself along, **spágáil** trudging, **sraonadh** struggling along, lumbering, **titim ar gcúl** trailing, falling behind, **titim chun deiridh** lagging behind, **titim siar** falling behind

2. tearing apart

coscairt cutting up, rending; mangling, **glámadh** pulling and tearing at, **leadhbadh** tearing to tatters, **liobairt** tearing, tattering, **réabadh** rending, ripping; shattering, **roiseadh** rending, tearing; unravelling, **scláradh** cutting up, lacerating, **sracadh** pulling, jerking, wrenching, **stialladh** cutting to strips, tearing, **stolladh** tearing, rending, **stróiceadh** tearing *(see also: sracadh)*

Sraoillte *pp*
1. traipsed, trailed/lingered behind

spágáilte trudged along, **sraonta** struggled along, lumbered on, **tite ar gcúl** fallen behind, **tite chun deiridh** lagged behind, **tite siar** fallen back

2. torn apart

coscartha cut up, rent; mangled, **glámtha** pulled and torn at, **leadhbtha** torn to tatters, **liobartha** torn, tattered, **réabtha** rent, ripped; shattered, **roiste** rent, torn; unravelled, **sclártha** cut up, lacerated, **sractha** pulled, jerked, wrenched, **stiallta** cut to strips, torn **stollta** torn, rent, **stróicthe** torn *(see also: sractha)*

Srathaigh *v₂ₐ* stratify, layer; serialise
clúdaigh le sraitheanna cover with layers, **cuir sraitheanna ar a chéile** place layers on top of one another, **cuir cótaí (péinte, tarra, etc) ar** coat (with paint, tar, etc), **cuir i sraitheanna** layer, **déan leibhéil (éagsúla)** make (different) levels, **déan sraith**

Srathair (scannán, ceisteanna, etc) make a series (of films, questions, etc), **fill** fold, **suigh ar** pack, place upon (eg **Shuigh sí cárta amháin ar chárta eile.** She placed one card on top of another.)

Srathair f (-thrach; -thracha) yoke, straddle
adhastar halter; reins, **cuing** yoke, **diallait** saddle, **mám** yoke, **úim** harness (see also: **úim**)

Srathaithe pp stratified, layered; serialised
clúdaithe le sraitheanna covered with layers, **curtha i sraitheanna** layered, **fillte** folded (cf **taosrán fillte** folded pastry), **suite ar a chéile** packed one on top of the other (eg **cláir atá suite ar a chéile** boards packed on top of one another)

Srathú vn stratifying, layering; serialising
clúdach le sraitheanna covering with layers, **cur sraitheanna ar** placing layers on, **cur cótaí (péinte, tarra, etc.) ar** putting coats (of paint, tar, etc.) on, **cur i sraitheanna** layering, **déanamh leibhéal** making levels, **déanamh sraitheanna** making a series, **filleadh** folding, fold, **suí ar a chéile** packing, placing on one another

Sreang- pref wire-; stung out, slow
~bhás slow lingering death, **~scéal** telegram, **~shiopaí** chain stores, **~shúile** fpl bloodshot eyes, **~shúileach** having bloodshot eyes, **~tharraingt** being pulled by a wire, **~thomhsaire** wire gauge

Sreang f (-einge; ~a, ~) string, wire, cord
cábla cable, **ciú** queue, **coirdín** twine, string, **comharbas** succession, **comhleantacht** succession, **corda** cord, **dorú** line (cf **dorú iascaireachta** fishing line), **dual** (music) strand, **eireaball** tail, **filiméad** filament, **fleisc** flex, **iall** f strap, lace; lead, **ord** order, sequence, **plispín** shred, tatter, **ribín** ribbon, **rópa** rope, **ruóg** waxed cord, **seicheamh** sequence, **scuaine** f queue, **seolán** lead, cable, **slabhra** chain, **snáithe** thread; strand, train, **sraith** row, **sraoilleán** trailing thing, trail (cf **sraoilleán de ribín** streamer), **sreangán** twine, string, **suaithne** m cord, string, **téad** f rope, **téadán** short rope, line, **teaghrán** tether, lead, **trilseán** braid, plait; string (cf **trilseán oinniún** string of onions), **trilsín** small string (cf **trilsín péarlaí** string of pearls)

▲ **~ bheo** (el) live wire, **~ bogha** bow string, **~ daoine** string of people, **~ cláirsí** harp string, **~ feithiclí** string of vehicles, **~ fidile** fiddle string, **~ imleacáin** umbilical cord, **~ thalmhaithe** (el) earthed wire

◊ **lán sreinge de theifigh** straggling line of refugees

Sreangach adj³ stringy
cnámhach gaunt, bony, **cruachaol** wiry, **fada** tall, **fada caol** lanky, **reangach** lanky, **righin** tough, grisly, **scailleagánta** tall, lanky, **sciotach** scanty, **scodalach** lanky, **scolbánta** wiry, **scráidíneach** scraggy, scrawny, **seang** slim, **snáithíneach** fibrous, **sreangánach** stringy, fibrous, **tanaí** thin, scrawny

◊ **súile ~a** bloodshot eyes

Srian 1 m (-ain; ~ta) rein, bridle; restraint, restriction
adhastar halter, **araíonacht** restraint, **bac** barrier, block, **brú fút** self-control, **ceangal** fetter, **ceangail** mpl ties, **ceansú** pacifying, taming, **cosc** restraint, **cuing** yoke, **laincis** fetter, **maoirseacht** supervision; policing, **rialú** governance, **ríochan** constraint, control, **slabhra** m chain, **smacht** m control, **srianadh** reining in, bridling, **sriantacht** constraint, **staonadh** abstention, **teorainn** f (-rann; ~eacha) limitation

▲ **~ta airgid** financial restrictions/restraints, **~ta ama** time restrictions, **~ta dlíthiúla** legal restraints, **~ta dochta** tight restrictions, **~ta eacnamaíocha** economic restrictions, **~ta foilseoireachta** publishing restrictions, **~ta maolaithe** loosened restrictions, **~ta páirceála** parking restrictions, **~ta trádála** trade restrictions

Srian 2 v₁ₐ curb, restrain; restrict
bac hinder, **brúigh faoi** restrain, subdue, **ceangail** tie, fetter, **ceansaigh** pacify, tame, **cis** stand on, restrain, **coimeád súil ar** keep an eye on, **coinnigh siar** hold back, **coisc** restrain, **cuingigh** yoke, **cuir ar adhastar** halter, **cuir bac ar** restrain, **cuir ceangal ar** bind, **cuir laincis ar** constrain, fetter, **cuir slabhra ar** chain, **déan maoirseacht ar** supervise; police, **máistrigh** acquire mastery over, **rialaigh** govern, **sáraigh** thwart, **smachtaigh** control, **teorannaigh** limit

~ an capall! Bridle the horse!
~ an finné! Restrain the witness!
~ ardú i gcíos! Prevent a rise in rent!
~ d'fhearg! Curb your anger!
~ iomaíocht! Constrain competition!
~ saorthrádáil! Inhibit free trade!
~ sruth an uisce! Restrict the waterflow!
~ tú féin! Control yourself!

Srianadh vn curbing, restraining; restricting
bacadh hindering, **brú faoi** restraining, subduing, **ceangal** tying, fettering, **ceansú** pacifying, taming, **ciseadh** standing on, restraining, **coinneáil siar** holding back, **cosc** restraining, **cuingiú** yoking, **cur ar adhastar** haltering, **cur bac ar** restraining, **cur ceangal ar** binding, **cur laincisí ar** constraining, fettering, **cur slabhraí ar** putting in chains, **máistreacht** acquiring mastery over, **maoirseacht** supervising; policing, **rialú** governing, **sárú** thwarting, **smachtú** controlling, **teorannú** limiting

▲ **~caiteachais** expenditure capping, **~ lotnaidí** pest control, **~ fiailí** weed control

◊ **Bhí mé le ~ !** I was fit to be tied!

Srianta adj⁶ restrained; restricted
atharcach restrained, guarded, **brúite faoi** oppressed, subdued, **ceansaithe** tamed, subdued, **ciste** stood

on, restrained, **coinnithe siar** held back, **curtha faoi smacht** brought under control, **curtha faoi umhlaíocht** made to submit, **faoi shrian** bridled, **máistrithe** mastered, **maolaithe** subdued, dampened, **sáraithe** thwarted, overpowered, **smachtaithe** controlled; restrained, **teoranta** limited, **umhlaithe** made humble

▲ **crios ~** restricted zone, **dul isteach ~** restricted entry, **sonraí ~** restricted data

Sroich v_{1b} reach

aimsigh attain, reach, **bain amach** achieve; reach, get to, **buail** touch, reach, (eg **an cladach a bhualadh** to reach the shore), **déan** make up, attain (cf **Rinneadh milliún euro den dá dhuais.** The two prizes made up a million euro.), **druid i leith** (+ *gen*) draw near to, **gabh suas go dtí** go up to, **gabh i leith** (+ *gen*) approach, **gluais in aice le** move close to, **ráinigh** reach arrive, **stríoc** strike, reach, **tar ar** arrive at, find, **tar suas le** catch up with, **tarraing (ar)** draw near (to), **téigh isteach i** go into

Shroich mé an baile. I made it home.
Shroich sé an aois sin. He reached that age.
Shroich sé liom bheith in am. I managed to make it.
Shroich sí a cuspóir. She achieved her objective.
Shroich siad ceann a fháil. They managed to get one.
Shroich tú an áit ceart. You found the right place.

Sroicheadh *vn* reaching

aimsiú attaining, reaching, **baint amach** achieving; reaching, getting to, **bualadh** touching, reaching, **déanamh** making up, attaining, **druidim i leith** (+ *gen*) drawing near to, **dul isteach i** going into, **gabháil suas go dtí** going up to, **gabháil i leith** (+ *gen*) approaching, **gluaiseacht in aice le** moving close to, **tárrachtain** (lit) extending, reaching; overtaking, catching, **stríocadh** striking, reaching, **tarraingt (ar)** drawing near (to), **teacht ar** arriving at, finding, **teacht suas le** catching up with

Sroichte *pp* reached

aimsithe attained, reached, **bainte amach** achieved; reached, gotten to, **buailte** touching, reaching, **déanamh** making up, attaining, **druidte i leith** (+ *gen*) drawn near to, **dulta isteach i** gone into, **gafa suas go dtí** gone up to, **gafa i leith** (+ *gen*) approached, **gluaiste in aice le** moved close to, **stríoctha** stricken reached, **tagtha ar** arrived at, found, **tagtha suas le** caught up with, **tarraingthe (ar)** drawn near *(to)*

Srón *f* (*-óine*; *~a*, *~*) nose

cainc prominent long nose, **caincín** snub nose, **gaosán** nose, honker, **geanc** button nose, **graidhp** prominent nose, **musal** flat nose, **smaois** (*vulg*) snout, **smuilc** ugly misshapen nose, **smut** ugly piggy nose; snout (cf **Bhí smut mosach air.** He has a surly mug), **soc** long pointed nose, **socán** short stubby nose, little snout, **srubh** *f* snout, nose; point

▲ **~ atá ag sileadh** runny nose, **~ bhiorach** pointy nose, **~ chromógach** hooked nose, **~ phlúchta** blocked nose

▲ **barr na sróine** tip of the nose, **caol/droichead na sróine** bridge of the nose, **cuas na sróine** nasal cavity, **fáinne sróine** nose ring, **fuil sróine** nose bleed, **poll sróine** nostril, **sprae sróine** nasal spray, **stoda sróine** nose stud

◊ **Bhí fuil sróine leis.** He had a nose bleed., **Chuir sí cor ina ~ chuige.** She turned her nose up at it., **Ná bain an t~ díom!** Don't bite the nose off me!, **Ná sac do shrón isteach i rudaí nach mbaineann leat!** Don't be sticking your nose into things that don't concern you!

P **Is minic a bhris béal duine a shrón.** A person's mouth has often broken their nose.

Srónach *adj*³ nosy; nasal

caidéiseach curious, **caincíneach** nosy; snub-nosed, **ceisteach** questioning, quizzical, **cunórach** prying, meddlesome, **déanfasach** pertaining to being a busybody, **fiafraitheach** enquiring, **fiosrach** inquisitive, prying, **gliúcach** peering, peeping, **gliúmála** (> *gliúmáil*) prying, peering, peeping, **srónaíola** (> *srónaíl*) nasal; nosing, *pnt* nosiness

▲ **consan ~** nasal consonant, **duine ~** nosy person, **guta ~** nasal vowel

Srúmáil *f*

1. dabbling

amaidí fooling around (cf **Bhí sé ag amaidí le drugaí.** He was dabbling in drugs.), **blaiseadh** tasting, having a taster, **lámh a bheith i rud éigin** dabbling at something (eg **Bíonn lámh aige sa phéinteáil.** He's dabbling at painting.), **spriongar (le)** toying, playing (with), **méiseáil le** messing around with, toying with, **plé le** having dealings with, dabbling with (cf **seal ag plé le garraíodóireacht** dabbling in gardening for a while)

2. splashing, paddling

lapadaíl paddling, **plabaireacht** splashing, **slaparnach** splashing, **splaiseáil** splashing, **spraeáil** spraying, dousing, **spreachallú** spattering, sprinkling

Sruth *m* (*~a*; *~anna*) stream, current

abhainn *f* (*-bhann*; *aibhneacha*) river, **caise** *f* current; stream, **craobhabhainn** tributary, **cuisle (uisce)** *f* narrow channel (of water) (cf **cuisle sléibhe** overgrown mountain stream), **cúlsruth** back current, **feacht** *m* flow, current, **fead** gully, watercourse, **feadán** small watercourse, **glas** *f* rivulet, **glaise** *f* rivulet, **sileadh** flow, dripping; leakage, **sní** *f* flowing, flow; pouring, **sreabh** *f* (*-eibhe*; *~a*, *~*) stream, current, flow, **sreabhán** streamlet, **srúill** river, stream; tidal flow, **sruthán** brook, stream, **sruthchúrsa** watercourse, **sruthlán** streamlet

Sruthaigh

▲ ~ **abhann** river current, ~ **aeir** air current, ~ **ailtéarnach** *(el)* alternating current, ~ **allais** stream of perspiration, ~ **bainne** flow of milk, ~ **cainte** torrent of speech, ~ **cuairteoirí** stream of visitors, ~ **daoine** stream of people, ~ **deor** stream of tears, ~ **díreach** *(el)* direct current, ~ **fola** stream of blood, ~ **fuaime** audio stream, ~ **guairneáin** eddy current, ~ **láibe** river of mud, mud slide, ~ **leictreach** electric current, ~**líneach** streamlined, ~ **trá** ebb tide, ~ **tráchta** flow of traffic, ~ **tuile** flood tide; barrage

◊ **do mhaidí a ligean le** ~ to let things slide, to become complacent

Sruthaigh v_{2a} flow, stream
cuisligh flow, **doirt** pour, **eisil** flow out, **gabh** move, go, **gluais** move, **lúb** meander; twist and turn, **plódaigh** crowd, **rith** run, **scaird** gush, spout, squirt, **scal** burst out, **sil** cascade, flow; drip, **siúil** move, flow, **snigh** flow, course, meander, **spalp** spout, issue with great rapidity, **sreabh** flow, stream, **steall** spout, spurt, **tar ina thuile** flood, **tuil** flood, flow

◊ **Sruthaítear daltaí de réir a gcumais.** Pupils are streamed according to their ability., **Sruthófar an cheolchoirm beo.** The concert will be streamed live.

Sruthaithe *pp* flowed, streamed
cuislithe flowed, **doirte** poured, **eisilte** flowed out, **gluaiste** moved, **lúbtha** meandered, **plódaithe** crowded, **rite** run, **scairdte** gushed, spouted, squirted, **scalta** burst out, **silte** cascaded, flowed; dripped, **siúlta** moved, flowed, **snite** flowed, coursed, meandered, **spalptha** spouted, issued with great rapidity, **sreafa** flowed, streamed, **steallta** spouted, spurted, **tagtha ina thuile** flooded, **tuilte** flooded, flowed

Sruthán *m (-áin; -áin, ~)* brook, small stream
caise *f* current; stream, **cúlsruth** back current, **glas** *f* rivulet, **glaise** *f* rivulet, **sruth** stream, **sní** *f* flowing, flow; pouring, **sreabh** *f (-eibhe; ~a, ~)* stream, current, flow, **sreabhán** streamlet, **sruthlán** streamlet *(see also: sruth)*

Sruthánach *adj³* abounding in streams
aibhneach fluvial, **caiseach** gushing, flowing rapidly, **craobhaibhneach** having many tributary rivers, **cúlsruthach** with many back currents, **glaiseach** full of rivulets, **imithe san fheacht** adrift, **sconnach** spouting, gushing, **sreabhach** streaming, flowing, **sruthach** streaming; full of streams, **taoidmhear** ebbing, flowing

Sruthlaigh v_{2a} rinse; flush
cóireáil le maipín *(med)* swab, **cuir amach** eject, **díbir** expel, **doirt amach** pour out, **folmhaigh** empty, evacuate, **gargraisigh** gargle, **glan amach** clean out, **nigh** wash, sluice, **rinseáil** rinse, **ruaig** dispel, expel, **scaird uisce ar** hose down, **sciúr** scour

~ **an leithreas!** Flush the toilet!
~ **faoin sconna é!** Rinse it under the tap!
~ **amach do bhéal!** Wash your mouth out

Sruthlaithe *pp* rinsed; flushed
cóireáilte le maipín *(med)* swabbed, **curtha amach** ejected, **díbeartha** expelled, **doirte amach** poured out, **folmhaithe** emptied, evacuate, **gargraisithe** gargled, **glanta amach** cleaned out, **nite** washed, sluiced, **rinseáilte** rinsed, **ruaigthe** dispelled, expelled, **scairdte le huisce** hosed down, **sciúrtha** scoured

Sruthlú *vn* rinsing; flushing
cóireáil le maipín *(med)* swabbing, **cur amach** ejecting, **díbirt** expelling, **doirteadh amach** pouring out, **eisileadh** flowing out, **folmhú** emptying, evacuating, **gargraisiú** gargling, **glanadh amach** cleaning out, **ní** washing, sluicing, **rinseáil** rinsing, **ruaigeadh** dispelling, expelling, **scairdeadh le huisce** hosing down, **sciúradh** scouring

◊ **an lintéar a shruthlú** to flush out the drain, **na héadaí a shruthlú le huisce bogthe** to rinse the clothes in warm water

Sruthú *vn* flowing, streaming
cuisliú flowing, **doirteadh** pouring, **gabháil** moving, going, **gluaiseacht** moving, **lúbadh** meandering; twisting and turning, **plódú** crowding, **rith** running, **scairdeadh** gushing, spouting, squirting, **scaladh** bursting out, **sileadh** cascading, flowing; dripping, **siúl** moving, flowing, **sní** flowing, coursing, meandering, **spalpadh** spouting, issuing with great rapidity, **sreabhadh** flowing, streaming, **stealladh** spouting, spurting, **teacht ina thuile** flooding

▲ ~ **fuaime** streaming of sound, ~ **gréasáin** web streaming, **fís-**~ video streaming

Stáca *m (~; ~í)*
1. stake
bata stick, **barra** bar, **colún** column, **crann** mast, shaft, **crann seasta** upright, support, **cuaille** pole, post, **gas** stalk, **laí** post, shaft, **liúr** long rod, staff, **maide** *(wooden)* stick, **mullard** bollard, **polla** pole, pillar, **post** timber stake/post, **slat** *f (-aite; ~a, ~)* rod, slender stick, **sáiteán** stake, **seastán** stand, **sonn** upright post, stake, **spéice** stick, pole, post, **staic** stake, post, **stacán** stump, stake, **stáinse** stanchion, **standal** stanchion, stake, **taca** support, prop, **uaithne** *m* post, pillar, prop

2. stack, rick
carn heap, **clampa** built-up stack, clamp, **coca (féir)** haystack (cf **Is mar a bheifeá ar lorg snathaide i gcoca féir.** It's like looking for a needle in a haystack.), **cruach** *f (-aiche)* stack (cf **cruach arbhair** stack of corn), **cruachán** small stack, **cual** heap, **dais** *(lit)* stack

Stad 1 *m* (*~; ~anna*)
  1. halt, stop
  céim stage, stop, **cónaí** state of rest, abiding, **iamh lánstad** full stop, **moill** delay, **seasamh** stand, standstill, **sos** *m* (*~a*) cessation, rest, **scor** quitting, discontinuance; retirement, **staonadh** cessation, **stop** stop, halt, **stopadh** stopping (*see also:* **stop 1**)

  ◊ **~ a dhéanamh** to make a stop, to halt, **~ oibre** work stoppage; stopping work, **~ uaire** an hour's stop, **Baineadh ~ asam.** I was taken back., **báisteach/caint gan ~** endless rain/talking, **Cá bhfuil ~ an bhus?** Where's the bus stop?

  2. stammer, stutter
  bac ban, impediment, **maolteanga** stammer, **meann** stammering, **sruthbhailbhe** *f* slight stammering, stuttering, **stadaireacht** stammering, **tutbhéalaíocht** stammering

  ◊ **Tá ~ ann./Tá ~ ina chuid cainte.** He stutters.

Stad 2 *v₁ₐ* halt, stop
  bac hinder, ban, **bain moill as** delay, **bí ag stadaireacht** be stuttering, **bris** break, **coisc** prohibit, prevent, **coinnigh** hold up, keep, delay, **cónaigh** rest, settle, **cuir deireadh le** terminate, put an end to, **cuir moill ar** cause a delay to, **déan moill** make/cause a delay; delay, **éirigh as** give up, **fan** wait, stay, **géill** yield, **lonnaigh** stay, stop, settle, **moilligh** delay, **seas** stand (*still*), **scoir** quit, discontinue; retire, **sruthbhailbhe** *f* slight stutter, **stop** stop, halt, **tar chun críche** come to an end (*see also:* **stop 2, stopadh**)

  ~ **an bhéicíl.** The yelling stopped.
  ~ **an croí ionam.** My heart stood still.
  ~ **an mótar orm.** The motor died on me.
  ~ **an t-inneall san aer.** (*av*) The engine stalled in flight.
  ~ **ar feadh nóiméid!** Pause for a moment!
  ~ **bus roimh an ché.** A bus came to a halt before the quay.
  ~ **cóiste ag an doras.** A coach pulled up at the door.
  ~ **den chaint!** Desist from talking!
  ~ **sé den obair láithreach.** He immediately ceased work.
  ~ **sé i lár abairte.** He broke off in midsentence.
  ~ **siad san óstán sin.** They stayed in that hotel.

Stad 3 *vn* halting, stopping
  bacadh hindering, banning, **baint moill as** delaying, **briseadh** breaking, **cosc** prohibiting, preventing, **coinneáil** holding up, keeping, delaying, **cónaí** resting, settling, dwelling, **cur deireadh le** terminating, putting an end to, **éirí as** giving up, **fanacht** waiting, staying, **géilleadh** yielding, **lonnú** staying, stopping, settling, **moilliú** delaying, **seasamh** standing, **scor** quitting, discontinuing; retiring, **stadaireacht** stuttering, **stopadh** stopping, halting, **teacht chun críche** coming to an end

  ◊ **An raibh siad ag stad san óstán sin?** Were they stopping in that hotel?

Stadta *pp* stopped, halted
  bactha blocked; banned, **briste** broken, **coiscthe** prohibited, prevented, **coinnithe** held up, kept, delayed, **cónaithe** come to rest, settled, resided, **éirithe as** given up, **géillte** yielded, surrendered, **lonnaithe** settled (down), **moillithe** delayed, **múchta** quenched, extinguished, **seasta** stood (still), **scortha** retired, discontinued, **stoptha** stopped; blocked, **tagtha chun críche** terminated (*see also:* **stoptha**)

Stadach *adj³* halting; stuttering stammering; inarticulate
  bacach faltering, **drogallach** hesitant, **éiginnte** uncertain, **gotach** stammering, **le dua** laboured, with difficulty, **malltriallach** slow-travelling, **mantach** inarticulate; indistinct speech, **sruthbhalbh** having a slight stutter, **tuisleach** stumbling, **tutbhéalach** stammering

  ▲ **caint ~** stuttering speech, **glór ~** faltering voice, **gluaiseacht ~** halting movement, **sruth ~** uneven flow, **tús ~** stop-go/sputtering start

Stádas *m* (*-ais*) status
  aicme class, **caoi** *f* condition, **céim** rank; degree, **céimíocht** station, standing, **grád** grade, **leibhéal** level, **rang** *m* (*~a; ~anna*) class, **seasamh** standing, **staid** state, **suíomh** position

Staic *f* (*~e; ~eanna*) stake
  crann seasta upright, support, **cuaille** *m* pole, post, **post** timber stake/ post, **sáiteán** stake, **sonn** upright post, stake, **spéice** *m* stick, pole, post, **stáca** *m* stake (*see also:* **stáca**)

  ◊ **Fágadh in mo ~ mé.** I was glued to the spot, **Ná bí i do ~ i mbéal bearna!** Stop getting in the way! **Tá an ~ tarraingthe!** The gloves are off!

Staid 1 *f* (*~e; ~eanna*) state
  aiste state, condition, **bail** condition, **blás** good condition, **caoi** *f* (*~; caíonna*) condition, manner, **cruth** shape, **cúinse** *m* condition, circumstance, **dáil** *f* circumstance (cf **dálaí amhrasacha** suspicious circumstances), **dealramh** appearance, **dóigh** manner, condition, **dul** condition, state (cf **an dul ina bhfaca mé é** the condition in which I saw him), **eagar** state, plight, **imthosca** *fpl* (> *imthoisc*) circumstances, **riocht** state, condition, **stádas** status, **suíomh** situation, **toisc** circumstance

Staid 2 *f* (*~a; ~eanna*) stadium
  airéine arena, **faiche** *f* **spóirt** sports ground, **fáinne** ring, **páirc** pitch, field, **páirc imeartha** playing field, **raon** track, **raon reatha** running track, **staidiam** stadium

Staidéar *m* (*-éir*)
  1. study
  anailís analysis, **critic** critique, **fiosrú** inquiry, **foghlaim** *f* (*-lama*) learning, **iniúchadh** scrutiny, **léann** learning, **léirmheas** review, **léitheoireacht** reading, **machnamh** contemplation, **obair** *f* (*oibre*)

Staidéarach

bhaile homework, **obair scoile** schoolwork, **pulcadh** cramming, **scolaíocht** schooling, **scoláireacht** scholarship, **scrúdú** examination, **smaoineamh** thought, **suirbhé** survey, **taighde** *m* research, **tiaráil** *(school)* swotting, **tromstaidéar** deep study, **tuarascáil** report

▲ **clár staidéir** study programme, **fonn staidéir** studiousness, **réimse staidéir** field of study, **scileanna staidéir** study skills, **seomra staidéir** *(room)* study, **víosa staidéir** student visa

2. levelheadedness, good sense
ciall *f (céille)* sense, **cineáltas** consideration, kindness, **críonnacht** wisdom *(acquired by age or experience)*, **discréid** discretion, **fadbhreathnaitheacht** circumspection, far-sightedness, **féinsmacht** self-control, **fuaraigeantacht** imperturbability, **fuarchúis** coolheadedness, **guaim** composure, **neamhchorrabhuais** nonchalance, self-possession, **réchúis** placidity, **smaointeoireacht** thinking, thought, **stuaim** good sense, levelheadedness, tact, consideration, **tuiscint** consideration, thoughtfulness *(see also: stuaim)*

◊ **Cuir ~ iontu!** Get them to see sense! **Glac ~ leis!** Give it some reasonable consideration.

Staidéarach *adj³*

1. studious
acadúil academic, **aireach** attentive, **dícheallach** diligent, **díocasach** eager, keen, **díograiseach** enthusiastic, **dlúsúil** hard-working, **dúthrachtach** assiduous, **feifeach** attentive, careful, **ionnúsach** resourceful, productive, prolific, **machnamhach** meditative, **saothrach** industrious, **smaointeach** thoughtful, thinking, **treallúsach** enterprising, industrious

2. level-headed, thoughtful, sensible
céillí right-thinking, sane, **ciallmhar** sensible, **críona** wise *(on account of age or experience)*, shrewd, hard-headed, **cúramach** careful, **dáiríre** earnest, serious, **discréideach** discreet, **fadbhreathnaitheach** far-sighted, circumspect, **freagrach** responsible, **gaoiseach** sagacious, **praitinniúil** astute, sensible, quick, **réasúnta** reasonable, **siosmaideach** sensible, grounded, **stuama** sensible, steady, prudent, tactful, **tomhaiste** measured, judicious, **tuisceanach** thoughtful, considerate *(see also: stuama, cónaí)*

Staidéaracht *f (~a)* studiousness

acadúlacht academia, **aireachas** vigilance, attentiveness, **ciall** *f* sense, **dáiríreacht** seriousness, earnestness, **dícheall** diligence, **díocas** eagerness, keenness, **díograis** enthusiasm, **dlús** assiduity; expeditiousness, **dúthrachtacht** assiduity, **feifí** attentiveness, watchfulness, **fonn foghlama** desire to learn, **léanntacht** learnedness, erudition, **ionnús** resourcefulness, enterprise, **machnamhacht** thoughtfulness, **praitinniúlacht** astuteness, practical wisdom, **saothraí** industriousness; toilsomeness, **smaointeacht** pensiveness, **smaointeoireacht** thinking, reflection, consideration, **tomhaisteacht** evenness, judiciousness, **treallús** enterprise, industriousness; self-assertiveness

Staighre *m (~; -rí)* stairs, stairway

ardaitheoir lift, **céimeanna** steps, **dréimire** ladder, **dréimire taca** stepladder

▲ **~ amuigh** external staircase, **~ beo** escalator, **~ bise** spiral staircase, **~ creasa** escalator, **~ éalaithe** fire-escape

◊ **~ go neamh** stairway to heaven, **Chuaigh mé suas an ~.** I went upstairs., **Tá leithreas thuas ~.** There's a toilet upstairs., **Níl mórán aige thuas ~.** He's not all that bright.

Stainc *f (~e)* sulk, huff

dalbacht petulance, **dod** sullenness, anger, **drochaoibh** bad mood, **drochghiúmar** foul mood, **drochlá** bad (hair) day, **drochspion** peevishness (cf **Tá drochspion air leis.** It has really pissed him off.), **fiarán** petulance; huff (cf **imeacht ar fiarán** to go off in a huff), **múisiam** pique, feeling of nausea, **pus** sulky pout (cf **Bhí pus uirthi.** She was sulking.), **rothán** petulance, fit of the sulks, **smuilc** sulk, surly expression, **smut** sulky expression, huff, **smutaireacht** sulkiness, **spuaic** huff, **stainc** huffiness, pique, **staincín** huff, sulk, **stalcacht** sulkiness, **stodam** bad mood, huff, **stuaic** sulk, huff, **sulcáil** sulking, **tormas** sulk

◊ **Tá ~ air.** He's in a huff.

Stainceach *adj³* huffy, sulking; pissed off

cantalach peevish, crabby, **ceasnúil** querulous, peevish, **ciapánta** cranky, **dodach** sullen, angry, **driseogach** prickly, **drisíneach** grouchy, **fiaránach** petulant, huffy, **frisnéiseach** always contradicting, testy, **neanta** *(> neanta)* nettle-like, testy, **pusach** sulky, sulking; pouting, **rothánach** petulant, huffy, splenetic, **smuilceach** sulky, **smutach** huffy, **stalcach** stiff, stodgy, **stodamach** huffy, in a bad mood, **stuacach** sulky, sullen; obstinate, **talchair** *(lit)* wilful, obstinate; determined, **tormasach** carping on, grumbling; sulking, **tuaifisceach** bad-tempered, in a cranky mood

Stair *f (~e)* history

aimsir chaite past tense, **(an) aimsir atá thart** the times that are gone, **anallód** *adv* in times of yore, **annála** *fpl* annals, **beathaisnéis** biography, **cuimhní cinn** memoirs, **cuntas** account, **dírbheathaisnéis** autobiography, **Fiannaíocht** tales of the Fianna, **finscéalaíocht** legends, **ginealach** *m* genealogy, **insint** narrative, **iomrá** talk-going-round, rumour, **miotaseolaíocht** mythology, **ráfla** rumour, **réamhstair** prehistory, **Rúraíocht** Ulster Cycle of tales, **sanasaíocht** etymology, **scéal** story, account, **seanchas** lore, traditional storytelling, **(sna) seanlaethanta** (in the) old days, **tuairisc** report, **tuirtheacht** *(lit)* tidings

> O 'Stair na hÉireann' *The History of Ireland* often referred to as: **Foras Feasa ar Éirinn** *The Foundational Knowledge of Ireland*, was written by **Seathrún Céitinn** *Geoffrey Keating* in c. 1634. The work provides a rich mixture of mythology and fact in two **imleabhair** *volumes* from the very creation of the world up the arrival in the 12th century of **na Normannaigh** *the Normans*. Amongst the many colourful tales related by **Céitinn** is that of king **Labhraidh Loingseach** who was born with ears like those of a horse and who, in spite of his many efforts to hide this fact, was eventually obliged to reveal his secret to the whole world. Were it not for this mammoth work by **Seathrún Céitinn**, many of the greatest treasures of Irish mythology would have been lost forever.

▲ ~ **áitiúil** local history, ~ **an dúlra** natural history, ~ **bhrabhsála** browsing history, ~ **ghnéis** sexual history, ~ **mo mhuintire** history of my family, ~ **na Breataine** history of Britain, ~ **na coilíneachta** colonial History, ~ **na hÉireann** History of Ireland, ~ **na hEorpa** European History, ~ **na linne seo** modern history, ~ **na scannánaíochta in Éirinn** history of Irish cinematography, ~ **shóisialta** social history

Stairiúil *adj⁴* historical; historic
barántúil authentic, **caite** spent, done with, past (cf **aimsir chaite** *(gram)* past tense), **cartlainne** (> **cartlann**) archival, **dearbhaithe** attested, **doiciméadaithe** documented, **éachtach** momentous, epic, **inchruthaithe** provable, verifiable, **indeimhnithe** certifiable, **infhíoraithe** verifiable, **lá mór dár saol** a day to be remembered, **lena bhfuil fianaise** for which there is evidence, **réamhstairiúil** prehistoric, **suntasach** notable, historic, **thart** over, passed

Stáirsiúil *adj⁴* starchy
ceartaiseach prim, **crua** hard, tough, **cuí agus ceart** prim and proper, **cúisiúil** prudish, **daingean** intractable, **deismíneach** uptight, **dodach** morose, sullen, **doiligh** reluctant; hard, **dolúbtha** inflexible, **dúr** hard, rigid; dour, **foirméalta** formal, stiff, **reoite** frozen, **righin** rigid, **rócheartaiseach** tight-arsed, **stálaithe** stiff, unbending, gone stale, **stalcánta** stiff, **stóinsithe** pig-headed, **stuacánach** stubborn, **teann** tight, stiff

Stáisiún *m (-úin; -úin, ~)* station, post
áit place, **áras** residence, station (cf **busáras** bus station), **bonn** base, foundation, **bunáit** base, **busáras** bus depot, **ceannáras** seat, headquarters, **ceanncheathrú** *f (~n)* headquarters, **céim** station (cf **do chéim/stáisiún sa saol** your station in life), **cuan** harbour, **garáiste** garage, **ionad** venue, *(appointed)* place, position, **ionad comhraic** action stations, **iosta** *m* depot, **oifig** office, **port** *(naval)* station, **post** position, post, **staidéar** stay, station (cf **an áit a raibh ~ orainn** the place we were stationed), **stór** store, depot, **stiúideo** studio

▲ ~ **aimsire** weather station, ~ **bus** bus/coach station, ~ **córithe** dressing station, ~ **craolacháin** broadcasting station, ~ **custaim** customs post, ~ **dóiteáin** fire station, ~ **garda cósta** coast guard station, ~ **Gardaí** Garda station, ~ **giniúna** power station, ~ **lorgtha** tracking station, ~ **na bpóilíní** the police station, ~ **nasctha** docking station, ~ **peitril (féinseirbhíse)** (self-service) petrol station, ~ **poirt** harbour station, ~ **spáis** space station, ~ **tarchuir** transmitting station, ~ **teilifíse** television station, ~ **trádála** trading station, ~ **traenach** train station

Stáitse *m (~; -sí)* stage; perch, vantage point
airéine *f* arena, **amharclann** theatre, **ardán** stage; dais; platform, **cothrom radhairc** vantage point, **fara** *m* (bird's) perch, **foradh** *(lit)* platform, ledge, **léibheann** platform, stage; landing, **naprún** apron, **póidiam** *m* podium, **rostram** rostrum, **scafall** scaffold, scaffolding, **seastán** stand, **tairseach** *f* threshold, sill, platform (cf **tairseach bus** bus platform)

▲ ~ **báid** stand for a boat, ~ **carraige** perch of a rock

◊ **ar chúl** ~ offstage; behind the scenes, **i lár** ~ centre stage, ~ **maith a fháil** to get a good vantage point

Stampa *m (~; ~í)* stamp
branda brand, **cabhradh** embossing, **cead** permission, **cineál** kind, **clib** tag, **cló** print, impression, **gléas stampála** *(device)* stamp, stamping machine, **inscríbhinn** inscription, **lipéad** label, **lorg** mark, trace, imprint, **marc** impress, impression, **múnlú** shaping, mould, **rian** imprint, **sainchlib** identification tag, **sainchomhartha** characteristic, **sainmharc** hallmark, **sainuimhir** *f (-mhreach)* identification number, **séala** seal, **sórt** sort, **stampán** stamping, impression, **trádmharc** trademark, **tréith** trait, **trup** tramping sound (cf **trup cos** tramp of feet), **údarú** authorisation *(see also: **séala**)*

▲ ~ **greamaitheach** adhesive stamp, ~ **lacáiste** savings stamp, ~ **poist** postage stamp, ~ **rubair** rubber stamp, ~ **víosa** visa stamp

Stampáil *v₁ₑ* stamp, mark
brandáil brand, **cabhair** emboss, **ceadaigh** permit, **clibeáil** tag, **cuir clib ar** tag, **cuir stampa ar** put a stamp on, **cuir trádmharc ar** trademark, **fraincéail** frank, **grean** inscribe, **lipéadaigh** label, **marcáil** mark, **múnlaigh** mould, shape, **séalaigh** seal, **sórtáil** sort, **trádmharcáil** trademark, **údaraigh** authorise

Stampáil amach *v₁ₑ* stamp out, eradicate
cuir deireadh le put an end to, **díothaigh** eradicate, **faigh réidh le** eliminate, **maraigh** kill, **múch**

Stampáil ar

extinguish, quench, **neamhnigh** eradicate, quash, **scrios** destroy

Stampáil ar v_{1e} stamp upon, oppress

brúigh faoi chois stomp on, stamp under foot, **brúisc** crush, **cos ar bholg a imirt ar** to oppress, **cuir deireadh le** put an end to, **cuir faoi chois** put down, quell, repress **gread** trounce, thrash, **leacaigh** flatten, **satail ar** trample on, **scrios** destroy, **trampáil ar** trample upon, **strampáil** stamp with feet, **treascair** demolish, crush, **trupáil** stamp noisily around

Stampáil *vn* stamping, marking

brandáil branding, **cabhradh** embossing, **ceadú** permitting, **clibeáil** tagging, **cur clibeanna ar** tagging, **cur stampa ar** putting a stamp on, **cur trádmharc ar** trademarking, **frainceáil** franking, **greanadh** inscribing, **lipeádú** labelling, **marcáil** marking, **múnlú** moulding, shaping, **séalú** sealing, **sórtáil** sorting, **trádmharcáil** trademarking, **údarú** authorising

Stampáil amach *vn* stamping out, eradicating

cur deireadh le putting an end to, **díothú** eradicating, **fáil réidh le** eliminating, **marú** killing, **múchadh** extinguishing, quenching, **neamhniú** eradicating, quashing, **scriosadh** destroying

Stampáil ar *vn* stamping upon, oppressing

brú faoi chois stomping on, stamping under foot, **brúscadh** crushing, **cur deireadh le** putting an end to, **cur faoi chois** putting down, quelling, repressing **greadadh** trouncing, thrashing, **leacú** flattening, **satailt ar** trampling on, **scriosadh** destroying, **trampáil ar** trampling upon, **strampáil** stamping with feet, **treascairt** demolishing, crushing, **trupáil** stamping noisily around

Stampáilte *pp* stamped, marked

brandáilte branded, **cabhartha** embossed, **ceadaithe** permitted, **clibeáilte** tagged, **frainceáilte** franked, **greanta** inscribed, **lipeádaithe** labelled, **marcáilte** marked, **múnlaithe** moulded, shaped, **séalaithe** sealed, **sórtáilte** sorted, **trádmharcáilte** trademarked, **údaraithe** authorised

Stampáilte amach *pp* stamped out, eradicated

díothaithe eradicated, **faighte réidh le** eliminated, **maraithe** killed, **múchta** extinguished, quenched, **neamhnithe** eradicated, quashed, **scriosta** destroyed

Stampáilte ar *pp* stamped upon, oppressed

brúite faoi chois stomped on, stamped under foot, **brúiscthe** crushed, **curtha faoi chois** put down, quelled, repressed, **greadta** trounced, thrashed, **leacaithe** flattened, **satailte** trampled, **scriosta** destroyed, **trampáilte faoi chois** trampled underfoot, **strampáilte** stamped by foot, **treascartha** demolished, crushed, **trupáilte** stamped noisily around

Stán v_{1a} stare, gawk

amharc view, look, **bain lán na súl as** ogle, gawk at, **breathnaigh gan staonadh ar** persistently observe, **caith drochshúil ar** glower at, **déan gliúcaíocht** peer, **déan stárógacht** gawk, **glinnigh** scrutinise, examine closely, **iniúch** scrutinise, **scrúdaigh le do shúile** examine with your eyes

Stánadh *vn* staring, gawking

amharc viewing, looking, **baint lán na súl as** ogling, gawking, **breathnú gan staonadh ar** persistently observing, **drochfhéachaint** glowering, **glinniú** scrutinising, examining closely, **gliúcaíocht** peering, **gliúmáil** observing with prying eyes, **iniúchadh** scrutinising, **scrúdú le do shúile** examining with your eyes, **silleadh** looking at, beholding, **stárógacht** gawking, gaping, **tabhairt silleadh súl ar** casting an eye on

Stánta *pp* stared, gawked

amharctha viewed, looked, **glinnithe** scrutinised, examined closely, **iniúchta** scrutinised, **scrúdaithe go grinn le do shúile** closely examined with your eyes

Staon v_{1a} desist, refrain, abstain

cúlaigh retreat, back away, **diúltaigh do** refuse, reject, decline, **éirigh as** forsake, give up, quit, **fág taobh thiar díot** leave behind you, **fan amach ó** keep away from, **seachain** avoid, shun, **séan** disclaim, deny, **seas siar** stand back, **tabhair an t-eiteach do** rebuff, spurn, **tabhair céim ar gcúl ó** step back from, **tabhair do** abjure, **tabhair droim láimhe do** reject, **tabhair suas** abdicate, give up, **tarraing siar** pull back, **teann siar** pull away, back off

◊ ~ **sí sa vóta.** She abstained in the vote., ~ **beirt.** There were two abstentions.

Staonadh *vn* desisting, refraining, abstaining

cúlú retreating, backing away, **diúltú do** refusing, rejecting, declining, **éirí as** forsaking, giving up, quitting, **eiteach** *m* rebuff, spurning, **fágáil taobh thiar díot** leaving behind you, **fanacht amach ó** keeping away from, **seachaint** avoiding, shunning, **séanadh** disclaiming, denying, **seasamh siar** standing back, **tabhairt céim ar gcúl ó** taking a step back from, **tabhairt droim láimhe do** rejecting, **tabhairt suas** abdicating, giving up, **tarraingt siar** pulling back, **teannadh siar** pulling away, backing off

▲ ~ **ón ól** abstinence from alcohol

◊ **báisteach gan** ~ incessant rain, **gan** ~ ceaselessly; continuously, **gan stad gan** ~ relentlessly; flat out, **iarrachtaí gan** ~ ceaseless efforts, **Tháinig** ~ **ann ina sheanaois.** He slowed down in his old age., **Rinne an brú oibre gan** ~ **dochar dá shláinte.** The unrelenting pressure of work damaged his health.

Staonta *pp* desisted, refrained, abstained
cúlaithe retreated, backed away, **diúltaithe do** refused, rejected, declined, **dar tugadh droim láimhe** rejected, **éirithe as** forsaken, given up, quit, **fágtha taobh thiar díot** left behind you, **fanta amach ó** kept away from, **seachanta** avoided, shunned, **séanta** disclaimed, denied, **tarraingthe siar** pulled back, **teannta siar** pulled away, backed off, **tugtha suas** abdicated, given up

Staraí *m (~; -aithe)* historian; storyteller
annálaí annalist, **cartlannaí** archivist, **cróineolaí** chronologer, **croiniceoir** chronicler, **dialannaí** diarist, **reacaire** narrator, **scéalaí** storyteller, **seanchaí** *(lit)* custodian of laws, genealogies, annals, and traditional lore; traditional storyteller, **síofróir** *(achaic)* storyteller, **staireagrafaí** historiographer

Starrach *adj³* projecting, prominent
atá ag gobadh amach that is sticking out, protruding, **biorach** pointed, spiky, **cocach** pointy, pointed, **corrach** projecting, angular, pointed, **deilgneach** spiky, **feiceálach** conspicuous, **géar** sharp, **gobach** pointy, **sonraíoch** extraordinary, **speancach** angular, prominent, **starraiceach** peaked, prominent, **speiceach** *(cap)* peaked; *(head)* tilted, cocked, **speancach** angular, prominent, **spiacánach** spiky, jagged, **starraiceach** peaked, prominent, **starrógach** salient; projecting, **suntasach** noticeable

Starrán *m (-áin; -áin, ~)* projection, jag
corr *f (coirre; ~a, ~)* edge; projecting point, **speanc** *f (-eince; ~a, ~)* crag; cliff, **spearbal** long, pointed object, **speic** *(cap)* peak; tilt, **starraiceacht** prominence, **starraicín** small peak, projection, **starróg** projecting rock

▲ **~ carraige** projecting rock

Stát *m (-áit; -áit, ~)* state
comhlathas commonwealth, **comhrialtas** coalition government, **cónaidhm** federation, **cúige** *(Ireland)* province, **fairche** *(lit)* monastic territory, parish; diocese, **feidearálacht** federation, **leiviatan** leviathan, **monarcacht** monarchy, **náisiún** nation, **ollchumhacht** major power, **poblacht** republic, **proibhinse** province, **rialtas** government, **ríocht** kingdom, **Saorstát Éireann** Irish Free State

Steall *v₁ₐ* gush, spout, pour
bí ag splaisearnach be splashing, **brúcht** erupt, **caith** throw, fire, **doirt** pour, **gais** gush, **gleadhair** pelt, **rad** pelt, fire, **rop** dart, dash, **scaird** squirt, gush, pour rapidly, **scaoil** shoot, **sceith** spew, **scinceáil** decant, pour off liquid, **scinn** gush, **sead** ejaculate, **spalp** spout, **spreachallaigh** spatter, sprinkle, **spréigh** spatter; spread, **sruthaigh** stream, **steanc** squirt, spurt; splash, **tál** *(milk)* yield, flow, bestow, **taom** empty of water, bail, **teilg** project, **tonn** surge, gush

Stealladh *vn* gushing, spouting, pouring
brúchtadh erupting, **caitheamh** throwing, firing, **doirteadh** pouring, **gaiseadh** gushing, **gleadhradh** pelting, pouring (down), **radadh** pelting, firing, **ropadh** darting, dashing, **scairdeadh** squirting, gushing, pouring rapidly, **scaoileadh** shooting, **sceitheadh** spewing, **scinceáil** decanting, pouring off liquid, **scinneadh** gushing, **seadadh** ejaculating, **splaisearnach** *f* splashing, **spalpadh** spouting, **spreachallú** spattering, sprinkling, **spré** splattering; spreading, **sruthú** streaming, **stealladóireacht** spouting, splashing, **steancadh** squirting, spurting; splashing, **tál** *(milk)* yielding, flowing, bestowing, **taomadh** emptying of water, bailing, **teilgean** projecting, **tonnadh** surging, gushing

◊ **ag ~ bréag** spouting lies, **ag ~ Fraincise** spouting French, **Bhí sé ag ~ báistí.** It was pouring rain., **Bhí sí ag ~ eascaíní.** She was cursing and swearing.

Steallta *pp* gushed, spouted, poured
brúchta erupted, **caite** thrown, fired, **doirte** poured, **gaiste** gushed, **gleadhartha** pelted, **radta** pelted, fired, **roptha** darted, dashed, **scairdte** squirted, gushed, poured rapidly, **scaoilte** shot, **sceite** spewed, **scinceáilte** decanted, poured off liquid, **scinnte** gushed, **seadta** ejaculated, **splaisearnach** splashing, **spalptha** spouted, **spreachallaithe** spattered, sprinkled, **spréite** spattered; spread, **sruthaithe** streamed, **steanctha** squirted, spurted; splashed, **tálta** *(milk)* yielded, flowed, bestowed, **taomtha** emptied of water, bailed, **teilgthe** projected, **tonnta** surged, gushed

Steillbheatha *(as in phrase)* **ina ~** large as life, in the flesh
beo beathach alive and kicking, **ina breáthacht iomlán** in her full splendour, **slán sábháilte** safe and sound

Stiall *f (stéille; ~acha)* strip, slice,
banda band, **canta** *m* slice, chunk, **cion** contribution, part, **cuid** *f (coda; codanna)* share, **fleasc** *f* strip, splinter; wreath, **leadhb** *f* strip, **liarlóg** strip, sheet, **páirt** part, **paiste** patch, **ribín** ribbon, **ruainne** *m* scrap, thread, **scioltar** strip, shred, **screaball** shred, tiny bit, **scríd** screed, strip, **slios** marginal strip, **slis** shaving, chip, **sliseog** small shaving, chip, **slisne** cut, section, **smut** short piece, stub, **smután** chunk, **snáithe** *m (of clothing)* stitch (cf **Ní raibh snáithe air.** He hadn't a stitch on him.), **spreota** length, junk (cf **spreota adhmaid** junk of wood), **steanlán** strip, piece, **stéig** slice, **stráice** strip, stretch (cf **stráice de bhóthar** stretch of road), **streoille** long irregular strip, **struip** strip, **struipeog** small strip, **strupais** tatter, strip, **toiriall tairiall** *s (indecl)* strip of skin from a corpse that it was believed held magical properties

◊ **~ den lá** a portion of the day, **Ní raibh ~ uirthi.** She hadn't a stitch on., **Tá mo chóta i ~acha.** My coat is in tatters., **Thug sí ~ dá teanga dó.** She gave him a right dressing down.

Stíl *f (~e; ~eanna)* style
aiste pattern, scheme, **ardfhaisean** high fashion, **bagántacht** neatness, stylishness, **bealach** *m* way, **béas** custom, **ciall maidir le** good taste in regard to, **craobhlasraí** flamboyance, **cruth** shape, **cuma** *f* appearance, **cur chuige** approach, **dealramh** look, appearance, **déanamh** make, making, composition, **faisean** fashion, **faiseantacht** dress sense, **gáifeachas** showiness, **galántacht** elegance, **gnás** custom, form, norm, **modh** method, mode, **nós** custom, manner, **snastacht** coolness, **péacacht** chicness, **slí** *f* way, **taibhseacht** ostentatiousness, flamboyance, **teicníc** technique, **treo** direction, **vóc** vogue

▲ **~ acadúil** academic style, **~ aorach** satirical style, **~ áititheach** persuasive style, **~ aithriseach** mimetic style, **~ bhéaloidis/bhéaloideasa** folkloric style, **~ chlasaiceach** classical style, **~ chomhráiteach** colloquial style, **~ dhlíthiúil** legal style, **~ dhrámata** dramatic style, **~ fhileata** poetic style, **~ fhíorasach** factual style, **~ fhógraíochta** commercial style, **~ fhoirmeálta** formal style, **~ ghiorraithe** abbreviated style, **~ ghonta** concise style, **~ ghrafach** graphic style, **~ i bpointí le hurchair** bullet point style, **~ iriseoireachta** journalistic style, **~ léiritheach** expository style, **~ liteartha** literary style, **~ mhéaldrámata** melodramatic, **~ mhórfhoclach** bombastic style, **~ mhuinteartha** avuncular style, **~ neamhfhoirmeálta** informal style, **~ ornáideach** flowery/ornate style, **~ phróis** prosaic style, **~ reacaireachta** narrative style, **~ reitriciúil** rhetorical style, **~ shamhlaíoch** imaginative style, **~ thraidisiúnta** traditional style, **~ thuairisciúil** descriptive style

Stíleáil 1 *v₁ₑ* style, fashion
córigh *(hair)* style, shape, **cuir caoi ar** put shape on, tidy up, **déan** make, **déan suas** do up, **dear** design, **deasaigh** make look nice, **gearr go faiseanta** cut fashionably, **maisigh** embellish, **pointeáil** touch up, **stíligh** stylise

Stíleáil 2 *vn* styling, fashioning
cóiriú *(hair)* styling, shaping, **cur caoi ar** putting a shape on, tidying up, **déanamh** making, doing, **déanamh suas** doing up, **dearadh** designing, **deasú** making look nice, **gearradh go faiseanta** cutting fashionably, **maisiú** embellishing, **pointeáil** touching up, **stíliú** stylising

Stíleáilte *pp* styled, fashioned
cóirithe *(hair)* styled, shaped, **déanta** made, done, **déanta suas** done up, **deartha** designed, **deasaithe** made look nice, **gearrtha go faiseanta** cut fashionably,

maisithe embellished, **pointeáilte** touched up, **stílithe** stylised

Stiúir *v₁d* steer, conduct
ainligh guide, steady against the current, **cinnir** lead by the head, **déan cathaoirleacht ar** *(meeting)* chair, **déan giollacht ar** lead, guide, **dírigh** direct, **cas** turn, **coinnigh ar chúrsa** keep on course, **eagraigh** organise, **giollaigh** lead, guide, **ionramháil** manoeuvre, **maoirsigh** supervise, **píolótaigh** pilot, **rialaigh** rule, regulate, **seol** sail; send, **smachtaigh** control, discipline, **srian** restrain, control, **taispeáin an bealach** show the way, **téigh i gceannas** take charge, **tiomáin** drive, **tionlaic** escort, accompany, **treoraigh** guide

~ **an capall!** Lead/Guide the horse!
~ **an carr/an long!** Steer the car/the ship!
~ **an cheolfhoireann!** Conduct the orchestra!
~ **an dráma/scannán** Direct the play/film!
~ **an scrúdú!** Invigilate the exam!
~ **an t-eitleán!** Pilot the plane!
~ **bád le mapaí!** Navigate a boat with maps!
~ **comhlacht mór!** Manage a big company!

Stiúradh *vn* steering, conducting
ainliú guiding, steadying against the current, **cinnireacht** leading by the head, **déanamh cathaoirleacht ar** *(meeting)* chairing, **déanamh giollacht ar** leading, guiding, **díriú** directing, direction, **dul i gceannas** taking charge, **casadh** turning, **coinneáil ar chúrsa** keeping on course, **eagrú** organising, **giollacht** leading, guiding, **ionramháil** manoeuvring, **maoirseoireacht** supervising, supervision, **píolótú** piloting, **rialú** ruling, regulating, **seoladh** sailing; sending, **smachtú** controlling; disciplining, **srianadh** restraining, controlling, **stiúrthóireacht** directing, controlling, **tiomáint** driving, **tionlacan**, escorting, accompanying, **treorú** guiding

~ **an taighde** supervising the research
~ **ceolfhoirne** conducting an orchestra
~ **díospóireachta** leading a discussion
~ **dráma** directing a play
~ **feithicle** steering a vehicle
~ **fiosrúcháin** conducting an investigation
~ **imeachtaí** conducting proceedings
~ **na gcúrsaí uile** running the whole show
~ **na himeartha** pulling the strings
~ **tráchta** directing traffic
~ **uathoibríoch** *(av)* automatic pilot

Stiúrtha *pp* steered, conducted; steering
ainlithe guided, steadied against the current, **cinneartha** led by the head, **dírithe** directed, **dulta i gceannas ar** taken charge of, **casta** turned, **coinnithe ar chúrsa** kept on course, **eagraithe** organised, **giollaithe** led, guided, **ionramháilte** manoeuvred, **píolótaithe** piloted **rialaithe** ruled, regulated, **seolta** sailed; sent; launched, **smachtaithe** controlled; disciplined, **srianta** restrained, restricted; controlled,

tiomáinte driven, **tionlactha** escorted, accompanied, **treoraithe** guided

▲ **bord** ~ governing board, **coiste** ~ steering committee, **crann** ~ steering column, **feithicil chlé/dheas**-~ left/right-hand drive, **glas roth** ~ steering lock, **luamhán** ~ joystick, **plé** ~ facilitated discussion, **poll** ~ cockpit, **roth** ~ steering wheel, **taighde** ~ supervised research

Stiúrthóir *m (-óra; ~í)* director, conductor, controller
airíoch *m* superintendent; custodian, **ardmháistir** *m* headmaster, **ardmháistreás** *f* headmistress, **bainisteoir** manager, **bas** boss, **cathaoirleach** *m* chairperson, **ceann** head, **ceann feadhna** ringleader, **ceannaire** leader, **ceannasaí** chief, controller; commander, **ceannfort** *(police)* superintendent, **eagraí** organiser, **feidhmeannach** *m* executive, **feighlí** minder, custodian, **feitheoir** *m (exam)* supervisor, invigilator, **geafar** gaffer, **gobharnóir** governor, **máistir** master, taskmaster, **maoirseoir** superintendent, **maor** overseer, prefect, **píolóta** pilot, **príomh-aire** prime minister, **príomhfheidhmeannach** *m* chief executive officer (CEO), **príomhoide** *(school)* principal, **rialtóir** controller (cf **rialtóir airgeadais** financial controller), **saoiste** foreman, **stíobhard** steward, **tiománaí** driver, **treoraí** guide, **uachtarán** president

▲ ~ **ainmnithe** director designate, ~ **airgeadais** treasurer, ~ **bainistíochta** managing director, ~ **bus** bus conductor, ~ **ceoil** musical director, ~ **ceolfhoirne** orchestra conductor, ~ **cúnta** assistant director, ~ **eagarthóireachta** editorial director, ~ **ealaíne** art director, ~ **feidhmiúcháin** executive director, ~ **fótagrafaíochta** director of photography, ~ **gréasáin** webmaster, ~ **ionchúiseamh poiblí** director of public prosecutions, ~ **páirteanna** casting director, ~ **scannán** film director

Stoc *m (-oic; -oic, ~)* stock
beostoc livestock, **cúltaisce** *f* reserve, **earraí** *mpl* goods, **fardal** inventory, **liosta** list, **marsantas** merchandise, **raon** range, **réimse** range, **rogha** *f* **earraí** assortment of goods, **staic** stump, stock, **stór** store, **sú** broth, stock, **tráchtearraí** *mpl* commodities

▲ ~ **bainc** bank stock, ~**bhróicéir** stockbroker, ~**bhróicéireacht** stockbroking, ~ **colúin** shaft of column, ~ **daoine** race of people, ~ **earraí** stock of goods, ~ **focail** stem of word, ~ **folaíochta** bloodstock, ~ **gunna** stock/butt of a gun, ~ **leapa** bedstead, ~**liosta** stocklist, ~**mhalartán** stock exchange, ~**shealbhóir** stockholder, ~ **tirim** dry stock

◊ **an** ~ **a áireamh** to take stock, **Chuir tú sna stoic mé leis an gceist sin!** You have really stumped me with that question., **stoic is scaireanna** stocks and shares

Stócach *m (-aigh; -aigh, ~)* boyfriend, young lad
aosánach youth, youngster, **buachaill** *m (-challa; ~í)* boy; boyfriend (cf **mo bhuachaill** my boyfriend), **diúlach** *m* chap, fellow, **fear óg** youth, **óganach** *m* adolescent, youth, **ógfhear** young man, **gartaire** sturdy lad, **gastaire** fast boy, precocious young man; smart ass, **geamstaire** playboy, **grá** love, **lascaire** dashing fellow, **leannán** lover, **piollardaí** rake, playboy, **pléaráca** reveller, **preabaire** dashing, handsome fellow full of life, **puinseachán** stout, sturdy chap, **scafaire** strapping fellow, **scorach** *m* stripling, youth, **stór** sweetheart, **rábaire** loose-limbed dashing fellow, **suiríoch** *m* lover

◊ **Nach treallúsach an** ~ **thú!** You're quite the enterprising young man!, **Scar sí lena** ~. She broke up with her boyfriend.

Stocaireacht *f (~a)* canvassing; trumpeting
agóidíocht agitation; protesting, **bolscaireacht** propaganda; evangelising, **camchuairt toghchánaíochta** election-campaign trail, **canbhasáil** canvassing, **craobhscaoileadh** promulgation; broadcasting, **cur chun cinn** promoting, advancing, **feachtas** campaign (cf **bheith i mbun feachtais** to be campaigning), **fógairt** proclaiming; trumpeting, **déanamh poiblíochta** publicising, **déanamh fógraíochta** advertising, **promóisean** promotion, **strucáil** canvassing, **tógaíocht** agitation, excitement

Stoirm *f (~e; ~eacha)* storm, tempest
achrann row, **anfa** *m* tempest, storm, **ag caidhleadh sneachta** driving snow, **clampar** clamour, commotion, **cogadh tintrí** blitzkrieg, **deardan** rough weather, **doineann** *f (-ininne)* stormy weather, **drochaimsir** bad weather, **fearg** *f (feirge)* anger, **gailfean** wild, blustery weather, **gailfean báistí** driving rain, **garbhshíon** *f* **na gcuach** harsh weather in May, **gleo** clamour, uproar, **ionsaí** assault, attack, **racán** row, uproar, **racht** *m* outburst, **raic** uproar, **ropadh** violent fracas (cf ~ **gaoithe** blasting/rushing wind), **síon** *f (síne)* stormy weather, **sceamhlach** *f* squall, **suaiteacht** turbulence, **stolladh gaoithe** tearing wind, **stolladh is sracadh** pulling and tearing, **uair mhór** stormy weather (cf **Chuaigh sé chun na huaire móire.** It became stormy.)

▲ ~ **bháistí** rainstorm, ~ **clocha sneachta** hailstorm, ~ **dheannaigh** dust storm, ~ **ghainimh** sandstorm, ~ **ghaoithe** windstorm, ~ **leictreach** electric storm, ~ **mhaighnéadach** magnetic storm, ~ **olldóiteáin** firestorm, ~ **pholaitíochta** political storm, ~ **shneachta** snowstorm, ~ **thoirní** thunderstorm, ~ **thrópaiceach** tropical storm

■ **Ar na cineálacha stoirmeacha atá:** Types of storms include: **cioclón** cyclone, **cóch** *m* squall, **cuaifeach** *m* whirlwind, **gála** gale, **hairicín** hurricane, **iomghaoth** whirlwind, **sí** *m* **deannaigh** dust devil, **spéirling** thunderstorm, hurricane, **súnámaí** tsunami, **tíofún** typhoon, **tornádó** tornado

Stoirmeach adj³ stormy
ainrianta unbridled, anfach tempestuous, stormy, ar buile mad, barbartha barbaric, clamprach tumultuous, doineanta stormy, wild, feargach angry, fiáin wild, fíochmhar fierce, foréigneach violent, fraochmhar ferocious, gailfeanach blustery, gan smacht uncontrolled, gleadhrach resounding, noisy, imithe ó smacht out of control, iodhlannach fitful, turbulent, histéireach hysterical, neamhcheansaithe untamed, ropánta blustery, raging, spadhrúil hysterical, straidhniúil furious, frenzied, suaite turbulent, tolgach buffeting, treathnach billowy, stormy, turraingeach violent, jolting

Stoite pp
1. extracted, uprooted
asbhainte extracted, bainte removed, bainte amach taken out, bainte as removed from, taken out; deducted, bainte ó fhréamh uprooted, folmhaithe emptied, gearrtha amach cut out, giobtha plucked, oscailte le fórsa prised open, pioctha picked, plucáilte plucked, slámáilte removed/plucked in handfuls, sníofa twisted; wrenched, sractha yanked, wrenched, tarraingthe amach pulled out, tochailte excavated, dug out, tógtha amach taken out
2. ~ amach isolated, alienated
coimhthithe alienated, deighilte segregated, partitioned, deoranta aloof, iargúlta remote, imeallaithe marginalised, leithlisithe isolated, neamhspleách independent, scartha separate, separated, scartha amach separated out, placed apart, scoite detached; severed (cf teach ~ detached house)

Stoith v₁ᵦ extract, uproot
asbhain extract, bain remove, bain amach take out, bain as remove from, take out; deduct, bain ó fhréamh uproot, coimhthigh alienate, deighil segregate, partition, gearr amach cut out, giob pluck, pick, oscail le fórsa prise open, imeallaigh marginalise, pioc pick, plucáil pluck, scar separate, scar amach separate out; place apart, scoith disconnect, sever; isolate, slámáil remove/pluck in handfuls, sníomh twist; wrench, srac yank, wrench, tarraing amach pull out, tochail excavate, dig out, tóg amach take out

Stoitheadh vn extracting, uprooting
asbhaint extracting, baint removing, baint amach taking out, baint as removing from, taking out; deducting, baint ó fhréamh uprooting, coimhthiú alienating, deighilt segregating, gearradh amach cutting out, giobadh plucking, picking, imeallú marginalising, oscailt le fórsa prising open, piocadh picking, plucáil plucking, slámáil removing/plucking in handfuls, sníomh twisting; wrenching, scaradh separating, scaradh amach separating out, placing apart, sracadh yanking, wrenching, scoitheadh severing, disconnecting, tarraingt amach pulling out, tochailt excavating, digging out, tógáil amach taking out

▲ ~ bláthanna plucking of flowers, ~ crainn uprooting a tree, ~ fiacaile extracting a tooth, ~ mo ghruaige pulling my hair out

Stól m (-óil; ~ta) stool
binse bench, bunán stool, cathaoir f (~each) chair, foradh (lit) elevated seat, ledge, forma form, otamán upholstered box with hinged seat, ottoman, saoisteog soft seat, pouf, stalla stall, suí seat (cf suí rí royal seat), suíochán seat, pew

▲ ~ ard high stool, bar stool, ~bhata shooting stick, ~ coise footstool, ~ pianó piano stool, ~ tríchosach three-legged stool, ~ urnaí kneeler

Stop 1 m (~; ~anna) stop, standstill
bac ban, impediment, bacadh preventing, blocking (eg ~ reachtaíochta blocking legislation), blocáil blocking (eg ~ an bhóthair blocking the road), briseadh break, breaking, cónaí abiding, caolas (tráchta) (traffic) bottleneck, céim stage, stop, clabhsúr closure, close, col impediment, conclúid conclusion, cosc prevention, check, stop, críoch f (críche; ~a, ~) finish, críochnú termination, cur isteach intrusion, interruption, deireadh end, dúnadh closing, fanacht waiting, staying, fanacht stay, staying, fál go haer impasse (cf ní fál go haer é! It's not an insurmountable problem), fos (lit) stop, stay, gabháil arrest, idirbhriseadh (comp) interruption, idirscor interruption, lánstad full stop, leamhshainn (chess) stalemate, marbhsháinn (chess) checkmate, moill delay, múchadh extinguishing, quenching; switching off, sáinn trap; (chess) check seasamh stand, standstill, sos m (~a) cessation, rest, scor quitting, discontinuance; retirement, stad stop, halt, staonadh cessation, stop, toirmeasc prohibition, prevention, tuairteáil (comp) crash

Stop 2 v₁ₐ stop; block
bac hinder, ban, blocáil block, bris break, cónaigh rest, settle, coisc prevent, check, stop, críochnaigh finish, cuir bac le block, cuir cosc (le) prevent, cuir constaic le obstruct, cuir críoch le put an end to, cuir deireadh le terminate, put an end to, cuir fút settle down, cuir isteach intrude, interrupt, dún close, éirigh as give up, fan wait, stay, gabh arrest, géill yield, géill slí yield way, idirbhris (comp) interrupt, idirscoir interrupt, leamhsháinnigh (chess) stalemate, lonnaigh stay, stop, settle, marbhsháinnigh (chess) checkmate, múch quench, extinguish, sainnigh trap; (chess) check, seas stand (still), scoir quit, discontinue; retire, socraigh settle, stad stop, halt, tairis stop, stay, tar chun críche come to an end, tuairteáil (comp) crash, urchoill inhibit (see also: calc, stad 2)

Stopadh vn stopping
bacadh hindering, banning, blocáil blocking, briseadh breaking, calcadh blockage, clogging, cónaí abiding, resting, settling, cosc preventing, checking,

Stopallán 828 **Straeáil**

stopping, **críochnú** finishing, **dúnadh** closing, **éirí as** giving up, **fanacht** waiting, staying, **fosadh** cessation, **fosaíocht** state of rest, steadiness, **gabháil** arresting, **géilleadh** yielding, **géilleadh slí** yielding way, **idirbhriseadh** *(comp)* interrupting, **idirscor** interrupting, **leamhsháinniú** *(chess)* stalemating, **lonnú** settling (down), **marbhsháinniú** *(chess)* checkmating, **moill** delay, **moilliú** delaying, **múchadh** quenching, extinguishing, **righneas** slowness, tardiness, **sainniú** trapping; *(chess)* putting in check, **seasamh** standing (still), **scor** quitting, discontinuing; retiring, **socrú** settling, **stad** stopping, halting, **teacht chun críche** coming to an end, **tairiseamh** stopping, staying (cf **gan tairiseamh** without stopping), **tuairteáil** *(comp)* crashing, **urchoilleadh** inhibition *(see also: calcadh, stad 3)*

▲ ~ **innill** shutting down/off of an engine, ~ **liathróide** blocking a ball, ~ **oibre** work stoppage, ~ **thar oíche** overnight stay

◊ ~ **an chluiche** suspension of play, ~ **den obair** downing tools, **Bhíomar ag ~ i gCorcaigh.** We were stopping in Cork., ~ **in óstán** staying in a hotel

Stopallán *m (-áin; -áin, ~)* stopper, plug
buacaire faucet, **bundallán** stopper, bung, **calcadh** caulking, **claibín** *(for barrel)* stopper, **corc** cork, **dallán** *(for pipe)* plug, **maiste cocháin/éadaigh** straw/cloth plug, **piollaire** bung, stopper, **plocóid** plug, **pluga** plug, **sconna** tap, **séala** seal, **spiogóid** spigot, **stopaide** stopper, spigot, **stopán** *(dent)* plug

Stoptha *pp* stopped, halted, blocked
bactha blocked; banned, **blocáilte** blocked, **briste** broken, **calctha** blocked, clogged up, **cónaithe** boarding/staying, settled, **coiscthe** prohibited, forbidden, **críochnaithe** finished, **druidte** shut down, closed, **dúnta** closed, **éirithe as** given up, **fosaithe** fixed, **gafa** arrested, caught, **géillte** yielded, surrendered, **idirbhriste** *(comp)* interrupted, **idirscortha** interrupted, **leamhsháinnithe** stalemated, **lonnaithe** settled (down), **moillithe** delayed, **múchta** quenched, extinguished, **seasta** stood (still), **scortha** discontinued; retired, **socraithe** settled, **stadta** stopped, halted, **tagtha chun críche** terminated, **tairiste** stopped, stayed, **toirmiscthe** outlawed, prohibited, **tuairteáilte** *(comp)* crashed *(see also: calctha)*

▲ **áit** ~ place to stop off; stopping place, **cnaipe** ~ stop button, **comhartha** ~ stop signal, **fad** ~ stopping distance, **liathróid** ~ blocked ball, **píopaí** ~ blocked pipes, **trácht** ~ traffic at a standstill

Stór *m (-óir; ~tha)*
1. store, repository
cuile buitléara butler's pantry, **fardal** inventory, **foráil** provision, **iosta** *m* depot (cf **iosta earraí** goods depot), **landair** pantry, **lastlann** storehouse, **lón** provision, **soláthar** supply, **stoc** stock, **stoc-charn** stockpile, **stóras** storage; storehouse, **taisceadán** safe, **taisclann** depository, **trádstóras** warehouse

2. store, treasure
airgead money, **airnéis** moveable property, chattels, **dlús** fulness, plenitude, **flúirse** plenty, copiousness, **fortún** fortune, **gustal** wealth, resources, **intleamh** *(lit)* wealth, **luthairt lathairt** abundance, **maoin** wealth, **ór** gold, **rachmas** opulence, wealth, **raidhse** *f* abundance, **saibhreas** wealth, **spré** property, wealth, **taisce** *f* treasure, hoard, **tóla** *(lit)* profusion, **tolmas** abundance

3. *A Stóir!* (to man) A ~! (to woman) My treasure!, **A chroí!** My dear!, **A ghrá!** My love!, **A mhaoineach!** My darling!, **A mhuirnín (ó)!** My sweetheart!, **A rún!** My dearest!, **A rún mo chléibh!** Oh, love of my heart!, **Mo mhaoin thú!** You are my treasure!, **A mhaoinín!** My little treasure!, **A smóilín!** My little darling!, **A thaisce!** My treasure!, **A úillín óir!** Apple of my eye!

Stóráil 1 v_{le} store
bailigh collect; accumulated, **carn** pile (up), accumulate, **cnuasaigh** hoard; accumulate, **coimeád** keep, **coinnigh** keep, reserve, **cuir i dtaisce** store; deposit, **cuir i leataobh** set aside, **cumhdaigh** keep, preserve, **sábháil** save, **stocáil** stock (up), **stoc-charn** stockpile, **stuáil** stow away, **taisc** store; hoard

Stóráil 2 *vn* storing; warehousing
bailiú collecting; accumulating, **carnadh** piling (up), accumulating, **cnuasach** hoarding; accumulating, **coimeád** keeping, **coinneáil** keeping, reserving, **cur i dtaisce** storing; depositing, **cur i leataobh** setting aside, **cumhdach** keeping, preserving, **sábháil** saving, **stocáil** stocking (up), **stoc-charnadh** stockpiling, **stuáil** stowing away, **taisceadh** storing; hoarding

Stóráilte *pp* stored; warehoused
bailithe collected; accumulated, **carntha** piled (up), accumulated, **cnuasaithe** hoarded; accumulated, **coimeádta** kept, **coinnithe** kept, reserved, **cumhdaithe** kept, preserved, **curtha i dtaisce** stored; deposited, **curtha i leataobh** set aside, **sábháilte** saved, **stocáilte** stocked (up), **stoc-charntha** stockpiled, **stuáilte** stowed away, **taiscthe** stored; hoarded

Strae *m (~) (as in adverbial phrase)* **ar ~** astray
ar fiarsceabha askew, **ar iomrall** astray, **ar míthreoir** confused, gone the wrong way, **ar seachrán** astray, **ar shiúl** missing, **fánach** straying, wandering, **iomrallach** straying, **imithe ar an bhfán** gone off on a life of vagrancy, **imithe chun fáin** gone astray, **imithe ó bhóthar do leasa** to have strayed from the straight and narrow, **imithe ón mbealach ceart** gone off the right track, **míthreoir** misdirection, **míthreoraithe** misdirected

Straeáil 1 v_{le} stray, go astray
bí ar shiúl be gone off (somewhere); be missing,

Straeáil

imigh ón mbealach ceart to leave the right path, to go the wrong way, **téigh ag fálróid** go wandering about, **téigh ar iarraidh** go missing, **téigh ar seachrán** go wandering off, stray, **téigh ar strae** to go astray

Straeáil 2 *vn* straying, going astray

dul ag fálróid going wandering about, **dul ar iarraidh** going missing, **dul ar shiúl** going off (somewhere); going missing, **dul ar seachrán** wandering off, going astray, **dul ar strae** going astray, **imeacht ón mbealach ceart** leaving the right path, straying

Straeáilte *pp* strayed, gone astray

dulta ag fálróid gone wandering about, **dulta ar iarraidh** gone missing, **dulta ar shiúl** gone off (somewhere); gone missing, **dulta ar seachrán** gone wandering off, gone astray, **dulta ar strae** gone astray, **imithe ón mbealach ceart** gone from the right path

Strainc *f (~e; ~eanna)* grimace, scowl

cáirín grin, grimace, **cár** grimace, **draid** *(showing teeth)* grimace, **draidgháire** toothy smile, mocking grin, **fonóid** sneer, jeering, **frigháire** slight smile, **gáire dóite** wry smile, **gáire tur** dry smile, **grainc** grimace; frown, **gramhas** grimace; (unpleasant) grin, **gramhsáil** grimacing; grinning, **leamhgháire** faint smile; sarcastic smile, **leamh-mheangadh** smirk, smirking, **meill** curling of lips, wry mouth, **míog** smirk, **mionghaire** smile, **púic** frown, **pus** scowl; pout, **scaimh** snarl, grimace, **scamhaíl** grimacing, **seitríl** sniggering, **smut** pout, **strabhas** grimace, **straois (gháire)** (mocking) grin, **straoisíl** grinning, **streill** smirk, foolish grin

Strainséartha *adj⁶* strange, unfamiliar

aduain weird, peculiar, preternatural, **aisteach** strange, **anaithnid** unknown, **andúchasach** exotic, **ait** bizarre, **allúrach** foreign, **anaithnid** unknown, **as an gcoitiantacht** out of the ordinary, **as an ngnáth ar fad** extraordinary, **coigríochach** foreign, strange, **coilíneach** *m* colonial, **coimhthíoch** foreign, weird, **corr** odd, strange, **corrmhéineach** odd, eccentric, **deorach** strange, wandering, **deoranta** alien, aloof, **eachtrannach** alien, **éagsúlach** different, **gallda** foreign, **iasachta** foreign, borrowed, **iasachtach** strange, foreign, **iargúlta** out-of-the-way, **neamhaithnid** unfamiliar, unknown, **saoithiúil** peculiar, **suntasach** remarkable *(see also: aisteach)*

Strainséir *m (-éara; ~i)* stranger, unfamiliar person

allúrach *m* foreigner, **aoi** *m (~; aíonna)* guest, **coigríochach** *m* foreigner, stranger, **coilíneach** *m* colonist, **coimhthíoch** *m* outsider, foreigner, **cuairteoir** visitor, **deoraí** exile, **duine as baile isteach** blow-in, **duine iasachta** foreign person, **duine ón gcoigríoch** person from abroad, **eachtrán** *(extra-terrestrial)* alien, **eachtrannach** *m* foreigner, alien, **éan aonair** loner, **éan corr/cuideáin** outsider, **éan scoite** loner, lone bird, **fámaire** visitor, tourist, **Gall** foreigner, **imirceach** *m (coll)* immigrant, **inimirceach** *m* immigrant, **leoithne** *f* **isteach** blow-in, **núíosach** *m* newcomer, **tuilí** outsider, interloper, **turasóir** tourist

Strapa *m (~; ~í)* strap

banda band, **beilt** *f* belt, **ceangal** connection, tie, **corda** *m* cord, **crios** *m (creasa; ~anna)* belt, girdle, **guailleán** shoulderstrap, **guailleáin** braces, **iall** *f (éille; acha; dat sg éill)* lace, strap; leash; thong, **iris** strap, sling, **leathar** leather strap, **nasc** connection, **nascóir** connector, **rópa** *m* rope, **sciathrach** *f* shield strap, **stráice** strip of cloth, bandage, **téad** *f (téide; ~a, ~)* rope, cord, **téip** tape

Streachail *v₂c* struggle, strive; drag, pull

bí ag coimhlint be struggling, **bí ag coraíocht** be battling, tussling, **bí ag iomrascáil** be wrestling, **bí ag strácáil** be striving, **bí ag strampáil leat** be struggling along, **bí ag stranglail** be striving, struggling, **fuirsigh** struggle, rummage, (cf **ag fuirseadh is ag fadhbáil** struggling and slogging away), **srac** struggle, wrench, drag, **sraoill** drag trail, **sraon** plod, trundle; struggle, **sreang** drag, pull; wrench, **tarraing go spadánta** drag, pull sluggishly, **treabh** plough, **troid** fight

◊ ~ **sé fiú a chairde leis.** He even dragged his friends along., **Bhíomar ag ~t in aghaidh an tsaoil ar an oileán.** We were battling life on the island., **Ná ~ do ghúna nua ar an bhféar!** Don't drag your new dress in the grass!, **Táim ag ~t leis an chuid sin den chúrsa.** I'm struggling with that part of the course.

Streachailt *vn* struggling, striving; dragging, pulling

coimhlint struggling, **coraíocht** wrestling, tussling, **iomrascáil** wrestling, **fuirsiú** struggling, rummaging **sracadh** struggling, wrenching, dragging, **sraonadh** pulling dragging; struggling, **strácáil** striving, **sraoilleadh** dragging trailing, **sreangadh** dragging, pulling; wrenching, **tarraingt go spadánta** dragging, pulling sluggishly, **treabhadh (ar aghaidh)** ploughing (ahead), **troid** fighting, **tromfháscadh** struggle, strife

Streachailte *pp* struggle, striven; dragged, pulled

iomrascáilte wrestled, **fuirsithe** struggled, rummaged, **sractha** struggled, wrenched, dragged, **sraoillte** dragged, trailed, **sraonta** plodded, trundled, **sreangtha** dragged, pulled; wrenched, **tarraingthe go spadánta** dragged, pulled sluggishly, **treafa (ar aghaidh)** ploughed (ahead), **troidte** fought

Striapach *f (-aí; ~a, ~)* prostitute, loose woman

bean *f* **leapa** concubine, **bean** *f* **luí** call girl; concubine, **bean** *f* **sráide** streetwalker, **buachaill** *m* **aeraíochta** rent boy, **cailín gleoite** *(coll)* fancy woman, tart, **cailín** *m* **pléisiúir** call girl, **claitseach** *f* slut, **cúirtéiseánach** *f* courtesan, **drúth** *f (archaic)* harlot, strumpet, **eachlach** *f (lit)* prostitute, **meirdreach** *f* harlot, whore, **oibrí** *m* **gnéis** sex worker, **raicleach** *f* slut, **raiteog** hussy; flirt, **rálach** *f* whore; loose woman, **rata** wanton woman, **scubaid** hussy, floozy, **seata** *(archaic)* harlot, **sráidí** *m* streetwalker, street hustler, **sraoill** *f* slovenly (loose-living) man or woman, **strabóid** hooker, **straip** trollop, **strapairlín** little hussy, **streabhóg** worthless hussy, **streachaille** *m* lazy slut, **struipéar** loose woman; stripper

Striapachas *m (-ais)* prostitution

an ghairm is sine ar domhan the oldest profession in the world, **gníomhaireacht mná comórtha** escort agency, **meirdreachas** harlotry, **pornagrafaíocht** pornography, **sráidíocht** streetwalking, **tionscal an ghnéis** sex industry, **trádáil an ghnéis** sex trade

Stríoc *f (-íce; ~a, ~)* stripe, streak

banda band, **barra** bar, **cailc** chalked line; limit, **colún** column, **dais** dash, **imlíne** *f* outline; contour, **léas** *(light)* streak (cf **léas solais** streak of light), **líne** *f* line, **lorg** trail, **riabh** *f (réibhe)* streak; stripe/ stripe, **riabhóg** little streak, **rian** trace, track; path, course, **riast ribe** *m* strand *(eg of hair)*, **ribín** ribbon, **rinse** *m* streak, stripe, **scríob** *f (scríbe; ~a, ~)* scratch, **síog** *f* streak, **síogán** streak, stripe, **sréamlóg** ragged streak (eg **sréamlóga geala de néalta** ragged white streaks of cloud), **stáid** streak, trail (eg **stáid néalta** trail of clouds), **stiall** *f (stéille, ~acha)* strip, **straidhp** stripe, **treall** *m* streak, patch *(see also: líne)*

Stríocach *adj*[3] striped; streaked

bandach banded, with bands, **imlínithe** outlined, **le barraí** with bars, barred, **le scríoba** with scrapes/scratches, **le stiallacha** with strips, **le straidhpeanna** with stripes, **línithe** lined, **riabhach** streaked, striped; brindled, **riabhógach** with little stripes/streaks, **riafa** streaked, **riastach** streaked, striped; welted, **scríobtha** scraped, scratched, **síogach** streaky, striped, **stiallach** consisting of strips, **straidhpeach** striped

Stró *m (~)*

1. stress, exertion

anró *m* hardship, difficulty, **brácáil** drudgery, **brú** pressure, **coimhlint** struggle, **crácamas** torturous work, **dochma** privation, hardship, **doic** difficulty, impediment, **dua** *m* effort, graft, **freangadh** warping, contortion, **iarracht** effort, **obair** *f (oibre)* work, **obair mhaslach** backbreaking work, **saothar** exertion, effort, **sclábhaíocht** hard labour, donkey work, **straidhn** strain, **strus** stress, **tarraingt** pull, hauling, strain, **teannas** strain, tension, **tiaráil** slogging away, toiling (cf **an tiaráil laethúil** the daily grind), **trioblóid** bother, trouble, **úspaireacht** drudgery

2. gan ~ without exertion, effortlessly

gan dochma effortlessly, **gan doic** unhesitatingly, without impediment, **gan dua** without difficulty, **go furasta** easily, **gan saothar** without effort, effortlessly, **go héasca** easily, effortlessly, **go rábach** robustly, convincingly, **go seolta** smoothly, seamlessly

◊ **faoi ~** under stress, **Ní ~ ar bith liom é.** It's no trouble to me at all., **Rinne sí gan ~ é.** She did it effortlessly.

Stróic *v*₁ᵦ tear, rip (up)

bain cut, mow; harvest, **bain as a chéile** take to pieces, **coscair** cut up, rend, mangle, **cuir óna chéile** take apart, **déan píosaí beaga de** rip up, make small pieces of, **diogáil** prune, **gearr** cut, **gearr suas** cut up, **liobair** tear, tatter, **leadhb** tear asunder, tear in strips, **lochair** lacerate, strip; afflict, distress, **mill** ruin, **mionstiall** shred, **oirnigh** cut into bits, **réab** breach, rip, rend, **riall** rend, tear, **rois** rip, rend; unravel, **rúisc** bark, strip bark (cf **crann a rúscadh** to bark a tree); shell, strip, **scáin** sever, **scoilt** split, **scoith** sever, cut off, **scamh** peel, whittle, **scar** separate; segment, **sclár** tear, cut up; lacerate, **scríob** scrape, **scrios** destroy, **slis** *(sp)* slice, **srac óna chéile** wrench apart; sever, tear, **sraoill** tear apart, rip to shreds, **stiall** cut in strips, slice, **stoll** tear, rend

~ **alt gan trua!** Rubbish an article mercilessly!
~ **an cás as a chéile!** Tear the case apart!
~ **an clúdach de!** Rip the cover off it!
~ **bileog de bhloc!** Tear a sheet off a pad!
~ **leat!** Tear away! Make my day!
~ **óna chéile é!** Tear it apart!
~ **suas é!** Tear it up!

Stróiceadh *vn* tearing up, ripping up

baint cutting, mowing; harvesting, **baint as a chéile** taking to pieces, **coscairt** cutting up, rending, mangling, **cur óna chéile** taking apart, **déanamh píosaí beaga de** making small pieces of, **diogáil** pruning, **gearradh** cutting, **gearradh suas** cutting up, **leadhbadh** tearing asunder, tearing in strips, **liobairt** tearing, tattering, **lochradh** lacerating, stripping; afflicting, distressing, **milleadh** ruining, **mionstialladh** shredding, **oirneachadh** cutting into bits, **réabadh** breaching, ripping, rending, **rialladh** rending, tearing, **roiseadh** rip, rending; unravelling, **rúscadh** barking, stripping (bark), shell, strip, **scáineadh** severing, **scláradh** tearing, cutting up; lacerating, **scoilteadh** splitting, **scoitheadh** severing, cutting off, **scamhadh** peeling, whittling, **scaradh** separating; segmentation, **scláradh** tearing, cutting up; lacerating, **scríobadh** scraping, **scriosadh** destroying, **sliseadh** *(sp)* slicing, **sracadh óna chéile** wrenching apart; severing, tearing, **sraoilleadh** tearing apart, riping into shreds, **stialladh** cutting in strips; lacerating, laceration, **stolladh** tearing, rending

Stróicthe *pp* torn, ripped

bainte cut, mown; harvested, **bainte as a chéile** taken to pieces, **coscartha** cut up, rent, mangled, **curtha óna chéile** taken apart, **diogáilte** pruned, **gearrtha** cut, **gearrtha suas** cut up, **leadhbtha** torn asunder, torn in strips, **liobartha** torn, tattered, **lochartha** lacerated, stripped; afflicted, distressed, **millte** ruined, mionstiallta shredded, **oirnithe** cut into bits, **réabtha** breached, ripped, rent, **riallta** rent, torn, **roiste** ripped, unravelled, **rúiscthe** barked, stripped (of bark), shelled, stripped, **scáinte** severed, **scoilte** split, **scoite** severed, separated, cut off, **scafa** peeled, whittled, **scartha** separated; segmented, **sclártha** torn, cut up; lacerated, **scríobtha** scraped, **scriosta** destroyed, **sliste** (sp) sliced, **sractha óna chéile** wrenched apart; severed, torn apart, **stiallta** cut in strips, sliced, **stollta** torn, rent (eg **stollta ag crúba an ghliomaigh** rent by the lobster's claws)

Stroighnigh v_{2b} cement
coincréitigh concrete, **cuir puití isteach** putty, put in putty, **greamaigh** fix, attach, fasten, **nasc** bond, **suimintigh** cement, **grútáil** grout

Stroighnithe pp cemented
coincréitithe concreted, **greamaithe** fixed, attached, fastened, **inar cuireadh puití** puttied, **nasctha** bonded, **suimintithe** cemented, **grútáilte** grouted

Stroighniú vn cementing
coincréitiú concreting, **cur isteach puití** puttying, **greamú** fixing, attaching, fastening, **nascadh** bonding, **suimintiú** cementing, **grútáil** grouting

Struchtúr m (-úir; -úir, ~) structure
ailtireacht architecture, **déanamh** make, making, **déanmhaíocht** formation, **déanmhas** (lit) make, shape, formation, structure, **déantóireacht** manufacture, manufacturing, **déantús** manufacture, handiwork (cf **déantús Dé** God's handiwork), **comhdhéanamh** (textual) composition, constitution, **comhdhéantús** structure, constitution, **creatlach** f framework, **cruth** shape, **cumraíocht** (comp) configuration, **cur le chéile** coherence, **eagraíocht** organisation, **foirm** f (~; ~eacha) form, **foirmíocht** formation, **formáid** format, **fráma** frame, **infreastruchtúr** infrastructure, **leagan amach** layout, **tógáil** construction, **uaithne** m support, pillar

Struipeáil v_{1e} strip; perform a striptease
bain éadaí díot remove your clothes, **bain (inneall) as a chéile** strip/take apart (an engine), **bain páipéar balla** remove wallpaper, **caith díot** undress, strip, **nocht (go craiceann)** strip (naked), **tóg (do chóta) díot** take off (your coat)

Struipeáil vn stripping; striptease
baint éadaí removing clothes, **baint (innill) as a chéile** stripping/taking apart (an engine), **baint páipéar balla** removing wallpaper, **caitheamh díot** undressing, stripping, **nochtadh (go craiceann)** stripping (naked), **seó struipeála** striptease show

Struipeáilte pp stripped
bainte as a chéile (engine) dismantled, **gan eadaí ar bith ort** without any clothes on, **gan tointe ort** in the pelt, stark naked, **i do chraiceann dearg** in the nip,

in your birthday suit, **lomnocht** completely naked, nude, **nocht go craiceann** naked, **nochta** exposed

Strus m (-uis, -uis, ~) stress
aiceann (phon) stress, **ardbhrú** high pressure, **béim** (phon) stress (cf **comhartha béime** stress mark), **broid** distress, pressure (cf ~ **oibre** pressure of work), **brú** pressure, **caitheamh agus cuimilt** wear and tear, **callshaoth** stress, travail, **comhéigean** coercion, **cruóg** urgency, pressure (cf **faoi chruóg na hoibre** under the pressure of work), **déine** severity, intensity, **dréim le** striving for, aspiring to, **duainéis** trouble, distress, **duais** travail, distress, **éigeantas** duress, **freangadh** warping, **griothal** hassle, **masla** heavy strain, **saoth** m strain (cf **saoth súl** eye strain), **saothar** exertion, effort, **strácáil** striving, struggling, **straidhn** strain, **strangláil** struggling, striving, **stró** stress, exertion, **tarraingt** pull, tug, **teannas** tension, **teanntú** pressure, strain, stress, **tinneallaí** tenseness, nervousness

▲ ~ **an tsaoil** the stress of life, ~ **ar bhíoma** stress on a beam, ~ **na oibre** the stress of the work

Stua m (~; ~nna) arch, arc; arcade
áirse arch, **arc** (maths) arc, **bealach** m **áirseach** archway, **bogha** bow, **boghaisín** ring, circle, **cuar** curve, **cuaire** curvature, **droichead** bridge, **dronnacht** convexity, **fáinne** ring, circle (cf ~ **an lae** ring/arch of sunlight at dawn, break of day, **leathchiorcal** semi-circle, **póirse** porch, archway, **stuara** arcade

▲ ~ **ciorcail** arc of a circle, ~ **ceatha** rainbow, ~ **na spéire** vault of heaven, ~ **siamsaíochta** amusement arcade, ~ **siopadóireachta** shopping arcade, ~ **solais** arc of light

Stuacach adj³ obdurate, stubborn
ceanndána headstrong, stubborn, **ceanntréan** obstinate, wilful, **cadránta** obstinate, unfeeling, **calctha** fixed in one's ways, **ciotrúnta** contrary, recalcitrant, **dáigh** unyielding, stubborn, **deacair** difficult, **dígeanta** wilful, obdurate, **diúnasach** obstinate, intractable, **dobhogtha** unyielding, **docheansaithe** untameable, unappeasable, **dochomhairleach** unamenable to advice, intractable, **dodach** restive, obstinate, **doghluaiste** wilful, immovable, **dolúbtha** inflexible, **dúr** dour, **easumhal** contumacious, **ládasach** self-willed, headstrong, **mícheansa** recalcitrant, **muiniceach** headstrong, self-willed, obstinate, **righin** rigid, dogged, **stálaithe** calcified, stiff, obstinate, **stalcach** stubborn, **stóinsithe** tough, unyielding, **stolptha** stiff, stodgy, stubborn, **stuacánach** obstinate

▲ **fear** ~ stubborn man, **óganach** ~ petulant youth, **páiste** ~ sulky obstinate child

Stuacacht f (~a) obduracy, stubbornness; sullenness
ceanndánacht stubbornness, obduracy, **cadrántacht** obstinacy, unfeelingness, **calcadh** caking, hardening;

obduracy, **ciotrúntacht** recalcitrance, **dáighe** stubbornness, **dígeantacht** wilfulness, obduracy, **diúnas** obstinacy, intractability, **dobhogthacht** unyieldingness, obduracy, **dochomhairle** *f* wilfulness, intractability, **dodaireacht** restiveness; sullenness, **doghluaisteacht** wilfulness, reluctance to budge, **dolúbthacht** inflexibility, **dúire** dourness, **easumhlaíocht** insubordination, **ládas** self-will, strong-mindedness, **mícheansacht** recalcitrance, **muclaíocht** pigheadedness; truculence, **neamhghéilleadh** insubordination, **righneas** rigidness, doggedness, **stálaíocht** obstinacy, staleness, **stalcacht** stubbornness, **stalcánacht** stubbornness, stiffness, **stóinsitheacht** toughness, stubbornness, **stuacánacht** obstinacy, **talchaire** wilfulness, obstinacy; determination

Stuacán *m (-áin; -áin, ~)* stubborn person, sulky individual
bundúnaí morose person, **dodaire** sulky dour person, **duarcán** morose person, **duasmánaí** gloomy surly person, **duirc** *m* sullen silent person, **gadrálaí** slow stubborn person, **cadramán** obstinate boorish person, **dúrnánaí** obtuse person difficult to reason with, **gruamaire** gloomy person, **molt** morose sulky person, **preicleachán** morose (double-chinned) person, **púdarlach** *m* fat surly person, **smuilceachán** snooty sulky person, **splíonach** wretched peevish person, **stalcaire** stiff stubborn person, **túitín** sullen person, boor

Stuáil 1 *v*₁ₑ
1. stuff, pack
brúigh isteach press in, compact, **comhbhrúigh** compress, **cuir isteach** put in, **ding** pack tightly, stuff, wedge, **dlúthaigh** compact, **fáisc** squeeze, **líon** fill, **líon amach** pad out, **pacáil** pack, **plúch** bung up, choke, **sac** cram, stuff, shove, **stánaigh** pack in tins, **truncáil** pack tightly, **trusáil** tuck, roll up
2. store, stow away
cnuasaigh gather, **coinnigh** keep, **cuir i dtaisce** store, **cuir i gcoimeád** stow away, **cuir i stór** store, **cuir in áit stórála** place in storage area, **stóráil** store, **taisc** store, hoard

Stuáil 2
1. *vn* stuffing; stowing
brú isteach pressing in, **comhbhrú** compressing, **cur in áit stórála** stowing away, **dlúthú** compacting, **fáscadh** squeezing, **líonadh** filling, **pacáil** packing, **plúchadh** bunging up, choking, **sacadh** cramming, stuffing, shoving, **stánú** packing in tins, **truncáil** packing tightly, **trusáil** tucking, rolling up
2. *f (-ála)* wadding, stuffing
ábhar pacála packing material, **búiste** *(cooking)* stuffing, **flocas** *(wool, cotton)* wadding, **forlíonadh** *(words)* padding; supplement, **líonadh** filling, **líonadh amach** padding out, **pillín** padding

Stuáilte *pp* stuffed, padded; stowed
brúite isteach pressed in, compacted, **comhbhrúite** compressed, **curtha in áit stórála** placed in storage area, stowed away, **dingthe** packed tightly, stuffed, wedged **dlúite** compacted, **forlíonta** *(words)* padded; supplemented, **fáiscthe isteach** squeezed in, **líonta** filled, **líonta amach** padded out, **pacáilte** packed, **plúchta** bunged up, choked, **sactha** crammed, stuffed, shoved, **stánaithe** packed in tins, **truncáilte** packed tightly, **trusáilte** tucked, rolled up

Stuaim *f (~e)* good sense, prudence, levelheadedness, wisdom, tact
breith judgment, **breithiúnas grinn** good judgment, **cáiréis** tact, care, **ciall** *f (céille)* sense, cop-on (cf **splinc chéille** bit of cop-on), **clisteacht** cleverness, awareness, **coinlíocht** *(maturity)* understanding of the ways of the world, sense, **coinsiasacht** conscientiousness, **críonnacht** wisdom *(on account of age)*, shrewdness, **cruinneas** coherence, steadiness, **daingne** firmness, steadiness, **dáiríre** earnestness, sincerity, **discréid** discretion, **dúthracht** assiduity, diligence, **éirim** intelligence, acumen, wit, **fadbhreathnaitheacht** far-sightedness, circumspection, **fadcheannaí** far-sightedness, **faichill** caution, wariness, **féinsmacht** self-control, **freagracht** responsibility, **foistine** steadiness, composure, **gaois** wisdom, **géire intinne** sharpness of mind, **géarchúisí** discernment, **gliceas** shrewdness, astuteness, **grinne** perceptiveness, discrimination, **guaim** self-restraint, self-control, **iontaofacht** reliability, **meabhair** wit, understanding, **neamhchorrabhuais** nonchalance, self-possession, **saoithiúlacht** learning, wisdom, **siosmaid** common sense, steadiness, **staidéar** levelheadedness, good sense, **tíos** thriftiness, economy, **tráthúlacht** timeliness, **tromchúis** gravitas, seriousness, **tuiscint** understanding, consideration

Stuama *adj*⁶ sensible, steady, prudent, tactful
aireach vigilant, careful, **airdeallach** wary, **breithiúnach** judicious, **ciallmhar** sensible, **cáiréiseach** tactful, careful, **cliste** clever, **coinsiasach** conscientious, **críonna** wise *(due to age)*, shrewd, hard-headed, **cúramach** careful, **cruinn** coherent, steady, **daingean** steady, **dáiríre** earnest, serious, **discréideach** discreet, **dúthrachtach** assiduous, **éirimiúil** intelligent, **fadbhreathnaitheach** circumspect, far-sighted, **fadcheannach** far-sighted, politic, shrewd, **faichilleach** cautious, **fothainiúil** discreet, **freagrach** responsible, **gaoiseach** sagacious, wise, **géar** sharp, **géarchúiseach** discerning, astute, **glic** shrewd, **grinn** perceptive, discriminating, **iontaofa** reliable, **muiníneach** dependable, **neamhchorrabhuaiseach** nonchalant, self-possessed, **saoithiúil** accomplished, wise, **siosmaideach** right-minded, judicious, steady, **staidéarach** level-headed, thoughtful, **tíosach** thrifty, economical, **tomhaiste**

Stuamacht

measured, judicious, **tráthúil** timely, **tromchúiseach** serious, weighty, **tuisceanach** thoughtful, considerate *(see also: cliste)*

▲ **argóint** ~ coherent argument, **beart** ~ well-advised move, **cinneadh** ~ prudent decision, **comhartha** ~ considerate gesture, **cur chuige** ~ clear-headed approach, **daoine** ~ right-minded people, **duine** ~ well-balanced person, **focal** ~ thoughtful remark, **freagra** ~ judicious reply, **indibhid** ~ *(high reg)* calm and collected individual, **iompar** ~ level-headed behaviour, **rud** ~ wise thing

Stuamacht *f (~a)* level-headedness, self-control; thoughtfulness
aireachas vigilance, carefulness, **airdeall** watchfulness, **ciallmhaireacht** sensibleness, **cáiréis** tact, care, **clisteacht** cleverness, skilfulness, **coinsiasacht** conscientiousness, **críonnacht** wisdom, prudence, **daingne** firmness, steadiness, **dáiríre** *m* sincerity, **dáiríreacht** earnestness, seriousness, **discréid** discretion, **dúthracht** assiduity, diligence, fervour; devotion, **éirim** aptitude; sprightliness, **éirimiúlacht** intelligence, quickness of mind, **fadcheannaí** farseeingness, shrewdness, **faichill** caution, wariness, **fothain** discreetness, **freagracht** responsibility, **gaois** sagacity, wisdom, **géire** sharpness, **géarchúis** discernment, astuteness, **gliceas** shrewdness, **grinneas** perceptiveness, **iontaofacht** reliability, **muiníní** dependability, **saoithiúlacht** learning, wisdom; accomplishment, **tíosaíocht** thriftiness, **tráthúlacht** timeliness, **tuisceanaí** thoughtfulness, consideration *(see also: clisteacht, stuaim)*

Stuif *m (~; ~eanna)* stuff, material
ábhar material, **damhna** matter, substance, **earraí** *mpl* goods, items, **feisteas** appliances, apparatus, accoutrements, **giuirléidí** *fpl* paraphernalia, gadgets, **mangarae** *m* bibs and bobs, gear, **mianach** substance, stuff, calibre (cf **bean dá mianach** a woman of her calibre), **nithe** *mpl* things, **gléasra** apparatus, equipment, **rudaí** *mpl* things, **traipisí** *fpl* bits and pieces, **tranglam** tangle of things, clutter, **trealamh** equipment, gear

▲ ~ **glas** poteen, moonshine, ~ **saor** cheap stuff, **an** ~ **crua** *(alcohol)* the hard stuff

◊ **Fág do chuid ~ anseo!** Leave your stuff here!, **Tá an ~ ceart ionatsa!** You've got what it takes!, **Téann sé ina aghaidh an ~.** It goes against the grain.

Stumpa *m (~; ~í)* stump
bun base, bottom, stump (cf **bun aitinn** stump of furze), **bunán (crainn)** stump (of tree), **bundún (coinnle)** stump (of a candle), **cailleach** *f* stump, obstruction, **cos** *f* foot, leg; base, **crompán** stump, root of bog timber, **dúdóg** stump; short-stemmed clay pipe, **dúid** stump, **grág** *f* withered tree-stump, **grágán** stump of a tree/bush, **gudaí** stump (cf **gudaí píopa** stump of pipe), **nuta** *m* stump, butt, end (cf **nuta de choinneal** candle stump, **nuta de thoitín** cigarette butt), **smut** *m* stump, short piece/portion, **sciotán** stump of tail, **smalán** stump of wood, **staic** stump, stock, **stacán** stump, stake, **stopóg** stalk; stump, **stumpán** stump of a tree

◊ **oíche na ~í** stag night

Sú 1 *m (~; ~nna)* juice, broth, bouillon
anraith *m* soup, **brat** broth, **deoch** *f (dí; ~anna)* drink, **leacht** *m* liquid, **licéar** liquor; liqueur, **seamhar** *m* sap, **sreabhán** fluid, **stoc** stock, **suán** juice, sap, **súlach** *m* sap, juice; gravy, **súlachas** juice, **súp** soup, **súram** liquid extract *(see also: leacht 2)*

▲ ~ **adhmaid** (wood) sap, ~ **anann** pineapple juice, ~ **crainn** (tree) sap, ~ **cuiríní dubha** blackcurrant juice, ~ **fíonchaor** grape juice, ~ **líoma** lime juice, ~ **líomóide** lemon juice, ~ **mangónna** mango juice, ~ **mónóg** cranberry juice, ~ **na fíniúna** *(poet)* wine, ~ **na heorna** *(poet)* juice of the barley, whiskey, ~ **oráiste (úrbhrúite)** (freshly squeezed) orange juice, ~ **piorraí** pear juice, ~ **prúnaí** prune juice, ~ **seadóige** grapefruit juice, ~ **sicín** chicken bouillon, ~ **torthaí** fruit juice, ~ **trátaí** tomato juice, ◊ **úll** apple juice

Sú 2 *f (~; ~tha)* (red) berry
caor *f* berry, **dearc** *f (lit)* berry, **fraochán** bilberry, whortleberry, **lóganchaor** *f* loganberry, **sméar** *f* berry

▲ ~ **craobh** raspberry, ~ **talún** strawberry

Sú 3 *vn* absorbing, sucking
asbhaint *(comp)* extracting, **asú** absorbing, aspirating, **baint (as)** removing (from), **cnáimhreadh** sucking, **cráineadh** sucking, **diúgadh** drinking to the dregs, draining, **diúl** sucking, **draenáil** draining, **húvaráil** hoovering up, **ionanálú** inhaling, **ionghabháil** ingesting, **ionsú** absorbing, **ól** drinking, **siolpadh** sucking; draining dry, **slogadh** swallowing, **spúinseáil** sponging, **súrac** sucking, suctioning off, **tarraingt isteach** drawing in, **tógáil isteach** take in

Suáilce *f (~; -cí)*
1. *(goodness)* virtue
ceart justice, **do-éillitheacht** incorruptibility, **eiticiúlacht** ethicality, **feabhas** excellence, **fíréantacht** righteousness, **fírinní** truthfulness, **fiúntaí** worthiness, **fiúntas** worth, merit, **geanas** pureness, chastity, **iontaofacht** trustworthiness, reliability, **ionracas** honesty, uprightness, **macántacht** honesty, decency, **maitheas** *f (~a)* goodness, **moráltacht** morality, **onóir** *f* honour, **prionsabáltacht** (highest) moral principles, punctiliousness, **scrupallaí** scrupulousness, **suáilceas** virtuousness, **uaisleacht** high-mindedness

■ **Suáilcí:** Virtues: **ceart** justice, **comhbhá** *f* compassion, **críonnacht** prudence, **foighne** *f* patience, **gaois** wisdom, **measarthacht** temperance,

moderation, **misneach** *m* fortitude, courage, **moráltacht** morality, **stuaim** deliberation, cop-on
   2. *(winning trait)* virtue
   acmhainn resource, asset, **áis** asset, convenience, **bua** merit, virtue, **buntáiste** advantage, **cúnamh** help, **éirim aigne** acumen, **féith** natural bent, talent, **gifte** natural talent, **tairbhe** benefit, **tíolacadh** (divine) gift, **tréith tharraingteach** winning trait
   3. joy, intense happiness, bliss
   an Ghlóir *(rel)* the Rapture, **aoibhneas** bliss, **áthas** happiness, **eacstais** *(rel, med)* ecstasy, **eofóiria** euphoria, **gliondar** delight, glee, **lúcháir** exhilaration, **meidhréis** euphoria, **ríméad** sheer delight, **sonas** joy, good fortune, **sáimhín** tranquillity, comfort, **sásamh** satisfaction, **séan** prosperity, good fortune, **suáilceas** happiness, contentment, **suaimhneas** peace, tranquillity, **subhachas** cheerfulness, merriness

Suáilceach *adj³*
   1. *(good-living)* virtuous
   ceart just, right, **dea-bheathach** good-living, **do-éillitheach** incorruptible, **eiticiúil** ethical, **fíreanta** righteous, **fírinneach** truthful, **fiúntach** worthy, **geanmnaí** chaste, **geanasach** pure, chaste, **ionraic** honest, upright, **iontaofa** trustworthy, reliable, **macánta** honest, decent, **maith** good, **morálta** moral, **onórach** honour, **prionsabálta** principled, punctilious, **scrupallach** scrupulous, **suaimhneach** peaceful, tranquil, **uasal** high-minded
   2. happy, blissful
   aigeanta spirited, blithe, **aoibhinn** blissful, **aoibhiúil** full of smiles, smiling, **áthasach** happy, **gealgháireach** bright and cheerful, **gliadrach** gleeful, jovial, **gliondrach** gleeful, joyous, **grianmhar** sunny, bright, **iontach sásta** extremely satisfied, **lúcháireach** deliriously happy, **meidhréiseach** euphoric, **ríméadach** overjoyed, thrilled, **sceitimíneach** rapturously excited, **séanmhar** prosperous, **soraidh** *(lit)* pleasant, agreeable, **suaimhneach** peaceful, tranquil, **uasal** high-minded

Suaimhneach *adj³* tranquil, peaceful
ceansa meek, **ciúin** quiet, **cúlráideach** secluded, **faoi shuaimhneas** at rest; in peace, **foisteanach** restful, composed, **gan bhuaireamh** undisturbed, **ina clár** *(sea)* calm, **ina léinseach** *(sea)* calm, **íseal** low, **lách** gentle, **neamhchorrach** untroubled, stable, **réchúiseach** chilled, laid back, **réidh** smooth, easy, **sáil** easy, comfortable; voluptuous, **sáimhríoch** drowsy, tranquil, **sámh** serene, **sámhach** peaceful, tranquil, **séimh** mild, placid, **síochánta** peaceful, **síothóilte** settled, peaceful, **síothúil** peaceful; peace-loving, **síotheach** halcyon, peaceful, **socair** calm, **sochma** easygoing, **socránta** placid, **somhúinte** unassuming, **staidéartha** sedate, composed, demure, **suaimhneasach** soothing, tranquillising, **suaimhnitheach** quieting, pacifying, **téiglí** calm, still faint, **tostach** silent

▲ **aigne shuaimhneach** tranquil mind, **áit shuaimhneach** quiet place, **amhrán** ~ soothing song, **bás** ~ peaceful death, **codladh** ~ restful sleep, **lá** ~ relaxing, lazy day, **loch** ~ serene lake, **oíche shuaimhneach** tranquil, peaceful night, **saol** ~ tranquil life, **tamall** ~ peaceful time

◊ **bheith** ~ **leis an saol** to be at ease with life, **Mothaím níos suaimhní anois.** I feel easier now.

Suaimhneas *m* (*-nis*) tranquility, peacefulness
binne harmony, **cairdeas** friendship, amity, **ceansacht** gentleness, meekness, **ciúnas** silence, **ciúine** silence, calm, **comhaontú** concord, détente, agreement, **comhréir** harmony, **faoiseamh** relief, respite, **foistine** rest, composure, **muintearas** conciliation, kindly disposition to others, **neamhchúiseacht** composure, **réchúis** insouciance, cool, **réidhe** smoothness, easiness, **sáile** ease, comfort; voluptuousness, **sáimhríocht** drowsiness, tranquillity, **sáimhe** serenity, calmness, **sástacht** contentment, **síocháin** peace, **síochántacht** peacefulness, **síothóilteacht** peacefulness, **socracht** stillness, calmness, **sochmaíocht** equanimity, placidity, **scíth** rest, relaxation, **sos** rest, pause, **suaimhniú** pacification, **téigle** *f* calmness, stillness, **tost** silence

Suaimhnigh *v₂b* pacify, calm
ainéistéisigh *(med)* anaesthetise, **bain faoi** pacify, appease, **bain ó** control, pacify (cf **Baineadh ó na gadhair.** The dogs were pacified.), **bog** soften, **cealg** lull to sleep, **ceansaigh** appease, pacify; tame, **ciúnaigh** calm, quieten, **cuir chun suaimhnis** lay to rest, put at ease (eg **Cuireadh an phiseog sin chun suaimhnis.** That superstition was laid to rest.), **cuir codladh ar** put to sleep, anaesthetise, **cuir siabhrán mearaidh ar** stupefy, **cuir támhshuan ar** narcotise, **dópáil** dope, **drugáil** drug, **lagaigh** weaken, **laghdaigh** lessen, allay, **maolaigh** assuage, alleviate, **mínigh** smooth, assuage, **sáimhrigh** tranquillise, make drowsy, **socraigh** settle, **stuamaigh** calm down, bring to one's senses, **tabhair chun suaimhnis** calm down, **tabhair druga(í) do** drug, **támhaigh** *(med)* sedate, **téigh chun suaimhnis** calm down, simmer down (eg **Faoi dheireadh chuaigh chuile rud chun suaimhnis.** In the end everything simmered down.), **tláthaigh** quieten down, make mild

~ **an babaí!** Calm the baby!
~ **an chogaíocht!** Reduce hostilities!
~ **an namhaid!** Appease the enemy!
~ **an slua!** Pacify the crowd!
~ **naí chun suain!** Lull an infant to sleep!
~ **tú féin!** Steady your nerves!

Suaimhnithe *pp* pacified, calmed
ainéistéisithe *(med)* anaesthetised, **bogtha** softened, **cealgtha** lulled to sleep, **ceansaithe** appeased, pacified; tamed, **ciúnaithe** calmed, quietened, **curtha chun suaimhnis** laid to rest, put at ease, **dópáilte**

Suaimhniú

doped, **drugáilte** drugged, **dulta chun suaimhnis** calmed down, simmered down, **lagaithe** weakened, **laghdaithe** lessened, allayed, **mínithe** smoothed, assuaged, **maolaithe** assuaged, alleviated, **sáimhrithe** tranquillised, made drowsy, **socraithe** settled, **stuamaithe** calmed down, brought to one's senses, **támhaithe** *(med)* sedated, **tláthaithe** quietened down, made mild, **tugtha chun suaimhnis** calmed down

Suaimhniú *vn* pacifying, calming

ainéistéisiú *(med)* anaesthetising, **baint faoi** pacifying, appeasing, **baint ó** controlling, pacifying, **bogadh** softening, **cealgadh** lulling to sleep, **ceansú** appeasing, pacifying; taming, **ciúnú** calming, quietening, **cur chun suaimhnis** laying to rest, putting at ease (eg **guth a athar á chur chun suaimhnis** his father's voice putting him at ease), **cur codladh ar** making sleepy, anaesthetising, **cur siabhrán mearaidh ar** stupefying, **cur támhshuan ar** narcotising, **dímhíleatú** demilitarising, **dópáil** doping, **drugáil** drugging, **dul chun suaimhnis** calming down, simmering down, **lagú** weakening, **laghdú** lessening, allaying, **maolú** assuaging, alleviating, **míniú** smoothing, assuaging, **sáimhriú** tranquillising, making drowsy, **socrú** settling, **stuamú** calming down, bringing to one's senses, **tabhairt chun suaimhnis** calming down, **tabhairt druga(í) do** drugging, **támhú** *(med)* sedating, **tláthú** quietening down, making mild

Suairc *adj²* agreeable; cheerful, pleasant

aigeanta spirited, bright, **aiteasach** pleasant, joyful, **aoibheallach** pleasant, **aoibhinn** pleasant, **aoibhiúil** full of smiles, smiling, **áthasach** happy, **caoithiúil** amicable, pleasant, **croíúil** hearty, cheerful, **dearfach** positive, upbeat, **éadromchroíoch** light-hearted, **fáilí** pleasant, affable, disarmingly friendly, **gealchroíoch** light-hearted, **gealgháireach** bright and cheerful, full of smiles, **grianmhar** sunny, bright, **lách** pleasant, affable, kind, **meanmnach** exuberant, perky, **meidhreach** merry, **scléipeach** fun-loving, **scóipiúil** joyous, cheerful, **soilbhir** jovial, pleasant, **sona** happy, fortunate, **spéiriúil** brightly cheerful, **spleodrach** exuberant, exhilarated, **suáilceach** convivial, happy, upbeat

Suairceas *m* (*-cis*) agreeableness, cheerfulness

aigeantacht spiritedness, brightness, **aiteas** pleasantness, joy, **aoibhiúlacht** pleasantness, smiling attitude, **aoibhneas** blissfulness **áthas** happiness, **caoithiúlacht** opportuneness, convenience (cf **ar do chaoithiúlacht** at your convenience), **croíúlacht** heartiness, cheerfulness, **dearfacht** positiveness, upbeat attitude, **fáilíocht** disarming friendliness, **gealchroíche** bright-heartedness, **gealgháireacht** bright cheerfulness, **grianmhaireacht** sunniness, bright cheeriness, **láiche** pleasantness, affability, **meanma** exuberance, **meidhir** merriment, gaiety,

scóip joy, cheerfulness, **soilbhreas** joviality, pleasantness, **sonas** happiness, good fortune, **scléip** fun, hilarity, **scléipireacht** roistering, having great fun, **scóip** joy, elation, **scóipiúlacht** high spirits, **spéiriúlacht** cheerfulness, **spleodar** exuberance, exhilaration, **suáilce** conviviality, virtue, bliss, **tíriúlacht** pleasantness

Suaith *v₁ᵦ* disturb, confuse; mix

buair perturb, upset, **corraigh** disturb, move, perturb, **croith** shake, **cumhscaigh** agitate, stir, **cuir amú** perplex, mislead, **cuir as do** disconcert, **cuir buairt ar** cause worry, worry, **cuir mearbhall ar** confuse, **cuir trí chéile** upset, **déan cuigeann** *(milk)* churn, **déan meascán mearaí** cause bewilderment/confusion, **gríosaigh** inflame, fire up, **iomlaisc** roll about, tumble, flounder, **mearaigh** bewilder, confuse, **measc** mix, **measc suas** mix up, **rúisc** poke, stir, **spréach** spark *(see also: measc)*

~ **an cheist!** Discuss the issue!
~ **an sailéad!** Toss the salade!
~ **an slua!** Agitate the crowd!
~ **an stroighin!** Mix the cement!
~ **an taos!** Knead the dough!
~ **do ghéaga!** Exercise your limbs!
~ **na cártaí!** Shuffle the cards!
~ **na matáin!** Massage the muscles!

Suaitheadh *vn* confusing, confusion, disturbing, disturbance

buaireamh perturbing, upsetting, **corraí** disturbing, moving, perturbing, **croitheadh** shaking, **cumhscú** agitating, stirring, **cur amú** perplexing, misleading, **cur as do** disconcerting, **cuir buartha ar** causing to worry, worrying, **cur trí chéile** upsetting, **déanamh cuiginne** *(milk)* churning, **déanamh meascán mearaí** causing bewilderment, confusion, **déanamh scime do** causing anxiety to, **gríosú** inflaming, firing up, **mearbhall** confusion, **iomlascadh** rolling about, tumbling, floundering, **mearú** bewildering, confusing, **meascadh** mixing, **measc suas** mix up, **rúscadh** poking, stirring, **suaiteachán** disturbance, **spréachadh** sparking, **tranglam agus tarraingt tríd** bustle and confusion

Suaite *pp* agitated, confused, disturbed

buartha perturbed, upset, **ar mearbhall** bewildered, confused, **bunoscionn** topsy-turvy, upside down, **coipthe** aroused, whipped (up); *(sea)* choppy, **corrabhuaiseach** confused, **corraithe** disturbed, perturbed, moved, **croite** shaken, **cumhscaithe** agitated, stirred, **curtha as do** disconcerted, **curtha trí chéile** upset, confused, **gríosaithe** inflamed, fired up, **ina chíor thuathail** in a dreadful messed up state, **iomlasctha** rolling about, tumbling, floundering, **mearaithe** fuddled, distracted; shell-shocked, **mearbhlach** perplexed, confused, **measctha suas** mixed up, **míshuaimhneach** uneasy, disquieted, **míthreorach** confused, mixed up, bewildered,

rúiscthe poked, stirred, **scaipthe** spaced out, muddled, **spréachta** irate, vexed, **súgánach** confused, **tógtha** excited

▲ **ceisteanna** ~ debated issues, **farraigí** ~ heavy seas, **othar** ~ distressed patient, **réigiún** ~ unstable region, **rialtas** ~ government in turmoil, **slua** ~ excited/agitated crowd, **uiscí** ~ troubled waters

Suaitheantas *m (-ais; -ais, ~)* badge, emblem; distinguishing mark

aitheantas identification, **branda** brand, **bratach** *f* flag, **gné** *f* aspect, feature, **comhartha** sign, **comartha aitheantais** identification mark, **comhartha suaitheantais** emblem; distinctive mark, **fleaige** flag, banner; flagstone, **ionchomhartha** insignia, **marc** mark, **meirge** *m* banner, **onchú** *f (lit)* banner depicting a wild beast, **samhaltán** emblem; symbol, **stampa** stamp, **trádmharc** trademark

Suan *m (-ain)* slumber, sleep

codladh sleep, **dreas codlata** nap, snooze, **néal** nap, snooze, **néal codlata** forty winks, **sámh** *f* gentle sleep, **sámhán** nap, **spuaic chodlata** short nap, **suanacht** dormancy, **suanaíocht** dozing; torpor, **suanán** doze, **suanmhaireacht** sleepiness, somnolence, **támhshuan** narcosis, **tionnúr** wink of sleep, nap *(see also: codladh)*

▲ **~bhruith** simmering, **~chógas** soporific, sleeping potion, **~ghalar** sleeping sickness, **~lios** *m (-leasa; ~anna)* dormitory, **~roscach** sleepy-eyed, **~siúl** sleepwalking, somnambulism

Suarach *adj*³ mean, base, contemptible, petty

aimléiseach wretched, **aimlithe** puny, **ainnis** miserable, seedy, **anuasal** lowborn, ignoble, **bacach** lame; beggarly, **barainneach** parsimonious, cheeseparing, **beag** small, **beagmhaitheasach** worthless, **bocht** poor, **bréan** foul, **ceachartha** tight-fisted, **clamhach** mangy, **cloíte** base, **cnatach** mean, stingy, **cruachroíoch** hard-hearted, **dearóil** bleak, wretched, **déircínteach** beggarly, **díblí** vile, debased; debilitated, **doicheallach** churlish, disagreeable, **falchaí** begrudging, spiteful, **faoi bhun caighdeáin** inferior, substandard, **fonóideach** derisory, **fuarchroíoch** cold-hearted, callous, **gágach** measly, miserable, **gáirsiúil** lewd, **gann** miserly, mean, **garbh** crude, coarse, **garg** rude, **gearbach** mangy, **gortach** stingy, **graosta** obscene, **gránna** ugly, lousy, **íseal** low; ignoble, **lábúrtha** vulgar, base, **lodartha** abject, **lofa** rotten, **mailíseach** malicious, **míofar** nasty, **míchuibhiúil** unseemly, **míolach** lousy, **mioscaiseach** spiteful, malicious, **mucúil** piggish, swinish, **naimhdeach** hostile, **náireach** shameful, disgraceful, **neamhfhiúntach** worthless, unworthy, **neamhnitheach** void; worthless, **neamhshuntasach** insignificant, **neamúch** begrudging, **oilbhéimeach** vile, scandalous, **patuar** lukewarm, apathetic, **salach** dirty, lousy, **santach** greedy, mercenary, **scallta** paltry, **scigiúil** laughable, **sclábhánta** slavish, servile, mean, **smugach** snotty, mean, **spreasánta** worthless, good-for-nothing, **sprionlaithe** miserly, **sramach** contemptible, shoddy, **sraoilleach** bedraggled, tattered, **táir** tawdry, sordid; vile, despicable, **táireach** degrading, **truánta** wretched; emaciated, **tútach** boorish, crude, cheap, **uiríseal** menial, **urchóideach** malignant

▲ **airgead** ~ pittance, **baile** ~ deadbeat town, **beart** ~ base act, **buille** ~ cheap shot, **caidreamh** ~ tawdry affair, **cleas** ~ mean trick, **focal** ~ filthy word; vile remark, **gníomh** ~ foul deed, **gnó** ~ unsavoury business, **leithscéal** ~ miserable excuse, **óstán** ~ seedy hotel, **pá** ~ measly wage, chickenfeed, **seodra** ~ cheap jewellery, **toradh** ~ lousy result

◊ **Conas arbh fhéidir le duine bheith chomh ~ sin!** How could anyone stoop so low!, **Nach ~ ar fad an meon é!** How mean-spirited can you get!, **Sceith sé orainn, an rud ~!** He informed on us, the dirty rat!

Suarachán *m (-áin; -áin, ~)* mean, contemptible person, rotter

aimleoir wretch; deformed person, **ainbheartach** evil-doer, **ainniseoir** miserable person, wretch, **ainriochtán** sorry-looking individual, **anchúinse** scoundrel, **bithiúnach** *m* scoundrel, **bodalán** prick, **bréantachán** stinker, **cladhaire (díomhaoin)** cowardly shirker, waster, **cneámhaire** con-artist, knave, **cúl gan rath** no-good, lost cause, **daoiste** boor, **duine suarach** mean wretched person, **garbhánach** course/uncouth person; roughneck, **gearbachán** mangy creature, **gráiscín** foul-mouthed, obscene person, **leadaí** loafer, slacker, **léirbhithiúnach** *m* utter scoundrel, **liúdaí** idler, slacker, **loiceach** *m* shirker, flincher, **loitiméir** vandal; botcher, **maistín** bully, cur, **míolachán** fleabag, verminous person, **otrachán** dirty vulgar person, **péist** worm, maggot, **péisteánach** contemptible stingy person, **raipleachán** reprobate, **sárachán** bounder, **scabhaitéir** reprobate, **sciodar** scuttler, worthless person, **scraiste** deadbeat, bum, **smugachán** sticker, asshole, **sor** louse, **spreasán** worthless ne'er-do-well, **sramaide** slimy contemptible person, **troch** *m (~a)* wretch, miserable soul, **trú** doomed person, **truán** emaciated miserable person, poor wretch, **truailleachán** mean wretched individual, **truanairt** wretch

Suarachas *m (-ais)*

1. meanness, baseness, vileness; pettiness

aimléis wretchedness, misery, **ainnise** misery; miserableness, seediness, **anuaisleacht** lowborn status, ignobility, **bacaí** lameness, **barainn** parsimony, cheeseparing, **beagmhaitheas** worthlessness, **bochtaineacht** poverty, poorness, **bréantas** foulness, **ceacharthacht** tight-fistedness, **clamhaí** manginess, **cloíteacht** baseness, meanness of spirit, **cnataí** meanness, stinginess, **cruachroíocht** hard-heartedness, **díblíocht** vileness, debasement;

Suaraigh

debilitation, **doicheall** churlishness, disagreeableness, **drochmhianach** *m* baseness of character, **falchaíocht** begrudgery, spite, **fiaile** *f* weed(s), **fonóid** derision, **fuarchroíocht** cold-heartedness, callousness, **gáirsiúlacht** lewdness, **gairbhe** crudeness, coarseness, **gargacht** acridity, harsh rudeness, **gearbacht** scabbiness, manginess, **gortacht** stinginess, **graostacht** obsceneness; obscenity, **gránnacht** ugliness, lousiness, **ísleacht** lowness; ignobility, **lábúrthacht** vulgarity, baseness, **lodarthacht** abjectness, vulgarity, **lofacht** rottenness, **lúitéis** obsequiousness, **mailísí** maliciousness, **míofhaireacht** nastiness; ugliness, **mioscaisí** spitefulness, maliciousness, **mucúlacht** piggishness, swinishness, **naimhdeas** hostility; malevolence, **náire** shame, disgrace, **náireacht** shamefulness, disgracefulness, **neamhfhiúntas** worthlessness; triviality, **neamhshuntasaí** insignificance, **patuaire** lukewarmth, apathy, **saint** greed, **salachar** dirt, filth, **salaí** dirtiness, lousiness, **santacht** greediness, **scalltacht** paltriness, **scigireacht** scoffing, mocking, **scrathacht** scabbiness, **sláthaí** sliminess, **sprionlaitheacht** miserliness, **suaraíocht** meanness, insignificance, **táire** tawdriness, sordidness; vileness, **táirísleacht** sevility, **truailleachas** meanness, miserliness, **truántacht** wretchedness; emaciation, **truailleachas** wretchedness, miserliness, **truaillíocht** vileness, depravity; pollution, **uírísle** baseness, servility, **urchóid** iniquity; malignancy, **urchóideacht** harmfulness, wickedness; malignancy

◊ **Cuir uait an ~ agus déan an rud ceart!** Don't be mean and do the right thing!, **~ an tsaoil** meanness/seamy side of life.

2. trifle, trifling thing
beagní *m* trifle, **beagthábhacht** thing of no importance, irrelevance, **cuid an bheagáin** small beer, piddling amount, **fige fí** trifling thing, **mionrud** small thing, **neafais** triviality, **réadán** *(lit)* little thing, trifle, **rud beag** small thing, **rud fánach** random thing, triviality, **traidhfil** trifle, insignificant amount

◊ **Bhí na bróga ag dul ar shuarachas.** The shoes were going for a song., **Níl ann ach ~.** It's only a trifle.

Suaraigh v_{2a} demean
aithisigh slur, defame, **déan beag is fiú de** demean, belittle, **easonóraigh** dishonour, **éilligh** corrupt, **ísligh** lower, humble, **loit** spoil, damage, ruin, **maslaigh** insult, smear; offend, **méalaigh** humiliate, **mill** debase, **náirigh** disgrace, **salaigh** foul, soil, besmirch, **smúitigh** smear, make dirty, **táir** demean, degrade, **tarcaisnigh** insult, affront, **truailligh** debase, defile *(see also: maslaigh)*

Suaraithe *pp* demeaned
aithisithe slurred, defamed, **dá ndearnadh beag is fiú** demeaned, belittled, **easonóraithe** dishonoured, **éillithe** corrupted, **íslithe** lowered, humbled, **loite** spoiled, damaged, ruined, **maslaithe** insulted, smeared; offended, **méalaithe** humiliated, **millte** debased, **náirithe** disgraced, **salaithe** fouled, soiled, besmirched, **smúitithe** smeared, made dirty, **táireadh** demeaning, degrading, **tarcaisnithe** insulted, affronted, **truaillithe** debased, defiled *(see also: maslaithe)*

Suarú *vn* demeaning
aithisiú slurring, defaming, **déanamh beag is fiú de** demeaning, belittling, **easonórú** dishonouring, **éilliú** corrupting, **ísliú** lowering, humbling, **lot** spoiling, damaging, ruining, **maslú** insulting, smearing; offending, **méalú** humiliating, **milleadh** debasing, **náiriú** disgracing, **salú** fouling, soiling, besmirching, **smúitiú** smearing, making dirty, **táirthe** demeaned, degraded, **tarcaisniú** insulting, affronting, **truailliú** debasing, defiling *(see also: maslú)*

Suas *adv (c →)* upwards, up (cf **ag dul suas** going up) **as an leaba** out of bed, **ag dreapadh aníos** *(as perceived from above)* climbing up, **aníos** from below, up, (cf **ag teacht aníos** (c ←) coming up), **chun na spéire** towards the sky, **go dtí an barr** to the top, **in airde** upwards, **in aghaidh an chnoic** uphill, **in éadan na mala** uphill, **os do chionn** over your head, **i dtreo na spéire** skywards, **thuas** (mot) up, above (cf **bheith thuas staighre** to be upstairs)

◊ **~ leat!** Up you go!, **Abair ~ agus anuas leis é!** Say it to his face!, **Labhair ~!** Speak up!, **Tá rud éigin ~.** There is something up., **Seas ~!** Stand up!

Suathaire *m (~; -rí)*
1. masseur, masseuse
bean suathaireachta masseuse, **círichleachtóir** chiropractor, **fear suathaireachta** masseur, **fisiteiripeoir** physiotherapist, **lámh-mhaisitheoir** manicurist, **maisitheoir cos** pedicurist, **oistéapat** osteopath, **snáthaidphollaḋóir** acupuncturist, **reifléacseolaí** reflexologist
2. *(tool)* mixer, kneader
croiteoir shaker, **fuinteoir** kneader, **greadtóir (balúnach)** (balloon) whisk, **meascthóir (bia)** (food) mixer

Substaint *f (~e; ~í)* substance, content
ábhar subject, matter; relevance (cf **Ní bhaineann seo le hábhar.** This is irrelevant.), **abhras** substance, matter, yarn, **brí** *f* significance, **bunús** substance, essence; origin, **ciall** *f (céille)* meaning, **cnámha** *fpl* bones, pith, **croí** heart, **damhna** *m* matter, substance, **éirim** scope, tenor, **eisint** *(phil)* essence, **foladh** substance, essence, **garr** pulp, pith, **lár** centre, **mais** *(sci)* mass, **meán** medium (cf **meán tadhlach ealaíne** tactile medium of art), **mianach** substance, quality, calibre, **pointe** *m* point, **scéal** matter *(of discussion etc)*, **smior** marrow, pith, essential part (cf **smior an scéil** the heart of the matter), **stuif** stuff, **tathag** solidity, substance, **téagar** stoutness, bulk,

téagarthacht solidity, sturdiness; warmth, **téama** *m* theme, **topaic** topic

▲ **mí-úsáid** ~**í** substance abuse

Substaintiúil *adj⁴* substantial
ábhartha material; relevant, **bríomhar** forceful, **bunúsach** well-founded, substantial, **ciallmhar** sensible, **eisintiúl** *(phil)* essential, **fairsing** ample, **fial** generous, **fiúntach** worthwhile, **fódúil** solid, well-grounded, sensible, **fonascúil** substantial, **fónta** sound, serviceable, **fuaimintiúil** fundamental, substantial, **mór** big, large, **substainteach** *(gram)* substantive, **ruthagach** substantial, **suntasach** significant, considerable, **tábhachtach** important, **téagartha** solid, substantial, **trathúil** topical, **trombhríoch** weighty, of great significance, **tromchiallach** weighty, highly expressive, **údarásach** authoritative, **úimléideach** substantial, valuable, useful

▲ **athrú** ~ substantial change

Súdaire *m (~; -rí)* sponger; toady
blitsín toady, **diúgaire** bloodsucker, leech, **failpéir** sponger, sycophant, **leadhbálaí** sycophant, **líodrálaí** sponger; hanger-on, **lústaire** fawner, flatterer, **lútálaí** cringer, obsequious person, **maidrín lathaí** toady, lapdog, **míoladóir** scrounger, **múitseálaí** loiterer, idler, **paraisít** parasite, **plásaí** smooth-talker, wheedler, **scramaire** scrounger; grabber, **seadán** parasite, **Seoinín** flunkey, toady, **siolpaire** parasite, freeloader, **slusaí** dissembler, flatterer, **stocaire** gatecrasher; freeloader, **súmaire** leech, **súmaire fola** bloodsucker, **táthaire** hanger-on, yes-man, **tnúthánaí** sponger; hankerer, **trumpa** sponger, parasite

Súdaireacht *f (~a)* sponging
bacachas sponging; *(pej)* begging, **bleán** milking, **diúgaireacht** sponging, cadging, **failpéireacht** sponging, **líodráil** sponging; hanging on, **lútáil** fawning, **plásaíocht** smooth-talking, wheedling, **scramaireacht** scrounging, grabbing, **screamhaireacht** scraping, scrounging, **seadánú** parasitising, **seoiníneacht** shoneenism, **seipléireacht** scrounging; idling, **siolpaireacht** freeloading, sponging, **slusaíocht** dissembling, toadyism, **stocaireacht** gate-crashing; scrounging, **súmaireacht** leeching, bloodsucking, **táthaireacht** toadying, **teacht i dtír ar (dhaoine eile)** living off (other people)

Súgradh *m (-gartha)* playing *(without rules)*, frolicking
ábhacht diversion, fun, **ábhaillí** playfulness; mischievousness, **aeraíocht** outdoor fun, **áineas** play, sport, **caitheamh aimsire** pastime, hobby, **cluiche** *m* game, **craic** *f* fun, crack, **gleáchas** *(as with a child)* playing, **imirt** *f (games with rules)* playing, **imeartas** trickery, play (cf **imeartas focal** wordplay, pun), **macnas** frolicking, playing about, **pléaráca** horseplay, **pleidhcíocht** fooling about, **ráigíocht** gadding about, **siamsa** amusement, **siamsaíocht** entertainment, **spórt** sport, **spraoi** fun, amusement, **sult** fun, **taispeáint** showing

▲ **áit súgartha** play area, **am súgartha** playtime **clós súgartha** playground, **cnáimhín súgartha** wishbone, **grúpa súgartha** play group, **imeachtaí súgartha** play activities, **seomra súgartha** nursery, **taos súgartha** play dough, **teach súgartha** playhouse

◊ **idir ~ is dáiríre** half in jest, half in earnest, **Tá na páistí ag ~.** The children are playing., **Tá na stócaigh ag ~ leis na cailíní.** The young men are flirting with the girls.

Suí *vn*
1. *vn* sitting, session; letting/renting
áitiú occupying, **áitriú** inhabiting, **baint fút** settling, **bunú** establishing, setting up, **cur ar cíos** renting, letting (cf **cur talamh ar cíos** letting out land), **cur (duine) ina shuí** sitting (a person) down, seating (a person), **daingniú** firmly attaching, securing, **fanacht i do shuí** remaining seated; *(not sleeping)* remaining up, **fanacht socair** keeping still, **feistiú** fitting, fixing, **fódú** grounding, establishing, building up with sods, **plandú** *(hort)* planting, **plandáil** planting, settling as colony, **réiteach** making ready, preparing, **seisiún** session, **suiteoireacht** squatting, **tiargáil** doing preparatory work, prepping, **trasuí** transposing, transposition, **ullmhú** preparing

◊ **~ i mbreithiúnas** to sit in judgment, **Bhí mé i mo shuí go maidin.** I was up all night., **i mo shuí ar ghlúin mo mháthar críonna** sitting on my grandmother's lap, **Níl an dara ~ sa bhuaile againn.** We are out of options., **~ taobh le taobh** to sit side by side, **Tá an Dáil ina ~.** The Dáil is in session., **Tá siad ina ~ go te.** They're sitting pretty., **teach le ~** house to rent

2. *m (~)* seat, station, position, location
áit place, **binse** bench, **campa** *m* encampment, **ionad** place, location, **ionadas** situation, location, **láthair** *f* location, **mása** *mpl* buttocks, **mórsheisiún** plenary session, **post** post, position, **ríchathaoir** throne, royal seat, **seisiún** session, **suíochán** seat, **suíomh** location, situation, **tuiní** *f* fixed position, station

▲ **an ~ Naofa** the Holy See, **~ an tSeanaid** the sitting of the Senate, **~ comhla** valve seat, **~ faire** lookout position, **~ istigh** sit-in, **~ loinge** grounding of a ship, **~ sa mhargadh** market position, **~ seilge** hunting station, **~ sna neantóga** dire position/situation, **~ talún** letting/renting of land

▲ **~ agóid** ~ sit-down protest, **áit ~** place/room to sit, **seomra ~** sitting room, salon; reception area, **seomra ~ is leapa** bedsit

Suibiachtúil *adj⁴* subjective
biogóideach bigoted, **claonta** biased, **indibhidiúil** individual, **instinneach** instinctive, **iomasach**

intuitive, **mothúchánach** emotional, **pearsanta** personal, **réamhchlaonta** prejudiced, **sainiúil** specific, idiosyncratic

Suigh v_{1i} sit, seat, locate, position
áitigh occupy, **áitrigh** inhabit, **bain faoi** settle, **bunaigh** establish, set up, **cónaigh** dwell, rest, **croch amach** hang out, **cuir ar bun** establish, **cuir ar cíos** rent, **cuir (duine) ina shuí** sit (a person) down, seat (a person), **cuir fút** lodge, settle, **daingnigh** secure, **eagraigh** organise, **fan i do shuí** remain seated; *(not sleeping)* remain up, **fan socair** remain still, **feistigh** fit, fix, **fódaigh** ground, establish, build up with sods, **gabh** occupy, **glac sos** rest, **loic** fail, let down (cf ~ **an t-inneall orm.** The engine packed up on me.), **lonnaigh** settle, **lig do scíth** take a rest, **plandaigh** *(hort)* plant, **plandáil** plant, settle as colony, **réitigh** make ready, prepare, **tar chun cónaí** come to rest/settle, **téigh chun suain** repose, slumber, **trasuigh** transpose, **tuirling** alight, **socraigh** settle, **socraigh síos** settle down, **stad** cease, stop, **stop** stop, stop off, **ullmhaigh** prepare

◊ **Ní theastaíonn uaim suí isteach oraibh.** I don't want to impose upon you., **Shuigh spideog ar ghéag.** A robin perched on a branch., **Suífear eaglais nua ar an chnoc.** A new church will be positioned on the hill., **Suígí síos, a chairde!** Sit down, friends!

Súigh v_{1f} absorb, suck
asbhain *(comp)* extract, **asúigh** absorb, aspirate, **bain (as)** remove (from), **cráin** suck, **diúl** suck, **draenáil** drain, **húvaráil** hoover up, **ionanálaigh** inhale, **ionghabh** ingest, **ionsúigh** absorb, **siolp** suck; drain dry, **slog** swallow, **spúinseáil** sponge, **súraic** suck, suction off, **tarraing isteach** draw in, **tóg isteach** take in

◊ ~ **an líomanáid trí choinlín!** Suck the lemonade through a straw!, **Súfaidh an cheirt seo an bainne doirte.** This cloth will absorb the spilled milk., **Tá mo bhróga ag sú an uisce.** My shoes are leaking.

Súil *f (súile; súile, súl)*
1. eye
amharc sight, **ceamara** camera, **déshúiligh** *mpl* binoculars, **feiceáil** seeing, **gloiní** binoculars, **leathspéacla** monocle, **lionsa** lens, **meall súile** eyeball, **néaróg optach** optic nerve, **portsúil** eye overhung by bushy brow, **spéaclaí** glasses, spectacles, **radharc** vision, **tuiscint** understanding

▲ ~ **chiorraithe** evil eye, ~ **dhubh** black eye, **ghéar** sharp eye, ~ **eile** different way of looking at life; different viewpoint, ~ **fhiata** stern eye, ~ **ghloine** glass eye, ~ **mhillte** baleful eye, ~ **siar** look back; *(sp)* replay, ~ **sprice** bullseye, ~ **teaspaigh** leering eye, ~ **thapa** quick glance

▲ ~**e ar leathadh** eyes wide open, ~**e báite** sunken eyes, ~**e buartha** brooding eyes, ~**e craptha** squinted eyes, ~**e dobrónacha** doleful eyes, ~**e donna** brown eyes, ~**e dorcha** dark eyes, ~**e dúnta** closed eyes, ~**e gealgháireacha** smiling eyes, ~**e glasa** grey/blue eyes; green eyes, ~**e geala** bright eyes, ~**e gorma** blue eyes, ~**e gorma seaca** steely/cold blue eyes, ~**e le deora** teary eyes, ~**e lán de thrua** pitying eyes, ~**e lán d'uafás** terror-struck eyes, ~**e leapa** bedroom eyes, ~**e luaineacha** darting eyes, ~**e marbhánta** glazed eyes, ~**e meallacacha** seductive eyes, ~**e oscailte** open eyes, ~**e silteacha** streaming eyes, ~**e tuirseacha** tired/sleepy eyes

◊ **Caith do shúil thairis seo!** Cast your eye over this!, **Níor thóg sí ~ liom.** She ignored me., **Oscail do shúile!** Open your eyes!, **Rinne sí é os comhair mo dhá shúil.** She did it right before my very eyes., **Tá ~e i gcúl a cinn aici.** She has eyes in the back of her head.

2. hope
coinne *f* expectation (cf **Bhí coinne agam leis.** I was expecting it.), **creideamh** belief, faith, **dóchas** hope; promise, **dóchúlacht** prospect, likelihood, **dréim** anticipation, aspiration (cf **Táim ag dréim le báisteach.** I'm anticipating rain.), **dúil** desire, **feitheamh** waiting (cf **ar feitheamh** pending), **fís** vision, dream, **friotháileamh** expectation, preparing for, **fuireachas** waiting, expectation (eg **Beidh fuireachas fada ort.** You'll have a long wait.), **guí** *f* wish, **ionchas** expectation (cf **ionchas saoil** life expectation), **lánmhuinín** full confidence, assurance, **meanmarc** aspiration desire, **mian** desire, aspiration, **muinín** *f* confidence, **oirchill** provision, expectation, **síleadh** expectation, imagining, **sprioc** *f* aspiration; target, **súilíocht** expecting, expectation, **tnúth** *m* longing, yearning, **uaillmhian** ambition *(see also: dóchas)*

◊ **Tá ~ agam go bhfuil an ceart agat.** I hope that you are right.

Súilín *m (~; ~í)* eyelet, little eye; bead, bubble, droplet
boilgeog bubble, bead, **bolgóid** bubble, **braoinín** droplet, **braon** drop, **cloigín** small blister, vesicle, **coirnín** bead; curl, **cró** eyelet, **cruinnín** globule, **cúr** froth, **deoir** tear; drop, **drúchtín** dewdrop, drop, **meallán** globule, nodule; *(med)* tubercle, **mónóg** bead (cf **mónóga allais** beads of perspiration), **sobal** suds, **súileog** globule, little bubble, **uisce súilíneach** sparkling water

▲ ~**í allais** beads of sweat, ~**í drúchta** dewdrops, ~**í gorma** baby-blue eyes, **uisce le** ~**í/gan** ~**í** sparkling/still water

Suim 1 *f (~e; ~eanna)* sum; amount
an t-iomlán the total, **bailiúchán** collection, **cáil** amount, portion, **cainníocht** quantity, **candam** quantum, **cion** *m* share, amount, **comhaireamh** count, calculation, **comhiomlán** aggregate, **comhlán** *(fin)* gross, **fáltas** amount, supply, **iomlán** total, **líon**

Suim *(full)* number, **méid** *m (~)* amount, quantity, **oiread** *s (indecl)* amount, **suimiú** addition, **tionól** assembly; *(maths)* aggregate, **uimhir** *f (-mhreach)* number

▲ ~ **airgid** sum of money, ~ **chomhlán** gross (amount), ~ **iomlán na gcearnóg** the sum of all the squares, ~ **mhór airgid** big sum of money, ~ **nach beag** no small amount, ~ **ollmhór** astronomical amount, ~ **scallta** stingy/paltry amount~ **seacht bhfigiúr** seven-figure sum, ~ **shuarach** miserly/ miserable sum

Suim 2 *f (~e)* interest
aird attention, **aire** attention, care, **aireachas** attention, vigilance, **caidéis** inquisitiveness, **cás** concern, **cúram** care, concern, **dúspéis** fascination, profound interest, **fiosracht** curiosity, **gafacht** engagement; *(education)* involvement, **mealltacht** allure, **spéis** interest, fondness, **suntas** notice, attention, **taitneamh** appeal, **tarraingt** attraction, lure, **uídh** *f (lit)* heed, attention, **urraim** regard, concern *(see also: **spéis**)*

▲ ~ **éadrom** slight interest, ~ **fhánach** passing interest, ~ **ghéar** keen interest, ~ **lasánta** all-consuming interest, ~ **mhór** great interest, ~ **ollmhór** massive interest

◊ **An bhfuil ~ agat ann?** Are you interested in it?, Have you an interest in him?, **Chaill mé ~ iomlán iontu.** I totally lost interest in them., **Níl ~ dá laghad aige sa pholaitíocht.** He hasn't the slightest interest in politics.

Suimint *f (~e)* cement
coincréit concrete, **glae** *m* glue, **greamachán** adhesive, fixative, **grúta** grout, **grútáil** grouting, **maisteog** mastic, **moirtéal** mortar, **nascadh** bonding, **puití** *m* putty, **stroighin** cement

Suimiúil *adj⁴* interesting
aisteach curious, **ait** odd, **an-spéisiúil** absorbing, **barrúil** bizarre, **a chuirfeadh duine ag smaoineamh** thought-provoking, **a mhúsclaíonn fiosracht/caidéis ionam** that intrigues me, **corraitheach** *(emotionally)* moving, **draíochtach** enchanting, **gríosaitheach** provocative, **faisnéiseach** informative, **inspéise** worthy of interest, **meallacach** captivating; fetching, **neamhghnách** unusual, **pribhléideach** interesting, articulate, gifted; privileged, **spéisiúil** interesting, **spreagthach** motivating, **siamsúil** entertaining, **spreagúil** inspiring, **taitneamhach** appealing, pleasing, **tarraingteach** attractive, alluring, **thar a bheith spéisiúil** fascinating, very absorbing *(see also: **spéisiúil**)*

▲ **daoine suimiúla** interesting people, **leabhar an-~** fascinating book, **léamh rí-shuimiúil** riveting read, **rud** ~ item of interest; interesting thing

◊ **~ go leor, níor tháinig sé go dtí an cruinniú.** Interestingly enough, he didn't show up at the meeting.

Suíochán *m (-áin; -áin, ~)* seat
áit place, **ardchathaoir** *f (~each; ~eacha* highchair, **binse** *m* bench, **cathaoir** *f* (**shócúlach**) (easy) chair, **foradh** elevated seat, ledge, **mála suí** bean-bag, **ríchathaoir** throne, **stól** stool, **suí** *m* seat; sitting session, **suíóg** seat in the stern of a boat, **tolg** sofa *(see also: **cathaoir**)*

▲ ~ **a bhfuil a aghaidh chun cinn** forward-facing seat, ~ **anuas** pull-down seat, ~ **balcóine** balcony seat, ~ **binse** bench seat, ~ **breithiúnais** judgment seat, ~ **bog** soft seat, ~ **cairr** car seat, ~ **crua** hard seat, ~ **cúil** backseat, ~ **cúlóige** dicky seat, ~ **eisteilgthe** ejector seat, ~ **fillte** folding seat, ~ **fuinneoige** window seat, ~ **insínte** reclining seat, ~ **láir** middle seat, ~ **linbh** child seat, ~ **pasáiste** aisle seat, ~ **te** hot seat, ~ **tosaigh** front seat

◊ **B'fhada an ~ é.** It was a long session., **Is uafásach an tiománaí ~ cúil í!** She's a woeful backseat driver!, **Tá an bainne curtha ar ~ aici.** She is letting the milk settle.

Suíomh *m (-ímh; -ímh, ~)* site, situation, position, establishment
áit place, **bunú** establishment, **cás** case, **céim** stage, position (cf **ard i gcéim** of high position), **coinníoll** condition, **cúinse** circumstance; pretext, **iompar** posture, **ionad** position, place; substitution, **ionadas** situation, location, **láthair** *f (-threach; -threacha)* location, **láithreán** site, **lonnaíocht** *(arch)* settlement, **luí** lie (cf **luí na talún** the lie of the land), **riocht** *m* state, condition, **scéal** matter, story, **staid** state, **suí** seat; station, position, **timpeallacht** setting, location

▲ ~ **an ospidéil nua** the site of the new hospital, ~ **an scéil** the scene of the story, ~ **ceantála** auction site, ~ **coirp** body posture, ~ **cúise** *(jur)* establishment of a case, ~ **dramhaíola** waste site, ~ **féideartha** scenario, ~ **na loiteoige** lotus position, ~ **na talún** the lie of the land, ~ **táirgí** product placement

Suirí *f (~)*
1. wooing, courtship
bladaireacht chatting up, **briathra meala** chat-up lines, **cliúsaíocht** flirting, **cuardach páirtí grá** being on the pull, **cúirtéireacht** courting, **cur cluain chainte ar** chatting up, **mealladh** wooing, seducing, **rith i ndiaidh na gcailíní/na mbuachaillí** running after the girls/boys, **radaireacht** making out, being on the pull, **spallaíocht** flirting, **tochmharc** *m (lit)* wooing, courtship

2. making love; making sexual advances
collaíocht carnality, **crúbáil** groping, **cumann (grá)** (love) affair, **déanamh craicinn/leathair** sexual intercourse, having sex, **déanamh grá** *(BAC)* making love, **diurnú** embracing, **dlúthchaidreamh** intimate relationship, **gnéas** sex, **lámhaíocht** touching with one's hands *(often by offering unsolicited physical assistance)*, **lapaireacht (suirí)** pawing; snogging,

Suite snog, **muirniú** fondling; caressing, **smúrthacht** snogging, smooching; sniffing around, **méarnáil** feeling up, groping, **ladhráil** pawing, *(inappropriately)* grabbing **lámhchleasaíocht** roaming hands, **lámhchur** *(jocular)* laying one's hands on, **pógaireacht** kissing, **suiríocht** making love; wooing, courting, **táidhe** *f (~)* *(lit)* secret sexual intercourse, **táth** fornication

Suite *pp* seated, positioned, located
aimsithe found, **ar siúl ag** going on at, **bheith aimsithe** to be found, **buailte síos** crashed out, **bunaithe** established, **cónaithe** in residence, **curtha ar bun** established, **curtha fút** lodged, settled, **curtha i láthair** put in place, **crochta amach** hung out, **daingnithe** secured, **dulta chun suain** reposed, gone asleep, **eagraithe** organised, **fanta i do shuí** remained seated; *(not sleeping)* remained up, **fanta socair** remained still, **feistithe** fitted, fixed, **fódaithe** grounded, established, built up with sods, **fréamhaithe** rooted, **gabhalscartha** astride *(on horse)*, **le fáil** to be found, **láithrithe i** *(jur)* presented at, **lonnaithe** settled, **plandaithe** *(hort)* planted, **plandáilte** planted, settled as colony, **réitithe** made ready, prepared, **tagtha chun cónaí** come to rest/settle, **socraithe** settled, **socraithe síos** settled down, **stoptha** stopped, stopped off, **trasuite** transposed

▲ **argóintí** ~ grounded arguments, **bád** ~ **(ar scairbh)** boat grounded (on shingle), **ceart** ~ established right, **dearcadh** ~ determined outlook, **gléas** ~ **(do cheamara**, etc.) mounting (for a camera, etc.), **inneall** ~ banjaxed engine, **pointe** ~ fixed point, **seomra** ~ sitting room

◊ **Ca bhfuil sibh ~?** Where are you situated?, **Tá an t-óstán ~ cois mara.** The hotel is located by the sea., **Tá an radharc ~ i Varsá.** The scene is set in Warsaw.

Súite *pp* absorbed, sucked; *pnt* suction
asbhainte *(comp)* extracted, **asúite** absorbed, aspirated, **bainte (as)** removed (from), **cnámhartha** sucked, **cráinte** sucked, **diúlta** sucked, **draenáilte** drained, **húváráilte** hoovered up, **ionanáláithe** inhaled, **ionghafa** ingested, **ionsúite** absorbed, **siolptha** sucked; drained dry, **slogtha** swallowed, **spúinseáilte** sponged, **súraicthe** sucked, suctioned off, **tarraingthe isteach** drawn in, **tógtha isteach** taken in

▲ **caidéal** ~ suction pipe, **lucht** ~ **na gréine** sun-worshipers, sunseekers, **páipéar** ~ blotting paper

Sult *m (suilt)* enjoyment, fun
ábhacht fun, jesting, **aeraíocht** outdoor fun, entertainment, **aiteas** pleasantness, fun, **aoibhneas** pleasure, bliss, **áthas** happiness, **craic** crack, fun, **gliondar** joy, elation, **greann** humour, **pléisiúr** pleasure, **sásamh** satisfaction, **scléip** hilarity, sport, **scléipireacht** letting your hair down, having a rip-roaring time, **seaghais** pleasure, delight, **siamsa** entertainment, **só** enjoyment, luxury, **sóchas** comfort, pleasure, **soilbhreas** joviality, **soilíos** contentment, pleasure, **sonas** joy, happiness, **spórt** sport, **spraoi** fun, diversion, **suáilce** pleasure, happiness, bliss, **subhachas** joyfulness, gladness, **súgachas** making merry; tipsiness, **taitneamh** enjoyment

◊ **Bainim ~ as a cuideachta.** I enjoy her company., **Bhain mé ~ as.** I enjoyed it., **duine/comhrá gan** ~ dry boring person/conversation

Sultmhar *adj¹* enjoyable, pleasant
ábhachtach jocose, droll, **aeraíochta** (> *aeraíocht*) fun, **aiteasach** pleasant, entertaining, **aoibhinn** pleasurable, blissful, **áthasach** happy, **croíúil** cheerful, perky, hearty, **gliondrach** joyous, **greannmhar** humorous, amusing, **lán de chraic** full of fun, **mireogach** frolicsome, flighty, **sásúil** satisfying, **scléipeach** hilarious, festive, **seaghsach** pleasant, joyful, **siamsúil** entertaining, amusing, **soilbhir** jovial, cheery, **sómhar** luxurious, lavish, **sona** happy, lucky, **spraíúil** playful, sportive, **pléisiúrtha** pleasurable, **ríméadach** jubilant, amusing, **soilbhir** pleasant, cheerful, **spórtúil** sporty, fun, **suáilceach** convivial, pleasant, sunny, **suairc** cheerful, upbeat, **subhach** joyful, glad, **súgrach** playful, sportive, **taitneamhach** enjoyable *(see also: **spraíúil**)*

Súmaire *m (~; -rí)*
1. parasite, scrounger
paraisít parasite, **seadán** parasite, **siolpaire** parasite, freeloader, **súire** extractor; absorber, **súiteoir** sucker, **súdaire** sponger; toady *(see also: **súdaire**)*

▲ ~ **fola** bloodsucker

2. excessive drinker
diúgaire tippler, **druncaeir** drunkard, **fear mór óil** heavy drinker, **meisceoir** drunk, **pótaire** heavy drinker *(see also: **meisceoir**)*

Súmaireacht *vn* leeching, sucking
seadánú parasitising, **siolpaireacht** freeloading, sponging, **sú** sucking, **súdaireacht** sponging, **súiteoireacht** scrounging, *(see also: **súdaireacht**)*

Súmhar *adj¹* juicy, sappy
brachtach sappy, juicy, **hiodráitithe** hydrated, **leachtach** liquid, **maothlach** *(fruit)* mellow, **méith** rich, juicy, **seamhrach** sappy; vigorous, **séasúrach** juicy, sappy, seasonal, **suánach** *(meat)* juicy, succulent, **tais** moist, **uisciúil** watery, **úisiúil** fulsome, **úscach** juicy, sappy

▲ **crann** ~ tree full of sap, sappy tree, **piorra** ~ juicy pear, **píosa feola** ~ succulent piece of meat

Súmhaireacht *f (~a)* juiciness, sappiness; succulence
hiodráitiú hydration, **lán den seamhar** full of sap, **méithe** richness, juiciness, **seamhraí** *f* sappiness; fullness of life, **séasúracht** juiciness, sappiness, seasonableness, **suánaí** *(meat)* juiciness, succulence, **taise** *f* dampness, **uisciúlacht** wateriness

Suncáil 1 v_{le} sink
báigh drown, **infheistigh** *(fin)* invest, **ísligh** lower, **téigh faoi** go under, sink, **téigh faoi uisce** go underwater, **téigh go tóin poill** go to the bottom, sink, **téigh i bhfarraige** sink (cf **Chuaigh an ghrian i bhfarraige.** The sun sank into the sea.), **téigh síos** go down, sink (cf **dul síos go glúine i bportach** to sink to one's knees in a bog), **tit** fall, sink (eg **Thit an teocht go dtí a náid.** The temperature sank to zero.), **tochail** dig, sink (cf **tobar a thochailt** to sink a well)

Suncáil 2 *vn* sinking
bá drowning, **dul faoi** going under, sinking, **dul faoi uisce** going underwater, **dul go tóin poill** going to the bottom, sinking, **dul i bhfarraige** sinking, **dul síos** going down, sinking, **infheistiú** *(fin)* investing, **ísliú** lowering, **titim** falling, sinking (cf **Mhothaigh mé titim mo chroí.** I felt that sinking feeling.), **tochailt** excavating, sinking (cf **tochailt toibreacha** sinking wells)

Suncáilte *pp* sunken
báite drowned, **dulta faoi** gone under, sunk, **dulta faoi uisce** gone underwater, **dulta go tóin poill** gone to the bottom, sunk, **dulta i bhfarraige** sunken, **dulta síos** gone down, sunken, **infheistithe** *(fin)* invested, **íslithe** lowered, **tite** fallen, sunken

Suntas *m (-ais)* notice, attention; distinguishing mark, badge
aird attention, **aitheantas** recognition, **comhartha** sign, emblem, **sainghné** specific feature, **sainiúlacht** distinctiveness, **sainmharc** hallmark, **saintréith** distinctive trait, characteristic, **sonrú** noticing, **spéis** interest, leaning, **suaitheantas** badge, emblem, **suim** interest, **suntasacht** prominence, distinctiveness

Suntasach *adj³* remarkable
aduain weird, peculiar, eerie, **aisteach** strange, **ait** curious, **as an gcoitiantacht** out of the ordinary, **as an ngnáth ar fad** extraordinary, **as cuimse** stratospheric, extraordinary, **éachtach** extraordinary, **corr** odd, **dearscnaitheach** outstanding, excellent, **dochreidte** unbelievable, **éachtach** awe-inspiring, **éagsamhalta** unimaginable, **éagsúlach** different, **fiú le rá** noteworthy, **fódúil** substantial, **fonascúil** significant, substantial, **inbhraite** palpable, **ionchomharthach** indicative, **iontach** astonishing, amazing, **mearaitheach** perplexing, **nár chualathas/ nach bhfacthas a leithéid riamh** unheard of/ never before seen, **neamhghnách** unusual, **neamhchoitianta** uncommon, **saoithiúil** peculiar, **sonraíoch** noticeable, out of the ordinary, **sonrach** specific; notable, outstanding, **sonraíoch** worthy of note, extraordinary, **strainséartha** unfamiliar, **suaithinseach** distinctive, distinct, **suaithní** remarkable, **substaintiúil** substantial, **tromchiallach** significant

▲ **athrú** ~ notable change, **bua** ~ astounding victory, **cogadh** ~ consequential war, **dealramh** ~ striking appearance, **difear** ~ marked difference, **dúshlán** ~ considerable challenge, **líon** ~ substantial number, **méadú** ~ appreciable increase, **pátrún** ~ distinctive pattern, **seó** ~ spectacular show, **tromlach** ~ significant majority

T t

Tábhacht *f (~a)* importance
abhras yarn, thread; gainful activity (cf **caint gan abhras** unimportant, pointless talk), **adhmad** wood; substance, significance, **anáil mhór** great influence, **ardchéim** eminence, **brí** *f* meaning, substance, **bunús** basis, **ciall** *f (céille; ~a, ~)* sense, meaning, **dáiríreacht** seriousness, gravitas, '**deireadh an domhain**' *(iron)* 'end of the world' (cf **Ní scéala deireadh an domhain é!** It's not world-shattering news!), **fiúntas** worth, **géarghá** dire need, **imní** *f* concern, **mórluaíocht** great merit, **mórmhaitheas** great good/benefit, **oirirceas** distinction, eminence, **práinn** urgency, **riachtanas** necessity, **ríthábhacht** vital importance, **suntasacht** significance, **tathag** import, substance, **téagar** substance, **teann** force, authority, **tionchar mór** great influence, **tothacht** substance, importance, **treise** *(argument)* weight, **troime** weight, **trom** weight, importance, **trombhrí** weightiness, seriousness, **údarás** authority, **úimléid** substance, importance

Tábhachtach *adj³*
1. important, special, essential
ábhartha relevant, material, **ag a bhfuil tionchar** influential, **ardcheannasach** supreme, predominant, **ardleibhéil** (> **ardleibhéal**) high-level, **bainteach** relevant, **bun-** *pref* basic; key (cf **buncheist** key issue), **bunúsach** basic, fundamental, **cinniúnach** fateful, momentous, **cumhachtach** powerful, **dearscnaitheach** outstanding, excellent, **eisintiúil** essential, **éigeantach** compulsory, **eochair-** *pref* key (eg **eochairthionscal** key industry), **eochrach** (> **eochair**) key, **fiú le rá** noteworthy, **fódúil** substantial, **fonascúil** substantial, **forasta** well-established; grave, **forleathan** far-reaching, **fuaimintiúil** fundamental, substantial, **lán de bhrí** full of significance, **luachmhar** precious, valuable, **mór** large, great, important, **mórluachach** valuable; important, **príomh-** *pref* main, leading, **riachtanach** necessary, essential, **seamhnach** seminal, **sollúnta** solemn, grave, **sonrach** notable, outstanding, **speisialta** special, **starrógach** projecting, salient, **suaithinseach** distinctive, **substaintiúil** substantial, **suntasach** remarkable, **tairbheach** beneficial, **tathagach** solid, substantial, **téagartha** substantial, significant, **tosaigh** foremost, leading, **tothachtach** substantial, powerful, important, **troiméiseach** weighty, important, **trom** weighty, substantial, **tromaí** weighty, **trombhríoch** meaningful, significant, **tromchiallach** significant, **tromchúiseach** grave, serious, **úimléideach** substantial, important *(see also: speisialta)*

▲ **admháil thábhachtach** telling admission, **athrú ~** significant change, **ball ~ den choiste** important member of the committee, **cinneadh ~** important decision, **ionchur ~** substantial contribution

◊ **An rud is tábhachtaí anseo is ea an cruinneas.** The most important thing here is accuracy., **Is ról ríthábhachtach é.** It is a vital role.

2. distinguished, great, famous
ardchéimiúil eminent, **clúiteach** renowned, honoured, **cáiliúil** famous, **céimiúil** prominent, **iomráiteach** celebrated, **mór** great, **mór le rá** highly spoken of, **oirirc** eminent, illustrious, **sármhaith** excellent *(see also: cáiliúil)*

▲ **cumadóir ~** important composer, **saothar ealaíne ~** substantive work of art, **taisce náisiúnta ~** prized national treasure

Tabhair *v irr*
1. give, provide, confer
astaigh emit, **beir** bear, **beir chuig** bring to, **bronn** present, bestow, donate; confer, **ceadaigh** permit, **crean** bestow, grant, **cuir ar fáil** provide, furnish, **cuir i leataobh** allocate, **cuir le** contribute to, **dáil** distribute, allot, **dánaigh** *(lit)* bestow, **deonaigh** grant, accord, **géill** surrender, give way, **íoc** pay, **lig** let, allow, **ofráil** *(rel)* offer, **rad** give, bestow; fling, pelt, **riar** administer, **roinn** share, **seachaid** deliver, **soláthair** supply, provide, **tairg** proffer, **tíolaic** dedicate, bestow, **tiomnaigh** bequeath; dedicate, **toirbhir** hand over; dedicate

~ **cabhair do na boicht!** Provide help for the needy!
~ **céim onórach di!** Confer an honorary degree on her!
~ **séisín don fhreastalaí!** Give a tip to the waiter!
~ **tacaíocht dom!** Give me support!

2. take, bring, convey
aistrigh convey, move, **bain** remove, **cealaigh** rescind, cancel, **fógair** bring to public notice, announce, **iompair** carry, convey, **léirigh** portray, convey, **scaoil** release, discharge, **scuch** *(lit)* remove, pick off, **taispeáin** show, indicate, **tarchuir** transmit, **tarraing** draw, **tiomáin** drive, **tóg** take

~ **abhaile leat é!** Take it home with you!
~ **anseo iad!** Bring them here!
~ **coiscéim chun tosaigh!** Take a step forward!
~ **mo bhuíochas di!** Convey my thanks to her!

3. spend, incur loss, sacrifice
caill lose, **caith** spend, **cuir amú** waste, squander, **cuir isteach** put in, spend, **cuir thart** pass, **fulaing** endure, **geimhrigh** pass winter, **infheistigh** invest, **íobair**

sacrifice, **meil** consume, waste, **samhraigh** pass the summer.

~ **cúpla lá ann!** Spend a couple of days there!
~ **do shaol ar son cúise!** Sacrifice your life for a cause!
~ **do shaol ag ragairne!** Waste your life partying!

Tabhair amach *v irr*
1. give out, distribute

cionroinn *(tech)* allocate, **cuir i leataobh** allot, **cuir timpeall** pass round, **dáil** distribute, dole out, **eisigh do chách** issue for everyone, **leithdháil** *(tech)* allocate, **riar** serve out, **roinn** share, **sann** allocate, **scaip** scatter, **tomhais amach** measure out

2. give out, scold

aifir rebuke, reproach, **bain spailleadh as duine** rebuke a person, **cíosaigh** berate, scold, **cluich** harass, scold, **cúrsaigh** reprimand, **cuir na seacht bhfainic ar** read the riot act to, **déan sclamhairt do** give a scolding to, **léigh an liodán do** read a litany to, **liobair** berate, **scall** scold; scald, **sceamh ar** yelp at, scold, **scioll ar** scold, **scól le do theanga** flay with your tongue

Tabhair ar *v irr*
1. compel, force

brúigh pressure, pressurise, **comhéignigh** coerce, **cuir ar** require, **cuir brú ar** press, pressure, **cuir faoi deara** cause, constrain, **cuir d'oibleagáid ar** oblige, **cuir d'fhiacha ar** press-gang, force, **cuir iallach ar** compel, oblige, **cuir i bhfeidhm** enforce, **éignigh** bully, force, **éiligh** demand, necessitate, **foréignigh** necessitate by force, **gríosaigh** urge, **tá ort** you are obliged, **tathantaigh** coax, exhort, **tiomáin** drive, dragoon

2. take to, head for, go

ascain proceed toward, **bog** move, **cuir chun bóthair** set off, **gabh** go, **gluais** move, **imigh** leave, **ionsaigh faoi** set about, **luainigh** move quickly, **siúil** walk, **teann** press towards, **téigh** go, **téigh i dtreo** go in the direction, **triall** journey, **taistil** travel

◊ **Thug mé an leaba orm féin.** I took to my bed., **Thug sí na sléibhte uirthi féin.** She took to the mountains.

3. fail, give way

ceiliúir fade, vanish, **clis** fail, **imigh faoi** give way (eg **D'imigh an droichead faoi mo chosa.** The bridge gave way beneath my feet.), **loic** fail, let down, **tréig** abandon, forsake, **tuisligh** stumble, falter, **meath** decay, fail, **meathlaigh** wither, fade, **téigh as** go out, **trochlaigh** break down, founder

◊ **Thug an misneach orm.** My courage failed me.

4. call, name

ainmnigh call, name, **baist** baptise, name, **bronn teideal ar** bestow a title on, **cuir ainm ar** name, **glaoigh ar** call (eg **Ghlaoigh siad Max air.** They called him Max.), **muinnigh** call, name, **sloinn** name, surname, **tabhair leasainm ar** nickname

~ **aird air!** Pay attention to it!
~ **d'aghaidh ar an gcósta!** Set off for the coast!
~ **iarraidh air!** Attempt it!
~ **míniú air!** Explain it!
~ **Seán air!** Call him Seán.
~ **solas air!** Shed light on it!
~ **tarrtháil air!** Rescue him!
~ **tuarascáil air!** Report on it!

Tabhair chun *v irr* bring to
faigh get, fetch, **iompair** carry, convey, **seachaid** deliver, **téigh faoi choinne** go to get, **téigh faoi dhéin** go to fetch, **tóg go dtí** take to

~ **chun cinn!** Advance!
~ **chun foirfeachta!** Bring to perfection!
~ **chun grinnis!** Clarify!
~ **chun míntíreachais!** *(land)* Reclaim!
~ **chun síochána!** Pacify!
~ **chun solais!** Bring to light!
~ **chun suntais!** Adduce!, Show off!
~ **chun talún!** Bring down!, Land!
~ **chun tíreachais!** Domesticate!
~ **chun tosaigh!** Bring forward!

Tabhair chun críche *v irr* conclude, bring to an end
conclúidigh conclude, **críochnaigh** finish, end, **cuir an dlaoi mhullaigh ar** to finish off, **cuir bailchríoch ar** put the finishing touches to, **cuir clabhsúr ar** bring closure to, **cuir críoch ar** end, finish, **cuir deireadh le** put an end to, **cuir i gcrích** finish; complete, **cuir stop le** put a stop to, **druid** close down, **dún** close, close off, **foirceann** terminate, **glinneáil suas** wind up, **tarraing chun deiridh** draw to an end

Tabhair faoi *v irr* attempt, undertake, have a go at
Bain triail as! Have a go!, Try your hand at it!, **Bíodh d'urchar agat!** Have a shot!, **Déan do sheacht ndícheall!** Give it your best shot!, **Déan iarracht!** Have a try!, **fóbair** *(lit)* set about, attempt, **Féach leis!** Try it! Check it out!, **Iarr é a thógáil!** Attempt to lift it!, **Ionsaigh faoi réiteach an tomhais!** Attempt to solve the riddle!, **tástáil** test, **tionscain** contrive, attempt, **togair** desire; attempt, dare, **triail** attempt

~ **buile faoi thuairim!** Take a guess!
~ **faoin obair!** Undertake the work!
~ **fogha faoi!** Attack him!, Rush at him!
~ **seáp faoin doras!** Make a dash for the door!

Tabhair faoi deara *v irr* notice, note
aimsigh find, spot, **airigh** sense, **aithin** discern, recognise, **braith** detect, **déan amach** make out, discern, **feic** see, **meabhraigh** perceive, sense, **mothaigh** perceive, **nótáil** note, **rathaigh** *(lit)* perceive, notice, **sonraigh** take particular notice of, remark

Tabhair isteach *v irr*
1. bring in, introduce

allmhairigh export, **cuir i bhfeidm** put into force, **cuir i láthair** introduce, **cuir tús le** begin, **déan ceannródaíocht** pioneer, take the lead, **insealbhaigh**

inaugurate, **iompórtáil** import, **lig isteach** let in, **tarraing anuas** draw down, **tarraing isteach** draft in, **tionscain** institute, initiate, **tosaigh** begin

2. give in, concede, stand down

bog *(rules, etc)* relax, ease, **caith an tuáille isteach** throw in the towel, **éirigh as** give up, drop out, call it a day, **géill** concede, **géill do** cave in to, **lig le** allow, **seas siar** stand back, back down, **scoir** stand down, retire, **stríoc** yield, submit, **tabhair suas** give up, **tar anuas** *(witness)* stand down (cf **Tá cead agat teacht anuas.** You may stand down.), **téigh faoi** submit to, **umhlaigh do** submit to, obey

3. make up for, retrieve

aimsigh ar ais get back, retrieve, **aisghabh** recover possession of, recover, **beir suas** catch up, **déan cúiteamh ar an am a cailleadh** make up for lost time, **déan suas** make up, **druid an bhearna** close the gap, **faigh ar ais** get back, retrieve, **slánaigh** make whole, redeem, **tar suas (le)** catch up (with)

Tabhair le *v irr*

1. take away with, escape with

éalaigh le escape with, **iompair** carry, convey, **tóg le** take away, take along, **tuig** understand

 Thug mé liom a ndúirt sí. I caught all she said.
 Thug mé liom é de thaisme. I took it away by mistake.
 Thug sí an nóisean léi… She went of thinking…
 Thug tú leat uaim é. You got that from me.

2. devote to, dedicate

bronn bestow, award, **dáil** portion out, bestow, **dearlaic** endow, **deonaigh** grant, **fear** grant, provide, **tiomnaigh** dedicate, **tíolaic** consecrate, dedicate

 ~ **bunús le!** Give a basis for!
 ~ **do chúl leis!** Turn your back on it!
 ~ **le chéile!** Bring together!
 ~ **le feiceáil!** Reveal!, Let (it) be seen!
 ~ **le fíos!** Imply!, Insinuate!
 ~ **le scrúdú!** Bring under examination!
 ~ **le taispeáint!** Demonstrate!
 ~ **le tuiscint!** Give to understand!, Infer!

Tabhair ó *v irr*

1. part with, relinquish

bain remove, **caith uait** jettison, **fág slán le** big farewell to, **fág uait** relinquish, **faigh réidh le** discard, **tabhair suas** give up, **scar le** relinquish, **tréig** abandon, forsake

◊ **Thug sí a heolas uile uaithi dá leanaí féin.** She imparted all her knowledge to her own children., **Ní thabharfadh sé uaidh an seanteach.** He would not relinquish the old house.

2. give way, collapse

clis break down, **loic** fail, **téigh bealach an gharaí** *(plan, venture, etc)* go down the tubes, collapse, **téigh faoi** sink, **téigh ó rath** *(business)* go to the wall, flop, **tit (anuas)** fall (down), **tit as a chéile** fall apart, **tit isteach** cave in, **turnaigh** *(building)* subside

◊ **Thug an balla uaidh.** The wall collapsed.

Tabhair suas *v irr*

1. give up, give away

caith an tuáille isteach throw in the towel, **caith i dtraipisí** scrap, ditch, **caith in airde** throw aside, jack in, **diúltaigh do** renounce, **géill** yield, **éirigh as** give up, resign, **fág slán le** bid farewell to, **loic ar** fail, let down, **luigh siar** roll over, **scoir de** cease from, desist, **stad** stop, **stríoc** yield, **tabhair isteach** give in, **tréig** abandon, forsake

◊ **Thug siad suas an choimhlint.** They gave up the struggle.

2. acknowledge

admhaigh acknowledge, admit, grant, **aithin** recognise, **aontaigh le** agree with, **dearbhaigh** affirm, **géill** concede, **glac le** accept, **lig** allow

◊ **Tá sé tugtha suas dó gurb é is fearr.** He is acknowledged as the best.

Tábhairne *m* (~; -**ní**) pub, tavern

an tobar áitiúil *(colloq)* the local, the local watering hole, **beár** bar, **clár an óil** *(sl)* watering hole, **eischeadúnas** off-licence, **óstlann** hotel, **teach** *m (tí; tithe)* **an óil** tippling house, **pub** pub, **seomra dí** drinking room, **seomra leanna** ale room, **teach leanna** alehouse, **teach ósta** inn, pub, **tolglann** lounge, **salún** saloon, **síbín** illicit drinking house; small pub

Tábhairneoir *m* (-**neora**; ~**í**) publican, innkeeper

bean an tí the woman in charge of the premises, **bean an leanna** tavern landlady, barmaid, **fear an tí** the man in charge of the premises, **fear tábhairne** landlord of a pub, **freastalaí beáir** barman/barmaid, **óstóir** innkeeper, publican

Tabhairt *vn*

1. giving, bestowing, issuing

astú emitting, **breith** bearing; giving birth, **bronnadh** presenting, bestowing, **ceadú** permitting, **creanadh** bestowing, **cur ar fáil** providing, furnishing, **cur le** contributing to, **dáileadh** distributing, **deonú** granting, according, **íoc** paying, **ligean** letting, allowing, **ofráil** *(religious)* offering, **radadh** flinging, casting, **riaradh** administering, **roinnt** sharing, **scaoileadh** releasing, discharging, **seachadadh** delivering, **soláthar** supplying, **tairgeadh** proffering, **tarchur** transmitting, **tiomnú** bequeathing; dedicating, **toirbhirt** handing over; dedicating

▲ ~ **bainne** yielding of milk, milk yield, ~ **dualgas** assignment of duties, ~ **faoi** attempting, attempt; attacking, ~ **isteach** introducing, introduction, ~ **mhaith bháistí** good fall of rain, ~ **saoránachta** bestowal of citizenship

2. demonstrating, showing

bronnadh awarding, bestowing, **cur in iúl** communicating, informing, **eiseamláiriú** exemplifying, **fógairt** bringing to public notice, announcing, **léiriú**

portraying, expressing, **soiléiriú** clarifying, **taispeáint** showing, indicating, **taispeántas** exhibition, **taisealbhadh** presenting, exhibiting

▲ ~ **amach** display, ~ **amach pasanna** display of passports; issue of passports

3. ~ **suas** giving up

éirí as giving up, **géilleadh** surrendering, giving way, **ligean** letting, allowing, **loiceadh ar** failing, letting down, **luí siar** rolling over, **scor de** ceasing from, **stad** stopping, **stríocadh** yielding, **tabhairt isteach** giving in, **tréigean** abandoning

▲ ~ **suas na talún** giving up the land

4. ~ **suas** upbringing

altramas fosterage, **altramú** fostering, **daltachas** fosterage, **oideas** instruction, teaching, **oiliúint** nurture, upbringing, **tógáil (suas)** rearing, upbringing

▲ ~ **suas pribhléideach** privileged upbringing

5. ~ **uaidh** giving way, collapsing

cliseadh breaking down, **dul bealach an gharraí** *(plan, venture, etc)* going down the tubes, collapsing, **dul faoi** sinking, **dul ó rath** *(business)* going to the wall, flopping, **loiceadh** failing, **titim (anuas)** falling (down), **titim as a chéile** falling apart, **titim isteach** caving in, **turnamh** *(building)* subsiding

▲ ~ **uaidh an bhalla** the collapse of the wall

Tabhartas *m (-ais; -ais, ~)* gift

aisce favour, gift, **bónas** bonus, **bua** gift, **bronntanas** present, **cumas** ability, **dearlacadh** gift, bounty, **deonachán** voluntary contribution, **duais** prize, **fearadh** provision, **féirín** keepsake, present (cf **féiríní Nollag** Christmas presents), **maitheas** good thing, **séisín** gratuity, **síneadh láimhe** tip, gratuity, **síntiús** donation; subscription, **tallann** talent, **tíolacadh** divine gift, **toirbheartas** presentation, gift, **toirbhirt** offering, dedication

▲ ~ **Dé** gift from God

Tábla *m (~; ~í)* table

bord *(furniture)* table, **cairt** *f (~; ~eacha)* chart, **clár** board, programme; agenda; table (cf **clár ábhar** table of contents), **diagram** diagram, **graf** graf, **leac** *f* flat stone, slab, **léaráid** diagram, illustration, **paraidím** paradigm, **preabchlár** bounce table, **táibléad** tablet, **táblú** tabulating, **táscaire** indicator *(see also: bord)*

▲ ~ **bileoige** drop-leaf table, ~ **éan** bird table, ~ **déile** deal table, ~ **insínte** expandable table, ~ **méadaithe/ iolrúcháin** multiplication table, ~ **peiriadach** periodic table, ~ **roinnte** division table, ~ **sonraí** data table, ~ **tiontuithe** conversion table

Táblaigh *v2ₐ* tabulate, put into tables

abair táblaí iolrúcháin/méadaithe say/recite the multiplication tables, **cláraigh** tabulate, list, **cuir in ord** place in order, order, **cuir in ord contrártha** put in reverse order, **díochlaon** *(gram)* decline, **léirigh i dtábla** illustrate in a table, **liostaigh** list, **socraigh de réir ord aibítre** arrange in alphabetical order, **parsáil** *(gram)* parse, **réimnigh** *(gram)* conjugate, **soláthair paraidím** provide a paradigm

Táblaithe *pp* tabulated, put into tables

cláraithe tabulated, listed, **curtha in ord** placed in order, ordered, **curtha in ord contrártha** put in reverse order, **díochlaonta** *(gram)* declined, **réimnithe** *(gram)* conjugated, **léirithe i dtábla** illustrated in a table, **liostaithe** listed, **parsáilte** *(gram)* parsed, **réimnithe** *(gram)* conjugated, **socraithe de réir ord aibítre** arranged in alphabetical order

Táblú *vn* tabulating, putting into tables

aithris na dtáblaí iolrúcháin/méadaithe reciting the multiplication tables, **clárú** tabulating, **cur in ord** placing in order, ordering, **cur in ord contrártha** putting in reverse order, **díochlaonadh** *(gram)* declining; declension, **léiriú i dtábla** illustrating in a table, **liostú** listing, **parsáil** *(gram)* parsing, **réimniú** *(gram)* conjugating, conjugation, **socrú de réir ord aibítre** arranging in alphabetical order, **soláthar paraidíme** providing a paradigm

Taca *m (~; ~í)* support, prop; point of time

anacal protection, **branra** supporting bar; tripod, **bunsraith** foundation, **cabhair** *f (-bhrach)* assistance, help, **caomhnú** preserving, conserving, **cnámh** *f (cnáimhe; ~a, ~)* **droma** backbone, **coimirce** patronage, **colún** column, **compord** comfort, **cóirséad** corset, **cosaint** protection, **cosantóir** upholder, defender, **cothabháil** maintenance, **cothú** sustenance, **crann** shaft, beam; mast, **crann cosanta** champion, defender, **crann seasta** upright; mainstay, **crann taca** pillar, support, **crann teanntáin** fulcrum bar, **cúl taca** backing, support, **cúnamh** help, **deoch misnigh** *(drink)* stiffener, **dílseacht** loyalty, **fóirithint** relief (cf **trúpaí fóirithinte** relief troops), **fortaitheoir** comforter, **fosú** support, stay, **frapa** prop, **lámh chúnta** helping hand, **lucht tacaíochta** supporters, **misniú** encouraging, encouragement, **neartú** reinforcement, **pátrúnacht** patronage, **scafall** scaffolding, **scafláil** putting up scaffolding, **seasamh** withstanding, support, **seastán** stand, **sólásaí** consoler, **sonn** pillar, support, **spliota** splint, **spreagadh** encouragement, **stagh** *m (~; ~anna)* stay, **stagh an chrainn mhóir** *(sailing)* mainstay, **stoda cuaiche** stack prop, **tacaíocht** support, **tacú** supporting, **teann** support, backing (cf **Bhí teann ar chúl an Teachta.** The Deputy had backing/support.), **teannta** prop, support, **teanntán** *(medical)* brace, **teanntóg** small strut, prop, **teanntóir** tightener, support, **tríchosach** *m* tripod, **trus** *(arch)* truss, **uaithne** *m* prop, support; pillar, **ursain** prop, support; doorpost

▲ ~ **crochta** flying buttress, ~ **droma** backrest, ~ **sciatháin** armrest, ~ **rúitín** ankle support, ~ **smige** chin rest

◊ **an ~ seo den bhliain** this time of year, **Is í crann ~ mo shaoil.** She is my mainstay of my life., **Níl caill orthu i d~ le holc.** They are not bad, all things considered., **~ an ama seo an mhí seo chugainn** this time next month, **um an d~ seo** by now, by this stage

Tacaí *m (~; -aithe)* supporter

aspal apostle, **bean taca** *(female)* supporter, **comhghuaillí** *m* ally, **cosantóir** champion, **cuiditheoir** helper; seconder, **cúl taca** support; one who has your back, **deisceabal** *(Christianity)* disciple, **fear taca** *(male)* supporter, **fíorchreidmheach** true believer, **leantóir** follower; fan, **lucht dea-mhéine** well-wishers, **lucht leanúna** followers; fans, **lucht tacaíochta** supporters, **móidín** *(rel)* devotee, **pátrún** patron, **tacadóir** partisan; supporter, **taobhaí** adherent, supporter, **taobhaitheoir** sympathiser, **urraitheoir** sponsor

Tacaigh *v2ₐ* support, prop up, back

aontaigh le agree with, **cabhraigh le** help, assist, **coinnigh** preserve, maintain, **coinnigh ina sheasamh** keep standing, **comhdhearbhaigh** corroborate, **comhthacaigh** corroborate, mutually support, **cuidigh le** help, **cuir taca le** support, **deimhnigh** bear out, **formhuinigh** endorse, **fothaigh** support, sustain; lay a foundation for, **frapáil** prop, **iompair** carry, **láidrigh** strengthen, **mol** endorse; praise, **neartaigh** strengthen, **neartaigh le** reinforce with, intensify by, **seas le** stand with, side with, **seas taobh thiar de** stand behind, **tabhair tacaíocht do** give support to, **taobhaigh le** side with; espouse, **teanntaigh** prop, support, **téigh i bpáirt le** buddy up with, gang up with, **treisigh le** give strong support to; reinforce, **troid ar son cúise** champion a cause, **trusáil** truss (cf **díon a thrusáil** to truss a roof)

> **Tacaíonn an t-aire leis.** The minister endorses it.
> **Tacaíonn na fíricí leis seo.** The facts bear this out.
> **Tacaíonn scafall le balla.** Scaffolding supports a wall.
> **Tacaíonn sí lenár bplean.** She endorses our plan.
> **Tacaíonn siad le hathrú.** They advocate change.
> **Tacaíonn sin lena chás.** That supports his case.
> **Tacaíonn tromlach le bille.** A majority backs a bill.

Tacaíocht *f (~a)* support

cabhair *f (-bhrach)* assistance, help, **cnámh** *f (cnáimhe; ~a, ~)* **droma** backbone, **coinneáil (tí)** upkeep (of a house), **costadh** provisions; maintenance, support, **cothabháil** maintenance, **cothú** sustenance, **crann** shaft, beam; mast, **crann cosanta** champion, defender, **crann seasta** upright; mainstay, **cúl taca** backing, support, **cúnamh** help, **fordheontas** bounty, **fosú** support, stay, **fothú** support, sustaining, **frapa** prop, **lámh chúnta** helping hand, **maoiniú** financing, endowment, **misniú** encouraging, encouragement, **scafall** scaffolding, **seasamh** withstanding, support, **seastán** stand, **sólásaí** consoler, **stagh** *m (~; ~anna)* stay, **stagh an chrainn mhóir** *(sailing)* mainstay, **taca** *m* support, **taobhaíocht** support, **taobhú** support, supporting, **teann** backing, support, **ugach** *m* encouragement; confidence, **urrús** security, guarantee *(see also: **taca**)*

▲ ~ **airgid** financial backing, ~ **bhaile** home support, ~ **bogearraí** software support, ~ **ceiliúráin** celebrity endorsement, ~ **foghlama** learning support, ~ **gheallta** pledged support, ~ **iomlán** full support, ~ **mhorálta** moral support, ~ **oifigiúil** official endorsement, ~ **rialtais** government backing, ~ **theicniúil** technical

◊ **ar mheaisín ~ bheatha** *(med)* on life support, **brabhsálaí gan ~** *(in)* unsupported browser, **titim sa ~** waning of support

Tacaithe *pp* supported, propped up, backed

aontaithe le agreed with; corroborated, **cabhraithe** helped, assisted, **coinnithe** preserved, maintained, **coinnithe ina sheasamh** kept standing, **comhdhearbhaithe** corroborated, **comhthacaithe** corroborated, mutually supported, **cuidithe** helped, **deimhnithe** borne out, **dulta i bpáirt le** buddied up with, ganged up with, **formhuinithe** endorsed, **fothaithe** supported, sustained; established, **frapáilte** propped, **iompartha** carried, **láidrithe** strengthened, **molta** endorsed; praised, **neartaithe** fortified, **neartaithe le** enforced with, intensified by, **teanntaithe** propped up, supported, **treisithe** reinforced, **troidte** fought, championed, **trusáilte** *(arch)* trussed

Tacar *m (-air; -air, ~) (maths)* set; collection, gleaning

bailiú gathering, **bailiúchán** collection, **braisle** *(réaltraí)* cluster *(of galaxies)*, **cnuasach** *m* assemblage, **conlach** *m* heap, collection, **conlán** collection, **cruinneagán** small heap, collection, **cruinneas** accumulation, collection, **cruinniú** gathering; meeting, **cuach** *f (cuaiche; ~a, ~)* bundle, **cuachadh** bundling, **díolaim** gleaning, compilation, anthology, **deascán** collection, accumulation, **fáiteall** forage, provision; supply of food, **foireann** *f (foirne)* set, **grúpáil** grouping, **mála** bag, **scata** cluster, **sraith** series, **teaglaim** collection, gathering, **tiomsú** compiling, compilation, collection, **uilethacar** universal set *(see also: **bailiúchán, foireann, saorga**)*

▲ ~ **airíonna** property set, ~ **aonair** single set, ~ **críochta** finite set, ~ **cúisíoch** causal set, ~ **cumraíochta** configuration set, ~ **cúplaí** set of couples, ~ **de litreacha** set of letters, ~ **de roghanna** set of choices, ~ **de dheiseanna** set of opportunities, ~ **dronnach** convex set, ~ **éigríochta** infinite set, ~ **eiliminti cóid** *(comp)* code element set, ~ **fírinne** truth set, ~ **folamh** empty set, ~ **gearrtha** cut set, ~ **gníomhach** *(comp)* working set, ~ **iata** closed set, ~

inchomhairthe countable set, ~ iomlán complete set, ~ iomlán feidhmeanna complete set of functions, ~ luachanna set of values, ~ matamaiticiúil mathematical set, ~ na n-uimhreacha aiceanta the set of natural numbers, ~ na ré-uimhreacha aiceanta the set of even natural numbers, ~ na slánuimhreacha the set of integers, ~ neamhfholamh non-empty set, ~ ordphéirí set of ordered couples, ~ ortanormalach orthonormal set, ~ pointí set of points, ~ reatha active set, ~ réitigh solution set, ~ roinnteoirí set of divisors, ~ sainscileanna *(econ)* skillset, ~ sonraí *(comp)* data set

Tacht *v1ₐ* choke, suffocate
báigh drown, stifle, **beir greim scornaí ar dhuine** sieze a person by the throat, **bí ag sciúgaíl** be gasping/choking, **brúigh faoi** stifle, suppress, **calc** clog, gum up, calcify, **cuir srian le** restrain, curb, **faigh greim scóige ar dhuine** grab a person by the neck, **forlíon** overfill, **forthacht** half-choke, **múch** quench, extinguish, **plúch** smother, asphyxiate, **sciúch** grab by the throat; throttle, **scóig** *(mec)* throttle, **sclog** gasp, choke

◊ **~ann an screamh aoil an píopa.** The limescale bungs up the pipe., **~ann siad an comhartha.** They jam the signal., **Bhí mé ~a le slaghdán.** I was smothered with a cold., **Go dtachta an Diabhal thú!** May the devil strangle you!, **Thacht duilleoga marbha na draenacha.** Dead leaves choked up the drains.

Tachta *pp* choked, suffocated, strangled
báite drowned, stifled, **brúite faoi** stifled, suppressed, **calctha** clogged, gummed up, calcified, **forlíonta** overfilled, **forthachta** half-choked, **múchta** quenched, extinguished, **plúchta** smothered, asphyxiated, **scóigthe** *(mec)* throttled, **sciúchta** throttled

Tachtadh *vn* choking, suffocating, strangling
bá drowning, stifling, **brú faoi** stifling, suppressing, **calcadh** clogging, gumming up, calcifying, **cur srian le** restraining, curbing, **easpa anála** shortness of breath, **forlíonadh** overfilling, **forthachtadh** half-choking, **múchadh** quenching, extinguishing, **plúchadh** smothering, asphyxiation, **saothar** laboured breathing (cf **Bhí saothar air.** He was breathing heavily/panting.), **sciúchadh** grabbing by the throat, throttling, **sciúg** *f* choking, gasping; gasp (cf **an sciúg dhéanach** the last gasp), **sclogadh** choking, gasping, **sciúgaíl** gasping for breath, choking, **sclogaíl** gasping, choking, **scóigeadh** *(mec)* throttling, **scornáil** gripping by the throat, throttling

Tacú *vn* supporting, propping up, backing
aontú le agreeing with; corroborating, **cabhrú le** helping, assisting, **coinneáil** preserving, maintaining, **coinneáil ina sheasamh** keeping standing, **comhdhearbhú** corroborating, **comhthacú** corroborating, mutually supporting, **cuidiú le** helping, **cur taca le** supporting, **deimhniú** bearing out, **dul i bpáirt le** buddying up with, ganging up with, **formhuiniú** endorsing, **fothú** supporting, sustaining; laying a foundation for, **frapáil** propping, **iompar** carrying, **láidriú** strengthening, **moladh** endorsing; praising, **neartú** fortifying, **neartú le** reinforcing with, intensifying by, **seasamh le** standing with, siding with, **seasamh taobh thiar de** standing behind, **taobhú le** siding with; espousing, **teanntú** propping up, supporting, **treisiú le** giving strong support to; reinforcing, **troid** fighting, championing, **trusáil** *(arch)* trussing

Tacúil *adj⁴* supporting, sturdy; sustaining
buanseasmhach steadfast, **cabhrach** helping, helpful, **cosanta** defending; defensive, **cothabhálach** sustaining, nourishing, **cothaitheach** nutritious, nourishing, **cothúil** sustaining, nourishing, **cúnta** assisting, helpful, **dílis** loyal, **diongbháilte** secure, constant, steadfast, **fódúil** grounded, stable, **fóiritheach** succouring, helping, **follúnach** supporting, sustaining, **fortaitheach** comforting, helping, **fosaitheach** fixed, steadfast, **frapáilte** propped up, **ionúch** opportune, timely, **misniúil** encouraging, **ócáideach** opportune, **scafláilte** scaffolded, **scamhardach** nutritious, **seasta** steady, supporting, **sólásach** consoling, comforting, **spreagúil** encouraging, **tacaíochta** (> *tacaíocht*) support, supporting, **tathagach** substantial, full-bodied, **teanntaithe** braced, propped, **tráthúil** timely

Tadhall *m (-aill)* touching, contact
acomhal *(road)* junction, **ceangal** connection, **cumar** *(geog, comp)* junction, **mothú** sensing, feeling, **nasc** link, bond, **tadhlaíocht** tangency, **teagmháil** contact *(see also: teagmháil)*

▲ **cárta gan ~** *(fin)* proximity card, **íocaíocht gan ~** contactless payment, **pointe tadhaill** contact point

Tae *m (~; ~nna)* tea; light meal in the evening
cuppa *(coll)* cup of tea, **scinc** watery weak tea, **sciodar** 'dishwater', weak tea, **suipéar** supper, **súlach** dishwater (eg **Ní tae ach súlach atá ann.** It's dishwater, not tea.), **uiscealach** *m* watery undrinkable tea

▲ **~bhosca** tea caddy, **~ghairdín** tea garden, **~ghréithe** tea things, **~phota** teapot, **~spúnóg** teaspoon

P **Marbh le ~ agus marbh gan é!** A situation that is devoid of any satisfactory solution.

Tafann *m (-ainn)* barking, bark
amhastrach barking, **drannadh** snarling, **drantán** growling sound, **gadhraíl** snarling, **geonaíl** whimpering, **glafadh** snapping bark, **glafaireacht** barking, snapping, **glam** bark, howl, **glamaireacht** barking, howling, **glamh** *f* yelp, bark, **gloimneach** baying, barking, **peithreadh** barking; howling, **sceamh** *f (sceimhe)* yelp, squeal, **sceamhaíl** yelping, howling, **srannadh** snorting

Tagair (do) v_{2c} refer (to), allude (to)
ailléidigh allude, bain (le) concern; pertain (to), cuir in iúl inform, denote, déan tagairt do make reference to, déan trácht ar make mention of, luaigh mention, cite, sainchiallaigh denote, trácht ar touch on; mention; instance

◊ ~ siar do refer back to

Tagairt (do) vn referring (to); allusion (to)
ailléidiú alluding, baint relation; bearing, claontagairt innuendo, cur in iúl denoting, leathfhocal veiled hint, leaththagairt oblique reference, innuendo, lua mention, mentioning, citing, sainchiall *f (-chéille; ~a, ~)* denotation, tagracht allusiveness, trácht ar touching on; mentioning, truthaí *spl* innuendos

Tagartha pp referenced, alluded to
ailléidithe alluded, bainteach relative; bearing relation to, claontagartha hinted at by innuendo, curtha in iúl denoted, leathluaite half-mentioned, leaththagartha semi-referenced, luaite mentioned, cited, ráite i leathfhocal expressed in a veiled hint, sainchiallaithe denotated, tagrach allusive, tráchta touched upon, mentioned, discussed

▲ fráma ~ frame of reference, leabhar ~ reference book, nótaí ~ reference notes, pointe ~ reference point, téarmaí ~ terms of reference

Taghd *m (~; ~anna)* fit, impulse
freanga f spasm, racht m fit, spang f (-ainge; ~a, ~) paroxysm, fit, taom paroxysm, fit (see also: **taom**)

Taghdach *adj³* given to having fits, impulsive; capricious
craiceáilte crazy, éaganta giddy, flighty, scatter-brained, galamaisíoch histrionic, capricious, giodalach capricious, guagach whimsical, guanach fanciful, silly, histéireach hysterical, luaineach changeable, vacillating, unsteady, luathintinneach fickle, impulsive, meargánta madcap, whacky, meonúil whimsical, capricious, míreásúnta irrational, neamhréireach discordant, inconsistent, neamhsheasmhach inconsistent, unreliable roisiúil rash, spadhrúil given to unprovoked fits of anger, tallannach fitful, impulsive, taomach having fits, prone to fits; spasmodic, teasaí volatile, teidheach crotchety, whimsical, treallach fitful, sporadic

▲ aimsir thaghdach capricious weather, beart ~ impetuous act, caidreamh ~ brittle/volatile relationship, capall ~ temperamental horse, duine ~ impulsive/moody person; short-tempered person, spéir thaghdach rapidly changing sky

Taghdaire *m (~; -rí)* impulsive, quick-tempered person
agaill cantankerous person, ainsprid spitfire, anglán ill-tempered person, bod *(vulg)* prick, bromach *m* de dhuine boor, rude person, caistín cranky person, cancrán cantankerous person, cantalóir peevish person, crabadán cantankerous child, crostóir fractious person, duine gan eagla daredevil, duine spadhrúil person given to fits of anger, duine teasaí hothead, duine tintrí firebrand, person on a short wire, duine tobann impulsive person, easóg bheag *(female, pej)* spitfire, gealt *f (geilte; ~a; ~)* mad person, lunatic; madcap, searbhán *(person)* bitter pill, tuaifisc bad-tempered person

Tagtha pp come (forth), arrived
bainte amach reached, bogtha moved, druidte i leith drawn near, dulta gone, dulta ar cuairt (chuig) visited, dulta isteach gone in, éirithe become, gafa gone, gafa i leith approached, gluaiste moved, láithrithe presented, appeared present, nochta appeared, réalta manifested, sroichte reached, tarraingthe (ar) drawn near (to), tarlaithe happened, tite amach occurred, befallen

Taibhreamh vn dreaming, dream; revelation
aisling vision, aisling chollaí sexual fantasy, aislingeacht daydreaming, aisnéal swoon, brionglóid dream, brionglóideach dreaming, brionn *(lit)* dream, ciméara mirage, fís vision, foilsiú revelation, manifestation, mearaí bewilderment, mearbhall confusion of mind, mearú *(cloisteála)* (auditory) hallucination, mearú súl trick of the eyes, nochtadh revelation, oscailt súl revelation, rámhaille delirium, samhlú imagining, seachmall illusion, aberration, siabhrán delusion, siabhránú hallucinating, sileadh suain wet dream, speabhraídí hallucinations, taispeánadh *(rel)* revelation, tromluí nightmare

▲ ~ na súl oscailte daydreaming

Taibhrigh $v2_b$ dream; manifest
aisling *(lit)* see a vision, bí ag brionglóideach be dreaming, bí ag rámhaille be raving, in delirium, bí ar mearbhall be confused, déan aislingeacht daydream/fantasise, déan brionglóid dream, feic ciméara see a mirage, feic fís see a vision, léirigh manifest, mearaigh become distracted/bewildered, nocht reveal, samhlaigh imagine; envisage, seachránaigh go astray; err, siabhránaigh hallucinate, taispeáin *(rel)* reveal

Taibhrithe pp dreamed; manifested
aislingthe *(lit)* having seen a vision, feicthe i gciméara seen in a mirage, nochta i bhfís revealed in a vision, léirithe manifested, mearaithe distracted, bewildered, nochta revealed, samhlaithe imagined; envisaged, seachránaithe gone astray; erred, siabhránaithe hallucinated, taispeánta *(rel)* revealed

Taibhse *f (~; -sí)*
1. ghost
ainspiorad evil spirit, ainsprid poltergeist, malevolent ghost, amhailt phantom, monster, fantaise *f* spectre, phantom, fuath *(lit)* phantom, spectre, gósta

ghost, **mua** clouded apparition; mysterious figure, **samhail** phantom; similitude, **scáil** shadow being, **scáth** shade, shadow, **séansaí** wraith; doppelganger, **spiorad** spirit, **sprid** sprite, ghost, **tais** apparition, **taise** *f* wraith, shade, ghost; relic, **támhas** phantom *(see also: **púca**)*

▲ ~ **an chnádáin** the bogeyman, ~ **thorainn** poltergeist

2. appearance
cosúlacht appearance, resemblance, **creat** frame, shape, **cruth** shape, appearance, **cuma** *f* aspect, look, cut, **dealramh** appearance, semblance, **deilbh** figure, appearance, **dreach** look, appearance, **féachaint** view, **feiceáil** view (eg **an fheiceáil saoil** the view of life), **fíor** *f* profile, **fíoraíocht** configuration, **iompar** behaviour, **leagan** setting, arrangement

3. display, ostentation
cur i gcéill affectation, **gáifeacht** flamboyance, **gairéad** gaudiness, ostentation, **gothaí** swagger, **mustar** show of arrogance, display, **poimp** pomp, **seó** show, **straibhéis** ostentation, show, **taibhseacht** flamboyance *(see also: **taibhseacht**)*

Taibhseach *adj³* flamboyant, ostentatious
aoibhinn delightful, divine, **dóighiúil** dashing, **gáifeach** ostentatious, gaudy, **gairéadach** brash, loud, **galánta** elegant, classy, **gleoite** gorgeous, **mórthaibhseach** grandiose, **neamúil** delectable, **péacach** jaunty, preening, showy, **sciamhach** gorgeously beautiful, **sofaisticiúil** sophisticated, **spiagaí** flashy, **straibhéiseach** ostentatious, showy, **stráiciúil** foppish, conceited, **thar fóir ar fad** completely over the top

Taibhseacht *f (~a)* flamboyance, ostentatiousness
aoibhneas delight, bliss, **cur i gcéill** affectation, pretence, **déanamh gaisce** flaunting, showing off, **dóighiúlacht** dashingness, **éirí in airde** pretentiousness, **feistíocht** trappings, **feistiú fuinneoige** window-dressing, **gáifeacht** flamboyance, **gaigíocht** foppery, **gairéadaí** brashness, garishness, **gaisce** pretension, **galántacht** elegance, classiness, **glam** *(coll)* glamour, splash, dash, **gleoiteacht** gorgeousness, **mórchúis** vanity, **mórthaibhseacht** pageantry, grandiosity, **neamúlacht** delectableness, **ornaíocht** trappings, **péacacht** peacockery, showiness, **scéimh** loveliness, beauty, **sofaisticiúlacht** sophistication, **spiagaíocht** flashiness, showiness, **stráice** conceit, flamboyance, **straibhéis** ostentation, show, **stráiciúlacht** foppishness, conceitedness

Taibhsiúil *adj⁴* ghostly
a chuireann do ghruaig ina cholgsheasamh that makes your hair stand on end, **a chuireann caithíní aistíola ar do chraiceann** that gives you a creepy feeling, **aduain** weird, **diamhair** mysterious, spooky, **doiléir** shadowy, **fantaiseach** phantasmal, spectral, **geiteach** jumpy, **geitiúil** startling, **neamhshaolta** unearthly, **osnádúrtha** supernatural, **scanrúil** frightening, **scéiniúil** terrifying, **scinnideach** flighty, nervous, **síofruíl** spectral, ghostly, **síúil** wraith-like, **uaibhreach** haunting, creepy, **uaigneach** eerie, creepy

Táibléad *m (-éid; -éid, ~)* tablet
capsúl capsule, **bloc** block, tablet (cf **bloc gallúnaí** tablet of soap), **dáileog** dose, **druga** drug, **leac** *f (leice; ~a ~)* slab, **leigheas** medicine, **losainn** lozenge, **miosúr leighis** dose of medicine, **piollaire** pill, **slinn** thin slab, **tabhall** *(lit)* writing tablet, **tábla** table *(see also: **ríomhaire**)*

Taidhleoir *m (-eora; ~í)* diplomat
áisitheoir facilitator; moderator, **ambasadóir** ambassador, **an chéad rúnaí** the first secretary, **an tríú rúnaí** the third secretary, **ceann réitigh** peacemaker, **comhréiteoir** conciliator, **consal** consul, **dealagáidí** delegate, **eadránaí** *m* arbitrator, **éascaitheoir** facilitator, **feidhmeannach ambasáide** embassy functionary, **idirbheartaí** negotiator, **idirghabhálaí** go-between, **ionadaí** *m* representative, **lánchumhachtóir** plenipotentiary, **leagáid** *m (~; ~í)* legate, **leasrí** viceroy, **Nuinteas Aspalda** *(rel)* Apostolic Nuncio, **teachta** *m* emissary, **teagmhálaí** contact person, **toscaire** envoy

Taidhleoireacht *f (~a)* diplomacy
caidreamh friendship, relations, **cainteanna** *fpl* talks, **comhréiteach** *m* conciliation, **dealagáideacht** *f* delegation, **eadráin** arbitration (cf **dul chun eadrána** to go into arbitration), **éascú** facilitation, **leagáideacht** legation, **misean** mission, **idirbheartaíocht** negotiation, **idir-réiteach** *m* conciliation (cf **bord idir-réitigh** conciliation board), **obair ambasáide** embassy work

Taifead 1 *m (-fid; -fid, ~)* record
aircív *f* archive, **annáil** *(hist)* record, date (cf **na hannála** the annals), **beathaisnéis** biography, **breacadh síos** jotting down, **cáipéis** document, **cáipéisíocht** documentation, **cartlann (leictreonach)** (electronic) archive, **clárú** registration, **cóip** copy, **croinic** chronicle, **cuntas** account, **doiciméad** document, **doiciméadú** documentation, **fístaifeadadh** video-recording, **iontráil** entry, entering, **leacht** *m* **cuimhneacháin** memorial, monument, **loga** *m* log, **miontuairiscí** *(meeting)* minutes, **nótaí** *mpl* notes, **píosa scannáin ón TCI (Teilifís Ciorcaid Iata)** CCTV footage, **scannán** film, footage, **scríobh** writing, **téipeáil** *(hist)* taping, **téipthaifeadadh** *(hist)* tape recording, **teist** witness, testimony, **tuairisc** report

Taifead 2 *v₁ₐ* record
annáil record in annals, **bailigh** *(folk)* collect, **cláraigh** register; enrol, **cóipeáil** copy, **comhdaigh** file, **cláraigh** register, **croinicigh** chronicle, **cuir ar téip** *(hist)* tape(-record), **cuir i gcartlann** put in archive, **déan cóip de** make a copy of, **déan cur síos ar** describe, **déan físeán (de)** video-film, **déan scannán**

Taifeadadh

de make a film of, film, **doiciméadaigh** document, **fístaifead** video-record, **iontráil** enter, **scannánaigh** film, **téipeáil** *(hist)* tape-record, **téipthaifead** *(hist)* tape-record, **tóg miontuairiscí** take minutes, minute, **tóg nótaí** take notes

Taifeadadh *vn* recording; record
annáladh recording in annals, **bailiú** *(folk)* collecting, **breacadh síos ar phár** jotting down on parchment, **clárú** registering, registration; enrolling, enrolment, **cóipeáil** copying, **comhdú** filing, **croinic** chronicle, **cuimhní** *fpl* **cinn** memoirs, **clárú** registering; registration, enrolling, **croiniciú** chronicling, **cur ar téip** *(hist)* tape-recording, **doiciméadú** documenting, **fístaifeadadh** videoing, **téipeáil** *(hist)* taping, tape-recording, **cur i gcartlann** archiving, **cur ar téip** taping, **doiciméadú** documenting, **iontráil** entering, **scannánaíocht** filming, **scannánú** filming, shooting, **stair** history, **taifead** record, **téipeáil** *(hist)* taping, tape-recording, **téipthaifeadadh** *(hist)* tape-recording

Taifeadta *pp* recorded
annálta recorded in annals, **bailithe** *(folk)* collected, **cláraithe** registered; enrolled, **cóipeáilte** copied, **comhdaithe** filed, **croinicithe** chronicled, **curtha ar téip** *(hist)* taped, recorded on tape, **curtha i gcartlann** archived, **curtha síos** described, **doiciméadaithe** documented, **dá ndearnadh fís-scannán** videoed, **fístaifeadta** video-recorded, **iontráilte** entered, **scannánaithe** filmed, **téipeáilte** *(hist)* taped, tape-recorded, **téipthaifeadta** *(hist)* tape-recorded, **tógtha síos** taken down

Taighd *v1_b* research
anailísigh analyse, **cíor** comb, **criathraigh** minutely examine, sift through, **déan anailís** do an analysis, **déan staidéar ar** study, **déan taighde ar** do research on, **déan tóraíocht** probe, **fiosraigh** investigate, **iniúch** scrutinise, inspect; explore, **mionscrúdaigh** minutely examine, **rómhair** dig, **saothraigh** work, develop, **scríobh téis** write a thesis, **scrúdaigh** examine, inspect, **taiscéal** explore, **treabh** plough, work, **ullmhaigh tráchtas (dochtúra)** prepare a (doctoral) dissertation

Taighde *vn* researching, research
aimsiú fíricí fact-finding, **anailís** analysis, **cíoradh** combing, **criathrú** minutely examining, sifting through, **déanamh anailíse** doing an analysis, **déanamh staidéar ar** studying, **déanamh taighde ar** doing research on, **fiosrú** investigating, investigation, **fiosrúchán** inquiry, **iniúchadh** scrutiny, inspecting; exploration, **mionscrúdú** detailed examination, **rómhar** digging, **saothar** work, **saothrú** working, developing, **scrúdú** examining, inspecting, **staidéar** study, **taiscéaladh** exploring, **taiscéalaíocht** exploration, **téis** thesis, **tóraíocht** probing, **tráchtas (dochtúra)** (doctoral) dissertation, **treabhadh** ploughing, working (cf **an treabhadh tosaigh a dhéanamh** to do the initial ground-work)

Taighdte *pp* researched
anailísithe analysed, **cíortha** combed, **criathraithe** minutely examined, sifted through, **fiosraithe** investigated, **iniúchta** scrutinised, inspected; explored, **mionscrúdaithe** minutely examined, **rómhartha** dug, **saothraithe** worked, developed, **scrúdaithe** examined, inspected, **taiscéalta** explored, **tóraithe** probed, **treafa** ploughed, worked

Táille *f (~; -llí)* fee, charge, fare
airgead le híoc money to be paid, **bille** bill, **dochar** debit, **dola** charge, toll, **fís** *f (~; ~eacha)* fee, **praghas** price, **sonrasc** invoice, **fiach** *m (féich, ~a, ~)*, debt, **costas** cost, **slí** *f* **isteach** admission

▲ **~ cláraithe** registration fee, **~ dochtúra** doctor's fee, **~ formheasa** approval fee, **~ árachais** insurance fee, **~ shingil/fhillte** single/return fare

▲ **táillí bainc** bank charges, **táillí calafoirt** port charges, **táillí ceardchumainn** union fees, **táillí cúram madraí** kennel fees, **táillí dlí** legal fees, **táillí fánaíochta** roaming charges, **táillí glaonna** call charges, **táillí ollscoile** university fees, **táillí sainchomhairleoireachta** consultancy fees, **táillí seachadta** delivery charges, **táillí scoile** school fees, **táillí teagmhasacha** incidental charges

Táin *f (tána; ~te)* wealth in cattle and sheep; plundering raid
ba *fpl* cows, **bólacht** cattle, herd of cows, **caoirigh** *fpl* sheep, **creach** *f* plunder; raid, **eallach** *m* cattle, **ionsaí** *m* attack, raid, **maoin** wealth, **stoc** stock

◊ **Ní raibh seisean sa ~!** He's no great shakes!, **má leanann tú ar an ~ sin** if you keep doing that, **Tá na ~te ar cnoc aici.** She is extremely wealthy.

○ **Táin Bó Cuailnge** *The Cattle Raid of Cooley*, a famous Irish epic in which **Mebh, banríon ar Chúige Chonnacht** *Maeve, queen of Connacht*, raids **Cúige Uladh** *the Province of Ulster* to steal the **Donn Cuailnge**, a brown bull equal to **Finnbeannach** *White-Horn*, a bull owned by her husband Ailill. The **Ulaid** *Men of Ulster* fall under a sleeping spell and are unable to fight. **Cú Chulainn**, however, who is still only a boy, is unaffected by this spell. Undergoing a **riastrad** *warp spasm*, he valiantly defends Ulster, wreaking havoc on **Mebh**'s forces.

Táir *adj²* wretched, mean, vile, base
ainnis wretched, **bréan** foul, **clamhach** mangy, **cloíte** base, **cnatach** mean, stingy, **díblí** vile, debased; debilitated, **gearbach** mangy, **gortach** stingy, miserly, **gráiniúil** hateful, abhorrent, **gránna** ugly, lousy, **labúrtha** vulgar, base, **lodartha** abject, **lofa** rotten, **mailíseach** malicious, **míofar** nasty, **mucúil** piggish, swinish, **náireach** shameful, disgraceful, **neamhfhiúntach** worthless, **salach** dirty, lousy,

sleamhain sly, slippery, **smugach** contemptible, insignificant; snotty-nosed, **spreasánta** worthless, good-for-nothing, **sprionlaithe** miserly, **suarach** mean, base, contemptible, petty, **táiriúil** vile, base, **tarcaisneach** contemptible, despicable, **uiríseal** menial

▲ **~bhéim** degradation, degrading blow, **~bhia** poor-quality food, **~chéim** comedown, downfall, **~fhliuch** drizzly wet and dreary, **~íde** f disgraceful treatment, **~íseal** servile, abject, **~mheas** disrepute

Tairbhe f (~; -bhí) benefit, profit

abhras yarn, profit, gain, **áirge** useful thing, convenience, **áirgiúlacht** utility; spaciousness, **áis** facility, **áisiúlacht** convenience, utility, **balachtáil** gain, profit, **beannacht** blessing, **biseach** amelioration, **bónas** bonus, **borradh** m (-rrtha) growth, boom, **buntáiste** advantage, **brabach** m gain, profit, **brabús** profit, **cabhair** f (-bhrach) assistance, **fáltas** profit, **feabhas** improvement, **feabhsú** improving, betterment, **fiúntas** worth, **fóint** usefulness, utility, **éadáil** gain, acquisition, wealth, **fónamh** benefit, service, **fuilleamh** increase, interest; (fin) investment, **gaimbín** additional bit, interest, **gar** favour, **gnóthachan** winning, **gnóiteán** gain, **leas** m (~a) welfare, benefit, **maith** good, **maitheas** f good, good thing, **peorcaisí** perks, **poinn** f profit, avail, **rath** success, **rud** m (~a) benefit, favour (cf **Rinne sé rud orm** He did me a favour.), **sochar** gain, benefit, **sochar comhchineáil** benefit in kind, **sochar linbh** child benefit, **sochracht** profitableness; beneficiality, **soilíos** benefit, favour, **somhaoin** asset, **treisiú** boost, **ús** interest, **úsáid** use

◊ **Cén ~ duit an domhan uile a ghnóthú ach d'anam féin a chailleadh?** How does it benefit you to gain the whole world but lose your soul?, **gan ~ ar bith** without any benefit at all

Tairbheach adj³ beneficial, profitable

acrach convenient, useful, **áirgiúil** well-appointed, providing utility, **áisiúil** convenient, handy, **bisiúil** productive; fecund, **borrúil** rich; (person) enterprising, go-ahead, **breisiúil** prolific, fruitful, increasing, **buntáisteach** advantageous, **brabúsach** profitable, **cabhrach** helpful, **fáltasach** gainful, profitable, **feabhsaithe** bettered, improved, **fearastúil** efficient, useful, **fiúntach** worthwhile, **fónta** sound, good, **gaimbíneach** usurious, **garach** obliging, accommodating, **gnóiteach** gaining, winning, **leasaitheach** amending, reforming, **luachmhar** valuable, **méiniúil** (land) fertile, **sochrach** profitable, beneficial, **somhaoineach** profitable, valuable, **tábhachtach** important, **táirgiúil** productive, **torthúil** fruitful, fertile, **treisithe** boosted, reinforced, **úimléideach** substantial, important, useful, **úsach** usurious, **úsáideach** useful

▲ **airí ~a** beneficial properties, **ceacht ~** salutary lesson, **cóir leighis thairbheach** beneficial medical treatment, **comhairle thairbheach** useful advice, **cruinniú ~** productive meeting, **moltaí ~a** constructive suggestions, **obair thairbheach** profitable work, **plé ~** fruitful discussion, **taithí thairbheach** worthwhile experience

Tairg v1_b propose, proffer; offer

beartaigh plan, **comhairligh** advise, furnish, **cuir faoi bhráid** put before, submit, **cuir roimh** place before, propose to, **déan tairiscint** make an offer, **dáil** distribute, **foráil** (lit) command, offer, **forthairg** tender, **imthairg** bid, **mol** (do) recommend (to), put forward, **ofráil** (rel) offer, **pleanáil** plan, **sín amach** extend, **tabhair** give, **tabhair ar aird** bring to the attention, **tabhair ar láimh** put forward, **tabhair tairiscint isteach** tender, send in a proposal

Thairg mé airgead air. I offered money for it.
Thairg sé cuidiú linn. He volunteered to help us.
Thairg sé mé a bhualadh. He tried to hit me.
Thairg sé seic bán di. He offered her a blank cheque.
Thairg sí comhairle. She proffered advice.
Thairg sí dom. She challenged me.

Táirg v1_b produce

atáirg reproduce, **athdhéan** redo, remake, **clóbhuail** print, **cóipeáil** copy, **cruthaigh** create, **cum** compose, **cuir amach** turn out, **cuir ar fáil** provide, **cuir le chéile** fabricate, **déan** make, **déantúsaigh** manufacture, **doilbh** fabricate, form, **foilsigh** publish, **gin** generate, **macasamhlaigh** reproduce, **monaraigh** manufacture, **olltáirg** mass-produce, **priontáil** print, **saothraigh** cultivate, **soláthair** supply, provide, **tabhair** give, provide, **tabhair amach** bring out, **tál** yield, bestow, **tuismigh** procreate

Tháirg an crann ológa. The tree produced olives.
Tháirg muid cairpéid. We fabricated carpets.
Tháirg siad a lán CO_2. They produced a lot of CO_2.
Tháirg siad eitleáin. They manufactured planes.

Táirgeadh vn producing, production

atáirgeadh reproducing, **athdhéanamh** redoing, remaking, **clóbhualadh** printing, **cóipeáil** copying, **cruthú** creating, **cumadh** composing, **cumadóireacht** composition, composing, **cur amach** turning out; knowledge, **cur ar fáil** provision, providing, **cur le chéile** fabricating, assembling, assemblage; compiling, **déanamh** making, manufacture, **déantús** manufacture, **déantúsaíocht** manufacturing, **doilbheadh** fabricating, forming, **foilsiú** publishing, **giniúint** generating, generation; procreation, conception, birth, **macasamhlú** reproducing, **monarú** manufacturing, **olltáirgeadh** mass producing, mass production, **soláthar** supply, supplying, provision, **tabhairt** giving, providing, **tabhairt amach** bringing out, **tál** yielding, bestowing, bestowal, **tuismeadh** procreation, generating, producing, **tuismiú** procreating, bringing about

Táirgiúil *adj⁴* productive
ardtáil (> *ardtál*) *(cow)* high-yielding, **ardtoraidh** (> *ardtoradh*) *(finance)* high-yielding, **bisiúil** fecund, **breisiúil** prolific, fruitful, increasing, **cruthaitheach** creative, **cuiditheach** helpful, **déantúsaíochta** (> *déantúsaíocht*) manufacturing, **éifeachtach** effective, **éiritheach** on the up and up, prosperous, **fiúntach** constructive, rewarding, **fómharúil** (of) harvest; bustling, **iomadúil** copious, **láidir** strong, **líonmhar** abundant, **ionnúsach** resourceful, enterprising, **méiniúil** fertile, **mórbhairr** (> *mórbharr*) *(crop)* high-yielding, **raidhsiúil** abundant, profuse, **rathúil** successful, **róúil** prosperous, plentiful, **saibhir** rich, **síolmhar** fruitful, **somhaoineach** profitable, valuable, **suthach** fruitful, productive, **tairbheach** beneficial, gainful, **torthúil** fruitful, fecund; fertile, **tuillmheach** productive, profitable, **úsáideach** useful

Táirgiúlacht *f (~a)* productivity
ardtál *(cow)* high yield, **ardtoradh** *(finance)* high yield, **bisiúlacht** fertility, fecundity, **buntáistí** advantageousness, **cruthaitheacht** creativity, **cuidiú** helping, **déantúsaíocht** manufacturing, **éifeachtacht** effectiveness, **fairsinge** abundance, **fiúntaí** worthiness, **flúirseacht** abundance, plentifulness, **fóint** usefulness, **fómharúlacht** richness of harvest; bustling diligence, **iomadúlacht** copiousness, **líonmhaireacht** abundance, plentifulness, **measaí** fruitfulness, **méiniúlacht** fertility; fruitfulness, **méithe** *(food)* richness, **mórbharr** *(crop)* high yield, **raidhsiúlacht** abundance, profuseness, **saibhreas** richness, **síolmhaireacht** fertility, fruitfulness, **tairbhe** *f* benefit, gain, **torthúlacht** fruitfulness, fecundity; fertility, **tuillmhí** productivity, profitability, **úsáid** use; usefulness

Tairgthe *pp* proposed, proffered; offered
beartaithe planned, **comhairlithe** advised, furnished, **curtha faoi bhráid** put before, submitted, **curtha roimh** placed before, proposed to, **dáilte** distributed, **foráilte** *(lit)* commanded, offered, **forthairgthe** tendered, **imthairgthe** bid, **molta** (do) recommended (to), put forward, **ofráilte** *(rel)* offered, **pleanáilte** planned, **sínte amach** extended, **tugtha** given, **tugtha ar aird** brought to the attention, **tugtha ar láimh** put forward

Táirgthe *pp* produced
atáirgthe reproduced, **athdhéanta** redone, remade, **clóbhuailte** printed, **cóipeáilte** copied, **cruthaithe** created, **cumtha** composed, **curtha amach** turned out, **curtha ar fáil** provided, made available, **curtha le chéile** fabricated, assembled; compiled, **déanta** made, manufactured, **doilfe** fabricated, formed, **foilsithe** published, **ginte** generated, procreated, conceived, born, **macasamhlaithe** reproduced, **monaraithe** manufactured, **ollthairgthe** mass-produced, **soláthartha** supplied, provided, **tugtha** given, provided, **tugtha amach** brought out, **tálta** yielded, secreted, bestowing, **tuismithe** procreated, parented, brought forth

Tairiscint *vn* proposing, offer, bid; *(busn)* tender
beart *m* plan, **beartaíocht** scheming, planning, **beartú** planning, **comhairliú** advice, advising, counsel, counselling, **cur faoi bhráid** putting before, submitting to, **cur roimh** placing before, proposing to, **déanamh tairiscint** making an offer, **dáileadh** apportionment, distribution, **foráil** *(lit)* commanding, offering, **forthairiscint** tender, tendering, **imthairiscint** bidding, **moladh** (do) recommendation (to), **ofráil** *(religious)* offering, **plean** plan, **pleanáil** planning, **síneadh amach** extending, **tabhairt** giving, **tabhairt ar aird** bringing to the attention, **tabhairt ar láimh** putting forward, **smaoineamh** idea

▲ ~ **airgid** cash offer, ~ **aonuaire** one-off offer, ~ **bhisigh** premium offer, ~ **cheannaigh** offer to buy, ~ **deiridh** final offer, ~ **dhaingean** firm offer, ~ **éigeantach** mandatory bid, ~ **fhial** generous offer, ~ **fostaíochta** offer of employment, ~ **iomaíoch** competitive offer, ~ **mhímhuiníne** *(pol)* motion of no confidence, ~ **réamhghabhálach** *(cards)* pre-emptive bid, ~ **speisialta** special offer, ~ **táthcheangail** take-over bid, ~ **tosaigh** opening bid, ~ **um cháineadh** *(jur)* censure motion

◊ ~ **a chur isteach ar obair** to put in a tender for work, ~ **nárbh fhéidir a sheanadh** an offer that can't be refused, **Ní féidir an ~ seo a phlé.** This offer is non-negotiable., **nó an ~ is gaire** or the closest offer

Tairne *m (~; -ní) (fastener)* nail, peg, pin
bacán hinge, hook, peg, **biorán** pin, **briogún** skewer, **cnoga** thole, **dealg** *f* spike, pin, **dola** wooden peg, **fáiscín** fastener, **pionna** peg, **scibhéar** skewer, **scriú** screw, **seam** rivet, **seamsán** bolt, peg, rivet, **spíce** spike, **stacán** *(croquet)* peg, **stang** *f* peg; dowel, **stápla** staple, **tacóid** tack

▲ ~ **aisil** linchpin, ~ **barrtha** clinch nail, ~ **ceárta** horseshoe nail, ~ **comhla** doornail, ~ **murláin** brass-headed nail, ~ **ramhar** stubnail, ~ **urláir** flooring nail

◊ **Is ~ eile ina chónra é.** It's another nail in his coffin., **nuair a thagann an crú anuas ar an ~** when it comes to the crunch, when push comes to shove

Tairngeartach *adj³* prophetic
atá i ndán do fated, destined to, **atá le teacht** that is on its way, coming, upcoming, **de chuid na todhchaí** from the future, **fáidhiúil** prophetic, **fáistineach** futurist, anticipating the future, **féideartha** prospective, possible, **todhchaíoch** futuristic, **tuartha** predicted, **tuarúil** portentous, ominous

Tairngir *v₂d* prophesy, foretell
abair roimh ré say beforehand, **cuir cogar i gcluas duine faoi rud éigin** tip off a person about something, **cuir fainic ar** caution, warn, **cuir san airdeall** alert, **déan fáidheadóireacht** prophesy, make

Tairngire predictions, **déan fáistine** make a prophecy, foretell, **déan réamhaisnéis ar** forecast, **fáistinigh** prophesy, **réamhaithris** predict, **soilsigh** illuminate, enlighten, reveal, **tabhair fógra do** give notice to, **tabhair foláireamh do** forewarn, **tabhair rabhadh do roimh ré** forewarn, **tuar** foretell; forewarn

Tairngire *m (~; -rí)* prophet, seer
ágar *(hist)* augur, **aitheascal** oracle, **banfháidh** *m* prophetess, wise woman, **bean** *f* **fáistine** *(female)* futurist, **bean** *f* **feasa** *(female)* soothsayer, fortuneteller; clairvoyant, **cailleach** *f* witch, **fáidh** *m* prophet, **fáidhbhean** *f* prophetess, **fáidheadóir** sage, predictor of future events, **fáistineach** *m* prophet, soothsayer, **fear fáistine** *(male)* futurist, **fear feasa** *(male)* seer, soothsayer, fortuneteller, **féilí** *(weather, events)* forecaster, **mathmharc** *(lit)* soothsayer, **oracal** oracle, **réamhaisnéiseoir aimsire** weather forecaster, **sibille** *f* sibyl

Tairngirthe *pp* prophesied, foretold
curtha san airdeall alerted, **fáistinithe** prophesied, **réamhaithriste** predicted, **dar tugadh fógra** given notice, **ráite roimh ré** said/told beforehand, **soilsithe** illuminated, enlightened, revealed, **tuartha** foretold; forewarned

Tairngreacht *vn* predicting, prediction
colún na réaltaí horoscope, **crann fáistine** prediction, **fáidheadóireacht** prophecy, prediction, **fáistine** prophesying, prophesy, **fáistineach** *m (gram)* future, **féilíocht** forecasting, **fiachaireacht** folk traditions for predicting weather, **forógra** forewarning, **poitéinseal** potential, **prognóis** prognosis, **réamhaisnéis** forecast, **tuar** augury, omen, **tuismeá** horoscope

Tairseach *f (-sí; ~a, ~)* threshold; doorstep; portal, gateway
béal dorais doorway, threshold, **bealach** *m* **isteach** entrance, way in, **breacadh an lae** daybreak, **camhaoir** *f* dawn, **ciumhais** edge (cf **ciumhais na leapa** edge of the bed), **cuspa** cusp, **doras** door, doorway, **dul isteach** entry, going in, **geata** gate, portal, **imeall** brink, verge, **leac** *f* **an dorais** threshold, **leac** *f* **na fuinneoige** window sill, **slí** *f* **isteach** entrance, entry, **tí** *f (archaic)* marked line, verge (cf **bheith ar tí é a dhéanamh** to be just about to do it), **tosach** *m* beginning, commencement, **tús** start, **túsphointe** starting point

▲ ~ **am craoltóireacht do dhaoine fásta** *(tv)* watershed, ~ **bus** stepping platform of bus, ~ **chriticiúil** *(statistics)* critical mass, ~ **chánach** tax threshold, ~ **eolais** portal to knowledge, ~ **fuinneoige** window-sill, ~ **na bochtaineachta** poverty threshold, ~ **péine** pain threshold

◊ ~ **na hEorpa is ea Éire.** Ireland is a gateway to Europe., **Is ~ é go dtí cruinne eile é.** It's a portal to another universe.

Tais *adj²*
1. damp, humid, moist
bog *(of weather)* damp, **bogthais** humid, **fliuch** wet, **fraighfhliuch** damp-walled, **gaile** (> **gal**) condensation, **maoth** moist, **maothlach** soft, mushy, **práibeach** dauby, mushy, soft, **taisligh** (> **taisleach**), damp, **uisciúil** watery

▲ **aer** ~ moist air, **balla** ~ damp wall, **ceirtín** ~ wet wipe, **craiceann** ~ moist skin, **duine** ~ soft gentle person; softie, pushover, **éadach** ~ damp cloth, **seomra** ~ dank room

◊ **Bhí an aimsir ~ agus fuar.** The weather was clammy.

2. lenient, compassionate, soft
atruach compassionate, **bog** soft, lenient, **bogúrach** soft, maudlin, **boigéiseach** soft-hearted, overgenerous, **caoin** gentle, tender, **ceansa** meek, tame, **mánla** gentle, gracious, **séimh** mild, gentle, **taisiúil** compassionate, **truachroíoch** kind-hearted, compassionate, **trócaireach** merciful

▲ **briathar** ~ *(high reg)* kind word, **focal** ~ kind remark, **glór** ~ soft/kindly voice

◊ **Ní ~e domsa é!** It's not easier for me!, **Tá sé ró-thais leis na páistí.** He is too lenient with the children., **Tá siad go léir leisciúil agus ní ~e duit é!** They are all lazy and you're no better.

Taisce *f (~; -cí)* treasure, savings
airgead money; silver, **ciste** kitty, **cistíocht** *(subject)* treasury, **cnuasach** *m (money)* heap, pile, collection, **coigilteas** savings, **iosta** store, treasury; depot, **maoin** wealth, **ór** gold, **órchiste** chest of gold, **rathúnas** fortune, **saibhreas** riches, wealth, **Státchiste** State Treasury, **stór** store, **stóras** provisions, riches, **taisclann** depository

▲ **airgead** ~ savings, **banc** ~ savings bank, **cuimhne thaisce** *(comp)* memory cache, **cuntas** ~ savings account, **leathanach** ~ *(comp)* cache page

▲ ~ **acmhainní oideachasúla** repository of educational resources, ~ **arm** cache of weapons, ~ **cnónna** hoard of nuts, ~ **drugaí** stash of drugs, ~ **faoi cheilt** hidden treasure, ~ **faoi thalamh** buried treasure, ~ **eolais** reservoir of knowledge, ~ **iontas** trove of wonders

◊ **airgead a chur i d**~ to save money

P **Ná cuirigí stór i dtaisce daoibh féin ar an talamh (mar a mbíonn an leamhan agus an mheirg á mhilleadh).** Do not lay up for yourselves treasures on earth (where moth and rust doth destroy).

Taisceál *v₁ₐ* explore; reconnoitre
anailísigh analyse, **bí ag taiscéalaíocht** be exploring, **cuardaigh** search, **déan staidéar ar** study, **déan taighde** research, **déan tóraíocht** go in pursuit, chase,

hunt, **fiosraigh** investigate, **iniúch** inspect, **scabhtáil** scout, **scrúdaigh** examine, **taistil** travel, **téigh (amach) ag eachtraíocht** go (out) on an adventure, **taighd** probe, root, **téigh sa tóir (ar)** go in pursuit (of), **tóraigh** pursue, chase, hunt down

Taiscéaladh *vn* exploring; reconnoitring

anailísiú analysing, **cuardach** searching, **déanamh staidéir ar** studying, **déanamh taighde** researching, **dul (amach) ag eachtraíocht** going (out) on an adventure, **fiosrú** investigating, **iniúchadh** inspecting, **scabhtáil** scouting, **scrúdú** examining, **taighde** probing, rooting (out); researching, **taiscéalaíocht** exploring, **taisteal** travelling, **tóraíocht** pursuing, chasing, hunting down

Taiscéalaíocht *f (~a)* exploring, adventuring; reconnoitring

cuardach searching, **déanamh eachtraíochta** adventuring, adventure, **eachtraíocht** adventure, adventuring, **staidéar** studying, **déanamh taighde** researching, **dul (amach) ag eachtraíocht** going (out) adventuring, **dul sa tóir (ar)** going in pursuit (of), **fiontar** adventure, venture, **fiosrú** investigating, **iniúchadh** inspecting, **scabhtáil** scouting, **scrúdú** examining, **taighde** *m* research, researching, **taiscéaladh** exploring, **taisteal** travelling, **tóraíocht a dhéanamh** pursuing, chasing, hunting

Taiscéalta *pp* explored; reconnoitred

anailísithe analysed, **cuardaithe** searched, **dulta (amach) ag eachtraíocht** gone (out) on an adventure, **dulta sa tóir (ar)** gone in pursuit (of), **fiosraithe** investigated, **iniúchta** inspected, **scabhtáilte** scouted, **scrúdaithe** examined, **taistealta** travelled, **taighdte** probed, researched, **tóraithe** pursued, chased, hunted down

Taise 1 *f (~)*

1. dampness, moistness

boige *(of weather)* dampness, **bogthaise** humidity, **fliche** wetness, **fliuchras** wetness, dampness, **fraighfhliuchras** wall dampness, **gal** condensation; steam, **sceo comhdhlúite** layer of condensation, **taisleach** *m* dampness, **taisriú** dampness, moisture, **uisciúlacht** wateriness *(see also: taisleach)*

▲ **~ aníos** rising damp

2. gentleness, compassion, softness, mildness

atrua compassion, **boige** softness, **búidhe** tenderness, gentleness, affection, **caoimhe** mildness, loveliness, **caoineas** smoothness, gentleness, **ceansacht** meekness, tameness, **cineáltas** kindness, **cneastacht** sincerity, decency, mildness of manner, **comhbhá** compassion, **daonnacht** humanity, **gnaíúlacht** amiability, **láiche** kindness, **mánlacht** graciousness, meekness, **modhúlacht** gentleness, modesty, **scrupall** compunction, pity, **séimhe** smoothness, gentleness, **suáilceas** geniality, **trócaire** *f* mercy, **trua** *f* pity, **truamhéala** *f* pity, compassion

Taise 2 *f (~; -sí)*

1. wraith, apparition, ghost

fantaise *f* spectre, phantom, **gósta** ghost, **mua** *m* clouded apparition; mysterious figure, **scáil** shadow being, **scáth** shade, shadow, **séansaí** wraith; doppelganger, **spiorad** spirit, **sprid** sprite, ghost, **taibhse** *f* ghost, **taiseachán** wraith-like person, worn-out individual, **támhas** phantom *(see also: taibhse)*

◊ **Níl fágtha ach ~ den fhear a bhí ann.** He is only a shadow of his former self.

2. relic

blogh *f* fragment, **cuimhneachán** memento, souvenir; keepsake, **iarsma** *m* relic, **iarsmaí** *mpl* remains, **iontaise** *f* fossil, **rian** *m* vestige, trace, **seaniarsma** *m* old relic

▲ **-sí na naomh** relics of the saints, **-sí na seancheall** the remains of old churches

Taisleach *m (-ligh)* damp

boige *(of weather)* dampness, **bogthaise** humidity, **caonach** *m* mould, **fliche** wetness, **fliuchadh** wetting, **fliuchán** wetness, moisture, **fliuchántaíocht** *(continuous)* wetness, wet weather, **fliuchlach** *m* wet weather, wetness, **fliuchras** moisture, wetness, **fraighfhliuchras** wall dampness, **gal** condensation, **liath** mould, **lodarthacht** sogginess, slushiness, **taise** dampness, **taiseacht** dampness, **taisleach** *m* dampness, humidity *(see also: taise)*

Taisme *m (~; -mí)*

1. mishap, accident

anachain calamity, mischance, loss, **céim siar** reversal of fortune, setback, **cúl** setback (cf **Chuir sin cúl mór orainne.** That was a real setback for us.), **donas** ill luck, adversity, **drochrath** bad fortune, **mí-ádh** misfortune, unlucky break, **mífhortún** misfortune, **óspairt** mishap, injury, **snag** hiccup, **míthapa** mishap, mischance, **teipinn** mishap, **timpiste** accident, **tuisle**, stumble, trip, fall *(see also: timpiste)*

◊ **Bhain ~ bheag dó.** He had a bit of a mishap., **Níor thaisme ar bith é go raibh seisean ann.** It was no accident that he was there.

2. *(adv phrase)* **de thaisme** by accident, accidentally **ar an dea-uair** fortunately, **de sheans** by chance, **de thimpiste** by accident, **gan choinne** unexpectedly, **gan fhios duit féin** unwittingly, **gan smaoineamh** unintentionally, inadvertently, **go fánach** undesignedly, randomly, **go neamhbheartaithe** unplanned, unintentionally, **go randamach** randomly, **go sciorrúil** accidentally, **go taismeach** accidentally, tragically, **go timpisteach** accidentally, **trí bhotún** by mistake, mistakenly, **trí chor den dea-chinniúint** serendipitously, **trí dhearmad** inadvertently, **trí thimpiste** by accident

Taismeach adj³
1. accidental
a tharlaíonn de thaisme that happens by accident, **gan choinne** unexpected, **gan chuimhneamh** inadvertent, **gan fhios duit féin** unknown to yourself, unwitting (eg **Bhí sise, gan fhios di féin, comhpháirteach sa choir.** She herself was unwittingly party to the crime.), **gan súil leis** unforeseen, **neamhbheartaithe** unintended, unplanned, **timpisteach** accidental, **randamach** random
2. tragic
cinniúnach fateful, fatal, **coscrach** harrowing, **léanmhar** distressing, dire, sorrowful, **míchinniúnach** ill-fated, **millteanach** terrible, **oidhiúil** tragic, ill-fated, **tragóideach** tragic, **tubaisteach** cataclysmic, catastrophic

Taispeáin v1_d show, demonstrate, indicate, exhibit
cuir ar fáil provide, furnish, **cuir faoi bhráid duine** place before a person, **cuir os comhair an tsaoil** show to the world, **comharthaigh** indicate, mark, **cuir ar taispeáint** exhibit, put on show, **cuir i láthair** present, **cuir i léire** elucidate, **cuir síos** describe, **cruthaigh** prove, **dealraigh** appear, **dearbhaigh** attest, confirm, **eiseamláirigh** exemplify, **foilsigh** publish; disclose, **láithrigh** present oneself, show oneself, **léirigh** portray, illustrate, **léirchruthaigh** demonstrate definitively (cf **an fhírinne a léirchruthú** to unequivocally reveal the truth), **mínigh** explain, **múin** teach; instruct, **nocht** disclose, reveal, **pointeáil** point, **réal** manifest, **sainigh** specify, **scaoil** release, let out, **sceith** divulge, **seachaid** deliver, **soiléirigh** clarify, **tabhair ar aird** bring to the attention, **tabhair chun solais** bring to light, **tabhair fianaise (le)** give evidence of, tabhair samplaí (de) exemplify, **tairg** offer, proffer, **teagasc** instruct, **tionlaic** accompany, **treoraigh** guide, lead; usher

◊ ~ **dom é!** Show it to me!, ~ **dúinn cá bhfuil sé!** Show us where it is!, **Taispeánfaidh an gailearaí saothair ealaíontóirí nua.** The gallery will exhibit the works of new artists., **Taispeánann an táscaire náid.** The needle indicates zero., **Thaispeáin an taibhse i lár na hoíche.** The ghost appeared in the middle of the night., **Thaispeáin sí a neart.** She demonstrated her strength., **Thaispeáin sé é féin.** He broke cover.

Taispeáint vn showing, demonstrating, indicating, exhibiting
comharthú indicating, marking, **cur ar fáil** providing, furnishing, **cur ar taispeáint** exhibiting, putting on show, **cur i láthair** presenting, **cur i léire** elucidating, **cur faoi bhráid duine** placing before a person, **cur os comhair an tsaoil** showing to the world, **cur síos** describing, **cruthú** proving, **dealramh** appearing, appearance, **dearbhú** attesting, confirming, **eiseamláiriú** exemplifying, **foilsiú** publishing; disclosing, **láithriú** presenting oneself, showing oneself, **léiriú** portraying, illustrating, **léirchruthú** demonstrating definitively, **míniú** explaining, **múineadh** teaching; instructing, **nochtadh** disclosing, **pointeáil** pointing, **réaladh** manifesting, **sainiú** specifying, **scaoileadh** releasing, letting out, **sceitheadh** divulging, **seachadadh** delivering, **soiléiriú** clarifying, **tabhairt ar aird** bringing to the attention, **tabhairt chun solais** bringing to light, **tabhairt fianaise (le)** giving evidence of, **tabhairt samplaí (de)** exemplifying, **tairiscint** offering, proffering, **teagasc** instructing, tutoring, **tionlacan** accompanying, **treorú** guiding, leading; ushering

◊ ~ **príobháideach de scannán** private screening of a film, **ar** ~ on display, on show, **earraí a chur ar** ~ to display goods, **i ndiaidh nóta dochtúra a thaispeáint** upon the presentation of a doctor's note

Taispeánadh m (-nta; -ntaí) revelation, supernatural manifestation
aisling daydream, vision, **dúiseacht súl** awakening, realisation, *exposé* exposé, **faisnéisiú** debriefing, **fís** vision, **foilsiú** (rel) revelation, divine message, **nochtadh** unveiling, revealing, disclosure, **oscailt súl** eye-opener, awakening, **sceitheadh** leak, exposure, **taibhse** ghost, **taise** apparition, **taibhreamh** dream, **taispeáint** appearance

▲ ~ **na Maighdine Muire** the appearance of the Virgin Mary

Taispeánta pp shown, demonstrated, indicated, exhibited
comharthaithe indicated, marked, **curtha ar fáil** provided, furnished, **curtha ar taispeáint** exhibited, put on show, **curtha i láthair** presented, **curtha i léire** elucidated, **curtha faoi bhráid duine** placed before a person, **curtha os comhair an tsaoil** publicly displayed/exhibited, **curtha síos** described, **cruthaithe** proven, **dealraithe** appeared, **dearbhaithe** attested, confirmed, **eiseamláirithe** exemplified, **foilsithe** published; disclosed, **láithrithe** presented, **léirithe** portrayed, illustrated, **léirchruthaithe** demonstrated definitively, **mínithe** explained, **múinte** taught; instructed; well-mannered, **nochta** disclosed, revealed, laid bare, **pointeáilte** pointed, **réalta** manifested, **sainithe** specified, **scaoilte** released, let out, **sceite** divulged, **seachadta** delivered, **soiléirithe** clarified, **tugtha chun solais** brought to light, **tairgthe** offered, proposed, **teagasctha** instructed, tutored, **tionlactha** accompanied, **treoraithe** guided, led; ushered, **tugtha ar aird** brought to the attention

Taipeántach adj³ demonstrative; showy
craobhlasrach ablaze, flaming, flamboyant, **croíúil** hearty, effusive, **eisdírítheach** extrovert, **soiléir** blatant, obvious, **feiceálach** conspicuous, **follasach** clear-cut, evident, **gáifeach** gaudy, ostentatious, **gan aon agús** unreserved, **léiritheach** illustrative,

expressive, **móiréiseach** ostentatious, **oscailte** open, unreserved, **péacach** flashy, showy, **pléascach** explosive, **sonraíoch** noticeable, extraordinary, **speancach** prominent, angular, **spiagaí** flashy, showy, **starraiceach** prominent, **straibhéiseach** ostentatious, showy, **suaitheantasach** remarkable, unusual, **suntasach** noticeable, remarkable, **taibhseach** flamboyant

Taispeántas m (-ais; -ais, ~) show, exhibition, display; performance
aonach m fair, **bosca taispeána** (hist) showbox, **carnabhal** carnival, **ceiliúradh** celebration, **clár teilifíse** television show, **cruthú** proof, **cruthú dearfa** proof positive, **deasghnáth** ceremony, **dráma** play, drama, **dráma puipéad** puppet show, **feic** (pej) sight, **féile** f fete, festival, **feis** festival, carnival, **fothaispeántas** sideshow, **léiriú** portrayal; exposition; production, **mórshiúl** procession, **mórthaispeántas** gala; grand display, **nochtadh** disclosure, **páirc thaispeántais** show grounds, **paráid** parade, **searmanas** ceremony, **taispeáint** showing, exhibiting, exhibition, display (cf **ar taispeáint** on display), **tóstal** array, display, **tóstal eitleán** air display, **tóstal oíche** night pageant, **seó** show; spectacle, **seó aonair** one-man show, **seó cainte** talk show, **seó cluichí** game show (cf **óstach** m **seó cluichí** game show host), **seó ealaíon** arts show, **Seó an Earraigh** the Spring Show, **seó ilsiamsa** variety show, **seóléimneach** f (-ní) show jumping, **seóthriail** f (-thrialach) show trial, **tabhairt amach** display, demonstration, **taispeáint** show, **taispeáint lámh** show of hands, **taisealbhadh** exhibition, show (see also: **dráma**)

▲ ~ **a chuirfeadh náire ort** embarrassing performance, ~ **an-chríochnúil** very finished performance, ~ **bláthanna** flower show, ~ **cleaseitilte** aerobatic display, ~ **cothromúcháin** balancing act, ~ **dealbha céarach** waxworks exhibition, ~ **cócaireachta** cookery demonstration, ~ **drámaíochta** theatricals, ~ **ealaíne** art exhibition, ~ **fuinneoige** window display, ~ **grianghrafadóireachta** photographic exhibition, ~ **lasrach** blazing display, ~ **leamh** inept performance, ~ **piriteicniúil** pyrotechnic display, ~ **portráidí** portrait exhibition, ~ **sorcais** circus act, ~ **sleamhnán** slide show, ~ **snasta** polished performance, ~ **spleodrach** vital performance, ~ **stíliúil** stylish performance, ~ **tinte ealaíne** fireworks display, ~ **tomhaiste** studied performance

Taisteal vn
1. travelling; travel
aistear journey, **aistriú** (poet) travelling, moving, **ascnamh** (chem, ph) migration, **bóthar** road (cf **an ~ a bhualadh** to hit the road), **comaitéireacht** commuting, **dul** going, **séad** m (~a; ~a, ~) path, way (**dul ar séad** to take to the road), **siúl** walking, travelling, **sireadh** (lit) travelling through, **slógadh** mobilisation, **spaisteoireacht** strolling, **stádar** walking to and fro, **tiomáint** driving, **turas** trip, journey, **trácht** journeying, travelling, **triall** journey, expedition

2. (diverse means) travelling
aerthaisteal air travel, **aistear mara** cruise, **aistear siúil** trek, **cóisteoireacht** travelling by coach; driving a coach, **dul ar an mbád/mbus/traein** going by boat/bus/train, **eitilt** flying, **farantóireacht** ferrying, **gluaisrothaíocht** motorcycling, **gluaisteánaíocht** motoring, **iomlachtadh** ferrying, **loingseoireacht** travelling by ship, voyaging, seafaring, **marcaíocht** riding, **rothaíocht** cycling, **seoladh** sailing, **seoltóireacht** sailing, **síobshiúl** hitchhiking, **siúl** walking (cf **de shiúl na gcos** by foot), **siúlóireacht** trekking, **spaisteoireacht** strolling, **tiomáint** driving, **tointeáil** shuttling

▲ ~ **ag buaicuaireanta tráchta** travelling at peak hours of traffic, ~ **ar an traein** rail travel, ~ **ar an eitleán** air travel, ~ **ar bheagán bagáiste** travelling light, ~ **ar bhus** travelling by bus, ~ **ar chanáil** canal travel, ~ **ar chóiste** coach travel, ~ **ar ghnó** travel for business, business travel, ~ **ar luas na fuaime** supersonic travel, ~ **ar luas an tsolais** travelling at the speed of light, ~ **ar muir** sea travel, ~ **ar thram** travelling by tram, ~ **i gcarr** travelling by car, ~ **le linn uaireanta seachbhuaice** off-peak travel

3. (wandering) travelling (around)
bóithreoireacht travelling the roads, **camchuairt** tour; ramble, **deoraíocht** wandering, exile, **eachtraíocht** adventuring, **faeiléireacht** wandering about, **fálróid** strolling, ambling, **fálróid na cruinne** globetrotting, **fámaireacht** touring about, **fanaíocht** roaming, **farantóireacht** ferrying, **fiarlaoideacht** straying, wandering, **fuaidreamh** wandering, vagrancy, **gluaiseacht timpeall** moving around, **imeacht ar fán** going off wandering, straying, **ránaíocht** roving, ranging, **ródaíocht** wayfaring, travelling the roads, **ruagaireacht** roving; vagabondage, **saorthuras** reduced price excursion, **seachrán** wandering, straying, **siúlóid** stroll, walk, **spaisteoireacht** strolling, **srathaireacht** vagabondage, **tachar** (lit) journeying, travelling (cf **deireadh mo thachair** the end of my journeying), **tiomáint** driving, **traibhléireacht** travelling about, **turasóireacht** tourism, touring

Taistealta pp travelled
eitilte timpeall flown around, **dulta ar thuras** gone on a trip/journey, **gluaiste timpeall** moved around, **imithe ar chamchuairt** gone on a tour; gone off rambling, **seolta** sailed, **síobshiúlta** hitchhiked, **siúlta** walked, travelled, **sirthe** (lit) travelled through, **siúlta** walked, travelled, **slógtha** mobilised, **tráchta** journeyed, travelled

Taistealaí m (~; -aithe) traveller
aistreánach m (birds, etc) one that migrates, **bóithreoir** road walker, vagrant, **bonnaire** foot messenger, **coisí** pedestrian, **comaitéir** commuter, **cúiréir** courier,

Taistil   858   **Taitin**

cuairteoir visitor, **deoraí** exile, wanderer, **eachlach** *f (hist)* messenger on horseback, **eitleoir** flyer, **fámaire** sightseer, tourist, **fálródaí** stroller, ambler, **fálródaí na cruinne** globetrotter, **fámaire** stroller, sightseer, **fánaí** wayfarer, **gluaisrothaí** motorcyclist, **gluaisteánaí** motorist, **imeachtaí** goer, traveller, **ionadaí comhlachta** company representative, rep., **loingseach** *m* sea rover; pirate, **loingeoir** mariner, seaman, **Lucht Siúil** *(community)* Travellers, **lucht seachráin** wanderers, **marcach** *m* rider, **paisinéir** passenger, **rantaeir** rambler, rover, **reathaí** runner, **ridire an bhóthair** tramp, knight of the road, **ródaí** road traveller; roadie, cyclist who travels on roads, **rothaí** cyclist, **ruathaire** gadabout, rover, **seachránaí** wanderer, **séadaí** rambler, rover, **siúlóir** trekker, walker, **straire** strayer, wanderer, **teachtaire** messenger, **timire Gaeilge** travelling language oraganiser for the Gaelic League, **tincéir** *(archaic)* tinker, **tiománaí** driver, **traibhléir** traveller, **tramp** *m (~)* tramp, **triallaire** traveller, wayfarer, **troitheach** *m* pedestrian; foot soldier, **turasóir** tourist, **válcaeir** walker, stroller

▲ ~ **ainchleachta** unaccustomed traveller, ~ **aonair** lone traveller, ~ **ama** time traveller, ~ **bóthair** itinerant, ~ **idirnáisiúnta** international traveller, ~ **tráchtála** *(busn)* commercial traveller, ~ **traenach** rail traveller, ~ **traochta** exhausted traveller, ~ **tuisceanach** decerning traveller

Taistil *v₂f* travel

aistrigh journey, travel, **buail an bóthar** hit the road, set off, **cúrsáil** cruise, **déan camchuairt** do a tour, go on a tour, **déan turasóireacht** go travelling as a tourist, **eachtraigh** *(lit)* fare forth, journey, **eitil** fly, **gluais (timpeall)** move (around), **imirc** migrate, **seol** sail, **siúil** walk, travel, **sir** *(lit)* travel through, traverse (eg **Sirimis Éirinn!** Let's travel through Ireland!), **téigh** go, **téigh ag fálróid na cruinne** to go globetrotting, **téigh ag fálróid** to go strolling, ambling, **téigh ag fánaíocht** to go wandering, **téigh ag gluaisrothaíocht** go motorcycling, **téigh ag gluaisteánaíocht** go motoring, **téigh ag loingseoireacht** go seafaring, **téigh ag rothaíocht** go cycling, **téigh ag scátáil (ar scátaí rothacha, ar lanna)** go skating (on roller-skates, on rollerblades), **téigh ag scátáil oighir** go ice-skating, **téigh ag seoltóireacht** to go sailing, **téigh ag siúl** go walking, **téigh ar eite** to take flight/wing, **téigh ar imirce** emigrate, **téigh ar seachrán** go off wandering, go astray, **téigh ar turas** to go on a trip, **téigh trasna** *(+ gen)* go across, **téigh trí** go through, **tiomáin** drive, **tóg eitilt** take a flight, **trácht** journey, travel, **trasnaigh** cross, transverse

Taithí *f (~)*

1. habit, experience, practice

aithne *f* acquaintance, **baint** involvement (cf **Bhí an-bhaint aige le polaitíocht ina óige.** He was greatly involved in politics in his youth), **béas** habit, practice, **ciall cheannaithe** earned experience, **cleachtadh** practice, habit, **eolas ar an obair** knowledge of the work, **oiliúint** training, **praitic** *(lit)* practic, practice, **seanchríonnacht** sagacity from long experience, **seaneolas** knowledge gained from experience (cf **Tá seaneolas aige ar an obair sin.** He's an old hand at that work.), **taithíocht** familiarity, **tástáil** testing; experience (cf **tástáil roimh ré** foretaste), **traenáil** training, **úsáid** use

▲ ~ **ábhartha** relevant experience, ~ **oibre** work experience, ~ **shaolta** life experience

◊ ~ **a fháil (ar)** to gain experience (at), **as** ~ out of practice, **Chuaigh mé i d~ air.** I got accustomed to it., **Níl ~ ar bith ag teastáil.** Absolutely no experience is required., **ó mo thaithí féin (is fíor é.)** it has been my experience(it is true.), **Tá ~ aici sa réimse sin.** She has experience in that field.

2. *vn* frequenting, frequentation, consorting

cleachtas usage, practice (eg **cleachtas sriantach** restrictive practice, **cleachtas dlí** legal practice), **coinneáil comhluadar le** consorting with, associating with, **crochadh thart (le)** hanging out (with), **cuartaíocht rialta** frequent visiting, **dul ann go minic** going there often, **dul ar cuairt go rialta** regularly visiting, **dul i gcuideachta le** associating with, **freastal (ar)** attending, **gnás** custom, usage, **gnáthaíocht** usage, wont, **gnáthamh** procedure, routine, **gnáthú** frequenting, haunting, **imeachtaí** *mpl* procedures

◊ **bheith ag ~ clubanna oíche** to be frequenting night clubs

Taithigh *v₂b* frequent, haunt; patronise

bí ag cuartaíocht go minic be often visiting, **bí taithíoch ar rud** be familiar, conversant with a thing, **cleacht** perform habitually, **coinnigh comhluadar le** consort with, associate with, **croch thart** hang out, **freastail (ar)** attend, **gnáthaigh** frequent, haunt, **téigh ann go minic** go there often, **téigh ar cuairt go rialta** regularly visit, **téigh i gcuideachta le** associate with

Taithithe *pp* frequented, haunted; patronised

cleachta habitually performed, practised, **freastailte (ar)** attended, **gnáthaithe** frequented, haunted, **siúil** *(> siúl)* haunted (cf **teach siúil** haunted house), **siúlta go minic** regularly walked/travelled

Taitin *v ₂d*

1. shine

bí ag glioscarnach be twinkling, glistening, **bí ag spréacharnach** be sparkling, be sparking, **bladhm** flame, **breacshoilsigh** glimmer, **breoigh** glow, **caith solas ar** shed light on, **crithlonraigh** shimmer, **dall** dazzle, **dallraigh** glare, **dealraigh** gleam, shine forth, **dearg** blush; *(set alight)* light, **drithligh** sparkle, scintillate, **gathaigh** radiate, **ionsoilsigh** illuminate, **las** light, **lonraigh** shine, light up, **ruithnigh** make radiant, brighten, **saighneáil** shine, **scal** flash, **seas**

Taitneamh amach stand out, **soilsigh** light, illuminate; enlighten, **sorchaigh** illuminate, enlighten, **spalp** burst forth, **splanc** flash, blaze, **spréach** spark
  2. **Taitníonn sé liom** I like it.
  Bainim aoibhneas as I get pleasure from it., **Bainim ceol as** I get fun out of it., I enjoy it., **Bainim sásamh as.** I get satisfaction from it., **Bainim sult as.** I get fun out of it., **Bainim só as.** I get pleasure from it., **Bainim spórt as.** I get amusement out of it., I enjoy it., **Bainim súp as.** *(coll)* I enjoy it., **Bainim taitneamh as.** I enjoy it., **Is áil liom é.** It appeals to me., **Is aoibhinn liom é.** I adore it., **Is breá liom é.** I love it., **Is deas liom é.** I like it., **Is maith liom é.** I like it., **Tá cion agam air.** I'm fond of him., **Tá dáimh agam le ceol.** I have a yen for music., **Tá dúil agam i milseáin.** I like sweets., **Tá práinn agam as.** It delights me., **Tá sé chun mo thola.** It is to my liking., **Táim sásta leis sin.** I am satisfied with that., **Tá stá agam air.** I like the look of it., **tórtha ar** fond of, **tugann sé taitneamh dom** it gives me pleasure *(see also: grá, sásta)*

Taitneamh *vn*
  1. shining
  bladhm flame, **breacsholas** glimmer, **breo** glow, **caitheamh solas ar** shedding light on, **crithlonrú** shimmering, **dalladh** dazzle, **dallrú** glare, **dealramh** gleaming, shining forth, **deargadh** blushing; lighting up, **drithliú** sparkling, scintillating, **gathú** radiating, **glioscarnach** *f* twinkling, glistening, **lasadh** lighting, **lonrú** shining, lighting up, **ruithniú** making radiant, brightening, **saighneáil** shining, **scaladh** flashing, **seasamh amach** standing out, **soilsiú** illuminating; enlightening, **solas gealánach** flashing light, **sorchú** illuminating, enlightening, **spalpadh** bursting forth, **splancadh** flashing, **spréach** spark, **spréacharnach** *f* sparkling, sparking *(see also: solas)*
  2. baint ~ as rud éigin enjoying something
  baint aoibhneas as getting pleasure from, **baint faoiseamh as** getting relief from, **baint sásamh as** getting satisfaction from, **baint só as** getting pleasure/enjoyment from, **baint craic as** enjoying, having a good time, **baint spórt/spraoi/sult as** getting fun from *(see also: sult)*

Taitneamhach *adj³* pleasing, pleasurable, pleasant, bright
  álainn beautiful, **aoibhinn** pleasant, **blasta** delicious, **breá** fine, lovely, **compordach** comfortable, **córach** *(high reg)* pleasant, comely, **croíúil** hearty, cheerful, heart-warming, **dea-bhlasta** delectable, **deas** nice, **fáilí** pleasant, agreeable, **galánta** delightful, **geal** bright, **geanúil** endearing, **iontach** delightful, wonderful, **maith** good, **mealltach** appealing, alluring, **méanar** happy (cf **Nach méanar di an lá ar fad a chaitheamh leis na gasúir?** Isn't it well/lovely for her spending the whole day with the children?), **meidhreach** jolly; mirthful, **néata** neat, **pléisiúrtha** pleasurable, pleasant, **sámh** peaceful, pleasant, **sásúil** satisfactory, **seaghsach** pleasant, joyful, **siamsúil** fun, diverting, **slachtmhar** tidy, **sólásach** consoling, cheering, **solasmhar** full of light, luminous, **sómhar** comfortable, luxurious, **sultmhar** fun-filled, enjoyable, **suáilceach** congenial, **tarraingteach** attractive

▲ **cuideachta thaitneamhach** congenial company, **mothú** ~ pleasurable/pleasant sensation, **oíche thaitneamhach** delightful/pleasant evening, **scannán** ~ enjoyable film, **smaoineamh** ~ appealing idea, **toradh** ~ pleasing outcome, **tréith thaitneamhach** likeable trait

Taitneamhacht *f (~a)*
  1. pleasantness, pleasurableness
  áilleacht beauty, **aoibhneas** pleasantness, **breáthacht** fineness, loveliness, **deise** niceness, **fáilíocht** pleasantness, agreeableness, **galántacht** delightfulness, **geanúlacht** endearingness, **maitheas** *f* goodness, **mealltacht** appealingness, allure, **meidhréis** jollity; mirth, **néatacht** neatness, **pléisiúr** pleasure, **sásúlacht** satisfactoriness, **siamsa** fun, diversion, **slacht** tidiness, **sólás** solace, **só** comfort, luxury, **sultmhaireacht** enjoyableness, **suáilceas** contentment, pleasantness, **tarraingt** allurement, pull, **tarraingteacht** attractiveness, appeal
  2. brightness
  geal white, brightness, **gealas** gleam of light, brightness, **gile** brilliance, brightness, **gléacht** *f* lucidity, brightness, **grianaíocht** sunniness, pleasantness, **grianmhaireacht** sunniness, **lonracht** luminescence, **niamh** *f* lustre, brilliance, **niamhracht** resplendence, **soiléas** brightness, clarity, **soilseacht** effulgence, brightness, **solas** light

Taitnithe *pp* shone, shined
  breacshoilsithe glimmered, **breoite** glowed, heated; sick, **crithlonraithe** shimmered, **dallta** dazzled, blinded, **dallraithe** glared, **dealraithe** gleamed, shone forth, **deargtha** blushed; *(set alight)* lighted, lit, **drithlithe** sparkled, scintillated, **gathaithe** radiated, **lonraithe** shone, lighted up, **scalta** flashed, **seasta amach** stood out, **soilsithe** lit, lighted, illuminated; enlightened, **spalptha** burst forth, **splanctha** flashed, blazed, **spréachta** sparked

Tál 1 v_{1a} *(milk)* yield; secrete; shed, pour
  aschuir output, **bí ag lachtadh** be lactating, **bronn** bestow, **cuir amach** exude, **dáil** pour out, bestow, **dáil amach go flaithiúil** apportion out generously, ladle out, **doirt** pour, shed, **roinn amach** portion out, **scaird** gush, squirt, **scinceáil** pour off liquid, decant, **sil** shed, **steall** spurt, spout, **tabhair** give, provide, **táirg** produce, **taom** pour off, bail, **tonn** surge, gush, pour, **úsc** ooze, secrete

◊ **bó ag ~ ar a lao** a cow suckling her calf, **ag ~ bainne** yielding milk, **ag ~ na ndeor** shedding tears,

ag ~ bronntanas ar a chéile lavishing one another with gifts

Tál 2 *vn (milk)* yielding, secreting; shedding, pouring **aschur** outputting, output, **lachtadh** lactating, **bronnadh** bestowing, **cur amach** exuding, **dáil** pouring out, bestowing, **dáil amach go flaithiúil** apportioning out generously, ladling out, **doirteadh** pour, shedding, **roinnt amach** portioning out, **scairdeadh** gushing, squirting, **scinceáil** pouring off liquid, decanting, **sileadh** shedding, **stealladh** spurting, spouting, **tabhairt** giving, providing, **táirgeadh** producing, **taomadh** pouring off, bailing, **tonnadh** surging, gushing, pouring, **úscadh** oozing, secreting

Talamh *m/f (f sg talún, m sg talaimh; tailte)* land, ground
achadh large field, **airéine** arena, **ármhá** *f* battlefield, **bán** lea, **banrach** *f* paddock, **blár** open space, field, **bogach** *m* soft boggy ground, **branar** broken lea, fallows, **buaile** *f* small field for grazing; milking yard, **ceantar** area, **ceapach** *f* tillage plot; flower-bed, **cearnóg** square, **cluain** *f (cluana; ~te)* meadow, aftergrass, **corcach** *f* marshland, **cré** *f* clay, **críoch** *f (críche; ~a, ~)* territory, land, **críocha ciana** distant lands, **cruán** hard ground, **domhan** *(the world)* earth, **droim** *m (droma; dromanna)* ridge, **faiche** *f* green; playing field, pitch, **féarach** pasture, **fearann** grounds, lands, **fód** sod, **fódán** little spot of land, **forrach** measure of land, tract of land; meeting place, **branar** fallow land, **fialann** deer park, **gabháltas** holding, **gairdín** garden, **gairfean** rough ground, **garbhlach** *m* rough ground, *(golf)* rough, **garraí** vegetable garden, **gleann** glen, valley, **gort** field, **grabán** rough land interspersed with larges roots and boulders, **greagnais** pitted land, ground/pathway full of holes, **ithir** *f (ithreach)* arable land; soil, earth, **lann** *(lit)* land, ground, **lár** ground, floor (cf **ar an lár lom** on the bare ground), **láthair** *f* **(an chogaidh)** theatre (of war), **lathrach** *m* muddy ground, **latrach** *m* rough, shrubby ground, **leitir** *f (leitreach; leithreacha)* land on the side of a hill, **loglach** *m* hollow ground, **lompaire** *f* bare ground, **lota** m lot (cf **lota talún** a piece of land), **má** *f* plain, **machaire** *m* plain, **machaire an áir** field of battle, **míntír** arable land; mainland, **mínleach** *m* tract of grassland in mountain; fine pasture land, **mínleog** grassy patch in rough country, **míodún** meadow, **móinéar** meadow, **moing** overgrown swamp, **móinteach** *m* reclaimed bogland; moor, **móinteán** moor, bog, **muireasc** *f* marshy land near seashore, **murlach** *m* lagoon, **páirc** park, field, **páirc an áir** field of slaughter, battlefield, **plás** *(street)* place, **plásóg** green, **portach** *m* bog, **screabán** light stony patch of land, **spléic** highly exposed ground, **rascalach** *m* **talún** rough overgrown land, **riasc** *m (réisc; ~a, ~)* bog-land, marshy land, **riasclach** *m* marshy land, moor, **spíontán** piece of ground/land that has been exhausted of nutrients, **spleotán** piece of poor land, **starragán** rough uneven ground, **stéigeach** *m* bleak barren land, **tamhnach** *f* arable place in mountain, **tamhnóg** grassy upland patch, **tír** *f (~e; tíortha)* country, land, **(an) tír máguaird** (the) surrounding countryside, **tuath** *f (tuaithe; ~a,~)* countryside, **úir** earth, soil, **urlár** floor *(see also: cnoc, sliabh)*

▲ ~ **ard** high ground, ~ **barrdhóite** singed ground, ~ **bocht** poor land, ~ **bog** boggy ground, ~ **clochach** stony ground, ~ **coisricthe** consecrated ground, ~ **cruithneachta** land suitable for growing wheat, ~ **curaíochta** cultivated land, ~ **draenáilte** drained land, ~ **faoi uisce** submerged, flooded land, ~ **féaraigh** grazing land, ~ **gan bhriseadh** uncultivated land, ~ **innilte** grazing land, ~ **íseal** low ground, ~ **méith** good fertile land, ~ **na diméine** demesne land, ~ **réitigh** *(in dispute)* middle ground, ~ **rósaothraithe** overworked land, ~ **ruílse** freehold land, ~ **saothraithe** tilled land, ~ **seasc** barren land, ~ **torthúil** fertile land, ~ **treafa** ploughed land

◊ ~ **romhainn!** Land ahoy!, **Céard ar ~ a rinne tú?** What on earth did you do?, **dóite go ~** burnt to the ground, **Ná déan ~ slán de!** Don't bank on it!, **Níl sé le fáil ar tír ná ar ~.** It cannot be found anywhere., **Tá an-~ fúithi!** She is very grand!, **Táim os cionn talún fós.** I'm still alive., I am still above ground.

Tallann *f (-ainne; ~a, ~)*
1. talent
ábaltacht ability, **acmhainn** faculty, **bua** flair, talent, **claonadh (le)** predisposition (towards), **cleas** *m (clis; ~a, ~)* knack, trick, **cumas** capability, **éirim** aptitude, talent, **féith** natural bent, talent, **ginias** genius, **luí (le)** bent (for), **mianach** *m* aptitude, **neart** strength, **pribhléid** special talent, gift, **suáilce** inherent power, gift, blessing, **tabhartas Dé** gift from God, **tíolacadh** divine gift, **tréith** trait, accomplishment, **tréithe fónta** good traits, **tréitheachas** accomplishment, talent, **tuiscint** understanding
2. fit; impulse
babhta bout, **bíogadh** twitch, **bíogadh san aghaidh** facial twitch, **borradh** surge, **briseadh amach** outbreak, **brúchtadh** eruption, **fonn** desire, mood, **fanntais** faint (cf **titim i bhfanntais** to faint), **freanga** *f* spasm, **giúmar** humour, **guaig** whim, caprice, **míthaom** paroxysm, **pléasc** *f (pléisce)* explosion, **preab** *f (preibe)* jolt, jump, **racht** outburst, fit (cf ~ **feirge** fit of anger), **ráig** sudden outbreak, outburst, **ráig thinnis** bout of illness, **spadhar** whim, **spang** *f (-ainge; ~a, ~)* weird notion, baneful fit, **stoirm** storm, **taom** seizure, attack (cf ~ **croí** heart attack, ~ **lagachair** fainting fit), **teidhe** notion, whim, **toighis** *f (-ghse)* fancy (eg **Thug mé toighis dóibh.** I took a fancy to them.), **tritheamh** convulsion (cf ~ **casachtaí** fit of coughing, **sna trithí dubha gáire** convulsed with laughter) *(see also: taom)*

Tallannach adj³
1. talented
acmhainneach resourceful, **ábalta** capable, **cliste** adroit; clever, **cumasach** accomplished, **deaslámhach** adept, **ealaíonta** artistic, **inniúil** proficient; accomplished, **solámhach** deft, **spreagtha** inspired, **tréitheach** accomplished, talented
2. prone to fits, fitful; impulsive
giodalach capricious, **guagach** whimsical, **guanach** fanciful, silly, **histéireach** hysterical, **luaineach** changeable, vacillating, unsteady, **meargánta** madcap, whacky, **roisiúil** rash, **spangach** fitful, whimsical, **taghdach** fitful, impulsive; capricious, **taomach** having fits, prone to fits; spasmodic, **teasaí** volatile, **treallach** fitful, sporadic

Talmhaí adj⁶ earthly, terrestrial
an domhain terrestrial, **an tsaoil seo** mundane, of this life, **ar thalamh an domhain** earthly, **cré** (> *cré*) clay, earthen; of this mortal world, **domhanda** global, **na cruinne domhanda** worldwide, **saolta** worldly

Tálta pp (milk) yielded; secreted; shed, poured
aschurtha output, **bronnta** bestowed, **curtha amach** exuded, **dálta** poured out, bestowed, **dálta amach go flaithiúil** apportioned out generously, ladled out, **doirte** poured, shed, **roinnte amach** portioned out, **scairdte** gushed, squirted, **scinceáilte** poured off liquid, decanted, **silte** shed, **steallta** spurted, spouted, **táirgthe** produced, **taomtha** poured off, bailed, **tonnta** surged, gushed, poured, **tugtha** given, provided, **úsctha** oozed, secreted

Tamall m (-aill; -aill, ~) while, period of time
achar duration of time, **aga** m interval; time, **aimsir** time, **am** m (~; ~anna) time, **eatramh** interval between showers, lull, **feidhil** f (-dle) while, time, **nóiméad** moment, **scaitheamh** spell, while, **scaití** at times, **seal** interval, spell, shift, **sos** rest period, break, **tamaillín** little while, **téarma** term, **tráth** period of time, **treall** short period of work, **tréimhse** f period, term, **uain** opportune time, **uair** hour, time

▲ **~ fada** long while, **~ gairid** short while, **~ maith** good while, **~ oibre (thar lear)** spell working (abroad)

◊ **ar feadh tamaill** for a while, **Chaith mé ~ ansin.** I spent a while there., **Fan go ceann tamaill!** Wait for a while!, **i gceann tamaill** in a while, **le ~ fada anuas** for a long while now, **~ ó shin** a while ago, **tar éis tamaill** after a while

Támhshuan m (-ain) stupor, swoon, narcosis
cóma coma, **támh** f (*táimhe*) swoon, trance (cf **titim i dtámh** to fall into trance), **támhnéal** coma, trance; narcotic state (cf **Tá támhnéal tagtha air.** He has fallen into a coma.), **stipéar** stupor

▲ **~ hiopnóiseach** hypnotic trance

◊ **Tháinig ~ air.** He fell into a trance., **Tar éis caitheamh an druga, thit ~ ar chách.** After taking the drug, everyone zoned out.

Támhshuanach adj³ narcotic
faoi ainéistéise anaesthetised, **gan aithne gan urlabhra** unconscious, **i gcóma** in a coma, **i dtámhnéal** in a swoon; in a narcotic state, **leath-thámhach** semicomatose, **támhach** comatose

Tanaí adj⁶ thin, lean, shallow
anoireicseach anorexic, **bocht** poor, **caol** narrow, slim, **caolaithe** thinned, reduced, **cnámhach** bony, **cnámharlaigh** (> *cnámharlach*) skeletal, **éadlúth** tenuous, **éadomhain** shallow, **éadrom** light, superficial, **easnamhach** deficient, **easpach** lacking, **fánach** trivial, insignificant, **fann** feeble, **fannsláinteach** (health) delicate, **feosaí** wizened, weedy, **fíneálta** fine, subtle, **folamh** empty, **gágach** thin, measly, **gan dealramh** unconvincing, **gann** sparse, scanty, scarce, **gannchothaithe** undernourished, **gan substaint** unsubstantial, **gan téagar** flimsy, **geospalach** puny, underdeveloped, **giortach** skimpy, **gortach** skimpy, stingy, **lag** weak, **leamh** wishy-washy, insipid, **leochaileach** delicate, fragile, **lom** bare, meagre, **mín** fine, **mín-** pref fine, **nach bhfuil ann ach na cnámha** who is just skin and bones, **neamhfhuaimintiúil** insubstantial, flimsy, shallow, **neamhimleor** insufficient, **reangach** scrawny, lanky, lean, **rite** sheer, **rumpach** with a narrow rump, lean, **scáineach** thin, threadbare, scraggy, cracked, **scáinte** thin, sparse, skinny, **sciotach** scanty, **scráidíneach** scraggy, scrawny, **scodalach** lanky, **scrobanta** underfed, undersized; scrubby, **seang** slim, **slisneach** slight, slender, **smear-** pref superficial (eg **smeareolas** superficial/slim/slender knowledge), **snoite** emaciated, **speathánach** thin, shrivelled, **splíonach** thin, wretched, **tearc** scarce (cf **Tá siad tearc i mbliana.** They are scarce this year.), **tréshoilseach** translucent, **tarraingthe** gaunt, **tíosach** sparing, **trua** emaciated, thin, **truánta** emaciated; wretched, **uireasach** inadequate, **uiscealach** watery, watered-down, diluted (see also: **uisce**)

▲ **anraith ~** watery soup, **béilíní ~** thin lips, **brat ~** thin layer/covering, **leabhar ~** slim book, **leicne ~** thin cheeks, **leithscéal ~** feeble excuse, **scéal ~** flimsy story, **uisce ~** shallow water

◊ **Tá craiceann an-~ air.** He is very thin-skinned., **Tá tú ag rith ar thanaí.** You're on thin ice., **Tá sí chomh ~ le cú.** She's as thin as a lathe.

Tanaigh v₂ₐ
1. thin, slim down, rarefy
bí ag tanaíochan be thinning (down), **bánaigh** depopulate, denude, **caolaigh** become slim/slender; dilute, **creim** erode, **éirigh caol** become slim, **éirigh tanaí** become thin, become reduced, **seangaigh**

slim, thin, **seangaigh as** slip away, disappear, **téigh i dtanaíocht** become leaner/thinner, **téigh i laghad** get/become less

◊ **Tá mo chuid gruaige tanaithe le haois.** My hair has thinned with age., **Tá tú do do thanú le tamall.** You're slimming down this last while., **Thanaigh an t-aer de réir mar a chuamar in airde.** The air became more rarefied as we ascended.

2. dwindle, diminish
anbhainnigh enfeeble, **beagaigh** diminish, **éirigh gann** become scarce, **fánaigh** disperse, dwindle, diminish, **gannaigh** thin out, make scarce, **ísligh** lower, lessen reduce, **lagaigh** weaken, **laghdaigh** lessen, become reduced, **maolaigh** diminish, moderate, dampen potency, **meathlaigh** dwindle, **séimhigh** make mellow, mild; *(gram)* palatalise, lenite, **sil** become drained, weaken, decline, **téigh i léig** decline, decay, **téigh i nganntanas** become (more) scarce, **téigh síos** go down, **tit** fall, decrease

◊ **Thosaigh pobal an oileáin ag tanú.** The Island community started to dwindle.

3. dilute, attenuate
báigh *(drink)* drown, dilute excessively, **baist** baptise (cf **fuisce a bhaisteadh** to dilute whiskey), **caolaigh** attenuate, dilute, **cuir uisce trí** add water to, dilute with water, **éadlúthaigh** rarefy, **lagaigh** weaken, **maolaigh** dilute, attenuate, dampen potency

◊ **~ an phéint le huisce!** Dilute the paint with water!, **Tanaíonn an teas raimhre na híle.** The heat attenuates the viscosity of the oil.

Tanaíocht *f (~a)*
1. gauntness, thinness
caiteacht thinness, emaciation, **caoile** slimness, **cnaíteacht** gauntness, **gainne** scarcity, scantiness, **loime** bareness, **scáinteacht** sparseness, thinness, **seangacht** leanness, **seinge** thinness, **snoiteacht** emaciation, chiselled features, **teirce** sparseness, scarcity, **truacht** *f* leanness, **truántacht** emaciation; wretchedness

▲ **~ a aghaidhe** gauntness of his face, **~ a ceannaithe** leanness of her features, **~ an aeir** thinness of the air, **~ daonra** population sparsity, **~ na mballaí** the flimsiness of the walls

2. shallowness
éadlús tenuousness, **éadoimhneacht** shallowness; superficiality, **easpa/easnamh substaintiúlachta** lack of substance, **fánaíocht** aimlessness, casualness, **míthathag** flimsiness, **míthéagar** thinness, lack of substance, **neafais** triviality, **neamhshubstaintiúlacht** insubstantiality, **tanaí** *f* shallow water, **tanalacht** shallow water; shallowness

▲ **~ an uisce** the shallowness of the water

Tánaiste *m (~; -tí)*
1. second, second in rank; *(pol)* deputy to Taoiseach
bean *f* **ionaid** *(female)* deputy, **beangán** heir, scion, **comharba** successor (cf **comharba dealraitheach cheannaire an pháirtí** the party leader's heir apparent), **fear ionaid an rí** viceroy, **gníomhaire údaraithe** authorised agent, **neasghaol** next of kin, **ionadaí** *f* deputy, representative, **ionadaí pearsanta** personal representative, **ionadaí lánchumhachtach** plenipotentiary, fully-empowered representative, **leascheannasaí** second-in-command, **leas-phríomhaire** deputy prime minister, **leas-phríomhoide** deputy principal, **leasrí** viceroy, **léiroidhre** heir apparent, **oidhre** *m* heir, **toscaire** delegate, deputy

2. third finger
an tríú luibhean the third digit, **méar fhada** long finger, **méar láir** middle finger, **méar mheáin** middle finger

Tanaithe *pp*
1. thinned, gotten sparse; slimmed down
anbhainnithe enfeebled, **bánaithe** depopulated, denuded, **beagaithe** diminished, **caolaithe** made slender, **creimthe** eroded, **dulta i dtanaíocht** gotten leaner/thinner, **dulta i laghad** having become less, **dulta i nganntanas** gotten scarce, **dulta síos** gone down, **éadlúite** rarefied, **éirithe caol** slendered, slimmed, **éirithe gann** gotten scarce, **éirithe tanaí** thinned, **fánaithe** dispersed, dwindled, diminished, **gannaithe** thinned out, made scarce, **íslithe** lowered, lessened reduced, **lagaithe** weakened, **laghdaithe** lessened, reduced, **maolaithe** diminished, moderated, dampened, **meathlaithe** dwindled, **seangaithe** slimmed, thinned, **séimhithe** made mellow/mild; *(gram)* palatalised, lenited, **tite** fallen, decreased

▲ **aer ~** rarefied air, **gruaig thanaithe** thinned/thinning hair, **pleananna ~** slimmed down plans

2. diluted, attenuated
báite *(drink)* drowned, excessively diluted, **baistithe** baptised; *(drink)* diluted, **caolaithe** diluted, **éadlúthaithe** rarefied, **lagaithe** weakened, **maolaithe** diluted, dampened, **silte** drained, weakened

▲ **meascán ~** attenuated/diluted mixture

Tanú *vn*
1. thinning (out), getting sparse, slimming down
anbhainniú enfeebling, **bánú** depopulating, depopulation, **beagú** diminishing, **caolú** making slender; diluting, **creimeadh** eroding, **dul i dtanaíocht** becoming leaner/thinner, **dul i laghad** getting/becoming less, **dul i nganntanas** growing in scarcity, **dul síos** going down, **éadlúthú** rarefying, **éirí caol** becoming slender, slimming down, **éirí gann** getting scarce, **éirí tanaí** becoming thin, **fánú** dispersing, dwindling, diminished, **gannú** thinning out, becoming scarce, **ísliú** lowering, lessening reducing,

lagú weakening, **laghdú** lessening, reducing, **maolú** diminishing, moderating, dampening, **meathlú** dwindling, **seangú** slimming, thinning, **séimhiú** making mellow/mild; *(gram)* palatalising, leniting, **titim** falling, fall, decreasing
  2. diluting, attenuating
bá *(drink)* drowning, diluting excessively, **baisteadh** baptising; *(drink)* diluting, **caolú** diluting, **éadlúthú** rarefying, **lagú** weakening, **maolú** diluting, dampening, **sileadh** draining, weakening, **tanúchán** attenuation; thinning

Taobh *m (-oibh; ~anna)*
  1. side, flank, edge
aghaidh face, **barr** top, **béal** brim, **bile** *f* rim, **binn** side; *(house)* gable end, **bord** board, side (cf **bord na sceathraí** lee side), **bruach** *m (-aigh; ~a, ~)* bank, brink, embankment, **buíon** gang, **ceantar** region, **ceathrú** *f (~n)* quarter, **ciumhais** *f (~e, ~eanna)* border, **cliathán** side, flank, edge, **deighleog** segment, **droim** *m (droma; dromanna)* back; ridge, **dromchla** surface; crest, **duilleog** leaf; *(high reg)* page; *(hat)* rim, **corr** *f (coirre; ~a, ~)* projecting point, edge, **críoch** *f (críche; ~a, ~)* boundary, limit, **faobhar** *(sharp)* edge, **fíor** *f (-ach)* outline, verge, edge, **fleasc** *f (fleisce; ~a, ~)* rim (cf **fleasc rotha** rim of a wheel), **foireann** *f (foirne; foirne)* team, **fonsa** rim (cf **fonsa criathair** rim of a sieve), **forimeall** periphery, **gné** *f* aspect, **grua** *f* cheek; *(diamond)* facet, **eite** wing, **imlíne** *f (~; -línte)* perimeter, **imeall** edge, rim; outskirts; **lámh** *f (láimhe; ~a, ~)* hand, margin, **leath** *f* side (eg **Tá a leath dheas marbh.** His right side is paralysed.), **maothán** flank (cf **mo lámha ar mo mhaotháin** my hands by my sides), **roinn** *f (~e; ranna, rann)* department, **sciathán** wing; side; arm, **sciorta** edge, skirting (cf **clár sciorta** skirting board), **sciortán** edge, border, **sleasán** facet, **sliasaid** side; thigh, **slios** *m (sleasa)* side; slope (cf **slios cnoic** side/slope of a hill), **teascán** section, **teascóg** sector, **teorainn** *f (-rann; ~eacha)* border, boundary, **tóin** *f (tóna)* bottom, **traschló** *m* sectional elevation, **trasghearradh** *m (-ghearrtha)* cross-section

  ▲ **~-bhalla** sidewall, **~-bhealach isteach** side entrance, **~-bhuille** *(swim)* sidestroke, **~-dhoras** side door, **~-lampa** side amp, **~-mhaor** linesperson, **~-roinn** *(ecc)* aisle, **~-sholas** side light, **~-shráid** side street, **~-throm** lopsided

  ◊ **~ le ~** side by side, **an ~ amuigh** the outside, **an ~ istigh** the inside, **ar gach ~** on all sides, **labhairt i d~ ceoil** to speak about music, **ó mo thaobh féin de** from my side of things, **le mo thaobh** at my side, **ón ~ eile** from the other side, **ón ~ seo** from this side, **ó thaobh go ~** from side to side

  2. direction, side
aird direction, *(compass)* point, **bealach** *m* way, **bóthar** road, **cosán** path, **leath** *f (leithe; dat sg leith)* direction (cf **féachaint i leith do chúil** to look backwards), **slí** *f* way, **treo** direction, **treoir** guidance, direction

  ▲ **an ~ ó dheas** the southside, **an ~ ó thuaidh** the northside, **an ~ maol** *(sp)* square leg, **an ~ thall** the far side; the offside, **an ~ thiar** the westside, **an ~ thoir** the east side

  ◊ **Cén ~ a ndeachaigh sí?** Which direction did she go?, **Cén ~ atá stad an Luais?** What is the direction to the Luas stop?

  3. *(point of view)* side, standpoint, faction
argóint argument, **campa** camp, **dearcadh** view, outlook, point of view, **drong** faction, body of (like-minded) people, **faicsean** faction, **eite** *(pol)* wing, arm (cf **eite pholaitiúil na gluaiseachta** the political arm of the movement), **sainaicme** *f* caste, sect, denomination (cf **sainaicme creidimh** religious denomination), **seasamh** stand, standpoint, **seict** *f* sect, **suíomh** position

  ◊ **Cén ~ ar a bhfuil tusa?** What side are you on?, **Níor chuala tú an dá thaobh den scéal.** You didn't hear both sides of the story., **ó mo thaobh féin de** from my point of view

Taobhach *adj³* lateral; partial, biased
ar fiar edgeways, **báúil** sympathetic, **claonta** biased, **cliatháin** (> *cliathán*) flanking, **cliathánach** lateral, **éagothrom** uneven, unfair, **fabhrach** favourably disposed, **fiartha** slanted; biased, **i leataobh** sideways, **imeallach** marginal, **indíreach** indirect, **leataobhach** lopsided, tilted, partial, **leatromach** one-sided, discriminatory, oppressive, **páirteach** partial, sympathetic, **sa taobh** broadsided, **sceabhach** oblique, **taobh-** *pref* side-

Taobhaigh *v2ₐ*
  1. approach, draw near to, frequent
buail suas le meet up with, **drann le** go near, touch (cf **Níl sé ag drannadh leis an ól anois.** He doesn't go near drink now.), **druid (isteach) le** approach, **gabh i leith** come here, **gluais chun tosaigh i dtreo** advance towards, **gnáthaigh** frequent, **taithigh** haunt, frequent, **tar i dtreo tí** approach a house, **tar suas le** catch up with, **tarraing ar** approach, **teann le** draw near to, close in on, **téarnaigh** come near, approach (eg **ag téarnamh i mo dháil** approaching me), **téigh chun cinn i dtreo** advance towards, **téigh i dtreo áite** approach a place, go in the direction of a place

  ◊ **Níor thaobhaigh sé an club le blianta.** He hasn't been near the club in years., **Ní thaobhaíonn sin fiú leath den phraghas atá á lorg acu.** That doesn't even approach half the price of what they're looking for., **Taobhaíonn siad an beár seo.** They frequent this bar.

  2. **~ le** support
aontaigh le agree with, **bí i bhfabhar/bhfách ruda** be in favour of a thing, **cabhraigh** help, **coinnigh suas**

keep up, hold up, **cosain** defend, **cothaigh** nourish, sustain, foster, **cuidigh le** help; second, **cuir le** support (eg **má chuireann tú linn** if you support us), **fothaigh** support, sustain, **mol** advocate, **neartaigh** reinforce, **seas le** stand by, **seas taobh thiar de** to stand behind, **tabhair tacaíocht do** give support to, **tabhair teannta do** prop up, support, **tacaigh le** support; second, **treisigh** reinforce, fortify, **troid ar son (cúise)** fight for, champion (a cause)

◊ **Ná ~ leis an mbulaí!** Don't take the side of the bully!, **Thaobhaigh tromlach an chruinnithe leis an rún.** The majority of the meeting supported the resolution.

3. **~ le** confide in; resort to, trust in
admhaigh confess, admit, **cuir do mhuinín i** put your trust in, **cuir in iúl** inform, **foilsigh** disclose, **inis** tell, **lig do rún le** confide in, **nocht** reveal, **roinn** share, impart, **sceith** divulge, **tabhair le fios** let be known; intimate, **téigh i muinín** (+*gen*) resort to

◊ **Ná ~ leis an rógaire sin!** Don't trust that rogue!, **Ná taobhaímis le maslaí!** Let's not resort to insults!, **Thaobhaigh sí a rúin ba dhiamhra liom.** She confided her deepest secrets to me.

4. **~ le** urge on, advise
áitigh ar persuade, **cuir comhairle ar** advise, caution, **comhairligh** advise, **cuir abhaile ar** convince (eg **Bhí mé iarraidh é a chur abhaile uirthi.** I was trying to get it home to her.), **cuir ina luí ar** persuade, **gríosaigh** urge, **mol do** advise, **tabhair ar** persuade, **tabhair comhairle** give advice

◊ **Thaobhaigh mo mháthair liom gan éiri as an cheol.** My mother urged me not to give up music., **Ní thaobhóinn leat baint a bheith agat leosan.** I wouldn't advise you to get involved with that lot.

Taobhaithe *pp*

1. **~ le** approached, drawn near to
buailte (suas) le met (up) with (cf **Tá an samhradh buailte linn.** Summer has arrived.), **drannta le** gone near, touched, **druidte isteach le** approached, **dulta chun cinn i dtreo** advanced towards, **dulta i dtreo áite** having approached a place, having gone in the direction of a place, **gafa i leith** gotten up close, drawn near, **gluaiste chun tosaigh i dtreo** advanced towards, **gnáthaithe** frequented, **taithithe** haunted, frequented, **tagtha inár dtreo** having approached us, **tagtha suas le** having caught up with, **tarraingthe ar** approached, **teannta le** drawn near to, closed in on, **téarnaithe** come near, approached, **dulta chun cinn i dtreo** advanced towards, **dulta inár dtreo** approached us

2. **~ le** supported
aontaithe le agreed with, **cabhraithe** helped, **coinnithe suas** kept up, held up, **cosanta** defended, **cothaithe** nourished, sustained, fostered, **cuidithe** helped; seconded, **fothaithe** supported, sustained, **molta** advocated, **neartaithe** reinforced, **seasta le** stood by, **seasta taobh thiar de** stood behind, **tacaithe** supported; seconded, **treisithe** reinforced, fortified, **troidte ar son (cúise)** having fought for, having championed (a cause)

3. **~ le** confided in; resorted to, trusted in
admhaithe confessed, admitted, **inar cuireadh do mhuinín i** in which you placed your trust, **curtha in iúl** informed, **dulta i muinín** (+*gen*) resorted to, **foilsithe** disclosed, published, **inis** tell, **lenar ligeadh do rún** confided in, **nochta** revealed, **roinnte** shared, imparted, **sceite** divulged, **tugtha le fios** let be known; intimated

4. **~ le** urged on, advised
áitithe ar persuaded, **comhairlithe** advised, **curtha abhaile ar** convinced, brought home to, **curtha ina luí ar** persuaded, **gríosaithe** urged, **molta** advised

Taobhú *vn*

1. **~ le** approaching, drawing near to
bualadh suas le meeting up with, **drannadh le** going near, touching **druidim isteach le** approaching, **dul chun cinn i dtreo** advancing towards, **dul i dtreo áite** approaching a place, going in the direction of a place **gabháil i leith** coming here, drawing near, **gluaiseacht chun tosaigh i dtreo** advancing towards, **gnáthú** frequenting, **taithiú** haunting, frequenting, **tarraingt ar** approaching, **teacht i dtreo tí** approaching a house, **teacht suas le** catching up with, **teannadh le** drawing near to, closing in on, **téarnamh** coming near, approaching

~ **leis an gcósta** approaching the coast
~ **suas le duine** sidling up to a person

2. **~ le** supporting
aontú le agreeing with, **bheith i bhfabhar/bhfách rud** being in favour of a thing, **cabhrú** helping, **coinneáil suas** keeping up, holding up, **cosaint** defending, **cuidiú le** helping; seconding, **cur le** support, **fothú** supporting, sustaining, **moladh** advocating, **neartú** reinforcing, **seasamh le** standing by, **seasamh taobh thiar de** standing behind, **tabhairt tacaíocht do** giving support to, **tacú le** supporting; seconding, **treisiú** reinforcing, fortifying, **troid ar son (cúise)** fighting for, championing (a cause)

~ **le cara** siding with a friend
~ **le prionsabal** adhering to a principle
~ **le tuairim** favouring an opinion

3. **~ le** confiding in; resorting to, trusting in
admháil confess, admit, **cur do mhuinín i** putting your trust in, **cur in iúl** informing, **foilsiú** disclosing, **insint** telling, **nochtadh** revealing, **roinnt** sharing, imparting, **ligean rúin le** confiding in, sharing a secret with, **sceitheadh** divulging, **tabhairt le fios** letting be known; intimating

~ **do rúin léi** trusting your secret to her
~ **le cabhair Dé** trusting in the help of God
~ **le droch-chaint** resorting to bad language
~ **le hól** turning to drink

4. ~ le urging on, advising

áitiú ar persuading, **cur comhairle ar** advising, cautioning, **comhairliú** advising, **cur abhaile ar** convincing, bringing home to, **cur ina luí ar** persuading, **gríosú** urging, **moladh** advising, **tabhairt ar** persuading, **tabhairt comhairle** giving advice

~ **liom é a thógáil** urging me to take it
~ **liom gan imeacht** urging me not to leave

Taoide *f* (*~; -dí*) tide

claonadh tendency; trend, **cúrsa** course, **díthrá** *f* low ebb, **lag trá** low tide, **foshruth** undercurrent, **lán mara** high tide, **marbhshruth** slack water, turn of tide; *(naut)* wake, **rabharta** *m* spring tide, **síorathrú** flux, **srúill** current, stream, **sruth** current, flow, **teacht is imeacht** coming and going, **tarraingt** pull, drift, **trá** ebb, ebbing, **treocht** trend *(see also: seal)*

▲ ~ **lán** high tide, ~ **mhallmhara** neap tide, ~ **rabharta** spring tide, ~ **thuile** flood tide, ~ **thrá** ebb tide

◊ **casadh na** ~ the turning of the tide, moment of change, ~ **an lae** the ending of the day

Taoiseach *m* (*-sigh; -sigh, ~*) chieftain; *(pol)* Irish prime minister

an duine (atá) i gceannas the person in charge, **ardcheannasaí** commander in chief, **ard-mhéara** lord mayor, **ardrí** *m* high king, **bainisteoir** manager, **banimpire** *m* empress, **banríon** *f* (*~a*) queen, **bas boss**, **boc mór** big shot, **captaen** *m* captain, **ceann** head, **ceann feadhna** team leader, **ceannaire** leader, **ceannasaí** chief; commander, **cinnire** youth leader; prefect, **cíoná** chief, champion; *(cards)* five of trumps, **flaith** *m* (*-atha*) prince, ruler, **mál** (*lit*) prince, chief, noble, **impire** emperor, **máistir** *m* master, **maor** overseer, warden, **méara** mayor, **pluga** big shot, important person, **príomhaí** principal, **príomh-aire** *m* prime minister, premier, **rí** king, **rialtóir** ruler, **saoiste** foreman, forewoman, **sár** tsar, **stíobhard** steward, **stiúrthóir** director, **tiarna** lord, **triath** lord, chief, prince, **tromán** dwarf elder, **uachtarán** president

Taom *m* (*~a; ~anna*) paroxysm, fit, attack

babhta bout, **bíogadh** twitch, **buile** madness, frenzy, **crampa** cramp, **eatal** fit, impulse, **daol** sudden start, whim (cf **cibé ~ a bhuail é** whatever got into him), **falrach** *m* fit, **fanntais** fainting fit, **fíbín** fit of excitement; caprice, **freanga** *f* spasm, twitch, **gabhlán** fit (cf **gabhlán tinnis** fit of illness), **giúmar** humour, **guaig** whim, caprice, **ionsaí** *m* attack, **míthaom** violent paroxysm, **néal** swoon, trance, **rabhait** bout, fit (cf **rabhait tinnis** bout of sickness), **rabhán** prolong fit; sudden outburst (cf **rabhán gaire** outburst of laughter), **rachmall** fit, desire, heat (cf **faoi ~ na huaire** in the heat of the moment), **racht** *m* fit (cf ~ **feirge** fit of anger), **ráig** *f* outburst, flare up, **ríog** *f* spasm, **rothán** fit of petulance, huff, **scailp** fit, spell (eg **scailp codlata** spell of sleep, **scailp uaignis** fit of loneliness), **spadhar** whim, **spang** *f* (*-ainge; ~a, ~*) paroxysm, fit, **spaspas** spasm, convulsion, **speach** *f* spasm, fit; *(animal)* kick, **spreang** *m* (*~a*) fit, volatile nature (cf **spreang feirge** fit of rage), **stáir** stretch, spell (eg ~ **oibre** spell of work), **starrán** fit, frenzy, **stuaic** fit of anger, sulk, **taghd** fit, impulse, **tallann** impulse, fit, **teidhe** notion, whim, **toighis** *f* (*-ghse*) fancy, **titimeas** epilepsy, **treallaíocht** spasms, throes, **treallán** fit, spasm, **tritheamh** *m* (*-thimh; -thí*) paroxysm (cf **tritheamh casachtaí** fit of coughing), **tulca** outpouring, flood, fit

▲ ~ **apaipléise** apoplectic fit, ~ **asma** asthma attack, ~ **casachtaí** fit of coughing, ~ **croí** heart attack, coronary, ~ **éadóchais** fit of despair, ~ **feirge** fit of anger, ~ **goile** stomach upset, ~ **sciotaíola** fit of the giggles

Taomach *adj*³ prone to having fits, fitful, spasmodic

confach stroppy, **histéireach** hysterical, **luaineach** changeable, vacillating, unsteady, **rachtúil** given to outbursts of emotion, fits of passion; emotional, **spadhrúil** given to unprovoked fits of anger, hysterical, **spaspasach** convulsive, **stadach** on-off, stop-go, **taghdach** given to having fits, moody; capricious, **treallach** fitful, sporadic, **treallánach** fitful, spasmodic, **tritheamhach** convulsive, *(see also: taghdach)*

▲ **bogadh** ~ convulsive movement, **dul chun cinn** ~ fitful progress, **iompar** ~ erratic behaviour

Taos *m* (*-ois*) paste, dough

brúitín pulp; mash, **glae** *m* glue, **grianbhac** sunblock, **guma** *m* gum, **im** *m* **piseanna talún** peanut butter, **leafaos** paste (eg **leafaos almóinní** almond paste), **laíon** *(wood, paper)* pulp, **leathán** spread (eg **leathán im piseanna talún** peanut butter spread), **leite** *f* paste; porridge, **liúitín** *(teeth)* cement, **maisteog** mastic, **marla** playdough, **meascán** mixture, **pâte** páité, **puití** *m* putty, **smeadar** smear, daub, paste, **suimint** cement, **ungadh** ointment, cream

▲ ~ **fiacla** toothpaste, ~ **géar** sour dough, ~ **páipéar balla** wallpaper paste, ~ **súgartha** play dough

Taosc *v*₁ₐ bail, pump out

caidéalaigh (by suction) pump, **díscigh** drain dry, **doirt amach** pour out, **draenáil** drain, **folmhaigh** empty, evacuate, **pumpáil amach** pump out, **sniog** drain completely; *(milking)* strip, **súigh amach** suction out, **siofón** siphon (eg **peitreal a shiofónadh** to siphon petrol), **taom** empty of water, pour off, bail, **triomaigh** dry, dry up, become dry

Taoscadh *vn* bailing, pumping out

caidéalú (by suction) pumping, **dísciú** draining dry, **doirteadh amach** pouring out, **draenáil** draining, **folmhú** emptying, evacuating, **pumpáil amach**

pumping out, **sniogadh** draining completely; *(milking)* stripping, **sú amach** suctioning out, **siofónadh** siphoning, **taomadh** emptying of water, pouring off, bailing, **triomú** drying, drying up, becoming dry

◊ **Bhíodh sé ag ~ na gcárt (is na gcuach).** He used to be a very heavy drinker.

Taoscaire *m (~; -rí)* heavy drinker, boozer; *(boat)* bailer, pumper
bachaire heavy drinker, **diúgaire** tippler, **druncaeir** drunkard, **fear taosctha báid** bailer, **meisceoir** drunk, **óltóir** drinker, **pótaire** boozer, **súmaire** heavy drinker

Taosctha *pp* bailed, pumped out
caidéalaithe (by suction) pumped, **díscithe** drained dry, **doirte amach** poured out, **draenáilte** drained, **folmhaithe** emptied, evacuated, **pumpáilte amach** pumped out, **siofónta** siphoned, **sniogtha** drained completely; *(milking)* stripped, **súite amach** suctioned out, **taomtha** emptied of water, poured off, bailed, **triomaithe** dried, dried up, gotten dry

Tapa
1. *adj6* fast, quick
aibéil quick, **aibí** quick, clever, on the ball, **aigeanta** spirited, **athlamh** quick, agile, **beo** lively, brisk, snappy, **briosc** brisk, lively, **brostaithe** hurried; accelerated, **de rite reaite** at a run, at a running pace, **dlúsúil** expeditious, fast and accurate, **éasca** swift, nimble, **forshonach** supersonic, **friochanta** quick, observant, **gan mhoill** immediate, without delay, **gan an dara smaoineamh** without a second thought, **gan smaoineamh a dhéanamh** without giving it a thought, **gasta** quick, rapid, **gearrshaolach** short-lived; fleeting, **géarshiúlach** rapid, **glanreatha** fleet of foot, **grod** prompt, abrupt, **líofa** polished, fluent, speedy, **luaineach** fast-moving, nimble, **luath** quick, speedy; rash, **luathaithe** accelerated, **mear** mad-fast, **meargánta** rash, **piocúil** quick, smart, **praitinniúil** quick, clever, astute, **pras** prompt, quick, **preabanta** quick, lively, **preabúil** quick to act, prompt, **rábach** fast and loose (cf **rith rábach** wild and sprightly dash), **reatha** (> **rith**) running, **roisiúil** rash, **ruthagach** impulsive, **sciobalta** spruce; quick, prompt, **sciobtha** prompt, snappy, **solamh** prompt, quick, **taghdach** impulsive, **tapúil** speedy, active, **tric** quick, sudden, **tiubh** thick and fast, **tobann** sudden, **udmhall** nimble, quick

2. *adv* go ~ quickly, fast
ar an bpointe at once, promptly, **ar lánluas** at full speed, **ar luas lasrach** at lightning speed, **ar nós na gaoithe** as fast as the wind, **chomh tapa agus is féidir** as fast as possible, **cosa in airde** in a gallop, **díreach anois** right now, **faoi lánsiúl** at the fastest pace, **gan a thuilleadh moille** without further delay, **gan fanacht timpeall** without waiting around, **gan mhoill** without delay, **gan moilleadóireacht ar bith** without any dawdling, **go haibéil** soon, quickly, **go beo** presto, briskly, **go beo gasta** post-haste, **go gasta** apace, fast, quickly, **go maolchluasach** hell for leather, **i dtréinte siúil** at high speed, **lom láithreach** right now, **sna featha fásaigh** at top speed, **sna seala babhtaí** hell for leather, **sna tréinte siúil** at high speed, **tur te** immediately, right now

Tapaigh *v2a* grasp quickly, seize; take swift action
ardaigh (go tapa) leat lift, nick, walk off with, **bain** take, win, walk away with, **beir ar** take/grab hold of, grab, **beir greim ar** grasp, **brostaigh** precipitate, **cantáil** grab, devour, **ceap** catch, ensnare, **faigh greim ar** take hold of, **gabh gan mhoill** grasp without delay, **gabh seilbh ar** take possession of, **glac** take, assume, **grabáil** grab, **glac seize**, **glám** grab, clutch, **gníomhaigh gan mhoill** act quickly, **sciob** snatch, snap snap up, snatch, **téigh leis** go with it, **tóg** take

◊ **~ do dheis!** Don't miss your chance!, **~ do lámh agus do bhuille!** Act decisively now!, **Níor thapaigh sí an fhaill.** She missed her opportunity.

Tapaithe *pp* grasped quickly, seized; taken swiftly
ardaithe (go tapa) lifted, nicked, walked off with, **bainte** taken, won, **beirthe ar** grabbed hold of, **brostaithe** precipitated, **cantáilte** grabbed, devoured, **ceaptha** caught, ensnared, **gafa gan mhoill** grasped without delay, **glactha** taken, assumed, **glámtha** grabbed, clutched, **gníomhaithe gan mhoill** acted without delay, **grabáilte** grabbed, **sciobtha** snatched, **snaptha** snapped up, snatched, **tógtha** taken

Tapú *vn* grasping quickly, seizing; taking swiftly
ardú (go tapa) leat lifting, nicking, walking off with, **baint** taking, winning, walking away with, **breith ar** grabbing hold of, **breith greim ar** grasping, **brostú** precipitating, **cantáil** grabbing, devouring, **ceapadh** catching, ensnaring, **fáil greim ar** taking hold of, **gabháil gan mhoill** grasping without delay, **gabháil seilbh ar** taking possession of, **glacadh** taking, assuming, **glámadh** grabbing, **gníomhú gan mhoill** acting without delay, **grabáil** grabbing, **sciobadh** snatching, **dul leis** going with it, **tógáil** taking

Tar *v irr*
1. come, arrive
bain amach reach, **bog** move, **druid i leith** draw near, **éirigh** become, **gabh** go, **gabh i leith** approach, **gluais** move, **láithrigh** present oneself, make an appearance, appear, **nocht** appear, **réal** manifest, **sroich** reach, **tarraing (ar)** draw near (to), **téana** *(defect v)* come, go (cf **Téana ort!** Come along!, **Téanaigí abhaile!** Off you go home!, **Téanam ar scoil!** Let's go to school!), **téigh** go, **téigh ar cuairt (chuig)** visit, **téigh isteach** go in, **tarlaigh** happen, **tit amach** occur, befall

~ **abhaile!** Come home!
~ **an bealach seo!** Come this way!
~ **i leith!** Come here!
~ **in am!** Arrive on time!

2. come to pass, happen
bí ar siúl be taking place (eg **Beidh bronnadh na gcéimeanna ar siúl inniu.** Graduation will be taking place today.), **dealraigh** appear, **éirigh** arise, become, **fíoraigh** come true, become realised (eg **Fíoraíodh a haislingí.** Her dreams were realised.), **forbair** develop, **láithrigh** present, **lean** ensue, **nocht** appear, present, **tarlaigh** happen, **oibrigh amach** work out, turn out, **tit amach** turn out, happen, occur, crop up

> Tiocfaidh an lá. The day will come (to pass)
> Tiocfaidh an síol. The seed will sprout.
> Tiocfaidh timpiste. An accident will happen.

◊ **Sin mar a tháinig an gnás ársa seo.** That is how this old custom came into being., **Tháinig an tuar faoin tairngreacht.** The prediction came true.

3. survive
bíodh acmhainn agat (ar) be resilient (against), endure, **cuir tharat** get through, survive, **fan beo** remain alive, **fulaing** endure, **lean** continue, **mair** live, **mair níos faide** outlive, outlast, **seas** withstand, **tar i dtír** come to shore, **tar slán as** survive, come through unharmed *(see also: **tar slán**)*

◊ **Cailleadh eisean agus tháinig mise.** He was lost but I survived., **má thagann na coileáin tríd an gheimhreadh** if the pups survive the winter

Tar ag *v irr* get to, start to
éirigh become, **faigh taithí ar** get accustomed to, **tar/téigh isteach ar** get into, **tar/téigh i dtaithí ar** grow accustomed to, **tosaigh** start, begin

◊ **Tagann bá agat leo.** You get fond of them., **Tiocfaidh grá agat uirthi.** You will grow to love her.

Tar amach *v irr* emerge, come out; hatch
bris amach break out, **cuir i gcló** print, **éirigh** become, **fág** leave, **éalaigh** escape, **foilsigh** disclose, unveil; publish, **léim amach** jump out, **nocht** reveal, pop up, **sciorr amach** slip out, **téigh amach** go out, **tuirling** disembark, land

> Tháinig an fhírinne amach. The truth emerged.
> Tháinig faisean nua amach. A new fashion has started.
> Tháinig leabhar nua amach. A new book came out.
> Tháinig méara a coise amach. Her toes protruded.
> Tháinig na sicíní amach. The chicks hatched.
> Tháinig sé amach le plean. He emerged with a plan.

Tar aníos *v irr* (c ←) come up
ardaigh ascend; elevate, **éirigh suas** (c →) arise, get up, **eitil aníos** (c ←) fly up, **eitil suas** (c →) fly up, **dreap** climb, scale, **dreap aníos** (c ←) climb up, **dreap suas** (c →) climb up, **téigh in airde** mount, go up; gain height, **téigh suas** (c →) go up

> Tháinig sí aníos an staighre. She came up the stairs.
> Tháinig sí aníos sa saol. She came up in the world.
> Tháinig na barra aníos. The crops appeared.

Tar anuas *v irr* (c ←) come down, descend; support
dreap anuas (c ←) climb down, **dreap síos** (c →) climb down, **gluais anuas** (c ←) move down, **gluais síos** (c →) move down, **ísligh** lower, **laghdaigh** decrease, **leag** bring down, come down (cf **Ní mór an crann a leagan.** The tree has to come down.), **paraisiútáil** parachute, **tacaigh** support, **taobhaigh le** come down on the side of, support, **tit** fall, **tráigh** ebb, subside, **tum** dive, **turnaigh** *(building)* subside

> Tar anuas an staighre! Come down the stairs!
> Tar anuas as sin! Come down out of there!
> Tar anuas de do chapall bán! Get back to reality!

◊ **Ná ~ anuas air chomh trom sin!** Don't be so hard on him!, **Tháinig siad anuas ar thaobh an rialtais.** They came down on the side of the government., **Tá an aimsir ag teacht anuas.** The weather is settling.

Tar ar *v irr* arrive (at/by); find, descend upon
aimsigh attain, acquire, discover, **beir ar** grasp, catch, **beir greim ar** take hold of, grasp, **buail** strike, hit, overtake, **déan** make, form, **éirigh** become, get, **faigh** find, **fionn** discover, ascertain, **gabh** apprehend, capture, catch, **rútáil amach** ferret out, **tarlaigh ar** happen upon, **teagmhaigh (le)** encounter, **tit** fall, descend (eg **Thit ciúnas sa rang.** Silence descended on the class.)

> Tháinig an oíche orthu. The night fell upon them.
> Tháinig blas géar ar na mbainne. The milk went sour.
> Tháinig clann mhór orthu. They had many children.
> Tháinig dath na gréine orm. I got suntanned.
> Tháinig mé ar na heochracha. I found the keys.
> Tháinig mé ar réiteach. I found a solution.
> Tháinig orm imeacht. I had to leave.
> Tháinig ormsa é a chríochnú. It was left to me to finish it.
> Tháinig sé dian orm rith. I found it hard to run.
> Tháinig sí gan choinne orm. She caught me by surprise.

◊ **Tagann screamh ar an gcneá.** A skin forms on the wound., **Tháinig slaghdán orm.** I caught a cold., **Tiocfar ar réiteach.** A solution will be found.

Tar chuig/chun *v* reach, attain, come to
aimsigh secure, attain, **bain amach** achieve, **beir ar** grasp, **buaigh** win, clinch, overcome, **buail le** meet up with, **comhlíon** fulfil, **faigh** obtain, find, get, **gnóthaigh** gain, **sroich** reach

> Thiocfadh sí chun cinn. She would make progress.
> Thiocfadh sé chun milleáin duit. You'd get the blame.
> Thiocfadh sí chun sláinte. She would regain her health.
> Thiocfadh sí chun tosaigh. She would advance.

◊ **~ ar cuairt chugainn!** Come to visit us!, **Níl sí tagtha ar ais chuici féin fós.** She is not back to herself yet., **Tagann an focal cuí chuici i gcónaí.** She always knows the right thing to say.

Tar de *v irr*
1. arise from, follow, bring about
beir give birth to, bring forth, **eascair (ó)** spring forth from, originate, **lean** follow, **tarlaigh (de bharr)** It happens (because of), **tuig** understand (cf **tuigtear ón méid seo** it is understood from this)

◊ **Cad faoin spéir a tháinig díobh?** Whatever happened to them?, **Ní thiocfaidh réiteach cairdiúil den tsíorsháraíocht.** Bickering won't bring about an amicable solution., **tagann sé dá bhfuil á rá agat** it follows from what you are saying, **Tagann sí de mhuintir gustalach.** She comes from a privileged background.

2. detach, come off
bain remove, **bain de** remove from, **bris** break, **dealaigh** detach, disengage, **dícheangail** uncouple, **scaoil** unfasten, **scar** separate, **scoith** sever, disconnect

◊ **Tháinig an cnaipe den chóta.** The button came off the coat.

Tar do *v irr*
1. come to, recover
bisigh improve, get better (cf **bheith ag bisiú** to be on the mend), **feabhsaigh** improve, **glac misneach** take courage, **slánaigh** heal, **tar chugat féin** come back to yourself, **téarnaigh** recover, survive

Tagtar a meabhair ar ais di! May she recover her sanity!
Tagtar an misneach dó! May the courage come to him!
Tagtar duit mar atáim anois! May you be as I am now!

2. suit
aontaigh le agree with, **bheith cuí** to be appropriate, **comhlánaigh** complete, complement, **feil do** suit, fit go with, **oir do** suit, **tar le** complement, **tar le chéile** match one another

◊ **Tagann na dathanna sin duit.** Those colours suit you.

Tar faoi *v irr*
1. come to, reach
bain amach achieve, attain, reach, **déan do bhealach go dtí** make your way to, **déan do shlí go dtí** make it to, **sroich** reach, **tar go dtí** come to

◊ **~ faoinár ndéin!** Come to get us!, **má thagann sé faoi mo shúil** if I catch sight of it

2. seep, cause damp
cuir tríot seep, **éirigh tais** become damp, **eisfhear** excrete, **lig** seep, leak (eg **Tá na píopaí ag ligean.** The pipes are leaking.), **sceith** leak, **sil** seep, **sreabh** stream, flow, **sruthaigh** stream, **úsc** exude, ooze

◊ **Tiocfaidh faoin bhféar.** Seepage under the hay will cause it to heat.

Tar i dtír *v survive; come to shore, land*
aothaigh pass through a crisis, **éalaigh** escape, **gabh port** reach port, **landáil** land, **mair** live, survive, **saolaigh** survive after birth, **seas** hold out, endure, **seas an fód** stand one's ground, **seas daingean** stand firm, **tar abhaile** make it home, get to the other side, **téarnaigh** survive, recover, escape, **triomaigh** bring to dry land (cf **bád a thriomú** to bring a boat ashore) (see also: **teacht**)

Tar le *v irr*
1. manage
éirigh le succeed (eg **D'éirigh liom é a dhéanamh.** I succeeded in doing it.), **faigh an lámh in uachtar ar** get the upper hand on, **láimhseáil** handle, **réitigh (le)** to square (with)

◊ **Ní thagann liom tú a fheiceáil inniu.** I can't manage to see you today.

P **Mura dtaga leat ~ leo!** If you can't beat them, join them!

2. agree
aontaigh le agree with, concur, **bí ar aon aigne le duine** see eye to eye with a person, **cloígh (le)** adhere (to), **comhfhreagair (le)** correspond (to), **coinbhéirsigh** *(maths)* converge, **comhchlaon** converge, **feil (do)** fit, suit, **géill (do)** concede (to), acquiesce (to), **inréimnigh** *(sci)* converge

◊ **Tagaim leat sa mhéid sin.** To that extent I agree with you.

Tar slán ó *v irr* recover from, survive
aothaigh pass the crisis point, come through a crisis in a sickness, **bisigh** *(health)* get better, improve, **éalaigh idir cleith is ursain** escape by a hair's breadth, **éalaigh ón mbás** cheat death, **faigh biseach** get better, recover, **faigh téarnamh** make a recovery, **feabhsaigh** improve, **tar i dtír** survive, make it to dry land, **tar ar ais chugat féin** get back to yourself, **tabhair an t-anam leat** escape with your life, **tabhair na sála leat** escape by the skin of your teeth, **tar as/trí** make it through, survive, **téarnaigh** recover, recuperate, **téigh i bhfeabhas** get better

◊ **Níor thángamar slán ón dainséar fós.** We're not clear of the danger yet., **Tháinig sé slán ón galar.** He fully recovered from the illness.

Tar roimh *v irr*
1. pre-empt, come before
coinnigh ó keep from, **coisc** prevent, **cosain** defend, protect, **cuir ar gcúl** drive back, **diongaibh** *(lit)* ward off, repel, **idirghabh** intercept, **iompaigh** avert, **sáraigh** thwart, frustrate, **seachain ar** guard against, **stop** stop, **tomhais** guess

◊ **Tháinig siad roimh an litir sa phost.** They intercepted the letter in the post.

2. interrupt
bris isteach break in, interrupt, **cuir do ladar isteach** intervene, **cuir isteach ar** interrupt, **cuir spóc isteach** interrupt; chip in, **cuir stró ar dhuine** interrupt a person's work (by chatting), **sáigh do shrón isteach** stick your nose in, **téigh roimh** interrupt, forestall, **trasnaigh** contradict, heckle

◊ **Ní ag teacht romhat é ach...** I don't mean to interrupt you but...

Tar ó *v* come from, originate

adhain kindle, **beirtear é** it is born, **bunaigh** establish, **cuir fréamhacha síos** put down roots, **cuir ar bun** set up, establish, **cuir tús le** initiate, set in motion, **éabhlóidigh** evolve, **eascair as** descend from, **fréamhaigh** root, **gin** conceive, generate, **tar as** emerge, derive (eg **ioncam a thagann as díolachán** income derived from sales), **tar chun cinn** emerge, **téigh siar go** go back to, date back to, **tosaigh** begin

Tar suas *v irr*

1. live, exist, survive
cuir díot survive, ride out, **mair** live, **tar i dtír** survive, **sáraigh** overcome, weather, **tabhair na cosa leat** make it through, **tar slán as** get through, survive

◊ **Thángamar suas ar an déirc.** We survived/made it through on charity.

2. catch up, reach, overtake
bain amach reach, **beir suas leo** catch up with them, **scoith** overtake (cf **Ná scoitear!** No overtaking!), **sroich** reach, **tabhair isteach** bring in, make up (cf **an t-am a cailleadh a thabhairt isteach** to catch up on lost time)

◊ **Dá bhféadainn teacht suas leis an chomhad sin.** If I were able to find that file., **Tháinig an carr eile suas linn.** The other car caught up with us., **Tiocfaidh a míghníomhartha suas léi.** Her misdeeds will catch up with her.

3. improve
bisigh pick up, ameliorate, **cuir ar** improve, **cuir le** enhance, **éirigh níos fearr** get better, **feabhsaigh** improve, **forbair** develop, **geal** brighten up, clear up, **misnigh** cheer up, perk up, **téigh chun cinn** make progress, **tar ar fónamh** to get into a healthy state, **uasghrádaigh** upgrade

◊ **Tiocfaidh an saol suas.** Life will get better.

Tar thart *v irr*

1. come about
cas turn, **déan sclóin** swivel, **faoileáil** wheel around; hover, **gíoráil** gyrate, **imchas** (*mec*) rotate, **imrothlaigh** revolve, **iompaigh** turn around, turn, **tiontaigh** revolve, change direction, turn

◊ **Bhí an roth ag teacht thart.** The wheel was spinning/going round., **Tháinig an spástointeálaí thart i gcomhair athionrála.** The space shuttle came about for re-entry., **Tháinig an príomhoide thart chun aontú linn.** The principal came round to agreeing with us.

2. come round
bisigh (*illness*) get better, improve, **cneasaigh** heal, mend, **dúisigh** wake up, **feabhsaigh** improve, **slánaigh** heal, **tar as** survive, make it, **tar chugat féin** recover, **tar chun cinn** arise, **tarlaigh** happen, chance, **tit amach** crop up, occur, befall, **téarnaigh** recover

◊ **Thit mé i laige agus nuair a tháinig mé thart bhí sise ann.** I fainted and when I came round she was there.

Tar trí *v irr* come/break through; come to mind

aothaigh pass the crisis point in an illness, **bisigh** (*illness*) get better, improve, **bris trí** break through, **gabh trí** pass through, **gearr trí** cut through, **téigh trí** penetrate, **insíothlaigh** infiltrate, **leath ar fud** permeate, **poll** perforate, **sil** seep, **sleamhnaigh trí** slip through, **tar as** get through, **tar slán as** get through safely, ride out, **téarnaigh** recover, recuperate

◊ **Tháinig sé tríom labhairt léi.** I had a mind to speak with her., **Tháinig siad trí anachain, tinte is tonnta le bheith anseo linn inniu.** They've been through hell and high water to be here with us today.

Tarchéimnigh *v2b* transcend

bain bairr de outdo, outstrip, **bí chun tosaigh ar** be better than, **buaigh** win, surmount, **buail** beat, **cloígh** defeat, beat, **cuir faoi urú** eclipse, **dearscnaigh** excel, transcend, prevail over, **fág i do dhiaidh** leave behind, **gabh thar** going beyond, exceeding, **sáraigh** surpass, excel, **seas amach ó** stand out from, rise above, **téigh thar fóir** overstep, **uraigh** eclipse

◊ **Tarchéimníonn grá gach rud eile.** Love transcends all other things. **Ar uairibh, tarchéimníonn taithí staire an dlí idirnáisiúnta.** Sometimes, historic experience trumps international law.

Tarchéimnithe *pp* transcended

buaite won, surmounted, **buailte** beaten, **cloíte** defeated, beaten, **curtha faoi urú** eclipsed, **dearscnaithe** excelled, transcended, prevailed over, **dulta thar fóir** overstepped, **fágtha i do dhiaidh** left behind, **sáraithe** surpassed, **seasta amach ó** standing out from, risen above, **uraithe** eclipsed

Tarchéimniú *vn* transcending

baint bairr de outdoing, outstripping, **bheith chun tosaigh ar** being better than, **buachan** winning, surmounting, **bualadh** beating, **cloí** defeating, beating, **cur faoi urú** eclipsing, **dearscnú** excelling, transcending, prevailing over, **dul thar fóir** overstepping, **fágáil i do dhiaidh** leaving behind, **gabháil thar** going beyond, exceeding, **sárú** surpassing, excelling, **seasamh amach ó** standing out from, rising above, **urú** eclipsing

Tarlaigh *v2a* happen

ataispeáin reappear, **bí ar siúl** be taking place, to be on, **bí ann** take place, **fíoraigh** come true, realise, **forbair** develop, **lean** follow, **nocht** appear, **tar** arrive; (*storm*) arise, **tar ann do** come into being, **tar de bharr** result from, **tar i gcrích** come to pass, **teagmhaigh** chance, happen (eg **Theagmhaigh lá gur bhuaigh sí an lató.** It happened one day that she won the lotto.), **tit amach** occur

◊ **Cad a tharla?** What happened?

Tarlaithe *pp* happened
ataispeánta reappeared, **forbartha** developed, **leanta** followed, **nochta** appeared, **tagtha** arrived; *(storm)* arisen, **tagtha ann do** to come into being, **tagtha de bharr** resulted from, **tagtha i gcrích** come to pass, **tite amach** occurred

Tarlú *vn* happening; incident
ataispeáint reappearing, **eachtra** *f* event, **eipeasóid** episode, **forbairt** developing, **leanúint** following, **nochtadh** appearing, **teacht** arriving, arrival; *(storm)* arising, **teacht ann do** coming into being, **teacht de bharr** resulting from, **tarlóg** small incident, **teacht i gcrích** coming to pass, **teagmhas** occurrence, incident, **titim amach** occurring, occurrence

Tarraing v_{2e}
1. pull, draw, drag
aistarraing *(com)* withdraw, **bí ag strangláil** be pulling, tugging; striving, **cart** haul, heave, **cas i dtreo** turn towards, **comhtharraing** pull together/in unison, **diúl** suck, **righ** stretch, tauten, **sín** stretch, tauten, **siolp** suck, drain/milk dry, **spíon** tease out, pull apart, **srac** drag, lug, **sreang** drag, wrench, **sraon** drag, pull, **streachail** haul, drag, **slaod** trail, trudge, drag, **stoith** extract, **súigh** suck, absorb, **súraic** suck, **tarlaigh** haul, drag

~ **an ceann eile!** *(BÁC)* Pull the other one!
~ **an fhiacail sin!** Extract that tooth!
~ **an luamhán!** Pull the lever!
~ **an t-ancaire!** Weigh anchor!
~ **anall anseo é!** Drag it over here!
~ **do mhaide rámha le brí !** Pull on your oar with vigour!
~ **na cuirtíní!** Draw the curtains!
~ **na fiailí sin!** Pull up those weeds!
~ **pionta leanna dom!** Draw me a pint of ale!

P **Tarraingíonn scéal scéal eile.** One story leads to another., One thing leads to another.

2. attract
aom attract, **atarraing** attract, **cuir cathú ar** tempt, **cuir cluain ar** beguile, **cuir faoi dhraíocht** charm, enchant, captivate, **imtharraing ar** gravitate towards, **ionduchtaigh** induce, **maighnéadaigh** magnetise, **meall** entice, lure

◊ **Tarraingíonn an banna sin na sluaite móra.** That band pulls large crowds., **Tarraingíonn na cairpéid seo a lán deannaigh.** These carpets attract a lot of dust.

3. *(image)* draw, draft, put together
cur síos a dhéanamh i bpictiúir illustrate with pictures, **deachtaigh** dictate, **déan íomhá de** depict, **dréachtaigh** draft, **líníocht a dhéanamh** to do drawing, **maisigh le pictiúir/líníocht** illustrate with pictures/(a) drawing, **sceitseáil** sketch, **tabhair cuntas ar** depict, **tatuáil** tatoo

~ **léarscáil dom!** Draw a map for me!
~ **véarsa air!** Draft a verse about it!
~ **leabhar!** Put together a book!

Tarraing amach v_{2e} drag out, pull out; *(sketch)* draw out
bain amach remove, **bog as áit** dislodge, **gearr amach** cut out, excise, **leath amach** extend, **líníg** *(art)* draw, **srac** tug, pull, **stoith** extract, **tabhair amach** bring out, **tóg amach** take out

Tarraing anuas v_{2e} introduce, bring forward
cuir tús le initiate, **oscail** open, **seol** launch, **tabhair anuas** bring down, **tabhair isteach** bring in, **tionscain** instigate, **tosaigh** begin, initiate, **tabhair isteach** bring in, **treoraigh isteach** usher in

Tarraing ar v_{2e} pull on; draw on; approach; strike
bí ag déanamh ar make towards, **buail** strike, hit, **caith ort** *(dress)* throw on, **cuir ort** get dressed, **fáisc ort** *(dress)* pull on, clap on, **gabh i leith** approach, **líníg ar** *(art)* draw on, **tabhair** give, **tabhair anuas orainn** bring down upon us, **tabhair ar** call, name, **tar i ngiorracht** approach, **teann ar/le** close in on, loom, **téigh i dtreo** *(+gen)* head for

Tharraing sin amhras orm. That made me suspicious.
Tharraing sin buile orm. That made me mad.
Tharraing sin míchlú air. That ruined his reputation.
Tharraing sin mífhonn air. That made him reluctant.
Tharraing sin suntas uirthi. That got her noticed.

◊ ~ **ort!** *(food, etc.)* Help yourself! Take what you want!, ~ **ort cathaoir!** Pull up a chair!, ~ **ort do bhríste!** Pull up your trousers!, **achrann a tharraingt** to cause strife, **Ná ~ náire orainn!** Don't shame us!

Tarraing as v_{2e}
1. pull out, draw out
bain as remove, **díbir** banish, **díshealbhaigh** dispossess, evict, **folmhaigh** empty, **gearr as** cut out, **réab amach** rip out, **rómhair amach** dig out, **ruaig** evict (cf **suiteoirí a ruaigeadh as áit** to evict squatters from a place), **srac as** jerk out, yank out, **súigh as** suck out, suction out, **stoith** extract, **stróic as** tear out, **tabhair amach** bring out, **tochail** excavate

~ **airgead as an ATM!** Withdraw money from the ATM!
~ **an t-eolas astu!** Extract the information from them!
~ **scealpóg as cos!** Pull a splinter out of a foot!

2. conclude, assume
ceap think, **cinn** decide, **creid** believe, **déan amach** make out, reason, **déan talamh slán de** take for granted, assume, **glac leis** assume, **meas** consider, **réasúnaigh** reason, **samhlaigh** imagine, **socraigh** decide, **tuig** understand

◊ **Tharraing sé as mo chuid cainte gur mise a bheadh ag íoc as.** He inferred from what I was saying that I would be paying for it.

Tarraing chuig/chun v_{2e} draw towards; adopt
bain úsáid as make use of, **glac le** accept, **roghnaigh**

Tarraing isteach

choose, **tabhair isteach** bring in, **téigh i muinín** resort to, **tóg isteach** take in (eg **Thóg siad cat fáin isteach.** They took in a stray cat.), **uchtaigh** (child) adopt

~ **chugat béasa nua!** Adopt new habits!
~ **chugat do chosa!** Draw in your legs!
~ **chugat scéal nua!** Change the record! Stop harping on!

Tarraing isteach v_{2e} pull in, draw in
aistarraing retract; (com) withdraw, **cúlaigh** retreat, reverse, **Déan do shlí isteach!** Make your way in!, **gabh isteach** proceed in, **Isteach leat!** In you go!, **sleamhnaigh isteach** slip in, **tabhair isteach** bring in, **tarraing siar** pull back, draw back, **Teann isteach beagáinín!** Squeeze up a little!, **téigh isteach** go in, **tiomáin isteach** drive in, **tabhair isteach** bring in, **tóg isteach** take in

~ **d'anáil isteach!** Draw in your breath!
~ **isteach do chathaoir!** Pull in your chair!
~ **isteach sa stáisiún peitril!** Pull into the petrol station!

Tarraing le v_{2e} pull along, be in accord with
bí cairdiúil le be friendly with, **bí mór le** get on well with, **comhoibrigh le** cooperate with, **déileáil go maith le** deal well with, **éirigh go maith le** get on well with, **réitigh le** get on with, **téigh i bpáirt le** ally with

Tarraing óna chéile v_{2e}
1. pull apart
bain as a chéile dismantle, **bris suas ina chomhpháirteanna** break up into its constituent parts, **díchóimeáil** (tech) disassemble, **díchoimisiúnaigh** decommission, **srac óna chéile** yank apart, **stróic as a chéile** tear apart, **tóg óna chéile** take apart
2. sharply criticise
cáin go géar sharply criticise, **déan ionsaí nimhneach in alt ar** launch a bitter attack in an article on, **déan sceanairt ar leabhar nua** do a hatchet job on a new book, **tabhair íde na muc is na madraí do** criticise mercilessly

Tarraing siar v_{2e} pull back
aistarraing withdraw, **bréagnaigh** refute, **crap** shrink, **cúb** recoil; shrink, **cuir siar** put back, **cúlaigh** reverse, retreat, **diúltaigh** deny, repudiate, shrink from, **éirigh as** (participation) withdraw from, **fág** leave, **gabh siar** backtrack, go back, **íoschéimnigh** step down, **laghdaigh** lessen, **séan** disavow, deny, **staon** refrain, **téigh ar gcúl** go backwards, **téigh i leataobh** go to the side, dodge, **téigh siar** go back, **tóg amach** take out, remove, **tóg ar ais** take back

Tarraing suas v_{2e} pull up; draw up
ardaigh lift, raise, **cuir ar** put on, **déan sceitse** make a sketch, **déan suas** make up, **línigh** draw, **stop** stop

~ **suas anseo!** Pull up here!
~ **suas do stocaí!** Pull up your socks!

Tarraingt vn
1. pulling, drawing, dragging
aistarraingt (com) withdrawing, **cartadh** hauling, heaving, **casadh i dtreo** turning towards, **comhtharraingt** pulling together/in unison, **diúl** sucking, **imtharraingt ar** gravitating towards, **ríochan** stretching, tautening, **síneadh** stretching, tautening, **siolpadh** sucking, draining/milking dry, **spíonadh** teasing out, pulling apart, **sracadh** dragging, lugging, **sraonadh** dragging, pulling, **sreangadh** dragging, wrenching, **streachailt** hauling, dragging, **slaodadh** trailing, trudging, dragging, **stoitheadh** extracting, **sú** sucking, absorbing, **súrac** sucking, **tarlú** hauling, dragging, **urróg** heave (eg **Chuaigh mé d'urróg thar an bhalla.** I heaved myself over the wall.)

▲ ~ **anála** drawing a breath, ~ **carráiste** pulling a carriage, ~ **cuirtín** drawing a curtain, ~ **de bhata** blow/whack of a stick, ~ **féitheoige** pulling a muscle, ~ **fiacaile** extraction of a tooth, ~ **fiailí** pulling up weeds, ~ **fola** blood-letting, ~ **gaoithe** causing a draught, ~ **in aghaidh a chéile** pulling in opposite directions, ~ **lató** lotto draw, ~ **na gcos** dragging one's feet, ~ **na sluaite móra** pulling large crowds, ~ **na téide** tug-of-war, ~ **piontaí** pulling pints, ~ **píopa** smoking a pipe, ~ **pinsin** drawing a pension

◊ **ar** ~ on tap, **Bhí carbhán á tharraingt againn.** We were towing a caravan., **Cá bhfuil do tharraingt anois?** Where are you off to now?

2. attract
aomadh attracting, **atarraingt** attracting, **cur cathú ar** tempting, **cur cluain ar** beguiling, **cur faoi dhraíocht** charming, enchanting, captivating, **imtharraingt ar** gravitating towards, **ionduchtú** inducing, **maighnéadú** magnetising, **mealladh** enticing, luring

◊ ~ **an nádúir** the attraction of nature, ~ **na sluaite móra** attraction of large crowds

3. drawing
cur síos i bpictiúir illustration with pictures, **deachtú** dictating, **dréachtú** drafting, **líniú** delineating, drawing, **maisiú le pictiúir/líníocht** illustrating with pictures/(a) drawing, **sceitseáil** sketching, **tatuáil** tattooing

▲ ~ **le pionsail** pencil drawing, ~ **pictiúir** drawing a picture, ~ **plean** drawing a plan

Tarraingthe pp
1. pulled, attracted
aomtha attracted, **carta** hauled, heaved, **casta i dtreo** turn towards, **comhtharraingthe** pulled together/in unison, **imtharraingthe ar** gravitated towards, **maighnéadaithe** magnetised, **meallta** enticed, **rite** stretched, tautened, **sínte** stretched, tautened, **sractha** dragged, lugged, **sraonta** dragged, pulled, **sreangtha** dragged, wrenched, **streachailte** hauled, dragged, **slaodta** trailed, trudged, dragged, **tarlaithe** hauled, dragged

2. (image) drawn
curtha síos i bpictiúir illustrated with a picture, **línithe** delineated, drawn, **maisithe le pictiúr/**

Tarraingteach

líníocht illustrated with a picture/drawing, **sceitseáilte** sketched, **tatuáilte** tattooed

Tarraingteach *adj³* attractive, fascinating
álainn beautiful, **aoibhinn** charming, **blasta** tasty, **breá** fine, good-looking, **caithiseach** attractive, delightful, **cathaitheach** tempting, **córach** comely, **dathúil** handsome, **deas** nice, pretty, **gabhálach** captivating, gripping, **galánta** attractive, dashing, **gleoite** gorgeous, **inmhianaithe** desirable, **inphósta** nubile, **insúl** attractive, eye-catching, **luisiúil** glamorous, **maighnéadach** magnetic, **maith** good, **meallacach** alluring, **mealltach** enticing, seductive, **neamúil** appetising, **slachtmhar** neat, personable, **spéiriúil** *(girl)* good-looking, heavenly, **spéisiúil** interesting, **suimiúil** interesting, **taitneamhach** appealing, prepossessing

▲ **bealach** ~ engaging manner, **cruth** ~ winning/captivating smile, **radharc** ~ arresting view, **scéal** ~ enthralling story, **siréanaí ~a** *(myth)* alluring sirens, **tairiscint tharraingteach** tempting offer

Tarrtháil 1 *v₁ₑ* rescue; salvage
athshlánaigh recover, **caomhnaigh** cherish, protect, **coigil** conserve, save, **faigh ar ais** get back, retrieve, **fóir** succour, save, **fuascail** liberate, emancipate; extricate, **idirghabh** intervene, **réitigh** sort out, settle, **sábháil** save, **saor** free; deliver, **scaoil saor** set free, **slánaigh** redeem, save, **teasairg** save, rescue

◊ **Tharrtháil an garda cósta iad.** The coast guard rescued them., **Ba é teacht na mban a tharrtháil an lá.** It was the arrival of the women that saved the day.

Tarrtháil 2 *vn* rescuing; salvaging
athshlánú recovering, **caomhnú** cherishing, protecting, **coigilt** conserving, saving, **fáil ar ais** getting back, retrieving, **fóirithint** succouring, saving, **fuascailt** liberating, emancipating; extricating, **idirghabháil** intervening, **réiteach** sorting out, settling, **sábháil** saving, **saoradh** freeing; delivering, **scaoileadh saor** setting free, **slánú** redeeming, saving, **teasargan** saving, rescuing

▲ **análú tarrthála** artificial respiration, **bád tarrthála** lifeboat, **crios tarrthála** lifebelt, **garda tarrthála** lifeguard, **rafta tarrthála** life raft, **seaicéad tarrthála** lifejacket

◊ **Ba chróga an ~ í!** It was a daring rescue!, **Thug mo chairde ~ orm.** My friends came to my rescue.

Tarrtháilte *adj⁶* rescued; salvaged
athshlánaithe recovered, **caomhnaithe** cherished, protected, **coigilte** conserved, saved, **faighte ar ais** gotten back, retrieved, **fóirthe** succoured, saved, **fuascailte** liberated, emancipated; extricated, **idirghafa** intervened, **réitithe** sorted out, settled, **sábháilte** saved, **saortha** freed; delivered, **scaoilte saor** set free, **slánaithe** redeemed, saved, **teasairgthe** saved, rescued

Tarrthálaí *m (~; -aithe)* rescuer
bean *f* **tarrthála** *(female)* rescuer, **fuascailteoir** liberator; emancipator, **fear** *m* **tarrthála** rescuer, **foireann** *f* **tarrthála** rescue team, **garda tarrthála** lifeguard, **lucht tarrthála** rescuers, **sábhálaí** saver, rescuer, **slánaitheoir** saviour, deliverer

Tart *m (~a)* thirst
áilíos craving, desire, **airc** voracity, **ampla** *m* cupidity, greed, **andúil** addiction, **anrachán** craving, hunger, **caitheamh i ndiaidh** (+ *genitive*) hankering after, **cíocras** craving, **dáimh** yen; fond attachment, **díbhirce** ardour, zeal, **díocas** keenness, **díograis** enthusiasm, **dúil** desire, **fonn** inclination, urge, **goile** *m* appetite, great thirst, ardent desire, **íota** great thirst/desire, **íota óil** craving for drink, **íota chun eolais** thirst for knowledge, **íotacht** thirstiness, **mearadh** craving, madness, **mian** *f (méine; ~ta)* desire, longing, **miangas** craving, lust, **ocras** hunger, **paisean** passion; rage, **saint** greed, **spalladh** *m (spallta)* parching, **spalladh íota** parching thirst, **spalpach** *m* drought, **tartmhaireacht** thirstiness, **tnúth** longing expectantly, **tnúthán** yearning, **tothlú** appetite, craving, **triomach** *m* drought, **triomacht** dryness, **tuire** aridness, **úthach** devouring thirst *(see also: ocras)*

◊ **An bhfuil ~ ort?** Are you thirsty?, **Táim spalptha leis an tart.** I'm parched with the thirst.

Tartmhar *adj¹* thirsty
a chuireann tart ort that makes you thirsty, **cíocrach** eager, avid, **díhiodráitithe** dehydrated, **íotach** thirsting, extremely thirsty, **spallta** parched, **stiúgtha** parched, **tirim** dry (cf **talamh tirim** thirsty ground), **tnúthánach** yearning, **tur** dry, arid

▲ **jab** ~ thirsty work

Tasc *m (taisc; ~ann)* task
beart matter, business; plan, **beart oibre** plan of work, **cás** case, **creachlaois** petty chore, light work, **cúram** responsibility, **dualgas** duty, **fiontar** venture, enterprise, undertaking, **gnáthchúram** ordinary/normal responsibility, **gníomh** action, deed, **gnó** business, matter, **jab** job, **obair** work, **togra** initiative, undertaking, **rud (atá) le déanamh** a thing to be done, **tascobair** task work, **tionscnamh** project

Tásc *m (táisc; ~a, ~)* report of death; tidings; reputation, acclaim
cuntas account, **faisnéis** information, report, intelligence, **focal** word, **imeachtaí** *mpl* proceedings, **scéal (mór)** (big) story, (important) news, **scéala** news, **teachtaireacht** dispatch, **tuairisc** report, **tuarascáil** report, **tuirtheacht** *(lit)* tidings, account

◊ **Níl ~ ná tuairisc uirthi.** There is neither sight nor tidings of her., We don't know whether she is dead or alive.

> ■ **Ar chodanna tí atá:**
> Parts of a house include:
> **áiléar** attic
> **balcóin** balcony
> **ballaí** *mpl* walls
> **banastar** banister(s)
> **binn** gable end
> **cabhsa** driveway
> **cairpéad** carpet
> **ceann an staighre** top of the stairs
> **cearchaill** girder
> **cistin** kitchen
> **clár sciorta** skirting board
> **cófra aerála** airing cupboard
> **cófra te** hot press
> **cró** kennel; shed
> **cuntar oibre** worktop
> **bosca fiúsanna** fuse box
> **bunchloch** *f* cornerstone
> **bunsraith** foundation
> **díon (slinne/tuí)** (slate/thatch) roof
> **doras (tosaigh/cúil)** (front/back) door
> **dúshraith** foundation
> **fuinneog** window
> **~ bhairr** top window
> **~ dhormánta** dormer window
> **~ dhín** skylight
> **gairdín** garden
> **garáiste** garage
> **grianán** conservatory
> **landair** partition
> **lasc sholais** light switch
> **leac** *f* **fuinneoige** window sill
> **léibheann** landing
> **leithreas** toilet
> **matal** mantelpiece
> **méadar leictreachais** electricity meter
> **parlús** parlour
> **plástar** plaster
> **póirse tosaigh** front porch
> **sceimheal** *f (-mhle; -mhleacha)* eaves
> **seid** shed
> **seomra** *m* room
> **~ bia** dining room
> **~ codlata linbh** nursery
> **~ fóntais** utility room
> **~ folctha** bathroom
> **~ gréine** sunroom
> **~ leapa** bedroom
> **~ staidéir** study
> **~ súgartha** playroom, nursery
> **~ suí** sitting room
> **síleáil** ceiling
> **siléar** cellar
> **spiara** partition wall
> **staighre** stairs
> **teallach** *m* hearth
> **téamh lárnach** central heating
> **tíl** tile
> **tíliú urláir** floor tiling
> **tinteán** fireplace, fireside, hearth
> **troscán** furniture
> **simléir** chimney
> **soicéad balla** wall socket
> **spéirléas** skylight
> **urlár** floor
> **urlárlach** *m* **adhmaid** wood flooring
> **vardrús siúil isteach**
>   walk-in wardrobe
> *(see also:* **troscán***)*

Tástáil 1 *v1ₑ* test

anailísigh analyse, **bain triail as** try, *(coll)* experiment, **blais** taste, **braith** probe, **cuir scrúdú ar** examine, **déan anailís ar** analyse, **déan grinnstaidéar ar** study in detail, **déan pobalbhreith ar** test public opinion on, take an opinion poll on, **déan iniúchadh ar** inspect, **déan staidéar ar** study, **déan suirbhé ar** do a survey on, **déan taighde** do research, **déan turgnamh** do an experiment, **dearbhaigh** affirm, attest, check out, prove, **faigh blas ar** get a taste of, **féach ar** look at, **féach le** try, **fiafraigh (de)** ask (of), **fiosraigh** inquire, **grinnbhreathnaigh** scrutinise closely, **iniúch** scrutinise, **meas** weigh up, consider, **measúnaigh** assess, **promh** prove, test (cf **promhadh óir** testing/proving gold), **sampláil** sample, **scrúdaigh** examine, **seiceáil** check, **taighid** probe, research, **taiscéal** explore, **teisteáil** test, probe, **triail** try, test

Tástáil 2 *vn* testing, test

anailís analysis, **anailísiú** analysing, **baint triail as** trying, *(coll)* experimenting, **blaiseadh** tasting, **dearbhú** affirming, attesting, checking out, proving **fáil blas ar** getting a taste of, **féachaint** looking, trying, **fiafraí** asking, **fiosrúchán** inquiry, **grinnbhreathnú** close scrutiny/observation, **grinnstaidéar** detailed study, **imscrúdú** investigation, **iniúchadh** inspection, scrutiny, **meastóireacht** evaluation, evaluating, **measúnú** assessing, **measúnacht** assessment, **mionscrúdú** close examination, **pobalbhreith** poll of public opinion, **promhadh** proving, testing, **sampláil** sampling, **scrúdú** examination, **seiceáil** checking, **staidéar** study, **suirbhé** survey, **taighde** research, **teist** test, **tóraíocht** pursuing, **taiscéalaíocht** exploring,

teisteáil testing, **triail** *f (-alach; -alacha)* trial, test, **turgnamh** *(sci)* experiment

▲ **~ acmhainne** means test, **~ anála** breath test, **~ dhian** stringent test, **~ éirime** intelligence test, **~ fola** blood test, bloods, **~ fuail** urine test, **~ iontaofa** reliable test, **le haghaidh ailléirge** allergy test, **~ na putóige** proof of the pudding, **~ núicléach** nuclear testing, **~ rialaithe** controlled test, **~ struis** stress test, **~ súl** eye test, **~ tiomána** driving test

▲ **eitilt tástála** test flight, **fearas tástála** testing kit, **feithicil tástála** demonstration vehicle, **píolóta tástála** test pilot, **téarma tástála** probation period

◊ **~ roimh ré dá bhfuil ag teacht** forestaste of what is to come, **Níl ~ agam air sin.** I haven't experienced that.

Tástáilte *pp* tested

anailísithe analysed, **blaiste** tasted, **dearbhaithe** affirmed, attested, checked out, proved, **féachta** looked; tried, **fiafraithe** asked, **grinnbhreathnaithe** closely scrutinised/observed, **imscrúdaithe** investigated, **iniúchta** inspected, scrutinised, **measta** evaluated, evaluated, **measúnaithe** assessed, **mionscrúdaithe** closely examined, **profa** proved, tested, **sampláilte** sampled, **scrúdaithe** examined, **seiceáilte** checked, **taighdte** researched, **teisteáilte** tested, probed; **triailte** trialled, tested

Táth *m (~a; ~anna)*

1. bunch, cluster

baisc heap, cluster (eg **~ éisc** cluster of fish), **braisle** cluster (eg **~ réaltraí** cluster of galaxies), **bruscán** group, cluster (cf **~ tithe** cluster of houses), **clibín**

cluster, **cloigín** bunch (cf ~ **eochracha** bunch of keys), **cnuasach** ensemble, clump, **corróg** bundle, thick sheaf, **crobhaing** bouquet, arrangement, **dornán** fistful, **dos** thicket, clump (eg **dos crann** clump of trees), **glac** handful, **mogall** mesh, **scoth** bunch, **triblid** bunch of flowers, posy, **triopall** bunch, festoon (eg **triopall bláthanna** festoon of flowers)

▲ ~ **bláthanna** bunch of flowers

2. tuft, lock

bobán bob, tuft, **cuircín** *(hair, feathers)* tuft, **curca** *(bird)* crest, tuft, **dos** tuft, clump, **dosóg** tussock, **dlaoi** wisp, tuft, **duailín** small tress, tuft, **dual** lock, tress, tuft, **loca (gruaige)** lock (of hair), **meigeall** goat's beard, goatee, **ribeog** wish, tuft, shred, tatter, **scoth** tuft, **scothóg** little tuft, **slám** clutch; tuft, **slámán** small tuft, **stoth** mop, tuft, **táithín** little tuft, wisp

▲ ~ **féir** tuft of grass, ~ **gruaige** lock/tuft of hair

Te *adj irr*

1. *(very)* hot

ar fiuchadh boiling, **bánlonrach** candescent, **brothallach** sultry, **bruite** fiery, **bruite te** piping hot, **bruithneach** torrid, **bruthach** igneous, fiery, **craorag** crimson, **dearg te** red hot, sizzling, **dóiteach** burning, **faoi bheirfean teasa** in sweltering heat, **feanntach** *(criticism)* scorching, bitter, **fiuchta** boiling, **gealbhruthach** incandescent, **laomtha** blazing, fiery, **lasánta** fiery, **lasrach** flaming, **loiscneach** scorching, burning, **rósta** roasted, **scallta** scalding, **séidte** inflamed, **teo-** hot; warm, **teochreasach** tropical, **tintrí** fiery, ardent, **trópaiceach** tropical

▲ **aer** ~ hot air, **balún aer** ~ hot-air balloon, **béile** ~ hot meal, **iarann** ~ hot iron, **teach** ~ hothouse, **tine the** hot fire, **pláta** ~ hot plate, **uisce** ~ hot water

◊ **Bhí an tae dearg ~.** The tea was piping hot.

2. warm, pleasantly hot

alabhog tepid, **bog** lukewarm, **bogthe** lukewarm, **cluthar** warm, cosy, **patuar** lukewarm; apathetic, **samhrata** summer-like, **samhrúil** summery, **seascair** snug, **séimh** balmy, **teo-** warm, **teobhlasta** *(food)* hot, **teolaí** warm, cosy

▲ **aimsir the** warm weather, **buidéal** ~ hot water bottle, **éadach** ~ warm clothing, **leaba the theolaí** warm cosy bed, **prios** ~ hot press, airing cupboard, **uisce** ~ warm water

◊ **bheith i do shuí go** ~ to be sitting pretty, to be well off

3. *(food)* spicy

goinbhlasta piquant, **lasánta** fiery, **loiscneach** burning, **piobarach** peppery, **spíosrach** spicy, **spíosraithe** spiced

4. spirited, hot, intense

anamúil animated, **beo** lively, **binbeach** biting, **colgach** irascible, **dian** intense, **dianasach** intensive, vehement, **díocasach** vehement, **díochra** vehement, passionate, **dúthrachtach** fervent, **faoi adhall** in heat, **feanntach** *(criticism)* scorching, bitter, **fiabhrasach** fevered, feverish, **fíochmhar** fierce, **fraochmhar** raging, **galach** steamy, **gealbhruthach** incandescent, **lasánta** fiery, **lonn** fierce, vehement, **paiseanta** passionate, **rachtúil** hearty, passionate, **taghdach** impulsive, quick-tempered, **teasaí** *(discussion)* heated; hot under the collar, hot-tempered, **tintrí** fiery, ardent

▲ **scéal** ~ **bruite** red-hot news, **suíochán** ~ hot seat

◊ **Bhí Fionn go ~ sa tóir orthu.** Fionn was hot on their trail., **Tá sí go ~ tintrí.** She has a fiery personality.

5. useless

beagmhaitheasach useless, worthless, **bruite** fiery; worthless (cf **cara te** ≈ **cara bruite** worthless friend), **díomhaoin** idle, **éadairbheach** unprofitable, useless, **fastaímeach** idle pleasure-seeking, **gan éifeacht** in effectual, **gan mhaith** useless, **gan tairbhe** dud, fruitless, **neamaitheach** disobliging, useless

◊ **Phós sí fear ~.** She married a useless character.

Teach *m (tí; tithe)* house, dwelling, building

aice habitat, **aireagal** oratory, chamber, **áit chónaithe** dwelling place, **áitreabh cónaí** abode, **áras** residence, **árasán** apartment, flat, **baile** home, **ballóg** dump, roofless house; **both** hut; booth, **bothán** cabin, cottage, simple dwelling, **bothóg** shanty, **bráca** dump-of-a-place, **brocach** burrow, **brú** *m* hostel, **bungaló** *m* bungalow, **caisleán** castle, **carbhán** caravan, **clubtheach** *m* clubhouse, **cró** outhouse, **cró na muc** pigsty, **daingean** fortress, **an díon os mo chionn** the roof over my head, **díonteach** *m (-tí; -tithe)* penthouse, **dún** fort, **eaglais** church, **fail** lair, sty, **garáiste** garage, **grianán** summerhouse, **halla** hall, **hallaí bána** magnificent palaces, **íoglú** igloo, **iostán** cottage, **lann** *f (lit)* building, house; chapel, **leaba** bed, **lóistín** lodgings, **mainteach** *m (-tí; -tithe)* mansion house, **óstlann** hotel, *pied-à-terre* pied-à-terre, **seid** shed, **séipéal** chapel, **seomra** room, **siopa** shop, **stábla** stable, **stáblachán** large unadorned house, **stiúideo** studio, **foirgneamh** building, **mosc** *m (~; ~anna)* mosque, **pálás** palace, **pluaisín beag** small pad, **poll** hole; burrow, **plódteach** *m (tí; tithe)* overcrowded tenement, **prochóg** hovel, **púirín** hovel, hut, **sionagóg** synagogue, **speálán tí** ramshackle house, **treafas** homestead, dwelling, **teampall** temple; church, **teachín** little house, cottage, **teaghais** tabernacle; room; apartment, house, **teaghlach** *m* household, **tearmann** sanctuary, **tionóntán** tenement, **úirín** *m* house built by children playing *(see also:* **baile,** *seomra,* **siopa***)*

▲ ~ **a mhuintire** his ancestral home, ~ **adhmaid** wooden house, ~ **allais** sweathouse, ~ **an asail** the loo, toilet, **an** ~ **beag** the little boys' room, the latrine, ~ **aoibhinn** *(coll)* brothel, ~ **ar cíos** house to let; rented house, ~ **ar díol** house for sale, ~ **bád** boathouse, ~

Teacht

biocáire vicarage, ~ **buile** madhouse, ~ **cathrach** town house, ~ **dhá stór** two-storey house, ~ **díolta** sold house, ~ **dóite** burnt house, ~ **geata** gatehouse, ~ **gloine** greenhouse, ~ **i ndea-chaoi** house in good condition, ~ **leathscoite** semi-detached house, ~ **mór** mansion; *(hist)* madhouse, ~ **na ngealt** asylum, ~ **ósta** auberge, guesthouse, ~ **pobail** chapel, church, ~ **scoite** detached house, ~ **siúil** haunted house, ~ **solais** lighthouse, ~ **spéire** skyscraper, ~ **sraithe** terraced house, ~ **striapachais** whorehouse, ~ **tábhairne** pub, bar, ~ **tíre** country house, **teach tuaithe** country house, cottage, ~ **ceann tuí** thatched cottage/house

Teacht *vn* arriving, arrival

Aidbhint *(rel)* Advent, **Ateacht** *m (rel)* the Second Coming, **baint amach** reaching, **cuairt** visit, **déanamh ar** making towards, **druidim i leith** drawing near, **dul ar cuairt (chuig)** visiting, **dul isteach** going in, **gabháil** going, **gabháil i leith** approaching, **láithreas** *(jur)* appearance (in court), **nochtadh** appearing, **réaladh** manifestation, **sroicheadh** reaching, **tarraingt (ar)** drawing near (to), **tarlú** happening, **titim amach** occurring, befalling

- ~ **abhaile** coming home
- ~ **an bealach seo** coming this way
- ~ **an earraigh** the arrival of spring
- ~ **an fhómhair** the arrival of autumn
- ~ **an gheimhridh** the arrival of winter
- ~ **an tsamhraidh** the arrival of summer
- ~ **an tsíl** the sprouting of the seed
- ~ **aniar aduaidh orm** catching me by surprise
- ~ **aníos/anuas sa saol** coming up/down in the world
- ~ **anuas go crua ar Liam** coming down hard on Liam
- ~ **anuas trom** heavy downpour
- ~ **ar an láthair** arriving on the scene
- ~ **ar bhotún/réiteach** finding a mistake/solution
- ~ **ar cuairt** coming on a visit
- ~ **ar eitleán/thraein** arriving by plane/train
- ~ **as Baile Átha Cliath** coming from Dublin
- ~ **as contúirt** escaping a danger
- ~ **as tinneas** recovering from an illness
- ~ **bá agam léi** my beginning to feel affection for her
- ~ **chun cinn** making progress
- ~ **chun críche/deiridh** coming to an end
- ~ **chun feabhais** getting better
- ~ **chun tosaigh** coming forward, advancing
- ~ **i dtír** surviving, survival
- ~ **i gcrích** coming to an end, concluding
- ~ **i gcumhacht** coming to power
- ~ **i leith** coming here
- ~ **i mbláth** blossoming
- ~ **i méid** becoming bigger
- ~ **in aois** getting older
- ~ **in oidhreacht** coming into an inheritance
- ~ **le chéile** getting together
- ~ **le fíorbheagán** surviving on very little
- ~ **leis na dathanna** matching with the colours
- ~ **leis na fíricí** supporting the facts
- ~ **liomsa** coming with me
- ~ **salach ar dhuine** falling foul of a person
- ~ **slán** coming out unscathed/unharmed
- ~ **trua agam dóibh** my beginning to pity them

Teacht aniar *(adv phrase)* resilience, comeback power

acmhainneacht resourcefulness, **borradh** bounce, **borrúlacht** get-up-and-go, enterprise, **buaine** permanence, **buanfas** durability, **buanseasamh** solidity, **buanseasmhacht** reliability, **daingne** strength, firmness, **déine** toughness, **diongbháilteacht** robustness, **dúshlánacht** defiance, **dúthracht** tenacity, **fiontraíocht** enterprise, **fulaingt** endurance, **gus** gumption, resource, vigour, **marthain** lastingness, **marthanacht** enduringness, persistence, **miotal** mettle, **misneach** *m* courage, **righneas** toughness, **seasmhacht** resilience, steadiness, **seiftiúlacht** ingenuity, resourcefulness, **sponc** bottle, **spreacadh** robustness, **taoisleann** lastingness, lasting quality, **teacht abhaile** making it to safety, getting back home, **téagar** solid stuff, solidity, **teilgean** lastingness, durability, **treallús** enterprise, push

◊ **Ní raibh riamh mórán den ~ ann.** There was never much fight in him. He was always a quitter., **Tá an-~ ionatsa!** You're a real trouper! You don't give up easily!, **Tá ~ i rósanna.** Roses can take a lot of punishment., **Thaispeáin sí an ~ a bhí inti nuair a chuaigh an scéal go cnámh na huillinne.** She showed what she was made of when the chips were down.

Teacht i dtír *(adv phrase)* surviving; survival

aothú surviving a crisis, **diongbháilteacht** steadfastness, **éalú** escape, **fulangacht** endurance, inner strength to survive, **marthanas** survivorship; survival, **saolacht** *(jur)* survival, **saolú** survival after birth, **seasamh** holding up, **seasamh an fhóid** standing one's ground, **seasamh daingean** firm stand, **seasmhacht** endurance, **teacht abhaile** making it through, getting to the other side, **teacht aniar** staying power, comeback ability, **téarnamh** survival, recovering, escaping

Téacht v_{1a}

1. congeal, curdle, solidify

calc caulk, cake, **cruaigh** harden, congeal, **éirigh crua** become hard/solid, **flocasaigh** *(chem)* flocculate, **glóthaigh** gel, **gruthaigh** curdle, **righnigh** stiffen, become viscous, **soladaigh** solidify, **stalc** stiffen, harden, **stolp** become stodgy, harden, **táthaigh** coalesce, weld, **treamhnaigh** curdle

◊ **~ann an bainne.** The milk curdles., **~ann fuil go tapa.** Blood clots quickly., **Buail an t-uachtar le greadtóir go dtéachta sé.** Beat the cream with a whisk until it thickens., **Lig don ghlóthach ~adh.** Let the jelly set.

2. freeze (solid)

conáil perish, freeze, **cuisnigh** freeze, refrigerate, **éirigh sioctha** become frozen solid, **oighrigh** turn to ice, freeze, **reoigh** freeze, **sioc** freeze

◊ **Tá an loch ag ~adh.** The lake is freezing.

Teachta *m (~; ~í)* messenger, deputy
dealagáidí delegate, **fear ionaid an rí** viceroy, **feisire** Member of Parliament; Member of Congress, **ionadaí** representative, **teachtaire** messenger, **toscaire** delegate, envoy

▲ **~ Dála** *(pol)* Dáil deputy

Téachta *pp*
1. congealed, curdled, solidified
calctha caulked, caked, **cruaite** hardened, congealed, **éirithe crua** gotten hard/solid, **flocasaithe** *(chem)* flocculated, **glóthaithe** gelled, **gruthaithe** curdled, **righnithe** stiffened, gotten viscous, **soladaithe** solidified, **stalctha** stiffened, hardened, **stolptha** gotten stodgy, hardened, **táite** coalesced, welded, **treamhnaithe** curdled
2. frozen, perished
conáilte perished, frozen, **cuisnithe** frozen, refrigerated, **éirithe siocta** gotten frozen solid, **oighrithe** turned to ice, frozen, **reoite** frozen, **sioctha** frozen

Téachtadh *vn*
1. congealing, curdling, solidifying
calcadh caulked, caked, **cruachan** hardening, congealing, **éirí crua** becoming hard/solid, **flocasú** *(chem)* flocculating, **glóthú** gelling, **gruthú** curdling, **righniú** stiffening, becoming viscous, **soladú** solidifying, **stalcadh** stiffening, hardening, **stolpadh** becoming stodgy, hardening, **táthú** coalescing, welding, **treamhnú** curdling

▲ **~ bainne** curdling of milk, **~ fola** clotting of blood, **~ stroighne** setting of cement

2. freezing (solid)
conáil perishing, freezing, **cuisniú** freezing, refrigerating, **éirí sioctha** becoming frozen solid, **oighriú** turning to ice, freezing, **reo** freezing, **siocadh** freezing

▲ **~ na mara** the freezing of the sea

Teachtaire *m (~; -rí)* messenger
bean *f* **an phoist** postwoman, **cúiréir** *m* courier, **fear** *m* **an phoist** postman, **fógróir** herald, announcer, **giolla** gofer, **giolla an uile ní** general dogsbody, **misidear** emissary, **postaire** errand boy; messenger, **teachta** *m* envoy; deputy (cf *(pol)* **Teachta Dála** Dáil deputy), **téacsáil** text, **timire** errand boy; *(hist)* Irish-language organiser, **toscaire** envoy

Teachtaireacht *f (~a; ~aí)* message, dispatch, errand
an rud atá i gceist the point at issue, **ceangaltán** *(email)* attachment, **ciall** *f (céille; ~)* meaning, significance, **comhráiteas** joint communiqué, **cuntas** account, **comhfhreagras** correspondence, **cumarsáid** communication, **feasachán** bulletin, **focal** word, **fógraíocht** advertising, **fothéacs** subtext, **giollacht** doing the work of an aid/attendant, etc., **litir** *f (-treach; -treacha)* letter, **meabhrachán** memorial, record, **meabhrán** memo (cf **meabhrán tuisceana** memo of understanding), **meamram** memorandum, minute, **miontuairiscí** *fpl (meeting)* minutes, **múineadh** teaching, moral, **nóta** note, **post** post, **ráiteas** statement, communiqué, **ríomhphost** email, **scéal** story, news, **scéala** news, **seoladh** dispatch, **tásc** report of death, **téacsáil** texting, **teagasc** moral; teaching, **timireacht** running errands; attendance, **treoiríntreacht** tidings, message

▲ **~ an Aingil** *(Chr)* the Annunciation, **~ dhiamhair** cryptic message, **~ earráide** error message, **~ teileafóin** phone message, **~ ghlórphoist** voicemail message, **~ i gcód** coded message, **~ mheasctha** mixed message, **~ phreabtha** bounce message, **~ turscair** spam message

◊ **~ láidir a bhí ann.** It sent out a strong message., **Tá ~ chugat.** There's a message for you.

Téacs *m (~a; ~anna)* text
abairt sentence, **ábhar** subject, (subject) matter, **alt** paragraph, **anótáil** annotation, **caibidil** chapter, **ceist** issue; question, **crostagairt** cross-reference, **focal** word, **foclaíocht** wording, **foinse** *f* source, **pointe** *m* point, **scéal** news, story, **sliocht** *m* passage, **tagairt** reference, **téacsleabhar** textbook, **téama** *m* theme, **véarsa** *m* verse, **topaic** *f* topic

◊ **~anna dualgais don chúrsa** set texts for the course, **~ teachtaireacht** text message, text messaging, **téacs teachtaireacht a sheoladh/fháil** to send/receive a text message, **fo-théacs** subtext

Téacsáil 1 *v₁ₑ* text
déan giolcaireacht tweet, **seol ríomhphost** email, send an email, **seol teachtaireacht** send a message, **seol téacs** send a text, **seol SMS** send an SMS, **tvuíteáil** tweet

Téacsáil 2 *vn* texting
giolcaireacht tweeting, **ríomhphost** emailing, **teachtaireacht SMS** text messaging, **tvuíteáil** tweeting

Téad *f (téide; ~a, ~)* rope; string
cábla *m* cable, **coirdín** twine, string, **corda** *m* cord, **dorú** *m* cord line, **láinnéar** lanyard, **lasú** *m (~; ~nna)* lasso, **líne** *f (~; línte)* line, **muiciris** straw-rope sling for basket or creel, **radalach** *f* stringy/ropy thing, **reifeadh** hawser, thick rope for mooring or towing a boat, **rópa** rope, **séirsín** small rope; thong on cudgel, **slabhra** chain, **sreang** *f (sreinge; ~a, ~)* string, **sreangán** string, cord, **struipléad** sliver of rope, **suaithne** *m* cord, string, **súgán** straw rope; straw man, useless person, **súgán féir** hay rope, **súgán rua** hemp rope, **téadán** short rope, **téadra** cordage, **teaghair** *f (-ghrach)* tether, **teaghrán** tether, lead *(see also: sreang, tarraingt)*

Téagar

▲ **~ ancaire** anchor rope, anchor cable, **~ cheathrún** *(naut)* sternfast, **~ choirc** *(fishing)* rope of upper net with corks, **~ chrua** thick rope for mooring, hawser, **~ ghraidhpe** *(naut)* bowline, rope with loop knot, **~ stiúrach** *(naut)* tiller rope, **~ rite** tightrope, **~ tarraingthe** towing rope, **~ teachtaireachta** *(diver's)* lifeline, **~ tíre** mooring rope, **~ tógála** heaving line, **~ ualaigh** pulley rope

▲ **~a mo chroí** the strings of my heart, **~ an ghutha** the vocal chords, **~ na cláirsí** harp strings, **~a an veidhlín** strings of the violin

◊ **bó ar ~** tethered cow, **Tabhair fad a théide dó!** Give him plenty of rope!

Téagar *m (-air)*
1. solidity, substance, bulk
abhras substance, matter, yarn, **daingne** firmness, steadfastness, **diongbháilteacht** steadfastness, constancy, **folláine** healthiness, wellness, **láidreacht** strength, **substaintiúlacht** substantiality, **rábaí** robustness, **tacúlacht** sturdiness, **talcántacht** strength, solidity, **tathag** solidity, substance, **téagarthacht** solidity, sturdiness, **urrúntacht** robustness
2. comfort, warmth, shelter
cluthaireacht cosiness, **compord** comfort, **dídean** *f* shelter, **foscadh** shelter, **fothain** shelter, **sáile** ease, comfort, **seascaireacht** snugness, **só** comfort, luxury, **sóchas** comfort, pleasure, **sócúl** comfort, ease, **soilíos** contentment, pleasure, **sómas** ease, luxury, **téagarthacht** warmth, **teolaíocht** warmth

Téagartha *adj*[6]
1. robust, brawny, well-built; substantial
daingean solid, firm, **cumasach** powerful, potent, **dea-dhéanta** well-made, **féitheogach** brawny, sinewy, **láidir** strong, **matánach** muscular, **mór** big, large, **rábach** robust, **righin** tough, **sláintiúil** healthy, **slinneánach** broad-shouldered, **talcánta** strong, stout, solid, **taosmhar** heavy, substantial, **tathagach** solid, substantial, full-bodied, **teanntúil** thickset, stocky, **treabhar** robust, strong, **tréan** brawny, strong, hefty, **úisiúil** fulsome

▲ **argóint théagartha** weighty argument, **bráisléad ~ chunky** bracelet, **cailín ~** buxom lass, **cruth ~** full figure, bulky build, **fear ~** heavy-set/stoutly-built man, **glór ~** strong/sonorous voice, **leabhar ~** substantive book, meaty read

2. comfortable, warm, sheltered
cluthar cosy, **compordach** comfortable, **dídeanach** sheltering, protecting, **sócúlach** comfortable, **foscaíoch** sheltered, **fothainiúil** sheltering, sheltered, **seascair** snug, **soilíosach** accommodating, **sómasach** comfortable, **sóúil** comfortable, luxurious, **teolaí** warm

▲ **saol ~** sheltered/well-provided for life, **teach ~** comfortable house, **tine théagartha** stout warm fire

Téagarthacht *f (~a)* robustness, brawniness, substantiality
daingne solidity, firmness, **cumas** power, potency, **féitheogaí** brawniness, **láidreacht** strength, **matánacht** muscularity, **rábaí** robustness, **righne** toughness, **sláintiúlacht** healthiness, **spionntacht** hardiness, **stóinseacht** staunchness, **storrúlacht** strength, vigorousness, **tacúlacht** sturdiness, **talcántacht** strength, solidity, **tathag** solidity, fullness, substantiality, **teanntúlacht** stockiness, **treise** strength, dominance, **urrúntacht** robustness *(see also: téagar)*

Teagasc 1 *v1*[a] tutor, provide instruction
cóitseáil coach, **cuir oideachas ar** educate, provide education for, **díonteagasc** indoctrinate, **foghlaim** instruct, teach; learn, **mionteagasc** brief, **múin** teach, **oil** rear, foster; educate, **pulc** *(exams)* cram, **scilbhisigh** upskill, **soiscéalaigh** preach, spread the gospel, **tabhair oideachas do** give/provide education to, **tabhair oiliúint do** provide training for, **tabhair scolaíocht do** give/provide schooling to, **tabhair seanmóir** give a sermon, **traenáil** train, **treoraigh** guide, **uasoil** upskill

Teagasc 2 *vn* tutoring, tuition, instruction
caiticeasma catechism, **ceacht** lesson, **cóitseáil** coaching, **díonteagasc** grinds; indoctrination, **foghlaim** instructing, teaching; learning, **foirceadal** teaching, instruction; doctrine, **mionteagasc** briefing, **múineadh** teaching, **oideachas** education, **oiliúint** tutelage, nurture, training, **pulcadh** *(exams)* cramming, **scilbhisiú** upskilling, **scolaíocht** schooling, **soiscéalú** preaching, spreading the gospel, **tabhairt oiliúint do** providing training for, **tabhairt scolaíocht do** giving/providing schooling to, **tabhairt seanmóir** giving a sermon, **traenáil** training, **treoir** guidance, **treorú** guiding, **uasoiliúint** upskilling

▲ **~ baile** home tuition, **~ Críostaí** Christian doctrine, **~ duine le duine** one-to-one tuition, **~ Ioslamach** Islamic doctrine, **~ príobháideach** private tutoring, **~ teangacha iasachta** foreign language teaching, **~ tiomána** driving instruction

Teagascach *adj*[3] didactic, instructive, tutoring
eolach informational, **faisnéiseach** informative, **oideasach** instructional, **oideachasúil** educational, **oidiúil** teacher-like, **oiliúna** (> *oiliúint*) training, **oiliúnach** nurturing; instructive, **scolaíochta** (> *scolaíocht*) schooling, **traenála** (> *traenáil*) training, training, **treorach** guiding, directive

Teagasctha *pp* tutored, provided with instruction
cóitseáilte coached, **foghlamtha** instructed, taught; learnt, **múinte** taught, **mionteagasctha** briefed, **oilte** trained; reared, **pulctha** *(exams)* crammed, **scilbhisithe** upskilled, **traenáilte** trained, **treoraithe** guided, **uasoilte** upskilled

Teaghlach *m (-aigh; -aigh, ~)* household, family
baile home, **clann** clan, children, family, **comhluadar** (family) gathering, **líon tí** members of household, household circle, **lucht coimhdeachta** retinue, **muintir an tí** the people of the house, **teach** *m (tí; tithe)* house, **tíos** domestic establishment, household; housekeeping, **treabhlacht** household, family, **treibh** *f* tribe *(see also: muintir)*

◊ **ag tógáil teaghlaigh** bringing up a family, **saol an teaghlaigh** family life

Teagmhaigh *v₂ₐ*
1. touch
bain do graze, **bain le** associate with, relate to, **buail in aghaidh a chéile** collide, **buail le** meet with, **ceangail le** connect with, **comhcheangail** coalesce, combine; associate, **cuimil** caress, stroke, rub, **cuimil de** brush up against, **déan cumarsáid** communicate, **déan teagmháil** make contact, **gránaigh** graze, **leag do lámh ar** lay your hand on, **leag do mhéar ar** lay your finger on, **hipearnasc** hyperlink, **nasc** link, bond, **scimeáil** skim, **scinn de** nip, glance off, clip (eg **Scinn an t-urchar den trasnán.** The shot clipped the crossbar.), **scríob** scrape, scratch, **tadhaill** touch, contact (eg **Tadhlaíonn siad a chéile.** They are contiguous.), **tibh le** *(lit)* touch; laugh, **tubh** touch, make contact with

> Theagmhaigh piléar mo chos. A bullet grazed my leg.
> Theagmhaigh sé é bheith ann. It happened he was there.
> Theagmhaigh sé le namhaid. He encountered an enemy.
> Theagmhaigh sé mótarbhealach. It joined a motorway.
> Theagmhaigh sí a lámh. She touched his hand.
> Theagmhaigh sí dúinn. She met us.

2. ~ **ar** impinge upon, affect
cuir as do affect, **cuir as go mór do** weigh heavily on, **cuir isteach ar** bother, **goill** grieve, pain, **griog** rankle, **imir tionchar ar** affect, **téigh i bhfeidhm ar** impinge upon, affect

◊ **Teagmhaíonn an dlí nua ar ár gcearta sibhialta.** The new law impinges on our civil rights.

Teagmháil *vn*
1. contact, contacting, touching
acomhal *(road)* junction, **baint** associating, association, **bualadh lena chéile** meeting together, **ceangal** connecting, connection, **comhcheangal** association (cf **comhcheangal smaointe** association of ideas), **comhchumar** *(geog)* confluence, *(el)* junction(-box), **comhtheagmhálacht** *(ed)* contiguity, **cuimilt** caressing, stroking, rubbing, **cuimilt de** brushing up against, **cumar** *(geog, comp)* junction, **déanamh cumarsáide** communicating, **hipearnasc** hyperlink, **déanamh teagmháil** making contact, **gránú** grazing, **leagan do lámh ar** laying your hand on, **leagan do mhéar ar** laying your finger on, **hipearnascadh** hyperlinking, **imbhualadh** impacting, impact, **nascadh** linking, bonding, **scimeáil** skimming, **scinneadh de** nipping, glancing off, clipping, **scríobadh** scraping, scratching, **tadhall** touching, contacting; sense of touch (eg **tadhall lámh** touching of hands), **tadhlaíocht** tangency, **teagmhas** contingency, **teagmhasacht** contingency, **tibheadh le** touching with (cf **Bhí na tonnta ag tibheadh leis an aill.** The waves were breaking against the cliff.), **tibheadh** touch; laugh, **tubhadh** *(lit)* touching; accusing

▲ ~ **coirp** body contact, ~ **dhaonna** human contact, ~ **fhisiceach** physical contact, ~ **mhíghéanasach** *(sexual harassment)* inappropriate touching, ~ **ríomhphoist** email contact

▲ **braiteoir teagmhála** contact sensor, **eolas teagmhála** contact information, **oifigeach teagmhála** liaison officer, **pointe teagmhála** meeting point; point of contact/impact, **scoradán teagmhála** *(el)* contact breaker, **seirbhísí teagmhála** outreach services, **sonraí teagmhála** contact details, **spórt teagmhála** contact sport

◊ **dul i d~ le duine** to get in contact with a person

2. ~ **ar** impinging upon, affecting
cur as do affecting, **cur as go mór do** weighing heavily on, **cur isteach ar** bothering, **dul i bhfeidhm ar** impinging upon, affect **goilleadh** grieving, paining, **griogadh** rankling, **imirt tionchar ar** affecting

Teagmhaithe *pp*
1. **bainte do** grazed, **bainte le** associated with, related to, **buailte in aghaidh a chéile** collided with one another, **buailte le** arrived upon, joined with, **ceangailte le** connected to, **comhcheangailte** coalesced, combined; associated, **cuimilte** caressed, stroked, rubbed, **cuimilte de** brushed up against, **gránaithe** grazed, **hipearnasctha** hyperlinked, **nasctha** linked, bonded, **scimeáilte** skimmed, **scinnte de** nipped, glanced off, clipped, **scríobtha** scraped, scratched, **tadhallta** touched, contacted, **tife** *(lit)* touched, made contact with, **tufa** touched; accused
2. affected
curtha as do affected, **curtha as go mór do** weighed heavily on, **curtha isteach ar** bothered, **dulta i bhfeidhm ar** impinged upon, affected, **goillte** grieved, pained, **griogtha** rankled

Téaltaigh *v₂ₐ* skulk, sneak, creep, slink
bí ag smúrthacht thart be prowling about, **bradaigh** steal away, **caolaigh leat** slip away, **éalaigh leat** sneak away; escape, **déan loiceadóireacht** loiter, **déan sipiléireacht** skulk around, sneak about, **goid** steal, **sleamhnaigh** creep, **slíoc** slink, sneak away

Téaltú *vn* skulking, sneaking, creeping, slinking
bradú stealing away, **caolú leat** slipping away, **goid** stealing, **éalú leat** sneaking yourself away; escaping, **loiceadóireacht** loitering, **sipiléireacht** skulking around, sneaking about, **sleamhnú** creeping, **slíocadh** slinking, sneaking away, **smúrthacht** prowling about

Téama *m (~; ~í)* theme
ábhar subject, **abhras** substance, **adhmad** *(sl)* subject matter, **aiste** *f* essay, **argóint** argument, **bunsmaoineamh** keynote, central idea, **comhthéacs** context, **cuspa** theme, objective, **cuspóir** objective, object, **damhna** *m* subject for, cause of, **fo-théacs** subtext, **móitíf** motif, **réamhleagan** premise, **pointe** point, **scéal** story, matter, **smaoineamh** idea, **snáithe an scéil** thread of the discourse, **teachtaireacht** message, **téacs** text, **téis** thesis, **topaic** topic, **tráchtas** dissertation

▲ ~ **athfhillte** recurring theme, ~ **coitianta** common theme, ~ **cultúrtha** cultural theme, ~ **farraige** nautical theme, ~ **grá** love theme, ~ **lárnach** central theme, ~ **liteartha** literary theme, ~ **neamhghnách** unusual theme, ~ **polaitiúil** political theme, ~ **timpeallachta** environmental theme, ~ **tráthúil** apt/timely theme, ~ **uilíoch** universal theme, ~ **um reiligiún** religious theme

Téamach *adj³* thematical
ábhartha substantive, substantial, **aicsímeach** axiomatic, **coincheapúil** conceptual, **comhthéacsúil** contextual, **de réir topaice** topical, according to topic, **eochair-** key-, **nóiseanúil** *(phil)* notional

Téamh *vn*
1. heating, warming
adhaint kindling, **atéamh** reheating, **athlasadh** inflaming, **bácáil** baking, **beiriú** boiling, **breo** glowing, heating, **brothall** *m* sultriness; heat, **bruith** simmering; boiling, **coipeadh** simmering; seething, **cócaráil sa mhicreathonnán** microwaving, **corraí** agitation, **dí-oighriú** de-icing, **deargadh** reddening, causing to glow, **díreo** defrosting, **díshioc** defrosting, **dul i dteocht** getting warm, **éirí níos teo** getting warmer, **éirí te** getting hot/warm, **fadú** kindling, **faghairt** heating, firing up; becoming fired up, **fiabhras** fever, **fiuchadh** boiling, **fortéamh** superheating, **galbhruith** steaming, steamcooking, **gorachas** warming, heating; sitting by fire, **goradh** hatching, incubation; heating, **goráil** heating, frothing, foaming, **lasadh** lighting, **luisniú** glowing, blushing, **róstadh** roasting, **teocht** temperature, **tine** *f* fire

▲ ~ **aeráide** climate warming, ~ **domhanda** global warming, ~ **faoi urlár** underfloor heating, ~ **lárnach** central heating, ~ **le gás** gas heating, ~ **le hola** oil-fired heating

◊ **Cuir braon bainne ag ~ don leanbh!** Warm up a drop of milk for the child., **Níor éirigh liom ~ leis riamh.** I was never able to warm to him., **Tá do chosa ag ~!** *(game, guessing)* You're getting warmer!

2. *(sp)* ~ **suas** warming up
prapáil prepping, getting ready, **réamhaclaíocht** limbering up, **scaoileadh an teannas as do mhatáin** loosening the muscles, **síneadh** stretching, limbering up, **ullmhú** preparing

▲ ~ **síos** *(dancing)* cool down

Teanga *f (~; ~cha)* tongue, speech, language,
béarlagair *m (~)* jargon; slang, **blas** accent, **caint** talk, **caint chomhráiteach** conversational speech/language, ~ **reatha** colloquial/current language, conversational language/speech, **canúint** dialect, **canúint aonair** idiolect, **comharthaíocht** signalling; signing, **comhrá** conversation, **comhráiteachas** colloquialism, **cód** code, **códú dénártha** binary coding, **cor** *m* **cainte** idiom, **cumarsáid** communication, **cur i bhfocail** expression, **dioscúrsa** discourse, **focal** word, remark, expression, **foclaíocht** wording, **foclóir** vocabulary, **frásaíocht** phraseology, **friotal** utterance; diction, **idirmhalartú** interchange, **labhairt** speaking; diction, **leagan na cainte** phraseology, **leideog** tongue, **nath cainte** idiom, *(ling)* parole, **ráiteachas** utterance, expression, **séamafór** semaphore, **stíl** style, **téarmaíocht** terminology, **urlabhra** speech *(see also: caint, comhrá)*

▲ ~ **an duine** human language, ~ **bhéil** oral language, parole, ~ **bheo** living language, ~ **bróige** tongue of a shoe, ~ **chaillte** language that has disappeared, ~ **choiteann** vernacular language, ~ **comharthaíochta** sign language, ~ **dhomhanda** world language, ~ **dhúchais** native language, ~ **Eorpach** European language, ~ **fhoinseach** source language, ~ **nádúrtha** natural language, ~ **i mbaol** endangered language, ~ **iasachta** foreign language, ~ **labhartha** spoken language, ~ **líofa** fluent speech, ~ **mharbh** dead language, ~ **mháthartha** mother tongue, ~ **mhionlaigh** minority language, ~ **náisiúnta** national language, ~ **neamhoifigiúil** unofficial language, ~ **oifigiúil** official language, **rolladh na** ~ rolling of the tongue, ~ **scríofa** written language, ~ **shaorga** artificial language, ~ **speisialaithe** specialised language, ~ **thromlaigh** majority language, **sprioctheanga** target language

▲ ~ **aibí** quick tongue/repartee, ~ **cháidheach** vile language, ~ **chomhráiteach** conversational/colloquial language, ~ **chorraitheach** emotive language, ~ **fhileata** poetic language, ~ **gharbh** vulgar/profane language, ~ **ghéar** sharp/bitter tongue, ~ **ghnéasaíoch** sexist language, ~ **ghránna** nasty tongue, ~ **íorónta** ironic language, ~ **liteartha** literary language, ~ **mheafarach** metaphoric language, ~ **mhín** smooth tongue, ~ **mhúinte** polite language, ~ **nathánach** proverbial language, ~ **nimhe** bitter tongue, ~ **rómánsúil** romantic language, ~ **phróis** prose language, ~ **shearbhasach** sarcastic language, ~ **shiombalach** symbolic language, ~ **shaor** loose language, ~ **thuairimeach** speculative language

▲ **athbheochan** *f* ~ language revival, **athbheochanóir** ~ language revivalist, **bac** ~ speech impediment, **bacainn** ~ language barrier, **cinseal** ~ linguistic hegemony, **cumas** ~ language ability, **creimeadh** ~ language attrition, **feasacht** ~ language awareness, **feidhmiú** ~ linguistic performance, **forbairt** ~ language development, **gnáthúsáid** ~ normal language usage, **inniúlacht** ~ linguistic competence, **léasadh** ~ scolding, earbashing, **limistéar** ~ language area, **miondifríochtaí** ~ language nuances, **mionlach** ~ linguistic minority, **rang** ~ language class, **saintréithe** ~ language characteristics, **sciorradh** ~ slip of the tongue, **sealbhú** ~ language acquisition, **teagasc** ~ language tuition, **timpeallacht** ~ language environment, **truailliú** ~ language pollution

▲ *(comp)* ~ **ardleibhéil** high-level language, ~ **dhíolama** assembly language, ~ **ionramhála sonraí** data manipulation language, ~ **léiriúcháin** representational language, ~ **liostaphróiseála** list-processing language, ~ **mheaisín** machine language, ~ **nóis imeachta** procedural language, ~ **rindreála** rendering language, ~ **ríomhaireachta** computer language, ~ **ríomhchlárúcháin** programming language, ~ **shainithe sonraí** data definition language, ~ **shintéiseach** synthetic language, ~ **théacsphróiseála** text-processing language

▲ ~**cha** (Afra-) **Áiseacha** (Afro-) Asiatic languages, ~**cha Arabacha** Arabic languages, ~**cha Astrainéiseacha** Austronesian languages, ~**cha Ceilteacha** Celtic languages, ~**cha domhanda** world languages, ~**cha Eorpacha** European languages, ~**cha Fionn-Úgracha** Finno-Ugric languages, ~**cha Gearmáinice** Germanic languages, ~**cha Giúd-Arabacha** Judeo-Arabic languages, ~**cha Heilléanacha** Hellenic languages, ~**cha Ind-Eorpacha** Indo-European languages, ~**cha Mheiriceá-Indiacha** Amerindian languages, ~**cha Mongólacha** Mongol languages, ~**cha Ótamacha** Otomian languages, ~**cha Seimíteacha** Semitic languages, ~**cha Sín-Tibéadacha** Sino-Tibetan languages, ~**cha Slavacha** Slavic languages, ~**cha Teotanacha** Teutonic languages, ~**cha Tuirciceacha** Turkic languages

◊ **An deacair í mar theanga le foghlaim?** Is it a difficult language to learn?, **Cad é an chéad ~ atá agat?** What is your first language?, **Chuir sí a ~ amach fúm.** She stuck her tongue out at me., **Ní fiú trumpa gan ~ é!** It is worthless!, **Tá sé ar bharr mo theanga agam.** I have on the tip of my tongue., **Thug sí leadhbairt dá ~ dom.** She verbally lashed out at me.

Teann 1 *adj⁵* tight, firm; steadfast
balctha compact, **brúite le chéile** crushed together, **daingean** secure, steadfast, firm, **dalba** forward, bold; naughty, **dána** bold, brazen, **deiliúsach** impudent, **dlúth-** *pref* compact, **dlúthluiteach** close-fitting, **dóchasach** hopeful, optimistic, sanguine, **docht** tight, firm; stiff, **dolúbtha** inflexible, **druidte** closed tight, clenched, **dúnta** closed, shut, **féinmhuiníneach** self-confident, **feistithe** fixed, fastened, **iata** enclosed, secured; constipated, **neadaithe** embedded, **obach** tight *(excluding air, water, etc)*, **righin** rigid, **rite** taut, tense, **seasmhach** steadfast, firm, **seasta** steady, **sotalach** cheeky, **teanntásach** brazen, **urrúsach** confident, assured

▲ **cara** ~ steadfast friend, **clár** ~ tight lid, **creideamh** ~ firm belief, **doras** ~ solid door, **feirmeoir** ~ wealthy farmer, **focal** ~ bold/brazen statement, **glór** ~ assured tone of voice, **gúna** ~ tight-fitting dress, **laoch** ~ bold, unflinching warrior, **matán** ~ knotted muscle, **póca** ~ deep pocket(s), **rópa** ~ tight/taut rope, **sparán** ~ fat wallet

Teann 2 v_{1a}
1. tighten, tauten
bailc press down, **borr** swell, grow, **brúigh** press, push, pressure, **caolaigh** make narrow, taper, **ceangail** fasten, tie, **crap** constrict, **cuir aer i** put air into, **daingnigh** secure, brace, **docht** tighten, **fáisc** squeeze tight, **fréamhaigh** root, anchor, **greamaigh** stick, fasten, **láidrigh** strengthen, **leacaigh** flatten, **neartaigh** strengthen, consolidate, **righ** tauten, **righnigh** stiffen; toughen, **pumpáil** pump, **séid** blow, **scriúáil** screw, **tacht** choke, constrict, **treisigh** bolster, **tromaigh** weigh down upon, press down on

2. ~ **le** approach, get closer to, loom
déan ar make towards, **druid isteach le** draw in towards, **druid níos gaire do** draw closer to, **gabh i bhfoisceacht de** go in proximity to, **tar chuig** come towards, **tar i dtreo** come in the direction, **tar i ngiorracht do** come close to, **téarnaigh le** approach, come near to, **tarraing ar** approach, bear down on

Teannadh *vn*
1. tightening, tautening
balcann pressing down, **borradh** swelling, **brú** pressing, pushing, pressuring, **caolú** making narrow, tapering, **ceangal** fastening, tying, **crapadh** constricting, **daingniú** securing, bracing, **dochtadh** tightening, **druidim níos gaire do** drawing closer to, **fáscadh** squeezing tight, **fréamhú** rooting, anchoring, **gabháil i bhfoisceacht de** going in proximity to, **greamú** sticking, fastening, **láidriú** strengthening, **leacú** flattening, **neartú** strengthening consolidating, **pumpáil** pumping, **ríochan** tautening, **righniú** stiffening; toughening, **séideadh** blowing, **scriúáil** screwing, **tachtadh** choking, constricting, **teacht i ngiorracht do** coming close to, **treisiú** bolstering, **tromú** weighing down upon, pressing down on

▲ ~ **ar gcúl** drawing back, ~ **isteach le chéile** drawing in together

2. ~ **le** approaching, getting closer to, looming
déanamh ar making towards, **druidim isteach le** drawing in towards, **druidim níos gaire do** drawing closer to, **gabháil i bhfoisceacht de** going in proximity to, **teacht chuig** coming towards, **teacht i dtreo** coming in the direction, **teacht i ngiorracht do**

■ **Ar theangacha an domhain atá:**
World languages include:

An Béarla English	ag caint (an) B(h)éarla
An Afracáinis Afrikaans	ag caint na hAfracáinise
An Albáinis Albanian	ag caint na hAlbáinise
An Airméinis Armenian	ag caint na hAirméinise
An Araibis Arabic	ag caint na hAraibise
An Bhascais Basque	ag caint na Bascaise
An Bhealarúisis Byelorussian	ag caint na Bealarúisise
An Bheangáilis Bengali	ag caint na Beangáilise
An Bhoisnis Bosnian	ag caint na Boisnise
An Bhreatnais Welsh	ag caint na Breatnaise
An Bhriotáinis Breton	ag caint na Briotáinise
An Bhulgáiris Bulgarian	ag caint na Bulgáirise
An Chatalóinis Catalan	ag caint na Catalóinise
An Choirdis Kurdish	ag caint na Coirdise
An Chóiréis Korean	ag caint na Cóiréise
An Choirnis Cornish	ag caint na Coirnise
An Chróitis Croatian	ag caint na Cróitise
An Danmhairgis Danish	ag caint na Danmhairgise
An Eabhrais Hebrew	ag caint na hEabhraise
An Eastóinis Estonian	ag caint na hEastóinise
An Fhilipínis Filipino	ag caint na Filipínise
An Fhionlainnis Finnish	ag caint na Fionlainnise
An Fhraincis French	ag caint na Fraincise
An Ghaeilge Irish/Gaelic	ag caint (na) Gaeilge
Gaeilge na hAlban Scottish Gaelic	
Gaeilge Mhanann Manx	
An Ghailísis Galician	ag caint na Gailísise
An Ghearmáinis German	ag caint na Gearmáinise
An Ghiúdais Yiddish	ag caint na Giúdaise
An Ghréigis Greek	ag caint na Gréigise
An Havális Hawaiian	ag caint na Haváise
An Hiondúis Hindi	ag caint na Hiondúise
An Indinéisis Indonesian	ag caint na hIndinéisise
An Iodáilis Italian	ag caint na hIodáilise
An Ioruais Norwegian	ag caint na nIoruaise
An Íoslainnis Icelandic	ag caint na hÍoslainnise
An Laidin Latin	ag caint (na) Laidine
An Laitvis Latvian	ag caint na Laitvise
An Liotuáinis Lithuanian	ag caint na Liotuáinise
An Mhacadóinis Macedonian	ag caint na Macadóinise
An Mhalaeis Malay	ag caint na Malaeise
An Mhaltais Maltese	ag caint na Maltaise
An Mhongóilis Mongolian	ag caint na Mongóilise
An Mhaorais Maori	ag caint na Maoraise
An Neipeailis Nepali	ag caint na Neipeailise
An Ollainnis Dutch	ag caint na hOllainnise
An Phléimeannais Flemish	ag caint na Pléimeannaise
An Pholainnis Polish	ag caint na Polainnise
An Pheirsis Persian	ag caint na Peirsise
An Phortaingéilis Portuguese	ag caint na Portaingéilise
An Phuinseáibis Punjabi	ag caint na Puinseáibise
An Rómáinis Rumanian	ag caint na Rómáinise
An Rúisis Russian	ag caint na Rúisise
An Téalainnis Thai	ag caint na Téalainnise
An Tuircis Turkish	ag caint na Tuircise
An tSeapáinis Japanese	ag caint na Seapáinise
An tSeicis Czech	ag caint na Seicise
An tSeirbis Serbian	ag caint na Seirbise
An tSeoirsis Georgian	ag caint na Seoirsise
An tSínis Chinese	ag caint na Sínise
An tSlóivéinis Slovenian	ag caint na Slóivéinise
An tSomáilis Somali	ag caint na Somáilise
An Spáinnis Spanish	ag caint na Spáinnise
An tSualainnis Swedish	ag caint na Sualainnise
An tSúlúis Zulu	ag caint na Súlúise
An Svahaílis Swahili	ag caint na Svahaílise
An Téalainnis Thai	ag caint na Téalainnise
An Úcráinis Ukrainian	ag caint na hÚcráinise
An Ungáiris Hungarian	ag caint na hUngáirise
An Urdúis Urdu	ag caint na hUrdúise

coming close to, **tarraingt ar** approaching, bearing down on

▲ ~ **boinn** pumping a tyre, ~ **seoil** bracing of a sail, ~ **snaidhmeanna** tightening of knots, ~ **tobann sna matáin** sudden tightening in the muscles; cramp

Teannas *m (-ais)* tension
broid pressure, distress, **brú** pressure, **buaireamh** anxiety, **callshaoth** stress, contention, **ceartha**í *f* nervousness, jitters, **dlús** closeness, compactness, **doichte** *f* tightness, rigidity, **dolúbthacht** inflexibility, **faitíos** apprehension, **neirbhísí** nervousness, **ríochan** *f* tautness, control, **righne** *f* rigidity, stiffness, **riteacht** tautness, tenseness; exposedness, bleakness, **seasmhacht** steadfastness, firmness, **seastacht** steadiness, **straidhn** strain, stress, **stró** strain, **strus** stress, **teannadh** tightening, making more tense, **teannáil** stiffness, tension, **teannaireacht** tightness, stiffness, **teinne** tautness, **tinneallaí** tenseness, nervousness

Teannta *pp*
1. tightened, tautened
borrtha swollen, **caolaithe** made narrow, tapered, **ceangailte** fastened, tied, **craptha** constricted, **daingnithe** secured, braced, **dochta** tightened, **fáiscthe** squeezed tightly, **fréamhaithe** rooted, anchored, **greamaithe** stuck, fastened, **láidrithe** strengthened, **neartaithe** strengthened consolidated, **pumpáilte** pumped, **rite** tautened, **righnithe** stiffened; toughened, **séidte** puffed (up); inflamed, **scriúáilte** screwed, **tachta** choked, constricted, **treisithe** bolstered

2 ~ **le** approached, gotten closer to, loomed **druidte isteach le** drawn in towards, **druidte níos gaire do** drawn closer to, **gafa i bhfoisceacht de** gotten in proximity to, **tagtha chuig** come towards, **tagtha i dtreo** come in the direction, **tagtha i ngiorracht do** come close to, **tarraingthe ar** arrived at, approached

3. i d~ **le** along with
araon le together with, **as láimh le** in cahoots with,

Teanntaigh

chomh maith le as well as, **i gcomhoibriú le** in cooperation with, **i gcomhar le chéile** jointly, **i gcomhpháirt lena chéile** in joint-partnership with one another, **in éineacht le** in unison with, along with, **lámh as láimh le** hand in hand with, **mar aon le** along with

Teanntaigh v_{2b}
 1. hem in, round up, corner
bailigh le chéile gather together, **cluich** harry, harass, chase, **conlaigh** glean, gather, **cruinnigh le chéile** round up, **cúinneáil** corner, **cuir i gcúinne** put in a corner, **cuir i sáinn** put in a corner, put in a fix, **dlúthaigh** compact, compress, **loc** pen, enclose, **mámáil** gather in handfuls, **sáinnigh** trap, corner, **tiomáin le chéile** drive/ herd together
 2. prop up, support
cabhraigh le help, assist, **cuir taca le** lend support to, **fulaing** bear endure, **iompair** carry, **neartaigh** reinforce, intensify, **seas le** stand with, side with, **tacaigh le** support, prop up, back, **tabhair tacaíocht do** give support to, **taobhaigh le** side with; espouse, **treisigh** give strong support to; reinforce

Teanntaithe *pp*
 1. hemmed in, cornered
bailithe le chéile gathered together, **cruinnithe le chéile** rounded up, **cúinneáilte** cornered, **curtha i gcúinne** put in a corner, **curtha i sáinn** put in a fix, **dlúthaithe** compacted, compressed, **loctha** penned, enclosed, **mámáilte** gathered in handfuls, **sáinnithe** trapped, cornered, **tiomáinte le chéile** driven/herded together
 2. propped up, supported
cabhraithe le helped, assisted (eg **Níl do chás cabhraithe le rachtanna feirge,** Your case isn't helped by outbursts of rage.), **fulaingthe** endured, **iompartha** carried, **neartaithe** reinforced, intensified (eg **neartaithe le heiseamláirí** reinforced with examples), **seasta le** stood with, sided with, **tacaithe le** supported by, propped up by, back by, **dar tugadh tacaíocht** supported, **taobhaithe le** sided with; espoused by, **treisithe le** given strong support to; reinforced

Teanntásach *adj³* forward, audacious, assured
amhantrach venturesome, risky, **ardnósach** haughty, pompous, **bladhmannach** bombastic, loud, **bródúil** proud, arrogant, **calma** plucky, **ceannasach** commanding, self-assertive, **coráistiúil** courageous, bold, **dána** bold, **dásachtach** daring, dauntless, **díscir** fierce, bold, impetuous, **léidmheach** *(lit)* strong, bold, daring, **lonn** ardent, bold, **maíteach** boastful, vain, **mórchúiseach** haughty, arrogant, **mór is fiú** pompous, **mórtasach** proud, boastful, **mórthaibhseach** spectacular, **móruchtúil** audacious, intrepid, **mustrach** ostentatious, **neamheaglach** fearless, **neamh-mheontach** presumptious, **pribhléideach** bold, self-assured, **rábach** bold, dashing, **sonnta** forceful, pushy, **storrúil** vigorous, determined, **toghail** daring, presumptuous, **toirtéiseach** haughty, **treallúsach** enterprising, **uaibhreach** arrogant, lofty; indignant, **uasal** gallant, **urrúnta** dauntless, robust

Teanntú *vn*
 1. hemming in, cornering
bailiú le chéile gathering together, **cluicheadh** harrying, harassing, chasing, **conlú** gleaning, gathering, **cruinniú le chéile** rounding up, **cúinneáil** cornering, **cur i gcúinne** putting in a corner, **cur i sáinn** putting in a fix, corner. put in a fix, **dlúthú** compacting, compressing, **locadh** penning, enclosing, **mámáil** gathering in handfuls, **sáinniú** trapping, cornering, **tiomáint le chéile** driving/herding together, **treisiú** gathering strength
 2. propping up, supporting
cabhrú le helping, assisting, **cur taca le** lending support to, **fulaingt** bearing enduring, **iompar** carrying, **neartú le** reinforcing, intensifying, **seasamh le** standing with, siding with, **tacú** supporting, propping up, backing, **tabhairt tacaíocht do** giving support to, **taobhú le** siding with; espousing, **treisiú le** giving strong support to; reinforcing

Tearc *adj⁵* few, scarce
annamh rare, **beag** little, **beagáinín beag** very small indeed, **beagán** small, **caol** slim, narrow, lean, **corr** odd, **easpach** lacking, **fánach** rare, thin on the ground, **gann** scarce, **gortach** meagre, **neamhchoitianta** uncommon, **neamhghnách** unusual, **scáinte** sketchy, skimpy, **splíonach** sparse, lifeless, **tanaí** thin

◊ **Is ~ duine a chodlódh oíche i dteach siúil.** It's a rare person who would sleep a night in a haunted house.

Téarma *m* (~; ~*í*)
 1. term, terminology
ainm *m* name, **ainmniú** naming, designation, **buafhocal** epithet, **cor cainte** turn of phrase, **focal** word, **leagan cainte** locution, **nath cainte** expression, **spalla** word, remark, **téarmeolaíocht** terminology, **teilgean cainte** idiom, expression, **teideal** title, appellation

▲ **~ adhmholtach** superlative term, **~ aicmeach** generic term, **~ ceana** term of endearment, **~ corraitheach** emotive term, **~ dlí** legal term, **~ eolaíochta** scientific term, **~ leighis** medical term, **~ liteartha** literary term, **~ nuacheaptha** freshly minted term, **~ ilfheidhmeach** polyvalent term, **~ scaoilte** loose term, **~ teicniúil** technical term, **~ uileghabhálach** universal/inclusive term

 2. *(time)* term, period
achar period of time, while, **aga** *m* interval, period of time, **aimsir** time, extended period of time, **aois** age, **cúrsa** course, **fad** length, extent, **feadh** duration, while, **peiriad** period, **ráithe** *f* season, quarter, **ré** *f*

era, **réim** reign; course, **réimeas** reign, sway, **réimse** *m* stretch, range; *(expertise)* field, **scaitheamh** *m (scaithimh; scaití)* while, period, **seal** *m (~; ~anna)* while, spell; turn; shift, **sealaíocht** taking turns, **sealobair** shiftwork, **séasúr** season, **seimeastar** semester, **spás** space, **sreabh** *f* stretch, spell, **tamall** while, **teorainn** *f (-rann)* limit, **tráth** period of time, occasion, **tréimhse** *f* period, term, **uain** period of opportunity, turn, go, **uair** time, turn *(see also: am)*

▲ ~ **oifige** term of office, ~ **príosúnachta** term of imprisonment, ~ **scoile** school term

◊ **gan** ~ limitless, Tá ~ **liom**. My time is limited., Tá mo théarma caite. My time is up., **thar** ~ overdue, Thug mé mo théarma le pluiméireacht. I served an apprenticeship as a plumber.

3. *(condition)* term, condition
clásal clause, **coinníoll** condition, stipulation, proviso, **foráil** provision, **mionphointe** particular, detail, **mionsonra** detail, **pointe** point, **sonraíocht** specification

▲ **~í agus coinníollacha** terms and conditions, **~í conartha** contractual terms, **~í dlí** legal terms/conditions, **~í léasa** leasing terms, **~í na rannpháirtíochta** terms of engagement; **~í tagartha** terms of reference

◊ **ar do théarmaí féin** on your own terms, **ar chúl ~í** on the sly/quiet, **i d~í ginearálta/leathana** in general/broad terms

Tearmann *m (-ainn; -ainn, ~)* sanctuary, asylum, safe haven
caomhnú protection, **cosaint (ar)** protection (from), **cuan** haven, bay, **cúl dídine** place of refuge, **cúl dín** roof over one's head, **daingean** fortress, **dídean** *f (dídine)* shelter, **dún** fort, **foscadh** safe haven, **fothain** *f (-thana)* shelter, **limistéar sábháilte** safe area, **scáthlán** open-ended hut or shelter, **talamh cosanta** preserve, **teálta** hut, shelter

▲ ~ **cánach** tax haven, ~ **do mhná** women's refuge, ~ **dúlra** nature reserve, ~ **éan** bird sanctuary, ~ **finné** witness protection, ~ **polaitiúil** political asylum, ~ **tráchta** traffic island

▲ **ceart tearmainn** right of asylum, **iarrthóir tearmainn** asylum seeker, **lóiste tearmainn** retreat lodge

◊ ~ **a dheonú/dhiúltú** to grant/refuse asylum, ~ **a iarraidh ar rialtas na hÉireann** to seek asylum from the Irish govenment,

Tearmannaigh v_{2a} provide sanctuary/asylum, shelter
caomhnaigh protect, **clutharaigh** *(metph)* bubble wrap, cocoon, **cochlaigh** shield, cuddle, **cocúnaigh** cocoon, **cosain** defend, **cuir limistéar sábháilte ar fáil** provide a safe area, **déan foscadh do** shelter,

make a shelter for, **foithnigh** shelter, protect, **tabhair dídean/foscadh do** provide shelter/safe haven to

Tearmannaithe *pp* sheltered, given asylum/sanctuary
caomhnaithe protected, **clutharaithe** *(metph)* bubble wrapped, cocooned, **cochlaithe** taken under your wing, shielded, cuddled, **cocúnaithe** cocooned, **cosanta** defended, **dá ndearnadh foscadh** sheltered, **dar tugadh dídean** provided with shelter, **foithnithe** sheltered, protected, **sábháilte** safe

Tearmannú *vn* providing sanctuary/asylum, sheltering
caomhnú protecting, **clutharú** *(metph)* bubble wrapping, cocooning, **cochlú** taking under your wing, shielding, cuddling, **cocúnú** cocooning, **cosaint** defending, **cur limistéar sábháilte ar fáil** providing a safe area, **déanamh foscaidh do** sheltering, making a shelter for, **dul ar foscadh** taking shelter, **foithniú** sheltering, **tabhairt dídine** providing shelter

Téarnaigh v_{2a}
1. survive, escape, recover
bisigh rally, mend, pick up, **cuir díot** ride out, transcend, weather, **éalaigh** escape, **feabhsaigh** improve, **sáraigh** beat, overcome, get the better of, **scinn** escape, depart suddenly, **seas** withstand, **slánaigh** heal, **tabhair an bóthar leat** get going, move out, **tabhair na sála leat** take to your heels, **tar as** get out of, get through, **tar chugat féin** get back to yourself, **tar slán** survive, **tar thart** get over, **tar trí** get through/over

◊ Tá an t-othar ag téarnamh is ag neartú. The patient is recovering and regaining strength., Téarnóimid as an ghábh seo. We shall escape from this danger., Téarnóidh tú. You'll get over it.

2. *(high reg)* return
cas turn, **cas ar ais** turn back, **cúlaigh** retreat, go back, **fill** return, **iompaigh ar ais** turn back, **tar ar ais** come back, **téigh ar ais** go back, **tiontaigh** turn, change direction, return

◊ Théarnaíomar ónár n-oilithreacht go Mecca. We returned from our pilgrimage to Mecca., Ba thearc duine a théarnaigh ón chogadh. Very few returned from the war.

3. *(high reg)* pass away, come to an end, die
básaigh die, **críochnaigh** finish, **croith na cosa** kick the bucket, **faigh bás** die, **fuaraigh** grow cold, die, **imigh** leave, **tarraing d'anáil deiridh** breathe your last breath, **téigh ar shlí na fírinne** go to a better place, join the vast majority, **síothlaigh** pass away, **téigh in éag** go to death, die, **tar chun críche/deiridh** come to an end

◊ *(high reg)* **ó théarnaigh uainn na laochra móra sin** since those great heroes passed away

Téarnamh

4. ~ **chun** approach
gabh i bhfoisceacht de go in proximity to, **tar chuig** come towards, **tar i ngiorracht do** come close to, ~ **le** approach, come near to, **teann le** approach, draw closer to, **tarraing ar** approach, bear down on (see also: **teann**²)

◊ **Bhíomar ag téarnamh chun ár gceann scríbe faoi dheireadh.** We were finally approaching our destination.

Téarnamh vn

1. surviving, returning safely
bisiú rallying, picking up, **cur díot** riding out, transcending, weathering, **éalú** escaping, **feabhsú** improving, **filleadh** returning, **sárú** beating, overcoming, getting the better of, **scinneadh** escaping, departing suddenly, **seasamh** withstanding, **slánú** healing, redeeming, **tabhairt an bóthar leat** getting going, moving out, **tabhairt na sála leat** taking to your heels, **teacht as** getting out of, getting through, **teacht chugat féin** getting back to yourself, **teacht slán** surviving, **teacht ar ais** coming back, **teacht thart** getting over, **teacht trí** getting through/over

2. (high reg) passing away, coming to an end, dying
bású dying, **críochnú** finishing, **croitheadh na gcos** kicking the bucket, **dul ar shlí na fírinne** going to a better place, joining the vast majority, **dul in éag** going to death, dying, **fáil bháis** dying, **fuarú** growing cold, dying, **imeacht** leaving, **tarraingt d'anáil deiridh** breathing your last breath, **síothlú** passing away, **teacht chun críche/deiridh** coming to an end

Téarnaithe pp

1. survived, returned safely
bisithe rallied, mended, **curthe díot** ridden out, transcended, weathered, **éalaithe** escaped, **feabhsaithe** improved, **fillte** returned, **sáraithe** beaten, overcome, gotten the better of, **scinnte** escaped, scarpered, **seasta** withstood, **slánaithe** healed, redeemed, **tagtha as** gotten out of, getting through, **tagtha chugat féin** gotten back to yourself, **tagtha slán** survived, **tagtha ar ais** come back, **tagtha thart** gotten over, **tagtha trí** gotten through/over

2. (high reg) passed away, come to an end, died
básaithe died, **críochnaithe** finished, **dulta ar shlí na fírinne** gone to a better place, joined the vast majority, **dulta in éag** gone to death, died, **fuaraithe** grown cold, died, **imithe uainn** departed from us, **síothlaithe** passed away, **tagtha chun críche/deiridh** come to an end

Teas- pref heat; passionate, ardent

~**díontóir** heat insulator, ~**ghaiste** heat trap, suntrap, ~**ghrá** passionate love, ~**mhian** f (-**mhéine**) passionate desire, ~**mholadh** ardent praise; impassioned eulogy

Teas m (~a)

1. heat, hotness, warmth
ardteas sweltering heat, **beirfean** boiling heat, **brothall** sultriness, **gor** heat; hatching, **goradh** warmth; hatching, incubation, **teocht** temperature, **teochroí** warmheartedness, **teochriosanna** mpl tropics, **teolaíocht** warmth, cosiness

2. ardour, passion, (sexual) heat
adhall heat (cf **ainmhí faoi adhall** animal in heat), **ainmhian** lust, **athdháir** recurrent heat in cattle, **bocachas** heat, **catachas** (in cats) heat, **clíth** (in swine) heat, **dáir** (in cows) heat, **díochracht** intensity of desire, vehemence, **díograis** fervour, zeal, **eachmairt** (in horses) heat, **éastras** (in animals) heat, **grá** love, **imreas** (in goats) heat, **lasántacht** fieriness, ardour, **láth** (in animals) heat (cf **faoi** ~ in heat), **rachmall** lust, heat (eg **Tháinig rachmall uirthi.** She was overwhelmed by desire.), **ratamas** (in deer) heat, **reith** (in sheep, goats) heat, **reithíocht** (in sheep/goats) heat, **paisean** passion, **snafach** m (in horses, donkeys) heat, **soidhir** (in animals) heat, **teasaíocht** ardour, passion

3. temperature, fever
ardteocht high temperature, **fiabhras** fever, **éagruas** distemper, fever, **piréicse** pyrexia, **rámhaille** delirium, **teocht** temperature, **teasaíocht** feverishness

Teasaí adj⁶ extremely hot, ardent, fiery, hot-tempered

adhainte ignited, **anamúil** animated, **ar fiuchadh** boiling, **bánlonrach** candescent, **bruite** fiery, **bruite te** piping hot, **colgach** irascible, **corraitheach** emotional, **dearg te** red hot, **díocasach** fervent, enthused, vehement, ardent, **díograiseach** enthusiastic, zealous, **dóiteach** burning, **dúlaí** earnest, fervent, **faoi adhall** in heat, **faoi reith/reithíocht** (goats and sheep) in heat, **fadaithe** stirred up, **faghartha** fiery, mettlesome, **fiabhrasach** fevered, feverish, **fíochmhar** fierce, **fraochmhar** raging, furious, **friochanta** quick-tempered; quick, (metph) switched on, **galach** steamy, **gealbhruthach** incandescent, **gorach** heated, inflamed, **gorthach** ardent, **iodhlannach** passionate; turbulent, **íortha** deranged, mad, **laomtha** blazing, fiery, **lasánta** fiery, **lasartha** flaming, ardent, **lasrach** flaming, **loiscneach** scorching, **loiscní** of fiery intensity, **lonn** ardent, vehement, **paiseanta** passionate, **piobarach** peppery, **rachtúil** emotional, passionate, **sceitimíneach** rapturously excited, **séidte** inflamed; sexually aroused, **sochorraithe** easily excited, roused, **so-lasta** short-fused; inflammable, **spadhrúil** given to fits of anger, **spíosraithe** spicy, **spreagtha** excited, **spreangach** quick-tempered; impulsive, **te** hot, **taghdach** quick-tempered, capricious, **teochreasach** tropical, **teofholach** warm-blooded, **tintrí** hot-headed; hot-blooded, **trí thine** on fire

▲ **achrann** ~ blazing row, **custaiméir** ~ irascible customer, **díospóireachtaí** ~ heated debates, **duine** ~ hot-tempered person, **éadan** ~ fevered brow, **fonn** ~ vehement desire, **suíomh** ~ volatile situation

◊ **bheith** ~ to have a short fuse, **Tá sí** ~. She has a fiery temper., **Bhí cúrsaí ag éirí** ~. Tempers were getting frayed.

Teasaíocht *f (~a)* volatility, excitability; hot-headedness, hot temper
adhall *(sexual)* heat, **anamúlacht** liveliness, **fiuchadh** boiling, **bánlonraí** candescence, **colg** rage, **corraíl** agitation, excitement, **corraitheacht** emotional stirring, restlessness, **díbhirce** ardour, zeal, **díocas** eagerness, vehemence, **díograis** enthusiasm, fervour, zeal, **dóiteacht** burning, **fadú** stirring up, kindling. **fiabhrasacht** feverishness, **fíochmhaire** ferocity, **fraochtacht** rage, fury, **galacht** steaminess; ardency, valour, **gealbhruthaíl** incandescence, **laomthacht** brilliance, fiery splendour, **lasántacht** fieriness; irritability, **lasracht** fieriness, **loinne** fierceness, vehemence, fire (cf **loinne na hóige** the fire of youth), **loiscní** fiery intensity; scorched condition, **mire** madness, **paiseantacht** passionateness, **piobaraí** pepperiness, **reith/reithíocht** *(in goats and sheep)* heat, **sceitimíneacht** rapturousness excitability, **séideadh** inflaming, inflamation; sexual arousal, **sochorraitheacht** excitability, **so-lastacht** excitable nature, having a short fuse, **spíosraitheacht** spiciness, **spreagthacht** incitation, stimulation; *(med)* excitement, **spréach** spark, **spreang** *m (~a)* impulse fit (eg **Tá spreang ann.** He's quick to fly off the handle.), **teas** heat, **teochreasaí** tropical condition, **teofholaí** warm-bloodedness, **tintríocht** fieriness, hot-headedness; hot temper, **tine** *f* fire; incandescence, **tógaíocht** agitation, excitement *(see also:* **teas***)*

Teaspach *m (-aigh)* exuberance, passion, high spirits
aigeantacht spiritedness, **anamúlacht** liveliness, **aoibhneas** bliss, **ardmheanma** *f* high spirits, **beocht** liveliness, bounce, **beogacht** vim, vitality, **brí** energy, zip, **ceol** vigour; music, **fiáine** wildness, **galacht** steaminess; ardency, valour, **girréis** high spirits, friskiness, **gliondar** gladness, **iontlas** mirth, spree, **lasántacht** fieriness; irritability, **lasracht** fieriness, **loiscní** fiery intensity; scorched condition, **lúcháir** exultation, gladness, **meanma** *f (~n)* mhaith good cheer, **meanmnacht** spiritedness, **paisean** passion, **ríméad** jubilance, **sceitimíní** ecstasy, **sonas** joy, **sotal** arrogance, **spionnadh** vigour, vitality, **teasaíocht** excitability, hot-headedness, **uabhar** arrogance, loftiness

▲ ~ **an tsamhraidh** the summer heat, ~ **na hóige** the ardour/exuberance of youth

Teastaigh *v₂ₐ*
1. be needed, be required
bí i do riachtanas bunúsach be a basic requirement, basic, **bí de dhíth** be needed/missing, **bí dosheachanta** be inescapable/unavoidable, **bí eisintiúil** be essential, **bí oibleagáideach** be obligatory, **bí riachtanach** be necessary, **bí éigeantach** be compulsory, **tá call le** there is a need for, **tá gá le** there is a necessity for

◊ **Teastaíonn foighne mhór chun an obair seo a dhéanamh.** To do this work requires great patience.

2. **teastaíonn uaim** I want
amplaím I am greedy for, **ba mhaith liom** I would like, **dúlaím** I desire, **tá fonn orm** I desire, **táim ag iarraidh** I am requesting, seeking, wanting, trying, **táim ar lorg** I am looking for, **tá gá agam le** I need/require, **tá rud de dhíth orm** I need a thing, **táim in easnamh (ruda)** I'm in need of (a thing), **tá uaim** I want

Teastáil *vn*
1. being needed, being required
bheith ar lorg searching for, **bheith ar thóir** *(+ gen)* being in pursuit of, **bheith de dhíth ar** being in need of, **cuardach** searching for, looking for, **iarraidh** request, requesting; attempt, **tóraíocht** pursuing, **dúlú** desiring

◊ **Tá mórán ama ag ~.** A lot of time is required.

2. **Tá (rud) ag ~ uaim.** I am needing, wanting, requiring (a thing)., **Tá call agam le (rud).** I require (a thing)., **Tá (rud) de dhíth orm** I am lacking, missing (a thing), **Tá gá agam le (rud)** I need (a thing)., **Táim ag iarraidh (ruda)** I am trying/seeking (a thing)., **Táim ag tóraíocht ruda** I am pursuing (a thing)., **Táim ar lorg (ruda)** I am searching for (a thing)., **Táim ar thóir (ruda)** I am in pursuit of (a thing)

◊ **Cad tá ag ~ uait?** What do you want?, **Tá tuilleadh ama ag ~ uaim.** I require more time.

Teastaithe *pp* wanted, required
cuardaithe searched for, **dúlaithe** desired, **fiafraithe** asked, **iarrtha** asked for, wanted, **lorgtha** sought, **tóraithe** pursued

Teastas *m (-ais; -ais, ~)* certificate
A-leibhéil A-Levels, **an Ardteistiméireacht** the Leaving Certificate, **bailíochtú** validation, **barántas** warrant, **cáilíocht** qualification, **ceadúnas** permit, licence, **céim** degree, **cúpón** coupon, **dearbhán** voucher, **dearbhú** attestation; assurance, **deimhniú** confirmation; certificate, **dintiúir** *mpl* credentials, **dioplóma** diploma, **duais** award, **pas** passport; pass, **promhadh** proof, validating, **ráthaíocht** guarantee, **an Teastas Sóisearach** *(hist)* the Junior Certificate, **teist** testimony, record, report, **teistiméireacht** testimonial, certificate; testimonial, **údarás** authorisation, **urrús** security, guarantee

Teibí *adj⁶* abstract
acadúil academic, **coincheapúil** conceptual, **éiginnte** indefinite, **fealsúnachta** *(> fealsúnacht)* philosophical, **ginearálaithe** generalised, **ginearálta** general, **intleachtach** intellectual, **hipitéiseach** hypothetical, **meitifisiciúil** metaphysical, **míphraiticiúil** impractical, **neamhréalaíoch** unrealistic, unreal, **nóiseanúil** notional, **teoiriciúil** theoretical, **toimhdithe** supposed, suppositional

▲ **ainmfhocal** ~ abstract noun, **saothar ealaíne** ~ abstract work of art

Teibigh *v₂ᵦ* abstract
asbhain deduce, bain as deduct, extrapolate, ceap think, déan amach deduce, determine, puzzle out, forbair develop, forleathnaigh expand, extend, ginearálaigh generalise, hipitéisigh hypothesise, meas consider, calculate, oibrigh amach work out, deduce, postaláidigh postulate, samhlaigh imagine, téigh i mbun intleachtúlachais intellectualise, tuairimigh conjecture, tuig understand, realise

Teibithe *pp* abstracted
asbhainte deduced, bainte as extrapolated, ceaptha thought, déanta amach deduced, determined, puzzled out, dulta i mbun intleachtúlachais having intellectualised, forbartha developed, forleathnaithe expanded, extended, ginearálaithe generalised, hipitéisithe hypothesised, measta considered, calculated, oibrithe amach worked out, deduced, postaláidithe postulated, samhlaithe imagined, tuairimithe conjectured, tuigthe understood, realised

Teibiú *vn* abstracting
asbhaint deducing, baint as extrapolating, ceapadh thinking, déanamh amach deducing, determining, puzzling out, dul i mbun intleachtúlachais intellectualising, forbairt developing, forleathnú expanding, extending, ginearálú generalising, hipitéisiú hypothesising, meas considering, calculating, oibriú amach working out, deducing, postaláidiú postulating, samhlú imagining, tuairimiú conjecturing, tuiscint understanding, realising

Teibíocht *f* (*~a*) abstraction; abstractness
acadúlacht being academic, coincheapachas conceptualism, éiginnteacht indefiniteness, fealsúnacht philosophy, ginearálú generalisation, ginearáltacht generality, intleachtaí being intellectual, hipitéis hypothesis, meitifisic metaphysics, mípraiticiúlacht impracticality, neamhréalaíocht unreal, nóisean notion, smaoineamh teibí abstract idea/thought, smaointeoireacht acadúil academic (unpractical) thinking, teoiric theory, toimhde *f* supposition, tuairimíocht speculation (eg tuairimíocht mheitifisiciúil metaphysical speculation)

Teifeach *m* (*-figh; -figh, ~*) refugee; fugitive, runaway
daoine *mpl* gan dídean homeless, homeless people, dídeanaí refugee, éalaitheach *m* escapee; fugitive, eisimirceach emigrant, iarrthóir tearmainn asylum seeker, imirceach *m* migrant, inimirceach immigrant

Téigh 1 *v₁ᵨ*
1. heat, heat up, warm
adhain kindle, atéigh reheat, athlas inflame, bácáil bake, beirigh boil, breoigh glow, heat, bruith simmer; boil, coip simmer; seethe, cócaráil sa mhicreathonnán microwave, corraigh agitate, cuir sa mhicreathonnán microwave, déan níos teo make warmer, dearg redden, cause to glow, dí-oighrigh de-ice, díreoigh defrost, díshioc defrost, éirigh níos teo get warmer, éirigh te become hot, fadaigh kindle, faghair heat, fire up; become fired up, fiuch boil, forthéigh superheat, galbhruith steam, steamcook, gor incubate, hatch; heat (cf iarann a ghoradh to heat iron), las light, luisnigh glow, blush, róst roast, téigh i dteocht get warm

◊ ~ an bia san oigheann! Heat the food in the oven!, ~ do chosa cois tine! Warm your feet by the fire!, leaba a théamh le buidéal te to warm a bed with a hot water bottle, Tá an teach ag téamh go breá anois. The house is warming up nicely now., Téifidh an bia thú. The food will warm you up.

2. (*sp*) ~ suas warm up
prapáil prep, get ready, déan síneadh do stretching, scaoil an teannas as do mhatáin loosen the muscles, sín stretch, limbering up, téigh i mbun réamhaclaíochta start limbering up, ullmhaigh preparing

◊ Caithfidh mé téamh suas roimh an chluiche. I have to warm up before the game.

Téigh 2 *v irr* go
ascain proceed, go to, aslonnaigh evacuate, bailigh leat be off (eg Bhailigh mé liom. I went off.), bailigh thar hurry past, bain na boinn as áit leave a place (quickly), bí ag fálróid be strolling along; wandering, bí ag lámhacán (*child*) be crawling, bí ag snámhaíl (*worm*) be crawling, bog shift, move, brostaigh hurry, brúigh chun cinn press on, buail strike a course, proceed (eg Bhuail mé abhaile. I went off home.), buail an bóthar hit the road, corraigh stir, move, cuir bóthar díot make a journey, cuir chun bóthair set off, déan ar make towards, dírigh ar make straight for, dreap climb, druid move close to, approach, éalaigh escape; elope, forchéimnigh proceed, progress, gabh go; arrest, gluais move, imigh leave, depart, léim jump, meallac saunter, stroll, rith run, saigh (*archaic*) go forward, approach, siúil walk, siúnt (*rail*) shunt, snámh swim, tarraing drag (eg Tharraing mé mé féin chun na scoile. I dragged myself to school.), teith flee, tiomáin drive, tionlaic accompany, treabh ar aghaidh plough ahead, tum dive

Téann a chuid airgid ar ól. His money goes on drink.
Téann an adhmad trí thine. The wood goes on fire.
Téann an bus go dtí an lár. The bus goes to the centre.
Téann gach rud mar ba chóir. Everything goes to plan.
Téann sé ag taisteal go minic. He often goes travelling.

Téigh ag *v irr* prevail, succeed
bain amach achieve, buaigh win, prevail, éirigh le (*impersonal use*) succeed (eg D'éirigh liom I succeeded), fíoraigh realise, rith le be successful (eg má ritheann liom if I succeed), tar le manage, be able (eg An dtiocfaí leat é a chanadh? Would you be able to sing it?), ~ le (*impersonal use*) succeed (eg Chuaigh liom stopadh. I managed to stop.)

◊ **An ndeachaigh sé agat é a dhéanamh?** Did you manage to do it., **Ní dheachaigh agam.** I didn't succeed.

Téigh amach ar *v irr*
1. exit by

bog amach trí move out through, **déan do shlí amach trí** make your way out through, **fág trí** leave through, **gabh amach trí** go out through, **imigh amach trí** leave through

2. get to recognise, become recognised

aithin recognise, **cuir aithne ar** recognise, **éirigh eolach ar** get to know about it, **faigh amach faoi** find out about, **mínigh** explain, **nocht** reveal, **tar os comhair an tsaoil** come to public notice, **tuig** understand, recognise

◊ **má théann sé amach ort gur luadrálaí thú** if people start to see you as a gossip, **Is crua dul amach ar rúin na mná sin.** It's hard to discern the intentions of that woman.

Téigh ar *v irr*
1. resort to, go by/on/to

déan do shlí le cúnamh (+ *gen*) make your way with the help of, **gabh ar** go on/by, **gabh i mbun** engage, use, **gabh i muinín** resort to, **mair ar** live on, exist on, **rith ar** run on, **siúil ar** walk on, **taistil ar** travel by, **tar i dtír ar** survive on, **tóg** take (*see also:* **ídigh**)

Téann an costas orm. I bear the expense. I have to pay.
Téann an milleán ormsa. I get the blame.

◊ **Chuamar ar bord an eitleáin.** We boarded the plane., **Chuaigh sé ar an ól.** He turned to drink., **Ná ~ ar na bréaga!** Don't resort to lies., **Tá sé ag brádán, téimis ar foscadh.** It's drizzling, let's find shelter., **~ ar scoil, ar an aonach, ar an tsochraid!** Go to school, the fair, the funeral!

2. become exhausted, fail

bearnaigh use up, breach, **caith** spend, consume, **díscigh** drain dry, **folmhaigh** empty, **ídigh** consume, use, **meil** grind, eat, consume, **rith as** run out, **spíon** exhaust, spend, **teip** fail, **téigh trí** go through, **traoch** wear out, exhaust, **úsáid** use

◊ **má théann ar na hacmhainní nádúrtha** if the natural resources become exhausted, **Téann orm ar fad an fhadhb seo a réiteach.** I can't manage to solve this problem.

3. impose upon, go against

bac deter, constrain, **brúigh ar** pressure, **ciap** hassle, **cráigh** torment, brass off, **cuir as do** get to, affect, annoy, **cuir bac ar** encumber, **cuir goimh ar** annoy, piss off, **cuir i gcoinne** combat, counter, oppose, **cuir in éadan** face down, oppose, **cuir in aghaidh** oppose, **cuir isteach ar** impose upon, **cuir olc ar** irritate, **goill ar** grieve, **tabhair dúshlán** challenge

◊ **Chuaigh an tseachtain ar fad orm.** The whole week has gone against me., **Chuaigh an scrúdú orm.** The exam didn't go my way., **Má théann orm déanfaidh mé ar shlí éigin é.** If I'm faced with having to do it, I'll find a way.

Téigh as *v irr* go out, leave, fade

anbhainnigh enfeeble, **céimnigh** (*cin*) fade, **claochlaigh** change for the worse, **éalaigh** escape, **fág** leave, **fannaigh** enfeeble, weaken, **fuaraigh** chill, cool down; relieve, **imigh** leave, go off, **ísligh** lower, lessen reduce, **lagaigh** weaken, become weak/ frail, **laghdaigh** abate, reduce, **maolaigh** diminish, abate, **meathlaigh** dwindle, **scaip** scatter, **scinn** start, spring, fly out, **tar chun deiridh** come to an end, **téigh in ísle** go lower, **téigh síos** go down, **tréig** abandon, **trochlaigh** deteriorate

Chuaigh sé as amharc. It went out of sight.
Chuaigh sé as baile. He left home/town.
Chuaigh sé as éisteacht. It went out of earshot.
Chuaigh sí as a ciall. She took leave of her senses.

◊ **Tá na málaí sin dulta as faisean.** Those bags have gone out of fashion., **Tá an tine ag dul as.** The fire is going out.

Téigh chuig/chun *v irr* go to, precipitate; approach

déan make, do, **déan ar** make for, head towards, **druid le** draw close to, **forchéimnigh** proceed, progress, **gabh chun cinn** progress, advance, **gabh chun tosaigh** go forward, **gabh i bhfoisceacht de** go in proximity to, **gabh i dtreo** (+ *gen*) go in the direction of, **gluais chun** move towards, **tabhair d'aghaidh ar** set off for, **taobhaigh le** approach, sidle up to, **tar i ngiorracht do** come close to, **teann le** approach, get closer to

Ná ~ chun an dlí! Don't litigate!, Don't sue!
Ná ~ chun an ospidéil! Don't go to the hospital!
Ná ~ chun báis romhamsa! Don't die before me!
Ná ~ chun ceannairce! Don't mutiny!
Ná ~ chun leadráin! Don't become boring!
Ná ~ chun oibre fós! Don't start working yet!
Ná ~ chun spairne leo! Don't pick a fight with them!

◊ **~ chun tosaigh/chun deiridh** go to the front/to the back, **Chuaigh sé chuig bean dá chomharsan.** He approached a woman from his neighbourhood., **Chuathas chun cinn.** There has been progress., **Rachaidh an t-athrú chun tairbhe duit.** The change will do you good.

Téigh de *v irr*
1. depart from

cuir chun siúil make tracks, depart, **éirigh as** quit, cease, **fág** leave, **glan as** clear out, **imigh** go away, depart, **scoir** exit, disengage, **tabhair suas** give up, **tar de** come from, **tarraing siar** withdraw, **téigh as** go from; go out, **tréig** abandon, defect

2. fail, fade, give out

caill lose, **clis ar** fail, give up the ghost, (cf **Chlis an caidéal.** The pump has given up the ghost.), **céimnigh amach** (*cin*) fade, **ísligh** lower, **lagaigh** weaken,

laghdaigh lessen, **loic** fail, flinch, give out, **maolaigh** diminish, abate, **teip ar** fail (eg **Theip ar an solas.** The light failed.), **traoith** abate, subside

> Téann dá éisteacht. His hearing fails.
> Téann den ghaoth. The wind subsides.
> Téann den ghealach. The moon wanes.
> Téann díom é a mhíniú. I'm unable to explain it.

◊ **Ní dheachaigh m'aire de ach ar feadh aon soicind amháin.** My attention wandered from it for only a second., **Rachaidh loinnir na hóige dá haghaidh.** The youthful sheen on her face shall fade.

Téigh do *v irr*

1. go, proceed to

buail strike a course, proceed, **déan ar** make towards, **déan do bhealach go dtí** make your way to, **forchéimnigh** proceed, **gabh ar aghaidh** proceed, go ahead, **gabh chun cinn** progress, proceed, **gabh go dtí** go to, **gluais ar aghaidh go dtí** move ahead to, **lean ar aghaidh** carry on, **tiomáin go dtí** drive to

> Téigí don Ghaeltacht! Go *(pl)* to the Gaeltacht!
> Téigí don leaba, a pháistí! Go to bed, children!
> Téigí don gheata anois! Proceed *(pl)* to the gate now!

2. be entitled to, to be deserving of

bheith de cheart agat to have the right, **bheith i dteideal** to be entitled, **dligh** be entitled to, have a right to, **gnóthaigh** earn, **saothraigh** earn, **sealbhaigh** possess, gain possession of, **tabhaigh** earn, deserve, **tuill** merit, deserve, earn

◊ **Tá bualadh bos ag dul di as a ndearna sí.** She deserves a round of applause for all she did.

3. agree with, suit

aontaigh le agree with, **comhfhreagair** correspond, **feil do** suit, fit, **fóir do** befit, suit, **oir do** suit, fit, **réitigh le** suit, square up with, **riar ar** accommodate, **sásaigh** satisfy, **tar le** agree with, complement, **téigh in oiriúint do** adapt to

> Chuaigh an bia do mo ghoile. The food agreed with me.
> Chuaigh an gúna go maith di. The dress suited her well.
> Chuaigh an scéala go dona di. She took the news badly.
> Chuaigh an sos go maith dom. The break did me good.

Téigh faoi *v irr*

1. submerge, go under *(sun)* set

báigh drown, **gabh go tóin** go to the bottom, **gabh síos** go down, **ísligh** lower, **luigh** *(sun)* set, **slog** swallow, **suncáil** sink, **téigh síos** go down, **tit faoi** fall under, **tráigh** ebb, **tum** dive

◊ **Chuaigh an bád faoi.** The boat sank., **Chuamar faoi scáth crainn.** We went under the shade of a tree., **Tá an ghrian ag dul faoi.** The sun is setting., **Téann an fomhuireán faoin uisce.** The submarine submerges.

2. undertake

gabh ort féin take upon yourself, **glac chugat féin** embrace, **glac le** accept, **iompair** carry, **tabhair aghaidh ar** face up to, address, **tabhair ort féin** undertake, **tabhair ualach/freagracht ar do ghualainn** shoulder a burden/responsibility, **téigh i mbun** *(+ gen)* get down to, **téigh i ngleic** tackle, take on, get to grips with, **téigh le** go with, **tóg ort féin** take upon yourself, **tosaigh ar** embark upon

◊ **Chuaigh sé faoi chostas mór lena dhéanamh.** He put himself to great expense in order to do it., **Rachaidh mé faoin obair sin.** I'll undertake that work.

3. undermine, affect

bain bonn ó undermine, **déan díobháil do** harm, **déan dochar do** to damage to, **cuir as do** unsettle, **cuir isteach ar** impair, **goill ar** afflict, (negatively) affect, **gortaigh** hurt, harm, **téigh chun dochar do** adversely affect, **téigh i bhfeidhm go dona ar** badly affect, **tochail faoi** undermine

◊ **Chuaigh an obair faoina shláinte.** The work undermined his health., **Chuaigh sé faoin toradh ar bhealach diúltach.** It adversely affected the result.

4. téim faoi dhuit I warrant you

ar m'fhocal geallaim duit I swear to you, **cinntím duit** I guarantee you, **geallaim duit** I promise you, **dearbhaím duit** I guarantee you, I confirm to you, **deimhním duit** I assure you, **téim faoi bhannaí/i mbannaí duit** I warrant you (cf **rachainn i mbannaí duit** I would guarantee you), **tugaim m'fhocal duit** I give you my word

Téigh gan dóigh *v irr* go to the bad

imigh ar an bhfaraor géar go to the dogs altogether, **lobh** rot, **meathlaigh** deteriorate, decay, **téigh chun donais** go to the bad, rot, **téigh in olcas** go bad; get worse, **téigh ó chion** degenerate, **téigh ó mhaith** go bad, become useless, **téigh ó rath** fail, be unsuccessful, **trochlaigh** deteriorate, decay

◊ **Chuaigh sé gan dóigh ar fad.** He went to the dogs altogether.

Téigh i *v irr*

1. go in/into

bordáil board, **gabh isteach** go in, **faigh isteach** gain access, **iontráil** enter, **téigh ar bord** go on board, board, **poll** pierce, **síothlaigh isteach** infiltrate, **tar isteach** come in, **téigh ar** go in/on/to, **téigh isteach** go in, **téigh thar tairseach** pass the threshold, **téigh trí** penetrate, **tit isteach** fall into, **treáigh** pierce, penetrate *(see also: téigh isteach)*

> Ná ~ i bhfiacha! Don't fall into debt!
> Ná ~ i bhfolach! Don't hide! Don't go into hiding!
> Ná ~ i dtír! Don't go ashore!
> Ná ~ i dtreo an bhaile! Don't go towards the town!
> Ná ~ i láthair cách! Don't appear before everyone!

2. join, enter a state, get, become

bí páirteach i be part of, **bí rannpháirteach i rud éigin** contribute to something, have a hand in something, **éirigh** become, **éirigh i do bhall** become

Téigh isteach *v irr* go in, go inside
bris isteach break in; *(robbery)* gain entrance, **éalaigh isteach** infiltrate, **faigh isteach** gain access, get in, **gabh isteach** go in, **ionsáigh tú féin** insert yourself, **iontráil** enter, **sleamhnaigh isteach** sneak in; slip in, **sníomh do shlí isteach go slítheánta** worm your way in, **téigh thar tairseach** pass the threshold

a member, **faigh** get (cf **ag fáil dorcha** getting dark), **gabh isteach** go in, **glac páirt i** take part in, **iompaigh** change, **siúil isteach i** walk into, **tóg páirt i** take part in *(see also: dul)*

Téigh le *v irr*

1. go with
comóir accompany, escort, **gabh le** go with, **gabh in éineacht le** go with, go together with, **gabh i dteannta le** go along with, **giollaigh** lead, guide, **tar le** come with, **tionlaic** accompany, escort, **treoraigh** lead, guide

◊ **Chuaigh sé abhaile liom.** He saw me home., **Rachaidh mé le cibé duine is mian liom.** I will go with whomever I choose., **Faoi dheireadh chuaigh sí lena céad rogha, stair.** In the end she went with her first choice, history., **Chuaigh an bád le sruth.** The boat went with the current.

2. take after
bí cosúil le resemble, **bíodh cuma ort** look like, appear like, **bíodh an dealramh ort** have the appearance, **gabh le** take after (cf **Gabhann sí le taobh a máthar.** She takes after her mother's side.), **lean** follow, **macallaigh** echo, **scáthánaigh** mirror

◊ **Chuaigh sé lena athair.** He took after his father.

3. engage with, engage in
déileáil le deal with, **fostaigh** employ, engage, **gabh i mbun** (+ *gen*) engage, **gabh le** go with, **glac páirt i** take part in, engage, **tabhair aghaidh ar** face, address, **téigh faoi** undertake, address, **téigh i ngleic le** engage with, **tosaigh** start, initiate

◊ **Bhí fonn uirthi dul le polaitíocht.** She wanted to engage in politics.

4. abide by
caomhnaigh preserve, maintain, **cloígh le** adhere to, uphold, **comhaill** discharge, perform, **comhlíon** fulfil, observe, **déan** do, carry out, **déan de réir (na rialacha, an dlí, etc)** do/act according to (the rules, the law, etc), **fan le** remain with, hold to, **lean** follow, **seas le** stand with, stand by, **tabhair aird ar** respect

◊ **Sa chás seo caithfimid dul go docht leis na rialacha.** In this situation we must abide strictly by the rules.

5. fall, fall into a state/condition
borr swell, grow, **eascair** spring sprout, **éirigh** become, befall, **fás** grow, **forbair** develop, **téigh i** get become, **tit** fall, **tit anuas** fall down, collapse, **tit i ndiaidh do chúil** fall backwards, tumble down, **tit i ndiaidh do mhullaigh** tumble down, **tuairteáil** crash

◊ **Chuaigh sé le buile.** He went mad., **Chuaigh sí le cuthach nuair a fuair sí amach.** She was furious when she found out., **Chuamar le fána.** We went downhill., **Ná ~ le haill!** Don't fall off the cliff!

6. get away with, succeed
buaigh le leithead ribe win by a hair's breadth, **éalaigh** escape, **éirigh le** manage, succeed, **imigh slán** get away safely, **tabhair na haenna leat slán sábháilte** get away scot-free, **tar i dtír ar éigin** barely make it, barely succeed

◊ **Is ar éigean go ndeachaigh sé leat an uair seo.** You barely made/managed it this time., **Rachaidh sé leis.** He'll get away with it.

7. *(experience)* find, perceive
airigh feel, perceive, **braith** sense, perceive, **eispéirigh** *(psy)* experience, **meabhraigh** apprehend, perceive, sense, feel, **mothaigh** feel

◊ **Chuaigh sé rite liom iad a thuiscint.** I found it hard to understand them., **Is gan dua ar bith a chuaigh an scrúdú léi.** She found the examination straightforward.

Téigh ó *v irr*

1. go from, avoid, escape
aistarraing ó withdraw from, **bog ó** budge from, **druid ó** move away from, **éalaigh ó** escape from, avoid, **fág taobh thiar díot** leave behind you, **gabh ó** go from, **gluais ó** move from, **imigh ó** go away from, depart from, **scar ó** disengage from, distance, **scoith** leave behind, outdistance, **tarraing siar** pull back from, **téigh ar strae (ón ábhar)** stray (from the subject)

◊ **Téann na daoine gan dídean ó áit go háit.** The homeless go from place to place., **D'éirigh leis dul ó cháin ar bith a íoc.** He managed to escape/avoid paying any tax., **Ní rachaidh sé uait sa deireadh.** You'll not escape it in the end.

2. fail, go beyond/out
clis fail, **cuir míshásamh ar** dissatisfy, **feall** betray, fail, **loic** fail, flinch, **imigh ó** go beyond, out of (cf **imeacht ó smacht** to go out of control), **míshásaigh** dissatisfy, **téigh de** fail to manage, **teip ar** fail, **tit** fall

◊ **Chuaigh an carr ó smacht.** The car went out of control., **Chuaigh sé ó dhéanamh orm.** I couldn't manage to do it., **Téann sé ó thuiscint orm cén fáth.** I fail to understand why.

Téigh roimh *v irr*

1. go before, precede
cosain defend, **déan taiscéalaíocht** reconnoitre, **fógair** herald, **taiscéal** reconnoitre, **tar roimh** come before, precede, **téigh chun tosaigh ar** to go ahead of, **treoraigh** lead, guide

◊ **Chuaigh sí romhainn.** She preceded us.

2. anticipate, interrupt
bí chun tosaigh ar be ahead of, **bris isteach** break in; interject, **brúigh isteach** intrude, **cuir as do** disrupt, **cuir isteach ar** interrupt, inconvenience, **gearr** cut, cut off, **gearr isteach** cut in, interject, **scoith** cut off, **trasnaigh** heckle

◊ **Chuaigh sé romham sa chaint orm.** He interrupted me when I was speaking.

Téigh siar ar *v irr*

1. go back over, revise
athbhreithnigh revise, **athdhéan** redo; remake, **athluaigh** reiterate, **athshaothraigh** rework, **athscrúdaigh** re-examine, **athsheiceáil** recheck, **athléigh** re-read, **breathnaigh arís ar** look again at, **féach arís ar** look again at, **gabh siar ar** go back over, **seiceáil** check

◊ **~ siar ar na dánta a rinneamar go dtí seo!** Go back over the poems we did up to now!

2. go back upon, break
bris break (eg **Bhris sé a ghealltanas.** He broke his word.), **ceil ar dhuine** hold back/withhold from a person, deny, **déan séanadh** make a denial, **feall** deceive, cheat; sell out, **freaschuir** *(jur)* reverse (cf **breith a fhreaschur** to reverse a judgment), **neamhnigh** annul, **séan** disavow, **tarraing siar** renege

◊ **Chuaigh sé siar ar a fhocal.** He went back on his word.

Téigh síos *v irr* go down
báigh drown, **ísligh** lower, **síos le** down with (cf **Síos leat!** Down you go!), **suncáil** sink, **tar anuas** come down, **téigh faoi uisce** go underwater, **téigh go grinneall** go to the bedrock/to the bottom of the sea, **téigh go tóin poill** sink, go to the bottom, **taitin le** be liked by, appeal to, **tit** fall

Chuaigh sé síos ar a chromada. He crouched down.
Chuaigh sé síos ar a ghlúine. He knelt down.
Chuaigh sé síos giar. He went down a gear.
Chuaigh sé síos tomhas. He went down a size.

◊ **Chuaigh an bia síos an bealach contráilte.** The food went down the wrong way., **Conas a chuaigh an scéala sin síos leis?** How did he take that news?, **Ní dheachaigh an scéal grinn síos go maith leo.** The joke didn't go down well with them.

Téigh thar *v irr*

1. pass by, pass/climb over
bog thar move over, **eitil thar** fly over, fly by, **gabh trasna** *(+ gen)* go across, **gluais thar** move by, move across, **scoith** overtake, **trasnaigh** cross

◊ **An ndeachaigh tú thar sáile?** Did you go overseas?, **Chuala mé ag dul tharam é.** I heard it in passing., **Chuamar thar an droichead.** We passed over the bridge., **Chuamar thar na siopaí.** We passed by the shops., **Chuamar tharat sa tsráid.** We passed you in the street., **Téimis thar an gheata!** Let's climb over the gate!

2. miss, miss out, omit
caill miss, lose, **déan faillí ar** be remiss (eg **Bhí an rialtas ag déanamh faillí i leith tithíochta.** In regard to housing, the government were sleeping at the wheel.), **déan leithcheal ar** *(invidiously)* discriminate; exclude, **fág amach** leave out, **fág ar lár** leave out, exclude, **faillligh** neglect, omit, **gabh thar** pass over, omit, **lig ar lá** miss out

◊ **~ thar an chuid seo den téacs!** Omit this part of the text!, **Ní théann dada thairsti.** She misses nothing.

3. exceed, surpass, transgress
bain barr de top, cap, **beir barr ar** outstrip, **beir barr bua ar** better, **bí níos líonmhaire ná** be more in number than, outnumber, **bí níos mó ná** be greater than, **bris** *(rule, law, etc)* break, **buaigh** beat, win, **buail amach ar** win out over, **cruthaigh níos fearr ná** outperform, **gabh thar** go beyond, exceed, **rith níos tapa ná** outrun, **sáraigh** exceed, outdo, **tarchéimnigh** transcend

◊ **Chuaigh sé thar rialacha an chlub.** He transgressed the rules of the club., **Ní féidir dul thairis.** It can't be surpassed.

4. **Chuaigh tú tharat féin.** You've lost it.
Chaill tú an plota ar fad. You've lost the plot entirely., **Chaill tú do chiall.** You've taken leave of your senses., **Chaill tú é!** You've lost it!, **Tá seachmall ort.** You're deluded., **Tá tú ar shiúl leis na sióga.** You're away with the fairies., **Tá tú dulta ar mire/buile.** You have gone mad., **Tá tú dulta as do mheabhair.** You've lost your mind.

Téigh thart *v irr* go round
athchas turn again, **cas** turn, spin, **ciorclaigh** circle, **déan fáinní** make rings/circles, **faoileáil** hover round, **fithisigh** orbit, **gabh timpeall** go round, **imchas** rotate, **imrothlaigh** revolve, **iompaigh** turn around; turn, change, **rothlaigh** rotate, **timpeallaigh** go round; surround, **tiontaigh** turn, swivel, **tiontaigh thart** turn/swivel around, **tochrais** wind

Téigh trí *v irr*

1. go through, penetrate
bréifnigh perforate, **cuir poll i** put a hole in, **déan poll i** make a hole in, **gabh trí** go through, **gearr trí** cut through, **poll** pierce, **puinseáil amach** punch out, **saighid** spear, pierce, **toll** bore, puncture, **treáigh** pierce, penetrate

◊ **Chuamar trí phortach.** We went through a bog., **Rachadh an fuacht sin tríot.** That cold would go right through you.

2. endure
broic le tolerate, **cuir suas le** put up with, **déileáil le** deal/cope with, **foighnigh** have patience, bear, endure, **fulaing** suffer, endure, **seas** stand, withstand, **iompair** carry, **tabhair dúshlán** challenge bravely,

Teileafón

brave (cf. **dúshlán na stoirme a thabhairt** to brave the storm), **téigh faoi** undergo, undertake

◊ **Chuaigh an teach trí thine.** The house caught fire., **Chuaigh sé trí thinneas fada.** He endured a long illness.

3. consume, exhaust
caith spend, use, **cnaígh** waste, gnaw, **creim** corrode, nibble away, **éirigh tuirseach** become tired/ fatigued, **ídigh** consume, use up; fritter away, **imigh ó mhaith** wear out, **ídigh** consume, **ith** eat, **scaip** dissipate, **síothlaigh** drain, **spíon** burn out, wipe out, exhaust, **támáil** wear out, make sluggish, **traoch** exhaust, **tuirsigh** tire, **úsáid** use, use up

◊ **Chuamar tríd an airgead go léir.** We have used up all the money.

Teileafón m (*-óin; -óin, ~*) phone
cling tinkle, ring, **cling cling** ting-a-ling, **fón** phone, **fón siúil** cordless phone, **fón póca** mobile phone, **glao** call, **guthán** blower, telephone, **líne** f line, **téacsáil** texting

▲ **baincéireacht teileafóin** telephone banking, **béasa teileafóin** telephone manners, **bille teileafóin** telephone bill, **bosca teileafóin** telephone box, **both teileafóin** telephone booth, **cluasaíocht teileafóin** telephone tapping, **comhlacht** m **teileafóin** telephone company, **eolaí teileafóin** telephone directory, **glao teileafóin** telephone call, **líonra teileafóin** telephone network, **suirbhé teileafóin** telephone survey/poll, **teachtaireacht teileafóin** telephone message, **uimhir theileafóin** telephone number

Teileagram m (*-aim; -aim, ~*) telegram
cábla cable, **facs** fax, **sreang** f wire, **sreangscéal** telegram, **teachtaireacht** message, **teiléacs** telex, **teileagraf** telegraph, **teileagrafaíocht** telegraphy

Teileascóp m (*-óip, -óip, ~*) telescope
formhéadaitheoir magnifier, **gloine mhéadaithe** magnifying glass, **lorgán radhairc** viewfinder, **méadaitheoir** enlarger; magnifier

Teileascópach adj³ telescopic
fillte folding, **inchraptha** compactable, shrinkable, **infhillte** fold-away, folding; (*gram*) inflected, **inlaghdaithe** reducible, **inleacaithe** collapsible, **laghdaitheach** lessening, reducing

Teilg v₁ᵦ
1. project, cast, hurl; spill, vomit
aisig vomit, spew, **caith** throw, cast, **caith aníos** throw up, **cuir amach** puke, **diúraic** cast, throw; launch, **lainseáil** launch, **labáil** lob, **pitseáil** pitch, **rad** pelt, fling, **scaip** scatter, fritter, **scaoil** fire, shoot, let go, **sceith** discharge, **seol** send, launch, **tit** drop, fall, **urlaic** vomit

◊ **~eadh diúracáin.** Missiles were fired., **~eadh den diallait mé.** I was thrown from the saddle.

Teilgthe

2. cast in a mould
ateilg recast, **athmhúnlaigh** remould, resculpt, reshape, **cruthaigh** create, form, shape, **cuir cruth ar** shape, **dealbhaigh** sculpt, fashion, **deilbhigh** fashion, shape, **déan** make, form, **foirmigh** form, **frámaigh** frame, **garbhtheilg** rough-cast, **gaibhnigh** forge, **múnlaigh** mould; sculpt, shape, **oiriúnaigh** adapt, **snoigh** carve, sculpt

◊ **~im gur leor é sin.** I reckon/My guess is that would be enough.

3. (*jur*) convict, condemn
breithnigh adjudge, adjudicate, **ciontaigh** convict; accuse, **damnaigh** damn, **daor** condemn, **faigh ciontach** find guilty, **tabhair breith/breithiúnas ar** pass judgement on

◊ **~eadh é chun báis.** He was condemned to death.

Teilgean vn
1. projecting, projection, casting; spilling, vomiting
aiseag vomiting, spewing, **caitheamh** throwing, casting, **caitheamh aníos** throwing up, **cur amach** puking, **diúracadh** casting, throwing; launching, **lainseáil** launching, **labáil** lobbing, **pitseáil** pitching, **radadh** pelting, flinging, **scaipeadh** scattering, frittering, **scaoileadh** firing, shooting, letting go, **sceitheadh** discharging, **seoladh** sending, launching, **titim** dropping, falling, **urlacan** vomiting

▲ ~ **roicéid** the firing of a rocket, ~ **saighead** shooting of arrows, ~ **solais** projecting/ projection of light

◊ **Tá ~ san éadach sin.** That cloth has durability. **Ní mór an ~ san airgead na laethanta seo.** Money doesn't go far these days.

2. casting in a mould
ateilgean recasting, **athmhúnlú** remoulding, resculpting, reshaping, **cruthú** creating, forming, shaping, **cur crutha ar** shaping (up), **dealbhú** sculpting, fashioning, **deilbhiú** fashioning, shaping, **déanamh** making, forming, **foirmiú** forming, **frámú** framing, **gaibhniú** forging, **garbhtheilgean** rough-casting, **múnlú** moulding; sculpting, shaping, **oiriúnú** adapting, making suitable, **snoí** carving, sculpting, **teilgeoireacht** casting, moulding; (*const*) plastering,

▲ ~ **cainte** verbal expression (*see:* **nath**)

3. (*jur*) convicting, condemning
breithniú adjudging, adjudicating, **ciontú** convicting; accusing, **damnú** damning, **daoradh** condemning, **fáil ciontach** finding guilty, **tabhairt breith/breithiúnas ar** passing judgement on

Teilgthe pp
1. projected, cast; spilt, vomited
aiseagtha vomited, spewed, **caite** thrown, cast, **caite aníos** vomited, thrown up, **curtha amach** puked; put out, published **diúractha** cast, fired; launched,

lainseáilte launched, **labáilte** lobbed, **pitseáilte** pitched, **radtha** pelted, flung, **scaipthe** scattered, frittered away, **scaoilte** fired, shot, released, **sceite** discharged, **seolta** sent, launched, **tite** dropped, fallen, **urlactha** vomited

▲ **deora ~** shed tears, **faitíos ~** projected fear, **scáth ~** thrown shadow

2. cast in a mould

ateilgthe recast, **athmhúnlaithe** remoulded, resculpted, reshaped, **cruthaithe** created, formed, shaped, **dealbhaithe** sculpted, fashioned, **deilbhithe** fashioned, shaped, **déanta** made, formed, **foirmithe** formed, **frámaithe** framed, **gaibhnithe** forged, **garbhtheilgthe** rough-cast, **múnlaithe** moulded; sculpted, shaped, **oiriúnaithe** adapted, made suitable, **snoite** carved, sculpted

3. *(jur)* convicted

breithnithe adjudged, adjudicated, **ciontaithe** convicted; accused, **damnaithe** damned, **daortha** condemned, **faigthe ciontach** found guilty

Teilifís *f (~e)* television

athsheachadadh satailíte relay by satellite, **beoshrúthú** livestreaming, **cábla** cable, **craolachán** broadcast, screening; broadcasting, **craoladh gréasáin** webcast, **craoltóireacht** broadcasting, **cur ar an aer** putting on air, **monatóir** monitor, **scáileán (beag)** (small) screen, **sruthú** streaming, **taispeáint** showing; screening, **tarchur** transmission, **teileapóirteáil fhíorúil** virtual teleportation, **teilifíseán** television set

▲ **~ chábla** cable television, **~ ciorcaid iata** closed circuit television, CCTV, **~ satailíte** satellite television

▲ **bealach** *m* **~e** television channel, **ceamara ~e** television camera, **clár ~e** television programme, **práta ~e** couch potato, **soiscéalaí ~e** teleevangelist, **stiúideo ~e** television studio

Teilifísigh *v₂b* televise

beoshrúthaigh livestream, **craol** broadcast; screen, **craol ar an ngréasán** webcast, **cuir ar an aer** put on air, **déan athsheachadadh satailíte** relay by satellite, **déan craoltóireacht** do broadcasting, **déan monatóireacht** monitor, **sruthaigh** stream, **taispeáin** show, screen, **tarchuir** transmit, **teileapóirteáil go fíorúil** virtually teleport

Teilifísithe *pp* televised

ar a ndearnadh monatóireacht monitored, **athsheachadta trí bhíthin satailíte** relayed by satellite, **beoshrúthaithe** livestreamed, **craolta** broadcast; screened, **craolta ar an ngréasán** webcast, **curtha ar an aer** put out on air, **sruthaithe** streamed, **taispeánta** shown, screened, **tarchurtha** transmitted, **teileapóirteáilte go fíorúil** virtually teleported

Teilifísiú *v* televising

athsheachadadh satailíte relaying by satellite, **beoshrúthú** livestreaming, **craoladh** broadcasting; screening, **craoladh ar an ngréasán** webcasting, **craoltóireacht** broadcasting, **cur ar an aer** putting on air, **monatóireacht** monitoring, **sruthú** streaming, **taispeáint** showing, screening, **tarchur** transmitting, **teileapóirteáil fhíorúil** virtual teleportation

Teip 1 *v₁b* fail

adhlaic bury, **anluchtaigh** overload, **bearnaigh** breach, **braith** betray, **bris** bring down, defeat (cf **Briseadh ar an arm** The army was defeated.), **caill** lose, **clis ar** fail, flop, conk out, **críon** wither, **dícháiligh** disqualify, **dóigh** burn, **dún** close, **éag** die, **faigh bás** die, **feall** betray, fail; cheat, **laghdaigh** diminish, dwindle, **leachtaigh** liquify, **leáigh** melt, **leath** become confused/dim (cf **radharc á leathadh ag an aois** sight failing/dimming with age), **lobh** decay, **loic** flinch, fail, **mainnigh** *(jur)* default, **rois** unravel, **searg** shrivel, **síogaigh** fail, fade away, **síothlaigh** expire, die, **tacht** choke, **tit** fall, **tuairteáil** crash, **tuirling** descend, **uiríslígh** humiliate

Theip ar a chroí. He suffered heart failure.
Theip ar an bpósadh. The marriage failed.
Theip ar an gcuisneoir. The fridge broke down.
Theip ar mo mhisneach. I lost courage.
Theip ar na barra. The crops failed.
Theip ar na néaróga aici. She had a nervous breakdown.
Theip glan ar mo chuimhne. I completely blanked.
Theip uirthi sa scrúdú. She failed the exam.

Teip 2 *vn* failing, failure

adhlacadh burying (cf **adhlacadh tionscnaimh** the burial of a project), **anluchtú** overload, **breith anabaí** *(med)* miscarriage, **briseadh** breakdown, wrecking, **caill** loss, **cailleadh** losing; loss, **cailliúint** loss, **caillteanas** loss, **céim síos** comedown, demotion, **cliseadh** failure, flop, **cúl le rath** washout, **díscháiliú** disqualifying, **dícháilíocht** disqualification, **díomá** disappointment, **díomua** defeat, **easnamh** deficiency, **easpa** lack, shortfall, shortcoming, **easpa feidhmíochta** lack of performance, **faillí** negligence, dereliction; omission, **feall** betrayal, letdown, **féimheacht** bankruptcy, **foralú** overloading, **iomrall ceartais** miscarriage of justice, **laghdú** diminishment, **leá** melting, **lobhadh** rotting, decaying, **loiceadh** failure, **mainneachtain** *f (jur)* default, defaulting, **meath** decay, decline, **meathlú** deterioration, **mírath** failure, misfortune, **neamart** remissness, slip-up, **neamhaire** disregard, **neamh-aistear** failure to act, inactivity, **neamhchomhall** unfulfillment (cf **neamhchomhall briathair** failure to keep one's word), **neamh-chomhlíonadh** non-fulfilment, non-performance, **neamhchúram** want of care, **neamhthoradh** coming to nothing, fruitlessness, **praiseach** *f (-sí)* fiasco, mess, **roiseadh** unravelling, **síogú** failing, fading away, **síothlú** expiring, **titim** fall, **titim as a chéile** collapse, **tobthitim** *(econ)* crash, **tuairt** *f* crash, **tuairteáil** *(comp)* crash, **tuirlingt** descent, **turnamh** fall, decline, **uiríslíú** humiliation

Teipthe

■ **Ar theiripí a bhíonn ar fáil atá:** Available therapies include:
aireachas mindfulness *(therapy)*, **bith-aiseolais** bio-feedback, **ceimiteiripe** *f* chemotherapy, **círichleachtadh** chiropractic, **cumhartheiripe** aromatherapy, **fáthliacht** *f* faith healing, **fisiteiripe** physiotherapy, **grúptheiripe** group therapy, **hidriteiripe** hydrotherapy, **hoiméapaite** *f* homeopathy, **ióga** yoga, **leictriteiripe** electrotherapy, **luibhliacht** *f* herbalism, **machnamh** meditation, **nádúrapaite** naturopathy, **oistéapaite chráiniach** cranial osteopathy, **oistéapaite** osteopathy, **radaiteiripe** radiotherapy, **réicí** reiki, **reifléacseolaíocht** reflexology, **síciteiripe** psychotherapy, **síocanailís** psychoanalysis, **siopadóireacht sóláis** retail therapy, **snáthaidpholladh** acupuncture

Teipthe *pp* failed
adhlactha buried, **básaithe** killed, **briste** broken, **caillte** lost, **cliste ar** failed (eg Tá cliste air sa srúdú. He has failed the exam.), **díchailithe** disqualified, **dóite** burnt, **dúnta** closed, **éagtha** dead, **feallta** betrayed, **laghdaithe** diminished, dwindle, **leáite** melted, **loicthe** flinched, failed, **mainnithe** *(jur)* defaulted, **roiste** unravelled, **seargtha** shrivelled, **síogaithe** failed, faded away, **síothlaithe** expired, **tachta** choked, **tite** fallen, **tuairteáilte** crashed, **tuirlingthe** descended, **uiríslithe** humiliated

▲ **pósadh** ~ failed marriage, **scrúdú** ~ failed exam

Teiripe *f (~; -pí)* therapy
athshlánúchán rehabilitation, **cóireáil** *(medical)* treatment, **cóir** *f* **leighis** medical treatment, **leigheas** medicine, healing, remedy

▲ ~ **athsholáthair hormón** hormone replacement therapy, ~ **bhrionglóidíochta** dream therapy, ~ **cheoil** music therapy, ~ **chognaíoch** cognitive therapy, ~ **chognaíochta agus iompraíochta** cognitive behavioural therapy, ~ **choil** aversion therapy, ~ **chúlchéimnithe** regression therapy, ~ **draenála limfe** lymphatic drainage therapy, ~ **ghnéis** sex therapy, ~ **iompraíochta** behaviour therapy, ~ **leictri-thritheamhach** electroconvulsive therapy, ~ **shaothair** occupational therapy, ~ **scéimhe** beauty therapy, ~ **sholais** light therapy, ~ **ultrafhuaime** ultrasound therapy ~ **urlabhra** speech therapy

Téis *f (~e; ~eanna)* thesis
aiste essay, **monagraf** monograph, **páipéar** paper, **réamhleagan** premise, **tráchtas** dissertation

Teist *f (~e; ~eanna)*
1. witness
breathnóir observer, **coimhéadaí** looker-on, **duine den lucht féachana** viewer, **finné** witness, **finné súl** eye witness, **féachadóir** watcher, onlooker, **fear an chlaí** bystander
2. testimony
eolas ó dhuine ar an láthair information from a person at the scene, **fianaise** *f* evidence, **fios feasa an scéil** knowledge about the matter, **teistíocht** deposition, **tuarascáil** report, **tuairisc** report

Teite *pp* fled, retreated
briste amach broken out, broken away, **brostaithe** hurried, **cúlaithe** retreated, backed off, **deifrithe** hastened, **éalaithe go gasta** quickly escaped, **imithe as gan nóiméad moille** departed without a moment's delay, **imithe go tapa** gone away fast, **imithe ar cosa in airde** left, gone off at a gallop, **imithe chun scaoill** stampeded, bolted away in a panic, **ribthe as** dashed, darted off, **rite as** run away, run out, **scinnte** escaped, departed suddenly, **scortha** retired; left, disconnected, **tréigthe** abandoned

▲ **bealach** ~ way of escape, **gléas** ~ means of escape, **lucht** ~ fugitives

Téite *pp*
1. heated, warmed, incubated
adhainte kindled, **atéite** reheated, **athlasta** inflamed, **bácáilte** baked, **beirithe** boiled, **bruite** simmered; boiled, **coipthe** simmered; seethed, **cócaráilte sa mhicreathonnán** microwaved, **corraithe** agitated, **déanta níos teo** made warmer, **dí-oighrithe** de-iced, **díreoite** defrosted, **díshioctha** defrosted, **dulta i dteocht** warmed, heated, **éirithe níos teo** gotten warmer, **te** getting hot/warm, **éirithe te** heated/warmed, **fiuchta** boiled, **fortéite** superheated, **galbhruite** steamed, steamcooked, **lasta** lit, **luisnithe** glowed, blushed, **gortha** hatched, incubated; heated, **rósta** roasted

2. *(sp)* ~ **suas** warmed up
prapáilte prepped, gotten ready, **sínte** stretched, **ullmhaithe** prepared

▲ ~ **síos** *(dancing)* cooled down

Teith *v₁ᵦ* flee, run away; retreat
bris amach break out, break away, **brostaigh** hurry, **cúlaigh** retreat, back off, **deifrigh** hasten, **éalaigh go gasta** quickly escape **imigh go tapa** leave quickly, go away fast, **imigh ar cosa in airde** leave at a gallop, **imigh chun scaoill** stampede, bolt in a panic, **gabh go gasta** go quickly, **gluais as gan nóiméad moille** move out without a moment's delay, **rib** dash, dart, **rith as** run away, **scinn** escape, depart suddenly, **scoir** cease, leave off, **tréig** abandon

Teitheadh *vn* fleeing, flight, running away; retreating
briseadh amach breaking out/away, **brostú** hurrying, **cúlú** retreating, backing off, **deifriú** hastening, **éalú go gasta** quickly escaping, **imeacht chun scaoill** stampeding, bolting in a panic, **imeacht go tapa** leaving quickly, going away fast, **imeacht ar**

cosa in airde leaving at a gallop, **gabháil go gasta** going quickly, **gluaiseacht as gan nóiméad moille** moving out without a moment's delay, **ribeadh as** dashing, darting (off), **rith as** running away, running off, **scinneadh** escaping, departing suddenly, **scor** retirement (cf **bheith ar scor** to be retired); disconnecting, **tréigean** abandoning, abandonment

▲ **buille is** ~ hit and run, **troid nó** ~ fight or flight

◊ **ag** ~ **ón dlí** fleeing from the law, **Cuireadh** ~ **ar an namhaid**. The enemy was put to flight., **dul ar do theitheadh** to take flight, to flee

> ○ **Teitheadh na nIarlaí** *The Flight of the Earls (1607)*. After the defeat of the **Taoisigh Ghaelacha** *Irish Chieftains* at **Cath Chionn tSáile** *Battle of Kinsale (1601)*, **Iarla Thír Eoghain** *the Earl of Tyrone* **Aodh Ó Néill**, along with **Iarla Thír Chonaill** *the Earl of Tyrconnell* **Ruairí Ó Domhnaill** and other Irish chieftains, fled to seek help for their cause in Spain. No help was given, and the Gaelic chieftains never returned to Ireland.

Téitheoir *m (-ora; ~í)* heater, warmer

blaincéad leictreach electric blanket, **buidéal te** hot water bottle, **coire** *m* boiler, **radaitheoir** radiator, **sorn** stove, **taisctéitheoir** storage heater, **téamh** heating, **téamh lárnach** central heating, **teasaire** heater, **tumthéitheoir** immersion heater

▲ ~ **buidéil** bottle warmer, ~ **comhiompair** convector, convection heater, ~ **gáis** gas heater, ~ **iniompartha** portable heater, ~ **leictreach** electric heater, ~ **pairifín** paraffin heater, ~ **paitió** patio heater, ~ **tumtha** immersion heater

Teocht *f (~a)* temperature

beirfean boiling heat, **bogtheas** warmth, **brothall** sultriness, **fiabhras** fever, **gor** heat; hatching, **teas** heat, warmth, **teolaíocht** cosiness, warm comfort, **teoide** *f* warmth; spark *(see also: teas)*

▲ ~ **an tseomra** (the) room temperature, ~ **an uisce** (the) water temperature, ~ **chomhthimpeallach** ambient temperature, ~ **coirp** body temperature, ~ **laethúil** daily temperatures, ~ **faoi bhun an reophointe** freezing temperatures, ~ **na farraige/na talún** sea/land temperature

◊ **An bhfuil a** ~ **ard?** Does she have a high temperature?, **ardú** ~**a** a rise in temperature, **Dá airde an** ~ **bíonn an teach fuar.** However high the heating, the house is cold., **Tá an planda sin** ~**-íogair.** That plant is temperature-sensitive., **titim sa** ~ fall in temperature

Teoiric *f (~e; -cí)* theory

barúil assumption, **buille faoi thuairim** conjecture, guess, **cur i gcás** supposition, **fealsúnacht** philosophy, **hipitéis** hypothesis, **moladh** proposal, **nóisean** hunch, **réasúnaíocht** rationale, **smaoineamh** idea, **teibíocht acadúil** academic abstraction, **tuairim** opinion, estimation, **tuairimíocht** guesswork, conjecture, speculation

▲ ~ **an anoird** chaos theory, ~ **an aonréimse** unified field theory, ~ **an chandaim** quantum theory, ~ **an chomhghreamaithe** cohesion theory, ~ **an domanó** domino theory, ~ **an ghlactha** reception theory, ~ **an tomhais** gauge theory, ~ **an tsíothlaithe** trickledown theory, ~ **an uile rud** the theory of everything, ~ **chomhcheilge** conspiracy theory, ~ **chluichí** game theory, ~ **na coibhneasachta** theory of relativity, ~ **na corraíola** perturbation theory, ~ **na héabhlóide** evolutionary theory, ~ **na dóchúlachta** probability theory, ~ **na dtacar** set theory, ~ **na dteaghrán** string theory, ~ **na drámaíochta** dramatic theory, ~ **na hOllphléisce** the Big Bang theory, ~ **na faisnéise** information theory, ~ **réamhcheaptha** preconceived theory

◊ ~ **a chur i dtoll a chéile** to construct a theory, ~ **a dhíthógáil** to deconstruct a theory, **an bhearna idir** ~ **agus cleachtas** the gap between theory and practice, **Bréagnaíodh an** ~. The theory was falsified., **Neartaíonn sé an** ~. It adds weight to the theory.

Teoiriciúil *adj4* theoretical

acadúil academic, **barúlach** notional, **fealsúnachta** (> *fealsúnacht*) philosophical, **hipitéiseach** hypothetical, **measta** putative, **nóiseanúil** notional, **réasúnaíoch** rationalistic, **smaointeach** thought-based, pensive, **smaointeachta** (> *smaointeacht*) relating to thinking, **smaointeoireachta** (> *smaointeoireacht*) relating to the process of reflecting or considering, **teibí** abstract, **tuairimeach** speculative, **tuairimíochta** (> *tuairimíocht*) relating to guesswork or speculation

Teorainn *f (-ann; ~eacha)* boundary, border, frontier

ceann scríbe journey's end, terminus, **ciumhais** edge, **clabhsúr** closure, **colbha** *m* edge, **compás** compass, circumference, **conclúid** conclusion, **corr** edge, **críoch** *f* end, boundary, **críochantacht** bordering, **críochdheighilt** partition, **críochfort** terminal, **fóir** *f (~each, ~eacha)* boundary, limit, **imeall** circumference; periphery, outskirts, **imeallchríoch** *f* frontier, border, **imlíne** *f* outline, **léaslíne** *f* horizon, **líomatáiste** limit, extent, **limistéar** limit of sphere of action, **líne dhearg** red line, **purlán** precinct, **sciorta** edge, border (cf **clár sciorta** skirting board), **srian** limitation, **teorannú** limitation, border, **ur** *(lit)* border, edge (cf **ur críche** frontier)

Teorannaigh *v₂ₐ* limit, restrict

coinnigh istigh (de) confine (within), **críochaigh** demarcate, **cuimsigh** comprise, include, **cuir líne thart ar** delineate, **cuir srian le** restrict, **cuir teorainneacha le** set limits to, **cúngaigh** narrow, restrict, **comhcheangail** coalesce, combine, **imeallaigh** marginalise, **imlínigh** outline, **marcáil**

Teorannaithe *pp* limited, restricted
coinnithe istigh (de) confined (within), **críochaithe** demarcated, **comhcheangailte** coalesced, combined, **cuimsithe** comprised, included, **cúngaithe** narrowed, restricted, **imeallaithe** marginalised, **imlínithe** outlined, **marcáilte amach** marked out, delineated, **sainmhínithe** defined, **srianta** bridled, restricted, restrained, curbed, **tagarmharcáilte** benchmarked, **teagmhaithe** touched

preceded by (from previous entry): amach mark out, delineate, **sainmhínigh** define, **srian** bridle, restrain, curb, **tagarmharcáil** benchmark, **teagmhaigh** touch

Teorannú *vn* limiting, restricting
coinneáil istigh confining, **críochú** demarcating, **cuimsiú** comprising, including, **cúngú** narrowing, restricting, **cur líne thart ar** delineating, **cur sriain le** restricting, restraining, **cur teorainneacha le** setting limits to, **comhcheangal** coalescing, combining, **imeallú** marginalising, **imlíniú** outlining, **marcáil amach** marking out, delineating, **sainmhíniú** defining, **srianadh** bridling, restraining, curbing, **tagarmharcáil** benchmarking, **teagmháil** touching, **teorantacht** contiguity, bordering

Teoranta *adj⁶* limited
coinneáil istigh detained, confined, **cuimsithe** comprised, included, **cúngaithe** narrowed, restricted, **le teorainneacha** with limitations, **comhcheangailte** coalesced, combined, **imeallaithe** marginalised, **imlínithe** outlined, **marcáilte amach** marked out, delineated, **sainmhínithe** defined, **srianta** bridled, restrained, curbed, **tagarmharcáilte** benchmarked, **teagmhaithe** contacted

Teorantacht *f (~a)*
1. contiguity
aice nearness, **áisiúlacht** convenience, handiness, **cóineas** nearness, closeness, **cóngar** vicinity, proximity, **cóngaracht** proximity, **ciumhais** edge, **deiseacht** handiness, closeness, **fogas** nearness, **foisceacht** nearness, **gaire** closeness, **gaireacht** closeness, proximity, **imeall** margin; outskirt, **neasacht** *f (lit)* proximity

◊ **Ag ~ lenár ngairdín bhí lána lábach.** Adjoining our garden was a muddy lane.

2. *(coll)* limitedness, limitation
cumas teoranta modest ability, **díth** *f* lack, requirement, **éagumas** inability; disability, **easnamh** shortcoming, limitation, **fabht** defect, **fadhb** snag, **laige** weakness, **laincis** fetter, **locht** flaw, deficiency, **míbhuntáiste** disadvantage, drawback, **srian** constraint

◊ **Taispeánann sonraíochtaí feidhme an chineáil nua ~ na bhfón eile ar an margadh.** The performance specs of the new model show the limitations of other phones on the market.

Thart *adv*
1. around, about
amuigh (ansin) out (there), **ar bráid** on the scene, **ar fud na háite** all over the place, **ar gach taobh** on every side, **cois** (+ *gen*) beside, **fad rapa (ó)** stone's throw (from), **in aice** near, **in aice láimhe** at hand, **i bhfoisceacht (ruda)** in proximity to (a thing), **i gcóngar (le)** in proximity (to), **i ngar/ngaobhar do** close to, **i ngáinníocht (ruda)** approximating to, close to (a thing), **le hais** (+*gen*) beside, **máguaird** around, about, on every side, **sa chóngar** in the vicinity, **timpeall** around, **taobh le taobh (le)** side by side (with)

◊ **~ faoin am sin** about/around that time, **Bhailigh slua beag thart ar an gceiliúrán.** A small crowd gathered around the celebrity.

2. over, finished, ended
críochnaithe finished, **comhlánaithe** fulfilled; filled in, **conclúidithe** concluded, **curtha i gcrích** completed, **déanta** done, **dearmadta** forgotten, **druidte (chun deiridh)** drawn to a close, **istigh** *(time)* exhausted (cf **Tá an t-am istigh.** Time is up.), **marbh** dead, **réidh** finished with, done, **tagtha chun críche/deiridh** come to an end

◊ **Tá an rang ~.** The class is over.

Theas *adv* (~~mot~~) south
Chuaigh mé ó dheas. (*c →*) I went south, **chun an deiscirt** to the south, **Tháinig mé aneas.** (*c ←*) I came from the south., **go dtí an deisceart** to the south, **uachtar na hÉireann** the south of Ireland

▲ **An Afraic ~** South Africa, **Meiriceá ~** South America

Thiar *adv* (~~mot~~) west, back home
aniar (*c ←*) from the west, **chun an iarthair** to the west, **go dtí an t-iarthar** to the west, **iartharach** western, **ón iarthar** from the west, **sa bhaile** at home, **san iarthar** in the west

Thíos *adv* (~~mot~~) below, down below
ag bun an dréimire at the bottom of the ladder, **in ifreann** in hell (cf **an Fear ~** the Devil), **in íochtar (na sráide)** at the lower end of the street, **faoi, faoin bhfód** under the sod; dead, **faoin talamh** underground, **laistíos** below, **díreach taobh ~ dínn** directly beneath us, **~ staighre** downstairs (*see also: anuas, síos*)

▲ **~luaite** mentioned below; undermentioned, **~-sínithe** undersigned

Thoir *adv* (~~mot~~) east; Orient
anoir (*c ←*) from the east, **chun an oirthir** to the east, **go dtí an t-oirthear** to the east, **oirthearach** oriental, eastern, **ón oirthear** from the east, **san orthear** in the Orient, in the east

Thuaidh *adv (mot)* North
aduaidh *(c ←)* from the north, **Tuaisceart na hÉireann** North of Ireland, **chun an tuaiscirt** to the north, **go dtí an tuaisceart** to the north, (**Coinnigh ar aghaidh**) ó ~! (Keep going) northwards!, **in íochtar na hÉireann** in the north of Ireland, **ón tuaisceart** from the north

◊ **Chuamar ó ~.** We went to the north/northwards.

Thuas *adv (mot)* above, up above
ar barr an dréimire on top of the ladder, **ar eite** in flight, **ar neamh** in heaven (cf **an Fear ~** God), **in airde** on high, up, upwards, **os cionn (an dorais)** above (the door), **lastuas** above, **san aer** in the air, **taobh ~** top/upper side, **~ staighre** upstairs *(see also aníos, síos)*

▲ **an fear ~** the man above, the man in charge, **~luaite** mentioned above; above-mentioned, **~ staighre** upstairs

Tiarna *m (~; ~í)* lord; peer of the realm
bean uasal lady, **barún** baron, **Dia** God *(Chr)* *m (Dé)*, **dia** *m (dé; déithe)* god, **duine uasal** gentleman, **fear uasal** gentleman; nobleman, **flaith** *m* prince, **máistir** *m* master, **monarc** monarch, **iarla** earl, **piara** peer, **piarda** *(usually ironically)* great gentleman; Lord Muck, **rí** king, **rialtóir** ruler, **ruire** *m (~ach)* overlord; secondary/provincial king, **sár** tsar, **triath** *(lit)* lord, prince, **uasal** noble

▲ **~ cabhlaigh** sea lord, **~ dúiche** lord of the manor, **~ easpaig** lord bishop (cf **A thiarna easpaig!** My lord bishop!), **~ feodach** feudal lord, **~ na cruinne** the lord of creation, **~ seansailéara** lord chancellor, **~ talún** landlord

◊ **Ag an ~ Dia amháin atá a fhios sin!** Only the Lord God knows that!, **paidir an ~ a rá** *(Chr)* to recite the Lord's prayer

Tiarnúil *adj⁴* lordly; domineering, overbearing
ardnósach grand, pompous, **buannúil** presumptuous, **ceannard** haughty; high-minded, **díomasach** arrogant; contemptuous, **gaisciúil** ostentatious, snooty, **iomarcach** arrogant, overbearing, **leitheadach** precious, presumptuous, **máistriúil** domineering, **móiréiseach** ostentatious, **mórchúiseach** condescending, **mórtasach** haughty, proud, **mursanta** tyrannous, domineering, **mustrach** ostentatious, vain, **postúil** high and mighty, pompous, **séideogach** sniffy, disdainful, **smachtúil** controlling, repressive, **sotalach** overbearing; impertinent, **stróinéiseach** officious, **teanntásach** bullish, peremptory, **tiarnúil** bossy, imperious, **tíoránta** tyrannical, **toirtéiseach** lofty, **treallúsach** pushy, **uaibhreach** proud, arrogant, **údarásúil** authoritarian

Ticéad *m (-éid; -éid, ~)* ticket, pass
cárta bordála boarding card, **cárta iontrála** entry card, **ceadchomhartha** *(comp)* token, **clib aitheantais** identity tag, **cúpón** coupon, **cead isteach** admittance, **dearbhán** voucher, **duillín** docket, slip, **greamán** sticker, **lipéad** label, **pas** pass

▲ **~ amharclainne** theatre ticket, **~ bus** bus ticket, **~ crannchuir** lottery ticket, **~ dea-mhéine** complimentary ticket, **~ den chéad ghrád** first-class ticket, **~ den dara grád** second-class ticket, **~ fánaí** rover ticket, **~ fillte** return ticket, **~ in aisce** free ticket, **~ lacáiste** saver ticket, **~ lae** day pass, **~ luais** speeding ticket, **~ oscailte** open ticket, **~ páirceála** parking ticket, **~ rathúil** winning ticket, **~ raifil** raffle ticket, **~ seomra cótaí** cloakroom ticket, **~ singil** one-way/single ticket, **~ traenach** train ticket

▲ **bailitheoir ~** ticket collector, **cigire ~** ticket inspector, **dáileoir ~** ticket dispenser, **deasc ~** ticket desk, **díol ~** sale of tickets, **díolaíocht ~** ticket sales, **eisiúint ~** issuing of tickets, **gníomhaire ~** ticket agent, **leabhar ~** book of tickets, **mangaire ~** ticket tout, **meaisín ~** ticket machine, **seiceálaí ~** ticket checker

◊ **~ a bhailíochtú** to validate a ticket, **~ a chur in áirithe** to book a ticket, **Ní mór an ~ a phuinseáil sa mheaisín roimh imeacht.** The ticket must be punched in the machine before leaving.

Timpeall *m (-pill; -pill, ~)*
1. *(as prep, adv, s)* around, circuit, roundabout
ar gach taobh on every side, **camchuairt** tour, **camruathar** ramble, tour, **ciorcaid** circuit, **cor bealaigh** detour; deviation, **cúrsa** *m* circuit, course, **i gciorcal** in a circle, **i bhfáinne** in a ring, in a circle, **imchuairt** circuit, **imlíne** *f* perimeter, circumference, **máguaird** *adv* around about (cf **an tír máguaird** all around the country), **mórthimpeall** *(adv)* all around, **seachad** *(lit)* around you (cf **Féach seachad!** Look around you!), **seachbhóthar** bypass, **thart ar** approximately, about, **timpeallaíocht** going around, circuitousness, **timpeallán** *(road)* roundabout, **timpeallú** encircling, surrounding; circumvention, **timthriall** cycle (cf **timthriall na bpláinéad** the cycle of the planets), **turas** trip

▲ **~ an bhaile** around the town, **~ an chúinne** around the corner, **~ an domhain** around the world, **~ an tí** around the house, **~ na háite** around the place, **~ na cathrach** around the city, **~ na scoile** around the school, **~ na tine** around the fire

◊ **~ leat!** Round you go!, **Shuigh siad ina ~.** They sat around her., **Tá go leor le dul ~.** There's enough to go round., **Tá m'eochracha ~ anseo áit éigin.** My keys are around here somewhere.

2. *(as adv)* around, approximately
a bheag nó a mhór more or less, **isteach is amach ar** in and around, **móide nó lúide** plus or minus, **suas is anuas le** up and around, **thart ar** about, **thart ~ ar** around about, **tuairim is** approximately

Timpeallaigh

▲ ~ **a haon a chlog** around one o'clock, ~ **an ama sin** around that time, ~ **na Nollag** around Christmas

◊ **anseo** ~ about here, ~ **deich mbliana ó shin** around ten years ago

Timpeallaigh v_{2a} encircle, surround; circumvent
bailigh timpeall gather around, **bí ag críochantacht le** be bordering with, **ciorclaigh** circle, **clúdaigh** encase, envelop, wrap, **crioslaigh** enclose; girdle, **cuimsigh** encompass, **déan fáinní** make rings/circles, **fáinnigh** ring, encircle, **fithisigh** orbit, **fonsaigh** hoop, gird, **iaigh** enclose, cocoon, **imdhruid** encompass, **imfhálaigh** fence off, enclose, **imshuigh** encompass, **loc** pen, enclose, **múr** wall in, **pupaigh** pupate, **sáraigh** circumvent, **tacmhaing** (lit) encompass, surround, **tar mórthimpeall ar** encircle, surround, **tar timpeall ar** encircle, surround (cf **Tháinig siad timpeall orainn.** They surrounded us), **téigh timpeall** go around

Timpeallaithe pp surrounded, encircled; circumvented
ar gach taobh on every side, **bailithe timpeall** gathered round, **ciorclaithe** encircled, circled, **clúdaithe** covered, **crioslaithe** enclosed; girdled, **cuimsithe** encompassed, **dulta timpeall** gone around, **fáinnithe** ringed, encircled, **fithisithe** orbited, **fonsaithe** hooped, girded, **iata** enclosed, cocooned, **imdhruidte** encompassed, **imfhálaithe** fenced off, enclosed, **imshuite** encompassed, **loctha** penned, enclosed, **múrtha** walled in, **pupaithe** pupated, **sáraithe** circumvented, **tacmhaingthe** (lit) encompassed, surrounded, **tagtha mórthimpeall ar** having encircled, having surrounded, **tagtha timpeall ar** having encircled/ surrounded

Timpeallú vn surrounding, encircling; circumvention
bailiú timpeall gathering around, **ciorclú** encircling, **clúdach** covering, **crioslú** enclosing; girdling, **cuimsiú** encompassing, **déanamh fáinní** making rings/ circles, **dul timpeall** going round, **fáinniú** ringing, encircling, **fithisiú** orbiting, **fonsú** hooping, girding, **iamh** enclosing, cocooning, **imdhruidim** encompassing, **imfhálú** fencing off, enclosing, **imshuí** encompassing, **locadh** penning, enclosing, **múradh** walling in, **pupú** pupating, **sárú** circumventing, **tacmhang** (lit) encompassing, surrounding, **teacht ar gach taobh** approaching on all sides, **teacht mórthimpeall ar** encircling, surrounding, **teacht timpeall ar** encircling/ surrounding, **timpeallaíocht** circuitousness

Timpiste f (~; -tí) accident; crash
anachain f calamity, **cinniúint** fate, destiny, **cliseadh** failure, **dul amú** misadventure, **earráid** error, **imbhualadh** m (-bhuailte) collision, **iomrall** miss, deviation, **mí-ádh** misfortune, **mífhortún** misfortune, **mírath** ill success, **mísheans** mischance, **mísheoladh** misdirection, **míthapa** mishap, **óspairt** mishap, injury, **seans** chance, fluke (cf **trí sheans** by fluke), **seirindipíocht** serendipity, **taisme** f mishap, **tapaigean** mishap, sudden accident, **tarlú mí-ámharach** unfortunate happening, **teagmhas** contingency, **teipinn** mishap, **tionóisc** accident, **titim** fall, **toirmeasc** misfortune, mishap, **tuairt** crash, **tubaiste** f disaster, catastrophe, **tuisle** stumble, trip, **tuisliú** stumbling (see also: **titim, tubaiste**)

▲ ~ **bhóthair** road accident/crash, ~ **eitleáin** aeroplane crash, ~ **ghluaisteáin** car accident/crash, ~ **mharfach** fatal accident, ~ **núicléach** nuclear accident, ~ **thraenach** train crash

◊ **de dheasca na** ~ as a result of the accident, **Cad ba chúis leis an ~?** What caused the accident/the crash?, **De thimpiste a tharla sé.** It happened by accident., **Bhí ~ aige i gcarr a athar.** He crashed his father's car., **Tharla ~ dó.** He met with an accident., **Maraíodh cúigear sa ~.** The accident claimed five lives., **Níorbh aon ~ a bhás.** His death was no accident.

P **Ní leithne an t-aer ná an ~.** Accidents will happen.

Timthriall m (~a; ~ta) cycle
casadh turning, **ciogal** cycle (eg **ciogal sruthlaithe** rinse cycle), **ciorclú** circling, **déanamh fáinní** making rings, **dul timpeall i gciorcail** going round in circles, **gluaiseacht timpeall** movement around, **lúbadh** looping, **timpeallú** circling

▲ ~ **na bpláinéad** cycle of the planets

Timthriallach adj^3 cyclical
athfhillteach recurring, **atriallach** repetitive, **cioglach** cyclic, **ciorclach** circular, **ciorclóideach** cycloidal, **cruinn** round, **cruinneogach** globular, globe-shaped, **leantach** consecutive, continuing, **leanúnach** continuous, **rialta** regular, **rothach** cyclical, having wheels, **timpeallach** circuitous; surrounding (see also: **ciorclach**)

Tine f (~; -nte)
1. fire, flame, incandescence
aibhleog dhearg ember, coal of fire, **aingeal** fire; lighted coal, **aoibheal** glowing coal, ember, **bladhm**

■ **Ar na rudaí a fhaightear cois tine atá:** Fireside items include:	**gráta** grate	**simléar** chimney
	maolaire (archaic) damper	**súiche** m soot
	matal mantelpiece	**teallach** m fireplace
boilg fpl bellows	**múchán** flue	**timire teallaigh** fire tongs
buicéad guail coal bucket	**púir** flue, smoke duct	**tinteán** hearth
iarta m hob of fireplace	**sciath thine** fireguard	**tlú** m tongs
cliabh móna basket of turf	**sciathóg ghuail** coal scuttle	**uchtbhalla simléir** chimney breast

f flame, **breo** lighted sod, fire-brand, **caor** *f (-oire; ~a, ~)* glowing object, **caor thine** fireball, **caor thintrí** thunderbolt, **cipín** match, **daighear** *f (-ghre)* flame, fire, **dó** combustion; burning, **dóiteán** conflagration, **drithle** *f* spark of light, **drithleog** small spark, **drithliú** sparking, **falscaí** *f* mountain fire, fire in heather or gorse, **foirnéis** furnace, **gealáin** *mpl* aurora (cf **Na Gealáin Thuaidh** aurora borealis, **Na Gealáin Theas** aurora australis), **gríosach** *f* hot ash, embers, **gríosóga** *fpl* sparks from embers, **ifreann** inferno, hell, **laindéar** lantern, **lampa** lamp, **laom** flash, blaze, **lasán** flame, flash, **lasadh** lighting, flaming, **lasair** *f (lasrach; lasracha)* blaze, **lastóir** lighter, **loiscreán** fire for singeing corn, **léaspach** *m* blaze, **loscadh** burning, scorching, **gealbhruthaíl** incandescence, **gleadhradh** blaze, flare, glare, **greadhnach** *f* bright blazing fire, **greadtine** scorching fire, **smeachóid** live coal, ember, **sméaróid** ember, **smól** smouldering fire, live ember, **saighneán** flash of lightning, **splanc** *(-ainc; ~acha)* flash; spark, **spóirseach (thine)** *f* blazing fire, **spré** *f* spark, **teannáil** *(lit)* blaze, **tintreach** *f* lightning, **tóirse leictreach** electric torch, **Uileloscadh** Holocaust

▲ ~ **ag cnádú** smouldering fire, ~ **champa** camp fire, ~ **chnámh** bonfire, ~ **dhearg** glowing fire, ~ **dheataigh** smoky fire, ~ **gháis** gas fire, ~ **ghuail** coal fire, ~ **imithe ó smacht** unconfined fire, ~ **mhóna** turf fire, ~ **mhúchta** extinguished fire, ~ **oscailte** open fire, ~ **leictreach** electric fire, ~ **mhalldóite** slow-burning fire, ~ **scrobarnaí** bush fire, ~ **shimléir** chimney fire

▲ **arm** ~ firearm, **baisteadh** ~ baptism of fire, **cnáfairt** ~ smouldering fire, **craos** ~ blazing fire, **múchtóir** ~ fire extinguisher, **seangán** ~ fire ant, **taibhseoir** ~ fire performer, **teangacha** ~ tongues of fire

◊ ~ **a thosú/mhúchadh** to start/extinguish a fire, **ag iarraidh** ~ **a cheansú** trying to bring a fire under control, **cois** ~ beside the fire, at the fireside, **giollacht a dhéanamh ar an** ~ to tend to the fire

P **An áit ina mbíonn deatach bíonn** ~. There is no smoke without fire.

2. inflammation
aodh *f* inflammation, **at** swelling, **athlasadh** inflaming, inflammation, **borradh** swelling; growth, **breo** *(illness)* burning up, glow, **bruith** burning, overheating, inflammation, **bruth** *(skin)* rash, **deirge** redness, **gor** heat. inflammation, **greannú** *(med)* irritation, **gríos** *(skin)* rash, **teas** heat, temperature

◊ **Tá** ~ **ar do chraiceann.** Your skin is inflamed.

Tinfeadh *m (-fidh)* inspiration
airgtheacht inventiveness, **anáil** influence; breath, **bua** flair, gift, **corraí** passion, stirring, **cruthaitheacht** creativity, **dúiseacht** awakening, rousing, **ginias** genius, **gríosú** urge, motivation, **inspreagadh** inspiration, **múscailt** arousing, **nochtadh** revelation, **spreagadh** stimulus, encouragement, **samhlaíocht** imagination, **tallann** talent, **treoir** guidance, **treifideacht an Spioraid Naoimh** inspiration of the Holy Spirit, **ugach** *m* encouragement; confidence, courage

▲ ~ **Dé** divine inspiration

Tinn *adj²*
1. sick, ill

aicídeach diseased, **aimléiseach** wretched, miserable, **aimlithe** enfeebled, spoilt, **bacach** lame, **bréan** foul, odious; sickened, fed-up, **breoite** ill, **breoitiúil** sickly, **coinbhreoite** semi-disabled, **cráite** tormented, sore, **craplaithe** crippled, **donasach** ailing, miserable, **easláinteach** sickly, **easlán** unwell, sick, **fann** fragile, **fannshláinteach** of delicate health, **forbhásach** tottering, frail, sickly, **galareolaíoch** pathological, **galrach** infected, diseased, **gan bheith ar fónamh** under the weather, unwell, indisposed, **ina luí** laid up, **ina luí le bás** at death's door, **ionfhabhtaithe** infected, **lag** weak, poorly, **lofa** rotten, **martraithe** crippled, **masmasach** nauseating, **meata** sickly, pale, **meatach** failing, decaying; decadent, **meathánta** weak, **meathbheo** infirm, **meathbhreoite** in poor health, **meathlach** declining, sickly, failing, **meathlaithe** in decline, decayed, **meath-thinn** out of sorts, sickly, **mífholláin** morbid, unhealthy, **míshláintiúil** unhealthy, unwholesome, **míshásta** displeased, **morgtha** mortified, **múisiamach** feeling sick, **neamhfholláin** unwholesome, unhealthy, **pocach** susceptible to sudden attacks of illness, **samhnasach** queasy; nauseous, **slaghdánach** having a cold, **támhbhreoite** depressed, **tnáite** jaded, **treaghdánach** full of nits, sickly, **tuirseach** tired; fed up

▲ **bolg** ~ upset tummy, **duine** ~ sick person

◊ **Dealraíonn sé go bhfuil siad** ~. It appears they are sick., **D'éirigh sí** ~ She became sick.

2. sore, painful
daigheartha stabbing, painful, **diachrach** painful, sorrowful, distressing, **doghrainneach** hard to bear, distressful, **géar** keen, biting, **goilliúnach** hurtful, distressing (eg **focal goilliúnach** hurtful remark), **neanta** stinging, irritating, **nimhneach** sore, **peannaideach** penal, painful, **pianmhar** painful, **pianúil** painful, punitive, **tinneasach** distressing, painful *(see also: pianmhar)*

▲ **géaga** ~**e** aching limbs, **súile** ~**e** sore eyes

◊ **Tá caol mo láimhe beagáinín** ~. My wrist is a bit achy., **Tá mo dhroim** ~. I have backache.

Tinneas *m (-nnis; -nnis, ~)*
1. sickness, illness
aicíd disease, **aimléis** slough of despond, **aimlíocht** enfeeblement, **arraing** *f (~e; ~eacha)* stabbing pain; stitch in side, **bacadaíl** limping, **bréantas** foulness,

odiousness, **breoiteacht** illness, **buaireamh** anxiety, **buile** *f* insanity, madness, **casaoid** grievance, **cneá** *f* (*~; ~cha*) wound, sore, **crá** *m* torment, **craplú** crippling, **créacht** *f* (*~a; ~aí*) wound, gash, **daitheacha** *fpl* rheumatism, **easláinte** ill health, sickness, **fadhb** *f* (*faidhbe; ~anna*) problem, **galar** infection, disease, **galareolaíocht** pathology, **gearán** complaint, **ghéarghoin** painful affliction, **imní** worry, **ionfhabhtú** infection, **luí** laid up in bed, **laige** weakness, enervation, **lofacht** rottenness, **martrú** crippling, **masmas** nausea, **meabhairghalar** mental illness, **meathántacht** sickliness, **meathbhreoiteacht** sickliness, **meathlach** declining, sickly, failing, **meathlú** decline, decay, **meath-thinneas** indisposition, sickliness, **mífholláine** morbidity, unhealthiness, **mígréin** migraine, **mire** madness, **mísláinte** ill health, unwholesomeness, **míshástacht** displeasure, **míshnua** sickly appearance, sickly-looking, **morgthacht** mortification, **múisiam** nausea, **néaróis** neurosis, **othras** sickness, illness, **paiteolaíocht** pathology, **plá** *f* (*~; ~anna*) plague, pestilence, **poc aosán** sudden mysterious attack of illness, **samhnas** queasiness; nauseousness, **saobhchiall** *f* (*-chéille*) mental derangement, **searg** *m* (*sirg*) wasting disease, **teog** *m* (*~; ~anna*) heavy bout of illness, **tnáitheadh** weariness, exhaustion, **taom** *m* (*~a; ~anna*) fit, paroxysm, **triuch** *m* (*treacha*) whooping cough, **trombóis** thrombosis, **tuirse** *f* tiredness; being fed up, **urlacan** vomiting, **víreas** virus, **ulpóg** infectious disease (see also: *galar*)

▲ ~ **ainsealach** chronic illness, ~ **boilg** queasy tummy, ~ **cairr** carsickness, ~ **bréige** feigned sickness, ~ **caoldroma** lumbago, ~ **criticiúil** critical illness, ~ **eitilte** airsickness, ~ **farraige** seasickness, ~ **maidine** morning sickness, ~ **na circe** fidgeting, ~ **póite** hangover, ~ **radaíochta** radiation sickness, ~ **talún** epilepsy, ~ **tógálach** contagious disease, ~ **tromchúiseach** serious illness (see also: *galar*)

2. soreness, ache

arraing (*after exertion*) stitch; stabbing pain, **céasadh** torment, **daigh** *f* (*~e; daitheacha*) darting pain, **daitheacha** *fpl* rheumatism, **deirge** redness, **dócúl** discomfort, pain, **goimh** virulent pain, sting, **goimhiúlacht** stinging, stinging pain, **goin** sting, hurt, **nimhneachas** soreness, painfulness, **peannaid** penance, pain, punishment, **pian** pain, **pianmhaireacht** painfulness, **scoilteach chinn** splitting headache, **tinníocht** soreness (see also: *pian*)

▲ ~ **cinn** headache, ~ **clainne** pains of childbirth, labour pains, ~ **cluaise** earache, ~ **droma** backache, ~ **fiacaile** toothache, ~ **goile** stomach ache; indigestion, ~ **súl** sore eyes

◊ **An bhfuil an ~ i do rosta imithe?** Has the pain in your wrist gone away?, **tinnis bheaga an tsaoil** the small worries of life, **Sin an rud atá ag déanamh tinnis dom!** That's what's worrying me., That's what's causing me angst.

Tinteán *m* (*-áin; -áin, ~*) hearth, fireside

baile home (cf **sa bhaile** at home), **cois tine** beside the fire, at the fireside, **gráta** grate, **iarta** hob of fireplace (cf **cúl an iarta** back of fireplace), **ionad tine** fireplace, **teallach** *m* fireside, fireplace, **thiar sa bhaile** back home

P **Níl aon ~ mar do thinteán féin.** There is no place like home.

Tintreach *f* (*-rí; ~a, ~*) lightning

bladhm *f* flame, **caorthintreach** *f* ball lightning, **gealán** gleam, brightening (cf **Na Gealáin Thuaidh** The Northern Lights), **laom** flash, blaze, **lasadh** flush, **lasán** flame, flash, **lasair** *f* (*-srach; -sracha*) flash, **saighneán** flash of lightning, **scalán** burst, flash, **soilse** *mpl* lights, **splanc** (*-ainc; ~acha*) flash; spark, **spréachadh** sparking

Tintrí *adj*[6] fiery, hot-tempered, quick-tempered; flashing

ar lasadh on fire, **brufar** ardent, fiery, **bruite** fiery, **colgach** irascible, **corraitheach** emotional, **díocasach** eager, keen, **díochra** intense, vehement, **díograiseach** enthusiastic, **dúthrachtach** fervent, zealous, **faghartha** fired up, **fíochmhar** fierce, **fraochmhar** raging, furious, **galach** steamy, **gealbhruthach** incandescent, **gorthach** ardent, **laomtha** blazing, fiery, **lasánta** fiery, **lasartha** flaming, fiery, **lasrach** flaming, **loiscneach** scorching, **mear** quick, **paiseanta** passionate, **rachtúil** passionate, vehement, **sochorraithe** easily excited, roused, **so-lasta** short-fused; inflammable, **spadhrúil** given to fits of anger, **spreangach** quick-tempered; impulsive, **taghdach** quick-tempered, impulsive, **te** hot, **teasaí** ardent, fiery, hot-tempered

▲ **duine ~** hotheaded person, **buille ~** lightning strike, **cogadh ~** blitzkrieg, **craobhacha ~** fork lightning, **luas ~** lightning speed, **scalán ~** flash of lightning, **seoltóir ~** lightning conductor, **splanc** *f* **thintrí** flash of lightning

Tíolaic *v*[1d] (*high reg*) bestow, dedicate

bronn ar bestow upon, present, **dáil** allot, bestow, **dearlaic** grant, bestow, **deonaigh** grant, **éirnigh** (*lit*) grant, bestow, **fear** grant, provide, **lamháil** grant, remit, **tabhair** give, **tabhair suas** give up, surrender, **tiomnaigh** bequeath, dedicate, **toirbhir** deliver, dedicate, present; give (see also: *tiomnaigh*)

◊ **Thíolaic Pádraig a bheatha do Dhia.** Patrick dedicated his life to God., **Thíolaic sí a maoin go léir dá clann mhac.** She conveyed all her property to her sons.

Tíolactha *pp* (*high reg*) bestowed, dedicated

bronnta bestowed; conferred, **dálta** allotted, bestowed, **dearlactha** granted, bestowed, **deonaithe**

granted, **éirnithe** *(lit)* granted, bestowed, **feartha** granted, provided, **lamháilte** granted, remitted, **tiomnaithe** bequeathed, dedicated, **toirbheartha** delivered, dedicated; given, **tugtha** given, **tugtha suas** given up, surrendered

Tíolacadh *vn (high reg)* bestowing, dedicating
bronnadh bestowing; conferring, **dáil** allotting, bestowing, **dearlacadh** granting, bestowing, **deonú** granting, **éirniú** *(lit)* granting, bestowing, **fearadh** granting, providing, **lamháil** granting, remitting, **tabhairt** giving, **tabhairt suas** giving up, surrendering, **toirbheartas** presentation, **toirbhirt** delivering, dedicating; giving

Tiomáin v_{1b} drive
brostaigh hurry, **brúigh chun cinn** press ahead, hurry along, **buail** strike, **comhéignigh** force, coerce, **corraigh** stir, move, **cuir chun bóthair** set off, hit the road, **cuir deabhadh le** hasten, **cuir deifir ar** hurry along, **cuir faoi deara** cause, **cuir iallach ar** coerce, **deifrigh** hasten, **dírigh** direct, **dírigh ar** head towards, **fáisc ar** press on hurriedly; attack, **fórsáil** force, **gabh** go, **gluais** move, **lean ar aghaidh** press on, **marcaigh** ride, **píolótaigh** pilot, **rith** run, **sáigh** thrust, lunge, drive, **seol** send, **síob** blow, drive (away/ along) (eg **an ghaoth ag síobadh an duilliúir ar feadh na sráide** the wind driving the leaves along the street), **stiúir** steer, control, **tabhair ar** make, compel, **téigh go**, **tionlaic** accompany, **treabh** plough

◊ **~ sinn go dtí lár na cathrach!** Drive us to the city centre!, **~fidh mé cúpla tairne isteach sa bhalla.** I will drive a couple of nails into the wall., **Thiomáin Leona an liathróid díreach síos an bhánóg.** Leona drove the ball straight down the fairway.

Tiomáint *vn* driving, drive
brostú hurry, **brú chun cinn** pressing ahead, **bualadh** striking, hitting, **comhéigniú** forcing, coercing, **corraí** stirring, moving, **cur chun bóthair** setting off, **cur deabhadh le** hastening, **cur deifir ar** hurrying along, **cur faoi deara** causing, **deifriú** hastening, hurrying along, **díriú** directing, **díriú ar** heading towards, hitting the road, **fáscadh ort** pressing on hurriedly; dressing oneself quickly, **fórsáil** forcing, **gabháil** going, **gíománaíocht** *(coach-)* driving, **gluaiseacht** moving, **leanúint ar aghaidh** pressing on, **marcaíocht** riding, **píolótú** piloting, **rith** running, **sá** thrusting, lunging, driving, **seoladh** sending, **stiúradh** steering, guiding, **tabhairt ar** making, compelling, **dul** going, **tionlacan** accompanying, **treabhadh** ploughing

▲ **~ ceithre roth** four-wheel drive, **~ chontúirteach** dangerous driving, **~ faoi anáil an óil** drink-driving, **~ mheargánta** reckless driving, **~ trucaile** truck driving, **~ rothaí tosaigh** front-wheel drive

◊ **An bhfuil an ~ agat?** Are you able to drive?, **gan bheith i riocht ~** not to be in a fit condition to drive, **Tá do charr nua deas le ~.** Your new car drives well.

Tiomáinte *pp* driven; determined, committed
buailte striking, hitting, **buan** enduring, **buanseasmhach** persevering, unwavering, **cruthanta** dyed-in-the-wool, **daingean** staunch, **dearg-** *pref* complete and utter (cf **deargmheisceoir** complete and utter drunkard, **deargnamhaid** m sworn enemy), **deifrithe** hastened, hurried, **dílis** loyal, devoted, **diongbháilte** resolute, **dobhogtha** unshakeable, **faghartha** fiery, gritty, **fáiscthe** pressed, **fórsáilte** forced, **gan chlaonadh** unswerving, **gan staonadh** unceasing, **leanta ar aghaidh** pressed on, carried on, **marcaithe** ridden, **neamhstaonach** unremitting, **neamhthuirseach** tireless, **píolótaithe** piloted, **sáite** thrust, lunged, driven, **seasmhach** steadfast, **seolta** sent

◊ **Bhíomar ~ siar ag an bhfarraige.** We were driven back by the sea.

Tiomáinteach *adj³* driving, propelling
áititheach persuasive, **an-laidir** very strong, **cumhachtach** powerful, **dosheánta** compelling, **éifeachtach** effective, **feidhmiúil** forceful, **fuinniúil** energetic, **síobtha** *(rain, snow etc)* driving, **spreagúil** motivating, **tiomána** *(> tiomáint)* driving

Tiománaí *m (~; -aithe)* driver
adhmad *(golf)* driver, **carbadóir** charioteer, **chauffeur** chauffeur, **cóisteoir** coachman, (cf **an ~ gan chloigeann** the headless coachman), **fear tacsaí** cabman, cabbie, **gíománach** *m* coachman; yeoman, **gluaisteánaí** motorist

Tiomnaigh v_{2a} dedicate; bequeath
bronn bestow; confer, **bunaigh iontaobhas do dhuine** set up a trust for a person, **ceangail** bind, **cuir de chúram ar** entrust (eg **Cuireadh de chúram uirthi aire a thabhairt dóibh.** She was entrusted to take care of them.), **cuir faoi choimirce** put under the protection/guardianship, **earb** *(lit)* entrust, trust, **fág le huacht ag** bequeath to, leave in a will to, **foráil** *(lit)* command, enjoin, **géill** yield, **móidigh** pledge, **oidhrigh** bequeath, **ordaigh** order, **sainoidhrigh** *(jur)* entail, **tabhair** give, **tabhair suas** give up, surrender, **tíolaic** bestow; dedicate, **toirbhir** deliver, dedicate, present; give, **uachtaigh** will, bequeath

Tiomnaithe *pp* dedicated; bequeathed
bronnta bestowed; conferred, **ceangailte** bound, **earbtha** *(lit)* entrusted, trusted, **fágtha le huacht ag** bequeathed to, left in a will to, **foráilte** *(lit)* commanded, enjoined, **géillte** yielded, **móidithe** pledged, **oidhrithe** bequeathed, **sainoidhrithe** *(jur)* entailed, **tugtha** given, **tugtha suas** given up, surrendered **tíolactha** bestowed; dedicated, **toirbheartha** delivered, dedicated; given

Tiomnú *vn* dedicating, dedication; bequeathing
bronnadh bestowing; conferring, **bunú iontaobhas do dhuine** setting up a trust for a person, **ceangal**

binding, **cur de chúram ar** entrusting. **cur faoi choimirce** putting under the protection/guardianship, **earbadh** (*lit*) entrusting, **fágáil le huacht ag** bequeathing to, leaving in a will to, **foráil** (*lit*) commanding, enjoining, **géilleadh** yielding, **móidiú** pledging, **oidhriú** bequeathing, **ordú** ordering, **sainoidhriú** (*jur*) entailing, **tabhairt** giving, **tabhairt suas** giving up, surrendering, **tíolacadh** bestowing; dedicating, **toirbhirt** delivering, dedicating; giving, **uachtú** bequeathing

Tionchar *m* (*-air; -air, ~*) influence, impact, pull
anáil breath, influence, **ardcheannas** supremacy, **brú** pressure, **ceannas** dominance, **éifeacht** effect, **forlámhas** domination, **greim** *m* hold, **seasamh** standing, **smacht** *m* control; discipline, **svae** *m* sway, victory, **tábhacht** importance, weight, **treoir** *f* direction, guidance, **údarás** authority

▲ ~ **an bhaile** home influence, ~ **an bhoilscithe** the impact of inflation, ~ **chobhsaitheach** destabilising influence, ~ **dearfach** positive influence, ~ **déimeagrafach** demographic influence, ~ **diúltach** negative influence, ~ **dí** influence of drink, ~ **eacnamaíoch** economic impact, ~ **físiúil** visual impact, ~ **míchuí** undue influence, ~ **piarghrúpa** peer group influence, ~ **polaitiúil** political influence, ~ **polaitíochta** influence of politics, ~ **seachtrach** external influence, eternality, ~ **sóisialta** social impact, ~ **timpeallachta** environmental impact

Tionlacan *vn* accompanying, escorting
aontú agreeing with, going along with, **cinnireacht** leading by the hand, **coimhdeacht** chaperoning, **comóradh** accompanying, escorting, **déanamh giollacht (ar dhuine)** leading, guiding (a person), **dul i gcosamar le duine** tagging along with a person, **dul in éineacht le duine** accompanying a person, **dul le** going with, **freastal ar** attending, **gabháil le** going with, **rith le** running with, **seinm in éineacht le** (*mus*) playing along with, accompanying, **siúl le** walking with, **stiúradh** steering, directing, **tabhairt leat** bringing with you, **tacú le** supporting, **teacht chomh fada leis an doras le duine** escorting a person to the door, **teacht le** going along with, **treorú** ushering, guiding

Tionlactha *pp* accompanied; escorted
aontaithe agreed with, gone along with, **cinneartha** guided by the hand, **comórtha** accompanied, escorted, **dulta in éineacht le** gone/ tagged along with, **dulta le** gone with, **freastalta ar** attended, **gafa le** gone with, taken up with, **rite le** run with, **seinnte in éineacht le** (*mus*) played along with, **siúlta le** walked with, **stiúrtha** steered, directed, **tacaithe le** supported, **tagtha chomh fada leis an doras le duine** having escorted a person to the door, **tagtha le** having come with, **treoraithe** ushered, guided, **tugtha leat** brought with you

Tionlaic v_{ld} accompany; escort
aontaigh agree with, go along with, **bí ag coimhdeacht** be chaperoning, **cinnir** lead by the hand, **comóir** accompany, escort, **déan giollacht (ar dhuine)** lead, guide (a person), **freastail ar** attend, **gabh le** go with, **rith le** run with, **seinn in éineacht le** (*mus*) play along with, accompany, **siúil le** walk with, **tacaigh le** support, **tar le** come with, go with (eg **Thiocfainn leat go pointe áirithe.** I'd go along with you to a certain extent.), **téigh in éineacht le duine** go/tag along with a person, **téigh i gcosamar le duine** tag along with a person, **téigh le** go with, **treoraigh** usher, guide

Tionóil v_{ld} convene, assemble, muster
bailigh gather, **carn** heap, pile, **cluich** gather in shoals/flocks/packs (cf **caoirigh a chluicheadh** to round up sheep), **comhchruinnigh** congregate, gather together, **comóir** convene, assemble, **cruinnigh** gather collect, **cruinnigh le chéile** gather together, **cuideachtaigh** bring together, **díolaim** glean, compile, **tar le chéile** come together, **gair** convene, call together, **slóg** mobilise, **tabhair le chéile** bring together, **tar i dteannta a chéile** congregate, **tar le chéile** come together, **tarraing le chéile** draw together, **tiomairg** (*lit*) bring together, amass; come together, assemble (eg **Tiomargann slua mór.** A large crowd assembles.), **tiomsaigh** compile, gather together

Tionóisc *f* (*~e; ~í*) accident
anachain *f* calamity, **imbhualadh** *m* (*-bhuailte*) collision, **matalang** calamity, **taisme** *f* mishap, **timpiste** *f* accident, **tubaiste** catastrophe, **tuairt** crash (*see also: timpiste*)

Tionól
1. *vn* assembling;
bailiú gathering, **carnadh** heaping, piling, **cluicheadh** gathering in shoals/flocks/packs, **comhchruinniú** congregating, gathering together, **comóradh** convening, assembling, **cruinniú** gathering, collecting, **cruinniú le chéile** gathering together, **cuideachtú** bringing together, **díolaim** gleaning, compiling, **teacht le chéile** coming together, **gairm** convening, calling together, **slógadh** mobilising; mobilisation, **tabhairt le chéile** bringing together, **teacht i dteannta a chéile** congregating, **tarraingt le chéile** drawing together, **tiomargadh** (*lit*) bringing together, amassing; coming together, assembling; **tiomsú** compiling; gathering together

2. *m* (*-óil; -óil, ~*) assembly
aonach *m* fair; jamboree, **coinbhinsiún** convention, **comhairle** *f* counsel, **comhdháil** *f* (*-ála*) conference, convention, **cruinniú** meeting, **dáil** *f* (*dála*) encounter, gathering, **siompóisiam** symposium, **slógadh** rally, **teacht le chéile** get-together, **tóstal** pageant, tattoo

Tionólta *pp* assembled, gathered together
bailithe le chéile gathered together, **carntha** heaped, piled, **cluichte** gathered in shoals/flocks/packs,

comhchruinnithe congregated, gathered together, **comórtha** convened, assembled, **cruinnithe** gathered, collected, **cruinnithe le chéile** gathered together, **cuideachtaithe** brought together, **díolamtha** gleaned, compiled, **gairthe** convened, called together, **slógtha** mobilised, **tagtha le chéile** come together, **tugtha le chéile** brought together, **tagtha i dteannta a chéile** congregated, **tarraingthe le chéile** drawn together, **tiomargtha** *(lit)* brought together, amassed; come together, assembled; **tiomsaithe** compiled; gathered together

Tionónta *m (~; ~í)* tenant
áitreabhach *m* inhabitant, **áitritheoir** occupier, occupant, **aoi** *m* guest, lodger, **cíosaí** rent payer, renter, **cónaitheoir** resident, **fruilitheoir** hirer, **léasaí** lessee, **léas-sealbhóir** leaseholder, **lóistéir** lodger, **sealbhóir** incumbent; holder, occupant, **suiteoir** squatter

Tionóntacht *f (~a)* tenancy
áitíocht occupancy, **cónaí** residence, **gabháltas** holding, **léas** lease, **léasacht** leasehold, **ligean ar cíos** renting out, **ligean ar léas** leasing out, **seilbh** possession, **suiteoireacht** squatting, **tionacht** *f* tenure, **tógáil ar cíos** renting, **tógáil ar léas** leasing

Tionscadal *m (-ail; -ail, ~)* project
cuntar undertaking, risk, **dearadh** design, **feachtas** campaign, **fiontar** venture, enterprise, **forbairt** development, **gníomhaíocht** activity, **gnó** matter, concern, business, **gnóthas** concern, enterprise, **leagan amach** layout, **misean** mission, **plean** plan, **scéim** scheme, **saothar** work, **tairiscint** proposal, **tasc** assignment, task, **togra** initiative, undertaking, **tionscnamh** project; initiation, institution

Tionscal *m (-ail; -ail, ~)* industry
comhlacht *m* company, **coimpléasc tionsclaíoch** industrial complex, **déantúsaíocht** manufacturing, **fiontar** enterprise, **gnó** *m* business, **gnóthas** *(com)* concern, undertaking, **monaraíocht** manufacturing, **seirbhísí** services, **táirgeadh** production (eg **táirgeadh leictreachais** production of electricity), **tionsclaíocht** industrialism, **tionsclú** industrialisation, **tráchtáil** commerce

Tionscain *v₂c* initiate, trigger, set up, introduce
adhain kindle, ignite, **bunaigh** set up, establish, **cuir ar bun** set up, establish, **cuir ar siúl** activate, run, turn on, **cuir faoi deara** cause, bring about, **cuir tús le** initiate, inaugurate, **gríosaigh** stimulate, **spreag** prompt, inspire, **tabhair isteach** bring in, introduce, **tarraing ort** draw to yourself, start (cf **Tharraing siad tuairimíocht orthu féin.** They started speculating.), **tarraing anuas** introduce, **tosaigh** begin, commence, **tuismigh** engender, originate, parent, **údaraigh** authorise, **urraigh** sponsor

~ **an ceiliúradh!** Commence the celebration!
~ **bille príobháideach!** Introduce/sponsor a private bill!
~ **díospóireacht faoi!** Begin/start a debate about it!
~ **fiosrúchán!** Initiate an investigation!
~ **gach cleas atá ann!** Try every trick there is!
~ **gnás nua!** Establish a new custom!
~ **imeachtaí!** Instigate proceedings!

Tionscanta *pp* initiated, originated, triggered; established, set up
adhainte kindled, ignited, **bunaithe** set up, established, **curtha ar bun** set up, established, **curtha ar siúl** activated, turned on, **curtha faoi deara** caused, brought about, **gríosaithe** stimulated, **spreagtha** prompted, inspired, **tarraingthe ort** drawn to yourself, started, **tarraingthe anuas** introduced, **tosaithe** begun, commenced, **tugtha isteach** brought in, introduced, **tuismithe** engendered, originated, parented, **údaraithe** authorised, **urraithe** sponsored

Tionsclaíoch *adj⁵* industrial
déantúsaíochta *(> déantúsaíocht)* manufacturing, **foirgnithe** built-up (eg **limistéar foirgnithe** built-up area), **monaraíochta** *(>monaraíocht)* manufacturing, **tionsclaithe** industrialised, **tráchtála** *(> tráchtáil)* commercial, **trádála** *(> trádáil)* trading

Tionscnamh *vn* initiating, originating, triggering; set up; project
adhaint kindling, igniting, **bunú** setting up, establishing, **cur ar bun** setting up, establishing, **cur ar siúl** activating, turning on, **cur faoi deara** causing, bringing about, **cur tús le** initiating, inaugurating, **gríosú** stimulating, **spreagadh** prompting, inspiring, **tabhairt isteach** bringing in, introducing, **tionscadal** project; contrivance, **tarraingt ort** drawing to yourself, starting, **tarraingt anuas** introducing, **tosú** beginning, commencing, **tuismiú** engendering, originating, parenting, **údarú** authorising, **urrú** sponsoring

Tíoránach *m (-aigh; -aigh, ~)* tyrant
aintiarna despotic lord, **anduine** inhuman wicked person, **anlaith** usurper, tyrant, **ansmachtaí** oppressor, **bulaí** bully, **deachtóir** dictator, **faisistí** fascist, **forlámhaí** despot, **maistín** bully, **mursaire** domineering person, tyrant, **ollsmachtaí** totalitarian, **stróinéisí** pushy overbearing person, **uathlathaí** autocrat

Tíoránta *adj⁶* tyrannical
aintiarnúil tyrannical, despotic, **aintréan** violent, crushingly harsh, **anfhorlannach** violently oppressive, **ansmachtúil** tyrannical, bullying, dictatorial, **antrom** oppressive, **dochraideach** oppressive, distressing, **éigneach** violent, grievous, **faisisteach** fascist, **foréigneach** violent, **forlámhach** despotic, **leatromach** unfair, discriminatory oppressive, **mursanta** domineering, tyrannous, **ollsmachtach** totalitarian, **slaodach** heavy, oppressive, **tréamanta** violent, powerful, **uathlathach** autocratic

Tíorántacht *f (~a)* tyranny
aintreise violence, oppression, **anfhorlann** *m* violent oppression, **anlathas** usurpation, tyranny, **ansclábhaíocht** servitude, **ansmacht** *m* oppression, tyranny, **anstró** tyranny, **bulaíocht** bullying, **coilíneachas** colonialism, **cur faoi chois** subjugation, repression, **deachtóireacht** dictatorship, **faisisteachas** fascism, **foréigean** violence, **forlámhas** despotism, **forneart** force, violence; superior strength, **géarleanúint** persecution, **impiriúlachas** imperialism, **leatrom** unfair discrimination, **maistíneacht** bullying, **mursantacht** domineeringness, tyranny, **ollsmachtachas** totalitarianism, **uathlathas** autocracy

Tíos *m (tís)*
1. thrift, economy; *(sch)* home economics
baileachas frugality, **barainn** thrift; parsimony, **barainneacht** thriftiness, **ceacharthacht** stinginess, **coigilteas** thrift, conservation, **cur i dtaisce** saving, **gortacht** miserliness, meanness, **scalltacht** paltriness, **spáráil** sparing, economy, **spárálacht** frugality, **taisceadh** store; hoard, **taogas** thrift; diligence, **teilgean** economisation (cf **teilgean a bhaint as an airgead** to make the money last), **tíosaíocht** thriftiness, frugality

2. *(sch)* home economics
bainistíocht tí home management, **cúram tí** looking after a house, **cúram lucht tí** looking after a household, **eacnamaíocht bhaile** home economics, **obair tí** housework, **teaghlachas** domestic economy, housekeeping

Tíosach *adj³* thrifty
baileach frugal, careful, exact, **barainneach** thrifty; parsimonious, **ceachartha** stingy, **coigilteach** thrifty, **cruinn** precise, stingy, **cúramach** careful, **cruinneálach** frugal, sparing, **gannchúiseach** penurious, stingy, **gortach** miserly, mean, **neamhcháifeach** careful, sparing, **sábhálach** sparing, thrifty, **scallta** penurious, **spárálach** sparing, economic, frugal, **toimhseach** sparing, niggardly

◊ **Is duine ~ é.** He is thrifty., **Tá an bolgán seo go han-~.** This bulb is very energy efficient.

Tipiciúil *adj⁴* typical
a tharlaíonn aon lá, lá ar bith occurring from day to day, daily, everyday, **caighdeánach** standard, **coinbhinsiúnach** conventional, **coiteann** common, general, **coitianta** customary, common, **comh-** *pref* co-, mutual, **comónta** common, **cothrom** average, **gnách** usual, customary, **inghlactha** accepted, **iondúil** habitual, frequent, **laethúil** daily, **leamh** prosaic, insipid, **leitheadach** widespread, **minic** frequent, **nach bhfuil thar mholadh beirte** common-or-garden, unexceptional, **rialta** regular, **samhlachúil** typical, **samplach** sample, **síorghnách** humdrum, **smolchaite** stock, clichéd, **súchaite** commonplace, **tíopúil** representative of a type

Tír *f (~e; tíortha)* country
áitreabhaigh *mpl* inhabitants, **áitritheoirí** *mpl* inhabitants, **athartha** *f (~)* fatherland, **ceantar** region, **coigríoch** *f (-ríche)* neighbouring territory; foreign land, **comhlathas** commonwealth, **críoch** *f (críche; ~a, ~)* land, territory, **dúiche** native place, home country, **fearann** domain, territory, **fia** waste, wilderness, **fonn** soil, ground, territory, **lucht vótála** electorate, electors, **limistéar** area, territory, **líomatáiste** district, tract of land, **mór-roinn** *(geog)* continent, **mórthír** mainland (cf **mórthír na hEorpa** mainland Europe), **náisiún** nation, **pobal** people, community, **réigiún** region, **saoránaigh** *mpl* citizens, **talamh** *(m -aimh, f talún; pl tailte)* land, ground, **tuath** *f (tuaithe; ~a, ~)* countryside, **vótálaithe** *mpl* voters

▲ **~ ar bheagán daonra** sparsely populated country, **~ bainne agus meala** land of milk and honey, **~ bhreithe** country of birth, **~ bhronntach** donor country, **~ chónaithe** country of residence, **~ dhúchais** native land, **~ fhorbartha** developed country, **~ gan chósta** landlocked country, **~ i mbéal forbartha** developing country, **~ mór** mainland, **~ na haislinge** land of dreams, **~ na n-iontas** wonderland, **~ na nÓg** land of the ever young, **~ na samhlaíochta** land of make-believe, **~ na saor** land of the free, **~ na dtréan** land fit for heroes, **~ Tairngire** The Promised Land

▲ **buachaill ~e** country boy, **ceann ~e** headland, promontory, **ceol ~e** folk music, **gnásanna ~e** native customs, **mac ~e** wolf

Tírghrá *m (~)* patriotism
croitheadh bratach flag-waving, **náisiúnachas** nationalism, **seobhaineachas** chauvism

Tirim *adj²* dry
acadúil academic, **chomh tirim le púdar** bone dry, **coitianta** commonplace, **crua** hard, dried out, **díscithe** desiccated, **díhiodráitithe** dehydrated, **dulta i ndísc** dried up, **feoite** withered, **fadálach** tedious, **fuar** cold, **gan alcól** alcohol-free, dry, **gan spréach** without spark, **gan tinfeadh** uninspired, **gan uisce** waterless, **íotach** parched, **leadránach** boring, **leamh** dull, uninspired, lifeless, **liosta** listless, spiritless, **loiscneach** scorched, arid, **lom** bleak, bare, **marbh** dead, **neamhspéisiúil** uninteresting, **neamhthorthúil** infertile, unfruitful, **prósach** prosaic, **seargtha** shrivelled, dried up, **soiniciúil** cynical, **spallta** parched, **stálaithe** stale, **stiúgtha** parched, **stolpach** *(weather)* dry and windy (causing soil to harden), **tartmhar** thirsty, thirst-provoking, **triomaithe** dried, **tuirsiúil** tiresome, wearisome, **tur** arid; *(wit)* dry

▲ **airgead ~** cash, **bia ~** *(for baby)* solid food, **craiceann ~** dry skin, **gruaig thirim** dry hair, **fíon ~** dry wine, **greann ~** dry humour, **lá ~** dry day, **scornach ~** dry throat, **tobar ~** dry well, **tuáille ~** dry towel

Tirime *f* (~) dryness
dísc barrenness, dryness, **díhiodráitiú** dehydration, **feoiteacht** withered state, **leadrán** boredom, **leimhe** dullness, apathy, **soiniciúlacht** cynicism, **spalltacht** parchedness, **stiúgthacht** parchedness, **stolpach** *m* dry and windy weather, **tartmhaireacht** thirstiness, **triomú** desiccation, drying, **tuire** *f* aridity, dryness, **turadh** *(weather)* drying up, cessation of rain *(see also: tuire)*

Tit v_{1b}
 1. fall, tumble, descend, collapse
caill greim lose (one's) grip, **caill suíomh** lose a position, **clis ar** *(market, etc)* collapse, **imphléasc** collapse, **iomlaisc** tumble, **ísligh** become lower; subside, **laghdaigh** lessen, decrease, **leaindeáil** land, **socthum** nose-dive, **tabhair dúléim** plunge, **tar anuas** come down, **téigh i ndiaidh do mhullaigh** tumble, **téigh ina chaise** cascade, **téigh le fána** go downhill, **téigh síos** go down, **tuairteáil** plummet, smash; *(comp)* crash, **tuirling** alight, land, **tuisligh** trip, stumble, **tum** dive

 ◊ **Tá na margaí ~e.** The markets have collapsed., **Thit an tógálaí den scafall.** The builder fell from the scaffolding., **Thit mé i ndiaidh mo mhullaigh síos an cnoc.** I tumbled down the hill., **~ chun talún!** Hit the deck!

 2. fall, deteriorate, decrease, shrink, sink
bris *(boat, etc)* wreck, **caolaigh** become thin, reduce, **crap** shrink, shrivel; contract, **díbholg** deflate, **fánaigh** dwindle, diminish, **ísligh** become lower; subside, **lagaigh** weaken, **laghdaigh** lessen, decrease, **lig uait** relinquish, cede, **maolaigh** reduce, abate, decrease, **mionaigh** diminish, disintegrate, **sil** droop, hang down, **síothlaigh** drain away, **suncáil** sink, **tar anuas** to come down, **tagadh laghdú ar** decrease, **téigh ar gcúl** go backwards, reverse, **téigh faoi** go under, **téigh go tóin poill** sink to the bottom, **téigh i laghad** decrease, lessen, **téigh i ndonas** deteriorate, **téigh in ísle** diminish, **téigh in olcas** worsen, deteriorate, **téigh le fána** *(situation, health, etc)* go downhill, **téigh síos** go down, **tráigh** recede, ebb, **traoith** abate, subside

 ◊ **~eann mo chroí nuair a smaoiním air sin.** My heart sinks when I think about it., **Thit mo dhaideo go mór le bliain anuas.** My grandpa has deteriorated greatly over the past year.

 3. *(in battle, etc)* fall, die, be defeated
báigh drown, plunge, **básaigh** kill, **bris** defeat, **brúisc** crunch, crash, **caill** lose (eg **cailleadh iad ar pháirc an áir.** They were lost on the field of battle.), **faigh bás** die, **fulaing briseadh** suffer a defeat, **fulaing turnamh** suffer defeat, **téigh faoi** go under, **tuairteáil** plummet, smash; *(comp)* crash

 ◊ **Thit seanchóras na dtaoiseach Gaelach.** The old system of the Gaelic chieftains was overthrown. **Thit mórán Éireannach sa Chogadh Mór.** Many Irish men fell in the Great War.

Tit amach v_{1b}
 1. *(exit)* fall out
scaoil greim/teannta coise lose grip/a foothold, **tar anuas de phleist** to come down with a thud, **téigh síos de thuairt** to crash down, **tuairteáil (as an leapa)** crash (out of the bed)

 ◊ **Thit mé amach as mo leaba bhunc.** I fell out of my bunk.

 2. fall out, have a falling-out
cuir aithne na mbó maol ar get off on the wrong foot with somebody, **easaontaigh le** disagree with, **éirigh idir** clash (eg **D'éirigh eadrainn faoin chinneadh.** We clashed over the decision.), **gan bheith ábalta réiteach a fháil le** to be/being unable to see eye to eye with, **tagadh easaontas idir** arise disagreement between (cf **Tháinig easaontas eatarthu.** They had a falling out.)

 ◊ **Thit siad amach lena chéile.** They fell out with one another.

 3. happen, come about, turn out
bí ar siúl take place, **fíoraigh** come true, come about, **forbair** develop, **lean** ensue, **tar i do threo** come your way, crop up, **tar ar** turn up (eg **Thángthas ar bhfón faoi leaba.** The phone turned up under the bed.), **tarlaigh** happen, turn out

 ◊ **Mar a thit sé amach, ní raibh tacsaí de dhíth orm.** As it turned out I didn't need a taxi.

Tit ar v_{1b}
 1. fall on, descend on
cuir i dtír disembark, **leaindeáil** land, **tar anuas** come down, **tar chun talún** come (down) to land, **tar i dtír** land, **tar i dtreo** (+ *gen*) come in the direction of, **tuirling** land, alight

 Thit báisteach orm. Rain fell on me.
 Thit néal orm. Sleepiness descended on me., I dozed off.
 Thit tost ar an seomra. Silence descended on the room.

 2. drift towards
drann le creep close to, **druid isteach le** draw in towards, **taobhaigh** draw near, approach, **tar chuig** come towards, **tar i ngiorracht le** come close to, **tarraing ar** draw towards, approach

 ◊ **Bhí an naomhóg ag ~im ar an gcladach.** The currach was drifting towards the shore.

 3. fall to, be allotted to
cuir an fhreagracht ar put the responsibility on, **déan freagrach as** make responsible for, **tabhair de chúram ar** give the responsibility to

 ◊ **Thit sé ormsa é a chríochnú.** It fell to me to finish it.

Tit as v_{1b} fall out (of)
caith in airde forsake, **cuir díot** cast off, ditch, **éirigh**

Tit chun

as give up, **fág** leave, **fág i do dhiaidh** leave behind you, **léim as** jump out, **scoir** depart, retire, **tarraing siar** pull back, drop out, **tóg de** give up, abandon, **tréig** abandon

Thit sé as a chéile. It fell apart
Thit sé as a leaba. He fell out of his bed.
Thit sé as a sheasamh. He keeled over.
Thit sé as an áireamh. He fell out of the reckoning.
Thit sé as an choláiste. *(BÁC)* He dropped out of college.
Thit sé as fabhar. He fell out of favour.
Thit sé as obair. He fell out of work.
Thit sé as úsáid. It fell out of use.

Tit chun v_{1b} fall towards, become

déan ar make towards, **déan de** become (cf **Rinneadh ollamh di**. She was made a professor.), **éirigh** become, **faigh** get; become, **fás** grow, **gabh i dtreo** (+ *gen*) go in the direction, **gluais chun** drift towards, **méadaigh** increase, **neartaigh** strengthen, **tar ar** happen to, befall, **téigh chun** go towards

Thit sé chun céille. He got some sense.
Thit sé chun deiridh. He fell behind.
Thit sé chun raice. It went to rack and ruin.
Thit sí chun aoise. She got old.
Thit sí chun feola. She put on weight.
Thit siad chun ciúnais. They became silent.
Thit tú chun suain. You fell asleep.

Tit i v_{1b} fall into

báigh submerge, **díbholg** deflate, **éirigh** become, **faigh isteach i** get into, **imphléasc** collapse, **laghdaigh** lessen, decrease, **maolaigh** abate, **síothlaigh** subside, **sleamhnaigh isteach i** slide/slip into, **sleabhac** droop, incline, **tabhair uait** give way, collapse, **téigh faoi** sink, **téigh isteach i** go into

Thit mé i ngrá. I fell in love.
Thit sé i bpeaca. He fell into sin.
Thit sé i mbrí. It lost its significance.
Thit sé isteach san uisce. He fell into the water.
Thit sí i bponc. She fell into a difficult situation.
Thit sí i laige. She fainted.
Thit siad i gcathú. They fell into temptation.

Tit le v_{1b}

1. fall down along, run down, stream, occur

doirt pour, **buail le** strike, chance upon, **druid le** draw near to, **éirigh mór le** become friendly with; fall in with, **faigh** get, **rith le** run with, occur to, **snigh** course, snake, wind, **sreabh** flow, **sruthaigh** stream, flow, **tarlaigh** happen, **téigh** go

Thit deora le mo ghrua. Tears ran down my cheeks.
Thit sé isteach leo. He became friends with them.
Thit sé le haill. He fell off a cliff.
Thit sé le m'intinn. It occurred to me.
Thit sé liom. It fell to me.

2. succeed, cope, manage

cóipeáil le cope with, **déileáil le** deal with, **éirigh le** succeed, **faigh an lámh in uachtar ar** get the upper hand on, beat, **ionramháil** manage, manoeuvre, **láimhseáil** handle, **oibrigh** work, **rith** run, **stiúir** direct, **tar i dtír** survive

◊ Níor thit liom an obair a chríochnú. I didn't manage to finish the work., Thit sé liom labhairt léi. I managed to talk to her., Titfidh sé linn nó titfimid leis. We'll succeed or die trying.

Tit ó v_{1b} drop, fall from

lig titim let fall, **imigh ó mo lámh** go from my hand, drop, **lig le rud sleamhnú uait** allow a thing to slip away from you, **lig ó** relinquish, let go, **scaoil do ghreim ar** release your hold on, **scaoil le** let go

◊ Ná lig dó ~im ó do lámh! Don't drop it!, Thit an cupán ó mo lámh go hurlár. I dropped the cup on the floor., Thit siad óna chéile. The fell away (i.e. in different directions) from one another.

Tite *pp*

1. fallen, descended, collapsed

cliste ar *(market, etc)* collapsed, **imphléasctha** collapsed, **iomlasctha** tumbled, **íslithe** lowered; subsided, **laghdaithe** lessened, decreased, **leaindeáilte** landed, **socthumtha** nose-dived, **tagtha anuas** come down, **dulta i ndiaidh do mhullaigh** tumbled, **dulta ina chaise** cascaded, **dulta le fána** gone downhill, **dulta síos** gone down, **tuairteáilte** plummeted, smashed; *(comp)* crashed, **tuirlingthe** alighted, landed, **tuislithe** tripped, stumbled, **tumtha** dived

▲ **duilleoga** ~ fallen leaves, **foirgneamh** ~ collapsed building, **praghsanna** ~ fallen prices

2. fallen, deteriorated, decreased, sunken

briste *(boat, etc)* wrecked, **caolaithe** thinned, reduced, **craptha** shrunken, shrivelled; contracted, **díbholgtha** deflated, **dulta faoi** gone under, **dulta go tóin poill** sunk to the bottom, **dulta i laghad** decreased, lessened, **dulta i ndonas** deteriorated, **dulta in ísle** diminished, **dulta in olcas** worsened, deteriorated, **dulta le fána** *(situation, health, etc)* gone downhill, **dulta síos** gone down, **fánaithe** dwindled, diminished, **íslithe** lowered; subsided, **lagaithe** weakened, **laghdaithe** lessened, decreased, **ligthe uait** relinquished, ceded, **maolaithe** reduced, abated, decreased, **mionaithe** diminished, disintegrated, **silte** drooped, hung down, **síothlaithe** drained away, **suncáilte** sunken, **tagtha anuas** come down, **dulta ar gcúl** gone backwards, reversed, **tráite** receded, ebbed, **traoite** abated, subsided

▲ **bád** ~ wreck, wrecked boat, **meanma thite** fallen morale, **uimhreacha** ~ decreased numbers

3. *(in battle, etc)* fallen, defeated, killed

báite drowned, **básaithe** killed, **briste** defeated, **brúsctha** crunched, crashed, **caillte** lost (cf **caillte ar an bhfarraige** lost at sea), **dulta faoi** gone under, **sáraithe** beaten, overwhelmed, **tuairteáilte** plummeted, smashed; *(comp)* crashed

Titim

▲ **impireacht thite** fallen empire, **saighdiúir ~** fallen soldier

Titim *vn* falling, fall
bá drowning, **bás** death, **briseadh** defeat; wrecking, **brúscadh** crashing, crunching, **cliseadh** collapse; breakdown, **crapadh** shrinking, shrivelling; contraction, **caill** loss, **caise** *f* cascade, stream, **díbholgadh** deflating, **dúléim** plunge, **dul ar gcúl** reversing, **dul chun donais** getting worse; *(patient)* going downhill, **dul faoi** going under, **dul go tóin poill** sinking, **dul i laghad** decrease, lessening, **dul i ndonas** deterioration, **dul in ísle** diminishment, **dul in olcas** worsening, deterioration, **dul le fána** slippage, **dul síos** descent, going down, **feascairt** warping, shrinking, **imphléascadh** collapse, **iomlasc** tumble, **ísliú** lowering; subsidence, **laghdú** lessening, decrease, **ligean** giving way, **maolú** reduction, decrease, **socthumadh** nose-diving, **suncáil** sinking, **teacht anuas** descending, descent, **tos** *m* (~a) bad fall, **trá** *f* receding, ebbing, **trálacht** subsidence, flagging, **tuairteáil** plummeting, smashing; *(comp)* crashing, **turnamh** subsidence, downfall, **tuirling** alighting, landing, **tuisle** stumble, **tuisliú** stumbling, tripping, stumbling, **tumadh** diving, **turraing** lurch, fall, stumble (cf **Baineadh turraing asam** I stumbled and fell down.) *(see also: díomua & timpiste)*

- ~ **as a chéile** disintegrating, falling apart
- ~ **chun áiféise** bathos
- ~ **chun deiridh** falling behind
- ~ **chun feola** putting on weight
- ~ **fuar marbh** dropping cold dead
- ~ **i bhfanntais** fainting
- ~ **isteach** caving in, falling in
- ~ **siar** backsliding; falling back

▲ **~ amach** falling out, disagreement, **~ an chine dhaonna** the fall of mankind, **~ cainte** expression, idiom, **~ chun cladaigh** drifting towards the shore, **~ focail** slip of the tongue, **~ foirgnimh** collapse of a building, **~ i ngrá** falling in love, **~ i bpraghsanna** fall in prices, **~ sneachta** fall of snow, **~ na hoíche** nightfall, **~ na Traí** The Fall of Troy

◊ **Fainic! Tá an balla ag ~!** Watch out! The wall is collapsing!, **Tá an oíche ag ~.** Night is descending., **Táim ag ~ ar gcúl le mo chuid oibre.** I'm falling behind with my work., **Táim ag ~ as mo sheasamh le tuirse.** I am collapsing from tiredness., **Tá an tóin ag ~ as na margaí arís.** The markets are in free fall again.

Tiubh *adj⁵* thick, dense
dian intense, **díoghainn** *(lit)* thick, dense, **dlúth-** *pref* dense, **dlúth** dense, **domhain** deep, **glóthánach** viscous, **leathan** wide, broad, **modartha** murk, muddy, **moirtiúil** dreggy, turbid, **ramhar** fat, **ruthagach** substantial, **scamhardúil** nourishing, **síoróipeach** syrupy, **slaimiceach** chunky, **slaodach** viscous, **stolptha** stodgy (cf **leite** *f* **stolptha** stodgy porridge), **substaintiúil** substantial, **tathagach** full-bodied, substantial, **téagartha** stout, substantial, **toirtiúil** bulky, **vioscósach** viscous

▲ **ceo ~** dense fog, **duilliúr ~** thick foliage, **gruaig thiubh** luxuriant hair, **malaí ~a** bushy eyebrows, **miotal ~** heavy-gauge metal, **scrobarnach thiubh** dense undergrowth, **tuile thiubh** heavy flood

Tiubhaigh *v₂ₐ* thicken
calc cake, **comhchruinnigh** congregate, converge, concentrate, **comhdhlúthaigh** condense, **cruaigh** harden, **cruinnigh** gather, **cuimsigh** compile, **éirigh tiubh** become thick, **glóthaigh** gel, **ramhraigh** fatten, thicken, **righnigh** stiffen, **socraigh** set (eg **Lig don ghlóthach socrú.** Let the jelly set.), **stolp** become stodgy, stiffen, **téacht** congeal, coagulate; clot, **téigh i dtiús** increase in thickness, **téigh i slaodacht/ visciúlacht** increase in viscosity, **treamhnaigh** curdle

Tiubhaithe *pp* thickened
calctha caked, **comhchruinnithe** congregated, converged, concentrated, **comhdhlúite** condensed, **cruaite** hardened, **cruinnithe** gathered, **cuimsithe** compiled, **dulta i dtiús** increased in thickness, **dulta i slaodacht/visciúlacht** increased in viscosity, **éirithe tiubh** gotten thick, **glóthaithe** gelled, **ramhraithe** fattened, thickened, **righnithe** stiffened, **socraithe** set, **stolptha** gotten stodgy, stiffened, **téachta** congealed, coagulated; clotted, **treamhnaithe** curdled

Tiubhú *vn* thickening
calcadh caking, **comhchruinniú** congregating, converging, concentrating, **comhdhlúthú** condensing, **cruachan** hardening, **cruinniú** gathering, **cuimsiú** compiling, **dul i dtiús** increasing in thickness, **dul i slaodacht/visciúlacht** increasing in viscosity, **éirí tiubh** becoming thick, **glóthú** gelling, **ramhrú** fattening, thickening, **righniú** stiffening, **socrú** setting, **téachtadh** congealing, coagulating; clotting, **treamhnú** curdling

Tiús *m* (-*úis*) thickness; density
daingne solidity, firmness, **dlús** density, **iomláine** fullness, **mais** *(sci)* mass, **raimhre** fatness, **slaodacht** viscosity, **tiubh** *m* thick part, thickness, **tathag** substance, fullness, **téagar** robustness, **tibhe** thickness, **toirt** bulk, **uigeacht** texture, **visciúlacht** viscosity

▲ **~ daonra** density of population, **~ éadaigh** thickness of cloth, **~ fáis** thickness of growth, **~ leachta** viscosity of liquid

Tláith- *pref* soft, tender, gentle; frail
~bhinn dulcet, **~bhog** soft and tender, **~bhuí** sallow, pale yellow, **~ghlas** pale green/ grey, **~ghorm** pale blue, **~lag** weak and wan

Tláith *adj²*
1. soft, tender; weak

bách affectionate, **bog** soft, easy-going, **boigéiseach** softhearted, **caoin** tender, gentle, **caomh** mild,

ceanúil loving, affectionate, **cineálta** kind, **cneasta** gentle, decent, mild, **geanúil** loving, affectionate, **mánla** gentle, **mínráiteach** gently-spoken, **mothálach** responsive, **séimh** bland; mild

▲ **aghaidh thláith** pale face, **bealach ~** mild manner, **beola ~e** tender lips, **dathanna ~e** light/soft colours, **focal ~** gentle word, **glór ~** mild voice, **méara ~e** soft/gentle fingers

2. weak, frail
anbhann feeble, weak, **cranda** withered, decrepit, **críon** old and withered, **cróilí** infirm, **díblí** decrepit, **fann** frail, **fannlag** extremely weak, debilitated, **féigh** faint, spiritless, **lag** weak, **lagáiseach** feeble, faint, **leamh** apathetic, wishy-washy, **leochaileach** fragile, **maoth** tender, weak, **meathánta** weak, sickly, **tréith** feeble, **tréithlag** enervated

▲ **grian thláith** palid sun, **solas ~** weak light

Tlú *m (~; ~nna)* tongs
maide briste tongs, **pionsúirín** tweezers, **pionsúr** pincers, **teanchair** tongs, **timire teallaigh** fireside tongs, **ursal** fire tongs

◊ **~ siúcra** sugar tongs, **Ní bhfuaireamar rósta an ~.** *(fishing)* We caught nothing.

> ○ **Tlú ar an gcliabhán** *tongs on the cradle* **Tlú** were placed on the cradle to prevent the **lucht sí** *fairy people* from stealing the child and replacing it with a **malartán** *changeling*. It was believed that a ceaselessly crying child might well be a **malartán** who would cause misery and trouble for its parents.

Tnúite *pp* yearned for, longed for; envied
amplaithe gotten greedy for, **beophianta** tantalised, **fanta ar** waited for, **coinnithe ar bís** kept in suspense, kept itching for, **dúlaithe** desired, **éirithe fonnmhar chun ruda** gotten eager for a thing, **imthnúite** coveted, envied, **maíte** begrudged, **santaithe** coveted, **tothlaithe** desired, craved

Tnúth 1 *v₁ₐ*
1. **~ le** long for, yearn for
amplaigh be greedy for, **beophian** tantalise, **bí ag dúil le** yearn for, **bí ag fanacht ar/ag feitheamh le** be waiting for, **bí ag súil le** be anticipating, **bí ar bís le** be eager for, to be itching to, **bíodh fonn ort** fancy, desire, **dúlaigh** desire, **imthnúth** covet, envy, **is áil liom** I like, **is fada liom (an lá)** I can't wait for (the day), **is mian liom** I desire, I want, **is teannach liom** I desire, **mianaigh** long for, desire, **togair** desire, choose, **tothlaigh** desire, crave

◊ **Táim ag ~ go mór leis na laethanta saoire.** I'm greatly looking forward to the holidays.

2. **~ do** envy, begrudge
bí ag éad le duine be jealous of a person, to envy a person, **bí éadmhar** be jealous, **bí formadach** be envious, **bí i bhformad le** envy a person, **goill ar** resent (eg **Ghoill sé air gur phós sí duine eile.** He resented the fact that she married someone else.), **maígh ar** begrudge, **santaigh** covet

◊ **Níor thnúth mé dóibh riamh a saibhreas.** I never begrudged them their wealth.

Tnúth 2 *vn*
1. longing, yearning; expectation
anrachán craving, **beophianadh** tantalising, **cíocras** craving, **cumha** *m* pining away; homesickness, **dóchas** hope, **dréim le** aspiring to, striving after, **dúil** desire; yearning, **fonn** desire, want, **fuireachas** expectation, waiting, **gabhair** *f* craving, **goile** *m* appetite, **guí** *f* wish, **imthnúth** coveting, envying, **íota** ardent desire; great thirst, **mian** *f (méine; ~ta)* desire, longing, **miangas** craving, desire, **paidir** *f (-dre; -dreacha)* prayer, **práinn** liking, fondness, delight, **ragús** urge, sensual desire, **saint** greed, **súil** hope, **súilíocht** expecting, expectation, **taitneamh** liking, appeal, **toil** *f (tola)* will; inclination, desire, **tnúthán** yearning, expectancy, **toighis** *f (-ghse)* taste, fancy, **tothlú** desiring, craving

◊ **Is beag ~ a bhí agam leis.** Little did I expect it.

2. envy, begrudgery
cantal petulance, **cruimh faoin bhfiacail** grudge, **éad** jealousy, **fala** *f* grudge, spite, **faltanas** spitefulness, grudge, **fiamh** bitterness, spite, **formad** envy, **gangaid** virulence, spite, **maíomh** begrudging, envy, **mioscais** malice, spite, **nimh** virulence, venom, **santú** coveting, **searbhas** sourness, **seirfean** bitterness, **tnúthán** envy

▲ **peaca an ~a** the sin of envy

Tobainne *f (~)* suddenness
aibéil suddenness, quickness, **deifir** hurriedness, hastiness, **dithneas** hastiness, **driopás** precipitance, hurry, **gastacht** rapidity, **giorraisce** abruptness, shortness, **luaithe** earliness, **luathintinneacht** impulsiveness, **meargántacht** rashness, **praipe** quickness, suddenness, **spadhrúlacht** impulsiveness, **taghdaíl** impetuousness, **tapúlacht** fastness, quickness, **téirim** urgency, haste, **trice** quickness, suddenness

Tobann
1. *adj¹* sudden;
aibéil quick, **deifreach** hurried, hasty, **dithneasach** hasty, **driopásach** bustling, fumbling, **gan choinne** unexpected, **gan mhachnamh** without thinking, **gan smaoineamh a dhéanamh** without thinking, **gasta** rapid, **giorraisc** abrupt, **luath** early, **meargánta** rash, **neamhsmaointeach** unthinking, without thinking, **neamhthuairimeach** casual; unexpected (cf **freagra neamhthuairimeach** unexpected answer), **prap** prompt, sudden, **preabanta** quick, lively, **preabúil** quick to act, prompt, **sciobtha** speedy, snappy, quick, **sconnach** hasty, rash, **spadhrúil** impulsive, **taghdach** impetuous, **tapa** fast, quick, **tric** quick, sudden

▲ **athrú** ~ sudden change, **bás** ~ sudden death, **beart** ~ impetuous act, **bualadh bos** ~ spontaneous round of applause, **cinneadh** ~ snap decision, **duine** ~ impulsive person, **fás** ~ spurt of growth, **imeacht** ~ quick departure; sudden exit, **múchadh** ~ sudden shutdown, **toghchán** ~ snap election

2. *adv* **go** ~ suddenly
ar ala na huaire on the spur of the moment, **de gheit** with a start, suddenly, **de phreab** in a jolt, suddenly, **gan aon rabhadh** without any warning, **gan choinne** unexpectedly, **gan mhoill** immediately, **gan nóiméad moille** without a moment's delay, **gan smaoineamh** without thinking, **go géar** sharply, **go grod** abruptly, **go haibéil** suddenly, quickly, **go meargánta** rashly, in a knee-jerk fashion, **go taghdach** impetuously, **i bhfaiteadh na súl** in the twinkling of an eye, all of a sudden, **i dtobainne** with suddenness, **i mbéil na séibe** all of a sudden, **láithreach** immediately, **láithreach bonn** instantaneously, **thar oíche** overnight

Tobar *m (-air; toibreacha)* well, spring, source
bunsruth fountainhead, spring, **cliabhán** cradle, **foinse** *f* spring, **fuarán** fountain, spring, **poll uisce** waterhole, **scairdeán** fountain, **soláthar uisce** water supply, **stór** repository, **taisce** storehouse, treasury, **taiscumar** reservoir

▲ ~ **beannaithe** holy well, ~ **eolais** mine of information, ~ **fíoruisce** fresh water spring, ~ **na heagna uile** *(iron)* the font of all wisdom, ~ **na nguíonna** wishing well, ~ **ola** oil well, ~ **spá** spa well, ~ **tirim/tráite** dry well

○ **Toibreacha Beannaithe** *Holy Wells* – Veneration of holy wells dates back to earliest pagan times and people today still pray and celebrate festivals around them. **Ribíní** ribbons, **pictiúir** pictures, **píosaí seodra** pieces of jewellery, **baill éadaigh** items of clothing, along with all kinds of other personal memorabilia, are left nearby to elicit the well's magical healing powers. Much **béaloideas** folklore and **piseog** superstition surround these wells; for example, the appearance of **eascanna** eels in the well is believed to indicate that a particular prayer will be answered.

Tochail v_{2c} excavate, dig
bain dig, cut, **bain as an talamh** unearth, **cairéalaigh** quarry, **cart** clear away, scrape clean, **dí-adhlaic** exhume, **déan iomaire** make a furrow, **déan mianadóireacht** mine, **dreideáil** dredge, **eitrigh** furrow, groove, **iompaigh** *(sod, etc)* turn up, **poll** bore, make a hole, **saothraigh** till, cultivate, work, **rómhair** dig, **sluaisteáil** shovel, **stoith** uproot, extract, **taighd** poke, probe, dig; research, **tóch** dig, root, **treabh** plough

Tochailt *vn* excavating, digging
baint digging, cutting, **baint as an talamh** unearthing, **cairéalú** quarrying, **cartadh** clearing away, scraping clean, **dí-adhlacadh** exhuming, **déanamh iomairí** making furrows, **dreideáil** dredging, **eitriú** furrowing, grooving, **iompú** *(sod, etc)* turning up, **mianadóireacht** mining, **polladh** boring, making a hole, **saothrú** tilling, cultivating, working, **rómhar** digging, **sluaisteáil** shovelling, **stoitheadh** uprooting, extracting, **taighde** probing, digging; researching, **tóchadh** digging, rooting, **tóchráil** rooting, grubbing, **treabhadh** ploughing

~ **cloch as talamh** digging stones out of the ground
~ **faoi bhalla** burrowing under a wall
~ **faoi dhuine** undermining a person
~ **poill** excavating a hole
~ **úirleachais** *(archeol)* a dig of a burial site

Tochailte *pp* excavated
bainte amach dug up, taken out, **bainte as an talamh** unearthed, **cairéalaithe** quarried, **carta** cleared away, scraped clean, **dí-adhlactha** exhumed, **dreideáilte** dredged, **eitrithe** furrowed, grooved, **iompaithe** *(sod, etc)* upturned, dug up, **pollta** bored (through), perforated, **saothraithe** tilled, cultivated, worked, **rómhartha** dug, **sluaisteáilte** shovelled, **stoite** uprooted, extracted, **taighdte** probed, dug; researched, **tóchta** dug, rooted, **treafa** ploughed

Tochais v_{1d} scratch; itch
cuimil rub; caress, **cuir as do** irritate, annoy, **dearg** chafe, **greannaigh** irritate, **scríob** scrape, **raspáil** rasp, scrape, **sciomair** scour, **sciúr** scrub, **teagmhaigh** touch

Tochaltóir *m (-óra; ~í)*
bainteoir hewer, digger, cutter, **buainteoir** reaper, **bean rómhartha** *(woman)* digger, **fear rómhartha** *(man)* digger, **inneall bainte** *(machine)* harvester, **sluaisteoir** shoveler

Tochas *vn* itching, itch; scratching
cuimilt rubbing; itching, **dúil mhallaithe** craving, **gearbóg** itchy spot on skin; scab, **greannú** *(in skin)* irritation; irritating, **scríobadh** scratching

◊ ~ **na seacht mbliana** seven year itch, **Tá** ~ **i mo dhroim/i mo chos.** I have an itchy back/foot., **Cuireann an t-éadach sin** ~ **ar mo chraiceann.** That cloth irritates my skin., **Cuirfidh mise** ~ **ina cheann.** I'll give him something to think about.

Tochasta *pp* itched, scratched
cuimilte rubbed; itched, **greannaithe** *(in skin)* irritated, **scríobtha** scratched

Tochrais v_{1b} wind
burláil roll up, **cas** turn, **corn** coil, furl, **cuach** roll, **cuaileáil** coil, **figh** weave, spin, **fill** fold, **fill suas** fold up, **glinneáil** wind *(around reel, frame, etc)*, **snigh** filter through, course, **sníomh** twist, **trusáil** tuck, roll up

Tochraiste *pp* wound
  burláilte rolled up, **casta** turned, **corntha** coiled, furled, **cuachta** rolled, **cuaileáilte** coiled, **fillte** folded, **fillte suas** folded up, **fite** woven, spun, **glinneáilte** wound *(around reel, frame, etc)*, **snite** coursed, filtered through, **sníofa** twisted, spun, **trusáilte** tucked up, rolled up

Tochras *vn* winding, winding up
  burláil rolling up, **casadh** turning, **cornadh** coiling, furling, **cuachadh** rolling, bundling, **cuaileáil** coiling, **fí** weaving, spinning, **filleadh** folding, **filleadh suas** folding up, **glinneáil** winding *(around reel, frame, etc)*, **sní** filtering through, coursing, **sníomh** twisting, **trusáil** tucking up, rolling up

  ◊ **Ag ~ ar a cheirtlín féin a bhíonn seisean.** He's looking out for number one/for himself., He is on the make.

Tocht *m (~a)*
  1. stoppage, obstruction
  bac blockage, **bacainn** obstruction, **claibín** bung, stopper, **cosc** hindrance, **oclúid** occlusion, **plocóid** plug, **pluga** plug, **stoipéad** stopper; stopple, **stopainn** stoppage, obstruction, **stopallán** *(sink)* plug, stopper

  ▲ **~ fuail** *(med)* strangury, **~ stéige** *(med)* intestinal stoppage

  2. emotional catch
  arann feeling sensitivity, **broid** suspense, misery, **buairt** angst, grief, **corraí** emotional state, agitation, **corraíl** stir, agitation, **fuaidreamh** fuss, agitation, **líonrith** panic, **snag** emotional catch, **strus** stress, **suaiteacht** disturbed state, **teannas** tension, **tinneallaí** tenseness, nervousness

  ▲ **~ áthais** profound feeling of joy, **~ bróin** deep feeling of sorrow, **~ i scornach** lump in the throat

  ◊ **Bhí ~ i mo scornach.** *(emotional)* I had a lump in my throat., **Ní raibh sí ábalta labhairt leis an ~ a bhí uirthi.** She was too choked up to talk., **Tháinig ~ goil air.** He had a fit of crying

  3. mattress
  braillín *f* **talún** groundsheet, **cúisín** cushion, **duivé** duvet, **leaba** *f* bed, **mata** mat *(cf* **mata ióga** yoga mat*)*, **tolg** sofa, couch

  ▲ **~ aeir** air mattress, **~ cúir** foam mattress, **~ ortaipéideach** orthopaedic mattress, **~ róin** horsehair mattress, **~ spriongaí** spring mattress, **~ uisce** water mattress

Tochtmhar *adj¹*
  1. soulful, deeply emotional
  corraithe upset, moved, **corraitheach** emotional, moving, **coscrach** shattering, destressing, **croíbhriste** broken-hearted, **croí-chráite** of a tormented heart, **croí-scallta** heart-aching, **dobrónach** very sorrowful, **dólásach** in tribulation, **lán den bhrón** full of sadness, **léanmhar** full of anguish, sorrowful, **le tocht sa ghlór** with a lump in the throat, **maoithneach** sentimental, emotional, **mothúchánach** emotional, **sceidealach** excitable, frisky, **suaite** agitated, **tinnchroíoch** sick of heart

  2. in a heightened emotional state, excited
  ardaithe elevated, heightened, **corraithe** excited; choppy, **eadarluasach** flurried, excited, **fuaiscneach** agitated, excited, **mearaithe** befuddled, perplexed, spaced out, **sceidealach** excitable, frisky, **scleondrach** elated, excited, **sochorraithe** easily moved, emotional, **suaite** agitated, **tógtha** fired up, hyper, flustered

Todhchaí *f (~)* future
  an aimsir os ár gcomhair the time ahead of us, **an t-am atá le teacht** the time to come (cf **san am atá le teacht** in time to come), **as seo amach** in the future, **dealramh** outlook, **fáidheadóireacht** prophecy, prediction, **fáistineach** *m (gram)* future, **poitéinseal** potential, **prognóis** prognosis, **réamhaisnéis** forecast, **tairngreacht** prophecy, prediction, **todhchaíochas** futurism, **tualaing** potential, **tuar** augury, omen

  ◊ **Beidh ~ níos fearr acu.** They'll have a better tomorrow., **pleanáil don ~** planning for the future, **sa ~** in (the) future

Tofa *pp* elected, chosen; elect
  ceaptha appointed, **comhthofa** co-opted, **luaite** espoused, **pioctha** picked, **pioctha amach** singled out, **réamhordaithe** predestined, **roghnaithe** chosen, selected, **tógtha suas** taken up, **vótáilte isteach** voted in

  ▲ **an cine ~** the chosen people, **comhalta ~** elected member, **uachtarán ~** president elect

Tóg *v₁ₐ*
  1. take, take up, take on, lift, raise
  aimsigh pick up, locate, **ardaigh** lift; nick, steal, **astaigh** *(jur)* attach, **bailigh suas** collect, take up, **bain** take off; subtract, **bain amach** achieve, **beir ar** take hold of, **beir greim ar** grasp, **buaigh** win, **caith** consume, **can** sing, **cinn ar** decide upon, **coigistigh** confiscate, **coinnigh** keep; accommodate, **creid** believe, **croch leat** lift, carry off, **crúcáil** clutch, hook, **cruinnigh suas** gather up, **dealaigh** subtract, **faigh** get, **foghlaim** learn, **forghabh** seize forcibly, **fostaigh** employ, **gabh** take, occupy; arrest, **gabh seilbh ar** take possession of, **gad** snatch, take away, **glac** take, **glac le** accept, **glám** grab, clutch, **glan** (eg **bord a ghlanadh**) clear, **gnóthaigh** earn, **goid** steal, **greamaigh** seize, grasp, secure, **iompair** carry, transport, **ionanálaigh** inhale, **ionsúigh** absorb, mop up, **ith** eat, **leithreasaigh** appropriate, **ól** drink, **pioc** pick, **pioc suas** pick up, **roghnaigh** choose, select, **seas suas in aghaidh** (+ *gen*) take on, stand up against, **seas suas** raise; stand up, **saothraigh** earn, **sealbhaigh** possess,

smaoinigh consider, **sliop** take by stealth, **tabhaigh** earn, deserve, **tabhair rud éigin leat** take something with you, **tapaigh** grasp, seize (cf **tapaigh go beo** snap up quickly!), **toibhigh** levy, exact, **toill** find room, take up space, **tuig** understand, **tuill** earn, **urghabh** *(jur)* seize

~ **am breise!** Take more time!
~ **an bhratach!** Raise the flag!
~ **an bord!** Clear the table!
~ **an cóngar!** Take the shortcut!
~ **coiscéim chun tosaigh!** Take a step forward!
~ **do cheann!** Lift your head!
~ **do mhálaí!** Take your bags!
~ **do rogha ceann!** Take whichever one you want!
~ **dúshlán nua!** Take on a new challenge!
~ **léigear!** Raise a siege!
~ **lóistéirí!** Take in lodgers!
~ **mise, mar shampla!** Take me, for example!
~ **pictiúr!** Take a picture!
~ **sos!** Take a break!
~ **suíochán!** Take a seat!

◊ **Thóg tú contráilte mé.** You misunderstood me., **Thógfá ina iontas é.** It would make you wonder., **Tógann an t-eitleán nua níos mó paisinéirí.** The new plane takes/has room for more passengers.

2. build, construct
ardaigh raise, **atóg** rebuild, **croch** hang (eg **geata a chrochadh** to hang a gate), **cruthaigh** create, form, **cuir in airde** put up, **cuir ina sheasamh** stand, raise, **cuir le cheile** put together, assemble, **cuir suas** put up, build, **déan** make, **deilbhigh** shape, fashion, **foirgnigh** build, construct, **gaibhnigh** *(metalw)* forge, **seas** stand, set upright, **suigh** sit, place, position

~ **saol nua duit féin!** Build yourself a new life!
~ **sliosbhóthar!** Construct a slip road!
~ **teach nua!** Build a new house!

3. rear, raise, bring up
altramaigh foster, **beathaigh** nourish, feed, **cothaigh** nurture, foster, **máithrigh** mother, **múin** teach, **oil** nurture, train, **saothraigh** cultivate, **tabhair oiliúint do** provide training to, nurture, coach, **tabhair beathú cíche do** breastfeed, **tabhair suas** bring up, **traenáil** train, **uchtaigh** adopt, **ullmhaigh don saol** prepare for life

~ **cearca sa ghairdín cúil!** Keep hens in the back garden!
~ **do chlann in Éirinn!** Raise your family in Ireland!
~ **le Gaeilge iad!** Bring them up speaking Irish!

4. *(illness)* contract, catch
buail strike, succumb (eg **Bhuail bruitíneach é.** He succumbed to measles.), **tolg** catch, acquire, **éirigh tinn le** become sick with, **faigh** get, **forbair** develop, **tar ar** succumb (eg **Tháinig an galar céanna air.** He succumbed to/got the same illness)

◊ **Thóg mé an fliú uaithi.** I got the flu from her.

5. rouse, stir up
adhain kindle, ignite, **ardaigh** heighten, elevate, **athbheoigh** reawaken, revitalise, revive, **buair** perturb, vex, **corraigh** move, stir, **cuir faoi deara** cause, **cuir sceitimíní ar** thrill, excite, **dúisigh** awaken, **faghair** fire up, incite, **griog** tantalise, excite, **gríosaigh** inflame, incite, spur on, **las** light, **mearaigh** distract, bewilder, **múscail** rouse, **oibrigh** stir up, work up (eg **Bhí sí oibrithe go mór mar gheall air.** She was very worked up about it.), **séid faoi** wind up, bait, **spreag** rouse, incite

Ná ~ **a chuid fola!** Don't get him riled!
Ná ~ **iad!** Don't get them excited/hyper!

Tóg ar v_{1a}
1. undertake, take upon (oneself)
bain triail as have a go at, **déan iarracht** attempt, **féach le** endeavour, try, **glac ort féin** take upon yourself, **tabhair d'aghaidh ar** get to grips with, **tabhair faoi** embark on, **téigh i ngleic le** set about, tackle, **tosaigh** begin, **triail** try, test

◊ **Thóg sé air féin an obair a chríochnú.** He took it upon himself to finish the work.

2. blame
aifir rebuke, **beachtaigh** criticise, correct, **ciontaigh** accuse, **cuir an locht ar** fault, blame, **cuir an milleán ar** blame, **cuir i leith** *(+ gen)* impute, charge, **cúisigh** accuse, charge, **éiligh ar** censure, **lochtaigh** blame, fault

◊ **Cé a thógfadh uirthi é?** Who would blame her?, Ná ~ **orm é!** Don't hold it against me!, Don't blame me!

3. take to, resort to
cuir tús le commence, **gabh i gceann** set about, **gabh ort féin** undertake, commit to, **tabhair faoi** launch into, **tarraing chugat féin** draw to yourself, make for, **téigh i muinín** resort to, **tosaigh** start

◊ **Thug sí a leaba uirthi féin.** She took to her bed.

Tóg ar láimh v_{1a} sequestrate
athshealbhaigh repossess, **gabh seilbh ar** take possession of, **tochsail** *(jur)* distrain (cf **réadmhaoin a thochsal** to distrain property)

Tóg as v_{1a} take out; spirit away
aistarraing withdraw, **ardaigh** raise, lift, **bain** remove, **scrios** delete, **stoith** extract, **tabhair ar shiúl/chun bealaigh** spirit away, **tarraing as** draw out, pull out

Tógadh as a chuntas é. It was taken from his account.
Tógadh as comhtheács é. It was taken out of context.
Tógadh as é. He was spirited away.
Tógadh as príosún é. He was taken out of prison.

Tóg chuig v_{1a} take to
aistrigh go dtí transfer to, move to, **ardaigh leat** take away with you (eg **Ardaigh leat é!** Take it away with you!), **beir chuig** bring to, **iompair chuig** carry to, **seachaid** deliver, **tabhair chuig** take to, bring to, **tíolaic** accompany, escort, **tiomáin chuig** drive to

◊ **~ na héadaí tirime seo chucu.** Bring them these dry clothes!, **Ná ~ chugat féin é!** Don't take it personally!, **Thóg sí chuici féin go raibh mé míshásta léi.** She got it into her head that I was displeased with her.

Tóg de v_{1a} take from, remove, abandon
bain remove, **bain de** detach, **caith de** throw off, **fág** leave, **faigh réidh le** get rid of, discard, **scar** detach, **tabhair do chúl le** desert, abandon, **tabhair droim láimhe do** disregard, reject, **tréig** abandon

> **Thóg mé an pota den sorn.** I took the pot off the stove.
> **Thóg na dochtúirí de.** The doctors gave up on him.
> **Thóg sé a shúil den liathróid.** He took his eye off the ball.
> **Thóg sé de chothrom talún mé.** It lifted me into the air.
> **Thóg tú an ghruaim díom.** You cheered me up.

Tóg do v_{1a} take to; reveal
cuir in iúl convey, **iompair chuig** carry to, **léirigh** convey, **nocht** reveal, **seachaid** deliver, **tabhair chuig** bring to, **taispeáin** show

> **Thóg sé a aghaidh dóibh.** He appeared to them.
> **Thóg sé bia dóibh.** He took food to them.
> **Thóg sé olc dóibh.** He developed a grudge against them.

Tóg i/isteach v_{1a} take in/into; assimilate, absorb
asamhlaigh assimilate, **beir greim ar** grasp, **ciorraigh** truncate, curtail, **comhtháthaigh** assimilate, **díleáigh** digest, **giorraigh** shorten, **glac chugat féin** embrace, **glac le** accept, **ionsúigh** absorb, **súigh isteach** absorb/suck in, **tuig** comprehend, appreciate

> **Thóg Éire isteach iad.** Ireland accepted them.
> **Thóg muid lóisteírí isteach.** We took in lodgers.
> **Thóg sé isteach ina cheann é.** He got it into his head.
> **Thóg sí naí ina hucht.** She lifted a baby onto her lap.
> **Thóg siad na radhairc isteach.** They took in the sights.

◊ **~ isteach an gúna!** Take in/shorten the dress., **~ann sé uisce isteach.** It absorbs water.

Tóg le v_{1a}
1. take with, lift by, raise
ardaigh le lift with, raise, **bailigh suas le** gather up with, **croch** raise up, hoist, **cuir ina sheasamh** put upright, **cuir suas** put up, **glac le** take with, **imigh le** go off with, **tabhair leat** take (away) with you

> **~ do chuid ama leis!** Take your time with it!
> **~ leat iad!** Take them with you!
> **~ leis an tlú é!** Take it with the tongs!

2. take to, get along with
aontaigh le agree with, **bheith ar aon intinn le** to be of one mind with, **comhréitigh** live in harmony with, **éirigh ceanúil ar dhuine** take a shine to a person, **éirigh go maith le chéile** get on well together, **éirigh mór le** become pally with, **meaitseáil** match, **réitigh le** get along with, **taitin le** appeal to, like, **tar le** agree with, suit, **tar le chéile** connect, gel, **tarraing le chéile** pull together

◊ **Thóg an madra leat.** The dog has taken a shine to you., The dog has taken to you., **Tá siad ~tha go mór le chéile.** They are greatly attracted to one another.

Tóg ó v_{1a}
1. take from, remove from
ardaigh nick, purloin, **bain amach as** remove from, **bain de** remove, **díshealbhaigh** dispossess, **stoith** extract, **tarraing amach** pull out

> **~adh airgead uaim.** Money was taken from me.
> **~adh ón Bhíobla é.** It was taken from the Bible.
> **~adh ón talamh mé.** I nearly died of fright.

◊ **Ní thógfainn aon aisfhreagra uathu.** I wouldn't take/tolerate any cheek/backchat from them., **Thóg sí an tréith sin óna máthair.** She took that trait from her mother.

2. save, salvage
ainic ar save, protect against, **athshlánaigh** recover, **coigil** spare, save, **fóir** succour, relive, save, **fuascail** liberate, **sábháil** save, **saor** free, **slánaigh** make whole, redeem, **spáráil** spare, **tarrtháil** rescue; salvage, **teasairg** save, rescue

> **~adh ón mbás iad.** They were saved from death.
> **~adh raic ón mhuir.** Wreckage was salvaged from the sea.

Tóg suas v_{1a} take up, lift up
ardaigh lift, raise, **cuimsigh** encompass, **déan** do, **fostaigh** employ, engage, **glac páirt i** take part in, **luigh isteach ar** get down to, **tabhair faoi** go about, undertake, **téigh i gceann** (+ *gen*) begin, **téigh i mbun** go about, start, **tosaigh** begin, take up

> **~ suas bhur lámha!** Raise your hands!
> **~ suas caitheamh aimsire nua!** Take up a new pastime!
> **~ suas do chroí!** Lift up your heart!
> **~ suas do ghlór!** Lift up your voice!

Tógáil *vn*
1. taking, taking up/on/off, lifting/raising
aimsiú picking up, locating, **ardú** lifting, **astú** (*jur*) attaching, **bailiú suas** collecting, taking up, **baint** taking off; subtracting, **baint amach** achieving, **breith ar** taking hold of, **breith greim ar** grasping, **buachan** winning, **caitheamh** consuming, **canadh** singing, **cinneadh ar** deciding upon, **coigistiú** confiscating, **coinneáil** keeping; accommodating, **creideamh** believing, **crochadh leat** lifting, carrying off, **crúcáil** clutching, hooking, **cruinniú suas** gathering up, **dealú** subtract, **fáil** getting, **foghlaim** learning, **forghabháil** seizing forcibly, **fostú** employing, **gabháil** taking, occupying; arresting, **gabháil seilbh ar** taking possession of, **gad** snatching, taking away, **glacadh** taking, **glacadh le** accepting, **glámadh** grabbing, clutching, **glanadh** clearing, **gnóthú** earning, **goid** stealing, **greamú** seizing, grasping, securing, **iompar** carrying, transporting, **ionanálú** inhaling, **ionsú** absorbing, mopping up, **ithe** eating, **leithreasú** appropriating, **ól** drinking, **piocadh** picking, **piocadh suas** picking up, **roghnú** choosing, selecting, **seasamh suas in aghaidh** (+ *gen*) taking on, standing

Tógáil

up against, **seasamh suas** raising; standing up, withstanding, **saothrú** earning, **sealbhú** possessing, **smaoineamh** considering, **sliopadh** taking by stealth, **tabhú** earning, deserving, **tabhairt rud éigin leat** taking something with you, **tapú** grasping, seizing, **tobhach** levying, exacting, **toilleadh** finding room, taking up space, **tuiscint** understanding, **tuilleamh** earning, **urghabháil** *(jur)* seizing

▲ ~ **buillí** taking hits, ~ **cíosa** collection of rent, ~ **clampair** raising a racket, ~ **croí** lifting of spirits, ~ **drugaí** taking drugs, ~ **iasachta** raising a loan, ~ **intinne** mental uplifting, ~ **luais** picking up speed, ~ **nótaí** taking notes, ~ **paisinéirí ar bord** taking passengers on board, ~ **uisce** *(boat)* taking on water, leaking

2. building, constructing
ardú raising, **atógáil** rebuilding, **crochadh** hanging, **cruthú** creating, forming, **cur in airde** putting up, **cur ina sheasamh** standing, raising, **cur le chéile** putting together, assembling, **cur suas** putting up, building, **déanamh** making, **deilbhiú** shaping, fashioning, **foirgniú** building, constructing, **gaibhniú** *(metalw)* forging, **seasamh** standing, setting upright

▲ ~ **balla** building a wall, ~ **bóithre** road construction, ~ **campa** setting up camp, ~ **droichid** construction of a bridge, ~ **long** shipbuilding, ~ **tithe** building houses

3. rearing, raising, bringing up
altramú fostering, **beathú** nourishing, feeding, **cothú** nurturing, fostering, **máithriú** mothering, **múineadh** teaching, **oiliúint** nurturing, training, **saothrú** cultivating, **tabhairt oiliúint do** providing training to, nurture, coaching, **tabhairt beathú cíche do** breastfeeding, **tabhairt suas** bringing up, **traenáil** training, **uchtú** adopting, **ullmhú don saol** preparing/preparation for life

▲ ~ **clainne** raising of a family, ~ **stoic** cattle breeding

◊ **Is dona an ~ atá air.** He was badly brought up.

4. *(illness)* contracting, catching, contagion
bualadh striking, succumbing, **tolgadh** catching, acquiring, **éirí tinn le** becoming sick with, **fáil** getting, **forbairt** developing, **teacht ar** succumbing (eg **Tá slaghdán ag teacht air.** He is coming down with a cold.)

◊ **Cad iad na bearta ar a bhfuiltear ag smaoineamh chun ~ galair a chosc?** What measures are being considered to prevent contagion?

5. rousing, stirring up
adhaint kindling, igniting, **ardú** heightening, elevating, **athbheochan** reawakening, revitalising, reviving, **buaireamh** perturbing, vexing, **corraí** moving, stirring, **cur faoi deara** causing, **cur sceitimíní ar** thrilling, exciting, **dúiseacht** awakening, **faghairt** firing up, inciting, **griogadh** tantalising, exciting, **gríosú** inflaming, inciting, spurring on, **lasadh** lighting, **mearú** distracting, bewildering, **múscailt** rousing, **oibriú** stirring up, working up, **séideadh faoi** winding up, baiting, **spreagadh** rousing, inciting

▲ ~ **trioblóide** causing trouble, troublemaking

Togair v_{2c} want, choose, incline (towards)
ba mhaith liom I would like, **bí ag iarraidh** be trying, **bí ag tnúth** be longing for, **bí ag teastáil** be required, **ceap** appoint; think, **cinn** decide, determine, **glac (le)** accept, embrace, **iarr** try; request, **is mian liom** I like (cf **más mian leat** if you like), **mianaigh** desire, **roghnaigh** choose, select, **santaigh** crave, desire, **socraigh ar** settle on, **teastaigh ó** be wanted/desired by (cf **Theastaigh uaidh imeacht.** He wanted to leave.), **togh** elect, **tnúth** long for, yearn for, **tothlaigh** have an appetite for, desire, **tnúth** yearn for, long for, **vótáil** vote

◊ **má thograíonn tú é** if you feel so inclined, **Thogair sé an obair ab éasca.** He opted for the easiest work., **Thogair sí fanacht.** She chose to remain.

Tógálach *adj³* contagious, catching
aicídeach pestilent, pestilential, **eipidéimeach** epidemic, **gabhálach** contagious, **galrach** diseased, morbid, **ionfhabhtaíoch** infectious, **pláúil** pestilential, **somheabhraithe** *(tune)* catchy, **tarraingteach** *(tune)* attractive, **teagmhálach** *(disease)* communicable

Tógálaí *m (~; -aithe)* builder
ailtire architect, **bríceadóir** bricklayer, **brící** *(sl)* bricky, builder, **déantóir** maker, manufacturer, **dearthóir** designer, **foirgneoir** builder, **innealtóir** engineer, **línitheoir** draughtsman, **lucht tógála** builders, **oibrí** *m* worker, **pleanálaí** planner

Togartha *pp* wanted, inclined, desired, chosen
atá ag teastáil that is wanted/required, **atá á lorg** that is being sought after, **atá de dhíth** that is needed, **ceaptha** appointed, thought, **cinnte** decided, determined, **glactha (le)** accepted, embraced, **iarrtha** requested; tried, **mianaithe** desired, **riachtanach** necessary, **santaithe** craved, desired, **tofa** elected, **tnúite** longed for, yearned, **roghnaithe** chosen, selected, **socraithe ar** settled on, **tothlaithe** craved, desired, **tnúite** yearned for, longed for, **vótáilte** voted

Togh v_{1a} elect, choose
ainmnigh nominate, name, **ceap** appoint, **cinn** determine, **coimisiúnaigh** commission, **comhthogh** co-opt, **cuir in oifig** put in office, **déan do rogha** make your choice/selection, **fostaigh** employ, engage, **glac (le)** accept, **oirnigh** ordain, **roghnaigh** choose, elect, **pioc** pick, **socraigh (ar)** decide (upon), **sainigh** designate, **sann** *(jur)* assign, **suiteáil** install, **tarmlig** *(jur)* delegate

Togha! *Int* Bravo!, Terrific!
An-mhaith Very good!, **Ar dóigh!** Brilliant!, Brill!, **Ar fheabhas!** Excellent!, **Comhghairdeas!** Congratulations!, **Den chéad scoth!** First rate!, Topnotch!, **Dia go deo leat!** Bravo!, **Éachtach!** Epic!, Meteoric!, **Eisceachtúil!** Exceptional!, **Galánta!** Fabulous!, **Go diail ar fad!** Really fantastic!, **Go han-mhaith!** Very good!, **Go hiontach!** Wonderful! **Iontach!** Amazing!, Wonderful!, **Maith thú!** Well done!, **Mo cheol thú!** No better man/woman!, **Mo ghoirm thú!** Good on you!, **Mo ghraidhin thú!** Good woman/man yourself! **Rímhaith!** Superb!, **Sármhaith!** Super!, **Sonraíoch!** Remarkable!, **Suaithinseach!** Extraordinary!, **Suntasach!** Remarkable!, **Thar barr!** Outstanding!, **Thar cionn!** Awesome!, Fabulous!

Toghadh *vn* electing, choosing
ainmniú nominating, naming, **ceapadh** appointing, **cinneadh** determining, **coimisiúnú** commissioning, **comhthoghadh** co-opting, **cur in oifig** putting in office, **fostú** employing, engaging, **glacadh (le)** accepting, **oirniú** ordaining, **déanamh rogha** making a choice, **roghnú** choosing, electing, **piocadh** picking, **socrú (ar)** deciding (upon), **sainiú** designating, **sannadh** *(jur)* assigning, **suiteáil** installing, **tarmligean** delegating

Tógtha *pp*
  1. taken, taken up/on/off, lifted, raised
aimsithe picked up, located, **ardaithe** lifted, **astaithe** *(jur)* attached, **bailithe suas** collected, taken up, **bainte** taken off; subtracted, **bainte amach** achieved, **buaite** won, **caite** consumed, **canta** sung, **cinnte ar** decided upon, **coigistithe** confiscated, **coinnithe** kept; accommodated, **creidte** believed, **crochta leat** lifted, carried off, **crúcáilte** clutched, hooked, **cruinnithe suas** gathered up, **dealaithe** subtracted, **faighte** gotten, **foghlamtha** learnt, **forghafa** seized forcibly, **fostaithe** employed, engaged, **gafa** taken, occupied; arrested, **gadta** snatched, taken away, **glactha** taken, **glactha le** accepted, **glámtha** grabbed, clutched, **glanta** cleared, **gnóthaithe** earned, **goidte** stolen, **greamaithe** seized, grasped, secured, **iompartha** carried, transported, **ionanálaithe** inhaled, **ionsúite** absorbed, mopped up, **ite** eaten, **leithreasaithe** appropriated, **ólta** drunk, **pioctha** picked, **pioctha suas** picking up, **roghnaithe** chosen, selected, **seasta suas in aghaidh** (+ *gen*) stood up against, **seasta suas** raised; stood up, **saothraithe** earned, **sealbhaithe** possessed, **slioptha** taken by stealth, **tabhaithe** earned, deserved, **tapaithe** grasped, seized, **toibhithe** levied, exacted, **tuigthe** understood, **tuillte** earned, **urghafa** *(jur)* seized
  2. built, constructed
ardaithe raised, **atógtha** rebuilt, **crochta** hung, **cruthaithe** created, formed, **curtha in airde** put up, sent up, **curtha ina sheasamh** stood, put standing, raised, **curtha le chéile** put together, assembled, **curtha suas** put up, built, **déanta** made, **deilbhithe** shaped, fashioned, **foirgnithe** built, constructed, **gaibhnithe** *(metalw)* forged, **seasta** stood, set upright
  3. reared, raised, brought up
altramaithe fostered, **beathaithe** nourished, fed, **cothaithe** nurtured, fostered, **máithrithe** mothered, **múinte** taught, **oilte** nurtured, trained, **saothraithe** cultivated, **tugtha suas** brought up, **traenáilte** trained, coached, **uchtaithe** adopted, **ullmhaithe don saol** prepared for life
  4. *(illness)* contracted, caught
buailte struck, **tolgtha** caught, acquired, **éirithe tinn le** gotten sick with, **faighte** got, **forbartha** developed, **tagtha ar** succumbing (eg Tá an fliú tagtha uirthi. She has come down with the flu.)
  5. roused, stirred up
adhainte kindled, ignited, **ardaithe** heightened, elevated, **athbheoite** reawakened, revitalised, revived, **buartha** perturbed, vexed, **corraithe** moved, stirred, **curtha faoi deara** caused, **dúisithe** awakened, **faghartha** fired up, incited, **griogtha** tantalised, excited, **gríosaithe** inflamed, incited, spurred on, **lasta** lighted, lit, **mearaithe** distracted, bewildered, **múscailte** roused, **oibrithe** stirred up, worked up, **séidte faoi** wound up, baited, **spreagtha** roused, incited

Toghchán *m (-áin; -áin, ~)* election
ballóid ballot, **ceapadh** appointing, **ceapachán** appointment, **fothoghchán** by-election, **olltoghchán** general election, **pobalbhreith** poll; plebiscite, **reifreann** referendum, **rogha** *f* choice, **roghnú** selection, choosing, **toghadh** electing, **vótáil** voting

Togradh *vn* wanting, choosing; inclining towards
ceapadh appointing, thinking, **cinneadh** deciding, determining, **glacadh (le)** accepting, embracing, **iarraidh** trying, **mianú** desiring, **toghadh** electing, **tnúth** longing for, yearning, **roghnú** choosing, selecting, **socrú ar** settling on, **tothlú** craving, desiring, **teastáil** wanting; requiring, **vótáil** voting

Toil *f (tola; tola)*
  1. will, volition, consent
cead consent, **cead do chinn** freedom to choose, **deoin** consent, will, **deonú** concession, granting, **intinn** mind, **neart morálta** moral fibre, **neart tola** willpower, **rún** resolve, **rogha** choice, option, **saorthoil** *f (-thola)* free will, **tiomna** will, testament, **toiliú** volition, willing, **tosaíocht** preference

▲ ~ **an phobail** the will of the people, ~ **Dé** the will of God, ~ **shaor** free will

◊ **Le do thoil!** Please!, **Más é do thoil é!** Please!, **mar is** ~ **leat** as you will, Tá an teanga ar a ~ aici. She speaks the language fluently., Táimid uile d'aon ~. We are all of one mind.

2. inclination, desire
bara inclination, **claonadh** inclination, **dúil** desire, **fonn** desire, **mian** desire, wanting, **nóisean** notion, fancy, **spéis** interest, **togradh** inclining towards, wanting, **tógthacht** tendency, proclivity, **uaillmhian** ambition

▲ ~ **chollaí** concupiscence, ~ **dheona** caprice

Toiligh v_{2b} consent, will, accede to
aontaigh agree, accede, **ceadaigh** permit, **deonaigh** grant, **glac le** accept, **faomh** attest, approve, **géill** concede, **lig do** allow, let, **tairg** propose, **tar le** go along with (cf **Ní thiocfainn leat sa mhéid sin.** I wouldn't go along with you on that.), **údaraigh** authorise

Toilithe *pp* consented, willed, acceded to
aontaithe agreed, acceded, **ceadaithe** permitted, **deonaithe** granted, **glactha le** accepted, **faofa** attested, approved, **géillte** conceded, **ligthe do** allowed, let, **tairgthe** proposed, **tagtha le** gone along with, **údaraithe** authorised

Toiliú *vn* consenting, willing, acceding to
aontú agreeing, acceding, **ceadú** permitting, **deonú** granting, **géilleadh** conceding, **glacadh le** accepting, **faomhadh** attesting, approving, **ligean do** allowing, letting, **tairgeadh** proposing, **teacht le** going along with, **údarú** authorising

Toiliúil *adj⁴* wilful, deliberate, intentional
ceann ar aghaidh firm of purpose, consciously, **ceanndána** stubborn, wilful, **d'aon ghnó** deliberate, **d'aon oghaim** pointedly, **d'aon turas** with one purpose, **d'aon uaim** intentional, **deonach** providential; voluntary, willing, **diongbháilte** purposeful

◊ **go ~** wilfully

Toilteanach *adj³* willing
aontaitheach assenting, agreeing, **cíocrach** extremely keen, **deonach** voluntary, willing, **díocasach** eager, **díograiseach** enthusiastic, **fonnmhar** keen, **garúil** obliging, willing to do a good turn, **lán-sásta** fully agreeable, **réidh** ready, all set, **saorálach** *(jur)* free, voluntary, **sásta** satisfied, willing, **tograch** positively disposed, **ullamh** ready, willing, **ullmhaithe** prepared, **umhal** dutiful, obedient, willing

Tóin *f (tóna; ~eanna)*
1. bottom, bum; *(vulg in some phrases)* arse
an taobh thiar behind, **áthán** anus, **bun** bottom, base, **bundún** fundament; tail end, **cairín** small backside, rump, **cráic** buttock; anus, **cúl** rear, **deireadh** end, **feimide** tail end, rump, **geadán** buttocks, rump, **geidín** small buttocks, **geidirne** rump, **giorradán** rump, posterior, **gorún** *(butchers)* rump, haunch, **gúnga** posterior, **leath deiridh** hind quarters, **más** *m (máis; ~a, ~)* buttock, **proimpín** small/narrow attractive posterior usually in reference to a woman; posterior of bird, **prompa** backside, rump, **rumpa** rump, **tiarach** *f* hindquarters of a horse, **tiarpa** posterior, **tiarpán** small posterior, **timpireacht** anus, **tónóg** small posterior, **urla** butt, end of shaft

◊ ~ **ar aghaidh** back to front, ~ **in airde** upside down, ~ **le gaoth** in exposed position, **faoi thóin** in secret, **faoi thóin cártaí** discarded, **Póg mo thóin!** *(vulg)* Kiss my arse!, **Thit an ~ as.** It fell apart.

2. bottom, base, lower end
bun bottom, base, **bunán** bottom, basin, **bunsraith** foundation, **bunús** basis, **ceann** farthest point, **ceann scríbe** destination, **críoch** *f (críche; ~a, ~)* end, **deireadh** end, **foras** base foundation, **grinneall** *(lake, sea, etc)* bed, **grúnta** *(naut)* bottom, depth, **íochtar** lower part, bottom, **ísleacht** low-lying ground, **ísleán** low-lying ground; declivity, **siléar** cellar

▲ ~ **an bhaile** the lower end of the town, ~ **an tí** bottom end of house, ~ **buicéid** bottom of a bucket

◊ **Chuaigh an bád go ~ poill.** The boat sank to the bottom.

Tointeáil *vn* shuttling, shuttle
bheith suas agus anuas seesawing, going up and down, **comaitéireacht** commuting, **gluaiseacht anonn is anall** to-ing and fro-ing, **gluaiseacht siar is aniar** moving back and forth, **seirbhís iompair idir óstán agus aerfort/stáisiún** shuttle service between a hotel and airport/station, **seirbhís tointeála** shuttle service

Tointeálaí *m (~; -aithe)* shuttle
bus bus, **cóiste** coach, **mionbhus** minibus, **spástointeálaí** space shuttle, **tacsaí** taxi

Tóir *f (tóra; ~eacha)* chase
cuardach *m* searching, **cúrsáil** coursing, **éileamh** demand, **fiach** *m (fiaigh)* hunt, **fiagaíocht** hunting, **géarleanúint** persecution, **iarmhóracht** pursuit, search, pursuing, **leanúint ar** following, **lorg** track, tracking, trail, **lorgaireacht** seeking out, pursuing, **rith i ndiaidh** *(+ gen)* running after, **ruaig** foray, chase (eg **ruaig chreiche** preying expedition, chase), **ruaigeadh** chasing; chasing out, **sealgaireacht** foraging, hunting, **seilg** hunt, hunting, **tóraíocht** pursuing, chasing

Toircheas *m (-chis; -chis, ~)* pregnancy; conception
feitheamh clainne child-bearing, **giniúint** conception, **inseamhnú saorga** artificial insemination, **iompar clainne** expectancy, **toirchiú** impregnation, fertilisation, **toirchiú le cuidiú míochaine** medically assisted conception, **toirchiú in vitro** in vitro fertilisation

▲ ~ **ardriosca** high-risk pregnancy, ~ **beartaithe** planned pregnancy, ~ **bréige** phantom pregnancy, ~ **eachtópach** ectopic pregnancy, ~ **óganach** teenage pregnancy, ~ **neamhbheartaithe** unplanned pregnancy

■ **Ar théarmaí toghcháin agus polaitíochta atá:** Election and political terms include:

Aire *m* minister
An chéad duine thar an líne first past the post
Ball de pháirtí polaitiúil member of a political party
Ball den Seanad member of the Senate
Bille a rith to pass a bill
Bille príobháideach private bill
Both vótála voting booth
Bunreacht *m* constitution
Caitheamh do vóta casting your vote
Cead vótála right to vote
Coimeádachas conservatism
Canbhásáil canvassing
Comhairleoir counsellor
Córas toghcháin electoral system
Daonlathas democracy
Feachtas polaitiúil political campaign
Forógra toghcháin election manifesto
Iarrthóir candidate
Ionadaíocht chionmhar proportional representation
Liobrálachas liberalism
Ollbhua *m* landslide victory
Olltoghchán general election
Páipéar ballóide ballot paper
Páirtí an lucht oibre Labour party
Pobalbhreith opinion poll
Príomh-aoire chief whip
Seanadóir senator
Stáisiún vótála polling station
Stocaireacht campaigning; lobbying
Suíochán sa Dáil seat in the Dáil
Tánaiste deputy prime minister
Taoiseach *m* Irish prime minister
Teachta Dála Dáil Deputy
Toghchán election
Toghchánaíocht electioneering
Toghchóras franchise
Toghlach *m* constituency
Toghroinn electoral division
Toghthóir constituent, elector
Toghthóireacht electorate
Uachtarán President

◊ **anonn sa tréimhse toirchis** advanced stage of a pregnancy, **deireadh a chur le** ~ to terminate a pregnancy, **foirceannadh toirchis** termination of pregnancy, **go luath/déanach sa tréimhse thoirchis** early/late in the pregnancy, **tástáil le haghaidh toirchis** pregnancy test

Toirmeascach *adj³* prohibitive, preventive
coisctheach preventative, restraining, **iomarcach** excessive, **ró-chostasach** (*price*) exorbitant, **smachtúil** repressive, **thar fóir ar fad** way over the top

Tóirse *f* (*~; -sí*) torch
gabhad burning/flaming sod carried as torch, **laindéar** lantern, **lampa** lamp, **laomlampa** flash lamp, **léaspaire** lantern, torch, **lóchrann** lantern, lamp, **solas** light, **trilseán** (*open flame*) torch (*see also:* **solas**)

Toirneach *f* (*-ní; ~a, ~*) thunder
aisfhuaimniú reverberation, **blosc** burst, crack, **macalla** echo, **plab** bang; slam, **pléasc** *f* explosion, **plimp** peal, **rois** clap (cf **rois toirní** clap of thunder), **tailm** bang, **tormáil** (distant) rumbling, roll, **tormán** (**sonach**) (sonic) boom

◊ ~ **is tintreach** thunder and lightning, ~ **bhodhar** distant thunder

Tomhais *v₁ᵦ*
1. measure; gauge
áirigh calculate, **cainníochtaigh** quantify, **comhair** count, **déan meastachán** make an assessment, **déan meastóireacht** make an evaluation, **déan suirbhé ar** survey, **déan tomhas** make a measurement, **grádaigh** grade, **leabhraigh** mark out, measure, tape, **marcáil** mark, **marcáil suas** (*typ*) mark up, **meáigh** weigh, **measúnaigh** assess, appraise, **rátáil** rate, **rianaigh** plot, mark out, **ríomh** compute, calculate, **saibhseáil** test depth, **sondáil** sound (cf **loch a shondáil** sound a lake), **suimigh** sum, **tabhair breithiúnas** (**ar**) judge, pass judgment (on), **tar ar thuairim faoi scéal** size up a situation (*see also:* **comhair**)

◊ **Thomhais mé fad, leithead agus airde an chófra.** I measured the length, the width and the height of the cupboard., **Conas a thomhaiseann sibh doimhneacht na habhann?** How do you gauge the dept of the river?, **Bhí sí do mo thomhas.** She was weighing me up., **Bhí sé ag tomhas gach uile fhocal.** He was (carefully) weighing his every word.

2. guess, reckon
caith buille faoi thuairim take a guess, **caith tuairim** take a guess, **déan tuairimíocht** speculate, **meas** reckon, deem, **oibrigh amach** work out, **machnaigh ar** ponder upon, **réitigh** solve, **smaoinigh** (**ar**) think about, **déan spéacláireacht** speculate, **tabhair barúil** express/give an opinion, **tabhair tuairim** give an opinion, **tuairimigh** conjecture, reckon

◊ **Ní thomhaisfidh tú choíche cé a bhí ag an doras?** You'll never guess who was at the door?, **Thomhais tú é!** You've guessed it!

Tomhaiste *pp* measured; gauged
áirithe calculated, **cainníochtaithe** quantified, **comhairthe** counted, **grádaithe** graded, **leabhraithe** marked out, measured, tape, **marcáilte** marked, **marcáilte suas** (*typ*) marked up, **meáite** weighed, **measta** reckoned, deemed, **measúnaithe** assessed, appraised, **oibrithe amach** worked out, **rátáilte** rated, **ríofa** computed, calculated, **saibhseáilte** depth-tested, **sondáilte** sounded, **suimithe** summed, added, **tagtha ar thuairim faoi scéal** having sized up, **toimhsí** measured; exact

▲ **argóint thomhaiste** well-thought-out argument, **céim thomhaiste** measured step, **cinneadh** ~ judicious decision, **cúl** ~ clinical goal, **cuntas** ~ balanced/fair account, **freagra** ~ considered reply, **masla** ~ calculated insult, **modh** ~ deliberate manner, **próiseas** ~ deliberative manner, **taispeántas** ~ studied performance

■ **Ar na torthaí comónta atá:** Common fruits include:	**dáta** *m* date **fige** *f* fig **fíonchaor** *f* grape	**péitseog** peach **piorra** *m* pear **pluma** *m* plum
aibreog apricot **airne** *f* sloe berry **anann** pineapple **abhacád** avocado **banana** banana **cantalúp** cantaloupe, sweet melon **caor** *f (-oire; ~a, ~)* berry ~ **chaorthainn** rowan-berry ~ **throim** elderberry ~**a** *fpl* **fíniúna** grapes **ceireachán** elderberry **cuirín dubh** blackcurrant	**fraochán** blueberry, fraughan **líoma** *m* lime **líomóid** lemon **lóganchaor** *f* loganberry **mandairín** mandarin **mealbhacán** melon **mealbhacán uisce** watermelon **mónóg** cranberry **neachtairín** nectarine **ológ** olive **oráiste** *m* orange **páiseog** passion fruit	**pomagránait** pomegranate **prúna** *m* prune **seadóg** grapefruit **silín** cherry **sméar** *f* **dhubh** blackberry **spíonán** gooseberry **sú** *f* berry ~ **craobh** raspberry ~ **talún** strawberry **táinséirín** tangerine **tráta** *m* tomato **úll** apple

Tomhas *vn*

1. measuring, measurement; gauge, gauging **aimplitiúid** amplitude, **cionroinnt** allotting, **critéar** criterion, **cuid** share, **déanamh meastacháin** making an assessment, **déanamh meastóireacht** making an evaluation, **déanamh suirbhé ar** doing a survey on, **déanamh tomhas ar** making a measurement of, **forthomhas** oversizing, **leithroinnt** apportioning, **líon** amount, complement, **líne** *f* line, **línte dearga** red lines, **marcáil** marking, **marcáil suas** *(typ)* marking up, **méadar** meter, gauge; metre, **méid** amount, **miosúr** measure; measuring tape, **miosúireacht** measuring, **rianú** plotting out, marking out, **roinnt** portioning, sharing, **sciar** portion, cut, **saibhseáil** testing of depth, **slat** *f* **tomhais** measuring stick, **téagar** substance, amplitude, **teorainn** *f (-ann; ~eacha)* boundary, **teorannú** setting boundaries; limiting, **toise** measurement, size, **tomhsaire** gauge, **tuairimiú** conjecturing, estimating, **uimhir** number, size

2. guessing, guess; puzzle, enigma **áireamh** reckoning, **caitheamh buille faoi thuairim** guessing, **dubhfhocal** enigma, conundrum, **caitheamh tuairime** guessing, **dúcheist** enigma, **fadhb** problem, puzzle, **machnamh ar** pondering over, **míreanna mearaí** jigsaw puzzle, **mistéir** mystery, **oibriú amach** working out, estimating, **puzal** *(game)* puzzle, **réiteach fadhbanna** problem-solving, **rún** secret, **rúndiamhair** enigma, **smaoineamh (ar)** thinking about, **spéacláireacht** speculating, speculation, **tabhairt barúla** expressing/giving an opinion, **tuairim** opinion, supposition, **tuairimíocht** speculating, guesswork

Ton *m (toin; toin, ~)* tone

athrú tuine inflection, **béim** accentuation, stress, **blas** accent, **cáilíocht** quality, **fuaim** sound, **iontonú** intonation, **modhnú** modulation, **tónas** tone, tonus, **tondath** *m* timber, **tuin** cadence, tone, **tuinairde** *f (mus)* pitch

Tonn- *pref* wave-

~**bharr** wave crest, ~**bhráid** wave-front, ~**chith** *m (-cheatha)* downpour, heavy shower, ~**chosc** breakwater, ~**chreathach** vibrant; vibrating, ~**chreathaire** vibrator, ~**chrith** *m (-reatha)* vibration, ~ **chruth** wave shape, ~**fhad** wavelength, ~**luascadh** oscillation, ~**umar** wave tank *(see also: aois, aosta)*

Tonn *f (toinne; ~ta)* wave

brúcht billow, **cuilithín** ripple, **liagán** long curling wave, **lonnach** *m* ripple, **lonnadh** rippling, **maidhm bháite** freak wave, **maidhm Mheicsiceach** Mexican wave, **scaileog** splashing wave, **súnámaí** tsunami, **tonnaíl** undulation, **tonnán** wavelet, **tondath** timbre, tone colour, **tuile** flood, **uain** wave; ripple (cf **uain gháire** ripple of laughter)

▲ ~ **turrainge** shock wave, ~ **domhantarraingthe** gravity wave, ~ **sheismeach** seismic wave, ~ **solais** light wave, ~ **teasa** heat wave, **aerthonn** airwave, **dúthonn** dark wave, **fad**~ long wave (cf **raidió fadtoinne** long wave radio), **fritonn** backlash, **fuaimthonn** soundwave, **gearrthonn** short wave (cf **raidió gearrthoinne** short wave radio), **meán**~ medium wave, **micreathonn** microwave, **nuathonn** new wave, **radathonn** radio wave, **síneas**~ sine wave

Tor *m (toir; toir, ~)* bush

fál hedge, fence, **feag** *f (~a; ~acha)* rush, **planda** plant, **tom** bush, shrub, **sceach** *f (sceiche)* thornbush

◊ **lá faoin ~ a chaitheamh** to take a day off, **ó thor go tom** from pillar to post

Toradh *m (-aidh; -thaí)* fruit, result

abhras yarn, benefit, product, **ál** brood, **aschur** output, **barr** crop, **bia** *m* food, **buaic** culmination, **buntáiste** advantage, **clann** children, family, **conclúid** conclusion, **críoch** *f (críche; ~a, ~)* end, finish, **críoch** *f* **ar an scéal** upshot, **deireadh** end, **éifeacht** effect, **fómhar** harvest, **fónamh** good, usefulness, benefit, **forbairt** development, **freagairt** response, reaction, **fritoradh** contrary effect; reaction, **gin** procreated being, foetus, **gnóthachan** gain, benefit, **iardraí** result, consequence, **iarmhairt** consequence, **iarsma** *m* after-effect, **leas** benefit, interest, **meas** *m (~a; ~a, ~)* mast; *(lit)* fruit, offspring, **pór** issue, offspring, **sliocht**

Tóraigh

m (sleachta) progeny, **tabhairt** issue, yield, **tairbhe** *f* benefit, **táirge** product, **táirge deiridh** end product, **táirgeacht** produce, **táirgeadh** production, output, **tál** yield, yielding, bestowing, **toircheas** fruit of the womb, offspring, **tuismeadh** procreation, creation

Tóraigh v$_{2a}$ pursue, track
bí ag fiagaíocht be hunting, **bí ag lorgaireacht** be tracking, **bí ag súr** *(lit)* be searching for, be seeking, **cuardaigh** search, **déan seilg** hunt, **fiach** hunt, **lorg** track, trail, **seilg** hunt, **siortaigh** rummage, **sir** seek, ask for, **téigh ar thóir duine/ruda** pursue a person/thing, **téigh ar thuairisc duine** go to inquire about/seek tidings of someone

Tóraíocht *vn* pursuing, pursuit
cuardach *m* searching, quest, **fiach** *m (fiaigh)* hunt, hunting, **lorg** tracking, trailing, **leanúint** following, **lorgaireacht** tracking, trailing, **rith i ndiaidh** *(+ gen)* running after, **ruaig** chase, **sealgaireacht** hunting, **seilg** hunting, **tiaradh** seeking, **tóir** *f (tóra)* pursuit, chase (cf **dul sa tóir ar** setting out in pursuit of)

> ○ **Tóraíocht Dhiarmada agus Ghráinne** *The pursuit of Diarmaid and Gráinne* belongs to the **scéalta Fiannaíochta** *The stories of the Fianna.* Gráinne, promised to **Fionn Mac Cumhaill**, falls in love with **Diarmaid Ó Duibhne**, one of the Fianna. At a **Féasta i dTeamhair** *Feast in Tara*, after putting the guests to sleep with a **deoch shuain** *sleeping potion*, Gráinne compels Diarmaid to elope with her. Pursued by Fionn and the Fianna, Diarmaid is eventually gored to death by **Torc Bhinne Gulban** *the Wild Boar of Ben Bulben* in Sligo. Fionn can save Diarmaid with a drink of water but fails to do so: '*...téid Fionn d'ionsaí an tobair agus do thógaibh lán dhá bhas leis, agus ní mó ná leath slí.... do lig sé an t-uisce triana bhasaibh síos...*' *'Fionn goes to find the well and cupped water up between his two palms but by half way... he had let the water slip through his fingers...' (Tóraíocht Dhiarmada agus Gráinne,* ed. Nessa Ní Shé*)*

Tóraithe *pp* pursued, tracked
cuardaithe searched, **dulta ar thóir** *(+ gen)* gone looking for, **dulta sa tóir ar** set off in pursuit of, **fiachta** hunted (down), **lorgtha** tracked, trailed, **seilgthe** hunted (down)

Torann *m (-ainn; -ainn, ~)*
  1. *(human, animal)* noise
béicíl yelling, **bloscarnach** *f* smacking one's lips, **borrán** tumult, uproar, **brúcht** *m (~a; ~anna)* belch, **bualadh fiacla** chattering of teeth, **callán** clamour, noisiness (cf **callán cainte** noisy talking, **callán páistí** noisiness of children), **callóid** noise, commotion; wrangling, **canrán** murmuring, **caoineadh** keening, **cársán** wheeze, **casacht** *f* cough, **casachtach** *f* coughing, **ciarámaboc** hurly-burly, commotion, **ciarsán** croaking noise, drone; grumbling, **clisiam** *m (~)* din, confused talk, **cnead** *f (~a; ~anna)* grunt; groan, **cogar** whisper, **cogar mogar** muttering between people, **cogarnach** *f* whispering, **coinscleo** tumult, **díshondas** dissonance, **drantán** snarling, growling; humming sound (cf **drantán ceoil** crooning), **éagaoin** moan, **fail** hiccup, **faileog** small hiccup, **feadaíl** whistling, **gáir mholta** cheer, **gáróid** clamour, din, **gíog** chirp, cheep, **gíoglach** *f* chirping, cheeping, **giorac** noise, quarrelling, **gíordam** noise, commotion, **glafarnach** *f* confused din, howling, **gleo** clamour, uproar, din (eg **gleo catha** din of battle), **gleoiréis** boisterousness, **gleorán** discordant talk, din, **glóráil** sound of voices, noisiness, **glórmhach** *m* tumult of voices, **geonaíl** whining, **gleorán** noise, din, **glór** *m (-óir; ~tha)* voice; sound, **glóráil bhoilg** belly rumbles, **gnúsacht** grunting, **gol** crying, **goldar** loud roar, **grafainn** alarming menacing noise, tumult of running horses, **greadhain** shouts of revelry, clamour, **griolsa** fracas, commotion, **guth** *m (~a; ~anna),* voice, **holam halam** hubbub, noisy confusion, **hulach halach** uproar, commotion, **hurlamaboc** hullabaloo, commotion, **liú** yell, **méanfach** *f* yawn, **míog** *f (míge)* cheep, **muirn** confused noise; tumult of battle, **olagón** wailing, **osna** sigh, **osnaíl** sighing, **pusaíl** whimpering, **racán** rumpus, **ragáille** tumult; loud noise, **raic** racket, uproar, **rírá agus ruaille buaille** pandemonium, **ruaille buaille** commotion, tumult, **scairt** shout, call, **scigireacht** jeering, **sciotaíl** giggling, **scol** high-pitched shout, **scréachach** screeching, **scread** scream, **seamsán** droning on, **slog** gulp, **smeach** *m (~a; ~anna)* sob; gasp; click, **smugaíl** snuffling, **snag** hiccup, **srann** *f (srainne; ~a, ~)* snore, **srannán** wheeze, **sraoth** *m (~a; ~anna)* sneeze, **sraothartach** *f* sneezing, **tamhach táisc** commotion, uproar, **teile buac** tumult, **toirm** noise, tumult; tramping of feet, **toirnéis** commotion, **torannáil** rumbling; making noise, **tormáil** rumble, rumbling, **tormán** noise, rattler (eg **tormán toirní** rattle of thunder), **troistneach** *f (human)* noise, commotion, **trup cos** tramp of feet, **uaill** howl, **uaillghol** wailing, **uspóg** gasp
  2. *(general)* noise
bleaist blast, **blub blub** bubbling sound, **bús** buzz, noise, **clingireacht** ding-a-ling, jingling, **cliotar cleatar** clitter-clatter, **clonscairt chlaimhte** clash of swords, **díoscán** squeak, **dord** deep humming sound, **dordán** droning noise, drone, **flup flap** flapping noise, **fothram** noise, **fuaim** sound, **gáir** cheer, **gleorán** discordant sound, **gleotháil** noisiness, **gligíneacht** jingling, **gliog gliog** gurgle, **gliog gleag** click clack, **gliogar** hollow rattling sound, sound made by shaking a rotten egg, **gliogarnach** *f* hollow rattling, **gliogram** rattling noise, **glugarnach** *f* gurgling, **lupadán lapadán** splashing, **plab** plop, **pléasc** *f (pléisce; ~anna)* explosion, **pleist** squelch; plop, **plimp** bang, peal, **plobarnach** *f* gurgling, bubbling, **rucht** *m* rumble, rattle, **ruchtaíl** rumbling, rattling, **seabhrán** swish, **siansán** whining, **siosarnach** *f* swish, **sioscadh**

Torannach

fizzing, **slapar** flap, flapping, **slaparnach** *f* splashing noise, **stánáil** noise, din, **tailm** thump, **tormáil** rumble, **tormáil drumaí** roll of drums, **tormán** noise, **trupás** noise clatter, **tuairt** crash, thud
  3. different volumes of noise
bonnán booming sound; siren, **bualadh** peal, clash, beating sound, **callóid** commotion, **clampar** clamour, **clisiam** din, **cogar** whisper, **callán** uproar, **furú** ballyhoo, **gíog** squeak, **gliotram** clatter, **gleo** tumult, blare, **glóraíl** vociferation, **raic** racket, **réabadh** rip, tearing, **círéib** riot, **fothram** noise, **fothramáil** making noise, **fuile faile** hubbub, **fuaim** sound, **glórmhach** *m* clamour, **racán** rumpus, **tamhach** *(indecl)* **táisc** uproar, **trup** clatter

Torannach *adj³* noisy
ardghlórach vociferous, **bodhraitheach** deafening, **cabach** chattering, **callánach** boisterous, **callóideach** noisy, **círéibeach** riotous, uproarious, **clamprach** tumultuous, turbulent, **clisiamach** babbling, **fothramach** discordant, noisy, **gáireachtach** laughing loudly, vociferous, noisy, **gáirtheach** shouting; braying, **gáróideach** clamorous, noisy, **garg-ghlórach** strident, **géar** acute, strepitant, **gleadhrach** noisy, tumultuous, **gleoch** noisy, clamorous, **gleoránach** discordant, noisy, **gleothálach** noisy, fussy, **gliogach** gabbling, **gliograch** prattling, **glórach** loud, sonorous; vocal, **graifneach** tumultuous; *(animals)* squealing, grunting, **greadánach** noisy thudding; fighting, **greadhnach** exulting, clamorous, merry, **labharthach** vociferous, **míbhinn** cacophonous, **os ard** aloud, **polltach** piercing, **racánach** rackety, **scairteach** shouting, **toirniúil** thundery, **tormánach** resounding, noisy, **trostúil** thudding, clattering

Torrach *adj³* pregnant
ag feitheamh clainne pregnant, **ag gabháil aniar** in the family way, **ag iompar** pregnant, **ag súil** expecting, **ag teacht abhaile** *(hist)* expecting, **leagtha suas** in the family way, **leatromach** pregnant, **suas an cnoc** *(sl)* up the pole, **taobhthrom** pregnant, **toircheasach** pregnant, **trom le páiste** heavy with child

Tórraigh *v₂ₐ* *(the dead)* wake, keep vigil over
caoin keen, lament, **comóir** commemorate, **déan bigil** keep a vigil, **déan faire** keep watch, have a wake, **déan tórramh** hold a wake, **fair** wake, keep vigil, **tabhair ómós do dhuine a cailleadh** pay one's respects to a person who has died

Tórraithe *pp (the dead)* waked
adhlactha buried, **caointe** keened, lamented, **comórtha** commemorated, **fairthe** waked, kept vigil over

Tórramh *vn (the dead)* waking, wake, funeral
adhlacadh interment, **bigil** vigil, **caoineadh** keening, **comóradh** commemorating, commemoration, **deasghnáth** *m* **ómóis don duine a cailleadh** ritual/ceremony to pay last respects to the deceased, **faire** wake; waking, **seirbhís chuimhneacháin** memorial service, **sochraid** funeral *(see also: faire)*

Torthúil *adj⁴* fruitful, fecund; fertile
acmhainneach resourceful, **arúil** arable, fertile, **beathúil** nourishing, **bisiúil** fecund, **borrúil** fast-growing, **breisiúil** prolific, fruitful, **buntáisteach** advantageous, **clannach** having many children, **fabhrach** favourable, **fairsing** abundant, **fial** generous, **fiúntach** worthwhile, rewarding, **flúirseach** abounding, plentiful, **fómharúil** of the harvest; bustling, **iomadúil** copious, **ionnúsach** productive, resourceful, **láidir** strong, **lán** full, **líonmhar** abundant, **lofa le hairgead** rotten with money, **luachmhar** valuable, **measach** fruitful, **méiniúil** fertile, **méith** *(food)* rich; *(land)* fertile, lush, **mótúil** *(soil)* rich, heavy; *(food)* excessively rich, queasy, **rábach** lavish, **rabhartach** superabundant, **rafar** flourishing, thriving, **raidhsiúil** abundant, profuse, **róúil** prosperous, plentiful, **saibhir** rich, **síolmhar** fruitful, **síolraitheach** fecund, prolific, **sliochtmhar** having many offspring, **sorthanach** prosperous, **súmhar** juicy, succulent, **suthach** fruitful, productive, **tairbheach** beneficial, gainful, **táirgiúil** productive, **tuillmheach** productive, profitable, **uaibhreach** *(food)* luxuriant, rich, **úisiúil** fulsome, **úsáideach** useful

  ▲ **bainne** ~ rich milk, **crann** ~ fruitful tree, **bean thorthúil** fertile woman, **fómhar** ~ abundant/fecund harvest, **obair thorthúil** productive work, **taighde** ~ research that produces results, **talamh** ~ fertile land

Torthúlacht *f (~a)* fruitfulness, fecundity; fertility
acmhainní resourcefulness, **beathúlacht** nourishingness, **bisiúlacht** fecundity, **buntáistí** advantageousness, **fabhraí** favourability, **fairsinge** abundance, **fiúntaí** worthiness, **flúirseacht** abounding, plentifulness, **fóint** usefulness, **fómharúlacht** richness of harvest; bustling diligence, **iomadúlacht** copiousness, **láidreacht** strength, **láine** fullness, **líonmhaireacht** abundance, plentifulness, **luachmhaireacht** preciousness, **measaí** fruitfulness, **méiniúlacht** fertility; fruitfulness, **méith** richness, fertility, **méithe** *(food)* richness, **rábaí** lavishness, **raidhsiúlacht** abundance, profuseness, **saibhreas** richness, **síolmhaireacht** fertility, fruitfulness, **súmhaireacht** juiciness, succulence, **tairbhe** benefit, gain, **táirgiúlacht** productivity, **uabhar** luxuriance, growth, **úsáideach** useful

Tosach *m (-aigh; -aigh, ~)* beginning, initiation, start
an chéad chéim the first step, **barr** top, **bonn** base, **brollach** preface, **bunú** establishment, setting up, **buntús** rudiments, **bunús** origin, **céadchéim** *(jur)* first instance, **ceann** head, top, **dúiseacht** awakening, **éirí** rise, rising, **éirí amach** uprising, **foinse** *f* source, **fréamhacha** roots, **gin** embryo, **oireachas** precedence, **oirniú** ordination, **oscailt** opening, **pointe imeachta** point of departure, **pointe tosaithe** starting point,

Tosaigh

réamhdhréacht *(mus)* prelude, **réamhimeachtaí** preliminaries, **réamhleagan** premise, **réamhobair** preliminary work, **réamhrá** preamble, introduction, **réamhthaispeántas** preview, **réamhtheachtaí** precursor, **réamhthús** forefront; precedence, **réimír** prefix, **scríobhlíne** *f* scratch, starting line, **seoladh** launch, **síol** seed, germ, **tabhairt isteach** introduction, **tionscnamh** inauguration, inception, **tosú** beginning, **tús** start, beginning, **urgharda** vanguard, **urthosach** *m (high reg)* very beginning; forefront

▲ ~ **an earraigh** the beginning of spring, ~ **an tí** the front of the house, ~ **an mhórshiúil** head of the procession

◊ **an capall tosaigh** the horse in front, **cúpla pointe chun tosaigh** couple of points ahead, **i d~ báire** first of all, **ó thosach** from the start, **Téigh chun tosaigh!** Go ahead! Advance!

P ~ **maith leath na hoibre!** A good start is half the work!, ~ **sláinte an codladh.** The beginning of recovery is sleep.

Tosaigh *v₂ₐ* begin, initiate, start

athbhútáil *(comp)* reboot, **atosaigh** recommence, restart, **bunaigh** establish, set up, **cuir ar bun** instigate; set up, **cuir ar siúl** put on, set in motion, **cuir tús le** put a start to, begin, **eascair** emerge, **éirigh** arise, **dúisigh** awaken, **fódaigh** ground, establish, **gabh ar** set about, **geal** dawn, **gníomhachtaigh** activate, **insealbhaigh** inaugurate, **nocht** appear, **oscail** open, **spréach** spark, **tabhair isteach** bring in, introduce, **tarlaigh** happen, **téigh i gceann** (+ *gen*) begin, **téigh i mbun** (+ *gen*) set about, **tionscain** instigate, institute, initiate (eg **fiosrúchán a thionscnamh** to initiate an inquiry), **tit amach** crop up, **ullmhaigh** prepare

Thosaigh an mótar. The motor started up.
Thosaigh an raic ansin. Then all hell broke out.
Thosaigh an rás ar a dó. The race began at two.
Thosaigh cogadh. A war broke out.
Thosaigh lámhach. Firing commenced.
Thosaigh lón ar a haon. Lunch started at one.
Thosaigh muid ar chainteanna. We entered talks.
Thosaigh sé orm. He started going on at me.
Thosaigh sé ré nua. It inaugurated a new era.
Thosaigh seirbhís bus. A bus service opened.
Thosaigh sí ag cur di. She went into a rant.
Thosaigh siad clár. They initiated a programme.
Thosaigh sise an plé. She led off the discussion.

Tosaithe *pp* begun, initiated, started

athbhútáilte *(comp)* rebooted, **atosaithe** recommenced, restarted, **bunaithe** established, set up, **curtha ar bun** instigated; set up, **curtha ar siúl** put on, set in motion, **eascartha** emerged, **éirithe** arisen, become, gotten, **dúisithe** awakened, **dulta i gceann** (+ *gen*) begun, **dulta i mbun** (+ *gen*) set about, **fódaithe** grounded, established, **gafa ar** set about, **gealta** dawned, **gníomhachtaithe** activated, **nochta** appeared, **oscailte** opened, introduced, **spréachta** sparked, **tarlaithe** happened, **tionscanta** inaugurated, initiated, **tugtha isteach** brought in, **tite amach** cropped up, **ullmhaithe** prepared

Tosaitheoir *m (-eora; ~í)* beginner

ábhar (+ *gen*) trainee (cf **ábhar dochtúra** student doctor, etc), **aineolaí** ignoramus; *(hum)* complete beginner, **amaitéarach** *m* amateur, **buachaill nua ar an mbloc** *(BÁC)* new kid on the block, **bunaitheoir** founder, **ceannródaí** pioneer, **coileán** cub, **dalta** pupil, **duine faoi oiliúint** person undergoing training, trainee, **earcach** *m* recruit, **foghlaimeoir** learner, **fondúir** founder, **gearrcach** *m* newbie, rookie; nestling, **glasearcach** *m* rookie, **glas-stócach** *m* greenhorn, **gliocsálaí** potterer, **mac léinn** student, **músclóir** activator, **neach léinn** student, **nóibhíseach** *m (rel)* novice, **núíosach** *m* novice, **oiliúnaí** trainee, **printíseach** *m* apprentice, **prócálaí** potterer, **scalltán** fledgling, **tionscnóir** initiator, **údar** author; originator

Toscaire *m (~; -rí)* delegate

ambasadóir ambassador, **ceann réitigh** peacemaker, **dealagáidí** delegate, **eadránaí** *m* arbitrator, **éascaitheoir** facilitator, **gníomhaí** agent, actor, doer, **idirbheartaí** negotiator, **ionadaí** *m* representative, **leagáid** *m* (~; ~í) legate, **taidhleoir** diplomat, **teachta** *m* emissary, deputy, **teagmhálaí** contact person

Toscaireacht *f (~a; ~aí)* delegation, deputation

ambasáid embassy, **buíon** *f* contingent, **coimisiún** commission, **dealagáideacht** delegation, **foireann** *f (foirne)* team, **ionadaithe** *mpl* representatives, **leagáideacht** legation, **misean** mission

Tost 1 *m (~a; ~anna)* silence

bailbhe dumbness, muteness, **ciúine** silence, **ciúnas** silence, **fuist** *(interjection)* hush, **rúndacht** secrecy; hush, **sáimhe** serenity, **síocháin** peace, **socracht** stillness, calmness, **sos** pause, **suaimhneas** tranquillity, **tostaíl** taciturnity *(see also: ciúnas)*

◊ **Bí i do thost!** Be silent!, **Bí i do thost liom fúithi siúd!** Don't talk to me about her/that one!, **Tháinig ~ ar an oíche.** The night fell silent.

Tost 2 *v₁ₐ* be silent, become silent *(also: tostaigh)*

bí ciúin be quiet, **bí i do thost** be quiet/silent, **ciúnaigh** quieten, **dún do chlab** *(rude)* shut your trap, **éist do bhéal** be quiet, shut up, **sámhaigh** calm, **socht** *(lit)* become silent, **socraigh síos** settle down, **suaimhnigh** soothe, calm down, **traoith** abate, subside

◊ **Thost an chuideachta.** Everyone there fell silent., **Thost an stoirm.** The storm abated.

Tosta *pp* silenced, gotten silent *(also: tostaithe)*

ciúin quiet, **ciúnaithe** quietened, **i do thost** silent, **sámhaithe** calmed, **sochta** *(lit)* gotten silent, **socraithe síos** settled down, **suaimhnithe** soothed, calmed down, **traoite** abated, subsided

Tostach *adj³* taciturn, silent
  balbh dumb, mute, **beagchainteach** of few words, **béalstóinsithe** taciturn, **ciúin** silent, **dúnárasach** reticent, reserved, **faoi thost** in silence; on the quiet, **gan fuaim** without a sound, **impleachtaithe** implied, **intuigthe** understood, **rúnda** secret; hush-hush, **sámh** serene, **síochánta** peaceful, **socair** still, calm, **suaimhneach** tranquil, **tostaíola** (> *tostaíl*) taciturn *(see also: ciúin)*

  ▲ **fear** ~ a man of few words

Tosú *vn* beginning, initiating, starting
  athbhútáil *(comp)* rebooting, **atosú** recommencing, restarting, **bunú** establishing, setting up, **cur ar bun** instigating; setting up, **cur ar siúl** putting on, setting in motion, **cur tús le** putting a start to, beginning, **eascairt** emerging, **éirí** arising, **dúiseacht** awakening, **dul i gceann** (+ *gen*) beginning, **dul i mbun** (+ *gen*) setting about, **fódú** grounding, establishing, **gabháil ar** setting about, **gealadh** dawning, brightening, **gníomhachtú** activating, **nochtadh** appearing, **oscailt** opening, **spréachadh** sparking, **tabhairt isteach** bringing in, introducing, **tarlú** happening, **tionscnamh** inaugurating, initiating, **titim amach** cropping up, **ullmhú** preparing

  ▲ ~ **ag cur allais** starting to break a sweat, ~ **ag fiuchadh** starting to boil, ~ **ag gáire** starting to laugh, ~ **ar an obair** starting in on the work, ~ **arís** beginning anew, ~ **as an nua** starting afresh, ~ **gnó** starting a business, ~ **ó thús** starting from the beginning, ~ **ón tús arís** wiping the slate clean, making a fresh start

Trá 1 *f* (~; ~*nna*) beach, strand
  aghaidh na farraige seafront, **bruach na habhann** riverbank, **ciumhais** *f* (~*e*; ~*eanna*) **na mara** the edge of the sea, **cladach** *m* shore, shoreline, **cois cladaigh** on the shore, at the seaboard, **cois farraige** seaside, **cois mara** by the sea, shoreline, **cósta** coast, **duirling** pebbled beach, **gaineamh** sand, **i dtír** on land, ashore, **scairbh** shingly beach, **trácheann** beachhead

  ▲ ~ **dhuirlinge** pebbled beach, ~ **ruacan** cockle strand, ~ **do nochtaigh** nudist beach, ~ **feamainne** seaweed-covered area of beach, ~ **gan mhilleadh** unspoilt beach, ~ **ghainimh** sandy beach, ~ **ghrin** gravelly beach

  ▲ **ailleagán** ~ beach babe, **cois** ~ at the beach, **glantachán** ~ beach clean-up, **imeall** ~ beach front, **sliogán** ~ seashell, **tuáille** ~ beach towel

  ◊ **bheith fágtha ar an** ~ **thirim** to be left high and dry, **Ní féidir an dá thrá a fhreastal.** You can't serve two masters., You can't do both., **Tá siad chomh fairsing le gaineamh na trá.** They're a dime a dozen/very common.

Trá 2 *vn* ebbing away; drying up
  caolú becoming thin, reducing, **céimniú** *(cin)* fading, **crapadh** shrinking, **cúlú** receding, retreating, **dul in éag** passing away, dying; petering out, **dul ar gcúl** going backwards, reversing, **dul i laghad** lessening, decreasing, **dul i léig** fading away; becoming extinct, **dul i ndísc** drying up, **dul siar** going back, **éirí as** giving up, retiring from, **fánú** dwindling, diminishing, **ídiú** dwindling away (to nothing), **imeacht** leaving, going away, **imeacht as** fading away, **laghdú** lessening, weakening, **maolú** receding, abating, **meath** decay, decaying, **rith as (bia)** running out of (food), **mionú** crumbling, disintegrating, **sileadh** diminishing, weakening, declining, **síogaíocht** failing, fading, **síogú** fading away, **síothlú** draining away, subsiding, **tarraingt siar** withdrawing, pulling back, **teitheadh** fleeing, flight, **titim** falling, dropping, **traoitheadh** *(person)* wasting away; reducing

  ▲ ~ **an mhisnigh** flagging of courage, ~ **na hóige** the ebbing away of youth, ~ **taoide** receding tide, **lag** ~ low ebb, **sruth** ~ ebb tide

  ◊ **Tá sé ina scilteacha** ~. The tide has fully ebbed., **Bhí mo mhisneach ag** ~. My courage was waning.

Trácht 1 *v₁ₐ* mention, comment on
  ailléidigh allude, **athluaigh** reiterate, **cardáil** discuss, debate, **cíor** discuss in detail (eg **ceist a chíoradh** to discuss a question minutely), **cuir cóir ar dhuine** discuss a person, **cuir faoi chaibidil** debate, deliberate, **cuir in iúl** communicate, express, **cuir síos ar** describe, **cuir trí chéile** thrash out, **déan caint ar** talk about, **déan cur síos ar** give an account of, **déan léirmheas ar** review, **déan trácht ar** mention, **guthaigh** voiceover, **inis** tell, narrate, **iomluaigh** discuss, *(idea)* advance, mention, **léirigh** portray, **luaigh** mention, cite, **maígh** claim, **mínigh** explain, **pléigh** discuss, **suaith** debate, discuss, **tabhair cuntas de** give an account of, **tagair do** refer to, **tarraing pictiúr de** draw a picture of

Trácht 2
  1. *vn* mentioning, commenting on
  ailléidiú ar alluding to, **athlua** reiterating, **cardáil** discussing, debating, **cíoradh** discussing in detail, **cur cóir ar dhuine** discussing a person, **cur faoi chaibidil** debating, deliberating, **cur in iúl** expressing, communicating, **cur síos ar** describing, **cur trí chéile** thrashing out, **déanamh cainte ar** talking about, **déanamh cur síos ar** giving an account of, **déanamh léirmheasa ar** reviewing, **déanamh tráchta ar** mentioning, **guthú** voiceovering, **insint** telling, narrating, **iomlua** discussing, *(idea)* advancing, mentioning, **léiriú** portraying, **lua** mentioning, citing, **maíomh** claiming, **míniú** explaining, **plé** discussing, **suaitheadh** debating, discussing, **tabhairt cuntais de** giving an account of, **tagairt do** referring to, **tarraingt pictiúir de** drawing a picture of

  ◊ **gan** ~ **air sin** without mentioning that; leaving that aside, **Is ar éigean gur fiú** ~ **air.** It scarcely merits being mentioned. **Níl aon am saor agam ar fiú ~ air.** I have no free time worth mentioning.

2. *m (~a; ~anna)* mention, discourse, commentary **agallamh** discourse, address, **aithint** recognition, acknowledgment, **ardlua** *m (mil)* citation, **caint** talk, **carúl** discourse; witty remark, **comhrá** conversation, **cuntas** account, **cur síos** description, account, **dioscúrsa** discourse, **fógra** announcement, notification, **gluais** gloss, commentary, **guthú** voice-over, **insint** narrative, **leid** hint, indication, **léirmheas** review, **lua** *m* mention, **meadhar** *(lit)* discourse, **plé** *m* discussion, **séis** discourse, talk; hum of speech, **tagairt** reference, **tráchtaireacht** commentary, allusion, **tuairisc** report

◊ **Chuala mé ~ faoi.** I have heard mention of it., **Níor chuala mé aon ~ orthu.** I have heard no mention of them.

Trácht 3 *m (~a)* traffic, circulation, **aistear** journey, passage, **gluaiseacht** movement, **gluaisne** motion, **imshruthú** *(blood)* flow, circulation, **sruth** flow, **taisteal** travelling, **teacht is imeacht** coming and going

▲ **bac ~a** traffic blockage/block, **brú ~a** traffic congestion, **buaicuaireanta ~a** peak traffic hours, **ceansú ~a** traffic calming, **cón ~a** traffic cone, **gleo ~a** traffic noise, **moill ~a** traffic delay, **oileán ~a** traffic island, **plódú ~a** traffic jam, **póilíní ~a** traffic police, **scrogall ~a** bottleneck, **scuainí fada ~a** long traffic queues, tailbacks, **soilse ~a** traffic lights, **tranglam ~a** gridlock, traffic jam

◊ **~ ag teacht le chéile** traffic merging, **Bhí an ~ srón muice le tóin muice.** The traffic was bumper to bumper, **Bhíomar gafa sa ~.** We were caught up in traffic., **Tá an ~ ina stad.** The traffic has come to a standstill.

Tráchta *pp* mentioned, commented on **ailléidithe** alluded, **athluaite** reiterated, **cardáilte** discussed, debated, **cíortha** discussed in detail, **curtha faoi chaibidil** debated, deliberated, **curtha in iúl** communicated, expressed, **curtha trí chéile** thrashed out, **guthaithe** voiceovered, **inste** told, narrated, **iomluaite** discussed, *(idea)* advanced, mentioned, **léirithe** portrayed, **luaite** mentioned, cited, **maíte** claimed, **mínithe** explained, **pléite** discussed, **suaite** debated, discussed, **tagartha** referenced

Tráchtáil *f (-ála)* commerce **allmhairiú** importing, **ceannach** *m* **agus díol** buying and selling, **ceannaíocht** trading, dealing, purchasing, **déantúsaíocht** manufacturing, **díoltóireacht** dealership, **earnáil na cógaisíochta** pharmaceuticals, **earnáil na fóillíochta** leisure sector, **earnáil mhiondíola** retail sector, **earnáil mhórdhíola** wholesale sector, **earnáil na tionsclaíochta** industrial sector, **earraíocht** trading, profiting, **easpórtáil** exporting, **fiontar** enterprise, venture, **gáinneáil** trafficking, **gnó** business, **gnóthas** enterprise, **iompórtáil** importing, **margaíocht** marketing, **onnmhairiú** exporting, **reic** peddling, vending, **seirbhísí** services, **stocmhargadh** stock market, **tionscal** industry, **trádáil** trade, trading; dealings, **trugálacha** *spl* dealings, **turasóireacht** tourism

▲ **áitreabh tráchtála** commercial premises, **banc tráchtála** commercial bank, **comhlachas tráchtála** chamber of commerce, **ealaíontóir tráchtála** commercial artist, **fiontar tráchtála** commercial enterprise, **sochar tráchtála** commercial gain, **taistealaí tráchtála** commercial traveller

◊ **ar bhonn tráchtála** commercially, on a commercial basis, **Ní fhéadfaí é sin a dhéanamh ar bhonn tráchtála.** That would not be commercially viable.

Tráchtaire *m (~; -rí)* commentator **cainteoir** speaker, **colúnaí** columnist, **comhfhreagraí** correspondent, **craoltóir** broadcaster, **craoltóir spóirt** sportscaster, **iriseoir** journalist, **léirmheastóir** reviewer, **nuachtóir** reporter, newsperson, **príomhláithreoir** *(news)* anchor, **reacaire** narrator, **tuairisceoir** reporter, **urlabhraí** spokesperson

Tráchtaireacht *f (~a)*
1. commentating, giving a commentary **ailléidiú** alluding, **cur síos ar** describing, **déanamh cainte ar** talking about, **déanamh cur síos ar** giving an account of, **déanamh léirmheasa ar** reviewing, **insint** telling, narrating, **léiriú** portraying, **tabhairt cuntas de** giving an account of, **tagairt do** referring to *(see also: trácht 2)*
2. commentary **aighneas** argument, discussion, **caibidil** discussion, **caint** talk, **comhrá** conversation, **cur síos** description, **cur trí chéile** thrashing out, discussion, **cuntas** account, **guthú** voice-over, **insint** narrative, **iomrá** *m* report, mention, **léiriú** portrayal, **léirmheas** review, **míniúchán** explanation, **plé** discussion, **seanchas** informative talk, discussion, **soiscéal** discussion, gossip; *(rel)* gospel, **tagairt** reference, **trácht** mention, discourse, commentary *(see also: trácht 2)*

Tráchtas *m (-ais; -ais, ~)* dissertation, treatise **alt** article, **dioscúrsa** discourse, **dréacht** tract, draft, composition, **léiriú** exposition, **monagraf** monograph, **páipéar** paper, **plé** discussion, **téis** thesis

▲ **~ dochtúireachta** doctoral thesis

Trádáil 1 v_{le} trade **allmhairigh** import, **babhtáil** trade in, barter, **ceannaigh** buy, **déan margaíocht** merchandise; market, **déan ceannaíocht** do trading/dealing, **déan tráchtáil** do commerce, trade, **déan trádáil** do trading, trade, **déan trádáil ar an stocmhargadh** deal on the stock market, **déantúsaigh** manufacture, **díol** sell, **easpórtáil** export, **gáinneáil** traffic, **iompórtáil**

Trádáil

import **malartaigh** exchange, barter, **margáil** bargain, **monaraigh** manufacture, **onnmhairigh** export, **reic** peddle, vend, **soláthair seirbhís** provide a service, **téigh i mbun fiontar trádála** undertake a trading enterprise

Trádáil 2 *vn* trading, trade

ceannach *m* **agus díol** buying and selling, **easpórtáil** exporting, **fiontar** enterprise, venture, **gáinneáil** trafficking, **gnó** business, **iompórtáil** importing, **margáil** bargaining, **margaíocht** marketing, **tráchtáil** commerce *(see also: tráchtáil)*

▲ ~ **aindleathach** illicit trading, ~ **arm** arms trade, ~ **chóir** fair trade, ~ **isteach** trading in; trade-in, ~ **lae** day trading, ~ **mhiondíola** retail trading, ~ **mhórdhíola** wholesale trading, ~ **ócáideach** casual trading, ~ **sclábhaithe** slave trade

▲ **cabhlach trádála** merchant navy, **cainteanna trádála** trade talks, **comhaontú trádála** trade agreement, **díospóid trádála** trade dispute, **long trádála** freighter, **misean trádála** trade mission, **uaireanta trádála** trading hours

Trádáilte *pp* traded

allmhairithe imported, **babhtáilte** traded in, bartered, **ceannaithe** bought, **déantúsaithe** manufactured, **díolta** sold; paid, **dulta i mbun fiontar trádála** having undertaken a trading enterprise **easpórtáilte** exported, **gáinneáilte** trafficked, **iompórtáilte** imported, **malartaithe** exchanged, bartered, **margáilte** bargained, **monaraithe** manufactured, **onnmhairithe** exported, **reicthe** peddled, vended

Trádálaí *m* (~; -aithe) trader

allmhaireoir importer, **bean mhargaíochta** *(female)* marketer, **bróicéir** broker, **ceannaí** merchant, **ceannaitheoir** buyer, **ceardaí** tradesman/tradeswoman, **déileálaí** dealer, **díoltóir** seller, vendor; dealer, **easpórtálaí** exporter, **fear margaíochta** *(male)* marketer, **gáinneálaí** trafficker, **glacadóir earraí goidte** dealer in stolen goods, *(sl)* fence, **iompórtálaí** importer, **malartóir** barterer, **mangaire** peddler, **margóir** marketeer, **miondíoltóir** retailer, **mórdhíoltóir** wholesaler, **onnmhaireoir** exporter, **soláthraí** supplier, **soláthróir** supplier, **úinéir** proprietor, owner

Traenáil 1 v_{1e} train

ceansaigh tame, domesticate **cóitseáil** coach, **cuir ar an eolas** clue in, inform, **cuir faoi réir** prime (eg **duine a chur faoi réir le haghaidh agallaimh** to prepare someone for an interview), **cuir oideachas ar** educate, **díonteagasc** indoctrinate, **druileáil** drill, **múin** teach, **oil** school, train, **prapáil** prep, prime, **smachtaigh** discipline, **tabhair buneolas do** ground, **tabhair treoir do** instruct, **teagasc** tutor; instruct, **tóg** bring up, rear, **uas-sciligh** upskill, **ullmhaigh** prepare

Traenáil 2 *vn* training

aclaíocht physical exercises, **ceansú** taming, domesticating, **cleachtadh** practice, exercise, **cóitseáil** coaching, **corpoideachas** physical education, **cur ar an eolas** clueing in, informing, **cur faoi réir** priming, **cur oideachas ar** educating, **díonteagasc** indoctrinating, **dreas traenála** workout, **druileáil** drilling, **múineadh** teaching, **oideachas** education, **oiliúint** coaching, training, **prapáil** prepping, priming, **smachtú** disciplining, **tabhairt buneolas do** grounding, **tabhairt treoracha do** instructing, giving guidelines to, **teagasc** tutoring; instructing, **tógáil** bringing up, rearing, **treoir** *f* *(treorach)* guidance, **uas-sciliú** upskilling, **ullmhú** preparation, **umhlóid** exercising; exercise (cf **ag déanamh umhlóide** exercising the body)

Traenáilte *pp* trained

ceansaithe tamed, domesticated, **cóitseáilte** coached, **curtha ar an eolas** clued in, informed, **curtha faoi réir** primed, **díonteagasctha** indoctrinated, **druileáilte** drilled, **múinte** taught; well-mannered, **oilte** schooled, trained, skilled, **prapáilte** prepped, primed, **smachtaithe** disciplined, **teagasctha** tutored; instructed, **tógtha** brought up, reared, **uas-scilithe** upskilled

Traenálaí *m* (~; -aithe) trainer; *(animal)* handler

bainisteoir manager, **ceansaitheoir** tamer, **cóitseálaí** coach, **gúrú** guru, **ionramhálaí** *m* handler; manipulator, **láimhsitheoir** manipulator, handler; grappler, **máistir (spóirt)** *m* (sports) master, **múinteoir** teacher, **múinteoir spóirt** sports teacher, **oide** teacher, **oideoir** educator, **oiliúnaí** coach, trainer, **oiliúnóir** trainer, coach, **teagascóir** instructor, tutor, **treoraí** guide

Tragóid *f* (~*e*; ~*í*) *(general)* tragedy

anachain adversity, calamity, **anó** *m* affliction, **buille** *m* blow, **caill** loss, **catastróf** catastrophe, **cat mara** mishap; tragedy, **cruatan** hardship, **donas** evil, affliction, **dursan** *(lit)* calamity, **eirleach** *m* havoc, carnage, **mairg** woe, sorrow, **matalang** catastrophe, **mí-ádh** misfortune, ill-luck, **oidhe** tragedy; tragic tale, **púir** loss, tragedy, **traigéide** *f (th)* tragedy, **tubaiste** *f* calamity, **turraing** calamity, grief

Tragóideach *adj³* tragic

ainnis miserable, wretched, **a bhainfeadh deoir as an gcloch ghlas** heartrending, **a bhrisfeadh croí cloiche** that would break the hardest heart; heartbreaking, **an-díobhálach** grievous, **brónach** sad, **cinniúnach** fateful, fatal, tragic, **coscrach** harrowing, **cráite** tormented, woeful, **dearóil** dismal, **dólásach** doleful, **duairc** bleak, **dubhach** mournful, **eadóchasach** despairing, despondent, **géar-** *pref* dire, **gruama** depressing, cheerless, **léanmhar** agonising, anguished, **marfach** deadly, mí-ámharach unfortunate, unlucky, **míchinniúnach** ill-fated, **millteach** catastrophic, dreadful, **millteanach** lamentable, **míthuarúil** ill-omened, **oidhiúil** tragic, ill-fated, **pianmhar** painful, **púrach** tragic, calamitous; grief-stricken, **suarach** wretched, **taismeach** accidental, tragic, **traigéideach** *(th)* tragic, **truamhéalach** pitiable, pathetic, **tubaisteach** calamitous, disastrous, **uafásach** awful, dreadful

Tráidire *m (~; -rí)* tray

pláta plate, **losaid** dough tray, **mias** *f (méise)* dish, **seilf** shelf, **trae** *m* tray, **tralaí** *m* **bia** food trolley, **trinsiúr** platter, **truill** tray

Traidisiún *m (-úin; -úin, ~)* tradition

béaloideas folklore, oral tradition, **béas** habit, wont, **cleachtas** practice, **cleachtadh** practice, habit, **coinbhinsiún** convention, **deasghnáth** *m* ceremony, ritual, rite, **gnás** custom, ritual, rite, **gnáth** customary thing, habit, **gnáthaíocht** usage, wont, **gnáthamh** routine, procedure, custom, **nós** tradition, wont, **sean-nós** old style, **taithí** habit, practice; experience, **traidisiúnachas** traditionalism, **úsáid** usage

Traidisiúnta *adj*[6] traditional, conventional

béaloidis (> *béaloideas*) folkloric, **cleachtach** accustomed to, **comónta** common, **de réir gnáis** according to custom, **deasghnách** ceremonial, ritualistic, **gnách** customary, usual; ordinary, **gnásúil** conventional, **gnáth-** *pref* customary, **gnáthrialta** routine, **neamhscríofa** unwritten, **rialta** regular, **seanbhunaithe** long-established, long-standing, **sean-** old, **seasta** habitual

▲ **bia ~** traditional cooking, **ceol ~** traditional music, trad, **creidimh thraidisiúnta** folk beliefs, **feisteas ~** traditional costume, **leigheas ~** conventional medicine

Traigéide *f (~; -dí) (thr)* tragedy

bróndráma tragedy play, **dráma traigéideach** *(play)* tragedy, **drámaíocht thraigéideach** dramatic tragedy, **greanntraigéide** *f* tragicomedy, **scannán tubaiste** disaster movie, **traigéideoir** tragic actor, tragedian *(see also: tragóid)*

Traigéideach *adj*[3] *(thr)* tragic

brónach sad, **gruama** depressing, gloomy, **tubaisteach** disastrous *(see also: tragóideach)*

Tráigh *v*$_{1f}$ ebb; dry up

caolaigh become thin, reduce, **céimnigh** *(cin)* fade, **crap** shrink, **cúlaigh** recede, retreat, **éirigh as** give up, retire, **fánaigh** dwindle, diminish, **ídigh** dwindle, **ísligh** lower, **imigh** leave, **imigh as** fade away, **laghdaigh** lessen, weaken, **maolaigh** recede, abate, **meath** decline, decay, **mionaigh** crumble, disintegrate, **rith as (bia)** run out of (food), **sil** diminish, weaken, **síogaigh** fade away, fail, **síothlaigh** drain away, subside, **tarraing siar** withdraw, pull back, **téigh ar gcúl** go backwards, reverse, **téigh i ndísc** dry up, **téigh in éag** die; peter out, **téigh i laghad** lessen, decrease, **téigh i léig** fade; become extinct, **téigh siar** go back, decline, **teith** flee, **tit** fall, drop, **traoith** *(person)* waste away; reduce

Thráig a ghruaig. His hairline receded.
Thráig a misneach. Her courage left her.
Thráig an chuimhne. The memory faded.
Thráig an paisean. The passion fizzled out.
Thráig an stoirm. The storm subsided.
Thráig an taoide. The tide ebbed.
Thráig an tobar. The well went dry.
Thráig dath dá gnúis. Colour drained from her face.
Thráig gach dóchas. All hope evaporated.
Thráig maoiniú. Funding dried up.
Thráig spéis sa scéal. Interest in the story waned.

P **Níl tuile dá mhéad nach dtránn.** All things will pass., Abundance doesn't last forever.

Tráite *pp* ebbed away; dried up

caolaithe gotten thin, reduced, **céimnithe** *(cin)* faded, **craptha** shrunk, **cúlaithe** receded, **dulta in éag** passed away, dead; petered out, **dulta ar gcúl** gone backwards, reversed, **dulta i laghad** lessened, decreased, **dulta i léig** faded away; extinct, **dulta i ndísc** dried up, **dulta siar** gone back, **éirithe as** given up, retired from, **fánaithe** dwindled, diminished, **ídithe** dwindled away (to nothing), **imithe** left, gone away, **imithe as** faded away, **íslithe** lowered, **laghdaithe** lessened, weakened, **maolaithe** receded, abated, **meata** decayed; pale, sickly, **mionaithe** crumbled, disintegrated, **rite as (bia)** run out of (food), **síogaithe** faded away, failed, **síothlaithe** drained away, subsided, **tarraingthe siar** withdrawn, pulled back, **silte** diminished, weakened, declined, **teite** fled, **tite** fallen, dropped, **traoite** *(person)* wasted away; reduced

◊ **Tá mo neart ~.** My strength is exhausted., **Fágadh ar chloch thráite sinn.** We were left high and dry.

Tranglam *m (-aim)* clutter, tangle, confusion

aimhréidh disorder, **aimhriar** *(phil)* disorder, **cíor thuathail** bedlam, shambles (cf **Bhí gach rud ina chíor thuathail.** Everything was higgledy-piggledy.), **easordú** disorder, confusion, **graiseamal** hotch potch, **griobach** *m* confusion, tussle, **holam halam** confusion, uproar, **manglam** jumble (cf **carn manglaim** untidy pile, jumble), **mearbhall** confusion, **meascán mearaí** muddle, confused situation, **mí-eagar** disarray, **míshlacht** untidiness, **neamhord** disorder, **prácás** morass, mess, **praiseach** *f* mess, **raiple húta** confusion, hustle and bustle, **trachlais** jumble, mess, **trangláil** thronging, bustle, confusion

▲ **~ tráchta** gridlock, traffic jam

Traoch *v*$_{1a}$ wear out, exhaust

caith consume, spend, **clip** tire, wear out; tease, **cnaígh** waste, gnaw, **coir** tire, exhaust, **creim** corrode, gnaw, **cuir isteach** put in, *(time)* use up, **draenáil** drain,

Traochadh

ídigh consume, use up, **meath** decay, decline, **meil** grind away, consume, **meirtnigh** weary, enfeeble, **róshaothraigh** overwork, **sáraigh** overwhelm, tax, **síothlaigh** drain, **slog** swallow, **spíon** spend, exhaust, **suaith** confuse, agitate, disturb, **súigh** suck, sap, **téigh ar** get used up, **tnáith** wear down, weary, **traoith** abate, waste away, subside, **tuirsigh** tire, fatigue

Traochadh *vn* wearing out, exhausting
 caitheamh consuming, spending, **clipeadh** tiring, wearing out; teasing, **cnaí** wasting away, gnawing, **cor** tiring, exhausting, **creimeadh** corroding, gnawing, **cur isteach** putting in, *(time)* using up, **draenáil** draining, **dul ar** getting used up, **ídiú** consuming, using up, **meath** decaying, declining, **meilt** grinding away, consuming, **meirtniú** wearying, enfeebling, **rósaothrú** overworking, **sárú** taxing, overwhelming, **síothlú** draining, **slogadh** swallowing, **spíonadh** spending, exhausting, **suaitheadh** confusing, agitating, disturbing, **sú** sapping, **tnáitheadh** wearing down, wearying, **traoitheadh** abatement, subsiding, subsidence, **tuirsiú** tiring, fatiguing

Traochta *pp* worn out, exhausted
 caite consumed, spent, **clipthe** tiring, wearing out; teasing, **cnaíte** wasted away, gnawed, **cortha** tired, exhausted, **creimthe** corroded, gnawed, **curtha isteach** put in, *(time)* used up, **draenáilte** drained, **dulta ar** gotten used up, **ídithe** consumed, used up, **meáite** decayed, failed, declined, **meilte** ground away, consumed, **meirtnithe** wearied, enfeebled, **rósaothraithe** overworked, **sáraithe** overwhelmed, taxed, **síothlaithe** drained, **slogtha** swallowed, **spíonta** spent, exhausted, **suaite** confused, agitated, disturbed, **súite** sapped, **tnáite** worn down, wearied, **traoite** abated, wasted away, subsided, **tuirsithe** tired out, fatigued

◊ **Tá dealramh ~ ort!** You look exhausted., **Táim tugtha ~.** I'm dog-tired.

Tras- *pref* trans- cross-
 ~alpach transalpine, **~atlantach** transatlantic, **~cheangal** crosstie, **~chló** sectional elevation, **~chóimheas** cross ratio, **~chrios** transect, **~dul** transit, **~ghalú** transpiration, **~ghearradh** cross-section, **~ghluaiseacht** translocation, **~ghnéasach** transsexual, **~-ilchríochach** transcontinental, **~inscneach** transgender, **~-ionfhabhtú** cross infection, **~ghreim** *m (-eama)* cross-stitch, **~líne** *f* traverse, **~phlandáil** transplantation, **~-scríbhinn** transcript, **~-scríobh** transcription, transcribing, **~tomhas** diameter, **~uigh** transpose

Trasnaigh *v₂ₐ*
 1. cross, traverse
 cuach *(sp)* curl (eg **Chuach sé an liathróid thar an trasnán.** He arched the ball over the bar.), **cuir trasna ar a chéile** *(leg, arm, etc)* cross over, **déroinn** bisect; intersect, **gearr** cut, intersect, **luaidh** *(lit)* traverse, **réisigh** span, **sáraigh** pass through, cross (eg **an fhuaimbhac a shárú** to pass through the sound barrier), **sín trasna** stretch across, **téigh trasna** go across, **tóg droichead (idir dhá phointe)** build a bridge (between two points)
 2. interrupt, interfere; heckle
 bris break, **bris isteach** break in, interrupt, **brúigh isteach ar** intrude on, **cuir as do** put out, disturb, **cuir isteach ar** interrupt, **déan trasnáil ar** heckle, **gearr isteach** cut in, **idirbhris** interrupt

Trasnaithe *pp*
 1. crossed, traverse
 cuachta *(sp)* curled, **curtha trasna ar a chéile** *(leg, arm, etc)* crossed over, **déroinnte** bisected; intersected, **dulta trasna** gone across, **gearrtha** cut, intersected, **luaite** *(lit)* traversed, **réisithe** spanned, **sáraithe** passed through, crossed (eg **Bhí an pointe leathshlí sáraithe agam.** I had crossed the halfway point.), **sínte trasna** stretched across
 2. interrupted, interfered; heckled
 briste broken, **briste isteach** broken in, interrupted, **brúite isteach ar** intruded on, **curtha as do** put out, disturbed, **curtha isteach ar** interrupted, **gearrtha isteach** cut in, **idirbhriste** interrupted

Trasnánach *adj³* crosswise, diagonal, *(pattern)* herringbone
 ar fiar angled, at a slant, **ar sceabha** at a slant, **cam** crooked, **claonta** slanting, **fiar** crooked, oblique, **fiartha** slanted, **fiarthrasna** crossways, diagonal, **sceabhach** askew, skew, **trasna** across, crossways

Trasnú *vn*
 1. crossing, traversing
 cuachadh thar *(sp)* curling, **cur trasna ar a chéile** *(leg, arm, etc)* crossing over, **déroinnt** bisecting; intersecting, **dul trasna** going across, **gearradh** cutting, intersecting, **luadh** *(lit)* traversing, **réisiú** spanning, **sárú** *(sp)* passing through, crossing (eg **ag sárú an phointe gan filleadh** crossing the point of no return, crossing the Rubicon), **síneadh trasna** stretching across, **trasnáil** crossing, traversing
 2. interrupting, interfering; heckling
 briseadh breaking, **briseadh isteach** breaking in, interrupting, **brú isteach ar** intruding on, **cur as do** putting out, disturbing, **cur isteach ar** interrupting, **déanamh trasnáil** heckling, **gearradh isteach** cutting in, **idirbhriseadh** interrupting

Tráth *m (~a; ~anna)* period of time, time, once
 achar period of time, while, **aimsir** period, time, **am** time, **dáta** date, **ionú** *m* (proper) time, season, **lá dá raibh** there was a day, **linn** space of time, period, **ráithe** *f* quarter, season, **ré** *f* era, **scaitheamh** while, **seal** interval, spell, **séasúr** season, **tamall** while, **téarma** *m* term, **treall** short period, spell, **tréimhse** *f* period, **uair** once, **uair dá raibh** in a bygone time,

Tráthnóna

uidhe *m* fixed period of time *(see also: am, fadó, tamall, uair)*

◊ ~ dá raibh in former times, back in the day, an ~ úd at that time, faoin ~ sin by that time, mar a bhí ~ as once was, Ní ~ moille é! There's no time to delay! Tá an traidisiún sin seanbhunaithe faoin ~ seo. That tradition is long established by now.

Tráthnóna *m (~; -nta)* afternoon
breacsholas halflight, twilight, coineascar twilight, dusk, contráth dusk, clapsholas twilight, déanach sa lá late in the day, dul faoi na gréine sundown, easparta *(rel)* vespers, evensong, iarnóin afternoon, lá *m (lae; laethanta)* day, daytime, luí na gréine sunset, meán lae midday, nóin noon, oíche night; eve, evening, titim na hoíche nightfall

◊ um thráthnóna in the afternoon

Tráthúil *adj⁴*
1. timely, opportune
ag an am ceart at the right time, áisiúil convenient, caoithiúil well-timed, opportune, convenient, cuí appropriate, díreach in am right on time, feiliúnach apt, fitting, fóirsteanach apropos, appropriate, in am on time, ionúch timely, opportune, seasonal, ócáideach opportune, timely, oiriúnach suitable, poncúil punctual, prapúil timely, prompt, séasúrach seasonal, tacúil opportune, timely

▲ cinneadh ~ timely decision, focal ~ word spoken at the right time; witty remark, nóiméad ~ opportune moment, ócáid thráthúil suitable occasion, pas ~ well-timed pass

◊ Is ~ mar a tháinig tú! You came just at the right time., Nach ~ mar a tharla sé! What a coincidence!, Tá uirthi a hobair bhaile a dhéanamh anois – nach ~! She has to do her homework now – how convenient!

2. well-timed, witty
abartha quick-tongued, given to repartee, barrúil droll, dea-labhartha well-spoken, witty, deisbhéalach witty, léaspartach witty, droll, nathach aphoristic, nathánach witty, aphoristic; epigrammatical

▲ duine ~ witty person, focal ~ witty (well-timed) comment

Tráthúlacht *f (~a)*
1. timeliness, opportuneness
ábharthacht topicality, bearing, caoithiúlacht opportuneness, timeliness, cuibhiúlacht appropriateness, deisbhéalaí witty topicality, feiliúnacht suitability, féiltiúlacht seasonableness; punctuality, fóirsteanaí aptness, appositeness, ionúiche timeliness, opportuneness, oiriúnacht suitability, fitness, poncúlacht punctuality, séasúracht seasonableness, tacúlacht opportuneness, timeliness
2. wittiness, quickness of apt response
abarthacht quick-wittedness, wittiness in repartee, barrúlacht drollery, ciúta quip, dea-chaint smart talk, witty speech, deisbhéalaí wittiness, léaspairt flash of wit, léaspartaíocht being witty, witticism, drollery, nathach aphoristic, nathánach witty, aphoristic; epigrammatical, ráisteachas banter, repartee

Treabh *v₁ₐ* plough
air *(lit)* plough, bain dig, cut, bris suas break up, clasaigh trench, groove; *(potatoes)* earth, mould, cliath harrow, fuirsigh harrow, déan iomairí make ridges, furrow, fuirsigh *(agr)* harrow, gearr (trí na tonnta, tríd an obair) cut (through the waves, through the work), oibrigh work, saothraigh till, cultivate, work, scoilt cleave, break apart, scrabh *(land)* score, furrow, spágáil shamble along, trudge, sraoill traipse, trudge, straggle, riastáil *(land)* score for ridge-making, rómhair dig, tochail excavate, dig

◊ gort a threabhadh to plough a field, Táimid ag ~adh ar aghaidh leis an obair. We are ploughing ahead with the work.

Treabhadh *vn* ploughing
arathar *(lit)* ploughing, baint digging, cutting, brácáil harrow; struggle, toil, briseadh suas breaking up, clasú trenching, grooving; *(potatoes)* earthing, moulding, cliathadh harrowing, déanamh iomairí making ridges, furrowing, fuirseadh/fuirsiú *(agr)* harrowing, gearradh cutting, gearradh trí cutting through, oibriú working, saothrú tilling, cultivating, working, scoilteadh cleaving, breaking apart, scrabhadh *(land)* scoring, furrowing, spágáil shambling along, trudging, sraoilleadh traipsing, trudging, straggling, riastáil *(land)* scoring for ridge-making, rómhar digging, tochailt excavating, digging

Tréad *m (~a; ~a, ~)* flock, herd
áirí *f* herd of cows ál brood, litter, báire *m* shoal, conairt pack of hounds, córaid herd, group, cuain litter, cuingir yoke, pair, dreabhlán brood, small flock, ealbha flock, ealta flock, grathain swarm, macha breá bó fine herd of cows, muicí *m* herd of swine, na fíréin *(rel)* the faithful, plá plague, pobal *(rel)* congregation, flock (cf pobal Dé the people of God), púir swarm, ráth shoal, saithe *f* swarm, scaoth throng, scata *m* flock, scoil school, scuaine *f* flight, flock, drove, sealbhán herd, seisreach team, stadhan flock, shoal, táin eallaigh herd of cattle, uail group, flock *(see also: grúpa)*

P Ní ~ caora! One swallow is not the spring!

Treafa *pp* ploughed
airthe *(lit)* ploughed, bainte dug, cut, brácáilte harrowed, briste suas broken up, clasaithe trenched, grooved; *(potatoes)* earthed, moulded, cliata harrowed, fuirsithe/fuirste *(agr)* harrowed, gearrtha cut, gearrtha trí cut through, le hiomairí with ridges, oibrithe worked, riastáilte *(land)* scored for ridge-making, rómhartha dug up, saothraithe tilled, cultivated, worked, tochailte excavated, dug

Trealamh

■ **Ar threalamh DIY atá:** DIY equipment includes:

bís vice
bolta bolt
castaire insocraithe adjustable spanner
cábla sínteach extension lead
casúr hammer
cnó nut
dréimire taca stepladder
fáiscín clip
greamaire pliers
greamaire socfhada long nose pliers
greanóir sander
gunna stáplaí staple gun
máilléad mallet
meana awl
páipéar gainimh sandpaper
plána plane
puití putty
rinse insocraithe adjustable spanner
rollóir roller
plocóid chuibhithe adapter plug
sábh miotail hacksaw
scríobaire scraper
scriú screw
scriúire screwdriver
scuab *f* brush
 ~ **phéinteála** paintbrush
siséal chisel
suncaire plunger
tairne nail

■ **Ar threalamh don ghairdín atá:** Garden equipment includes:

araid múirín compost bin
bara rotha wheelbarrow
bearrthóir clippers
bosca athchúrsála recycling bin
bráca harrow
canna uisce/spréite watering can
deimheas shears
 ~ **prúnála** pruning shears
dréimire ladder
feac spade; handle of spade
forc fork
grafóg hoe
laí *f (~; lánta)* loy, spade
lián trowel
lámhainní *fpl* garraíodóireachta gardening gloves
lomaire faiche/féir lawnmower
miondeimheas secateurs
píce rómhair digging fork
píobán gairdín garden hose
ráca rake
rámhainn spade
sábh slabhrach chainsaw
sracshábh ripsaw
seid *f* shed
síoladóir seeder
sluasaid shovel
spád *f* spade
struimeálaí strimmer
tua *f* axe

■ **Ar threalamh cócaireachta atá:** Cooking utensils include:

babhla measctha mixing bowl
citeal kettle
clár mionghearrtha chopping board
crann fuinte rolling pin
criathar sieve
crúiscín tomhais measuring jug
cumascóir blender
fáiscean gairleoige garlic press
forc fork
friochtán frying pan
gearrthóir pizza pizza cutter
grátálaí grater
greadtóir whisk
gríoscán grill
lámhainní *fpl* **oighinn** oven gloves
leachtaitheoir liquidiser
liach *f (léiche; ~a, ~)* **anraith** soup ladle
measchóir mixer
mias *f* **oigheanndíonach** ovenproof dish
micreathonnán microwave
miontóir mincer
naprún apron
oigheann oven
oigheann micreathonnach microwave oven
osclóir cannaí/buidéal can/bottle opener
saspán saucepan
scálaí cistine kitchen scales
scian *f (scine; sceana)* knife
 ~ **aráin** bread knife
 ~ **cháise** cheese knife
 ~ **dhéadach** serrated knife
 ~ **dinnéir** joint knife
 ~ **éisc** fish knife
 ~ **filléadaithe** filleting knife
 ~ **spólta** carving knife
 ~ **stéige** steak knife
scamhaire prátaí potato peeler
scannán cumhdaithe clingfilm
scragall stáin tinfoil
síothlán strainer
spadal spatula
spúnóg anraith soup spoon
 ~ **mhilseoige** dessert spoon
 ~ **tae** teaspoon
stán rósta roasting tin
tlú tongs
tóstaer toaster

■ **Ar threalamh agus throscán tí atá:** House furnishings include:

báisín basin
bord table
cathaoir *f* **uilleach** armchair
cairpéad feistithe fitted carpet
castriomadóir spin-drier
cithfholcadán shower unit
cófra cupboard, drawer
cófra tarraiceán chest of drawers
cuirtín curtain
cuisneoir fridge
cupard sainfheistithe fitted cupboard
doirteal sink
drisiúr dresser
folcadán bath
folúsghlantóir vacuum cleaner
lampa lamp
leaba *f (leapa; leapacha)* bed
leabhragán bookcase
leithreas toilet
matal mantelpiece
meaisín níocháin washing machine
miasniteoir dishwasher
micreathonnán microwave
oigheann oven
prios press
raca (bróg, fíona) (shoe, wine) rack
radaitheoir radiator
reoiteoir freezer
ríomhaire computer
sconna tap, faucet
seilf shelf
sorn (leictreach, gáis) (electric, gas) cooker
stól stool
suíochán leithris toilet seat
tarraiceán drawer
teallach fireplace/fireside (cf **cois teallaigh** by the fireside)
téamh lárnach central heating
tine *f* **leictreach** electric fire
 ~ **ghuail** coal fire
 ~ **mhóna** turf fire
tinteán fireside
tolg sofa
triomadóir (rothlaim) (tumble) dryer
vardrús wardrobe

Trealamh *m (-aimh; -aimh, ~)* equipment
áirge *f* asset, useful article, **áiseanna** *fpl* facilities, **fearas** apparatus, equipment, **feisteán** outfit, **feisteas** appliances, apparatus, gear, accoutrements, furnishings, **gaireas** apparatus, device, **giuirléidí** *fpl* gadgets, bits and bobs, **gléas** device, gadget, **gléasra** apparatus, equipment, **innealra** *m* machinery, **meaisínre** machinery, **sáslach** *m* mechanism, machinery, **tácla** tackle (cf **tácla iascaireachta** fishing tackle), **uirlisí** *fpl* tools, **úmadh** *m (úmtha)* harnessing; tackle

▲ ~ **aclaíochta** exercise equipment, ~ **anásta** cumbersome equipment, ~ **as feidhm** obsolete equipment, ~ **cóipeála** copying equipment, ~ **corpacmhainne** fitness equipment, ~ **lochtach** faulty equipment, malfunctioning equipment, ~ **oifige** office equipment, ~ **monatóireachta** monitoring equipment, ~ **tomhais** measuring equipment

Treall *m (~a; ~anna)*
1. caprice
fonn desire, urge, **freanga** *f* spasm, **guaig** whim, caprice, **mian** urge, desire, **nóisean** notion, **ríog** *f* impulse, **spadhar** caprice, whim, **spreagadh** stimulus, urge, inspiration, **taghd** impulse, **tallann** sudden impulse, **teidhe** whim, **treallaí** capriciousness, **treallaíocht** spasms, throes (cf **i dtreallaíocht an bháis** in the throes of death)
2. period of time, while, spell
achar period of time, while, **aga** interval, period of time, **am** time, **dáta** date, **linn** space of time, period, **ré** *f* era, **scaitheamh** while, **seal** interval, spell, **tamall** while, **tráth** time, once, **tréimhse** *f* period, **uair** once, **uair dá raibh** in a bygone time, **uidhe** *m* fixed period of time *(see also: am, fadó, tamall, tráth, uair)*

Treallach *adj³* spasmodic, impulsive; intermittent, patchy
aondeonach arbitrary, **athraitheach** fickle, changeable, **bearnach** having gaps, patchy, **bunoscionn** incoherent, **freangach** spasmodic, having fits, **guagach** unsteady, capricious, **neamhiomlán** incomplete, **neamhsheasmhach** inconstant, **neamhshocair** unsteady, **ríogach** spasmodic, impulsive, **scaipthe** disjointed, **stadach** faltering, stopping and starting, **taghdach** impulsive, **spadhrúil** whimsical; hysterical, stroppy, **taomach** fitful, erratic, **uaineach** intermittent

Treallús *m (-úis)* enterprise; industriousness, drive
borrúlacht enterprise, growth, **buannaíocht** presumption, **ceannas** authority, command, **ceannasaíocht** leadership, **dánacht** boldness, temerity, **deiliús** impudence, **dúthracht** diligence, **díocas** assiduity, **díograis** enthusiasm, **féinmhuinín** self-confidence, **fiontar** enterprise, **fiontraíocht** entrepreneurial activity, **fonn** desire, **forrántacht** boldness, forwardness, **gustal** enterprise, resource, **ionnús** enterprise, resourcefulness, **misneach** *f* courage, spirit, **stróinéis** pushiness, **teacht aniar** resourcefulness, **teanntás** self-assertiveness, **tiomáint** drive, **uaillmhian** ambition, **urrúsacht** confidence, assurance, forwardness

Treallúsach *adj* enterprising
amhantrach venturesome, **dána** bold, **borrúil** go-ahead, expansive, **buannúil** bold, presumptuous, **ceannasach** forward, self-assertive, commanding, **cruthaitheach** creative, **díocasach** avid, intense, **díograiseach** enthusiastic, **dúthrachtach** diligent, conscientious, **fiontrach** adventurous, enterprising, **fonnmhar** keen, **gustalach** enterprising, resourceful, **ionnúsach** enterprising, **neamh-mheontach** presumptuous, forward, **pribhléideach** bold, forward, self-assured, **samhlaíoch** imaginative, **téisiúil** forward, shameless, **tiomanta** driven, **teanntásach** assertive, **teasaí** fiery, **tionscantach** possessing initiative, enterprising, **urrúsach** strong, confident

▲ **duine** ~ person who shows initiative, **stócach** ~ keen lad with the right attitude

Tréan- *pref* severe, strong, hard, high, highly
~dathach highly coloured, **~fhear** champion, **~fhoirm** *(gram)* strong form, **~iolra** strong plural, **~lámhach** with powerful arms, physically strong, **~mhór** big and strong, mighty, **~mhuir** stormy, perilous sea, **~phléascach** *m* high explosive, **~rith** hard/rapid running, **~tolach** strong-willed

Tréan 1 *m (-éin; -éin, ~)* strong man, champion
árchú war hound, fierce warrior, **beithir** *(lit)* warrior, **cathmhíle** soldier, warrior, **curadh** champion, **fear láidir** strong man, **fear téagartha** well built sturdy man, **gaiscíoch** warrior, **gartaire** sturdy lad, **gruagach** *m* fearless warrior, champion, **láidir** *m (~; -dre)* strong man, **laoch** hero, **nia** *m (~dh; ~idh, ~dh) (lit)* champion, **oscar** hero, warrior, **osduine** superman, superwoman, **rúscaire** rough robust person, **seabhac** *(fig)* warrior; hawk, **strapaire** strapping individual *(see also: laoch)*

Tréan 2 *adj¹ (compar treise)* strong, powerful; intense
ábalta able, **arrachtach** monstrous, powerful, **croíúil** hearty, **cumasach** capable, potent, **cumhachtach** powerful, **daingean** firm, strong, **dian-** *pref* intense, intensive, **diongbháilte** stalwart; secure, staunch, **doscaí** having fearless strength, **doscúch** tough, hardy, **dúshlánach** defiant, **feilmeanta** vigorous, forceful, **féitheach** sinewy, muscular, **féitheogach** sinewy, brawny, **folcanta** strong, stout, **folláin** fit, healthy, **forthréan** exceedingly strong, **fortúil** strong, powerful, **greadánach láidir** strong, **lúitheach** sinewy, muscular, **matánach** muscular, **miotalach** mettlesome, **neartmhar** mighty, **reangach** wiry, sinewy, **ruanata** strong, **scafánta** strapping, **sonnda** *(lit)* strong powerful, **spionnúil** strong, vigorous,

stóinseach staunch, strong, robust, **storrúil** strong, vigorous, **stuifiúil** mettlesome strong, **talcánta** strong, stout, solid, **tairpeach** strong, violent, **tarbhánta** bull-like, bullish, **téagartha** burly, stout, **tréamanta** *(high reg)* intense, powerful, mighty, **urrúnta** robust, hefty *(see also: láidir)*

Tréas *m (~a)* treason
ardtréas high treason, **cealg** *f* guile, **ceannairc** mutiny, **comhcheilg** conspiracy, **éadairise** disloyalty, **éirí amach** uprising, **feall** treachery, selling out, **mídhílseacht** disloyalty, **reibiliún** rebellion, **slítheántacht** underhand activity, **treascairt** subversion, **tréatúireacht** treason, treachery, **uisce faoi thalamh** conspiracy, sabotage

◊ **~ a dhéanamh in aghaidh an stáit** to commit treason against the state, **Is geall le ~ é!** It's tantamount to treason.

Tréasach *adj³* treasonable
aindílis disloyal, **cealgach** treacherous, perfidious, **ceannairceach** mutinous, **cluanach** deceptive, **comhcheilgeach** conspiratorial, **éadairiseach** disloyal, untrustworthy, **fealltach** treacherous, **feillbheartach** perfidious, **mídhílis** disloyal, **reibiliúnach** rebellious, **slítheánta** underhand, **tréatúrtha** traitorous, treacherous

Treascair *v₂c* crush, vanquish, topple, subdue, subvert
bánaigh wipe out, trash, **bris** breach, bust, **bain anuas** take down, dismantle, **brúigh faoi chois** squash, stomp on, **brúisc** crush, **buaigh** defeat, **buail** assault, beat down, **cloígh** defeat, **creach** pillage, **cuir deireadh le** put an end to, **cuir faoi smacht** subdue, quell, **déan spior spear de** knock down, smash, **díothaigh** eradicate, obliterate, **faigh bua ar** get victory over, defeat, **gearr anuas** cut down, **gread** beat, trounce, **leacaigh** flatten, **leag** knock down, topple, **sáraigh** overwhelm, breach, **scrios** destroy, **slad** sack, plunder, **smachtaigh** subdue, curb

◊ **Tá siad ag iarraidh an daonlathas a threascairt.** They are trying to subvert democracy., **Threascair sí an freasúra.** She crushed the opposition., **Treascraíodh an Traí.** Troy was vanquished/toppled.

Treascairt *vn* crushing, vanquishing, toppling, subduing, subverting
bánú wiping out, trashing, **briseadh** breaching, busting, **baint anuas** taking down, dismantle, **brú faoi chois** squashing under foot, stomping on, **brúscadh** crushing, **buachan** defeating, **bualadh** assaulting, beating down, **cloí** defeating, **creachadh** pillaging, **cur deireadh le** put an end to, **cur faoi smacht** subduing, quelling, **déanamh spior spear de** knocking down, smashing **díothú** eradicating, obliterating, **fáil bua ar** getting victory over, defeating, **gearradh anuas** cutting down, **greadadh** beating, trouncing, **leagan** knocking down, toppling, **sárú** overwhelming, breaching, **sciosadh** destroying, **sladadh** sacking, plundering, **smachtú** subduing, curbing

Treascrach *f (~aí)* crushing, overwhelming, felling
anacrach crushing, calamitous, **áir** (> **ár**) slaughtering, **básmhar** mortal, **cinniúnach** fateful, tragic, **coscrach** shattering, distressful, harrowing; triumphant, **creachta** ruinous, **marfach** killing, fatal, deadly, **millteach** pernicious, baleful, **nimhneach** venomous, poisonous, **oidhiúil** ill-fated, tragic, **sáraitheach** overwhelming, violent, thwarting, **sciosach** destructive, **sladach** pillaging; destructive, **tragóideach** tragic, **tubaisteach** catastrophic, disastrous, **turraingeach** violent, thrusting

Treascartha *pp* overthrown, vanquished, toppled, subdued, subverted
bánaithe wiped out, trashed, **briste** breached, busted, **bainte anuas** taken down, dismantled, **brúite faoi chois** squashed under foot, stomped on, **brúsctha** crushed, **buaite** defeated, **buailte** assaulted, beaten down, **cloíte** defeated, **creachta** pillaged, **curtha faoi smacht** subdued, quelled, smashing, **díothaithe** eradicated, obliterated, **gearrtha anuas** cut down, felled, **greadta** beaten, trounced, **leagtha** knocked down, toppled, **sáraithe** overwhelmed, breached, **sciosta** destroyed, **sladta** sacked, plundered, **smachtaithe** subdued, curbed

Tréaslaigh *v₂a* congratulate
beannaigh bless, **beannaigh do** greet, **déan comhghairdeas le** congratulate, **mol** praise (cf **Molaim thú!** Well done!), **treisigh le** stand firm with (cf **Treisím leat!** I'm with you all the way!)

Treaspás *m (-áis)* trespass
cion offence, transgression, **cur isteach ar** intrusion upon, **déan treaspás** trespass, **dul isteach gan chead** entering without permission, **foghail** *f* trespass, **foghlú** trespassing, **ionradh** invasion, **oilghníomh** minor offence, misdemeanour, **póitseáil** poaching, **sárú** violation

Trédhearcach *adj³* transparent; see-through
glan clear, **infheicthe** visible, **scáineach** thin, bare, **scáinte** scanty, **scamhánach** filmy, **sofheicthe** easily seen, **soiléir** obvious, clear, **tanaí** thin, **tréshoilseach** translucent, **uigeach** gauzy; web-like

Treibh *f (~e; ~eanna)* tribe
cine *m* race, **cineál** strain, **clann** family, **fine** *f* family group, **fialas** kinship, **fuil** *f (fola)* blood, **ginealach** *m* lineage, **líne** *f* line, lineage, **muintir** kindred people, family, **náisiún** nation, **pobal** people, **pór** breed, **pórlíne** *f* bloodline, **rás** race (eg **rás daoine** race of people), **ríshliocht** *m* dynasty, **síol** seed, **sliocht** *m* stock, **teach** *m (tí)* house, **teaghlach** *m* household, **teaghlach mór le rá** well-known family

◊ **Cá ~ nó cá tír dó?** Where does he hail from?, **Níl teach ná treibh aige.** He has neither house nor

Ar na slite le treaslú le duine atá: Ways to congratulate a person include:	**Comhghairdeas!** Congratulations! **Go mbeannaí Dia thú!** God bless you! **Go méadaí Dia thú!** May God prosper you! **Mo cheol thú!** Well done!	**Mo ghraidhin (go deo) thú!** Bravo! **Mo ghraidhin ó chroí thú!** Good for you! Well done! **Molaim thú!** I commend you! **Nár lagaí Dia do lámh!** May God (never) weaken your hand!
Tréaslaím (ó chroí) leat! I (heartily) congratulate you!		

home., **Tá mé curtha ó theach is ó threibh.** I have been driven out of house and home.

Treibheach *adj³* tribal
dúchais (> *dúchas*) native, **dúchasach** indigenous, native, **eitneach** ethnic, **teaghlaigh** (> *teaghlach*) family

Tréig *v₁ᵦ* abandon
bain na boinn as áit take to one's heels, **bánaigh** desert, **caith an tuáille isteach** throw the towel in, **caith ar leataobh** throw to one side, **caith in airde** abandon, give up, **éalaigh** elope; escape, **éirigh as** quit, give up, **fág** leave, **fág duine ar an trá fholamh** to leave a person high and dry, **imigh** leave, go away, **imigh gan tásc ná tuairisc** leave without a trace, **lig uait** let go, drop, **loic ar** fail, let down, **loic ar do chúraimí** fail to meet your responsibilities, **sáigh amach** push out *(ie to sea)*; **scaoil** leave go, **scoir (le)** unyoke; cease, leave off, retire, **searg** *(atrophy)* wither, fade (eg **Shearg áilleacht an róis.** The beauty of the rose faded.), **tabhair buille fill do dhuine** stab a person in the back, **tabhair do chúl le** turn your back on, **tabhair droim láimhe do** turn away from, abandon, **tabhair suas** give up, **tarraing siar** withdraw, pull back, **téigh amach** exit, **téigh ar do theitheadh** take flight, to do a runner, **téigh ar seachrán** to go off wandering, **téigh as radharc** disappear out of sight, **teith** flee, **tráigh** recede, ebb away

> Thréig a lucht leanúna é. His fans deserted him.
> Thréig a scéimh. Her/His/Their beauty faded.
> Thréig an dath. The colour faded.
> Thréig sé a chairde. He ratted on his friends.
> Thréig sé a chlann. He abandoned his family.
> Thréig sé a onóir. He prostituted himself.
> Thréig sé na toitíní. He quit smoking.
> Thréig sí a fear. She ran off on her husband.
> Thréig sí a teideal. She renounced her title.
> Thréig siad Dia. They turned away from God.

Tréigean *vn* abandoning, abandonment, deserting, desertion
bánú deserting, **éalú** escaping, **éirí as** quitting, giving up, **caitheamh ar leataobh** throwing to one side, **caitheamh in airde** abandoning, giving up, **dul amach** exiting, **dul ar do theitheadh** taking flight, doing a runner, **dul ar seachrán** wandering off, **dul as radharc** disappearing, **fágáil** leaving, **fágáil duine ar an trá fholamh** to leaving a person high and dry, **imeacht** going away, leaving, **imeacht gan chead** going AWOL, **imeacht gan do dhualgas a dhéanamh** to leave without fulfilling your duty, **imeacht gan tásc ná tuairisc** leaving without a trace, **ligean uait** letting go, dropping, **loiceadh ar dhuine** failing a person, letting a person down, **scor le** unyoking, ceasing, retiring from, **seargadh** *(atrophying)* withering, fading (eg **seargadh na scéimhe** the fading of beauty), **tabhairt buille fill do dhuine** stabbing a person in the back, **tabhairt do chúl le** turning your back on, **tabhairt droim láimhe do** turning away from, abandoning, **tabhairt suas** giving up, **tarraingt siar** withdrawing, pulling back, **teitheadh** fleeing, **trá** receding, ebbing away

Tréigthe *pp* abandoned
bánaithe deserted, **caite ar leataobh** thrown aside, **caite in airde** abandoned, given up, **dulta amach** exited, **dulta ar do theitheadh** taken flight, fled, done a runner, **dulta ar seachrán** gone off wandering, **dulta as radharc** disappeared out of sight, **éalaithe** eloped; escaped, **éirithe as** quitted, given up, **fágtha** left, **imithe** left, gone away, **imithe gan tásc ná tuairisc** gone without a trace, **ligthe uait** let go of, dropped, **loicthe ar** failed, let down, **sáite amach** pushed out, **scaoilte** released, let go of, **scortha le** unyoked, released, **seargtha** *(atrophied)* withered, faded, **tarraingthe siar** withdrawn, **téite** fled, **tráite** receded, ebbed away, **tugtha suas** given up

Tréigtheach *adj³* fading; deserting, forsaking
bréagach false, insincere, **fealltach** treacherous, **guagach** unstable, **luaineach** fickle, **neamhiontaofa** unreliable, **neamhsheasmhach** inconstant, **tuartha** bleached, faded

▲ **Bíonn an dath ~ san éadach seo.** The colour is inclined to fade in this material.

Tréimhse *f* (~; *-sí*) period (of time)
achar period of time, while, **aimsir** time, extended period of time, **am** time, **aois** age, **ré** *f* era, **sainré** *f* epoch, **scaitheamh** *m* (*scaithimh*; *scaití*) while, period, **seal** *m* (~; ~*anna*) while, spell; turn; shift, **séasúr** season, **seimeastar** semester, **tamall** while, **téarma** *m* term, **tráth** period of time, occasion, **uair** time, turn *(see also: **am**, **téarma**, **tráth**)*

▲ ~ **ama** time period, ~ **bhláthaithe** flowering period, ~ **chorraíola** period of unrest, ~ **dhíomhaoin** fallow period, ~ **dhúnta an Domhnaigh** *(pubs)* Sunday closing, ~ **eitilt** flying time, ~ **fáis** period of growth, ~ **feithimh** waiting time, ~ **iarchogaidh** post-war period, ~ **iompair** gestation period, ~ **oifige** term of office, ~ **phríosúnachta** period of imprisonment, ~ **phromhaidh** probationary period,

~ **na Nollag** the Christmas period, ~ **na saoire** the vacation period, ~ **scíthe** rest period, ~ **staire** period of history, ~ **thástála** trial period, ~ **thorthúlachta** fertile period, ~ **ubhsceite** ovulation period

Tréimhsiúil *adj⁴* periodical
bliantúil yearly, annual, **coicísiúil** fortnightly, **gach uair** hourly, every hour, **gach re seal** every second shift/time, **laethúil** daily, **míosúil** monthly, **peiriadach** *(chem)* periodic, **ráithiúil** quarterly, **rialta** regular, **seachtainiúil** weekly *(see also: rialta)*

Treisigh *v₂ₐ*
1. fortify, reinforce, boost, strengthen
atreisigh reinforce, **daingnigh** secure, strengthen, **déan seasmhach** make resolute, firm, **dianaigh** intensify, **fódaigh** entrench, **láidrigh** strengthen, **neartaigh** strengthen, reinforce, **righnigh** toughen, **stálaigh** season, harden, toughen, **stóinsigh** make staunch/robust, strengthen, **teann** brace, tighten *(see also: láidrigh)*

~ **an fíon!** Fortify the wine!
~ **an geilleagar!** Strengthen the economy!
~ **an rud dearfach!** Accentuate the positive
~ **do chuid iarrachtaí!** Intensify your efforts!
~ **do mhisneach!** Bolster your courage!
~ **doirse le cruach!** Reinforce doors with steel!
~ **ciorcad!** *(el)* Boost a circuit!
~ **na dainséir!** Emphasise the dangers!

2. ~ **le** support
cabhraigh le help, **cuir le** support, **fothaigh** support, sustain, **seas le** stand with, side with, **tabhair tacaíocht do** give support to, **tacaigh le** support, prop up, back, **taobhaigh le** side with, **teanntaigh le** support, **téigh i bpáirt le** go in with, side with, **trusáil** truss

Treisíonn sí le cara! She gives strong support to a friend!
Treisíonn sin leis an teoiric. That supports the theory.

Treisithe *pp* fortified, reinforced, boosted, strengthened
atreisithe reinforced, **daingnithe** secured, strengthened, **déanta seasmhach** made resolute, firm, **dianaithe** intensified, **fódaithe** entrenched, **láidrithe** strengthened, **neartaithe** strengthened, reinforced, **righnithe** toughened, **stálaithe** seasoned, hardened, toughened, **stóinsithe** made more robust, strengthened, **teannta** braced, tightened

◊ *Tá* ~ *go mór ar an stoirm.* The storm has greatly gathered strength., *Tá sí* ~ *ina sláinte le déanaí.* Her health lately has become more robust., *Úsáideadh coincréit threisithe i dtógáil na mballaí.* Reinforced concrete was used in building the walls.

Treisiú *vn*
1. fortifying, reinforcing, strengthening
atreisiú reinforcing, **daingniú** securing, strengthening, **déanamh seasmhach** making resolute, firm, **dianú** intensifying, **fódú** entrenching, **láidriú** strengthening, **neartú** strengthening, reinforcing, **righniú** toughening, **stóinsiú** making staunch/robust, strengthening, **teannadh** bracing, tightening

2. ~ **le** supporting
cabhrú le helping, **cur le** supporting; adding to, **fothú** supporting, sustaining, **seasamh le** standing with, siding with, **tabhairt tacaíocht do** giving support to, **tacú le** support, prop up, back, **taobhú le** siding with, **teanntú le** supporting, **dul i bpáirt le** going in with, siding with, **trusáil** trussing

Tréith *f (~e; ~e)*
1. trait, characteristic
acmhainn capacity, facility, potentiality, **aitreabúid** attribute, **bua** *m* gift, talent, **carachtar** character, **cineál** variety, type, **claonadh** tendency, **comhdhéanamh** constitution, **dealramh** complexion, **dúchas** nature, **faisean** mannerism, **féith** natural bent, talent, **gné** aspect, feature, **grua** *f* cheek; *(diamond)* facet, **luí** inclination, tendency towards, **meon** temperament, **mianach** makeup, fibre, mettle, **nádúr** nature, **poitéinseal** potential, **saintréith** characteristic; peculiarity, **saoithiúlacht** *(phenomenon)* peculiarity, **tallann** talent, **taobh** side *(see also: tallann)*

▲ ~ **ar leith** peculiarity; singularity, ~ **charachtair** character trait, ~ **choiteann** common factor, common denominator, ~ **phearsanta** personal trait, ~ **shainiúil** distinguishing trait, ~ **thábhachtach** important feature, ~ **thaitneamhach** likeable trait

2. skill, trick
ábaltacht ability, **brainse** trick, **bua** accomplishment, **cleas** trick, **cumas** ability, **ealaín** art, **eolas** knowledge, **inniúlacht** proficiency, **oilteacht** training, skill, **saineolas** expertise, **scil** skill

◊ *Is* ~ *inmhúinte sin.* That's a teachable skill., *D'fhoghlaim sí an* ~ *sin ar scoil.* She learnt that skill/trick at school.

Tréitheach *adj³*
1. gifted, talented; promising
acmhainneach resourceful, **ábalta** capable, **cliste** adroit; clever, **cumasach** accomplished, **deaslámhach** adept, **ealaíonta** artistic, **éirimiúil** talented, gifted, intelligent, **ildánach** versatile, accomplished, **inniúil** proficient; accomplished, **oilte** skilled, **oirbheartach** dexterous, accomplished, **pribhléideach** gifted, articulate, **saoithiúil** accomplished, skilled, **solámhach** deft, **spreagtha** inspired, **tallannach** talented, **tréitheach** accomplished, gifted

▲ **amhránaí** ~ gifted singer, **imreoir** ~ promising player; talented player

2. characteristic
aitheantais (>*aitheantas*) identifying, **ar leith** specific, peculiar, **eiseamláireach** exemplary, **leithleach** particular, idiosyncratic, **sain-** distinctive, **sainiúil** distinguishing, **saintréitheach** characteristic,

■ Ar thréimhsí geolaíocha atá: Geological periods include: **an sealad Holaicéineach** the Holocene epoch **an sealad Olagaicéineach** the Oligocene epoch **an sealad Phléiceineach** the Pliocene epoch **an tréimhse Chailceach** the Cretaceous period	**an tréimhse Chaimbriach** the Cambrian period **an tréimhse Charbónmhar** the Carboniferous period **an tréimhse Cheathartha** the Quaternary period **an tréimhse Dheavónach** the Devonian period **an tréimhse Iúrasach** the Jurassic period **an tréimhse Liasach** the Liassic Period	**an tréimhse Mhéisiliteach** the Mesolithic period **an tréimhse Neoiliteach** the Neolithic period **an tréimhse Ordaivíseach** the Ordovician period **an tréimhse Pheirmeach** the Permian Period **an tréimhse Shiolúrach** Silurian period **an tréimhse Thriasach** the Triassic period
■ Ar thréithe daonna dearfacha atá: Positive human traits include: **aireachas** mindfulness **ionbhá** f empathy **ceannasaíocht** leadership **cineáltas** kindness **comhbhá** f compassion **cothrom na Féinne** fairness	**cruthaitheacht** creativity **dea-mhéin** benevolence **díocas** assiduity **díograis** enthusiasm **dóchas** hope **éirim** intelligence, acumen **flaithiúlacht** magnanimity **féile** f generosity	**foighne** f patience **iomas** intuition **ionracas** integrity **misneach** m courage, spiritedness **neamhleithleachas** selflessness **néatacht** neatness **paisean** passion **uaillmhian** ambition
■ Ar thréithe daonna diúltacha atá: Negative human traits include: **aineolas** ignorance **bómántacht** stupidity **ceanndánacht** stubbornness **cruálacht** cruelty **éad** jealousy	**éadulaingt** intolerance **faltanas** rancour, spitefulness **formad** envy **gangaid** vindictiveness **goimh** spleen **gortaíl** meanness **leisciúlacht** laziness **mailís** malice	**maíteacht** boastfulness **mífhoighne** impatience **mímhacántacht** dishonesty **míshlacht** m untidiness **naimhdeas** enmity **neamhchúis** indifference **nimh san fheoil** bad blood **olc** bitterness, resentment

samplach exemplifying, **siomptómach** (med) symptomatic, **tipiciúil** typical, **samhlachúil** typical, **tíopúil** (biol) typical

◊ **nath cainte atá ~ don stíl seo** an expression that is characteristic of this style

Tréithrigh v_{2b} characterise
brandáil brand, **dealaigh** distinguish (eg **Dealaíonn a dhathanna ón éan baineann é.** Its colours distinguish it from the female bird.), **idirdhealaigh** differentiate, **ionannaigh** identify, **léirigh** designate, **marcáil** mark, **sainigh** define, **stampáil** stamp, **sonraigh** specify, **suaithnigh** indicate; characterise

Tréithrithe pp characterised
brandáilte branded, **dealaithe** distinguished, **idirdhealaithe** differentiated, **ionannaithe** identified, **léirithe** designated, **marcáilte** marked, **sainithe** defined, **stampáilte** stamped, **sonraithe** specified, **suaithnithe** indicated; characterised

Tréithriú vn characterising
brandáil branding, **dealú** distinguishing, **idirdhealú** differentiating, **ionannú** identifying, **léiriú** designating, **marcáil** marking, **sainiú** defining, **stampáil** stamping, **sonrú** specifying, **suaithniú** indicating; characterising

Treo m (~; ~nna) direction
achar distance, **aird** direction, point (of compass), **bealach** m way, **bóthar** road, **conair** path, **cosán** sidewalk, path, **conas dul ann** how to get there, **cur chuige** approach, **cúrsa** course, **dul** going, **eolas na slí** directions, **leath** side part, direction (cf **i leith na gcnoc** in the direction of the hills), **lorg** track, trail, **luí** slope, lie (eg **luí na tíre** the lie of the land), **mapa** map, **seol** drift, course, direction (eg **Cá bhfuil do sheol anois?** Where are you heading off to now?), **slí** f (~; slite) way, route, **treocht** f trend, **treoíocht** direction, aspect, **treoir** f (-orach) guidance (see also: **aird**)

◊ **dul i d~ na cathrach** to go in the direction of the city, **i ngach aon ~** in every direction, **sa ~ sin** in that direction

Treoir- pref guide, guiding
~bharra (archery) sightbar, **~bholgóid** (archery) sight bubble, **~chárta** index card, **~cheist** leading question, **~choigeartach** (gun) sight adjusting, **~fhocal** (typ) catchword, **~leabhar** guidebook, index book, **~líne** guideline, **~phrionsabal** m guiding principle

Treoir f (-orach; -oracha) guidance
bainistíocht management, **ceannasaíocht** leadership, **cabhair** f (-bhrach) assistance, **comhairle** f advice, **comhairleoireacht** counselling, **creatlach** f skeleton,

Treorach

cúnamh help, **deachtú** dictation, **díriú** aiming, direction, **eolas** information, **eolas na slí** direction (of where to go), **feitheoireacht** *(exam)* supervision, **foirm** form, **follúnú** guidance, regulation, **formáid** format, **fráma** frame, **frámaíocht** framework, **gairmthreoir** *f (-orach)* career guidance, **gormchló** blueprint, **imlíne** *f* outline, **iomthús** *(lit)* guidance (cf **iomthús a dhéanamh dóibh** to provide guidance for them), **mapa** map, **maoirseacht** supervision, **múnlú** mould, **rialú** regulating, **rialúchán** regulation, **rúibric** rubric, **seoladh** course, direction, address, **smacht** control, **stíobhardacht** stewardship, **stiúir** rudder, **stiúradh** steering, guidance, direction, **treo** direction, **treorú** directing, **teimpléad** template, **treoíocht** direction, aspect, **treoirlíne** *f* guideline, **tultreoir** *(gun)* foresight

Treorach *adj³* guiding, leading; having direction, purposeful
comhairleach counselling, advising, **comharthach** pointing to, significative, **dírítheach** directive, **mínitheach** explanatory, **stiúrthach** steering, navigating, directing

▲ **comhairleoir** ~ guidance counsellor, **ráille** ~ guide rail, **rialacha ~a** guide rules, **solas** ~ guiding light, **taoiseach teann** ~ strong purposeful chieftain

Treoraí *m (~; -aithe)* guide
ateangaire interpreter (cf **ateangaire comhuaineach** simultaneous interpreter, **ateangaire iaruaineach** consecutive interpreter), **bainisteoir** manager, **braine** head, leader, **ceann feadhna** ringleader, **ceann foirne** team leader, **ceann urra** head guy, boss, **ceannaire** leader, **ceannródaí** pioneer, **eolaí** information guide, **fear ceannais** the man in charge, **léarscáil** map, **mapa** mapa, **mínitheoir** explainer, interpreter, **orduithe** *mpl* instructions, **rang teagaisc** *(class)* tutorial, **tosaí** *(sp)* forward, striker, **scabhta** scout, **stíobhard** steward, **stiúrthóir** director, **teimpléad** template

Treoraigh *v₂ᵦ* guide
ainligh manoeuvre; kedge; guide, **aoirigh** shepherd, **cinnir** *(animal)* lead, lead by the head, **cuir ar an eolas** clue in, fill in, inform, **cuir comhairle ar** give advice to, advise, **déan giollacht (ar dhuine)** lead, guide (a person), **dírigh** direct, **éascaigh** facilitate, **follúnaigh** direct, guide; regulate, **giollaigh** lead the way for, guide, **léirigh** denote, depict, **ionramháil** manoeuvre, **mínigh** explain, interpret, **míthreoraigh** misdirect, **píolótaigh** pilot, **riar** administer, manage, **seol** dispatch, direct, guide, **stiúir** steer, direct, navigate, **tabhair** bring, take, **tionlaic** escort, accompany

~ **an giúiré!** *(jur)* Direct the jury!
~ **an léitheoir chuige!** Refer the reader to it!
~ **an obair!** Lead/Regulate the work!
~ **chun a suíocháin í!** Direct/Usher her to her seat!
~ **chun an dorais í!** Show her to the door!
~ **dearcadh an phobail!** Channel public opinion!
~ **na ba sa treo seo!** Steer the cows this way!
~ **na plandaí!** *(hort)* Train the plants!
~ **na turasóirí!** Guide the tourists!
~ **tríd an lúbra sinn!** Lead us through the maze!

Treoraithe *pp* directed, guided, conducted
ainlithe manoeuvred; kedged; guide, **aoirithe** shepherded, **cinneartha** *(animal)* led, led by the head, **curtha ar an eolas** clued in, filled in, informed, **dírithe** direct, **éascaithe** facilitated, **follúnaithe** directed, guided; regulated, **giollaithe** led on the way, guided, **léirithe** denoted, depicted, **ionramháilte** manoeuvred, **mínithe** explained, interpreted, **míthreoraithe** misdirected, **píolótaithe** piloted, **riartha** administered, managed, **seolta** dispatched, directed, guided, **stiúrtha** steered, directed, navigated (cf **coiste stiúrtha** steering committee), **tugtha** brought, taken, **tionlactha** accompanied, escorted

▲ **diúracán** ~ guided missile, **turas** ~ conducted/guided tour

Treoraíocht *f (~a)* guiding
comhairliú counselling, **míniú** explaining, **ordú** instructing; ordering, **rialú** ruling; regulating, **smachtú** controlling, **stiúradh** directing, steering, **treorú** guiding

Treorú *vn* guiding
ainliú manoeuvring; kedging; guiding, **aoireacht** shepherding, **cinnireacht** working as a prefect, captaining, leading, **cur ar an eolas** clueing in, filling in, informing, **cur comhairle ar** giving advice to, advising, **déanamh giollacht (ar dhuine)** leading, guiding (a person), **díriú** directing, focusing, **éascú** facilitating, **follúnú** directing, guiding; regulating, **giollú** leading the way, guiding, **léiriú** denoting, depicting, **ionramháil** manoeuvring, **míniú** explaining, interpreting, **míthreorú** misdirected, **síneadh an treo** directing/pointing the way, **píolótú** piloting, **riaradh** administering, managing, **seoladh** dispatching, directing, guiding, **stiúradh** steering, directing, navigating, **tabhairt** bringing, taking, **tionlacadh** escorting, accompanying, **tréadaíocht** herding, **treoráil** *(gun)* sighting, adjusting the sights

Trí- *pref*
~bheannach three-pronged/horned, **~bhliantóg** triennial plant, **~cheannach** three-headed, **~chosach** *m* tripod, **~dhathach** *m* tricolour, **~dhuilleach** three-leaved, **~pháirteach** tripartite, **~réad** *(mus)* trio, **~rinn** trident, **~roinnt** trisection, **~rothach** *m* tricycle, **~shleasach** three-sided, **~shorcóireach** three-cylinder, **~shrathach** three-ply, **~thoiseach** three-dimensional, **~-uilleach** triangular

Triail 1 *f (-alach; -alacha)* trial, try, test, audition
amas attempt, opportunity to have a go, **anailís** analysis, **bailíochtú** validation, **cás cúirte** court case, **cás dlí** legal case, **éisteacht** audition, **iarracht** *f* attempt, try, **iarraidh** attempt, **measúnacht** assessment, **profa** *(publ)* proof, **promhadh** tryout,

proof, **seiceáil** check, **scrúdú** examination, **speár** try, attack, go (cf **Bain speár as!** Have a go!), **tástáil agus earráid** trial and error, **turgnamh** experiment

▲ **~ armchúirte** court martial trial, **~ chapall** horse trial, **~ chliniciúil** clinical trial, **~ chluastuisceana (ed)** listening comprehension, **~ chothrom** fair trial, **~ ilrogha** multiple choice test, **~ litrithe** spelling test, **~ sábháilteachta** safety test, **~ ullmhachta** readiness test

◊ **~ a sheasamh** to stand trial, **~ le giúiré** trial by jury, **ar ~** on trial, **Ar mhaith leat ~ a bhaint as?** Would you like to try it?, **coinneáil gan ~** detention without trial, **Tá sé ar a thriail.** He is on trial.

Triail 2 v_{1b} try, test
bain triail as have a try, **bailíochtaigh** validate, **bí ag dréim le** aspire to, **bí ag iarraidh** be attempting/trying, **déan iarracht** make an attempt, attempt, **deimhnigh** ensure, attest, **éist le** audition, **féach le** endeavour, try, **fóbair** (lit) set about, attempt, **ionsaigh faoi** attack, **seiceáil** check, **seiceáil amach** check out, **tabhair faoi** have a go, give (it) a go, **tabhair iarracht** make an attempt, **tabhair iarraidh ar** make a swing for, make for, attempt, **tairg** propose, **tástáil** test, **téigh i ngleic le** tackle

◊ **~ éirí i do sheasamh!** Try to stand up!, **~ ort na bróga!** Try on the shoes!, **Thriail siad an cás sa chúirt.** They tried the case in court.

Triail 3 vn trying, testing, checking
bailíochtú validating, **baint triail as** having a go, trying, **déanamh iarrachta** making an attempt, **deimhniú** ensuring, attesting, **dréim le** aspiring to, **dul i ngleic le** tackling, **éisteacht** auditioning, **féachaint le** endeavouring, trying, **fóbairt** (lit) setting about, attempting, **iarraidh** trying; attempting, **ionsaí faoi** attacking, **léamh profaí** (publ) reading proofs, **measúnú** assessing, **profáil** (publ) proofing, **promhadh** trying out, proofing, **seiceáil** checking, **scrúdú** examining, **seiceáil** checking, **seiceáil amach** checking out, **tabhairt faoi** having a go at, **tabhairt iarrachta** making an attempt, **tabhairt iarraidh ar** making a swing for, making for, attempting, **tairiscint** proposing, **tástáil** testing, **turgnamh** experimenting

Triailte pp tried, tested
bailíochtaithe validated, **blasta** tasted, **deimhnithe** ensured, attested, **fiosraithe** investigated, probed, **fóbartha** (lit) set about, attempted, **ionsaithe** attacked, **scrúdaithe** examined, **seanbhunaithe** tried and tested, **seiceáilte** checked, **seiceáilte amach** checked out, **tairgthe** proposed, **tástáilte** tested, **tugtha os comhair na cúirte** brought before the court

Trialach adj³ experimental, tentative
éideimhin unsure, **éiginnte** uncertain, **faiteach** tentative, **neamhchruinn** imprecise, **sealadach** provisional, **tástála** (> **tástáil**) testing, **turgnamhach** experimental (see also: **turgnamhach**)

Triall 1 m (~a; ~ta)
achar trip, journey, **aistear** journey, **aistriú** moving, move, transition, **ascnamh** (chem) migration, **bealach** m route; way, **cúrsa** course, **dul** going, **eachtra** adventurous journey, adventure, **imeacht** departure, **seol** course, direction, **siúlóid** walk, **taisteal** travel, **trácht** traffic, **turas** trip, journey (see also: **turas**)

◊ **Cá bhfuil do thriall?** Where are you off to?

Triall 2 v_{1a} journey, travel
aistrigh journey, travel, **ascain** (chem) migrate, **déan taisteal** travel, **déan turas** make a trip, **gabh** go, **gluais** move, **siúil** walk; travel, **taistil** travel, **tarraing** proceed, journey, **téigh** go, **téigh ar turas** go on a trip (see also: **taistil**)

Triall 3 vn journeying, travelling
aistriú journeying, travelling, **dul** going, **dul ar turas** going on a trip, **gabháil** going, **gluaiseacht** moving, **siúl** walking, walk, **taisteal** travelling, **tarraingt** proceeding, journeying (cf **ag tarraingt go hÉirinn** journeying to Ireland) (see also: **taisteal**)

Triallta pp journeyed, travelled
aistrithe journeyed, travelled, **dulta** gone, **dulta ar turas** gone on a trip, **gafa** gone, taken, **gluaiste timpeall** moved around, **taistealta** travelled, **tarraingthe** proceeded, journeyed

Trioblóid f (~e; ~í) trouble, affliction, difficulty
achrann strife, quarrelling; trouble; tangle, **aicíd** disease, **aimpléis** trouble, complication, **anachain** harm, loss, calamity, **anbhroid** distress; repression, **angar** distress, **anó** m distress, **bearrán** annoyance, nuisance, **broid** misery, distress, **brón** sorrow, **buaireamh** bother, **buairt** vexation, anguish, grief, **caduaic** trouble, **callshaoth** contention, trouble, **clampar** wrangle, commotion, **corraíl** disturbance, **crá** torment, **cránas** vexation, annoyance, **cruachás** plight, **cruatan** hardship, **cumhán** anxiety, grief, **dainséar** danger, **deacracht** difficulty, **diachair** affliction, distress, **doghrainn** distress, strait, difficulty, **doilíos** affliction, **dólás** tribulation, affliction, **donas** misery, affliction, **dothairne** f affliction, **dua** trouble, hardship, **duainéis** trouble, distress, difficulty, **duais** trouble, travail, **easláinte** ill-health, ailment, **easnamh** lack, defect, **fabht** fault, defect, **fadhb** f (**faidhbe**; **~anna**) problem, **imní** concern, worry, **iomard** misfortune, affliction, bad outcome, **iomlua** m agitation, disturbance, **léan** grief, anguish, **máchail** blemish, defect, **mairg** woe, **míchaoithiúlacht** inconvenience, **míchóngar** roundabout way, **míchumas** disability, **mí-ord** disorder, disarray, **míshásamh** dissatisfaction, **míshuaimhneas** disquiet, unsettledness, **misc** mischief, **muláid** trouble,

harm, **neamhord** *(med)* disorder, **neamhréiteach** *m* discord, **núis** nuisance, **ruaille buaille** commotion, **saothar** exertion, labour, **sciúrsáil** scourge, **stró** stress, exertion, delay, **treampán** trouble, difficulty, **troid** fight, **tubaiste** disaster, tragedy

◊ **Cad é do thrioblóid?** What's ailing you?, **Fuair mé a lán ~e uathu.** They gave me a lot of trouble., **Ní maith liom do thrioblóid!** I'm sorry for your troubles., **Tá tú i d~ mhór.** You're in big trouble.

O **Na Trioblóidí** *The Troubles* – period of **coinbhleacht armtha** *armed conflict* and **easumhlaíocht shibhialta** *civil disobedience* in **Tuaisceart na hÉireann** *the North of Ireland*. The **Trioblóidí** started in the late 1960s and ended with the signing of **Comhaontú Aoine an Chéasta** *the Good Friday Agreement* in 1998.

Trioblóideach *adj³* troublesome
achrannach quarrelsome, difficult, **aicídeach** diseased, **aimpléiseach** troublesome, complicated, **anacrach** distressed; distressing, **anbhroide** (> *anbhroid*) distressful, **angarach** distressed, **anóiteach** *m* distressful, **bearránach** annoying, **brónach** sad, **callóideach** turbulent, troublesome, **callshaothach** contentious, troublesome, **clamprach** wrangling, disorderly, **cráite** anguished, hassled; agonising, **deacair** difficult, **duaisiúil** laborious, troublesome, trouble, travail, **duamhar** toilsome, troublesome, **easláintiúil** unwell, sick, **easnamhach** lacking, defective, **fabhtach** faulty, defective, **fadhbach** problematic, **iarógach** troublesome, quarrelsome (cf **duine iarógach** trouble-maker), **iomardúil** difficult, troublesome, **imníoch** causing concern, **léanmhar** grievous, afflictive, **mí-ordúil** disorderly, **míréireach** unruly, **míshásta** dissatisfied, **míshuaimhneach** disquieted, perturbed, unsettled, **míscíuil** mischievous, **neamhordaithe** badly regulated, in disorder, **neamhréitithe** in discord, **piolóideach** agonising, querulous, **rocúil** troublesome due to irritability, **treampánach** troublesome, difficult, **trodach** aggressive, pugnacious

Triomach *m (-aigh)* drought; dry weather
díhiodráitiú dehydrating, **díhiodráitiúchán** dehydration, **dísc** dryness, bareness, **spalladh** parching, drought, **tart** thirst, **tartmhaireacht** thirstiness, **tirimeacht** dryness, **triomacht** aridity, dryness, **tuire** dryness, saplessness; uninterestingness

Triomaigh *v₂ₐ* dry
díhiodráitigh dehydrate, **díscigh** dry up completely; drain completely, **éirigh tirim** become dry, **reothriomaigh** *(food)* freeze-dry, **searg** wither, dry up, **séidtriomaigh** blow-dry, **siocreoigh** *(sci)* freeze-dry, **téigh i ndísc** dry up, **tíor** dry out; scorch, singe

Triomaithe *pp* dried
díhiodráitithe dehydrated, **díscithe** dried up completely; drained completely, **dulta i ndísc** dried up, **éirithe tirim** gotten dry, **reothriomaithe** *(food)* freeze-dried, **seargtha** withered, dried up, **séidtriomaithe** blow-dried, **siocreoite** *(sci)* freeze-dried, **tíortha** dried up, parched; scorched, singed

▲ **bainne ~** dried milk, **cnó cócó ~** desiccated coconut, **éadaí ~** drying clothes, **raca ~** drying rack, **torthaí ~** dried fruits

Triomú *vn* drying
díhiodráitiú dehydrating, **dísciú** drying up completely; draining completely, **dul i ndísc** drying up, **éirí tirim** becoming dry, **reothriomú** *(food)* freeze-drying, **seargadh** withering, drying up, **séidtriomú** blow-drying, **siocreo** *(sci)* freeze-drying, **tíoradh** drying out, parching; scorching, sing

Triúr *m (-úir; -úir, ~)* three persons
An Tríonóid Ró-Naofa *(rel)* The Most Holy Trinity, **trí** three, **triad** triad, **tríréad** *(mus)* trio, **triúraí** triumvir, **triúracht** triumvirate

Trócaire *f (~)* mercy, clemency
anacal deliverance, quarter, **atrua** compassion, **beannachtaí** blessings, **beannú** blessing, **boige** *f* leniency; softness, easy-goingness; tenderness, **carthain** *f (-thana)* charity, **carthanacht** charity, love, **daonnacht** humaneness, **daonnúlachas** humanitarianism, **dea-chroí** good-heartedness, **dea-mhéin** benevolence, **déirc** alms-giving, charity, **déirceachas** charitableness, **fabhar** favour, **fadfhulaingt** forbearance, **faoiseamh** relief, **faoiseamh daonnúil** humanitarian relief, **foighne** *f* patience, **grásta** *m* grace, **iocht** *f* pity, mercy, clemency, **iomalairt** *(jur)* commutation (eg **iomalairt breithe** commutation of a sentence), **láiche** kindness, **maithiúnas** forgiveness, **pardún** pardon, **scrupall** scruple, compunction, **tabhartas Dé** godsend, **taise** *f* compassion, **trua** *f* pity, **truachroíche** kind-heartedness, **truamhéala** *f* piteousness, pity

◊ **~ a achainí** to beg for mercy, **an cneámhaire gan ~** the merciless/heartless swine, **Déan ~ orainn!** Have mercy on us!, **Go ndéana Dia ~ ar a anam!** May God have mercy on his soul!

Trócaireach *adj³* merciful, clement, compassionate
atruach compassionate, **bog** lenient; soft, easy-going, **carthanach** charitable, **cineálta** kind, **Críostúil** Christian, **daonna** human, humane, **daonnachtúil** philanthropic, **daonnúil** humane, **dea-chroíoch** good-hearted, **dea-mhéineach** benevolent, **déirceach** charitable, **fabhrach** favourable, **fadfhulangach** longsuffering, **foighneach** patient, **fial** generous, **grástúil** gracious, **lách** kind, **maiteach** forgiving, **réidh** even-tempered, gentle, **séimh** mild-mannered, temperate, **tais** mild, soft, indulgent, **taisiúil** compassionate, **truacánta** pitiful; plaintive, **truachroíoch** kind-hearted, **truamhéalach** pitiful; piteous, plaintive

Trodach *adj³* pugnacious, aggressive
achrannach pugnacious, **agóideach** cantankerous, stroppy, **ag tuar (na) trioblóide** looking for trouble, **aighneasach** confrontational, disputatious, **anglánta** ill-tempered, quarrelsome, **argóinteach** argumentative, **ar lorg troda** looking for a fight, **bruíonach** bellicose, captious, **buailteach** pugnacious, keen to strike out, **caismirteach** quarrelsome, disorderly, **cathach** battling, war-like, **clamprach** quarrelsome, **cogaíoch** belligerent, **coimhlinteach** contesting, keen to contest, **cointinneach** provocative, quarrelsome, combative, **colgach** prickly, **comhraiceach** combatant, **contráilte** contrary, **dána** bold, **eascairdiúil** antagonistic, **fearaíoch** macho; butch, **gobach** intrusive, **greadánach** fighting, noisy, **iarógach** troublesome, trouble-making (cf **duine iarógach** trouble-maker), **imreasach** contentious, **iomarbhách** contentious, quarrelsome, **ionsaitheach** aggressive; *(military)* offensive, **léaspach** inclined to flare up, pugnacious, **míshocair** unsteady, unstable, **míshuaimhneach** uneasy, **naimhdeach** hostile, **racánach** brawling, **spairneach** combative, keen to fight

Trodaí *m (~; -aithe)* fighter
aighneasóir argumentative person, **amhas** *(historical)* mercenary, **anglán** ill-tempered cantankerous person (eg **anglán mná** harridan), **cogaíoch** *m* belligerent, **comhraiceoir** combatant, **conspóidí** controversialist, argumentative person, **contrálaí** contrary person, **dornálaí** boxer, pugilist, **eitleán troda** fighter plane, **fear airm** man-at-arms, **fear comhraic** combatant, fighter, **fear/bean seasta an fhóid** fighter, person who doesn't give in, **fear troda** fighting man, **gleacaí** wrestler, fighter, **gliaire** gladiator, **imreasaí** quarrelsome person, **lannaire** swordsman; lancer, **laoch** hero, **gaiscíoch** *m* warrior, **gríosóir** agitator (**gríosóir cogaidh** warmonger), **iomrascálaí** wrestler, **omhna** *m (~; ~í)* brave warrior, **racánaí** brawler, rowdy, **saighdiúir** *m* soldier, **sceach** *f* prickly person, **slaisire** fierce fighter; slasher, **smíochtóir** smiter; walloper, **taibhleoir** one who uses a sling, slinger

Troid 1 *v₁ᵦ* fight
bacsáil box, **bí ag bruíon le** be fighting with; to be quarrelling with, **bí ag cogaíocht le** be warring with, **bí ag coimhlint le** be tussling with, **bí ag dornálaíocht** be boxing, **bí ag iomrascáil** be wrestling with, **bí ag streachailt le fadhb** be grappling/struggling with a problem, **bí i gcoinbhleacht armtha le** be in armed conflict with, **bí in adharca a chéile** be going head to head, **bí i ngleic le chéile** be grappling with one another, **bí i ngráscar le** be scuffling with, **bruíon** fight, wrangle, **buail** strike, punch, hit, **buail faoi chéile** clash, **cathaigh** battle, fight; tempt, **comhraic** combat, **cuir suas troid** put up a fight, **cuir troid ar** fight, **déan ionradh ar** invade, storm, **déan ionsaí ar** attack, **dornáil** box, **fógair cogadh ar** declare war on, **giústáil** joust, **grioll** grill (eg **duine a ghriolladh** to give someone a grilling), **imthreascair** wrestle, contend, **ionsaigh faoi** attack, **scirmisigh** skirmish, **spairn** spar, fight, contend, **speáráil le** spar with, **tabhair faoi** attack, **tabhair fogha faoi** descend upon, attack, **tabhair ruathar faoi** charge, **téigh chun comhraic le** battle with, **téigh chun sleanntracha le** cross swords with, **téigh chun spairne le** lock horns with, join battle with, **téigh i dtreis le namhaid** engage an enemy, **téigh i gcoimhlint le** get into conflict with, **téigh i gcomhrac le** to fight with, to enter combat with, **téigh i mbun scliúchais le** brawl with, **téigh i ngleic le** contend with, **téigh san iomaíocht le** go into competition with, compete with

Troid 2
1. *vn* fighting, quarrelling
achrann quarrelling, **argóint** arguing, **cathú** battling, fighting; tempting, **coimhlint** struggling, **comhrac** combating, **comhrac** combating, **coraíocht** wrestling, **cur troid ar** fighting, **cur troid suas** putting up a fight, **dornálaíocht** boxing, **dul ar ghala aonair le** to engage in single combat with, **dul san iomaíocht le** going into competition with, competing with **giústáil** jousting, **gleacaíocht** wrestling, fighting; *(sp)* gymnastics, **greadánach** fighting noisily, **griolladh** fighting, quarrelling; grilling, **in adharca lena chéile** at loggerheads with one another, **iomarbhá** *f* contending, disputing, **iomrascáil** wrestling, **imthreascairt** wrestling, contending, **lansaíocht** lance-fighting, **rangaireacht** brawling, tussling; wrangling, **sáraíocht** disputing, **scirmisiú** skirmishing, **scirmiseáil** skirmishing, **spairneadh** sparring, fighting, **sparraíocht** sparring, **speáráil** sparring, **sracadh** straining, struggling, **streachailt** struggling, **trodaireacht** brawling; quarrelling, *(see also:* **achrann, aighneas, argóint, cogadh***)*

2. *f (-oda; ~eanna)* fight, quarrel
achrann quarrel, **ágh** *m* battle, contest, **aighneas** dispute, **ár** slaughter, **argóint** argument, **báire** match, contest, **bruíon** *f (-íne; ~ta)* wrangle, fight, **caismirt** contention, conflict, **cath** battle, **clampar** uproar, **cogadh** war, hostilities, **cogadh tintrí** blitzkrieg, **coimheascar** struggle, mêlée, **coimhlint** struggle, **coinbhleacht mhíleata** military conflict, **coinghleic** struggle, contest, **comhlann** *m* fight (cf **i gceart comhlainn** in a fair fight), **comhrac aonair** duel, **comhrac gadhar** dogfight, **conspóid** controversy, **coscairt** slaughter, mangling, **easaontas** disagreement, **fuirseadh** tussle, struggle, **gleic** struggle, contest, fight, **gleo** combat, **gliaireacht** gladiatorial combat, **gníomhartha gaile is gaisce** deeds of heroism and valour, **gráscar** scuffle, **gráscar lámh** hand-to-hand combat/fight, **imreas** discord, quarrel (cf **lucht imris** trouble makers), **míshuaimhneas** unrest, disquiet, **racán** rumpus, **raic** uproar, **rangaireacht** brawling,

Troidte

tussling; wrangling, **sáraíocht** disputation, **scliúchas** brawl; rumpus, **scirmis** skirmish, **spairn** fight, struggle, contention, **speár** bout of sparring (cf **Cuir do speár suas!** *(Invitation to fisticuffs)* Put 'em up!), **treas** fray, combat (cf **Níl sé chun treasa leat.** He is no match for you.), **trodaireacht** brawling; quarrelling, **trodán** skirmish; brawl

▲ **cuil troda** aggressive stance; loutishness, **ealaín troda** martial art, **eitleán troda** fighter plane, **fear troda** fighting man, fighter, **gléas troda** weapon, **tús troda** breakout of fighting

Troidte *pp* fought
bacsáilte boxed, **buailte** struck, punched, hit, **cathaithe** battled, fought; tempted, **comhraicthe** combatted, **dornáilte** boxed, **dulta chun comhraic le** gone to combat/battle with, **dulta chun sleanntracha le** crossed swords with, **dulta chun spairne le** wrestled with, joined battle with, **dulta i dtreis le namhaid** gone to engage with an enemy, **dulta i gcoimhlint le** gotten into conflict with, **dulta i gcomhrac le** fought with, entered combat with, **dulta i mbun scliúchais le** brawled with, **dulta i ngleic le** contended with, **dulta san iomaíocht le** gone into competition with, competed with, **giústáilte** jousted, **imthreascartha** wrestled, contended, **scirmisithe** skirmished, **scirmiseáilte** skirmished, **spairnthe** sparred, fought, **speáráilte le** sparred with, **streachailte le** grappled/struggled with, **tugtha faoi** attacked

Troime *f (~)* heaviness, weightiness
cruas hardness, severity, **déine** intensity; severity, **dianas** intensity, severity, **dlús** density, **doichte** tightness, firmness, **éadlás** severity, harshness, **éadrócaire** *f* mercilessness, **easpa aeir** lack of air, **forbhás** top-heaviness (cf **ar forbhás** top-heavy; unstable), **flúirse** abundance, **gairge** harshness, **géire** severity, bitterness, **leadrán** boredom, **liostacht** dullness, **marbhántacht** torpidity, **meáchan** weight, **meirbhe** *(heat)* sultriness, oppressive heat, **muirear** encumbrance, **múisiúntacht** heaviness, closeness, **murtall** obesity, **otracht** obesity, **raimhre** fatness, sluggishness, **stalcántacht** stodginess, stiffness, **stolpacht** stodginess, **tábhacht** importance, **tathag** fullness, body, solidity, **téagarthacht** stoutness, bulk, **tibhe** thickness, **tiús** thickness, **toirtiúlacht** bulkiness, heftiness, **torpántacht** heaviness, sluggishness, **trom** weight, burden; importance, **tromaigeantacht** melancholy, despondency, **trombhrí** weightiness, **trombhuairt** despondency, dejection, **tromchroí** heavy-hearted, melancholy, **tromchúis** gravity, importance, **tuirse** *f* fatigue, **tuirsiúlacht** tediousness, tiresomeness, **údarás** authority

Troisc *v₁ᵦ* fast, abstain *(from food)*
coimeád Ramadan observe Ramadan, **coimeád an Carghas** *(Chr)* observe Lent, **déan tréanas** exercise abstinence, **déan troscadh** fast, **éirigh as ithe** give up eating, **faigh bás ón ocras** starve to death, **scoir de** cease, desist from, **seachain bianna áirithe** avoid certain foods, **staon ó bhia** abstain from eating, **tabhair ocras do** starve, **téigh gan bia** go without food

Troiscthe *pp* fasted, abstained *(from eating)*
dar tugadh ocras who was starved, **dulta gan bhia** gone without food, **dulta gan ithe** gone without eating, **éirithe as ithe** given up eating, **scor de** ceasing, desisting from, **staonta ó bhia** abstained from eating

Trom- *pref* heavy
~cheo dense fog, **~chodladh** heavy sleep; nightmare, **~chodlatach** deep-sleeping, **~chroí** melancholy, **~chroíoch** heavy-hearted, **~chuid** *f (~choda)* main part, **~chúiseach** consequential, important, **~ghonta** severely wounded, **~intinneach** melancholic, depressed, **~ionsaí** aggravated assault, **~léannta** recondite, **~-mhalach** heavy-browed, **~-mheáchan** *(box)* heavyweight, **~néal** heavy sleep, **~obair** heavy work, **~osna** *f* deep sigh, **~scéala** grave news, **~shlua** *m* great multitude, **~shuan** deep sleep, **~shúileach** heavy-eyed, sleepy, **~smaointeach** deeply meditating, brooding, lost in one's thoughts, **~ualach** *m* dead weight

Trom *adj¹*
1. *(of great weight)* heavy
ablach fat, podgy, **faoi ualach** burdened, **forbhásach** top-heavy, **mór** big, **muirearach** onerous, burdensome, **murtallach** obese, **ramhar** fat, **spadánta** heavy-footed, torpid, **thar an meáchan ceart** over the correct weight

▲ **meáchan ~** heavy weight, **miotal ~** heavy metal

◊ **Bhí an troscán ~ le hiompar.** The furniture was heavy to carry., **Tá mo shúile ~ le codladh.** My eyes are heavy with sleep.

2. *(thick, thickset, dense)* heavy
dlúth dense, **dodhíleáite** indigestible, **doléite** unreadable, *(book)* hard going (eg **prós doléite** turgid prose), **righin** slow, deliberate, viscous, **stalcánta** stiff, turgid, **stolpach** stodgy, **taosach** doughy, **téagartha** thickset, **tiubh** thick, **toirtiúil** bulky, hefty

▲ **béile ~** heavy meal, **ceo ~** dense fog, **cith ~** heavy shower, **cló ~** bold print, **sneachta ~** heavy snow, **toradh ~** heavy yield

3. *(sad, saddened)* heavy
brónach sad, sorrowful, **buartha** perturbed, sorrowful, **ciamhair** gloomy, sad, **cianach** melancholic, **díomách** disappointed, sorry, **doilbh** gloomy, dark, sad, **dólásach** dolorous, **dubhach** dismal, gloomy, **faoi chian** melancholic, **gruama** gloomy, **triamhain** *(lit)* weary, sad

▲ **croí ~** heavy heart

4. *(grievous, severe)* heavy, harsh
anróiteach severe, inclement, distressing, **crua**

hard, difficult, **cruálach** cruel, **dian** intense, severe, **dochraideach** oppressive, distressing, **doiciúil** difficult, hard to manage, **gan trócaire** merciless, **garg** harsh, **géar** severe, bitter, grim, **maslach** *(work)* soul-destroying, overtaxing, abusive, **troiméiseach** weighty, **trombhríoch** gravely serious, **tromchroíoch** heavy-hearted, **tubaisteach** calamitous, disastrous

▲ **buille** ~ heavy blow, **caillteanas** ~ grievous loss, **cíos** ~ burdensome rent, **focal** ~ harsh word/comment, **gortú** ~ severe injury, **praghas** ~ heavy price, **sceideal an-**~ grueling schedule, **slaghdán** ~ heavy cold, **ualach** ~ onerous burden

◊ **Bíonn na páistí go ~ ar na bróga.** The children are hard on the shoes., **Tháinig an bas anuas go ~ orthu.** The boss came down harshly on them

5. *(laborious, slow, spiritless, boring)* heavy **bambach** tiresome, frustrating, **duaisiúil** tedious, wearing, **fadálach** dilatory, tedious, **gan anam** spiritless, **leadránach** boring, **leamh** tepid, insipid, **liosta** dull, **marbhánta** death-like, torpid, **meirbh** oppressive, **saothrach** laborious, **strambánach** long-winded, tedious, **tirim** dry, **trombhuartha** despondent, downcast, **tuirsiúil** tedious, tiresome, **tur** arid, dry

▲ **anáil throm** heavy breathing, **léitheoireacht throm** heavy reading

◊ **Ba throm an obair é.** The work was heavy going., **Tá an chuid is troime den jab déanta againn.** We've done the heaviest part of the job.

6. *(strong, important, intense, weighty, deep)* heavy **ábhartha** material, relevant, **cinniúnach** fateful, momentous, **dian** intense, of great intensity, **dochraideach** onerous, **domhain** deep, profound, **fódúil** substantial, **fonascúil** substantial, **mór** major, great, important, **muirearach** onerous, burdensome, **substaintiúil** substantial, **tábhachtach** important, **troiméiseach** weighty, important, **tromaí** weighty, onerous, **trombhríoch** weighty, gravely serious, **trombhuartha** despondent, downcast, **tromchiallach** ponderous, *(question)* weighty, **tromchúiseach** serious, consequential

▲ **boladh** ~ strong odour, **cathú** ~ strong temptation, **codladh** ~ deep sleep, **cúiseanna** ~**a** weighty reasons, **freagrachtaí** ~**a** important responsibilities, **lámhach trom** intense fire

7. *(plentiful, abundant, big)* heavy **bleacht** copious, abundant, **faíoch** copious, profuse, **fairsing** abundant, far-reaching, **flúirseach** bountiful, **forleathan** extensive, far-reaching, **fras** copious, profuse, **iomadúil** plentiful, abundant, **líonmhar** numerous, plentiful, **rábach** profuse, bountiful, **raidhsiúil** abundant, profuse, **torthúil** bountiful

▲ **fómhar** ~ big harvest, **toradh** ~ bountiful yield

Tromaigh v_{2a}
1. become heavier, fatten
éirigh níos troime become heavier, **ramhraigh** fatten (up), become fat, **tit chun feola** put on weight

◊ **Thromaigh na ba go breá i gcaitheamh an tsamhraidh.** The cows have gained good weight during the summer.

2. make heavier, add weight to, impose
brúigh ar impose on, **cuir ar** levy on, **cuir faoi chois** oppress, **cuir ualach ar** burden, **déan do** inflict upon (eg **dochar a dhéanamh do** to inflict harm on), **forchuir** impose, **imir cos ar bolg ar** oppress, subjugate, **luigh ar** weigh down upon, **méadaigh** increase, amplify, **téigh i ndéine** intensify, **ualaigh** load, burden

◊ **Thromaigh a glór an ráiteas.** Her tone of voice added weight to the statement., **Tromaíonn an bosca meáchan an ualaigh.** The box increases the weight of the load.

3. intensify, increase
cuir le add to, **fáisc** squeeze, **fórsáil** force, **géaraigh** escalate, crank up, **luchtaigh** charge, load, **luigh ar** weigh down upon, **lódáil** load, **méadaigh** increase, amplify, **neartaigh** buttress, fortify, **teann** pump up, tauten, **téigh i ndéine** intensify

◊ **sular thromaigh cruatan na n-oileánach** before the distress of the islanders intensified, **Thromaigh tiarnaí talún na cíosa.** Landlords increased the rents.

Tromaithe *pp* gotten heavier, intensified; imposed **brúite ar** imposed on, **curtha ar** levied on, **curtha faoi chois** oppressed, **curtha le** added to, **dulta i ndéine** intensified, **déanta do** inflicted upon, **éirithe níos troime** become heavier, **forchurtha** imposed, **fórsáilte** forced, **géaraithe** escalated, cranked up, **luchtaithe** charged, loaded, **lódáilte** loaded, **luite ar** weighed down upon, **méadaithe** increased, amplified, **neartaithe** buttressed, fortified, **ramhraithe** fattened (up), **tite chun feola** gotten fat/overweight

Tromlach *m (-aigh)* majority
an chuid is mó the most part, **bunáite** main part, majority, **bunús** great portion, majority, **formhór** greater part, **móramh** majority, **mórchuid** *f (-choda; -chodanna)* large part, bulk (cf **an mhórchuid den chine daonna** the bulk of the human race), **príomhshruth** mainstream

Tromluí *m (~; -uithe)* nightmare
dólás tribulation, **cás uafásach** dreadful situation, **ciapadh** torture, **crá** *m* torment, anguish, **drochbhrionglóid** bad dream, **ifreann** hell, **léan** immense sorrow, **oirdéal** ordeal, **sceimhle** terrifying experience (cf **Fuair sé sceimhle.** He went through a dreadful ordeal.), **sceimhle oíche** *(med)* night terror, **splíontaíocht** hardship, suffering, **tromchodladh** nightmare, **uafás** horror

■ **Ar throscán tí atá:**
House furniture includes:

aonad cistine kitchen unit
biúró bureau
bord table
bord cistine kitchen table
~ cois leapa bedside table
~ íseal coffee table
~ maisiúcháin dressing table
~ seomra bia dining table
caibinéad cabinet
cathaoir f (**~each**) **ard** highchair
~ luascáin rocking chair
~ sclóine swivel chair
~ uilleach armchair
cistin fheistithe fitted kitchen
cliabhán cradle
cófra cabinet, press
cófra tarraiceán chest of drawers
cornchlár sideboard
cuirtín curtain
cupard cupboard
dallóg blind
~ lataí Venetian blind
~ rolláin roller blind
deasc f (**deisce**) desk
dibheán divan
drisiúr dresser
lampa lamp
~ boird table lamp
~ cois leapa bedside lamp
~ crochta hanging lamp
~ deisce desk lamp
~ síleála ceiling lamp
~ urláir floor lamp
leaba f bed
~ bhreise spare bed
~ bhunc bunk bed
~ dhúbailte double bed
~ insínte fold-out bed
~ shingil single bed
leabhragán bookcase
matal mantlepiece
pónaireán beanbag
prios press
scáthán mirror
scáthlán lampa lampshade
seastán cótaí coat stand
seilf shelf
stól stool
~ ard bar stool
~ coise footstool
tarraiceán drawer
tolg sofa, settee
vardrús wardrobe; closet

◊ **Bhí ~ ar Antaine.** Antaine had a nightmare., **Bhí an radharc cosúil le ~.** The scene was nightmarish., **Tá eachtraí na hoíche sin ina d~ fós ar m'intinn.** The events of that night still weigh heavily on my mind.

Tromú vn getting heavier, intensifying; imposing
brú ar imposing on, **cos ar bolg** repression, subjugation, **cur ar** levying on, **cur faoi chois** oppressing, **cur le** adding to, **cur ualach trom ar** heavily burdening, **déanamh do** inflicting, **dul i ndéine** intensifying, **éirí níos troime** becoming heavier, **forchur** imposing, **fórsáil** forcing, **géarú** escalating, cranking up, **lódáil** loading, **luchtú** charging, loading, **luí ar** weighing down upon, **méadú** increasing, amplifying, **neartú** buttressing, fortifying, **ramhrú** fattening (up), becoming fat, **teannadh** pumping up, tautening, **titim chun feola** putting on weight

Troscach adj³ fasting
atá ar aiste bia dieting, **atá ar céalacan** on a morning fast, **atá éirithe as ithe** who has given up eating, **staontach** abstaining

Troscadh vn fasting
aiste bia diet, **aoine** fasting, **bigil** vigil, **Carghas** Lent, **céalacan** morning fast (cf **le tógáil ar céalacan** to be taken while fasting), **dul gan bia** going without food, **éirí as ithe** giving up eating, **fáil bháis ón ocras** starving to death, **seachaint bianna áirithe** avoiding certain foods, **stailc ocrais** hunger strike, **staonadh ó bhia** abstaining from eating, **tabhairt ocrais don phobal** starving the people

Troscán m (**-áin; -áin, ~**) furniture
cóiriú decking out, **earraí tí** household goods, **fearas** appliance, **feiste** installation, **feisteas** furnishings, accoutrements, **feistithe** mpl fittings, **giuirléidí** effects, belongings, **iolar** accessories, furniture (cf **iolar tí** house furniture), **mangaisíní** bric-a-brac, odds and ends, **trealamh** equipment, **trioc** m (**~**) furniture (cf **ball trioc** article of furniture)

▲ **~ don ghairdín** garden furniture, **~ féinchóimeála** self-assembly furniture, **~ macasamhlaithe** reproduction furniture, **~ mahagaine** mahogany furniture, **~ na coille** plants and vegetation of the woodlands, **~ oifige** office furniture, **~ péine** pine furniture, **~ tí** household furniture

Trua 1 f (**~; ~nna**) pity
atrua compassion, **báíocht** sympathy, **cásmhaireacht** concern, sympathy, **comhbhá** compassion, **comhbhrón** condolence, sympathy, **dáimh** fellow feeling, natural affection, **deargnáire** f crying shame, **ionbhá** f empathy, **láiche** kindness, **mí-ádh** misfortune, bad luck, **mífhortún** misfortune, **náire** f shame, disgrace, **náiriú** disgrace, **neimhéile** m piteousness; pity, **peaca** m sin, **taise** f compassion, kindness, **trócaire** f mercy, **truacántacht** plaintiveness, piteousness, **truamhéala** f pity, compassion, **truántacht** wretchedness, misery, **tuiscint** understanding (see also: **náire, trócaire**)

◊ **gan ~** without pity, pitiless, **Ghlac siad ~ dom.** They took pity on me., **Is mór an ~ é.** It's a great pity., **Is beag an ~ iad!** It serves them right!, **Mo thrua!** Woe is me!, Alas!, **Tá ~ agam dóibh.** I pity them.

Trua 2 adj⁶
1. pitiful, piteous
aimléiseach wretched, miserable, **ainnis** sorry, woeful, wretched, **beagmhaitheasach** worthless, insignificant, **brónach** sad, **mí-ámharach** misfortunate, unlucky; wretched, **mí-fhortúnach** unfortunate, **scallta** paltry, **suarach** mean, shabby, sorry, **truacánta** plaintive, piteous, **truamhéalach** f piteous; pathetic, **truánta** wretched, woeful

▲ **briathra ~** piteous words, **gáir thrua** pitiful cry

◊ **Is ~ nár fhan mé in Éirinn.** It's a pity I didn't stay in Ireland., **Is ~ don té gan é!** The one who is without it is to be pitied!, **Is ~ liom thú.** I pity you.

2. thin, lean, emaciated
caol slight, slim, **gan tathag** without solidity/substance, **gan téagar** slim, unsubstantial, **gágach** thin, measly, **gann** meagre thin, **lag** weak, **leochaileach** frail, **tanaí** thin, **scáineach** thin, skinny, **splíonach** thin, wretched

◊ **Is seanduine tanaí trua inniu é.** He is an emaciated old man today.

Truailligh v_{2b} pollute, contaminate, defile; taint
adhaltranaigh adulterate, **corb** corrupt, debase, deprave, **cuir amú** lead astray, **cuir smál ar** sully, **éilligh** corrupt; defile, **galraigh** affect with disease, **ionfhabhtaigh** infect, **ísligh** lower, **láib** muddy, spatter, **loit** spoil, ruin; deface, **mill** blemish, blot, **salaigh** make dirty, soil; defile, sully, **smálaigh** stain, **smear** smear; cover with grime, **suaraigh** demean, **táir** demean, degrade, **truaillmheasc** adulterate

Ná ~ a clú! Don't taint her reputation!
Ná ~ an Eaglais! Don't desecrate the church!
Ná ~ an tae leis! Don't adulterate the tea with it!
Ná ~ an téacs! Don't corrupt the text!
Ná ~ an t-uisce! Don't pollute the water!
Ná ~ do chorp! Don't defile your body!
Ná ~ intinn linbh! Don't deprave a child's mind!

Truaillithe pp polluted, contaminated; defiled; tainted
adhaltranaithe adulterated, **corbtha** corrupted, depraved, **clabach** murky, **clábarach** muddy, **curtha amú** led astray, **éillithe** corrupted; defiled, **galraithe** diseased, **ionfhabhtaithe** infected, **íslithe** lowered, **láibthe** muddied, spattered with mud, **loite** spoiled, blemished, defaced, **millte** ruined, spoilt, **salaithe** made dirty, soiled, sullied; defiled, **smálaithe** stained, **smeartha** smeared; covered with grime, **suaraithe** demeaned, **táirthe** demeaned, degraded, **truaillmheasctha** adulterated

▲ **airgead** ~ tainted/dirty money, **cleitín** ~ pollution plume, **comhad** ~ *(comp)* corrupted file, **leibhéil** ~ pollution levels, **uisce** ~ foul water

Truaillitheach adj^3 polluting, contaminating
atá ag nimhniú that is poisoning, **éillitheach** corrupting, **galrach** causing disease, diseased, **ionfhabhtaíoch** infectious, **nimhiúil** poisonous, **tógálach** contagious

Truaillitheoir m (-eora; ~í) polluter, defiler
creachadóir marauder, **diomailteoir** waster, **drabhlásaí** carouser, profligate, **loitiméir** vandal, one who defaces environment, **millteoir** destroyer, spoiler, **salaitheoir** defiler, polluter

Truailliú vn polluting, contaminating, defiling
adhaltranú adulterating, **corbadh** debasing, depraving, **cur amú** leading astray, **cur smál ar** sullying, tarnishing, **éillithe** corrupted; defiled, **galrú** diseasing, **ionfhabhtú** infecting, **ísliú** lowering, **láibeadh** muddying, spattering, **lot** spoiling, defacing, blemishing, **milleadh** blemishing, blotting, **salú** making dirty, soiling; defiling, sullying, **smálú** staining, **smearú** smearing; covering with grime, **suarú** demeaning, **táireadh** degrading, **truaillmheascadh** adulterating

▲ ~ **na timpeallachta** pollution of the environment

Truamhéalach adj^3 piteous, pitiful; pathetic
atruach compassionate, **bocht** poor, **cásmhar** pitiable, plaintive, **caointeach** plaintive, mournful, **comhbhrónach** sympathetic, expressing sympathy/condolence, **deargnáireach** shameful in the extreme, **dearóil** bleak, puny, wretched, lowly, **mí-ámharach** misfortunate, **mífhortúnach** unfortunate, **náireach** shameful, **náirithe** disgraced, **neimhéalach** piteous, pitiful, **ochlánach** groaning, mourning **spreasánta** worthless, good-for-nothing, **taisiúil** compassionate, **trócaireach** merciful, **truacánta** plaintive, piteous, **truánta** wretched; emaciated *(see also: trua 2)*

Tua f (~a; ~nna) axe, hatchet
clíbhéar cleaver, **gearrthóir** chopper, **piocóid** pickaxe, **sáfach** f battle-axe; axe handle, **scoiltire** splitter, chopper, **teascaí** chopper, **uirceann** cleaver; dirk, short dagger

▲ ~ **chatha** battle axe, ~ **chloiche** stone axe, ~ **chogaidh** tomahawk, ~ **choille** woodman's axe, ~ **mhoirtíse** mortise axe

Tuairim f (~e; ~í) opinion
aithint recognition, perception, **amas** guess, conjecture, **barúil** f (-úla; -úlacha) opinion, **buille faoi thuairim** conjecture, **coincheap** concept, **conclúid** conclusion, **creideamh** belief, **dearcadh** view, point of view, **idé** f idea, **imprisean** impression, **léargas** discernment; insight, **leath-thuairim** vague notion, **léirstean** f (-stine) perception, **machnamh** thinking, **meas** consideration, opinion (cf **Cad é do mheas air?** What's your opinion about it?), **mothú** feeling, **mothúchán** feeling, **seintimint** sentiment, **smaoineamh** thought, idea, **talamh slán** certainty of opinion, firm belief, **teoiric** theory, **tuairimíocht** speculation, **tuiscint** understanding

◊ **buille faoi thuairim** guess, **Cad é do thuairim faoi sin?** What's your opinion of that?, **de réir a tuairime** according to her opinion, **i mo thuairim** in my opinion, **Tá sé den ~ go mba cheart dúinn fanacht.** He is of the opinion that we should wait.

P **Ní lia duine ná ~!** Everyone to their own opinion!

Tuairimeach adj^3 speculative
baolach risky, **barúlach** conjectural, **contúirteach** hazardous, **doiléir** vague, **éiginnte** uncertain, **fánach** passing, idle, unsubstantiated, **hipitéiseach** hypothetical, **measta** notional, **neamhchruthaithe** unproven, **teoiriciúil** theoretical

Tuairimigh v_{2b}

1. conjecture, speculate, guess
bí ag tuairimíocht be speculating, **bí den tuairim** be of the opinion, **ceap** think, surmise, **ceap teoiric** theorise, **creid** believe, reckon, **comhair** reckon, calculate, **glac le** presuppose; presume (cf **Glactar leis go bhfuil duine neamhchiontach go dtí go gcruthaítear a mhalairt.** It is presumed a person is innocent until proven otherwise.), **síl** think, **smaoinigh** think, **tabhair barúil** give an opinion, **tabhair buille faoi thuairim** have a guess, conjecture, **tabhair hipitéis** hypothesise, **tomhais** guess

◊ **Ní thuairimeoinn choíche é.** I'd never have guessed it., **Thuairimigh sí faoin toradh agus bhí an ceart aici.** She speculated about the outcome and she was right.

2. estimate, calculate
áirigh calculate; count, reckon, **comhair** reckon, calculate, **breithnigh** adjudge, adjudicate, **meas** consider, estimate, **measúnaigh** assess, **mímheas** misjudge, **neasaigh** approximate

◊ **Thuairimeoinn go mbeadh dhá lítear sa buidéal.** I'd estimate there to be two litres in the bottle.

Tuairimíocht f (~a) conjecturing, speculating
caitheamh tuairimí expressing opinions, **ceapadh freagraí** thinking up answers, **ceapadh teoirice** theorising, **cur i gcás** hypothetical situation, **tabhairt barúlacha** giving opinions, **tabhairt hipitéise** advancing a hypothesis, **tairiscint réitigh** offering a solution, **meas** considering, estimating, **meastachán** estimation, **réasúnaíocht** reasoning, **spéacláireacht** speculating, **tomhas** guessing, **tuairimiú** speculating

Tuairimithe pp reckoned, conjectured
áirithe calculated; counted, reckoned, **ceaptha** thought, surmised, **creidte** believed, reckoned, **comhairthe** reckoned, calculated, **glactha le** presupposed; presumed, **measta** considered, estimated, **measúnaithe** assessed, evaluated, **sílte** thought, **smaoinithe** thought, **tomhaiste** guessed

Tuairimiú v reckoning, conjecturing
áireamh calculating; counting, reckoning, **bheith den tuairim** to be of the opinion, **buille faoi thuairim** guess, **ceapadh** thinking, surmising, **ceapadh teoirice** theorising, **creidiúint** believing, reckoning, **comhaireamh** reckoning, calculating, **glacadh le** presupposing; presuming, **meas** considering, estimating, **measúnú** assessing, evaluating, **síleadh** thinking, **smaoineamh** thinking, **tabhairt barúla** giving an opinion, **tabhairt buille faoi thuairim** having a guess, conjecturing, **tabhairt hipitéise** advancing a hypothesis, **tomhas** guessing **tuairimíocht** speculating

Tuairisc f (~; -cí) report, information, tidings
achoimre f summary, **aiste** f essay, **alt** article, **béadán** gossip, **cáil** fame, reputation, **cumarsáid** communication, **cuntas** account, **cur síos** description, **eolas** information, **faisnéis** intelligence, report, **focal** word, **fógra** announcement, **foilseachán** publication, **foilsiú** disclosure; publication, **forógra** proclamation, decree, **leagan** version, **miontuairiscí** fpl minutes (of meeting), **nuacht** f news, **páipéar** paper, **ráfla** rumour, **ráiteas** statement, **saothar** work, **scéal** story, matter, affair, **scéal scéil** hearsay, **scéala** news, **seoladh** dispatch, **sondálacha** soundings, **taighde** research, **teachtaireacht** message, **torthaí** mpl results, fruits, **tráchtas** dissertation, **tuarascáil** report, **tuirtheacht** f (lit) tidings

◊ **de réir na ~e** according to the report, **Ní cathair mar a ~ í.** She is not as she is reported to be. She's not all she's made out to be., **Níl aon ~ uirthi anois.** Nothing is heard about her now.

Tuairisceoir m (-eora; ~í) reporter
ball den phreas member of the press, **colúnaí** columnist, **comhfhreagraí** correspondent, **craoltóir** broadcaster, **croiniceoir** chronicler, **eagarthóir** editor, **iriseoir** journalist, **nuachtóir** reporter, newsperson, **peannaire** pen-pusher, hack; penman, **scríbhneoir** writer, **tráchtaire** commentator, **tuarascálaí** reporter, portrayer (of events)

Tuairiscigh v_{2b} report
craol broadcast, air, **cumhdaigh** cover, report on, **cuir ar aghaidh** pass on, **cuir in iúl** inform, air, **cuir scéala chuig** notify, **déan cumarsáid le** communicate with, **déan cur síos ar** describe, **fógair** announce, **foilsigh** publish, **forógair** proclaim, **inis** tell, narrate, **mol** herald, advocate, **nocht** disclose, reveal, **scaip** circulate, **tabhair eolas ar** provide information about, reveal, **tabhair eolas faoi** detail, **tabhair le fios (é)** let (it) be known, **tabhair tuairisc ar** give/file a report on

Tuairiscithe pp reported
craolta broadcast, aired, **cumhdaithe** covered, reported on, **curtha ar aghaidh** passed on, **curtha in iúl** informed, aired, **fógartha** announced, **foilsithe** published, **forógartha** proclaimed, **inste** told, narrated, **molta** heralded, advocated, **nochta** disclosed, revealed, **scaipthe** circulated, **tugtha le fios** let known

Tuairisciú vn reporting
craoladh broadcasting, airing **cumarsáid** communication, **cumhdach** covering, reporting on, **cur ar aghaidh** passing on, **cur in iúl** informing, airing, **cur síos** description, **fógairt** announcing, **foilsiú** publishing, **forógairt** proclaiming, **insint** telling, narrating, **moladh** heralding, advocating, **nochtadh** disclosing, revealing, **scaipeadh** circulating, **scéala** notification, **tabhairt eolas ar** providing information about, revealing, **tabhairt eolas faoi** detailing, **tabhairt le fios** letting be known, **tabhairt tuairisc ar** giving/filing a report on

Tuairisciúil *adj⁴* descriptive
gléineach vivid, **grafach** graphic, **léiritheach** illustrative, **mínitheach** explanatory, **mionsonraithe** detailed, **oibiachtúil** objective, **pictiúrtha** pictorial, **suntasach** striking

Tuaisceart *m (-cirt)* north
aduaidh *(c ←)* from the north, **íochtar na tíre** the north of the country, **ó thuaidh** *(c →)* to the north, **thuaidh** *(mot)* north, **tuaithiúr** northerly aspect

Tuairt *f (~e; ~eanna)* crash, thud
beilt belt, blow, **bualadh** wallop, bashing, **buille** blow, **cleatar** clatter, rattle, **cleatráil** clattering, **cling** clink, ping, jingle, **clonscairt** clash, clashing, **fothram** noise, **giorac** noise, commotion, **imbhualadh** impact, **pléasc** explosion, bang, **plimp** crash, bang, **tailm** thump, bang, **torann** noise, **trost** *f* thump, **trostal** thud, tramp, **tuairteáil** buffeting, pounding, crashing, **tuargaint** pounding, battering

◊ **Ar chuala tú an ~?** Did you hear the crash?, **Thit mé de thuairt.** I fell with a thud., **Tháinig sí orm de thuairt.** She crashed into me.; She threw herself at me.

Tuairteáil 1 *v₁ₑ* crash; buffet, pound
basc bash, smash, **batráil** batter, **bris síos** break down, **buail** strike, collide, **buail in éadan** *(+ gen)* hit against, **craiseáil** *(coll)* crash, **déan clonscairt** clash, **gread** pound, strike violently and repeatedly, **planc** smash, bash, **pléasc** crash; explode, **réab** barge, crash, hurtle, **smiot** smash, **teip** fail, **tit de thuairt** crash down, **tit go talamh de phleist** crash to the ground

◊ **Thuairteáil na tonnta in aghaidh an bhalla.** The waves crashed against the wall., **Thuairteáil an clár ríomhaireachta.** The computer program crashed.

Tuairteáil 2 *vn* crashing; buffeting, pounding
bascadh bashing, smashing, **batráil** battering, **briseadh síos** breaking down, **bualadh** striking, colliding, **bualadh in éadan** *(+ gen)* hitting against, colliding with, **craiseáil** *(coll)* crashing, **déanamh clonscairt** clashing, **greadadh** pounding, striking violently and repeatedly, **plancadh** smashing, bashing, **pléascadh** crashing; exploding, **smiotadh** smashing, **teip** failing, **titim de thuairt** crashing down, **titim go talamh de phleist** crashing to the ground

◊ **~ na dtonnta** buffeting of the waves, **Bhí ár mbád beag á thuairteáil sa ghála.** Our small boat was being pounded in the gale.

Tuairteáilte *pp* crashed; buffeted, pounded
basctha bashed, smashed, **batráilte** battered, **briste síos** broken down, **buailte** hit, struck, collided, **buailte in éadan** *(+ gen)* struck against, collided with, **craiseáilte** *(coll)* crashed, **greadta** pounded, struck violently and repeatedly, **planctha** smashed, bashed, **pléasctha** crashed; exploded, **smiota** smashed, **teipthe** failed, **tite de thuairt** having crashed down, **tite go talamh de phleist** having crashed to the ground

Tuar 1 *v₁ₐ* augur, forewarn; foretell, predict
cuir fainic ar caution, warn, **cuir san airdeall** alert, **déan fáistine** prophesy, **fáistinigh** prophesy, **tabhair foláireamh do** forewarn, **tabhair rabhadh do dhuine roimh ré** forewarn a person, **tabhair réamhaisnéis ar** give a forecast of, **tairngir** prophesy, foretell, **tuairimigh** conjecture, speculate

◊ **Thuar sí le fada é.** She has predicted this for a long time.

Tuar 2 *v₁ₐ* bleach, blanch
aol whitewash, **bánaigh** whiten, **caill a dhath** lose its colour, **cuir éadaí ar tuar** bleach clothes, **geal** brighten, **tréig** blanch (eg **Thréig an ballapháipéar sa ghrian.** The wallpaper blanched in the sun.)

Tuar 3 *vn* auguring, predicting; omen, sign
comhartha sign, **cur fainic ar** cautioning, warning, **cur san airdeall** alerting, **droch-chomhartha** evil sign, omen, **drochthuar** foreboding, **rabhadh** warning, **prognóis** prognosis, **tabhairt foláireamh do** forewarning, **tabhairt rabhadh do dhuine roimh ré** forewarning a person, **tairngreacht** prophesying, foretelling

▲ **~ ceatha** rainbow, **~ cogaidh** portent of war, **~ dea-aimsire** indication of good weather, **~ tubaiste** foreboding of disaster

◊ **Tá sé ag ~ báistí.** It's showing signs that it's going to rain., **Tá sé á thuar le tamall anuas.** This has been on the cards for some time now.

Tuar 4 *vn* bleaching, blanching
aoladh whitewashing, **bánú** whitening, **cailleadh a dhath** losing its colour, **cur éadaí ar ~** bleaching clothes, **gealadh** brightening, **tréigean** blanching (eg **tréigean datha** losing colour, fading)

Tuartha 1 *pp* augured, forewarned; foretold, predicted
curtha san airdeall alerted, **fáistinithe** prophesied, **tairngeartha** prophesied, foretold

Tuartha 2 *pp* bleached, blanched
aolta whitewashed, **bánaithe** whitened, **gealta** brightened, **tréigthe** blanched, faded (eg **cuirtíní tréigthe** faded curtains)

▲ **dealramh ~** blanched/washy appearance, **éadach ~** bleached cloth

Tuarascáil *f (-ála; -álacha)* report, reporting
cuntas account, **cur síos** description, **foilseachán** publication, **foilsiú** disclosure; publication, **iomrá** *m* report, mention, **nuacht** *f* news, **ráiteas** statement, **saothar** work, **scéal** story, **scéala** news, **taighde** *m* research, **tásc** report of death (cf **Tháinig a tásc inniu.** Report of her death came today.), **teachtaireacht** message, **teist** testimony, record, report, **tuairisc** report

Tuarastal

▲ ~ **ar dhul chun cinn** progress report, ~ **bhliantúil** annual report, ~ **deiridh** final report, ~ **iniúchóra** auditor's report

◊ ~ **a chur isteach ar** to submit a report on

Tuarastal *m (-ail; -ail, ~)* salary
comha *f* indemnity, reward, **cúiteamh** recompense, compensation, **duais** prize, **éiric** payment, **íocaíocht** payment, **ioncam** income, **luach saothair** remuneration, **luaíocht** merited reward, **pá** *m* pay, **saothrú** earnings, wages, **sochar** emolument, **stipinn** stipend, **táille** fee, **tuilleamh** earnings, wages

▲ ~ **de réir taithí** salary commensurate with experience, ~ **gan saothrú** sinecure, ~ **tosaigh** starting salary

Tuata *adj6* lay, secular
neamheaglasta secular, **neamhreiligiúnach** non-religious, **sibhialta** civil, **saolta** worldly, secular (cf **sochaí shaolta** secular society), **teamparálta** temporal

▲ **cumhachtaí** ~ temporal powers, **gnáthdhuine** ~ layperson, **ministir** ~ lay minister, **oideachas** ~ secular education, **seanmóirí** ~ lay preacher

Tuath *f (-aithe; ~a, ~)*
1. countryside
amuigh faoin aer/spéir out in the open air, outdoors, **ar chúl éaga** in the back of beyond, **contae** county, **crios glas** green belt, **cúl na tíre** remote region of the country, **iargúil (na hAstráile)** outback (of Australia), **radharc tíre** landscape, **talamh feirme** farmland, **tír** *f (~e; tíortha)* country, land, **taobh tíre** countryside, landscape, **tír chúil** backcountry *(see also: tír)*

▲ **bean/fear tuaithe** country woman/man, **ceol tuaithe** country music, **muintir tuaithe** country people, **saol tuaithe** country life

◊ **amuigh faoin** ~ out in the country, **muintir na tuaithe** country folk, **saol na tuaithe** country life

2. *(rel)* laity
coitiantacht common people, **cosmhuintir** hangers-on, followers, **gnáthdhaoine** ordinary people, commoners, **neamheaglaisigh** *mpl* people unaligned with the church, **pobal** ordinary members of the church, congregation, **tréad** *(rel)* flock, **tuataí** *mpl* (> *tuata* layperson) members of the laity

○ **Tuatha Dé Danann** *Folk of the goddess Danu* are a pantheon of supernatural beings from pre-Christian Irish mythology. They are associated with the **tuamaí pasáiste** *passage tombs* that were considered to be portals to mystical worlds from where these beings could emerge.

◊ ~ **Dé** the people of God, the chosen people, **cléir agus** ~ clergy and laity

Tuathánach *m (-aigh; -aigh, ~)* rustic, peasant
abhlóir buffoon, yobbo, **cábóg** clodhopper, **bean/fear tuaithe** countrywoman/countryman, **cadramán** boor, provincial oaf, **ceamach** *m (pej)* rustic, lout, **cúigeach** *m* provincial, **feirmeoir** farmer, **sclábhaí feirme** farm labourer, **seirfeach** serf, **spágaire** clodhopper, **spailpín (fánach)** (migratory) farm labourer, landless peasant, **trudairí triúch** country bumpkins, **tuaitín** bumpkin, **tútachán** yokel, klutz, bumpkin

Tuathúil *adj4* rustic
faoin tuath from the country, country-, **feirme** *(> feirm)* farm- *pref*, **neamhshofaisticiúil** unsophisticated, **simplí** simple, **talmhaíoch** agrarian, farming, **talmhaíochta** *(> talmhaíocht)* agricultural, **tíriúil** earthy, rustic; raunchy, **tréadach** pastoral, **tuaithe** *(> tuath)* rural (cf **muintir tuaithe** rural folk, country people), **tútach** boorish, crude

Tubaiste *f (~; -tí)* disaster, catastrophe
anachain *f* calamity, **ár** slaughter, **buille marfach** death blow, **cat mara** mishap; tragedy, **catastróf** *(geol)* *f (-stróife; ~a, ~)* catastrophe, **dursan** *(lit)* calamity, **eirleach** *m* carnage, havoc, **longbhriseadh** *m* shipwreck, **mairg** woe, **matalang** calamity, disaster, **míchinniúint** evil fate, **mífhortún** misfortune, **milleadh** ruination, destruction, **millteanas** destruction, havoc, **millteoireacht** destroying, **móranachain** *f* major calamity, **mórchorraíl** *(pholaitíochta, shóisialta, etc)* (political, social, etc) cataclysm, **mórthubaiste** major disaster, **oidhe** *f* tragedy, tragic destiny, **óspairt** mishap, injury, **púir** loss, tragedy, **scrios** *m (~ta)* destruction, **stróc** *m (~; ~anna)* *(med)* stroke, **toirmeasc** misfortune; hindrance, **tonnbhriseadh** *m* cataclysm, **tragóid** tragedy, **treascairt** downfall, demolition, **trioblóid** trouble, **tuairt** crash, **turraing** grief, calamity, *(see also: timpiste)*

Tubaisteach *adj3* disastrous
anacrach distressing, **áir** *(> ár)* filled with destruction/slaughter, **barbartha** barbarous, outlandish, **díobhálach** detrimental, **dochrach** deleterious, **marfach** lethal, **míchinniúnach** ill-fated, **millteach** destructive, **millteanach** extreme, terrible, **oidhiúil** tragic, ill-fated, **púrach** calamitous; grief-stricken, **naimhdeach** adverse, antagonistic, **scéiniúil** terrifying, **scriosach** destructive, ruinous, **sladach** pillaging; destructive, **teiriúil** ill-omened, inauspicious, **tragóideach** tragic, **treascrach** crushing; overwhelming, **trioblóideach** troublesome, **uaiféalta** awful, dreadful, **uafásach** horrible, terrible, **uamhnach** dreadful, terrifying, **urghránna** hideous

▲ **buille** ~ crippling blow, **cás** ~ tragic case, **cinneadh** ~ fatal decision, **crith talún** ~ cataclysmic earthquake, **iarmhairtí** ~**a** dire consequences, **rud** ~ dreadful thing, **scéal** ~ calamitous tale, **teip thubaisteach** catastrophic failure, **timpiste thubaisteach** terrible accident, **toradh** ~ disastrous result

Tugtha *pp* given, brought

1. given, provided, conferred

astaithe emitted, **beirthe** borne, **beirthe chuig** brought to, **bronnta** presented, bestowed, donated; conferred, **ceadaithe** permitted, **creanta** bestowed, granted, **curtha ar fáil** provided, furnished, **curtha i leataobh** allocated, **curtha le** contributed to, **dálta** distributed, allotted, **dánaithe** (*lit*) bestowed, **deonaithe** granted, accorded, **géillte** surrendered, given way, **íoctha** paid, **ligthe** let, allowed, **ofráilte** (*rel*) offered, **radta** given, bestowed; flung, pelted, **riartha** administered, **roinnte** shared, **seachadta** delivered, **soláthartha** supplied, provided, **tairgthe** proffered, **tíolactha** dedicated, bestowed, **tiomnaithe** bequeathed; dedicated, **toirbheartha** handed over; dedicated

◊ **Tá an onóir sin ~ duitse.** That honour has been conferred on you., **Tá gluais ~ i gcúl an leabhair.** A glossary has been provided at the back of the book.

2. **~ do** prone to, addicted to

ag brath go hiomlán ar totally depending on, **andúilmhear i leith** (+ *gen*) addicted to, **claonta i leith** (+ *gen*) partial to, (eg **Tá sí claonta i leith caife láidir.** She is partial to strong coffee.), **gafa ag** captivated by, addicted to, **i dtuilleamaí** (+ *gen*) dependent on, **sáite go mór i** deeply involved in, engrossed in, **tograch do** predisposed to

▲ **~ don ól** addicted to drink, **~ don argóint** given to arguing, **~ don léann** devoted to learning, **~ do na leabhair** attached to books, **~ do shlaghdáin** prone to catch colds

3. taken, brought, conveyed

aistrithe conveyed, moved, **bainte** removed, **cealaithe** rescinded, cancelled, **fógartha** brought to public notice, announced, **iompartha** carried, conveyed, **léirithe** portrayed, conveyed, **scaoilte** released, discharged, **scuchta** (*lit*) removed, picked off, **taispeánta** shown, indicated, **tarchurtha** transmitted, **tarraingthe** drawn, **tiomáinte** driven, **tógtha** taken

◊ **Bhí neart fianaise nua ~ chun solais.** A lot of new evidence was brought to light., **Bhí sin ~ le fios go soiléir ina iompar.** This was clearly conveyed by his behaviour., **Bhí siad ~ chun an ospidéil.** They were taken to the hospital., **Tá na saineolaithe ~ isteach.** The experts have been brought in.

4. spent, exhausted, gone

caillte lost, **caite** spent, **curtha amú** wasted, squandered, **curtha isteach** put in, spent, **curtha thart** passed, **fulaingthe** endured, **geimhrithe** wintered, **infheistithe** invested, **íobartha** sacrificed, **meilte** ground away, wasted, **samhraithe** summered

◊ **Tá an bhliain seo beagnach ~.** This year is almost spent., **Táim ~ ag an achrann síoraí.** I'm exhausted from the constant bickering., **Tá mo neart ~.** My strength is gone.

Tuí *f* (~) thatch, thatching, straw, husk

briogadán stubble, **cabha** chaff, **cáithne** *m* husk of corn, **caladh** husk, flake, **cochán** straw, **connall** cornstalk, stubble, **crotal** rind, husk (eg **crotal coirce** oat-husk), **féar** hay, **féar meilte** chaff, **féar tirim** hay, **gais** stalks, **sifíní** *mpl* straws, stalks, **straipleach** *m* coarse straw, **tráithníní** *mpl* straws, dry grass stalks (see also: **gas**)

Tuig v_{1b} understand; realise

aithin realise, recognise; discern, **bain adhmad/brí/ciall as** make sense of, **bain meabhair as** make sense of, **faigh an pictiúr ginearálta** get the general picture, **ceap** think, **coincheap** conceive, **conclúidigh** conclude, **creid** believe, **faigh léargas ar** get insight about/on, **feic** see, **foghlaim** learn, **forléirigh** construe, **fuascail** fathom, resolve, **glac le** accept, **infeirigh** infer, **lean** follow, **tabhair i ngrinneas** discern, **téigh amach ar** fathom, get to understand, **tá agam** I've got it, I understand, **tabhair faoi deara** notice, apprehend, **tacmhaing** (*lit*) understand, comprehend

~**eann sé an tábhacht.** He appreciates the importance.
~**eann sé cad tá ag tarlú.** He realises what's happening.
~**eann sí an chiall.** She grasps the meaning.
~**eann sí cad chuige sin.** She sees the reason for that.
~**eann sí mé.** She understands me.
~**eann siad an dainséar.** They recognise the danger.

◊ **An d~eann tú mé?** Do you understand me?, **Ní thuigim cén fáth go ndearnadh é.** I don't understand why it was done., **Nuair a chonaic mé an fáinne ~eadh dom go raibh tú pósta.** When I saw the ring, I inferred that you were married., **~im do chás.** I understand your situation.

Tuigthe *pp* understood; realised

aitheanta realised, recognise; discern, **as ar baineadh adhmad/brí/ciall** made sense of, **ceaptha** thought, **coincheaptha** conceived, **conclúidithe** concluded, **creidte** believed, **dulta amach ar** fathomed, gotten to understand, **feicthe** seen, **foghlamtha** learnt, **forléirithe** construed, **fuascailte** fathomed, resolved, **glactha le** accepted, **infeirithe** inferred, **leanta** followed, **tacmhaingthe** (*lit*) understood, comprehended; reached, **tugtha chun grinnis** discerned, **tugtha faoi deara** noticed, apprehended

Tuil v_{1b} flood

báigh drown, inundate, **bí ag cur thar bruach** be bursting its banks, **bí ag tulcaíl** be flooding; to be gushing, **bí faoi uisce** be underwater, to be deluged, **brúcht** surge, **cuir thar maoil** overflow, **faigh rabharta (gearán) faoi** get deluged with (complaints) about, **forlíon** overfill, fill up, **lánaigh** fill out, give volume to, **líon** fill, **luchtaigh** fill, lade, load, **plúch** engulf, **sáithigh** saturate, **sársháithigh** supersaturate, **sceith** overflow; flood, **sceith thar na bruacha** burst/overflow the banks, **téigh faoin uisce** get submerged, **téigh thar bruach** overflow, **uiscigh** irrigate, water

Tuile f

1. *vn* flooding
bá drowning, inundating, **brúchtadh** surging, **cur thar maoil** overflowing, **líonadh** filling, **plúchadh** engulfing, **sáithiú** saturating, **sársháithiú** supersaturating, **sceitheadh** overflowing; flooding, **sceitheadh thar na bruacha** overflowing the banks, **uisciú** irrigating, watering

▲ ~ **gan trá** endless flooding, ~ **na taoide** the flow of the tide

2. *f* (~; *-lte*) flood
bailc downpour, **buinne** spout, torrent, **caise** *f* torrent, **cláideach** *f* torrent; mountain stream, **díle** *f* deluge, flood, **dobhar** flood, torrent, **flosc** flux, rush, gush, **forlacht** deluge of rain, **fuarlach** *m* flooding from heavy rain, **maidhm thuile** flash flood, **rabharta** gush, outpouring, **réablach** *f* surge, **sconna** gush, rapid flow, **sreabh** *f* stream, flow (cf **sreabha deor** floods of tears), **sruth** influx, gush; stream, **súnámaí** *m* tsunami, **tonn tuile** tidal wave, **tulca** flash flood

▲ ~ **achasán** torrent of abuse, ~ **de ríomhphoist** deluge of emails, ~ **cheisteanna** barrage of questions, ~ **dheor** flood of tears, ~ **mhothúcháin** gush of emotion, ~ **shí cainte** spate of words, ~ **úrscéalta** slew/flood of novels

Tuill v_{1b} earn
aimsigh found, achieved, **bailigh** collect, gather, **bain amach** achieve, **buaigh** bag, pocket, walk away with, **carn** accumulate, heap, **cnuasaigh** glean, hoard, **conlaigh** scrape together, gather, **cruinnigh** gather together, meet (cf **Cruinneoidh an coiste arís amárach.** The committee will meet again tomorrow.), **cuir i dtaisce** save, store, **cuir i gcrích** realise, **déan** make, **faigh** get, attain, **fíoraigh** make true, realise, **gabh** haul in, get, **gnóthaigh** earn, **saothraigh** earn, achieve by work, **tabhaigh** earn, deserve, **tuar** deserve, merit

Thuill sé éisteacht. He merited a hearing.
Thuill sí cáil. She achieved fame.
Thuill sí é. She earned it.
Thuill sí moladh. She deserved praise.

Tuilleadh m (-llidh) increase, addition, more
ardú heightening, increase, raise, **breis** increase, addition, **breis agus** more than, **corradh le** more than, **méadú** increase, increasing, **níos mó** more

◊ **A thuilleadh tae, a Sheáin?** More tea, Seán?, **gan a thuilleadh moille** without further delay, **Tá ~ le teacht.** There's more to come.

Tuilleamh vn earning
aimsiú find, achieving, **bailiú** collecting, gathering, **baint amach** achieving, **carnadh** accumulating, heaping, **cnuasach** gleaning, hoarding, **comha** *f* indemnity, reward, **conlú** scraping together, gathering, **cruinniú** meeting, gathering together; garnering, **cúiteamh** recompense, compensation, **cur i dtaisce** saving, storing, **cur i gcrích** realising, **duais** prize, **éiric** payment, **fáil** getting, attaining, **fíorú** making true, realising, **fiúntas** worth, **gafa** hauled in, gotten, **gnóthú** earning, **íocaíocht** payment, **luach** reward, recompense; value, **luaíocht** merited, **pá** pay, **saothrú** earning, achieving by work, reward, **sochar** emolument, **tabhú** earning, deserving, **tuar** deserving, meriting, **tuarastal** salary, **tuillteanas** desert, merit

▲ ~ **airgid** earning money, ~ **dofheicthe** invisible earnings, ~ **iarchánach** after-tax earnings

Tuillte pp earned
aimsithe found, achieved, **bailithe** collected, gathered, **bainte amach** achieved, **buaite** bagged, pocketed, walked away with, **carntha** accumulated, heaped, **cnuasaithe** gleaned, hoarded, **conlaithe** scraped together, gathered, **cruinnithe** gathered together; garnered, **curtha i dtaisce** saved, stored, **curtha i gcrích** realised, **déanta** made, **faighte** gotten, attained, **fíoraithe** made true, realised, **gafa** hauled in, **gnóthaithe** earned, **saothraithe** earned, achieved by work, **tabhaithe** earned, deserved, **tuartha** deserved, merited, **tuillteanach** deserving

◊ **Tá comhghairdeas ~ ag gach ball den fhoireann.** Congratulations are due to every member of the team., **Tá sé ~ go mór agat!** You have greatly earned it.

Tuilte pp flooded
báite drowned, inundated, **brúchta** surged, **curtha thar maoil** overflowed, **dulta faoin uisce** submerged, **dulta thar bruach** overflowed, **faoi uisce** underwater, deluged, **brúchta** surged, **líonta** filled, **plúchta** engulfed, **sáithithe** saturated, **sársháiththe** supersaturated, **sceite** overflowed; spewed, **sceite thar na bruacha** burst/overflowed the banks, **uiscithe** irrigated, watered

Tuilteach adj³ flooding, overflowing
atá ag cur thar bruach that is bursting its banks, **atá ag cur thar maoil** overflowing, **atá á líonadh** that is filling up, **atá lán go béal** that is full to the brim, **báiteach** watery, **brúchtach** surging, belching, **lán** full, **plúchtach** engulfing, smothering, **sáithitheach** saturating, **sceitheach** overflowing; spewing, **tulcach** flooding; gushing

Tuire f (~) aridity, dryness
acadúlacht academic aridity, **dísc** barrenness, dryness, **dísciú** desiccation, drying up, **díhiodráitiú** dehydration, **fadálacht** tediousness, **feoiteacht** withered state, **fuaire** coldness, **íotacht** parchedness; thirstiness, **leadrán** boredom, **leimhe** dullness, apathy, **liostacht** listlessness, spiritlessness, **loiscní** scorched, arid condition, **loime** bleakness, bareness, **mairbhe** deadness, **neamhthorthúlacht** infertility, unfruitfulness, **prósóid** prosody, **seargthacht**

Tuirling

shrivelled up condition, dried up state, **soiniciúlacht** cynicism, **spalltacht** parchedness, **stálaíocht** stalenesss, **tolpach** *m* dry and windy weather, **tartmhaireacht** thirstiness, **tirimeacht** dryness, **triomacht** dryness, aridity, **triomú** drying, desiccation, **tuirsiúlacht** tiresomeness, wearisomeness

▲ ~ **aráin** staleness of bread, ~ **léachta** tedium of a lecture, ~ **stíle** aridity of style, ~ **talún** dryness of ground

Tuirling v_{2e} land, descend; dismount, get off
landáil land, **leag do chosa ar thalamh tirim** set your feet down on dry land, **léim i ndiaidh do chinn** plunge head first, **paraisiútáil chun talaimh** parachute to earth, **tar anuas** come down, **tar anuas de ruathar ar** swoop down on, **tar i dtír** come ashore, come on land, **téigh síos** go down, **tit** fall, **tit go tobann** plummet, **tit i ndiaidh do mhullaigh** tumble down, **tum** dive

◊ **Ar thurling an t-eitleán go fóill?** Has the plane landed yet?, **Ná ~ go stada an bus!** Do not alight until the bus stops!, **Thurling mé ar mo bholg san uisce.** I did a belly flop in the water., **Tuirlingeoimid ag an gcéad stop eile.** We'll get off at the next stop.

Tuirlingt *vn* landing, descending; dismounting, getting off
dul síos going down, **landáil** landing, **leagan do chos ar thalamh tirim** putting your feet down on dry land, **léim i ndiaidh do chinn** plunging head first, **paraisiútáil chun talaimh** parachuting to earth, **teacht anuas** coming down, **teacht anuas de ruathar ar** swooping down on, **teacht i dtír** coming ashore, coming on land, **titim** falling, **titim go tobann** plummeting, **titim i ndiaidh do mhullaigh** tumbling down, **tumadh** diving

Tuirlingthe *pp* landed, descended; dismounted, gotten off
landáilte landed, **léimthe i ndiaidh do chinn** plunged head first, **paraisiútáilte chun talaimh** parachuted to earth, **tagtha anuas** gotten down, **tagtha anuas ar thalamh tirim** gotten down onto dry land, **tagtha anuas de ruathar ar** swooped down upon **tagtha i dtír** arrived ashore, come on land, **tite** fallen, **tite go tobann** plummeted, **tite i ndiaidh do mhullaigh** tumbled down, **tumtha** dived

Tuirse *f* (~) tiredness, fatigue
anbhainne debility, **atuirse** weariness, dejection, **cloíteacht** overwhelming fatigue, **codladh** sleep, **corthacht** weariness, **fágálacht** sluggishness, slowness of movement, **lagar** faintness, **laige** weakness, faintness, **liostachas** listlessness, **marbhántacht** lifelessness, lethargy, **marbhchodladh** sleep of the dead, deep sleep, **meath** decay, **meirtne** weariness, dejection, **múisiúntacht** drowsiness; heaviness, dullness, **sáimhríocht** tranquillity; drowsiness, **sámhántacht** drowsiness, **scíth** tiredness, **scís** (*lit*) weariness, fatigue, **spadántacht** lethargy, **strustuirse** (*tech*) fatigue (cf **strustuirse ar mhiotal** fatigue in metal), **suaiteacht** weariness, exhaustion; disturbed state, **suan** slumber, **támáilteacht** enervation, sluggishness, **táimhe** torpidity, sluggishness, **tnáitheadh** weariness, **toirchimeacht** torpidity, **traochadh** exhaustion, **tuirsiúlacht** tiresomeness, wearisomeness

▲ ~ **aerthurais** jet lag, ~ **croí** heaviness of heart, ~ **iarvíris** post-viral fatigue, ~ **mhatáin** muscle fatigue, ~ **shúil** eyestrain, ~ **thiomána** driver fatigue

◊ **Tá ~ an domhain orm.** I'm absolutely exhausted., **Tá ~ coirp orm.** I'm physically zapped., **Tá ~ intinne uirthi.** She is mentally fatigued.

Tuirseach *adj*³ tired, fatigued, weary
anbhann debilitated, feeble, **atuirseach** wearied, dejected, **caite** spent, worn out, **cloíte** overwhelmed by fatigue, **codlatach** sleepy, **cortha** weary, **ídithe** consumed, worn out, **lag** weak, faint, **lagaithe** weakened, enfeebled, **liosta** listless, **maraithe amach** wrecked, exhausted, **marbh** dead, **marbhánta** lifeless, lethargic, **marbhchodlatach** dog-tired, **meata** degenerate; washed-out, **meathánta** weak, sickly, **meirtneach** weary, dispirited, **míogach** dozing off, inclined to doze, **scimeach** drowsy; hazy, **scítheach** weary, tired, **seanchaite** hackneyed, clichéd, **sáimhríoch** tranquil, drowsy, **seangaithe** pooped, **spadánta** lethargic, **spíonta** completely exhausted, jaded, bushed, **sportha** exhausted, **suaite** shattered, exhausted, **suaiteach** exhausting, **suanach** sluggish, sleepy; dormant, **támhach** comatose, torpid, sluggish, **tnáite** knackered, wearied, frazzled, **toirchimeach** torpid; numb, **traochta** exhausted, whacked, **tromcheannach** drowsy, heavy-headed, **tugtha traochta** completely exhausted, **tugtha** tired, zapped, **tugtha tnáite** dead beat, **tuirsiúil** tiring (*see also: lag*)

▲ **croí ~** weary heart; heavy heart, **dealramh ~** weary appearance, **páiste ~** tired child, **súile ~a** tired eyes

◊ **Ní éireofá ~ go deo ag éisteacht lena gceol.** You would never tire of listening to their music., **Táim ~ dá chuid leithscéalta go léir.** I am tired of all his excuses., **Táim ~ traochta.** I'm exhausted.

Tuirsigh v_{2b} tire, fatigue, strain, weary
bain stangadh as (*muscle*) strain, **bodhraigh** bother, annoy, **brúigh** pressure, press, **clip** tire, wear out, **coir** tire, exhaust, **cráigh** torment, exasperate, pester, **cuir an iomarca brú ar** exert too much pressure on, **cuir tuirse ar** tire, make tired, **déan an iomarca** do too much, **éirigh tuirseach** become tired/fatigued, **fórsáil** force, **goill ar** grieve, afflict, **sámhaigh** get sleepy, calm down; tranquillise, **saothraigh go crua toil**, work hard, **sáraigh** overwhelm; violate, **scíthigh** (*lit*) become tired, **spíon** exhaust, **srac** struggle, wrench, **stang** warp, strain, **straidhneáil** strain,

streachail strive, **strustuirsigh** *(tech)* fatigue, **támáil** wear out, make sluggish, **teann** tighten, **téigh thar fóir** overdo, **tnáith** wear down, weary, exhaust, **tráigh** ebb, become enervated, **traoch** wear down, exhaust, **tuar** sate, weary

> **Tuirseoidh an saol thú.** Life will weary you.
> **Tuirseoidh sé an miotal.** It will fatigue the metal.
> **Tuirseoidh tú an capall.** You'll tire the horse.
> **Tuirseoidh tú an freasúra.** You'll wear down opposition.
> **Tuirseoidh tú den rás.** You'll get tired of the race.
> **Tuirseoidh tú do shúile.** You'll strain your eyes.

Tuirsithe *vn* tired, fatigued, strained, wearied
bodhraithe bothered, annoyed, **brúite** pressured, **clipthe** tired, worn out, **cortha** tired, exhausted, **cráite** tormented, exasperated, pestered, **dulta thar fóir (leis)** gone too far (with it), **éirithe tuirseach** gotten tired/fatigued, **fórsáilte** forced, **sámhaithe** gotten sleepy, calmed down; tranquillised, **saothraithe** worked, exploited; *(land)* tilled, **sáraithe** overwhelmed; violated, **scíthithe** *(lit)* gotten tired, **spíonta** exhausted, **sractha** torn, wrenched, **stangtha** warped, strained, **straidhneáilte** strained, **streachailte** striven, **strustuirsithe** *(tech)* fatigued, **támáilte** worn out, made sluggish, **teannta** tightened, **tnáite** wearied, exhausted, **tráite** ebbed, enervated, **traochta** worn down, exhausted, **tuartha** sated, wearied (eg **Táim ~ den mhaorlathas seo.** I have had enough of this bureaucracy.)

Tuirsiú *vn* tiring, fatiguing, straining, overdoing
bodhrú bothering, annoying, **brú** pressing, pressuring, **clipeadh** tiring, wearing out, **cor** tiring, exhausting, **cur an iomarca brú ar** exerting too much pressure on, **cur tuirse ar** tiring, making tired, **déanamh an iomarca** doing too much, **dul thar fóir (leis)** overdoing (it), **éirí tuirseach** becoming tired/fatigued, **fórsáil** forcing, **goilliúint ar** grieving, afflicting, **sámhú** getting sleepy, calming down; tranquillising, **saothrú go crua** toiling away, working hard, **sárú** overwhelming; violating, **scíthiú** *(lit)* becoming tired, **spíonadh** exhausting, **sracadh** wrenching; struggling, **stangadh** warping, straining, **straidhneáil** straining, **streachailt** striving, **strustuirsiú** *(tech)* fatiguing, **támáil** wearing out, making sluggish, **teannadh** tightening, **tnáitheadh** wearing down, wearying, exhaustion, **trá** ebbing, enervation, **traochadh** wearing down, exhausting, **tuar** sating, wearying

Tuirsiúil *adj⁴* tiring, tiresome
bambach tiresome, frustrating, **bambairneach** frustrating; *(talk)* tiresome, **bearránach** tiresome, annoying, **bodhraitheach** irritating, tedious, **ciapach** tormenting, **cloíteach** exhausting, **duaisiúil** wearing, **éilitheach** demanding, taxing, **fadálach** tedious, **faidréiseach** prolonged, tedious, **gan anam** spiritless, **leadránach** boring, **leamh** insipid, **marbhánta** lifeless, **maslach** *(work)* taxing, gruelling, **saothrach** toilsome, **slogánta** dull, sluggish, **strambánach** longwinded, boring, **strusúil** stressful, fatiguing, **tiarálach** arduous, laborious, **tromcheannach** dull, sleep-inducing, **tur** arid, dry; dull

▲ **dualgas ~** burdensome duty, **duine ~** dull individual, **iompar ~** tiresome behaviour, **léacht thuirsiúil** stultifying lecture, **obair thuirsiúil** draining/wearisome work, **óráid thuirsiúil** boring speech, **scéal ~** wearying tale, **turas fada ~** long wearisome journey

Túisce *adj/adv (used with copula)* sooner, firstly; rather
b'fhearr go mór it would be far better (cf **B'fhearr liom bheith feargach ná uaigneach.** I'd sooner be angry than lonely.), **chomh luath agus** as soon as, **ní luaithe** no sooner, **sa chéad áit** in the first place

◊ **an té is ~ é a rá** the first person to say it, **Ba thúisce liom fanacht.** I'd sooner remain, **an ~ is féidir** as soon as possible, **Cé is ~ chugainn ná tusa tú féin!** Well, if it isn't yourself!

P **Is ~ deoch ná scéal.** A drink precedes a story.

Tuisceanach *adj³* understanding, considerate
airitheach sensitive, perceptive, **aithneach** discerning, wise, **atruach** compassionate, **báúil** sympathetic, **bog** tender, **bogchroíoch** tender-hearted, **cásmhar** considerate, **cineálta** kind, **dearcach** considerate, **eagnaí** enlightened, **eolach** knowledgeable, **foighneach** patient, **fulangach** tolerant, **gaoiseach** wise, **géarchúiseach** perceptive, observant, **grinn** discerning, **lách** gentle, kind, **léirthuisceanach** appreciative; with a clear understanding, **mothálach** feeling, sensitive, **radharcach** seeing, observant, **sobhogtha** responsive, quick to be moved, **soilíosach** obliging, **toighseach** tasteful, particular about choice, **truachroíoch** compassionate

▲ **anailís thuisceanach** insightful analysis, **beart ~** thoughtful gesture, **cur chuige ~** empathetic/sensitive approach, **duine ~** considerate person, **éisteoir ~** sympathetic listener, **meangadh ~** knowing smile

Tuiscint *vn* understanding, consideration
aireachtáil feeling, perception, **aithint** realising, recognising; discerning, **aithne** recognition, discernment, **atrua** compassion, **bá** sympathy, **baint adhmad/brí/ciall as** making sense of, **baint meabhair as** making sense of, **boige** tenderness, softness, **bogchroí** tender-heartedness, **cásmhaireacht** consideration, **cineáltas** kindness, **coincheapadh** conceiving, **conclúidiú** concluding, **creidiúint** believing, **críonnacht** wisdom gained from long experience, **cur amach** knowledge, grasp, **dul amach ar** fathoming, getting to understand, **eagnaíocht** enlightenment, **eolas** knowledge, **fáil an phictiúir ghinearálta** getting the general picture, **fáil léargas ar** getting insight about/on, **feiceáil** seeing, **foighne**

patience, **foghlaim** learning, **forléiriú** construing, **fuascailt** fathoming, resolving, **fulaingt** tolerance, **gaois** wisdom, **géarchúis** perception, observance, **grinneas** discernment, **infeiriú** inferring, **láiche** gentleness, kindness, **léann** learning, **leanúint** following, **leath-thuiscint** vague understanding, **léirthuiscint** appreciation; clear understanding, **mothú daonna** human feeling, humanity, **rathú** perceiving, apprehension, **saíocht** erudition, wisdom, **sobhogthacht** responsiveness, sensitivity, **sruththuiscint** fair understanding (Tá **sruththuiscint agam air.** I have a fair understanding/memory of it.), **tabhairt faoi deara** noticing, **tabhairt i ngrinneas** discerning, **tátal** inference; deduction, **trua** pity

▲ ~ **ar an obair** an understanding of the work, ~ **ar an scéal** realisation of the situation, ~ **ar an stair** conception of history, ~ **ar an suíomh polaitiúil** awareness/understanding of the political situation, ~ **ar na deacrachtaí móra** appreciation of the great difficulties, ~ **ar na rioscaí** perception of the risks, ~ **do na seandaoine** consideration for the elderly, ~ **don snagcheol** appreciation of jazz

▲ **easpa tuisceana** lack of understanding, insensitivity, **deacrachtaí tuisceana** comprehension difficulties, **meabhrán tuisceana** memo of understanding, **triail tuisceana** comprehension test

Tuisle *m* (*~; -lí*) stumble, totter, trip; fall
barrthuisle stumble, **bocáil** rocking, **botún** mistake, **cor coise** wrong footing, trip, setback (cf **Baineadh cor coise as.** He suffered a setback.), **croitheadh** wagging; trembling, **dearmad** negligence, oversight, **guagadh** wobble, wobbling, **longadán** sway, swaying; stagger, staggering (cf **ag longadán anonn is anall** staggering this way and that), **luascadh** swinging, **siúl corrach** tottering gait, tottering, **stámhailleach** *f* lurching, staggering, **stamrógacht** lurching unsteadily, tottering, **starragán** stumble, **suí go guagach** teetering (eg **suite go guagach ar fhaobhar aille** teetering on the edge of a cliff), **taisme** mishap, **titim** fall, **truip** slip-up, **tuathal** blunder, error caused by clumsiness

▲ ~ **teicniúil** technical glitch

◊ **Ba mhór an ceap ~ é.** It was a big stumbling block., **Baineadh ~ asam.** I slipped/stumbled.

Tuisleach *adj³* stumbling
corrach rickety, tottering, **creathánach** shaky, **éadaingean** shaky, unstable, **faiteach** hesitant, nervous, **giodamach** unsteady, uneasy, **guagach** wobbly, unsteady, unstable, **neamhchinnte** uncertain, **neamhsheasmhach** (*mec*) unstable, **neamhshocair** unsteady, unsettled, **stadach** faltering

Tuisligh *v₂ᵦ* stumble, totter, trip; fall
bí ag guagadh ó thaobh go taobh be wobbling from side to side, **bí ag longadán** be swaying, staggering, **bí ag luascadh** be swinging, **bí ag stámhailleach** *f* be lurching, staggering, **bí ag starragánacht** be stumbling, **bocáil** rock; bounce, **croith** wag; tremble, **siúil go corrach** totter along, stagger, **suigh go guagach** teeter, **tit** fall, **tit as do sheasamh** keel over, **truipeáil suas** trip up

Tuislithe *pp* stumbled, tottered, tripped; fallen
ar tí titim about to fall, **bocáilte** rocked; bounced, **croite** wagged; trembled, shook, **siúlta go corrach** tottered along, staggered, **sleamhnaithe** slipped, slid, **suite go guagach** teetered; teetering, **tite** fallen, **tite as do sheasamh** keeled over, **truipeáilte suas** tripped up

Tuisliú *vn* stumbling, tottering, tripping; fallen
bocáil rocking; bouncing along, **croitheadh** wagging; trembling, **guagadh** wobbling, wavering, **longadán** swaying, staggering, **luascadh ó thaobh go taobh** swinging from side to side, **siúl go corrach** tottering along, staggering, **stámhailleach** lurching, staggering, **starragánacht** stumbling, **suí go guagach** teetering, **titim** falling, **titim as do sheasamh** keeling over, **truipeáil suas** tripping up

Tuismitheoir *m* (*-eora; ~í*) parent
altramaí *m* foster parent, **an seanbhuachaill** the old man, **athair** *m* father, **caomhnóir** guardian; protector, **coimeádaí** keeper, custodian, **cosantóir** protector, steward, **crann taca** champion, **gairdian** (*church*) guardian, **máthair** *f* mother

▲ ~ **altrama** foster parent

Tum *v₁ₐ* dive, steep, dip, plunge
báigh submerge, **cin** descend, spring down from, **cuir ar maos** steep, soak **dipeáil** (*sheep*) dip, **folc** bathe, **ísligh go tobann** plummet, **léim** jump, **léim i ndiaidh do chinn/mhullaigh** jump head first, **maothaigh** steep, soak, **picil** pickle, **portaigh** steep, **socthum** nosedive, **tar anuas de ruathar** swoop down, **tit** fall, drop, **tit de thapaigean** plunge

~ **i súlach é!** Dip it in gravy!
~ **in uisce é!** Immerse it in water!
~ **isteach sa linn!** Dive into the pool!
~ **isteach san obair!** Plunge into the work!
~ **na caoirigh sa dip!** Dip the sheep!

Tumadh *vn* diving, steeping, dipping, plunging
cineadh descending, springing down from, **cur ar maos** steeping, soaking, **dipeáil** (*sheep*) dipping, **folcadh** bathing, **ísliú go tobann** plummeting, **léim** jumping, **léim i ndiaidh do chinn/mhullaigh** jumping head first, **maothú** steeping, soaking, **picilt** pickling, **portú** steeping, **socthumadh** nosediving, **teacht anuas de ruathar** swooping down, **titim** falling, drop, **titim de thapaigean** plunging, **tumadóireacht** diving

Tumadóir *m* (*-óra; ~í*) diver
léimneoir jumper (cf **léimneoir buinsí** bungee jumper), **paraisiútaí** parachutist, **spéirthumadóir** skydiver, **tumaire** dipper; plunger

Tumtha *pp* dived, steeped, dipped, plunged
  cinte descended, sprung down from, **curtha ar maos** steeped, soaked, **dipeáilte** *(sheep)* dipped, **folctha** bathed, **íslithe go tobann** plummeted, **léimthe** jumped, **léimthe i ndiaidh do chinn/mhullaigh** jumped head first, **maothaithe** steeped, soaked, **picilte** pickled, **portaithe** steeped, **socthumtha** nosedived, **tagtha anuas de ruathar** swooped down, **tite** fallen, dropped, **tite de thapaigean** plunged

Tur *adj⁵*
  1. arid, dry; cynical
  díscithe desiccated, **feoite** withered, **gan uisce** waterless, **íotach** parched, **spallta** parched, **stálaithe** stale, **stiúgtha** parched, **tirim** dry *(see also: tirim)*

  ▲ **arán** ~ dry bread, **briosca** ~ plain biscuit, **focal** ~ cynical comment, **greann** ~ dry humour, **talamh** ~ arid land

  2. uninteresting, drab, dour
  doicheallach dour, cold, unfriendly, **fadálach** tedious, **fuairnéalach** cold, listless, **fuar** cold, **gan spréach** without spark, **leadránach** boring, **leamh** dull, uninspired, insipid, **neamhspéisiúil** uninteresting, **soiniciúil** cynical, **tuaisceartach** surly, rude, difficult to deal with

  ▲ **ábhar cainte** ~ dry topic of conversation, **bia** ~ insipid/flavourless food, **jab** ~ tedious job, **léiriú** ~ pedestrian portrayal, **plé** ~ bland discussion, **taispeántas** ~ unexciting/dull exhibition, **úrscéal** ~ dry/wearisome novel

Túr *m (-úir; -úir, ~)* tower
  barbacán barbican, **caisleán** castle, **clogás** bell tower, belfry, **cloigtheach** *m (-thí)* belfry, **colún** column, **daingean** fortification, stronghold, **dún** fort, fortress, **dúnfort** citadel, **gallán** pillar, **miontúr** *(rel)* minaret, **oibilisc** obelisk, **piolón** pylon, **piléar** pillar, **spioraicín** small spire, **spuaic** spire, steeple, **stuaic** spire (eg **stuaic eaglaise** church spire), **túirín** turret, **urdhún** bastion

Turas *m (-ais; -ais, ~)*
  1. trip, journey
  aicearra shortcut, **aistear** journey, **aistear mara** sea voyage, **bealach** *m* route; way, **bóthar** road, **camchuairt** tour, **ceann scríbe** destination, **ciorcad** circuit, **conair (shiúil)** path (of travel), **cor bealaigh** detour, **cosán** path, **cóstáil** coasting, **crosáid** crusade, **cuairt** visit, **cúrsa** course, **cúrsa taistil** itinerary, **cúrsáil** cruising, **dul** going, **fánaíocht** roving, roaming, **fálróid** wandering; ambling, **feacht** *m (lit)* journey, expedition, **geábh** quick trip, flying visit, **idirthuras** transit, **juncaed** junket, **imeacht** departure, **odaisé** *f* odyssey, **oilithreacht** pilgrimage, **ród** road, *safari* safari, **saorthuras** excursion, **sciuird** flying visit, dash (cf **Sciuird chun na Rúise** A Flying Visit to Russia), **seachrán** wandering, **séad** journey, path to travel, **siúlóid** walk, **slí** *f* way, **spaisteoireacht** ramble, **taiscéalaíocht** exploration, **taisteal** travel, **taisteal aeir** air travel, **treo** *m* direction, **triall** journey, **truip** *f (~e; ~eanna)* trip, **uidhe** *m (~; ~adha, ~adh)* *(lit)* march, journey (cf **ceann uidhe** journey's end) *(see also: aistear)*

  ▲ ~ **aeraíochta** pleasure trip, ~ **farraige** sea voyage/trip, ~ **míleata** military expedition, ~ **na Cruaiche** pilgrimage to Croagh Patrick, ~ **na Croise** *(rel)* Stations of the Cross, ~ **scoile** school trip, ~ **tionlactha** conducted tour

  ◊ **dul ar** ~ to go on a trip

  2. time, occasion
  am time, **babhta** bout, occasion, **cuairt** occasion, time, **dul go**, **feacht** occasion, **iarracht** turn time (eg **an chéad** ~ **eile** the next time), **iarraidh** turn, time (eg **an** ~ **seo** this time), **ócáid** occasion, **sea** turn, spell, **tan** *(lit)* time, occasion, **uair** time

  ◊ **den** ~ **deireanach** for the last time, **Rinne sí d'aon** ~ **é.** She did it on purpose.

Turasóir *m (-óra; ~í)* tourist
  cuairteoir visitor, **éiceathurasóir** ecotourist, **fámaire** sightseer, **lucht saoire** holiday-makers, **síobaire** hitchhiker

  ▲ ~**-lae** day-tripper, ~ **mála droma** backpacker

Turasóireacht *f (~a)* tourism
  cuairteoireacht visiting, **éiceathurasóireacht** ecotourism, **fámaireacht** sightseeing, **caitheamh saoire** holidaying, **dul ar saoire** going on holidays, **síobaireacht** hitchhiking, **taisteal** travel, travelling, **turasóireacht-lae** day-tripping

Turgnamh *m (-aimh; -aimh, ~)* experiment
  anailís analysis, **breathnóireacht** observation, **fiosrú** inquiring, **iniúchadh** inspection, scrutiny, **promhadh** proving, testing, **sampláil** sampling, **scrúdú** examining, **seiceáil** checking, **staidéar píolótach** pilot study, **taighde** research, **tástáil** testing, **tástáil agus earráid** trial and error, **triail** *f (-alach; -alacha)* trial, test, dummy run *(see also: tástáil)*

Turgnamhach *adj³* experimental, empirical
  breathnaitheach observational, **eimpíreach** empirical, **eolaíoch** scientific, **iniúchach** investigative (cf **iriseoireacht iniúchach** investigative journalism), **píolótach** pilot, **réamh-** *pref* preliminary, **scrúdtach** probing, **taiscéalaíoch** exploratory, **tástála** (> *tástáil*) testing, **trialach** experimental, **tuairimeach** speculative

Turn *m (tuirn; tuirn, ~)*
  1. turn, go, spell
  babhta bout, turn, go, **deis** opportunity, **dreas** turn, spell, **seal** shift, spell, go, **seans** chance, **tamall** while, **uain** turn, spell; opportunity *(see also: uain)*

2. turn, fit of illness
babhta bout, fit (cf **gabhlán tinnis** fit of illness), **casadh** turn, **spang** *f (-ainge; ~a, ~)* paroxysm, fit, **taom** attack (cf **taom croí** heart attack) *(see also: taom)*

Turnamh *m (-naimh)* collapse, fall, toppling, decline **ascar** *(from saddle)* fall, **céim síos** comedown, demotion, **cliseadh** collapse; sudden failure, **cloí** overthrow, **díscaoileadh** dissolution, **dul in éag** die; die out, **dul i léig** become extinct, **imeacht as** disappearance, **ísliú** lowering; humbling, climb-down, **leagan** knocking down, demolition, fall, **meath** decay, **scrios** destruction, annihilation, **teip** failure, **titim** fall, **titim as a chéile** falling apart, **trálacht** flagging, decline, **treascairt** downfall, overthrowing (eg **treascairt na himpireachta** the overthrowing of the empire)

◊ **~ Impireacht Naofa na Róimhe** The Fall of the Holy Roman Empire

Turraing *f (~e; ~í)* shock, jolt; thrust, dash, attack **corraíl** agitation, **croitheadh** shudder, **fogha** *f* attack, **geit** jolt, startle, **imbhualadh** collision, impact, **ionadh** surprise, **ionsaí** attack, **preab** *f* jolt, sudden shock, **ráib** dash, sprint, **ropadh** rush, dash, dart, **ruathar** dash, onslaught, **rúid** dash, **rúideog** short dash, sprint, **ruthag** dash, rush, **sracadh** jerk, **suaitheadh** perturbation, disturbance, **truilleán** push, shove, **tuairt** crash, impact, **tuinseamh** impact, shock

▲ **~ anaifiolachtach** anaphylactic shock, **~ leictreach** electric shock, **~ sheipteach** septic shock, **~ theirmeach** thermal shock, **~ thuirlingthe** landing shock

Tús *m (túis; túis, ~)* beginning, start; precedence **an chuid is fearr** the best part, **athair** father, **bunadh** origin, **buntús** rudiments, **brollach** *m* preface, **bunús** origin; genesis, **dúiseacht** awakening, **éirí** rise, **feabhas** best, **foinse** *f* source, **fréamhacha** roots, **gin** embryo, **intreoir** *f* introduction, **máthair** mother, **oscailt** opening, **pointe tosaithe** starting point, **réamhrá** foreword, **scríoblíne** *f* scratch, starting line, **seoladh** launch, **síol** seed, germ, **tabhairt isteach** introduction, introducing (eg **tabhairt isteach reachtaíocht nua** introducing new legislation), **tionscnamh** inauguration, inception, **tosach** *m* start, beginning, **tosú** beginning, starting, **tuismitheoir** parent *(see also: tosach)*

◊ **~ an bhia** the best of the food, **ar d~** at first, **Is tú a chuir ~ leis.** You started it., **ó thús go deireadh** from the start to finish, **Tá ~ aici ar na daltaí eile.** She's the best of all the other pupils., **Tá ~ agat orm!** You beat me to it!, You're ahead of me!

P ~ maith leath na hoibre! A good start is half the job!

Tútach *adj³* uncouth, rude
ainbhiosach ignorant, rude, **aineolach** ignorant, uninformed, **amhlánta** boorish, **anásta** lumbering, clumsy, **barbarach** barbaric, **barbartha** barbarous, **bodúil** loutish; churlish, **borb** rude, gruff, **botúnach** blundering, awkward, **brománta** boorish, uncouth, **brúidiúil** brutal, savage, **brúisciúil** unmannerly, churlish, **bunaíoch** primitive, **cábógach** clodhopping, oafish, **ciotach** gauche, awkward, **ciotrúnta** maladroit, clumsy, **comónta** common, vulgar, **crúbach** awkward with feet or hands, **daoithiúil** rude, uncivil, **dothíosach** inhospitable, churlish, **driopásach** awkward, fumbling, **dúlaí** cold, frigid, niggardly, **gairgeach** surly rough, **gáirsiúil** coarse, lewd, **gan mhúineadh** without manners, **gan sibhialtacht** unrefined, rough round the edges, **gan slacht** crude, **garbh** rough, **liobarnach** clumsy, lubberly, **liopasta** ungainly, **míbhéasach** uncultured, rude, **míchuibhiúil** unseemly, **mímhúinte** ill-mannered, **mínósmhar** bad-mannered, **mí-oiriúnach** inappropriate, **míshibhialta** uncivilised, **místuama** inconsiderate, thoughtless, clumsy, **suarach** miserable, shabby, contemptible, **táir** wretched, base, mean, vile **tuaisceartach** surly, dour, **úspánta** clumsy, **úspánta** fumbling

Tútachas *m (-ais)* ignorant rudeness, churlishness
ainbhios *m* ignorance, **aineolas** unawareness, ignorance, **amhlántacht** boorishness, **amscaíocht** awkwardness, untidiness, **anástacht** clumsiness, **barbarthacht** barbarism, brutishness, **bodúlacht** impropriety, loutishness; churlishness, **boirbe** rudeness, gruffness, **braobaireacht** rudeness, cheek, **bromántacht** boorishness, uncouthness, **brúidiúlacht** brutality, savagery, **ciotaí** gaucheness, awkwardness, **ciotrainn** awkwardness, clumsiness, **ciotrúntacht** maladroitness, **cloíteacht** meanness of spirit, **comóntacht** commonness, ordinariness, **driopás** fumbling, **éadlás** roughness, harshness, **gairbhe** roughness, uncouthness, **gáirsiúlacht** coarseness, lewdness, **gairbhe** roughness, **liobarnacht** clumsiness, limpness, blubbering, **liopastacht** ungainliness, clumsiness, **madrúlacht** beastliness, obscenity, **míbhéas** uncultured behaviour, bad manners, **míchuibheas** unseemliness, **mímhúineadh** ill-mannered behaviour, rudeness, **mínós** rudeness, insolence, **mínósmhaireacht** bad-mannered behaviour, **mí-oiriúnacht** inappropriateness; unsuitability, **míshibhialtacht** uncivilised behaviour, **místuaim** thoughtlessness, clumsiness, **ruacántacht** boorishness, **úspántacht** clumsiness, **útamáil** fumbling

U u

Uabhar *m (-air)*
1. *(excessive)* pride, arrogance
anuaill arrogance, **bogás** smugness, self-complacency, **borrachas** pride, arrogance, **bród** pride, elation, **bródúlacht** pride; arrogance, **deonacht** condescension, **díomas** arrogance, pride, conceitedness; contempt, **giodal** vain conceit, vanity, **gíomántacht** impudence, **iomarca** arrogance, presumption, **lán** pride, arrogance (cf **Is mór an lán atá faoi.** He's full of himself.), **leithead** conceitedness, **maigiúlacht** cockiness, pertness, **maíteacht** boastfulness, **mórchúis** haughtiness, arrogance, **móiréis** haughtiness, pretension, **mórluachacht** self-importance, **mórtas** boastfulness, **postúlacht** self-importance, conceitedness, **prapaireacht** uppishness, impudence, insolence, **séideogacht** disdainfulness, **sotal** cheek, superciliousness, **srónacánacht** sniffing condescendingly, **stróinéis** overbearingness; pushiness, **tiarnúlacht** overbearingness, cheekiness, **toirtéis** haughtiness

▲ **peaca an uabhair** the sin of pride

2. wounded pride, offense
díomú indignation, **faltanas** hard feelings, resentment, **fearg** *f* anger, **frustrachas** frustration, exasperation, **gangaid** rancour, **míshásamh** dissatisfaction, **múisiam** annoyance, **stuaic** sulk, **stainc** pique, **tormas** umbrage, **uafás** horror, outrage

◊ **Tháinig ~ uirthi nuair a ceistíodh í faoina dílseacht.** She became offended when her loyalty was questioned.

3. exuberance, elation, frolicking
aigeantacht spiritedness, **beochan** animation, vivacity, **beocht** life, animation, **beogacht** liveliness, sprightliness, **ceol** high spirits, life (eg **Bíonn sí i gcónaí lán de cheol.** She is always full of life.), **meanmnacht** spiritedness, courage, **spionnadh** vigour, vitality, **spiorad** spirit, **spleodar** exuberance, **teaspach** animal spirits, exuberance

◊ **Bhí na huain ag ~ sna páirceanna.** The lambs were frolicking in the fields.

4. abundance, luxuriance
bleachtanas profusion; lactation, **farasbarr** excess, **flúirse** plenty, plenitude, **fuílleach** plethora; remainder, **iomad** (too) much, **iomarca** excess, **láine** fullness, **lán de mhála** *(coll)* bags (cf **Tá lán de mhála den am againn.** We have bags of time.), **luthairt lathairt** abundance, **neart** great amount, abundance, **pota óir** bonanza, **raidhse** copiousness, **sáile** rich herbage, luxuriant growth, **rachmas** affluence, **sámhas** voluptuousness; *(of the flesh)* gratification, **tolmas** abundance

◊ **Tá na barra dulta in ~ i mbliana.** The crops are abundant this year.

Uacht *f (~a; ~anna)* will, testament
cinneadh decision, **fágáil** parting injunction; bequest, **fonn** desire, **guí** wish, prayer, **intinn** intention, **leagáid** legacy, **oidhreacht** inheritance; heritage, **ordú** command, **rún** resolution, **tiomna** testament, **tiomnacht** bequest, **toil** volition, will, **urghaire** *(jur)* injunction

Uachtaigh *v₂b (in a will)* bequeath
aistrigh transfer, **bronn** bestow, **deonaigh** award, grant; donate, **fág** leave, **fág le huacht** bequeath, **fág mar oidhreacht** leave as an inheritance, **oidhrigh** bequeath, **ordaigh** command, order, **tabhair** give; endow, **tiomnaigh** dedicate; bequeath

Uachtaithe *pp (in a will)* bequeathed
aistrithe transferred, **bronnta** bestowed, **deonaithe** awarded, granted; donated, **fágtha** left, **fágtha le huacht** bequeathed, **fágtha mar oidhreacht** left as an inheritance, **oidhrithe** bequeathed, **ordaithe** commanded, ordered, **tugtha** given; endowed, **tiomnaithe** dedicated; bequeathed

Uachtar *m (-air; -air, ~)*
1. upper part; surface
an pointe is airde the highest point, **ard** elevated area, **ardtalamh** upland, **barr** top, **binn** summit, peak, **círín** crest, **dromchla** surface, **talamh ard** uplands, **uasphointe** zenith *(see also: barr, dromchla)*

▲ **~ an bhus** the upper deck of the bus, **~ an tí** the upper floors of the house, **~ an tsléibhe** the upper part of the mountain, **~ na hÉireann** South of Ireland

◊ **Bhí ceobhrán ar ~ an uisce.** There was a mist on the surface of the water., **lámh in ~ a fháil ar** to get the upper hand on

2. cream
an ceann is fearr the pick of the bunch, **an chuid is fearr** the best part, **bainne téachta/tiubh** thickened/rich thick milk, **bláth** blossom, **plúr** *(poet)* flower, flowering (cf **plúr na mban** the flower of womanhood), **rogha** *f* choice, pick, **scoth** pick, choicest, **ungadh** lotion, cream (cf **ungadh éadain** face cream)

Uachtarach

▲ ~ **déiríochta** dairy cream, ~ **fuar** cold cream, ~ **glantach** cleansing cream, ~ **ime** buttercream, ~ **reoite** ice cream, ~ **téachta** clotted cream

Uachtarach *adj³* upper, top; superior, supreme
ard- *pref* higher, **bairr** (> **barr**) top, **céimiúil** distinguished, **den chéad scoth** top-notch, premium, **is airde** the highest, supreme; premium (cf **ár seirbhís is airde** our premium service), **is tábhachtaí** the most important, **luachmhar** prized, **oirirc** eminent, **príomh-** *pref* prime; main, **uachtair** (> **uachtar**) upper

Uachtarán *m (-áin; -áin, ~)* president
an duine i bhfeighil the person in charge, **banríon** *f* queen, **bean** *f* **an tí** woman of the house; hostess, **braine** head, leader, **cathaoirleach** *m* chairperson, **ceann** head, **ceann stáit** head of state, **ceann urra** head person, **ceannaire** head, leader, **ceannasaí** chief, head honcho, supremo, **ceannfort** commander, **cioná** chief, champion, **coróin** crown, **fear** *m* **an tí** man of the house; host, **flaith** *m* prince, ruler, chief, **impire** emperor, **lánchumhachtach** *m* plenipotentiary, **maor** supervisor; *(school)* prefect, **méara** mayor, **rí** king, **ríon** *f (~a; ~acha)* queen; queenly noble lady, **saoiste** foreman, ganger; boss, **taoiseach** chieftain, **triath** *(lit)* chief, prince, **urra** authority, **urra tí** head of household *(see also:* **ceann***)*

▲ ~ **na hÉireann** The President of Ireland

Uachtarúil *adj⁴* creamy
ar nós veilbhite velvety, **bainniúil** milky, **blasta** tasty, **bog** soft, **cúrach** creamy, **mín** smooth, **neasbhán** off-white, **olúil** oily, **saibhir** rich, **síodúil** silky, **tiubh** thick

Uachtú *vn (in a will)* bequeathing
aistriú transferring, **bronnadh** bestowing, **deonú** awarding, granting; donating, **fágáil** leaving, **fágáil le huacht** bequeathing, **fágáil mar oidhreacht** leaving as an inheritance, **oidhriú** bequeathing, **ordú** commanding, ordering, **tabhairt** giving; endowing, **tiomnú** dedicating; bequeathing

Uafás *m (-áis; -áis, ~)*
1. horror, terror
adhfhuafaireacht abomination, **adhfhuath** horror, **aláram** *m* alarm, **alltacht** wild fear, **anbhá** *m* consternation, panic, **anbhuain** dismay, **anfa** *m* stress, terror; tempest, storm, **anfais** consternation, **ballchrith** trembling of limbs, **col** revulsion, **corrabhuais** consternation, **craiceann circe/gé** goose pimples, **criteagla** shaking fear, **dearg-ghráin** abhorrence, **déistin** disgust, **eagla** *f* fear, **eagla an domhain** extreme fear, **faitíos** apprehension, fear, **fuath** hatred, **fuafaireacht** hatefulness; hideousness, **gealtachas** madness, terror (eg **Rith siad as le gealtachas.** They ran off in terror.), **gealtacht** insanity, lunacy, **gráin** abhorrence, loathing, hatred, **gráiniúlacht** loathsomeness, frightfulness, **haras** horrors (**sna haras óil** delirium from drink), **líonrith** panic, **mallacht Dé** anathema, **míthaitneamh** repugnance, **múisiam** nausea, **neamhchion** *m (-cheana)* aversion, antipathy, **samhnas** disgust, **scannal** scandal, shock, **scanradh** fright, fear, **scaoll** panic, **scéin** terror, **scard** terror, fright, **scáth** apprehension, **sceilmis,** fright, terror, **sceimhle** terror, **scéin** wild terror, **uaiféaltas** awfulness, dreadfulness, **uafaireacht** dreadfulness, horror, **uamhan** *m (-ain; -mhna, ~)* dread, **urghráin** fearfulness, terror; abhorrence, loathing, **urghránnacht** hideousness, gruesomeness *(see also:* **eagla***)*

2. *(coll emphatic use)* huge amount, vast quantity
as cuimse stratospheric, **an-** great; very, **an oiread sin** so much, **cuid mhór** huge amount, **dochreidte** unbelievable, **dúrud** huge amount, vast quantity, **éachtach** meteoric, epic, **fíor-** real, **iontach** amazing, **lear** stack, **moll mór** truckload, vast amount, **neart** great amount, strongly, **thar a bheith** extremely, **thar chuimse** exceeding, **thar na bearta** extraordinary

◊ **Tá an t-~ airgid acu.** They have a horrendous amount of money., They are extremely wealthy., **Tá an t-~ rudaí le déanamh againn fós.** We have an awfully vast number of things to do yet.

Uafásach *adj³*
1. horrible, dreadful, terrible awful
adhfhuafair loathsome, **anchúinseach** monstrous, abnormal, **anfaiseach** dismayed, **arrachtach** monstrous, grotesque, **brúidiúil** brutal, **colach** revolting, repugnant, **dearg-ghráiniúil** abhorrent, **déistineach** disgusting, **creathnach** hair-raising, **fuafar** hateful, **gráiniúil** loathsome, frightful, **mallaithe ag Dia** cursed by God, **múisiamach** nauseous, **oiltiúil** nauseating; cloying, **samhnasach** disgusting, nauseating, **scannalach** scandalous, shocking, **scanrúil** frightening, alarming, **scáfar** apprehensive, **scéiniúil** inspiring terror; frightened-looking, **tubaisteach** catastrophic, **uafar** dreadful, **uaiféalta** awful, dreadful, **uamhnach** dreadful, terrifying, **urghránna** hideous, gruesome *(see also:* **eaglach***)*

▲ **aimsir** ~ atrocious weather, **boladh** ~ horrid smell, **botún** ~ dreadful mistake, **caill** ~ awful loss, **cás** ~ desperate situation, **coir** ~ heinous crime, **crith talún** ~ devastating earthquake, **diomailt ama** ~ appalling waste of time, **gníomh** ~ despicable act/deed, **moill** ~ agonising delay, **pian** ~ terrible pain, **radharc** ~ terrible sight, **raic** ~ unholy row, **scannán** ~ atrocious film, **scéala** ~ horrendous news, **scread** ~ awful scream, **stoirm** ~ fierce storm, **tart** ~ dreadful thirst, **timpiste** ~ horrific accident, **tromluí** ~ horrible nightmare, **tubaiste** ~ unspeakable disaster

◊ **B'uafásach an rud é!** It was a dreadful thing!, **Is ~ an scéal é.** It's a horrible/awful situation., **Tá sin go huafásach ar fad!** That's absolutely awful.

2. vast, awesome: *(emphatic use)* terrible, awful
ábhal great, immense, **ábhalmhór** hugely immense, ginormous, **áibhéalta** exaggerated, huge, vast, **aibhseach** immense, huge, **creathnach** appalling, **damanta** damn, appalling, **dochreidte** unbelievable, **mór millteach** humongous, **millteach** enormous, extreme (eg **millteach gránna** extremely ugly), **millteanach** immense, terrible (eg **deifir mhillteanach** terrible hurry), **oll-** *pref* king-sized, jumbo, bumper, **ollmhór** massive, monolithic

◊ **Is ~ an méid é.** It an awesome amount. **Is ~ an méid obair bhaile a tugadh dúinn.** It's an awful amount of homework we have been given.

Uaibhreach *adj3*

1. proud, arrogant
ardnósach haughty, pompous; posh, **bogásach** smug, **bródúil** proud, arrogant, **deonach** condescending, **díomasach** arrogant, conceited, **drochmheasúil** contemptuous, **giodalach** conceited, **gíománta** impudent, **grusach** gruff, rude, **i nglór uasal le híseal** with a superciliious/patronising tone, **leitheadach** conceited, **maigiúil** cocky, pert, **maingléiseach** showy, ostentatious, **maíteach** boastful, **móiréiseach** swaggering, haughty; pretentious, **morálach** boastful, vain, **mórchúiseach** haughty, arrogant, **mór is fiú** big-headed, pompous, **mórtasach** proud, boastful, **mustrach** ostentatious, pompous, **postúil** self-important, ostentatious, **séideogach** sniffy, disdainful, **sonnta** pushy, cheeky, **sotalach** cheeky, arrogant, supercilious, **stradúsach** cocky; cocksure, **stráisiúnta** bumptious, **stróinéiseach** overbearing, pushy, **teanntásach** audacious, **teaspúil** uppish, arrogant, **toirtéiseach** haughty, **tóstalach** arrogant, conceited, **tuairimiúil** opinionated, conceited, **uallach** vain, proud, **undrach** conceited

▲ **amadán ~** stuck-up fool, **iompar ~** overbearing behaviour, **meon ~** arrogant attitude, **taoiseach ~** proud chieftain

2. exuberant, spirited
aigeanta spirited, **beo** alive, **beoga** lively, sprightly, **lán de cheol** full of high spirits, full of life, **meanmnach** free-spirited, exuberant, **spionnúil** vigorous, strong, **spioradúil** spirited courageous, **spleodrach** exuberant

▲ **capall ~** spirited horse

3. abundant, luxuriant
borrúil fast-growing, **faíoch** copious, **fairsing** extensive, pervasive, **flaithiúil** princely, **fras** plentiful, abundant, **flúirseach** abundant, **líonmhar** plentiful, **méith** fat, fertile, rich, juicy, **mótúil** rich, heavy, **rábach** unrestrained, lavish, **raidhsiúil** abundant, **róúil** prosperous, plentiful, **saibhir** rich, **snasta** polished, **torthúil** fruitful

▲ **bia ~** rich luxuriant food, **fásra ~** abundant/rank growth, **fimíneacht ~** rampant hypocrisy

4. eerie, creepy
aduain strange, unfamiliar, **aerachtúil** eerie, **diamhair** mysterious, **dorcha** dark, **iarmhaireach** eerie, **íogair** eerie, solemn; touchy, **osnádúrtha** supernatural, **taibhsiúil** ghostly, **uaigneach** solitary, lonely, lonesome *(see also: **uaigneach**)*

▲ **seanteach ~** eerie old house

Uaigh *f (~e; ~eanna)* grave

adhlacadh old burial ground; sepulchre, **cill** *f (~e; cealla, ceall)* churchyard, **fód** sod (cf **bheith faoin bhfód** to be dead and buried), **leacht** *m (~a; ~anna)* grave mound, **reilig** graveyard, **lusca** *m* crypt, vault, **pluais** underground hollow, cave, **tamhlacht** graveyard for the poor, **tuama** *m* tomb, **uaimh** underground chamber, **úir** soil, earth; grave (cf **Tá sé san úir anois.** He is in his grave now.), **ula** *f* sepulchre; vault, charnel house

P **Is iomaí lá ag an ~ orainn.** We'll be a long time dead., **Ní thabharfaidh tú do chóta chun na h~e!** You can't take it with you (when you die)!

Uaigneach *adj3*

1. lonely; aloof, reserved
aduain strange, unfamiliar, **ait** weird, **aonarach** lone, single, **aonaránach** solitary, **aonraic** alone, **ar chúl éaga** out-of-the-way; isolated, **coimhthíoch** distant, detached; foreign, **coimhthithe** alienated, estranged, **cúlráideach** in the background, out-of-the-way, **cumhach** homesick; lonesome, **deoranta** aloof, **doicheallach** churlish, aversive, **fuaránta** cold, distant, **gan chairde** friendless, **iargúlta** remote, isolated, **leithlisithe** *(especially med)* isolated, **mímhuinteartha** unfriendly, aloof, **neamhionúin** unloved; unbeloved, **sracuaigneach** slightly lonely, **stoite amach** isolated, **strainséartha** alien, unfamiliar, **tréigthe** abandoned, **tuamúil** grave-like; sepulchral

▲ **amhrán ~** mournful song, **beatha ~** lonely life, **domhan ~** lonely world, **oileán ~** solitary island, **páiste ~** lonely/lonesome child, **saol ~** lonely life

2. spooky, creepy, lonely
aduain strange, weird, creepy, **aerachtúil** eerie, **aisteach** strange, **ait** weird, **bagrach** threatening, sinister (eg **atmaisféar bagrach** sinister atmosphere), **diamhair** mysterious, **dorcha** dark, **iarmhaireach** eerie, **íogair** eerie, solemn; touchy, **neamhshaolta** unearthly, **mínádúrtha** unnatural, **osnádúrtha** supernatural, **scanrúil** scary, **scéiniúil** terrifying, spine-chilling, **taibhsiúil** ghostly, spectral, **uaibhreach** eerie, creepy

▲ **driuch ~** creepy bristling sensation, **fonn ~** haunting melody, **seanteach ~** creepy old house

Uaigneas *m (-nis)* loneliness, solitude; eeriness

aduaine weirdness, eeriness, **aiteacht** oddness, **aonaracht** solitude, **aonaránacht** solitariness,

Uaillmhian

cúl éaga back of beyond; **cúlráideacht** seclusion, **coimhthíos** alienation, estrangement, **cumha** *m* loneliness; homesickness, **cumhaí** homesickness; lonesomeness, **cúlráideacht** seclusion, **deorantacht** aloofness, **diamhair** obscurity, mystery, eeriness, **diamhracht** eeriness, bewitchment, **doicheall** churlishness, aversiveness, **easpa carad** lack of friends, friendlessness, **iargúltacht** remoteness, **leithlis** *(especially med)* isolation, **príobháid** privacy, **príobháideacht** privacy; intimacy, **mímhuintearas** unfriendliness, aloofness, **sracuaigneas** slight loneliness, **stoiteacht** aloofness, **tréigean** abandonment, **uabhar** feeling of loneliness, eeriness; pride, arrogance

P Is fearr an troid ná an t-~. Fighting is better than loneliness.

Uaillmhian *f (-mhéine; ~ta)* ambition
ardmhian *f* aspiration, **cíocras** avidity, **cruacht** hardness, **daingne** determination, **déine** intensity, toughness, **díocas** keenness, **díograis** enthusiasm, **éilitheacht** importunity, insistence, **fiontar** enterprise, go-up-and-go, **fonnmhaireacht** desirousness, wishfulness, **glóirmhian** desire for glory, fame-seeking, **spreagthacht** motivation, **stróinéis** pushiness, **tiomantacht** drivenness, **tionscnaíocht** initiative, **tréipéisí** self-assertiveness, forwardness, **treallús** initiative

Uaillmhianach *adj³* ambitious
aidhmeannach designing, ambitious, **cíocrach** avid, **crua** hard, **daingean** determined, **dian** exacting, tough, **díocasach** keen, **díograiseach** enthusiastic, **éilitheach** demanding, **fiontrach** go-getting, go-ahead, **fonnmhar** desirous, **gan trua gan trócaire** ruthless, **glóirmhianach** fame-/attention-seeking, **spreagtha** motivated, **stróinéiseach** pushy, **tiomanta** driven, **tréipéiseach** self-assertive, pushing forward, **treallúsach** assertive

▲ **bean óg ~** young ambitious woman, **ceoltóir ~** aspiring musician, **tionscadal ~** ambitious project, **sprioc ~** ambitious target

◊ **bheith ~** to aim high, to be ambitious, **Bhí an plean pas beag ró-~.** The plan was a tad overambitious.

Uaimh *f (~e; ~eanna)* cave, den, crypt; grotto
cabha *m* hollow, **cabhán** cavity, hollow, **clasán** gully; anus, asshole, **coire** pothole, **coirín** small pothole, **cráitéar** crater, **cuas** cavity, **cúinne** corner, crevice, **fochla** *(lit)* grotto; excavation, cave, **gág** fissure, **log** hollow (eg **log i sliabh** hollow in a mountain), **logán** small hollow, pit, **oscailt** aperture, **pluais** cave, **pasáiste faoi thalamh** subterranean passage, **poll** hole, hollow, **prochóg** den, cave, hollow, **scailp** cave, den, **scoilt** chink, cranny, **uachais** burrow

Uain *f (~e; ~eacha)* turn, spell, time, opportunity
achar duration, period, **aga** *m* space, interval, **am** time, **babhta** bout, turn, go, **dreas** turn, spell, **ocáid** shona happy occasion, **oscailt** opening, **píosa** bit; short while, **sciorta den ádh** stroke of good luck, **sea** *m* turn, spell (cf **gach re sea** turn and turnabout), **seal** shift, spell, go, **séan** prosperity, **seans** chance, **tamall** while, **tarlú ámharach** lucky occurrence, **tráth** time, once, **tréimhse** *f* period of time, **turn** *(games)* turn, **uair** time, occasion, hour

◊ **An é m'~ é?** Is it my turn?, **Nuair a gheobhaidh mé ~ ar é a dhéanamh.** When I get an opportunity to do it.

Uainíocht *f (~a)* alternating, taking turns
ailtéarnú alternating, alternation, **babhtáil** swapping, doing bouts, **babhtáil áiteanna** trading places, **ionadú** substituting, **malartú** switching, swapping, interchanging, **sealaíocht** rotating, taking turns, **sealobair** shiftworking, shift work

Uair *f (~e; ~eanta)*
1. hour
seasca nóiméad sixty minutes, **trí mhíle sé chéad soicind** three thousand six hundred seconds

◊ **Bhí luas de nócha ciliméadar san ~ fúinn.** We were travelling at ninety kilometres an hour., **Siúl ~e a bheadh ann.** It would be an hour's walk., **Tá ~ a' chloig fágtha againn fós.** We have still an hour left.

2. time, occasion
aimsir time, period, **aois** age, **am** *m (~a; ~anna)* time, **lá** day, **ócáid** occasion, **ráithe** *f* quarter, season, **ré** *f* era, **saol** life, **scaitheamh** spell, while, interlude, **séasúr** season, **seal** interval, spell, shift, **tamall** while, certain period of time, **tráth** (former) time, once, **treall** short period of work, **tréimhse** *f* period, term, **turas** time, occasion, **uain** time, opportunity *(see also: am)*

◊ **~ nó dhó** once or twice, **~ sa naoi n-aird** once in a blue moon, **~ sa tseachtain/mhí** once a week/month, **aon ~ amháin** once, **ar feadh ~e** for an hour, **ar ~ibh** occasionally, **de thruip na h~e** for the time being, **dhá ~** twice, **trí huaire** three times, thrice

Uaireanta *adv* sometimes
amanna at times, **amanta** *(coll)* at times, **anois is arís** now and again, **ar uainibh** on occasion, **ar uairibh** occasionally, **corruair** the odd time, **fo-uair** occasionally, **ó am go chéile** off and on, **ó am go ham** from time to time, **ó thráth go chéile** once in a while, **ó uair go chéile** from time to time, **scaití** at times, **uair faoi seach** the occasional time

Uaisleacht *f (~a)*
1. nobility
ardchéimíocht eminence, high-ranking status, **bantiarnaí** *fpl* ladies, **daoine uaisle** nobles, people of high social status, **mná** *fpl* **uaisle** noble women, ladies, **maorgacht** stateliness, **mórgacht** greatness, majesty, **móruaisle** *mpl* magnates; worthies, gentry, **niachas** *(hist)* chivalry, **ridireacht** *(hist)* chivalry,

Uaisligh ríúlacht kingliness, majesty, **stáidiúlacht** stateliness, **stáidmhná** *fpl* stately women, **tiarnaí** *mpl* lords, **uaisle** *f* nobility, people of high rank, **uaslathas** aristocracy
  2. high-mindedness, gentility
ardaigeantacht high-mindedness, **cneastacht** decency, honesty, sincerity, **cuibheas** propriety, **cuibhiúlacht** decorum, **cúirtéis** courtesy, chivalry, **dea-bhéasa** *mpl* good manners, **dea-bhéasaíocht** civility, *(fig)* chivalry, **dínit** dignity, **galántacht** fineness, chivalry, magnanimity, **grástúlacht** graciousness, **maorgacht** dignity, **nósmhaireacht** gentility; etiquette

Uaisligh v_{2b} elevate, exalt, make noble
  áibhligh aggrandise; exaggerate, **ardaigh** elevate, raise up, **ardaigh i gcéim** elevate, honour; raise in rank, **bronn gradam ar** confer an honour on, **cuir i gcéim** exalt, promote, **formhéadaigh** magnify, **foruaisligh** exalt, ennoble, **glóirigh** glorify, **tabhair ardú céime do** promote; exalt, **tabhair urraim do** pay honour/show respect to

Uaislithe *pp* ennobled, exalted, elevated
  áibhlithe aggrandised; exaggerated, **ardaithe** elevated, risen up, **ardaithe i gcéim** elevated, honoured; raised in rank, **curtha i gcéim** exalted, promoted, **dar tugadh ardú céime** who has been promoted; exalted, **dar tugadh urraim** who has been honoured, **formhéadaithe** magnified, **foruaislithe** exalted, ennobled, **glóirithe** glorified

Uaisliú *vn* elevating, exalting, ennobling
  áibhliú aggrandising; exaggerating, **ardú** elevating, raising up, **ardú i gcéim** honouring; raising in rank, promotion, **bronnadh gradaim ar** conferring of an honour, **cur i gcéim** promoting, promotion; exalting, **formhéadú** magnifying, **glóiriú** glorifying, **tabhairt ardú céime do** promoting; exalting, **tabhairt urraim do** honouring

Ualach *m (-aigh; -aí)* burden, onus
  cúram care, responsibility, family, **dola** imposition, burden, **dualgas** duty, **eire** load, burden (cf **Tá sé ina eire orm.** It's a burden for me.), **freagracht** responsibility, **hoibín** host load carried on back, piggyback-carrying, **lacáiste** dependent, burden; discount, **laincis** fetter, *(fig)* encumbrance, **lasta** cargo, **lastas** freightage, cargo, **lód** *m* load, **marclach** *m* load placed on the back of a horse, **meáchan** weight, **mortabháil** charge, responsibility, **muirear** encumbrance, charge, family, **muirín** family; charge, burden, load, **osar** load on back, burden, **tónáiste** hardship, burden, **tradualach** *m* heavy load, **traidín** bundle carried on back, **trillín** burden, dead weight, **trom** burden, weight, **uchtán** load carried between arms and chest, **uchtóg** armful, **ultach** *m* armful; load, burden

Ualaigh v_{2b} burden, load up
  bodhraigh bother, **buair** trouble, grieve, **carn** heap, stack, **cruach** stack, **cuir crua ar** strain, **cuir isteach ar** impose, **cuir strus ar** stress, **cuir ualach ar** burden, **forualaigh** overload, **lastáil** *(boat)* lade, load, **líon** fill, **lódáil** load, **luchtaigh** load, **luigh go trom ar** weigh down heavily on, **stang** charge, load (cf **gunna a stangadh** to load a gun), **straidhneáil** *(med)* strain, **tromaigh** make heavier

Ualaithe *pp* burdened
  bodhraithe bothered, **buartha** troubled, grieved, **carntha** heaped, stacked, **cruachta** stacked, **curtha isteach ar** imposed upon, **forualaithe** overloaded, **lastáilte** *(boat)* laden, loaded, **líonta** filled, **lódáilte** loaded, **luchtaithe** loaded, **stangtha** charged, loaded (cf **gunna stangtha** loaded gun), **straidhneáilte** *(med)* strained, **tromaithe** made heavier

Ualú *vn* burdening
  bodhrú bothering, **buaireamh** troubling, grieving, **carnadh** heaping, stacking, **cruachadh** stacking, **cur crua ar** straining, **cur isteach ar** imposing upon, **cur strus ar** stressing, **cur ualach ar** burdening, placing a burden on, **forualú** overloading, **lastáil** *(boat)* lading, loading, **líonadh** filling, **lódáil** loading, **stangadh** *(weapon)* charging, loading, **straidhneáil** *(med)* straining

Uamhan *m (-ain; -mhna, ~)* dread, fear
  anbhuain dismay, **anfais** consternation, **criteagla** *f* shaking fear, **eagla** *f* fear; awe, **guasacht** dread, existential fear, **imeagla** *f* terror, great fear, dread, **scaoll** panic, **sceimhle** *m* terror, **scéin** wild terror, **uafás** horror, terror *(see also: eagla)*

  ▲ ~ **Dé** fear of God, ~ **clóis** claustrophobia, ~ **dosmachtaithe** unimaginable dread, ~ **sráide** agoraphobia

  ◊ **bheith faoi** ~ **agus eagla** to be in fear and trembling, **Bíonn uamhan uirthi roimh damháin alla.** She has a dread of spiders., **Bhí** ~ **orm i láthair an Phápa.** I was overawed in the presence of the Pope.

Uamhnach *adj³* dreadful, terrifying; full of dread
  ar aon bharr amháin creatha shivering with fear, **criteaglach** shaking with fear, **eaglach** fearful, frightening; frightened, **imuamhnach** terrifying; terrified, **scáfar** fearful; easily frightened, **scanraithe** terrified, **scanrúil** frightening, **scaollmhar** panicky (very) alarmed, **scéiniúil** terrifying, **scéiniúlachta** (> *scéiniúlacht*) involving scariness or a frightened state, **sceimhlithe** terrorised, **uafásach** horrible, terrible

Uas- *pref* upper, maximum; noble
  ~**aicme** *f* upper class, ~**chúirt** upper court, ~**phointe** highest point, ~**ráta** maximum rate, ~**tiarna talún** superior landlord

Uasal 1 *m (-ail; uaisle)* nobleman, gentleman
  bean *f* **uasal** lady, **boc mór** big shot, bigwig, **breac mór** bigwig, top brass, **duine mór le rá** person of high repute, heavy hitter, **duine uasal** gentleman, **mál** *(lit)*

prince, chief, noble, **móruasal** magnate, **piara** peer, **piarda** *(iron)* Lord Muck, big shot, **prionsa** prince, **sochlach** *m* person of high repute, worthy, **sracdhuine (uasal)** real gent; worthy, **stáidbhean** *f* stately woman, **tapar** distinguished person, **tiarna** lord, **triath** lord, chief, prince, **uaslathaí** aristocrat

◊ **A bhean uasal!** Madam!, *(letter)* Dear Madam, **A dhuine uasail!** Sir!, *(letter)* Dear sir, **A Dhaoine Uaisle!** Ladies and Gentlemen!, **An tUasal Ó Dochartaigh** Mr Doherty, **ríomhphost chuig an Uasal Ó Briain** email to Mr O'Brien

P **Ní uasal ná íseal ach thuas seal agus thíos seal.** There isn't nobility or ignobility but up a while and down a while.

Uasal 2 *adj irr* noble, elevated

ardaigeantach high-minded, **ardchéimiúil** elevated, eminent, **ardnósach** grand; pompous, **beannaithe** blessed, **breá** fine, **céimiúil** distinguished, **cneasta** gentle, mild, **creidiúnach** reputable, respectable, **cuibhiúil** decorous, **dearscnaitheach** excellent, **de shliocht uasal** high-born, **díniteach** dignified, **fial** generous, **fiúntach** worthy, **ionraic** upright, **lách** gentle, **macánta** honest, decent, **maorga** dignified, **measúil** respected, deserving of honour, **mór** great, grand, **mórga** high-minded, august, **mórintinneach** magnanimous, **mórmheasúil** highly esteemed, **mórthaibhseach** spectacular, **náir** *(lit)* noble, honourable, **naofa** holy, **niamhrach** splendid, resplendent, **oiriúnach** respectable, fitting, **oirirc** illustrious, **ollásach** magnificent, **rán** *(lit)* noble, **ríoga** regal, royal, **ríúil** majestic, kingly; splendid, **stáidiúil** stately, **suáilceach** virtuous, **taibhseach** flamboyant, ostentatious; splendid, **teann** august, **teanntásach** audacious, **triathach** lordly, noble, **uasaicmeach** upper-class, **uaslathach** aristocratic, **urramach** esteemed, respected

▲ **bean** ~ lady, **cloch** ~ precious stone, **dóigh** ~ gracious manner, **fear** ~ gentleman, **gníomh** ~ honourable deed, **hata** ~ *(high reg)* fine hat, **iompar** ~ gallant behaviour, **meon** ~ noble attitude, **miotal** ~ precious metal, **seasamh** ~ dignified stance, **sinsear** ~ venerable ancestor, **stíl** ~ elevated style

Uathoibrigh v_{2b} automate

córasaigh systemise, **déan uathoibríoch** make automatic, **cuir ag oibriú uaidh féin** cause to work by itself, **meaisínigh** machine, **meicnigh** mechanise, **ríomhairigh** computerise

Uatha 1 *m* (~; ~*í*) *(gram)* singular

aon one (also: **aon cheann amháin** one), **aonacht** oneness, **aonad amháin** one unit, **aonán** biol individual, **aonaracht** singularity, **aonaránacht** solitariness, **aontacht** unity, oneness, **eisiachas** exclusivity, **neamhdhéachas** nonduality, **sainiúlacht** singularity, **singilteacht** *(ph)* singularity, **uathúlacht** uniqueness

Uatha 2 *adj⁶* *(gram)* singular

aon one, **aonadach** unitary, **aonánach** *biol* individual, **aonarach** singular, solitary, **aonaránach** alone, solitary, **aonraic** solitary, alone, **aonta** one, single, **eisiach** exclusive, **neamhdhéach** nondual, **sainiúil** singular, specific, **singilteachta** (> **singilteacht**) *(sci)* relating to singularity, **uathúil** unique (*see also*: **uathúil**)

Uathoibríoch *adj⁵* automatic

athfhillteach recurring, recurrent, **cláraithe** programmed, **féinghníomhachtaithe** self-activating, **féinrialaithe** self-regulating, **frithfhillteach** reflex, **frithluaileach** *(physiol)* reflex, **gan smaoineamh** without thinking, **meicnithe** mechanised, **meicniúil** mechanical, **ríomhairithe** computerised, **uaidh féin** by itself, spontaneous, **tobann** knee-jerk, sudden, **uathfheidhmeach** self-functioning

Uathoibrithe *pp* automated

córasaithe systemised, **meaisínithe** machined, made by machine, **meicnithe** mechanised, **ríomhairithe** computerised, **uathoibríoch** automatic (*see also*: **uathoibríoch**)

Uathoibriú *vn* automating

córasú systemising, **meaisíniú** machining, **meicniú** mechanising, **ríomhairiú** computerising

Uathúil *adj⁴* unique, rare, individual

agus ní bheidh a leithéid ann arís and it is the one and only; one of a kind, **áirithe** particular, certain, **aonair** (> **aonar**) single, alone, **aonánach** one-off; individual, **aonarach** lone, solitary, **aonaránach** solitary, **aon uaire** one-off, **ar leith** separate, singular, **dosháraithe** unrivalled, **gan réamhshampla** unprecedented, **gan sárú** unmatched, matchless, **indibhidiúil** individual, **leithleach** particular; idiosyncratic, **nach bhfacthas a leithéid cheana** unequalled, unparalleled; unprecedented, **nach bhfuil inchomparáide** incomparable, **saintréithiúil** distinctive, **sainiúil** specific, distinctive

▲ **barrachód** ~ unique barcode, **leabhar** ~ rare book, **tréith** ~ individual trait

Uathúlacht *f* (~*a*) uniqueness, rarity, rareness

aonaracht singularity, solitude, **aonaránacht** solitariness, **dosháraitheacht** unbeatability, **dearscnaitheacht** distinctiveness, **eisceachtúlacht** exceptionality, **eisiachas** exclusivity, **leithleachas** particularity, **indibhidiúlacht** individuality, **neamhchoitiantacht** uncommonness, rarity, unusualness, **sainiúlacht** specificity, **saintréith** distinctive trait, **singilteacht** singleness; *(sci)* singularity, **sonra** characteristic, (particular) detail, **suntas** marvel, something worthy of notice, **suntasacht** distinctiveness; prominence

Ubh *f* (*uibhe*; *uibheacha*) egg

caibheár caviar, **eochraí** *f* roe (cf **eochraí bhradáin** salmon roe), **glugar** bad/rotten egg (cf **ubh ghlugair**

addled egg), **gog(aí)** goggy (child's name for) egg, **gónad** gonad, **lachtar** clutch of eggs, **ubhán** ovum, **suth** *m* embryo

▲ ~ **bheirithe** boiled egg, ~ **bhogbhruite** soft-boiled egg, ~ **chirce** hen's egg, ~ **chruabhruite** hard-boiled egg, ~ **fhia** shell-less egg, ~ **ghé** goose egg, ~ **scallta** poached egg, ~ **scrofa** scrambled egg

Ucht *m* (~*a*; ~*anna*) breast, chest

bráid neck and breast area, **broinne** breast, bosom, **brollach** *m* bosom, breast; *(book)* foreword, **cliabh** *m* *(cléibh; cléibh, ~)* chest, bosom (cf **mo chara cléibh** my bosom friend), **cliabhrach** *m* chest, **tóracs** thorax, **tosach** front, front part, **traslár an chléibh** breast, bosom

▲ ~ **cnoic** breast of a hill, ~ **coise** upper instep, ~ **loinge** front of ship, ~ **na rí** upper forearm

◊ **as ~ go bhfuil tú anseo** since you are here, **as ~ na síochána** for the sake of peace, **as m'~ féin** for my own part, **in ~ an bhaoil** in the face of danger, **le h~ an bháis** at the point/moment of death, **suí in ~ d'athar** to sit on your father's knee

Uchtaigh *v₂ₐ* adopt

altramaigh foster, **éirigh i do chaomhnóir (dlíthiúil) ar pháiste** to become the (legal) guardian of a child, **gabh ar altramas** adopt, foster, **glac chugat féin** take to yourself, **tóg isteach** take in

Uchtaithe *pp* adopted

altramaithe fostered, **bheith ceaptha i do chaomhnóir (dlíthiúil) ar pháiste** to have been appointed the (legal) guardian of a child, **gafa ar altramas** adopted, **glactha chugat féin** taken to yourself, **tógtha isteach** taken in

Uchtú *vn* adopting, adoption

altramú fostering, **éirí i do chaomhnóir (dlíthiúil) ar pháiste** becoming the (legal) guardian of a child, **gabháil ar altramas** adopting, fostering, **glacadh chugat féin** taking to yourself, **tógáil isteach** taking in

Údar *m* (-*air*; -*air*, ~)

1. author

ceapadóir inventor; composer, **cruthaitheoir** creator, **cumadóir** composer, **cumhdaitheoir** founder, **déantóir** maker, fabricator, **dearthóir** designer, **file** *m* poet, **scríbhneoir** writer

◊ **Beidh an t-~ ag caint linn faoin leabhar.** The author will be speaking with us about the book.

2. authority, expert

díograiseoir enthusiast, **eolaí** knowledgeable person, expert, **saineolaí** expert, **máistir** master, **móidín** enthusiast, buff, **saoi** expert, oracle, **saoithín** nerd, pedant, **speisialtóir** connoisseur, specialist, **údarás** authority

◊ **Tá sise ina húdar ar an ábhar sin.** She is an authority on that subject.

P **Focail údair i mbéal amadáin.** Words of wisdom on the lips of a fool.

3. cause, origin

athair *m* (-*thar*; **aithreacha**) father, **bunaitheoir** originator, **bunchúis** root cause, **léiritheoir** *(film)* producer, **bunúdar** prime mover, **fáth** reason, **foinse** source, **fondúir** founder, **gineadóir** begetter, generator, **léiritheoir** *(film)* producer, **máthair** *f* (-*thar*; **máithreacha**) mother, **príomhchúis** motivation factor, mainspring, **réasún** reason, **spreagthach** *m* stimulus, **tionscnóir** initiator, originator; contriver, **tobar** *m* (-*air*; **toibreacha**) well, font, spring, source, **tosach** *m* beginning, **tosaitheoir** initiator, **tuismitheoir** parent, **táirgeoir** producer, manufacturer

◊ **Tá ~ maith againn le himní bheith orainn.** We have good reason to be concerned.

4. 'makings', trainee

ábhar substance, material (eg **ábhar dochtúra** trainee doctor), **duine faoi oiliúint** trainee, **earcach** *m* recruit, **foghlaimeoir** learner, **neach léinn** student, **núíosach** *m* novice, **printíseach** *m* apprentice, **tosaitheoir** beginner

◊ **Tá ~ múinteora chumasaigh sa chailín sin.** That girl has the makings of a powerful teacher.

Údarach *adj³* authentic

bailí valid, **barántúil** authentic, genuine, *bona fide* bona fide, **ceart** right, **ceart ó dhlí** legitimate, **cneasta** sincere, meek, **cóir** proper, right, **coisear** kosher, **dáiríre** sincere, **de réir na bhfíricí** factual, **dílis** faithful, **dleathach** legal, **éifeachtach** effective, valid, **féin** self (same), real, very (cf **Is é an rud féin é.** It's the real thing., **Sin an fhírinne féin.** That's the very/real truth.), **fíor-** *pref* real, pure, **fíor** true, real, genuine, **fíorasach** factual, **fírinneach** truthful, true, **inchreidte** credible, **ionraic** honest, **iontaofa** trustworthy, **macánta** childlike, honest, **muiníneach** reliable, dependable, **údaraithe** authorised, **údarásach** authoritative

Údaraigh *v₂ₐ* authorise, empower

ainmnigh name, deputise, **aontaigh le** agree to, **caighdeánaigh** standardise, make (the) standard, **ceadaigh** permit, allow, **ceadúnaigh** licence, **cinntigh** assure, verify, **coimisiúnaigh** commission, **creidiúnaigh** accredit, **dearbhaigh** affirm, assert; confirm, **deimhnigh** certify, guarantee, certificate, **dligh** have the right, the entitlement to (cf **tá leithscéal dlite dóibh** they're entitled to an apology), **dlisteanaigh** legitimate, **faomh** approve, **fíordheimhnigh** authenticate, **formheas** sanction, **géill do** accede to, **lig** allow, **tabhair cumhacht do** empower, give power to, **tabhair údarás do** authorise, give authority to, **tacaigh le** support

Údaraithe *pp* authorised, empowered
  ainmnithe named, deputised, **aontaithe le** agreed to, **caighdeánach** standard (cf **an Ghaeilge Chaighdeánach** Standard Irish), **caighdeánaithe** standardised, **ceadaithe** permitted, allowed, **ceadúnaithe** licenced **cinntithe** assured, verified, **coimisiúnaithe** *(art, etc)* commissioned, **coimisiúnta** *(officer)* commissioned, **creidiúnaithe** accredited, **dearbhaithe** affirmed, asserted; confirmed, **deimhnithe** certified, guaranteed, certificated, **dlite** entitled, **dlisteanaithe** legitimated, **faofa** approved, **faoi cheadúnas** under licence, **fíordheimhnithe** authenticated, **formheasta** sanctioned, **géillte do** acceded to, **ligthe** allowed, **oifigiúil** official

Údarás *m (-áis; -áis, ~)* authority
  anáil influence, **ardcheannas** supremacy, **bainistíocht** management, **barántas** warranty, authority; warrant, **basaíocht** bossing, **briathar Dé** Word of God, **ceannas** headship, command, **cead** sanction, **ceadúnas** licence, **ceart** right, **cumhacht** power, **dlínse** *f* jurisdiction, **eolas** knowledge, **feidhm** prowess; function, **feidhmchumhacht** effective powers, **feidhmeannach** *m (person)* executive, **feidhmeannas** *(body)* executive, **flaithiúnas** sovereignty, **fórsa** force, **lámh in uachtar** upper hand, **meas** weight, respect, **na cumhachtaí móra** the great powers, **neart** might, **oifig** office, **próis** prowess, **réim** sway, authority, **riail** *f (-alach)* rule, **riarachán** administration, **saineolaí** specialist, **saineolas** expertise, **scoláireacht** scholarship, **smacht** control, **svae** *m* sway, **téacsleabhar** textbook, **teann** authority, power, **tiarnas** dominion; domination, **treise** dominance, supremacy, power, **údarásacht** presumption of authority; behaving in the manner of one in authority, **údaracht** authenticity, **urlámh** *f* authority, control; custody, **urlámhas** jurisdiction; control, authority, **urra** *m* guarantee; authority, (reliable) source (cf **Fuair mé ó urra maith é.** I got it from a reliable source.)

  ▲ **~ abhann** river authority, **~ Aerfort Bhaile Átha Cliath** Dublin Airport Authority, **~ áitiúil** local authority, **~ an Bhíobla** the authority of the Bible, **~ ceadaithe** sanctioning authority, **~ ceannais** governing authority, **~ craolacháin** broadcasting authority, **~ na Gaeltachta** Gaeltacht Authority

  ◊ **Cé aige a bhfuil ~ anseo?** Who is in charge here?, **Is scéal gan ~ é.** It's a story that hasn't yet been authenticated., **Tá ~ lena cuid cainte.** Her words carry weight.

Údarásach *adj³*
  1. authoritative
  bailí valid, **barántúil** authentic, genuine, *bona fide* bona fide, **ceart ó dhlí** legitimate, **cóir** proper, right, **coisear** kosher, **dáiríre** sincere, **de réir na bhfírící** factual, **dílis** faithful, **dleathach** legal, **éifeachtach** effective, valid, **fíor-** *pref* real, pure, **fíor** true, real, genuine, **fíorasach** factual, **fírinneach** truthful, true, **inchreidte** credible, **ionraic** honest, **iontaofa** trustworthy, **macánta** honest, **muiníneach** reliable, dependable, **údarach** authentic

  ▲ **foinse ~** authoritative source, **glór ~** authoritative voice, **leabhar ~** authoritative book

  2. presumptuous, dictatorial
  andóchasach presumptuous, **bromúdarásach** brash, **buannúil** presumptuous; bold, **clóchasach** pert, presumptuous, **easurrúsach** over-familiar, impertinent, **iomarcach** excessive, **mustrach** cocky, **neamh-mheontach** forward, presumptuous, **postúil** presumptuous, **rómhuiníneach** too cocksure, **sotalach** cheeky, **stradúsach** cocksure, brazen, **teanntásach** opinionated, bullish, **tiarnasach** peremptory, **treallúsach** forward

  ◊ **Ná bí chomh h~ sin!** Don't be so presumptuous!, **Labhraíonn sé go ró-~ ar gach rud.** He is far too dogmatic about everything.

Údarú *vn* authorising, authorisation, empowering, empowerment
  ainmniú naming, deputising, **aontú le** agreeing to, **ceadú** permitting, allowing, **ceadúnú** licencing, **cinntiú** assuring, verifying, **coimisiúnú** commissioning, **creidiúnú** accrediting, **dearbhú** affirming, asserting; confirming, **deimhniú** certifying, guaranteeing, certificating, **dlí** having the right, the entitlement to, **dlisteanú** legitimating, **faomhadh** approving, **fíordheimhniú** authenticating, **formheas** sanctioning, **géilleadh do** acceding to, **ligean** allowing, **tabhairt cumhachta do** empowering, giving power to, **tabhairt údaráis do** authorising, giving authority to, **tacú le** supporting

Uile- *pref* all, universal
  ~chumhachtach all-powerful, almighty, **~-Éireann** all Ireland, **~fheasach** all-knowing, **~fhóinteach** all-purpose, **~-íoc** cure-all, panacea, **~thacar** universal set, **~thrócaireach** all-merciful

Uile 1
  1. *adj (precedes and lenites noun)* all, every
  a *(+ eclipsed verb)* all, **a bhfuil ann** all that are there, **achan** every, **ar** *(+ verb in past tense)* **ar tháinig inniu** all who came today, **chuile** *(coll)* every single, each and every, **comhiomlán** aggregate, **gach** every, **gach aon** each and every, **gach mac máthar acu** every single one of them, **gach uile** every single, **gan eisceacht** without exception, **go léir** all, **iomlán** complete; total, all

  ◊ **gach ~ dhuine** each and every person, everybody, **gach ~ rud** everything

  2. *adj⁶ adv* all, whole
  comhiomlán aggregate, **corpanta** total, out and out, **cuimsitheach** comprehensive, **déanta** done, complete, **dólámhach** all-out, with both hands, full

on, **foirfe** perfect, **go léir** all, **go h~** entire (cf **a clann go h~** her entire family), **iomlán** total, complete, **gan roinnt** undivided, **glan** clean, **lán-** full, **lán** full, **lomlán** completely full, **slán** complete, safe, sound

◊ **an cine daonna ~** all of humanity, **an scéal ~** the whole story, **ar fud an domhain ~** throughout the whole world

3. *adv* **go h~** entirely, wholly
amach is amach outrightly, entirely, **ar fad** entirely, **go hiomlán** totally, completely **go léir** wholly, entirely

◊ **go h~ agus go hiomlán** completely and entirely

Uile 2 *s(indecl)* all

an t-iomlán the whole lot (cf **an t-iomlán dearg acu** every damn one of them), **comhiomlán** aggregate, **cuimsitheacht** comprehensiveness, **gach aon** every one, **gach aon cheann** every single one, **gach duine** every person, everybody, **gach rud** everything, **iomláine** entirety, **iomlán** total, **lánsuim** sum total

◊ **an ~** all things, **Bíonn sí ag obair Domhnach is ~.** She works on Sundays and all., **Dia na n-~** God of all things

Uilíoch *adj⁵* universal

ar fud na cruinne worldwide, everywhere, **coiteann** common, shared, **comhchoiteann** collective, **cuimsitheach** comprehensive, **domhanda** worldwide, global, **éacúiméineach** ecumenical, **forleathan** widespread, **ginearálta** general, **iltíreach** cosmopolitan, **iomlán** total, entire, **uilechuimsitheach** all-encompassing, all-embracing, **uilechoiteann** across the board, **uileghabhálach** comprehensive, exhaustive, **uile** all

▲ **clúdach ~ leathanbhanda ~** universal broadband coverage, **fírinne ~** universal truth, **gramadach ~** universal grammar, **luchtaire ~** universal charger

Uilíocht *f (~a)* universality

coitinne commonality; commonness, **comhchoitinne** collectivity, **cuimsitheacht** comprehensiveness, inclusiveness, **éacúiméineachas** ecumenism, **fairsinge** breadth, generality, comprehensiveness, **ginearáltacht** generality, **iomláine** entirety, totality, **uilechuimsitheacht** all-inclusiveness, **uileghabhálacht** inclusiveness, exhaustiveness, **uilíochas** universalism

Uilleach *adj³* angular

ar claonadh tilted, **ar fiar** angled, **ar fiarlaoid** across, athwart, diagonally; veering away, **ar sceabha** askew, slantwise, **cearnach** square, angular, **cearnógach** angular; squared, squarish, **claonta** tilted; biased, **comhuilleach** equiangular, **creagach** craggy, **cuspach** cusped, **déchuspach** bicuspid, **dronuilleach** right-angled (cf **triantán comhchosach dronuilleach** right-angled isosceles triangle), **dronuilleogach** rectangular, **fiar** oblique, slanting, **fiarlaoideach** crosswise, diagonal, **fiartha** slanted, tilted, **fiarfhaobhrach** bevel-edged, **fiarthrasna** diagonal, crossways, **garbhchumtha** cragged, rugged, **garbhshnoite** rough-hewn, **géar** sharp, **géaruilleach** acute-angled, **gearruilleach** *(photo)* short-angled, **maoluilleach** obtuse-angled, **sceabhach** skew, slanting, oblique, **sceilgeach** craggy, **speancach** craggy, angular, **trasnánach** diagonal, **triantánach** triangular

Uillinn *f (~e; ~eacha;* also: *gen sg/pl* -**lleann**)

1. elbow

alt joint, **cnámh** bone, **lámh** *f* arm, **uachtar láimhe** upper arm

▲ **alt ~e** elbow joint, **píb ~e uilleann** pipes

◊ **~ ar ~** arm in arm, **Thug sí ~ dom.** She nudged me.

2. angle; sharp turn

ascaill recess, **binn** corner; peak, **casadh** turn, bend, **casadh géar** sharp turn, **cearn** *f (~a; ~aí)* corner, angle, **coirnéal** corner, **cor** twist, **corr** edge, **crosaire** intersection, **cúinne** *m* corner, nook, **eang** *f* notch, groove, **fabhar** sharp edge, **fána** *f* slope, **fiar** bend, twist, **fiaradh** slanting, tilting, **fiarfhaobhar** bevel edge, **fiarghearradh** crosscut, **fiarlán** zig-zag, **fiarsceabha** inclination to one side, **fiarthrasnán** *(chess)* diagonal, **gabhal** *(in road)* fork; crotch, **grádán** gradient, **lúb** *f* bend, recess, nook, **sceabha** *m* skew, slant, obliquity, **trasnán** diagonal

Úim *f (úma; úmacha)* harness, gear, tackle

adhastar halter; reins, **airnéis** equipment; chattels, **cóir** proper equipment (cf *pl* **córacha** requisites), **cóiriú** equipment; coupling, **cuing** yoke, **fearas** gear, **feisteas** trappings, attire, **feistithe** *mpl* fittings, **gabháil** yoke, harness, **gléas** tackle, harness, **gléasra** apparatus, gear, **srathair** straddle, **srianta** *mpl* reins, **tácla** tackle, **trealamh** equipment, tackle, **úmachan** harnessing; equipping, prepping, preparing (cf **trealamh iascaireachta** fishing tackle), **úmadh** harnessing

▲ **~ dhreapadóireachta** climbing harness, **~ naíonán** child's harness, **~ thumadóireachta** diving harness, **~ threafa** ploughing harness

◊ **Tá an ~ is an tslinn agam!** I'm geared up and ready to go!

Uimhir *f (-mhreach; -mhreacha)* number

áireamh counting, number (cf **áireamh daoine** a number of people), **aonad** unit, **bailiúchán** collection, **cainníocht** quantity, **céatadán** percentage, **cion** *m* (~) share, **codán** fraction, **cóip** copy, **comhaireamh** count, calculation, **comhiomlán** aggregate, **corruimhir** odd number, **cuid** *f (coda; codanna)* part, **cuntas** right amount, number (cf **cuairteoirí gan chuntas** innumerable visitors), **deachúil** *f* decimal, **digit** digit, **eagrán** edition, **figiúr** figure, **imleabhar** volume, **innéacs** index, **iomlán** total, **líon** *m* requisite amount, fill; number, **liacht** many, **oiread** amount, **oiread áirithe** several, certain amount, **réaduimhir** real number, **ré-uimhir** even number, **riar** provision, **scála** scale, **scata** small group, several (eg **scata ban** several women), **scóip** scope, **scór** score, **slánuimhir** integer, **slua** multitude, **suim** sum, **tionól** assembly, **toise** dimension, measurement, **tomhas** measure. *(see also: líon, méid)*

▲ ~ **aiceanta** natural number, ~ **chóimheasta** rational number, ~ **éagóimheasta** irrational number, ~ **ilchodach** composite numbers, ~ **phríomha** prime number, ~ **shamhailteach** imaginary number

Uimhrigh v_{2b} number
ainmnigh name, **áirigh** enumerate, **clibeáil** tag, **comhair** count, **cuir uimhir ar** tag with a number, **cuir uimhreacha le** put numbers to, number tag, **liostaigh** list, **luaigh** enumerate, **ríomh** calculate, compute, **suimigh** total (up), **tagair do** instance

Uimhrithe *pp* numbered
ainmnithe named, **áirithe** enumerated, **ar ar cuireadh uimhir** tagged with a number, **clibeáilte** tagged, **comhairthe** counted, **lenar cuireadh uimhir** numbered, **liostaithe** listed, **luaite** enumerated, **ríofa** calculated, computed, **suimithe** totalled (up), **tagartha** instanced

Uimhriú *vn* numbering
ainmniú naming, **áireamh** enumerating, **clibeáil** tagging, **comhaireamh** counting, **cur uimhir ar** putting a number on, number, **cur uimhreacha ar** tagging with numbers, numbering **liostú** listing, **lua** enumerating; mentioning **ríomh** calculating, computing, **suimiú** totalling (up), **tagairt do** instancing

Uimhriúil *adj⁴* numerical
de réir uimhreacha according to numbers, **digiteach** digital, **grádaithe** graded, **rangaithe** ranked, **ríomh-** *pref* computational, **ríomhaireachtúil** derived by computation, computational, **slánuimhreach** *(comp, maths)* integral, **staitistiúil** statistical, **uimheartha** numerate

Úinéir *m (-éara; ~í)* owner
áititheoir occupier, **bean an tí** the woman of the establishment, the woman in charge, **caomhnóir** custodian, preserver, **coimeádaí** keeper, **cosantóir** guardian; defender, **dílseánach** *m* proprietor, proprietress, **fear an tí** the man of the establishment, the man in charge, **gabhálaí** occupier, **máistir** *m* master, **máistreás** *f (woman in charge)* mistress, **sealbhóir** possessor, holder, **stíobhard** steward, **tiarna talún** landlord

◊ **Ar phriacal an úinéara a fhágtar earraí ar an áitreabh.** Property is left on the premises at owner's risk., **Iarrtar ar úinéirí a madraí a choinneáil ar iall.** Owners ar requested to keep their dogs on a leash.

Úinéireacht *f (~a)* ownership
áitiú occupation, **cearta** *mpl* **dílsithe** proprietary rights, **dílseánacht** proprietorship; loyalty, faithfulness, **gabháltas** holding, landholding, **léasacht** leasehold, **léasú** leasing, **ruíleas** *f* freehold, **saorsheilbh** freehold, **seilbh** ownership, **teideal** title, **tiarnas** dominion

Úire *f (~)* freshness
bláth bloom, **brí** *f* bounce, **folláine** wholesomeness, **gile** brightness, **glaine** cleanness, **glaise** verdancy, greenness, bloom, **loinnir** sheen, **nua** new, new thing, **nuacht** *f* news, **nuálaíocht** innovation, **núíosacht** newness, **óige** youth, **spreacadh** vigour, **úrnuacht** brand-newness, **úrmhaireacht** originality, **úrghlaise** verdant freshness

Uirlis *f (~e)* tool, implement
acra tool, implement, **áirge** assent, useful article, **áis** facility, aid, **arm** weapon, **bail acra** implement, utensil, **ceithearnach** *m* pawn, **ciúta** *(literary)* device, **cleas** ploy, trick, **deis** facility; knack, **feiste** device, **feisteas** accoutrement, **feithicil** vehicle, **gaireas** apparatus, device, **giuirléid** gadget, **giuirléidí** accoutrements, bibs and bobs, **gléas** device, instrument, utensil, **gníomhaireacht** agency, **máille** *f* implement, tool, **meaisín** machine, **meilit** worn-out bladed implement (cf **meilit scine** blunt knife), **modhanna** *mpl* means, methods, **trealamh** equipment *(see also: ceol & trealamh)*

▲ ~ **áisiúil** handy tool, ~ **dhiagnóiseach** diagnostic tool, ~ **gharraíodóireachta** gardening tool, ~ **ilfheidhme** multipurpose tool, ~ **ilúsáide** versatile tool, ~ **láimhe** hand tool, ~ **mháinliachta** surgical tool, ~ **riachtanach** vital tool, ~ **rúnda** secret weapon

Uisce- *pref* water-
~**bhealach** *m* waterway, ~**dhath** watercolour, ~**dhíonach** waterproof, ~**dhiúltach** water repellent, ~**fhuaraithe** water-cooled, ~**leibhéal** water-level, -**obach** watertight

Uisce *m (~; -cí)* water
abhainn *f (-bhann; aibhneacha)* river, **báisteach** *f (báistí)* rain, **boige** damp, moistness, **dobhar** water; flood, torrents, **farraige** *f* sea, **fíoruisce** pure spring water, **fliche** wetness, dampness, **fliuchadh** wetting, **fliuchbháisteach** drizzle, **fliuchlach** *m (-laigh)* wet weather, **fliuchán** wetness, dampness, **fliuchras** moisture, **fraighfhliuchras** wall dampness, **foinse** *f* fountain, **leacht** liquid, **loch** *m (~a; ~anna)* lake, **muir** *f (mara)* sea, **scairdeán** fountain, **taise** damp, dampness, **taisleach** *m* moisture, condensation, **támhall** calm, sheltered water, **tanaí** *f* shallow water (cf **Tá tú ag rith ar thanaí.** You are on dangerous ground/walking on thin ice.), **tobar** *m* well, **tuile** *f* flood *(see also: báisteach)*

▲ ~ **aeraithe** aerated water, ~ **báistí** rainwater, ~ **beannaithe** holy water, ~ **beatha** whiskey, ~ **bharr**

Uisce

talún surface water, ~ **bodhar** standing/stagnant water, ~ **bog** lukewarm water; soft water, ~ **broghach** muddied water, ~ **brúchóirithe** pressurised water, ~ **bruite** scalding water, ~ **buidéil** bottled water, ~ **coisricthe/coisreacain** holy water, ~ **comhdhlúite** condensation, ~ **crua** hard water, ~ **cúil** backwater, ~ **díge** ditch water, ~ **domhain** deep water, ~ **driogtha** distilled water, ~ **faoi thalamh** underground water; intrigue, conspiracy, ~ **fiuchta** boiling water, ~ **fuar** cold water, ~ **gallúnaí** soapy water, ~ **gan súilíní** still water, ~ **gléigeal** crystal clear water, ~ **goirt** brackish water, ~ **inólta** drinkable water, ~ **marbh** stagnant water, ~ **modartha** clouded water, water unfit to drink, ~ **oighreata** iced water, ~ **reatha** running water, ~ **silte** drain water, ~ **sóide** soda water, ~ **súilíneach** sparkling water, ~ **tanaí** shallow water, ~ **te** hot water, ~ **truaillithe** contaminated water

◊ **Bhí ~ lena súile.** Her eyes were tearful., **Chuir an bia ~ le m'fhiacla.** The food made my mouth water., **Ní fiú ~ na bprátaí é!** It's worthless.

Uisce *m (~; -cí)* **beatha** whiskey
braich malt, **búrbón** bourbon, **fuisce** whiskey, **fuisce na hAlban** Scotch whisky, **poitín** poteen, mountain dew, **scailtín** hot whiskey with herbs, **sú na heorna** juice of the barley, barley bree

Uisciúil *adj⁴* watery
aibhneach fluvial, **aigéanach** oceanic, **caolaithe** diluted, **deorach** tearful, **hiodráitithe** hydrated, **lag** weak, **leachtach** liquid, **leamh** wishy-washy, **liath** *(of milk)* watered down, **lochánach** with many lakes, **silteach** dripping, **tanaí** thin, thinned down, **tanaithe** diluted; thinned down

Uisciúlacht *f (~a)* wateriness
caoldeoch *f* thin watery drink, **caolú** diluteness, **laige** weakness, **leimhe** insipidness, wishy-washiness, **scinc** weak tea; watery porridge, **tanaíocht** thinness, lack of substance, **uiscealach** *m* diluted watery drink

Úll *m (úill; ~a, ~)*
1. apple
fia-úll crab apple, **úillín** little apple, **úillín óir** golden apple, **úllachán** small apple; little ball

▲ ~ **aibí** ripe apple, ~ **ceirtlise** cider apple, ~ **fiáin** crab apple, ~ **gharraí** orchard, ~ **glasaibí** unripe apple, ~ **na haithne** *(Bibl)* the forbidden fruit, ~ **nimhe** poisoned apple, ~ **óir** golden apple; precious item, ~ **taifí** candy apple

▲ **bearrthóir** ~ apple parer/peeler, **císte** ~ apple cake, **croí** ~ apple core, **croíghearrthóir** ~ apple corer, **glóthach** *f* ~ apple jelly, **leann** ~ cider, **mionbhruar** ~ apple crumble, **pióg** ~ apple pie, **síol úill** apple pip, **strúdal** ~ apple strudel, **sú** ~ apple juice, **toirtín** ~ apple tart

◊ **Rug sí ~ na scéimhe léi.** She is incredibly beautiful.

2. globular object, apple-shaped fruit
bailcimín doorknob, **bál (coise)** ball (of foot), **cadairne** *m* scrotum, **caid** stuffed ball, **caor** *f* berry, **cruinneog** globe, orb, **cuach** ball, bundle, **glób** globe, **goirteog** sour apple, crab apple, **grán** pellet, ball, shot, **liathróid** ball, **magairle** testicle, ball, **meall** ball, globe; tumour, **mirle** *m* ball, knob, **mirlín** marble, **murlán (dorais)** (door) knob, **súilín** globule, **úirí** *f* testicle, **úllachán** little ball

▲ ~ **an chromáin/na leise** hip joint, ~ **claímh** pommel of sword, ~ **dorais** doorknob, ~ **gráinneach** pomegranate, ~ **na brád** Adam's apple, ~ **scéithe** boss of shield

▲ **alt ~ is cuas** ball and socket joint

Ullamh *adj¹* ready; finished
ar tinneall *(gun, tap, etc)* cocked, ready, set, **bunaithe** established, **ceart** right, **cóirithe** arranged, prepared, **críochnaithe** finished, **déanta** done, **eagraithe** organised, **feistithe** *(trap, mechanism, etc)* set, **i bhfearas** in working order, ready to engage, **i gcóir** in order, in readiness, **i ngiar** in gear, **i ngléas** *(of cogs)* interlocked, **in ord** in order, **in ord agus in eagar** neat and ordered, sorted out, **réidh** ready; finished, **réitithe** gotten ready, sorted, prepared, **socair** calm, unruffled, set, **socraithe** arranged, **sórtáilte** sorted *(see also: réidh)*

◊ **Táimid ~ chun imeacht.** We're ready to go., **Tá an fear bocht ~.** The poor man is done for.

Ullmhacht *f (~a)* readiness, preparedness
airdeall alertness, **aire** attention caution, **aireachas** mindfulness, **cáiréis** caution, fastidiousness, **cóir** proper provision, right condition, **faichill** care, caution, **feasacht** awareness, **foimhdin** *(lit) f (-dean)* readiness, guardedness, **oirchill** preparation, provision, **réidhe** readiness, **tapaíocht** alertness, **ullmhú** preparation, preparing

Ullmhaigh *v₂ₐ*
1. *(generally)* prepare
bí ceart be right/ready, **bunaigh** establish, set up, **cóirigh** arrange, dress, array, **cuir ar tinneall** cock, set, **cuir faoi réir** prime, prepare (eg **daltaí a chur faoi réir le haghaidh scrúdaithe** to prepare pupils for an examination), **cuir in ord (agus eagar)** put in order, **déan réidh** get ready, **eagraigh** organise, **gléas** adjust, make ready, **innill** set, order, prepare, **pleanáil** plan, **prímeáil** prime (cf **gránáid a phrímeáil** to prime a grenade), **réitigh** make ready, put in order, sort out, **socraigh** arrange, **stócáil** make preparations, **suigh** set, establish, **tiargáil** prepare

~ **cúrsa nua!** Set a new course!
~ **don gheimhreadh!** Gear up for winter!
~ **don scrúdú!** Get ready for the exam!
~ **ráiteas!** Prepare a statement!
~ **tú féin!** Get yourself ready!

2. *(cook)* prepare
bácáil bake, **beirigh** boil, **bior-róst** spit-roast, **bruith** boil, cook by boiling, **cócaráil** cook, **déan** make, **déan cócaireacht** do cooking, **deasaigh** prepare, cook (eg **deasaithe le spíosraí** cooked with spices), **cóirigh** *(food)* prepare, **fuin** *(archaic)* cook; bake; roast, **giollaigh** attend to the preparation, cook (cf **bia a ghiollacht** to cook food), **gríosc** broil, grill, **grioll** grill, **innill** *(high reg)* prepare (cf **féasta a inleadh** to prepare a feast), **picil** pickle, **réitigh** prepare **róst** roast, **saill** salt, cure, **stobh** stew

~ **an turcaí!** *(cu)* Dress the turkey!
~ **béile!** Cook a meal!

Ullmhaithe *pp*
1. *(generally)* prepare
bunaithe established, set up, **cóirithe** arranged, dressed, arrayed, **curtha ar tinneall** cocked, set, **curtha faoi réir** primed, prepared, **curtha in ord (agus eagar)** put in order, **déanta réidh** made ready, **eagraithe** organised, **gléasta** adjusted, made ready, **innealta** set, ordered, prepared, **pleanáilte** planned, **príméailte** primed, **réitithe** arranged, sorted out, **socraithe** arranged, **stócáilte** having made preparations, **suite** set, established, **tiargáilte** prepare
2. *(cook)* prepare
bácáilte baked, **beirithe** boiled, **bior-rósta** spit-roasted, **bruite** boiled, cooked by boiling, **cócaráilte** cooked, **déanta** made, **deasaigh** prepared, cooked, dressed, **cóirithe** *(food)* prepared, **fuinte** *(archaic)* cooked; baked; roasted, **giollaithe** having attended to the preparation, cooked, **gríosctha** broiled, grilled, **griolladh** grilled, **innealta** *(high reg)* prepared, **picilte** pickled, **réitithe** prepared **rósta** roasted, **saillte** salted, cured, **stofa** stewed

Ullmhaitheach *adj³* preparative
bun- *pref* basic, **bunúsach** fundamental, basic, **príomh-** *pref* primary, **príomha** primary, **réamh-** *pref* preliminary, **tosaigh** (> *tosach*) initial, opening, **ullmhúcháin** (>*ullmhúchán*) preparative

Ullmhú *vn* preparing, preparation
1. *(generally)* preparing
bunú establishing, setting up, **cóiriú** arranging, dressing, arraying, **cur ar tinneall** cocking, setting, **cur faoi réir** priming, preparing, **cur in ord (agus eagar)** putting in order, **déanamh réidh** getting ready, **eagrú** organising, **gléasadh** adjusting, making ready, **inleadh** setting, ordering, preparing, **pleanáil** planning, **príméail** priming, **réiteach** readying, putting in order, sorting out, **socrú** arranging, **stócáil** making preparations, **suí** setting, establishing, **tiargáil** preparing
2. *(cook)* preparing
bácáil baking, **beiriú** boiling, **bior-róstadh** spit-roasting, **bruith** boiling, cooking by boiling, **cócaráil** cooking, **déanamh** making, **déanamh cócaireacht** doing cooking, **deasú** preparing, cooking, **cóiriú** *(food)* preparing, **fuineadh** *(archaic)* cooking; baking; roasting, **giollacht** attending to the preparation, cooking, **griolladh** grilling, **gríoscadh** broiling, grilling, **inleadh** *(high reg)* preparing, **picilt** pickling, **réiteach** preparing **róstadh** roasting, **sailleadh** salting, curing, **stobhadh** stewing

Umhal *adj irr* humble, obedient; dutiful
caidreamhach tame, **ceansa** meek, **ceansaithe** domesticated, **cloíte** subdued, **cotúil** retiring, **cúthail** shy, **de bhunadh bocht** low-born, **faiteach** timid, **géilliúil** submissive; obedient, **gor** *(lit)* filial, dutiful, **iníseal** very lowly, **íseal** low; lowly, **lúbach** pliable, **lúitéiseach** obsequious, **lústrach** ingratiating, fawning, **modhúil** modest, **múinte** polite, **neamhphostúil** unassuming, **ómósach** respectful, **sclábhánta** servile, **sladarúsach** ingratiating, insinuative, **socheansaithe** docile, appeaseable, **soghluaiste** amenable, tractable, **soláimhsithe** manageable, **toilteanach** willing, **urraim** deferential regard

▲ **cuma** ~ tame appearance, **duine** ~ humble person, **fear** ~ unassuming man, **freagra** ~ meek reply, **iompar** ~ submissive/subservient behaviour, **laoch** ~ modest hero, **mac** ~ dutiful son, **páistí umhla** pliable children, **seirbhíseach** *m* ~ obedient servant

Umhlaigh *v₂ₐ* humble
bain béim as cut down to size, **caith drochmheas ar** demean, disparage, **cuir ceann faoi ar** chasten, shameface, **cuir deargnáire ar** mortify, **cuir náire ar** shame, put to shame, **déan glúinfheacadh** genuflect, **feac do ghúin do** bend your knee to, **géill do** bow to, yield to, **ísligh** lower; abase, **laghdaigh** lessen, diminish, **méalaigh** humble, humiliate, **náirigh** shame, humiliate, **sléacht** kneel; genuflect, **tabhair anuas** bring down, **tar anuas** come down, **tarraing náire anuas ar** bring disgrace down upon, disgrace, **téigh ar do ghlúine** go on your knees, **téigh in ísle** lower, **téigh síos** go down, **tit ar do ghlúine** fall on your knees, **uirísligh** humiliate

◊ **tú féin a umhlú** to humble yourself *(see also: umhlú)*

Umhlaithe *pp* humbled
dulta ar do ghlúine gone on your knees, **dulta in ísle** lowered, **dulta síos** gone down, **géillte do** bowed to, yielded to, **glúinfheactha** genuflected, **íslithe** lowered; abased, **laghdaithe** lessened, diminished, **méalaithe** humbled, humiliated, **náirithe** shamed; humiliated, **sléachta** knelt; genuflected, **tagtha anuas** come down, **tite ar do ghlúine** fallen on your knees, **tugtha anuas** brought down, **uiríslithe** humiliated

Umhlaíocht *f* (~*a*) humility, obedience; dutifulness
ceansacht meekness, **cotadh** bashfulness, **cúthaileacht** shyness, **faitíos** timidness, **forchás** homage, **géilleadh** obedience; surrender, **géilliúlacht**

submissiveness; compliance, **inísle** extreme lowliness, **ísleacht** lowness; lowliness, **lúitéis** obsequiousness, **lústar** ingratiating flattery, **modhúlacht** modesty, **ómós** respect, deference, **sclábhántacht** servility, **sléachtadh** prostration, **stríoc** submission, **stríocadh** yielding, submitting, **táirísleacht** servility, abjectness, **umhlóid** humility, submission, **urraim** deference

Umhlú *vn*

1. humbling

baint béim as cutting down to size, **cur ceann faoi ar** chastening, shamefacing, **cur deargnáire ar** mortifying, **cur náire ar** putting to shame, shaming, **dul ar do ghlúine** going on your knees, **dul in ísle** lowering, **dul síos** going down, **feacadh do ghúine do** bending your knee to, **géilleadh do** bowing to, yielding to, **glúinfheacadh** genuflecting, genuflection, **íslíu** lowering; abasing, **laghdú** lessening, diminishing, **méalú** humbling, humiliating, **náiriú** shaming, humiliating, **sléachtadh** kneeling; genuflecting, **tabhairt anuas** bringing down, **tarraingt náire anuas ar** bringing disgrace down upon, disgracing, **teacht anuas** coming down, **titim ar do ghlúine** falling on your knees, **umhlóid** humility, submission, **uirísliú** humiliating

2. **tú féin a ~** humble yourself

géill yield, submit, **stríoc** yield, submit, **tabhair isteach** give in, **tabhair suas** give up, **téigh faoi** go under

Únfairt *f (~e)* wallowing, rolling, tossing about, splashing

bocáil bouncing, tossing, **caitheamh ó thaobh go taobh** throwing from side to side, **casadh** revolving, spinning, **corraí** agitation, perturbation, **croitheadh** shaking; tossing, **foirneáil** rolling, **guairneáil** whirling, **imrothlú** revolving, **iomlasc** tumbling, rolling, **iompú** turning around; turning, changing, **lapadáil** splashing, **lodairt** wallowing, grovelling, **plabaireacht** splashing, **preabadh** jumping, springing; twitching, **roithleagadh** twirling, spinning, revolving, **rolladh** rolling, roll, **rothlú** gyrating, **slaparnach** *f* splashing, **splaiseáil** splashing, **strampáil** tossing and turning, **suaitheadh** upheaval, tossing about, **súisteáil** flailing about, threshing, **tosáil** tossing about

Únfairteach *adj³* wallowing, rolling, tossing, splashing

atá ag casadh revolving, spinning, **bocála** (> *bocáil*) bouncing, tossing, **corraithe** flustered, stirred, **crothach** shaking; rocking, **foirneála** (> *foirneáil*) rolling, **guairdeallach** whirling around restlessly; hovering, circling, **imrothlach** revolving, **iomlasctha** tumbled, rolled, **iompaitheach** turning; changing round, **lodartha** wallowing, grovelling, **plobarnaí** (> *plobarnach*) splashing; gurgling, **preabarnach** jumping, bounding, **roithleagtha** twirled, spun, revolved, **roithleánach** gyrating, spinning, **rollach** rolling, **slaparnaí** (> *slaparnach*) splashing, **splaiseáilte** splashed, **strampála** (> *strampáil*) tossing and turning, **súisteáilte** flailed, threshed, **suaite** agitated, *(sea)* choppy, **tosála** (> *tosáil*) tossing about

Úr *adj¹* fresh, novel

aibí crisp, brisk, refreshing, **cumhra** pure, fresh; fragrant, **deireanach** recent, **díreach amach** just out, **friseáilte** fresh, **gan leasú** *(food)* uncured, **gan teimheal** unblemished, **gan smál** immaculate, **gan stálú** still fresh, **geal** bright, **glan** clean, clear, **glas** green, **is déanaí** latest, **neamhchoinbhinsiúnach** unconventional, **neamhthruaillithe** unsullied, **neamhúsáidte** unused, **nua** new, **nua-aoiseach** modern, **núíosach** novel, new, **óg** young, **óigeanta** youthful, **suas chun dáta** up-to-date, **úrmhar** fresh, new; fresh and moist, **úrnua** brand new, spanking new

▲ **adhmad ~** unseasoned wood, **aer ~** fresh air, **babaí ~** *(baby)* new arrival, **cneá ~** recent wound, **dearcadh ~** new outlook, **fuil ~** fresh blood, **fíon ~** young wine, **gealach** *f* young moon, **leathar ~** untanned leather; *(sl)* new sexual encounter, **leoithne ~** refreshing breeze, **smaoineamh ~** novel idea, **talamh ~** virgin land; newly cultivated land, **uachtar ~** fresh cream

Uraigh *v₂ₐ* eclipse

bac block, **caith scáil ar** throw a shadow on, **claochlaigh** change, metamorphose, **ceil** hide, **clúdaigh** cover, **cuir faoi urú** eclipse, **dorchaigh** darken, dim, **folaigh** obscure, blot out

Úraigh *v₂ₐ* freshen; moisten, become damp

cumhraigh freshen, purify; sweeten, embalm, **déan níos úire** make fresher, **éirigh tais** become damp, **éirigh fliuch** become wet, **éirigh úr** become fresh, **fliuch** dampen, moisten, **géaraigh** sharpen up, **glan** clean, **íonghlan** purify, **maothaigh** moisten, **nigh** wash, **saorghlan** purge, **sciomair** cleanse thoroughly; scour, **taisrigh** dampen, become damp, **téigh in úire** get fresher

Uraithe *pp* eclipsed

bactha blocked, **claochlaithe** mutated, **ceilte** hidden, **clúdaithe** covered, **curtha faoi urú** eclipsed, **dorchaithe** darkened, dimmed, **folaithe** obscured, blotted out

Úraithe *pp* freshened; moistened, gotten damp

cumhraithe freshened, purified; sweetened, embalmed, **déanta níos úire** made fresher, **dulta in úire** gotten fresher **éirithe tais** gotten damp, **éirithe fliuchta** gotten wet; splashed, **éirithe úr** gotten fresh, **fliuchta** dampened, moistened, **géaraithe** sharpened up, **glanta** cleaned, **íonghlanta** purified, **maothaithe** moistened, **nite** washed, **saorghlanta** purged, **sciomartha** cleansed thoroughly; scoured, **taisrithe** dampened, gotten damp

Urchar *m (-air; -air, ~)* shot, casting
caitheamh firing, casting, throwing, **diúracadh** *(missile)* projection, shooting, firing, **lámhach** *m* firing, shooting, **lámhach gunnaí** gunfire, **lámhach sa ghlúin** kneecapping, **millín** pellet (cf **millíní gránghunna** shotgun pellets), **piléar** bullet, **pléasc** *f* explosion, bang, **raideog** cast, fling, **scaoileadh** discharge, discharing, firing, **scioburchar** *(mil)* snapshot, **sluga** slug, **teilgean** casting, projecting, firing

▲ ~ **cam** crooked shot, ~ **cloiche** *(nearby)* stone's throw, **crann tabhaill** slingshot, ~ **díreach** straight/true shot, ~ **folamh** blank shot, ~ **glan** clean shot, ~ **gunna** gunshot, ~ **iomraill** wide shot, ~ **maith** good shot, ~ **rabhaidh** warning shot, ~ **reatha** potshot, ~ **scoir** parting shot, ~ **tosaithe** starting gun

◊ **D'imigh siad d'~.** They shot off., They left quickly, **Tá na siopaí faoi ~ cloiche uainne.** The shops are a stone's throw from us.

○ **Urchar cnoic** *fairy dart* – it was believed that **ailt ata** *swollen joints* were caused by one of the **slua sí** *fairy folk* firing invisible darts at people. Also called: ~ **díobhaill** and ~ **millte**

Urchóid *f (~e; ~í)*
1. iniquity, malignancy, harm
aicíd disease, **aicis** rancour, **aincis** peevishness, **cancar** spleen, **coir** crime, **damáiste** damage, **díobháil** harm, loss, injury, **domlas** gall, **dochar** harm, **drochfhuil** *f (-fhola)* enmity, bad blood, **drochghníomh** evil deed, **fala** grudge, **gangaid** spite, virulence, **mailís** malice, **millteanas** destruction, havoc, **mioscais** malice, spite, **nimh** venom, **nimhní** rancour, **olc** evil, **olcas** spite, **peaca** sin, **suarachas** meanness.
2. *(med)* malignancy
aicíd disease, **aincis** malignancy, **ailse** cancer, **cancar** canker, **carcanóma** carcinoma, **meileanóma** melanoma, **sarcóma** sarcoma, **siad** *m (~a; ~aí)* **ainciseach** malignant tumour

Urchóideach *adj³* iniquitous, malignant, harmful
aicídeach diseased, **aiciseach** rancorous, **ainciseach** malignant, **ailseach** cancerous, **binbeach** virulent, venomous, **coiriúil** criminal, **díobhálach** pernicious, deleterious, **domlasta** obnoxious, **damáisteach** damaging, **dochrach** harmful, **droch-** *pref* evil, bad, **drochfhola** *(> drochfhuil)* hostile, feuding, **drochghníomhach** doing evil deeds, **fala** *(> fala)* bearing grudges, **gangaideach** spiteful, virulent, **gránna** nasty, horrid, **mailíseach** malicious, **millteach** baneful, destructive, **mioscaiseach** malicious, spiteful, **naimhdeach** hostile, **nimhneach** venomous, **oilc** *(> olc)* evil, **peacúil** sinful, **suarach** mean, vile

▲ **duine** ~ wicked person, **galar** ~ malignant disease, **gníomh** ~ iniquitous deed, **focal** ~ nasty, hurtful word, **siad** ~ malignant growth

Úrghránna *adj⁶* hideous
ainspianta grotesque, **anchroíoch** malevolent, **anchruthach** deformed, **anchúinseach** monstrous, abnormal, **anchumtha** grotesque, **arrachtach** monstrous, **bréan** foul-smelling, foul, **caillte** dreadful, sordid, **colúil** repugnant, repulsive, **déistineach** disgusting, **éagruthach** deformed, unshapely, **forghránna** extremely ugly; dreadful, **fuafar** vile, hateful, **gráiciúil** ugly, disfiguring, **graifleach** ugly, coarse, **gráiniúil** loathsome, ugly, **gránna** ugly, nasty, **míofar** hideous, **míolach** lousy, contemptible, **nimhneach** nasty, venomous, **oilc** *(> olc)* evil, foreboding, **scáfar** frightful, dreadful, **suarach** wretched, contemptible, **táir** base, cheap & nasty, **uafar** dreadful, horrible, **uafásach** frightful, awful, horrible, **uaiféalta** awful, dreadful, **urghráiniúil** loathsome, frightful *(see also: gránna)*

Úrghránnacht *f (~a)* hideousness
ainspiantacht grotesqueness, **anchroí** malevolence, **anchruth** deformity, defect, malformation, **anchuma** grotesque unnatural appearance, **arrachtas** huge grotesqueness, **bréantas** foulness, **colúlacht** repugnance, repulsiveness, **déistiní** disgustingness, **éagruth** shapelessness, deformity, **fuafaireacht** vileness, hatefulness, **gráiciúlacht** ugliness, disfiguration, **míofaireacht** hideousness, **míolaí** lousiness, contemptibility, **nimhní** nastiness, toxicity, **olc** evil, foreboding, **salachar** dirt, **scáfaireacht** frightfulness, **suarachas** sordidness, wretchedness, **táire** baseness, **uafás** horror, awfulness, **uaiféaltas** awfulness, dreadfulness, **urghráiniúlacht** loathsomeness, frightfulness *(see also: gránnacht)*

Urlabhra *f (~)* utterance; faculty of speech
aitheasc address, exhortation, **caint** talk, talking, speech, **comhrá** conversation, **dreas cainte** bit of talking, **labhairt** speaking, speech, **óráid** speech, **teanga bheo** living language *(see also: caint)*

Urlabhraí *m (~; -aithe)* spokesperson, speaker
ancaire *(coll, br)* anchor, **béal** mouthpiece, **bean/fear labhartha** speaker, spokesperson, **bolscaire** propagandist, **cainteoir** *m* speaker, **craoltóir** broadcaster, **eadránaí** arbitrator, mediator, **idirghabhálaí** intermediary, **ionadaí** representative, **léachtóir** lecturer, **lucht labhartha** speakers, **mínitheoir** explainer, **óráidí** orator, **toscaire** delegate, **tráchtaire** commentator *(see also: cainteoir)*

▲ ~ **thar ceann an rialtais** government spokesperson

Urlacan *vn* vomiting
aiseag puking, **bréitseáil** retching, barfing, **caitheamh aníos** throwing up, **cur amach** vomiting, **cur aníos** puking, vomiting, **déanamh fásbhrúcht** retching, puking, **múisc** puke, vomit (cf **chuirfeadh sé múisc ort** it would make you puke), **rup rap** diarrhoea and

Urlactha

vomiting together, **sceathrach** *f* spewing, vomiting, **sceathrú** vomiting, spewing one's guts, **sceith** vomit; discharge, overflow, **sceathrú** vomiting, **sceitheadh** vomiting, disgorging, overflowing, **sconnógach** inclined to vomit, **taoisceáil** vomiting

Urlactha *pp* vomited
  aiseagtha vomited, puked, **bréitseáilte** retched, barfed, **caite amach** thrown up, vomited up, **caite aníos** thrown up, puked, **curtha aníos** puked, vomited, **sceathraithe** vomited, **sceite** spewed, vomited

Urlaic *v₁d* vomit
  aisig vomit, puke, **bréitseáil** retch, barf, **caith amach** hurl, get sick, vomit, **caith aníos** throw up, puke, **cuir aníos** puke, vomit, **déan fásbhrúcht** retch, puke, **sceathraigh** vomit, **sceith** spew, puke

Urlár *m (-áir; -áir, ~)* floor; level, level surface, storey; *(ship)* deck
  abhantrach *f* river floor, river basin, **bonn** footing, foothold, **bonnleibhéal** base level, *(exam)* foundation level, **bun** base, **bunleibhéal** basic level, **bun-urlár** ground floor, **bunús** basis, **ceann staighre** landing, **céim** stage, **clár** plain, table, flat area, **cothrom talún** ground level, **deic** *f* deck, **dromchla** surface, **láthair** *f* **tuirlingthe** landing area, convenience, **leibhéal na talún** ground level, **réidh** level, level ground, **stór** storey (cf **teach dhá stór** two-storey house), **tábla** table, **talamh** *(m -aimh; f -lún; tailte)* ground

  ▲ ~ **a haon, a dó,** etc level/floor one, two, etc, ~ **adhmaid** wooden floor, ~ **buailte** threshing floor, ~ **coincréite** concrete floor, ~ **faoi thalamh** basement, ~ **gleanna** valley floor, ~ **íochtair** lower floor/deck (of bus), ~ **iontlaise** parquet floor, ~ **le cairpéad** carpeted floor, ~ **na monarchan** factory floor, ~ **na talún** ground floor/ level, ~ **rince** dance floor, ~ **uachtair** upper floor/deck (of bus)

Urnaí *f (~; -aithe)* praying, prayer
  achainí petitioning, requesting, **easparta** *f* vespers (cf **tráth na heaspartan** hour of vespers), **guí** wish; wishing; prayer, praying, **guíodóireacht** praying; petitioning, **iarmhéirí** *m* matins, **iarrthóireacht** petitioning; supplication, **lúireach** *f* prayer for protection, breastplate, **maitín** matins, **nóin** *f (nóna; nónta)* nones, **paidir** prayer, **paidreoireacht** praying

  ▲ ~ **an tráthnóna** evening prayer, ~ **idirghuítheach** bidding prayer, ~ **na maidine** morning prayer, ~ **pháirteach** communal prayer

  ▲ **paidrín** ~ prayer beads, **grúpa** ~ prayer group, **roth** ~ prayer wheel, **seomra** ~ prayer room, **stól** ~ kneeler (for praying)

  ■ I measc paidreacha coitianta atá: Common prayers include: **Comhartha na Croise** Sign of the Cross, **Cré na nAspal** Apostles' Creed, **Glóir don Athair** Glory be, **Is é do Bheatha, a Mhuire** Hail Mary, **Paidir an Tiarna (an Phaidir)** the Lord's Prayer

Úrnua *adj⁶* brand new
  díreach tar éis teacht amach just after coming out, **gan úsáid** unused, **is déanaí** latest, **maighdeanúil** virgin, **nua ar fad** completely new, **núíosach** novel, **úr** fresh *(see also: nua)*

Úrnuacht *f (~a)* originality, novelty, freshnesss
  bróga nua nine-day wonder, **nuacht** *f* novelty; news, **nuáil** innovating, **nuálaíocht** innovation, **rud nua** novelty, **rud éigin nua** something new, **úire** freshness, **úrmhaireacht** originality

Urra *m (~; ~í)*
  1. guarantee; surety
  admháil avowal, **bannaí** *mpl* bail, surety, **baránta** warranty, **dearbhú** affirmation, **deimhniú** confirmation, attestation, **tacaíocht** support, **urrús** guarantee *(see also: údarás)*
  2. guarantor, sponsor
  caomhnóir patron guardian, protector, **coimirceoir** patron, protector, **éarlamh** patron; patron saint, **geallúnaí** promiser, guarantor, **pátrún** patron, **ráthóir** *(person)* surety, (legal) guarantor

Urraigh *v₂a* go surety for, secure, sponsor
  áirithigh ensure; *(jur)* retain, **bannaigh** bail out, bond, **barántaigh** warrant, **cinntigh** ensure, guarantee, **dearbhaigh** assure, **deimhnigh** guarantee, assure, **geall** pledge, promise, **maoinigh** finance, **ráthaigh** guarantee, **tabhair barántas** give a guarantee/warranty, **tabhair ráthaíocht** give warranty, **téigh i mbannaí** post bail for, **téigh in urrús ar** go surety for, **tacaigh** support

Urraim *f (~e)* deferential regard, reverence; esteem, respect
  ardchéim grandeur, **ardghradam** high esteem, **ardmheas** high esteem, **meas** respect, **oirmhidin** *f (-dne)(lit)* honour, respect, reverence, **ómós** veneration, homage *(see also: ómós)*

Urraithe *pp* secured with surety, sponsored
  áirithithe ensured; *(jur)* retained, **bannaithe** bailed out, bonded, **barántaithe** warranted, **cinntithe** ensured, guaranteed, **dearbhaithe** assured, **deimhnithe** guaranteed, assured, **dulta i mbannaí ar** posted bail for, **dulta in urrús ar** gone surety for, **geallta** pledged, promised, **maoinithe** financed, **ráthaithe** guaranteed, **tacaithe** supported

Urraíocht *f (~a)* sponsorship
  cabhair *f (-bhrach)* help, **cuidiú** aid, **cúnamh** help, assistance, **cur chun cinn** promotion, **deontas** grant, **fóirdheontas** subsidy, **maoiniú** financing, funding, **pátrúnacht** patronage, **taca** backing, **tacaíocht** support, backing (cf **tacaíocht airgid** financial backing), **tacú le** backing for

Urramach *adj³* reverential, extremely respectful
  ardchéimiúil eminent, **ardghradamach** highly esteemed, **ardmheasúil** highly respected,

Urrú *vn* going surety for, securing
  áirithiú ensuring; *(jur)* retaining, **bannú** bailing out, bonding, **barántú** warranting, **cinntiú** ensuring, guaranteeing, **dearbhú** assuring, **deimhniú** guaranteeing, assuring, **dul i mbannaí ar** posting bail for, **dul in urrús ar** going surety for, **gealladh** pledging, promising, **maoiniú** financing, **tabhairt barántais** providing a guarantee/warranty, **tabhairt ráthaíochta** giving warranty, **tacú** supporting

Urú *vn* eclipsing
  bacadh blocking, **caitheamh scáil ar** casting a shadow on, **claochlú** changing, metamorphosing, **ceilt** hiding, **clúdach** covering, **cur faoi urú** eclipsing, **dorchú** darkening, dimming, **éiclips** *m (pl ~í)* eclipse, **folú** obscuring, blotting out

Úrú *vn* freshening; moistening, getting damp
  cumhrú freshening, purifying; sweetening, embalming, **déanamh níos úire** making fresher, **dul in úire** getting fresher **éirí tais** getting damp, **éirí fliuch** getting wet, **éirí úr** getting fresh, **fliuchadh** dampening, moistening; splashing, **géarú** sharpening up, **glanadh** cleaning, **íonghlanadh** purifying, **maothú** moistening, **ní** washing, **saorghlanadh** purging, **sciomradh** cleansing thoroughly; scouring, **taisriú** dampening, getting damp

Ús *m (úis) (on money)* interest
  aisíoc return, **barrachas** surplus, **biseach** *m* increase, interest (cf **biseach ar airgead** interest on money), **brabach** *m* gain, yield, **brabús** profit, **fáltas** profit, income, **fuilleamh** increase, interest, **gaimbín** additional bit; (exorbitant) interest, **sochar** gain, credits, **tairbhe** *f* benefit, **tuilleamh** earnings *(see also: brabús)*

  ◊ **airgead a chur ar ~ cúig faoin gcéad** to invest money at five percent interest, **fear an úis** *(hist)* usurer, **~ iolraithe/simplí a dhéanamh** to make compound/simple interest

Úsáid 1 v_{1c} use, utilise
  bain gairmint as utilise, make the most of, **bain feidhm as** employ, make use of, **bain leas/tairbhe as** enjoy, take benefit from, exploit, **bain úsáid as** use, make use of, **beartaigh** wield, **caith** use, consume, spend; wear, **cuir ar obair** put to work, **cuir i bhfeidhm** bring into force, enforce; apply (cf **an dlí a chur i bhfeidhm** to apply the law), **do ghaisneas a bhaint as rud** to make a thing serve your purpose, **feidhmigh** exercise, apply, **ídigh** consume, **imir** wield, use (eg **arm a imirt** to use a weapon), **ócáidigh** use, **oibrigh** work, **reáchtáil** run, operate, **saothraigh** cultivate, exploit, **srathraigh** harness (eg **fuinneamh na dtonnta a shrathrú** to harness the energy of the waves), **téigh i muinín** resort to, **trátháil** exploit

  D'~ sé a lán peitril. It used a lot of petrol.
  D'~ sé an ghaoth. It utilised the wind.
  D'~ sé dréimire. He used a ladder.
  D'~ sé é féin. He committed self-abuse.
  D'~ sí an t-ainm Sue. She went by the name of Sue.
  D'~ sí drugaí. She used drugs.
  D'~ sí focal nua. She used a new word.
  D'~ siad mé. They used mé.

Úsáid 2
  1. *vn* using
  baint do ghaisnis as rud making a thing serve your purpose, **baint feidhm as** employing, making use of, **baint gairmint as** utilising, making the most of, **baint leas/tairbhe as** enjoying, getting benefit from, exploiting, **baint úsáid as** using, **beartú** wielding, **caitheamh** using, consuming, spending; wearing, **cur ar obair** putting to work, **cur i bhfeidhm** putting into force, enforcing; applying, **dul i muinín** resorting to (eg **gan dul i muinín an fhoréigin** without resorting to violence), **feidhmiú** exercising, applying **ídiú** consuming, **imirt** wielding, using, **ócáidiú** using, **oibriú** working, **reáchtáil** running, operating, organising, **saothrú** cultivating, exploiting, **srathrú** harnessing, **trátháil** exploiting

  ~ **an chairr** using the car
  ~ **cairde** using/exploiting friends
  ~ **straitéise** employing a strategy
  ~ **urraíochta** availing of sponsorship

  2. $f (~; ~í)$ use, utilisation
  acmhainn resource, **aidhm** $f (~e; ~eanna)$ purpose, aim, **áirgiúlacht** utility (cf **teoiric na háirgiúlachta** theory of utility), **áis** convenience, aid, **áiseacht** convenience, **áisiúlacht** utility, convenience, **brabús** profit, **buntáiste** *m* advantage, **cabhair** $f (-bhrach)$ assistance, **caitheamh** consumption, **ciall** $f (céille; ~a, ~)$ sense, point, **cleachtadh** practice, **cuidiú** helping, **cúnamh** help, **cuspóir** objective, purpose, **drochíde** ill-usage, abuse, **éifeacht** effect, **feidhm** $f (~e; ~eanna)$ function, use, application, **feidhmiú** application, operation, functioning, **feidhmiúlacht** effectiveness, usefulness, **fóint** usefulness, utility, **fónamh** service; usefulness, **fóntas** utility, **fiúntas** worth, **íde** f abuse, **luach** *m* $(~a)$ value, **maith** good, **maitheas** f good, good effect, **mí-úsáid** misuse, abuse, **oibriú** operation, employment, **sochar** gain, **soirbheas** ease, convenience, **tairbhe** f benefit, **úsáidí** usefulness *(see also: cúnamh)*

  ~ **acmhainní** utilisation of resources
  ~ **arm** deployment of weapons
  ~ **focal** use of words
  ~ **lóise** application of a lotion
  ~ **móna** consumption of turf

  ◊ **Baineann an file ~ as meafair.** The poet utilises metaphors., **Chuaigh an trealamh as ~.** The equipment fell into disuse., **Déanann siad ~ den abhainn.** They make use of the river., **Is olc an ~ a thug siad don rothar nua.** They mistreated the new bicycle badly., **Má thugann tú ~ cheart don bhogha veidhlín** If you use the violin bow correctly, **Tá an focal sin dulta as ~.** That word has gone out of use/is no longer used.

Úsáideach *adj³* useful
acmhainneach resourceful, **áisiúil** convenient, handy, **bisiúil** fecund, productive, **brabúsach** profitable, lucrative, **buntáisteach** advantageous, **cabhrach** helpful, **ciallmhar** sensible, **cuidiúil** helpful, **cúntach** helpful; auxiliary, **dearfach** positive, **éifeachtach** effective, efficacious; forceful, **éifeachtúil** effectual, **feidhmeach** applied, **feidhmiúil** functional; efficient, **feiliúnach** suitable, **fóinteach** practical, helpful, worthwhile; useful, **fóiritheach** helpful, **fónta** salutary, useful, **fiúntach** worthwhile, **freastalach** ministrative, prompt at helping, **luachmhar** valuable, **maith** good, **oibríoch** operative, **tairbheach** beneficial, **úimléideach** substantial, useful, important

▲ **baincéireacht** ~ convenient banking, **comhairle** ~ useful advice, **eolas** ~ helpful information, **taithí** ~ profitable experience

◊ **Tiocfaidh sin isteach ~.** *(BÁC)* That will come in useful.

Úsáideoir *m (-eora; ~í)* user; consumer
caiteoir user, consumer, spender; wearer, **cliant** client, **custaiméir** customer, **íditheoir** consumer, **mí-úsáideoir** abuser (cf **mí-úsáideoir substaintí** substance abuser), **tairbhí** beneficiary, **tomhaltóir** consumer

▲ ~ **deiridh** end user, **mí-~ gnéis** molestor, ~ **idirlín** internet user, ~ **ócáideach** casual user

Úsáidte *pp* used
beartaithe wielded, **caite** used, consumed, spent; worn (out), **curtha ar obair** put to work, **curtha i bhfeidhm** put into force, enforced; applied, **dulta i muinín** resorted to, **feidhmithe** applied, **ídithe** consumed, **imeartha** wielded, used, **ócáidithe** used, **oibrithe** worked, **reáchtáilte** run, operated, organised, **saothraithe** cultivated, exploited, **srathraithe** harnessed, **trátháilte** exploited

Úsc *v₁c* ooze
eisfhear excrete, **eisil** flow out, emanate, **leachtaigh** become fluid, runny, **sceith** discharge, **sil** *(wound)* weep; ooze, **slaod** flow viscously, **sram** *(mucous)* discharge, **uiscigh** water

Úscadh *vn* oozing; ooze
braonaíl dripping, **eisfhearadh** excreting, excretion, **eisileadh** flowing out, emanating, **glár** ooze, **leachtú** becoming fluid or runny, **púscán** ooze, **prislín** drool, dribbling, **sceith** discharge, **sceitheadh** discharging, **sileadh** seeping, flowing, **silteacht** trickling, dripping; fluidity, **slaod** flowing mass, **sprochailleacht** discharging mucus, **sram** mucus, rheum, discharge (cf **Bain an sram de do shúile!** Open your eyes!), **sramadas** viscous discharge, gleet, **sramadh** mucous exudation, **uisciúlacht** wateriness

Úsctha *pp* oozed
eisfheartha excreted, **eisilte** flowed out, emanated, **leachtaithe** gotten fluid, runny, **sceite** discharged, spewed, **silte** *(wound)* wept; oozed, **slaodta** flowed viscously, **sramtha** *(mucous)* discharged, **uiscithe** watered

Útamáil *f (-ála)* fumbling, bungling
abláil fumbling, **ciotaí** bungling, making things awkward, **ciotrúntacht** clumsiness, maladroitness, **crúbáil** bungling; *(writing badly)* scrawling, groping, **gíotáil** botching, fumbling, **ladhráil** fumbling; groping, **liopástacht** clumsiness, fumbling, **méiseáil** messing, fumbling, **místuaim** awkwardness, fumbling, **pleidhcíocht** tomfoolery, clowning around, carry-on, **púitseáil** fumbling/rummaging around, rummaging, **slapaireacht** doing sloppy work, **slioparnach** *f* fumbling

Útamálaí *m (~; -aithe)* fumbler, bungler
burlamán oaf, **cailliúnaí** *(sl)* loser, lost cause, **ciotachán** bungler, person who is all fingers and thumbs, **cábóg** bumkin, **ciotóg** awkward clumsy person; left-handed person, **crúbachán** person with hooves for hands, clumsy individual, **dallarán** clueless person, **dúramán** duffer, **gamal** oaf, **glastócach** greenhorn, rookie, **gíotálaí** botcher, fumbler, **ladhrálaí** fumbler; groper, **lámha** *fpl* **leitean** butterfingers, **méara** *fpl* **maide** butterfingers, **méara** *fpl* **sliopacha** fingers and thumbs, **praiseachán** messer, bungler, **púitseálaí** muddler, rummager, **sliopachán** clumsy person, **tuathánach** country bumkin, **tuaitín** hillbilly, **tútachán** hick, hillbilly; crude awkward individual

V v

Vacsaín *f (~e; ~í)* vaccine
  instealladh injection, shot, **ionaclú** inoculation, **próifiolacsach** *m* prophylactic, **steallaire** syringe, **treisiú imdhíonachta** boosting of immunity, **urchosc** prophylactic

Vacsaínigh *v₂ᵦ* vaccinate
  imdhíon immunise, **insteall** vacsaín inject a vaccine, **ionaclaigh** inoculate, **tabhair teanndáileog** administer a booster shot

Vacsaínithe *pp* vaccinated
  imdhíonta immunised, **insteallta le vacsaín** injected with a vaccine, **ionaclaithe** inoculated

Vacsaíniú *vn* vaccinating
  imdhíonadh immunise, **instealladh** vacsaín injecting a vaccine, **ionaclú** inoculating, **tabhairt teanndáileoige** administering a booster shot

Vailintín *m (~; ~í)* valentine
  grá love, **grá geal** true love, **leannán** lover, **stór** treasure, precious one, **taisce** treasure, darling (**A thaisce!** My darling!) *(see also: stór)*

  ▲ **cárta fhéile** ~ valentine card, **lá fhéile ~** St Valentine's Day

Veain *f (~; ~eanna)* van
  carr car, **feithicil** vehicle, **leoraí** *m* lorry, **trucail** *f* truck (cf **trucail altach** articulated truck), **vaigín** wagon

  ▲ **~ aistrithe** removal van, **~ burgar** burger van, **~ champála** camping van, camper, **~ phoist** mail van, **~ reoiteoige** ice cream van, **~ seachadta** delivery van

Véarsa *m (~; ~í)* verse
  bailéad ballad, **ceathrú** *f (~n; ~na; dat sg ~in)* quatrain, **dán** poem, **dréacht filíochta** piece of poetry, **duan** poem, **fearsaid** verse, ditty, **filíocht** poetry, **haiku** haiku, **laoi** lay, **leathrann** couplet, **líne** line, **rabhcán** ditty, **rann** stanza, verse, **rím** rhyme, **soinéad** sonnet, **stéibh** verse, stanza; stave, **véarsaíocht** versification

Véarsaíocht *f (~a)* versification
  éigse *f* poetry, learning, **filíocht** poetry, **ramás** doggerel, **rann an mhadra** doggerel, **rannaíocht** versification, **rannaireacht** versifying

Vóta *m (~; ~í)* vote
  atoghadh re-election, **ballóid** ballot, **ceart vótála** suffrage, franchise, **guth** voice, vote, **reifreann** referendum, **pobalbhreith** plebiscite; opinion poll, **pobalbhreith díreach tar éis vótála** exit poll, **rogha** *f* choice, **roghnú** choosing, **suirbhé (tuairimí)** survey, poll, **tá/níl** yes/no, **toghadh** election

Vótáil 1 *v₁ₑ* vote
  ainmnigh nominate; designate, **ballóidigh** ballot, **caith vóta** cast a vote, **ceap** appoint, **déan pobalbhreith** take a poll; hold a plebiscite, **déan suirbhé** take a survey, **roghnaigh** choose, **togh** elect

Vótáil 2 *vn* voting
  ainmniú nominating; designating, **ballóidiú** balloting, **caitheamh vóta** casting a vote, **ceapadh** appointing, **déanamh suirbhé** taking a survey, **roghnú** choosing, **toghadh** electing, **pobalbhreith** plebiscite, opinion poll, **suirbhéireacht** polling, surveying, **toghadh** election, selection, choice, **toghchán** election, **vótaíocht** polling (cf **both vótaíochta** polling booth)

  ▲ **both vótála** voting booth, **ceart vótála** right to vote, enfranchisement, suffrage, **cearta vótála** voting rights, **duillín vótála** voting slip, **lá vótála** voting day, **stáisiún vótála** polling station, **toradh na vótála** the result of the vote

Vótáilte *pp* voted
  ainmnithe nominated; designated, **ar a ndearnadh suirbhé** polled, **ballóidithe** balloted, **ceaptha** appointed, **roghnaithe** chosen, **tofa** elected

Vótálaí *m (~; -aithe)* voter
  duine sa toghcheantar constituent, **géillsineach** *m (UK)* subject, **roghnóir** chooser, **saoránach** *m* **(eadóirsithe)** (naturalised) citizen, **toghthóir** elector, constituent

Zz

Zaipeáil v_{le}
   1. *(destroy)* zap
   deachaigh decimate, **déan gal de** vaporise, **díobh** eliminate, obliterate, **díothaigh** exterminate; eradicate, **fásaigh** lay waste, **léirscrios** annihilate, devastate, **maraigh** kill, slay, **neamhnigh** annihilate, **neodraigh** neutralise, **scrios** destroy
   2. *(change TV channel)* zap
   athraigh cainéil change channels, **surfáil na gcainéal** *(coll)* surf the channels, channel-hopping, **téigh ó chainéal go cainéal** go from channel to channel

Zaipeáil *vn*
   1. *(destroying)* zapping
   deachú decimating, **déanamh gal de** vaporising, **díobhadh** eliminating, obliterating, **díothú** exterminating; eradicating, **fású** laying waste, **léirscriosadh** annihilating, devastating, **marú** killing, slaying, **neamhniú** annihilating, **neodrú** neutralising, **scriosadh** destroying
   2. *(change TV channel)* zapping
   athrú cainéal changing channels, **dul ó chainéal go cainéal** going from channel to channel, **surfáil na gcainéal** *(coll)* surfing the channels, channel-hopping

Zaipeáilte *pp (destroyed)* zapped
   deachaithe decimated, **díofa** eliminated, obliterated, **díothaithe** exterminated; eradicated, **fásaithe** laid waste, **léirscriosta** annihilated, devastated, **maraithe** killed, slain, **neamhnithe** annihilated, **neodraithe** neutralised, **scriosta** destroyed

   ◊ **Táim ~ ar fad!** *(BÁC)* I'm absolutely zapped.

Zaipire *m (~; -rí) (TV)* zapper
   cianrialtán remote control, **clicire** *(coll)* clicker, flicker

Zip *m (~; ~eanna) (fastener)* zip, zipper
   ceangal tie, **claspa** clasp, **cúplóir lúibe agus crúca** loop and hook connector/ fastener, **dúntóir** fastener, **fáiscín (Velcro)** (Velcro) fastener; clip, **greamán** grip, **smeachdhúntóir** snap fastener, **smeachghlas** snap lock **snaidhm** stay, connector, **snaidhmeán** grip, **teanntán** brace

   ▲ **~dhúntóir** zip fastener, **~líne** *f* zipline

Zombaí *m (~; -baithe)* zombie
   amhailt ghoulish phantom, **arracht** *m* monster, **conriocht** *m* werewolf, **gúl** ghoul, **marbhán beo** living dead, **na neamh-mhairbh** *mpl* the undead, **sóiteán** mutant, **uathoibreán** automaton, **vaimpír** vampire

Zón *m (zóin; zóin, ~)* zone
   beilt belt, **ceantar** district, region, **críoch** *f* frontier, terrain, **crios** belt, zone, **dúiche** *f* locality; native place, **earnáil** sector, **fearann** domain, terrain, **limistéar** territory, area, **proibhinse** province, **réigiún** region, **réimse** sphere, **roinn** department

   ▲ **~ comhaeráide** climatic zone

Zónáil *f (-ála)* zoning
   briseadh suas i limistéir breaking up into sectors, **criosú** zoning, **foroinnt fearainn** subdivision of a terrain/territory, **gearradh suas i gceantair** sectioning off into regions, **roinnt i zóin** dividing into zones

   ▲ **rialacháin zónála** zoning regulations

   ◊ **~ Beirlín tar éis an chogaidh** the zoning of Berlin after the war, **bheith ag ~ as** *(BÁC)* to be zoning out

Zú *m (~; ~nna)* zoo
   gairdín na n-ainmhithe zoo, **tearmann d'ainmhithe fiáine** reserve for wild animals, **tearmann fiadhúlra** wildlife reserve

   ▲ **coimeádaí ~** zoo keeper

Zúmáil *f (-ála)* zooming
   físchomhdháil (deisce) ar an idirlíon Internet (desktop) video conferencing, **físchraoladh** video broadcasting, **físghlao** video call, **nasc físe** video link, **scaidhpeáil** skyping

Treoir Ghramadaí

Grammar Guide

Clár
Contents

Séimhiú Lenition	1.0.0.	973
Urú Eclipse	2.0.0.	973
Ainmfhocail Nouns	3.0.0.	973
Lagiolraí Weak plurals	3.2.1.	974
Tréaniolraí Strong plurals	3.2.2.	974
Tuisil Cases	3.3.0.	975
Ginideach Genitive	3.3.1.	975
Díreach Direct	3.3.2.	975
Inscne Gender	4.0.0.	975
Firinscneach Masculine	4.1.0.	975
Baininscneach Feminine	4.2.0.	976
Infhilleadh Inflection	5.0.0.	976
An tAlt The Article	6.0.0.	979
Aidiachtaí Adjectives	7.0.0.	980
Infhilleadh san aidiacht Inflection in adjectives	7.2.0.	980
Comparáid san aidiacht Comparison in the Adjective	8.0.0.	982
Aidiachtaí neamhrialta Irregular Adjectives	9.0.0.	983
Foirmeacha comparáide neamhrialta Irregular forms of comparison	9.4.0.	985
Liostaí d'aidiachtaí rialta de réir a ngrúpa Regular adjectives listed by group	9.5.0.	985
Briathra Rialta Regular Verbs	10.0.0.	988
An Chéad Réimniú First conjugation	10.1.0.	988
An Dara Réimniú Second conjugation	10.2.0.	998
Briathra Neamhrialta Irregular verbs	10.3.0.	1004
Míreanna Briathartha Verbal Particles	11.0.0.	1015
An Chopail the Copula	12.0.0.	1016
Láithreach (Fáistineach) Present (Future)	12.1.0.	1016
Caite (Coinníollach) Past (Conditional)	12.2.0.	1017
Dobhriathra Spáis Adverbs of Space	13.0.0.	1018

Réamhfhocail Prepositions	14.0.0.	1018
Grúpa I Group 1	14.1.0.	1018
Grúpa II Group II	14.2.0.	1019
Réamhfhocail fhorainmneacha Pronominal prepositions	14.2.4.0.	1021
Grúpa III Group III	14.3.0.	1023
Réamhfhocail shimplí Simple prepositions	14.3.1.	1023
Réamhfhocail chomhshuite Complex prepositions	14.3.2.	1023
Forainmneacha Pronouns	15.0.0.	1025
Pearsanta Personal	15.1.0.	1025
Sealbhacha Possessive	15.2.0.	1026
Ceisteacha Interrogative	15.3.0.	1026
Taispeántacha Demonstrative	15.4.0.	1026
Éiginnte Indefinite	15.5.0.	1027
Foirmeacha treise na bhforainmneacha pearsanta		
Suffixed emphatic forms of personal pronouns	15.6.0.	1027
Iarmhíreanna treise táite na bhforainmneacha pearsanta le briathra		
Personal pronominal emphatic suffixes for verbs	15.6.1.	1027
Rangabhálacha Participles	16.0.0.	1028
Riachtanas Necessity	16.1.0.	1028
Fusacht Ease	16.2.0.	1028
Deacracht Difficulty	16.3.0.	1029
Oiriúnacht Suitability	16.4.0.	1029
Comparáid Comparison	16.5.0.	1029
Uimhreacha Numbers	17.0.0.	1030
Uimhreacha áirimh Counting numbers	17.1.0.	1030
Uimhreacha aidiachta Adjectival numbers	17.2.0.	1031
Uimhreacha pearsanta Personal numbers	17.3.0.	1035
Orduimhreacha Ordinals/order numbers	17.4.0.	1036

Treoir Ghramadaí
Grammar Guide

0.0.0. These grammar notes are intended to map out some of the basic elements of Irish grammar and also to provide a reference for the grammar tags that are used in the thesaurus.

1.0.0. Lenition   SÉIMHIÚ

Séimhiú – is when a ***h*** is placed after a consonant:

    cóta *coat*   **mo chóta** *my coat*
    peann *pen*   **do pheann** *your pen*
    cara *friend*   **a chara** *his friend*

1.1.0. Séimhiú cannot be placed on vowels *(a, e, i, o, u)* or any of the following consonants: h, j, l, n, q, r, v, x, y, z.[1] *e.g.*

    rothar *bike*   **mo rothar** *my bike*
    leabhar *book*   **do leabhar** *your book*

2.0.0. Eclipse   URÚ

Urú is the placing of a particular consonant before another consonant or vowel. Only a few consonants can receive an **urú**. Below is a full list of these:

    m *before* **b**   **g** *before* **c**,
    n *before* **d**   **bh** *before* **f**
    n *before* **g**   **b** *before* **p**
    d *before* **t**   **n-** *before* **vowels**

2.1.0. examples of **urú**:

    baol *danger* → **i mbaol** *in danger*
    cara *friend* → **a gcara** *their friend*
    dóigh *manner* → **ar ndóigh** *of course*
    fón *phone* → **ar an bhfón** *on the phone*
    grá *love* → **i ngrá** *in love*
    ponc *dot/spot* → **i bponc** *in a spot*
    tiúin *tune* → **i dtiúin** *in tune*
    áit *place* → **ina n-áit** *in their place*

3.0.0. Nouns   AINMFHOCAIL

3.1.0. Nouns have gender, number and case:

  (a) gender *(masculine or feminine)*
    marc *m*   **páirc** *f*
    fear *m*   **bean** *f*

---

[1] The letters: ***k*** and ***z*** are not used in the traditional Irish alphabet. Today they only appear in foreign borrowed words, eg: karate, zúm

(b) number *(singular and plural)*
  marc *sg*   **marcanna** *pl*
  páirc *sg*   **páirceanna** *pl*

3.2.0. The noun can either have a **lagiolra** (weak plural) or **tréaniolra** (strong plural). Weak plurals have two forms, one for the direct case and another for the genitive:

  (dir pl) **báid** boats → *(gen pl)* **bád** of boats
  (dir pl) **bróga** shoes → *(gen pl)* **bróg** of shoes

3.2.1. lagiolraí (weak plurals) fall into two groups

Group 1 – consisting exclusively of masculine nouns
Group 2 – predominantly feminine with some masculine nouns

Group 1: masculine nouns that follow the pattern: ■ ▲ ▲ ■

Direct singular	Genitive singular	Direct plural	Genitive plural
■	▲	▲	■
capall	capaill	capaill	~
marcach	marcaigh	marcaigh	~

Group 2: feminine/masculine that follow the pattern: ■ ? ■+a ■

Direct singular	Genitive singular	Direct plural	Genitive plural
■	?	■+a	■
bróg *f*	bróige	~a	~
girseach *f*	girsí	~a	~
ceart *m*	cirt	~a	~
deasghnáth *m*	~a	~a	~

3.2.2. tréaniolraí (strong plurals) are nouns with only one plural form, eg:

Direct singular	Genitive singular	Direct plural	Genitive plural
■	?	○	○
páirc *f*	páirce	~eanna	~eanna
marc *m*	mairc	~anna	~anna
cistin *f*	~e	~eacha	~eacha
rud *m*	~a	~aí	~aí
muir *f*	mara	mara	mara
beannacht	~ta	~aí	~aí

3.3.0. Cases — TUISIL

There are two cases in modern Irish: **an tuiseal ginideach** *the genitive case* and **an tuiseal díreach** *the direct case*[2]:

3.3.1. The **genitive case** is usually used:

- (i) to indicate possession:
  teach na mná the house of the woman *(ie the woman's house)*
  rothar an fhir the bike of the man *(ie the man's bike)*

- (ii) in nouns complementing verbal nouns:
  ag moladh na bpáistí praising the children
  ag scríobh litreach writing a letter

- (iii) following prepositions from **Group III** *(see: 14.3.1.-14.3.2.)*
  timpeall an domhain around the world
  le haghaidh dinnéir for dinner

- (iv) when calling out to a male:
  A Sheáin! Seán!
  A fhir le hata! *(addressing male)* Hey you with the hat!

3.3.2. The **direct case** is used in all other situations:

Chonaic bean fear. A woman saw a man.
Chonaic fear bean. A man saw a woman
ag comhrá leis an bhfear talking with the man
ag obair leis an mbean working with the woman
A Bhríd! Bríd!, **A bhean uasal!** Dear madam!

4.0.0. Gender — INSCNE

4.1.0. AINMFHOCAIL FHIRINSCNEACHA
Masculine Nouns

Masculine nouns can frequently be identified by the following features:

4.1.1.0. When the noun ends in **a, o, u, á, ó, ú** + consonant or consonants, for example: **botún, canadh, capall, cás, ceann, ceart, ceol, cur, lon, rang, ród, seans, stad, tús**, etc.

4.1.1.1 A substantial number of common words do not follow this rule and are, in fact, feminine. Nouns that do not follow the rule in 4.1.1.0. generally have their gender indicated in the nests. These include words signifying parts of the body, eg **bos** *f*, **cnámh** *f*, **cos** *f*, **lámh** *f*, etc., and other common words such as: **breab** *f*, **buíon** *f*, **bréag** *f*, **caor** *f*, **cealg** *f*, **cearc** *f*, **ciall** *f*, **cloch** *f*, **coinneal** *f*, **dealbh** *f*, **eascann** *f*, **iall** *f*, **long** *f*, **luch** *f*, **muc** *f*, **nead** *f*, **neamh** *f*, **scuab** *f*, **téad** *f*, **tuath** *f*, **ubh** *f*, etc.

---

[2] Traditionally, Irish grammars refer to a **'dative case'**, a **'vocative case'** and a **'nominative case'**. However, specific dative case forms are rarely encountered in the contemporary language and the vocative case generally takes the form of the genitive for masculine nouns and the direct case for feminine nouns *(there are some exceptions such as* **'a Fheara!** *Men!)*. The initial or common form is traditionally called *'the nominative'* but this is not strictly true as this case is used as subject, object and in all indirect uses where the genitive case is not required. Therefore, in the grammar for this thesaurus, the term 'direct case' is used to cover all uses of the noun where there is no inflection in its common form.

4.1.2. When a word ends in -eoir, -óir, -úir, -éir, -aeir: **feirmeoir, ceoltóir, dochtúir, poitigéir, grósaeir**, etc. Two notable exceptions to this rule are: ***onóir f, catagóir f***

4.1.3. If the word begins with a consonant and ends in a vowel, eg: **ceardaí, cigire, garda, geata, seomra, siopa**, etc. However, abstract nouns formed from the genitive singular of an adjective are feminine: ***báine, caintí, glaine,*** etc.

4.1.4. When a word ends in -ín: **asailín, bairín. barraicín, cailín, cipín, cuirtín, gairdín, ispín, naipcín, rísín**, etc. Two notable exceptions: ***braillín f, muirín f***

4.1.5. All verbal nouns ending in -(i)ú: **beannú, bailiú, míniú, scrúdú**, etc.

4.2.0.   AINMFHOCAIL BHAININSCNEACHA
                         Feminine Nouns

Feminine nouns can frequently be identified by the following features:

4.2.1. The last vowel is 'i', followed by one or more consonants: **abairt, aill, aimsir, aisling, áit, bainis, beirt, caibidil, cáis, carraig, ceist, cistin, deis, duais, eaglais, earráid, intinn, liathróid, mír, nimh, obair, ócáid, oifig, paidir, peil, raic, roinnt, scoil, tír, uaigh,** etc. This rule excludes the adjectival numbers: **cúig, deich** and a small number of other common nouns such as: **ainm, cic, im, namhaid, seic, soicind, uncail,** etc.

4.2.2. Words ending in -eog/ -óg: **fuinneog, leadóg, bileog, póg**, etc. Exceptions include: **óg** *m*, **teog** *m*

4.2.3. Words ending in -lann: **clann, bialann, leabharlann, saotharlann,** etc. Exceptions include: ***anfhorlann, anlann, forlann, salann***

5.0.0.   INFHILLEADH SAN AINMFHOCAL
                         Inflection in the Noun

5.1.0. The formation of the genitive singular of a noun can often be deduced by its ending:

5.1.1. a + consonant(s): **capall** *m* → **capaill**, o + consonant(s): **ceol** *m* → **ceoil**, u + consonant(s): **úll** *m* → **úill**, ea + consonant(s): **fear** *m* → **fir**, éa + consonant(s): **féar** *m* → **féir**

5.1.2. i + consonant(s): + e: **páirc** *f* → **páirce**

5.1.3. á + th: **bláth** *m* → **blátha**, o + th: **scoth** *m* → **scotha**, u + th: **guth** *m* → **gutha**

5.1.4. monosyllabic + á: **bá** *f* → **bá**, monosyllabic + ú **sú** *m* → **sú**

5.1.5. diphthong endings: **glae** *m* → **glae**

5.1.6. polysyllabic + vowel: **garda** *m* → **garda, glaine** → **glaine, cigire** *m* → **cigire, eolaí** *m* → **eolaí, oibrí** *m* → **oibrí**, etc.

5.1.7. Notable masculine indicators include: -aeir, -(e)adh, -éir, -eoir, -óir, -úir: **boladh** *m* → **bolaidh, grósaeir** *m* → **grósaera, deireadh** *m* → **deiridh, pluiméir** *m* → **pluiméara, múinteoir** *m* → **múinteora, osclóir** → **osclóra, dochtúir** *m* → **dochtúra**

5.1.8. Notable feminine indicators include: **-air, -ir, -eog, -óg, -lann**, and polysyllabic nouns ending in **-(e)acht/-(a)íocht: cabhair** *f* → **cabhrach**, **litir** *f* → **litreach**, **beannacht** *f* → **beannachta**, **eagraíocht/eagraíochta** *f*, **fuinneog** *f* → **fuinneoige**, **póg** *f* → **póige**, **clann** *f* → **clainne**

5.2.0. INFHILLEADH SAN AINM BRIATHARTHA
Inflection in the Verbal Noun

The inflection of the verbal noun is not provided in the teasáras since inflection can often be easily deduced[3] or found in the form of its past participle/verbal adjective which is also given in this thesaurus.

5.2.1. Verbal noun endings: **-(e)adh, -(e)áil, -(e)amh, -(a)irt, -úint, -(i)ú**

Tuiseal Díreach Uatha	Tuiseal Ginideach Uatha	Díreach/Ginideach Iolra
casadh turning	casta	castaí
cáineadh censuring	cáinte	cáintí
armáil arming	armála	armálacha
tógáil building	tógála	tógálacha
sásamh satisfying	sásaimh	sásaimh/sásamh
caitheamh spending	caithimh	caithimh/caitheamh
bagairt threatening	bagartha	bagairtí
imirt playing	imeartha	–
giniúint generating	giniúna	giniúintí
scrúdú examining	scrúdaithe	scrúduithe
síniú signing	sínithe	sínithe

5.3.0. INFHILLEADH AN AINMFHOCAIL SAN IOLRA
Noun inflection in Plural

5.3.1. Predicting how to form the plural of a noun from its direct singular case is not always possible. For example, the word **ceann** has a weak plural – **cinn/ceann**, but **gleann** becomes **gleannta**, and **foireann** becomes **foirne**, both having strong plurals.[4] However, it is possible to deduce the plural forms of many other nouns simply by observing their endings. Below is a list of some of the more common of these:

5.3.2. In the following examples, plural forms are given in brackets:

-a
  bata (bataí), **dalta** (daltaí), **earra** (earraí), **liosta** (liostaí), **nóta** (nótaí), **peaca** (peacaí), **pionta** (piontaí), **seomra** (seomraí), **siopa** (siopaí), **tionónta** (tionóntaí), etc.

---

[3] Plural forms, however, can frequently not be deduced in those verbal nouns that end in **-(e)adh**, e.g. **briseadh – briste – bristeacha**. For plural forms, consult Ó Dónaill.
[4] cf 'Report on New 6-declension System of Irish Nouns and Adjectives' Institute of Irish Studies, 1984 p.7.

-aí
ceardaí (ceardaithe), eolaí (eolaithe), gréasaí (gréasaithe), oibrí (oibrithe), tiarálaí (tiarálaithe), etc.

-ail, -aill
abhaill (abhlacha), cabhail (cabhlacha), riail (rialacha), uaill (uailleacha), triail (trialacha), foghail (foghlacha), etc.

–áil, -íoll
anáil (análacha), coinníoll (coinníollacha), máirseáil (máirseálacha), plandáil (plandálacha), fíneáil (fíneálacha), tuarascáil (tuarascálacha), etc.

-air, -áin - ir,
ainnir (ainnireacha), beoir (beoracha), cabhair (cabhracha), cáin (cánacha), carcair (carcracha), cathair (cathracha), cathaoir (cathaoireacha), cuingir (cuingreacha), ithir (ithreacha), draein (draenacha), coróin (corónacha), cráin (cránacha), fóir (fóireacha), láir (láracha), láthair (láithreacha), litir (litreacha), eochair (eochracha), mainistir (mainistreacha), meabhair (meabhracha), muintir (muintireacha), nathair (nathracha), oitir (oitreacha), saltair (saltracha), srathair (srathracha), treoir (treoracha), stiúir (stiúracha), traein (traenacha), uimhir (uimhreacha), etc.

-(a)íocht
cáilíocht (cáilíochtaí), cainníocht (cainníochtaí), eagraíocht (eagraíochtaí), íocaíocht (íocaíochtaí), líníocht (líníochtaí), litríocht (litríochtaí), ríocht (ríochtaí), etc.

-e
béile (béilí), bríste (brístí), blúire (blúirí), buille (buillí), carráiste (carráistí), císte (cístí), ciste (cistí), cluiche (cluichí), cnaipe (cnaipí), cóiste (cóistí), coiste (coistí), coláiste (coláistí), dréimire (dréimirí), file (filí), oráiste (oráistí), páiste (páistí), paiste (paistí), pasáiste (pasáistí), pointe (pointí), ribe (ribí), seilide (seilidí), staighre (staighrí), uisce (uiscí), etc.

-(e)acht,
beannacht (beannachtaí), breáthacht (breáthachtaí), breoiteacht (breoiteachtaí), casacht (casachtaí), cleacht (cleachtaí), dréacht (dréachtaí), freagracht (freagrachtaí), Gaeltacht (Gaeltachtaí), Galltacht (Galltachtaí), gluaiseacht (gluaiseachtaí), iarracht (iarrachtaí), imeacht (imeachtaí), léacht (léachtaí), seandacht (seandachtaí), etc.

-eoir
aithiseoir (aithiseoirí), cainteoir (cainteoirí), cláirseoir (cláirseoirí), cláraitheoir (cláraitheoirí), cónaitheoir (cónaitheoirí), díograiseoir (díograiseoirí), doirseoir (doirseoirí), eitleoir (eitleoirí), fáilteoir (fáilteoirí), feirmeoir (feirmeoirí), Gaeilgeoir (Gaeilgeoirí), iriseoir (iriseoirí), léitheoir (léitheoirí), meisceoir (meisceoirí), múinteoir (múinteoirí), niteoir (niteoirí), rinceoir (rinceoirí), slánaitheoir (slánaitheoirí), taidhleoir (taidhleoirí), tosaitheoir (tosaitheoirí), truaillitheoir (truaillitheoirí), etc.

-ín
báisín (báisíní), baitín (baitíní), braillín (braillíní), cailín (cailíní), ceirnín (ceirníní), coinín (coiníní), gairdín (gairdíní), ispín (ispíní), paidrín (paidríní), ribín (ribíní), sicín (sicíní), toitín (toitíní), etc.

-óir
ambasadóir (ambasadóirí), bearbóir (bearbóirí), Béarlóir (Béarlóirí), buamadóir (buamadóirí), ceoltóir (ceoltóirí), clódóir (clódóirí), craoltóir (craoltóirí), cuntasóir (cuntasóirí), cúntóir (cúntóirí), curadóir (curadóirí), deachtóir (deachtóirí), déagóir (déagóirí), dlíodóir (dlíodóirí), draíodóir (draíodóirí), fiaclóir (fiaclóirí), foclóir (foclóirí), garraíodóir (garraíodóirí), glantóir (glantóirí), gunnadóir (gunnadóirí), innealtóir (innealtóirí), léachtóir (léachtóirí), marfóir (marfóirí), mealltóir (mealltóirí), moltóir (moltóirí), osclóir (osclóirí), rialtóir (rialtóirí), síofróir (síofróirí), siopadóir (siopadóirí), turasóir (turasóirí), uaireadóir (uaireadóirí), etc.

6.0.0. Definite Article   AN tALT CINNTE

6.1.0. The definite article changes its form and can cause mutations to the initial letter of the noun it qualifies.

6.1.1. The form of the definite article changes from '**an**' to '**na**' depending on the gender, case and number of the noun it qualifies. The absence of the definite article indicates non-specificity of a noun which in English is expressed with the indefinite article:

    an fear the man   **an fhir** of the man
    fear a man   **fir** of a man

6.1.2. If a noun begins with one of the consonants: **b, c, f, g, m, p**, mutations will occur in the initial letter of a masculine noun, as shown in '**bád**', and in any feminine noun, as shown in '**póg**'

Nouns beginning with: b, c, f, g, m, p

masculine	feminine
(dir sg) **an bád** the boat	*(dir sg)* **an phóg** the kiss
(gen sg) **méid an bháid** the boat's size	*(gen sg)* **tógáil na póige** taking of the kiss
(dir pl) **na báid** the boats	*(dir pl)* **na póga** the kisses
(gen pl) **méid na mbád** the boats' size	*(gen pl)* **aimsir na bpóg** time of the kisses

6.1.2. For masculine nouns beginning with a vowel, the initial mutation is as in '**éan**'. Feminine nouns beginning with a vowel are mutated as in '**áit**':

Nouns beginning with vowels: a, e, i, o, u

firinscneach	baininscneach
(dir sg) **an t-éan** the bird	*(dir sg)* **an áit** the place
(gen sg) **béarla an éin** the bird's song	*(gen sg)* **ainm na háite** name of the place
(dir pl) **na héin** the birds	*(dir pl)* **na háiteanna** the places
(gen pl) **eitilt na n-éan** flight of the birds	*(gen pl)* **mapa na n-áiteanna** map of the places

6.1.3. If a noun begins with **sr, sr, sl** or **s + vowel**, the mutations are as for '**solas**' if the noun is masculine and '**súil**' when feminine:

Nouns beginning with: sr, sr, sl nó **s + vowel**:

firinscneach	baininscneach
(dir sg) **an solas** the light	*(dir sg)* **an tsúil** the eye
(gen sg) **ga an tsolais** beam of the light	*(gen sg)* **solas na súile** the light of the eye
(dir pl) **na soilse** the lights	*(dir pl)* **na súile** the eyes
(gen pl) **dath na soilse** colour of the lights	*(gen pl)* **solas na súl** the light of the eyes

6.1.4. Where the noun begins with the dentals **d, t**, the initial mutations are as for '**teach**' if the noun is masculine and '**tine**' if it is feminine:

Nouns beginning with d or t:

firinscneach	baininscneach
(dir sg) **an teach** the house	*(dir sg)* **an tine** the fire
(gen sg) **fear an tí** the man of the house	*(gen sg)* **teas na tine** the heat of the fire
(dir pl) **na tithe** the houses	*(dir pl)* **na tinte** the fires
(gen pl) **costas na dtithe** the cost of the houses	*(gen pl)* **teas na dtinte** the heat of the fires

7.0.0. Adjectives   AIDIACHTAÍ

Adjectives are not inflected (i) when they are used predicatively *(m.sh. **Tá na cártaí dearg.** The cards are red.)* or (ii) when they are prefixed to the noun they qualify.

7.1.0. Below is a list of adjectives that can be prefixed to a noun. Words that can only be used as a prefix are flagged by an asterisk *: **aon-, beag-, bog-, cam-, caoch-, corr-, dall-, *dea-, *droch- dubh-, gearr- glas-, *iar-, lag-, *eath-, maol-, marbh-, mear-, mór-, *sár-, saor-, teann-, tréan-, uile-, úr-,** *etc.*

7.1.1. The position of the adjective often changes its meaning, eg:

    dubhobair sinister work   **obair dhubh** backbreaking work
    corrdhuine *(the)* odd person   **duine corr** an eccentric person

7.1.2. The adjective's position can also change the meaning of the noun it qualifies:

    ceartlitriú orthography   **litriú ceart** correct spelling
    mórdhíoltóir wholesaler   **díoltóir mór** big seller
    saorthuras excursion   **turas saor** free trip

7.2.0. Inflection in Adjectives   INFHILLEADH SAN AIDIACHT

7.2.1. Regular adjectives fall into six groups and they agree with the nouns they qualify in gender, number and case:

7.2.2. According to their endings, **regular adjectives** are assigned to one of the following six groupings:

1. *a, o, u + consonant(s):* bán, caol, dall, dubh, gorm, mór, óg, etc.
2. *i + consonant(s):* glic, tinn, ciúin, duairc, fiáin, etc.
3. -each/-ach: cainteach, bacach, eolach, díreach, etc.
4. -(i)úil: coiriúil, scanrúil, tuirsiúil, míosúil, etc.
5. *á, é, í, ó, ú, ua + ch; -eacht -ocht:* beacht, gnách, déach, buíoch, sóch, búch, buach, etc. There is a limited number of other nouns that have no visible identifiers, see: **9.2.2.**
6. -*guta:* bómánta, cliste, crua, etc.

7.2.2. Table of Regular Adjective Inflection

№	comhartha	dír. fir. u.	dír. Bain. u.	gin. fir. u.	gin. bain. u	iolra
1.	a,o,u +con	mór beag[5]	mhór bheag	mhóir bhig	móire bige	~(a) ~(a)
2.	i +con.	glic	ghlic	ghlic	glice	~(e)
3.	-(e)ach	salach	shalach	shalaigh	salaí	~(a)
4.	-(i)úil	báúil	bháúil	bháúil	báúla	~ (báúla)
5.	-á, + ch -é + ch -í + ch -ó + ch -ú + ch -ao + ch -ua + ch -eacht/-ocht[6] amh[7]	gnách déach buíoch sóch doscúch caoch buach beacht amh	ghnách dhéach bhuíoch shóch dhoscúch bhuach chaoch bheacht amh	ghnách dhéach bhuíoch shóch dhoscúch bhuach chaoch bheacht amh	gnáiche déiche buíche sóiche doscúiche buaiche caoiche aimhe	~/~a ~/~a ~/~a ~/~a ~/~a ~/~a ~/~a ~/~a
6.	-guta	crua	chrua	chrua	~	~

7.2.3. gorm *(a, o, u + consonant)*   GRÚPA 1

an t-éan *(m)* **gorm** the blue bird
luas an éin ghoirm the speed of the blue bird

na héin ghorma[8] the blue birds
luas na n-éan gorm the speed of the blue birds

an spéir *(f)* **ghorm** the blue sky
radharc na spéire goirme the view of the blue sky

na spéartha gorma the blue skies
radharc na spéartha gorma the view of the blue skies

7.2.4. glic *(i + consonants)*   GRÚPA 2

an fear *(m)* **glic** the smart man
cuspóir an fhir ghlic the objective of the smart man

na fir ghlice the smart men
cuspóirí na bhfear glic the objectives of the smart men

an bhean *(f)* **ghlic** the smart woman
cuspóir na mná glice the objective of the smart woman

na mná glice the smart women
cuspóirí na mban glic the objectives of the smart women

---

[5] Note how the specific vowel combinations: 'ea' 'io' & 'iu' change to 'i' when they become slender: beag → bige, fionn → finne, and fliuch → fliche, *etc.*, and 'ia' often becomes 'éi' *cf* dian → déine, *etc.*

[6] Exception: *bocht adj*[1] *(bhoicht, boichte; bochta, bocht)*

[7] There is a limited number of adjectives that, by their form, would appear to belong to the first group of adjectives but in fact are inflected as adjectives belonging to group 5. These include: *amh, corr, cúng, dealbh, deas, dúilmhear, fann, fliuch, gann, lách, mear, moch, seang, searbh, seasc, teann, tearc, trom, tiubh, tur.* (cf 9.2.0)

[8] Adjectives that follow the **direct case plural** of nouns ending in **'i' + consonant(s)** receive a séimhiú, *eg **fir chróga, capaill bhána**, etc.*

7.2.5. salach; cainteach *(-(e)ach)*   GRÚPA 3

an t-urlár *(m)* **salach** the dirty floor
cuma an urláir shalaigh the look of dirty floor

na hurláir shalacha the dirty floors
cuma na n-urlár salach the look of the dirty floors

an t-óg *(m)* **cainteach** the chatty youth
cara an óig chaintigh the friend of the chatty youth

na hóga cainteacha the chatty youths
cairde na n-óg cainteach the friends of the chatty youths

an tsráid *(f)* **shalach** the dirty street
glanadh na sráide salaí cleaning of the dirty street

na sráideanna salacha the dirty streets
glanadh na sráideanna salacha cleaning of the dirty streets

an bhanaltra *(f)* **chainteach** the chatty nurse
gáire na banaltra caintí the laughter of the chatty nurse

na banaltraí cainteacha the chatty nurses
gáire na mbanaltraí cainteacha the laughter of the chatty nurses

7.2.6. báúil *(-(i)úil)*   GRÚPA 4

an gaol *(m)* **báúil** the kind relative
féiríní an ghaoil bháúil the gifts of the kind relative

na gaolta báúla the kind relatives
féiríní na ngaolta báúla the gifts of the kind relatives

an bhanríon *(f)* **bháúil** the kind queen
scéal na banríona báúla the tale of the kind queen

na banríonacha báúla the kind queens
scéal na mbanríonacha báúla the tale of the kind queens

7.2.7. moch *(guta leathan + ch)*[9]   GRÚPA 5

an t-éan *(m)* **moch** the early bird
lá an éin mhoch the day of the early bird

na héin mhocha the early birds
lá na n-éan moch the day of the early birds

an mhaidin *(f)* **mhoch** the early morning
tús na maidine moiche the start of the early morning

na maidineacha mocha the early mornings
tús na maidineacha mocha the start of the early mornings

7.2.8. cliste *(-guta)*   GRÚPA 6

an mac *(m)* **cliste** the clever son
obair an mhic chliste the work of the clever son

na mic chliste the clever sons
obair na mac cliste the work of the clever sons

an iníon *(f)* **chliste** the clever daughter
obair na hiníne cliste the work of the clever daughter

na hiníonacha cliste the clever daughters
obair na n-iníonacha cliste the work of the clever daughters

8.0.0. COMPARÁID SAN AIDIACHT
Comparison in the Adjective

8.1.0. Both the **comparative** and **superlative degree** of the adjective are the same as the feminine genitive singular form of the adjective:

1. **Tá an clár níos boige.** The program is easier.
2. **Tá an clár níos doiléire.** The program is more obscure.
3. **Tá an clár níos costasaí.** The program is more expensive.
4. **Tá an clár níos cairdiúla.** The program is more user-friendly.
5. **Tá an clár níos réalaíche.** The program is more realistic.
6. **Tá an clár níos anásta.** The program is more awkward.

8.1.2. The copula is used to create the superlative degree. For example:

Is é an clár is boige, is doiléire, is réalaíche, etc.
It is the easiest, the most obscure, the most realistic, etc. program

---

[9] see table **7.2.2.** *and footnote 7.*

9.0.0. AIDIACHTAÍ NEAMHRIALTA
Irregular Adjectives

Below is a list of the **irregular adjectives** in the thesaurus:

9.1.0. Adjectives with syncopated forms include:

Díreach Uatha *m* Béarla	Ginideach Uatha *m*	Ginideach Uatha *f*	Ginideach agus Díreach iolra	Ginideach iolra do lagiolraí
ábhal *immense*	ábhail	áibhle	ábhala	~
álainn *beautiful*	álainn	áille	áille	~
anacair *unsteady*	anacair	anacra	anacra	~
aoibhinn *blissful*	aoibhinn	aoibhne	aoibhne	~
bodhar *deaf*	bhodhair	bodhaire	bodhra	~
daibhir *destitute*	dhaibhir	daibhre	daibhre	~
daingean *firm*	dhaingin	daingne	daingne	~
deacair *difficult*	dheacair	deacra	deacra	~
deimhin *certain*	dheimhin	deimhne	deimhne	~
diamhair *occult*	dhiamhair	diamhaire	diamhra	~
dílis *loyal*	dhílis	dílse	dílse	~
domhain *deep*	dhomhain	doimhne	doimhne	~
folamh *empty*	fholaimh	foilmhe	folmha	~
íseal *low*	ísil	ísle	ísle	~
láidir *strong*	láidir	láidre	láidre	~
leathan *wide*	leathain	leithne	leathana	~
mall *slow*	mhall	moille	malla	~
milis *sweet*	mhilis	milse	milse	~
ramhar *fat*	ramhair	raimhre	ramhra	~
righin *stiff*	righin	righne	righne	~
saibhir *rich*	shaibhir	saibhre	saibhre	~
sleamhain *slippery*	shleamhain	sleamhaine	sleamhna	~
socair *calm*	shocair	socra	socra	~
umhal *humble*	umhail	umhaile	umhla	~
uasal *noble*	uasail	uaisle	uaisle	~

9.2.0. Common adjectives that appear by their form to belong to group 1 but are, in fact, inflected like adjectives from group 5 include:

Díreach Uatha *m* Béarla	Ginideach Uatha *m*	Ginideach Uatha *f*	Ginideach agus Díreach iolra	Ginideach iolra do lagiolraí
amh *raw*	amh	aimhe	amha	~
corr *odd*	chorr	coirre	corra	~
cúng *narrow*	chúng	cúinge	cúnga	~
dealbh *destitute*	dhealbh	deilbhe	dealbha	~
deas* *nice*	dheas	deise	deasa	~
dúilmhear *desirous*	dhúilmhear	dúilmhire	dúilmheara	~
fann *faint*	fhann	fainne	fanna	~
fliuch *wet*	fhliuch	fliche	fliucha	~
gann *scarce*	ghann	gainne	ganna	~
lách *kind*	lách	láiche	lácha	~
leamh *insipid*	leamh	leimhe	leamha	~
mear *quick*	mhear	mire	meara	~
moch *early*	mhoch	moiche	mocha	~
seang *slim*	sheang	seinge	seanga	~
searbh *bitter*	shearbh	seirbhe	seirbhe	~
seasc *barren*	sheasc	seisce	seasca	~
teann *taut*	theann	teinne	teanna	~
tearc *scanty*	thearc	teirce	tearca	~
trom *heavy*	throm	troime	troma	~
tiubh *thick*	thiubh	tibhe	tiubha	~
tur *arid*	thur	tuire	tura	~

* Note that the adjective **deas** becomes **dheis** in its masculine genitive singular when it expresses the meaning 'right', for example: **polasaithe an sciatháin dheis** *policies of the right wing*, but **gáire an óig dheas** *the laughter of the nice young man*

9.3.0. Other adjectives that have irregular or slightly unfamiliar mutations include:

Díreach Uatha *m* Béarla	Ginideach Uatha *m*	Ginideach Uatha *f*	Ginideach agus Díreach iolra	Ginideach iolra do lagiolraí
breá *fine*	bhreá	breátha	breátha	~
cóir *just*	chóir	córa	córa	~
dian *intense*	dhéin	déine	diana	~
fial *generous*	fhéil	féile	fiala	~
fiar *crooked*	fhéir	féire	fiara	~
gearr *short*	ghearr	giorra	gearra	~
liath *grey*	léith	léithe	liatha	~
mall *slow*	mhall	moille	malla	~
nua *new*	nua	nuaí	nua	~
te *hot*	the	teo	teo	~

9.4.0. FOIRMEACHA COMPARÁIDE NEAMHRIALTA
Irregular Forms of Comparison

1. álainn - níos áille more beautiful
2. anacair - níos anacra more unsteady
3. aoibhinn - níos aoibhne more blissful
4. beag - níos lú smaller
5. daibhir - níos daibhre poorer
6. daingean - níos daingne firmer
7. deacair - níos deacra more difficult
8. domhain - níos doimhne deeper
9. fada - níos faide longer
10. folamh - níos foilmhe emptier
11. furasta - níos fusa easier
12. gearr - níos giorra shorter
13. íseal - níos ísle lower
14. láidir - níos láidre stronger
15. leathan - níos leithne wider
16. maith - níos fearr better
17. mall - níos moille slower
18. milis - níos milse sweeter
19. olc - níos measa worse
20. ramhar - níos raimhre fatter
21. saibhir - níos saibhre richer
22. te -níos teo hotter/warmer
23. uasal - níos uaisle nobler

9.5.0. LIOSTAÍ D'AIDIACHTAÍ RIALTA DE RÉIR A NGRÚPA
Regular adjectives listed by group

9.5.1. adjectives ending in: a, o, u, + consonant(s): **annamh,** ard, **balbh,** bán, baoth, básmhar, beag, bláfar, bocht, bog, breac, bréan, bríomhar, briosc, buan, **cam,** ceart, ceomhar, ceolmhar, ciallmhar, coiteann, comhionann, cothrom, **dall,** daor, dearg, deas, dubh, dúr, **éadmhar,** éadrom, éagothrom, **fíochmhar,** fionn, fionnuar, fíor, fonnmhar, formhór, fuafar, fuar, **gaofar,** gar, garbh, geal, géar, glan, glas, gléigeal, glórmhar, grámhar, greannmhar, grianmhar, **iomlán,** ionann, **lag,** léanmhar, líonmhar, lom, luath, lúfar, **maol,** marbh, mícheart, mion, míshlachtmhar, mór, **neamhbhásmhar,** neamhbhuan, neamhullamh, **óg, pianmhar,** prap, pras, **sámh,** saobh, saor, scáfar, scaollmhar, sean, slachtmhar, slán, spásmhar, sultmhar, súmhar, **tartmhar,** tobann, tochtmhar, tréan, **ullamh,** úr, etc.

9.5.2. adjectives ending in: i + consonant(s) – aduain, ainnis, ait, anaithnid, binn, caoin, ciúin, cruinn, cúthail, díomhaoin, doiléir, duairc, fairsing, fiáin, folláin, gairid, giorraisc, glic, goirt, grinn, ionraic, léir, maith, míchruinn, mín, minic, míshoiléir, neamhchruinn, réidh, séimh, singil, soiléir, soirbh, suairc, táir, tinn, tirim, tláith, etc.

9.5.3. adjectives ending in: -(e)ach – **achrannach,** acmhainneach, adhmadach, aerach, aicmeach, aiféalach, áiféiseach, aigéadach, aimhleasach, ainbhiosach, aineolach, airdeallach, aireach, aislingeach, aisteach, amaideach, amaitéarach, ámharach, amhrasach, amplach, áthasach, athraitheach, **bacach,** bagrach, bainteach, baolach, bearnach, béasach, binbeach, biogóideach, brabúsach, bradach, bréagach, brónach, brothallach, bunúsach, **cabhrach,** caidéiseach, caifeach, caighdeánach, cainteach, cáinteach, cáiréiseach, caiteach, calaoiseach, callánach, cancrach, cantalach, canúnach, caointeach, caolchúiseach, ceisteach, cigilteach, cinniúnach, cíocrach, ciontach, ciorclach, ciotach, clasaiceach, cleasach, clochach, cluanach, clúiteach, cnocach, codarsnach, codlatach, coigilteach, coimeádach, coinneálach, coinníollach, coinsiasach, colgach, comhchiallach, comhfhiosach, comhráiteach, comhréireach, comparáideach, compordach, cóngarach, conspóideach, contúirteach, córasach, corrach, corraitheach, corrthónach, costasach, cothaitheach, cráifeach, craosach, creagach, cruógach, cuibheasach, cuimsitheach, cúlchainteach, cúlráideach, cumasach, cumhachtach, cúntach, cúramach, **dainséarach,** daonlathach, dea-bhéasach, deabhóideach, déanach, dearfach, dearmadach, deifreach, deireanach, deisbhéalach, deismíneach, déistineach, deonach, dícheallach, díobhálach, díograiseach, díoltasach, diomailteach, díreach, diúltach, dleathach, dóchasach, dochrach, doicheallach, dóthanach, drabhlásach, draíochtach, drochbhéasach, drogallach, dubhach, dúchasach, dúshlánach, **éachtach,** eachtrach, eachtrannach, éadóchasach, éadrócaireach, eaglach, éagmaiseach, éagórach, éagumasach, easpach, éifeachtach, éigeantach, Éireannach, eolach, **fabhrach,** fabhtach, fadálach, fadhbach, fadtréimhseach, fáilteach, faiteach, fánach, fanaiceach, fáthchiallach, fealltach, fealsúnach, feargach, feasach, féasógach, feiceálach, feidhmeach, feiliúnach, fiabhrasach, fiafraitheach, fimíneach, fiosrach, fírinneach, firinscneach, fiúntach, flúirseach, foighneach, follasach, fonóideach, foréigneach, formadach, fothramach, freagrach, fuarchúiseach, fuilteach, fulangach, **Gaelach,** gágach, galrach, gangaideach, gaoiseach, gealgháireach, géarchúiseach, giortach, glórach, gníomhach, gnóthach, goilliúnach, gortach, gradamach, greamaitheach, gríosaitheach, gruagach, guagach, guairdeallach, guaiseach, **idéalach,** íditheach, ildánach, ilghnéitheach, imeallach, inmheánach, intleachtach, iolrach, iomarcach, iomráiteach, ionsaitheach, ionsúiteach, iontach, **lábach,** lagintinneach, lárnach, lasrach, leachtach, leadránach, leanúnach, leasaitheach, leatromach, léimneach, leithleach, leithscéalach, leochaileach, liobrálach, lochtach, lonrach, luaineach, lúbach, lúcháireach, **machnamhach,** maiteach, maíteach, malartach, maoithneach, maolaitheach, maslach, masmasach, meabhrach, méadaitheach, meafarach, mealltach, mearbhlach, meirgeach, mífhoighneach, millteach, millteanach, mínáireach, mínitheach, míolach, mionchúiseach, míorúilteach, miotasach, mórchúiseach, mórtasach, mothálach, mothúchánach, múchtach, muiníneach, **naimhdeach,** náireach, náisiúnach, neamartach neamhdhleathach, neamhurchóideach, neirbhíseach, neodrach, nimhneach, **ócáideach,** ocrach, oibleagáideach, oiriúnach, oirmhinneach, ómósach, onórach, ordaitheach, ornáideach, **págánach,** pairiliseach, parailéalach, peannaideach, piachánach, pionósach, plámásach, pléascach, plúchtach, práinneach, preabach, priaclach, pribhléideach, príobháideach, prósach, púdrach, **rachmasach,** radacach, ragairneach, raiméiseach, randamach, rannpháirteach, réabhlóideach, réasúnach, réchúiseach, reibiliúnach, réigiúnach, reiligiúnach, riachtanach, riascach, rithimeach, rocach, roghnach, roithleánach, rollach, rómánsach, ruatharach, **sádach,** sailleach, sáiteach, salach, samhnasach, samplach, santach, saothrach, scamallach, scannalach, scéalach, scléipeach, scríobach, seachantach, seachránach, seafóideach, sealadach, searbhasach, seasmhach, séasúrach, silteach, sinsearach, sínteach, siombalach, siúlach, slabhrach, snámhach, sóisearach, sonrach, sotalach, spárálach, spíceach, spleodrach, spotach, spreagthach, srannach, sreangach, srónach, stadach, staidéarach, stainceach, stoirmeach, stríocach, stuacach, suáilceach, suaimhneach, suarach, suntasach, **tábhachtach,** taghdach, taibhseach, taispeántach, tairbheach, taismeach, taitneamhach, tallannach, támhshuanach, taobhach, taomach, tarraingteach, teagascach, téamach, teanntásach, teaspach, teileascópach, timthriallach, tíosach, tógálach, toilteanach, toirmeascach, torannach, torrach, tostach, tragóideach, traigéideach, trasnánach, treallach, treallúsach, tréasach, treascarnach, trédhearcach, treibheach, tréigtheach, tréitheach, treorach, trialach, trioblóideach, trócaireach, trodach, troscach, truaillitheach, truamhéalach, tuairimeach, tubaisteach, tuirseach, tuisceanach, tuisleach, tútach, **uachtarach,** uafásach, uaibhreach, uaigneach, uaillmhianach, uamhnach, údarach, údarásach, uilleach, únfairteach, urchóideach, urramach, úsáideach, etc.

9.5.4. adjectives ending in: -(i)úil – acadúil, adhmadúil, airgeadúil, áisiúil, áitiúil, anamúil, anordúil, ansmachtúil, **bainniúil,** báistiúil, banúil, barántúil, barrúil, báúil, bliantúil, bródúil, **cáiliúil,** cairdiúil, caoithiúil, céimiúil, ciniciúil, cogúil, coiriúil, comharsanúil, criticiúil, croíúil, cuibhiúil, cuideachtúil, cúisiúil, **daonnachtúil,** dathúil, difriúil, dímheasúil, dinimiciúil, dlíthiúil, dóchúil, dóighiúil, drochmheasúil, drúisiúil, **eachtrúil,** éagsúil, eascairdiúil, éirimiúil, fáidhiúil, fearúil, feidhmiúil, flaithiúil, fódúil, foirmiúil, fothainiúil, fuinniúil, gairmiúil, gáirsiúil, gaisciúil, geanúil, géilliúil, gnaíúil, goimhiúil, gráiniúil, grástúil, **iomadúil,** laethúil, lagmhisniúil, leisciúil, litriúil, loighciúil, **madrúil,** magúil, maighdeanúil, máistriúil, máithriúil, measúil, meicniúil, meisciúil, míchairdiúil, míchaoithiúil, míshásúil, misniúil, míthráthúil, **neamh-anamúil,** neamhchríochnúil, neamhchuideachtúil, neamhdhóchúil, neamhfhoirmiúil, neamhghairmiúil, neamhghéilliúil, neamhshuntasach, neamhspéisiúil, neamhthoiliúil, neamhthorthúil, nimhiúil, **oibiachtúil,** oideachasúil, oifigiúil, **páistiúil,** paradacsúil, peacúil, péistiúil, pláúil, pleidhciúil, poncúil, postúil, praiticiúil, **raidhsiúil,** rathúil, réadúil, **sagartúil,** sainiúil, sásúil, scanrúil, scéiniúil, sciliúil, sciorrúil,

Grammar Guide

scóipiúil, seiftiúil, siamsúil, siocúil, siúcrúil, slabhrúil, sláintiúil, smachtúil, sofaisticiúil, sóúil, spásúil, spéisiúil, spórtúil, spraíúil, spreagúil, stairiúil, stáirsiúil, substaintiúil, suibiachtúil, suimiúil, **tacúil,** taibhsiúil, táirgiúil, teoiriciúil, tiarnúil, tipiciúil, toiliúil, torthúil, tráthúil, tréimhsiúil, tuairisciúil, tuathúil, tuirsiúil, **uachtarúil,** uathúil, uisciúil, etc.

9.5.5. adjectives ending in: -ách, -each, -íoch, -óch, -úch, -uach, -eacht, -ocht: achainíoch, anghrách, athbhríoch, beacht, buach, buíoch, cogaíoch, coimhthíoch, déach, débhríoch, díomách, diomaíoch, díomuach, docht, eacnamaíoch, eolaíoch, gnách, grách, imníoch, impíoch, iomaíoch, lách, míbhuíoch, neamhghnách, neamhspleách, nocht, réalaíoch, samhlaíoch, sonraíoch, uathoibríoch, uilíoch, etc.

9.5.6. adjectives and past participles ending in a vowel: ábalta, ábhartha, aclaí, áibhéalta, aibí, aigeanta, allta, anabaí, anásta, aosta, ársa, ata, **bactha,** bagartha, batráilte, bearrtha, bithiúnta, blasta, bómánta, breoite, briste, bronnta, brúite, buailte, buaite, buamáilte, buartha, buí, **caillte,** caite, calma, caolaigeanta, caolaithe, caomhnaithe, carntha, casta, ceadaithe, ceangailte, céanna, ceanndána, ceansa, cearr, ceartaithe, céasta, ceiliúrtha, céillí, ciaptha, cineálta, cinnte, claonta, cláraithe, cleachta, cloiste, cloíte, clóite, clúdaithe, cneasta, coganta, coibhneasta, cóipeáilte, coipthe, coitianta, collaí, comónta, contráilte, contrártha, corpartha, cosanta, cothaithe, craiceáilte, cráite, craolta, craptha, creidte, críochnaithe, crochta, cróga, cróilí, crosta, crua, cruálach, cruinnithe, cuí, cúlaithe, cultúrtha, cúnta, curtha, **daingnithe,** dáiríre, daite, damanta, dána, daonna, déanta, dearfa, dearmadta, deartha, deighilte, deimhnithe, deisithe, diabhalta, díchéillí, díolta, diongbháilte, dochreidte, dofheicthe, dodhéanta, dodhearmadta, domhanda, dothuigthe, draenáilte, drámata, dreoite, druidte, dúbailte, dúisithe, dumpáilte, dúnta, **éaganta,** eaglasta, eagraithe, ealaíonta, éalaithe, éasca, éigiallta, éiginnte, éigríochta, éigríonna, éilithe, éillithe éirithe, eitilte, **fada,** faiseanta, falsa, faofa, fásta, feabhsaithe, feicthe, feistithe, feoite, fileata, fillte, fíneálta, fiuchta, foghlamtha, foirfe, folctha, forbartha, fostaithe, frámaithe, freagartha, fréamhaithe, fuaite, fuaraithe, fuascailte, fuipeáilte, fulaingthe, furasta, **gafa,** galánta, gallda, galraithe, gasta, geallta, géaraithe, gearrtha, ginearálta, glanta, glaoite, glé, gléasta, gleoite, goidte, gonta, gortaithe, gránna, graosta, greanta, gríosaithe, gruama, grúpáilte, **iargúlta,** iarnáilte, iarrtha, iasachta, idirnáisiúnta, ídithe, ifreanda, imeartha, imithe, indéanta, infheicthe, inste, intuigthe, íobartha, íoctha, iontaofa, iorónta, ite, **leagtha,** leanbaí, léannta, leanta, leasaithe, léirithe, léite, ligthe, línithe, líonta, liosta, liteartha, lochtaithe, lofa, loite, luaite, lúbtha, luchtaithe, **macánta,** maisithe, maite, maíte, malartaithe, maorga, mapáilte, marbhánta, marcáilte, maslaithe, meáite, meallta, measartha, measctha, meata, míchumasaithe, millte, mínithe, míréasúnta, míshásta, místuama, molta, múchta, múinte, múnlaithe, **nádúrtha,** náirithe, náisiúnta, naofa, neamhrialta, neamhtheoranta, neartaithe, néata, nite, nochta, normálta, nua-aimseartha, **oilte,** ólta, ordaithe, oscailte, pacáilte, paiseanta, pearsanta, piocha, pléasctha, pléite, plódaithe, plúchta, poiblí, pollta, pósta, préachta, priochta, proifisiúnta, **réasúnta,** reatha, reoite, rialta, rite, rógánta, roghnaithe, roinnte, rósta, rua, rúnda, **sábháilte,** salaithe, saolta, saonta, saorga, saothraithe, sáraithe, sásta, satailte, scagtha, scáinte, scaipthe, scallta, scanraithe, scaoilte, scartha, sciobtha, scríobtha, scríofa, scriosta, scrúdaithe, scuabtha, seachadta, seachanta, seanaimseartha, seanchaite, seanda, seanfhaiseanta, seargtha, seasta, seiceáilte, séidte, seilgthe, séimhithe, seinnte, seolta, sibhialta, silte, sílte, simplí, sinseartha, sínte, síochánta, sioctha, siúlta, slánaithe, smachtaithe, smálaithe, smeartha, snasta, sochma, socraithe, soineanta, sóisialta, sollúnta, sona, so-ranna, sórtáilte, speisialta, spioradálta, spreagtha, srianta, stampáilte, stiúrtha, stoite, stoptha, stóráilte, stróicthe, stuama, suaimhnithe, suaite, suite, súite, **tagtha,** talmhaí, tanaí, tapa, tarrtháilte, téachta, téagartha, teannta, teasaí, teibí, teite, téite, teoranta, timpeallaithe, tintrí, tiomáinte, tiomanta, tionólta, tite, tofa, tógtha, tosaithe, traenáilte, traidisiúnta, tráite, traochta, trasnaithe, treafa, tréigthe, treisithe, treoraithe, triailte, triallta, triomaithe, truaillithe, tuairimithe, tuata, tugtha, tuigthe, tuillte, tuirlingthe, tuirsithe, tuislithe, tumtha, údaraithe, uile, urghránna, úrnua, úsáidte

10.0.0. **BRIATHRA RIALTA**
Regular Verbs

There are two conjugations of regular verbs:

10.0.1. Verbs that begin with a **vowel** or '**f**' have, when lenited, a different initial mutation from other verbs *(see:* **ól, imir, foghlaim, freastail** *in the tables below)*

10.1.0. **AN CHÉAD RÉIMNIÚ**
The First Conjugation

Most verbs in this conjugation are: (i) monosyllabic, (ii) verbs ending in *-áil*, and (iii) a few disyllabic verbs: *coimeád, tiomáin,* etc.

1ₐ Verbs ending in: **a, o, u + consonant(s)**, eg: *dún, tóg, bog, gearr,* etc.

dún shut/close

PERFECT	PRESENT	FUTURE
dhún mé I shut/closed	dúnann mé I shut/close	dúnfaidh mé I shall shut
dhún tú you shut	dúnann tú you shut	dúnfaidh tú you will shut
dhún sé he shut	dúnann sé he shuts	dúnfaidh sé he will shut
dhún sí she shut	dúnann sí she shuts	dúnfaidh sí she will shut
dhúnamar we shut	dúnaimid we shut	dúnfaimid we shall shut
dhún sibh you *pl* shut	dúnann sibh you *pl* shut	dúnfaidh sibh you *pl* will shut
dhún siad they shut	dúnann siad they shut	dúnfaidh siad they will shut
dúnadh was shut	dúntar is shut	dúnfar will be shut

CONDITIONAL	IMPERFECT	IMPERATIVE
dhúnfainn I would shut	dhúnainn I used to shut	dúnaim let me shut
dhúnfá you would shut	dhúntá you used to shut	dún *(you sg)* shut
dhúnfadh sé he would shut	dhúnadh sé he used to shut	dúnadh sé let him shut
dhúnfadh sí she would shut	dhúnadh sí she used to shut	dúnadh sí let her shut
dhúnfaimis we would shut	dhúnaimis we used to shut	dúnaimis let us shut
dhúnfadh sibh you *pl* would shut	dhúnadh sibh you *pl* used to shut	dúnaigí *(you pl)* shut
dhúnfaidís they would shut	dhúnaidís they used to shut	dúnaidís let them shut
dhúnfaí would be shut	dhúntaí used to be shut	dúntar (é) let (it) be shut

SUBJUNCTIVE (PRESENT)

go ndúna mé that I may shut
go ndúna tú that you may shut
go ndúna sé that he may shut
go ndúna sí that she may shut
go ndúnaimid that we may shut
go ndúna sibh that you *pl* may shut
go ndúna siad that they may shut

go ndúntar (é) that (it) may be shut

VERBAL NOUN:

an doras a dhúnadh
  to shut the door
ag dúnadh an dorais
  closing/shutting the door

PAST PARTICIPLE:

Tá an doras dúnta.
  The door is closed/shut.

Grammar Guide

1_b Verbs ending in **i + consonant(s)**, eg: *bris, bain, tuig, rith, etc.*

Bris break

PERFECT
bhris mé I broke
bhris tú you broke
bhris sé he broke
bhris sí she broke
bhriseamar we broke
bhris sibh you *pl* broke
bhris siad they broke

briseadh was broken

PRESENT
briseann mé I break
briseann tú you break
briseann sé he breaks
briseann sí she breaks
brisimid we break
briseann sibh you *pl* break
briseann siad they break

bristear is broken

FUTURE
brisfidh mé I shall break
brisfidh tú you will break
brisfidh sé he will break
brisfidh sí she will break
brisfimid we shall break
brisfidh sibh you *pl* will break
brisfidh siad they will break

brisfear will be broken

CONDITIONAL
bhrisfinn I would break
bhrisfeá you would break
bhrisfeadh sé he would break
bhrisfeadh sí she would break
bhrisfimis we would break
bhrisfeadh sibh you *pl* would break
bhrisfidís they would break

bhrisfí would be broken

IMPERFECT
bhrisinn I used to break
bhristeá you used to break
bhriseadh sé he used to break
bhriseadh sí she used to break
bhrisimis we used to break
bhriseadh sibh you *pl* used to break
bhrisidís they used to break

bhristí used to be broken

IMPERATIVE
brisim let me break
bris *(you sg)* break
briseadh sé let him break
briseadh sí let her break
brisimis let us break
brisigí *(you pl)* break
brisidís let them break

bristear (é) let (it) be broken

SUBJUNCTIVE (PRESENT)
go mbrise mé that I may break
go mbrise tú that you may break
go mbrise sé that he may break
go mbrise sí that she may break
go mbrisimid that we may break
go mbrise sibh that you *pl* may break
go mbrise siad that they may break

go mbristear (é) that (it) may be broken

VERBAL NOUN:
an glas a bhriseadh to break the lock
ag briseadh an ghlais breaking the lock

PAST PARTICIPLE:
Tá an glas briste. The lock is broken.

1c Verbs that begin with a ***vowel*** or with *'f'* with either a broad ending: *éag, iarr; fág, fás, féach,* etc. or a slender ending: *éist, oil, innill, eis; fill, fuin, figh,* etc.

ól drink

PERFECT	PRESENT	FUTURE
d'ól mé I drank	**ólann mé** I drink	**ólfaidh mé** I shall drink
d'ól tú you drank	**ólann tú** you drink	**ólfaidh tú** you will drink
d'ól sé he drank	**ólann sé** he drinks	**ólfaidh sé** he will drink
d'ól sí she drank	**ólann sí** she drinks	**ólfaidh sí** she will drink
d'ólamar we drank	**ólaimid** we drink	**ólfaimid** we shall drink
d'ól sibh you *pl* drank	**ólann sibh** you *pl* drink	**ólfaidh sibh** you *pl* will drink
d'ól siad they drank	**ólann siad** they drink	**ólfaidh siad** they will drink
óladh was drunk	**óltar** is drunk	**ólfar** will be drunk

CONDITIONAL	IMPERFECT	IMPERATIVE
d'ólfainn I would drink	**d'ólainn** I used to drink	**ólaim** let me drink
d'ólfá you would drink	**d'óltá** you used to drink	**ól** *(you sg)* drink
d'ólfadh sé he would drink	**d'óladh sé** he used to drink	**óladh sé** let him drink
d'ólfadh sí she would drink	**d'óladh sí** she used to drink	**óladh sí** let her drink
d'ólfaimis we would drink	**d'ólaimis** we used to drink	**ólaimis** let us drink
d'ólfadh sibh you *pl* would drink	**d'óladh sibh** you *pl* used to drink	**ólaigí** *(you pl)* drink
d'ólfaidís they would drink	**d'ólaidís** they used to drink	**ólaidís** let them drink
d'ólfaí would be drunk	**d'óltaí** used to be drunk	**óltar (é)** let (it) be drunk

SUBJUNCTIVE (PRESENT)	VERBAL NOUN:	PAST PARTICIPLE:
go n-óla mé that I may drink	**gloine uisce a ól**	**Tá an tae ólta.** The tea is drunk.
go n-óla tú that you may drink	to drink a glass of water	
go n-óla sé that he may drink	**ag ól gloine uisce**	
go n-óla sí that she may drink	drinking a glass of water	
go n-ólaimid that we may drink		
go n-óla sibh that you *pl* may drink		
go n-óla siad that they may drink		
go n-óltar (é) that it may be drunk		

N.B. The **d'** is absent following verbal particles: **ar, gur, nár, sular,** etc. **d'fhág sé** *He left;* **ar fhág sé?** *Did he leave?,* **Ar ól sé é?** *Did he drink it?,* **Ceapaim gur ól sé é.** *I think that he drank it.,* etc.

Grammar Guide

1_d Verbs that are initially slender but broaden when they require endings: *adhlaic, ceiliúir, gearáin, iomlaisc, seachaid, siúil, taispeáin, tíolaic, tionlaic, tionóil*, etc.

siúil walk

PERFECT
shiúil mé I walked
shiúil tú you walked
shiúil sé he walked
shiúil sí she walked
shiúlamar we walked
shiúil sibh you *pl* walked
shiúil siad they walked

siúladh was walked

PRESENT
siúlann mé I walk
siúlann tú you walk
siúlann sé he walks
siúlann sí she walks
siúlaimid we walk
siúlann sibh you *pl* walk
siúlann siad they walk

siúltar is walked

FUTURE
siúlfaidh mé I shall walk
siúlfaidh tú you will walk
siúlfaidh sé he will walk
siúlfaidh sí she will walk
siúlfaimid we shall walk
siúlfaidh sibh you *pl* will walk
siúlfaidh siad they will walk

siúlfar will be walked

CONDITIONAL
shiúlfainn I would walk
shiúlfá you would walk
shiúlfadh sé he would walk
shiúlfadh sí she would walk
shiúlfaimis we would walk
shiúlfadh sibh you *pl* would walk
shiúlfaidís they would walk

shiúlfaí would be walk

IMPERFECT
shiúlainn I used to walk
shiúltá you used to walk
shiúladh sé he used to walk
shiúladh sí she used to walk
shiúlaimis we used to walk
shiúladh sibh you *pl* used to walk
shiúlaidís they used to walk

shiúltaí used to be walked

IMPERATIVE
siúlaim let me walk
siúil *(you sg)* walk
siúladh sé let him walk
siúladh sí let her walk
siúlaimis let us walk
siúlaigí *(you pl)* walk
siúlaidís let them walk

siúltar (é) let (it) be walked

SUBJUNCTIVE (PRESENT)
go siúla mé that I may walk
go siúla tú that you may walk
go siúla sé that he may walk
go siúla sí that she may walk
go siúlaimid that we may walk
go siúla sibh that you *pl* may walk
go siúla siad that they may walk

go siúltar (é) that (it) may be walked

VERBAL NOUN:
an madra a shiúl to walk the dog
ag siúl go tapa walking quickly

PAST PARTICIPLE:
Tá an bóthar siúlta.
  The road is walked.

1ₑ Verbs ending in -*áil*:

pacáil pack

PERFECT
phacáil mé I packed
phacáil tú you packed
phacáil sé he packed
phacáil sí she packed
phacálamar we packed
phacáil sibh you *pl* packed
phacáil siad they packed

pacáladh was packed

PRESENT
pacálann mé I pack
pacálann tú you pack
pacálann sé he packs
pacálann sí she packs
pacálaimid we pack
pacálann sibh you *pl* pack
pacálann siad they pack

pacáiltear is packed

FUTURE
pacálfaidh mé I shall pack
pacálfaidh tú you will pack
pacálfaidh sé he will pack
pacálfaidh sí she will pack
pacálfaimid we shall pack
pacálfaidh sibh you *pl* will pack
pacálfaidh siad they will pack

pacálfar will be packed

CONDITIONAL
phacálfainn I would pack
phacálfá you would pack
phacálfadh sé he would pack
phacálfadh sí she would pack
phacálfaimis we would pack
phacálfadh sibh you *pl* would pack
phacálfaidís they would pack

phacálfaí would be packed

IMPERFECT
phacálainn I used to pack
phacáilteá you used to pack
phacáladh sé he used to pack
phacáladh sí she used to pack
phacálaimis we used to pack
phacáladh sibh you *pl* used to pack
phacálaidís they used to pack

phacáiltí used to be packed

IMPERATIVE
pacálaim let me pack
pacáil *(you sg)* pack
pacáladh sé let him pack
pacáladh sí let her pack
pacálaimis let us pack
pacálaigí *(you pl)* pack
pacálaidís let them pack

pacáiltear (é) let (it) be packed

SUBJUNCTIVE (PRESENT)
go bpacála mé that I may pack
go bpacála tú that you may pack
go bpacála sé that he may pack
go bpacála sí that she may pack
go bpacálaimid that we may pack
go bpacála sibh that you *pl* may pack
go bpacála siad that they may pack

go bpacáiltear (é)
that (it) may be packed

VERBAL NOUN:
na málaí a phacáil to pack the bags
ag pacáil na málaí packing the bags

PAST PARTICIPLE:
Tá na málaí pacáilte.
The bags are packed.

N.B. Except for endings that begin with *t-*, verbs in *-áil* broaden when they receive any ending: **Pacálfar na héadaí.** *The clothes will be packed.*, but: **Pacáiltear i sraitheanna iad.** *They are packed in rows.*

Grammar Guide

1_f Verbs ending in: *-óigh, -eoigh, -áigh, -eáigh, -úigh, -uaigh*, eg: *dóigh, clóigh, breoigh, reoigh, báigh, meáigh, brúigh, buaigh*, etc.

dóigh burn

PERFECT
dhóigh mé I burnt
dhóigh tú you burnt
dhóigh sé he burnt
dhóigh sí she burnt
dhómar we burnt
dhóigh sibh you *pl* burnt
dhóigh siad they burnt

dódh was burnt

PRESENT
dónn mé I burn
dónn tú you burn
dónn sé he burns
dónn sí she burns
dóimid we burn
dónn sibh you *pl* burn
dónn siad they burn

dóitear is burnt

FUTURE
dófaidh mé I shall burn
dófaidh tú you will burn
dófaidh sé he will burn
dófaidh sí she will burn
dófaimid we shall burn
dófaidh sibh you *pl* will burn
dófaidh siad they will burn

dófar will be burnt

CONDITIONAL
dhófainn I would burn
dhófá you would burn
dhófadh sé he would burn
dhófadh sí she would burn
dhófaimis we would burn
dhófadh sibh you *pl* would burn
dhófaidís they would burn

dhófaí would be burnt

IMPERFECT
dhóinn I used to burn
dhóiteá you used to burn
dhódh sé he used to burn
dhódh sí she used to burn
dhóimis we used to burn
dhódh sibh you *pl* used to burn
dhóidís they used to burn

dhóití used to be burnt

IMPERATIVE
dóim let me burn
dóigh *(you sg)* burn
dódh sé let him burn
dódh sí let her burn
dóimis let us burn
dóigí *(you pl)* burn
dóidís let them burn

dóitear (é) let (it) be burnt

SUBJUNCTIVE (PRESENT)
go ndó mé that I may burn
go ndó tú that you may burn
go ndó sé that he may burn
go ndó sí that she may burn
go ndóimid that we may burn
go ndó sibh that you *pl* may burn
go ndó siad that they may burn

go ndóitear (é) that (it) may be burnt

VERBAL NOUN:
adhmad a dhó to burn wood
ag dó adhmaid burning wood

PAST PARTICIPLE:
Tá na páipéir dóite.
   The papers are burnt.

N.B. Slender endings that begin with *t-* are used with all verbs in this category: **Dóitear é.** *It is burnt.*, **Dhóiteá iad.** *You used to burn them.*, etc.

1_g Verbs ending in: *-éigh*, eg: *léigh, pléigh, spréigh*, etc.

léigh read

PERFECT
léigh mé I read
léigh tú you read
léigh sé he read
léigh sí she read
léamar we read
léigh sibh you *pl* read
léigh siad they read

léadh was read

PRESENT
léann mé I read
léann tú you read
léann sé he reads
léann sí she reads
léimid we read
léann sibh you *pl* read
léann siad they read

léitear is read

FUTURE
léifidh mé I shall read
léifidh tú you will read
léifidh sé he will read
léifidh sí she will read
léifimid we shall read
léifidh sibh you *pl* will read
léifidh siad they will read

léifear will be read

CONDITIONAL
léifinn I would read
léifeá you would read
léifeadh sé he would read
léifeadh sí she would read
léifimis we would read
léifeadh sibh you *pl* would read
léifidís they would read

léifí would be read

IMPERFECT
léinn I used to read
léiteá you used to read
léadh sé he used to read
léadh sí she used to read
léimis we used to read
léadh sibh you *pl* used to read
léidís they used to read

léití used to be read

IMPERATIVE
léim let me read
léigh *(you sg)* read
léadh sé let him read
léadh sí let her read
léimis let us read
léigí *(you pl)* read
léidís let them read

léitear (é) let (it) be read

SUBJUNCTIVE (PRESENT)
go lé mé that I may read
go lé tú that you may read
go lé sé that he may read
go lé sí that she may read
go léimid that we may read
go lé sibh that you *pl* may read
go lé siad that they may read

go léitear (é) that (it) may be read

VERBAL NOUN:
leabhar a léamh to read a book
ag léamh leabhair reading a book

PAST PARTICIPLE:
Tá na leabhair léite.
  The books are read.

N.B. Slender endings that begin with **t**- are used with all verbs in this category: **Léitear é.** *It is read.*, **léiteá iad.** *You used to read them.*, etc.

Grammar Guide

1ₕ Verbs ending in *-igh* eg: *buígh, rígh, cnaígh, maígh*, etc.

cloígh defeat

PERFECT
chloígh mé I defeated
chloígh tú you defeated
chloígh sé he defeated
chloígh sí she defeated
chloíomar we defeated
chloígh sibh you *pl* defeated
chloígh siad they defeated

cloíodh was defeated

PRESENT
cloíonn mé I defeat
cloíonn tú you defeat
cloíonn sé he defeats
cloíonn sí she defeats
cloímid we defeat
cloíonn sibh you *pl* defeat
cloíonn siad they defeat

cloítear is defeated

FUTURE
cloífidh mé I shall defeat
cloífidh tú you will defeat
cloífidh sé he will defeat
cloífidh sí she will defeat
cloífimid we shall defeat
cloífidh sibh you *pl* will defeat
cloífidh siad they will defeat

cloífear will be defeated

CONDITIONAL
chloífinn I would defeat
chloífeá you would defeat
chloífeadh sé he would defeat
chloífeadh sí she would defeat
chloífimis we would defeat
chloífeadh sibh you *pl* would defeat
chloífidís they would defeat

chloífí would be defeated

IMPERFECT
chloínn I used to defeat
chloíteá you used to defeat
chloíodh sé he used to defeat
chloíodh sí she used to defeat
chloímis we used to defeat
chloíodh sibh you *pl* used to defeat
chloídís they used to defeat

chloítí used to be defeated

IMPERATIVE
cloím let me defeat
cloígh *(you sg)* defeat
cloíodh sé let him defeat
cloíodh sí let her defeat
cloímis let us defeat
cloígí *(you pl)* defeat
cloídís let them defeat

cloítear (é) let (it) be defeated

SUBJUNCTIVE (PRESENT)

go gcloí mé that I may defeat
go gcloí tú that you may defeat
go gcloí sé that he may defeat
go gcloí sí that she may defeat
go gcloímid that we may defeat
go gcloí sibh that you *pl* may defeat
go gcloí siad that they may defeat

go gcloítear (é)
    that (it) may be defeated

VERBAL NOUN:
an namhaid a chloí
    to defeat the enemy
ag cloí an namhad
    defeating the enemy

PAST PARTICIPLE:
Tá an namhaid cloíte.
    The enemy is defeated.

N.B. Note that endings that begin with '*f*' and '*t*' are slender with all verbs in this category: **Cloítear iad.** *They are defeated.*, **Cloífear iad.** *They will be defeated.*

1ᵢ Verbs ending in: **-igh**: *nigh, figh, ligh, luigh, suigh,* etc.

nigh wash

PERFECT
nigh mé I washed
nigh tú you washed
nigh sé he washed
nigh sí she washed
níomar we washed
nigh sibh you *pl* washed
nigh siad they washed

níodh was washed

PRESENT
níonn mé I wash
níonn tú you wash
níonn sé he washes
níonn sí she washes
nímid we wash
níonn sibh you *pl* wash
níonn siad they wash

nitear is washed

FUTURE
nífidh mé I shall wash
nífidh tú you will wash
nífidh sé he will wash
nífidh sí she will wash
nífimid we shall wash
nífidh sibh you *pl* will wash
nífidh siad they will wash

nífear é will be washed

CONDITIONAL
nífinn I would wash
nífeá you would wash
nífeadh sé he would wash
nífeadh sí she would wash
nífimis we would wash
nífeadh sibh you *pl* would wash
nífidís they would wash

nífí would be washed

IMPERFECT
nínn I used to wash
niteá you used to wash
níodh sé he used to wash
níodh sí she used to wash
nímis we used to wash
níodh sibh you *pl* used to wash
nídís they used to wash

nití used to be wash

IMPERATIVE
ním let me wash
nigh *(you sg)* wash
níodh sé let him wash
níodh sí let her wash
nímis let us wash
nígí *(you pl)* wash
nídís let them wash

nitear (é) let (it) be washed

SUBJUNCTIVE (PRESENT)
go ní mé that I may wash
go ní tú that you may wash
go ní sé that he may wash
go ní sí that she may wash
go nímid that we may wash
go ní sibh that you *pl* may wash
go ní siad that they may wash

go nitear (é) that (it) may be washed

VERBAL NOUN:
na gréithe a ní to wash the dishes
ag ní gréithe washing dishes

PAST PARTICIPLE:
Tá na gréithe nite.
   The dishes are washed.

N.B. Note that '*i*' has no fada when followed by '*t*' endings: **Nitear an carr.** *The car is washed.*, **Niteá na páistí.** *You used to wash the children.*

Grammar Guide

1ⱼ Syncopated verbs – there are very few syncopated verbs in the first conjugation, the most common of these being: *adhain, adhair, bladhair, innill.*

adhain kindle

PERFECT
d'adhain mé I kindled
d'adhain tú you kindled
d'adhain sé he kindled
d'adhain sí she kindled
d'adhnamar we kindled
d'adhain sibh you *pl* kindled
d'adhain siad they kindled

adhnadh was kindled

PRESENT
adhnann mé I kindle
adhnann tú you kindle
adhnann sé he kindles
adhnann sí she kindles
adhnaimid we kindle
adhnann sibh you *pl* kindle
adhnann siad they kindle

adhantar is kindled

FUTURE
adhanfaidh mé I shall kindle
adhanfaidh tú you will kindle
adhanfaidh sé he will kindle
adhanfaidh sí she will kindle
adhanfaimid we shall kindle
adhanfaidh sibh you *pl* will kindle
adhanfaidh siad they will kindle

adhanfar will be kindled

CONDITIONAL
d'adhanfainn I would kindle
d'adhanfá you would kindle
d'adhanfadh sé he would kindle
d'adhanfadh sí she would kindle
d'adhanfaimis we would kindle
d'adhanfadh sibh you *pl* would kindle
d'adhanfadh siad they would kindle

d'adhanfaí would be kindled

IMPERFECT
d'adhnainn I used to kindle
d'adhantá you used to kindle
d'adhnadh sé he used to kindle
d'adhnadh sí she used to kindle
d'adhnaimis we used to kindle
d'adhnadh sibh you *pl* used to kindle
d'adhnaidís they used to kindle

d'adhantaí used to be kindled

IMPERATIVE
adhnaim let me kindle
adhain *(you sg)* kindle
adhnadh sé let him kindle
adhnadh sí let her kindle
adhnaimis let us kindle
adhnaigí *(you pl)* kindle
adhnaidís let them kindle

adhantar (é) let (it) be kindled

SUBJUNCTIVE (PRESENT)
go n-adhna mé that I may kindle
go n-adhna tú that you may kindle
go n-adhna sé that he may kindle
go n-adhna sí that she may kindle
go n-adhnaimid that we may kindle
go n-adhna sibh that you *pl* may kindle
go n-adhna siad that they may kindle

go n-adhantar (é) that it may be kindled

VERBAL NOUN:
tine a adhaint to kindle a fire
ag adhaint na tine kindling the fire

PAST PARTICIPLE:
Tá an tine adhainte. The fire is kindled.

10.2.0. AN DARA RÉIMNIÚ
The Second Conjugation

10.2.1. The second conjugation consists entirely of **polysyllabic verbs**:
  (i) that are either broad or slender, ending in: **-aigh,** or in: **-igh**
  (ii) that are broad and syncopated, eg: *oscail, cosain, labhair, etc.*
  (iii) that are slender and syncopated, eg: *inis, aithin, imir, cuimil, etc.*
  (iv) that are slender and end in: **-im, is, -ing**
  (v) that become broad and end in: **-ail, -air, -ain**

2ₐ Polysyllabic verbs ending in *-aigh*: *beannaigh, ceartaigh, éalaigh, fíoraigh,* etc.

ceannaigh buy

PERFECT
cheannaigh mé I bought
cheannaigh tú you bought
cheannaigh sé he bought
cheannaigh sí she bought
cheannaíomar we bought
cheannaigh sibh you *pl* bought
cheannaigh siad they bought

ceannaíodh was bought

PRESENT
ceannaíonn mé I buy
ceannaíonn tú you buy
ceannaíonn sé he buys
ceannaíonn sí she buys
ceannaímid we buy
ceannaíonn sibh you *pl* buy
ceannaíonn siad they buy

ceannaítear is bought

FUTURE
ceannóidh mé I shall buy
ceannóidh tú you will buy
ceannóidh sé he will buy
ceannóidh sí she will buy
ceannóimid we shall buy
ceannóidh sibh you *pl* will buy
ceannóidh siad they will buy

ceannófar will be bought

CONDITIONAL
cheannóinn I would buy
cheannófá you would buy
cheannódh sé he would buy
cheannódh sí she would buy
cheannóimis we would buy
cheannódh sibh you *pl* would buy
cheannóidís they would buy

cheannófaí would be bought

IMPERFECT
cheannaínn I used to buy
cheannaíteá you used to buy
cheannaíodh sé he used to buy
cheannaíodh sí she used to buy
cheannaímis we used to buy
cheannaíodh sibh you *pl* used to buy
cheannaídís they used to buy

cheannaítí used to be bought

IMPERATIVE
ceannaím let me buy
ceannaigh *(you sg)* buy
ceannaíodh sé let him buy
ceannaíodh sí let her buy
ceannaímis let us buy
ceannaígí *(you pl)* buy!
ceannaídís let them buy

ceannaítear (é) let (it) be bought

SUBJUNCTIVE (PRESENT)
go gceannaí mé that I may buy
go gceannaí tú that you may buy
go gceannaí sé that he may buy
go gceannaí sí that she may buy
go gceannaímid that we may buy
go gceannaí sibh that you *pl* may buy
go gceannaí siad that they may buy

go gceannaítear (é)
  that (it) may be bought

AINM BRIATHARTHA:
bia a cheannach to buy food
ag ceannach ticéid buying a ticket

PAST PARTICIPLE:
Tá an deoch ceannaithe.
  The drink is bought.

Grammar Guide

2_b Polysyllabic verbs ending in: **-igh**: *bailigh, ceistigh, imigh, feidhmigh,* etc.

bailigh collect

PERFECT
bhailigh mé I collected
bhailigh tú you collected
bhailigh sé he collected
bhailigh sí she collected
bhailíomar we collected
bhailigh sibh you *pl* collected
bhailigh siad they collected

bailíodh was collected

PRESENT
bailíonn mé I collect
bailíonn tú you collect
bailíonn sé he collects
bailíonn sí she collects
bailímid we collect
bailíonn sibh you *pl* collect
bailíonn siad they collect

bailítear is collected

FUTURE
baileoidh mé I shall collect
baileoidh tú you will collect
baileoidh sé he will collect
baileoidh sí she will collect
baileoimid we shall collect
baileoidh sibh you *pl* will collect
baileoidh siad they will collect

baileofar will be collected

CONDITIONAL
bhaileoinn I would collect
bhaileofá you would collect
bhaileodh sé he would collect
bhaileodh sí she would collect
bhaileoimis we would collect
bhaileodh sibh ye would collect
bhaileoidís they would collect

bhaileofaí would be collected

IMPERFECT
bhailínn I used to collect
bhailíteá you used to collect
bhailíodh sé he used to collect
bhailíodh sí she used to collect
bhailímis we used to collect
bhailíodh sibh you *pl* used to collect
bhailídís they used to collect

bhailítí used to be collected

IMPERATIVE
bailím let me collect
bailigh *(you sg)* collect
bailíodh sé let him collect
bailíodh sí let her collect
bailímis let us collect
bailígí *(you pl)* collect!
bailídís let them collect

bailítear (é) let (it) be collected

SUBJUNCTIVE (PRESENT)
go mbailí mé that I may collect
go mbailí tú that you may collect
go mbailí sé that he may collect
go mbailí sí that she may collect
go mbailímid that we may collect
go mbailí sibh that you *pl* may collect
go mbailí siad that they may collect

go mbailítear (é)
  that it may be collected

AINM BRIATHARTHA:
leabhair a bhailiú to collect books
ag bailiú leabhar collecting books

PAST PARTICIPLE:
Tá siad bailithe. They are collected.

2c Verbs with broad ending in: *-ail, -ain, -air*, eg: *cogain, freagair, oscail*, etc.

oscail open

PERFECT
d'oscail mé I opened
d'oscail tú you opened
d'oscail sé he opened
d'oscail sí she opened
d'osclaíomar we opened
d'oscail sibh you *pl* opened
d'oscail siad they opened

osclaíodh was opened

PRESENT
osclaíonn mé I open
osclaíonn tú you open
osclaíonn sé he opens
osclaíonn sí she opens
osclaímid we open
osclaíonn sibh you *pl* open
osclaíonn siad they open

osclaítear is opened

FUTURE
osclóidh mé I shall open
osclóidh tú you will open
osclóidh sé he will open
osclóidh sí she will open
osclóimid we shall open
osclóidh sibh you *pl* will open
osclóidh siad they will open

osclófar will be opened

CONDITIONAL
d'osclóinn I would open
d'osclófá you would open
d'osclódh sé he would open
d'osclódh sí she would open
d'osclóimis we would open
d'osclódh sibh you *pl* would open
d'osclóidís they would open

d'osclófaí would be opened

IMPERFECT
d'osclaínn I used to open
d'osclaíteá you used to open
d'osclaíodh sé he used to open
d'osclaíodh sí she used to open
d'osclaímis we used to open
d'osclaíodh sibh you *pl* used to open
d'osclaídís they used to open

d'osclaítí used to be opened

IMPERATIVE
osclaím let me open
oscail *(you sg)* open
osclaíodh sé let him open
osclaíodh sí let her open
osclaímis let us open
osclaígí *(you pl)* open
osclaídís let them open

osclaítear (é) let (it) be opened

SUBJUNCTIVE (PRESENT)
go n-osclaí mé that I may open
go n-osclaí tú that you may open
go n-osclaí sé that he may open
go n-osclaí sí that she may open
go n-osclaímid that we may open
go n-osclaí sibh that you *pl* may open
go n-osclaí siad that they may open

go n-osclaítear (é)
  that (it) may be opened

AINM BRIATHRA:
buidéal a oscailt to open a bottle
ag oscailt an tsiopa opening the shop

PAST PARTICIPLE:
comhlaí atá oscailte
  valves that are opened

N.B. Other verbs that fall into this grouping are: *ceangail, codail, fuascail, mungail, múscail, satail, tochail; cogain, seachain, tionscain; agair, bagair, coscair, diúscair, eascair, fógair, forbair, freagair, íobair, iomair, labhair, tagair, treascair; cogair, iompair, rómhair, tuargain.*

2_d Verbs with slender endings in: *-il, -in, -ir,* eg: *aifir, aithin, cuimil, eitil, inis, tairngir, taitin, toirbhir, tuairgin,* etc.

imir play

PERFECT
d'imir mé I played
d'imir tú you played
d'imir sé he played
d'imir sí she played
d'imríomar we played
d'imir sibh you *pl* played
d'imir siad they played

imríodh was played

PRESENT
imríonn mé I play
imríonn tú you play
imríonn sé he plays
imríonn sí she plays
imrímid we play
imríonn sibh you *pl* play
imríonn siad they play

imrítear is played

FUTURE
imreoidh mé I shall play
imreoidh tú you will play
imreoidh sé he will play
imreoidh sí she will play
imreoimid we shall play
imreoidh sibh you *pl* will play
imreoidh siad they will play

imreofar will be played

CONDITIONAL
d'imreoinn I would play
d'imreofá you would play
d'imreodh sé he would play
d'imreodh sí she would play
d'imreoimis we would play
d'imreodh sibh you *pl* would play
d'imreoidís they would play

d'imreofaí would be played

IMPERFECT
d'imrínn I used to play
d'imríteá you used to play
d'imríodh sé he used to play
d'imríodh sí she used to play
d'imrímis we used to play
d'imríodh sibh you *pl* used to play
d'imrídís they used to play

d'imrítí used to be played

IMPERATIVE
imrím let me play
imir *(you pl)* play
imríodh sé let him play
imríodh sí let her play
imrímis let us play
imrígí *(you pl)* play
imrídís let them play

imrítear (é) let (it) be played

SUBJUNCTIVE (PRESENT)
go n-imrí mé that I may play
go n-imrí tú that you may play
go n-imrí sé that he may play
go n-imrí sí that she may play
go n-imrímid that we may play
go n-imrí sibh that you *pl* may play
go n-imrí siad that they may play

go n-imrítear (é)
   that (it) may be played

AINM BRIATHRA:
cluiche a imirt to play a game/match
ag imirt haca playing hockey

PAST PARTICIPLE:
Tá an cluiche imeartha.
   Her game has been played.

2ₑ Verbs with slender endings in: *-im*, *-is*, *-ing*. eg: *aithris; díolaim, díolaim, fulaing, tarraing, tuirling*, etc.

foghlaim learn

PERFECT
d'fhoghlaim mé I learnt
d'fhoghlaim tú you learnt
d'fhoghlaim sé he learnt
d'fhoghlaim sí she learnt
d'fhoghlaimíomar we learnt
d'fhoghlaim sibh you *pl* learnt
d'fhoghlaim siad they learnt

foghlaimíodh was learnt

PRESENT
foghlaimíonn mé I learn
foghlaimíonn tú you learn
foghlaimíonn sé he learns
foghlaimíonn sí she learns
foghlaimímid we learn
foghlaimíonn sibh you *pl* learn
foghlaimíonn siad they learn

foghlaimítear is learnt

FUTURE
foghlaimeoidh mé I'll learn
foghlaimeoidh tú you'll learn
foghlaimeoidh sé he'll learn
foghlaimeoidh sí she'll learn
foghlaimeoimid we'll learn
foghlaimeoidh sibh you'll *pl* learn
foghlaimeoidh siad they'll learn

foghlaimeofar will be learnt

CONDITIONAL
d'fhoghlaimeoinn I'd learn
d'fhoghlaimeofá you'd learn
d'fhoghlaimeodh sé he'd learn
d'fhoghlaimeodh sí she'd learn
d'fhoghlaimeoimis we'd learn
d'fhoghlaimeodh sibh you'd *pl* learn
d'fhoghlaimídís they'd learn

d'fhoghlaimeofaí would be learnt

IMPERFECT
d'fhoghlaimínn I used to learn
d'fhoghlaimíteá you used to learn
d'fhoghlaimíodh sé he used to learn
d'fhoghlaimíodh sí she used to learn
d'fhoghlaimímis we used to learn
d'fhoghlaimíodh sibh you *pl* used to learn
d'fhoghlaimíodh siad they used to learn

d'fhoghlaimítí used to be learnt

IMPERATIVE
foghlaimím let me learn
foghlaim *(you sg)* learn
foghlaimíodh sé let him learn
foghlaimíodh sí let her learn
foghlaimímis let us learn
foghlaimígí! *(you pl)* learn
foghlaimídís let them learn

foghlaimítear (é) let (it) be learnt

SUBJUNCTIVE (PRESENT)
go bhfoghlaimí mé that I may learn
go bhfoghlaimí tú that you may learn
go bhfoghlaimí sé that he may learn
go bhfoghlaimí sí that she may learn
go bhfoghlaimímis that we may learn
go bhfoghlaimí sibh that you *pl* may learn
go bhfoghlaimídís that they may learn

go bhfoghlaimítear (é)
that (it) may be learnt

AINM BRIATHRA:
ceacht a fhoghlaim to learn a lesson
ag foghlaim ceoil learning music

PAST PARTICIPLE:
Tá sé foghlamtha agam.
   I've learnt it.

2f Verbs that broaden or remain broad whenever they acquire any ending, eg: *taistil, lorg,* etc.

freastail ar serve/attend

PERFECT
d'fhreastail mé I served
d'fhreastail tú you served
d'fhreastail sé he served
d'fhreastail sí she served
d'fhreastalaíomar we served
d'fhreastail sibh you *pl* served
d'fhreastail siad they served

freastalaíodh was attended

PRESENT
freastalaíonn mé I serve
freastalaíonn tú you serve
freastalaíonn sé he serves
freastalaíonn sí she serves
freastalaímid muid we serve
freastalaíonn sibh you *pl* serve
freastalaíonn siad they serve

freastalaítear is attended

FUTURE
freastalóidh mé I'll serve
freastalóidh tú you'll serve
freastalóidh sé he'll serve
freastalóidh sí she'll serve
freastalóimid we'll serve
freastalóidh sibh you'll *pl* serve
freastalóidh siad they'll serve

freastalófar will be attended

CONDITIONAL
d'fhreastalóinn I'd serve
d'fhreastalófá you'd serve
d'fhreastalódh sé he'd serve
d'fhreastalódh sí she'd serve
d'fhreastalóimis we'd serve
d'fhreastalódh sibh you'd *pl* serve
d'fhreastalóidís they'd serve

d'fhreastalófaí would be attended

IMPERFECT
d'fhreastalaínn I used to serve
d'fhreastalaíteá you used to serve
d'fhreastalaíodh sé he used to serve
d'fhreastalaíodh sí she used to serve
d'fhreastalaímis we used to serve
d'fhreastalaíodh sibh you *pl* used to serve
d'fhreastalaíodh siad they used to serve

d'fhreastalaítí used to be attended

IMPERATIVE
freastalaím let me serve
freastail *(you sg)* serve
freastalaíodh sé let him serve
freastalaíodh sí let her serve
freastalaímis let us serve
freastalaígí *(you pl)* serve
freastalaídís let them serve

freastalaítear (é) let (it) attend

SUBJUNCTIVE (PRESENT)
go bhfreastalaí mé that I may serve
go bhfreastalaí tú that you may serve
go bhfreastalaí sé that he may serve
go bhfreastalaí sí that she may serve
go bhfreastalaímid that we may serve
go bhfreastalaí sibh that you *pl* may serve
go bhfreastalaí siad that they may serve

go bhfreastalaítear that may attend/serve

AINM BRIATHARTHA
freastal ar dhaoine to serve people
ag freastal ar scoil attending school

PAST PARTICIPLE:
Tá deochanna freastalta.
   Drinks have been served.

10.3.0. BRIATHRA NEAMHRIALTA
Irregular Verbs

1. abair* say/tell

PERFECT
dúirt mé I said
dúirt tú you said
dúirt sé he said
dúirt sí she said
dúramar we said
dúirt sibh you *pl* said
dúirt siad they said

dúradh was said

PRESENT
deirim I say
deir tú you say
deir sé he says
deir sí she says
deirimid we say
deir sibh you *pl* say
deir siad they say

deirtear is said

FUTURE
déarfaidh mé I shall say
déarfaidh tú you will say
déarfaidh sé he will say
déarfaidh sí she will say
déarfaimid we shall say
déarfaidh sibh you *pl* will say
déarfaidh siad they will say

déarfar will be said

CONDITIONAL
déarfainn I would say
déarfá you would say
déarfadh sé he would say
déarfadh sí she would say
déarfaimis we would say
déarfadh sibh you *pl* would say
déarfaidís they would say

déarfaí would be said

IMPERFECT
deirinn I used to say
deirteá you used to say
deireadh sé he used to say
deireadh sí she used to say
deirimis we used to say
deireadh sibh you *pl* used to say
deiridís they used to say

deirtí used to be said

IMPERATIVE
abraim let me say
abair *(you sg)* say
abradh sé let him say
abradh sí let her say
abraimis let us say
abraigí *(you pl)* say
abraidís let them say

abairtear (é) let (it) be said

SUBJUNCTIVE (PRESENT)
go ndeire mé that I may say
go ndeire tú that you may say
go ndeire sé that he may say
go ndeire sí that she may say
go ndeirimid that we may say
go ndeire sibh that you *pl* may say
go ndeire siad that they may say

go ndeirtear (é) that (it) may be said

VERBAL NOUN:
sin a rá to say that
Tá paidir á rá againn.
   We are saying a prayer.

PAST PARTICIPLE:
Ní beag a bhfuil ráite! Enough said!

---

* The **séimhiú** is not placed on any forms of **abair** except after **nár** in the negative subjunctive: **Nár dheire sé é!** *May he not say it!* Also, the verbal particle endings in **-r** are not used with this verb, eg: **ní dúirt, an ndúirt, go ndúirt, sula ndúirt,** etc.

2. beir bear

PERFECT

rug mé I bore
rug tú you bore
rug sé he bore
rug sí she bore
rugamar we bore
rug sibh you *pl* bore
rug siad they bore

rugadh was born

PRESENT

beirim I bear
beireann tú you bear
beireann sé he bears
beireann sí she bears
beirimid we bear
beireann sibh you *pl* bear
beireann siad they bear

beirtear is born

FUTURE

béarfaidh mé I shall bear
béarfaidh tú you will bear
béarfaidh sé he will bear
béarfaidh sí she will bear
béarfaimid we shall bear
béarfaidh sibh you *pl* will bear
béarfaidh siad they will bear

béarfar will be born

CONDITIONAL

chloisfinn I would hear
chloisfeá you would hear
chloisfeadh sé he would hear
chloisfeadh sí she would hear
chloisfimis we would hear
chloisfeadh sibh you *pl* would hear
chloisfidís they would hear

chloisfí would be heard

IMPERFECT

chloisinn I used to hear
chloisteá you used to hear
chloiseadh sé he used to hear
chloiseadh sí she used to hear
chloisimis we used to hear
chloiseadh sibh you *pl* used to hear
chloisidís they used to hear

chloistí used to be heard

IMPERATIVE

beirim let me bear
beir *(you sg)* bear
beireadh sé let him bear
beireadh sí let her bear
beirimis let us bear
beirigí *(you pl)* bear
beiridís let them bear

beirítear (é) let (it) be born

SUBJUNCTIVE (PRESENT)

go mbeire mé that I may bear
go mbeire tú that you may bear
go mbeire sé that he may bear
go mbeire sí that she may bear
go mbeirimid that we may bear
go mbeire sibh that you *pl* may bear
go mbeire siad that they may bear

go mbeirtear that may be born

VERBAL NOUN:

páiste a bhreith to give birth to a child
ag breith clainne bearing children

PAST PARTICIPLE:

Tá an leanbh beirthe.
The child is born.

3. clois hear

PERFECT
chuala mé I heard
chuala tú you heard
chuala sé he heard
chuala sí she heard
chualamar we heard
chuala sibh you *pl* heard
chuala siad they heard

chualathas was heard

PRESENT
cloisim I hear
cloiseann tú you hear
cloiseann sé he hears
cloiseann sí she hears
cloisimid we hear
cloiseann sibh you *pl* hear
cloiseann siad they hear

cloistear is heard

FUTURE
cloisfidh mé I shall hear
cloisfidh tú you will hear
cloisfidh sé he will hear
cloisfidh sí she will hear
cloisfimid we shall hear
cloisfidh sibh you *pl* will hear
cloisfidh siad they will hear

cloisfear will be heard

CONDITIONAL
bhéarfainn I would bear
bhéarfá you would bear
bhéarfadh sé he would bear
bhéarfadh sí she would bear
bhéarfaimis we would bare
bhéarfadh sibh you *pl* would bear
bhéarfaidís they would bear

bhéarfaí would be born

IMPERFECT
bheirinn I used to bear
bheirteá you used to bear
bheireadh sé he used to bear
bheireadh sí she used to bear
bheirimis we used to bear
bheireadh sibh you *pl* used to bear
bheiridís they used to bear

bheirtí used to be born

IMPERATIVE
cloisim let me hear
clois *(you sg)* hear
cloiseadh sé let him hear
cloiseadh sí let her hear
cloisimis let us hear
cloisigí *(you pl)* hear
cloisidís let them hear

cloistear (é) let it be heard

SUBJUNCTIVE (PRESENT)
go gcloise mé that I may hear
go gcloise tú that you may hear
go gcloise sé that he may hear
go gcloise sí that she may hear
go gcloisimid that we may hear
go gcloise sibh that you *pl* may hear
go gcloise siad that they may hear

go gcloistear (é) that may be heard

VERBAL NOUN:
fuaim a chloisteáil to hear a sound
ag cloisteáil ceoil hearing music

PAST PARTICIPLE:
Níl aon rud cloiste agam.
   I haven't heard anything.

4. Ith eat

PERFECT
d'ith mé I ate
d'ith tú you ate
d'ith sé he ate
d'ith sí she ate
d'itheamar we ate
d'ith sibh you *pl* ate
d'ith siad they ate

itheadh was eaten

PRESENT
ithim I eat
itheann tú you eat
itheann sé he eats
itheann sí she eats
ithimid we eat
itheann sibh you *pl* eat
itheann siad they eat

itear is eaten

FUTURE
íosfaidh mé I shall eat
íosfaidh tú you will eat
íosfaidh sé he will eat
íosfaidh sí she will eat
íosfaimid we shall eat
íosfaidh sibh you *pl* will eat
íosfaidh siad they will eat

íosfar will be eaten

CONDITIONAL
d'íosfainn I would eat
d'íosfá you would eat
d'íosfadh sé he would eat
d'íosfadh sí she would eat
d'íosfaimis we would eat
d'íosfadh sibh you *pl* would eat
d'íosfaidís they would eat

d'íosfaí would be eaten

IMPERFECT
d'ithinn I used to eat
d'iteá you used to eat
d'itheadh sé he used to eat
d'itheadh sí she used to eat
d'ithimis we used to eat
d'itheadh sibh you *pl* used to eat
d'ithidís they used to eat

d'ití used to be eaten

IMPERATIVE
ithim let me eat
ith *(you sg)* eat
itheadh sé let him eat
itheadh sí let her eat
ithimis let us eat
ithigí *(you pl)* eat
ithidís let them eat

itear (é) let (it) be eaten

SUBJUNCTIVE (PRESENT)
go n-ithe mé that I may eat
go n-ithe tú that you may eat
go n-ithe sé that he may eat
go n-ithe sí that she may eat
go n-ithimid that we may eat
go n-ithe sibh that you *pl* may eat
go n-ithe siad that they may eat

go n-itear that may be eaten

VERBAL NOUN:
lón a ithe to eat lunch
ag ithe eating

PAST PARTICIPLE:
Tá sé ite agam. I have eaten it.

5. tabhair give/bring

PERFECT

thug mé I gave
thug tú you gave
thug sé he gave
thug sí she gave
thugamar we gave
thug sibh you *pl* gave
thug siad they gave

tugadh was given

CONDITIONAL

thabharfainn I would give
thabharfá you would give
thabharfadh sé he would give
thabharfadh sí she would give
thabharfaimis we would give
thabharfadh sibh you *pl* would give
thabharfaidís they would give

thabharfaí would be given

SUBJUNCTIVE (PRESENT)

go dtuga mé that I may give
go dtuga tú that you may give
go dtuga sé that he may give
go dtuga sí that she may give
go dtugaimid that we may give
go dtuga sibh that you *pl* may give
go dtuga siad that they may give

go dtugtar (é) that may be given

PRESENT

tugaim I give
tugann tú you give
tugann sé he gives
tugann sí she gives
tugaimid we give
tugann sibh you *pl* give
tugann siad they give

tugtar is given

IMPERFECT

thugainn I used to give
thugtá you used to give
thugadh sé he used to give
thugadh sí she used to give
thugaimis we used to give
thugadh sibh you *pl* used to give
thugaidís they used to give

thugtaí é used to be given

VERBAL NOUN:

freagra a thabhairt to give an answer
ag tabhairt amach giving out

FUTURE

tabharfaidh mé I shall give
tabharfaidh tú you will give
tabharfaidh sé he will give
tabharfaidh sí she will give
tabharfaimid we shall give
tabharfaidh sibh you *pl* will give
tabharfaidh siad they will give

tabharfar will be given

IMPERATIVE

tugaim let me give
tabhair *(you sg)* give
tugadh sé let him give
tugadh sí let her give
tugaimis let us give
tugaigí *(you pl)* give
tugaidís let them give

tugtar (é) let (it) be given

PAST PARTICIPLE:

Tá ordú tugtha agam.
    An order has been given by me.

6. tar come/arrive

PERFECT

tháinig mé I came
tháinig tú you came
tháinig sé he came
tháinig sí she came
thángamar we came
tháinig sibh you *pl* came
tháinig siad they came

thángthas had arrived

PRESENT

tagaim I come
tagann tú you come
tagann sé he comes
tagann sí she comes
tagaimid we come
tagann sibh you *pl* come
tagann siad they come

tagtar has arrived

FUTURE

tiocfaidh mé I shall come
tiocfaidh tú you will come
tiocfaidh sé he will come
tiocfaidh sí she will come
tiocfaimid we shall come
tiocfaidh sibh you *pl* will come
tiocfaidh siad they will come

tiocfar will arrive

CONDITIONAL

thiocfainn I would come
thiocfá you would come
thiocfadh sé he would come
thiocfadh sí she would come
thiocfaimis we would come
thiocfadh sibh you *pl* would come
thiocfaidís they would come

thiocfaí would arrive

IMPERFECT

thagainn I used to come
thagtá you used to come
thagadh sé he used to come
thagadh sí she used to come
thagaimis we used to come
thagadh sibh you *pl* used to come
thagaidís they used to come

thagtaí used to arrive

IMPERATIVE

tagaim let me come
tar *(you sg)* come
tagadh sé let him come
tagadh sí let her come
tagaimid let us come
tagaigí *(you pl)* come
tagaidís let them come

tagtar let arrive

SUBJUNCTIVE (PRESENT)

go dtaga mé that I may come
go dtaga tú that you may come
go dtaga sé that he may come
go dtaga sí that she may come
go dtagaimid that we may come
go dtaga sibh that you *pl* may come
go dtaga siad that they may come

go dtagtar that may come

VERBAL NOUN:

D'éirigh liom teacht.
   I managed to arrive.
ag teacht abhaile coming home

PAST PARTICIPLE:

Tá na haíonna tagtha.
   The guests have arrived.

7.   téigh go

PERFECT INDEPENDENT

chuaigh mé I went
chuaigh tú you went
chuaigh sé he went
chuaigh sí she went
chuamar we went
chuaigh sibh you *pl* went
chuaigh siad they went

chuathas has gone

PERFECT DEPENDENT (+ SÉIMHIÚ)

ní dheachaigh mé I didn't go
ní dheachaigh tú you didn't go
ní dheachaigh sé he didn't go
ní dheachaigh sí she didn't go
ní dheachamar we didn't go
ní dheachaigh sibh you *pl* didn't go
ní dheachaigh siad they didn't go

ní dheachthas wasn't gone

IMPERFECT

théinn I used to go
théiteá you used to go
théadh sé he used to go
théadh sí she used to go
théimis we used to go
théadh sibh you *pl* used to go
théidís they used to go

théití used to go

VERBAL NOUN

Tá orm dul abhaile. I have to go home.
Tá mé ag dul amach. I am going out.

PERFECT DEPENDENT (+ URÚ)

go ndeachaigh mé that I went
go ndeachaigh tú that you went
go ndeachaigh sé that he went
go ndeachaigh sí that she went
go ndeachamar that we went
go ndeachaigh sibh that you *pl* went
go ndeachaigh siad that they went

go ndeachthas that that has gone

FUTURE

rachaidh mé I shall go
rachaidh tú you will go
rachaidh sé he will go
rachaidh sí she will go
rachaimid we shall go
rachaidh sibh you *pl* will go
rachaidh siad they will go

rachfar will go

IMPERATIVE

téim let me go
téigh *(you sg)* go
téadh sé let him go
téadh sí let her go
téimis let us go
téigí *(you pl)* go
téidís let them go

téitear let go

PAST PARTICIPLE

Tá na báid dulta chun farraige.
The boats have gone to sea.

PRESENT

téim I go
téann tú you go
téann sé he goes
téann sí she goes
téimid we go
téann sibh you *pl* go
téann siad they go

téitear goes/is going

CONDITIONAL

rachainn I would go
rachfá you would go
rachadh sé he would go
rachadh sí she would go
rachaimis we'd go
rachadh sibh you'd *pl* go
rachaidís they would go

rachfaí would go

SUBJUNCTIVE (PRESENT)

go dté mé that I may go
go dté tú that you may go
go dté sé that he may go
go dté sí that she may go
go dtéimid that we may go
go dté sibh that you *pl* may go
go dté siad that they may go

go dtéitear that may go

8. feic see

PERFECT INDEPENDENT
chonaic mé I saw
chonaic tú you saw
chonaic sé he saw
chonaic sí she saw
chonaiceamar we saw
chonaic sibh you *pl* saw
chonaic siad they saw

chonacthas was seen

PERFECT DEPENDENT (+ SÉIMHIÚ)
ní fhaca mé I didn't see
ní fhaca tú you didn't see
ní fhaca sé he didn't see
ní fhaca sí she didn't see
ní fhacamar we didn't see
ní fhaca sibh you *pl* didn't see
ní fhaca siad they didn't see

ní fhacthas wasn't seen

IMPERFECT
d'fheicinn I used to see
d'fheicteá you used to see
d'fheiceadh sé he used to see
d'fheiceadh sí she used to see
d'fheicimis we used to see
d'fheiceadh sibh you *pl* used to see
d'fheicidís they used to see

d'fheictí used to be seen

VERBAL NOUN:
Táim ábalta an bád a fheiceáil.
  I am able to see the boat.
Déanann feiceáil fírinne.
  Seeing is believing.

PERFECT DEPENDENT (+ URÚ)
go bhfaca mé that I saw
go bhfaca tú that you saw
go bhfaca sé that he saw
go bhfaca sí that she saw
go bhfacamar that we saw
go bhfaca sibh that you *pl* saw
go bhfaca siad that they saw

go bhfacthas that was seen

FUTURE
feicfidh mé I shall see
feicfidh tú you will see
feicfidh sé he will see
feicfidh sí she will see
feicfimid we shall see
feicfidh sibh you *pl* will see
feicfidh siad they will see

feicfear é will be seen

IMPERATIVE
feicim let me see
feic *(you sg)* see
feiceadh sé let him see
feiceadh sí let her see
feicimis let us see
feicigí *(you pl)* see
feicidís let them see

feictear let be seen

PAST PARTICIPLE
Tá gach rud feicthe agam anois!
  I've seen everything now!

PRESENT
feicim I see
feiceann tú you see
feiceann sé he sees
feiceann sí she sees
feicimid we see
feiceann sibh you *pl* see
feiceann siad they see

feictear is seen

CONDITIONAL
d'fheicfinn I would see
d'fheicfeá you would see
d'fheicfeadh sé he would see
d'fheicfeadh sí she would see
d'fheicfimis we would see
d'fheicfeadh sibh you *pl* would see
d'fheicfidís they would see

d'fheicfí é would be seen

SUBJUNCTIVE (PRESENT)
go bhfeice mé that I may see
go bhfeice tú that you may see
go bhfeice sé that he may see
go bhfeice sí that she may see
go bhfeicimid that we may see
go bhfeice sibh that you *pl* may see
go bhfeice siad that they may see

go bhfeictear that may be seen

9. déan do/make

PERFECT INDEPENDENT
rinne mé I did
rinne tú you did
rinne sé he did
rinne sí she did
rinneamar we did
rinne sibh you *pl* did
rinne siad they did

rinneadh was done

PERFECT DEPENDENT (+ SÉIMHIÚ)
ní dhearna mé I didn't do
ní dhearna tú you didn't do
ní dhearna sé he didn't do
ní dhearna sí she didn't do
ní dhearnamar we didn't do
ní dhearna sibh you *pl* didn't do
ní dhearna siad they didn't do

ní dhearnadh wasn't done

IMPERATIVE
déanaim let me do
déan *(you sg)* do
déanadh sé let him do
déanadh sí let her do
déanaimis let us do
déanaigí *(you pl)* do
déanaidís let them do

déantar let be done

PERFECT DEPENDENT (+ URÚ)
go ndearna mé that I did
go ndearna tú that you did
go ndearna sé that he did
go ndearna sí that she did
go ndearnamar that we did
go ndearna sibh that you *pl* did
go ndearna siad that they did

go ndearnadh that was done

FUTURE
déanfaidh mé I shall do
déanfaidh tú you will do
déanfaidh sé he will do
déanfaidh sí she will do
déanfaimid we shall do
déanfaidh sibh you *pl* will do
déanfaidh siad they will do

déanfar will be done

SUBJUNCTIVE (PRESENT)
go ndéana mé that I may do
go ndéana tú that you may do
go ndéana sé that he may do
go ndéana sí that she may do
go ndéanaimid that we may do
go ndéana sibh that you *pl* may do
go ndéana siad that they may do

go ndéantar that (it) may be done

PRESENT
déanaim I do
déanann tú you do
déanann sé he does
déanann sí she does
déanaimid we do
déanann sibh you *pl* do
déanann said they do

déantar is done

CONDITIONAL
dhéanfainn I would do
dhéanfá you would do
dhéanfadh sé he would do
dhéanfadh sí she would do
dhéanfaimis we would do
dhéanfadh sibh you *pl* would do
dhéanfaidís they would do

dhéanfaí would be done

VERBAL NOUN:
Tá orm é a dhéanamh.
 I have to do it.
ag déanamh mo dhíchill
 doing my best

PAST PARTICIPLE:
Tá sé déanta agam. I have it done.

10.   faigh get/find

PERFECT INDEPENDENT

fuair mé I got
fuair tú you got
fuair sé he got
fuair sí she got
fuaireamar we got
fuair sibh you got
fuair siad they got

fuarthas was got(ten)

FUTURE INDEPENDENT

gheobhaidh mé I shall get
gheobhaidh tú you will get
gheobhaidh sé he will get
gheobhaidh sí she will get
gheobhaimid we shall get
gheobhaidh sibh you *pl* will get
gheobhaidh siad they will get

gheofar will be got(ten)

CONDITIONAL INDEPENDENT

gheobhainn I would get
gheofá you would get
gheobhadh sé he'd get
gheobhadh sí she'd get
gheobhaimis we'd get
gheobhadh sibh you'd *pl* get
gheobhadh siad they'd get

gheofaí would be got(ten)

SUBJUNCTIVE (PRESENT)

go bhfaighe mé that I may get
go bhfaighe tú that you may get
go bhfaighe sé that he may get
go bhfaighe sí that she may get
go bhfaighimid that we may get
go bhfaighe sibh that you *pl* may get
go bhfaighe siad that they may get

go bhfaightear é that it may be gotten

PERFECT DEPENDENT
(with all verbal particles)

ní bhfuair mé I didn't get
ní bhfuair tú you didn't get
ní bhfuair sé he didn't get
ní bhfuair sí she didn't get
ní bhfuaireamar we didn't get
ní bhfuair sibh you *pl* didn't get
ní bhfuair siad they didn't get

ní bhfuarthas wasn't got(ten)

FUTURE DEPENDENT
(with all verbal particles)

ní bhfaighidh mé I'll not get
ní bhfaighidh tú you'll not get
ní bhfaighidh sé he'll not get
ní bhfaighidh sí she'll not get
ní bhfaighimid we'll not get
ní bhfaighidh sibh you'll *pl* not get
ní bhfaighidh siad they'll not get

ní bhfaighfear won't be got(ten)

CONDITIONAL DEPENDENT
(with all verbal particles)

ní bhfaighinn I wouldn't get
ní bhfaighfeá you wouldn't get
ní bhfaigheadh sé he wouldn't get
ní bhfaigheadh sí she wouldn't get
ní bhfaighimis we wouldn't get
ní bhfaigheadh sibh you'd *pl* not get
ní bhfaigheadh siad they'd not get

ní bhfaighfí wouldn't be got(ten)

VERBAL NOUN:

ag fáil uisce getting water
bia a fháil to get food

PRESENT

faighim I get
faigheann tú you get
faigheann sé he gets
faigheann sí she gets
faighimid we get
faigheann sibh you *pl* get
faigheann siad they get

faightear is got(ten)

IMPERATIVE

faighim let me get
faigh (you *sg*) get
faigheadh sé let him get
faigheadh sí let her get
faighimis let us get
faighigí (you *pl*) get
faighidís let them get

faightear let be gotten

IMPERFECT

d'fhaighinn I used to get
d'fhaighteá you used to get
d'fhaigheadh sé he used to…
d'fhaigheadh sí she used to…
d'fhaighimis we used to get
d'fhaigheadh sibh you *pl*…
d'fhaighidís they used to get

d'fhaightí used to be got(ten)

PAST PARTICIPLE:

Tá sé faighte It is got(ten).

11.

bí be

PERFECT INDEPENDENT
bhí mé I was
bhí tú you were
bhí sé he was
bhí sí she was
bhíomar we were
bhí sibh you pl were
bhí siad they were

bhíothas (ag ól)
  there was (drinking)

PERFECT DEPENDENT
(an)* raibh mé? was I?
(an) raibh tú? were you?
(an) raibh sé? was he?
(an) raibh sí? was she?
(an) rabhamar? were we?
(an) raibh sibh? were you pl?
(an) raibh siad? were they?

(an) rabhthas (ag ól?)
  was there (drinking?)

PRESENT INDEPENDENT
táim I am
tá tú you are
tá sé he is
tá sí she is
táimid we are
tá sibh you pl are
tá siad they are

táthar (ag ól)
  there is (drinking)

PRESENT DEPENDENT
(an)* bhfuil mé? am I?
(an) bhfuil tú? are you?
(an) bhfuil sé? is he?
(an) bhfuil sí? is she?
(an) bhfuilimid? are we?
(an) bhfuil sibh? are you pl?
(an) bhfuil siad? are they?

(an) bhfuiltear (ag ól?)
  is there (drinking?)

PRESENT NEGATIVE
Níl mé I am not
Níl tú you are not
Níl sé he is not
Níl sí she is not
Nílimid we are not
Níl sibh you pl are not
Níl siad they are not

níltear ag (ag ól)
  there is no (drinking)

PRESENT HABITUAL
bíonn mé/bím I *generally* am
bíonn tú you *generally* are
bíonn sé he *generally* is
bíonn sí she *generally* is
bímid we *generally* are
bíonn sibh you pl *generally* are
bíonn siad they *generally* are

bítear (ag ól)
  there is *generally* (drinking)

FUTURE
beidh mé I'll be
beidh tú you'll be
beidh sé he will be
beidh sí she will be
beimid we'll be
beidh sibh you'll be
beidh siad they will be

beifear (ag ól) there will be (drinking)

CONDITIONAL
bheinn I would be
bheifeá you would be
bheadh sé he would be
bheadh sí she would be
bheimis we would be
bheadh sibh you pl would be
bheidís they would be

bheifí (ag ól) there would be (drinking)

IMPERFECT
bhínn mé I used to be
bhíteá tú you used to be
bhíodh sé he used to be
bhíodh sí she used to be
bhímis we used to be
bhíodh sibh you pl used to be
bhídís they used to be

bhítí (ag ól) there used to be (drinking)

IMPERATIVE
bím let me be
bí *(you sg)* be
bíodh sé let him be
bíodh sí let her be
bímis let us be
bígí *(you pl)* be
bídís let them be

bítear (ag ól) let there be (drinking)

SUBJUNCTIVE (PRESENT)
(go) raibh mé that I may be
(go) raibh tú that you may be
(go) raibh sé that he may be
(go) raibh sí that she may be
(go) rabhaimid that we may be
(go) raibh sibh that you pl may be
(go) raibh siad that they may be

(go) rabhthar ag ól
  that there may be drinking

VERBAL NOUN:
Is breá bheith óg.
  It's good to be young.
gan bheith aosta not being old

---

* Other verbal particles that are used with this form of the verb are: **cá, go, nach, mura, sula**

Grammar Guide

11.0.0.   **MÍREANNA BRIATHARTHA**
                                           Verbal Particles

11.1.0. The verbal particles: ***an, cá, go, mura, nach, ní, sula*** are used with every tense and mood of all regular verbs, with the exception of the perfect tense *(an aimsir chaite)*. The verbal particle ***má*** does not change its form and both particles ***má*** and ***ní*** take a séimhiú. The particle ***dá*** takes an eclipse *(urú)* and is only used with the conditional mood *(an modh coinníollach)* of the verb:

> ***má thógann tú/ má thóg tú sos*** *if you take/ if you took a break,*
> ***Ní chuirfidh sin moill ar an obair.*** *That will not delay the work.*
> ***dá gcuirfí an scéal i mo chead…*** *if it were up to me…*
> ***dá mba mise tusa…*** *if I were you…*

11.1.1. The particles: **an, cá, go, mura, nach, sula** eclipse the verb except before a vowel after **an** where **n-** is not required:

> **An osclófá an doras dom?** Would you open the door for me?
> **Cá bhfeicfinn iad?** Where would I see them?
> **Ceapaim go bhfanfaidh mé.** I think that I shall stay.
> **mura bhfágann siad** if they don't leave
> **Nach dtuigeann tú sin?** Don't you understand that?
> **sula n-imeoidh siad** before they (will) leave
> **Fanaigí in bhur suí go stada an t-eitleán!** Stay seated until the plane comes to a halt!

11.1.2. Apart from ***má***, particles take **-r** endings when used with regular verbs in the past tense. ***Má*** retains the **d'** before vowels / fh, eg: Má d'ith, má d'fill, etc.:

> **Ar ith/chríochnaigh tú do dhinnéar?** Did you eat/finish your dinner?
> **Cár chaill tú an bróiste?** Where did you lose the brooch?
> **Cheap mé gur fhan tú siar.** I thought that you remained behind.
> **Má d'fhreagair tú, níor chuala mé thú.** If you answered, I didn't hear you.
> **Má chan sí inné, níor chuala mise í.** If she sang yesterday, I didn't hear her.
> **Murar ghortaigh mé mé féin, bheinn ann.** If I hadn't hurt myself, I'd have been there.
> **Deirim leat nár bhris mé é.** I tell you that I didn't break it.
> **Sular imigh mé, chuir mé an doras faoi ghlas.** Before I left, I locked the door.

11.2.0. The particle forms with **-r** are <u>not</u> used with the independent forms *(foirmeacha spleácha)* of the irregular verbs or with ***dúirt***:

> **An ndúirt tú leis é?** Did you say it to him?
> **Cá ndeachaigh tú?** Where did you go?
> **Cheap mé go ndearna tú an obair.** I thought that you did the work.
> **Ní dúirt mé go ndúirt tú é.** I didn't say that you said it.
> **Mura bhfaca tusa é sin, chonaic mise.** If you didn't see that, I did.
> **Ní bhfuair mé leid, an bhfuair tusa?** I didn't get a hint, did you?
> **Bhí sí ar bís sula ndeachamar.** She was breathlessly excited before we left.

11.3.0. The particles: ***go*** and ***nár*** are used in the subjunctive mood *(modh foshuiteach)* but ***ná*** is used with ***raibh*** *(see also: The Copula)*

> **Go ndéana Dia do leas!** May God protect you!
> **Nár thaga mí-ádh ort!** May you not suffer misfortune!
> **Ná raibh easpa choíche ort!** May you never be in want!

12.0.0. AN CHOPAIL
The Copula

The copula is used to identify one item with another:

Is bia úll. An apple is food. *(bia ≈ úll)*

12.1.0. PRESENT (FUTURE) TENSE

Direct Speech	Indirect Speech
is	gur(b)
ní	nach
an	an

12.0.1. gurb is used before adjectives and pronouns with the exception of '**amhlaidh**' which takes **gur**:

Creidim gurb ait é an saol gan í. I think life is/will be weird without her.
Creidim gurb iad a chonaic mé. I believe it is them that I saw.
Deirim leat gur amhlaidh atá. I tell you that's how it is.

12.1.2. gurb is <u>not</u> used (a) with adverbs, (b) when the pronoun is part of a verbal noun phrase, (c) before nouns, (d) with prepositions:

Ceapaim gur anseo a tharla sé. I think that it's here that it happened.
Déarfainn gur í a mholadh is ceart. I'd say that to praise her is right.
Ceapaim gur iontas thú. I think that you are a wonder.
Ceapaim gur ag Liam an t-eolas sin. I think that Liam has that information.

Is ceist é. It is an issue.
Is ait é. It is weird.
Is áit é. It is a place.
Is fíric é. It is a fact.

Is léir gur ceist é. It's clear that it is an issue.
Is fíor gurb ait é. It's true that it is weird.
Is eol dom gur áit é. I am aware that it is a place.
Is dócha gur fíric é. I suppose that it is a fact.

Ní ceist é. It is not an issue.
Ní ait é. It's not weird.
Ní fíric é. It is not a fact.

Is léir nach ceist é. It's clear that it is not an issue.
Is fíor nach ait é. It's true that it is not weird.
Is dócha nach fíric é. I suppose that it is not a fact.

An ceist é? Is it an issue?
An ait é? Is it weird?
An fíric é? Is it a fact?

Ní fios an ceist é. It's unknown if it is an issue.
Ní eol dom an ait é. I don't know if it is weird.
Fiafraím díom an fíric é. I ask myself if it is a fact.

12.1.3. Some particles combine with the present (future) copula: **cá**, **cé**, **dá**, **mura**, **má**:

Cárb as duit? Where are you from?
leabhar dar teideal sin a book by that title
murab é sin é if that isn't it
Cér díobh í? What is is her surname? (*literally:* From whom does she come?)
más eol duit an freagra if you know the answer

12.2.0. AIMSIR CHAITE/MODH COINNÍOLLACH
Perfect Tense/Conditional Mood

Direct Speech	Indirect Speech
ba (b') + séimhiú	gur(bh) + séimhiú
níor(bh) + séimhiú	níor(bh) + séimhiú
ar(bh) + séimhiú	ar(bh) + séimhiú

12.2.1. **-bh** is placed before **vowels** and words that begin with *f* eg: **Murarbh í bheinn caillte.** If it weren't for her, I'd have been lost., **Níorbh fhíor é.** It wasn't true., **Arbh fhiú é?** Would it be worth it?

12.2.2. Frequently the form 'ba' is separated from words that begin with a vowel: **Ba é.** It was him., **Ba iad.** It was them., **Ba mhaith ab eol dom é.** I was well aware of it., **dá mba í a bhí ann** if it were her who had been there, **má ba é** if it was him, etc. At the start of a sentence, however, it is more likely to coalesce with a vowel or words beginning with *f*: as in: **dá mb'eol dom é** if I had been aware of it, **dá mb'fhéidir leat cabhrú liom** if you could help me, but: **b'fhiú duit teacht** it would be worthwhile for you to come

Ba cheist é. It was an issue.   **Is léir gur cheist é.** It's clear that it was an issue.
B'ait é. It was weird.   **Is fíor gurbh ait é.** It's true that it was weird.
Ba áit é. It was a place.   **Is eol dom gurbh áit é.** I'm aware that it was a place.
B'fhíric é. It was a fact.   **Is dócha gurbh fhíric é.** I suppose that it was a fact.

Níor cheist é. It wasn't an issue. **Is léir nár cheist é.** It's clear that it wasn't an issue.
Níorbh ait é. It wasn't weird.   **Is fíor nárbh ait é.** It's true that it wasn't weird.
Níorbh fhíric é. It wasn't a fact. **Is dócha nárbh fhíric é.** I suppose that it wasn't a fact.

Ar cheist é? Was it an issue?   **Ní fios ar cheist é.** It's unknown if it was an issue.
Arbh ait é? Was it weird?   **Ní eol dom arbh ait é.** I don't know if it was weird.
Arbh fhíric é? Was it a fact?   **Fiafraím díom arbh fhíric é.** I ask myself if it was a fact.

12.2.3. It is common usage in the spoken language to say: ***Ceist ea ba é.*** *It was a question/an issue.*, or ***B'ait an rud é.*** *It was a weird thing.* Forms of the verb **bí** are used with the copula to give emphasis to a statement, eg: **Ba cheist chrua a bhí ann.** It was was a hard question., **D'fhiafraigh sí díom ar bhláthanna a bhí iontu.** She asked me if they were flowers.

12.2.4. Certain particles coalesce with the copula form in the past tense/conditional mood *(san aimsir chaite/sa mhodh choinníollach)*, namely: **cá, cé, dá, do, mura**:

Cárbh as duit? Where would you be from?
Cér uaidh an ríomhphost? From whom was the email?
Cérbh í siúd? Who would she be? Who was she?
Fear darbh ainm Seán. A man called Seán.
murar mhiste leat if you wouldn't mind
murabh fhéidir linn eitilt if we were not able to fly

12.2.5. but: *má ba* eg: ***má ba bhréag é*** *if it were a lie*

13.0.0. DOBHRIATHRA SPÁIS
Adverbs of Space

Adverbs of space can indicate motion: **amach, isteach, suas, síos** etc, or position: **amuigh, istigh, thuas, thíos** etc. In the thesaurus adverbs that indicate motion are divided into two groups: adverbs of general motion and adverbs of motion that is speaker-specific.

13.1.0. Adverbs of Position and General Movement:
In this group, these adverbs indicate movement that is not related to the position of the speaker:

> **Chuaigh sé amach. Níl sé istigh.** He went out. He's not in.
> **Tar amach! Bí amuigh faoin aer!** Come out! Be out in the open air!

These adverbs are flagged by *(mot)* when there is motion/movement and by *(mot)* when there is not:

> **Amach** *adv (mot)* out(wards) *(motion/movement)*
> **Amuigh** *adv (mot)* outside *(no motion/movement)*

13.2.0. Adverbs of Position with forms for Speaker-Specific Movement
Each adverb in this group has three forms: (i) position (no movement); (ii) movement away from the speaker, and (iii) movement towards the speaker. The letter **c** *(cainteoir)* is used with an arrow either pointing towards or away to indicate direction:

> **Soir** *adv (c →)* eastwards *(away from the speaker)*
> **Aniar** *adv (c ←)* from the west *(towards the speaker)*

14.0.0. RÉAMHFHOCAIL
Prepositions

There are three groups of prepositions:

> **GROUP I**   prepositions that take the direct case
> **GROUP II**   prepositions that take the direct case + séimhiú or urú
> **GROUP III**   prepositions that take the genitive case

14.1.0. GRÚPA I

The prepositions: **amhail, gan, go dtí, idir, murach, ná, seachas** are in Group I. They are followed by the direct case and do not take either a séimhiú or an urú, eg:

> **amhail Seán** like Seán
> **amhail an t-éan** like the bird
> **ag dul go dtí An Spidéal** going to An Spidéal
> **ag dul go dtí an t-aerfort** going to the airport
> **idir breith agus bás** between life and death
> **murach an teas** only for the heat
> **níos fearr ná feoil** better than meat
> **seachas an costas** besides/apart from the cost

14.1.1. The preposition **gan** puts a séimhiú on a noun beginning with **b, c, g, m, p** but the séimhiú is missing if the noun is qualified in any way, eg:

gan bhia without bread	*but*	**gan bia ar bith** without any bread
gan chlann without family	*but*	**gan clann mhac** without sons
gan ghaol without a relative	*but*	**gan gaol fola** without a blood relative
gan mhaoin without wealth	*but*	**gan maoin mhór** without great wealth
gan pheann without a pen	*but*	**gan peann dearg** without a red pen

gan does not put a séimhiú on pronouns, eg: ***gan mé*** *without me,* ***gan mo chairde*** *without my friends,* etc.

14.1.2. When **idir** is used to express: *between,* it belongs to **group I** and no séimhiú is placed on the noun it qualifies, *eg:* **idir Corcaigh agus Baile Átha Cliath** *between Cork and Dublin,* **idir an bun agus an barr** *between the bottom and the top.* When **idir** is used to express: *both,* then the noun that follows takes a séimhiú, *eg:* **idir chailíní agus bhuachaillí** *both girls and boys*

14.2.0.   GRÚPA II

The prepositions in this group are: **ag, ar, as, chuig; de, do, faoi, i*, le, ó, trí, roimh, thar, um**. It is usual for a preposition in this group to place either a séimhiú or an urú on the word it qualifies. However, the prepositions **ag, as, chuig, le** do not lenite (place a séimhiú on) or eclipse (place an urú on) any noun unless used with the definite article:

ag baile at home	**ag an mbaile/bhaile** at the homestead
as baile away from home	**as an mbaile/bhaile** away from the home
chuig críoch towards an end	**chuig an gcríoch/chríoch** towards the end

14.2.1. A séimhiú is not placed on dentals: ***d, t*** and ***s*** after ***an*** or ***sa*** *(i + an)*. Frequently, words beginning with *m* do not receive a séimhiú either, *eg:*

ag an doras at the door
sa teach in the house
ar an mata on the mat

14.2.2. The prepositions **de, do, faoi, i, ó** coalesce with the definite article in the singular, while **trí** becomes **tríd** and **le** becomes **leis**:

de mhaith of good	**den mhaith** of the good
d'áit of a place	**den áit** of the place
do bhean for a woman	**don bhean/mbean** for the woman
d'fhear for a man	**don fhear/bhfear** for the man
faoi bhrón under sadness	**faoin mbrón/bhrón** under the sadness
in áit in a place	**san áit** in the place
i bhfeirm in a farm	**san fheirm** in the farm
i mbosca in a box	**sa bhosca/mbosca** in the box
ó bhaile from home	**ón mbaile/bhaile** from the home
trí bhearna through a gap	**tríd an bhearna/mbearna** through the gap
le cúnamh with help	**leis an gcúnamh/chúnamh** with the help
le hairgead with money	**leis an airgead** with the money

* The preposition 'i' has s somewhat irregular relationship with the nouns it qualifies. *(see paragraph:* **14.2.3***)*

14.2.3. The preposition 'i', when combined with the singular of the definite article, becomes **sa(n)** and in the plural: **sna**. Nouns that follow 'i' take an eclipse (urú) and **i** becomes **in** before 'bhur', 'dhá' and vowels *(see table below)*:

i + urú + consonant
i mBaile Átha Cliath in Dublin **i gCorcaigh** in Cork **i mbosca** in a box
in + bhur, dhá, vowel
in bhur dteach in your house **in dhá mhíle caoga** in two thousand and fifty **in áit** in a place
sa (i + article in sg) before consonant
sa bhosca in the box **sa ghairdín** in the garden
sa (i + article in sg) before d, t, s
sa teach in the house **sa Dáil** in the Dáil **sa solas** *m* in the light **sa tsúil** *f* in the eye
san + vowel or f
san áit in the place **san fheirm** in the farm
sna + 'h' before vowels
sna gardaí in the Gardaí **sna háiteanna** in the places

14.2.4.0. RÉAMHFHOCAIL FHORAINMNEACHA
Pronominal Prepositions

Pronominal forms are another feature shared by all prepositions in Group II. A full list is provided in the table below:

prepositions (basic form)	1st sing	2nd sing	3rd sing *m*	3rd sing *f*	1st plural	2nd plural	3rd plural
ag *at*	agam	agat	aige	aici	againn	agaibh	acu
ar *on*	orm	ort	air	uirthi	orainn	oraibh	orthu
as *from*	asam	asat	as	aisti	asainn	asaibh	astu
chuig *to*	chugam	chugat	chuige	chuici	chugainn	chugaibh	chucu
de *of/from*	díom	díot	de	di	dínn	díbh	díobh
do *for/to*	dom	duit	dó	di	dúinn	daoibh	dóibh
faoi *about*	fúm	fút	faoi	fúithi	fúinn	fúibh	fúthu
i *in*	ionam	ionat	ann	inti	ionainn	ionaibh	iontu
idir *between*	idir mé	idir tú	idir é	idir í	eadrainn	eadraibh	eatarthu
le *with*	liom	leat	leis	léi	linn	libh	leo
ó *from*	uaim	uait	uaidh	uaithi	uainn	uaibh	uathu
roimh *before*	romham	romhat	roimhe	roimpi	romhainn	romhaibh	rompu
thar *over*	tharam	tharat	thairis	thairsti	tharainn	tharaibh	tharstu
trí *through*	tríom	tríot	tríd	tríthi	trínn	tríbh	tríothu
um *about*	umam	umat	uime	uimpi	umainn	umaibh	umpu

14.2.4.1. SOME COMMON USES OF PRONOMINAL PREPOSITIONS

The prepositions: **ag**, **ar** and **le** are used to express a vast range of meanings when used with their pronominal forms. Some examples are given below:

> Ag
> **Tá bá agam léi.** I am fond of her.
> **Tá ceist agam ort.** I have a question for you.
> **Tá dáimh agam leo.** I have a fellow feelings for them.
> **Tá dóchas agam as.** I'm hopeful about it.
> **Tá dúil agam i gceol.** I like music.
> **Tá fáilte agam roimhe sin.** I welcome that.
> **Tá formad agam leis.** I am envious of him.
> **Tá gaol agam leo.** I'm related to them.
> **Tá iontaoibh agam aisti.** I trust her.
> **Tá muinín agam asat.** I have faith in you.
> **Tá ómós agam dóibh.** I hold them in esteem.
> **Tá spéis/suim agam i stair.** I'm interested in history.
> **Tá súil agam leis.** I am hoping for it.
> **Tá taitneamh agam do léamh.** I enjoy reading.
> **Tá urraim agam duit.** I respect you.

Bhí an t-olc aige dom. He bore a grudge against me.
Bhí doicheall acu romhainn. They were unfriendly towards us.
Bhí faltanas acu leis. They bore him a grudge.
Bhí fuath acu don obair. They hated the work.
Bhí gráin aici dúinn. She hated us.
Bhí mailís aige chuici. He treated her maliciously.
Bhí mioscais aige do chách. He was spiteful to everyone.

Ar

Tá amhras orm. I'm doubtful.
Tá áthas orm. I'm happy
Tá biseach orm. I'm feeling better.
Tá bród orm. I'm proud.
Tá cathú orm. I'm tempted.
Tá codladh orm. I'm sleepy.
Tá cumha orm. I'm feeling nostalgic/homesick.
Tá deifir orm. I'm in a hurry.
Tá díomá orm. I'm disappointed.
Tá éad orm leis. I'm jealous of him.
Tá eagla orm rompu. I'm afraid of them.
Tá faitíos orm. I am frightened.
Tá feabhas orm. I'm improved.
Tá fonn orm fanacht. I want to stay.
Tá imní orm. I'm worried/concerned.
Tá ionadh orm. I'm amazed/surprised.
Tá lúcháir orm. I am overjoyed.
Tá náire orm. I'm ashamed.
Tá ocras orm. I'm hungry.
Tá sceitimíní orm. I'm thrilled to bits.
Tá tart orm. I'm thirsty.
Tá tinneas *(cinn, fiacaile, etc.)* **orm.** I've a *(head, tooth, etc.)* ache.
Ta tuirse orm. I'm tired.

Le

B'fhearr liom imeacht. I would prefer to leave.
Ba mhaith liom é. I would like it.
Is ansa liom thú. You are very dear to me.
Is áthas liom. I'm pleased.
Is beag liom é. I despise it.
Is cuimhin liom é. I remember it.
Is cuma liom. I don't mind.
Is cuma sa tsioc liom. I couldn't care less.
Is dóigh liom é. I suppose so.
Is fada liom é. I'm longing for it.
Is fearr liom é. I prefer it.
Is féidir liom teacht. I can come.
Is fiú é. It's worthwhile.
Is fuath liom é. I hate it.
Is ionadh liom. I'm surprised.

Is maith liom é. I like it.
Is miste liom é a dhéanamh. I object to doing it.
Is mór liom thú. I envy you.
Is oth liom é. I regret it.
Is trua liom iad. I pity them.
Ní áil liom é. I don't care for it.

14.2.4.2. A change in a preposition is sometimes used to alter the meaning of a verb. Here are a few examples:

Rug sí mé. She gave birth to me.	**Rug sí <u>orm</u>.** She grabbed hold of me.
Bhuail mé é. I struck him.	**Bhuail mé <u>leis</u>.** I met with him.
Casadh locht orm. I found a flaw.	**Casadh locht <u>liom</u>.** I was blamed.
D'éirigh sí. She got up.	**D'éirigh <u>léi</u>.** She succeeded.
Molaim thú I commend you.	**Molaim <u>duit</u>.** I advise you.

14.2.4.2. There is a limited number of **complex prepositions** in GRÚPA II (the second group of prepositions). The most commonly being used with: **le** or **ar**, *eg*:

maidir leis an obair seo regarding this work
in aice leis an scoil beside the school
clár mar gheall ar an aimsir a programme about the weather
i gcomórtas leis na dánta eile in comparison with the other poems
i gcodarsnacht leis an saol inniu in contrast with life today

14.3.0.   GRÚPA III

A small number of **simple prepositions** such as: **chun, cois, dála, fearacht, timpeall, trasna** and a much larger grouping of **complex prepositions** *(see list below)* form **GRÚPA III**. All prepositions in this group take the genitive:

14.3.1. Réamhfhocail shimplí (Simple Prepositions): chun, cois, dála, fearacht, timpeall, trasna:

Chuaigh mé chun na cathrach. I went to the city.
dála an scéil by the way
fearacht fir uasail like a gentleman
timpeall an domhain around the world
trasna na dtonnta across the waves

14.3.2.   RÉAMHFHOCAIL CHOMHSHUITE
                              Complex Prepositions

The number of **complex prepositions** in Group III is enormous, far too many to list in this short grammar. However, many of the more common are listed below:

ar aghaidh an tí on the front of the house
ar chúl an tí at the back of the house
ar feadh an lae for the duration of the day/for the day

ar fud na háite all over the place
ar lorg oibre looking for work
ar nós na gaoithe in the manner of the wind
ar scáth na gréine in the shade from the sun
ar son an rúin *(debate)* for the motion
ar son na síochána for the sake of peace
ar tí imeachta on the verge of leaving
as ucht an bhaoil on account of the danger
d'ainneoin a n-iarrachtaí in spite of their efforts
d'uireasa spéise because of a lack of interest
de bharr na hoibre on account of the work
de bhuíochas an chúnaimh sin thanks to that assistance
de cheal airgid for lack of money
de chois na habhann beside the river
de dheasca an óil because of drink
de dhíobháil aire for want of care
de dhroim bacainní over(coming) obstacles
de réir dealraimh according to appearances
de thairbhe a hintleachta by virtue of her intelligence
faoi bhráid an tsagairt in front of the priest
faoi bhun an chnoic at the bottom of the hill
faoi cheann bliana at the end of a year
faoi choinne uisce úir for (the retrieval of) fresh water
faoi chomhair an rí before the king
faoi dhéin an dochtúra for/in the seeking of the doctor
go ceann na míosa until the end of the month
i bhfeighil an tí in charge of the house
i bhfianaise Dé with God as witness
i bhfochair a chéile close together with one another
i bhfogas míle within a mile
i bhfoisceacht urchair mhéaróige within a stone's throw
i dtaobh na scrúduithe in regard to the examinations
i dteannta mo chairde along with my friends
i dtrátha na Nollag coming up to Christmas
i dtuilleamaí na déirce depending on charity
i gcaitheamh na hoíche in the course of the night
i gceann deich mbliana in ten years' time
i gcleithiúnas an stáit depending upon the state
i gcoinne an dlí against the law
i gcomhair dí for a drink
i gcuideachta na n-uaisle in the company of the well-to-do
i gcúl an leabhair at the back of the book
i lár na sráide in the middle of the street
i láthair na huaire at the present time
i leith an scéil regarding the story
i mbun na hoibre at work, engaged in the work
i measc mo dhaoine amongst my people
i ndiaidh na stoirme after the storm
i ngiorracht na scoile close to the school

i rith na seachtaine during the week
in aghaidh an rúin against the motion
in aice an tí beside the house
in áit an mhúinteora in place of the teacher
in araicis na maidine in preparation for morning
in éadan a thola/an tsrutha against his will/the current
in ionad airgid instead of money
le cois a tuarastail along with her salary
le haghaidh na coise tinne for the rainy day
le hais na míchaoithiúlachta besides the inconvenience
le linn an chogaidh during the war
le taobh an chaighdeáin inniu compared with the standard today
os cionn comórtais beyond compare
os comhair na cúirte before the court
tar éis an lae after the day
thar ceann an aire on behalf of the minister

15.0.0. FORAINMNEACHA
Pronouns

There are five main categories of pronoun: (a) personal *(independent and suffixed)*, (b) possessive, (c) interrogative, (d) demonstrative, (e) indefinite

15.1.0. FORAINMNEACHA PEARSANTA
Personal Pronouns
(independent/ suffixed)

Independent Personal Pronouns have **subject** and **object** forms.

15.1.1. The **subject personal pronouns** used with the finite verb are: **mé, tú, sé, sí; muid/sinn, sibh, siad**, eg **chan mé** I sang, **tuigfidh tú** you will understand, **léigh sé** he/it read, **scríobh sí** she wrote, **bhí muid** we were, **chonaic sibh** you *(pl)* saw, **rith siad** they ran. Subject personal pronouns also have emphatic forms *(see 15.6.0.)*

15.1.2. The **object personal pronouns** used with the finite verb are: **mé, thú, é, í, sinn, sibh, iad.** These are used: **(a)** as the object of a finite verb: **Thuig mé thú.** I understood you., **Léigh mé é.** I read it, **Chonaic mé í.** I saw her, **Chuala mé iad.** I heard them, and also **(b)** with the copula: **Is é sin an freagra ceart.** That is the right answer., **Ba iad a rinne an obair.** It was they who did the work., **Creidim gurbh í a bhí ann.** I think it was she who was there. Emphatic forms are regularly used with the copula, eg: **Is mise an pluiméir.** I am the plumber., **An tusa Úna?** Are you Úna? *(for emphatic forms see 15.6.0.)*

15.1.3. Suffixed Personal Pronouns can be used instead of independent personal pronouns with certain forms of the finite verbs, eg; **táim** *I am*, **táimid** *we are*, **bhíomar** *we were*, **rachainn** *I would go*, **dhúnfá** *you would close*, **léifidís** *they would read*, etc.

15.1.4. Personal pronouns also coalesce with certain prepositions to form pronominal prepositions, eg: **liom** *with me*, **eadrainn** *between us*, **orthu** *on them*, etc. *(see: 14.2.4.0., 16.6.0.).*

15.2.0. FORAINMNEACHA SEALBHACHA
Possessive Pronouns
(mo, do, a *(m/f)*; ár, bhur, a)

mo mhadra my dog	**m'ainm** my name	**m'fhear** my man
do chat your cat	**d'áit** your place	**d'fheirm** your farm
a charr his car	**a athair** his father	**a fhocal** his word
a carr her car	**a hathair** her father	**a focal** her word
ár mbus our bus	**ár n-úllord** our orchard	**ár bhfeirm** our farm
bhur mbó your *pl* cow	**bhur n-iasc** *pl* your fish	**bhur bhfód** your *pl* sod
a dteach their house	**a n-árasán** their flat	**a bhfócas** their focus

15.2.1. The possessive pronouns also fulfil an additional role as object-pronouns in verbal noun constructions, *eg*:

Tá siad do mo cháineadh. They are criticising me.
Tá sí do do mholadh. She is praising you.
Tá muid dá (do + a *3ú m uatha*) **thógáil.** We are building it.
Tá siad dá (do + a *3ú f uatha*) **crá.** They are tormenting her.

Tá sibh dár (do + ár) gcur amach. You are putting us out.
Tá sé do bhur ngardáil. He is guarding you.
Táim dá (do + a *3ú iolra*) **gcothú.** I am feeding them.

15.3.0. FORAINMNEACHA CEISTEACHA
Interrogative Pronouns
(*cá, cé, cad/céard*)

Cá bhfuil cónaí ort? Where do you live?
Cár rugadh thú? Where were you born?
Cárb as thú? Where are you from?

Cé hiad? Who are they?
Cérbh í? Who was she? (*also:* Who would she be?)

Cad é sin? What is/was that?
Céard a dúirt tú? What did you say?

15.4.0. FORAINMNEACHA TAISPEÁNTACHA
Demonstrative Pronouns
(*seo, sin, siúd*)

Seo a thug sí dom. This is what she gave me.
Sin é! That's it., **Cad é siúd?** What is this?

15.5.0. FORAINMNEACHA ÉIGINNTE
Indefinite Pronouns
(cách, ceachtar, cibé, eile, an té, uile)

Tá fáilte roimh chách! Everyone is welcome!
ceachtar acu either of them; neither of them,
Ní raibh airgead ná eile agam. I had no money nor anything else.
an té atá gan í the one who is without her
Sin uile! That's everything!

15.6.0. FOIRMEACHA TREISE NA bhFORAINMNEACHA PEARSANTA
Suffixed Emphatic Forms of Personal Pronouns

person	pronoun	stressed forms	+ féin
sing	subject/ object forms	subject/object	
1st	mé	mise	mé féin
2nd	tú	tusa	tú féin/thú féin
3rd m	sé/é	seisean/eisean	sé féin/é féin
3rd f	sí/í	sise/ise	sí féin/í féin
plural			
1st	muid/sinn	muidne/sinne	sinn féin/muid féin
2nd	sibh	sibhse	sibh féin
3rd	siad/iad	siadsan/iadsan	siad féin

15.6.1. IARMHIREANNA TREISE TAITE NA bhFORAINMNEACHA PEARSANTA LE BRIATHRA
Personal Pronominal Emphatic Suffixes for Verbs

person	suffix	example
uatha		
1st	-se	téimse/rachainnse
2nd	-se/-sa	buailse/cas-sa
3rd m	sé/é	- -
3rd f	sí/í	- -
iolra		
1st	-ne/-na	cuirfimidne/thógamarna
2nd	-se	rithigíse
3rd	-sean	thagaidís-sean

16.0.0. RANGABHÁLACHA
Participles

There are five important uses of participles that express different types of relationship to an action:

16.1.0. RANGABHÁIL AN RIACHTANAIS
Participle of Necessity

The **participle of necessity** is usually the same form as the past participle or verbal adjective. When used, it can lend a certain lyrical or poetic tone to a statement, eg:

> B'**ardaithe** na seolta againn. *We had raised our sails. (We were ready to leave.)*
> Is **aitheanta** an t-ainm dom. *I recognize the name.*
> Is **caillte** orainn an lá! *The day is ruined on us. (ie lost to us)*
> Is **rite** an rás dó. *His days are over.*
> Is **séanta** dom gach pléisiúr sa saol seo. *I am denied every pleasure in this life.*
> Ní **casta** orm a leithéid. *I have never come across anything like that.*
> Ní **dúnta** orainn doirse an eolais. *The doors of knowledge are not closed to us.*
> Ní **gearánta** dom. *I can't complain.*

16.2.0. RANGABHÁIL NA FUSACHTA
Participle of Ease

Either (i) the prefix **so** + **past participle** is used to form the participle of simplicity, often expressed in English by an adjective, or (ii) sometimes **so** + **noun** in the **direct case** or (iii) in the **genitive case**. Some examples:

(i) **so** + **past participle**:

sobhriste	*easy to break*	*fragile*
sodhéanta	*easy to do*	*feasible*
sofheicthe	*easy to see*	*conspicuous*
soláimhsithe	*easy to handle*	*manageable*
solasta	*easy to set alight*	*inflammable*

(ii) **so** + **noun** in the **direct case**:

friotal expression	**sofhriotal** euphemism
freagacht responsibility	**sofhreagracht** responsiveness
gluaiseacht movement	**soghluaiseacht** versatility

(ii) **so** + **noun** in the **genitive case**:

roinnt share, part	**so-ranna** easy to share with, companionable
teagasc tutorage	**sotheagaisc** easy to teach, teachable

16.3.0. RANGABHÁIL NA DEACRACHTA
Participle of Difficulty

Either (i) the prefix **do** + **past participle** is used and is often expressed by an adjective in English, or (ii) sometimes **so** + **noun** in the **direct case** or (iii) in the **genitive case**. Some examples:

(i) **do** + **past participle**:

do-aimsithe	*impossible to reach*	*unattainable*
dobhriste	*impossible to break*	*unbreakable*
dodhéanta	*impossible to do*	*impossible*
dofheicthe	*impossible to see*	*invisible*
doláimhsithe	*impossible to handle*	*unmanageable*
dolasta	*impossible to set alight*	*non-flammable*

16.3.1. do + noun in the direct case:

buíochas gratitude	**dobhuíochas** ingratitude
corraitheacht excitement	**dochorraitheacht** imperturbability
maise seemliness	**domhaise** unseemliness

16.3.2. do + noun in the genitive case:

amhras doubt	**do-amhrais** unmistakable
smaoineamh thought	**dosmaoinimh** unthinkable

16.4.0. RANGABHÁIL NA hOIRIÚNACHTA
Participle of Suitability

Formed by the prefix **in-** + **past participle**. This participle is very close in its meaning to the **participle of ease**. There are, however, subtle differences between the two that should be noted. Some of these subtleties can be observed in the following examples:

16.4.1. in- + past particple:

inbhriste breakable	(cf **sobhriste** *fragile*)
infheicthe visible	(cf **sofheicthe** *conspicuous*)
inbhogtha moveable	(cf **sobhogtha** *mobile*)
indéanta doable	(cf **sodhéanta** *easily done*)

16.5.0. RANGABHÁIL NA COMPARÁIDE
Participle of Comparison

The prefix **in-** is used with an noun in its gentive case. This participle is frequently used with the pronominal preposition **le** in order to make a comparison, eg:

Níl sí incheoil leatsa. She is not as musical as you.
Tá sise inpheile leat. She plays football as well as you.

17.0.0. UIMHREACHA
Numbers

There are four categories of numbers, namely:

(a) **uimhreacha áirimh** counting numbers: a haon, a dó, a trí, a ceathair, etc.
(b) **uimhreacha aidiachta** adjectival numbers: aon, dhá, trí, ceithre, etc.
(c) **uimhreacha pearsanta** personal numbers: duine, beirt, triúr, ceathrar, etc.
(d) **orduimhreacha** ordinals: an chéad, an dara, an tríú, an ceathrú, etc.

17.1.0. UIMHREACHA ÁIRIMH
Counting Numbers
are used when:

17.1.1. counting in maths:

a haon is a haon sin a dó one and one is two
a cúig lúide a trí sin a dó five minus three is two
a ceathair iolraithe faoina a dó sin a hocht four multiplied by two is eight
a deich roinnte ar a dó sin a cúig ten divided by two is five

17.1.2. the noun being qualified precedes the number, eg: **seomra a dó** room two, **bus a sé** bus six, **uimhir a ceathair** number four, etc.

17.1.3. telling the time: **a cúig tar éis a haon** five past one, **a deich chun a trí** ten to three, *etc.*

17.1.4. with the preposition **de**: **a seacht déag de dhaltaí** seventeen pupils, **fiche a cúig de bhlianta ó shin** twenty-five years ago, etc.

COUNTING NUMBERS

1	a haon	12	a dó dhéag	30	tríocha
2	a dó	13	a trí déag	40	daichead
3	a trí	14	a ceathair déag	50	caoga
4	a ceathair	15	a cúig déag	60	seasca
5	a cúig	16	a sé déag	70	seachtó
6	a sé	17	a seacht déag	80	ochtó
7	a seacht	18	a hocht déag	90	nócha
8	a hocht	19	a naoi déag	100	céad
9	a naoi	20	fiche	1,000	míle
10	a deich	21	fiche a haon	1,000,000	milliún
11	a haon déag	22	fiche a dó		

17.2.0. UIMHREACHA AIDIACHTA
Adjectival Numbers

are used with nouns when the number precedes the noun:

(i) numbers 1–6 lenite the noun, while numbers 7–10 eclipse the noun
(ii) nouns that end in a vowel lenite (put a séimhiú on) '**déag**', eg *trí shiopa dhéag* but not after **uaire** or **troithe**, *eg trí huaire déag* thirteen times, *ceithre troithe déag* fourteen feet

ADJECTIVAL NUMBERS

1	aon bhus/áit amháin	8	ocht mbus/n-áit	15	cúig bhus/áit déag
2	dhá bhus/áit	9	naoi mbus/n-áit	16	sé bhus/áit déag
3	trí bhus/áit	10	deich mbus/n-áit	17	seacht mbus/n-áit déag
4	ceithre bhus/áit	11	aon bhus/áit déag	18	ocht mbus/n-áit déag
5	cúig bhus/áit	12	dhá bhus/áit déag	19	naoi mbus/n-áit déag
6	sé bhus/áit	13	trí bhus/áit déag	20	fiche bus/áit
7	seacht mbus/n-áit	14	ceithre bhus/áit déag		

17.2.1. The nouns **bliain, ceann** and **uair** have special forms that are used with adjectival numbers. These special forms, namely: **bliana, cinn,** and **uaire**, are used with the numbers from 3 to 10. The forms **bliana** and **cinn** do not take a séimhiú between 3 and 6, while **trí, ceithre, sé** prefix a *h* to **uaire,** *(see below)*:

ADJECTIVAL NUMBERS + BLIAIN/CEANN/UAIR

1	aon bhliain/cheann/uair amháin	11	aon bhliain/cheann/uair déag
2	dhá bhliain/cheann/uair	12	dhá bhliain/cheann/uair déag
3	trí bliana/cinn/huaire	13	trí bliana/cinn/huaire déag
4	ceithre bliana/cinn/huaire	14	ceithre bliana/cinn/huaire déag
5	cúig bliana/cinn/uaire	15	cúig bliana/cinn/uaire déag
6	sé bliana/cinn/huaire	16	sé bliana/cinn/huaire déag
7	seacht mbliana/gcinn/n-uaire	17	seacht mbliana/gcinn/n-uaire déag
8	ocht mbliana/gcinn/n-uaire	18	ocht mbliana/gcinn/n-uaire déag
9	naoi mbliana/gcinn/n-uaire	19	naoi mbliana/gcinn/n-uaire déag
10	deich mbliana/gcinn/n-uaire	20	fiche bliain/ceann/uair

17.2.2. The **definite article** in its singular masculine form is used with 1, 2, 11, 12, 21, 22, etc., but its plural form *na* is used with all other numbers *(see below)*:

DEFINITE ARTICLE + ADJECTIVAL NUMBERS

1	an t-aon bhus/áit amháin	
2	an dá bhus/áit	
3	na trí bhus/áit	
4	na ceithre bhus/áit	
5	na cúig bhus/áit	
6	na sé bhus/áit	
7	na seacht mbus/n-áit	
8	na hocht mbus/n-áit	
9	na naoi mbus/n-áit	
10	na deich mbus/n-áit	
11	an t-aon bhus/áit déag	
12	an dá bhus/áit déag	
13	na trí bhus/áit déag	
14	na ceithre bhus/áit déag	
15	na cúig bhus/áit déag	
16	na sé bhus/áit déag	
17	na seacht mbus/n-áit déag	
18	na hocht mbus/n-áit déag	
19	na naoi mbus/n-áit déag	
20	an fiche bus/áit	

*The article takes its **an** form when **céad, míle, milliún** follow the numbers 3–9, eg:*

an trí chéad the three hundred
an naoi gcéad the nine hundred
an seacht míle the seven thousand
an sé mhilliún the six million

*and when **déag** is used, eg:*

an sé mhíle euro déag
the sixteen thousand euro

an naoi gcéad euro déag
the nineteen hundred euro

17.2.3. After 1, 11, 21, 31, etc., the attributive adjective agrees in number, gender and case with its noun. In all other instances, the adjective is lenited (*receives a séimhiú*) and is used in its strong plural form, as shown below:

ADJECTIVAL NUMBERS + DIRECT CASE + ATTRIBUTIVE ADJECTIVES

1 aon bhus **mór** amháin/áit **mhór** amháin
2 dhá bhus/áit **mhóra**
3 trí bhus/áit **mhóra**
4 ceithre bhus/áit **mhóra**
5 cúig bhus/áit **mhóra**
6 sé bhus/áit **mhóra**
7 seacht mbus/n-áit **mhóra**
8 ocht mbus/n-áit **mhóra**
9 naoi mbus/n-áit **mhóra**
10 deich mbus/n-áit **mhóra**

11 aon bhus mór /áit **mhór** déag
12 dhá bhus/áit **mhóra** déag
13 trí bhus/áit **mhóra** déag
14 ceithre bhus/áit **mhóra** déag
15 cúig bhus/áit **mhóra** déag
16 sé bhus/áit **mhóra** déag
17 seacht mbus/n-áit **mhóra** déag
18 ocht mbus/n-áit **mhóra** déag
19 naoi mbus/n-áit **mhóra** déag

20 fiche bus **mór**/áit **mhór**
21 aon bhus **mór**/áit **mhór** is fiche
22 dhá bhus/áit is fiche **mhóra**
30 tríocha bus mór/áit **mhór**
40 daichead bus mór/áit **mhór** etc.

100 céad bus mór/áit **mhór**
300 trí chéad bus mór/áit **mhór**
7,000 seacht míle bus mór/áit **mhór**
6,000,220 sé mhilliún, dhá chéad is fiche bus **mór**/áit **mhór**

17.2.4.

ADJECTIVAL NUMBERS + GENITIVE CASE + ATTRIBUTIVE ADJECTIVES

1. uimhir an aon bhus **mhóir**/na haon áite **móire** amháin
2. uimhir an dá bhus/áit **mhóra**
3. uimhir na dtrí bhus/áit **mhóra**
4. uimhir na gceithre bhus/áit **mhóra**
5. uimhir na gcúig bhus/áit **mhóra**
6. uimhir na sé bhus/áit **mhóra**
7. uimhir na seacht mbus/n-áit **mhóra**
8. uimhir na n-ocht mbus/n-áit **mhóra**
9. uimhir na naoi mbus/n-áit **mhóra**
10. uimhir na ndeich mbus/n-áit **mhóra**

11. uimhir na n-aon bhus/áit **mhóra** déag
12. uimhir an dá bhus/áit **mhóra** déag
13. uimhir na dtrí bhus/áit **mhóra** déag
14. uimhir na gceithre bhus/áit **mhóra** déag
15. uimhir na gcúig bhus/áit **mhóra** déag
16. uimhir na sé bhus/áit **mhóra** déag
17. uimhir na seacht mbus/n-áit **mhóra** déag
18. uimhir na n-ocht mbus/n-áit **mhóra** déag
19. uimhir na naoi mbus/n-áit **mhóra** déag

20. uimhir an fiche* bus **mór** /áit **mhór**
21. uimhir an aon bhus **mhóir** /na haon áite **móire** is fiche
22. uimhir an dá bhus/áit is fiche **mhóra**...
30. uimhir an tríocha bus **mór**/áit **mhór**
40. uimhir an daichead bus **mór**/áit **mhór**
50. uimhir an chaoga bus **mór**/áit **mhór**
60. uimhir an seasca* bus **mór**/áit **mhór**
70. uimhir an seachtó* bus **mór**/áit **mhór**
80. uimhir an ochtó bus **mór**/áit **mhór**
90. uimhir an nócha bus **mór**/áit **mhór**
100. uimhir an chéad bus **mór**/áit **mhór**

* Note the use of the masculine singular form of the definite article *an* with the anomaly that neither 'f' nor 's' are mutated in their genitive case.

17.3.0.   UIMHREACHA PEARSANTA
                                 Personal Numbers

The personal numbers (i.e. numbers used for counting people) are used from 2–10 and for the number 12. In all other instances normal adjectival numbers are used. In counting people instead of **duine (amháin), beirt, triúr** *one person, two people, three people* etc., the word 'duine' can be replaced by any other noun that signifies a person, eg **múinteoir amháin, beirt, triúr etc.** *one teacher, two teachers, three teachers* etc., or **dalta amháin, beirt, triúr etc.** one pupil, two pupils, three pupils etc.

PERSONAL NUMBERS	PERSONAL NUMBERS
1 duine (amháin)	1 cailín, dalta/fear/bean (amháin)
2 beirt	2 beirt chailíní/daltaí/fhear/bhan
3 triúr	3 triúr cailíní/daltaí/fear/ban
4 ceathrar	4 ceathrar cailíní/daltaí/fear/ban
5 cúigear	5 cúigear cailíní/daltaí/fear/ban
6 seisear	6 seisear cailíní/daltaí/fear/ban
7 seachtar	7 seachtar cailíní/daltaí/fear/ban
8 ochtar	8 ochtar cailíní/daltaí/fear/ban
9 naonúr	9 naonúr cailíní/daltaí/fear/ban
10 deichniúr	10 deichniúr cailíní/daltaí/fear/ban
11 aon duine dhéag	11 aon chailín/fhear/bhean déag/dalta dhéag
12 dáréag	12 dáréag cailíní/daltaí/fear/ban
13 trí dhuine dhéag	13 trí chailín, fhear déag/bhean déag/dhalta dhéag
14 ceithre dhuine dhéag	14 ceithre chailín déag
15 cúig dhuine dhéag	15 cúig chailín déag
16 sé dhuine dhéag	16 sé chailín déag
17 seacht nduine dhéag	17 seacht gcailín/bhfear/mbean déag/ndalta dhéag
18 ocht nduine dhéag	18 ocht gcailín déag
19 naoi nduine dhéag	19 naoi gcailín déag
20 fiche duine	20 fiche cailín/dalta/fear/bean
21 aon duine is fiche	21 aon chailín/dalta/fhear/bhean, etc.is fiche
22 dhá dhuine is fiche…	22 dhá chailín/dhalta/fhear/bhean, etc. is fiche
30 tríocha duine	30 tríocha cailín/dalta/fear/bean
40 daichead duine	40 daichead cailín/dalta/fear/bean
50 caoga duine	50 caoga cailín/dalta/fear/bean
60 seasca duine	60 seasca cailín/dalta/fear/bean
70 seachtó duine	70 seachtó cailín/dalta/fear/bean
80 ochtó duine	80 ochtó cailín/dalta/fear/bean
90 nócha duine	90 nócha cailín/dalta/fear/bean
100 céad duine	100 céad cailín/dalta/fear/bean

17.3.1. Regarding **personal numbers**, it is important to note:

(i) **beirt** takes the genitive plural of the noun with a séimhiú, unless the noun begins with: **d, t, s**.: **beirt mhúinteoirí** two teachers, **beirt bhan** two women, *but* **beirt deartháireacha** two brothers, etc.

(ii) **triúr, ceathrar, cúigear … dáréag** take the genitive plural, eg: **triúr múinteoirí** three teachers, **ceathrar cailíní** four girls, **cúigear deirfiúracha** five sisters, etc.

17.4.0. ORDUIMHREACHA
Ordinals

(a) (i.e. **first, second, third,** etc) are used exclusively with the definite article – **an chéad** lenites on consonants except **d, t, s**. No other ordinals cause change to nouns that begin with a consonant; however, they prefix **h** to nouns starting with a vowel *(see table below)*

ORDUIMHREACHA		ORDUIMHREACHA	
1	an chéad fhear/bhean/duais/áit	20	an fichiú fear/bean/duais/háit
2	an dara fear/bean/duais/háit	21	an t-aonú fear/bean/duais/háit is fiche
3	an tríú fear/bean/duais/háit	22	an dóú fear/bean/duais/háit is fiche
4	an ceathrú fear/bean/duais/háit	30	an tríochadú fear/bean/duais/háit
5	an cúigiú fear/bean/duais, háit	40	an daicheadú fear/bean/duais/háit
6	an séú fear, bean, duais/háit	50	an caogadú fear/bean/duais/háit
7	an seachtú fear/bean/duais/háit	60	an seascadú fear/bean/duais/háit
8	an t-ochtú fear/bean/duais/háit	70	an seachtódú fear/bean/duais/háit
9	an naoú fear/bean/duais/háit	80	an t-ochtódú fear/bean/duais/háit
10	an deichiú fear/bean/duais/háit	90	an nóchadú fear/bean/duais/háit
11	an t-aonú fear/bean/duais/háit déag	100	an céadú fear/bean/duais/háit
12	an dóú fear/bean/duais/háit déag	1000	an míliú fear/bean/duais/háit
13	an tríú fear/bean/duais/háit déag	1,000,000	an milliúnú fear/bean/duais/háit
14	an ceathrú fear/bean/duais/háit déag		
15	an cúigiú fear/bean/duais/háit déag		
16	an séú fear/bean/duais/háit déag		
17	an seachtú fear/bean/duais/háit déag		
18	an t-ochtú fear/bean/duais/háit déag		
19	an naoú fear/bean/duais/háit déag		

17.4.1. In genitive constructions, '**an chéad**' is used with masculine nouns and '**na chéad**' with feminine nouns:

an chéad fhear the first man → **clann an chéad fhir** the family of the first man
an chéad bhean the first woman → **clann na chéad mhná** the family of the first woman

17.4.2. In plural genitive constructions, '**na chéad**' is used with the genitive plural of the noun:

na chéad daoine the first people → **bia na chéad daoine** the food of the first people
na chéad uain the first lambs → **teacht na chéad uan** the arrival of the first lambs

17.4.3. The masculine singular form of the definite article is always used with ordinals. Nouns that follow ordinals are not declined, eg: **mac an dara bean** the son of the second woman, **bróga an cúigiú girseach** the shoes of the fifth girl, **in aghaidh an seachtú haithne** against the seventh commandment, **deireadh an ochtú lá** the end of the eight day, **ag tús an dá mhíle, caoga is tríú bliain** at the start of the two thousand and fifty third year

Faoin Údar
About the Author

Fuair an **Dr GARRY BANNISTER** a oideachas i gColáiste na Tríonóide i mBaile Átha Cliath, áit a ndearna sé staidéar ar an Ghaeilge agus an Rúisis. Chuaigh sé ar scoláireacht go Moscó i 1977. Ba ansin a bhain sé céim amach i dteanga agus i nualitríocht na Rúisise agus PhD sa teangeolaíocht chomparáideach. I dtosach na n-ochtóidí chuir sé an chéad Roinn le Nua-Ghaeilge ar bun i StátOllscoil Mhoscó. Ar fhilleadh dó abhaile bhí sé ina cheannaire ar feadh tríocha bliain ar Roinn na Gaeilge i gColáiste Choilm Bhaile Átha Cliath. Thug sé léachtaí fosta ar nualitríocht na Gaeilge agus é ina léachtóir ar cuairt i gColáiste Phádraig, Droim Conrach.

Chomhoibrigh sé fosta in aistriúcháin ar thaiscí liteartha na Gaeilge le David Sowby (*An tOileánach*), Alan Titley (*Cré na Cille*), Gabriel Rosenstock (*Comhrá le Lí Hè*). Tá sé ina údar ar *Fhoclóir an Fhoghlaimeora, Labhair Rúisis Liom, Essential Irish* agus ar thrí eagrán níos luaithe den teasáras nua breisithe seo. Le déanaí, tháinig leabhair eile uaidh amhail an fhoinse thagartha úd ar a bhfuil buanghnaoi an phobail, *Proverbs in Irish, What's That as Gaeilge? An English-Irish Phrasebook* agus na chéad aistriúcháin Gaeilge–Béarla le tráchtaireachtaí ar na Cóáin chlasaiceacha Zen, *A Path Home – Conair Siar*, na leabhair uile sin foilsithe ag New Island.

Dr GARRY BANNISTER was educated at Trinity College Dublin, where he studied Irish and Russian. On a scholarship to Moscow in 1977, he received a degree in Russian language and literature and also completed a PhD in comparative linguistics. He set up the first Department of Modern Irish at Moscow State University in the early 1980s. Upon his return to Ireland, he taught at St Columba's College in Dublin, where he was head of the Irish Department for nearly thirty years. He has also been a visiting lecturer on modern Irish literature at St Patrick's College, Drumcondra.

He has worked on the translations of Irish literary classics such as *An tOileánach* with David Sowby, *Cré na Cille* with Alan Titley and *Comhrá le Lí Hè* with Gabriel Rosenstock. He is the author of *Foclóir an Fhoghlaimeora, Labhair Rúisis Liom, Essential Irish*, and three earlier editions of his *Irish-English Thesaurus*. More recently, his work includes the perennially popular *Proverbs in Irish, What's That as Gaeilge? An English-Irish Phrasebook* and the first comprehensive translation of classical Zen koans in English and Irish, *A Path Home – Conair Siar*, all published by New Island.